D1696909

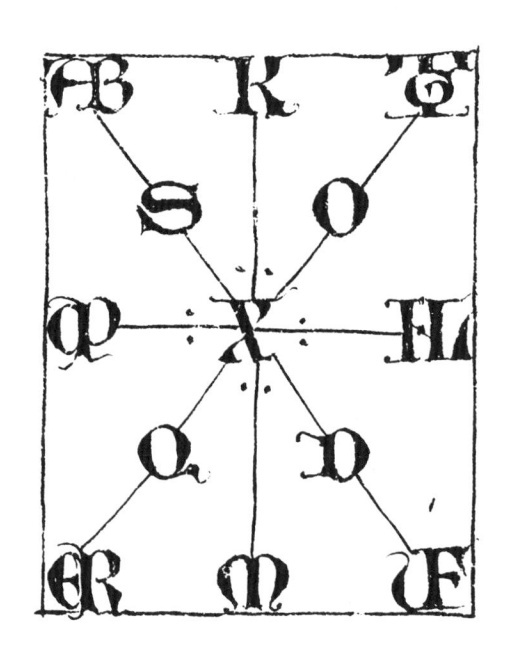

Was helfen edle Abkunft und Dinge im Überfluss, wenn es an reinem Gewissen und wahrem Glauben mangelt ...?

Karl IV. in seiner Autobiografie, um 1350

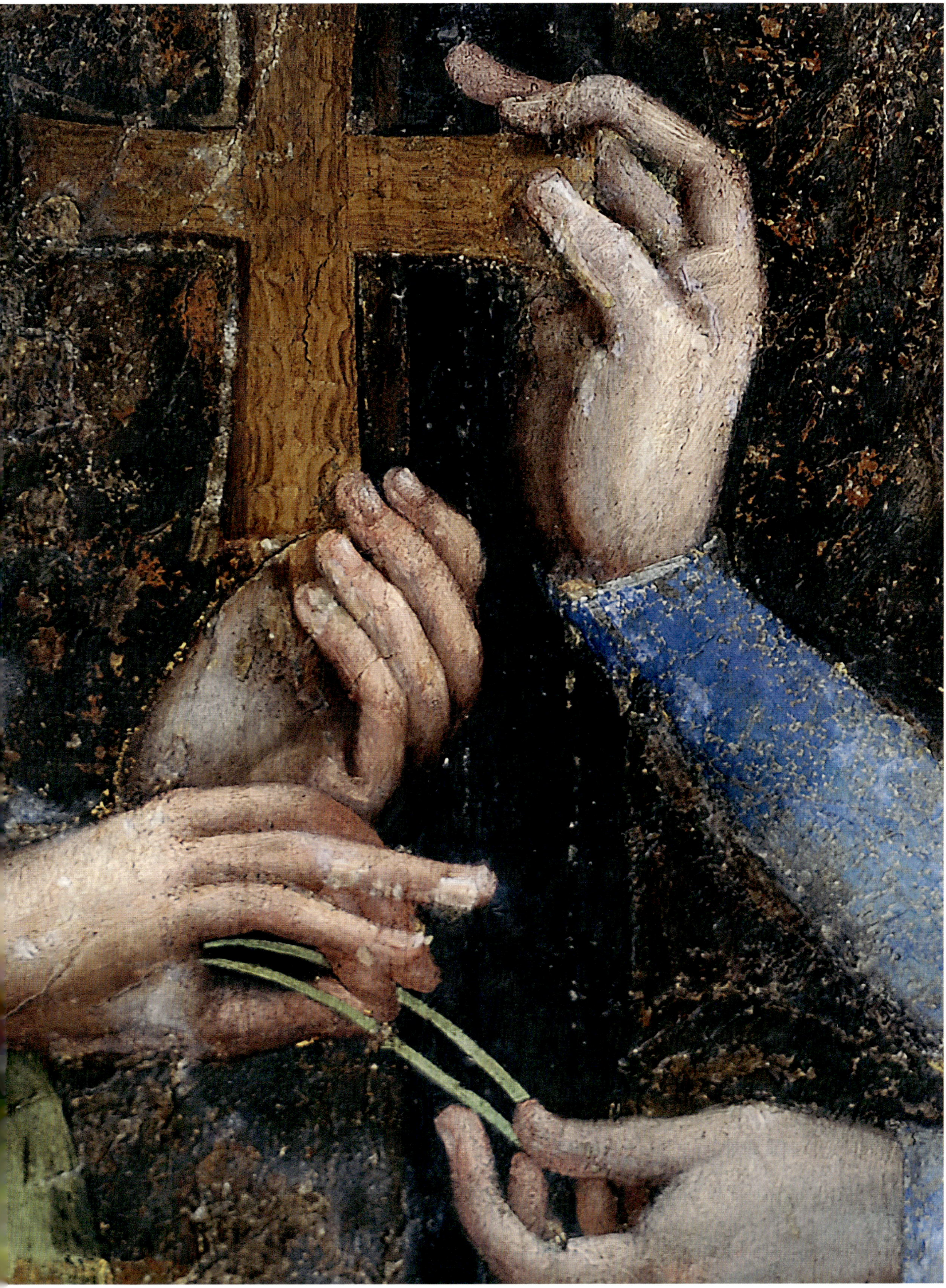

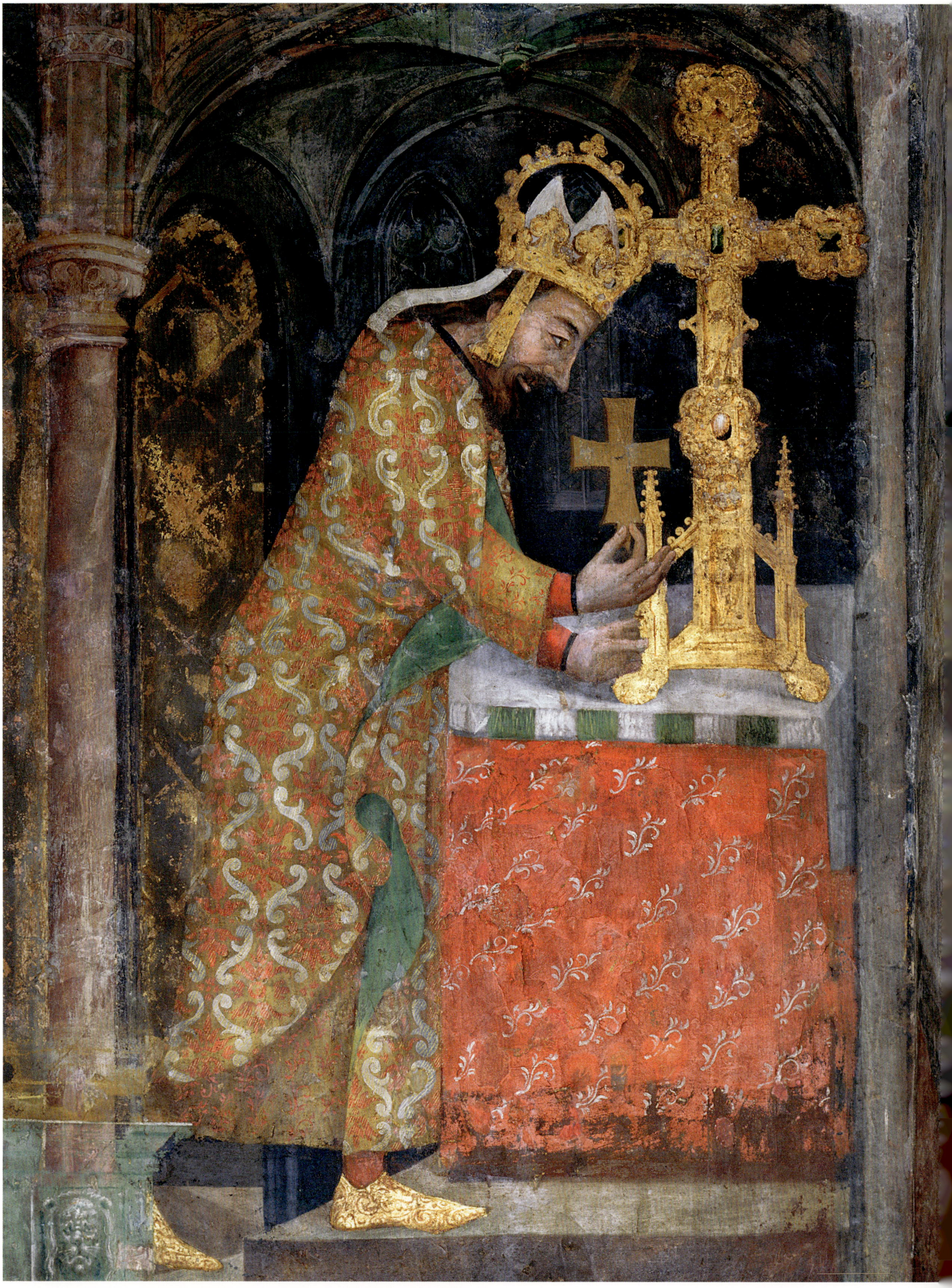

Kaiser Karl IV.
1316—2016

Erste Bayerisch-Tschechische Landesausstellung

Ausstellungskatalog

Herausgegeben von Jiří Fajt und Markus Hörsch

Nationalgalerie in Prag / Wallenstein-Reitschule
15. Mai – 25. September 2016

Karls-Universität in Prag / Carolinum, Kreuzgang
14. Mai – 31. August 2016

Germanisches Nationalmuseum Nürnberg
20. Oktober 2016 – 5. März 2017

K*700
1316—2016

Kaiser Karl IV. 1316—2016
Erste Bayerisch-Tschechische Landesausstellung

Prag:
15. Mai – 25. September 2016
Nationalgalerie in Prag / Wallenstein-Reitschule
Hauptausstellung: Karl IV. und seine Zeit
14. Mai – 31. August 2016
Karls-Universität in Prag / Carolinum, Kreuzgang
Begleitausstellung: Das Nachleben Karls IV.

Nürnberg:
20. Oktober 2016 – 5. März 2017
Germanisches Nationalmuseum Nürnberg

Unter der Schirmherrschaft:
UNESCO

Die Schirmherrschaft der Landesausstellung wurde übernommen von:
Milan Štěch – Präsident des Senats des Parlaments der Tschechischen Republik
Jan Hamáček – Vorsitzender des Abgeordnetenhauses des Parlaments der Tschechischen Republik
Bohuslav Sobotka – Ministerpräsident der Tschechischen Republik
Horst Seehofer – Ministerpräsident des Freistaates Bayern
Kardinal Dominik Duka OP, Erzbischof von Prag, Metropolit und Primas von Böhmen
Daniel Herman – Minister für Kultur der Tschechischen Republik
Adriana Krnáčová – Oberbürgermeisterin der Hauptstadt Prag

Hauptveranstalter:
Národní galerie v Praze (NG)
Haus der Bayerischen Geschichte Augsburg (HdBG)

Mitveranstalter:
Geisteswissenschaftliches Zentrum Geschichte und Kultur Ostmitteleuropas an der Universität Leipzig (GWZO)
Germanisches Nationalmuseum Nürnberg (GNM)
Univerzita Karlova v Praze (UK)

Institutionelle Zusammenarbeit:
Berlin-Brandenburgische Akademie der Wissenschaften, Monumenta Germaniae Historica (BBAW)
Deutsches Historisches Institut Rom (DHI)
Heinrich-Heine-Universität Düsseldorf (HHUD)

Partner des Ausstellungsprojekts:
Arcibiskupství pražské
Domstift Brandenburg, Dommuseum
Evangelisch-reformierte Gemeinde St. Martha Nürnberg
Kulturdirektion der Landeshauptstadt Erfurt, Alte Synagoge Erfurt
Metropolitní kapitula u sv. Víta Praha
Museo di Sant'Agostino Genova
Senát Parlamentu České republiky
Staatliche Kunstsammlungen Dresden.

© Národní galerie v Praze, 2016
ISBN 978-80-7035-613-5

Konzept
Hauptautor, Kurator und Leiter des Autorenteams:
Jiří Fajt (Praha / Leipzig / Berlin)

Autorenteam der Ausstellung:
Susanne Jaeger (GWZO), Michael Lindner (BBAW), Eva Schlotheuber (HHUD), Olaf Rader (BBAW), Martin Bauch (DHI), Wolfgang Jahn (HdBG), Ulrich Grossmann (GNM), Helena Dáňová (NG)
Carolinum: René Küpper (HdBG), Jiří Přenosil (UK), Jan Royt (UK)

Mitkuratoren:
Susanne Jaeger (GWZO), Helena Dáňová (NG), Wolfgang Jahn (HdBG)
Carolinum: Jiří Přenosil (UK), René Küpper (HdBG), Jan Royt (UK)

Das Projekt wurde mit finanzieller Unterstützung des Kulturministeriums der Tschechischen Republik verwirklicht.

Vorderseite des Einbands
Porträt Kaiser Karls IV. aus der Votivtafel des Prager Erzbischofs Johann Očko von Vlašim (vgl. Kat.-Nr. 6.11)

Rückseite des Einbands
Der thronende König inmitten der sieben Kurfürsten; Ausschnitt aus dem Türbeschlag des Lübecker Rathauses (vgl. Kat.-Nr. 13.2)

S. 1 (Schmutztitel)
Abb. 1 **Monogramm Karls IV. (1316–1378), römischer Kaiser, böhmischer, lombardischer und burgundischer König, von der kaiserlichen Kanzlei häufig auf Urkunden verwendet**

S. 2–3
Abb. 2 **Szene der Übergabe eines Dorns der Dornenkrone Christi durch den französischen König Johann II. den Guten oder den Dauphin Karl (V. ?) an Karl IV. auf dem Reichstag in Metz, 1356, Detail** • Nikolaus Wurmser von Straßburg (zugeschrieben), 1361/62–1364 • Wandmalerei mit plastischem Hintergrund • Karlstein, Burg, Kleiner Turm, königliche Kapelle der Reliquien der Passion Christi (capella maior), früher Marienkapelle genannt, Südwand

S. 4 (Vorsatzblatt)
Abb. 3 **Kaiser Karl IV. legt einen Holzsplitter vom Kreuz Christi in das königlich-böhmische Kreuzreliquiar ein. Dritte Reliquienszene (Detail)** • Nikolaus Wurmser von Straßburg (zugeschrieben), 1361/62–1364 • Wandmalerei mit plastischem Hintergrund • Karlstein, Burg, Kleiner Turm, königliche Kapelle der Reliquien der Passion Christi (capella maior), früher Marienkapelle genannt, Südwand

S. 7
Abb. 4 **König David mit den Gesichtszügen Kaiser Karls IV. Scheibe aus dem Fenster nördlich des Achsfensters, gestiftet von der Familie Groß** • Entwurf Sebald Weinschröter und Werkstatt, Nürnberg, um 1370 • Glasmalerei • Nürnberg, ehem. Spitalkirche St. Martha (n II, 3 c) • Nürnberg, Ev.-reformierte Kirchengemeinde St. Martha

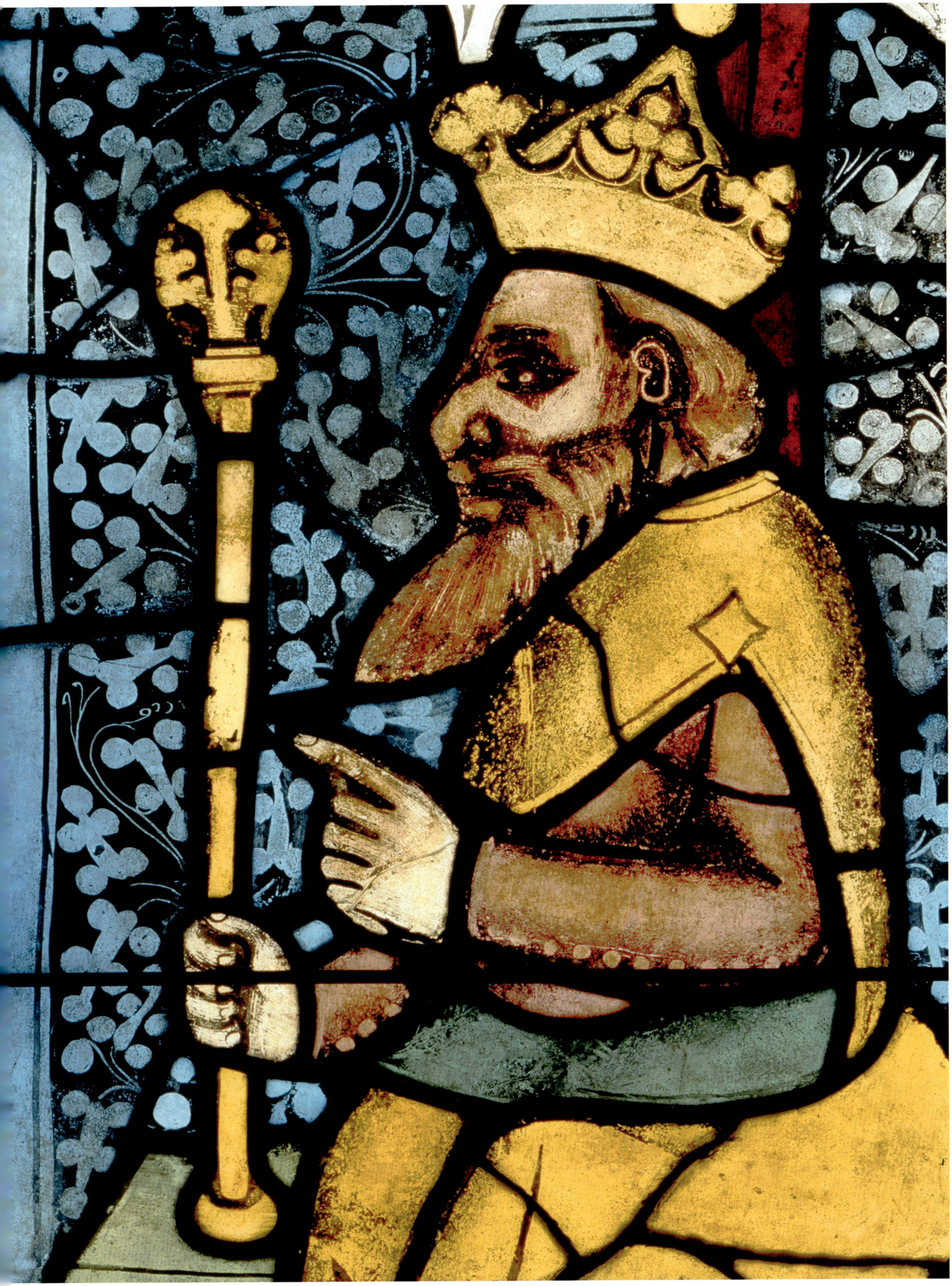

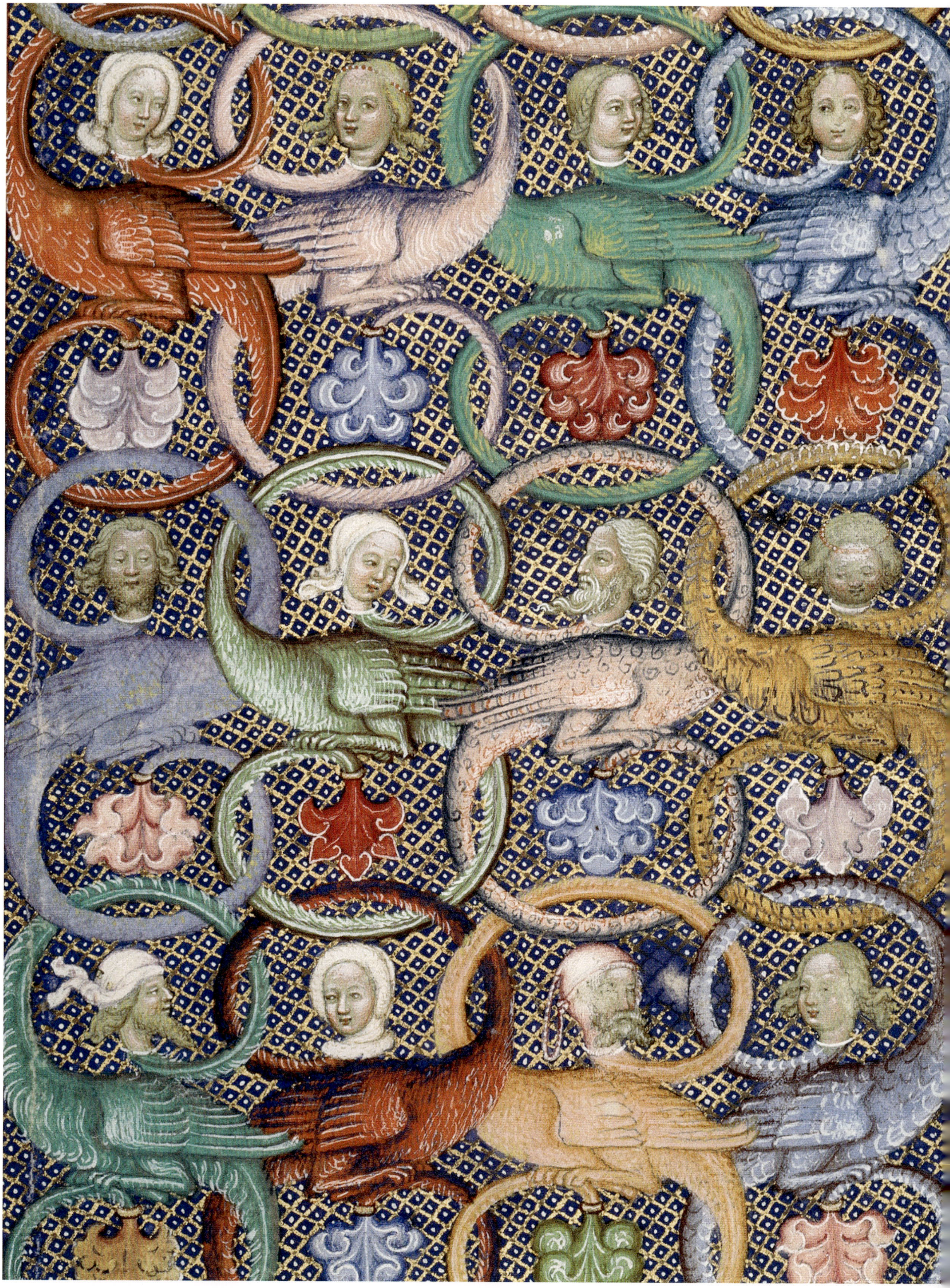

Inhaltsverzeichnis

Grußwort des Ministerpräsidenten der Tschechischen Republik, Bohuslav Sobotka	13
Grußwort des Ministerpräsidenten des Freistaates Bayern, Horst Seehofer	14
Grußwort des Direktors des Hauses der Bayerischen Geschichte, Richard Loibl	17
Grußwort des Direktors des Geisteswissenschaftlichen Zentrums Geschichte und Kultur Ostmitteleuropas an der Universität Leipzig, Christian Lübke	18
Geleitwort des Hauptkurators und Generaldirektors der Nationalgalerie Prag, Jiří Fajt	21
Mitteleuropa um 1378	22
Stammbaum der Luxemburger-Dynastie	24
Zeitleiste 1299–1400	26

Essays

Die Zeit Karls IV. zwischen Frost und Blüte – Katastrophen, Krisen und Klimawandel im 14. Jahrhundert Gerrit Jasper Schenk	31
Die Brücke der Königin Judith Ondřej Šefců	41
Zwischen Skylla und Charybdis – Leben im Schatten Kaiser Karls IV. Michael Lindner	44
Die Jugend Karls IV. – Abstammung – Ausbildung zum Herrscher – erste Bewährungsproben Markus Hörsch	55
Die Schlacht bei Crécy 1346 Uwe Tresp	65
Karl als Autor – Der „weise Herrscher" Eva Schlotheuber	69
Der fromme Herrscher – Heiligenverehrung und ostentative Religiosität als Mittel zur Machtfestigung und Herrschaftslegitimierung Martin Bauch	79
Collector coronarum – Karl IV. als Kronensammler Olaf B. Rader	86
Karls Hauptstadt Prag – Großbaustelle und Versuchslabor einer neuen Richtung gotischer Architektur Jana Gajdošová	95
Burgen und Residenzen Karls IV. G. Ulrich Großmann	103
Nürnberg – Die Metropole wird karolinisch Benno Baumbauer, Jiří Fajt	111
Die Länder der böhmischen Krone – Ausbau und Entwicklung Lenka Bobková	123

Abb. 5 **Initiale L zu Beginn des Matthäusevangeliums, Detail. Evangeliar Herzog Albrechts III. von Habsburg, sog. Evangeliar des Johannes von Troppau, fol. 2r** • Prag, Johannes von Troppau mit Gehilfen, 1368 • Deckfarben und Gold auf Pergament, 189 Blatt • Wien, Österreichische Nationalbibliothek, Cod. 1182

Die künstlerische Repräsentation der frühen Jahre – Vorbilder und Vielfalt der bildkünstlerischen Stilsprache bis 1350 Markus Hörsch	133
Die neue Hofkunst – Von der Nachahmung zum Kaiserstil Jiří Fajt, Wilfried Franzen	139
Die Goldschmiedekunst in der Herrschaftspraxis Kaiser Karls IV. Karel Otavský	149
Der Schatz der Prager Goldschmiedezunft Dana Stehlíková	163
Mode, Luxusstoffe und die textile Kunst unter Karl IV. Susanne Jaeger, Jana Knejfl	169
Karl IV. und die Musik David Eben	174
Sacrum Romanum Imperium – Die Kaiserkrönung Karls IV., die Goldene Bulle und die Einigung mit der Kirche Eva Schlotheuber	183
Die Heiratspolitik Karls IV. Václav Žůrek	189
Stützen des Kaisers? – Die Reichsstädte und die kaiserliche Repräsentation Markus Hörsch	195
Wie ein zweiter Konstantin – Karl IV. und der Romzug 1368/69 Martin Bauch	203
Karl und die Geistlichkeit – Bischöfe als Stützen der Reichspolitik – Zur Rolle von Netzwerken bei der Entwicklung einer „parlerischen" Kunst unter Karl IV. Markus Hörsch	208
Karl IV. und die Juden Jörg R. Müller, Andreas Weber	218
Bergbau und Fernhandel Ivonne Burghardt, Vojtěch Vaněk	227
Finanz- und Münzwesen Torsten Fried	235
Die Forstwirtschaft in den Reichswäldern bei Nürnberg zur Zeit Karls IV. Benno Baumbauer	239
Die letzte Ausstrahlung der kaiserlichen Majestät: Die Reise Karls IV. nach Paris und seine Prager Pompa funebris František Šmahel	247
Karls Erben: Wenzel IV. und Sigismund Wilfried Franzen	253
Das Nachleben Karls IV. Jan Royt	259
Größter Tscheche aller Zeiten, Deutscher, großer Europäer? – Das Bild Karls IV. in Geschichtsschreibung und Öffentlichkeit René Küpper	267

Katalog

1 ✶ Das 14. Jahrhundert – eine Zeit der Katastrophen und Krisen	278
2 ✶ Karl IV. – seine Persönlichkeit, sein Aussehen – Realität versus Fiktion	286
3 ✶ Familie, Erziehung in Frankreich, erste politische Erfahrungen in Italien und als Markgraf von Mähren	292
4 ✶ Der weise Herrscher	326
5 ✶ Der fromme Herrscher	340
6 ✶ Karl als Sammler von Kronen	360
7 ✶ Die Prager Kathedrale als Kirche der böhmischen Könige	382
8 ✶ Karlstein als Kaiserburg	396
9 ✶ Prag – Hauptstadt des Reichs	418
10 ✶ Nürnberg – Metropole Karls IV.	434
11 ✶ Die Länder der böhmischen Krone	456
12 ✶ Kunst in kaiserlichen Diensten	486
13 ✶ Das Heilige Römische Reich – Anhänger und Opposition	514
14 ✶ Karls Judenpolitik: Schützlinge und Opfer	562
15 ✶ Italien und die Träume vom neuen Kaisertum	576
16 ✶ Bergbau, Handel und Finanzen – wirtschaftliche Grundlagen einer guten Regierung	582
17 ✶ Die letzte Reise nach Frankreich	596
18 ✶ Karls Tod und Begräbnis	604
19 ✶ Das Nachleben Karls IV.	614

Literaturverzeichnis	625
Orts- und Objektregister	666
Personenregister	678
Danksagung	686
Leihgeber	688
Bildnachweis	690
Organisation der Ausstellung	694
Sponsoren	696
Die Ausstellung in der Wallenstein-Reitschule	698
Impressum	704

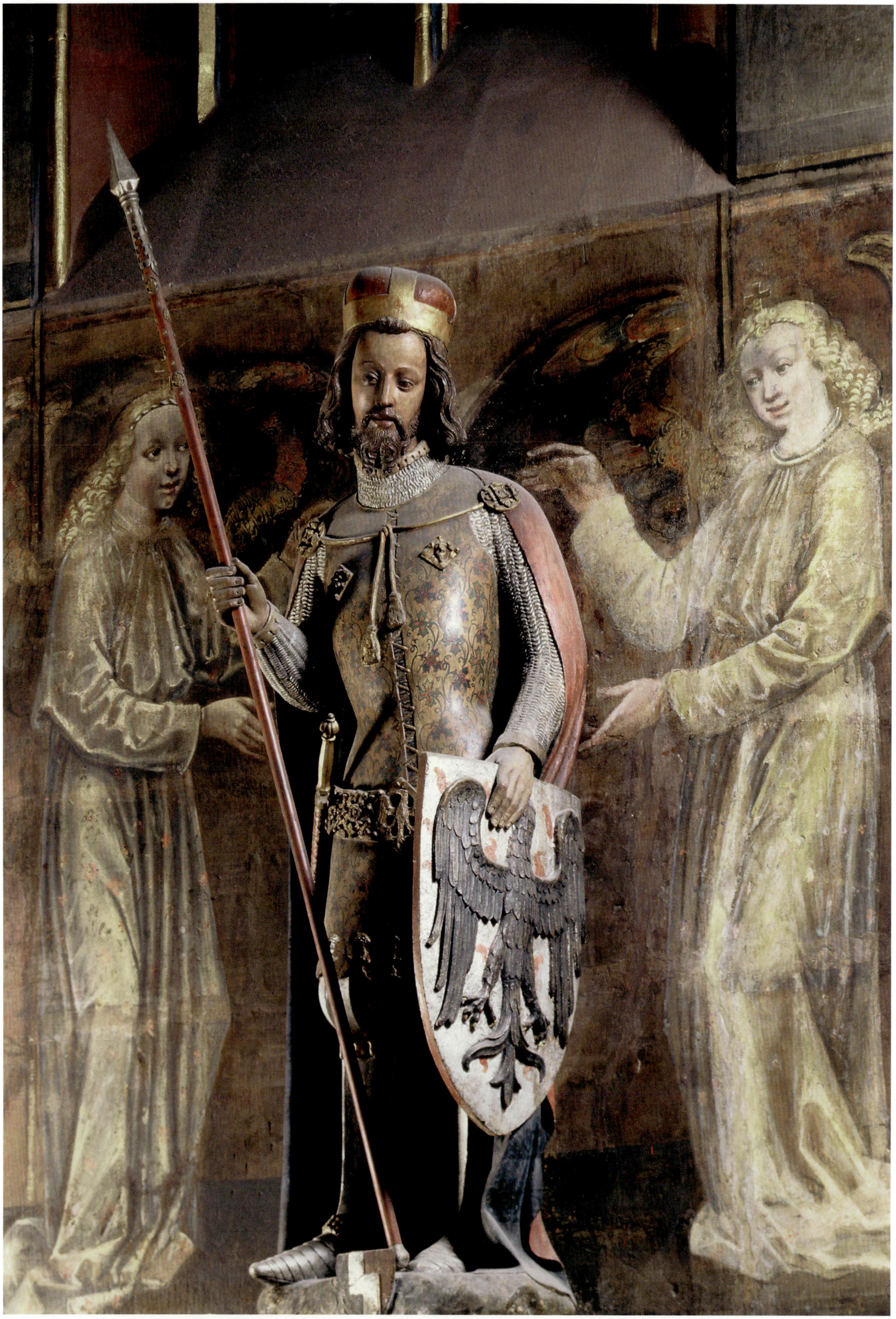

Grußwort des Ministerpräsidenten der Tschechischen Republik

Sehr verehrte Besucherinnen und Besucher der Bayerisch-Tschechischen Landesausstellung Kaiser Karl IV. 1316–2016,

unser Land steht dieses Jahr im Zeichen des 700. Jahrestags der Geburt Karls IV. Dazu finden zahllose Veranstaltungen und Aktionen statt, Zeitschriften bringen Sonderhefte heraus, die Zeitungen drucken thematische Beilagen. In den Buchhandlungen liegen neue Fachbücher und populärwissenschaftliche Publikationen aus. Die Regierung der Tschechischen Republik unterstützt eine Reihe von Projekten, die mit dem diesjährigen Jubiläum Karls IV. in Zusammenhang stehen. Besondere Aufmerksamkeit widmet die Regierung der Tschechischen Republik jedoch der Bayerisch-Tschechischen Landesausstellung Kaiser Karl IV. 1316–2016.

Karl IV. war nicht nur ein außerordentlich erfolgreicher böhmischer Herrscher. Er war in erster Linie ein Akteur der europäischen Politik. Bestimmend für seine staatsmännischen Schritte war die damalige Idealvorstellung einer weisen Regierung. Karl IV. betrieb eine im Zeitkontext rationale, aufgeklärte und effektive Politik. Er legte Wert auf Verhandlungen, den Gewinn von Bündnispartnern und die Lösung von Konflikten mit friedlichen Mitteln. Als gebildeter Monarch beherrschte er mehrere Sprachen, darunter natürlich auch das Tschechische, und er wusste, dass eine Landesverwaltung Fachleute und einen Rechtsrahmen braucht. Der Bedarf an gebildeten Beamten dürfte einer der Beweggründe gewesen sein, die zur Gründung der Karls-Universität geführt haben. Unter Karl IV. stieg seine Hofkanzlei in Prag zum Zentrum von Politik und Kultur auf. Das Prager Erzbistum, das gleichfalls während der Herrschaft Karls IV. gegründet wurde, stellte das natürliche geistliche Pendant zu Karls politischer Konzeption dar. In dieser Konzeption nahmen die böhmischen Länder und Prag eine Sonderstellung ein.

Das Heilige Römische Reich war ein enormer territorialer Komplex. Karl IV. verlieh ihm mit seiner Goldenen Bulle von 1356 ein Gesetzbuch, das bis 1806 gelten sollte. Effektiv wurde Karls Regierung auch durch die Verzeichnisse von Besitz und Erträgen, die man als Vorläufer der heutigen Kataster und einer wirksamen Steuererhebung ansehen kann. Die große Gründertat Karls IV., die Anlage der Prager Neustadt, wäre nicht möglich gewesen, wenn sie nicht auf einem stabilen Territorium nach von der Staatsmacht festgesetzten Regeln stattgefunden hätte. Nur so konnten neue Einwohner angelockt und zu einem hohen Bautempo motiviert werden. Das Resultat war Prag als mittelalterliche Großstadt mit 40.000 Einwohnern und dem größten Platz im damaligen Europa, der heute den Namen Karlsplatz trägt.

Als wir vor knapp zwei Jahren zusammen mit dem Ministerpräsidenten des Freistaates Bayern, Herrn Horst Seehofer, den Entschluss fassten, eine gemeinsame Landesausstellung dem Thema Karl IV. zu widmen, waren wir von dem Wunsch geleitet, dass dieser große europäische Herrscher auch eine gegenseitige Annäherung der Nachbarn bewirken möge. Die Ausstellung ist aus der Zusammenarbeit von Institutionen mit Sitz in Prag, Augsburg, Nürnberg und Leipzig hervorgegangen. Meinen Dank möchte ich dem Generaldirektor der Nationalgalerie in Prag, Herrn Jiří Fajt, aussprechen, der sich sowohl in der Tschechischen Republik als auch in Deutschland als Wissenschaftler und Kulturmanager eines hohen Renommées erfreut. Zahlreiche neue Elemente der Ausstellung sind die Resultate seiner langjährigen Forschungs- und Teamarbeit in beiden Ländern.

Ich bin überzeugt, dass die Bayerisch-Tschechische Landesausstellung, die ihren Anfang in Prag nimmt und in Nürnberg ihre Fortsetzung findet, viele Impulse für eine nachbarliche Zusammenarbeit bringen und das Verständnis für die gemeinsame Tradition fördern wird. Karl IV. schloss dem Königreich Böhmen einst „für ewige Zeiten" Gebiete an, die praktisch bis an die Stadtmauern Nürnbergs heranreichten. Heute geht es nicht mehr darum, wo die Grenze verläuft, sondern in welchen Regionen Zufriedenheit und Prosperität herrschen. Das Gebiet zwischen Prag und Nürnberg bewahrt dank der Verdienste Karls IV. Zufriedenheit und Prosperität tief in seinem historischen Gedächtnis.

Bohuslav Sobotka
Ministerpräsident der Tschechischen Republik

Abb. 6 **Der Hl. Wenzel (um 908–928 oder 935), Herzog und später Landespatron Böhmens, wurde von seinem Bruder Boleslav ermordet; die berühmteste Darstellung ist diese in der Wenzelskapelle im Veitsdom auf dem Prager Burgberg, aufgestellt 1373 und mit dem Stifterwappen der Parler, also vermutlich des Dombaumeisters Peter, versehen.** • Prag, Dombauhütte (Heinrich Parler?), 1367 (?) • Pläner Kalkstein mit Sandsteinanteil, Farbfassung von 1913 mit älterer Fassung darunter; H. 200 cm, B. 62 cm, T. 52 cm • Prag, Veitsdom, Wenzelskapelle, Ostwand

Grußwort des Ministerpräsidenten des Freistaates Bayern

Bayern und Böhmen waren seit vielen Jahrhunderten in wirtschaftlicher, politischer und kultureller Hinsicht eng miteinander verbunden. Die Nachbarschaft der beiden Länder hat durch die dramatischen Ereignisse des 20. Jahrhunderts – vom Münchener Abkommen 1938 über die nationalsozialistische Gewaltherrschaft im so genannten Protektorat Böhmen und Mähren und die Vertreibung der Sudetendeutschen nach Kriegsende bis zur jahrzehntelangen Trennung durch den Eisernen Vorhang – starke Belastungen und tiefe Risse erfahren. Umso mehr freue ich mich, dass in den letzten Jahren auf beiden Seiten Austausch und Kooperation in den Vordergrund gerückt sind. Ausdruck der dabei erzielten bedeutsamen Fortschritte waren die Eröffnung einer eigenen Bayerischen Repräsentanz in Prag 2014 und die Unterzeichnung des Kulturabkommens zwischen dem Freistaat Bayern und der Tschechischen Republik 2015.

Dabei wurde auch die Veranstaltung einer Bayerisch-Tschechischen Landesausstellung beschlossen, die – gemeinsam und damit länderübergreifend konzipiert – zuerst in Prag und anschließend in Nürnberg präsentiert wird. Das Projekt geht zurück auf eine Vereinbarung, die ich 2013 mit dem damaligen tschechischen Premierminister Nečas bei seinem Besuch in München getroffen habe. Auf tschechische Anregung hin widmet sich die gemeinsame Landesausstellung dem böhmischen König und römisch-deutschen Kaiser Karl IV., dessen Geburtstag sich 2016 zum 700. Mal jährt. Karl IV. war als Nachfolger des bayerischen Kaisers Ludwig aus dem Haus Wittelsbach in Bayern nicht unumstritten, insbesondere wegen seiner territorialen Projekte in der Oberpfalz. Hier versuchte Karl, die für seine reichspolitische Konzeption wichtigsten Städte Prag und Nürnberg über eine Landbrücke miteinander zu verbinden. Die für den Austausch zwischen Bayern und Böhmen entscheidende Goldene Straße in der Oberpfalz und zugleich die Goldenen Steige in Niederbayern zeigen allein schon von ihrer Bezeichnung her, wie lukrativ sich die wirtschaftliche Verbindung zwischen Böhmen und Bayern gestaltete. Der kulturelle Aspekt sollte dabei, wie die erhaltenen Bauwerke aus dieser Epoche an den erwähnten Straßen noch heute belegen, ebenfalls nicht unterschätzt werden.

Damit bietet unsere gemeinsame Landesausstellung in mancherlei Hinsicht einen hervorragenden Anknüpfungspunkt für unsere politischen Bemühungen heute, für die Besinnung auf das Verbindende, ohne das einstmals Trennende aus dem Gedächtnis zu verdrängen. Auf bayerischer Seite danke ich besonders dem Haus der Bayerischen Geschichte, das sich mit großem Engagement des Projekts angenommen hat und erstmals in der Geschichte des Hauses zwei Landesausstellungen in einem Jahr stemmt. Auf tschechischer Seite gilt mein Dank allen Beteiligten, vor allem der Nationalgalerie in Prag, die besonderen Anteil an der Konzeption der Landesausstellung besitzt. Dank verdienen aber auch die zahlreichen Mitwirkenden entlang der alten Goldenen Straßen und Steige, die sich beiderseits der Grenze am Begleitprogramm der Landesausstellung beteiligen und damit unsere Kontakte weiter intensivieren.

Der Bayerisch-Tschechischen Landesausstellung „Karl IV." wünsche ich an den beiden Standorten in Prag und Nürnberg viele interessierte und begeisterte Besucherinnen und Besucher.

Horst Seehofer
Ministerpräsident des Freistaates Bayern

Abb. 7 **Nürnberg, Kaiserburg, Obergeschoss der Doppelkapelle. Die Nürnberger Burg war eine der wichtigsten Reichsburgen und wurde von Kaiser Karl IV. instandgesetzt; die staufische Burgkapelle mit ihren vier Säulen und zusätzlicher Westempore diente als Vorbild für die von ihm gestiftete kaiserliche Kapelle, die Frauenkirche, im Zentrum der Stadt.** • Um 1200

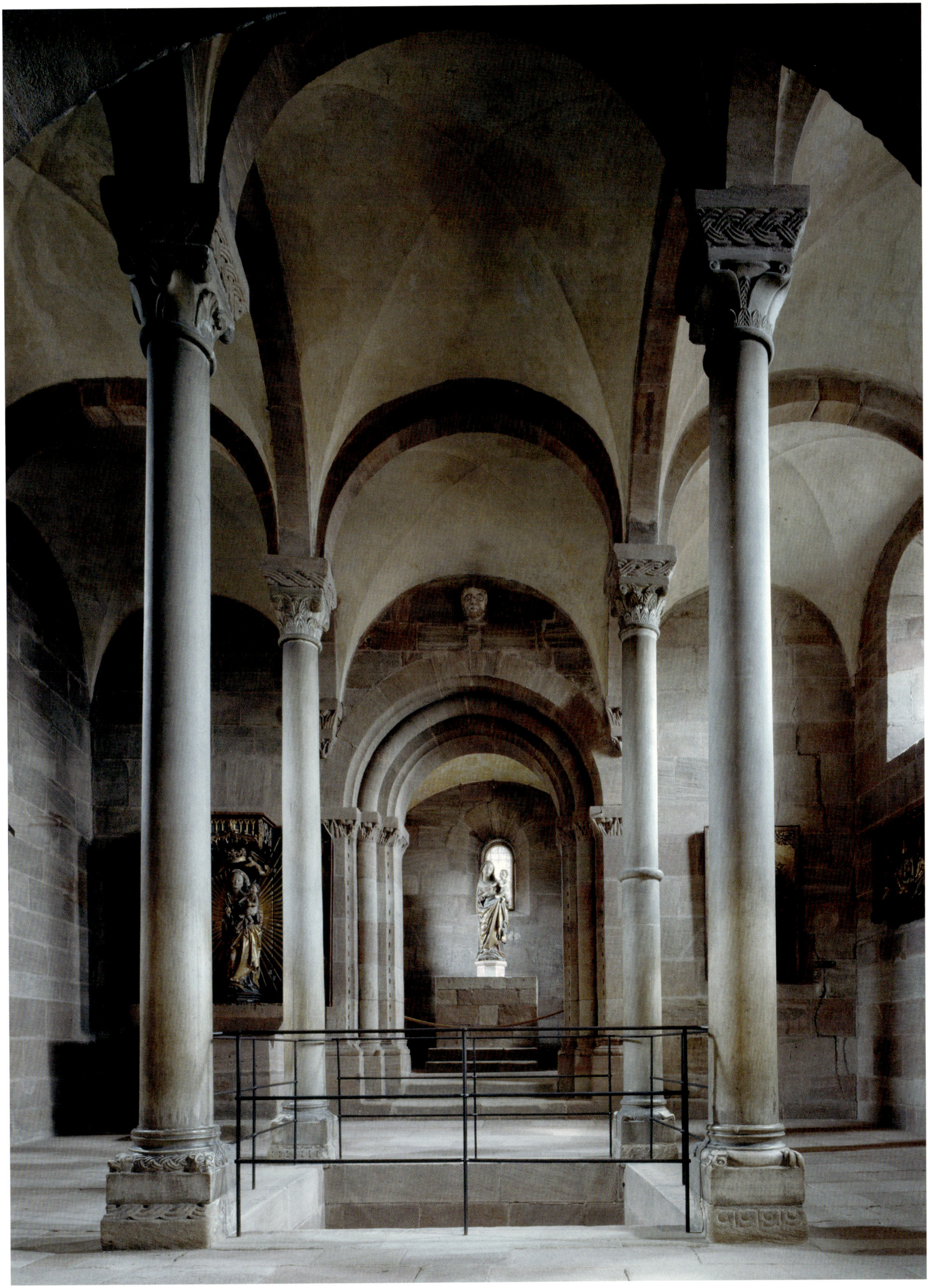

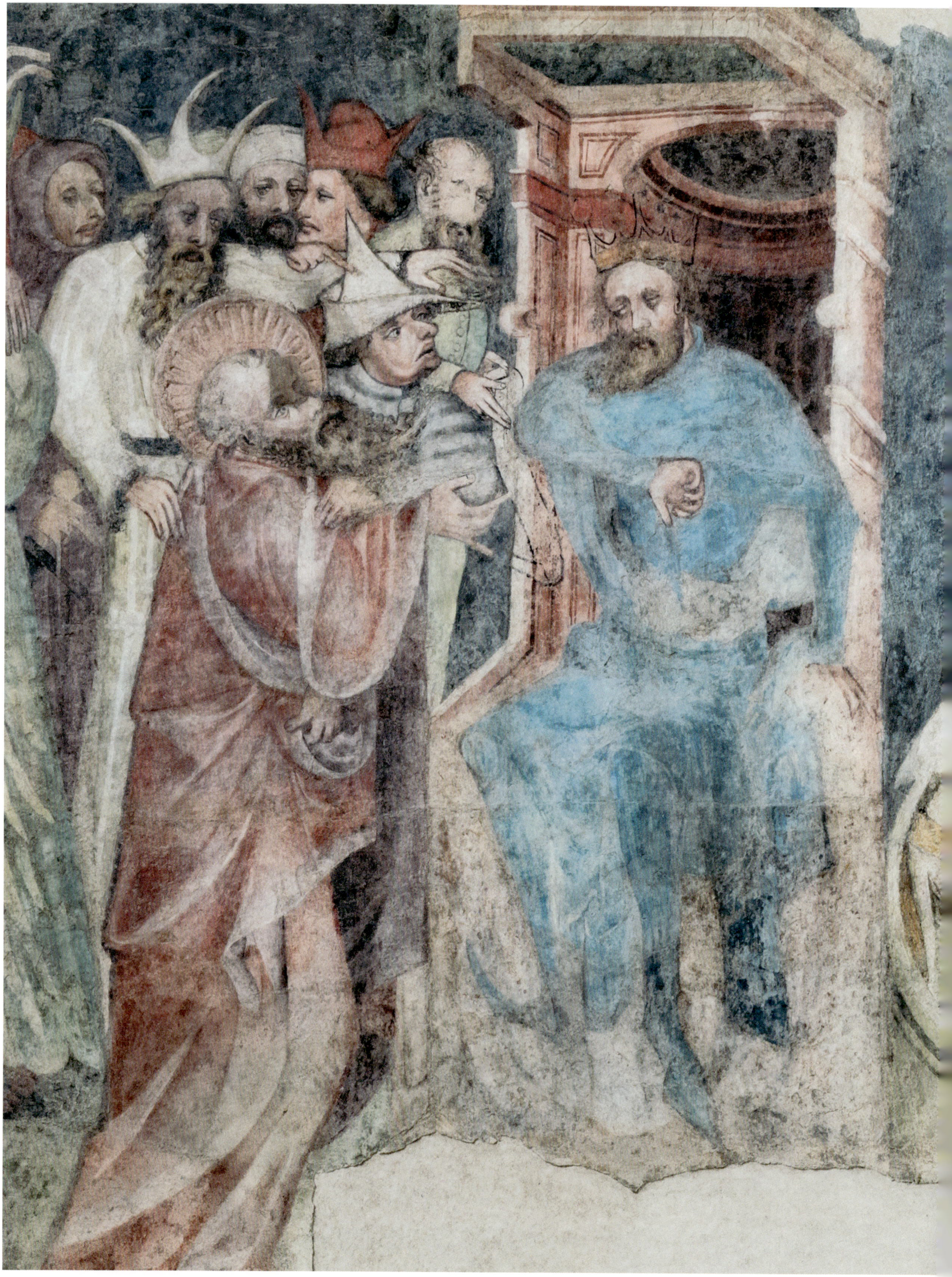

Grußwort des Direktors des Hauses der Bayerischen Geschichte

Die Zusammenarbeit des Hauses der Bayerischen Geschichte mit seinen tschechischen Nachbarn geht zurück auf die 2007 in Zwiesel gezeigte Landesausstellung „Bayern – Böhmen. 1500 Jahre Nachbarschaft". Mit der nun erarbeiteten ersten gemeinsamen Landesausstellung intensiviert sich die Kooperation zwischen dem Freistaat Bayern und der Tschechischen Republik. Mit dem böhmischen König und römisch-deutschen Kaiser Karl IV. steht 2016 eine bedeutende historische Gestalt im Mittelpunkt.

Während die große Begehung des 700. Geburtstages des böhmischen Landesvaters, der dort seit jeher als vorbildlicher Herrscher gilt, in der Tschechischen Republik kaum überrascht, ist er in Bayern im historischen Gedächtnis weniger präsent. Dabei gibt es viele Anknüpfungspunkte: Der Luxemburger Karl wurde als Gegenkönig Ludwigs des Bayern gewählt und folgte diesem auf dem Kaiserthron. Durch die Heirat mit der Wittelsbacherin Anna von der Pfalz legte Karl den Grundstein für den Erwerb umfangreicher, später als „Neuböhmen" bezeichneter Gebiete in der Oberpfalz, die bis vor die Tore Nürnbergs reichten. Der berühmten „Goldenen Straße" gewährte er Schutz und Förderung. Zahlreiche an diesem bedeutenden Handelsweg zwischen Nürnberg und Prag gelegene Orte verdankten Karl IV. ihre Markt- und Stadtrechte. Das vor den Toren Nürnbergs gelegene Wenzelschloss in Lauf schätzte der Kaiser als letzte Station auf dem Weg zu den Reichstagen in Nürnberg. Der vor kurzem restaurierte Wappensaal symbolisiert mit seinen 112 in Stein gemeißelten Wappen das Königreich Böhmen. Nürnberg war nach Prag der zweithäufigste Aufenthaltsort des Kaisers, gewissermaßen seine zweite Residenz. Am Anfang seiner Herrschaft steht das wohl dunkelste Kapitel in der Geschichte, die wir in unserer gemeinsamen Landesausstellung erzählen: 1349 erlaubte Karl IV. dem Nürnberger Magistrat die Plünderung und Ermordung der unter königlichem Schutz stehenden jüdischen Gemeinde. Nürnberg ist aber auch mit der von Karl IV. im Jahr 1356 erlassenen Goldenen Bulle verbunden, die als eine Art Reichsgrundgesetz für Jahrhunderte die Königswahl regelte.

Die Erarbeitung dieser ersten bayerisch-tschechischen Landesausstellung ist ein Gemeinschaftsprojekt der Nationalgalerie Prag, des Hauses der Bayerischen Geschichte, des Geisteswissenschaftlichen Zentrums Geschichte und Kultur Ostmitteleuropas in Leipzig und des Germanischen Nationalmuseums in Nürnberg. Den Mitarbeiterinnen und Mitarbeitern dieser Institutionen danken wir herzlich für ihr Engagement, stellvertretend den Generaldirektoren Jiří Fajt und G. Ulrich Großmann sowie Direktor Christian Lübke. Unser gemeinsamer Dank gilt den Leihgebern aus Europa und Übersee, die herausragende Exponate für dieses Ausstellungsprojekt zur Verfügung gestellt haben.

Richard Loibl
Direktor des Hauses der Bayerischen Geschichte

Abb. 8 **Der Apostel Paulus vor Kaiser Nero. Wandmalereifragment aus dem 1361–79 in der Regierungszeit Karls IV. errichteten Chor der Nürnberger Stadtpfarrkirche St. Sebald. Die Darstellung schmückte die Wand über dem den beiden Erzaposteln Petrus und Paulus geweihten Altar auf der Mittelachse des Ostchores. In St. Sebald wurde 1361 Karls Sohn, Thronfolger Wenzel, getauft.** • Nürnberg, Maler aus dem höfischen Umfeld Karls IV., um 1378/79 • Nürnberg, Ev.-luth. Kirchengemeinde St. Sebald (heute an anderer Stelle im Umgangschor)

Grußwort des Direktors des GWZO an der Universität Leipzig

Das Geisteswissenschaftliche Zentrum Geschichte und Kultur Ostmitteleuropas (GWZO) in Leipzig erforscht die historische Region „Ostmitteleuropa" in einer vergleichsweise großen und historisch begründeten Erstreckung, die eine zwischen den Meeren gelegene Landmasse umfasst - zwischen Ostsee, Schwarzem Meer und Adria. Dieser Forschungsansatz hat seine Ursachen in der ebenso breiten zeitlichen Perspektive seiner Forschungen, die vom frühen Mittelalter bis in die Gegenwart reichen. Auf dieser langen Zeitachse spielte zunächst das 10. Jahrhundert mit der Herausbildung dreier ostmitteleuropäischer „Kernstaaten" eine prägende Rolle: In Böhmen, Polen und Ungarn formten sich parallele identitätsprägende Elemente, die bis heute im Selbstverständnis ihrer Völker verortet sind. Dazu gehören das Wissen über die jahrhundertelang herrschenden Fürstendynastien der Přemysliden in Böhmen, der Piasten in Polen und der Árpáden in Ungarn, die Prägung durch das Christentum in der römisch-lateinischen Form, aber auch das historische Streben nach Unabhängigkeit vom römisch-deutschen Kaisertum.

Nicht weniger wichtig für die Wahrnehmung der Vergangenheit ist das mit Blick auf Gesamteuropa häufig als Zeit der Krisen apostrophierte 14. Jahrhundert, als in Ostmitteleuropa nach dem Aussterben der alten Dynastien neue politische Kräfte eine beträchtliche Ausweitung der Territorien bewirkten. Denn das Königreich Ungarn reichte unter den Anjou von der Adria bis zum Schwarzen Meer, zu den Ländern der böhmischen Krone gehörten in der Zeit der Luxemburger auch Schlesien, die Lausitz und Brandenburg, und das Königreich Polen befand sich auf dem Weg zur Union mit dem Großfürstentum Litauen. Das östliche Mitteleuropa wurde damals durch starke Könige mit langen Regierungszeiten geprägt, wie in Polen durch Kasimir III. den Großen (1333–70), in Ungarn durch Ludwig den Großen (1342–82) und in Böhmen durch Karl I. (1347–78), der als Kaiser Karl IV. (seit 1355) zugleich im Reich regierte. Auf Grund von dynastischen Erbfolgeproblemen standen sie in ständigen Verhandlungen untereinander, in deren Umfeld der Adel umfangreiche politische Partizipationsrechte erlangte. Die Verzahnung der drei Länder bahnte sich in einem Königstreffen des Jahres 1335 in der ungarischen Burg Visegrád an – in einem für die heutige Kooperation der Visegrád-Staaten Polen, Tschechien, Slowakei und Ungarn namengebenden Akt.

Das GWZO hat sich der Idee der intensiven Annäherung an diese spannende Zeit durch die Thematisierung des böhmischen Königs und römisch-deutschen Kaisers Karl IV. mit Energie und Enthusiasmus gewidmet. Das Zentrum insgesamt und insbesondere die an der Konzipierung und Organisierung der Ausstellung beteiligten wissenschaftlichen Mitarbeiter sind glücklich, dass auf dem Wege der Kooperation mit überaus kompetenten Partnern – mit der Nationalgalerie in Prag, mit dem Haus der Bayerischen Geschichte und dem Germanischen Nationalmuseum in Nürnberg – die Realisierung dieser wunderbaren Idee gelungen ist, wofür sich in beispielhafter Form zwei Nachbarn zur gemeinsamen Präsentation in einer Bayerisch-Tschechischen Landesausstellung zusammengefunden haben. Allen Beteiligten, wozu natürlich auch die zahlreichen Leihgeber kostbarer Objekte gehören, gelten meine Gratulation und mein herzlicher Dank. Den Ausstellungsorten Prag und Nürnberg wünsche ich den verdienten großen Erfolg beim Publikum.

Christian Lübke
Direktor des Geisteswissenschaflichen Zentrums Geschichte und Kultur
Ostmitteleuropas an der Universität Leipzig

Abb. 9 **Mühlhausen (Thüringen), Marienkirche, Kaiser Karl IV. neigt sich huldvoll dem Rat und der Bevölkerung seiner Reichsstadt entgegen. Die Skulptur ist Teil einer (heute) einzigartigen Figurengruppe, die den Auftritt der Herrscherfamilie in einer auch heute in Monarchien noch üblichen Weise verewigt und ihn mit der Anbetung der Heiligen Drei Könige und dem Jüngsten Gericht an der Fassade darüber verbindet.** • Meister des Erfurter Severi-Sarkophags, 1370er Jahre • Muschelkalk, ursprünglich gefasst • Mühlhausen (Thür.), Marienkirche, Balkon über dem Südquerhaus-Portal

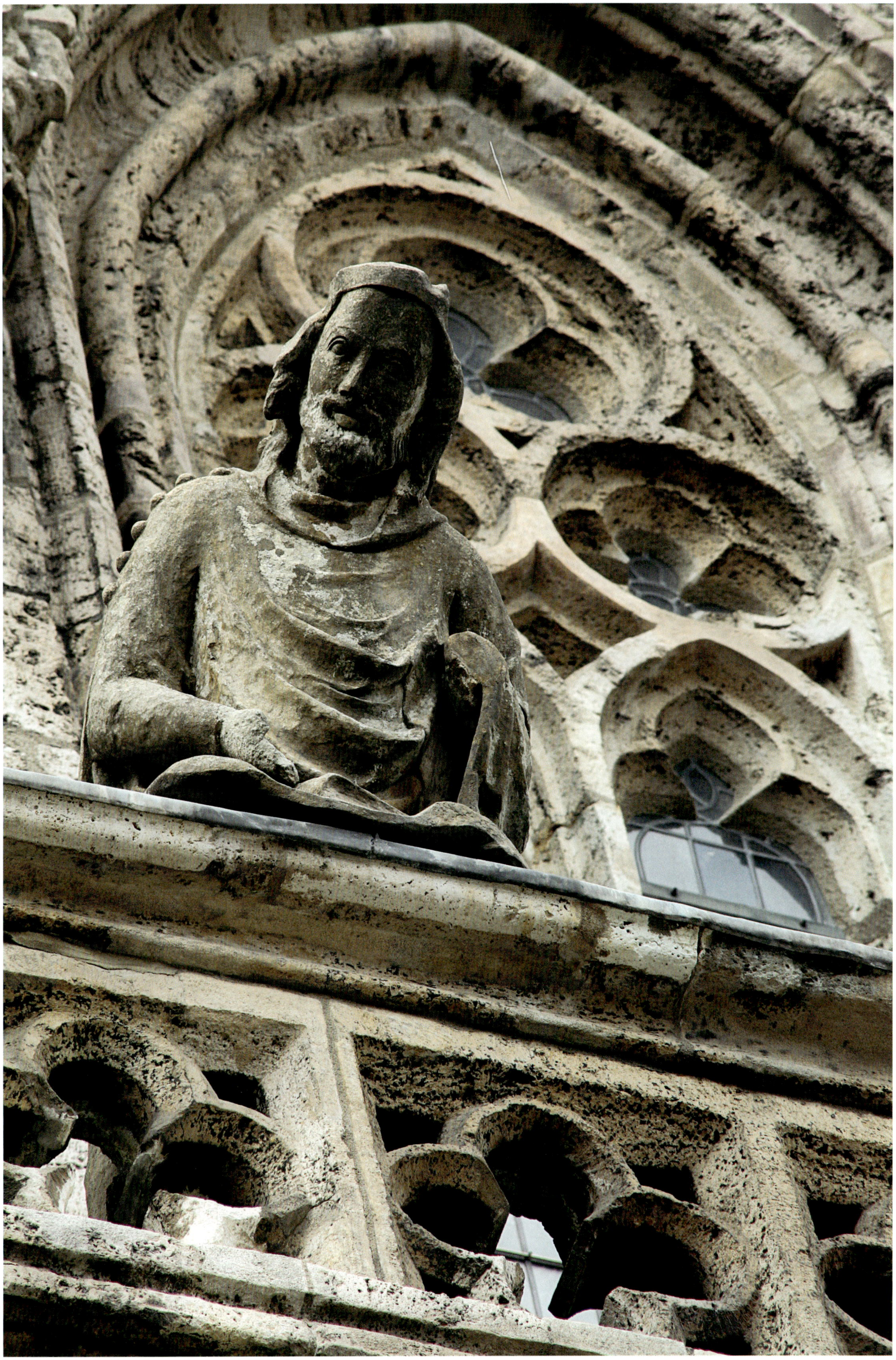

ver apud te est fons vite

dominus possedit me

Geleitwort des Hauptkurators und Generaldirektors der Nationalgalerie Prag

Für mich bist du nicht länger König von Böhmen, sondern der Welt, du bist schon römischer Kaiser, ein wahrer Cäsar.
Petrarca an Karl IV., 1355

Wie war Kaiser Karl IV., wie sah er aus, wie handelte er, wofür vermochte er sich zu begeistern, was quälte ihn? Er hielt sich selbst für auserwählt – wieso auch nicht, wenn er wie durch ein Wunder den eigenen Tod überlebte, nachdem ihn die Lanze eines Turniergegners aus dem Sattel geworfen und für lange Monate ans Krankenbett gefesselt hatte. Zutiefst gläubig, mit offensichtlichen Elementen einer exaltierten mystischen Frömmigkeit glaubte er fest an die Wunderkraft der Reliquien. Alles, was er unternahm, verstand er als Dienst an Gott. Zugleich war er ein vielleicht sogar zügelloser Genießer, ein Bonvivant, der sich nach den aktuellsten Trends der Pariser Mode kleidete, sich gern in Gegenwart schöner Frauen vergnügte, tanzte und an Turnieren teilnahm.

Über die Maßen gebildet und weise, gelegentlich aber auch gerissen, überragte er seine Zeitgenossen durch seine Fähigkeit zur Selbstkontrolle. In Momenten, in denen andere jähzornig zum Schwert griffen, durchdachte Karl kühl den nächsten Schachzug. Das machte ihn außergewöhnlich, ja gefürchtet und ließ ihn in den Augen seiner Widersacher hinterlistig erscheinen. Als zielbewusster und autoritativer Pragmatiker scheute er nicht davor zurück, ein gegebenes Wort zu brechen, sofern er damit das gesteckte Ziel erreichte. Er umgab sich mit tüchtigen Männern, doch wenn er den Eindruck gewann, dass sie ihm über den Kopf wuchsen, lobte er sie weg. Von penibler Sparsamkeit und immer auf der Suche nach finanziellen Mitteln, hatte er auch ein stark ausgeprägtes Rechtsempfinden. Er ehrte die Tradition und das Althergebrachte und war sorgfältig auf die eigene Repräsentation bedacht.

All dies spricht unsere Ausstellung an. Haben wir uns vor zehn Jahren in New York und Prag der Kunst und Repräsentation der letzten Luxemburger gewidmet, so gehen wir heute Kaiser Karl IV. im Kontext seiner Zeit nach. In einem Jahrhundert der Klimakatastrophen, der todbringenden Seuchen, der wirtschaftlichen und politischen Krisen war es keine Selbstverständlichkeit, ein derart ausgedehntes Reich zu festigen und zu beherrschen – und der Schlüssel zum Erfolg lag gerade in der reichen, aber widersprüchlichen inneren Welt Karls IV.

Schon zu Lebzeiten wurde er auf verschiedene Weise wahrgenommen. In Böhmen identifizierten sich alle politischen Systeme mit ihm, das Zeitalter der Jagiellonen ebenso wie Masaryks Erste Republik, das kommunistische Regime der Nachkriegszeit oder die freie Republik nach 1989. Hier galt Karl als ruhmreichster Monarch auf dem Königsthron, als „Vater des Vaterlandes", und wird auch heute noch so wahrgenommen.

Im deutschen Kulturraum sah man in ihm bis ins 20. Jahrhundert den gerissenen Pragmatiker und „Stiefvater des Reichs". Die ahistorisch einseitige Überbetonung der böhmischen Interessen auf tschechischer und die Relativierung von Karls Verdiensten um die Reichspolitik auf deutscher Seite wurden während der vergangenen Jahrzehnte in akademischen Kreisen zu beiden Seiten der tschechisch-deutschen Grenze revidiert; es erfolgte eine objektivere Einordnung in den breiteren geografischen und gesellschaftspolitischen Kontext Europas im 14. Jahrhundert, deren Resultate auf unserer Bayerisch-Tschechischen Landesausstellung vorgestellt werden.

Für die politische und faktische Unterstützung dieses historischen Ausstellungsvorhabens gebührt unser Dank vor allem den beiden beteiligten Ministerpräsidenten Bohuslav Sobotka und Horst Seehofer. Für die Zusammenarbeit und Unterstützung möchte ich mich bei meinen wunderbaren Kollegen und Mitarbeitern bedanken. Wenn die Besichtigung dieser Ausstellung manch ein Stereotyp über Karl IV. schwinden lässt, hat sie ihren Zweck erreicht. Auf jeden Fall glaube ich, dass die Ausstellung ein tieferes Verständnis für unsere gemeinsame tschechisch-deutsche Vergangenheit vermitteln kann, ohne das sich eine gemeinsame Zukunft in einem vereinten Europa kaum bewerkstelligen lässt. Und Karl IV. wird dabei für immer die prägende Gestalt der europäischen, d. h. der tschechischen und der deutschen Geschichte bleiben – gerade im Hinblick auf das internationale kulturelle Vermächtnis, das er und sein Zeitalter uns hinterlassen haben.

Jiří Fajt
Generaldirektor der Nationalgalerie in Prag und Hauptkurator der Ausstellung

Abb. 10 Josef erkennt in Maria die Mutter Gottes. Teil des Marienretabels aus der Nürnberger Klarissenkirche St. Klara (vgl. Kat.-Nr. 10.7) • Nürnberg, Sebald Weinschröter (zugeschrieben), um 1362 • Tempera und Öl auf Holz; H. 39,5 cm, B. 27 cm • Berlin, Staatliche Museen zu Berlin – Preußischer Kulturbesitz, Gemäldegalerie, Inv.-Nr. 1216

Mitteleuropa um 1378

Abb. 11 **Karte Mitteleuropas mit den Herrschaftsgebieten des Hauses Luxemburg um 1378**

22 Einleitung

Einleitung 23

Stammbaum der Luxemburger-Dynastie

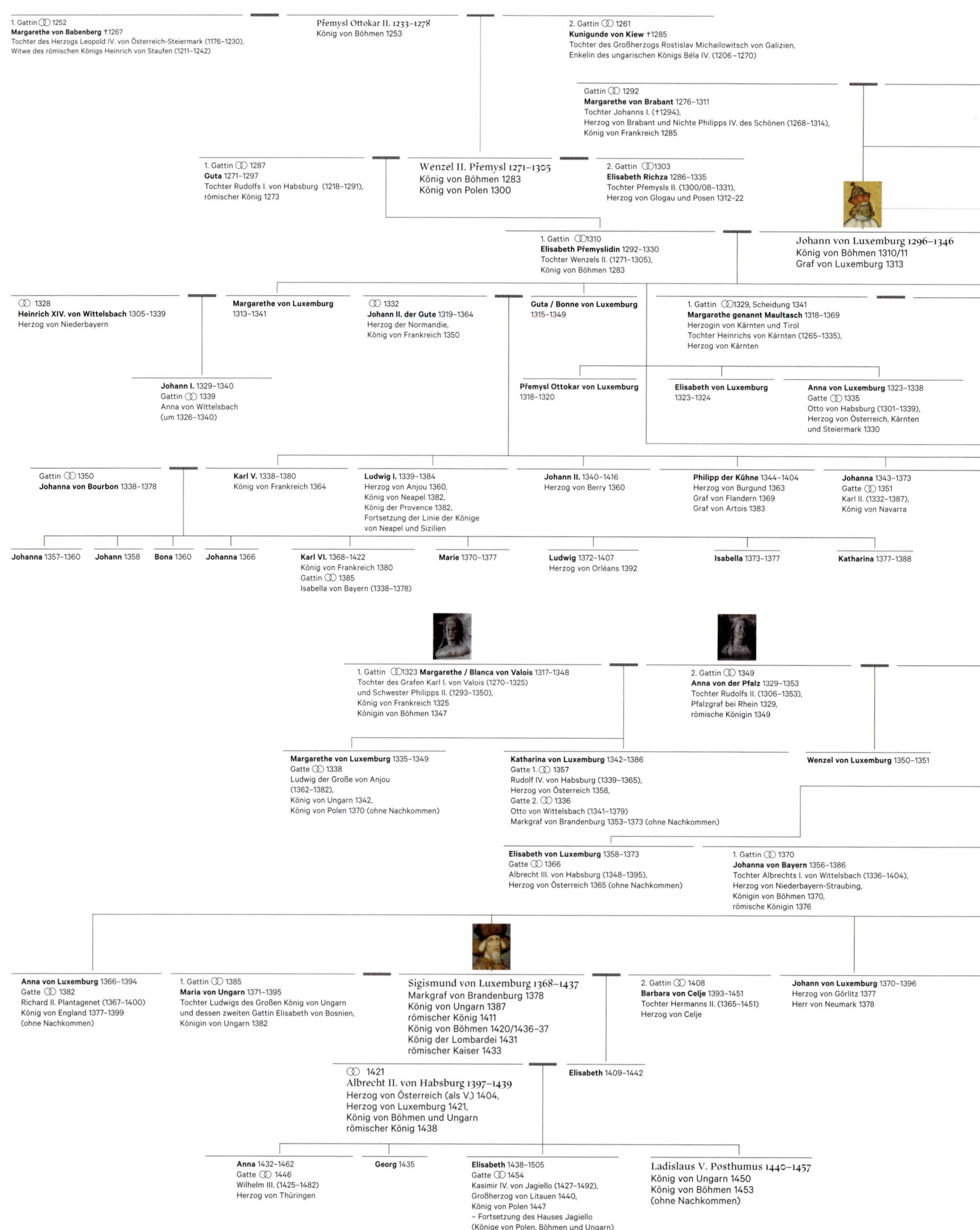

1. Gattin ⚭ 1252
Margarethe von Babenberg †1267
Tochter des Herzogs Leopold IV. von Österreich-Steiermark (1176–1230),
Witwe des römischen Königs Heinrich von Staufen (1211–1242)

Přemysl Ottokar II. 1233–1278
König von Böhmen 1253

2. Gattin ⚭ 1261
Kunigunde von Kiew †1285
Tochter des Großherzogs Rostislav Michailowitsch von Galizien,
Enkelin des ungarischen Königs Béla IV. (1206–1270)

Gattin ⚭ 1292
Margarethe von Brabant 1276–1311
Tochter Johanns I. (†1294),
Herzog von Brabant und Nichte Philipps IV. des Schönen (1268–1314),
König von Frankreich 1285

1. Gattin ⚭ 1287
Guta 1271–1297
Tochter Rudolfs I. von Habsburg (1218–1291),
römischer König 1273

Wenzel II. Přemysl 1271–1305
König von Böhmen 1283
König von Polen 1300

2. Gattin ⚭ 1303
Elisabeth Richza 1286–1335
Tochter Přemysls II. (1300/08–1331),
Herzog von Glogau und Posen 1312–22

1. Gattin ⚭ 1310
Elisabeth Přemyslidin 1292–1330
Tochter Wenzels II. (1271–1305),
König von Böhmen 1283

Johann von Luxemburg 1296–1346
König von Böhmen 1310/11
Graf von Luxemburg 1313

⚭ 1328
Heinrich XIV. von Wittelsbach 1305–1339
Herzog von Niederbayern

Margarethe von Luxemburg 1313–1341

⚭ 1332
Johann II. der Gute 1319–1364
Herzog der Normandie,
König von Frankreich 1350

Guta / Bonne von Luxemburg 1315–1349

1. Gattin ⚭ 1329, Scheidung 1341
Margarethe genannt Maultasch 1318–1369
Herzogin von Kärnten und Tirol
Tochter Heinrichs von Kärnten (1265–1335),
Herzog von Kärnten

Johann I. 1329–1340
Gattin ⚭ 1339
Anna von Wittelsbach
(um 1326–1340)

Přemysl Ottokar von Luxemburg 1318–1320

Elisabeth von Luxemburg 1323–1324

Anna von Luxemburg 1323–1338
Gatte ⚭ 1335
Otto von Habsburg (1301–1339),
Herzog von Österreich, Kärnten
und Steiermark 1330

Gattin ⚭ 1350
Johanna von Bourbon 1338–1378

Karl V. 1338–1380
König von Frankreich 1364

Ludwig I. 1339–1384
Herzog von Anjou 1360,
König von Neapel 1382,
König der Provence 1382,
Fortsetzung der Linie der Könige
von Neapel und Sizilien

Johann II. 1340–1416
Herzog von Berry 1360

Philipp der Kühne 1344–1404
Herzog von Burgund 1363
Graf von Flandern 1369
Graf von Artois 1383

Johanna 1343–1373
Gatte ⚭ 1351
Karl II. (1332–1387),
König von Navarra

Johanna 1357–1360   **Johann** 1358   **Bona** 1360   **Johanna** 1366   **Karl VI.** 1368–1422
König von Frankreich 1380
Gattin ⚭ 1385
Isabella von Bayern (1338–1378)
Marie 1370–1377   **Ludwig** 1372–1407
Herzog von Orléans 1392
Isabella 1373–1377   **Katharina** 1377–1388

1. Gattin ⚭ 1323 Margarethe / Blanca von Valois 1317–1348
Tochter des Grafen Karl I. von Valois (1270–1325)
und Schwester Philipps II. (1293–1350),
König von Frankreich 1325
Königin von Böhmen 1347

2. Gattin ⚭ 1349
Anna von der Pfalz 1329–1353
Tochter Rudolfs II. (1306–1353),
Pfalzgraf bei Rhein 1329,
römische Königin 1349

Margarethe von Luxemburg 1335–1349
Gatte ⚭ 1338
Ludwig der Große von Anjou
(1362–1382),
König von Ungarn 1342,
König von Polen 1370 (ohne Nachkommen)

Katharina von Luxemburg 1342–1386
Gatte 1. ⚭ 1357
Rudolf IV. von Habsburg (1339–1365),
Herzog von Österreich 1358
Gatte 2. ⚭ 1336
Otto von Wittelsbach (1341–1379)
Markgraf von Brandenburg 1353–1373 (ohne Nachkommen)

Wenzel von Luxemburg 1350–1351

Elisabeth von Luxemburg 1358–1373
Gatte ⚭ 1366
Albrecht III. von Habsburg (1348–1395),
Herzog von Österreich 1365 (ohne Nachkommen)

1. Gattin ⚭ 1370
Johanna von Bayern 1356–1386
Tochter Albrechts I. von Wittelsbach (1336–1404),
Herzog von Niederbayern-Straubing,
Königin von Böhmen 1370,
römische Königin 1376

Anna von Luxemburg 1366–1394
Gatte ⚭ 1382
Richard II. Plantagenet (1367–1400)
König von England 1377–1399
(ohne Nachkommen)

1. Gattin ⚭ 1385
Maria von Ungarn 1371–1395
Tochter Ludwigs des Großen König von Ungarn
und dessen zweiten Gattin Elisabeth von Bosnien,
Königin von Ungarn 1382

Sigismund von Luxemburg 1368–1437
Markgraf von Brandenburg 1378
König von Ungarn 1387
römischer König 1411
König von Böhmen 1420/1436–37
König der Lombardei 1431
römischer Kaiser 1433

2. Gattin ⚭ 1408
Barbara von Celje 1393–1451
Tochter Hermanns II. (1365–1451),
Herzog von Celje

Johann von Luxemburg 1370–1396
Herzog von Görlitz 1377
Herr von Neumark 1378

⚭ 1421
Albrecht II. von Habsburg 1397–1439
Herzog von Österreich (als V.) 1404,
Herzog von Luxemburg 1421,
König von Böhmen und Ungarn
römischer König 1438

Elisabeth 1409–1442

Anna 1432–1462
Gatte ⚭ 1446
Wilhelm III. (1425–1482)
Herzog von Thüringen

Georg 1435

Elisabeth 1438–1505
Gatte ⚭ 1454
Kasimir IV. von Jagiello (1427–1492),
Großherzog von Litauen 1440,
König von Polen 1447
– Fortsetzung des Hauses Jagiello
(Könige von Polen, Böhmen und Ungarn)

Ladislaus V. Posthumus 1440–1457
König von Ungarn 1450
König von Böhmen 1453
(ohne Nachkommen)

24 Einleitung

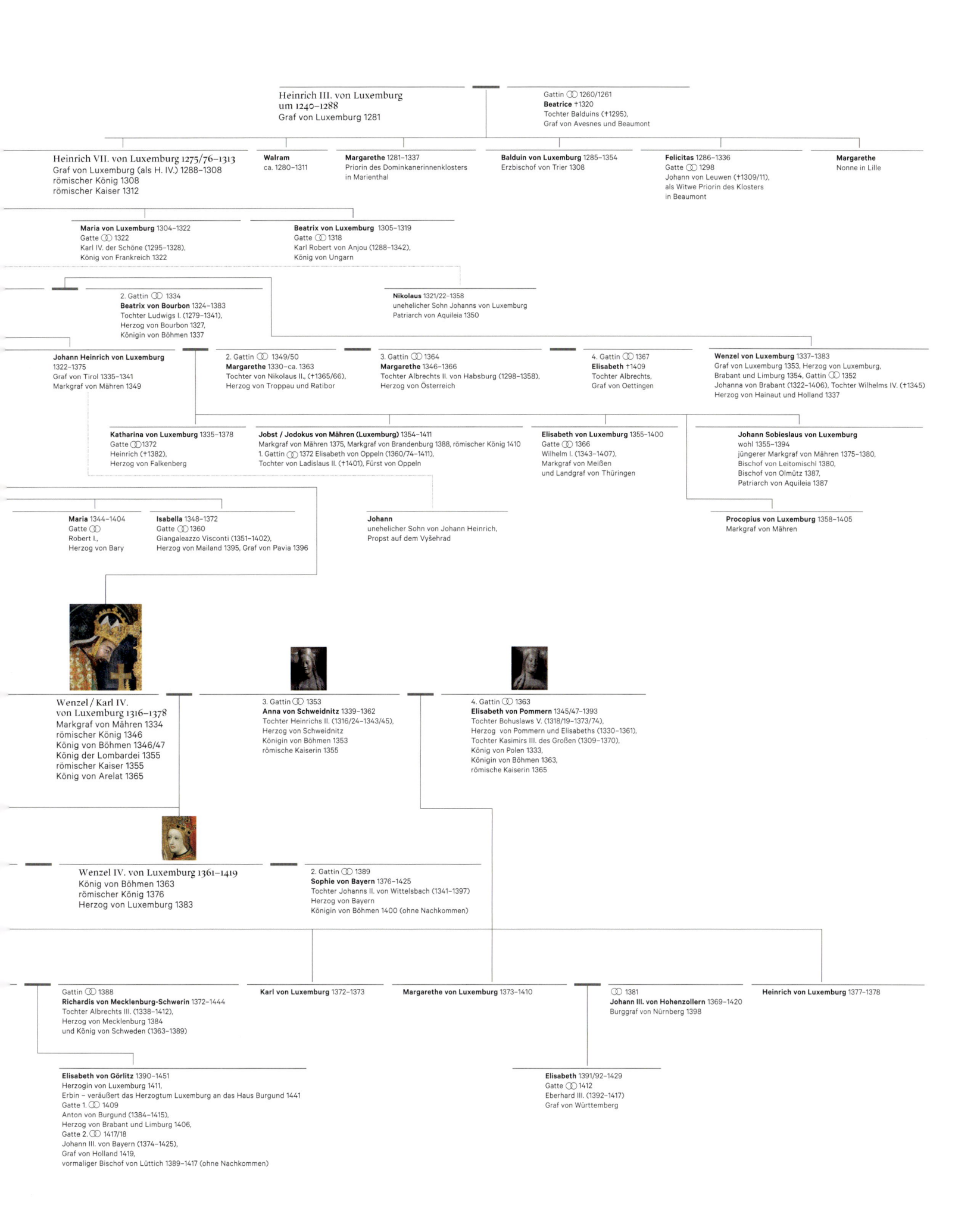

Heinrich III. von Luxemburg
um 1240–1288
Graf von Luxemburg 1281

Gattin ⚭ 1260/1261
Beatrice †1320
Tochter Balduins (†1295),
Graf von Avesnes und Beaumont

Heinrich VII. von Luxemburg 1275/76–1313
Graf von Luxemburg (als H. IV.) 1288–1308
römischer König 1308
römischer Kaiser 1312

Walram
ca. 1280–1311

Margarethe 1281–1337
Priorin des Dominkanerinnenklosters
in Marienthal

Balduin von Luxemburg 1285–1354
Erzbischof von Trier 1308

Felicitas 1286–1336
Gatte ⚭ 1298
Johann von Leuwen (†1309/11),
als Witwe Priorin des Klosters
in Beaumont

Margarethe
Nonne in Lille

Maria von Luxemburg 1304–1322
Gatte ⚭ 1322
Karl IV. der Schöne (1295–1328),
König von Frankreich 1322

Beatrix von Luxemburg 1305–1319
Gatte ⚭ 1318
Karl Robert von Anjou (1288–1342),
König von Ungarn

2. Gattin ⚭ 1334
Beatrix von Bourbon 1324–1383
Tochter Ludwigs I. (1279–1341),
Herzog von Bourbon 1327,
Königin von Böhmen 1337

Nikolaus 1321/22–1358
unehelicher Sohn Johanns von Luxemburg
Patriarch von Aquileia 1350

Johann Heinrich von Luxemburg
1322–1375
Graf von Tirol 1335–1341
Markgraf von Mähren 1349

2. Gattin ⚭ 1349/50
Margarethe 1330–ca. 1363
Tochter von Nikolaus II., (†1365/66),
Herzog von Troppau und Ratibor

3. Gattin ⚭ 1364
Margarethe 1346–1366
Tochter Albrechts II. von Habsburg (1298–1358),
Herzog von Österreich

4. Gattin ⚭ 1367
Elisabeth †1409
Tochter Albrechts,
Graf von Oettingen

Wenzel von Luxemburg 1337–1383
Graf von Luxemburg 1353, Herzog von Luxemburg,
Brabant und Limburg 1354, Gattin ⚭ 1352
Johanna von Brabant (1322–1406), Tochter Wilhelms IV. (†1345)
Herzog von Hainaut und Holland 1337

Katharina von Luxemburg 1335–1378
Gatte ⚭ 1372
Heinrich (†1382),
Herzog von Falkenberg

Jobst / Jodokus von Mähren (Luxemburg) 1354–1411
Markgraf von Mähren 1375, Markgraf von Brandenburg 1388, römischer König 1410
1. Gattin ⚭ 1372 Elisabeth von Oppeln (1360/74–1411),
Tochter von Ladislaus II. (†1401), Fürst von Oppeln

Elisabeth von Luxemburg 1355–1400
Gatte ⚭ 1366
Wilhelm I. (1343–1407),
Markgraf von Meißen
und Landgraf von Thüringen

Johann Sobieslaus von Luxemburg
wohl 1355–1394
jüngerer Markgraf von Mähren 1375–1380,
Bischof von Leitomischl 1380,
Bischof von Olmütz 1387,
Patriarch von Aquileia 1387

Maria 1344–1404
Gatte ⚭
Robert I.,
Herzog von Bary

Isabella 1348–1372
Gatte ⚭ 1360
Giangaleazzo Visconti (1351–1402),
Herzog von Mailand 1395, Graf von Pavia 1396

Johann
unehelicher Sohn von Johann Heinrich,
Propst auf dem Vyšehrad

Procopius von Luxemburg 1358–1405
Markgraf von Mähren

Wenzel / Karl IV.
von Luxemburg 1316–1378
Markgraf von Mähren 1334
römischer König 1346
König von Böhmen 1346/47
König der Lombardei 1355
römischer Kaiser 1355
König von Arelat 1365

3. Gattin ⚭ 1353
Anna von Schweidnitz 1339–1362
Tochter Heinrichs II. (1316/24–1343/45),
Herzog von Schweidnitz
Königin von Böhmen 1353
römische Kaiserin 1355

4. Gattin ⚭ 1363
Elisabeth von Pommern 1345/47–1393
Tochter Bohuslaws V. (1318/19–1373/74),
Herzog von Pommern und Elisabeths (1330–1361),
Tochter Kasimirs III. des Großen (1309–1370),
König von Polen 1333,
Königin von Böhmen 1363,
römische Kaiserin 1365

Wenzel IV. von Luxemburg 1361–1419
König von Böhmen 1363
römischer König 1376
Herzog von Luxemburg 1383

2. Gattin ⚭ 1389
Sophie von Bayern 1376–1425
Tochter Johanns II. von Wittelsbach (1341–1397)
Herzog von Bayern
Königin von Böhmen 1400 (ohne Nachkommen)

Gattin ⚭ 1388
Richardis von Mecklenburg-Schwerin 1372–1444
Tochter Albrechts III. (1338–1412),
Herzog von Mecklenburg 1384
und König von Schweden (1363–1389)

Karl von Luxemburg 1372–1373

Margarethe von Luxemburg 1373–1410

⚭ 1381
Johann III. von Hohenzollern 1369–1420
Burggraf von Nürnberg 1398

Heinrich von Luxemburg 1377–1378

Elisabeth von Görlitz 1390–1451
Herzogin von Luxemburg 1411,
Erbin – veräußert das Herzogtum Luxemburg an das Haus Burgund 1441
Gatte 1. ⚭ 1409
Anton von Burgund (1384–1415),
Herzog von Brabant und Limburg 1406,
Gatte 2. ⚭ 1417/18
Johann III. von Bayern (1374–1425),
Graf von Holland 1419,
vormaliger Bischof von Lüttich 1389–1417 (ohne Nachkommen)

Elisabeth 1391/92–1429
Gatte ⚭ 1412
Eberhard III. (1392–1417)
Graf von Württemberg

Zeitleiste 1299–1354

Jahr	Karl IV.	Heiliges Römisches Reich einschl. Königreich Böhmen	Europa außerhalb des Reichs und andere Kontinente
1299	Wende vom 13. zum 14. Jh.: mechanische (Turm-)Uhren bringen eine Revolution in der Zeitmessung		
			Osman I. (†1326), Sultan und Begründer des osmanischen Reichs gekrönt
1300		Wenzel II. (Herrschaft 1278–1305) zum König von Polen gekrönt	(1300/01, 1319): „Augengläser" und „Lesesteine" (Brillenvorläufer) werden vom Großen Rat in Venedig verhandelt
			Baufortführung an der Alhambra bei Granada
			Papst Bonifaz VIII. ruft ein Heiliges Jahr aus
	um 1300: in London erste Schornsteine und Glasfenster in Wohnhäusern		
1301		Wenzel III. (1289–1306) zum König von Ungarn gekrönt	†Andreas III., König von Ungarn, Aussterben der Arpaden
1304			*Francesco Petrarca (†1374), italienischer Humanist, Schriftsteller und Dichter
1305		†Wenzel II., König von Böhmen	Giotto di Bondone (†1337) malt den Wandzyklus in der Arenakapelle von Padua
			Otto III. von Bayern (†1312), zum König von Ungarn gekrönt
			(–1309): die Nazar (Nasri), Sultane des Emirats Granada, beherrschen Gibraltar und kontrollieren den Handel
1306		†Wenzel III. in Olmütz ermordet; mit ihm sterben die Přemysliden in männlicher Linie aus	(–1321): Dante Alighieri, italienischer humanistischer Dichter und Schöpfer der italienischen Schriftsprache, arbeitet an seiner Göttlichen Komödie
			Philipp IV. der Schöne, König von Frankreich, vertreibt die Juden und konfisziert ihren Besitz
1307			Philipp IV. lässt die Templer am Freitag, den 13. Oktober, wegen angeblicher Ketzerei einkerkern (mutmaßlich Ursprung des Aberglaubens vom „Freitag, dem Dreizehnten")
1308		Heinrich VII. von Luxemburg (†1313) zum römischen König gewählt	Karl I. Robert (†1342) zum König von Ungarn gekrönt, wodurch das Geschlecht Anjou auf den Thron kommt
		Dalimil schreibt die erste tschechische Reimchronik	Gründung der Universität Perugia
1309			Clemens V. verlegt die Papstresidenz nach Avignon; Beginn des bis 1377 dauernden Exils in Avignon
1310		30. August: ⚭ der Přemyslidenprinzessin Elisabeth, der böhmischen Thronerbin, mit Johann von Luxemburg	
		Krönungsfahrt Heinrichs VII. (†1313), des römischen Königs, nach Italien, Krönung zum König der Lombardei in Mailand	Dante Alighieri (†1321), italienischer Dichter, schreibt die Göttliche Komödie
1311	7. Februar: Johann von Luxemburg (†1346), Vater, zum König von Böhmen und Titularkönig von Polen (bis 1335) gekrönt	†Margarethe von Brabant, römische Königin, Gemahlin Heinrichs VII. und Großmutter Karls IV.	Lincoln, englische Kathedrale, ist mit dem Turm von 160 m das damals höchste Gebäude der Welt
		2. November: Johann II. (†1312), Herzog von Brabant, gewährt Nürnberger Kaufherren Zollfreiheit für seine Städte und festigt deren Position im Westen	(–1312): Konzil von Vienne, Prozess gegen die Templer und Auflösung des Ordens
1312		29. Juni: Heinrich VII. in Rom zum römischen Kaiser gekrönt	
1313		24. August: †Heinrich VII., Großvater Karls IV.	13. Juli: *Giovanni Boccaccio (†1375), Autor des Dekameron
1314		20. Oktober: Ludwig IV. der Bayer zum römischen König in Frankfurt am Main gewählt	Florenz, Vollendung des Palazzo della Signoria, des befestigten Sitzes der Florentiner Stadtrepublik, heute Palazzo Vecchio
			Schlacht von Bannockburn, Vertreibung der Engländer aus Schottland
1315	(–1318): große Hungersnot infolge starken Regens, der das Getreide auf den Feldern vernichtete, gefolgt von einem sehr strengen Winter und einer Viehpest-Epidemie: etwa 15 % der europäischen Gesamtbevölkerung verhungert		
1316			Gedimin (Herrschaft 1316–1341), Großherzog von Litauen, regiert ein Großreich von Kiew bis ans Schwarze Meer
	30. Mai: in Prag getauft in Anwesenheit des Erzbischofs von Mainz Peter von Aspelt und des Erzbischofs von Trier, Balduin von Luxemburg		
	(–1319): abwechselnd auf den Burgen Křivoklát und Loket interniert		
1320		Ladislaus Ellenlang (†1333) in Krakau auf dem Wawel zum König von Polen gekrönt	*John Wyclif, englischer Reformator, Vorbild für Jan Hus
1322		*Johann Heinrich (†1375) in Prag, Graf von Tirol und Markgraf von Mähren, Bruder Karls IV.	Karl IV. der Schöne zum König von Frankreich gekrönt (1322–1328)
1323	Der siebenjährige Wenzel wird zur Erziehung nach Paris an den Hof des französischen Königs Karl IV. des Schönen gesandt		Heirat Karls IV. des Schönen mit Maria von Luxemburg, einer Tante Karls IV.
	Paris: Bei der Firmung erhält er den Namen Karl		18. Juli: Thomas von Aquin (†1274) heiliggesprochen
	⚭ mit Blanca von Valois in Paris		
1325			Aufstieg des Aztekenreichs in Mexiko, Gründung von Tenochtitlan
1327		Ludwig IV. der Bayer, Fahrt zur Kaiserkrönung nach Italien	Eduard III. (†1377) zum König von England gekrönt; Ausbruch des Hundertjährigen Kriegs mit Frankreich, Teilung des englischen Parlaments in Ober- und Unterhaus
		Johann von Luxemburg erringt Ober- und einen Teil Niederschlesiens	Einfall von 200.000 Mauren nach Spanien
		22. Mai: Ludwig IV. der Bayer gegen den päpstlichen Willen in Rom zum Kaiser gekrönt	
1328			†Karl IV. der Schöne, König von Frankreich aus dem Geschlecht Capet; mit Philipp VI. (†1350), dem Stiefbruder von Karls erster Gemahlin, Antritt der Dynastie Valois (bis 1498)
1330	28. September: †Elisabeth die Přemyslidin, Karls Mutter		die osmanischen Türken erobern die byzantinische Stadt Nikaia
			(–1336): Andrea Pisano (†1348), italienischer Bildhauer und Baumeister, Baptisterium in Florenz
1331	Reise nach Norditalien	(–1333): Bau der Burgresidenz Montecarlo bei Lucca	Iwan Alexander (†1371) zum bulgarischen Zaren gekrönt; einsetzende Türkeneinfälle ins Gebiet des Bulgarischen Reichs
1332	25. November: am Tag der hl. Katharina Sieg in der Schlacht gegen die Mailänder bei der Burg San Felice, Ritterschlag		
1333	Rückkehr nach Böhmen	Beginn der Instandsetzung der Prager Burg	Kasimir III. der Große (†1370) zum König von Polen gekrönt
			(–1337): Hungersnot in China, sechs Millionen Tote
1334	Titel des Markgrafen von Mähren	12. Juni: Blanca von Valois trifft mit einem großen französischen Geleit in Böhmen ein	(–1352): Bau des Papstpalasts in Avignon
1335	Erste urkundliche Erwähnung einer Räderuhr in der Palastkapelle der Visconti in Mailand		
	*Margarethe (†1349), Tochter		(–1392): „Periode zweier Regierungen" in Japan
	vertragliche Regelung der Anrechte böhmischer Könige auf den polnischen und ungarischen Thron		Aufhebung der Sklaverei im Königreich Schweden
1337			(–1453): Hundertjähriger Krieg zwischen England und Frankreich

Jahr	Karl IV.	Heiliges Römisches Reich einschl. Königreich Böhmen	Europa außerhalb des Reichs und andere Kontinente
1338	Heuschreckenschwärme in Österreich und Südböhmen bei der Rückkehr aus Tirol	Baubeginn am Altstädter Rathaus; Turm 1354–1361	
1339			Florenz, erste Stadt mit gepflasterten Straßen
			Moskau, Bau des Kremls
1340		Bau der Pfarrkirche Unserer lieben Frau von dem Teyn in der Prager Altstadt	Vernichtung der französischen Flotte durch die englische Flotte Eduards III.
			um 1340: *Geoffrey Chaucer (†1400), Begründer der englischen Literatursprache (Canterbury-Erzählungen)
1341	8. Juni: Verwaltung des Königreichs Böhmen in Vertretung des erblindeten Vaters Johann	Johann Heinrich (†1375), Karls Bruder, Trennung von der Tiroler Gräfin Margarethe Maultasch	Bretonischer Erbfolgekrieg
			Johannes V. Palaiologos, byzantinischer Kaiser in Konstantinopel (†1391)
1342	**Auf das Februar-Hochwasser folgt eine weitere Überschwemmungswelle im Juli (Magdalenenhochwasser) in ganz Mitteleuropa: Rhein, Main, Donau, Mosel, Elbe, Moldau, Regnitz, Weser, Werra, Unstrut usw.**		
	*Katharina (†1395), Tochter	Die Hansestadt Lübeck lässt als erste Stadt im Reich Goldmünzen prägen	Ludwig I. der Große (†1382) zum König von Ungarn gekrönt
1343			(–1346): Florenz, Bankenkrach: 1. der englische König Eduard III. bedient seine Anleihen nicht, 2. die mit Florentiner Kapital finanzierten Kaufleute der Hanse verlieren ihre Positionen in Westeuropa, 3. Florenz ist durch den Krieg mit Lucca erschöpft
			Papst Clemens VI. erlässt die Bulle Unigenitus, in der die Ablasserteilung durch die katholische Kirche definiert wird
1344		30. April, Papst Clemens VI. erhebt auf Ersuchen Karls IV. den Prager Bischof zum Erzbischof; Ernst von Pardubitz (†1364) erster Prager Erzbischof	
	Grundsteinlegung zum Bau der gotischen Kathedrale in Prag, erster Baumeister ist der Franzose Matthias von Arras		
1346	11. Juli: Wahl zum römischen König in Rhens am Rhein gegen den herrschenden Kaiser Ludwig IV. den Bayer	26. August: †Johann von Luxemburg, König von Böhmen und Vater Karls IV., in der Schlacht von Crécy; Sieg der Engländer durch Einsatz von Langbögen und ersten Feuerwaffen	Stefan Uroš IV. Dušan (†1355), König von Serbien, erhebt Anspruch auf den Kaisertitel für Serbien und Griechenland
	November: Papst Clemens VI. nennt Karl IV. in seiner Konsitorialrede einen zweiten Salomon		
	26. November: Krönung zum römischen König in Bonn	Gerlach von Nassau (†1371) Erzbischof von Mainz	Die Seerepublik Genua besetzt die byzantinische Insel Chios
1347	2. September: Krönung (zusammen mit Blanca von Valois) in Prag zum König von Böhmen; St. Wenzelskrone	Gründung des Karmeliterklosters Maria Schnee in der Prager Neustadt	Aufstand in Rom, der Volkstribun Cola di Rienzo ruft die Republik aus
	21. November: Gründungsurkunde für das Kloster der slawischen Benediktiner Na Slovanech in der Prager Neustadt	11. Oktober †Ludwig IV. der Bayer, tragischer Tod von Karls Hauptwidersachers	Einnahme der Stadt Calais durch die englischen Truppen Eduards III.
	31. Oktober: Karls erster Aufenthalt in Nürnberg		
	Dezember: besucht Straßburg, Begegnung mit dem dortigen Bischof Berthold von Buchegg (Episkopat 1329–1353)		
1348	**(–1353): erste Pestepidemie im größten Teil Europas (Italien, Frankreich, Heiliges Römisches Reich), auf Erkrankungen in Böhmen gibt es keine Hinweise**		
	8. März: Gründung der Prager Neustadt	Erdbeben in Kärnten, völlige Zerstörung der Stadt Villach	Die Republik Venedig verliert durch die Pest die Hälfte ihrer Einwohner
	7. April: Gründung der Prager Universität	Erhebung gegen die Luxemburger in Nürnberg	
	†Blanca von Valois, erste Gemahlin	Vertrag von Namslau über die Angliederung Schlesiens an die Böhmische Krone	
1349	**Flagellantenzüge überall im Reich**		
	17. Juni: zweite Wahl zum römischen König in Frankfurt am Main	30. Januar: Günther von Schwarzburg zum Gegenkönig gewählt; †10. Juni	starkes Erdbeben in Rom
	25. Juli: zweite Krönung zum römischen König in Aachen, Krone der römischen Könige als Geschenk an die Reliquiarbüste Karls des Großen		†Bonne von Luxemburg (*1315), französische Königin und Karls Schwester in Paris, an der Pest
	16. November: erteilt auf Ersuchen Ulrich Stromers d. J. in Prag das Marktprivilegium und bewilligt die Liquidierung des Judenviertels		(–1353): Giovanni Boccaccio schreibt das Dekameron
	Judenpogrome überall im Reich mit Ausnahme des Königreichs Böhmen		
	⚭ Anna von der Pfalz (†1353), zweite Gemahlin	Weihe der Bischofskapelle der hl. Katharina im Liebfrauenmünster zu Straßburg	
	bei einem Turnier von der Lanze des Gegners aus dem Sattel geworfen, mit schweren Kopf- und Halswirbelverletzungen monatelang ans Krankenbett gefesselt; schreibt in dieser Zeit wahrscheinlich schon an seiner Autobiografie		
1350	*Wenzel (†1351), Sohn	12. März: Überführung des Reichsreliquienschatzes und der kaiserlichen Krönungsinsignien nach Prag	um 1350: erster Höhepunkt der Literaturmalerei in China (Ní Zàn, Wáng Méng, Chuang Kung-Wang)
		18. September: Grundsteinlegung zum Kloster der Augustiner-Chorherren auf dem Karlov, Prager Neustadt	
		Gründung der Frauenkirche in Nürnberg am Markt unterhalb der Burg	
	ab 1350: außergewöhnlich strenge Winter in ganz Europa		
1351	(–1354): arbeitet am böhmischen Gesetzeswerk „Maiestas Carolina"	Berthold von Zollern (†1365), Parteigänger Karls IV., zum Bischof von Eichstätt ernannt	(–1368): Unabhängigkeitskrieg Chinas gegen die Mongolen-Khane, Vertreibung der Mongolen
1352	**Wüten der Pest in England und Norwegen, 50 % der Bevölkerung umgekommen**		
			Das Königreich Ungarn gewinnt Dalmatien von der Republik Venedig
1353	†Anna von der Pfalz, zweite Gemahlin	†Matthias von Arras, erster Baumeister der Prager Kathedrale	
	gewinnt weite Gebiete in der Oberpfalz nordöstlich von Nürnberg und gliedert diese der Böhmischen Krone an		
	⚭ Anna von Schweidnitz, dritte Gemahlin		
	Einrichtung des „studium generale" in Cividale		
1354	13. Februar: neues Fest der Hl. Lanze und Nägel des Herrn, bei dem alljährlich auf dem Viehmarkt die Reliquien von Christi Passion aus dem Reliquienschatz Böhmens und des Reichs zur Schau gestellt wurden	†Balduin, Erzbischof von Trier, Karls Onkel und einflussreicher Fürsprecher	Osmanenheere erobern Gallipoli (heute Türkei), den ersten Stützpunkt in Europa für die weitere Expansion
	4. Mai: besucht gemeinsam mit Johann Očko von Vlašim das Grab der hl. Ottilie, der Patronin der Augenkranken im elsässischen Hohenberg		†Cola di Rienzo im Rom umgebracht
	(–1355): Romreise zur Kaiserkrönung		um 1355 *Georgios Gemistos, gen. Plethon (†1450), byzantinischer Philosoph, Neuplatoniker, Vertreter des byzantinischen Humanismus
			die Genueser schlagen die venezianische Flotte bei Methina, 5000 Mann gefangen genommen
	Dänen setzen Schießpulver bei einer Seeschlacht ein		

Zeitleiste 1355–1400

	Karl IV.	Heiliges Römisches Reich einschl. Königreich Böhmen	Europa außerhalb des Reichs und andere Kontinente
1355	6. Januar: Krönung zum König der Lombardei im Mailänder Kloster Sant'Ambrogio	Nürnberg, Gründungsurkunde der kaiserlichen Marienkapelle und des Mansionarkapitels	Bau des Löwenhofs in der Alhambra, der befestigten Residenz der maurischen Kalifen in Granada
	5. April: Krönung zum römischen Kaiser in der St. Petersbasilika zu Rom		Plünderung des Languedoc durch englische Heere unter Eduard (†1376), Prince of Wales, Sohn König Eduards III., des sog. Schwarzen Prinzen
	Einrichtung des „studium generale" in Siena, Reichsstatut der Universität Perugia		
	Das böhmische Gesetzwerk Maiestas Carolina stößt in Adelskreisen auf Widerstand.		
	November: erstmalig mitsamt seinem Hofstaat auf Karlstein belegt, d. h. Vollendung des Palasts		
1356	Januar: Verkündung des ersten Teils der Goldenen Bulle (Reichsgesetzeswerk) auf dem Reichstag zu Nürnberg	†Konrad Groß in Nürnberg, einer der reichsten Patrizier und Gründer der größten karitativen Einrichtung jener Zeit, des Heiliggeistspitals in Nürnberg	Schlacht von Poitiers zwischen Frankreich und England: Gefangennahme des französischen Königs Johann II.; Generalstände vom Dauphin Karl nach Paris einberufen; kommt ihren Forderungen aber nicht nach und löst sie auf
	Dezember: Verkündung des zweiten Teils der Goldenen Bulle (Reichsgesetzeswerk) auf dem Reichstag zu Metz	Peter Parler, aus Köln stammender Baumeister, kommt von Schwäbisch Gmünd nach Prag	Osmanenheere besetzen Thrakien auf dem Balkan
		erster Hansetag in Lübeck	Eduard III. (†1377), König von England, lässt die Königsresidenz in Windsor umbauen
1357	Grundsteinlegung zum Bau der neuen steinernen Moldaubrücke in Prag	5. Juli: Nikolaus Wurmser von Straßburg, Hofmaler und Höfling Karls IV., archivalisch belegt	(–1358): Aufstand in Paris – Antwort auf die Auflösung der Generalstände
	27. März: Gründung des Karlsteiner Kapitels, Weihe der Marienkapelle und der Kirche der Reliquien von Christi Passion im kleineren Turm	Nürnberg, Sebald Weinschröter, Hofmaler und Höfling Karls IV., ist in Nürnberg etabliert	
		21. Dezember: goldenes Reliquienkreuz des Königreichs Böhmen auf Karlstein	
1358	25. Juli: Weihe der Frauenkirche (Karls Kaiserkapelle der Jungfrau Maria) in Nürnberg	Rudolf IV. von Habsburg (†1365) zum Herzog von Österreich gekrönt. (–1359): Fälschungen, z. B. Privilegium maius, in denen er sich den Erzherzogstitel, königliche Insignien u. a. zuerkennt	
	*Elisabeth (†1373), Tochter	⚭ Wilhelm I., Markgraf von Meißen, mit Elisabeth (†1400), einer Nichte Karls IV.	
1359		Meister Theodoricus erstmals als Hofmaler und Höfling Karls IV. urkundlich erwähnt	Mohammed V. (†1390), Sultan von Granada, wirtschaftliche und kulturelle Hochblüte, Vollendung der Zitadelle Alhambra
1360		Hungermauer auf dem Laurenziberg in Prag	um 1360 *Andrej Rubljow (†1430), Maler von Fresken (Uspenskij-Kathedrale in Wladimir) und Ikonen (Erlöser, hl. Dreifaltigkeit), die zu den Glanzleistungen russischer Kunst im 14. Jh. gehören
			Friedensvertrag von Brétigny: Höhepunkt der Anfangsphase des Hundertjährigen Kriegs: Eduard III. verzichtet auf seine Anrechte auf den französischen Thron und lässt den französischen König Johann II. den Guten im Tausch gegen französisches Gebiet einschl. Calais und Gascogne frei
1361	26. Februar: *Wenzel IV. (†1419), Sohn und Thronfolger, Kaiserburg in Nürnberg	Dietrich von Portitz (†1367) wird Erzbischof von Magdeburg	Einnahme von Edirne (Adrianopel), wird zur neuen Hauptstadt des Osmanischen Reichs
	Einrichtung des „studium generale" in Pavia	Karl IV. gliedert Genf und Savoyen aus der Verwaltung des Königreichs Arelat aus und schließt sie dem Reich an	
		Pretzlaw von Pogarell (†1376) zum Bischof von Breslau geweiht, stiftet die Grabkapelle der Jungfrau Maria in der Kathedrale St. Johannes des Täufers	
1362	**(–1363): Die Pest sucht ganz Europa heim**		
	†Anna von Schweidnitz, dritte Gemahlin	um 1361/1362–1364: letzte Umbauphase auf Karlstein, Änderungen am großen Turm, Einrichtung und Schmuck der Heiligkreuzkapelle	Krieg zwischen der Hanse und Dänemark; der Dänenkönig Waldemar IV. schlägt die Flotte der Hanse
		Kuno von Falkenstein (†1388), Hauptwidersacher Karls IV., wird Erzbischof von Trier	
1363	⚭ Elisabeth von Pommern, vierte Gemahlin	15. Juni: Wenzel IV. in Prag zum König von Böhmen gekrönt	
1364	September: Teilnahme am „Kongress" von Krakau, zusammen mit Peter I. von Lusignan, König von Zypern und Titularkönig von Jerusalem, Kasimir III. dem Großen, König von Polen, Ludwig I. dem Großen, König von Ungarn, Otto IV., masovischen und schlesischen Fürsten; Ziel: Kreuzzug gegen das Mamelukensultanat in Ägypten (1365)	Jan Milíč von Kremsier beginnt in Prager Kirchen zu predigen	Gründung der Universität Krakau
	Reichsstatut für die Universität Florenz		
	Vertrag von Brünn über eine gegenseitige Erbfolge zwischen Luxemburgern und Habsburgern	Johann Očko von Vlašim (†1380) wird Erzbischof von Prag; später erster böhmischer Kardinal (1378)	Karl V. (†1380) zum König von Frankreich gekrönt
1365	9. Februar: Weihe der Heiligkreuzkapelle im großen Turm von Karlstein	Rudolf IV. von Österreich gründet die Universität Wien	
	4. Juni: Krönung zum König von Arelat (Burgund) durch Papst Urban V.	Karl überlässt die Verwaltung der Kaiserburg in Nürnberg dem Burggrafen Friedrich V. von Zollern	
	27. September: Überführung der Gebeine des burgundischen Heiligen Sigismund in die Prager Kathedrale	Papst Urban V. kehrt auf Drängen Karls IV. aus Avignon nach Rom zurück	
	Einrichtung des „studium generale" in Genf und Orange	Dietrich von der Schulenburg (†1393), Parteigänger Karls IV., wird Bischof von Brandenburg	
1366	Gründung des Karlskollegs (Carolinum) bei der Prager Universität, Schenkung einer umfangreichen Bibliothek	Vorbeiflug des Kometen Tempel-Tuttle beobachtet	John Mandevilles erscheint
	*Anna (†1394), Tochter		
1367	28. April: belohnt seinen Hofmaler Theodoricus für die Ausschmückung der Heiligkreuzkapelle auf Karlstein mit dem Gut Mořina		(–1370): siegreicher Krieg der Hanse mit Dänemark, beendet durch den Frieden von Stralsund, in dem der Hanse der Handel in Dänemark erlaubt wurde
	30. November: Weihe der St. Wenzelskapelle in der Prager Kathedrale	Kauf der Niederlausitz und deren Anschluss an die Böhmische Krone	
1368	(–1369): zweite Krönungsfahrt nach Italien mit der Gemahlin Elisabeth von Pommern, Aufenthalt in Rom und der Toskana	Evangeliar des Johann von Troppau, eine in Prag reich illuminierte Handschrift, von Albrecht III. von Österreich in Auftrag gegeben	
	*Sigismund (†1437), Sohn, Kaiserburg in Nürnberg	Lucca von den Pisanern befreit, Bestätigung der Reichsrechte und -freiheiten	Hongwu (reg. 1368–1398) zum ersten Kaiser der Dynastie Ming (bis 1644) gekrönt, Vertreibung der Mongolen: Ende von Dschingis-Khans mongolischem Großreich, Eroberung der Mandschurei und Bau der Chinesischen Mauer
		Peter Stromer d. Ä. (†1388), Nürnberger Ratsherr und Unternehmer, experimentiert erstmalig erfolgreich mit Nadelholzaussaat im Lorenzwald	
1369	Gründung der Universität Lucca	*Jan Hus (†1415), Reformator	

	Karl IV.	Heiliges Römisches Reich einschl. Königreich Böhmen	Europa außerhalb des Reichs und andere Kontinente
1370	*Johann (†1396), Sohn, Prager Burg	⚭ Wenzel IV. mit Johanna von Bayern	Ludwig I. der Große (†1382) zum König von Polen gekrönt, mit ihm übernimmt das Haus Anjou die Herrschaft: ungarisch-polnische Personalunion
		Ulman Stromer (†1407), Nürnberger Ratsherr und Unternehmer, übernimmt das familieneigene Handelsunternehmen mit Tätigkeitsbereich von Barcelona bis Riga	Tamerlan (auch Timur-leng), turkmenischer Heerführer, beherrscht Asien (†1405)
			(–1380) Hochblüte Tenochtitlans unter der Herrschaft von Acamapichtli (reg. 1375–1395)
		(–1387): Peter Parler, Bau der Kapitelkirche Allerheiligen auf der Prager Burg	erste Versuche mit Schwarzpulver künden den Niedergang der Ritterzeit an
			Der Süden Indiens wird vom hinduistischen Reich Widschajanagar beherrscht
1371	schwer erkrankt auf Karlstein, Elisabeth von Pommern unternimmt für seine Genesung eine Wallfahrt zum Grab des hl. Sigismund in der Prager Kathedrale	Peter, genannt Wurst (†1387), wird Erzbischof von Magdeburg (bis 1381)	Niederlage serbisch-mazedonischer Heere gegen die Türken, die Türken verwüsten Mazedonien
		†Gerlach von Nassau, Erzbischof von Mainz	das Reich Byzanz wird Vasall des Osmanischen Reichs
1372	*Karl (†1373), Sohn	29. März: Weihe der Kirche zu St. Marien und St. Hieronymus im Benediktinerkloster Na Slovanech in der Prager Neustadt	
		Fertigstellung der Burg Karlstein	
1373	*Margarethe (†1410), Tochter	18. August: Vertrag von Fürstenwalde über die Inbesitznahme der Mark Brandenburg durch die Böhmische Krone	23. Juli: †Birgitta von Schweden, Visionärin und Gründerin des Birgittenordens, 1391 heiliggesprochen
	12. September: Aufenthalt auf Karls Burg Tangermünde in Brandenburg belegt	1372/1373: Oswald, Hofmaler Karls IV. in Prag, archivalisch belegt	
1374	**Januar: großes Rhein-Hochwasser, zwischen Straßburg und Köln höherer Wasserstand als bei der Magdalenenflut von 1342**		
1375		Lübeck, Besuch in der Hauptstadt der Hanse	sog. Katalanischer Atlas, stellt die Erde von Spanien über Afrika bis an die Küsten Chinas dar
1376	7. November: letzter Besuch auf Karlstein	Rückkehr des Papstes Gregor XI. nach Rom, Ende des Avignoner Exils	
		10. Juni: Wahl Wenzels IV. zum römischen König; 6. Juli: Krönung in Aachen	
1377	*Heinrich (†1378), Sohn	Tangermünde, Gründung des Kapitels bei der Palastkapelle St. Johannes des Täufers	*Filippo Brunelleschi (†1446), Begründer der Renaissance-Architektur
	(–1378): letzte Reise nach Frankreich in Begleitung Wenzels IV.		Richard II. (†1400) zum König von England gekrönt
1378	**Erfindung kleinkalibriger Feuerwaffen, sog. Handrohre**		
			(–1382): Florenz, Aufstand der Wollweber (Ciompi), um nichtzünftigen Handwerkern größere Rechte zu erstreiten
	29. November: †Karl IV. in Prag; nach den Trauerzeremonien am 15. Dezember in der Krypta vor dem Hochaltar in der Kathedrale von St. Veit beigesetzt		(–1417) päpstliches Schisma: nach Rückkehr der Päpste von Avignon nach Rom wird in Rom Urban VI. gewählt, in Avignon Clemens VII.
1380	**Reich sowie Böhmen von der Pest heimgesucht**		
			John Wyclif (†1384), englischer Reformator, übersetzt die Bibel ins Englische
			Karl VI. (†1422) zum König von Frankreich gekrönt
1381			Englischer Bauernaufstand, geführt von Wat Tyler
			Venedig besiegt Genua und beherrscht den Mittelmeerhandel
1382			Die Mongolen besetzen Moskau
			⚭ Richard II., König von England, mit Anna, Tochter von Karl IV.
1385		Peter Parler, Gewölbe über dem Ostchor des Prager Veitsdoms	Johann I. (†1433) zum König von Portugal gekrönt, er und sein Sohn Heinrich der Seefahrer stehen hinter der Entdeckung Afrikas
1386		Gründung der Universität Heidelberg	⚭ Wladislaw II. Jagiello mit Hedwig von Anjou. Krönung zum König von Polen, wodurch die Jagiellonen die Herrschaft über Polen und Litauen erlangen
			Ein Osmanenheer erobert die bulgarische Stadt Sofia
			*Donatello (†1466), italienischer Bildhauer der Frührenaissance
1387		⚭ Sigismund, Sohn Karls IV., mit Maria von Ungarn	Margarethe von Dänemark (†1412) auf dem Thron; Verhandlungen über Kalmarer Union (1397)
		31. August: Sigismund (†1437), Karls Sohn, in Stuhlweißenburg zum König von Ungarn gekrönt	
1388		Gründung der Universität Köln	*Flavio Biondo (†1463), humanistischer italienischer Historiker; schuf die Grundlagen der wissenschaftlichen Archäologie
1389		Gründung der Universität Erfurt	Burgresidenz des Deutschen Ordens in Marienburg
		⚭ Wenzel IV. mit Sophie von Bayern	Schlacht auf dem Amselfeld, die Osmanen beherrschen Serbien
1390		Ulman Stromer (†1407), Nürnberger Ratsherr und Unternehmer, baut in der Nähe von Nürnberg die erste Papiermühle in Mitteleuropa	nach 1390: Vormarsch der Türken auf dem Balkan, Besetzung Bulgariens
1391			Manuel II. (†1425), Kaiser von Byzanz, unternimmt erfolglos eine Reise nach Westeuropa, um Unterstützung gegen die Türken zu finden
1392			(–1910): Korea unter der Vorherrschaft der einheimischen Joseon-Dynastie
	Erfindung des Kartenspiels zwecks Zerstreuung des französischen Königs Karl VI. (†1422) bei Melancholieanfällen		
1396			Kreuzzug gegen die osmanische Türkei
1397			Kalmarer Union: Dänemark, Norwegen und Schweden vereinigt unter der Führung der dänischen Königin Margarethe I. (†1412)
1398			Zug Tamerlans (Timur Lengs) nach Indien, Plünderung von Delhi
1399		†Peter Parler, Baumeister, in Prag	Heinrich IV. (†1413) aus dem Haus Lancaster (Rote Rose) zum König von England gekrönt
			*Luca della Robia (†1483), florentinischer Renaissancebildhauer, berühmt für seine Majolika-Arbeiten
			Richard II. als König von England abgesetzt
1400	**Erfindung der Windbüchse/Druckluftwaffe**		
		Wenzel IV. als römischer König abgesetzt	

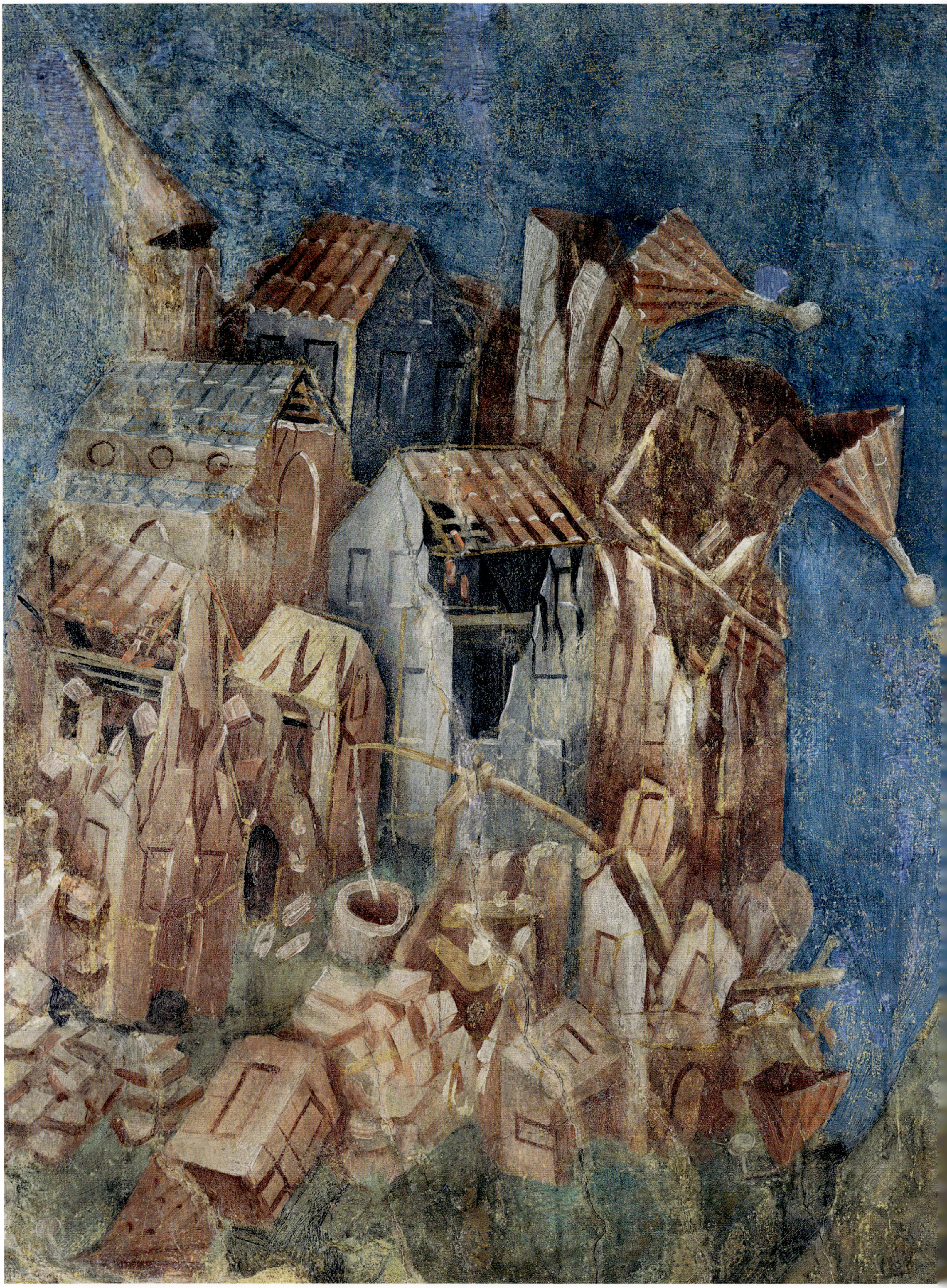

Die Zeit Karls IV. zwischen Frost und Blüte

Katastrophen, Krisen und Klimawandel im 14. Jahrhundert

Gerrit Jasper Schenk

Karl IV. zwischen Weltuntergangsfurcht, pragmatischem Handeln und Erlösungshoffnung

An einem Tag Ende Juli 1338 wird der zweiundzwanzigjährige Karl, Markgraf von Mähren, bei Sonnenaufgang von einem Soldaten aus dem Schlaf gerissen: *„Herr, erhebt Euch, der Jüngste Tag ist angebrochen, denn die ganze Welt ist voller Heuschrecken!"*[1] Der nachmalige Kaiser Karl IV. war in dieser Zeit ambitioniert mit der Sicherung und dem Ausbau seiner Herrschaft beschäftigt. Bereits im März hatte er mit dem ungarischen König bei Prag eine Heiratsabsprache getroffen, die seine älteste Tochter Margarethe mit dem Thronerben Ungarns verband, und nun besuchte er gerade seine Schwester Anna (†1338) und ihren Mann, Herzog Otto von Österreich (†1339), in Znaim (Znojmo).[2] Wir kennen diese Episode, weil Karl sie in seinem oft als „Autobiografie" bezeichneten lateinischen Bericht über seinen Werdegang von der Geburt im Jahre 1316 bis zur Königswahl im Jahre 1346 eindrücklich schildert:[3] *„Darauf standen Wir auf und, weil Wir das Ende ihres Zuges sehen wollten,"* fährt Karl in majestätischem Plural fort, *„bestiegen Wir ein Pferd und ritten rasch bis Pulkau"*, einem kleinen Marktflecken im heutigen niederösterreichischen Weinviertel, wo er wohl am 28. Juli das Ende des Heuschreckenzuges erreicht: *„wo ihr Ende nach einer Länge von sieben Meilen war; die Breite des Zuges aber konnten Wir überhaupt nicht überschauen."*[4] Karls ziemlich präzise Beschreibung der Heuschrecken, ob nun auf zeitnahe Aufzeichnungen zurückgehend oder viele Jahre später aus der Erinnerung notiert oder diktiert, verrät seine Augenzeugenschaft und ist höchst eindrucksvoll: *„Ihr Zirpen war einem brausenden Ton ähnlich, ihre Flügel waren wie mit ganz schwarzen Lettern beschrieben, und sie wirkten wie dichtes Schneetreiben, so dass man die Sonne ihretwegen nicht sehen konnte. Ein starker Gestank ging von ihnen aus. Dann haben sie sich aufgeteilt, die einen zogen nach Bayern, andere nach Franken, andere in die Lombardei, wieder andere hier- und dorthin über die ganze Erde. Und sie waren sehr vermehrungsfreudig, denn über Nacht zeugten zwei von ihnen zwanzig oder mehr; sie waren klein, aber wuchsen rasch und man fand sie noch drei Jahre lang."*[5]

Tatsächlich stimmt diese Beschreibung Karls mit zahlreichen zeitgenössischen Nachrichten über dieses Ereignis in Annalen, Chroniken und weiteren Quellen überein:[6] Demnach erreichten,

Abb. 12 **Erdbeben am Tage des Jüngsten Gerichts • Nikolaus Wurmser von Straßburg (zugeschrieben), 1361/62–1364** • Wandmalerei • Karlstein, Burg, Kleiner Turm, königliche Kapelle der Reliquien der Passion Christi (capella maior), früher Marienkapelle genannt, Ostwand

von Osten her kommend, im Sommer 1338 riesige Schwärme von Heuschrecken nicht nur das heutige Niederösterreich, sondern nördlich der Alpen sogar den Rhein und südlich der Alpen über Bozen die Lombardei. Betroffen waren weite Teile Ungarns, Polens, Böhmens, Mährens, Bayerns, Schwabens – späteren Nachrichten zufolge sollen sie sogar bis Zürich vorgedrungen sein.[7] Weitere Heuschreckenschwärme traten in den meisten dieser Regionen auch in den folgenden drei Sommern auf.

Jüngere Forschungsergebnisse sprechen dafür, dass es sich um Schwärme der Europäischen Wanderheuschrecke (*Locusta migratoria migratoria*) handelte.[8] Als Lebensraum bevorzugt diese dreieinhalb bis fünfeinhalb Zentimeter lange Heuschreckenart offene, unbewaldete und sandige Auen und Flusslandschaften. In der Ei- und Larvenphase benötigt sie eine warme, aber bodenfeuchte Umgebung, längeren Regen und Frostperioden überlebt sie nicht. Zwei hormonell gesteuerte Phasen mit unterschiedlichen Erscheinungsformen lassen sich unterscheiden: In der Solitärphase leben die grünen Heuschrecken vereinzelt, in der Gregärphase treten die nun braunen Heuschrecken massenhaft auf und verändern ihr Verhalten. Zu Milliarden ziehen sie in bis zu zwölf Kubikkilometer großen Schwärmen, meist dem Wind und Bodenrelief folgend, auf der Suche nach Nahrung (Pflanzenteile: Gräser, Rinde, kleine Zweige) über das Land, die jüngeren Tiere hüpfend, die älteren in nicht über zweihundert Metern Flughöhe. Weil sie jeden Tag Nahrung bis zum Doppelten ihres eigenen Körpergewichts aufnehmen, gelten Heuschreckeneinfälle bis heute als bedrohlich und haben vor allem in Afrika Hungerkatastrophen ausgelöst.

Ein Vergleich mit dem Verlauf besser rekonstruierbarer europäischer Heuschreckenzüge des 18. Jahrhunderts macht es wahrscheinlich, dass sich schon in den Jahren vor 1338 im Mündungsgebiet der Flüsse Donau, Dnjepr, Bug und Dnjester ins Schwarze Meer große Schwärme gebildet hatten.[9] Auf der Suche nach Nahrung und vom Wind stromaufwärts getrieben, folgten sie dem Donautal und scheinen im Gebiet zwischen Theiß und Donau, wohl begünstigt durch trockenwarmes Wetter, durch Eiablage ein sekundäres Schwarmbildungszentrum gefunden zu haben. Vom heutigen Ungarn aus zogen sie 1338, begünstigt durch die meteorologischen Umstände (Aufwinde, warmes Wetter), sogar bis in die höher gelegenen Täler nördlich und südlich der Alpen. Es ist jedoch nicht klar, welchen Schaden die Heuschreckenschwärme im Europa des 14. Jahrhunderts anrichteten. Trafen sie erst nach der Ernte (bis etwa Ende Juli, Anfang August) ein, wird der Schaden für die Menschen wenig bedrohlich gewesen sein; zumindest ist bisher

Abb. 13 **Die vier apokalyptischen Reiter** • Nikolaus Wurmser von Straßburg (zugeschrieben), 1361/62–1364 • Wandmalerei • Karlstein, Burg, Kleiner Turm, königliche Kapelle der Reliquien der Passion Christi (capella maior), früher Marienkapelle genannt, östlicher Abschnitt der Südwand

nach Heuschreckeneinfällen noch keine Getreidepreissteigerung in den mittelalterlichen Quellen aus dem österreichischen Raum nachgewiesen worden.[10]

Die Zeitgenossen reagierten ganz unterschiedlich auf die Heuschreckenplagen. Viele Berichte zeugen von pragmatischen Versuchen, sich dieser geradezu als Invasion eines feindlichen und gefräßigen Heeres geschilderten Schwärme zu erwehren: mit Feuer, siedendem Wasser, Lärm und Knüppelschlägen, durch den Einsatz von Hühnern als natürlichen Fressfeinden, sogar durch das Aussetzen von Prämien für das Einsammeln der Larven.[11] Es ist nicht auszuschließen, dass das ungewöhnliche Heuschrecken-Wappen des niederösterreichischen Geschlechts der Frohnauer, das sich erstmals 1347 nachweisen lässt, auf diese Schlacht gegen die tierischen Invasoren zurückzuführen ist.[12] Auch das geistliche Schwert des Kirchenbanns wurde gegen die Insekten eingesetzt. Der Pfarrer des Südtiroler Ortes Kaltern veranlasste 1338 ein Rechtsurteil gegen die Schädlinge, die er anschließend von der Kanzel herab symbolisch exkommunizierte.[13] Vor allem gelehrte Kleriker schilderten unter Anspielung auf die achte der zehn biblischen Plagen Ägyptens (Ex 10; Ps 104,34f., Ioel 1,2–2,11) die Schwärme als kriegerische Invasion eines Heeres, hoben ihren Charakter als Sündenstrafe oder Mahnung Gottes hervor und mahnten eine Abkehr von sündigem Leben

Abb. 14 **Das Heuschrecken-Wappen der Familie Frohnauer. Siegel an einer Urkunde von 1347** • St. Pölten, Niederösterreichisches Landesarchiv, Ständisches Archiv, Urkunde Nr. 354

Abb. 15 **Die Heuschreckenplage erreicht im August 1338 Zürich, Schweizer Chronik des Christoph Silbereisen, fol. 159r** • Jacob Hoffmann, 1576 • Federzeichnung auf Papier • Aarau, Aargauer Kantonsbibliothek, Ms Wett F 16:1

an.[14] Wieder andere deuteten, wie auch im Bericht Karls IV. deutlich wird, dieses Zeichen der Natur als apokalyptisches Vorzeichen des Weltendes. Dieses Deutungsmuster beruhte auf der neutestamentlichen Offenbarung des Johannes (Apc 9,1–11) darüber, was am Ende der Zeit beim Erschallen der fünften Posaune geschehen werde: Ein auf die Erde stürzender Stern öffne einen Abgrund, aus dem Rauch quellen werde, aus dem wiederum schreckliche Heuschrecken kämen, die über die Menschen herfielen und sie quälten.

Tatsächlich hatten viele Zeitgenossen, wie zum Beispiel der damals gerade an der Pariser Universität lehrende, naturkundlich gebildete Magister Konrad von Megenberg, im Sommer des Jahres 1337 wochenlang einen Kometen über den Himmel von Südosten nach Nordwesten ziehen sehen.[15] Konrad, seit 1348 Domkanoniker in Regensburg, brachte wenige Jahre später in seinem volkssprachigen *Buch von den natürlichen Dingen* diesen Kometen in einen erklärenden Zusammenhang mit den im Folgejahr auftretenden Heuschreckenschwärmen. Welche Deutung hätte einem bibelkundigen Geistlichen auch näher liegen können? Doch der Gelehrte beschränkte sich nicht auf eine biblische Deutung des Kometen als Vorzeichen von Übeln wie Hunger und Krieg, sondern versuchte, die Weissagung mit dem universitären Wissen seiner Zeit in Übereinstimmung zu bringen. Seine naturalistische Lesart des Geschehens stützte sich auf die Schrift *Meteora* von Aristoteles, die viele physikalische Phänomene auf der Erde und in den erdnah gedachten Sphären um die Erde thematisierte, und folgte dabei einer Interpretation des großen mittelalterlichen Gelehrten Albertus Magnus (um 1200–80), und auf astrometeorologische Ideen des persischen Gelehrten Albumasar (um 787–886): Unter dem Einfluss des als heiß vorgestellten Planeten Mars werde der feuchten Erde brennbares Material entzogen, das in der erdnahen Sphäre als sichtbarer Komet entflamme, wobei der Schweif des Kometen in die Richtung der betroffenen Region zeige.[16] Der solcherart geschädigte Boden werde zur Brutstätte für Ungeziefer wie „chefern vnd håwschreken", für die Konrad die von Ungarn ausgehende Heuschreckenplage seit 1338 als Beispiel anführt.[17]

Kometen und bestimmte Sternenkonstellationen wurden im 14. Jahrhundert zunehmend als Zeichen verstanden, die Unheil anzeigen oder sogar verursachen, so dass sich allmählich der Begriff „disastro" (italienisch: Unstern) für das fatale Ereignis selbst einbürgerte.[18] Am 25. Januar 1348 erschütterte ein schweres Erdbeben Kärnten und Nordostitalien, das nach modernen Forschungen eine Stärke von ca. 8 bis 9 auf der zwölfteiligen EMS98-Skala erreichte, einen Erdrutsch an der Dobratsch auslöste, viele Menschenleben kostete und beträchtliche Zerstörungen an Gebäuden (darunter auch Kirchen) anrichtete.[19] Erneut erörterten die Gelehrten als natürliche Ursache eine Konstellation der Planeten Mars, Jupiter und Saturn sowie eine Sonnen- und Mondfinsternis im Jahr 1345.[20] Weitere Deutungen oszillierten zwischen der Furcht, es handle sich um ein Vorzeichen des Weltuntergangs, einer Interpretation als Sündenstrafe, als Mahnung zur Buße oder Prüfung der Gläubigen durch Gott.[21] Ebenso wurde 1347/48 der aus dem Kaukasus über Sizilien und Marseille in Europa eingeschleppte „Schwarze Tod" nachträglich mit der Planetenkonstellation 1345 und sogar mit dem Erdbeben 1348 in erklärenden Zusammenhang gebracht: Durch die Planeten in den Hohlräumen der Erde erhitzte und verdichtete Luft habe das Beben verursacht, sei danach entwichen und habe die Pest ausgelöst.[22] Die naturkundliche und die religiöse Lesart des Ereignisses schlossen sich nicht aus, Gott konnte aristotelisch als erster Beweger aller Dinge und damit auch der Sterne verstanden werden. Insofern waren die Deutungen komplementär, bestätigten und verstärkten sich wechselseitig und konnten pragmatische Reaktionen sogar bestärken.

Ob Karl IV. die gelehrten Theorien einer astrometeorologischen Ursache von Heuschreckenplagen, Erdbeben und Seuchen kannte, darf bezweifelt werden. Aus der Genauigkeit seiner Schilderung der Heuschreckenplage 1338 spricht ein eher „nüchterner Sinn", doch verweist die narrative Einbindung des Ereignisses auf Karls Bemühen um eine fromme Deutung des Zeichens im Kontext seines Lebensweges für sich und seine Nachfolger.[23] Durch eigene Lektüre und Predigten waren dem künftigen Kaiser die bibli-

Abb. 16 Noch im 16. Jahrhundert wurden Katastrophen und Himmelserscheinungen zueinander in Beziehung gesetzt: Darstellung von merkwürdigen Ereignissen, die im Zusammenhang mit zwei Kometen gesehen wurden. Eidgenössische Chronik des Diebold Schilling („Luzerner Schilling"), fol. 61v • vollendet 1513 • Buchmalerei auf Pergament • Korporation Luzern, Depositum in der Zentral- und Hochschulbibliothek Luzern, S. 23 fol.

Abb. 18 **Die Geißler zu Tournai im Jahre 1349. Miniatur aus den Antiquitates Flandriae ab anno 1298 ad annum 1352 des Gilles li Muisis, fol. 16v** • Flandern, um 1352 • Buchmalerei auf Pergament • Brüssel, Bibliothèque Royale de Belgique, Ms. no. 13076/77

schen Texte und die weit verbreitete Vorstellung vertraut, dass Gott auch mittels Zeichen der Natur zu den Menschen spreche.[24] Schon im nächsten Satz berichtet Karl, die tatsächlich verstrichene Zeit verdichtend: *„in derselben Zeit starben innerhalb zweier Monate Unsere Schwester und der Schwager, Herzog von Österreich, die Wir zu jener Zeit zum letzten Mal gesehen haben".*[25] Im folgenden Kapitel berichtet er von einem Traum über die Lesung des Evangeliums am Tag der Heiligen Ludmilla (16. September) über Mt 13,44, *„Das Himmelreich gleicht einem verborgenen Schatz im Acker, den ein Mensch fand und versteckte; und in seiner Freude geht er und verkauft alles, was er hat, und kauft den Acker"*, und schließt eine Auslegung im Predigtton an, die er beziehungsvoll mahnend mit Verweis auf Mt. 6,20 beendet: *„Sammelt euren Schatz in den Himmeln, wo er weder durch die Motte noch den Grünspan zerstört wird."*[26] Der künftige Kaiser deutet die Heuschreckenschwärme als Zeichen Gottes und Mahnung zu tätiger Buße, nicht aber als Zeichen des bevorstehenden Weltendes – daher auch sein Bemühen um genaue Klärung der Beschaffenheit dieses Zeichens. Die Lektüre der Bibel und der Natur als Büchern Gottes mahnt ihn dazu, nach dem Schatz im Himmel zu trachten, das Leiden im irdischen Jammertal, wo Heuschrecken die Felder kahl fressen und die Schwester stirbt, in der Hoffnung auf Erlösung durch die Entscheidung für Gott zu bewältigen. Die Furcht vor dem Jüngsten Tag focht Karl als guten Christen und auserwählten Herrscher eben gerade nicht an, sondern bestärkt ihn im Glauben und führt ihn zu vorbildhaftem Handeln.[27]

Der Streit um das 14. Jahrhundert als ferner Spiegel der Gegenwart: Katastrophen, Krisen, Kriege und Klimawandel

Auf die Vielfalt zeitgenössischer Deutungen von Heuschreckenplagen weist auch eine im niederösterreichischen Zisterzienserstift Lilienfeld entstandene Handschrift der *Concordantia caritatis* Ulrich von Lilienfelds hin, die eine Erinnerung an die Heuschreckenplagen von 1338–41 tragen könnte.[28] Ein Bild illustriert den Predigttext vom Dienstag nach dem 4. Fastensonntag mit Heuschrecken, die über Felder herfallen und ihrerseits von den seit Plinius mehrfach erwähnten seleukidischen Vögeln gefressen werden, was typologisch als gerechte Strafe Gottes für die Ausbeutung von Armen gedeutet wird.[29] Viele Zeitgenossen nahmen eine besondere Dichte beängstigender Ereignisse wahr, so notierte der Chronist Heinrich

Abb. 17 **Die seleukidischen Vögel fressen die gierigen Heuschrecken nach Gottes gerechtem Gericht. Concordantiae caritatis des Ulrich von Lilienfeld, fol. 58v** • um 1355 • Federzeichnung auf Pergament • Lilienfeld, Zisterzienserabtei, Stiftsbibliothek, Cod. 151

Die Zeit Karls IV. zwischen Frost und Blüte **35**

Abb. 19 **Der Getreidemarkt von Orsanmichele in Florenz während der Hungersnot 1328/29. Libro del Biadaiolo, um 1335, fol. 79r** • Florenz, um 1335 • Buchmalerei auf Pergament • Florenz, Biblioteca Medicea-Laurenziana, Ms. Laurenziano-Tempiano (Tempi) 3

von Herford (ca. 1300–74), dass „*der Anfang der Herrschaft Karls wegen der Anzahl an Monstern, Wunderzeichen und anderen einzigartigen Ereignissen erinnerungswürdig*" erscheine und der Franziskaner Alvarius Pelagius diagnostizierte mit Blick auf die Pest der Jahrhundertmitte eine „*in Gärung geratene Zeit*".³⁰ Karl IV. stand also mit seiner zwar heilsgeschichtlich gefärbten, nicht aber apokalyptischen Deutung der Heuschreckenplage keineswegs allein.³¹ Fraglich bleibt jedoch, ob die Zeit Karls IV. aus der einmal mehr, einmal weniger durch eschatologische Furcht geprägten Grundstimmung des Mittelalters überhaupt herausragt und gegebenenfalls, warum.³² Denn schon zuvor hatte zum Beispiel seit dem 10. Jahrhundert die populäre Lehre von den fünfzehn Vorzeichen des Weltendes eschatologische Ängste befeuert und Gottesplagenbilder hielten die biblischen Deutungen von Heuschrecken auch noch im 15. und 16. Jahrhundert präsent.³³

Die Forschung untersucht seit langem die tatsächlichen Krisen, Kriege und Katastrophen, die – hier in grober Chronologie – die Menschen des 14. Jahrhunderts in Europa trafen: Die nord- und mitteleuropäische Hungersnot 1315–21, die erste Phase des Hundertjährigen Kriegs zwischen Frankreich und England (1337–86), die sogenannte Babylonische Gefangenschaft der Kirche in Avignon (1309–77) und das Große Abendländische Schisma (1378–1417), die Pestwellen seit 1347, den Rückgang der Bevölkerungszahl, Agrarkrise und wirtschaftliche Depression, Geißlerzüge, Judenmorde, Bauernaufstände, Unruhen in den Städten, Erdbeben, Viehseuchen und Ungezieferplagen, Sturmfluten und Überschwemmungen.³⁴

Auch Ereignisse, die eher kurzzeitig, lokal oder regional wirkten, ängstigten viele Zeitgenossen, wie zum Beispiel eine von 1318 bis 1350 immer wiederkehrende Rinderseuche in England, die katastrophale Überschwemmung von Florenz 1333, die nach heftigen Regenfällen halb Mitteleuropa treffende Maria-Magdalenen-Flut 1342, die viele Brücken einriss und schwere Erosionsschäden verursachte, ein Erdbeben 1356, das Basel zerstörte und das Oberrheintal erschütterte, die Zweite Marcellusflut 1362 an der Nordseeküste – die Liste ließe sich leicht verlängern.³⁵ Doch nimmt die Frequenz und Intensität dieser Ereignisse tatsächlich zu oder geht die moderne Forschung hier nur der Selbstdeutung einiger rhetorisch begabter Zeitzeugen vom 14. Jahrhundert als „Krisen"-Zeit *avant la lettre* auf den Leim?

Peter Schuster hat darauf hingewiesen, dass spätestens seit den 1920er Jahren bei der modernen Bewertung des Spätmittelalters als Verfalls- oder Krisenzeit eine mehr oder weniger offensichtliche kulturkritische Tendenz zum Tragen komme.³⁶ Ein konzeptionell oft nur schwach konturierter, durch die jeweils eigene Gegenwart der Forscher geprägter Krisenbegriff stellte Anregungen zur Deutung des 14. Jahrhunderts für das Europa vor allem nördlich der Alpen zur Verfügung, während paradoxerweise die italienische Renaissance weiterhin als Wiege der Moderne und Blütezeit von Kunst und Kultur gefeiert wurde und wird.³⁷ Vor dem Hintergrund der Weltwirtschaftskrise seit 1929 gewannen ältere Theorien an Überzeugungskraft, die Zusammenhänge zwischen der Pest, dem Bevölkerungsrückgang, dem Verlassen von Siedlungen (Wüstungen) und einer Agrarkrise konstruierten, die meist als Absatzkrise bzw. Depression charakterisiert wurde. Dabei trug die lückenhafte und problematische Datenbasis zu einem Streit zwischen Theorieschulen bei, der sich bis heute fortsetzt: Die Neo-Malthusianer und Neo-Ricardianer (Wilhelm Abel, Michael Postan, George Duby) versuchen Lohn-Preis-Scheren realwirtschaftlich zu analysieren, die Monetaristen argumentieren quantitativ mit einem Rückgang der Edelmetallproduktion, marxistisch inspirierte Forscher sehen eine Strukturkrise des Feudalismus, Marktwirtschaftler argumentieren zum Beispiel mit einer kommerziellen Revolution des Spätmittelalters, Marktversagen oder steuernden Einflüssen von Institutionen, um Konjunkturen und Depressionen zu erklären.³⁸ In den 1970er Jahren stellte die amerikanische Historikerin Barbara Tuchman ihrer eigenen „*Zeit ähnlicher Unordnung*" (Vietnamkrieg, gesellschaftliche Unruhe) das 14. Jahrhundert als „*Der ferne Spiegel*" gegenüber, wie der Titel ihres Bestsellers bezeichnend heißt – in „*trostreicher*" Absicht, denn der Blick zurück zeige, dass die Menschheit schon Schlimmeres durchlebt habe.³⁹ Ein sehr einflussreiches Buch über das 14. Jahrhundert als Krisenzeit hat 1987 der böhmisch-deutsche Historiker jüdischer Herkunft František Graus (1921–89) veröffentlicht.⁴⁰ Seine Deutung des 14. Jahrhunderts mag durch seine Lebenserfahrung geprägt worden sein, drei Konzentrationslager überlebt zu haben und als ursprünglich marxistisch inspirierter Historiker 1969 vor den Kommunisten aus der Tschechoslowakei nach Deutschland geflohen zu sein. Er sieht im 14. Jahrhundert mehrere Teilkrisen kulminieren, in denen die Gesellschaft durch die Wahrnehmung dieser Veränderungen in Unruhe geraten sei. Diese habe sich unter anderem in der Geißlerbewegung und in den schrecklichen Judenmorden, an denen Karl IV. einen Anteil hatte, seit den 1348er Jahren „*als ‚Ventil' für angestaute Spannungen verschiedenster Form*" entladen.⁴¹

Schließlich werden vor dem Hintergrund des gegenwärtig diskutierten Klimawandels auch natürliche Faktoren als Rahmenbedingung oder sogar tieferer Grund für die „Krise(n)" des Spätmittelalters erörtert.⁴² In den jüngsten interdisziplinären Forschungen

Abb. 20 **Die Pest.** Miniatur aus der Chronik der Stadt Lucca von Giovanni Sercambi, fol. 209v. Das Bild illustriert ein „großes Sterben" in Pisa im Jahre 1398. • ca. 1368–1414 • Buchmalerei auf Pergament • Lucca, Archivio di Stato, Ms. 107

zum Weltklima wird trotz bestehender Unsicherheiten über die Dynamik des Prozesses und seine beträchtlichen regionalen Unterschiede festgestellt, dass zwischen den unterscheidbaren Klimaregimen des Hochmittelalterlichen Klimaoptimums (ca. 950–1250) und der Kleinen Eiszeit (ca. 1450–1850) eine instabile Übergangsphase liege.[43] Sie könnte sich durch Klimaschwankungen mit einer erhöhten Frequenz und Intensität von Extremereignissen ausgezeichnet haben. Zur Diskussion stehen neben Wetter und Klima vor allem Wechselwirkungen zwischen natürlicher Umwelt und menschlichem Handeln. So könnte der hochmittelalterliche Landesausbau, der großflächige Rodungen, eine Ausweitung von Anbauflächen und Bevölkerungswachstum zur Folge hatte, langfristig negative Auswirkungen auf den Wasserhaushalt und die Bodenerosion mit der Folge verringerter Ernteerträge und verminderter Widerstandskraft gegen Epidemien und Schädlinge gehabt haben.[44] Es ist eine offene Frage, ob und inwiefern hier auf regionaler oder kontinentaler Ebene bereits von anthropogenen Einflüssen auf Wettermuster oder sogar den Klimaverlauf gesprochen werden kann. Die Hungerkrise 1315–22, die sich offenbar nicht nur auf Nordwesteuropa beschränkte, die Rinderseuche seit 1318 und nicht zuletzt die Missernten und Mangeljahre der 1340er Jahre vor allem in Mittelitalien, die bereits von Seuchen begleitet wurden und die Bevölkerung schon vor dem Eintreffen des Schwarzen Todes 1347 schwächten, scheinen mit einem sich verschlechternden Klima (nasskalten Sommern) zusammenzuhängen, das auf eine zunehmend verwundbare Gesellschaft traf.[45]

Das 14. Jahrhundert – ein Vexierspiegel von Frost und Blüte?

Man würde es sich also zu einfach machen, wenn man die „Krise(n)" des 14. Jahrhunderts mit Peter Schuster nur als *Imagination des 20. Jahrhunderts* charakterisieren oder gar als verzerrende Rückprojektion der Forschung entlarven würde.[46] Geschichtlicher Erkenntnisgewinn ist ohne Einbeziehung des fragenden Subjekts unmöglich. Eine methodisch reflektierte, hermeneutisch vorgehende Analyse der Vergangenheit kann den Quellen aber Perspektiven abringen, die in kritischer Zusammenschau ein plausibles und überprüfbares Bild der Vergangenheit zu konstruieren erlauben. Insofern haben die je zeitgebundenen Fragen, ob und inwiefern sich im 14. Jahrhundert „Krise(n)" häufen, die analytisch als Transformationsprozesse zu verstehen sind, fruchtbare Zugänge zur Zeit Karls IV. eröffnet und bereits viele Antworten geliefert. Vielleicht bieten die jüngsten Versuche, Rahmenbedingungen wie Klima, Wetter und Extremereignisse (Erdbeben, Überschwemmungen, Sturmfluten) unter anderem mit Hilfe der historischen Seismologie, Meteorologie, Hydrologie und Klimatologie und der Analyse von materiellen Überresten und naturwissenschaftlichen Methoden zu rekonstruieren,[47] sogar die Möglichkeit, eine neue Meistererzählung zu wagen. Sie müsste die komplexe Verwobenheit zwischen Gesellschaft und Natur im 14. Jahrhundert regional fein differenziert als multifaktorielles Geschehen darstellen, ohne kurzschlüssigen Rückprojektionen oder Determinismen aufzusitzen.[48]

So werden in der jüngsten Forschung viele Fragen zu den Pestwellen seit 1347 als Resultat eines komplexen Wechselspiels

Abb. 21 **Pestprozession und Bestattung von Pestopfern.** Miniaturen in den Belles Heures des Herzogs Jean de Berry, fol. 73v–74r • Gebrüder Limburg, 1405–1408/09 • Buchmalerei auf Pergament • New York, The Metropolitan Museum of Art, The Cloisters Collection, 1954, Inv.-Nr. 54.1.1a,b

zwischen spezifischen Umweltbedingungen und Klimaschwankungen von Asien bis Europa und dem Umgang der betroffenen Gesellschaften mit der Bedrohung diskutiert: Woher kam der Erreger, wie verlief die Seuche zeitlich und räumlich, wie hoch war die Zahl der Opfer – und wie reagierte die Gesellschaft?[49] Es scheint, als hätten klimatische Schwankungen in Zentralasien zunächst zu einem Nagetiersterben geführt und deren Flöhe, als Überträger des Pesterregers, zur Suche nach anderen Wirtstieren gezwungen. Anfangs begünstigt durch die Heereszüge der Mongolen, später durch den Handel, führte dies zu einer seit 1347 immer wieder neuen Einführung der Pest über die interkontinentalen Handelswege (Seidenstraße) nach Europa. Sie traf gerade im 14. Jahrhundert auf verwundbare Gesellschaften.[50] Die wiederkehrenden Pestwellen stehen nicht nur mit einem demografischen, sondern auch einem tiefen wirtschaftlichen, kulturellen, mentalen, sozialen und politischen Einschnitt in weiten Teilen Europas im Zusammenhang – gerade in der Wahrnehmung der nachfolgenden Generationen.[51] Die gesellschaftspolitischen Reaktionen variierten, führten aber nicht nur zu Unruhen und Judenpogromen, sondern auf lange Sicht auch zu einer Intensivierung obrigkeitlicher Ordnungs- und Gesundheitspolitik, zu mehr Regulierung und Staatlichkeit, zu der auch die Armenfürsorge und Anlage von Getreidespeichern gehören konnten, zur Akkumulation von Kapital, dem Aufstieg neuer Eliten und der Fortentwicklung technischer Innovationen.[52] Man kann dies auch als insgesamt positive Entwicklung interpretieren. So sieht der Wirtschaftshistoriker Eric Lionel Jones in der Entwicklung von Fähigkeiten, die Krisen seit dem Spätmittelalter politisch, wirtschaftlich und technisch zu bewältigen, einen Grund für den folgenden Aufstieg und die Expansion der europäischen Gesellschaften über die Grenzen des Kontinents hinaus.[53]

Der hofnahe Zeitzeuge und Prediger Franz von Prag berichtet in seiner Chronik zum Jahr 1348 von den erwähnten schrecklichen Vorzeichen am Himmel, dem Erdbeben in Kärnten und dem Ausbruch der Pest, merkt aber eigens an, dass diese in Böhmen *„wegen der frischen und kalten Luft"* bald wieder aufhörte und schließt die Überlegung an, dass nur derjenige Gottes Strafe auf sich herabrufe, der gegen seine Gebote verstoße.[54] Darin wird er sich mit seinem König einig gewusst haben, der just in dieser Zeit begann, einen beispiellos großen Reliquienschatz zu sammeln, den man als Glaubensstärkung, Versicherung göttlichen Heils und damit auch als Mittel gegen Plagen wie Pest, Hunger und Krieg verstehen kann.[55] Es ist wohl kein Zufall, dass Karl IV. im Turmgebäude seiner Burg Karlstein bei Prag die Passion-Christi-Kapelle (heute: Marienkirche) zwischen 1357 und 1362/63 mit einem apokalyptischen Freskenzyklus ausmalen ließ, der auch das Erdbeben am Tag des Jüngsten Gerichts (Mt 24,7; Apc. 16,18) zeigt, das seinerseits an die realen Erdbeben in Kärnten 1348 und Basel 1356 als bedeutungsvolle Zeichen erinnert haben könnte.[56] In dieser Kapelle, der angrenzenden Kapelle der Jungfrau Maria (heute Katharinenkapelle) und der äußerst kostbar ausgestatteten Heiligkreuzkapelle brachte Karl IV. im Lauf der Jahre Passionsreliquien unter, bewahrte die Reichsinsignien und eine große Zahl weiterer Reliquien auf.[57] Wie im Gleichnis vom verborgenen Schatz im Acker versammelte der Kaiser in seinem verschwenderisch ausgestatteten Schatzhaus ein Heilmittel für sich und – vermittelt durch regelmäßige Heiltumsweisungen – auch für sein Reich.[58] Dem Frost des 14. Jahrhundert, so lässt sich pointiert schließen, begegnete der Herrscher mit einer geistlichen Blüte seiner Herrschaft.

FUSSNOTEN

1 Hier und folgend nach Vita Caroli Quarti, capitulum X. HILLENBRAND 1979/I, 142f. (meine Übersetzung).

2 HUBER 1877, Nr. 53 (1. März 1338, Vyšehrad), Nr. 65 (27. Juli 1338, Znaim).

3 Zum Text HERGEMÖLLER 1999, 235, 394. – SCHLOTHEUBER 2005. – PARAVICINI-EBEL 2007, 107f.

4 Vita Caroli Quarti, capitulum X. HILLENBRAND 1979/I, 142f. (meine Übersetzung). – Datum: HUBER 1877, Nr. 66 (28. Juli 1338, Pulkau). – Die Entferung von Znaim nach Pulkau beträgt etwa 25/27 Kilometer.

5 Vita Caroli Quarti, capitulum X. HILLENBRAND 1979/I, 142f. (meine Übersetzung).

Abb. 22 **Prospekt des Heilig-Geist-Spitals in Nürnberg. Die Stiftung des Reichsschultheißen Konrad Groß (um 1280–1356) im Jahre 1331 begründete die wichtigste soziale Einrichtung Nürnbergs im Mittelalter, gelegen an und über der Pegnitz** • Christian Ludwig Kauliz, um 1740 • Kupferstich, koloriert

6 Vgl. im Folgenden ROHR 2007, 463f., 468–476. – ROHR 2009, 22f. – ROHR 2011.
7 Zugroute 1338: GLASER 2008, 65, Abb. 20. – Zürich: SILBEREISEN 1576, 159 (mit Miniatur).
8 Vgl. Anm. 6. – CHAPUIS M.-P. 2008.
9 WEIDNER 1986, 41–44, 49f.
10 ROHR 2007, 488.
11 ROHR 2007, 471, 473.
12 St. Pölten, Niederösterreichisches Landesarchiv, Ständisches Archiv, Urkunde Nr. 354 (Hinweis Max Weltin).
13 TROYER/RASMO 1949, 172, Kapitel 34. – DINZELBACHER 2006, 116f. – ROHR 2007, 494f.
14 So Johann von Viktring/SCHNEIDER 1910, 207–209, Liber VI, capitulum V, ad annum 1338. – ROHR 2007, 458–463, 470f.
15 Konrad von Megenberg: Buch der Natur, Buch II, Kapitel 11. LUFF/STEER 2003, 102 (jedoch: Zugrichtung nach Süden). – KRONK 1999, 235–238.
16 GOTTSCHALL 2004, 296–310.
17 Konrad von Megenberg: Buch der Natur, Buch II, Kapitel 11. LUFF/STEER 2003, 103.
18 SCHENK 2013, 192–200. – JUNEJA/SCHENK 2014/II, 26–28.
19 BORST 1981. – GUIDOBONI/COMASTRI 2005, 403–434. – Skala: GRÜNTHAL 1998.
20 HEILEN 2005, 328 (tatsächliche Konjunktion). Partielle Sonnenfinsternis (Wien), 26. 9. 1345: Http://eclipse.gsfc.nasa.gov/JSEX/JSEX-EU.html (13. 12. 2015); totale Mondfinsternis (Wien), 18. 3. 1345: Http://eclipse.gsfc.nasa.gov/JLEX/JLEX-EU.html (13. 12. 2015). – MENTGEN 2005, 64f. – ROHR 2007, 146f.
21 ROHR 2007, 131–158, 183–192, 529.
22 Konrad von Megenberg: Buch der Natur, Buch II, Kapitel 33. LUFF/STEER 2003, 132f. – GOTTSCHALL 2006. – Zur Pest unten Anm. 49–52.
23 SEIBT 1978/II (1994), 132 (Zitat). – SCHLOTHEUBER 2005, 586.
24 HERGEMÖLLER 1999, 412f. – SCHENK 2010, 508f.
25 Vita Caroli Quarti, capitulum X. HILLENBRAND 1979/I, 142f. (meine Übersetzung). – Tatsächlich jedoch starb Anna im November 1338, Otto erst im Februar 1339.
26 Vita Caroli Quarti, capitulum X. HILLENBRAND 1979/I, 144f., 148f. (meine Übersetzungen). – FRIED 2001, 12f.
27 BAUCH 2015/I, 99f., zur Auserwähltheit.
28 SCHMID 1953. – OPPL/ROLAND 2006, 15–17.
29 Lilienfeld, Stiftsbibliothek, Cod. 151, fol. 58v. – Ulrich von Lilienfeld/DOUTEIL 2010, I, 121; II, 50, 480. – ZAJADACS-HASTENRATH 1971, siehe „Seleuzidische Vögel".
30 Heinrich von Herford/POTTHAST 1859, 277. – Dazu SMOLLER 2000, 177. – PELAGIUS 1560, fol. 93 recto. – Dazu KRÜGER 1972, 844, 858.
31 AUFFAHRT 2002, 18f.
32 Allgemein FRIED 2001. – DELUMEAU 1985, II, 330–340, und DINZELBACHER 1996, 90–101, 229–239, 244–250, 279–281, werten das Spätmittelalter insgesamt als Hochzeit mittelalterlicher Ängste.
33 KURSAWA 1976. – ANDERGASSEN 2004. – ROHR 2007, 484–488.
34 In Auswahl: SEIBT/EBERHARD 1984. – GRAUS 1988. – BUCKL 1995. – SCHUBERT 1998, 1–21. – RÖSENER 2010, 189–196. – KITSIKOPOULOS 2012/I. – DRENDEL 2015.
35 Rinderseuchen: SLAVIN 2012. – Florenz: SCHENK 2007. – Magdalenenflut: BAUCH 2014. – Basel: MEYER 2006. – Marcellusflut: MEIER 2014.
36 SCHUSTER 1999, 22–26. – Zu älteren Dekadenztheorien DIRLMEIER 1978, 10–19.
37 Krisenbegriff: MEYER/PATZEL-MATTERN/SCHENK 2013/II, 14–20. – Renaissance: BURKE 2005, 70–75, 298f.
38 NORTH 2007, 361–371, 438–442. – KITSIKOPOULOS 2012/I. – BRITNELL 2015.
39 TUCHMAN 1982, 9 (Zitate), 37–55. Untertitel im englischen Original: The Calamitous 14th Century.
40 GRAUS 1988. – GILOMEN 1990, 11–15. – MARCHAL 1989.
41 GRAUS 1988, 387. – Vgl. den Beitrag von Jörg R. Müller und Andreas Weber in diesem Band.
42 CAMPBELL 2010. – RÖSENER 2012.
43 MASSON-DELMOTTE/SCHULZ 2013, 409–415. – Debatte: HUGHES/DIAZ 1994. – RÖSENER 2010. – KELLY/Ó GRÁDA 2014.
44 Vgl. Anm. 42. – KITSIKOPOULOS 2012/II, 8f.
45 Abkühlungsphase 1314–22 „Dantean anomaly"): BROWN 2001, 251–254. – VADAS 2009. – Wetter und Klima 1340–50: ALEXANDRE 1987, 802f. – PFISTER 1988/I, 66f., 71f. („Ice Age Summers of the 1340's"). – PFISTER 1988/II, 122f. – Italien: GUIDOBONI/NAVARRA/BOSCHI 2011, 130–139. – Hungerkrise, Rinderseuche, regional differenzierte Folgen: JORDAN 1996. – HUHTAMAA 2012, 41f., 44–46. – DEWITTE/SLAVIN 2013.
46 SCHUSTER 1999, 55.
47 PFISTER 1988/II. – SCHENK 2015, 78–83.
48 Vgl. BEHRINGER 2007, 123–155, der das 14. Jahrhundert bereits der Kleinen Eiszeit zurechnet.
49 Mit unterschiedlichen Thesen: BERGDOLT 2003. – VASOLD 2003. – FOUQUET/ZEILINGER 2011, 105–125. – SCHMID B. V. u. a. 2015.
50 Vgl. Anm. 45. – Vulnerabilitätskonzept: COLLET 2012.
51 BERGDOLT 2003, 191–222. – BULST 2005. – SCHNEIDMÜLLER 2012.
52 Vgl. Anm. 41. – STROTHMANN 2005, 186–198.
53 JONES 1991, XIV–XXXIX, 3–79.
54 Franz von Prag/ZACHOVÁ 1997, III, 26, 202–205, hier 205 (Zitat). – MAUR 1987, 163f. – BERGDOLT 2003, 82, 84.
55 BAUCH 2015/I, 193–199, Schaubild 1f., 271–273.
56 Vorbilder, Datierung und Zuschreibung sind im Einzelnen umstritten, vgl. nur FRIEDL 1950. – FAJT/ROYT 1998, 147–149.
57 BAUCH 2015/I, 384–396.
58 MENGEL 2003, 270–276. – BAUCH 2015/I, 395f.

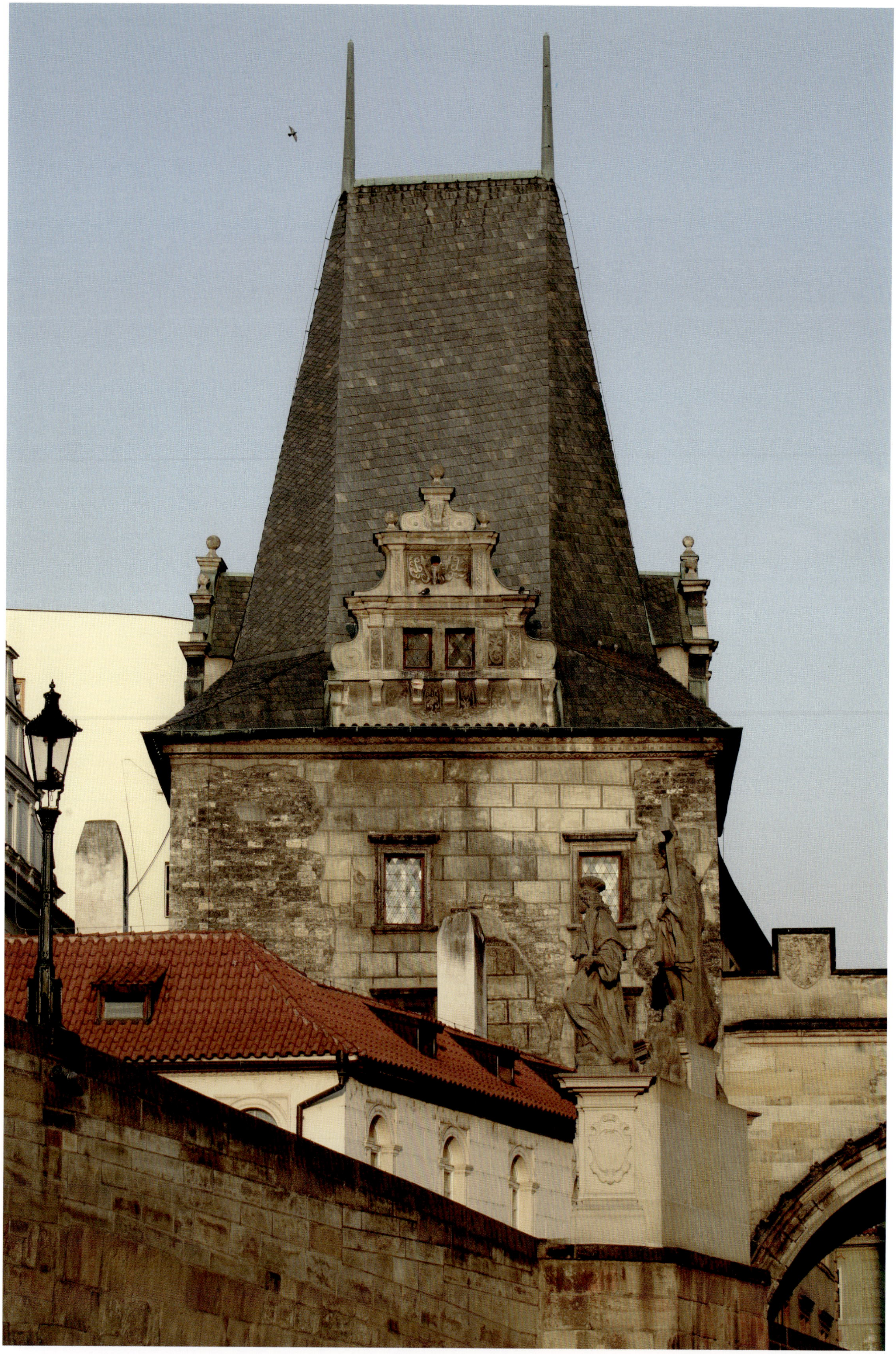

Die Brücke der Königin Judith

Ondřej Šefců

Das Verderben

Die mächtigen Ruinen, die von der großen Prager Brücke geblieben sind, welch merkwürdiges Ding, brachten jetzt durch den Andrang der Moldaufluten großen Schaden und Unglück über das ganze Land; die Klage durchdrang alles und unendlicher Schmerz herrscht im Inneren, unzählige Höfe sind untergegangen, die durch sorgsame Arbeit erblüht waren, Häuser schwammen im Wasser, darin menschliche Klagelaute, die Eiseskälte war schuld, dass die Nackten vor Kälte jammern.[1]

Naturkatastrophen waren und sind ein dankbares Thema für Chroniken, zeitgenössische Zeugnisse und Berichte. Zugleich dienten sie häufig als Inspiration für Werke der bildenden Kunst oder der Literatur. Dies belegt die oben in Prosa zitierte, im lateinischen Original gereimte Strophe, die der Chronist Franz von Prag in das Kapitel über den Einsturz der Judithbrücke einfügte. Dass es sich tatsächlich um ein außergewöhnliches Ereignis handelte, belegt nicht nur die detaillierte Beschreibung dieses Winterhochwassers, sondern auch die sehr anschauliche, geradezu dramatisch-expressive Schilderung seiner Begleitumstände und Folgen: *„Im Jahr des Herrn 1342, am Vorabend von Mariä Reinigung (1. Februar) kam es – nach vorherigem warmem Südwind, auf den eine Art Frühlingsregen gefolgt war, nach einem sehr grausamen und harten Winter, in dem wegen des starken Frostes viele Menschen in Böhmen und in den übrigen Ländern gestorben waren – durch den Ansturm des Schnee- und Regenwassers zu einem großen Hochwasser, und durch die enorme Menge und Dichte des Eises wurde die Prager Brücke an mehreren Stellen niedergerissen, sodass von ihr nur knapp ein Drittel verblieb, wobei auch dieses durch die Wassermassen beschädigt worden war."*[2]

Der erste Teil des Kapitels in der Chronik beschreibt relativ sachlich das Naturereignis, bei dem mehrere Faktoren zusammenspielten. Es handelt sich um ein sog. Winterhochwasser, bei dem der Schnee durch plötzliche Erwärmung taut und dann zusammen mit dem Regen den Pegel der Flüsse steigen lässt. Begleitend reißt die Eisdecke auf den Flüssen, was häufig zum Abtreiben größerer Eisschollen führt. Stauen sich die Eisschollen, kann dies den Fluss verstopfen, eine lokale Erhöhung des Wasserpegels bewirken und extreme Folgen auslösen, wenn die Eisschollen alle Objekte zerschmettern, die ihnen im Weg stehen. Diese Gefahr besteht selbst heute noch und lässt sich manchmal nur durch die Sprengung der Eisblockade beseitigen. Die großen Flüsse einschließlich der Moldau frieren jedoch praktisch nicht mehr zu, was auf die heutigen klimatischen Verhältnisse sowie die angelegten Staubecken zurückzuführen ist.

Man kann sich leicht vorstellen, dass unter den klimatischen Bedingungen der ersten Hälfte des 14. Jahrhunderts die Moldau und ihre Zuflüsse mit einer massiven Eisschicht überzogen waren. Die Bewegung dieser Eisbarriere konnte dann geradezu apokalyptische Situationen auslösen, wie auch der nächste Abschnitt in der Schilderung des Chronisten verrät: *„Mitgerissen wurden auch alle Mühlen und Wehre, und zahlreiche am Ufer liegende Dörfer wurden mit den Menschen und übrigen Lebewesen verschlungen und überflutet. [...] Auch in der Prager Stadt zerstörte das große, sich weit und breit ausdehnende Wasser in den Kellern verschiedene Getränke, die für den menschlichen Gebrauch vorgesehen waren, und bewirkte viele Schäden. Die Bürger von Prag und von Podskal verloren durch den Ansturm des Wassers enorme Holzmengen, die für verschiedene Bauten bestimmt waren. Und da dieses Hochwasser unerwartet und plötzlich kam, sah man Häuser voller Menschen und Säuglinge in Wiegen vorbeischwimmen, denen die unendlich unglücklichen Mütter nicht helfen konnten. Man konnte auch sehen, wie die unterschiedlichsten Haustiere und Werkzeuge fortgeschwemmt wurden. Und als jene beklagenswerte Katastrophe nachließ, fand man die Leichen unzähliger ertrunkener Menschen [...]. Damals wurde auf der Prager Kleinseite durch die Sandmenge, die das Wasser dort angespült hatte, ein Durchfluss versperrt, sodass dort von nun an keine Mühlen mehr betrieben werden konnten."*[3]

In diesem Teil des Zitats wird ein weiterer Aspekt des Hochwassers in Prag beschrieben. Am rechten Ufer im Süden der Stadt, genauer in Podskal (Podskalí), waren große Holzlager untergebracht, deren Holz über die Moldau geflößt worden war. Die mächtigen Stämme der Flöße verstopften zusammen mit dem Bauholz und mitgerissenen Holzgebäuden bei Hochwassern die Bögen der Prager Brücke, was zu einer enormen Beschleunigung der durchfließenden Wassermengen führte; darunter litt die äußere Hülle der Brücke und zudem wurden die Fundamente unterspült. Auf diese Weise wurde die Karlsbrücke beispielsweise in den Jahren 1432 und 1890 ernsthaft beschädigt.

Abb. 23 Der Judithsturm, heute der südliche Turm des Kleinseitner Brückentors, ist nach traditioneller Forschungsmeinung der bedeutendste Rest der unter Königin Judith, geb. Landgräfin von Thüringen (um 1130/35–um/nach 1200), errichteten ersten Prager Steinbrücke. • Prag, wohl zwischen 1158 und 1172

Auch im nächsten Hinweis findet sich eine realistische Beschreibung der Situation, die das große Hochwasser begleitete. Gemeint sind die Sandmassen, die an den Stellen angeschwemmt werden, an denen die Fließgeschwindigkeit des Wassers nachlässt. Vom Sand verschüttet wurde in Prag offensichtlich der äußere Rand des Moldaubogens entlang des Ufers der Kleinseite, wo sich die Kampa-Insel befindet.

Die Bedeutung einer funktionierenden und zuverlässigen Brücke für Prag bestätigt der folgende Absatz, der die Lage nach dem Hochwasser beschreibt: *„Jetzt erst verstanden die Menschen, was für einen unvergleichlich großen Vorteil sie verloren hatten, denn erst wenn man eine unverzichtbare Sache verliert, erkennt man ihren Wert. Denn als jene berühmte Brücke eingestürzt war, schien die Krone des Königreichs gefallen zu sein; beim Übersetzen über den Fluss kam es zu großen Schwierigkeiten und Gefahren für die Menschen, während diejenigen, die kein Geld für die Fähre hatten, höchst betrübt waren."*[4]

Und noch eine weitere Anmerkung in diesem Kapitel ist bemerkenswert: *„Unbeschädigt blieb dagegen die sehr feste Brücke in Raudnitz – erfolgreich, fest und schön errichtet durch den ehrwürdigen Vater in Christo, Herrn Johannes IV., den siebenundzwanzigsten Prager Bischof –, obwohl dort größere Wassermassen und ein stärkerer Andrang an Eisschollen geherrscht hatten."*[5] Den Bau der Brücke in Raudnitz (Roudnice nad Labem) hatte Bischof Johann von Draschitz in den 1330er Jahren angeregt. Als Berater wurde für das Vorhaben der päpstliche Baumeister Wilhelm von Avignon berufen, der hier in den Jahren 1333–34 bei der Errichtung von zwei Pfeilern und bei der Einwölbung des Bogens behilflich war. Dieses Bauwerk sollte zu einem Vorbild für die 1357 gegründete Karlsbrücke werden.

Das Hochwasser in Böhmen im Jahr 1342 war kein Einzelfall, wie der nächste Absatz des Kapitels belegt, der an Katastrophen in Europa erinnert: *„Auch in der übrigen Welt gab es damals große Hochwasser, sodass auch in anderen Ländern viele vom Wasser niedergerissene Stein- und Holzbrücken existierten. Auch das Meer blähte sich stark auf und stieg in die Höhe, sodass es alle Wasserbehälter in Venedig und in anderen am Meer liegenden Städten zerstörte und große Schäden verursachte."*[6]

Ähnlich beschreibt die Ereignisse des Jahres 1342 auch der Chronist und Prager Domherr Benesch Krabitz von Weitmühl, der zudem das genaue Datum des Brückeneinsturzes nennt: *„[…] wurde an vielen Stellen die Prager Steinbrücke niedergerissen, sodass von ihr nur ungefähr ein Viertel verblieb. […] Diese Brücke stürzte in jenem Jahr am Tag des hl. Blasius (3. Februar) in der Nacht ein. Und es stürzte auch die Steinbrücke über denselben Fluss in Dresden ein".*[7] Verglichen mit der zuvor zitierten Nachricht wird hier der Erhalt von sogar nur einem Viertel der Judithbrücke dokumentiert. Man darf vermuten, dass von den insgesamt 22 Bögen wohl drei Brückenpfeiler am rechten Ufer und vier bis fünf Brückenpfeiler am Ufer der Kleinseite stehen geblieben waren.

Erwähnenswert ist noch eine Nachricht aus der Feder des Bischofs Ernst von Pardubitz, des Vertrauten und Beraters Karls IV. Der neu ernannte Bischof schrieb 1343 eine Sammlung für den geplanten Bau der Kirche St. Veit und zugleich für die Erneuerung der Prager Brücke aus. Der gelehrte Geistliche beschrieb die unseligen Ereignisse und deren Folgen noch emotionaler als die beiden Chronisten: *„Jene alte Prager Steinbrücke über den dort fließenden Fluss […] stürzte unlängst durch den Ansturm des Eises und der Wassermassen bis auf die Fundamente ein und wurde völlig zerstört. […] Wegen des Einsturzes dieser Brücke trauern Witwen, klagen Waisen, weinen verwaiste Kinder, jammern Säuglinge, klagen arme Menschen, wird die Arbeit von Ausländern eingestellt, es leiden die Kaufleute, es herrscht Bürgermangel und die Einwohner leiden gemeinsam und quälen sich gemeinsam und alle grämen sich gleich, da sie die Stütze dieser Brücke verloren haben, […] Gottesdienste werden eingeschränkt, die pflichtgemäße Verehrung der allerheiligsten Gottesmutter Maria und der berühmtesten Heiligen Veit, Wenzel, Adalbert und anderer unserer heiliger und seliger Patrone wird unmöglich gemacht, und was am betrüblichsten ist: Viele sind leider ertrunken und zahlreiche andere befinden sich in schweren Gefahren."*[8] Im weiteren Verlauf dieses mit einigem rhetorischem Aufwand formulierten Sendschreibens beschwört der Bischof den Willen und die – im Sinne des Seelenheils wie des ziemenden Gehorsams – auch Pflicht zu reichlicher, wohltätiger finanzieller Unterstützung: *„Deshalb möchten wir die Allgemeinheit inständig bitten, auffordern und aufs Frömmste anregen, euch dabei im Herrn wegen der herzlichen Barmherzigkeit unseres Gottes beschwörend; zugleich tragen wir zur Vergebung eurer Sünden allen und jedem, besonders aufgrund der Macht, die wir ausüben, und mit der Kraft des heiligen Gehorsams und unter der Strafe der Suspension und Exkommunikation fest auf (...), die so respektheischende, so fromme und so heilige Sache der genannten Prager Brücke mit gutmütiger Liebe anzunehmen."*[9]

Wie die folgenden Reparaturen der teilweise eingestürzten Brücke verliefen, überliefern die Chroniken leider nicht. Es dürfte jedoch sicher sein, dass die Judithbrücke nicht mehr ihre ursprüngliche Gestalt erhielt. Man darf vermuten, dass die eingestürzten Bereiche nach und nach beseitigt und aus dem Fluss geborgen wurden. Unversehrt gebliebene Quader fanden offensichtlich sekundär für einige bedeutende Bauvorhaben im Prager Zentrum und später auch für den Bau der neuen Steinbrücke Verwendung. Bis zur Inbetriebnahme der Karlsbrücke wurde die Verbindung zwischen den beiden Ufern durch einen Hybridbau sichergestellt, der aus einer provisorischen Holzkonstruktion und den nutzbaren Abschnitten der romanischen Brücke bestand.

An beiden Moldauufern haben sich bis heute Teile der Judithbrücke erhalten, außerdem existieren am Flussgrund noch Reste der Fundamente. Deren Erhaltungszustand ist gegenwärtig Gegenstand eines Forschungsprojekts.

Abb. 24 **Relief an der Judithbrücke im Südturm des Kleinseitner Brückentors der jetzigen Karlsbrücke** • Prag, um 1158 (wohl anlässlich der Krönung Vladislavs II. zum böhmischen König)

42 Die Judithbrücke

Abb. 25 **Rekonstruktionszeichnung der Judithbrücke** • Ondřej Šefců • Zeichnung

Der Bau

Zu den Umständen, die die Errichtung der Judithbrücke begleiteten, sind wesentlich weniger Nachrichten überliefert als zu ihrer Beschädigung während des Hochwassers von 1342. Eine Nachricht über den Brückenbau hinterließ der Prager Domherr Vinzenz, der jedoch ohne Angabe von Jahreszahlen lediglich anführt, dass die Brücke innerhalb von drei Jahren entstanden sei.[10] Dieser Hinweis wirkt unglaubwürdig. Der Bau einer Steinbrücke, deren Länge 500 m übertraf und deren Fundamente sich zu einem wesentlichen Teil im Boden der Moldau befanden, war für die damalige Zeit ein außergewöhnliches Werk: nicht nur wegen der Größe, sondern auch wegen der mit der Errichtung der Pfeiler und Brückenbögen verbundenen Schwierigkeiten. Als realistisch sehen die meisten Wissenschaftler heute einen Bauzeitraum zwischen 1158 und 1172 an. Diese Zeitspanne deckt sich mit der Regierung des böhmischen Königs Vladislav I.

Das Verdienst, den Bau der Brücke angeregt zu haben, schreibt der Chronist Vinzenz vor allem Vladislavs Gemahlin Judith von Thüringen zu, nach der die Brücke später auch benannt wurde. Die Gründung der Brücke im Jahr 1158 lässt sich dann nicht nur als Akt der Verschönerung Prags, sondern auch als Feier der Krönung Vladislavs durch Kaiser Friedrich I. Barbarossa verstehen. Mit dem festlichen Krönungszeremoniell wird nämlich jenes Steinrelief verknüpft, das im romanischen Turm am Ufer der Kleinseite überliefert ist. Dieser Turm, der später mit dem Kleinseitner Brückentor der Karlsbrücke verbunden wurde, gilt als Bestandteil der Judithbrücke. Diese allgemein akzeptierte Tatsache steht jedoch in einem gewissen Widerspruch zu den letzten archäologischen Untersuchungen.[11]

Die überlieferten Teile der romanischen Brücke liefern genügend Anhaltspunkte, um die Gestalt des untergegangenen Bauwerks zu rekonstruieren.[12] Die Judithbrücke befand sich ca. 20 m nördlich der heutigen Karlsbrücke. Sie besaß 22 Bögen, die 20 Pfeiler und zwei Uferstützen überspannten. Die Brückenpfeiler waren aus robusten Sandsteinblöcken aufgemauert, die innen mit einem kompakten Mauerwerk aus Bruchstein gefüllt waren. Auf die gleiche Weise wurden auch die Bögen ausgeführt. Die Pfeiler hatte man mit Hilfe von tragenden Fundamentrosten aus Eichenholz im Sand des Flussbodens verankert.

Ein ungelöstes Problem bilden weiterhin die Reste der Fundamentkonstruktionen im Hauptlauf der Moldau. Fragmente davon konnten bisher bei zwei Anlässen erfasst werden: beim großen Hochwasser von 1784 und beim Bruch des Helmovský-Wehrs im Jahr 1941.[13] Die bisherigen Unterwasserforschungen der Jahre 2009 und 2016 bestätigten den Fund von zwei Abschnitten der Fundamentkonstruktionen, einmal in Ufernähe der Kampa-Insel und zum anderen am rechten Ufer.[14] Die Untersuchung weiterer Brückenteile, die am Flussgrund erhalten geblieben sein könnten, wird durch die Sandsedimentschicht wie auch durch Orientierungsprobleme im relativ trüben Wasser erschwert. Eine präzise Identifizierung der erhaltenen Fundamente ist nicht nur aus Gründen des Denkmalschutzes wichtig, sondern auch für die künftige genauere Erforschung dieses bemerkenswerten mittelalterlichen Bauwerks.

FUSSNOTEN

1 Chronik des Franz von Prag, nach BLÁHOVÁ 1987, 133.
2 Chronik des Franz von Prag, nach BLÁHOVÁ 1987, 133.
3 Chronik des Franz von Prag, nach BLÁHOVÁ 1987, 133.
4 Chronik des Franz von Prag, nach BLÁHOVÁ 1987, 133.
5 Chronik des Franz von Prag, nach BLÁHOVÁ 1987, 133.
6 Chronik des Franz von Prag, nach BLÁHOVÁ 1987, 133.
7 Benesch Krabitz von Weitmühl (Beneš Krabice z Weitmile): Kronika pražského kostela. Nach BLÁHOVÁ 1987, 205.
8 Ernst von Pardubitz (Arnošt z Pardubic): Urkunden. Nach HEŘMANSKÝ 1958, 148f.
9 Nach HEŘMANSKÝ 1958, 149.
10 EMLER 1874/I, 408.
11 ŠEFCŮ/CÍLEK 2010, 338f. (Zdeněk DRAGOUN).
12 DRAGOUN 2010.
13 STÁTNÍKOVÁ/ŠEFCŮ/DRAGOUN 2013, 14f.
14 Die bisherige Untersuchung erfolgte in Zusammenarbeit zwischen dem Nationalen Denkmalamt – Gebietsorganisation Prag, dem Prager Stadtmuseum und den Tauchern der Gesellschaft Kapr Divers.

Zwischen Skylla und Charybdis
Leben im Schatten Kaiser Karls IV.

Michael Lindner

In der Nähe Karls IV. lebte es sich offenbar nicht sehr entspannt. Johann von Gelnhausen schrieb um 1385, er halte sich vom Hofe fern, dadurch Charybdis meidend.[1] Johann verließ den Hof 1374 nach langjähriger Tätigkeit beim Kaiser, wo er 1365 als Schreiber in der böhmischen Schatzkammer, dann ab 1366 als Registrator der kaiserlichen Schriftstücke[2] gewirkt hatte, und zog nach Brünn (Brno). Dort erging es ihm nicht besser: Nun hatte Johann das Gefühl, Skylla anheimzufallen. Der aus der Wetterau stammende Schreiber resignierte, schied 1397 aus dem Amt des Brünner Stadtschreibers und ging nach Iglau (Jihlava). Wusste der Mann, wovon er sprach, wenn er die Menschen verschlingenden Ungeheuer aus der Odyssee bemühte, um die Zustände im Umfeld luxemburgischer Herrscher zu beschreiben? Johann hatte sich nahe genug an den Zentren der Macht aufgehalten und war ausreichend gebildet, um derartige Einsichten zu gewinnen. Das Schicksal seines Förderers Johann von Neumarkt[3] zudem – Karl IV. hatte den Kanzler nach einer „Palastrevolution" vom Hofe gejagt – dürfte ihm nachdrücklich die Wandelbarkeit des Glücks im Schatten der Mächtigen vor Augen geführt haben.

Aber: War die Stimmung während der Herrschaft Karls IV. allgemein so schlecht oder handelt es sich nur um die Einzelmeinung eines frustrierten Intellektuellen? Wenn wir uns mit dieser Frage den Quellen zuwenden, um deren Urteil über Karl IV. und seine Herrschaft in Erfahrung zu bringen, lässt sich empirisch auf den Arbeiten Freys und Hillenbrands aufbauen.[4] Fundierungen zu diesem Thema bieten Müller-Mertens, Schreiner und Reinle.[5] Im Hinterkopf sollten wir dabei die hohe und in den letzten Jahren noch gewachsene Wertschätzung haben, die diesem Luxemburger in der Forschung entgegengebracht wird: Moraw, der Karl IV. besser kannte als jeder andere, sieht in ihm „die größte Herrscherfigur des deutschen Spätmittelalters"[6]. Zuletzt wurde Karl IV. zum „weisen und frommen König", der den Frieden liebte, Fehden und Turniere verabscheute und eine neue Herrschaftskonzeption entwarf, die auf das Recht baute; er wurde zu einem König, der Bildung, Kunst und Kultur schätzte und als Tugend gegenüber dem widerborstigen Adel propagierte, zu einem Herrscher, der Konflikte lieber durch Verhandeln beilegte denn durch Gewalt.[7] In den zahlreichen Ausstellungen der vergangenen Jahre samt den dazugehörigen Katalogen scheint die über dreißigjährige Herrschaft Karls IV. immer mehr in Goldenen Bullen, schönen Madonnen, prunkenden Monstranzen, geheimnisvollen Burgen und prachtvollen Handschriften aufzugehen.[8]

Doch die Anfänge Karls IV. sahen anders aus: „Blut, Schweiß und Tränen" wäre eine passende Überschrift dafür – das Blut der erschlagenen Juden, der Schweiß der Geißler und Tanzwütigen, die Tränen der Überlebenden der Pest.[9] Karls Erhebung zum römisch-deutschen König 1346[10] kam nur durch päpstliche Einmischung zustande und wurde kritisch kommentiert. Der Luxemburger, der nur ein Gegenkönig war, wurde als Aufrührer wider das Reich und Eidbrüchiger angesehen und als Pfaffenkönig sowie Priestersöldner verspottet. Ockham fragte sich, ob Karl selbst glaubte, dass seine Königswahl aus reiner Liebe geschah, welche die Geistlichkeit von Avignon ihm gegenüber hegte: *„Sicher nicht! Es geschah einzig, um Streit unter die Christen zu bringen und um das Heilige Römische Reich zu zerstören!"*[11] Die Wahl – so Mathias von Neuenburg – geriet nach zweijähriger Schwangerschaft des Papstes, des Vaters und des Großonkels zur Fehlgeburt.[12] In Bayern nahm man den neugewählten Markgrafen von Mähren nicht ernst und machte sich über dessen Missgeschicke lustig: *„[...] der Markgraf [Karl] begab sich dann zu einer Stadt am Rhein namens Bonn. Weil in der Stadt selbst sich aber seine Wahl nicht anders bewerkstelligen ließ, so wurde er inmitten des Rheins auf einem Schiff zum König ausgerufen. Als aber der Ruf: ‚Es lebe der König' erschallte, fiel das ausgesteckte Banner in den Fluss und [...] verschwand unter den Händen aller in der Tiefe."*[13]

Als merkwürdige Neuerung empfand Heinrich Taube die Erhebung Karls und staunte, wie sich die vor der Wahl gepriesene Anhängerschaft des Luxemburgers danach in Luft auflöste: *„Im selben Jahr [1346] geschah Neues und Merkwürdiges, als auf Veranlassung des Herrn Papstes Clemens VI. der bereits erwähnte Karl, der Sohn des Königs von Böhmen, von fünf Kurfürsten des Reiches, nämlich den Herren Balduin Erzbischof von Trier, Walram Erzbischof von Köln, Gerlach [von Nassau], den damals derselbe Papst für die Mainzer Kirche ernannt hatte nach Absetzung des vorigen Erzbischofs Heinrich, sowie von seinem Vater Johann dem König von Böhmen und Herzog Rudolf von Sachsen, aus Hass gegenüber [Kaiser] Ludwig [...] zum römischen König gewählt wurde. Über Karls Macht und die Treue seines zahlreichen fürstlichen Anhangs hatte es vor der besagten Wahl feierliches Gerede gegeben. Gleich danach, als Ludwig zum Rhein zog, versprachen alle Rheinstädte und der größte Teil der weltlichen Herren – außer den gerade erwähnten Kurfürsten – ihm anzuhängen und dem neuen König [Karl IV.] keinerlei Beachtung zu schenken."*[14]

Abb. 26 **Porträt Kaiser Karls IV. im Triforium des Veitsdoms. Bei der berühmten Darstellung wurde später leider die Krone entfernt.** • 1370er Jahre • Kalkstein, farbig gefasst • Prag, Kathedrale St. Veit, Triforium

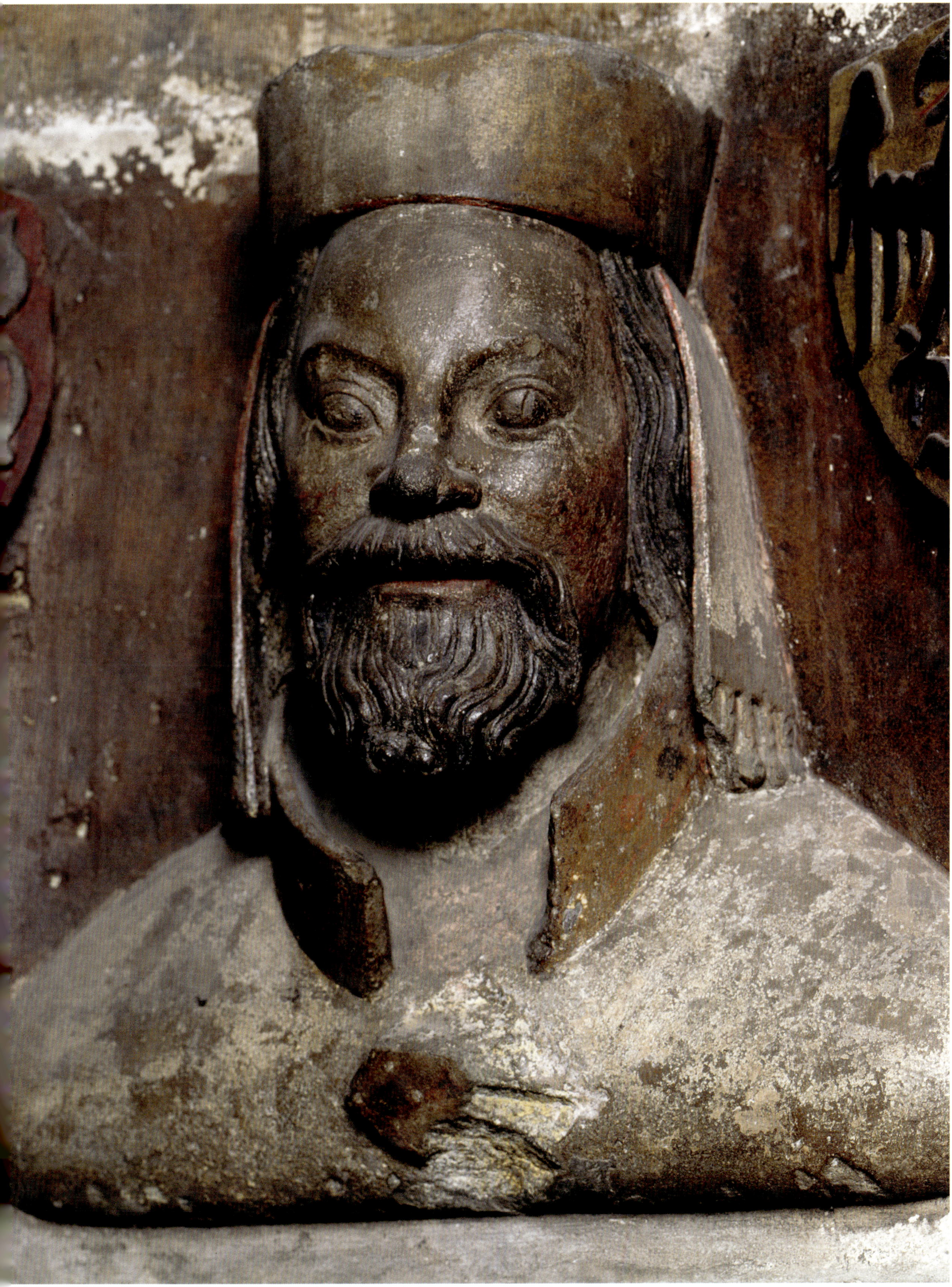

Abb. 27 Beerdigung von Pestopfern. Miniatur aus den Antiquitates Flandriae ab anno 1298 ad annum 1352 des Gilles li Muisis, fol. 24v • Flandern, um 1352 • Buchmalerei auf Pergament • Brüssel, Bibliothèque Royale de Belgique, Ms. no. 13076

Noch mehr ins Detail ging Heinrich von Herford und fällte dabei ein vernichtendes Urteil über die Beweggründe der Wähler Karls – nicht das Wohl der Allgemeinheit, sondern Eigennutz, Verwandtschaft, Ämterkauf und Karrieresucht seien deren Motive gewesen: „*Angemessene Gründe zur Wahl eines Kaisers sind: das allgemeine öffentliche Wohl, gute Herrschaft und Regierung, Friedensbewahrung, Wohlfahrt und Schutz des gesamten Erdkreises, die Verbreitung des Evangeliums und auch des christlichen Glaubens. Karl jedoch wurde nicht wegen des allgemeinen Wohls zum König erhoben, sondern um irgendeines und wie auch immer gearteten, besonderen Vorteils für irgendeine Person willen, nämlich wegen der Verwandtschaft, dass ihn Erzbischof Balduin von Trier für das Herrscheramt vorschlug, der ein Bruder seines Onkels, des Kaisers Heinrich [VII.], war; oder wegen eines schändlichen und auf Ämterkauf beruhenden Vorteils, dass er [Karl IV.] von Herzog Rudolf von Sachsen und Erzbischof Walram von Köln ins Königsamt gehoben wurde – die Stimme des Herzogs wurde für 2 000 Mark Silber gewonnen und gekauft, die des Kölner Erzbischofs, der bedürftig und arm war, weil untätig, für 8 000 Mark Silber und für einen Schuldschein von 6 000 Schildgulden, die er jährlich an die päpstliche Kammer zu zahlen verpflichtet war –; oder um des Ehrgeizes und der Habgier nach großen Beförderungen willen sowie wegen jener einzigartigen Neuigkeit dieser Dinge, dass der Mainzer Gerlach ihn [Karl] zum Herrscher erkor, derselbe Mainzer, welcher zum Erzbischof gemacht wurde, um Karl zu nominieren, und ihn nominierte, um selbst Erzbischof zu werden.*"[15]

Auch aus den eigenen Reihen gab es zu dieser Zeit Kritik an Karl IV. Papst Clemens VI. bemängelte 1348 brieflich das ungebührliche Verhalten des jetzt nicht mehr ganz so jugendlichen und bereits verheirateten Königs: „*Er habe gehört, dass einige deutsche Fürsten, die sich um Karls Ehre Sorgen machen, Unmut darüber geäußert haben, dass er in viel zu kurzen und zu engen Kleidern die [...] angemessene Erhabenheit nicht wahre [...].*"[16]

Das bezog sich auf eine Vorstellung Karls in der Weihnachtszeit 1347, über die ein Chronist berichtet, dass der König bei einem Tanzvergnügen mit Frauen aus Basel ein ziemlich albernes Benehmen an den Tag gelegt habe.[17] Offenbar war sich der Papst nicht so sicher, ob es die neue Herrschaftskonzeption war, die unter Karls zu kurzem Rock hervorlugte. Dass den Luxemburger Frauen magisch anzogen, werden wir später noch deutlicher sehen. Aber auch Turniere reizten Karl, anders als oft behauptet. In Rottenburg am Neckar beteiligte er sich 1348 an einem derartigen Kampfspiel und landete prompt mit seinem königlichen Hintern im Staub:

„*Als er durch Rottenburg im Gebiet der Grafen von Hohenberg kam, wurde dort gerade ein Lanzenstechen angekündigt. Er kämpfte – unerkannt in der Rüstung des Ritters Schilhard von Rechberg – mit und wurde von einem Ritter von Stein in den Staub geworfen. Als der Ritter erkannte, dass es der König war, nahm er dessen Pferd an sich, bis es Karl für sechzig Mark zurückkaufte.*"[18]

Ebenso peinlich wurde vermerkt, dass er in Worms seine Rechnungen nicht bezahlen konnte: „*Als Karl IV. aber des anderen Tages von Worms wieder abreisen wollte und sein versammeltes gerüstetes Gefolge vor der Herberge auf ihn wartete, zeigte sich, dass die Kosten für Hof und Küche noch nicht beglichen waren, und da die Leute lange darauf warten mussten und ein Fleischer sich darüber beschwerte und den König nicht eher gehen lassen wollte, kam es zu tumultuarischen Szenen im Volk.*"[19]

Auch in anderen Städten genoss er bei den Wirten keinen Kredit mehr. Nur gegen Pfänder oder Bürgen waren sie bereit, ihm Unterkunft und Nahrung zu gewähren. Karl hatte sich die Anerkennung als König teuer erkaufen müssen, wusste man in Straßburg, nun war er blank.[20] Finanzielle Engpässe waren zwar zu dieser Zeit bei fast allen Fürsten strukturell bedingt.[21] Karls militärische Unternehmen verschlangen in diesen Jahren jedoch zusätzlich viel Geld. Im Frühjahr 1347 zog Karl an die Etsch nach Tirol: „*[Er] legte dort einige Brände und führte Raubzüge aus; sonst aber hatte er keine Taten aufzuweisen und musste selbst von dort entweichen, ohne Erfolge davonzutragen.*"[22]

Von Juni bis September 1347 wütete Karls böhmisches Heer unter Führung seines Bruders Johann in Niederbayern: „*Als Anfang Juli das Heer des Böhmen Karl mit 2 000 Mann in Niederbayern eindrang, brannte es dort zahlreiche Dörfer nieder, wobei viele Menschen in barbarischer Wildheit erschlagen und noch mehr gefangen wurden.*"[23]

Im Oktober darauf griff Karl erneut selbst ins Kampfgeschehen ein, berichtet Lupold von Bebenburg: „*Der vorgenannte Karl IV., König der Römer und der Böhmen, aber zog vom plötzlichen Tode Ludwigs IV. nichts wissend zu dieser Zeit von Böhmen aus mit Kriegsgerät und einem Heer von Böhmen und Slaven los und fiel dann unerwartet feindlich in Bayern ein.*"[24]

Nach Kaiser Ludwigs Tod 1347 hielt die luxemburgische Partei weiter am Plan der Vernichtung der Kinder des Wittelsbachers fest.[25] Dabei war sich Karl IV. für nichts zu schade, wie die Episode um den falschen Waldemar verdeutlicht. König Karl trug im Jahre 1348 den Krieg nach Brandenburg, wo die Truppen des „Friedensfürsten" übel hausten: „*König Karl [...] zog ein Heer zusammen und kam Waldemar [dem Markgrafen von Brandenburg] mit zahlreichem Kriegsvolk zur Hilfe. Und nachdem er viele Städte desselben dem Reich unterworfen hatte, näherte er sich der Stadt Frankfurt [Oder], in welche sich [Markgraf] Ludwig [von Brandenburg] zurückgezogen hatte, hielt sich dort während der Belagerung der Stadt neun Tage auf und fügte Markgraf Ludwig unermesslichen Schaden zu.*"[26]

In den ersten Jahren seiner Herrschaft verhielt sich Karl IV. nicht anders als andere Könige vor ihm. Er griff im Kampf gegen seine politischen Feinde zu militärischen Mitteln, wobei die gegnerischen Gebiete verheert wurden, wie die Quellen immer wieder erwähnen. Sehr erfolgreich war er dabei nicht. König Karl hat Kaiser Ludwig nicht besiegen können, wie es dem „Bayern" dereinst gegen seine habsburgischen Feinde noch gelungen war. Im Reich war er auch 1349 als mittlerweile allgemein anerkannter Herrscher nicht in der Lage, Frieden zu schaffen, warf ihm ein Zeitgenosse vor.[27] Karls IV. königliche Anfänge waren mehr als mühselig.

Doch das musste nicht so bleiben. Karl hatte einen Fehlstart hingelegt, aber noch viele Jahre vor sich, in denen er auf lange Distanz würde zeigen können, was in ihm steckte. Um sich dafür zu stärken, besuchte der König mit ansehnlichem hochadligem Gefolge die heute als Mystikerin bezeichnete Christina Ebner um den 27. Mai 1350 im Kloster Engelthal: „*Am selben Tag kam der römische König Karl zu ihr und ein Bischof und drei Herzöge und viele Grafen. Die*

Abb. 28 **Judenpogrome in Flandern 1349.** Miniatur aus den Antiquitates Flandriae ab anno 1298 ad annum 1352 des Gilles li Muisis, fol. 12v • Flandern, um 1352 • Buchmalerei auf Pergament • Brüssel, Bibliothèque Royale de Belgique, Ms. no. 13076

knieten vor ihr nieder und baten sie begierig, sie möge ihnen zu Trinken geben und den Segen."[28]

Nach seiner Erhebung hatte Christina noch die Botschaft, *„dass das Land wegen Kaiser Karl in Nöten war"*, von Gott empfangen. Jetzt – nach dem Besuch Karls – sagte ihr derselbe, Karl sei der Erbe des Himmelsreiches und König David gleich.[29] In welcher Hinsicht der Luxemburger dem alttestamentlichen Herrscher gleiche, verrät Christina uns nicht. – Erinnern wir uns: David verfolgte das Haus Sauls gnadenlos und ließ alle Mitglieder, derer er habhaft werden konnte, töten. Auch Karl versuchte, seine wittelsbachischen Konkurrenten soweit wie möglich zu vernichten. Aber so hatte die Ebnerin den Vergleich Karls mit König David sicher nicht gemeint.

Dennoch schrieb der anfangs so kritische Heinrich Taube bald schon über Karl IV.:

„Dieser war vorausschauend in den Plänen, umsichtig im Handeln und nicht auf Kriege und Fehden aus. Durch Schlauheit, Überredungskunst und Verträge erreichte er einen allgemeinen Landfrieden in Deutschland und machte sich die Tyrannen Italiens geneigt."[30]

In diesem Zitat ist viel von dem enthalten, was heute an Positivem über den Luxemburger gesagt wird: politische Klugheit, Verhandlungsgeschick, Abneigung gegen den Krieg. Woher der plötzliche Stimmungswandel? Entscheidende Bedeutung kommt hierfür den Jahren 1350/51 zu. Ein Unglück, so scheint es, hat Karl auf den rechten Weg geführt: Im Oktober 1350 erkrankte er schwer. Papst Clemens, der sich schnell über das Problem informiert zeigte, war tief erschrocken – seine Freude über die Wiederherstellung seines luxemburgischen Schützlings jedoch zu voreilig.[31] Monatelang lag Karl gelähmt in seiner „Matratzengruft", den Tod vor Augen. Was war passiert?

Der König sei vergiftet worden, berichten übereinstimmend die drei Geschichtsschreiber, die uns über das Geschehen informieren. Heinrich Taube, der den Oktober 1350 als Beginn der Erkrankung überliefert, gibt das Gerücht wieder, dass Karls Bruder, Markgraf Johann Heinrich von Mähren, der Urheber des Giftanschlags gewesen sei. Sicher war er sich jedoch nicht. *„Im Jahre 1350 erkrankte König Karl schwer und es lief das Gerücht darüber um, dass er von seinem Bruder, der aus der Grafschaft Tirol hinausgeworfen wurde, vergiftet worden wäre. Es befielen ihn Lähmungserscheinungen, so dass sich Hände und Füße zusammenkrümmten. Die Erkrankung zog sich über ein Jahr hin, dann gesundete er."*[32] Mathias von Neuenburg hatte ebenso von Gift gehört und teilt zusätzlich mit, dass der König erst im nächsten Jahr wieder handlungsfähig wurde, als er mit Albrecht II. von Österreich zusammentraf: *„Auch erkrankte der König damals so außerordentlich schwer und andauernd, dass viele glaubten, es wäre wegen eines Giftes geschehen. […] Doch der König erholte sich selbst ausreichend und im Jahre 1351 im Mai besuchte er den Herzog von Österreich."*[33]

In Italien wusste man mehr. Matteo Villani erzählt eine erstaunliche Geschichte. Karls zweite Gemahlin Anna habe, um das Interesse ihres Gemahls von anderen Frauen abzulenken, ein Liebesmittel unter das Essen des Königs gemischt. Das ging jedoch schief. Karl geriet nach Genuss der Essenz in Lebensgefahr, konnte dann aber dank wirksamer Medizin gerettet werden. Karl vergab seiner Frau und auch einigen zwischenzeitlich in Verdacht geratenen Hofbeamten und war froh, mit Hilfe des Herrn überlebt zu haben. Zum Schluss fügt der Florentiner Geschichtsschreiber noch hinzu, dass andere den Mailänder Tyrannen Luchino Visconti hinter dem Attentat vermuteten: *„Aus weiblichem Ratschluss wollte die Königin [Anna] die Liebe ihres Gemahls [Karl IV.] von anderen jungen Frauen ablenken – was letztendlich angemessen ist – und ließ ihm etwas zu essen bereiten. Die Zuneigung zu seiner Frau sollte wachsen, wenn er das zu sich nahm. Als er dieses Gericht dann einnahm, dem ein Kraut oder etwas anderes untergemischt war, geriet er in Lebensgefahr. Dank starker und schnellwirkender Heilmittel gewann er seine Gesundheit zurück – nun jedoch haarlos. Wegen dieser Sache verurteilte Karl zwei seiner Marschälle zum Tode. Die Königin, der bewusst war, dass alles mehr durch ihr eigenes Tun als durch die Schuld der beiden geschehen war und deshalb die Höflinge des erwählten Kaisers unschuldig sterben würden, kniete vor dem König nieder und bekannte, dass jene Ritter keine Verantwortung hinsichtlich des Geschehens hätten. Wenn jemand Schuld an der Angelegenheit trage, dann sie: Sie habe aus weiblichem Ratschluss die Liebe ihres Gatten gewinnen wollen. Sie habe nicht vorgehabt, dem Gemahl zu schaden, als sie ihm diese Zubereitung zu trinken oder zu essen gab. Wenn er Gerechtigkeit widerfahren lassen wolle, dann sei sie aufgrund ihrer Unbedarftheit strafwürdig, nicht aber diejenigen, die unschuldig waren. Der wohlgeneigte Herr [Karl] berücksichtigte, als er diese Worte hörte, die Schwachheit und die Natur des Weibes – in seiner Milde hatte er Verständnis gegenüber diesem Irrweg der weiblichen Liebe – und verzieh mit großer Gewogenheit sanft und mild der Königin. Seinen Marschällen gewährte er die Freiheit und gab ihnen Amt und Ehre wieder. Einige sagen, dass ihn der Mailänder Herr Luchino Visconti vergiften ließ, weil er fürchtete, seine tyrannische Herrschaft zu verlieren."*[34] – Nebenbei hören wir hier zum zweiten Mal vom Interesse des Luxemburgers an Frauen.

Trotz der widersprüchlichen Aussagen ist an der lebensgefährlichen Erkrankung Karls nicht zu zweifeln: Er selbst ließ seine Kanzlei am 19. November 1350 an seinen Großonkel Balduin von Trier mit den Worten schreiben: *„das wir noch unser grozzen sache, di wir gehabt und erliden haben, noch als krank sein [...]"*.[35] Der Optimismus, den er in diesem Text bezüglich seiner Genesung verbreitete, war verfrüht. Ende November 1350 und zu Beginn des folgenden Jahres ging es ihm noch so schlecht, dass einige Städte und zwei Kurfürsten wechselseitig Vorbereitungen für den Fall des Ablebens Karls IV. und einer neuen Königswahl trafen.[36] Erst im April 1351 kam der König wieder langsam auf die Beine und traf sich mit dem ebenfalls gelähmten Herzog von Österreich.[37] Hätten wir nur diese Berichte, wäre die Sache jetzt erledigt. Aber wir können eine weitere Überlieferung befragen, Karls Gebeine, und die erzählen eine völlig andere Geschichte, in der Gift nicht vorkommt.

Nach den anthropologisch-medizinischen Untersuchungen der Skelettüberreste war die lebensbedrohliche Situation, in die Karl 1350/51 geriet, die Folge einer schweren Verletzung im oberen Bereich des Rückgrats und des Halsrückenmarks.[38] Hatte er wieder ähnlich wie beim oben geschilderten Beispiel von 1348 in Rottenburg an einem Turnier teilgenommen und war mit einem heftigen Lanzenstoß vom Pferd geworfen worden? Die Befunde sprechen dafür: der Unterkiefer durch einen Lanzentreffer im Gesicht gebrochen, die Halswirbel angeknackst, die Halsmuskulatur gequetscht, das Rückenmark im Halsbereich kräftig durchgerüttelt mit der Folge von Ausfallserscheinungen wie Lähmungen und Sensibilitätsstörungen.

Karls IV. Körper war noch von anderen erlittenen Verletzungen gezeichnet.[39] Ursprünglich betrug seine Größe ca. 1,73 Meter. Bis zu der im Herbst 1350 erlittenen schweren Schädigung hatte Karl eine gleichmäßig proportionierte, durchtrainierte Figur. Nach der Deformation der Wirbelsäule schrumpfte er um drei bis vier Zentimeter. Der linke Arm wurde durch den Bruch der Handwurzel mit einer nachfolgenden Verformung des Ellenbogenkopfes um zwei Zentimeter kürzer. Das linke Knie war ebenfalls stark lädiert. Aus der Halswirbelsäulenläsion resultierte die von Bildern her bekannte Rückenbeugung Karls mit linksseitiger Schiefhaltung des Kopfes. Villanis Beschreibung aus dem Jahr 1355 bestätigt einige der hier vorgestellten Befunde: *„Nach dem, was wir im Gespräch aus dem Umfeld des Kaisers erfahren haben, war er von mittlerer Größe, aber klein im Verhältnis zu den Deutschen, etwas krumm, da er den Hals und den Kopf ein wenig vorbeugte: er war schwarzhaarig, hatte ein etwas breiteres Gesicht, große Augen und hohe Jochbögen, einen schwarzen Bart und an der Stirnseite des Kopfes war er kahl. Er trug einfache und immer zugeknöpfte Kleidung ohne Schmuck und Verzierung, die jedoch an den Knien häufig etwas kurz war. Er gab wenig aus, sammelte mit großem Eifer Geld und kümmerte sich schlecht um diejenigen, die ihm im Krieg dienten. Seine Gewohnheit bei Audienzen bestand darin, mit einem Messer in der Hand Weidenstäbchen kleinzuschneiden. Wenn jemand vor ihm kniend seine Bitte vorbrachte, schaute er demjenigen nicht ins Gesicht, sondern ließ seine Blicke zwischen den Anwesenden umherschweifen, um es so erscheinen zu lassen, als ob er ihn nicht beachten würde. Doch er hörte genau hin und verstand gut, und mit wenigen gewichtigen Worten beantwortete er die Fragen nach seinem Willen, und ohne zu zögern gab er, während er noch nachdachte, passende Antworten. So übte er drei Tätigkeiten gleichzeitig aus, ohne dass sie seine Aufmerksamkeit beeinträchtigten: das Herumirren der Augen, die Arbeit mit den Händen sowie mit vollem Verstand Leute zu empfangen und wohlbedachte Antworten zu geben. Dies ist bewundernswert und besonders beachtlich bei einem Herrscher. [...] Nur wenige Barone bildeten seinen Rat, zu denen der Patriarch [von Aquileia] hinzukam, aber die Entscheidung traf er eher selbst als der gesamte Rat, weil er allein mit seinem scharfen Verstand und angemessenem Fleiß den anderen überlegen war."*[40]

Die kahle Stirn Karls ist auf einigen Abbildungen deutlich zu sehen. Eine auffällige Narbe, die sich weder in den Bildnissen noch auf den Porträtskulpturen Karls wiederfindet, blieb von einer schweren Verletzung im Gesicht des Luxemburgers zurück, die sich von der linken Augenbraue schräg durch die Nasenwurzel bis unter das rechte Auge hinzog.[41] Karl hatte sich diese Verwundung durch einen Streitaxt- oder Hellebardenhieb in der Schlacht von Crécy am 26. August 1346 zugezogen. Den blutüberströmten König rettete sein luxemburgischer Leibwächter Johann von Rodenmacher, der den Hieb noch hatte halb abwehren können und Karl vom Schlachtfeld wegbrachte. König Johann hatte nicht so viel Glück. Ihn traf ein englischer Pfeil ins Auge und ein genuesischer Speer ins linke Schulterblatt – beides war tödlich.[42]

Bekannt sind Karls Gichtanfälle, die mit fortschreitendem Alter chronisch wurden. Sie führten zur Mobilitätseinschränkung des Kaisers: Anfang Februar 1364 schrieb er König Ludwig von Ungarn, dass er infolge der Nachwirkungen einer noch nicht gänzlich ausgestandenen Erkrankung nur mühsam zum vereinbarten Treffen in Brünn vorankomme.[43] Bei seinem Besuch in Magdeburg 1377 klagte Karl über schmerzende Beine aufgrund einer Gichtattacke (*„he hadde de podagere an den voten"*).[44] Als der Kaiser 1372 noch einmal zahnte, wurde das aufmerksam vermerkt:

„In diesem Jahr fiel dem Herrn Kaiser, während er im Rheinland weilte, zur Schlafenszeit ein Backenzahn ohne Schmerzen aus, und an derselben Stelle wuchs ihm im Alter von 57 Jahren ein anderer Zahn nach. Es ist eine neue und selten gehörte Sache, dass in einem solchen Alter wieder Zähne wachsen, und dennoch berichte ich die Wahrheit, weil ich es so gesehen habe."[45]

Über die Ursache einer weiteren lebensgefährlichen Erkrankung Karls IV. im Mai 1371 wissen wir nichts. Zum Glück hatte sich der Herrscher rechtzeitig Reliquien des heiligen Sigismund besorgt: *„Während sich der Herr Kaiser auf seiner Burg Karlstein aufhielt, befiel ihn eine sehr schwere Krankheit. Die Ärzte zweifelten gänzlich an*

Abb. 29 Höfische Tanzszene aus dem *Remède de fortune* des Guillaume de Machaut. Quellen belegen, dass auch Karl IV. in seiner Jugend dem Tanz mit Damen nicht abgeneigt war • Miniatur aus Guillaume de Machaut, Poésis, fol. 51r • Frankreich, um 1350–55 • Buchmalerei • Paris, Bibliothèque Nationale de France, Sign. Ms. fr. 1586

seiner Genesung. *Als die Frau Kaiserin* [Elisabeth], *seine Gemahlin, sah, dass Karl die Todesstunde schlug und ihm kein Heilmittel der Ärzte helfen konnte, vertraute sie auf die Hilfe des seligen Märtyrers Sigismund. Sie legte das Gelübde ab, sich zu Fuß vom Karlstein nach Prag zum Grab des heiligen Sigismund zu begeben, und brachte dort für das Wohl ihres Gemahls acht Schalen reinen Goldes, außerdem 23 Mark und fünf Lot Gold im Wert von 1.650 Gulden reinen Goldes für das Haupt St. Sigismunds dar. Nachdem das Gelübde und die Opfergabe zur Anfertigung des Kopfreliquiars St. Sigismunds erfüllt worden waren, wurde der Herr Kaiser durch die Gnade Gottes und die Verdienste des heiligen Sigismunds in seiner früheren Gesundheit wieder hergestellt.*"⁴⁶ Im 63. Lebensjahr Karls konnte selbst der heilige Sigismund nicht mehr helfen. Der Kaiser starb – allerdings nicht an Altersschwäche. Sein Ableben war die Folge eines weiteren Unfalls. Der Herrscher brach sich um den 8. November 1378 bei einem Sturz den Oberschenkelknochenhals des linken Beines. Von da an konnte er sich kaum noch bewegen. Eine Lungenentzündung kam hinzu und führte nach drei Wochen schmerzreicher Leidenszeit am frühen Abend des 29. November zum Tode.⁴⁷

Zurück ins Leben: Nach überstandener Krankheit strebte Karl in der Mitte des 14. Jahrhunderts die Kaiserkrönung in Rom an. Ein Höhepunkt seines Lebens, der ihm dennoch vor allem von italienischer Seite Kritik einbrachte, die hier leider keinen Platz finden kann. Unzufriedenheit mit dem Kaiser wegen der Begünstigung der böhmischen Kronländer äußerte sich nördlich der Alpen schon zu Lebzeiten Karls IV. Die Boten des rheinischen Pfalzgrafen Ruprecht mutmaßten im Jahre 1366 gegenüber den Städten Mainz, Straßburg, Worms und Speyer, dass der Kaiser das Reich an die Krone Böhmen ziehen wolle.⁴⁸ Wie das genau vor sich ging, beschreiben die Jahrbücher von Mattsee für das Jahr 1378: *„Karl, der Kaiser und König von Böhmen, starb* [...]. *Er hatte das böhmische Königreich zu seinen Lebzeiten um zahlreiche Lande Polens, der Lausitz und die Mark Brandenburg erweitert, die vom Römischen Reich zu Lehen gingen. Indem er diese Länder unrechtmäßig zu Lehen des Königreichs Böhmen machte, minderte er das Römische Reich und vergrößerte Böhmen.*⁴⁹

Karl IV. erwies sich in diesen Fällen als Minderer des ihm anvertrautem Imperiums. In der Mainzer Chronik, deren Text eine Lücke aufweist, die das Verständnis erschwert, erscheint Karl 1374 erstmals als *pater Bohemie*.⁵⁰ Jakob Twinger bestätigt rückblickend zum Jahre 1369 noch einmal Karls besondere Förderung Böhmens zu Lasten des Reiches: *„Dieser Kaiser war sehr hinter Gütern, Land und Leuten her, und was an ihn fiel, das übertrug er dem Königreich Böhmen und nicht dem Reich.*"⁵¹

Lange vor Dietrich von Nieheim, der das böse Wort von Karl als dem Stiefvater des Reiches (*vitricus imperii*) geprägt hat, vor Thomas Ebendorfer, Aeneas Silvius und anderen fiel den aufmerksamen Beobachtern auf, dass sich dieser Luxemburger genauso verhielt. Kaiser Maximilian meinte sogar: *„Zu keiner Zeit hat eine üblere Pest die Germania heimgesucht als Karl IV.*"⁵²

Karls Vater Johann war außer als König von Böhmen und Polen noch als Graf von Luxemburg unterwegs gewesen. Das erledigte er so gut, dass er 1989 zur zweitbedeutendsten Persönlichkeit der luxemburgischen Geschichte gekürt wurde. Auch hierin übertraf ihn sein Sohn Karl – allerdings nicht in Luxemburg, sondern in Tschechien: Dort gilt er als der Größte.[53] Was er für Böhmen anstrebte, rechtfertigt diese Einschätzung. Was dabei herauskam, werden wir noch sehen. Karl IV. offenbart in seiner Autobiografie einen „Masterplan" für Böhmen: *„Und es blühte das Königreich von Tag zu Tag mehr auf, es liebte uns die Gemeinschaft der Guten, die Bösen aber mieden angstvoll das Böse, und die Gerechtigkeit gewann wieder genügend Kraft im Königreich."*[54]

Seinem Selbstverständnis nach sah er sich nicht als Luxemburger, sondern als Böhme. Er sprach, dachte und wohnte wie jeder andere Böhme.[55] Benesch Krabitz von Weitmühl bestätigt für das Jahr 1356 Karls guten Willen, das damals von Raub und Verbrechen gezeichnete Land zu befrieden: *„Herr Karl, der römische Kaiser und König von Böhmen, erwog, weil in seinem Königreich Böhmen zahlreiche Räubereien begangen wurden und die Verbrechen übler Menschen, deren große Zahl noch anwuchs, ungestraft blieben, so viel Schlechtem entgegenzutreten [...]."*[56]

Nicht alle waren davon begeistert. Einige der mächtigsten böhmischen Adligen befürchteten, dass Karl unter dem Deckmantel von Frieden und Gerechtigkeit ihr Fehderecht einschränken wolle und ehemals königliche Güter und Rechte, die jetzt in ihrer Hand waren, zurückfordern würde: *„Es brachen kriegerische Unruhen aus zwischen dem König von Böhmen und seinen Baronen, nämlich dem von Neuhaus, dem der Herr von Rosenberg half. Sie griffen königliche Güter in Raubzügen an, wobei ihnen keiner widerstehen konnte."*[57] – Das entsprach überhaupt nicht Karls Vorstellungen. Vom Prager Burgberg aus sollte das Königreich in die Welt hinaus strahlen: *„Da ja unser Herr Kaiser den bei ihm zusammenströmenden Fürsten, Großen und Adligen aus allen Teilen der Welt die Großartigkeit der Pracht seines Königreiches Böhmen vor Augen führen wollte, ließ er zwei königliche Türme in der Prager Burg – einen zum Osten, den anderen zum Westen hin – mit Blei und Gold überziehen, so dass diese Türme bei sonnigem Wetter auf lange Entfernung leuchteten und strahlten."*[58]

Doch der Anfang gestaltete sich auch in Böhmen schwierig. Lesen wir, was Konrad von Halberstadt zur Situation in Böhmen im Jahre 1353 zu berichten hat. Als Kaplan des Herrschers war er gut informiert: *„Das ganze Königreich Böhmen war früher nur eine Räuberbande; so viele Kriege zwischen den Adligen und Zwietracht, so viele Räubereien fanden statt, dass dieses Land eher als Räuberhöhle, denn als Königreich der Böhmen bezeichnet wurde. König Karl unterwarf sich die Prager Bürger auf erstaunliche Weise, behandelte sie wie Knechte und erniedrigte sie über die Maßen. [...]*

Zu der Zeit geschah es, dass König Karl einen Adligen von seinen Männern gefangen nehmen ließ und befahl, denselben wegen seiner unzähligen Vergehen zu köpfen. Nachdem indessen viele angesehene Personen für den Verhafteten Einspruch erhoben und nichts erreicht hatten, versammelten sie zahlreiche Prager Bürgerinnen in festlicher Kleidung und all ihrem Schmuck und baten den durch diese Frauen angelockten König, dass er den Verurteilten aufgrund ihrer Bitten begnadigen möge. Als er die Pragerinnen erblickte, wurde Karl sehr wütend, zum einen, weil sie seinen königlichen Sinn weibisch stimmen, zum anderen weil sie ein gerechtes Urteil verhindern wollten. Tief erzürnt ließ er die Damen vertreiben und wollte sie damit bestrafen, sich einen ganzen Tag lang mit offenem Haar, ohne Gewänder und Schmuck nur im blanken Hemd auf der Brücke zwischen der Prager Alt- und Neustadt den Blicken der Vorbeikommenden auszusetzen."[59]

Wieder einmal zeigte sich Karl interessiert an Frauen und reagierte dann sehr ungehalten, als er merkte, dass die schönen Pragerinnen diese Vorliebe ausgenutzt hatten, um seinen strengen Sinn bezüglich des Verurteilten in Milde zu verwandeln. Erneut wird Böhmen als Räuberhöhle beschrieben. Karl unterwarf sich die böhmische Hauptstadt, behandelte seine „lieben" Prager wie Knechte und demütigte sie maßlos.

Den Einwohnern Böhmens dürfte schnell klar geworden sein, dass das Leben im Schatten Karls IV. nicht ganz so schön war, wie es zuweilen heute den Anschein haben mag. Vielleicht war es ein Akt der Wiedergutmachung, dass der Herrscher seiner Hauptstadt 1374 sechs Delfine – für die Moldau? – präsentierte, die er aus Hamburg erhalten hatte.[60] Karl IV. sorgte zudem für territorialen Zuwachs unter dem einigenden Dach der Krone Böhmen. Dabei hatte es dem Kaiser der mitteldeutsche Raum nördlich von Böhmen angetan. Neben den Marken Lausitz und Brandenburg erwarb Karl im Vogtland, im Meißner Land und in Thüringen ausgiebig Rechte und Besitzungen. Stolz berichtet Benesch Krabitz von Weitmühl zum Ende der 60er Jahre: *„Im selben Jahr kaufte der Kaiser im Vogtland nach Meißen und Thüringen hin viele stark befestigte Burgen für das Königreich Böhmen und erweiterte und vergrößerte dieses Königreich gewaltig nach allen Richtungen."*[61]

In Schlesien und der späteren Oberlausitz setzte Karl den Erwerb von Ländern und Titeln, den König Johann begonnen hatte, fort. In der Oberpfalz baute er das sogenannte Neuböhmen auf.[62]

Die Wahl eines Sohnes zum römisch-deutschen König zu Lebzeiten des kaiserlichen Vaters hatte es zuletzt in der Stauferzeit gegeben; sie galt als großer politischer Erfolg und Garant dynastischer Kontinuität an der Reichsspitze. Karl setzte alle Mittel ein, um dies zu bewerkstelligen: *„Um Pfingsten [1376] kam Kaiser Karl in das Rheinland und, nachdem er unermessliche Geldmengen geboten hatte, bestach er alle Kurfürsten des Reiches, seinen Sohn Wenzel unter Aufbietung unermesslicher Geschenke zum römischen König zu wählen."*[63]

Die Erhebung Wenzels im Jahre 1376[64] erwies sich im Nachhinein als Katastrophe in jeder Beziehung – für die Luxemburger wie für das Imperium. Karl hatte sich wohl bei der Erziehung Wenzels alle Mühe gegeben, das Ergebnis jedoch konnte nicht befriedigen. Was immer Karl seinem Sohn beibrachte, Wenzel nahm es weder an, noch orientierte er sich am Vater, schreibt Jacob Twinger zu 1376.[65] So zerstörte Wenzel nach Karls Tod das, was dem Vater das Allerheiligste und jeder Mühe wert gewesen war – dessen Reliquiensammlung: *„das heiltům, daz sin vatter mit grossem ernste hette von ferren landen broht und in golt und silber mit grosser gezierde gemaht, daz zerbrach er und nam daz golt und silber, wiewol er sin nůt bedürfte [...]."*[66]

Spätestens 1378 auf dem Rückweg von der Frankreichreise bemerkte Karl seinen Fehler in Bezug auf seinen mittlerweile 17-jährigen Sprössling. Er soll – so Jaique Dex in seiner Metzer Chronik – gegenüber einem Metzer Bürger folgende erschreckende Aussage getroffen haben: *„Ich habe so viel getan, damit die sieben Kurfürsten meinen Sohn [Wenzel] nach meiner Täuschung [zum römischen König] wählen, und ich weiß wohl, dass er wegen seines Unverstandes nicht würdig ist und dass er niemals etwas wert sein wird. Und deshalb sind sie [die Kurfürsten] schlecht, falsch und meineidig in Bezug auf mein Versprechen, und ich selbst bin sogar noch weniger wert als sie, weil ich sie zu Zeugen meines Meineids gemacht habe."*[67]

Wer bisher glaubte, mit dem zerrütteten Verhältnis zwischen König Johann und Karl IV. den Tiefpunkt einer Vater-Sohn-Beziehung[68] kennengelernt zu haben, wird hier eines Besseren belehrt. Zwischen Karl und dem lange ersehnten Sohn und Nachfolger Wenzel eröffnen sich noch tiefere Abgründe. Der alternde Kaiser sah in seinen letzten Lebensjahren, wohin sich Wenzel entwickelte, und was er sah, war furchtbar. Ein Kenner Wenzels beschreibt

Abb. 30 **Johann von Böhmen und Karl IV. (obere Reihe: Mitte und rechts). Königsaaler Chronik (Chronicon aulae regiae) des Peter von Zittau, fol. 6v** • Zisterzienserabtei Sedletz b. Kuttenberg, 1393 • Iglau (Jihlava), Státní okresní archiv Jihlava, Archiv města Jihlava, oddělení Úřední knihy a rukopisy 1359–1850 (1894), Inv.-Nr. 69

diesen König so: *„Er erweckt den Eindruck eines infantilen, überforderten Herrschers, der seine schwache Körperkonstitution und seine Minderwertigkeitsgefühle durch Akte sadistischer Willkür zu kompensieren pflegte. [...] Vergnügen und Entspannung fand er nur im Alkohol [...]."*[69] Die Quellen bestätigen diese harten Aussagen, wie die folgenden Beispiele aus ganz unterschiedlicher Perspektive zeigen werden.

Edmond de Dynter, ein Brabanter Gesandter, der von Wenzel durch die Burg Karlstein geführt wurde, charakterisiert ihn 1413 so:

„Da aber König Wenzel selbst hemmungslos trank und zwar bis zum Vollrausch, fiel er manchmal in Raserei – dann war er außerordentlich pervers und gefährlich."[70] – Ein namentlich nicht bekannter Prager Geistlicher dichtete zu 1416 ein Spottgedicht auf den König, das an Deutlichkeit kaum zu überbieten ist. Hier ein Auszug daraus:

„[Wenzel war] ein übler Trinker und Menschenblutsäufer, der emporhob, wen die Natur verwarf [...] Hunde liebte er, Menschen nicht; jungen, bartlosen Männern stieg er nach, nicht den Frauen [...]."[71]

Im Umfeld Kaiser Sigismunds, des jüngeren Bruders Wenzels, schrieb Eberhard Windecke seine „Denkwürdigkeiten" nieder.[72] Zum Jahre 1420 berichtet er, wie die Hussiten Wenzels Grab im Kloster Königsaal schändeten: *„Sie rissen König Wenzels Leichnam heraus und zerschlugen den Schädel und den Leib: das war der Lohn dafür, dass er sie auf Rat seiner Liebhaber so sehr unterstützt hatte. Die Namen der Liebhaber und Räte dieses römischen Königs lauten: Zadale, Irlische, das heißt Schmeckzel, Dreckel [...]."*[73]

Im Jahre 1400 wurde Wenzel als römisch-deutscher König abgesetzt.[74] Andreas von Regensburg hielt dazu fest: *„Wenzel war nur König, nicht Kaiser. Er war von Angesicht ein wilder und entsetzlicher Mann [...]; wenn er getrunken hatte, kümmerte er sich überhaupt nicht um die Angelegenheiten des Reiches."*[75] – Ein Kölner Geschichtsschreiber wählte später einen drastischen Vergleich: *„Er blieb insgesamt liegen in Böhmen wie ein Schwein in seinem Stalle."*[76]

Die Vorwürfe, die ihm im August 1400 in der Absetzungsurkunde[77] von den rheinischen Kurfürsten gemacht wurden, lassen sich etwa so zusammenfassen: Vernachlässigung des Kirchen- und Friedensschutzes, Verschleuderung von Reichsgut, Urkundenmissbrauch, Mord. Trunksucht und sexuelle Auffälligkeiten wurden nicht zusätzlich erwähnt. Nicht zu übersehen sind am Ende dieses kleinen Exkurses zu König Wenzel die gestörten Vater-Sohn-Verhältnisse im Hause Luxemburg zwischen Johann und Karl sowie Karl und Wenzel, die sicher gravierende Auswirkungen auf die Charaktere der jeweiligen Söhne hatten.[78]

König Wenzel interessierte sich eher für junge Männer als für Frauen. Auch hierin unterschied er sich gravierend von Vater und Großvater. König Johann liebte die Frauen. Er hatte neben seinen ehelichen Nachkommen mindestens vier außereheliche Kinder: Colette, Antonius Lombardus, Henikin der Kleine (*de Camera*) und Nikolaus.[79] Für Anton, der wohl in der Lombardei mit einer Italienerin gezeugt worden war, und den kleinen Henikin – seine Halbbrüder – beglich Karl im Oktober 1347 bei einem Prager Bürger die Kosten für die Beherbergung.[80] Karl selbst war ebenfalls empfänglich für die Reize der Frauen. In den bereits geschilderten Ereignissen von Basel 1347 und Prag 1353 sowie der Liebestrankaffäre von 1350 wird dies deutlich. Er selbst scheint deshalb Gewissensbisse und Seelenqualen verspürt zu haben, wie der Zusammenhang von Kastration und sexueller Ausschweifung, den Karl in seinem Traum von Terenzo herstellte,[81] vermuten lässt.

Petrarca hatte gut reden, wenn er den Kaiser 1358 die Wollust betreffend von oben herab belehrte: *„Denn während andere Fürsten [...] nach Gold lechzen und sich Wollüsten hingeben, sollte ein römischer Fürst, der unter den Menschen den ersten Rang einnimmt, solches Tun aus der Höhe verachten [...] und an andersartigen Schätzen, das heißt an Rat und Tugend und vor allem auch an hervorragenden Männern, reichsten Überfluss haben."*[82]

Wegen des begrenzten Umfangs müssen wir an dieser Stelle die Vorstellung der zeitgenössischen Einschätzungen zu Karl IV. beenden. Wir haben Details über die körperliche Beschaffenheit Karls, sein Aussehen und seinen Gesundheitszustand kennengelernt, die in dieser Breite eher selten für mittelalterliche Herrscher überliefert sind. An seinen Krankheiten und Verletzungen offenbart sich, dass auch das Dasein eines Kaisers hart und lebensgefährlich war. Sein viel gerühmtes politisches Geschick schloss wie selbstverständlich Bestechung, Betrug, List und Wortbruch mit ein. Kriege führte er ebenso häufig und rücksichtslos wie andere Herrscher. Böhmen und die mit ihm verbundenen Kronlande zahlten einen hohen Preis für Karls anspruchsvollen Herrschaftsstil. Als außerordentlich problematisch erscheinen die luxemburgischen Familienverhältnisse, insbesondere die Vater-Sohn-Beziehungen zwischen Johann, Karl und Wenzel. Bereits bis hierher dürfte deutlich geworden sein, dass die wiedergegebenen Quellenauszüge in deutlichem Kontrast zur eingangs erwähnten hohen Wertschätzung des Luxemburgers in der gegenwärtigen Geschichtswissenschaft stehen.

FUSSNOTEN

1 KAISER 1900, 2: „A curia me abstineo, ibi vitans Caribdim, hic incidens Scillam (...)." – Zu Leben und Kanzleitätigkeit Johanns vgl. TADRA 1899, 100–105. – KEIL 1983, Spalte 623–626.
2 Zu Johanns Wirken am kaiserlichen Hofe TADRA 1892, 38 und 114 Nr. 9. – KAISER 1900, 1.
3 MORAW 1978/II, 291f. – MORAW 1985/II, 33–38, jeweils zum Sturz des Kanzlers.
4 FREY 1978/II, 399–404. – HILLENBRAND 1978, 47–49, 59–63. – HILLENBRAND 1979/II, 22–26.
5 MÜLLER-MERTENS 1982, 11–29. – SCHREINER 1987, 203–256. – REINLE 2006, 25–64.
6 MORAW 1991.
7 Diese positive Sicht bei SCHLOTHEUBER 2009/II, 141–168. – SCHLOTHEUBER 2009/I, 601– 621. – SCHLOTHEUBER 2011, 265–279.
8 Siehe die Bände: FAJT 1997/I. – Ausst.-Kat. Prag 2006. – FAJT/LANGER 2009. – NĚMEC 2015.
9 Vgl. GRAUS 1988. – BERGDOLT 1994. – ROMAN 2012.
10 SCHUBERT 1997, 139f., 158–166. – BÜTTNER 2012, 339–391.
11 Ockhams Kritik an Karl IV. gibt Konrad von Megenberg wieder in seinem Tractatus contra Wilhelmum Occam. Hg. SCHOLZ 1914, 358. – Vgl. HILLENBRAND 1978, 48.
12 FREY 1978/I, 16f. und 21. – HILLENBRAND 1978, 61. – HILLENBRAND 1979/II, 22 und 24f. – HOFMEISTER 1940, 393, Zeile 25: „Qui conceptus [das Vorhaben Papst Clemens', König Johanns und Erzbischof Balduins] biennio parturiens fecit aborsum."
13 LEIDINGER 1918, 137, Zeile 3–10. – Übersetzung: FRIEDENSBURG/LOHMER 1987, 177f.
14 BRESSLAU 1922, 62, Zeile 1–17.
15 POTTHAST 1859, 275 (zu 1348). – Vgl. FREY 1978/I, 26f. – JOHANEK 2009, 233f.
16 ZEUMER/SALOMON 1926, 530 Nr. 516. – Zur Öffentlichkeitswirkung vgl. REINLE 2006, 25–36.
17 HOFMEISTER 1940, 412, Zeile 37f.: „Rex quoque cum mulieribus Basiliensibus in choreis satis fatuos gestus habebat."
18 HOFMEISTER 1940, 414, Zeile 35–415, Zeile 1.
19 HOFMEISTER 1940, 414, Zeile 25–30.
20 HEGEL 1870, 480: „Do künig Karle alsus hette sine vigende abegekouft und überkumen, do für er von einre stat zů der ander und wart do reht enpfangen also ein künig. und hette also vil usgeben und sich also vaste verzert umb das rich, das er also arm wart, das in menigen stetten ime die wurte nüt woltent borgen, er gebe in denne pfant oder bürgen."
21 SCHUBERT 1996, 33–38.
22 LEIDINGER 1918, 137, Zeile 19–21: „et ibi aliqua incendia et rapinas [operavit] et in nullo alias profecit et eciam ibi sine fructu et gloria recessit." – Übersetzung: FRIEDENSBURG/LOHMER 1987, 178.
23 HOFMEISTER 1940, 406, Zeile 6–8. – Vgl. WERUNSKY 1880–92, 90f.
24 MIETHKE/FLÜELER 2004, 145: „Prefatus autem Karolus rex Romanorum quartus et Bohemorum huiusmodi Ludewici quarti subitanee mortis inscius tunc eodem tempore de Bohemia veniens cum bellico apparatu ac exercitu armatorum Bohemorum ac Sclavorum dumtaxat repente Babariam hostiliter subintravit (...)."
25 HOFMEISTER 1940, 393, Zeile 24f.
26 EMLER 1884/II, 518 Spalte 2. – Zum falschen Waldemar vgl. SCHUBERT 2006, 349–357, mit der älteren Literatur.
27 HOFMEISTER 1940, 435, Zeile 8: „male terra regni pacata."
28 BINDER 2007, 59, 16.

Abb. 31 **Karl IV. mit dem neugeborenen Thronfolger Wenzel IV.** • Nürnberg, Sebald Weinschröter und Werkstatt, 1361–65 • Wandgemälde • Ehemals Nürnberg, Moritzkapelle

29 BINDER 2007, 58f., I3, I7, I8.
30 BRESSLAU 1922, 89: „Hic in consiliis providus, in agendis circumspectus, ad bella et gwerras non anhelans, astucia et facundia et tractatibus generalem pacem fecit in Alamania et tyrannos in Ytalia sibi attraxit."
31 Clemens VI. freute sich bereits am 10. November 1350 über Karls Genesung (Druck: MV I. Bearb. KLICMAN 1903, Nr. 1313). – Vgl. HILLENBRAND 1978, 70f.
32 BRESSLAU 1922, 101. – Zum Verhältnis Karls und Johann Heinrichs MEZNÍK 1999, 169–175.
33 HOFMEISTER 1940, 447f.
34 PORTA 1995, Kap. 36, 69–71.
35 Schreiben Karls IV. an Erzbischof Balduin von Trier. Druck: KÜHN 1991, 174, Nr. 235.
36 HUBER 1877, Reichssachen Nr. 135, 137f. – Zur Übereinkunft des Mainzer Erzbischofs Gerlach von Nassau mit dem Pfalzgrafen Rudolf II. außerdem: KOCH/WILLE 1894, Nr. 2366f. – OTTO 1935, Nr. 6369, 6371. – Vgl. HILLENBRAND 1978, 70f.
37 HUBER 1877, Nr. 1368. – Karls Itinerar beschränkt sich noch bis März 1353 auf die Länder der Krone Böhmen. Die Beweglichkeit scheint also nur sehr langsam wiedergekehrt zu sein.
38 Das Folgende nach VLČEK 1980, 433–437. – RAMBA 2010, 207–219 (beide mit eindrucksvollem Bildmaterial zu den körperlichen Befunden Karls IV.).
39 VLČEK 1980. – RAMBA 2010.
40 PORTA 1995, Buch 4, Kap. 74, 580–582. – Vgl. FRIEDJUNG 1876, 77.
41 VLČEK 1980, 437.
42 Zum Schicksal der beiden Könige Karl und Johann in der Schlacht ATTEN 1997, 579–581.
43 KAISER 1900, 232 Nr. 278: „quamquam reliquiis debilitatis preterite adhuc aliquantulum gravemur ad presens, ut non possimus nisi difficultate procedere, tamen actu iam in itinere constituti moderatis dietis, sicut hoc tollerare poterit nostra debilitas (...)."
44 JANICKE 1869, 273, Zeile 27f.
45 EMLER 1884/II, 546: „Eodem anno domino imperatore existente in partibus Reni cecidit sibi unus dens molaris tempore dormicionis sue absque omni dolore, et alius dens in eius locum succrevit ipso domino imperatore existente in LVII anno sue etatis. Res hec nova et satis inaudita, ut in tali etate dentes recrescant, et tamen veritatem scribo, quia sic vidi."
46 EMLER 1884/II, 543f. – Vgl. VLČEK 1980, 431 und 437. – Zu Karl und St. Sigismund vgl. BAUCH 2015/I, 284–301.
47 VLČEK 1980, 438.
48 WITTE/WOLFRAM 1896, 560, Zeile 30f., Nr. 723.
49 WATTENBACH 1851/II, 836.
50 HEGEL 1885, 37f.: „(...) quia modicum curavit pacem Alamanie, sed pater Bohemie, ut patet, quia ipse extunc Mag(uncie) (...) predones undique fecerunt in circuitu rapinas, incendia, quod minime curabat, sed solum intendebat suo profectui et augmento regni Bohemorum, in desolatione positis cunctis opidis ad imperium pertinentibus." – Eine Übersetzung bei FREY 1978/I, 34.
51 HEGEL 1870, 491, Zeile 20–23: „Dirre keyser stellete gar sere noch gůte und noch lande und lüten, und was ime von gůte wart, daz leite er an daz künigrich zů Behem und nüt an daz rich." – Vom Ausverkauf des Reichsgutes spricht SCHUBERT 1979, 168.
52 Zu deren Urteil über Karl IV. vgl. FREY 1978/I, 34–48, zu Maximilian 48 mit Anm. 226f.: „Carolo quarto numquam pestis pestilentior alias contigit Germaniae!" – SCHUBERT 1979, 162–168. – SCHREINER 1987, 221f.
53 Umfrage des tschechischen Meinungsforschungsinstituts CVVM im Jahre 2013. Es folgen auf den Plätzen 2 und 3 Tomáš G. Masaryk und Václav Havel. Karel Gott und Jaromír Jágr mussten sich geschlagen geben.
54 HILLENBRAND 1979/II, 119.
55 HILLENBRAND 1979/II, 116f.: „ita ut loqueremur et intelligeremus ut alter Boemus", und 118f.: „ita quod non habebamus ubi manere (...) sicut alter civis." – Vgl. HILLENBRAND 1978, 51f. – THOMAS 2008, 390f.
56 EMLER 1884/II, 524 (zu 1356): „dominus Karolus, Romanorum imperator et Boemie rex, considerans, quia in regno suo Boemie multa commitebantur latrocinia et malorum hominum, quorum magna excreverat multitudo, delicta remanebant impunita, volens tantis malis occurrere (...)."
57 WATTENBACH 1851/I, 686: „Orta est seditio inter regem Bohemie et suos barones, scilicet de Nova domo, apponente sibi domino de Rosenberch, predia regalia rapinis inpetentes nullo eis resistente." – Vgl. TRESP 2011, 81–117.
58 EMLER 1884/II, 524 (zu 1370): „dominus noster imperator, quoniam ad ipsum confluebant principes et proceres ac nobiles de omnibus partibus mundi, volens ostendere magnificenciam glorie regni sui Boemie, fecit cooperiri duas turres regales in castro Pragensi, unam ad orientem, aliam ad occidentem, cum plumbo et auro desuper, ita ut eedem turres lucerent et resplenderent tempore sereno ad longam valde distanciam."
59 LENG 1996, 212f.
60 LINDNER 2012, 86–89.
61 EMLER 1884/II, 540: „Item eodem anno emit imperator in terra advocatorum versus Misnam et Turingiam plura castra fortissima pro regno Boemie, et dilatatum est regnum et ampliatum ad omnes partes vehementer." – Vgl. LINDNER 2001, 173–255, mit der älteren Literatur.
62 Vgl. PUSTEJOVSKY 1975, 94–189. – KAVKA 1978/I. – MORAW 1994, 141–150. – BOBKOVÁ 2012/II, 1620–22.
63 HEGEL 1885, 40 (zu 1376): „Anno 76 circa festum pentecosten Karolus imperator venit ad partes Rheni et copia pecuniarum infinitarum apposita et oblata, corrupit omnes electores imperii, qui muneribus magnis acceptis elegerunt filium suum Wentzeslaum in regem Romanorum (...)".
64 MORAW 1985/II, 256–259. – KLARE 1990. – BÜTTNER 2012, 402–427.
65 HEGEL 1870, 493, Zeile 10–13.
66 HEGEL 1870, 494, Zeile 4–8. – Zur Reliquienverehrung Karls IV. vgl. BAUCH 2015/I.
67 WOLFRAM 1906, 315.
68 Dazu THOMAS 1997, 445– .
69 HERGEMÖLLER 2010, 1251–1253.
70 RAM 1857, Buch 6, Kap. 38, 74: „Quando vero ipse rex Wenceslaus bibit excessive et ad ebrietatem, incurrebat quondam furiam, et fuit tunc multum perversus et periculosus."
71 Der ganze Text findet sich im Jihočeský sborník historický 8 (1935), dieser Auszug auf 45: „potator indecens et humani sanguinis cupitor. Hic, quos natura abiecit, errexit (...) canum, non hominum amator, inberbium, non mulierum procator (...)."
72 ALTMANN 1893, 133 Kap. 155.
73 Vgl. von HAGEN 1899 mit anderer Übersetzung.
74 SCHUBERT 2005, 362–434. – REXROTH 2004, 27–53.
75 LEIDINGER 1903, 111 (zu 1379): „Hic [Wenzel] tantum rex fuit, non imperator. Hic fuit homo ferus et horribilis aspectu (...); postquam vero bibit, omnino regni negocia non curavit."
76 CARDAUNS 1877, 738: „he bleif gemeinlich liggen in Behem as ein swin in sime stalle."
77 WEIZSÄCKER 1877, 254, Nr. 204. – Dazu SCHUBERT 2005, 368f. – BÜTTNER 2012, 447–451.
78 Vgl. THOMAS 1997. – REICHERT 2000, 394.
79 REICHERT 2000, 384–387.
80 Urkunde Karls IV. vom 13. Oktober 1347. Druck: HRUBÝ 1928, II, 19, Nr. 22.
81 HILLENBRAND 1979/II, 110.
82 WIDMER 2001, 482f.

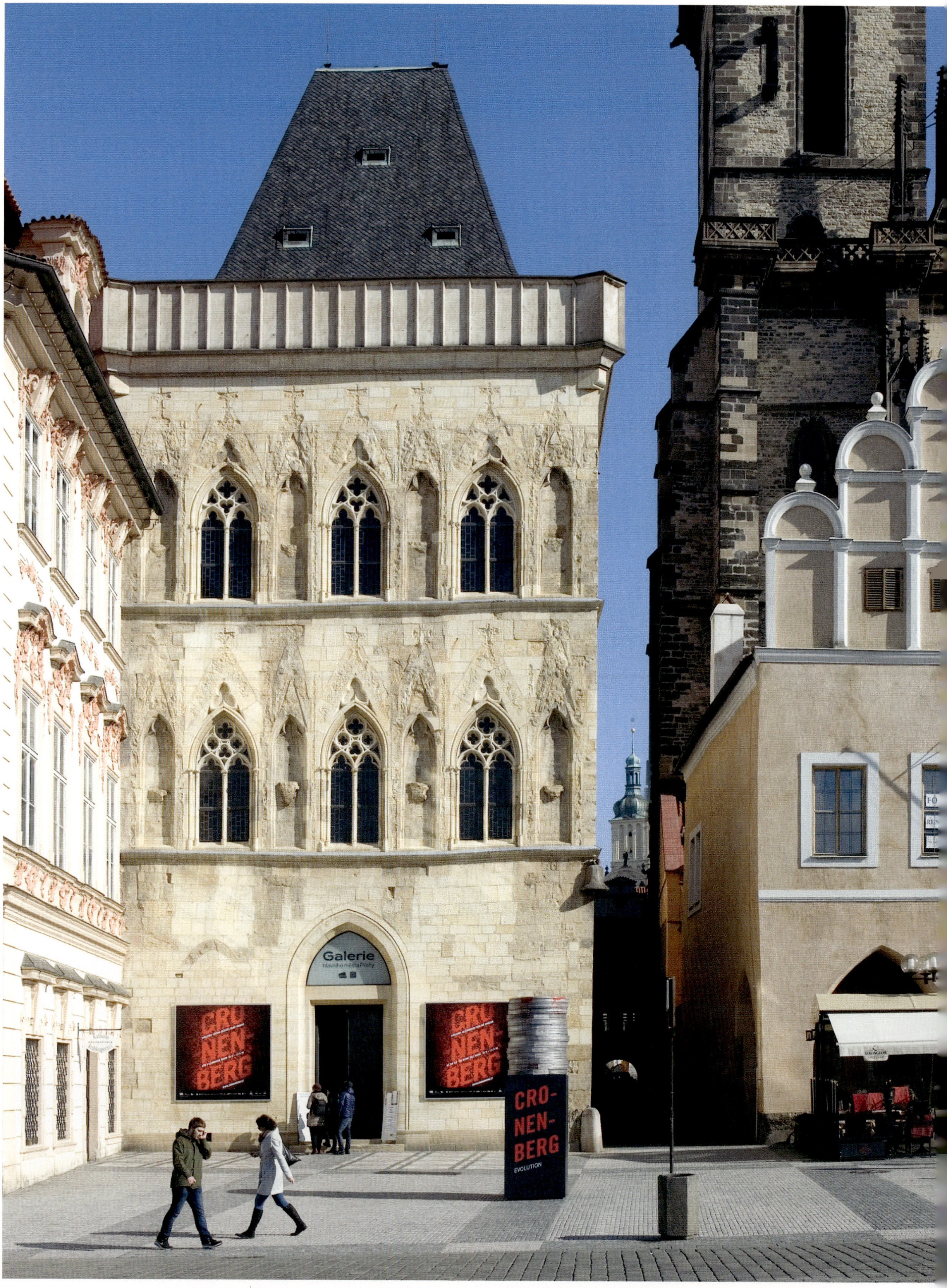
Galerie
hlavního města Prahy
CRO-
NEN-
BERG
EVOLUTION

Die Jugend Karls IV.
Abstammung – Ausbildung zum Herrscher – erste Bewährungsproben

Markus Hörsch

Heutigen wohlhabenden Bürgern der so genannten westlichen Welt ist es kaum noch erinnerlich, wie unwägbar, von Zufällen geprägt das Leben bis vor nicht allzu langer Zeit war. Was die politischen Entwicklungen rund um Mitteleuropa betrifft, bekommen wir zwar inzwischen wieder eine Ahnung davon, aber mittelalterliches Leben war noch weitaus mehr von einem Ringen auch nur um ein geringes Maß an Stabilität geprägt: Nicht nur politische Geschehnisse, die Gesamtheit der die Menschen bewegenden respektive von Menschen bewegten Ereignisse, die wir Geschichte nennen, waren von großen Unsicherheiten geprägt – eine beliebige Krankheit konnte das Leben beenden; auch der Rechtsrahmen, in dem die Gesellschaft lebte, war volatil und brüchig.

So grenzt es an ein Wunder, dass das gräfliche Haus Luxemburg es binnen weniger Jahre schaffte, den deutschen Königs- und Kaiserthron, zudem den böhmischen Königsthron zu besetzen und dann insgesamt eine Zeitspanne von 129 Jahren in diesen höchsten Positionen zu verharren. Denn es war keineswegs sicher, dass dem böhmischen Königspaar Johann und Elisabeth am 14. Mai 1316 nach zwei in jüngstem Alter verstorbenen Kindern tatsächlich der Thronfolger geboren worden war, der die Regierung eines Tages antreten würde. Um ihn wenigstens der himmlischen Fürsprache des wichtigsten Landesheiligen anzuvertrauen und zudem die Tradition der böhmischen Herrscher fortzusetzen, nannten sie ihn nach dem auf dem Prager Burgberg verehrten Urahn, dem heiliggesprochenen Herzog Wenzel (Václav; um 908–929/935). Damit ergab sich zumindest eine gewisse Perspektive auf die weitere Herrschaft, Johann und das Haus Luxemburg durften hoffen.

Ein Blick auf die Vorgeschichte ist wichtig, denn sie betrifft den Aufstieg der Dynastie insgesamt.[1] Johann von Luxemburg (1296–1346) hatte sechs Jahre zuvor im Alter von 14 Jahren die vier Jahre ältere Erbtochter des böhmischen Königshauses der Přemysliden, Elisabeth (Eliška Přemyslovna; 1292–1330) geheiratet. Deren Vater, König Wenzel II. (*1271, reg. 1278–1305), hatte die Regierung bei seinem Tode zwar seinem Sohn, Wenzel III. (*1289, reg. 1305–06), vererben können, doch war dieser am 4. August 1306 in Olmütz (Olomouc) – im Hause des Domdekans – einem Mordanschlag zum Opfer gefallen,[2] was dem Königreich Böhmen unruhige Zeiten bescherte. Die Nachfolge musste geklärt werden, die verschiedenen, in Böhmen durch die přemyslidische Zentralgewalt halbwegs in Schach gehaltenen Adelsfamilien versuchten, die Gunst der Stunde zu nutzen und bereicherten sich auch an Kirchengut.

Damals regierte König Albrecht I. aus dem Hause Habsburg (*1255, reg. 1298–1308) das Heilige Römische Reich. Ihm stand als oberstem Lehnsherrn die Nachfolgeregelung in Böhmen zu. Er setzte seinen Sohn, den Herzog von Österreich und Steiermark, Rudolf (um 1282–1307) als neuen König ein; am Tage seiner Krönung in Prag heiratete er die Witwe König Wenzels II., die polnische Königstochter Elisabeth Richza oder Richenza (Eliška Rejčka; 1286/88–1335); sie brachte zugleich ein Anrecht auf die polnische Krone in die Ehe ein.

Allerdings formierte sich gegen Rudolf bald ein großer Teil des böhmischen Adels, der sich nun hinter Rudolfs Onkel mütterlicherseits, Herzog Heinrich von Kärnten aus dem Hause der Meinhardiner (wohl 1265–1335), scharte. Dieser machte Anrechte auf die böhmische Thronfolge geltend, weil er mit der Schwester König Wenzels III., Anna, verheiratet war. Rudolf hätte sich vielleicht durchsetzen und der Habsburger-Herrschaft Dauer verleihen können, wäre er nicht 1307 an der Ruhr verstorben – und sein Sohn starb bei der Geburt. Nun wurde tatsächlich Heinrich von Kärnten zum König gewählt, gegen den Willen der Habsburger. Ein Jahr später wurde allerdings deren prominentester Vertreter, König Albrecht I., selbst ermordet, bekanntlich durch den eigenen Neffen, Johann von Schwaben, in der Nähe der Stammburg Habsburg in der Nordschweiz.

Jetzt wurden die Karten anders gemischt: Sechs der sieben Kurfürsten (ihr ranghöchster, König Heinrich von Böhmen, wollte sein Land wegen der dortigen unsicheren Lage nicht verlassen) wählten am 27. November 1308 den Grafen Heinrich von Luxemburg (1278/79–1313) zum neuen Römischen König Heinrich VII. Die Motivationen waren vielschichtig: Zum einen wurde so eine Kontinuität der habsburgischen Herrschaft verhindert und damit ein weiterer Machtzuwachs dieses Hauses; zum andern hatte König Albrecht die rheinischen Kurfürsten tief verärgert, weil er die Rheinzölle an sich gezogen hatte. Die Luxemburger waren ein weniger bedeutendes Geschlecht vom westlichen Rande des Reichs (also Nachbarn der rheinischen Kurfürsten), das sehr gute Kontakte nach Frankreich pflegte – und auf diese Weise war es möglich, den Ambitionen des französischen Königshauses auf den rö-

Abb. 32 Prag, das Haus zur Steinernen Glocke am Altstädter Ring. Das auf das 13. Jahrhundert zurück gehende Anwesen wurde unter seinem Vater, König Johann, mit einer prächtigen gotischen Fassade geschmückt und ist vielleicht das Geburtshaus Karls IV. (vgl. Kat.-Nr. 3.9). Skulpturenschmuck und plastische Architekturglieder wurden bei einer Barockisierung abgeschlagen. • Französischer Bildhauer, 1310er Jahre • Kalkstein

Abb. 33 **Johann von Luxemburg (1296–1346), König von Böhmen. Darstellung des ehemaligen Luxemburger-Stammbaums im Palas der Burg Karlstein** • Nachzeichnung im Codex Heidelbergensis, 1574/75, fol. 52 • Prag, Národní galerie v Praze, Archiv, Varia, Zugangsnr. AA 2015

Abb. 34 **Elisabeth die Přemyslidin (1292–1330), Erbtochter König Wenzels II., Königin von Böhmen. Darstellung des ehemaligen Luxemburger-Stammbaums im Palas der Burg Karlstein** • Nachzeichnung im Codex Heidelbergensis, 1574/75, fol. 52r • Prag, Národní galerie v Praze, Archiv, Varia, Zugangsnr. AA 2015

misch-deutschen Thron ohne allzu großen Affront zu widerstehen. Nicht zuletzt aber war der Bruder des neuen Königs der bedeutende Trierer Kurfürst Balduin von Luxemburg (* um 1285, amt. 1307–54)[3]: Sein Gewinn an Einfluss war beträchtlich, als Heinrich am Tag der Heiligen Drei Könige, dem 6. Januar 1309, in Aachen gekrönt wurde.

Auch Heinrich VII. regierte nur vier Jahre – doch es gelang ihm, wesentliche Akzente zu setzen; taktisch geschickt ließ er seine beiden Vorgänger – Adolf von Nassau (* vor 1250, reg. 1292–98) und Albrecht I. – gemeinsam ehrenvoll in den Speyerer Kaiserdom umbetten und einigte sich mit den Habsburgern über die Nachfolge im Königreich Böhmen. Nun war der Weg frei für die Heirat seines halbwüchsigen Sohnes Johann mit der Erbtochter Elisabeth, die am 30. August 1310 ebenfalls im Speyerer Dom gefeiert wurde. Schon die Wahl dieses Ortes zeigt, dass Heinrich nicht allein in böhmischen Horizonten plante: Sein Sohn wurde am Begräbnisort der Kaiser in deren Tradition gestellt, auch er sollte dereinst römisch-deutscher König und möglichst Kaiser werden.

Johann zog nach diesem festlichen Großereignis mit einem Heer in sein Königreich Böhmen, Heinrich VII. nach Italien. Johann konnte zwar militärisch zunächst wenig gegen den noch amtierenden König Heinrich von Böhmen ausrichten, dann aber in die Prager Altstadt eindringen und wurde am 7. Februar 1311 im Prager Dom zum neuen König gekrönt. Sein Vater Heinrich VII. verbrachte das ganze Jahr 1311 mehr oder minder kämpfend in Italien, bevor er im Mai 1312 endlich in Rom einziehen und dort am 29. Juni zum Kaiser gekrönt werden konnte. Zwar geschah dies nicht der Tradition gemäß in St. Peter – der Vatikan hatte sich nicht erobern lassen –, sondern in der eigentlichen Bischofskirche Roms, San Giovanni in Laterano. Doch war ihm damit gelungen, was keinem der Könige seit dem Tod Friedrichs II. im Jahr 1250 geglückt war: Die Idee des Römischen Kaisertums wiederzubeleben, an die Herrschaft der Staufer anzuknüpfen. Deren letzter großer Herrscher, eben Friedrich II. (* 1194, reg. 1212–50) hatte bekanntlich die meiste Zeit in Italien residiert.

Das Glück wandelte sich rasch: Nachdem die Gemahlin Heinrichs VII., Königin Margarethe von Brabant (* 1275/76), bereits am 14. Dezember 1311 in Genua an einer Seuche verstorben war (vgl. Kat.-Nr. 3.2), ereilte dieses Schicksal auch ihren Gatten am 24. August 1313 in Buonconvento bei Siena. Zwar strebte Johann von Luxemburg die Nachfolge als römisch-deutscher König an, doch war die Meinungslage unter den Kurfürsten so komplex, dass zunächst über ein Jahr lang gar kein König gewählt wurde. Nach allerlei Verhandeln und Taktieren wählten die Parteiungen am Ende jede einen Kandidaten: die Pro-Habsburger den aus diesem Hause stammenden Friedrich den Schönen (1289–1330), die pro-luxemburgisch oder jedenfalls anti-habsburgisch eingestellten Kurfürsten den Kompromisskandidaten aus dem bayerischen

56   Die Jugend Karls IV.

Abb. 35 **Die Bischofsweihe Balduins von Luxemburg zum Kurfürst-Erzbischof von Trier (oben); Balduin erhält die Nachricht von der Ermordung König Albrechts I. von Habsburg (unten). Codex Balduini, fol. 1** • 1330–35 • Federzeichnung auf Pergament • Koblenz, Landeshauptarchiv, Abt. 1 C Nr. 1

Die Jugend Karls IV.

Hause Wittelsbach, Ludwig IV. (1282/86–1347). Die Geschichte Ludwigs, der bekanntlich einen lebenslangen Kampf gegen die in Avignon residierenden Päpste kämpfte und seiner Familie eine wesentlich vergrößerte Hausmacht verschaffen konnte, kann hier nicht dargestellt werden. Keineswegs sicher war es jedenfalls, dass die Luxemburger im Reich wieder an die Macht kommen würden, insbesondere als Ludwig mit der Mark Brandenburg ein Kurfürstentum unter seinen Einfluss brachte – und damit eine weitere Stimme bei der Königswahl. Dies kostete ihn allerdings auf der anderen Seite die Gunst des Luxemburgers Johann: Der hatte nämlich für seinen Thronverzicht gerade die Mark Brandenburg als Entschädigung verlangt – und erhielt nun lediglich die Altmark und die Oberlausitz.

Ihren kulturellen Hintergrund hatten die Luxemburger, dies liegt angesichts der Lage ihrer Stammlande auf der Hand, im Westen des Reichs. Schon der spätere Kaiser Heinrich VII. war in Paris am Hofe König Philipps IV. des Schönen (*1268, reg. 1285–1314) erzogen worden, jenes äußerst machtbewussten Herrschers,[4] der den Papst zum Umzug in seinen Machtbereich zwang und Frankreich auf dem Weg zu einem zentral-weltlich regierten Staat einen entscheidenden Schritt weiter brachte. Entsprechend verbrachte Johann von Luxemburg einen Teil seiner Jugend in Paris und absolvierte sein Studium dort. Als wiederum der junge Wenzel (und spätere Karl) ins entsprechende Höflingsalter kam, wurde auch er 1323 mit sieben Jahren an den Pariser Hof gegeben, ein Jahr, nachdem der Sohn Philipps des Schönen, König Karl IV. der Schöne (1295–1328), ins Amt gekommen war und am 21. September 1322 in Provins in zweiter Ehe die Schwester König Johanns und somit Tante Wenzel/Karls, Maria von Luxemburg (1304–24), geheiratet hatte.

In seinem autobiografischen Bericht, der *Vita Caroli Quarti*,[5] benennt der Kaiser die Ereignisse seiner frühen Jugend ganz knapp: *„Und es ließ mich der besagte französische König durch einen Bischof firmen und übertrug mir seinen gleichlautenden Namen, nämlich Karl, und gab mir zur Frau die Tochter Karls, seines Onkels, mit Namen Margarethe, genannt Blanca. Und es starb seine Gemahlin, die Schwester meines Vaters, in jenem Jahr ohne Nachkommen. Später verband sich der König in einer anderen Ehe."* Ein so ungewöhnliches Ereignis wie der Namenswechsel wird also sehr knapp abgehandelt, nichts verlautet über die Motivation. Immerhin, der nächste Absatz beginnt dann mit einer persönlichen Aussage: *„Und der vorgenannte König liebte mich sehr und beauftragte meinen Kaplan, dass er mich ein wenig im Schreiben unterrichte, obgleich der besagte König der Buchstaben unkundig war. Und aus diesem habe ich die Horen der ruhmreichen seligen Jungfrau Maria zu lesen gelernt [...]".*[6] Die Liebe drückte sich also, wie es scheint, in einer besonderen, dauerhaften Aufmerksamkeit des französischen Königs aus: Bei der Firmung gibt er seinen Namen weiter, er verheiratet seinen „Adoptivsohn" mit seiner Cousine und lässt ihm eine gute Ausbildung zukommen, die er selbst nicht genossen hatte; wobei Karl sogleich betont, dass er die Marienhoren gelernt und immer besser verstanden habe.

Wirklich individuelle Details sind aus solch kurzen Äußerungen schwer zu erschließen, schon gar nicht solche in der Art jener farbenfrohen historischen Romane, die heute beliebter denn je scheinen und aus denen ein interessiertes Publikum einen großen Teil seiner Eindrücke und Kenntnisse bezieht. Aber auch wenn man aus Berichten wie dem der *Vita* keine tiefgehenden Erkenntnisse über die Art des emotionalen Verständnisses zwischen König Karl von Frankreich und dem späteren Kaiser Karl gewinnen kann, ja nicht einmal über den konkreten Umgang miteinander an einem solchen Hof – es ist eben doch bedeutsam, wie kurzlebig auch im kultivierten Paris die höfische Welt ist. Ohne Eindruck auf die

Abb. 36 **Altarsetzung Heinrichs VII. durch die Kurfürsten (oben); Königskrönung Heinrichs VII. und Margarethes von Brabant. Codex Balduini, fol. 4** • 1330–35, fol. 4 • Federzeichnung auf Pergament • Koblenz, Landeshauptarchiv, Abt. 1 C Nr. 1

Seelen der Menschen ist das, wie eingangs bereits angesprochen, nicht geblieben. Die Königin, Karls Tante, stirbt bereits ein Jahr nach Ankunft des Knaben; der ihn liebende König folgt, nach einer weiteren kurzen Ehe, 1328 in den Tod, als Karl zwölf Jahre alt ist. Nun besetzt, als nächster in der Verwandtschaft, sein Schwager den Thron: Philipp VI. (*1293, reg. 1328–50), den Karl offenbar wenig geschätzt hat. Knapp heißt es in der *Vita*: *„Und der genannte Philipp übernahm zwar die Räte seines Vorgängers, aber deren Ratschläge in sehr geringem Maße annehmend, gab er sich der Habsucht hin."*[7]

Unter diesen Räten war eine Persönlichkeit, die Karls Leben stark mitbestimmen würde: Pierre Roger (*um 1290), damals Abt von Fécamp in der Normandie, *„ein gelehrter und gebildeter Mann, und von aller Ehrbarkeit der Sitten umhegt, der am Aschermittwoch im ersten Jahr des Königtums Philipps, die Messe feiernd, derart intensiv predigte, dass es von allen bewundert wurde."*[8] Geradezu ausführlich betont Karl danach nochmals dieses Erlebnis: Die Sprachgewalt habe ihn beeindruckt, und während er ihm andächtig zuhörte, habe er sich gefragt: *„Was ist es, dass soviel Gnade aus diesem Mann in mich überströmt?"*[9] Die moralische und geistige Qualität Pierre Rogers wird, gleichsam vor dem Hintergrund des weniger tugendhaften Königs, kräftig herausgehoben. Und dies geschieht nicht ohne Grund, denn zum einen wird Karl nun zeitweilig Schüler Pierres, des *„sermocinator verbi Dei"*[10] – und zudem ist es die Grundtendenz der Lebensbeschreibung Karls, die Folgerichtigkeit seines Weges zum Thron, seine Auserwähltheit zu betonen. Gewiss schließt dies nicht aus, dass alles so oder ähnlich erlebt oder erinnert wurde. Aber es geht

Abb. 37 **Kaiser Ludwig IV. genannt der Bayer (reg. 1313–47). Gipsabguss von 1855 nach dem Steinrelief im Großen Saal des Nürnberger Rathauses, der den Zustand vor der Beschädigung im Zweiten Weltkrieg dokumentiert.** • Wohl Münchner Bildhauer, tätig für Kaiser Ludwig und dessen Hofkreise, um 1330/40 • Sandstein, H. 162 cm, B. 113 cm • Original: Nürnberg, Rathaus, Großer Saal, Ostwand innen; Kopie München, Bayerisches Nationalmuseum, Inv.-Nr. MA 2341

Coment charles de france morut

Apres la mort du roy phe le long regna sur les francois charles le bel son frere au comencemant de son royaume il sen partit au

Abb. 38 Hochzeit der Maria von Luxemburg mit König Karl IV. von Frankreich. Darstellung der Grandes Chroniques de France, Exemplar des Jean Fouquet, fol. 332 • Jean Fouquet, um 1455–60 • Buchmalerei auf Pergament • Paris, Bibliothèque nationale de France, Département des manuscrits, Français 6465

doch zumindest darum, die Besonderheiten dieses Lebens ins Licht zu stellen: Pierre Roger – 1328 noch zum Bischof von Arras geweiht, 1329 Erzbischof von Sens und damit Primas von Frankreich, 1330 Erzbischof von Rouen, zugleich Kanzler von Frankreich, 1338 Kardinal – wird 1342 selbst als Clemens VI. zum Papst gewählt werden und als solcher zum wichtigsten Helfer für das Königtum Karls IV. Die Wirklichkeit seines Pontifikats sah dann allerdings weniger ehrbar aus – auch Clemens pflegte eine weltlich-aufwendige Hofhaltung und neigte insbesondere zum Nepotismus, indem er seine Verwandtschaft reichlich mit Pfründen versah;[11] in seinem überreichen, leider von den Hugenotten zerstörten Grabmal in der Abteikirche La Chaise-Dieu sollten auch seine Frauen und Nachkommen beigesetzt werden.[12]

Die Erziehung am französischen Hofe war in einem umfassenden Sinne eine ästhetische: Nicht nur lernte man höfisches Verhalten und Kampfestechniken, die ganze Lebenswelt war gestaltet, geistliches und weltliches Gepränge waren ineinander verwoben. Seit Generationen war Frankreich, gewachsen unter dem Druck des Dauerrivalen England, der bekanntlich große Teile des heutigen Frankreich beherrschte, führend unter den europäischen Mächten, besonders hinsichtlich Architektur und Glasmalerei, Monumentalskulptur und Goldschmiedekunst. Zentrum der Macht und der Repräsentation war die unter König Philipp IV. zu Beginn des 14. Jahrhunderts weitgehend neu errichtete Palastanlage auf der Île de la Cité, der Seine-Insel im Herzen von Paris.[13] Im Hof führte eine große Freitreppe zum Portal hinauf, wo am Trumeau der Bauherr selbst dargestellt war (ähnlich den Kirchenpatronen der großen Kathedralen), im Innern war der große Saal mit einem umfangreichen Programm der Herrscher Frankreichs ausgestattet. Zugehörig war aber auch die Sainte-Chapelle König Ludwigs IX. des Heiligen, das ein gutes halbes Jahrhundert ältere sakrale Herzstück des französischen Königtums, Hort der Dornenkrone und eines Teils vom Kreuze Christi sowie vieler anderer Reliquien.[14] Gleich nebenan steht die Kathedrale Notre-Dame, an der zu dieser Zeit noch neue Chorkapellen und Chorschranken mit einem Zyklus aus zahllosen Skulpturen ausgeführt wurden. Karl lebte mit seinem eigenen Hofstaat auf Schloss St-Germain-en-Laye nicht allzu weit von Paris, aber auch nicht in unmittelbarer Nachbarschaft der dortigen Herrschersitze. St-Germain besitzt eine der originellsten und bedeutendsten Burgkapellen des 13. Jahrhunderts.[15] Der Originalität der Architektur aber galt später weniger Karls Hauptaugenmerk, sondern ihrer royalen und sakralen Bedeutung – weswegen selbstverständlich in Prag am Neubau des Veitsdoms ein französischer Kathedralchor und in der Burgkapelle Allerheiligen die Pariser Sainte-Chapelle imitiert werden würden, freilich entworfen von einem genialen jungen Architekten, der der Aufgabe seinen eigenen Stempel aufzudrücken in der Lage war, Peter Parler (vgl. den Beitrag von Jana Gajdošová).

Immerhin zwei Jahre verbrachte Karl nach dem Tod seines Firm- und Namenspaten noch am Hofe Philipps VI. in Frankreich, doch 1330, mit vierzehn Jahren, schickte ihn dieser nach Luxemburg, *„die Grafschaft meines Vaters aus der Nachfolge seines Vaters, Kaiser Heinrichs heiligen Angedenkens"*.[16] Sicher wurde ihm dieses große Erbe besonders durch seinen in der Nähe Luxemburgs das (ranghöhere) Kurfürstentum und Erzbistum Trier regierenden Großonkel Balduin, den Bruder Heinrichs VII., besonders nahe gebracht, der sich gerade anschickte, in Trier ein Kartäuserkloster zu gründen, das insbesondere der Familienmemoria dienen sollte (Kat.-Nr. 3.1).

Allerdings ist wenig über den Luxemburg-Aufenthalt Karls bekannt, der nach etwa einem Jahr seinem Vater Johann nach Oberitalien folgte, wo er diesen bei der Durchsetzung luxemburgischer

Abb. 39 **Paris, Ansicht der Île de la Cité mit dem Königspalast. Très Riches Heures des Herzogs Jean de Berry, fol. 6v** • Gebrüder Limburg, 1411–15 • Buchmalerei auf Pergament • Chantilly, Musée Condé, Ms. 84

(respektive kaiserlicher) Ansprüche unterstützen sollte. Zunächst schien dies, so suggeriert zumindest Karls *Vita*, auch zu gelingen. Eine Reihe oberitalienischer Städte unterstellte sich dem Luxemburger, der z. B. Mailand und Novara dem Vikariat Azzo Viscontis (1302–39) übergab.[17] Doch ebendieser ließ, so der Bericht weiter, gleich am dritten Tag nach Karls Ankunft in Pavia ein Giftattentat auf den Prinzen verüben, das dieser nur überlebte, weil er nüchtern zur Messe gehen wollte, während ein Teil seines Gefolges starb.[18] Dies zeigt die Gefährlichkeit der Situation in Oberitalien, wo sich eine ganze Reihe der machtbewussten Stadtherrscher gegen die Luxemburger verschwor, von denen sie Einmischung in ihre Interessensphären oder gar eine Art Dynastiebildung im Dienste des Reichs befürchteten. Nur durch göttliche Wunder, so deutet Karl in seiner Vita das ganze oberitalienische „Unternehmen", das ihm natürlich in seinem jungen Alter auch militärische Erfahrung brachte, waren dessen Gefahren zu überstehen, nur auf diese Weise konnte er am Ende den Thron besteigen. So schildert er, dass in der Schlacht um die Burg von San Felice bei Modena, als bereits sein eigenes Streitross getötet worden war und Karl sich gerade der aussichtslosen Lage bewusst wurde, die Gegner zu fliehen begannen. Den so noch im Nachsetzen erreichten Sieg dankte Karl der hl. Katharina, an deren Tag die Schlacht stattgefunden hatte; zeitlebens würde er sie aus diesem Grund besonders verehren. Aber auch sein Selbstbewusstsein vermochte der Tag von San Felice zu stärken: Nachdem er den Ritterschlag erhalten hatte, zog er nach Lucca, um dort gegen die Florentiner zu rüsten; *„und wir erbauten ein*

Abb. 41 St-Germain-en-Laye, Schlosskapelle. In diesem Schloss bei Paris lebte Karl IV. als Kind zeitweilig mit eigenem Hof. • Erbaut um 1238

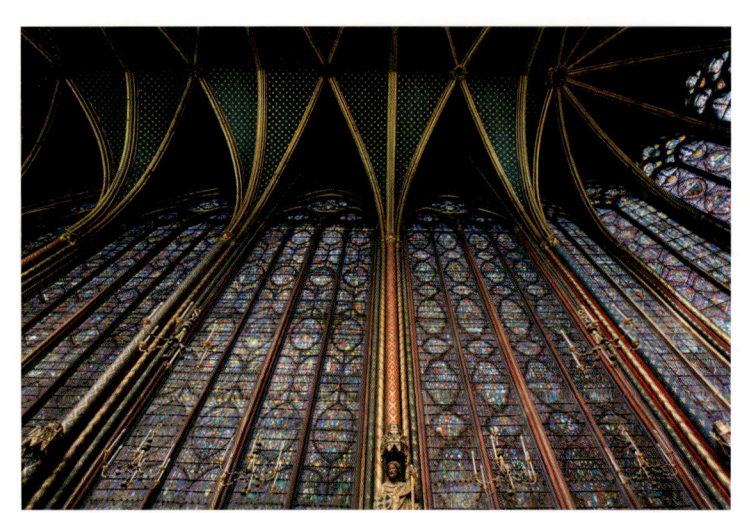

Abb. 40 Paris, die königliche Palastkapelle (Sainte-Chapelle), Oberkapelle, Blick in die Fensterzone • 1243–48

schönes Kastell mit Stadt, von Mauern umgeben, auf der Spitze eines Berges, der zehn Meilen von Lucca in Richtung Valdinievole entfernt liegt, und gaben diesem den Namen Karlsberg" (Montecarlo).[19] Auch Großonkel Balduin liebte es, seinen Burgen den eigenen Namen zu verleihen – hier übernimmt also der junge Karl diese Idee, die er später noch häufig aufgreifen wird (vgl. den Beitrag von G. Ulrich Grossmann).

Die Kriegszüge in Oberitalien verliefen letztlich nicht günstig; König Johann zog sich zurück, der Partikularismus der Stadtherrschaften hatte gesiegt; doch selbstbewusst vermeldet sein Sohn: *„Lucca aber wollte er* [Johann, M. H.] *an die Florentiner verkaufen, aber vertrauend auf unseren und seiner Räte Empfehlung übertrug er diese den Rossi, denen er schon Parma überlassen hatte."*[20] Dies sollte den Luxemburgern wenigstens eine kleine Möglichkeit des Einflusses in Italien sichern – was Karl denn auch später durch seine Unterstützung der Stadt Lucca (Kat.-Nr. 15.1, 15.2, 15.3) wieder aufgreifen sollte.

Aber neben allerlei Kriegserfahrungen wandelten den Jüngling Karl auch andere Versuchungen an. Er schreibt, *„der Teufel, der ständig suche, wen er verschlingen könne"* und deshalb *„den Menschen Süßes anbiete, in welchem sich Galle verberge"*, habe, *„wie wir schon lange zuvor durch ihn in Versuchung geführt, doch mit Hilfe der göttlichen Gnade nicht von ihm besiegt worden waren, nun verworfene und perverse Menschen angestachelt, die sich täglich unserem Vater anschlossen"*, damit diese das bewirkten, was der Teufel allein nicht zustande gebracht habe, nämlich ihn *„vom rechten Weg abzubringen und in Elend und Begierden zu verstricken."*[21] Aus dieser „schlechten Gesellschaft" konnte Karl wiederum nur ein Wunder retten: Am Tage Mariä Himmelfahrt, dem 15. August 1333, hatte er in Terenzo (Tarenzo) im Bistum Parma ein Traumgesicht: ein Engel des Herrn trug ihn an den Haaren in die Luft und zeigte ihm eine Belagerungssituation, ein Reiterheer stand kampfbereit vor einer Burg; ein zweiter Engel erschien und durchbohrte einen der Mannen mitten im Heer und schlug ihm mit feurigem Schwert das Genital ab. Der Engel, der Karl in die Lüfte gehoben hatte, eröffnete ihm nun, dass dies der Dauphin von Vienne, Guigo VIII., Graf von Albon, sei, der wegen der Sünde der Ausschweifung von Gott auf diese Weise durchbohrt wurde. Er solle sich also davor hüten und zugleich seinen Vater vor ähnlicher Sünde warnen.[22] Zugleich aber war dies die Vision der bald darauf eintretenden Niederlage samt dem Tod des Dauphins, deren Eintreten Karl offensichtlich tief erschütterte, seinen Vater immerhin verwunderte. Auch dieses Ereignis, dessen subjektive Realität zumindest sehr wahrscheinlich ist, hat Karl dann zwar in die Reihe jener Wunder gestellt, die ihn zum König berufen erscheinen ließen, aber das beschriebene „Saulus-Erlebnis" hat seine Lebenseinstellung auch tatsächlich geprägt. Noch viele Jahre später, 1355, ließ Karl in Tarenzo eine Kirche mit einem Mansionarsstift errichten.

Dass Karl sich relativ lange in Italien aufhielt, dort sogar eine Burg mit Stadt errichten ließ, hat gewiss ebenfalls zu vielen kulturellen Eindrücken geführt. Er wusste, dass die italienische mit der französischen Kunst (und beide sich teils mischend) in seiner Zeit führend waren; auch italienische Künstler und Werke würde er später an seinen Hof holen. Zunächst aber endeten die italienischen Kriegszüge. Johann von Böhmen, dem das Geld ausgegangen war, regelte seinen Abzug – und schickte (nachdem der

Abb. 43 **Montecarlo bei Lucca, der erste von Karl von Luxemburg initiierte Burgbau** • gegründet 1333

Sohn dem Vater noch erklärt hatte, dass es aussichtslos sei, wenn er die Stellung zu halten versuche) Karl nach Böhmen voraus. Im Oktober traf er hier ein: Zuerst besuchte er das Grab seiner Mutter im Zisterzienserkloster Königsaal (Zbraslav, vgl. Kat.-Nr. 3.18) und zog am 30. in Prag ein. Hier würde er nun, im Jahre 1334 zum Markgrafen von Mähren ernannt, in den kommenden Jahren erste Regierungserfahrung sammeln.

FUSSNOTEN

1. Ausführlicher, unter Berücksichtigung der Rolle und Stiftungen Kurfürst Balduins von Trier, HÖRSCH 2006/II. – Zu den Luxemburgern allgemein HOENSCH 2000. – Zu Karls Leben SEIBT 1978/II. – Fakten allgemeiner Natur werden im Folgenden nicht einzeln nachgewiesen.
2. HOENSCH 1987, 111.
3. Monografisch KESSEL 2012, mit der gesamten älteren Literatur.
4. Ausst.-Kat. Paris 1998.
5. SCHLOTHEUBER 2005.
6. HILLENBRAND 1979/I, 82 (Übersetzung M. H.).
7. HILLENBRAND 1979/I, 84 (Übersetzung M. H.).
8. HILLENBRAND 1979/I, 84 (Übersetzung M. H.).
9. HILLENBRAND 1979/I, 86 (Übersetzung M. H.).
10. LÜTZELSCHWAB 2007, 61–75.
11. Umfassend zuletzt LÜTZELSCHWAB 2007, vgl. auch dessen biografische Skizze Clemens' VI. (54–60).
12. CONSTANTINI 2003.
13. BENNERT 1992. – BRÜCKLE 2005.
14. Errichtet vermutlich ab 1241, geweiht am 26. April 1248. KIMPEL/SUCKALE 1985, 400–405.
15. 1238 begonnen. KIMPEL/SUCKALE 1985, 393–398, 535, Abb. 411–414.
16. HILLENBRAND 1979/I, 86 (Übersetzung M. H.).
17. Da dies dem Kaiser, Ludwig IV., zustand, zeigt die Darstellung Karls hier, wohl eher ungewollt, die damalige Nähe zum Wittelsbacher-Herrscher auf.
18. HILLENBRAND 1979/I, 90.
19. HILLENBRAND 1979/I, 96 (Übersetzung M. H.).
20. HILLENBRAND 1979/I, 108 (Übersetzung M. H.).
21. HILLENBRAND 1979/I, 108–110 (Übersetzung M. H.).
22. HILLENBRAND 1979/I, 111.

Abb. 42 **Grabmal Papst Clemens' VI.** • um 1350 • Alabaster (?) • La Chaise-Dieu, Abteikirche

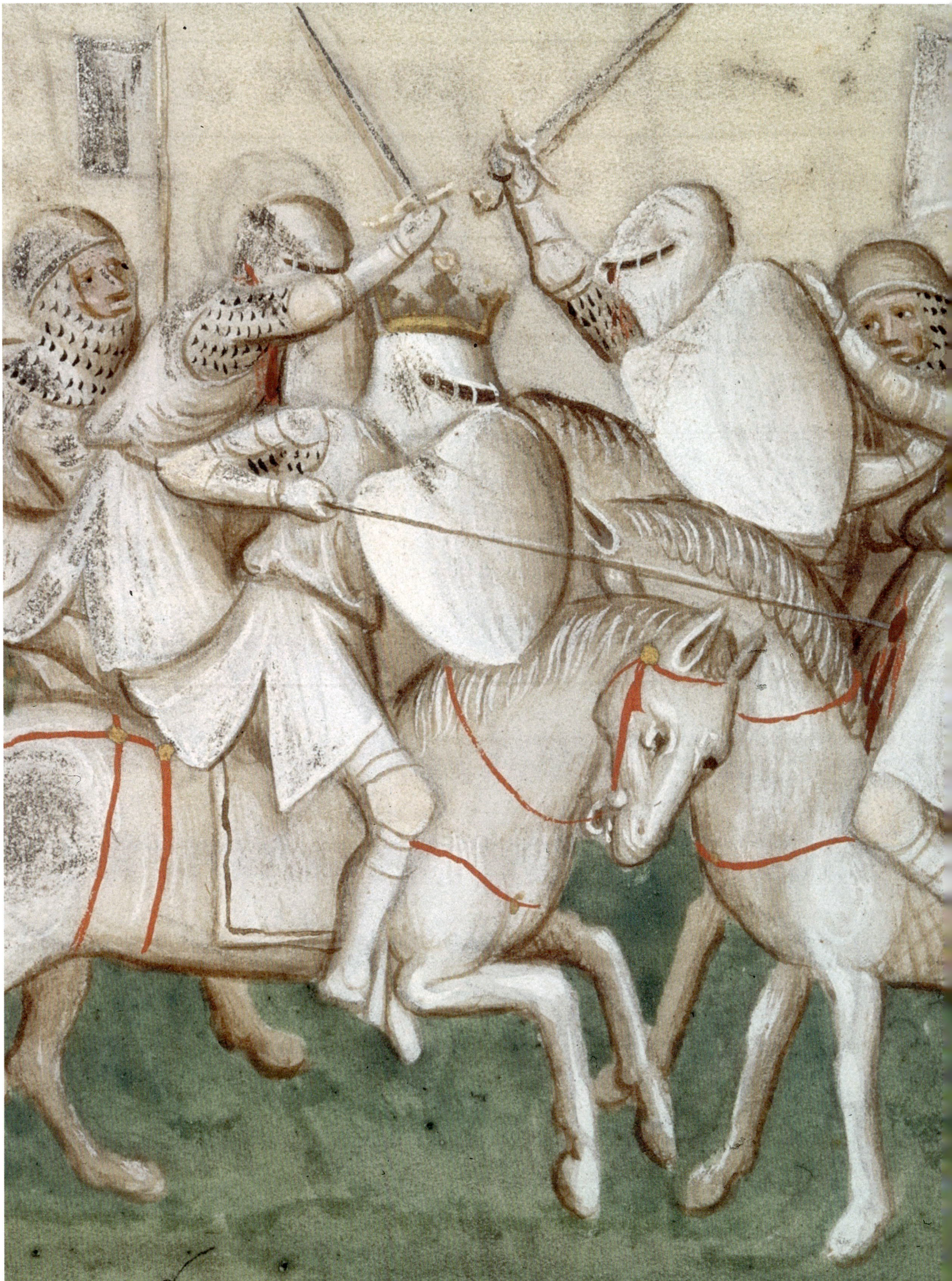

Die Schlacht bei Crécy 1346

Uwe Tresp

Die große Schlacht, die am 26. August 1346 bei Crécy-en-Ponthieu im Nordosten Frankreichs stattfand, gilt als eine der bedeutendsten Schlachten des Mittelalters.[1] Sie ist zugleich einer der Höhepunkte des Hundertjährigen Krieges (1337–1453) zwischen England und Frankreich, der sich um die englische Herrschaft über das südfranzösische Herzogtum Aquitanien sowie an der Frage der französischen Thronfolge zwischen den in England und Frankreich herrschenden Dynastien der Plantagenêt und Valois entzündet hatte. Als Verbündete kämpften auf der Seite der Franzosen auch der schon völlig erblindete böhmische König Johann von Luxemburg sowie sein gerade erst zum römisch-deutschen (Gegen-)König erhobener Sohn Karl IV., und mit ihnen zahlreiche ihrer adeligen Gefolgsleute aus Böhmen und Luxemburg.[2]

Im Frühjahr 1346 rüsteten sich beide Parteien für den entscheidenden Kampf, der mit einem französischen Einfall in die Guyenne begann. Mitte Juli 1346 überquerte König Eduard III. von England (reg. 1327–77) mit seinem Heer auf einer Flotte von über 700 Schiffen den Ärmelkanal und landete an der Nordspitze der Küste der Normandie. Von dort aus zog er weiter nach Osten, um das französische Heer aus Aquitanien fortzulocken.

Das gelang tatsächlich, denn König Philipp VI. von Frankreich (reg. 1328–50) eilte mit seinem zahlenmäßig weit überlegenen Heer den Engländern hinterher, doch er vermochte es nicht, ihren Übergang über die Seine zu verhindern. Den damit gewonnenen knappen Vorsprung nutzte der englische König, um bei Crécy den geeigneten Ort zur Entscheidungsschlacht zu wählen und das französische Heer dorthin zu locken. Er und seine Berater kannten die Gegend bereits von früheren Aufenthalten und wollten diesen taktischen Vorteil nutzen. Eduard postierte hier sein zwischen 8.000 und 16.000 Mann starkes Heer so, dass es gegenüber den angreifenden Franzosen leicht erhöht stand. Mit dieser defensiven Aufstellung wollte er erreichen, dass die 5.000 englischen Langbogenschützen, die in seinen Augen die stärkste Waffe gegen das französische Ritterheer darstellten, effektiv zum Einsatz kommen konnten. Das Vertrauen auf die Wirkung der Langbögen kam nicht von ungefähr. Die verhältnismäßig große Reichweite

Abb. 44 **Die Schlacht von Crécy 1346. Jean Froissart, Les Grandes Chroniques de France, fol. 69v** • Paris, ca. 1410–20 • Buchmalerei auf Pergament • London, British Library, Ms. Sloane 2433 C

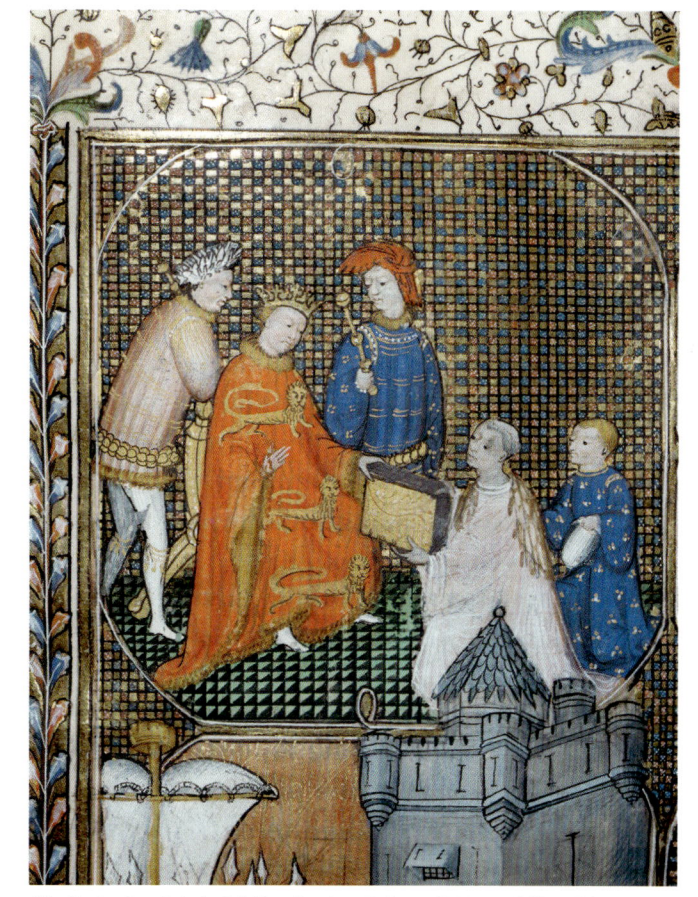

Abb. 45 **Der französische Schriftsteller Jean Froissart (1333–1400) überreicht König Eduard III. seine „Großen Chroniken" (1375/83, 4 Bde.), die Geschichte des Hundertjährigen Krieges zwischen England und Frankreich. Les Grandes Chroniques de France, Buch 1, fol. 1** • Frankreich, 1410–20 • Buchmalerei auf Pergament • Besançon, Bibliothèque municipale, Ms. 864

und Durchschlagskraft ihrer Pfeile, die, so ist überliefert, auf bis zu 200 Metern Entfernung noch 1,5 Millimeter Stahlpanzer durchschlagen konnten, machten sie zu einer der gefürchtetsten Waffen des Mittelalters. Crécy wurde zum Musterbeispiel ihres planmäßigen, schlachtentscheidenden Einsatzes.

Um seine wertvollen Spezialisten vor den französischen Reitern und einem möglichen Nahkampf zu schützen, ließ der englische König ungewöhnliche Maßnahmen ergreifen. So wies er unter anderem an, dass ein Teil der englischen Ritter von den Pferden absitzen und sich zwischen den Bogenschützen aufstellen sollte, um diesen Unterstützung und moralischen Halt zu geben. Wei-

Abb. 47 König Eduard III. landet mit seinen Truppen und Artillerie-Train zum Kriegszug in Frankreich. Breslauer Bilderhandschrift der Grandes Chroniques des Jean Froissart, fol. 239r • 1468–69 • Deckfarben auf Pergament • Berlin, Staatsbibliothek zu Berlin, Handschriftenabteilung, Inv.-Nr. Dep. Breslau 1, Bd. 1

terhin hoben die Engländer vor ihren Reihen kleine Gruben aus, durch die die französischen Pferde bei ihrem Angriff zu Fall gebracht werden sollten.

Das mit mindestens 24.000 Mann erheblich größere Heer der Franzosen und ihrer Verbündeten erreichte das Schlachtfeld am späten Nachmittag, als gerade ein ergiebiger Regenguss die Kämpfer und das Gelände durchnässte. Trotz dieser widrigen Umstände ließ sich König Philipp von seinen streitlustigen Rittern zum schnellstmöglichen Angriff bewegen, bei dem das französische Heer in mehreren Treffen geordnet gegen die Engländer vorrückte. Damit aber gingen sie in deren klug gestellte Falle. Die im Regen nass gewordenen Armbrüste der genuesischen Söldner Philipps erwiesen sich als wirkungslos, zugleich kamen die schwer gepanzerten französischen Ritter nur langsam auf dem durchweichten Boden voran. Immer wieder blieben die Pferde in den von den Engländern vorbereiteten Löchern hängen und fielen hier mitsamt ihren Reitern dem Pfeilhagel der Langbögen zum Opfer. Nur an wenigen Stellen kamen die Franzosen mit ihren Gegnern in den Nahkampf, unter anderem dort, wo die Luxemburger mit ihren Truppen angriffen. Wenn überhaupt, dann erreichten sie die Gegner jedoch erst, als sie schon dezimiert und erschöpft waren. Der ungewöhnlich hohe Blutzoll von weit über 10.000 Toten belegt die sinnlose Tapferkeit der französischen Kämpfer.

Abb. 46 König Eduard III. von England leistet 1329 König Philipp VI. von Frankreich in Amiens den Lehnseid für das Herzogtum Aquitanien. Les Grandes Chroniques de France, fol. 357v • Frankreich, 1375–87 • Buchmalerei auf Pergament • Paris, Bibliothèque nationale, Ms. Français 2813

Erst die einbrechende Dunkelheit beendete das Gemetzel. Unter den Gefallenen der Schlacht befand sich auch der blinde König Johann von Böhmen, der sich von seinen Rittern in den Kampf hatte führen lassen. Die Beweggründe dieses Verhaltens sind heute nicht mehr völlig nachvollziehbar. Die Zeitgenossen aber empfanden das Handeln Johanns als heldenhaft.[3] Am Tag nach der Schlacht fand der junge Sohn des englischen Königs, der „Schwarze Prinz" Eduard von Wales, die Leiche des böhmischen Königs inmitten seiner toten Getreuen. Als Anerkennung für den tapferen Gegner übernahm er Johanns deutsche Devise „Ich dien", die seitdem das Wappen der „Prinzen" (Fürsten) von Wales ziert.

Während die Schlacht somit den ritterlichen Heldenmythos König Johanns nährte, erwies sich ihr Ausgang für seinen Sohn als schwere Belastung. Zwar soll sich auch Karl IV. tapfer geschlagen haben.[4] Allerdings hielt er nicht wie sein Vater bis zum bitteren Ende im Schlachtgetümmel aus, sondern wurde von Gefolgsleuten aus dem Kampf heraus verletzt in Sicherheit gebracht.[5] Man wollte nach dem König nicht auch dessen Thronfolger an ein und demselben Tag verlieren.

Insbesondere im deutschen Thronstreit erwies sich die Niederlage bei Crécy als schwerer Makel. Für die Propaganda seiner Widersacher galt Karl als militärisch glückloser König, ganz anders als der bei Gammelsdorf (1313) und Mühldorf (1322) siegreiche Vorgänger, Ludwig IV. der Bayer. Hinzu kam die Schmach einer angeblich feigen Flucht Karls aus dem Kampfgeschehen, als die sich der Rückzug auf Drängen der Gefolgsleute deuten ließ.[6] Ein solcher Verdacht war folgenschwer, stellte er doch die Eignung Karls zum Herrscheramt direkt in Frage. Die Tapferkeit (*fortitudo*) als Gegenteil der Feigheit gehörte zum allgemein anerkannten Kanon der Herrschertugenden (*virtutes*). Wenn sie dem Luxemburger fehlte, wäre bei ihm der von Aristoteles idealtypisch formulierte Gleichklang der Tugenden gestört.

In der Folge musste Karl besonders darauf bedacht sein, sein Image als fähiger und erfolgreicher Kriegsherr zu schärfen.[7] Eine wichtige Hilfe erhielt er von Papst Clemens VI., der in einer öffentlichen Konsistorialrede vom 5. November 1346 die Königswahl Karls bestätigte und diesen dem Reich als idealen Herrscher empfahl. Große Teile seiner Ausführungen widmete er den militärischen Fähigkeiten seines Schützlings. Dabei kam er zu dem Schluss, dass der Luxemburger ein an Kraft und Tapferkeit im Kampf sowie Erfahrung und Übung im Krieg unerreichter *princeps militiae* sei, ein Kriegerfürst, der mehr als jeder andere imstande sei, sein Volk erfolgreich in den Kampf zu führen.[8]

Karl IV. selbst hat diese kriegerische Seite seiner Herrscherrolle nur selten profiliert. Deutliche Bezugnahmen darauf finden sich lediglich in seiner Autobiografie, insbesondere dort, wo er seine jugendlichen Kriegstaten in Italien schildert, wie z. B. in der Schlacht bei San Felice 1332. Dabei inszenierte er sich als idealen Kriegsherrn, der tapfer und klug handelte. Man wird in dieser ansonsten bei Karl ungewöhnlichen Betonung seiner kriegerischen Fähigkeiten sicher auch eine Antwort auf den Makel der Niederlage von Crécy zu sehen haben, der seinem vollkommenen Herrscherbild abträglich war.

FUSSNOTEN
1 Umfassend zur Schlacht AYTON/PRESTON 2005. – BARBER 2013.
2 ATTEN 1997. – ŽALUD 2005.
3 FANTYSOVÁ-MATĚJKOVÁ 2006.
4 Vgl. auch den Beitrag von Michael Lindner in diesem Band und den dortigen Hinweis auf ATTEN 1997, 579–581.
5 THOMAS 1997, 478–482.
6 FREY 1978, 20–34. – HERKOMMER 1980, 94f.
7 TRESP (im Druck).
8 PATZE 1978.

Abb. 48 **Die Schlacht von Crécy. Jean Froissart, Les Grandes Chroniques de France, fol. 104r** • Brügge, um 1475 • Tempera und Gold auf Pergament • Toulouse, Bibliothèque municipale, Sign. Ms. 511

Abb. 49 **König Edward III zählt die Toten der Schlacht von Crécy. Jean Froissart, Les Grandes Chroniques de France, fol. 144r** • Paris, Meister des Vergil, um 1410 • Buchmalerei auf Pergament • Den Haag, Koninklijke Bibliotheek, Nr. 72 A 25

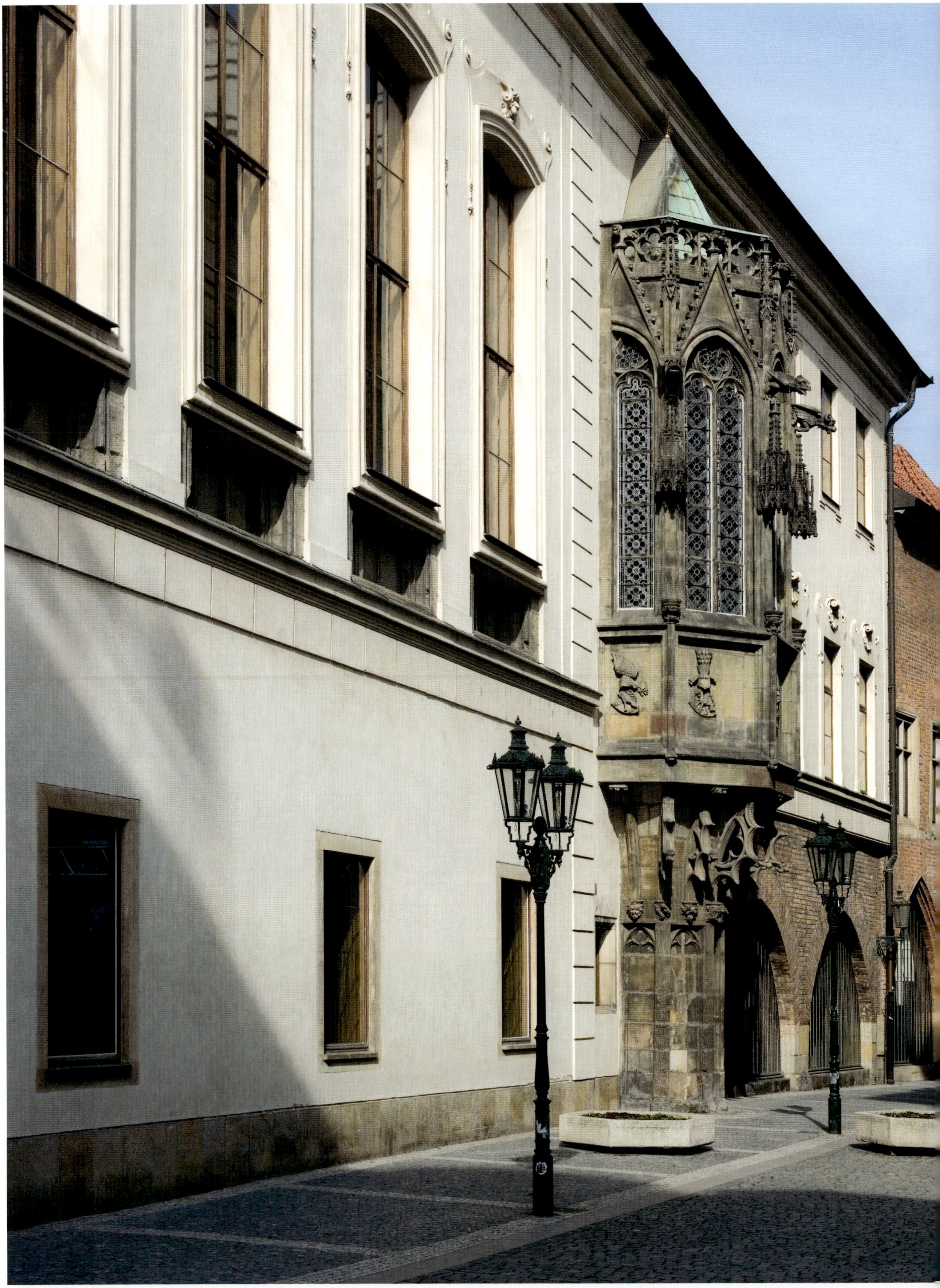

Karl als Autor – Der „weise Herrscher"

Eva Schlotheuber

Das Jahr 1355 war ein Jahr mit Höhen und Tiefen für Karl IV. Einerseits konnte er im Frühjahr in Rom unter schwierigen Umständen die Kaiserkrönung erreichen, andererseits hatte ihn nicht der spanische Kardinal Aegidius Albornoz als ranghöchster Vertreter des in Avignon weilenden Papstes gekrönt, sondern „nur" Kardinal Pierre Bertrand de Colombiers – und das auch noch in fast unwürdiger Eile.[1] Aus Italien nach Böhmen zurückgekehrt, berief Karl IV. im Glanz seiner neuen Würde Anfang Oktober einen großen Landtag in Prag ein, um das auf seine Initiative neu zusammengestellte und verschriftlichte böhmische Landrecht – die *Maiestas Carolina* – durch die Barone bestätigen zu lassen.[2] Das allerdings taten sie nicht. Sie zwangen den Kaiser vielmehr, seine neue Gesetzessammlung öffentlich zu widerrufen. Karl IV. musste am 6. Oktober 1355 zahlreiche Urkunden gleichen Wortlauts ausstellen, nämlich dass die *Maiestas Carolina* unglücklicherweise verbrannt und unwiederbringlich verloren, die böhmischen Herren deshalb auch nicht an ihre Bestimmungen gebunden seien.[3] Diese Erklärung war der Versuch, nach der schweren Niederlage das Gesicht zu wahren, denn die Gesetzessammlung war durchaus noch vorhanden. Die im Proömium der *Maiestas Carolina* formulierte Adelsschelte lässt das Ausmaß der Konflikte mit dem böhmischen Adel erahnen, der keine Änderung seiner traditionellen Rechte und Freiheiten zulassen wollte.[4] Wenig später brach der Kaiser dann um einige Erfahrungen reicher nach Nürnberg auf, um mit den deutschen Fürsten, den Vertretern der Städte und der Kirche die Goldene Bulle zu verhandeln, die als erste schriftliche Verfassung in die Geschichte eingegangen ist.[5] Diese Ereignisse müssen dem Kaiser noch einmal vor Augen geführt haben, in welchem Missverhältnis sein faktischer Einfluss und der hohe Ranganspruch seiner Königs- und Kaiserwürde auch nach etwa zehn Jahren Regentschaft noch zueinander standen.

Im selben Jahr 1355 verfasste der Dichter Heinrich von Mügeln ein Preisgedicht auf den Kaiser, den *Meide Kranz*.[6] Heinrich von Mügeln weist darin Karl IV. die oberste Richterrolle im Rangstreit der *künste*, also der Wissenschaften, zu. Mit Hilfe der Tugenden soll der Kaiser als höchste Macht auf Erden entscheiden, ob der Philosophie oder der Theologie der Ehrenvorrang zu gewähren sei.[7] Aber bevor es zu einer Entscheidung kommt, wird die Urteilsgewalt des Kaisers verhandelt. Karl wendet sich in dem Preisgedicht zunächst an seine Berater: *„Darum so ratet mir, Ihr edlen Fürsten. Denn finde ich das [richtige] Urteil nicht, so wird geschwächet mein Gericht."*[8] Eine große Sache also, das Verhältnis von Natur und Tugenden, von Theologie und Wissenschaft – die höchsten Dinge – werden verhandelt. Findet Karl das richtige Urteil nicht, ist seine Gerichtsgewalt „geschwächt", seine kaiserliche Ehre steht auf dem Spiel. Aber die Fürsten spielen den Ball zurück: Sie wollen in diesem Fall nicht raten: *„Ein Urteil vor dem Kaiser[reich] zu erteilen, weigert sich der Rat."*[9] Die Urteilsfindung gebühre allein der höheren Einsicht des Herrschers: *„Du sollst geben und nicht nehmen Rat. Hat Dich doch Gott und die Natur zu dem höchsten Ding auf Erden gemacht."*[10] Freiwillig verzichten die Fürsten in dieser Lesart auf ihr Recht der Mitwirkung am Königsgericht. Sie unterstellen sich vielmehr Karls Autorität, da der Ursprung ihres Adels in seiner Herrscherwürde begründet liege: *„[...] weil du der Brunnen des Adels bist / aus dir auch aller Adel sprießt."*[11] Der *Meide Kranz* entstand für die Prager Hofgesellschaft in eben dem Jahr, als der böhmische Adel dem böhmischen Landrecht Karls IV. die Zustimmung verweigerte.[12] Die Autorität des Kaisers als rechtsetzende Gewalt war damit grundsätzlich in Frage gestellt, von einer freiwilligen Akzeptanz voller königlicher Richtergewalt konnte also gar keine Rede sein. Das im *Meide Kranz* von Heinrich von Mügeln vermittelte Verhältnis von König und Rat entsprach vielmehr Karls Vorstellung von seiner übergeordneten Richterrolle und von der in seinen Augen angemessenen Haltung der Fürsten, die der adeligen Hofgesellschaft in poetischer Form ebenso elegant wie unmissverständlich nahegebracht wurde.

Eben weil die Gerichtsgewalt für Karls Herrschaftsverständnis eine zentrale Rolle spielte, wird im *Meide Kranz* seine Stellung als oberster Richter auch grundsätzlich eingeordnet. Im Prolog wird nach den beiden höchsten Gewalten, Gott und Maria, der Herrscher angerufen: *„Danach rufe ich an, den wahren Freund Gottes, König Karl. Sein Leben kündet davon: Er könnte das Recht brechen, aber er tut es nicht. Deshalb gab Gott ihm sein wahres Gericht, so dass er ihm die volle Macht gab, die Tugend zu belohnen und die Sünde zu bestrafen."*[13] Karl ist wie Abraham *amicus Dei*, der *Freund Gottes*.[14] Er hat die volle Gerichtsgewalt von Gott übertragen bekommen. Sein *wahres Gericht*, also die ungeteilte richterliche Autorität, resultiert zum einen aus seinem hohen Amt, aber vor allem aus der freiwilligen Selbstbindung an das göttliche Recht.[15]

Es ist kein Zufall, dass Heinrich von Mügeln als handlungsleitende Instanzen für den König und den Adel die Tugenden und die Wissenschaften (*artes liberales*) aufruft. Der Kaiser selbst galt als hoch gebildet und hat in besonderen Fällen, wie der Chronist

Abb. 50 **Prag, Karls-Kolleg, Carolinum, Südfassade, Erker der Universitätskapelle, Ansicht von Südwesten. Am 7. April 1348 gründete Karl IV. die erste Universität „östlich von Paris und nördlich der Alpen".** • erbaut vor 1390

Abb. 51 **Der erste Prager Erzbischof Ernst von Pardubitz (reg. 1343/44–84), zugleich erster Kanzler der Karls-Universität, kniet als Stifter vor der Madonna. Die berühmte Madonnentafel schenkte Ernst in seine Heimatstadt Glatz (Kłodzko).** • Prag, 1343–50 • Tempera, Gold und lasiertes Silber auf Pappelholz, H. 186 cm, B. 95 cm • Berlin, Staatliche Museen – Preußischer Kulturbesitz, Gemäldegalerie, Inv.-Nr. 1624

Abb. 52 **Königin Blanca von Valois (?) und Karl IV. mit Kaiserkrone, Reichsapfel und Zepter. Illustration zur Autobiografie Karls IV. (Vita Caroli Quarti)** • Prag, Valentin Noh aus Neuhaus, um 1475 • Buchmalerei auf Pergament • Wien, Österreichische Nationalbibliothek, Sammlung von Handschriften und alten Drucken, Cod. 581, fol. 1r

Heinrich von Diessenhofen berichtet, sogar Briefe mit eigener Hand verfasst.[16] Tilman Elhen von Wolfhagen konstatiert in der Limburger Chronik: „*Dieser Karl war weise und hoch gelehrt, so dass er mit den Magistern der Theologie disputieren und gut darin bestehen konnte.*"[17] Tilman Elhen verbreitet hier den weithin bekannten Ruf Karls IV. als lateinkundig und in religiösen Fragen so bewandert, dass er es mit den Theologen aufnehmen konnte. Die sich unmittelbar daran anschließende Anekdote freilich ist fast unbekannt und wird nur äußerst selten zitiert. Der Limburger Chronist fährt fort: „*Derselbe Karl hatte einen Lehrmeister, dem schlug er ein Auge aus, weil ihn dieser gezüchtigt hatte. Diese Tat machte er [aber] wieder gut und erhob ihn zum Erzbischof von Prag und später zum Kardinal. Der selbe Karl*", heißt es abschließend, „*regierte wie ein Löwe mehr als dreißig Jahre [...].*"[18] Der Limburger Chronist macht hier also Karls späteren Vertrauten, den Prager Erzbischof Ernst von Pardubitz, zu Karls Erzieher und Lateinlehrer, was schon deshalb unwahrscheinlich ist, weil Karl IV. seine literate Ausbildung in Paris erhalten hatte. Warum nahm Tilman Elhen diese abenteuerliche Geschichte in seine Chronik auf? Der Hinweis auf Karls 30-jährige erfolgreiche Regentschaft legt nahe, dass der spätere Kaiser keinesfalls herabgesetzt werden sollte. Lesen und Schreiben lernte man anhand des gelehrten Lateins, dessen Erwerb in der Regel für eine geistliche Karriere qualifizierte. Der Lateinunterricht freilich war mit körperlicher Züchtigung der Heranwachsenden verbunden, was die jungen Adeligen als ehrverletzend und ehrrührig empfanden.[19] Auch die Eltern zeigten in der Regel wenig Interesse an einer literaten Erziehung der Söhne, die sich bei der Jagd oder auf Turnieren im mutigen Kampf üben und keinesfalls vor der Rute des Lehrers fürchten lernen sollten.[20] Die volkssprachliche Limburger Chronik richtete sich in erster Linie an die laikale Oberschicht, für die unerschrockener Kampfesmut zu den notwendigen Eigenschaften eines Herrschers gehörte. Gelehrte Bildung war in dieser Hinsicht eher problematisch. Der Limburger Chronist reagierte mit dieser Geschichte aus der Jugendzeit des Kaisers auf die impliziten oder auch expliziten Vorbehalte seiner Zeitgenossen, die den gelehrten und persönlich frommen Karl als „Pfaffenkönig" verspotteten: Zwar hatte der Kaiser den strengen Schulunterricht unter der Zuchtrute des Lateinlehrers genossen, aber dabei keineswegs ängstliche Unterordnung gelernt: Im Gegenteil, wenn der Lehrer ihn schlug, so schlug er eben zurück und stellte damit die Ordnung und seine verletzte Ehre unmittelbar wieder her. Dabei ging er so entschieden zur Sache, dass seinem Erzieher nachher ein Auge fehlte. Aber als gerechter Herrscher „besserte" der König den Schaden durch die Beförderung des einstigen Lehrers zum ersten Prager Erzbischof und Kardinal. Im Bewusstsein der Zeitgenossen war die Vorstellung des gelehrten Herrschers, des *weisen Königs*, somit keinesfalls selbstverständlich. Sie bedurfte vielmehr vor allem in Laienkreisen einer tiefgreifenden Vermittlung und Erklärung.

Vorbilder und Rollenmodelle

Karl IV. hat als einer der ganz wenigen mittelalterlichen Herrscher eine Autobiografie, also eigene Reflexionen über seine Regierungstätigkeit verfasst.[21] Der römisch-deutsche König und spätere Kaiser fügte in seine Lebensbeschreibung selbst verfasste Predigten ein, wodurch er offen Kompetenzen für sich beanspruchte, die eigentlich dem Klerus vorbehalten waren. Auch das musste die ritterlich geprägte Adelsgesellschaft bedenklich stimmen, galten auf diesem Gebiet Schwert, Machtmittel oder Einfluss wenig, sondern vielmehr die „Spielregeln" der theologisch-philosophischen Argumentation, mit denen sie in der Regel wenig vertraut waren. So hatten Karls Vorgänger auch kaum gelehrt-theologische Bezüge aufgerufen, um ihre Vorrangstellung zu begründen.[22] Der Großvater, Heinrich VII., verstand seine Königs- bzw. Kaiserwürde als Kampf um die Reichsrechte und die Wiederherstellung hegemonialer Macht in Italien,[23] und auch Karls Vater, der böhmische König Johann der Blinde, hatte vor allem den ritterlichen Kampfplatz gewählt, um seinen Vorrang in der Adelsgesellschaft zu beweisen.[24] Johanns Herrscheridentität wurde von seiner Hofgesellschaft dementsprechend auch in anderer Weise literarisch reflektiert. Der französische Komponist und königliche Sekretär Guillaume de Mauchaut wies ihm in seinem beliebten und weit verbreiteten Preislied *Le Jugement dou Roy de Behaigne*[25] (vor 1342) die Richterrolle in einem Minnestreit zu, die in seiner Vorbildlichkeit in der theoretischen und praktischen Kompetenz in Liebesangelegenheiten gipfelt. Er allein, König Johann, sei mit allen Höhen und Tiefen der Liebe wohl vertraut, den guten und den schlechten Seiten, den Tränen und den Klagen – darin übertreffe er selbst Ovid.[26] Johann wird eigens dafür gepriesen, dass er nicht habsüchtig oder ein Sklave seines Reichtums sei, sondern die weltlichen Güter nur um seiner Ehre willen erstrebe – seine Herrscheridentität war somit ganz klassisch im höfisch-ritterlichen Wertesystem verhaftet.[27]

Für Karl IV. dagegen verwiesen die Hofchronisten immer wieder auf Salomon als biblisches Vorbild des weisen Königs und gerechten Richters.[28] Aber die alttestamentlichen Könige waren nur

Abb. 53 Siena, Palazzo Pubblico, Allegorie der Guten Regierung (buon governo). Das Wandgemälde ist die umfassendste Verbildlichung der gerade im 14. Jahrhundert besonders intensiven Bemühungen um eine philosophisch fundierte Definition guter Regierung. Dargestellt sind Personifikationen notwendiger Tugenden, die Folgen guter Regierung für das Leben in Stadt und Land – und, als abschreckender Gegensatz dazu, entsprechend das schlechte Regiment. • Siena, Ambrogio Lorenzetti, 1337–40 • Siena, Palazzo Pubblico, Salla della Pace

ein Identifikationsangebot neben vielen anderen.[29] Karls rief das epochenübergreifende Ideal des „weisen Königs" auf, das im 14. Jahrhundert offenbar wieder in Mode kam.[30] Insgesamt war dieses Jahrhundert geprägt durch das Aufkommen neuer politischer Theorien und Entwürfe (Dantes *De Monarchia*, William von Ockham, Marsilios von Padua *Defensor Pacis*), die nicht zuletzt eine Reaktion auf erbitterten Auseinandersetzungen zwischen Papstkurie und Kaiserhof waren. Diese Ideen wurden durch Ratgeber und Literaten, Theologen und Juristen an die Fürsten- und Königshöfe vermittelt und hier in unterschiedlicher Weise für die Herrschaftspraxis fruchtbar gemacht.[31] In diesem größeren Diskurs über „richtige Herrschaft" entwickelte Kaiser Karl IV. in bedrängter politischer Lage eine „Herrschaftstheologie", die seine Macht auf der Basis von „Weisheit und Tugend" letztlich im Transzendenten begründete, um eine größere Akzeptanz seines Machtanspruchs zu erreichen. Mit dem Rückgriff auf die „salomonische Gerechtigkeit" stand der Luxemburger nicht allein. Auch König Robert von Neapel († 1343) wird in der hofnahen Chronistik und in den literarischen Reflexionen als weiser und gebildeter Herrscher sowie – wie Karl IV. – als „neuer Salomon" stilisiert.[32] Robert verfasste ebenfalls selbst Predigten und beanspruchte damit wie Karl IV. klerikale Kompetenzen.[33] Sowohl Robert von Neapel als auch Karl IV. griffen in prekärer Lage auf tradierte Vorstellungen von „gerechter Herrschaft" zurück, um ihre Stellung zu festigen. Dabei befähigte und prädestinierte sie in der Selbststilisierung *„Weisheit und Tugendhaftigkeit"* (*„sapientia et virtutes"*) zu (gottgewollter) Herrschaft. Insbesondere wenn die Herrschaft durch konkurrierende Ansprüche bedroht oder die territoriale Basis für die Durchsetzung der eigenen Interessen nicht ausreichte, ermöglichte im 14. Jahrhundert offenbar eine Herrschaftstheologie auf der Basis von Weisheit und Tugend, die königliche *persona* und Autorität überzeugend zu entfalten. Dieses Herrscherbild versuchte Karl IV. auf jede erdenkliche Weise politisch wirksam zu machen.[34] Die künstlerische Ausgestaltung des herrschernahen Raums in den Residenzen und Stiftungen war deshalb ein notwendiger und nicht nur akzidentieller Teil seiner Herrscheridentität, die sich in seiner Rolle als „oberster Richter" konkretisierte. Die legitimierenden Bezüge, in die er sich stellte, wurzelten deshalb allerdings grundsätzlich im Immateriellen und mussten – je nach Bildungsstand der Rezipienten – mehr oder weniger umfassend erklärt werden. Deshalb sind insbesondere Karls Vermittlungsstrategien aufschlussreich, mit denen er versuchte, seine bisweilen recht widerspenstige Hofgesellschaft von seinen Vorstellungen von „richtiger" Herrschaft zu überzeugen.

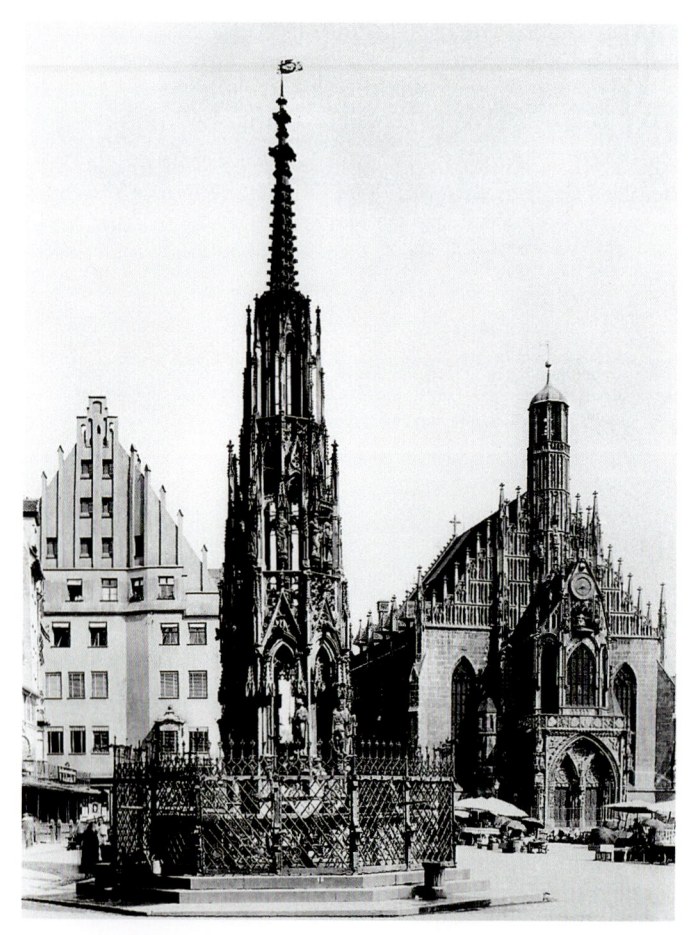

Abb. 54 **Der Schöne Brunnen in Nürnberg stellt die von Karl IV. erlassene Reichsverfassung in den heilsgeschichtlichen Kontext – und begründet so eine Vorstellung von Guter Herrschaft.** • Original: Nürnberg, ab 1362, 1389–96 restauriert unter Heinrich Beheim (am Standort durch Kopie ersetzt) • Historische Fotografie, vor 1909

Abb. 55 Das heute in Brünn aufbewahrte Baldachinretabel mit Schwarzer Madonna gehört zu jenen Kunstwerken mit fein ausgedachter Heiligenikonografie, wie sie auch Karl IV. als Vorbild dienten. Auftraggeber war hier der König von Neapel, Robert d'Anjou (* 1278, reg. 1309–43). Mit dessen Wappen ist in Allianz dargestellt dasjenige von Aragón, was auf Roberts erste Gattin Yolande verweist, die bereits 1302 verstarb. Es ist ungeklärt, auf welchem Wege dieses bedeutende Werk nach Mähren gelangte. • Neapel, nach 1317 (?); Madonna Tino di Camaino (um 1280–1337) zugeschrieben • Tempera und Gold auf Eichenholz, H. 49,5 cm, B. 78,5 cm (geöffneter Zustand), Skulptur aus weißem Marmor, H. 36 cm • Brünn, Moravská galerie, Inv.-Nr. A 559 (Schenkung des Fürsten Liechtenstein 1896)

Der Kaiser als oberster Richter und die Macht des Adels

Mit dem Herrschaftsantritt Karls IV. muss sich das politische Klima am Prager Hof entscheidend gewandelt haben.[35] Auch wenn er in Böhmen das Erbe des Vaters als böhmischer König unangefochten antrat, waren auch hier seine faktische Macht und die territoriale Basis seiner Herrschaft sehr beschränkt. Die königlichen Domänen und Burgen waren zu weiten Teilen in die Hände des Adels gelangt und die zur Durchsetzung der eigenen Rechte notwendigen Kriegszüge waren kaum ohne weitere Verpfändungen zu finanzieren. Der böhmische Hochadel hatte vor allem eine fast unangefochtene Machtstellung in Bezug auf die Gerichtsgewalt inne. Seine politische Praxis beschreibt Karl IV. im Proömium der *Maiestas Carolina* deshalb als Folge von Kompromissen: Die königliche Autorität sei unter Herabwürdigung ihrer Ehre gezwungen, viel Geld an die Barone zu verschleudern, damit sie Frieden gäben. Ihm, Karl, sei nämlich der Zugriff auf die königlichen Burgen und damit die Einflussnahme auf Gerichtsurteile unmöglich. – Eine schlechte, der eigenen Autorität höchst abträgliche Politik, zumal weil das dafür benötigte Geld von den Königsgütern kaum zu erwirtschaften war. Gegen die von Gewalt geprägten Zustände, eine „so schwere Pest" („*tam gravem pestem*"), habe er weder die Zuchtrute der Gerechtigkeit ungehindert schwingen, noch den Geschädigten mit angemessener Hilfe beistehen können.[36] Alles weitere, die wirtschaftliche Prosperität und das Ansehen des Königsreichs, hinge von der Durchsetzung friedlicher und gerechter Verhältnisse ab. Die politische Richtung bestimme, so Karl, weitgehend die bewaffnete Hand des Adels. Die Durchsetzung des Friedens war somit eine Frage der königlichen Autorität, die der Adel mit seiner konkurrierenden Gewalt, mit seinem „Recht", in Frage stellte. Die Rückgewinnung der königlichen Burgen und der damit verbundenen Gerichtsrechte verband der Luxemburger deshalb offenbar von Anfang an mit einer „Richtungsänderung" – dem Versuch einer partiellen Umwidmung kollektiver Werte der Adelsgesellschaft.[37] Nicht mehr die Interessensdurchsetzung mittels Gewalt, die in Turnieren und Fehden ihren gesellschaftlich akzeptierten Ausdruck fand, sondern vielmehr die friedliche Beilegung der Konflikte auf dem Verhandlungswege oder vor Gericht sollten ab jetzt ausschlaggebend sein. „Alles eher anzuwenden als das Eisen, verlangen die Ärzte und haben die Cäsaren sich angewöhnt," schreibt Karl IV. an Petrarca 1351.[38] Um friedliche Konfliktlösungen im umkämpften Böhmen zu ermöglichen, mussten die böhmischen Barone die königliche Gerichtsbarkeit und seine Rolle als oberster Richter jedoch erst anerkennen. Deshalb wurde Karl nicht müde, den Adel von seiner Stellung als oberster Richter und Wahrer des Friedens bzw. Garant der göttlichen Ordnung zu überzeugen, womit eine Sakralisierung der eigenen Machtsphäre verbunden war.

Letztlich vertrat Karl IV. Normen und Wertvorstellungen, die die Zeitgenossen eher mit dem geistlichen Ideal in Verbindung brachten: nämlich literate Bildung und die freiwillige Selbstbeschränkung auf der Basis christlicher Moralethik und Recht. Es war ein anspruchsvolles Unterfangen, wenn der Laienadel einen unkriegerischen, aber gebildeten, dem klerikalen Ideal zuneigenden Herrscher als Vorbild akzeptieren sollte, als ein *„wirdiges register"*, wie Heinrich von Mügeln es ausdrückt.[39] Den böhmischen Baronen muss bewusst gewesen sein, dass sich die Kräfteverhältnisse in den herrschernahen Kreisen beträchtlich verschieben würden. Im Konfliktfall konnte es durchaus entscheidend sein, wie überzeugend die eigene Rolle gerechtfertigt werden konnte. In Karls Augen brach seine größere, von Gott verliehene Gerichtsgewalt das Recht der ungeschriebenen Tradition. Um den höheren Geltungsanspruch zu beweisen, hat Karl IV. seine großen Gesetzeswerke stets in den Zusammenhang der Heilgeschichte und der Tugend- und Lasterlehre gestellt. Das Proömium des böhmischen Landrechts, dessen Konzeption Karl IV. selbst zugeschrieben wird, spannt die Aufgabe herrscherlicher Gesetzgebung in den großen Rahmen der Erschaffung der Menschheit ein. Nach dem Sündenfall habe Gott die Herrscher über das Volk gesetzt, damit sie in einer von Habsucht (*avaritia*) und anderen Lastern heimgesuchten Welt Frieden und Recht erwirkten, Raub und Krieg aber unterbänden. Die strittige Frage der Gerichtshoheit wird somit nicht als ein Problem konkreter Machtverteilung verhandelt, sondern Karl ruft die christliche Moralethik als nicht hintergehbare Ebene auf, indem die Missstände auf die Todsünden und insbesondere auf die Habsucht reduziert werden.[40] Für eine Gerichtsautonomie des Adels auf der Basis von Tradition und Gewohnheitsrecht war hier kein Platz. Gegen die anwachsenden Gebrechen der Gesellschaft biete, so heißt es im Proömium der *Maiestas Carolina* weiter, allein die Gesetzgebung ein geeignetes Heilmittel (*oportuna remedia*). Dabei autorisierte und legitimierte der göttliche Wille die gesetzgeberische Tätigkeit als wichtigste Herrscheraufgabe, die als Recht und Verpflichtung zugleich aufgefasst wird. Den engen Bezug von Königsgericht und der Gerichtsgewalt Gottes verbildlicht auch das Mosaik am Südquerhausportal des Prager Veitsdoms, der Goldenen Pforte. Hier unter dem stadtzugewandten Portal, unter der Darstellung von Christus als Weltenrichter, den Heiligen als Fürsprechern beim Jüngsten Gericht, ihm selbst und seiner Gemahlin, hielt der Luxemburger sein Königsgericht ab. Auch in der Goldenen Bulle werden die gesamte Menschheitsgeschichte von Adam und Eva, ja sogar die vorzeitlichen Ereignisse um den Fall Luzifers auf das Wirken der Hauptlaster Hochmut, Neid, Ausschweifung und Zorn zurückgeführt. Damit soll die Rolle der Tugenden als gleichsam apriorische Kategorien für die politische Führung und die Gott gewollte Notwendigkeit ungeteilter Oberherrschaft bewiesen werden.[41] Karls Anspruch auf die Deutungshoheit der Geschichte, der wir auch sonst vielfach begegnen, wird hier als argumentative Strategie klar erkennbar.

Vermittlungsstrategien von Autorität und Erinnerung

Wenn der Luxemburger auf der Basis seiner Rolle als oberster Richter seine Befugnisse auf Kosten des Adels auszudehnen suchte, war das zunächst nicht mehr und nicht weniger als ein hoch gesteckter Anspruch. Alles kam auf die überzeugende Vermittlung dieser Herrscherrolle an. Persönlich dem Kampf und Turnier eher abgeneigt, entsprach Karl wohl kaum dem ritterlichen Ideal. Da er deshalb das tradierte Ritterideal kaum zur Integration des Laienadels nutzen konnte, war er weit mehr als seine Vorgänger – und seine Nachfolger – darauf angewiesen, den öffentlichen Raum zu dominieren. Karl musste das eigene Profil mit allen ihm zur Verfügung stehenden Medien als erfolgreiche Herrscheridentität etablieren: in Architektur und Skulptur, in Schrift und Bild oder auch mit der Konzeption der von ihm gegründeten Prager Neustadt.[42] Die ungeheuren Anstrengungen, die Karl beim Ausbau seiner Residenzen, vor allem Prags, aber auch in Nürnberg, Lauf und Tangermünde unternahm, sind nicht einfach einem gesteigerten Repräsentationswillen zuzuschreiben. Sie entspringen vielmehr der Notwendigkeit, die eigene Rolle zeremoniell und symbolisch innerhalb der Gesellschaft zu verankern und mit allen zur Verfügung stehenden Medien umzusetzen. Dieser Strategie verdanken wir auch die vielen schriftlichen Zeugnisse sowohl aus Karls eigener Feder als auch aus der Feder hofnaher Kreise: Eben weil es ein Neuansatz in der Herrschaftspraxis war, sahen sich der König und sein Umfeld veranlasst, die eigenen Vorstellungen von der richtigen Ordnung der *res publica* zu erklären und sie mit Hilfe von Tradition und Geschichte als wahr und richtig darzustellen. Die herrschernahen Kreise haben diese Rolle durch den Rückgriff auf das alttestamentliche Vorbild, den *„weise richtenden Salomon"* unterstützt, das bis zum Tod des Kaisers prägend blieb. Erzbischof Johann brachte es in der Grabrede selbstbewusst auf den Punkt: Karls Herrschaft war *noch weiser* als die Salomons, denn *„Salomon kämpfte mit Weisheit"*, jener aber, Karl, *„sicherte den Frieden mit Weisheit ohne Krieg"*.[43]

Mit der zeremoniellen und räumlich-repräsentativen Durchsetzung seiner eigenen Herrscheridentität war der Kaiser außerordentlich erfolgreich.[44] Die sakrale Überhöhung seiner Person und der Dynastie war vor allem deshalb entscheidend, weil Karls Herrschaftsauffassung den prinzipiellen Rangunterschied zwischen König und Adel betonte: Vom Adel trennte ihn vor allem seine Recht setzende und oberste richtende Gewalt, die der Regent letztlich von Gott empfing. In Karls Interpretation unterschieden sich die königliche Würde und die Kaiserherrschaft deshalb qualitativ von der Adelsherrschaft und erwuchsen nicht aus dieser, etwa aus gesteigerter Machtfülle.[45] Konnte Karl diese Rolle überzeugend ausfüllen, bestand für ihn gar nicht mehr die Notwendigkeit, als Erster der Ritter den Adel *idealiter* an Tapferkeit im Kampf und im Minnedienst zu überragen.

Die sakrale Überhöhung der eigenen Person und der Dynastie setzte sich in der konsequenten Sakralisierung des herrschernahen Raums gleichsam fort.[46] Typisch für Karls Bautätigkeit und Mäzenatentum ist die religiöse Ausdeutung sowohl sakraler als auch profaner Orte mittels der *memoria*. In seinen Residenzen visualisierten gemalte Stammbäume die přemyslidischen und luxemburgischen Vorfahren, die mit Hilfe historischer Konstruktionen spezifische Sinnzusammenhänge vermittelten.[47] Die Residenzen wurden zu Erinnerungsorten, die die Ursprünge des böhmischen Königreichs ebenso wie die königlichen Ursprünge der Luxemburger bewahrten. Die Luxemburger schrieben sich mit Johann dem Blinden in die böhmische Geschichte ein, so dass es gleichsam zwei Traditionen und zwei Geschichten zu integrieren galt. Die Möglichkeiten, die in dieser historischen Situation lagen, hat Karl IV. konsequent genutzt. Als er im Chor des Veitsdoms die böhmischen Könige als seine Vorgänger sorgfältig neu positionierte, wurde auch der Raum der für das böhmische Königreich so wichtigen Heiligen Vitus, Adalbert und Wenzel neu ausgestattet und liturgisch belebt. Bereits dieser ordnende Zugriff auf die Vergangenheit lässt erkennen, dass es Karl hier um einen Neuansatz ging. Hier schuf sich Karl als Inszenierung das, was Paul Crossley *„his saintly familia"* – seine Heiligenfamilia – nannte.[48] Dabei lassen insbesondere die Wenzelskapelle und das von Karl persönlich neu

Abb. 56 Lauf an der Pegnitz, Residenzburg, nordöstliche Wand des Wappensaals. Dargestellt sind u. a. Wappen der Herzöge von Oppeln, Schlesien, Schweidnitz, der Markgrafen von Mähren in der oberen und der Adelsfamilien von Drahkov (z Drahkova), von Meseritsch (Meseříče), von Kasejovice (z Kasejovic), von Torgau (z Turgova) und von Waldeck (z Valdeka) in der unteren Reihe. Im Laufer Wappensaal repräsentierte Karl IV. in seinen neuen Besitzungen „jenseits des Böhmischen Waldes" mit heraldischen Mitteln die Einheit der Länder der böhmischen Krone einschließlich des böhmischen Adels unter dem Schutz des Hl. Wenzel – eher ein Idealbild als Wirklichkeitsbeschreibung. • erbaut 1361–62

zusammengestellte Heiligenoffizium für den hl. Wenzel erkennen, dass diese sinnstiftende Ausdeutung der Vergangenheit als Verpflichtung für die Zukunft verstanden wurde.[49] Die Eigenschaften, die Karl hier Wenzel zuordnet, lassen den intendierten Vorbildcharakter gut erkennen:[50] Der 935 gestorbene Wenzel wird als schriftkundig und im Alten wie im Neuen Testament wohl bewandert geschildert. Seine Bildung ermöglicht es ihm, selbst zu seinem Volk zu predigen,[51] eine Kompetenz, die Karl auch für sich beanspruchte. Die herrscherliche Predigt spielte somit in der Fremd- und in der Selbstwahrnehmung des Kaisers eine zentrale Rolle, in ihr kulminierten die Aspekte des weisen und frommen Herrschers. Diese Selbststilisierung ermöglichte es Karl, öffentlich gezeigte Demut (als Ausdruck der Selbstbindung an das göttliche Gesetz), Nächstenliebe und Barmherzigkeit als politische Mittel einzusetzen.[52] Wenzels Rede, so das Offizium, ist *honigtriefend* (*mellifluus*),[53] wie die Predigten des großen Zisterziensers Bernhard von Clairvaux – während der Kanzler Johann von Neumarkt Karls Redeweise mit den Worten des Alten Testaments als *lebendiges Wort* (*sermo vivus*) lobt, als eine Rede, die „*das Ohr versüßt und lindert, und den Willen auf das Richtige lenkt*".[54] Karl und Wenzel verband also die persönliche Überzeugungskraft und Wahrhaftigkeit der Sprache. In akuter Kriegsgefahr greift der hl. Wenzel im neu gefassten Offizium –

durchaus programmatisch – nicht etwa zu den Waffen, sondern er verhandelt! Dem heranziehenden Aufgebot des Feindes begegnet er mit einer diplomatischen Mission und dem Angebot, durch ein Duell der Fürsten unnötiges Blutvergießen zu vermeiden. Als sich der Gegner dann noch vor dem Kampf unterwirft, verzichtet Wenzel in einem Akt freiwilliger Selbstbeschränkung auf seine Rechte als Sieger: „*Kehre zurück in dein Land*, heißt es hier, „*und sei zufrieden mit dem deinen. Ich begehre dein Reich nicht.*"[55] Wenn der hl. Wenzel seine Nachtwachen im frommen Gebet dem pünktlichen Erscheinen in der Fürstenversammlung vor dem Kaiser vorzieht, bewertet das Wenzelsoffizium programmatisch den Dienst an Gott höher als die irdische Ehre.[56] – Die Szene aus der Wenzelslegende, in der zwei Engel den Böhmenherzog Wenzel, der sich durch sein Morgengebet verspätet hat, zum Kaiser geleiten und durch ihr Erscheinen den drohenden Zorn des Herrschers in den Gunstbeweis – nämlich der Schenkung der wertvollen Reliquien des hl. Veit – wenden, wurde in der neu gestalteten Wenzelskapelle des Veitsdoms mit der eindrucksvollen Heiligenfigur Peter Parlers (†1399) visualisiert.[57] Dem Heiligenoffizium zufolge baut Wenzel dann über diesen Reliquien den Veitsdom, dessen Erhöhung zur Metropolitankirche im Offizium bereits angekündigt wird. Wenn der Heilige seinem Sekretär befiehlt: „*Setze deine Füße in meine Fußstapfen*",[58]

Der weise Herrscher

wird damit ein Grundthema des Wenzelsoffiziums angesprochen: Der hl. Wenzel zeichnet den richtigen Weg vor, seinen Fußstapfen (*vestigia*) war für eine Neuordnung der Zukunft zu folgen. Die so geknüpfte Bedeutungskette von den als richtig gewerteten Anfängen in der Vergangenheit zur eigenen Gegenwart wird in der Grabrede auf den Kaiser als zentraler Aspekt aufgegriffen: Hier wird Karl nun seinerseits zum verpflichtenden Vorbild und Maßstab. In der Grabrede auf den Kaiser fordert Erzbischof Johann sein hochrangiges Auditorium auf, die Trauer in Zuversicht zu wenden und den Fußstapfen Karls, des bußwilligen Herrschers, zu folgen.[59] Mit der räumlich und liturgisch neu belebten „Präsenz" der Heiligen schuf sich Karl somit gleichzeitig einen Handlungsraum. Leben und Taten der Heiligen autorisierten Karls religiös geprägte Normen und Handlungsmaximen. Karl inszenierte mit dem Neubau des Veitsdoms und mit den vielen anderen seiner Stiftungen Traditionsräume, die seine herrscherlichen Ordnungsvorstellungen und Wertmaßstäbe visuell und in der Liturgie verdeutlichten.

Aber nicht nur die sakralen Stiftungen im engeren Sinne, auch Neugründungen eher profanen Charakters werden in dieses sinnstiftende System der Verpflichtung gegenüber Gott, den Heiligen und dem Gemeinwesen, der *res publica*, eingebunden. Die allerorts präsenten Heiligen und ihre Reliquien schützten und stärkten die dem König zugehörenden Orte, sie schützten die gerechte Herrschaft, Stadt und Residenz auch in Abwesenheit des Königs. Die zentrale Rolle des Friedens für Karls Herrschaftspraxis heben die hofnahen Chronisten hervor. Das war in dieser Konsequenz keinesfalls der übliche Weg. Wie schon erwähnt, hatte Karls Vater Johann fast durchgängig Kriegszüge und Fehden als politische Mittel eingesetzt. Demgegenüber versuchte Karl, befriedete Machtsphären zu schaffen, in denen seine Vorstellungen von der richtigen Ordnung der *res publica* galten. Die Zeitgenossen haben diesen Zug seiner Herrschaft auch deutlich als politische Neuorientierung wahrgenommen. Die böhmischen Chronisten werden nicht müde zu betonen, wie teuer Johanns Kriege dem Königreich zu stehen kamen. Einer der Hofchronisten, Franz von Prag, den Karl IV. mit der Neufassung der böhmischen Geschichte beauftragte, lässt seine Kritik in der Erzählung vom Raub der silbernen Heiligenfiguren vom Wenzelsschrein gipfeln, die König Johann seinen Gläubigern verpfändete, um die Kriegsschulden bezahlen zu können.[60] Franz von Prag charakterisiert Johann den Blinden als „*mit Blindheit des äußeren und des inneren Menschen geschlagen*" („*interiori et exteriori homine extitit excecatus*") und führt zur Begründung an, er habe den Sohn Karl zum Kriegführen gezwungen und Geld, das durch die Steuer, und andere Einkünfte eingenommen wurde, durch Kriege im Reich und in Frankreich verschleudert.[61] Johann verfügte nicht über die Einsichtsfähigkeit des „inneren Auges", die allein zur Erkenntnis und damit zu politischer Klugheit befähigte.[62] Franz von Prag bescheinigte Karls Vater Johann damit die prinzipielle Unfähigkeit, die *res publica* zu führen. Diese Vorstellungen waren in Prag offenbar ein wichtiger Bestandteil des höfischen Diskurses. Auch Heinrich von Mügeln greift sie im zweiten Teil des *Meide Kranz* auf.[63] Es fällt auf, wie nachdrücklich das königsnahe Umfeld Karls Bewertungsmuster aufgreift. Die *familiares* folgten damit ihrerseits den kaiserlichen Fußstapfen (*vestigia*) und verliehen als Hofgesellschaft den religiös-politischen Auffassungen des Kaisers erst die notwendige Durchsetzungskraft.

Karl IV. war sich durchaus bewusst, dass den Baronen und Rittern die mit der lateinischen Sprache verbundenen schriftlichen Traditionen und Werte vermutlich vielfach fremd blieben. Die Vermittlung dieser Normvorstellungen war deshalb nicht zuletzt eine Bildungsfrage. Der Luxemburger hat sich auf vielen Wegen um die Aufwertung gelehrter Bildung und um eine Literarisierung des Adels bemüht.[64] In diesem Zusammenhang wird meist auf das berühmte 31. Kapitel der Goldenen Bulle verwiesen, das den Fürstensöhnen den Erwerb von Fremdsprachen nahelegte, oder auch auf die Gründung der Prager Universität im Jahr 1348. Am deutlichsten wird die Bildungsfrage im Rahmen staatstheoretischer Anschauungen aber im Geleitbrief des Kaisers zu der Chronik seines Kaplans und Tischgenossen, des Franziskaners Johannes von Marignola (Giovanni de' Marignolli) konkretisiert: Kluger Führer (*prudentes rectores*), so heißt es hier, bedürfe das Volk, um in Frieden zu leben. Nach dem Beispiel Davids, des gerechtesten Königs, denke er, Kaiser Karl, Tag und Nacht darüber nach und wälze beständig in sorgenvollen Gedanken die Frage, wie er die Führer seines Staatswesens und seiner Heere zum Buchstudium (*ad literarum studia*) anregen könne.[65]

Am Erfolg dieser ambitionierten Erziehungsziele darf man berechtigte Zweifel haben. Warum sollten sich die Fürsten um literate Bildung bemühen, wenn sie mit dem Schwert Erfolg hatten, und einen Teil ihrer Autonomie zugunsten einer freiwilligen Selbstbindung an das vom Herrscher gesetzte Recht aufgeben? Die *Maiestas Carolina* haben die böhmischen Herren auch später nicht anerkannt. Karl stützte sich deshalb vorwiegend auf den Klerus, dem er mit seinen zahllosen geistlichen Stiftungen Aufstiegschancen in Königsnähe bot. Letztlich hat offenbar auch der böhmische Laienadel Karls Herrscherrolle akzeptiert; die repräsentativen und zeremoniellen Formen seiner politischen Ikonografie wurden in Böhmen und im Reich als Hofstil breit aufgegriffen. Jahre später, 1397, beginnen die Barone ihren Brief des Unmuts an Karls Sohn und Nachfolger Wenzel IV. mit den Worten: „*Warum seid Ihr* [Wenzel] *nicht den Fußstapfen eures unbesiegbaren Vaters gefolgt?*"[66]

FUSSNOTEN
1 SCHLOTHEUBER/KISTNER 2013, 531–579.
2 RBM VI, 82f., Nr. 143 (5. Okt. 1355); 83f., Nr. 144 (6. Okt. 1355). – HERGEMÖLLER 1995.
3 NODL 2009, 21–35. – KEJŘ 1989, 79–122. – WERUNSKY 1888, 64–103.
4 SCHLOTHEUBER 2009/I. 604–609.
5 Vgl. Beitrag Schlotheuber, Sacrum Romanum Imperium.
6 STACKMANN 2004, Sp. 633. – Zuletzt STACKMANN 2006, 217–239.
7 Der Charakterisierung Karls als Repräsentant der göttlichen Ordnung, die Heinrich von Mügeln in der Widmung dem Kaiser zuschreibt, entspricht der Bedeutung der verhandelten Sache. Karl wird hier als „wahres Heil des Reichs und wirdiges register"[Vorbild] gerühmt, als Fürst des Friedens und der Gerechtigkeit. STACKMANN 2003, 49.
8 STACKMANN 2003, 95, v. 736–738. – STACKMANN 2004, Sp. 633. – Zuletzt STACKMANN 2006, 217–239.
9 STACKMANN 2003, 97, v. 748 a/b.
10 STACKMANN 2003, 96, v. 756–769.
11 STACKMANN 2003, 96, v. 751f.
12 Bereits STOLZ 1994 sah den Fürstenpreis in einem direkten Zusammenhang mit der Promulgation von Karls böhmischer Gesetzessammlung, der Maiestas Carolina. – Vgl. zu den folgenden Auseinandersetzungen mit den mächtigen Rosenbergern SCHLOTHEUBER 2009/II, 163–165.
13 STACKMANN 2003, 51, v. 63–68.
14 VOLFING 1997, 27.
15 Im zweiten Buch des Meide Kranz sagt die Gerechtigkeit: „des Kaisers Ehre, das bin ich". STACKMANN 2003, 143, v. 1560–1563. – Das gedachte Verhältnis von Selbstbindung (an das göttliche Recht) und Freiheit (von irdischem Besitz- und Machtstreben) wird hier ebenso auf den Punkt gebracht wie das „Ineinanderfallen" der kaiserlichen Ehre mit „Gerechtigkeit".
16 HUBER 1868, 103 (ad annum 1356). – Vgl. zu den Autografen des Kaisers 5.11.
17 WYSS 1883, 30.
18 WYSS 1883, 30.
19 SCHLOTHEUBER (im Druck).
20 GRUNDMANN 1978, 1–66.
21 MONNET/SCHMITT 2012. – HILLENBRAND 1979/I. – NODL 2012/II, 240–242. – SCHLOTHEUBER 2005, 561–592. – Vgl. zur literarischen Tätigkeit Karls IV. insgesamt VIDMANOVÁ 2000/II. – HERGEMÖLLER 1999.
22 HEIDEMANN 2008.
23 WIDDER/KRAUTH 2008. – PAULY 2010.
24 PAULY 1997.
25 WIMSATT/KIBLER 1988, bes. 127, v. 1335–1345. – Vgl. Kat.-Nr. 3.16.a.

Abb. 57.a–b **Noah und Priamos, König von Troja. Die Zeichnungen nach dem ehemaligen Luxemburger-Stammbaum im Palas der Burg Karlstein belegen das Bemühen, den Stammbaum des eigenen Hauses in früheste geschichtliche Zeiten zurück zu führen; auch in den Jahrhunderten nach Karl IV. beschäftigten die meisten Königshäuser Europas Historiker und Theologen, die eine solche Abkunft von den Urvätern bestätigen sollten.** • Original Karlstein, Nikolaus Wurmser von Straßburg zugeschrieben, nach 1355 • Kopien um 1574–75 (Codex Heidelbergensis, hier fol. 2r und fol. 13r) • Kolorierte Zeichnungen • Prag, Národní galerie v Praze, Sign. Archiv AA 2015

26 WIMSATT/KIBLER 1988, 127, v. 1324–1357.
27 WIMSATT/KIBLER 1988, 125, v. 1299–1301. – Aus der Sicht der christlichen Moralethik, die Karl IV. vertrat, war das keineswegs ein Lob, sondern legte das Laster der Ehrsucht (vana gloria) nahe.
28 PATZE 1978/II, 1–38.
29 Zur Bedeutung Kaiser Konstantins als Rollenmodell für Karl IV.: KUBÍNOVÁ 2009, 320–327.
30 RODRÍGUEZ DE LA PEÑA 2008.
31 MIETHKE 2004, 337–357.
32 KELLY 2003.
33 KELLY 2011, cap. 75.
34 FAJT/LANGER 2009. – ROSARIO 2000. – RUSSO 1995, 177–198. – OTAVSKÝ 1992.
35 SCHLOTHEUBER 2009/I, 601–621.
36 HERGMÖLLER 1995, 34, Proömium.
37 SCHLOTHEUBER 2005, 561–591. – Vgl. zum böhmischen Adel TRESP 2011, 81–117. – NOVOTNÝ 2006, 145–161. – VANÍČEK 1991, 13–55.
38 WIDMER 2001, 388f.
39 Vgl. oben Anm. 7.
40 So auch in dem Brief Karls IV. an Francesco Petrarca zur „Lage des Reichs" (Prag, 1351). WIDMER 2001, 384.
41 FRITZ W. 1992/II, 45.
42 FAJT/LANGER 2009. – Bezogen auf die Corona Bohemiae BOBKOVÁ 2009/II, 120–135. – BOBKOVÁ 2006/I.
43 EMLER 1882/VI, 427. – Vgl. PATZE 1978/II, 1–38.
44 SUCKALE 2003/VI, 191–204.
45 Vgl. auch die unter Karl IV. neu zusammengestellte Krönungsordnung, KUTHAN/ŠMIED 2009. – NODL 2011/II.
46 VANÍČEK 2007, 17–59.
47 FAJT/LANGER 2009.

48 CROSSLEY 2000, 168.
49 Hystoria nova de sancto Wenceslao [...] per dominum Karolum, imperatorum Romanorum, regem Bohemiae compilata. BLASCHKA 1934, 64. – Vgl. Kat.-Nr. 7.1.
50 ŽEMLICKA 2010, 211–220, demzufolge Wenzel in der tradierten Vorstellung als ewiger und unsterblicher Fürst der „Tschechen", als Herr der „Familie des heiligen Wenzel" galt.
51 BLASCHKA 1934, 65. – ŽEMLICKA 2010, 211–220. Es ist sicher kein Zufall, dass hier auch die Demut (humilitas) besonders Wenzels hervorgehoben wird. Vgl. OTAVSKÝ 1992.
52 Den Aspekt der Frömmigkeit als Teil der Herrschaftskonzeption Karls IV. arbeitet heraus BAUCH 2015/I. – Ferner BAUCH 2007, 109–138.
53 BLASCHKA 1934, 65 („ex mellifluo ore eius").
54 PIUR 1937, 79, Nr. 48.
55 BLASCKA 1934, 67.
56 BLASCKA 1934, 68.
57 SCHWARZ 2009, 184–192, hat sich jüngst bemüht, als ursprüngliche Aufstellung der Wenzelsfigur Peter Parlers ihre Platzierung nicht über dem Altar in der Kapelle, sondern über dem Eingang vor der Kapelle nachzuweisen.
58 BLASCHKA 1934, 69.
59 EMLER 1882/VI, 54.
60 Franz von Prag/ZACHOVÁ 1997, 164, lib. 3, c. 10.
61 Franz von Prag/ZACHOVÁ 1997, lib. 3 c. 13, 172.
62 SCHLOTHEUBER 2005, 573.
63 STACKELMANN 2003, 151, v. 1701–1704.
64 SCHLOTHEUBER 2009/II, 147–160.
65 EMLER 1882/IV, 492. – Vgl. Kat.-Nr. 4.6. – Zum Topos des schlaflos für sein Volk tätigen Herrschers REINLE 2006, 47–49.
66 PALACKÝ 1847, II, 102, Nr. 110 (1397).

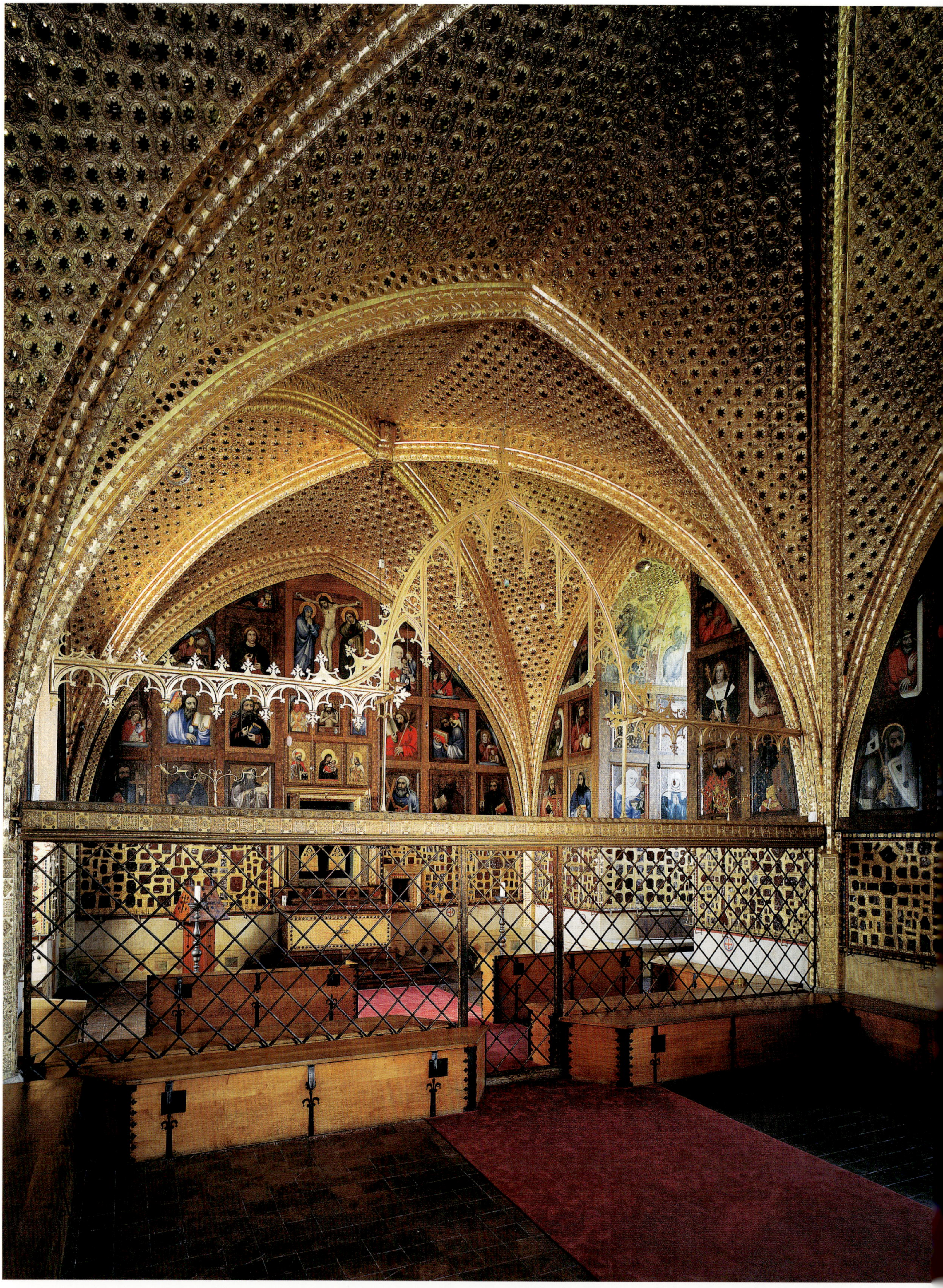

Der fromme Herrscher

Heiligenverehrung und ostentative Religiosität als Mittel zur Machtfestigung und Herrschaftslegitimierung

Martin Bauch

Als Wenzel IV. 1387 bei seinem Gastgeber Niklas Muffel in Nürnberg einkehrte, habe der König dessen Ehefrau Barbara für ihre aufmerksame Gastfreundschaft einen Wunsch freigestellt. Nach Beratung durch ihren Mann bat sie den Herrscher „umb einen bewerten span von dem heyligen creütz, do hett sie lieb zu. Also sagt der könig, er wolt ir vil lieber ein grossere gabe von gelt geben dann das heylig creutz, das er an seinem hals truge. Das het im seyn vater, keyser Karl, geben und wer gar lang von seinen eltern, den konigen von Beheim und dem hauß von Lutzemburg, herkummen."[1] Dass enge Beziehungen zum Kaiser möglicherweise zu Reliquienerwerb selbst für Patrizier führen konnten, wurde bereits für Karl IV. konstatiert.[2] Da in beiden Fällen bei der Weitergabe des Heiltums an örtliche Kirchen nicht explizit auf den Herrscher verwiesen wird, bleiben freilich Zweifel an der Faktizität der Schenkungen. Sehr wahrscheinlich ist schon die Annahme falsch, die beiden Luxemburger hätten großzügig ihre gesammelten Heiltümer als Gunstbezeigungen an Helfer verteilt.[3] Besaß aber Wenzel, wie in der Muffel'schen Anekdote behauptet, eine Heiligkreuzreliquie, die er um den Hals trug und die er von seinen luxemburgischen Vorfahren erhalten hatte?

Tatsächlich gibt es Hinweise darauf, dass Karl IV. zeitlebens ein Pektorale mit einem Stück des Heiligen Kreuzes um den Hals trug, das er angeblich 1353 vom ungarischen König Ludwig zum Geschenk erhalten hatte.[4] Allerdings ist der Beleg nicht zeitgenössisch, und daher bleibt unklar, ob es sich wirklich um eine über Generationen hinweg gepflegte Praxis privater Frömmigkeit handelte. Dafür sprächen Hinweise, dass bereits Heinrich VII. handliche Reliquienbehälter in seinem persönlichen Besitz hatte, darunter auch ein kleines Kreuz.[5] Allerdings gibt es keine entsprechenden Belege für König Johann von Böhmen, womit eine dynastische Tradition fraglich bleibt.

Doch bereits der Ansatz, die Frömmigkeit eines Herrschers aufzuspalten in eine private, den Blicken der Öffentlichkeit entzogene Sphäre wie das Tragen von Reliquien am Körper, und eine

Abb. 58 **Burg Karlstein, Heilig-Kreuz-Kapelle, Inneres.** In einem längeren Planungs- und Bauprozess wurde das mittlere Geschoss des ursprünglich als Wohnturm gedachten Großen Turms der Burg zu einer prächtigen Kapelle ausgestaltet. Hier wurden die Reichskleinodien des Hl. Römischen Reichs, zu denen als wertvollste Reliquie die Heilige Lanze mit einem der Nägel der Kreuzigung Christi gehörte, aufbewahrt. Umgeben ist der Raum von einem edelsteinverkleideten Wandsockel, vom bestirnten Gewölbehimmel sowie von den die Wände verkleidenden Tafelbildern mit halbfigurigen Porträts Heiliger, in deren Rahmen wiederum Reliquien eingelassen sind. • Tafelbilder Meister Theodoricus und Mitarbeiter, 1360–64 • Edelsteinverkleidung der Wände, Tafelmalerei auf Holz, Wandmalerei, Glashalbkugeln in vergoldetem Gipsgrund

öffentlich-politische Sphäre, ist diskussionswürdig. In den Forschungsdiskurs brachte erstmals der bahnbrechende Aufsatz von Franz Machilek von 1978 diese Perspektive ein, die parallel zu einer marxistisch-funktionalen Interpretation der karolinischen Religiosität erstmalig eine ernsthafte Auseinandersetzung mit Heiligen- und Reliquienverehrung durch den Herrscher darstellte.[6] Machileks Studie war profund und das Begriffspaar „Staats-/Privatfrömmigkeit" so eingängig, dass damit bis auf wenige Ausnahmen die einschlägige Forschungsdiskussion bis zur Jahrtausendwende zum Erliegen kam. Seitdem ist eine Reihe von Untersuchungen aus Geschichtswissenschaft und Kunstgeschichte erschienen, die geografisch, zeitlich oder thematisch fokussiert Einzelaspekte der karolinischen Frömmigkeit neu untersucht haben und zu vielfältigen Präzisierungen und Erkenntnisfortschritten führten.[7]

An dem noch keineswegs erschöpfend behandelten Beispiel der Erhebung der Elisabethreliquien während des Besuchs des Kaisers in Marburg im Mai 1357 sollen nun verschiedene Aspekte der Herrschaftslegitimierung Karls IV. durch Heiligenverehrung und Frömmigkeit dargestellt werden: „*In diesem Jahr* [1357] *um Himmelfahrt war die Königin von Ungarn und der König der Römer* [sic!] *mit einer großen Menge an Begleitern in Mainz aufgrund einer Wallfahrt. Und in dieser Zeit verbreitet sich am ganzen Rhein aufgrund glaubwürdiger Briefe, dass der Antichrist geboren sei, und man erzählte von zahllosen Zeichen, die er tue.*"[8] Die gemeinsame Wallfahrt Kaiser Karls IV., seiner Frau Elisabeth und der ungarischen Königinmutter Elisabeth fiel in ein Jahr, das in der Perspektive der Mainzer Stadtchronik die Endzeit anzukündigen schien. Bereits im Vorjahr hatte ein Erdbeben Basel verheert, der Sommer war äußerst kalt und feucht, während der Winter 1356/57 sich mild präsentierte. Im Februar 1357 erschütterten Nachbeben den Oberrheingraben, so dass noch in Mainz Schornsteine von den Häusern fielen. Im Juni führten Starkregenfälle im Rheingau zu schweren Zerstörungen, und die Gerüchte über den Antichrist kündigten zugleich einen unnatürlich warmen Winter an, der Hochwasser bringen sollte.[9] Ganz anders stellte sich die Lage für den römisch-deutschen König und Kaiser dar, der im Zuge der Wallfahrt im Mai 1357 auch den Elisabethschrein in Marburg besuchte.[10] Karl IV. befand er sich auf einem Höhepunkt seiner Macht: Im Reich hatte er sich nach den anfänglich großen Schwierigkeiten der Jahre 1346–50 durchgesetzt. Seit April 1355 trug er die Kaiserkrone, und mit der Verabschiedung der Goldenen Bulle im Jahr 1356 erreichte seine Anerkennung innerhalb und außerhalb des Reiches einen Höhepunkt, der auch als „hege-

moniales Kaisertum" charakterisiert worden ist.[11] Dem steilen, wenn auch keineswegs problemlosen machtpolitischen Aufstieg vom mährischen Markgrafen zum wenig anerkannten Gegenkönig und schließlich zur hegemonialen Figur im Reich sogar gegenüber den mächtigen Kurfürsten vom Rhein entsprach eine bemerkenswerte Entwicklung der sakralen Aspekte seiner Herrschaft. Denn auch diese von Frömmigkeit und Heiligenkult geprägte Herrschaftspraxis unterlag substanziellen Veränderungen und darf keinesfalls als statisch verstanden werden.

Immer wieder ist auf die Prägung des jungen Wenzel/Karl durch seine Erziehung in Frankreich hingewiesen worden,[12] die ihm das französische Modell sakral fundierter Königsherrschaft zweifellos deutlich vor Augen stellte. Doch es gab auch ausgeprägte Vorbilder für Heiligenverehrung und Reliquiensammlung auf přemyslidischer Seite, nicht zuletzt in den Personen König Wenzels II. und Karls Mutter Elisabeth.[13] Unbedeutend in ihrer Vorbildrolle waren wohl die römisch(-deutsch)en Kaiser seit Karl dem Großen,[14] obwohl gerade der Besuch Friedrichs II. im Mai 1236 am Grab der heiligen Elisabeth in Marburg unmittelbare Prägekraft hätte entwickeln können.[15] Doch 1357 war schon eine genuin karolinische Praxis religiös konnotierter Herrschaft entstanden. Eine erste Phase, beginnend mit der Gründung des Allerheiligenkapitels auf der Prager Burg 1339 durch den jungen Karl und die Stiftung des Kollegiums der Marienmansionare 1343,[16] war noch ganz an das französische Vorbild angelehnt. Doch mit dem Tod Ludwigs des Bayern 1347 entwickelte Karl rasch ganz eigene Ausprägungen sakral begründeter Herrschaft. Der im selben Jahr in Basel erstmals durchgeführte Weihnachtsdienst als Ritual,[17] das Frömmigkeit und zugleich Unabhängigkeit vom Papsttum demonstrierte, ist das bekannteste Beispiel. Zugleich betonte ein gegenüber den Amtsvorgängern verändertes Siegelbild die sazerdotalen Aspekte königlicher Herrschaft.[18] Kontakt mit prophetischen Weissagungen, die ihm eine besondere Rolle im göttlichen Heilsplan zuschrieben,[19] der erfolgte Zugriff auf die Reichsinsignien, aber auch eine mysteriöse Krankheit 1350/51 könnten bei Karl IV. zu einem Bewusstseinsschub der eigenen Auserwählung beigetragen haben. Das legt die retrospektive Konstruktion der in diesem Zeitraum verfassten *Vita Caroli Quarti* nahe,[20] die verschiedene Wunder während Karls Italienaufenthalt verzeichnet, von denen die Vision von Terenzo am bekanntesten ist: Keine Propagandaschrift zur Bekämpfung politischer Gegner, denn davon gab es nach 1350 nur noch wenige, sondern (nachgeschobener) Beleg für die Auserwählung des Herrschers durch Gott seit früher Jugend, der eine aktive Entscheidung gegen die Sünde von Seiten Karls entsprach. Diese Denkfigur findet sich nicht nur in der genannten Schrift, sondern in zahlreichen panegyrischen Texten, die im Umfeld des karolinischen Hofes entstanden.[21] In der sogenannten Autobiografie verweist der Luxemburger auch indirekt auf die hohe Bedeutung von Reliquien,[22] und tatsächlich setzt in nennenswertem Umfang die Sammlung von Reliquien im Jahr 1353 ein.[23] Parallel dazu begann die Vorbereitung der Kaiserkrönung, aber auch der Erwerb von Ablässen zur sakralen Aufwertung Prags. Neuland betrat Karl, als er vom Papst kleinere Ablässe erwirken konnte, die an die Anwesenheit des Herrschers während liturgischer Handlungen gebunden waren.[24] Der Dreiklang aus Auserwählung – ohne den Anspruch auf persönliche Heiligkeit zu formulieren –, Frömmigkeit – darin jedem anderen Christen vergleichbar, wenn auch besonders vorbildlich ausgeführt – und Heilsvermittlung – die den Monarchen aus der Sphäre der Laien heraushob, ohne ihm priesterliche Funktionen zuzuschreiben – ist das zentrale Charakteristikum sakraler Herrschaftspraxis Karls IV.[25]

Die Wallfahrt mit der ungarischen Königinmutter Elisabeth von Marburg nach Aachen im Mai 1357 stand politisch im Kontext einer seit 1353 zu verzeichnenden Annäherung Karls IV. an Ludwig I. von Ungarn.[26] Bei diesem Besuch in Aachen stiftete die ungarische Königinmutter mit großer Wahrscheinlichkeit zwei kostbare Chormantelschließen, möglicherweise auch silberne Altarleuchter und drei Ikonen ungarischer Herkunft.[27] Offen bleibt, ob die berühmte Karlsbüste sowie weitere Reliquiare zu dieser Gelegenheit von Karl IV. dem Aachener Stift geschenkt wurden,[28] deren Herkunft aus Prag zwar umstritten, aber doch sehr wahrscheinlich ist.[29] In Aachen war der Luxemburger bereits im Januar und Februar des Jahres gewesen, auf dem Rückweg vom Metzer Reichstag, mit einem Aufenthalt in Maastricht. Auf dieser Reise erhielt er verschiedene Reliquien,[30] die auch eine Ergänzung seines Itinerars ermöglichen.[31] Auch die Rückreise nach Prag im Frühjahr war von Reliquienerhebungen gekennzeichnet,[32] und so ist wohl in diesem Fall dem böhmischen Chronisten Václav Hájek z Libočan zu trauen, wenn er berichtet, dass der Kaiser bei seiner Rückkehr nach Prag viele Heiltümer gleich weiter nach Burg Karlstein transportieren ließ.[33] Denn tatsächlich waren zu dieser Zeit zwei Kapellen auf der Burg errichtet worden, die den Passionsreliquien und der Gottesmutter geweiht wurden und deren Gottesdienstordnung detailliert geregelt wurde.[34] Seit diesem Zeitpunkt ist die Aufbewahrung der Reichsinsignien dort belegt, doch über die vielfältige Funktion der Sakralräume auf der Burg, die sich noch bis 1365 substanziell verändern sollten, gibt es kaum Einigkeit in der Forschung.[35] Damit fällt die Wallfahrt nach Marburg in die Endphase der Ausgestaltung einer spezifisch karolinischen Frömmigkeitspraxis. Tatsächlich gibt es noch einige vergleichbare Phasen intensivierter Reliquienakquise Karls IV.: die Reise durch den Südwesten des Reichs 1353/54,[36] den ersten Italienzug 1354/55,[37] die Reise ins Arelat 1365 mit dem herausragenden Beispiel der Erhebung der Sigismundreliquien in Saint-Maurice d'Agaune,[38] den zweiten Italienzug 1368/69[39] und auch die letzte große Reise des Kaisers, die Fahrt nach Paris 1377/78.[40]

Betrachten wir die Vorgeschichte des Besuches in der seit 1234 unter der Aufsicht des Deutschen Ordens stehenden Marburger Elisabethkirche (Abb. 60). Zu den Deutschherren hatte Karl IV. zwar seit seiner Jugend wiederholt Kontakte, doch das Verhältnis war distanziert und besserte sich erst seit dem Romzug 1354/55.[41] Das Itinerar Karls IV. im Mai 1357 weist Widersprüche im Hinblick auf die Ausstellungsorte von Urkunden auf, die sich nur dadurch erklären lassen, dass er bereits vor seiner Ankunft Privilegien zugunsten des dortigen Deutschordenshauses ausfertigen ließ, die als Ausstellungsort Marburg aufführen.[42] Anders als sonst lässt sich nicht konstatieren, dass mit dem Deutschhaus in Marburg eine politisch oder ökonomisch schwache Ordensniederlassung Zielpunkt der kaiserlichen Reliquiensuche wurde.[43] Für die relative Stärke der Kommende spricht auch, dass wahrscheinlich schon in Mergentheim[44] oder spätestens in Frankfurt am 18. Mai die Bedingungen ausgehandelt wurden, unter denen die Deutschherren von Marburg den Zugriff auf die Elisabethreliquien erlaubten. Dabei ist es plausibel, dass nur eine kleinere, schnelle Reisegruppe von Frankfurt aus in Begleitung der hochrangigen Pilger nach Marburg aufbrach und dort am Abend des 20. Mai ankam.[45] Mit Sicherheit war der Tross des Kaisers wesentlich kleiner als bisher angenommen.[46] Die festliche Prozession mit den Reliquien der Heiligen wurde laut der wichtigsten narrativen Quelle auf den 21. Mai 1357, den Sonntag nach Himmelfahrt, angesetzt.[47]

Über den Verlauf des Besuchs in Marburg ist wenig bekannt.[48] Am detailliertesten äußert sich eine Fortsetzung der Gesta Trever-

Abb. 59 **Burg Karlstein, Kleiner Turm, Reliquienszenen. Drei Darstellungen stellen bedeutende Reliquien-Übergaben an Karl dar.** • Nikolaus Wurmser von Straßburg (zugeschrieben), 1361/62–64 • Wandmalerei • Burg Karlstein, Kleiner Turm, königliche Kapelle der Reliquien der Passion Christi (capella maior), früher Marienkapelle genannt, Südwand

orum[49] und betont, dass der Kaiser zusammen mit den in Marburg versammelten Fürsten und Herren den kostbaren Elisabethschrein durch die Stadt getragen habe, um anschließend ein großes Fest zu begehen.[50] Man darf annehmen, dass dies mehr bedeutete als das übliche Vorgehen im Rahmen des Adventuszeremoniells, bei dem die Reliquien des jeweiligen Stadtpatrons dem Herrscher entgegengetragen wurden oder er doch dem Schutzheiligen der Kommune in der Hauptkirche seine Aufwartung machte.[51] Vielmehr erinnert der Umgang mit dem Schrein unter eigenhändigem Einsatz des Kaisers und anderer hoher Herren an vergleichbare Vorgänge im Rahmen der Prager Heiltumsweisungen seit 1350.[52] Die Ostensio reliquiarum, bei der eine Kombination verschiedener, umfangreicher Ablässe erworben werden konnte, um die sich Karl beim Papst bemüht hatte,[53] war unter anderem dadurch gekennzeichnet, dass die Überreste der Heiligen im öffentlichen Raum vor allem der Prager Neustadt präsentiert wurden[54] und dem Herrscher dabei eine weisende Rolle zugestanden wurde.[55] Dieser direkte Kontakt mit den Reliquien – für einen Laien eigentlich unzulässig – war Karl IV. besonders wichtig, machte er doch auf diese Weise seine indirekt heilsvermittelnde Rolle gegenüber den Untertanen anschaulich; auch stellte er sich dadurch mittels der unter anderem als Reliquien Karls des Großen verehrten Reichsinsignien in eine direkte Nachfolge des ersten Kaisers des Mittelalters.[56] Der Aspekt der Heilsvermittlung wurde auch durch die Erhebung von Reliquien vor einer mehr oder minder großen Öffentlichkeit unterstrichen.[57]

Nicht nur bei den Prager Heiltumsweisungen war die von Karl IV. geprägte Praxis öffentlicher Inszenierung von Reliquienverehrung wohl weniger eine Imitation als vielmehr eine spezifisch karolinische Neuschöpfung. Dafür spricht auch der Baubefund aus der Elisabethkirche, dass der Schrein nach den Umbauten im Kontext des Kaiserbesuchs nicht mehr auf der Tumba der Heiligen (Abb. 61) zur Verehrung ausgestellt werden konnte.[58] Falls nach 1357 von einer liturgischen Verehrung des Elisabethschreins in erster Linie während Prozessionen ausgegangen werden kann, wäre dies eine bemerkenswerte Langzeitwirkung der beim Marburger Besuch demonstrierten Frömmigkeitspraxis. Damit würde sich die lokale Verehrung der Elisabethreliquien einfügen in eine Reihe von Beispielen öffentlicher Heiltumsfrömmigkeit in Magdeburg, Wien oder Breslau, die direkt oder indirekt einen karolinisch inspirierten Einfluss aufweisen.[59]

Auch wenn die chronikalischen Nachrichten nichts davon berichten, ist doch nach allem, was man über das Vorgehen Karls IV. weiß, davon auszugehen, dass er sich zu dieser Gelegenheit nicht mit der Verehrung des Heiltums begnügte, sondern Teile davon für sich erbat.[60] Tatsächlich gab es in Prag – allerdings nicht im Bestand des Prager Veitsdoms – bereits Reliquien der Elisabeth: ein Armfragment, eine Rippe und einen Zahn, die bereits 1232 nach Prag gekommen sein sollen.[61] Überhaupt ist zu unterstreichen, dass sich während der Regierungszeit Karls IV. der nachweisbare Reliquienbestand in Prag vervielfachte und die imperiale Residenz damit auf das Niveau von Paris brachte, das nur von Rom selbst übertroffen wurde.[62] Auch durch die Gestaltung der 1348 gegründeten Prager Neustadt, die durch Reliquien, Architektur, Patrozinien, Liturgien und Ordensniederlassungen einem Nachbau des Reiches glich, wurde die Mittelpunktfunktion der böhmischen Metropole für das ganze Imperium überdeutlich.[63]

Es ist sehr wahrscheinlich, dass Karl IV. während seines Aufenthalts in Marburg unter anderem Fragmente vom Schädel der Elisabeth erhielt, die wohl direkt in den Bestand von Karlstein eingingen (Abb. 62).[64] Hier bestätigt sich das auch andernorts zu beobachtende Muster, dass der Kaiser für seinen Reliquienschatz möglichst große Teile der heiligen Körper, mit einer unverkennbaren Präferenz für den Schädel, zu gewinnen trachtete.[65] In die Prager Heiltumsweisungen wurden Elisabethreliquien aber erst nach dem Tod des Kaisers eingebunden.[66] Zu seinen Lebzeiten stiftete Karl IV. 1368 ein Reliquiar mit einem Überrest der Heiligen für das Grab des Patriarchen Bertrand von Aquileia (amt. 1334–50) in Udine[67] (Abb. vgl. Kat.-Nr. 5.8). In Ansätzen zeigt der Umgang mit den Heiltümern der Marburger Heiligen ganz typische Tendenzen für die fromme Herrschaftspraxis des Monarchen: Herrschafts-

Abb. 60 Marburg (Lahn), St. Elisabeth, Äußeres. Die Elisabethkirche, begonnen 1235, ist Grablege der heilig gesprochenen ungarischen Königstochter und späteren Landgräfin Elisabeth von Thüringen († 1231 in Marburg). Sie unterstand von Beginn an dem Deutschen Orden und war im Mai 1357 Ziel einer Wallfahrt Kaiser Karls IV. und der ungarischen Königinmutter Elisabeth.

zentren des Reichs und vor allem der luxemburgischen Territorien wurden durch Reliquienschenkungen, Liturgie, Ablässe, aber auch Bautätigkeit und Stiftung von Kanonikerkollegien sakralisiert und so an das Zentrum Prag gebunden.[68] Die Tatsache, dass Karls am 19. März 1358 geborene Tochter schließlich den Namen Elisabeth erhielt,[69] darf aber nicht überschätzt werden. Neben dem Rückbezug auf die Heilige verwies der Name natürlich auch auf die přemyslidische Tradition, nicht zuletzt auf Karls Mutter. Eine Novität in der luxemburgischen Namenstradition wie später die Wahl von Katharina oder Sigismund, beide mit eindeutigem Bezug zu den jeweiligen Heiligen und ihrer Bedeutung für den Herrscher, stellt Elisabeth nicht dar. Nur im weiteren böhmischen Kontext, nicht aber unmittelbar am Kaiserhof lässt sich ein moderater Aufschwung der Elisabethverehrung nach 1357 feststellen.[70] Die Intensität der Verehrung z. B. der Landespatrone, darunter des sensationell erfolgreichen Neuankömmlings Sigismund nach 1365,[71] erreichte Elisabeth nicht einmal näherungsweise. Neben dem traditionellen Landespatron Böhmens, dem hl. Fürsten Wenzel, förderte Karl die Verehrung der Heiligen Adalbert, Veit, Ludmilla und Prokop, die an verschiedenen Stellen in Prag und andernorts sichtbar gemacht wurden.[72] Dabei ist auch zu betonen, dass der Erfolg von Heiligenkulten wie im Fall Sigismunds auch bei massivem Mitteleinsatz nicht direkt zu steuern war.[73]

Der spirituelle wie politische Gewinn Karls IV. durch den Besuch in Marburg war fraglos vorhanden, wenn auch begrenzt. Was aber erlangte der Orden durch den kaiserlichen Besuch? Wie angedeutet, fertigte die kaiserliche Kanzlei am 18. Mai zwei Urkunden aus, die nur angeblich in Marburg ausgestellt wurden. Verständlich wird dies, wenn man ihren Inhalt betrachtet: Das erste Privileg zielte auf das vom Orden betriebene Hospiz in der Stadt, das samt seinen Gütern unter kaiserlichen Schutz genommen wurde und dessen Einkünfte dadurch gestärkt werden sollten, dass seinen Almosensammlern im ganzen Reich sicheres Geleit zugesichert wurde. Außerdem sollte es von allen Untertanen bevorzugt mit Spenden versehen werden.[74] Dies entspricht einem sehr häufig anzutreffenden Befund bei anderen Reliquienerhebungen Karls: Direkte Geldzahlungen sind so gut wie gar nicht nachzuweisen, großzügige Privilegierungen der betroffenen Kirchen und Kommunitäten hingegen häufig.[75] Wahrscheinlich gehört auch die Schutzerklärung für den Ordenshof Flörsheim Anfang Juni 1357 in den Kontext des Marburger Besuchs.[76] Das zweite ausgestellte Schriftstück ernannte den Prior des Deutschordenshauses in Marburg, Hartmann gen. Castellan, zum kaiserlichen Hauskaplan. Als Zeichen dieser Ehre sollte er einen kostbaren Ring mit einem Rubin tragen dürfen.[77] Auch dies fügt sich in ein größeres Bild: Ein Drittel der namentlich bekannten Kapläne Karls IV. war auf die eine oder andere Weise mit Kirchen, Stiften und Klöstern verbunden, von denen der Luxemburger Reliquien erhalten hatte.[78] Personelle Bezüge waren für den Erwerb von Reliquien durch Karl IV. also wichtig: Einerseits vorab, um Hinweise auf Heiltum zu erhalten und einen erfolgreichen Zugriff darauf wahrscheinlich zu machen. Andererseits nachträglich, um lokale Helfer des Herrschers zu belohnen: mit Kanonikaten, Erhebungen in den Notarsstand sowie der Ernennung zu Familiaren oder eben Kaplänen des Kaisers.[79]

Leider ist es nur sehr eingeschränkt möglich, den Beraterkreis Karls IV. zu rekonstruieren, der ihn bei der Umsetzung seiner religiös fundierten Herrschaftspraxis unterstützte, ja diese aller Wahrscheinlichkeit nach wesentlich prägte und koordinierte. Augenscheinlich waren es höchste Angehörige des böhmischen Klerus wie die Prager Erzbischöfe, deren enge Mitarbeiter und das Domkapitel von St. Veit.[80] Ohne solche Berater ist der komplexe Befund kaum zu erklären. Neben der Betonung einer zweifellos bemerkenswerten Bildung Karls IV.,[81] gerade nach den Maßstäben weltlicher Herrscher der Zeit, ist immer wieder darauf hingewiesen worden, dass die karolinische Hofhistoriografie erfolgreich das (unrealistische) Bild eines geradezu genialischen Herrschers zeichnete.[82] Vor diesem Hintergrund ist es besonders aufschlussreich, dass die schärfsten Kritiker von Heiligen- und Reliquienverehrung in der zweiten Hälfte von Karls Herrschaft, aber auch unter Wenzel IV. bis zum Auftreten von Jan Hus, aus denselben Kreisen kamen, auf deren Unterstützung Karl IV. zurückgegriffen hatte.[83] Musterbeispiele dafür sind die Vertreter einer „charismatischen Spiritualität"[84] in Böhmen wie Konrad Waldhauser, Johann Militsch von Kremsier oder der von ihm beeinflusste Matthias von Janov als massivster Kritiker der Heiligen- und Reliquienverehrung in vorhussitischer Zeit.[85]

Johann Militsch von Kremsier (1320/25–74) hatte sich zwar nicht direkt gegen Heiligen- und Reliquienverehrung ausgesprochen, aber doch seine Skepsis gegenüber der Kultpraxis der Kirche zum Ausdruck gebracht.[86] Dass er hingegen den Kaiser selbst als Antichristen bezeichnet haben soll, ist eine nachträgliche Zuschreibung.[87] Der böhmische Reformprediger begann seine Laufbahn in der Kanzlei des Olmützer Bischofs Johann Očko von Vlašim, des späteren Prager Erzbischofs, die er in der kaiserlichen Kanzlei als Registrator fortsetzte.[88] Ein „Johannes Chremsir" ist erstmals seit dem Metzer Hoftag im Dezember 1356 im Dienst des Kaisers nachweisbar,[89] um dann wieder in Marburg bei den Beurkundungen der Privilegien für die Deutschherren in Erscheinung zu treten.[90] Der auf der ganzen verbleibenden Reise nachweisbare Registrator kann plausibel als Johann Militsch von Kremsier identifiziert werden.[91] Zwei Konsequenzen der Anwesenheit Militschs in Marburg liegen nahe: Zum einen gehörte Elisabeth von Thüringen zu den wenigen Heiligen, die weder frühchristlichen noch böhmischen Ursprungs waren und die Militsch trotz allem in die für seine Predigtsammlungen relevanten Heiligenfeste aufnahm.[92] Zum anderen ist auf

Abb. 61 Marburg (Lahn), St. Elisabeth, Grabmal der Hl. Elisabeth. Die Tumba der Heiligen in der Marburger Kirche konnte nach Umbauten, die im Kontext des Besuchs Karls IV. 1357 vorgenommen wurden, nicht mehr für die Ausstellung des Elisabethschreins genutzt werden. Die zum selben Anlass erstmals belegte Verehrung des Schreins im Rahmen einer Prozession durch die Stadt deutet daher auf eine Veränderung der Kultpraxis im Zusammenhang mit der kaiserlichen Wallfahrt hin.

den eingangs zitierten Text der Mainzer Chronik zu verweisen, die konkret auf Gerüchte verweist, dass die Geburt des Antichrist 1357 erfolgt sei – nichts weniger als das Lebensthema des Johann Militsch von Kremsier. Vom konkreten Fall abstrahiert bleibt es bemerkenswert, dass sowohl Kritiker der von Karl IV. bevorzugten orthodoxen Frömmigkeitsformen wie Nachahmer (prominentestes Beispiel ist der kaiserliche Schwiegersohn, Rudolf IV.[93]) persönlich anwesend waren bei verschiedenen Gelegenheiten ostentativer Inszenierung herrscherlicher Frömmigkeit. Wichtig ist auch zu unterstreichen, dass Kritik wie Imitation in größerem Umfang erst nach dem Tod des Luxemburgers einsetzte. Einen augenscheinlichen Bruch hat die Praxis sakral konnotierter Herrschaft Karls IV. bei seinen Nachfolgern erfahren und natürlich erst recht im hussitischen Kontext. Doch vielleicht gab es eine versteckte Kontinuität karolinischer Frömmigkeit in den Reliquienschätzen und Heiltumsweisungen der Reichsfürsten? Erst Antworten auf diese Frage werden klären können, ob der Dreiklang von Auserwählung, Frömmigkeit und Heilsvermittlung, der die Herrschaftspraxis Karls IV. kennzeichnete, mehr war als eine eindrückliche, letztlich aber nicht zukunftsträchtige Episode in der Geschichte des spätmittelalterlichen Kaisertums.

FUSSNOTEN

1 HALLER/KIRCHHOFF 2010, 64. – Ich danke Christian Oertel (Erfurt) für den Hinweis auf diese Quellenstelle. – Nicht nur die Datierung des Ereignisses auf 1375 ist fragwürdig und vermutlich auf 1387 zu korrigieren (ebd., 87–89), auch ist es wenig glaubhaft, dass der Barbara Kolerin allein die formidable Pflege des königlichen Haars solche Gunst eintrug: In der Familie wurde kolportiert, Wenzels Anliegen an Barbara sei es nur gewesen, das sie im das haubt tzwige" (ebd., 64). Die Übersetzung dieser Passage durch die Editoren als Haarwäsche (ebd., 77) ist ungenau, ist „zwicken" doch als Vorgang des Haareschneidens mit einer Schere oder Zange zu verstehen, vgl. GRIMM 2004, Bd. 32, Sp. 1115. Verschiedentlich ist darauf verwiesen worden, dass Nikolaus I. Muffel seit 1383 in engem Verhältnis zum König stand, nicht nur als Gast-, sondern auch als Kreditgeber. HIRSCHMANN 1950, 299–302.
2 Am Beispiel des Frankfurter Schultheißen Siegfried zum Paradies, der 1370 dem Frankfurter Liebfrauenstift ein Kreuzreliquiar schenkte. LINDNER 2009/I, 111. – Skeptisch dazu BAUCH 2013, 93, Anm. 50.
3 Die überschaubare Anzahl von klar nachweisbaren Fällen von Reliquienschenkungen durch Karl IV. steht in einem aussagekräftigen Missverhältnis zur Anzahl der bekannten Aneignungen von Heiltum durch den Kaiser. BAUCH 2013.
4 PEŠINA Z ČECHORODU 1673/I, 516. – Ein Zweitbeleg für diese Praxis Karls IV. existiert nicht, wenn sich auch sonst die Angaben Tomáš Jan Pešinas als zuverlässig erwiesen haben. BAUCH 2015/I, 53f.
5 MGH Constitutiones 4/2, Nr. 1049.
6 MACHILEK 1978. – SPĚVÁČEK 1978, 157f., 161f., 167–169. – Eine Darstellung des positivistischen Unverständnisses der älteren Forschung für die Grenzbereiche von Religion und Politik sowie erste Ansätze zu einer Beschäftigung damit bei BAUCH 2015/I, 8–10.
7 Detaillierter Forschungsstand bei BAUCH 2015/I, 8–13. – Die wichtigste historische Literatur: HERGEMÖLLER 1999. – FAVREAU-LILIE 1999. – LINDNER 2003. – MENGEL 2003. – MENGEL 2004. – KUBÍNOVÁ 2006. – LÜTZELSCHWAB 2006. – BAUCH 2007. – MENGEL 2007. – HORNÍČKOVÁ 2009. – LINDNER 2009/II. – SCHMID 2009. – BAUCH 2010. – SCHMID 2011. – SCHMID 2012. – BAUCH 2013. – BAUCH 2015/I. – BAUCH 2015/II. – BAUCH 2016/I. – BAUCH 2016/II. – BAUCH 2016/III. – Zudem zahlreiche kunst- und architekturhistorische Beiträge: OTAVSKÝ 1992. – CROSSLEY 1999. – CROSSLEY 2000. – FAJT 2000. – FAJT 2009/II. – OPAČIĆ 2009/II. – OTAVSKÝ 2009. – OTAVSKÝ 2010. – OPAČIĆ 2013. – GAJDOŠOVÁ 2016/II.
8 HEGEL 1882, 160.
9 HEGEL 1882, 160.
10 WÖRSTER 1983. – STORK 2008.
11 MORAW 1989, 240. – Zur Anwendbarkeit dieses Konzepts auf die sakralen Aspekte der karolinischen Herrschaftspraxis BAUCH 2016/III.
12 ŠMAHEL 2014/I, 19–35. – LÜTZELSCHWAB 2006.
13 HORNÍČKOVÁ 2009, 62–73. – HORNÍČKOVÁ 2012, 52–58.
14 BAUCH 2015/I, 188–192; für eine Redimensionierung der Bedeutung Konstantins argumentiert KUBÍNOVÁ 2009.
15 PETERSOHN 1994/II.
16 BAUCH 2015/I, 326f., 333f. Zum Kollegium der Mansionäre RYBA 1998.
17 Nicht überholt ist HEIMPEL 1983. – Einen Überblick über die weitere Forschung und Hinweis auf das mögliche Vorbild des Subdiakonsdienstes des frisch gekrönten Herrschers bei der Kaiserkrönung bei BAUCH 2015/I, 87–94, hier 89.
18 BAUCH 2015/I, 81–87. – Zu den wenig erforschten Siegeln der römisch-deutschen Herrscher im 14. Jahrhundert auch HILLENBRAND 1997.
19 Umfassend bei SCHMOLINSKY 1994. – BAUCH 2015/I, 64–70.
20 HILLENBRAND 1978. – HILLENBRAND 1979/II. – SCHLOTHEUBER 2005.
21 Zur Panegyrik HERKOMMER 1980. – Analyse der Denkfigur in der Vita Caroli Quarti bei SCHLOTHEUBER 2005. – BAUCH 2015/I, 73–81.
22 MENGEL 2003, 270–277. – HORNÍČKOVÁ 2009, 73–79.
23 BAUCH 2015/I, 194–197, v. a. 196, Schaubilder 1 und 2.
24 BAUCH 2015/I, 94–97, 315–383, 596. – Verweise auf diese Praxis bei WOLFINGER 2013, 67, und knapp bei OPAČIĆ 2009, 143–145. – Ausführlicher demnächst WOLFINGER 2016.
25 BAUCH 2015/II.
26 NEHRING 1978, 183f. – Zur Rolle von Reliquien in den Beziehungen zwischen den Monarchen FEY 2010.
27 Ausst.-Kat. Aachen 2000, 549–552, Kat.-Nr. 6.67–6.69. – Nur bei den Mantelschließen ist eine direkte Beziehung zu Elisabeth erkennbar.
28 So FAJT 2000, 496f. – Für Januar/Februar 1357 als Zeitpunkt der Schenkung spricht sich KAVKA 2000 aus. – Zu Gunsten des Jahres 1372 argumentiert BAUCH 2013, 98–101, basierend auf einer mutmaßlichen Schenkungswelle von silber-vergoldeten Büsten ins Reich, die in Prag teilweise durch Büsten aus reinem Gold ersetzt wurden. In der Stadt selbst waren zahlreiche Büsten schon bis Mitte der 1350er Jahre entstanden. BAUCH 2015/I, 307, Anm. 132.
29 Die Argumentation für eine Aachener Herkunft kann keine Parallelbeispiele für vor Ort produzierte Reliquienbüsten anführen. MINKENBERG 2008. – BAUCH 2013, 98–100.
30 Darunter möglicherweise in Trier ein Stück vom Haupt des hl. Castor (PEŠINA Z ČECHORODU 1673/I, 504), in der Aachener Kirche St. Adalbert vom hl. Hermes (ebd., 464, 516), vor allem Teile vom Heiligen Kreuz und der Bundeslade in St. Servatius, Maastricht (ebd., 465. – BOCK/WILLEMSEN 1873, LXVI, Nr. 78).
31 So fügen sich zwischen dem 9. Januar in Luxemburg (HUBER 1877, Nr. 6916) und dem ersten Nachweis in Aachen am 15. Januar (HUBER 1877, Nr. 2595) ein weiterer mutmaßlicher Haltepunkt mit den Abteien Prüm (Erhebung von Reliquien des hl. Ado und Kaiser Lothars I. PEŠINA Z ČECHORODU 1673/I, 523f.) ein. Zu dieser Art von Ergänzungen des Itinerars SCHMID 2011. – BAUCH 2015/I, 60–62.
32 In Köln durch seinen elemosinarius: KADLEC 1985, 184, Nr. 47. – RBM VI, Nr. 526. – Die Delegierung der Reliquienakquise mag durch den konfliktbeladenen Charakter des dortigen Aufenthalts erklärbar sein. BAUCH 2015/I, 116, Anm. 288. – Plausibel ist die Erhebung von Burkhardsreliquien in Würzburg (PEŠINA Z ČECHORODU 1673/I, 520) und Reliquien der hl. Kaiserin Kunigunde in Bamberg (ebd., 505).
33 HÁJEK Z LIBOČAN 1718, 587.
34 RBM VI, Nrn. 306, 550. – MGH Constitutiones 12, Nr. 80.

Abb. 62 Burg Karlstein, Heilig-Kreuz-Kapelle, Tafelbild mit der Hl. Elisabeth. Die Tafel belegt die Präsenz von Elisabethreliquien auch in Karlstein. Mit höchster Wahrscheinlichkeit wurden diese im Mai 1357 durch Karl IV. in Marburg entnommen. • Meister Theodoricus, 1360–64 • Öltempera auf Buchenholz, mit Leinwand bezogen, Reste von Vergoldung • Staatliche Burg Karlstein

35 Ältere Deutungen sowie die Baugeschichte BAUCH 2015/I, 384–391. – Fundamental bleibt FAJT 2009/I. – Für eine Deutung der Heiligkreuzkapelle als „himmlischer Rat" BAUCH 2010.
36 SCHMID 2009, 2011 und 2012.
37 BAUCH 2007. – BAUCH 2015/I, 197, mit diversen Beispielen, passim.
38 MENGEL 2003, 327–336. – MENGEL 2004. – MENGEL 2007. – Dazu auch BAUCH 2015/I, 171–180, 197.
39 Vgl. dazu den Beitrag des Autors in diesem Band.
40 ŠMAHEL 2014/I, zu den Reliquien 403–407. – Zum Erhalt von Reliquien im Reich BAUCH 2010, 175–179. – BAUCH 2015/I, 61f.
41 ARNOLD 1978, 170. – JÄHNIG 1978, 111–120. – Zu den Privilegierungen des Mergentheimer Ordenshauses im Jahr 1355 HUBER 1877, Nrn. 6814, 6858. – PISCHEK 1910, Nr. 19. – MGH Constitutiones 11, Nr. 420.
42 Vgl. die Urkunden vom 18. Mai 1357: HUBER 1877, Nrn. 6934–6936, 6935 bzw. MGH Constitutiones 12, Nr. 103–104 (Regesten) und WYSS 1884, Nrn. 954–955 (Edition).
43 BAUCH 2015/I, 200–214.
44 HUBER 1877, Nr. 2650=6931.
45 Am 15. Mai urkundete die Kanzlei noch in Mergentheim (HUBER 1877, Nr. 2651. – MGH Constitutiones 12, Nr. 98), am Abend dann wohl schon in Miltenberg (HUBER 1877, Nr. 2652 – MGH Constitutiones 12, Nr. 99), am 16. Mai dann erneut in Miltenberg (HUBER 1877, Nrn. 2653–2654. – MGH Constitutiones 12, Nrn. 100–101). Die auf 18. Mai datierten Urkunden mit Ausstellungsort Marburg (MGH Constitutiones 12, Nrn. 103–104) zugunsten des dortigen Deuschordenshauses können nicht vor Ort verfertigt worden sein, weil die 150 km zwischen Miltenberg und Marburg unmöglich in zwei Tagesreisen zu bewältigen waren. Außerdem sind mit Datum 18. Mai drei Steueranweisungen aus Frankfurt/Main (HUBER 1877, Nrn. 6932–6933. – PISCHEK 1910, Nr. 21. – MGH Constitutiones 12, Nr. 105 a–c) sowie ein Privileg zur Brückenfinanzierung (HUBER 1877, Nr. 2655. – MGH Constitutiones 12, Nr. 102) überliefert. Am 20. Mai ist ein Aufenthalt in Friedberg (HUBER 1877, Nr. 2656) wahrscheinlich, was für einen Aufbruch am Morgen des 19. aus Frankfurt spricht. Die verbleibende Strecke von 80 km konnte in zwei Tagesreisen bewältigt werden, wenn auch nur mit reduziertem Gefolge (s. u.). In Frankfurt ist Karl IV. in richtender Funktion wieder ab dem 23. Mai belegt. HÜTTEBRÄUKER 1936, 197f., Nrn. 10–11.
46 WÖRSTER 1983, 30–33. – Diese Annahme basiert auf der sehr hohen Reisegeschwindigkeit von Friedberg (HUBER 1877, Nr. 2656. – MGH Constitutiones 12, Nr. 106) nach Marburg – 60 km in nur einem Tagesmarsch. Die von Heinrich von Dießenhofen genannte Zahl von 700 Reitern im Tross der monarchischen Wallfahrer (DIESSENHOFEN/BOEHMER/HUBER 1868, 108f.) kann für den Abstecher nach Marburg nicht gelten, da eine solche Zahl von Reitern so schnelles Reisen verhindert hätte.
47 BREDEHORN/GÖDEKE 1983, 92f., Nr. 152.
48 Meist wird nur knapp auf das Faktum verwiesen, so bei Heinrich von Dießenhofen (DIESSENHOFEN/BOEHMER/HUBER 1868, 108f.), während bei Heinrich Taube v. Selbach nur der Besuch der ungarischen Königinmutter erwähnt wird (DIESSENHOFEN/BOEHMER/HUBER 1868, 544). – Die Mainzer Chronik unterschlägt den Besuch in Marburg. HEGEL 1882, 160.
49 WÖRSTER 1983, 92f. – Am verlässlichsten MÜLLER M. 1997 (mit Edition). – STORK 2008, 152–154.
50 Erstmalige Transkription bei BREDEHORN/GÖDEKE 1983, 92, Nr. 152. – MÜLLER M. 1997, 364. – Ohne Verweis darauf STORK 2008, 151.
51 Zum Adventus als solchem SCHENK 2003. – Für die Heiligen- und Reliquienverehrung Karls IV. im Kontext des Adventuszeremoniells BAUCH 2007. – BAUCH 2010, 175–179. – BAUCH 2015/I, 102–165.
52 MACHILEK/SCHLAGER/WOHNHAAS 1984/85. – KÜHNE 2000, 106–132. – KUBÍNOVÁ 2006.
53 BAUCH 2015/I, 320–324, 332f., 365–380, 452f., sowie die in Anm. 52 genannte Literatur.
54 Ein wichtiger Unterschied etwa zu Paris: BAUCH 2015/I, 428f.; v. a. aber HORNÍČKOVÁ 2009, 81.
55 BAUCH 2015/I, 365–380.
56 BAUCH 2015/I, 238f., 281f., 376–378, 400.
57 Keineswegs alle Reliquienerhebungen durch Karl IV. fanden öffentlich statt; dies hing immer von der konkreten – nicht zuletzt politischen – Situation ab. BAUCH 2010, 182–184. – BAUCH 2015/I, 50–52, 136–148, 242f.
58 KÖSTLER 1995, 43. – Darauf verweisend STORK 2008, 163.
59 Generell zu einer möglichen Vorbildfunktion der karolinischen Frömmigkeitspraxis für die Reichsfürsten BAUCH 2015/I, 440–446. – Zur Magdeburger Weisung KÜHNE 2000, 228–241, zum böhmischen Einfluss BAUCH 2015/I, 128f., 427, 446–449. – Zur Präsentation des Wiener Heiltums zuletzt WOLFINGER 2011. – WOLFINGER 2016. – Zur Breslauer Heiltumsweisung BAUCH 2015/I, 416–418.
60 So der durchgehende Befund der Detailuntersuchungen von SCHMID 2009. – SCHMID 2011. – BAUCH 2015/I, 193–273.
61 PEŠINA Z ČECHORODU 1673/I, 522.
62 BAUCH 2015/I, 316f.
63 BAUCH 2015/I, 383f.
64 PEŠINA Z ČECHORODU 1673/I, 522. – Die Aufbewahrung in Karlstein wird wahrscheinlich aufgrund des Fehlens von Nachweisen in den Reliquieninventaren des Veitsdoms (BAUCH 2015/I, 618) und aus der Präsenz eines Bildnisses der Elisabeth in der Karlsteiner Heiligkreuzkapelle. FAJT 1998/I.
65 BAUCH 2015/I, 217–222, 344–355.
66 KUBÍNOVÁ 2006, 296. – Zur Datierung dieser Weisungsliste in die Zeit nach 1379 BAUCH 2015/I, 452f.
67 Es handelt sich um ein älteres Schmuckstück mit einer nachträglichen Widmungsinschrift. SCHRAMM/FILLITZ/MÜTHERICH 1978, 61, 144, Nr. 41. –

Abb. 63 **Kaiser Karl IV. liest beim Festgottesdienst an Weihnachten 1377 aus dem Evangelium. Darstellung in den Grandes Chroniques de France König Karls V., fol. 467v** • Paris, Meister der Bibel des Jean de Sy, 1375–80 • Tempera und Gold auf Pergament • Paris, Bibliothèque nationale de France, Sign. Ms. français 2813

OTAVSKÝ 1992, 64. – Da Karl dort bereits als Kaiser bezeichnet wird, kommt nur der zweite Aufenthalt im Patriarchat Ende April 1368 in Frage. WIDDER 1993, 288f. – Begründer des Elisabethkults war aber der Oheim der Heiligen, Patriarch Berthold von Aquileia (amt. 1218–51). WERNER 1994, 483.
68 BAUCH 2015/I, 314–428, hier v. a. 426–428.
69 Wenn auch in den Mitteilungen der Geburt und zur Taufe am 29. April der Name der Erstgeborenen noch nicht genannt wurde. MGH Constitutiones 12, Nr. 248.
70 HARDER 1983.
71 MENGEL 2003, 325–372. – MENGEL 2007. – STUDNIČKOVÁ 2010.
72 SAMERSKI 2009. – DOLEŽALOVA 2010. – KUBÍN 2011. – Zur Präsenz der Landespatrone etwa auf der Karlsbrücke GAJDOŠOVÁ 2016/I sowie der Beitrag derselben Autorin in diesem Band; zur Rolle und Ikonografie Veits BAUCH 2016/II.
73 Beispielhaft untersucht für die Verehrung des hl. Wenzel BAUCH 2015/I, 433–435. – Mit ähnlichen Befunden für den Elisabethkult WERNER 1994, 514–518.
74 WYSS 1884, Nr. 954.
75 BAUCH 2015/I, 265–270.
76 WYSS 1884, Nrn. 957–958.
77 WYSS 1884, Nr. 955.
78 Die Gesamtzahl von 32 Kaplänen wurde nach der Durchsicht von HOLTZ 2013 eruiert. Davon sind vier in einem vagen (HUBER 1877, Nrn. 3173, 3949, 4107, 6985) und sieben in einem engeren Kontext zu Reliquien nachgewiesen (Johann von Lichtenberg, 14. 9. 1349; Johann von Pairis, BAUCH 2015/I, 215, 633; Rainald von St. Arnulf, ebd., 215; Jakob Göbel, Bischof von Feltre, ebd., 258f.; Konrad von Hagnau in (Nieder-)Haslach, ebd., 269; Heinrich Beyer zu Boppard, ein Domherr zu Mainz und Familienangehöriger des Dietrich Beyer von Boppard, BAUCH 2013, 88f.; schließlich Hartmann von Cronberg, Castellan).
79 BAUCH 2015/I, 214–217.
80 BAUCH 2015/I, 253–356, 477f.
81 SCHLOTHEUBER 2008, 2009 und 2011. – Skeptischer ŽŮREK 2016/I und ŽŮREK 2016/II.
82 HERGEMÖLLER 1999, 248–251. – BAUCH 2016/I.
83 BAUCH 2015/I, 449–454.
84 NECHUTOVÁ 1996.
85 Ausführlich zu den beiden ersteren MENGEL 2003, 154, Anm. 14–15. – HORNÍČKOVÁ 2009, 133f. – Zu Johann Militsch von Kremsier jüngst JANEGA 2015.
86 HORNÍČKOVÁ 2009, 103.
87 MENGEL 2003, 258, Anm. 138. – JANEGA 2015, 197f.
88 MENGEL 2003, 211. – JANEGA 2015, 39–41. – Der Eintritt des Johann Militisch in die kaiserliche Kanzlei findet in der Forschung erstaunlich wenig Beachtung. Eine erste Erwähnung eines Registrators namens Miliczius am 16. April 1358, vgl. HUBER 1877, Nr. 2769.
89 HOLTZ 2013, ad 1356 Dez 21. – Die nächste Erwähnung im Januar 1357. MGH Constitutiones 11, Nr. 936.
90 MGH Constitutiones12, Nrn. 103–104, 106. – So bereits WÖRSTER 1983, 32 f.
91 Ab Mitte 1358 firmiert der Registrator Johann dann – vielleicht aus Gründen der Abgrenzung zu Nikolaus von Kremsier – nur noch als Miliczius in den Kanzleivermerken und ist somit eindeutig zu identifizieren. Eine Parallelnennung von Miliczius und Johannes Chremsir, die auf zwei unterschiedliche Personen hindeuten würde, ist nicht nachweisbar.
92 JANEGA 2015, 134, 202, 212. – Dieser Befund könnte die allgemeine Vermutung einer Beeinflussung von Militschs Frömmigkeit durch das Vorbild Elisabeths (WÖRSTER 1983, 33) konkretisieren.
93 Zur mutmaßlichen Nahahmung der karolinischen Frömmigkeitspraxis durch Rudolf IV. und andere Reichsfürsten BAUCH 2013, 93–97. – BAUCH 2015/I, 440–446. – V. a. nun WOLFINGER 2016.

Collector coronarum
Karl IV. als Kronensammler

Olaf B. Rader

Es war der späte Abend des Ostersonntags, des 5. April 1355. Im Kloster San Lorenzo fuori le mura, kurz vor den mächtigen Stadtmauern von Rom, dachte Karl, der neue Kaiser der Römer und der vierte seines Namens, über seinen sich gerade dem Ende zuneigenden Krönungstag nach.[1] Vielleicht gingen seine Gedanken auch noch weiter zurück, dahin, wie alles begonnen hatte: Da waren die Jahre der Kämpfe gewesen, sein Gegenkönigtum zum Wittelsbacher, die gewaltigen Anstrengungen, um seine Herrschaft zu festigen. Und wie viele Kronen und Würden er schon erlangt, wie viele Krönungen er schon erlebt hatte: Böhmischer König in Prag, Römischer König in Bonn, dann in Aachen noch eine Festkrönung mit der Thronsetzung auf dem Sitz Karls des Großen, König von Italien im eiskalten Mailand und nun noch im frühlingshaften Rom die Kaiserwürde. Vielleicht ließe sich später auch noch die Königswürde von Burgund gewinnen. Vielleicht. Sicher spürte Karl auch, was die Kaiserkrönung eigentlich bedeutete, nur, dass er das nicht so hätte formulieren können: Eine Feier, welche die höchsten weltlichen und geistlichen Gewalten des alten Europa vereint und in der alle Handlungen, Rituale und Symbole sowohl die Auserwähltheit der daran beteiligten Personen als auch deren Verhältnis zueinander in eine für alle sichtbare Form brachten.[2]

In mittelalterlichen Zeremonien war ein König erkennbar an seiner Krone. Könige oder Kaiser und ihre Kronen waren ikonografisch so fest miteinander verwoben, dass in illustrierten Handschriften dann, wenn ein Herrscher dargestellt werden soll, dieser immer eine Krone trägt. Zunächst auf dem Thron, zu Pferde, im Kampf, aber auch des Nachts schlummernd im Bett, im Badezuber, oder wo sonst noch ein König sein konnte: kein König ohne Krone.[3] Selbst als ertrinkender Herrscher, wie bei Friedrich I. Barbarossa, als Säugling in Windeln verpackt, wie bei seinem Enkel, Friedrich II., oder beim Beischlaf, wie David mit Bathseba: Die Krone gehörte zum König, sie war in der monarchischen Semiotik einfach unverzichtbar.[4] Auch von Kaiser Karl IV. gibt es viele Darstellungen in illustrierten Handschriften, auf denen er eine Krone trägt. So liegt es nahe bei der Betrachtung der vielen Krönungszeremonien, die Karl in Bonn, Prag, Aachen, Mailand, Rom und Arles erlebt hat, dass unwillkürlich Fragen auftauchen: Trug er bei diesen Zeremonien eigentlich immer dieselbe Krone? Oder, wenn nicht, gab es für jedes dieser Königreiche eine ganz spezielle Krone? Wie viele Kronen hatte überhaupt ein König? Wie viele davon besaß Kaiser Karl IV.?

Zunächst mag der Befund überraschen: Die Könige und Kaiser des Mittelalters besaßen viele Kronen. Nicht nur jene, die mit einem bestimmten Herrschaftskomplex verbunden werden, wie etwa die lombardische, die „Eiserne Krone" des Königs von Italien oder die Wenzelskrone für das Königreich Böhmen, sondern im ganz materiellen Sinne als Symbol der Königsherrschaft. Es gab hochsymbolische Kronen, wie etwa die heute in der Wiener Schatzkammer aufbewahrte sogenannte Reichskrone, die zwar aus der Zeit der Ottonen stammte, jedoch im Mittelalter für das Krönungsinsigne Karls des Großen gehalten wurde. Sie war anfangs eine von vielen Kronen der römisch-deutschen Könige und wuchs erst seit dem Spätmittelalter in eine Sonderstellung hinein. Die englische Königsdynastie der Plantagenets besaß nachweislich allein drei Kronen, die aus früherem römisch-deutschen Kaiserbesitz stammten. Im Spätmittelalter luden sich dann bestimmte Kronen zu Symbolen ganzer Staatswesen auf, die bis heute gemeinschaftsstiftende Wirkung haben, wie eben die Krone des heiligen Wenzel für Böhmen oder die des heiligen Stefan für Ungarn.[5]

Die meisten der mittelalterlichen Kronen sind allerdings vergangen oder verschollen. Vielen Kronen wurden zwei Faktoren zum Verhängnis: Einerseits sind sie ganz bewusst bei gesellschaftlichen Umbrüchen zerstört worden, weil sie materiell die nun abgeschüttelte Königsherrschaft symbolisierten. Andererseits weckten sie erhebliche Begehrlichkeiten aus habsüchtigen Motiven. Und da sie zumeist aus sehr wertvollen Materialien angefertigt waren, wanderten viele der Kronen in andere Schatztruhen – oder, ihrer Edelsteine beraubt, schlicht in den Schmelzofen. Die besten Überlebenschancen besaßen die königlichen Herrschaftszeichen, wenn sie schon zu Lebzeiten ihrer Träger einem anderen Zweck zugeführt worden waren, etwa als Stiftung für die Bekrönung eines Kopfreliquiars. Das ist auch am Beispiel der Kronen Karls IV. gut erkennbar.[6]

Von einigen der Kronen, die Kaiser Karl IV. tatsächlich trug oder die sich zumindest in seinem Besitz befanden, haben wir nicht nur mehr oder minder Kenntnis, sondern sogar materielle Überbleibsel. Drei dieser Kronen sind vollständig erhalten. Da ist zuallererst die Krone des heiligen Wenzel. Sie wurde auf Geheiß Karls Mitte der 1340er Jahre neu oder – was wahrscheinlicher ist – aus

Abb. 64 **Krone Karls auf der Büste des Hl. Kaisers Karl des Großen im Aachener Münsterschatz.** Anlässlich seiner zweiten, seine Herrschaft endgültig legitimierenden Königskrönung am deutschen Krönungsort Aachen nutzte Karl die wohl für diesen Zweck in Prag unter Verwendung antiker Steinschnitte gefertigte Krone und stiftete sie danach nebst der Reliquienbüste seines großen Vorgängers und Wiederbegründers des Römischen Reichs. Die Abbildung zeigt die Krone allerdings ohne den wohl von Beginn an zugehörigen Bügel (vgl. Kat.-Nr. 6.3). • Büste: Aachen (?), vor Mitte 14. Jh.; Krone: Prag, vor 1349 • Silber, teilweise vergoldet, Kameen, Gemmen, Edelstein; Aachen, Domkapitel Aachen, Münster – Schatzkammer, Inv.-Nr. G 69

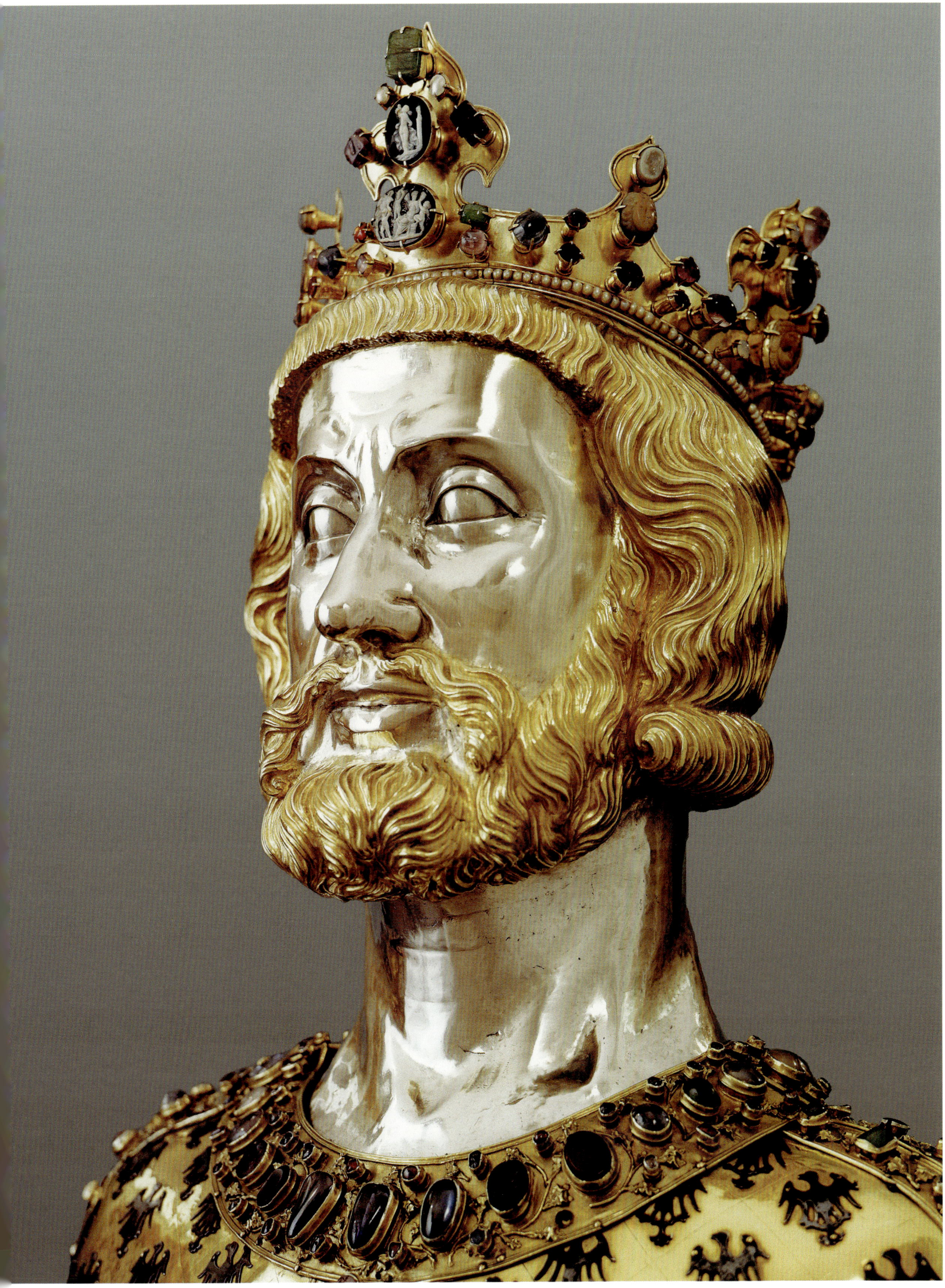

Abb. 65 Kaiserkrönung Karls IV. in Rom. Darstellung in Giovanni Sercambis (1374–1424) Chronik der Stadt Lucca, fol. CXL • Buchmalerei auf Pergament • Lucca, Archivio di Stato, Ms. 107

älteren Kronen- und Schmuckteilen angefertigt und für seine Krönung zum böhmischen König am 2. September 1347 verwendet. Erstmalig ist von einer neuen Krone in einer päpstlichen Bestätigungsurkunde vom 6. Mai 1346 die Rede, in der mit Zustimmung des Papstes der zukünftige Umgang mit ihr festgelegt wurde.[7] Bei Androhung der Exkommunikation wurde verboten, die Krone zu verkaufen, zu versetzen oder sie ihrem eigentlichen Zweck zu entfremden – was belegt, dass genau das mit Kronen gelegentlich getan wurde. Da sie *de iure* in das Eigentum des Heiligen übergeben wurde, hatte sie auf dessen Kopfreliquiar zu ruhen und durfte von dort nur kurzzeitig zu den entsprechenden Krönungen oder bei festlichen Anlässen „entliehen" werden. Wie der Chronist Benesch Krabitz von Weitmühl überliefert, hatten Karls Nachfolger, wenn sie die Krone benutzen wollten, dem Prager Domkapitel dafür praktisch eine Art „Kronenausleihgebühr" von 300 Schock (Pfennige) zu entrichten. Franz von Prag, ein anderer Chronist, beziffert deren Höhe auf zweihundert Mark und berichtet zudem, der Wert der Krone habe „*plura milia marcarum*" – „viele tausend Mark" betragen.[8]

Die meiste Zeit ist die kostbare Krone aber wohl in einem speziell dafür hergestellten Lederfutteral aufbewahrt worden. Dieses trägt eine Inschrift: „*Anno domini MCCCXLVII dominus Carolus Romanorum rex et Bohemie rex me fecit ad honorem dei et beati Wenzeslai martiris gloriosi*" – „im Jahr des Herrn 1347 hat mich Herr Karl, König der Römer und König von Böhmen zur Ehre Gottes und des seligen Wenzel, des ruhmreichen Märtyrers, gefertigt".[9] Da die Produktion eines Lederköfferchens zur Ehre Gottes und des heiligen Wenzel weniger wahrscheinlich erscheint als die Herstellung der diesen höheren Mächten übertragenen Krone, dürfte die genannte Jahreszahl einen glaubhaften zeitlichen Anhaltspunkt für die Anfertigung oder Umarbeitung des Krönungsinsignes bieten.

Nach der Krönung Karls wurde die mehrfach ergänzte und veränderte Krone für die Krönungen seiner Söhne zu Königen von Böhmen benutzt; erst für Wenzel im Jahr 1363, dann für Sigismund 1420.[10] Später diente sie bis in das 19. Jahrhundert hinein bei den Krönungen der Könige von Böhmen als Krönungsinsigne. Im 20. Jahrhundert wurde sie dann nach dem Einmarsch der deutschen Truppen in Prag zur begehrten Requisite in den Machtritualen der Besetzer. Adolf Hitler versuchte 1939 zunächst vergeblich, ihrer habhaft zu werden. Abim November 1941 ließ der zu seinem Statthalter im Protektorat Böhmen und Mähren ernannte Chef des Reichssicherheitshauptamtes und SS-Obergruppenführer Reinhard Heydrich ein Auslieferungsritual der Kronjuwelen in Prag inszenieren. In den dabei von ihm und dem Protektoratspräsidenten Emil Hacha gehaltenen Ansprachen wurde die Krone wörtlich als „Symbol der Treue Böhmens und Mährens zum Reiche" bezeichnet. Nach Kriegsende führte diese Instrumentalisierung sogar zu Zweifeln, ob es sich in Prag überhaupt noch um die originalen Insignien handele.[11]

Eine weitere Krone, die wie die Wenzelskrone eigentlich einem Heiligen gehört, prangt noch heute auf dem Kopfreliquiar Karls des Großen in Aachen. Bei dieser Krone handelt es sich mit hoher Wahrscheinlichkeit um jenen Goldreif mit Bügel, den Karl IV. am 25. Juli 1349 bei seiner Thronsetzung und Befestigungskrönung in Aachen verwendet hatte und der auch in seinem Auftrag angefertigt worden ist. Die Ähnlichkeit von Form und Fassungen legen diese Vermutung nahe. Auch diese ist später von mehreren Nachfolgern Karls im Herrscheramt für Krönungen zum *rex Romanorum* erneut benutzt worden, darunter von seinen Söhnen Wenzel am 6. Juli 1376 und Sigismund am 8. November 1414. Die eigentliche Erhebung Karls zum römisch-deutschen König hatte ja schon mit der Wahl am 11. Juli 1346 in Rhens und der Krönung am 26. November desselben Jahres in Bonn stattgefunden. In seinen Urkunden sollte der Herrscher zeitlebens seine römische Königsherrschaft nach dem Wahltermin beginnen lassen.[12]

Ganz eigenartig verhält es sich mit der so genannten „Eisernen Krone", die in Monza aufbewahrt wird. Sie wird heute mit der Krone des *regnum Italiae*, also des lang zurückliegenden Lombardischen Reiches, in Verbindung gebracht.[13] Schon der erste Blick aber verrät: sie ist nicht aus Eisen, sondern aus Gold, wie die meisten anderen Kronen auch. Ihr Name soll allerdings von einem innen liegenden eisernen Reif abgeleitet sein, dem nachsagt wird, er sei aus einem der Kreuzesnägel Christi geschmiedet worden. Doch dieses Insigne kann als ein Paradebeispiel dafür dienen, wie eine Legende und ein dann später darauf bezogenes Objekt zusammengefunden haben. Der große italienische Barockgelehrte Lodovico Antonio Muratori (1672–1750) hatte als Erster die vielen Enden jenes Legendenknäuels zu entwirren versucht, die an der *corona ferrea* haften.[14] Der heute so bezeichnete kleine Goldreif hatte nämlich anfangs überhaupt nichts mit der „Eisernen Krone" zu tun und dürfte wohl ursprünglich eine Frauen- oder sogar Votivkrone aus dem 9. Jahrhundert sein. Die Kostbarkeit ist erst viel später mit einer von ihr unabhängig entstandenen und im Hochmittelalter immer weiter ausgeschmückten Sage von einer „Eisernen Krone" als Bestandteil einer Dreikronenfabel buchstäblich zusammengeschmiedet worden. Mit drei Kronen seien die Römischen Kaiser zu krönen, so lautet die Fabel, die mehrere Chronisten um 1300 aus dem oberitalienischen Raum überliefern: zuerst mit der silbernen Krone in Aachen zum römisch-deutschen König, zweitens mit der „Eisernen Krone" in Mailand oder Monza zum König Italiens und drittens mit der goldenen Krone des Kaisertums in Rom.[15] Von dieser Legende über die Eiserne Krone jedenfalls muss auch Karl IV. von Gelehrten seiner Zeit gehört haben. Oder aber er kannte sie bereits aus seiner Kinderzeit, etwa von den Erzählungen über seinen Großvater, Kaiser Heinrich VII. Deutlich geht das Wissen um die drei Kronen aus Karls Korrespondenz mit dem Kardinal von Ostia im Vorfeld der Krönungen hervor. Karl schrieb dem Kardinal wegen des Mailänder Krönungstermins von der *corona ferrae*: *„qua inter tripharias imperii sacri coronas Romanorum reges, predecessores nostri, in secunda sui coronatione sunt soliti coronari"* – *„diejenige unter den drei Kronen des Heiligen Reiches, mit welcher die Römischen Könige, unsere Vorgänger, bei ihrer zweiten Krönung gewöhnlich gekrönt wurden"*.[16]

Dass damit allerdings die Krone in Monza, die wir heute als solche ansehen, gemeint war, ist sehr unwahrscheinlich, denn erst im 15. Jahrhundert ist aus der dortigen goldenen Krone mit dem eisernen Reif die „Eiserne Krone" geworden. Und deren Verehrung als Kreuznagelreliquie beginnt überhaupt erst im 16. Jahrhundert. Viel wahrscheinlicher ist es, dass Karl, der wie sein Großvater Heinrich VII. am Epiphanias-Tag, also am 6. Januar, in Mailand gekrönt wurde, dafür nicht nur denselben Termin und dieselbe Krönungskirche gewählt, sondern wohl auch dieselbe Krone verwendet hat.[17]

Von dieser in Mailand verwendeten Krone ist in den *Gesta Trevirorum* überliefert, dass Heinrich VII. seinerzeit, weil die alte Krone „durch Nachlässigkeit" verloren gegangen war, das dortige Krönungsinsigne für sich und seine zukünftigen Nachfolger hatte neu anfertigen lassen. Den *Gesta* zufolge bestand dieses sogar aus *chalybs* – Stahl. Mit dieser stählernen Krone ist Heinrich am 6. Januar 1311 in Mailand gekrönt worden. Im April 1311 übergab Heinrich die Krone, die ein königlicher Goldschmied namens Lando de Senis mit eigenen Händen, wie extra notiert wurde, hergestellt habe, dann der Obhut der Mönche von Sant'Ambrogio. Die versprachen, sie auf ewig zu bewahren. Später hat Ludwig IV. (1314–47) dieselbe Krone für seine Mailänder Krönung 1327 benutzt und sehr wahrscheinlich eben auch Karl IV. am 6. Januar 1355. Zuletzt ist sie am 25. November 1431 bei der Krönung Sigismunds in Mailand verwendet worden. Doch die Mönche von Sant'Ambrogio hatten sich in ihrer Fähigkeit zur Sorgfalt überschätzt: Diese stählerne Krone ist heute nicht mehr vorhanden.[18]

Die Krönung in Arles zum König von Burgund ist die für Karl in den Quellen am dürftigsten überlieferte Zeremonie. Dennoch lässt sich das Geschehen in groben Strichen skizzieren.[19] Im Frühsommer 1365 war Karl nach Savoyen gereist und von da aus nach Avignon, dem Sitz des Papstes. Dort sei er *„in imperialibus insigniis intrando"* – *„in kaiserlichen Insignien eingeritten"* und mit besonderem Gepränge von Papst Urban V. Grimoard (1362–70) empfangen worden. Als Kaiser bekleidet, mit einer Krone auf dem Haupt und dem Zepter in der rechten Hand, sei er dort aufgetreten – *„habitu imperiali, dyademate coronatus, in manu dextra sceptrum gestans"*.[20] Papst und Kaiser feierten gemeinsam das Pfingstfest, tafelten in Gemeinschaft und berieten sich über dringende Probleme, etwa die Rückführung des Papstsitzes nach Rom. Anfang Juni reiste Karl nach Arles und wurde dort am 4. Juni zum König des Arelat gekrönt. Der Hofchronist Benesch notierte zum Jahr 1365: *„Eodem anno coronatus est dominus imperator corona regni Arelatensis, quod Romano subest imperio, in civitate Arelatensi cum maxima solempnitate"* – *„in diesem Jahr ist der Herr Kaiser mit größter Feierlichkeit in der Stadt Arles mit der Krone des Arelatensischen Reiches gekrönt worden, welches dem Römischen Reich untergeben ist."*[21] Das Ereignis war und ist insofern spektakulär, als die Stadt erstmals seit Friedrich I. Barbarossas Krönung vom 30. Juli 1178 wieder eine Krönungszeremonie eines römisch-deutschen Herrschers erlebte und nach Karl nie mehr eine solche erleben sollte.[22] Zur weiteren Bekräftigung seiner kaiserlichen Stellung für diese Region hat Karl kurz darauf eine Münzordnung erlassen, die bestimmte, dass auf den Goldprägungen das Bild des Kaisers und die Umschrift *„Karolus quartus divina favente clementia imperator Romanorum, Bohemie et Arelatensis rex"* – *„Karl der Vierte durch göttliche Milde Kaiser der Römer, König Böhmens und des Arelats"* zeigen sollte. Da aber bis heute eine derartige Münze nicht bekannt ist, bleibt es sehr zweifelhaft, ob diese Verordnung jemals umgesetzt worden ist.[23] Ebenso unklar ist, wie schon erwähnt, welches Insigne für die Krönung verwendet wurde.

Noch kurz zu einem anderen, bislang wenig beachteten Herrschaftszeichen: Eine Frauenkrone aus Gold, die in den 1980er Jah-

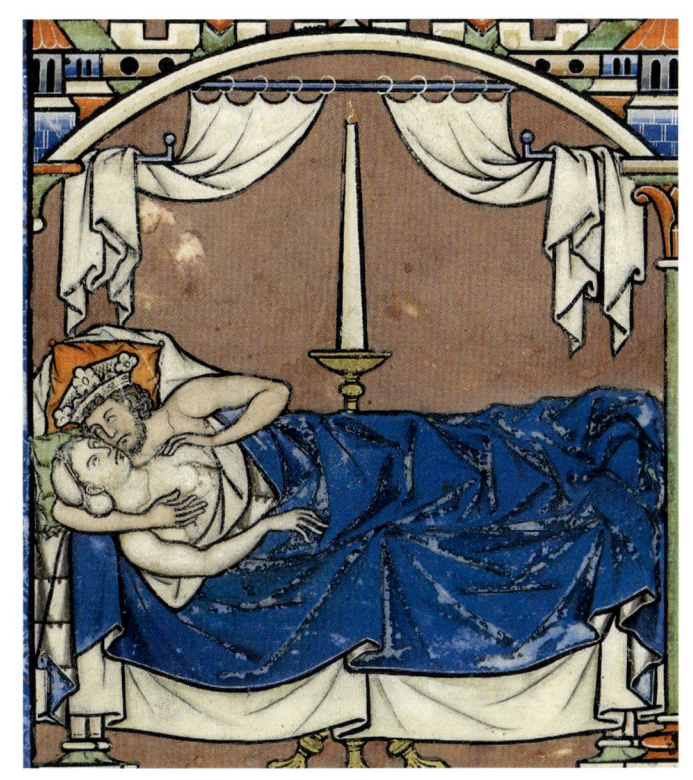

Abb. 66 **David und Bathseba. Ausschnitt einer Miniatur der Maciejowski-Bibel (auch Kreuzfahrerbibel), fol. 41v** • Paris, 1240er Jahre • Buchmalerei auf Pergament • New York, The Morgan Library & Museum, Ms. M.638

Collector coronarum **89**

Abb. 67 **Inspektion der Wenzelskrone durch einen Vertreter der Gewaltherrschaft: SS-Obergruppenführer Reinhard Heydrich im Herbst 1941 in Prag** • Fotografie Heinrich Hoffmann • München, Bayerische Staatsbibliothek, Abtlg. Karten u. Bilder, Archiv Heinrich Hoffmann, Inv.-Nr. 11473

ren im schlesischen Neumarkt im Zusammenhang eines Schatzfundes entdeckt wurde, stammte wahrscheinlich ebenfalls aus der Schatzkammer Karls IV. Die vielleicht ursprünglich von seiner ersten Frau Blanca getragene Krone hatte der Herrscher zusammen mit anderen Schmuckstücken an einen Juden als Pfand für eine Geldanleihe gegeben. Als wegen der Pest, die Mitte des 14. Jahrhunderts durch Europa raste, in Schlesien wie überall antijüdische Pogrome einsetzten, hatte der wohlhabende Pfandnehmer die Krone zusammen mit anderen Kostbarkeiten versteckt. Danach blieben diese über Jahrhunderte unentdeckt.[24] Dieses Beispiel ist nicht nur ein weiterer Beleg dafür, dass mittelalterliche Herrscher über viele Kronen verfügten, sondern auch, dass diese Herrschaftssymbole wegen ihres Materialwertes als Pfandobjekte dienen konnten und es auch taten.

Die prominenteste Krone in Karls Besitz war sicherlich die sogenannte Reichskrone. Sie dürfte am meisten mit einer Kaiserkrone des Heiligen Römischen Reiches in Verbindung gebracht werden. Doch hat er sie auch getragen? Schauen wir zunächst auf einige Belege, die davon berichten, dass Karl mit königlichen oder kaiserlichen Insignien agierte: Wird speziell diese Krone genannt? Im Dezember des Jahres 1347 erscheint Karl in Straßburg. Der Herrscher trug dabei „*auf dem Haupt eine goldene Krone und in den Händen Apfel und Zepter*" – „*indutus regalibus insigniis, habens coronam auream in capite ac pomum et sceptrum in manibus.*"[25] Schon am Palmsonntag desselben Jahres, also eine Woche vor Ostern, habe sich Karl in Trient „*mit kaiserlicher Gewandung*" gezeigt – „*vestibus indutus imperialibus*".[26] Diese Nachricht ist insofern bemerkenswert, als Karl zu diesem Zeitpunkt noch nicht zum Kaiser gekrönt worden war und auch nicht über die Reichsinsignien verfügte. Der Hofchronist Benesch Krabitz von Weitmühl überliefert von den Zeremonien 1355 in Rom, dass die „*Böhmen ihren König auf hohem Thron haben sehen können, bekrönt mit kaiserlichen Zeichen*" – „*qui videbant regem suum in excelso throno et imperiali infula coronatum*". Wenig später habe dann, so Benesch weiter, Karl im Lateran als „*neuer Imperator in kaiserlicher Majestät an der Tafel gesessen*" – „*ubi novus Imperator in maiestate imperiali sedit ad tabulam*".[27] Wieder nördlich der Alpen hat Benesch Kaiser und Kaiserin auf dem Hoftag zu Weihnachten 1356 in Metz gesehen, „*angetan mit kaiserlichen Gewändern und Insignien*" – „*indutos vestibus et insigniis imperialibus*".[28] Von den nicht näher bestimmten kaiserlichen Insignien 1365 in Burgund haben wir eben schon gehört. Im Jahr 1372 feierte er in Prag Ostern, und zwar mit „*kaiserlichen Insignien geschmückt*" – „*imperialibus insigniis decoratus*".[29] Auch Angaben aus der Kanzlei werden leider nicht präziser. Als im Januar 1356 in Nürnberg der erste Teil der Goldenen Bulle in Kraft gesetzt wurde, geschah das nicht in stillem Kämmerlein, sondern auf einem prachtvollen Hoftag, auf dem der Herrscher „[...] *in solio maiestatis cesaree, imperialibus infulis, insigniis et dyademate decorati*" – „*uf dem stule keisirlichir almechtekeit, gezeirt mit keisirlichir ymfeln, wat und krone*" auftrat, wie in dem Dokument selbst gesagt und eine zeitnahe Übersetzung es ausdrücken wird.[30]

Der Befund mag ernüchtern. Zwar wird aus den Quellen erkennbar, dass Kaiser Karl IV., der eine ganz erhebliche Anzahl von Kronen besessen hat, diese bei feierlichen Anlässen auch verwendete. Doch zeigen die Belege ebenso, dass, wenn von kaiserlichen Insignien die Rede ist, unklar bleibt, welche es genau waren und ob Karl die Wiener Reichkrone, die damals noch eine Krone von vielen war, tatsächlich jemals auf seinem Haupt getragen hat. Offen ist also, ob dieses später symbolisch so hoch aufgeladene Herrschaftszeichen bei einer der Zeremonien, in denen Herhscher Kronen trugen, etwa bei den Krönungen selbst, bei Prozessionen, Hoftagen oder Gottesdiensten an hohen Festtagen, jemals benutzt worden ist. Andererseits, wenn man Karls ausgesprochenes Gespür für die Kraft symbolischer Handlungen mitbedenkt, könnte es schon sein, dass er dieses Stück auch benutzt hat. Belegen lässt es sich jedoch nicht.

Das Besondere an der Reichskrone war, dass sie nicht bloß als Herrschaftszeichen verstanden, sondern gemeinsam mit dem größten Teil der sogenannten Reichsinsignien immer stärker als Reliquie verehrt wurde. Diese Insignien waren nämlich so reichlich mit traditionsbildenden Legenden aufgeladen und von so hoher Symbolkraft, dass ihr bloßer Besitz schon stärker zu legitimieren schien als die tatsächliche Benutzung bei Zeremonien. Neben der Krone, die von Karl dem Großen stammen sollte, gehören zu diesen Insignien die Heilige Lanze und das Reichskreuz.[31] Als Karl IV. ab 1350 diese Kostbarkeiten endlich in seinem Besitz hatte, intensivierte er eine Praxis, die schon einige seiner Vorgänger zur Verstärkung der Legitimation ihrer eigenen Herrschaft genutzt hatten: die Weisung, das bedeutet das öffentliche Vorzeigen der Reichsinsignien.[32] Später wurde daraus ein jährlich wiederkehrendes „Fest zu Ehren der Heiligen Lanze und der Nägel Christi". Damit waren die Reichsinsignien über ihre eigentliche Funktion als Herrschaftszeichen weit hinausgewachsen und hatten sich in religiös verehrte Objekte der Volksfrömmigkeit verwandelt. Karl IV. hatte es mit diesen sogenannten Heiltumsweisungen in Prag vermocht, einen erfolgreichen Kult um die Reichsinsignien zu etablieren, der eine Entsprechung zu dem in der Pariser Sainte-Chapelle begangenen Fest der Dornenkrone bildete. Im Frühjahr 1361 ließ Karl zur Geburt seines Sohnes Wenzel eine für seine Regierungszeit einmalige Weisung auch in Nürnberg durchführen. Im 15. Jahrhundert sollte dies dann zu einem periodisch wiederkehrenden Spektakel an der Pegnitz werden.[33]

Die Kronen, die Kaiser Karl in seiner über 30-jährigen Herrschaftszeit angesammelt hatte, spielten – zumindest symbolisch – nach seinem Tode noch einmal eine Rolle. Im November 1378 starb der Kaiser; im Prager Veitsdom fand er seine letzte Ruhe.[34] Für das Begräbnis wurde ein ausgetüfteltes und auf dynastische

Abb. 68 **Die Wenzelskrone** • Prag, 1344–45 • Prag, Veitsdom, Schatzkammer

Repräsentation gerichtetes Zeremoniell inszeniert. Bei der feierlichen Ausstellung der Leiche, der *ostensio corporis* und dem daran anschließenden Leichenzug, der *pompa funebris*, wurden seine vielen Herrschaftsbereiche symbolisch durch Wappenfahnen, Adlerbanner und Krönungsinsignien, unter ihnen auch seine Kronen, präsentiert. Ein Augsburger Chronist überliefert vom Leichnam des Kaisers: „*Er lag auf der Bahre auf goldenen Tüchern und auf goldenen Polstern in seiner ganzen Majestät und zu seinem Haupt lagen drei Kronen: zur rechten Seite die Krone aus Mailand, oben die Krone des Römischen Reiches, zur linken Seite die Krone des Böhmischen Reiches und ebenso zur linken Seite der Apfel mit dem Kreuz und ein blankes Schwert dabei, zu der rechten Seite lag das Zepter des Reiches. Weiße Handschuhe hatte er an den Händen und die Hände voller Ringe, und hatte golddurchwirkte Purpurhosen und Mantel an und trug die Krone der Majestät auf seinem Haupt.*"[35]

Vier Kronen waren also zu sehen; drei davon glaubte der Chronist bestimmten Herrschaftsbereichen zuweisen zu können. Auffällig ist das Fehlen der burgundischen Krone. Da sich die seinerzeit benutzte „Eiserne Krone" in Sant'Ambrogio in Mailand befand, die Krone der Aachener Krönung im Marienmünster in Aachen, die heutige Wiener Reichskrone auf dem Karlstein und die Wenzelskrone im Kronenkoffer des Veitsdomes, dürfte es sich bei den beiden Erstgenannten mit Sicherheit, wahrscheinlich aber auch bei den anderen beiden beim Leichenzug präsentierten Kronen um Imitationen gehandelt haben. Unklar ist dabei, ob es sich um eigens für die Bestattungszeremonie hergestellte Insignien oder um Funeralkronen gehandelt hat, die ohnehin mit in das Grab gegeben werden sollten. Von Karl haben sich in seinem im Laufe der Jahrhunderte oft geöffneten Grab Fragmente einer Funeralkrone aus Holz erhalten, die nicht einmal einen Goldüberzug besaß, sondern nur mit gelber Farbe angestrichen gewesen war. Dies sind ungewöhnliche Materialen im Vergleich zu zwei anderen böhmischen Königen des 13. und 14. Jahrhunderts, die sogar vergoldete Silberkronen in ihre Grablegen mitbekamen, welche bis heute überdauert haben. Diese hölzerne Krone Karls wird gelegentlich auch mit der vom Augsburger Chronisten genannten „*Krone der Majestät*" identifiziert.[36]

Viele dieser Fakten waren Karl weder am Abend seines Krönungstages in Rom noch in den folgenden Jahren bekannt. Er konnte zu seinen Lebzeiten nur hoffen, dass seine verschiedenen Kronen mit den damit verbundenen Würden und Herrschaftsbereichen auch in Zukunft in seiner Familie verbleiben würden. Doch dieser Wunsch hat sich, obwohl er sich reichlich mühte, wie wir wiederum heute wissen, nicht erfüllt.

FUSSNOTEN

1 Zum Romzug und zur Krönung WERUNSKY 1878; zum Krönungstag 172–188; zum Wegeverlauf FRAPISELLI 2003, darin auch enthalten der von der Autorin ins Italienische übersetzte Text von Marc DYKMANS, „Dal Monte Mario alla scalinata di San Pietro a Roma" (ursprünglich französische Fassung: Paris 1968), Roma 2003, bes. 25–27 und 81–87; zu geografischen und baulichen Gegebenheiten des Krönungsweges EICHMANN 1942; hier Bd. 2, 3–40. – Vgl. darüber hinaus WIDDER 1993, bes. 203–216; KAVKA 2002, bes. 65–101. – KUBÍNOVÁ 2006/II, bes. 123–137. – Zu den Quellen HUBER 1877/89. – MGH Constitutiones 4/8/9/10/11/12/13.

2 Vgl. BECKER 2012, Sp. 1524–1530. – EICHMANN 1942. – ELZE 1960, bes. die Einleitung VII–L. – Eine Publikation über die Krönung Kaiser Karls IV. 1355 in Rom von Olaf B. RADER, die längere Passagen aus dem Krönungsbericht des Johannes Porta

Abb. 69 **Die Reichskleinodien des Heiligen Römischen Reichs: Kaiserkrone, Reichsapfel, Schwert des Hl. Mauritius. Für das Reichskreuz ließ Karl IV. einen neuen Sockel anfertigen und mit dem Reichsadler und dem böhmischen Löwen versehen.** • 10.–14. Jahrhundert • Wien, Kunsthistorisches Museum, Weltliche Schatzkammer, Inv.-Nr. XIII.1, XIII.2, XIII.17, XIII.21

de Annoniaco in lateinischer und deutscher Sprache in der Übersetzung von Ulrike HOHENSEE und Marianna SPANO enthalten wird, ist in Vorbereitung und wird im Herbst 2016 in Berlin erscheinen.

3 Zu Kronen und Krönungen KRAMP 2000 mit viel Material und Literatur zur gesamten Krönungsproblematik sowie den einzelnen Insignien. Ferner EICHMANN 1942, Bd. 2, 57–82. – SCHRAMM 1955 und 1956. – BRÜHL 1982, 1–31. – PETERSOHN 1993, 71–119. – PETERSOHN 1997, 162–183. – PETERSOHN 1998, 47–96. – PETERSOHN 2000, 151–160. – HUYSKENS 1938, 401–497. – MENTZEL-REUTERS 2004, 135–182.

4 Vgl. PETRUS DE EBULO 1994, fol. 107r S. 83; fol. 138r S. 207. – Ferner RADER 2010, bes. 133–138. David und Bathseba, in: „Maciejowski Bible", Paris ca. 1240, New York, Pierpont Morgan Library, MS M.638, fol. 41v.

5 Vgl. auch für das folgende die unter Anm. 3 angegebene Literatur.

6 Vgl. ferner SCHRAMM/MÜTHERICH 1962. – SCHRAMM/FILLITZ 1978.

7 Regesta Bohemiae 1892, 862, Nr. 1698. – Zur Wenzelskrone OTAVSKY 1992, bes. 9–86. – OTAVSKY 2006, 90–95. – BRAVERMANOVÁ 1998. – Ferner SCHRAMM/FILLITZ 1978, 57, 1230, Nr. 26.

8 EMLER 1884/II, 457–548, hier 515. – EMLER 1884/I, 347–456, hier 447f.

9 Zitat und Übersetzung: OTAVSKY 2006, 92. – Ferner SCHRAMM/FILLITZ 1978, 58, 131, Nr. 27. – BRAVERMANOVÁ 1998, 65.

Abb. 70 Mailand, Sant'Ambrogio. Heinrich VII. übergab den Mönchen von Sant'Ambrogio im April 1311 die Eiserne Krone der Lombardei zur Aufbewahrung

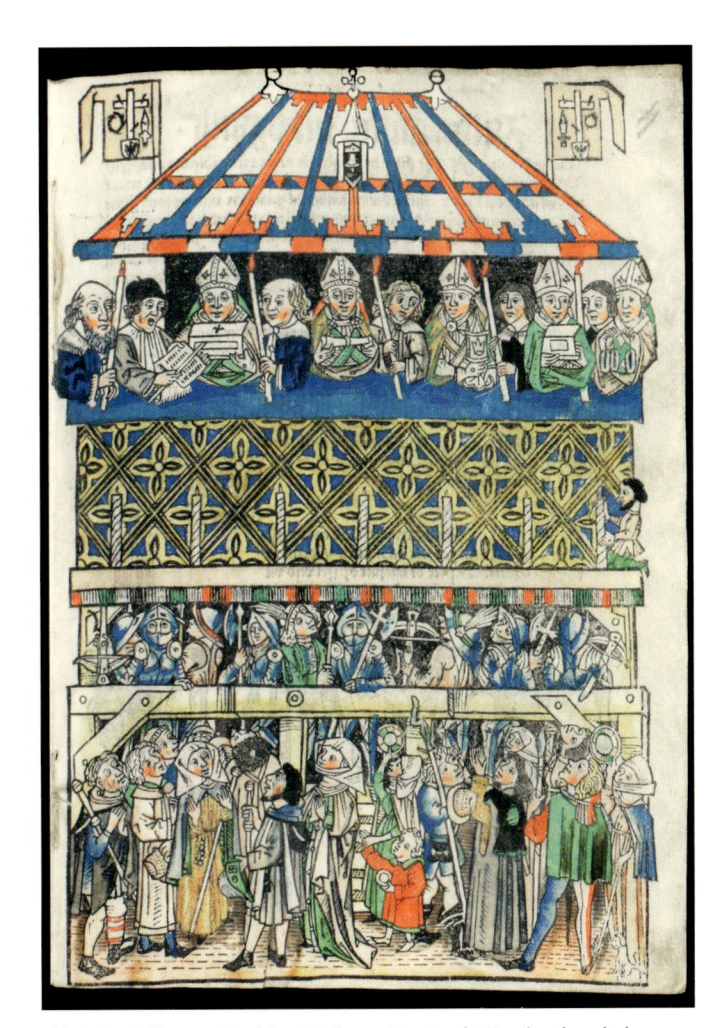

Abb. 71 Der Heiltumsstuhl auf dem Nürnberger Hauptmarkt. Nur einmal wurde der Reichsschatz von Karls IV. Frauenkirche am Hauptmarkt gewiesen; später nutzte man eine eigens errichtete Holzkonstruktion vor einem der Bürgerhäuser. • Nürnberg, E. 15. Jh. • Kolorierter Holzschnitt • Nürnberg, Staatsarchiv, Rst Nbg, Handschriften, Nr 399 a, fol. 4

10 HUBER 1877/89, 321, Nr. 3958a. – EMLER 1884/II, 528. – HOENSCH 1996, 293.
11 Zu den Ereignissen im 20. Jahrhundert vgl. die Prager Tagespresse der entsprechenden Tage und demnächst Rader, Karl IV. (in Vorbereitung).
12 HUBER 1877/89, 22, Nr. 233b; 26, Nr. 264a; 470, Nr. 5636b. – Vgl. HOENSCH 1996, 188. – Zur Aachener Krone MINKENBERG 2000, 59–68, bes. 63f. – KAVKA 2000, 477–484. – Ebenso KRAMP 2000, 2, 527. – Ferner SCHRAMM 1956, 3, 876–883. – HUYSKENS 1938, bes. 480–491. – SCHRAMM/FILLITZ 1978, 58, 133–135, Nr. 30. – Zum Problem einer zweiten Krönung BÜTTNER 2012, 339–377.
13 Zur Eisernen Krone NAHMER 1986, Sp. 1756f. – ELZE 1955, 450–479. – HAASE 1901, bes. 56–58 und 64–112.
14 Zur Krönung Karls MURATORI 1719, bes. 68–70.
15 ELZE 1955, 464–474. – Ferner CAVINA 1991, bes. 21–52.
16 SALOMON 1913/I, 10, Z. 16f.
17 BÖHMER 1844, 157f., Nr. 1963a. – HUBER 1877/89, 286, Nr. 353a. – Vgl. ELZE 1955, 474–479. – Belege für den Kronennamen bei Karl IV. HUBER 1877/89, 157, Nr. 1963a. – MGH Constitutiones 11, 183, Nr. 337, Z. 30. – Ferner PETERSOHN 1993, 99.
18 WYTTENBACH/MÜLLER 1838, 213. – Zu den Chalybs-Belegen MLW 2 1999, Sp. 512f. – MGH Constitutiones 4, 572 Nr. 609. – Vgl. ELZE 1955, 474–479. – HAASE 1901, bes. 55–59.
19 HUBER 1877/89, 339, Nr. 4171a. – Vgl. WERUNSKY 1892, 319–328. – WINCKELMANN 1882, bes. 53–55. – BLÁHOVÁ 2006, 559–577.
20 HUBER 1877/89, 338f., Nr. 4170a, Nr. 4170b. – Ferner HACK 1999, bes. 549–563. – WEISS 2008, bes. 118–126.
21 EMLER 1884/II, 533.
22 BÖHMER/OPLL 2001, 210, Nr. 2409. – Dazu auch FRIED 1983, 347–371. – OPLL 1990, 123. – GÖRICH 2011, 257–259.
23 HUBER 1877/89, 340, Nr. 4176. – Ferner FRIED 2009, 483f. – WINCKELMANN 1882, 54.
24 Zur Krone aus Neumarkt PIETRUSIŃSKI 1998, 189–200.
25 HOFMEISTER 1924/40, 393. – Vgl. auch HUBER 1877/89, 44, Nr. 498a.
26 HUBER 1877/89, 30, Nr. 317a.
27 EMLER 1884/II, 523.
28 EMLER 1884/II, 526.
29 EMLER 1884/II, 545.
30 Bulla aurea: MGH Constitutiones 11, 564, Zeile 9f. (lat.), und 565, Zeile 6f. (fnhdt.).
31 Vgl. BOCK 1864, bes. 13f. – FILLITZ 2000, 141–149. – PLETICHA 1989. – Reichskleinodien 1997. – KEUPP/REITHER/POHLIT u. a. 2009.
32 Dazu die grundlegende Untersuchung KÜHNE 2000, bes. 82–152. – Ferner BAUCH 2015, bes. 366–380.
33 KÜHNE 2000, 130–152. – BAUCH 2015, 376.
34 ŠMAHEL 1994, 1–37. – MEYER 2000, 100–118. – MEIER 2002, 19f. – SCHWARZ 1997, 123–156.
35 FRENSDORFF 1865, 60, Zeilen 14–21. – Ferner ŠMAHEL 1994, 12.
36 Prague Castle 2003, 196–203. – BRAVERMANOVÁ 1998, 14. – BRAVERMANOVÁ 2006, 168, Kat. 52.d.

Collector coronarum

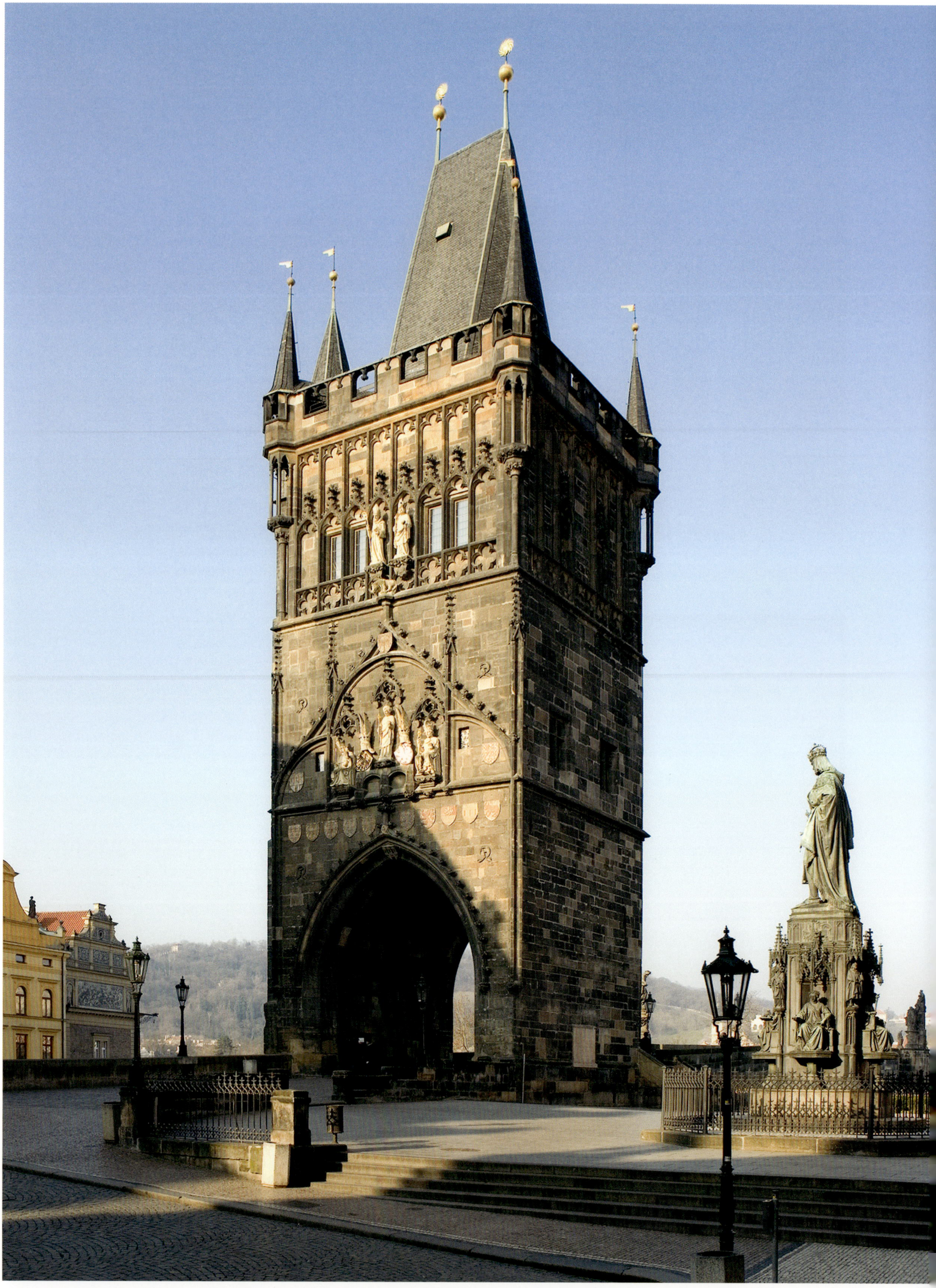

Karls Hauptstadt Prag

Großbaustelle und Versuchslabor einer neuen Richtung gotischer Architektur

Jana Gajdošová

Trotz der politischen und landwirtschaftlichen Schwierigkeiten, mit denen sich Böhmen im 14. Jahrhundert konfrontiert sah, bezeichnete die Geburt Kaiser Karls IV. zumindest im Bewusstsein der zeitgenössischen Historiker eine dynastische und kulturelle Wende. Plötzlich war da ein neuer König auf der Szene erschienen, der wahrlich nicht länger ein Přemyslide war, aber ebenso wenig ein König Fremdling – welchen Spitznamen man seinem Vater gegeben hatte.[1] Gewiss hätte Karl seine Position sehr leicht falsch einschätzen und zu forsch auftreten können, besonders, weil der böhmische Adel ihn zu Beginn seiner Regierungszeit nicht sehr rasch als seinen Souverän akzeptierte. Karl indes setzte viel Mühe darein, seine Legitimität in Böhmen geltend zu machen, und auch wenn Historiker gegen die Effizienz seines politischen oder ökonomischen Fingerspitzengefühls argumentieren mögen – so war eine von Karls unbestreitbaren Gaben das Verständnis für die Kraft von Kunst und Architektur, eine Ideologie auszugestalten. Das künstlerische Erwachen, das Karls Regierung in Prag auslöste, ist der Hauptgrund dafür, dass sein Leben für uns heute noch solch einen Widerhall hat. Karl schöpfte Kunst und Architektur aus, weil er ihre Bedeutung dafür verstanden hatte, seine Autorität in der öffentlichen Sphäre zu repräsentieren und zu konsolidieren – und diese öffentliche Sphäre war in Karls Fall zunächst einmal Prag, seine neue Hauptstadt.

Als Karl 1333, nach siebenjährigem Aufenthalt in Paris und seinen beiden auf Militärkampagne in Italien verbrachten Jahren, nach Prag zurückkehrte, stand er gleichsam schockiert an dem desolaten Ort, den er vorfand. In seiner Autobiografie beschrieb er Prag als ungeeignet für das Königtum. Er klagte: *„Dieses Königreich fanden wir so verwahrlost vor, dass wir keine einzige freie Burg fanden, die nicht schon mit all ihren königlichen Gütern verpfändet war, so dass wir keine Bleibe hatten, außer in den Häusern der Städte wie jeder andere Bürger. Selbst die Prager Burg war so verödet, verfallen und in Trümmern, dass sie seit der Zeit König Ottokars ganz dem Boden gleichgemacht war."*[2]

So begann Karl schon vor seiner Krönung zum böhmischen König mit dem Bau eines neuen königlichen Palastes auf dem Hradschin, der für ihn und seine französische Braut, Blanche de Valois, angemessener sein würde.[3] Der Palast wurde im „französischen Stil" erbaut und sollte an jenen Pariser Palast erinnern, in dem Karl residiert hatte, als er sich bei seinem Onkel, Karl IV. von Frankreich, aufgehalten hatte – nämlich das Palais de la Cité mit seiner eindrucksvollen Sainte-Chapelle.[4] Pariser Kunst und Architektur hatten enormen Eindruck auf Karl gemacht – dies der Grund für deren stetigen Einfluss auf die vom Herrscher in Auftrag gegebenen Werke und die fortgesetzte Erwähnung durch diesen Beitrag hindurch. Karls gotischer Palast steht nicht mehr; immerhin erlauben es archäologische Untersuchungen und einige fragmentarische Überreste, den großen Entwurf zu rekonstruieren, der den geheiligten Berg auf dem linken Moldau-Ufer der Stadt bekrönte. Einer der eindrucksvollsten Teilbauten war für den Betrachter die Große Halle, deren Breite die ihres romanischen Vorgängers verdoppelte und derjenigen des heutigen Vladislav-Saals entsprach.[5] Sehr ähnlich dem Palais de la Cité, zeigte die Prager Burg einen genealogischen Zyklus der böhmischen Könige, der mit Přemysl, dem mythischen Gründer der Přemysliden-Dynastie, begann und mit Karl IV. endete.[6] Zudem war die Allerheiligenkapelle des Schlosses von der Pariser Sainte-Chapelle inspiriert. Obwohl die Kapelle durch den Großbrand von 1541 schwer beschädigt wurde, ist es noch immer offensichtlich, dass dieser Bau von außerordentlicher architektonischer Qualität war. Der Chor der Kapelle, der einzige vollendete Teil, war eine Komposition aus großen Fenstern mit Glasmalereien, die die Wandflächen dominierten, darunter einem Sockelbereich mit Blendarkaden.[7] Am bemerkenswertesten war das etwa 1370 vollendete Netzgewölbe, von dem man annimmt, dass es die Architektur krönte.[8]

Zur Zeit der Errichtung des Schlosses wurde auf dem Hradschin der Neubau der Kathedrale begonnen, nachdem Prag 1344 zum Erzbistum erhoben worden war.[9] Und ein französischer Architekt, Matthias von Arras (1290–1352), wurde aus Avignon nach Böhmen berufen, um diesen neuen geheiligten Raum zu erbauen. Matthias arbeitete in einem typischen Rayonnant-Stil, indem er einen Bau errichtete, der durch Regelmäßigkeit und Leichtigkeit geprägt war, erreicht durch Bündel schlanker Dienste, große Fenster mit Glasmalerei und radial ausstrahlende Kapellen am Chorumgang. Die einzige Begrenzung seines Entwurfs wäre vermutlich die Notwendigkeit gewesen, Begräbnisort und -kapelle des hl. Wenzel in die neue Kathedrale einzubeziehen und sie zugleich an ihrem angestammten Platz zu belassen. Unglücklicherweise starb Matthias 1352, als erst der untere Teil des Ostabschlusses stand.

Abb. 72 **Der Altstädter Brückenturm an der Karlsbrücke ist zwar noch Teil der Befestigung der Altstadt, zugleich aber mit seinem Bildprogramm das bedeutendste Zeichen der luxemburgischen Herrschaft (vgl. auch Kat.-Nr. 2.1, 6.1) und Triumphbogen bei realen Prozessionen wie z. B. der Krönung des neuen Herrschers. Die dargestellten böhmischen Landesheiligen sakralisieren das Bauwerk, die Wappen verzeichnen die luxemburgischen Länder. Fertiggestellt vor allem unter Karls Sohn und Nachfolger Wenzel IV.** • Entwurf und Ausführung durch die Dombauhütte, geleitet von Peter Parler, 1375–80

Abb. 73 **Ansicht von Prag aus dem Album der Reise des Pfalzgrafen Ottheinrich 1536/37. Die detailreiche Vedute basiert auf Skizzen, die ein namentlich nicht bekannter Künstler vor Ort aus unterschiedlichen Ansichten fertigte: Ansicht von Süden (Hradschin), Südwesten (Altstadt) und Westen (Neustadt)** • Unbekannter Künstler, nach 1537 • Stift- und Federzeichnung, koloriert mit Wasser- und Deckfarben, gehöht in Weiß, Gold und Silber • Würzburg, Universitätsbibliothek, Sign. Delin VI, 3

Wenige Jahre nach Matthias' Tod stellte Karl einen jungen Architekten aus Schwäbisch Gmünd, Peter Parler (1330/33–99), als obersten Werkmeister der Kathedrale an. Peter war erst 24 Jahre alt, aber es ist offensichtlich, dass Karl etwas ganz Außergewöhnliches in diesem jungen Steinmetzen erkannt haben muss, da er ihm zugestand, die Bauhütte der Kathedrale und einige andere Großprojekte der Stadt zu leiten.[10] Als Parler 1356 in Prag ankam, begann er umgehend mit der Anpassung der Baupläne der Kathedrale, mit dem Ziel, originelle Einzelheiten und innovative Problemlösungen einzufügen. Parler war fasziniert von fließendem Maßwerk und entsprechender Gewölbezeichnung; darin unterscheidet sich sein eher exzentrischer Stil von Matthias' Entwurf. Die einfallsreichsten Aspekte seines Entwurfs sind die Gewölbezonen der Kathedrale und das räumlich angelegte Triforium, welches zudem ein Ensemble skulptierter Büsten der königlichen Familie und der am Kathedralbau beteiligten Persönlichkeiten erhielt.[11] Parlers Beteiligung an den zahlreichen architektonischen Projekten in Prag und die Tatsache, dass er in den Zyklus der Darstellungen am Triforium der Kathedrale aufgenommen wurde, belegen nicht nur die wachsende Rolle der Steinmetzmeister in dieser Zeit, sondern auch die enge Verbindung zwischen Kaiser und Hofarchitekt. Auch wenn Parler einige Freiheit gehabt zu haben scheint, mit Architektur zu experimentieren, so ist doch offensichtlich, dass zahlreiche Aspekte des Kathedralentwurfs unzweifelhaft von seinem Auftraggeber vorgegeben wurden, so das Mosaik über dem Südportal und der spezielle Entwurf der Wenzelskapelle. Karls Anteilnahme am kreativen Prozess und seine Unterstützung der Künste generell waren maßgeblich für die Entwicklung gotischer Kunst in Mitteleuropa. Und obwohl wir im Einzelnen nicht genau wissen, wie diese beiden starken Persönlichkeiten kooperiert haben – es ist offenkundig, dass es die Kombination von Karls Vision und Peters origineller architektonischer Vorstellungskraft war, die eine Art baukünstlerischen Erwachens im Prag dieser Zeit entzündete.

Der Umbau Prags, der mit dem Wiederaufbau der Burg und dem Neubau der Kathedrale begann, hing nicht allein von der Gründung einzelner Bauten ab, sondern war verwurzelt in Karls offensichtlichem Verständnis der Kräfte einer gut geplanten Stadt. Das mittelalterliche Prag existierte, gleich den meisten anderen mittelalterlichen Städten, in einem dauernden Zustand verwalterischer Uneinigkeit, da es vor Karls Herrschaft aus drei unterschiedlichen Städten zusammengesetzt war, nach seiner Hinzufügung der Neustadt aus vier. Diese Städte handelten als getrennte Einheiten, und trotz Karls Anstrengungen, die Stadt durch die Schaffung einer einzigen urbanen Identität (*unius corporis civitas*) zu einen und die Umwehrung der Altstadt zu beseitigen, blieb Prag bis ins 16. Jahrhundert geteilt.[12] Obwohl Karl Prag von Beginn an tief verbunden war, erkannte er nach seiner Rückkehr 1333, dass die Stadt viel zu klein und heruntergekommen war, um die Zahl der Besucher und Neuankömmlinge aufnehmen zu können, die er anzulocken hoffte.[13] Um die Stadt zu erweitern und Vyšehrad mit dem übrigen Prag zu verbinden, gründete Karl deshalb 1348 die Neustadt.

Zu diesem Zeitpunkt waren im neuen Teil der Stadt bereits zwei Kirchen im Bau: die Karmelitenkirche Maria Schnee vor dem St.-Gallus-Tor und die Kirche des Emmausklosters, welche an der *via triumphalis* lag, die die Altstadt und Vyšehrad verband.[14] Die Aufsiedelung der Neustadt erfolgte nicht sofort; immerhin beherbergte dieser Stadtteil um 1400 bereits etwa 40 Kirchen, die bezeugen, welche Anstrengungen unternommen wurden, ihn zu entwickeln.[15] Zudem wurden zwei riesige Plätze, Karls- und Wenzelsplatz, angelegt, für das Schauspiel des öffentlichen Lebens und zur Förderung des wirtschaftlichen Wohlstands.[16] Der außerordentliche Karlsplatz mit seinem Heiltumsstuhl war einer der wichtigsten Orte der Weisung von Reliquien, die der Kaiser auf seinen Reisen obsessiv sammelte.[17] Zum wichtigsten Datum der Zurschaustellung solchen Heiltums wurde hier das 1354 neu eingeführte Fest der Heiligen Lanze und der Nägel (*festum laenceae et clavorum*), das stets am zweiten Freitag nach Ostern (in der Woche der Osteroktav) gefeiert wurde.[18]

Im selben Jahr, in dem Karl den Grundstein zur Neustadt legte, gründete er auf demselben Moldau-Ufer auch die Prager Universität, und zwar in dem zur Neustadt hin gelegenen Teil der Altstadt.[19] Der erste Schritt zur Gründung einer Universität wurde im Januar 1347 getan, als Papst Clemens VI. Prag die dazu nötigen Privilegien verlieh. Die Verbindung zwischen der Universitätsgründung und Karl IV. wurde dadurch besonders verdeutlicht, dass das erste Universitätssiegel den König vor dem hl. Landespatron Wenzel kniend zeigte, wobei der König dieselbe militärische Ausrüstung trägt wie der heiliggesprochene Herzog.

Abb. 74 **Prag, Karlsbrücke. Eine der schönsten und bedeutendsten mittelalterlichen Brücken, die Verkehrsachse, die die Prager Städte, aber auch die Landesteile verband. Errichtet neben den Resten der älteren Judithbrücke, die 1342 durch Hochwasser zerstört worden war.** • Entwurf und Ausführung durch die Dombauhütte, geleitet von Peter Parler, 1370er Jahre

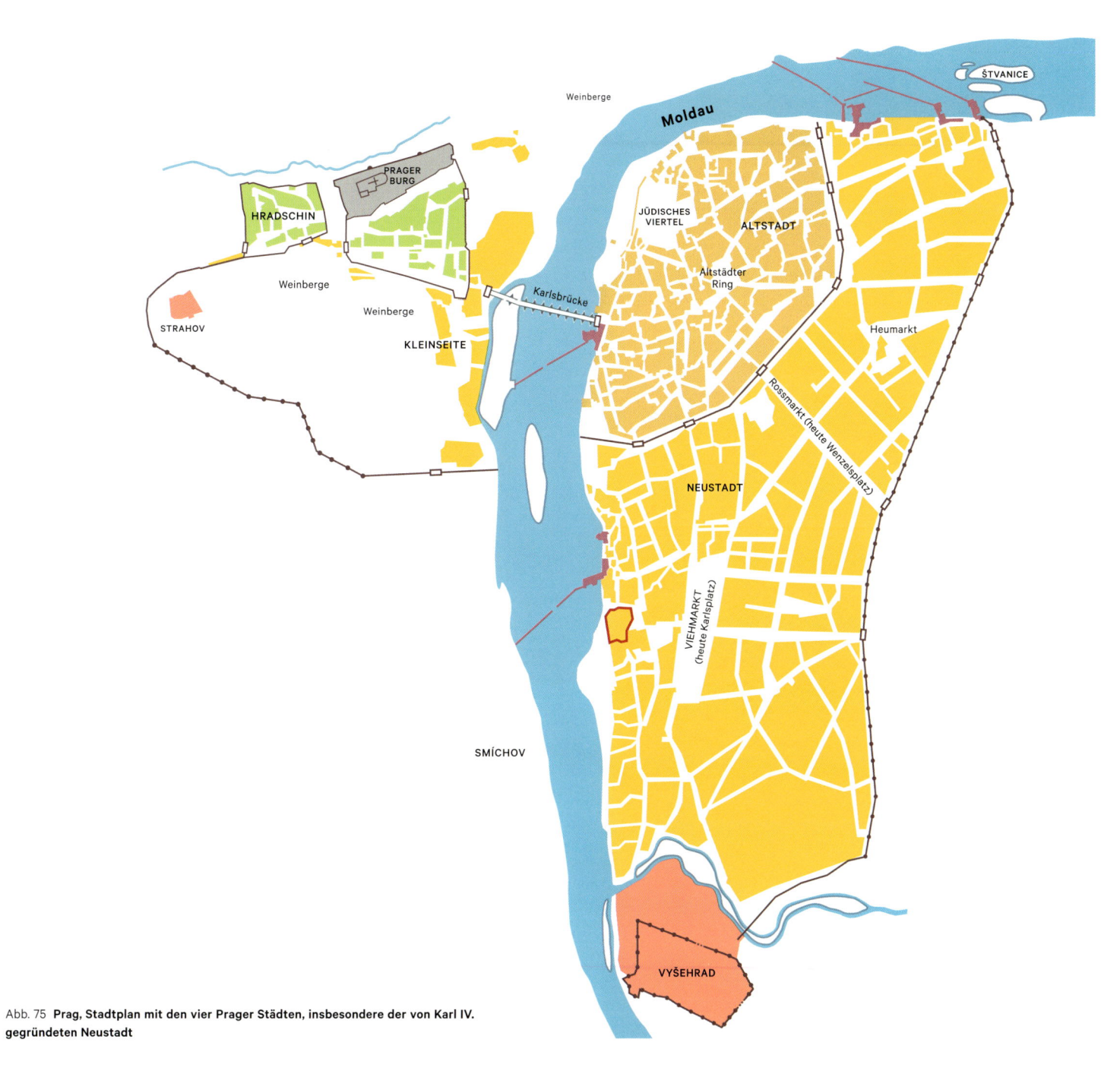

Abb. 75 **Prag, Stadtplan mit den vier Prager Städten, insbesondere der von Karl IV. gegründeten Neustadt**

Hauptstadt Prag

Abb. 76 Prag, Veitsdom, Äußeres des Chores. Dieser war zum Zeitpunkt des Todes Karls IV. 1378 noch nicht fertig gestellt.

Die Entwicklungen auf dem Ostufer der Moldau machten die Verbindung mit dem neuen Burg- und Kathedralkomplex auf dem Berg am Westufer umso bedeutsamer,[20] und so ordnete Karl im selben Jahr, in dem auch die Neustadt und die Karls-Universität begründet wurden, an, dass Zölle für den Bau einer neuen Steinbrücke über die Moldau gesammelt würden. Die Notwendigkeit einer solchen bestand seit der Zerstörung der sogenannten Judithbrücke durch das Frühlingshochwasser 1342 (vgl. Kat.-Nr. 1.2).[21] Obwohl unklar ist, bis zu welchem Ausmaß die Brücke durch die Fluten zerstört worden war, scheint es, als hätte Karl die Gelegenheit genutzt, die sich ihm mit dem Zusammenbruch dieses alten „Flickwerks von Reparaturen" bot, einen neuen, angemesseneren Bau zu errichten, um seiner völlig umgeplanten Stadt eine neue Einheitlichkeit zu verleihen. Der Grundstein zur neuen Brücke wurde 1357 feierlich gelegt; der Neubau wurde höher und breiter geplant sowie durch einen spektakulären gotischen Torturm gesichert.[22] Dieser wurde durch ein Skulpturenprogramm an beiden Seiten, der Ost- wie der Westfassade, geschmückt, von denen allerdings nur das der Ostseite mit einem herrscherlichen Ensemble erhalten ist (vgl. Kat.-Nr. 2.1). Hier verkünden die Statuen Karls

Abb. 77 **Prag, Veitsdom, Inneres des Chores, Gewölbe.** Die schräg gestellten seitlichen Arkaden des durchlichteten Triforiums und die Netzgewölbe sind Ideen, die Peter Parler höchstwahrscheinlich nach einem England-Besuch entwickelte.

IV. und seines Sohnes, Wenzels IV., ihre Autorität und unterstreichen die Etablierung einer neuen, aber dauerhaften Dynastie in Böhmen. Die Skulpturen der hll. Vitus, Adalbert und Sigismund schmücken die Fassade und eine Statue des hl. Wenzel dürfte höchstwahrscheinlich auf einer Säule vor dem Turm gestanden haben, hier den Ort markierend, an dem der Körper des ermordeten Heiligen ein Wunder bewirkt haben soll.[23] Dass Karl sein eigenes Abbild so prominent in Szene setzte, muss für ihn sehr wichtig gewesen sein, da die Brücke eben das Herzstück seiner neu gestalteten Metropole und das einzige Verbindungsglied zwischen den beiden Prager Stadthälften darstellte. Um die symbolische Bedeutung der Brücke noch weiter zu betonen, wurde die Tordurchfahrt mit einem bemalten Netzgewölbe ausgeschmückt – vermutlich dem ersten seiner Art in Böhmen.[24] Dieses Gewölbe wurde wahrscheinlich ungefähr in derselben Zeit erbaut wie dasjenige der Allerheiligenkapelle der Prager Burg und es bezeugt Peter Parlers Experimentieren mit Gewölbestrukturen in der Zeit, bevor er festlegte, in welcher Gestaltung der Chor des Veitsdoms abgeschlossen werden sollte. Da Karl erwartete, zahlreiche neue Besucher in der Stadt ansprechen zu können, sollte die neue Brücke diesen zudem einen

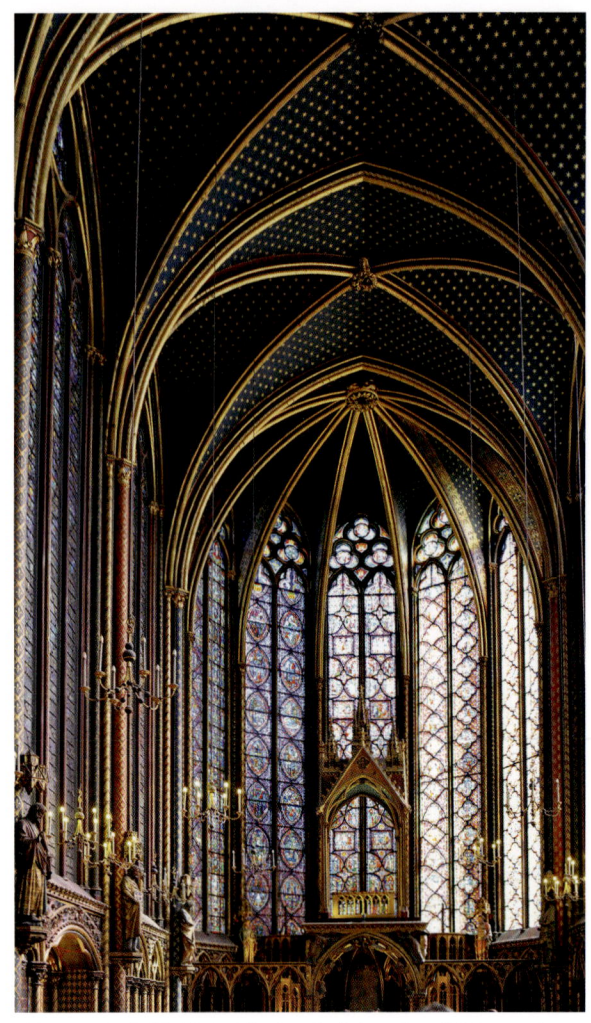

Abb. 79 **Paris, die königliche Palastkapelle (Sainte-Chapelle), Inneres der Oberkapelle** • erbaut 1243–48

Abb. 78 **Prag, Allerheiligenkapelle der Burg, errichtet unter Karl IV. durch Peter Parler nach dem Vorbild des Glasschreins der Pariser Sainte-Chapelle. Nach schweren Brandbeschädigungen im 16. Jahrhundert fehlen heute die Maßwerke, die Fenster wurden verkleinert, die Gewölbe sind auf niedrigerem Niveau eingezogen: Die Kühnheit des Bauwerks ging weitgehend verloren.** •
Rekonstruktion: Václav Mencl

sicheren Übergang bieten: Kaufleute und Reisende planten üblicherweise ihre Reisen anhand sicherer Flussübergänge.

Es liegt auf der Hand, dass sich die Gestalt Prags durch all diese neuen Projekte im Laufe des Jahrhunderts stark veränderte. Um die erweiterte und umgebaute Stadt zu sichern, wurde 1348 auf dem rechten Moldau-Ufer die neue Umwehrung der Neustadt begonnen, der ab 1360 eine Mauer auf dem linken Ufer folgte.[25] Diese waren natürlich nicht die ersten Befestigungen Prags. Erste Steinmauern waren um Kleinseite und Altstadt schon in der Mitte des 13. Jahrhunderts erbaut worden, und obwohl heute die meisten Zeugnisse dieser Befestigung im Boden verborgen liegen, können doch verschiedene Überreste noch rund um die Stadt angetroffen werden. Diese Stadtmauern des 13. Jahrhunderts sicherten die Altstadt für 400 Jahre, trotz der Versuche Karls IV., sie abbrechen zu lassen, um Alt- und Neustadt zu vereinigen.[26] Nichtsdestoweniger waren demgegenüber die Mauern des 14. Jahrhunderts selbst eine erstaunliche Bauleistung – sie umgaben die Gesamtheit der erweiterten Stadt, waren etwa 1,80–2,40 m dick, mit einem acht Meter tiefen Graben, der an manchen Stellen mit Flusswasser geflutet wurde. Zugang zur Stadt ermöglichten nur sechs Tore, vier auf dem rechten Moldau-Ufer, zwei auf dem linken.[27] Die wichtigste Funktion der Stadtmauern war die Verteidigung der Stadt, die sie umgaben; indes hatte ihr Bau auch tiefgreifende Auswirkungen auf die Topografie und die künftige Entwicklung der Stadt, da sie mittels einer neuen Begrenzung auch eine neue Form erhielt. Im Einklang mit des Kaisers legendärem Ruf wurde der Mauerbau durch Václav Hajek gleichermaßen romantisiert. Er hielt fest, dass die Mauern auf dem linken Ufer 1360–62 neu erbaut wurden, um die Stadt vor Angriffen aus westlicher Richtung zu schützen. Interessanter noch ist, dass Hajek betonte, der Bau der auf den Laurenziberg (Petřín) hinaufziehenden Mauer habe auch Arbeit und Nahrung vom Kaiser für die arme leidende Bevölkerung geboten, die unter dem Hunger litt, der Böhmen damals stark in Mitleidenschaft gezogen hatte.[28] Obwohl diese Bemerkung *cum grano salis* zu lesen ist, so wirft sie doch ein Licht auf die Art des Ansehens, das Karl IV. in Prag und bei dessen Einwohnern noch lange nach seinem Tod genoss.

Prags Topografie war in den gut 40 Jahren zwischen Karls Rückkehr dorthin und seinem Tod im Jahre 1378 einer dramatischen Umformung unterzogen worden. Das linke Ufer, mit gotischer Burg und Kathedrale, war zum Sitz der neuen Luxemburger-Dynastie umgeformt worden, während der Stadtteil am Ostufer in großem Umfang durch die Hinzufügung der Neustadt erweitert worden war. Darüber hinaus vereinigten die neuen Befestigungen und die Brücke Prags Teilstädte, zugleich Vyšehrad, die Burg im Süden, Symbol der Vergangenheit, und den neuen Komplex auf dem Hradschin, sozusagen das Leuchtfeuer der Zukunft.[29] Dies fand seinen Widerhall in dem neu verfassten Krönungsordo, in dem eine Prozession am Vorabend der Krönung eines neuen Königs vorgesehen war, um den Urahn Přemysl zu ehren, dessen Schuh und Hirtentasche auf dem Vyšehrad bewahrt wurden.[30] Karl verstand sehr klar die Macht solcher Rituale und Anspielungen – ein Grund für seine stete Unterstützung der Künste. Kunst und Architektur in Karls Hauptstadt und darüber hinaus wurden eingesetzt, um Autorität und Macht inmitten der landwirtschaftlichen, klimatischen und politischen Wirrnisse des 14. Jahrhunderts zu stärken. Indem er sich auf die Künste konzentrierte, war es Karl möglich, über die physischen Hindernisse, die ihm seine Zeit setzte, hinauszugehen, eine Ideenwelt zu schaffen, die seine Zeitgenossen, aber auch nachfolgende Generationen inspirierte und motivierte und die Prag an die Spitze der Entwicklung der spätgotischen Architektur setzte.

Abb. 80 **Prag, Kirche des Stifts Karlshof (Karlov) – eine Rezeption der Aachener Pfalzkapelle Kaiser Karls des Großen, die den äußersten südöstlichen Punkt der Prager Neustadt besonders auszeichnet.**

FUSSNOTEN

1. In seiner Autobiografie schreibt Karl: „Damals gewannen üble und falsche Ratgeber bei meinem Vater Einfluss gegen uns, nur auf ihren eigenen Vorteil bedacht, ebenso Böhmen wie auch solche aus der Grafschaft Luxemburg. Sie traten an unseren Vater heran und redeten ihm ein: ‚Herr, seht Euch vor, Euer Sohn hat im Königreich viele Burgen und einen großen Anhang aus Eurer Gefolgschaft; wenn er lange so dominieren wird, verdrängt er euch, wann er will; denn er ist sowohl Erbe des Königtums als auch vom Stamm der Könige Böhmens, und sehr von den Böhmen geliebt, Ihr aber seid ein Zugezogener.'" HILLENBRAND 1979/I, 120–123.
2. HILLENBRAND 1979/I, 116–119.
3. CROSSLEY 2000. – DUBSKÁ 2003. – CHOTĚBOR 2006. – NĚMEC 2015.
4. BLÁHOVÁ 1987, 195. – Franz von Prag/ZACHOVÁ 1997. – DUBSKÁ 2003, 159.
5. FIALA 1933. – DURDÍK 1995. – DUBSKÁ 2003, 164f. – ZÁRUBA 2010. – CHOTĚBOR 2012, 350. – ZÁRUBA 2014.
6. STEJSKAL 1976. – BLÁHOVÁ 1998, 11–18. – BENNERT 2004. – CROSSLEY 2009, 77.
7. Vgl. oben Anm. 3.
8. CROSSLEY 2009, 77. – WILSON 2011. – CHOTĚBOR 2012, 352.
9. MERHAUTOVÁ 1994. – CROSSLEY 1999. – CROSSLEY/OPAČIĆ 2006. – BENEŠOVSKÁ 2009. – KUTHAN/ROYT 2011.
10. Ausst.-Kat. Köln 1978. – MUK 1979. – CROSSLEY 2003. – VLČEK 2004.
11. BARTLOVÁ 2009.
12. OPAČIĆ 2003/I, 120. – 1367 ordnete Karl an, alle Mauern, Türme und Tore der Altstadt niederzulegen: „Eodem anno in mense Decembre dominus imperator volens, ut Antiqua et Noua civitates Pragneses propter bonum pacis et concordie unite essent, et uno eodemque iure gaudeant, et omnes equalia onera sufferrent, fecit rumpere valvas seu portas, turres ac muros Antique civitatis et fossata adimplere." Peter von Zittau/EMLER 1882, 239.
13. OPAČIĆ 2003/I, 120.
14. LORENC 1973, 25–28. – CROSSLEY 1999, 363. – OPAČIĆ 2003/I, 118–121.
15. OPAČIĆ 2003/I, 123.
16. OPAČIĆ 2009/II.
17. OPAČIĆ 2013. – BAUCH 2015/I. – Vgl. den Beitrag von Martin Bauch in diesem Band.
18. OPAČIĆ 2013, 265.
19. NODL 2012.
20. CROSSLEY/OPAČIĆ 2006. – OPAČIĆ 2013, 257.
21. DRAGOUN 2010. – GAJDOŠOVÁ 2014, 43–61.
22. „Eodem anno imperator posuit fundamentum sive primarium lapidem in fundamento novi pontis Pragensis in littore prope monasterium sancti Clementis." FRB IV, 526. – CHADRABA 1971. – HOMOLKA 1976, 11–54 (Staroměstská mostecká věž a její okruh [Der Altstädter Brückenturm und sein Umkreis]). – CHADRABA 1991. – VÍTOVSKÝ 2007/I und 2007/II. – ŠEFCŮ/CÍLEK 2010. – GAJDOŠOVÁ 2014.
23. GAJDOŠOVÁ 2016/II.
24. GAJDOŠOVÁ 2016/III.
25. JÁNSKA 1979.
26. DRAGOUN 1987.
27. JÁNSKA 1979.
28. KRABICE Z WEITMILE/BLÁHOVÁ 1987, 232. – HÁJEK Z LIBOČAN 1541, 335.
29. CROSSLEY 2000. – GAJDOŠOVÁ 2014.
30. CROSSLEY 2000. – ŽŮREK 2012. – OPAČIĆ 2013. – GAJDOŠOVÁ 2014.

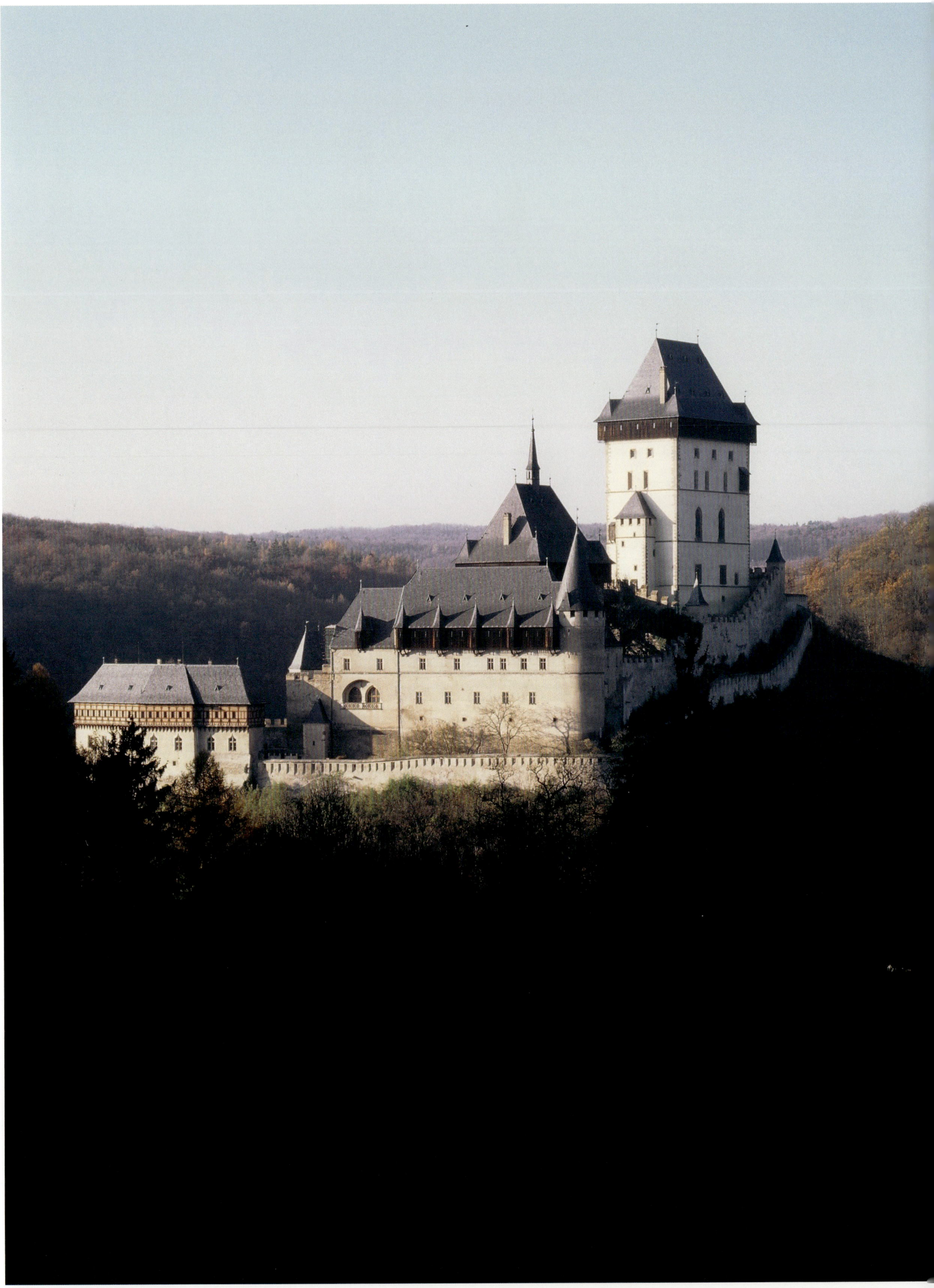

Burgen und Residenzen Karls IV.

G. Ulrich Großmann

Trotz der herausragenden Persönlichkeit Karls IV. stießen die im engen Zusammenhang mit ihm stehenden Burgen und Residenzen in der Forschung der letzten 50 Jahre nicht auf ein besonders großes Echo. Als eigenständiges Thema wurden sie eigentlich erst in jüngster Zeit behandelt. Der Ausstellungskatalog der großen Karls-Ausstellung 1978 beschränkte sich noch auf vier Bildseiten, in denen Prag, Elbogen (Loket), Pürglitz (Křivoklát) und Karlstein (Karlštejn) kommentarlos abgebildet wurden – die Hälfte dieser Burgen hatte mit Karl direkt nicht einmal etwas zu tun.[1]

Grundsätzlich basiert die mittelalterliche Herrschaft baulich in erster Linie auf den Burgen als Stützpunkten und befestigten Wohnsitzen des Adels, insbesondere des Königs. Der römisch-deutsche Kaiser und König Karl IV. bemühte sich in besonderem Maße um den Ausbau der Burgen, nicht zuletzt, um seine böhmische Hausmacht zu festigen und zu vergrößern.

Als Vorbild für seine „Baupolitik" kann man den Onkel Karls ansehen, den Trierer Erzbischof Balduin von Luxemburg (1285–1354), der für das Erzbistum mehrere Burgen errichtete und ihnen seinen Namen gab.[2] Auch für Karl spielt neben dem Ausbau bestehender Burgen der Neubau von Burgen eine wichtige Rolle. Für mehr als ein Dutzend lassen sich erhebliche Ausbaumaßnahmen feststellen, mindestens acht neue Burgen trugen den Namen Karls, eine weitere den seines Sohnes Wenzel. Daneben gibt es weitere Burgen, die bereits sein Vater übernommen oder errichtet hatte und die Karl natürlich nutzte, wie beispielsweise die auf das 13. Jahrhundert zurückgehende Burg Bettlern (Žebrák), die 1341 von Johann von Luxemburg als Jagdsitz erworben worden war.[3]

Im Folgenden soll ein kurzer Überblick über die wichtigsten Bauten bzw. Baumaßnahmen gegeben werden, die mit Karl IV. in engem Zusammenhang stehen und weitgehend in seinem Auftrag angelegt oder erweitert wurden. Vor allem geht es darum, die Vielfalt seiner Baumaßnahmen und die außerordentliche Variabilität der Bauformen zu verdeutlichen. Soweit möglich, folgt der Überblick etwa der Reihenfolge der jeweiligen (Haupt-) Baudaten:

Abb. 81 Burg Karlstein von Südosten. Auf dem Bergsporn erheben sich übereinander der Palas (vorn) mit dem nach Osten gewandten Turm über den Kapellenapsiden, sodann der hier fast verdeckte kleinere Turm mit der Kapelle der Passionswerkzeuge Christi und schließlich der Große Turm mit dem an der Südwand angebauten, innen ausgemalten Treppenhaus zur Heilig-Kreuz-Kapelle.

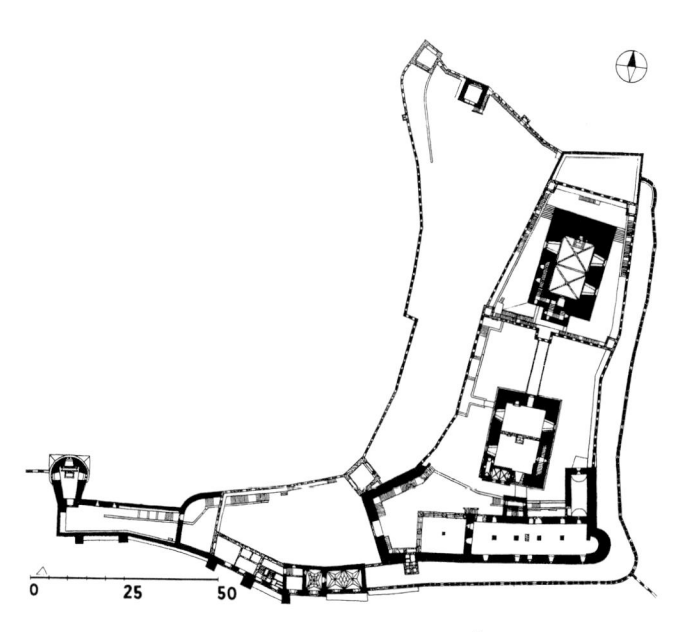

Abb. 82 Karlstein (Karlštejn), Burg, Grundriss (ex: MENCLOVÁ 1972, Abb. 205)

Montecarlo (Prov. Lucca), Rocca del Ceruglio. Die von Johann von Luxemburg und Karl errichtete Burg sollte Lucca gegen Florentiner Ansprüche unterstützen und wurde zusammen mit dem befestigten Ort um 1333 gegründet. Die Burg hat einen dreieckigen Kern mit quadratischen Ecktürmen zum Ort hin; dort sind ihr eine Vorburg mit einem viereckigen Hof sowie ein weiterer schmaler Vorbau mit Wehrgang und Turm vorgelagert. Die ortsabgewandte Spitze der Anlage hat einen kräftigen Rundturm. Das Mauerwerk besteht weitgehend aus Bruchstein. Wehrgänge ruhten auf weit vorkragenden Spitzbogenfriesen. Schlüssellochscharten sprechen für spätere Umbauten, doch fehlen bislang genauere Untersuchungen. Der Gesamteindruck erinnert nicht an Burgen in Deutschland, sondern folgt deutlich regionalen Vorbildern.

Bautzen (Oberlausitz/Sachsen), Burg Ortenburg (Name seit dem 15. Jh.). Seit 1319 unter böhmischer Herrschaft; daher ist zwar mit Baumaßnahmen an der Burg zu rechnen, doch kam es 1483–86 zu einem weitgehenden Neubau, der kaum erkennbare ältere Spuren hinterließ.[4]

Karlsburg (Tepenec) bei Giebau (Jívová, Krs. Olmütz). 1340 errichtet, ist sie offenbar die erste nach Karl benannte Burg in einem

Abb. 83 **Karlstein, Palas, Saal nach Osten**

der böhmischen Länder, allerdings wurde die urkundlich erwähnte Burg zunächst auch als Twingenberch bezeichnet. 1406 kam es zur Zerstörung, die Ruinen bestanden bis ins 18. Jahrhundert.[5]

Prag, Burg (Praha-Hradčany). Heute wird die Prager Burg stark durch die Neubauten Benedikt Rieds (um 1492/1500) sowie des 17./18. Jahrhunderts bestimmt, doch an der Verteilung der Gebäude im Burgkomplex hat sich gegenüber der Zeit Karls IV. nichts Wesentliches geändert. Er veranlasste den Neubau des Veitsdomes an der Stelle der hochmittelalterlichen Basilika und der Veitsrotunde ab 1344 (Grundsteinlegung), dessen Chor 1385 vollendet wurde; 1417 stellte man die Bauarbeiten ein. Südlich des Domes steht der „Palas", der bereits im hohen Mittelalter über die frühmittelalterliche Befestigung hinaus gebaut wurde. Karl ließ dem schmalen Bau hofseitig spitzbogige Arkaden anfügen und schuf damit für den Saal im Obergeschoss jene Breite, die beim Neubau des Wladislawsaales ab 1492 beibehalten wurde. Die schmalen Räume im Erdgeschoss waren flach gedeckt und wurden unter Wenzel eingewölbt, vom Saalgeschoss des 14. Jahrhunderts sind nur Mauerteile sowie Ansätze von Fenstern bekannt. Um/ab 1492 wurde dieses durch den Wladislawsaal überbaut, doch zwischen der ältesten Bauphase des romanischen Saalbaus und dem Frührenaissancesaal lässt sich die umfangreiche Baumaßnahme Karls IV. nachweisen. An den Wohn- und Saalbau schließt sich die der Sainte-Chapelle zu Paris folgende Allerheiligenkapelle nach Osten an.[6]

Karlstein (Karlštejn, Kreis Beraun [Okres Beroun]). Burg Karlstein wurde zwischen 1348 bis 1365 in mehreren Bauetappen errichtet und ist damit die erste Burganlage nach der Krönung Karls zum deutschen sowie zum böhmischen König, wobei mehrfach Änderungen der Funktion eine Rolle spielten.[7] Bis 1355 entstanden der Palas und der untere (Kleine) Turm, anfänglich als königlicher Wohnturm geplant. 1357 ließ Karl hier eine Passion-Christi-Kapelle im zunächst profan genutzten Raum einrichten. Um 1357–61 entstand der Große Turm (Mittelgeschoss 1359/60), 1361 erfolgte die Weihe der Heilig-Kreuz-Kapelle statt der ursprünglich hierher verlagerten profanen Nutzung. Allerdings muss der Große Turm von Anfang an geplant gewesen sein, da man die höchste Stelle des Burgberges kaum unbebaut gelassen hätte. Auch errichtete man jetzt erst die offene Vorhalle im Westen sowie den Nebenflügel im Osten des Palas. Der Gedanke der Aufbewahrung der Reichskleinodien bestimmte also nicht von Anfang an das Baukonzept.

Ein tiefer Halsgraben trennt die Burg vom anschließenden Höhenrücken. Der ursprüngliche Zugang führte als Brücke über ihn hinweg; seit dem 15. Jahrhundert befindet sich das Tor im Halsgraben. Die Hauptburg besteht aus drei markanten Bauwerken: einem kleinen und einem großen Wohnturm sowie dem Wohn- und Saalbau neben dem inneren Tor. Der „Palas" enthält im 1. Obergeschoss einen großen Saal mit einem Kapellenerker sowie im Geschoss darüber die königliche Wohnung aus einer Stube, einer Kammer sowie einem kleinen Saal mit einem Kapellenchor, der also profan und sakral nutzbar ist. Der heutige Zustand – in der Rekonstruktion des 19. Jahrhunderts – erklärt nur die Apsis (Nikolauskapelle) als Sakralraum; neben der Apsis befinden sich ein Kamin und ein Abtrittzugang, typisch für eine Kammer zum Schlafen oder einen kleinen Saal.

Der kleinere Wohnturm enthält in der Mauerstärke eine kleine, sicher nur für die Privatnutzung vorgesehene Kapelle (sog. Marienkapelle), der benachbarte Raum könnte als Wohnraum gedient haben, wofür es aber keine eindeutigen baulichen Belege mehr gibt, und wurde nach Stiftsgründung in eine „Passion-Christi-Kapelle" umgewandelt, während die kleine Kapelle dann als Schatzkammer der böhmischen Kleinodien genutzt wurde.

Der wichtigste und zugleich der jüngste unter Karl IV. entstandene Bau ist der Hauptturm an höchster Stelle. Hier wurden, jedoch offenbar erst nach einer Planänderung, die Reichsinsignien

Abb. 84 **Karlsberg (Kašperk), Blick auf die Burg**

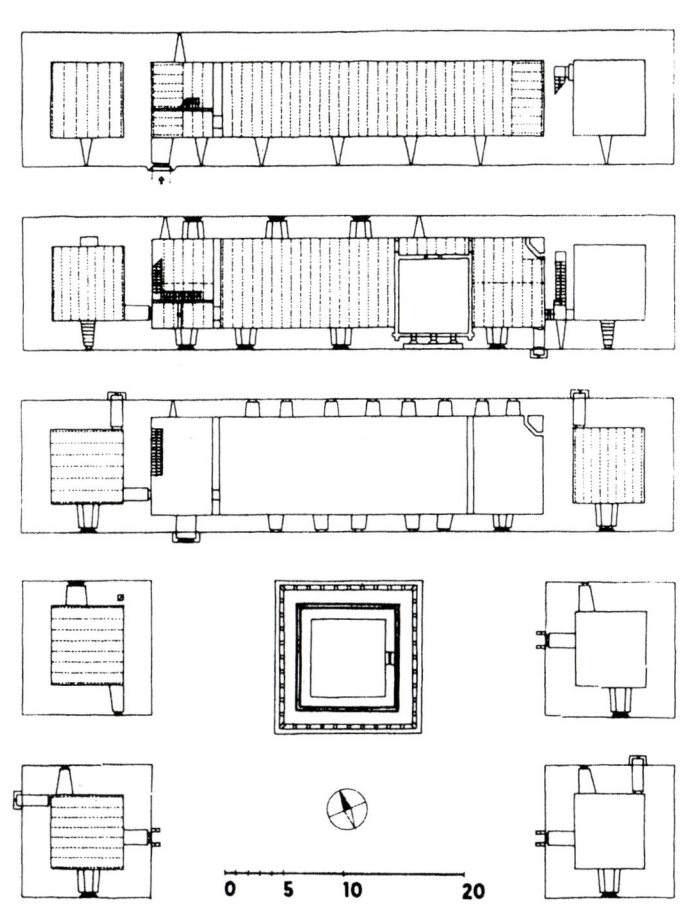

Abb. 85 **Karlsberg, Burg, Grundrisse (ex: MENCLOVÁ 1972, Abb. 206)**

in drei gewölbten Geschossen aufbewahrt, insbesondere im Mittelgeschoss mit der um 1365 vollendeten Burgkapelle zum Heiligen Kreuz. Sie sticht wegen ihrer reichen Ausmalung des Prager Hofmalers Magister Theodoricus noch heute hervor.

Durdík verweist darauf, dass die gestaffelt wirkende Baugruppe ursprünglich nicht über das Dorf unter der Burg, sondern über den Bergrücken von Nordosten aus zugänglich war und der Hauptturm damit das erste Bauwerk im Blickfeld des Ankommenden war; zudem diente der Hauptturm mit seinem sieben Meter dicken Mauerwerk zur Deckung der übrigen Gebäude gegen Beschuss.[8] Dementsprechend muss er von Anfang an konzipiert worden sein, auch wenn er erst als letzter Bau errichtet wurde.

Karlík (beim mittelalterlichen Ort Dobřichovo, Kreis Beraun [Okres Beroun]). Karlík entstand ab 1348 im Umkreis der Burg Karlstein zu dessen Sicherung; erhalten haben sich nur geringe Mauerreste.[9]

Prag, Vyšehrad (Praha-Nové Město). Größtes Bauprojekt Karls war die Gründung der Neustadt Prag und in Zusammenhang damit der Ausbau der Burg Vyšehrad um 1350. Zumindest in einer Quelle wird der Name „nova civitate dicta Karlstad" genannt.[10] Allerdings wurde die Burg später weitestgehend erneuert, innerhalb der heutigen Festung lassen sich nur wenige Mauerteile noch dem späten Mittelalter zuweisen, ohne dass Aussagen über die Bauwerke möglich sind.

Sulzbach(-Rosenberg; Oberpfalz, Landkreis Amberg-Sulzbach). Das Schloss diente 1355–73 als zentraler Sitz von Karls Erwerbungen in „Neuböhmen" im heutigen Bayern. Etwaige Baumaßnahmen sind durch Um- und Neubau ab dem 16. Jahrhundert überformt.

Karlsberg (Kašperk) im Karlsberger Gebirge (bei Kašperské Hory [Bergreichenstein], Kreis Klattau [Okres Klatovy]). Burg Karlsberg entstand ab 1356 im Böhmerwald und hatte die vorrangige Aufgabe, den Bergbau und die damit in Zusammenhang stehenden Wege zu sichern, namentlich die „Goldene Straße". Die Kernburg ist ein längsrechteckiger Wohnbau zwischen zwei quadratischen Tür-

Abb. 86 **Karlsberg, Burg, Befund der Stube**

men. Über einem Sockelgeschoss hat der Wohnflügel zwei Obergeschosse. Im Mittelgeschoss zeichnet sich eine Blockwerk-Stube („Bohlenstube") durch eine gestaffelte Fenstergruppe unter einem halbrunden Überfangbogen ab. Ein Eckkamin im 1. Obergeschoss könnte zu einer Küche gehören, schließlich nimmt ein Saal mehr als die Hälfte der Etage ein. In den Türmen gab es jeweils eine Kammer mit Abtritt und einen gleich großen weiteren Raum, der jedoch keine eindeutigen Stubenmerkmale aufweist. Eine niedrigere Ringmauer mit Zinnen fasst die Burganlage ein.[11]

Lauf, Wenzelsburg (Mittelfranken, Kr. Nürnberger Land). Die auf einer Pegnitz-Insel gelegene Wasserburg hat einen dreieckigen Grundriss mit einem (weitgehend abgebrochenen) Bergfried an der Spitze, und einem zweiflügeligen Wohnbau diesem gegenüber. Errichtet wurde die Burg wohl um 1357–60, die Wappen lassen sich in die Jahre 1361/62 datieren, allerdings schlug Richard Němec neuerdings eine Entstehung bereits vor 1356 vor und vermutet damit auch eine Datierung des Bauwerks in die frühen 1350er Jahre.[12] Das Haupttor an der Südseite befindet sich in einem Torturm, darüber steht eine Statue des Hl. Wenzel. Zwischen Wohnbau und Bergfried gibt es im Norden eine kleine Nebenpforte zur Stadt. Die Außenseite der Burg wird durch Buckelquadermauerwerk bestimmt, die Hofseite des Saalflügels durch hohe Arkaden, die ihr Vorbild in der königlichen Architektur Frankreichs haben dürften, die Strebepfeiler sind wegen der Wölbung erforderlich. Der Saal im Obergeschoss weist einen Kapellenerker an der Nordseite auf. Im Erdgeschoss hat man bisher Pferdeställe oder eine Wagenremise vermutet, doch der rippengewölbte Raum spricht eher für eine Hofstube und der gratgewölbte Bereich zwischen Letzterem und der Nebenpforte für eine Küche. Als Wohnung diente eine Kammer mit Abort und Kamin sowie einer umfangreichen Dekoration aus böhmischen Wappen, die als Relief in die Wand eingeschlagen wurden, benachbart befindet sich eine Stube. František Kavka bezeichnet den Raum als Audienzsaal, wofür es jedoch keinen ausdrücklichen Beleg gibt; allerdings liegt eine Nutzung einer so aufwendigen Kammer für Audienzen durchaus nahe.[13] Der Vorraum könnte als Anticamera gedient haben, gelangt man doch nur durch diesen Raum in den „Wappensaal".[14] In diesem wurde zudem ein Oratorium vermutet. Stattdessen hat der Raum jedoch nur zwei Fensternischen und einen Abtritterker. Der wappengeschmückte Raum ist somit als Kammer, der Vorraum als Stube zu identifizieren. Da Räume grundsätzlich multifunktional waren, kann man nicht von einer privaten Stube und dem ausschließlichen Schlafgemach des Kaisers sprechen, vielmehr hatten beide Räume höchste repräsentative Ansprüche, doch zweifellos bildeten sie ein Appartement. Dagegen hatte die vermutetete hölzerne Stube westlich des großen Saales keine Kammer als Nebenraum, kann also nicht als kaiserliche Wohnung gedient haben, sondern als Nebenraum des Saales.[15]

Karlshaus (Karlův Hrádek oder Hradek u Purkarec; bei Frauenberg [Hluboká nad Vltavou], Kreis Budweis [České Budějovice]). Von der um 1357/64 zur Sicherung einer Fernstraße errichteten Anlage sind nur noch Mauerreste erhalten; sie lässt sich aber als dreiflügelige geschlossene Anlage um einen Innenhof rekonstruieren, mit einem Wohnbau neben dem Tor, dessen Verlängerung eine Burgkapelle bildet.[16]

Karlsfried (Neuhaus) bei Zittau. Ab 1357 wurde Burg Neuhaus, bis ins 19. Jahrhundert auch als Karlsfried bezeichnet, als Zollburg zur Sicherung der Zollstelle errichtet. Die Zolleinnahmen dienten insbesondere zur Finanzierung der Gabel-Zittauer Handelsstraße.[17] Erhalten sind Reste eines Bergfrieds und eines Wohnbaus sowie eines separaten Turmes, mit dessen Hilfe die Straße gegebenenfalls

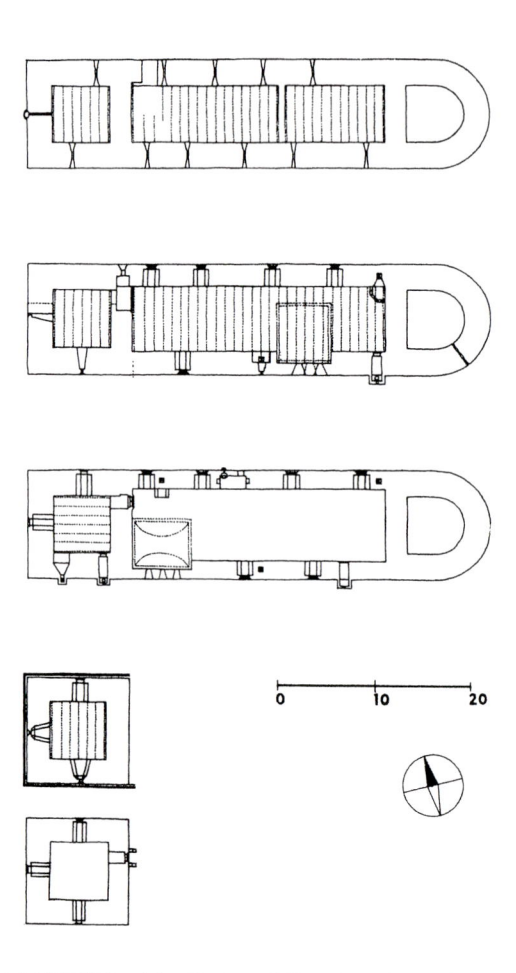

91 RADYNĚ, hradní palác shora dolů: přízemí (s nálevkou v západní čtverhranné věži), 1. a 2. patro a 2 patra západní věže (kol 1360).

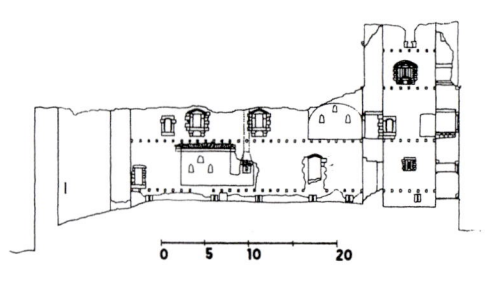

Abb. 87 **Karlskrone (Radyně), Burg, Grundrisse** (ex: MENCLOVÁ 1972, Abb. 207)

Abb. 88 **Karlskrone, Rest einer Stube**

gesperrt werden sollte. Teilweise hatte die Anlage auch die Funktion der Burg Oybin zu übernehmen, nachdem dort Mönche angesiedelt worden waren.[18]

Böheimstein (Stadt Pegnitz, Oberfranken, Kreis Bayreuth). 1357 von Karl IV. erworben und ausgebaut. 1402 ging sie an die Burggrafen von Nürnberg (Hohenzollern) über und wurde 1553 im Markgrafenkrieg zerstört.[19]

Karlsbad (Karlovy Vary). Der heute eher an das Zentralgebäude eines Badehauses erinnernde quadratische Turm ist der Rest der Burg Karlsbad, die vielleicht schon ab 1358 errichtet wurde und 1370/76 als Aufenthaltsort des Kaisers belegt ist.[20]

Rothenberg (Markt Schnaittach, Mittelfranken, Kreis Nürnberger Land). 1360 durch Karl IV. erworben, erfolgte anschließend der Ausbau der Burg. Ihre nach neuzeitlichen Kriegshandlungen beschädigten Reste wurden für die erhaltene Festung des 18. Jahrhunderts abgebrochen.[21]

Karlskrone (Radyně), bei Altpilsen (Starý Plzenec, Kreis Pilsen-Stadt [Plzeň-město]). 1361 als Höhenburg oberhalb von Alt-Pilsen und an der Kreuzung mehrerer wichtiger Fernstraßen gegründet, besteht die kompakte Burganlage aus Bergfried, Wohnbau und Wohnturm als einem länglichen Bauensemble mit den Türmen an den Enden, im Konzept sehr ähnlich Karlsberg. Der dreigeschossige Wohnbau enthält im 1. und im 2. Obergeschoss jeweils eine Bohlenstube sowie im 1. Obergeschoss daneben auf der einen Seite einen kleinen Saal (oder eine Kammer), auf der anderen einen mit einem Eckkamin versehenen Raum, der vermutlich als Küche diente. Die Stube im 2. Obergeschoss hatte lehmverkleidete Bohlenwände, ihre Lehmverschalung hat sich am Bruchsteinmauerwerk abgedrückt. Auch gab es eine Segmenttonnen-Decke und eine gestaffelte Fenstergruppe. Neben den beiden Stuben befand sich jeweils ein schmaler Vorraum zum Einheizen der Öfen. Eingerahmt waren die Stuben von zwei weiteren Räumen. Im Hauptgeschoss handelte es sich vermutlich um eine kleine Kammer mit Abort sowie einen kleinen Saal, im 2. Obergeschoss des Wohnturms ebenfalls um eine Kammer mit Kamin und Abort.[22]

Oybin (Sachsen, Landkreis Görlitz). Die Burg Oybin wurde Quellen zufolge 1364 errichtet und 1366 mit einem Coelestinerstift verbunden; dessen Kirche wurde 1384 geweiht.[23] Auf dem Felsrücken befindet sich die gotische Klosterkirche an höchster Stelle, westlich davon steht die ursprünglich als Burg, später als Klausur des Stifts genutzte Gebäudegruppe mit einem Wohnturm. Der Wohnbau ist ein längs gestrecktes dreigeschossiges Gebäude, dessen erhaltene Außenmauer ein differenziertes Bauwerk erkennen lässt, in dem es eine ofenbeheizte Stube und mehrere weitere, sehr unterschiedlich gestaltete Räume gab.

Mylau (Sachsen, Vogtlandkreis). Die unregelmäßige längliche Anlage erstreckt sich zwischen einem runden und einem quadratischen Turm. Karl IV. erwarb die Burg 1367 und ließ umgehend einen Umbau beginnen. Unter anderem ist das Dachwerk des südwestlichen Turms 1368 datiert.[24]

Nürnberg, Kaiserburg. Nach den letzten großen Baumaßnahmen im 3. Drittel des 13. Jahrhunderts und gegen 1300 (Sinwellturm, Ausbau Palas, Obergeschoss Kapellenerker) war die Burg in der Zeit Karls IV. benutzbar und bedurfte keiner wesentlichen Erneuerungen. Lediglich das Türmchen am Burggrafenhaus in Richtung Vestnertor scheint auf Kosten des Reiches errichtet worden zu sein, 1362 wird es so in einer Quelle genannt. Die Stadt Nürnberg errichtete 1377 den hohen Turm „Luginsland", der jedoch erst durch den Übergang der Burghut an die Stadt Nürnberg und den Neubau der Kaiserstallung im 15. Jahrhundert als Teil der Burg erscheint, eigentlich ist es ein Stadtmauerturm. Obwohl Karl keine sicher nachweisbaren baulichen Spuren in der Nürnberger Burg hinterließ, hielt er hier neun Reichs- und Hoftage ab und residierte insgesamt 52 Mal in Nürnberg.

Tangermünde (Sachsen-Anhalt, Kreis Stendal). Die große ovale Anlage hat im Nordosten einen rechteckigen hochmittelalterlichen Turm – vielleicht einen Wohnturm – und die ursprüngliche Kernburg, ferner direkt neben dem Tor im Westen einen Rundturm („Gefängnisturm"). Während der sechsgeschossige „Kapitelturm", der vermutliche Wohnturm, in den unteren Geschossen romanisch ist, wurde sein oberstes Geschoss, ursprünglich vielleicht aus Fachwerk, 1903 in Anlehnung an Burg Karlstein aufgesetzt.

Abb. 90 **Lauf, Wenzelsschloss, Blick von Südosten**

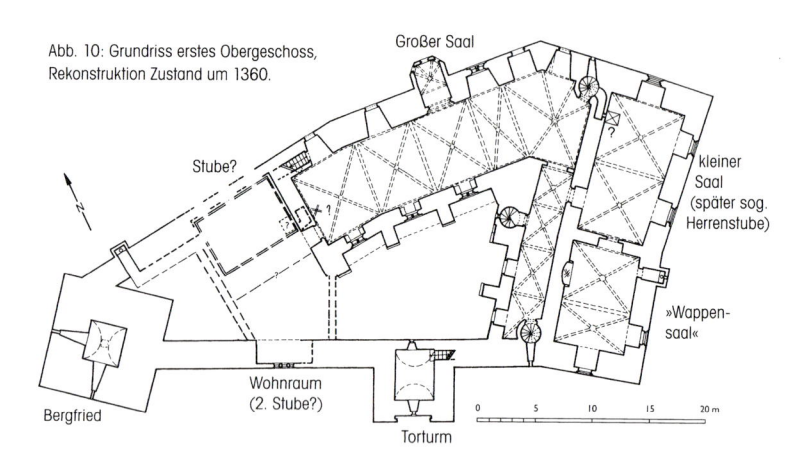

Abb. 89 **Lauf, Wenzelsschloss, Grundriss**

Abb. 91 **Lauf, Wenzelsschloss, Wappensaal**

Der „Gefängnisturm" stammt aus der frühen Hohenzollernzeit (2. Viertel 15. Jh.), der obere Abschluss mit den Wappenblenden und den Zinnen sogar erst aus dem Jahre 1903.

Die spätmittelalterliche Hauptburg nimmt den stadtseitigen, südwestlichen Teil der Anlage ein. Mit Wohnbauten, Kapelle und Kanzlei gehört sie nach neueren Untersuchungen teilweise noch der askanischen Bauzeit an, teilweise wurden die Gebäude den Ziegelmarken zufolge um 1440/50 erneuert. In der Kanzlei steckt die alte westliche Burgmauer mit Schießscharten der Zeit um 1300.[25] Aus der Zeit Karls IV. stammen keine wesentlichen Bauteile, so bedeutend die Burg für ihn auch war.

Karlswald (Oberpfalz oder Egerland). Der Name Karlswald wird in der historischen und statistischen Literatur des 18. und 19. Jahrhunderts in einem Überblick zu den „bekanntesten Schlösser und Flecken" des Egerlandes genannt, unter dem Namen ist jedoch keine Burg mehr erhalten.[26] Karl IV. tauschte das zuvor zum Reich gehörende Karlswald 1360 mit Weiden und Parkstein gegen Besitzungen im Schwäbischen für Böhmen ein.[27]

Die hohe Zahl der im Auftrag Karls IV. errichteten bzw. erweiterten Burgen hängt natürlich zunächst mit seiner Funktion als böhmischer und römisch-deutscher König einerseits und der relativ langen Herrschaft andererseits zusammen. Letztere bedingt fast von selbst, dass in seiner Herrschaftszeit an jeder Burg der beiden Herrschaftsgebiete einmal gebaut wurde. Dennoch kann man von einem regelrechten Burgenbauprogramm sprechen, worauf nicht zuletzt die Namensgebung vieler Neugründungen hinweist. Die Burgen konnten neben der Sicherung des Landesausbaus und von Karls Hausmacht auch seinem persönlichen Nachruhm dienen, wie die häufige Namensgebung zeigt. Dennoch lässt sich eine konsequente Bauform aus den äußerst unterschiedlichen und in sehr verschiedenem Zustand erhaltenen Burgen derzeit nicht ermitteln. Zweifellos hat Karl höchste Ansprüche umsetzen lassen, wie er sie etwa in Frankreich kennengelernt haben dürfte. Dies kann sowohl die äußere Erscheinung der Burgen und besonders der Paläste betreffen als auch die Anordnung von Wohnräumen.

Dabei steht außer Frage, dass Prag das Schwergewicht von Karls Interessen bildet. Mit der Erneuerung des – später überformten – Saalbaus der Prager Burg und dem mächtigen Veitsdom übertrumpft der Hradschin die Nürnberger Kaiserburg deutlich und gegenüber der vor den Toren Prags entstandenen Burg Karlstein ist die vor den Toren Nürnbergs errichtete Burg Lauf ein bescheidenes Landschlösschen, trotz Gewölbesaal, Wappenkammer und Hofarkaden.

Auffällig ist, dass die Burgen keiner einheitlichen Formensprache folgen. Vielmehr entsprechen sie stark den Moden und Erfordernissen der jeweiligen Region, selbst wenn der Stil der „Arrasschen (Bau)-Schule"[28] auch an mehreren Burgen außerhalb Prags zu beobachten ist. So hat die Burg Lauf außen Buckelquadermauerwerk entsprechend der Nürnberger Stadtmauer, während andere Neugründungen aus Bruchstein gemauert wurden. Karlstein erhielt zwei Wohntürme, zu einem Zeitpunkt, als Karl den Erwerb der Burg (und Herrschaft) Tangermünde mit einem romanischen Wohnturm noch nicht voraussehen konnte; weder Nürnberg noch Prag hatten oder erhielten einen Wohnturm. Insgesamt überwiegt daher der Zugriff auf regionale Werkstätten und Bautraditionen, was wohl eher praktische Maßnahme denn als ein bewusstes politisches Konzept zu verstehen ist.

Das Appartement aus Stube und Kammer ist für die Bauten Karls unabhängig der Multifunktionalität nahezu aller Burgräume selbstverständlich, wobei der Forschungsstand zum Burgenbau vor 1350 derzeit noch verhindert, festzustellen, ob Karl diese Entwicklung wesentlich beeinflusst oder nur übernommen hat. Es ist jedenfalls konsequent zu beobachten, dass sich immer neben einer eindeutigen Kammer mit Abtritt ein weiterer Raum befindet, der als Vorraum gedient haben muss, für den aber nicht immer ein Stubenofen klar nachzuweisen ist (z. B. Kammern im Turm der Burg Kašperk); ebenso befand sich neben den Sälen in der Regel eine Stube. Nach heutigem Forschungsstand wird man den Bauten Karls IV. die konsequente Aufteilung in Appartements zubilligen können. Einige bauliche Besonderheiten erwecken den Eindruck, dass hier eher von einer Neuentwicklung als von einer reinen Übernahme auszugehen ist. Dazu gehört das unterschiedliche Aussehen der Stuben oder Kammernebenräume ebenso wie der Umstand, dass wir es etwa in Burg Lauf mit einer steinernen gewölbten Stube zu tun haben, auch wenn es neben dem Saal vielleicht eine weitere, hölzerne Stube gab. Im Gegensatz dazu scheinen die Burgen Karls hinsichtlich ihrer Wehranlagen trotz Einführung der Feuerwaffen ein halbes Jahrhundert zuvor noch ganz traditionell zu sein.

Abb. 92 **Oybin, Burg, Wohnbau**

FUSSNOTEN
1 SEIBT 1978/I, 77–80.
2 THON 2008.
3 DURDÍK 2000, 14–17.
4 MEFFERT 2002.
5 TILLMANN 1958, I, 474. – WIDDER 1989, 238.
6 Frdl. Hinweise von Peter Chotěbor. – BOHÁČOVÁ/FROLÍK u. a. 1994. – CHOTĚBOR 2015.
7 CHUDÁREK 2006. – FAJT 2009/I.
8 DVOŘÁKOVÁ/MENCLOVÁ 1965/I. – DURDÍK 1998. – HAUSEROVÁ 2002.
9 DURDÍK 2005, 45f.
10 WIDDER 1989, 264f. – DURDÍK 1999, 612–614.
11 MENCLOVÁ 1972, 63–68. – WIDDER 1989, 240–243. – BAHLCKE/EBERHARD/POLÍVKA 1998, 32, führen die Burg unter Bergreichenstein und dem Namen Karlsburg auf. – DURDÍK 1999, 250–252. – NĚMEC 2011.
12 GROSSMANN/HÄFFNER 2006. – RŮŽEK 2006, 77. – NĚMEC 2015, 140–146.
13 KAVKA 1989, 37f.
14 NĚMEC 2011, 110.
15 Vgl. GROSSMANN 2010.
16 MENCLOVÁ 1972, I, 72f. – DURDÍK 1999, 190f. – NĚMEC 2011, 105.
17 NĚMEC 2011, 199–207.
18 MENCLOVÁ 1972, I, 73. – WIDDER 1989, 244f.
19 WIDDER 1989, 258f.
20 DURDÍK 1999, 246f.
21 WÖRLER 2008, 23–25.
22 WIDDER 1989, 246. – HAUSEROVÁ 2002. – NĚMEC 2011, 105.
23 NĚMEC 2011, 106.
24 NĚMEC 2015, 149–187.
25 HÖGG 2009.
26 STRÁNSKÝ 1792, 251. – PALACKÝ 1842, 419. – WIDDER 1989, 248.
27 Nürnberg, 4. Dez. 1360; Stuttgart, Haupstaatsarchiv, A 602 Nr 6099 (= WR 6099), Kaiser Karl IV. tauscht, nachdem er Achalm und Hohenstaufen wieder an das Reich gebracht hat, als König v. Böhmen mit dem Reich, dem er Lauterburg, Rosenstein, Aalen und Heubach gegen Parkstein, Karlswald und die Stadt zu der Weiden abtritt. Https://www2.landesarchiv-bw.de/ofs21/olf/struktur.

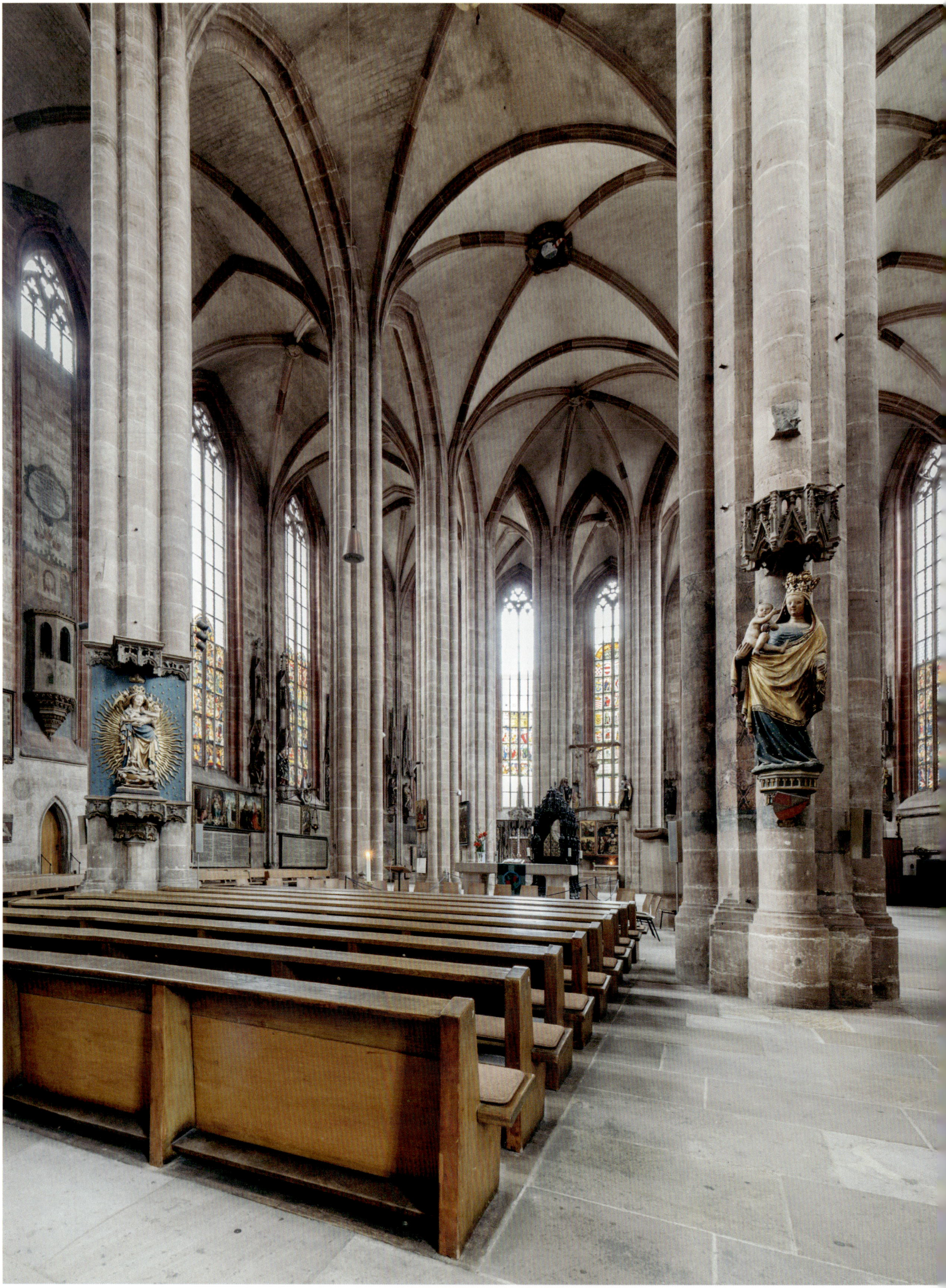

Nürnberg – die Metropole wird karolinisch

Benno Baumbauer, Jiří Fajt

An der Wende zum 14. Jahrhundert tritt uns Nürnberg als voll etablierte politische und wirtschaftliche Metropole entgegen, deren Selbstverständnis sich wesentlich aus ihrer traditionellen Nähe zum Königtum speiste. Ohne dessen stetige Privilegierungen wäre ihr fulminanter Aufstieg nicht denkbar gewesen.[1] Am Anfang der Stadtentwicklung stand die Reichsburg – durch die Zeiten hindurch Symbol der königlichen Stadtherrschaft –, durch die Nürnberg seit seiner Ersterwähnung 1050 zu einem der prominentesten Stützpunkte der Könige und zum häufig frequentierten Tagungsort von Reichsversammlungen wurde.[2]

Bis ins 16. Jahrhundert hinein gab es keinen römisch-deutschen König, der nicht hier gastierte – am häufigsten Ludwig IV. der Bayer und Karl IV.: Für den Luxemburger sind 52 nicht selten wochenlange Aufenthalte überliefert, so viele wie in keiner anderen Stadt außer Prag; neun Mal hielt er in Nürnberg Hof- und Reichstage ab.[3] Dies wurde begünstigt durch die zentrale Lage der Stadt: Alle bedeutenden territorialen Machtkomplexe des Imperiums lagen etwa gleich weit entfernt, was Karl IV. 1366 zu seinem berühmten Ausspruch von *„der fürnemsten vnd basz gelegisten Stat des Reichs hie zu Lande"* veranlasste.[4] Von der böhmischen Hausmacht aus betrachtet wurde Nürnberg zu seinem Tor zum Reich,[5] und das umso mehr mit dem sukzessiven Erwerb „Neuböhmens" ab 1349 bzw. 1353, das mit Erlenstegen bis vor die Mauern der Stadt reichte.[6]

Sowohl die Nürnberger Burggrafen aus dem Hause Hohenzollern, die auf dem der Kaiserburg östlich vorgelagerten Komplex der Burggrafenburg saßen,[7] als auch die mit ihnen konkurrierende, von schwerreichen Unternehmergeschlechtern dominierte Stadtkommune gehörten zu seinen wichtigsten Verbündeten. In gemeinsamer Anstrengung bauten sie die Stadt zur zweitwichtigsten kaiserlichen Residenz nach Prag aus und formten sie zu einem Kunstzentrum von reichsweiter Ausstrahlung.[8] Doch musste Karl sich die Loyalität der Ratsbürgerschaft erst erkaufen, und so wurde die Stadt auch Schauplatz eines der dunkelsten Kapitel seiner Regentschaft, des Judenpogroms von 1349.

Aufstand und Pogrom

Dass Karl IV. der fränkischen Reichsstadt von vornherein eine Schüsselrolle beimaß, zeigt sich daran, dass er bereits 20 Tage nach dem unerwarteten Tod seines Konkurrenten Ludwig des Bayern, am 31. Oktober 1347, vor ihren Toren erschien. Sowohl die Burggrafen als auch die Stadtkommune, die unter Inkaufnahme des Kirchenbanns bis zuletzt zu Ludwig gehalten hatte, gewährten ihm ihre Huldigung[9] – vorerst: Denn im Juni des Folgejahres kam es in der Stadt zum offenen Aufstand gegen den Luxemburger und zugleich unter *„nicht mehr zu erhellenden Umständen […] zu einem personellen Wechsel im Stadtregiment."*[10] Die Führungskräfte der Stadt hatten sich der reichsweiten Allianz um Kaiser Ludwigs ältesten Sohn Ludwig den Brandenburger angeschlossen, die im Januar 1348 den thüringischen Grafen Günther von Schwarzburg zum Gegenkönig gewählt hatte.[11] Die Burggrafen verhielten sich in eher lavierender Weise, schlossen sich jedoch am 18. Juni einem Bund des Brandenburgers an, der die Anerkennung des Aufruhrrats einschloss. Es ist nicht auszuschließen, dass Burggraf Albrecht in diesem Zuge die Krone angetragen wurde, wie die Zollersche Hausüberlieferung des 16. Jahrhunderts postuliert.[12]

Davon abgesehen, dass er den Nürnberger Reichsforstbeamten ihre Lehen und der Stadt wegen des *„offenbar unrecht und missetat"* ihr Münzrecht entzog, sind zunächst keine direkten Maßnahmen Karls IV. gegen den Aufruhr bekannt. Erst als Günther von Schwarzburg am 24. Mai 1349 sterbenskrank auf den Thron verzichtete, woraufhin Ludwigs Partei Karl die Krone zuerkannte,[13] ging er zu rigoroseren Mitteln über: Am 26. Juni erklärte er die Aufständischen *„fur unser veind"*[14] und befahl *„sie an ir leib und an ir gut"*[15] zu schädigen.

Die Frage, warum die Nürnberger den Aufstand dennoch bis Ende September aufrechterhielten, führt mitten hinein in eine Dynamik aus skrupellosem Machtschacher, Raffgier und religiösen Ressentiments.[16] Am Abschluss der Auseinandersetzung steht die berüchtigte „Markturkunde", die der am Aufruhr beteiligte Ratsherr Ulrich Stromer d. J. am 16. November 1349 bei Karl IV. in Prag erwirkte: Sie gewährte der Stadt den Abriss des Judenviertels, das durch die Verschmelzung der beiden Stadthälften nördlich und südlich der Pegnitz und ihrer Befestigung in zentrale Lage gerückt war.[17] An seiner statt durfte sie den Hauptmarkt und den Obstmarkt errichten; die Synagoge sollte einer Marienkapelle weichen. Die besten Judenhäuser indes vermachte Karl verschiedenen Einflussträgern, um sich ihrer Gefolgschaft zu versichern, zuvorderst

Abb. 93 **Nürnberg, Stadtpfarrkirche St. Sebald, Blick in den Ostchor. Der Chor, begonnen nach Fertigstellung der Frauenkirche und wohl nicht zufällig im Jahre der Geburt des Thronfolgers Wenzel, war ursprünglich vermutlich als Beginn eines vollständigen Neubaus gedacht** • 1361–79, im Zweiten Weltkrieg aufs Schwerste beschädigt, wurden die Gewölbe danach vereinfacht wiederaufgebaut

Abb. 94 **Ansicht von Nürnberg aus dem Hallerbuch, 1533** • Staatsarchiv Nürnberg, Handschriften, Nr. 211

Ulrich Stromer selbst. Bereits bei ihrer Unterwerfung hatte er die Stadt von jeder Verantwortung freigesprochen für den Fall, „*daz an den juden doselbst icht* [= etwas] *geschehe, also daß sie beschediget wurden*".[18] Spätestens jetzt war der Automatismus des Todes in Gang gesetzt: Am 5. Dezember fielen 562 im Nürnberger Memorbuch namentlich genannte[19] Mitglieder der Judengemeinde einem Pogrom zum Opfer, ihre Häuser wurden abgerissen, ihr Friedhof geschändet (vgl. Kat.-Nr. 14.5).[20]

Karl IV. und die Nürnberger Hochfinanz

Die Verurteilung der Aufständischen übertrug Karl dem wieder eingesetzten Stadtrat, wobei pikante personelle Verflechtungen aufscheinen: Die ersten Urteile fällte niemand anderes als Ulrich Stromers Bruder Konrad, dessen Sohn Friedrich wiederum, wie weitere Nürnberger, als Mittelsmann in Karls Prager Kanzlei saß – und das auch schon zur Zeit des Aufruhrs![21] So verwundert es kaum, dass im Höchstfall Verbannungsurteile verhängt wurden und insbesondere die Angehörigen der oligarchischen Oberschicht weitgehend unbehelligt davonkamen; einige von ihnen erscheinen vor, während und auch nach dem Aufstand in den Ratslisten.[22] Ebenso wie ihre selbstbewusste Verhandlungsführung zeigt dies überdeutlich, wie sehr ihre Wirtschaftspotenz zu einem Faktor von reichspolitischer Relevanz geworden war, auf den Karl nicht verzichten konnte.

Gestützt auf ein System königlicher Zollfreiheiten,[23] überzog der Handel der Nürnberger fast alle Länder Europas. Durch den planmäßigen Erwerb zusätzlicher Privilegien erschlossen sie immer neue Wirtschaftsräume und traten offensiv und erfolgreich in Konkurrenz zu Wirtschaftsmächten wie der venezianischen Kaufmannschaft oder der Hanse.[24] Das angehäufte Vermögen ermöglichte den Zugriff auf die Eisenindustrie der Oberpfalz und darüber hinaus,[25] und so wurden die Erzeugnisse der hochdifferenzierten Metallgewerbe der Stadt zu ihrem gefragtesten Exportgut – ein veritabler Machtfaktor, denn Nürnberg gilt als bedeutendste Rüstungsschmiede des damaligen Reiches.[26]

Der Einstieg in das spekulative Wechselgeschäft um 1345 hob die seit dem 13. Jahrhundert nachweisbaren[27] Finanzgeschäfte der Nürnberger auf ein neues Level.[28] Das zur Beobachtung der Märkte etablierte Netz von Eilboten machte die Stadt zugleich zu einer Drehscheibe für Informationen aller Art.[29] Zunehmend verschoben Nürnberger Firmen gewaltige Vermögenssummen, wodurch ihrer Rolle als Darlehensgeber für Könige, Fürsten und Prälaten immer mehr Gewicht zukam. Die Verhandlungen wurden nicht selten in persönlicher Atmosphäre in den luxuriösen Residenzen der Ratsfamilien abgewickelt, in denen regelmäßig die Großen des Reiches logierten,[30] die ihnen zum Ausgleich lukrative Ämter verpfändeten und neue Wirtschaftsprivilegien einräumten. Dieses Wechselspiel ermöglichte eine gezielte Einflussnahme einiger weniger Großunternehmer auf die Politik.[31]

Karl IV. profitierte in hohem Maße von derartigen Beziehungen: Der Rat und die ihm angehörigen Familien wie die Groß, Haller, Muffel, Stromer oder Vorchtel dienten dem Luxemburger als Bankiers und Finanziers, wickelten Rüstungsgeschäfte für ihn ab und unterstützten seine größten Unternehmungen durch schier unglaubliche Geldsummen. Nürnberger Gelder flossen in großem Stil beim Erwerb der Krone des Arelat, zur Finanzierung des zweiten Romzugs und beim Kauf der Mark Brandenburg. Dazu kamen

Abb. 95 **Nürnberg, Kaiserburg**

das enorme Steueraufkommen der Stadt sowie regelmäßige Finanzspritzen anlässlich königlicher Aufenthalte.[32]

Der Handel intensivierte auch die Beziehungen zwischen Nürnberg und dem luxemburgischen Böhmen, wo die Firmen der Schopper und Stromer ab 1336 nachweisbar sind. Mit der Anerkennung Karls IV. als Reichsoberhaupt stieg die Präsenz der Nürnberger in der Hauptstadt signifikant an. Vice versa migrierten böhmische Kaufleute wie 1313 Götz Scheffein aus Eger oder 1343 Meinwart Wölflein aus der Prager Altstadt nach Nürnberg und verschwägerten sich mit heimischen Unternehmern,[33] wie überhaupt wirtschaftliches Engagement und Familienpolitik Hand in Hand gingen.

Karl IV. und „die edlen burggrauen von Nuremberg"

Doch war die Stadt kein einheitlich beherrschter Raum: Durch ein Privileg Rudolfs von Habsburg war es den Zollerschen Burggrafen gelungen, ihre Kompetenzen innerhalb und im Umfang Nürnbergs auszuweiten.[34] 1362 kam es in Gegenwart des Kaisers zu einem Rechtsstreit mit dem Rat, bei dem es um die Teilhabe der Burggrafen am Stadtgericht, den stadtherrlichen Anspruch auf die Erhebung von Geldern und die Nutzung der umliegenden Reichswälder ging.[35] Ebenso umkämpft war das Amt des Reichsschultheißen, das die Burggrafen 1323 und erneut 1365 als Pfandbesitz an sich bringen konnten.[36] Der Kaiser nahm in dem gesamten Konflikt eine taktierende Haltung ein, um die Mächte im Gleichgewicht zu halten.

Mit den Zollern verbanden ihn vorrangig territoriale Interessen, denn die Gebiete der Burggrafschaft Nürnberg lagen in direkter Nachbarschaft zu seinen Erwerbungen in der Oberpfalz („Neuböhmen").[37] Vorrangig mit Blick auf ein potentielles Erbe der *„Comicia burcgravie in Nurenberg"* wurde Wenzel IV. bereits im Jahr seiner Geburt 1361 Elisabeth, einer Tochter Burggraf Friedrichs V., versprochen. Doch sobald sich für den Thronfolger in Ungarn eine noch attraktivere Partie bot, löste Karl die Verlobung, ebenso wie später diejenige Sigismunds mit Elisabeths Schwester Katharina, wieder auf, was zu merklichen Verstimmungen führte.[38]

Aus diesen Heiratsversprechen zogen die Burggrafen trotz ihres Scheiterns große Vorteile, wie nicht nur der Ausgang des Prozesses von 1362, sondern auch eine Reihe von Privilegierungen belegt. Als größten Gunsterweis erklärte Karl 1363, dass *„die edlen burggrauen von Nuremberg von alden zeiten [...] allenwege fursten genozz gewesen sint"*, rückte das Aufsteigergeschlecht also in die Nähe des Reichsfürstenstandes. Damit wurde unter Friedrich V. eine wichtige Voraussetzung für die Belehnung seines gleichnamigen Sohnes mit der Kurfürstenwürde in Brandenburg 1411 geschaffen,[39] wozu sicher auch die 1387 doch noch zustande gekommene Ehe zwischen dessen Bruder Johann III. und Karls Tochter Margarethe beitrug.[40]

Die Repräsentation der Hohenzollern fokussierte sich vorrangig auf das nahe gelegene Zisterzienserkloster Heilsbronn, das der Familie seit dem 13. Jahrhundert als Grablege diente.[41]

Die Frauenkirche als „capella regia"

Weithin sichtbares Denkmal des erneuerten Bündnisses zwischen Reichsstadt und oberstem Stadtherrn nach dem Aufstand wurde die Frauenkirche. Ihre Errichtung wurde im Einigungsvertrag der

Abb. 96 Nürnberg, Altes Rathaus, Großer Saal, Relief an der Ostwand. Ein Gesandter des Nürnberger Rates überreicht dem Herzog von Brabant ein Zeremonialschwert und ein Paar Falknerhandschuhe, um die Handelsfreiheiten im Herzogtum rituell zu erneuern. Das einzigartige Relief belegt, wie bedeutend der auf königliche und fürstliche Privilegien gestützte Fernhandel für die Nürnberger Stadtoligarchie war. Deutungen, dass die Übergabe des Reichsschultheißenamts an die Stadt Nürnberg gemeint sein könne, sind obsolet, da dies 1385 geschah. • Nürnberg, wohl Münchner Bildhauer aus dem höfischen Umfeld Kaiser Ludwigs IV. des Bayern, Ende der 1330er Jahre • Aufnahme vor der schweren Beschädigung im Zweiten Weltkrieg

Die Kapelle ist als reich geschmückter Schrein konzipiert: Ihre Schatzkammer wurde von Karl mit prominenten Reliquien ausgestattet, u. a. mit dem Gürtel Mariens und einer Kreuzpartikel;[48] besonders verehrt wurde auch ein wohl von Karl gestiftetes *„wesper byldt von Prach"*.[49] Der plastische Schmuck umfasste an die 200 Skulpturen und Reliefs, mehr als an jedem anderen von Karl gegründeten Bau. Nicht nur die im Westen vorgelagerte Vorhalle wurde opulent gestaltet, auch die Nischen des Treppengiebels waren mit Statuen bestückt.[50] Die fragmentarischen Überreste der Erstverglasung und die Skulpturenausstattung, ebenso wie Reliquienbesitz und Altarpatrozinien, lassen eine unmissverständlich auf Karls sakrales Kaiserverständnis ausgerichtete Programmatik erkennen.[51] Im Chorachsfenster fanden sich außer einer monumentalen Strahlenkranzmadonna zwei Darstellungen des thronenden Reichsoberhaupts, davon einmal bei der Huldigung durch Ulrich Stromer, der demnach maßgeblich am Kirchenbau beteiligt war (vgl. Kat.-Nr. 10.1, 10.2, 10.3).

Hingegen bezieht sich der Skulpturenzyklus im Chor auf die Patrozinien der Kirche und ihrer Altäre: Die Konsole nördlich des Achsfensters nahm einst die *Muttergottes* ein, die gemeinsam mit dem *Schmerzensmann* die Kirchenweihe verkörperte. Zusammen mit den *Heiligen Drei Königen* bildete sie zugleich eine *Anbetungsgruppe*, wie sie als königliche Ikonografie schlechthin auch am Portal in der Vorhalle sowie ehemals im Kaiserfenster erschien. Dagegen beziehen sich die Figuren *Johannes' des Täufers*, einer wohl als *Barbara* anzusprechenden[52] Jungfrau sowie des *Heiligen Wenzel* auf die Patrozinien der Nebenaltäre.[53] Der böhmische Landespatron, dem auch in der Moritzkapelle und der Predigerkirche Altäre geweiht waren, stellte eine ideelle Verbindung zur Hausmacht des Kaisers her, die durch die Unterstellung der Kirche unter das Marienstift des Prager Doms auch auf organisatorischer Ebene vollzogen wurde.[54]

Markturkunde festgelegt und gemeinsam von König und städtischen Eliten getragen, wie nicht nur unzählige Wappen, sondern auch die überlieferten Pfründenstiftungen belegen.[42] Damit wurde in Nürnberg, wie an vielen anderen Orten auch, die Allegorie vom Triumph der Ecclesia-Maria über die Synagoge auf makabere Weise wörtlich umgesetzt.[43]

Gemäß der feierlichen Stiftungsurkunde vom 8. Juli 1355 gründete Karl die Kapelle *„zu Lob und Ruhm seines Kaisertums, zu Ehren der glorreichen Jungfrau Maria, der Mutter Gottes und unseres Herrn Jesu Christi, zu seinem und seiner Vorfahren Seelenheil, in seiner kaiserlichen Stadt Nürnberg."*[44] Dementsprechend lehnt sich die Architektur der um 1352 zumindest weitgehend geplanten, 1358 geweihten[45] Kirche an Bauten an, die eng mit dem Kaisertum verknüpft sind: Der zentrale Grundriss mit vier runden Stützen ohne Vorlagen, mit ausgezogenem Chor und Westempore verweist auf die staufische Doppelkapelle der Reichsburg, Nürnbergs Kaisermonument schlechthin.[46] Von der Aachener Pfalzkapelle, der Krönungskirche Karls des Großen, ist die Idee des Umgangs über der Vorhalle übernommen, von der aus zur Geburt Wenzels IV. 1361 die Reichskleinodien gewiesen wurden.[47] Die an der Brüstung angebrachten Wappen des Reichs, der Kurfürsten und der Stadt Rom stellen nicht nur eine Reminiszenz an die Goldene Bulle dar, sondern eine Repräsentation des Heiligen Römischen Reichs als Ganzes; selbstbewusst reihte sich auch die Reichsstadt mit ihrem Schild in den Zyklus ein.

Abb. 97 Reitersiegel Burggraf Friedrichs V. von Zollern. Gehanrischter Reiter mit Wappenschild und Schwert, Wappen auf der Pferdedecke. Das Siegel dokumentiert den fürstlichen Anspruch der Burggrafen, die mit dem erfolgreichen Ausbau ihres Territoriums in Franken die größten Konkurrenten der Souveränität der Stadt Nürnberg wurden. • Ausfertigung 1395 • Staatsarchiv Bamberg, Brandenburg-Bayreuth Urk. 900

Die zweite Hauptstadt

Durch ihre zentrale Lage, den inszenatorischen Einbezug in die Anlage des Hauptmarkts sowie die Nähe zum Rathaus, zur Sebalduskirche mit der Grablege des Stadtpatrons und den Residenzen der vornehmsten Ratsgeschlechter markiert die „capella regia Civitatis Nurembergensis"[55] den Auftakt des städtebaulichen Zugriffs des Kaisers auf die Metropole. In den folgenden Jahrzehnten wurde Nürnberg in gemeinsamer Anstrengung mit den örtlichen Eliten zu dessen zweitwichtigster Residenz ausgebaut und erhielt an allen städtebaulich wesentlichen Punkten ein neues Gesicht.[56]

In der Goldenen Bulle, jenem Reichsgesetz, das in wesentlichen Teilen am 10. Januar 1356 in Nürnberg verabschiedet wurde, fand dies auch verfassungsmäßig Ausdruck: Das zu Ende des Jahres in Metz hinzugefügte Kapitel 29 legte fest, dass der erste Hoftag nach jeder Königswahl in Nürnberg einzuberufen sei. Damit näherte sich die fränkische Metropole vom Rang her Frankfurt am Main als Ort der Königswahl und Aachen als dem der Königskrönung an.[57]

An bedeutenden Wegachsen und Platzanlagen finden sich immer wieder Verweise auf Kaiser und Reich: An der Westfassade der Lorenzkirche wurden die Wappen Karls IV. und seiner Gattin Anna von Schweidnitz angebracht (Kat.-Nr. 10.4);[58] das enzyklopädische Skulpturenprogramm des Schönen Brunnens setzt die Reichsverfassung in Bezug zu einer übergeordneten Weltordnung;[59] der im Jahr nach Karls Tod vollendete Hallenchor von St. Sebald erhielt einen Fensterzyklus, der als Tableau der örtlichen Machtverhältnisse konzipiert wurde;[60] und nicht zuletzt wurde die einst benachbarte, 1944 zerstörte Kapelle des Reichspatrons Mauritius (Moritz) mit Wandmalereien ausgestattet, die die Kindheitsgeschichte Wenzels IV. erzählten (Kat.-Nr. 10.6).[61]

Sebald Weinschröter, kaiserlicher Hofmaler in Nürnberg

Anlass für diesen exklusiven Zyklus war die Geburt des Thronfolgers am 26. Februar 1361 in Nürnberg; seine Taufe in der Sebalduskirche inszenierte der Kaiser als mehrtägigen Festakt im Rahmen eines prominent besuchten Hoftags. Als Auftraggeber der Malereien kommt nur Karl IV. persönlich in Frage, zumal ein Wenzelsaltar in der zur Regierungszeit Heinrichs VII. verlegten Kapelle bereits auf frühere Verbindungen zu den Luxemburgern verweist (Kat.-Nr. 10.5). Als Ausdruck der göttlichen Vorsehung, die er in der lang ersehnten Geburt des Sohnes sah, lehnten sich die einzelnen Szenen an die Ikonografie der Kindheit Christi an. In einer an die *Marienverkündigung* erinnernden Darstellung überbrachte ein Herold Wenzels Mutter Anna von Schweidnitz – durch die geöffnete Pforte eines *Hortus Conclusus* – die Nachricht ihrer Schwangerschaft in Form einer versiegelten Botschaft. Dies sollte zugleich den rechtlichen Anspruch auf die Thronfolge im Reich betonen, das im Bild durch einen herabsegelnden Adler präsent war. Weitere Szenen zeigten Wenzels Geburt, den Neugeborenen in den Armen des kaiserlichen Vaters, die Taufe in der Sebalduskirche sowie die Unterrichtung des Prinzen.[62]

Die neuartige malerische Auffassung der voluminösen Gestalten, die Landschaftsgestaltung sowie konkrete Motivübernahmen zeugen von einer unmittelbaren Rezeption der damals dominanten Malerei in den Kunstzentren Westeuropas, die uns nur noch ganz fragmentarisch vor Augen steht; zugleich lässt sich aber auch eine intime Kenntnis der Karlsteiner Entwicklungen der 1350er Jahre

Abb. 98 **Heilsbronn, ehem. Zisterzienserkirche, Epitaph des Abtes Friedrich von Hirzlach († 1350) mit Darstellung des Schmerzensmannes.** Heilsbronn, Grablege der Nürnberger Burggrafen aus dem Hause Hohenzollern, bewahrt frühe Zeugnisse der Tafelmalerei in Nürnberg, so dieses Beispiel frankoflämisch beeinflusster Malerei, wie sie dann auch für die karolinische Hofkunst bestimmend wurde.

Abb. 99 **Nürnberg, die Frauenkirche am Hauptmarkt, Westfassade.** Kirchenrechtlich ist der Bau eine Kapelle, erbaut im Auftrag Karls IV. anstelle der abgerissenen Synagoge des zerstörten Judenviertels im Stadtzentrum. Kein anderer von Karl IV. gestifteter Bau weist reicheren Skulpturenschmuck auf. • erbaut 1352–62

Abb. 100 **Nürnberg, Frauenkirche, Innenansicht**

Abb. 101/102 Nürnberg, St. Lorenz, Gruppe der Anbetung der Heiligen Drei Könige, Madonna. Die Steinmadonna der Lorenzkirche ist ein herausragendes Werk, das künstlerisch zum Umfeld des habsburgischen Wiener Hofs gehört. Unter Karl IV. wurde das Bildwerk neu inszeniert, indem die Anbetung der Heiligen Drei Könige hinzu gefügt wurde. • Madonna um 1280, Dreikönigsgruppe um 1360

attestieren. Diese Beobachtung wie auch das kaiserliche und zugleich zutiefst persönliche Bildprogramm lassen an das Werk eines Hofkünstlers denken. Und tatsächlich erscheint in Nürnberger Quellen seit 1349 mit Sebald Weinschröter († spätestens 1370) ein Maler, den der Kaiser 1360 als seinen „liebe[n] getreuen [...] hofsind" bezeichnete und, analog zu Nikolaus Wurmser, den damals leitenden Künstler auf Burg Karlstein, für seine „nutzen und getreuen dienst" mit einem Zehnten in Röthenbach an der Schwarzach belehnte. Weinschröters gesellschaftliche Stellung zeigt sich auch daran, dass er bereits 1357 ein Haus in prominenter Lage an der Burgstraße erwerben konnte.[63] Diesen Maler als Urheber der verlorenen Wandgemälde anzusprechen, scheint nur folgerichtig.[64]

Die Nürnberger Malerei dieser Zeit war keinesfalls eine bloße Filiation des Geschehens auf Karlstein, sondern rezipierte zugleich eigenständig die frankoflämische Kunst.[65] Am unmittelbarsten greifbar wird dieser Einfluss an dem äußerst preziösen und prächtig ausgestatteten, um 1355/60 entstandenen Baldachinretabel vom Marienaltar der Klarakirche, dem frühesten bekannten Zeugnis von Weinschröters Wirken (Kat.-Nr. 10.7): Nicht nur kopiert die *Marienkrönung* wortwörtlich den Kopf der Madonna der sog. *Sachs-Verkündigung* (Kat.-Nr. 10.8) oder eines sehr ähnlichen Gemäldes, auch Einzelmotive der Punzierung wurden von dort übernommen.[66] Für die Vermittlung entsprechender Vorlagen kommt nicht nur der Kaiser selbst in Betracht, sondern auch die kaisernahen Fernhandelsgeschlechter der Stadt, aus deren Kreis sich der Stifter mit großer Wahrscheinlichkeit rekrutierte.[67]

Von diesem einflussreichen Stück führen künstlerische und technische Verbindungen zu einem weiteren herausragenden Werk der karolinischen Malerei, dem um 1365 geschaffenen Hochaltarretabel der Deutschordenskirche St. Jakob. Der Mittelbaldachin des Flügelretabels, das geöffnet beinahe die gesamte Breite des Chorraums einnimmt, überfing vermutlich eine Madonnenstatue. Die *Epiphanie* auf der Außenseite des linken Flügels gehört zu den frühesten Darstellungen, die den Reiterzug der Könige nach italienischem Vorbild zur höfischen Prachtentfaltung in einer verwinkelten Felslandschaft nutzen. Genrehafte Details wie die teils allegorisch zu deutende Tierwelt, aber auch Orientalismen wie die beiden Kamele am Ende des Gefolges bereichern die Erzählung. Vergleichbare Kompositionen finden sich im Treppenhaus des Großen Turms auf Karlstein, wie sich das Retabel überhaupt bestens vertraut mit der Prager Malerei zeigt. Die gestichelten Punzierungen weisen handwerklich und motivisch engste Gemeinsamkeiten mit denen des Marienretabels aus St. Klara auf und entstanden demnach in derselben Werkstatt. Gesichtstypen, Gewandauffassung und motivische Parallelen führen wiederum zurück zu Weinschröters Ausmalung der Moritzkapelle, wozu passt, dass die in der Kreuzigungsszene dargestellten Stifter selbst dem Deutschen Orden angehörten – einem der engsten Verbündeten des Kaisers in der Stadt.[68]

Abb. 103 **Nürnberg, St. Lorenz, Westportal.** Begonnen noch in der Regierungszeit Kaiser Ludwigs IV., aber nicht von dessen Hofkünstlern. Karl IV. übernahm später führende Bildhauer für seine Frauenkirche am Hauptmarkt von dieser Baustelle.

Abb. 104 **Nürnberg, Jakobskirche, Hochaltarretabel, Gesamtansicht, geschlossen.** Das Retabel aus der Werkstatt des Hofmalers Sebald Weinschröter gehört zu den anspruchsvollsten Zeugnissen karolinischer Malerei im Römischen Reich. Als Stifter erscheinen unter dem Kreuz zwei Angehörige des Deutschen Ordens, der zu den engsten Verbündeten Karls IV. nicht nur in Nürnberg gehörte. • Nürnberg, Sebald Weinschröter und Werkstatt, 1360er Jahre

Um diese drei Hauptwerke gruppiert sich eine ganze Reihe stilistisch verwandter Arbeiten aller Gattungen der Malerei: Die Werkstatt um Weinschröter arbeitete nicht nur in der Wand-, Tafel- und Briefmalerei (Kat.-Nr. 10.6, 10.7, 16.9), sondern lieferte auch Entwürfe und Kartons für Glasgemälde (Kat.-Nr. 10.3) und Seidenstickereien (Kat.-Nr. 10.12). Wenn man bedenkt, dass an diesem Œuvre unterschiedlich geschulte und begabte Kräfte beteiligt waren, zeichnet es sich durch eine erstaunliche stilistische Geschlossenheit aus. Dies wurde durch die Verwendung von Skizzenbüchern gewährleistet, die nach Ausweis eines erhaltenen Fragments der Werkstattleiter persönlich anfertigte (Kat.-Nr. 10.9, 10.10).[69] Gemeinsam ist diesen Werken aber nicht nur ihre Stilsprache, sondern auch, wo feststellbar, die Herkunft ihrer Auftraggeber aus dem kaisernahen Milieu. Karls Anhänger in der Reichsstadt pflegten einen einheitlich ausgerichteten Kunstgeschmack, formten Nürnberg zu einem künstlerischen Zentrum von großer Strahlkraft und trugen so aktiv zur Herausbildung eines neuen, „kaiserlichen" Stils bei[70] – und das über ein Jahrhundert vor dem Wirken Dürers.

FUSSNOTEN
1 DIEFENBACHER/BEYERSTEDT 2013, 40–44.
2 SEYBOTH 1992, 210.
3 1353, 1355/56, 1358, 1360, 1361, 1362, 1376, 1377, 1378. – SCHULTHEISS 1963/64, 43.
4 SEYBOTH 1992, 209.
5 DIEFENBACHER/BEYERSTEDT 2013, 46.
6 HOFMANN 1963, 52. – SCHNELBÖGL 1973/I, 45f., 99.
7 Zur Burggrafenburg vgl. SEYBOTH 2003.
8 FAJT 2016, Bd. 1.
9 MÜLLER 1971, 10f. – STROMER 1978/I, 61, 81. – FLEISCHMANN 2008, Bd. 1, 31f.
10 FLEISCHMANN 2008, Bd. 1, 32.
11 STROMER 1978/I, 62f.
12 TWELLENKAMP 1994, 70–72. – SCHUBERT 2008, 52f.
13 STROMER 1978/I, 64.
14 Zitiert nach SCHUBERT 2008, 68.
15 Zitiert nach SCHUBERT 2008, 69.
16 Zu den genauen Umständen STROMER 1978/I, 82f., 85f.
17 STROMER 1978/I, 85f. – FRIEDEL/FRIESER 1999/II.
18 STROMER 1978/I, 83.
19 SALFELD 1898, 61–65, 219–230.
20 STROMER 1978/I, 80. – Vgl. hierzu ausführlicher den Beitrag von Jörg R. Müller und Andreas Weber in diesem Band. – Zur Einordnung vgl. HAVERKAMP 1981/II.
21 SCHÖFFEL 1934, 49–55. – STROMER 1978/I, 67.
22 STROMER 1978/I, 58, 60, 65, 70–75. – FLEISCHMANN 2008, Bd. 1, 32f.
23 AMMANN 1970. – STROMER 1993, 118f.
24 STROMER 1970, Bd. 1.
25 ENDRES 1987. – STROMER 1989.
26 NEUKAM 1956. – STROMER 1970.
27 SCHULTHEISS 1967, 64–71.
28 STROMER 1970, Bd. 2, 342–386. – Vgl. den Beitrag von Torsten Fried in diesem Band.
29 STROMER 1970, Bd. 1, 181–185.
30 STROMER 1963/64, 58–62.
31 STROMER 1970.
32 SCHULTHEISS 1967, 76–86. – STROMER 1963/64, 64. – STROMER 1970. – STROMER 1978/I, 77.
33 STROMER 1978/I, 66f.
34 PFEIFFER 1953, 49f. – FLEISCHMANN 2008, Bd. 1, 16f.
35 PFEIFFER 1953, 49–51. – MÜLLER 1971, 20f. – Zu den Reichswäldern vgl. den entsprechenden Beitrag in diesem Band.
36 MÜLLER 1971, 7f., 21. – STROMER 1993, 122f. – FLEISCHMANN 2008, Bd. 1, 18, 99f.
37 HOFMANN 1963, 65. – SCHULTHEISS 1963/64, 49f. – TWELLENKAMP 1994, 83f.
38 HIRSCH 1878. – SCHULTHEISS 1963/64, 49f. – MÜLLER 1971, 20f. – TWELLENKAMP 1994, 83f.
39 TWELLENKAMP 1994, 77–80, hier 77.
40 HIRSCH 1878.
41 GĄSIOR 2012.
42 Zum beteiligten Personenkreis ausführlich FAJT 2016, Bd. 1.
43 BRÄUTIGAM 1978, 340. – FAJT/HÖRSCH 2006/II, 363.
44 Übersetzung nach BRÄUTIGAM 1978, 340. – Lateinischer Wortlaut bei BLOHM 1990, 220, Nr. 1. – FAJT 2016, Bd. 1, Anhang Nr. 6.
45 WEILANDT 2013, 225–227.
46 FAJT/HÖRSCH 2006/II, 363. – FAJT 2016, Bd. 1. – Vgl. auch HÖRSCH 2016, der die Wiener Neustädter Georgskapelle am Ende seines Beitrags derselben baulichen Tradition zuordnet.
47 BRÄUTIGAM 1978, 340f. – WEILANDT 2013, 232. – FAJT 2016, Bd. 1.
48 WEILANDT 2013, 228–232.
49 BLOHM 1990, 227, Nr. 8. – FAJT 2016, Bd. 1, hier Anhang Nr. 7.
50 FAJT/HÖRSCH 2006/II, 363f. – Demnächst: FAJT 2016, Bd. 2.
51 BRÄUTIGAM 1978. – SCHOLZ 2013, 402–419. – WEILANDT 2013. – FAJT 2016.
52 FAJT 2016, Bd. 2.
53 WEILANDT 2009, 198. – FAJT 2016, Bd. 2.
54 BLOHM 1990, 220, Nr. 1. – FAJT 2016, Bd. 1, bes. Anhang 6.
55 BLOHM 1990, 226, Nr. 6. – FAJT 2016, Bd. 1, Anhang Nr. 10.
56 FAJT 2016, Bd. 1.
57 LIERMANN 1956, 114. – HERGEMÖLLER 1983.
58 SUCKALE 1993, 156–159. – FAJT 2016, Bd. 2.
59 Die 1385-96 in den Stadtrechnungen erscheinenden Arbeiten am „Neuen Brunnen" unter Leitung des Parliers Heinrich Beheim sind als Ausbesserungsmaßnahmen zu verstehen. – GÜMBEL 1906, 63–70, 81–86. – FAJT 2016, II. – Vgl. den Beitrag von M. Hörsch zu den Reichsstädten in diesem Katalog.
60 FAJT/HÖRSCH 2006/II, 364. – WEILANDT 2007, 120–128. – SCHOLZ 2013, 66–186, bes. 66f. – FAJT 2016, Bd. 1.
61 FAJT/HÖRSCH 2006/II, 361–363. – FAJT 2016, Bd. 1.
62 FAJT 2016, Bd. 1.
63 FAJT 2006/I, 73. – FAJT 2016, Bd. 1, Anhang 21, 22.
64 FAJT 2006/I, 73. – FAJT/HÖRSCH 2006/II, 363. – HESS 2007, 343. – SCHOLZ 2009, 228. – FAJT 2016, Bd. 1.
65 Ausst.-Kat. Frankfurt/M. 2002, 39–43 (Stephan KEMPERDICK). – HESS 2007. – FAJT 2016, Bd. 1.
66 Ausst.-Kat. Frankfurt/M. 2002, bes. 39–43 (Stephan KEMPERDICK). – FAJT 2016, Bd. 1.
67 FAJT 2016, Bd. 1.
68 FAJT 2016, Bd. 1.
69 Vgl. den Werkkatalog bei FAJT 2016, Bd. 1. Dort ausführliche Literaturangaben.
70 FAJT 2006/I. – FAJT 2016. – Vgl. auch Ausst.-Kat. Frankfurt/M. 2002, 39–43 (Stephan KEMPERDICK). – HESS 2007, 343.

Abb. 105 **Nürnberg, Jakobskirche, Hochaltarretabel, Festtagsseite des linken Flügels** • Nürnberg, Sebald Weinschröter und Werkstatt, 1360er Jahre

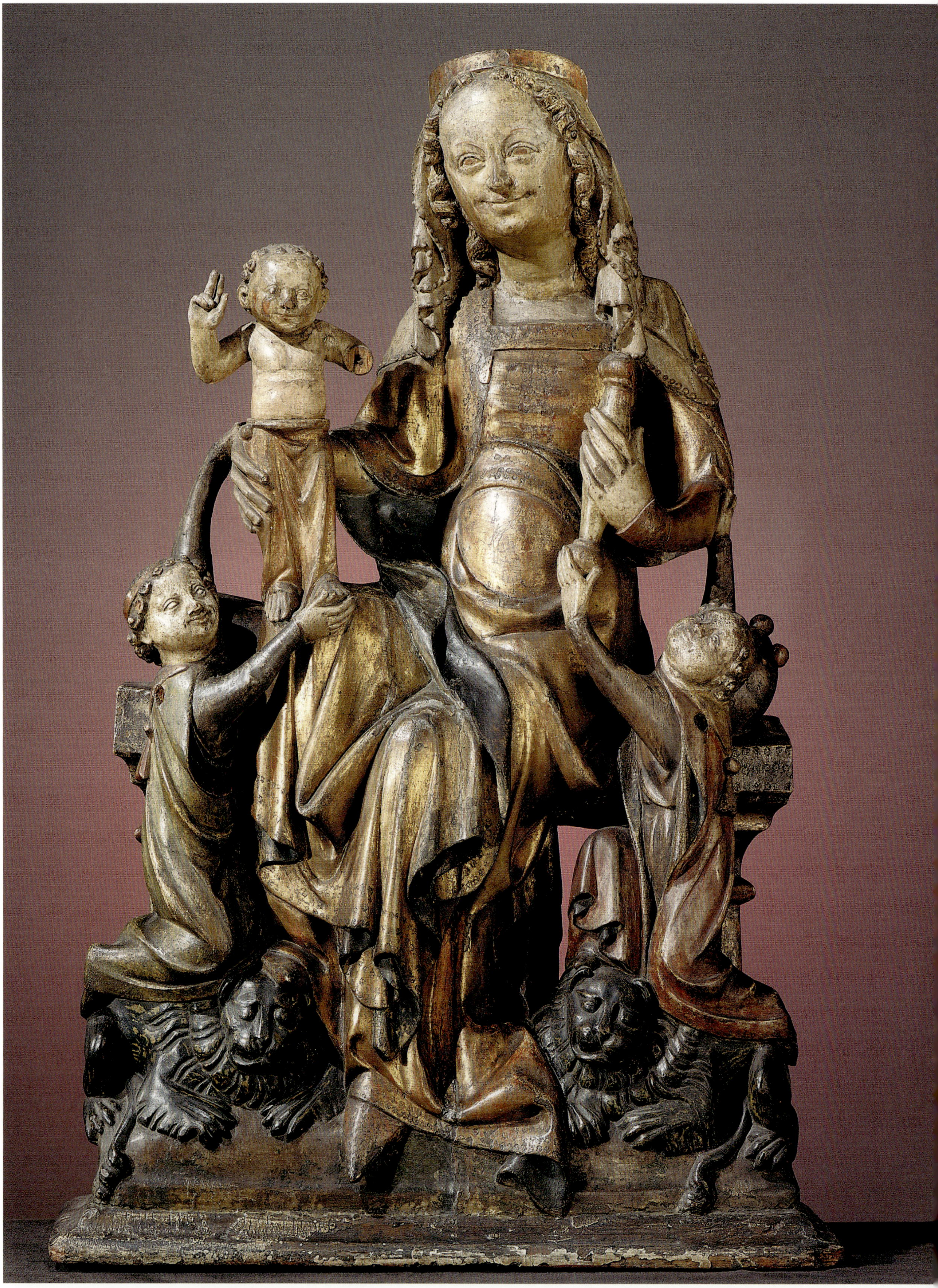

Die Länder der böhmischen Krone
Ausbau und Entwicklung

Lenka Bobková

Eine ausgreifende Territorial- und dynastische Politik gehörte zu den wichtigen Bestandteilen des Herrschaftskonzepts Karls IV. Damit knüpfte er an das Vermächtnis Johanns von Luxemburg an, der als böhmischer König die Oberlausitz, die meisten schlesischen Fürstentümer und die Reichspfandschaft Eger erworben hatte.[1] Mit seinen Anstrengungen um die Erweiterung der Luxemburger Besitzungen in Norditalien (1331–33) ist auch Karls Eintritt in die europäische Politik verbunden. Nach dem Zerfall der Luxemburger Signoria kehrte er nach Böhmen zurück und erhielt fast sofort einen Anteil an der Regierung im Königreich. König Johann verlieh ihm den Titel des Markgrafen von Mähren, aber Karls politische Aktivitäten beschränkten sich bei weitem nicht nur auf Mähren. Ab 1342 übernahm er mit Zustimmung seines Vaters faktisch die Regierung im gesamten Böhmischen Königreich. Zum rechtmäßigen König wurde Karl nach Johanns Tod auf dem Schlachtfeld von Crécy am 26. August 1346. Damals war er bereits zum König des Heiligen Römischen Reichs gewählt worden (11. Juni 1346). Die Verbindung dieser beiden Machtebenen sollte Karls gesamte Politik prägen. Die Regierung übernahm Karl als reifer 30-jähriger Mann mit vielen Erfahrungen und einer klaren Vorstellung über den Aufbau eines starken Böhmischen Königreichs als dynastischem, machtpolitischem und wirtschaftlichem Stützpfeiler auf dem Weg zur Sicherung der Reichskrone für die Luxemburger. In dieses Konzept fielen auch Karls territoriale Pläne, deren Umsetzung ihm durch seine Position im Reich erleichtert wurde.

Zunächst konzentrierte er sich auf die rechtliche Verankerung der aktuellen Position des Böhmischen Königreichs im Reich. In diesem Zusammenhang erließ Karl am Ostersonntag 1348 (7. April) als römisch-deutscher König 13 staatsrechtliche Urkunden, darunter elf Bestätigungsurkunden und zwei Urkunden zur Binnenorganisation der Länder unter der Oberhoheit des böhmischen Königs.[2] Eine betraf Mähren, auf dessen Gebiet er die Existenz von drei politisch-administrativen Einheiten bestätigte: der Markgrafschaft Mähren, des Bistums Olmütz und des Herzogtums Troppau. Mit der zweiten Urkunde inkorporierte Karl mit den schlesischen Fürstentümern und dem Bautzener und Görlitzer Land, also der Oberlausitz, die von König Johann erworbenen Länder in das Königreich Böhmen. Der Begriff *Corona regni Bohemiae* wird in der Urkunde im Sinn einer unabhängig von einem konkreten Herrscher oder einer konkreten Dynastie fortbestehenden Institution verwendet. Karl IV. benutzte diesen Ausdruck dann auch konsequent, wodurch er sich einbürgerte und Eingang in die zeitgenössische Historiographie fand. Die verkürzte Fassung dieses Begriffs, *Böhmische Krone*, setzte sich dann als Bezeichnung für den spätmittelalterlichen und frühneuzeitlichen böhmischen Staat durch.

Auf die erwähnten Urkunden bezog sich noch eine vierzehnte und sehr bekannte Urkunde mit dem Datum 7. April 1348: Durch diese rief Karl als böhmischer König die Prager Universität ins Leben (Kat.-Nr. 4.3). Sie sollte ebenfalls den Glanz der Böhmischen Krone, besonders ihrer Hauptstadt als Sitz des böhmischen und römisch-deutschen Königs erhöhen.

Karls eigene Territorialpolitik lässt sich zeitlich in zwei Abschnitte unterteilen, wobei die Geburt seines Sohnes Wenzel (1361) einen imaginären Wendepunkt bildet. In den 1350er Jahren konzentrierte sich Karl vor allem auf die Erweiterung der böhmischen Besitzungen westlich der böhmischen Grenze, damit der römisch-deutsche König im Reich über eigene, strategisch günstig gelegene Stützpunkte und einen einfacheren Zugang zu den Reichszentren (Nürnberg, Frankfurt am Main) und weiter ins Rheinland sowie nach Luxemburg verfügte. Die erste Gelegenheit zum Vordringen in das Gebiet zwischen der böhmischen Grenze und Nürnberg bot ihm die Eheschließung mit Anna von der Pfalz (1349); gleichwohl war Karls Hauptziel die Zerschlagung des Wittelsbacher Lagers und die eigene volle Anerkennung im Reich. In dieser Hinsicht war er erfolgreich, aber durch den Tod der Königin und ihres kleinen Sohnes verlor er alle Rechte an Annas vielversprechender Mitgift. Karl gab seinen Plan jedoch nicht auf. Im Herbst 1353 einigte er sich mit den pfälzischen Wittelsbachern, denen mit der Oberpfalz ein Gebiet in Nordbayern gehörte, auf den Ankauf einer Vielzahl dortiger Städte und Burgen. Mehr oder weniger lagen sie alle am später Goldene Straße genannten Handelsweg von Nürnberg nach Prag. Zu ihnen zählten zum Beispiel Sulzbach, Lauf, Hersbruck, Hirschau, Pegnitz und Neustadt an der Waldnaab.[3]

Die Besitzungen, über die Karl in der Oberpfalz herrschte, bildeten kein historisches Territorium. Jedoch gelang es dem Kaiser,

Abb. 106 Löwenmadonna aus Hermsdorf (Skarbimierz) im Breslauer Nationalmuseum. Die Löwen spielen auf den Thron des alttestamentarischen Königs Salomo, des Sinnbilds der Weisheit auch im Christentum, an. Im übertragenen Sinn wird so Maria zum Thron der Weisheit, die sich im göttlichen Logos, Christus, verkörperte. Diese Bereicherung eines älteren Typus ist eine der charakteristischen ikonografischen Erfindungen des Prager Hofes, die auch in den Ländern der Böhmischen Krone verbreitet wurde. So blieben gerade auch in Schlesien wichtige Werke erhalten, während in Kern-Böhmen ein großer Teil mittelalterlicher Kunst im Laufe der Jahrhunderte zerstört wurde. • Prag oder Breslau, um 1370 • Breslau, Muzeum Narodowe we Wrocławiu, Inv.-Nr. XI 121

sie zu einer funktionierenden politisch-administrativen Einheit zu formen, die mit jedem anderen Nebenland der Böhmischen Krone vergleichbar war. Daher bezeichnete der Historiker Franz Martin Pelzel Sulzbach mit Recht als Hauptstadt „*von Neuböhmen oder der Oberpfalz*".[4] Den Namen „Neuböhmen" übernahmen auch jüngere Autoren. Im 14. Jahrhundert war er jedoch noch unbekannt und das böhmische Territorium in Nordbayern wurde unterschiedlich benannt: „*Land zu Bayern*", „*herschaft zu Bayern*", „*terra zu Sulzbach*", „*lande zu Sulzbach*", „*terra trans silvam Boemicalem in Bavaria*".

Sulzbach war als Verwaltungszentrum der böhmischen Oberpfalz Sitz des vom König ernannten Hauptmanns (*capitaneus*). Das Amt überantwortete Karl unter anderem zwei seiner engsten Vertrauten am Hof: Bušek d. J. von Welhartitz (1357–62) und Boreš von Riesenburg (1367–78). Auf der Sulzbacher Burg war auch eine Kanzlei tätig. Karl reiste selbst nach Sulzbach und machte sich von dort am Festtag des hl. Wenzel im Jahr 1354 (28. September) auf, um die Kaiserkrone zu empfangen. In Rom datierte er dann am Tag seiner Kaiserkrönung, dem 5. April 1355, jene Urkunde, mit der er die bereits erworbenen Oberpfälzer Besitzungen in die Böhmische Krone inkorporierte (Kat.-Nr. 11.10).[5] Die Bedeutung und der feierliche Charakter der Urkunde werden nicht nur durch Ort und Datum ihrer Ausstellung unterstrichen, sondern auch durch die doppelte Ausfertigung in lateinischer und deutscher Sprache, die Siegelung mit der kaiserlichen Goldenen Bulle und nicht zuletzt durch die respektable Zeugenreihe, in der Kardinal Pierre Bertrand de Colombiers – der Karl in Vertretung des Papstes gekrönt hatte – die erste Stelle einnahm. Bemerkenswert ist auch der Inhalt, da nicht nur eine genaue Aufzählung aller inkorporierten Objekte enthalten ist, sondern zugleich alle Kompetenzen des böhmischen Königs genannt werden, die auf die böhmischen Besitzungen in der Oberpfalz übergingen. Dazu gehören wichtige Bestimmungen auf dem Gebiet der Jurisdiktion, die den Einwohnern alle Verfahren außerhalb des Land- oder des königlichen Gerichts verboten (Privilegien *non appellando* und *non evocando*) sowie die Proklamation der Rechte des böhmischen Königs an den sog. Regalien, die das Berg- und Münzrecht, das Zoll- und Mautrecht umfassten; außerdem sicherten sie dem König die Rechte über die Juden. In nur maßvoll veränderter Form wurden diese Privilegien der böhmischen Könige auch in das als Goldene Bulle bezeichnete Reichsgesetzbuch aufgenommen (Kat.-Nr. 13.1).[6]

Schlesien und die Lausitzen unter Karl IV.

- ⦿ Stadt
- **Lubań** ⦿ Mitglied im Sechsstädtebund
- 🯅 Burg
- ⛨ Kloster

Abb. 108 **Schlesien und die Lausitzen**

Abb. 107 **Der Römische Kaiser Karl IV. mit Wenzel IV. zur Rechten und Markgraf Jobst von Mähren zur Linken im Olmützer Rechtsbuch des Wenzel von Iglau, fol. 1r** • Olmütz, 1430 • Buchmalerei auf Pergament • Olmütz, Oblastní archiv, Cod. 1540

In der Oberpfalz ließ Karl die mächtige Festung Rothenberg und die Burg in der Stadt Lauf, auch Wenzelsburg genannt, errichten. Am Turm über ihrem Eingang war der doppelschwänzige böhmische Löwe angebracht, im Innenbereich der Burg befanden sich eine Wenzelskapelle sowie ein prachtvoller Audienzsaal, dessen Wände insgesamt 112 gemeißelte und polychromierte, in zwei Reihen angebrachte Wappen zierten: Diese verwiesen auf die Länder der Böhmischen Krone, die Erzbistümer und Bistümer auf ihrem Gebiet, drei Städte (Prag, Kuttenberg, Breslau) sowie Adelsgeschlechter überwiegend böhmischer Herkunft. Über den Beginn der Arbeiten an der Ausstattung ist nichts Näheres bekannt, aber ich vermute, dass das wesentliche Konzept für die Saalausgestaltung bzw. die obere Wappenreihe bereits im Herbst 1355 nach Erlass der Inkorporation und während der Vorbereitungen zum Nürnberger Reichstag entstanden ist, auf dem die ersten Kapitel des Reichsgesetzbuchs verabschiedet wurden.[7] Die endgültige Anzahl der Wappen und deren Anordnung wurden wohl erst in den ersten Monaten des Jahres 1361 beschlossen; sie spiegeln den Hof Karls IV. zu jener Zeit wider.[8] Im Herbst 1360 war der Kaiser nämlich gegen die Grafen von Württemberg ins Feld gezogen – unter entscheidender Beteiligung des böhmischen Adels, der Karl wohl auch nach Nürnberg begleitet haben dürfte, wo am 26. Februar 1361 der Thronfolger Wenzel (IV.) zur Welt kam. Die Gäste der festlichen Taufe (11. April 1361) besuchten auch Lauf und besichtigten den Wappensaal mit seiner Apotheose der Macht des böhmischen Königs, der sich auf die böhmische Adelsgemeinde stützen konnte.[9]

In den Jahren 1366–68 initiierte Karl IV. eine Beschreibung der böhmischen Besitzungen in der Oberpfalz (sog. *Böhmisches Salbüchlein*) im Hinblick auf Verwaltung und urbariale Pflichten, Zolleinnahmen, Schutz der Reisenden auf der Goldenen Straße und Umfang der militärischen Ausrüstung für die Städte und Burgen. Den 24 Verwaltungsbezirken wurde auch Tachau mit den umliegenden Gemeinden angegliedert. Es handelt sich um die ältesten Urbarialprotokolle für böhmisches Königsgut.[10]

Als er die Oberpfalz erwarb, war Karl bereits zum dritten Mal verheiratet – diesmal mit Anna von Schweidnitz, der Nichte des schlesischen Herzogs Bolko II. von Schweidnitz, die nach dem frühen Tod ihres Vaters zusammen mit ihrer Mutter Katharina von Ungarn an den Ofener Hof gegangen war. Da zu diesem Zeitpunkt weder Annas Onkel noch ihr polnischer Verwandter Erben hatten, war sie eine verlockende Partie.[11] Karl hatte daher bereits nach der Geburt seines ersten Sohnes Wenzel dessen Hochzeit mit Anna geplant, doch wurde diese Verbindung durch Wenzels plötzlichen Tod zunichte gemacht. Als Karl dann verwitwete, bat er selbst um die Hand der 13-jährigen Anna. Durch die Eheschließung hatte er nicht nur Hoffnungen auf den Erwerb des Herzogtums Schweidnitz-Jauer, das als einziges der schlesischen Fürstentümer bisher nicht mit der Böhmischen Krone verbunden war, sondern konnte auch mit einer Erneuerung der freundschaftlichen Beziehungen zu den östlichen Nachbarn rechnen, was in der Planungsphase seiner Romfahrt nur von Vorteil war. Anna von Schweidnitz erlebte den Glanz der Kaiserkrönung und die Freude über die Geburt des langersehnten Luxemburger Thronfolgers (1361), aber sie starb am 11. Juli 1362 bei der Geburt ihres dritten Kindes. Ihr Erbe konnte Karl IV. für die böhmischen Könige sichern, obwohl Schweidnitz-Jauer Wenzel IV. faktisch erst 1392 mit dem Tod der Witwe Bolkos II. von Schweidnitz zufiel: Ihr Gatte hatte ihr ein lebenslanges Anrecht auf das Herzogtum zugesichert.

Im letzten Jahrzehnt seiner Herrschaft konzentrierte Karl seine dynastischen Pläne auf den Norden des Reichs, wo er sich um die Niederlausitz und Brandenburg bemühte.[12] Mit wenig Erfolg wurden diese beiden Länder von zwei Söhnen Kaiser Ludwigs des Bayern regiert, von Ludwig, genannt der Römer, und Otto V. In das Geschehen in diesem über eine Kurfürstenstimme verfügenden großflächigen Land mischte sich Karl nur unauffällig ein: 1361 erzwang er bei der Kurie für seinen engen Ratgeber Dietrich von Kugelweit den Magdeburger Erzbischofsstuhl. Unter dessen Oberhoheit fielen sowohl die brandenburgischen Bistümer Brandenburg und Havelberg als auch das Bistum Meißen, zu dem wiederum die Ober- und die Niederlausitz gehörten. Den nächsten Schritt zur Kontrolle der Mark ermöglichten dem Kaiser die Markgrafen Ludwig der Römer und Otto V. selbst, die den wachsenden Problemen einschließlich der unerfreulichen finanziellen Lage des Landes hilflos gegenüberstanden. Karl IV. überzeugte die Markgrafen im Dezember 1362, die Verwaltung dem Magdeburger Erzbischof Dietrich zu übertragen. Dieser sollte von Heinrich Banz, Bischof von Lebus, unterstützt werden, der zugleich auch brandenburgischer Kanzler war. Noch vor Ende ihrer Verwaltertätigkeit nutzte der Kaiser die Streitigkeiten der Markgrafen mit den bayerischen Verwandten aus und schloss mit Ludwig und Otto mehrere Erbeinungen ab (1364). Bald darauf bewegte er sie zum Verkauf der Niederlausitz, die er Bolko II. von Schweidnitz zum Dank für die finanzielle Hilfe beim Erwerb des Landes auf Lebenszeit überließ; die Transaktion wurde Karl auch durch den neuen, aus böhmischem Adel stammenden Magdeburger Erzbischof Albrecht

Die Länder der böhmischen Krone **125**

Abb. 109 **Ostfassade des Breslauer Rathauses mit Portal und Erker; im Tympanon der böhmische Löwe, flankiert heraldisch rechts vom Wappen des schlesischen Herzogtums, links der Stadt Breslau** • Ein einfacher Saalbau aus dem Jahr 1299 wurde 1328–33 und 1343–57 umgebaut und auch später immer wieder erweitert

Die Länder der böhmischen Krone

Abb. 110 Grabmal des Piastenherzogs Heinrich IV. Probus († 1290), ursprünglich in der Stiftskirche zum Heiligen Kreuz in Breslau. Heinrich war ein Enkel der Anna von Böhmen (Anna Lehnická, † 1265) und wurde in Prag am Hofe König Ottokar Přemysls II. († 1278) erzogen, der zeitweilig sein Vormund war. Umso auffälliger ist die stilistische Nähe seines Grabmals zu den Steinfiguren des Prager Hauses zur Steinernen Glocke (vgl. Kat.-Nr. 3.9), das höchstwahrscheinlich vom Luxenburger-König Johann nach Regierungsantritt ausgebaut wurde. Er war es, der Schlesien für lange Zeit an Böhmen band. • um 1320–30 • feinkörniger Sandstein mit ursprünglicher Farbfassung und Vergoldung, H. der Tumba 118 cm, L. der Platte 200 cm, B. 86 cm • Breslau, Muzeum Narodowe, Inv.-Nr. XI 319

Abb. 111 Tumba des Piastenherzogs Bolko II. von Schweidnitz-Jauer (1308–68), des Onkels der Anna von Schweidnitz, in der Stifterkapelle am Ostchor der Zisterzienserabteikirche von Grüssau (Krzeszów). Nach dem Tod von Bolkos Witwe 1392 fiel dem Hause Luxemburg das Herzogtum Schweidnitz-Jauer direkt zu.

von Sternberg erleichtert. Die Angliederung der Niederlausitz an die Besitzungen des böhmischen Königs wurde im Sommer 1370 durch eine Urkunde des Kaisers abgeschlossen, mit der er das Land in die Böhmische Krone inkorporierte.[13] Zum Zentrum der Niederlausitz sollte die Stadt Luckau werden, wie auch das Interesse des Kaisers an der Stadt und der dortigen Kirche belegt, die von Karl mit Reliquien aus Lucca beschenkt wurde und deren Südportal mit Herrscherbüsten verziert ist.[14]

Nach dem Erwerb der Niederlausitz konzentrierte sich Karl IV. auf die vollständige Beherrschung Brandenburgs. Otto V. war nach dem Tod seines Bruders Ludwig († 1365) verunsichert und ließ sich wohl vom Kaiser beeinflussen, an dessen Hof er sich häufig aufhielt. 1365 heiratete er außerdem Karls Tochter Katharina, die Witwe des österreichischen Herzogs Rudolf IV. Aber um 1370 änderte sich Ottos Verhältnis zum Kaiser, möglicherweise auch aufgrund der eher unglücklichen Ehe, und der Markgraf proklamierte den Erbanspruch der bayerischen Verwandten auf Brandenburg. Die Situation spitzte sich bis zum Ausbruch eines kriegerischen Konflikts zu.[15] Beide Seiten suchten nach Verbündeten und sammelten ihre Truppen. Karl sicherte sich an der Grenze zwischen der Niederlausitz und Brandenburg als strategischen Brückenkopf Fürstenberg an der Oder[16] und zog im Sommer 1371 mit einem Heer über die Lausitz in die Mark. Auch Otto zögerte nicht: Er hoffte nicht nur auf die Hilfe der bayerischen Verwandten, sondern auch anderer Persönlichkeiten, die mit der rasanten dynastischen Politik des Kaisers unzufrieden waren – in erster Linie rechnete er mit der Unterstützung des ungarischen Königs Ludwig I. Schließlich verzichteten aber beide Parteien auf die Entscheidungsschlacht und schlossen am 16. Oktober 1371 in Pirna einen Waffenstillstand, der bis Pfingsten (5. Juni) 1373 gelten sollte. Er umfasste neben den Wittelsbachern auch den ungarischen König, den Salzburger Erzbischof und etwas später auch die Meißner Wettiner.[17]

Die gewonnene Zeit nutzte Karl IV., um die Gefangennahme seines Bruders Wenzel von Luxemburg durch den Herzog von Jülich rückgängig zu machen und erfolgreich nach Verbündeten zu suchen.[18] Die breite antiluxemburgische Koalition hingegen zerfiel. Der ungarische König Ludwig I. war mit der Übernahme des Königreichs Polen nach dem Tod Kasimirs des Großen († 5. 11. 1370) beschäftigt und sah sich mit inneren Konflikten konfrontiert; außerdem rückte nach der Niederlage des serbischen Königs in der Schlacht bei Edirne (26. 9. 1371; früher Adrianopolis) die Türkengefahr immer näher. Karl gelang es in einem günstigen Moment, die Kontakte zum Ofener Hof wieder aufleben zu lassen und die künftige Eheschließung zwischen seinem Sohn Sigismund und ei-

Abb. 112 **Bildwerke des böhmischen Landespatrons Wenzel markierten in den neu erworbenen Gebieten die Zugehörigkeit zu den Ländern der böhmischen Krone, so auch an der Pfarrkirche St. Maria in Sulzbach** • um 1370 • feiner Sandstein • Sulzbach, Pfarrkirche St. Maria, Strebepfeiler an der Südseite des Chorpolygons

Abb. 113 **Lauf, Wenzelsschloss, Wappensaal, Detail des Reliefs des Heiligen Wenzel in der Fensternische des Wappensaals** • um 1355–60

Abb. 114 **Geburt Christi und Anbetung der Hirten. Auch an scheinbar abgelegenen Orten finden sich Übernahmen böhmischer Kunst, so in der Ausmalung des Chores der Friedhofskirche der oberlausitzischen Stadt Kamenz. Geweiht ist sie dem heilig gesprochenen Königssohn und Einsiedler Jodocus (Jobst, in Kamenz Just genannt), dessen Verehrung unter Karl IV. sehr gefördert wurde.** • 1370–80 • Wandmalerei • Kamenz, St. Just, Nordwand des Chores

Abb. 115 Luckau, Pfarrkirche St. Nikolai. Karl IV. plante die Stadt zum Zentrum der Niederlausitz auszubauen und beschenkte die Kirche mit Reliquien aus Lucca.

ner der ungarischen Prinzessinnen zu vereinbaren. Erfolgreich war Karl außerdem bei den Meißner Wettinern, die leicht wieder für das Luxemburger Lager gewonnen werden konnten. Auch mit den Pfalzgrafen zu Rhein konnte er freundschaftliche Vereinbarungen treffen. Der Papst half dem Kaiser ebenfalls, indem er 1372 den Amtsverzicht des Albrecht von Sternberg akzeptierte und auf Karls Gesuch als neuen Magdeburger Erzbischof den damaligen Bischof von Leitomischl Peter Wurst (Jelito) bestätigte. Markgraf Otto V. geriet dagegen in die Isolation und sah sich Zusammenstößen an der Ostgrenze der Mark und großen finanziellen Schwierigkeiten ausgesetzt.[19]

Als der Kaiser nach dem Ablauf des Waffenstillstands im Juni 1373 einen neuen Feldzug nach Brandenburg unternahm, war seine Position deutlich besser als noch anderthalb Jahre zuvor. Karls Heer drang schnell bis Frankfurt an der Oder vor und belagerte die Stadt. Anschließend griffen die Truppen das kaum geschützte Lebus an und eroberten und plünderten die Stadt einschließlich der dortigen Kathedrale. Dann zog das Heer nach Fürstenwalde/Spree, das Otto V. zusammen mit seinem Neffen Friedrich persönlich verteidigte.[20] Ohne Hoffnung auf einen Sieg ergaben sie sich am 15. August 1373. Dem Wortlaut der anschließend abgeschlossenen Verträge zufolge betrachtete der Kaiser Brandenburg nicht als Beute, sondern war bereit, für das Land die unglaubliche Summe von 500.000 Gulden zu zahlen. Otto beließ er außerdem auf Lebenszeit die Kurfürstenstimme und das Amt des Erzkämmerers.[21] Friedrich verzichtete für sich und seine bayerischen Verwandten zugunsten von Karl und Wenzel IV. auf die Markgrafschaft. Das versprochene Geld jedoch besaß Karl gar nicht; er musste sich mit Krediten seines Bruders Johann Heinrich sowie mit der Verpfändung großer Teile der so schwierig gewonnenen böhmischen Besitzungen in der Oberpfalz behelfen. Diese konnten von den böhmischen Königen auch in der Zukunft nie wieder ausgelöst werden (Kat.-Nr. 11.17).[22]

Noch im August 1373 reiste Karl IV. gemeinsam mit Wenzel IV. nach Brandenburg, um die Huldigung seiner neuen Untertanen zu empfangen. Anfang Oktober gab der Kaiser in Prag – vor den Augen des versammelten Hofs und in Anwesenheit Ottos von Brandenburg und Friedrichs von Bayern – die Markgrafschaft Brandenburg seinen Söhnen, dem böhmischen König Wenzel IV. und dessen jüngeren Brüdern Sigismund und Johann, zum Lehen.[23] Auf einer feierlichen Hofsitzung im brandenburgischen Tangermünde proklamierte der Kaiser dann den Anschluss der brandenburgischen Mark an die Böhmische Krone (1374).[24] Der Inhalt der Urkunde entspricht im Prinzip einer Inkorporation; jedoch wurde die Urkunde in deutscher Sprache ausgestellt, wodurch der Kaiser einer eindeutigen Inkorporationsformel ausweichen konnte, wie sie im Reich kaum akzeptabel gewesen wäre.

Karl IV. übernahm zügig und energisch die Herrschaft über die Markgrafschaft. Unter anderem ließ er zwei Beschreibungen der Markgrafschaft anfertigen, 1373 eine knappe und 1375 eine detailliertere Fassung. Darin teilte er Brandenburg neu in drei Verwaltungseinheiten bzw. Marken ein: die Altmark (heute zu Sachsen-Anhalt gehörend), die Mittelmark (früher Neumark, Zentrum Berlin) und die Neumark, auch Mark jenseits der Oder genannt (*marchia transoderana*), d. h. der östlichste Teil des Landes (heute Polen). In Tangermünde (Altmark) ließ er eine neue repräsentati-

Abb. 117 **Brandenburg, Dombezirk, Luftaufnahme**

Die Mark Brandenburg um 1375

- ⊙ Stadt
- ♟ Burg
- ☩ Bistum
- ✝ Kloster
- ⊙ Burgen, Städte und Marktflecken der Bischöfe und Domkapitel
- ⊙ Burgen und Städte der Neumark
- ▢ Die Mark Brandenburg um 1375

Abb. 116 **Die Mark Brandenburg**

Die Länder der böhmischen Krone

ve Residenz für den brandenburgischen Markgrafen errichten. Die Wände im großen Saal des Palastes waren mit einem Stammbaum der Luxemburger sowie Darstellungen der Kurfürsten dekoriert. An die Burg schloss sich die Kapelle St. Johannes des Täufers und Johannes des Evangelisten an (geweiht 1377), an der der Kaiser ein Kollegiatstift gründete. Dem Stift schenkte er äußerst kostbare Reliquien: einen Tropfen vom Blut Christi, einen Holzsplitter vom Hl. Kreuz, ein Fragment vom Schädel des hl. Johannes des Täufers, das in ein auf einer Schale ruhendes Kopfreliquiar aus Gold eingefügt war, Bildnisse von Karl IV. und Elisabeth von Pommern usw. Die Zusammensetzung des Reliquienschatzes und die Ausstattung des Burgsaals kennen wir heute nur noch aus späteren Beschreibungen. Die Reliquiare wurden bereits zu Beginn des 15. Jahrhunderts aus Brandenburg weggeschafft, wobei sich ihre Spur verliert, und das Burgareal wurde im Dreißigjährigen Krieg zerstört.[25] Tangermünde sollte auch zu einem wichtigen Knotenpunkt von Handelswegen werden, denn Karl träumte von einer Verbindung zwischen der Nordsee und Böhmen über die Elbe – er bereitete deren Schiffbarmachung vor und begann mit dem Schiffbau. Der Kaiser hielt sich gern in Tangermünde auf und begab sich von dort auch auf seine letzte große diplomatische Auslandsreise, die ihn nach Frankreich führte.

Die Böhmische Krone Karls IV. wurde nach den Prinzipien der mittelalterlichen dynastischen staatsrechtlichen Verbindungen errichtet, was ihre künftige Entwicklung beeinflussen sollte. Sie wurde zu einem recht lockeren Bund ständisch strukturierter Länder, die durch die Person des böhmischen Königs miteinander verbunden waren, und neigte damit dem frühneuzeitlichen Modell des Konglomeratstaats zu.[26]

FUSSNOTEN
1. BOBKOVÁ 1993.
2. BOBKOVÁ 2006/I. – BOBKOVÁ 2012.
3. BOBKOVÁ 1980. – FAJT 2006/II. – Knapp BOBKOVÁ 2007/I.
4. PELZEL 1781, 476.
5. FRITZ 1992, 208–218, Nr. 390. – KAVKA 1993, I, 18. – BOBKOVÁ/BARTLOVÁ 2003, 278–289.
6. FRITZ 1972, 62–66. – BOBKOVÁ 2009/I.
7. BOBKOVÁ 2004, 144–147.
8. RŮŽEK 1988. – RŮŽEK 2006.
9. NOVOTNÝ 2006, 149f.
10. SCHNELBÖGL 1973/I. – SCHNELBÖGL 1973/II.
11. GOTTSCHALK 1972. – RÜTHER 2011.
12. SCHULTZE 1961, 157f. – HOHENSEE 1997. – BOBKOVÁ 2005.
13. HOHENSEE 2001/II. – Die Autorin bezweifelt die Rechtmäßigkeit der Inkorporation, doch hatte die Zugehörigkeit der Niederlausitz zur Böhmischen Krone bis 1635 Bestand.
14. FAVREAU-LILIE 1999. – SCHUMANN 2006. – BOBKOVÁ 2013/II, 217f.
15. STRAKA 2015, 133.
16. EMLER 1884/II, 541. – BOBKOVÁ/BARTLOVÁ 2003, 411.
17. KAVKA 1993, II, 131–133.
18. FANTYSOVÁ-MATĚJKOVÁ 2009, 114. – FANTYSOVÁ-MATĚJKOVÁ 2013, 327–352.
19. KAVKA 1993, II, 149.
20. STRAKA 2015, 141–143.
21. SCHULTZE 1961, 156. – BOBKOVÁ 2005.
22. KAVKA 1993, II, 151f.
23. BOBKOVÁ 2005, 174–176.
24. NA Praha, AČK 1159, 1160. – GStA Berlin, VII, HA, Urkunden 35, 36, 37.
25. RIEDEL 1838-69, 1/16, 40, č. 45. – ZAHN 1900, 34f. – BOBKOVÁ 2004, 148–152.
26. GUSTAFSSON 1998.

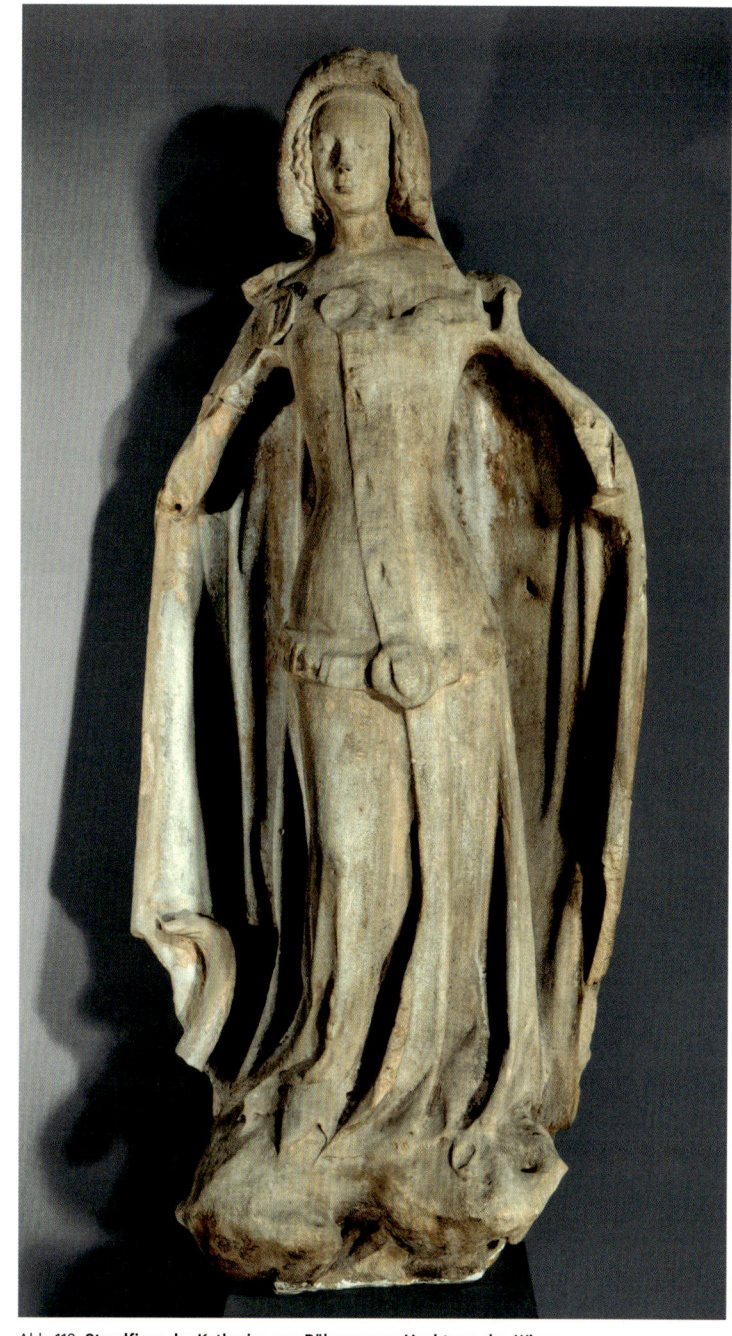

Abb. 118 **Standfigur der Katharina von Böhmen vom Hochturm des Wiener Stephansdoms. Die Tochter Karls IV. war in erster Ehe mit Rudolf IV. von Habsburg verheiratet, in zweiter Ehe mit Otto V. von Wittelsbach und somit 1366–73/79 Markgräfin von Brandenburg** • zuvor in Nürnberg tätiger Bildhauer, Wien, 1360er Jahre • Wien, Museum der Stadt Wien

Abb. 119 **Tangermünde an der Elbe mit der kaiserlichen Burg. Ansicht von Südosten über die Elbe. Beginn des Burgareals mit dem Palas 1373/74, Vollendung der Burgkapelle St. Johannes Ev. 1376/77** • Matthäus Merian d. Ä. (1593–1650) • Prag, Královská kanonie premonstrátů na Strahově, Knihovna

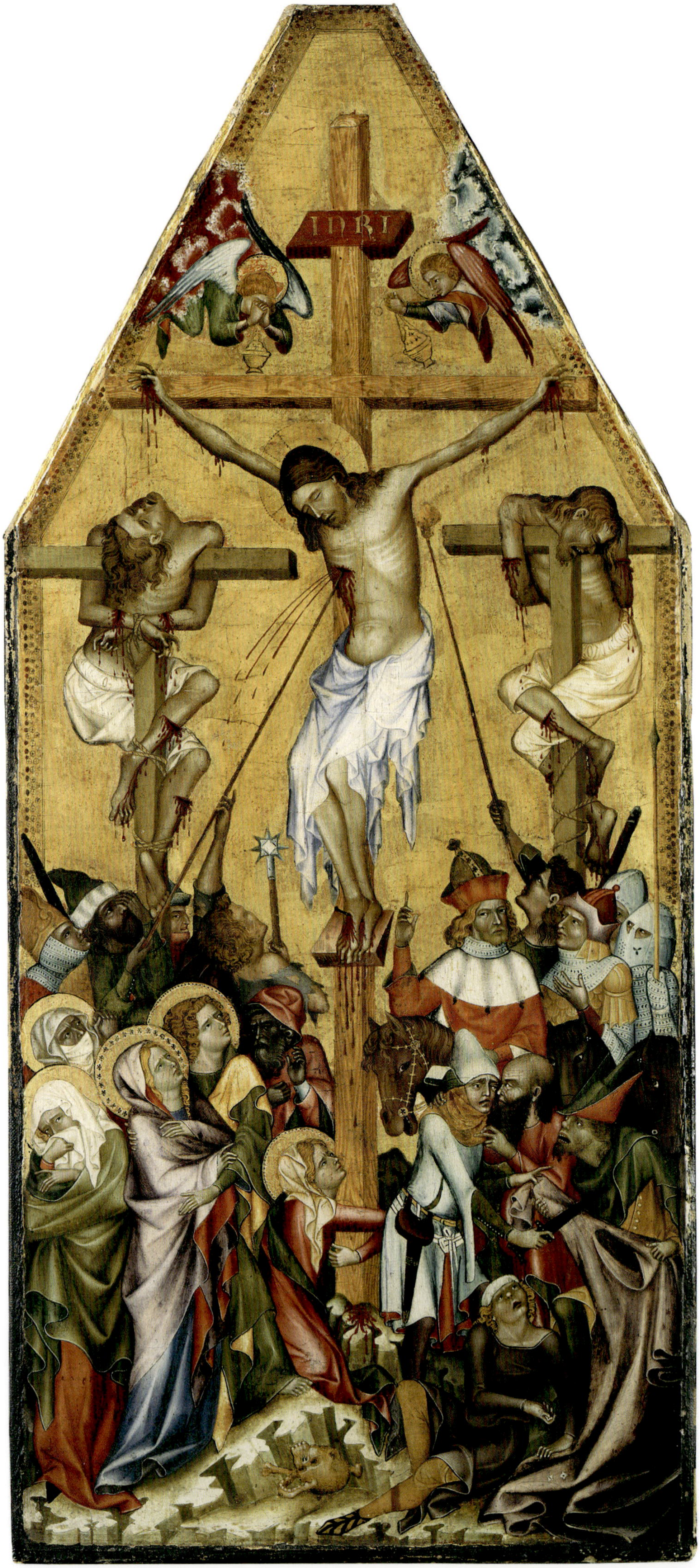
INRI

Die künstlerische Repräsentation der frühen Jahre

Vorbilder und Vielfalt der bildkünstlerischen Stilsprache bis 1350

Markus Hörsch

Robert Suckale sprach einst von „*geänderten Direktiven*" für die künstlerische Produktion in der Anfangszeit der Regierung Karls I.,[1] womit er den Regierungsantritt des Gegen- und dann rechtmäßigen Königs im Heiligen Römischen Reich in den Jahren 1346–48 meinte. Nun ist es gewiss so, dass Karl sich in seiner Persönlichkeit und seinen Vorlieben von seinem kaiserlichen Vorgänger Ludwig IV. aus dem Hause Wittelsbach (* 1282/86, reg. 1314–47) unterschied und dass dieser Unterschied auch in der künstlerischen Produktion und Repräsentation der von ihm beherrschten Gebiete sichtbar wurde. Aber in einer Hinsicht darf man den Unterschied zu Ludwig dem Bayern nicht zu sehr betonen: Auch, wenn Karl seinen Vorgänger immer wieder herabzusetzen trachtete, indem er z. B. dessen Kaisertum anzweifelte, so hat er doch offenbar von ihm gelernt, denn wie später Karl hatte es auch Ludwig verstanden, Kunstwerke, und zwar vor allem die Skulptur als damals ranghöchste Gattung, im Sinne seiner Herrschaftsrepräsentation und -legitimation einzusetzen.[2] Eindrückliches Beispiel hierfür ist das im 1332–40 errichteten Rathaussaal der Reichsstadt Nürnberg angebrachte Relief,[3] das den gleichsam auf Adlern thronenden Kaiser Ludwig zeigt, der von Engeln gekrönt wird (Abb. 37). Nicht nur dieses auf das Gottesgnadentum seiner Herrschaft verweisende Element, sondern auch die mitrenartige Krone und die an liturgische Gewänder erinnernde Stola weisen auf Ludwigs Bemühen hin, seine Stellung gegenüber dem feindlich gesinnten Papst als unabhängig und zugleich sakral herauszustellen. Ludwig hat auch viele Madonnen gestiftet, sicher nicht zuletzt deswegen, weil er wegen seiner Exkommunikation aus der Katholischen Kirche seine Rechtgläubigkeit besonders betonen wollte. Im Kloster Fürstenfeld bei München befindet sich eine der schönsten dieser Skulpturen (Abb. 121), auch wenn ihre Stiftung durch den Kaiser nur in späterer Klosterüberlieferung greifbar ist.[4]

Karl konnte freilich Ludwigs Kunst nicht in besonders großem Umfang direkt kennenlernen; lange lebte der Luxemburger nicht im Reich und später konnte er nur dort auf sie stoßen, wo sie an gemeinsamen „Berührungspunkten" angebracht war, z. B. eben am Nürnberger Rathaus. Ob aber eine solche Begegnung den Wunsch in Karl ausgelöst haben mag, es „anders" zu machen, vor allem auch stilistisch? Zunächst einmal wird wohl eher der Wunsch vorherrschend gewesen sein, Ähnliches weiterzuführen, denn schließlich wollte Karl sicher nicht hinter die „performan-

Abb. 120 **Kaufmann'sche Kreuzigung** • Berlin, Staatliche Museen – Preußischer Kulturbesitz, Gemäldegalerie, Inv.-Nr. 1833

ce" seines Gegners zurückfallen, den er ja sogar vom Thron zu verdrängen getrachtet hatte. Um letztlich anerkannt zu werden, mussten Traditionen gewahrt werden, wie es nicht zuletzt das unbedingte Einhalten des „richtigen" Wahl- und Krönungsorts belegt (vgl. auch den Beitrag von Olaf Rader).

Karl fand Vorbilder für künstlerische Repräsentation zunächst in Frankreich, dann auf seinen Feldzügen in Italien. In Paris, schon damals einer Weltstadt Europas, erlebte er nach dem ersten Jahr in St-Germain-en-Laye den (neben England) luxuriösesten Hof der Zeit, dessen Zentrum der Palast auf der Seine-Insel im Zentrum der Stadt war. Zu ihm gehörte die Sainte-Chapelle König Ludwigs IX. des Heiligen (1214–70), geweiht 1248 – und bis heute bewundertes Meisterwerk gotischer Architektur, ringsum ausgestaltet mit Glas- und Wandmalerei, der überwirklich scheinende Rahmen für die Reliquien der Dornenkrone Christi, des Heiligen Kreuzes und der Lanzenspitze des Longinus, nicht zuletzt auch des Hauptes des heiliggesprochenen Kapellengründers selbst, die hier bis zur Revolution verehrt wurden. Es sind gerade diese Aspekte des höfischen Lebens – ihre sakrale Überhöhung und der Glaube an die Wirkungsmacht der heiligen Fürsprecher vor Gott –, die uns heute Karls herrscherliche Repräsentation im Wesentlichen auszumachen scheinen – und so war es ja auch: Er erbaute sich die der Sainte-Chapelle nachempfundene Schlosskapelle auf dem Prager Hradschin, errichtete die geradezu unirdisch wirkenden Schlosskirchen in Karlstein. Aber geistliche Aspekte, wie sie heute in der glücklicherweise über die Revolution hinweg erhaltenen Sainte-Chapelle noch anschaulich sind, bildeten nur einen Gesichtspunkt der Hof-Repräsentation nach französischem Vorbild. Der andere war die genealogisch-politische Seite in Prag, Karlstein und später in der Burg Tangermünde, für die ebenfalls der Pariser Palast mit seiner wandmalerischen und skulpturalen Ausstattung eines der besten Vorbilder abgab.[5] Nur sind eben diese Teile ebenso wie Karls Paläste mit den entsprechenden Ausstattungen heute verloren.

Umgesetzt wurden solche Anregungen vermutlich schon recht früh, mit dem Bau von Burg und Stadt Montecarlo in Italien, die Karl bereits als 16-Jähriger auf seinen dortigen Feldzügen initiierte. Spätestens mit dem Einzug in Böhmen und seiner Erhebung zum Markgrafen von Mähren 1334 wurden zur Dokumentation und Konsolidierung seiner (und seines Vaters) Herrschaft ebenfalls künstlerische und architektonische Mittel genutzt – jedoch ist es nicht einfach, davon Spuren zu identifizieren. Das Erste, was Karl in Böhmen stiftete, war 1334 ein silberner Grabaltar in der alten

Abb. 121 **Fürstenfeld (heute Stadt Fürstenfeldbruck), ehem. Zisterzienserabteikirche, Madonna. Der Überlieferung nach eine Stiftung Kaiser Ludwigs IV. des Bayern.** • Münchner Bildhauer, tätig für Kaiser Ludwig und dessen Hofkreise, um 1335

St.-Wenzels-Kapelle beim damals noch romanischen Dom. Karl Otavský hat zu Recht darauf hingewiesen, dass hier eine Parallele zu der in Frankreich gepflegten Verehrung König Ludwigs IX. des Heiligen zu erkennen ist.[6]

Die erhaltenen Werke bieten ein heterogenes Bild, oft sind die Datierungen unsicher und Zuordnungen zu Bestimmungsorten vage. Zudem pflegten, wie sich immer deutlicher zeigt, auch Karls Vater Johann und seine (bald mit ihm in Streit lebende) Gemahlin Elisabeth die Přemyslidin eine visuelle Kultur der Repräsentation in Böhmen, und diese fand Karl vor, auch wenn er in seinem Lebensbericht erzählt, dass er, als er 1333 in Böhmen ankam, niemanden aus der Verwandtschaft persönlich antraf und die Mutter bereits verstorben war. Zu dieser Repräsentationskultur gehören stark mit Frankreich verbundene Projekte wie die Fassade des Hauses zur Steinernen Glocke mit ihren Skulpturen (Kat.-Nr. 3.9) oder die Madonna von Rouchovany (Kat.-Nr. 3.13), bei denen man davon ausgehen möchte, dass sie von aus dem Westen zugewanderten Künstlern geschaffen wurden; in diesen Fällen von solchen, die im französischen Kernland oder in der Normandie (vgl. die Skulpturen von Écouis) ausgebildet worden waren. Man war in Prag schon zur Zeit Wenzels II., mehr noch zu Zeiten seines posthumen Schwiegersohns genau über die aktuelle Kunstentwicklung im Westen informiert und wollte diese auch in Böhmen aufgreifen. Aber es war nicht immer der Stil des französischen Kernlandes, der Île-de-France, die in Böhmen aufgegriffen wurde. Der Bedarf an Kunst war hoch und so suchte man gewiss auch in Luxemburg, im Trierer Kurfürstentum des Onkels Balduin oder allgemein in den angrenzenden nordfranzösisch-niederländischen Regionen nach Künstlern, die in Böhmen aktiv werden konnten.

Der eindrücklichste unter denen, die auf den ersten Blick nicht sehr „französisch" wirken, war jener, den man nach einem Hauptwerk der Kunst der ersten Hälfte des 14. Jahrhunderts „Meister der Madonna von Michle" nennt (Kat.-Nr. 12.1).[7] Die Figur ist – gegenüber den erwähnten Werken – stärker stilisiert, die Gewandfalten sind grafisch, die Gestalt entkörperlicht, die Haare extrem in kompakten Strähnen korkenzieherartig gelockt und teils frei gearbeitet. Diese Formgebung ist so eigenwillig, aber auch in sich schlüssig, dass die Forschung sich den Schnitzer der Michle-Madonna lange als Meister einer Werkstatt vorstellte, dem man eine große Zahl stilistisch ähnlicher Werke im mitteleuropäischen Umfeld zuschreiben wollte. Dies reicht von einer Skulptur des Hl. Florian im Stift St. Florian in Oberösterreich[8] über einen Salvator im Zisterzienserinnenkloster St. Marienthal in der Oberlausitz[9] bis zur Madonna im Südmährischen Museum in Znajm (Znojmo), um nur einige Eckpunkte zu nennen, die sich stilistisch recht nahe stehen. Angesichts der noch recht großen Zahl erhaltener Skulpturen dieser Stilrichtung, die ja bei den großen Zerstörungen an Kunst in Mitteleuropa auf einen ursprünglich viel größeren Bestand schließen lassen, haben früh schon Gerhard Schmidt[10] und dann konsequenter Jahrzehnte später Jiří Fajt und Robert Suckale[11] von der Fokussierung auf einen einzelnen Künstler und seine individuelle Entwicklung abgesehen, vielmehr eine Perspektive auf die europäische Kunstentwicklung insgesamt eröffnet. Der in der Vorstellung von einem einzelnen, schöpferisch wirkenden Künstler noch wirksame Geniekult des 18./19. Jahrhunderts wird weder den komplexen Werkstattverhältnissen noch den Auftraggebernetzwerken des Mittelalters gerecht. Eine offenere Haltung, die zunächst eine von mehreren Künstlern und Werkstätten vertretene, vom Königshaus propagierte Stilrichtung untersucht, schließt aber natürlich keinesfalls aus, das einzelne Werk – wie eben die Madonna von Michle – in seiner Originalität und Qualität zu würdigen.

Wie aber lässt sich diese spezifische Qualität nun verstehen? Seit Langem ist beobachtet worden, dass sich zu Beginn des 14. Jahrhunderts eine Tendenz zur „abstrakteren" Gestaltung von Skulpturen beobachten lässt. Lang gestreckte, oft körperlos wirkende Figuren mit linienhaften, parallel geführten Falten wurden bevorzugt. Gerhard Schmidt wollte dies zunächst einmal eher unter ästhetischem Blickwinkel als eine Tendenz zum „Preziösen" verstehen;[12] dies ist nicht falsch, doch offenkundig ist es zugleich als ein Wiederaufgreifen älterer Vorbilder zu verstehen – in Frankreich, insbesondere aber in England und dann auch in Mitteldeutschland sind solche Gestaltungsweisen im mittleren 13. Jahrhundert sehr beliebt gewesen.[13] So ist es auch nicht aus der

Abb. 122 **Majestätssiegel König Johanns von Böhmen, angehängt an einer Urkunde vom 3. Oktober 1319 (benutzt spätestens bis 1321–22)** • Prag, 2. Jz. 14. Jh. • Prag, Národní archiv, Archiv der Böhmischen Krone

Abb. 123 Oberwesel, Liebfrauenkirche, Chorgestühl, Engel

Luft gegriffen, wenn Lothar Schultes in der Stifterfigur des Königs Childebert vom Portal des Refektoriums in St-Germain-des-Prés in Paris (heute im Louvre) eine Anregung für den Figurenstil des hl. Florian erkennt,[14] und damit auch der Madonna von Michle. Trotz der linienbetonten Stilisierung und gerade auch der lockigen Haare des Childebert[15] mag dies auf den ersten Blick befremdlich erscheinen, kann man diese außergewöhnlich fein gearbeitete Skulptur doch recht genau in die Jahre 1239–44 datieren. Sie ist also um fast ein Jahrhundert älter. Aber ganz offensichtlich hat es im Prag der Regierungszeit König Johanns den Impuls gegeben, sich mit dem eigenwilligen Stil auf eine deutlich ältere Tradition zu berufen – und die fand ein Luxemburger selbstverständlich in Paris. Der Beleg hierfür und ein sehr wichtiger Datierungsanhalt ist das schon im zweiten Jahrzehnt des 14. Jahrhunderts genutzte Majestätssiegel Johanns, dessen kleine thronende Königsfigur dem Stil der Skulpturen um die Michle-Madonna sehr nahe steht (Abb. 122).[16] Dass Madonnen wie die in den königlichen Städten Znajm und Großmeseritsch (Velké Meziříčí)[17] als königliche Stiftungen aus Prag anzusehen sind, liegt angesichts dieser Tatsachen nahe. Aber es dürfte den historischen Umständen nicht entsprechen (auch dies haben Robert Suckale und Jiří Fajt immer wieder betont), Formfindungen auf nur eine Quelle zurückführen zu wollen. So wurde zu Recht darauf hingewiesen, dass auch zu den Evangelisten vom Lettner und Engeln vom Chorgestühl der Liebfrauenkirche in Oberwesel Beziehungen bestehen.[18] Dies gilt aber weniger für die Michle-Gruppe im engeren Sinn als für die Madonna von Großmeseritsch, die gegenüber der von Michle weicher, flüssiger im Faltenverlauf wirkt, was man ebenso über die Oberweseler Figuren sagen kann. Sie sind vermutlich zur Chorweihe 1331 entstanden. Hier darf man sicher die Persönlichkeit Kurfürst Balduins als Vermittler im Hintergrund erkennen.[19]

Inwieweit sich Karl als Markgraf von Mähren zunächst auch dieser Werkstätten und dieser Stilrichtung, wie sie die Michle-Madonna vertritt, bediente, hat sich sich bisher nicht genau klären lassen; dass er es tat, ist aber wahrscheinlich. Auch das Tympanon der 1347 gegründeten Maria-Schnee-Kirche in der Prager Neustadt folgt noch einer ähnlichen Stilrichtung (Kat.-Nr. 6.2). Allein die Tatsache, dass Karl selbst, aber auch seine erste Gattin, Blanca von Valois (1316–48), eigene Kostbarkeiten wie Reliquiare, Pariser Elfenbeinschnitzereien oder mit Miniaturen verzierte Bücher aus Frankreich mitbrachten,[20] erweiterte die stilistischen und motivischen Varianten und damit die Möglichkeiten der Rezeption vor Ort. So sind die heute in der Schatzkammer von St. Veit aufbewahrte Elfenbeinmadonna (Kat.-Nr. 12.3)[21] und die Karlsteiner Madonna[22] (Kat.-Nr. 8.10) sehr unterschiedliche Werke. Erstere besitzt eine weiche und volle Stofflichkeit, ein ovales Antlitz und recht frei gestaltete Haarwellen, was eher an normannische Skulptur erinnert, an die Skulpturen von Écouis oder manche Engel des Südquerhauses der Kathedrale von Rouen, was zu Überlegungen über einen Zusammenhang der Statuette mit dem Abt des normannischen Klosters Fécamp, Pierre Roger, dem späteren Papst Clemens VI. (vgl. Essay Hörsch, Abstammung), führte.[23] Die zweite, die Karlsteiner Madonna, ist geradezu eine Schwester jener Statue, die Jeanne d'Evreux der Zisterzienserinnenabtei Pont-aux-Dames schenkte,[24] Werke, die mit ihren feinst ondulierenden Haaren und den filigranen Tütenfalten vor flächigen Gewandpartien zum einen eine typische höfische Note tragen, zum andern aber auf bestimmte Eigenarten des späteren Schönen Stils vorausweisen. Es scheint so, als habe Karl die Karlsteiner Madonna für Böhmen bestellt, denn die hier häufig betonte Brosche auf dem Gewand der Muttergottes kommt in Frankreich so nicht vor. Vom Typus her muss es in Prag auch ein oder mehrere Stücke in der Art der Stehenden Madonna mit Kind (Kat.-Nr. 9.6) gegeben haben, respektive ihres Vorbildes, der Madonna aus Poissy (Kat.-Nr. 9.5), wie zahlreiche Reflexe an in Prag entstandenen Werken wie die Madonna von Schinckau (Žinkovy),[25] die (gewiss böhmische) Löwenmadonna in Łukowo[26] und schließlich insbesondere die Madonna vom Altstädter Rathaus belegen (Kat.-Nr. 9.7).

Wenn hier also in reichem Maß Französisches rezipiert wurde – beim Einsatz von monumentaler Skulptur im öffentlichen Raum würde Karl später völlig andere, ja einzigartige Wege einschlagen, als sie in Frankreich noch für lange Zeit begangen wurden: Wir wissen zwar nicht, was für die Westfassade des Veitsdoms geplant war, welcher ja wiederum die intensivsten Kontakte nach Frankreich belegt, da er bekanntlich von dem in Südfrankreich geschulten Architekten Matthias von Arras (1290–1352) 1344 mit einem klassischen Umgangschor mit Kapellenkranz begonnen wurde. Wann genau diese Planungen aufgenommen wurden, ist nicht bekannt, aber es scheint offensichtlich, dass Johann und Karl, die beide an der Grundsteinlegung teilnahmen, recht lange damit gewartet hatten, nämlich bis zur Erhebung des Bistums Prag zum Erzbistum. Diese erfolgte erst 1344 nach dem Tode des langjährigen Bischofs Johann IV. von Draschitz (Jan z Dražic; * um 1250, amt. 1301–18 und 1329–43),[27] dem man diese Ehre nicht zuteil werden lassen wollte, und nach der Wahl und Rangerhöhung seines Nachfolgers Ernst von Pardubitz (Arnošt z Pardubic; * um 1330, amt. 1344–64).[28]

Aber für das Südquerhaus wählte man später eine ganz unfranzösische, undogmatische Portallösung mit freischwebenden Rippen, an der Außenwand des Querhauses wurde sogar ein Mosaik venezianischer Prägung angebracht. Und auch das reiche Skulpturenprogramm, das unter Peter Parler verwirklicht wurde, fand seinen Platz ja an einem fast gänzlich der Öffentlichkeit ent-

Abb. 124 **Madonna aus der Zisterzienserinnenabtei Pont-aux-Dames** • Paris, 2. V. 14. Jh. • New York, The Metropolitan Museum of Art, Inv.-Nr. 17.190.721

zogenen Bereich der Kirche – an Triforium und Obergaden des Chores. Ein monumentales Figurenportal französischer Prägung jedenfalls hat es in Prag wohl nicht gegeben.

Die Malerei war Karl später sehr wichtig;[29] für seine Frühzeit muss man die Belege für ein bewusstes Einsetzen der verschiedenen Gattungen (Glas-, Tafel-, Wand und Buchmalerei) allerdings suchen, denn es ist wenig erhalten geblieben. Wie es scheint, schlug er auch hier früh Wege ein, die französische Vorbilder nicht allein wirksam werden ließen. Das führende Werk dieser Art in Böhmen ist die in ihrer künstlerischen Tiefe und malerischen Feinheit einzigartige Madonnentafel von Königsaal (Zbraslav), die er vermutlich selbst an das Grabkloster seiner Mutter gestiftet hat und die ein italienisch, byzantinisch grundiertes Madonnenbild mit französischer Faltenkalligraphie verbindet (Kat.-Nr. 3.18). Es hat sicher eine Reihe solcher Tafeln gegeben, wie die noch erhaltenen Madonnentafeln aus Eichhorn (Veveří)[30] und diejenige in der Galerie der Prämonstratenserabtei Strahov belegen. Auch kamen italienische Maler nach Prag, so ein im Kreis des Venezianers Paolo Veneziano ausgebildeter Künstler, der in der zweiten Hälfte der 1340er Jahre für einen unbekannten Geistlichen die Tafel mit dem Marientod, genannt aus Košátky, schuf (Kat.-Nr. 7.2). Er gehörte zum höfischen Umfeld Karls, wie die Rezeption der Komposition im Morgan-Diptychon (Kat.-Nr. 4.2) oder in einer Glasmalerei der Bartholomäuskirche in Kolín an der Elbe belegt. Der Bildraum ist nach Sieneser Vorbildern wie dem Marientod Pietro Lorenzettis vom Savinus-Altar der Kathedrale (1335; Museo dell'Opera del Duomo) als Einblick in drei gewölbte Räume konstruiert, wobei die teilenden Pfeiler auf der vorderen Bildebene liegen.

Ein Weg der Vermittlung italienischer Malerei und ihrer Verbindung mit Französischem lief über das südfranzösische Avignon, den Sitz des Papstes seit 1309. Karl konnte bereits bei seiner Ankunft in Böhmen auf interessante Aktivitäten dieser Art stoßen: Der erwähnte Prager Bischof Johann IV. von Draschitz hatte sich zwar mehr oder minder unfreiwillig elf Jahre lang an der päpstlichen Kurie aufgehalten, weil man ihn der Ketzerei bezichtigte, wogegen er sich vor Ort zur Wehr zu setzen hatte. Aber die dortige Blüte der Künste, insbesondere der Wandmalerei im Papstpalast, ist ihm nicht entgangen. Der Chronist Franz von Prag berichtet, dass Johann, als er 1329 zurückkehrte, seinen Palast auf der Kleinseite nach aus Avignon mitgebrachten Vorlagen ausmalen ließ.[31] Leider ist davon nichts erhalten. Aber eines der kostbarsten und offenbar meist bewunderten Gemälde Mitteleuropas in dieser Zeit ist aller Wahrscheinlichkeit nach mit Johann von Draschitz in Verbindung zu bringen: Die so genannte Kaufmann'sche Kreuzigung in Berlin,[32] ursprünglich Bestandteil eines Diptychons, dessen zweite Tafel verloren ist. In ganz Mitteleuropa, bis nach St. Lambrecht in der Steiermark, nach Pulgarn in Oberösterreich, aber auch in Nürnberg und in dem etwa gleichzeitig zu Böhmen kommenden Schlesien[33] finden sich Übernahmen von kompositionellen Elementen durch spätere Künstler, denen die Kreuzigungstafel bekannt gewesen sein muss. Nach wie vor scheint also die Entstehung in Prag, das das Zentrum dieser Rezeption bildet, die plausibelste Erklärung. Besonders auffällig ist die aus dem Bild blickende Gestalt des guten Hauptmanns, der in Christus den Erlöser erkennt, gekleidet in ein rotes Gewand mit Hermelinüberwurf; er trägt einen Herzogshut, der aber auf königliche Art mit einem Bügel und einem bekrönenden Knauf versehen ist, was darauf hindeutet, dass es sich hierbei um ein idealisierendes Identifikationsbildnis König Johanns von Böhmen handelt. Dieser unterhielt mit Bischof Johann, dem einzigen Vertreter einer gewissen Zentralmacht im adelsdominierten Böhmen, ein Bündnis zur Stützung seiner Macht. Trifft diese These zu (und diejenige, dass sich das Diptychon im Bischofspalast, zumindest aber in Prag befand; dafür spricht schon die Rezeption des Gekreuzigten in einem fragmentarisch erhaltenen Wandbild der benachbarten Augustinereremitenkirche St. Thomas[34]), so haben wir in der Kaufmann'schen Kreuzigung den bedeutendsten Beweis jener hohen Qualität, die schon unter Karls Vater Johann in Böhmen erreicht war, und die offenkundig auch die Frühzeit des jungen Markgrafen geprägt hat.

Vielleicht sollte man sich den verlorenen Flügel des Kaufmann-Diptychons in großen Zügen etwa so vorstellen, wie sich der nach Johanns IV. Tod 1343 ins Amt gekommene erste Prager Erzbischof Ernst von Pardubitz verewigte? Dessen ebenfalls in der Berliner Gemäldegalerie aufbewahrte Glatzer Madonna (Abb. 51),[35] jedenfalls aus den Jahren nach 1344 stammend und vermutlich für das 1349/50 gestiftete dortige Augustinerchorherrenstift bestimmt,[36] zeigt den Erzbischof kniend vor einer übergroßen thronenden Muttergottes, vor der er ehrfurchtsvoll die Amtsinsignien abgelegt hat. Die Himmelskönigin wird gerahmt und hinterfangen von einer fantastischen Thronarchitektur, in der eine unbemalte Holztafel den Malgrund eines Madonnenbildes andeutet, Löwen

Abb. 125 Glatzer Madonna, wohl aus dem dortigen Augustiner-Chorherrenstift • Prag, 1350/60 • Eiche, Fassung entfernt; H. 152 cm, B. 56 cm, T. 47 cm • Glatz (Kłodzko), ehemalige Jesuiten- und heute Pfarrkirche Mariä Himmelfahrt, Jakobuskapelle (seit 1626)

auf den Thron Salomonis anspielen, Engel ein Ehrentuch hinter dem oberen, das Himmlische Jerusalem verkörpernden Architekturbaldachin aufspannen. Da am gemalten Schlussstein die Lilie, Symbol der Jungfräulichkeit Marias, dargestellt ist, ist der Architekturbaldachin aber auch als Hinweis darauf zu deuten, dass sich in Maria, der Braut Christi, die Kirche (ecclesia) verkörpert. Diese Tafel war nicht Teil eines Diptychons, sondern ein italienischen Vorbildern folgendes Altarbild, das einst seitlich von mehreren kleinen Szenen mit Darstellungen aus der Kindheit Jesu flankiert war.[37] Es entstammt der Werkstatt der Königsaaler Madonna, deutet aber anders als diese, was die Architektur betrifft, die Richtung an, in der aus Böhmen stammende oder von hier inspirierte Malereien künftig gehen würden – oft noch mit bedeutend mehr verspielt-verschachtelt konstruierten räumlichen Konstruktionen.

Schon mit dem endgültigen Antritt seiner Herrschaft als böhmischer und römisch-deutscher König hatte Karl eine Fülle von verschiedenen, hochqualitätvollen Objekten und Künstlern in Prag versammelt. Nun würden aus diesen Anregungen, weiter voran getrieben durch neue Kräfte wie Nikolaus Wurmser von Straßburg und Meister Theodoricus, aber auch durch leider namenlos bleibende Bildhauer, jene großen Schöpfungen der zweiten Jahrhunderthälfte hervorgehen, die Mitteleuropa prägen würden: Skulpturen wie Löwenmadonnen, Skulpturenstile wie der der Prager Dombauhütte, von dem zumindest wichtige Impulse für den Schönen Stil ausgingen, malerische Ausstattungsprogramme wie der Luxemburger-Stammbaum im Saal der Burg Karlstein oder der Freskenzyklus des Emmausklosters in Prag.

FUSSNOTEN
1 SUCKALE 1993/I, 165–168.
2 Umfassend SUCKALE 1993/I. – Im Ausst.-Kat. Regensburg 2014 wurde dieser Aspekt leider zu wenig beleuchtet.
3 SUCKALE 1993/I, 257–259. – Ausst.-Kat. Regensburg 2014, 217, Kat.-Nr. 4.10 (Matthias WENIGER).
4 SUCKALE 1993/I, 74–76.
5 BRÜCKLE 2005. – Zur Frage der Stilübernahmen als politischer Ausdrucksmöglichkeit zuletzt CARQUÉ 2004. – BRÜCKLE 2006.
6 OTAVSKÝ 1998, 65.
7 HLOBIL 1998/I. – FAJT/SUCKALE 2006/II.
8 GUGENBAUER 1929, 99. – SCHMIDT 1959. – SCHULTES 2008, 346–348.
9 Ausst.-Kat. St. Marienstern 1998, 118f., Kat.-Nr. 2.39 (Marius WINZELER).
10 SCHMIDT 1959.
11 FAJT/SUCKALE 2006/II.
12 SCHMIDT 1959, 259.
13 Vgl. die vielfältigen Beispiele bei FAJT/SUCKALE 2006/II, 9–17.
14 SCHULTES 2008, 347.
15 Ausst.-Kat. Naumburg 2011, II, 1500f., Kat.-Nr. XIX.1 (Yves LE POGAM).
16 FAJT/SUCKALE 2006/II, 12 und Abb. 7.
17 Ausst.-Kat. Prag 2006, 87–90, Kat.-Nr. 10 (Jiří FAJT).
18 Zu diesen und ihren wiederum schwierig aufzuspürenden künstlerischen Quellen ausführlich SUCKALE 1993/I, 98–102.
19 Sehr plausibel die Argumentation bei KESSEL 2012, 252–257, die Balduin, der eine Memorie in der Liebfrauenkirche erhielt, als Stifter der Chorausstattung nachweist, gegen die teils widersprüchlichen Aussagen der Forschung. Entgegen Robert Suckale, der Ludwig IV. als Stifter des Sakramentshauses sah, benennt sie jedoch Karl IV. als solchen, da an der Gittern der Reichsadler und der luxemburgische Löwe angebracht sind. Die Stiftung dürfte in Zusammenhang mit seiner Wahl in Rhens 1346 erfolgt sein. KESSEL 2012, 371–373.
20 Ausführlich zu Karls Bildung in Paris aus kunsthistorischer Sicht OTAVSKÝ 1998.
21 Ausst.-Kat. Prag 2006, 80f., Kat.-Nr. 4 (Jiří FAJT und Robert SUCKALE).
22 FAJT 2006/I, 44.
23 FAJT 2006/I, 44.
24 Ausst.-Kat. Paris 1981, 91f., Kat.-Nr. 36 (Françoise BARON).
25 Dauerleihgabe in Prag, Národní galerie, Inv.-Nr. VP 1806. CHLUMSKÁ 2006, 18f., 140.
26 Zeitweilig Szamotuły, Schlossmuseum, als Leihgabe des Museums Narodowe in Posen (Poznań), Inv.-Nr. C 1340, wo das Stück nun wieder ausgestellt wird. – Ausst.-Kat. Prag 2006, 90, Kat.-Nr. 12 (Robert SUCKALE).
27 HLEDÍKOVÁ 1991. – HLEDÍKOVÁ 2001.
28 CHALOUPECKÝ 1946. – HLEDÍKOVÁ 2008.
29 SCHMIDT 1969/I. – FAJT 2006/I. – FAJT 2016.
30 Bis vor kurzem Prag, Národní galerie, Inv.-Nr. O 7232; nun an die Kirchengemeinde zurückgegeben und daher im Diözesanmuseum Brünn ausgestellt.
31 „Capellam pulcherrimis picturis depingi procuravit, in qua ymagines omnium episcoporum Pragensium secundum ordinem sunt situate. Palacium vero sive cenaculum scripturis et picturis extat repletum, multi quidem versus doctrinales et morales sunt ibi notati, et multi clipei principum, baronum ac regni nobilium sunt decenter depicti. Speciale vero commodum suum variis ymaginibus fuit decoratum et simbolum prophetarum et apostolorum cum suis propriis figuris et scripturis exstat signatum in optima proporcione, quod de curia cum prefatis versibus attulit romana." [„Er ließ die Kapelle mit den allerschönsten Gemälden ausmalen, in welcher Bildwerke aller Prager Bischöfe entsprechend ihrer Abfolge aufgestellt sind. Der Palast selbst, genauer das Esszimmer, ist mit Inschriften und Malereien ausgefüllt, es sind dort viele lehrreiche und erbauliche Verse festgehalten, und viele Wappen von Fürsten, Herren und Adeligen des Königreichs sind angemessen dargestellt. Insbesondere aber wurde dann sein Privatgemach mit verschiedenen Bildern ausgeschmückt, und das Symbol der Propheten und Apostel [= Credo, M. H.] samt deren Gestalten und Texten wurde in der besten Proportion dargestellt, was er von der römischen Kurie mit den erwähnten Versen mitgebracht hatte."] Chronikon Aulae Regiae. EMLER 1884/I, Buch 1, 368, cap. XVI. – HEŘMANSKÝ/MERTLÍK 1975, 73f. – Deutsche Übersetzung Markus Hörsch.
32 Berlin, Staatliche Museen – Preußischer Kulturbesitz, Gemäldegalerie, Inv.-Nr. 1833. – PEŠINA 1980. – TRATTNER 1998. – SUCKALE 2003/IV (mit der älteren Literatur). – SCHMIDT 2005/III. – FAJT 2006/I, 47–50. – Ausst.-Kat. Prag 2006, 77f., Kat.-Nr. 1 (Jiří FAJT, Robert SUCKALE). – KEMPERDICK 2010, 68–77, Kat.-Nr. 8.
33 Ausst.-Kat. Prag 2006, 77.
34 Ausst.-Kat. Prag 2006, 78, Abb. Kat.-Nr. 1.3.
35 Berlin, Staatliche Museen – Preußischer Kulturbesitz, Gemäldegalerie, Inv.-Nr. 1624. – SUCKALE 2003/IV. – FAJT/SUCKALE 2006/I, 178f. – KEMPERDICK 2010, 79–87, Kat.-Nr. 9.
36 KEMPERDICK 2010, 85.
37 KEMPERDICK 2010, 82. – Vgl. Ausst.-Kat. Prag 2006, 79f., Kat.-Nr. 3 (Barbara DRAKE BOEHM, Jiří FAJT).

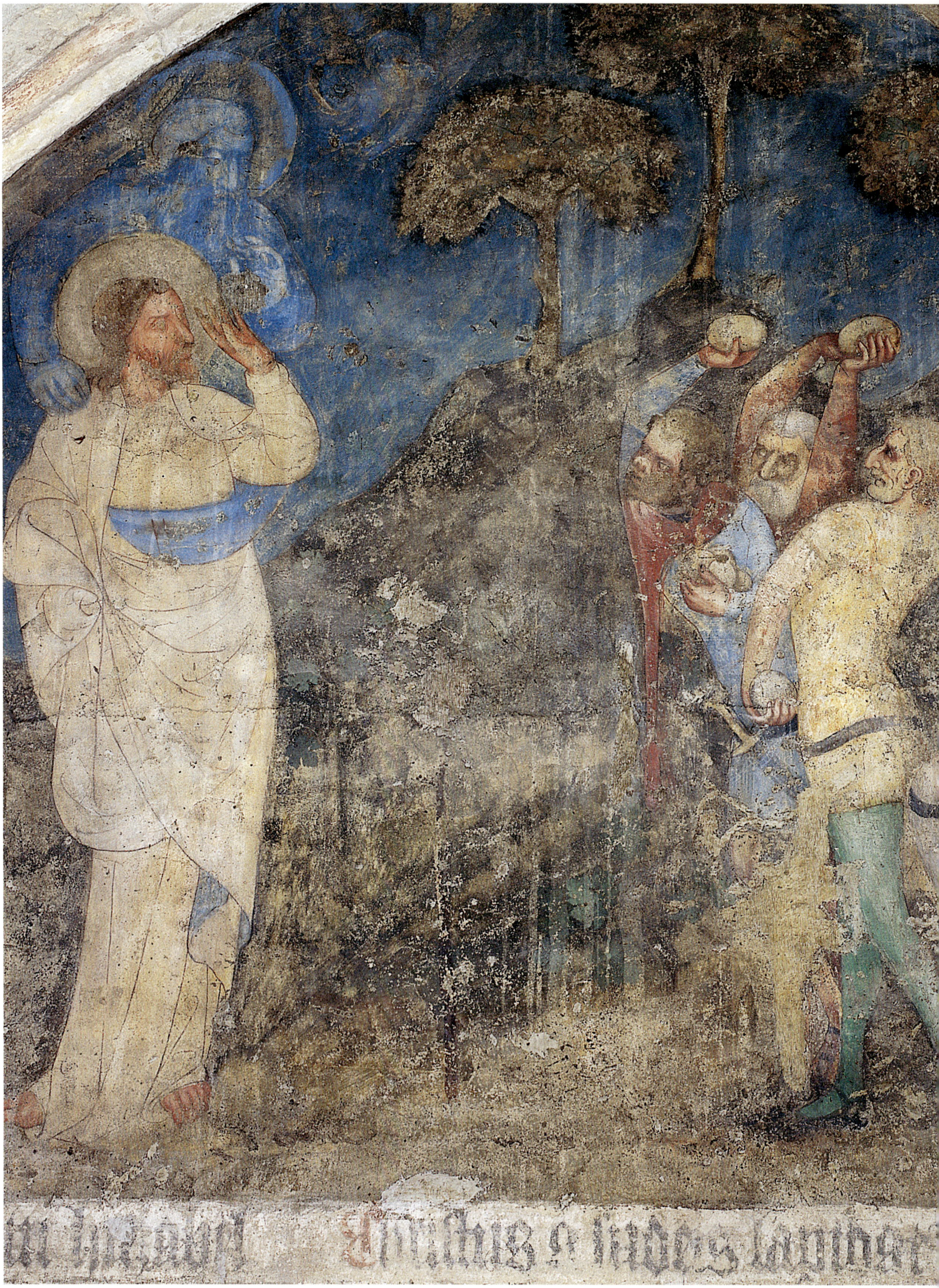

Die neue Hofkunst

Von der Nachahmung zum Kaiserstil

Jiří Fajt, Wilfried Franzen

Allergnädigster unbesiegbarer Fürst und furchtgebietender Herr. Der Fleiß des anwesenden Malers hat mittels seiner Kunstfertigkeit richtig dargestellt, dass beide Gewalten, nämlich die königliche Würde und die päpstliche Autorität, von einem Ursprung ausgehen, indem ein Himmelsengel durch die Gnade der göttlichen Vorsehung beide krönt, wie ihr in dem Gemälde seht: den Kaiser als das Haupt des Erdkreises und den Römischen Bischof, dem die Binde- und Lösegewalt von oben her zugestanden wird, und jeder von ihnen fährt zum Himmelreich auf, wie die obere Bildansicht zeigt, wenn nur beide der Pflicht der christlichen Nächstenliebe gut gedient haben, was meiner Meinung nach selten anzutreffen ist.[1]

Wie vor ihm Friedrich II. oder Ludwig IV. der Bayer nutzte Karl IV. die Kunst systematisch zur Verewigung und Verherrlichung seiner Taten und zur Zurschaustellung seiner Frömmigkeit (siehe den vorausgehenden Beitrag von Markus Hörsch). Nach seinen Krönungen zum böhmischen (1347) und zum römisch-deutschen König (1346 und 1349) wurde die Hofkunst als Werkzeug seiner politischen Kommunikation zu einem wesentlichen Bestandteil einer weitreichenden, funktionell und thematisch fein gewobenen Ganzheit dynastisch-staatlicher Repräsentation. Die Komplexität ihrer Zeichensysteme veranschaulicht ein heute stark beschädigtes Relief aus der Prag-Neustädter Maria-Schnee-Kirche, welche Karl am zweiten Tag seiner Krönung gegründet hatte (Kat.-Nr. 6.2). Es zeigt in seinem Zentrum eine Marienkrönung, bei der Christus und Maria nicht wie in gewohnter Weise auf Thronen sitzen, sondern auf einem Adler, als Symbol der Auferstehung, bzw. auf einem Löwen, als Anspielung auf den Thron Salomonis. Auf einer weiteren Bedeutungsebene stellen Adler und Löwe den Bezug zum deutschen bzw. böhmischen Königreich her, eine Konnotation, die durch die großen, auffällig platzierten Wappenschilde der Stifterfiguren sinnfällig gemacht wird. Die Himmelskrönung wird so allegorisch mit den realen Krönungen des Königspaares verbunden.[2]

Abb. 126 **Versuchte Steinigung Christi. Ein Beispiel aus dem bedeutendsten, wenngleich teilweise fragmentarisch erhaltenen Zyklus von Wandmalereien der karolinischen Epoche** • Prag, Ende der 1360er Jahre • Wandmalerei • Prag, Benediktinerkloster zu den Slawen (na Slovanech), später Emmauskloster genannt, Kreuzgang, Nordflügel

In den Prozess der Ausformulierung von Bildthemen sowie der Auswahl der Künstler, die diese umzusetzen hatten, waren – so belegt das eingangs zitierte Schreiben des Johann von Neumarkt – Karl und seine engsten Vertrauten höchstpersönlich eingebunden. Bis zur Kaiserkrönung im Jahr 1355 kann gleichwohl nicht von einem einheitlichen Stilcharakter der Prager Hofkunst gesprochen werden. Am Beginn seiner Herrschaft scheint Karl eher gesucht und geprüft zu haben, er importierte und imitierte die Kunst des königlichen Paris, dem er entstammte, des päpstlichen Avignon sowie der norditalienischen Städte oder der altluxemburgischen Besitzungen, deren Einfluss sich lange bis an den Mittelrhein erstreckte. Ludwig IV. dem Bayern folgte er in der paradigmatischen Hinwendung zu italienischen Vorbildern.

Die Tafelmalerei am Prager Hof wurde zwischen 1347 und 1355 weiterhin von jener Generation von Malern bestimmt, die den Sinn für Volumen und Farbe der italienischen mit der kalligrafischen Eleganz der französischen Kunst zu verbinden wussten. Zu den gefragtesten Malern zählte in dieser Zeit der Meister von Hohenfurth. In seiner Prager Werkstatt entstand nicht nur die Madonna aus Eichhorn (Veveří)[3], sondern auch der für den Meister nachträglich namengebende Zyklus von neun Tafeln für die Zisterzienserkirche Hohenfurth, den der höchste Kammerdiener und Richter des böhmischen Königs, Peter von Rosenberg († 1347), bestellt hatte.[4] Die Werkstatt schuf überdies preziöse, für die private Andacht bestimmte Diptychen, deren Auftraggeber ebenfalls im näheren königlichen Umfeld zu suchen sein dürften (Kat.-Nr. 12.15). In ihnen werden damals hochaktuelle Marienikonen der italo-byzantinischen Ikonenmalerei zitiert und mit zusätzlichen allegorischen Motiven angereichert sowie künstlerisch verfeinert. Bestandteil eines Diptychons war ehedem auch das aus einer römischen Privatsammlung stammende Madonnentäfelchen (Abb. 127), das mit hohem maltechnischem Aufwand gefertigt wurde und möglicherweise als Geschenk des Prager Hofes nach Italien gelangte.[5] Über die Prager Skulptur der ersten Regierungsjahre Karls besitzen wir nur wenige gesicherte Informationen. Mit der Bauhütte des Matthias von Arras († 1352) lässt sich höchstwahrscheinlich der ältere Skulpturenschmuck der Annenkapelle und der Sächsischen Kapelle im Veitsdom in Verbindung bringen: einerseits die steinerne Altarmensa der Annenkapelle, die der Magdeburger Burggraf Burghard († 1358) gestiftet hatte, andererseits das etwas schlichter gehaltene, ebenfalls steinerne Antependium, das Herzog Rudolf von Sachsen († 1356) für die Ausstattung seiner Grabkapelle bestellt hatte (Abb. 128).[6] Deren Bildhauer begegnen uns später beim

Bau des von Dietrich von Portitz gestifteten Zisterzienserklosters Skalitz wieder. Nach der Übernahme der Prager Bauhütte durch Peter Parler 1356 war anscheinend eine ganze Reihe der hoch qualifizierten Mitarbeiter des Matthias von Arras entbehrlich geworden und wurde daher andernorts tätig.[7]

Die Kanzlei des Johann von Neumarkt und ihr Beitrag zum Kaiserstil

In den Jahren 1353/54–64 (und später noch einmal 1371–74) leitete Karls *familiaris*, der Bischof von Litomyšl (Leitomischl) Johann von Neumarkt, ein bedeutender Förderer der Buchkultur mit zahlreichen Kontakten zu italienischen Humanisten, die kaiserliche Kanzlei. Sein ästhetisches Gefühl und sein ausgeprägter Sinn für Qualität befähigten ihn, an Karls Hof richtungsweisende Empfehlungen in Kunstangelegenheiten geben zu können. Johann von Neumarkt änderte nicht nur den Stil der Schreiben und verwendete mehr lateinische Zitate von Klassikern und Kirchenvätern, sondern änderte auch die künstlerische Ausrichtung der Buchmalerei-Werkstatt. Die dunkle venezianische Farbenvielfalt und der französische grafische Stil der älteren Werke wichen einem helleren Kolorit und den pathetischen Gesten monumentaler, fest modellierter Figuren mit samtweichen Draperien. Den Hauptanteil an diesem Wandel hatte der Maler des Reisebreviars (*Liber Viaticus*) des Kanzlers (Kat.-Nr. 12.6, Abb. 130). Die Kunst des Viaticus-Meisters ist deutlich von der toskanischen Malerei beeinflusst,[8] weist daneben aber auch Züge auf, die für die Malerei der Lombardei und Bolognas charakteristisch sind. So finden sich insbesondere in Bologna in fast identischer Form die von ihm vielfach abgebildeten saftigen Ranken. Eine weitere Quelle des eigenwilligen Dekorstils des Meisters des *Liber Viaticus* war die zeitgenössische Buchmalerei am Pariser Hof mit ihrer retrospektiven, an den Werken Jean Pucelles orientierten Bildsprache.[9] Engste Parallelen zu den vegetabilen und naturalistischen Scherzen des *Liber Viaticus* finden sich insbesondere in der für Karls Schwager Johann den Guten gefertigten Bibel des Jean de Sy (Kat.-Nr. 8.12).

Im unmittelbaren Umfeld des Meisters des *Liber Viaticus* wirkte auch ein Maler, der um 1360 eine verkürzte Auswahl von Marienlektionen und Gebeten illuminierte, die vom Kartäuser Konrad von Haimburg zusammengestellt worden waren (Kat.-Nr. 12.8). Die beiden ganzseitigen Miniaturen dieser Handschrift erinnern in ihrer Konzeption eher an kleine Tafelbilder. Wir können ihren Schöpfer denn auch mit jenem Maler identifizieren, der das kleine Gemälde der Madonna in Boston (Kat.-Nr. 12.7) sowie das Diptychon der New Yorker Pierpont Morgan Library (Kat.-Nr. 4.2) geschaffen hat – hinsichtlich seiner hohen malerischen Qualität und der luxuriösen Dekoration ein Werk von markant höfisch-aristokratischem Charakter. Bemerkenswert ist der Subtext, den die im Diptychon vereinten Darstellungen – Anbetung der Könige und Marientod – durch die Hinzufügung der Identifikationsporträts von Karl IV. und Papst Innozenz VI. erhalten. Das Diptychon stellt damit – ähnlich wie das im eingangs zitierten Schreiben des Johann von Neumarkt beschriebene Bild – die Protagonisten von Imperium und Sacerdotium heraus und verewigt das zerbrechliche Gleichgewicht zwischen weltlicher und geistlicher Macht.[10] Der Maler arbeitete unzweifelhaft direkt im Dienst des kaiserlichen Hofs und gehörte zu den eindrucksvollsten künstlerischen Persönlichkeiten, die an der Herausbildung von Karls Kaiserstil mitwirkten, der sich als unverwechselbarer Zug der herrscherlichen Repräsentation in der zweiten Hälfte der 1350er Jahre am Prager Hof durchsetzte. Das Werk des Meisters des Morgan-Diptychons weist in vielem auf die Anfänge des späteren Hofmalers Theodoricus voraus, für den solche und ähnliche Werke zum Ausgangspunkt in Böhmen und zu einer wichtigen Inspirationsquelle wurden.

Die Prager Dombauhütte, Peter Parler und der Meister der Altstädter Madonna

Karls Hof war in dieser Zeit offenkundig ein Treffpunkt von Menschen aus den europäischen Zentren. Die kosmopolitische Offenheit der Prager Burg ging mit der Fähigkeit einher, bildnerische Impulse unterschiedlicher Herkunft zu einer einheitlichen Kunstsprache zu verbinden, die konsequent im Dienste von Staatsmacht und dynastischer Politik eingesetzt wurde. Die Qualität und künstlerische Intensität dieses Integrationsprozesses vermittelt besonders gut die Madonna am Altstädter Rathaus, die vermutlich in der Prager Dombauhütte bestellt wurde (Kat.-Nr. 9.7).[11] Ihr Schöpfer geht von französischen Vorbildern im Stil der Madonna aus Poissy (Kat.-Nr. 9.5) und der Nordheimer Madonna (Kat.-Nr. 9.6) aus, übersetzt die Vorlagen jedoch in eine neue Formensprache, die durch auffällige Breite, Leiblichkeit und kontrastvolle Gewandmotive gekennzeichnet ist. Das tropfenförmige Faltenmotiv über dem linken Knie erinnert stark an die elastisch modellierten Krümmungen der gemalten Figuren des Meisters des *Liber Viaticus*. Dies führte dazu, die Madonna als steinernes Gegenstück zu dessen Miniaturen zu bezeichnen. Der Meister der Altstädter Madonna arbeitete spätestens ab der zweiten Hälfte der 1350er Jahre mit der Dombauhütte zusammen. Er war kurz am Nordportal der Teynkirche tätig (Kat.-Nr. 9.10), schuf mehrere Büsten des unteren Triforiums der Kathedrale (Abb. 129) und beteiligte sich am Figurenschmuck der Ostfassade des Altstädter Brückenturms, wo die Statue des hl. Veit seinem Stil auffallend nahe steht. Sein Werk beeinflusste in Holz geschnitzte Skulpturen vom Ende der 1350er und der 1360er Jahre.[12]

Peter Parler, der im Jahr 1356 als *magister fabricae* den Kathedralbau übernommen hatte, wandelte das Erbe seines Vorgängers Matthias von Arras radikal ab, indem er den linearen Stil der älteren Bauhütte nur dort übernahm, wo es nicht anders ging, ihn ansonsten aber durch monumentalere, wieder deutlich plastischer entwickelte Formen ersetzte.[13] Sein bildhauerisches Œuvre ist in der Forschung bis heute umstritten – dokumentarisch gesichert ist lediglich die Grabstatue Ottokars I. Přemysl (Přemysl Otakar I.) im Chorumgang des Veitsdoms. Die Werke, die sich mit Parler hypothetisch verbinden lassen,[14] sind gekennzeichnet durch eine Klärung und Vereinfachung der Bildsprache, ein Streben nach gro-

Abb. 128 Steinernes Antependium der Annenkapelle von St. Veit in Prag • Prag, um 1356

Abb. 127 **Römische Madonna** • Prag, um 1345/55 • Tempera, Öl und Gold auf leinwandkaschiertem Buchenholz, H. 21 cm, B. 16,5 cm • Prag, Národní galerie v Praze, Inv.-Nr. O 1439

Abb. 129 **Prag, St. Veit, Triforiumsbüste des ersten Erzbischofs von Prag, Ernst von Pardubitz, der seit 1344 amtierte** • Prag, Dombauhütte unter Leitung von Peter Parler, 1370er Jahre

ßen, aussagekräftigen Formen und wuchtigen plastischen Effekten, und entsprechen damit jenen Tendenzen, die auch die Malerei am Prager Hof ab den späten 1350er Jahren charakterisiert. Nicht als Bildhauer, sondern als Stifter dürfte Peter Parler die Wenzelsstatue aus der Wenzelskapelle im Veitsdom zuzuschreiben sein, die das Parlerzeichen am Sockel trägt (Abb. 6).[15] Dargestellt ist der wichtigste Landespatron des Königreichs Böhmen in Gestalt eines idealen Fürsten, dessen jugendliches Gesicht dem idealisierten Antlitz Christi angeglichen ist. Das künstlerische Vorbild dieser Statue kann in Wien unter den Werken der sogenannten Herzogswerkstatt ausgemacht werden. So bezieht sich die schlanke Figur, die von dem weit geöffneten Mantel nischenartig umfangen wird, fast wörtlich auf die Stifterfigur Herzog Rudolfs IV. († 1365) im Gewände des Singertors am Wiener Stephansdom. Die Vermittlung der dreidimensionalen Komposition erfolgte dabei sehr wahrscheinlich über Zeichnungen wie jenes Stockholmer Blatt mit der thronenden Madonna und dem hl. Wenzel, dem die Wiener Skulptur unverkennbar als Inspirationsquelle diente (Abb. 131).[16]

Karlstein und der *pictor regis* Nikolaus Wurmser aus Straßburg

Der größte künstlerische Auftrag Karls IV. nach seiner Rückkehr aus Rom war der Umbau der Burg Karlstein, wo er den Reichsschatz aufzubewahren gedachte und die er mit einem umfangreichen Bildprogramm versehen ließ. Zu diesem gehörte auch eine 1356/57 gemalte Ahnengalerie mit den luxemburgischen und brabantischen Vorfahren Karls IV., die einstmals die Wände des Saals im Palast bedeckte, jedoch nur noch in Kopien der zweiten Hälfte des 16. Jahrhunderts überliefert ist (Kat.-Nr. 8.7). Der Luxemburger-Stammbaum stellt wie andere mittelalterliche Herrschergenealogien keine exakten genealogischen Linien nach der tatsächlichen Verwandtschaft dar, sondern konstruierte Ahnenreihen, die den Anschluss an mythische und historische Persönlichkeiten der westeuropäischen *stirps regia* belegen sollten. Dies diente der Repräsentation herrscherlicher Majestät und zugleich ihrer Legitimation, die sich im Mittelalter vor allem aus möglichst lang währender Tradition speiste.

Die mächtigen Figuren mit ihren lebhaften, „sprechenden" Gesten und dem düsteren Ausdruck der Gesichter mit ihren auffällig großen Nasen und leicht hervorquellenden Augenpartien, wie sie aus dem Luxemburger-Stammbaum bekannt sind, begegnen uns erneut im Kleinen Wohnturm der Burg (Abb. S. 288f.). Und von ähnlichem Charakter sind auch die ältesten Anteile der Malereien der Heilig-Kreuz-Kapelle im Großen Turm, nämlich das Fresko mit der Anbetung der 24 Ältesten der westlichen Fensternische und die Mehrheit der in Kohle ausgeführten Präsentationszeichnungen auf dem Putz der Altarnische und der angrenzenden Wände (Abb. 133). Der Stammbaum-Meister war Oberhaupt einer höchstwahrscheinlich größeren Malerwerkstatt, die den Auftrag für die Ausgestaltung der Karlsteiner Innenräume erhielt. Die Beteiligung von Mitarbeitern, die nach Vorgaben des Werkstattleiters zu arbeiten hatten, erklärt die Unausgewogenheit der Ausführung bei ansonsten verwandten Kompositionen und Figurentypen.

Unzweifelhaft beherrschte der Maler des Luxemburger Stammbaums die komplizierten Bewegungsmuster und die perspektivischen Verkürzungen meisterlich, aber er veränderte auch die Rolle von Licht und Farbe radikal, wodurch er seine Kenntnis der damals aktuellen italienischen Erfindungen bewies. Die massive Plastizität und die physische Konkretheit seiner Gestalten,

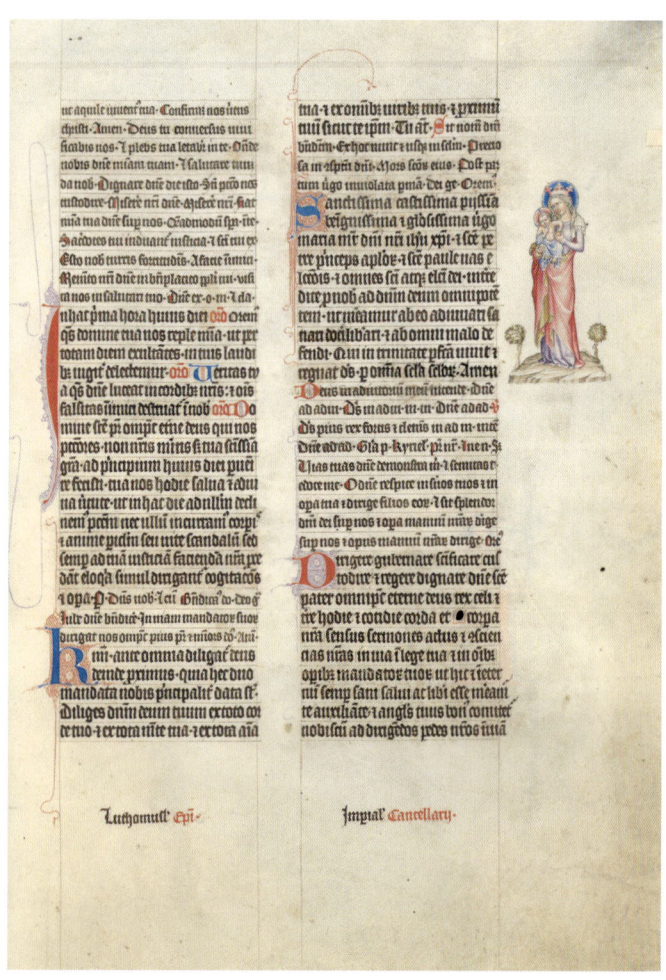

Abb. 130 **Madonna mit Kind, Liber Viaticus, fol. 47r** • Prag um 1355/60 • Prag, Národní muzeum, Bibliothek, Sign. XIII A 12

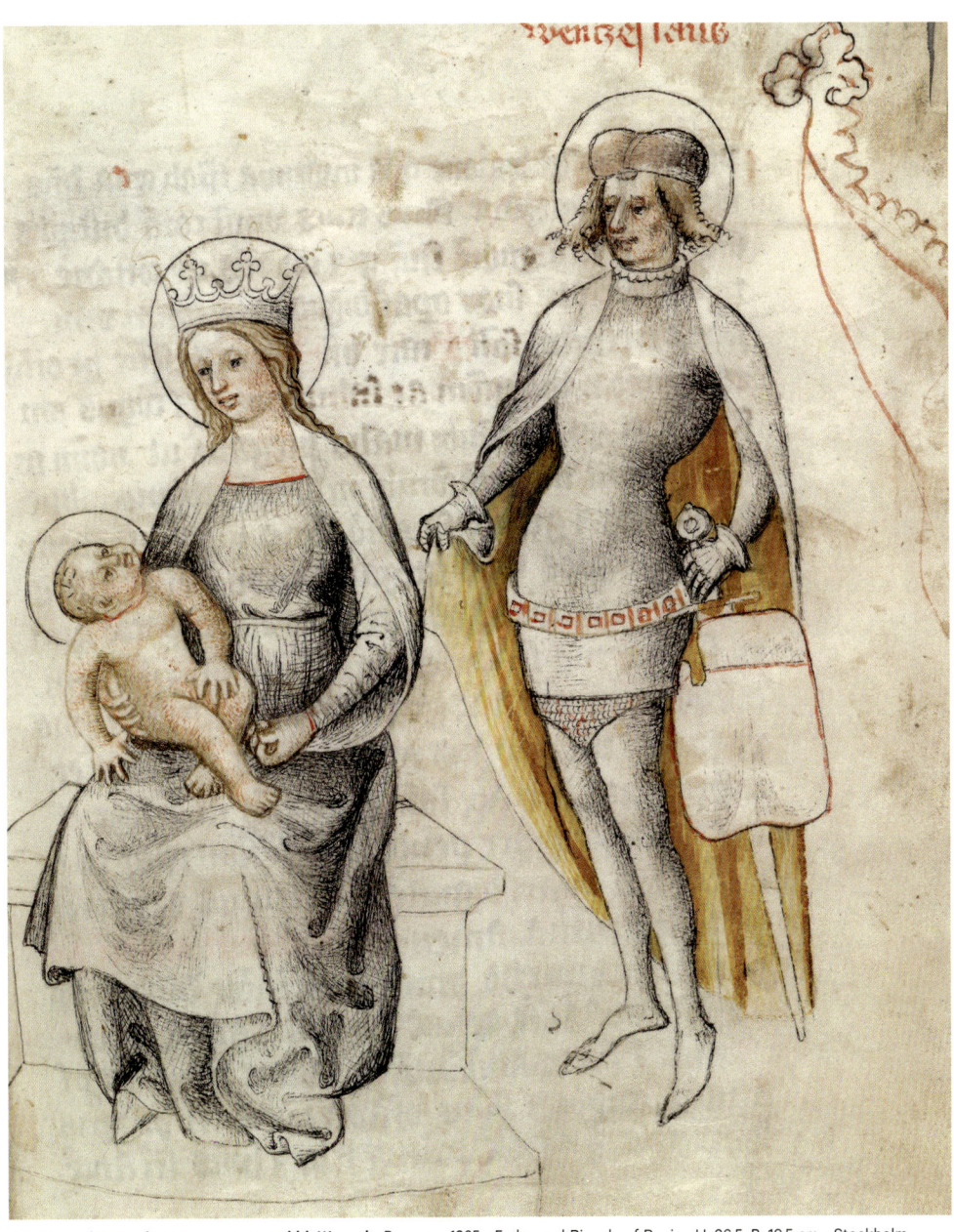

Abb. 131 **Thronende Muttergottes und hl. Wenzel** • Prag, um 1365 • Feder und Pinsel auf Papier, H. 26,5, B. 19,5 cm • Stockholm, Kunigliga bibliotek är Sveriges nationalbibliotek, Sign. A 173

die ungewöhnlich lebhafte Gestik und die physiognomisch eindringlich charakterisierten Gesichter verraten allerdings eher eine nordfranzösische oder niederländische Schulung. Eine Quelle der künstlerischen Inspiration mögen Brügge und Gent in Flandern oder die brabantischen Städte Brüssel, Antwerpen und Löwen gewesen sein.[17] In zahlreichen stilistischen und motivischen Analogien zeigen sich überdies enge Beziehungen zum Œuvre des bereits erwähnten Meisters der Bibel des Jean de Sy (Kat. 8.12).[18] Besonders anschaulich ist ein Vergleich der robusten Gestalt des Abraham der Pariser Bibel (fol. 34v) mit seiner Karlsteiner Paraphrase in Gestalt des griechischen Helden Herictonius.[19] Die zweibändige *Bible historiale*, die 1356/57 im selben Atelier ausgeschmückt wurde,[20] zeigt auf ihren beiden Titelblättern körperliche Aktionen und die ihnen entsprechenden Gewandfalten der thronenden Gestalten, die sich bei den sitzenden Karlsteiner Herrschern weitgehend getreu wiederholen.

Einen Schlüssel zum Verständnis der künstlerischen Herkunft liefert die Identifikation des Autors des Luxemburger-Stammbaums mit dem ersten archivalisch belegten *pictor regis* Karls IV., dem Straßburger Bürger Nikolaus Wurmser.[21] Wurmser ist in den überlieferten Quellen erstmals 1357 als „Maler Seiner Durchlaucht, des Fürsten Karl, des Römischen Kaisers, Mehrer des Reichs und Königs von Böhmen, und Bürger aus Straßburg" greifbar.[22] 1359 bewilligte Karl Wurmser ein bemerkenswertes Verfügungsrecht über sein Hab und Gut, „damit er mit noch eifrigerem Fleiß auf Gütern und Burgen, zu denen er geschickt wird, male".[23] Mit einer weiteren Urkunde, erlassen am 13. Dezember 1360 in Nürnberg, befreite Karl IV. Nikolaus Wurmsers Hof in (Velká) Mořina (Groß Morzin/Morzan) bei Karlstein lebenslänglich von allen Steuern. Bemerkenswert an dem kaiserlichen Privileg ist der Einführungsteil, in dem die Umstände der Schenkung geschildert werden und dem Adressaten gehuldigt wird.[24] Zum ersten Mal in der Geschichte des Heiligen Römischen Reichs wurde ein Hofkünstler in den Bund der *familiaritas*, also der vorrangigen, vertrauten und vertrauenswürdigen Höflinge, aufgenommen.

Nicht nur der quellenmäßige Befund legt eine Tätigkeit Wurmsers in Karlstein nahe, sondern auch die zahlreichen künstlerischen Verbindungslinien, die den Meister des Luxemburger-Stammbaums mit der oberrheinischen Metropole verbinden.[25] Das eindrücklichste Beispiel sind die Glasmalereien der Stiftskirche Saint-Florent in Niederhaslach im Elsass aus den Jahren um 1350/60.[26] So ist die Figur des sitzenden Kaisers Domitian im Johannesfenster des nördlichen Seitenschiffs den Herrscherfiguren des Luxemburger-Stammbaums auffallend ähnlich in der Art, wie sich der Herrscher mit der Rechten auf dem rechten Oberschenkel abstützt und dabei den Ellenbogen unnatürlich nach vorn dreht.[27] An die Gestalten des Stammbaums

Die neue kaiserliche Hofkunst 143

Abb. 132 **Apokalyptischer Zyklus** • Nikolaus Wurmser von Straßburg zugeschrieben, 1362/63 • Fresko • Karlstein, Kleiner Turm, Ostwand der Passion-Christi-Kapelle

erinnern auch die diversen Physiognomien mit langen, reichen Vollbärten. Nicht gänzlich auszuschließen ist indes, dass hier das Karlsteiner Werk als Vorbild gedient haben mag, in Niederhaslach also die kaiserliche Kunst rezipiert wurde.

Die elsässische Metropole erfreute sich im Spätmittelalter bei gesellschaftlich etablierten Mäzenen einer traditionell hohen Anerkennung. So wurde noch vor Mitte des 14. Jahrhunderts von der päpstlichen Kanzlei Clemens' VI. der Straßburger Maler Walther Allamanus in Dienst gestellt. Seine Wertschätzung verdankte Straßburg sicher nicht nur seiner strategisch günstigen Lage an der wichtigsten europäischen Handelsroute nördlich der Alpen, sondern auch seiner kosmopolitischen Offenheit und seiner engen kulturellen Verbindungen zu den niederländischen und flämischen Städten. Die gewichtige Rolle, die Straßburg offenbar bei der Vermittlung künstlerischer Innovationen der westeuropäischen Zentren nach Mitteleuropa (und speziell nach Prag) spielte, war kein Zufall, führt man sich Karls IV. außerordentlich enge Beziehung zu dem in jeder Hinsicht strategisch wichtigen Elsass vor Augen. Während seines 23-jährigen Kaisertums besuchte er diese Region sechsmal (1347, 1353 und 1354, dann 1362, 1363 und schließlich 1365). Nikolaus Wurmser war dabei nicht der einzige Straßburger Maler im Diensten Karls. Ein archivalischer Fund belegt die Existenz eines weiteren Hofmalers namens Konrad, der zwanzig Jahre „an der Seite des Kaisers gestanden" habe.[28]

Magister Theodoricus

Während des Aufenthaltes Karls auf Karlstein im Sommer 1362 fiel vermutlich die Entscheidung, den Großen Turm der Burg zur geweihten Schatzkammer der Reichskleinodien umgestalten zu lassen. Der ursprünglich profane Saal im zweiten Stock wurde hierfür zu einem Sakralraum (Heilig-Kreuz-Kapelle) in der Tradition aufwendig geschmückter Reliquienkapellen, wie der Heiligen Kapelle im Palast der byzantinischen Kaiser in Konstantinopel, der päpstlichen Kapelle Sancta Sanctorum im Lateranpalast in Rom oder der Pariser Sainte-Chapelle König Ludwigs IX. des Heiligen, umgebaut. Es ist nicht zu bezweifeln, dass Karl an der Konzeption des inhaltlichen Programms der Kapelle entscheidend mitgewirkt hatte.

Sahen die ursprünglichen Entwürfe für die Kapelle, die durch Kohlevorzeichnungen Nikolaus Wurmsers auf dem Putz überliefert sind, noch eine Ausgestaltung mit Wandmalereien in Kombination mit einer Verkleidung aus Stein vor, so änderten sich diese Pläne um 1362/63 grundlegend. Auslöser mag die mutmaßliche Ermordung Wurmsers im Jahr 1363 gewesen sein,[29] aus der sich die Notwendigkeit ergab, diesen exponierten Auftrag neu zu vergeben. Mit der künstlerischen Ausstattung des gesamten Großen Turms beauftragte Karl IV. Theodoricus (Theoderich), der uns erstmals 1359 in den Prager Quellen begegnet und dort bereits als kaiserlicher Maler („*malerii imperatoris*") tituliert wird. Er besaß ein Haus

Abb. 133 Hl. Johannes der Täufer • Nikolaus Wurmser von Straßburg, 1362/63 •
Kohlezeichnung auf Putz • Karlstein, Großer Turm, Heilig-Kreuz-Kapelle

am Hradschin-Platz neben der Prager Burg, in dem er noch neun Jahre später lebte und vermutlich auch seine Malerwerkstatt unterhielt.[30] Für seine Tätigkeit auf Karlstein, deren Kapelle er so „erfindungsreich und kunstfertig" ausgeführt habe, entlohnte ihn Karl im Jahr 1367 mit einer Befreiung von sämtlichen Abgaben für seinen Hof in Mořina, den Theodoricus offenbar von Nikolaus Wurmser übernommen hatte.[31] Meister Theodoricus trat recht spät in den Prozess der Ausgestaltung der Heilig-Kreuz-Kapelle ein, zu einer Zeit, als die Wände bereits in der Struktur entworfen waren und nur noch Diskussionen über den konkreten Charakter ihrer Ausschmückung geführt wurden. Seine Konzeption, die er ebenfalls *in situ* mit einer Zeichnung an der Altarwand präsentiert hatte (Abb. 134), sah eine fast vollständige Bedeckung der Kapellenwände mit Tafelbildern vor, die die Heiligenschar – ähnlich wie es Wurmser geplant hatte – als Halbfiguren wiedergeben (Kat.-Nr. 8.1).

Theodoricus' unverwechselbaren Stil kennzeichnen eine Monumentalität und Weichheit der Formen, die mit einer handwerklichen Ausführung in höchster Qualität gepaart sind. Körperliche Bewegung wird nur selten zur Motivation für die Komposition der Faltensysteme, die sich verselbstständigt und so auf die spätere Entwicklung zum Schönen Stil des späten 14. Jahrhunderts vorausdeutet. Die Einfachheit der Umrisse und die Großzügigkeit der Binnengestaltung korrespondieren mit den breiten, manchmal fast groben Gesichtern und deren schwermütigem Ausdruck. Die besondere, der Ölmalerei nicht mehr fern stehende Maltechnik er-

möglichte eine samtweiche Modellierung, an der auf entscheidende Weise das gestreute Licht, das von der Oberfläche der Malerei scheinbar gespiegelt wurde (hier spielte die Schicht des ölhaltigen Bleiweiß eine wichtige Rolle), sowie die durchscheinende Farbe auf den Höhen der plastisch erscheinenden Formen beteiligt waren. Die Malerei des Theodoricus zeichnet sich zudem durch eine gedämpfte Farbskala aus, die häufig in monochrome, an die „farblose" Sichtweise der Bildhauer erinnernde Varianten überging, sowie durch die häufige Verwendung von indirekten, gebrochenen Farbschattierungen.

Diese markante Bildsprache besitzt durchaus Parallelen im zeitgenössischen künstlerischen Milieu Prags. So bestehen augenfällige stilistische Gemeinsamkeiten zum Œuvre Nikolaus Wurmsers, die auf einen engeren künstlerischen Kontakt beider Hofmaler schließen lassen – die erhaltenen Karlsteiner Fresken der Wurmser-Werkstatt legen gar eine Zusammenarbeit nahe, deren Wesensart gleichwohl noch zu untersuchen ist. Mit seiner monumentalen Haltung auch im Kleinen bereitete überdies der Meister des Morgan-Diptychons den Boden für die Kunst des Meisters Theodoricus. Daneben finden sich Züge in seinem Werk, die – analog zu Nikolaus Wurmser – eine Herkunft aus dem Westen des Reiches vermuten lassen. Speziell der Aufbau der eng am Körper anliegenden, durch Licht modellierten Draperien und die ovalen Gesichter lassen sich in ähnlicher Form in der kölnischen Kunst der 1350er und 1360er Jahre beobachten.[32] Die eigentliche Synthese der unterschiedlichen Quellen seines Stils dürfte gleichwohl am Prager Hof erfolgt sein.

Theodoricus' Vorbild folgten weitere, unter anderen auch am Veitsdom tätige Hofmaler. Zu den renommiertesten Aufträgen gehörte gewiss die Ausgestaltung der Wenzelskapelle; die Bewertung ihrer Wandbilder ist heute zwar durch die Übermalungen der Jagiellonenzeit erschwert, doch setzt der Vergleich von Kopftypen und Physiognomien sie in eine enge Beziehung mit den Karlsteiner Werken (Abb. 135). Die Karlsteiner Gemälde leben des Weiteren im Werk jenes Malers fort, der die Anbetung der Hll. Drei Könige in der Dorotheenkapelle (1369) und die Madonna mit den Heiligen Maria Magdalena, Jakob und Bartholomäus nebst zwei knienden Kanonikern in der Magdalenenkapelle (1368) schuf. Das Gleiche gilt auch für das Andachtsbild, das Johann Očko von Vlašim (1364–78) um 1370 für die Marienkapelle seiner erzbischöflichen Burg in Raudnitz in Auftrag gab (Kat.-Nr. 6.11). Und auch die Maler, die Ende der 1360er Jahre den Kreuzgang des von Karl IV. gestifteten Klosters bei den Slawen (Na Slovanech; Emmauskloster) mit Wandbildern versahen, gingen unverkennbar vom Schaffen des Theodoricus aus (Abb. 126).[33]

Wegbereiter des Schönen Stils

Die Hofmaler um Theodoricus trugen gemeinsam mit den hier tätigen Illuminatoren, Stickern, Goldschmieden und Glasmalern sowie der Dombauhütte mit ihren vielen Steinmetzen, Bildhauern und Schnitzern[34] zur außergewöhnlich kreativen Atmosphäre des Prager Hofes bei. Die Dichte der künstlerischen Betriebe ermöglichte einen regen Austausch zwischen den einzelnen Kunstgattungen, und es trafen sich auch verschiedene Generationen. Verbindendes Element war nicht nur die einheitlich konzipierte Ikonografie, sondern auch die Form ihrer künstlerischen Gestaltung, der Stil. Dieser war jedoch nicht ausschließlich an eine Künstlerpersönlichkeit gebunden, auch wenn die bedeutendsten Protagonisten Theodoricus oder Peter Parler hießen. Von Prag aus wird

Abb. 134 **Hl. Andreas • Meister Theoderich, 1363 (?)** • Kohlezeichnung auf Putz • Karlstein, Großer Turm, Heilig-Kreuz-Kapelle

dieser normative kaiserliche Stil in das ganze Reich exportiert (vgl. Kat.-Nr. 11.13 oder 11.21).[35]

Mit der Hohenfurther Kreuzigung (Kat.-Nr. 12.14), die von einem in Paris ausgebildeten Maler stammen dürfte, hielten gegen 1370 die neuen Tendenzen der französischen Hofkunst Einzug in das Prager Milieu. Ihr Maler kann als Wegbereiter jener künstlerischen Neuorientierung gesehen werden, deren wichtigster Vertreter ab Ende der 1370er Jahre der Meister des Wittingauer Retabels sein sollte (Kat.-Nr. 12.16). Die Eindrücke, die Karl und Wenzel während ihrer Reise an den Pariser Hof im Jahr 1376 sammeln konnten (vgl. Kat. 17.3, 17.4), mögen die Ausformulierung dieses neuen Stils entscheidend mitgeprägt haben. Die unmittelbare Kenntnis wesentlicher maltechnischer Neuerungen lässt jedoch auch auf einen eigenen Aufenthalt des Wittingauer Meisters in Westeuropa schließen[36] – ob im Tross des Kaisers oder unabhängig von diesem, muss offen bleiben.

FUSSNOTEN

1 „Serenissime ac invictissime princeps et domine pertimende. Presentis pictoris industria artis sue suffragio rite depinxit ambas potestates, regiam videlicet dignitatem et auctoritatem pontificiam, ab vno dependere principio, dum celestis paranymphus, sicut in pictura prospicitis, diuine prouisionis clemencia coronat vtrumque, Cesarem videlicet vt caput orbis et Romanorum pontificem, cui ligandi et soluendi potestas ab alto conceditur, et vterque ipsorum in regnum celorum prouehitur, sicut superior picture declarat facies, si tamen vterque ipsorum bene administrauerit christiane caritatis officio, quod de raro […] censeo reperiri." Schreiben des Johann von Neumarkt an Karl IV., um 1364/66. PIUR 1937, 56f., Nr. 32. Übersetzung: Michael Lindner.

2 Die hier unmissverständliche Verknüpfung des Salomonischen Throns mit dem böhmischen Wappentier dürfte später auch beim Bildtypus der Löwenmadonnen mitschwingen. Siehe Kat.-Nr. 11.6 – Vgl. SUCKALE 2002/III.

3 Ehem. Prag, Národní galerie v Praze, Inv.-Nr. O 7232 (2016 an die Kirchengemeinde von Veveří restituiert und seither im Diözesanmuseum Brünn ausgestellt).

4 In einer der repräsentativsten Szenen, der Geburt Jesu, ließ er sich als secundus fundator (zweiter Stifter) der Abtei mit dem Kirchenmodell darstellen. PEŠINA 1982. – HLAVÁČKOVÁ 1998/I. – Ausst.-Kat. Prag 2006, 86f., Kat.-Nr. 9 (Wilfried FRANZEN).

5 Prag, Národní galerie v Praze, Inv.-Nr. O 1439. Ausst.-Kat. Prag 2006, 162 (Jiří FAJT / Robert SUCKALE).

6 FAJT 2004/I, 209.

7 FAJT/LINDNER 2011, 164–168.

8 Dies belegt u. a. das auf Pietro Lorenzetti zurückgehende Motiv der von den Begleitern der Heiligen Drei Könige kaum zu bändigenden Pferde (fol. 97r); vgl. die Tafel mit der Anbetung der Könige in Paris (Museée du Louvre, Inv.-Nr. R.F. 1986-2). – Auf dieses Vorbild rekurriert auch die Darstellung im franko-flämischen Bargello-Diptychon in Florenz (Museo Nazionale, Palazzo del Bargello).

9 CARQUÉ 2004, 339–365.

10 PEŠINA 1978/II.

11 FAJT 2004/I. Die Skulptur kann anhand der gleichzeitig entstandenen heraldischen Galerie relativ sicher auf 1356/57 datiert werden.

12 Der Altstädter Madonna nahe steht u. a. auch die Löwenmadonna aus dem großpolnischen Łukowo, die gewiss Prager Herkunft ist. – Posen (Poznań), Museum Narodowe, Inv.-Nr. C 1340. Siehe SUCKALE 2002/III, der sie „um 1340" datiert. – Ebenso Ausst.-Kat. Prag 2006, 90, Kat.-Nr. 12 (Robert SUCKALE). – Hierzu kritisch KACZMAREK 2007, 131f.

13 BENEŠOVSKÁ 1999/I. – BENEŠOVSKÁ 1999/III.

14 SUCKALE 2004/I.

15 HLOBIL 2004. – HLOBIL 2006. – Ausst.-Kat. Prag 2006, 222–224, Kat.-Nr. 72 (Jiří FAJT).

16 Stockholm, Kunigliga bibliotek är Sveriges nationalbibliotek, Sign. A 173. Ausst.-Kat. Prag 2006, 224f., Kat.-Nr. 73 (Jiří FAJT).

17 FAJT 2016. – Welche Rolle diesbezüglich der ab 1355 in Brüssel eingerichtete Hof des Halbbruders Karls IV., Wenzels von Luxemburg (1337–83) spielte, ist angesichts des spärlich überlieferten Denkmalbestandes nur schwer zu beurteilen.

18 Die künstlerischen Zusammenhänge konstatierte bereits KROFTA 1975/II und ihm folgend STEJSKAL 1978/I und 1978/II.

19 Vgl. STERLING 1987/90, I, 177.

20 London, British Library, Royal MS 17 E VII.

21 NEUWIRTH 1898. – FRIEDL 1956. – SCHMIDT 1969/I, 189–196. – HOMOLKA 1997/I, 106. – FAJT 2006/I, 62–65. – Kritisch dazu: KROFTA 1975/II. – STEJSKAL 2003, 56f. – Vgl. auch STERLING 1987/90, I, 177f., mit einer vorsichtigen Bewertung.

22 Prag, Archiv Pražského hradu, Metropolitní kapitula u sv. Vita, Liber erectionem II, fol. 46v-47r. – GOTTFRIED 1997/II, 341. – FAJT 1998/I, 100 (Libor GOTTFRIED). – FAJT 2016, Quellenanhang Nr. 41.

23 Dresden Hauptstaatsarchiv, Bestand 10004 Kopiale 1314b, fol. 10r (6. November 1959). – GOTTFRIED 1997/II, 342. – FAJT 1998/I, 100f. (Libor GOTTFRIED). – MGH Constitutiones 12, 557, Nr. 576. – FAJT 2016, Quellenanhang Nr. 43.

24 „[…] angesichts der vielen Verdienste seiner Rechtschaffenheit sowie der treuen und willkommenen Dienste, die uns unser lieber Magister Nikolaus der Maler, unser Vertrauter, bisher sich bemüht hat zu leisten und die er in Zukunft noch reichlicher leisten will und kann". Dresden Hauptstaatsarchiv, Bestand 10004 Kopiale 1314b, fol. 65v. – GOTTFRIED 1997/II, 343. – FAJT 1998/I, 101 (Libor GOTTFRIED). – FAJT 2016, Quellenanhang Nr. 45.

25 Hierzu ausführlich FAJT 2016.

26 HÉROLD/GATTOUILLAT 1994, 172–180. – Siehe hierzu auch KURMANN-SCHWARZ 2008, 167–170.

27 Vgl. hier insbesondere die Figur Karls des Kahlen (Codex Heidelbergensis, fol. 34).

28 Archives Départementales Strasbourg, AA 81 (1375 oder später). – FAJT 2016, Quellenanhang Nr. 48.

29 FAJT 2016, Quellenanhang Nr. 47.

30 Stadtgerichtsakten des Prager Stadtteiles Hradschin. Prag, Archiv hlavního města Prahy, Ms. Nr. 2252, fol. 14r. – GOTTFRIED 1997/II, 345. – FAJT 1998/I, 102 (Libor GOTTFRIED). – FAJT 2016, Quellenanhang Nr. 50.

31 Prag, Státní oblastní archiv, Kapitula Karlštejn 11 (B1). – Prag, Národní knihovna České republiky, XI D 12, fol. 99v (B2) (Abschriften des 18. Jahrhunderts). – GOTTFRIED 1997/II, 346–348. – FAJT 1998/I, 102 (Libor Gottfried). – FAJT 2016, Quellenanhang Nr. 52.

32 FAJT 2006/I, 66–72. – FAJT 2016. – Eine Rekonstruktion der kölnischen Malerei jener Jahre um den rätselhaften Meister Wilhelm („der beste meler in Duschen landen") versuchte SUCKALE 2004/II.

33 Siehe hierzu die Beiträge in BENEŠOVSKA 2007/I.

34 Das Schaffen der ersten Hälfte der 1360er Jahre verkörpern die Thronende Madonna aus Hochpetsch (Bečov; Dekanat Brüx) und die Madonna von Konopischt (Konopiště; Prag, Národní galerie). 1365/70 entstand die Figur der Hl. Kunigunde aus Stanětice (Dekanat Taus), die die Stilschicht der 1370er Jahre ankündigt. Dazu zählen die von einem in Prag geschulten Schnitzer ausgeführte bildhauerische Ausstattung des ehemaligen Hochaltarretabels des Brandenburger Doms aus dem Jahr 1375 und, etwas später geschaffen, die Skulpturen des Retabels in Rathenow.

35 Eine alternative Stilströmung vertrat jene Malerwerkstatt, die für den Probst des königlichen Kollegiatstifts zu St. Peter und Paul auf dem Wyschegrad (Vyšehrad) das Vorauer Antiphonar (Vorau, Stiftsbibliothek, Ms. 259, I–IV) und später das Retabel für die Zisterzienserkirche im Brandenburgischen Zinna (heute Pechüle, Pfarrkirche) schufen. FAJT/LINDNER 2011, 169–173.

36 FAJT/BOEHM 2006, 465.

Abb. 135 **Hl. Johannes unter dem Kreuz und Kaiserin Elisabeth** • Prag, um 1370 • Wandmalerei • Prag, St. Veit, Wenzelskapelle

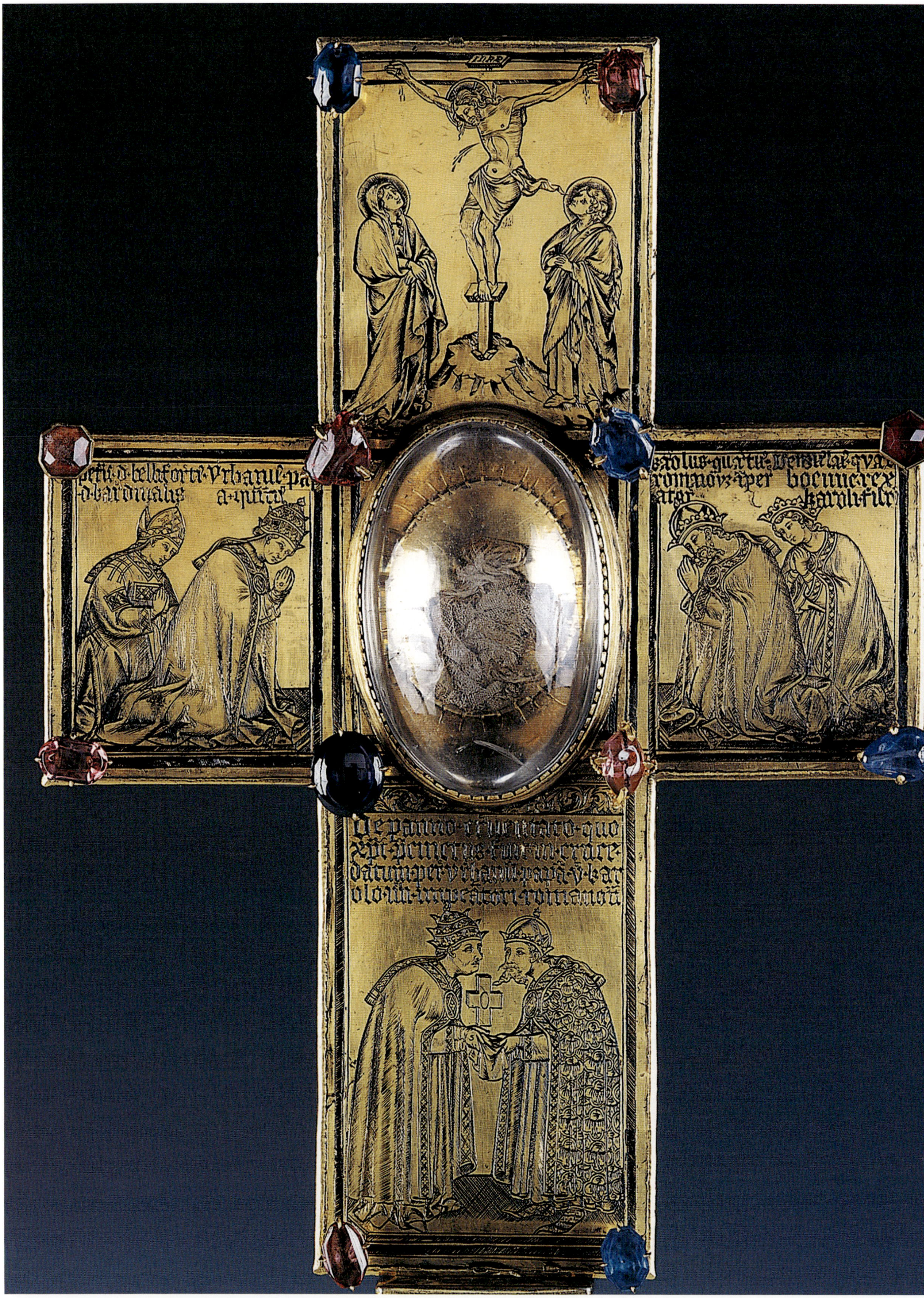

Die Goldschmiedekunst in der Herrschaftspraxis Kaiser Karls IV.

Karel Otavský

Die Zeit der Hoch- und Spätgotik sah die Entstehung zahlreicher bedeutender höfischer Zentren der Goldschmiedekunst: Auf das Paris Ludwigs IX. und der letzten Kapetinger folgten die Höfe der neuen Hauptlinie Valois, Karls V. und seiner Brüder Ludwig von Anjou, Johann von Berry und Philipp von Burgund, später die Residenzen der nach Karl dem Kühnen regierenden Burgunderherzöge. Die hohe materielle Kultur, die an diesen Höfen gepflegt wurde, bedeutete für die Goldschmiede einen fast ununterbrochenen Zustrom von Aufträgen, was zu einer bemerkenswerten Blüte der Goldschmiedekunst führte.

Heute ist eine vollständige Erfassung jedoch praktisch unmöglich, da der Großteil dieser Objekte unwiederbringlich verloren gegangen ist: Die Verbindung von künstlerischer Gestaltung und wertvollen Materialien setzte alle Werke der Goldschmiedekunst der ständigen Gefahr einer Einschmelzung aus, sobald Funktion, Zweck und Anziehungskraft eine Schwächung erfuhren, der Besitzer in finanzielle Not geriet oder die Lage sich anderweitig änderte. Die Jahrhunderte, die uns von der Blütezeit der spätgotischen Goldschmiedekunst trennen, stehen so vor allem für die lange Geschichte von deren allmählicher Zerstörung: Die enorme Zahl von Gold- und Silberobjekten im Besitz Ludwigs von Anjou (1339–84), die aus der Prachtabschrift seines Inventars bekannt ist, fiel etwa dem Kampf des Herzogs um das Königreich Neapel zum Opfer. Die religiöse oder repräsentative Funktion von Goldschmiedearbeiten führte zu deren großflächiger Zerstörung in der Reformation, während Religionskriegen oder Revolutionen. Dasselbe gilt für spätere Kriegskontributionen und die Aufhebung bzw. Säkularisierung jener kirchlichen Institutionen, die über Jahrhunderte für bestimmte Kulturdenkmäler der Vergangenheit eine natürliche Überlebensmöglichkeit geboten hatten.

Karl IV. darf ohne allzu große Kühnheit zu den genannten Mäzenen der Goldschmiedekunst aus dem Kulturkreis des französischen Hofs gerechnet werden, dem er zwischen 1323 und 1330 als Neffe der Königin Maria von Luxemburg und später als Schwager Philipps VI. von Valois selbst angehört hat.[1] Berücksichtigen wir, dass 18 nachweislich von Karl in Auftrag gegebene Goldschmiedearbeiten existieren, ist die Goldschmiedekunst an seinem Hof sogar „recht gut belegt". Zu diesen Werken gehören: 1. die Wenzelskrone (1345, Prag, Veitsdom);[2] 2. ein Silberzepter (um 1345, Wien, Weltliche Schatzkammer);[3] 3. eine kleine Statue Christi als Schmerzensmann mit der Schenkungsinschrift des Olmützer Bischofs Johannes Volek und Karls Wappen (1346 bis 1349, Baltimore, Walters Art Museum);[4] 4. ein Kristallkrug in vergoldeter Silbermontierung (1350, Prag, Domschatz von St. Veit, hier Kat.-Nr. 5.9); 5. ein Kommunions- und Krankenkelch aus Sardonyx mit Schenkungsinschrift (1350, ebenda, hier Kat.-Nr. 12.17); 6. ein Reliquienkästchen für ein Stück vom blutbenetzten Marienschleier (1350, ebenda, hier Kat.-Nr. 5.15);[5] 7. der Fuß des Reichskreuzes mit Schenkungsinschrift (1352, Wien, Weltliche Schatzkammer);[6] 8. ein Maßwerkrahmen für ein Holzstück vom Tisch, an dem das Letzte Abendmahl stattfand (nach 1354, Prag, Domschatz von St. Veit); 9. ein überarbeitetes Ostensorium mit der Hand eines der unschuldigen Kinder von Bethlehem (nach 1355, ebenda); 10. das Behältnis der Reliquie des hl. Kreuzes aus dem Kloster Pairis (nach 1355, ebenda); 11. ein Silberfutteral für ein Stück eines Nagels von Christi Kreuzigung (nach 1355, ebenda);[7] 12. die Montierung eines kleinen, angeblich der hl. Elisabeth von Thüringen gehörenden Schmuckstücks mit Schenkungsinschrift (1355, Udine, Dom);[8] 13. ein Ostensorium mit einer Reliquie des hl. Veit und Schenkungsinschrift (1358, Herrieden, katholisches Pfarramt);[9] 14. das als Ostensorium dienende „Landeskreuz" aus dem königlichen Reliquienschatz (ca. 1365, Prag, Domschatz von St. Veit); 15. ein Goldkästchen für Kettenglieder aus den Fesseln der Apostel Petrus, Paulus und Johannes mit Inschriften und gravierten Darstellungen u. a. von Kaiser Karl und Papst Urban V. (nach 1369, Wien, Weltliche Schatzkammer);[10] 16. ein flaches Behältnis mit einem Stück der Tunika des hl. Johannes, mit Inschrift und graviertem Zyklus aus dem Leben des hl. Johannes (nach 1368, ebenda); 17. ein Kreuz mit einem Stück des Lendenschurzes Christi, darauf Darstellungen des anbetenden Kaisers, des Papstes und ihrer Nachfolger (um 1376, Prag, Domschatz von St. Veit, hier Kat.-Nr. 13.16);[11] 18. ein Futteral für ein Holzstück von der Krippe des Jesuskindes (nach 1368, Wien, Weltliche Schatzkammer).[12] Abgesehen von den Insignien (Nr. 1, 2), die bis 1918 staatsrechtliche Bedeutung hatten (die im Fall des Zepters allerdings nicht originär war), handelt es sich um Bestandteile des Domschatzes von St. Veit (Nr. 4–6, 8–12) und um die Überreste des von Karl gestifteten Reliquienschatzes der böhmischen Könige, die 1423 mit dem Reichsschatz nach Nürnberg und später nach Wien gelangt waren (Nr. 15, 16 und 18)[13] oder nach 1625 in den Domschatz von St. Veit integriert wurden (Nr. 14, 17).[14]

Abb. 136 **Reliquienkreuz des Papstes Urban V. für ein Stück des Lendentuchs Christi, Detail** • Avignon, 1372; Fuß Prag, wohl gegen 1509 • Gold, große Kristalllinse, Saphire, Spinelle, graviertes Dekor gefüllt mit einer dunklen Masse, H. 31 cm, B. 23 cm, D. 1,5 cm, Fuß: vergoldetes Silber • Prag, Metropolitní kapitula u Sv. Víta, Inv.-Nr. K 36 (94)

Der Fuß des Reliquienkreuzes (Nr. 7) war von Anfang an Teil des Reichsschatzes. Auch die Reliquiare Nr. 8 und 13 sind an den Orten überliefert, denen Karl sie geschenkt hatte.

Die Anfänge von Karls Regierung in Böhmen bis zur Übernahme des Reichsschatzes

Um welch unbedeutenden Bruchteil der Produktion der karolinischen Goldschmiede es sich handelt, zeigen die mehr oder weniger zufällig erhaltenen Schriftquellen wie Chroniken, herrscherliche Schenkungsurkunden, Suppliken, Ablassurkunden, Inventare und andere Reliquienverzeichnisse, die vor allem im Archiv des Prager Metropolitankapitels überliefert sind.[15] Bereits für 1336 tradieren die Chroniken des Peter von Zittau, des Franz von Prag und des Benesch Krabitz von Weitmühl eine Nachricht über die Absicht des 20-jährigen Markgrafen Karl, die romanische Wenzelskapelle mit einem großen, mit Apostelfiguren geschmückten Silberaltar zu versehen; diese Absicht wurde jedoch von König Johann zunichtegemacht, der sich damals in finanzieller Bedrängnis befand.[16] Erfolgreicher war Karl 1343, als er – mit der zweijährigen Alleinverwaltung des Königreichs beauftragt – das untergegangene Kapitel bei der Allerheiligen-Palastkapelle erneuerte, die er nach Franz und Benesch Krabitz mit vielen Reliquien in Gold- und Silberschreinen, mit Kelchen und anderen Kleinodien ausstattete.[17] Karls Krönung zum böhmischen König am 2. September 1347 bot den Chronisten die Gelegenheit, ausführlich auf die prachtvolle Krone (Nr. 1) einzugehen, die Karl noch zu Lebzeiten König Johanns (vermutlich 1345) als Zeremonialinsigne für die Krönungen der böhmischen Könige hatte anfertigen lassen; er hatte sie dem hl. Wenzel als festliche Zierde für dessen Schädel geschenkt und sich diese Zuordnung 1346 in Avignon durch eine Bulle Papst Clemens' VI. bestätigen lassen. Als weiteres wichtiges, die Goldschmiedekunst betreffendes Ereignis hielten die beiden Chronisten Karls Übernahme der Reichskleinodien im Jahr 1350 fest, die er als römisch-deutscher König beschützte und verwahrte. Der mit größerem zeitlichem Abstand schreibende Benesch erweiterte seine Beschreibung der feierlichen Begrüßung der Reichsreliquien um einen Hinweis auf die Einführung des „Festtags der Lanze und der Nägel" im Jahr 1354 und die späteren, stark besuchten alljährlichen Heiltumsweisungen.[18] Die letzte relevante Nachricht des Franz von Prag betrifft das Büstenreliquiar des hl. Ignatius von Antiochien und weitere Reliquien von Aposteln, Märtyrern und Bekennern, verziert mit Gold, Silber und Edelsteinen, die Karl 1350 dem Domschatz von St. Veit schenkte.[19] Diese Schenkung, die nach den Worten des Chronisten alles übertraf, was bisher vonseiten des Königs in den Schatz gelangt war, darf als Ausdruck von Karls lebenslangem aktiven Interesse an der Prager Metropolitankirche gelten, die in seiner Vision zu einem neuen „Kaiserdom" werden sollte.

Der Domschatz von St. Veit: neue Maßstäbe

Das sprunghafte Anwachsen des Domschatzes von St. Veit zu Karls Lebzeiten belegen die sieben überlieferten Inventare: Im ersten Inventar ist – einschließlich der Nachträge – der Schatzbestand Ende September 1354 festgehalten, als Karl zu seiner Krönungsfahrt nach Italien aufbrach. Das zweite, auf den 5. Oktober 1355 datierte Inventar besteht bereits aus einem übersichtlich angeordneten Verzeichnis, das um ca. 90 neue, im Rheinland und in Italien erworbene Reliquien erweitert worden war.[20] Dieses Verzeichnis diente als Grundlage für drei weitere Inventare, in die nur Neuerwerbungen eingetragen wurden (1365, 1368, 1374). Das leider verlorene Inventar des Johann Očko von Vlašim vom 27. Dezember 1379 sollte vermutlich die Bedeutung des verstorbenen Kaisers u. a. durch präzisere Beschreibungen einiger Werke unterstreichen. Die letzte, in den Jahren 1387 und 1394 vorgenommene Redaktion der vorhussitischen Inventare wurde vermutlich durch die Unterbringung eines Teils des Domschatzes in der fertiggestellten Sakristei von St. Michael notwendig.[21]

Besonders informativ ist jedoch das erste Inventar von 1354, genauer gesagt von 1353, mit Ergänzungen aus den neun Folgemonaten, das aus einigen Teilverzeichnissen besteht. Das erste dieser Verzeichnisse, das 28 von Karl bis Ende 1353 vorgenommenen Schenkungen erfasst, ergänzt die erwähnten Nachrichten der Chronisten wesentlich: Zu den Krönungsinsignien kamen ein Silberzepter (Nr. 9), ein Apfel, ein Königsring aus Gold und ein Kristallgefäß zur Aufbewahrung des Chrismas für die Salbung des Königs hinzu.[22] Konkretisiert wird auch Franz' von Prag bewundernde Nachricht über Karls Schenkungen von 1350, zu denen drei der heute erhaltenen Objekte gehörten: der als Reliquiar für ein Stück vom Tischtuch des Letzten Abendmahls dienende Kristallkrug (Nr. 4), der Kommunionskelch aus Sardonyx (Nr. 5) und das Reliquiar mit dem blutbenetzten Marienschleier (Nr. 6).[23] Weiter nennt das Inventar fünf technisch und sicher auch künstlerisch anspruchsvolle Apostel-Statuettenreliquiare sowie die wohl Pariser Statuette des hl. Ludwig mit einem Fragment der Dornenkrone.[24] Zu Karls Geschenken zählten weiter die Goldeinfassung für den Schädel des hl. Wenzel, drei Büstenreliquiare, zwei Armreliquiare und ein besonderes Petrusreliquiar in Form eines Kristallschiffchens mit drei Silberfiguren und kleinen Fischen.[25] Den nächsten Teil des Inventars bildet eine lange Aufzählung der Bestände aus der Přemyslidenzeit („*ista que sequuntur, fuerunt prius in ecclesia Pragensi*"), einschließlich liturgischer Gewänder, Textilien und Bücher (Posten Nr. 29–240).

Die vier nachträglich hinzugefügten Verzeichnisse (Posten 241–278; 279–289, 290–294 und 295–281) zählen bereits zu den ergiebigen Quellen, die ein lebhaftes Bild von Karls Aufenthalt im Westen des Reichs zwischen August 1353 und September 1354 liefern. Obwohl diese 13-monatige Reise politisch motiviert war, erlangte sie ihre Berühmtheit vor allem durch die heute fremd wirkenden und selbst den Zeitgenossen auffallenden Aktivitäten des Königs zum Erwerb heiliger Reliquien. Hier muss man bedenken, dass die Verehrung der Heiligen und ihrer Reliquien in vorreformatorischer Zeit eine allgemein geteilte, kulturell und historisch bedeutsame Form der mittelalterlichen Frömmigkeit war, deren eschatologische Verankerung in der Apokalypse sich Karl selbstverständlich bewusst war – wie etwa Burg Karlstein beweist.[26] Außerdem sammelte er die Reliquien in erster Linie für den Reliquienschatz der Prager Kathedrale, um deren Bedeutung und damit auch den Ruhm des Königreichs Böhmen zu vergrößern. Dass er vor allem an die neue „Funktion" der Reliquien in der Prager Metropolitankirche dachte, zeigt seine am 23. November von Speyer nach Rom gesandte Supplik, in der er Innozenz VI. um die Genehmigung des neuen Prager Festtags *Allationis reliquiarum* für die Jahrestage der geplanten feierlichen Translation der Reliquien in die Kathedrale St. Veit bat.[27] Da Innozenz Karls Bitte erst am 22. Januar 1354 nachkam, wurde für den geplanten Festtag der 2. Januar ausgewählt, d. h. der Tag, an dem Karl in Mainz feierlich die große, mit einer eigenhändigen Unterschrift und einer Goldbulle versehene Schenkungsurkunde ausgestellt hatte, die an zahlreiche Würdenträger, „den gesamten Prager Klerus und das Volk" adres-

IV.

CAROLVS Quartus Romanorum Imp. adfectum suum erga *D. Dionysium* primum Vrbis Augustanæ Episcopum ostendere volens, hanc ipsius imaginē argenteam inauratam Pragâ Augustam dono misit Anno MCCCLIV. cui *Caput Divi* huius inclusum fuit atq; etiam hodie est, insculptis ad oram Imaginis his etsi rudibus ad morem illius seculi, plenis tamen pietate versibus.

Anno

Abb. 137 Büstenreliquiar, geschaffen 1345 in Prag und von Karl IV. dem Benediktinerkloster St. Ulrich und Afra in Augsburg gestiftet; es enthielt den vorderen Teil des Schädels des hl. Dionysius, dessen hinterer Teil ein Jahr zuvor für den Schatz von St. Veit in Prag angefordert worden war. Der legendäre erste Bischof der römischen Provinzhauptstadt Augusta Vindelicum (Augsburg) soll mit den Heiligen Hilarius, Afra und Nicasius Opfer der diokletianischen Christenverfolgungen geworden sein. Die Büste auf frühbarockem Sockel wurde im Augsburger Kloster bis 1803 aufbewahrt. Das Kupferstichwerk enthält 51 Stiche mit vollständiger Darstellung der Goldschmiedearbeiten und einiger Stoffe, die den berühmten Klosterschatz wiedergeben, der mit der Säkularisation der Abtei verloren ging. • Wolfgang Kilian nach Matthias Kagger, Augsburg, 1627; mit Text von Bernhard Hersfelder: Basilica SS. Udalrici et Afrae Augustae Vindelicorum, historice descripta atqua aeneis figuris illustrata, 71, Abb. 4 • Kupferstich auf Papier

siert war.[28] Die Urkunde ist eine Art Reisebericht, da Karl seine Besuche in Augsburg, Kempten, Konstanz, Petershausen, Sankt Gallen, Reichenau, Säckingen, Haslau, Andlau, Erstein, Weißenburg und Mainz beschreibt; weiter schildert er die Umstände, die zum Erwerb der Fragmente von 39 Reliquien führten, und deren Geschichte, die manchmal bis in die Zeit des frühen Christentums zurückreichte oder aber mit Karls Vorgängern auf dem römischen Thron, den merowingischen und fränkischen Herrschern, verknüpft war. Mit dieser Schenkung bereicherte er den Domschatz von St. Veit um bisher fehlende kostbare Erinnerungen an das irdische Leben Christi und Mariens sowie um Reliquien großer Märtyrer, Päpste, Bischöfe und Äbte, die zur Zierde der Prager Kirche werden sollten.

Karls Reliquiengeschenke wurden in Prag unverzüglich in Form von zwei nachträglichen Verzeichnissen in das erste Inventar eingetragen, wobei das erste Verzeichnis die 38 Reliquien enthielt, die in der Schenkungsurkunde vom 2. Januar aufgeführt und im Lauf des Januars nach Prag gebracht worden waren. Das zweite Verzeichnis betrifft die elf Reliquien, die Karl am 9. Dezember im Mainzer Kloster St. Alban erworben hatte, und einige andere Reliquien, die am 29. Januar in Prag ankamen.[29] Zugleich wurde die Anfertigung von Reliquiaren in Auftrag gegeben, wie die Büsten der Päpste Gregor des Großen, Urbans I., des Evangelisten Markus und des Diakons Vinzenz belegen, die wiederholt in dem kurzen dritten Nachtragsverzeichnis erwähnt werden (Posten 290–293), in das die Domherren nach Abschluss der Inventarisierung der Zuwächse des letzten Jahres die neu in vergoldetes Silber gefassten und mit Edelsteinen und Perlen verzierten Reliquien einzutragen begannen („*ista quae sequuntur, sunt circumdata argento et deaurata*").[30]

Die erwähnte Supplik vom 23. November 1353, in der Karl den Papst um einen einjährigen Ablass für die Teilnehmer der geplanten feierlichen Translation der Reliquien nach Prag und um die Einrichtung eines besonderen kirchlichen Feiertags als dauerhafte Erinnerung an dieses Ereignis bat, scheint ebenso wie der außergewöhnlich feierliche Charakter der mit einer Goldbulle gesiegelten Schenkungsurkunde vom 2. Januar 1354 anzudeuten, dass Karl die erworbenen Reliquien bereits damals als einen geschlossenen Bestand ansah, mit dessen Schenkung ein nicht deklariertes Nebenziel der Reise – nämlich die deutliche Vergrößerung und Bereicherung des Domschatzes von St. Veit – erreicht werden sollte. Es ist nämlich auch vorstellbar, dass als Abschluss seines Aufenthalts im Rheinland ursprünglich die in der Zwischenzeit vorbereitete Krönung Annas von Schweidnitz in Aachen vorgesehen war. Karls Pläne wurden jedoch durch den unerwarteten Tod seines Großonkels, des Trierer Erzbischofs Balduin (21. Januar 1354), gestört, der ihm bis zuletzt ein wichtiger Unterstützer gewesen war. Die Folgen dieses Todesfalls beschäftigten Karl sowohl in Trier als auch in Luxemburg, sodass Annas Krönung am 9. Februar in seiner Abwesenheit stattfinden musste. Die wachsenden Spannungen zwischen den Habsburgern und den Waldkantonen mit Zürich an der Spitze sorgten dafür, dass Karl das Rheinland früher als Ende Mai verließ; jedoch kehrte er bereits nach zwei Monaten wieder dorthin zurück.

Karl setzte auch das Sammeln von Reliquien für den Domschatz von St. Veit fort, das bald unerwartete Ergebnisse zeitigen sollte. Im Unterschied zu den vergangenen Monaten gab er die systematischen Besuche von Reliquienschätzen mit königlichen oder kaiserlichen Traditionen auf und wählte ein neues, den Umständen besser entsprechendes pragmatisches Vorgehen, indem er stärker sich bietende Gelegenheiten ausnutzte. Über seine unerwarteten Akquisitionen, die er mehr oder weniger fortlaufend nach Prag schickte, informierte Karl den Erzbischof und das Kapitel in Briefen oder Schenkungsurkunden; dieses Verfahren sollte er später in Italien beibehalten.

Diese neue Phase begann in Trier mit einem blendenden Sammlererfolg, da Karl sich hier – während er mit der Besetzung des verwaisten erzbischöflichen Stuhls beschäftigt war – anstelle der üblichen hohen Gebühren von Elekt und Kapitel Teile der dortigen Reliquien erbat, die der Tradition zufolge von der hl. Helena, der Mutter Kaiser Konstantins, aus dem Heiligen Land mitgebracht worden waren. Bereits am 17. Februar, einige Tage nach seiner Ankunft, konnte Karl schriftlich den Dekan und das Kapitel von St. Veit über seine Besuche in Trierer Kirchen und besonders im Dom informieren, wo er ein Drittel des dortigen Holzsplitters vom Kreuz Christi, ein Drittel vom Stab des hl. Petrus, ein Kettenglied von den Fesseln dieses Apostels, ein Stück der Sandale des hl. Andreas, und einen Laib Manna erhalten hatte.[31] Seine weiteren Wege führten Karl in die Abtei St. Maximin, wo man ihm ein Drittel des dort aufbewahrten Marienschleiers übergab, sowie in die Abtei St. Matthias, in der er sich Reliquien des dortigen Patrons und des Apostels Philippus erbat, und schließlich zu den Benediktinerinnen von St. Irminen, von denen er die Hand eines der unschuldigen Kinder von Bethlehem erhielt. In der Trierer Kartause empfing er einige Objekte, die an Heinrich VII. erinnerten und die der Kartausengründer Balduin dort hinterlassen hatte. Mit Ausnahme des Kettengliedes des hl. Petrus, des Stücks der Sandale des hl. Andreas und der Reliquie des hl. Philippus schenkte er diese Reliquien der Kathedrale St. Veit und sandte sie mit Abt Neplach von Opatowitz (Opatovice) nach Prag, begleitet von einer Schenkungsurkunde, die Karl am Sonntag *Letare*, dem 23. März, in Metz ausgestellt hatte.[32] So erhielt die Metropolitankirche zwei ihrer wichtigsten Reliquien: Das Stück vom Stab des hl. Petrus ließ Karl in den neuen Stab der Prager Erzbischöfe einsetzen, wobei er sich für jene vom Papst das Recht erbat, aus diesem Grund an bestimmten Feiertagen einen einjährigen Ablass zu erteilen (Urkunde vom 9. Mai 1354).[33] Für den Marienschleier erhielt Karl bald darauf die päpstliche Erlaubnis, ihn in jedem siebten Jahr in der Prager Kathedrale öffentlich auszustellen, woraus später die „Prager Gnadenjahre" entstanden, die mit den großen Weisungen der Reliquien aus der Kathedrale, der Burg Karlstein und der königlichen Privatsammlung verbunden waren (Urkunde vom 30. Mai 1354).[34]

Die neuen Schenkungen Karls, die in den Frühjahrsmonaten aus den linksrheinischen Gebieten eintrafen, zwangen die mit der Führung des Inventars beauftragten Domherren, zum normalen Zuwachsinventar zurückzukehren: Während der Trierer Finger des hl. Matthias, der wohl bereits in einem vergoldeten Armreliquiar verschenkt worden war, dem oben genannten Verzeichnis der „in Silber gefassten" Reliquien hinzugefügt wurde,[35] erscheinen der Marienschleier, der Holzsplitter vom Kreuz und das Stück vom Stab des hl. Petrus erst als Posten 299, 300 und 303 im Verzeichnis der mehr oder weniger willkürlich angeordneten letzten 23 Neuzugänge, das mit dem Eintrag „*De reliquiis vero per Romanum capellanum domini Archiepiscopi allatis et caeteris iuxta mandatum maiestatis regiae disponetur*" beginnt.[36] Die Trierer Hand des unschuldigen Kindes von Bethlehem aus dem Konvent St. Irminen taucht erstmals im zweiten Inventar von 1355 auf.[37] Das genannte Verzeichnis umfasst wohl die meisten der in Lothringen, dem Elsass und der heutigen Schweiz erworbenen Reliquien; in diesen Gegenden hatte sich Karl von Ende März bis Ende Mai 1348 aufgehalten. Die spärlichen, durch weitere chronikalische Nachrichten ergänzten Angaben des Inventars deuten das Anwachsen dieses Teils des Domschatzes an: In der Bischofsstadt Toul, wo Karl sich auf dem Weg von Metz nach Kaysersberg kurz aufhielt, erbat er sich ein Stück der Kasel des dortigen Glaubensboten und ersten Bischofs Mansuetus (7. Jh.) sowie den Arm eines seiner Nachfolger, des hl. Gerhard, aus dem 10. Jahrhundert. Die Reliquien der Heiligen Felix und Regula erhielt Karl vermutlich während seines zweiten von drei Besuchen in Zürich, wo er damals am 19. April 1354 feierlich empfangen worden war.[38] Von Zürich aus besuchte Karl mit seinem Gefolge das Kloster Einsiedeln, wo er sich eine Schädelhälfte des Burgunderkönigs Sigismund, den halben Arm des hl. Mauritius und einige

Abb. 138 **Büstenreliquiar des hl. Sigismund.** Eine der 82 Zeichnungen des Reliquienschatzes der Wittenberger Schlosskapelle Allerheiligen, die 1353 der Herzog von Sachsen, Rudolf I. (1298–1356), ein treuer Anhänger der Luxemburger, stiftete. Der Schatz wuchs auch nach dem Übergang Sachsens an die Wettiner 1423 und wurde im letzten Drittel vor allem durch Kurfürst Friedrich III. den Weisen (1463–1525) vermehrt. Dieser veröffentlichte die Reliquien 1510 in einem berühmten Heiltumsbuch mit über 100 Holzschnitten Lukas Cranachs d. Ä. Die zeichnerischen Vorlagen dafür sind künstlerisch anspruchsvoll und charakterisieren die Goldschmiedearbeiten mit Liebe zum Detail. Die Büste des hl. Sigismund mit ihrer auffallenden Krone und vor allem der großen Schließe lässt sich mit der Büste desselben Heiligen verbinden, die in den Inventaren des St.-Veits-Schatzes zu Prag 1368, 1374 und 1387 beschrieben ist (Nr. 21). Hier werden die genannten Schmuckstücke als Schenkung von Karls Tochter Katharina, der späteren Markgräfin von Brandenburg, benannt. Die Möglichkeit, dass es sich in Wittenberg um genau dieses Stück handelte, ist nicht ausgeschlossen, denn die Spuren der Prager Büste verlieren sich in den letzten Julitagen 1420, als König Sigismund nach seiner böhmischen Krönung und Beendigung des ersten Kreuzzugs gegen die Hussiten seinen Verbündeten (deren Truppen keine Möglichkeit zu vielversprechenden Plünderungen in Prag erhielten) einen großen Teil des Domschatzes übergab. Nicht alles Gold und Silber aber muss eingeschmolzen worden sein: Das Prager Reliquiar könnte über den ersten Kurfürsten aus dem Hause Wettin, Friedrich I. den Streitbaren (1370–1428), Sigismunds langjährigen Verbündeten, letztendlich nach Wittenberg gelangt sein. • Wittenberg, vor 1509 • Federzeichnung • Weimar, Thüringisches Hauptstaatsarchiv, Reg. O 213

andere Reliquien schenken ließ, wie der Vermerk des Thesaurarius Heinrich von Ligerz belegt; Heinrich empfing aus diesem Anlass von dem anwesenden Zürcher Bürgermeister Rudolf Brun 16 Gulden und von König Karl dessen Dolch.[39] Für das Haupt des hl. Sigismund schuf man in Prag spätestens im Folgejahr eine vergoldete Silberbüste, die 1374 durch eine prunkvollere Goldbüste ersetzt wurde. Der Arm des hl. Mauritius verblieb anscheinend in Karls Besitz, denn eine andere Reliquie dieser Art ist bereits im vorkarolinischen Domschatz von St. Veit vertreten. Zu den ungenannten „weiteren Reliquien" aus Einsiedeln gehörten wohl die im Inventar verzeichneten Teile der Reliquien des hl. Eremiten Meinrad (Meginartus), die seit 1039 in dem über seiner Einsiedelei gegründeten Kloster verehrt werden.[40] Auf der Rückreise ins Elsass pausierte Karl am Grab der hl. Odilia in der Kanonie Hohenburg, wo er mit Erlaubnis der Äbtissin und assistiert von dem Straßburger Bischof Johann von Lichtenberg und dem Olmützer Bischof Johann Očko von Vlašim die Tumba der Heiligen öffnete, um einen Teil des rechten Arms für sich zu entnehmen.[41]

Bevor Karl IV. Kaysersberg verließ und die langsame Rückreise durch Deutschland antrat, erhielt er in der unweit gelegenen Zisterzienserabtei Pairis (Parisium) die obere Hälfte einer byzantinischen Staurothek, die vier rechteckige, goldgefasste Täfelchen enthielt; sie schlossen ein bis heute erhaltenes Patriarchalkreuz mit Splittern vom Holz des hl. Kreuzes und anderen Reliquien ein (vgl. Kat.-Nr. 5.3). Dieses mit einem Rubin, einem Saphir, zwei geschnittenen Steinen und Perlen verzierte Reliquiar ließ der König wenig später bei der Anfertigung der Tumba des hl. Wenzel verwenden.[42] Wie die Authentik des Abtes Johann vom 20. Mai und die fünf Monate später am 23. September ausgestellte Schenkungsurkunde Karls IV. für das Prager Kapitel besagen, war diese byzantinische Reliquientafel vom vorherigen Abt aus Konstantinopel mitgebracht worden.[43]

Neben den Reliquien des im nahen Luzern verehrten hl. Leodegard, Bischof von Autun, oder der hll. Agatha, Konstanze oder Pigmenia, deren Herkunft unbekannt ist, wurden in dieses Verzeichnis auch einige früher inventarisierte, „neu in Silber gefasste" Häupter der hll. Gregor und Otmar, die Arme des hl. Protasius und des Mainzer Erzbischofs Aureus sowie die Kinnlade des Straßburger Bischofs Florentius aufgenommen.[44]

Die erste Romfahrt und das zweite Inventar des Domschatzes

Karls 10-monatige Romfahrt knüpfte unmittelbar an seine wiederholten politischen Eingriffe in Zürich an, von wo er eilends nach Sulzbach zurückkehrte, um am Tag des hl. Wenzel nach Italien aufzubrechen.[45] Ebenso knüpfte er an seine vorherigen Maßnahmen zur Erweiterung des Domschatzes von St. Veit durch bedeutende Reliquien an, die als Grundlage des Ruhms der damals im Bau befindlichen gotischen Metropolitankirche dienen sollten. Im Friaul, das er Mitte Oktober erreichte, konzentrierte sich Karls Aufmerksamkeit offensichtlich schon im Vorhinein auf ein angebliches Autograf des Markusevangeliums im Dom zu Aquileia, das ihm wohl von seinem früheren Aufenthalt in Udine im Jahr 1337 bekannt war. Die Lage für den Erwerb eines Teils der Handschrift war günstig, da 1350 Nikolaus von Luxemburg, ein unehelicher Sohn König Johanns, auf Betreiben Karls zum Patriarchen von Aquileia ernannt worden war.[46] Eine gewisse Ungeduld Karls verrät die Tatsache, dass die beiden Halbbrüder bereits am zweiten oder dritten Tag nach der Ankunft des Herrschers in Udine (14. Oktober) einen gemeinsamen Ausflug nach Aquileia unternahmen. Dort erbat sich Karl vom Kapitel die zwei letzten Bögen der Handschrift und ersetzte sie, wie die Authentik des Patriarchen Nikolaus vom 17. Oktober verrät, durch eine sorgfältig angefertigte Kopie.[47] Karls am 31. Oktober in Feltre ausgestellte Schenkungsurkunde verrät, dass sein Interesse nicht zuletzt auf der Sehnsucht beruhte, die kleine Gruppe seltener Reliquien zu erweitern, zu der etwa das Stück vom Tischtuch des Letzten Abendmahls, der Abschnitt vom Stab des hl. Petrus und neuerdings das Fragment des Trierer Marienschleiers gehörten, die er durch seine begleitenden Instruktionen in die Kathedralliturgie einbezog, um dieser inhaltliches Gewicht und Originalität zu verleihen:[48] Aus dem geschenkten Teil der Handschrift sollte jährlich das Osterevangelium vorgelesen werden, wobei Priester und Diakone, die alle Prager und benachbarten Kirchen repräsentieren sollten, paarweise zu assistieren hatten. In dem gleichzeitig gesandten Begleitschreiben mit Anordnungen für die zeremonielle Begrüßung der Reliquie verkündete der König, dass er für diese ein kostbares, mit Edelsteinen und Perlen verziertes Goldplenarium im Wert von 200 Florin hatte anfertigen lassen, das er unverzüglich nach Prag zu senden beabsichtigte.[49] Dieses Plenarium wurde einige Jahre später auf Dauer an der Nordwand der Tumba des hl. Wenzel untergebracht. Aus der detaillierten Beschreibung der Tumba im Inventar von 1387 ist bekannt, dass im oberen Teil des Plenariums der thronende hl. Markus zwischen vier Kameen dargestellt war; darunter befand sich ein reich gearbeitetes Schmuckstück (Monile) mit einem Edelstein in der Mitte und sechs Edelsteinen am Rand, flankiert von den Figuren Karls IV. und eines nicht genannten Bischofs, vermutlich Nikolaus von Luxemburg. Der Einband des Plenariums war mit 19 Edelsteinen verziert. Aus dem Territorium seines Patriarchats verhalf Nikolaus seinem Bruder noch zum Schädel des hl. Viktor in Anzù bei Feltre und vor allem zum Haupt des Evangelisten Lukas in Padua.[50] An der Öffnung des Grabaltars des hl. Lukas im Kloster Santa Giustina hatte Karl nicht teilnehmen können, aber er ließ sich darüber ein Notarinstrument ausfertigen.[51]

Die Existenz der Handschrift des hl. Markus war Karl zweifellos vorher bekannt gewesen, wohingegen es ihn überrascht haben dürfte, als er bei der Feier seiner Mailänder Krönung mit der Krone der Lombardei (6. Januar 1355) von Körper und Haupt des hl. Veit erfuhr, die im Benediktinerkloster St. Marinus in Pavia, der einstigen Hauptstadt des germanischen Langobardenreichs, ruhten. Die Vision eines Grabes für einen weiteren Titularheiligen in der Prager Kathedrale dürfte stark auf Karl gewirkt haben, denn er beauftragte ohne Zögern die Bischöfe aus Pavia, Bergamo und Vicenza, sich in Begleitung des Leitmeritzer Propstes Bohusch, eines Bruders des Erzbischofs Ernst, um den Erwerb der Gebeine zu bemühen. Über die Öffnung des Hochaltars in der Kirche St. Marinus durch den Abt und die Honoratioren der Stadt Pavia, an der er ebenfalls nicht teilnehmen konnte, wurde ebenfalls ein Notarinstrument ausgestellt, das allerdings nicht überliefert ist. Die Hauptquelle unserer Informationen ist Karls umfangreiche Schenkungsurkunde vom 22. Januar 1355, der zufolge die Gebeine des hl. Veit in Pavia von dem „berühmten Langobardenkönig Aistulf" gesammelt wurden.[52] Diese knappe Angabe ist nicht nur deshalb von Interesse, weil dieser im Jahr 746 von dem fränkischen König Pippin geschlagene Gegner der Päpste Zacharias und Stephanus III. aus römisch-fränkischer Sicht eine äußerst negative Erscheinung war; sie dient auch als Beleg für die italienische Version der Geschichte der Gebeine des hl. Veit, der zufolge Teile der Gebeine von Rom aus nach Saint-Denis und dann nach Corvey gelangten, von wo mit aller Wahrscheinlichkeit nach jene Prager Reliquie stammte, die Heinrich der Vogler dem hl. Wenzel geschenkt hatte. Die von Karl IV. erworbenen Gebeine des hl. Veit erreichten Prag am 15. August in einer feierlichen Prozession, die den neuen Kaiser bei seinem ersten Einzug in Prag begleitete; dabei befanden sie sich in einem Schrein aus mit vergoldetem Silber montierten Amethysttäfelchen, in den weitere gefasste Steine eingefügt waren.[53] In dieser Tumba verblieb der Körper des Heiligen bis zur Vollendung seines Grabes im Kreuzgang des Veitsdoms im Jahr 1365 (Altarweihe).

Seine Schädelreliquie wurde vermutlich bereits in dem Büstenreliquiar nach Prag gebracht, mit dem man sie nur anderthalb Monate später in das neue, mit dem Datum des 5. Oktober 1355 versehene Inventar einschrieb; dieses Inventar ersetzte das Vorgängerdokument von 1354, das sich bald als unübersichtlich und unbrauchbar erwiesen hatte. Seine von Dekan Předvoj angeführten Autoren kehrten zu der universellen Ordnung des Bestandes in kürzere übersichtliche Listen nach dem Typ der Reliquiare bzw. bei nicht verzierten Reliquien nach der anatomischen Zugehörigkeit zurück. Diese Redaktion liefert folgendes Bild des Schatzes:

26 silberne Büstenreliquiare, 20 Armreliquiare, 12 Statuettenreliquiare, 22 weitere, verschiedene Reliquiare, 5 Silbertruhen, 4 Reisealtärchen, 5 Plenarien in Buchform, 8 Reliquientafeln, 14 Tumbenreliquiare u. a.[54] Von den Neuzugängen seien genannt: u. a. Haupt und Arm des hl. Longinus von Mantua, das Haupt des hl. Burchard (korrekt Brocard) von Berceto in einem großen Reliquiar, das Haupt des hl. Ananias und ein Finger der hl. Anna aus dem Kloster San Paolo in Rom, das Haupt des hl. Stephan aus San Stefano. Dass die folgenden drei gleich strukturierten Inventare, das dritte, vierte und fünfte von 1365, 1368 und 1374, nur korrigierte Abschriften des zweiten Inventars sind, deutet an, dass der Domschatz nach Karls Ansicht jetzt bereits jener Bedeutung entsprach, die der Kaiser der Prager Kathedralkirche in seinem Herrschaftskonzept zugemessen hatte.

Die einzigen zahlenmäßig bedeutenden Zugänge aus den letzten Lebensjahren Karls IV. stehen mit einem außergewöhnlichen Ereignis im Zusammenhang: mit dem Erwerb einer Körperhälfte des hl. Sigismund aus dem Kloster Saint-Maurice im antiken Agaunum am Oberlauf der Rhône.[55] Die Translation von Teilen der Gebeine dieses Burgunderkönigs aus der Zeit um 500 nach Prag (28. August 1365), die Errichtung seines Grabes in der Kathedrale als nördliches Pendant zum Grab des hl. Wenzel und die überraschende Aufnahme unter die böhmischen Landespatrone war Karls markanter sakraler Schlusspunkt, den er hinter seine Krönung zum König des Arelat setzte (Arles, 4. Juni 1365); dieser Akt darf ansonsten als politische Erinnerung an die Ansprüche des Reichs auf diesen Teil Burgunds gegenüber den Expansionstendenzen der französischen Verwandten verstanden werden.[56]

Die intensive Förderung des Sigismundkults in der Umgebung des Prager Hofs hinterließ in der bildenden Kunst deutliche Spuren. Im Domschatz von St. Veit tauchen im vierten Inventar (1368) als Neuzugänge zwei bemerkenswerte Juwelierarbeiten auf, die als Festtagsschmuck für die von Karls zweitgeborener Tochter Katharina, Witwe des im Sommer 1365 verstorbenen Habsburger-Herzogs Rudolf, gestiftete Silberbüste des hl. Sigismund aus den Jahren 1354/1355 vorgesehen waren.[57] Die mit Edelsteinen und Perlen besetzte Krone und die goldverzierte Fibel (Spange) mit 19 Perlen, 3 Saphiren, 5 Smaragden und 7 Spinellen schenkte Katharina dem Domschatz vermutlich während ihres langen Aufenthalts in Prag, der von ihrer zweiten Eheschließung mit Markgraf Otto II. von Brandenburg im März 1366 bis zum Sommer 1367 dauerte.[58] 1368 findet sich im Inventar außerdem erstmals ein silbernes Armreliquiar des hl. Sigismund, das mit einem Saphirring geschmückt war.[59]

Das fünfte Inventar von 1374 nennt neben der ursprünglichen Silberbüste des hl. Sigismund noch eine neue Büste aus reinem Gold, die der Kaiser gestiftet hatte.[60] Das sehr viel detailliertere Inventar von 1387 vermerkt nur noch die Goldbüste, jedoch mit zwei Kronen – die eine kostbar und für Festtage vorgesehen, die andere weniger kostbar.[61] Von Karl stammte dem Inventar von 1374 zufolge noch eine vergoldete Statuette des hl. Sigismund mit einer perl- und edelsteingeschmückten Krone, Zepter und Apfel.

Die Inventare des Domschatzes von St. Veit zeigen Karl als eine Art „zweiten Gründer", der den Domschatz nicht nur vergrößerte, sondern ihn auch nach seinen Vorstellungen formte. In dieser Funktion behielt er sich vor allem im Hinblick auf seine Schenkungen in jeder Hinsicht das letzte Wort vor. Er tauschte Reliquiare bei Bedarf gegen bessere Arbeiten aus, wie der eben erwähnte, 1374 erfolgte Ersatz der Silberbüste des hl. Sigismund durch eine Goldbüste zeigt. 1356 entnahm er der von einer Statuette des hl. Thomas gehaltenen Monstranz einen Teil der Reliquien und schenkte diese den Augustinern von St. Thomas auf der Kleinseite.[62] Ähnlich beschenkte er den Metzer Bischof Dietrich Bayer von Boppard mit einem Stück der Schädelreliquie des hl. Stephanus, für die er als Reliquiar die Büste des hl. Diakons Vinzenz nutzte, die er Mitte der 1350er Jahre dem Domschatz gestiftet hatte. Den Rest der Reliquie legte er in einen kleinen, mit Adlern geschmückten Schrein.[63]

Der bedeutendste Eingriff Karls in den Bestand des Domschatzes war die in seinen letzten Lebensjahren erfolgte grundlegende Umarbeitung der Wenzelskrone, die aus einem Vergleich ihrer Beschreibungen in den Inventaren bis 1374 mit der Beschreibung von 1387 deutlich wird.[64] Erst nach dem Austausch eines Großteils der Edelsteine und ihrer Neuanordnung erhielt dieses Insigne sein heutiges harmonisches und würdevolles Aussehen.

Grab und Reliquienschrein des hl. Wenzel

Neben dem Aufbau des Domschatzes von St. Veit widmete sich Karl über eine lange Zeit der Gestaltung des Wenzelgrabes, das von Anfang an für alle aufeinanderfolgenden Umbaumaßnahmen in der Veitskirche einen festen Bezugspunkt bildete. Der Leichnam des ermordeten Herzogs wurde nach einiger Zeit von Altbunzlau (Stará Boleslav) nach Prag überführt und in der von Wenzel selbst erbauten Rotunde beigesetzt: in einem Anbau auf hufeisenförmigem Grundriss, der sich nach Norden in den Rotundenraum öffnete und in der ersten Hälfte des 11. Jahrhunderts durch eine geräumigere Apsis ersetzt wurde.[65] Mit der romanischen Apsis aus der zweiten Hälfte des 11. Jahrhunderts geriet das Grab dann in den östlichen Abschluss des Seitenschiffs, nahe der südlichen Außenwand, die ihm sogar in einem sanften Bogen ausweichen musste.[66] Der Zutritt zum Grab von Norden blieb gewahrt, wobei der Raum der romanischen Kapelle bei einer Länge von ca. zwei Gewölbefeldern auch einen teilweisen Blick auf dessen Westseite erlaubte. In dieser Raumsituation schritt Karl 1348 zur Öffnung des Grabes und Erhebung aller verbliebenen Gebeine. Dies geschah nach seiner Prager Krönung (2. September 1347) im Kontext einer Reihe bedeutender Gründertaten (Gründung der Klöster Maria Schnee und Emaus, der Neustadt, der Universität u. a.). Die eigentliche Elevatio erfolgte anscheinend am 27. Juni, für den anschließend der Prager Festtag der *Recollectio ossium Sti Wenceslai* eingeführt wurde. Die 1911 durch Karel Hilbert vorgenommene bauhistorische Untersuchung der Wenzelskapelle zeigte, dass Karl nach der Entnahme der restlichen Gebeine die leere Grabvertiefung zumauern sowie die dort ausgegrabene Erde in eine mächtige Bleitruhe füllen und an ihren Platz zurückbringen ließ. Das beigelegte Inschriftentäfelchen erläutert, dass die Erde des hl. Wenzel (geweiht durch den Kontakt mit dem Leichnam des Heiligen) von Erzbischof Ernst im Jahr 1348 auf Anordnung und in Anwesenheit des Königs Wenzel (so der Taufname), sonst Karl, gesammelt worden sei. In dieser Erde wurde eine Grabmulde angelegt, die eine kleinere Bleitruhe mit einigen Knochensplittern und der „Asche" des hl. Wenzel verbarg; dies besagt das silberne Inschriftentäfelchen von ungefähr gleichem Inhalt, das ursprünglich an dem zerfallenen inneren Kästchen befestigt war. Nachdem man den unteren Teil des Mausoleums mit Steinplatten verschlossen hatte, wurde innerhalb der noch romanischen Kapelle ein provisorischer Sockel für die wohl einfache, im zweiten Inventar von 1355 nachgewiesene Tumba erbaut.[67] Damals arbeiteten aber bereits Goldschmiede an einem prachtvollen goldenen Reliquienschrein, wovon Karls in den ersten beiden Inventaren vermerkte Geschenke „für die Verzierung des Grabes des hl. Wenzel" zeugen.[68]

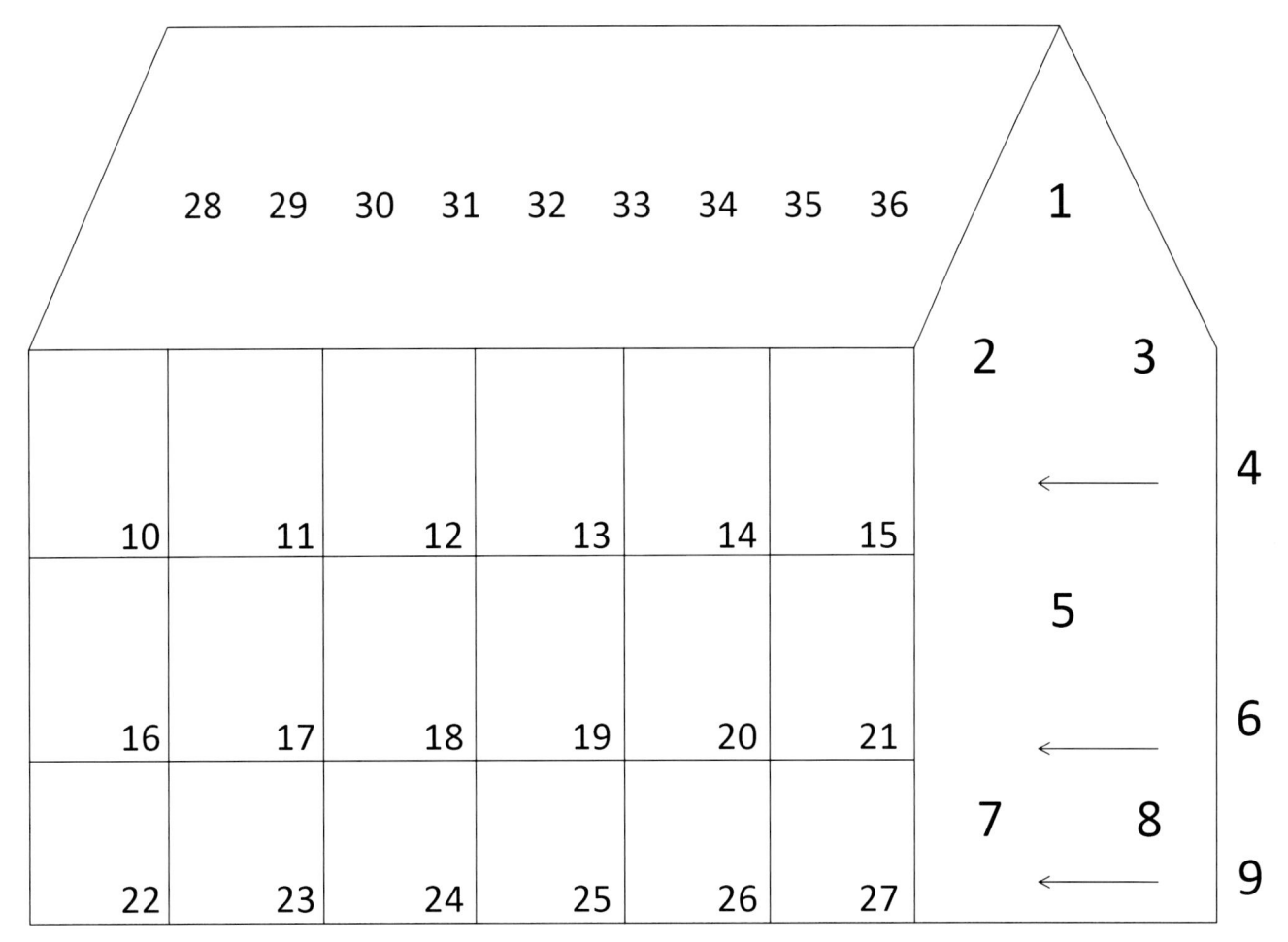

Abb. 139 Reliquienschrein des hl. Wenzel, ikonografisches Schema. Hauptseite zum Altar: 1. Christi segnende Hand. – 2.–3. Zwei Engel tragen Wenzels Krone. – 4. Wenzels Märtyrerkrone mit fünf lilienförmigen Elementen. – 5. Hl. Wenzel mit Fahne und Schild. – 6. Fünf lilienförmige Elemente der unteren Krone. – 7. Kamee mit Kaiserhaupt. – 8. Kamee mit Kaiserin. – 9. Reihe von zehn kleinen Kreuzen. – Nördliche Seite, obere Reihe: 10. Evangelistensymbole Markus, Lukas und Johannes. – 11. Plenar mit einem Teil des angeblich autografen Evangeliums des hl. Markus. – 12. Maria mit dem Jesuskind. – 13. Christus als Pantokrator. – 14. Hl. Petrus. – 15. Hl. Paulus. – Mittlere Reihe: 16. Symbole der hll. fünf Brüder. – 17. Hl. Ludmilla. – 18. Kreuz zwischen zwei Engeln. – 19. Hl. Wenzel. – 20. Hl. Adalbert. – Hl. Veit. – Untere Reihe: 22. Martyrium der fünf hll. Brüder. – 23. Martyrium der hl. Ludmilla. – 24. Leere Reliquienablage. – 25. Martyrium des hl. Wenzel. – 26. Martyrium des hl. Adalbert. – 27. Martyrium des hl. Veit. – Nordseite des oberen Teils des Schreins: 28.–33. Sechs weltliche Herren mit ihren Wappen. – 34. Bischof von Straßburg (Johann von Lichtenberg). – 35. Bischof von Leitomischl (Adalbert von Sternberg oder eher Johann von Neumarkt). – 36. Erzbischof von Prag (Ernst von Pardubitz).

Die Vollendung einer „Tumba aus reinem Gold, die auf eine Weise mit den kostbarsten Edelsteinen und ausgewählten Steinen verziert ist, dass es auf der ganzen Welt nichts Vergleichbares gibt", verkündete Benesch Krabitz von Weitmühl für 1358; daher muss die Tumba noch einige Jahre in der romanischen Kapelle geglänzt haben, bevor das gotische Bauprojekt ihren Abbruch erforderlich machte. Erst in der vergrößerten gotischen Parlerkapelle, deren Südwand deutlich in den Innenhof und deren Westwand zum Querschiff hin verschoben worden war, wurde rund um das Grab des hl. Wenzel ein Raum geschaffen, der die Aufstellung eines prächtigen, mit einer enormen Menge von Edelsteinen, Perlen, Kameen und Golddekor geschmückten Reliquienschreins ermöglichte. Zwischen der Fertigstellung des Rohbaus der Kapelle (Ende September 1366) und ihrer Weihe (30. November 1367) wurde für den Schrein auf dem im Vergleich zur romanischen Kapelle erhöhten Bodenniveau der gotischen Kirche der endgültige Sockel mit Altar an der Westseite errichtet, der an die Gestalt der ursprünglichen Grablege des hl. Ludwig in Saint-Denis erinnerte.[69]

Während Länge und Breite des hausartig gestalteten Schreins, 180 bzw. 90 cm, anhand des 1911 entdeckten Sockelmauerwerks bestimmt werden konnten, das beim Abbau des barocken, 1671 von Erzbischof Matthäus Sobek von Bilenburg errichteten Altars zutage trat, ist die Ausstattung des Schreins mit vielen Hundert Edelsteinen und Perlen nur dank der genauen Beschreibung im Inventar von 1387 in groben Zügen bekannt.[70] Sein auffälligstes Zeichen dürfte vor allem die Beschränkung des Figurenschmucks auf die westliche Stirn- und die nördliche Seitenwand gewesen sein, was sich mehr oder weniger auf die geschilderte bauliche Entwicklung der Umgebung des Wenzelgrabes zurückführen lässt: Die Erweiterung der Kapelle Richtung Süden schuf genügend Platz, um am neuen Altar an der westlichen Stirnwand des Schreins mit der Figur des hl. Wenzel die Messe zu zelebrieren. Die nördliche Seitenwand des Grabes, die beim Eintritt in die Kapelle aus dem Chor der Kirche den Blicken ausgesetzt war, bot die Möglichkeit, sich den verborgenen Gebeinen des hl. Wenzel mit dem Ziel einer kontemplativen, mit einem Blick auf die Bilderwand und ihr reiches ikonografisches Programm verbundenen Betrachtung zu nähern.

Die westliche Stirnseite des Schreins bildete zugleich ein Retabel für den Grabaltar und zeigte die Figur des die Lanze mit dem Wenzelsadler haltenden Herzogs und dem Schild mit dem böhmischen Löwen, geschaffen aus kleinen Perlen. Wenzels mit 31 Edelsteinen besetzten Panzer zierte in der Mitte ein Monile (ein größeres oder kleineres Schmuckstück nach Art einer Brosche mit kunstvoll angeordneten Edelsteinen und Perlen). Ebenso ausgeführt waren auch die beiden Spangen, die Wenzels Mantel hielten. Den Hintergrund des leicht nach links gewendeten Kopfes bildete ein Heiligenschein, besetzt mit fünf großen Saphiren, die wiederum mit fünf wohl radial angeordneten kleinen, je drei Perlen tragenden Lilien durchschossen waren. Über dem Haupt des Heiligen schwebte die „Krone des hl. Wenzel", bestehend aus einer Abwandlung der königlichen Bügelkrone mit drei größeren und zwei kleineren Lilien mit jeweils einem roten Stein in der Mitte und vier blauen Saphiren an den Seiten. Die Krone wurde offenbar von zwei schwebenden Engeln mit ausgebreiteten Flügeln gehalten;

Goldschmiedekunst in der Herrschaftspraxis **155**

die Konturen der sie umgebenden Wolken zierten Edelsteine und Perlen. Oben endete die Komposition mit dem in eine Dalmatika gekleideten Arm Christi im Segensgestus; die Ärmel des Gewands zierten zwei Querstreifen, der eine aus Edelsteinen, der andere aus Perlen zusammengesetzt. Christi Mittelfinger schmückte ein Ring mit einem „sehr großen" Diamanten. Oberhalb von Christi Arm war ein weiterer Ring mit einem großen Saphir befestigt und noch höher, an der Spitze des Giebels, ein großer Smaragd, den als *„Höhepunkt des Sepulcrums"* ein kostbares Monile mit einem eingeschnittenen, von sieben Steinen umgebenen menschlichen Haupt überragte. Die Kanten des dreieckigen Giebels bildeten Gesimse, innen und außen mit Leisten gesäumt, die jeweils eine dichtbesetzte Reihe von 35 Edelsteinen zierte, für deren Rhythmisierung jeweils eine Reihe von sieben mit acht bzw. sieben Edelsteinen durchschossenen Monilia sorgte.

Bemerkenswert war auch der untere Teil der Komposition: Unter der Figur des hl. Wenzel befand sich eine Art Piedestal in Form einer Krone, die wohl aus denselben Elementen bestand wie die oben von den Engeln gehaltene Krone – drei größere und zwei kleinere Lilien, deren Steine die gleiche Farbkomposition aufwiesen. Etwas weiter unten waren links und rechts zwei größere Kameen mit den Häuptern Karls IV. und der Anna von Schweidnitz im Dreiviertelprofil eingesetzt, deren goldene Kaiserkronen abwechselnd von größeren und kleineren Lilien mit Saphiren in der Mitte und roten Steinen an den Seiten geziert wurden. Karls Krone war an der Seite mit einem über das Ohr hängenden, mit Steinen und Perlen verzierten *auricularium* versehen. Den unteren Rand des Schreins bildete eine Reihe von zehn Kreuzen, die jeweils mit fünf Edelsteinen und drei Perlen geschmückt waren. Den Hintergrund der Wenzelsfigur belebten Dutzende regelmäßig aufgesetzter Monilia verschiedener Größe und vereinzelte Edelsteine.

Im Unterschied zur Westfront mit der Heiligenfigur, wie sie bei Reliquienschreinen gängig ist, darf die figürliche Gestaltung der Nordseite als sehr originelle Lösung gelten: Da die Süd- und die Ostseite der Tumba wegen der Nähe zu den Wänden oder aus anderen Gründen ohne Figurenzierde blieben, musste die nördliche, dem Eingang vom Chor her zugewandte Seite in gekürzter Form den an die lokalen Verhältnisse angepassten ikonografischen Inhalt der großen Reliquienschreine darbieten. Dies geschah mit Hilfe von achtzehn Relieftafeln, die in Sechsergruppen in drei Registern übereinander angebracht waren. Die oberste, hierarchisch höchste Reihe enthielt in der Mitte zwei Tafeln mit der Maiestas Domini in der Mandorla (I/4 von links gezählt) und der Figur bzw. Halbfigur Mariens mit dem Jesuskind (I/3); die beiden Tafeln rechts, an der dem Altar zugewandten Seite, zeigten die Heiligen Petrus und Paulus, die stellvertretend für die Apostel standen (I/5 und I/6), während auf der Tafel ganz links nebeneinander Matthäus, Lukas und Johannes abgebildet waren (I/1) und daneben (I/2) das bereits besprochene, aus Aquileia mitgebrachte Plenarium mit dem Fragment des Markusevangeliums seinen Platz fand. Das zweite Register war den in der Kathedrale verehrten Heiligen gewidmet, die man in zwei Gruppen links und rechts vom Relief eines goldenen Kreuzes zwischen zwei stehenden Engeln (II/3) unterhalb der Marientafel eingeteilt hatte. Links vom Kreuz mit den Engeln befand sich zunächst die Tafel mit der hl. Ludmilla (II/2), auf die am östlichen Reihenende die Tafel mit den Figuren der Fünf hll. Brüder folgte (II/1). Die Gruppe rechts vom Kreuz bestand aus den Reliefs mit dem Titularheiligen Wenzel (II/4) unterhalb der Maiestas-Tafel, dem hl. Adalbert (II/5) sowie dem hl. Veit (II/6) direkt neben dem Altar im Westen. Die untere Reihe setzte sich wohl aus annähernd quadratischen szenischen Reliefs mit Darstellungen der Martyrien der Heiligen aus der zweiten Reihe zusammen (III/1 und 2; III/4, 5 und 6). Nur unterhalb des Kreuzes mit den zwei Engeln war eine leere Reliquientafel angebracht (III/3), in der sich ursprünglich ein Holzstück von der Krippe des Jesuskindes befunden hatte.

Auch diese Seite des Schreins war reich mit Edelsteinen und Perlen verziert: Die Nimben der Heiligen waren mit fünf bis elf Edelsteinen und einer entsprechenden Anzahl von Perlen unterschiedlicher Größe besetzt. Im Heiligenschein des hl. Wenzel (II/4) befanden sich nur drei Edelsteine neben vier Perlen in „Maximalgröße". Rund um die aus 19 Edelsteinen und 17 Perlen bestehende Mandorla Christi hatte man 53 weitere Edelsteine eingesetzt. Zu beiden Seiten der stehenden Figuren waren jeweils mehrere Edelsteine angebracht; unter den Figuren der Heiligen Petrus und Paulus (I/5 und I/6) sind außerdem je zwölf Steine und 18 bzw. 21 Perlen vermerkt. Mit mehreren Edelsteinen, Perlen oder kleineren Monilia waren auch die Märtyrerszenen in der unteren Reihe verziert.

Die Seitenwand endete oben in einem Gesims mit einem herzförmigen Anhänger an jedem Ende, den sieben große und sechs kleine Monilia schmückten. Der Wanddekor setzte sich im unteren Teil des Satteldachs in einem mit 45 Steinen – zumeist Kameen – verzierten Band fort, wobei zwischen den Steinen ein kleines Goldkreuz befestigt war. Darüber befanden sich die Reliefs von drei kirchlichen Würdenträgern und sechs Mitgliedern des Herrenadels mit ihren Wappen. Der Autor der Beschreibung identifiziert nur die Bischöfe als Ernst von Pardubitz, Albert von Sternberg und den „Straßburger Bischof" (Johann von Lichtenberg). In einem späteren Vermerk ist jedoch vom Erzbischof von Trier die Rede.

Die hier verwendete Beschreibung der Tumba des hl. Wenzel, die bereits zu Karls Lebzeiten verfasst und 1379 in das verschollene Inventar des Johann Očko von Vlašim aufgenommen worden sein könnte, gehört zu den seltenen Versuchen einer so exakt wie möglich durchgeführten verbalen Erfassung außergewöhnlicher Goldschmiedearbeiten, wie etwa des Schädelreliquiars des hl. Ludwig und des großen drehbaren Reliquienschreins in der Sainte-Chapelle oder einer der Kronen des französischen Königs Karl V., die Kaiser Karl IV., dessen Onkel, während seines letzten Besuchs in Paris so sehr bewundert hatte.[71]

Der Rückblick auf Karls mehrfache Umgestaltungen des Wenzelgrabes zeigt, dass dieses Werk der Goldschmiedekunst als programmatischer und künstlerischer Höhepunkt von Karls Bemühungen um die Errichtung eines einzigartigen Mausoleums des von ihm besonders verehrten Landespatrons gelten darf. Von diesem Zentralort in der neuen Wenzelskapelle entwickelte sich 1372 die weitere Ausgestaltung der Wände mit Malereien, um die herum polierte Jaspis-, Amethyst- und Chrysoprassteine in vergoldetem Stuck und Prägedekor angebracht wurden, was der gesamten unteren Kapellenzone den Charakter einer Goldschmiedearbeit verlieh. Unzweifelhaft gehörte der beschriebene Reliquienschrein zu den außergewöhnlichsten Kunstwerken der Luxemburgerzeit.

Der Königsschatz auf Burg Karlstein

Weniger zahlreich, aber ebenso bedeutsam sind Karls Aufträge aus dem Bereich der Goldschmiedekunst, die mit der 1348 in zeitlicher Nähe zur Öffnung des Wenzelgrabes in der Kathedrale gegründeten Burg Karlstein in Verbindung stehen. Die Nähe zur Residenzstadt machte Karlstein zu einer geeigneten Nebenresidenz und

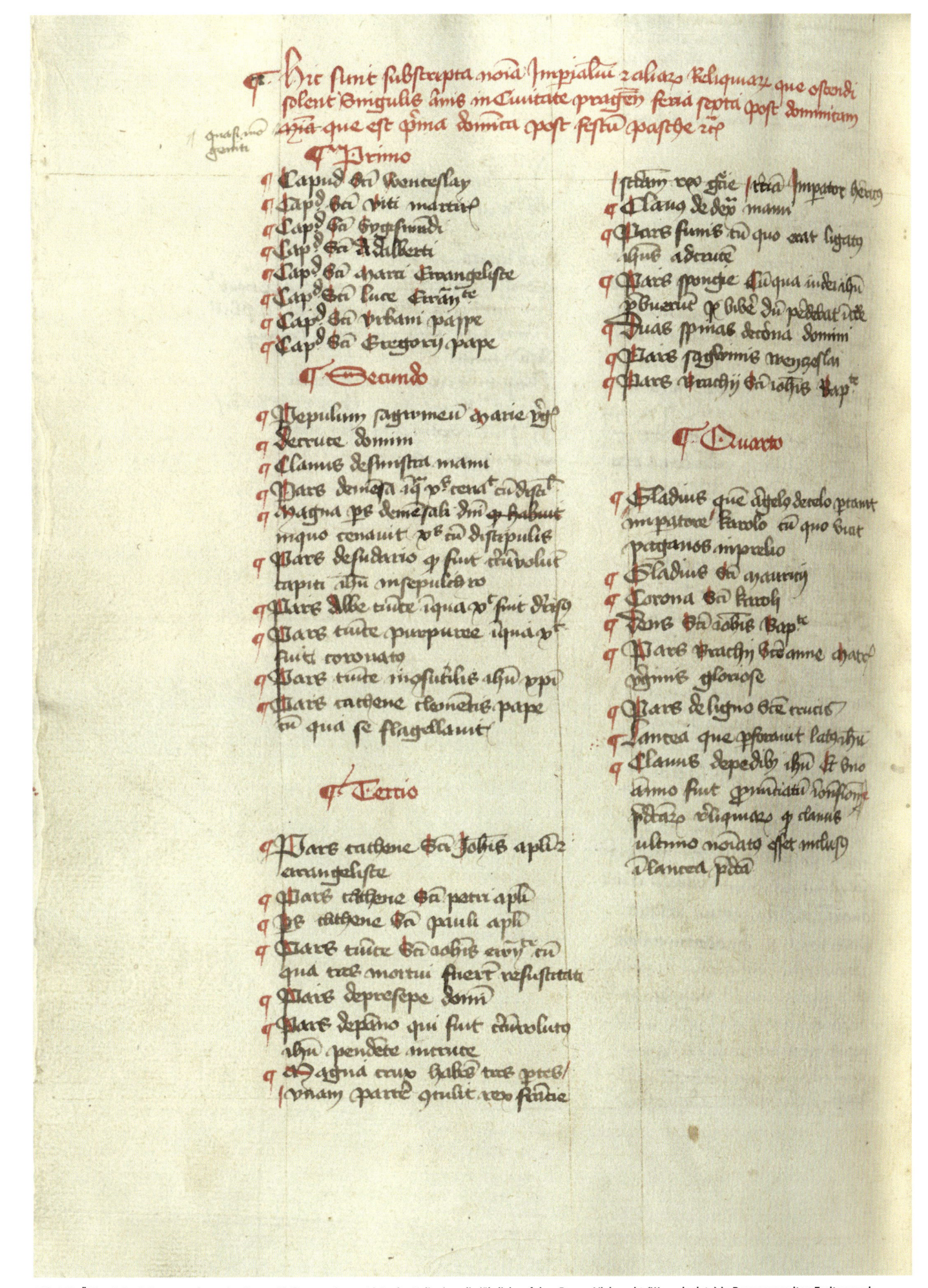

Hic sunt subscripta nomina Imperialum z aliarum Reliquiarum que ostendi solent singulis annis in Civitate pragensi feria sexta post dominicam que est prima dominica post festum pasche etc.

Primo

- Capud sancti Wenceslay
- Capud sancti Viti martiris
- Capud sancti Sigismundi
- Capud sancti Adalberti
- Capud sancti Mathei Evangeliste
- Capud sancti Luce Evangeliste
- Capud sancti Urbani pape
- Capud sancti Gregorii pape

Secundo

- Peplum sanctissime Marie virginis
- Serviete domini
- Clavus de cristi manu
- Pars de mensa in qua cenam fecit cum discipulis
- Magna pars de mensali domini quod habuit in quo cenauit cum suis discipulis
- Pars de sudario quo fuit involutum capiti ihu in sepulcro
- Pars Albe tunice in qua xpc fuit ductus
- Pars tunice purpuree in qua xpc fuit coronato
- Pars tunice inconsutilis ihu xpi
- Pars cathene clementis pape in qua se flagellauit

Tertio

- Pars cathene sancti Johannis apli evangeliste
- Pars cathene sancti petri apli
- Pars cathene sancti pauli apli
- Pars tunice sancti Jacobi apli in qua tres mortui fuerit resuscitata
- Pars de presepe domini
- Pars de lino qui fuit involutus ihus pendens in cruce
- Magna crux habet tres presumptam partem crucis vere sancte

- Item vestes sancti fredici Imperator
- Clavus de dextra manu
- Pars funis cum quo erat ligatus ihus ad crucem
- Pars spongie de qua induxerunt biberunt qm bibit dum pendebat in cruce
- Duas spinas de corona domini
- Pars sudarii Wenceslay
- Pars brachii sancti Viti bapte

Quarto

- Gladius qui Angelus devolo presentavit Imperatore Karolo cum quo erat paganos in prelio
- Gladius sancti Mauricii
- Corona sancti Karoli
- Pars sancti Jacobi bapte
- Pars brachii sancte Anne matris xpi gloriose
- Pars de ligno sancte crucis
- Lancea que perforavit latus ihu
- Clavus de pedibus ihu et uno anno fuit gradalis longissime predictas reliquias et Clavus ultimo nominatus esset inclusus in lancea predicta

Abb. 140 Öffentliche Bekanntmachung der Prager Heiltumsweisung: Liste der Reliquien, die jährlich auf dem Prager Viehmarkt (Wenzelsplatz) in Prag am zweiten Freitag nach Ostern gewiesen wurden. Solche Verzeichnisse wurden wahrscheinlich in großer Zahl hergestellt und auch in den Nachbarländern verbreitet. Dieses Beispiel steht unter der Überschrift: „Zde jsou vyjmenovány ‚imperiálie' (součásti říšského pokladu) a jiné relikvie, které jsou každý rok ukazované v Pražském městě v pátek po neděli Quasimodo geniti, což je první neděle po velikonočních svátcích (Hier sind verzeichnet die „Imperialien" [Bestandteile des Reichsschatzes] und andere Reliquien, die in jedem Jahr in der Prager Stadt am Freitag nach dem Sonntag Quasimodogeniti gezeigt werden, welcher der erste Sonntag nach den Osterfeiertagen ist)." • Prag, nach 1369 • Tinte auf Papier • München, Bayerische Staatsbibliothek, Clm 6686, fol. 324v

einem sicheren Ort für die Aufbewahrung der königlichen Schätze. Besonders nach seiner Kaiserkrönung verknüpfte Karl die Burg mit wichtigen staatssymbolischen Funktionen: Sein fast zweiwöchiger Aufenthalt auf der großen Baustelle im November 1355, knapp drei Monate nach der Rückkehr von der Krönungsfahrt nach Rom, hatte offensichtlich durch die bauhistorische Forschung nachgewiesene Veränderungen zur Folge, die zur Einrichtung zweier neuer Sakralräume im mittleren und großen Wohnturm führten.[72]

Ungefähr anderthalb Jahre später wurden auf der Burg feierlich die neuen Kapellen der Passion Christi und der Jungfrau Maria geweiht. Einen Tag später, am 27. März 1357, stellte der Kaiser die Gründungsurkunde des Karlsteiner Kapitels aus, das er mit Gottesdiensten, namentlich in der Marienkapelle, der Palastkapelle St. Nikolaus und in der Filialkirche der Unterburgsiedlung betraute. Die Messzelebration in der wohl noch lange nicht in Betrieb genommenen Kapelle der Passion Christi blieb Erzbischöfen und Bischöfen vorbehalten.[73] In dieser Zeit wandte sich Karl auch mit der Bitte an Papst Innozenz VI., Ablässe für die Gläubigen zu gewähren, die einmal im Jahr in frommer Absicht die Karlsteiner „königliche Kapelle" besuchten, in der vier bedeutende Reliquien der Passion Christi verwahrt wurden: ein großer Holzsplitter vom Kreuz Christi, ein Stück eines Nagels, ein Stück des Schwamms, mit dem Christus am Kreuz getränkt worden war, und zwei Dornen aus der Dornenkrone.[74] Für diese und einige andere Reliquien ließ Karl noch im selben Jahr ein robustes Kreuzreliquiar aus Gold anfertigen, das mit den „teuersten Perlen" geschmückt war. Für die Teilnehmer der jährlichen Weisungen dieses „kostbarsten Kleinods der Könige und des Königreichs Böhmen" erbat Karl in einer weiteren, am 21. Dezember 1357 beantworteten Supplik fünf Jahre Ablass und fünf Quadragenen.[75] Um dieses Kreuz entstand allmählich der neue Reliquienschatz der böhmischen Könige als Gegenstück zum Reichsschatz mit seinem abweichenden staatsrechtlichen Status. Dies deutet bereits die Ablassurkunde vom 4. April 1359 an, mit der Innozenz den zuvor verliehenen Ablass auf sieben Jahre und sieben Quadragenen erhöhte, womit die unterschiedliche Reichweite der mit den Heiltumsweisungen des Reichsschatzes und des neuen karolinischen Schatzes verbundenen Ablässe ausgeglichen wurde.[76]

Im Hinblick auf die repräsentative Funktion des königlichen Schatzes spielte auch die prestigeträchtige Herkunft der Reliquien eine große Rolle. Deshalb erneuerte Karl wohl während des Aufbaus des Karlsteiner Königsschatzes seine früheren Kontakte zum byzantinischen Kaiser Johannes V. Palaiologos (1341–91) und wandte sich – vermutlich diskret und diplomatisch – mit einem Hilfsersuchen an ihn. Jedenfalls empfing Karls Gesandtschaft am 28. Dezember 1359 in der genuesischen Handelskolonie Pera am Bosporus vierzehn Reliquien, mit denen sie wohl im Mai Prag erreichte.[77] Von diesen Reliquien nahm Karl einen Holzsplitter vom Kreuz Christi in einem mit Gold, Edelsteinen und Perlen verzierten Reliquiar und ein gut erhaltenes Schwammstück, das anscheinend die bescheidenere Reliquie aus Mantua ersetzte, in den Königsschatz auf. Die spätere Geschichte dieses Schatzes beleuchten drei in Prag und in München überlieferte „Programme" der jährlichen Prager Heiltumsweisungen am Festtag *Ostentionis reliquiarum*, die 1369 oder später entstanden sind.[78] Dieses auf dem Viehmarkt (dem heutigen Karlsplatz/Karlovo náměstí) begangene Fest entwickelte sich aus den jährlichen Weisungen der Reichskleinodien, die bereits kurz nach deren Translation nach Prag von Papst Clemens VI. erlaubt worden waren.[79] Nach vier Jahren wurden die Weisungen mit dem neu eingeführten „*Festtag der Lanze und der Nägel*" verbunden, der am zweiten Freitag nach Ostern begangen wurde. Möglicherweise hatte man die Prager Heiltumsweisungen bereits seit Ende der 1350er Jahre um Reliquien aus dem vergrößerten Domschatz von St. Veit und schließlich auch um den Schatz der böhmischen Könige erweitert. Die genannten drei Verzeichnisse entsprechen der Endphase dieser Entwicklung, als die Heiltumsweisungen die feste Form von vier *Ostentiones* angenommen hatten: In der ersten Weisung wurden die Büsten der Landespatrone, der Evangelisten Lukas und Markus und der Päpste Urban und Gregor gezeigt; die zweite *Ostensio* präsentierte Andenken an das irdische Leben Mariens und Christi, die ebenfalls aus dem Domschatz stammten; die dritte Weisung war dem böhmischen Königsschatz gewidmet und mit der vierten Schau gipfelte die Zeremonie in der Weisung eines Teils des Reichsschatzes mit der Lanze des Longinus.

Das Verzeichnis der in der dritten *Ostensio* gezeigten Reliquien belegt, dass Karl in der Zwischenzeit den königlichen Schatz um weitere Reliquien erweitert hatte: ein Kettenglied von den Fesseln des hl. Petrus, ein Enkolpion mit einem Holzsplitter vom Kreuz aus dem Nachlass Heinrichs VII., das Karl 1354 aus Trier mitgebracht hatte, ein Kettenglied von den Fesseln des hl. Paulus aus San Paolo fuori le mura, sowie vier von den zehn Reliquien, die er im Dezember 1368 in Rom als Geschenk von Papst Urban V. erhalten hatte – aus der Lateranbasilika ein Stück vom Lendenschurz Christi, ein Stück von der Tunika des hl. Johannes und ein Stück der Fesseln, mit denen der Evangelist auf der Reise nach Patmos gebunden worden war, sowie aus der Basilika Santa Maria Maggiore ein Splitter vom Holz der dort aufbewahrten Krippe Christi.[80] Außerdem enthalten die Verzeichnisse wichtige Informationen, die diesmal bereits das neue, bis heute erhaltene Reliquienkreuz (Nr. 14) betreffen, mit dem Karl das typologisch abweichende ursprüngliche Kleinod ersetzte, das – wie die Wandmalereien in der Marien- und der Katharinenkapelle sowie die Ausmalung des oberen Podests im Treppenhaus des großen Turms zeigen – die Reliquien in seinem massiven Corpus mit den in Vierpässen endenden Armen verborgen hatte, ähnlich wie das romanische Reichskreuz Konrads II. Grund für diesen Austausch, der sich auf die zweite Hälfte der 1360er Jahre datieren lässt, dürfte zweifellos die Vermehrung der Reliquien besonders vom Kreuz Christi gewesen sein.

Alle existierenden Verzeichnisse der gezeigten Reliquien führen mehr oder weniger übereinstimmend an, dass das neue Kreuz neben anderen Reliquien drei Stücke vom Kreuz Christi enthalten habe, die von dem französischen und dem griechischen König geschenkt worden seien, während „*das dritte dem Kaiser (beziehungsweise dem heiligen) Heinrich*" gehört habe. Damit ist sicher Karls Großvater Heinrich VII. gemeint, dessen Enkolpion mit einer byzantinischen Kamee und einem Splitter vom hl. Kreuz Karl aus dem Nachlass des Erzbischofs Balduin von Trier erhalten hatte. Die übrigen zwei Holzstücke stammten von Spendern, die auf den Reliquienszenen in der Marienkapelle dargestellt sind: dem französischen König Karl V. und dem byzantinischen Kaiser Johannes V. Palaiologos.[81]

Die erwähnten Glieder von den Fesseln der Heiligen Petrus, Paulus und Johannes schloss Karl in den 1370er Jahren in ein gemeinsames Goldreliquiar in der Form eines kleinen einfachen Schmuckkästchens mit den gravierten sitzenden Figuren der gefesselten Apostel und einem Doppelporträt seiner eigenen Person zusammen mit Papst Urban beim Empfang der Reliquien ein (Nr. 15). Für das längliche Stück der Tunika des hl. Johannes ließ er eine flache Kassette in entsprechender Form anfertigen, die mit acht gravierten Szenen aus dem Leben des hl. Evangelisten Johannes geschmückt war (Nr. 16). Offenbar um 1376 entstand ein

Abb. 141 Reliquienkästchen der Kettenglieder der Hll. Petrus, Paulus und Johannes Ev. Auf der Oberseite sind die Gefesselten dargestellt, auf der Längsseite Papst Urban V., der die Reliquien des hl. Johannes Ev. dem Kaiser Karl IV. überreicht. • **Prag, kurz nach 1368** • Gold, graviertes Dekor, gefüllt mit einer dunklen Masse, H. 12,5 cm, B. 5,1 cm, T. 2,8 cm • Wien, Kunsthistorisches Museum, Schatzkammer, Inv.-Nr. XIII 29

flaches „Bildreliquienkreuz" von einfacher Form für das Stück vom Lendenschurz Christi, das vollständig mit Gravuren bedeckt war; diese zeigten die Kreuzigung Christi mit den knienden Figuren Papst Urbans V., seines Nachfolgers Gregor XI. sowie Karls IV. mit seinem Sohn und Nachfolger Wenzel IV. im Adorationsgestus und bildeten im unteren Teil den Empfang der Reliquie ab (Nr. 17, hier Kat.-Nr. 13.16).[82] Die Partikel der Krippe Christi ließ Karl in einem goldenen, mit 13 Edelsteinen besetzten Kästchen aufbewahren.

Der Ruhm der Prager Heiltumsweisungen auf dem Viehmarkt verbreitete sich während der 1360er Jahre schnell und erreichte laut Benesch von Weitmühl im Jahr 1369 ungeahnte Ausmaße.[83] Ein bescheidenes archivalisches Zeugnis zu ihrer Popularität in den Nachbarländern sind seltene Funde der von Hand abgeschriebenen Verzeichnisse der gezeigten Prager Reliquien, von denen sich zwei im Besitz der Bayerischen Staatsbibliothek befinden. Die erste Handschrift enthält das vollständige Programm unter dem Titel: „*Im Folgenden sind die Namen der Reichs- und anderen Reliquien aufgeschrieben, die jedes Jahr in der Stadt Prag am Freitag nach dem Sonntag Quasimodo geniti gezeigt werden, welcher der erste Sonntag nach den Osterfeiertagen ist.*" Das zweite Verzeichnis, das jeweils auf die ersten Reliquien jeder der vier „Durchgänge" reduziert ist, ist eine einfache „*nota dazu, dass in Prag zur Zeit der Weisungen diese Reliquien gezeigt werden*".[84] Die Information steht auf dem hinteren Vorsatzblatt einer Handschrift.

Die Hauptquelle für die Informationen, auf denen diese Schilderung basiert, ist das reiche Archiv des Prager Metropolitankapitels, das in seltener Vollständigkeit das tragische Nachspiel der Luxemburger-Zeit und alle folgenden Jahrhunderte überstanden hat. Als Kapitelarchiv enthält es jedoch nur Materialien zu den Goldschmiedearbeiten sakraler Natur, sodass uns weiterhin Angaben und Belege zur profanen Goldschmiede- und Juwelierkunst, zum Tischsilber, zu den Hof- und sonstigen Goldschmieden, Kaufleuten, Preisen usw. fehlen; sie wurden wohl zusammen mit den Büchern der Hofkanzlei beim Brand der Prager Burg im Jahr 1541 zerstört. Nicht vorhanden sind auch archivalische Nachweise z. B. zu Karls persönlicher Reliquiensammlung, von der er Teile in Vertiefungen der Wände der Karlsteiner Kapellen oder in den Rahmen der Tafelbilder des Meisters Theoderich mit den himmlischen Heerscharen unterbringen ließ bzw. die er auf verschiedene Orte verteilte.[85] Die Dokumente des Kapitelarchivs sind umso kostbarer, weil sie Informationen über Entstehung, Funktion, Sinn, Inhalt und historische Bedeutung einer großen Gruppe der von Karl in Auftrag gegebenen Kunstwerke liefern. Deren erstaunliche Anzahl dürfte wohl mit Karls ausgeprägtem dynastischen Bewusstsein und seiner Selbstwahrnehmung als Gründer einer hoffnungsvollen Linie des böhmisch-luxemburgischen Geschlechts zusammenhängen, die seinem Wirken in Böhmen starke Gründerzüge verleihen sollte. Hier kam der Kunst eine bedeutende Rolle zu, wie Karls in die

Abb. 142 **Karte der Reliquienerwerbungen Karls IV.**

Zukunft verweisende große Projekte zeigen. Gleiches gilt auch für die unzähligen kleineren Maßnahmen, die überwiegend mit der damaligen intensiven Reliquienverehrung zusammenhängen, die Karl zum einen als Aspekt der exklusiven höfischen Frömmigkeit, zum anderen aber auch – als Herrscher – in den allgemeinen Formen der von ihm umfassend geförderten kirchlichen Praxis vornahm.

Wie gesehen, enthalten Karls Urkunden nicht selten einfallsreiche Bestimmungen zu einer sinnvollen Verbindung zwischen den gestifteten Reliquien und gewissen Zeremonien, mit denen bei der Anfertigung der Reliquiare offenbar bereits gerechnet wurde. Dieser außerordentlich kreative Ansatz im Hinblick auf seine Schenkungen, zu dem noch ein dauerhaftes Interesse an deren Wirksamkeit hinzutrat, zeigt sich beispielsweise deutlich am Austausch des ersten Karlsteiner Kreuzreliquiars gegen ein neues, besser geeignetes Objekt oder am Ersatz der ursprünglichen Sigismundbüste durch eine neue goldene Büste oder an der radikalen Umarbeitung der Wenzelskrone. Die Möglichkeit eines detaillierten Einblicks in die kaiserliche „Arbeit mit der Goldschmiedekunst" weckt die Frage, was aus diesem außerordentlich talentierten, fähigen und vielseitigen Mann geworden wäre, wenn er nicht als erster Sohn des böhmischen Königs Johann von Luxemburg das Licht der Welt erblickt hätte.

FUSSNOTEN
1. OTAVSKÝ 1992, 100–103.
2. Ausst.-Kat. Prag 2006, 90–95, Kat.-Nr. 13 (Karel OTAVSKÝ).
3. FILLITZ 1986. – BAUER 1987, 35f. (Helmut TRNEK), 118f. (Karl SCHÜTZ).
4. Ausst.-Kat. Prag 2006, 152f., Kat.-Nr. 41 (K. OTAVSKÝ).
5. OTAVSKÝ 2010, 198 (Abb. 8), 199 (Abb. 9), 200 (Abb. 10).
6. BAUER 1987, 155f. (H. TRNEK).
7. Z. B. OTAVSKÝ 2010, 206 (Abb. 12), 209 (Abb. 13), 212 (Abb. 15), 215 (Abb. 16).
8. Ausst.-Kat. Eisenach 2007, 325f. (K. OTAVSKÝ).
9. Ausst.-Kat. Prag 2006, 386–388, Kat.-Nr. 124 (K. OTAVSKÝ).
10. Ausst.-Kat. Prag 2006, 165, Abb. Kat.-Nr. 51.1.
11. Ausst.-Kat. Prag 2006, 162–165, Kat.-Nr. 51 (K. OTAVSKÝ). – OTAVSKÝ 2006, 62f., 64f.
12. SCHRAMM/FILLITZ 1978, 66, Kat./Taf. 53.
13. OTAVSKY 2006, 60.
14. OTAVSKÝ 2012, 19.
15. PODLAHA/ŠITTLER 1903/I. – Eine detaillierte Geschichte des Schatzes mit Abdruck eines Großteils der Urkunden und Inventare aus den Jahren 1353/1354, 1355, 1387 und später bei OTAVSKÝ 2010, 184–191.
16. FRB IV, 333f. (Peter von Zittau), 425 (Franz von Prag), 488 (Benesch Krabitz von Weitmühl).
17. PODLAHA/ŠITTLER 1903/I, 436 (Franz von Prag), 492 (Benesch Krabitz von Weitmühl).
18. PODLAHA/ŠITTLER 1903/I, 447f. (Franz von Prag), 515 (Benesch Krabitz von Weitmühl).
19. PODLAHA/ŠITTLER 1903/I, 454.
20. PODLAHA/ŠITTLER 1903/I, Anhang S. III–XI (Inventar von 1353 mit Ergänzungen aus dem Folgejahr), Anhang S. XII–XXXV (Inventar vom 5. Oktober 1355). Aus den drei folgenden Inventaren exzerptierten die Autoren nur die wesentlichen Abweichungen.
21. PODLAHA/ŠITTLER 1903/I, Anhang S. XXX–LVII. – Verweise auf das verlorene Inventar des Johann Očko von Vlašim vom 27. Dezember 1379 finden sich hier auf S. XXXI, Nr. 13 und S. XXXV, Nr. 150.
22. PODLAHA/ŠITTLER 1903/I, Anhang S. III, Nr. 1, 2; S. IV, Nr. 22–24, 20.
23. PODLAHA/ŠITTLER 1903/I, Anhang S. III, Nr. 15, 19; S. IV, Nr. 21.
24. PODLAHA/ŠITTLER 1903/I, Anhang S. III, Nr. 7–12.
25. PODLAHA/ŠITTLER 1903/I, Anhang S. III, Nr. 3/4, 13 und 14. – Das Gruppenreliquiar des hl. Petrus, S. III, Nr. 16, wird so beschrieben: „Navicula sancti Petri cristllina […]"; bzw. „Tres imagines in navicula cristallina argenteae deauratae cum reliquiis sancti Petri" (Inv.-Nr. 1355, S. XIII, Nr. 53), bzw. mit Ergänzung: „ […] et piscibus natantibus" (Inv.-Nr. 1387, S. XXXII, Nr. 57).
26. Vgl. OTAVSKÝ 2006, 67f.
27. MV I, 672f.
28. PODLAHA/ŠITTLER 1903/I, 22–28 (Faksimile auf S. 25). – OTAVSKÝ 2010, 201–207.
29. PODLAHA/ŠITTLER 1903/I, Anhang, S. VIIIf., Nr. 241–278, Nr. 279–289. – OTAVSKÝ 2010, 206/207.
30. PODLAHA/ŠITTLER 1903/I, Anhang, S. IX, Nr. 290–293. – Das kurze Verzeichnis endet mit dem Hinweis auf die geplante Anfertigung von drei weiteren Büsten: „Et adhuc intendimus capita beati Bartholomaei apostoli et beati Sixti et sancti Lazari decorare."
31. PODLAHA/ŠITTLER 1903/I, 31f., Anm. 2. – OTAVSKÝ 2010, 208–210.
32. PODLAHA/ŠITTLER 1903/I, 28 (Faksimile), 32f.
33. PODLAHA/ŠITTLER 1903/I, 34 Anm. 10.
34. PODLAHA/ŠITTLER 1903/I, 35, Anm. 1.
35. PODLAHA/ŠITTLER 1903/I, Anhang S. IX, Nr. 294.
36. PODLAHA/ŠITTLER 1903/I, Anhang S. IX, nach Nr. 294: „Von den Reliquien, die der erzbischöfliche Kaplan Roman[us] mitbrachte, und von anderen Reliquien, mit denen entsprechend dem Mandat der königlichen Majestät verfahren werden soll." Posten 295–316.
37. PODLAHA/ŠITTLER 1903/I, Anhang S. XII, Nr. 34.
38. PODLAHA/ŠITTLER 1903/I, Anhang S. X, Nr. 310.
39. PODLAHA/ŠITTLER 1903/I, Anhang S. IX, Nr. 307. – SCHUBIGER 1876, 260f. – OTAVSKY 2010, 211f., 233, Anm. 226. – SCHMID W. 2011, 192–197.
40. PODLAHA/ŠITTLER 1903/I, Anhang S. IX, Nr. 305; S. XIII, Nr. 59.
41. PODLAHA/ŠITTLER 1903/I, Anhang S. IX, Nr. 297. – OTAVSKÝ 2010, 213. – SCHMID W. 2011, 196f.
42. PODLAHA/ŠITTLER 1903/I, Anhang S. XIII, Nr. 59 (mit Anm.).
43. PODLAHA/ŠITTLER 1903/I, Anhang S. IX, Nr. 301: „Crux de ligno domini […] quam d[omi]n[u]s noster rex inquodam monasterio obtinuit". – PODLAHA/ŠITTLER 1903/I, 36, Anm. 1, Anm. 8. – OTAVSKÝ 2010, 213. – SCHMID W. 2011, 196f.
44. PODLAHA/ŠITTLER 1903/I, Anhang S. IX.
45. Vgl. PODLAHA/ŠITTLER 1903/I, 37–54. – OTAVSKÝ 2010, 214–219.
46. Dazu OTAVSKÝ 2007, 326.
47. PODLAHA/ŠITTLER 1903/I, 38, Anm. 4.
48. PODLAHA/ŠITTLER 1903/I, 41f., Anm. 1.
49. PODLAHA/ŠITTLER 1903/I, 39, Anm. 3.
50. Authentik des Patriarchen Nikolaus: PODLAHA/ŠITTLER 1903/I, 42, Anm. 4 und 43, Anm. 1.
51. PODLAHA/ŠITTLER 1903/I 43f., Anm. 2.
52. PODLAHA/ŠITTLER 1903/I, 44f., Anm. 3.
53. Inventar II von 1355: PODLAHA/ŠITTLER 1903/I, Anhang S. XVII, Nr. 162.
54. PODLAHA/ŠITTLER 1903/I, Anhang S. XII, Nr. 1; S. XVIII, Nr. 213.
55. STUDNIČKOVÁ 2006, 285–294.
56. KAVKA 1993, 18.
57. PODLAHA/ŠITTLER 1903/I, Anhang S. XXVII nach Nr. 23.
58. KAVKA 1993, 39, 51.
59. PODLAHA/ŠITTLER 1903/I, Anhang S. XXII, nach Nr. 31.
60. Hinzugefügt am Ende der zweiten Seite: „unum caput aureum sti Sigismundi donatum per dominum imperatorem."
61. PODLAHA/ŠITTLER 1903/I, Anhang S. XXXI, Nr. 21.
62. Inventar von 1365: PODLAHA/ŠITTLER 1903/I, Anhang S. XXV, Nr. 47.
63. Inventar von 1387: PODLAHA/ŠITTLER 1903/I, Anhang S. XXXI, Nr. 13 („caput sancti Vincentii […] datum est atque deditum episcopo Mettensi sed reliquiae eius repositae sunt in quandam tumbam"). – BRACHMANN 2009, 96.
64. OTAVSKÝ 1992, 38f., 48–57.
65. DUBSKÁ u. a. 2003, 64–67 (Jiří FRONEK).
66. PODLAHA/ŠITTLER 1903/I, 110–117. – PODLAHA 1911. – Ein umfassender Bericht über die Untersuchung des Grabes durch Kamil Hilbert erschien 1911; mit kleinen Verbesserungen wurde er erneut posthum 1934 abgedruckt: HILBERT 1934. – OTAVSKÝ 2010, 191–196. – MAŘÍKOVÁ-KUBKOVÁ 2015.
67. PODLAHA/ŠITTLER 1903/I, Anhang S. XVII, Nr. 163.
68. Inventar 1354: PODLAHA/ŠITTLER 1903/I, Anhang S. IV, Nr. 25 (Krone der verstorbenen Anna von der Pfalz); Nr. 26 (zwei Holztafeln, verziert mit Edelsteinen und getriebenen Goldverzierungen); zu 1355: S. XIII, Nr. 59, mit Anmerkung.
69. ERLANDE-BRANDENBURG 1968, 12.
70. PODLAHA/ŠITTLER 1903/I, Anhang, S. LIII–LVI, Nr. 195.
71. ŠMAHEL 2006, 190f.
72. FAJT 1997/I, 18 (František KAVKA). – FIŠER 1996, 37–58. – CHUDÁREK 2003, 258–268.
73. FIŠER 1996, 265–270.
74. FAJT 1997/I, 39f.
75. FAJT 1997/I, 41.
76. FAJT 1997/I, 41f.
77. OTAVSKY 2003, 135–137. – LINDNER 2009/II.
78. Das Exemplar im Kapitelarchiv (cod. IX, fol. 38), das um Anmerkungen zum Gesang ergänzt ist, diente unmittelbar dem Ausrufer. OTAVSKÝ 2003, 135, 141 (Anm. 26, 28 und 29). – KUBÍNOVÁ 2006, 291. Neben dem „kürzeren Verzeichnis" druckt die Autorin auch das sog. „längere Verzeichnis" ab, das die in der Kathedrale im siebenjährigen Turnus zu den Prager Gnadenjahren gezeigten Reliquien enthält. Siehe hier Anm. 31.
79. MV I, 672f.
80. KUBÍNOVÁ 2006, 238–248.
81. Zuletzt LINDNER 2009/II, 293–295.
82. Ausst.-Kat. Prag 2006, 162–165, Kat.-Nr. 51 (K. OTAVSKÝ). – OTAVSKÝ 2006, 57–67.
83. FRB II, 539.
84. Bayerische Staatsbibliothek München, Clm 6686, fol. 324v; Clm 15956 Innenseite. – NEUWIRTH 1895/96, 117–123.
85. LINDNER 2009/II. – SCHMID W. 2009.

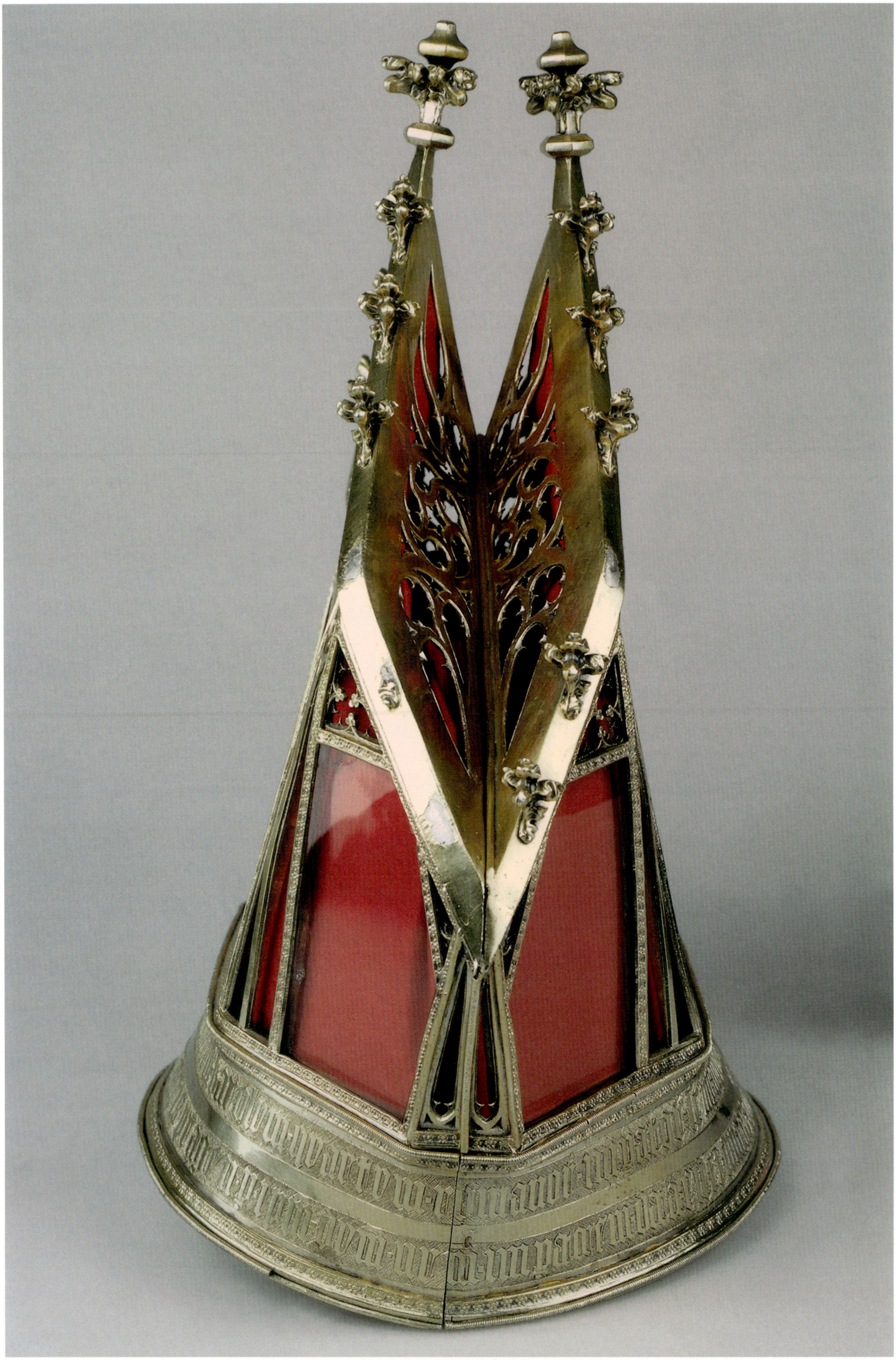

Der Schatz der Prager Goldschmiedezunft

Dana Stehlíková

In der Zeit der Přemysliden unterstanden die Goldschmiede in Prag bis etwa zur ersten Hälfte des 13. Jahrhunderts als Untertanen den Burgen, Klöstern oder Kapiteln. Allmählich emanzipierten sie sich jedoch als freie Bürger. Als König Přemysl Ottokar II. in den 1250er Jahren neben der Münzstätte auf dem Altstädter Ring vier Gießereien und Probieranstalten für Edelmetalle anlegte, setzten die Goldschmiede durch, dass vier von ihnen die dortige Arbeit getrennt von der Münzstätte, unter der Kontrolle städtischer Beamter anleiten durften. 1314 kam noch die Markierung der Edelmetalle hinzu: Sie wurden in Keramikschalen zu Barren mit einem Gewicht von einem Prager Pfund[1] gegossen, wobei ein ganzer Löwenkopf als Form für Gold und ein halber Löwenkopf (wohl im Profil) als Form für Silber diente. Eine pflichtgemäße Markierung von Halbfabrikaten aus Edelmetallen war bis zu diesem Zeitpunkt kaum bekannt; eine Ausnahme bildeten die italienischen Städte, London, Paris (1275) und Erfurt (1279), von wo sich Musterbeispiele markierter Pfunde erhalten haben. Als Punze genutzt wurde das Wappen der Stadt oder des Landes, manchmal auch der erste Buchstabe des Städtenamens. Dieses fortschrittliche Kontrollsystem wurde im Königreich Böhmen während des 14.–16. Jahrhunderts nicht auf die Markierung von Endprodukten erweitert, wie dies in den genannten Regionen, Städten sowie bei den dortigen Meistern der Fall war. Prag blieb bei der Einführung des Markierungssystems hinter den mitteleuropäischen Goldschmiedemetropolen zurück, unter denen Wien[2] und Nürnberg[3] die engsten Analogien zu Prag aufwiesen. Auch aus dem Geltungszeitraum des königlichen Punzenprivilegs ab 1562 sind keine markierten Produkte erhalten. Die ersten Kleinseitner Punzen lassen sich auf die Zeit um 1600 datieren, während eine systematischer Punzengebrauch ab 1666 erfolgte.[4]

1324 gründeten die Prager Goldschmiede in der Altstadt mit Erlaubnis König Johanns von Luxemburg eine Bruderschaft mit landesweiter Zuständigkeit und beschlossen deren Ordnung (Satzung). Die Bestimmungen wurden mit der Zeit in eine Schriftform überführt, die dann 1366 bei der Gründung der Goldschmiedezunft in Wien als Vorbild dienen sollte. Neben der Befähigung der Meister und der Qualitätskontrolle der Produkte schützten die Vorschriften die Zunftmitglieder auch gegen Konkurrenz und garantierten den Familien der Meister geistliche Unterstützung und eine für diese Zeit einzigartige soziale Absicherung. Mitglieder der Zunft konnten neben Goldschmieden aus den damals drei Prager Städten Meister verbundener oder verwandter Handwerke wie Goldschläger, Glasmacher oder Glasmaler, aber auch Nachfahren von Zunftmeistern werden. Die Meister trafen sich nicht nur entsprechend der nach dem Wohnort bestimmten Pfarrzugehörigkeit, sondern außerdem in der kleinen Altstädter Kirche St. Martin Minor, die sie sich mit den Plattnern, Sporern und Krämern teilten und die einigen Quellen zufolge Karl IV. den Goldschmieden geschenkt haben soll.[5] Die Gemeinschaft der hiesigen Metallgießer und Metallschläger lebte in enger Anbindung an die Häuserblöcke zwischen dem Goldschmied-, dem Messerschmied- und dem Plattner-Platz, an der zentralen Handels- und Kommunikationsachse, die von der Prager Burg über die Karlsbrücke auf den Altstädter Ring bzw. weiter durch die heutige Spálená zum Vyšehrad führte.

In dem Zeitraum 1434–48 war die kleine Kirche bereits dem hl. Eligius (Eulogius) von Noyon geweiht, dem Goldschmied und Münzmeister der fränkischen Könige, den sich die meisten europäischen Goldschmiedezünfte bereits früher zum Patron gewählt hatten. Nach Mitte des 15. Jahrhunderts wurde die Kirche umgebaut.[6] Das einschiffige, 22,5 x 9 Meter messende Gebäude verfügte in vorhussitischer Zeit laut Inventar unter anderem über fünf Messbücher, eine Reliquienbüste des hl. Martin aus Holz und drei Monstranzen, darunter eine *„sehr schöne"*[7] Silbermonstranz. Eligius könnte bereits damals ein Altar geweiht gewesen sein, bestückt mit der für 1378 belegten Reliquienschenkung aus der Mitra des Heiligen (vgl. Kat.-Nr. 9.3.a–b). Die kleine Kirche konnte sich jedoch nicht mit dem Reichtum der Altstädter Pfarrkirchen St. Nikolaus, Maria vor dem Teyn oder gar mit der St. Thomas-Kirche der Kleinseitner Augustinereremiten messen, die sich der Gunst der Altstädter Patrizier, der Beamten der Prager Burg und der Goldschmiede erfreuten.[8]

Weder zur Schenkung der Eligius-Reliquie oder -Reliquien in Frankreich noch zu deren Übergabe in Prag sind direkte Nachrichten überliefert. Den *Grandes Chroniques de France* zufolge reiste Kaiser Karl IV. zwischen dem 29. und 31. Dezember 1377 über Cambrai und Saint-Quentin und übernachtete zweimal in der Stadt Noyon, wo er *„die Abtei St. Eligius und den Leib des Heiligen"* besuchte.[9] Die Formulierung unterscheidet zwei Orte:[10] Die Reliquien befanden sich zum einen in der Abtei, zum anderen wurde der Sarkophag mit dem Leichnam des Heiligen nach der Translation in der Kathedrale verehrt, die damals zu den bedeutendsten französischen Wallfahrtsorten unter königlichem Patronat zählte. Eligius waren dort zur Zeit von Karls Besuch mindestens drei Altäre geweiht.[11] Das Inventar der

Abb. 143 **Reliquiar in Form der Mitra des hl. Eligius, Silber vergoldet, Kristall und Glas, Seitenansicht (vgl. Kat.-Nr. 9.3.a)** • Paris/Prag, nach 1378 • Silber vergoldet, Bergkristall und Glas, roter Baumwollrips, Leinenfutter, H. 32,5 cm • Prag, Národní muzeum, Inv.-Nr. H2-60 701

Abb. 144 **Viertel der Goldschmiede auf dem sog. „Kreuzherren-Plan" der Prager Altstadt. Legende: 13. Kirche St. Eligius. – 15. Kirche St. Salvator im Clementinum. – 16. Kirche St. Franziskus und Konvent der Kreuzherren mit dem roten Stern an der Karlsbrücke. – 35. Kreuzherrenspital.** • Prag, um 1645 • Kolorierte Zeichnung

sekundären Reliquien, das Objekte aus Gold, Silber und Textilien sowie Reliquiare umfasste, war sehr umfangreich; es war in den Jahren 1426 bzw. 1626–83[12] verfasst worden, bevor alle Reliquien untergingen. Während der Französischen Revolution wurden die Reliquien mitsamt der Reliquiare ebenso zerstört wie der Sarkophag; die Skulptur des Eligius im Kapitelgebäude büßte ihren Kopf ein. Erhalben blieben nur ein Schrein und eine Truhe von Ende des 13. Jahrhunderts, in die Karl IV. geblickt haben könnte. Der vom Bischof von Noyon begleitete Kaiser durfte sich die Reliquien wohl selbst auswählen, es fehlt jedoch an konkreten Nachrichten. In der Sainte-Chapelle in Paris waren keine Reliquien des Eligius verzeichnet, in die Kathedrale Notre-Dame hatte man bei der Translation 1212 nur einen Arm des hl. Eligius gebracht. Zu den Reliquien in der Zunftkapelle der Pariser Goldschmiede auf der Île Saint-Louis fehlen Nachrichten, aber es ist eher unwahrscheinlich, dass sich der Kaiser zum Besuch dieses gemeinen bürgerlichen Sakralraums herabgelassen hätte. In der Abtei Saint-Denis wurde der hl. Eligius ebenfalls verehrt.[13] In Böhmen sollten sich sein Patrozinium und sein Name nicht sonderlich verbreiten, unter den Trägern überwogen Mitglieder der Goldschmiedezunft. Diese stellten jedoch eine ausgeprägte Verehrung des Heiligen in Gestalt von vier Handschriften mit der legendären Biografie und dem Offizium sicher.

Zum Prager Schicksal der Eligius-Reliquien erdachte sich Beckovský Details, die aber durchaus einen wahren Kern besitzen könnten.[14] Der Kaiser kehrte im Februar 1378 aus Frankreich zurück, ließ sich bezüglich der Eligius-Reliquien jedoch Zeit und hinterlegte sie weder auf Karlstein noch in der Prager Kathedrale. Angeblich ließ er erst am Jahrestag der Translation des Leichnams des Eligus, d. h. am 25. Juni 1378, die Vertreter der Zunft zu sich auf die Prager Burg bestellen.[15] Er schenkte ihnen die Infful des Bischofs „*aus weißem geblümtem Damast*" und forderte sie auf, dieser den gebührenden Respekt zu erweisen. Dann zog eine Festprozession von der Burg, an der Spitze Geistliche, die Mitra des Eligius tragend, und dahinter die Goldschmiede, in die Altstadt zum Haus des Vorstehers der Zunft, damals des Altstädter Ratsherrn Pesoldus, genannt Pešlín, der in den Jahren 1361–1401 amtierte.[16] Er bewohnte den Palast Nr. 147/I an der Ecke der Kleinen Karlsgasse, der Husgasse und der Wacholdergasse (Malá Karlova, Husova und Jalovcová) mit Aussicht auf den „Goldschmied-Platz". Dort verwahrten die Goldschmiede die Mitra und beschlossen, sie mit Gold und Silber zu verzieren. Sie sammelten aus den eigenen Reihen neun Pfund Silber, fertigten ein Reliquiar und schmückten das Textil mit rotem „Taffet". Beckovský beschrieb das Reliquiar einschließlich der Inschrift in Übereinstimmung mit dem heutigen Zustand, allerdings abgesehen von den Textilien, die mit der Zeit ausgetauscht wurden. Die Goldschmiede vermerkten dies auf dem hinteren Deckel ihres ersten Zunftbuchs von Ende des 15. Jahrhunderts nur nachlässig und ungenau.

Beckovský und einige andere Historiker[17] urteilten, dass das Reliquiar sofort nach der Schenkung angefertigt wurde und beim Tod des Kaisers bereits vollendet war. In diesem Fall dürfte der Schöpfer dieser prestigeträchtigen Bestellung der Meister Pešlín oder dessen Bruder Ješek Pehm gewesen sein. Ihr Vater, der Goldschmied Heinrich, war aus Regensburg nach Prag gekommen; letzter des Geschlechts war Pešlíns Sohn Zikmund (Sigismund).[18]

Das Leben der Meister und der Erfolg ihrer Arbeit wurden in erster Linie durch die während des 14. und 15. Jahrhunderts gesammelten Reliquien geschützt. Zu diesen sind keine Authen-

164 Der Schatz der Prager Goldschmiedezunft

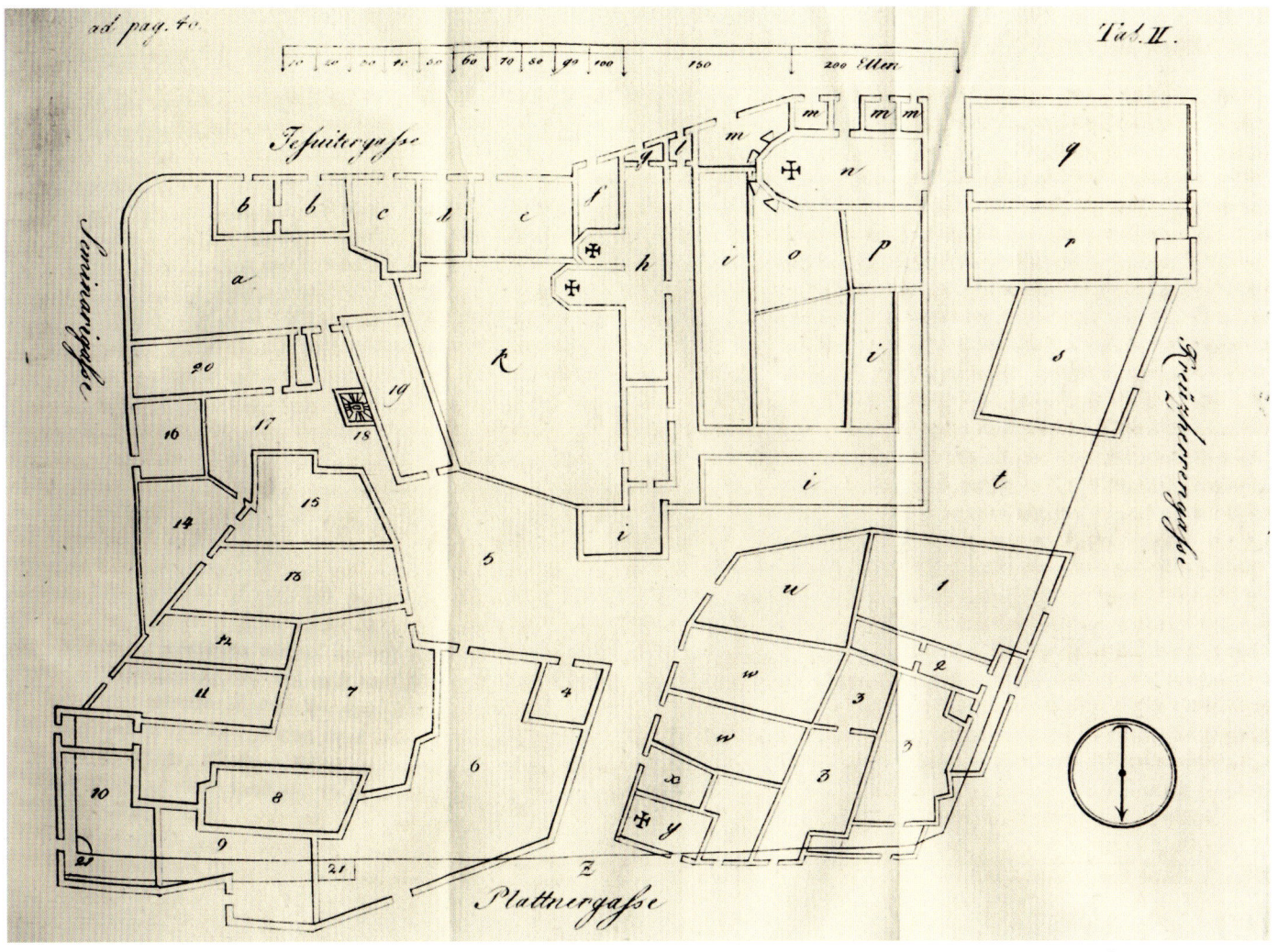

Abb. 145 Kopie eines Plans des Clementinum-Areals vor dem Abriss der alten Bebauung Mitte des 17. Jahrhunderts (Kopie). Legende: y. Kirchlein St. Eligius mit Pfarrei (x). – w. Drei Zunfthäuser der Goldschmiede. – 5. Plattner-Platz. – i.–p. Areal des Dominikanerklosters mit Kirche St. Clemens und zwei Kapellen. – q.–r. Kirche St. Salvator. • Anhang zu Jaroslav Schaller: Beschreibung der königlichen Haupt- und Residenzstadt Prag, III. Prag 1797, Tab. 2 • Radierung

tiken oder zeitgenössischen Verzeichnisse überliefert. Das älteste Inventar von 1680 ist nur in der Abschrift des Priesters und Historikers Jan Beckovský aus dem St.-Franziskus-Kloster der Kreuzherren mit dem roten Stern bekannt, aber es wirkt glaubwürdig. Die Kreuzherren gehörten zu den Geistlichen dieses Viertels und in ihrem Spital konnten auch die alten Mitglieder der Zunft ihren Lebensabend verbringen. Die Anordnung der Schatzobjekte im Verzeichnis entspricht deren Verwahrung in gemeinsamen Futteralen und in einer Truhe.

Bei den Gottesdiensten wurden diese Gegenstände auf den Altar gelegt, bei den Feiern zum Jahrestag der Translation am 25. Juni zeigte man den Pilgern bis 1592 die Reliquien. Das Reliquiar in Mitrenform wurde den Pilgern zum Schutz vor Unbill sogar auf den Kopf gesetzt. Aus den eingenommenen Gebühren zahlten die Goldschmiede die Beleuchtung und den Festschmuck. Die Zunftvorschriften erlaubten die Verleihung des Schatzes für Zeremonien in jeder der Prager Kirchen.

An erster Stelle – als Objekt, dem damals die höchste Wertschätzung entgegengebracht wurde – ist ein Teil bzw. eine vollständige gotische Samtmütze mit Resten von Kinnbändern verzeichnet (vgl. Kat.-Nr. 9.3.b). Ursprünglich hatte sie sich unter dem Kristall der Silbermitra befunden und war zu Beginn der Barockzeit in ein eigenes, als Brustreliquiar konzipiertes und mit einem Band versehenes Behältnis gelegt worden. Das Gewebe belegt durch Abrieb, Verschmutzung und Umlagespuren die ehemalige Anpassung ungefähr an die Maße der mittleren Kristalltafel des Silberreliquiars in Form der Bischofsmitra. Die zweite Tafel dieses Reliquiars diente wohl für eine weitere, nicht erhaltene Reliquie aus dem Mitrenstoff, von der nur die Futterale überliefert sind. Das Samtgewebe der Mitra mit dem geschnittenen und umnähten Dekor ist der technischen Analyse von Vendulka Otavská zufolge selten und war zur Zeit Karls IV. bereits mindestens ein halbes Jahrhundert alt.[19]

Das wertvollste Objekt der gesamten Gruppe war in der Hierarchie der Reliquien der Splitter vom Holz des Heiligen Kreuzes. Im Inventar von 1680 wurde das Reliquiar folgendermaßen beschrieben: „Díl kříže Krista Pána, z něhož jest křížek něco kratší, nežli na čtvrt lokte a na půl prstu udělán, v stříbře sázen a kamínkami rozdílných barev, též filigranovým dílem okrášlen. (Ein Teil des Kreuzes Christi, des Herrn, von dem das Kreuzchen etwas kürzer ist, als auf ein Viertel einer Elle und auf einen halben Finger gemacht, gefasst in Silber und mit Steinchen in verschiedenen Farben, auch mit Filigranarbeit verziert.)" Das kleine lateinische Kreuz (H. 14,5 cm, B. 9,5 cm) war von vergleichbarer Größe wie die Splitter im Reliquienkreuz Karls IV. im Domschatz von St. Veit. Das gotische Pazifikale im Deckengemälde des Zunftschatzes von 1735 im Clementinum hatte die Form eines lateinischen Kreuzes, dessen Arme kleeblattförmig enden, während der Splitter im barocken Altarkreuz der Goldschmiede von 1741 ein gleichseitiges kleines Kreuz mit barocken Verzierungen besaß. Die Goldschmiede könnten die Reliquie vom König oder von der Königin erhalten haben, Gelegenheit dazu hatten sie bereits in den Jahren 1310–43, als sie Geschenke in Form von Kleinodien machten; namentlich handelte es sich um Elblín von Čáslav, Kunclín Reyman, Rudlín, Ortlin und Pešlín. In Betracht kommen auch die Goldschmiede aus der Prager Familie Krich, latinisiert Graecus, Johann und seine Söhne Georg und Wenzel.[20]

Zwei Gruppen von Reliquien in Textilfutteralen mit Beschreibungen in gotischer Fraktur stammen aus dem 14. bzw. dem beginnenden 15. Jahrhundert. Sie unterscheiden sich in Details der

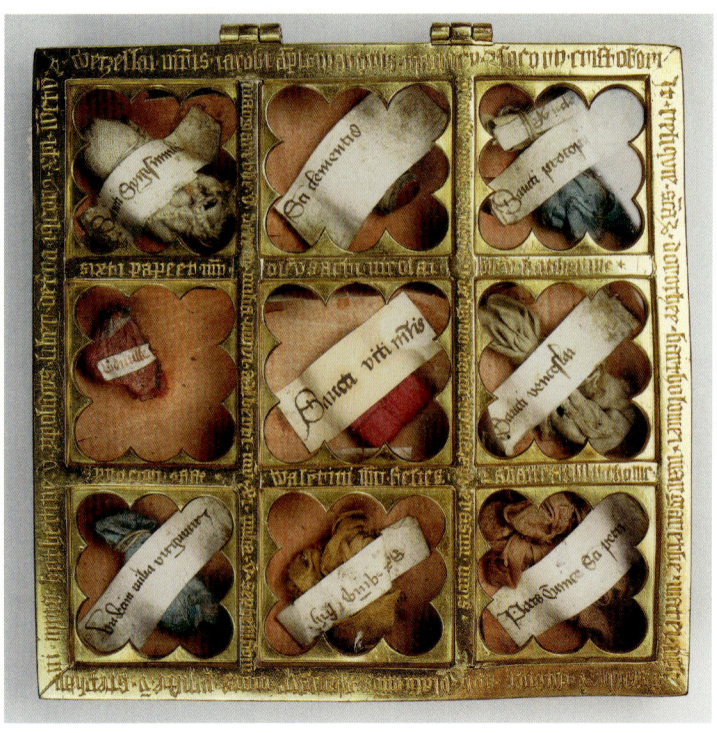

Abb. 146 Tafelreliquiar der böhmischen Patrone • Prag, 2. H. 14. Jh. • Kupfer vergoldet, handgewalztes Glas, Pergament, Papier, Knochen, Wachs, Seiden-und Leinengewebe, H. 17,7–8 cm, B. 17,2 cm, T. 2-2,1 cm • Prag, Národní muzeum, Inv.-Nr. H2-60.805

Adjustierung. Ein viereckiges Tafelreliquiar aus vergoldetem Kupfer enthält die erste Gruppe aus neun Reliquien. Die symmetrisch und bogenförmig ausgeschnittenen Fensterchen besitzen eine Vorlage in den drei nicht erhaltenen Reliquiaren der königlichen Sainte-Chapelle zu Paris.[21] Sieben Reliquien der böhmischen Patrone stimmen nicht mit den gravierten Beschreibungen auf dem Rahmen überein, zwei hingegen schon – der hl. Clemens und die 11.000 Jungfrauen aus dem Gefolge der hl. Ursula. Es ist also zu Veränderungen gekommen; möglicherweise ist ein anderes Reliquiar verloren gegangen.

Die zweite Reliquiengruppe, die den Beutel des hl. Eligius mehr als füllt, stellt einen geschlossenen Bestand dar, weckt jedoch die Frage, ob der Beutel nicht eine eigenständige Reliquie war oder ursprünglich eine geringere Anzahl von Reliquien enthielt. Die Anwesenheit von ausschließlich Kleinseitner Reliquien namentlich bezeichneter weiblicher Heiliger aus dem Gefolge der hl. Ursula könnte für eine sekundäre Füllung durch die Kleinseitner Goldschmiede sprechen.

Der Kelch des Eligius soll der Legende nach aus Gold bestehen und dem Geburtsort des Heiligen in Chelles geschenkt worden sein.[22] Drei weitere gotische Kelche aus vergoldetem Silber wurden in der Kathedrale von Noyon zu Kelchen des Eligius erklärt. Die Beschreibung des Prager Kelchs im Inventar von 1680 entspricht dem überlieferten, dem Stil nach gotischen Exemplar: Auf einem fünfblättrigen Fuß steht ein schlanker Schaft und im Knauf sind unter Kristalltäfelchen Gewebestückchen von der Mitra des hl. Eligius eingelegt. Der Kupferkelch weist Reste von Versilberung auf. Dies spricht weder für eine Verwendung im Gottesdienst noch für eine kostbare Reliquie, sondern für ein Gesellenstück bei der Zunftmeisterprüfung. Vielleicht ist der Kelch nach einem wertvollen gotischen Vorbild gefertigt worden; das gravierte Dekor mit Arabesken lässt sich in das zweite Viertel des 16. Jahrhunderts datieren.

Die Urheberschaft der Objekte lässt sich erst für die Zeit des Barock identifizieren. Die Konjunktur gotischer Goldschmiedekunst im Prag der Luxemburger lässt sich anhand der Anzahl der in schriftlichen Quellen belegten Meister verfolgen.[23] Daraus geht hervor, dass die Konjunktur des Goldschmiedehandwerks in Prag eine gewisse Verspätung aufwies und es nach dem Regierungsantritt Karls IV. zu einem langsamen Wachstum kam. Die Anzahl der Meister bewegte sich nach Karls Ankunft bis 1358 zwischen 9 und 15 und wuchs in den Jahren 1360–70 auf ca. 20 Meister an. Die bei weitem größte Nachfrage nach luxuriösen Goldschmiedearbeiten dürfte aber erst unter König Wenzel IV. geherrscht haben, als zwischen 1378 und 1412 etwa 30 Meister tätig waren. Selbst in den Jahren extremer Konflikte im hussitischen Prag 1420–26 sank die Zahl der Goldschmiedemeister nie unter fünf.

Für den Schutz des Zunftschatzes war auch damals der Zunftmeister verantwortlich. 1418–20 war dies der deutsche Katholik Hans von Cottbus (Hanuš z Chotěbuze), der ebenso wie sein Bruder Michael vor den Hussiten floh. Allerdings kehrte Michael zurück und nahm sogar wieder im Stadtrat Platz. Auch andere Meister und Gesellen emigrierten ins Ausland.[24] Damals hat der Zunftschatz sicherlich gelitten, ebenso wie die illuminierte Handschrift der Legende des hl. Eligius,[25] die z. B. der Prager Goldschmied Prokop Waldfogel – der 1444–46 in Avignon hebräische Buchstaben für den Buchdruck goss – mit nach Frankreich genommen haben mochte.[26]

Die letzte Jahresfeier der Zunft fand 1592 statt; da ihre kleine Kirche zugunsten des Neubaus des Jesuitenkollegs enteignet wurde, erhielt die Zunft eine Entschädigung in Höhe von 200 Schock Meißner Groschen. Im nächsten halben Jahrhundert bis zum Abriss des Gebäudes pflegten die Goldschmiede noch die Gräber. 1654–67 ließ der zuständige Architekt an dieser Stelle das Winterrefektorium des Jesuitenkollegs errichten, das dann die Bezeichnung Saal des hl. Eligius erhielt, und zeichnete es auf dem Dach mit einem Sanctus-Türmchen aus. Ans Gewölbe wurden 1735 sechs Objekte aus dem Zunftschatz gemalt.

Der Stil- und Geschmackswandel bewegte die Goldschmiedemeister dazu, die wertvolleren gotischen Kleinodien gegen barocke Äquivalente auszutauschen – dies betraf sowohl das Altarkreuz als auch den Kelch. 1776 wurden die drei Zünfte der Prager Städte zu einer Zunft vereint, sodass der Renaissance-Kokospokal mit dem Abguss des Siegels der Kleinseitner Goldschmiede von 1586 in den Zunftschatz gelangte. Nach der Aufhebung der Zunft im Jahr 1859

Abb. 147 Beutel des hl. Eligius, Blick auf die Pergamenturkunde im Futter • Gewebe: Frankreich; Arbeit: Prag, 2. H. 14. Jh.; Pergament: Rom, 1378–89, Siegel: 14. und 16. Jahrhundert • roter Seidensamt, Leinwand, Silberfäden, Seide, Tinte auf Pergament, Wachs, Reliquien, H. 9,5 cm, B. 9 cm, St. 1 cm • Prag, Národní muzeum, Inv.-Nr. H2-60705/2-16

Abb. 148 **Reliquiar für einen Dorn von der Dornenkrone Christi. Wie die Inschrift besagt, war das Reliquiar ein Auftrag des Olmützer Bischofs Johann Volek. Es zeugt von der herausragenden Qualität der Prager Goldschmiedekunst.** • Prag, 1346-49 • Getriebenes Silber, vergoldet, H. 29,3 cm • Baltimore, The Walters Art Museum, Inv.-Nr. 57.700

übernahm ein neu konstituiertes Gremium den Schatz und überließ ihn 1876 als Depositum dem Nationalmuseum in Prag. Dort fanden in den Jahren 2004–05 interdisziplinäre kunsthistorische und technologische Untersuchungen statt, bevor der Schatz anschließend restauriert wurde.

Der sog. Schatz des hl. Eligius ist ein einzigartiger Bestand von 45 Objekten mit liturgischem und Votivcharakter, zu dem auch Gemälde, Paramente, Banner und Bücher gehören. Zugleich enthält er erhebliche Lücken, so fehlen im Vergleich zum Wiener Schatz Monstranzen. Ebenso vermisst man den gotischen Kelch mit der ursprünglichen Patene, beides könnte durch Inventar aus der Zunftkapelle ersetzt worden sein. Weiters fehlen die beiden luxuriösen frühgotischen Sargdecken, die in der Zunftsatzung zusammen mit der für ihre Ausleihe fälligen Gebühr erwähnt werden. Trotzdem gehört der Schatz dank Alter, Umfang und Zusammensetzung sowie der 500-jährigen Nutzungskontinuität zu den bedeutendsten Zunftdenkmälern der Goldschmiede in Europa. Er wurde weder zur Zeit eines Staatsbankrotts eingeschmolzen noch nach der Aufhebung der Zunft verkauft.

FUSSNOTEN
1 Das Prager Pfund (schweres Pfund) mit einem Gewicht von 253,14 Gramm war durch die Münzreform von 1300 eingeführt worden.
2 NEUWIRTH 2004, 33–48.
3 SCHÜRER 2007, 498–501.
4 Privilegium Ferdinands I; Prag, Národní archiv, Stará manipulace, Sign. P106/P189. HRÁSKÝ 1987, 13f.
5 EKERT 1883, I, 80.
6 Der Goldschmied Stanislav vermachte 1451 II Schock Groschen für das „Werk der Kirche St. Eulogius". TEIGE 1910–15, I/2, 385.
7 HLAVÁČEK/HLEDÍKOVÁ 1973, 81.
8 Zu letzterer KADLEC 1985, 376–380.
9 PAULIN 1838, 362: „[Empereur...] visita l'abbaye Saint-Eloy et le corps."
10 ŠMAHEL 2006, 149, 350, unterscheidet nicht zwischen beiden Orten. – PÁTKOVA 2006, 10f., schildert den Streit zwischen beiden Kirchen um die Reliquien; in der Zeit Karls IV. überwog bereits der Luxus der Votivausstattung in der Kathedrale.
11 FONS-MÉLICOCQ 1841, 216f.
12 MONTIGNY 1626, 444. – VASSEUR 1633, 1008, 1304f.
13 Der hl. Eligius heilt in Saint-Denis auf wundersame Weise einen Gelähmten. Zeichnung, um 1240. Paris, Musée Carnavalet, Inv.-Nr. C 7050.
14 BECKOVSKÝ 1700, I, 596–600.
15 Der Kaiser hielt sich an diesem Tag tatsächlich auf der Burg auf, denn er stellte eine Urkunde aus. ČELAKOVSKY 1895, 717, Nr. 552.
16 STEHLÍKOVÁ 2016, 70f.
17 POCHE 1984, 472, 474.
18 BECKOVSKÝ 1700, I, 70f.
19 OTAVSKÁ 2006.
20 Erstmals bemerkte diese Namen KVĚT 1938. – Zuletzt STEHLÍKOVÁ 2016, 63–65.
21 Ausst.-Kat. Paris 2001, 132–136.
22 BARTHÉLEMY/OUEN 1847, 444.
23 Im Vergleich mit den Daten bei TOMEK 1866, übernommen bei FRITZ 1982 und DRAKE BOEHM 2006, scheint die Anzahl der Meister weit höher gewesen zu sein. Vgl. STEHLÍKOVÁ 2016, 63–77.
24 STEHLÍKOVÁ 1984.
25 EBEN 2006. – HLAVÁČKOVÁ 2006.
26 REQUIN 1890, 15.

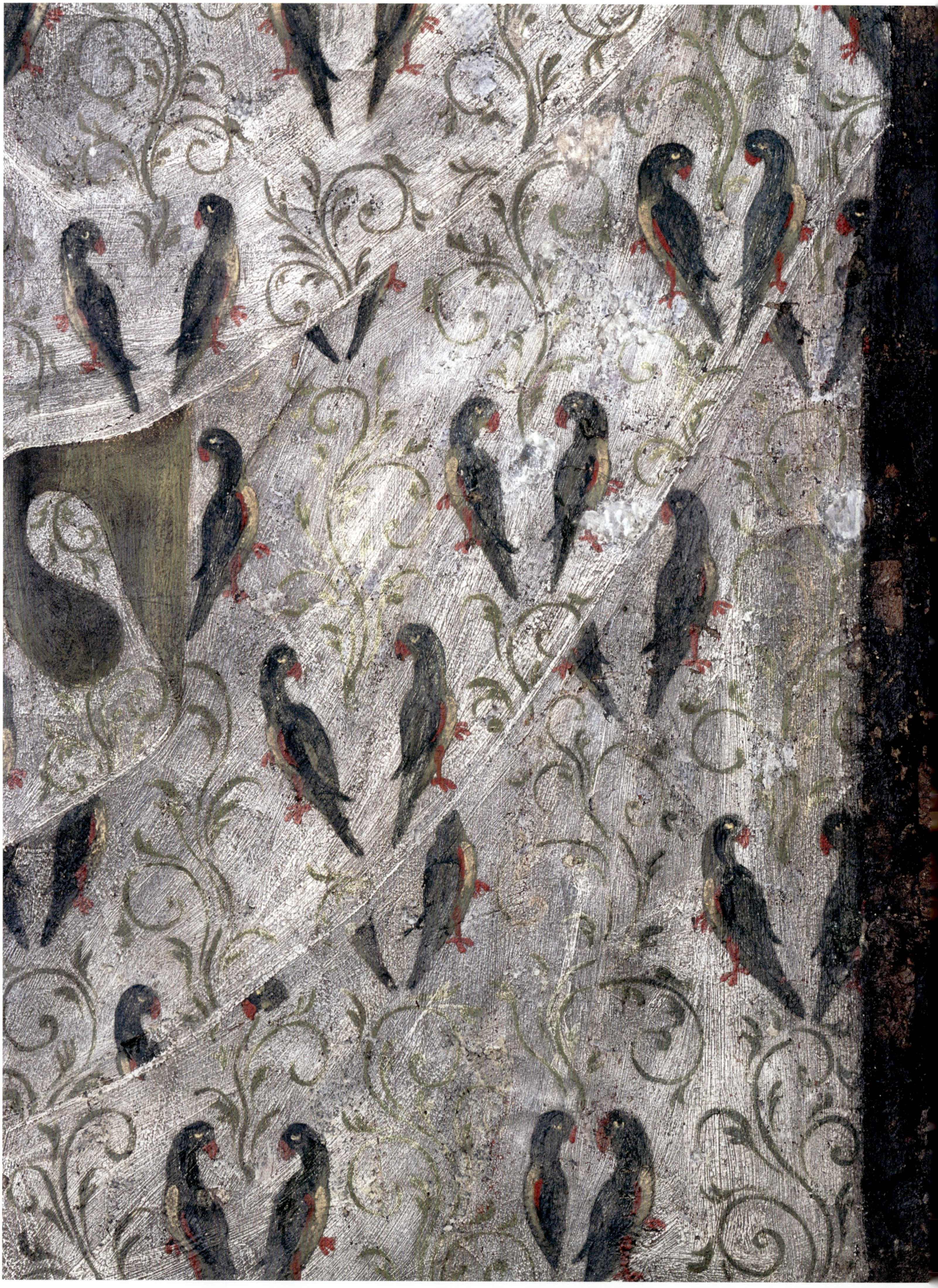

Mode, Luxusstoffe und die textile Kunst unter Karl IV.

Susanne Jaeger, Jana Knejfl

Infolge der industriellen Fertigung und der „Fast Fashion" sind heute die allgemeine Wertschätzung und das Bewusstsein für die Qualität von Textilien weitgehend verloren gegangen. Der schnelle Wechsel der Mode, die billige Fertigung in Fernost und das fehlende Wissen über die traditionellen textilen Künste mit ihren aufwendigen Verfahren zur Herstellung von Stoffen und ihrer Dekorationen führen dazu, dass historische Textilien heute eher am unteren Ende der Werteskala der Kunstgattungen rangieren. Die kulturelle und wirtschaftliche Bedeutung, die der Herstellung vielfältiger Stoffe aus Wolle, Leinen und Seide, ihrer Verarbeitung, Färbung und dem Handel zukam und die den Wohlstand zahlreicher Städte und ganzer Regionen über Jahrhunderte sicherte, ist mehr und mehr in Vergessenheit geraten.

In der Zeit Karls IV. gehörten Luxustextilien zu den kostbarsten und teuersten Produkten und fanden sowohl als Kleidung als auch zur Ausgestaltung gerade der ranghöchsten Räumlichkeiten Verwendung: Weltliche Räume, insbesondere des Adels, wurden durch sie repräsentativ und überhaupt erst wohnlich; aber auch der sakrale Raum war mit Textilien ausgestaltet und wurde durch sie oft erst definiert. In der damaligen Buch-, Wand- und Tafelmalerei spiegelt sich die Vielfalt der Anwendungsmöglichkeiten vom einfachen Altartuch über Velen, die zum Beispiel einen Kapellenraum in der Kirche eingrenzten, bis hin zu oft figürlich bestickten Antependien (Kat.-Nr. 12.10). Die Paramente, das heißt die textile Ausstattung der Altäre und die priesterliche Kleidung zur Feier der Messe, waren genau geregelt. Im römischen Ritus ist der Farbkanon der Paramente gemäß dem Festzyklus des Kirchenjahres seit etwa 1200 festgeschrieben.[1] In den sogenannten Reliquienszenen der Burg Karlstein, konkret in der Darstellung Karls IV. mit der im Kloster Pairis im Elsass erworbenen Reliquie des hl. Kreuzes (vgl. Kat.-Nr. 5.3), ist das zu den Seiten der Mensa herabhängende Altartuch aus weißem Leinen detailliert abgebildet (Abb. 3; 150). Die Vorderseite des Altars und die Seiten verkleidet ein rotes Antependium mit weißem Rankenmuster, das durch einen Streifen mit grünen und weißen Fransen am Altartisch befestigt ist. Karl IV., der selbst die niedere Diakonsweihe empfangen hatte, ist in einen goldbestickten Purpurmantel gehüllt. Dunkelrot ist als liturgische Farbe unter anderem vorgeschrieben für die Feste der Auffindung und Erhöhung des Kreuzes Christi,[2] auf die hier verwiesen wird. Entsprechend erscheint in der Miniatur der Darstellung Jesu im Tempel (fol. 34v) in der Handschrift *Laus Mariae* des Konrad von Haimburg (vgl. Kat.-Nr. 12.8) neben dem bestickten Altartuch aus weißem Leinen ein grünes, mit blau-rot-goldenen Stickereien und bunten Fransen verziertes Antependium, das zudem an den Seiten die beiden im späten Mittelalter üblichen vertikalen Zierstreifen aufweist (vgl. Abb. 151).[3] Auch der Priester Simeon trägt ein grünes Gewand, denn die Farbe Grün ist vorgeschrieben für die Sonntage nach Epiphanias bis zum Beginn der Fastenzeit, in der man dann Altar, Reliquien und Bilder Christi verhüllte und zum Teil sogar den ganzen Altarraum mit großformatigen Fastentüchern verhängte. Auch Bildteppiche vermochten den ganzen Kirchenraum zu verändern, wenn sie an bestimmten Festtagen zum Einsatz kamen. Für den Westen Europas gibt es hierfür einige erhaltene Beispiele, für das 14. Jahrhundert vor allem den extrem aufwendigen Teppichzyklus der Apokalypse von Angers.

Im 13. Jahrhundert setzte in Italien vermehrt die Produktion großformatig gemusterter Gewebe ein. Davor waren luxuriöse Seidenstoffe überwiegend aus Mittel- und Ostasien, Persien und Byzanz nach Europa importiert worden. Allein in Sizilien und Spanien stellte man bereits im 11. und 12. Jahrhundert gemusterte Seidenstoffe und -borten her.[4] Im übrigen Europa webte man damals Stoffe ohne Muster oder nur mit einfachen Motiven. In der toskanischen Stadt Lucca hatte die Weberei Mitte des 13. Jahrhunderts enormen Aufschwung genommen, da die dortigen Weber ihr Handwerk perfekt beherrschten und die komplizierten orientalischen Stoffe nachahmen konnten. Sie waren sogar in der Lage, aus Asien importierte Rohseide selbst zu verarbeiten. Mit ihren vergleichsweise preiswerteren Waren feierten sie auf den europäischen Märkten erhebliche Erfolge. Den einflussreichen italienischen Städten Venedig, Florenz oder Genua blieb – besonders nachdem sie ihre Besitzungen in Syrien und Palästina verloren hatten – nichts anderes übrig, als dem Beispiel des toskanischen Luccas zu folgen.[5]

Die italienischen Weber übernahmen zunächst mehr oder weniger die Muster und auch die Bindungsverfahren der importierten Stoffe byzantinischer, persischer, ägyptischer und vor allem chinesischer Herkunft. Die meistverbreitete Webbindung war damals der sogenannte Lampas – ein gemusterter Stoff mit doppeltem Kettfaden, bei dem ein Schussfaden das Grundgewebe

Abb. 149 **Kostbarer Seidenstoff mit Papageien-Muster eines der Mäntel Karls IV. Ausschnitt aus der ersten Reliquienszene, die vermutlich die Übergabe eines Dorns der Dornenkrone Christi durch den französischen König Johann II. den Guten oder den Dauphin Karl (V.) (?) an Karl IV. auf dem Reichstag in Metz 1356 zeigt.** • Nikolaus Wurmser von Straßburg (zugeschrieben), 1361/62–64 • Wandmalerei mit plastischem Hintergrund • Karlstein, Burg, Kleiner Turm, königliche Kapelle der Reliquien der Passion Christi (capella maior), früher Marienkapelle genannt, Südwand

Abb. 150 **Karl IV. legt eine Reliquie des Wahren Kreuzes aus Kloster Pairis im Elsass in ein Kreuzreliquiar ein (dritte Reliquienszene). Der Kaiser ist in prunkvolle Gewänder wahrscheinlich Lucchheser Fertigung gekleidet. Auf dem Altar ein Altartuch aus weißem Leinen. Vorderseiten und Flanken der Mensa sind mit einem textilen Antependium verkleidet.** • Nikolaus Wurmser von Straßburg (zugeschrieben), 1361/62–64 • Wandmalerei mit plastischem Hintergrund • Karlstein, Burg, Kleiner Turm, königliche Kapelle der Reliquien der Passion Christi (capella maior), früher Marienkapelle genannt, Südwand

Abb. 151 **Darstellung im Tempel, Miniatur aus der Handschrift Laus Mariae des Konrad von Haimburg (vgl. Kat.-Nr. 12.8), fol. 34v. Das aufwendige Antependium mit blau-rot-goldenen Stickereien und bunten Fransen weist zudem die seit dem Spätmittelalter üblichen vertikalen Zierstreifen an den Seiten auf.** • Prag, Meister des Morgan-Diptychons, nach 1360 • Buchmalerei auf Pergament • Prag, Knihovna Národního muzea, Sign. XIV D 13

und ein anderer das Muster erschafft. Eine größere Mustervielfalt und ein luxuriöses Aussehen der Gewebe wurden ab etwa 1250 durch den großzügigen Einsatz von Gold- und Silberfäden[6] als Musterschuss erzielt. Erst zu Beginn des 14. Jahrhunderts gingen die italienischen Textilschöpfer und Weber freier mit den Mustern um: Die streng symmetrische Anordnung wurde lockerer, an die Stelle von Fabeltieren traten europäische Arten wie Schwäne, Hirsche, Enten, Jagdhunde u. ä. Die Ikonografie wurde auch um die für die christliche Kultur wichtigen Pflanzenmotive erweitert, zum Beispiel die Ranken der Weinrebe, die das Reich Christi symbolisieren, oder die Kronen der Paradiesbäume. Die auf orientalischen Textilien verwendete arabische Schrift wurde stilisiert und allmählich durch eine dekorative Arabeske ersetzt. Die Bandbreite der Ziermotive vergrößerte sich zudem durch gänzlich neue Motive wie Burgen, Schiffe, Sonnenstrahlen, Felsen, aber auch figürliche Szenen, z. B. mit Engeln.[7]

Am Kaiserhof Karls IV. waren Luxusstoffe italienischer Provenienz beliebt. 1331–33 vertrat Karl IV. in der Toskana seinen Vater an der Spitze der Signoria und war in dieser Funktion auch Stadtherr von Lucca, woran er großen Gefallen fand; er ließ sich unweit der Stadt eine Burg als Residenz errichten, die nach ihm Monte Carlo benannt wurde. Nach Lucca kehrte er gern zurück, zuletzt 1369 bei seiner zweiten Romreise. Damals kaufte er den Pisanern die Stadt ab und gab ihr die Freiheit zurück. Die Stadtchronik des Augenzeugen Giovanni Sercambi (vgl. Kat.-Nr. 15.3) feiert Karl IV. und seine Taten, unter anderem die Gründung der Universität in Lucca. Es liegt daher nahe, dass Textilien aus Lucca im Umfeld des Kaiserhofs auftauchten, was übrigens auch ikonografische Quellen belegen. So zeigen zum Beispiel die Wandmalereien auf Burg Karlstein in den sogenannten Reliquienszenen Karl IV. in prächtigen Samtmänteln mit Pflanzen- und Tiermotiven (Abb. 3). Ähnlich tragen auch einige der Heiligen auf den Tafelbildern des Hofmalers Theodoricus in der Kreuzkapelle des Großen Turms Mäntel aus Luxusstoffen (Kat.-Nr. 8.1). Auf dem Votivbild des Prager Erzbischofs Johann Očko von Vlašim (Kat.-Nr. 6.11) sind die historischen Persönlichkeiten wiederum in luxuriöse, golddurchwirkte Stoffe mit sich regelmäßig wiederholenden Mustern gekleidet, die mit überraschender Genauigkeit gemalt wurden: mythische Phönixe mit Riesenflügeln, zu Voluten gedrehte Fische, Palmetten und Lotusblüten. Luccheser Herkunft dürfte auch der feine Seidensamt mit seinem einfachen Muster aus goldgestickten quadratischen Feldern und sechseckigen Rosetten sein, aus dem – wohl auf Bestellung Karls IV. – der in Aachen aufbewahrte Krönungsmantel (*Cappa Leonis*) genäht wurde; italienisch ist auch dessen auf die erste Hälfte des 14. Jahrhunderts datierbares Seidenfutter (Kat.-Nr. 6.5). Beim Obergewebe des Mantels handelt es sich um einen der ersten gemusterten Samtstoffe.[8] In einen ähnlichen Mantel mit Karomuster ist auch die hl. Klara gekleidet,

Abb. 152 Der zweite Engel kündigt die Zerstörung Babylons an, Szene aus dem Teppichzyklus der Apokalypse von Angers. Der Zyklus gehört zu den größten Werken dieser Art, die je geschaffen wurden (ursprüngliche Länge ca. 140 m, erhaltene Länge ca. 103 m). Mit einem solch ausführlichen Werk konnte man zu bestimmten Anlässen eine große Kirche auskleiden. Während der Entstehungszeit des Zyklus' besuchte Karl IV. zum letzten Mal Paris. • Paris, Jean Bondol (Entwurf), Robert Poisson (Teppichweber), 1373–82 • Tapisserie; H. 156 cm, B. 248 cm • Angers, Burg, Museum der Apokalypse von Angers

die auf dem Baldachinretabel aus der Nürnberger Klarissenkirche vor einem Altar kniet (Kat.-Nr. 10.7); die Entstehung dieses Werks wird mit der dortigen Werkstatt des kaiserlichen Hofmalers Sebald Weinschröter in Verbindung gebracht.

Kleider machen Leute ist nicht umsonst der Titel der berühmten Novelle von Gottfried Keller, die von der Wirkung der Kleidung handelt: Sie repräsentierte früher sehr viel mehr als heute in der westlichen Welt Stand und finanzielle Möglichkeiten ihrer Träger. Nicht zuletzt deswegen wurde sie auf Tafelbildern religiösen Inhalts und später auch auf Porträts möglichst naturgetreu abgebildet. Die Kleiderordnungen der mittelalterlichen Ständegesellschaft legten genau fest, wer sich in welche Gewänder, Stoffe und Farben kleiden durfte. Der Verstoß gegen diese Ordnungen führte zu heftiger Kritik nicht nur durch den Klerus und bisweilen sogar zu drastischen Strafen. Es war auf der anderen Seite selbstverständlich, dass die obersten Würdenträger, also König, Adel und Klerus, sich in ihrer Position angemessener Kleidung präsentierten. Taten sie dies nicht, schadeten sie ihrem Ansehen und ihrem Einfluss.

Von Karl ist bekannt, dass er sich gern gut kleidete und dabei durchaus auch aktuellen Modetrends folgte. Dies verwundert nicht weiter, war er doch an dem für seinen extravaganten Luxus berühmten Pariser Hof aufgewachsen. Als Clemens VI. 1348 von einigen deutschen Fürsten berichtet wurde, dass Karl „*in viel zu engen und kurzen Kleidern die einem König angemessene Erhabenheit nicht*

wahre" schrieb der Papst seinem guten Bekannten deswegen einen besorgten Brief (vgl. Kat.-Nr. 3.19).[9]

Die Anwesenheit des karolinischen Kaiserhofs in Prag brachte nach der Mitte des 14. Jahrhunderts eine wesentliche Belebung des gesellschaftlichen Lebens sowie eine steigende Nachfrage nach Erzeugnissen des lokalen Handwerks und aus der Ferne importierten Luxuswaren mit sich. Unter Karl IV. schritt die Differenzierung der handwerklichen Produktion weiter fort. Im Textilbereich waren die Tuchmacher am stärksten vertreten, für die häufig ein Wollweber als Geselle arbeitete.[10] Neben den Webern fanden sich in den Prager Städten natürlich auch Wollarbeiter, Walker und Krempler, die den Tuchmachern die Wolle vorbereiteten. In der Neustadt waren die Tuchmacher beispielsweise in der Tuchmachergasse (Soukenická) ansässig. Die Tuchhändler hatten ihre Verkaufsstände an der Altstädter Pfarrkirche St. Gallus in der heutigen Straße „V kotcích".

Es wäre wohl übertrieben zu behaupten, dass erst mit Karl IV. die neue französische Mode nach Prag kam; aber er gab gewiss wichtige Anregungen. Bereits sein Vater war ein in Frankreich erzogener Fürst gewesen, der wusste, was „en vogue" war, wie man auch an den Skulpturen ablesen kann, die ursprünglich die Fassade des Hauses zur Steinernen Glocke zierten (Kat.-Nr. 3.9). Zugleich lässt sich aber nach 1300 eine Revolution in der Bekleidung beobachten: Im Gegensatz zu den Jahrhunderten zuvor,

Abb. 154 **Darstellung einer Dame mit modisch engem und dekolletiertem Kleid, Dumpsing und Mantel; Skulptur (heute Kopie) an einer Konsole des Nordportals der Nürnberger Frauenkirche. Die Figur ist eine der sinnlichsten Frauendarstellungen des 14. Jahrhunderts: Zur Zeit Karls IV. erfreuten sich körperbetonte Gewandschnitte bei Frauen wie Männern größter Beliebtheit.** • Nürnberg, 1350er Jahre • Nürnberger Burgsandstein, ehemals wohl farbig gefasst • Original heute im Besitz der Röm.-kath. Kirchengemeinde Unserer Lieben Frau, Nürnberg

Weitere wichtige Kunsthandwerker waren die Sticker, sidenneter genannt, die sich der Seiden-, Gold- und Silberstickerei widmeten. In Prag sind unter Karl IV. 13 Sticker überliefert, von denen nur zwei Bürger waren; es findet sich sogar ein Ornatsticker, der liturgische Gewänder herstellte.[16] Die Stickkunst erreichte damals den Höhepunkt ihrer handwerklichen Meisterschaft. Bedeutende Maler aus dem Kreis der Hofkünstler Karls IV. legten direkt auf dem leinenen Stickgrund mit Kohle Unterzeichnungen für figürliche Kompositionen an; danach folgte die farbige Pinselzeichnung. Damit standen den Stickern häufig sorgfältige, bis in die feinen Abtönungen der Farbschattierungen ausgearbeitete Vorzeichnungen zur Verfügung (vgl. Kat.-Nr. 12.11, 12.12, 12.13).[17] Diese auf das englische opus anglicanum zurückgehende Sticktechnik setzte sich in Europa bereits seit Ende des 12. Jahrhunderts durch.[18] Der dabei verwendete Spaltstich (der vorangehende Stich wird immer durch den folgenden Stich gespalten) und die verschiedenfarbige Stickseide ohne erkennbare Drehung ermöglichten weiche Übergänge in der Schattierung und das Sticken von Details genau nach der gezeichneten Vorlage. Den Hintergrund der farbigen Stickereien bildeten zumeist aufgelegte Gold- und Silberfäden, die durch farbige Fäden in symmetrischen Parkettmustern oder in Form regelmäßiger Spiralen und Wirbel angeheftet wurden.

in denen Männer und Frauen im Prinzip ähnlich gekleidet waren, d. h. in der Tradition antiker Tuniken und Togen Gewänder und Mäntel trugen, bildeten sich nun deutlicher unterscheidbare Geschlechtermoden heraus. Die Kleidung umspielte und betonte die Körperformen. Charakteristisch für die Herrenmode waren kurze, eng anliegende, durch lange Knopfreihen geschlossene Jacken, sogenannte *Schecken* (vgl. Kat.-Nr. 3.19), an denen man strumpfartige Beinlinge mit Nestelbändern befestigte. Die Beinlinge waren entweder direkt mit Ledersohlen versehen oder man trug darüber lange, spitz zulaufende Schuhe.[11] Adelige Damen trugen damals eng anliegende Kleider und darüber ärmellose, teils pelzgefütterte *Surcots* und luxuriöse, kunstvoll gefältelte Seidenschleier (Krüseler oder Kruseler).[12] Um die Lenden trugen Männer und Frauen einen schweren, aus einzelnen Gliedern gebildeten Gürtel, den sogenannten *Dupfing* (auch Dupsing oder Dumpsing), an dem auch Geldbeutel und Dolch befestigt werden konnten (Abb. 153, 154).

Die eng anliegenden und vielfach tief dekolletierten Kleider stießen zwar bei den Geistlichen auf Kritik, doch sorgte diese ursprünglich höfische Mode für einen großen Aufschwung des Schneiderhandwerks. Damals nahm auch unter den Bürgern die Zahl der Schneider zu: Im Zeitraum 1324–33 wurde in Prag z. B. nur ein einziger Schneider vermerkt, kurz darauf waren es in den Jahren 1344–53 bereits 42![13] Ein Beleg für diese Entwicklung ist auch die Entlehnung französischer Bezeichnungen für bestimmte Kleidungsstücke, so wurde der Mantel, *cloque*, zu *klok*, das Obergewand nach *garnache* zu *karnáče*.[14] In der ersten Nürnberger Meisterliste von 1363 werden bereits 70 Schneider und 30 Mantelschneider aufgezählt. Die mit der Herstellung von Kleidung befassten Gewerke stellten dort den größten Anteil der städtischen Handwerker mit 286 Meistern gegenüber 270 in Metall verarbeitenden Gewerken.[15]

Abb. 153 **Blanche de Valois, die erste Frau Karls IV., mit modisch engem und dekolletiertem Kleid, Dumpsing und Mantel; Skulptur vom Hohen Turm des Wiener Stephansdoms** • Wien, aus Nürnberg zugezogener Bildhauer der sog. Herzogswerkstatt, 1360er Jahre • Stein, ehemals farbig gefasst • Original heute im Wien Museum, Inv.-Nr. 579

172 Mode, Luxusstoffe und die textile Kunst

Abb. 155 **Auch die fromme, dem Armutsideal ihres Freundes im Geiste, Franziskus, zugeneigte hl. Klara von Assisi wird auf diesem Tafelbild mit einem reich gemusterten Mantel dargestellt; der Altar, vor dem sie betet, ist durch eine kostbare Altardecke ausgezeichnet. Darstellung von einem Baldachinaltärchen aus der Nürnberger Klarissenkirche (Kat.-Nr. 10.7)** • Nürnberg, Sebald Weinschröter (zugeschrieben), um 1362 • Tempera auf Eichenholz, mit Leinwand überzogen, Blattgold und lasiertes Silber; H. ca. 40 cm, B. 27 cm • Schottland, Privatsammlung

Von der einstigen Pracht weltlicher Textilien ist allerdings deutlich weniger überliefert als von ihren liturgischen Gegenstücken, den Paramenten. Als wichtige Informationsquelle für Schnitte und Ausführung erweisen sich hier die Grabtextilien. Die Totenkleidung Karls IV. ist durch einen Augenzeugenbericht des Prager Leichenzugs in der Augsburger Chronik von 1368–1406 überliefert: Karls Leichnam war auf goldenen Tüchern und Polstern aufgebahrt und mit weißen Handschuhen, Purpurhosen und einem gleichfarbigen, golddurchwirkten Mantel bekleidet.[19] Der überaus kostbare, aus dem Drüsensekret der maritimen Purpurschnecke gewonnene Farbstoff war seit der Antike den Gewändern der Kaiser und allerhöchsten Würdenträgern vorbehalten. Trotzdem ist die Identifizierung von Karls Totenkleidern von Unklarheiten begleitet.[20] Karl IV. ließ für sich und seine Vorgänger im Ostchor des gotischen Veitsdoms eine umfangreiche Grablege anlegen, aber das weitere Schicksal der Luxemburger-Krypta und der dort beigesetzten körperlichen Überreste war von dramatischen Veränderungen gekennzeichnet.[21]

Allgemein lässt sich jedoch sagen, dass gerade die Zeit Karls IV. und seines Sohns und Nachfolgers Wenzel IV. ausgesprochen reich an überlieferten textilen Kunstwerken ist. Dies spricht zum einen dafür, dass es sich ursprünglich um eine erheblich größere Produktion gehandelt haben dürfte, zum anderen belegen die überlieferten Textilien die außergewöhnlich hohe kunsthandwerkliche Qualität der Arbeiten, die auch von den nachfolgenden Generationen hochgeschätzt und sorgsam bewahrt wurden.

FUSSNOTEN
1 BRAUN 1912, 53.
2 BRAUN 1912, 48f.
3 BRAUN 1912, 220f.
4 WILCKENS 1991, 74f.
5 OTAVSKÝ 1987, 51–53.
6 WILCKENS 1991, 96. – Metallfäden konnten unterschiedlich hergestellt werden. Bei dem teuren Gold- bzw. Silberlahn wurden die flachgeschlagenen Metallfäden um einen Kernfaden (die „Seele") aus Seide oder Baumwolle gewickelt. Daneben gab es auch preiswertere, weil Material sparende Methoden, z. B. das sog. Häutchengold. Dabei vergoldete oder versilberte man feine Darmhäutchen, die dann mit Seiden- oder Baumwollfäden versponnen wurden. Dieses Häutchengold bezeichnete man in zeitgenössischen französischen Inventaren als „or de Lucques" („Luccheser Gold"), was auf seine Herstellung in Lucca hindeutet. Es kostete im 14. Jahrhundert nur etwa die Hälfte des Goldlahns, und die strengen Pariser Zunftordnungen von 1260 und 1299 untersagten seinen Gebrauch.
7 GOLLEROVÁ-PLACHÁ 1937, 9.
8 Ausst.-Kat. Aachen 2014, Verlorene Schätze, Kat.-Nr. 73n (Monica PAREDIS-VROON).
9 MGH Constitutiones 8, Nr. 516, 530.
10 WINTER 1906, 133.
11 KANIA 2010, 170–175.
12 KANIA 2010, 181.
13 WINTER 1906, 136.
14 WINTER 1906, 121.
15 HEGEL 1862/I, II, 507f.
16 WINTER 1906, 137.
17 WETTER 2001, 7f.
18 BREL-BRODAZ 1982.
19 FRENSDORFF 1865, 60. – LAUTENSCHLÄGER 2001, 38.
20 Die überlieferten Fragmente der Grabtextilien aus der königlichen Grablege im Prager Veitsdom befinden sich in der Sammlung der Prager Burg. Die meisten Textilien wurden in den dortigen Restaurierungswerkstätten bearbeitet. BRAVERMANOVÁ/ KLOUDNÁ u. a. 2005. – OTAVSKÁ 2002. – VRABCOVÁ 2002. – WOUTERS 2002.
21 Genauer hierzu Karel Otavský, siehe Kat.-Nr. 18.1.

Karl IV. und die Musik

David Eben

Wenn wir über Musik in der Zeit und im Umfeld Karls IV. sprechen wollen, sehen wir uns im Vergleich zu den Kunsthistorikern mit einer deutlich komplizierteren Aufgabe konfrontiert. Unser Thema ist leider weniger „greifbar" als die Objekte der bildenden Kunst oder der Architektur. Adam von Fulda bezeichnete die Musik als „meditatio mortis", als eine Metapher des Todes, da sie im Moment ihres Verklingens sterbe.[1] Erst die Moderne mit ihren Möglichkeiten der Klangkonservierung konnte die Gültigkeit dieses Ausspruchs abschwächen.

Versucht man also das musikalische Umfeld zu skizzieren, das Karl IV. umgab, so kann man sich nur auf Quellen stützen, die in gewisser Weise die damalige Musikpraxis widerspiegeln. Es handelt sich entweder um Quellen musikalischer Natur, d. h. Notationen in überlieferten Handschriften, oder um Schriftquellen, die – mit heutigen Worten gesagt – indirekte Informationen über Aktivitäten musikalischer Natur bieten. Beide Quellentypen verlangen eine sorgfältige Interpretation, unabhängig davon, ob es sich um Hinweise in Chroniken oder Dokumenten urkundlicher Natur oder um Notenschriften in liturgischen Büchern handelt; dort wurde ebenfalls nicht alles komplett festgehalten, sodass die Kenntnis des liturgischen Kontextes unverzichtbar ist. Anhand dieser Zeugnisse sollen jetzt die Mosaiksteinchen zusammengefügt werden, um zumindest in den Hauptzügen ein Bild vom musikalischen Geschehen in Karls Umgebung zu erhalten.

Zunächst wollen wir den Herrscherhof selbst betrachten. Dieses Thema ist für die Musikwissenschaftler geradezu traumatisch. Karls Hof gehörte zweifellos zu den wichtigsten Höfen in Europa, hier fanden sich Persönlichkeiten von internationaler Bedeutung aus den Bereichen Politik und Kirche. Karl war sicher durch das französische höfische Milieu beeinflusst worden, das er in seiner Jugend kennengelernt hatte. In Frankreich dürfte er sicher auch der zeitgenössischen mehrstimmigen Musik begegnet sein, deren Komponisten dem französischen Hof nahestanden. Die Zeit seines Pariser Aufenthalts ist mit den Anfängen einer „neuen Musikkunst", der Ars nova, verbunden. Bekanntermaßen war der markanteste Vertreter der neuen Richtung, Guillaume de Machaut, sogar Sekretär von Karls Vater Johann. Erinnert sei auch an Karls Erzieher und langjährigen Freund Pierre de Rosiers, der als Papst Clemens VI. in Avignon von der damaligen „Avantgarde" der mehrstimmigen Vokalmusik umgeben war.[2]

Trotz dieser günstigen Umstände scheinen sich mit dem Königshof Karls IV. keine ähnlich orientierten musikalischen Aktivitäten verbinden zu lassen. Es existieren keine eindeutigen Beweise, dass die Prager Residenz des römisch-deutschen Kaisers zu einem Zentrum für die Aufführung mehrstimmiger Kompositionen aus dem zeitgenössischen französischen Repertoire geworden wäre. Dies bedeutet jedoch nicht zwangsläufig, dass die Musik diesem Mitglied der Luxemburger-Dynastie fremd war; ich wage vielmehr zu behaupten, dass er faktisch in täglichem Kontakt mit ihr stand. Es handelte sich jedoch (überwiegend) um eine andere Sphäre des Musikbetriebs, als sie von den intellektuellen französischen Kompositionen des 14. Jahrhunderts eingenommen wurde: Gedacht ist an den einstimmigen Choralgesang, wie er mit den kirchlichen Zeremonien verbunden war.

Um aber eine Irreführung zu vermeiden: Natürlich erklang an Karls Hof weltliche Musik. Bei Festen und repräsentativen Veranstaltungen standen Instrumentalisten zur Verfügung, die für Unterhaltung sorgten.[3] Einige ihrer Namen sind in königlichen Urkunden belegt. Erwähnt wird z. B. der Trompeter Bernhard, der sich angeblich in Ausübung seines Dienstes eine Kopfverletzung zuzog und von Karl mit einem Bauernhof in Zaunfeld (Plotiště) bei Königgrätz (Hradec Králové) entschädigt wurde.[4] Bekannt sind außerdem die Hoftrompeter Jan und Velek, die für ihre Kunst mit 20 Schock Groschen aus den Ungelderträgen der Prager Altstadt belohnt wurden.[5] In der Sammlung *Summa cancellariae* findet sich auch eine interessante, literarisch konstruierte Urkundenvorlage für den Fall, dass Karl seinen Hofgeiger bzw. -fiedler (figellator) zum „König der Gaukler" (*Rex histrionum*) krönen wollte. Das Formular nennt selbstverständlich keine konkreten Namen, daher bleibt unbekannt, ob Karl tatsächlich einen seiner Hofmusiker mit diesem Titel belohnte. Der Text des Formulars ist jedenfalls ein bemerkenswertes Beispiel für höfisches Handeln im Kontext der Musik.[6]

Einen Einblick, durch den man vielleicht eine Idee vom Musikbetrieb an Karls Hof erhalten kann, bietet der Traktat *Summa recreationum* bzw. *Summa recreatorum*.[7] Diese Abhandlung über die Erfrischung von Leib und Seele war für vornehme Gäste von Festmählern und Banketten bestimmt. Autor und genaue Herkunft des Traktats konnten bisher nicht eindeutig geklärt werden. Wahrscheinlich war die Schrift jedoch unmittelbar für Karls Hof oder dessen enge Umgebung bestimmt. Neben Verpflegungs- und di-

Abb. 156 **Karlstein, Engel mit einem vielsaitigen Psalter, dem Vorläufer der späteren (Bordun-) Zithern** • Böhmen, Hofmaler Karls IV., 1363–64 • Wandmalereifragment, Fresko, Original abgenommen und auf Leinwand übertragen • Karlstein, Burg, ehemals im Treppenhaus des Großen Turms, heute aufbewahrt in Karlstein als Eigentum des Národní památkový ústav, odborné pracoviště středních Čech, Prag

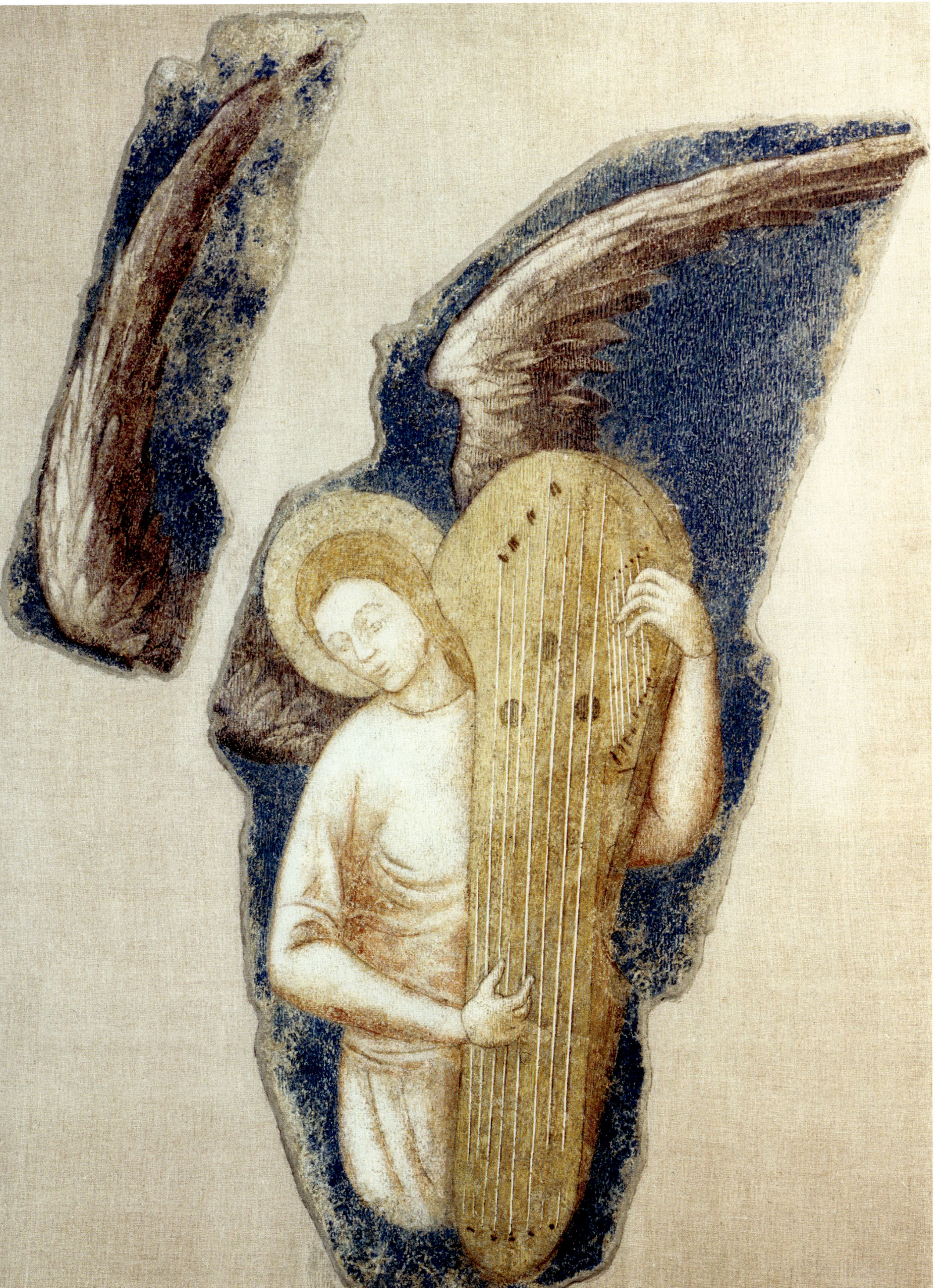

Abb. 157 **Karlstein, Engel mit Laute (oder Zister) und Fiedel** • Böhmen, Hofmaler Karls IV., 1363–64 • Wandmalereifragment, Fresko, Original abgenommen und auf Leinwand übertragen • Karlstein, Burg, ehemals im Treppenhaus des Großen Turms, heute aufbewahrt in Karlstein als Eigentum des Národní památkový ústav, odborné pracoviště středních Čech, Prag

ätetischen Hinweisen für die Tafelnden, bei denen z. B. die Wirkungen verschiedener Speisen auf den menschlichen Organismus analysiert wurden, enthält der Traktat auch einen literarischen Teil, der eine Reihe von Liedtexten umfasst. Einige dieser Texte finden sich tatsächlich auch in böhmischen oder mitteleuropäischen musikalischen Quellen, andere bleiben einstweilen auf diesen Fundort beschränkt. In formaler wie thematischer Hinsicht handelt es sich um eine sehr vielfältige Auswahl, die sowohl geistliche wie weltliche Texte enthält.

Das der Reimdichtung gewidmete Kapitel beginnt mit acht geistlichen Werken. Unter der Überschrift *Christi letissima incarnatio describitur per tria dictamina* (Christi freudvollste Fleischwerdung, geschildert in drei Gedichten) folgen vier Strophen des Liedes *Dies est leticie*, das in böhmischen Quellen weit verbreitet ist. Das zweite Lied, *Quid admiramini*, war in Böhmen ebenfalls bekannt – Johann von Jenstein verwendete die Melodie für sein marianisches Lied *Quid modo dictarem*. Das dritte Lied *O si michi rethorica* ist in mindestens sieben Handschriften mitteleuropäischer Provenienz aus dem 13. bis 16. Jahrhundert belegt.[8] Zahlreiche in dem Traktat angeführte lyrische Texte verraten eine Anknüpfung an die formalen Schemata der deutschsprachigen Spruchdichtung.

Wäre es vorstellbar, dass diese Lieder eine Art Querschnitt durch das Repertoire bilden, das in der höfischen Gesellschaft zu festlichen Anlässen erklang? Oder sollten die Texte im Traktat nur als Gegenstand für gelehrte Debatten der Speisenden dienen? Die erste Interpretation erscheint mir logischer, obwohl sie einstweilen reine Hypothese bleiben muss.

Einen wichtigen Namen sollten wir im Zusammenhang mit dem Hof Karls IV. nicht vergessen: den des Hofdichters und -musikers Heinrich von Mügeln. Dieser bedeutende Protagonist der mittelhochdeutschen Dichtung hatte sich bereits am Hof von Karls Vater Johann von Luxemburg bewegt. Dass er sich in Prag eingelebt hatte, könnte auch die Tatsache belegen, dass er zu den ersten promovierten Magistern der Theologie an der neu gegründeten Prager Universität gehörte. 1355 – kurz nach der Kaiserkrönung – widmete Heinrich Karl das allegorische Gedicht *Der Meide kranz* (vgl. Kat.-Nr. 4.10), in dem Autor und Kaiser gemeinsam als Akteure des Geschehens auftreten. Das Gedicht schildert den von Karl ausgerufenen Wettstreit der Künste (d. h. der zeitgenössischen Wissensdisziplinen), die gemeinsam die imaginäre Krone der Jungfrau Maria bilden. Jede der zwölf Künste stellt sich vor und versucht den Kaiser von ihrem Vorrang zu überzeugen. Der Kaiser bestimmt die Theologie zur Siegerin, die anschließend das Recht erhält, als erste ihren Platz in der Marienkrone einzunehmen.[9]

Dass Karl in Heinrichs Schilderung die Theologie zur führenden Wissenschaft erkor, war sicher kein Zufall. Vielmehr erfasste der Autor treffend Karls Wertehierarchie. Der gleiche Blickwinkel bestimmte wohl auch das Verhältnis des Herrschers zur Musik. Wenn wir Karls Wirken aus musikalischer Perspektive betrachten, konzentriert sich sein Handeln zumeist auf die Unterstützung des liturgischen Gesangs. Die Liturgie und die mit ihr verbundene Musik waren feste Bestandteile seines spirituellen wie staatlichen Programms.[10]

Am Anfang dieser Orientierung Karls IV. standen vermutlich seine aktiven Erfahrungen mit der Liturgie, die bis zu seinem Aufenthalt in jungen Jahren am französischen Hof zu verfolgen sind. Die Bedeutung dieser Erlebnisse bezeugt Karl in seiner Autobiografie: „Der [französische] König [Karl IV.] liebte mich sehr und befahl meinem Kaplan, mich über die Schrift zu belehren, obwohl er selbst der Schrift nicht kundig war. Und so lernte ich das Stundenbuch der seligen Jungfrau Maria zu lesen, und als ich es einigermaßen verstand, las ich es in den Zeiten meiner Kindheit täglich mit immer größerer Freude, denn meinen Aufsehern war vom König befohlen worden, mich hierzu aufzufordern."[11]

Wir dürfen sicher annehmen, dass die Lektüre des erwähnten marianischen Stundenbuchs zumindest elementare Gesangsformen enthielt, wie sie bei der Interpretation der Psalmen und Hymnen von jedem Knaben in einem Kloster- oder Kathedralchor beherrscht werden mussten.

Noch einmal griff Karl aktiv in die Liturgie ein, allerdings geschah dies sehr viel später und mit anderer Absicht. Er führte eine Tradition ein, wonach der Kaiser die siebte Lectio der Weihnachtsmatutin (des Nachtgottesdienstes) bzw. deren Einleitung mit den Worten des Lukas-Evangeliums *„Exiit edictum a caesare Augusto* (Es begab sich aber zu der Zeit, dass ein Gebot von dem Kaiser Augustus ausging, dass alle Welt geschätzt würde. Luk 2,1)" lesen sollte. Die Symbolik dieses Ritus ist recht eindeutig: Karl fühlte sich als Nachfolger des Kaisers Augustus, daher war er dazu berufen, dessen Namen auszusprechen. Außerdem trat Kaiser Karl mit den Insignien seiner Macht an das Lesepult – mit der Krone und dem gezogenen Reichsschwert. Hier darf man sicher zu Recht von einer „politischen Liturgik" sprechen. In Verbindung mit den vorgetragenen Bibelworten präsentierte sich der Kaiser als Beschützer des Evangeliums und der gesamten Christenheit.[12] Was den Vortrag anbelangt, so ist offensichtlich, dass die liturgische Lesung eine gesungene Lesung war. Karl verwendete sicher einen einfachen Lektionston, wie z. B. die Rezitation auf einem Ton mit einem Quintfall abwärts am Ende des Satzes.

Im Hinblick auf den liturgischen Gesang erfreute sich verständlicherweise die Kathedrale St. Veit der größten Förderung. Die „Prager Kirche" war das geistliche Zentrum des Landes, ihre liturgischen Bräuche und ihr Repertoire dienten als Modell für alle Kirchen der Diözese in Böhmen. Die hier abgehaltenen Zeremonien waren zugleich auch Teil der Repräsentation des Herrschers. Karl IV. trug auf vielerlei Art zur Liturgie bei, vor allem aber erweiterte er erheblich den Personenkreis, der sich mit liturgischem Gesang beschäftigte. Karls Stiftungen zugunsten der Kathedrale und des dann 1344 zum Metropolitankapitel erhobenen Domkapitels sind in der Literatur detailliert beschrieben worden; hier wollen wir nur kurz an die beiden bedeutendsten Stiftungen erinnern. 1343 gründete Karl ein Kollegium von 24 Mansionaren, die täglich das marianische Offizium im Marienchor zu singen hatten, d. h. zunächst im alten Westchor, später im westlichen Teil des gotischen

Abb. 158 **Karlstein, Engel mit Portativ • Böhmen, Hofmaler Karls IV., 1363–64** • Wandmalereifragment, Fresko, Original abgenommen und auf Leinwand übertragen • Karlstein, Burg, ehemals im Treppenhaus des Großen Turms, heute aufbewahrt in Karlstein als Eigentum des Národní památkový ústav, odborné pracoviště středních Čech, Prag

Chors der Kathedrale. 1360 kamen 12 Psalteristen hinzu, die jeden Tag den Psalter zu rezitieren hatten. Rechnen wir noch die Kanoniker und alle sonstigen Klerikergruppen ein, so waren über hundert Personen mit der Liturgie in der Kathedrale beschäftigt.[13]

Es sei noch darauf hingewiesen, dass es sich in diesem Fall nicht um irgendeinen Klangkörper handelte, sondern um eine Gemeinschaft von Geistlichen, die natürlich – wenn auch mit unterschiedlichem Perfektionsgrad – in der Lage sein mussten, die Liturgie in der üblichen gesanglichen Interpretation zu feiern. Hierzu wurden sie entsprechend ausgebildet, wozu auch die Prager Kathedralschule diente. In den Statuten des Ernst von Pardubitz wird dem Kapitelkantor auferlegt, vom ersten Sonntag im November bis zu Lichtmess jeden Tag den gemeinsamen Raum der Kleriker (gemeint sind wohl die „clerici chorales") zu besuchen, ihnen das vorzusingen, was sie in der Kirche singen sollten, und sich darum zu kümmern, dass jeder von ihnen auswendig zwei Responsorien und alle Antiphonen zu den Laudes beherrschte („menti habeat extra librum").[14] Wir wissen zwar nicht genau, wie dieser Unterricht umgesetzt wurde, aber aus dem Genannten lässt sich ableiten, dass im Kapitelbetrieb noch im 14. Jahrhundert grundsätzlich auswendig gesungen wurde und dass die mündliche Überlieferung, hier in Gestalt des Kantors, weiterhin eine wichtige Rolle spielte.

Bei der Pflege der Liturgie und des Kapitelbetriebs konnte sich Karl auf eine besonders berufene Persönlichkeit stützen – den erwähnten Erzbischof Ernst von Pardubitz (* um 1300, amt. 1344–64). Neben den Statuten von 1350, die auch zahlreiche liturgische Pflichten der Kathedralkleriker regelten,[15] ließ Ernst 1363 für das Kapitel eine Reihe notierter monumentaler Codices anfertigen. Diese Bücher sind im Hinblick auf das Choralrepertoire der Prager Kathedrale ein äußerst wertvolles Dokument. Ihre Aussagen wurden von der Musikwissenschaft detailliert erforscht.[16] Da wir uns im Rahmen dieser Studie mit der Musik beschäftigen, die in einem engeren Kontext zur Person Karls IV. steht, sollen die Ernestinischen Codices hier unberücksichtigt bleiben; unsere Aufmerksamkeit gilt vielmehr den Offizien, die dank der Initiative des Herrschers das Repertoire des liturgischen Gesangs in Böhmen bereicherten.

Zunächst sei kurz das Stundenoffizium des hl. Wenzel betrachtet. Karls Interesse am Kult dieses Heiligen ist bekannt. Mit der Legende *Crescente religione* leistete er einen eigenen Beitrag zur Liturgie des Wenzeltages.[17] In den überlieferten liturgischen Büchern findet sie sich allerdings nur einmal: im Brevier *Liber Viaticus* des Johann von Neumarkt (vgl. Kat.-Nr. 12.6),[18] wo sie auf drei Matutinlesungen verteilt ist. Sie fand also wohl kaum Eingang in die liturgische Praxis. Wie bekannt, ist Karl nur Autor der Legende, während die Gesänge des gereimten Wenzeloffiziums *Adest dies leticie* bereits einige Jahrzehnte früher belegt sind.[19]

Deutlich erfolgreicher war Karl mit einem anderen seiner liturgischen Projekte – dem Festtag der hl. Lanze und Nägel.[20] Karl war einer der eifrigsten Reliquiensammler seiner Zeit. Die auf seinen Reisen getätigten Akquisitionen vermehrten überwiegend den Domschatz der Prager Kathedrale St. Veit. Von besonderem Gewicht waren jedoch die mit der Kreuzigung Christi verbunde-

Abb. 159 Guillaume de Machaut empfängt die Personifikation der Natur, die ihm Gefühl, Rhetorik und Musik vorstellt. Der französische Komponist, der Johann von Luxemburg als Sekretär diente, gilt als markantester Vertreter der Ars Nova, der in der Jugendzeit Karls IV. in Frankreich aufgekommenen mehrstimmigen Musik. Illustration zu den Poésies des **Guillaume de Machaut, fol. 17** • Frankreich, 1372–77 • Buchmalerei auf Pergament • Paris, Bibliothèque nationale de France, Ms. français 1584

Abb. 160 Höfische Bankette wurden oftmals musikalisch untermalt. Einige der Hofmusiker Karls IV. sind sogar namentlich bekannt. Miniatur aus Guillaume de Machaut, Poésis, fol. 55r • Paris, um 1350–55 • Paris, Bibliothèque nationale de France, Ms. français 1586

nen Reliquien, die zum Heiltumsschatz des Reichs gehörten. Karl hatte diesen Schatz 1350 von den Nachkommen seines Vorgängers und Rivalen Ludwig IV. des Bayern erhalten. Der König gab sich jedoch nicht damit zufrieden, die wertvollen Reliquien in einer unzugänglichen Schatzkammer einzuschließen. Mit Zustimmung von Papst Clemens VI. fand auf dem Prager Viehmarkt, dem heutigen Karlsplatz (Karlovo náměstí) alljährlich eine Heiltumsschau (*ostensio reliquiarum*) statt. Karl gelang es, diese liturgische Zeremonie in ein großangelegtes Spektakel für tausende Pilger zu verwandeln. Kirchliche Würdenträger defilierten über ein Holzgerüst in der Mitte des Platzes und traten nach Ankündigung durch die entsprechenden Ausrufer vor das versammelte Publikum, um ihm die Reliquien in den kostbaren Reliquiaren zu zeigen. Musik durfte dabei natürlich nicht fehlen. In den überlieferten Beschreibungen dieser Zeremonie werden konkrete Gesänge genannt, von denen die einzelnen Phasen der Schau begleitet wurden: die Antiphon zu den Märtyrern *Isti sunt sancti*, das marianische Responsorium *Felix namque* und – unmittelbar vor dem Defilee der Lanze, der Nägel und des Splitters vom hl. Kreuz – das Passionsresponsorium *Ingressus Pilatus*. Man geht davon aus, dass auch der Kaiser persönlich an diesen Zeremonien teilnahm.

Der liturgische Rahmen für den Festtag war 1354 definitiv gesteckt. Auf Karls Wunsch führte Papst Innozenz VI. am Freitag nach der Osteroktav den Festtag der hl. Lanze und Nägel des Herrn ein, der *„per totam Alemaniam et Boemiam"* mit einem kompletten Tages- und Nachtoffizium gefeiert werden sollte. Das Stundenoffizium erscheint auch wirklich kurz darauf in böhmischen Quellen, erstmals wohl in den Nachträgen des Breviers (*Liber Viaticus*) des Johann von Neumarkt,[21] mit Notenschrift dann im Antiphonar des Ernst von Pardubitz (1363),[22] wo es bereits vollständig in den Organismus des Kirchenjahrs integriert ist.

Fraglich bleibt die Autorschaft dieses Offiziums. Dem Chronisten Benesch Krabitz von Weitmühl zufolge wurde es von Karl IV. persönlich in Zusammenarbeit mit anderen Theologen geschaffen.[23] Literarische Ambitionen lassen sich Karl sicher nicht absprechen, denn er bewies sie sowohl in seiner Autobiografie als auch in seiner Version der Wenzelslegende. Im Fall des Offiziums ist es jedoch wahrscheinlicher, dass er einen der ihm nahestehenden Kleriker mit der Komposition betraute, wobei er das Gesamtkonzept des Offiziums durchaus beeinflusst haben könnte.

Um einen neuen Aspekt wird die Diskussion über den Autor des Offiziums zum Festtag der hl. Lanze und Nägel durch einen bisher unbekannten Hinweis in einem der Breviere aus dem St. Georgskloster bereichert, wo sich das Offizium in den Nachträgen aus der zweiten Hälfte des 14. Jahrhunderts befand: „*historia de lancea domini salvatoris, compilata per magistrum Pyzanum ad peticionem domini imperatoris* (Geschichte der Lanze des Herrn Erlösers, zusammengestellt durch Magister Pisanus auf Bitten des Kaisers).[24] Den so bezeichneten *Magister Pisanus* zu identifizieren ist keine leichte Aufgabe. In Karls Umgebung sowie am Prager Hof bewegten sich zwar zahlreiche italienische Kleriker und Gelehrte, aber für keinen von ihnen lässt sich eine stärkere Verbindung mit Pisa nachweisen.[25] Andererseits könnte Karl mit der Zusammenstellung des Offiziums auch direkt eine Person in der italienischen Stadt Pisa betraut haben. Die Entstehung des Offiziums fällt in die Phase von Karls Krönungsfahrt nach Rom, bei der er eine gewisse Zeit in Pisa verbrachte. Der Hinweis in der Handschrift ist eine interessante Anregung zur Detektivarbeit, deren Hypothesen und Ergebnisse allerdings den Rahmen dieser Abhandlung sprengen würden.[26]

Das Offizium des Festtags der hl. Lanze und Nägel, das auf Karls Initiative entstand, wurde nicht nur in Prag, sondern auch in einigen deutschen Diözesen zu einem festen Bestandteil des liturgischen Programms. Ein anderes – in gewisser Weise kurioses – Schicksal ist mit dem Offizium des hl. Eligius verknüpft, das in Böhmen nur in einem eng definierten institutionellen Rahmen begangen wurde. Sein Import in die böhmischen Länder steht ebenfalls mit den Aktivitäten Kaiser Karls IV. in Zusammenhang. Während seiner letzten Reise nach Frankreich um die Jahreswende 1377/78 besuchte Karl die nordfranzösische Stadt Noyon, Ort der letzten Ruhestätte des hl. Eligius, des Patrons der Goldschmiede. Der ernsthaft erkrankte Kaiser erhielt hier eine wertvolle Reliquie – die Inful (Mitra) des hl. Eligius, die er anschließend der Zunft der Prager Goldschmiede schenkte (vgl. Kat.-Nr. 9.3).[27]

Die Schenkung der seltenen Reliquie blieb nicht ohne Widerhall. Dies belegen u. a. die vier überlieferten Codices, die das vollständige hagiografische Material zum hl. Eligius einschließlich dreier notierter Offizien und Gesänge für die Messliturgie enthalten.[28] Alle vier Quellen entstanden in Böhmen und verwenden eine für die Prager Diözese typische Notation. Anscheinend gehen die Offizien in den Quellen der Goldschmiedezunft auf eine einzige Vorlage zurück, denn alle weisen einige übereinstimmende Fehler in der Verzeichnung der Melodie auf. Woher stammte wohl jene Vorlage, wenn der Festtag des hl. Eligius in Prag und den benachbarten Diözesen nicht gefeiert wurde?

Sehr wahrscheinlich wurde im Kontext des Besuchs in Noyon eine Person aus Karls Gefolge beauftragt, für den Kult des hl. Eligius – der nun durch die überreichte bedeutende Reliquie gefördert werden konnte – unmittelbar im Kloster Saint-Eloi in Noyon anhand der zugänglichen Offizien ein Exemplar anzufertigen. Ein Kleriker Karls IV. könnte also hier die an einigen Stellen fehlerhafte Vorlage erstellt haben, wobei die Fehler dann in allen Prager Handschriften tradiert wurden.

Das Offizium des hl. Eligius fand jedoch nie Aufnahme in das Prager Diözesanprogramm, sondern blieb auf das Milieu der Goldschmiedezunft beschränkt. Diese Berufsvereinigung verfügte wohl über genügend Mittel, um eine angemessene Anzahl fähiger Kleriker zu bezahlen, die an den Festtagen des hl. Eligius das entsprechende Offizium in einer der Prager Kirchen sangen.

Es sei außerdem darauf hingewiesen, dass die Handschriften der Prager Goldschmiedezunft mehr als lokale Bedeutung besitzen. Aufgrund der Verluste des französischen Quellenmaterials sind die Prager Codices das vollständigste (und faktisch einzige) Zeugnis des Repertoires, das zu Ehren des hl. Eligius in Noyon gesungen wurde.

Karl IV. unterstützte jedoch nicht nur den lateinischen Choral. In seinem Bestreben, in Prag so viele Traditionen des Christentums wie nur möglich zu versammeln, gründete er 1347 in der Prager Neustadt ein Kloster (später Emmauskloster genannt), dessen Aufgabe die Pflege des slawischen Schrifttums und die Feier der Liturgie in slawischer Sprache war. Zu diesem Zweck wurden Benediktinermönche von der nördlichen kroatischen Adriaküste nach Böhmen eingeladen. Das Kloster wurde auch weiterhin vom Herrscher stark unterstützt.[29]

Zum Musikrepertoire des Klosters lassen sich nur schwer Schlüsse ziehen, denn die Musikhandschriften der Emmausbibliothek sind leider nicht überliefert. Eine gewisse Vorstellung ermöglichen jedoch verschiedene Fragmente: Das erste wurde von Josef Vajs 1909 in der Bibliothek Strahov entdeckt;[30] bedeutender ist jedoch Jurij Snojs unlängst erfolgter Fund einiger Blätter im Bestand der Nationalbibliothek in Ljubljana.[31] In diesen Fragmenten finden wir liturgische Gesänge in der für die Region Böhmen üblichen Choralnotation, unterlegt mit einem in Glagoliza geschriebenen slawischen Text. Ein Vergleich der überlieferten slawischen Gesänge mit ihren lateinischen Äquivalenten liefert ein interessantes Ergebnis: Die Melodien der Gesänge stehen den in der Prager Diözese verwendeten lateinischen Choralgesängen sehr nahe. Obwohl es für Verallgemeinerungen noch zu früh ist, deuten die untersuchten Fragmente darauf hin, dass die Mönche des Emmausklosters kirchenslawische liturgische Texte zumindest teilweise mit den in ihrer Umgebung gewöhnlich verwendeten Melodien kombinierten. Möglicherweise entspricht dieser Fund auch gewissen Veränderungen in der Zusammensetzung der Mönchsgemeinschaft des Emmausklosters im Verlauf des 14. Jahrhunderts, da allmählich Mönche tschechischer Herkunft in den Konvent eintraten.

Abschließend muss eine Institution erwähnt werden, die für das musikalische Leben in Böhmen von außerordentlicher Bedeutung war: die Prager Universität. Haben wir zu Beginn unserer Studie bedauert, dass der Hof Karls IV. nicht zu einer „Bastion" der modernen europäischen mehrstimmigen Musik französischer oder italienischer Prägung geworden ist, so entstand mit der Universität eine wichtige Plattform, die fähig war, diese Art der Musik zu rezipieren und weiterzuentwickeln. Gerade für die Prager Hochschule entstand 1369/70 ein Traktat über die „moderne" französische (Mensural-)Notation, bei dem es sich wohl um die älteste Abhandlung zu diesem Thema in Mitteleuropa handelt. Sein Inhalt wird in einer Reihe weiterer Traktate mitteleuropäischer Herkunft weitergegeben. In diesen theoretischen Schriften sind jedoch auch die Titel verschiedener Kompositionen als Beispiele für den behandelten Stoff genannt. Anscheinend waren die erwähnten Kompositionen im Milieu der Prager Universität hinreichend bekannt und wurden oft genug aufgeführt.[32] Und so tauchen allmählich neben der einfachen, vermutlich aus der Improvisationspraxis hervorgegangenen Polyphonie auch einheimische Kompositionen modernen französischen „Zuschnitts" auf, so z. B. die isorhythmische Motette *Ave coronata*. Dieser Trend zeigt sich jedoch erst im letzten Viertel des 14. Jahrhunderts.[33]

In der Person Kaiser Karls IV. haben wir nicht den „mondänen" Herrscher vor uns, der sich systematisch mit weltlichen Vergnügungen umgeben hätte. Wie Zdeňka Hledíková sagt, war er *„ein mittelalterlicher Politiker, der aber die moderne Essenz der Theorie von der größeren Bedeutung des geistlichen Prinzips für die gesamte Gesellschaft vertrat".*[34] Diese Einstellung bestimmte auch sein Verhältnis zur Musik.

Abb. 161 Offizium des Heiligen Wenzel mit der von Karl IV. verfassten Legende Crescente religione. Die Initiale zeigt die Ermordung des Heiligen durch seinen Bruder Boleslav und dessen Schergen. Liber Viaticus des Johann von Neumarkt (vgl. Kat.-Nr. 12.6), fol. 313r • Prag um 1355/60 • Buchmalerei auf Pergament • Prag, Knihovna Národního muzea, Sign. XIII A 12

Abb. 162 Beginn des Offiziums der Heiligen Lanze und der Nägel. Liber Viaticus des Johann von Neumarkt (vgl. Kat.-Nr. 12.6) • Prag um 1355/60 • Buchmalerei auf Pergament • Prag, Knihovna Národního muzea, Sign. XIII A 12

FUSSNOTEN
1. BANDMANN 1960, 124.
2. ČERNÝ 1970, 54–59. – VLHOVÁ-WÖRNER/ČERNÝ 2005, 291.
3. KAVKA 1993, 76.
4. HUBER 1877, Nr. 1376.
5. HUBER 1877, 110, Nr. 3332.
6. TADRA 1895, 40, Nr. 64. – NEJEDLÝ 1904, 114f., interpretiert dieses Formular fälschlich als Echo eines konkreten Geschehens.
7. VILÍKOVSKÝ 1932, 280–291. – VIDMANOVÁ 2001. – RUŽIČKOVÁ 2006.
8. KORNRUMPF 2001.
9. STOLZ 2002. – KAVKA 1993/II, 98f.
10. HLEDÍKOVÁ 2012. In diesem Kontext dürfte es interessant sein, dass Heinrich von Mügeln sich nicht mehr lange in Prag aufhielt. Um 1360 folgte er Karls Tochter Katharina an den Wiener Hof des österreichischen Herzogs Rudolf IV.
11. „Dilexit me prefatus rex valde, et precepit capellano meo, ut me aliquantulum in litteris erudiret, quamvis rex predictus Ignarus esset litterarum. Et ex hoc didici legere horas beate Marie virginis gloriose, et eas aliquantulum intelligens cottidie temporibus mee puericie libencius legi, quia preceptum erat custodibus meis regis ex parte, ut me ad hoc instigarent." FRB III, 339f. – Tschechische Übersetzung PAVEL 1978, 29. – HILLENBRAND 1979/I.
12. HEIMPEL 1983. – HLEDÍKOVÁ 2012, 100. – KAVKA 1993/II, 65, schreibt, Karl habe einen alten ottonischen Brauch wiederbelebt. Heimpel vertritt dagegen die Ansicht, dass Karl IV. diese Tradition eingeführt habe, indem er sich von einem ähnlichen Brauch am päpstlichen Hof in Avignon inspirieren ließ.
13. HLEDÍKOVÁ 1972. – EBEN 1994. – VLHOVÁ-WÖRNER/ČERNÝ 2005. – ULIČNÝ 2011.
14. PODLAHA 1905/II, 33f.
15. PODLAHA 1905/II.
16. VLHOVÁ-WÖRNER 2003. – VLHOVÁ-WÖRNER 2006–2010. – VOZKOVÁ 2012. – EBEN 2015.
17. LUDVÍKOVSKÝ (1973–74), 286.
18. Praha, Knihovna Národního muzea, XIII A 12, fol. 313r.
19. POKORNÝ 1970, 412.
20. PODLAHA/ŠITTLER 1903/I. – MACHILEK/SCHLAGER/WOHNHAAS 1984. – KÜHNE 2000, 106–132.
21. Praha, Knihovna Národního muzea, XIII A 12, fol. 308r–312r Offizium, fol. 312r–313r Messrepertoire.
22. Praha, Knihovna Metropolitní kapituly P.6, fol. 49v–57v. Leider fehlt ein Teil des Offiziums.
23. „[...] sub specialit officio, quo idem dominus Karolus cum aliis theologis exposuit." FRB IV, 519.
24. Praha, Národní knihovna ČR, XII A 22, fol. 285r.
25. HRDINA 1932.
26. Sie sollen in einer eigenen Studie besprochen werden.
27. PÁTKOVÁ 2006.
28. EBEN 2006.
29. ČERMÁK 2014.
30. VAJS 1909.
31. SNOJ 2011.
32. VLHOVÁ-WÖRNER/ČERNÝ 2005, 297–302.
33. ČERNÝ 2003.
34. HLEDÍKOVÁ 2012, 99.

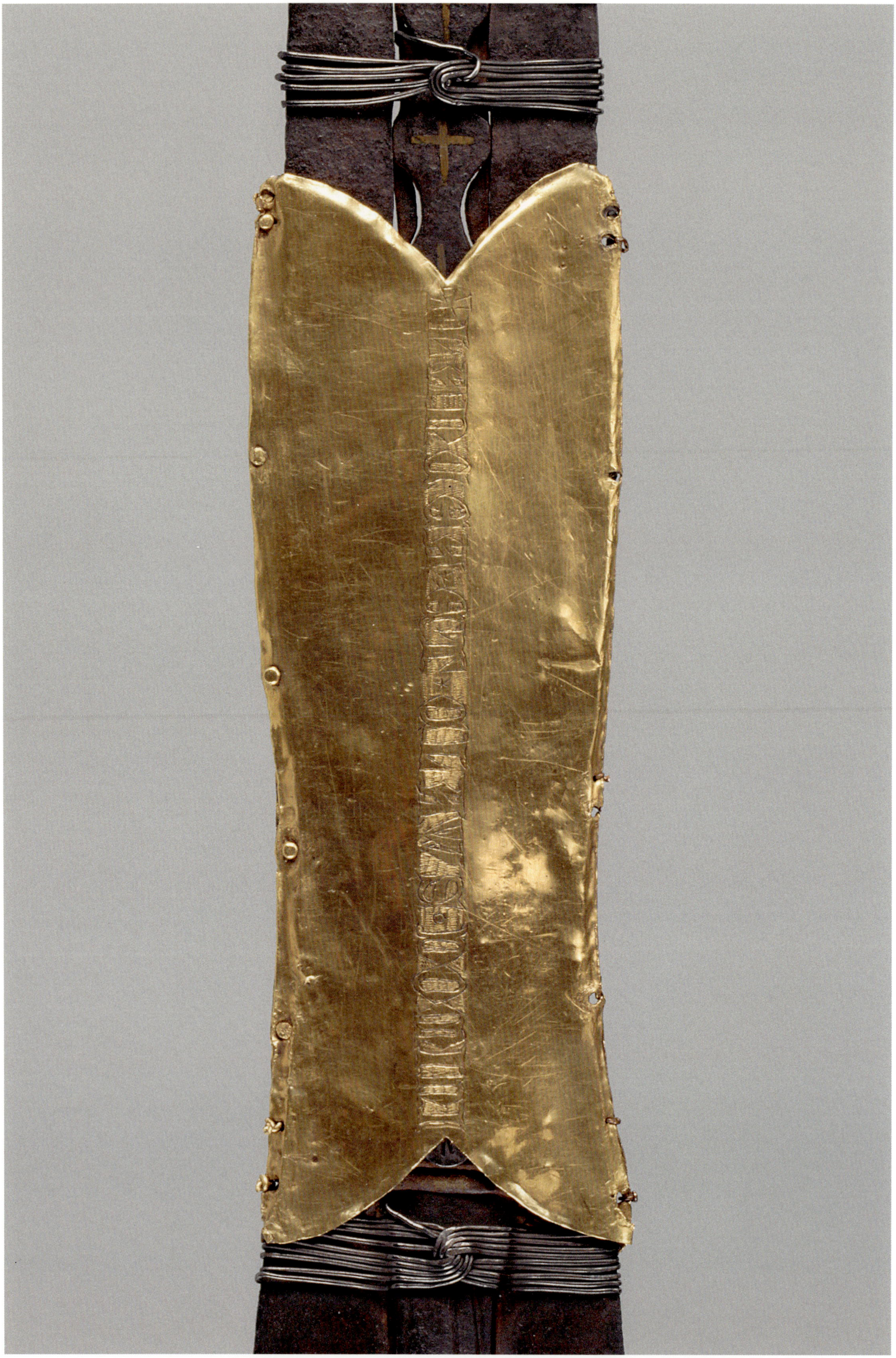

Sacrum Romanum Imperium

Die Kaiserkrönung Karls IV., die Goldene Bulle und die Einigung mit der Kirche

Eva Schlotheuber

Ende des Jahres 1355 berief Kaiser Karl IV. die Kurfürsten und Reichsfürsten, die Vertreter des hohen Klerus und der Städte nach Nürnberg, um den Ablauf der Königswahl, die Vorrechte der Kurfürsten und andere wichtige Fragen zu beraten. Nach langen Verhandlungen wurde am 10. Januar 1356 in Nürnberg der erste Teil der Gesetzessammlung verkündet, die Karl IV. später als *unser keiserliches rechtbuch* bezeichnet hat.[1] Den zweiten Teil (Kapitel 24–31), der die Ausübung der Erzämter der Kurfürsten betraf, publizierte der Kaiser feierlich am 25. Dezember 1356 in Metz. Diese älteste Verfassung, das „Grundgesetz" des Heiligen Römischen Reichs wurde mit einer goldgetriebenen Siegelkapsel besiegelt, die ihr den Namen „Goldene Bulle" verlieh. Die Goldene Bulle war viele Jahrhunderte, bis zum Ende des Alten Reichs 1806 gültig. Sie schrieb die Rechte und Pflichte der Kurfürsten fest, so die Unteilbarkeit ihrer Territorien, aber sie verbot auch die unrechte Fehde und Bündnisse aller Art mit Ausnahme der Landfriedenvereinigungen. Vor allem aber regelte die Goldene Bulle die Modalitäten der Königswahl, die allein den Kurfürsten das Recht zuschrieb, den König zu wählen (*küren*): dem Böhmischen König als Erzschenk des Reichs, dem Pfalzgrafen bei Rhein als Erztruchsess und Reichsvikar für den Süden, dem Herzog von Sachsen als Erzmarschall und Reichsvikar für die Gebiete des sächsischen Rechts, dem Markgrafen von Brandenburg sowie den drei Erzbischöfen von Mainz, Köln und Trier als Kanzler. Der durch sie nach Mehrheitswahlrecht zum König Gewählte bedurfte keiner Zustimmung des Papstes, sondern konnte unmittelbar nach der Wahl voll rechtsfähig als König handeln.

Der Papst wird in der „Goldenen Bulle" mit keinem Wort erwähnt, vor allem auch nicht das Recht, das dieser beanspruchte, nämlich den Kandidaten, den er später zum Kaiser krönen sollte, vorher zu prüfen („Approbationsrecht"). Viele Jahrzehnte hatte die Kurie erbittert dafür gekämpft, dass ohne ihre Approbation kein Römisch-deutscher König rechtmäßig regieren dürfe. Dieses Recht wurde jetzt ebenso übergangen, wie die Ansprüche der Päpste auf das Reichsvikariat, also bei Thronvakanz als *vicarius imperii*,

Abb. 163 **Die Heilige Lanze**, mit der Longinus dem gekreuzigten Christus die Seitenwunde zugefügt haben soll, ging nach mittelalterlicher Vorstellung später in den Besitz des „Reichsheiligen" Mauritius über und soll schließlich von Otto dem Großen bei der Schlacht auf dem Lechfeld geführt worden sein. Sie gehörte zu den wichtigsten Reliquien des Reichsschatzes, dessen Besitz den Kaiser zugleich legitimierte und heiligte. Karl IV. führte einen eigenen Festtag zur Verehrung der Lanze und der Nägel vom Kreuze Christi ein, von denen ein Fragment in die Reliquie eingelassen sein soll; die goldene Spange ist eine Zutat des Luxemburger-Kaisers • 8. Jh., Silbermanschette: 2. Hälfte 11. Jh; Goldmanschette: 3. Viertel 14. Jh. • Stahl, Eisen, Messing, Silber, Gold, Leder; L. 50,7 cm • Wien, Kunsthistorisches Museum, Weltliche Schatzkammer, Inv.-Nr. SK WS XIII 19

als Verwalter des Reichs zu fungieren.[2] Warum hat die Kurie das Übergehen ihrer Rechte widerspruchslos hingenommen? Indem der päpstliche Gesandte Elias de Talleyrand den großen Hoftag in Metz feierlich mit der Weihnachtsmesse eröffnete, hat Papst Innozenz VI. vielmehr der Goldenen Bulle öffentlich zugestimmt. Im Verlauf der Messe las der Kaiser persönlich aus dem Lukas-Evangelium „*Es ging ein Gebot vom Kaiser Augustus*". Eindrücklicher ließ sich das friedliche Zusammenwirken von geistlicher und kaiserlicher Gewalt im Reich kaum öffentlich zur Schau stellen.[3]

Im selben Jahr, am 2. Mai 1356, erließ der päpstliche Legat und spanische Kardinal Aegidius Albornoz die neue Verfassung des Kirchenstaates (*Constitutiones Aegidianae*), die die faktische Verwaltungsorganisation eines päpstlich-italischen Territorialstaates begründete und ebenfalls sehr lange, bis 1816 Gültigkeit behielt.[4] Nichts schien bislang auf einen möglichen Zusammenhang zwischen diesen beiden großen Verfassungsentwürfen hinzudeuten, aber konnte die Goldene Bulle, die die Rechte der Kurie in wesentlichen Punkten berührte, wirklich eine „einsame Entscheidung" des Kaiser und der Reichsstände sein?

Die wichtigsten Entscheidungen waren bereits Anfang des Jahres 1355 gefallen, nachdem Karl nach Italien gezogen war, um die Kaiserkrönung in Rom zu erreichen. Nach intensiven diplomatischer Verhandlungen gelang zunächst durch die Einigung mit den mächtigen Visconti seine Krönung mit der „Eisernen Krone" der Lombardei am 6. Januar 1355 in Mailand.[5] Dieser Erfolg zwang Papst Innozenz VI., eine Delegation zur Kaiserkrönung Karls IV. zusammenzustellen. Der Papst hatte als Koronator den spanischen Legaten Albornoz vorgesehen, der in dieser Zeit energisch für die Rückeroberung des Kirchenstaates kämpfte. Für Albornoz war Karls Griff nach der Kaiserkrone eine existentielle Herausforderung, nicht nur weil der zukünftige Kaiser eine konkurrierende Gewalt in Italien darstellte und die Position seiner Feinde wie der Visconti stärkte, sondern auch weil es bei der Krönung konkret um das Verhältnis von kaiserlicher und päpstlicher Gewalt in Rom und im Kirchenstaat gehen musste. Trotz päpstlicher Weisung weigerte sich der spanische Legat deshalb, Karl IV. zu krönen.[6] Auch Karl selbst vermochte ihn weder durch Boten noch durch Briefe umzustimmen. Karls Pläne wären sicher gescheitert, wenn sich nicht der zweite päpstliche Gesandte, der Kardinal von Ostia, Pierre Bertrand de Colombiers, dazu bereit erklärt hätte. Dass es ein erhebliches Problem darstellte, überhaupt einen Koronator für den Römisch-deutschen König zu finden, sprach der Bischof von Ostia beim ersten Zusammentreffen mit Karl ziemlich direkt und offen-

Abb. 164 **Die Goldene Bulle Karls IV. (1356), Abschrift von 1366 (Frankfurter Exemplar)** • Pergamentheft aus 44 Blättern mit goldenem Siegel (Goldbulle) an schwarzgelber Seidenschnur • Frankfurt/M., Institut für Stadtgeschichte, Karmeliterkloster, Privilegien 107

bar nicht ohne Humor an, als er eine Predigt über Jesaja 6,8 hielt: *„Ich habe die Stimme des Herrn sagen hören: Wen soll ich schicken? Und wer von Euch wird gehen?"*[7]

Zu einem offenen Konflikt zwischen Albornoz und Karl IV. kam es nicht, und so konnte der Bischof von Ostia am Ostersonntag, dem 5. April des Jahres 1355, Karls Kaiserkrönung in Rom in einem gedrängten, aber feierlich und friedlich verlaufenden Zeremoniell vollziehen.[8] Karl musste als Kaiser noch einmal beeiden, was er bereits als König beschworen hatte: alle Privilegien der Kirche zu bestätigen[9] und vor allem auf jegliche Herrschaftsansprüche in Rom und im Kirchenstaat zu verzichten, insbesondere auf die Ausübung der kaiserlichen Gerichtsbarkeit. Dieser Verzicht auf wesentliche Kaiserrechte hat Karl die scharfe Kritik Petrarcas eingebracht, kein wahrer Kaiser zu sein, sondern sich mit dem bloßen *„Namen des Kaiserreichs"* (nomen imperii) zufrieden zu geben.[10] Karl jedoch hielt sich an die Versprechen, die er der Kurie gegeben hatte, und verließ noch am Krönungsabend mit der Kaiserin und seinem gesamten Gefolge die Stadt Rom.

Nun, als die Kaiserkrönung trotz seiner Weigerung gelungen war, war Albornoz in einer schwierigen Lage. Im April 1355 schrieb Petrarca an seinen Humanistenfreund Neri Morando: *„Freilich, was Du über die Zusammenkunft des Cäsars mit dem Legaten in größter Hellsicht voraussagst, nehme ich rückhaltlos an und meine fast, das Ereignis selbst vor mir zu sehen. [...] Somit bin ich weniger deshalb beunruhigt, weil das Pferd des Legaten sich gegen den Cäsar aufgebäumt hat, als vielmehr darum, weil ich erkannt habe, dass die Gemüter sich aufbäumen. Auch weiß ich, dass ‚keine Gewalt eine andere neben sich duldet'."*[11] Albornoz musste sich jetzt um einen Ausgleich mit dem Kaiser bemühen, der seine Weigerung als Majestätsbeleidigung aufgefasst hatte. Als Vorbereitung für die kommenden Verhandlungen entschied man sich dafür, dem spanischen Legaten einen feierlichen Empfang in Siena zu bereiten, wo Karl residierte. Es galt nun die neuen Machtverhältnisse in einem öffentlichen Zeremoniell zu demonstrieren, als Voraussetzung für spätere Verhandlungen. Als Albornoz am 1. Mai 1355 in Siena eintraf, ritt ihm der Kardinal von Ostia vor die Tore der Stadt entgegen. Bei ihrem ersten öffentlichen Zusammentreffen nach der Krönung zeigte sich, dass mit dem Kardinal Pierre Bertrand der deutlich rangniedrigere Gesandte die Rolle des Koronators übergenommen hatte: *„Die Klugheit des Kardinals möge man beachten"*, hebt der päpstliche Chronist Johannes Porta de Annoniaco hervor, *„denn dieser trug, um den Legaten zu ehren, in seiner Anwesenheit nicht seinen roten Mantel, obwohl es ihm aufgrund der ihm übertragenen Autorität gestattet war und er ihn vor der Ankunft und nach der Rückkehr des Legaten auch getragen hat. Vielmehr wählte er [der Kardinal von Ostia] jetzt die ‚himmlische Farbe' [color celestinus], also blau."* Auf den Kardinal folgte wenig später der Kaiser persönlich zum Empfang des Legaten und zwar, wie es hier heißt, *„aus angeborener Sanftmut"* (ex innata sibi mansuetudine). Indem er ihm zum Empfang entgegen ritt, überging Karl somit die schwere Demütigung des päpstlichen Legaten, was den beiden päpstlichen Gesandten erlaubte, den Kaiser bei der Rückkehr in die Stadt in die Mitte zu nehmen und gemeinsam zurück nach Siena zu geleiten. Damit erkannte Albornoz Karls kaiserliche Autorität öffentlich an. *„Dabei sind die beiden Kardinäle"*, so fährt Johannes Porta fort, *„einander gemäß der Lehre*

Abb. 165 Der Römische Kaiser und die Kurfürsten. Wappenbuch des Herolds von Geldern, fol. 26r • Geldern, um 1393/95 (?) • Federzeichnung auf Pergament • Brüssel, Bibliothèque royale de Belgique, Ms. Nr. 15653 56

des Paulus [Rom 12,10] *in der Ehrerbietung zuvorgekommen und haben unterwegs auf den Segensgestus, der dem Mächtigeren zugestanden hätte, verzichtet.*" Auf diese Weise lösten also der spanische Legat und der Kardinal die Rangfrage durch einen Kompromiss: Während der Kardinal von Ostia dem spanischen Legaten Albornoz in Bezug auf das Gewand „freiwillig" den Vorrang zugestand, demonstrierten sie durch den Verzicht auf den Segensgestus Gleichrangigkeit. Zusammen vermochten die päpstlichen Gesandten das neue Verhältnis zu demonstrieren, dass nämlich die kaiserliche und die päpstliche Gewalt einträchtig zusammengehen konnten.

In den folgenden Verhandlungen in Siena erreichten Kaiser und Legat eine Einigung über die Zuständigkeiten der beiden Gewalten. Bildlicher Ausdruck dieser Einigung ist die Darstellung von Kaiser und Papst im Treueschwurregister des Aegidius Albornoz (Abb. 168), das die Treueide der vom Kirchenbann befreiten Bewohner der Mark Ancona enthielt, die sie der Kurie als rechtmäßigem Herrn leisteten. Auf Folio 8v findet sich eine Abbildung von Kaiser und Papst, die unübersehbar auf die Ikonografie der Silvesterkapelle in SS. Quattro Coronati in Rom Bezug nimmt.[12] Diese Fresken waren um die Mitte des 13. Jahrhunderts entstanden und zeigten die Übergabe der weltlichen Gewalt durch Kaiser Konstantin an Papst Silvester I. zum Dank für seine Heilung vom Aussatz (Abb. 167).[13] Im Treueschwurregister wird die zentrale Szene der „Konstantinischen Schenkung" aufgegriffen, als Konstantin dem Papst mit der Tiara die weltlichen Herrschaftsrechte übergibt. Der thronende Papst mit Nimbus, der sich mit dem Segensgestus der rechten Hand leicht nach vorn zum Kaiser wendet, der kniende Kaiser, der dem Papst das *frygium* / die Tiara überreicht – das finden wir spiegelbildlich auch in der berühmten Darstellung der Silvesterkapelle. Während der Papst durch den Nimbus als der heilige Silvester I. gekennzeichnet ist, kann der kniende Kaiser aufgrund der neben ihm abgebildeten fünf Städte, die dem Heiligen Stuhl mit der Tiara übergeben werden, nur Karl IV. meinen. Dieser erscheint hier in der Nachfolge Kaiser Konstantins als „neuer Konstantin", wobei Konstantin der Große aufgrund seiner Anerkennung der Vorherrschaft des Papstes für die Eintracht zwischen Kaisertum und Papsttum stand. Hier überreicht der kniende Kaiser dem thronenden Papst mit der linken Hand eine Tiara, an die sich der Anspruch des Papstes auf die weltlichen Herrschaftsrechte knüpfte.[14] Mit der rechten Hand verweist der Kaiser hinter sich auf eben jene fünf Städte in einer Hügellandschaft, die das Symbol der von Albornoz für die Kirche zurückeroberten Gebiete darstellen. Die Übergabe der Tiara an den Papst als Insigne weltlicher Herrschaft ist ganz offenbar auf diese zu beziehen.

Als bislang einzige bekannte Rezeption der Ikonografie der Silvester-Fresken in SS. Quattro Coronati ist die Darstellung im Treueschwurregister des Aegidius Albornoz bedeutsam. Durch das Aufgreifen der spezifischen Ikonografie der Konstantinischen Schenkung in SS. Quattro Coronati mutet die Darstellung im Treueschwurregister wie eine bildliche „Privilegienbestätigung" Karls IV. an, der die Schenkung seines Vorgängers im Kaiseramt erneuert. Im Treueschwurregister des Albornoz wird die „Privilegienbestätigung" freilich durch die „Anmerkung" präzisiert, dass sie sich eindeutig auf die abgebildeten fünf vatikanischen Städte bezieht.

Abb. 166 Kardinal Albornoz und drei Heilige • Assisi, 1368 • Fresko • Assisi, San Francesco, Unterkirche

Was in den Silvester-Fresken in der Mitte des 13. Jahrhunderts als unbeschränkter Anspruch einer vollständigen Rückgabe jener Schwertgewalt gefasst wird, wird hier geografisch im Raum verankert und dadurch in seinem Geltungsanspruch beschränkt.

Die Darstellung im *Regestum Recognitionum* entspricht somit ziemlich exakt sowohl dem Anspruch des Aegidius Albornoz auf ausschließliche Vertretung weltlicher Herrschaftsrechte im Kirchenstaat, als auch der Politik Karls IV., der auf imperiale Machtausübung in Rom und im Kirchenstaat endgültig verzichtete. Karl IV. hat damit die machtpolitische Reichweite der Römisch-deutschen Kaiserwürde für Italien entscheidend neu formuliert und bindend beschränkt.[15] Weder sein Sohn Sigismund, noch der Habsburger Friedrich III. haben später den Versuch unternommen, in Rom oder im Kirchenstaat Kaiserrechte auszuüben. Als der Kaiser und der Legat Anfang Mai 1355 in Siena zusammentrafen, erreichte Karl IV. offenbar eine Einigung, die auf einen Verzicht kaiserlicher Machtausübung in den von der Kirche beanspruchten und von Albornoz zurückeroberten Gebieten hinauslief. Aber es wäre sehr untypisch für Karl IV., wenn er Reichsrechte, und seien sie in seinen Augen auch noch so unhaltbar – ohne Gegenleistung aufgegeben hätte. Im Gegenzug wird er auch für das Reich eine Politik der Nicht-Einmischung eingefordert haben, die vor allem eine autonome Regelung der Königswahl ermöglichte, wie sie wenig später in Nürnberg diskutiert und schriftlich niedergelegt wurde. Wie Karl durch seine schweigende Duldung die konstitutive Neuordnung des Kirchenstaates ermöglicht hatte, sollte auch die Kurie zur Neuformulierung der Reichsrechte schweigen. Und sie hat auch geschwiegen, indem Kardinal Elias de Talleyrand bei der Verkündigung der Goldenen Bulle nicht im Namen des Papstes protestiert hat.[16] Im Gegenteil, zur Weihnachtsmesse las Karl IV. in Anwesenheit des päpstlichen Kardinallegaten aus dem Lukas-Evangelium das Gebot des Kaiser Augustus und betonte damit den weltlichen Vorrang des Kaisertums vor der Entstehung der christlichen Kirche.[17] Dann geleiteten alle Erzbischöfe, Bischöfe, Prälaten und weltliche Fürsten den Kaiser und die Kaiserin in vollem Ornat zum Speisehaus, wo die Kurfürsten gemäß ihren Erzämtern den Kaiser bedienten.[18] Im Anschluss an das Festmahl vergab der Kaiser Reichslehen und verkündete öffentlich die Goldene Bulle. Einen so feierlichen und glanzvollen Hoftag hatte man schon lange nicht mehr erlebt.

Abb. 168 **Ein Monarch – vermutlich Karl IV. – übereignet dem Papst (wohl Petrus als dem ersten Papst, realiter Silvester I.) die Städte der Mark Ancona und reicht dazu die Tiara als Symbol der weltlichen Herrschaft der Päpste. Treueschwurregister (Regestum recognitionum) des Aegidius Albornoz, fol. 8v** • Rom, 1356/57 • Buchmalerei • Vatikanstadt, Archivio Segreto Vaticano, Arm. XXXV, Cod. XX.

Im 31. und letzten Kapitel der Goldenen Bulle legte Karl IV. noch etwas fest, das ihm besonders am Herzen lag, nämlich, dass die Söhne der Kurfürsten, die „*viele Leute verstehen und von vielen verstanden werden sollen*",[19] die Sprachen der drei zum römisch-deutschen Reich gehörenden *regna*, Italienisch, Tschechisch und Deutsch, beherrschen sollten, ebenso wie Latein als Sprache des Klerus. Die Fähigkeit zur friedlichen Beilegung von Konflikten war nach der Überzeugung des Kaisers nicht zuletzt eine Frage der Bildung.

FUSSNOTEN
1. FRITZ 1972. – HERGEMÖLLER 1983. – ANNAS 2004. – HERGEMÖLLER 2006. – HOHENSEE/LAWO/LINDNER u. a. 2009. – Zur Entstehungsgeschichte zuletzt BOJCOV 2013.
2. MIETHKE 1995, 443.
3. HEIMPEL 1983.
4. SCHEFFLER 1912. – ERLER 1970, 22–26. – FILIPPINI 1970, 22–26. – VERDERA Y TUELLS 1972. – COLLIVA 1977. – KALISTA 2004. – PETRUCCI 2011. – SCHLOTHEUBER/KISTNER 2013.
5. WIDDER 1993, 139–150.
6. SCHLOTHEUBER/KISTNER 2013, 544–547.
7. „Audivi vocem Domini dicentis: Quem mittam? Et quis ex vobis ibit?". – Johannes Porta/SALOMON 1913, c. 29, 65.
8. WERUNSKY 1878, 172–188. – ŠUSTA 1948. – HILSCH 1978. – SEIBT 1978/II, 238f. – KAVKA 1993, 98–101. – KAVKA 2004. – KUBÍNOVÁ 2005, 47–52.
9. MGH Constitutiones 8, Nr. 9–13 (1346, April 22), 11–27, hier 12.
10. WIDMER 2001, 464.
11. WIDMER 2001, 455.
12. SCHLOTHEUBER/KISTNER 2013, 567–574.
13. KUBÍNOVÁ 2006. – NOLL 2011.
14. LADNER 1980.
15. WIDMER 2001, 464.
16. HERGEMÖLLER 1983, 215f.
17. SCHNEIDMÜLLER 2009, 272.
18. HERGEMÖLLER 2006, 33f.
19. FRITZ 1972, c. 31, 90.

Abb. 167 **Kaiser Konstantin übergibt Papst Silvester I. die weltliche Gewalt – die sog. „Konstantinische Schenkung"** • Rom, M. 13. Jh. • Wandmalerei • Rom, SS. Quattro Coronati, Silvesterkapelle

Adorant tres magos colonie.

Coronatio spire uxoris Joh. filui h. regis romanoru. Elizabeth

Die Heiratspolitik Karls IV.

Václav Žůrek

Die Heiratspolitik[1] war ein wichtiger Bestandteil der internationalen Beziehungen im Mittelalter und zugleich die Basis für Allianzen zwischen den einzelnen Herrscherdynastien. Ähnlich wie der Krieg als Fortsetzung der Politik mit anderen Mitteln bezeichnet wird, galt dies im Mittelalter auch für die Eheschließungsstrategien der vornehmen Geschlechter. Für die Herrscherdynastien trifft dies besonders zu. Um die Exklusivität der edlen Herkunft zu wahren, war es für die Thronfolger und anderen Nachkommen der Königsfamilien geboten, vor allem untereinander zu heiraten. Jedoch führte die begrenzte Anzahl königlicher Dynastien in Europa dazu, dass häufig recht enge Verwandte miteinander die Ehe eingehen mussten. Nach dem kanonischen wie dem weltlichen Recht war Blutsverwandtschaft ein Ehehindernis, für das man jedoch bei der Kurie um einen Dispens, eine Erlaubnis zur Eheschließung, ersuchen konnte. Gewöhnlich erlaubte der Papst eine Verbindung zwischen Verwandten 3. oder 4. Grades. Daher mussten die Verwandtschaftsverhältnisse im Auge behalten werden, und genealogische Kenntnisse waren an den einzelnen Höfen und bei der Kurie von großer Bedeutung.

Die Mitglieder der Luxemburgerdynastie waren für ihre konsequente und pragmatische Nutzung der Heiratspolitik berühmt. Bereits der böhmische König Johann von Luxemburg hatte die Eheschließungen und Verlobungen seiner Schwestern und Kinder vor allem mit Rücksicht auf die internationale Stellung der Luxemburgerdynastie ausgehandelt und umgesetzt. Der König suchte in erster Linie nach mächtigen Verbündeten, die seinen Anspruch auf den neu erworbenen böhmischen Thron respektieren sollten. Daher knüpfte er Eheverbindungen zu den Königen von Frankreich und Ungarn sowie den Herzögen von Österreich und Bayern. An diese Höfe verheiratete er nach und nach seine Töchter. Bei der Suche nach einem geeigneten Ehepartner gab es gewisse Unterschiede zwischen Söhnen und Töchtern, denn während eine Tochter die Allianz mit einem anderen Hof festigen sollte, konnte ein Sohn zum Erben eines fremden Landes werden und so neue Gebiete unter die Herrschaft der Dynastie bringen bzw. dort eine Nebenlinie des Geschlechts gründen. Darum bemühte sich auch Johann von Luxemburg im Fall seiner beiden jüngeren Söhne. Der zweitgeborene Sohn Johann Heinrich sollte durch die Verbindung mit Margarethe Maultasch, der Erbin von Tirol und Kärnten, die Macht der Luxemburger nach Süden ausdehnen; die Ehe scheiterte jedoch und endete schließlich mit der Scheidung. Johann Heinrich ließ sich schließlich in der Markgrafschaft Mähren nieder, wo er die Luxemburger Sekundogenitur begründete. Für seinen Sohn Wenzel aus der zweiten Ehe mit Beatrice de Bourbon bereitete Johann eine Zukunft in der Grafschaft Luxemburg und im Westen des Reichs vor. Durch die Eheschließung mit Johanna, der Erbin des Herzogtums Brabant, sicherte er ihm die Herrschaft über ein ausgedehntes Territorium und stärkte zugleich den Einfluss der Dynastie westlich des Rheins. Die größte Aufmerksamkeit widmete Johann aber verständlicherweise seinem erstgeborenen Sohn Wenzel, den er zur Erziehung an den französischen Königshof schickte, wo Wenzel den Namen Karl annahm. Für ihn fand Johann die Braut Blanca aus dem künftigen Königsgeschlecht der Valois (1323).

Johanns Sohn Karl IV. setzte die begonnene Heiratspolitik fort und konnte dank seiner Kinder geschickte Züge auf dem Schachbrett der europäischen Diplomatie vornehmen. Karl IV. legte auch bei der Suche nach seinen eigenen Gemahlinnen Wert auf die strategische Bedeutung einer dynastischen Verbindung. Seine erste Frau stammte aus Frankreich, da sein Vater Johann damit die Allianz mit dem Pariser Hof stärken wollte. Seine weiteren Ehen plante Karl unter Berücksichtigung der politischen und wirtschaftlichen Lage bereits selbst. Durch die Heirat mit Anna von der Pfalz (1349) trieb er beispielsweise einen Keil in die bisher einhellige Koalition der Wittelsbacher gegen die Luxemburger und überraschte damit auch seine eigenen Verbündeten und vor allem Papst Clemens VI., der ihm bereits vorbeugend einen Dispens für die künftige Ehe erteilt hatte. Seine dritte Gemahlin Anna von Schweidnitz (1353) wählte Karl aus, um die Expansion seiner Dynastie nach Schlesien zu bekräftigen. Anna brachte nämlich als Mitgift die beiden schlesischen Herzogtümer Schweidnitz und Jauer mit in die Ehe. Karl hatte ursprünglich eine Verbindung zwischen Anna und seinem erstgeborenen Sohn Wenzel (1350–51) in Betracht gezogen, die sich jedoch durch den Tod des vorgesehenen Bräutigams schnell zerschlug. Nach dem unerwarteten Tod der Anna von der Pfalz heiratete Karl IV. daher bereits nach 113 Tagen Witwerschaft eine weitere Anna, die ihm den ersehnten Erben, den künftigen Wenzel IV., gebar. Karls letzte Ehefrau Elisabeth von Pommern (1363) war eine Enkelin des polnischen Königs Kasimir des Großen und eine Tochter Herzog Bogislaws von Pommern. Elisabeths Verbindungen zum polnischen Hof sollten Karl bei der Zerschlagung einer feindlichen Koalition helfen, der auch der polnische König angehörte.

Abb. 169 Vermählung Johanns von Luxemburg mit Elisabeth der Přemyslidin im Codex Trevirensis (Balduineum I, vgl. Kat.-Nr. 3.4), fol. 5r • Trier, 1330–45 • Federzeichnung auf Pergament • Koblenz, Landeshauptarchiv, Abt. 1 C Nr. 1

pres la mort du roy phe
le bel regna sus les françois
charles le bel son frere au
comencement de son roi
aume il escript au pape
clement pour cause de cognacion espirituele

Abb. 170 Hochzeit der Maria von Luxemburg mit König Karl IV. von Frankreich. Miniatur aus den Grandes Chroniques de France, fol. 400 • Paris, 2. H. 14. Jh. • Buchmalerei • Paris, Bibliothèque nationale de France, Département des Manuscrits, Ms. français 2608

Abb. 171 **Bildnisbüste Blanche de Valois (1316/17–48)**

Abb. 172 **Bildnisbüste Anna von der Pfalz (1329–53)**

Abb. 173 **Bildnisbüste Anna von Schweidnitz (1339–62)** 
Abb. 171–174 **Die vier Gemahlinnen Karls IV. in ihren Bildnissen am Triforium des Prager Veitsdoms** • 1370er Jahre • Kalkstein, farbig gefasst • Prag, Kathedrale St. Veit, Triforium

Abb. 174 **Bildnisbüste Elisabeth von Pommern (1345–93)**

Ebenso wie in der internationalen Politik war Karl IV. auch in der Heiratspolitik vor allem ein entscheidungsfreudiger Improvisator, wie die Eheschließungen seiner Kinder zeigen. Bei Bedarf löste er deren Verlobungen wieder auf und ersetzte sie sofort durch andere Verbindungen. Mehrfach versprach er sogar Verbündeten, eine ihm erst künftig zu gebärende Tochter mit diesen zu verheiraten. Das Hauptziel von Karls Heiratsplänen war die Festigung der Luxemburger Herrschaft im mitteleuropäischen Raum, sodass er seine Töchter möglichst in die benachbarten Herrscherfamilien verheiratete.

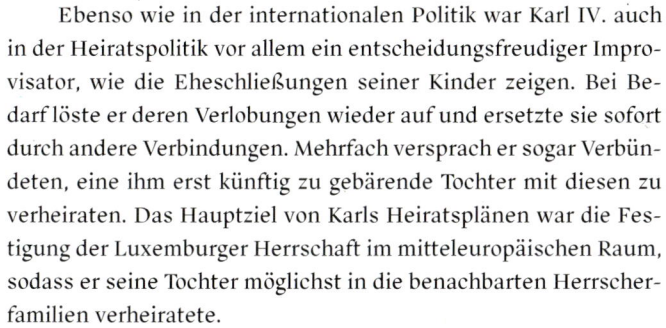

Seine erste Tochter Margarethe versprach Karl IV. im Alter von knapp drei Jahren dem ungarischen Thronerben Ludwig. Dieses Versprechen hielt er später und sandte Margarethe an den ungarischen Hof, um den König aus der Dynastie der Anjou im Streit mit Kaiser Ludwig dem Bayern auf seine Seite zu ziehen. Margarethe starb jedoch bereits 1349 im Alter von 14 Jahren, und so war die Allianz zwischen den beiden Geschlechtern nicht von langer Dauer.

Die zweite Tochter aus der Ehe mit Blanca von Valois erhielt nach Karls Lieblingsheiligen den Namen Katharina. Sie wurde dem österreichischen Thronfolger, Herzog Rudolf (IV.) versprochen. Die Hochzeit im Jahr 1353 wurde von einem prächtigen Fest begleitet, und die Ehe war allem Anschein nach glücklich. Herzog Rudolf, genannt der Stifter, aus dem Geschlecht der Habsburger versuchte es seinen Schwiegervater in jeglicher Hinsicht gleichzutun. Nach Rudolfs Tod 1365 zögerte der Kaiser nicht und verheiratete Katharina unter den Vorzeichen einer veränderten politischen Lage erneut. Er bemühte sich nämlich um den Gewinn einer weiteren Kurfürstenstimme und die damit verbundene Markgrafschaft Brandenburg. Daher verehelichte er Katharina 1366 mit dem Brandenburger Markgrafen Otto V. von Wittelsbach, den er später großzügig mit seinem früheren Besitz

Heiratspolitik

in der Umgebung von Sulzbach entlohnte. Beide Ehen Katharinas blieben kinderlos.

Nach dem Tod Rudolfs IV. verlor Karl IV. die dynastische Verbindung mit den Habsburgern, was für ihn von Nachteil war, da gerade dieses Geschlecht in der mitteleuropäischen Politik eine bedeutende Rolle spielte. Der Kaiser fand jedoch eine schnelle Lösung und verheiratete Elisabeth, seine einzige Tochter aus der dritten Ehe mit Anna von Schweidnitz, bereits 1366 mit Albrecht III., genannt „Albrecht mit dem Zopf", einem von Rudolfs Nachfolgern. Die junge Luxemburgerprinzessin starb mit nur 15 Jahren, so dass auch diese Ehe kinderlos blieb.

Seine letzte Ehe mit Elisabeth von Pommern ging Kaiser Karl bereits im höheren Alter ein, und 1373 wurde ihm nach mehreren Söhnen die Tochter Margarethe geboren, die er für die politische Allianzbildung einsetzen konnte. Um die langjährige Loyalität des Nürnberger Burggrafengeschlechts zu stärken, versprach er Margarethe an Johann III. von Hohenzollern. Zu Verlobung und Eheschließung kam es jedoch schon wegen des Alters der beiden beteiligten Partner erst in den 1380er Jahren, also nach dem Tod des Kaisers. Damals entschied bereits Karls Nachfolger Wenzel IV. über die dynastischen Allianzen, wobei er besonders in den ersten Jahren die von seinem Vater eingeschlagene Richtung weiterverfolgte. Wenzel sorgte für die Erfüllung der Bündnisverpflichtungen, die Karl vor seinem Tod eingegangen war, aber er verwirklichte auch seine eigene Politik, wie der Fall seiner Halbschwester Anne zeigt. Hier nahm er das Angebot der englischen Gesandten an und handelte Annes Eheschließung mit dem englischen König Richard II. aus dem Geschlecht der Plantagenet aus (1382).

Von zentraler Bedeutung waren selbstverständlich die Heiraten der königlichen Söhne. Karl IV., dem die Zukunft der Dynastie am Herzen lag, suchte die Ehefrauen seiner Söhne unter diesem Gesichtspunkt aus. Für Wenzel, den Nachfolger auf dem böhmischen und dem römischen Thron, fand er eine Braut aus dem Geschlecht der Wittelsbacher. Er ahnte, dass für Wenzels Regierung gute Beziehungen mit der nicht nur Bayern beherrschenden mächtigen Dynastie von erheblicher strategischer Bedeutung sein würden, und handelte daher eine Eheschließung mit Johanna von Bayern aus (1370). Diese Verbindung war zudem für die Verhandlungen über die Brandenburger Besitzungen von sofortigem Nutzen.

Für den jüngeren Sohn Sigismund suchte Karl IV. nach einem anderen Wirkungsort, und es gelang ihm, eine Braut mit großem politischem Potential zu finden: Maria, die Tochter des ungarischen Königs Ludwig des Großen und Erbin des Ungarischen Königreichs. Karl IV. respektierte die gängige Praxis der mittelalterlichen Dynastien, d. h. die Entsendung der Bräute an die Höfe ihrer Ehegatten, damit sie sich dort eingewöhnen konnten. In diesem Fall wurde – bereits nach dem Tod des Kaisers – auch der 11-jährige Prinz Sigismund an seinen künftigen Hof entsandt. Karl IV. plante außerdem die Zukunft seines jüngsten Sohns, der das Erwachsenenalter erreichen sollte. Johann, der nach dem von seinem Vater geschaffenen Teilfürstentum Johann von Görlitz genannt wurde, war bereits 1376 Katharina, der Tochter des zeitweiligen schwedischen Königs und Herzogs von Mecklenburg, Albrecht III., versprochen worden. In dieser Wahl spiegeln sich vor allem das große Interesse Karls IV. an der Politik im Norden des Reichs und die Suche nach einem zuverlässigen Verbündeten in diesem Raum wider.

Zusammenfassend lässt sich sagen, dass die Heiratspolitik zu den zentralen diplomatischen Mitteln Karls IV. gehörte. In der internationalen Politik half sie ihm gewöhnlich dabei, einen mög-

Abb. 175 **Retabel aus der Kapelle St. Pankraz von Schloss Tirol. Geschlossener Zustand mit den Stifterbildern Herzog Leopolds III. von Tirol und seiner Gemahlin Viridis Visconti sowie Erzherzog Albrechts III. von Österreich und seiner Gemahlin Elisabeth, Tochter Karls IV., mit der Schmerzhaften Muttergottes und den Heiligen Johannes Ev., Georg und Pankraz** • 1370–72 • Tempera und Vergoldung auf Eichenholz, H. 249 cm (inkl. Baldachin), B. des Schreins 139 cm • Innsbruck, Tiroler Landesmuseum Ferdinandeum

lichen Konflikt oder Streit beizulegen und zugleich Allianzen quer über den ganzen Kontinent zu knüpfen. Der Kaiser, der von seinen Zeitgenossen häufig für den gemäßigten Einsatz militärischer Mittel gelobt wurde, wählte in vielen Fällen lieber die Verhandlung als den bewaffneten Konflikt, und wenn eine ernst gemeinte Verbindlichkeit ausgesprochen werden musste, bot er gewöhnlich eine mögliche Eheschließung mit seinen Kindern oder anderen Mitgliedern der Luxemburgerdynastie an. Aus dem vorgelegten Überblick geht deutlich hervor, dass das Hauptziel der Heiratspolitik Karls IV. die Wahrung enger Beziehungen zu den direkten Nachbarn und zugleich größten machtpolitischen Rivalen war – zu den Wittelsbachern, den Habsburgern und den Anjou. Damit sollte Karls Heiratspolitik zur Stärkung und Absicherung der Machtposition der Luxemburgerdynastie dienen.

FUSSNOTEN
1 VELDTRUP 1988. – KAVKA 2002/II. – NODL 2014.

Abb. 177–178 **Porträtkonsolen wohl Wenzels IV. und seiner Gemahlin Johanna von Bayern an einer Sediliennische der Prager Teynkirche** • um 1385 (?) • Sandstein mit Resten alter Fassung • Prag, Pfarrkirche Unserer Lieben Frauen vor dem Teyn, nördlicher Nebenchor

Abb. 176 **Grabmal des englischen Königs Richard II. Plantagenet und seiner ersten Gemahlin Anna von Böhmen, Tochter Karls IV.** • London, Nicholas Broker und Godfrey Priest, 1395 • Bronze, vergoldet; Marmor • London, Westminster Abbey

Heiratspolitik

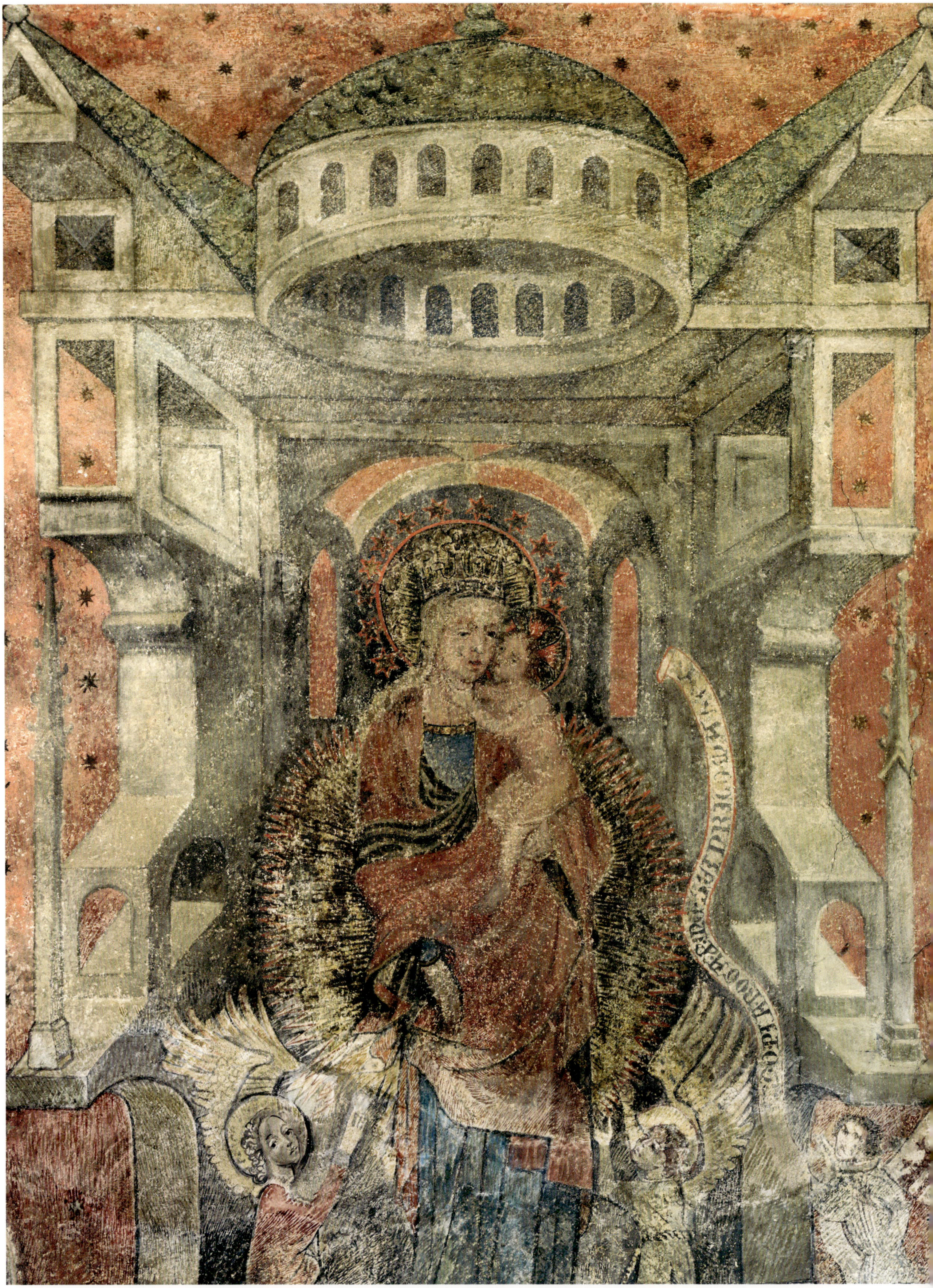

Stützen des Kaisers?

Die Reichsstädte und die kaiserliche Repräsentation

Markus Hörsch

Im Dezember 1359 leitete Kaiser Karl IV. im Refektorium des Franziskanerklosters von Esslingen am Neckar, der damals führenden unter den niederschwäbischen Reichsstädten, einen Reichskonvent. Da erhoben sich die Bürger der Stadt und zogen wütend vor das Kloster, denn sie hatten gehört, der Kaiser wolle die Macht der Zünfte beschneiden und die Stadtherrschaft allein den patrizischen Geschlechtern überlassen. Die Wut der Bürger fürchtend, floh der Kaiser durch ein Hintertürchen, durch Klostergarten und Stadttor und auf das nächste erreichbare Gebietsstück des Grafen von Württemberg.[1] Ein solches Ereignis ist in mehrfacher Hinsicht bemerkenswert: Es zeigt, dass selbst der zum Kaiser Gekrönte sich in einer „seiner" Städte nicht immer sicher fühlen konnte, dass also Stadtbürger zur Zeit Karls beträchtliche Macht hatten. Dies insbesondere dann, wenn sie, wie in Esslingen, sich mit anderen zu Städtebünden zusammenschlossen, die durch gegenseitige Abmachungen zu militärischer Unterstützung die eigene Position stärkten. Frühere Könige und Kaiser wie Rudolf I. aus dem Hause Habsburg (* 1218, reg. 1273–91) oder Ludwig IV. aus dem Hause Wittelsbach (* 1282/86, reg. 1314–47) hatten ihre Macht sehr stark auf treue Städte gestützt, indem sie ihnen alte Privilegien bereitwillig erneuerten, Verpfändungen ablösten und neue Rechte bewilligten. So war z. B. Esslingen zu einer Ludwig sehr treuen Stadt geworden – was auch in Karls Zeiten nachwirkte. Ludwigs Nachfolger musste, wie das Beispiel der damals wichtigsten süddeutschen Reichsstadt, Nürnbergs, zeigt, diese Tradition fortsetzen, wollte er seine ja nicht unumstrittene Herrschaft, die mit einem Gegenkönigtum begonnen hatte, festigen (vgl. den Beitrag von Benno Baumbauer und Jiří Fajt).

Aber Karl war auf die Dauer, als er fester im Sattel saß, keineswegs bereit, eine solche Städtepolitik bedingungslos und ohne eigene Interessen zu verfolgen. Die Esslinger mussten ihren Aufstand, der zur kaiserlichen Flucht geführt hatte, teuer bezahlen, nur gegen 100.000 Florin war das Einvernehmen mit dem Kaiser, auf das eine Reichsstadt letztlich natürlich angewiesen war, wiederherzustellen. Ferdinand Seibt hat es in aller Kürze so formuliert: *„In der Städtepolitik seiner Territorien erwies sich Karl als rigoroser Fürst. Er erhöhte die gehorsamen und warf die widerspenstigen nieder."*[2] Dies auf Böhmen bezogene Diktum ist vielleicht etwas zu sehr schwarzweiß gemalt, denn in der Realität war es natürlich so, dass man wechselseitig aufeinander angewiesen war und sich Widerspenstigkeiten vonseiten der Bürger einerseits, Druck und Lockmittel vonseiten des Herrschers andererseits stets in einem Auf und Ab befanden. Diese niemals endenden Aushandlungsprozesse sind für uns heute oft sehr schwer nachzuvollziehen, ja scheinen unverständlich, sodass z. B. Otto Borst den Umgang Karls IV. mit der Reichsstadt Esslingen als „Rösselsprung-Manier" bezeichnet,[3] d. h., die Politik des Herrschers war scheinbar ein stetes Hin und Her in der Bewilligung und Verweigerung von Vergünstigungen und Privilegien. Aber es gibt Gründe, anzunehmen, dass Karl eine Vorstellung von der Rolle all der vielen Einheiten und Mächte innerhalb seines Reichs hatte, nämlich die Einsicht, dass man für ein florierendes Staatswesen einen dauerhaften Landfrieden erreichen und herauskommen müsse aus dem immerwährenden Gegeneinander kleiner, sich befehdender Einheiten, die je nach Lage der Dinge ihre Meinungen und Bündnisse änderten, sich immer wieder mit Krieg und Verwüstung überzogen. Wirtschaftlicher Aufschwung konnte nur durch Abkommen zum Landfrieden gesichert werden, weswegen Karl in der Goldenen Bulle alle nicht diesem Ziel dienenden Bündnisse schlichtweg verbot. Solche Bündnisse sollten deswegen auch nicht allein von Städten gegründet werden, wie es zuvor unter Ludwig IV. der Fall gewesen war; Karl wollte aus gutem Grund auch Herren und Ritter einbezogen wissen. Und zur Einhaltung der kaiserlichen Landfrieden in Schwaben (1359, 1370, 1373) setzte er einen kaiserlichen Obmann ein. Eine solche Politik förderte in gewissem Maße die schon begonnene Tendenz zur Zentralisierung von Territorialstaaten. In Nürnberg z. B. agierte Karl keineswegs gegen die Interessen des Reichsfürsten, dessen Gebiet diese Reichsstadt immer dichter umzog, des Burggrafen von Nürnberg aus dem Hause Hohenzollern; und im Falle Esslingens unterstützte er keineswegs die Interessen der Stadt gegen die steigende Macht der aus kleinem Grafenhause stammenden Württemberger. Und in Städten, die Sitz eines Bischofs waren, tendierte Karl eigentlich immer dazu, die geistliche Seite zu unterstützen, und dies auch in Reichsstädten.

In einer Stadt wie Esslingen meint man bis heute eine gewisse Distanz zur Kultur des karolinischen Hofs zu spüren. Man muss zwar konstatieren, dass in dieser Stadt bei Einführung der Reformation so gut wie alle beweglichen Kunstwerke im Bildersturm zerstört wurden; aber Glasmalereien und architekturgebundene Skulptur, die erhalten blieben, stammen allesamt nicht aus der Ära

Abb. 179 **Die Darstellung der Madonna unter einem ausladenden Baldachin am südlichen Chorturm der Stadtpfarrkirche der Reichsstadt Bad Wimpfen am Berg war ehemals im Freien sichtbar, bevor sie in die Sakristei integriert wurde. Die genauen Entstehungsumstände sind bis heute nicht geklärt, doch deuten Stil, der Typus der Madonna im Strahlenkranz und die perspektivische Architektur auf die Nähe des Künstlers zum höfischen Umfeld Kaiser Karls IV.** • Wimpfen, 2. H. 14. Jh. • Wandmalerei

Abb. 180 **Esslingen/Neckar, ehem. Franziskanerkirche St. Georg**, Chor, Wandbild zweier Propheten am Sakramentshaus; eines der wenigen Beispiele der Kunst der karolinischen Ära, die in dieser Reichsstadt erhalten blieben, die zuvor zu den Unterstützern Ludwigs des Bayern gezählt hatte • 2. H. 14. Jh. • Wandmalerei

Karls IV. Kaiser Ludwig IV. hatte, wie gesagt, Esslingen sehr entgegen kommend behandelt, weswegen der 1321 begonnene Neubau der großen Marienkapelle am Berghang oberhalb der Kernstadt auch Skulpturen jenes Stils aufweist, der im Umfeld dieses Herrschers bevorzugt worden war.[4] Nur einige wenige Wandmalereifragmente stammen zumindest aus Karls Regierungszeit, so in der Franziskanerkirche, also dem Aufenthaltsort Kaiser Karls 1359: Hier findet man um das zum Hochaltar gehörige östliche Tabernakel ein beschädigtes Wandbild aus dieser Zeit.[5]

Wer auch immer dieses Gemälde gestiftet hat (die Stifter sind zwar dargestellt, aber nicht mehr zu erkennen) – so oder so ähnlich muss man sich an und in den großen städtischen Kirchen die repräsentativen Stiftungen der Bürger vorstellen: Es wurden hier keine langen zyklischen Erzählungen biblischer Texte oder von Heiligenlegenden angebracht, sondern Einzelbilder oder allenfalls kurze Bilderfolgen, da möglichst vielen Stiftern die Gelegenheit zur Memoria gegeben werden sollte. Dass es hier noch einiges zu entdecken bzw. richtig einzuordnen gibt und dass man in den im Lande verteilten Städten jeweils ohne große Verzögerung den Vorbildern größerer Zentren folgte, belegen Beispiele wie die qualitätvollen Fragmente einer Marienkrönung und der Hl. Magdalena in der Sakristei der Pfarrkirche der schwäbischen Reichsstadt Bopfingen oder das heute im Inneren der später angebauten Sakristei bewahrte Wandbild der Muttergottes im Strahlenkranz am Südturm der Stadtpfarrkirche von Wimpfen am Neckar. Letzteres befand sich ursprünglich also im Freien – und entfaltete hier gewiss eine beachtliche Wirkung. Die von den Staufern einst als wichtiger Pfalzort ausgebaute Stadt begann im 14. Jahrhundert diese einstige Bedeutung einzubüßen. Das besagte Wandbild belegt aber zumindest für dessen Stifter noch eine gewisse „Kaisernähe": Leider war die Persönlichkeit des „*Heinricus Mar[...]*", der in der typischen Mode des 3. Viertels des 14. Jahrhunderts zur Muttergottes fleht, trotz des vorhandenen Wappens bisher nicht zu identifizieren;[6] aber sowohl der fantasievolle perspektivische Architekturbaldachin als auch die Muttergottes im Strahlenkranz selbst stehen Prager Werken der Zeit nahe.[7] Der Madonnentypus mit dem schürzenartig vor den Leib gezogenen Mantel erinnert an Stücke wie die Löwenmadonna von Łukowo,[8] die französische Vorbilder ähnlich der Würzburger Ursulinen-Madonna[9] weiterentwickeln. Dass das Jesuskind liebevoll sein Köpfchen der Muttergottes zuwendet und sie mit der Hand am Kinn berührt, ist weniger dem byzantinischen Typus der Elëusa (der Erbarmerin) verwandt,[10] sondern zeigt Christus als Bräutigam, der sich seiner Braut, der Kirche, zuwendet. Solche ikonografischen Feinheiten verweisen deutlich auf Karls höfisches Umfeld, ebenso die dort entwickelte Anspielung auf das „apokalyptische Weib" (Apk 12, 1–5), eben den Strahlenkranz: *„eine Frau, mit der Sonne bekleidet"*.

Wie verschieden die Situation von Reichsstadt zu Reichsstadt gewesen sein mag, zeigt ein anderes Beispiel, Mühlhausen in Thüringen, das zwar Ludwig IV. die Hohe Gerichtsbarkeit, Karl IV. aber die Bestätigung und Stärkung seines Reichsstadt-Status verdankte. Der König besuchte die Stadt schon 1349 – und hier findet man an der Marienkirche eine berühmte, heute einzigartige Figurengruppe, die Darstellung Karls IV., seiner Gemahlin sowie zweier Begleiter, wohl einer Hofdame und eines Kammerherrn, auf dem Balkon über dem Südportal.[11] Sie ist eingebunden in ein größeres Programm, bestehend aus der Anbetung der Könige auf Konsolen zwischen den Fenstern der Fassade und Christus als Weltenrichter in der Mandorla nebst den fürbittenden Maria und Johannes Baptist sowie den Auferstehenden und Posaunenengeln am Giebel. So wird Karl IV. einerseits überhöht vom König der Könige, der zunächst Mensch wurde und – nach den einfachen Hirten, die aber in der königlich dominierten Ikonografie keine Rolle mehr spielten – von den höchsten irdischen Würdenträgern verehrt wurde und der am Ende der Tage wiederkehren soll. Andererseits wird die Person des irdischen Kaisers in der lebensnahen, an eine Momentaufnahme erinnernden Darstellung über seine seltenen Besuche in Mühlhausen hinaus auf Dauer präsent, geheiligt und herausgehoben. Es ist nicht von der Hand zu weisen, dass hier Karl selbst der Initiator war und dass sehr wahrscheinlich unter dem Portal zugleich die wichtigste Zeremonie im politischen Leben der Reichsstadt stattfand: der Wechsel des Rates in jedem Jahr, bei dem der Kaiser als Stadtherr zumindest „virtuell", genauer gesagt „in effigie", zugegen sein musste. Die einzigartige Mühlhauser Form dieser Präsenz des Kaisers muss aber mit der besonderen Dringlichkeit, die man ihr in der Stadt zumaß, zusammenhängen. Karl unterstützte die Stadt in einer kritischen Situation, indem er dem Rat 1362 nach einem bereits seit der Pest 1357/59 andauernden Rechtsstreit mit dem Deutschen Orden, der das Patronat der beiden großen Pfarrkirchen besaß, in allen Punkten recht gab.[12] Es wird in den auf dieses Ereignis folgenden Jahren gewesen sein, dass die Fassade der größten Kirche der Stadt mit dem umfangreichen Figurenprogramm ausgestattet wurde.

Der Künstler ist unschwer zu identifizieren: Die Dreikönigsgruppe ähnelt in vielen Zügen fast wörtlich derselben Szene am Sarkophag des hl. Severus in der gleichnamigen Erfurter Stiftskirche.[13] Nach einer Urkunde vom Mai 1363 wurde ein Altar der Heiligen Severus, Hieronymus und der Hll. Drei Könige neu errichtet, in dessen Zusammenhang zweifellos das Hochgrab zu sehen ist.[14] Die Werkstatt scheint länger in Erfurt ansässig gewesen zu sein.[15] Etwas früher tritt der Stil, den sie vertritt, am Grabmal des höchs-

Abb. 181 **Mühlhausen/Thüringen, Liebfrauenkirche, Südquerhaus, Balkon mit den Skulpturen Karls IV., seiner Gemahlin und zweier Höflinge, darüber Anbetung der Könige und Jüngstes Gericht** • Meister des Erfurter Severisarkophags, 1370er Jahre • Muschelkalk, ursprünglich gefasst • Mühlhausen (Thür.), Marienkirche, Balkon über dem Südquerhaus-Portal

Reichsstädte 197

ten kaiserlichen Beamten in Nürnberg, des Schultheißen Konrad Groß († 1358), im dortigen Heilig-Geist-Spital auf, das wohl Mitte der 1350er Jahre anzusetzen ist. Und eben für luxemburgisch gesinnte Kreise Mitteldeutschlands wurde die Stillage, die die Erfurter Werkstatt vertritt, dann zur Norm.[16]

Die Darstellung am Mühlhauser Querhaus ist höchst erstaunlich – so etwas hat es wahrscheinlich kein zweites Mal gegeben. Die gar nicht so seltenen Stifterdarstellungen in der Nachfolge von Naumburg[17] waren stets hieratisch und hierarchisch angeordnete Standfiguren, die vor allem juristische Ansprüche bildlich in den Raum stellten. Augenscheinlich ging es in Mühlhausen jedoch um die Fixierung eines höchst flüchtigen Ereignisses – des huldvollen Sich-Präsentierens des Herrschers. Dabei war es gewiss nicht (nur) Anliegen, ein bis heute ja nicht ausgestorbenes Bedürfnis des Volkes nach einer leibhaftigen Begegnung mit dem – in angemessen erhöhter Position erscheinenden – Oberhaupt zu stillen. Vielmehr hatte diese Darstellung für Mühlhausen auch eine politisch-konstituierende Bedeutung, die wir heute jedoch nicht mehr im Detail nachvollziehen können.

Vielleicht würde ein heutiger, politisch denkender Bürger eher symbolisch-strukturelle Bilder in solchen Positionen erwarten, z. B. die Darstellung der sieben Kurfürsten mit ihren Wappen, jenes Gremiums, das den König wählte und sozusagen auf „den Schild hob".[18] Und in der Tat sind solche Darstellungen erhalten – so von den Zinnen des 1812 abgerissenen Mainzer Kaufhauses, das 1317 von Ludwig dem Bayern mit Privilegien ausgestattet worden war. Hier beschäftigte man einen Bildhauer aus der überaus erfolgreichen Werkstatt respektive Bauhütte des in Straßburg tätigen Wölflin von Rufach, der sich im Umfeld des Mainzer Erzbischofs niedergelassen hatte, um in acht hochrechteckige Steinreliefs Kaiser Ludwig IV. den Bayern, die sieben Kurfürsten und den Dompatron St. Martin zu Pferde darzustellen.[19] Letzterer stand im Zentrum, zu seiner Rechten folgten Kaiser Ludwig und die Repräsentationen der drei geistlichen Kurfürsten, zur Linken dann die Weltlichen. Auch Karl hat solche Darstellungen unterstützt, wie die heraldische Ikonografie des erhaltenen Türbeschlags des Lübecker Rathauses belegt (Kat.-Nr. 13.2).

Das wichtigste und differenzierteste Werk kaiserlich-städtischer Repräsentation, der Schöne Brunnen in Nürnberg, ist nach den Chroniken der Stadt 1362 begonnen worden,[20] während ihn die jüngere Forschung erst Jahre nach Karls Tod entstanden sieht, 1385–96.[21] Die Argumente Albert Gümbels, die auch Hubert Herkommer nachdrücklich unterstützte,[22] dass von den alten, wohlinformierten Chronisten Nürnbergs keiner ein so spätes Datum überliefert, während es Hinweise darauf gibt, dass der Parlier Heinrich von Beheim (aus Böhmen) der Ältere den Brunnen zu dem späteren Zeitpunkt bereits erneuerte und mit besserer Wasserzufuhr versah, sind grundsätzlich plausibel. Das Figurenprogramm des Brunnens passt in die Blütezeit Nürnbergs unter Karl: Es ist ein der sakralen Architektur entlehnter, achteckiger Turm von 19 m Höhe, zugleich der *fons vitae*, der Lebensbrunnen, denn die vielen Skulpturen beschwören den tiefen Sinn einer zur letztendlichen Erlösung fortschreitenden Heilsgeschichte, deren Erlösungsversprechen für den Christen durch die Taufe bereits in seinem Leben verwirklicht ist. Zugleich ist es aber auch der „Brunnen der Weisheit": Die Philosophie und die Sieben Freien Künste (Artes Liberales) werden durch antike Weise vertreten (Aristoteles, Nikomachos – Arithmetik, Ptolemaios – Astronomie, Euklid – Geometrie, Pythagoras – Musik, Sokrates – Dialektik, Donatus – Grammatik, Cicero – Rhetorik). Ihnen übergeordnet sind dann die Evangelisten als Zeugen der Epoche unter der Gnade, d. h. des auf die Erde gesandten Messias' Jesus, und die lateinischen Kirchenväter, die für spätantike Ausdeutung der Schrift und die theologische Begründung der Kirche stehen. Zugeordnet sind ihnen Patriarchen und Propheten als jüdische Vorläufer des Christentums, der Epoche unter dem Gesetz des Alten Bundes (Moses, Aron, Jesaja, Jeremia, Ezechiel, Daniel, Hosea und Amos). Ihre vielfachen Mahnungen zu gerechter Herrschaft konnten auch den Herrschenden des 14. Jahrhunderts als Hinweis dienen, ebenso die neun Tugendhelden, beruhend auf der französischen Literatur des frühen 14. Jahrhunderts über die *neuf preux*, die eine weltgeschichtliche Tradition großer Gestalten der heidnischen Antike (Hektor, Alexander der Große und Julius Caesar), im Judentum (Josua, David, Judas Makkabäus) wie im Christentum (Artus, Karl der Große, Gottfried von Bouillon) konstruierte.

Auch im Hansesaal des Rathauses der Reichsstadt Köln wurden um 1370 die Tugendhelden in einem monumentalen Skulpturenprogramm den Räten vor Augen gestellt. In Nürnberg vertreten zusätzlich die Sieben Kurfürsten das politische System des Reichs, von Karl IV. in der Goldenen Bulle kodifiziert und mit einer programmatischen Grundlegung versehen – Tugendhelden und Kurfürsten sind einander jeweils paarweise zugeordnet. Tugendhafte Vertreter der Geschichte treffen somit auf die Stützen des Reichs und des Königtums – die sich, so konkret sollte man das Programm verstehen, daran ein Vorbild nehmen sollten für gute Herrschaft und kluge Wahl.[23]

Nicht zuletzt ist aus stilistischen Gründen zu fragen, warum der Schöne Brunnen erst in den 1380er Jahren entstanden sein sollte. Hubert Herkommer sah eine Nähe insbesondere der Propheten des Schönen Brunnens zu den Skulpturen der Vorhalle der Frauenkirche.[24] Die dortigen Figuren sind allerdings (bei aller festzustellenden stilistischen Vielfalt, die durch zahlreiche beteiligte Bildhauer zu erklären ist) in den meisten Fällen kompakter, besitzen den Körper enger umschließende Kleidung und ovale Gesichter. Es gibt hier aber auch Skulpturen, bei denen sich die Falten freier als Schüsseln vor dem Körper ausbilden, wie es dann am Schönen Brunnen vor allem bei den Propheten noch ausgeprägter der Fall sein wird. Allzu groß dürfte also der zeitliche Abstand zwischen der zu Beginn der 1360er Jahre vollendeten Ausstattung der Frauenkirche und den freier stehenden, trotz geringer Größe monumentaler wirkenden Skulpturen des Schönen Brunnens, die vielfach etwas vereinfacht scheinen, nicht gewesen sein. Allein die stilistischen Merkmale einiger Skulpturen (Moses, Propheten, Artus), die sehr stark bereits dem Schönen Stil verpflichtet sind, mehr als man gemeinhin den 1360er Jahren zutrauen würde, lassen den Gedanken aufkommen, dass der Brunnen später zumindest noch ergänzt oder fertig gestellt wurde.[25]

Dass der Schöne Brunnen ein außerordentliches, mittelalterliche Philosophie, Theologie und Staatslehre vereinendes Programm aufweist, kann hier nur angedeutet werden; es ist aber sicher kein Zufall, dass er gerade gegenüber der Marienkirche Karls am Nürnberger Hauptmarkt steht, in jener Stadt also, die er zu seiner Hauptstadt des Reichs erwählt hatte. Rainer Kahsnitz wies auf die bemerkenswerte Tatsache hin, dass am Schönen Brunnen der Kaiser selbst nicht repräsentiert ist[26] – vielleicht weil er in der gegenüberliegende Marienkapelle gleichsam präsent war? Die Frauenkirche betont nämlich in ganz besonderer Weise die Reichstradition, indem sie die Struktur des Vierstützen-Raums[27] der staufischen Burgkapelle einige Hundert Meter oberhalb mit der Vorhalle und dem gerade eben entstehenden Langchor des Aachener Münsters verband, d. h. der Pfalzkapelle Karls des Großen und Krönungskirche des Reichs.[28]

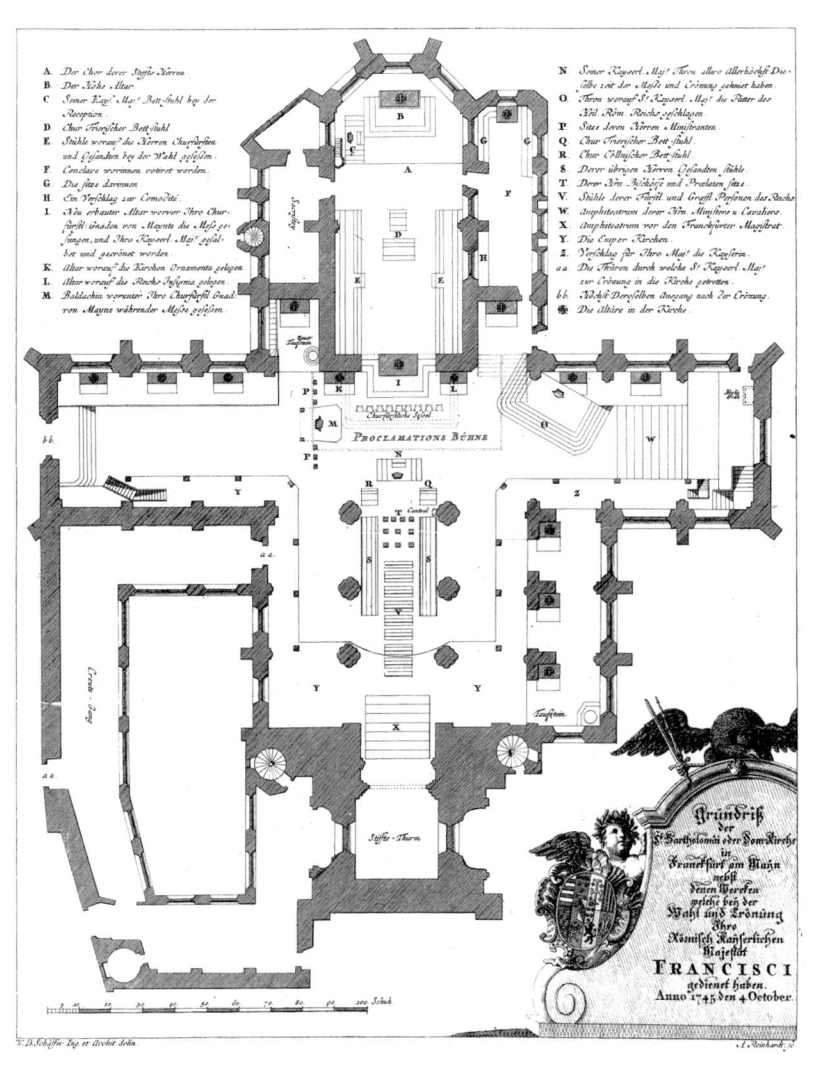

Abb. 182 Grundriss der Pfarr- und Stiftskirche St. Bartholomäus zu Frankfurt am Main, der Wahlkirche der deutschen Könige, vor den Umbauten des 19. Jahrhunderts. Das weit ausladende Querhaus diente den feierlichen Versammlungen zur Königswahl und gehörte rechtlich zur Pfarrkirche. • Frankfurt/M., W. D. Schäffer, A. Reinhardt, 1745 • Kupferstich

Bei der Entstehung solcher großer, repräsentativer Unternehmungen mit Bezug zum Reich darf man sich freilich nicht das dauernde direkte Eingreifen des Kaisers vorstellen; er besaß keine „Baubehörde" im neuzeitlichen Sinne, die für ihn repräsentative oder administrative Bauten ausgeführt hätte. Nur selten sind solche Aktivitäten direkt nachzuweisen, so wenn Karl dem Aachener Münster nach der Geburt seines Sohnes Wenzel 1361 Gold im Gewicht des Neugeborenen stiftete.

Es ist also wenig verwunderlich, wenn man sich schwertut, den Anteil des Kaisers an repräsentativen Bauten jeweils richtig einzuschätzen. Zu den Unternehmungen von Reichsbedeutung gehörte auch der Neubau der Frankfurter Stifts- und Pfarrkirche St. Bartholomäus, die Ludwig der Bayer als Wahlkirche der Könige etabliert hatte.[29] Wie viele mittelalterliche Kirchen wurde sie aus karolingischen Wurzeln schrittweise in eine gotische Form vergrößert, und als Karl den Thron endgültig errang, waren das Hallenlanghaus bereits seit 1269 fertig und der Chor seit 1315 im Bau,[30] ebenso das monumentale, einzigartig ausgedehnte Querhaus, mit dem 1346 begonnen worden war.[31] 1346 erwirbt zugleich ein *„steynmecz meyster zur parre"* namens Meister Antze das Bürgerrecht, was zweifellos auf den Beginn des Neubaus des Querhauses bezogen werden kann.[32] Christian Freigang hat postuliert, dass zu diesem Zeitpunkt auch der Chor noch nicht ganz fertiggestellt war, da die Fenstergewände der oberen Teile des Chores mit denen des Querhauses übereinstimmen, was darauf schließen lässt, dass der Chor 1338 unvollendet in Betrieb genommen und erst danach mit der endgültigen Planung des Querhauses und der beiden kleinen Nebenchöre, die mit diesem im Verbund stehen, eingebunden und fertiggestellt wurde.[33] Das nördliche Querhaus war bis 1353 vollendet. Das südliche wurde 1352 begonnen und nach mittelalterlicher Quelle binnen eines guten Jahres fertiggestellt.[34]

Die Bauzeit erstreckt sich also genau über den Zeitraum des Thron- und Dynastiewechsels im Reich. Und bemerkenswerterweise lässt sich dies am Stil der Skulpturen ablesen – auch wenn wir keine konkrete Stiftung für auch nur eine der Skulpturen nachweisen können. Dies ist allerdings bei sehr vielen Skulpturen des Mittelalters der Fall, insofern entsteht Raum für Spekulationen. Doch ist dies kein Grund, die Möglichkeiten stilistischer Zuordnung nicht (mit der gebotenen Strenge und Vorsicht) zu nutzen – denn sie *kann* aussagekräftige Ergebnisse zeitigen. Das Querhaus der Frankfurter Bartholomäuskirche ist – trotz vieler Beschädigungen, Veränderungen und Erneuerungen des Bauwerks – ein gutes Beispiel dafür.

Robert Suckale hat die Madonna am Frankfurter Nordquerhaus jenen Skulpturen zugeordnet, die er mit der Hofkunst Kaiser Ludwigs IV. des Bayern in Verbindung brachte:[35] Sie steht stilistisch der sogenannten Würzburger Weinberg-Madonna[36] und dem Salvator der Karlstadter St.-Andreas-Kirche[37] so nahe, dass über eine Werkstatt-Verbindung keine Frage bestehen kann – zumindest, was das Original der Frankfurter Madonna betrifft. Denn das jetzige Stück ist, betrachtet man u. a. die Krone und die Bearbeitung, eine Kopie, wahrscheinlich aus der Zeit nach dem Brand von 1867, als auch all die anderen frei stehenden Skulpturen des Portals neu geschaffen wurden.[38] Während diese aber freie Schöpfungen im Stile des Historismus sind, hielt man sich bei der Madonna bis auf Kleinigkeiten, die wohl stark beschädigt gewesen waren, getreu ans hochgotische Vorbild. Man kann sich nun fragen, wer genau denn die Madonna an das Portal gestiftet hat; Robert Suckale vermutete, aufgrund der stilistischen Verbindungen mit dem Umfeld des Kaisers, Ludwig IV. selbst als Stifter oder das Stiftskapitel von St. Bartholomäus, da er dieses noch als Bauherrn des Querhauses ansah.[39] Christian Freigang hingegen betonte, dass die Kirche mit Ausnahme des Chores im Namen der Stadt und weitgehend durch Opfergaben der Bürger Frankfurts gebaut worden war.[40] Dass das neue Querhaus zu diesem Bereich gehörte, belegen zum einen die Nebenchöre, in denen die schon früher zum Bereich der Pfarrkirche zu zählenden Altäre der hll. Maria und Maria Magdalena aufgestellt wurden, zum andern der Lettner, der tatsächlich nur den architektonischen Chor abschrankte, während das Querhaus davor ohne Unterteilung durchlief und sich zum Schiff hin öffnete.[41] Am Nordportal findet sich im Übrigen auch der Reichsadler eingraviert, das Frankfurter Stadtwappen.[42] So ist es am wahrscheinlichsten, dass Kaiser Ludwig IV. selbst diese Madonna zu Baubeginn gestiftet hat.[43] Hier am Nordportal der Kirche war diese nicht nur eine schlichte Pfarrkirche, sondern vor allem in ihrer Funktion als Wahlkirche des Reichs gestaltet, in die der Gewählte einzog, als neuer König ausgerufen und in einer der zentralen Zeremonien des Reichs auf den Altar gesetzt wurde.[44]

Auffällig ist nun, dass die das durchfensterte Tympanon rahmende Bauskulptur keineswegs dem ludovizischen Stil entspricht. Lilli Fischel stellte Ähnlichkeiten mit der Portalskulptur der Westfassade der Nürnberger Lorenzkirche, die ebenfalls gerade im Bau war, fest.[45] Barbara Bott sah die direkten Vorbilder in Straßburg,[46] insbesondere auch für das Südportal, das sie Meister Antze zuschrieb.[47] Hier tritt wieder das königliche Thema, die Anbetung der weisen Könige aus dem Morgenland, auf – an der Wahlkirche wenig verwunderlich. Sie nähern sich der im Zentrum des Tympanons stehenden Madonna von rechts; zu ihrer Linken steht Josef, gefolgt von Petrus und einem Propheten mit aufgeschlagenem Buch. Über diesem steht Karl der Große, der seit dem 13. Jahrhundert als Gründer des Frankfurter Stifts und seit etwa 1270 als Heiliger verehrt wurde[48] und der als Wiedergründer des Römischen Reichs ohnehin eine zentrale Position einzunehmen hatte. In der Ehrenposition ihm gegenüber findet sich der Hauptpatron der Kirche, der Apostel Bartholomäus, dessen Bedeutung – eben aufgrund seiner herausgehobenen Position am Frankfurter Stift – im gesamten Reich immer wieder reflektiert wurde.

Jiří Fajt und der Autor haben 2006 vermutet,[49] dass es sich beim Frankfurter Querhaus um einen in Auftraggeberschaft des Bartholomäusstifts entstandenen Bauteil handelt, der sich bereits anderen stilistischen Horizonten zuwandte, um sich von dem alten Kaiser auf diese Weise abzusetzen. Da aber, wie erwähnt, das Stift nicht für diesen Bereich zuständig war, muss dieser Erklärungsversuch aufgegeben werden. Die Stadt selbst hat die „Wende" eingeleitet, wahrscheinlich ohne tiefergehende Absicht, was den Stil betrifft: Man holte Meister Antze, höchstwahrscheinlich tatsächlich aus Straßburg. Dass er selbst Bildhauerarbeiten ausgeführt hat, ist nicht nachweisbar. Der Stil der Frankfurter Skulpturen folgt in verschiedenen Varianten, und, was das Südportal betrifft, auf erstaunlich geringem künstlerischen Niveau, ebenfalls Vorbildern der oberrheinischen Metropole, und zwar solchen, die wir heute mit der offenbar sehr bedeutenden und produktiven Werkstatt des Bildhauers Wölflin von Rufach verbinden können (vgl. Kat.-Nr. 13.9).[50] Ganz ähnlich (und wohl eher parallel) handelten auch die Nürnberger, wo gerade mit der Westfassade der Lorenzkirche ein großes städtisches Bauprojekt verwirklicht wurde (Kat.-Nr. 10.4). Karl IV. hatte natürlich keinen Grund und wohl auch keineswegs stets die Mittel, in solche bereits begonnenen Vorhaben, die ja von den jeweiligen Kommunen begonnen worden waren, einzugreifen. Die wohlhabenden Reichsstädte Straßburg, Nürnberg, Mainz, Frankfurt und andere waren hingegen durch vielerlei wirtschaftliche und personelle Beziehungen miteinander verbunden, auch, was die großen Neubauten angeht. Karl konnte versuchen, solche Netzwerke für sich zu nutzen – auch wenn ihre Hervorbringungen mit jener Kunst, die er einst in Frankreich kennengelernt und nun auch in Böhmen erfolgreich weiter gefördert hatte, wenig zu tun hatten. Dies tat er auch, als er in Nürnberg bald nach seiner endgültigen Königskrönung zusammen mit der Nürnberger Führungselite den Bau der Frauenkirche begann, für den er eine große Zahl fähiger Bildhauer benötigte (vgl. den Beitrag Baumbauer/Fajt).

FUSSNOTEN

1 BORST 1977, 145.
2 SEIBT 1978/II, 294.
3 BORST 1977, 145.
4 SUCKALE 1993/I, 227–229, Kat.-Nr. 26. – HÖRSCH 2001, 194f.
5 Die Datierung auf 1340 durch REICHARDT 2004, 59, ist eindeutig zu früh; die Schüsselfalten und weichen Saumkaskaden deuten auf die zweite Hälfte des Jahrhunderts. Es sind wohl auch nicht Abraham und Melchisedech dargestellt, sondern zwei Propheten, zu denen die Spruchbänder eindeutig gehören. Was die Autorin bei der linken Gestalt für Infuln hält, sind lediglich die Enden einer bei Propheten häufigen turbanartigen Kopfbedeckung. Wäre der Priesterkönig (Gen 14,18–20) gemeint, hätte man wohl kaum auf die Darstellung von Brot und Wein verzichtet, die diesen ja erst zum „Typus" der Eucharistie machten.
6 ARENS/BÜHRLEN 1991, 49.
7 Vgl. zur Maria im Strahlenkranz auch Kat.-Nr. 11.12.
8 Ausst.-Kat. Prag 2006, 90, Kat.-Nr. 12 (Robert SUCKALE).
9 Ausst.-Kat. Prag 2006, 106, Abb. Kat.-Nr. 19.1. – Vgl. hierzu die Nordheim/Würzburger Madonna, hier Kat.-Nr. 9.6.
10 Diesem folgt wohl eher die Madonnendarstellung auf dem Blatt eines Skizzenbuchs der Nürnberger Werkstatt Sebald Weinschröters, vgl. hier Kat.-Nr. 10.9.
11 Ausst.-Kat. Köln 1978, II, 560–562 (Ernst ULLMANN).
12 Es ging um Einschränkungen der Begräbniszeremonien in der Pestzeit, die der Orden nicht dulden wollte und daher das Interdikt über die Stadt verhängte. Der Mühlhauser Rat hatte vermutlich dem Kaiser ein gutes finanzielles Angebot gemacht, da er kurz darauf 13.000 Gulden beim Rat der Stadt Erfurt lieh. PUTH 2000, 12–14.
13 Es verwundert nicht zu hören, dass der Propst von St. Severus im März 1363 die Priester, die gegen das Interdikt die Messe gelesen hatten, absolvierte. – PUTH 2000, 14, Anm. 29. – Der Besteller des Grabmals ist Johann von Trier, Kanoniker an St. Severi seit 1331, Dekan 1357–67. – FAJT 2005.
14 LEHMANN/SCHUBERT 1988, 256.
15 DETTMERS 1998.
16 Ihr zuzuordnen ist z. B. das vermutlich mit dem wettinischen Hause in Verbindung zu bringende, bisher jedoch nicht gedeutete Grab zweier fürstlicher Kinder im Südseitenschiff der Zisterzienserabteikirche Pforta. Ende des 14. Jahrhunderts finden sich Erfurter Anklänge in Werken des Havelberger Doms, so dem Dreikönigsretabel ebd., das zwar stark verwittert ist, aber schon motivisch deutlich auf den Severisarkophag zurückweist.
17 HÖRSCH 2011, mit älterer Literatur.
18 Zur Ikonografie der Kurfürsten HOFFMANN 1982. – Hierzu Rezensionen von WOLF 1986. – WOLF 1990. – FRANGENBERG 2000.
19 Landesmuseum Mainz, roter Sandstein aus Steinbrüchen in der Umgebung des Mains. Inv.-Nr. S 3106 (Kaiser Ludwig der Bayer), H. 206, B. 108 cm; Inv.-Nr. S 3105 (Erzbischof von Mainz), H. 211, B. 105 cm; Inv.-Nr. S 3104 (Erzbischof von Köln), H. 210,5 cm, B. 112 cm; Inv.-Nr. S 3103 (Erzbischof von Trier), H. 210,5 cm, B. 107 cm; Inv.-Nr. S 3102 (König von Böhmen), H. 213 cm, B. 98 cm; Inv.-Nr. S 3099 (Pfalzgraf bei Rhein), H. 213,5 cm, B. 99,5 cm; Inv.-Nr. S 3101 (Herzog von Sachsen), H. 218,5, B. 117 cm; Inv.-Nr. S 3100 (Markgraf von Brandenburg), H. 209,5 cm, B. 104,5 cm; Inv.-Nr. S 3107 (hl. Martin von Tours), H. 182,5 cm, B. 180 cm. – Zuletzt ausführlich PUTH 2007, bes. 92–96, Abb. 3–11. – Des weiteren: SCHÄLICKE-MAURER 1966, bes. 343–351. – NAGEL 1971, 83, 90f. – ALBRECHT 2004, 154f. – FAJT 2016, II.
20 GÜMBEL 1906, 63f.
21 Ausst.-Kat. Nürnberg 1986/I, 132–135, Kat.-Nr. 14 (Rainer KAHSNITZ). – So auch noch unhinterfragt Ausst.-Kat. Prag 2006, 391f., Kat.-Nr. 128 (Julien CHAPUIS), und HÖRSCH 2014.
22 HERKOMMER 1976 (hier die ältere Literatur).
23 HERKOMMER 1976, 206–208, der den Schönen Brunnen ausführlich mit der Einleitung der Goldenen Bulle von 1356 in Verbindung setzt. In Heinrich von Mügelns „Der Meide Kranz" (vgl. Kat.-Nr. 4.10) heißt es, an die Fürsten gerichtet: „sust sult ir fürsten sin ein bach, / daruß ein recht man flißen sach, / davon getrenket werden die, / die üch zu dinste wachen hie." (zitiert nach HERKOMMER 1976, 208).
24 HERKOMMER 1976, 192.
25 So sah es auch Rainer KAHSNITZ in: Ausst.-Kat. Nürnberg 1986/I, 132–135, Kat.-Nr. 14.
26 Ausst.-Kat. Nürnberg 1986/I, 134.
27 Auch in der Reichsstadt Metz unterstützte Karl einen ähnlichen Kirchenbau, die Cölestinerkirche; vgl. Kat.-Nr. 17.1. – Ausführlich BRACHMANN 2009.
28 Zur Aachen-Rezeption BRÄUTIGAM 1965. – Zur Weiterwirkung der „Reichs"-Architektur der Frauenkirche HÖRSCH 2016.
29 WOLFF 1892. – SCHOENBERGER 1927. – HAMPEL 1994. – HAMPEL 1997. – HEUSER/KLOFT 2006. – KLOFT 2006. – FREIGANG 2009.
30 „Anno 1315 chorus S. Bartholomei pridie idus maji [14. 5.] fundabatur et anno 1338 V idus augusti [9. 8.] in choro eodem divina primitus habebantur, qui fuit dedicationis. Tectum perficitur anno 1350 vigilia paschae". GROTEFEND/FRONING 1884, 77 (= Chronik des Johannes Latomus). – SCHOENBERGER 1927, 139. – BOTT 1962, 5. – SUCKALE 1993/I, 233, schreibt irrig 1335.
31 Baubeginn 4. 6.1346, Vollendung 14. 8.1353. GROTEFEND/FRONING 1884, 150 (= Chronik des Philipp Schurg). – BOTT 1962, 5.
32 ANDERNACHT/STAMM 1955, 42. – BOTT 1962, 18. – FREIGANG 2009, 112.
33 FREIGANG 2009, 103.
34 „Anno 1353 cathedra Petri [22. 2.] absis meridionalis ecclesiae sancti Bartholomei super coemiterium fundabatur et anno sequente in vigilia assumptionis Mariae [14. 8.] complebatur." GROTEFEND/FRONING 1884, 96. – BOTT 1962, 6. – SUCKALE 1993/I, 233. – FREIGANG 2009, 104, der sich das offenbar nicht vorstellen kann, nimmt an, der Bau sei wahrscheinlich etwa fünf Jahre später fertiggestellt worden.
35 SUCKALE 1993/I, 76f., Abb. 58, v. a. 232–234.
36 Nürnberg, Germanisches Nationalmuseum, Inv.-Nr. Pl. 2181. – SUCKALE 1993/I, 255, Kat.-Nr. 66. – Die stilistischen Zusammenhänge sind schon länger bekannt, vgl. BOTT 1962, 43–46.
37 Karlstadt, Röm.-kath. Stadtpfarrkirche St. Andreas. – SUCKALE 1993/I, 239, Kat.-Nr. 40.
38 SUCKALE 1993/I, 232, geht noch von einem Original aus. Richtig ist auf jeden Fall, dass der Kopf des Jesuskinds nach 1934 (Aufnahme Foto Marburg 67911) nochmals ersetzt wurde.
39 SUCKALE 1993/I, 234.
40 FREIGANG 2009, 111f.
41 FREIGANG 2009, 112.
42 BOTT 1962, 37 sowie 33, Abb. 35.
43 FAJT/HÖRSCH 2006/II, 357f. – Die kritische Anmerkung FREIGANG 2009, 109, Anm. 39, noch zu diskutieren, erübrigt sich, da uns der Autor seinerzeit offenkundig in wesentlichen Punkten missverstanden hat.
44 Daher ist auch die Verwendung eines durchfensterten Tympanons als Zitat der französischen Krönungskathedrale Reims (SUCKALE 1993/I, 233) nicht so einfach abzutun, wie bei FREIGANG 2009, 109 geschehen: Es geht nicht um eine rezipierbare Kennerschaft „aller", die ein solches Detail erst in dieser Weise deutbar werden ließe. Vielmehr sind derartige Zitate einem engen, aber gebildeten Kreis zuzuschreiben. Anders verhält es sich mit dem Stil z. B. der Trumeaumadonna, den Robert Suckale wohl tatsächlich als eine Art Markenzeichen Ludwigs und seiner Entourage verstanden

Abb. 183 **Historische Aufnahme des Südportals am Querhaus der Pfarrkirche St. Bartholomäus zu Frankfurt/M. Die Anbetung der Könige an diesem verhältnismäßig bescheidenen Portal verweist auf die wichtige Rolle des Bauwerks als Wahlkirche der Könige.** • Wohl Straßburger Bildhauer, 1350er Jahre • Fotografie Frankfurt/M., 1866

wissen wollte. Hier ist in der Tat Vorsicht angebracht: Gewiss konnten bestimmte „Eingeweihte" eine solche Stilwahl als aussagekräftig erkennen. Der Stil stand aber vermutlich nicht an erster Stelle. In Frankfurt wusste der Bürger gewiss, dass die Figur vom Kaiser gestiftet war, konnte sich aber unter weiteren ähnlichen Figuren nichts vorstellen. Die weit übers Land verstreuten Stilähnlichkeiten ergaben sich durch die kaiserliche Stiftungspolitik und die Netzwerke seiner Anhänger, die stets dieselben Werkstätten beauftragten, wie es in gut funktionierenden gesellschaftlichen Gruppierungen bis heute der Fall ist. Diese Gegebenheiten produzierten immerhin ein so dichtes Netz verwandter Kunstwerke, dass man es heute mit kritischem Blick noch als solches erkennen kann.

45 FISCHEL 1923.
46 BOTT 1962, 37 (Frankfurter Steinmetz, der u. a. nach Straßburg wanderte, um sich Anregungen zu holen), 40 (Anregungen eher direkt aus Straßburg als aus Nürnberg). Die Datierung (S. 41) ist sicher irrig: Es gibt keinen Grund, die im Verband stehenden Skulpturen später als die überlieferte Bauzeit anzusetzen.
47 BOTT 1962, 18, 19. – FISCHEL 1923, 105, hingegen sah auch hier eine direkte Verbindung zur Nürnberger Lorenzkirche.
48 KLOFT 1997/98.
49 FAJT/HÖRSCH 2006/II, 357f.
50 LOUIS 2005. – FAJT 2016, II.

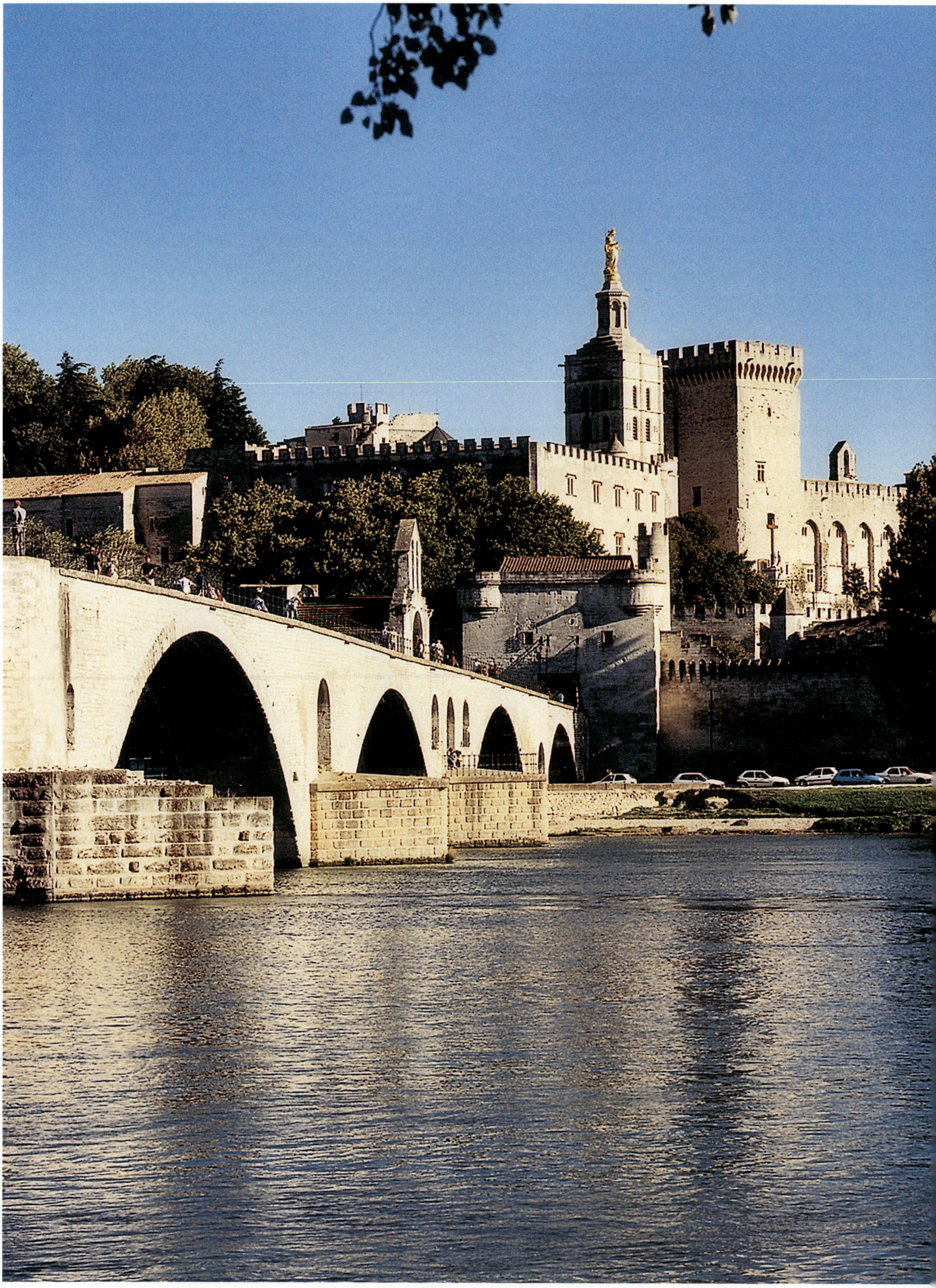

Wie ein zweiter Konstantin

Karl IV. und der Romzug 1368/69

Martin Bauch

Die zweite Italienreise Kaiser Karls IV. 1368/69[1] hatte einen spektakulären Auftakt: *„Am 2. April [1368], dem Palmsonntag, hörte er den Gottesdienst in voller Bewaffnung, empfing den Ölzweig und verließ die Kirche und die Stadt Prag mit dem Helm auf dem Kopf und dem Schwert in der Hand und schlug den Weg ein, um nach Italien zu kommen."*[2] Was aber war die Aufgabe dieses als Glaubenskämpfer ausziehenden Kaisers? Immer wieder wurde an ihn als weltlichen Schutzherren der Kirche die Erwartung herangetragen, für die Rückkehr des Papsttums, das seit 1309 in Avignon residierte, nach Rom zu sorgen.[3]

Dabei verfolgte er diese Angelegenheit sehr viel früher aktiv als bisher angenommen: Schon im Jahr nach seiner Rückkehr von der Kaiserkrönung 1355 intervenierte Karl IV. südlich der Alpen durch die Ernennung Marquards von Randeck zum kaiserlichen Generalvikar in Italien.[4] Am 13. November 1356 unterlagen die Truppen unter dem kaiserlichen Banner den Mailändern und der Vikar wurde gefangengenommen.[5] Doch zwischenzeitlich muss die Kurie an eine baldige Lösung des Konflikts geglaubt haben, denn in einem Briefkonzept plante Papst Innozenz VI. bereits den gemeinsamen Einzug mit dem Kaiser in Rom.[6] Ebenfalls 1356/57 entstand im Schwurregister des Aegidius Albornoz die Darstellung eines knienden Monarchen, der dem hl. Papst Silvester I. die Städte der Mark Ancona übereignet (Abb. 168). Darin wurde mit guten Argumenten Karl IV. gesehen,[7] als bildlicher Ausdruck der bemerkenswerten Einigkeit zwischen Papst und Kaiser. Doch auch zwischen Avignon und Mailand kam es im Herbst 1356 zu offenen Feindseligkeiten.[8] Die Rückkehrpläne nach Rom lagen daher bis mindestens 1364 auf Eis, als Papst Urban V. dieses Projekt mit neuem Elan forcierte und, da sich die Teilnahme des Kaisers aufgrund drängender Probleme im Reich verzögerte, schließlich 1367 ohne Beteiligung Karls in die Ewige Stadt einzog.[9] Dies muss für den Luxemburger bitter gewesen sein, hatte er sich ja schon mehr als zehn Jahre zuvor in die Tradition des ersten christlichen Kaisers Konstantin gestellt.[10] Dass er auch von den Zeitgenossen als wichtigster Verbündeter des Papstes angesehen wurde, zeigt die prominente Platzierung Karls IV. direkt zur Linken des Papstes auf dem Monumentalfresko *Ecclesia militans*, das 1366/67 Andrea di Bonaiuto für die Dominikaner in Florenz anfertigte (Abb. 185).[11]

In der konkreten Situation des Jahres 1368 ging es also nicht mehr um die faktische Rückführung des Papstes, wohl aber um die Unterstützung der päpstlich geführten Liga von Viterbo gegen die Visconti.[12] Ihnen schloss sich das kaiserliche Heer von ca. 6.000 Mann an, das nach Überquerung der Alpen dem Schlüsselpunkt Borgoforte bei Mantua zueilte. Der dortige Po-Übergang war von den Visconti-Truppen besetzt worden. Trotz intensiver Kämpfe im Mai/Juni 1365 gelang es dem kaiserlichen Heer nicht, diese Festung einzunehmen, was den Erfolg des Romzugs in Frage stellte.[13] Es folgten Gespräche und schließlich ein formeller Friedensschluss mit den Visconti in Modena, der den Weg des Luxemburgers – mit deutlich verkleinertem Gefolge – in die Toskana frei machte.[14]

Über abgelegene Apenninpässe erreichte Karls Zug Lucca, das unter Pisaner Herrschaft stand. Ein bemerkenswerter Einzug am 5. September, bei dem Karl demonstrativ – und gegen den Willen des Pisaner Dogen – den Volto Santo verehrte, wurde vor Ort als imperiales Bekenntnis zur Eigenständigkeit Luccas gewertet.[15] Ein Vorkommando unter Marquard von Randeck hatte bereits die militärische Sicherung von Lucca und Pisa für den Kaiser übernommen. Das labile Regime des Dogen Giovanni dell'Agnello kollabierte in kurzer Zeit, so dass der Kaiser fast einen Monat Quartier in Lucca nahm und dort den weiteren Weg vorbereitete.[16] Nach expliziter Einladung des Papstes brach der Kaiser auf und vermied auf dem Weg über Pisa und Siena ausdrücklich das Florentiner Territorium. Im Vorfeld seines Besuchs war es in Siena wie schon 1355 zu einem Umsturz des kommunalen Regiments gekommen.[17] Doch die Stadt spielte nur eine untergeordnete Rolle für ihn: Er ließ dort seine vierte Ehefrau Elisabeth zurück, die erst zum anvisierten Tag ihrer Krönung in Rom ankommen sollte. Karl selbst brach bereits am 14. Oktober nach Viterbo auf, um sich dort mit Papst Urban V. zu treffen, der seit Mai die Zeit in seinen Sommerresidenzen im nördlichen Latium verbracht hatte.[18]

Nach nur einem Tag zog der überschaubare kaiserliche Tross ohne den Papst weiter nach Rom, was auf genaue Absprachen bereits im Vorfeld schließen lässt. Der römische Einzug des Kaisers am 19. Oktober war bemerkenswert, wie der Florentiner Humanist Coluccio Salutati in einem Brief an Giovanni Boccaccio berichtet:[19] Als Zeichen besonderer Demut und Frömmigkeit ging Karl schon eine Meile vor dem Stadttor zu Fuß, er wies auch anfänglich den

Abb. 184 Avignon, Blick von der Rhône auf Kathedrale und Papstpalast. Die südfranzösische Stadt war 1309–1423 Sitz der Päpste. Kaiserkrönungen in Rom konnten deswegen nicht vom Papst selbst durchgeführt werden. Hingegen wurde Avignon zur wichtigsten Kontaktzone italienischer und französischer Kunst. Durch die engen Beziehungen Karls IV., vor allem zu Papst Clemens VI. (amt. 1342–52), erwies sich das südfranzösische künstlerische Milieu auch als äußerst fruchtbar für Prag – der erste Dombaumeister Matthias von Arras kam aus Südfrankreich. • Papstpalast umgestaltet unter Papst Clemens VI. (reg. 1342–52)

Abb. 185   **Ecclesia militans (die wehrhafte Kirche), Detail: In der Mitte Papst Urban V., zu seiner Linken Kaiser Karl IV., Peter von Lusignan als König von Zypern und Amadeus VI., Graf von Savoyen, als prominenteste weltliche Beschützer der Kirche** • Andrea di Bonaiuto (Andrea da Firenze), 1366/67 • Wandmalerei • Florenz, Santa Maria Novella, Cappella Spagnola

seidenen Baldachin als Ehrenzeichen zurück; gleichzeitig wurden dem Kaiser Schwert und Adlerbanner als Zeichen seiner Macht vorangetragen. Eine subtile Mischung aus Demut und Machtanspruch war es, was der Luxemburger dem römischen Publikum vermittelte.[20] Dies passte hervorragend zur Einholung des Papstes durch den Kaiser am 21. Oktober in der Form des Stratordienstes: Karl IV. ging Urban V. entgegen und führte sein Pferd am Zügel in die Stadt – ein Ehrendienst, der eigentlich unmittelbar nach der Kaiserkrönung erfolgte. Sicher ging es hier um mehr als das Nachholen einer 1355 unterlassenen Zeremonie. Karl IV. stellte sich in die direkte Tradition Kaiser Konstantins, der als Erster diesen Dienst symbolischer Unterordnung an Silvester I. geleistet haben soll, als er, der mittelalterlichen Überlieferung zufolge, dem Papst die Herrschaft über den Westteil des Reichs anvertraute (Abb. 167). Damit führte der Luxemburger also Papst Urban V. zumindest symbolisch zurück nach Rom und demonstrierte seine Rolle als Schutzherr der Kirche. Nicht nur in Schriftquellen wurde dieses symbolische Handeln zur Quintessenz Karls politischer Lebensleistung stilisiert[21], auch bildlich fand es Niederschlag (Abb. 185). Doch so prominent die Tradition auch war, in die sich Karl IV.

204   Wie ein zweiter Konstantin

Abb. 186 Kaiser Konstantin der Große vollführt den Stratordienst für Papst Silvester I. Dies wurde als Akt der symbolischen Unterordnung des Kaisertums unter das Papsttum verstanden. • Rom, M. 13. Jh. • Wandmalerei • Rom, SS. Quattro Coronati, Silvesterkapelle

hier stellen konnte – der Stratordienst war ein heikles Symbol, und weniger wohlmeinende Zeitgenossen sahen darin eine schimpfliche Unterordnung. Dieser Negativinterpretation hatte der Kaiser durch seinen demütigen Einzug wohl entgegenwirken wollen; und tatsächlich waren die Kommentare zu diesem im ganzen Reich wahrgenommenen Ereignis überwiegend positiv.[22]

Über den relativ langen Aufenthalt des Kaisers in Rom ist wenig bekannt, was über die Krönung der Elisabeth von Pommern am 1. November 1368 hinausgeht. Bemerkenswert ist eine große Reliquienschenkung des Papstes an Karl IV.; darüber hinaus akzeptierte Urban – wenn auch widerwillig – die Friedensregelung mit den Visconti, weil ihm der Luxemburger in der Toskana entgegenkam.[23] Jedenfalls wurde das Verhältnis von Papst und Kaiser allgemein als harmonisch erachtet, wie ein Brief des päpstlichen Kämmerers Arnaud Aubert vom Dezember 1368 bezeugt[24], und wie es bildlich auch die Darstellung von Karl und Urban auf einem heute noch in Prag verwahrten Reliquienkreuz italienischen Ursprungs zeigt (Abb. 188).[25]

Zurück in Siena scheiterte Karl daran, den von päpstlicher Seite gewünschten Kardinal Guido von Boulogne als Reichsvikar zu installieren.[26] Vor den instabilen Verhältnissen flüchtete sich der Kaiser für fast ein halbes Jahr nach Lucca, das einmal mehr zu seinem bevorzugten Aufenthaltsort in Italien wurde.[27] Dort war er auch uneingeschränkt willkommen, erhoffte man sich doch von ihm die endgültige Lösung der Stadt aus der Pisaner Vorherrschaft, die seit 1342 andauerte. Tatsächlich erlangte Lucca Anfang April 1369 die formelle Unabhängigkeit auf der Basis kaiserlicher Privilegien, die das seit dem Sturz des Dogen instabile Pisa hinnehmen musste.[28] Karl IV. als bis heute gefeierter Urheber der *Libertas Luccensis* hat in den langen Monaten seines Aufenthalts nicht nur engste Beziehungen zu Lucca gepflegt, sondern sich auch hemmungslos für die Befreiung der Stadt bezahlen lassen: 300.000 Florenen waren der exorbitante Preis des kaiserlichen Schutzherren. Die dafür gewonnene *dolce libertà* konnte sich Lucca über 400 Jahre bewahren; dies war das vermutlich dauerhafteste Ergebnis von Karls Italienzug 1368/69, denn Papst Urban V. musste 1370 Rom schon wieder in Richtung Avignon verlassen. Doch in den Augen seiner Panegyriker war es die Rückführung des Papstes „wie ein zweiter Konstantin", die Karl IV. beispiellosen Ruhm in ganz Europa einbrachte.[29]

FUSSNOTEN
1 Grundlegend PIRCHAN 1930. – WIDDER 1993, 266–357.
2 „e poi la Domenica dell'Ulivo a dì 2. di Aprile 1368 udito l'Uffizio tutto armato, e ricevuto l'Ulivo uscì della Chiesa e della Città di Plaga tutto armato coll'elmo in testa, e colla spada in mano, e colla sua compagnia, e prese la via per venire nelle parti d'Italia." Neri di Donato/MURATORI 1729, Sp. 193.
3 PIRCHAN 1930, I, 3–15. – PIUR 1933, 248f. – WIDDER 1993, 266–279. – BAUCH 2015/I, 151f.
4 WINKELMANN 1885, II, Nr. 814. – PAULER 1995.

Abb. 187 Ausschnitt aus dem Freskenzyklus zum Leben Papst Urbans V. Das nur teilweise erhaltene Bildfeld zeigt den Adventus des Papstes in Rom 1368, dessen segnende Hand und Reittier noch erkennbar sind. Der Kaiser führt den Apfelschimmel am Zügel und ist durch das erhobene Schwert und die gekreuzte Stola charakterisiert. • Bozen, 1370er Jahre • Wandmalerei • Bozen, Pfarrkirche St. Mariä Himmelfahrt (heutige Kathedrale)

Abb. 189 **Lucca, Volto Santo (das Heilige Antlitz); die viel verehrte und insbesondere durch Karl IV. in Mitteleuropa verbreitete Darstellung des bekleideten Christkönigs am Kreuz wurde etwa gleichzeitig vielerorts durch die Legende der hl. Kümmernis umgedeutet – eines frommen Mädchens, dem, um unchristlicher Unkeuschheit zu entgehen, ein Bart gewachsen sei, woraufhin es gekreuzigt wurde.** • Lucca, frühes 13. Jh. • Holz, gefasst • Lucca, Dom S. Martino

Abb. 190 **Lucca, Volto Santo, Antlitz Christi** • Lucca, frühes 13. Jh. • Holz, gefasst

Abb. 188 **Reliquienkreuz des Papstes Urban V. (vgl. Kat.-Nr. 13.16), Detail mit der Coniunctio duorum orbis capitum, mit den Worten des Coluccio Salutati (NOVATI 1891, I, Nr. 12): Urban V. reicht Kaiser Karl IV. eine hochrangige Herrenreliquie** • Avignon/Prag, 1372 • Gold, graviertes Dekor gefüllt mit einer dunklen Masse • Prag, Metropolitní kapitula u Sv. Víta, Inv.-Nr. K 36 (94)

5 WIDDER 1993, 266f.
6 BAUCH 2015/I, 152, Anm. 481.
7 SCHLOTHEUBER/KISTNER 2013, 567–572.
8 DALE 2007, 12.
9 WIDDER 1993, 270–279.
10 KUBÍNOVÁ 2006/II.
11 BAUCH 2015/I, 154f. – CHIAPPORI 1983, 38–40.
12 WIDDER 1993, 275–279. – PIRCHAN 1930, I, 36–48.
13 WIDDER 1993, 290–294. – PIRCHAN 1930, I, 134–173.
14 WIDDER 1993, 294–299. – PIRCHAN 1930, I, 174–190.
15 BAUCH 2007.
16 WIDDER 1993, 299–308. – PIRCHAN 1930, I, 240–257.
17 ROSSI 1930, 211–213. – WIDDER 1993, 316–319. – SCHENK 1996, 115–136. – PIRCHAN 1930, I, 262–292.
18 BAUCH 2015/I, 156–160. – WIDDER 1993, 321–324. – PIRCHAN 1930, I, 293–302.
19 NOVATI 1891/1929, I, Nr. 12.
20 Ausführlicher bei BAUCH 2015/I, 156–160.
21 „Ipse est, qui Rome constitutus, incliti illius principis Constantini vestigia imitatus, officium stratoris implevit, dum ex humilitate laudabili frenum presulis tenens, penes ipsum Romane sedis antistitem equitantem per non parvam distanciam pedester ire non erubuit". STENZEL 1835, 212. – Dieses Resümee zog der Augustiner-Chorherr Ludolf von Sagan in Bezug auf die gesamte Herrschaft Karls IV. BAUCH 2015/I, 162.
22 BAUCH 2015/I, 160–165.
23 WIDDER 1993, 326–329. – Die Reliquienschenkung in MBV 3/1, Nr. 1066.
24 „Domini Imperator et Imperatrix, quam in die Omnium Sanctorum in basilica S. Petri idem dominus noster papa solempniter coronavit, adhuc sunt hic. Ecclesie et Imperii facta Dei gratia stant bene; placeat Deo quod ita duret". WILLIMAN 1992, 278.
25 SEIDEL/SILVA 2007, 53–55. – Ausst.-Kat. Prag 2006, 162–165, Kat.-Nr. 51.
26 WIDDER 1993, 329–336.
27 SEIDEL/SILVA 2006. – Medioevo europeo 2002.
28 Libertas Lucensis 1970. – WINKELMANN 1885, II, Nr. 925. – WIDDER 1993, 341–349. – PIRCHAN 1930, I, 388–421.
29 „Admiranda tanti principis humilitas refulsit in Romana curia et in Francia. Duxit namque equum per frenum Romani pontificis seu dextravit papa sedente". BANSA 1968, 220. – „sicut alter Constantinus papam per Romam duxit, videlicet papam Urbanum V, et patrimonium ecclesie Romane confirmavit". JENSTEIN 1882, 429.

Karl und die Geistlichkeit – Bischöfe als Stützen der Reichspolitik

Zur Rolle von Netzwerken bei der Entwicklung einer „parlerischen" Kunst unter Karl IV.

Markus Hörsch

Karl wurde als „Pfaffenkönig" bezeichnet, was nicht positiv gemeint war. Aus Sicht der weltlichen Mächte, des Adels und der Städte, ging seine Unterstützung der Kirche gewiss zu weit. Zwar stifteten die weltlichen Kreise viel für ihr Seelenheil an die verschiedensten kirchlichen Institutionen, doch wollten sie damit auch gern Einfluss gewinnen, z. B. über die Einsetzung von Priestern, die Verwaltung der kirchlichen Vermögen. Da klang es doch sehr einseitig, wenn Karl sich bei einem Schlichtungsversuch von vornherein als *„ein voget der heiligen kirchen und beschirmer geistlicher friheit, pfeflicher rechte und loblicher gewonheite, den angehort, die heiligen kirchen bei yren rechten, friheiten und loblichen gewonheiten zu behalden"* bezeichnete.[1] In seiner *Constitutio Karolina super libertate ecclesiastica* erhob er den Schutz der kirchlichen Freiheiten in Gesetzesrang; besonders bedeutsam war das Privileg, dass sich der Klerus und seine Familiaren nur geistlichen Gerichten zu beugen hatten.[2]

In einem zersplitterten Reich mit einer Vielzahl widerstrebender Kräfte ließ sich so eine zweite Herrschaftsstruktur aktivieren, auf die der Kaiser in dem Fall bauen konnte, dass die entsprechenden Positionen mit ihm wohlgesonnenen und fähigen Persönlichkeiten besetzt waren. Und dies zu erreichen, war von Anfang an eines der Ziele, die sich Karl zur Durchsetzung seiner Macht gesetzt hatte. Sehr früh schon baute er Netzwerke in der Welt der Geistlichkeit auf: Im April 1337, drei Jahre nach Amtsantritt als Markgraf von Mähren, reiste Karl über Ofen (Buda) in die Bischofsstadt Senj an der kroatischen Adriaküste; hier empfahl er seinen Kaplan und Berater Jan Protiva aus Dlouhá Ves als Bischof. Zudem reiste er nach Aquileia, wo später Nikolaus von Luxemburg (1322–58), ein unehelicher Sohn Johanns von Luxemburg und somit sein Halbbruder, Patriarch werden sollte (1350–58). Mit ihm zusammen hatte Karl große Pläne: In Nikolaus im Reichsdienst sah er eine vielversprechende Stütze in Friaul, ja in ganz Oberitalien. So ernannte Karl ihn 1354 zum Vikar von Triest und 1355 zum Vikar der Toskana sowie zum Generalvikar von Feltre und Belluno.[3] In Cividale wurden ein *Studium generale* eingerichtet (1353) und die Anlage einer neuen Stadt namens *Carola* projektiert. Der frühe Tod Nikolaus' verhinderte die Ausführung, doch die Zielsetzung ist deutlich: Karl versuchte hier in Italien, seine Ziele (Hebung der Bildung, Neubildung städtischer Strukturen) dadurch zu erreichen, dass er weltliche Verwaltung in die Hände eines geistlichen Amtsträgers legte – und am besten natürlich in die eines Verwandten.

Im Norden des Reiches war das in dieser Form nicht möglich; hier galt es zumindest, Schlüsselpositionen zu besetzen. Am besten gelang dies Karl im Erzbistum Magdeburg, das schon deswegen bedeutend war, weil es 968 von Kaiser Otto dem Großen gegründet worden war, der damit einen Verwaltungs- und Missionsschwerpunkt weit in den Osten vorgeschoben hatte. Ein weiter räumlicher Radius wurde durch die fünf zur Kirchenprovinz Magdeburg gehörenden, d. h. dem Erzbistum unterstellten Suffraganbistümer Merseburg, Naumburg (-Zeitz), Meißen, Brandenburg und Havelberg geschlagen. Die wahrscheinlich außergewöhnlichste Persönlichkeit unter den Kirchenfürsten der karolinischen Ära, Dietrich Kagelwit von Portitz (* um 1300, reg. in Magdeburg 1361–67) wurde durch Karl IV. nach dem Tod von dessen langjährig regierendem Vorgänger Otto von Hessen (* 1301, reg. 1327–61) auf dem erzbischöflichen Stuhl installiert. Letzterer hatte aus landgräflichem Hause gestammt, also aus dem höchsten, regierenden Adel; Dietrich hingegen war bürgerlicher Abkunft und wurde in Stendal in der Altmark, einer damals blühenden und kirchenrechtlich weitgehend unabhängigen Stadt im Bistum Halberstadt,[4] als Sohn eines Gewandmachers geboren (vgl. die dort an ihn und die Familie erinnernde Glasmalerei, Kat.-Nr. 11.23).[5] Er trat nach der Ausbildung an der Stendaler Domschule in das Zisterzienserkloster Lehnin ein – und seinem strengen Orden blieb er stets treu, sei es, indem er selbst in Böhmen ein Zisterzienserkloster gründete (Skalitz, vgl. Kat.-Nr. 16.4), sei es, indem er als Erzbischof Zisterzienserklöster beschenkte, sei es, indem er z. B. bei der Errichtung des Hochaltars und seines eigenen Grabes im Dom von Magdeburg eine zisterziensische Ästhetik betonter Schlichtheit bei gleichzeitiger höchster Materialqualität verfolgte.[6]

Andererseits ist Dietrichs Karriere in bischöflichen Ämtern überaus beachtlich. Zunächst trat er als offenkundig überragender Wirtschafter in verschiedenen Ämtern in den Dienst des Bischofs von Brandenburg und wurde in Rom zum Weihbischof ernannt. Als es ihm 1347 nicht glückte, selbst Bischof von Brandenburg zu werden, ging er direkt an den Hof des Königs Karl IV. in Prag – wo er den Nachfolger des Wittelsbacher-Kaisers Ludwig gewiss gut über die Herrschaft von dessen Nachkommen über die Mark Brandenburg zu informieren wusste. Karl erkannte offenbar die Fähigkeiten Dietrichs sofort, setzte ihn über die Verwaltung Böhmens und

Abb. 191 Thronende Madonna aus einer Dreikönigsgruppe vom ehemaligen Lettner der Kathedrale zu Konstanz. Das Werk ist das monumentalste erhaltene Beispiel der im höfischen Milieu Prags seit den 1350er Jahren bevorzugten Skulptur und höchstwahrscheinlich ein kaiserliches Geschenk an den Konstanzer Bischof, der gerade im 14. Jahrhundert in erbitterte Streitigkeiten mit der Reichsstadt Konstanz verwickelt war. • Prag, 1360er Jahre • Holz, farbig gefasst • Konstanz, Münster zu Unserer Lieben Frau

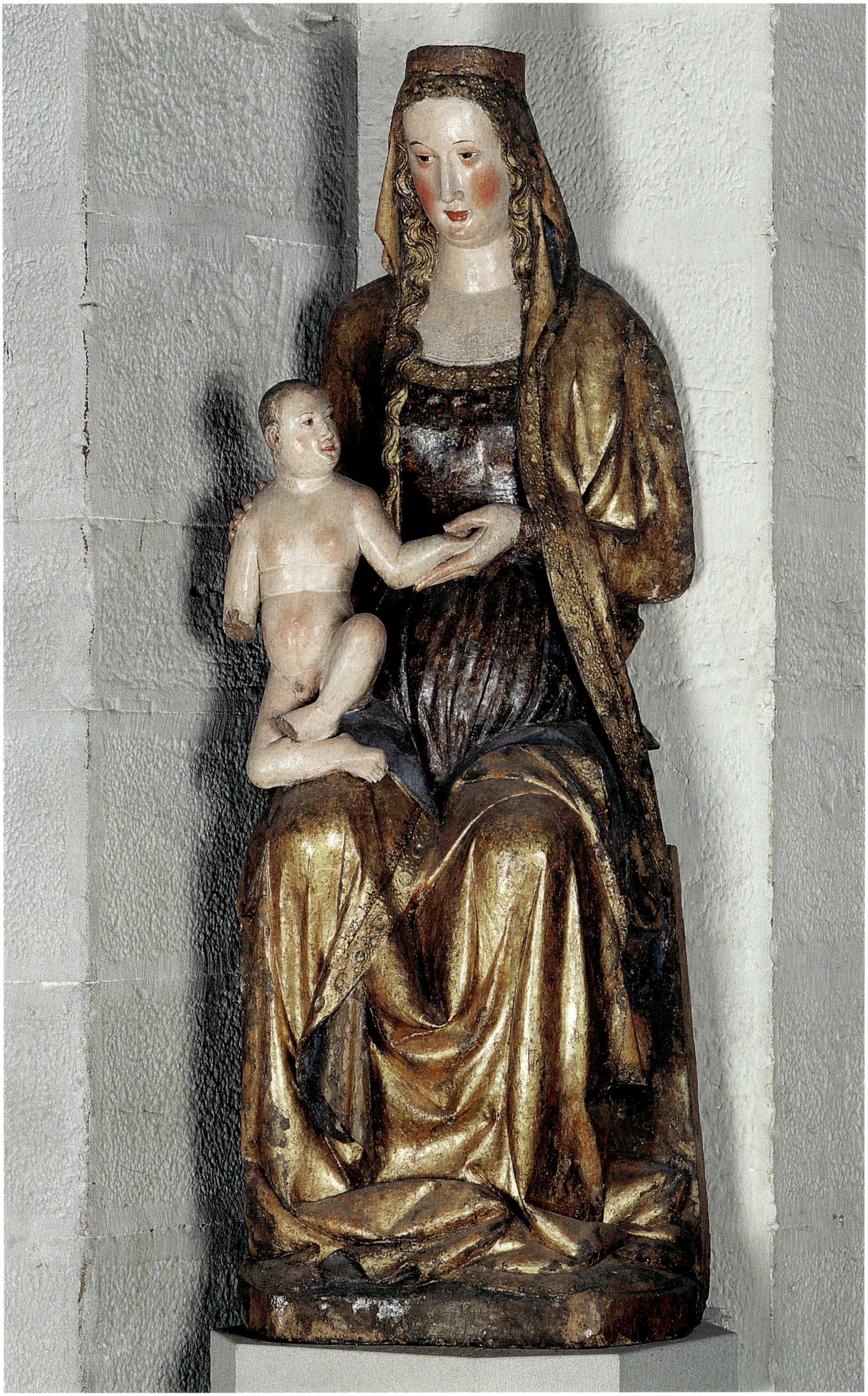

Abb. 192 **Der Hochaltar der erzbischöflichen Kathedrale von Magdeburg, 1363 von einem der engsten Verwandten Karls IV., Dietrich von Portitz, geweiht und von diesem auch in Auftrag gegeben. Das in den Formen schlichte Werk beeindruckt durch sein ausgewogenes Design und vor allem die Qualität des verwendeten Marmors aus Adnet bei Salzburg.** • 1363 • Adneter Marmor; Deckplatte: B. 430 cm, T. 195 cm • Magdeburg, Dom St. Mauritius und St. Katharina, Chor

machte ihn zum Obersten Kanzler des Königreichs. Bereits 1351 wurde er zum Bischof von Schwerin ernannt (aber nicht geweiht), 1353 zum Bischof von Minden – und schließlich 1361 zum Erzbischof von Magdeburg. Als solcher hat er höchstwahrscheinlich der Zisterzienserabtei Zinna, die zum Magdeburger Herrschaftsbereich gehörte, das Kreuzretabel gestiftet, das sich heute in der Dorfkirche von Pechüle befindet.[7] Die Malerei auf dieser schmalen, querrechteckigen Tafel ist eng verwandt mit Prager Werken wie dem heute in Stift Vorau befindlichen Antiphonar:[8] Der Maler gehört einer Gruppe von Künstlern an, die in den 1360er Jahren für das Kapitel des Stifts St. Peter und Paul auf dem Vyšehrad bei Prag tätig waren, wo wahrscheinlich auch die Tafel in Pechüle entstand.[9] Diesem Stift stand Dietrich von Portitz seit 1360 für kurze Zeit als Propst vor. Das Pechüler Retabel legt, was aus heutiger Sicht zur genannten Einstellung des Auftraggebers zu passen scheint, wenig Wert auf höfische Eleganz: In 16 Szenen wird die Passion vom Einzug in Jerusalem bis zur Himmelfahrt erzählt – bezeichnend ist, dass die jeweils notwendigen Figuren die Szenen immer fast ganz ausfüllen – und dass die Rahmung sich dann genau dieser jeweiligen Szenengröße anpasst. So entsteht eine asymmetrische, ganz auf den Sinngehalt abgestimmte Bildfolge.[10] Die Kreuzigung fehlt – sie war vermutlich plastisch über dem Retabel angebracht.

Auch die Nachfolger Dietrichs auf dem Magdeburger Stuhl vermochte Karl zu bestimmen: Albrecht von Sternberg (* um 1333, † 1380), Mitglied einer der bedeutendsten böhmisch-mährischen Magnatenfamilien, der wiederum zuerst Bischof von Schwerin (1356–65), dann Bischof von Leitomischl wurde, eng mit dem dortigen Vorgänger auf dem Bischofsstuhl, Johann von Neumarkt (Jan ze Středy, * um 1310, reg. 1353–64, vgl. Kat.-Nr. 12.6), befreundet. Nun wurde Albrecht als Rat Karls IV. also Erzbischof von Magdeburg, führte den Titel eines Primas von Deutschland und verkaufte Magdeburger Besitz in der Niederlausitz an Karl. Aber die Besetzung belegt auch, dass solche von oben her bestimmten Amtsinhaber nicht immer erfolgreich waren. Während Dietrich von Portitz immerhin aus der Region gestammt hatte, warf man Albrecht von Sternberg, der gewiss auch ein anderes aristokratisches Gebaren an den Tag legte, vor, dass er der Landessprache, des Niederdeutschen, nicht mächtig sei. So währte seine Magdeburger Amtszeit nur drei Jahre – 1371 ließ er sich bei Erhalt des persönlichen Erzbischofs-Titels nach Leitomischl zurück versetzen, wo er 1380 starb.

Albrechts Nachfolger in Magdeburg wurde nun Peter Jelito (Wurst) von Brünn (* 1320/30), der zuvor Bischof in Leitomischl gewesen war. Er hatte mehr Erfahrung mit andersartigen deutschen Dialekten, war er doch zuerst Bischof im schweizerischen Chur gewesen (amt. 1356–68); allerdings hatte es auch hier Widerstände aus den lokalen Mächten gegen seine eigenwillige Politik gegeben, das Hochstift an die Habsburger zu verpfänden, um an Geld zu kommen. Nun in Magdeburg stiftete er an die Kapelle des erzbischöflichen Palastes in Magdeburg, St. Gangolf, ein eigenes Stiftskapitel, ähnlich den kaiserlichen Mansionars-Stiftungen in Prag, Nürnberg, Ingelheim und Terenzo; den als *Thesaurar* an der Spitze dieser kleinen Gemeinschaft stehenden Peter Johannes von Kasejowitz holte er sicherheitshalber auch wieder aus Böhmen. Die nunmehr an erster Stelle Maria geweihte Kapelle ließ er weitgehend neu errichten, wobei ihr bis heute erhaltener Chorraum mit einem aufwendigen hängenden Schlussstein nach Art der Architektur des Veitsdoms ausgestattet wurde.[11] Es ist nachweisbar, dass unter Erzbischof Peter der zuvor in Prag dokumentierte Baumeister *Kunczel Vrankenford* (Kunz / Konrad von Frankfurt) nach Magdeburg wechselte, wo er ab 1379 höchstwahrscheinlich den unteren Abschnitt der Westfassade errichtete.[12] Da er seit 1373 nicht mehr in Prag nachweisbar ist, dürfte er bereits früher, wohl zum Bau der Gangolfskapelle, nach Magdeburg gewechselt sein. Später wurde er dann an den Dombau berufen, vielleicht auf Druck des Bischofs, der wohl nicht zuletzt wegen seiner Eingriffe ins Bauwesen mit dem eigentlich dafür zuständigen Domkapitel im Dauerstreit lag.[13]

Ein ähnliches, sehr instruktives Beispiel für die Einflussnahme Karls bei der Besetzung von Bischofsstühlen[14] ist Augsburg. Stadt und Bischof waren zunächst treue Anhänger Kaiser Ludwigs IV. des Bayern gewesen. Nach dessen Tod, bei Karls Besuch 1348, liefen sie zu diesem über. Selbst der von Ludwig eingesetzte Bischof Heinrich von Schönegg († 1368) huldigte Karl, damit sich dieser bei Papst Clemens VI. für sein Verbleiben im Amt verwendete. Dies nützte aber nichts und der Papst setzte am 30. Mai 1348 den Bamberger Dompropst Marquard von Randeck (u. a. auch: Markwart von Randegg) als neuen, aus avignonesischer Sicht legitimen Bischof ein. Marquard wurde zugleich Generalkapitän in Oberitalien und einer der engsten Vertrauten Karls.[15] Der König stützte damit das Mitglied einer Familie aus niederem schwäbischem Adel, die schon in den Jahren zuvor die Geschicke des Augsburger Domes wesentlich mitbestimmt hatte; genannt sei hier der Domkustos Konrad von Randeck, der sich als Bauherr der Gotisierungsmaßnahmen des ottonischen Domes in den Jahren 1321–34, das heißt zunächst: beim Umbau der Westteile der ottonischen Kathedrale, auffällig verewigt hatte.[16] Sein Wappen findet sich dann auch an den Gewölben des zweiten Bauabschnitts, der die Einwölbung des Mittelschiffs und den Ersatz der alten Seitenschiffe durch zweischiffige Hallen umfasste.[17] Eine Inschrift am Nordportal des heutigen Chores, das – als letzter Abschnitt dieser Maßnahmen – unvollendet liegen blieb, hält fest, dass sie 1343 abgeschlossen waren.[18]

Dies ist in zweierlei Hinsicht interessant: Zum einen waren es in der Regel eben die Domkapitel, die bei Baumaßnahmen an Kathedralkirchen als Bauherren fungierten – und in Augsburg tritt der Vorsteher der Domgeistlichkeit besonders prominent und selbstbewusst hervor, was gewiss zugleich der Stärkung der Stellung seiner Familie dienen sollte. Zum anderen aber knüpfte Karl in geschickter Weise an bestehende Strukturen an und stärkte durch

Abb. 193 Hinter dem Hochaltar wurde für Erzbischof Dietrich von Portitz eine ähnlich gestaltete Tumba errichtet, die an dessen vom Chorumgang her zugänglichen Privataltar stößt • 1363 • Adneter Marmor • Magdeburg, Dom St. Mauritius und St. Katharina, Chor

persönliches Eingreifen z. B. die sich ihm offenbar rasch zuwendende Familie Randeck.

Nun ist das Augsburger Beispiel aber auch aus kunsthistorischer Sicht besonders bedeutsam und rätselhaft, besteht doch seit Langem die Vermutung, dass am Dom[19] schon vor der Regierungszeit Karls IV. Beziehungen zu dem aus Köln stammenden Baumeister Heinrich Parler bestanden haben, dem Vater eben jenes 23-jährigen Peter, welcher dann, wiederum mit seinen Söhnen als Nachfolgern, zu dem prägenden Prager Baumeister der Ära Karls IV. und seines Sohnes Wenzel werden sollte: 1356 berief ihn Karl IV. zum zweiten namentlich bekannten Dombaumeister am Prager Veitsdom (vgl. Essay Gajdošová in diesem Band).[20] Es ist gleich vorweg zu sagen: Zu einer endgültigen Aussage wird man in dieser Frage nicht kommen können. Doch ist das ganze Problem so historisch vielschichtig, für die gesellschaftlich-kulturellen Zusammenhänge der Zeit Ludwigs IV. und Karls IV. so bezeichnend, dass diese komplexe Frage als Fallbeispiel gewählt wurde, gerade weil sie aufzuzeigen vermag, wie schwierig es ist, in der auf sorgsam gesammelten Indizien und ihrer Bewertung beruhenden mediävistischen Forschung zu gültigen Aussagen zu kommen.

Denn zunächst ist ja zu fragen: Wie kommt man überhaupt auf den Gedanken, der Vater Peter Parlers könne am Augsburger Dom tätig gewesen sein? In den schriftlichen Quellen wird Heinrich nie genannt, und am Bau selbst findet sich nirgends das bekannte Parlersche Steinmetzzeichen, der sogenannte Winkelhaken, der im Laufe der Zeit zum Familienwappen wurde. Als solches ist er dann zu Füßen einer der Skulpturen am Südportal des Augsburger

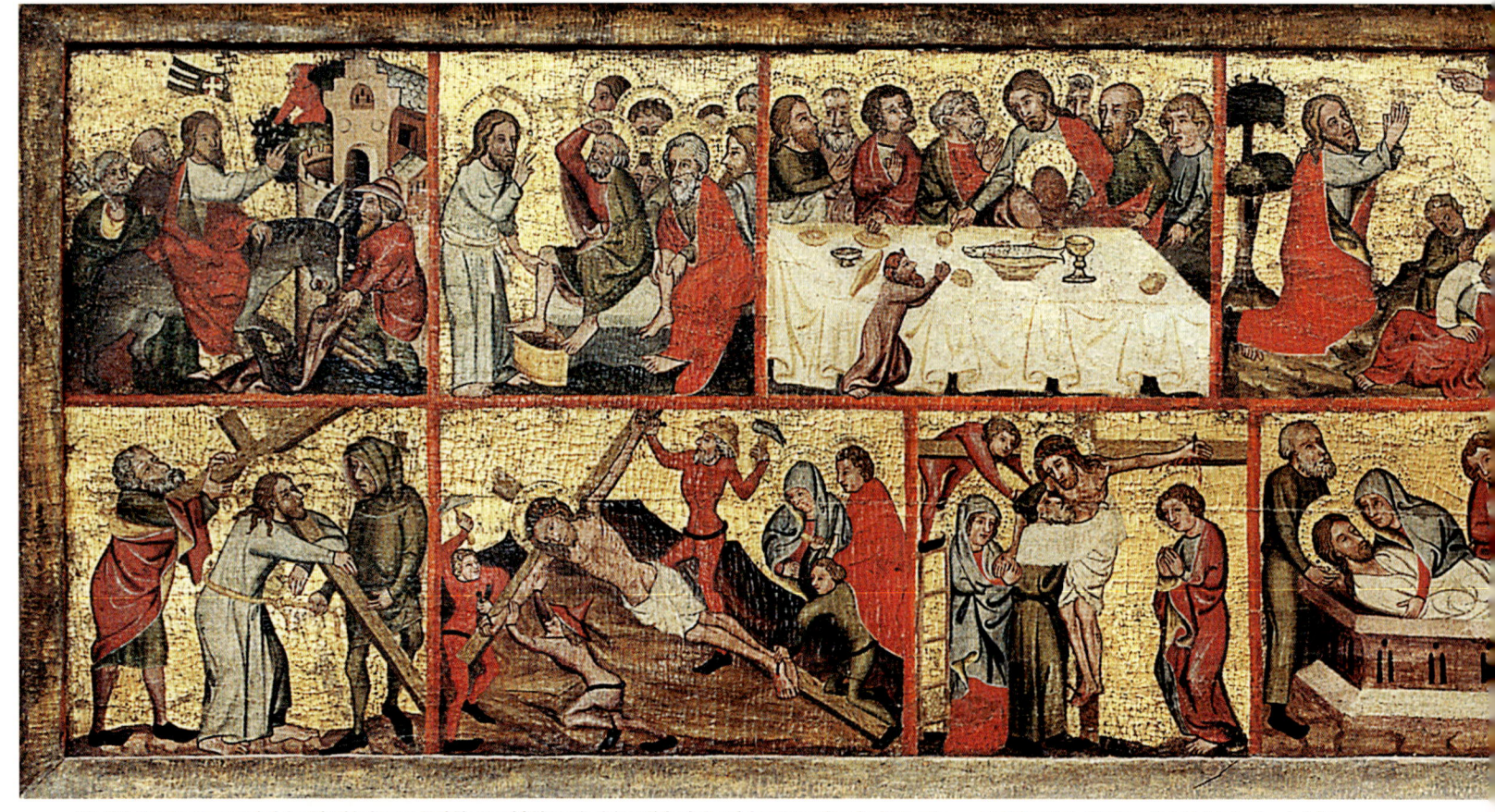

Abb. 194 Das Passionsretabel der Pfarrkirche von Pechüle stand früher mit einiger Sicherheit auf dem Kreuzaltar der Zisterzienserabtei Zinna bei Jüterbog. Es ist höchstwahrscheinlich eine Stiftung des Magdeburger Erzbischofs und Zisterziensermönchs Dietrich von Portitz, zu dessen Besitzungen Zinna gehörte. Stilistisch lässt sich das Werk eindeutig einer Prager, im Umfeld des Stiftes Vyšehrad tätigen Werkstatt zuordnen. Als dessen Propst amtierte Dietrich ebenfalls für kurze Zeit. • Prag, 1360er Jahre • Tempera mit Ölbeimischung auf Holz • Pechüle, Ev.-luth. Pfarrkirche Unserer Lieben Frau

Doms zu finden, was aber zunächst nur belegt, dass ein Parler sie gestiftet hat.

Demgegenüber tritt Heinrich Parler in Zusammenhang mit dem Bau der Heilig-Kreuz-Kirche in Schwäbisch Gmünd sehr deutlich in Erscheinung: In Prag wird er in der Triforiumsinschrift als aus Köln stammend (also sicher am dortigen Dombau ausgebildet und beschäftigt) und in Gmünd ansässig bezeichnet: „*de colonia magistri de gemunden in suevia*". Hier wurde er nach seinem vor 1377 erfolgten Tod auch begraben.

Die Stadt im oberen Remstal liegt nahe der schwäbischen Herzogsburg Hohenstaufen, die für das Kaisergeschlecht des 12./13. Jahrhunderts namengebend wurde – und somit in dessen Kernterritorium. Gmünd war Reichsstadt wie Augsburg, doch wie so oft lag das Patronatsrecht über die Kirche bei einer auswärtigen Institution, zuerst beim Stift im nahe gelegenen Städtchen Lorch, dann seit 1297 beim Augsburger Domkapitel. Mit diesem Wechsel verbunden war auch eine (vorübergehende) Veränderung des Heilig-Kreuz-Patroziniums zu dem der Muttergottes.[21]

Das wohl nicht allzu lange nach dem Patronatswechsel begonnene Langhaus der Gmünder Heilig-Kreuz-Kirche wird in seinen wesentlichen Teilen Heinrich Parler als Entwerfer zugeschrieben, was durch entsprechende Steinmetzzeichen gestützt wird.[22] Sie finden sich nämlich bereits ganz im Westen des Baus, zu Beginn des zweiten Bauabschnitts. Um 1330 wird er die Bauaufgabe übernommen haben.[23] 1340/41 wurde das dendrochronologisch datierte Dachwerk aufgesetzt; die Gewölbe blieben zunächst unvollendet. Nun folgte eine annähernd zehnjährige Baupause, denn erst 1351 wurde, wie eine Inschrift am Nordportal mitteilt, der Grundstein zum Chor gelegt. Man fragt sich natürlich, was ein Architekt wie Heinrich Parler in dieser Zeitspanne getan, wovon er gelebt hat, wäre er allein in der relativ kleinen Reichsstadt tätig gewesen: Bereitete er den Neubau vor, übernahm er andernorts einen Auftrag? Es ist jedenfalls sehr wahrscheinlich, dass seine Söhne Johann von

Gmünd (seit 1354 in Freiburg am Münster tätig) und Peter zunächst am Chorbau mitarbeiteten oder, entsprechend ihrem Alter, ausgebildet wurden, denn bei Peter geht man von einem Geburtsjahr 1330 bzw. 1333 aus. Es ist jedenfalls wenig wahrscheinlich, dass der junge Peter Parler den Gmünder Chor allein geplant hat, zumal Heinrich hier später begraben wurde und sein Sohn Johannes danach als Baumeister nachweisbar ist.[24]

Nach alledem war es verführerisch, die auffälligen Parallelen zum Augsburger Domlanghaus damit zu begründen, dass hier ein und derselbe Entwerfer am Werk gewesen sei, eben Heinrich Parler: Beim zweiten Bauabschnitt des Augsburger Doms entspricht die Idee einer Halle auf einfachen Rundpfeilern dem Langhaus der Gmünder Heilig-Kreuz-Kirche. Dies verwundert allerdings schon deswegen kaum, weil ja derselbe Bauherr verantwortlich war. Es liegt auf der Hand, dass das Domkapitel seinem Anspruch auf das jüngst erworbene Patronatsrecht eben dadurch Ausdruck verleihen wollte, dass der Neubau in Gmünd den ebenfalls neu errichteten Teilen der Augsburger Mutterkirche glich. Das schon aufgrund der Patronatsrechte enge Verhältnis zwischen dem Domkapitel des Bischofssitzes und der Pfarrei der Freien Reichsstadt Gmünd bestand aber auch nach dem Wechsel von Kaiser, Bischof oder auch Architekten fort – und schon deswegen folgte der Gmünder Chor weiterhin den Augsburger Vorgaben des älteren Kirchenteils, freilich mit formalen Weiterentwicklungen im Detail, die – wie das viel diskutierte kräftige Gesims im Chorumgang – den Ausdruck der Architektur leicht veränderten. Einen Beweis für dieselbe Entwerferschaft in Gmünd und Augsburg darf man darin jedoch nicht erblicken. In Augsburg findet sich kein dem Parlerzeichen ähnliches Steinmetzzeichen und bedenklich muss auch stimmen, dass der Augsburger Dombau in der Prager Triforiumsinschrift nicht erscheint. Hätte man es „vergessen", wenn ein naher Verwandter Langhaus (oder gar Chor) der Augsburger Bischofskirche entworfen hätte? – Aber auch die Vorstellung von Schwäbisch Gmünd als

212 Geistlichkeit und Herrschaft

Hauptstandort einer so genannten „Parler-Hütte" ist vielleicht nicht ganz so unumstößlich, wie es in jenen Zeiten, die das Genie eines leitenden Steinmetz-Baumeisters von zugleich beachtlicher bildhauerischer Fähigkeit ins Zentrum des kunsthistorischen Narrativs stellten, scheinen mochte. Schon die erwähnte zehnjährige Baupause macht uns ja klar, wie wenig wir im Grunde über die Bauabläufe, über Arbeitsteilung und vor allem auch die Möglichkeit der Betreuung mehrerer Baustellen durch einen Architekten wissen.

Solche Einwände sind schon deswegen zu betonen, weil Marc Carel Schurrs Thesen in Bezug auf Augsburg noch viel weiter gehen: Er nahm an, dass Heinrich Parler nach Abschluss des ersten Augsburger Bauabschnitts (des Westchors) bereits mit der Absicht angestellt wurde, neben der Erweiterung der Langhausseitenschiffe auch einen neuen Ostchor zu errichten,[25] und zwar als Umgangschor mit Kapellenkranz, in den Formen des Kölner Domchors, von dem Heinrich ja kam.[26] Gegen eine solche Lösung sprechen in Augsburg zwei Komplexe: zum einen die Frage, ob eine solch weitreichende Entscheidung wirklich Sache des Architekten war? Sicher nicht, zumindest nicht allein. Und Belege gibt es für eine solche These ohnehin nicht, wenn man von der formalen Ähnlichkeit des Kölner und des Augsburger Chorgrundrisses absieht, die zwar zweifellos vorhanden ist, die aber selbstverständlich auch anders oder von anderen übertragen worden sein kann.

Zum andern aber sind es schlicht die Baubefunde, die den Augsburger Dombau nach Fertigstellung des Langhauses auf den ersten Blick als eine keineswegs einheitliche Planung erkennen lassen. Die Anordnung der Schlusssteine im Langhaus war noch auf den zuerst im Westen liegenden Hauptchor bezogen gewesen.[27] Erst danach, also nach 1343, als das Nordportal unvollendet stehen geblieben war, ohne dass wir wüssten, in welchen Zusammenhang es ursprünglich gehören sollte, beschloss man, den Hauptaltar zu verlegen und damit die Ausrichtung des Domes nach Osten hin umzukehren und architektonisch mit dem Umgangschor einen ganz neuen Akzent zu setzen. Nach der schriftlichen Überlieferung wurde dieser unter dem zu Beginn dieses Abschnitts erwähnten Bischof Marquard von Randeck 1356 begonnen – also nach einer gegenüber Gmünd noch längeren Baupause.

Und betrachtet man nun den Augsburger Ostchor, so ist offenkundig, dass hier anders als in Prag, wo Peter Parler eine zwar in ihrer originellen Eigenständigkeit überall erkennbare, aber ästhetisch befriedigende Planänderung vollzog und in Stein umzusetzen vermochte, ein regelrechtes Durcheinander aufeinanderfolgender und sich offenkundig widersprechender ästhetischer Konzepte zusammengebaut wurde:[28] Der Augsburger Bau begann mit der Anlage des Umgangschors mit Kapellenkranz, der in klassischem Konzept an Köln angelehnt wurde. Den Anfang der aufgehenden Architektur bildet ein Rundpfeiler am Übergang von den südlichen Chorseitenschiffen zum Chorumgang;[29] dieser folgt einer Ästhetik, wie sie von den Zisterziensern der Abtei Kaisheim in ihrem bedeutenden Umgangschor verwirklicht wurde: Hier schneiden die Rippenprofile direkt aus den Pfeilerschäften, auf Kapitelle wird verzichtet. Jedes Gewölbeglied sollte individuell behandelt werden – manche fußen auch auf Konsolen. Der Augsburger Pfeiler blieb jedoch unvollendet stehen – sodass der Wechsel des Konzepts bis heute dokumentiert ist.

Es folgten die südlichen Chorseitenschiffe von verschiedener Höhe, in denen nun sehr differenzierte Wandvorlagen mit Kapitellen an der Außenwand und frei stehende Bündelpfeiler errichtet wurden. Das südliche Schiff war 1376 als Kapelle des Patriziers Johann Dachs in Nutzung.[30] Auf der Nordseite des Chores glich man die Höhe der beiden Seitenschiffe einander an, und hier entstand, wie eine Inschrift belegt, bis 1377 bereits das Gewölbe.[31] Die Radialkapellen standen 1365 noch nicht, als bereits Nutzungsrechte an ihnen vergeben wurden.[32] Und auch 1379 waren die Kapellen nicht fertiggestellt, denn auch der nächste Stifter, der neue Domkustos Eberhard von Randeck, musste zunächst noch mit

Geistlichkeit und Herrschaft 213

Abb. 195 Die Kapelle St. Gangolf und St. Marien diente als Herzbegräbnis der Erzbischöfe von Magdeburg. Der erhaltene Chor enthält einen hängenden Schlussstein, ein Motiv, das ebenso wie die reichen Maßwerkformen direkt auf den Prager Dombau zurückzuführen ist und wohl von dem dort tätigen Baumeister Kunzel Frankenfort entworfen wurde. • ab 1371 • Magdeburg, Domplatz, Staatskanzlei

einem Ausweich-Altar vorlieb nehmen.[33] Als man die Umgangskapellen dann errichtete, baute man wieder Rundpfeiler mit Blattkapitellkränzen, die sich an die Pfeiler im Langhaus respektive in Schwäbisch Gmünd anlehnen. Man nimmt an, dass zunächst eine Zeit lang ein an Gmünd sich anlehnender Hallenchor geplant war, bevor dann der Chorumgang im Ostbereich aufgegeben, der Hochchor bis an das östliche Obergadenfenster herangeführt und damit zugleich wieder eine basilikale Raumform eingeführt wurde. Fertiggestellt wurde das Dach des Chormittelschiffs in den Jahren nach 1394 (d).[34]

Es ist in jedem Fall bemerkenswert, dass der Impuls zu diesem Neubau offenbar vom Bischof ausging, nicht von dem gleichzeitig amtierenden, langjährigen Domkustos Heinrich von Hochschlitz (amt. 1346–76). Dieser war zwar höchstwahrscheinlich der leitende Bauherr, doch hatte er offenkundig nicht die Kraft, den Bau nach einheitlichem Plan durchzuführen, wie es seinem Vorgänger mit dem Langhaus weitgehend gelungen war. Generelle Schlüsse im Sinne einer stärker gewordene Rolle von Bischöfen unter Karl IV., das Bauwesen betreffend, lassen sich daraus aber nicht ableiten.

Das Bemerkenswerteste sind die neuen Akzente, die bei der Gestaltung der beiden großen Portale gesetzt wurden. Der Chor ragte weit in einen älteren Straßenzug hinein – was zu langwierigen Auseinandersetzungen mit der Stadt führte, die schließlich ein Wegerecht durch den Domchor behielt. Schon dies verlangte neben dem älteren Nordportal noch ein südliches, zur Stadt hin gewandtes, an dessen Ausgestaltung sich dann auch die Bürger beteiligten. Das ältere Nordportal wurde durch kräftige Dienste sowie eine weitere Archivolte mit Blattfries in den Neubau einbezogen. Im Mauerfeld darüber wurde eine Darstellung des Throns Salomonis angebracht – eines königlichen Themas also. Es war zum ersten Mal unter Rudolf von Habsburg an der Westfassade des Straßburger Münsters in monumentaler Form verwirklicht worden, dann gerade in Augsburg unter Ludwig dem Bayern im großen Fenster des Südquerhauses.[35] Hier wird bereits die enge Beziehung Marquards zu Karl IV. deutlich; noch mehr jedoch an der Südseite, wo neben dem (in Augsburg romanischen) Südturm eine Portalvorhalle zu finden ist, die einen balkonartigen Aufbau trägt. Diese Disposition erinnert stark an die Südseite des Prager Veitsdoms, das sich östlich anschließende Chorseitenschiff mit der Dachs-Kapelle erinnert zudem an die dortige Wenzelskapelle. Das Portal wurde reich mit Skulpturen geschmückt, die einen deutlich karolinischen Akzent setzen, insbesondere die Trumeaumadonna, die in der weichen, voluminösen Faltengebung an französische Vorbilder der Mitte des 14. Jahrhunderts anschließt.[36] Wenn hier das Prager Vorbild rezipiert wurde, was bei Marquard vorauszusetzen ist, so hat dies Folgen für die Datierung: Die Wenzelskapelle wurde 1367 geweiht; die Portalvorhalle war wohl zur gleichen Zeit fertiggestellt. Mit der Übernahme in Augsburg ist also zu Beginn der 1360er Jahre zu rechnen, zum einen, da in Prag erst seit 1356 die geänderten Pläne Peter Parlers für den Dombau rezipiert werden konnten. Zum andern aber verließ Marquard von Randeck, dessen Nähe zu Karl wohl ausschlaggebend gewesen sein dürfte, bereits 1365 Augsburg, um das Patriarchat von Aquileia zu übernehmen.

Nach all dem Gesagten erscheint es unwahrscheinlich, dass auch nur der Ostchorgrundriss des Augsburger Doms von dem Architekten des Langhauses stammt. Zudem gibt es bisher keinerlei Hinweis darauf, dass es sich bei diesem tatsächlich um Heinrich Parler handelte; um hier wirklich Sicherheit zu erlangen, bedürfte es neuer Beweise. Zudem spricht bei den aufgehenden Bauteilen des Ostchors in den ersten Abschnitten ohnehin nichts dafür, dass hier der Gmünder Architekt am Werk gewesen sein sollte. Erst später, wohl gegen 1380, tauchen an den Umgangskapellen wieder die Gmünder Rundpfeiler auf. Dies ließe sich dann eher mit jenem *„Mayster Hansen dem parlier zuo unser Frawen, bürger ze Ausburch"*, verbinden, der 1382 in den Quellen auftritt.[37] Dies war wohl für Robert Suckale Grund genug, hier ebenfalls Peters Bruder Johannes Parler am Werk zu sehen; und immerhin: eine der Skulpturen am Südportal trägt ja das Parlerwappen, wurde also eindeutig von einem Mitglied der Familie gestiftet (nicht gemeißelt!).[38] Und doch ist es wiederum sehr unwahrscheinlich, dass der in Freiburg und Gmünd erfolgreiche Architekt Johannes nun als Parlier (also wohl eher als Baustellenleiter) das Augsburger Bürgerrecht angenommen haben sollte.

Man kann also leider keine verlässlichen Indizien für die konkreten Verbindungen zwischen Karl IV., seinem getreuen Augsburger Gefolgsmann, Bischof Marquard, und der Baumeisterfamilie Parler benennen.[39] Es ist bezeichnend, wie komplex die Verhältnisse in dem von Karl regierten Reich sein konnten – und zugleich, wie ästhetisch störend sich dies auf repräsentative Bauvorhaben auswirken konnte. Wobei wir natürlich keine einzige Quelle darüber haben, wie man im 14.–15. Jahrhundert das Konglomerat an Ideen und abgebrochenen Anfängen, das der Augsburger Domchor am Ende darstellte, bewertete.

Auf jeden Fall zeichnen sich an einem Bauwerk wie dem Augsburger Domchor und insbesondere an seinen Skulpturenportalen für den Kundigen die Abfolgen von künstlerisch unterschiedlich eingestellten Mitarbeitern ab, seien es die drei Bildhauer, die noch in der Ära Ludwigs IV. am Nordportal tätig waren, seien es

Abb. 196 **Augsburg, Dom Mariä Heimsuchung, Südportal.** Der Bischof von Augsburg, Marquard von Randeck (amt. 1348–65), gehörte zu den engsten Anhängern Karls IV. und wurde, wie viele andere, von diesem ins Amt gebracht. An dem wohl in dessen Amtszeit errichteten Südportal des Chores findet sich eine Skulptur mit dem Stifterwappen der Baumeisterfamilie Parler. Dennoch ist es keinesfalls sicher, dass Heinrich Parler, der Vater des Prager Dombaumeisters Peter, für den ambitionierten Neubau die Pläne lieferte.

dann die Bildhauer, die die Skulpturen am Südportal fertigten. Nach all dem Gesagten ist es nicht überraschend, dass die jeweils im westlichsten Joch der Chöre gelegenen Portalanlagen des 1351 begonnenen Heilig-Kreuz-Chors und des 1356 begonnenen Augsburger Ostchors miteinander in Verbindung stehen.[40] Die stilistische Ähnlichkeit zweier Propheten vom Gmünder Südportal mit der Trumeaumadonna des Augsburger Südportals, aber auch mit dortigen Propheten, spricht für einen unmittelbaren Zusammenhang und eine Entstehung um 1360 oder kurz danach. Allerdings ist es aus heutiger Sicht problematisch, hier von einem „Parlerstil" zu sprechen, wie es die frühere Literatur vollkommen selbstverständlich tat, und dies in der fast axiomatischen Voraussetzung, dass die großen Architekten der Zeit stets auch große Bildhauer gewesen seien. Selbst Gerhard Schmidt, der seinen großen Aufsatz zum Thema[41] eben wegen der Problematik einer genauen Bestimmung eines solchen „Familien-Stils" verfasste („*auch an den gesicherten Parlerbauten [kommt] oft eine Vielzahl bildhauerischer Idiome vor [...]*"[42]), ging noch davon aus, dass es einen „*übergeordneten Hüttenstil*" gegeben habe oder dass man den Stil der Bildwerke der Parler von einem allgemeineren Zeitstil unterscheiden könne, wenn man nur scharf genug definiere.[43] Nicht nur das stark abnehmende Interesse an einer Stilgeschichte hat solche Hoffnungen verblassen lassen – gerade eine präzise Untersuchung der Einzelwerke und ihrer historischen Kontexte lässt solche Erkenntnisziele als eher utopisch erscheinen. Es gibt keinen Hinweis darauf, dass Peter Parlers Vater Heinrich überhaupt bildhauerisch tätig gewesen ist,[44] und wenn er es war, entstünde sofort ein Widerspruch zu den Werken, die man ihm einst zuschrieb, nämlich den erwähnten, sicher erst nach 1351 entstandenen Propheten in Schwäbisch Gmünd. Weshalb nämlich sollte ein Bildhauer Heinrich vor dem Baubeginn des Chores des Heilig-Kreuz-Münsters *nicht* bildhauerisch tätig gewesen sein? Der Propheten-Stil tritt am Langhaus aber nicht auf. Und wenn Heinrich als Bildhauer tätig war, so hätte er kaum die Propheten geschaffen, sondern eher Portalskulptur anderer stilistischer Ausrichtung, die dann jedoch am Chor nicht mehr auftritt. Damit ist es ganz unwahrscheinlich, dass Heinrich Bildhauer war. Für eine entsprechende Tätigkeit seines Sohnes Peter, dem die Propheten ebenfalls bereits zugeschrieben wurden, erhöht dieser Befund zunächst die Wahrscheinlichkeit, denn sie ähneln in ihrer Gesamterscheinung tatsächlich Prager Werken, die man mit dem dortigen „(Peter-) Parlerstil" in Verbindung brachte.

So scheint es im Augenblick sinnvoll, die Skulpturen in Schwäbisch Gmünd und am Augsburger Südportal ohne namentliche Zuschreibung zu betrachten. Dabei stellt man, wie gesagt, fest, dass enge stilistische Verbindungen bestehen. Auch für Bildwerke an der Nürnberger Frauenkirche lässt sich dies aufzeigen. Man kann also schlicht festhalten, dass in einem eng mit Karl verbundenen Kreis von Baustellen der 1350er und 1360er Jahre ein ähnlicher, offenbar bevorzugter Skulpturenstil auftritt: kompakte, etwas untersetzt wirkende Figuren, die auf allzu fein ziselierte Details zugunsten eines sprechenden Ausdrucks und einer gewissen Rundung der ganzen Figur wie auch der Häupter verzichten.

Versucht man zum Abschluss dieser Bestandsaufnahme ein Fazit, so ergibt sich ein Bild, das zumindest im Bereich der Kunstgeschichte keine einfachen Kausalschlüsse zulässt. Bestimmte Architekturformen wie die Rundpfeiler in Augsburg und Schwäbisch Gmünd deuten auf den Einfluss des gemeinsamen Bauherrn, hier des Augsburger Domkapitels, hin, ohne dass zwingend derselbe Architekt am Werk gewesen sein muss. Der Bischof scheint keinen Einfluss gehabt zu haben. Hingegen wird der Gmünder Pfeilertyp von einem bislang unbekannten Architekten (man dachte hypothetisch an den jungen Peter Parler) in der Nürnberger Frauenkirche aufgegriffen, der königlichen Kapelle auf dem neu angelegten Nürnberger Hauptmarkt.

Es deutet einiges darauf hin, dass unter Bischof Marquard von Randeck 1356 in Augsburg ein neuer Kathedralchor in der Nachfolge des Kölner Doms begonnen wurde. Gewisse Parallelen zum Prager Veitsdom sind in der Disposition von Portal und anstoßender Kapelle zu entdecken – aber spätestens mit dem Weggang des Bischofs 1365 dürfte diese Phase einer Anlehnung an Prag wieder beendet gewesen sein.

Vom königlich-kaiserlichen Hof Karls IV. (und schon zuvor Ludwigs IV.) gingen somit künstlerische Impulse aus, vermittelt zum Beispiel durch Geschenke an einzelne geistliche Fürsten oder ihre Kathedralkirchen; dies zeigt sich z. B. in der Gestaltung der Augsburger Südportalmadonna, die sich auf ein im karolinischen Umfeld geschätztes Modell bezieht.[45] Die im Konstanzer Münster erhaltene thronende Madonna aus einer Anbetung der Könige vom ehemaligen Lettner dürfte sogar ein direktes Geschenk Karls an den dortigen Bischof gewesen sein.[46] Und früher schon dürfte Karl jenen aus Paris nach Prag gekommenen Bildhauer nach Würzburg vermittelt zu haben, als er dem von den dortigen geistlichen Institutionen unterstützten neuen Bischof Albrecht II. von Hohenlohe (gewählt 1345, amt. 1349/50–72) ins Amt verhalf.[47]

FUSSNOTEN

1 Bösig (Bezděz), 27.10.1357. Kaiser Karl IV. erteilt Bischof Johann von Leitomischl Vollmacht zur Schlichtung der Streitigkeiten zwischen dem Deutschen Orden und der Reichsstadt Mühlhausen. HARNISCH 1990, 10, Nr. 6. – Zitiert nach LINDNER 1995, 515.
2 JOHANEK 1978. – HÖLSCHER 1985. – LINDNER 1995.
3 KRONES 1886. – BOUILLON 1991. – INNOCENTI 2001.
4 Das Stift St. Nikolaus, das über alle anderen Kirchen der Stadt das Patronatsrecht hatte, war exemt.
5 KÜHN 1953. – FAJT/LINDNER 2011. – FAJT 2016/II.
6 „Es ist zu wissen, dass man in der Magdeburger Kathedrale auf den Hochaltar keine gemalten oder geschnitzten Bilder zu stellen pflegte, außer dem Kruzifix. Wohl aber dürfen geschmückte Evangelienbücher, Sakramentare und die Reliquien der Heiligen dort aufgestellt werden. Denn Bilder sind schattenhafte Sachen und enthalten nicht die Wahrheit dessen, was sie darstellen. Hingegen enthalten die Evangelien die Heilslehre und die Wahrheit [...]. Die bezeichnete Sache ist würdiger als das sie bezeichnende. Die Passion Christi aber ist uns notwendig zum Heil [...]. Deshalb müssen wir sie immer vor den Augen des Geistes und des Körpers haben, und besonders bei den Feiern der Messe, weil die Messe nichts anderes ist als ein Gedächtnis des Leidens Christi [...]". – Zit. nach SELLO 1893, bes. 37f. – KROOS 1989, bes. 91. – FAJT/SUCKALE 2006/I, 182f. – FAJT 2016/II. – Allerdings verweist, worauf mich Benno Baumbauer freundlicherweise aufmerksam machte, DECKER 1985, 70, bereits auf eine ältere Tradition dieser Magdeburger Bild-Askese (mit Berufung auf KELLER 1965, 144f. – Es wäre deshalb interessant zu wissen, ob Dietrich auch andernorts ein in seiner Materialschönheit und schlichten Eleganz so bestechendes Werk wie den Magdeburger Hochaltar gestiftet hat.
7 SUCKALE 1996. – SUCKALE 2001. – FAJT 2016/II.
8 Vorau, Stiftsbibliothek, ms. 259, I-IV. – HENSLE-WLASAK 1988. – SUCKALE 1996, 128–135. – HLAVÁČKOVÁ 2005/II.
9 Vgl. die dendrochronologischen Untersuchungen von SCHÖFBECK/HEUSSNER 2008, 184.
10 In gewisser Weise ähnelt dem die konzentrierte Szenenfolge des zerteilten Retabels des Meisters Bertram von Minden, das heute in Paris aufbewahrt wird, auch wenn hier die Szenen gleich groß sein mussten. Vgl. hier Kat.-Nr. 13.7.
11 FAJT/LINDNER 2011, 183–188.
12 FAJT/LINDNER 2011, 187.
13 FAJT/LINDNER 2011, 187.
14 LOSHER 1985.
15 GATZ 2001, 19f. (zu Heinrich von Schönegg, Manfred WEITLAUFF); 20–23 (zu Marquard/Markwart von Randeck, Manfred WEITLAUFF und Helmut FLACHENECKER).
16 SCHRÖDER 1897/II, 115f. – CHEVALLEY 1995, 20, 60. – Warum man mit SCHRÖDER 1897/II, 117, und ihm folgend CHEVALLEY 1995, 20, die chronikalische Überlieferung, die Wölbung habe 1321 stattgefunden (was aber nur heißen kann: Dass der Beginn der Umgestaltung, an dessen Ende dann die Wölbung stand, in eben diesem Jahr erfolgte), gänzlich ablehnen sollte, erschließt sich nicht völlig. Natürlich ist eine wörtliche Deutung unsinnig. Aber die Inschrift von 1334, die den Abschluss der Arbeiten feiert, hält fest, dass der westliche Bereich unter dem seit 1331 amtierenden Bischof Ulrich von Schönegg gewölbt wurde, was nicht ausschließt, dass bereits ein Jahrzehnt früher mit Baumaßnahmen begonnen wurde, worauf auch die Einrichtung von Vikarien an den dem Südquerhaus westlich vorgelagerten Kapellen St. Andreas (1326) und St. Hilaria (1329) deutet. Vgl. auch SUCKALE 1993/I, 206–210, Kat.-Nr. 2.

Abb. 197 **Blick in den 1351 begonnenen Chor der Pfarrkirche zum Heiligen Kreuz der Reichsstadt Schwäbisch Gmünd. Architekt war höchstwahrscheinlich Heinrich Parler, der hier seinen seit 1356 in Prag als Dombaumeister tätigen Sohn Peter ausbildete. Bauherr war das Domkapitel von Augsburg, das seit Beginn des 14. Jahrhunderts das Patronatsrecht über die Kirche innehatte. Die Netzgewölbe wurden erst Ende des 15. Jahrhunderts eingezogen.**

17 CHEVALLEY 1995, 61.
18 CHEVALLEY 1995, 20.
19 SUCKALE 1993/I, 206–212, Kat.-Nr. 2–3. – CHEVALLEY 1995, 110–119.
20 Die Inschrift bei der Büste Peters im Triforium des Veitsdoms lässt diesbezüglich keinen Interpretationsspielraum: „Petrus. [filius] henrici arleri [= Parleri] . de polonia [= irrtümlich für: Colonia], m[a]g[ist]ri de gem / unde in suevia secu[n]dus m[a]g[iste]r hui[us] fabrice que[m] impera / tor karolus . iiii. adduxit de dicta civitate . [et] fecit eu[m] ma / gistr[um] h[uius] eccl[esi]e [et] t[unc] fu[er]at an[n]o[rum] xxiij . [et] incepit rege[re] . A[n]no . do[min]i / m . ccc lvi . [et] p[er]fecit chor[um] istu[m] . a[n]no do[min]i . m . ccc lxxxvi . qu[o] / a[n]no incepit sedilia chori illi[us] . [et] infra t[em]p[u]s p[re]script[um] etia[m] incepi [t] / [et] p[er]fecit chor[um] om[n]i[um] s[anc]tor[um] . [et] rexit po[n]te[m] m[u]ltauie . [et] i[n]cepit a / fu[n]do chor[um] i[n] colonya circa albiam. (Peter, [Sohn, Ergänzung. d. Verf.] Heinrichs des Parlers aus Köln, Meisters von Gmünd in Schwaben, zweiter Meister dieser Baustelle, den Kaiser Karl IV. aus besagter Stadt herholte und ihn zum Meister dieser Kirche machte und der damals 23 Jahre alt war. Und er begann zu leiten im Jahre des Herrn 1356 und vollendete diesen Chor im Jahre des Herrn 1386, in welchem Jahr er das Gestühl dieses Chores begann, und in der angegebenen Zeit begann und vollendete er den Chor aller Heiligen und leitete die Moldaubrücke, und begann von Grund auf den Chor in Kolin an der Elbe)." Vgl. CHOTĚBOR 1999, 153.
21 Das ursprüngliche Patrozinium, zu dem man später wieder zurückgekehrt ist, war Hl. Kreuz. Der Neubau stand von Anfang an unter dem Marienpatrozinium. GRAF 1989. – Die Überlegung, dass juristische Querelen um das Patronatsrecht über die Gmünder Pfarrkirche auch Einfluss auf dessen Architektur gehabt haben könnten, schon bei PHILIPP 1987, 67f. Allerdings wies GRAF 1989 nach, dass es nicht um einen Gegensatz zwischen Reichsstadt und Domkapitel ging. Vielmehr taten sich beide gegen mögliche Ansprüche des lokalen Adels und des früheren Patronatsherrn zusammen und dokumentierten ihre Rechte durch Neubau und Patrozinienwechsel. – Vgl. auch SCHURR 2003, 34f. – In den Quellen ist der Einfluss des Domkapitels konkret freilich nicht zu greifen, da die Mittel von der Gmünder Bürgerschaft aufgebracht bzw. abgerechnet wurden, vgl. HERRMANN 2004, 25–27. – Zu Quellen und Meistern weiter: KISSLING 1995, 166f. – GRAF 1999, 81–96, zu den Quellen 83–87.
22 So SCHURR 2003, 50f. – STROBEL 2004, 29–38 (Marc Carel SCHURR) und, 177f. – SCHURR 2004/I.
23 Nach SCHURR 2003, 27, begann der Bau in Gmünd gegen 1330 mit jenem ersten Abschnitt ganz im Westen, der nur das erste Joch umfasste. Allerdings könnte dieser auch schon früher anzusetzen sein.
24 SCHURR 2003, 20, mit weiterführenden Quellenverweisen.
25 SCHURR 2003, 50f.
26 Dass dieser Chor so angelegt wurde, ist klar. Vgl. CHEVALLEY 1995, 114. – Allerdings wurde das Konzept später, vorsichtig ausgedrückt, vielfach abgewandelt, vgl. die entsprechenden Analysen bei CHEVALLEY 1995. – CREUTZFELDT 1953, 123f., verwies vertiefend auf rheinische Wurzeln der Architektur beider Bauten, in Gmünd wie in Augsburg, zurückzuführen auf Heinrichs Herkunft aus Köln; Marc Carel Schurr hingegen relativierte dies, führte nun aber zwei Motive des Augsburger Dombaus auf denjenigen in Köln zurück, nämlich die einst abgewalmten Einzeldächer über den Jochen der Langhausseitenschiffe und dann besonders den Grundplan des Ostchors.
27 CHEVALLEY 1995, 114.
28 Bei CHEVALLEY 1995 eine abwägende Diskussion der sehr kontroversen Thesen zur Baugeschichte. Am wichtigsten: BÖKER 1983. – HUFNAGEL 1987.
29 CHEVALLEY 1995, 114, 90, Abb. 147–148.
30 CHEVALLEY 1995, 70. – Die Gewölbe der beiden südlichen Seitenschiffe des Chors passen nicht zu den Vorlagen und Pfeilern, sodass also auch zwischen den tragenden Elementen und den Gewölben wieder ein zeitlicher und planerischer Abstand anzunehmen ist.
31 CHEVALLEY 1995, 70.
32 CHEVALLEY 1995, 70. – Fest eingeplant war damals die Achskapelle, die das Patrozinium St. Gertrud jenes dem Domkapitel gehörenden Stifts, das dem Chorneubau weichen musste, übernehmen würde; die Pfleger des verstorbenen Patriziers Ulrich Ilsung konnten unter den übrigen Kapellen frei wählen.
33 CHEVALLEY 1995, 70.
34 CHEVALLEY 1995, 114f.
35 SUCKALE 1993/I, 213f., Kat.-Nr. 7.
36 SUCKALE 1993/I, 165, Abb. 157.
37 HIMMELHEBER 1963, 50. – CHEVALLEY 1995, 70.
38 SUCKALE 1993/I, 164.
39 Wahrscheinlich liefen die Fäden zwischen Karl und den Parler über die Bürgerschaft der Reichsstadt Gmünd.
40 So im Prinzip schon PHILIPP 1987, 94.
41 SCHMIDT 1970/1992.
42 SCHMIDT 1970/1992, 175.
43 SCHMIDT 1970/1992, 175.
44 Vgl. schon ROLLER 2004, 238, Anm. 16.
45 SUCKALE 1993/I, 165f. – SUCKALE 2009/II, 49–52.
46 Ausführlich FAJT/HÖRSCH 2006/II, 368f.
47 Ausführlicher zu diesen sich in Kunstwerken „abbildenden" Verbindungen Kat.-Nr. 9.5–9.7, insbesondere 9.6, sowie die Essays Hörsch, Künstlerische Repräsentation, und Fajt/Franzen, Neue Hofkunst.

Karl IV. und die Juden

Jörg R. Müller, Andreas Weber[1]

Während die unrühmliche Rolle Karls IV. bei den Judenverfolgungen der Jahre 1348 bis 1350 bereits mehrfach von der Forschung in den Blick genommen wurde, steht eine umfassende Untersuchung der Beziehungen des Herrschers zu den Juden noch aus.[2] Der folgende kurze Abriss wird sich daher darauf beschränken, diverse Aspekte des vielschichtigen Verhältnisses Karls zu den Juden punktuell zu beleuchten, wobei die Reichsstadt Nürnberg einen räumlichen Schwerpunkt bildet.

Karls Jugend und die Zeit als Markgraf von Mähren

Als Karl (damals noch Wenzel) im Frühjahr 1323 im Alter von sechs Jahren zur Erziehung an den Hof Karls IV. (* 11.12.1295, reg. 1322–28) von Frankreich und seiner Gemahlin Maria (1304–24), einer Schwester von Karls Vater Johann, gesandt wurde, war dort das Thema „Judenvertreibung" virulent. Bereits 1306 waren die Juden aus dem Königreich ausgewiesen worden. Ein Teil derjenigen, die seit 1315 wieder zurückgekehrt waren, fiel im Jahre 1321 den so genannten Pastorellenverfolgungen zum Opfer. Infolge der Ausschreitungen verfügte bereits angeblich König Philipp V. (* 17. 11. 1293, reg. 1316–22) – noch auf dem Totenbett – eine neuerliche Ausweisung der Juden aus dem Königreich. Diese wurde wohl erst durch seinen Nachfolger umgesetzt. Davon betroffen waren vor allem die Juden der seit 1314 unter der Herrschaft des französischen Königs stehenden Grafschaft Champagne und der seit 1301 zum Teil von den französischen Königen lehnsabhängigen Grafschaft Bar (Barrois mouvant), die unmittelbar an die Grafschaft Luxemburg grenzte.[3]

Im Stammland der Luxemburger wurde die Ausweisungspolitik der westlichen Nachbarn in den 1320er Jahren nicht übernommen. Für die Grafschaft hatte sich Karls Vater Johann erst kurz zuvor, 1315, von König Ludwig dem Bayern ein Privileg zur Ansiedlung von Juden erteilen lassen. Zu diesem Zeitpunkt sind Juden lediglich im unmittelbaren Umfeld des herrschaftlichen Zentrums an der Alzette bezeugt. Bis zum Herrschaftsantritt Karls dürften in allenfalls einem halben Dutzend weiterer Orte der Grafschaft jüdische Niederlassungen entstanden sein, die wirtschaftlich mit den in diesem Raum relativ zahlreich vertretenen lombardischen Geldverleihern konkurrierten.[4] Weder ökonomisch noch politisch erlangten die Juden hier eine auch nur annähernd vergleichbare Bedeutung wie im benachbarten Erzstift Trier. Dort hatte Erzbischof Balduin (* um 1285, reg. 1307–54), Karls Großonkel und Mentor, spätestens seit 1323 jüdische Spezialisten mit der Leitung der erzstiftischen Finanzverwaltung betraut. Diese Administration sowie die sich daraus ergebenden territorialen Spielräume lernte Karl kennen, als er von seinem Vater 1330 für etwa ein Jahr nach Luxemburg beordert wurde.[5]

Im Jahre 1334 wurde Karl Markgraf von Mähren und 1340 – aufgrund der völligen Erblindung Johanns – auch Regent in Böhmen. Die beiden Kronländer wiesen eine völlig unterschiedliche jüdische Siedlungsstruktur auf. In Böhmen spielte die Prager Judengemeinde, die als einzige jüdische Niederlassung im Land über einen Friedhof verfügte, eine herausragende Rolle. Dennoch scheinen sich den einschlägigen Quellen zufolge König Johann und Karl als Regent überwiegend christlicher Kreditgeber zur Finanzierung ihrer politischen Unternehmungen bedient zu haben. Die wenigen tradierten Schuldverschreibungen gegenüber Juden beziehen sich fast ausschließlich auf in Prag ansässige Geldleiher. Gegenüber dem böhmischen Reichsteil gestaltete sich das jüdische Siedlungsnetz in Mähren mit Friedhofsgemeinden in Brünn (Brno), Olmütz (Olomouc) und Znaim (Znojmo) sowie der ebenfalls bedeutenden Niederlassung in Iglau (Jihlava) wesentlich vielschichtiger.[6] Während Karls Vater Johann offenbar keine ausgeprägte „Judenpolitik" betrieb und in seiner ständigen Geldnot Juden und Christen gleichermaßen mit außerordentlichen Forderungen überzog, förderte Karl im Rahmen der erfolgreichen Maßnahmen zur Restitution verpfändeten Krongutes auch die für die Wirtschaft der königlichen und markgräflichen Städte bedeutende Ansiedlung von Juden. Im Jahre 1345 wies er die Stadträte von Brünn und Iglau sogar explizit an, zur Verbesserung der städtischen Finanzkraft sämtliche Juden, die sich in den beiden Städten niederzulassen wünschten, aufzunehmen. In diesen Kontext gehört auch die Durchsetzung rechtlicher Ansprüche der religiösen Minderheit. So konnte zwar ein Übergreifen der vom österreichischen Pulkau ausgehenden Pogrome des Jahres 1338 auf etwa ein halbes Dutzend südmährischer Orte um Znaim nicht verhindert werden, doch bemühte sich Karl sogleich um die Restitution des entfremdeten jüdischen Besitzes.

Abb. 198 **Prag, Altstadt, Altneusynagoge, Ansicht von Südosten. Die wohlerhaltene Synagoge aus dem 13. Jahrhundert belegt die in Böhmen ungebrochene Tradition jüdischen Lebens unter Karl IV.** • 3. Drittel 13. Jh.

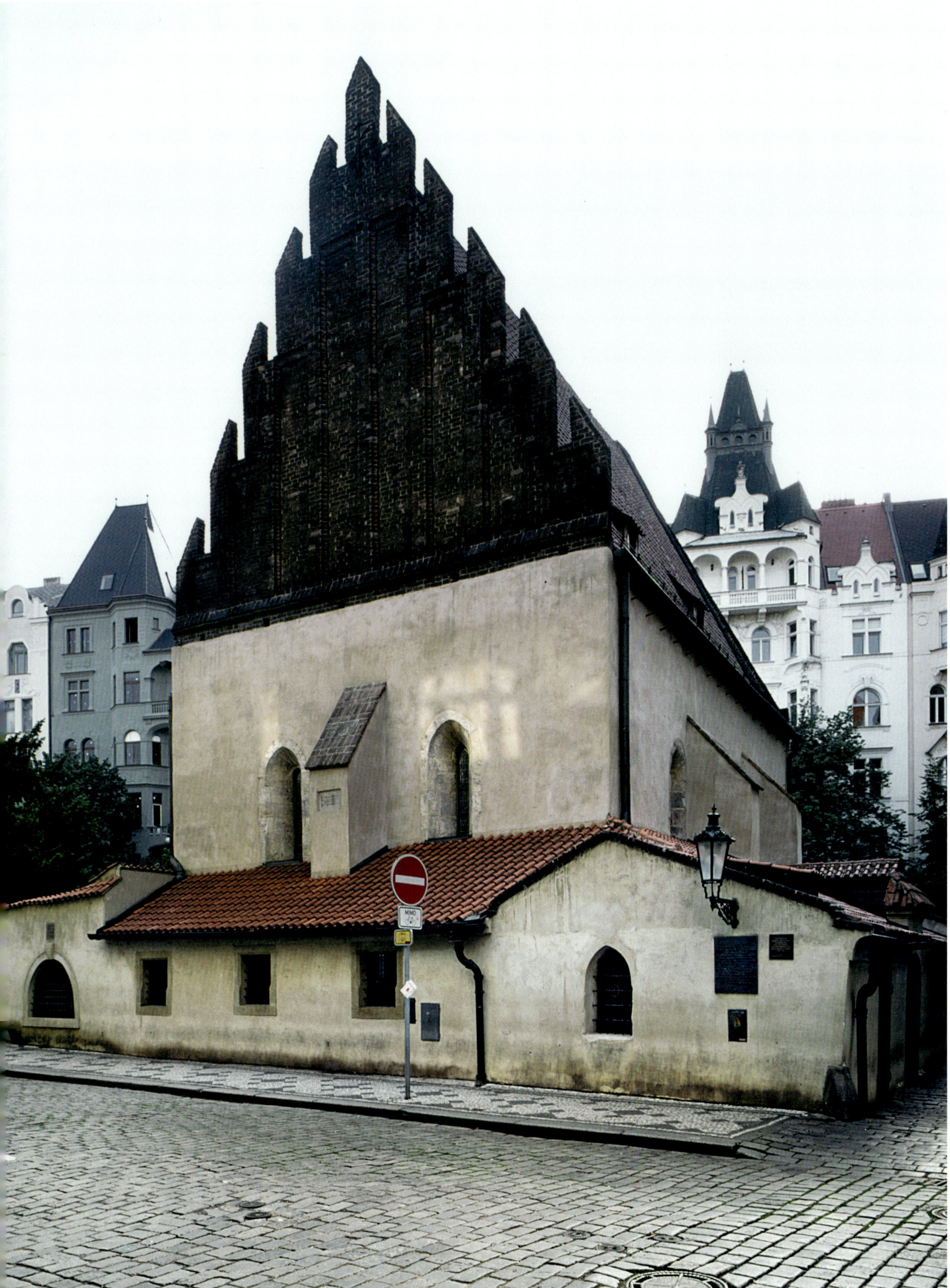

Abb. 199 **Kaiser Heinrich VII. bestätigt nach seiner Krönung auf dem Weg vom Lateran nach Santa Sabina den Juden Roms ihre Privilegien und die Erlaubnis, nach ihrem Recht zu leben.** Codex Balduini Trevirensis (Balduineum I, vgl. Kat.-Nr. 3.4), fol. 24r • Trier, 1330–45 • Federzeichnung auf Pergament • Koblenz, Landeshauptarchiv, Abt. 1 C Nr. 1

Ein gänzlich anderes, geradezu willkürliches Verhalten legte er gegenüber den Juden von Breslau an den Tag. Das Herzogtum Breslau war 1335 unter die unmittelbare Herrschaft König Johanns gefallen. Im Jahre 1345 verpfändeten Johann und Karl gemeinsam die Steuer der Juden von Breslau und Neumarkt (Środa Śląska), die diese kurz zuvor bereits für vier Jahre im Voraus bezahlt hatten, an den Rat der Stadt Breslau. Nur wenige Monate später wurde dem Stadtrat gestattet, die Grabsteine des Breslauer Judenfriedhofs für den städtischen Mauerbau abzutragen, ehe Karl 1347 der Stadtgemeinde den Schutz der Juden auftrug und das Recht auf Besteuerung der Juden gewährte. Dennoch fiel die jüdische Gemeinde 1349 einem Pogrom zum Opfer.

Von der Wahl Karls zum deutschen König bis zu den Pestpogromen

Von einem Teil der Kurfürsten wurde Karl am 7. Juli 1346 zum König gewählt, doch konnte er sich auch über den Tod Ludwigs des Bayern hinaus bis zum Thronverzicht Günthers von Schwarzburg am 24. Mai 1349 keine allgemeine Anerkennung verschaffen. Beim Versuch, Verbündete im Kampf gegen die wittelsbachische Partei zu gewinnen, beschritt er die bereits von Ludwig eingeschlagenen Wege, indem er – noch weit mehr als jener – Reichsbesitz und -rechte verpfändete. Insbesondere die Steuern und Abgaben der jüdischen Gemeinden dienten als kommerzielle Objekte. Schon Ludwig hatte anlässlich diverser „Schuldentilgungen" zugunsten wichtiger Gefolgsleute eine Verfügungsgewalt des Königs über Leib und Gut der Juden beansprucht. Bei der Einführung des „Goldenen Opferpfennigs" im Jahre 1342 wurde dieser Anspruch mit der Gewährleistung eines effektiven Judenschutzes begründet, der aber durch die Reichsgewalt nicht zu realisieren war, wie bereits mehrere regionale Verfolgungen der vorangegangenen Dezennien gezeigt hatten.[7] Karl sah sich schon Ende 1347 veranlasst, mehreren elsässischen Reichsstädten die gewalttätigen Übergriffe gegen ansässige Juden zu verzeihen.[8] Für die 1348 einsetzende Welle der zumeist religiös, wirtschaftlich und politisch motivierten Judenpogrome, die von Süden her im November 1348 auf das engere Reichsgebiet übergriff,[9] war dies ein böses Vorzeichen. Zweifellos spielte die Hysterie angesichts der Nachrichten über die Pest-Pandemie eine Rolle bei den Verfolgungen, obwohl der Vorwurf der Brunnenvergiftung von Papst Clemens VI. ausdrücklich verurteilt und ebenso von mehreren zeitgenössischen Chronisten angezweifelt wurde. In der Regel fanden die Pogrome aber geraume Zeit vor dem Eintreffen der Pest statt.[10]

Vor seiner zweiten, diesmal einmütigen Königswahl durch die Kurfürsten in Frankfurt a. M. am 17. Juni 1349 verfügte Karl über zu wenig politischen Rückhalt und finanzielle Mittel, um Pogrome in Reichsstädten – auf Städte und Burgen anderer Herrschaftsträger hatte er ohnehin keinen Einfluss – verhindern zu können. Angesichts der unterschiedlichen Konstellationen von Akteuren, die jeweils lokalspezifisch für den Ausbruch und den Verlauf der Pogrome verantwortlich waren, konnten allenfalls die vor Ort agierenden Herrschaftsträger einer Judenverfolgung entgegenwirken. Dies geschah beispielsweise in Regensburg, wo sich die Stadtgemeinde frühzeitig zu Karl IV. bekannt und von diesem eine Bestätigung der ihr von Ludwig dem Bayern erteilten Verfügungsgewalt über die Juden erhalten hatte.[11]

In den Ländern der böhmischen Krone gelang es Karl als Landesherr – ebenso wie den Habsburgern in den Herzogtümern Österreich, Kärnten und Steiermark –, Judenverfolgungen bis auf wenige Ausnahmen erfolgreich entgegenzuwirken.[12] In der Grafschaft Luxemburg traf Karl Verfügungen, wonach die vor Ort tätigen Amtsträger den Schutz der Juden sicherstellen sollten. Ungeachtet des ausdrücklichen Verweises darauf, dass er ebenso wie der Papst die Juden der ihnen gegenüber erhobenen Vorwürfe für unschuldig halte,[13] wurden die Juden umgebracht, ohne dass Näheres über Umstände und Zeitpunkt bekannt ist.

Vergebliche Anstrengungen Karls zum Schutz der jüdischen Kammerknechte sind auch für diverse Reichsstädte wie beispielsweise Ulm belegt, während er sich im Zuge der blutigen Ereignisse in Straßburg auffällig passiv verhielt.[14] Als problematisch erwies sich zumeist die große Anzahl der während des Thronstreits getätigten Verpfändungen von Abgaben der Juden an Karls Parteigänger. Diese waren oft außerhalb der jeweiligen Stadt ansässig und standen in territorialpolitischer Konkurrenz zu dieser. Daher waren die städtischen Führungsschichten zumeist nicht gewillt, deren zunehmende Einflussnahme hinzunehmen. Da Karl insbesondere während des Thronstreits nicht umhin kam, sich der Unterstützung der Reichsstädte zu vergewissern, verzichtete er diesen gegenüber nach den Judenpogromen häufig nicht nur auf Schadenersatz, sondern auch auf das Gut der Juden sowie auf die Eintreibung der bei den Opfern zu Buche stehenden Schulden, wobei allerdings in der Regel auswärtige Pfandinhaber entschädigt werden mussten.

Nachdem auch die wittelsbachische Partei Karl IV. als König anerkannt hatte, trugen sowohl äußere Faktoren als auch die Tatsache, dass der Herrscher bisher auf Seiten seiner Gegner agierende Städte und Adlige enger an das Königtum binden wollte, zur Verschärfung der Situation bei. So verpfändete der König am 25. Juni 1349, einige Tage nach seiner neuerlichen Wahl, der erst kurze Zeit zuvor auf seine Seite gewechselten bedeutenden Messe- und Krönungsstadt Frankfurt die dortigen Juden unter Wahrung bestehender Rechte des Erzstifts Mainz und der Herren von Eppstein für die beachtliche Summe von 15.200 Pfund Hellern. Die städtischen Vertreter ließen sich nicht zuletzt angesichts der Verfolgungen in Friedberg und Gelnhausen[15] ausdrücklich verbriefen, dass sie sich für den Fall, dass die Frankfurter Juden einem Pogrom zum Opfer fielen, am Gut der Juden in Höhe der Verpfändungssumme schadlos halten dürften. Auch sollten Stadt und Bürger in einem solchen Falle niemals dafür zur Verantwortung gezogen werden.[16] In der Forschung ist umstritten, ob Karl dadurch die Ermordung der Juden, die etwa vier Wochen später tatsächlich stattfand, vorab sanktionierte.[17]

Abb. 203 Die ehemaligen Häuser von Juden am Nürnberger Obstmarkt, der wie der Hauptmarkt nach der Zerstörung des Judenviertels und der Ermordung von mindestens 562 Mitgliedern der jüdischen Gemeinde 1349 angelegt wurde • Nürnberg, Hans Bien (1591–1632), 1630 • kolorierte Federzeichnung • Nürnberg, Germanisches Nationalmuseum, Inv.-Nr. HB 1539

Das Fallbeispiel Nürnberg

Mindestens 562 Menschen starben bei dem Nürnberger Judenpogrom vom 5. Dezember 1349, der das Ende eines der großen Zentren jüdischen Lebens im Reich bedeutete.[18] Während der Ablauf der Ereignisse dieses Tages im Dunkeln bleibt, zeichnen sich die Prozesse, die dazu geführt hatten, deutlicher ab. Vor allem der Streit zwischen der Stadt Nürnberg und dem luxemburgischen Herrscher Karl IV. um seine Anerkennung als römisch-deutscher König entfaltete eine fatale Wirkung.

Unter dem Eindruck sozialer Spannungen und wirtschaftspolitischer Faktoren hatte sich in der fränkischen Metropole im Juni 1348 ein Umsturz ereignet, der zur Absetzung des Rats und zum Wechsel der Position Nürnbergs im Thronstreit führte: Die neue städtische Führung kündigte Karl IV. die Gefolgschaft auf und schlug sich auf die Seite der Wittelsbacher.[19] Dieser Seitenwechsel bot dem Herrscher Anlass, in noch stärkerem Umfang als bis dahin geschehen, verbliebene königliche Rechte in der Stadt an seine Gefolgsleute zu veräußern. Bereits Ende Oktober 1347, also vor dem Nürnberger Aufruhr, hatte der Luxemburger die Burggrafen Johann und Albrecht von Nürnberg unter anderem mit der Verpfändung der Hälfte der jährlichen Einnahmen aus der Nürnberger Judensteuer (1.000 Pfund Heller) sowie mit der Tilgung ihrer Schulden bei jüdischen Gläubigern für die Anerkennung als König belohnt.[20] Einige Wochen nach dem Umsturz in Nürnberg erkaufte sich Karl IV. erneut die Zustimmung eines fränkischen Herrschaftsträgers, diesmal des Bamberger Bischofs Friedrich, mit der Verpfändung des übrigen Anteils an der Nürnberger Judensteuer. Im Jahre 1349 erhöhte der König diese Verpfändungssumme noch einmal. Außerdem tilgte er die Schulden der Grafen von Oettingen bei den Nürnberger Juden.[21] Dabei nahm der Luxemburger unter dem Eindruck der Ereignisse in anderen Teilen des Reichs eine Verfolgung der religiösen Minderheit bewusst in Kauf und bestätigte den Burggrafen von Nürnberg und dem Bischof von Bamberg die Aufteilung des jüdischen Besitzes als Kompensation für den Fall, dass die vereinbarten Zahlungen aufgrund von Gewalttaten ausbleiben sollten.[22] Der kurz darauf geschlossene Ausgleich mit seinem mächtigsten Kontrahenten, Ludwig von Brandenburg, wurde auf ähnliche Weise bekräftigt. Karl IV. gewährte dem Wittelsbacher unter anderem die Gnade, sich drei der besten Judenhäuser in der Metropole auszuwählen, falls die Juden dort demnächst erschlagen würden.[23] Der König bemühte sich nicht, eine Verfolgung zu unterbinden, sondern versuchte vielmehr, noch Nutzen daraus zu schlagen.

Da Karl spätestens seit dem Tod Günthers von Schwarzburg und der Aussöhnung mit den wichtigsten Mitgliedern des wittelsbachischen Hauses als Sieger des Konfliktes gelten konnte, strebte auch die Reichsstadt Nürnberg in den folgenden Wochen einen Ausgleich an.[24] Bei der Übereinkunft, die im Oktober 1349 geschlossen wurde, standen die Auflösung des pro-wittelsbachischen Rats und die Anerkennung des Königs im Vordergrund. Unter anderem versicherte der Herrscher der Stadt jedoch auch, diese nicht zu belangen, sollten die Juden gegen den Willen der Bürger geschädigt werden.[25] Auf diese Art wurde der Rat aus der Pflicht genommen, seinem Schutzauftrag gegenüber den jüdischen Bürgern nachzukommen. Zur Begründung führte der König die Gefährdung der Nürnberger Bürger an, solange Juden dort lebten. Wenigstens vorgeschoben fürchteten die Beteiligten weitere soziale Unruhen, bei denen sie nicht gezwungen sein wollten, die bedrohten Juden wider die eigenen Interessen zu schützen. Tatsächlich kursierten in Nürnberg seit Längerem antijüdische Stimmungen. Bereits im Oktober 1348 waren zwei Einwohner verbannt worden, die übel von Juden geredet hatten; einer der

Ansiedlung
gesichert unsicher

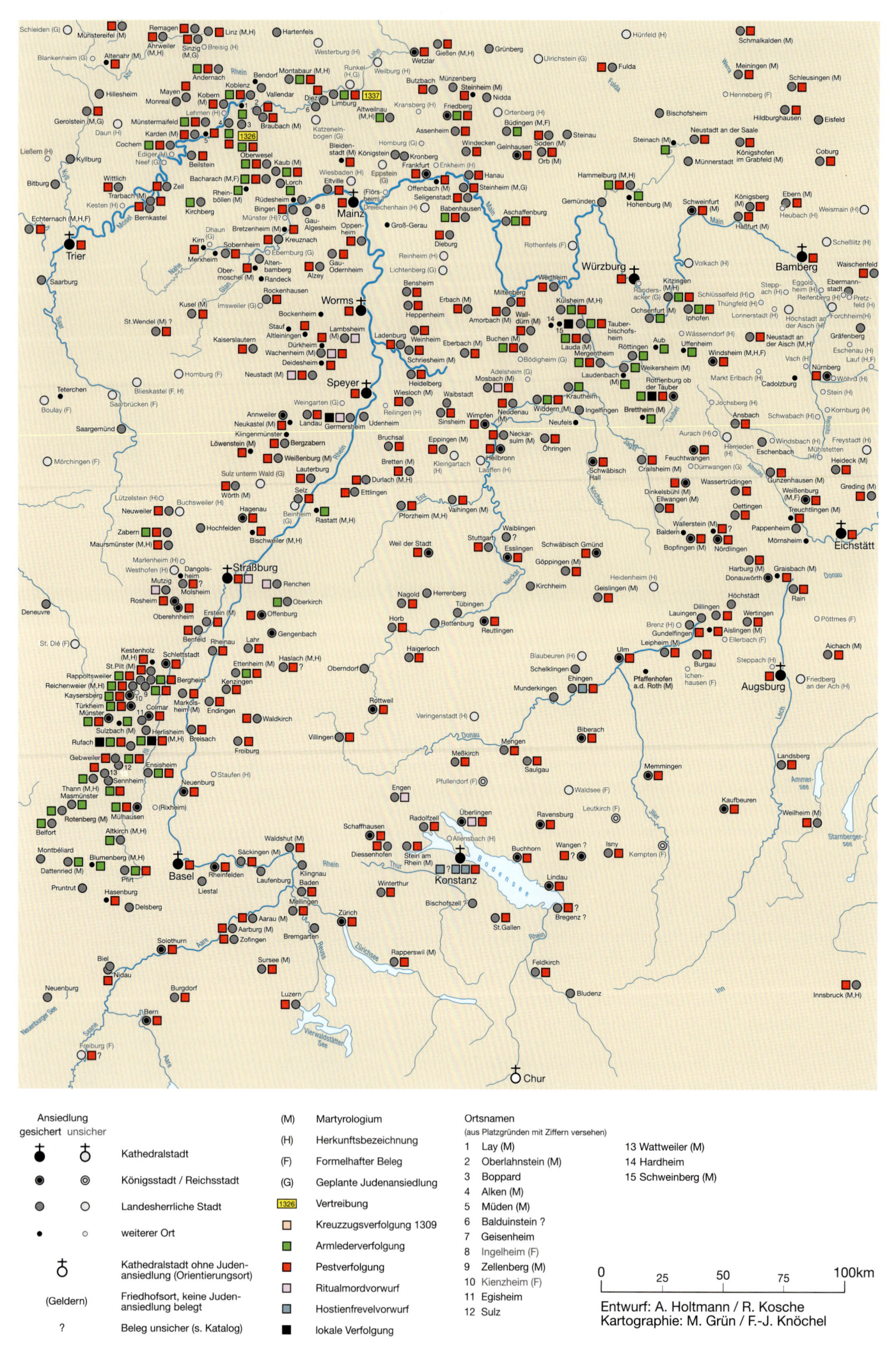

- ✝ ☤ Kathedralstadt
- ◉ ◎ Königsstadt / Reichsstadt
- ⬤ ○ Landesherrliche Stadt
- • ∘ weiterer Ort
- ☤ Kathedralstadt ohne Judenansiedlung (Orientierungsort)
- (Geldern) Friedhofsort, keine Judenansiedlung belegt
- ? Beleg unsicher (s. Katalog)

- (M) Martyrologium
- (H) Herkunftsbezeichnung
- (F) Formelhafter Beleg
- (G) Geplante Judenansiedlung
- 1326 Vertreibung
- ▨ Kreuzzugsverfolgung 1309
- ■ Armlederverfolgung
- ■ Pestverfolgung
- ▨ Ritualmordvorwurf
- ▨ Hostienfrevelvorwurf
- ■ lokale Verfolgung

Ortsnamen
(aus Platzgründen mit Ziffern versehen)

1. Lay (M)
2. Oberlahnstein (M)
3. Boppard
4. Alken (M)
5. Müden (M)
6. Balduinstein ?
7. Geisenheim
8. Ingelheim (F)
9. Zellenberg (M)
10. Kienzheim (F)
11. Egisheim
12. Sulz
13. Wattweiler (M)
14. Hardheim
15. Schweinberg (M)

Entwurf: A. Holtmann / R. Kosche
Kartographie: M. Grün / F.-J. Knöchel

Abb. 200 **Judenverfolgungen im südwestdeutschen Raum**

222 Karl und die Juden

Abb. 201 **Judenansiedlungen nach den Pogromen im südwestdeutschen Raum**

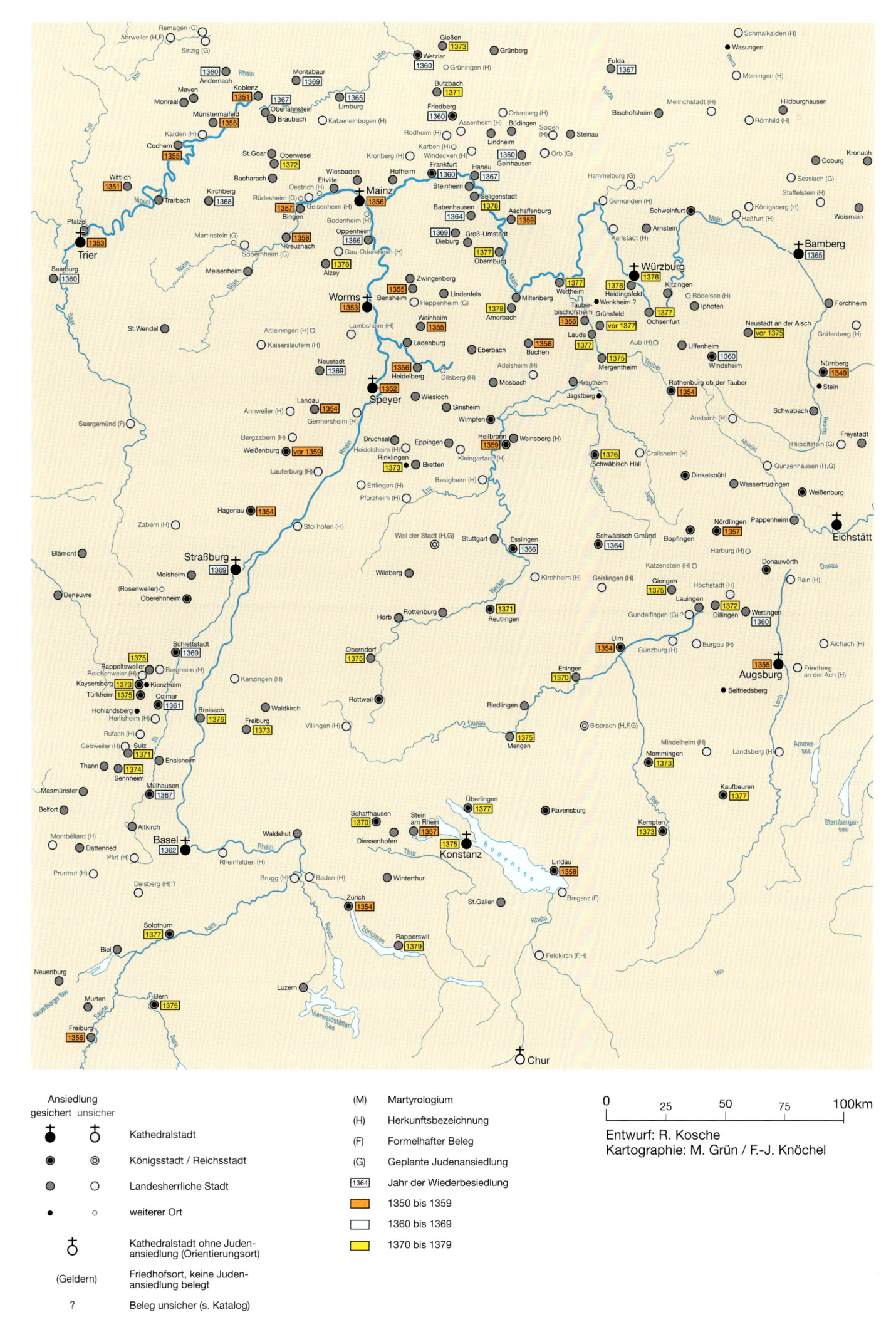

Abb. 202 Eine Darstellung der sog. Judensau, also des infamen Schandbilds der von einer Sau gesäugten Juden (ihnen gilt dieses Tier als unrein, der Genuss seines Fleisches ist bekanntlich strikt untersagt), findet sich in Nürnberg am Ostchor der Pfarrkirche St. Sebald. An der Frauenkirche, die anstelle der zerstörten Synagoge errichtet wurde, war diese Darstellung nach heutiger Kenntnis wohl nicht zu finden. • Bauhütte von St. Sebald, 1360er Jahre • Sandstein • Nürnberg, St. Sebald, Strebepfeiler des Ostchors

beiden hatte sogar verkündet, einen Aufstand gegen sie anfachen zu wollen.[26]

Die Verhandlungen zwischen der Stadt und Karl IV. waren mit der Abreise des Königs jedoch noch nicht abgeschlossen. Immer noch blieben die zahlreichen Verpfändungen der Steuer und des jüdischen Besitzes an konkurrierende Herrschaftsträger der städtischen Führung ein Dorn im Auge. Um eine Revision der Verschreibungen zu erlangen, wurde der Ratsherr Ulrich Stromer nach Prag entsandt.[27] Das Ergebnis seiner Bemühungen bildet die sogenannte „Markturkunde" vom 16. November 1349,[28] worin Karl den Nürnbergern erlaubte, große Teile des Judenviertels abzureißen, um an diesem Ort Raum für zwei städtische Plätze zu schaffen. Anstelle der dort gelegenen Synagoge sollte eine von ihm gestiftete Kirche errichtet werden, die heutige Frauenkirche. Da außerdem ältere Rechte an den genannten Grundstücken für ungültig erklärt wurden, war es dem Rat nicht nur gelungen, einen neuen städtischen Mittelpunkt zu schaffen, sondern auch den Einfluss Dritter innerhalb der Mauern zurückzudrängen. Der König nutzte wiederum die Gelegenheit und beschenkte einige Anhänger – darunter Ulrich Stromer – mit Häusern im ehemaligen Judenviertel.[29] Die jüdische Gemeinde, deren Wohnort im Zuge des Zusammenwachsens beider Nürnberger Stadthälften von einer Randlage in das Zentrum Nürnbergs vorgerückt und zu einem begehrten Gut geworden war,[30] wurde kurzerhand vollständig enteignet – mit weit reichenden Folgen, derer sich wohl alle Beteiligten bewusst waren.

Der Zeitzeuge Ulman Stromer bemerkt zu den Ereignissen vom Dezember 1349 lapidar: *„di juden burden verprant an sant Niclos abent"*.[31] Zusätzliche Informationen liefert das Nürnberger Memorbuch, in welchem davon berichtet wird, dass mehrere Personen gefoltert wurden, eine Jüdin noch am darauffolgenden Tag.[32] Auffällig ist, dass die Gräuel an einem Samstag begannen, also dem jüdischen Ruhetag. Dies scheint wie auch andernorts auf ein geplantes Vorgehen hinzuweisen.[33] Christen wussten um die religiöse Bedeutung des Sabbats, an dem sich die gesamte jüdische Gemeinde in der Synagoge oder in ihren Häusern aufhielt. Wahrscheinlich hatten die städtischen Verantwortlichen nach der Rückkehr der Gesandtschaft Ulrich Stromers diesen Tag bewusst ausgewählt, um die Juden zu enteignen, und im Zuge einer solchen Aktion, welche die Juden schutzlos preisgab, kam es zum Pogrom. Es kann kein Zweifel bestehen, dass die städtischen Amtsträger diese Ereignisse bewusst vorantrieben oder jedenfalls billigend in Kauf nahmen.

Von der Wiederansiedlung der Juden bis zu Karls Tod

In Nürnberg hat der Luxemburger mit den Verfügungen über jüdischen Besitz innerhalb der Stadt zweifellos die – aus seiner Perspektive vielleicht ohnehin unabwendbare – Ermordung der Juden begünstigt, um sich die Stadt, die zum Dreh- und Angelpunkt seiner Reichspolitik avancieren sollte, sowie einige weltliche und geistliche Herrschaftsträger gewogen zu machen. Von Karl IV. als dem *„für die Endlösung im Elsaß, in Frankfurt und Nürnberg hauptverantwortliche(n) Schreibtischtäter"* zu sprechen,[34] erscheint freilich unangebracht, weil damit die Dynamik der vor Ort wirksamen, häufig sogar diametral entgegengesetzten Interessen unterschiedlicher Akteure unterschätzt wird.[35] Obwohl Karls unzureichendes Agieren im Elsass und in Frankfurt in höchstem Maße pragmatisch, ja geradezu opportunistisch war, lässt sich ihm keine explizite Billigung der dortigen Judenverfolgungen nachweisen. Dagegen erwies sich der Herrscher im Falle Nürnbergs als kaltblütig agierender Machtpolitiker, der zur Festigung seiner politischen Stellung und in realistischer Einschätzung äußerer Faktoren bereit war, die Juden, denen er ohne aktive Unterstützung durch die städtische Obrigkeit keinen Schutz gewähren konnte, ihrem Schicksal zu überlassen. Von daher lässt sich insbesondere für die letzte Phase der Verfolgungen Seibts Einschätzung Karls IV. als *„stiller Teilhaber"* des Judenmordens nachvollziehen.[36]

Es dauerte etwa bis zu Karls Tod im Jahre 1378, ehe sich nach den verheerenden Pogromen wieder ein verfestigtes, jedoch weitaus weniger dichtes jüdisches Siedlungs- und Beziehungsnetz mit Niederlassungen vorwiegend in den bedeutenderen früheren jüdischen Wohnorten gebildet hatte.[37] Dabei kam dem Bedarf der Städte nach jüdischen Krediten und Abgaben das Bestreben der Juden entgegen, möglichst wieder in den traditionellen Zentren mit entsprechender baulicher und sakraler Ausstattung ansässig zu werden, d. h. insbesondere in Kathedral- und Reichsstädten.[38] Karl unterstützte die Wiederansiedlung der Juden in den Reichsstädten durch Erteilung entsprechender Privilegien.[39] Dennoch dauerte es mitunter geraume Zeit, bis Regressforderungen und ältere rechtliche Ansprüche abgegolten waren und sich Angehörige der religiösen Minderheit wieder niederließen. Die Reichsstadt Frankfurt erbat sich beispielsweise erst nach der Einigung mit dem Erzbischof von Mainz über die Abgeltung der vor dem Pogrom von Karl IV. an diesen verpfändeten Rechten an den Frankfurter Juden ein Wiederaufnahmeprivileg vom Kaiser, das mit der Finanzierung der hohen Kosten für die Instandsetzungsarbeiten an der Mainbrücke begründet wurde. Zwar behielt sich Karl die Hälfte der Zahlung der Frankfurter Judensteuer vor, doch hatte er wegen der bleibenden Verpfändung der Juden an die Stadt keinerlei weitere Verfügungsgewalt über die Frankfurter Juden.[40]

In seinem eigenen Herrschaftsbereich befahl Karl bereits im Mai 1350 den Amtsträgern der Stadt Luxemburg, Juden, die sich

Abb. 204 Der jüdische Silberschatz von Erfurt wurde höchstwahrscheinlich vor den Pogromen Mitte des 14. Jahrhunderts versteckt (vgl. Kat.-Nr. 14.8.f). • Münzen: v. a. aus Frankreich; Silberbarren: Erfurt (?) • Silber, geprägt • Erfurt, Thüringisches Landesdenkmalamt, Alte Synagoge

dort anzusiedeln beabsichtigten, zu schützen.[41] Bis zur Übergabe der Herrschaft an seinen Halbbruder Wenzel im Zuge der Erhebung der Grafschaft Luxemburg und weiterer Herrschaften zum Herzogtum im Jahre 1354 lassen sich allerdings keine Juden in diesem Raum nachweisen.

Dagegen zeichnete sich Karls Herrschaft gegenüber den Juden in den böhmischen Kronlanden, die bis auf wenige Ausnahmen nicht von den Pogromen betroffen waren,[42] im Wesentlichen durch Kontinuität aus. Im Jahre 1356 bestätigte Karl den Juden ihre weitgehenden, bereits im Jahre 1254 durch Ottokar II. (* 1232/33, reg. 1253–78) verbrieften Rechte.[43] Zu den verschiedenen, Juden betreffenden Urkunden, die Karl ausstellte, zählen auch mehrere Judenansiedlungsprivilegien für geistliche und weltliche Herrschaftsträger in Böhmen. Auf die Verhältnisse der Juden in Mähren, wo sein Bruder Johann Heinrich (* 1322, reg. 1349–75) und danach dessen Sohn Jobst (* 1351, reg. 1375–1411) Markgrafen waren, nahm Karl offenbar keinen Einfluss.

Unter der Herrschaft von Karls Sohn Wenzel (* 1361, böhm. König 1363–1419, röm.-dt. Kg. 1376–1400) kam es im Jahre 1389 in Prag erstmals seit 1096 zu einem Judenpogrom, während die sich im Reichsgebiet seit den späten 70er Jahren des 14. Jahrhunderts verschlechternde rechtliche Situation der Juden in den vom König angeordneten Judenschuldentilgungen von 1385 und 1390 kulminierten und die 1390 einsetzenden Vertreibungen von Juden aus Städten und Territorien des Reiches einläuteten.[44]

FUSSNOTEN
1 Für den allgemeinen Teil des Beitrags zeichnet Jörg R. Müller verantwortlich, für das Fallbeispiel Nürnberg Andreas Weber.
2 Weitgehend auf die Verfolgungen konzentriert ECKERT 1978. – Sehr knapp der Überblick von HANISCH 1981.
3 Zur Vertreibung aus Frankreich HOLTMANN 2012, 153–156, aus der Champagne BENNER/REVERCHON 2003, bes. 182f.; aus der Grafschaft Bar BURGARD/REVERCHON 2002, 83–86 (jeweils mit weiterführender Literatur).
4 REICHERT 1993, 281–289. – YANTE 1986, 7. – Beide mit zum Teil unhaltbaren Belegen für die frühe Ansiedlung von Juden.
5 HAVERKAMP 1978 und 1985.
6 Dazu sowie zu den folgenden Ausführungen MÜLLER J. 2015 (mit weiterer Literatur).
7 MÜLLER J. 2004.
8 MENTGEN 1995, 361–363.
9 Zur Chronologie CLUSE 2002.
10 Zu den so genannten Pestpogromen HAVERKAMP 1981/II. – GRAUS 1988.
11 HAVERKAMP 1981/II, 50, 81. – Zu den vielschichtigen Faktoren, die zur Rettung der Regensburger Gemeinde führten, CLUSE 2011.
12 MÜLLER J. 2004, 270.
13 MGH Constitutiones 9, 341f., Nr. 445. – HAVERKAMP 1981/II, 88.
14 Zu Ulm SCHOLL 2012, 87–92. – Zu Straßburg HAVERKAMP 1981/II, 69f. – BORK 1982, 65–67. – MENTGEN 1995, 364–385.
15 CLUSE 2002, 235.
16 KRACAUER 1914, 50–53, Nr. 141.
17 HAVERKAMP 1981/II, 57f. und 73f., geht von einer passiven Rolle des Stadtrats aus, der letztlich von den Verfolgungen profitierte. HEIL 1991 vermutet, dass die Häufung der in den Rechnungsbüchern nachgewiesenen Rüstungsmaßnahmen angesichts der sich räumlich Frankfurt nähernden Judenpogrome der Abwehr auswärtiger Judenschläger diente. Dagegen sieht SCHNUR 2014, 302–306, genau in diesen Belegen gezielte Maßnahmen des Stadtrats zur Vorbereitung des Judenpogroms, von dem dieser zweifellos finanziell profitierte. Ob Karl gegebenenfalls bei der Verpfändung der Juden von einem gezielt von der städtischen Obrigkeit geplanten Pogrom ausgehen konnte, ist unklar.
18 Zum Nürnberger Pogrom vor allem STROMER 1978/I, bes. 80–84. – HAVERKAMP 1981/II, bes. 65f. und 71–73. – GRAUS 1988, bes. 208–214.
19 STROMER 1978/I. – HAVERKAMP 1981/II, 65. – FLEISCHMANN 2008, I, 29–38.
20 MGH Constitutiones 8, 345, Nr. 289; 347–349, Nr. 293–295. – WERUNSKY 1880–92, II.1, 93f. – TWELLENKAMP 1994, 70–76.
21 MGH Constitutiones 8, 644, Nr. 637. – MGH Constitutiones 9, 73f., Nr. 104; 289f., Nr. 389; 260f., Nr. 346.
22 MGH Constitutiones 9, 290, Nr. 389.
23 MGH Constitutiones 9, 298, Nr. 402. – Vgl. auch MGH Constitutiones 9, 292f., Nr. 392.
24 SEIBT 1978/II, 162–164.
25 MGH Constitutiones 9, 462f., Nr. 592.
26 SCHULTHEISS 1960, 88, Nrr. 718, 723.
27 Zur Person STROMER 1978/I, 76–79. – FLEISCHMANN 2008, II, 944.
28 MGH Constitutiones 9, 481, Nr. 616.
29 MGH Constitutiones 9, 481f., Nr. 617f. – MGH Constitutiones 10, 119f., Nr. 153. – MGH Constitutiones 11, 225f., Nr. 397. – SCHULTHEISS 1965, 241, Nr. 71.
30 Zum ersten Judenviertel MUMMENHOFF 1931/II, 335–342. – KOHN 1978.
31 HEGEL 1862/II, 25.
32 STERN/SALFELD 1894–96, 183, § 10; 189, § 122.
33 HAVERKAMP 1981/II, 50f.
34 STROMER 1978/I, 83.
35 Ausführlich HAVERKAMP 1981/II.
36 SEIBT 1978/II, 199.
37 MÜLLER J. 2016 (mit weiterer Literatur).
38 KOSCHE 2002.
39 MGH Constitutiones 10, 316f., Nr. 419.
40 Im Jahre 1372 löste die Stadt Frankfurt Karls Anteil an der Judensteuer ab. SCHNUR 2014, 352–365.
41 MGH Constitutiones 10, 105f., Nr. 134.
42 Der vom Reich verpfändeten Stadt Eger gewährte er bald nach dem Pogrom Verzeihung für die Ermordung der Juden, während er in Breslau die Bestrafung der Verantwortlichen anordnete.
43 ČELAKOVSKY 1886, 99–101, Nr. 63. – Zur darin inserierten, allerdings nicht mitabgedruckten Urkunde Ottokars ebd., 5–9, Nr. 3.
44 MÜLLER J. 2016 (mit weiterer Literatur).

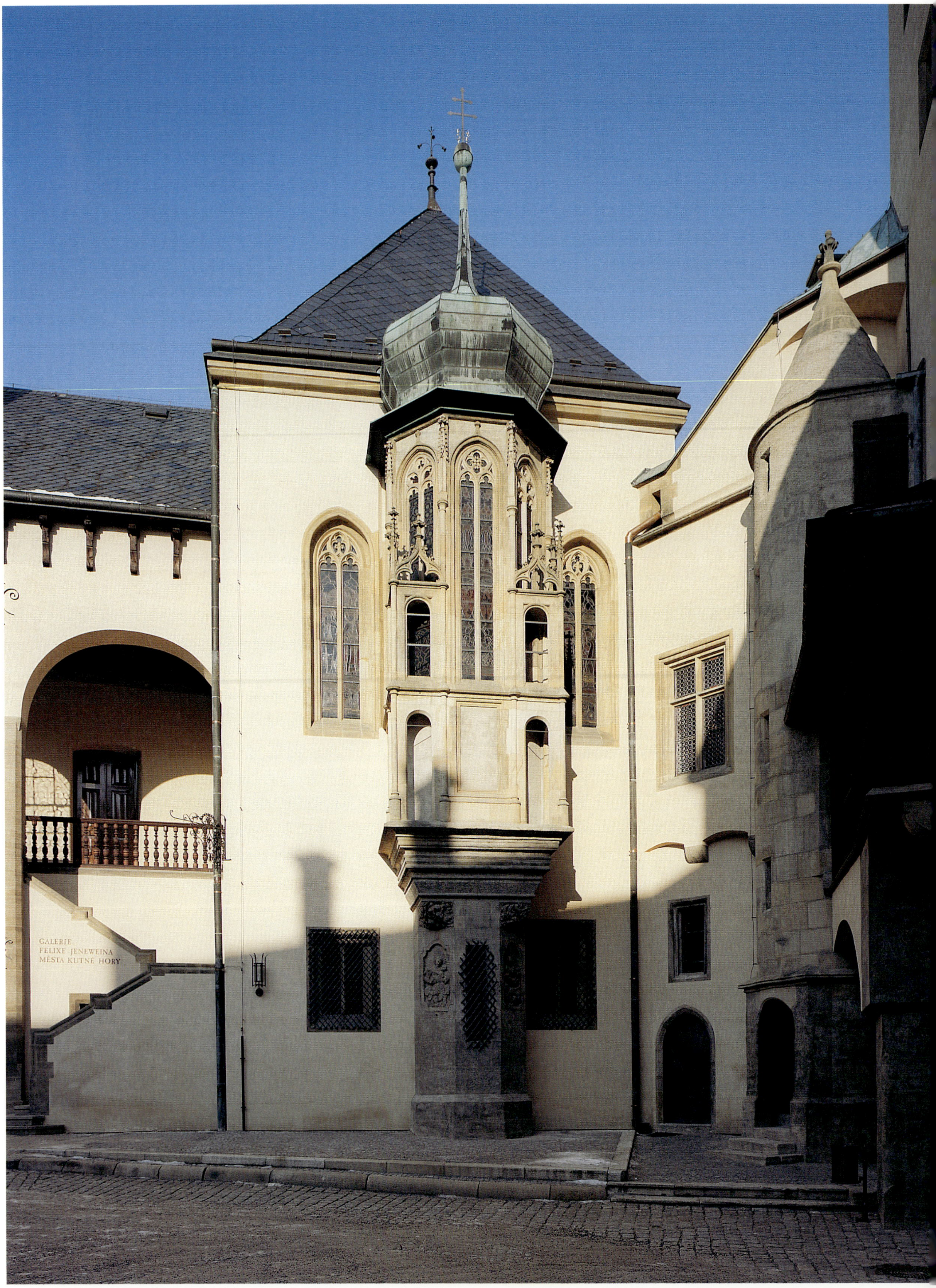
GALERIE
FELIXE JENEWEINA
MĚSTA KUTNÉ HORY

Bergbau und Fernhandel

Ivonne Burghardt, Vojtěch Vaněk

Einige sind der Ansicht, dass jeder König oder Herrscher [...], die Währung in seinem Reich ändern und nach seinem Belieben regeln kann und über den Nutzen und Gewinn beliebig verfügen, andere sind gegenteiliger Meinung.[1]

Eine derartige Auffassung konnte der Gelehrte Nikolaus von Oresme, ein Zeitgenosse Karls IV., allerdings nur in einem philosophischen Traktat äußern. In der Realität standen dem mittelalterlichen Herrscher neben den Einkünften aus Steuern, Zöllen etc. auch die Einnahmen aus dem Berg- und Münzregal zu. Vor allem das letztgenannte Recht, über Währung, Zählweise und Münzfuß zu bestimmen, gab dem jeweiligen Herrscher die Möglichkeit, knappe Kassen durch Herabsetzung des Edelmetallgehalts oder / und Prägung einer größeren Anzahl von Münzen aus der gleichen Edelmetallmenge schnell wieder zu füllen. Bei reichen Edelmetallvorkommen im eigenen Territorium waren die Rechte, die sich für den Landesherrn aus dem Bergregal[2] ergaben, eine einträgliche Ergänzung zum Münzregal. Neben dem grundlegenden Verleihungsrecht der Bergwerke und den Einkünften durch den Zehnten (Urbar) war vor allem das Vorkaufsrecht an den Edelmetallen zu einem festgelegten Preis von wesentlicher wirtschaftlicher Bedeutung. Der Gewinn ergab sich aus der Differenz des Ankaufspreises und dem Edelmetallgehalt bzw. der Anzahl der daraus geprägten Münzen. Aufgrund der reichen Silbervorkommen in seinen Ländern konnte Karl IV. als Münzherr einer hochwertigen Groschenwährung diese Gegebenheiten in sein politisches Handeln einbinden und für seine finanziellen Unternehmungen nutzen.

Im Folgenden werden die Grundzüge der Bergbau- und Münzpolitik Karls IV. im Kontext der allgemeinen wirtschaftlichen Entwicklung beleuchtet. Darüber hinaus wird der wichtige, unmittelbar mit dem Bergbau und der Münzpolitik zusammenhängende Aspekt des Metallhandels kurz am Beispiel des Handels zwischen Böhmen und den Wirtschaftsstätten im mitteldeutschen und Ostsee-Raum dargestellt. In einem weiteren Kapitel wird schließlich ausführlicher die Rolle der bedeutendsten mittelalterlichen Bergstadt Kuttenberg, bezeichnenderweise auch des Ortes mit der einzigen königlichen Münzstätte, behandelt.

Die Grundzüge der Bergbau- und Münzpolitik Karls IV.

Von den Einnahmen, die außerhalb seiner Erblande aus dem Bergbau flossen, profitierte Karl IV. kaum, denn das Bergregal und die daraus fließenden Einkünfte waren in der Regel an die jeweiligen Landesfürsten verliehen.[3] Eine umfassende Bestätigung aller bergregalherrlichen Rechte an Territorialherren durch Karl IV. erfolgte beispielsweise im Jahr 1350 an die Markgrafen von Meißen auf einem in Bautzen stattfindenden Fürstentag.[4] Mit der Formulierung „*Wir* [Karl. IV] *wollten und ordnen* [...] *daß* [...] *jede Chhur-Fürsten Geistliche und Weltliche* [...] *alle Gruben Golds und Silbers die Ertz des Kupfers Zinnes Bleyes Eysens Stahles* [...] *das funden ist* [...] *die oberührten Fürsten in ihren Fürstenthumben Herrschaften und Zugehörungen Recht und Redlich mögen besitzen mit allen Rechten nichts außgenommen.*"[5] wurde diese Praxis für die Kurfürsten 1356 in der Goldene Bulle schriftlich festgehalten.

Dementsprechend waren für Karl IV. vorrangig die Einnahmen aus dem in seinen Ländern der böhmischen Krone unternommenen Bergbau von wesentlicher wirtschaftlicher Bedeutung. Eine hervorragende Stellung nahmen dabei die beiden wichtigsten Bergstädte Iglau (Jihlava) und Kuttenberg (Kutná Hora) ein. Tatsächlich war der seit den 1230/40er Jahren betriebene Bergbau[6] in Iglau jedoch zur Regierungszeit Karls IV. schon stark zurückgegangen.[7] Gleiches (allerdings in einem geringeren Ausmaß) galt für die montanen Unternehmungen bei Kuttenberg. Als Ursachen für diese Stagnation im montanen Sektor wurden regionale Ereignisse, wie ein Erdbeben im Jahr 1328 oder ein Hochwasser im Jahr 1378 in Iglau,[8] genauso zur Erklärung herangezogen wie überregionale Faktoren. Vor allem die stetige Ausfuhr von Edelmetallen oder hohe kriegsbedingte Ausgaben, die einen zunehmenden Silbermangel und damit auch eine Verschlechterung des Geldes verursachten, schwächten die wirtschaftliche Konjunktur im spätmittelalterlichen Mitteleuropa. Technische Schwierigkeiten, die sich beim Abbau der immer tiefer liegenden Erze zwangsläufig ergaben, konnten aber nur durch hohe finanzielle Investitionen gelöst werden. Schon zu Beginn der Regierungszeit Karls IV. treten die ersten Anzeichen dieser Entwicklung zutage.

Abb. 205 Der Welsche Hof in Kuttenberg (Kutná Hora) ist eine einzigartige und trotz Renovierungen des 19. Jahrhunderts im Kern gut erhaltene Mischung aus zentraler Münzstätte und königlicher Residenz. Gegründet schon unter den Přemysliden im 13. Jahrhundert, um die Münzstätten des Königreichs Böhmen optimal kontrollieren zu können, wurde er mehrfach umgestaltet und behielt seine Bedeutung bis zu den Königen aus dem Hause der Jagiellonen im 15./16. Jahrhundert. • Osttrakt 1390–1400 als königliche Residenz unter Wenzel IV. ausgebaut • Kuttenberg, Welscher Hof, Innenhof, östlicher Trakt mit königlichem Palast und Kapelle

228 Bergbau und Fernhandel

Wirtschaft und Handel in Mitteleuropa im 14. Jahrhundert

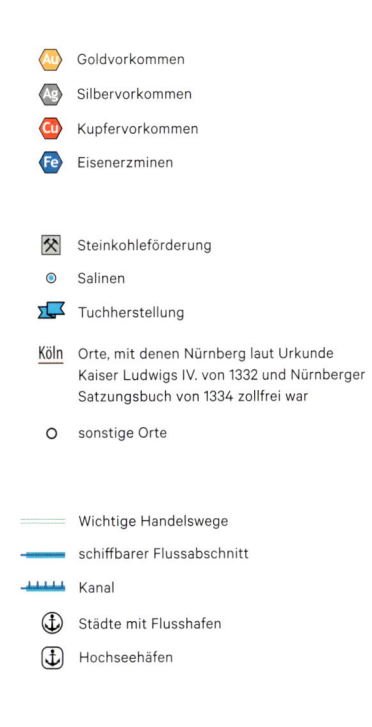

- ⬢ Au Goldvorkommen
- ⬢ Ag Silbervorkommen
- ⬢ Cu Kupfervorkommen
- ⬢ Fe Eisenerzminen

- ⛏ Steinkohleförderung
- ⊙ Salinen
- 🚩 Tuchherstellung
- Köln Orte, mit denen Nürnberg laut Urkunde Kaiser Ludwigs IV. von 1332 und Nürnberger Satzungsbuch von 1334 zollfrei war
- ○ sonstige Orte

- ═ Wichtige Handelswege
- ▬ schiffbarer Flussabschnitt
- ╫ Kanal
- ⚓ Städte mit Flusshafen
- ⚓ Hochseehäfen

Abb. 206 **Wirtschaftskarte Europas zur Zeit Kaiser Karls IV.**

Bergbau und Fernhandel

Karls Strategie, der Krise im Montanbereich zu begegnen, war die einer „Wohlfahrtspolitik":[9] Er verpfändete Gebiete, in denen Bergbau unternommen wurde, oder verzichtete teilweise auf die finanziellen Einkünfte aus den Regalrechten, das heißt auf Abgaben des Zehnten oder/und auf das Silberankaufsrecht. Exemplarisch seien die Abgabenbefreiung des „*Czenko von Lipa für seine Bergwerke in und bei Deutsch Brod* [Heinrichsdorf, Puchberg, Mittelberg] *im Jahre 1351 auf Lebenszeit*"[10] oder die gesamte Befreiung aller Gold- und Silberbergwerke der Herren von Riesenburg 1354 über 12 Jahre erwähnt.[11] Diese Maßnahmen sollten Bergleute und neue Investoren anlocken, hatten aber auch negative Auswirkungen. Neben den direkten Folgen wie dem Raubbau, d. h. unkontrolliertem und nicht nachhaltigem Abbau, den vor allem die Münzfreiung mit sich brachte, verlor der König nach und nach die Kontrolle über den Bergbau. Die Einnahmen, die zuvor in die königliche Münzstätte in Kuttenberg flossen, gingen damit wahrscheinlich ebenfalls deutlich zurück.

Bisher lässt sich aufgrund fehlender detaillierter Untersuchungen nicht eindeutig klären, zu welchem Zeitpunkt genau die Ausbeute im Bergbau zurückging und ob dies, neben den oben genannten Ursachen, schon der Grund für die zunehmende Münzverschlechterung war. Obwohl Karl IV. noch im Jahr 1364 einige bedeutende Territorialherren aufgrund vielfacher Beschwerden hinsichtlich der Qualität ihrer Münzen dazu auffordern ließ, „*ihren Münzmeistern ernstlich zu verbieten, bis zu seiner bevorstehenden Ankunft [...] weder Pfennige noch Heller zu schlagen*",[12] verschlechterte sich auch der Prager Groschen in den Jahren 1355–65 deutlich.[13] Diese Entwicklung setzte sich, trotz des Versuches mehrerer Münzreformen, von denen die letzte noch in das Todesjahr Karls IV. 1378 datiert,[14] über die gesamte Regierungszeit Karls IV. fort.[15] Die abnehmende Qualität des Geldes hatte jedoch mit Sicherheit durch die damit in Verbindung stehenden geringer ausfallenden Lohnzahlungen an die Bergleute oder fehlende Investitionsbereitschaft wieder direkten Einfluss auf den montanen Sektor.

Handelspolitik

Am 10. Februar 1365 traf zu Venedig als kaiserlicher Sondergesandter der edle Herr Sagramors de Pomeriis ein und trug dem Dogen im Auftrage seines Herrn folgendes vor: Karl [IV.] habe, um den Nutzen und Vorteil der Kaufleute ständig bemüht, einen neuen Weg von Venedig nach Brügge ausfindig gemacht, der [...] sehr viel kürzer und billiger sei als die bisher benutzten.[16]

Diesem verlockend klingenden Bericht liegt ein Vorhaben Karls zugrunde, das durchaus ein verkehrswirtschaftliches „Großprojekt" genannt werden kann. Die Intention Karls IV. war dabei, den Handel von Linz und Wien nach Prag und dann entlang der Moldau und Elbe abwärts bis nach Hamburg als Konkurrenzroute zum damals allgemein bevorzugten Rheinhandel zu etablieren. Das Projekt, es sei vorweggenommen, scheiterte unter anderem daran, dass die Route für die Venezianer weder kürzer oder überhaupt neu war. Spätestens seit der 2. Hälfte des 13. Jahrhunderts sind böhmische Kaufleute regelmäßig in den Nord- und Ostseestädten nachweisbar.[17] Über die auf der Elbe beförderten und gehandelten Waren informieren überlieferte Schriftstücke wie ein Zolltarif der damals böhmischen Stadt Pirna aus dem Jahr 1325.[18] Aus Böhmen elbabwärts wurden hauptsächlich Metallwaren wie Blei und Kupfer exportiert, importiert wurden Salz, Fisch- und Tuchwaren.

Dass es sich bei der Förderung des Elbhandels durchaus um ein ernsthaft verfolgtes Vorhaben handelte,[19] zeigen die vielgestaltigen Maßnahmen Karls IV., von denen die folgenden genannt seien: Der Kaiser griff auf das beliebte Mittel der Vergabe von Handelsprivilegien zurück, mit denen vor allem die führenden Hansestädte Lübeck und Hamburg ausgestattet wurden.[20] Weitere Unternehmungen waren der Bau einer Elbflotte in Prag[21] und zahlreiche territoriale Erwerbungen entlang der Elbe.[22] Letztere können zwar nicht immer als rein wirtschaftlich motivierte Maßnahmen gewertet werden,[23] zeigen aber durch die gelegentliche finanzielle Beteiligung reicher Kaufleute, dass auch ökonomische Interessen eine Rolle spielten. Letztendlich scheiterte das Projekt hauptsächlich am Widerstand von Städten wie Magdeburg, die schon seit Langem vom Elbhandel profitierten und den Verlust ihrer Vorrangstellung befürchteten.

Kuttenberg – der Hauptort des Bergbaus in Mitteleuropa

Vojtěch Vaněk

Es mag überraschen, dass Kuttenberg (Kutná Hora) im Itinerar Karls IV. eine äußerst geringe Rolle spielt.[24] Dabei war die bedeutende Bergstadt mit der königlichen Münzstätte eine der am dichtesten bevölkerten Agglomerationen der Böhmischen Krone: Ihre Einwohnerzahl wird auf 10.000 geschätzt, könnte aber auch höher gewesen sein. Zugleich handelte es sich um ein Wirtschaftszentrum des böhmischen Königreichs, um eine Stadt mit einer breiten Schicht vermögender bürgerlicher Eliten, in der mehrere einflussreiche königliche Ämter ihren Sitz hatten und die über unzählige geschäftliche und kulturelle Kontakte weit über die Grenzen Böhmens hinaus verfügte. Der Reichtum der Kuttenberger Silberminen hatte bereits seit Anfang des 14. Jahrhunderts die Aufmerksamkeit ausländischer Unternehmer, Herrscher und Chronisten geweckt und er gehörte sicher zu den Gründen, warum sich die Luxemburger überhaupt für das ihnen angebotene böhmische Königreich interessierten.[25] Trotzdem hielt sich Karl IV. nur wenige Male und dazu noch sehr kurz in Kuttenberg auf. Vielleicht lag dies am vorherrschenden Montancharakter der Agglomeration, deren städtische Bebauung geprägt war von Silberbergwerken mit Halden tauben Gesteins, vom Lärm und Rauch der Hüttenbetriebe und dem allgegenwärtigen Trubel der mit Abbau, Bearbeitung und Vertrieb des Silbererzes beschäftigten Handwerke und Unternehmen.[26]

Die recht geringe Aufmerksamkeit, die Karl der Stadt auf seinen Reisen widmete, dürfte noch andere Gründe gehabt haben. Der einzige Ort in Kuttenberg, der sich unter direkter Verwaltung des Herrschers befand und als dessen Residenz dienen konnte, war der sog. Welsche Hof. Hierbei handelte es sich aber um ein reines Zweckobjekt, das in seinen Mauern die königliche Münzstätte und deren Schatzkammer verbarg und schützte. Zu einer Veränderung kam es hier erst unter Karls Sohn Wenzel, der den Welschen Hof zu einer seiner städtischen Lieblingsresidenzen erkor und dort einen repräsentativen Palast mit Kapelle errichtete.[27] In dessen Sälen verbrachte Wenzel dann viele Monate und der Palast schien trotz des Lärms aus der Münzstätte, der in den Höfen und Innenräumen zu hören gewesen sein muss, den Ansprüchen seines Hofes zu genügen.[28] Ein Grund für Wenzels Sympathien mag die Wahrnehmung Kuttenbergs und der königlichen Münzstätte als einer bedeutenden Quelle seines Reichtums gewesen sein, was sich auch darin

Abb. 207 Umfassende Darstellung des Bergbaus und all seiner Gewerke auf der Frontispiz-Seite des Kuttenberger Graduales. Dieses aus der Zeit König Wladislaws II. Jagiello (reg. 1471–1516) stammende Schaubild hält in faszinierender Detailtreue alle Bereiche des Bergbaus und der Verarbeitung von Edelmetallen fest. • Prag/Kuttenberg, um 1509–16 • Wien, Österreichische Nationalbibliothek, Inv.-Nr. Mus. Hs. 15.501

ausdrückte, dass Wenzel im Welschen Hof einen wesentlichen Teil des königlichen Schatzes aufbewahren ließ.[29] In der Regierungszeit seines Vaters Karl lassen sich diese Tendenzen zur Nutzung Kuttenbergs als Residenz des Königs und seines Hofes noch nicht beobachten. Möglicherweise nutzte Karl während seiner kurzen Aufenthalte eher das unweit gelegene Zisterzienserkloster Sedletz (Sedlec), das zu den prächtigsten Bauten im Land gehörte.[30] Vielleicht wohnte er aber auch in einem der stattlichen Bürgerhäuser.

Karl IV. beehrte Kuttenberg nur mit sechs kurzen Besuchen, die in die Jahre 1347, 1363, 1364, 1365, 1367 und 1375 fielen.[31] Obwohl die schriftlichen Quellen zur Geschichte der Stadt in seiner Regierungszeit mehr als spärlich sind (praktisch das gesamte Stadtarchiv ging während der Hussitenkriege verloren und ein ähnliches Schicksal traf die Bergbau- und Münzdokumente),[32] hält das einzige zufällig überlieferte Fragment des städtischen Rechnungsbuchs von 1375 gerade die Umstände eines dieser Besuche fest. Der Stadtrat ließ damals in Erwartung des königlich-kaiserlichen Hofstaates bei Händlern aus Prag und Wien einen Vorrat fremdländischer Weine ankaufen; für Kaiserin Elisabeth wurde ein Halsschmuck im Wert von 200 Gulden beschafft, während für ihre Mutter zwei Silberbecher im Wert von acht Schock Groschen vorgesehen waren.[33]

Kuttenberg entstand wohl bereits in der späten Regierungszeit Přemysl Ottokars II., zunächst als Grubenrevier fast in Sichtweite der beiden bedeutenden königlichen Städte Tschaslau (Čáslav) und Kolín. Bereits diese Tatsache bezeugt, wie plötzlich und unerwartet die Entdeckung der hiesigen Silberminen und wie ungeplant die Entstehung der ganzen Bergbauagglomeration war. Zu einer gewissen Strukturierung ihres Urbanismus in Gestalt der Stadtgründung und der Verleihung der Stadtrechte kam es erst nachträglich, wahrscheinlich 1307 unter König Heinrich von Kärnten und wohl zulasten der Rechte des Zisterzienserklosters Sedletz, auf dessen Grundbesitz die Stadt entstand. Der Sedletzer Abt Heidenreich hatte besonders großen Einfluss auf den vorletzten Přemysliden Wenzel II., für den Kuttenberg eine reiche Einnahmequelle darstellte, ohne dass er sich dazu entschließen konnte, die Stadt auf Klosterbesitz anzulegen. Allerdings besteht durchaus die Möglichkeit, dass die für die Errichtung der Stadt bestimmten Grundstücke den Zisterziensern abgekauft wurden.[34] Noch vor Gründung der Stadt wurde 1300 unter Wenzel II. ein Berggesetzbuch mit dem Titel *Ius regale montanorum* verfasst, das für Kuttenberg und die übrigen Bergwerke im böhmischen Königreich bestimmt war. Neben dem einheimischen Iglauer Recht ging es auch von Quellen des römischen Rechts aus, bestimmte detailliert die Ansprüche des Herrschers in Gestalt von Regalien, die Kompetenzen seiner Beamten, das Vorgehen bei der Bergvermessung, die Teilung der Ausbeute oder die Streitschlichtung zwischen den Bergbautreibenden.[35] Kuttenberg unterstand zwar in der Praxis weiterhin dem Iglauer Berg- und Stadtrecht, sein kodifiziertes Recht verbreitete sich aber trotzdem im 14. Jahrhundert in Europa als „Kuttenberger" Recht. Es wurde von Bergbauregionen wie z. B. Trient, dem oberfränkischen Kronach oder dem oberungarischen Kremnitz (Kremnica) verwendet.[36]

Die Erträge der Kuttenberger Gruben waren in den ersten Jahrzehnten anscheinend astronomisch hoch. Für die Zeit Wenzels II. um 1300 werden sie auf 20 Tonnen Silber jährlich geschätzt. In späteren Jahrzehnten sank die Fördermenge, während die Kosten des Abbaus wuchsen. Man vermutet, dass die Kuttenberger Gruben bereits zu Beginn des 14. Jahrhunderts eine Tiefe von 100–200 Metern erreicht hatten und später wohl bis zu 400–500 m in die Erde führten. Die Menge des geförderten und verarbeiteten Silbers war Mitte des 14. Jahrhunderts auf ca. 10 Tonnen jährlich gesunken, für das Ende des Jahrhunderts schätzt man sie auf 6 Tonnen.[37] Dem entspricht auch die sich verschlechternde Qualität des Prager Groschens, die sich das gesamte 14. Jahrhundert hindurch beobachten lässt.[38] Im direkten Zusammenhang mit der Ausbeute standen außerdem die Erträge der an den Herrscher zu zahlenden Abgabe (*Urbura*), d. h. des Anteils an der Ausbeute der Gruben in Höhe von etwa einem Achtel des geförderten Erzes, der den königlichen Beamten abgeliefert wurde.[39]

Das ganze 14. Jahrhundert hindurch war Kuttenberg die reichste Silberquelle auf dem europäischen Festland und spielte in der Wirtschaft des Kontinents eine wichtige Rolle. Der Reichtum der Stadt zog viele ausländische Unternehmer, Münz- und Grubenfachleute an. Zu Beginn des 14. Jahrhunderts handelte es sich wohl um Bergleute aus der Umgebung des sächsischen Freiberg (übrigens dürfte auch der Name Kuttenberg seinen Ursprung in dieser Region haben);[40] in der Münzstätte waren florentinische Fachleute tätig, die im Jahr 1300 für Wenzel II. den hochwertigen Groschen einführten.[41] Zu den ausländischen Hauptabnehmern des Kuttenberger Silbers wurden in der ersten Hälfte des 14. Jahrhunderts die Venezianer, die das Silber über Wien und Regensburg importierten und es dann weiter im Netzwerk ihrer weitreichenden Kontakte im östlichen Mittelmeer verwendeten. In Italien gehörten Prager Groschen damals zu den meistgenutzten Münzen.[42] Die Venezianer nutzten die Erfahrungen der Kuttenberger Bergleute aber auch auf andere Weise: So beriefen sie diese z. B. um 1340 auf die Inseln Naxos und Chios, um dort Gruben anzulegen, und 1364 sollten sie für den Dogen einen Aufstand auf Kreta unterdrücken.[43]

In der Regierungszeit Karls IV. setzten sich in Kuttenberg immer stärker die in Handel und Finanzwesen tätigen Nürnberger Geschlechter durch. Neben den Schick, die bereits um 1300 am Bergbau beteiligt waren und weiter in der hiesigen Münzstätte wirkten, handelte es sich vor allem um die Familie Groß. Um 1400 sind im Kuttenberger Stadtrat einige Mitglieder dieser Familie belegt (Mathes, Niklas, Kaspar und Hermann). Aber auch die Stromer oder die Behaim waren hier unternehmerisch tätig. Die Nürnberger interessierten sich nicht nur für Silber, sondern auch für Kupfer, mit dem sie noch im 15. Jahrhundert Handel trieben.[44]

Über Karls Interessen in Kuttenberg wachten seine Beamten mit dem königlichen Münzmeister an der Spitze, der den Betrieb der Münzstätte leitete und außerdem über bedeutende Kompetenzen gegenüber dem Kuttenberger Stadtrat verfügte.[45] Die Reihe der Münzmeister aus karolinischer Zeit beginnt mit Andreas von Florenz, der in den 1360er Jahren durch Enderlin Löwel abgelöst wurde. Dieser übernahm schließlich dasselbe Amt im sächsischen Freiberg. Gegen Ende von Karls Herrschaft übten die vermögenden Prager Bürger Johlin und Martin Rotlev das Amt des Münzmeisters aus.[46] Wohl bereits unter Johann von Luxemburg waren in der Münzstätte Bruderschaften der einzelnen Berufe entstanden – der Münzschmiede, die die Münzplättchen vorbereiteten, und der eigentlichen Münzpräger –, die eine eigene Selbstverwaltung, Siegel und landesherrliche Privilegien besaßen.[47] Eine wichtige Rolle spielten auch die Gruben-, Münz- und Urburaschreiber. Zu ihnen zählte der bekannte Jurist Johannes von Gelnhausen, der danach als Notar in die königliche Kanzlei eintrat und mehrere bedeutende Codices des Stadt- und Bergrechts einschließlich einer Übersetzung des Gesetzbuchs *Ius regale montanorum* in die deutsche Sprache verfasste.[48]

Das Hauptinteresse des Herrschers an Kuttenberg konzentrierte sich zweifellos auf die finanziellen Einkünfte für die königliche Kasse. Die gemeinsame Reichskammer, die Karls Einkünfte aus dem Reich und aus den böhmischen Ländern verwaltete, konnte sich auf mehrere Einnahmequellen stützen. In den deutschen und italienischen Territorien waren es vor allem die Reichsstädte, aber auch einige andere Regaleinkünfte in Form von Ungeld und Zöllen, deren jährlicher Gesamtumfang auf 164.000 Gulden geschätzt wurde. Diese Summe wurde jedoch durch die Einkünfte aus den böhmischen Ländern weit übertroffen – diese betrugen manchen Autoren zufolge das Doppelte, wenn nicht gar Dreifache. Die Hauptfinanzquelle waren hier die königlichen Städte, die eine außerordentliche Steuer abführten, auf ähnliche Weise belastet waren landesherrliche Klöster, Burgen in unmittelbarem Besitz des Herrschers und deren Herrschaften.[49] Von besonderem Gewicht waren aber auch die Kuttenberger Urbura und die Münzstätte: 1339 hatte König Johann von Luxemburg ihre Verwaltung für den Betrag von 350 Pfund Groschen wöchentlich an die beiden Bürger Boruta und Johlin Velflovic verpachtet.[50] Allein diese Gebühr brachte der königlichen Kammer knapp 20.000 Schock Groschen jährlich ein, was fast zwei Dritteln der karolinischen Einkünfte aus dem ganzen Reich entsprach.

Kuttenberg gehörte zur Zeit Karls IV. sicher zu den Orten, an denen viele der damaligen technischen Neuheiten auftauchten, die mit dem Abbau in großer Tiefe, dem Erztransport, dem tauben Gestein an der Oberfläche, dem Abpumpen des Grubenwassers oder der Verhüttung polymetallischer Erze verbunden waren.[51] Wichtig war auch die Zeitmessung für den Wechsel der in Schichten arbeitenden Bergleute: Daher existiert in Kuttenberg ein recht früher Beleg für eine Rathausuhr (1375).[52] Zugleich stellte Kuttenberg für mittelalterliche Verhältnisse eine ungewöhnliche ökologische Belastung dar. Der Abbau und die Verhüttung des Silbererzes führte zu einer massiven Entwaldung – der Holzbedarf war enorm, denn Holz diente zur Abstützung der Grubenwerke und für die damals beliebte Feuerprägung. Zudem wurde es in Form von Holzkohle in den Hüttenbetrieben genutzt. Bei der Silberverhüttung war zudem eine relativ große Menge Blei notwendig, das teilweise in der Luft endete, und die Schlackenhalden enthielten gefährliche Schwermetalle wie Arsen und Cadmium. Über die Qualität des Oberflächenwassers, das zwischen Halden, Hütten und Hunderten menschlicher Behausungen hindurchfloss, oder des kontaminierten Grubenwassers braucht nichts gesagt zu werden. Außerdem dürfte bereits die Konzentration einer derart hohen Anzahl von Menschen und Tieren, besonders Grubenpferden, für Probleme gesorgt haben.[53]

Trotz aller dieser Schwierigkeiten, die sicher auch durch die große Zahl von Personen am Rand der Gesellschaft hervorgerufen wurden, entwickelte sich Kuttenberg mit der Zeit zu einer der prachtvollsten Städte des böhmischen Königreichs mit vielen Kirchen, stattlichen Häusern und Palästen vermögender Bürger und einem eigenen Judenviertel mit Synagoge.[54] Seine Stellung als zweitbedeutendste Stadt im Königreich, wie sie z. B. in Karls letztlich gescheiterter Kodifikation des Landesrechts *Maiestas Carolina* angedeutet wurde, zeigte Kuttenberg auch auf symbolischer Ebene. Das große Siegel, das der Stadtrat unter Karl zu verwenden begann, steht völlig (und unter den böhmischen Städten besonders deutlich) im Geist der karolinischen Herrschersymbolik für Böhmen und das Reich: Der böhmische Löwe und der Reichsadler halten Bergbauwerkzeuge, während in der Mitte über ihren Köpfen die Kaiserkrone schwebt.[55]

Abb. 209 **Großes Siegel des Stadtrates von Kuttenberg mit dem böhmischen Löwen und dem Reichsadler, zwischen sich die Kaiserkrone und Bergbauwerkzeuge; im Gebrauch seit der Zeit Karls IV.** • Kuttenberg, Státní okresní archiv Kutná Hora, Bestand Stadtarchiv Kutná Hora, Urkunde Nr. 50 (1412)

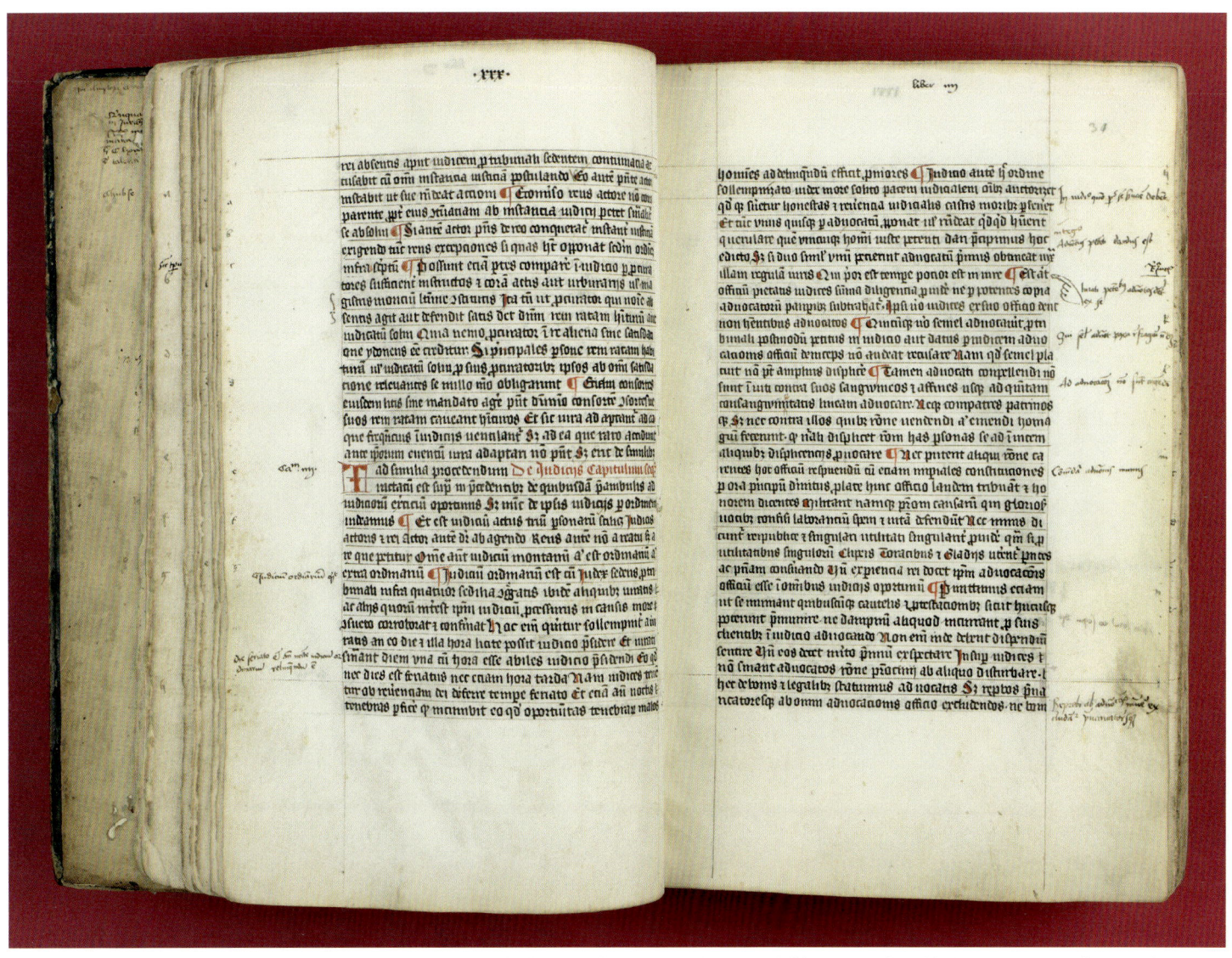

Abb. 208 **Kuttenberger Rechtskodex mit Abschrift des königlichen Berggesetzbuchs Ius regale montanorum (Kat.-Nr. 16.6), fol. 30v–31r** • Iglau (Jihlava), um 1410 • Tinte auf Papier und Pergament • Prag, Státní oblastní archiv v Praze, Státní okresní archiv Kutná Hora, Archiv města Kutná Hora, kniha Nr. 1

FUSSNOTEN

1. JOHNSON 1956, 1.
2. Zum aktuellen Forschungsstand zur Entwicklung und der rechtlichen Umsetzung des Bergregals mit einem ausführlichen Literaturverzeichnis HOFFMANN 2010, 405–407.
3. Zur Entwicklung dieser Rechtspraxis HÄGERMANN 1984, 14.
4. Dazu ausführlich LEISERING 2006, 67–74.
5. LÜNIG 1713/II, 42.
6. HRUBÝ 2014, 134.
7. MAJER 2000, 73f.
8. MAJER 2000, 73.
9. ZYCHA 1900, 147.
10. ZYCHA 1900, 149.
11. ZYCHA 1900, 148.
12. ERMISCH 1886, 21, Anm. 898.
13. CASTELIN 1967, 682.
14. CASTELIN 1967, 682.
15. SPUFFORD 1988, 297, Graph. III.
16. REINCKE 1924, 99. – Das lateinische Original gedruckt bei STOLZ 1914, 420–422.
17. REINCKE 1931, 19.
18. POSERN-KLETT 1875, 337–341, Nr. 15.
19. Zur Forschungsdiskussion hinsichtlich dieser Frage STROMER 1978/II, 67.
20. REINCKE 1931.
21. REINCKE 1931, 23.
22. LINDNER 1997.
23. LINDNER 1997. – STOOB 1970.
24. HLAVÁČEK 2003.
25. Zum Ruhm Kuttenbergs und seiner Rolle in der Endphase der Přemyslidenzeit und zu Beginn der Luxemburger-Herrschaft in Böhmen ŠUSTA 1917, 50f. – ŠUSTA 1935, 526f. – JAN 2006, 154.
26. Neuerdings zum Kuttenberger Bergbau BARTOŠ 2004.
27. ZÁRUBA 2008.
28. HLAVÁČEK 1991/II, 65–67.
29. BARTOŠ 1947, 199.
30. CHARVÁTOVÁ 1998, 103–154.
31. HLAVÁČEK 2003, 314f.
32. KEJŘ 1958, 48.
33. LEMINGER O. 1925.
34. ZYCHA 1914, 49–53. – ŠUSTA 1917, 245f.
35. ZYCHA 1900, I, 85. – PFEIFER 2002, 9–25.
36. SCHÖNACH 1913, 256. – STOLZ 1928, 246, 260. – SCHÜNEMANN 1928.
37. KOŘAN J. 1950, 85f. – JANÁČEK 1973. – SPUFFORD 1988, 110, 343. – Mit niedrigeren Zahlen arbeiten BÍLEK 1982. – BLANCHARD 2005, 927–932.
38. NOVÝ 1978.
39. JAN 2006, 116.
40. VANĚK 2013.
41. REICHERT 1994. – JAN 2006, 127–136.
42. ZAORAL 2011.
43. TADRA 1897, 127–130.
44. KLIER 1958. – STROMER 1978/I. – POLÍVKA 1992.
45. BOROVSKÝ 1997. – BOROVSKÝ 2002.
46. LEMINGER 1912, 287. – LEMINGER 1924, 40–42.
47. LEMINGER 1912, 183–275.
48. BRETHOLZ 1903, 13, 25. – HOFFMANN 1973.
49. NOVÝ 1978, 80. – KAVKA 1978/III. – KAVKA 1991.
50. KAVKA 1991, 139f.
51. BARTOŠ M. 2004.
52. LEMINGER 1925, 3–16.
53. Einige mit der Ökologie des Grubenreviers verbundene Fragen skizziert VANÍČEK 2002, 537–541. – Zur Bevölkerungsdichte der Agglomeration auch BÍLEK 1982.
54. ŠIMŮNEK 2010, 6–9.
55. NUHLÍČEK 1960, 172–175.

Deus
dicit a moyses q̄
uni dico hominibus dico
ī viduis ⁊ pupillis nō nocebitis
⁊ ṡi illi ſerietis eos uocaferabū cur
...me ⁊ iraſcetur furoꝛ meus cōtra
uos ⁊ p̄utiaꝓ uos gladio ⁊ erūt
...uſoꝛ̄s ūr̄ uidue ⁊ filiī ūr̄ pupilli

Finanz- und Münzwesen

Torsten Fried

Am 25. März 1358 schrieb Francesco Petrarca (1304–74) an Kaiser Karl IV. einen Brief. Darin heißt es unter anderem: *„Denn während andere Fürsten und beinahe alle Sterblichen nach Geld lechzen und sich Wollüsten hingeben, sollte ein römischer Fürst, der unter den Menschen den ersten Rang einnimmt, solches Tun aus der Höhe verachten, sich anderen Freuden zu widmen bedacht sein und an andersartigen Schätzen, das heißt an Rat und Tugend und vor allem an hervorragenden Männern, reichsten Überfluss haben."*[1] Für den italienischen Humanisten war die Sache klar: Fürsten streben hemmungslos nach Geld. Seine Aufforderung an den Kaiser, sich dem zu verweigern, war denn auch mit Bedacht ausgesprochen. Schließlich hatten die mittelalterlichen Denker in ihren normativen Fürstenspiegeln vielfach herausgearbeitet, dass der Herrscher zwar über finanzielle Mittel verfügen müsse, er aber niemals einzig und allein sein Handeln danach ausrichten solle, Geld (und immer mehr Geld) zu erwerben.[2] Dessen ungeachtet dürfte Petrarca mit dem Zwiespalt von Norm und Realität nur allzu vertraut gewesen sein. Gerade sein Adressat sollte Geld als Mittel der Politik einsetzen, und das nicht zu knapp. Immerhin ging er als „kaiserlicher Kaufmann" in die Geschichte ein.[3] Aber woher kam das viele Geld und vor allem: Wie sah es aus?

Das Geld erschien in erster Linie in Form von Münzen. Bekanntlich handelt es sich bei der Münze um ein als Geld dienendes, von einer öffentlichen Autorität durch Stempelung auf Gewicht und Gehalt garantiertes Stück Metall.[4] Seit der Antike war Silber das bekannteste und beliebteste Münzmetall, da es häufiger als Gold vorkam und kleinere Werte darstellbar machte. In der Münzreform Karls des Großen (768–814, Kaiser 800) wurde das weiß glänzende Edelmetall zum Basismaterial der Münzprägung bestimmt. Eingebunden in das Libra-Solidus-Denar-System (Pfund-Schilling-Pfennig-System) genügte lange Zeit der silberne Denar von ca. 1,70 Gramm (später beträchtlich abgesunken) als einziges ausgeprägtes Nominal den Anforderungen von Handel und Wirtschaft in Europa. Im 12. Jahrhundert setzte die Nachfrage nach größeren Münzen ein, die ein Vielfaches des Denars darstellten. Zum einen wurde nun Gold vermünzt, zum anderen sicherte die Entdeckung neuer Silbervorkommen in Sachsen, Kärnten, Mähren, Böhmen und Sardinien die Ausgabe größerer Silbernominale.

Wie kaum anders zu erwarten, wurde Italien als die damals ökonomisch am weitesten entwickelte Region Europas zum Ausgangspunkt der münzpolitischen Innovationen. Die führenden Handelsstädte Florenz und Genua emittierten erstmals 1252 Goldmünzen, 1284 folgte Venedig. Die Stücke aus reinem Gold (24 Karat) verfügten über ein Gewicht von 3,5 g. Der aus Florenz stammende Fiorino sollte als Floren beziehungsweise Gulden europäische Geldgeschichte schreiben; ebenso bedeutsam wurde der Dukat aus Venedig. Nördlich der Alpen ist der Floren vielfach nachgeahmt worden – man denke nur an die ungarischen und rheinischen Goldgulden. Dagegen orientierten sich im Westen Europas die Münzherren bei der Goldprägung nicht am Vorbild der Goldgulden und Dukaten, vielmehr wurden schwerere und größere Stücke ausgegeben. Die Wichtigsten waren der französische Écu d'or (écu = scutum, Schild; seit 1227/1337, ca. 4,50 g) und die englischen Nobel (seit 1344, ca. 7,70 g). Diese Gepräge kursierten zwar auch außerhalb der Landesgrenzen und wurden nachgeahmt (wie die Goldenen Schilde Karls IV., vgl. Kat.-Nr. 16.2), dennoch konnten sie mit den Goldgulden und Dukaten nicht konkurrieren.

Bei größeren Silbernominalen begann 1172 die Prägung des „Grosso" in Genua (vgl. ital. „grosso", dick, schwer), nördlich der Alpen ab 1266 der „Gros tournois" (Tournosengroschen, Turnose) im Wert von 12 Pfennigen durch Ludwig IX. von Frankreich (1226–70), später der Prager und der Meißner Groschen. Somit hatte sich im Spätmittelalter in Europa ein dreigliedriges Münzsystem herausgebildet, das auf silbernen Pfennig- und Groschenmünzen (Schillingmünzen) sowie Goldmünzen beruhte.

Das Recht, Münzen zu prägen, besaßen anfänglich ausschließlich Könige. Im ostfränkisch-deutschen Reich wurden im Hochmittelalter die unterschiedlichsten weltlichen und geistlichen Hoheitsträger damit belehnt, sodass Herzöge, Grafen, Edelfreie, Bischöfe und Äbte mit einer eigenen Münzprägung hervortraten; später kamen noch Städte hinzu. Die Zahl der Prägestätten stieg rasch an – schließlich wurden im 15. Jahrhundert an etwa 500 Orten des Heiligen Römischen Reiches Münzen geschlagen. Selbstverständlich nutzte auch Karl IV. sein Münzrecht – gerade als König von Böhmen ließ er eine Vielzahl von Gulden in Prag emittieren.[5] Durch Privilegien des Luxemburgers wurde der Reichsmünzstätte Nürnberg die Prägung von Hellern vorgeschrieben.[6] Der Heller, eine geringhaltige Pfennigsorte, stammte ursprünglich aus der Reichsstadt Schwäbisch Hall (daher der Name) und gewann später überregionale Bedeutung.

Abb. 210 **Zwei Szenen in einem Bankhaus aus einer Darstellung der Avaritia, des Lasters der Habgier. Miniatur aus der fragmentarisch erhaltenen Handschrift Tractatus de septem vitiis (Traktat über die Sieben Todsünden), verfasst von einem Mitglied der Genuesischen Familie Cocharelli, fol. 8** • Buchmalerei, Genua?, 1330–40 • London, British Library, Ms. Additional 27695

Abb. 211 **Fresko mit dem Tod des hl. Franziskus.** Ausgerechnet die Chorkapellen der Kirche jenes Ordens, der sich am radikalsten einem Leben in Armut verschrieben hatte, der Franziskanerkirche Santa Croce zu Florenz, ließen unter anderen die reichen Bankiersfamilien der Bardi und Peruzzi mit Wandmalereien Giottos und seines künstlerischen Umfelds ausstatten. Die Bankhäuser beider Familien gingen in den 1340er Jahren bankrott und schufen damit die Grundlage für den Aufstieg der Medici. • Giotto di Bondone, 1315–20 • Wandmalerei • Florenz, Santa Croce, Bardi-Kapelle

Nicht überall gab es eine solche Vielzahl von Münzherren wie im Reich. Beispielsweise gelang es in England und Frankreich den dortigen Königen, die Zersplitterung des Münzrechts gar nicht erst zuzulassen (England) beziehungsweise die königliche Münzhoheit uneingeschränkt wiederherzustellen (Frankreich).

Insgesamt war das spätmittelalterlichen Münzwesen durch eine große Vielfalt an unterschiedlichsten Geprägen gekennzeichnet. Weder nationale noch territoriale Grenzen behinderten den Geldumlauf. Der auf den ersten Blick unübersichtliche und komplizierte Zahlungsverkehr funktionierte aber erstaunlich gut, wobei den lokalen Geldwechslern eine Schlüsselstellung zukam.[7] Als Experten verfügten die Wechsler über das Wissen und die Fähigkeit, die verschiedenen einheimischen und fremden Münzen zu erkennen; ebenso galt ihre Aufmerksamkeit den Legierungen (sprich die Gewichts- und Feingehaltsprobe) und den Wechselkursen. Nicht zuletzt oblag ihnen die Prüfung auf Echtheit der Stücke. Ihr traditionelles Aufgabenspektrum erweiterte sich aber sukzessive: Geldwechsler legten für ihre Kunden Konten an, von denen sie Auszahlungen auf Konten bei anderen Wechslern tätigten. Damit war der bargeldlose Zahlungsverkehr erfunden. Und: die Bank, denn der Wechseltisch der Geldwechsler hieß italienisch „banco". Michael North erklärt es treffend: *„In dem Maße, in dem sich die Kunden der bargeldlosen Zahlung in Bankgeld oder Buchgeld bedienten, d. h. ihre Einlagen nicht mehr abhoben, nahm das dem Wechsler verfügbare Kapital zu. So konnte er seinen Kunden Überziehungskredite anbieten und auch Kleindarlehen an Kaufleute, Handwerker und den Staat gewähren."*

Neben den lokalen Geldwechslern bildete sich – wieder kein Zufall – in Italien im Laufe des 12. und 13. Jahrhunderts eine weitere Kategorie des Bankbetriebes heraus. Gemeint sind die international agierenden Kaufleute-Bankiers, die Fernhandel mit Wechseltransferaktionen kombinierten.[8] Italienische – meist toskanische – Kaufleute-Bankiers schlossen sich zu Gesellschaften zusammen und bildeten ein europaweites Netz von Niederlassungen: von England bis Ägypten, von Marokko bis zur Krim, mit Nordwesteuropa als wichtigster Drehscheibe. Zum normalen Alltagsgeschäft gehörte dabei selbstverständlich das Jonglieren mit den unterschiedlichsten europäischen Währungen. Daneben agierten die Bankiers sogar im Auftrag von Päpsten und Königen. Dass dann König Edward III. von England (1327–77) die ihm gewährten Kredite nicht zurückzahlen konnte, überlebten in den 1340er Jahren die drei größten Banken nicht – die Familienkompagnien der Bardi, der Peruzzi und der Acciaiuoli gingen Bankrott. An ihre Stelle traten kleinere Gesellschaften, von denen die Bank der Medici die bekannteste werden sollte.

In die Wechselgeschäfte der italienischen Banken wurden alsbald die bedeutendsten oberdeutschen Handelshäuser einbezogen.[9] Kaum verwunderlich: Es waren Nürnberger Kaufleute, die schon um 1345 auf die Annahme Mailänder Wechsel drangen – möglicherweise die ersten in Deutschland. Und – die Entwicklung schritt unglaublich schnell voran – seit 1362 verrechneten Wechsler aus Nürnberg Schulden miteinander, transferierten mittels Gut- und Lastschriften Geld von Konto zu Konto und nahmen bargeldlose Überweisungen vor.[10] Genauso weitreichende Folgen zeitigte der Umstand, dass seit der Mitte des 14. Jahrhunderts die Stadt an der Pegnitz die bis dahin den Silbermarkt dominierende Donaumetropole Regensburg überflügelte. Hierbei ging es um nicht weniger als um die Vorhand in der Silberproduktion Mitteleuropas. Schon früher hatte sich Nürnberg als Geldmarkt für den mitteleuropäischen Waren-Fernhandel etabliert, hinzu trat auch ein Markt für politische Anleihen europäischer Mächte.

Kaiser Karl IV. wusste schon, warum er diese Reichsstadt so außerordentlich förderte. In besonderer Weise stützte er sich dabei auf Ulman Stromer (1329–1407), einen der herausragenden Patrizier seiner Zeit. Stromer und Angehörige seiner Familie agierten für Karl IV. als Geldgeber, Verhandlungspartner, Kanzlei- und Finanzbeamte. Augenfällig gingen Politik und Geld Hand in Hand. Überhaupt: Unter königlichem und kaiserlichem Schirm entwickelte sich Nürnberg im 14. Jahrhundert zur vermutlich „*kapitalkräftigsten und mächtigsten Stadt*" in Oberdeutschland (unter Einschluss der böhmischen und österreichischen Länder samt Teilen Ungarns).[11] Seine Bedeutung resultierte aus dem Gewerbe mit einigen „*industriellen Merkmalen*" und auf dem durch das Bankwesen ergänzten Fernhandel.[12] Der europäische Rang der Pegnitzstadt manifestierte sich in vielerlei Richtungen: Im Nordwesten erwarben die Nürnberger unter Zurückdrängung der Hanse die großen Flandernprivilegien von 1363. Für Oberitalien wurde der Nürnberger Mailandhandel im Zeitalter der Visconti bedeutsam. Erfolgreich drangen Kaufleute aus der oberdeutschen Stadt auf polnische und ungarische Märkte vor.

Wurden die großen Geldgeschäfte in der Regel mit kapitalhaltigen Goldmünzen abgewickelt, so benutzte der einfache Mensch im Alltag ganz andere Stücke. Im Spätmittelalter verminderte man den Silbergehalt der unteren Wertstufen mitunter soweit, dass praktisch Kupfermünzen zur Ausgabe kamen. Der französische Theologe Nicolaus Oresmius (ca. 1320–82) spricht in seinem berühmten, um 1358 verfassten „Tractatus de moneta" vom so genannten schwarzen Geld („*nigra moneta*").[13] Die den Silbermünzen beigefügte Kupferlegierung bewirkte, dass weißes Silbergeld ein dunkles Aussehen annahm und sich damit, als schwarzes Geld, dem bloßen Auge schon als minderwertig zu erkennen gab.

Abb. 213 Wenzel IV., König von Böhmen und römischer König, Sohn Karls IV., nimmt Gold und Silber für die Münzprägung entgegen. Aus der Abschrift der Goldenen Bulle unter Wenzel IV., fol. 22r • Prag, Meister der Goldenen Bulle, um 1400 • Buchmalerei auf Pergament • Wien, Österreichische Nationalbibliothek, Cod. Vindobonensis 338

In der großen Handels- und Finanzmetropole Nürnberg stoßen wir nun auf folgendes Phänomen: Die wirtschaftliche Situation der arbeitenden Stadtarmut am Ende des 15. Jahrhunderts ist dadurch gekennzeichnet, dass das schwarze Silber- und Kleingeld, das sie verdienten und für das sie Brot, Schmalz und Wein auf dem städtischen Markt kauften, nicht nur in bedrohlichem Maß mit ungültigem Geld vermischt, sondern auch in der Auffassung und in der Wechselpraxis der Zeitgenossen zum baldigen Verbrauch bestimmt war. Es war Konsumtionsgeld, ohne Verlust nur für kurzfristige Transfers geeignet.[14] Die Entwicklung von Goldmünzen und die massenhafte Ausprägung von Kleingeld im Spätmittelalter zeigen neben Preisdifferenzierung und Steigerung des Geldumlaufs auch die tiefe Kluft zwischen Arm und Reich. Es gab also eine Welt, in der nach Heller und Pfennig, und eine Welt, in der nach Groschen und Gulden gerechnet wurde.[15] Was beide Welten für Petrarca einte: Die Menschen lechzten nach Geld. Sein Appell dagegen ist heute aktueller denn je.

FUSSNOTEN
1. WIDMER 2001, 482f. – Zum Verhältnis von Petrarca und Kaiser Karl IV. vgl. die Einführung in: PIUR 1933, XXX–LVIII. – SCHLOTHEUBER 2004.
2. Vgl. FRIED 2008, 40–46.
3. STROMER 1978/II.
4. Vgl. auch für das Folgende KLUGE 2007. – TRAPP/FRIED 2014. – KLÜSSENDORF 2015. – Speziell zum Münzwesen im 14. Jahrhundert KLÜSSENDORF 1974. – MÄKELER 2010.
5. FRIED 2009, 481f.
6. ERLANGER 1979.
7. NORTH 2009, 31f.; dort auch das folgende Zitat. – Zu den Anfängen des bargeldlosen Zahlungsverkehrs DENZEL 2008, 51–62, 93–128. – JENKS 2012, 5–9.
8. ESCH 1992 und 1994. – NORTH 2007, 325–329.
9. Insgesamt STROMER 1970. – Dazu ergänzend: MORAW 1974. – GILOMEN 2006.
10. JENKS 2005, 75.
11. MORAW 1968, 292f.
12. MORAW 1974, 27.
13. Jetzt nutzbar die lateinisch-deutsche Ausgabe: BURCKHARDT 1999, 10f. – Vgl. dazu MÄKELER 2003, besonders 67–79, dort ausführlich zur Überlieferung sowie zur Edition von W. BURCKHARDT. – Vgl. daneben v. a. SPUFFORD 1989, 109–113. – SCHEFOLD 1995.
14. GROEBNER 1993, insbesondere das Fazit 261–268.
15. SCHUBERT 1998, 172.

Abb. 212 Der Nürnberger Konrad Groß gehörte zu den wichtigsten Finanzleuten des 14. Jahrhunderts. Unter Kaiser Ludwig IV. Reichsmünzmeister, wechselte er nahtlos unter die Herrschaft von dessen Konkurrenten und Nachfolger Karl IV. und amtierte als Reichsschultheiß. In Nürnberg stiftete er als größte Sozialeinrichtung der Stadt das Heilig-Geist-Spital, das aber zugleich wichtige Aufgaben der Immobilien- und Finanzverwaltung übernahm. Für seine Grabstätte in der zugehörigen Heilig-Geist-Kirche wurde ein aufwendiges Tischgrab errichtet, dessen Platte damals hochmoderne Darstellungen einer Trauergemeinschaft tragen. • Nürnberg, 1350er Jahre • Sandstein • Nürnberg, Heilig-Geist-Spital

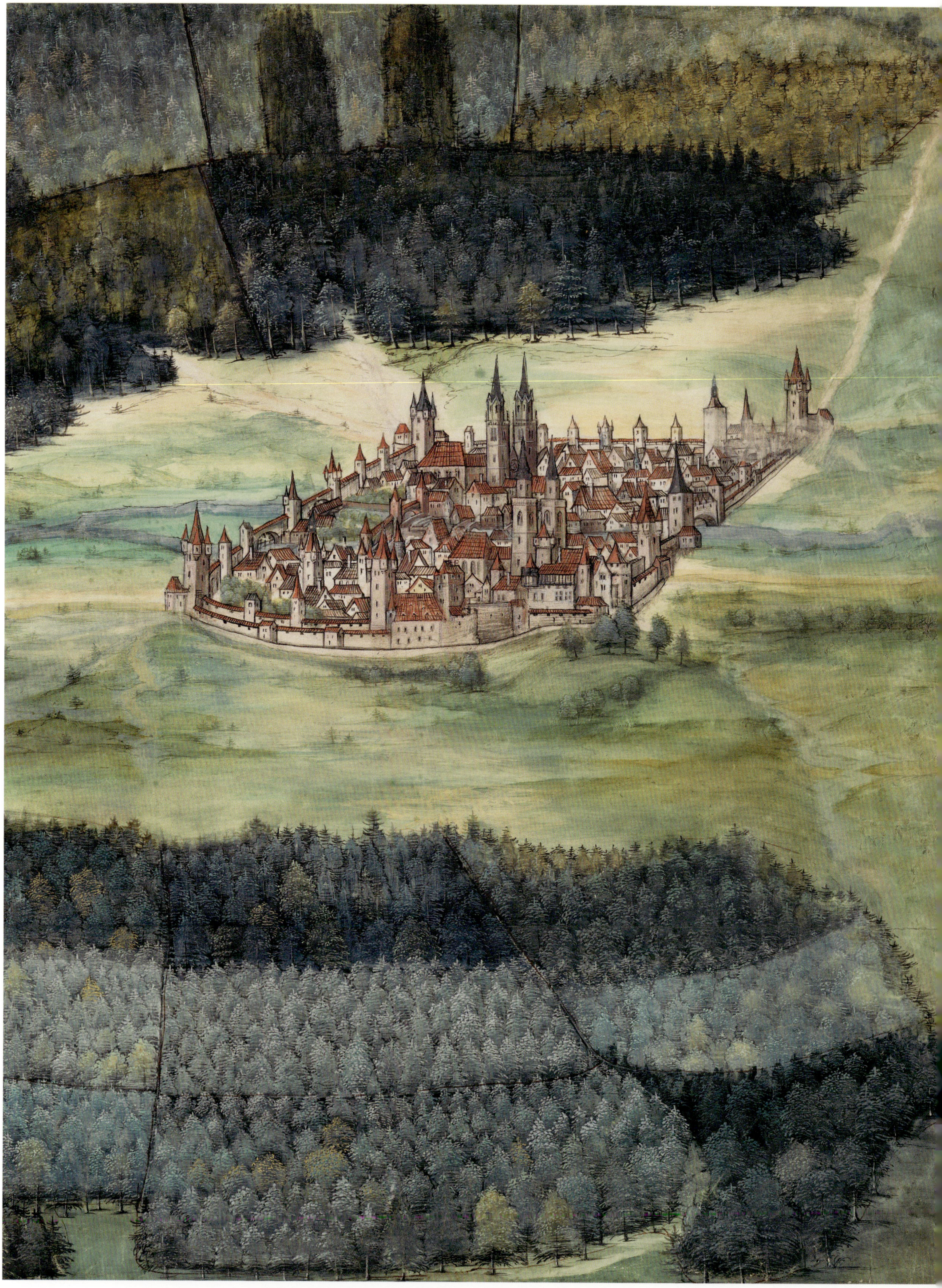

Die Forstwirtschaft in den Reichswäldern bei Nürnberg zur Zeit Karls IV.

Benno Baumbauer

Anno domini 1368 zu ostern do hůb man mit dem ersten an den walt zu seen bey dem Lichtenhoff und dar nach fil hundert morgen, die man geset hat. und dez waz alles anheber und der den funt mit dem ersten fand Peter Stromeir mein bruder, dem got genedig sey.[1]

Peter Stromer, mein bruder, pracht aus, daz man den walt und holcz seet, da von nu gross vil weld kumen sein.[2]

Mit zwei knappen Vermerken berichtet der Nürnberger Ratsherr und Großunternehmer Ulman Stromer († 1407) in seiner Familienchronik (vgl. Kat.-Nr. 16.10) von einer Innovation seines Halbbruders Peter († 1388, Abb. 216), die diesem den Nachruhm eines „Begründer[s] der modernen Forstwirtschaft" einbringen sollte:[3] Anfang April 1368 hatte er bei Lichtenhof im Nürnberger Reichsforst erstmals in großem Stil Nadelholz säen lassen, und zum Zeitpunkt der Berichterstattung um 1390 waren nach demselben Verfahren bereits „vil weld" entstanden.

Zwar wird das Ausmaß des durch Stromer erzielten Fortschritts unterschiedlich bewertet,[4] da dem etwa schon 1343 eine Eichelsaat bei Dortmund vorausgegangen war.[5] Doch die ungleich komplexere Kultivierung von Kiefern, Fichten und Tannen stellte einen Durchbruch dar, da sie erstmals im Mittelalter die flächendeckende Aufforstung von Kahlschlägen und Blößen ermöglichte.[6] Dass die Technik tatsächlich nur von den Nürnbergern beherrscht wurde, belegen Quellen ab dem späten 14. Jahrhundert, nach denen sich ihr Knowhow zum Exportschlager entwickelte.[7]

Dendrochronologisch nachweisen lässt sich, dass das Verfahren auf großen Flächen angewendet wurde: Die Untersuchung historischer Gebäude im Raum Nürnberg ergibt für das zwischen ca. 1400 und 1500 verwendete Bauholz einen überproportionalen Anteil an Tanne und Fichte. Dies lässt sich angesichts der Standortbedingungen der Region nur durch massive anthropogene Eingriffe erklären – man erntete also das Holz, das seit Peter Stromer in den Reichswäldern gesät worden war.[8]

Abb. 214 Nürnberg in den Reichswäldern. Das Blatt verdeutlicht die existenzielle Bedeutung der Wälder für die Wirtschaftsmetropole, die nach der Formulierung einer Urkunde Karls IV. mit den Reichsforsten gstiftet worden war. • Erhard Etzlaub (zugeschrieben), 1516 • Nürnberg, Germanisches Nationalmuseum, Kupferstichkabinett, Inv.-Nr. St. Nbg. 10419

Analog belegt eine Reihe von Indizien, dass Stromers erfolgreiche Aufforstung das Ergebnis systematischer Entwicklung war, was neben Experimenten auch theoretische Forschungen voraussetzte.[9] Denn die vielfältigen Ressourcen der Reichswälder waren nicht nur von Anfang an maßgebliche Voraussetzung für den fulminanten Aufstieg der Wirtschaftsmetropole, was Karl IV. 1353 zu der Formulierung veranlasste, Nürnberg sei mit den Wäldern beiderseits der Pegnitz „gestiftet worden".[10] Vielmehr war das Ringen um eine nachhaltige Verfügbarkeit von Holz als unentbehrlichem Rohstoff und Energielieferanten für die Frühindustrie zu einer Angelegenheit von reichseigenem Interesse geworden.

Die Reichsforste bei Nürnberg

Die Reichsforste bei Nürnberg waren eine „vielfältig gegliederte, rechtlich und geografisch durchaus nicht einheitliche Region".[11] Der im Frühmittelalter geprägte Begriff des Forstes meint nicht im heutigen Sinne ausschließlich bewaldete Flächen, sondern mitunter heterogene Landschaften, deren Nutzung durch den Herrscher reguliert wurde.[12] So umfassten die Nürnberger Forste als Verwaltungsbezirk neben Wäldern z. B. Teichland, Steinbrüche, Lehmgruben sowie Rodungsflächen und -dörfer. Vermutlich bereits seit fränkischer Zeit waren diese Güter dem Reich bzw. dem König zugehörig, der in den folgenden Jahrhunderten ihre Verwaltung sowie vielfältige Nutzungsrechte – z. B. zur Holzentnahme, Jagd, Zeidlerei, Teichwirtschaft, aber auch zur Forstgerichtsbarkeit – an Haushalte, Amtsträger und Körperschaften vergab.[13] Das komplexe Spannungsfeld von Nutzungsinteressen, das sich hieraus ergab, ist Thema vieler Publikationen, doch fehlt nach wie vor eine auf überprüfbaren Quellen basierende Chronologie.

Erst in der Frühen Neuzeit wurden die Nürnberger Reichswälder im Kartenbild erfasst, nachdem sie seit dem 14. Jahrhundert schrittweise in reichsstädtische Obhut übergegangen waren (Abb. 214).[14] Nach Lage und Verwaltung unterschied man zwei Waldämter, deren Zuständigkeitsbereiche durch die Pegnitz geteilt und nach den Nürnbergern Pfarreien benannt wurden, in deren Gemarkungen sie lagen:[15] Mit dem nördlichen Waldamt Sebaldi wurden 1273 durch König Rudolf von Habsburg die Burggrafen von Nürnberg aus dem Hause Hohenzollern belehnt.[16] Der Sebalder Forst erstreckte sich über 12.000 ha zwischen Erlangen, Nürnberg und Lauf bis zu den Flüssen Schwabach und Regnitz. Hingegen lag die Verwaltung des Lorenzer Reichswaldes, der sich mit 17.300

Abb. 215 **Wirtschaftskarte Nürnberg-Neuböhmen**

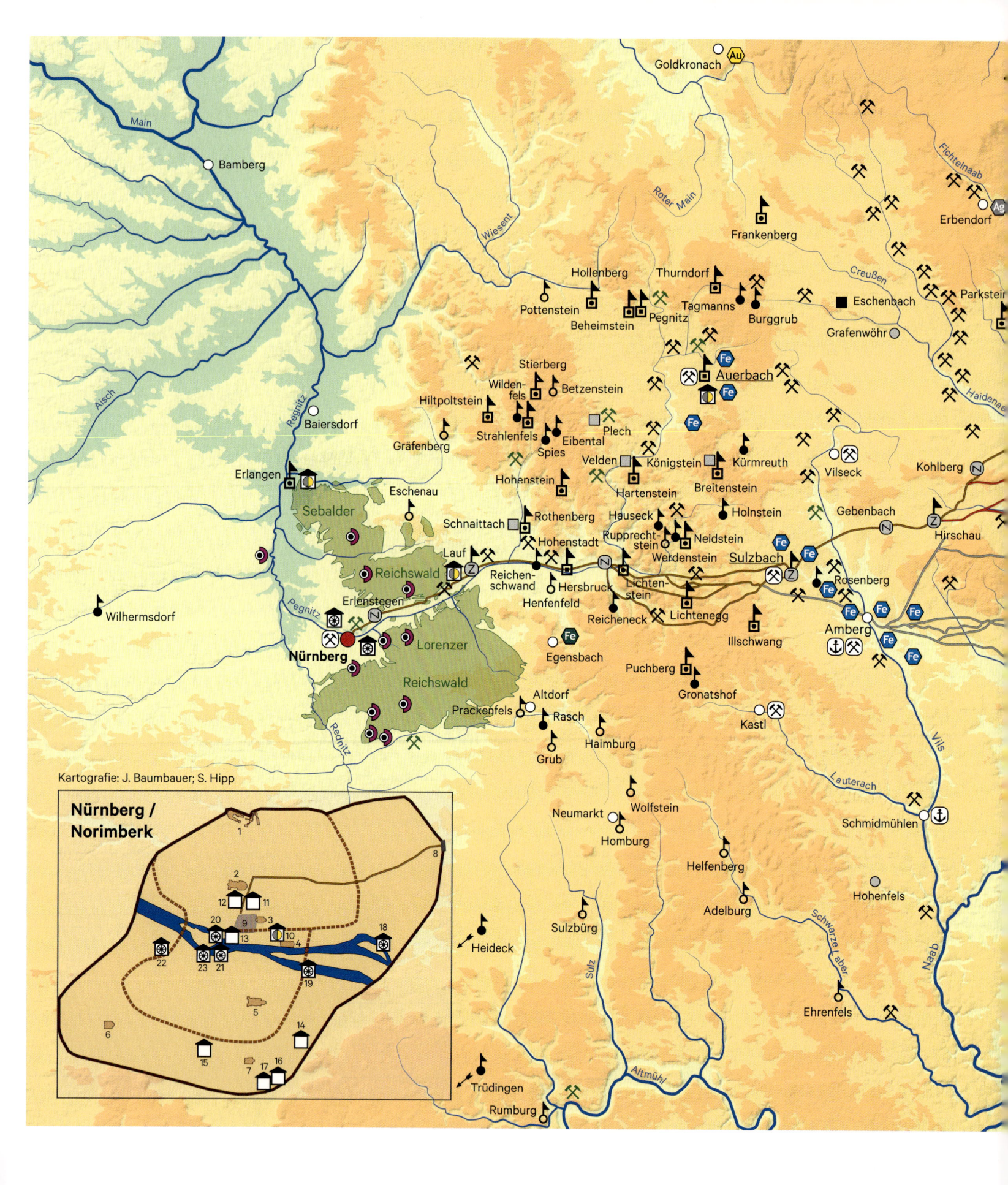

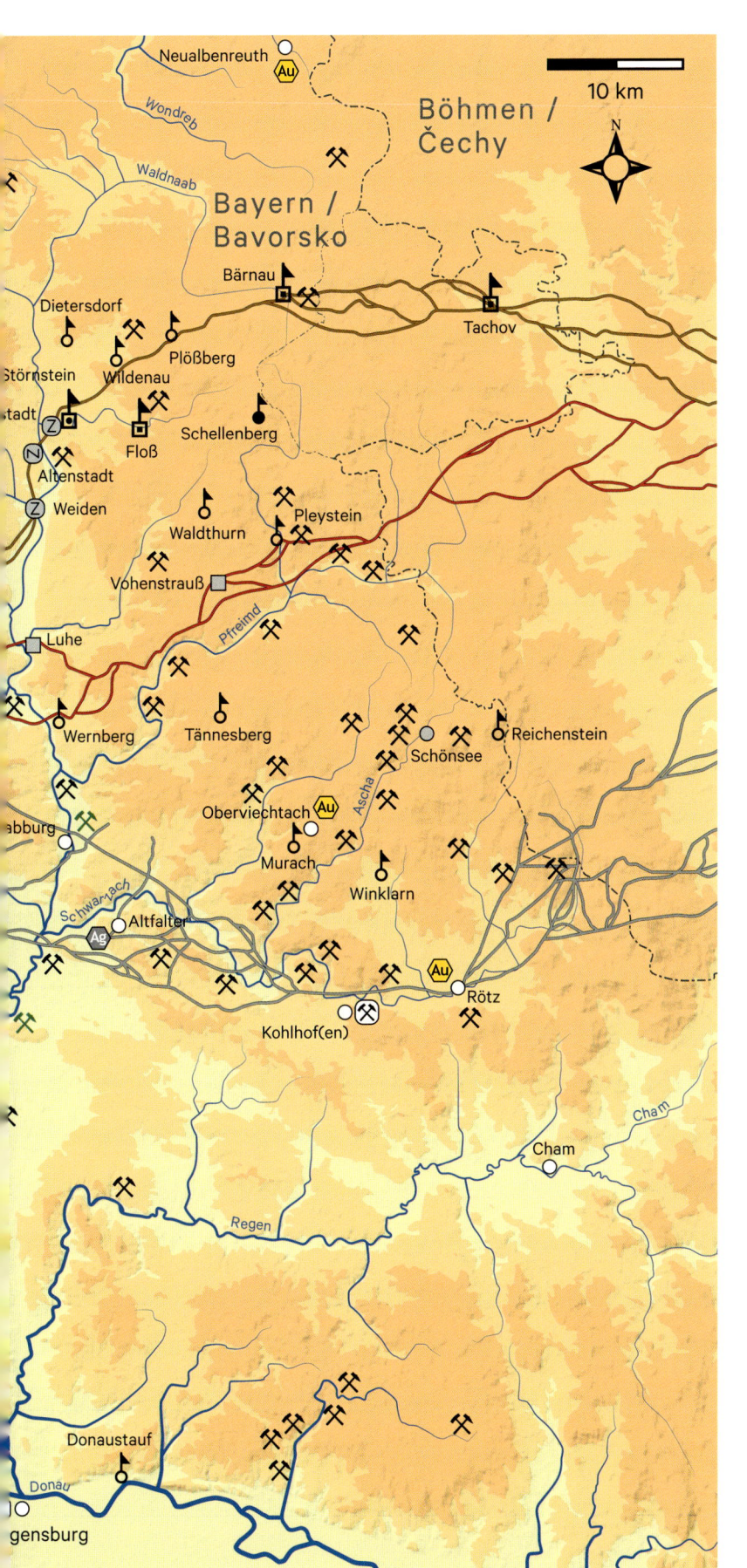

Wirtschaftsraum Neuböhmen und Nürnberg unter Karl IV.

Kartografie: J. Baumbauer; S. Hipp / Entwurf: J. Baumbauer; B. Baumbauer, C. Forster, S. Hipp

Orte des Böhmischen Salbüchleins

- ■ Stadt
- ▪ Markt
- Böhmisches Pflegamt (Stadt/Markt)
- Böhmisches Pflegamt (sonstiger Sitz)
- Böhmisches Lehen/Offenhaus
- (Z) Geleit-/Zollstation (Pflegamtsstadt)
- (Z) Geleit-/Zollstation (sonstige Stadt)
- (N) Geleitwechsel

- Hammerwerk (Große Hammereinung)
- Sonstiges Hammerwerk
- Wassermühle
- Sandsteinbruch
- Ag Silber-Lagerstätte (Bleiglanz)
- Au Gold-Lagerstätte
- Fe Kreideerz-Lagerstätte
- Fe Doggererz-Lagerstätte
- Münzstätte

Sonstige Orte

- ● Reichsstadt
- ○ Sonstiger Referenzort
- ◐ Sonstige böhmische Stadt/Markt (Lehen)
- Sonstiges böhmisches Pflegamt (Burglehen)
- Sonstiger böhmischer Sitz (Burgbesitz/-lehen)
- Eisenerz-Bergbaustadt/ Zentrum für Eisenhandel und -verarbeitung
- Schifffahrtszentrum

- ······ Bayerisch-böhmische Grenze (Böhmisches Salbüchlein: Tachov neuböhmisch)
- ---- Bayerisch-böhmische Grenze (Tachov böhmisch)
- System „Goldene Straße": Nürnberg – Weiden – Prag
- System „Verbotene Straße": Nürnberg – Hirschau – Prag
- System Südliche Prager Straße: Nürnberg – Amberg – Prag (ab Rötz Alte Salzstraße von Regensburg)
- Fluss
- Nürnberger Reichswald

Wirtschaftsmetropole Nürnberg unter Karl IV.

Kartografie: J. Baumbauer / Entwurf: J. Baumbauer; B. Baumbauer

Geistliche Orte
1. Doppelkapelle der Kaiserburg
2. Sebalduskirche
3. Frauenkirche
4. Heilig-Geist-Spitalkirche
5. Lorenzkirche
6. Jakobskirche
7. Klarakirche

Infrastruktur
8. Laufer Tor
- ······ Vorletzte Stadtmauer
- Letzte Stadtmauer
- Goldene Straße
- Pegnitz

Ausgewählte Wirtschaftsstandorte
9. Hauptmarkt
10. Reichsmünzstätte
11. Salzmarkt
12. Schau
13. Tuchhaus
14. Peunt (mit Waidhaus)
15. Steinhütte
16. Ziegelhütte
17. Gießhaus

Mühlen (Pegnitz)
18. Sandmühle
19. Katharinenmühle
20. Pfannenmühle
21. Schwabenmühle
22. Almosmühle (Fischbach)
23. Krötenmühle (Fischbach)

Die Forstwirtschaft in den Nürnberger Reichswäldern 241

Abb. 217 **Das Wappen der Nürnberger Reichserbforstmeisterfamilie Waldstromer zeigt zwei gekreuzte Forken und verweist auf deren forstliche Tätigkeit (vgl. Kat.-Nr. 10.13.a).** • Nürnberg, Entwurf Sebald Weinschröter und Werkstatt, um 1370 • Glasmalerei • Nürnberg, ehem. Spitalkirche St. Martha (I, 1.b) • Nürnberg, Ev.-reformierte Kirchengemeinde St. Martha

Erbförsterei verbürgt ist; ihre Familie stellte einen Zweig des Ratsgeschlechts der Koler dar,[19] deren Name auf eine frühe Berechtigung in der (Holz-) Kohleproduktion verweist.

Solange sie die Forstmeisterämter innehatten, standen beide Familien als herausragende Lehensnehmer des Reichs außerhalb des Nürnberger Bürgerrechts;[20] dennoch versippten sie sich häufig mit den Ratsgeschlechtern der Stadt – unter anderem dürfte auch Peter Stromer durch seine Verschwägerung mit den Koler-Forstmeister zu seinen waldbaulichen Aktivitäten veranlasst worden sein[21] –, unterhielten Grablegen im Barfüßerkloster und taten sich durch anspruchsvolle Stiftungen hervor (Abb. 218, 219).[22] Wie eng beide Familien mit dem Rat kooperierten, zeigte sich, als ihnen Karl IV. zur Zeit des prowittelsbachischen Aufruhrrates 1348/49 zeitweilig ihre Reichslehen entzog.[23]

In den Quellen des 14. Jahrhunderts treten verstärkt Bestrebungen der Stadtkommune zu Tage, Schritt für Schritt die Kontrolle über die Reichsforste zu erlangen:[24] Bereits 1350 sicherte ihr Karl IV. zu, dass Wald und Forst, „es sei an wasser, weide, holz, fürreiten, nutzung und mit allem zubehör bei der stadt zu Nürnberg ewiglich und

ha zwischen den Städten Nürnberg, Lauf, Altdorf und Schwabach ausdehnte und durch die Talräume der Rednitz und Schwarzach begrenzt wurde, seit dem 13. Jahrhundert bei zwei Ministerialengeschlechtern als Inhabern der sog. Reichserbforstmeisterämter.[17]

Übergeordnet war das erstmals 1266 belegte und 1293 durch Adolf von Nassau – angeblich in dritter Generation – dem Konrad genannt Stromeyer zugesprochene Waldstromeramt, dem auch die meisten forstgerichtlichen Angelegenheiten im Lorenzer Wald oblagen.[18] Zur Abgrenzung von dem nah verwandten Ratsgeschlecht, dem Peter Stromer entstammte, ging die Familie im 14. Jahrhundert dazu über, ihre Amtstätigkeit im Namen zu führen, wie auch ihr Wappen zwei gekreuzte Waldgabeln zeigt (Abb. 217). 1243 erscheint in den Quellen zudem ein „Otto forestarius" (Koler-Forstmeister), für dessen Nachfahren seit 1289 der Besitz der zweiten

Abb. 216 **Bildnis Peter Stromer. Dem Nürnberger Ratsherrn gelang 1368 im Nürnberger Reichswald erstmals die systematische Aufzucht von Nadelholz – ein Meilenstein der Forstwirtschaft.** • Kopie eines zeitgenössischen Porträts, Nürnberg, um 1500 • Grünsberg b. Altdorf, Stromersche Kulturgut-, Denkmal- und Naturstiftung

Abb. 218 **Nürnberg, ehem. Spitalkirche St. Martha, Blick in den Chor.** Als Beamte des Reichs standen die Erbförsterfamilien außerhalb des Nürnberger Bürgerrechts. Dennoch taten sie sich in der Stadt durch bedeutende Stiftungen hervor, unter denen besonders die Gründung des Pilgerspitals St. Martha durch die Brüder Konrad und Johann Waldstromer 1363 hervorzuheben ist. • 1363–70

ungehindert bleiben solle".[25] 1358 wurde der Reichsstadt genehmigt, zwei berittene Aufseher für die Wälder abzustellen.[26] Schließlich konnte sie die Rechte am Lorenzer Reichswald mit dem Amt der Koler-Forstmeister 1372 nach dem Tod des letzten männlichen Vertreters bzw. dem Waldstromeramt 1396 aufkaufen, das Sebalder Waldamt zunächst 1385 pfänden und schließlich 1427 im Zuge der Erwerbung der Nürnberger Burggrafenburg an sich bringen.[27]

Nutzungsformen und Devastierung

Eine Reihe königlicher Erlässe des 14. Jahrhunderts bezeugt das vergebliche Ringen um den Schutz der Nürnberger Wälder, denn das Zusammenspiel vielfältiger, teils intensiver Nutzungsformen führte zu ihrer fortschreitenden Devastierung. Deshalb befugte Karl IV. 1347 den Stadtrat zum Erlass von Verordnungen zur Hege der Wälder, die die Amtleute, Förster und Zeidler durchzusetzen hatten.[28] Wohl aus diesem Grund kam es 1358/59 zu Kompetenzstreitigkeiten zwischen der Reichsstadt und den Forstleuten, die beiderseits von Karl zur Berücksichtigung ihrer jeweiligen Rechte ermahnt wurden.[29] 1362 klagte zudem der Burggraf, dass er an der Ausübung seiner Nutzungsrechte am Lorenzer Wald gehindert werde[30] – vermutlich, weil Stadt und Erbförster ihre Schutzaufgabe durchzusetzen versuchten. Immer wieder begegnet zudem das Dilemma, dass diejenigen, die für den Schutz der Wälder zuständig waren, zugleich von ihrer Ausbeutung profitierten.[31]

Ein kaum einzudämmendes Problem war die Holzentnahme durch Berechtigte wie Unbefugte: So bestätigte Karl IV. 1350 und 1355 eine Anweisung seines Großvaters König Heinrich VII. von 1309 an die Koler-Forstmeister zur Verhinderung unkontrollierter Bauholzentnahme und Rodung.[32] Im Folgejahr 1310 hatte Heinrich versucht, die Neuvergabe von Nutzungsrechten am Wald zu unterbinden,[33] ebenso wie sein Nachfolger Ludwig IV. 1332 all denen die Holzentnahme untersagte, die *"solches nicht von alters herbracht"*.[34] Als konkrete Maßnahme bestimmte Karl IV. 1347 einen Teil der jährlichen Steuerabgaben der Nürnberger Juden zum auswärtigen Ankauf von Brennholz für seine Aufenthalte auf der Kaiserburg.[35]

Andererseits gewährte bzw. bestätigte er mehrfach geistlichen Institutionen Rechte zur Entnahme von Bau- und Brennholz, so 1356 den Nürnberger Deutschherren für ihren Kirchenbau, 1366 den Dominikanerinnen von St. Katharina und 1370 dem Abt von St. Egidien.[36] 1362 setzte der Burggraf in einem Rechtsstreit mit der Reichsstadt unter Berufung auf ein Privileg König Albrechts I. von 1300 seinen Anspruch auf jeden dritten Baum und alles liegende Holz im Lorenzer Wald durch.[37] Der Verpflichtung der Erbförster zum Waldschutz stand zudem ihr bereits 1294 belegtes Privileg entgegen, für die Entnahme von Holz Pfänder zu erheben.[38]

Neben der Rohstoffgewinnung wurde dem Wald durch gezielte Rodung zu Leibe gerückt, um neues Siedlungs- und Ackerland zu schaffen. Drastisch liest sich eine Urkunde Heinrichs VII. von 1309, die Schultheiß, Rat und Bürger von Nürnberg anweist, den über 50 Jahre durch Brand(rodung) und übermäßige Nutzung in Mitleidenschaft gezogenen Wald aufzuforsten und die zur Ackernutzung gerodeten Flächen wieder zu Waldland zu machen; für diese Maßnahmen versprach er der Stadt finanzielle und sonstige Unterstützung.[39] 1362 wurde namentlich auch den Burggrafen untersagt, in ihren Wäldern Kahlschlag zu betreiben.[40]

Unter den vielseitigen Nutzungsformen, die zur zunehmenden Verwüstung der Reichwälder führten, ist noch die Schafhut hervorzuheben, die Karl IV. 1347 und 1353 bei Strafe untersagte, zu der jedoch wiederum ausgerechnet die Waldstromer mit 1.000 Tieren berechtigt waren.[41]

Forstwirtschaft und Frühindustrie

Besonders verheerend war die Auswirkung *"holzfressende[r] Gewerbe"*,[42] denn Holzkohle war neben Wasserkraft der bedeutendste Energielieferant für die Industrie des Spätmittelalters.[43] Deshalb untersagte Karl IV. 1347 die Köhlerei und das Scharren von Pech im Reichswald, was er 1355 noch einmal gegenüber dem Stadtrat bestätigte.[44] 1340 bereits war ihm Ludwig der Bayer mit einem Verbot aller *"glaßöffen, pechscharren vnnd kohler vom wald"* vorausgegangen.[45] Die Durchsetzung solcher Erlässe war unter anderem dadurch erschwert, dass sie den Interessen der Forstleute zuwider liefen: Drei Jahre zuvor hatte Ludwig dem Forstmeister Konrad Waldstromer den Betrieb von acht Kohlemeilern jeweils in einem Umfang genehmigt, *"soviel ein kohler einen tag mit einem karren führen kann"*[46] – somit musste die Familie nun entschädigt werden.[47] Den Burggrafen wiederum standen aus den Köhlereien und Pechsieden im Reichswald Pfandgelder zu.[48]

Die Auswirkung auf die kohleintensiven Gewerbe dürfte auch den Hauptanlass für Peter Stromers forstliche Aktivitäten geliefert haben, denn er und seine nächsten Verwandten gehörten zu den führenden Montanunternehmern der Zeit[49] und der Holzkohleverbrauch ihrer Schmelzöfen war exorbitant. Langfristig gefährdete die Devastierung der Wälder den Fortbestand des

Abb. 219 Die Grablege der Familie Koler-Forstmeister in der Klausur des Nürnberger Barfüßerklosters war, charakteristisch für Nürnberg, mit einer wohl um 1370–80 entstandenen Skulptur des Schmerzensmanns versehen, die die Hoffnung auf Erbarmen mit den Seelen der verstorbenen Familienmitglieder zum Ausdruck brachte. In Verehrung der Figur erscheint der Stammvater des Geschlechts, Franz I. († 1280), gemeinsam mit seinen Ehefrauen Agnes Waldstromer und Elsbeth Stromer. Konrad-Haller-Buch, fol. 246v • Nürnberg, 1533–36 • Kolorierte Zeichnung • Nürnberg, Staatsarchiv, Rep. 52a Reichsstadt Nürnberg, Handschriften Nr. 211

Nürnberg-Oberpfälzer Eisenreviers,[50] und dem entgegenzuwirken war ein Interesse, das Stromer mit dem Reichsoberhaupt teilte.[51] Gewiss war es kein Zufall, dass seine erste Aufforstung mit Lichtenhof auf einem Reichslehen erfolgte, und zwar wenige Wochen nach dem Tod seines letzten Inhabers Swinko Has von Hasenburg († 16. März 1368).[52] Allem Anschein nach hatte Karl IV. Stromer diese Fläche bewusst zur Verfügung gestellt, um sie wieder in Bäume und Wald („in arbores et in silvam") umzuwandeln, wie es sein Großvater Heinrich VII. 1309 formuliert hatte.[53]

FUSSNOTEN
1 HEGEL 1862/II, 75f.
2 HEGEL 1862/II, 63.
3 EISSING 2013, 10.
4 Vgl. etwa die Einschätzungen bei STROMER 1968/I, 60. – FLEISCHMANN 2008, II, 945. – EISSING 2013, 15.
5 STROMER 1994, 214.
6 STROMER 1968/I. – STROMER 1968/II. – SPORHAN-KREMPEL/STROMER 1969. – STROMER 1994. – STROMER 1996.
7 SPORHAN-KREMPEL/STROMER 1969.
8 EISSING 2013, 22f.
9 STROMER 1994.
10 HUBER 1877, Nr. 1703 (die Regesta Imperii hier stets zitiert nach www.regesta-imperii.de). – SPERBER 1968, 17f. – PFEIFFER 1972, bes. 151.
11 WIRTH 2014, 335. – Zu den Nürnberger Reichsforsten nach wie vor grundlegend SPERBER 1968. – Die aktuellsten Publikationen mit ausführlichen Literaturverzeichnissen: Ausst.-Kat. Bad Windsheim 2013. – WIRTH 2014.
12 FREITAG 2015.
13 SPERBER 1968, bes. 13–16. – BURGER 2011, 15. – WIRTH 2014, 314–325.
14 SCHIERMEIER 2006. – WIRTH 2014, 338.
15 Zur Geschichte der Waldämter BURGER 2013.
16 REDLICH 1898, Nr. 8.
17 Zu den Forstmeisterfamilien SCHARR 1963/64. – FLEISCHMANN 2008, 632–646 (Koler) bzw. 1069–1074 (Waldstromer).
18 SAMANEK 1948, Nr. 237. – ACHT/WETZEL u. a. 1991–2015, V.2,4, Nr. 12012. – WIRTH 2014, 314, 316.
19 REDLICH 1898, Nr. 2254. – FLEISCHMANN 2008, 632.
20 FLEISCHMANN 2008, 632, 1069.
21 SPORHAN-KREMPEL/STROMER 1969, 5. – FLEISCHMANN 2008, 945.
22 NORTHEMANN 2011, 29f., 190–193 (Waldstromer); 86–90 mit Abb. 29 (S. 49) (Koler). – Für die Waldstromer beachte insbesondere die Stiftung des Marthaspitals: FAJT 2016. Dagegen waren sie als außerhalb des Bürgerrechts stehendes Geschlecht von Fensterrechten im Chor der Sebalduskirche ausgeschlossen.
23 HUBER 1877, Nrr. 700, 1040, 1041. – SCHARR 1963/64, 21. – STROMER 1978/II, 72.
24 BURGER 2013, 26. – WIRTH 2014, 316f.
25 HUBER 1877, Nr. 1281. – RIplus Regg. Karl IV. (Diplomata), Nr. 1657.
26 SPERBER 1968, 20f. – WIRTH 2014, 335.
27 HUBER 1877, Nr. 5041. – RIplus Regg. Wenzel, Nr. 2747. – ALTMANN 1896–1900, XI,2, Nrr. 6826, 6966, 6967, 6970. – EISSING 2013, 14.
28 HUBER 1877, Nrr. 404, 405.
29 RIplus Regg. Karl IV. (Diplomata), Nrr. 4256, 4320.
30 RIplus Regg. EB Mainz 2,1, Nr. 1482.
31 SPERBER 1968, 16f.
32 JÄSCHKE 2006, Nr. 200. – HUBER 1877, Nrr. 1260, 2054.
33 SAMANEK 1948, Nr. 424.
34 BÖHMER 1839, H. 8, Nr. 255.
35 HUBER 1877, Nrr. 404, 405.
36 RIplus Regg. EB Mainz 2,1, Nr. 504. – RIplus Regg. Karl IV. (Diplomata), Nr. 6915. – HUBER 1877, Nr. 4893.
37 RIplus Regg. EB Mainz 2,1, Nrr. 1482, 1483. – Vgl. schon die Belehnungsurkunde Rudolfs von Habsburg 1273: REDLICH 1898, Nr. 8.
38 Nürnberger Urkundenbuch 1959, 512–514, Nr. 868, hier 513. – EISSING 2013, 14.
39 JÄSCHKE 2006, Nr. 269.
40 RIplus Regg. EB Mainz 2,1, Nr. 1483.
41 HUBER 1877, Nrr. 424, 1703. – SCHARR 1963/64, 17.
42 SPORHAN-KREMPEL/STROMER 1969, 4.
43 LUTZ 1941, bes. 280f. – STROMER 1989, 279, 292, 298f.
44 HUBER 1877, Nr. 392, 2340.
45 BÖHMER 1839, H. 8, Nr. 429.
46 BÖHMER 1839, H. 8, Nr. 364.
47 SCHARR 1963/64, 17f.
48 RIplus Regg. EB Mainz 2,1, Nrr. 1482, 1483.
49 SPORHAN-KREMPEL/STROMER 1969, 5. – STROMER 1989, 287, 294.
50 STROMER 1989, 279, 292.
51 STROMER 1978/II, 64f.
52 GIERSCH/SCHLUNK/HALLER 2006, 257–260.
53 JÄSCHKE 2006, Nr. 269. – STROMER 1978/II, 72. – STROMER 1996, 504.

Abb. 220 **Die Köhler (Les charbonniers) aus dem dokumentierenden Zeichnungszyklus des Heinrich Groß, La Rouge myne de Sainct Nicolas de La Croix, fol. 42–43.** Holzkohle war neben Wasserkraft der wichtigste Energielieferant für die Industrie des Spätmittelalters. Ihre Erzeugung in Meilern trug freilich zur Devastierung der Wälder bei. In der Zeit Karls IV. entstanden noch keine derartigen dokumentierenden Berufsdarstellungen. Sie belegen ein erhöhtes Interesse an der rationalen Durchdringung und Verbesserung der montanen Abläufe und ihres Umfelds, wie es in der Frühen Neuzeit entstand. In diesem Fall sind 25 Zeichnungen erhalten, die im Auftrag des Herzogs von Lothringen von den Minen in La Croix-aux-Mines gefertigt wurden. • Lothringen, 1529 • Federzeichnung auf Papier • Paris, Ecole nationale supérieure des Beaux-Arts

Abb. 221 **Nürnberg erwirbt das Oberforstmeisteramt im Lorenzer Wald** • Original der Pergamenturkunde vom 1. Mai 1396, 6 Siegel anhängend • Nürnberg, Staatsarchiv, Reichsstadt Nürnberg, Urkunden, Münchener Abgabe 1992, Nr. 2598

Die Forstwirtschaft in den Nürnberger Reichswäldern

remierement sist larcencsq des romains. Et auoit autant de distance
de Reins   du Roy au Roy des romains come du
lempirur.   Roy a lempereur. Et auoient lempereur
le Roy amst assis ou milieu   le Roy et le Roy des romains chascun se
du front de la sale.   pwement vn ciel de drap dor borde de velu
le Roy de france seoit le Roy au aus armes de france. et par dessus ceulx

Die letzte Ausstrahlung der kaiserlichen Majestät: Die Reise Karls IV. nach Paris und seine Prager Pompa funebris

František Šmahel

Als Kaiser Karl IV. gegen Sommerende 1377 verkündete, dass er beabsichtige, Frankreich zu besuchen, löste diese Nachricht eine nicht geringe Aufregung aus. Die Gefahr einer Kirchenspaltung hing bereits in der Luft, der Krieg zwischen England und Frankreich nahm kein Ende. Im Reich musste Karl die Nachfolge seines Sohnes Wenzel festigen und in Ungarn oder Polen eine Braut für seinen jüngeren Sohn Sigismund finden. Kaum jemand glaubte daher, dass der Herrscher sich nur danach sehnte, in Frankreich die heiligen Reliquien zu betrachten, in der Hoffnung auf Genesung eine Wallfahrt zur Abtei Saint-Maur-des-Fossés zu unternehmen und Gespräche mit König Karl V. „dem Weisen" zu führen.[1] Fast überall, wo der Kaiser auf seiner Reise von der Residenz in Tangermünde über Lüneburg, Minden, Dortmund und Jülich Station machte, verlieh und bestätigte er Privilegien. In Aachen schloss sich der ständig wachsenden Reisegesellschaft Anfang Dezember Karls ältester Sohn, der böhmische König Wenzel IV., an. Während der Kaiser seinen Weg über Maastricht nach Brüssel fortsetzte, hatte der Pariser Hof keine Informationen über Karls Reiseroute. Erst die zweite höfische Gesandtschaft hatte Erfolg, als sie die beiden Luxemburger in Cambrai antraf. Karl IV. wollte Weihnachten nach dem traditionellen Ritual mit einer Mitternachtsmesse in Saint-Quentin begehen. Als er von den Gesandten Karls V. erfuhr, dass es ihm nicht gestattet sei, dort mit den kaiserlichen Insignien eine Souveränität erkennen zu lassen, die ihm auf französischem Boden nicht zustehe, ließ er die Zeremonie in Cambrai abhalten.[2]

Die Begrüßung des Kaisers und seines Sohns Wenzel bei ihrem Einzug in Paris am 4. Januar 1378 war spektakulär.[3] König Karl V. lag ungewöhnlich viel daran, dass der Besuch aller drei Luxemburger – anwesend waren Kaiser Karl, der böhmische König Wenzel und Herzog Wenzel – bestmöglich verlief. Nachträglich wurde eine offizielle, detaillierte Schilderung ihres Aufenthalts verfasst und in die prachtvoll illuminierte Handschrift der Grandes Chroniques de France aufgenommen.[4] Künstlerisch nicht weniger wertvoll sind die Miniaturen einiger ihrer Abschriften, besonders diejenigen, die aus der Werkstatt des Jean Fouquet stammen.[5] Außergewöhnlichen dokumentarischen Wert besitzen zudem die Instruktionsprotokolle der höfischen Zeremonienmeister und die Belege der Kammer, die einen Einblick in die investierten Finanzmittel erlauben.[6]

Beim Gipfeltreffen der mächtigsten europäischen Herrscher am 8. Januar 1378 machte der Kaiser seinem Gastgeber nicht nur im Hinblick auf seinen staatsmännischen Überblick, sondern auch durch die exzellenten Übersetzungen von Vertragstexten gleich in mehrere Sprachen Konkurrenz.[7] Die Verhandlungen selbst liefen zwar wegen des baldigen Todes beider Herrscher ins Leere, aber die höfische Gesellschaft und die Pariser Öffentlichkeit waren sowieso stärker von den ständigen Festen fasziniert, für welche die Gerichte und andere Behörden ihre Amtstätigkeit unterbrochen hatten. Umso größerer Arbeitseifer herrschte in den Küchen der königlichen Paläste und den Werkstätten der privilegierten Lieferanten. Auch die Knappen in ihren einheitlichen Uniformen, die Stallmeister der königlichen Marställe sowie die Schiffer auf den komfortablen Booten, die die Gäste über die Seine setzten, waren in ständiger Bereitschaft.

Der Pariser Aufenthalt Kaiser Karls IV. von Montag, dem 4. Januar, bis zum übernächsten Samstag, dem 16. Januar 1378, erweckte nach außen den Anschein einer einzigen, aus mehreren Teilen bestehenden Feier. Neben dem Einzug in die Stadt stachen auch die für einen recht breiten Kreis von Magnaten, höfischen und anderen Würdenträgern bestimmten Empfänge und Bankette durch ihren äußeren demonstrativen Prunk hervor. Wie seit den Zeiten Ludwigs des Heiligen üblich, fanden sie alle im Palais de la Cité statt. Daraus folgt noch nicht, dass die Mittag- oder Abendessen im Louvre oder in anderen Residenzen protokollarisch in den Hintergrund traten. Aus der offiziellen Relation über den Besuch des Kaisers wird deutlich, dass das Tagesprogramm sich den Banketten anpasste oder sich nach ihnen richtete. Die Bedeutung dieser Gastmähler lag jedoch eher in den politischen und sonstigen Verhandlungen, die häufig nur tête-à-tête geführt wurden, als in der Repräsentation der Majestät des Herrschers. Der Kaiser nahm wegen seiner ständigen Schmerzen an einigen kleineren Banketten nicht teil, anstelle des Mittagessens ruhte er häufig aus oder ließ sich in der Privatsphäre der ihm zur Verfügung gestellten Räume bedienen.

Den Ruhm des festlichen Gastmahls der drei Könige, das symbolisch am Dreikönigstag, also am 6. Januar 1378 stattfand, garantierten sowohl die servierten Delikatessen und die dargebrachte Musik als auch die zwei Akte eines Theaterstücks, die in den Pausen zwischen den Gängen gespielt wurden. Das historische Drama über die Eroberung Jerusalems durch den niederlothringi-

Abb. 222 **Das Bankett im Großen Saal des königlichen Palastes auf der Île de la Cité am 6. Januar 1378. Grandes Chroniques de France König Karls V. (vgl. Kat.-Nr. 17.6), fol. 473va–b** • Paris, Meister der Bibel des Jean de Sy, 1375–80 • Buchmalerei auf Pergament • Paris, Bibliothèque nationale, Ms. fr. 2813

schen Herzog Gottfried von Bouillon ließ der Gastgeber absichtlich aufführen, um seine Gäste an die noch immer aktuelle Aufgabe der Befreiung des Heiligen Landes zu erinnern. Die Darstellung dieses Gastmahls ist ein fester Bestandteil der Geschichtslehrbücher und der illustrierten Werke zum Mittelalter (Abb. 222).

Die Eindrücke, die der kranke Kaiser aus Frankreich mitbrachte, waren ebenso außergewöhnlich wie der Wert der Geschenke, die er, sein Sohn Wenzel und die Magnaten seines Gefolges erhalten hatten. Neben kostbarem Schmuck, Tafelgeschirr und Armbrüsten handelte es sich um zwei illuminierte Stundenbücher, eine Goldtafel (*tableau*) mit Perlen und wahrscheinlich auch um das vergoldete Silberreliquiar mit der Mitra des hl. Eligius (Kat.-Nr. 9.3). Noch mehr schätzte Karl jedoch die empfangenen Reliquien, vor allem einen Knochen des hl. Dionysius von Saint-Denis und ein „schönes, mit Gold und Edelsteinen geschmiedetes Jaspiskästchen" mit einem Dorn der Heiligen Krone und einem Knochen des hl. Martin. Die französische Königin Johanna hatte für Elisabeth von Pommern, die Gemahlin des Kaisers, ein goldenes Kuppelreliquiar mit einem Splitter vom Kreuz Christi ausgewählt.[8] Mit der Überreichung der Geschenke und der Siegelung der Urkunden endete der offizielle Teil von Karls letzter Reise nach Frankreich. Nach der freundschaftlichen Verabschiedung der miteinander verwandten Herrscher im Lustschloss Beauté reiste der Kaiser nach Luxemburg zu seinem Bruder Wenzel und von dort nach einer vierwöchigen Pause über Trier, Heidelberg und Nürnberg weiter nach Prag, wo er Anfang April 1378 eintraf.

In Prag erreichte den Kaiser die Nachricht vom Tod Papst Gregors XI. Er besaß keine Kraft mehr, um das Kirchenschisma, das nach der Wahl zweier konkurrierender Päpste aufbrach, zu verhindern. Seine letzten Monate waren von Gichtanfällen gezeichnet; selbst die Wallfahrt zum hl. Maurus, dem Wunderheiler, hatte seine Gesundheit nicht bessern können.[9] Nach dem 2. November erlitt Karl bei einem Sturz vom Pferd oder bei einem Treppensturz eine Fraktur des linken Oberschenkelhalses. Die längere Bettruhe löste wohl eine Lungenentzündung aus, an der der 63-jährige Kaiser am Sonntag, dem 29. November 1378, verstarb. Der große Kaiser war also tot, bevor sich zeigen konnte, ob seine halb geheimen Gespräche mit dem französischen König Karl V. Veränderungen in der europäischen Politik bewirkt hätten.

Als guter Christ und kränkelnder Mann fortgeschrittenen Alters hatte Karl IV. die Vergänglichkeit des irdischen Lebens nicht aus den Augen verloren und deshalb beabsichtigt, nach dem Vorbild der französischen Abtei in St. Denis aus dem Prager Dom die zentrale Grablege der böhmischen Könige und der Mitglieder seiner eigenen Dynastie zu machen.[10] Im Unterschied zu den fortgeschrittenen Umbauten in den Chorkapellen der Kathedrale und seinem politisch gewichtigen Testament erließ der Kaiser wohl keine Anweisungen für sein Begräbnis, sodass die Hofbeamten zusammen mit den Burgprälaten erst nach Karls Tod eine Zeremonialordnung verfassten. Karl IV. war am Sonntag, dem 29. November 1378, drei Stunden nach Sonnenuntergang gestorben, was ungefähr der achten Abendstunde entspricht. Noch in der Nacht entsandte die königliche Kanzlei Boten in alle Himmelsrichtungen. Die königlichen Ärzte und Chirurgen begannen mit der Einbalsamierung der Leiche, obwohl Prag von schweren Frösten heimgesucht wurde.[11] Dies erwies sich als vorausschauend, denn sechs Tage später sollte es erheblich wärmer werden.

Die Vorbereitung einer Begräbnisfeier, wie sie Prag nie zuvor erlebt hatte, erforderte elf Tage.[12] Während der gesamten Zeit war der Körper des toten Herrschers auf einer mächtigen Bahre im Audienzsaal des Burgpalasts ausgestellt.[13] Bekleidet hatte man ihn mit einer Hose in Gold und Purpur und einem purpurfarbenen Mantel (Abb. 223).[14] Rechts neben Karls Haupt lag die lombardische Krone, links die böhmische Krone, während die Krone des Heiligen Römischen Reichs über seinem Kopf ruhte. An seiner rechten Seite lag das Reichszepter, während sich der Apfel und das gezogene Schwert an der linken Seite befanden. Rund um den Katafalk brannten unzählige Kerzen.

Nach der *Ostensio corporis* folgte die zweite Phase, die *Pompa funebris*, der Trauerzug, der am Sonntag dem 11. Dezember kurz nach Mittag im Audienzsaal des königlichen Palasts seinen Anfang nahm. Die erste Station befand sich im Kleinseitner Vorfeld der Steinernen Brücke, wo 18 Altstädter und 12 Neustädter Ratsherren die Bahre mit der Leiche des Königs von den böhmischen Bannerträgern übernahmen. Ab der Dominikanerkirche St. Clemens auf der anderen Seite der Brücke trugen vornehme Altstädter Bürger die Bahre, die am Neustädter Rathaus von angesehenen dortigen Bürgern abgelöst wurden. Jede Gruppe zählte 30 Männer, woraus hervorgeht, dass diese sich beim Tragen der schweren Bahre abwechselten. Die nächste Station war das Emmauskloster, von dem aus weitere 30 schwarzgekleidete Bürger die Bahre mit der Leiche des Königs bis zur Kapitelkirche St. Peter und Paul auf dem Vyšehrad trugen (Abb. 224).

Die Spitze des Zugs bildeten die Lichtträger, angeblich 564 Personen. Die Prager Zünfte hatten 300 Kerzen für ihre Mitglieder bezahlt, die Kosten für die schwarze Bekleidung 150 weiterer namhafter Handwerker mit Kerzen wurden von den Gemeinden der Prager Alt- und Neustadt übernommen. Die genannte Gruppe beschlossen 114 schwarz gekleidete Lichtträger aus dem Gefolge König Wenzels IV. Die Stadträte der beiden Prager Städte entsandten auf Gemeindekosten noch 28 Beamte, sog. „Unterkaufer", in schwarzer Kleidung und mit golddurchwebten Seidentüchern. Im nächsten Teil des Trauerzugs schritten die Schüler der 18 Pfarrschulen mit ihren Lehrern, die Domherren mit ihren Schülern, die Ordensmänner aller Klöster sowie Studenten und Professoren der beiden Prager Universitäten. Darüber, ob auch die Nonnen der sieben Frauenkonvente an dem Trauerzug teilnahmen, lässt sich nur spekulieren.

Ein Zeichen der königlichen und kaiserlichen Majestät des verstorbenen Herrschers war das Gefolge der Bannerträger. Auf das erste Banner aus roter Seide folgten die Fahnen der sogenannten Nebenländer der Böhmischen Krone, des Böhmischen Königreichs und des Römischen Reichs. Jedes Banner begleiteten drei Reiter in Rüstung mit übereinstimmenden Wappen. Die ganze Gruppe beschloss ein Ritter, der einen mit Hermelin bedeckten Helm mit goldener Krone mit sich führte und in der anderen Hand ein gezogenes, mit der Spitze zur Erde weisendes Schwert hielt. Ihn begleiteten ebenfalls drei Reiter auf mit Schabracken geschmückten Pferden, die Reichsbanner und Wappen trugen. Höchstwahrscheinlich folgten auf die Bannerträger die schwarz gekleideten Herren, Ritter und andere Adlige, deren Anzahl ein Augenzeuge mit ca. 500 Personen festhielt.[15] Den goldenen Baldachin über der Bahre trugen 12 Ritter, die vermutlich an festgelegten Stationen von vornehmen Bürgern abgelöst wurden.

Keine Quelle vermerkt die Teilnahme von Karls Sohn Wenzel oder anderen männlichen Verwandten, während die hinterbliebenen Frauen, Kaiserin Elisabeth von Pommern, Wenzels Gemahlin Johanna von Bayern und die mährische Markgräfin Agnes, Gattin des Jobst von Luxemburg, ausdrücklich erwähnt werden. Sie fuhren in Begleitung der Hofdamen in 20 mit schwarzem Stoff bezogenen Wagen. In weiteren 26 Wagen folgten ihnen die vornehmsten Prager Bürgerinnen. Jeder, der in der böhmischen und der Prager

Abb. 223 **Fragment vermutlich eines Stoffes, aus dem etwa die Begräbnis-Dalmatika Karls IV. gefertigt war (vgl. Kat.-Nr. 18.1)** • Lucca (?), 2. H. 14. Jh. • Prag, Uměleckoprůmyslové museum

Gesellschaft etwas darstellte, ging oder fuhr im Trauerzug mit. Die *Pompa funebris* diente wie alle anderen Umzüge in erster Linie der Repräsentation der Majestät und des Standes.

In der Kirche St. Peter und Paul wurde der Körper des Kaisers über Nacht im Licht vieler hundert Kerzen ausgestellt, wie es auch in anderen Prager Kirchen geschehen sollte. Nach der Morgenmesse am Sonntag, dem 12. Dezember, setzte sich der Trauerzug erneut in Bewegung und endete am selben Tag in der Minoritenkirche St. Jakob in der Altstadt.[16] Am Montag, dem 13. Dezember, ruhte der Körper des Königs über Nacht in der Marienkirche beim Konvent des Johanniterordens auf der Kleinseite. Damit wurde allen Prager königlichen Städten und den Kirchen der bedeutenden Orden die Ehre erwiesen. Am letzten Tag des Trauerzugs, der auf Mittwoch, den 15. Dezember 1378, fiel, wurde der tote Herrscher in der Metropolitankirche zu St. Veit aufgebahrt. Beim gesungenen Seelenamt assistierten dem Prager Erzbischof Johann Očko von Vlašim sieben Bischöfe, einige ihrer Suffraganbischöfe und eine Vielzahl von Äbten, Äbtissinnen und infulierten Kanonikern.

Ein besonders wichtiger Bestandteil der Bestattungszeremonien waren die Trauerpredigten, die wohl ähnlich wie die Messen in allen Kirchen gehalten wurden, in denen der Körper des Kaisers zeitweilig ruhte. In der Kirche des Johanniterordens auf der Kleinseite trug der Minorit Heinrich von Wildstein, sonst Bischof in der albanischen Stadt Kroja, eine Predigt vor, die er mit biblischen Zitaten und eigenen Versen überlud.[17] Als Autor der im Veitsdom über dem Sarg des Kaisers gehaltenen Predigt galt ihrem Herausgeber und vielen Forschern Kardinal Johann Očko von Vlašim. In Wirklichkeit sprach jedoch Johann von Jenstein, der Očko im März

Die letzte Ausstrahlung kaiserlicher Majestät **249**

Abb. 224 Entwurf der in der Ausstellung gezeigten Projektion des Trauerzugs Kaiser Karls IV. durch Prag. Dargestellt ist der erste Tag des viertägigen Prozessionsgeschehens, an dem sich der Zug vom Hradschin zum Vyšehrad bewegte. In den folgenden Tagen ging es zurück zum Veitsdom, mit Stationen im Minoritenkloster St. Jakob in der Altstadt und in der Malteserkirche auf der Kleinseite. • Entwurf: Michal Habrla

des Folgejahrs auf dem Prager Erzbischofsstuhl ablösen sollte.[18] Im ersten Teil äußerte er seine Trauer über den Tod des Kaisers, eines wahrhaften Verteidigers des Glaubens und der Kirche. Karl sei vor allem mit Weisheit beschenkt gewesen. Und da er die Bücher des Königs Salomo gekannt habe, während dieser ihn nicht kannte, habe er mehr gewusst und sei daher weiser gewesen als jener. Außerdem habe Karl als Kaiser über die ganze christliche Welt geherrscht, während Salomo nur König der Israeliten gewesen sei. Während Salomo seine Weisheit zur Kriegsführung genutzt habe, habe Karl sich im Gegenteil der Festigung des Friedens gewidmet. Salomo mag zwar den Tempel Gottes erbaut haben, aber Karl habe ihn vergoldet und mit Edelsteinen verziert. Und mehr als das: Während Salomo schließlich Gott verlassen habe, habe Karl ihm bis zum Ende gedient und sich so das ewige Heil erworben.[19]

Johann von Jenstein gründete seine Predigt also in erster Linie auf theologische Argumente, wogegen der zweite Redner Adalbertus Ranconis de Ericinio, Scholasticus des Metropolitankapitels, seine *Laudatio funebris* mit rhetorischen Figuren verzierte. Er zitierte ebenfalls häufig die Bibel, bevorzugte insgesamt jedoch die weltlichen Autoren, Rhetoriker und Dichter: Durch den Tod des erhabenen Kaisers, des zweiten Königs Joschija und des zweiten Konstantin, sei nicht nur dem Heiligen Römischen Reich, sondern der gesamten Christenheit Schutz und Schirm entzogen worden. Besonders stark bedroht sei Böhmen, denn die, die es hassten, erhöben nach dem Tod des Kaisers die Köpfe. „*Aber du, Gott Israels, lass unser Erbe nicht in Schmach fallen, damit nicht fremde Völker über uns herrschen!*"[20] Zum Glück leuchte allen verwaisten Ländern die Hoffnung, denn die Last der kaiserlichen Sorgen einschließlich der Regierung über das Böhmische Königreich werde Karls Sohn übernehmen, der „erlauchteste Fürst" Wenzel.

Auf die Trauerreden folgten die Offertorien zugunsten der Metropolitankirche. „Geopfert" wurden alle Banner zusammen mit 26 Pferden des Trauerzugs. Weiter fielen dem Veitsdom im Offertorium das von den Landesherren getragene Wappen und der mit der Krone geschmückte Helm zu, der abwechselnd vom mährischen Markgrafen Jobst und dem Markgrafen von Meißen getragen wurde. Zusammen mit der Kaiserin, den Landesherren und den Hofdamen nahm auch König Wenzel am Offertorium teil. Auf dem letzten Ross saß ein Ritter in Rüstung. Dieser ritt unter dem goldenen Baldachin, unter dem zuvor der Körper des toten Kaisers geruht hatte. Es stellt sich die Frage, ob dieser Ritter nicht symbolisch den toten König bis zum Augenblick seiner Grablegung vertreten sollte, wie dies für den Ritter bei der Bestattung des polnischen Königs Kasimir bezeugt ist.[21] In den Zinnsarg wurden zu-

Die letzte Ausstrahlung kaiserlicher Majestät

Abb. 225 Ausschnitt aus dem Modell des Leichenzugs Kaiser Karls IV., nach den zeitgenössischen Schriftquellen gestaltet von Pavel Koch: Der Sarg Karls unter einem vergoldeten Traghimmel (vgl. Kat.-Nr. 18.4).

sammen mit dem in golddurchwirkte Stoffe gehüllten Körper des Königs vergoldete Nachahmungen der königlichen Insignien gelegt, weiter ein Reiterschild und das Reichskriegsbanner mit dem Adler, dessen Kopf nach unten zeigte.[22] Mit der Bestattung in der mittlerweile mit einem gemeißelten Epitaph versehenen Grablege endete die 17-tägige Begräbniszeremonie Karls IV.[23]

FUSSNOTEN

1 Zu größeren Zusammenhängen sowie Details ŠMAHEL 2014/I; an älterer Literatur vgl. KAVKA 1989. – AUTRAND 1994, 788–905. – AUTRAND 1995/I und 1995/II. – THOMAS 1995.
2 Zu diesem kaiserlichen Ritual vgl. HEIMPEL 1983.
3 Ziel war die Belle ordonance, in der auch die Farbe der Pferde ihre Bedeutung hatte. Siehe dazu ŠMAHEL 2014/I, 295–308, weiter auch KINTZINGER 2003 und 2009.
4 Les Grandes Chroniques de France, Paris, Bibliothèque Nationale, Ms. fr. 283. Den Bericht über den Staatsbesuch edierte DELACHENAL 1916. Eine Beschreibung der Miniaturen bei DELACHENAL 1919/20, Abbildungen XXXI–XLIX. Vgl. auch CIBULKA 1926/27. Eine gekürzte Fassung des Berichts der Christine de Pizan ed. SOLENTE 1940, 89–132.
5 Zu den Illuminationen des Berichts in den überlieferten Handschriften der Grandes Chroniques de France HEDEMAN 1991, 187–228. – HEDEMAN 1995, 547–549. – Weiter ŠMAHEL 2014/I, und AVRIL/GOUSSET/GUENÉE 1987 (Fouquet).
6 Ein sog. „Mémoire" in Form der Zeremonialinstruktionen edierte THOMAS 1995, einen Teil auch LECHOVÁ 1996, vgl. außerdem FANTYSOVÁ/MATĚJKOVÁ 2008. Mandate und andere Akten Karls V. sind ediert in DELISLE 1874.
7 Für die Begegnung ließ Karl eine Sammlung von Urkunden und besonders von gegenseitigen Verträgen vorbereiten. Siehe dazu ARTONNE 1955.
8 Zu den Geschenken des französischen Königs, seiner Brüder und der Stadt Paris ŠMAHEL 2014/I, 390–397.
9 Zum Gesundheitszustand des Kaisers VLČEK 2000, 165–198.
10 Siehe SCHWARZ 1997, 123–153 und BENEŠOVSKÁ 2005, 26–27.
11 Zu den Belegen für die Einbalsamierung von Karls Körper VLČEK 1978, 82–83.
12 Der Bestattung widmen fast alle neuzeitlichen Biografen Karls ihre Aufmerksamkeit. Vgl. von den jüngeren Arbeiten KAVKA 1993, II, 241–245 und BOBKOVÁ 2003, 456–460. – Aus der Spezialliteratur siehe ŠMAHEL 1993; 1994/II; 2014/I, 135–154. – BLÁHOVÁ 1997 und besonders MEYER 2000, 100–118, wo sich im Abschnitt Systematik wertvolle vergleichende Analysen finden.
13 Hauptquelle ist die Augsburger Chronik von 1368–1406, hg. von FRENSDORFF 1865, 59–63.
14 Zu den Stofffragmenten im Grab Karls IV. BRAVERMANOVÁ/LUTOVSKÝ 2001, 195–205.
15 FRENSDORFF 1865, 61.
16 Der Hauptberichterstatter wird hier ergänzt durch die Annotationes in der Handschrift der Olmützer Universitätsbibliothek K M II 15, fol. 4r, hg. von ŠMAHEL 1993, 148–149.
17 Vgl. BANSA 1968, 187–223. – Zu älteren Vergleichen Karls IV. mit König Salomo PATZE 1978/II, 33–34.
18 Jenstein wurde von KADLEC 1963 als Autor bezeichnet; seine Vermutung bestätigte ŠMAHEL 2011.
19 Jensteins Ansprache als „Rede des Prager Erzbischofs Johann Očko" von Vlašim ed. FRB III, 423–432.
20 KADLEC 1971, 157.
21 Siehe BORKOWSKA 1985, 515.
22 Dies alles nach der Augsburger Chronik, siehe FRENSDORFF 1865, 62.
23 Johann von Jenstein zitierte das Epitaph bereits in seiner Ansprache, siehe FRB III, 429.

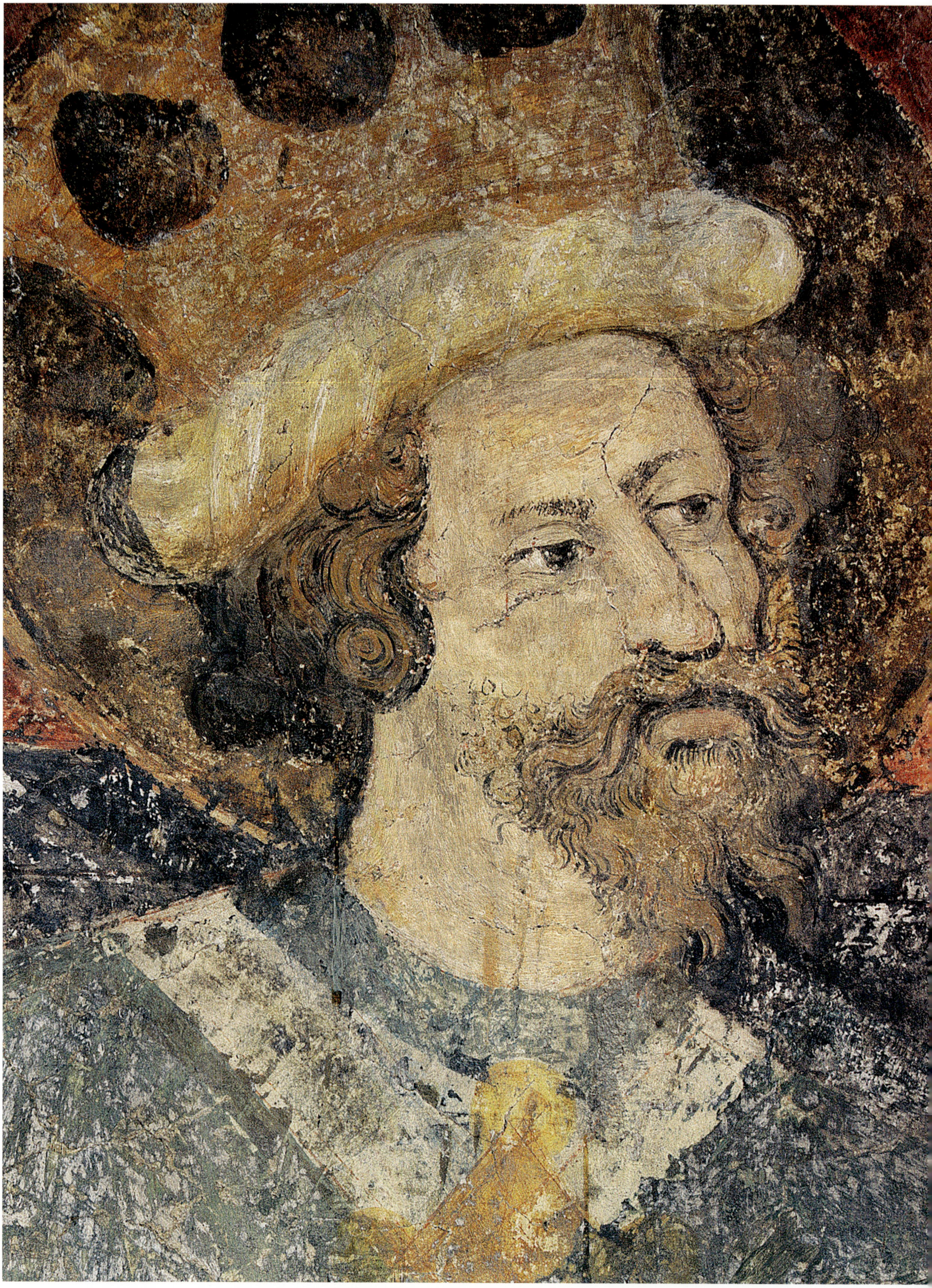

Karls Erben: Wenzel IV. und Sigismund

Wilfried Franzen

Es war auf dem Rückweg von seiner letzten Reise nach Paris im Jahr 1378, so berichtet uns rund 60 Jahre später der Metzer Chronist Jaique Dex (Jacques D'Esch): Nach einem Bad im Rhein habe Karl IV. seinem Ratgeber Poince de Vy anvertraut, mit welch großer Sorge er die künftige Regentschaft seines Sohnes Wenzel sähe. Zwar hätte er, Karl, die Kurfürsten mit reichen Geschenken dazu bewogen, Wenzel zu seinem Nachfolger zu wählen, doch habe er inzwischen erkannt, dass jener dieser Aufgabe nicht gewachsen sei, weil er „schlecht" und „falsch" sei (*„pourtant sont ilz mauvais, faulz et perjus de le moy avoir promis")*.[1] Jaique Dex beschreibt hier einen Kaiser in bemerkenswerter Offenheit und mit Weitblick, entspricht seine Einschätzung doch jenem Urteil, das nur wenige Jahrzehnte später über den römisch-deutschen und böhmischen König Wenzel gefällt werden sollte. Gleichwohl birgt der Bericht einige Schönheitsfehler, die am Wahrheitsgehalt der Quelle zweifeln lassen. Dies beginnt mit dem Zeitpunkt der Rückreise Karls, die im Januar 1378 erfolgte. Das Bad des Herrschers, das wir ohnehin als eher topisches Motiv verbuchen können, dürfte angesichts der wahrscheinlichen Temperaturen in dieser Jahreszeit kaum stattgefunden haben – wenn wir nicht annehmen wollen, der 61-Jährige habe ein Eisbad genommen. Sein vermeintlicher Gesprächspartner (und Gewährsmann des Chronisten) Poince de Vy war überdies bereits sechs Jahre zuvor, im Mai 1372, verstorben und hatte somit nicht einmal die Königswahl im Jahr 1376 miterleben können.[2] So ist diese Anekdote in der Chronik des Jaique Dex letztendlich nicht mehr als ein Spiegelbild der posthumen Bewertung Karls und Wenzels.

Gern wurde und wird die Metapher der großen Fußstapfen bemüht, die vor allem Wenzel kaum auszufüllen vermochte. Unterschiedlicher, so das gängige Urteil, konnten dabei die beiden ältesten Söhne Karls – die Halbbrüder Wenzel und Sigismund – kaum sein, so, als hätte Karl seine Talente geteilt: Hier der zurückgezogene „Kunstmäzen" Wenzel, dem das politische Geschäft eher zuwider scheint, dort der „Machtmensch" Sigismund, dessen Hofkultur nicht annähernd an das ästhetische Niveau seiner Vorgänger habe anknüpfen können. Die Forschung hat diese zugespitzte Charakterisierung vor allem in Bezug auf Sigismund inzwischen etwas revidiert,[3] gleichwohl wirkt sie bis heute nach.

Wenzel IV. (1361–1419)

Die Erwartungen an den jungen Wenzel, der mit nicht einmal 18 Jahren Karl auf dem deutschen und böhmischen Thron folgte, waren durchaus hoch. *„Obwohl unser Vater gestorben ist,"* so formulierte es der einstige Prager Erzbischof und Vertraute Karls Johann Očko von Vlašim (Jan Očko z Vlašimi) in seiner Totenrede, *„ist es doch so, als lebe er noch, denn er hat jemanden hinterlassen, der so ist wie er."*[4] Die Hypothek, die Karl seinem Sohn vererbt hatte, wog jedoch schwer: Das noch im Jahr 1378 besiegelte Große Schisma leitete eine schwere Krise der Kirche ein, deren Folgen speziell in Böhmen spürbar werden sollten. Und die Zugeständnisse, die Karl den Kurfürsten für die Wahl Wenzels machen musste, führten zu einer nachhaltigen Schwächung der Königsmacht im Reich. Die materielle Substanz für die Herrschaftsführung war erheblich beschnitten worden – obgleich Wenzel mit Böhmen und Schlesien immer noch über eine ansehnliche Hausmacht verfügte. Erschwerend kam hinzu, dass ihm die Unterstützung durch seine Familie, insbesondere durch Sigismund und seinen Vetter Jobst von Mähren, weitgehend versagt blieb. Wenzel haftete schon rasch das Image eines zaghaften und durchsetzungsschwachen Herrschers an, das durch die massiven Verleumdungen seiner politischen Gegner weiter „ausgeschmückt" wurde. Dass die luxemburgische Hofkunst bzw. das Zentrum Prag dennoch weit über Karls Tod hinaus Maßstab für die künstlerische Repräsentation zahlreicher mitteleuropäischer Fürsten blieb, lässt sich daher vielleicht auch auf den langen Schatten Karls zurückführen. Für Wenzel mag es in politischer Hinsicht opportun erschienen sein, hinter der väterlichen Übergestalt zurückzutreten, um von dem weiterhin hohen Ansehen Karls profitieren zu können, aber auch, um die dynastische Kontinuität zu demonstrieren.

Wenzels Hofstaat dürfte in den ersten Jahren nach seiner Machtübernahme weitgehend identisch mit dem Karls gewesen sein (zu einem größeren personellen Umbruch kam es erst im Jahr 1400 mit der Absetzung Wenzels als römisch-deutscher König).[5] Dementsprechend ist anzunehmen, dass jene Generation von Künstlern, die die letzten Jahre der Regentschaft Karls prägten,

Abb. 226 Identifikationsporträt König Sigismunds von Luxemburg als Hl. Sigismund in den Wandmalereien der Konstanzer Augustinerkirche. Hier hielt sich Sigismund während des Konstanzer Konzils auf, auf dem Jan Hus, der böhmische Reformator, als Ketzer verbrannt wurde. Sigismund war nicht in der Lage, diesem das versprochene freie Geleit zu gewährleisten. • Konstanz, nach 1414 • Wandmalerei • Konstanz, Augustinerkirche, Langhaus

Abb. 227 Die königliche Burg Točník wurde unter Wenzel IV. gegen Ende des 14. Jahrhunderts errichtet; sein erster belegter Aufenthalt fällt in das Jahr 1398. Rechts der königliche Palas mit dem ausgedehnten Saal von 34 × 9 m.

zunächst auch am Hof Wenzels tätig waren (siehe Kat.-Nr. 12.16). Dieser überließ im Unterschied zu seinem Vater die Rolle des Impulsgebers für die künstlerischen Entwicklungen jedoch anderen. So lag die Verantwortung für das zentrale Bauprojekt in Prag, den Neubau des Veitsdoms, nunmehr alleinig in Händen des Domkapitels und des Erzbischofs Johann von Jenstein (Jan z Jenštejna). Dieser war Neffe und Nachfolger Johann Očkos von Vlaším, der noch von Karl zum Kanzler Wenzels bestimmt worden war, dieses Amt aber bereits 1384 aufgrund seiner Differenzen mit dem König wieder aufgeben musste.

Neben einzelnen öffentlichkeitswirksamen königlichen Bauvorhaben – die Vollendung des Altstädter Brückenturms der Karlsbrücke oder die Umsiedlung des nach seinem Vater benannten *Collegium Carolinum* – richtete Wenzel sein Augenmerk vor allem auf den Aus- bzw. Neubau seiner Residenzen.[6] Um 1385 verlegte er seine Residenz von der Burg in die Prager Altstadt, wo er den einstigen Hof des Dietrich von Portitz in der Nähe der Teynkirche zum Königshof ausbauen ließ. Und noch in den 1390er Jahren wurde für ihn ein Palast in der Prager Neustadt (hinter dem Kloster der Kreuzritter vom Heiligen Grab) zur Stadtburg umgestaltet. In eben jenen Jahren erfolgte u. a. auch der Neubau des Schlosses Totschnik (Točník), das ihm zunehmend als Refugium dienen sollte. Schließlich ließ Wenzel 1411/12 die Burg „Wenzelstein" bei Kunnersdorf (Kunratice) errichten, in die er seine umfangreiche königliche Bibliothek verlagerte.

Mit dem zunehmenden Rückzug Wenzels aus dem politischen Tagesgeschäft, der sich nach 1400 noch verstärken sollte, ging eine Umorientierung seiner Kunstpatronage einher, die sich ähnlich wie bei seinem Cousin, dem Herzog von Berry, mehr und mehr auf die Stiftung kostbar illuminierter Bücher konzentrierte. Unter Wenzel entwickelte sich Prag zu einem der bedeutendsten Zentren der Buchmalerei in Europa. Rund zwei Dutzend Buchmaler dürften in der Zeit Wenzels für den königlichen Hof tätig gewesen sein, auch wenn sich nur vier von ihnen namentlich greifen lassen.[7] Zu den berühmtesten Handschriften gehören u. a. die 1387 vollendete Willehalm-Illustration (Wien, Österreichische Nationalbibliothek, Cod. Ser. N. 2643), die 1390–95 angefertigte mehrbändige ins Deutsche übersetzte Bibel (Wien, Österreichische Nationalbibliothek, Codd. 2759–2764) oder die illustrierten Reisebeschreibungen des Sir John Mandeville aus dem zweiten Jahrzehnt des 15. Jahrhunderts (London, Britisch Library, Sign. Add. Ms 24189).[8]

Im Unterschied zu Karl spielte für Wenzel die Außendarstellung seiner Frömmigkeit, d. h. der politisch instrumentalisierte Heiligen- und Reliquienkult, offenbar nur eine untergeordnete Rolle. Die wenigen Aktivitäten fanden in einem eher bescheidenen Rahmen statt – so die Translozierung der Reliquien des hl. Longinus nach Prag durch den Kanzler Wenzels, den Probst von Wischegrad Wenzel (Vaclav) Králik von Buřenice im Jahr 1410.[9] Dementsprechend ist es gewiss kein Zufall, dass wir mit Wenzel nur eine einzige Stiftung eines Gnadenbildes in Verbindung bringen können: die Madonna aus Bresnitz (Březnice) aus dem Jahr 1396, deren bemerkenswerte rückseitige Inschrift sich als Kommentar zur aktuellen Debatte um den Bildgebrauch und die Bilderverehrung verstehen lässt: Soll die Darstellung der Maria mit Kind doch eine im Kloster Raudnitz verwahrte byzantinische Ikone nachbilden, die der hl. Lukas selbst gemalt habe.[10] Es ist eine Ironie der Geschichte, dass die von Karl geförderte Bilderverehrung indirekt zu Wenzels Verhängnis geriet. Denn sie wurde zur Zielscheibe jener Reformbestrebungen, die letztlich in der hussitischen Revolution mündeten, mit der der faktische Kontrollverlust Wenzels über sein Königreich am Ende seiner Regentschaft einherging und die auch Sigismund lange daran hinderte, sein böhmisches Erbe anzutreten.

Sigismund (1368–1437)

Ebenso wie für Wenzel waren für Sigismund die Rahmenbedingungen für die Herrschaftsausübung denkbar ungünstig. Mit eingeschränkten finanziellen Mitteln und einem nur langsam aufgebauten Machtapparat sah sich Sigismund sowohl in Ungarn als auch später im Reich mit einer einflussreichen Opposition konfrontiert. Durch die – von Karl bereits 1372 arrangierte – Ehe mit Maria von Anjou (1371–95), der Tochter des ungarischen und polnischen Königs Ludwig, hatte er 1387 die ungarische Königskrone erworben (die polnische blieb ihm hingegen verwehrt). Erst nach Niederschlagung einer gegen ihn gerichteten Verschwörung im Jahr 1403 gelang es ihm, seine Machtstellung gegenüber den ungarischen Magnaten zu festigen. Schon früh machte Sigismund deutlich, dass er sich nicht mit der Stephanskrone begnügen wollte. 1402 intervenierte er militärisch in Böhmen und setzte seinen politisch geschwächten Bruder gefangen, scheiterte aber am Widerstand der böhmischen Stände. Nach dem Tod Ruprechts von der

Abb. 229 Büste des Prager Erzbischofs Johann von Jenstein, der unter König Wenzel IV. gemeinsam mit dem Domkapitel für die Fortführung des Baues zuständig war. • 1370er Jahre • Kalkstein, farbig gefasst • Prag, Kathedrale St. Veit, Triforium

Abb. 228 Initiale E mit dem thronenden böhmischen und römischen König Wenzel IV. • Wenzelsbibel, 2. Band, fol. 33r • Prag, 1390–95 (oder schon 1380–90?) • Buchmalerei auf Pergament • Wien, Österreichische Nationalbibliothek, Codd. Vindobonenses 2759–2764

Pfalz 1410 verfolgte Sigismund konsequent sein Ziel, die Reichskrone zu erlangen. Der Wunsch, einen Kandidaten zu finden, der sich anders als Wenzel oder Ruprecht den Krisen des Reiches und der Kirche zu stellen vermochte, ließen ihn für dieses Ansinnen Unterstützer finden, obwohl er selber kein Reichsfürst war. Das mit seinem Selbstverständnis als *defensor ecclesiae*[11] einberufene und von ihm in den ersten Monaten faktisch geleitete Konzil von Konstanz sollte mit der Überwindung des Schismas denn auch einen seiner bedeutendsten politischen Erfolge beinhalten.

Das Konzil als Bühne für seine Repräsentation nutzend, stiftete Sigismund dem Konstanzer Augustinerkloster, das ihn während seiner zweiten Konzilsteilnahme beherbergte, eine Ausmalung der Klosterkirche, die nach den Vorgaben des Königs erfolgen sollte.[12] Das Programm umfasste u. a. einen Heiligenzyklus, in den, soweit dies rekonstruierbar ist, mehrere „luxemburgische" Heilige aufgenommen wurden, darunter selbstredend der hl. Sigismund, dem die Züge des Königs verliehen wurden. Wie Karl nutzte Sigismund intensiv das Mittel des Identifikationsporträts zur Demonstration der königlichen Präsenz. Mit kaum einem anderen Herrscher lassen sich – auch über seinen Tod hinaus – derart viele Bildnisse in Verbindung bringen.[13]

Aus dem Wenigen, was wir wissen, wird deutlich, das Sigismund durchaus an die Kunstpolitik seines Vaters anknüpfen wollte. Seine Repräsentationsstrategien und Kunstpatronage sind aus naheliegenden Gründen jedoch nur schwer zu rekonstruieren. So sind von seiner weitgehend zerstörten Residenz in Buda nur noch marginale Reste erhalten, die aber auf ein bemerkenswertes künstlerisches Niveau schließen lassen.[14] Den schriftlichen Quellen können wir überdies entnehmen, dass Sigismund zum Ausbau und zur Ausgestaltung seiner Residenzen in Buda und Pressburg zahlreiche Handwerker und Künstler aus dem Reich und

Abb. 231 Männliches Haupt mit Chaperon, Skulpturenfragment vom Königspalast Buda, der unter König Sigismund mit außerordentlich qualitätvoller, burgundisch beeinflusster Skulptur ausgestattet wurde • Buda, 1420–30 • feinkörniger Kalkstein, H. 25 cm • Budapest, Budapesti Történeti Múzeum, Inv.-Nr. 75.1.59 (gefunden bei archäologischen Grabungen 1974)

aus Frankreich anwarb.[15] Ebenso ist ein hoher Anteil italienischer Künstler belegt.[16]

Sein böhmisches Erbe konnte Sigismund nach dem Tod Wenzels 1419 aufgrund des hussitischen Widerstands faktisch nicht antreten. Zwar ließ er sich im Beisein des böhmischen und mährischen Hochadels am 28. Juli 1420 im Prager Veitsdom zum König erheben, doch musste er, militärisch gescheitert, das Land im Jahr darauf in Richtung Ungarn wieder verlassen. Sigismund war dadurch auch der „angestammten" luxemburgischen Repräsentationsbasis beraubt. Das Kunstzentrum Prag erlebte dementsprechend in jenen Jahren der Thronvakanz einen Exodus an Künstlern, der mit einem unverkennbaren Niveauverlust im dortigen Kunstschaffen einherging. Das luxemburgisch-böhmische Stilidiom stellte dennoch einen entscheidenden Bezugspunkt für die Hofkunst Sigismunds dar, die sich fast ausschließlich indirekt, über die Stiftungen seiner Parteigänger aus dem mittleren und niederen Adel und der ihn unterstützenden Reichsstädte, erschließen lässt.[17]

Zentrum von Sigismunds Machtausübung im Reich sollte – in väterlicher Tradition – die Stadt Nürnberg werden, die er wieder als königlichen Residenzort mit Hauptstadtfunktion zu etablieren versuchte. So verfügte er im Jahr 1422, die seit geraumer Zeit baufällige königliche Burg instand zu setzen und zu befestigen.[18] Von besonderer symbolischer Bedeutung war die Übergabe der

Abb. 230 Madonna aus Bresnitz (Březnice) • Prag, 1396 • Tempera und Gold auf Pergament und Leinwand, H. 41,5 cm, B. 29,5 cm • Prag, Národní galerie, Inv.-Nr. VO 8647 (Dauerleihgabe der Diözese Budweis)

in den kaiserlichen Ornat habe er eine letzte Messe gehört, bevor er dann im Sterbekleid auf seinem Stuhl sitzend verschied. In dieser Haltung, so hatte er verfügt, solle man ihn drei Tage lang belassen, damit alle Menschen sehen konnten, dass „der Herr der gesamten Welt" tot und gestorben sei.[22]

FUSSNOTEN
1 WOLFRAM 1906, 315.
2 MARGUE/PAULY 2009, 907.
3 MACEK/MAROSI/SEIBT 1994. – HOENSCH 1996. – Ausst.-Kat. Budapest 2006. – FAJT 2006/III. – FRANZEN 2006. – MAROSI 2006/I. – PAULY/REINERT 2006. – BURAN/BARTLOVÁ 2009. – BARTLOVÁ 2009/II. – HLAVÁČEK 2011.
4 FRB III, 430. Übersetzung nach ROSARIO 2000, 129.
5 HLAVÁČEK 2011, 105–136.
6 ZÁRUBA 2014/II.
7 KRÁSA 1971.
8 Ausst.-Kat. Prag 2006, 486–489, Kat.-Nr. 155 und 158 (Gerhard SCHMIDT), 493f., Kat.-Nr. 161 (Eric RAMIREZ-WEAVER).
9 HLAVÁČEK 2011, 124.
10 BARTLOVÁ 2007. – Siehe auch BURAN/BARTLOVÁ 2009, 369.
11 So in seinem Schreiben vom 2.12.1413 an Papst Gregor XII, in dem er für die Teilnahme am geplanten Konzil warb. Ausst.-Kat. Konstanz 2014, Bd. 2, 264f. (Joachim SCHNEIDER).
12 GRAMM 1909, 397. – Ausst.-Kat. Konstanz, 136f. (Harald DRESCHKA).
13 KÉRY 1972 mit gleichwohl einigen problematischen bzw. falschen Identifikationen.
14 MAROSI / ZOLNAY 1989. – SCHWARZ 2006. – Ausst.-Kat. Prag 2006, 561, Kat.-Nr. 210 (Ernő MAROSI).
15 BISCHOFF 2006.
16 MAROSI 2006/II, 236f.
17 FRANZEN 2006. – FRANZEN 2009.
18 RI XI, Nr. 5000 (14.9.1422).
19 RI XI, Nr. 5619 (29.9.1423). Hierzu SCHNELBÖGL 1962.
20 Chroniken der fränkischen Städte, Nürnberg, Bd. 1, 388.
21 HOENSCH 1996, 371–399.
22 ALTMANN 1893, 447. – Siehe hierzu KINTZINGER 2006.

Reichskleinodien 1423/24. Sigismund hatte sie, in Sorge wegen der Hussiten, aus Karlstein abtransportieren und zunächst nach Visegrád bringen lassen. Dann gab er sie in die Obhut der Reichsstadt Nürnberg zur Aufbewahrung „für alle Zeiten".[19] Unter den ratsfähigen Nürnberger Familien fand Sigismund zahlreiche Anhänger und auch finanzstarke Geldgeber. Der engen Verbundenheit mit dem König mag es geschuldet sein, dass sich die Nürnberger Patrizier in zahlreichen Stiftungen lange an dem vorhussitischen böhmischen Stil orientierten. Die konservative bzw. retrospektive Formensprache der Nürnberger Kunst sollte später, nach der Rückkehr Sigismunds in die böhmische Hauptstadt 1436, wiederum zu einem Vorbild für die Hofkunst in Prag werden.

Mit großer Anteilnahme gedachte die Stadt Nürnberg der Kaiserkrönung Sigismunds in Rom im Jahr 1433: „[...] *an sant Peter und Paulus tag da verkündet man zu Nuremberg, das der kaiser gekrönt wer worden [...] da leut man alle glocken und sang in allen kirchen lobgesang und des nachtes machet man auf dem marckt freudenfeur und das volk was fast fröhlich.*" Am Folgetag wurden zudem die Reichskleinodien gewiesen.[20] Obgleich es Sigismund bewusst gewesen sein dürfte, dass die Erhebung zum Imperator eher einen symbolischen Charakter besaß, als dass sie ihm zusätzliche Autorität verschafft hätte, erfüllte er sich mit ihr den lang gehegten Wunsch, das karolinische Vermächtnis auch in dieser Hinsicht anzutreten.[21] Mit dem von seinem Vater geerbten Sinn für Symbolik ließ Sigismund schließlich auch sein Ableben und seine Aufbahrung inszenieren, wie uns sein Chronist Eberhard Windecke berichtet: Eingekleidet

Abb. 232 Die Heilig-Geist-Kirche in Nürnberg diente seit 1424 als Aufbewahrungsort der Reichskleinodien, die Kaiser Sigismund der Stadt zur Aufbewahrung „für alle Zeiten" überantwortet hatte. Im Chorgewölbe aufgehängt war der sog. Heiltumsschrein, 1438–40 gefertigt durch die Goldschmiede Peter Ratzko und Hans Schesslitzer, den Schreiner Hans Nürnberger und den Maler Meister Lukas (heute Nürnberg, Germanisches Nationalmuseum, Inv.-Nr. KG 187). Die Kirche wurde im Zweiten Weltkrieg schwer beschädigt und danach nicht wiederhergestellt. • Fotografie, vor 1945

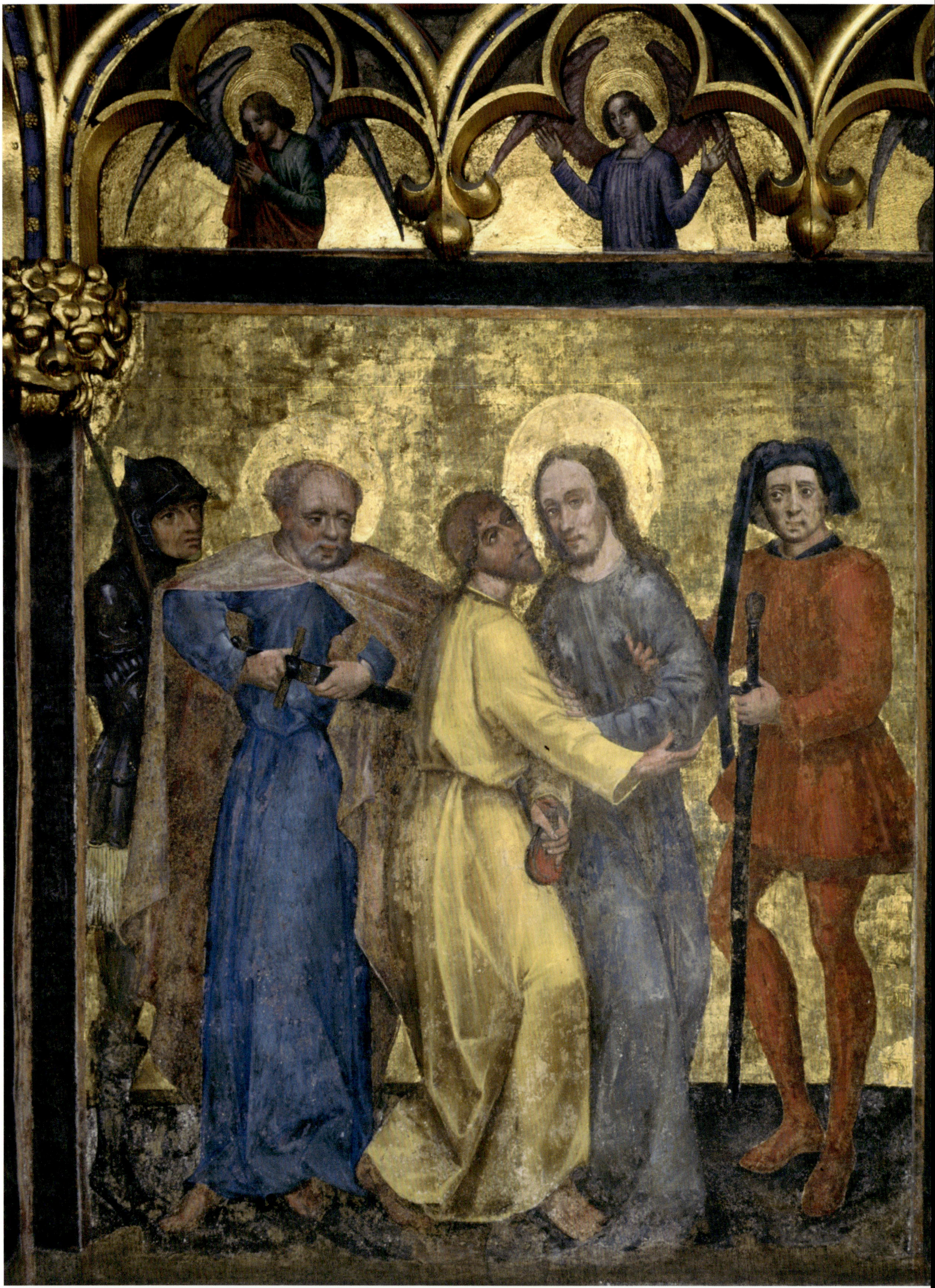

Das Nachleben Karls IV.

Jan Royt

Das „Nachleben" bedeutender historischer Persönlichkeiten ist in der Regel ebenso wichtig und interessant wie ihr „eigentliches Leben" – und dies gilt auch für König und Kaiser Karl IV.[1] Er selbst verbarg seine Ambitionen nicht, zu den großen Herrschern der Weltgeschichte gehören zu wollen: So bat er beispielsweise den italienischen Dichter Petrarca, ihn in sein entstehendes Buch *De viris illustribus* (Über berühmte Männer) aufzunehmen.[2] Karls Hofgeschichtsschreiber haben uns leider kein literarisch leuchtendes und monumentales Bild des Kaisers und seines staatsmännischen Werks hinterlassen. Aus der Chronik des für Karl tätigen Diplomaten Neplach fehlen heute die Jahre 1347–65; Přibík Pulkava von Radenín, auf dessen Werk Karl großen Einfluss hatte, beendete seine Chronik bereits mit der Regierungszeit Johanns von Luxemburg und Benesch Krabitz von Weitmühl oder Franz von Prag gingen eher von der Tradition der Kapitelannalen aus. Den Chronisten Giovanni de' Marignolli (Johannes Marignola) und Heinrich von Herford gelang es ebenfalls nicht, die böhmische Geschichte überzeugend in den Kontext der Geschichte der damaligen Welt zu integrieren.[3] In den zeitgenössischen Reichschroniken und -annalen wird Karls Persönlichkeit insgesamt eher neutral eingeschätzt.

Jedoch erklangen bereits beim Tod des Herrschers erste Stimmen, die seine Persönlichkeit wertschätzen. In der Leichenpredigt des Prager Gelehrten Adalbertus Ranconis de Ericinio wird Karl IV. mit einem zweiten Konstantin verglichen und der verstorbene König auch als *„pater patriae"* – *„Vater des Vaterlandes"* gefeiert.[4] Johann Očko von Vlašim bezeichnete Karl in seiner Leichenpredigt wiederum als zweiten Salomo.

Im Zusammenhang mit der Umgestaltung Prags zur Kaiserresidenz verkündete der italienische Humanist Umberto Decembrio: *„Was Augustus für Rom tat, tat Karl IV. für Prag"*. Kritischer äußerten sich andere italienische Humanisten wie Fazio degli Uberti, Antonio und Niccola da Ferrara, Nicola Beccari oder der in Böhmen inhaftierte römische Tribun Cola di Rienzo. Der Vorwurf Fazio degli Ubertis, Karl habe sich nicht bemüht, mit dem Ruhm des Augustus im Zentrum des römischen Imperiums zu wetteifern, sondern lieber im rauen Böhmen Wein und Feigen anzubauen versucht, mag noch ein Lächeln hervorrufen.[5] Matteo Villani, dem wir eine genaue Beschreibung von Karls physischer Gestalt verdanken, äußerte sich noch deutlich kritischer gegenüber dem Herrscher. Ein Dorn im Auge war ihm Karls steuerliche Ausbeutung der Stadtstaaten in Italien, dass er *„mit einer Krone, die er ohne Einsatz des Schwertes gewonnen hatte, mit einem vollen Geldbeutel, den er leer mit nach Italien gebracht hatte, mit dem flauen Ruhm männlicher Taten und der schmählichen Erniedrigung der kaiserlichen Majestät [verließ]"*.[6] Kritisch wurden die finanziellen Probleme von Karls Regierung im Reich auch von einigen Reichschronisten bewertet. Matthias von Neuenburg, der in den Diensten des Straßburger Bischofs stand, verübelte Karl den „krämerischen" Umgang mit der Reichssteuer, die Unterstützung reicher Gläubiger wie z. B. der Hohenzollern, und betonte, dass Karls Zug durch die deutschen Länder kläglich gescheitert sei.[7] Matthias von Neuenburg warf Karl als erster vor, ein *„Laufbursche"* des Papstes zu sein und verlieh ihm indirekt den Beinamen des „Pfaffenkönigs". Karls angebliche Bevorzugung des Königreichs Böhmen zu Lasten des Reichs betonte Jakob Twinger von Königshofen in seiner Weltchronik von 1386, die noch vor 1400 von Beneš von Hořovice ins Tschechische übersetzt wurde.[8] Karl IV. wird hier allerdings auch gepriesen, denn er sei *„sehr freundlich gegenüber der deutschen Sprache"* gewesen, die er im ganzen Königreich verbreitet habe. Dass Karl dem Reich Frieden und Prosperität brachte, bewerteten die Chronisten Heinrich Taube und Heinrich von Dießenhofen ebenfalls positiv; allerdings stand der letztgenannte in den Diensten des Bischofs Berthold von Eichstätt, eines Anhängers Karls IV.[9] Eine wahrscheinliche Reaktion auf diese Ansichten der deutschen Chronisten dürfte die Behauptung des Magisters Jan Hus in seiner Auslegung der zehn Gebote gewesen sein, dass Karl IV. allen Pragern befohlen habe, ihren Kindern die tschechische Sprache beizubringen und im Rathaus Tschechisch zu sprechen.[10] Erneut findet sich diese Ansicht 1470 in der Schrift *Správovna* (Berichtbuch) des Universalgelehrten Pavel Žídek (Paulirinus).[11] Zeitgenössische Chronisten kritisierten außerdem Karls unkonventionelles „welsches" Verhalten. Matthias von Neuenburg und Heinrich von Dießenhofen zufolge hatte der Kaiser zwar seine Frömmigkeit dadurch bewiesen, dass er im Basler Dom die Perikopen verlas, aber sofort danach hatte er sich öffentlich mit den Bürgerinnen auf eine Weise unterhalten, dass ihn der Papst selbst ermahnen musste.

Im hussitischen Böhmen betrachtete man Karl IV. recht positiv. Katholische Autoren (z. B. das *Chronicon breve regni Bohemiae*) erinnerten sich nostalgisch an das *„goldene Zeitalter"* seiner Herrschaft, wobei sie auf eine Restitution der vorhussitischen Verhält-

Abb. 233 **König Wladislaw II. aus dem Hause der Jagiellonen (reg. 1471–1516) stellte sich bewusst in die Tradition Kaiser Karls IV. Dies manifestiert sich z. B. in der Neuausmalung eines Kernbaus der karolinischen Epoche, der Wenzelskapelle des Veitsdoms, die zugleich der wichtigste Erinnerungsort des Königreichs Böhmen war. Die Wandbilder erzählen das Leben des ermordeten Fürsten Wenzel († 929/935) und zeigen Szenen der Passion Christi (abgebildet die Gefangennahme Jesu)** • Prag, Meister des Retabels von Leitmeritz, um 1509 • Prag, Veitsdom, Wenzelskapelle

nisse hofften.¹² Abt Ludolf aus dem schlesischen Sagan blickte in den 1420er Jahren auf die goldene Zeit von Karls Regierung zurück, obwohl er im geringen Einsatz für das Reich vorwarf.¹³ Karls Bemühen, die staatsrechtlichen Verhältnisse im Königreich Böhmen zu ordnen, wurden jedoch auch von den gemäßigten Utraquisten geschätzt. In einigen Handschriften der *Staré letopisy české* (Alte böhmische Annalen) wird Karl IV. gegen Georg von Podiebrad in Stellung gebracht – als jemand, der die Königsgüter freikaufte und sie nicht etwa verteilte. Nur in der Schrift *Krátké sebranie z kronik českých k výstraze věrných Čechóv* (Kurze Zusammenstellung aus böhmischen Chroniken zur Warnung getreuer Tschechen) findet sich der absichtlich nicht objektive Vorwurf, dass der angeblich aus "deutschem Stamm" geborene Karl nur Deutsche in das Land berufen habe.¹⁴ Einer recht detaillierten Beurteilung wurde Karl IV. in der *Historie česká* (Böhmische Geschichte) des Enea Silvio Piccolomini von 1458 unterzogen.¹⁵ Dieser feierte Karl einerseits als frommen Mann großer Taten, besonders großer Gründungen (Universität, Bautätigkeit), warf ihm aber andererseits ebenso wie viele andere Autoren geringen Einsatz für das Reich vor. Intensiv kritisierten Piccolomini und etliche seiner Zeitgenossen dann Karls Sohn Wenzel IV. Den Vorwurf, dass Karl IV. „*der Vater des Königreichs Böhmen und der Erzstiefvater des Heiligen Römischen Reichs*" gewesen sei, betonten später vor allem die Chronisten des Kaisers Maximilian I., der Humanist Johannes Cuspinianus¹⁶ und der Würzburger Abt Johannes Trithemius (Heidenberg). Ihre negative Sicht entsprach natürlich dem neuen Konzept eines Bündnisses zwischen Dynastie und Reich, das von Maximilian erdacht worden war.

Die Jagiellonen knüpften programmatisch an Karls Gründertätigkeit und ideelles Herrschaftskonzept an. Wladislaw Jagiello ließ die Wenzelskapelle in der Kathedrale St. Veit erneuern und mit einem Gemäldezyklus zum Leben des Titelheiligen vom Meister des Leitmeritzer Altars ausstatten. Außerdem ließ er neue Reliquienbüsten der böhmischen Landespatrone anfertigen, da die alten von Kaiser Sigismund „*entwendet*" worden waren. Ähnlich wie Karl nutzte auch Wladislaw das Bild seiner Vorfahren und Vorgänger auf dem böhmischen Thron. Zu Anfang des 16. Jahrhunderts ließ er daher auf der Prager Burg einen größeren Zyklus der böhmischen Herrscher malen, der leider beim großen Brand im Jahr 1541 zerstört wurde. Die Tafelbilder hielten insgesamt 47 böhmische Herrscher von Přemysl dem Pflüger bis zu den herrschenden Jagiellonen fest, den beliebten „Vater des Vaterlandes" eingeschlossen. Zu den Gebäuden, die bewusst aus Karls Zeiten bekannte Repräsentationsformen kopierten, gehörte nicht zuletzt auch der sog. Pulverturm unweit des Karlshofs in der Prager Altstadt. Dieser Turm entstand zwar auf Initiative der Ratsherren der Altstadt, sollte jedoch von einer plastischen Darstellung Wladislaw Jagiellos dominiert werden; die Inspiration durch den gegen Ende von Karls Regierung gebauten Altstädter Brückenturm ist offensichtlich. Ohne Übertreibung lässt sich daher sagen, dass die Jagiellonen sich gezielt um eine „*renovatio regni*" bemühten.¹⁷

Die einmal eingebürgerten Ansichten zu Karl IV. änderten sich auch nach der Besteigung des böhmischen Throns durch die Habsburger nur unwesentlich. Die bekannten, aus der älteren Literatur übernommenen Lobpreisungen und kleinen Vorwürfe bezüglich der Persönlichkeit Karls IV. (Martinianus, Königshofen) erwähnte Martin Kuthen von Šprinsberk in seiner *Kronika o založení země české* (Chronik über die Gründung des Landes Böhmen) von 1539. Auch die 1541 erschienene *Kronika česká* (Böhmische Chronik) aus der Feder des Katholiken Václav Hájek von Libočany brachte nichts wesentlich Neues. Hájek lobte Karl IV. für seinen Einsatz für das Königreich Böhmen, obwohl er ihm – vielleicht unter dem Einfluss der Reichschronisten – vorwarf, die Deutschen mehr geliebt zu haben als die Tschechen. Hájeks zweiter Vorwurf, dass Karl zum Schaden des Kaisertums die Kurfürsten bei der Wahl Wenzels IV. zum römischen König bestochen habe, fällt in den Bereich der traditionell negativen Ansichten der Katholiken zu Karls Sohn und Nachfolger, den sie für das Ausbrechen der Hussitischen Revolution verantwortlich machten.¹⁸ Hájeks Meinung zu Karl IV. übernahm Dubravius (Jan Skála von Doubravka) in seiner *Historia regni Bohemiae* (1552).

Die Utraquisten Magister Prokop Lupáč von Hlaváčov und Daniel Adam von Veleslavín betonten dagegen die Tradition des Königs „*berühmten und heiligen Angedenkens, Vaters seines Heimatlandes*".¹⁹ Es war Lupáč, der sich in zwei Schriften um die „Rehabilitierung" Karls IV. und seines Sohns Wenzel IV. gegenüber solch wenig objektiven Beurteilungen wie durch Cuspinianus oder Piccolomini bemühte.²⁰

Das „Nachleben" Karls IV. wurde weiter durch die jüngeren Ausgaben seiner *Goldenen Bulle* gefüttert, was im Hinblick auf die staatsrechtliche Bedeutung dieser Urkunde verständlich ist. Unter den Wiegendrucken der Jahre 1474–1500 taucht sie dreimal auf, im 16. Jahrhundert wurde sie neunmal und in den ersten beiden Jahrzehnten des 17. Jahrhunderts gleich zehnmal herausgegeben. Im Zeitraum 1474–1500 publizierte man sie mehrfach in deutscher Übersetzung, 1559 auf Italienisch und 1619 zum ersten Mal in tschechischer Sprache. Die genannten Ausgaben der Goldenen Bulle wurden häufig von einem Kommentar mit aktualisierter historisch-politischer, staatsrechtlicher Auslegung begleitet (z. B. von Balthasar Mencius). In Böhmen gab Pavel Ješín 1617 außerdem Karls Majestätsbrief (*Majestas Carolina sive constitutiones Caroli IV*) in tschechischer Übersetzung heraus. Es erschien auch die *Vita Caroli* in den Editionen von Reiner Reineccius (1584) und Marquard Freher (1602). Die erste tschechische Übersetzung von Karls Autobiografie hatte 1555 das Licht der Welt erblickt. 1614 erschien sogar eine lateinische Abhandlung über die *Vita Caroli* aus der Feder des Prager Universitätsmagisters Nicolaus Troilus.²¹ Positive Erwähnung fand Karl IV. 1593 auch in der Schrift über Mähren des Bartoloměj Paprocký von Hlohol,²² in der Karl auf einem Holzschnitt in Renaissance-Rüstung als König von Böhmen und Markgraf von Mähren dargestellt ist. In dem lateinischen politisch-enzyklopädischen Handbuch *Respublica Bojema* (Über den Staat Böhmen) des Protestanten Pavel Stránský von 1634²³ wird das staatsrechtliche Moment in der karolinischen Tradition betont, das im Hinblick auf die damalige politische Lage höchst aktuell war.²⁴ Stránský zufolge war Karl IV. ein besonnener Staatsmann, der in Böhmen für die Harmonie zwischen Herrscher und Ständen verantwortlich war.

Ähnlich positiv beurteilte Karl IV. auch die barocke böhmische Geschichtsschreibung. Dies gilt vor allem für den Jesuiten Bohuslav Balbín, der in seinen Werken *Epitome historica rerum bohemicarum* von 1677 und dem 7. Band der *Miscellanea regni Bohemiae* von 1687²⁵ Karl IV. im Geist des barocken Landespatriotismus so sehr feierte, dass von Seiten der Behörden eine Zensur ausgeübt wurde, da Balbíns Formulierungen wie eine „*Beleidigung der folgenden Herrscher*" wirkten. Balbín plante sogar eine neue Monografie Karls IV., aber als er erfuhr, dass bereits sein Ordensbruder P. Gamans aus Mainz eine ähnliche Arbeit konzipiert hatte, verzichtete er auf die Ausführung und überließ Gamans sogar seine Notizen. Allerdings vollendete der Mainzer die erwartete Monografie nie. Seine Bewunderung für Karl IV. hielt Balbín auch in der Lebensbeschreibung des Ernst von Pardubitz von 1664 nicht zurück.²⁶ Er hielt den ersten Prager Erzbischof – und dies sicher zu Recht – für einen der „Motoren" der erfolgreichen karolinischen Herrschaft. Ähnliche patriotisch

Abb. 234 **Karl IV. als Jupiter. Entwurf für das Thesenblatt Wenzel Adalberts und Johanns von Sternberg** • Karel Škréta, 1661 • Zeichnung auf Papier • Prag, Národní knihovna ČR, Th. 428, Cim Za 216 ř. 2/1

gefärbte Ansichten vertraten Balbíns Zeitgenossen – Tomáš Pešina von Čechorod, Propst des Kapitels zu St. Veit, im *Mars Moravicus*[27] und der Kreuzherr mit dem roten Stern, František Jan Beckovský in seiner Schrift *Poselkyně starých příběhů českých* (Botin alter böhmischer Begebenheiten).[28]

Tendenzen zum Landespatriotismus lassen sich nicht nur in historischen und literarischen Quellen, sondern auch in der bildenden Kunst entdecken. Es ist sicher kein Zufall, dass Johann Blasius Santini-Aichel, František Maxmilián Kaňka oder Octavio Broggio bei ihren Bauten der sog. Barockgotik Elemente der karolinischen Parler-Gotik verwendeten. Auch die Zyklen böhmischer Herrscher auf den hiesigen Schlössern sind ein Ausdruck des Landespatriotismus.[29] Der ersten dieser Zyklen wurde um die Mitte des 16. Jahrhunderts auf Bestellung der Herren von Neuhaus (z Hradce) angefertigt: Auftraggeber war entweder Joachim von Neuhaus (1526–65), Oberstkanzler des Königreichs Böhmen und Geheimer Rat Kaiser Maximilians II., oder sein Sohn Adam II. von Neuhaus (1549–96), Prager Oberstburggraf und Oberstkanzler Rudolfs II. Dem Inventar von 1604 zufolge befanden sich damals auf Schloss Neuhaus (Jindřichův Hradec) insgesamt 57 Gemälde böhmischer Herrscher von den Herzögen der mythischen Vorzeit bis zum Habsburger Rudolf II. Die Gruppe ist nicht geschlossen überliefert, aber zum Glück konnten einige Gemälde gefunden und zurückgekauft werden. Ein zweiter, um 1700 gemalter Zyklus hatte sich in Schloss Bischofteinitz (Horšovský Týn) erhalten und ist heute auf Burg Karlstein ausgestellt.[30]

Dass die Prager Universität ihren Gründer selbst im 17. Jahrhundert noch nicht vergessen hatte, belegen die Motive der Universitätsthesenblätter, die sich die Kandidaten für akademische Titel vor der Verteidigung drucken ließen. Diese Universitätsthesen bestehen in der Regel aus zwei Teilen – dem Text, der die verteidigten Thesen, den Namen des Verteidigers und seines Patrons aufführt, und Grafiken. Die beigefügten Darstellungen berührten entweder das Studienfach des Verteidigers oder feierten die Familie des Patrons. So findet sich auf einem Thesenblatt von 1661 ein Stich des Matthäus Küssel nach einer Vorlage Karel Škrétas, auf dem die hl. Katharina als Beschützerin Karls IV. während des Aufstands in Pisa im Jahr 1355 dargestellt ist.[31] Auf dem Thesenblatt, das Wenzel Adalbert und Johann von Sternberg 1661 verfassten und das Kaiser Leopold I. und das Geschlecht der Sternberg pries, stellte der Stecher Bartholomäus Kilian nach einer Vorlage Karel Škrétas Karl IV. als Jupiter dar.[32] Auch auf dem Thesenblatt des Ferdinand Ernst Heidler von Buková aus dem Jahr 1642 fehlt die Figur des Gründers der Prager Alma Mater nicht. Sie ist mit einem Stich des Caspar Doms nach einer Vorlage von Karel Škréta versehen, den das Motiv der Prager Universität als Tempel der Weisheit ziert.[33]

Plastische Darstellungen Karls IV. waren im Barock dagegen selten. Eine Ausnahme findet sich in Karlsbad (Karlovy Vary). Die dortige große barocke Sandsteinstatue des Herrschers und Stadtgründers, die von einem unbekannten Schöpfer stammt, war eine Schenkung des Appellationsrats von Schuppig als Dank für die Heilung, die ihm im Kurort zuteil wurde (1739).[34] Den Sockel ziert eine Kartusche mit einem Relief, das die legendäre Gründung der Stadt zeigt. Ursprünglich war die Skulptur auf einem hohen Sockel an der Südecke der Fassade des Renaissance-Rathauses auf dem Platz unter dem Schlossturm mitten in der Stadt aufgestellt. Vor dem Abriss des Gebäudes, der wegen des schlechten baulichen Zustands im Jahr 1875 erfolgte, wurde die Statue abgenommen; seit 1936 schmückt sie die Fassade der ehemaligen Bezirks- und heutigen Stadtbibliothek in der Straße I. P. Pavlova. 1975 erfolgte eine Restaurierung des Denkmals.[35]

Eine bemerkenswerte Ikonografie weist auch die astrologische Medaille Karls VI. auf, die 1711 nach einem Entwurf Christian Wermuths anlässlich der Krönung des Kaisers gefertigt wurde.[36] Der Habsburger ist auf dem Avers der Medaille in Gesellschaft seiner drei bedeutenden Vorgänger gleichen Namens auf dem Kaiserthron dargestellt: Karl I. mit dem Beinamen Magnus (der Große), Karl IV. mit dem Beinamen Sapiens (der Weise) und Karl V. mit dem Beinamen Victor (der Sieger).

Von großer Bedeutung für die entstehende kritische Karlsforschung in Böhmen war das 1780–81 erschienene zweibändige Werk *Kaiser Karl der Vierte, König in Böhmen* von Franz Martin Pelzel (vgl. Kat.-Nr. 19.4).[37] Die Publikation war umso wertvoller, als der Autor an das Ende beider Bände eine Edition ausgewählter Quellen zur Zeit Karls IV. stellte. Pelzel lehnte die Ansichten zahlreicher deutscher Historiker ab (so Karl Friedrich Häberlin, Johann Daniel von Olenschlager, Michael Ignaz Schmidt), die Karl IV. negativ beurteilten. Für ihn war Karl IV. nicht in erster Linie ein Wohltäter, der seinem Vaterland vermittelt über die Kirche Gutes tat – wie ihn noch die Balbín-Generation verstanden hatte –, sondern eher eine Persönlichkeit, die in ihrem großzügig konzipierten staatsmännischen Plan Kunst und Kultur einen wichtigen Platz zuwies. Legendär und bisher gültig ist die folgende Behauptung Pelzels in der Vorrede zu seinem Werk: *„Unter allen Menschen, die je in Böhmen gebohren worden, ist Kaiser Karl der Vierte unstreitig der wichtigste und größte Mann."*[38] Pelzel lehnte auch die Vorwürfe der deutschen Historiker ab, dass Karl ein feiger, schwacher König gewesen sei, der das Territorium des Königreichs Böhmen auf Kosten des Reichs vergrößert und allzu sehr auf Seiten des Papstes gestanden habe („Pfaffenkönig"). Es ist bezeichnend, dass nach Pelzels Monografie in Böhmen bis nach dem Zweiten Weltkrieg keine Arbeit entstand, die sich systematisch aufgrund der Untersuchung von Quellen und Literatur um eine Bewertung von Persönlichkeit und Werk Karls IV. bemüht hätte.

Die in zwei Richtungen zerfallende nationale Beurteilung Karls IV. dauerte bis in die 1870er Jahre an. Die Vertreter der tschechischen Wiedergeburt betonten dabei von der karolinischen Tradition vor allem die Kulturidee. Von diesen Aspekten ging auch František Palacký bei seiner Bewertung Karls IV. aus – in seiner *Geschichte Böhmens* von 1842 ebenso wie in seinem Werk *Dějiny národa Českého* (Geschichte des tschechischen Volkes) 1846–78, besonders in der zweiten Auflage von 1876.[39] Auch die Geschichtswerke von Václav Vladivoj Tomek[40] und Josef Kalousek[41] brachten in dieser Hinsicht nichts Neues.

Auf deutscher Seite steht Michael Ignaz Schmidt, ein wichtiger Historiker der katholischen Aufklärung, für ein neues Verständnis Karls IV.[42] Er gab das feudale, reichsorientierte Konzept der deutschen Geschichte auf und ersetzte es durch einen Ansatz, der auf der Geschichte der Nation und auf dem Ideal eines starken einheitlichen Deutschlands basierte. Dies ließ ihn Karls Goldene Bulle sehr schätzen, da sie eine feste Wahlordnung für den römischen König konstituierte. Den Erlass der Goldenen Bulle durch Karl IV. hob auch Konstantin Karl Adolf Höfler, ein romantischer Anhänger des katholischen Universalismus, ganz besonders hervor.[43]

In der zweiten Hälfte des 19. Jahrhunderts bemühte sich die deutsche Geschichtsschreibung anhand der immer größeren Menge edierter Quellen um eine objektive Bewertung Karls IV. Grundsätzliche Bedeutung kam Alfons Hubers Edition der *Regesta imperii* (1877) zu, in der Karls Urkunden und sein Itinerar veröffentlicht wurden.[44] Die tschechische Historiografie äußerte sich lobend über die Monografien von Emil Werunsky[45] und Heinrich Friedjung,[46] in denen die kulturellen Verdienste Karls IV. betont wurden. Alles Wesentliche, was bis dato zu Karl IV. geschrieben worden war, analysierte Johann Loserth in seiner *Geschichte des späteren Mittelalters* (1903).[47] Die Widersprüche in Karls Regierung verstand er im breiten Kontext der Krise des ausgehenden Mittelalters, das heißt in einer Interpretation der Zeit, die in einigen Zügen dem künftigen *Herbst des Mittelalters* des niederländischen Historikers Johan Huizinga ähneln sollte.

Geehrt wurde Karl IV. im 19. Jahrhundert auch mittels der bildenden Kunst. Zumeist handelte es sich um Statuen an öffentlichen Orten. Der Gedanke, Karl IV. in Prag ein Denkmal zu errichten, wurde in den 1830er Jahren geboren. Man zog seine Unterbringung auf dem Rossmarkt (Wenzelsplatz / Václavské náměstí) oder auf dem Viehmarkt (Karlsplatz / Karlovo náměstí) in Erwägung. Der näher rückende 500. Jahrestag der Gründung der Karls-Universität bot den Anstoß, diese Absicht in die Tat umzusetzen. Bereits 1842 wurde eine Jury berufen, die sich aus Professoren und Mitgliedern des akademischen Senats der Universität zusammensetzte. Diese beschloss den Dresdner Bildhauer Ernst Julius Hähnel mit der Anfertigung eines Denkmalentwurfs zu beauftragen.[48] Nach Hähnels Entwurf von 1844 wurde das Denkmal dann von dem Nürnberger Gießer Jakob Daniel Burgschmiet angefertigt. Die feierliche Enthüllung war für den 500. Jahrestag der Universitätsgründung geplant, musste aber aufgrund der Revolution von 1848 verschoben werden und fand schließlich erst am 31. Januar 1851 statt. Die Metallstatue Karls IV. mit der Gründungsurkunde der Karls-Universität in der Hand steht auf einem Sockel mit der Inschrift „*Karolo Quarto. Auctori Suo Literarum universitas / Festo saeculari quinti 1848*". Den Sockel zieren neben der Inschrift auch Personifizierungen der vier damaligen Fakultäten der Karls-Universität – Theologie, Medizin, Rechtswissenschaften und Philosophie. Kleinere Statuen zeigen führende Persönlichkeiten vom Hof Karls IV.: Ernst von Pardubitz, Benesch von Wartenberg, Matthias von Arras und Johann Očko von Vlašim. Die Statue vom Kreuzherren-Platz (Křižovnické náměstí) tauchte auch auf der Vorderseite der goldenen Medaille des Rektors (verloren gegen Ende des Krieges 1945) und auf den Medaillen akademischer Würdenträger auf, die der Wiener Bildhauer und Medailleur Wenzel Johann Seidan im Jahr 1848 geschaffen hatte.[49]

Eine weitere Statue Karls IV. als Universitätsgründer meißelte der Bildhauer Josef Max 1842 für das Neuretter-Haus Nr. 14 in der Karlsgasse (Karlova). Karl stützt sich hier mit der Rechten, in der er die Gründungsurkunde der Universität hält, auf einen Sockel, den Symbole der vier Fakultäten zieren. Gegenwärtig befindet sich diese Sandsteinskulptur im Hof der Kirche Maria Himmelfahrt und Karl der Große in Prag-Karlshof (Karlov).

Josef Max schuf 1858 noch eine zweite Statue Karls IV., diesmal als Gründer der Stadt Karlsbad, die auf einer hohen Säule in dem ebenfalls nach dem Herrscher benannten Stadtpark steht.[50] Der Vollständigkeit halber sei angeführt, dass es in Karlsbad gegenüber dem Kaiserbad eine weitere Statue Karls IV. gibt, die 1955 von Otakar Švec angefertigt wurde.[51]

Eine interessante plastische Darstellung Karls IV. als Förderer des böhmischen Weinbaus befindet sich in Mělník. Karl, mit der böhmischen Königskrone auf dem Haupt, hält in der Linken eine Urkunde und in der Rechten einen Stab, um den sich eine Weinrebe rankt. Diese Statue hatte Josef Max bereits 1840 auf Bestellung des Ritters Johann Norbert Gemerich von Neuberg für dessen Schloss Neuberg (Neuberk) aus Stein gemeißelt.[52] An ihren heutigen Platz nördlich des Schlosses auf dem sog. Schlossberg, an der Kreuzung der Straßen Na vyhlídce und Husova, gelangte sie erst 1929.

An die Gründung der Karls-Universität wurde auch mit einem Monumentalgemälde im Altstädter Rathaus in Prag erinnert: Václav Brožík malte 1896–97 für das Vorzimmer des Ratssaales ein großes Lünettenbild mit diesem Motiv.[53] Das Geschehen wird hier in den Königspalast verlegt, wo Karl IV. in Anwesenheit des Erzbischofs Ernst von Pardubitz und vieler Höflinge die Gründungsurkunde der Hohen Schule an deren Rektor übergibt. Zuvor war bereits ein großformatiges Ölbild auf Leinwand entstanden, das den Titel *Drei Zeiten böhmischer Geschichte – Die Luxemburger* (Tři doby českých dějin – Lucemburkové) trug und 1880 von dem tschechischen Maler Jakub Schikaneder geschaffen worden war. Das Bild war ursprünglich für den Fries der königlichen Loge im Nationaltheater bestimmt, wurde aber in den 1930er Jahren der Karls-Universität geschenkt.[54]

Von den im 19. Jahrhundert entstandenen grafischen Darstellungen Karls IV. sei an die Lithografien aus Antonín Macheks Zyklus *Böhmische Geschichte in Bildern* (Dějiny české v obrazích) von 1820 (*Zusammenrottung gegen Karl IV. in Pisa, Gründung Karlsbads durch Karl IV.*) oder das Blatt *Karl IV. in der Werkstatt Peter Parlers* (1854) von Josef Vojtěch Hellich erinnert.

In einem ähnlich traditionellen und national konnotierten Geist erscheint Karl IV. auch in der offiziellen Kunst der Ersten Republik sowie in den Werken, die auf Bestellung der Kirche entstanden. Eine Darstellung Karls IV., der zusammen mit Ernst von Pardubitz Reliquien in die Kathedrale trägt, findet sich auf dem Türrelief des Veitsdoms von 1926, geschaffen nach einem Entwurf von Otakar Španiel und Vratislav Hugo Brunner.[55] Erst von 1945 stammt das Glasgemälde im Abschluss des Hochchors der Kathedrale, das nach einem Entwurf von František Kysela und Max Švabinský angefertigt wurde. Zu den Personen, die hier die hl. Dreifaltigkeit vom Typ des Gnadenthrons anbeten, zählt unter anderen Karl IV.[56]

Abb. 235 **Die hl. Katharina als Beschützerin Karls IV. während des Aufstands in Pisa im Jahr 1355** • Matthäus Küssel nach einer Vorlage Karel Škrétas, 1661 • Kupferstich • Prag, Národní galerie v Praze

Intensives Interesse am Kaiser und seiner Epoche zeigte natürlich auch die damalige Geschichtsschreibung, wobei die populärwissenschaftliche Darstellung nicht zu kurz kam. Karls Zeitalter wurde den Lesern etwa durch eine hervorragende Auswahl des zeitgenössischen Schrifttums nahe gebracht, die Jan Vilikovský 1938 unter dem Titel *Prosa aus der Zeit Karls IV.* (*Próza z doby Karla IV*) publizierte;[57] hier findet sich unter anderem die Leichenpredigt des Adalbertus Ranconis de Ericinio, die dieser am Sarg des verstorbenen Kaisers hielt. Allerdings kam es auch zu eigenwilligen Aktualisierungen. Am Vorabend der nationalsozialistischen Expansion in die Tschechoslowakei veröffentlichte 1938 Josef Pfitzner, Professor an der Prager deutschen Universität, das kontrovers diskutierte Buch *Kaiser Karl IV.*, das nicht nur von tschechischen, sondern auch von vielen deutschen Historikern kritisiert wurde.[58] Pfitzner suchte in offener Anlehnung an den ideologischen Zeitgeist die Ursachen für die Misserfolge des Herrschers in Karls schlechten rassischen Voraussetzungen. Erst nach dem Krieg erschien in der Reihe *České dějiny* [*Tschechische Geschichte*] ein Grundlagenwerk zu Karl aus der Feder von Josef Šusta, das jedoch wegen des tragischen Todes des Autors zwangsläufig Fragment bleiben musste. Der erste Teil *Vater und Sohn 1333–1346* (*Otec a syn 1333–1346*) wurde bereits 1946 veröffentlicht, der zweite, die Jahre bis 1355 abdeckende Teil *Der Weg zur Kaiserkrone* (*Za korunou císařskou*) erschien 1948.[59]

Im Rahmen der Restaurierung des historischen Carolinum-Gebäudes durch Jaroslav Fragner anlässlich des 600. Jahrestags der Universitätsgründung wurde ein Wettbewerb für eine Statue Karls IV. in der Großen Aula ausgeschrieben, an dem die führenden tschechischen Bildhauer Otakar Švec und Karel Pokorný teilnahmen.[60] Verwirklicht wurde Pokornýs Entwurf, der somit den umfangreichen Bestand an Denkmälern mit dem Bild des Herrschers vermehrte, den die älteste einheimische Universität besitzt. Reichhaltig bestückt sind vor allem die Sammlung von Medaillen mit dem Abbild des Kaisers sowie die Sammlung der Entwürfe oder Umsetzungen von Universitätsdiplomen und Gedenkblättern, die die Persönlichkeit des Gründers auf die eine oder andere Weise verwendeten (z. B. Max Švabinský, Vladimír Silovský, Oldřich Kulhánek usw.).[61]

In den 1950er Jahren stand Karl IV. im Schatten des ideologisch konnotierten Interesses an der Hussitenzeit. Zugleich gelang es in jenen Jahren jedoch, die intensive Editionstätigkeit wieder aufzunehmen, die vor allem schwer zugängliche Quellen zur Regierung des Kaisers neu zugänglich machte – so erreichte vor allem das von Josef Emler begonnene Projekt *Regesta diplomatica nec non epistolaria Bohemiae et Moraviae* jetzt die karolinische Zeit. Allerdings wurden die Quellen auch für eine breitere Öffentlichkeit erschlossen, wofür die 1958 von Zdeněk Kalista zusammengestellte Auswahl[62] oder die Übersetzungen repräsentativer Schriften der karolinischen Geschichtsschreiber, die 1987 erschienen,[63] als Beispiel dienen können. Die intensive Editions- und Übersetzungstätigkeit führte zu neuen Sichtweisen auf die Epoche Karls IV., die sich nicht nur auf den Kaiser, sondern auch auf weitere wichtige Persönlichkeiten seiner Zeit konzentrierten. An diesen Ansätzen waren bis heute aktive Historiker beteiligt – Ivan Hlaváček, Zdeňka Hledíková, Marie Bláhová, Jana Zachová und in letzter Zeit Hana Pátková.[64]

Anlässlich der 600. Wiederkehr von Karls Todestag erschienen Ende der 1970er Jahre die ersten großen Synthesen seit den Arbeiten Šustas. Zu denken ist hier an Jiří Spěváčeks umfangreiches Buch von 1979,[65] das sich mit den wirtschaftlichen und machtpolitischen Voraussetzungen der karolinischen Zeit beschäftigt. Damit darf das Werk als eine Art Gegenpol zu Zdeněk Kalistas bereits 1971 publiziertem Buch gelten,[66] in dem der um eine Generation ältere, katholisch orientierte Historiker die geistigen Aspekte der Persönlichkeit dieses Herrschers und besonders dessen Verhältnis zur Lehre des hl. Augustinus und der Augustiner-Chorherren betont hatte. Erst nach 1989 konnten die wichtigen Arbeiten des Historikers František Kavka erscheinen, die ein plastisches Bild der Epoche Karls IV. liefern.[67]

Die Zeit des großen Kaisers weckt also bis heute das Interesse der Historiker. Im Rahmen des Projekts *Velké dějiny zemí Koruny české* [Große Geschichte der Länder der Böhmischen Krone] ver-

Abb. 236 **Die Sandsteinstatue von der Südecke des später abgerissenen Renaissance-Rathauses von Karlsbad (Karlovy Vary) erinnert an Karl IV. als Stadtgründer und war eine Schenkung des Appellationsrats von Schuppig von 1739** • Karlsbad, Fassade der Stadtbibliothek

Abb. 237 **Statue Karls IV. für das Neuretter-Haus Nr. 14 in der Prager Karlsgasse (Karlova)** • Josef Max, 1842 • Sandstein • Prag, Hof der Kirche Mariä Himmelfahrt und Karl der Große in Prag-Karlshof (Karlov)

fasste die Historikerin Lenka Bobková eine umfangreiche Synthese der Luxemburger-Zeit: Es handelt sich um den 2003 erschienenen, zweibändigen vierten Teil der Reihe, der die Jahre 1310–1402 abdeckt.[68] Außerdem entstanden zahlreiche populärwissenschaftliche Titel für die breite Öffentlichkeit, von denen besonders das von zahlreichen Autoren unter der Herausgeberschaft von Lenka Bobková und František Šmahel geschriebene Werk *Lucemburkové. Česká koruna uprostřed Evropy* [Die Luxemburger. Die böhmische Krone in der Mitte Europas][69] und die von Jaroslav Čechura und Václav Žůrek herausgegebene biografische Enzyklopädie[70] Erwähnung finden sollen. Neben originär tschechischen Arbeiten stehen dem einheimischen Leser heute auch zahlreiche Werke ausländischer Historiker in Übersetzung zur Verfügung, vor allem Ferdinand Seibts wichtige Monografie[71] oder Jörg K. Hoenschs Buch,[72] das einen längeren zeitlichen Horizont berücksichtigt. Zugänglich ist der Öffentlichkeit auch weiterhin die Literatur der karolinischen Zeit, so etwa durch die kommentierte Quellenauswahl von Marie Bláhová und Richard Mašek[73] oder durch jene Texte, bei denen der Kaiser selbst als Autor gilt und die von Anežka Vidmanová herausgegeben wurden.[74] Neben traditionellen Ansätzen finden sich auch neue Perspektiven, wie in František Šmahels Werk, das sich auf zahlreiche Aspekte der mehrmonatigen letzten großen Reise des Kaisers nach Frankreich konzentriert.[75]

Zur Erforschung der kulturellen Dimension des Handelns Karls IV. trugen sowohl tschechische als auch ausländische Kunsthistoriker bei. Als Anstoß gebende Synthese, die Karl IV. als Besteller von Kunstwerken würdigte, darf hier Karel Stejskals Arbeit gelten, die anlässlich des 600. Todestages des Herrschers erschien.[76] Zu diesem Anlass wurde auch eine umfangreiche und bahnbrechende Synthese zu der mit der Luxemburger-Dynastie verbundenen Kunst veröffentlicht, zu der der Kölner Kunsthistoriker Anton Legner den Anstoß gegeben hatte: der mehrbändige Ausstellungskatalog *Die Parler und der Schöne Stil*.[77] Auf tschechischer Seite wurde das Bild von der Kunst in der Zeit Karls IV. und seines Sohns Wenzel IV. in Albert Kutals Buch von 1972[78] und vor allem 1970 in dem von Jaroslav Pešina herausgegebenen Katalog der nicht durchgeführten Ausstellung *České umění gotické 1350–1420* (Böhmische gotische Kunst 1350–1420) gezeichnet.[79] Wichtig war aber auch das im Jahr zuvor erschienene Werk, für das vor allem Kunsthistoriker aus den Reihen der vertriebenen Deutschböhmen, unter anderen Karl Maria Swoboda und Erich Bachmann, verantwortlich waren, an der sich aber auch der Emigrant Karel Schwarzenberg und der bedeutende österreichische Kunsthistoriker Gerhard Schmidt beteiligt hatten.[80] Ein gelungener Versuch, die vielen Facetten der Persönlichkeit Karls IV. zu erfassen, war der universitäre Sammelband *Karolus Quartus* von 1984,[81] zu dessen Autoren Historiker vieler Spezialisierungen einschließlich Kunsthistoriker zählten. Seit den 1990er Jahren wurde dann die Rolle der Kunst als eines bedeutenden Herrschaftsinstruments des mitteleuropäischen Herrschers betont. Auf Karl IV. wurde dieses Konzept von Robert Suckale und Jiří Fajt übertragen,[82] die die These der älteren Forschung (Hans Sedlmayrs „*Herrenstil*" oder Karl M. Swobodas „*Reichsstil*") von Pathos befreiten und weiter ausdifferenzierten; danach hatte Karl IV. den Ton der zeitgenössischen Kunstrepräsentation durch einen eigenen Stil bestimmt, den sie als „*kaiserlichen Stil*" bezeichnen.[83] Der Kunst als Kommunikationsinstrument widmeten sich außerdem Iva Rosario,[84] Paul Crossley[85] und Jiří Kuthan.[86]

Neben dem beständigen Interesse der Wissenschaft erfreut sich Karl IV. aber auch bei der tschechischen Bevölkerung außerordentlicher Popularität, wie die Umfrage „Der größte Tscheche" im

Tschechischen Fernsehen belegt: Hier platzierte sich der Kaiser aus der Luxemburger-Dynastie 2005 sogar vor den beliebten Vätern des modernen tschechoslowakischen bzw. tschechischen Staates, den Präsidenten Tomáš Garrigue Masaryk und Václav Havel; die meisten Stimmen erhielt allerdings die fiktive Figur Jára Cimrman. Karls Aussehen und einige seiner Taten sind heute jedem Tschechen bekannt – Visualisierungen des Herrschers finden sich auf dem 100-Kronen-Schein (Oldřich Kulhánek) und auf Briefmarken; eine Rolle spielen hier sicher auch die im Fernsehen häufig wiederholten populären Filme *Majestäten und Kavaliere* (*Slasti Otce vlasti*, Regie Karel Steklý, 1969) und *Eine Nacht auf Karlstein* (*Noc na Karlštejně*, Regie Zdeněk Podskalský, 1973). Die vielen Aktionen, die 2016 an Karl IV. erinnern, belegen deutlich, dass die Beliebtheit des Kaisers in Tschechien keineswegs schwindet.

FUSSNOTEN
1 Zum „Nachleben" Karls IV. vor allem PETRÁŇ 1984.
2 PETRARCA/POKORNÝ 1974, 211.
3 PETRÁŇ 1984, 78.
4 VILIKOVSKÝ 1938, 65–71.
5 PETRÁŇ 1984, 79f.
6 ŠUSTA 1948, 392.
7 HOFMEISTER 1924–40. – PETRÁŇ 1984, 80.
8 HEGEL 1870. – Die Handschrift der tschechischen Übersetzung mit dem Titel Martiniana befindet sich in der Bibliothek des Nationalmuseums (Knihovna Národního muzea), Sign. IV E 29.
9 PETRÁŇ 1984, 80.
10 HUS/ERBEN 1866, 133.
11 ŽÍDEK/TOBOLKA 1908, 42.
12 HORCICKA 1899.
13 MACHILEK 1967. – PETRÁŇ 1984, 82.
14 PETRÁŇ 1984, 82.
15 BARTOŠ 1925.
16 CUSPINIANUS 1601. – PETRÁŇ 1984, 82, 100.
17 ROYT 2002.
18 HÁJEK Z LIBOČAN 1541, fol. 349b.
19 ADAM Z VELESLAVÍNA 1578, 341.
20 LUPÁČ VON HLAVÁČOV 1579 und 1584.
21 TROILUS HAGIOCHORANUS 1614.
22 PAPROCKÝ VON HLOHOL 1593.
23 STRÁNSKÝ 1634, wieder 1792 und 1953.
24 STRÁNSKÝ 1953, 232.
25 BALBÍN 1677. – BALBÍN 1687 und 1735.
26 BALBÍN 1664.
27 PEŠINA Z ČECHORODU 1677.
28 BECKOVSKÝ 1700 und 1879. – TRUHLÁŘ 1884.
29 PREISS 1957.
30 PREISS 1957, 65.
31 Národní galerie v Praze, Inv.-Nr. R 241472. – ZELENKOVÁ 2011, 54f., Kat.-Nr. 36.
32 Prag, Národní knihovna ČR, Th. 428, Cim Za 216 ř. 2/1. – FECHTNEROVÁ 1984, 555–560.
33 Národní galerie v Praze, Inv.-Nr. R 154157. – ZELENKOVÁ 2009, 22f., Kat.-Nr. 3.
34 POCHE 1978/III, 36.
35 Http://www.pamatkyaprirodakarlovarska.cz/karlovy-vary-socha-karla-iv/.
36 BAŠE 1998, 7.
37 PELZEL 1780–81.
38 PELZEL 1780–81, I, Vorbericht.
39 PALACKÝ 1842. – PALACKÝ 1876.
40 TOMEK 1855–1901.
41 KALOUSEK 1878.
42 SCHMIDT 1778. – Dazu PETRÁŇ 1984, 91.
43 HÖFLER 1867.
44 HUBER 1877.
45 WERUNSKY 1880–92.
46 FRIEDJUNG 1876.
47 LOSERTH 1903.
48 THIEME/BECKER XV (1922), 427f. – VOLAVKA 1948. – PETRÁŇ 1999, 86. – KLIMPEL 2002, 61.
49 PETRÁŇ 1999, 160f.
50 POCHE 1978/III, 37.
51 POCHE 1978/III, 37.
52 POCHE 1978/III, 372.
53 Entwurf Öl auf Leinwand, H. 154 cm, B. 300 cm. 1896–97. Prag, Galerie der Hauptstadt Prag (Galerie hlavního města Prahy), Inv.-Nr. M-149.
54 PETRÁŇ 1999, 265f.
55 KUTHAN/ROYT 2011, 545.
56 KUTHAN/ROYT 2011, 559.
57 VILIKOVSKÝ 1938.
58 PFITZNER 1938.
59 ŠUSTA 1946. – ŠUSTA 1948.
60 PETRÁŇ 1999, 91f., 265f.
61 PETRÁŇ 1999, 223–227. – BAŠE 1998, 1f.
62 KALISTA 1958.
63 BLÁHOVÁ 1987.
64 Vgl. für Beispiele das Literaturverzeichnis dieses Bandes.
65 SPĚVÁČEK 1979.
66 KALISTA 1971.
67 Zuerst auf deutsch: KAVKA 1989. – Dann umfassend KAVKA 1993/I und 1993/II. – Schließlich KAVKA 1998.
68 BOBKOVÁ/BARTLOVÁ 2003.
69 ŠMAHEL/BOBKOVÁ 2012.
70 ČECHURA/ŽŮREK 2012.
71 SEIBT 1978/II, 1999 auch auf Tschechisch erschienen.
72 HOENSCH 2000, tschechische Ausgabe 2003.
73 BLÁHOVÁ/MAŠEK 2003.
74 VIDMANOVÁ 2000/I.
75 ŠMAHEL 2006.
76 STEJSKAL 1978/I.
77 Ausst.-Kat. Köln 1978 sowie die zugehörigen Kolloquiums- und Resultatbände.
78 KUTAL 1972/I.
79 PEŠINA 1970.
80 SWOBODA 1969.
81 VANĚČEK 1984.
82 Ausst.-Kat. New York 2005. – Die erweiterte deutsche und tschechische Ausgabe: Ausst.-Kat. Prag 2006. – Zugehörig der Tagungsband FAJT/LANGER 2009.
83 U. a. FAJT 2006/I.
84 ROSARIO 2000.
85 CROSSLEY 2000.
86 KUTHAN 2007.

Abb. 238 **Standbild Karls IV. als Förderer des böhmischen Weinbaus, bestellt von Johann Norbert Gemerich von Neuberg für sein Schloss Neuberg (Neuberk) in Mělník** • Josef Max, 1840 • Stein • Mělník, heutige Aufstellung nördlich des Schlosses auf dem sog. Schlossberg, an der Kreuzung der Straßen Na vyhlídce und Husova

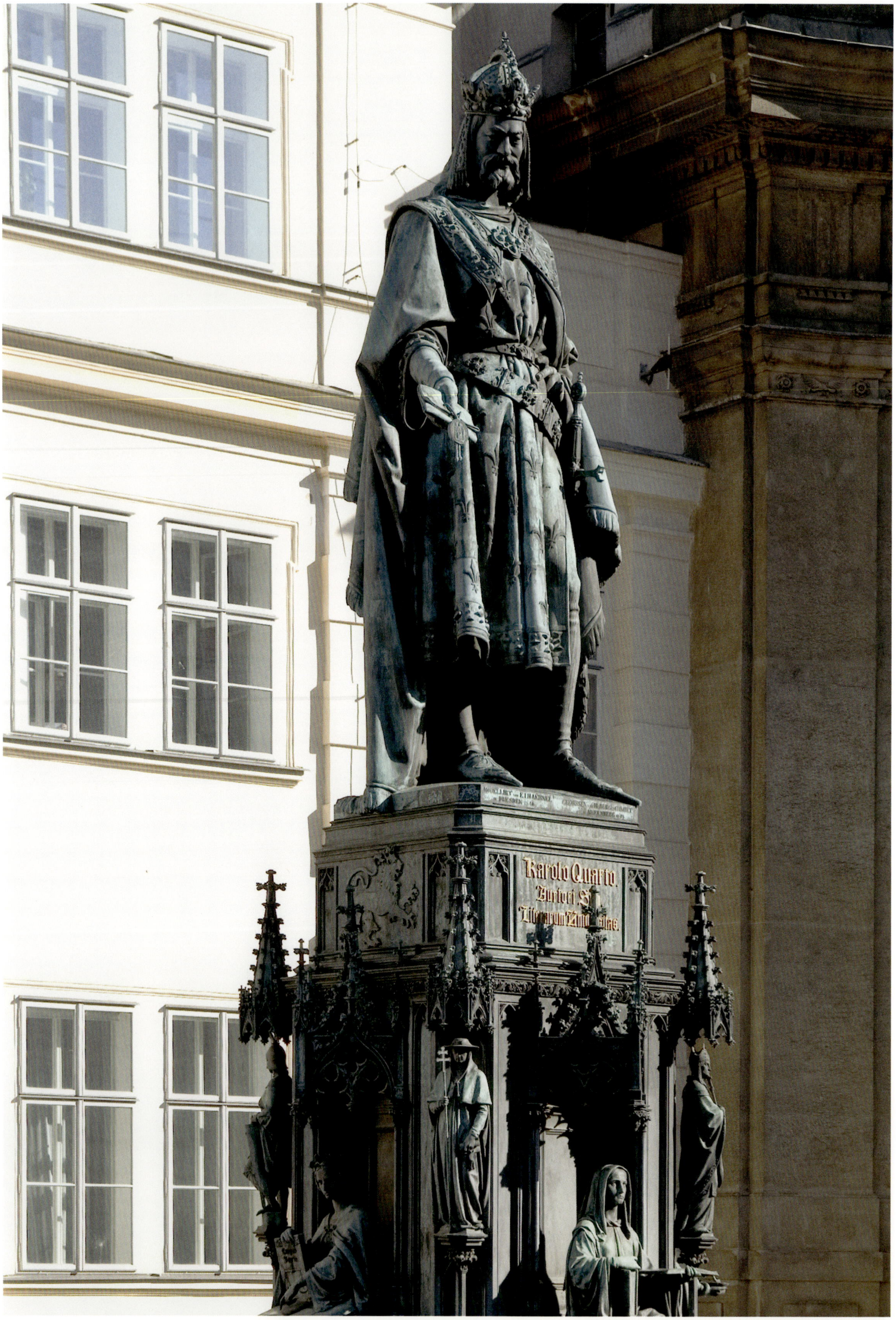
Karolo Quarto.

Größter Tscheche aller Zeiten, Deutscher, großer Europäer?

Das Bild Karls IV. in Geschichtsschreibung und Öffentlichkeit

René Küpper

Kaum ein mittelalterlicher Herrscher hat so viel zu seinem eigenen Bild bei der Nachwelt beigetragen wie Karl IV.: Neben der teilweise von ihm selbst verfassten Vita Caroli Quarti[1] geben auch die böhmischen Chroniken[2] seiner Zeit, die zum Teil von ihm beeinflusste Auftragsarbeiten waren, sein Selbstbild wieder. Seine Sorge um sein Nachleben zeigt sich auch darin, dass von keinem anderen mittelalterlichen Herrscher so viele zeitgenössische Porträts überliefert sind. Trotzdem hat Karl im Laufe der Jahrhunderte ganz unterschiedlichen religiösen, politischen und nationalen Interessen als Projektionsfläche gedient.

In den böhmischen Ländern hat sich das von Karls literarischer und künstlerischer (Selbst-) Repräsentation mitgeprägte positive Bild bis heute gehalten, er gilt mit einem gewissen Recht als *Otec vlasti* (Vater des Vaterlandes), so bereits 1378 in der Grabrede des Theologen und Predigers Adalbertus Ranconis de Ericinio (Vojtěch Raňkův z Ježova), und seine Regierungszeit als *„požehnaná doba českého státu (gesegnete Zeit des böhmischen Staates)"*.[3] Diese Überschrift bezeichnet in Jan Dolenskýs *Illustrierter Geschichte des tschechoslowakischen Volkes* (*Obrázkové dějiny národa československého*) von 1923, die zwischen 1893 und 1939 neun Auflagen erlebte, den Zeitraum von Karls Herrschaft in Böhmen. Die verschiedenen Auflagen wurden natürlich entsprechend der jeweiligen Staatsform modifiziert, die Einschätzung der Epoche Karls IV. blieb aber gleich. Dieses Buch, bebildert mit den Werken bedeutender Historienmaler des 19. Jahrhunderts, darunter Václav Brožík und Adolf Liebscher, vermittelte Generationen von Schulkindern in populärer Form die positive Wertung verschiedener Autoritäten wie Václav Hájek z Libočan, Bohuslav Balbín, František Martin Pelzel oder František Palacký, und zwar unabhängig von der jeweils herrschenden Staatsform. Der Blick in ein Geschichtslehrbuch für die Grundschule, das 1996, also gut 100 Jahre nach Dolenskýs *Illustrierter Geschichte des tschechischen Volkes. Für tschechische Söhne und Töchter* (*Obrázkové dějiny národa českého. Pro české syny a dcery*) erschien, zeigt, dass sich an der Bewertung und der Aufzählung der Leistungen Karls bis heute nichts geändert hat. Dort wird das *Otec vlasti* betitelte Kapitel über Karl so zusammengefasst: *„Karl IV. war nicht nur der größte böhmische [oder: tschechische] Herrscher, sondern auch ein bedeutender römischer Kaiser. Er gründete die Universität in Prag, die erste in ganz Mitteleuropa. Er ließ den St. Veitsdom und die Steinerne Brücke bauen, er gründete die Prager Neustadt, errichtete Burg Karlstein und zahlreiche weitere Bauwerke. Unter seiner Regentschaft herrschten Frieden und Sicherheit, das Land blühte, und so erhielt er zu Recht den Beinamen ‚Vater des Vaterlandes'."*[4] Nicht zuletzt wegen der Bauten Karls zählt das historische Zentrum Prags seit 1992 zum UNESCO-Weltkulturerbe. Burg Karlstein (Karlštejn) steht seit 2001 auf der Bewerberliste. Diese Bauten kennt jeder in der Tschechischen Republik, während man in Deutschland in der Schule wohl nur von der Goldenen Bulle von 1356 gehört hat, die seit 2013 zum UNESCO-Weltdokumentenerbe zählt.

Auch Denkmäler Karls IV. in Böhmen spiegeln dessen Verdienste um sein Königreich Böhmen. Das bekannteste, auf das noch zurückzukommen sein wird, zeigt ihn als Gründer der Karlsuniversität und sollte zu deren 500. Jubiläum 1848 enthüllt werden. Bereits 1840 wurde ein Denkmal in Mělník enthüllt, das ihn als Einführer des Weinanbaus in Böhmen zeigt. Die Skulptur am Kapellchen neben der Kirche der Jungfrau Maria und des hl. Karls des Großen in Prag, die 1837 geschaffen wurde, ist zwar mit Kaiserkrone und Reichsapfel ausgestattet, wird aber in einer für die damals sich vollendende sogenannte nationale Wiedergeburt bezeichnenden Inschrift als *„KAREL CZTWRTÝ, OTEC CZECHŮ"* ausgezeichnet, was man ins Deutsche als *„Karl IV., Vater der Böhmen"* und ebenso als *„Karl IV., Vater der Tschechen"* übersetzen kann. Die österreichischen Behörden verstanden, was gemeint war, und verlangten stattdessen die Inschrift „Vater des Vaterlandes" in deutscher Sprache, konnten sich aber gegen den tschechischen Erwerber der Statue juristisch nicht durchsetzen.[5]

Das langfristig wirksame Bild in Deutschland hingegen lässt sich in dem in der deutschen Geschichtsschreibung lange fälschlicher weise Kaiser Maximilian I. zugeschriebenen Diktum von Karl als *„Vater Böhmens, aber des Reiches Erzstiefvater"*[6] zusammenfassen. Tatsächlich war Maximilians Urteil noch härter: *„Nie ist das Reich von einer Pest betroffen worden die verderblicher als Karl IV. gewesen wäre."*[7] – weil er die letzten Reste des Reichsgutes und die Steuereinnahmen des Reiches an die Kurfürsten verpfändet habe, um die Königswahl seines Sohnes Wenzel zu erkaufen. Wie immer bestimmt der Standpunkt des Betrachters dessen Urteil. Das beginnt in Deutschland schon bei denjenigen Chronisten, die den Wittelsbachern oder den Habsburgern nahestanden und Karl IV. entsprechend sehr negativ gezeichnet haben. Der im Dienste Ludwigs des Bayern stehende Theologe William von Ockham etwa schmähte Karl bereits 1348 als *„Pfaffenkönig"* und *„Laufburschen"*[8] der Kurie.

Abb. 239 **Denkmal Kaiser Karls IV. an der Karlsbrücke** • Entwurf: Dresden, Ernst Julius Hähnel (1811–91), 1843; Guss: Nürnberg, Bronzewerkstatt Burgschmiet • Bronze • Prag, Altstädter Brückenkopf der Karlsbrücke (Kreuzherrenplatz)

Andere zeitgenössische Chronisten wie Heinrich von Herford oder Matthias von Neuenburg betonten die Nichtigkeit von Karls Wahl zum römisch-deutschen König 1346, seine Schwierigkeiten, sich als solcher durchzusetzen und sein vermeintlich unkönigliches Verhalten, das sich durch Feigheit und Schuldenmacherei ausgezeichnet habe. Zeitgenössische Stadtchroniken, zum Beispiel die Straßburger Chronik des Jakob Twinger von Königshofen und die Augsburger Chronik, gingen ebenfalls hart mit Karl ins Gericht, weil er die freien Reichsstädte für seine Hausmachtzwecke, vor allem den Erwerb der Mark Brandenburg von den Wittelsbachern, finanziell stark belastete. Die Mainzer Chronik charakterisierte ihn als „pater Bohemiae", der „*allein für seinen Profit und für die Vergrößerung seines Königreichs Böhmen sorgte, während er alle Städte des Reichs in Verzweiflung zurückließ*".[9] Die breit rezipierten Florentiner Chronisten Giovanni und Matteo Villani zeichneten einen gewinnsüchtigen Karl, der in Italien taktiert, hohe Geldsummen einstreicht und letztlich ruhmlos abzieht. Francesco Petrarca hingegen, erst hoffnungsvoller, dann enttäuschter Parteigänger einer Wiederherstellung der kaiserlichen Macht in Italien, sah Karl schließlich als Verräter an der Kaiseridee, die er gegen Geldzahlungen verkauft habe.

So scheint im Heiligen Römischen Reich teilweise bereits unter den Zeitgenossen, jedenfalls aber zum Ende des 14. Jahrhunderts, ein lange fortwirkendes Negativbild Karls IV. vorherrschend gewesen zu sein, das die immer wieder zitierte vermeintliche Formulierung Maximilians I. vorwegnahm. Freilich lag eine gewisse Willkür in der Auswahl der rezipierten zeitgenössischen Urteile, also darin, was übernommen und in welcher Form es weitergetragen wurde.

Enea Silvio Piccolomini, der berühmte Humanist, Gelehrte und spätere Papst Pius II., dessen Werke gedruckt weite Verbreitung fanden, legte dann in seiner um 1457 entstandenen *Historia Bohemica* das Bild Karls IV. für mehrere Jahrhunderte fest: „Fürwahr ein berühmter Herrscher, wenn er nicht den Ruhm des böhmischen Königreiches mehr gesucht hätte als den des Römischen Kaiserreiches". Um die Zustimmung der Kurfürsten zur Wahl seines Sohnes Wenzel zum Römischen König schon zu seinen Lebzeiten zu erreichen, „*verpfändete er ihnen die öffentlichen Einnahmen des Römischen Staates. Ein beständiges Unheil für das Reich. [...] Und danach konnte das Reich sein Haupt nicht mehr erheben, weil die Kurfürsten alles für sich behielten und den Kaiser eidlich verpflichteten, das Pfand nicht zurückzurufen*".[10] Immerhin hat Piccolomini das Bild Karls dadurch ein wenig aufgehellt, dass er dessen Verdienste um sein Königreich Böhmen einbezog und würdigte.

Während die negative Tradition der Bewertung Karls IV. im Reich bis ins 19. Jahrhundert fortwirkte, wurde die positive Überlieferung in den böhmischen Ländern prinzipiell fortgeschrieben, am wirksamsten wohl in der 1541 veröffentlichen *Böhmischen Chronik* (*Kronyka česká*) des Václav Hájek z Libočan,[11] die bis ins 19. Jahrhundert hinein das populärste tschechisch geschriebene Buch blieb. In gefälliger Form präsentierte Hájek hier neben den bekannten Leistungen Karls für Prag und Böhmen zahlreiche positive Anekdoten, die in der Folge jahrhundertelang weiterverbreitet und zu festen Bestandteilen seines Bildes wurden. Ein Beispiel ist Hájeks unzutreffende Deutung der Errichtung der Hungermauer in Prag als sozialpolitischer Arbeitsbeschaffungsmaßnahme Karls. Weitere einflussreiche böhmische Autoren wie der Humanist Daniel Adam z Veleslavína in seinem Vorwort zur Neuausgabe der Chronik Piccolominis im Jahre 1585 nahmen ihn gegen die vermeintlich verzerrende negative Schilderung im deutschen Sprachraum in Schutz und zeichneten ihn als weisen, friedliebenden Vater des Vaterlandes, der sein Königreich Böhmen „*zu einem goldenen*" Land gemacht habe.[12] Eine prinzipiell ähnliche Wertung findet man in der zweiten Hälfte des 17. Jahrhunderts bei dem Jesuiten Bohuslav Balbín,[13] der in Anknüpfung an Hájek Karl IV. als vorbildlichen katholischen Herrscher zeichnete – ein erstes Anzeichen für die mögliche Vereinnahmung Karls IV. durch unterschiedliche politische oder religiöse Lager: Balbín war nicht nur böhmischer Patriot, der sich stark zugunsten der tschechischen Sprache engagierte, sondern auch entschiedener Verfechter einer Rekatholisierung Böhmens. Wiederum etwa 100 Jahre später nahm der Landespatriot und Aufklärer Franz Martin Pelzel (František Martin Pelcl) in seiner *Apologie des Kaisers Karl IV. der allgemeinen deutschen Bibliothek entgegengestellt*,[14] mit der er auf eine kritische Rezension seines zweibändigen Werkes *Kaiser Karl IV., König in Böhmen*[15] reagierte, Karl IV. gegen vermeintlich ungerechtfertigte Angriffe deutscher Historiker in Schutz. Hier und in anderen Werken zeichnete Pelzel Karl IV. als den größten böhmischen König, dessen Herrschaft sich aber auch im Reich friedensstiftend ausgewirkt habe. Indem er auf Karls vermeintliche Liebe zur tschechischen Sprache hinwies, nahm Pelzel einen Aspekt vorweg, der die Debatten deutschböhmischer und tschechischer Historiker hundert Jahre später bestimmen sollte. Pelzels Werke wirkten noch bis in die Mitte des 19. Jahrhunderts fort, da sie auf einer umfassenden Quellen- und Materialzusammenstellung beruhten.

Als entscheidend für das Bild Karls IV. in der tschechischen „Meistererzählung" des 19. und 20. Jahrhunderts sollte sich die Bewertung František Palackýs erweisen, der als einer der führenden Köpfe der tschechischen nationalen Wiedergeburt bereits zu Lebzeiten als „*otec českého národa*" („*Vater der tschechischen Nation*") apostrophiert wurde. Palacký sah zwar die Hussitenzeit als die fortschrittlichste, ruhmreichste und bedeutendste Epoche des tschechischen Volkes an, setzte aber den böhmischen Landespatriotismus in der Art Pelzels fort, indem er 1842 in der *Geschichte von Böhmen* konstatierte, Karl sei mit gutem Grund „*der populärste König, der je in Böhmen geherrscht hat*" und „*in der Volksüberlieferung der Repräsentant der höchsten Blüthe und Wohlfahrt seines Vaterlandes*".[16] Wie vor ihm Pelzel und andere nahm Palacký Karl IV. gegen abschätzige deutsche Beurteilungen in Schutz. Karl IV. wurde durch Palackýs positive Darstellung in das Pantheon der nationalen Wiedergeburt aufgenommen und somit als tschechischer *Otec vlasti* zu einem Symbol tschechischer nationaler Größe und Bedeutung im europäischen Maßstab.

Die nationale Instrumentalisierung Karls für politische Gegenwartsinteressen erreichte mit dem Aufflammen der nationalen Gegensätze zwischen Deutschen und Tschechen in den böhmischen Ländern ab dem Revolutionsjahr 1848 eine neue Dimension. Waren die Planungen für die Statue Karls IV. als Universitätsgründer auf dem Kreuzherrenplatz (Křižovnické náměstí) zum 500. Jahrestag der Universitätsgründung noch eher landespatriotisch angelegt, so stand der 500. Todestag Karls IV. bereits ganz im Zeichen des Nationalitätenkampfes in den böhmischen Ländern. Vereinfacht gesagt, figurierte er von nun an nicht mehr als übernationaler Landesvater, sondern entweder als tschechischer König von Böhmen oder als deutscher Kaiser, dessen Leistungen sich jede Seite exklusiv auf ihr nationales Konto schrieb. Auf der Seite der Deutschen in Böhmen waren es bereits in den 1860ern vor allem der Historiker Carl Constantin Ritter von Höfler und später dessen akademische Schüler, die im Gegensatz zu Palacký betonten, Karl IV. habe mit der sogenannten Goldenen Bulle von 1356 das Königreich Böhmen staatsrechtlich besonders eng ins Reich eingebunden. Fortan diente Karl IV. als „deutscher" Kaiser Österreichern und Reichsdeutschen als quasi historische Begrün-

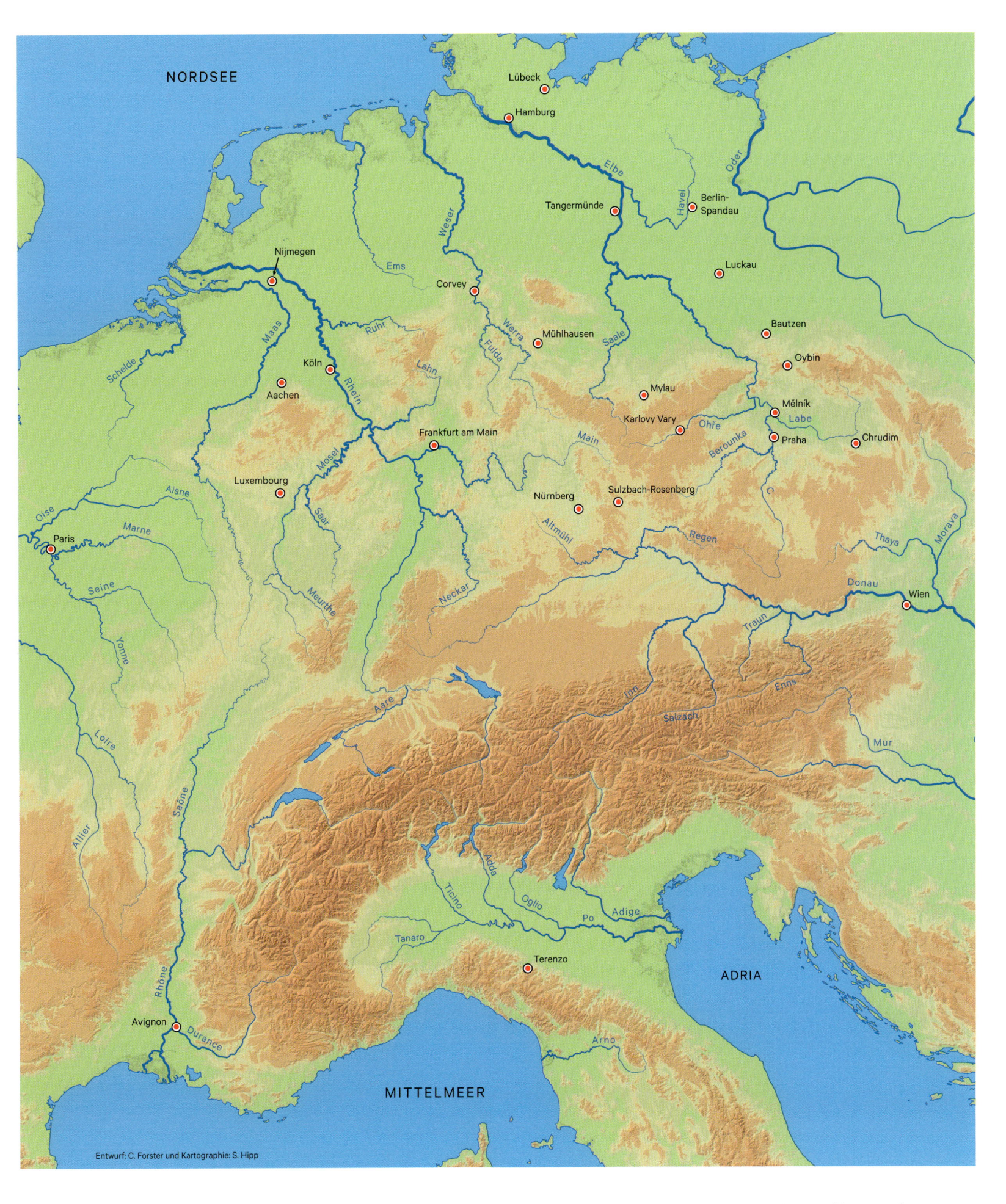

Orte mit Denkmälern für Karl IV.

● Orte mit Denkmälern, Gedenktafeln und Reliefen für Karl IV.

Abb. 240 **Karte der Denkmäler Kaiser Karls IV.**

Größter Tscheche aller Zeiten, Deutscher, großer Europäer?

dung des Anspruchs, die böhmischen Länder zu beherrschen. Einen Nebeneffekt stellte eine nunmehr positivere Zeichnung Karls IV. seitens deutscher Historiker dar, denn man konnte nationale bzw. Reichsansprüche schlecht mit der Berufung auf einen negativ konnotierten „Erzstiefvater des Reiches" begründen. Allerdings hatte bereits unabhängig vom Nationalitätenstreit in Böhmen in Deutschland eine Neubewertung Karls IV. begonnen, die einige ihm bis dahin stark angekreidete Handlungen positiver bewertete. So wurde etwa seine zuvor gerade von protestantischen Historikern angeprangerte, vermeintlich zu große Nachgiebigkeit gegenüber dem Papsttum, seine Italienpolitik, sein angeblicher Verzicht auf das Königreich Arelat gegenüber dem König von Frankreich sowie auch die Bedeutung der Goldenen Bulle für die weitere Entwicklung des Heiligen Römischen Reiches in Richtung einer realistischen Politik der Erreichung des Machbaren interpretiert.

Die positivere Sicht auf Karl IV. im Deutschen Reich lässt sich an der dem historisierenden Zeitgeschmack entsprechenden Denkmalspolitik ab den 1890er Jahren ablesen. Karl IV. stand im Mittelpunkt einer der Figurengruppen sämtlicher Markgrafen und Kurfürsten Brandenburgs, die Kaiser Wilhelm II. 1899 als seine landesherrlichen Vorläufer an der Berliner Siegesallee aufstellen ließ. Ein Jahr später schenkte der Kaiser der Stadt Tangermünde einen Abguss des von Ludwig Cauer entworfenen Denkmals. Etwa im gleichen Zeitraum wurden Skulpturen an den Rathäusern in Hamburg (1893), Frankfurt am Main (1898) und Aachen (1901) angebracht. Zudem führt der Ort Mylau im Vogtland, dem Karl 1367 das Stadtrecht verlieh, seit 1897 den Kaiser im Wappen. Selbstverständlich war Karl schon zuvor im öffentlichen Raum vor allem jener ehemaligen freien Reichsstädte präsent, denen er Privilegien gewährt hatte, etwa im „Männleinlaufen" der Kurfürsten um den Kaiser an der Uhr der Nürnberger Frauenkirche (1506–09 entstanden), in der Skulpturengruppe und dem Wandgemälde im Alten Kölner Rathaus (etwa 1360–70) oder in der Beischlagwange am Rathaus der Hansestadt Lübeck (1475), die Karl als erster Kaiser besuchte. Das Zweite Kaiserreich vermehrte jedoch seine Präsenz beträchtlich.

Einen ersten Höhepunkt der argumentativen Instrumentalisierung Karls im Nationalitäten- oder sogenannten Volkstumskampf in den böhmischen Ländern stellte die 500. Wiederkehr von Karls Todestag dar: 1878 lieferten sich der tschechische Historiker Josef Kalousek und der österreichische Historiker Johann Loserth eine publizistische Auseinandersetzung darüber, ob Karl nun die tschechische oder die deutsche Sprache besonders geliebt und gefördert habe und welcher Nationalität er folglich zuzurechnen sei.[17] Die Kontroverse darum, wem der Kaiser denn gehöre, fand ein breites Presseecho, und diese Fragestellung bestimmte bis in die Mitte des 20. Jahrhunderts die teils hitzigen Streitigkeiten zwischen tschechischen, reichsdeutschen und deutschböhmischen (später sudetendeutschen) Historikern und Publizisten. Bereits an der Kalousek-Loserth-Kontroverse lässt sich zeigen, wie und zu welchen Zwecken Karl IV. künftig instrumentalisiert wurde. Als Anhänger der Staatsrechtspartei vertrat Kalousek eine weitreichende staatsrechtliche Eigenständigkeit der Länder der böhmischen Krone, die nie ein Lehen des Heiligen Römischen Reiches gebildet hätten, und als Kronzeuge dafür diente ihm der vermeintliche Tscheche Karl IV., der in der Tat in der Goldenen Bulle von 1356 dem Königreich Böhmen eine Sonderstellung unter den Kurfürstentümern zugeschrieben hatte. Kalousek wollte damit aktuelle Ansprüche auf eine staatsrechtliche Sonderstellung der böhmischen Länder innerhalb der österreichisch-ungarischen Doppelmonarchie historisch untermauern. Sein Kontrahent Loserth hingegen, der in den *Mitteilungen des Vereins für die Geschichte der Deutschen in Böhmen* Karl und dessen wichtigste Gefolgsleute als Deutsche zeichnete und Karls Gründungen und Leistungen als deutsche deklarierte, wollte gerade historisch begründete tschechische politische Forderungen abwehren.

Exemplarisch für diesen Streit über die nationale Zuordnung Karls IV., seiner Leistungen und seines Erbes sind die jahrzehntelangen Auseinandersetzungen um die Karlsuniversität als tschechische oder deutsche Universität. Nach der Teilung der Prager Universität in eine deutsche und eine tschechische 1882 erhoben beide exklusiven Anspruch auf die Nachfolge der von Karl gegründeten ersten Universität in Mitteleuropa. Nach Entstehung der Tschechoslowakischen Republik erklärte das Gesetz über das Verhältnis der Prager Universitäten vom 19. Februar 1920 die tschechische Karls-Universität im Gegensatz zur nunmehrigen Deutschen Universität Prag zur *„Fortsetzerin der altehrwürdigen Karls-Hochschule"*.[18] Das Universitätsarchiv, das Karolinum und die Universitätsinsignien, die 1882 der deutschen Universität zugesprochen worden waren, sollten von der deutschen an die tschechische Universität übergehen. Zur Übergabe der Insignien kam es jedoch erst im November 1934 nach gewalttätigen Straßenkrawallen nationalistischer Studenten. Die nationalsozialistischen Besatzer machten dies 1939 rückgängig und schlossen die tschechische Karls-Universität im November nach Studentendemonstrationen für drei Jahre, ohne sie jemals wiedereröffnen zu wollen. Sie planten ebenfalls,[19] wie es dann die tschechoslowakischen Kommunisten 1948 taten, das 600-jährige Jubiläum der Universitätsgründung 1948 groß zu feiern, aber eben als „Deutsche Karls-Universität", als erste deutsche und Reichsuniversität – und sie hätten vermutlich ebenso Briefmarken mit dem Universitätssiegel als Motiv herausgegeben. So aber erneuerte stattdessen Präsident Edvard Beneš am 7. April 1948 feierlich die Gründungsurkunde Karls IV., die wie die Universitätsinsignien seit 1945 verschollen ist. Er inserierte deren Text in seine Urkunde, wobei er betonte, Karl habe die Universität „als Einrichtung des böhmischen [tschechischen] *Staates und Volkes*" gegründet.[20] Den 650. Geburtstag der Karlsuniversität konnte die Tschechische Republik 1998 in deutlich friedlicherer Atmosphäre begehen, und der Preis Karls IV. (Cena Karla IV.), den Karlsuniversität und Hauptstadt Prag seit 1993 verleihen, entspricht als internationaler Preis eher der ursprünglichen, nicht einseitig-nationalen Universitätsgründung.

Offenbar konnte und wollte sich im 20. Jahrhundert jedes politische Regime in den böhmischen Ländern mit dem *Otec vlasti* und seinen Leistungen für Böhmen schmücken und sein Porträt als Symbol der jeweiligen Staatlichkeit verwenden, auch wenn die Intensität der Inanspruchnahme nicht immer gleich war. In der 1918 gegründeten Ersten Republik der Zwischenkriegszeit standen Jan Hus und die Hussiten viel mehr im Fokus der Staatsideologie und historischen Meistererzählung, die Palacký folgte. Anders als in der Zeit danach gab es keine Briefmarken oder Banknoten mit dem Porträt Karls IV., seine Einschätzung als Symbol tschechischer Größe und Prosperität wirkte aber fort. Das kann man zum Beispiel den Reminiszenzen an Karl IV. in den Stenoprotokollen der Sitzungen von Abgeordnetenhaus und Senat der Tschechoslowakischen Nationalversammlung entnehmen. Als Edvard Beneš den Staatsgründer Tomáš Garrigue Masaryk im Präsidentenamt ablöste, sagte der Parlamentsvorsitzende Jan Malypetr am 18. Dezember 1935 voraus, Masaryks „Epoche [werde] *in der Geschichte gewiss dem goldenen Zeitalter Karls IV. und der segensreichen Regierungszeit Georg von Podiebrads an die Seite gestellt werden*".[21] Die Wortwahl zeigt, dass sich die politische

Abb. 241 **Nürnberg, Frauenkirche, das sog. Männleinlaufen vergegenwärtigt bis heute täglich die von Kaiser Karl IV. festgeschriebene Wahlordnung des Hl. Römischen Reichs – die sieben Kurfürsten huldigen dem im Zentrum thronenden Kaiser.** • Nürnberg, ursprüngliches Werk der Kunstuhr: Jörg Heuss, 1506–09; Skulpturen Sebastian Lindenast d. Ä. • Nürnberg, Frauenkirche, Westfassade

Abb. 242 **Prag, Deutsche Karlsuniversität, Vorlesungsverzeichnis 1940**

Elite der Ersten Republik nicht nur auf den utraquistischen König Georg (Jiří z Poděbrad), sondern mit einer gewissen Selbstverständlichkeit auch auf den *Otec vlasti* berief. Dessen Verwendbarkeit für den neuen Staat wird auch daran ersichtlich, dass die Tschechoslowakische Republik dem Palais des Papes in Avignon Repliken zweier der bekanntesten zeitgenössischen Darstellungen Karls IV. schenkte, nämlich der Skulptur am Altstädter Brückenturm und der Büste im Triforium des Veitsdoms – und zwar nicht zufällig 1924, sondern im Gefolge des am 25. Januar dieses Jahres von Frankreich und der Tschechoslowakei abgeschlossenen Bündnis- und Freundschaftsvertrages.

Ihren ersten Präsidenten Masaryk ehrte die Tschechoslowakische Republik unter anderem dadurch, dass sein Begräbniszug im September 1937 vom Veitsdom auf der Prager Burg herab über die Karlsbrücke in entgegengesetzter Richtung dem Königs- und Krönungswegs der Könige Böhmens folgte, wie ihn Karl IV. institutionalisiert hatte, dessen eigener Begräbniszug ja soweit denselben Weg nahm. Die Karlsbrücke diente als Teil einer zeremoniellen Route als „stage upon which royal ceremony was to unfold",[22] und dieser Bühne Karls bediente sich seither jede Staatlichkeit in den böhmischen Ländern im 20. Jahrhundert: Auf den Demokraten Masaryk folgte – offenbar als Ausdruck des Machtanspruchs der nationalsozialistischen Besatzer – im Juni 1942 der Begräbniszug des von tschechoslowakischen Widerstandskämpfern getöteten Stellvertretenden Reichsprotektors Reinhard Heydrich bis dorthin derselben Route,[23] ebenso im März 1953 der Leichenzug Klement Gottwalds, des ersten kommunistischen Staatsoberhauptes der Tschechoslowakei, und so fort bis zum letzten Weg Václav Havels, des letzten Staatsoberhauptes der Tschechoslowakei und ersten Präsidenten der Tschechischen Republik nach der Samtenen Revolution, im Dezember 2011.

Als besonders bizarre Umdeutung Karls ist eine zwei Monate nach dem Münchner Abkommen von 1938 veröffentlichte Rezension im *Völkischen Beobachter* zu nennen, betitelt *Ein großer Sudetendeutscher: Karl IV*.[24] Hier wurde eine Biografie Karls besprochen, in der der sudetendeutsche Historiker Josef Pfitzner erstmalig Karls Charakter und Politik aus dessen „rassisch uneinheitliche[r] Erbform" abzuleiten suchte.[25] Im Protektorat Böhmen und Mähren deuteten die Besatzer Karl IV. und seine bedeutenden Leistungen in Böhmen als deutsche Kulturtaten, die auf den „nordischen" Blutsanteil des Kaisers zurückzuführen seien, und als Beleg dafür, dass es Böhmen nur in enger Anbindung an das Reich gut ergehe. Andersherum deuteten tschechische Autoren wie Václav Chaloupecký[26] Karl weiterhin als Kronzeugen tschechischer historischer und kultureller Größe.

Die Instrumentalisierung des *Otec vlasti* auch in der kommunistischen Tschechoslowakei zwischen 1948 und 1989 verwundert auf den ersten Blick, erklärt sich aber daraus, dass die tschechoslowakischen Kommunisten das Pantheon der nationalen Wiedererwecker aus dem 19. Jahrhundert übernahmen und für ihre Zwecke modifizierten. Der vermeintliche Sozialrevolutionär Magister Jan Hus war gewiss eine geeignetere und näherliegende Projektionsfläche als Karl IV., dessen Präsenz im öffentlichen Raum aber ebenfalls zunahm, was zum Teil mit kommerziellen Absichten und mit Karls Einzug in die Popkultur einhergehen konnte. Auch die Kommunisten vermehrten die Denkmäler Karls im öffentlichen Raum durch namhafte Künstler, und zwar mehr als die Tschechoslowakische Republik der Zwischenkriegszeit: 1955 wurde (nach denen von 1739 und 1858) ein drittes Denkmal Karls IV. in Karlsbad (Karlovy Vary) enthüllt, dessen Urheber immerhin der akademische Bildhauer Otakar Švec war, der auch das riesige Stalin-Denkmal in Prag geschaffen hat. Ein weiteres Beispiel ist das große Mosaik *Doba panování Karla IV.* (*Die Epoche der Herrschaft Karls IV.*) von Radomír Kolář im Vestibül der Metrostation Karlsplatz (Karlovo náměstí), das 1985 enthüllt wurde. Mit solchen Werken haben die tschechoslowakischen Kommunisten die tschechische Meistererzählung adaptiert, welche die böhmischen Länder unter Karl IV. an der Spitze des europäischen wirtschaftlichen Fortschritts und europäischer Geltung zeigt.

Dasselbe gilt für die Materialien zur und die Berichterstattung über die große Ausstellung 1978 in Prag mit dem bezeichnenden Titel *Doba Karla IV. v dějinách národů ČSSR* (*Die Zeit Karls IV. in der Geschichte der Völker der Tschechoslowakischen Sozialistischen Republik*).[27] Diese Ausstellung, die etwa 650.000 Besucher zählte und Karl IV. wie üblich als (tschechischen) Landesvater Böhmens präsentierte, war eine Reaktion auf die Ausstellung *Kaiser Karl IV. 1316–1378* in der Kaiserburg Nürnberg.[28] An deren Zustandekommen sowie am Konzept waren Johanna von Herzogenberg und Ferdinand Seibt, die beide aus Böhmen stammten, stark beteiligt. Die Ausstellung *Die Parler und der Schöne Stil 1350–1400* in der Kunsthalle Köln konzipierte und leitete mit Anton Legner bezeichnenderweise ein weiterer aus Böhmen stammender Deutscher.[29] Die zeitweilige Renaissance Karls IV. in der bundesdeutschen Öffentlichkeit – die Ausstellung in Nürnberg zählte etwa 200.000 Besucher, die in Köln etwa 300.000 – lässt sich also auf die Initiative einiger in der Tschechoslowakei geborener Deutscher zurückführen und hätte ohne diese vielleicht nicht stattgefunden. Ferdinand Seibt veröffentlichte damals auch die bis heute maßgebliche wissenschaftliche Biografie Karls, die bis 2003 mehrere Auflagen erlebte.[30] Der tschechoslowakischen Seite ging es wieder

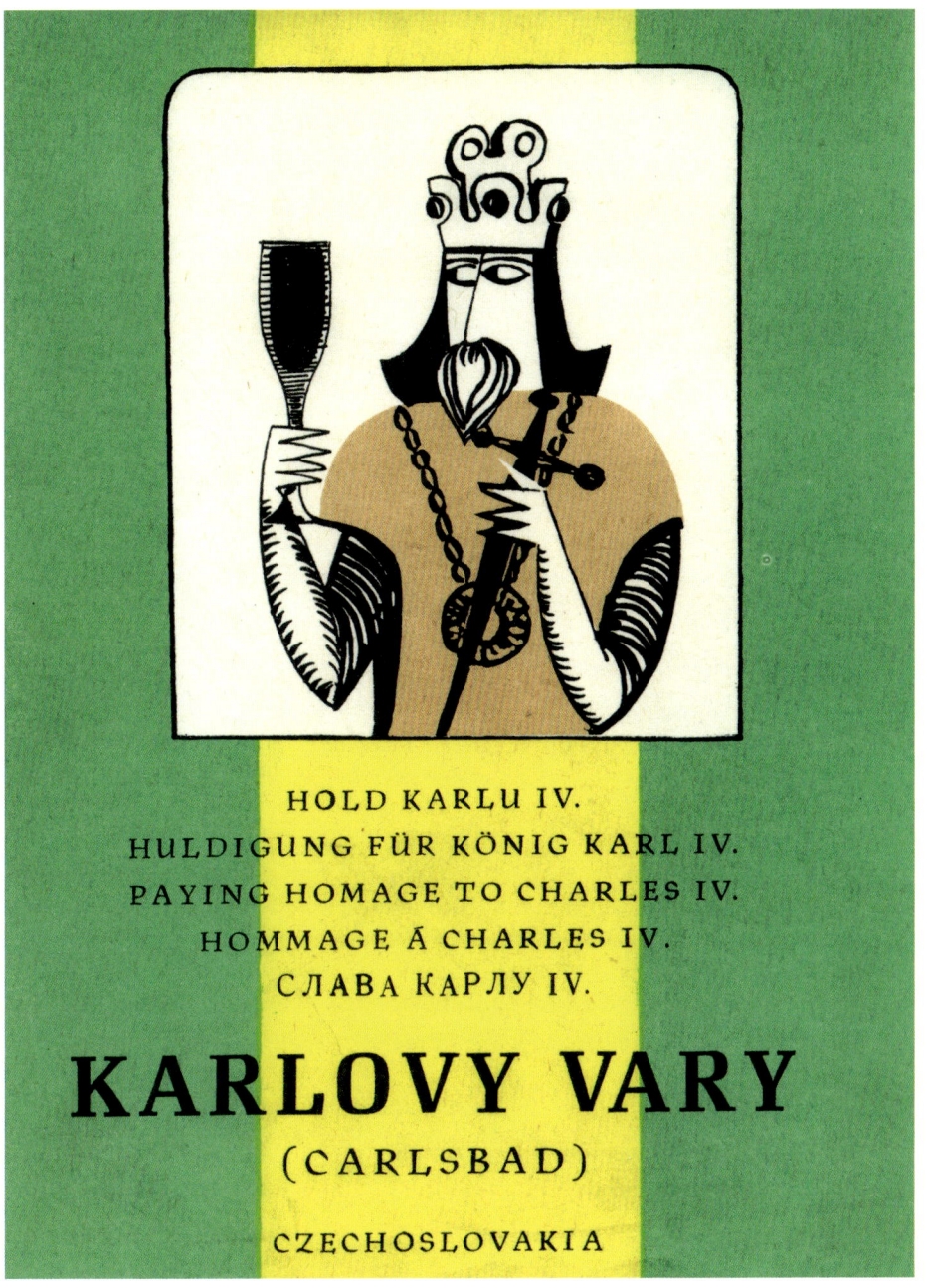

Abb. 243 **Werbeflugblatt der Karlsbader Brauerei für die „Huldigung für König Karl IV"** • ca. 1970 • Druck, H. 19 cm, B. 14 cm • Pilsen, Archiv společnosti Plzeňský Prazdroj, a.s., Plzeň, Sbírka dokumentace, Inv.-Nr. 152-6

einmal darum, angebliche unberechtigte deutsche Ansprüche auf Karl und seine Leistungen abzuwehren, was auch das zeitgenössische kommunistische „Gegenstück" zu Seibts Buch, verfasst von Jiří Spěváček, belegt.[31]

Einen schwachen Reflex der klassischen Streitfrage, wem der Kaiser gehöre, stellte die Kontroverse um die Deutung Karls in der Folge *Karl IV. und der Schwarze Tod* der ZDF-Geschichtsserie *Die Deutschen* im Jahr 2010 dar – eine Kontroverse, die eigentlich nur in Tschechien stattfand, und sich daran entzündete, ob der *Otec vlasti* etwa Deutscher und womöglich zudem judenfeindlich gewesen sei.

Die nationale Inanspruchnahme Karls IV. konnte durchaus mit seiner Kommerzialisierung einhergehen. Es gab ab 1966 eine Biermarke *Karel IV.*, die im Zusammenhang mit dem Internationalen Filmfestival in Karlsbad lanciert wurde, und auf den dazugehörigen mehrsprachigen Werbematerialien wurde der böhmische (im Sinn von tschechisch) König betont, nicht der römisch-deutsche Kaiser. Ein weiteres Beispiel für die Kombination von Kommerz und Folklore war die Huldigung an Karl IV. (*Hold Karlu IV.*) zur Eröffnung der Badesaison in Karlsbad, die 1968, 1969 und 1970 zugelassen, dann aber vom Bezirksausschuss der Tschechoslowakischen kommunistischen Partei verboten wurde, weil hierdurch der Feudalismus verherrlicht werde. In diesem Fall schien die Folklore um den Kaiser also subversiv, als Werbemittel für eine Biermarke der staatlichen Westböhmischen Brauereien (Západočeské pivovary) taugte er aber weiterhin.

Mit knapp 1,4 Millionen bzw. 950.000[32] Besuchern sehr erfolgreich und immer noch populär sind die Kinofilme *Eine Nacht auf Karlstein* (*Noc na Karlštejně*), eine Musikkomödie von 1973, und *Die Vergnügungen des Vaters des Vaterlandes* (*Slasti otce vlasti*), eine Komödie von 1969. Beide Filme, die einen populärkulturellen Aspekt von „Karl IV. heute" darstellen, gehen auf beliebte literarische Vorlagen zurück, die einen sympathischen Kaiser mit menschlichem Antlitz zeigen: *Eine Nacht auf Karlstein* wurde von Jaroslav Vrchlický als Komödie für das kurz zuvor eröffnete Nationaltheater in Prag geschrieben und dort 1884 erstmals aufgeführt, *Die Vergnügungen des Vaters des Vaterlandes* greift Motive aus den 1944 veröffentlichten *Karlsteiner Vigilien* (*Karlštejnské vigilie*) von František Kubka auf, die zahlreiche Auflagen erlebten.[33]

Zu Karls heutigem Bild gehören als Bestandteil des Bildungskanons immer noch Alois Jiráseks *Legenden aus dem alten Prag* in *Böhmens alte Sagen* (*Staré pověsti české*), erschienen 1894,[34] und Jan Nerudas *Romanze über Karl IV.* (*Romance o Karlu IV.*) aus der 1883 veröffentlichten Gedichtsammlung *Balladen und Romanzen* (*Balady a romance*),³⁵ die ebenfalls einen menschlichen Karl zeichnen. Man muss sich aber vor Augen halten, dass diesen Karl in Tschechien wohl jeder, in Bayern oder ganz Deutschland aber kaum jemand kennt. Die beiden Kinofilme etwa liefen zwar in den Kinos der DDR, nicht aber in der BRD.

Die Funktion Karls IV. als Projektionsfläche unterschiedlicher politischer Richtungen und Interessen setzt sich bis in die Gegenwart fort, auch wenn die nationale Komponente ein wenig in den Hintergrund getreten ist und der Kaiser stattdessen ins Europäische gewendet wird. Einen Sonderfall stellt die zeitweilige Vereinnahmung Karls für die Sache der organisierten Sudetendeutschen dar, wenn er etwa in eine mehrfach verlegte Publikation *Große Sudetendeutsche*³⁶ aufgenommen wurde oder in Gestalt des Europäischen Karlspreises der Sudetendeutschen Landsmannschaft (seit 1958) als „Ordner Mitteleuropas" für einen durchsichtigen „*Mahnruf nach einer gerechten Völker- und Staatenordnung in Mitteleuropa*"³⁷ instrumentalisiert wurde.

Die Nürnberger und Kölner Ausstellungen von 1978 leiteten eine „Europäisierung" des Karlsbildes ein, die František Graus, einer der bedeutendsten tschechischen Mediävisten, nicht ohne Grund als „*bloß verbal*" charakterisierte. Ebenfalls zu Recht wies Graus darauf hin, dass sowohl die Nürnberger als auch die Prager Ausstellung das Bild Karls im Einklang mit den aktuellen politischen Bedürfnissen zeichneten – in Nürnberg als nüchternen Realpolitiker, in Prag als Symbol tschechischer Größe und der Unabhängigkeit von Deutschland bereits im Mittelalter. Er mokierte sich sowohl über „*Viel Lärm um Karl*" in der Bundesrepublik als auch über den staatlich organisierten „*Karlsrummel in Prag*".³⁸

Die im Augenblick modische Stilisierung Karls IV. zu einem „großen" oder „wahren Europäer" ist ebenfalls unhistorisch, denn auch sie spiegelt politische Interessen der Gegenwart und projiziert heutige Denkkategorien in die Vergangenheit zurück. Zwei Beispiele aus dem Jahr 2014: Der tschechische Premierminister Bohuslav Sobotka bezeichnete auf einer Sitzung der Nationalen Kommission für die Feierlichkeiten zum 700. Jahrestag der Geburt Karls IV. „*Karls Europäertum* [...] [als] *eine auch heute große und bleibende Inspiration für uns*".³⁹ Dem Sprecher der Sudetendeutschen Landsmannschaft Bernd Posselt zufolge war Karl „*Landsmann sowohl der Tschechen als auch der Sudetendeutschen* [...] *aber auch ein Luxemburger*" und müsse somit „*als Europäer*" betrachtet werden.⁴⁰ Ist gegen nationale Vereinnahmungen einzuwenden, dass es in der protonationalen Zeit des Spätmittelalters weder Tschechen noch Deutsche im Sinne des modernen Verständnisses von Nation gab, so gab es ebenso wenig „Europäer", welche sich durch die Überwindung der modernen nationalstaatlichen Perspektive definieren. Eine Abstammung von verschiedenen bedeutenden europäischen Adelsgeschlechtern und Mehrsprachigkeit, auf die Sobotka und Posselt abheben, machen aus ihm noch keinen modernen Europäer. Karls Europa war das christliche Abendland, er selber hat sich als Kaiser von Gottes Gnaden des Heiligen Römischen Reiches verstanden und somit den universalistischen Anspruch vertreten, das weltliche Haupt der Christenheit zu sein.

Ist der „Europäer" Karl IV. schon mit einem Fragezeichen zu versehen, so gilt das noch mehr für Versuche, den spätmittelalterlichen Herrscher als politisches und moralisches Vorbild für die Gegenwart hinzustellen. Auf der von einer Werbeagentur konzipierten Website des Vereins *Vater des Vaterlandes e. V.* (Spolek Otec vlasti Karel IV., z. s.), zu dessen Partnern das tschechische Parlament und verschiedene Ministerien zählen, liest man: „*Von seinem Vermächtnis und seinen universell gültigen moralischen Werten können wir uns auch in der Gegenwart inspirieren lassen.*" Ein „*Ziel des gesamten Gedenkjahres*" 2016 sei es, „*die Gesellschaft über unvergängliche, in jeder Epoche gültige moralische Werte zu aktivieren*".⁴¹ Denkt man etwa an die in der neuesten deutschen Forschung besonders kritisierte Rolle Karls bei den Judenpogromen 1348/49, als er seiner Schutzverpflichtung gegenüber den Juden als „Königlichen Kammerknechten" in den Reichsstädten nicht nur nicht nachkam, sondern finanziell und politisch von den Pogromen profitierte, so fragt man sich, welche Werte dies sein sollten.

Ein ganz aktuelles, ebenso abwegiges Beispiel dafür, wie Karl IV. auch heute politisch instrumentalisiert wird, ist es, wenn offenbar zur historischen „Begründung" der Ablehnung einer Aufnahme von muslimischen Asylsuchenden oder Immigranten die Passage der *Maiestas Carolina* zitiert wird, der zufolge „*Heiden und Sarazenen*" verboten wird, sich „*in unserem allerchristlichsten Königreich Böhmen*" niederzulassen,⁴² und wie sich dies dann von einer einst vom damaligen Präsidenten Václav Klaus empfohlenen Internetzeitschrift aus in die Social media verbreitete.

Das Bild Karls IV. wird wohl auch in der Zukunft nach Geschmack und politischen Interessen der jeweiligen Gegenwart unterschiedlich gezeichnet werden, in Tschechien aber weiterhin dank des Schulkanons, der Kulturdenkmäler, aber auch populärkultureller Erzeugnisse wie der seit 2004 laufenden Musicalfassung von *Eine Nacht auf Karlstein*, die immer noch ein großes Publikum findet, vermutlich weiterhin viel präsenter sein als in Deutschland. Seit der Samtenen Revolution figuriert der Kaiser wieder in zahlreichen alljährlichen historischen Umzügen, etwa dem Königszug (Královský průvod) von Prag nach Karlstein mit Repliken der Krönungsinsignien (seit 2007), dem Kaisertag in Kaaden (Kadaň; seit 1993), den Weinfesten im Prager Stadtteil Vinohrady (seit 1997), in Karlstein (seit 1996) und in Mělník. Dort fand das erste Weinfest 1878 zum 500. Todesjahr Karls statt, der seit 1922 mit Gefolge einzieht. Ebenso spielt er seit 1990 wieder bei der Eröffnung der Bädersaison in Karlsbad mit. Neben derartigen folkloristisch-kommerziellen Veranstaltungen hat sich die spektakuläre Ausstellung *Karl IV. Kaiser von Gottes Gnaden*,⁴³ die 2006 auf der Prager Burg etwa 100.000 Besucher zählte, nachdem sie im Vorjahr etwa 175.000 Menschen in New York gesehen hatten, auf hohem Niveau mit Karl befasst. Dieser ist zudem auch als Symbol der Staatlichkeit der heutigen Tschechischen Republik in Umlauf, nämlich auf dem von Oldřich Kulhánek entworfenen 100-Kronen-Schein (seit 1993) und zahlreichen Briefmarken, darunter der Briefmarke des Jahres 1996.

Die fortdauernde Präsenz Karls IV. belegen sämtliche neueren Meinungsumfragen in der Tschechischen Republik, in denen sich das etlichen Generationen von Schülerinnen und Schülern vermittelte Bild widerspiegelt. Zwar kann man die Wahl Karls IV. zum „größten Tschechen aller Zeiten" in einer Fernsehenquete 2005 aus gutem Grund anzweifeln, weil mit Jára Cimrman der bedeutendste Konkurrent disqualifiziert wurde, aber in einer Meinungsumfrage des Zentrums zur Erforschung der öffentlichen Meinung (Centrum pro výzkum veřejného mínění) von 2013 landete Karl als bedeutendste Gestalt der tschechischen Geschichte mit 24 %⁴⁴ knapp vor dem Gründervater und ersten Präsidenten der Ersten Tschechoslowakischen Republik, Tomáš Garrigue Masaryk, der 23 % erhielt. 2005 und 2007 hatten die Befragten das ähnlich gesehen. 38 % der Teilnehmer stuften 2013 zudem die Zeit der Herrschaft Karls als die bedeutendste Epoche der tschechischen Geschichte vor der Ersten Republik (1918–38) ein – ebenso wie bereits 2001, 2005 und 2007. Diese Tendenz, welche die zuvor zitierte Prognose Malypetrs von 1935 zur Vergleichbarkeit der Ära Masaryks und der Epoche Karls IV. zu bestätigen scheint, lässt sich für den

Abb. 244 Der Schädel Karls IV. nach der Öffnung und Untersuchung des Grabes. Im Vorfeld des 600. Todestages wurden die Skelettüberreste ausgiebigen anthropologisch-medizinischen Untersuchungen unterzogen und die Aufschlüsse zu Karls Aussehen, Verletzungen und Gesundheitszustand in der Tschechoslowakei breit publiziert.

gesamten Zeitraum seit der Samtenen Revolution von 1989 beobachten und mag darauf zurückzuführen sein, dass viele Tschechen sozusagen „zurück nach Europa" wollten und in der Zeit Karls IV. eine besonders „europäische" Phase der tschechischen Geschichte erkannten. In einer Meinungsumfrage von Ende 1946, also in der „Dritten Republik" vor der kommunistischen Machtübernahme, landete die Ära Karls IV. bei der Frage nach der bedeutendsten Epoche der tschechischen Geschichte hinter der Hussitenzeit auf dem zweiten Platz. 1968 erreichte sie kurz nach der gewaltsamen Beendigung des Prager Frühlings hinter der Ersten Republik und der Hussitenzeit den dritten Platz. Die Aussagekraft derartiger Meinungsumfragen ist selbstverständlich begrenzt, ihre Ergebnisse legen aber zumindest eine konstant relativ hohe Einschätzung von Person und Epoche Karls IV. nahe.

Unabhängig von jubiläumsbedingten Konjunkturaufschwüngen wie 1978 oder nun 2016 kann man die Prognose wagen, dass Karl IV. eine bedeutende Gestalt der europäischen, der tschechischen und der deutschen Geschichte bleiben wird – und zwar nicht infolge der so unvermeidlichen wie falschen Rückprojektionen, sondern aufgrund der unbestreitbaren Leistungen und kulturellen Überlieferungen jener uns doch fernen Epoche Karls.

FUSSNOTEN
1 HILLENBRAND 1979/I.
2 FRB II, III, IV. – BLÁHOVÁ 1987.
3 DOLENSKÝ 1923, 154.
4 AUGUSTA/HONZÁK u. a. 1996, 49.
5 HRUBEŠOVÁ/HRUBEŠ 2009, 112.
6 SLAPNICKA 1978, 407.
7 Zitiert nach FREY 1978/II, 400.
8 Zitiert nach FREY 1978/I, 17.
9 Zitiert nach FREY 1978/I, 34.
10 PICCOLOMINI/HEJNIC 2005, 213f.
11 HÁJEK Z LIBOČAN 1697.
12 ADAM Z VELESLAVÍNA 1585, 18.
13 U. a. BALBÍN 1677, 1687, 1737.
14 PELZEL 1782.
15 PELZEL 1780–81.
16 PALACKÝ 1842, 403.
17 KALOUSEK 1878. – LOSERTH 1879. – KALOUSEK 1879.
18 LEMBERG 2010, 163.
19 WIEDEMANN 2000, 46.
20 BENEŠ 1998, 98.
21 MALYPETR 1935.
22 GAJDOŠOVÁ 2012, 3.
23 NEKULA 2004, 178f.
24 GROSSMANN 1938, 7.
25 PFITZNER 1938, 8.
26 CHALOUPECKÝ 1940, 43.
27 Ausst.-Kat. Prag 1978/I.
28 Ausst.-Kat. Nürnberg 1978.
29 Ausst.-Kat. Köln 1978.
30 SEIBT 1978/II.
31 SPĚVÁČEK 1978.
32 BŘEZINA 1996, 262, 370.
33 KUBKA 1989.
34 JIRÁSEK 1965, 173–187.
35 NERUDA 1937, 24f.
36 SCHNEIDER 1957, 18–22.
37 Statut Karls-Preis.
38 GRAUS 1980, 82, 84.
39 SOBOTKA 2014.
40 POSSELT 2014.
41 otecvlasti.eu 2014.
42 Odjinud 2015.
43 Ausst.-Kat. Prag 2006.
44 Diese und die folgenden Angaben nach STEHLÍK 2013 und ŠUBRT/VINOPAL 2010.

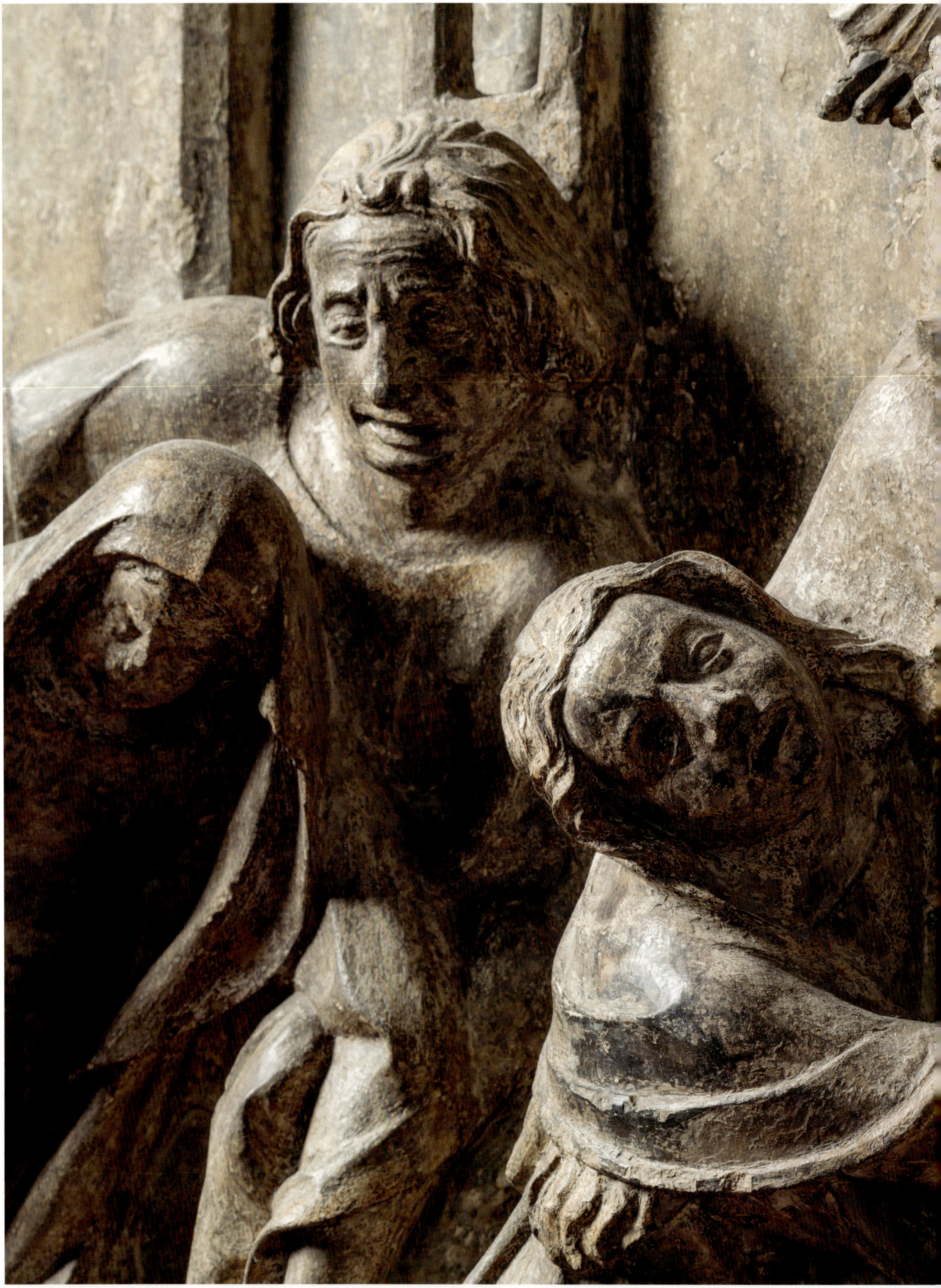

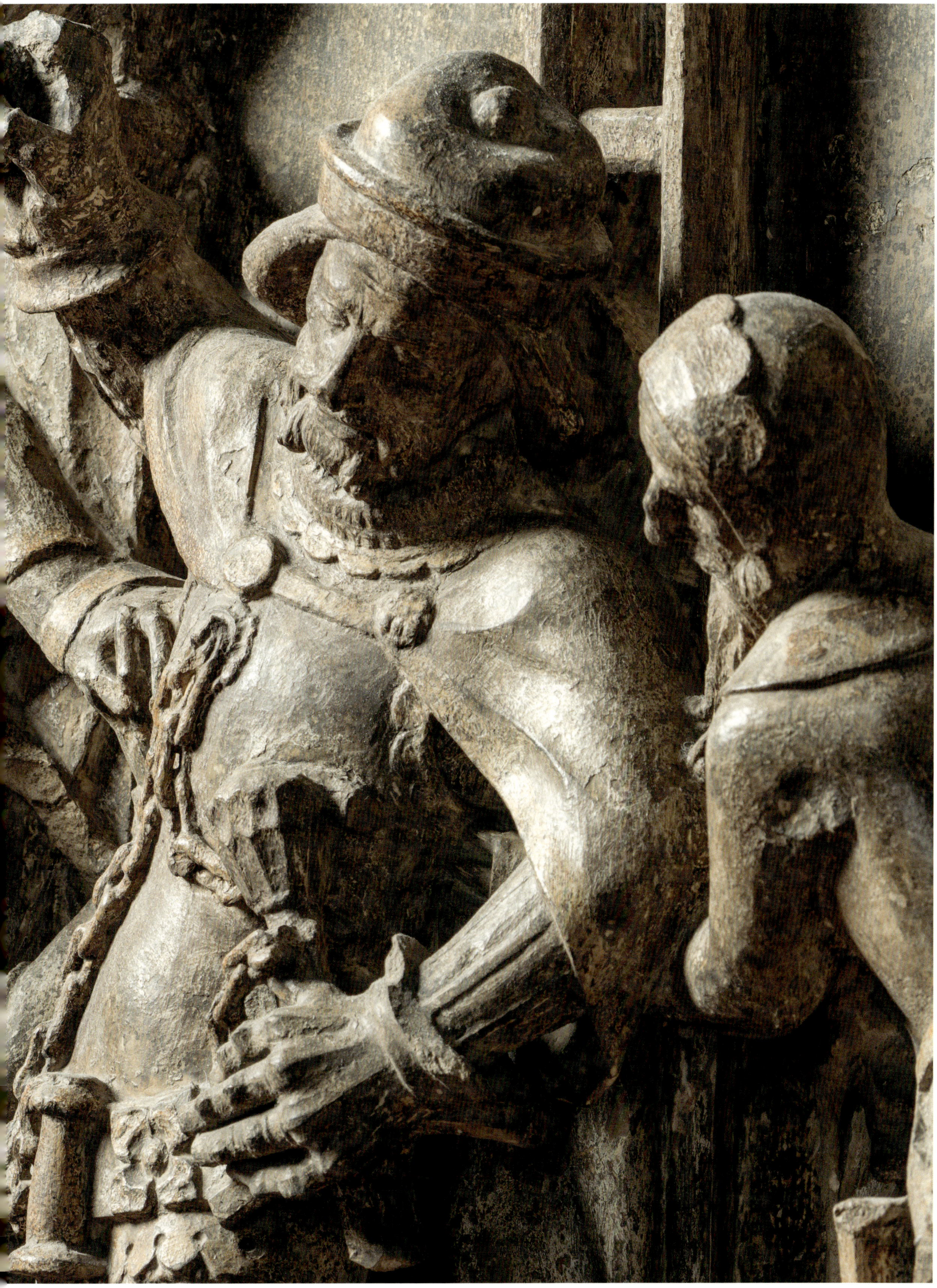

1 ✻ Das 14. Jahrhundert – eine Zeit der Katastrophen und Krisen

---

Im Jahre des Herrn 1316 am 14. Mai ward um die erste Stunde in der Prager Stadt Wenzel geboren (...), über seine Geburt frohlockten alle, denen das Glück des Königs und des Königreichs lieb und teuer war.

Peter von Zittau, Zisterzienserabt und Chronist, Königsaaler Chronik, 1305–1339

Sibylle, sag an, wie wird es unter Karl zugehen? Sie entgegnete: Es werden Jammer und Not herrschen.

Sibyllinische Weissagungen, 1350–1370

1316, das Geburtsjahr des böhmischen Thronfolgers Wenzel und späteren Königs Karl IV., war eines der schwersten Hungerjahre des 14. Jahrhunderts. Der Hungerkatastrophe von 1315–17 fielen mehrere Millionen Menschen im Europa nördlich der Alpen – von England bis Böhmen, von Frankreich, Österreich bis ins Baltikum – zum Opfer. Vorangegangen waren eisige Winter und sintflutartige, über mehrere Monate andauernde Regengüsse. Die Ernte verfaulte auf den Feldern, verheerende Überschwemmungen verwüsteten ganze Regionen: Allein in Sachsen wurden damals mehr als 450 Ortschaften fortgespült. 1318 breitete sich zudem von Böhmen bis England eine Viehseuche aus, die etwa 80 % des Nutzviehs tötete und die Situation noch verschärfte. Die Chroniken der Zeit sind voller erschütternder Berichte. Die Hungertoten wurden zu Tausenden in Massengräbern bestattet (vgl. Kat.-Nr. 1.1).

Doch dies war nur ein extremer Abschnitt innerhalb eines krisengeschüttelten Jahrhunderts mit klimatischen Schwankungen und seismischen Ereignissen. So berichten die zeitgenössischen Chroniken von Kältewellen, Hochwassern, Erdbeben und anderen Naturkatastrophen. Dazu gehörten auch Heuschreckeneinfälle, die großflächig die Ernten vernichteten: der Einfall in Österreich und Mähren 1338 fand auch Eingang in Karls Autobiografie.

Im Juli des Jahres 1342 zerstörte die sog. Magdalenenflut – nach den überlieferten Pegelständen wohl die größte Hochwasserkatastrophe des 2. Jahrtausends – im Bereich von Rhein, Main Mosel, Donau, Elbe, Moldau zahlreiche Ortschaften und fast alle steinernen Brücken. Zahllose Menschen fanden den Tod. Eine Kölner Chronik berichtet, dass die Einwohner mit Booten über die Stadtmauern fuhren. Die in diesen Jahren in Mitteleuropa auftretenden heftigen Regenfälle führten auch außerhalb der Hochwasserregionen zur bis heute archäologisch feststellbaren Erosion von Ackerböden, was weitere Hungersnöte zur Folge hatte.

Die erste große Pestepidemie von 1349 verschonte zwar zunächst das böhmische Königreich, doch Karls IV. Schwester Bonne, Gattin des französischen Thronfolgers, fiel ihr in Paris zum Opfer. In dieser und den folgenden Pestwellen der 1350er und 1360er Jahre wurden nach modernen Schätzungen etwa 30–50 % der Bevölkerung Europas hinweggerafft.

Die Menschen sorgten sich über die Ursachen dieser Katastrophen. Nicht alle erklärten diese durch widrige Planetenkonstellationen und Klimabedingungen wie die Gelehrten der Pariser Universität oder der aus Nürnberg stammende Konrad von Megenberg. Die vor allem in den deutschen Landen einsetzenden mörderischen Pogrome gegen die jüdische Bevölkerung löschten viele Gemeinden aus.

Man geht heute davon aus, dass am Ende des 14. Jahrhunderts im Vergleich zu seinem Beginn die Bevölkerung Mitteleuropas um zwei Drittel dezimiert war. Dem damit verbundenen Verlust an Arbeitskräften war man durch eine zunehmende Mechanisierung und vielfältige technische Innovationen in Handwerk und Landwirtschaft begegnet. So war das 14. Jahrhundert letztlich auch ein Jahrhundert des technischen Fortschritts und der Innovationen.

Susanne Jaeger

Die nach dem Hochwasser vom 4. September 1890 teilweise eingestürzte Karlsbrücke mit Treibholzmassen • Fotografie • Prag, Archiv hlavního města Prahy, Sign. VI 39/15 b

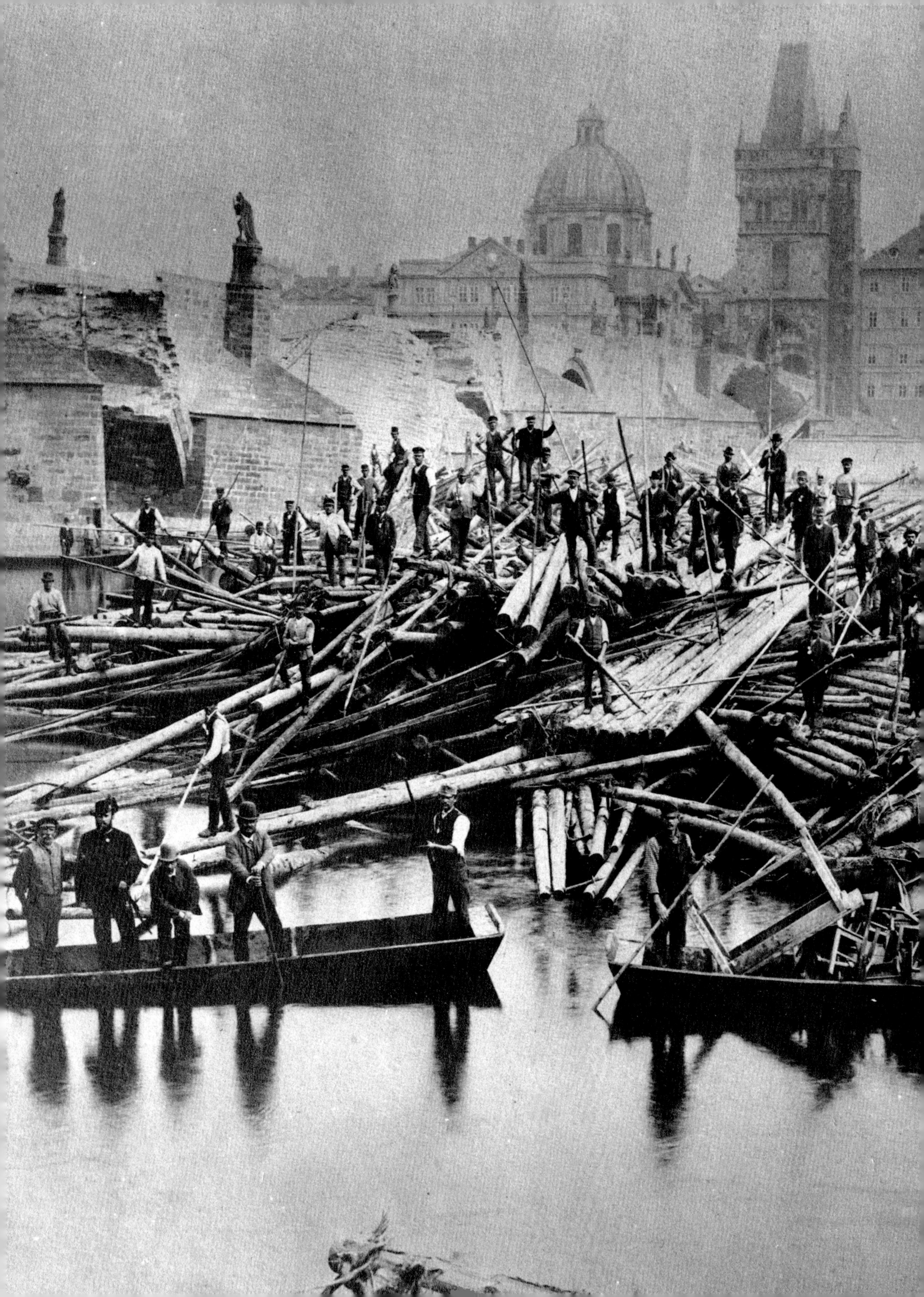

Katalog 1.1–1.6

1.1 Gedenkstein für die Hungeropfer des Jahres 1316 aus Schmidtstedt bei Erfurt

Erfurt (?), vermutlich 2. H. 14. Jh.
Stein; H. 49 cm, B. 96 cm, T. 16 cm.
Inschrift: „Anno . d(omi)ni . M . ccc . xvi . iar . sint / hir . begraben . hundert scho / ckg . XXXIII . schogk . unde . v . me / nschen dy . do . vorstorben . sint . / [in] den . thuren . iarn . den . got . gnade . (Im Jahre des Herrn 1316 sind hier begraben [worden] hundert Schock [100 x 60 = 6000] 33 Schock [33 x 60 = 1980] und 5 Menschen [= zus. 7985], die da verstorben sind [in] den teuren Jahren [und] denen Gott gnädig sei.)."
Provenienz: Von einem Massengrab des abgegangenen Dorfes Schmidtstedt östlich von Erfurt.
Erfurt, Angermuseum, Inv.-Nr. VIII 54.

Die 1310er Jahre waren für Erfurt eine Zeit fortgesetzter Krisen: Nach einer Auseinandersetzung mit dem Thüringer Landgrafen, bei der 1309/10 die Umgebung Erfurts verwüstet wurde, schloss die Stadt im Juli 1315 Frieden. Unmittelbar darauf führte Dauerregen zu einem Ernteausfall, der im Folgejahr eine Teuerung und Hungersnot mit tausenden Toten allein in Erfurt zur Folge hatte. Dies belegen Chroniken, aber auch die Inschrift auf dem Gedenkstein. Damit verweist der so genannte Schmidtstedter Gedenkstein auf die Erfurter Opfer der transeuropäischen Hungersnot der Jahre 1315–21: Annähernd 8.000 Menschen wurden in einem Massengrab im heute wüsten Dorf Schmidtstedt unmittelbar östlich von Erfurt bestattet.

Der Gedenkstein selbst, offenkundig in unmittelbarer Nähe des Massengrabes angebracht, muss mit deutlichem Abstand zum Ereignis entstanden sein, weil deutschsprachige Inschriften erst in der zweiten Hälfte des 14. Jahrhunderts in Erfurt üblich wurden. Die Nähe der Inschrift zu den Formulierungen der bis 1335 berichtenden Peterschronik ist auffällig. Erstmals 1341 ist eine Prozession von Erfurt nach Schmidtstedt belegt, die zum Gedenken an die Opfer stattfand; bis ins 19. Jahrhundert wurde sie fortgeführt. Als Auftraggeber des Massengrabs, der Inschrift und auch der Prozession kommt der Rat der Stadt in Frage. Er hatte das Patronat über die Schmidtsteder Kirche inne und konnte daher über den Dorfkirchhof verfügen. Wie wichtig das Gedenken an die Hungersnot war, zeigt auch ein 1341 erwirkter, 40-tägiger Ablass für alle, die an der Prozession mit Kerzen und dem Allerheiligsten nach Schmidtstedt teilnahmen, dort eine Messe hörten und dann den Umgang in Erfurt ebenfalls liturgisch im Kollegiatsstift St. Marien beendeten.

Für den mitteleuropäischen Raum ist der Gedenkstein aus Erfurt eines der besten Zeugnisse der „Great Famine", der vor allem für die Britischen Inseln gut erforschten Hungersnot, die als schlimmste ihrer Art im vergangenen Jahrtausend gilt. Belege von Lübeck über Böhmen bis Ungarn legen nahe, dass Mitteleuropa nicht weniger hart getroffen wurde als England oder Nordfrankreich. Eine umfassende Analyse der Schriftquellen für das Reich steht noch aus, wobei naturwissenschaftliche Befunde v. a. aus der Erosionsforschung, aber auch der Dendrochronologie die Einschätzung stützen, dass der genannte Raum in den 1310er Jahren von massiven Niederschlägen betroffen war, die zu massiver Bodenerosion und Ernteausfällen führten.

Martin Bauch

LITERATUR
BEYER 1889, Bd. 1, Nr. 580; Bd. 2, Nr. 209. – HOLDER-EGGER 1899, 347. – CURSCHMANN 1900, 206–217. – JORDAN 1996. – BORK 1998, 73–74, 222–251. – LÖTHER 1999, 174–183. – LÜTGERT 2000. – BORK/DOTTERWEICH 2007. – ERTHEL 2009. – VADAS 2010/I. – VADAS 2010/II. – Ausst.-Kat. Mühlhausen 2013/14, 44–53, Kat.-Nr. 3. – BAUCH 2016/IV.– CAMPBELL 2016.

1.2 Fragmente der Judithbrücke

Prag, um 1167.
a. Eisensandstein;
H. 58 cm, B. 46 cm, T. 59 cm (Inv.-Nr. H 239 417/3).
b. Eisensandstein;
H. 86 cm, B. 56 cm, T. 40 cm (Inv.-Nr. H 239 417/1).
c. Eisensandstein;
H. 85 cm, B. 32 cm, T. 42 cm (Inv.-Nr. H 239 417/2).
d. Eichenholz;
H. 36 cm, B. 15 cm, T. 6 cm (Inv.-Nr. A 6/2016).
e. Sandstein; H. 40 cm, B. 40 cm (Inv.-Nr. A 5/2016).
Provenienz: Die Fragmente wurden während einer Untersuchung im Jahre 2010 aus dem Flussbett der Moldau geborgen.
Praha, Muzeum hlavního města Prahy, Inv.-Nrr. H 239 417/1–3, A 5/2015, A 6/2016.

Nur wenige Meter flussabwärts von der Stelle, wo die Karlsbrücke die Moldau überspannt, gab es schon im 12. Jahrhundert eine steinerne Brücke, die nach ihrer Bauherrin Judith von Thüringen, der zweiten Gemahlin König Vladislavs II. († nach 1174, wohl erst um/ nach 1200), Judithbrücke genannt wurde.[1] Der Bau einer Brücke, die auf 21 Bögen die mehr als 500 m lange Verbindung zwischen Prager Altstadt und Kleinseite herzustellen hatte, war eine ingenieurtechnische Herausforderung. Vergleichbares war zuvor nur in Würzburg und Regensburg gemeistert worden.

Die Steinbrücke ersetzte eine hölzerne Brücke, die bei einem Hochwasser 1118 beschädigt worden war,[2] und konnte schließlich selbst den durch Schneeschmelze und Neuregen entstandenen Wassermassen und den vielen Eisbrocken nicht standhalten, die am 1. Februar 1342 die Moldau herunterkamen. So überliefert es der Chronist Franz von Prag.[3] Eine regenreiche erste Jahreshälfte führte schließlich zu dem Extremereignis der Magdalenenflut im Juli 1342, die zahllose Brücken in Mitteleuropa zum Einsturz brachte, etwa in Nürnberg, Erfurt und Frankfurt am Main.

Noch heute sind an beiden Ufern der Moldau bauliche Reste erhalten, auf der Altstädter Seite nicht zuletzt deshalb, weil sich das um 1250 erbaute Spital des Kreuzherrenordens mit dem Roten Stern (Křižovníci s červenou hvězdou) unmittelbar an die Brücke anlehnt. Auf der Kleinseite wurden die ersten Brückenbögen im Laufe der Zeit überbaut; sie haben in den Kellern einiger Häuser der Straße Zum Lausitzer Seminar (U Lužického semináře) überdauert. Insbesondere stammt der südliche der beiden Brückentürme, die heutwe das Zugangstor zur Karlsbrücke flankieren, noch aus dem 12. Jahrhundert. Ein monumentales bauzeitliches Relief, das ursprünglich an der östlichen, zur Brücke gewandten Turmfassade angebracht war, zeigt die Szene einer Übergabe zwischen einem knienden und einem thronenden Mann (heute Museum hlavního města Prahy, Malostranská mostecká věž). Da sowohl der Gegenstand, der

1.2

1.1

überreicht wurde, als auch der Kopf des Thronenden fehlen, bleibt eine Interpretation der Szene unsicher. Eine Verbindung mit Vladislavs Krönung zum König in Regensburg 1158 gilt als wahrscheinlich.

Um am westlichen Ufer an der gleichen Stelle wie die jüngere Karlsbrücke in ein Tor zu münden, machte die Judithbrücke im Bereich der Insel Kampa und des Baches Čertovka einen leichten Knick, während sie die übrige Strecke annähernd parallel zur Karlsbrücke verlief. Die Position einiger Pfeiler ließ sich in der Vergangenheit während der seltenen Gelegenheiten sehr niedrigen Wasserstands anhand der Fundamente im Flussboden ausmachen. Inzwischen werden Taucher eingesetzt, um Pfeilerfundamente aufzuspüren und einzumessen.

Vermutlich weil die Trümmerbeseitigung soviel Zeit in Anspruch nahm, wurde der Grundstein der neuen, später nach Kaiser Karl IV. benannten Brücke erst 1357 gelegt.[4] Karl IV. konnte dabei auf Spezialisten zurückgreifen, die Guilhelmus von Avignon während des Baus der Raudnitzer Brücke ab 1333 ausgebildet hatte.[5] Die Elbebrücke in Raudnitz (Roudnice nad Labem) hatte die Flut 1342 unbeschadet überstanden. Die neue Brücke zeichnet sich gegenüber der Judithbrücke durch weniger Pfeiler, Bögen von größerer Spannweite und einer beträchtlich größeren Höhe aus. Während der Restaurierungsarbeiten an der Karlsbrücke 2005–10 wurden gut ein Dutzend Steinblöcke und ein Holzstamm, der von einem Fundamentrost stammt, aus dem Flussbett geborgen. Petrografische Analysen haben wahrscheinlich gemacht, dass das Steinmaterial für das romanische Bauwerk vorwiegend in den Brüchen des Laurenziberges (Petřín) gewonnen wurde, während man die Steine für den Neubau der 2. Hälfte des 14. Jahrhunderts aus weiter entfernten Steinbrüchen herbeischaffte.

Christian Forster

LITERATUR
RZIHA 1878. – DRAGOUN 1989. – DRAGOUN 1995. – VLČEK P. 1999, 120f. (Růžena BAŤKOVÁ, Klára BENEŠOVSKÁ, Jarmila ČIHÁKOVÁ). – PEIKEROVÁ 2002. – KOTYZA 2008. – STÁTNÍKOVÁ/ŠEFCŮ/DRAGOUN 2013, 11–15. – WIHODA 2014.

FUSSNOTEN
1 Vincentii canonici Pragensis Annales. In: FRB II, 2 (1875), 407–460, hier 408.
2 KOTYZA 2008. – Die Behauptung, die Holzbrücke habe bis gegen 1159 bestanden, bleibt ohne Beleg. SCHALLER II (1795), 338. – Vgl. RZIHA 1878, 273.
3 Kronika Františka Pražského (Chronik des Franz von Prag). In: FRB IV (1884), 347–456, hier 433f. – Vgl. BRAZDIL/KOTYZA 1995, 114f., und zuletzt BAUCH 2014.
4 Kronika Beneše z Weitmile (Chronik des Benesch von Weitmühl). In: FRB IV (1884), 457–548, hier 526.
5 Glaubt man Franz von Prag, hatte es genügt, dass Guilhelmus zwei Pfeiler und einen Brückenbogen konstruierte, damit einheimische Werkleute den Bau vollenden konnten. Kronika Františka Pražského (Chronik des Franz von Prag). In: FRB IV (1884), 385.

1.3 Bronzekreuz vom Turm der St.-Albani-Kirche in Göttingen

Göttingen, nach 1342.
Bronze; H. gesamt 3 m, von der alten Halterung unterhalb der Inschrifttafel bis zur Kugelspitze 1,02 m, B. mit Kugeln 50 cm; seitlich an den Kugeln moderne Befestigungen; Corpus Christi H. 29,5 cm, B. 28,5 cm; Inschrifttafel H. 14 cm, B. 11 cm.
Göttingen, St.-Albani-Kirche, Pfarrgemeinde, Inv.-Nr. 2305.

Der Göttinger Ratsherr und Goldschmied Hans setzte in der Mitte des 14. Jahrhunderts seinem ertrunkenen Vater Hermann ein Denkmal, das zugleich an die größte Flut des vergangenen Jahrtausends in Mitteleuropa erinnert: „an[no] m° ccc° xl i do ver drank hermen goltsmet in der groten vlot to sentemargret[en] dage". Das Bronzekruzifix weist am Balken und an den Armen des Kreuzes Reliquienbehälter auf, am Fuß des Kreuzes hingegen eine Tafel mit obiger Inschrift. Über die mittelalterliche Aufstellung des Votivkreuzes ist nichts bekannt, spätestens seit dem 18. Jahrhundert wurde es aber auf dem Kirchturm von St. Albani oberhalb der Wetterfahne befestigt. Dies ist der einzige schriftliche Beleg dafür, dass die Magdalenenflut – benannt nach dem Scheitelpunkt des Hochwassers am Festtag der Heiligen, dem 22. Juli – auch Göttingen betroffen hat (die ungenaue Datierung auf den Margaretentag [12./13. Juli] ist mutmaßlich auf eine verzerrte mündliche Überlieferung zurückzuführen). Zahlreich sind hingegen die schriftlichen Belege für die Magdalenenflut in Chroniken, Inschriften und Flutmarken für Weser, Rhein, Main, Donau und Elbe. Nicht zuletzt durch die Zerstörung zahlreicher Brücken lässt sich das Ausmaß mindestens zweier Extremereignisse im Jahr 1342 ermessen: einmal eine rapide Schneeschmelze im Frühjahr, die durch Eisstöße Brücken zerstörte, darunter den Vorgängerbau der Karlsbrücke in Prag; zum anderen extreme Niederschläge im Juli 1342 in ganz Mitteleuropa. Auch aus Ostfrankreich, Norditalien und bis nach Ungarn liegen in der schriftlichen Überlieferung Indizien für ein ganz außergewöhnliches Niederschlagsereignis vor. Dies gilt noch mehr, wenn man die Ergebnisse der historischen Erosionsforschung berücksichtigt: In ganz Mitteleuropa lässt sich dort eine kurze Phase extremen Regens nachweisen, die ein Drittel der Bodenerosion seit dem Frühmittelalter zu verantworten hat. Mehrere Meter tiefe Zerkerbungen (Erosionsrillen) und mächtige Erosionszungen aus angeschwemmtem Material sind bis heute vielfach nachweisbar. Schätzungen gehen von einer durchschnittlichen Erosion der oberen Bodenschichten von 25 cm zwischen 1313 und 1348 aus; die mutmaßliche Menge von 34 Milliarden Tonnen Boden in diesem Zeitraum entspricht 50 % der Gesamterosion zwischen 1000 und 2000. Im Ergebnis haben vermutlich zahlreiche Ackerflächen ihre Fruchtbarkeit unwiederbringlich verloren, was die bekannten Wüstungsprozesse des Spätmittelalters in neuem Licht erscheinen lässt. Ursächlich könnte eine sog. Vb-Wetterlage (auch: Fünf-B-Wetterlage) gewesen sein; eine relativ seltene Zugbahn von Tiefdruckgebieten im Sommer, die sich über dem Mittelmeer mit Feuchtigkeit anreichern, um diese sehr rasch über (Ost-)Mitteleuropa zu entladen. Die Hochwasser von 1997, 2002 und 2013 an Elbe, Saale und Oder sind so erklärbar, nur dürften sie sehr viel schwächer gewesen sein als die Magdalenenflut 1342.

Martin Bauch

LITERATUR
SCHMIDT 1863, Nr. 236. – WEIKINN 1958, 197–216. – ARNOLD 1980. – ALEXANDRE 1987, 467–470. – BORK

1.3

1998, 226–251. – TETZLAFF/BÖRNGEN/MUDELSEE/
RAABE 2002. – BORK/DOTTERWEICH 2007. – ROHR
2007, 226–228, 273f. – KISS 2009. – MRAS 2009-11,
249f. – GAUGER 2010. – BORK/BEYER/KRANZ 2011.
– ZBINDEN 2011. – BECKENBACH/NIETHAMMER/
SEYFRIED 2013, 438. – SCHREG 2013. – BAUCH 2014. –
DUBIS/VOGEL 2015, 279f.

1.4 Konrad von Megenberg: Buch von den natürlichen Dingen – Druck von Johann Bäumler in Augsburg, Allerheiligen [1. November] 1475; ausgestellt die 3. Auflage vom 20. August 1481

Inkunabeldruck, Papier; 194 Bll., fol. 1 und 194 leer;
H. 28 cm, B. 22 cm, St. 7,5 cm. Holzschnitte und
Holzschnittinitialen koloriert.
Provenienz: Tegernsee, Benediktinerkloster
(erworben 1487).
München, Bayerische Staatsbibliothek,
Sign. 2° Inc. c a 347.
Nur in Prag ausgestellt.

Im 14. Jahrhundert häuften sich Naturkatastrophen in signifikanter Weise, die vielfach aus klimatischen Veränderungen resultierten. Zahlreiche Berichte in den zeitgenössischen Chroniken belegen, dass die Menschen Katastrophen wie Erdbeben und Tierplagen viel intensiver als früher wahrnahmen. Sie deuteten diese als Störung der göttlichen Ordnung der Welt, als Vorboten des Jüngsten Gerichts und Zeichen zur Umkehr der Menschen.

Zwischen 1338 und 1341 suchten wiederholt Heuschreckenplagen – von Ungarn ausgehend – das Deutsche Reich, Böhmen, aber auch Norditalien heim. Karl IV. beobachtete im August 1338 in Niederösterreich einen gewaltigen Heuschreckenschwarm, den sein Begleiter – wie er in seiner Autobiografie vermerkte (Vita Caroli quarti, cap. 10) – als Anzeichen für den Anbruch des Jüngsten Tages betrachtete.

Den gelehrten Geistlichen und Regensburger Domherrn Konrad von Megenberg (1309–74) veranlassten solch ungewöhnliche und vielfach selbst erlebte oder erfahrene Naturereignisse zur historischen Aufzeichnung und Ursachenforschung. In mehreren Werken (Tractatus de mortalitate in Alamannia [1350]; Causa terre motus [1349]; Buch von den natürlichen Dingen) suchte er nach Gründen und wissenschaftlichen Erklärungen für die Entstehung von Erdbeben und Heuschreckenplagen.

Das 1349 vollendete Buch von den natürlichen Dingen ist mit über 80 erhaltenen Handschriften (darunter sieben aus dem 14. Jahrhundert) und acht Drucken (100 Exemplare zwischen 1475 und 1540) sein am weitesten verbreitetes und bis ins 16. Jahrhundert meistgelesenes volkssprachliches Werk. Es ist das erste systematisierte Kompendium des Wissens über die von Gott geschaffene Natur in deutscher Sprache. Konrad hat seine erheblich überarbeitete lateinische Vorlage, den Liber de naturis rerum des Thomas von Cantimpré († 1270) in 17 Büchern (in der Version III [b]), stofflich um ein Drittel erweitert und in acht große Bereiche untergliedert. Dem Leser bietet er eine gewaltige Stofffülle, die bei den Menschen, ihren Körperteilen und Organen und der Kosmologie beginnt und bis zu den Kräutern, Edelsteinen, Metallen und wunderwirkenden Monstren reicht.

Die Heimsuchung weiter Teile Mitteleuropas durch Heuschreckenschwärme, die Konrad 1338 (?) mit eigenen Augen sah, führte er auf das Erscheinen eines Kometen und den Einfluss der Gestirne zurück (Buch II, cap. 11 u. III, 16). Den Abschnitt über das Element Erde im Zweiten Buch über den Himmel und die sieben Planeten ergänzte er um einen Exkurs „von dem ertpidem" (II, 33), der in seiner lateinischen Vorlage fehlte. Darin verarbeitete er nicht nur seine persönliche Erinnerung an das zerstörerische Erdbeben in Villach/Kärnten im Januar 1348, dessen wissenschaftliche Ursache er in der massiven Ansammlung giftiger Ausdünstungen in den Tiefen der Erde sah. Vielmehr stellte er erstmals in der zeitgenössischen gelehrten Literatur eine kausale Verbindung zur Pestepidemie von 1349 her, die er als Folgekatastrophe des Erdbebens von 1348 beschrieb und deutete. Die Pest beurteilte er als ein nach den Gesetzen der Natur funktionierendes Phänomen, deren herkömmliche Bewertung als Strafe Gottes er argumentativ zurückwies.

Hubertus Seibert

EDITION
LUFF/STEER 2003, 102–104 u. 131–137.

LITERATUR
STEER 1985. – HAYER 1998, 268f. – SPYRA 2005. –
GOTTSCHALL 2006. – ROHR 2007, 112–115, 466–476.
– FREY 2011. – JAHN 2014.

1.5 Mumifizierte Ratte

16. Jh.
L. 13,5 cm.
Provenienz: Göttingen, gefunden bei der archäologischen Grabung Johannisstraße 27.
Göttingen, Fachdienst Bauordnung, Denkmalschutz und Archäologie, Inv.-Nr. 2528a.

In den Jahren zwischen 1357 und 1362 wurde ganz Europa von einer Seuche heimgesucht, die nach heutigen Schätzungen rund ein Drittel der Bevölkerung das Leben kostete: der Pest. Seitdem gab es in den folgenden vier Jahrhunderten immer wieder ähnlich verheerende Pestwellen.[1]

Das christliche Mittelalter verstand die Pest als Strafe Gottes für die Sündhaftigkeit der Welt. Den Zeitgenossen schienen sich die Weissagungen der Apokalypse zu erfüllen: Hunger, Todesangst, brutale Gewalt und moralischer Verfall prägten die Jahre nach 1348 tiefgreifend. Obwohl es schon seit Menschengedenken Seuchen gab, hatten sich diese zuvor nie derart flächendeckend ausgebreitet, im Sinne der Zeit wahrhaft global.[2] Ursachen dafür waren das so weitreichend wie nie zuvor ausgebaute Handelsnetz und, aufgrund einer längeren warmen

1.4

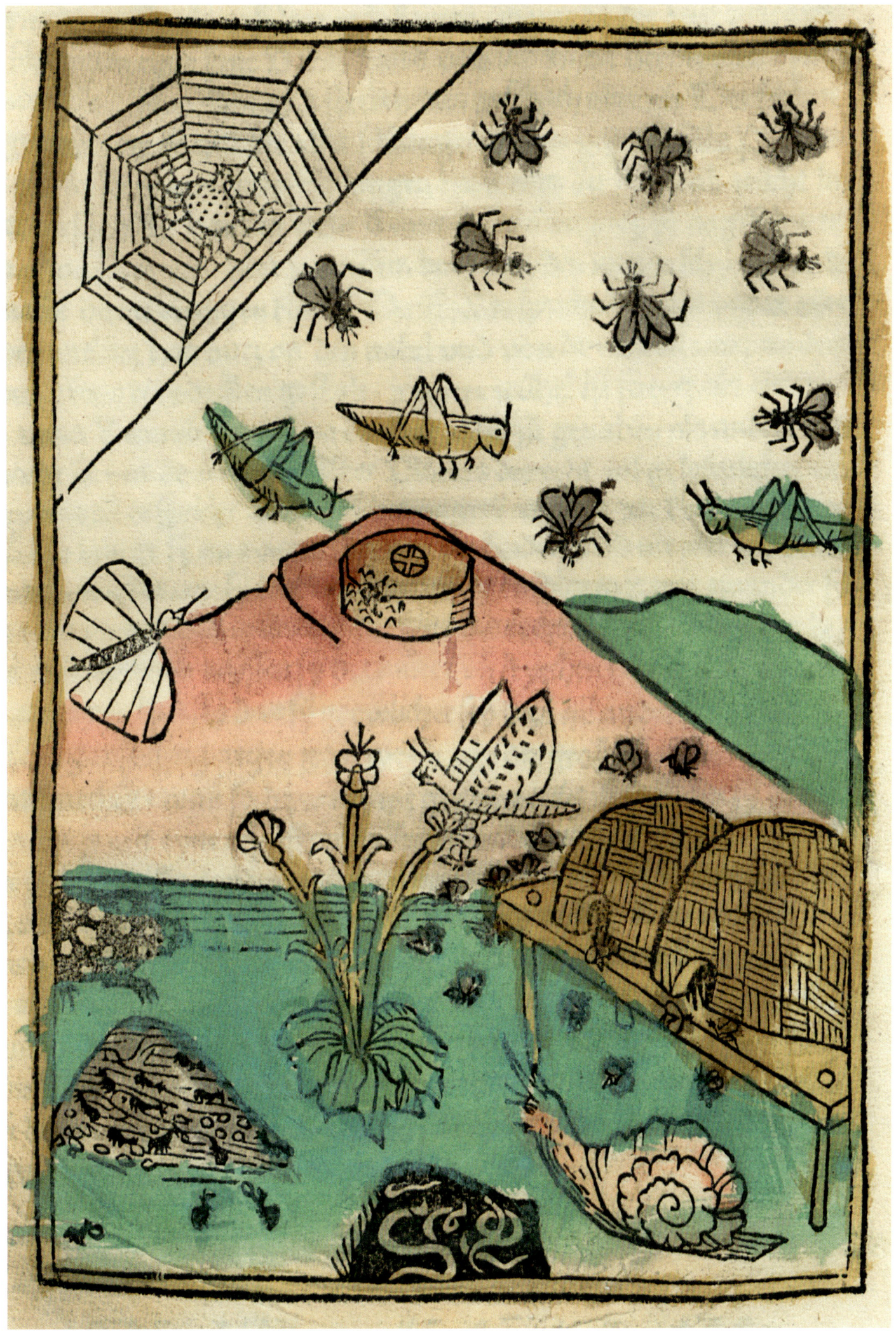

1 ∗ Zeit der Katastrophen und Krisen   283

1.5

Klimaperiode, der jahrzehntelange wirtschaftliche Aufschwung mit einer entsprechenden Bevölkerungszunahme. Die Verbreitung der Pest erfolgte zuerst entlang der Seidenstraße, über die orientalische Luxusgüter gehandelt wurden, und dann über die europäischen Häfen. Zuerst erreichte sie Caffa (heute Feodossija) auf der Krim, das 1346/47 von der Goldenen Horde belagert wurde, die die Seuche aus Zentralasien mitbrachte.[3] Ebenso verlief der Infektionsweg aller späteren Ausbrüche: Stets wurde der Erreger aus Asien eingeschleppt.

Man erklärte sich die furchtbare Krankheit nach antiker Lehre mit einem Ungleichgewicht der vier Körpersäfte Blut, Schleim, gelbe und schwarze Galle, das durch schlechte Luft oder Nahrung verursacht wurde. Das Pesthauchmodell des umbrischen Arztes Gentile da Foligno verband die Säftelehre mit einer für die schlechte Luft verantwortlichen ungünstigen Planetenkonstellation am 20. März 1345. Auch ein Gutachten über das Wesen der Pest, das der französische König in Auftrag gab, bezog sich auf diese Theorien.[4]

Bei der Pest handelt es sich im medizinischen Sinn um eine Zoonose, also um eine Krankheit, die vom Tier auf den Menschen übertragen wird. Ursache war ein Bakterium, das erst 1894 identifiziert und nach seinem Entdecker Yersinia pestis genannt wurde.[5] Hauptwirte des Bakteriums sind Nagetiere, die durch den Biss eines Flohs infiziert werden. Lange Zeit nahm man an, dass hauptsächlich Ratten die Krankheit übertragen, indem der auf ihnen lebende Rattenfloh (Xenopsylla cheopis) ein gestorbenes Tier verlässt und auf der Suche nach einem neuen Wirt auch Menschen beißt. Am häufigsten ist neben diesem Ansteckungsweg das Eindringen des Erregers in die Blutbahnen durch Hautläsionen. Die so Infizierten entwickeln zumeist nach einem bis sechs Tagen Nekrosen, kurze Zeit später beginnen die betroffenen Lymphknoten schmerzhaft anzuschwellen und sich blauschwarz zu verfärben (Beulenpest). Noch weitaus gefährlicher ist die von Mensch zu Mensch durch Tröpfcheninfektion in den Lungenraum übertragene Lungenpest. Schließlich überträgt auch der Menschenfloh (Pulex irritans) den Bazillus; sogar der Verzehr erkrankter Tiere kann zu einer Infektion führen. Die Vielzahl der möglichen Verbreitungswege erklärt die exponentiell zunehmende Geschwindigkeit, mit der die Krankheit um sich griff. Bisher unbeantwortet blieb die Frage, warum die Seuche immer wieder auftrat, um dann plötzlich für sehr lange Zeiträume zu verschwinden.[6] Da die Infektion bei den Hauptwirten des Bakteriums in vielen Fällen tödlich verläuft, muss es einen anderen Wirt gegeben haben, auf oder in dem es überdauern konnte.

Jüngste Forschungen weisen nun darauf hin, dass es diesen Wirt auch in Europa gegeben haben könnte. Eine Erbgutanalyse des Erregers aus Opfern des 14. bis 17. Jahrhunderts in Deutschland und der letzten großen Pestwelle 1720–22 in Marseille ergab, dass es sich genetisch stets um denselben Erreger handelte, der schließlich um 1800 ausstarb.[7] Weiterhin gelang der Nachweis, dass den Pestwellen stets etwa 15 Jahre zuvor feuchte und kalte Jahre in Asien vorangingen. Die dabei zusammenbrechende Population der asiatischen Rennmaus war der Grund für deren Flöhe, sich neue, lebende Wirte zu suchen. Dadurch steckten sich andere Tiere mit der Pest an, unter anderem Haustiere, die den Menschen als Nahrungslieferanten dienten. Somit erscheint es wahrscheinlich, dass Reservoire in Asien bestanden, von denen aus sich derselbe Erreger stets neu verbreitete.[8] Während ein in Europa einheimischer Wirt bislang nicht identifiziert werden konnte, weiß man, dass dies bei Kamelen und amerikanischen Präriehunden möglich ist.

Die psychopathologischen Folgen waren, soweit an den Quellen nachvollziehbar, zu allen Zeiten ähnlich: der Verlust kultureller Werte, die Schuldsuche bei gesellschaftlichen Außenseitern sowie die Radikalisierung religiöser Bewegungen. Im Mittelalter waren es Bittprozessionen, die in religiösen Fanatismus umschlugen, bei gleichzeitigem Machtverlust der Kirche (Geißler); Judenpogrome, die die Lösung der vermeintlichen Schuldfrage mit dem Raub des Vermögens vertriebener oder getöteter Juden verbanden;[9] aber auch eine angesichts des allgegenwärtigen Schreckens ins Extreme gesteigerte Vergnügungssucht, die sich an der körperbetonten, äußerst freizügigen Mode der Zeit ablesen lässt.[10]

Relativ gesehen starben an der Pest mehr Angehörige der oberen Schichten, da sie innerhalb der Gesellschaft eine Minderheit darstellten,[11] obwohl es in absoluten Zahlen weit mehr Tote in der Unterschicht gab. Demzufolge fand europaweit eine Neuverteilung von Privatvermögen statt, was in kurzer Zeit einen weitreichenden sozialen und wirtschaftlichen Wandel auslöste, der sich so in Europa nicht wiederholen sollte.[12] Dadurch konnte der Mittelstand, der vor allem aus Handwerkern bestand, politisch wirksamer werden, indem diese z. B. verstärkt in die Stadträte aufgenommen wurden. Manche Historiker sehen daher in den durch die Pest verursachten Umwälzungen einen Einschnitt in die Geschichte Europas, der nur mit den beiden Weltkriegen des 20. Jahrhunderts vergleichbar sei; verkürzt, aber nicht ganz falsch gesprochen: den Beginn der Neuzeit.[13]

Kaja von Cossart

LITERATUR
RATH 1955. – Ausst.-Kat. Venedig 1979. – WILLIMAN 1982. – FRIEDELL 1989. – BERGDOLT 2011. – MEIER 2005. – SCHMIDT u. a. 2015. – BOS u. a. 2016. – PECHOUS 2016. – SEIFERT u. a. o. J.

FUSSNOTEN
1 SIRAISI 1982, 9. Die letzte Pestwelle fand 1720–22 statt und wütete vor allem in der Hafenstadt Marseille und der Provence. Nachdem der Pesterreger 1771 nochmals in Moskau auftrat, verschwand er für immer.
2 Die erste historisch belegbare Pestwelle ist die sogenannte Justinianische Pest, die 541 n. Chr. von Ägypten aus über die südliche Türkei (levantinische Hafenstädte) eingeschleppt wurde. Sie breitete sich bis 543 zwischen Aserbaidschan, Dalmatien, Italien, Spanien, Reims und Trier aus und blieb bis zum 8. Jahrhundert endemisch. Erst 600 Jahre später kam es zur nächsten Pestwelle.
3 BERNSTEIN 2009, 138f.
4 BERGDOLT 2011, 24. – Vgl. das Corpus Hippocraticum, ein später Hippokrates zugeschriebenes Werk des 5.–2. Jh.s v. Chr. Dazu besonders Ausst.-Kat. Venedig 1979, 22.
5 RATH 1955, 2428. – BIRABEN 1976, I, 7. –. Die Identifikation des Erregers gelang während der Pestpandemie, die Ende des 19. Jahrhunderts in der Mongolei begann und dann in China auf die Provinz Yunnan und von dort auf Hongkong übergriff, wo ihn der Schweizer Arzt und Bakteriologe Alexandre Yersin (1863–1943) isolierte und wissenschaftlich beschrieb. Dieser Erreger ist genetisch verwandt mit denen der sporadisch auch heute noch auftretenden Pesterkrankungen: 1990 in Aralsk/Kasachstan; 2008 in Madagaskar; zuletzt 2015 in Kalifornien. Dort ist eine Reservoir des Erregers in der heimischen Präriehundpopulation nachgewiesen, der inzwischen auf die Eichhörnchenpopulation des Yosemiteparks überging.
6 Ungeklärt ist bisher auch, warum die Pest noch nie in den Ballungszentren der sog. Dritten Welt, in denen meist katastrophale hygienische Zustände herrschen, auftrat.
7 BOS 2016. – Vielleicht könnte sich das Verschwinden des Erregers mit dem Aussterben seines unbekannten Wirts begründen lassen.
8 Aktuelle Studien vertreten gegensätzliche Ansichten. Während BOS u. a. 2016 davon ausgeht, dass es sich um ein europäisches Reservoir handelt, welches bisher nicht identifiziert werden konnte, gehen SCHMIDT u. a. 2015 davon aus, dass die wiederkehrenden Pestwellen aus Asien kamen und durch klimatische Schwankungen erklärt werden können.
9 ZINN 1989, 201, wertet die Pogrome Mitte des 14. Jahrhunderts als „größte singuläre Mordaktion gegen die jüdische Bevölkerung in Europa" bis zum 20. Jahrhundert.
10 U. a. KESSEL 1984.
11 ZINN 1989, 82.
12 ZINN 1989, 188f. – BERGDOLT 2011, 192. – Die Autoren ziehen zum Vergleich die sozialen und wirtschaftlichen Umverteilungen des 20. Jahrhunderts im kommunistischen Block heran, allerdings mit der Einschränkung, dass diese nur einige Länder betraf, nicht ganz Europa.
13 FRIEDELL 1989, 63. – ZINN 1989, 154f. – BERGDOLT 2011, 10.

1.6 Hochwasserlagen und Heuschreckenreste in Ablagerungen des 14. Jahrhunderts in den Maarseen der Eifel

Das Mittelalter bis zum Beginn des 14. Jahrhunderts war eine Zeit des starken Bevölkerungszuwachses mit sehr dynamischem Städtebau. In der ersten Hälfte des 14. Jahrhunderts brachen dann aber über Mitteleuropa so ziemlich alle Katastrophen herein, welche die damalige Zeit kannte. Den Auftakt der Naturkatastrophen machte der „Große Hunger" von 1315–18. Drei Jahre in Folge verfaulte das Getreide in nasskalten Sommern auf dem Halm. Man schätzt, dass einige Regionen schon in diesen Jahren bis zu 30 % ihrer Bevölkerung verloren.

Die Wetterbedingungen blieben auch in den Folgejahren schwierig. In den trockenen Sommern 1338 und 1408 breiteten sich sogar riesige Heuschreckenschwärme von Ungarn bis nach Mitteleuropa aus, eine Plage, die sonst nur in viel wärmeren Klimazonen vorkommt.

Die nächste Katastrophe waren sintflutartige Niederschläge im Juni 1342. Die völlig durchfeuchteten Berghänge der Mittelgebirge rutschten in die Täler, wo extreme Hochwasser Brücken und Mühlen verwüsteten. Die Lage für die ländliche Bevölkerung war so verheerend, dass viele Regionen durch Landflucht verödeten, während die Städte dem Ansturm der verarmten Menschen nicht gewachsen waren.

In diese verarmten, überbevölkerten Städte wurde im Jahr 1348 die Pest von Asien nach Europa eingeschleppt und raffte in wenigen Jahren etwa 30 % der Bevölkerung dahin.

Die oben beschriebenen Umweltbedingungen sind historisch beschrieben, zeigen sich aber auch in Bohrkernen aus Seen Mitteleuropas. Besonders geeignet für eine solche jahresgenaue Dokumentation von Klima und Umweltschäden sind die Maarseen der Eifel, weil in diesen tiefen, abflusslosen Seen das Bodenwasser sauerstoffarm ist und sich Sedimente ruhig ablagern. Fische, die den Seeboden normalerweise durchwühlen, dringen in diese lebensfeindliche Tiefe nicht vor; dadurch sind die Jahresschichten der Ablagerungen in den Eifelmaarseen gut erhalten und erlauben eine Dokumentation der Wetterextreme im Einzugsgebiet.

Der hier dargestellte Bohrkern stammt aus dem Schalkenmehrener Maar und zeigt neben der Jahresschichtung viele graue Lagen. Diese Ablagerungsschichten enthalten den Schlamm und die Vegetationsreste, die bei starken Hochwässern in das Maar gespült wurden. Es ist leicht erkennbar, dass es im Mittelalter sehr viele Hochwasserereignisse gab. Die stärkste dieser Lagen ist über Radiokarbondatierungen und Zählung der Jahreslagen dem Jahrtausendhochwasser des Jahres 1342 zugeordnet. Herbig und Sirocko (2012) konnten darin 51 Ackerkräuter unterscheiden, so dass sich der Anbau von Roggen und Lein in diesen Jahren detailliert bestätigen lässt.

In dem Sediment finden sich außerdem auch Reste von Insekten. Möglicherweise handelt es sich dabei um Heuschrecken, es können aber auch andere Insekten sein, dies ist an den Bruchstücken nicht mehr genau zu identifizieren. Die größten Heuschreckeneinfälle gab es in den Jahren 1338 und 1408. Die Jahreslagenzählungen stellen die hier gezeigten Reste an den Anfang des 15. Jahrhunderts; mit großer Wahrscheinlichkeit handelt es sich also um Heuschreckenreste aus dem Jahr 1408, da die Heuschrecken im Jahr 1338 den Rhein wohl nicht überschritten haben (GLASER 2008).

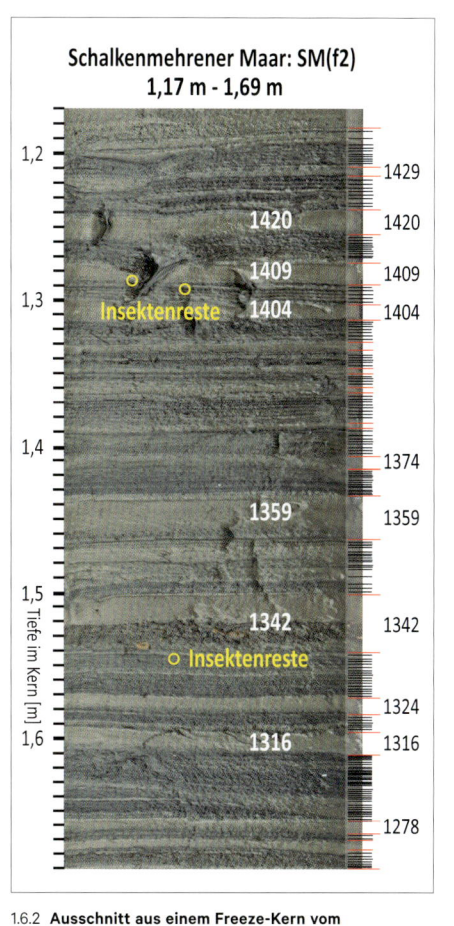

Die Ablagerungen des 14. Jahrhunderts sind eine Fundgrube für die Wissenschaft, insbesondere dadurch, dass durch den Vergleich der historischen Daten mit den Partikeln im Sediment das Wetter und die Umweltbedingungen der damaligen Zeit nachvollzogen werden können und es Methoden gibt, die Untersuchung von Wetterextremen auch in die prähistorische Vergangenheit fortzuführen (vgl. z. B. SIROCKO 2009, SIROCKO/DIETRICH/VERES u. a. 2013).

Frank Sirocko

LITERATUR
GLASER 2008. – SIROCKO 2009. – HERBIG/SIROCKO 2012. – SIROCKO/DIETRICH/VERES u. a. 2013.

1.6.1 Das Team des ELSA Projektes (Eifel Laminated Sediment Archive) der Johannes-Gutenberg-Universität Mainz bei einer Kernbohrung auf dem Holzmaar. Der gerade auf die Plattform gekommene „Freeze"-Kern zeigt die letzten 1000 Jahre der Ablagerungen in dem See. Auf den ersten Blick deutlich erkennbar ist die Hochwasserlage aus dem Jahr 1342 nahe der Kernbasis. Bei diesem Bohrverfahren wird eine Platte in das Sediment gestochen und die Schichten mittels Flüssiggas auf die Platte angefroren. Mit diesem Spezialverfahren können die Lagen der obersten 2 m völlig ungestört erbohrt werden.

1.6.2 Ausschnitt aus einem Freeze-Kern vom Schalkenmehrener Maar. Die Hochwasserlage 1342 ist durch ihre hohen Gehalte an erodierten Pflanzenresten direkt erkennbar und dient als Referenzlage für die Jahreslagenzählungen. In den Maaren der Eifel bleiben die Jahreslagen im Sediment erhalten, da das Tiefenwasser in diesen abflusslosen Seen sauerstofffrei ist. Weitere Hochwasserlagen fallen in die Jahre 1409, 1359 und 1316, für die Niederschlagsextremereignisse ebenfalls historisch belegt sind.

1.6.3 Insektenreste im Maarsediment aus der Jahreslage 1408. Für 1338 und 1408 sind extrem trockene Sommer und der Masseneinfall von Heuschrecken historisch dokumentiert. Allerdings ist nicht mit Sicherheit bestimmbar, dass es sich bei den Insektenresten im Bohrkern um Heuschrecken handelt. Auffällig ist jedoch die hohe Konzentration solcher Insektenreste in den Lagen aus diesen Jahren.

2 ✻ Karl IV. – seine Persönlichkeit, sein Aussehen – Realität versus Fiktion

Was helfen edle Abkunft und Dinge im Überfluss, wenn es an reinem Gewissen und wahrem Glauben mangelt (…)?

Karl IV. in seiner Autobiografie, um 1350

(…) er war von mittlerer Gestalt, nach Ansicht der Deutschen von eher kleinem Wuchs, leicht gebeugt, Hals und Angesicht ein wenig vorgereckt, schwarzhaarig, mit großen sanft blickenden Augen und vollen Wangen, schwarzem Bart und vorn kahlem Kopf.

Matteo Villani, Florentiner Kaufmann und Chronist, Cronica, vor 1363

(…) inständig ersuchen wir Deine Durchlaucht, künftig als Zeichen der Reife ein lockeres und langes Gewand zu tragen; (…) solche Treffen und Turniere zu meiden, und Dich in Deinem Handeln und Auftreten ernst und reif zu zeigen, damit an Dir nichts Unangemessenes oder Tadelnswertes zu sehen sei, sondern Du stattdessen die Würde, deren Insignien und Gewicht Du trägst, mit Sittsamkeit erfüllst und mit tugendhaften Werken ausfüllst.

Papst Clemens VI. in einem Brief an Karl IV., Avignon, 25. Februar 1348

Karl IV. vergnügte sich gern: Er kleidete sich nach der „exzentrischen" Pariser Mode, war ein begeisterter Tänzer, machte schönen Damen den Hof und nahm häufig an Turnieren teil. Ein solches Kampfspiel wurde ihm jedoch 1350 beinahe zum Verhängnis und sollte für immer sein Erscheinungsbild beeinträchtigen. Von der Turnierlanze des Gegners, Rennspieß genannt, am Kinn getroffen, wurde er aus dem Sattel geworfen und fiel mit gebrochenem Unterkiefer, zerschmetterten Halswirbeln und beschädigtem Rückenmark bewusstlos in den Sand der Kampfbahn. Dank des sofortigen Eingriffs erfahrener Ärzte und seiner athletischen Konstitution überlebte Karl diese eigentlich tödlichen Verletzungen. Lange Monate war er ans Krankenbett gefesselt, an allen Gliedmaßen gelähmt, doch erholte er sich erstaunlich rasch. Sein Unterkiefer wurde mit Gold- und Silberdrähten geschient und die Wirbelsäule nach einer alten Methode, dem Aufhängen an den Haaren, wieder gerichtet. Aus Karls Sicht war seine Genesung ein Zeichen der göttlichen Gnade, die er einzig mit der eigenen Auserwähltheit zu erklären wusste.

Die Turnierverletzung hatte sich Karl inmitten der fieberhaften politischen Verhandlungen über die Kaiserkrönung zugezogen. Die Hofchronisten verschwiegen den Unfall – es war ihnen wohl verboten, über den Gesundheitszustand des Kaisers zu schreiben. Nicht einmal der Papst erhielt genauere Informationen. Nur aus dem Reich drangen spärliche Nachrichten durch: „Diesmal ist der König so lange und schwer erkrankt, dass viele glaubten, er sei vergiftet worden", schrieb Matthias von Neuenburg in seiner Straßburger Bischofschronik. „Die Erkrankung zog sich über ein Jahr hin, alsdann ist er genesen", setzte der Eichstätter Heinrich Taube von Selbach hinzu.

Anders als die literarischen Quellen stellte sich Karls Porträtstrategie der historischen Realität: Einer der meistdargestellten Monarchen des europäischen Mittelalters wurde leicht bucklig mit typischem Rundrücken, mächtigem, vorgeneigtem Kopf auf einem starken Hals, halb geöffnetem Mund und leichtem Unterbiss abgebildet. Je näher die Künstler dem Kaiserhof standen, desto genauer erfassten sie einer gewissen Idealisierung zum Trotz das Aussehen Karls IV.

Jiří Fajt

Der thronende römische Kaiser Karl IV., Detail einer Kopie • Josef Sudek (1896–1976) • Original vor 1380 (vgl. Kat.-Nr. 2.1) • Gips mit Schellackpatina • Original Prag, Altstädter Brückenturm, Ostfassade • Prag, Národní muzeum, Lapidarium

Folgedoppelseite **Das freundlichste Porträt Karls IV.: Der Kaiser im Doppelbildnis mit Anna von Schweidnitz** • Nikolaus Wurmser von Straßburg (zugeschrieben), 1361/62–1364 • Wandmalerei mit plastischem Hintergrund • Karlstein, Burg, Kleiner Turm, Marienkapelle, früher Katharinenkapelle genannt, Westwand über dem Eingang

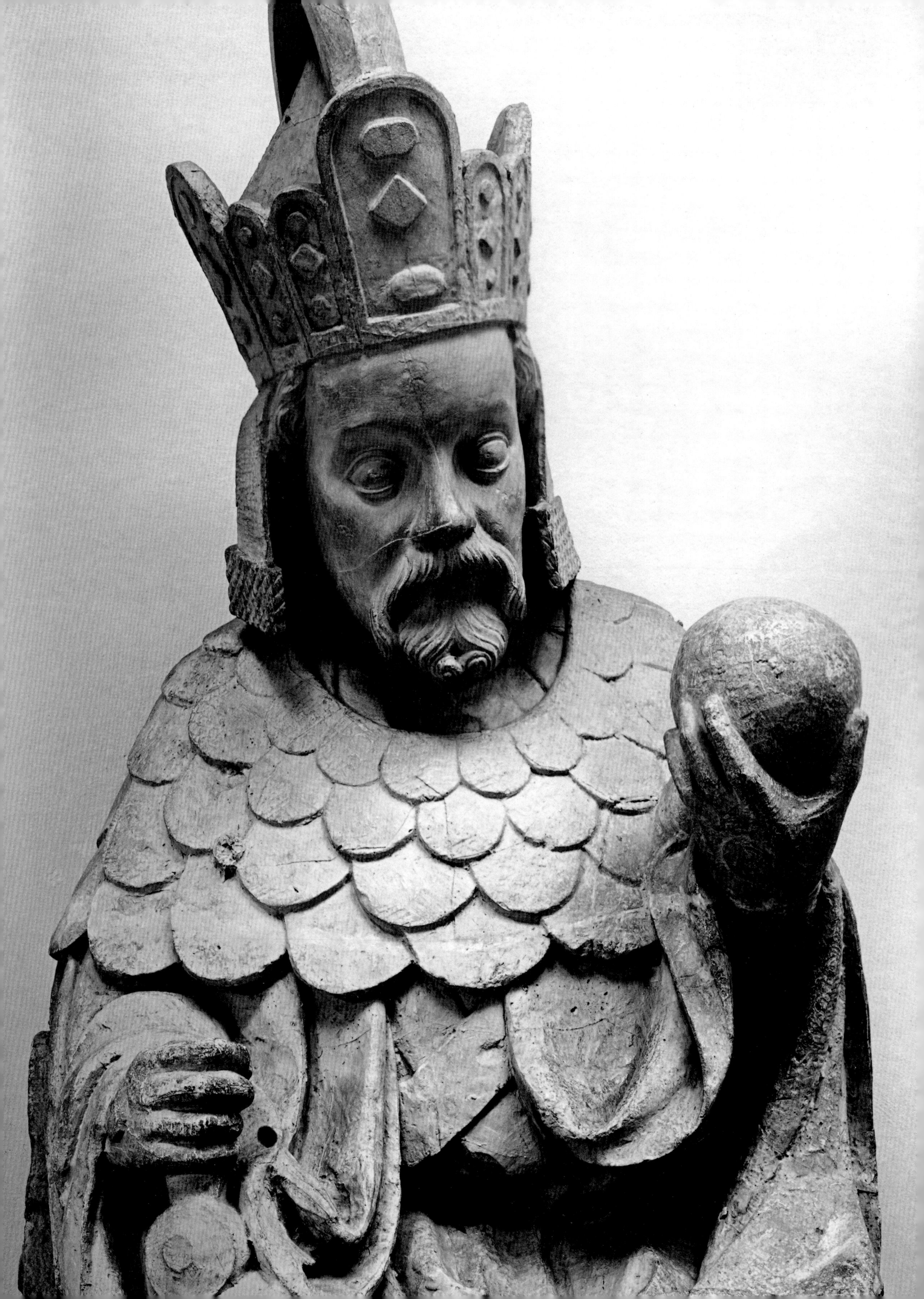

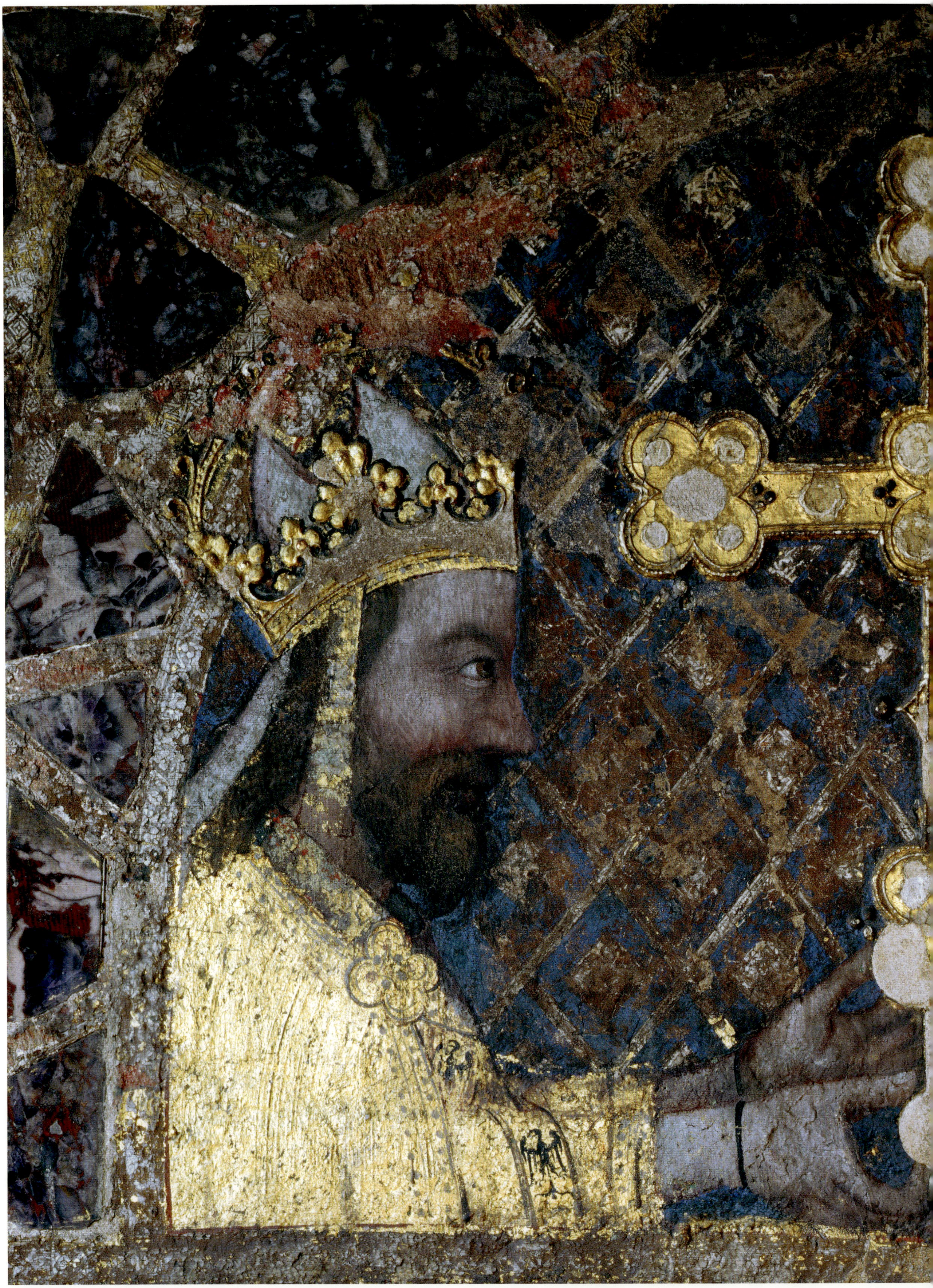

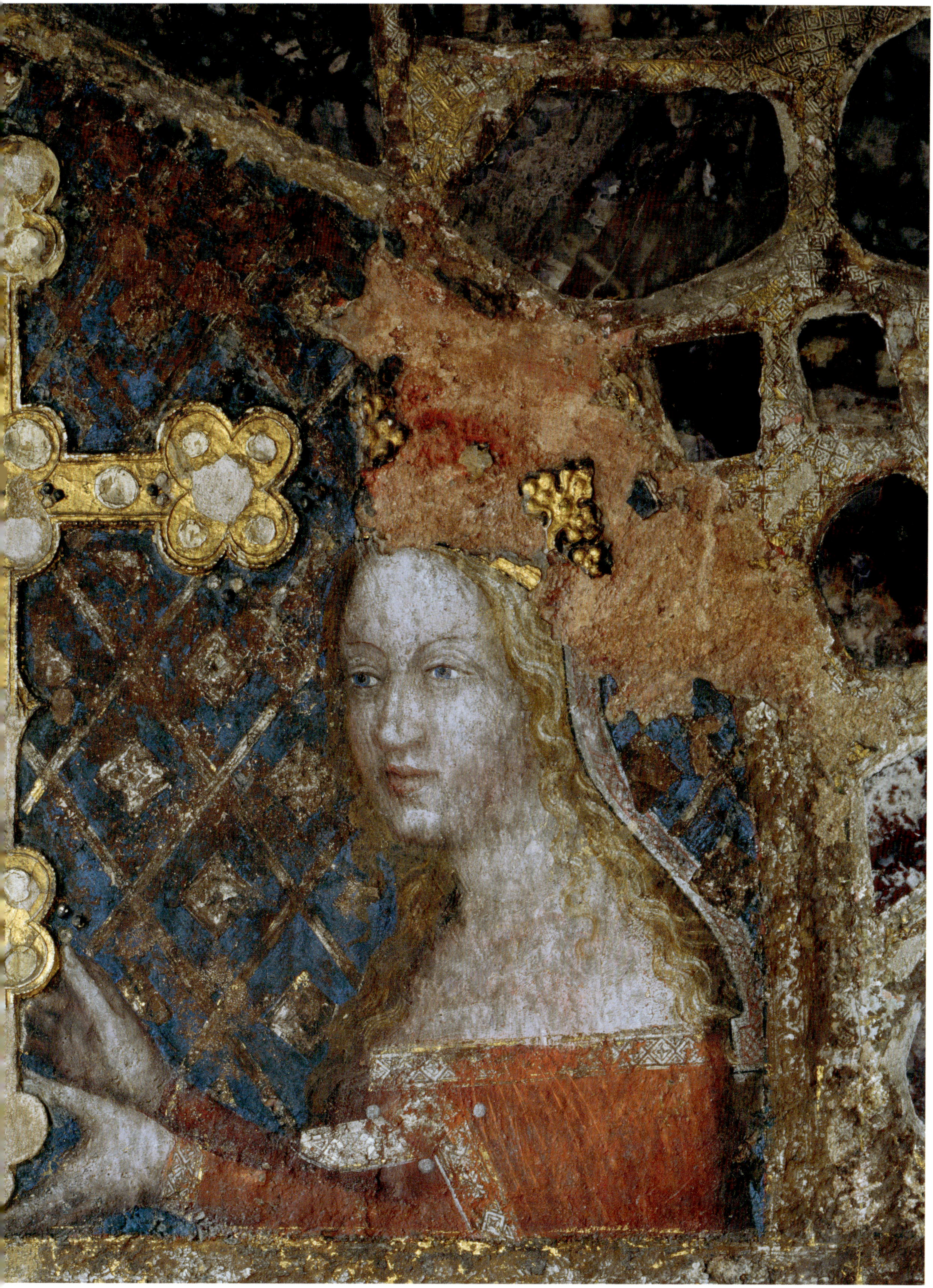

Katalog 2.1

2.1 Steinfigur des thronenden Kaisers Karl IV. vom Altstädter Brückenturm der Prager Karlsbrücke

Prag, Dombauhütte St. Veit, vor 1380.
Sandstein, Fragmente ursprünglicher Farbfassung und Vergoldung; H. 205 cm, B. 91 cm, T. 85 cm.
Prag, Národní muzeum, Lapidarium,
Inv.-Nr. H2-180618.

Die mittelalterlichen Römischen Könige und Kaiser bis zu Karl IV. hatten keine ausgesprochene Tradition monumentaler Darstellungen ihrer Persönlichkeiten an öffentlichen Gebäuden. Immerhin war König Philipp von Schwaben (* 1177, reg. 1198–1208) an einem der Regensburger Brückentürme thronend dargestellt, zusammen mit seiner Gemahlin Irene von Byzanz;[1] noch bekannter und bedeutender ist die monumentale Darstellung seines Neffen, Kaiser Friedrichs II. am Brückentor von Capua (1234–39). Doch die Ausgestaltung des Altstädter Brückentors an der unter Karl IV. seit 1357 neu errichteten Prager Moldaubrücke zwischen Altstadt und Kleinseite bedeutete demgegenüber eine Steigerung, die auch später keine Nachfolge finden sollte: Hier wurde auf der Stadtseite ein durchdachtes und subtil ausgestaltetes Programm aus Skulpturen, Wappen und architektonischen Formen angebracht.[2]

Diese Schauseite ist in drei Etagen gegliedert: Über dem Torbogen sind zehn Wappenschilde gereiht, die für Länder respektive Herrschaften stehen, die das Haus Luxemburg beherrschte.[3] Darüber folgt über einem dachförmigen Gesims eine in Form einer dreiteiligen Giebelarchitektur strukturierte Szenerie: Hier steht über einer auf zwei Bögen verkürzten Darstellung der Karlsbrücke selbst der Schutzpatron des Landes und eben der Brücke, der Hl. Wenzel. Beidseits thronen zwei monumentale Gestalten, deren heraldisch rechte (also vom Betrachter aus linke) in der Ausstellung zu sehen ist: Kaiser Karl IV., dem auf der anderen Seite sein älterer Sohn, König Wenzel IV., entspricht.[4] Das dritte Stockwerk zeigt dann eine umlaufende Reihe von Kielbogen-Blendarkaden; unter den beiden mittleren stehen zwei weitere böhmische Landespatrone, die Hll. Prokop und Sigismund. Vor ihnen krönt die Kreuzblume des Mittelgeschosses ein kauernder Löwe (vgl. Kat.-Nr. 6.1).

Die Skulptur des thronenden Kaisers Karl IV. verbindet wuchtige Monumentalität mit einer ideenreichen Gestaltung des vor den Knien diagonal verlaufenden Mantelsaums. Der schuppenförmige Schulterkragen erinnert entfernt an den Fellmantel, wie ihn Stifts- und Domgeistliche trugen – und wie ihn auch z. B. der Hl. Wenzel nebenan und einige Darstellungen der böhmischen Könige auf ihren Gräbern im Veitsdom tragen. Die sakrale Qualität des Kaisertums deuten auch die beiden von der Kaiserkrone herabhängenden Infuln an, Elemente, die sich sonst an der Kopfbedeckung der Bischöfe, der Mitra,

Abb. 2.1.1 Ostfassade des Altstädter Brückenturms mit den Statuen der böhmischen Landespatrone Prokop, Sigismund und Veit sowie Kaiser Karls IV. mit seinem Sohn und Thronfolger Wenzel IV. • Jindřich Eckert (1833–1905), Atelier • Fotografie von 1907 • Die Originale befinden sich heute im Lapidarium des Nationalmuseums in Prag, am Turm wurden Kopien angebracht • Prag, Archiv hlavního města Prahy, Sign. VI 36/1 b

finden. Die schildförmigen Platten der Krone zeigen, dass hier die Reichskrone gemeint ist, die heute in der Wiener Schatzkammer aufbewahrt wird.

Im Unterschied dazu trägt König Wenzel eine einfachere Bügelkrone mit Lilienendungen, aber ohne die Infuln, sein Mantel mit der übergroßen Brosche gibt den Blick auf ein modisches, geschnürtes Lederwams, den sog. Lendner, frei. Die Köpfe sind bildnisähnlich, wobei sich auch die Gesamtstatur des alternden Kaisers mit dem schweren, leicht geneigten Kopf an der Realität ausrichtet, wie Untersuchungen der Gebeine des Kaisers erwiesen.[5]

Das Ganze ist eine einfach lesbare Komposition, doch von komplexer Bedeutung: Zum einen wird natürlich der Brückenbau selbst verherrlicht. Zum andern betonen die Wappen – beidseits des Hl. Wenzel und jeweils unter den Baldachinmaßwerken über den Skulpturen – wiederholt die Herrschaft über das Reich (Reichsadler auf Gold) und das Königreich Böhmen (doppelt geschwänzter Löwe auf Rot). Schließlich bringt die feine Rahmenarchitektur ein weiteres, wiederum sakrales Element herein: Über einem vorspringenden dachförmigen Gesims, das eine Kehle mit Laubwerk und figürlichen Konsolen abdeckt, setzen zwei Stäbe auf, aus denen ein zentraler Rundbogen und zwei Fialen herauswachsen, die die Figurengruppe rahmen. Die mittlere Bogenrahmung wird seitlich von Viertelkreisbögen gestützt – und das Ganze von zwei mit Krabben besetzten Giebelschrägen überfangen. Das Verschmelzen der Einzelformen ist ein hochmodernes Detail, während die gesamte Architektur an einen Schnitt durch einen Kirchenbau respektive an eine Fassade erinnert. Paul Crossley und Zoë Opačić haben zu Recht auf die tiefe Bedeutung dieser Komposition an ebendieser Stelle hingewiesen: An einem der Hauptverkehrspunkte der Stadt thronen in effigie die Herrscher, zugleich wird auf ihre Leistungen unter dem Schutz der Landespatrone verwiesen, die sich zugleich auf alle regierten Länder beziehen. Und nicht zuletzt verweist die Architektur schon voraus auf den hier sichtbaren Veitsdom mit seiner etwa gleichzeitig entstehenden Chorausstattung (wiederum Herrscher, Hofstaat und Heilige). Beim Krönungszug eines böhmischen Königs,[6] der von der Burg Vyšehrad durch Neu- und Altstadt in Richtung Hradschin führte, wurde das Altstädter Brückentor zum Triumphbogen.[7]

Markus Hörsch

LITERATUR
CHADRABA 1971. – HERZOGENBERG 1978, 324f. – CHADRABA 1981. – CHADRABA 1991. – VÍTOVSKÝ 1994. – Ausst.-Kat. Prag 2006, 232–235, Kat.-Nr. 80.a–c (Dana STEHLÍKOVÁ). – CROSSLEY/OPAČIĆ 2006.

FUSSNOTEN
1 Ausst.-Kat. Andechs 1993, 24, Abb. 1. u. 205, Kat.-Nr. 1.
2 Auf der westlichen, zur Brücke gewandten Seite knieten einst Figuren Karls IV. und der Kaiserin Elisabeth von Pommern in Verehrung einer großen Muttergottesfigur. VÍTOVSKÝ 1994.
3 Heraldisch streng von der Mitte aus zu lesen, jeweils zuerst die rechte Position, dann die linke: 1. Römisches Reich, 2. Königreich Böhmen, 3. Markgrafschaft Mähren, 4. Grafschaft Luxemburg, 5. Mark Brandenburg, 6. (wird als Görlitz gedeutet), 7. Herzogtum Schlesien, 8. Oberlausitz, 9. Grafschaft Sulzbach (Teil des sog. Neuböhmen), 10. Niederlausitz.
4 In den Worten von Niccolo Beccari als Vespasian mit Titus. STEJSKAL 1978/II, 144. – CROSSLEY/OPAČIĆ 2006, 214.
5 VLČEK 1984 und 1999.
6 CIBULKA 1934, 76. – CROSSLEY 1999, 363. – CROSSLEY 2000, 129f.
7 CROSSLEY/OPAČIĆ 2006, 214.

3 ✳ Familie, Erziehung in Frankreich, erste politische Erfahrungen in Italien und als Markgraf von Mähren

> Der König (der französische König Karl IV.) (...) gebot meinem Kaplan, mich ein wenig in der Schrift zu unterweisen, obwohl er selbst des Schreibens unkundig war.
>
> Karl IV. in seiner Autobiografie, um 1350

> Karl hatte einen Lehrer, dem er ein Auge ausschlug, weil er ihn gestraft hatte. Dies machte er aber wieder gut, indem er ihn später zum Erzbischof von Prag und dann zum Kardinal erhob.
>
> Tilemann Elhen von Wolfhagen, kaiserlicher Notar und Chronist von Limburg, Limburger Chronik, 1377–um 1400

Karl IV. erblickte das Licht der Welt in einer Familie, in der eine glänzende politische Karriere „vorprogrammiert" war. Sein Großvater väterlicherseits war Heinrich VII., der erste Luxemburger auf dem Reichsthron. Mütterlicherseits war Karl ein Enkel des erfolgreichen und gelehrten böhmischen Königs Wenzel II. aus dem Geschlecht der Přemysliden. Sein Vater Johann war der erste Luxemburger in Böhmen, seine Mutter sorgte für die Kontinuität der přemyslidischen Herrschaft. Sein Onkel Balduin, der Erzbischof von Trier, war ein guter Stratege und fähiger Ökonom. Dennoch war Karls politischer Weg nicht einfach.

Wegen elterlicher Zwistigkeiten und aus Sorge um die Sicherheit des jungen Prinzen wurde er schon mit sieben Jahren an den Hof des französischen Königs Karl IV. gesandt, der mit Karls Tante Maria († 1324) verheiratet war. In Paris wurde der junge Karl nicht nur in das Hofzeremoniell eingeführt, sondern erhielt auch einen fundierten Unterricht in Latein und Grammatik, obwohl eine literarische Erziehung damals keinesfalls geschätzt wurde. Künftige Ritter sollten schließlich nicht die Furcht vor der eigenen Unkenntnis oder gar vor einem Lehrer lernen! Karl bewältigte dies auf seine Weise und zeigte mit Nachdruck, dass er sich gegen Schulmeisterei und Herabsetzung zu wehren und seine Würde zu wahren wusste.

Die Gelehrsamkeit ermöglichte Karl ein diplomatischeres Verhalten: In Situationen, in denen andere aufbrausend zum Schwert griffen, und sei es vielfach nur zum Schein, blieb Karl ein konzentrierter Beobachter und hatte stets die für ihn beste Lösung vor Augen. Die Bereitschaft, auf den günstigsten Moment zu warten, die eigenen Absichten nicht sofort zu verraten und bei Verhandlungen zu taktieren – kurz, die Kunst der Selbstbeherrschung – war Karls unübersehbarer Vorzug. Das Wort wurde zu seiner stärksten Waffe. In Oberitalien lernte er offenbar, Sachverhalte aus rechtlicher Sicht zu beurteilen und zur Lösung die Gerichte heranzuziehen. Gerade deshalb fürchteten ihn seine Zeitgenossen so und nannten ihn Karl den Listigen.

Jiří Fajt

Paris, die königliche Palastkapelle (Sainte-Chapelle) von Süden, erbaut 1243–48 auf Wunsch des später heiliggesprochenen Königs Ludwig IX. als Schatzkammer zur Aufbewahrung der Dornenkrone Christi und weiterer kostbarer Reliquien • Fotografie von Lala Aufsberg (1907–76) • Bildarchiv Foto Marburg, Foto Nr. 775 459

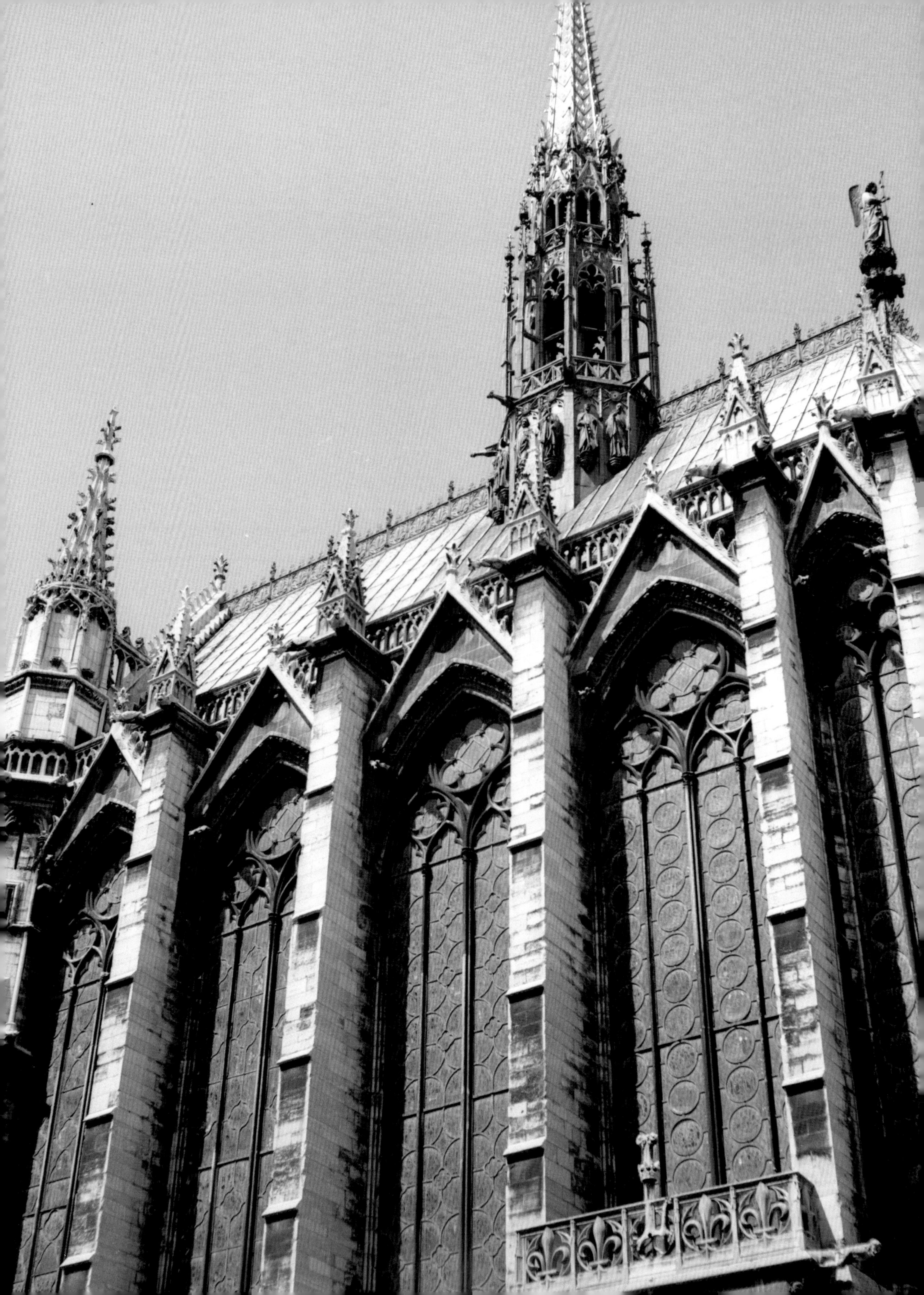

Katalog 3.1–3.25

3.1.a–b Kaiser Heinrich VII. und sein Bruder, Kurfürst-Erzbischof Balduin von Trier – Wangen vom Chorgestühl der Trierer Kartäuserkirche St. Alban

Mainz (?), 1323–35 (d), Herstellung frühestens 1332 (Bezug des Klosters), spätestens 1338/40 (zur Errichtung des Chors der neuen Kirche).
Eichenholz; H. 269 cm, B. 65 cm. Ansatzstellen des ehemaligen Gestühls im 19. Jh. ergänzt, ebenso Fialen und Giebelspitzen.
Provenienz: Trier, Kartause. – Trier, Klarissenkloster (1802). – Trier, St. Gangolf (ab etwa 1840). – Trier, Bischöfliches Dom- und Diözesanmuseum (1954). Trier, Museum am Dom – Bistum Trier, ohne Inv.-Nr.
a. in Prag ausgestellt, b. in Nürnberg.

Vom Chorgestühl der ersten, 1674 endgültig zerstörten Trierer Kartause blieben diese beiden Seitenwangen erhalten. Dargestellt sind Kaiser Heinrich VII. (*1278/79, reg. 1308–13) und sein Bruder, der Trierer Erzbischof und Kurfürst Balduin von Luxemburg (* um 1285, reg. 1307–54). Heinrich trägt die kaiserlichen Insignien: eine neuartig gewölbte Krone mit Bügeln und abschließendem Knauf, ein auffälliges, adlerbekröntes Zepter und den „Reichsapfel" (Globus) mit Kreuz als Zeichen weltumspannender Herrschaft. Balduin ist in voller liturgischer Gewandung dargestellt und durch das Kirchenmodell als Stifter des Kartäuserklosters gekennzeichnet, das 1330 ins Leben gerufen und 1332 bezogen wurde. Da der neue Konvent an dem bis dahin zur Abtei St. Matthias gehörenden Kirchlein St. Alban angesiedelt wurde, nutzte man zunächst dieses, bis 1338 mit dem Neubau der Konventskirche begonnen wurde. 1340 erfolgte eine Teilweihe[1], weswegen die Entstehung des Chorgestühls spätestens zu diesem Zeitpunkt das wahrscheinlichste ist.

Mehrere Möglichkeiten der Positionierung der beiden Wangen sind denkbar. In jedem Fall bildeten sie (wie die heute wieder ausgesetzten seitlichen Ausbrüche belegen) den seitlichen Abschluss von an der Wand aufgestellten Sitzreihen mit hohen Rückwänden, wobei man bei einer Kartause wegen der geringen Zahl der Konventsmitglieder (jeweils nur 12, allenfalls 24) keine allzu große Anzahl von Sitzen benötigte. Allerdings waren Gäste zu berücksichtigen, so dass stets ein gewisser Überhang einberechnet wurde. Heute wirken die Bildwerke in ihrer Vereinzelung wie direkt aufeinander bezogene Pendants, doch waren sie dies nur dann – über den Kirchenraum hinweg –, wenn sie im Osten oder im Westen jeweils beidseitig als Abschluss angebracht waren. Dann stand Heinrich in der heraldischen Ehrenposition, vom Betrachter aus links. Dass dies eventuell so gedacht gewesen sein könnte, darauf scheint seine frontale Stellung mit dem senkrecht in der Achse angebrachten Wappenschild mit dem Reichsadler hinzudeuten, während Balduin den Oberkörper nach hinten beugt, um sein Haupt im Dreiviertelprofil nach links zu wenden. Nur im Falle einer westlichen Anbringung der Wangen stand Heinrich auf der Nord-, der Evangelienseite, also der ranghöheren Position im Kirchenraum, was man angesichts der Tatsache, dass es sich um den Kaiser handelte, dem der Bruder ein Denkmal setzte, doch annehmen möchte. Allerdings ist es auch denkbar, dass die Chorgestühlsreihen an der Westseite umknickten, die Wangen sich beidseits des Mittelgangs befanden, sich also gegenüber standen. Dann wandte sich Balduin nicht dem Bruder, sondern dem Hochaltar zu, überreichte also dem dort verehrten Kirchenpatron (sicherlich neben dem althergebrachten hl. Alban auch der Muttergottes) das Kirchenmodell seiner Stiftung. Das scheint sinnvoller als die in paralleler Anordnung angedeutete Überreichung an den ja längst verstorbenen Bruder.

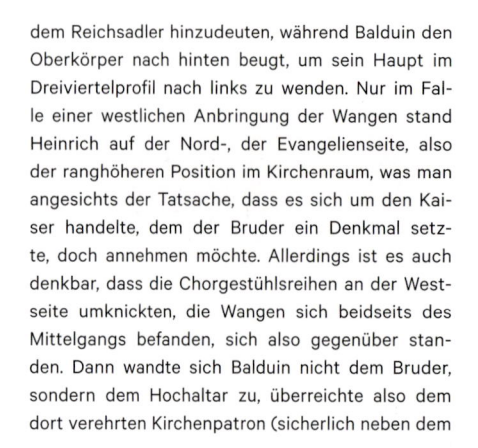

Im Osten des Gestühls befanden sich jedenfalls Pendants, die zum Altar hin gewandt waren, wohl Heiligendarstellungen, höchstwahrscheinlich Maria auf der Nordseite. Dass sie verloren gingen, deutet darauf hin, dass die Schnitzereien weniger wegen ihres künstlerischen oder sakralen Wertes aufbewahrt wurden, sondern wegen der Bedeutung der Dargestellten – eben des Klostergründers und seines kaiserlichen Bruders.

Die Trierer Kartause gründete Balduin explizit auch für Gedächtnis und Seelenheil seiner luxemburgischen Vorfahren, anders als bei der im selben Jahr von ihm gegründeten Kartause auf dem Beatusberg bei Koblenz. 1339 stiftete auch sein Neffe, König Johann, ein Jahrgedächtnis für seine Eltern in das Trierer Kloster; Balduin selbst begründete 1342 eine Gebetsverbrüderung mit einem der luxemburgischen Hausklöster, dem Dominikanerinnenkloster Marienthal in Luxemburg.[2] Zumindest anfangs wollte Balduin auch in der Kartause begraben werden; am Ende erhielt er sein berühmtes Grabmal im Trierer Dom. Das dynastische Moment ist also bei der Trierer Kartause sehr ausgeprägt; allerdings waren Kartäuserklöster nach dem Abebben der zisterziensischen Hochblüte generell sehr beliebt bei den hochadeligen Stiftern, galten ihre Bewohner durch die Strenge ihres weitgehend eremitischen und schweigenden Lebens als besonders heilswirksam. Und so verwundert es nicht, dass – nach der Stiftung des Zisterzienserklosters Königsaal (Zbraslav) durch die Přemysliden (vgl. Kat.-Nr. 3.18) – die Luxemburger sich auch in Böhmen als Stifter von Kartausen hervortaten: 1342 gründeten Johann und sein Sohn Karl die Prager Niederlassung, 1370 des letzteren Bruder Johann Heinrich diejenige in Brünn.

Markus Hörsch

LITERATUR
MARGUE 1997/II, 213. – HÖRSCH 2006/II, 33. – KESSEL 2012, 161–177 (mit umfangreichen Literaturangaben).

FUSSNOTEN
1 KESSEL 2012, 162.
2 MARGUE 1997/II, 213. – KESSEL 2012, 166f.

3.2.a–b Fragmente vom Grabmal der Königin Margarethe von Brabant Gruppe der elevatio animae (Seelenerhebung) mit Darstellung Margarethes und Allegorie der Gerechtigkeit (Iustitia)

Pisa, Giovanni Pisano, 1313–14.
Carrara-Marmor, Fassungsreste.

a. Elevatio animae
H. 78 cm, B. 116 cm, T. 47 cm. – Margarethe: H. 65,5 cm, B. 65 cm, T. 35 cm. – Linker Engel: H. 67 cm, B. 32,5 cm, T. 32 cm. – Rechter Engel: H. 74 cm, B. 38 cm, T. 37 cm.
Provenienz Genua, San Francesco di Castelletto, nördliche Seitenwand des Chores. – Gegen 1602 Abbau und teilweise Wiederverwendung in der Cappella di San Francesco der Duchi di Tursi im südlichen Querarm. – 1798–1807 Abriss der Kirche. – Voltri, Villa Brignole (1874 entdeckt). – Genua, Pinacoteca di Palazzo Bianco (seit 1892). Genua, Museo di Sant'Agostino, Inv.-Nr. PB 2100.

b. Allegorie der Gerechtigkeit
H. 102,5 cm, B. 36 cm, T. 34 cm.
Inschrift auf der Schriftrolle der Iustitia: „DILEXISTI / IUSTITIAM / ODISTI / INQ[UI]TATEM".
Provenienz: 1960 in einem Genueser Garten entdeckt.
Genua, Galleria Nazionale di Palazzo Spinola, Inv.-Nr. GNL 22/1966.

3.2.b

3.2.a

In der Nacht vom 13. zum 14. Dezember 1311 erlag Margarethe, Gemahlin Heinrichs VII., in Genua einer Seuche, mit der sie sich während der Belagerung von Brescia im Sommer und Herbst desselben Jahres angesteckt hatte.[1] Ihr Leichnam wurde den Genueser Franziskanern anvertraut, die ihn in ihrer Kirche San Francesco di Castelletto in der Nähe des Hauptaltars beisetzten. Bei einem seiner beiden Aufenthalte in Pisa erteilte König Heinrich VII. dem Bildhauer Giovanni Pisano (um 1250–1314) den Auftrag, seine verstorbene Gemahlin, „die seinem Herzen sehr teuer war"[2], durch ein Grabmal zu ehren. Im August 1313 reiste Giovanni nach Genua, um den Aufstellungsort des geplanten Monuments in Augenschein zu nehmen und den Empfang einer großen Summe Geldes aus der kaiserlichen Schatulle zu quittieren. Bereits wenige Wochen nach der Bestattung hatte sich an Margarethes Grab eine wundersame Heilung ereignet. Protokolle über dieses und weitere Wunder ließ der Erzbischof von Genua von April bis Juni 1313 aufnehmen, um die Seligsprechung der Königin vorzubereiten.[3] Darauf hatte die Ikonografie des Grabmals Rücksicht zu nehmen. Dass Giovanni Pisano in der Ausführung tatsächlich darauf achtete, belegt die als Fragment erhaltene Gruppe der Seelenerhebung (elevatio animae), die der mittelalterlichen Eschatologie zufolge unmittelbar nach ihrem Tode nur jene Verstorbenen erfahren, die ein heiligmäßiges Leben geführt haben. Zwei Engel (deren Köpfe verloren sind) helfen der Seele Margarethes, die in offenkundiger Körperlichkeit und vollständig bekleidet dargestellt ist, aus dem (nicht erhaltenen) Sarg. Mit der über der Brust gekreuzten Stola trägt sie bereits die Auszeichnung der Heiligen (Offb 6,11 und 7,9).[4] Der seitlich gewendete Kopf, die leicht geöffneten Lippen und der visionär-gebannte Blick geben zu verstehen, dass die Selige das Himmlische Jerusalem schaut. Die Margarethes Seele zuteil werdende Verzückung wird vom Bildhauer in die Dynamik der Bewegung übersetzt, mit der sie von den Engeln aufgerichtet wird. Ein transzendenter, an sich undarstellbarer Vorgang wird durch eine lebendig geschilderte Aktion ins Bild gesetzt.

Der Versuch einer Rekonstruktion des Grabmalaufbaus leidet an der schlechten Überlieferungslage zu dem schon relativ früh zerstörten Ensemble. Ein reliefverzierter Sarkophag und eine Szene der Grablegung Margarethes wurden 1602 in der Familienkapelle der Doria di Tursi zweitverwendet, darüber hinaus vielleicht auch sechs kleine Figuren von Trauernden, von denen inzwischen zwei aufgetaucht sind.[5] Die Elevatio-Gruppe muss ihren Platz in einer höheren Zone des ursprünglichen Grabmals gehabt haben, das im Zenit noch von einer Christusfigur bekrönt gewesen sein dürfte.

Die Figur der Iustitia führte eine Reihe aus vier vollplastischen Tugenden an, welche vor den Pfeilern standen, die den Sarkophag trugen. Durch das Herrschaftszeichen des Schwertes, das sie aufrecht hält, ist sie dem Königtum zugeordnet. Der Psalmvers auf ihrer Schriftrolle (Ps 44,8) kennzeichnet gerechte Herrschaft als gottgefällig.

Bei Albert Mussatus, Balduin von Luxemburg und Peter von Zittau wird Margarethe durchweg als Kaiserin bezeichnet, obwohl sie ein halbes Jahr vor der Kaiserkrönung ihres Gatten verstorben war. Der bald nach Karls IV. Königskrönung 1355 gemalte Luxemburger-Stammbaum in der Burg Karlstein ging mit keinem Detail auf die Heiligkeit von Karls Großmutter ein, stellte sie aber mit einer Kaiserkrone dar.[6]

Christian Forster

LITERATUR

AGOSTO 1987. – SEIDEL 1987. – SEIDEL 1990. – SEIDEL 1992. – TRIPPS 1997/I. – DI FABIO 1999. – POESCHKE 2000, 123f. – DI FABIO 2001/II. – DONATI 2007. – MULLER 2010/11.

FUSSNOTEN

1 Des Albertinus Mussatus Kaisergeschichte oder die Geschichte Kaiser Heinrichs VII. l. 5, c. 4. In: FRIEDENSBURG 1882, 49.
2 Wie es in der Jahrtagsstiftung Heinrichs VII. hieß. Nach DI FABIO 1999, 13.
3 SEIDEL 1987, 143f. – SEIDEL 1990, 307, 309f.
4 SEIDEL 1987, 125–134. – SEIDEL 1990, 300–307.
5 DONATI 2007, 30.
6 Wien, Österreichische Nationalbibliothek, Cod. 8330, fol. 55r, und Prag, Národní galerie, Archiv, AA 2015, fol. 49r.

3.2.a / Detail

3.4, fol. 3

Die Niederschrift des Reiseexemplars wird meist um 1350 datiert, indes gibt es auch andere, kunsthistorisch begründete Datierungen. Nur das Reiseexemplar erhielt das handliche Format. Spuren und Nachträge, darunter einige in Balduins markanter Handschrift, zeugen vom tatsächlichen Gebrauch. Die beiden anderen Balduineen sind großformatige, im Schmuck deutlich prächtigere Bücher. Sie waren für die erzbischöfliche Schatzkammer und das Archiv des Domkapitels bestimmt und wurden erst nach Balduins Tod fertiggestellt.

Dem Palastexemplar (Balduineum I) war eine prächtige Bilderchronik beigebunden. Sie erzählt die Geschichte des erfolgreichen luxemburgischen Brüderpaars Heinrich (VII.) und Balduin (von Trier). Daran erweist sich ebenso wie an der heilsgeschichtlichen Konzeption der historiografischen Vorrede zu den Balduineen, dass Balduin seine Urkundensammlung nicht allein zu Verwaltungszwecken anlegen ließ, sondern zugleich die historische Erinnerung fördern und in seinem Sinne formen wollte.

Anja Ostrowitzki

LITERATUR
MARGUE/PAULY/SCHMID 2009. – KESSEL 2012.

3.4 Bilderchronik aus dem Codex Balduini Trevirensis (Balduineum I)

In Prag ausgestellte Miniaturen:
Eheschließung zwischen Johann von Luxemburg und der Přemyslidin Elisabeth (fol. 5).
Das Königspaar und Kurfürst Balduin von Luxemburg beim Übergang über den Pass am Mont Cenis (fol. 7).
In Nürnberg ausgestellte Miniatur:
Das Grabmal Heinrichs VII. in Pisa (fol. 37).
Pergament, lavierte Federzeichnungen, Tusche, Feder; 37 Bll., insgesamt 73 Miniaturen; H. 34 cm, B. 24 cm (fol. 5).
In Auftrag gegeben von Kurfürst-Erzbischof Balduin von Trier, um 1330–45.
Koblenz, Landeshauptarchiv, Abt. 1 C Nr. 1.

In 73 Szenen schilderte ein anonymer Künstler den Italienzug des deutschen Königs Heinrich VII. (*1278/79) zur Erlangung der Kaiserkrone und die Vorgeschichte. Graf Heinrich von Luxemburg, der Großvater Karls IV., war 1308 als erster Luxemburger zum römisch-deutschen König gewählt, 1312 in Rom zum Kaiser gekrönt worden. Damit hatte er das Kaisertum erneuert, das seit 1250 vakant gewesen war. 1313 war Heinrich VII. unerwartet in Italien gestorben.

Der Auftraggeber der Bilderchronik war sein jüngerer Bruder, der Trierer Erzbischof und Kurfürst Balduin von Luxemburg, der selbst am Zug des Ritterheers teilgenommen hatte. Zwei Bilder zeigen ihn mit roter Kappe gemeinsam mit dem Königspaar beim Übergang über den Pass am Mont Cenis (fol. 7). Die Zeichnungen sind mehr als zwei Jahrzehnte nach dem Geschehen entstanden. Die genaue Datierung ist umstritten. Ursprünglich war die Bilderchronik dem Balduineum I, einer Sammlung von Urkundenabschriften, vorgebunden. Diese Prachthandschrift wurde im erzbischöflichen Palast in Trier aufbewahrt, wo sie auch Gästen präsentiert werden konnte. Erst seit einiger Zeit werden die Bilder aus konservatorischen Gründen separat gelagert.

Deutet man die Bilderchronik, so spiegelt sie das Bestreben Balduins wider, für die historische

3.3 Codex Balduini Trevirensis, Reiseexemplar des Erzbischofs von Trier

Trier, um 1350.
Illuminierte Handschrift, Pergament, Tusche, Feder; 494 Bll., ca. 15,5 cm x 20,5 cm; Ledereinband 19. Jahrhundert.
Koblenz, Landeshauptarchiv, Bestand 1 C Nr. 3.
Nur in Nürnberg ausgestellt.

Balduin von Luxemburg (Balduin von Trier, 1285–1354), der mächtige Trierer Erzbischof und Kurfürst, unterstützte die Königswahl seines Großneffen Karl mit politischem Einfluss, der eigenen Kurstimme und reichlich Kapital aus landesherrlichen Einkünften. Zur Ausübung der Herrschaft im Erzstift Trier setzte er konsequent schriftliche Verfahren ein und baute eine gut organisierte Verwaltung auf. Als deren Hilfsmittel entstanden kodifizierte Sammlungen von Urkundenabschriften, sogenannte Kopialbücher. Darunter auch dieses, das als Handexemplar des Erzbischofs für unterwegs gedacht war. Es bot ihm eine Übersicht über die Urkunden, die die Rechte, den Besitz und die Einkünfte der Trierer Kirche dokumentierten, es enthielt also die Rechtstitel, auf denen seine Herrschaft beruhte.

Das Reiseexemplar gehört zu einer Gruppe von vier gleichartigen Handschriften, die als Balduineen bezeichnet werden, weil sie auf Geheiß Balduins nach seinen Vorgaben angelegt wurden. Sein Ziel war es, die territorialpolitisch wichtigen Urkunden durch Abschriften besser zu sichern und den raschen Zugriff auf die Dokumente zu gewährleisten. Dazu ließ er rechtskundige Schreiber seit den 1330er Jahren im erzbischöflichen Archiv alle entsprechenden Urkunden zusammentragen. Wo es möglich war, nahmen sie zusätzlich sogar Einsicht in fremde Archive. Nach langwieriger Arbeit wurden die gesammelten Urkundenabschriften in einem Band zusammengefasst (Balduineum Kesselstatt). Von diesem Arbeitsexemplar aus schränkte man die Auswahl der Urkunden weiter ein und ordnete sie nach inhaltlichen Kriterien. Schließlich fertigten Kopisten drei mit Buchschmuck ausgestattete Reinschriften von der Urkundensammlung an.

3 ∗ Familie, Erziehung, erste politische Erfahrungen 297

Oÿ. de lagenō	W. de vilmar	a. de elkhuse	Sy. de simhei	Otto de ditze	W. de Milen
Ja. pletz	h. spechr	hilg. de lagenowe	P. de widgis	C. de brunsly	B. de brunsly
Wn̄. Sulze	Luh. Sulze	frid. wysdr	frid. de dippg̊	h. th. de stockei	Jo. de stockei
B. de deribach	H. de deribach	lud. bucker	H. Smalburn	C. Mulich	Jo. de leymbach
H. de Stocher					

Erinnerung und das fromme Gedenken an Heinrich VII. zu sorgen, der als idealer König und Kaiser gezeichnet ist. Gleichzeitig sollte sie dazu beitragen, zukünftige imperiale Interessen des Hauses Luxemburg zu fördern. In diesem Sinne hält das Bild der Hochzeit zwischen Heinrichs Sohn Johann und Elisabeth von Přemysl (fol. 5), den Eltern Karls IV., ein für die weitere Geschichte folgenreiches Ereignis fest: Da die Dynastie der Braut in männlicher Linie ausgestorben war, brachte die politisch ausgehandelte Heirat die Luxemburger auf den böhmischen Thron.

Als besonders aussagekräftig gilt das Schlussbild, das als einziges ganzseitig gestaltet ist. Es zeigt das Grabmal Heinrichs VII. in Pisa (fol. 37). Der Engel mit dem Weihrauchfass und die Gebetsbitte in der lateinischen Bildunterschrift legen nahe, dass die Buchmalerei nach Art eines Epitaphs einen Ort für das Gebetsgedenken schaffen sollte, weil das eigentliche Grab im fernen Italien lag. Die politische Botschaft des Bildes liegt in den Wappen über dem Kaisergrab: in der Mitte der Reichsadler, heraldisch rechts (d. h. vom Betrachter aus links) der böhmische Löwe und heraldisch links der luxemburgische. Indem hier auch das Wappen von Böhmen platziert wurde, das Heinrich persönlich nicht zustand, bringt Balduin seine Zielvorstellung ins Bild: Böhmen als Basis für ein erneutes Königtum der Luxemburger.

Anja Ostrowitzki

LITERATUR
MARGUE/PAULY/SCHMID 2009. – Ausst.-Kat. Prag 2011/I, 28, Abb. I.1.1. – KESSEL 2012.

3.5 Schale aus Amethyst mit vergoldetem Rand, sog. Helena-Schale

Prag, um 1360.
Amethyst und Jaspis (Steinschliff), vergoldetes Silber; H. 6,2 cm, D. 14,9 cm, Dm. Fuß 4,4 cm. 1956 Bruchstellen befestigt, mit Plexiglas ergänzt. 1985 Wiederanbringung des Lippenreifs.
Provenienz: Seit 1514 im Trierer Domschatz nachgewiesen. – 1803–12 im Besitz des Fürsten von Nassau-Weilburg. – Seit 1812 wieder im Trierer Domschatz.
Trier, Hohe Domkirche – Domschatz, ohne Inv.-Nr.

Die bauchige Schale ist aus einem Stück gearbeitet, das aus mehreren Quarz-Varietäten besteht. Auffällig sind die recht großen, miteinander verwachsenen Amethyst-Kristalle, aus denen etwa die Hälfte der auf ca. 6–8 mm Stärke heruntergeschliffenen Wandung besteht. Das durchscheinende Licht lässt die unterschiedlich intensiven Violetttöne aufleuchten. Die übrige Fläche erscheint aufgrund tektonischer Einwirkungen als Brekzie; sie enthält größere Amethystanteile und wird von irregulären Jaspisadern durchzogen. Angearbeitet ist ein niedriger runder Fuß mit konkav eingezogener Standfläche. Ursprünglich war auf ihm ein Metallfuß mit Sockel aufgesteckt, Gegenstück zu dem schmalen vergoldeten Silberband, das den leicht nach außen gezogenen, oben abgeflachten Lippenrand umfasst.[1] Der Andreaskreuz-Fries im Profil des Lippenreifs ist charakteristisch für Goldschmiedearbeiten des 14. Jahrhunderts.[2]

Am 20. Dezember 1367 übergab der Trierer Erzbischof Kuno II. von Falkenstein (amt. 1362–88) dem Dompropst seiner Kirche das Haupt der hl. Helena, das er von Karl IV. erhalten hatte.[3] Für die einstige Residenzstadt der christlichen Kaiserin und Auffinderin des „Wahren Kreuzes" Christi war die Reliquie ein unschätzbarer Prestigegewinn. Dem Erzbischof galt der Trierer Dom als Stiftung Helenas, soll sie doch zu Lebzeiten ihren Palast einem seiner Amtsvorgänger überlassen haben. Auch die Abtei St. Maximin berief sich darauf, aus einem Wohnhaus der Heiligen hervorgegangen zu sein. Zu den wertvollsten Reliquien, die Helena ihren Trierer Gründungen hinterlassen hatte, zählten ein Stück Holz vom Kreuz Christi und der Schleier Mariens. Von diesen und anderen Geschenken Helenas hatte sich Karl IV. 1354 vor Ort Teile für seine eigene Reliquiensammlung und für den Heiltumsschatz des Prager Domes aushändigen lassen.[4] Jetzt endlich revanchierte er sich.

Entweder 1354 oder bei einem anderen Aufenthalt Karls IV. in Trier 1357, wahrscheinlich aber erst im Verbund mit der Reliquiensendung, die 1367 beurkundet wurde, gelangte die Schale in die Metropole an der Mosel. Ihr exklusives Material kann nur böhmischer Herkunft sein.[5] In Trier dürfte sie als diplomatisches Geschenk unter vielen in einer Schatzkammer verschwunden sein. 1514 wird sie dann in einem Heiltumsbuch, das im Zuge der Wallfahrt zum Heiligen Rock entstand, als „Trinkschale der hl. Helena" geführt.[6] In ähnlicher Weise wurde vielen Kleinodien, liturgischen Geräten oder profanen Gegenständen, die in den Schatzkammern von Kathedralen und Klöstern lagerten, der persönliche Gebrauch durch eine(n) Heilige(n) nachgesagt. Wenn sie aus kostbaren Materialien bestanden, konnte dies den Glauben an ihre Authentizität nur bestätigen. Schon im 13. Jahrhundert verfügte der Trierer Domschatz über eine goldene Schmuckspange, die als Helena-Reliquie galt.[7]

Falls die Zuschreibung der Amethystschale an die hl. Helena nicht ganz willkürlich oder allein aufgrund ihres exotischen Aussehens und ihres materiellen Wertes erfolgt war, könnte an dem Objekt noch eine Erinnerung an Karl IV. gehaftet haben, dem Trier die bedeutendste Körperreliquie Helenas verdankte.

Christian Forster

LITERATUR
BÜTTNER 1964. – RONIG 1984, 77, Kat.-Nr. 1 (Winfried WEBER). – HAHNLOSER/BRUGGER-KOCH 1985, 203f., Nr. 408. – SKŘIVÁNEK 1985, 592. – JOPEK 1988. – SCHMID 2006, 200f. – Ausst.-Kat. Prag 2006, 258, 260, Kat.-Nr. 93.I (Barbara DRAKE BOEHM). – FAJT 2009/I, 262.

FUSSNOTEN
1 Zustand vor der Montage des Rings: BÜTTNER 1964, 29 (Schnittzeichnung). – RONIG 1984, Farb-Taf. 1.
2 JOPEK 1988, 75, mit Verweis auf FRITZ 1982, Abb. 91, 108, 122, 124, 125, 127, 232, 272, 362.
3 SCHMID 2009, 309–319.
4 SCHMID 2006, 168–172. – OTAVSKÝ 2010, 208–211.
5 SKŘIVÁNEK 1985, 592.
6 SCHMID/EMBACH 2004, 102.
7 Als „monile" im Inventar von 1238, als „hafft ader broege" [Häftel oder Brosche] im Inventar von 1429, zit. nach SCHMID 2006, 199.

3.6 Grabplatte der Guta II. von Böhmen (†1297)

Prag, gegen 1300.
Feinkörniger Pläner-Kalkstein („Opuka"), Reste einer dunklen, harzigen Masse in den Vertiefungen der Bildzeichnungen; H. 86 cm, B. 42 cm, T. 10–22 cm. Umlaufende Inschrift in gotischer Majuskel: O[BIIT] GV / TA • FILIA • DOMINI • WEN / CEZLA / I • SEXTI • REGIS • BOHE / MIE.
Provenienz: Prag, Kloster der hl. Agnes von Böhmen, St. Salvatorkirche.
Prag, Archeologický ustav AV ČR; Lapidarium des Nationalmuseums, Inv.-Nr. H2-186.921.

Guta von Habsburg (13. 3. 1271 – 18. 6. 1297) schenkte ihrem Gemahl König Wenzel II. von Böhmen zehn Kinder, von denen fünf im Säuglingsalter starben. Bald nach ihrer Niederkunft mit dem Mädchen Guta II. am 21. 5. 1297 verschied die Königin und wurde im Prager Veitsdom an der Seite König Ottokars II. Přemysl beigesetzt. Dies war als Interimslösung gedacht, denn Wenzel II. hatte sich vorgenommen, die Überreste seiner Gattin in das 1292 gegründete Zisterzienserkloster Königsaal (Zbraslav) zu überführen, sobald der Bau der Klosterkirche einen ausreichenden Umfang erreicht haben würde.[1] Zbraslav sollte das Prager Agneskloster als Grablege der Přemyslidendynastie ablösen. 1297 war jedoch gerade einmal der Grundstein gelegt worden. Daher wurde auch die jüngste Tochter, Guta II., die der Größe ihrer Grabplatte nach zu urteilen als Kleinkind starb, im Agneskloster bestattet. Bohuslav Balbin sah ihre Grabplatte in der Nähe des Altars der Salvatorkirche, unter dem sich eine Gruft befand.[2] In diesem unterirdischen Mausoleum hatten die zweite Gemahlin Ottokars II., Kunigunde von Halitsch (Kunhuta Uherská oder Haličská, †9.9.1285), ihre Tochter Margarethe (†24.8.1277) und ihre Schwester Griffina (†1291) ihre letzte Ruhe gefunden.

Die Grabplatte der Guta II. ist das einzige vollständig erhaltene königliche Grabdenkmal des Agnesklosters und eines der sehr wenigen zeitgenössische Grabmonumente für ein Mitglied des

3.6

Přemyslidenhauses. Der Grund für die Erhaltung liegt darin, dass sie 1782, nach Auflösung des Konvents, von den Bewohnern des westlichen Kreuzgangflügels einer Zweitverwendung zugeführt werden konnte.

Auf ihrem Ritzgrabstein ist die Verstorbene unter einem Dreiblattbogen als Heranwachsende in höfischer Kleidung dargestellt. Auf den offenen, schulterlangen Haaren trägt sie eine Lilienkrone. Ihre Gestik ist graziös und macht das Standmotiv des Kontraposts plausibel. Die Hand des angewinkelten linken Arms ruht auf der Suckenie. Mit der Rechten fasst die Prinzessin an die Tasselschnur ihres Mantels, dessen Hermelinfutter an den von den Ellenbogen angehobenen Stellen zu sehen ist. Die beiden Tasselscheiben haben die Form von Wappenschilden, ein am böhmischen Hof um 1300 sehr beliebtes Accessoire, das beispielsweise auch auf dem Siegel von Gutas II. Mutter, Guta von Habsburg erscheint.[3] Auch der Pelzbesatz des Mantelkragens ist eine Eigenart der böhmischen Hofmode jener Zeit.[4] Der nachklassisch gotische Figurenstil westeuropäischer Prägung, der die Guta-Platte auszeichnet, wurde vermutlich von der Bauhütte der Salvatorkirche in Prag eingeführt.

Christian Forster

LITERATUR
Peter von Zittau/EMLER 1882. – BALBÍN 1687. – HEJNIC 1959. – POCHITONOV/RADOMĚRSKÝ 1961. – STEJSKAL 1976/I. – SOUKUPOVÁ-BENÁKOVÁ 1985, 35–37. – Ausst.-Kat. Prag 2011/I, 116, Kat.-Nr. II.3.5K (Klára BENEŠOVSKÁ). – Ausst.-Kat. Prag 2011/II, 120, Kat.-Nr. 32 (Helena SOUKUPOVÁ). – SOUKUPOVÁ 2011, 211.

FUSSNOTEN
1 Peter von Zittau/EMLER 1882, 79, cap. LXV.
2 BALBÍN 1687, Decas 1, liber 7, 143; Decas 2, liber 1, 115f.: „In eadem Ecclesia [Franziskuskirche, C. F.] ante Altare majus sub gradu primo jacent duae Regali ex Stemmate Nurus: Margareta Ottogari III filia († 1277) (...) & Guta sive Judith Wenceslai VI. Bohemiae Regis Filia. Item Ovvida Griffina, Cunegundae (Matris W. VI) soror, Dux Cracovviensis, Lesci Nigri Uxor (Reginam Ungariae etiam Lapis sepulchralis appellat) soror instituti Franciscanorum nudipedum. Lapis in muro habet An. 1291."
3 Grabplatte der Kunigunde von Halitsch (1285) im Agneskloster; Standfiguren von der Fassade des Hauses zur Steinernen Glocke (1310–15); so gen. Grabstein der Äbtissin Kunigunde (1321) aus St. Georg in Prag. Auch Grabplatte König Rudolfs I. von Habsburg im Speyrer Dom (1291).
4 Passionale der Äbtissin Kunigunde, Národní knihovna České republiky, Sign. XIV.A.17, fol. 3v (Begegnung des Bräutigams mit der Braut).

3.7 Johann, ältester Sohn des römisch-deutschen Königs Heinrich VII., Graf von Luxemburg und von Laroche, Markgraf von Arlon, beschwört die Freiheiten der Stadt Luxemburg

5. Juli 1310.
Original auf Pergament; H. 18,6 cm, B. 37,2 cm; Jugendsiegel (Jagdsiegel) und Sekretsiegel als Gegensiegel Johanns sowie sechs Adelssiegel aus braunem Wachs an mit roten und grünen Seidenfäden bestickten Hanfschnüren.
Vermerk auf der Plica am linken Rand: „par le roy mons[ignour] et son conseil: / Jeh[an] de Pistoyre".
Stadtarchiv Luxemburg, LU I – 30, Nr. 125.
Nur in Nürnberg ausgestellt.

Am 5. Juli 1310 beschwört Johann (1296–1346), der älteste Sohn des römisch-deutschen Königs Heinrich VII. (ca. 1278–1313), die Freiheit („franchise") der Stadt Luxemburg und ihrer Bürger, nach dem Vorbild der Freiheitsbriefe der Gräfin von Luxemburg, Ermesinde (1244), und seiner weiteren Vorfahren.

Die Bedeutung dieser Urkunde liegt nicht so sehr in der eigentlichen Bestätigung des Freiheitsbriefes von 1244. Diese war ein üblicher rechtlicher Vorgang beim Regierungsantritt eines neuen Grafen; den Inhalt der Freiheiten erwähnt die Urkunde erst gar nicht. Interessant ist sie vielmehr für die Familien- und Hausmachtpolitik der Luxemburger und ihrer europäischen Dimension.

Die Bestätigungsurkunde ist die letzte einer Gruppe von fünf Urkunden von Anfang Juli 1310, die Johann zum ersten Mal in seiner Eigenschaft als Graf seiner Stammlande ausstellt und mit seinem prächtigen Jugendsiegel besiegelt. In diese Zeit fällt auch der letzte der beiden Besuche Heinrichs VII. als König in Luxemburg. Ziel dieses Aufenthalts war ohne Zweifel eine Reorganisation der Herrschaftsverhältnisse in den ererbten Ländern Luxemburg, Laroche und Arlon. Der König entließ seinen Sohn in die Mündigkeit und übertrug ihm die Herrschaftsgeschäfte als Graf und Markgraf. Dazu gehörte die Bestätigung der Privilegien einiger Klöster und vor allem der Stadt Luxemburg. Dies gab Johann die Gelegenheit, sich öffentlich in die Reihe der Grafen von Luxemburg einzuordnen. Der eindeutige Hinweis auf die „Ahnmutter", die „noble damme" Ermesinde (1186–1247), erste Gräfin von Luxemburg aus dem Hause Namur-Luxemburg, hebt dies in der Bestätigungsurkunde von 1340 hervor. In der Nähe ihrer Ruhestätte, im von ihr gegründeten Hauskloster Clairefontaine, wird Johann auch später seine eigene Grablege planen.

Wie erklärt sich der Zeitpunkt dieser – vielleicht vorgezogenen – Entscheidung Heinrichs zugunsten seines Sohnes? Im Sommer 1310 ist Heinrich in den letzten Planungen seines Italienzugs mit dem Ziel der Kaiserkrönung begriffen; gleichzeitig steht der Frankfurter Hoftag an (ab dem 12. Juli), an dem er die Verlobung Johanns mit der přemyslidischen Erbtochter Elisabeth verkünden wird, mit dem Versprechen, Johann zum König von Böhmen zu erheben. In Anbetracht von dessen anstehendem Zug nach Prag und seines eigenen nach Italien entschied sich Heinrich, Johann als seinen Nachfolger in der Grafschaft Luxemburg durch einen symbolischen Akt vorzustellen. Ob dies der Absicherung gegen etwaige Machtansprüche seines Bruders Balduin, des frisch gewählten Trierer Erzbischofs, diente, lässt sich nicht beweisen. Eindeutiger hingegen ist die in der Urkunde mit Nachdruck ausgesprochene und durch das Anhängen ihrer Siegel formal hervorgehobene Beteiligung der gräflichen „nobles hommes" und Vasallen, hoher Mitglieder des gräflichen engeren Rates. Unter dem Vorsitz des seit 1309 die Statthalterschaft ausübenden Ägidius von Rodemachern, wirken sie hier nicht nur als Berater und Garanten des Rechtsakts, sondern auch als Wahrer der städtischen Privilegien, die sie mit Johann beschwören, und als Vertreter der gräflichen Regierung in der baldigen Abwesenheit Heinrichs und Johanns. Der feierliche Charakter der Urkunde entspricht in dieser Hinsicht dem für die Geschicke der Grafschaft und des Hauses Luxemburg überaus bedeutenden Inhalt.

Michel Margue

EDITION
ESTGEN/PAULY/SCHROEDER 1997, 9f., Nr. L.1 (mit fehlerhaftem Regest).

LITERATUR
JÄSCHKE 1993. – PAULY 2010/II. – Ausst.-Kat. Prag 2011/I, 216–218, Kat.-Nr. III.3.3K (Evamarie BANGE).

3.8 Johann, König von Böhmen und Graf von Luxemburg, gründet den Jahrmarkt in Luxemburg

Luxemburg, 20. Oktober 1340.
Original auf Pergament; H. 18,7 cm, H. mit Siegeln und Siegelschnüren 53,5 cm, B. 37 cm. Bruchstücke des dritten großen Reitersiegels und kleines Sekretsiegel als Gegensiegel aus grünem Wachs an rot-grünen Seidenfäden.
Vermerk auf der Plica am linken Rand: „par le roy mons[ignour] et son conseil: / Jeh[an] de Pistoyre".
Luxemburg, Stadtarchiv Luxemburg, LU I – 30, Nr. 281.
Nur in Prag ausgestellt.

Am 20. Oktober 1340 gründet Johann von Luxemburg (1296–1346) in der „Hauptstadt" seiner Grafschaft Luxemburg eine jährliche Handelsmesse („foyre"). Der neue Jahrmarkt soll am Vorabend von St. Bartholomäus (23. August) beginnen und acht Tage dauern. Den Kaufleuten, die den Markt besuchen, gewährt der Landesherr bei der An- und Abreise und für die Dauer des Jahrmarkts eine Reihe von Privilegien, wie die Befreiung von Abgaben,

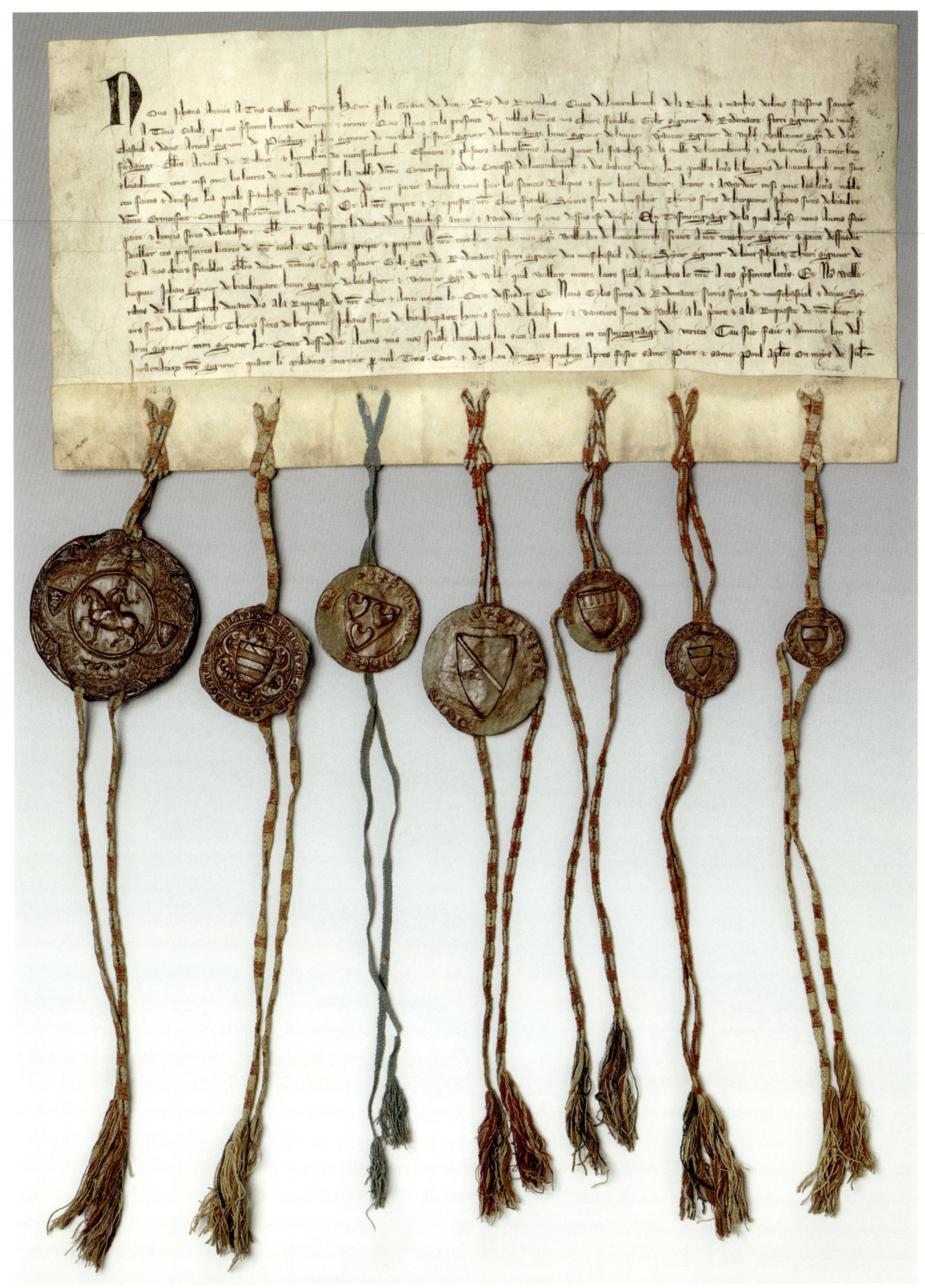

3 ∗ Familie, Erziehung, erste politische Erfahrungen

den Schutz vor Gewalttätigkeiten und das Recht auf Schadenersatz.

Die Entscheidung zur Gründung des Jahrmarktes wurde, wie auf der Plica vermerkt, im Rat Johanns in Luxemburg vorgenommen und die Urkunde dazu von Johanns italienischem Notar Johann von Pistoia verfasst. Die sorgfältige Ausführung der Gründungsurkunde zeigt einige Merkmale der feierlichen Königsurkunden dieser Zeit, wie das anhängende große Königssiegel an rot-grünen Seidenfäden, die verzierte Initiale des Namens des Ausstellers und die sorgfältige gotische Kursive. Form und Inhalt deuten demnach auf eine wichtige Rechtshandlung hin.

Die Bedeutung dieser wohlbekannten Urkunde ist sehr vielschichtig. Für die nationale Erzählung der Luxemburger liegt sie im Ursprung der noch heute stattfindenden beliebten „Schobermesse", einer Vergnügungsmesse, die dem populären Bild des Ritterhelden Johanns des Blinden entspricht. Der Name der heutigen Messe stammt von der „foire de Schadeb(ur)g", die auf der Rückseite der Gründungsurkunde erwähnt wird. Sie geht auf das südöstlich vor der Stadt liegende Schadeburg-Plateau zurück.

Schon die Arenga der Gründungsurkunde hebt Zielsetzung und Selbstverständnis des Landesherrn über die anekdotische Bedeutung hinaus hervor: Sie unterscheidet sich von anderen Jahrmarktgründungen, indem sie der gleichzeitigen Entwicklung der zentralen Residenzfunktion der Stadt Luxemburg und dem wirtschaftlichen Aufschwung des „Landes" dienen soll. In der „Hauptstadt" soll die neue Messe in Ergänzung zu den regionalen und lokalen Wochenmärkten den überregionalen Fernhandel anziehen. Daher erhielten die Händler neben dem landesherrlichen Schutz die Abgabenfreiheit u. a. von der Kopf- und Umsatzsteuer, vom Markt- und Transitzoll und von der Wein- und Salzakzise. Die fremden Kaufleute, die mit ihren Waren nicht für die Dauer der Messe gepfändet werden durften, waren somit nicht mehr gegenüber den einheimischen benachteiligt. Auch den materiellen Interessen des Landesherrn wird Rechnung getragen: Neben den Geleitabgaben und vermutlich dem Standgeld, die der Graf einzog, sorgte die Messegründung für die Belebung des Handels, insbesondere mit neuen Waren, die den Bedürfnissen einer Residenzstadt entsprachen.

Die Tragweite der Messegründung muss allerdings auch in dem größeren Zusammenhang der Familien- und Hausmachtpolitik Johanns gesehen werden. Johann hat sie in den 1340er Jahren durch eine Reihe von überregionalen Initiativen ergänzt, die auf eine vorausschauende „Wirtschaftspolitik" hindeuten. Dazu gehören u. a. der Große Oberlothringische Landfrieden (1343), Münzkonventionen mit Lüttich, Namur und Bar, Außenbürger- und Gardeverträge mit Trier und Verdun, Handelsverträge mit Metz, Huy, Nürnberg und Augsburg, sowie Friedensverträge mit den Bischöfen von Lüttich und Metz und den Herzögen von Brabant und Lothringen. Das Ziel der Schaffung eines großräumigen Handelsraums entlang des lothringischen Teils der im 14. Jahrhundert wichtigsten Handelsroute zwischen Oberitalien und Flandern/Brabant, der „Lampartischen Straße", wird hier klar ersichtlich und passt zu der sorgfältigen Terminwahl der Luxemburger Messe, die sich nahtlos zwischen den Jahrmärkten von Metz, Trier und Saint-Nicolas-de-Port einordnete.

Weiten wir den Kontext der Gründung von 1340 noch etwas aus: Im Februar 1340 scheitert die Augenoperation Johanns in Montpellier und er erblindet vollends. Im September lässt er im französischen Heer in der Erwartung einer Schlacht gegen die Engländer bei Bouvines sein Testament verfassen, das die

3.8

Nachfolge seines ältesten Sohnes Karl in Böhmen und des jüngeren Wenzel in den Luxemburger Stammlanden vorsieht. Dann hält sich Johann mehrere Monate in Luxemburg auf. 1341 ist er wieder in Prag, wo die Stände dem Erstgeborenen als zukünftigem Herrscher huldigen. Angesichts dieser Erbfolgeregelung ist es folgerichtig, die Messegründung von 1340 als Teil und vielleicht gar Höhepunkt einer aktiven Politik zur Stärkung seiner Stammlande zugunsten seines minderjährigen Erben Wenzels zu sehen und den Wortlaut der Urkunde ernst zu nehmen: „Weil wir in besonderem Maße den Nutzen und Fortschritt unseres Landes und insbesondere unserer Hauptstadt wünschen, wie es jedes Fürsten Pflicht ist".

Michel Margue

EDITION
PAULY 1990, 45f. – ESTGEN/PAULY/SCHROEDER 1997, 106–109, Nr. L.75 (mit fehlerhaftem Regest).

LITERATUR
PAULY 1990. – PAULY 1997/II. – PAULY 2014.

3.9 Fragmentierte Skulptur einer Königin, wohl Elisabeths der Přemyslidin (1292–1330), von der Fassade des Hauses zur Steinernen Glocke in Prag

Französisch geschulter Bildhauer in Prag, nach 1310.
Pläner-Kalkstein, Fassungsreste; H. 91,5 cm,
B. 55,2 cm, T. 33 cm.
Provenienz: Prag, von der Fassade des Hauses Zur Steinernen Glocke am Altstädter Ring; dort bei Barockisierung der Fassade zerstört und eingemauert.
Prag, Muzeum hlavního města Prahy, Zugangs-Nr. 65/87.

Dem jungen König Johann aus dem Hause Luxemburg gelang es am 3. Dezember 1310 nach einer Zeit der Belagerung der Hauptstadt in Prag einzuziehen – und zwar in die Altstadt. Der Ruf einer Glocke der Teynkirche signalisierte den Truppen Johanns die Öffnung eines Stadttors.[1] Auch nach der Krönungszeremonie im Veitsdom am 7. Februar 1311 zogen das Königspaar und sein Gefolge wieder hinab in die Altstadt, wo im Refektorium des Franziskanerklosters zu St. Jakob das Krönungsmahl eingenommen wurde.[2] Der Chronist Benesch von Weitmühl berichtet, dass zudem an anderen Orten in der Nähe des Klosters gefeiert wurde, dabei sollen böhmische Herren die Gäste zu Pferde bedient haben, was im Refektorium wohl schwerlich möglich war.[3] Dies findet seine Erklärung darin, dass sich direkt neben dem Kloster eine königliche Residenz befand, an der Štupartská, Haus Nr. 647/I. Leider wurde das historisch so wichtige Bauwerk 1911 abgerissen[4] und damit wohl der Ort, in dem das Königspaar anfangs wohnte. Allerdings brannten das Minoritenkloster und, wie zumindest barocke Chronisten des Klosters berichten,[5] auch der königliche Hof im Jahr 1316 ab; zumindest das Kloster wurde danach mit Unterstützung des Königs wiederaufgebaut.

Doch bis in die Zeit Karls IV. besaß die königliche Familie wohl mehrere Höfe in der Altstadt, worauf gewisse Widersprüchlichkeiten hindeuten: Karl selbst spricht 1348 von „unser(em) Haus". 1361 beschrieb er ein Haus, das früher seinem Vater

Johann gehört habe und 1364 heißt es noch einmal „curia olim regis Johannis antique".[6] Wahrscheinlich war es dieses Haus, das König Johann 1335 schnell herrichten ließ, weil er seine zweite Gemahlin, Beatrix von Bourbon, erwartete;[7] vielleicht der 1316 im Brand beschädigte Hof beim Minoritenkloster. In seiner Zbraslaver Chronik berichtet Peter von Zittau hingegen, Karl habe 1333 nach seiner Rückkehr in die Geburtsstadt im „Hause seiner Mutter" Unterkunft gefunden.[8]

Tatsächlich nimmt die Forschung heute einhellig eine zweite königliche Residenz in der Altstadt an, nämlich das Haus zur Steinernen Glocke am Altstädter Ring, direkt auf dem Grundstück nördlich des Häuserblocks mit der Pfarrkirche Unserer Lieben Frau vor dem Teyn (Haus 605/I). Dies verdankt das Anwesen der Tatsache, dass an seinem turmartigen Kopfbau zum Ring hin unter einer neubarocken Verkleidung die Reste einer aufwändigen gotischen Fassade zum Vorschein kamen: Zwar hatte man die Architekturelemente bis auf Wandebene abgemeißelt, doch lassen sich Gliederung und Schmuck recht gut rekonstruieren: Es finden sich acht Nischen, die wie die benachbarten Fenster von Wimpergen bekrönt waren und ein Skulpturenprogramm rahmten. Im zweiten Stock waren der Überlieferung nach die böhmischen Landespatrone Wenzel, Veit, Prokop und Ludmilla aufgestellt, die gänzlich verloren sind. Über dem Portal stand wohl eine Reiterstatue, von der Reste gefunden wurden.[9] Das Zentrum der Darstellungen bildeten thronende Figuren eines Königs und einer Königin, die von stehenden Gewappneten begleitet waren. Von ihnen wurden Bruchstücke aufgefunden; die wieder zusammengefügte Skulptur der Königin ist auf der Ausstellung zu sehen.

Angesichts ihrer hohen Qualität und des Programms leuchtet es unmittelbar ein, dass hier eine königliche Stadtresidenz wiedergefunden wurde: Im Herzen der Bürgerstadt wurde königliche Macht konkret präsentiert, nebst ihrer bewaffneten Exekutive. Doch wann entstand die Fassade mit den stark an französischen Vorbildern orientierten Formen? Die beiden Thronenden erinnern an Fragmente dreier ebenfalls thronender Skulpturen vom ehemaligen königlichen Palast auf der Île de la Cité im Zentrum der Hauptstadt Paris, die ebenfalls bei archäologischen Grabungen wiederentdeckt wurden. Ihr ursprünglicher Bestimmungsort ist unbekannt, und es sind keine königlichen Personen, sondern eher solche aus dem Kreis der Berater bei Hofe dargestellt.[10] Hinsichtlich des Zeitstils stehen sie den Prager Pendants nicht allzu fern, jedoch sind letztere – schon wegen des Sujets – reicher und feiner ausgearbeitet. Johann, der sich unter König Philipp IV. dem Schönen (*1268, reg. 1285–1314) in Paris aufgehalten hatte, hatte persönlich gesehen, dass dieser den königlichen Palast in weiten Teilen neu hatte erbauen und mit einem umfangreichen genealogischen Figurenzyklus im Großen Saal sowie einer repräsentativen herrscherlichen Ikonografie an der Treppe hatte ausstatten lassen.[11] Es lag also nahe, dass sich das neue Königspaar in Prag bald nach seinem Einzug in repräsentativer Form darstellen ließ, und zwar nicht an dem etwas abgelegenen Palast bei den Minoriten, sondern direkt am Ring, dem Volk zugewandt. Es ist sehr wahrscheinlich, dass dafür ein älterer Hof genutzt wurde, denn der turmartige Bau schließt sich westlich an eine Kapelle mit Wandmalereien an, die stilistisch älter sind als die Skulpturen der Fassade.[12]

Nicht nur das Programm, auch der Stil der Skulpturen ist so deutlich französisch, dass er vermutlich direkt aus der Île-de-France importiert wurde, indem ein von dort stammender Bildhauer nach Prag geholt wurde; dies wird insbesondere dann deutlich, wenn mitteleuropäische Stilrichtungen der Zeit zum Vergleich herangezogen werden. Sehr viel manierierter wirken z. B. die Werke des sog. Erminold-Meisters, tätig in Basel und Regensburg, und eine ins Schlanke und Körperlose tendierende Stilrichtung wurde im Böhmen der ersten Hälfte des 14. Jahrhunderts beliebt. Eines ihrer Hauptwerke ist die Madonna von Michle (vgl. hierzu Kat.-Nr. 12.1). Demgegenüber sind die Skulpturen vom Haus zur Steinernen Glocke kräftig-naturalistisch, mit einer Vorliebe für genau beobachtete Details. Am ehesten verwandt sind Werke wie die Skulpturen der Stiftskirche von Ecouis,[13] entstanden unmittelbar nach Gründung des Stifts 1311 im Auftrag des Enguerrand de Marigny, eines Höflings von König Philipp dem Schönen.

Schon Josef Mayer, Entdecker der Prager Skulpturenfragmente, hat deren Verwandtschaft mit der Grabplatte Herzog Heinrichs IV. (Probus) in der Heilig-Kreuz-Kirche in Breslau (Wrocław) konstatiert,[14] wobei er diese als Stiftung König Johanns und seiner Gemahlin Elisabeth interpretierte. Heinrich IV. war bereits 1290, zwei Jahre nachdem er die Stiftung der Kreuzkirche aktenkundig gemacht hatte, verstorben. Die endgültige Errichtung eines Grabmals in der – nach der Überlieferung des 17. Jahrhunderts – bereits 1295 geweihten Oberkirche[15] dürfte sich somit zumindest um einige Jahre verzögert haben. Selbst wenn – angesichts der sehr kurzen Bauzeit – davon auszugehen ist, dass der Chor der Kreuzkirche zum Zeitpunkt der Weihe noch nicht fertiggestellt war, ist doch mit einer Einwölbung des Chores nicht allzu lange nach 1300 zu rechnen. Die stilistische Verwandtschaft der Tumbenplatte mit den skulpierten Schlusssteinen des Chors der Kreuzkirche – insbesondere der Blattmaske und

eines betenden Engels –, auf die Romuald Kaczmarek zu Recht verwiesen hat, ist hier einerseits ein Anhaltspunkt,[16] andererseits aber eben auch die Darstellung des Königspaares und der Gerüsteten in Prag. Sie betonen (wie die Errichtung des Breslauer Grabmals) die Kontinuität der Herrschaft über den Dynastiewechsel hinweg. Und mit dieser Repräsentation der neuen Herrschaftsverhältnisse wird man nach 1311 nicht allzu lange gewartet haben. Wahrscheinlich erinnert die Steinerne Glocke, die dem Prager Haus seinen Namen gab, tatsächlich an jenes Geläut, das Johann die Möglichkeit zum Einzug in die Stadt signalisierte.

Markus Hörsch

LITERATUR

MAYER 1977. – MAYER 1994. – BENEŠOVSKÁ 1998/II. – HÖRSCH 2006/II, 36f. – VÍTOVSKÝ 2006. – Ausst.-Kat. Prag 2011/I, 89–111, Kat.-Nr. II.3.1 Ka–Kh, II.3.2 Ka–Kc, II.3.3 (Klára BENEŠOVSKÁ). – BENEŠOVSKÁ 2011/I. – BENEŠOVSKÁ 2011/II. – VŠETEČKOVÁ 2011.

FUSSNOTEN

1 BENEŠOVSKÁ 1998/II, 127.
2 Peter von Zittau/EMLER 1882, 175. – FIALA 1976, 227f.
3 BLÁHOVÁ 1987, 184. – BENEŠOVSKÁ 2011/I, 59f.
4 Za starou Prahu 2 (1911), 15.
5 HAMMERSCHMIDT 1723, 78. – BENEŠOVSKÁ 2011/I, 60.
6 TOMEK 1866, 46, 147. – BENEŠOVSKÁ 2011/I, 60.
7 FRB II, Kap. CXXVII. – FRB III, Kap. X. – FIALA 1976, 412. – BENEŠOVSKÁ 1998/II, 130. – BENEŠOVSKÁ 2011/I, 60.
8 FIALA 1976, 298. – BENEŠOVSKÁ 2011/I, 60.
9 BENEŠOVSKÁ 1998/II, 126.
10 Ausst.-Kat. Paris 1998, 74f., Kat.-Nr. 30 (Jean-René GABORIT).
11 GUÉROUT 1949–51. – BENNERT 1992. – BENEŠOVSKÁ 1998/II, 127. – CARQUÉ 2004. – BRÜCKLE 2005.
12 VÍTOVSKÝ 2006, 132f. – VŠETEČKOVÁ 2011, 147.
13 Ausst.-Kat. Paris 1998, 103–109, Kat.-Nr. 52–56.
14 MAYER 1977.
15 GRZYBKOWSKI 1988.
16 KACZMAREK 1998/I, 183.

3.10 Antiphonar (Temporale) der Königin Elisabeth Richenza (Eliška Rejčka)

Böhmen oder Mähren, 1317; Einband Ende 16. Jh.
Pergament, Tempera und Blattgold, 223 fol.;
H. 44,5 cm, B. 32,5 cm; Gotica textualis formata, Quadratnotation, 4 historisierende Initialen, Drolerien und Szenen in Bordüren, 3 ornamentale Initialen, Lombarden verziert mit Fleuronnée und Blattgold, Cadellen.
Einband: Holzdeckel bezogen mit braungebeiztem Leder, verziert mit Blinddruck, ornamentale Rahmen, Mittelplatten mit Kompositionen der Kreuzigung und der Auferstehung, ältere Metallbuckel in Quincunx, Fragmente zweier Schließen.
Provenienz: f. 223 (hinterer Vorsatz): „Anno domini millO CCCO XVIIO constructus est ab illustri elyzabeth regina bohe[m]ie et polo[n]ie liber iste". Alt-Brünn (Staré Brno, heute Stadt Brünn), Zisterzienserinnenkloster Maria Saal (Aula Sanctae Mariae). – Nach Aufhebung des Konvents 1782 mährische Gubernialregistratur. – 1828 von P. Řehoř Volný für die Bibliothek der Abtei Raigern (Rajhrad) angekauft (Inschrift f. 222r).
Benediktinerabtei Rajhrad (Knihovna benediktinského opatství Rajhrad), als Depositum in Brünn, Muzeum Brněnska, Památník písemnictví na Moravě, Sign. R 600.
Nur in Prag ausgestellt. Text unter Kat.-Nr. 3.11.

3.9

3.10, fol. 121r

3.11 Chorpsalter der Königin Elisabeth Richenza (Eliška Rejčka)

Böhmen oder Mähren, ca. 1317–23; Einband 1591 (wohl Wiener Werkstatt Katharina Liemann). Pergament, Tempera und Blattgold, 224 fol.; H. 32,5 cm, B. 24 cm; Gotica textualis formata, Quadratnotation, 8 historisierende Initialen, Drolerien und Szenen in Bordüren, 7 ornamentale Initialen, Lombarden verziert mit Fleuronnée, Cadellen.
Einband: Holzdeckel bezogen mit braungebeiztem Leder, verziert mit Gold- und Blinddruck, auf dem Vorderdeckel Initialen „R*C*Z*La*" (Rozina Cundratka von Lamberk, Altbrünner Äbtissin), Wappen, Jahreszahl 1591, ornamentale Rahmen, im Mittelfeld Monogramm IHS mit 3 Nägeln im Sonnenstrahl, Ovale mit 4 Aposteln, auf dem Rückdeckel kreuztragender Christus und Zeichen,[1] 5 deltaförmige Eckbeschläge aus Messing mit Buckel, Fragmente zweier Schließen.

Provenienz: Alt-Brünn, Zisterzienserinnenkloster Maria Saal (Aula Sanctae Mariae). – Nach Aufhebung des Konvents 1782 mährische Gubernialregistratur. – 1828 von P. Řehoř Volný für die Bibliothek der Abtei Raigern (Rajhrad) angekauft (Inschrift auf dem hinteren Vorsatz).
Brno, Muzeum Brněnska, Knihovna benediktinského opatství Rajhrad, R 355.
Nur in Nürnberg ausgestellt.

Antiphonar und Chorpsalter gehören zur Gruppe der reich illuminierten Handschriften (Antiphonar – Sanktorale, Brno, Moravský zemský archiv, FM 7; Antiphonar – Winterteil, Wien ÖNB Cod. 1793; zweiteiliges Lectionarium, Cod. 1772, 1773; Graduale, Cod. 1774; Psalter, Cod. 1813; Kollektar, Cod. 1835; Martyrologium Usuardi und Regeln des hl. Benedikt, Cod. 417), die die böhmische und polnische Königin Elisabeth Richza (Eliška Rejčka), Witwe Wenzels II. und Rudolfs von Habsburg, als grundlegende liturgische Ausstattung für ihre bedeutendste Stiftung – das Zisterzienserinnenkloster Maria Saal (Aula Sanctae Mariae) in Alt Brünn – anfertigen ließ. Die Kolophone belegen, dass die Handschriften ab 1315, also noch vor der eigentlichen Gründung des Klosters 1323, entstanden sind. Die Form der Liturgie, die Wahl der Gesänge sowie die Feiertage des Kalenders und des Sanktorale entsprechen dem Brauch der Zisterzienser in den böhmischen Ländern. Ungewöhnlich ist nur die eher für Franziskaner, Dominikaner oder Augustiner-Eremiten typische Quadratnotation. Die zahlreichen Abbildungen der in das ewige Gebet vertieften Königin, die den Nonnen eine Handschrift übergibt (R 355, fol. 8v) oder Gott ein Buch opfert (Cod. 1813, fol. 8r), besitzen memorativen Charakter; sie sollten im Gedächtnis der Nonnen eine Erinnerung an die Fürbitte für die Stifterin bewirken und so helfen, deren Seele zum Heil zu führen, ähnlich wie die Gedenkmessen für die Königin und die Mitglieder ihrer Familie, deren Gedenktage die Kalender des Kollektars und des Psalters festhalten. Neben den Laienmönchen,[2] die möglicherweise an der Anfertigung der Handschriften beteiligt waren, ist als Fürbitter auch ein Mann in weltlicher Kleidung abgebildet (R 355, fol. 121r), vermutlich Heinrich von Leipa,[3] der Lebensgefährte der Königin und Mitbegründer des Klosters, der ebenso wie Elisabeth Richza die Konventkirche als Ort seiner letzten Ruhestätte wählte.

Die Szenen in den Initialen des Antiphonars hängen mit den Texten der Responsorien oder Invitatorien der Hauptfesttage des Kirchenjahrs zusammen. Den Beginn des Advents begleitet eine Vision des Propheten Daniel (1v, Aspiciens a longe), der den Menschensohn mit den Wolken des Himmels kommen sah; das Weihnachtsfest beginnt mit einem Bild der Geburt des Herrn (28v, Cristus natus est nobis), in der Bordüre sieht man einen Papagei im Käfig, der wohl wegen seiner Fähigkeit zu „sprechen" eine Bildmetapher der Inkarnation Christi als im menschlichen Körper gefangenes Wort Gottes darstellt.[4] Das Osterfest wird mit dem Engel am Grab eingeleitet, der den Frauen die Auferstehung Christi mitteilt (121r, Angelus domini descendit); für die Pfingsttage steht die Sendung des Heiligen Geistes (143v, Dum complererentur dies penthecostes), in der Bordüre begleitet vom Bild eines Vogelfängers/Seelenfängers, ein thematischer Verweis auf Psalm 123 (124),7: „Unsre Seele ist wie ein Vogel dem Netz des Jägers entkommen", der Teil des Zisterzienserbreviers und des Messpropriums war.

Der Psalter R 355 ist im Gegensatz zum Wiener Exemplar nach dem üblichen liturgischen Schema mit Hilfe historisierender Initialen in acht Teile gegliedert; eine weitere Initiale mit der Abbildung Mariens mit dem Kind und einer Szene der Kindheit Christi in der Bordüre führt in die Texte der Cantica und Hymnen ein (188r, Domine miserere nostri). Die Ikonografie ist recht ungewöhnlich, in den Initialen sind Szenen aus den drei Anfangskapiteln des Buchs Genesis untergebracht: zum Psalm 1 (Beatus vir, fol. 8v) der Thronende Schöpfer, die Scheidung des Lichts von der Finsternis, zu 26 (Dominus illuminatio, fol. 30r) die Scheidung des Festlands vom Meer, zu 38 (Dixi custodiam, fol. 44v) die Erschaffung der Pflanzen, zu 52 (Dixit insipiens, fol. 59v) die Erschaffung der Sonne und des Mondes, zu 68 (Salvum me fac, fol. 73r) die Erschaffung der Vögel und Fische, zu 80 (Exultate deo, fol. 89v) das Verbot des Herrn, vom Baum der Erkenntnis zu essen, in der Bordüre Christus am Kreuzbaum, und zu 90 (Cantate domino, fol. 104v) die Vertreibung Adams und Evas aus dem Paradies; in der Bordüre pflügt Adam den Acker, während Eva spinnt. Der üblichen Psalterikonografie, wie sie sich zusammen mit der Pariser Redaktion der Bibel während des 13. Jahrhunderts verbreitete, nähert sich nur die Darstellung

3.11, fol. 8v

3.11, fol. 59v

3.11, fol. 188r

der Heiligen Dreifaltigkeit zu Psalm 109 (Dixit dominus, fol. 121r) an: Wohl unter dem Einfluss englischer Vorbilder[5] weist sie die Gestalt des Göttlichen Gnadenthrons auf. Eine Parallele zu dieser ikonografischen Lösung findet sich im Psalter von Amiens aus den 1290er Jahren (Paris, BNF, ms. lat. 10435), wo die Schöpfungsszenen mit traditionellen Motiven König Davids kombiniert wurden.[6] Die Verbindung zwischen den beiden Themenkreisen belegen auch ostenglische Handschriften, der Bildzyklus im Queen Mary Psalter (London, BL, Royal 2 B VII, ca. 1310–20) und die Illustrationen zum Psalmenkommentar des Petrus Lombardus am Beginn des Thickhill Psalter (New York Public Library, Spencer 26. Nottingham, ca. 1303–14).

Die englische Tradition war auch aus formalstilistischer Sicht entscheidend, wie bereits die ältere Forschung nachgewiesen hat.[7] Das Ornament der Buchstabenkörper, die Hintergrundmuster, die naturalistisch dargestellten Blätter und Blüten sowie die Gestaltung der Monster belegen die Rezeption von Vorbildern aus dem Kreis des Thickhill Psalter, des Peterborough Psalter und anderer mit der Abtei Fendland verbundener Handschriften,[8] die die Buchmalerei in Nordwesteuropa beeinflussten. Enge Parallelen zu dem naturalistischen Blattwerk lassen sich nach FINGERNAGEL/ROLAND 1997 in der lothringischen Handschrift aus der Staatsbibliothek Berlin, Sign. Ham. 114, finden. Eine Vermittlerrolle könnte das Rheinland gespielt haben,[9] besonders das Skriptorium des Minoritenkonvents in Köln, wo die Maler um Johann von Valkenburg tätig waren, oder das Skriptorium der Kölner Klarissen.[10] Dafür würden u. a. die Cadellen sprechen, die an den Rändern mit Fadenstrichen in Härchenform verziert sind[11] und die sich so auch in den Altbrünner Handschriften finden. An der Verzierung waren mindestens drei in

3 ✳ Familie, Erziehung, erste politische Erfahrungen   **305**

3.12, fol. 6v / Detail

einer Werkstatt arbeitende Buchmaler beteiligt,[12] die sich nicht nur in der Qualität der Ausführung unterschieden, sondern z. T. auch durch die Verwendung von Vorlagen unterschiedlicher Provenienz und verschiedenen Alters; bei dem zweiten Meister erkannte Antonín Friedl italienische Einflüsse.[13] Das Fleuronée, das nach Andreas Fingernagel vom Typ her der regionalen Produktion entspricht, wurde von zwei Floratoren mit Gehilfen ausgeführt, von denen einer vermutlich mit dem Schreiber identisch gewesen sein dürfte.[14]

Die Verzierung, die zu den ältesten Beispielen der gotischen, westeuropäisch orientierten Buchmalerei in den böhmischen Ländern gehört, besitzt im überlieferten Buchbestand weder Vorläufer noch direkte Nachfolger; zum Kreis der Richza-Illuminatoren wurde hypothetisch nur noch das Fragment eines Antiphonars mit einer Abbildung der hl. Margarethe zugeordnet.[15] Man geht davon aus, dass eine Reihe jüngerer Handschriften aus den böhmischen Ländern die Pflanzenornamentik rezipierte.

Milada Studničková

LITERATUR
DVOŘÁK 1901/I. – DOSTÁL 1922, 33–35. – FRIEDL 1930. – KVĚT 1931. – DOKOUPIL 1966, 309f., 132f. – STEJSKAL 1984/III, 296f. – VÍTOVSKÝ 1990/II, 95–98. – ŚNIEŻYŃSKA-STOLOT 1992. – FINGERNAGEL/ROLAND 1997. – Ausst.-Kat. Mährisch Ostrau 2011, 593–595, 601–606, Kat.-Nr. 237, 239 (Pavol ČERNÝ). – Ausst.-Kat. Prag 2011/I, 498–500, Kat.-Nr. IV.3.1K (Hana HLAVÁČKOVÁ). – KLUGSEDER u. a. 2014, 64, 81, 121.

FUSSNOTEN
1 Ähnlicher Einband des Kollektars Cod. 1835, identische Druckstöcke z. T. beim Prager Brevier Cod. 4780, das 1590 von der Wiener Buchbinderin Katharina Liemann, einer Schwägerin der Äbtissin Cundratka, angefertigt wurde (KVĚT 1931, 97. – FINGERNAGEL/ROLAND 1997, 247).
2 Bei den Zisterziensern trug der Laienmönch (monachus laicus) im Gegensatz zum Laienbruder (frater conversus) Tonsur. HERZOG/MÜLLER 2003, 99, Anm. 74.
3 FINGERNAGEL/ROLAND 1997, 225.
4 Im Cod. 1774 befindet sich auf fol. 72r bei der Auferstehung in der Bordüre ein Papagei ohne Käfig.
5 Ausst.-Kat. Mährisch Ostrau 2011, 603 (Pavol ČERNÝ).
6 BÜTTNER 2004, Abb. 361, 362.
7 KVĚT 1931.
8 EGBERT 1940. – SANDLER 1974.
9 Den Kontakt könnte der Zisterzienser Johannes, Sohn des Kölner Dombaumeisters Gerhard, hergestellt haben, der sich ab 1302 in Böhmen aufgehalten haben soll (VÍTOVSKÝ 2003, 433); 1319 ist er als Mönch in Welehrad (Velehrad) belegt (FAHNE 1843, 63. – MERLO 1895, Sp. 278).
10 GUMMLICH 2003, 24–148. – Ausst.-Kat. Köln 2011, 51–61, 314f.
11 Ausst.-Kat. Köln 2011, Abb. S. 302.
12 Übersicht der Anteile bei KVĚT 1931, 137. – Ausst.-Kat. Prag 2011/I, 493, Anm. 19 (Karel STEJSKAL, Klára BENEŠOVSKÁ). Sie versuchten die Buchmaler als die im Testament der Königin erwähnten Maler Ulrich und Pešek zu identifizieren.
13 FRIEDL 1930.
14 FINGERNAGEL/ROLAND 1997, 227.
15 Kat. Antiquariat Günther 2007, Nr. 4.

3.12 Chronicon Aulae regiae – Königsaaler Chronik des Peter von Zittau

Zisterzienserabtei Sedletz b. Kuttenberg, 1393.
Miniatur mit König Johann dem Blinden und Karl IV. mit ihren Gattinnen (fol. 6v).
Pergament; H. 47,5 cm, B. 32,5 cm.
Iglau (Jihlava), Státní okresní archiv Jihlava, Archiv města Jihlava do r. 1848, odd. Úřední knihy a rukopisy, inv. c. 692.
Nicht ausgestellt.

Das 1292 von König Wenzel II. (1271–1305) gegründete Zisterzienserkloster Königsaal (Zbraslav) bei Prag diente den letzten Přemysliden und ihren Erben und Nachfolgern aus dem Hause Luxemburg als kollektiver Erinnerungsort und Grablege ihrer Königsdynastie. Abt und Konvent von Königsaal pflegten das Andenken an ihren frommen Stifter und die königlichen Wohltäter auf vielfältige Weise: durch Messen und Gebete wie durch die Abfassung von Nekrologen und historischen Werken. Hier entstand im frühen 14. Jahrhundert die bedeutendste lateinische Chronik Böhmens des Spätmittelalters in Reimprosa. Die von Abt Otto von Thüringen († 1314) begonnene Klostergeschichte in Form einer Vita des Gründers Wenzel II. erweiterte sein Fortsetzer und zweiter Nachfolger, Abt Peter von Zittau (amt. 1316–39), zu einer Darstellung der Geschichte und politischen Gegenwart Böhmens in drei Büchern. Während das Buch I den Zeitraum von 1253 bis 1316 umfasst, behandeln die Bücher II und III die Entwicklung in Böhmen bis 1338 im Kontext der politisch-kirchlichen Geschehnisse im Reich, in Italien und Frankreich.

Der hohe Quellenwert der Chronik basiert auf den reichhaltigen, oft nur hier überlieferten Informationen, die Peter von Zittau auf seinen

3.13

zahlreichen Reisen sammelte und durch seine ausgedehnte Korrespondenz mit Ordensbrüdern und hochgestellten Personen wie Königin Elisabeth, den Erzbischöfen Peter von Aspelt (Mainz) und Balduin von Trier erhielt.

Peters Hauptaugenmerk galt der in Königsaal bestatteten Tochter Wenzels II., Königin Elisabeth († 1330), deren Bedeutung als Erbin des Königreichs Böhmen er hervorzuheben und deren Handlungsweise – vor allem im geschilderten Konflikt mit ihrem Ehemann, König Johann von Luxemburg (Buch II, 6), – er zu rechtfertigen suchte. Seine anfängliche Sympathie für Johann und dessen Regierung in Böhmen schlug mit der Verbannung Elisabeths vom Königshof (1319) in Ablehnung und heftige Kritik um. Johann verdächtigte seine Frau (und Mitglieder des Adels) eines geplanten Umsturzes zugunsten seines dreijährigen Sohnes Wenzel/Karl und entzog ihr daraufhin die Kinder. In der Folge warf Peter König Johann den Bruch mit der böhmischen Tradition vor und beschuldigte ihn zudem der materiellen Schädigung der Kirche (u. a. Königsaals).

Die Person und das politische Wirken des künftigen Erben des Königreichs Böhmen, Karls von Mähren, beurteilte Peter in seiner Chronik bei aller Wertschätzung (III, 1) durchaus differenziert. Karls Geburtsjahr 1316 (I, 126 u. 128) sah Peter durch negative Vorzeichen wie Pestseuchen, Naturkatastrophen und das Erscheinen eines unheilvollen Kometen geprägt, die er als Symbol für die Vergänglichkeit der Welt deutete. Er kritisierte den französischen Einfluss auf die Mode am böhmischen Königshof (III, 2) und prangerte die neuen Sitten seiner Zeit (II, 23) an.

Die Iglauer Handschrift entstand 1393 im Zisterzienserkloster Sedletz (Sedlec) und ist die einzige vollständige mittelalterliche Abschrift der Königsaaler Chronik. Die Federzeichnungen auf fol. 6v zeigen die ersten drei Herrscher aus dem Hause Luxemburg, Heinrich VII., Johann von Böhmen und Karl IV. (obere Reihe), mit ihren Gemahlinnen, Margarethe, Elisabeth und Anna (untere Reihe), in majestätischer Pose – ausgestattet mit den herrscherlichen Insignien Krone, Reichsapfel und Zepter. Diese Darstellung korrespondiert mit dem vorangehenden, ähnlich gestalteten Bild auf fol. 6r, das die letzten drei přemyslidischen Könige Böhmens und deren Ehefrauen zeigt. Der unbekannte Zeichner betont damit die Legitimität der Luxemburger als rechtmäßige Könige Böhmens, die er dynastisch in eine Traditions- und Sukzessionslinie mit ihren přemyslidischen Vorgängern stellt.

Hubertus Seibert

EDITION
ALBRECHT 2014.

LITERATUR
MARGUE 1996/I. – HOFFMANN 2001, 30–36, Nr. 10. – HONEMANN 2004. – BLÁHOVÁ 2010, 40 (Abb. fol. 6r), 42 (Abb. fol. 6v). – BOBKOVÁ 2013/I.

3.13 Madonna von Rouchovany

Prag, um 1315–25.
Lindenholz, Leinwand, teilweise originale Fassung; H. 151 cm, B. 44 cm, T. 38 cm; Krone und rechter Arm, der einst sicher ein Zepter oder eine Blüte hielt, sowie die Füße Marias fehlen; ebenso beide Arme des Kindes; Draperie vom Gewand der Maria und des Knaben abgesägt.

3.14, fol. 321v–322r

Provenienz: Vermutlich Königsaal (Zbraslav), Zisterzienserabteikirche. – Rouchovany, Pfarrkirche. – Prag, Národní muzeum (bis 1962).
Prag, Národní galerie v Praze, Inv.-Nr. P 4671.

Maria blickt, das rechte Bein leicht nach vorn gesetzt, um das Kind auf dem linken Unterarm auszuponderieren, den Betrachter versonnen an. Ihre in gleichmäßigen Bögen nach oben schwingenden Augenbrauen geben ihr einen aufmerksamen, der geschwungene Mund einen mild-freundlichen Ausdruck, zu dem das eher rundliche Gesicht passt, das von kleinen Locken gerahmt ist. Die einst vorhandene Krone und die durchgehende Goldfassung des Kleides verleihen ihr einen überirdischen Schein – sie ist die Himmelskönigin. Das Kind hingegen ist als nackter Menschensohn gegeben, der seine Mutter anblickt und nach ihrem Schleier gegriffen haben dürfte; hier trägt er zwar noch eine Windel, die die Blöße bedeckt, doch später, beim Sterben und Tod am Kreuz, wird dies Marias Schleier sein. Somit wird, wie so oft bei den vielgestaltigen gotischen Madonnenbildern, bereits auf die Passion und den Erlösertod Christi vorausgewiesen. Der Ring an Marias linkem Ringfinger wiederum deutet darauf hin, dass Maria zugleich, wie es die mittelalterliche Deutung unter Bezug auf die Liebeslyrik des Hohen Lieds im Alten Testament verstand, die Braut Christi ist und damit die Personifikation der Kirche.

Seltener ist, dass das Kleid Marias in vielen kleinen Parallelfalten ungehindert zu Boden fällt; der Mantel, sonst zumeist vor den Körper gezogen, fällt bei der Maria aus Rouchovany von den Schultern glatt nur über den Rücken herab. Ganz ungewöhnlich aber ist, dass Maria keinen Gürtel trägt, der sonst Symbol ihrer Jungfräulichkeit ist. Während man für Madonnen mit vorn geöffnetem Mantel und einfach herabfallendem Kleid einige Beispiele, meist noch des 13. Jahrhunderts, finden kann (in Frankreich die sog. Iris-Madonna in Beaune, in Österreich die Madonna des Stifts Admont, in Deutschland die innere Portalmadonna des Freiburger Münsters oder die Madonna des Würzburger Franziskanerklosters, heute in Laub), sind sie doch nie ohne Gürtel. Dies Motiv scheint in Böhmen eben dieses Stück aus Zbraslav/Rouchovany eingeführt zu haben; nur wenig später übernimmt es der Schnitzer der Madonna aus Michle (vgl. Kat.-Nr. 12.1).

Mit den vorgenannten Beispielen, die in verschiedenen Varianten den kräftigen, ja monumentalen Stil der ersten Habsburger-Ära Ende des 13. Jahrhunderts vertreten, aber auch mit der stilisierten, fast manierierten Madonna von Michle hat die zarte, verhaltene Schönheit der Madonna von Rouchovany nichts zu tun. Sie steht der feinstofflichen französischen Skulptur der 1310er/20er Jahre nahe, wie sie in Böhmen wohl durch König Johann und seine Gemahlin, Elisabeth die Přemyslidin, importiert wurde, z. B. am Haus zur Steinernen Glocke in Prag (vgl. Kat.-Nr. 3.9).

Dies unterstützt die These, das Stück könnte eine Stiftung der Königin Elisabeth sein, die bekanntlich Kloster Königsaal (Zbraslav) bei Prag tatkräftig darin unterstützte, die von ihrem Vater begonnene Abteikirche zu vollenden und auszustatten. Auf jeden Fall schenkte Elisabeth, mit eben diesem Ziel, das Kloster besser auszustatten, im Jahre 1325 die Kirche von Rouchovany in Mähren. Wie lange sich die Skulptur dort bereits befand, als sie ins Interesse der Geschichtsschreibung rückte, lässt sich nicht mehr klären. Allerdings scheint es, angesichts ihrer unbestreitbaren Qualität, wahrscheinlicher, dass die Muttergottes zuerst in die Abteikirche selbst gestiftet wurde, wahrscheinlich im Rahmen eines Baldachinretabels, um später in die zugehörige Pfarrkirche abzuwandern (oder gar in den Hussiten-Bedrohungen dorthin gerettet zu werden).

Markus Hörsch

LITERATUR
BELIK 1937/38. – KALINA 1996, 314. – CHLUMSKÁ 2014, 17.

3.14 Gebetbuch der Bonne de Luxembourg

Paris (Jean Le Noir und Werkstatt ?), vor 1349.
Pergament, Tempera, Tinte, Gold und Silber; 333 Blatt; H. 12,5 cm, B. 9,1 cm (Buchblock); H. 13,2 cm, B. 9,7 cm, St. 4,2 cm (Einband).
Kalendarium (1v–13r), Psalter (15r–217v), Lobgesänge, Litaneien und Gebete (218v–245v), Passion Christi (246v–294v), Dialog zwischen der Jungfrau Maria und dem hl. Bernhard zur Passion (295r–314v), die sechs Stufen der göttlichen Liebe

a homme z fame uoy
que suffrir pour toy.
uoy ma douleur. mon
angoisseus conroy.

3.14, fol. 328r

Dixit insipiens in corde suo: non est deus. Corrupta sunt et abhominabiles facti sunt in iniquitatibus.

3.14, fol. 83v

3.15

(315r–320v), die Legende der drei Lebenden und der drei Toten (321v–328v), die Klage des Gekreuzigten (329r–330r), ein Gebet über die Wunden Christi (331r–332r), ein Gebet zum hl. Kreuz (332v–333r). Zwischen fol. 125 und 126 fehlt ein Blatt mit einer Zierseite und den ersten Zeilen des 80. Psalms.
Provenienz: Paris, König Karl V. (laut Inventar von 1380). – Paris, Ambroise Firmin-Didot (verkauft 1882). – Florenz, Baron Horace de Landau († 1903). – London, Sotheby's (verkauft 1948). – Genf, Martin Bodmer Bibliothek (bis 1969).
New York, The Metropolitan Museum of Art, The Cloisters Collection (1969), Inv.-Nr. 69.86.

Der kleinformatige lateinische Psalter mit angehängten frommen Texten in französischer Sprache war für die Schwester Karls IV., Jutta von Luxemburg (Bonne de Luxembourg, 1315–49) bestimmt, die im Jahr 1332 den Herzog der Normandie und späteren französischen König Johann von Valois geheiratet hatte. Gleich vierzehnmal, auf einem der Kalenderblätter sowie auf dreizehn der vierzehn ganzseitig verzierten Seiten, findet sich ihr Wappen – ein geteilter Schild mit den Farben der Häuser Luxemburg und Valois; auf der ersten Seite des Psalters (fol. 15r) tragen zwei Löwen zudem entsprechende Banner. Zwölf Doppelseiten mit Monatsdarstellungen in den Bas-de-pages, kunstvoll gestalteten Initialen sowie floral verzierten Bordüren, die mit Vögeln und anderen Tieren sowie einzelnen Halbfiguren angereichert sind, bilden den Auftakt der Handschrift. Die übrigen Zierseiten, die zur Gliederung des Psalters dienen oder den einzelnen kontemplativen Texten vorangestellt sind, weisen jeweils eine Miniatur in Satzspiegelbreite, floral verzierte Initialen mit vier Textzeilen, Bas-de-pages mit überwiegend Mischwesenpaaren als Wappenhalter sowie Randverzierungen auf, die analog zum Kalendarium gestaltet sind.

Fast am Ende des Buches, auf der vorletzten Zierseite, die die Klage des Gekreuzigten (Complainte du Crucifix) einleitet, findet sich ein Bild des Herzogspaares, das betend vor dem Kreuz kniet (fol. 329r). Der zugehörige Text setzt mit einer Aufforderung zur Betrachtung des Leidens Jesu ein, die sich direkt an die beiden Adoranten richtet: „Ha, homme et fame, voy que sueffre pour toy. Voy ma doleur, mon angoisseus conroy (Ah, Mann und Frau, sehe wie ich für Dich leide. Sieh meinen Schmerz, meinen qualvollen Zustand)". Um seine Worte zu unterstreichen, hat Jesus seinen rechten Arm vom Kreuzbalken gelöst und weist auf seine Seitenwunde. Diese in der mittelalterlichen Kreuzikonografie einmalige Geste stellt zugleich den Bezug zur letzten Miniatur auf dem übernächsten Blatt her, die ein Gebet zu den Wunden Christi einleitet und der besonderen Verehrung der Seitenwunde gewidmet ist, welche hier ca. 5,5 cm hoch und damit in vermeintlicher „Lebensgröße" wiedergegeben wird (fol. 331r). Eine Anregung für diese spezifische Passionsfrömmigkeit mag Bonne noch während ihrer Jugend in Prag erhalten haben: Zu den frühesten Beispielen, in denen die Verehrung der Seitenwunde in Text und Bild thematisiert wird, gehört das im zweiten Jahrzehnt des 14. Jahrhunderts angefertigte Passionale der Äbtissin Kunigunde (Kunhuta Přemyslovna), der Großtante Bonnes (Prag, Národní knihovna České republiky, XIV A 17). Der Mitverfasser des Passionals, der Dominikanermönch Kolda von Colditz, der auch am Hof Johanns von Luxemburg aus und ein ging, mag hier auf Jutta/Bonne Einfluss genommen haben.

Der für Bonne geschaffene Psalter steht in der Tradition preziöser Handschriften von intellektuell hohem Niveau, die von den weiblichen Mitgliedern der französischen Königsfamilie gestiftet wurden. Die Ausführung der Miniaturen wird der Werkstatt Jean le Noirs zugeschrieben, der in den Quellen gleichwohl erst 1358 greifbar wird, als er zusammen mit seiner Tochter Bourgot vom Dauphin Karl, dem Sohn Johanns von Valois, ein Haus für seine geleisteten Dienste erhielt. Das Atelier, das sich von ca. 1335 bis 1380 nachverfolgen lässt, orientiert sich in der Zeichnung seiner Figuren, der Verwendung von Semi-Grisaille sowie im Aufbau der Seiten eng an das Vorbild Jean Pucelles, dessen Stilidiom unter den Mitgliedern des Hauses Valois die Buchmalerei am Pariser Hof nachhaltig prägt. Wann das Werk in Auftrag gegeben wurde, ist nicht überliefert. Vermutet wird jedoch, dass Bestellung und Fertigung erst kurz vor dem Tod Bonnes im Jahr 1349 erfolgte, was vor allem mit der Illustration zum Psalm 52 Dixit incipiens begründet wird (fol. 83v), die das Bild eines trinkenden Narren zeigt, der von einem zweiten mit einer Rute geschlagen wird. Die semitische Kennzeichnung des Geschlagenen zur Illustrierung des im Psalm besungenen Ungläubigen wird in einem Zusammenhang mit dem Judenpogrom nach dem Ausbruch der Pest im Jahr 1348 gesehen. Die Behauptung einer Brunnenvergiftung durch die Juden wurde unter anderem durch den Dichter Guillaume de Machaut, der in jenen Jahren im Dienste Bonnes stand, auch im Umfeld der Herzogin kolportiert.

Wilfried Franzen

LITERATUR
Kat. Firmin-Didot 1882, Manuscrits, Théologie, 5–10, Nr. 3. – PANOFSKY 1953, 34. – MORAND 1962, 21f. – MEISS 1967, I, 20, 31, 287. – DEUCHLER 1971, 267–284. – AVRIL 1978, 31, 74–77. – Ausst.-Kat. Köln 1978, III, 96 (Reiner DIECKHOFF). – Ausst.-Kat. Paris 1981, 315f, Kat.-Nr. 267 (François AVRIL). – STERLING 1987/90, I, 108–113. – HAMBURGER 1998, 140–142. – HECK 1995. – KRIEGER 1998. – Ausst.-Kat. Prag 2006, 81f, Kat.-Nr. 5 (Barbara DRAKE BOEHM). – TAMMEN 2006, 95–98. – LERMACK 2008.

3.15 Polyptychon mit Madonna und Szenen aus dem Marienleben

Paris, gegen 1320–40.
Elfenbein vom Elefanten, Spuren der Farbfassung; H. 28,2 cm, B. 23,5 cm, T. 5 cm.
Provenienz: Slg. Louis-Charles Timbal (bis 1882). Paris, Musée du Louvre, Département des Objets d'art (erworben 1882), Inv.-Nr. OA 2587.
Nur in Prag ausgestellt.

Das Polyptychon der früheren Sammlung Timbal ist eines der elegantesten und anmutigsten jener Altärchen, die in Paris im Verlauf des 2. Viertels des 14. Jahrhunderts geschnitzt wurden. Im Zentrum steht die Muttergottes mit dem Kind, fast vollrund ausgearbeitet und aus demselben Elfenbeinblock geschnitzt wie der Baldachin (dessen Säulchen erneuert wurden). Sie trägt das Jesuskind auf dem linken Arm: Nackt, in eine Windel gewickelt, hält es einen Apfel in der linken Hand und legt seine Rechte auf die Brust seiner Mutter. In ihrer rechten Hand hielt die Jungfrau wahrscheinlich eine Rose, von der nur ein Fragment des abgebrochenen Stängels erhalten ist. Die gekrönte Jungfrau trägt über ihrem Kleid einen weiten Mantel, der ihr Haupt bedeckt und als Schürze in großzügigen, welligen Falten übergeworfen ist. Stark in der Hüfte gedreht, neigt sie ihr Antlitz mit feinem Lächeln ihrem Kind zu. Die Krone, das Haar und die Borten sind bedeckt von einer nicht ursprünglichen Farbfassung (zwei Schichten sind sichtbar).

Auf jeder Seite der zentralen Gruppe sind auf den Flügeln, geschnitzt in Flachrelief, Szenen aus dem Leben der Jungfrau Maria und der Kindheit Christi dargestellt; sie preisen die vier ersten Freuden Marias. Das Polyptychon verbindet den Reiz einer Andachtsstatuette mit dem Pittoresken erzählender Szenen dergestalt, dass deren Lektüre (von einem Flügel auf den andern, von oben links bis unten rechts) die Aufmerksamkeit dreimal über die zentrale Gruppe hinweg lenkt. Unter den Kleeblattbögen sind es nacheinander die Verkündigung, die Heimsuchung, die Geburt mit Josef, der das Wickelkind hält; schließlich, im unteren Register, die Anbetung der Weisen und die Darstellung im Tempel.

Die Jungfrau mit dem Kind, geschnitzt in sehr tiefem Relief, ruft mit ihrem großen Mantel, welcher mit großer Geschmeidigkeit in doppelter, querliegender Faltung herübergezogen ist, in viel kleinerem Maßstab die große Madonna aus vergoldetem Silber ins Gedächtnis, die Königin Jeanne d'Evreux der Abtei St-Denis zwischen 1328 und 1339 übereignet hat (Paris, Musée du Louvre), oder jene, die das Polyptychon des Thomas Bazin ziert (New York, The Morgan Library & Museum), ein weiteres Werk der Pariser Goldschmiedekunst, das durch den Vergleich dazu anregt, das Polyptychon in die Jahre zwischen 1320 und 1340 einzuordnen. Der Faltenstil und die Süße des Ausdrucks der Jungfrau und des Kindes sind charakteristisch für die Eleganz der Pariser Künstler, Elfenbeinschnitzer wie Goldschmiede, die für jenen Hof arbeiteten, an dem der spätere Kaiser Karl IV. einen Teil seiner Kindheit verbrachte. Dieser Typ preziöser Gegenstände der Andacht wurde dort sehr geschätzt, wenn man dem Zeugnis jener erhaltenen Werke Glauben schenkt, die die gleiche Ikonografie und die gleiche Komposition teilen, bei denen die weisen Könige im Gebet vor der Statuette der den Kind-König tragenden Jungfrau dem Frommen als Modell der Verehrung dienten: den Polyptychen im Londoner Victoria & Albert Museum (Inv.-Nr. 4686-1858), der Sammlung Wernher (Ranger's House) oder der Vatikanischen Museen (Inv.-Nrn. 64624, 64663 und 64664).

Élisabeth Antoine-König

LITERATUR
KOECHLIN 1924, I, 126–129; II, Nr. 156; III, pl. XL. – Ausst.-Kat. Paris 1981, Kat.-Nr. 141 (Danielle GABORIT-CHOPIN). – GABORIT-CHOPIN 2003, 376–377. – Ausst.-Kat. Paris 2009, Nr. 12 (Élisabeth ANTOINE). – Ausst.-Kat. Köln 2014, Nr. 74 (Élisabeth ANTOINE-KÖNIG).

3.16.a–b Guillaume de Machaut: Œuvres poétiques

a. Jugement du Roi de Bohême (fol. 30v).
Paris, Guillaume de Machaut, vor 1350; Miniaturen: Meister der Bibel des Jean de Sy und Werkstatt. Pergament, Tempera, Tinte, Gold und Silber; 161 Blatt (zzgl. foll. 80bis, 86bis, 92bis); H. 30 cm, B. 23 cm, St. 7 cm.
Paris, Bibliothèque nationale, Bibliothèque d'Arsenal, Sign. Ms-5203 Réserve.
Nur in Prag ausgestellt.

3.15 / Detail

3.16.a, fol. 30v

3.16.b, fol. 27r

b. La Remède de Fortune für Bonne de Luxembourg

Sens, 1371; Schreiber: Guiot de Sens.
Pergament; 103 Blatt; H. 29,5 cm, B. 21 cm.
Bern, Bürgerbibliothek, Cod. 218.
Nur in Nürnberg ausgestellt.

Der Musiker und Dichter Guillaume de Machaut (1300–77) war 23 Jahre alt, als König Johann ihn vermutlich anlässlich der Verheiratung seiner Schwester Maria († 1324) mit dem französischen König Karl IV. in Paris als Sekretär in seine Dienste nahm. Machaut blieb bis zu Johanns Tod Familiar des Königs und hat Johanns Großzügigkeit und Ritterlichkeit in vielen Liedern besungen. Neben Philippe de Vitry (1291–1361) gilt er als hervorragender Vertreter der ars nova, der „neuen Kunst", deren Vielstimmigkeit und Loslösung vom Cantus firmus durch Papst Johannes XXII. um 1324 scharf kritisiert wurde. Als Sekretär hat Machaut den König vielfach auf seinen Reisen begleitet und nahm auch an Johanns Heerfahrt nach Litauen 1328–29 teil. Er rühmt Prag in seinem Prise d'Alexandre als eine Stadt von hohem Ansehen („Prague, une cité / Qui est grant auctorité"). Die Annahme liegt nahe, dass Guillaume de Machaut dazu beigetragen hat, im Königreich Böhmen die neue „unerhörte" Gesangskunst zu verbreiten, von der der Königsaaler Abt Peter von Zittau um 1330 berichtet. König Johann verschaffte seinem Sekretär nicht nur eine einträgliche Pfründe am Domstift Reims (1333), sondern nahm später auch Guillaumes Bruder Johannes Machaut als Sekretär in seine Dienste. Guillaume de Machaut pries Johann vielfach als „guten König", der die höfischen Feste, die Damen und die Turniere liebt. In seinem Preislied Le Jugement dou Roy de Behaigne (Das Urteil des Königs von Böhmen) weist Machaut Johann die Richterrolle in einem Minnestreit zu, die in seiner Vorbildlichkeit in der theoretischen und praktischen Kompetenz in Liebesangelegenheiten gipfelt. Er allein, König Johann, sei mit allen Höhen und Tiefen der Liebe wohl vertraut, mit den guten und den schlechten Seiten, den Tränen und den Klagen – darin übertreffe er selbst Ovid. Die weltlichen Güter freilich strebe er nicht aus Habsucht, sondern nur um seiner Ehre willen an. Dem dit amoureux Guillaumes liegt unzweifelhaft das höfisch-ritterliche Wertesystem zugrunde.

Als König Johann 1346 starb, zog Karl IV. Guillaume de Machaut nicht in seine Dienste; der Dichter ging an den Hof von Johanns Tochter und Karls Schwester Jutta (Bonne) von Luxemburg. Der Meide Kranz, den der Dichter Heinrich von Mügeln 1355 für Karl IV. verfasste, lässt den Kaiser als Richter über die Wissenschaften auftreten. In gewisser Hinsicht ist der Meide Kranz ein Gegenentwurf zu Guillaumes Preislied auf Johanns große Urteilskraft in Liebesdingen.

Eva Schlotheuber

EDITION
WIMSATT/KIBLER 1988.

LITERATUR
EARP 1996. – LEACH 2011. – HOLOVSKÁ 2015.
DTB Nr. 098

3.17 Chronik des sog. Dalimil – Pariser Fragment der lateinischen Übersetzung

Bologna (?), 1330–40.
Pergament, Tempera, Blattgold; 12 Bll.; gerundete italienische Textualis formata (Rotunda, littera Bononiensis), sieben Ornamentinitialen mit Pflanzendekor in den Bordüren, 26 figürliche Miniaturen in rechtwinkligen Rahmen, paarweise auf einer Seite untergebracht; H. 24,5 cm, B. 17,5 cm. Die Blätter stammen von zwei unvollständig überlieferten Quaternen (auch: Quaternionen); der erste bestand aus den heutigen fol. 1, 12, 2, 11, 9, 4, der zweite aus fol. 8, 5, 7, 6, 10, 3. Heute befinden sich die Blätter in verkehrter Reihenfolge gebunden in einem Pergamentblatt-Einband.
Inhalt: Lateinische Übersetzung der Chronik des sog. Dalimil, Kap. 25–30, 39–42, 44–45
Abbildungen in ursprünglicher Reihenfolge: 1va: Herzog Svatopluk als Mönch verkleidet vor dem Hof des Kaisers Arnulf. – 1vb: Svatopluk kämpft um seine Frau. – 2va: Drahomíra beschenkt Tunna und Gomon mit Pferden und Silber, damit sie die hl. Ludmilla erschlagen. Tunna und Gomon vor der hl. Ludmilla und dem hl. Wenzel. – 2vb: Letzte Kommunion der hl. Ludmilla, ihre Erdrosselung, Engel tragen die Seele der Märtyrerin in den Himmel. – 4ra: Herzog Wenzel ruft vertriebene Priester zurück, kauft Heidenkinder frei, lässt die Kinder taufen, die Kirchen öffnen und Messen lesen (Elevation der Hostie) . – 4rb: Der hl. Wenzel bereitet eucharistische Speisen zu: er backt Hostien und presst bei der Weinlese die Trauben. – 4va: Der hl. Wenzel und sein Diener bringen Witwen Holz aus dem Wald. – 4vb: Der hl. Wenzel begibt sich

3 ✳ Familie, Erziehung, erste politische Erfahrungen

nachts zum Gebet und hinterlässt blutige Spuren im Schnee, er unterrichtet seine Bediensteten, lässt sich geißeln, zieht seinem Kammerdiener Podiven die Schuhe aus. – 11va: Der hl. Wenzel (mit einem goldenen Kreuz auf der Stirn) schickt aus dem Heerlager einen Brief an Radslav, den Fürsten der Zlitschanen, der gegen ihn in den Krieg gezogen ist. – 11va: Radslav empfängt Wenzels Brief, der ihn zum persönlichen Zweikampf herausfordert. – 12ra: Kaiser Heinrich I. der Vogler erwartet an der Spitze der Reichsfürsten die verspätete Ankunft des hl. Wenzel. – 12rb: Der Kaiser kommt dem von zwei Engeln begleiteten hl. Wenzel entgegen. – 12va: Der hl. Wenzel empfängt die Armreliquie des hl. Veit. – 12v: Der hl. Wenzel überführt die Reliquie und übergibt sie dem Bischof an der Pforte der Prager Kirche, die er neu erbauen ließ. – 8ra: Der auf der Jagd verirrte Herzog Ulrich entdeckt die Burg Pfraumberg (Přimda). – 8rb: Ulrich dringt in die verlassene Burg ein, er kehrt nach Hause zurück. – 10r: Ulrich trifft auf der Jagd die Wäscherin Božena und heiratet sie. – 10rb: Ulrich führt Božena auf seine Burg. – 3r: Břetislav dringt mit militärischem Gefolge in das Kloster in Schweinfurt ein und schlägt sich bis zu der Kapelle durch, in der sich Judith (dem Text zufolge eine Kaisertochter) versteckt hielt. – 3rb: Kampf mit den Konversen des Klosters, Judiths Entführung. – 3va: Der Kaiser übergibt Judith einen Thron, den sie in Bunzlau (Boleslav) errichten soll. – 3v: Wappensage. – 3va: der Kaiser überreicht Břetislav einen Schild mit (Flammen-)Adler. – 3vb: Břetislavs Gefolgsmänner zünden Häuser an – nach dem Privileg, dass die Ankunft des böhmischen Herrschers auf dem Reichstag durch die Entzündung der umliegenden Dörfer anzukündigen sei, das Břetislav vom Kaiser als Mitgift erhalten hatte. – 6ra: Břetislavs Beratungen vor der Schlacht. – 6rb: Břetislav befiehlt den Choden den Bau von Verhauen. – 6va: Schlacht zwischen den Böhmen und den Deutschen bei Fürthel (Brůdek). – 6vb: Das sächsische Heer plündert und brennt in Böhmen, Břetislav lässt Prkoš blenden und ihm Hände und Füße abhacken.
Provenienz: Herkunft unbekannt. – Unbekannter Privatbesitz. – Am 17. 3.2005 im Pariser Auktionshaus Drouot-Richelieu (PIASA) für die Nationalbibliothek der Tschechischen Republik ersteigert.
Prag, Národní knihovna České republiky, Sign. XII E 17.
Nur in Prag ausgestellt.

Das Pariser Fragment belegt die Existenz einer Übersetzung der alttschechischen Reimchronik des beginnenden 14. Jahrhunderts in die lateinische Sprache, über die man bis 2005 nur spekulieren konnte.[1] Es handelt sich um die einzige überlieferte „Nationalchronik" mit reichem Bildmaterial,[2] die älteste und umfangreichste ikonografische Quelle zur Geschichte des Přemyslidenstaates. Nach Schrifttyp und Charakter der Buchmalerei zu urteilen, entstand die Handschrift in Nordostitalien, vermutlich in Bologna, einem der Hauptzentren juristischer Studien mit reicher Buchproduktion und gesuchten Buchmalerwerkstätten. An einen ähnlichen Buchmalerkreis wandten sich damals mit vergleichbaren Aufträgen auch Besteller aus Ungarn (Anjou-Legendarium).

Man vermutete, dass die luxuriöse Handschrift, deren Entstehung in die Zeit der Kämpfe um die Formierung der norditalienischen Luxemburger-Signorie fällt, von Karl IV. bestellt worden sein könnte – vielleicht als Geschenk für seine italienischen oder französischen Verbündeten.[3] Dem steht jedoch die Wahl des Chroniktextes entgegen, dessen nationalistische Diktion den Interessen des böhmischen Adels entspricht, der nach dem Aussterben der Přemysliden und den anschließenden Auseinandersetzungen um den böhmischen Thron nach einer Stärkung seiner Position strebte.[4] Den Besteller der Handschrift sollte man daher eher in adligen Kreisen suchen, vielleicht unter den Mitgliedern des böhmischen Herrenadels, die Karl 1333 in Meran zur Rückkehr nach Böhmen aufforderten. In diesem Fall hätte die Chronik den jungen, im Ausland erzogenen Herrscher über die Landesgeschichte belehrt und zugleich die Machtansprüche des Herrenadels übermittelt. Die ursprüngliche Absicht deutet sich in der wenig ausgewogenen Auswahl der Passagen an, denen eine visuelle Gestalt verliehen wurde. Im überlieferten Teil werden mit Hilfe der Bilder, die am Anfang der relevanten Textpassagen stehen, die Wenzelthematik und die Position der Přemyslidenfürsten gegenüber den Reichsherrschern betont. Einige Abbildungen, z. B. die Vorbereitung des Messweins durch den hl. Wenzel (f.4r), besitzen keine Stütze im Text. Man muss daher davon ausgehen, dass die italienischen Buchmaler, die mit den böhmischen Realien nicht vertraut waren – wie auch die falsche Tingierung des Wappens belegt (f. 3v) –, vom Auftraggeber zusätzliche Anweisungen oder Vorlagenzeichnungen erhielten.

An der Verzierung des Fragments waren drei Buchmaler beteiligt, deren Anteile und stilistische Ausgangspunkte (Bologna, Padua, Venedig) von F. Avril definiert und von P. Černý und V. Kubík weiter präzisiert wurden; die letztgenannten Wissenschaftler entdeckten auch einen vierten Meister, einen Spezialisten für Ornamentdekor. Im ersten Quatern arbeiteten zwei Maler eng zusammen (Meister A: f. 2v, 4r, 4v, 12v [über der Unterzeichnung des Meisters B]; Meister B: f. 1v, 11v, 12r), die Miniaturen des zweiten Quaterns fertigte Meister C (f. 3r, 3v, 10r, 6r, 6v, 8r). Die durch eine sorgfältige Modellierung der Gesichter und weiche, in Muschelgold ausgeführte Gewandfalten charakterisierten Buchmalereien des Meisters B sowie die personenreichen, in Komposition und Farbe ausgewogenen narrativen Szenen des Meisters C stehen den besten Arbeiten der Buchmalerschule von Bologna aus dem zweiten Viertel des 14. Jahrhunderts, besonders dem Maestro del 1328 nahe (V. Kubík). Die flüchtiger ausgeführten Miniaturen des Meisters A, der die meisten Szenen mit dem hl. Wenzel schuf, nähern sich in manchen Aspekten dem Maestro del Graziano di Napoli und dem Maestro del Gherarduccio (Maestro degli Antifonari di Padova),[5] der sich ähnlich wie andere Buchmaler aus der Region vom paduanischen Schaffen Giottos inspirieren ließ. Dem Umkreis der Buchmaler von Bologna und Padua lassen sich auch die Rahmen der Miniaturen mit Motiven pseudoarabischer Schrift zuordnen (f. 1v, 12v).[6]

Milada Studničková

LITERATUR
AVRIL 2005. – UHLÍŘ 2005. – JEŽKOVÁ/UHLÍŘ 2006. – VIDMANOVÁ 2006. – KUBÍK 2009. – ČERNÝ 2010. – Ausst.-Kat. Prag 2011/I, 46–51, Kat.-Nr. V.6.1 (Viktor KUBÍK). – Ausst.-Kat. Mährisch Ostrau 2011, 712–716, Kat.-Nr. 256 (Pavol ČERNÝ). – KUBÍK 2012 (mit Gesamtbibliographie).

FUSSNOTEN
1 VIDMANOVÁ 2006.
2 Die anderen mittelalterlichen Handschriften böhmischer Chroniken mit figürlichem Dekor enthalten nur einige wenige Szenen oder Einzelabbildungen von Herrschern und Heiligen: Draschitz-Handschrift; Prag, KK, G5. – Königsaaler Chronik, Iglau (Jihlava), Archiv města, Úřední knihy a rukopisy, Sign. 692. – Böhmische Chronik des Přibík Pulkava von Radenín, Krakau, Biblioteka Czartoryskich, rkp. 1414, und Brünn, Moravský zemský archiv, Benediktini Rajhrad, E 6 Hd 22/b. – Chronik des sog. Dalimil, Prag, NK XXIII G 87, und Wien, ÖNB, Ser. n. 44. – Vergleichbare narrative Bildzyklen sind für die Legenden der böhmischen Patrone Wenzel und Ludmilla in der sog. Velislav-Bibel und im Liber depictus überliefert. Zu verweisen ist auch auf die Wandmalerei-Zyklen im Treppenhaus des Großen Turmes der Burg Karlstein. Vgl. Kat.-Nr. 8.6.
3 HRABOVÁ/KALOUS 2006. – Ein Überblick über die Ansichten zur Entstehung der Handschrift bei KUBÍK 2012, 167, Anm. 12. – Nach Kubík könnte Kardinal Bertrand du Pouget (um 1280–1352) der Empfänger gewesen sein.
4 Vgl. UHLÍŘ 2005, 57f. – ŠŤASTNÝ 2006 (Besteller: Peter I. von Rosenberg).
5 KUBÍK 2009, 43f. – Vgl. z. B. das Marionettenhafte der Figuren, die Darstellung der Pferde oder das charakteristische Dekor der Textilien mit ÖNB, Cod. 2571.
6 FLORES D'ARCAIS 1989, 336, Abb. 1, 3. – KUBÍK 2009, 39.

3.18 Madonna von Königsaal

Prag, um 1345–50.
Tempera und Gold auf Buchenholz, beidseitig mit Leinwand bezogen; H. 89 cm, B. 59,5 cm.
Provenienz: Königsaal (Zbraslav) bei Prag, ehemalige Zisterzienserabtei.
Prag-Zbraslav, Röm.-kath. Pfarrei St. Jakobus d. Ä.; als Leihgabe in der Národní galerie v Praze, Inv.-Nr. VO 2116.

Karls Großvater, König Wenzel II. von Böhmen (*1271, reg. 1278–1305), gründete 1291 bei einem nach 1268 von dessen Vater Přemysl Ottokar II. angelegten Jagdschloss eine Zisterzienserabtei, deren königliche Stiftung und Bestimmung als Begräbnisstätte sich schon im Namen spiegelt: Königsaal (Aula regia). Am 20. Mai 1297, einen Tag nach seiner Krönung zum böhmischen König (die immer wieder hatte verschoben werden müssen), legte Wenzel II. den Grundstein für die Kirche des Klosters. Dessen erster Abt, Konrad von Erfurt (amt. 1292–1316), war Berater und Gesandter des Königs. Mit den böhmischen Zisterzienseräbten Heinrich Heidenreich von Sedletz (Sedlec) und Johannes von Plass (Plasy) würde er später zu der Gesandtschaft gehören, die den jugendlichen König Johann von Luxemburg nach Böhmen geleitete.

3.18 / Detail

3.19

Die groß angelegte neue Abteikirche, in der Wenzel II. wunschgemäß seine letzte Ruhe fand, wurde 1329 auf Initiative seiner Tochter, der Königin Elisabeth, Gattin König Johanns von Luxemburg, fertiggestellt. Sie stiftete neun Altäre. Dass das Grabmal Wenzels zuvor bereits von dem Metallgießer Johann von Brabant gefertigt worden war, dürfte ebenfalls auf luxemburgische Vermittlung zurück gehen (SCHMID 1997, 11). Wie zuvor ihr Bruder, König Wenzel III. († 1306), wurde auch Elisabeth 1330 in Königsaal beigesetzt. Einer der ersten Wege Karls bei seiner Rückkehr nach Böhmen 1333 führte ihn daher an das Grab seiner Mutter in Königsaal.

Nach Zerstörungen durch die Hussiten (1420), die Schweden (1639) und nach der Auflösung unter Kaiser Joseph II. (1785) ist von der Abteikirche nichts mehr erhalten. Die repräsentative wie künstlerische Bedeutung Königsaals im 14. Jahrhundert dokumentiert jedoch bis heute dieses Madonnenbild, das wohl bedeutendste erhaltene Tafelbild des mittleren 14. Jahrhunderts in Mitteleuropa. Von den Zisterziensermönchen, die die Muttergottes seit Gründung des Ordens ins Zentrum ihrer Verehrung gestellt hatten, wurde sie ehrfurchtsvoll Mater domus (Mutter des Klosters) genannt. Maria wurde so in einem bestimmten „Gnadenbild" für die Gläubigen (auch außerhalb des Klosters) konkret und in bestimmten Nöten angerufen. Bis weit in die Neuzeit hinein war das Königsaaler Madonnenbild eines der meist verehrten und kopierten in Böhmen.

Dies hängt wohl vor allem mit dem speziellen Charakter der Darstellung zusammen: Maria ist zwar die machtvolle Himmelskönigin, gekrönt und mit einem unschätzbar kostbaren blauen Mantel angetan (Blau in reiner Form war in Antike und Mittelalter eine der seltensten und begehrtesten Farben), aber sie blickt den Betrachter aufmerksam und milde an. Mit zwei Fingern ihrer Linken verweist sie auf Jesus, denjenigen, auf den es hier, trotz aller Verehrung der jungfräulichen Mutter, ankommt.

Das Bild ist zudem mit zahlreichen Bezügen angereichert, die auf Bibelstellen, insbesondere aber auch Marienhymnen verweisen, die goldenen Sterne auf dem Mantel Marias z. B. auf den Hymnus Ave maris stella, / Dei mater alma (Gegrüßet seist Du, Meerstern, Gottes gütige Mutter). Dieser wurde von dem zeitweilig in der Prager Kartause und am Prager erzbischöflichen Hof lebenden Mönch und Dichter Konrad von Hainburg († 1360) Wort für Wort ausgelegt. Er verfasste auch Dichtungen auf den Ring Marias und ihre Brosche, was der Betrachter im Bild widergespiegelt sehen kann.

Jesus ist selbstverständlich noch Kind, doch sein erwachsener Blick geht zur Mutter, deren Daumen er mit der Linken umfasst. Dies bedeutet: sie gehört zu mir, ist mir eigen, nach Sprüche Salomonis 8,22: „Der Herr hat mich schon gehabt im Anfang seiner Wege". Nach allegorischer Auslegung mittelalterlicher Theologen ist Maria zugleich Christi Braut, in Anspielung auf die Verse des Hohen Liedes. Darauf weist auch Marias Ring hin. In der Rechten hält Jesus den Distelfink, nach mittelalterlicher Sitte ein Kinderspielzeug, das doch durch sein Picken und seine rote Färbung auf die Passion vorausdeutet. Darauf verweisen auch die nach außen gedrehte linke Fußsohle – sie wird am Kreuz von einem Nagel durchbohrt werden – und der kreuzförmige Anhänger am Gewand.

Wesentliche Aspekte der herausragenden künstlerischen Qualität des Bildes sind italienischer Herkunft: Der halbfigurige Typus der Madonna, das Aufgreifen des byzantinischen Typs der Dexiokratusa (der Madonna, die das Kind rechts trägt) und des dunkel getönten, feinst modellierten Inkarnats. Auch sind die Gravierungen und Punzierungen des Goldgrundes Spezialitäten der gotischen italienischen Malerei, z. B. eines Simone Martini in Siena. Französisch wiederum sind der Typus des weißen Schleiers, der das Haar freilässt und der Stil der sich wellenden und manchmal zu Tüten rollenden Falten. Dieser weite Orientierungsrahmen des unbekannten Künstlers, die Feinheit der Malerei, die Kostbarkeit des für den Marienmantel verwendeten Lapislazuli-Blaus – all diese Eigenschaften deuten auf eine königliche Stiftung hin. Der junge Karl von Luxemburg, der in Paris erzogen worden war und später die Interessen seines Hauses in Italien vertreten hatte, wird das Bild in die Grabeskirche seiner Mutter und seiner königlichen Vorgänger gestiftet haben.

Markus Hörsch

LITERATUR
LCI III, Sp. 169. – JEČNÝ/TRYML 1987, 138. – SCHMID 1997, 11. – Ausst.-Kat. Prag 2006, 82f., Kat.-Nr. 6 (Jiří FAJT, Robert SUCKALE). – HÖRSCH 2009, 70–73.

3.19 Französisches Wams (Schecke), sog. Pourpoint de Charles de Blois

Frankreich, M. 14. Jh.
Broschierter Lampas, importiert aus dem Gebiet des heutigen Iran oder Irak; Seide, elfenbeinfarbener Satin als Grund; Goldfaden mit Leinenunterstützung; Leinenfutter; Wattierung: Baumwolle; Nähte und Steppnähte mit Leinenfaden; H. 80 cm, Brustumfang 103 cm.
Mittelalterliche Inschrift auf einem innen auf dem Rückenteil eingenähten Pergament: „c'est le pourpoint et de haire / de mons. Saint Charlie de bloys / tué a la bataille / d'Auray par Jean de Montfort son / compétiteur au duché de Bretagne (Dies ist die Schecke und das Büßergewand / des Heiligen Herrn Charles de Blois / getötet in der Schlacht / von Auray durch Jean de Montfort, seinem / Rivalen im Herzogtum der Bretagne)".
Provenienz: Sammlung J. Chappée (bis 1924).
Lyon, Musée historique des tissus, Inv.-Nr. 30307 / 924.XVI.2.

Als Schecke bezeichnete man im Mittelalter ein vor allem in der 2. Hälfte des 14. Jahrhunderts modernes Obergewand für Männer, das eng an Oberkörper und Leib anlag, knapp über das Gesäß reichte und mit Beinlingen kombiniert getragen wurde. Es war wattiert und gesteppt, vorn und teils an den Ärmeln wurde es mit langen Knopfreihen geschlossen.[1] Diese Schecke gehörte laut Inschrift dem 1364 in der Schlacht von Auray getöteten Charles de Blois und ist eines der ganz wenigen erhaltenen profanen Luxuskleidungsstücke des 14. Jahrhunderts. Ihr hervorragender Erhaltungszustand liegt darin begründet, dass Charles nach seinem Tod in der Karmelitenkirche von Angers als Heiliger verehrt wurde. So wurde seine Schecke bis zur Französischen Revolution als Reliquie sorgsam aufbewahrt.

Die Wirkung des Kleidungsstücks beruht auf dem kostbaren, mit Goldfäden broschierten, elfenbeinfarbenen Seidenlampas,[2] aus dem es gefertigt

3.19.1 König Herodes in der Darstellung des Bethlehemitischen Kindermords. Detail aus dem linken Flügel des Hochaltarretabels der Marienkirche in Schotten • Frankfurt am Main, um 1370 • Tempera und Vergoldung auf Tannenholz • Schotten, Marienkirche

3.19.2, 3.19.3 Standbilder Karls IV. und seiner ersten Gattin Blanche de Valois vom Westpfeiler des Hohen Turmes am Stephansdom • Wien, 1360er Jahre • Sandstein mit Farbresten, H. 210 cm • Wien Museum, Inv.-Nr. 567, 579

ist. Die Webtechnik und das geometrische Muster, das sich aus mit Adlern und Löwen gefüllten Achtecken und Sternen zusammensetzt, weisen darauf hin, dass der Stoff aus dem Orient importiert wurde und in Frankreich seinem Träger „auf den Leib geschneidert" wurde. Die Baumwollwattierung zwischen dem Leinenfutter und der Seide wurde mit regelmäßigen horizontalen Steppnähten fixiert, die großen Ärmelkugeln reichen fast bis an die vordere Knopfleiste und gewährleisten eine hinreichende Armfreiheit. Eine Reihe aus mit Seidenstoff überzogenen, teils runden, teils abgeflachten Knöpfen verschließt die Schecke auf der Vorderseite und an den Armen. Die innenliegenden Nestelbänder, mit denen die Beinlinge an der Schecke befestigt wurden, sind noch erhalten.

Die neue Körpernähe der Kleidung wurde vermutlich durch den parallel verlaufenden Wandel der Rüstungstechnik von lockeren Kettenhemden hin zu eng anliegenden Plattenrüstungen mit Brustharnisch beeinflusst. Allerdings ist der Trend zu körpernahen, körperbetonten Kleidern auch in der Frauenmode offensichtlich.

Die Schecke zeigt die französische Männermode, wie sie Mitte des 14. Jahrhunderts vom französischen Hochadel getragen wurde. Man darf davon ausgehen, dass Karl IV. in ähnlicher Weise gekleidet war, was den Unmut der Zeitgenossen und insbesondere von Papst Clemens VI. hervorrief. Dieser schrieb 1348 an den König, er habe gehört, „dass einige deutsche Fürsten, die sich um Karls Ehre Sorgen machen, Unmut darüber geäußert haben, dass er in viel zu kurzen und zu engen Kleidern die einem König angemessene Erhabenheit nicht wahr(e)".[3] Die 1360–65 im Auftrag seines Schwiegersohns Rudolf IV. von Österreich am Hohen Turm des Stephansdoms errichteten Standbilder Karls IV. und seiner ersten Gattin Blanche de Valois zeigen die beiden in der Tat in auffallend modischer Kleidung (Abb. 3.19.2, 3.19.3):[4] Unter Karls Mantel wird ein enger, durch eine Knopfreihe verschlossener Ärmel sichtbar und die Königin trägt ein enges, tief dekolletiertes Kleid.

Susanne Jaeger

LITERATUR

Ausst.-Kat. Paris 1981, 399f., Kat.-Nr. 342. – BLANC 1997. – KANIA 2010, 306f. – Ausst.-Kat. Paris 2013, 47–49 (Maximilien DURAND). – Ausst.-Kat. Köln 2014, 309, Kat.-Nr. 123 (Saskia WERTH). – DURAND 2016.

FUSSNOTEN

1 WETTER 2001, 134.
2 Zu den Stoffen vgl. den einleitenden Essay und HONOUR/FLEMING 1984.
3 MGH Constitutiones 8, 530, Nr. 516.
4 Die Originale im Wien Museum, Inv.-Nr. 567, 579.

3.20 Silberknöpfe aus dem Karlsteiner Schatzfund

Prag, 1350–1400.
Silber, vergoldet; Dm. 1–3 cm.
Provenienz: Burg Karlstein (entdeckt während der Restaurierungsarbeiten 1877–99). – 1911 von Borovský, Kustos des Kunstgewerbemuseums in Prag, auf einer Auktion in Berlin ersteigert. – Prag-Vršovice, Slg. Jindřich Waldes (1916 erworben). – Während des Zweiten Weltkriegs von tschechischen Behörden unter der NS-Besatzung konfisziert.
– Prag, Kunstgewerbemuseum (1947). – Anfang der 1990er Jahre Restitution an die Familie Waldes, New York. – 1995 Geschenk der Familie Waldes an das Kunstgewerbemuseum Prag.
Prag, Uměleckoprůmyslové museum v Praze, Inv.-Nr. 90975/1-119, 90976/1-29, 90979/1-91, 90980/1-19, 90981/1-18, 90982/1-22, 90983/1-16, 90985/1-15.

Bis vor wenigen Jahren ging man davon aus, der Ursprung des Knopfes läge im alten China und er sei in der Antike mehr als 2.500 Jahre vor unserer Zeitrechnung gebräuchlich gewesen. Der älteste bis dahin bekannte Knopf war aus Muschel gefertigt und wurde in der bronzezeitlichen Siedlung von Mohenjo-Daro (3.000 Jahre v. Chr.) am Indus gefunden.[1] Doch 2009 fand man bei Ausgrabungen in der jungsteinzeitlichen Siedlung Ehrenstein (ca. 4.000 Jahre v. Chr.) bei Ulm etwa 200 knopfartige Kalksteinscheiben mit zwei mittig angeordneten Löchern und Verzierungen, die in diesem Dorf angefertigt worden waren. Anhand von Gebrauchsspuren konnte man feststellen, dass Bänder durch die Löcher gezogen wurden.[2] Ob es sich dabei bereits um Verschlüsse für Kleidung handelte, lässt sich nicht mit Sicherheit sagen. Man nimmt an, dass sie wie ihre späteren, chinesischen und antiken Gegenstücke vornehmlich als Schmuck und Dekoration verwendet wurden.[3]

Seit dem 13. Jahrhundert ist in Mitteleuropa eine Entwicklung feststellbar, Knöpfe vermittels Ösen, Schlaufen und auch Knopflöchern vornehmlich

3 ✳ Familie, Erziehung, erste politische Erfahrungen   317

3.21.a

3.21.b

3.21.c

3.21.d

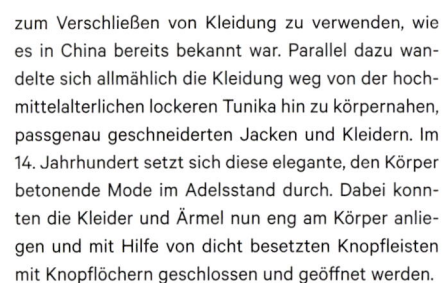

3.21.e

zum Verschließen von Kleidung zu verwenden, wie es in China bereits bekannt war. Parallel dazu wandelte sich allmählich die Kleidung weg von der hochmittelalterlichen lockeren Tunika hin zu körpernahen, passgenau geschneiderten Jacken und Kleidern. Im 14. Jahrhundert setzt sich diese elegante, den Körper betonende Mode im Adelsstand durch. Dabei konnten die Kleider und Ärmel nun eng am Körper anliegen und mit Hilfe von dicht besetzten Knopfleisten mit Knopflöchern geschlossen und geöffnet werden.

Knöpfe wurden damals aus Holz, Perlmutt, Bein, Stoff, Leder oder auch Metall gefertigt. Eine übliche Technik war es, einen formgebenden Kern aus Holz, Leder, pflanzlichem oder textilem Material mit Stoff – häufig dem des Kleidungsstücks – zu überziehen und den an der Unterseite überstehenden Stoff in Form eines Stegs an der Kleidungskante festzunähen – so wie bei der Schecke des Charles de Blois (vgl. Kat.-Nr. 3.19). Daneben wurden Knöpfe z. B. aus Leder- oder Stoffbändern gewickelt und mit Stichen fixiert. Für das 14. Jahrhundert sind auch aus feinen Seidenfäden geknüpfte Knöpfe nachgewiesen, die um einen organischen Kern geknotet wurden.[4] Häufig wurden Knöpfe aber aus Metall von spezialisierten Knopfschmieden hergestellt, die z. B. in Nürnberg bereits in der ersten Liste der Handwerksmeister von 1363 explizit aufgeführt sind.[5] Auch hier findet man kunstvolle Gestaltungen: man verzierte sie etwa mit Email, fertigte sie aus edlen Metallen, versilberte oder vergoldete sie und wählte kunstvolle Formen wie z. B. die 119 melonenförmigen und walzenförmigen Silberknöpfe aus dem Schatzfund, der Ende des 19. Jahrhunderts in einer Mauer auf der Burg Karlstein entdeckt wurde. Die Knöpfe wie auch der restliche Schatz dürften in Verbindung mit der Dynastie der Luxemburger stehen und wurden vermutlich in Prag angefertigt. Sie belegen neben zeitgenössischen Darstellungen der Malerei und Skulptur, dass man am Hofe Karls IV. der aktuellen, körpernahen

Kleidermode nach Pariser Vorbild folgte (vgl. z. B. die Schecke von Karls Sohn Wenzel auf der Votivtafel des Johann Očko von Vlašim, Kat.-Nr. 6.11).

Susanne Jaeger

LITERATUR
Ausst.-Kat. Prag 2006, 114f., Kat.-Nr. 25.j, k (Helena KOENIGSMARKOVÁ).

FUSSNOTEN
1 MCNEIL 1990, 852.
2 Http://www.blaustein.de/fileadmin/Dateien/Dateien/Steinzeitdorf_Ehrenstein_2013.pdf (26. 2. 2016).
3 MCNEIL 1990, 852.
4 KANIA 2010, 109.
5 HEGEL 1864/I, 507.

3.21.a–e Fünf Knöpfe von Prager Friedhöfen

a. Kugelknopf (gombík) – Schelle mit vier heraldischen Lilien auf der Außenhaut
Kuttenberg, 14. Jh.
Messing, versilbert (85,9 % Cu, 12,4 % Zn, 1,2 % Pb, 0,7 % Ag); Dm. 1,4 cm; Öse abgebrochen.
Provenienz: Kuttenberg, Sammlung des Amateurarchäologen Prof. Ing. Emil Väter (1855–1913). – 1913 Sammlung des Nationalmuseums.
Prag, Národní muzeum, Inv.-Nr. H2-7695

Die Außenhaut zeigt ein kalligrafisch genau in vier Felder mit heraldischen Lilien geteiltes Ornament, einen mit einem Ziselierhammer punzierten Hintergrund und längliche Öffnungen. Diese könnten für ein Schellenkügelchen oder eher für Metallspangen oder Körnchen mit dem akustischen Effekt einer Rassel vorgesehen gewesen sein. Dies darf vermutet werden, weil sich der Kugelknopf ohne Deformation, jedoch leer erhalten hat.

b. Knopf mit durchbrochener sechsblättriger Rosette und Blattmotiven am Rand
Prag, 14. Jh.
In doppelseitige Form gegossenes Messing, durchbrochen, auf der Vorderseite versilbert (92,1 % Cu, 5 % Zn, 1,2 % Pb, 0,7 % Ag); Dm. 3 cm.
Provenienz: 1923 Prag, Sammlung Karel Buchtela.
Prag, Národní muzeum, Inv.-Nr. H2-12374.

Das verbreitete Motiv der symmetrischen Mittelrosette taucht auf Dekorationselementen auch in reversibler Form als einseitige Brakteatprägung auf. Die durchgeschlagene Mitte ermöglicht es, den Knopf mit Hilfe der Löcher auf ähnliche Weise anzunähen wie einen modernen Knopf.

c. Knopf mit reliefiertem Kreuz in Flechtbandmuster
Prag, 13.–14. Jh.
Messing, auf der Vorderseite vergoldet (73,3 % Cu, 6,48 % Zn, 1,58 % Au); Dm. 2,1 cm.
Provenienz: 1923 Prag, Sammlung Karel Buchtela.
Prag, Národní muzeum, Inv.-Nr. H2-12375.

Das Flechtbandmuster gehörte ebenso wie der Bandknoten oder die konzentrischen Bänder seit der Romanik zu den beliebtesten geometrischen Ornamenten. Vergleichbare ältere Knöpfe stammen aus der Sammlung Buchtela in Prag und aus Brünn.

d. Knopf oder Plakette mit zentriertsymmetrischem Maßwerk aus acht Spitzbögen
Prag, 14. Jh.
Rotes und blaues Email auf Messing (66,7 % Cu, 6,23 % Zn, 11,8 % Pb); Dm. 2,8 cm.
Provenienz: 1923 Prag, Sammlung Karel Buchtela.
Prag, Národní muzeum, Inv.-Nr. H2-12376.

Die perfekte, zentriert-symmetrische geometrische Gliederung verrät die Verwendung eines Zirkels. Sie findet sich am Fuß von Reliquiaren oder auf Petschaften. Für einen Knopf ist sie ebenso ungewöhnlich wie der Gebrauch von farbigem Email, das jedoch nur stark zersetzt erhalten geblieben ist. Eine Prager Provenienz ist wahrscheinlich. Das Emaillieren gehörte wohl seit Mitte des 14. Jahrhunderts zu den gängigen, von den Prager Goldschmieden und Glasmachern beherrschten Techniken (STEHLÍKOVÁ 2016, 62–72, z. B. Nr. 11, Nr. 113).

e. Knopf mit geprägten, konzentrisch angeordneten geometrischen Motiven
Prag, 14. Jh.
Vergoldetes Messing (81,3 % Cu, 5,6 % Zn, 0,8 % Au); Dm. 3,6 cm.
Provenienz: 1923 Prag, Sammlung Karel Buchtela.
Prag, Národní muzeum, Inv.-Nr. H2-12380.

3.20

3 ✳ Familie, Erziehung, erste politische Erfahrungen

Runde oder halbrunde Kugelknöpfe mit einer Öse auf der Rückseite gehören neben Spangen zu den ältesten Gewandschließen, die entweder mittels Drahtbiegetechnik (Filigran) und dem Anlöten von Zierkügelchen (Granulation) hergestellt oder aus Blech getrieben und ineinander eingepasst wurden. Flache Knöpfe, die ebenfalls über Ösen verfügten, tauchten im 13. Jahrhundert auf. Ihre Beliebtheit stieg mit dem Aufkommen modischer Elemente an den gotischen Gewändern der höheren Gesellschaftsschichten in der Luxemburger-Zeit. Die kleinen runden und zumeist kuppelförmig gewölbten Knöpfe, die in Reihen von 10 Stück und mehr aufgenäht wurden, schloss man mit Hilfe von Schlaufen. Dies betraf die Mieder der Damenbekleidung ebenso wie die Mantelausschnitte oder die engen Hemdärmel, die vom Handgelenk bis zum Ellbogen oder noch höher geschlossen wurden. Die Knöpfe waren ein Luxuselement. Ein großer flacher Knopf konnte als Abzeichen an einen Kragen oder eine Mütze genäht werden. Zu den populären Verzierungen der gotischen Gewänder zählten auch Schellen oder Metallplättchen mit einseitiger Prägung (Brakteaten) und Öffnungen, um sie am Rand entlang anzunähen. Goldschmiede (aurifabri) fertigen Knöpfe aus Edelmetallen, Gürtler (cingulatores) und Zinngießer (stannifusores) Knöpfe aus unedlen Metallen und Drechsler solche aus Holz oder Bein.

Die Auswahl mittelalterlicher Knöpfe oder Abzeichen aus den Prager archäologischen Grabungsfunden belegt die Vielfalt der verwendeten Materialien, Techniken und Ziermotive. Einige Ornamente sind typisch für das 14. Jahrhundert (a, d), während andere schon seit Jahrhunderten beliebt waren (c, e). Vier Beispiele (b–e) hatte der Prager Archäologe Karel Buchtela (1862–1941) bei eigenen Grabungen in Prag vor allem auf aufgehobenen Pfarrfriedhöfen bei den Kirchen St. Martin in der Mauer, Maria Schnee oder St. Nikolaus in der Altstadt entdeckt; eine genaue Lokalisierung fehlt allerdings.

Dana Stehlíková

LITERATUR
Alle bisher unveröffentlicht.

3.22 Muttergottes, durch das Kind gekrönt und auf eine Sirene tretend

Île-de-France, 2. V. 14. Jh.
Marmor; H. 38 cm, B. 16,8 cm, T. 6,5 cm.
Provenienz: Sammlung Louis Charles Timbal (bis 1882).
Paris, Musée du Louvre, Département des Sculptures (erworben 1882), Inv.-Nr. RF 580.

Mit ihrer nicht ausgearbeiteten Rückseite und aufgrund der relativ schmalen Marmorplatte, aus der sie gehauen wurde, war die Gruppe der thronenden Madonna, die das stehende, heute leider kopflose Kind auf dem linken Knie trägt, ursprünglich wahrscheinlich dafür konzipiert, vor einem Hintergrund platziert zu werden, z. B. eine Tafel aus schwarzem Stein, vor der der Glanz des Materials besonders zur Geltung kommen konnte. Dieses In-Szene-Setzen des Weißtons des Marmors war nicht grundlos, da es die jungfräuliche Reinheit Marias zu unterstreichen erlaubte.

Aber das Werk zeigt auch andere symbolische Akzentsetzungen. Das Jesuskind reckt sich nach oben, um seine Mutter krönen zu können, auf diese

3.23

3 ✷ Familie, Erziehung, erste politische Erfahrungen

Weise die Verherrlichung der Jungfrau durch ihren Sohn nach ihrer Aufnahme in den Himmel vorwegnehmend. Gleichzeitig (und das ist, wie es scheint, eine einmalige Kombination), dient ihr vor der mit einem Kissen geschmückten Bank, die den Sitz der Jungfrau bildet, eine Sirene als Hocker oder Fußschemel. Das monströse Wesen, gebildet aus der Büste einer Frau und einem Fischkörper, symbolisiert im christlichen Denken das Böse und seine Versuchungen, insbesondere weil es die Gefahren der Seefahrt mit einschließt, eine Metapher für das menschliche Leben. Zudem hat die jüngste Restaurierung (2007, durch Geneviève Rager) festzustellen erlaubt, dass die Sirene – früher schwer sichtbar – einen Kamm hält, einen Gegenstand also, der für die Koketterie und die Versuchungen stand, welche durch die weibliche Schönheit hervorgerufen werden. Und andererseits – ist nicht die Jungfrau auch der Meerstern (maris stella), der den Seemann in den sicheren Hafen geleitet, den Sünder auf dem Weg des Heils erhörend, im Gegensatz zur Sirene, die die Reisenden vom Weg abbringt?

Infolgedessen ist es wahrscheinlich nicht nötig, die Autorität des hl. Bernhard von Clairvaux aufzurufen, um die Verbindung der Sirene mit der Jungfrau zu rechtfertigen, selbst wenn der große Gelehrte dieses Thema oft aufgegriffen hat. Tatsächlich waren die Themen der Sirene und der Marienkrönung im Verlauf des Mittelalters universell verbreitet. Man wollte in der Figur zu Füßen Marias auch die mythische Gestalt der Lilith erkennen, der ersten Frau Adams, die teilweise Schlangengestalt besitzt, erwähnt von hebräischen Exegeten; aber das scheint in unserem Fall kaum überzeugend, während diese Legende sehr gut die ikonografische Entwicklung der versuchenden Schlange der Genesis am Ende des Mittelalters erklären kann. Wieder andere Interpreten glaubten zu Füßen der Jungfrau, ohne weitere Begründung, die Figur der Eva oder allgemein eines Dämons erkennen zu können. In jedem Fall ist das Werk durch seinen heiteren Charme gekennzeichnet, da das Gesicht des Bösen sich hier mit der Gnade der weiblichen Züge einer Sirene mischt, in einer raffinierten Atmosphäre, wie sie für die Werkstätten der Île-de-France in der ersten Hälfte des 14. Jahrhunderts typisch war.

Pierre-Yves Le Pogam

LITERATUR
GULDAN 1966, Kat.-Nr. 109. – Ausst.-Kat. Paris 1981, 96, Kat.-Nr. 41 (Françoise BARON). – BARON 1996, 134. – LECLERCQ-MARX 1997, 237. – Ausst.-Kat. Brüssel 2007, Kat.-Nr. VI.20.

3.23 Stillende Madonna von Konopiště

Prag, um 1360–70.
Nussbaumholz, ältere Fassung; H. 50,5 cm, B. 47 cm.
Provenienz: Herkunft unbekannt. – Chvojen bei Benešov, St. Jakobus (bis 1939).
Prag, Národní galerie v Praze, Inv.-Nr. P 5474.

Die Schnitzerei der sitzenden, ihr Kind stillenden Madonna wird in der Fachliteratur mit der sich seit den 1360er Jahren unter dem Einfluss der Steinmetzarbeiten der Dombauhütte von St. Veit formierenden Prager Parler-Skulptur in Verbindung gebracht. Ihre Datierung umfasst den Zeitraum zwischen den 1360er und den 1380er Jahren. Die ältere Forschung betrachtete die Madonna als eine Vorstufe des sich herausbildenden schönen Stils,[1] während die jüngere Forschung sie zu Recht eher mit der realistischen Strömung der Prager Skulptur der 1360er bzw. 1370er Jahre in Verbindung bringt.[2]

Die stillende Madonna von Konopiště gehört zur Gruppe der sitzenden Madonnen, die seit den 1360er Jahren im kaiserlichen Prag entstanden, darunter die Madonna von Bečov (Hochpetsch), die Madonna von Kerhartice (Gersdorf an der Adler), die Madonna aus der Johanniskirche in Eger (Cheb, Kat.-Nr. 12.2) und die Madonna von Hrádek bei Benešov. Diese Schnitzwerke verbindet allerdings nur eine gewisse stilistische Einheit, nicht die Autorschaft eines einzigen Bildschnitzers. Unter den genannten Skulpturen ist die Madonna von Konopiště in ihrer Bewegung besonders ausdrucksstark und ausgearbeitet, sodass ihre Entstehung sich eher auf die ausgehenden 1360er Jahre, die Zeit um 1370 datieren lässt.[3] Bereits seit den 1940er Jahren wird die Madonna von Konopiště außerdem von der Wissenschaft häufig mit dem Umkreis der Salzburger Löwenmadonnen in Verbindung gebracht.[4]

Schon Albert Kutal hatte auf die stilbildende Funktion der unter Johann von Neumarkt an der Prager Hofkanzlei tätigen Buchmaler und auf deren Einfluss auf die zeitgenössische Prager Bildhauerkunst sowie einen gewissen Zusammenhang mit der italienischen Kunst (Nino Pisano) hingewiesen.[5] Im Kompositionsschema der Madonna von Konopiště lässt sich außerdem der Einfluss der nicht erhaltenen, in den späten 1350er Jahren vollendeten Wandmalereien des Luxemburger-Stammbaums aus dem Großen Saal des Karlsteiner Palas identifizieren. Die charakteristische Diagonale des über den Schoß geführten und an der Seite in reiche Kaskadenfalten mündenden Mantels der Madonna findet sich gleich bei mehreren Darstellungen weiblicher Figuren im Rahmen des Luxemburger-Stammbaums, wie die Buchmalereien des im Archiv der Nationalgalerie in Prag aufbewahrten Codex Heidelbergensis belegen (fol. 14, 26 oder 49, vgl. Kat.-Nr. 8.7).

Das eng anliegende Gewand der Madonna von Konopiště entspricht der zeitgenössischen Damenmode, die vor allem dank der Königin Blanca von Valois, der ersten Gemahlin Karls IV., den Weg von Paris nach Prag fand. Der Chronist Peter von Zittau lieferte in der Königsaaler Chronik eine farbige Beschreibung vom Einzug Blancas in Prag (1334), wobei er ihre Schönheit und reiche Ausstattung einschließlich der Kleider nach der neuesten französischen Mode betonte.[6] Diese Gewänder zeichneten sich durch ein in der Taille geschnürtes Mieder mit tiefem Dekolletee und einen ab der Hüfte breiter werdenden Rock aus.

Der lange Schleier, mit dem die Madonna von Konopiště die Nacktheit ihres Kindes verdeckt, besitzt eine tiefere Bedeutung, da er auf den Erlösertod Christi verweist. Maria hatte den am Kreuz hängenden Christus nämlich in ihren Schleier gehüllt. Ein Stück dieser Reliquie brachte Karl IV. 1368 aus Rom mit und ließ es in das sog. Kreuzreliquiar Papst Urbans einfügen, das sich im Domschatz von St. Veit befindet.[7] Es ist nicht ausgeschlossen, dass die ungewöhnliche Betonung dieses Motivs in der Skulptur von Konopiště mit dem Erwerb dieser bedeutenden Reliquie in Zusammenhang steht. Es gab in Prag aber auch schon früher Beispiele für diese Ikonografie, so die auf französische Vorbilder zurück zu führende Madonna vom Altstädter Rathaus (vgl. Kat.-Nr. 9.7).

Helena Dáňová

LITERATUR
CIBULKA/LORIŠ/NOVOTNÝ 1939–40, 153f. – BACHMANN H. 1943, 74f., 129. – KUTAL 1962, 15f., 25, 128, Anm. 69. – HOMOLKA/KESNER 1964, 21f., Kat.-Nr. 38. – BACHMANN H. 1969, 121. – BLOCH 1970, 254. – PEŠINA 1970, 131f., Kat.-Nr. 159 (Albert KUTAL). – Ausst.-Kat. Köln 1978, II, 665 (Jaromír HOMOLKA). – HOMOLKA 1987, 30f. – HILGER 1991, 150f. – HOMOLKA 1999, 59f. – FAJT 2004/I, Anm. 34. – MUDRA 2005, 52f. – Ausst.-Kat. Prag 2006, 230f., Kat.-Nr. 78 (Charles T. LITTLE). – CHLUMSKÁ 2014, 40, 146, Kat.-Nr. 30. – Ausst.-Kat. Olmütz 2014, 103f., Kat.-Nr. 25 (Ivo HLOBIL).

FUSSNOTEN
1 KUTAL 1962, 20–25. – Ausst.-Kat. Köln 1978, II, 665 (Jaromír HOMOLKA).
2 CHLUMSKÁ 2014, 40, 146, Kat.-Nr. 30. – Ausst.-Kat. Olmütz 2014, 103f., Kat.-Nr. 25 (Ivo HLOBIL).
3 Zuletzt Ausst.-Kat. Olmütz 2014, 104.
4 Hierzu jüngst im Überblick Ivo HLOBIL in: Ausst.-Kat. Olmütz 2014, 43f., 104.
5 KUTAL 1962, 23, 24f.
6 Peter von Zittau/EMLER 188.
7 KUBÍNOVÁ 2006, 244–248.

3.24 Englischer Langbogen und Pfeil

England, 1. H. 16. Jh.
Eibenholz (Bogen), Pappelholz (Pfeil); L. 208,5 cm (Bogen), 75 cm (Pfeil).
Portsmouth, Courtesy of The Mary Rose Trust, Inv.-Nr. 81 A 3974 (Bogen), 82 A 1892/9 (Pfeil).

Der Englische Langbogen ist eine waffentechnische Innovation des Spätmittelalters. Durch planvollen und massenhaften Einsatz konnte er zu einem schlachtentscheidenden Faktor werden, nicht zuletzt in Auseinandersetzungen des Hundertjährigen Krieges (1337–1453) wie besonders den Schlachten von Crécy 1346 und Azincourt 1415. Seine große Reichweite und die Durchschlagskraft der Pfeile, die auf bis zu 200 Metern Entfernung 1,5 Millimeter Stahlpanzer durchschlagen konnten, machten ihn zu einer äußerst gefürchteten Waffe. Langbogenschützen (archers) agierten in spezialisierten Einheiten und konnten bei entsprechender Ausbildung bis zu zwölf Pfeile pro Minute abschießen. Der Langbogen hielt sich in England vergleichsweise lange, wurde jedoch auch dort im Laufe des 16. Jahrhunderts durch das Aufkommen von Feuerwaffen verdrängt. Technisch gesehen handelt es sich um einen Stabbogentyp mit im Querschnitt schmalem D-Profil. Im Mittelalter wurden Langbogen zumeist aus Eibenholz gefertigt, wobei in Längsrichtung gespaltene Stämme das Rohmaterial bildeten. Ihre Länge entspricht in der Regel etwa der Größe der Schützen. Die Bogensehne bestand aus Leinen oder Brennnesselfasern.

grans seigneurs que chascun vouloit monstrer sa puissance. Si n'est nul homme combien qu'il fust present a la journee qui sceust ne peust ymaginer ne recorder la verite. Et specialement de la partie des françois tant y eut pou de arroy et petite ordonnance en leurs grans convoys qui estoient sans nombre. Et ce que je scay de leurs besoignes et ordonnances et ce que je devise ray et determineray en ce

tant je l'ay sceu et apris le plus par moult vaillans hommes d'ingleterre saiges et discretz tant chevaliers comme aultres qui moult ententifuement avisevent leur convenant. Et aussi par les gens de mess. Jehan de haynault qui furent tousiours delez le Roy phle de france. Cy parle de la bataille de crecy entre le roy de france et le roy d'ingleterre.

Langbogenschützen entschieden maßgeblich auch die Schlacht von Crécy am 26. August 1346 zwischen den Heeren König Eduards III. von England (1327–77) und des französischen Königs Philipp VI. (1328–50) sowie seiner Verbündeten. Zu den Opfern zählte auch der Vater Karls IV.; der bereits völlig erblindete böhmische König Johann von Luxemburg (1296–1346) hatte sich von seinen Rittern in den Kampf führen lassen. Karl selbst wurde vermutlich von seinen Gefolgsleuten aus der Schlacht in Sicherheit gebracht. Eduard hatte sein Heer so postiert, dass es gegenüber den angreifenden Franzosen leicht erhöht stand, dies vor allem mit Blick auf den effektiven Einsatz der etwa 5 000 englischen Langbogenschützen, die man bei zahlenmäßiger Unterlegenheit als stärkste Waffe gegen das französische Ritterheer einschätzte. Um sie vor einem möglichen Nahkampf zu schützen, hatte Eduard zudem einen Teil der englischen Ritter absitzen und sich zwischen den Archers aufstellen lassen. Der schnellen Waffe der Bogenschützen waren die auf Nahkampf eingestellten französischen Kämpfer unterlegen; auch die Kriegsarmbrüste der überwiegend aus Genua stammenden Söldner stellten wegen ihrer langsamen Schussfolge kein geeignetes Gegenmittel dar. Eine Miniatur mit der Darstellung der Schlacht von Crécy aus einer Handschrift der Chroniken des Jean Froissart zeigt den Einsatz der Langbogenschützen und rückt diese dabei markant in den Bildvordergrund (vgl. Kat.-Nr. 3.25). Auch über diesen konkreten Kontext hinaus findet der Langbogen Eingang in die spätmittelalterlichen Bildwelten, etwa bei Martyriumsdarstellungen des hl. Sebastian.

Das ausgestellte Exemplar stammt wie die meisten erhaltenen Englischen Langbogen aus dem Wrack der 1545 gesunkenen „Mary Rose". Aus dem 1982 gehobenen Kriegsschiff König Heinrichs VIII. (1491–1547) konnten mehr als 3500 konservierte mittelalterliche Pfeile sowie 137 vollständig und in hervorragendem Zustand erhaltene Langbogen geborgen werden.

Dirk Suckow

LITERATUR
AYTON/PRESTON 2005. – STRICKLAND/HARDY 2005.

3.25.a–b Jean Froissart: Die Chronik des Hundertjährigen Krieges

a. Handschrift Den Haag
Beschreibung der Schlacht (fol. 141r). – Inspizierung der Toten durch König Eduard III. (fol. 144r).
Paris, 1400–10.
Pergament; H. 38,5 cm, B. 28,8 cm;
Miniatur H. 24,3 cm, B. 18,7 cm,
Den Haag, Koninklijke Bibliotheek, Sign. Man. 72 A 25.

Aus der Hand des französischen Dichters und Chronisten Jean Froissart (ca. 1337–1405) stammt der wichtigste erzählende Prosatext zur ersten Phase des Hundertjährigen Krieges (1337–1453) zwischen England und Frankreich. Seine vierteiligen Chroniques de France, d'Angleterre, d'Ecosse, de Bretagne, de Gascogne, de Flandre et lieux circonvoisins umfassen insgesamt den Zeitraum von etwa 1326 bis 1400. Sie haben sich in über 150 Manuskriptbänden erhalten, die in mehr als 30 verschiedenen Bibliotheken bewahrt werden, wobei von den ersten drei der vier Bücher stark variierende Versionen existieren, was aus Froissarts Praxis permanenter Umarbeitung resultiert. Lebenslange aristokratische Protektion ermöglichte ihm eine intensive Beschäftigung mit Dichtung und Historiografie, vielfach verbunden mit umfangreicher Reisetätigkeit. Als Sekretär, Chronist und Hofpoet lebte er u. a. in London in der Gunst der Philippa von Hennegau, der Gattin König Eduards III., und am Hof Wenzels I. von Luxemburg, des Halbbruders Karls IV. Zu seinen weiteren Gönnern zählen Robert de Namur und Guy de Blois. Froissarts Werk gilt v. a. zentralen Aspekten ritterlich-aristokratischen Leben wie Heldenmut, Krieg, Liebe und Treue. Die Augenzeugenschaft ritterlicher Zeitgenossen dient ihm als wichtiges und gleichsam topisches Element zur „Beglaubigung" seiner Schriften.

Froissart gibt auch eine ausführliche Beschreibung der Schlacht von Crécy (1346), die als eine der bedeutendsten Schlachten des Mittelalters nicht nur ein englisch-französischer Erinnerungsort ist. Sie markiert mit dem Schlachtentod von Karls Vater, des böhmischen Königs Johann von Luxemburg, zugleich einen wichtigen Moment luxemburgisch-böhmischer Geschichte, gefolgt von Karls Aufstieg zum „Herrscher der vier Kronen". Johann, der sich bereits völlig erblindet von einigen Getreuen in die Schlacht hatte führen lassen, gibt dabei ein finales Exempel ritterlichen Verhaltens. Der Auftraggeber der illuminierten Handschrift hat zur Illustration eine Szene nach der Schlacht ausgewählt, die Inspizierung der Toten durch den siegreichen englischen König Eduard III. Dies wird dem Leser oberhalb des Bildes in roter Schrift indiziert: „Comment le roy d'Angleterre fist nombrer les mors et puis s'en party de Crecy et vint jusques devant Calais et comment le roy de France retourna a Paris." Eduard ist mittels der auf dem Helm getragenen Krone, durch Löwenmantel und Löwenbanner sowie durch bedeutungsperspektivische Privilegierung und Zeigegestus als zentrale Figur gekennzeichnet. Die amorphe Menge der Gefallenen mit ihren verrenkten Gliedmaßen und blutverschmierten Leibern memoriert die wohl über 10 000 Toten der zahlenmäßig ursprünglich deutlich überlegenen Franzosen.

Die überwiegende Zahl der Miniaturen in der Haager Handschrift schrieb Villela-Petit dem sogenannten Vergil-Meister zu, benannt nach einer von ihm illustrierten Vergil-Textsammlung, die in der Florentiner Biblioteca Laurenziana (Med. Pal. 69) aufbewahrt wird. Diesem Meister können im Entstehungszeitraum von ca. 1390 bis 1415 rund fünfzig überwiegend reich illuminierte Handschriften zugewiesen werden. Die meisten davon weisen ihn als Illustrator klassischer Texte (Vitruv, Statius, Boethius, Vegetius, Livius etc.) aus. Die Froissart-Handschrift fällt somit in eine spätere Phase seines Werkes.

b. Handschrift Paris
Miniatur mit Darstellung der Schlacht von Crécy (fol. 165v).
Paris, Jean Froissart, 15. Jh.
Pergament, Tempera, Gold; 433 Blatt; H. 45 cm, B. 33 cm, St. 21 cm.
Paris, Bibliothèque Nationale de Paris, Département des Manuscrits, Inv.-Nr. Français 2643.
Nur in Prag ausgestellt.

Ein heute in Paris verwahrtes Manuskript der Chroniken des Jean Froissart (ca. 1337–1405) aus dem 15. Jahrhundert widmet der bei Crécy-en-Ponthieu im Nordosten Frankreichs 1346 geschlagenen Schlacht eine seiner umfangreichsten Miniaturen. Oberhalb dieser wird dem Leser im Sinne eines Bildtitels und mit Wechsel von schwarzer zu roter Schriftfarbe angezeigt, das hier visuell „de la bataille de crecy entre le roy de france et le roy dangelterre" gehandelt wird. Die Schlacht gilt nicht nur als eine der bedeutendsten des Mittelalters und als einer der Höhepunkte des Hundertjährigen Krieges (1337–1453) zwischen England und Frankreich, sondern hatte auch für Karl IV. weitreichende Folgen. Dieser kämpfte, gerade erst zum römisch-deutschen (Gegen-)König erhoben, als Verbündeter aufseiten der Franzosen; wie auch sein bereits völlig erblindeter Vater, der böhmischer König Johann von Luxemburg, der sich in einem letzten Akt ritterlicher Tugendhaftigkeit in die Schlacht führen ließ und dort sein Leben verlor, womit Karl in der Folge auch die böhmische Krone zufiel.

Der Miniaturist verlegt die Schlacht in eine nahezu quadratisch gerahmte Landschaft, der er durch die Staffelung markanter Berg- und Felsformationen sowie durch eine diagonal im Hintergrund verlaufende Baumreihe eine tiefenräumliche Dimension gibt. Die Streitparteien sind über die Standarten links als Franzosen und rechts als Engländer markiert, wobei der Hauptteil der Kämpfer als Ritter zu Pferd gegeben ist. Die Darstellung legt ein zahlenmäßiges Übergewicht der englischen Truppen nahe, was im Kontrast zum historischen Befund steht. Die Engländer setzen den abrückenden Franzosen nach, wodurch sich im gesamten Mittelgrund eine halbkreisförmig und im Uhrzeigersinn verlaufende Bewegungsdynamik ergibt. Links sind einige Ritter in Nahkampfszenen verstrickt, rechts ist die Spitze des berittenen englischen Kontingents zu einer breiteren Front gefächert. Dies bietet dem Miniaturisten die Möglichkeit, sein Differenzierungsvermögen vorzuführen, etwa über die Variation in den Fellfarben oder durch den mittels Drehung der Pferde zum Betrachter erzeugten unterschiedlichen Grad an perspektivischer Verkürzung. In der vorderen Bildebene ist ein „Duell der Schützen" inszeniert, deren vergleichsweise geringe Zahl ihren Aktionen, Bewegungen und Posen zugleich breiten Raum lässt. Das ist kompositorisch im Vergleich zur eher amorphen Masse der Ritter bemerkenswert, trägt jedoch der taktischen Ausprägung der Schlacht historisch Rechnung. Dabei werden sechs Bogenschützen zur Rechten mit fünf Armbrustschützen zu Linken kontrastiert. Bei den Englischen Langbogen liegt die Betonung auf dem Moment des Schießens, die Vielzahl der auf dem Boden liegenden Pfeile hebt ihre hohe Frequenz hervor. Unter den Archers, von denen zwei wohl aus Gründen der Vielfalt im Detail als Linkshänder aufgefasst sind, ist keinerlei Beeinträchtigung durch den Gegner auszumachen. Im Unterschied dazu sind die Armbrustschützen zum Teil mehrfach von Pfeilen ihrer Kontrahenten verwundet gezeigt. Nur einer ist unmittelbar beim Schuss gegeben, zwei haben sich zum Rückzug gewendet; ein weiterer wird beim Spannen der Waffe gezeigt, wobei die überproportional große Winde die Mühsal und Langsamkeit dieser Tätigkeit noch hervorhebt. Dem Betrachter werden also „vordergründig" und bilderzählerisch elaboriert zwei Tempi militärischer Verrichtung vorgeführt, deren starken Kontrast er – durchaus autonom von einer textlichen Beschreibung – als schlachtentscheidenden Faktor verstehen kann.

Dirk Suckow

LITERATUR
VILLELA-PETIT 2010.

nombees les mors et puis s'en party de crecy et vint jusques devant calais et comment le roy de france retourna a paris

3 ❋ Familie, Erziehung, erste politische Erfahrungen

4 ✳ Der weise Herrscher

Derselbe Karl war weise und so gebildet, dass er in Prag mit den Gelehrten disputieren konnte (...).

Tilemann Elhen von Wolfhagen, kaiserlicher Notar und Chronist von Limburg, Limburger Chronik, 1377–um 1400

Entscheidungen traf er eher allein als nach Beratung, weil er durch seinen scharfen Verstand und gehörigen Fleiß den anderen überlegen war.

Matteo Villani, Florentiner Kaufmann und Chronist, Cronica, vor 1363

Karl IV. war über die Maßen gebildet, und er umgab sich immer mit gelehrten Mitarbeitern. So verwandelte er seinen Kaiserhof in ein geistiges Zentrum von europaweiter Strahlkraft. In Wort und Schrift beherrschte er fünf Sprachen: Deutsch, Französisch, Italienisch, Latein und Tschechisch. Er verfasste eine Reihe lateinischer literarischer Schriften, darunter seine Autobiografie (Vita Caroli Quarti) – die erste ihrer Art in der Geschichte des europäischen Mittelalters –, den Krönungsordo der böhmischen Könige und das neu konzipierte Officium Sancti Wenceslai für die Wenzelskapelle im Prager Veitsdom. Karls intellektuelle Fähigkeiten und seine Kenntnis theologischer Texte fanden in akademischen Kreisen große Anerkennung.

Karl IV. erstellte ein neues politisches Konzept monarchischer Selbstdarstellung, das auf literarischer Gelehrtheit basierte. Sein „König der Weisheit und Tugend" löste im 14. Jahrhundert das bis dahin vorherrschende Modell des „Königs als erster Ritter" ab. So rückte der Sohn Karl gezielt und programmatisch vom Vater Johann ab, dem das Heldentum noch zum Schicksal geworden war, und stellte sich in die Reihe der weisen Könige Robert von Neapel (reg. 1309–43) und Karl V. von Frankreich (reg. 1364–80). Alle drei umgaben sich mit Dichtern und Gelehrten, alle erwiesen sich als große Mäzene, die Kunst und Literatur förderten. Zur Ausbreitung des Wissens gründete Karl zahlreiche Universitäten, die älteste 1348 in Prag, gefolgt von Cividale, Arezzo, Perugia, Siena, Pavia, Florenz, Genf, Orange und Lucca.

Karl IV. war sich der kommunikativen Kraft von Gebet und Predigt bewusst, mit deren Hilfe er sich direkt an „sein Volk" wenden konnte. Er verfasste selbst solche Werke, die er nach dem Vorbild des israelitischen Königs Salomo und des römischen Kaisers Konstantin auch öffentlich präsentierte. Daher überrascht es nicht, dass er sich auf Karlstein als zweiter Konstantin abbilden ließ und in seiner Leichenpredigt mit Salomo verglichen wurde, „der mit Weisheit Krieg führte, (während) dieser (Karl) mit Weisheit ohne Krieg den Frieden festigte. Jener erbaute den Tempel Gottes, dieser (Karl) schmückte ihn mit glänzendem Gold, Juwelen und edlen Steinen (...)".

Jiří Fajt

Prag, Karls-Universität, Carolinum, die Südfassade des historischen Baus mit gotischer Erkerkapelle • Foto Anfang ' 20. Jahrhundert • Prag, Archiv hlavního města Prahy, sign. II 1464

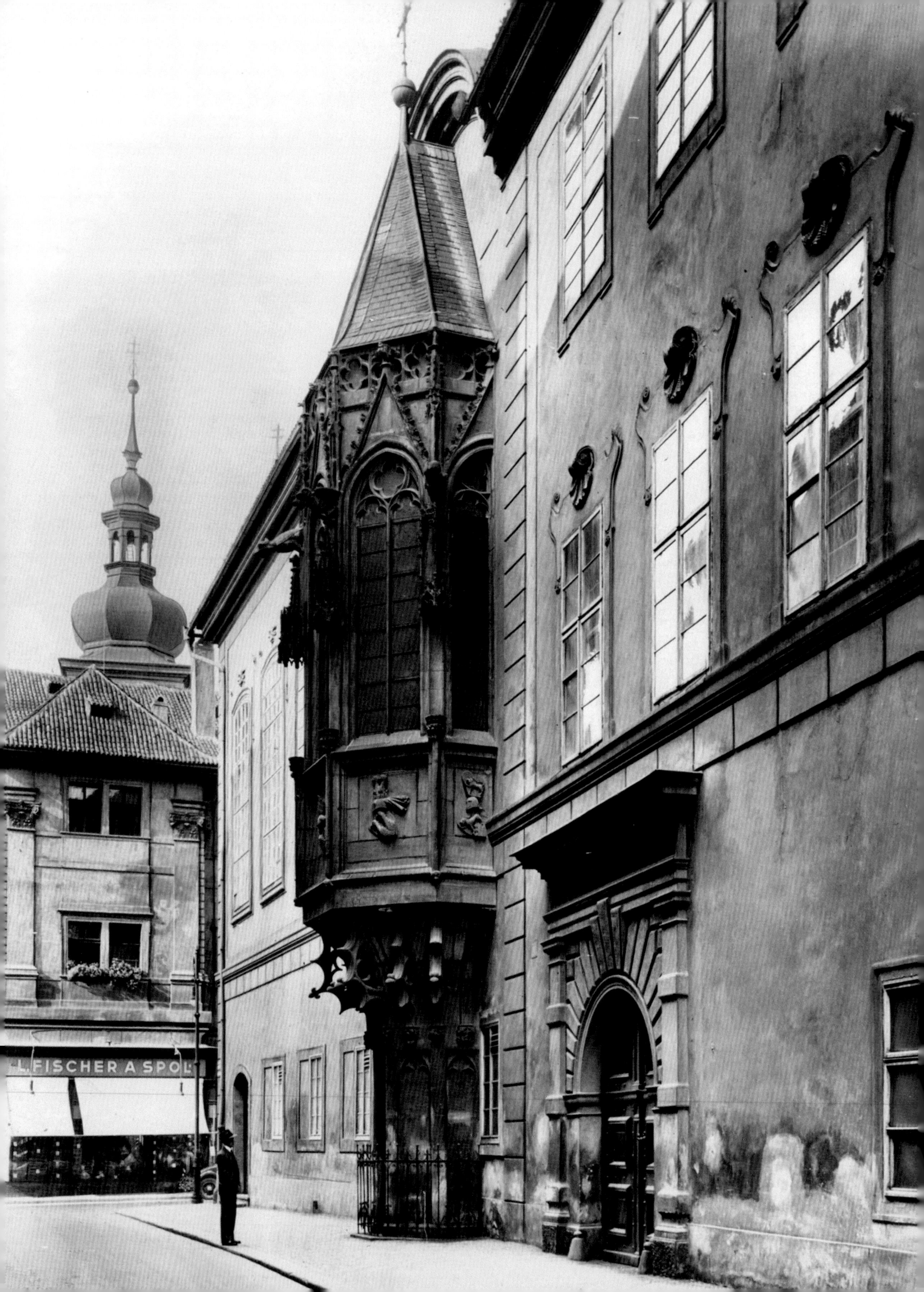
L. FISCHER A SPOL.

Katalog 4.1–4.10

4.1.a, fol. 3r

4.1.a–b Vita Caroli Quarti – Das Leben Karls IV.

Berichtszeit 1316–1346

a. Wien, Codex 556
Fol. 3r: Karl als böhmischer König.
Prag, um 1385–90.
Pergament, Tinte, Tempera, Gold; 106 Blatt; H. 23 cm, B. 17,5 cm, St. 3,5 cm; Einband aus dem 18. Jh.
Provenienz: Heinrich Schwihau von Riesenberg († 1551). – Schenkung an Ferdinand I. († 1564).
Wien, Österreichische Nationalbibliothek, Sammlung von Handschriften und alten Drucken, Cod. 556, saec. xiv.

b. Wien, Codex 581
Fol. 1r: Blanca von Valois (?) und Karl IV. mit Kaiserkrone, Reichsapfel und Zepter.
Prag, Valentin Noh aus Neuhaus, um 1475.
Buchmalerei auf Pergament; H. 20,7 cm, B. 15,0 cm.
Wien, Österreichische Nationalbibliothek, Sammlung von Handschriften und alten Drucken, Cod. 581, f. 1–64r.

Persönlich hoch gebildet hat Karl IV. als einer von ganz wenigen Herrschern eigene Reflexionen über seine Regierungstätigkeit verfasst. Karl IV. verfasste seine Autobiografie vermutlich um 1350, als er aufgrund einer schweren Krankheit ans Bett gefesselt war. Er wählte dafür nicht nur das gelehrte Latein, sondern auch eine ungewöhnliche Komposition, denn neben allgemeinen Reflexionen über gute Herrschaft, die die Beschreibung seiner Jugendjahre einrahmen, inserierte der spätere Kaiser drei eigene Predigten (Kap. 11–13), wodurch er Kompetenzen für sich beanspruchte, die eigentlich dem Klerus vorbehalten waren. Karls Predigten verraten viel über sein Verständnis vom „Amt" des Königs: Der „Schriftgelehrte" (scriba doctus), heißt es hier, unterweist als pater familias die Seinen mit dem Wort der Lehre und dem Beispiel des guten Lebens.

Karl erwarb seine für einen adeligen Laien ungewöhnliche Bildung in Paris, als der Vater Johann den damals noch Wenzel genannten Siebenjährigen in schwierigen politischen Zeiten an den französischen Königshof brachte. Der französische König Karl IV. († 1328) verlieh Johanns Sohn hier als sein Firmpate seinen eigenen Namen Karl und ermöglichte ihm auch eine literarische Ausbildung, obgleich der französische Regent selbst weder lesen noch schreiben konnte. Der junge Karl wurde 1324 mit Blanca, der Tochter Karls I. von Valois, verlobt. Da Blancas Bruder, Philipp VI., 1328 zum französischen König erhoben wurde, heiratete er damit in die zukünftige französische Königsdynastie der Valois ein.

Am französischen Königshof lernte Karl den gelehrten Abt Peter von Fécamp kennen, dessen große Redegabe er bewunderte. Peter von Fécamp, der zukünftige Papst Clemens VI., wurde Karl zufolge in diesen Jahren zu seinem zweiten Lehrer: „er förderte mich sehr liebenswürdig und mit väterlicher Zuneigung und unterweist mich öfters in der Heiligen Schrift." Später traf er ihn in Avignon wieder, als Peter von Fécamp bereits zum Kardinal aufgestiegen war. In seiner Autobiografie erzählt Karl die Anekdote, dass Peter von Fécamp eines Tages in seinem Haus zu ihm gesagt habe: „Du wirst noch Römischer König". Und Karl habe geantwortet: „Du wirst vorher Papst" – „was beides später eingetroffen ist", fügt Karl hinzu.

Die Vita Caroli quarti ist in mehreren Abschriften (lateinisch, tschechisch, deutsch) überliefert. Die älteste lateinische Haupthandschrift (Wien, ÖNB, Sign. 556) wurde um 1385/90 vermutlich für den Sohn Wenzel IV. zusammengestellt und enthält neben der Autobiografie des späteren Kaisers (f. 3r–52r) weitere für das Königreich Böhmen zentrale politische Schriften, nämlich die Moralitates, eine Sammlung von Spruchweisheiten und fürstenspiegelartigen Reflexionen, die im Umkreis des Kaisers entstanden sind (f. 53r–59r), den Krönungsordo der böhmischen Könige (f. 69v–91r), die Grabpredigt Erzbischof Johanns von Jenzenstein (Jan z Jenštejna) auf den Kaiser 1378 (fol. 91r–116r) und als ein dazugebundenes Faszikel den Ordo für die Weihe der böhmischen Könige.

Die spätere Abschrift der Autobiografie (15. Jahrhundert; Wien, ÖNB, Sign. Cod. 581) bietet dieselbe Textzusammenstellung in tschechischer Übersetzung, wobei die Lebensbeschreibung des Kaisers mit einer Reihe von Miniaturen illustriert wird.

Eva Schlotheuber

LITERATUR
EMLER 1882/III. – HILLENBRAND 1979/I. – SCHLOTHEUBER 2005. – VIDMANOVÁ 2000/II.

4.1.b / Detail

4.2 Morgan-Diptychon

Prag, Meister des Morgan Diptychons, 1355–60.
Eichenholz, mit Leinwand überzogen, ganzflächig vergoldet auf Gipsgrundierung, Tempera; Anbetung H. 30 cm, B. 18,5 cm; Marientod H. 30,5 cm, B. 19 cm. Farbschichten an zahlreichen Stellen abgeblättert; Ränder beschädigt; runde Löcher am oberen und unteren (Anbetung) bzw. unteren Tafelrand (Marientod); rückseitig geglättet und parkettiert. Provenienz: London, Messrs. Dowdeswell and Dowdeswell (bis 1903). – Berlin, Sammlung Lippmann (bis 1931).
New York, The Morgan Library & Museum, Inv.-Nr. AZ022.1–2.

Die beiden preziösen Bildtafeln bildeten einstmals ein Diptychon, das die Anbetung durch die Heiligen Drei Könige mit dem Marientod vereint und durch die Wiedergabe der Identifikationsporträts Kaiser Karls IV. (als mittlerer König in der Anbetung) und Papst Innozenz VI. (als Petrus im Marientod) neben seiner außerordentlichen künstlerischen auch eine ebensolche historische Bedeutung besitzt. Die Darstellung der beiden Protagonisten von Imperium und Sacerdotium weist auf den wahrscheinlichen Kontext des Werks, dessen Stiftung im Zusammenhang mit dem Romzug und der Kaiserkrönung Karls IV. gesehen werden muss – möglicherweise diente es gar als diplomatisches Geschenk an eben jenen Papst, der Karl 1355 zum Kaiser erheben sollte.

Mit der Ausführung dieses Auftrags, ob nun von Karl oder einem hochgestellten Mitglied des Hofes erteilt, wurde eine jener Künstlerpersönlichkeiten am Hofe betraut, die an der Herausbildung des neuen Kaiserstils mitwirkte, der sich in der zweiten Hälfte der 1350er Jahre in Prag durchzusetzen begann. Der Maler verbindet den italienisierenden Stil böhmischer Prägung mit den neuen Tendenzen der französischen Hofkunst und weist darüber hinaus in der Zeichnung seiner ausdrucksstarken, fleischigen Physiognomien auf die Anfänge Meister Theoderichs. Für den kaiserlichen Hof wirkte er auch als Buchmaler, wie die im Umfeld der Kanzlei Johanns von Neumarkt (Jan ze Středy) gefertigte Handschrift Laus Mariae (Kat.-Nr. 12.8) belegt.

Der heute bedauernswerte Zustand der Tafeln ist durch die – wahrscheinlich aus der sienesischen Malerei übernommene – Technik des Farbauftrags auf einem komplett vergoldeten Bildträger bedingt, mit deren Hilfe den Farben eine größere Leuchtkraft und emailartige Wirkung verliehen werden sollte, die jedoch eine geringere Haftfähigkeit der Farbschichten zur Folge hatte. Mit großer Sorgfalt hat der Maler die Konturen seiner Komposition vorgeritzt und goldbelassene Objekte wie Nimben, Kronen usw. mit Punzen verziert. Besondere Aufmerksamkeit widmete er der Darstellung Karls als mittleren König, bei dessen u. a. mit Reichsadlern verziertem Gewand er durch Ausradieren feiner Linien in der frisch aufgetragenen Farbe den Eindruck eines goldbestickten Stoffes erzeugte.

Ausgangspunkt für die Anbetungsdarstellung dürften italienische/sienesische Vorbilder, wie die heute im Louvre verwahrte Tafel des Pietro Lorenzetti, gewesen sein, die die Handlung in einem ähnlich gestalteten beengten Raum unterbringt. Der Meister des Morgan-Diptychons hat bei der Adaption jener Komposition bewusst einen perspektivischen Fehler in Kauf genommen, indem er den vorderen Pfosten des Stallgebäudes, der bei Lorenzetti als gestalterisches Mittel genutzt wird, von der eigentlich dahinter sitzenden Marie mit Kind überschneiden lässt, um einen unverstellten Blick auf die Gottesmutter und den Heiland zu erhalten, der sich dem Betrachter frontal zugewandt hat. Die Qualitäten des Malers zeigen sich hier nicht nur an der delikaten, trotz der Farbverluste nachvollziehbaren Farbkomposition, sondern auch an der differenzierten Schilderung der Personen – eindrucksvoll ist z. B. die Gestalt Josephs, der, den Goldpokal des ältesten Königs umklammernd, hinter der hölzernen Stütze des Stalles hervorlugt und mit beinahe verstohlenem Blick auf das Objekt der königlichen Verehrung schaut.

Der Marientod stellt eine Variation desselben Themas der Tafel aus Košátky dar (Kat.-Nr. 7.2) – wie dort hat der Maler vor dem quer zum Betrachter gestellten Totenbett zwei lesende Frauen platziert und die trauernden Apostel dahinter versammelt. Christus steht mit der Seele Marias jedoch nicht am Lager seiner verstorbenen Mutter, sondern schwebt in einer Mandorla über dem Geschehen. Seine Position hat Petrus eingenommen, der die päpstliche Tiara trägt und mit den Zügen Innozenz' VI. versehen wurde, wie ein Vergleich mit dessen Porträt in Santa Maria Novella von Andrea di Bonaiuto zeigt. Die Themenwahl des Diptychons veranschaulicht auf subtile Weise das Gleichgewicht von Kaiser und Papst: Während Ersterem das irdische Wohl der Menschen obliegt, ist Letzterer mit dem Seelenheil betraut.

Wilfried Franzen

LITERATUR
FRY 1903. – Ausst.-Kat. Paris 1904, Taf. XV. – MATĚJČEK 1950, 68–70. – FRINTA 1965, 262f. – SCHMIDT 1969/I, 193. – Ausst.-Kat. Köln 1978, III, 763 (William VOELKLE). – PEŠINA 1978/II. – HOMOLKA 1997/I, 131–133. – FAJT 1997/II, 318–327. – ROSARIO 2000, 33f., 110f. – Ausst.-Kat. New York 2005, 153f., Kat.-Nr. 25 (Jiří FAJT). – Ausst.-Kat. Prag 2006, 98f., Kat.-Nr. 15a–b (Jiří FAJT).

4.3 Gründungsurkunde der Prager Universität

Prag, 7. April 1348.
Pergament, Tinte; Latein; H. 51,5 cm, B. 31,4 cm + 7 cm; mit anhängendem Siegel an Seidenfäden.
Prag, Metropolitní kapitula u svatého Víta v Praze, Archiv der Prager Burg, Sign. 181 VIII 20.
Nur in Prag ausgestellt.

Die Gründung einer Hochschule in Prag – der ältesten in Mitteleuropa – gehört zu den bedeutendsten Stiftungsakten Karls IV. Kurz nachdem er römischer und böhmischer König geworden war, hatte er 1346 eine Gesandtschaft mit dem Gesuch um Zustimmung zur Gründung einer Universität an seinen ehemaligen Erzieher Roger de Rosiérs geschickt, der zum Papst gewählt worden war und den Namen Clemens VI. angenommen hatte. Der Papst reagierte auf dieses Gesuch mit einer am 26. Januar 1347 in Avignon ausgestellten goldenen Bulle, in der er die Gründung einer Hochschule in Prag genehmigte. Der Heilige Vater betonte in der Urkunde, dass in der Stadt Prag auf ewige Zeiten ein Generalstudium in jedem gewählten Fach existieren solle und garantierte die Anerkennung der akademischen Grade in der gesamten christlichen Welt. Es folgte die eigentliche Gründungsurkunde Karls IV. vom 7. April 1348, die in zwei Originalen bekannt ist. Die erste, mit dem goldenen Siegel Karls IV. versehene Urkunde (ursprünglich im Archiv der Karls-Universität) ist seit Kriegsende verschollen, die zweite, dem

4.2.a

330   4 ✳ Der weise Herrscher

4.2.b

4 ✳ Der weise Herrscher 331

4.3

Erzbischof als Kanzler der Universität übergebene Urkunde mit Wachssiegel befindet sich im Archiv der Prager Burg (Sign. 181 VIII 20).

Die Formulierung der Urkunde basiert auf der Formelsammlung des Petrus de Vinea, die Karls Sekretär Nicolaus Sortes für die gewünschte Verflechtung des Pariser Modells der „Professorenuniversität" mit dem Bologneser Modell der „Studentenuniversität" adaptierte. In der Urkunde spricht Karl IV. von der Universität als einer Zierde des Königreichs und betont, dass er sie für die Einwohner des böhmischen Königreichs gegründet habe, damit diese zum Bildungserwerb nicht länger ins Ausland pilgern müssten. Als Vorbilder stellt er der Prager Hochschule die Universitäten von Paris und Bologna hin. In der Urkunde verspricht der Gründer den Lehrenden und Studenten materielle Absicherung und rechtlichen Schutz während des Studiums in Prag sowie bei der Heimreise. Das dritte wichtige Dokument, das sich auf die Gründung der Universität bezieht, ist das sog. Eisenacher Diplom (Archiv Pražského hradu, Sign. 184 IX I), ausgestellt am 14. Januar in Eisenach/Thüringen, mit dem Karl IV. der neugegründeten Universität verschiedene Privilegien verlieh, Satzungen erließ sowie die Doktoren, Magister, Studenten und sogar das gesamte Dienstpersonal von Steuern und Gebühren befreite. Die erste Universitätssatzung (Ordinationes Ernesti) wurde durch eine vom Kanzler der Universität, dem Prager Erzbischof Ernst von Pardubitz, am 10. April 1360 ausgestellte Urkunde genehmigt (Archiv Univerzity Karlovy, Urkunde Nr. 1/5). Hier werden die Exklusivität der Universität und ihres Rektors betont und die in den beiden vorangegangenen Urkunden garantierten Rechte bestätigt. Wie bereits am Schluss der Gründungsurkunde angedeutet, dienten die Universitäten in Paris, Bologna und Neapel als Vorbilder für die Organisation der Prager Universität: Die Studenten begannen ihr Studium an der Fakultät der freien Künste („Artistenfakultät") und konnten nach deren Abschluss ihr Studium an der theologischen, der juristischen oder der medizinischen Fakultät fortsetzen. Über die gesamte Universität betreffende Angelegenheiten entschieden an der Karls-Universität die Professoren und Studenten, die in vier „Nationen" aufgeteilt waren: die Böhmische, die Bayerische, die Polnische und die Sächsische Nation. Zur Böhmischen Nation bekannten sich die tschechisch- und deutschsprachigen Einwohner Böhmens und Mährens, die Südslawen und die Einwohner Ungarns. Zur Bayerischen Nation gehörten Österreicher, Schwaben, Studenten aus Franken und aus dem Rheinland. Die Polnische Nation umfasste Schlesier, Polen und Russen, während die Sächsische Nation die Einwohner Meißens, Thüringens, Ober- und Niedersachsens, Dänemarks und Schwedens vereinte.

Jan Royt

LITERATUR

Codex diplomaticus 1834, 217–444. – NOVÁČEK 1890, 226–338. – CHALOUPECKÝ 1948, 140f. – SCHMIDT 1978/II, 695–719. – MORAW 1986, 10–134. – DIX 1988, 782f. – ČORNEJOVÁ/KADLEC/KEJŘ u. a. 1995, 34f., Abb. 1. – Ausst.-Kat. Prag 2006, 264, Abb. III.25.

4.4 Petschaft der Karlsuniversität

Nürnberg (?), um 1350 oder nach 1378.
Silber; Kopie nach dem Original; Dm. 6,5 cm,
St. Plättchen 1,5 mm.
Prag, Archiv Univerzity Karlovy v Praze, ohne Inv.-Nr.

Das Petschaft der Karls-Universität besitzt die Gestalt eines runden Silberplättchens, in welches das Siegelbild eingeritzt ist. Dieses ruht auf einer 1,5 mm dicken Bleiunterlage, die wiederum auf einem wesentlich jüngeren runden Eisenplättchen mit einer Stärke von 8,5–9 mm befestigt ist; das Eisenplättchen geht in einen polygonalen Schaft mit angeschnittenen Kanten über. Am Rand des Siegelbildfeldes entfaltet sich zwischen zwei Reihen von kleinen Perlen die lateinische Inschrift: „SIGILLVM: VNIVERSITATIS. SCOLARIUM. STUDII: PRAGENSIS+".

In der Mitte des Siegels ist rechts der kniende König dargestellt. Er trägt eine Rüstung byzantinischen Typs, am Gürtel ein Schwert und auf dem Haupt die Königskrone. In die Hand des links abgebildeten hl. Wenzel legt er die eingerollte Gründungsurkunde der Universität mit angehängtem Siegel. Der hl. Wenzel ist mit einer Rüstung gleichen Typs wie der Herrscher bekleidet, in der Rechten hält er eine Lanze, die vom Banner mit dem Wenzelsadler geziert wird, in der Linken einen Schild ebenfalls mit Wenzelsadler. Unter dem Banner sieht man den Großbuchstaben W, ein Verweis auf den Namen Wenceslaus. Links von der Figur des hl. Wenzel ist ein heraldischer Wappenschild mit dem böhmischen Löwen platziert, rechts hinter der Figur des knienden Herrschers ein Wappenschild mit dem Reichsadler. Beide Figuren stehen auf einer Art Podest, das am Rand mit einem Ornament aus aneinandergereihten Vierpässen verziert ist. Der Platzierung von Figuren auf einem Sockel begegnet man sehr häufig bei Goldschmiedearbeiten (z. B. dem Reliquiar für das Blut Christi aus Baltimore). Den Hintergrund bildet ein Netz von Rauten, die mit Rosetten gefüllt sind. An den Schnittpunkten der Rautenfelder befinden sich kleine Kreuze. Typologisch handelt es sich beim Siegel der Karls-Universität um ein Porträt- und Zeichensiegel. Das Universitätssiegel ist von durchschnittlicher künstlerischer Qualität und entstand – wohl auf der Basis eines aus Böhmen mitgebrachten Entwurfs – mit großer Wahrscheinlichkeit in einer Nürnberger Werkstatt.

Im Widerspruch zur Tradition und zur älteren Forschung, die das Siegel mit der Universität als Ganzem verbindet und es auf die Zeit um 1350 datiert, vertritt der deutsche Historiker Peter Moraw (1999) die Ansicht, dass das Siegeltypar zwar um 1350, aber nur für die Juristenfakultät hergestellt wurde, während die Dreifakultäten-Universität („Artisten-", medizinische und theologische Fakultät) das Rektoratssiegel (sigillum rectoratus pragensis) mit einem Marienbild verwendete, dessen ältester überlieferter Abdruck erst von 1379 stammt. Dagegen nimmt František Šmahel (2001) unter Hinweis auf zeitgenössische Quellen statutarischer und amtlicher Natur an, dass das erhaltene Siegeltypar von Anfang an der Dreifakultäten-Universität gehörte, jedoch erst nach 1378 entstand. Diese Datierung wird durch die künstlerische Gestaltung des Siegelbildes unterstützt. Auffällig sind besonders die Übereinstimmungen zwischen der Darstellung des hl. Wenzel auf diesem Siegel und derjenigen Wenzels auf der Miniatur im Reisebrevier (Liber Viaticus) von Karls Kanzler Johann von Neumarkt.

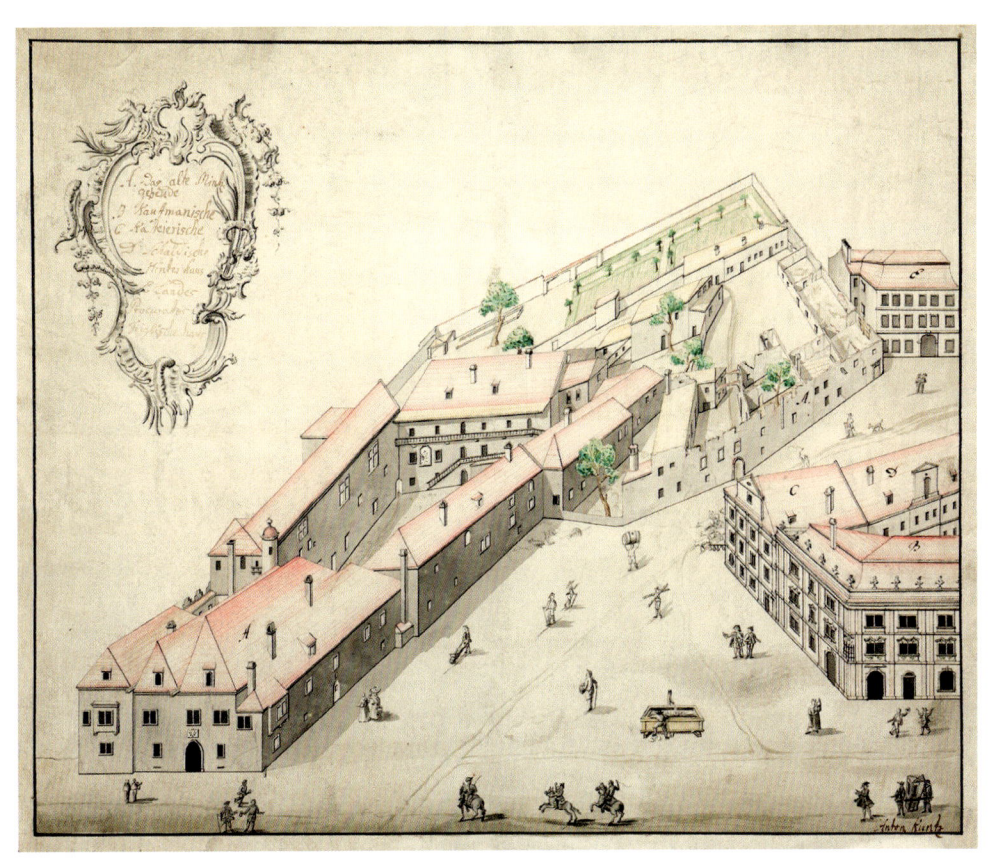

Jan Royt

LITERATUR
VOJTÍŠEK 1955, 89–110. – KRÁSA 1984/II. – ZELENKA 1986. – REXROTH 1992, 92–99. – ČORNEJOVÁ/KADLEC/KEJŘ u. a. 1995, 37, Abb. 13. – MORAW 1999. – ŠMAHEL 2001/I. – Ausst.-Kat. Prag 2006, 271f., Kat.-Nr. 97 (Jan ROYT).

4.5 Ursprüngliche Gestalt des Kollegs der Böhmischen Universitätsnation, der Königin Hedwig und König Wenzels

Plan des barocken Umbaus der Prager Münzstätte, 1740.
Papier, Federzeichnung, koloriert, laviert; H. 43,5 cm, B. 52 cm.
Prag, Archiv Pražského hradu, Karten- und Plansammlung, Sign. 183/14.
Nur in Prag ausgestellt.

Ähnlich wie bei den älteren ausländischen Universitäten basierte der Universitätsbetrieb auch in Prag auf dem Kollegsystem, das die materielle Absicherung und die Unterbringung der Lehrenden wie der Studenten ermöglichte. Die Prager Kollegien bildeten nie ein geschlossenes Universitätsareal (Campus). 1366 gründete Karl IV. das erste Kolleg für zwölf Magister der Artistenfakultät und gab ihm seinen eigenen Namen, Collegium Caroli. Er ließ sich hier von dem an der Pariser Sorbonne funktionierenden Modell inspirieren. Die Kolleggemeinschaft wurde familia genannt. Ihre Mitglieder waren zwölf Magister (Kollegiaten) sowie zwölf Hilfskräfte, sog. Famuli, aus den Reihen der Studenten, weiter ein Universitätsdiener und eine Köchin. An der Spitze des Kollegs stand der Propst, der unter anderem die dem Kolleg gehörenden Dörfer zu verwalten hatte. Die Kollegordnung schrieb die Form des Kolleglebens mit gemeinsamen Mahlzeiten, Gottesdiensten und Unterricht vor. Das Kolleg besaß auch eine Bibliothek, die der Gründer gestiftet hatte. Ein sichtbares Symbol der Gerichtsautonomie des Kollegs war der für die Studenten bestimmte Karzer. Karls Sohn Wenzel machte dem Karlskolleg 1385 ein wahrhaft königliches Geschenk: einen mittelalterlichen Palast mit Erkerkapelle, der der reichen Prager Patrizierfamilie Rotlev gehört hatte.

Das zweite Kolleg gründete Karl IV. bei der Kapitelkirche Allerheiligen. Es wurde als Engelskolleg (Collegium Sanctorum alias Angelorum) bezeichnet. Karl bestimmte, dass die frei werdenden Kanonikerstellen des Kapitels zu Allerheiligen auf der Prager Burg künftig nur noch mit Universitätsmagistern besetzt werden durften. Diesen Magistern schenkte er ein Haus auf der Kleinseite. In den 1380er Jahren zog das Kolleg in einen prächtigen mittelalterlichen Palast in der Altstadt um.

Das dritte Magisterkolleg (Collegium Wenceslai) wurde kurz vor 1381 von König Wenzel IV. gegründet. Es residierte in der Nähe des Carolinums an der anderen Ecke des heutigen Obstmarkts (Ovocný trh). Karl IV. stiftete auch zwei Fakultätskollegien unweit der Kirche St. Jakob: das juristische Kolleg an der Zeltnergasse (Celetná) und das medizinische Kolleg an der heutigen Karpfengasse (Kaprova). Das erste Studentenkolleg für arme Studenten aus Litauen gründete 1397 unweit der Bethlehemskapelle die polnische Königin Hedwig. Ihre Stiftung wurde nach der Gründung der Universität in Krakau, an die die litauischen Studenten wechselten, auf arme Studenten ohne Unterschied der Nationalität ausgedehnt. 1411 zog dieses Kolleg zum Obstmarkt in die Nähe des Kollegs der Böhmischen Nation (Collegium Nationis Bohemicae), auch Kolleg des hl. Wenzel (Collegium Sancti Wenceslai) genannt, das in den 1390er Jahren gegründet worden war. Beide Kollegien wurden zu Zentren der Reformbewegung. Bald schloss sich ihnen auch das sog. Nazarethkolleg an, das an der Bethlehemskapelle bestand. Das einzige Prager Ordenskolleg, das Kolleg des hl. Bernhard (Collegium s. Bernardi), befand sich in der Hand der Zisterzienser.

Jan Royt

4.6

geprägte Seite adeligen Selbstverständnisses nahezubringen. Karl zitiert den Kriegstheoretiker Vegetius, den antiken Autor Sallust und den Kirchenvater Augustinus, um dem Gedanken Nachdruck zu verleihen, dass erprobte Klugheit der bewaffneten Hand oftmals überlegen ist.

Der Kaiser hatte für sein Vorhaben mit Johannes von Marignola einen berühmten Mann gewonnen. Papst Benedikt XII. hatte den gelehrten Theologen 1338 zum päpstlichen Legaten ernannt und ihn beauftragt, an den Hof des Kaisers von China reisen, nachdem kurz zuvor eine chinesische Delegation in Avignon erschienen war. 1338 brach Johannes zunächst nach Byzanz auf und reiste dann über Caffa auf der Krim nach Usbek. Begleitet von einer Eskorte des Usbek Khan gelangte die Gesandtschaft in die afghanischen Provinz nach Herat, durchquerte die Wüste Gobi und erreichte nach einer abenteuerlichen Reise Ende 1341 den Sitz des östlichen Kaiserreichs Cambalec, das spätere Peking. Der päpstliche Gesandte überreichte hier dem letzten Mongolenkaiser Toghan Timur (1333–38) wertvolle Geschenke und Briefe des Papstes und des Königs Robert von Neapel. Johannes blieb drei Jahre in Peking, ehe er nach Südindien aufbrach, wo er im Frühjahr 1348 in der alten Seehafen- und Handelsstadt Kollam (Quillon) eintraf. Er blieb hier einige Zeit bei einer lateinischen Christengemeinde. Eine Marmorsäule mit einer indischen und lateinischen Inschrift, die Johannes als Zeichen seiner seelsorgerischen Tätigkeit in Kollam errichtete, konnte noch 1662 der holländische Prediger und Ethnologe Philipp Baldaeus bewundern.

Als Johannes 1353 nach etwa 15 Jahren über die Straße von Hormus und den Persischen Golf zurückgekehrt war, erstattete er zunächst am päpstlichen Hof in Avignon Bericht. Kurze Zeit später nahm der Kaiser den weit gereisten Franziskaner in seine Dienste, der in seinen letzten Lebensjahren in Prag die „neue" Chronik der Böhmen verfasste.

Eva Schlotheuber

EDITION
DOBNER 1768, 68–282.

LITERATUR
BRINCKEN 1967. – KERSKEN 1995. – KUBÍNOVÁ 2008. – SCHLOTHEUBER 2009/I.

LITERATUR
KUBÍČEK/PETRÁŇOVÁ/PETRÁŇ 1961, 217f. – SVATOŠ 1977. – BERÁNEK 1983, 57–63. – ČORNEJOVÁ/KADLEC/KEJŘ u. a. 1995, 42–58, Abb. 27. – Ausst.-Kat. Prag 2006, 265, Abb. III.26.

4.6 Cronica Boemorum des Giovanni de' Marignolli mit einer Einleitung des Kaisers

Prag, 1355–58.
Pergament, Tinte, Tempera, Gold; 433 Blatt (ff. 1r–102v); H. 32 cm, B. 21 cm.
Prag, Národní knihovna České republiky, Sign. Cod. I D 10.
Nur in Prag ausgestellt.

Die kaiserliche Titulatur des Geleitbriefs unterstreicht den herrscherlichen Auftrag, mit dem Karl IV. den Franziskaner Giovanni de' Marignolli (Johannes von Marignola; * um 1290, † nach 1357) mit der Abfassung eines neuen Geschichtswerks betraute:

„Wir also, durch Gottes Vorsehung auf den Gipfel der kaiserlichen Macht erhoben und als König von Böhmen eingesetzt, kümmern und sorgen uns – nach dem Beispiel Davids, des gerechtesten Königs, Tag und Nacht über das Gesetz des Herrn sinnend – [...], wie wir die Führer unseres Gemeinwesens und unserer Ritterschaft zum Buchstudium anregen könnten [...]. Damit [...] wir die feinen Seelen der Adeligen durch erfreuliche Vorbilder zu rechtschaffenen Sitten ermuntern, haben wir den ehrwürdigen Pater, Bruder Johannes, genannt von Marignola aus Florenz vom Orden der Minderbrüder, Bischof von Bisontis [Bisignano], den Tischgenossen unserer kaiserlichen Residenz, angewiesen, die alten und neuen Geschichten der Chroniken, vor allem der Böhmen, die unklar und dunkel geschrieben sind, durchzusehen und wir haben ihn gebeten, sie zu erneuern [...] und einiges Nützliches hinzuzufügen." Die neue Chronik sollte offenbar der ritterlichen Jugend des böhmischen Königreichs die Welt der Bücher eröffnen. Der kaiserliche Geleitbrief erscheint durchdrungen von der Idee, der kriegerischen Identität der Ritterschaft eine neue, von literarischer Bildung

4.7 Fonthill-Vase

China, um 1300.
Porzellan, Quingbai-Glasur, plastische Applikationen; H. 28 cm, oberer Dm. 8,5 cm, Dm. Boden 10 cm, breiteste Partie 16 cm.
Provenienz: Wahrscheinlich Sammlung des Herzogs Jean de Berry (belegt im Inventar von 1416, möglicherweise von Karl IV. 1377 als Geschenk erhalten?). – Danach anscheinend im Besitz Königin Johannas II. von Neapel. – Zu Beginn des 18. Jahrhunderts im Besitz des „Grand Dauphin" Ludwig (um 1713). – Wohl seit Ende des 18. Jahrhunderts bis etwa 1823 Teil der Sammlung des englischen Aristokraten William Beckford auf dessen Herrensitz Fonthill Abbey. – 1882 im Besitzverzeichnis von Hamilton Palace. – 1882 für das National Museum of Ireland in Dublin angekauft. Dublin, National Museum of Ireland, Inv.-Nr. DC: 1882.3941.

Text unter Kat.-Nr. 4.8.

Filip Suchomel

4.7

4 ✼ Der weise Herrscher 335

4.8

4.8 Zeichnung der Fonthill-Vase

Paris, Barthélemy Remy, 1713.
Papier, Aquarell; H. 51 cm, B. 35 cm.
Provenienz: Der Sammler und Historiker Roger de Gaignières ließ die Zeichnung für den „Grand Dauphin" Ludwig anfertigen.
Paris, Bibliothèque Nationale de France, Inv.-Nr. Français, 20070, fol. 8.

Die Fonthill-Vase ist ein bedeutendes Beispiel der Ching-Pai-Keramik aus dem ersten Drittel des 14. Jahrhunderts.[1] Ihren bauchigen Körper zieren plastische, nahezu frei eingeritzte Applikationen in Gestalt von Vierpass-Medaillons mit blühenden, den Herbst symbolisierenden Chrysanthemen. Am Vasenhals setzt sich der Reliefdekor in Form eingedrückter angedeuteter plastischer Bananenblätter mit Spiralen fort. Obwohl solche Gefäße in Europa zumeist als Vase bezeichnet werden, verwendete man sie an ihrem Entstehungsland als Flaschen, die für Aufbewahrung und Darreichung von Getränken, z. B. Reiswein, bestimmt waren.

Die Produktion der Ching-Pai-Keramik gehört in die Zeit vom 10. bis Mitte des 14. Jahrhunderts. Sie entstand vor allem in Jingdezhen, dem bekannten Zentrum der chinesischen Keramikherstellung, wurde jedoch wegen ihrer Beliebtheit wohl auch in zahlreichen lokalen Werkstätten und Öfen nachgeahmt. Ihre charakteristische bläulich-durchsichtige Glasur wurde auf einen relativ dünnen Scherben aus fester Porzellanerde mit einem hohen Prozentanteil Kaolin aufgebracht. Die gewünschte Farbigkeit der Glasur erreichte man durch die Beimischung einer geringen Eisenmenge und vor allem durch einen ausgeprägten Reduktionsbrand, der die Voraussetzungen für die Farbschattierungen von fast Weiß bis Hellbläulich schuf und einen edlen Porzellanscherben entstehen ließ. Der Großteil der Ching-Pai-Keramik wurde nur mit eingedrückten oder eingeritzten Mustern in sehr niedrigem Relief verziert, sodass die Fonthill-Vase auch in dieser Hinsicht ein Beispiel für eine reichere und kostspieligere Produktion darstellt, die noch um plastische Applikationen im fast freien Hochrelief ergänzt wurde.[2] Porzellan dieses Typs war nicht nur für den lokalen Bedarf bestimmt, sondern wurde auch aus China exportiert, vor allem nach Kontinental- und Südostasien sowie nach Indien; daher ist die Existenz von Ching-Pai-Keramik in internationalen Sammlungen selbst heute keine absolute Ausnahme.

Die Fonthill-Vase ist jedoch für die europäische Geschichte des Porzellansammelns von exzeptioneller Bedeutung. Sie darf nämlich als erstes glaubwürdig belegtes chinesisches Porzellan gelten, das bereits im Mittelalter nach Europa gelangte. Die lange Geschichte der Vase ist teilweise in archivalischen Quellen dokumentiert. Dass es sich um ein wirklich einzigartiges Objekt handelte, wussten zweifellos auch seine Besitzer. Bekannt ist, dass die Vase mit einer ausgesprochen prunkvollen Montierung in reicher Filigranarbeit versehen wurde, die auch emaillierte Wappenapplikationen als Verweis auf das französische Geschlecht der Anjou umfasste, aus dem z. B. auch Karls Zeitgenosse, der ungarische König Ludwig I., stammte.

Als zentrale Quelle zur besseren Bestimmung dieser Vase dient uns heute eine Zeichnung,[3] die der Sammler Roger de Gaignières[4] wohl 1713 anfertigen ließ, als sich die Vase im Besitz des „Grand Dauphin" Ludwig, des ältesten Sohnes König Ludwigs XIV., befand. Die Zeichnung zeigt die Vase noch mit einer prachtvollen gotischen Montierung, versehen mit Inschriften, Ornamenten und heraldischer Verzierung.[5]

Lane informiert uns, dass Gaignières aus dem Wappenschmuck schlussfolgerte, die Vase müsse aus dem Besitz eines Mitglieds der auch in Ungarn herrschenden Anjou-Dynastie stammen, und er selbst neigt ebenfalls dieser Ansicht zu.[6] Die heraldische Verzierung der Vase führt er auf den ungarischen König Ludwig I. zurück und argumentiert, dieser könne sie von der chinesischen nestorianischen Gesandtschaft zu Papst Benedikt XII. im Jahr 1338 erhalten haben.[7] Allerdings bleibt diese Hypothese unbestätigt. Der ungarische Kunsthistoriker Béla Krisztinkovich verwies in seiner Antwort auf Lanes Artikel von 1969 anhand der von ihm als „Jehana" entzifferten Inschrift am Ausgießer der Montierung darauf, dass diese eher für die ebenfalls aus der Dynastie der Anjou stammende Königin Johanna II. von Neapel (1414–35) angefertigt worden sein könnte, die den Titel der ungarischen Königin führte, obwohl sie Ungarn verständlicherweise nicht kontrollierte.[8]

Ein weiterer interessanter Wegweiser für die Geschichte der Vase ist das Inventar des Herzogs de Berry, das als posthumes Besitzverzeichnis im Jahr 1416 angelegt wurde.[9] Es handelt sich um ein sehr detailliertes historisches Inventar, das alle im Besitz des Herzogs befindlichen Objekte beschrieb. Hier findet sich unter Nr. 830 tatsächlich ein Gegenstand, der sich sehr gut mit der Fonthill-Vase identifizieren ließe.[10] Allerdings besaß dieses Exemplar keine prachtvolle Montierung, was für die Hypothese sprechen könnte, dass die Vase sich zunächst im Besitz des Herzogs befand und erst danach in die Sammlung der Königin Johanna II. von Neapel gelangte.

Seit dem 18. Jahrhundert ist das Schicksal der Vase leichter nachvollziehbar. Wahrscheinlich während der Französischen Revolution, um ca. 1800, gelangte sie in die Sammlung des englischen Aristokraten William Beckford und wurde 1823 dann zusammen mit der kompletten Sammlung verauktioniert.[11] Später kam es leider zu einer erheblichen Beschädigung der Vase, als man die gotische Montierung wieder entfernte. Warum und von wem dieser Eingriff durchgeführt wurde, ist unklar: Vielleicht waren es Diebe, denen es um das Edelmetall der Montierung ging, aber auch das Streben nach einem gewissen Purismus lässt sich nicht ausschließen. 1882 tauchte die Vase nun ohne Montierung im Inventar von Hamilton Palace in Schottland auf; dort wurde sie im selben Jahr bei einer Auktion nach Irland verkauft, wo sie sich noch heute befindet.[12]

Bis heute nicht glaubwürdig genug geklärt ist die genaue Herkunft dieses Objekts. Bereits Lauren Arnold bezweifelte Lanes Ansichten zur Provenienz der Vase und deutete die Möglichkeit an, dass die Vase erst etwas später von Giovanni de' Marignolli, der sich auf seiner Missionsreise in den Osten 1339–53 einige Jahre in China aufgehalten hatte, nach Europa gebracht worden sein könnte. Es ist belegt, dass Marignolli 1354–55 längere Zeit in Prag verbrachte, wo er Hofkaplan Karls IV. wurde und eine Böhmische Chronik (Chronicon Bohemorum) verfasste. Von Kaiser Karl IV. weiß man, dass er sich sehr für exotische Länder interessierte und z. B. exotische Seidenstoffe besaß.[13] Daher ist nicht ausgeschlossen, dass er ein ähnliches Objekt wie die damals seltene chinesische Porzellanvase von Marignolli als Geschenk für die Unterstützung während des Prag-Aufenthalts bekommen haben könnte. Dies würde bedeuten, dass die Vase auch das älteste chinesische Exponat auf böhmischem Territorium wäre.[14] Nach der Zeichnung von 1713 war die Vase zwar mit einer Montierung mit den Wappen der Anjou versehen, die in Ungarn und im Königreich Neapel herrschten, aber es lässt sich nicht ganz ausschließen, dass die Montierung erst im 15. Jahrhundert angebracht wurde, als das Objekt in den Besitz der Anjou überging.

Während Arnold die Vase mit Ludwig von Ungarn in Verbindung bringt, mit dem Karl außergewöhnlich freundschaftliche Beziehungen unterhielt, erscheint uns die Variante wahrscheinlicher, dass die Vase – sollte sie sich damals überhaupt in Böhmen befunden haben – dem Herzog von Berry von Karl IV. bei dessen Besuch in Frankreich im Jahr 1377 geschenkt wurde. Der Herzog gehörte ebenfalls zum Kreis der Personen, mit denen Karl IV. häufig in Verbindung gebracht wurde, so wäre daher nicht unvorstellbar, dass er die Vase unmittelbar von Karl erhalten haben könnte. Diese Hypothese lässt sich bisher leider nicht mit weiteren Quellen belegen. Unbestritten bleibt aber, dass die Fonthill-Vase ein außergewöhnliches Kunstwerk mit einer interessanten, viele Jahrhunderte umfassenden Geschichte ist, die in Teilen bis heute ungeklärt bleibt.

Filip Suchomel

LITERATUR
GUIFFREY 1894/96.

FUSSNOTEN
1 Die Vase wurde erstmals 1961 von Arthur Lane publiziert, nachdem es ihm gelungen war, sie mit einem „neu entdeckten" Exponat im National Museum in Dublin zu identifizieren. LANE 1961. – Ihre Bedeutung für das Sammeln fernöstlichen Porzellans in Europa unterstrichen auch weitere Wissenschaftler, z. B. Robert Finlay oder Lauren Arnold: ARNOLD 1999. – FINLAY 2010, 157 u. a. – SUCHOMEL 2015, 9f.
2 Eine im Charakter vergleichbare Dekoration findet sich z. B. bei einer Flasche mit verkürztem Hals und deutscher Montierung aus der Sammlung des Victoria and Albert Museums in London oder bei einem Vorratsgefäß aus der Sammlung der Percival David Foundation in London (heute im British Museum). Vgl. LANE 1961, 133.
3 Bibliothèque nationale de France, Richelieu, Manuscrits, magasin Français, Inv.-Nr. 20070, fol. 8. – Die Zeichnung wurde für den bekannten Sammler von seinem Sekretär Barthélemy Remy angefertigt, der zusammen mit Gaignières und Louis Boudan durch Frankreich reiste und bei dieser Gelegenheit zahlreiche französische Sehenswürdigkeiten festhielt.
4 Zu diesem bedeutenden Antiquar und Sammler vgl. z. B. DUPLESSIS 1870. – GRANDMAISON 1892. – ROMET 2007.
5 Auf der Zeichnung lassen sich Teile der Inschriften in gotischer Minuskel entziffern, mit denen die Montierung versehen war. Am Fuß der Kanne liest man: „+le. temps. est. venu. dieu en soit lo" (in heutigem Französisch wohl: le temps est venu dieu en soit loué, also: „Die Zeit ist gekommen, dank Gott dafür"). Eine ähnliche Inschrift wiederholt sich am Rand des Deckels. Am Griff ist die Inschrift teilweise unlesbar, vielleicht lässt sich als „se est bl leu cart" oder „se est bl leu cart" interpretieren, aber die genaue Bedeutung bleibt uns einstweilen verborgen. Vielleicht war die Inschrift bereits zur Zeit der Zeichnungsanfertigung stark beschädigt. Am Ausgießer befindet sich ein sehr kompliziertes Ornament, das als Inschrift „lehane" identifiziert werden könnte, aber es ist nicht ausgeschlossen, dass es sich um reine Zierde handelt. – Für die Transkription der Inschriften und die Erschließung ihrer Bedeutung danke ich Hana Pátková.
6 LANE 1961, 25.
7 LANE 1961, 125. – ARNOLD 1999, 119–133.
8 KRISZTINKOVICH 1969, 190.
9 GUIFFREY 1894/96.
10 GUIFFREY 1894, 215. – Interessant ist, dass die Beschreibung der Vase zwar perfekt der Fonthill-Vase entspricht, das Inventar aber keine reiche Montierung erwähnt, mit der das Objekt versehen gewesen wäre. Da die Beschreibungen bei anderen Gegenständen sehr detailliert ausfallen, ist es unwahrscheinlich, dass der Autor die Montierung überhaupt nicht erfasst hätte. Dies spricht eher dafür, dass der Herzog eine identische Vase ohne Montierung besaß.
11 Es existiert eine Abbildung mit Beschreibung der Vase sowie weiterer Objekte in einem zeitgenössischen Buch über Beckfords Residenz Fonthill Abbey: RUTTER 1823, 8, Abb. XVII und S. XXIV, mit folgender Erläuterung: „Next on the right, is an oriental China bottle, superbly mounted, said to be the earliest known specimen of porcelain introduced into Europe."
12 JACKSON/JAFFERS 2004, 46f.
13 Das Interesse Karls IV. an exotischen orientalischen Objekten belegen z. B. die Fragmente orientalischer Stoffe in Karls Grab. Vgl. STEJSKAL 1978/I, 92.
14 ARNOLD 1999, 119–133.

4.9.a–b Große Mantelschließe und Schilde mit dem Wappen des Königreichs Ungarn

a. Große Mantelschließe mit Drachen
Ungarn (Siebenbürgen), Martin und Georg von Klausenburg (?), nach 1370.
Silber, größtenteils vergoldet, Silberemail;
H. 22 cm, B. 16 cm.
Aachen, Domkapitel Aachen, Münster –
Schatzkammer, Inv.-Nr. G 79.

b. Zwei Schilde mit dem Wappen des Königreichs Ungarn
Ungarn (Siebenbürgen), Martin und Georg von Klausenburg (?), nach 1370.
Silber, größtenteils vergoldet, Silberemail;
H. 15,5–14,5 cm, B. 10,8–10,7 cm.
Aachen, Domkapitel Aachen, Münster –
Schatzkammer, Inv.-Nr. G 80.

Die große Agraffe und ebenso das Paar von Wappenschilden haben ursprünglich als Chormantelschließen gedient (vgl. Kat.-Nr. 3.18). Jedem einzelnen Stück entspricht ein fast identisches Duplikat, das ebenfalls im Aachener Domschatz aufbewahrt wird. Es sind Stiftungen König Ludwigs von Ungarn für die Ungarische Kapelle am Aachener Münster, die dieser bis 1367 für die zahlreichen ungarischen Pilger errichten ließ. Ob die Stücke zusammen als Ensemble, also je eine große Schließe seitlich von zwei Wappenschilden begleitet, oder paarweise verwendet worden sind, ist unklar.

Fraglos stellt die große Chormantelschließe nicht nur hinsichtlich ihrer außerordentlichen Maße, sondern auch in der künstlerischen Ausarbeitung ein äußerst prunkvolles Werk der Goldschmiedekunst des 14. Jahrhunderts dar. Die Gestaltung folgt einem architektonischen, kompliziert verschachtelten Aufbau: Zentrum des Werkes bildet das emaillierte Wappen Ludwigs I. von Ungarn mit dem rotsilbernen Querstreifen und den goldenen Lilien von Anjou auf blauem Grund.[1] Effektvoll eingefasst wird es von einem breiten Vierpassrahmen, der auf einem von zwei geflügelten Chimären getragenen Sockel ruht. Der Rahmen trägt die umlaufende Inschrift „ICH BEGERE MARIA LERE GOTES LERE WOLDE ICH MER". Seitlich wird er von zwei großen Greifen gehalten. Der bekrönende obere Abschluss setzt sich aus einer kleinteiligen Türmchenarchitektur zusammen, in deren Nischen jeweils drei kleine Herrscherfiguren der ungarischen Landesheiligen Emerich, Ladislaus und Stephan platziert sind.

Auch das Paar der Wappenschilde bezieht sich mit seiner heraldischen Konzeption auf Ludwig: dem Wappen der ungarischen Anjou-Linie mit dem Straußenkopf und Hufeisen im Schnabel als Helmzier (was so auch dem Schild auf der Fonthill-Vase entspricht; Kat.-Nr. 4.7, 4.8) ist das Wappen des Königreichs Polen mit dem polnischen Adler gegenübergesetzt.

Die beiden Stücke gehören nicht zur Erstausstattung der Ungarischen Kapelle, dürften aber kurz danach gestiftet worden sein: Während sie in einer ersten Inventarliste der Kapelle von 1367 unerwähnt bleiben, werden sie in einem Verzeichnis von 1381 wohl als Schmuck zweier Chormäntel geführt („duae cappae chorales cum decenti decoratu"). Anlass könnte Ludwigs Erwerb der polnischen Königswürde 1370 gewesen sein.

Dafür spricht auch der Hinweis auf das Herzogtum Dobrzyń in der Prachtschließe: Im oberen Aufsatz zwischen den Figuren finden sich die Wappenbekrönungen Ungarns und jenes umstrittenen polnischen Territoriums (männlicher Kopf mit zwei Hörnern auf Topfhelm), dessen sich Ludwig bei Machtantritt bemächtigt hatte.[2] So demonstrieren die heraldischen Mantelschließen den Gebietsanspruch des neuen polnischen Königs.[3]

Die kunstvolle Ausführung wird – aufgrund stilistischer und technischer Charakteristika sowie zahlreicher Hinweise auf Siebenbürgen – dem Goldschmiedebrüderpaar Martin und Georg von Klausenburg zugewiesen, die in Siebenbürgen zu den bedeutendsten Künstlern ihres Faches zählten. Schmuckornamente wie die krabbenbesetzte Türmchenarchitektur und die kleinen Spiralen aus gerieftem Draht in Zwickeln, aber auch die deutsche Inschrift sprechen für die Herkunft aus diesem silberreichen Gebiet Ungarns. Zudem wurde im Aufsatz an mittlerer Position der Hl. Ladislaus, der Landespatron Siebenbürgens, statt des ungarischen Reichspatrons Stephan hervorgehoben. Das einzige gesicherte, heute noch erhaltene Werk der Brüder befindet sich auf der Prager Burg: die berühmte monumentale Bronzeplastik des Hl. Georg auf dem Pferd wird häufig aufgrund ihrer virtuosen

4.9.a-b

Ausarbeitung von Details mit der Kunst der Goldschmiedearbeiten in Verbindung gesetzt."

Jenny Wischnewsky

LITERATUR
HAMPEL 1892. – GRIMME 1972, Kat.-Nr. 79, 80, Taf. 91–94. – Ausst.-Kat. Nürnberg 1978, Kat.-Nr. 51–54. – GIERSIEPEN 1992, Kat.-Nr. 43.

FUSSNOTEN
1 Allerdings fehlt hier und auch auf den Wappenschilden der rote Turnierkragen, der üblicherweise zu dem von Ludwig benutzten Anjou-Feld gehört.
2 Dieses war eigentlich zusammen mit einigen weiteren bedeutenden Gebieten von seinem Vorgänger, dem polnischen König Kasimir I. (reg. 1333–70), aus der Erbnachfolge entnommen und an dessen Enkel Kaźko von Pommern-Stolp überschrieben worden. Ludwig hob diese testamentarische Bestimmung nach dem Tod Kasimirs kurzerhand auf, überließ Kaźko das Territorium allerdings als Lehen.
3 Die von HAMPEL 1892 formulierte These, aufgrund der Dobrzyń-Heraldik sei die Mutter Ludwigs, die polnische Prinzessin Elisabeth, als Stifterin anzusehen, ist haltlos. Es besteht keine nachweisbare nähere Beziehung von ihr zu dem Herzogtum. Zur Gegenargumentation GIERSIEPEN 1992.
4 HAMPEL 1892, 63–67. – Ausst.-Kat. Prag 2006, 228–230, Kat.-Nr. 77 (Barbara DRAKE BOEHM / Jiří FAJT).

4.10 Der Meide Kranz

Kaiser Karl IV. umgeben von den 12 Künsten (Fol. 2).
Heinrich von Mügeln, Bayern, 1407.
Pergament; Bayerisch; H. 18,1 cm, B. 13,5 cm.
Heidelberg, Universitätsbibliothek, Cod. Pal. germ. 14.
Nur in Nürnberg ausgestellt.

Der Hofdichter Heinrich von Mügeln verfasste nach 1355 am Prager Hof ein Preisgedicht auf Kaiser Karl IV., den Meide Kranz. Über Heinrich von Mügeln selbst ist wenig bekannt, er kam aus der Markgrafschaft Meißen und war neben dem Prager Hof auch bei Ludwig I. von Ungarn und in Diensten Rudolfs IV. von Österreich tätig. Während Guillaume de Machaut in seinem Preislied auf König Johann Jugement du Roi de Bohême diesem die Richterrolle in einem Minnestreit zuwies, ist es bei Heinrich von Mügeln Karls Aufgabe, den Rangstreit der Künste, also der Wissenschaften zu entscheiden.

Die Miniatur des Heidelberger Codex zeigt auf fol. 2v den Kaiser, der auf beiden Seiten von sechs Frauengestalten umgeben ist, die ihn als personifizierte „künste" in ihrem Streit als Richter anrufen. Aber bevor es zu einer Entscheidung kommt, wird die Urteilsgewalt des Kaisers verhandelt. In der schwierigen Frage, ob der Philosophie oder der Theologie der Ehrenvorrang zu gewähren sei, wendet sich Karl zunächst an seinen Rat: „Darum so ratet mir, ihr edlen Fürsten. Denn finde ich das [richtige] Urteil nicht, so wird geschwächet mein Gericht." Eine große Sache, das Verhältnis von Theologie und Wissenschaft, von Natur und Tugenden – die höchsten Dinge – werden verhandelt. Findet Karl das richtige Urteil nicht, ist seine Gerichtsgewalt „geschwächt". Aber die Fürsten wollen keinen Rat erteilen, die Urteilsfindung gebühre allein der höheren Einsicht des Herrschers: „Du sollst geben und nicht nehmen Rat. Hat Dich doch Gott und die Natur zu dem höchsten Ding auf Erden gemacht." Freiwillig verzichten die Fürsten in dieser Lesart auf ihr Recht der Mitwirkung am Königsgericht. Sie unterstellen sich vielmehr Karls Autorität, da ihre Adelsqualität allein seiner Herrscherwürde entspringe: „Weil Du ein Brunnen des Adels bist, aus dir auch aller Adel entspringt."

Heinrich von Mügeln verfasste den Meide Kranz für die Prager Hofgesellschaft im Jahr 1355, in dem Jahr also, als Karl die Kaiserwürde errang und der böhmische Adel seine Zustimmung zum neu zusammengestellten böhmischen Landrecht, zur Maiestas Carolina verweigerte. Damit hatte der Adel dem Herrscher nicht nur eine empfindliche Niederlage zugefügt, sondern eben auch seine Autorität als rechtsetzende Gewalt in Frage gestellt. Von einer freiwilligen Akzeptanz voller königlicher Richtergewalt durch die böhmischen Barone konnte also keine Rede sein. Das im Meide Kranz vermittelte Verhältnis von König und Rat entsprach vielmehr vor allem Karls Vorstellung von seiner übergeordneten Richterrolle und von der in seinen Augen angemessenen Haltung der Fürsten, die der Hofgesellschaft auf diese Weise ebenso elegant wie unmissverständlich nahegebracht wurde.

Es geht im Meide Kranz somit um Karls Stellung als oberster Richter, die deshalb von Heinrich von Mügeln im Prolog grundsätzlich eingeordnet wird. Nach Gott und Maria wird der Herrscher angerufen: „Danach rufe ich an, den wahren Freund Gottes, König Karl. Sein Leben kündet davon: Er könnte das Recht brechen, aber er tut es nicht. Deshalb gab Gott ihm sein wahres Gericht, so dass er ihm die volle Macht gab, die Tugend zu belohnen und die Sünde zu bestrafen." Karl ist wie Abraham „Freund Gottes". Er hat die volle Gerichtsgewalt von Gott übertragen bekommen. Sein „wahres Gericht", die ungeteilte Autorität, resultiert zum einen aus seinem hohen Amt, aber vor allem aus der freiwilligen Selbstbindung an das göttliche Recht.

Eva Schlotheuber

LITERATUR
VOLFING 1997, 183–187. – STACKMANN 2003. – STACKMANN 2006.

Uzt loze got dy sinne mein
Von strenger vnuernüfte sein
Daz ich gesprechen mug ein ticht
Davon dy mame werd gericht
Der tochter vnd der amen dein
Dy dich gepar an alle pein
Dy selben magjet ruf ich an
Zustewr meines tichtes pan
Darnach des waren gotes frunt
kung karlen daz sein leben kunt
Er mochte brechen vnd enbricht
Des grab im got sein war gericht
Daz er im volle geben mag
Der tugende lon vnd brüches slag

5 ✱ Der fromme Herrscher

Der Heilige Geist wischte von unserem Auge alle Tränen ab und verwandelte unsere Traurigkeit in Freude, denn dort sahen wir so viele Reliquien von Heiligen (...).

Karl IV. in einem Brief aus Trier an das Domkapitel von St. Veit in Prag, 17. Februar 1354

(...) und als der König (Karl V. von Frankreich) den Heiligen Schrein öffnete, zog der obgenannte Kaiser den Hut, faltete die Hände und betete dort lange und in Tränen gar inbrünstig. Dann ließ er sich aufheben und näher (zum Schrein) bringen, um die heiligen Reliquien zu küssen.

Die Grandes Chroniques de France über den Besuch Kaiser Karls IV. in der Sainte-Chapelle, der Kapelle des Königspalastes in Paris, 6. Januar 1378

Reliquien sind entweder körperliche Überreste von Heiligen oder Dinge, mit denen die Heiligen in Berührung gekommen waren. Das christliche Mittelalter zeichnete sich durch eine intensive Reliquienverehrung aus, denn die Reliquien sollten den kirchlichen Autoritäten zufolge die Erlösung nach dem Tod garantieren. An ihrem Aufbewahrungsort sprachen die Heiligen zu Gott und legten am Tag des Jüngsten Gerichts Fürsprache für die Seelenrettung der Auferstehenden ein.

Die Anhäufung und die öffentliche Zurschaustellung von Reliquien hatten im Konzept der monarchischen Selbstdarstellung auch eine nicht zu unterschätzende politische Bedeutung. Der Besitz einer heiligen Reliquie konnte nämlich Herrschaftsansprüche über das Gebiet zum Ausdruck bringen, aus dem der betreffende Heilige stammte. Der tiefgläubige Karl IV. war sich dieser Aspekte voll bewusst und konzentrierte sich auf den Erwerb bestimmter Reliquien, vorwiegend Passionsreliquien, die an das Leiden Christi erinnerten – wie etwa Dornen aus der Dornenkrone Christi oder Holzsplitter vom Heiligen Kreuz. Diese Reliquien sollten die Fürsprache durch Christus persönlich gewährleisten. Karl IV. war auch ein eifriger Verehrer der Jungfrau Maria, der er die neue kaiserliche Kapelle in Nürnberg weihen ließ. Die Prager Kathedrale verwandelte er hingegen in ein Zentrum der Verehrung der böhmischen Landespatrone, während er das Reich im altehrwürdigen Kaiserdom zu Aachen an der Grabstätte Karls des Großen – Namensvetters, Gründers des erneuerten Römischen Reichs und kaiserlichen Patrons Karls IV. – feierte.

Karl IV. erwarb Reliquien mit einem sprichwörtlichen Eifer, der ihm nicht immer nur Sympathien und freundliche Aufnahme einbrachte. Nicht selten traten sogar Situationen ein, in denen man dem Kaiser aus Furcht vor Entwendung wertvoller Kultgegenstände den Zutritt in eine Stadt oder ein Gotteshaus verwehrte – doch konnte er in der Regel seinen Willen doch durchsetzen.

Jiří Fajt

Prag, Veitsdom, Blick in die Nordostecke der Wenzelskapelle mit Bronzeleuchter, Statue des Landespatrons und Sakramentshäuschen • Jindřich Eckert (1833–1905), 1886 • Fotografie • Archiv hlavního města Prahy, Sign. VI 37/10

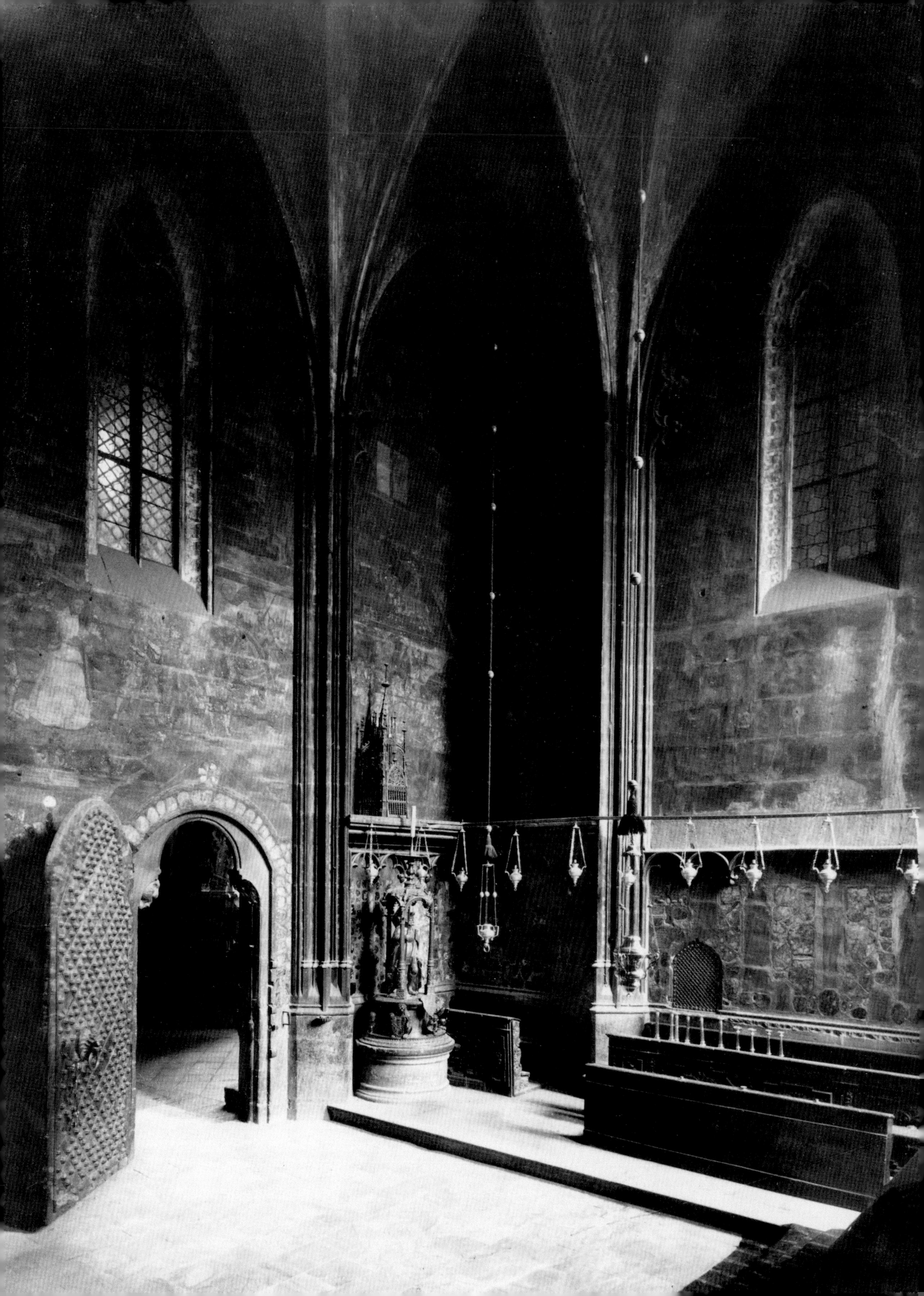

Katalog 5.1–5.24

5.1

5.1 Karl IV. legt Reliquien in das Landeskreuz

Wandmalereifragment aus dem großen Turm der Burg Karlstein.
Böhmen, Hofmaler Karls IV., 1363–64
Fresko mit Vergoldung, auf Leinwand übertragen;
H. 92 cm, B. 43 cm.
Prag, Národní památkový ústav, odborné pracoviště středních Čech, aufbewahrt in Karlstein (Karlštejn), Inv.-Nr. KA 04169.

In der 1365 geweihten Heiligkreuz-Kapelle auf Burg Karlstein ließ Karl IV. den Reliquienschatz des Königreichs Böhmen und die Reichskleinodien verwahren. Am oberen Absatz der Treppe des Großen Turms, unmittelbar vor dem Eingang in die Kapelle, ließ er sich selbst beim Einschließen einer Reliquie in das ältere so genannte böhmische Landeskreuz ins Bild setzen, das er 1357 gestiftet hatte. Drei hinter ihm stehende Bischöfe verfolgen seine Handlung, ihm gegenüber knien Elisabeth von Pommern, mit der er sich am 21. Mai 1363 vermählt hat, und zwei weitere Figuren. In vorhergehenden Wandmalereifeldern wohnen die drei verstorbenen Gattinnen Karls sowie seine Eltern und andere Vorfahren der Szene bei. Damit führte Karl die Linie der christlichen Herrscher Böhmens von sich selbst bis an den Anfang zurück; darüber hinaus vollendete er im Bild in gewisser Weise auch das Werk des Märtyrers, von dem die Reliquie stammte. Das Objekt, das Karl in Händen hält, ist transparent, also wohl ein Bergkristall-Behältnis – der Vorschlag, darin ein Reliquiar des Blutes des hl. Wenzel zu sehen, klingt überzeugend.[1]

Das in Karlstein insgesamt drei Mal dargestellte Goldkreuz von 1357 ist nicht mehr erhalten. Nachdem Karl weitere Passionsreliquien erhalten hatte, ließ er in den 1370er Jahren ein neues Goldkreuz anfertigen, das dank der tatzenförmig endenden Kreuzarme eleganter als sein Vorgänger mit Vierpassendungen erscheint.[2] Die älteren Passionsreliquien wurden in das neue Kreuz übertragen, auch der Gemmenschmuck wurde vom älteren Kreuz übernommen. Unter den translozierten Reliquien befand sich Blut vom hl. Wenzel; es hatte seinen Platz im Fuß gefunden und ist mit diesem nach der Verpfändung des Kreuzes 1473 verloren gegangen.[3]

Die Darstellung der Vera Ikon, des „wahren Abbildes" Christi inmitten von 16 Engelsköpfen, schließt den Reigen musizierender Engel ab, der den nach oben Steigenden an der Decke des Treppenaufgangs wie eine ständige Verheißung begleitet. Als 1887 mit der Restaurierung von Burg Karlstein begonnen wurde, fertigte František

Sequens, Professor an der Prager Akademie der Künste, der den leitenden Architekten Josef Mocker beim Umgang mit den Wandmalereien beriet, von den Fresken im Treppenhaus des Großen Turmes zunächst Aquarellkopien im Maßstab 1:10, später auch 1:1-Pausen an. In der Folge wurden einige der Originale nach dem Strappo-Verfahren von der Wand gelöst und auf Gipsplatten übertragen, die mit der Zeit zerfielen. Während der Restaurierung der Treppenhausfresken 1993–2000 wurden sie auf Leinwand transferiert; seither sind sie in den Räumen der Schatzkammer im Kleinen Turm ausgestellt.[4]

Christian Forster

LITERATUR
NEUWIRTH 1896, 54, 57. – DVOŘÁKOVÁ 1961, 114–116. – MARTINCOVÁ 2000. – FAJT/HLAVÁČKOVÁ 2003, 19. – NOVÁK 2003. – KUBÍNOVÁ 2006/I, 23–36. – BAREŠ/BRODSKÝ 2006.

FUSSNOTEN
1 KUBÍNOVÁ 2006/I, 29.
2 Prag, Metropolitní kapitula u sv. Víta, Inv.-Nr. K 25. Vgl. HAHNLOSER/BRUGGER-KOCH 1985, 130, Nr. 150. – BAUER/KLIMEŠ/KOPRIVA 1991, 32–34. – Ausst.-Kat. Prag 2006, 111–114, Kat.-Nr. 24 (Karel OTAVSKÝ). – KYZOUROVÁ 2012, 28–32, Kat.-Nr. 1 (Karel OTAVSKÝ).
3 Im Kreuzfuß überliefert durch das unvollständige Weisungsverzeichnis des Veitsdoms (undatiert, ausgehendes 14. Jahrhundert), fol. 57v, hg. von KUBÍNOVÁ 2006/II, 297.
4 Zur Restaurierungsgeschichte DVOŘÁKOVÁ 1961, 114–116. – MARTINCOVÁ 2000. – NOVÁK 2003. – BAREŠ/BRODSKÝ 2006.

5.2 Vera Ikon

Wandmalereifragment aus dem großen Turm der Burg Karlstein.
Böhmen, Hofmaler Karls IV., 1363–64.
Freskomalerei, auf Leinwand übertragen; H. 80 cm, B. 90 cm
Prag, Národní památkový ústav, odborné pracoviště středních Čech, aufbewahrt in Karlstein (Karlštejn), Inv.-Nr. KA 04170.
Text unter Kat.-Nr. 5.1.

Christian Forster

5.3 Doppelarmiges Kreuzreliquiar von 1711 mit Kreuzreliquie aus Kloster Pairis

Prag, 1711; die Reliquie 1354 von Karl IV. aus dem Elsass erworben.
Gold, Silber, vergoldet, Holz, Smaragde, Granate; H. 46 cm, B. 16 cm.
Inschriften: „Partes De S[ancta] Cruce D[omi]ni Jesu Christi, quas B[eata] Helena Constantinopolim, Martinus Abbas Cist:[erciensis] in Alsatiam – Inde Carolus IV. in Boemia attulit et S. Metrop[olitanae] Eccl[esi]ae: Pragensi:[s] donavit 1354". Medaillons am Fuß: DVLCe LignVM. – S[ANCTA] HELENA. – Rückseite: CAROLVS QUARTUS. – Reliquiar des 14. Jahrhunderts: + DE + LIGNO + SANCTE + CRVCIS + APPORTATVM + DE + ECCLESIA + CONSTANTINOPOLITANA + QVOD + BEATA + hELENA + IBIDEM + DIMISERAT.
Prag, Metropolitní kapitula u svatého Víta v Praze, Domschatz, Inv.-Nr. K 94.

Das barocke Kreuz mit zwei Querbalken auf hohem Fuß dient als Fassung und Monstranz für ein älteres, ebenfalls doppelkreuzförmiges Reliquiar, das zwei beachtliche Stücke vom „wahren" Kreuz Christi enthält. Karl IV. hatte es 1354 vom Abt des Zisterzienserklosters Pairis in einem Vogesental des Oberelsass geschenkt bekommen.

Das silbervergoldete Doppelkreuz mit feinem Profilrahmen ist hohl und auf der Rückseite mit einem angeschraubten Silberblech verschlossen. Auf diesem ist in der oberen Hälfte die Szene der Kreuzauffindung durch die hl. Kaiserin Helena eingraviert, der Karl IV. darunter in Orationshaltung beiwohnt. Die Insignien seines Königtums – Zepter, Schwert und Schild mit Doppeladler – zeichnen ihn aus. Von den äußeren Enden des unteren Kreuzarms blicken die Prager Dompatrone Wenzel und Adalbert auf den König. Auf der Vorderseite werden die Enden der Kreuzarme und des Schaftes durch kleine Giebelarchitekturen mit feinem Bandelwerk aus Silber, das um einen zentralen Smaragd arrangiert ist, verlängert. Der mehrfach geschweifte Fuß ist leicht gebaucht und an der Oberfläche mit getriebenem Bandelwerk dekoriert. In eine Stufe ist eine lange Reihe einzeln gefasster Granate eingelegt. Der Schaftansatz wird durch Bandelwerk und drei mit geflügelten Engelköpfen verdeckte Voluten betont. Der Schaft hat die Form einer Vase, die mit Smaragden und zwei Reihen von Granaten besetzt ist.

In das barocke Kreuz ist ein doppelkreuzförmiger Behälter aus Goldblech eingepasst (H. 22 cm, Armbreite 5,5 bzw. 10 cm), der von zwei quer übereinandergelegten und mit einer Niete fixierten Stücken aus Kiefernholz[1] bis in Höhe des oberen Querarms ausgefüllt wird. Das obere Drittel, über dessen Kreuzungspunkt eine kleine Emailplakette mit einem goldenen griechischen Kreuz vor rotem Grund aufliegt, enthält in Tücher eingewickelte Reliquien unterschiedlicher Art. Ihre Auswahl traf Johann Thomas Adalbert Berghauer, der 1711–13 im Auftrag des Dekans Pavel Josef Axlar den Heiltumsschatz des Veitsdoms neu ordnete.[2] Auf seine Stiftung geht das neue Kreuz zurück. Berghauer muss sich die schriftliche Überlieferung so gut erschlossen haben, dass es ihm möglich war, die Kreuzpartikel in ihrem goldenen doppelkreuzförmigen Behälter als Reliquie aus Pairis zu identifizieren (s. Inschriften).

Christian Forster

LITERATUR
PODLAHA/ŠITTLER 1903/I, 135, 175f. – PODLAHA/ŠITTLER 1903/II, 51–54, Nr. 29–30. – PODLAHA 1930, 59f. – OTAVSKÝ 2010, 213. – SCHMID 2011, 196f. – KYZOUROVÁ 2012, 128, Kat.-Nr. 89 (Karel OTAVSKÝ).

FUSSNOTEN
1 Bestimmung des Holzes nach PODLAHA/ŠITTLER 1903/I, 175.
2 Reliquienkatalog des Johann Thomas Adalbert Berghauer von 1711–13, zit. bei PODLAHA/ŠITTLER 1903/I, 135: „Item magnam crucem in forma crucis hispanicae [es folgt ein entsprechendes Zeichen, CF] de ligno crucis Xti, quae jacens in aurea thecula a me imposita est in crucem argenteam inauratam et pretioso labore ornatam (...)".

5.3 Vorderseite

5.3 Rückseite

5.4.a–b Quellen zur Kreuzreliquie aus dem elsässischen Zisterzienserkloster Pairis

a. Abt Johann und der Konvent von Pairis übergeben dem römischen und böhmischen König Karl IV. einen Holzsplitter vom hl. Kreuz
Kaysersberg, 20. Mai 1354.
Pergament, schwarze Tinte, Latein; anhängend zwei Siegel an Seidenfäden; H. 25,3 cm, B. 21 cm + 5 cm Plica.
Prag, Metropolitní kapitula u svatého Víta v Praze, Archiv, Sign. 231 XI 6.

b. Schenkungsurkunde Karls IV. von 1354 zur Kreuzreliquie aus Pairis
Nürnberg, 23. September 1354.
Pergament, Tinte; Wachs (Majestätssiegel, zerbrochen); B. 25,1 cm, H. 17,4 cm, Dm. Siegel 10 cm.
Prag, Metropolitní kapitula u svatého Víta v Praze, Archiv, Sign. 233 XI 7.

Seine ausgedehnte Rundreise durch den Südwesten des Reichs führte Karl IV. 1353/54 zweimal ins Elsass. Am 5. Mai 1354 urkundete er in Kaysersberg für das Zisterzienserkloster Pairis und bestätigte Privilegien und Schenkungen seiner königlichen Amtsvorgänger.[1] Am 20. Mai stellte der Abt dieses Klosters eine Beglaubigung über eine von Karl IV. erbetene Kreuzreliquie aus.[2] In seinem Schreiben versucht er, den Nachweis zu führen, dass das Kreuzesholz aus demselben tafelförmigen Reliquiar („tabula reliquiarum") stammt, das der Pairiser Abt Martin 1204 in Konstantinopel erbeuten konnte. Die Reliquie, die an Karl IV. ging, habe man aus der Rückseite der besagten Tafel herausgelöst.[3] Als Gegenleistung bestätigte der König dem Kloster am gleichen Tag eine päpstliche Bulle.[4] Erst im September schickte er den Domherrn und Propst des Breslauer Heiligkreuzstifts, Jenczo, mit dem Kreuzfragment nach Prag. In seinem Begleitbrief vom 23. September 1354 führt er gegenüber dem Erzbischof und den Mitgliedern des Domkapitels aus, dass ihn Ergebenheit und Liebe zur Prager Kirche und ihren Patronen dazu antreibe, im Heiligen Imperium Reliquien zu gewinnen. Anbei sende er ein Stück des sehr kostbaren Holzes vom lebensspendenden Kreuz, das einst Kaiserin Helena aufgefunden hatte. Es solle mit Hymnen und Gesängen empfangen und verehrt werden. Während der vier Monate, die zwischen Erhalt der Reliquie und ihrem Weiterversand nach Prag verstrichen, wurde wohl ein geeignetes Behältnis geschaffen. Karl lässt bei den Empfängern seines Schreibens jedoch den Eindruck entstehen, man habe ihm in Pairis die Kreuzpartikel „zusammen mit den goldenen Tafeln", in der sie aus Konstantinopel überführt wurde, ausgehändigt.[5] An die Kreuzauffindung durch die hl. Helena zu erinnern, ein Ereignis, dem letztlich alle kursierenden Splitter vom Kreuze Christi zu verdanken sind, hatte der Abt von Pairis nicht für nötig befunden. Karl aber hatte bereits im Februar desselben Jahres 1354 eine andere, dem Dom zu Trier von der hl. Helena persönlich geschenkte Kreuzreliquie an sich bringen können.[6] Für sein Selbstverständnis war es von Bedeutung hervorzuheben, dass seine Sammeltätigkeit an das Wirken der heiligen Kaiserin anknüpfte.

Christian Forster

LITERATUR
PEŠINA Z ČECHORODU 1673/I, 447f. – HUBER 1877, 153, Nr. 1923. – PODLAHA/ŠITTLER 1903/I, 35–37. – ERŠIL/PRAŽÁK 1956, 83, Nr. 273. – SPĚVÁČEK/ZACHOVÁ 1958–2005, 836, Nr. 1911. – OTAVSKÝ 2010, 185. – SCHMID 2011, 196f. – BAUCH 2015/I, 232f., 633.

FUSSNOTEN
1 HUGO 1731, II, 291–295. – HUBER 1877, 146, Nr. 1833. – MGH Constitutiones 11, 635, Nr. 148a.
2 Prag, Metropolitní kapitula u svatého Víta v Praze, Archiv, Sign. 231-XI, 6. – Abgedruckt bei PODLAHA/ŠITTLER 1903/I, 36, Anm. 1. – SPĚVÁČEK/ZACHOVÁ 1958–2005, 814, Nr. 1848. – OTAVSKÝ 2010, 186. – BAUCH 2015/I, 199, Anm. 149; 227.
3 Von der Schenkung einer angeblich ebenfalls originalen tafelförmigen Staurothek an König Philipp von Schwaben 1205 oder 1206, von der Gunther von Pairis berichtet, dürfte Karl nichts erfahren haben; wahrscheinlich hatte man es bewusst unterlassen, ihm die bei Gunther erwähnte Urkunde Philipps zur Bestätigung vorzulegen. ORTH 1994, 179f., c. 25.
4 HUBER 1877, 147, Nr. 1852. – MGH Constitutiones 11, 103, Nr. 174.
5 Für Hilfe bei der Übersetzung und Interpretation der mittellateinischen Quellen danke ich Mathias Lawo sehr herzlich. – Die vier goldenen „tecae" wurden nachträglich an der Tumba des hl. Wenzel angebracht, so eine handschriftliche Ergänzung zu Nr. 59 im Inventar von 1355. PODLAHA/ŠITTLER 1903/I, XIII, Anm. 7.
6 SCHMID 2006, 168–172. – OTAVSKÝ 2010, 208–211.

5.5 Reliquiar mit Seiten eines Markusevangeliums aus Aquileia

Handschrift: Aquileia, A. 6. Jh.; Reliquiar: Aquileia, 1319–32.
Schwarze Tinte auf Pergament; Samt, Glas (modern); vergoldetes Silber, getrieben und ziseliert, auf Holz; H. 32,2 cm, B. 27,2 cm (vorderer Deckel), 26,7 cm (hinterer Deckel).
Venedig, Basilica di San Marco, Museo di San Marco, Inv.-Nr. Tesoro 151.

Zu den wertvollsten Büchern des Patriarchats von Aquileia gehörte eine frühmittelalterliche Handschrift der vier Evangelien, aus der im frühen 14. Jahrhundert das Markusevangelium herausgelöst wurde, da es als eigenhändige Anfertigung des hl. Markus galt. In Aquileia habe Markus, so ging es bereits in die Legenda aurea (um 1264) ein, von seinem Evangelium eine lateinische Version – die vorliegende – hergestellt. Zur separaten Verwahrung des reliquienhaft verehrten Autographs dienten zwei Buchdeckel mit Szenen, die aus der lokalen Überlieferung zur Vita des Heiligen schöpfen.

Hinter der Auswahl des Bildprogramms scheint der zeitgenössische politische Konflikt des Patriarchats von Aquileia mit Venedig um die Vorrangstellung in Venetien, Istrien und Dalmatien zu stehen. Auf der Vorderseite erhält der vor dem thronenden Petrus kniende Evangelist den Auftrag, das Wirken Jesu in einem Buch festzuhalten, das ein aus den Wolken herabschwebender Engel schon in seinen Händen hält. Die Rückseite ist in zwei Zonen unterteilt. Oben wird die Kreuzigung Christi visualisiert, über die der hl. Markus unten Zeugnis ablegt. Daneben führt der Evangelist, der von Petrus zur Mission nach Aquileia gesandt worden sein soll, dem Apostelfürsten den hl. Hermagoras vor. Mit der Übergabe eines Krummstabes wird dieser zum ersten Bischof von Aquileia geweiht.

Auf dem Rahmen der Kreuzigungstafel weisen Adler und Zinnentürme vor gekreuzten Lilienzeptern den Stifter des Reliquiars als einen der Patriarchen von Aquileia aus der Familie der Della Torre aus, vermutlich handelte es sich um Pagano della Torre (amt. 1319–32).

Von der Reliquie selbst hatte Karl IV. im Oktober 1354 von seinem Halbbruder auf dem Patriarchenstuhl, Nikolaus von Luxemburg (amt. 1350–58), zwei Quaternen (Lagen mit vier Blättern) erfolgreich

5.4.a

5.4.b

5.5

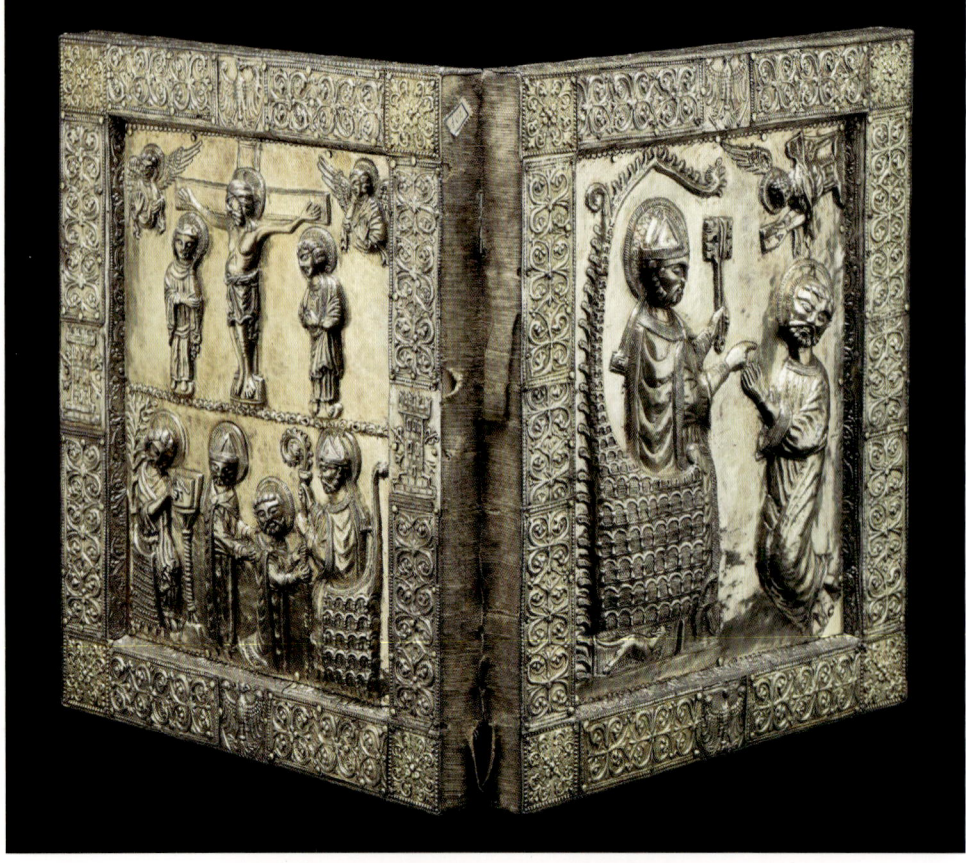

5.5 Innenansicht

zum Geschenk erbeten; 1358 wurden sie auf der Wenzelstumba im Veitsdom aufbewahrt. Wegen der drohenden Kriegsgefahr brachten die Kanoniker von Aquileia 1418 die verbliebenen fünf Quaternen nach Cividale. Zwei Jahre darauf verlangte der Doge Tommaso Mocenigo von der Stadt die Herausgabe und ließ die Reliquie des venezianischen Stadtpatrons in die Schatzkammer von San Marco überführen, wo das Pergament so stark unter Feuchtigkeit und Luftmangel litt, dass es zerfiel.

Christian Forster

LITERATUR
HAHNLOSER 1971, 151f., Kat.-Nr. 151. – Ausst.-Kat. Venedig 1994, 94f., Kat.-Nr. 5 (Hermann FILLITZ). – LUDWIG 1996. – Ausst.-Kat. Venedig 1998, 276–279, Kat.-Nr. 60 (Susy MARCON). – BRUNETTIN 2002. – SUCHÝ/VNOUČEK 2006.

5.6 Karl IV., römischer und böhmischer König, schickt der Prager Kirche zwei Quaternen des Markusevangeliums, die er als Geschenk in Aquileia erhalten hatte, samt Anweisungen zu deren Verehrung

Feltre, 31. Oktober 1354.
Pergament, schwarze Tinte; Latein; H. 23,6 cm, B. 45,2 cm + 6,5 cm Plica; anhängendes königliches Majestätssiegel aus Wachs an schwarz-gelben Seidenfäden.
Prag, Metropolitní kapitula u svatého Víta v Praze, Archiv, Sign. 235-XI/10.
Nur in Prag ausgestellt.

In der zweiten Oktoberhälfte 1354 besuchte Karl IV. den alten Patriarchensitz Aquileia in Begleitung seines Halbbruders Nikolaus, der dort seit 1350 das Amt des Patriarchen innehatte. Von der wertvollsten Reliquie vor Ort, einem als Autograph des Evangelisten Markus verehrten Evangelium (Kat.-Nr. 5.5), erhielt Karl durch nachdrückliches Bitten zwei Quaternen. Darüber berichtet der Luxemburger an den Prager Erzbischof in der vorliegenden Urkunde, die als Begleitbrief der Sendung dieser wertvollen Reliquie nach Prag beilag. Ausdrücklich erwähnt der Herrscher dabei, dass er selbst einen Eintrag auf der letzte Seite des Evangelientextes vorgenommen habe, zur ewigen Erinnerung: „in ultimo folio dictis duobus quaternis appositio regia manu nostra plene scripsimus ad rei memoriam sempiternam."

Eine am 15. November 1357 ausgefertigte Urkunde des Patriarchen Nikolaus bestätigt erneut die Echtheit des nach Prag verbrachten Evangelienteils und liefert noch weitere Details: Erstmals habe der Herrscher die Evangelienhandschrift gesehen, als sie ihm bei seinem Empfang in Udine am 14. Oktober 1354 entgegengetragen worden sei. Daraufhin habe Karl mit frommem Begehren um einen Teil davon gebeten, was man ihm nicht habe abschlagen können. Darüber hinaus verfügt der Herrscher im hier vorliegenden Dokument über den Umgang mit der heiligen Reliquie: Sie solle ehrenhaft vom Prager Klerus vor der Stadt mit einer Prozession empfangen werden, zu der alle städtischen Kleriker der niederen Weihegrade, in ihrer liturgischen Kleidung als Diakone angetan, erscheinen sollten. Außerdem sollte die Reliquie jedes Jahr an Ostern in der feierlichen Messe im Veitsdom eingesetzt werden, wobei aus dem Evangelium vorzulesen war. Hinzu kam noch eine Prozession mit der Reliquie. In einem weiteren Schriftstück bestimmte Karl, dass für das Evangelienfragment auf seine Kosten eine prächtige, mit Perlen besetzte Hülle aus Gold im Wert von 2 000 Florenen angefertigt werden solle. Diese ist heute nicht mehr erhalten, kann jedoch in den Inventaren des Veitsdoms in der zweiten Hälfte des 14. Jahrhunderts nachgewiesen werden. Am Beispiel des Markus-Evangeliums aus Aquileia lässt sich gut nachvollziehen, unter welchen Bedingungen Karl IV. Reliquien erwarb, wie sie nach Böhmen gelangten und in welchem Kontext sie dort aufbewahrt und inszeniert wurden.

Martin Bauch

5.5 / Detail

5.6

5.7

EDITION
RBM V/4, 849, Nr. 1940. – RBM VI, 393, Nr. 692.

LITERATUR
PODLAHA/ŠITTLER 1903/II, 38–39. – ERŠIL/PRAŽÁK 1956, 83, Nr. 277. – BOUILLON 1989. – WIDDER 1993, 161–171, 401–402. – OTAVSKÝ 2010. – BAUCH 2015/I, 199–270.

5.7 Markusevangelium mit autographer Anmerkung Karls IV.

Handschrift: Aquileia, A. 6. Jh.; Fol. 12v eigenhändige Anmerkung Karls IV., mit Datum 31. Oktober 1355. Pergament, Tinte; Latein; anhängendes königliches Majestätssiegel aus Wachs an schwarz-gelben Seidenfäden; 21 Blatt; H. 30,5 cm, B. 25,5 cm.
Prag, Metropolitní kapitula u svatého Víta v Praze, Bibliothek, Sign. Cim. 1.
Nur in Prag ausgestellt.

Im Oktober 1354 erhielt Karl IV. von seinem Halbbruder Nikolaus, dem Patriarchen von Aquileia, zwei Quaternen aus einer Handschrift mit dem Evangelium des hl. Markus zum Geschenk, die vor Ort als Autograph des Evangelisten selbst verehrt wurde. Die vermutlich eigenhändige Anmerkung über zwölf Zeilen beschreibt den Erwerb der als Reliquie angesehenen Schrift aus Sicht des Herrschers. Ausdrücklich wird dabei betont, dass Karl IV. selbst geschrieben hat („manu mea propria"). Auch die Formulierung „Ich, Karl" („Ego Karolus") sowie die nachträglich ergänzte Ordnungszahl hinter dem Herrschernamen sind ungewöhnlich.

Die Datierung nach Inkarnationsjahren auf 1355 sowie nach Regierungsjahren passt nicht zum Erwerbungszeitpunkt Oktober 1354. Der von B.-U. Hergemöller geäußerte Verdacht, es handele sich um eine nachträgliche Fälschung, wird aber durch die Unterschriften dreier Bischöfe entkräftet, von denen einer nur in Italien, nicht aber im Herbst 1355, im Gefolge Karls anwesend war: Egidio Boni, Bischof von Vicenza. Die beiden anderen, Markward von Randeck als Bischof von Augsburg und Johann von Neumark, Bischof von Leitomischl, waren ständige Begleiter des Herrschers.

Die vorliegende Schriftform der Semitextualis, populär im Umfeld der Pariser Universität, hat Karl vermutlich während seines Aufenthalts in Frankreich erlernt. Außerdem wurde das Evangelienfragment nicht nur bei der Wenzelstumba verwahrt, sondern regelmäßig auch liturgisch genutzt: An Ostern wurde es durch die Stadt getragen. Dies verweist auf ein hohes Interesse des Herrschers an der Handschrift, das keine nachträgliche Fälschung seiner Schrift denkbar erscheinen lässt. Die letzten Zweifel an der Echtheit beseitigt ein Brief, in dem Karl eindeutig erwähnt, dass er das Markusevangelium mit einem eigenhändigen Eintrag versehen hat.

Erklärbar sind die aufgezeigten Widersprüche und Fehler am besten so: Man geht tatsächlich von Karl IV. als eigenhändigem Autor des Eintrags aus, bezieht dabei aber ein, dass er – wie in anderen Fällen auch – schlicht Fehler bei der Datierung und selbst seinem eigenen Titel gemacht hat; diese ließen sich freilich im Fall des Markusevangeliums nicht einfach durch eine Reinschrift auf neuem Pergament korrigieren, was auch das unbeholfen eingefügte „quartus" erklären mag. Über die Motive Karls, sich auf dem Evangelienautographen zu verewigen, können nur begründete Vermutungen formuliert werden: Das – kirchenrechtlich heikle – Bedürfnis des Herrschers,

5.9

5.10

Reliquien mit eigener Hand zu berühren, ist vielfach bezeugt; eine so hochrangige Reliquie selbst zu beschreiben, muss besonders reizvoll gewesen sein. Vergleichbar ist dem das Verhalten Rudolfs IV. von Österreich: Dessen eigenhändige Anmerkungen auf Urkunden beschränken sich auf Schriftstücke, die den sakralen Bereich berühren.

Martin Bauch

LITERATUR
LINDNER 1882, 96f. – SCHRAMM/FILLITZ/MÜTHERICH 1978, 146f., Abb. 43. – LUDWIG 1996. – HERGEMÖLLER 1999, 227–230. – SCALON 1999. – SUCHÝ/VNOUČEK 2006. – BAUCH 2015/I, 233–235, 321, 651. – BAUCH 2016/I.

5.8 Broschenreliquiar der hl. Elisabeth von Thüringen (von Ungarn), sog. Croce spilla

Kreuzbrosche: 1. V. 13. Jh., Spange: Prag, nach 1357.
Silber, vergoldet, Email, Perlen und Edelsteine (Granate); H. 4,8 cm, B. 4,8 cm.
Inschrift auf der Silberplakette: ISTA RELIQVIA FUIT D[OMINAE] S[AN]C[T]A[E] ELISABE[TAE] RE[G]INA[E] UNGARI[A]E QUA[M] D[ONUM] D[EDIT] CAROLUS I[M]P[ER]ATO[R] BEATO B[ER]TRANDO [...] CORPO[R]IS BERTRANDI.
Udine, Museo del Duomo – Cattedrale, ohne Inv.-Nr.

Die Brosche der Heiligen Elisabeth von Thüringen schmückt im Dom zu Udine das Grab des seligen Bertrand, der 1334–50 als Patriarch von Aquileia amtierte.[1] Elisabeth (1207–31), eine der am meisten verehrten Heiligen des späten Mittelalters,[2] war die Tochter des ungarischen Königs Andreas II. und kam im Alter von vier Jahren an den Hof des Landgrafen Hermann I. von Thüringen. Dort wurde sie mit dessen Sohn Ludwig IV. verlobt und heiratete diesen zehn Jahren später. Als Landgräfin engagierte sie sich in einem für die Zeit ungewöhnlichen Maße karitativ, gründete ein Hospital in Marburg und wurde für diese Verdienste nach ihrem Tod 1235 heiliggesprochen.

Die eigentliche Reliquie (eine so genannte Berührungsreliquie, da sie nicht direkt vom Körper des Heiligen stammt) ist eine goldene Brosche, auf der in Kreuzesform fünf Juwelen montiert sind: Wo sich die Arme kreuzen, ist in einem goldenen viereckigen Rahmen ein blau-grüner, schildförmiger Stein eingefasst, wahrscheinlich ein Aquamarin oder Smaragd.[3] In achteckigen Fassungen sind um diesen wahrscheinlich Rubine angeordnet. Zwischen den Armen dieses Kreuzes sind vier große weiße Perlen auf feinere goldene Halterungen aufgesteckt. Zur Stabilisierung der Goldfassungen und der Perlen ist alles zusätzlich mit goldenen Schienen unterlegt.

Das Kleinod gehörte zum Schatz Elisabeths in der ihr geweihten Deutschordenskirche in Marburg/Lahn, wo es Karl IV. bei seiner vom 18.–21. Mai 1357 gemeinsam mit Königin Elisabeth von Ungarn unternommenen Wallfahrt an das Grab der Heiligen erwarb.[4] Der Kaiser ließ es dann auf die doppellagigen verzierten Plaketten aus Edelmetallen montieren. Das erste Plättchen ist ein unregelmäßiges Achteck aus Silber[5], das zweite besteht aus Gold und besitzt allseitig einen unregelmäßig ausgeführten Zungenrand. Auf der Silberplakette ist umlaufend in zwei Reihen die Inschrift angebracht, die als Authentik die Herkunft der Reliquie bestätigt und zugleich ihre Stiftung an den bereits verstorbenen Patriarchen Bertrand durch Karl IV. überliefert. Der Patriarch war 1350 in San Giorgio della Richinvelda bei Spilimbergo ermordet worden.

Karl IV. hatte Bertrand bereits während seiner Jugendzeit am Pariser Hof kennengelernt[6] und wählte nun dieses Stück wohl auch deswegen aus, weil deren ursprüngliche Besitzerin mit dem Gründer des Doms von Udine verwandt war: Berthold V., Patriarch von Aquileia (* um 1180, reg. 1218–51), war ein Onkel der Heiligen Elisabeth mütterlicherseits

5.8

5 ✻ Der fromme Herrscher 349

gewesen.[7] Es ist ein schönes Beispiel, wie gezielt und durchdacht Karl mit derartigen Geschenken umging: er huldigte zum einen den Verdiensten des verstorbenen Patriarchen und Jugendfreundes, der von aufständischen friulischen Landadeligen ums Leben gebracht worden war. Zum andern ehrte er aber durch die Schenkung einer wertvollen Reliquie der heilig gesprochenen, viel verehrten Nichte eines der Amtsvorgänger den derzeitigen Amtsinhaber, und das war sein eigener Halbbruder, Nikolaus I. (* 1322, reg. 1350–58). Er hatte den besagten Landadeligen den Kampf angesagt und ließ die Begräbnisstätte Bertrands von Aquileia in den Udineser Dom verlegen (Erhebung des Leichnams 1351, erneute Beisetzung unter großen Feierlichkeiten am 6. Juni 1353). Karl sah in Nikolaus auch im Reichsdienst eine vielversprechende Stütze: Er ernannte ihn 1354 zum Vikar von Triest, 1355 zum Vikar der Toskana und zum Generalvikar von Feltre und Belluno.[8]

Chiara Ursini

LITERATUR
KRONES 1886. – MIHALIK 1933. – APPELT 1955. – BORST 1959. – BOUILLON 1991. – INNOCENTI 2001. – BRUNETTIN 2004. – Ausst.-Kat. Eisenach 2007. – STORK 2008.

FUSSNOTEN
1 BRUNETTIN 2004.
2 Ausst.-Kat. Eisenach 2007.
3 MIHALIK 1933, 9.
4 MIHALIK 1933, 9. – BORST 1959, 452. – STORK 2008, 166. – Vgl. den Beitrag von Martin Bauch in diesem Band.
5 CICOGNARA 1827, 35.
6 STORK 2008, 166.
7 APPELT 1955.
8 KRONES 1886. – BOUILLON 1991. – INNOCENTI 2001.

5.9 Kristallkrug für eine Reliquie des Tischtuchs vom Letzten Abendmahl Jesu

Krug: Paris, 1. Hälfte 14. Jh.; Fassung: Prag, um 1350 (mit späteren Veränderungen).
Bergkristall, Silber vergoldet, Edelsteine, Perlen; H. gesamt 47 cm, H. Kristallkrug ca. 28 cm, Dm. 16 cm; Tischtuch: Leinen, L. 122 cm, B. 76 cm.
Provenienz: Reliquie Geschenk König Ludwigs I. von Ungarn an Karl IV. (1349). – Prag, Schatzkammer des Veitsdoms (Ersterwähnung im Inventar von 1354, Nr. 19).
Prag, Metropolitní kapitula u svatého Víta v Praze, Domschatz von St. Veit, Inv.-Nr. HS 003357.

Einer glaubwürdigen Quelle des 15. Jahrhunderts zufolge erhielt Karl IV. vom ungarischen König Ludwig I. die Reliquie mit einem Teil des Tischtuchs vom Letzten Abendmahl geschenkt, die 1349 nach Prag gelangte.[1] Eine von Papst Clemens VI. ausgestellte Ablassurkunde vom 3. Februar 1350 bestimmte, dass die Reliquie jeweils am Gründonnerstag während der Gottesdienste zur Anbetung ausgesetzt werden sollte. Zur Präsentation und zum Schutz der kostbaren Reliquie legte man diese in einen Henkelkrug aus reinstem Bergkristall, der zusätzlich eine Fassung aus vergoldetem Silber mit Steinbesatz erhielt. Diese Fassung wird im Inventar von 1354 bereits erwähnt: „19. Item canula magna cristallina circumdata argento deaurata cum gemmis et perlis, in qua est mensale Domini nostri ih[es]u xpi [= Christi], quam idem rex [sc. Karl IV., F. K.] donavit".[2] Die Steinfassungen und die durchbrochenen Vierpassfriese an Sockel und Deckel lassen sich gut mit anderen Werken der Prager Goldschmiedekunst der Zeit um 1350 vergleichen.[3] Bei der Deckelkalotte mit der blütenartigen Bekrönung, den zur Stabilisierung von Bruchstellen im Bereich des Henkels und des Gefäßkörpers angebrachten Manschetten und Bändern sowie wohl auch der hohen, nachgotisch wirkenden Einfassung am Hals handelt es sich um spätere Veränderungen.

Offensichtlich überließ Karl IV. dem Domschatz ein im Kontext höfischer Repräsentation und Festkultur entstandenes, ursprünglich profanes Gefäß zur Nutzung als Reliquiar. Die Fassung bietet dabei einen wichtigen „terminus ante quem" für die Datierung einer Gruppe ähnlicher Henkelkrüge aus Bergkristall (vgl. Kat.-Nr. 5.10) im Rahmen der ersten Hälfte des 14. Jahrhunderts. Weniger eindeutig sind die Anhaltspunkte zur Frage nach dem Entstehungsort dieser Gefäße. Die Perfektion, die der Steinschnitt beim Prager Krug im Hinblick auf die Facettierung und die komplizierte Henkelform zeigt, konnte nur in einer erfahrenen und leistungsfähigen Werkstatt in einem der führenden europäischen Zentren seit dem späten 13. Jahrhundert, in Venedig oder in Paris, erreicht werden. Beide Städte und deren Kultur kannte Karl IV. auch persönlich.[4] Die überzeugendsten Argumente in dieser überaus schwierigen Frage fanden bislang jene Forscher, die sich für eine Entstehung dieses Henkelkruges und der verwandter Arbeiten aus Bergkristall in Paris ausgesprochen haben (vgl. Kat.-Nr. 5.10).[5]

Franz Kirchweger

LITERATUR
LAMM 1929/30, I, 227f. – PODLAHA/ŠITTLER 1903/I, 66–68, Nr. 45–46. – PODLAHA 1905, 5. – PODLAHA 1930, 59. – Ausst.-Kat. Prag 1970, Kat.-Nr. 419. – POCHE 1971, ohne S., Abb. 6/1. – SCHRAMM/FILLITZ/MÜTHERICH 1978, 59, Nr. 31. – LEGNER 1978, 179f. – STEJSKAL/NEUBERT 1978, 86–89. – Ausst.-Kat. Paris 1981, 213f., Kat.-Nr. 172 (Daniel ALCOUFFE). – HAHNLOSER/BRUGGER-KOCH 1985, 64, 230, Nr. 488. – BAUER/KLIMEŠ/KOPŘIVA 1991, 48–50. – Ausst.-Kat. Wien 2002, 49f. (Rudolf DISTELBERGER). – OTAVSKÝ 2003, 198f. – Ausst.-Kat. Prag 2006, 154, Kat.-Nr. 42.a (Barbara DRAKE BOEHM). – DRAKE BOEHM 2006, 145. – OTAVSKÝ 2010, 198f. – KYZOUROVÁ 2012, 52, Kat.-Nr. 19 (Karel OTAVSKÝ).

FUSSNOTEN
1 OTAVSKÝ 2010, 198f.
2 PODLAHA/ŠITTLER 1903/I, Inventar I, Nr. 19; II, Nr. 68; VI, Nr. 534.
3 Vgl. Ausst.-Kat. Prag 2006, 114–116, Kat.-Nr. 25a–k (Helena KOENIGSMARKOVÁ).
4 FAJT 2006/I, 42–44.
5 ALCOUFFE 1981, 204–206. – Ausst.-Kat. Wien 2002, 49f. – Zu den besonders engen Verbindungen Karls IV. mit Paris OTAVSKÝ 1998.

5.10 Kristallkrug

Paris, 1. H. 14. Jh.
Bergkristall; H. 26,3 cm, Dm. (mit Henkel) 17,5 cm.
Provenienz: Wien, Kaiserliche Weltliche Schatzkammer (1750). – Wien, Sammlung kunstindustrieller Gegenstände (heute Kunstkammer) im Kunsthistorischen Museum (1890).
Wien, Kunsthistorisches Museum Wien, Kunstkammer, Inv.-Nr. KK 2272.

Der monolithe Krug mit Henkel gilt zu Recht als eines der bedeutendsten Zeugnisse für die hohe künstlerische und technische Perfektion, die der Hartsteinschliff im Mittelalter in Europa zu erreichen imstande war. Bereits der Verfasser des ersten bekannten Inventareintrags von 1750 betonte die außergewöhnliche Reinheit des Materials und die Tatsache, dass der facettierte Krug mit seinem Henkel aus einem Stück gearbeitet wurde: „Ein mitterer extraschön reiner mit glaten fascieten verschnitener etwas bauchiger krug mit einer handhab samt füszel von einen stuck ohne fassung".[1] Wie der Stein ist auch der Schliff absolut perfekt und zeugt von höchstem Anspruch. Die dem gebauchten Gefäßkörper aufgeschliffenen zwölf Facetten übergreifen auch die beiden dreiteiligen Wülste, die Fuß und Hals strukturieren. Der elegant geschwungene Henkel

5.11.a

mit aufgelegten kleinen Querstäben und einer Halbpalmette als unterem Ansatz zeigt fein abgefaste Kanten, die den weichen Linienfluss zusätzlich rhythmisieren. Der Umstand, dass der Mundrand keinen Wulst aufweist und alle Ränder poliert sind, macht deutlich, dass der Krug von vornherein ohne Fassung konzipiert wurde.

Hinsichtlich der Größe, der allgemeinen Form und der Gestalt des Henkels zeigt der Wiener Krug die unmittelbarsten Parallelen zu dem als Reliquiar für das Stück des Tischtuchs vom Letzten Abendmahl genutzten Krug im Prager Domschatz (Kat.-Nr. 5.9). Gegenüber der schwer verständlichen Zuweisung des Prager Krugs nach Venedig und des Wiener Stückes nach Paris durch Hans R. Hahnloser,[2] sprach sich zuletzt Rudolf Distelberger für eine Entstehung beider Werke in Paris in der ersten Hälfte des 14. Jahrhunderts aus. Schon Daniel Alcouffe hatte gegenüber älteren, von Ägypten und Süditalien bis Burgund, Prag und Venedig reichenden Lokalisierungen die Möglichkeit betont, dass ein Teil dieser monolithen Gefäße mit einem Henkel in Frankreich entstanden sein könnte, wo nicht nur entsprechende Werke erhalten blieben, sondern im 14. Jahrhundert auch vielfach in Inventaren genannt werden.[3] Distelberger ergänzte dazu den Hinweis auf eine – durch spätere Nachzeichnungen – überlieferte Darstellung in der Unterkirche der Sainte-Chapelle in Paris aus der Zeit um 1310/20, wo ein dem Prager und Wiener Krug hinsichtlich der Formgebung sehr ähnliches Gefäß zu sehen ist. Dies sowie der „höfische Anspruch des Wiener Kruges, die Nähe zum Prager Gegenstück und die Beziehung Karls IV. zu Paris" stützen seines Erachtens „hinreichend die Zuweisung an diese Metropole, die damals führend in Europa war".

Franz Kirchweger

LITERATUR
LEITNER 1870–73, 15. – FALKE 1930, 120. – PAZAUREK 1930, 156. – LÖWENTHAL 1934, 43–48. – PLANISCIG/KRIS 1935, 27, Vitr. 17, Nr. 1, 2. – WENTZEL 1939, 281–285. – STROHMER 1947, 10, 26, Abb. 2. – STROHMER 1949, 16 – Kat. Wien 1964, 8–10, Kat.-Nr. 23. – WENTZEL 1972, 67, 74. – ALCOUFFE 1981, 213f. – LEITHE-JASPER/DISTELBERGER 1982. – HAHNLOSER/BRUGGER-KOCH 1985, 230f., Nr. 489. – Ausst.-Kat. Wien 2002, 48–51, Kat.-Nr. 8 (Rudolf DISTELBERGER). – HAAG/KIRCHWEGER 2012, 61.

FUSSNOTEN
1 ZIMMERMAN 1889, Reg. 6253, CCLXXXII, Nr. 57.
2 HAHNLOSER/BRUGGER-KOCH 1985, 230f., Nrn. 488, 489.
3 ALCOUFFE 1981.

5.11.a–b Karl IV., römischer und böhmischer König, stiftet dem Veitsdom und der St. Galluskirche in der Prager Altstadt die genannten Reliquien

a. Konzept
Mainz, 2. Januar 1354; Konzept mit Autograf Karls IV.
Pergament, schwarze Tinte; Latein; Siegel des Ausstellers verloren; H. 35,2 cm, B. 44,5 cm + 5,5 cm Plica.
Prag, Metropolitní kapitula u svatého Víta v Praze, Archiv, Sign. 223 XI 1.
Nur in Prag ausgestellt.

5.12

b. Ausfertigung
Mainz, 2. Januar 1354; mit Autograph Karls IV.
Schwarze Tinte auf Pergament; H. 53,1 cm, B. 49,7 cm. Anhängendes, königliches Majestätssiegel aus Wachs an zweifarbigen Seidenfäden.
Prag, Metropolitní kapitula u svatého Víta v Praze, Archiv, Sign. 223 XI 2.
Nur in Nürnberg ausgestellt.

Am 2. Januar 1354 schickte Karl IV. dem Prager Erzbischof Ernst von Pardubitz einen Brief, der die Ankunft einer großen Zahl bedeutsamer Reliquien ankündigte. Diese hatte der Luxemburger in der zweiten Jahreshälfte 1353 in Schwaben, im Bodenseeraum, entlang des Oberrheins und im Elsass bis hin nach Mainz erhoben. Mit der Ausnahme des Schädels des hl. Gallus, zugedacht der gleichnamigen Pfarrkirche der Prager Altstadt, sollten alle Reliquien in den Besitz des Veitsdoms übergehen.

Der Brief ist zweifach überliefert: als Konzept und als erkennbar sorgfältigere Ausfertigung mit wächsernem Majestätssiegel des römisch-deutschen Königs. Eine weitere Ausfertigung des Briefs mit Goldbulle, auf die ein Dorsalvermerk (14. Jahrhundert) auf dem Konzept hinweist, ist nicht erhalten. Für die übersandten Reliquien erlangte Karl IV. noch im selben Monat einen Ablass des Papstes; der 2. Januar wurde künftig als Fest Allatio reliquiarum gefeiert.

Bemerkenswert ist darüber hinaus auf jedem der beiden Dokumente eine eigenhändige Anmerkung des Herrschers, die vom paläografischen Befund her stark dem Eintrag auf dem Markusevangelium aus Aquileia ähnelt (Kat.-Nr. 5.5). Dabei enthält die schriftliche Anmerkung auf dem Konzept offenkundige Fehler – „magius" statt „maius", „testimonio" statt „testimonium", unübliche Titulierungen wie „Bohemorum Rex" sowie ein fehlendes „semper" bei „aᵘgustus" – und auch nachträgliche, unprofessionell wirkende Korrekturen und Einfügungen. Bei der Ausfertigung sind Grammatik und Orthographie korrekt, die Titulierungen bleiben hingegen ungewöhnlich. In beiden Fällen kann aus dem großen K am Beginn des Eintrags sowie durch den Entstehungskontext und die Ähnlichkeit zu den Zeilen auf dem Evangelienautographen auf die persönliche Urheberschaft Karls geschlossen werden.

Daraus ergibt sich freilich auch das Bild, dass der Herrscher über die Gepflogenheiten seiner Kanzlei nicht gut informiert und im Latein weit weniger sicher war, als Panegyriker aus dem Umfeld des Hofs wiederholt behaupteten. Ähnliche Beobachtungen wurden bereits für die Vita Karoli Quarti angestellt. Zweifellos hat Karl IV. über eine für einen Herrscher bemerkenswerte Bildung verfügt, aber der Universalgelehrte, als den ihn voreingenommene Zeitgenossen und manche Forscher dargestellt haben, war er angesichts dieses Befundes wohl nicht.

Martin Bauch

EDITION
RBM V/4, 773–776, Nr. 1740.

LITERATUR
PODLAHA/ŠITTLER 1903/II, 26. – ERŠIL/PRAŽÁK 1956, 80, Nr. 263. – HERGEMÖLLER 1999, 248–251. – HORNIČKOVÁ 2009, 92. – OTAVSKÝ 2010, 185, 212. – SCHLOTHEUBER 2011. – SCHMID 2011. – SCHLOTHEUBER 2014. – BAUCH 2015/I, 332f. – BAUCH 2016/I.

5.12 Reliquiar in Form einer Doppelschale für den Schleier der Muttergottes

Schalen: Paris oder Venedig, 1. H. 14. Jh.; Fassung: Böhmen, 3. V. 14. Jh.
Bergkristall; Silber, vergoldet, graviert; Byssusgewebe; H. 9,5 cm, B. 20 cm.
Provenienz: Prag, Domschatz von St. Veit (Reliquie 1354 in Trier erworben).
Prag, Metropolitní kapitula u svatého Víta v Praze, Domschatz von St. Veit, Inv.-Nr. K 112.

Zwei ovale Schalen unterschiedlicher Größe wurden mittels Metallfassung nachträglich zu einem Reliquiar verbunden. In diesem wurde ein verhältnismäßig großes Tuch (40 × 80 cm) aus Byssusseide aufbewahrt, das als Marienschleier gilt. Der Wirbelschliff, der beide Kristallschalen auszeichnet, ist die aufwendigste Art der Oberflächenverzierung, die das 14. Jahrhundert entwickelt hat. Heute sind noch zwölf Gefäße mit gekrümmten Stegen, die um ein Zentrum zu rotieren scheinen, in mehreren Varianten erhalten.[1]

Beide Schalen sind so montiert, dass sie zusammen ein größeres Schaugefäß bilden. Die Fassung überspielt die Größendifferenz zwischen der unteren und der oberen Schale, indem sie einen Metallreif mit eingravierter Wellenranke zum Deckel dazunimmt. Die Fassungen, die die Lippen beider Schalen umfangen, bestehen aus blütenbesetzten Kehlen und einem kreuzschraffierten Band, in das genaste Spitzbögen einschneiden. Dieses Motiv erscheint um 1360/70 auch an anderen Werken der Prager Goldschmiedekunst.[2] Zwischen dem glatten Fuß

5.13

und der Lippenfassung der unteren Schale vermitteln Scharnierbänder, in die Kreuzschraffuren graviert sind und deren seitliche Zahnreihen ein Motiv aufgreifen, das auf dem Deckelrand als Zinnenkranz erscheint. Die Fassung, zu der auch eine Verschlussvorrichtung und zwei Griffe gehören, ist stilistisch einheitlich und vereint die beiden Kristallschalen seit dem 3. Viertel des 14. Jahrhunderts. Daher lässt sich die rätselhafte Bemerkung bei Tomáš Pešina, dass der Prager Oberstburggraf Bernhard Ignaz Graf von Martinitz (amt. 1651–85) für den Marienschleier einen „neuen Kristallbehälter machen ließ", nur so auflösen, dass das Neue in der Verbindung von Reliquie und Deckelschale bestand.[3] Wie das Kristallgefäß bis dahin genutzt wurde, ist nicht überliefert.

Schon bevor Karl IV. 1354 in Trier eine Marienschleier-Reliquie für Prag erwerben konnte (vgl. Kat.-Nr. 5.15), hatte er dem Schatz des Veitsdoms ein „peplum cruentatum", einen blutbefleckten Schleier Mariens überlassen.[4] Dass er diese Reliquie von seiner Mutter Elisabeth (Königin von Böhmen 1311–30) geerbt hatte, ist denkbar, aber nicht zu belegen.[5] Von dem Gewebe, das byzantinischen Ursprungs sein dürfte, wurden noch im 14. Jahrhunderte zwei Fragmente abgetrennt und in handlichen Reliquiaren aufbewahrt (Kat.-Nrn 5.16 und 5.17).

Christian Forster

LITERATUR
PEŠINA Z ČECHORODU 1673/I, 515f. – BOCK 1895, 18f. – PODLAHA/ŠITTLER 1903/I, 129, 184f., 186 (Abb.) und Taf. 11. – PODLAHA/ŠITTLER 1903/II, 68–71, Kat.-Nr. 47–48. – PODLAHA 1930, 42, Nr. 80b. – HAHNLOSER 1971, 164f. – SCHRAMM/FILLITZ/MÜTHERICH 1978, 61, Nr. 42. – HAHNLOSER/BRUGGER-KOCH 1985, 218, Nr. 451. – Ausst.-Kat. Venedig 1994, 203, Kat.-Nr. 86 (Franz KIRCHWEGER). – Ausst.-Kat. Wien 2002, 30, 52. – Ausst.-Kat. Prag 2006, 261, Kat.-Nr. 95 (Franz KIRCHWEGER). – Ausst.-Kat. Magdeburg 2006, 436f., Nr. V.45 (Jan MATĚJKA). – OTAVSKÝ 2010, 208, 211. – KYZOUROVÁ 2012, 51, Kat.-Nr. 18 (Karel OTAVSKÝ).

FUSSNOTEN
1 HAHNLOSER/BRUGGER-KOCH 1985, 19, 217–220, Nr. 449–460.
2 Zylinderreliquiar mit aufgesetztem Cabochon-Kreuz, Prag, Domschatz, Inv.-Nr. K 47, vgl. KYZOUROVÁ 2012, 78, Nr. 43 (Karel OTAVSKÝ). – Zylinderreliquiar, Herrieden, Pfarrei St. Veit, vgl. Ausst.-Kat. Prag 2006, 386–388, Kat.-Nr. 124 (Karel OTAVSKÝ). – Zu prüfen wäre, ob nicht auch das Armreliquiar des hl. Vigilius, Trento, Museo Diocesano Tridentino, aus Prager Fabrikation stammt; gestiftet wurde es 1368 vom Tridentiner Domherrn Giovanni da Parma, vgl. HAHNLOSER/BRUGGER-KOCH 1985, 157, Nr. 255. – Zur Person CURZEL 2001, 561–563.
3 PEŠINA Z ČECHORODU 1673, 515f.: „Aliud adhuc peplum ejusdem Intemeratae Virginis, habet Ecclesia Prag. satis longum, subtile admodum & candidum, inclusum quoque novae pyxidi crystallinae; quam fieri curaverat modernus Supremus Regni Burgravius, Excellentissimus DD. Bernardus Ignatius Comes à Martinicz."
4 Inventar von 1354, ed. PODLAHA/ŠITTLER 1903/I, III, Nr. 15. – OTAVSKÝ 2010, 201.
5 Zu Elisabeth HORNÍČKOVÁ 2009, 69–71, 91. – Unter den Reliquiengeschenken Elisabeths an Kloster Waldsassen taucht lediglich eine Partikel „de panno cruentato" auf, ed. HLEDÍKOVÁ 2007, 139f., die als Reliquie des Lendentuchs Christi am Kreuz zu verstehen ist (vgl. Kat.-Nr. 5.14).

5.13 Bergkristallschale mit Metallfuß

Bergkristall: Venedig, M. 14. Jh.; Fassung: 14. Jh. (Fuß) und später.
Bergkristall, Silber, vergoldet, Gold; H. 13,4 cm; Dm. 19,1 cm.
Provenienz: Venedig, San Marco, Domschatz (seit 1733).
Venedig, Basilica di San Marco, Museo di San Marco, Inv.-Nr. 162 (Tesoro 51).

Die auf einem hohen Fuß fixierte bauchige Schale besteht aus einem einzigen Stück reinen Bergkristalls. Sie gehört zu einer besonderen Gruppe des Zierschliffs, dem Wirbelschliff. Die konvexe Außenseite ist mit einem konzentrischen Muster aus 29 leicht gewölbten Facetten bedeckt, die sich alle in einer entschiedenen Krümmung zum Fuß hin verjüngen. Nachdem die Schale an mehreren Stellen gesprungen ist, wurde sie in der oberen Hälfte mit einer silbervergoldeten Manschette verstärkt. Diese Reparaturmaßnahme lässt sich kaum datieren, da die Manschette keine Zierformen aufweist. Das Randprofil hat außer der scharfkantigen Lippe einen unten abgeflachten und mit kurzen diagonalen Kerben akzentuierten Wulst. An ihm ist die eine Hälfte eines breiten Scharniers angelötet, das für einen nicht erhaltenen Deckel bestimmt war. Der schlanke hohle Fuß verbreitert sich nach unten und läuft in einem Sockel mit zehn Ausbuchtungen aus. An der Unterseite der Standfläche und an den einschwingenden Zargen ist zu erkennen, dass der Sockel die gotische Zierform einer zehnblättrigen Rosenblüte hat. Auf dem ausladenden Ring, mit dem der Fuß auf dem angearbeiteten Zapfen der Kristallschale aufgesteckt ist, bilden zwei versetzt-gegenständige Reihen von Kielbögen einen Fries. Die Bögen stehen auf stämmigen Basen und rahmen je ein eingestanztes Blütenmotiv, das aus einem Tropfen und zwei Schneußen zusammengesetzt ist. In die Zarge sind zwei gegenständige Reihen genaster Arkaden gestanzt – alles Formen, für die man abseits der Stätten klassisch-hochgotischer Goldschmiedekunst Vergleiche suchen muss. Durch den durchsichtigen Schalenboden ist zu erkennen, dass in das Oberlager des Fußes eine goldene Scheibe mit eingraviertem Emblem eingelegt ist. Das Tier im Wappenschild ist ein aufgerichteter, rechts gewendeter Drache mit gespreizten Flügeln in einer Gestaltung des 15. Jahrhunderts. Um wessen heraldisches Zeichen es sich handelt, ist offen.

Die Frage, welches Zentrum der Hartsteinbearbeitung Kristallgefäße mit Wirbelschliff aufbrachte, Paris oder Venedig, wird sich wohl nie beantworten lassen: Die jeweilige Konkurrenz hat sich gewiss binnen kurzer Zeit die Fähigkeit zur Nachahmung angeeignet. In beiden Städten sind Kristallschleifer in der 2. Hälfte des 13. Jahrhunderts nachgewiesen. Die räumliche Nähe Venedigs zu den Fundstätten des Quarzes in den Alpen bescherte dem kunsthandwerklichen Zentrum an der Adria einen Standortvorteil. Der große Bedarf der Höfe des französischen Königs und seiner Brüder machte eine Ansiedlung für Hartsteinschleifer und Gemmenschneider in Paris attraktiv. Weist die Fassung (Fuß) nach Venedig, dürfte das vorliegende Stück dort bereits geschliffen worden sein.

Christian Forster

5.14

5.15

LITERATUR
GALLO 1967, 353f., Nr. 123 oder Nr. 127; 371, Nr. 3. – HAHNLOSER 1971, 164f., Nr. 162 (Hans R. HAHNLOSER). – Ausst.-Kat. Venedig 1984, 311–313, Kat.-Nr. 44 (Daniel ALCOUFFE). – HAHNLOSER/BRUGGER-KOCH 1985, 217, Nr. 450. – Ausst.-Kat. Venedig 1999, 111–113 (Loretta DOLCINI).

5.14 Rahmenreliquiar mit einem Stück vom Lendentuch Christi

Prag, nach 1368; Aufhängung 1618 ergänzt.
Silber, vergoldet, Glas; Leinenstoff, unterlegtes blaues Gewebe mit Goldfäden; H. 23,4 cm, B. 16,1 cm, Hängeöse 1,8 cm.
Inschrift (Authentik): „de Panno quo Christus erat prae / cinctus in Cruce". – Inschrift (Rückseite): „DE PANNO QVO CHRISTVS / ERAT PRÆCINCTVS IN CRVCE. / 1618."
Provenienz: Prag, Domschatz von St. Veit (im Inventar seit 1368 belegt).
Prag, Metropolitní kapitula u svatého Víta v Praze, Domschatz von St. Veit, Inv.-Nr. K 203.

Ein Stück vom Lendentuch Christi soll Karl IV. schon von Papst Innozenz VI. (amt. 1352–62) bekommen haben. Der einzige Hinweis ist eine nachträgliche Bemerkung im Prager Domschatz-Inventar von 1368.[1] Zu Innozenz, der noch in Avignon residierte, hatte Karl vor seinem Zug nach Rom 1355 seinen Vertrauten, den damaligen Bischof von Minden, Dietrich von Portitz, geschickt, um Verabredungen über die anstehende Kaiserkrönung zu treffen. Bei dieser Gelegenheit könnte Dietrich die Reliquie mit auf den Weg gegeben worden sein. Als Karl IV. im Spätherbst 1368 erneut Rom besuchte, überreichte ihm der anwesende Papst, Urban V. (amt. 1362–70), ein weiteres Fragment derselben Reliquie. Es wurde in Prag in drei Stücke geteilt. Die Schenkung wurde nachträglich im Bild auf jenem Kreuz festgehalten, das den größten Teil des Stoffes unter einem Bergkristall präsentiert. Eine unter dem Reliquiendepot eingravierte Inschrift gibt an, dass hier ein Stück des blutbefleckten Lendentuchs, mit dem Christus am Kreuz hing, eingeschlossen sei. Der Augenschein bestätigt, dass das Gewebe demjenigen des Rahmenreliquiars

5.16

5.16

entspricht.[2] Unter der Glasscheibe des Letzteren liegen zwei Fragmente, die mit einem Faden zusammengehalten werden. Einige braune Tropfen sind auf der linken Hälfte auszumachen. Ein drittes Teilstück, das durch seine rötliche Färbung hervorsticht, gelangte zusammen mit einem Abschnitt des Deckschleiers der Vera Ikon in ein identisches Rahmenreliquiar (vgl. Kat.-Nr. 13.23). Eine gewebetechnische Untersuchung aller textilen Reliquien im Prager Domschatz wäre wünschenswert.

Christian Forster

LITERATUR
PODLAHA/ŠITTLER 1903/I, 179f. – PODLAHA/ŠITTLER 1903/II, 80, Nr. 56. –ŠITTLER/PODLAHA 1903, 74, Nr. 56. – PODLAHA 1930, 71f., Nr. 100d (Inv.-Nr. 79).

FUSSNOTEN
1 PEŠINA Z ČECHORODU 1673/I, 474: „Particula de panno cruentato, quo Christus fuit praecinctus in Cruce, data ab Urbano V. Carolo Imp. Romae, an. 1368. Alia de eodem panno cruentato eidem donata ab Innoc. VI. De Sudario Domini adhibito in sepultura ejus, due insignes partes.".
2 Ausst.-Kat. Prag 2006, 162–165, Kat.-Nr. 51 (Karel OTAVSKÝ). – Nahaufnahme des Stoffes bei OTAVSKÝ 2012, 14.

5.15 Kästchen mit Reliquie des blutbenetzten Marienschleiers

Prag, 14. Jh.
Silber, vergoldet, Bergkristall, Siegelwachs; Seide, Leinenstoff; H. 5,6 cm; L. 9,7 cm; B. 6,7 cm.
Provenienz: Prag, Domschatz von St. Veit (Reliquie in Trier erworben, im Inventar seit 1354 belegt).
Prag, Metropolitní kapitula u svatého Víta v Praze, Domschatz von St. Veit, Inv.-Nr. K 224.

Das glatte Kästchen aus vergoldetem Silber besitzt oben und unten ein umlaufendes, feines Randprofil. Der mit zwei Scharnieren fixierte Deckel wird durch ein Wulstprofil ausgezeichnet und besteht in der Hauptsache aus einer von einem mehrteiligen Profil eingefassten Bergkristallscheibe. In einer Ecke der etwa 0,5 cm starken Scheibe sind noch zwei Spuren des Bohrers zu sehen. Bis auf winzige Fadeneinschlüsse ist der Kristall rein und ermöglicht den Blick auf den Inhalt des Kästchens. Dieser besteht aus einer blassroten Seidenunterlage, auf der ein Stück helles Leinentuch aufliegt. Das Linnen weist mehrere große dunkle Farbstellen auf, bei denen es sich um nachträgliche Hervorhebungen älterer rostbrauner Flecken handelt.[1] Das rote Wachssiegel, mit dem das Kästchen verschlossen ist, enthält den Abdruck einer Intaglio-Gemme, in die das Bild der Kapitolinischen Wölfin, Romulus und Remus säugend, geschnitten war.

Zu den wichtigsten Erwerbungen Karls IV. im Jahre 1354 zählt ein Drittel des in der Trierer Abtei St. Maximin verwahrten Schleiers der hl. Jungfrau Maria, angeblich ein Geschenk der Kaiserin Helena. Im ersten Inventar des Prager Domschatzes von 1354 ist der Eingang der Reliquie vermerkt; damals wurde sie in einem edelsteingeschmückten Kästchen präsentiert.[2] Ausführlich schrieb Karl IV. an das Prager Domkapitel, wie er sich die künftige Verehrung des Marienschleiers vorstellte.[3] Wie in St. Maximin solle das Prager Teilstück alle sieben Jahre gewiesen werden, wofür Papst Innozenz VI. den gleichen Ablass gewährte, der in Trier zu erlangen war.[4] 1390 verkürzte Papst Bonifaz IX. auf Bitten des Prager Domkapitels den zeitlichen Abstand zwischen den

5.18

Weisungen auf drei Jahre; dabei spezifizierte er die Trierer Reliquie als Tuch, das Maria auf ihrem Haupte getragen habe, als Christus der Erlöser am Kreuze hing, wodurch es Tropfen vom Blut des Gekreuzigten aufgenommen habe.[5]

Bisher ist man bei dem Versuch, das Trierer peplum unter den vier Reliquien des Marienschleiers im heutigen Prager Domschatz zu bestimmen, von den Gefäßen ausgegangen, die in den diversen Inventaren und Weisungsordnungen aufgeführt sind. Reliquiare sind dort jedoch, wenn überhaupt, nur kursorisch beschrieben. Zudem hätte berücksichtigt werden müssen, dass vor allem die aus Karlstein überführte Sammlung einen großen Teil ihrer Edelmetallgehäuse eingebüßt hat und später „umgepackt" wurde. Vom Marienschleier ist die Hauptreliquie, von der in der 2. Hälfte des 14. Jahrhunderts das kleine Fragment (5×8 cm) in dem silbervergoldeten Kästchen irgendwann abgeschnitten worden war, verloren gegangen.[6] Da die zwei Drittel des Schleiers, die Karl in Trier zurückließ, bis heute in St. Michael in Piesport (Lkr. Bernkastel-Wittlich) erhalten geblieben sind, lässt sich ein Vergleich der Textilien anstellen.[7] Er ergibt eine Übereinstimmung mit dem Leinenfragment in dem versiegelten Kästchen. Jetzt wird auch klar, warum das Siegel das römisch-antike Hoheitsmotiv der Kapitolinischen Wölfin gewählt wurde: Es dient als Beglaubigung der Herkunft des Marienschleiers aus der Stiftungsmasse der römischen Kaiserin Helena.

Christian Forster

LITERATUR
PODLAHA/ŠITTLER 1903/I, 21, 184. – PODLAHA/ŠITTLER 1903/II, 66, Nr. 44. – PODLAHA 1930, 93f., Nr. 131c. – ŠRONĚK 2009, 119. – OTAVSKÝ 2010, 201 und Abb. 10.

FUSSNOTEN
1 PODLAHA/ŠITTLER 1903/I, 184. – Ein restauratorisches Gutachten zu Stoff und Bindung der Textilien verdanke ich der Freundlichkeit von Jana Knejfl.
2 PODLAHA/ŠITTLER 1903/I, IX, Nr. 299: „Peplum sanctae Mariae matris Domini in cista argento et gemmis circumdata et deaurata, quod in Trever habuit." – Vgl. OTAVSKÝ 2010, 210f., 222 mit Anm. 287.
3 Brief vom 17. Februar 1354, ed. PODLAHA/ŠITTLER Poklad 1903/I, 31f, Anm. 2. – SCHMID 2006, 169–172.
4 Urkunde ed. PODLAHA/ŠITTLER 1903/I, 35, Anm. 1.
5 Urkunde ed. PODLAHA/ŠITTLER 1903/I, 72, Anm. 1. – Weder wurden 1390 zwei Reliquien miteinander verwechselt, wie ŠRONĚK 2009, 119, meint, noch wurde die ursprüngliche Trierer Reliquie durch eine andere „ersetzt", wie HORNÍČKOVÁ 2009, 123f. angibt, noch wurden zwei bis dahin separate Kulte miteinander vermengt, wie BAUCH 2015/I, 336, Anm. 313, vermutet.
6 Nach 1515, vgl. Karlsteiner Inventar des Jan Stradoměrský von 1515, ed. PEŠINA Z ČECHORODU 1673/II, 412: „peplum Intemerata Virginis Gloriosae, in tabula deaurata; particula ab eadem abscissa & ablata in uno angulo, nescitur per quem. Cistula parva argentea deaurata, in qua etiam est pars pepli, in quo Beata Virgo Maria sub Cruce stetit tempore passionis Christi: ibidem apparent tres guttae Cruoris, quae de Corpore Christi effluxerunt."
7 Herzlicher Dank an Pfarrer Matthias Biegel in Piesport für die Bereitstellung von Fotos.

5.16 Pektorale mit Reliquie des Marienschleiers

Prag, 2. H. 14. Jh.
Silber, vergoldet, getrieben, graviert; Bergkristall; Byssusgewebe; H. 8,7 cm, B. 5,5 cm, T. 2,3 cm.
Inschrift der Authentik: „[De] peplo Beatiss[imae] Virg[inis] Marie".
Provenienz: Prag, Domschatz von St. Veit (Reliquie in Trier erworben, im Inventar seit 1354 belegt, Gefäß in diesem Inventar erstmals 1441 erwähnt). Prag, Metropolitní kapitula u svatého Víta v Praze, Domschatz von St. Veit, Inv.-Nr. K 58.

Der rechteckige Anhänger wird auf der Vorderseite fast vollständig von einem ovalen, leicht gewölbten Bergkristall in seiner Fassung eingenommen; in die verbliebenen Zwickelflächen sind dreiteilige, distelartige Blätter eingraviert. Der Kristall ist rein, ohne mit bloßem Auge erkennbare Wolken oder Schlieren und nur geringfügig kleiner als der Kristall im Zentrum des so genannten Reliquienkreuzes Papst Urbans V. (7,5 × 5 × 1,3 cm). Unter ihm ist ein feines, weitmaschiges Gewebe ausgebreitet, das durch eine Inschrift auf einem Papierstreifen als Partikel des Schleiers der Jungfrau Maria ausgewiesen wird. Auf der Rückseite ist eine stehende Muttergottes in inniger Beziehung zum Jesuskind in Treibarbeit und Gravur zu sehen, eine Eleousa mit Lilienzepter in der Linken vor schraffiertem Hintergrund. Sie wird an den Seiten von je einem Lilienstab flankiert, den ein Fahnenband umwindet. Im Prager Dominventar von 1441 wird das Stück zum ersten Mal erwähnt.[1]

Der große Cabochon wird von abgerundeten Zähnchen, die zwischen kreuzschraffierten Dreiecken aufragen, eingefasst. Diese Gestaltung erinnert an die Fassung der Wiener Jaspisschale (Kunstkammer, Inv.-Nr. 6699, Kat.-Nr. 12.20), die in Prag hergestellt worden sein dürfte.

Christian Forster

LITERATUR
PODLAHA/ŠITTLER 1903/I, 187. – PODLAHA/ŠITTLER, 1903/II, 132, Nr. 124 mit Fig. 111. – PODLAHA 1930, 80f., Nr. 114e. – BAUER/KLIMEŠ/KOPRIVA 1991, 23.

5.17

FUSSNOTEN
1 PODLAHA/ŠITTLER 1903/I, LXVI, Nr. 68: „Pectorale argenteum deauratum, in quo particula pepli beatae Mariae Virg."

5.17 Pyxis mit Marienschleier

14. Jh.
Kupfer, vergoldet; Byssus-Seide, Baumwolle; H. 4,6 cm (mit Öse); Dm. 5,7 cm.
Inschrift der inliegenden, mit roten Fäden fixierten, Authentik: „Peplum Beatae / Mariae Virg[inis]".
Provenienz: Prag, Domschatz von St. Veit (Reliquie in Trier erworben, im Inventar seit 1354 belegt). Prag, Metropolitní kapitula u svatého Víta v Praze, Domschatz von St. Veit, Inv.-Nr. K 295.

Die glatte Dose hat am unteren Rand ein einfaches Profil, das oben spiegelbildlich wiederholt wird. Der Deckel ist mit einem Scharnier befestigt, während ein identisches Scharnier als Verschluss dient. Die konkave, nicht vergoldete Kupferscheibe des Bodens wurde unsachgemäß angelötet. Die kleine Pyxis birgt einen grobmaschigen Seidenstoff, sicher ein Stück des größeren Textils, das zuletzt in der kristallenen Doppelschale aufbewahrt wurde (Kat.-Nr. 5.12). Das Pilgerblatt von 1690, ein Kupferstich, der erstmals eine Auswahl Prager Reliquien abbildet, zeigt die Pyxis neben dem viereckigen Kästchen (Kat.-Nr. 5.15).[1] Rückschlüsse auf die Heiltumsweisungen des 14. Jahrhunderts lassen sich daraus jedoch nicht ziehen.

Christian Forster

LITERATUR
PODLAHA/ŠITTLER 1903/I, 185. – PODLAHA/ŠITTLER 1903/II, 108f., Nr. 97. – PODLAHA 1930, 101, Nr. 138a

FUSSNOTEN
1 Abb. bei PODLAHA/ŠITTLER 1903/I, 131.

5.18 Reliquiar des hl. Wenzel aus zwei Bergkristallschalen

Bergkristall (Schliff): Paris (?) oder Venedig, 14. Jh.;
Fassung: Venedig, 2. V. 14. Jh.
Bergkristall mit Wellenschliff, Silber, vergoldet, getrieben, gegossen, graviert, Emailreste;
H. (ges.) 36 cm, B. 13 cm.
Altbunzlau (Stará Boleslav), Kolegiátní Kapitula Sv. Kosmy a Damiána.
Nur in Nürnberg ausgestellt.

Den Reliquienbehälter bilden zwei ovale Schalen aus Bergkristall, die in aufrechter Position mit gegenständigen Hohlseiten zusammengefügt wurden. Die Fassung besteht aus einem vergoldeten Silberreif; in dessen beiderseitige Kränze aus kleinen Palmetten greifen die glatt gearbeiteten Lippenränder der Schalen. Das Reliquiar steht auf einem Metallfuß mit acht einschwingenden Seiten. Bekrönt wird es von einem kunstvoll verzierten Ausguss mit Deckel auf hohem Hals. Als Henkel dienten zwei schlanke Drachen. Sie sind größtenteils weggebrochen; von dem einen ist an der Schmalseite des Behälters der schuppige Schwanz erhalten, von dem anderen der Kopf am Scharnier der Deckelöffnung. Die glatten Flächen von Fuß, Reif und Deckelhals sind mit einem Netzwerk aus gegossenen Blattranken überzogen, das, vom Grund gelöst, nur an den Rändern angenagelt ist. Seine ziselierte Blättchen trugen einst farbiges Email.

Form und Ausführung weisen eindeutig auf venezianische Goldschmiede und legen eine Datierung in das 2. Viertel des 14. Jahrhunderts nahe.[1] Es ist legitim, von den Metallarbeiten auf den Schliff zu schließen und zu folgern, dass auch die mit Wirbelschliff versehenen Kristallschalen (je 13,6 x 9,2 x 4 cm) in Venedig hergestellt wurden – vorausgesetzt, das fertige Objekt geht auf einen einzigen Entwurf zurück.

Aus der Reihe der erhaltenen Doppelgefäße des 14. Jahrhunderts fällt das Altbunzlauer Reliquiar aber wegen der senkrechten Montage zweier Einzelteile heraus. Damit es eine Flüssigkeit aufnehmen konnte, musste das Behältnis mit Wachs abgedichtet werden, wovon noch Reste festzustellen sind. Gegen die nachträgliche Montage zweier Kristallgefäße eines Prunkgedecks wie beim Prager Reliquiar des Marienschleiers spricht andererseits, dass die Schalen gestalterisch und in ihren Maßen weitgehend übereinstimmen und vor allem, dass sie ohne Fuß gearbeitet sind. Die Zweitverwendung begann demnach erst in Böhmen, wo das Gefäß „Haare, mit viel Blut des hl. Wenzel verklebt", aufnahm.[2] Eine Karaffe mochte als Reliquiar geeignet erschienen sein, weil sie die flüssige Eigenschaft des heiligen Inhalts symbolisch unterstrich.

5.19

Der hl. Wenzel (Václav) folgte seinem Vater 923/24 als Herzog von Böhmen nach und wurde nach einem Festmahl auf der Burg von Altbunzlau (Stará Boleslav, heute Stadtteil von Brandýs nad Labem) von seinem jüngeren Bruder Boleslav am 28. September 929 oder 935 ermordet. Die Tat geschah unmittelbar vor der Burgkapelle. Das dabei vergossene Blut – so malen es bereits die frühen Legenden zunehmend mirakulöser aus – blieb drei Tage am Boden haften, ließ sich erst nach mehrmaligen Versuchen von der Wand der Burgkapelle abwaschen und blieb dort für alle Zeiten sichtbar.[3] Eine bildliche Darstellung findet sich im Treppenhaus des Großen Turms von Burg Karlstein (gegen 1365).[4]

Als Blutreliquiar ist die Kristallkaraffe erst in einem Inventar von 1564 nachgewiesen.[5] Der Stifter ist nicht überliefert. Neben Karl IV. wurde zuletzt der Prager Bischof Johann IV. von Draschitz (Jan IV. z Dražice, amt. 1301–18, 1329–43) vorgeschlagen.[6] Auch wurde darauf hingewiesen, dass Blut des Heiligen schon vor dem Herrschaftsantritt Karls IV., dessen Wenzelsverehrung bis dahin ungekannte Ausmaße erreichen sollte, als Reliquie aufbewahrt wurde, zum Beispiel 1330 in der Privatsammlung des Prager Anwalts Andreas, der angibt, es vom Kustos des Klosters Strahov bekommen zu haben.[7] Als Geschenk der Schwester Karls IV., Juttas von Luxemburg (1315–49), war das Blut des Přemyslidenherzogs nach ihrer Heirat 1332 mit dem späteren König Johann II. dem Guten (* 1310, reg. 1350–64) auch in den Schatz ihres Sohnes und französischen Thronfolgers, Karls (V., * 1338, reg. 1364–80), gelangt.[8]

Christian Forster

LITERATUR
BALBÍN 1677, 38. – PODLAHA/ŠITTLER 1901, 48–50. – HUECK 1965, 3f. – HAHNLOSER 1971, 149 mit Taf. CXXXI (Hans R. HAHNLOSER). – HOMOLKA 1982, 147. – Ausst.-Kat. Venedig 1984, 313 (Daniel ALCOUFFE). – HAHNLOSER/BRUGGER-KOCH 1985, 217, Nr. 449. – Ausst.-Kat. Wien 2002, 52 (Rudolf DISTELBERGER).
– Ausst.-Kat. Caltanisetta 2004, 41, Kat.-Nr. 12 (Dana STEHLÍKOVÁ). – STEHLÍKOVÁ 2008, 65, Kat.-Nr. 11 (Dana STEHLÍKOVÁ).

FUSSNOTEN
1 Nach HUECK 1965, 3f. – HAHNLOSER/BRUGGER-KOCH 1985, 217 mit weiteren Beispielen. – Es ist nicht auszuschließen, dass die Künstler des Gefäßes Venezianer waren, die sich in Prag angesiedelt hatten, so Ausst.-Kat. Caltanisetta 2004, 41, Kat.-Nr. 12 (Dana STEHLÍKOVÁ).
2 BALBINUS 1677, 38: „habet in crystallo lucidissima inclusos S. Wenceslai crines multo sanguine concretos".
3 Ältere kirchenslavische Legende [um 940], übers. von Marvin KANTOR, in: KANTOR 1990, 64. – Passio s. Venceszlai incipiens verbis Crescente fide christiana [um 975], in: EMLER 1873/II, 187. – Avulsa igitur. Gumpoldi Mantuani episcopi Passio Venczelai martyris [973–83], EMLER 1873/I, 161.
4 VŠETEČKOVÁ 2006, 226, Taf. XXXIV.
5 RYNEŠ 1962, 300: „Sanguis s. Wenceslai in vase chrystallino circumdato argento et pede deaurato".
6 Ausst.-Kat. Caltanisetta 2004, 41, Kat.-Nr. 12 (Dana STEHLÍKOVÁ).
7 EMLER 1890, 673, Nr. 1722.
8 ŠMAHEL 2014/I, 391. – Nach GABORIT-CHOPIN 1996, 71, Nr. 665.

5.19 Gewandschließe (Reliquiar) mit Wenzelsadler

Prag (?), M. 14. Jh.; Anhängeröse modern.
Silber, vergoldet, getrieben und graviert, transluzides und opakes Email, Edelsteine, Perlen, Glas; H. 18,5 cm, B. 18,5 cm.
Inschriften auf den Authentiken: „S[an]c[t]i petri, Nicolai, Margaritae, And[ree], Martini, Laurencii, Consta[n]tii, Ypolit[i]".
Provenienz: Slg. Debruge-Duménil (1847 nachweisbar). – Slg. Soltykoff (Ankauf 1850). – Paris, Musée de Cluny (Ankauf 1861).
Paris, Musée de Cluny – Musée national du Moyen Âge, Inv.-Nr. Cl. 3292.

Die Agraffe hat eine stattliche Größe, wie sie in der 2. Hälfte des 14. Jahrhunderts gelegentlich bei Mantelschließen anzutreffen ist.[1] In die rückseitig angelöteten Führungsschienen konnten zwei Haken eingreifen, die am Mantelsaum befestigt waren; die Anhängeröse ist eine moderne Zutat. Anstelle der beliebteren Raute wurde ein auf die Spitze gestelltes Quadrat gewählt, weil sich in diese Form das figürliche Hauptmotiv, ein Adler mit ausgebreiteten Schwingen, gut einpassen ließ. Ungewöhnlich ist die Ausführung des Vierpasses, dem die Adlerplatte einbeschrieben ist.[2] Kleinere Fächerformen, aus denen miniaturhafte Maßwerkformen ausgebrochen sind, besetzen die Zwickel zwischen zwei Pässen. Alle Bögen haben Sichelform und sind mit geometrischen Mustern aus Email versehen; in den Bogenscheiteln befanden sich unter den kleinen Glaskuppeln einst Reliquienpartikel. Von ihnen künden nur noch beschriftete Papierstreifen.

Der Rumpf des Adlers ist mit 26 kleinen Granaten besetzt, auf der Brust prangt ein großer Granat-Cabochon, an Zunge, Fängen und Schwanz hängen tropfenförmige Perlen. Aus dem Kronreif, den der Adler auf dem Kopf trägt, ragt eine ovale Perle heraus. Die Flügel und der Schwanz des Tieres sind aus einem Silberblech geschnitten, dessen Oberfläche vollständig von den Fassungen der 24 Edelsteine (Saphire und Granate im Wechsel) bedeckt wird. Diese Fassungen orientieren sich an der gegen die Jahrhundertmitte in Venedig weiterentwickelten Form zweier gegeneinandergesetzter Pyramidenstümpfe, ohne diese exakt zu kopieren. Die Fassung verleiht den Steinen eine größere Wirkung, kann beliebigen Grundflächen angepasst und dabei noch zu einer lückenlosen Reihe montiert werden. Der für die Steine (Granate, Amethyste, Bergkristall, gefärbtes und ungefärbtes Glas) an den Rändern des Quadrats verwendete Fassungstyp der „einfachen Schüsselfassung" (Karel Otavský) erscheint schon in der 1. Hälfte des 14. Jahrhunderts. Daher wird eine Datierung der Schließe um die Mitte des 14. Jahrhunderts dem gleichzeitigen Auftreten beider Fassungsvarianten gerecht. Auf Prag als Entstehungsort weist die Ikonografie. Der Adler ist durch die Flammen, die in die schraffierte Quadratplatte eingraviert sind, als altes böhmisches Landeswappen zu erkennen.

Für eine norditalienische Herkunft der Agraffe scheint zu sprechen, dass der Flammenadler 1339 den Bischöfen von Trient (Trento) als Wappen verliehen wurde. Dagegen gilt es zu bedenken, dass der Trienter Adler ungekrönt ist und (heraldisch) nach rechts blickt. Würde es sich tatsächlich um dieses Wappentier handeln, wäre die Heraldik korrekt ausgeführt worden. Auch folgt aus der Präsenz von Reliquien nicht zwingend, dass die Schließe einen Besitzer aus dem geistlichen Stand hatte.[3] Ursprünglich dürfte sie für einen Fürsten, der aus Böhmen stammte oder den Namen Wenzel trug, hergestellt worden sein.

Christian Forster

LITERATUR
KRAFT 1971. – Ausst.-Kat. Nürnberg 1978, 93f., Kat.-Nr. 96 (Klaus KRAFT). – TABURET-DELAHAYE 1987, 157f. – TABURET-DELAHAYE 1989, 248–250, Nr. 131. – OTAVSKÝ 1992, 61. – Ausst.-Kat. Prag 2006, 159f., Kat.-Nr. 47 (Christine E. BRENNAN).

FUSSNOTEN
1 Skulptur der Johanna von Pfirt vom Südturm des Stephansdoms (1363), Wien, Historisches Museum der Stadt Wien.
2 Eine Schließe aus dem Schatz von Colmar hat eine verwandte Form: Paris, Musée de Cluny – Musée national du Moyen Âge, Inv.-Nr. Cl. 20672. Ausst.-Kat. Paris 1998, 242f., Kat.-Nr. 159 (Elisabeth TABURET-DELAHAYE). – TABURET-DELAHAYE 1989, 249f., verweist auf die ungarische Agraffe im Aachener Domschatz (vgl. hier Kat.-Nr. 4.9.a-b).
3 Zum Beispiel fanden sich laut Inventar von 1380 im Besitz Herzog Ludwigs von Anjou etliche „kleine Reliquiare aus Gold, die man bei sich trug". STEINGRÄBER 1956, 58.

5.20 Schmuckkästchen für Reliquien des hl. Sigismund

Norditalien, Embriachi-Werkstatt, vor 1376.
Bein auf Lindenholzkern, Intarsien und Metallpassepartout; H. 20 cm, B. 33,5 cm.
Prag, Metropolitní kapitula u svatého Víta v Praze, Domschatz, Inv.-Nr. HS 3347 (K 23).
Nur in Nürnberg ausgestellt.

Über vierzig Knochen des hl. Sigismund wurden in der großen Schmuckkassette aufbewahrt. Der von Karl IV. initiierte und immens geförderte Kult des Heiligen als böhmischer Landespatron spiegelt sich auch in der Errichtung einer Sigismundkapelle an prominenter Stelle im Veitsdom, an der Nordseite des Chors, wider. Zur Ausstattung zählten Reliquiare mit Gebeinen des Heiligen, die Karl 1355 und 1365 nach Prag überführen ließ.

Erst 1918 kam dieses reich geschmückte Kästchen während Reparaturarbeiten an der Altarmensa zum Vorschein. Dort war es in einem Bleibehälter verwahrt, der die drei Siegel Karls IV., des Prager Erzbischofs Johann Očko von Vlašim und des Domdekans Hynek von Klučov trug. Laut den darauf

5.22

befindlichen lateinischen Inschriften war die Kassette mit den Reliquien am 17. Februar 1376 in Gegenwart des Erzbischofs und des jungen böhmischen Königs Wenzel IV. hier eingelegt worden.[1]

Die Form des Kästchens erinnert an ein Haus; seine Seiten sind aus Holz mit ursprünglich partiell farbig gefassten und vergoldeten Plättchen aus Pferdeknochen verkleidet. Den dachähnlichen, konkav eingeschwungenen Aufsatz verzieren Intarsien aus Bein und Metall im dekorativen Certosa-Mosaik, an den Schmalseiten sind leere Wappenschilde platziert. Dass das Kästchen einst für den profanen Gebrauch bestimmt war, wird durch den Inhalt der Reliefs deutlich. Die Schnitzereien zeigen einzelne Szenen aus dem höfischen Leben, wie Bankett-, Jagd- und manchmal erotische Darstellungen. Minnekästchen solcher Art sind typisch für die in Florenz und später in Venedig tätige Embrachi-Werkstatt unter der Führung von Baldassare Embrachi (eigentlich: Ubriachi).[2] Der damals äußerst renommierte Familienbetrieb hatte sich auf die Produktion von Luxusgegenständen aus Bein für einen höfischen Kundenkreis spezialisiert. Gekennzeichnet waren die Werke oftmals, wie auch hier, mit kleinen Florentiner Wappenlilien. Karl IV. dürften diese kunstvollen Objekte mit ihrer raffinierten Ornamentik vielleicht schon auf seiner Italienreise 1354/55 beeindruckt haben. Ob er bereits zu diesem Zeitpunkt die Kassette erworben hatte oder später, etwa als er 1369 Baldassare zum Pfalzgrafen ernannte, bleibt unklar. Auf jeden Fall handelt es sich hierbei um eines der frühesten Werke aus diesem Künstlerkreis.[3]

Bei der Entscheidung, die Schatulle alsbald zum Reliquienbehälter umzufunktionieren, störte man sich anscheinend nicht an ihrem weltlichen Charakter. Offensichtlich war der künstlerische Wert ausreichend, um den Behälter für die Aufbewahrung der Gebeine des besonders verehrten Landespatrons zu nutzen.

Jenny Wischnewsky

LITERATUR
BENDA 1987. – TOMASI 2001, 53. – Ausst.-Kat. Prag 2006, 171, Kat.-Nr. 56 (Charles T. LITTLE).

FUSSNOTEN
1 Abschrift der Inschriften bei BENDA 1987, 483.
2 Vergleichbare Stücke werden im Museo Nazionale d'Arte Medievale e Moderna in Arezzo, in der Universitätssammlung in Bologna, im Domschatz von Amalfi, in St-Trophime in Arles sowie im Museo National de Artes Decorativas in Madrid aufbewahrt.
3 Die meisten der bekannten Objekte stammen erst aus der Zeit ab 1390.

5.21 Reliquie vom Stab des hl. Prokop

Prag, 11. Jh. und 1. H. 14. Jh.
Birkenholz, Eisen, Kupfer, Silber, getrieben und graviert; H. 14,7 cm, Dm. 2,9 cm.
Inschrift auf dem Beschlag: „BANENHEON". – Aufschrift auf dem Holz: „Baculus S[ancti] Proco[p]ij Abbati(s) – pars inferior baculi S:[ancti] Procop[i]."
Provenienz: Prag, Domschatz von St. Veit.
Prag, Metropolitní kapitula u svatého Víta v Praze, Domschatz von St. Veit, Inv.-Nr. K 227.

Zu Lebzeiten des Klostergründers Prokop († 25. 3. 1053) verwendeten die Benediktinermönche von Sázava in der Liturgie die altkirchenslavische Sprache und schrieben in glagolitischer Schrift. Da die Kurie durch diese Praxis die Einheit der römischen Kirche bedroht sah, wurden die slavischen Mönche 1096 aus Kloster Sázava vertrieben.[1] Karl IV., dessen Interesse an slavischer Liturgie bei einer Reise durch Dalmatien im April 1337 geweckt worden war, gründete 1346 im Prager Vorort Podskal ein Kloster, in dem die in Sázava unterbrochene Tradition wieder aufleben sollte, das so gen. Slavenkloster (na Slovanech; später Emmauskloster).[2] Zu dessen Patronen gehörte jener Abt Prokop, der 1204 heilig gesprochen worden war und seither zu den böhmischen Landespatronen zählt. Die Gebeine des Heiligen waren in Sázava geblieben, doch bei ihrer Erhebung zur Ehre der Altäre konnten neben dem Arm, der in den Prager Domschatz gelangte,[3] auch Kontaktreliquien geborgen werden. Unter ihnen könnte sich der Abtsstab befunden haben.

Der Stab, der seinen Träger metaphorisch als Hirten ausweist, ist das primäre Attribut des hl. Prokop in allen literarischen und bildlichen Darstellungen.[4] Die Legende enthält eine Geschichte, derzufolge der verstorbene Prokop seinem Nachfolger aus Deutschland, den der böhmische Herzog eingesetzt hatte, des Nachts mehrmals erschienen war, um ihn schließlich mit Hilfe des Stabes davonzujagen.[5]

Die Überlieferungsgeschichte der Reliquie weist eine beträchtliche Lücke auf, bis der „baculus" 1512 erstmals unter den Beständen des Prager Domschatzes erwähnt wird.[6]

Doch gibt es am Objekt selbst einen Eingriff, der auf kultischen Gebrauch zur Zeit Karls IV. zurückgehen dürfte. Mit vier Nägelchen wurde ein Silberband mit einem Kranz fünfblättriger Palmetten an dem einen Ende des Holzstabes befestigt. Eingraviert darin ist das unverständliche Wort „Banenheon", das vielleicht griechisch sein soll. Die Inschriftenform, eine gotische Majuskel mit unzialen Buchstabenanteilen, ist im ausgehenden 13. und im 14. Jahrhundert gängig.

Inschriftenträger dieser Art sind die charakteristische Zutat bei Insignien, die nachträglich als Heiligenreliquien erkannt worden sind, doch sind sie bei den intakt erhaltenen Abts- und Bischofsstäben, die heute in diversen Museen und sakralen Schatzkammern aufbewahrt werden, unter dem Nodus oder unter der Krümme zu finden. Die Ausrichtung der Buchstaben und die trotz geringer Gesamtlänge erkennbare Verjüngung des Holzes zum Inschriftenstreifen hin machen deutlich, dass der Prokopsstab das Fragment des unteren Endes eines Pedum ist. Die eiserne Spitze (stimulus), die darin steckte und den Holzstab beim Bodenkontakt schützte, ist noch vorhanden. Rätselhaft bleibt daher die um einen weiteren Eisenstift entstandene Bruchstelle am anderen Ende des Fragments. Dass an dieser Stelle ein Teilstück aus einem anderen Material angebracht gewesen sein könnte, erscheint wegen der Fragilität einer solchen Konstruktion unwahrscheinlich. Andererseits tun die Schäden an dem Stück seinem ideellen Wert keinen Abbruch, sondern befördern im Gegenteil den Glauben an seine Authentizität. Man kann sich den resoluten Umgang Prokops mit dem Stab gut vorstellen, der dort, wo der Eisenstift im Holz steckt, zu einem Riss und schließlich zu einem Ausbruch führte.

Christian Forster

LITERATUR
PODLAHA/ŠITTLER 1903/I, 198. – PODLAHA/ŠITTLER 1903/II, 89, Nr. 71. – SOMMER 2007, 195–198. – Ausst.-Kat. Prag 2011/I, 461, Kat.-Nr. VI.1.3K (Dana STEHLÍKOVÁ). – Ausst.-Kat. Prag 2014, 83, Kat.-Nr. II.12 (Petr SOMMER).

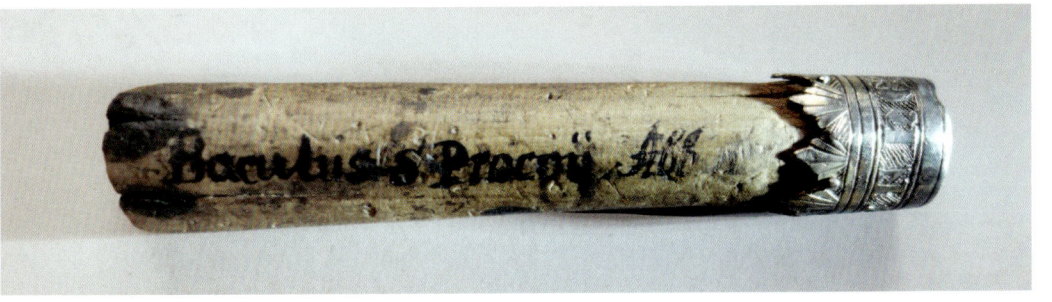

5.21

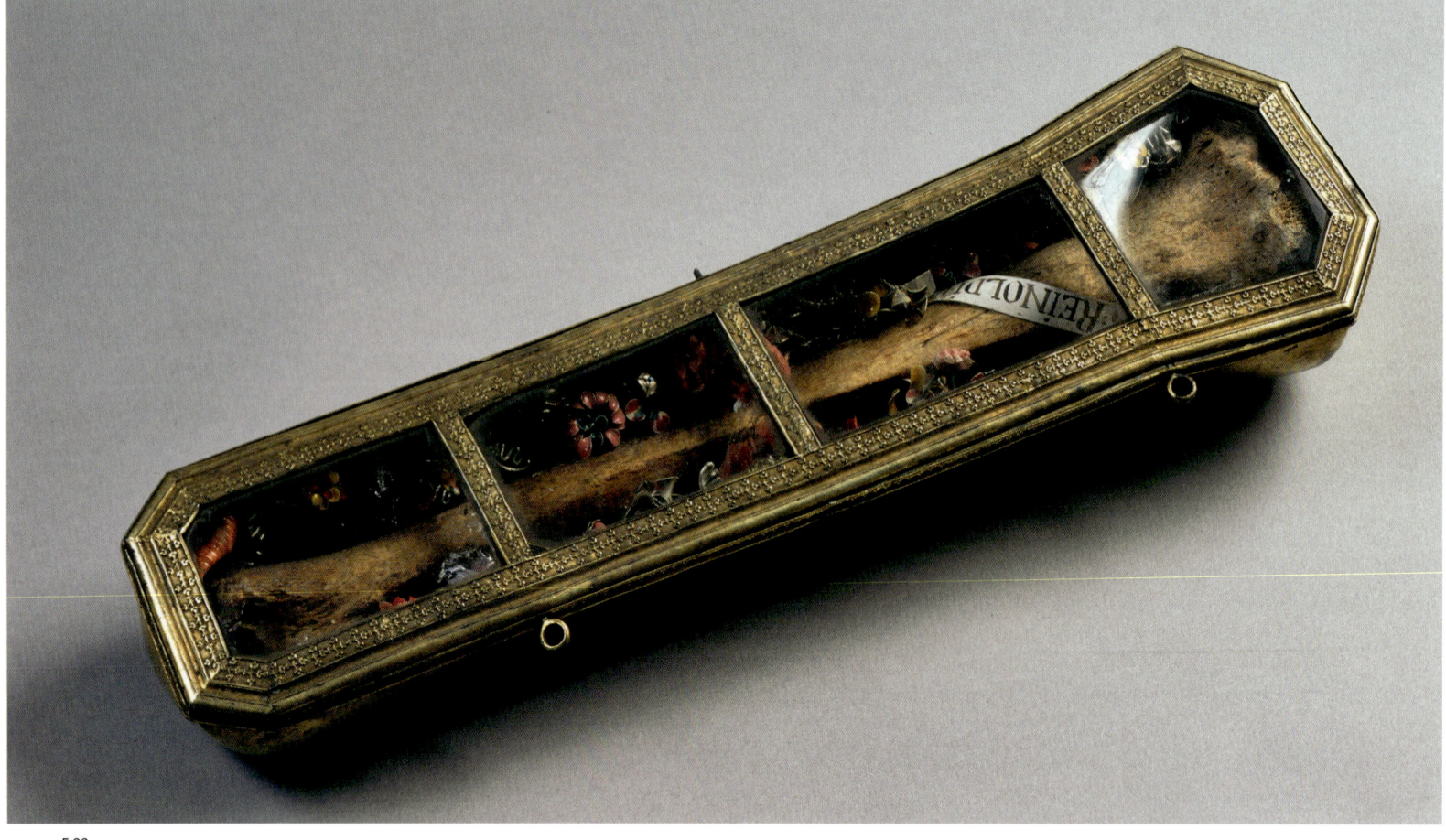

5.23

FUSSNOTEN
1 EMLER 1874/II.
2 Aufenthalt in Senj belegt durch Vita Caroli Quarti. HILLENBRAND 1979/I, 133.
3 PODLAHA/ŠITTLER 1903/I, IV, Nr. 34.
4 Z. B. in der Vision eines Ritters vor der Schlacht von Kressenbrunn in der Continuatio der sog. Cosmas-Chronik. FRB II, H. 1, 318. – Krumauer Bildercodex, Wien, Österreichische Nationalbibliothek, Cod. 370, fol. 70v Mitte–73r unten (um 1358 oder bald danach). – Altstädter Brückenturm in Prag (um 1367), Fassade, vgl. Kat.-Nr. 2.1.
5 Vita minor, c. 17. CHALOUPECKÝ/RYBA 1953, 149: „Et hic dicens, inpetuose fortissimis ictibus cambuca [cambutta], quam manu gestabat, illum ferire cepit."
6 PODLAHA/ŠITTLER 1903/I, XCVI, Nr. 64: „Postrema pars baculi s. Procopii".

5.22 Reliquie vom so genannten Stab des Moses

Mittelmeerraum, Spätantike (?).
Helles und dunkles Holz (Ebenholz?), Elfenbein;
L. 15,2 cm; B. 2,8 cm, Stab-Dm. 2 cm.
Mit Draht befestigte Papierauthentik um 1670 mit der Aufschrift: DE BACULO MOYSIS. N. 10. – Aufgeklebtes Etikett von 1903 mit Aufschrift der damaligen Inv.-Nr. 44.
Provenienz: Prag, Domschatz von St. Veit.
Prag, Metropolitní kapitula u svatého Víta v Praze, Domschatz von St. Veit, ohne Inv.-Nr.

Der Stab besteht aus vier Vierteln von je zwei verschiedenfarbigen Hölzern, die kunstvoll miteinander verzahnt wurden. An einem Ende ist ein gedrechselter Beinknauf aufgesteckt, am anderen bildet ein dreifach profilierter Ring aus Elfenbein den Abschluss. Es handelt sich um das Segment eines ursprünglich längeren Stabes, der nachträglich unter dem Ringprofil sauber abgesägt wurde. Um das Kugelstück aufstecken zu können, wurde der Holzstab im Durchmesser reduziert; er ist durch eine runde Öffnung der an diesem Ende stark abgenutzten Kugel zu sehen. Das kugelige Ende mit einem abgesetzten Ring erinnert an spätantike Zepter, wie sie auf Kaiser- und Consulardiptychen abgebildet werden.[1] Der Nodus eines Bischofsstabs sieht anders aus, auch bietet sich keine Stelle an, an der eine Krümme rekonstruiert werden könnte. Die größte formale Ähnlichkeit besteht mit dem – deutlich größeren – Elfenbeinknauf des sog. Petrusstabs im Kölner Domschatz, der als spätantiker Konsulstab gilt.[2] Eine naturwissenschaftliche Bestimmung der einzelnen Materialien ist für eine sichere Datierung des Stabfragmentes unverzichtbar, steht aber noch aus. Für ein hohes Alter spricht vor allem die Technik der kunstvollen Verzahnung zweier Holzgattungen, von denen die eine Ebenholz sein könnte.

Den Stab, mit dem Moses das Rote Meer geteilt und Wasser aus einem Felsen geschlagen hatte, registrierten verschiedene Pilger des 12. Jahrhunderts im Palast des oströmischen Kaisers.[3] Als Konstantinopel unter lateinischer Herrschaft war, gehörte er zu jenen äußerst kostbaren Reliquien, die Kaiser Balduin II. 1247 an König Ludwig IX. von Frankreich verkaufte. Bis zur Französischen Revolution wurde er in der Sainte-Chapelle des Pariser Königspalastes aufbewahrt.[4] Er hatte die Form eines Kreuzes, auf dessen Enden metallene Hülsen steckten. Von hier führt kein Weg zum Prager Fragment. Eine andere Überlieferung besagt, dass Bischof Nivelon von Soissons den Mosesstab bei der Plünderung Konstantinopels 1204 an sich nahm und ihn der Kathedrale seiner Diözese überließ.[5] Wie dieses Beutestück aussah, ist nicht bekannt.

Die böhmische Tradition wird mit dem Eintrag eines Stücks vom Stab des Moses im ersten Inventar des Prager Domschatzes von 1354 eröffnet.[6] Zusammen mit einem Laib Himmlischen Mannas befand es sich in einer kleineren Kristallkanne, die zu den Stiftungen König Karls IV. zählte. Ob Karl auch die Reliquien neu erworben oder ob er sie geerbt hatte und neu fassen ließ, bleibt offen.[7] Eine Liste von 1418 führt einen Mosesstab unter denjenigen Kunst- und Kultgegenständen auf, die man aus diversen Kirchen nach Krumau (Český Krumlov) in Sicherheit brachte, darunter solche aus der Klosterkirche Goldenkron (Zlatá Koruna).[8] Es könnte also sein, dass schon König Ottokar II. Přemysl (reg. 1253–78) in den Besitz der Reliquie gelangt war, um sie dann zwischen dem von ihm gegründeten Kloster Goldenkron und dem Prager Dom aufzuteilen. Weder die Kristallkanne, die den Prager Mosesstab im 14. Jahrhundert geborgen hatte, noch ein jüngeres Reliquiar, das vielleicht nach den Wirren der Hussitenzeit und des Dreißigjährigen Krieges hatte angeschafft werden müssen, haben sich erhalten.

Christian Forster

Literatur
PODLAHA/ŠITTLER 1903/I, 199, III, XIV, XLIX, LXVI, XCI, XCVI. – PODLAHA/ŠITTLER 1903/II, 90, Nr. 73. – Ausst.-Kat. Prag 2014, 54f., Kat.-Nr. I.32 (Dana STEHLÍKOVÁ).

FUSSNOTEN
1 VOLBACH 1976, Taf. 1–11, 16f., 19f., 22–24, 26f., 59.
2 Ausst.-Kat. Aachen 2014, Karls Kunst, 200–202, Nr. 11 (Rolf LAUER).
3 Ausst.-Kat. Paris 2001, 28, 32f. (Bernard FLUSIN).
4 Ausst.-Kat. Paris 2001, 49f., Kat.-Nr. 11 (Bruno GALLAND); 88f. (Jannic DURAND).
5 The Anonymous of Soissons. ANDREA 2000, 236f.
6 PODLAHA/ŠITTLER 1903/I, III, Nr. 18: „Item canula parva cristallina argento circumdata et deaurata, in qua est manna coeli et de virga Moysi, qua percussit petram, quam idem rex [Karolus] donavit."
7 Im Inventar von 1355 folgt auf das Reliquiar mit Manna und Mosesstab ein weiteres Kristallgefäß, welches ein anderes Stück Mannabrot enthielt („aliam libam mannatis"). Erst diese Reliquie dürfte Karl IV. 1354 in St. Maximin in Trier erworben haben. Quellen bei BAUCH 2015/I, 647. – Etliche Lese- und Nachweisfehler in Ausst.-Kat. Prag 2014, 54f., Kat.-Nr. I.32 (Dana STEHLÍKOVÁ).
8 PANGERL 1872, 383.

5.23 Reinoldus-Reliquiar[1]

Prag, nach 1377.
Silber, vergoldet, Bergkristall, Stoff, Drahtwerk und Stoffblumen; L. 43 cm; B. 12 cm; H. 6,5–7,7 cm.
Inschrift (14. Jh.) der aufgelöteten Metall-Authentik (H. 11,8 cm, B. 2,2 cm): „s[ancti] reynoldi ducis de monte / albano et comitis dordonie".
Inschrift auf Papierstreifen (17. Jh.): REINOLDI CRUS.
Provenienz: Prag, Domschatz von St. Veit.
Prag, Metropolitní kapitula u svatého Víta v Praze, Domschatz von St. Veit, Inv.-Nr. K 215.

Die Form des Reliquiars aus vergoldetem Silber wurde dem Knochen angepasst, den es umschließt: ein Schienbeinknochen (tibia), der von oben durch vier Kristallscheiben in ganzer Länge zu betrachten ist. Die Gelenkteile, die der Knochen an beiden Enden aufweist, führten an der Oberseite des Behältnisses zu polygonal ausgeführten Erweiterungen. Mit Stempelmotiven verziert sind nur die Rahmungen der Kristallscheiben und die seitliche Randleisten des Deckels, der durch das Ziehen zweier Metallstifte abgenommen werden kann. Ein seitlich angebrachtes Metallplättchen gibt auf einer Inschrift bekannt, von welchem Heiligen die Reliquie stammt: es ist der heilige Reinoldus.

Anfang November 1377 brach Kaiser Karl IV. zu einer Reise nach Frankreich auf, wo er mit seinem Neffen, dem französischen König Charles V., zu Verhandlungen zusammentreffen sollte. Von seiner norddeutschen Residenzstadt Tangermünde aus reiste er zunächst durch Westfalen und erreichte am 22. November 1377 Dortmund.[2] Am Folgetag erbat er sich Reliquien des Stadtheiligen Reinoldus und durfte eine Auswahl treffen. Sie fiel, wie eine zeitgenössische Chronik berichtet, auf „einen langen Armknochen" und „zudem noch einen anderen langen Knochen, der aber nicht so dick war".[3] Das Reinoldus-Reliquiar des Prager Domschatzes bewahrt offenbar den an zweiter Stelle genannten Knochen. Von der Arm-Reliquie und ihrer Fassung fehlt heute jede Spur. Beide Stücke waren ursprünglich in Burg Karlstein aufbewahrt worden, hatten aber zu den 90 Heiltümern gehört, die im „Prager Gnadenjahr" 1393 den Gläubigen am Veitsdom gewiesen wurden.[4]

Leider sind Vita und Offizium des Heiligen, die Karl IV. beide in Dortmund ausgehändigt wurden, nicht überliefert, und so lässt sich der Kenntnisstand des Kaisers über Leben und Wirken des Dortmunder Stadtpatrons nicht mehr in den Details nachvollziehen. Allgemein wurde der Heilige seinerzeit mit jenem Renaut de Montauban aus einem Ritterroman gleichgesetzt, der sich Karl dem Großen, der sein Onkel war, militärisch widersetzt hatte. Das Rittertum und die verwandtschaftliche Verbindung mit dem heiligen Frankenkaiser dürften Karl IV. an Reinolds Biografie mehr interessiert haben als sein Martyrium. Wenige Tage vor dem Einzug in Dortmund hatte Karl IV. das Grab Widukinds in Enger besucht und wieder herstellen lassen. Insbesondere die beiden Wappen, die er an der Tumba anbringen ließ, dasjenige des Königreichs Böhmen und dasjenige Karls des Großen, machen deutlich, dass er in dem Sachsenführer Widukind seinen Überwinder Karl den Großen ehrte, als dessen Nachfolger er sich selbst sah.[5]

Christian Forster

LITERATUR
PEŠINA Z ČECHORODU 1673/I, 503. – PODLAHA/ŠITTLER 1903/I, 117, 229. – KUBÍNOVÁ 2006/II, 297f. – BAUCH 2010, 176f. – BAUCH 2015/I, 204, 262, 453.

FUSSNOTEN
1 Ankunft Karls in Dortmund am 22.11.1377. Der Heilige galt als identisch mit Renaut de Montauban aus dem Chanson de geste und damit als Neffe Karls des Großen. Beschreibung des Einzugs bei BAUCH 2010, 175f., und LAMPEN 2006. Rolle der Reinoldus-Reliquien in Prag: erst in einem zweiten Ordo (dat. nach 1378) gewiesen.
2 Zur Route: ŠMAHEL 2014/I, 177–184. – Beschreibung des Einzugs in Dortmund bei Johannes Nedderhoff: Cronica Tremoniensium, Hg. von ROESE 1880, 58f. – Hierzu BAUCH 2010, 175f.
3 Bericht der Chronik des Dietrich Westhoff über den Besuch Kaiser Karls IV. und seiner Gemahlin 1378 in Dortmund: KLUG 2005, 157, 161f.
4 KUBÍNOVÁ 2006/II, 236f. – BAUCH 2015/I, 452f. – Oder, je nach Interpretation der Quelle, alljährlich an Mariä Himmelfahrt, Prag, Kapitulararchiv (Praha, Archiv Pražského hradu), Cod. IX, fol. 57r und 62r: „brachium Rynoldi", ed. KUBÍNOVÁ 2006/II, 297f. – Übers. (tschechisch) von PODLAHA/ŠITTLER 1903/I, 58. – Vgl. OTAVSKÝ 2006. – HORNÍČKOVÁ 2009, 123–127.
5 LAST 1978, 338.

5.24 Pilgerabzeichen von der Prager Heiltumsweisung Lanceae et Clavorum

Prag, nach 1355.
Blei; H. 6 cm, B. 3,8 cm.
Provenienz: Grabungsfund 19. Jh. – Vor 1978 im Stadtmuseum Prag.
Prag, Muzeum hlavního města Prahy, Inv.-Nr. 2369.

Pilgerzeichen geben materielles Zeugnis einer religiösen Praxis und eines Massenphänomens nicht zuletzt spätmittelalterlicher Gesellschaften. Als Erinnerungsstücke an Pilgerfahrten, den Besuch heiliger Orte wie auch als Erkennungszeichen waren sie in weiten Teilen Europas in Gebrauch. Meist in Form kleiner Plaketten, Medaillen oder Flachgüsse gearbeitet, kann ihr Bildgehalt durchaus komplex und seine Deutung mithin kontrovers sein.

Dies gilt auch für das ausgestellte Exemplar, das eine umfangreiche Forschungsgeschichte aufweist. Es ist das einzige bislang bekannte seiner Art. Ausgegeben wurde es zum Fest der Heiligen Lanze und des Nagels vom Kreuz Christi (Festum Lanceae et Clavorum), einer von Karl IV. 1354 initiierten und von Papst Innozenz IV. bestätigten jährlichen Weisung der Reichsreliquien, die wohl erstmals 1356 gefeiert wurde und in der Folge zu den größten Reliquienweisungen (ostensio reliquiarum) im nordalpinen Raum zählte. Die Reliquien wurden auf dem Viehmarkt der Prager Neustadt (dem späteren Karlsplatz) von einem hölzernen Heiltumsstuhl aus gewiesen, welcher in den 1380er Jahren durch den steinernen Zentralbau einer Fronleichnamskapelle ersetzt wurde.

Der reliefierte Blei-Zinn-Gitterguss wurde vor 1884 vermutlich auf dem Vyšehrad gefunden und 1926 erstmals publiziert. Seinen profilierten und oben halbrund schließenden Rahmen krönte ursprünglich ein krabbenbesetzter Wimperg. Verloren sind, bis auf eine, auch die zur Befestigung dienenden seitlichen Ösen. Im unteren Bereich sind nebeneinander drei Wappen angeordnet, die von links nach rechts die Schlüssel Petri, den einköpfigen Reichsadler in der zentralen Bildachse und den böhmischen Löwen zeigen. Das darüber liegende Bildfeld wird von einem lateinischen Kreuz mittig geteilt und ist von einem Dreipass überfangen. Links des Kreuzes ist eine stehende Figur durch Nimbus, Tiara, Kreuzstab und Schlüssel als heiliger Petrus markiert. Zur Rechten bildet eine die Heilige Lanze umfassende und zugleich das Kreuz verehrende Herrscherfigur mit Bügelkrone das programmatisch-kompositorische Pendant. Obwohl kniend, ist sie im Sinne der Bedeutungsperspektive gleichberechtigt gegeben und mit hoher Wahrscheinlichkeit als Karl IV. zu verstehen. Datierung und Deutung des Zeichens sind in der Forschung umstritten und vor allem mit der Frage verbunden worden, ob das Wappen mit dem Doppelschlüssel und die Petrusfigur als Signum der päpstlichen Macht oder als Symbol des Peter- und Paulsstiftes auf dem Vyšehrad zu deuten sind. Pešina und Machilek/Schlager/Wohnhaas interpretierten im Sinn einer propagierten Einheit der beiden christlichen Zentralgewalten und stellten einen Zusammenhang zum ersten Romzug Karls 1355[1] bzw. zum zweiten Romzug 1368[2] her. Bühler plädierte für einen Bezug auf das Peter- und Paulsstift. Drake Boehm wiederum erkannte in den Figuren konkret Karl IV. 1354 und Papst Innozenz IV. Die Verbindung zum Vyšehrad betonte zuletzt Soukupová, die dessen Stellung als Zentrum des Petruskultes in Böhmen, die von Karl betriebene systematische architektonisch-symbolische Wiederaufwertung und dessen Rolle als Fundort herausstellte. Zugleich wies sie auf ikonografische Gemeinsamkeiten mit dem in Vorau für die Petersbasilika gefertigten Antiphonar hin, als dessen Auftraggeber sie Johannes, den Neffen Karls und Propst von Vyšehrad, identifiziert. Koenigsmarková vermutete Karl selbst als Auftraggeber des Pilgerzeichens und verwies auf dessen technisch-formale Nähe zur Hintergrundgestaltung der Tafel mit dem hl. Simon des Meisters Theoderich (Burg Karlstein).

Dirk Suckow

LITERATUR
BÜHLER 1963, 96 mit Abb. 4. – PEŠINA 1978/II, 521–528. – MACHILEK/SCHLAGER/WOHNHAAS 1984/1985, 59. – KÜHNE 2000, 115 mit Anm. 28 und 29. – Ausst.-Kat. Prag 2006, 171, Kat.-Nr. 57 (Barbara Drake BOEHM). – KOENIGSMARKOVÁ 2006. – SOUKUPOVÁ 2015.

FUSSNOTEN
1 PEŠINA 1978.
2 MACHILEK/SCHLAGER/WOHNHAAS 1984/85.

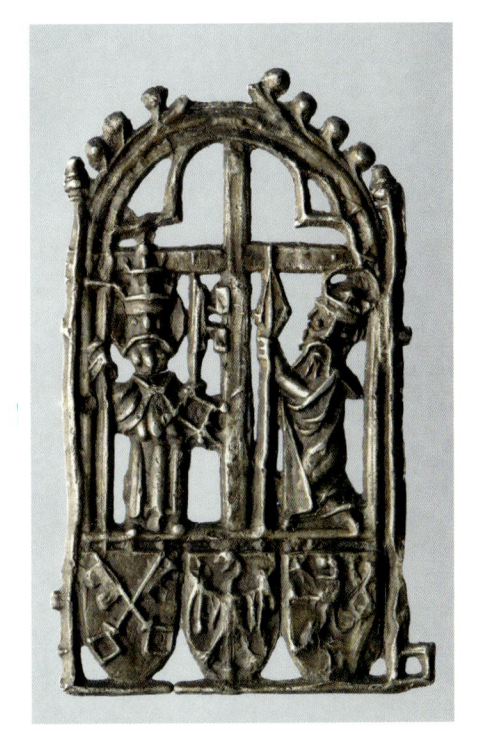

5.24

6 ✶ Karl als Sammler von Kronen

Karl regierte wie ein Löwe mehr als dreißig Jahre lang (...)

Tilemann Elhen von Wolfhagen, kaiserlicher Notar und Chronist von Limburg, Limburger Chronik, 1377–um 1400

Kaiser der Römer wirst du heißen und bloß König der Böhmen sein.

Francesco Petrarca, italienischer Humanist und Dichter, in einem Brief an Karl IV., Mailand 1355

Karl IV. war ein Kaiser auf vier Thronen und erfüllte so vollauf die Prophezeiung, die Abt Peter aus dem Benediktinerkloster von Fécamp bei einem seiner Besuche ausgesprochen hatte: „Du wirst eines Tages römischer König sein." Darauf hatte Karl geantwortet: „Aber eher wirst du Papst sein."

1346 wählte die Reichsopposition unter der Führung des Trierer Erzbischofs Balduin und mit Unterstützung des Peter von Fécamp, damals bereits Papst Clemens VI., in Rhens am Rhein den 30-jährigen Luxemburger gegen den exkommunizierten Kaiser Ludwig IV. den Bayern zum römischen Gegenkönig. Die Krönung wurde aber nicht traditionsgemäß in Aachen vollzogen, dessen Tore von den loyalen Ratsherren nicht für Karl geöffnet wurden, sondern in Bonn.

1347 wurde Karl in Prag mit der Krone des heiligen Wenzel zum zehnten König von Böhmen gekrönt. In Aachen hielt er erst 1349 Einzug, zwei Jahre nach Ludwigs unverhofftem Tod, und wurde dort am Grab Karls des Großen legitim mit einer aus Prag mitgeführten Krone gekrönt. Diese machte er anschließend symbolisch seinem Namenspatron zum Geschenk, dessen Schädel er in eine prunkvolle Goldbüste fassen ließ. Damit vollzog Karl den Schenkungsakt von Prag nach, wo er 1347 nach dem Krönungsakt die böhmische Königskrone dem hl. Wenzel widmete und sie auf der Reliquienbüste des Heiligen in der Prager Kathedrale platzierte.

Der Höhepunkt von Karls politischen Anstrengungen war die Kaiserkrönung in Rom. Nach langen Vorbereitungen begab er sich im Herbst 1354 nach Mailand, wo er im Januar darauf die Eiserne Krone der Könige der Lombardei annahm. In Rom betete er zunächst drei Tage als Pilger verkleidet an den heiligen Stätten, bevor er am 5. April 1355 triumphal die Basilika St. Peter im Vatikan betrat und sich vom Legaten des Papstes mit der altehrwürdigen Krone zum römischen Kaiser krönen ließ.

Weitere zehn Jahre danach, im Juni 1365, wurde Karl IV. in Arles zum König des Arelat (Burgund) gekrönt, was seit der Zeit Friedrichs I. Barbarossa zum ersten Mal geschah.

Jiří Fajt

Aachen, Pfalzkapelle, Königsthron Karls des Großen aus Marmor, in den 790er Jahren errichtet und bis zur Krönung Ferdinands I. 1531 als Krönungsthron verwendet • Fotografie von Helga Schmidt-Glassner (1911–1998) • Bildarchiv Foto Marburg, Foto Nr. 1 161 388

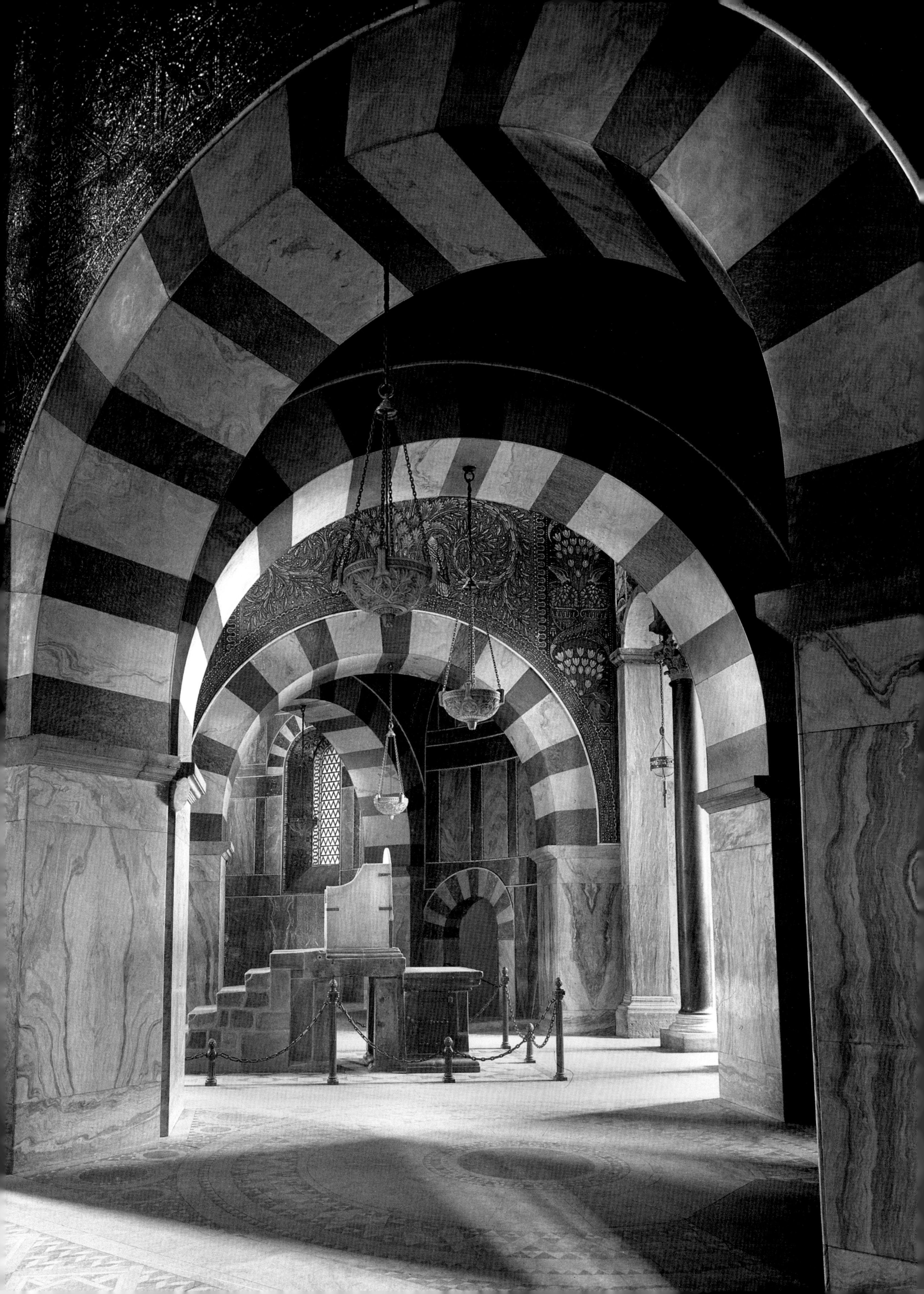

Katalog 6.1–6.16

6.1 Löwe von der Fassade des Altstädter Brückenturms

Prag, Dombauhütte zu St. Veit, 1370er Jahre.
Sandstein, später mit Stuck ergänzt; H. 70 cm,
B. 103 cm, T. 60 cm; ovaler Sockel, L. 66,5 cm, T. 36
cm. 1650 erneuert. – 1870 restauriert.
Prag, Altstädter Brückenturm, Ostfassade.
Prag, Národní muzeum, Lapidarium, Inv.-Nr. H2-180623.

Der Löwe bekrönte den Knauf auf dem Wimperg über der Hauptfigurengruppe der Stadtseite des Altstädter Brückenturms (zum Gesamtprogramm der Darstellungen Kat.-Nr. 2.1), wo sich heute eine Kopie befindet. Damit kauerte er direkt vor den Sockeln der beiden Landesheiligen Prokop und Sigismund, die den oberen Abschluss des Figurenprogramms bilden, und insofern kommt ihm eine zentrale Bedeutung zu. Keinesfalls handelt es sich um eine randständige „Drôlerie", wie man sie z. B. an Figurenkonsolen anbrachte, denn der Löwe ist hier ja allen Wappen, aber auch den thronenden Herrschern übergeordnet. Die Konsolen der beiden Heiligen direkt hinter dem Löwen zeigen bedrohliche Fratzen, die sich aus Laubkränzen nach unten wenden – sie stehen für das durch eben diese Heiligen überwundene Böse. Eine gewisse apotropäische Bedeutung wäre also eventuell auch dem Löwen zuzuschreiben, der entsprechend der christlichen Ausdeutung des antiken Physiologus als Christussymbol gedeutet werden kann. Wahrscheinlicher ist es aber, dass der ikonografische Zusammenhang mit den Heiligen darin besteht, dass man den Löwen als Herrschaftssymbol generell und zugleich als das Wappentier der Luxemburger verstehen kann, das sich unter den Schutz beider Heiliger stellt.

Eine konkrete Zuordnung als Attribut des hl. Veit in der Achse darunter, welcher unter Diokletian Löwen zum Fraß vorgeworfen wurde, ist zumindest in der heutigen Anbringung weit hergeholt. Nicht völlig auszuschließen ist, dass ursprünglich eine andere Anordnung vorgesehen war, denn über den Nacken des Löwen zieht sich eine Nut, die darauf hinzudeuten scheint, dass die Skulptur ursprünglich nicht so frei aufgestellt werden sollte wie heute. Zum Zeitpunkt der Anbringung war ihr diese Rolle dann freilich eindeutig zugedacht.

Ein echtes Wappentier ist der Löwe keinesfalls; die Deutung als böhmischer Löwe ist ohnehin auszuschließen. Wäre dieser gemeint, hätte man ihn – wie z. B. bei einer Konsolfigur am oberen Triforium des Veitsdoms – gekrönt und zweischwänzig dargestellt. Zudem kann das böhmische Wappen nicht dem Reichsadler übergeordnet werden; so ist es zum Beispiel unten, zu Seiten des hl. Veit, zu sehen. Auch ist die Gestaltung des Löwen zu unheraldisch und naturgetreu, zu lebendig blickt er nach unten in Richtung der thronenden Herrscherfiguren und der Betrachter. Dem Bildhauer muss eine ziemlich naturgetreue Wiedergabe eines männlichen Löwen vorgelegen haben, man vergleiche nur die flache Katzennase oder die Hinterbeine mit dem Schwanz. Lediglich die Mähne wurde leicht stilisiert, wobei auch hier die Haarsträhnen recht frei und locker behandelt sind.

Dass die im Umkreis der Prager Dombauhütte arbeitenden Bildhauer generell solche naturnahen Darstellungsgrundlagen nutzten, belegen die Löwen, die als Symbol der Tapferkeit und Kraft zu Füßen der verstorbenen Könige Böhmens dargestellt wurden, welche als Grabskulpturen auf den unter Karl IV. neu geschaffenen Tumben im Veitsdom liegen. Mit diesen Skulpturen besteht in der Grundauffassung eine enge Verbindung, auch wenn z. B. der Löwe zu Füßen Ottokars II. eine feinere, mehr auf Gepflogenheiten des Schönen Stils verweisende „Frisur" erhielt, bei der sich die Strähnen am Ende künstlich einringeln. Dass der Löwe vom Altstädter Brückenturm weniger schematisch gearbeitet ist, liegt sicher daran, dass er von vornherein für einen entfernteren Standort gedacht war; aber es verbindet ihn auch mit jenen plastisch-großzügig gearbeiteten Skulpturen, wie man sie am unteren Triforium des Veitsdoms jenem Bildhauer zuschreiben kann, dem man als frühestes Werk die Madonna vom Altstädter Rathaus verdankt (Kat.-Nr. 9.7). Dies wiederum deutet darauf hin, dass die Figuren des Brückenturms zwar erst bei dessen Fertigstellung unter König Wenzel IV. eingebaut wurden (wie dessen Bilddevise des Eisvogels in der Binde beidseits des Wimpergs beweist, auf dessen Spitze der Löwe angebracht wurde), dass aber die Pläne früher vorlagen – und zu diesem Zeitpunkt auch bereits Skulpturen geschaffen wurden.

Markus Hörsch

LITERATUR
Ausst.-Kat. Prag 2006, 233f., Kat.-Nr. 80.c (Dana STEHLÍKOVÁ).

6.2 Stifterbild mit Darstellungen des römischen Königs Karl IV. und seiner ersten Gemahlin Blanca von Valois vom Turm der Karmeliterkirche Maria Schnee in der Prager Neustadt

Prag, nach 1347.
Sandstein, aus vier Teilen bestehend: Gottes Gnadenthron (Oberteil), H. 188 cm, B. 135 cm, T. 12 cm (Inv.-Nr. VP 315); kniende Stifterfigur (Karl IV.) – Seitenteil, H. 135 cm, B. 123 cm, T. 11 cm (Inv.-Nr. VP 316); Marienkrönung (Mitte), H. 138 cm, B. 136 cm, T. 15 cm (Inv.-Nr. VP 317); kniende Stifterfigur (Blanca von Valois) – Seitenteil, H. 113 cm, B. 119 cm, T. 13 cm (Inv.-Nr. VP 318). H. gesamt 326 cm, B. gesamt 376 cm.
Provenienz: Prag, ehem. Karmeliterkirche Maria Schnee, Treppenturm.
Prag, Böhmisch-mährische Provinz des hl. Wenzel und des Ordens der Minderen Brüder – Franziskaner, als Leihgabe in der Národní galerie v Praze, Inv.-Nr. VP 315-VP 318.
Nur in Prag ausgestellt.

Als monumentalster Sakralbau der Prager Neustadt war das Karmeliterkloster mit der Kirche Maria Schnee geplant. Papst Clemens VI. gestattete durch die Urkunde vom 29. März 1346 die Niederlassung der Karmeliten in Prag. Karl IV. gründete das Kloster am Tag nach seiner Krönung – am 3. September 1347 – in unmittelbarer Nachbarschaft zur Altstadt. Für den Dachstuhl der Klosterkirche stiftete er das Holz des Podiums, auf dem das Krönungsfestmahl stattgefunden hatte.

6.1

6.2

Ein bildlicher Nachhall von Karls Krönung findet sich in der Ikonografie des Reliefs des sog. Tympanons der Kirche Maria Schnee. Ursprünglich waren die erwähnten Reliefs nicht etwa Bestandteile des Tympanons, wie die ältere Literatur in Erwägung zieht, sondern gehörten, wie wir aus historischen Quellen wissen, zur Fassadenverzierung des großen Turms im Klosterkomplex. Nach dem Abriss des Turms wurden die Reliefs sekundär zu einem dreieckigen Tympanon zusammengefügt und über der Pforte zum Klosterareal angebracht. Wir gehen davon aus, dass die Turmverzierung in drei durch unterschiedlich profilierte Gesimse voneinander getrennte Geschosse gegliedert war. Über dem Durchgang, im Untergeschoss links über dem Gesims, kniete die böhmische Königin Blanca von Valois, zu ihren Füßen ein heraldischer Schild mit dem böhmischen Löwen, rechts dann der römisch-deutsche und böhmische König Karl IV., zu seinen Füßen ein heraldischer Schild mit dem Reichsadler. Zwischen ihnen knieten betende Karmeliten (Figuren verloren). Im zweiten Turmgeschoss dominierte die Marienkrönung. Die Figuren Christi und Mariens waren durch einen Baum mit beschnittenen Ästen (Verweis auf den Lebensbaum) voneinander getrennt. Die links angebrachte Maria war von einem Heiligenschein aus Sonnenstrahlen umgeben und saß auf einem Löwen, während Christus rechts auf einem Adler thronte. Im dritten Geschoss befand sich ein Relief mit dem Motiv der Hl. Dreifaltigkeit vom Typ Gnadenthron. Die Marienkrönung verwies auf die Gestaltung der Wimperge am Mittelportal der Krönungskathedrale der französischen Könige in Reims. Blanca von Valois ist mit dem Löwenwappen an der Seite der auf einem Löwen sitzenden Madonna abgebildet, während Karl IV. mit dem Adlerwappen sich an der Seite Christi befindet. Die Darstellung der auf dem Löwen thronenden Maria ist ein wichtiges Argument für die Hypothese, dass der Typus der sog. „Löwen-Madonna" in Böhmen entstand (Robert Suckale). Die Reliefs wurde Mitte des 14. Jahrhunderts von einem Künstler gemeißelt, der mit der Kunst Süddeutschlands vertraut war (vgl. z. B. das Relief mit der Hl. Dreifaltigkeit vom Typus des Gnadenstuhls aus der Bürgerspitalkirche zum Heiligen Geist in Würzburg, um 1345, heute Mainfränkisches Museum, Würzburg).

Jan Royt

LITERATUR
VYSKOČIL 1947, 55–57. – DENKSTEIN 1958, 53. – BLAŽÍČKOVÁ 1973. – KUTAL 1973. – MAYER 1974. – ČERNÁ 1980. – JUDL 1981. – SCHWARZ 1986, 334. – DENKSTEIN 1993. – FAJT/SRŠEŇ 1993, Nr. 126. – FAJT/HLAVÁČKOVÁ/ROYT 1993/94, 16–27. – ROSARIO 2000, 129.

6.3 Krone des römisch-deutschen Königs Karl IV.

Prag, vor 1349.
Silber, vergoldet, Kameen, antike Intaglien und Edelsteine; H. 35 cm, Dm. 21 cm; an den Seiten der Kronreifs Öffnungen für die Anbringung von Pendilien; der hohe Bügel mit Kreuz erstmals 1442 archivalisch belegt.
Büstenreliquiar Karls des Großen, Aachen, nach 1349. Silber, teilweise vergoldet, mit Metallapplikationen in Form eines Adlers, Edelsteine, Email; H. 86,3 cm, B. 57,2 cm, T. 33 cm; 1870 von August Witte restauriert, 1926 jüngerer Lack vom Inkarnat entfernt.
Provenienz: Nach 1349 Anbringung auf der Reliquienbüste Karls des Großen im Aachener Dom.
Aachen, Domkapitel Aachen, Münster – Schatzkammer, Inv.-Nr. G 69.
Nur in Prag ausgestellt.

Das Liliendiadem mit antiken Kameen und Edelsteinen ließ Karl IV. mit großer Wahrscheinlichkeit bei den Prager Hofgoldschmieden anfertigen. 1349 reiste er mit der Krone nach Aachen und ließ sich am 25. Juli symbolisch über dem Grab Karls des Großen, des Begründers des Heiligen Römischen Reichs, zum römisch-deutschen König krönen. Für ihre Prager Herkunft spricht der ungewöhnlich

6.3 Krone des römisch-deutschen Königs Karl IV. • Prag, vor 1349 • Silber, vergoldet, Kameen, antike Intaglien und Edelsteine • Aachen, Domkapitel Aachen, Münster – Schatzkammer, Inv.-Nr. G 69

große Durchmesser der Krone, der mit Karls festgestellten Kopfmaßen übereinstimmt: Der Durchmesser der Krone von 21 cm bedeutet ein Randmaß von unglaublichen 66 cm (!). Dies entspricht genau den Ergebnissen der anthropologischen Untersuchung von Karls sterblichen Überresten, wonach der Schädel des Kaisers groß und stark mit hohen und mächtigen Gesichtsknochen war und von Stirn zu Scheitel 67 cm maß.[1] Die Aachener Krone ist also wesentlich größer als etwa die Reichskrone und dürfte daher für Karl IV. „maßgeschneidert" worden sein. Für Prag als Herstellungsort spricht auch die Goldschmiedekunst, vor allem die kelchartigen Fassungen der Edelsteine und Gemmen, die – mit festen Krallen (Krappen) eingefasst – über der glatten Goldfläche zu schweben scheinen. Diese Goldschmiedetechnik erinnert auffällig an die einige Jahre ältere Prager Wenzelskrone (angefertigt 1344/45). Die Verwendung antiker Gemmen und Kameen verweist auf die Herrschertradition des antiken Rom, auf den großen Feldherrn und Politiker Julius Caesar, der den späteren römischen Herrschern ihren Titel gab (Caesar = Kaiser), und auf den ersten römischen Kaiser Augustus, zu dem sich Karl der Große und seine Nachfolger auf dem Thron des Heiligen Römischen Reichs nördlich der Alpen programmatisch bekannten. Es ist unklar, ob die Krone von Anfang an über einen Mittelbügel mit Kreuz verfügte, aber spätestens 1442 war dies der Fall.[2] Die Bügelkrone ist kein der Kaiserikonografie vorbehaltenes Motiv, wie andere ähnlich gebaute Königskronen – u. a. die Wenzelskrone – belegen. Diese könnte von Karl IV. nicht nur nach dem Vorbild der ohne Mittelbügel gestalteten französischen Krone, sondern gerade auch nach den Bügelkronen der römischen Könige in Auftrag gegeben worden sein. Im Hoch- und Spätmittelalter war die Verwendung einer solchen Krone, wohl gleich in mehreren Ausfertigungen, für die römisch-deutschen Könige üblich.[3]

Karl IV. schenkte die Lilienkrone nach dem Krönungsakt der Krönungskirche der römisch-deutschen Könige in Aachen bzw. Karl dem Großen, dem Gründer des neuzeitlichen Römischen Reichs, seinem Lieblingsvorgänger, Namensvetter und verehrten Patron, dessen Schädelkalotte die kostbarste Reliquie war, die im dortigen Heiltumsschatz aufbewahrt wurde. Im gleichen Maß, wie Karl IV. seinen römischen Vorgänger verehrte, glaubte er an das wundertätige Wirken des hl. Wenzel, Hauptpatron des böhmischen Königreichs. Der Verehrung dieser beiden Wohltäter und Patrone widmete Karl IV. erhebliche Aufmerksamkeit, die ihren Höhepunkt in der Schenkung der Königskronen an die beiden Heiligen fand: In Aachen übergab er das Liliendiadem der römisch-deutschen Könige Karl dem Großen, in Prag die Krone der böhmischen Könige dem Přemyslidenherzog Wenzel. Beide Kronen sollten auf den Schädeln der Heiligen ruhen, die in kostspielig verzierten goldenen Büstenreliquiaren aufbewahrt wurden; erhalten ist jedoch nur die Aachener Karlsbüste. Sie wurde nachweislich bei den Krönungen von Karls Sohn Sigismund (1414) und den beiden Habsburgern Friedrich III. (1442) und Ferdinand I. (1531) verwendet. Für ihre Verwendung bei den Krönungszeremonien sprechen auch die Öffnungen an den Seiten des Diadems, die der Befestigung von metallenen Zieranhängern (Pendilien) dienten.

Karl IV. war sein Leben lang eng mit Karl dem Großen und dessen Residenzstadt Aachen verbunden. Bereits bei seiner Krönung 1349 schenkte er der dortigen Kirche nicht nur die Krone, sondern wohl auch wertvolle Reliquien und kostbare italienische Stoffe (Kat.-Nr. 6.5). Für seine Krönung ließ er vermutlich einen Krönungsmantel aus einem der ältesten bekannten gemusterten Samtstoffen mit goldenem Quadratnetz und sechsblättrigen Rosetten in der Mitte nähen. In einer der Aachener Goldschmiedewerkstätten ließ er wiederum das Büstenreliquiar Karls des Großen anfertigen, dem er dann die neu eingefasste byzantinische Marienikone aus Steatit widmete, die als authentisches, von der Hand des hl. Lukas geschaffenes Porträt der Gottesmutter galt (Kat.-Nr. 6.4). In der Aachener Kirche stiftete Karl IV. einen Wenzelsaltar, dem dortigen Kapitel widmete er 1361 einen Geldbetrag, der der Legende nach einem Klumpen Gold mit dem Gewicht des neugeborenen Thronfolgers Wenzel IV. entsprach; dieses Geschenk ermöglichte anschließend den großzügigen Anbau des gotischen Ostchors an das karolingische Oktogon. Ein Großteil der unzähligen, in kostspieligen Reliquiaren aufbewahrten Marien- und Passionsreliquien im Besitz des Aachener Kapitels wird seinen Ursprung sicher ebenfalls in der intensiven

6.3 / Detail

6.3 / Detail

6.4

Stiftertätigkeit Karls IV. haben. Dieser wurde häufig mit seinem berühmten Vorgänger verglichen, wie die Worte Papst Clemens' VI. belegen, der anmerkte, dass Karl IV. ebenso wie Karl der Große ein volles Anrecht auf den Kaisertitel habe – und zwar nicht nur, weil er ein ergebener Katholik und ein großzügiger Wohltäter der Kirche gewesen sei.[4] Johann von Neumarkt hielt Karl IV. wiederum für das „lebendige Abbild"[5] Karls des Großen, während Giovanni de' Marignolli in ihm den „neuen Karl den Großen"[6] sah.

Jiří Fajt

LITERATUR
Ausst.-Kat. Prag 2006, 386, Abb. 123.1. – Ausst.-Kat. Aachen 2000, Bd. 2, 527, Kat.-Nr. 6.18 (Georg MINKENBERG). – LEPIE/MINKENBERG 1995, 27. – GRIMME 1972, 88–90, Kat.-Nr. 69. – SCHRAMM 1954–56, Bd. 3, 876f.

FUSSNOTEN
1 VLČEK 1984, 482.
2 Die Reliquienbüste Karls des Großen wurde den Herrschern entgegengetragen, die zur Krönung nach Aachen kamen. Ein Augenzeuge schilderte den Einzug Friedrichs III. am 17. Juni 1442: „danach all schueler und chorherren und alle priesterschaft von der stat Ach. danach des großen heiligen kayser Karls haubt, darauf ein guldin kron, die hett über das haubt ein pogen und vorn an der styrn ein kräwz als auch einem kayser zugehört [...]". Zit. nach GRIMME 1972, 89f., mit Korrektur nach Ausst.-Kat. Aachen 2000, 527.
3 Z. B. haben die Bügelkronen Heinrichs VII. und Ludwigs IV. des Bayern auf dem Grabmal des Peter von Aspelt im Mainzer Dom keine eingesetzte Mitra, wie es bei der Kaiserkrone der Fall war. Der Mainzer Metropolit krönte allerdings auch die römisch-deutschen Könige, nicht die Römischen Kaiser (!) – dies war dem Papst in der Ewigen Stadt Rom vorbehalten. Dieser politisch-rechtliche Kontext des Aspelt'schen Grabmals zeigt deutlich, dass alle hier abgebildeten Herrscher eindeutig Könige sind – zwei tragen die römische Bügelkrone und der dritte die einfache böhmische Lilienkrone.
4 KLANICZAY 2002, 329.
5 FOLZ 1973, 452.
6 EMLER 1882/IV, 425f.

6.4 Ikone der Lukasmadonna

Ikone: Byzanz, 12. Jh.; Gehäuse mit Kette: Prag (?), 3. V. 14. Jh.
Speckstein (Steatit), Silber, vergoldet, graviert, Perlen; H. 5,3 cm, B. 4 cm bzw. H. 6,8 cm, B. 6,3 cm, T. 1,6 cm.
Inschrift in gotischer Minuskel auf dem Rahmen: „hanc • ymaginem • fecit • sanctus • Lucas • evangelista • ad • similitvdinem • beatae • mariae". – Auf der Rückseite, auf der Schriftrolle des Lukasstiers: „s[anctus] lvcas".
Provenienz: Bis 1804 im Aachener Domschatz. – Geschenk an Kaiserin Joséphine (de Beauharnais) durch den Aachener Bischof Marc-Antoine Berdolet. – Vermächtnis an Eugène de Beauharnais. – Slg. Daguerre. – 1951 beim Pariser Auktionshaus César de Hauke für Cleveland erworben.
Cleveland (Ohio), The Cleveland Museum of Art, J. H. Wade Fund, Inv.-Nr. 1951.445.2.

Die silbervergoldete Fassung der kleinen mittelbyzantinischen Ikone geht mit großer Wahrscheinlichkeit auf Karl IV. zurück, der sich siebenmal in Aachen aufhielt. Auf dem Rahmen der Vorderseite wird das in grünen Speckstein geschnitzte Bild einer halbfigurigen Maria mit Kind inschriftlich als „Lukasmadonna" vorgestellt, eine Autorschaft, die das auf der Rückseite eingravierte Evangelistensymbol des geflügelten Stieres bekräftigt. Als Werk des Malers und Evangelisten Lukas galt das in Konstantinopel verehrte Marienbild der so gen. Hodegetria. Dieser Ikonentyp ist dadurch gekennzeichnet, dass die Madonna mit der freien Hand auf das segnende und eine Schriftrolle haltende Jesuskind hinweist, das sie auf dem linken Arm trägt. Auch die vorliegende Variante einer Dexiokratusa, bei der das Kind auf dem rechten Arm sitzt, beanspruchte „Authentizität", da sie wie durch einen Abdruck vom Original entstanden scheint, obwohl die Darstellung keineswegs das genaue Spiegelbild einer Hodegetria ist.

Die Schmalseite der Fassung ist mit einer massiven tordierten Leiste, aufgestifteten Perlen und nach vorne umknickenden, spätgotisch gebuckelten Blättern verziert. Drei von ursprünglich sieben Blättern sind abgebrochen. An den Kanten laufen Kordelstäbe entlang. Der kielbogige Auszug des Gehäuses verdeckt, dass das Steatit-Täfelchen, das darin steckt, einen eingezogenen halbkreisförmigen Abschluss hat, an den eine Aufhängevorrichtung angearbeitet ist. Am neuen Gehäuse ermöglichen eine Kette, die an zwei Ösen befestigt ist, sowie eine zusätzliche kleinere Öse an der Bogenspitze das Tragen des Bildes als Anhänger. Einer spätmittelalterlichen Aachener Überlieferung zufolge soll Kaiser Karl der Große im Grab den Anhänger mit der Lukasmadonna neben einem goldenen Brustkreuz (heute Aachen, Domschatz) und einem Talisman mit Marienreliquien (heute Reims, Palais du Tau) getragen haben.[1] Während das Pektoralkreuz schon von Otto III. im Jahre 1000 entnommen wurde, sollen die beiden anderen Stücke bei

6.5

der Erhebung der Gebeine Karls 1165 zu Tage getreten sein. Der früheste Nachweis ihrer Existenz findet sich jedoch erst im Heiligtumsbüchlein des Arnt von Aich, gedruckt 1517.[2] Hier werden Talisman und Lukasmadonna am Ende genannt, im Anschluss an die vier „großen" und die drei „kleinen Heiltümer", die den Pilgern in ihren prachtvollen Reliquiaren und Ostensorien gewiesen wurden.[3] Der byzantinische Anhänger aus Speckstein kann aus zeitlichen Gründen nie Karl dem Großen gehört haben. Er wird als Votivgabe oder Geschenk in den Aachener Domschatz eingegangen sein, wo sich Kenntnisse über seine tatsächliche Herkunft schnell zugunsten der legendären Provenienz aus dem Karlsgrab verloren haben. Möglicherweise dachte Karl IV. daran, die schriftlich oder mündlich kolportierte Tradition gleichsam in effigie umzusetzen, als er die kleine Ikone in einen Kettenanhänger fassen ließ, konnte man diese doch nun

dem Büstenreliquiar des heiligen Frankenherrschers um den Hals hängen. Keine Quelle berichtet jedoch davon, dass dies geschehen sei.

Christian Forster

LITERATUR
BEECK/KAENTZELER 1874, 118. – HUYSKENS 1937, 120. – GRIMME 1965. – GRIMME 1966. – GRIMME 1972, 48–50, Nr. 33. – KALAVREZOU-MAXEINER 1985, 88, 124f., Nr. 32. – BELTING 1990, 374f. GIERSIEPEN 1993, 47f., Nr. 49. – Ausst.-Kat. München 2007, 72f., Kat.-Nr. 20 (Holger A. KLEIN).

FUSSNOTEN
1 BEECK/KAENTZELER 1874, 118.
2 HUYSKENS 1937, 120.
3 Die zeitlich nächstfolgende Bildquelle ist der Einblattdruck des Aachener Reliquienschatzes von Theodor Holtmann, Köln, um 1615.

6.5.a–c Drei Futterfragmente aus dem Krönungsmantel Karls IV. (Cappa leonis)

Italien, Lucca (?), gegen M. 14. Jh.
Gemustertes Seidengewebe mit Weinranken, kleinen Blättern und Tieren; Lampas mit Grundgewebe, ursprünglich zweifarbig; a. H. 27,7 cm, B. 4 cm (fester Rand); b. H. 32,8 cm, B. 8,7 cm; c. H. 18,1 cm, B. 9,7 cm.
Aachen, Domkapitel Aachen, Münster – Schatzkammer, Inv.-Nr. T 00900 e 1, T 00900 e 5, T 00900 e 6.

Das Futter des Krönungsmantels ist aus zweifarbigem, gemustertem Seidengewebe genäht. Das Muster setzt sich aus Spitzovalen, Weinranken mit Trauben und einander zugewandten Hirsch- oder

Löwenpaaren zusammen. Das ursprüngliche Stoffmuster besteht aus glänzenden, fast ungesponnenen beigefarbenen Schussfäden, die mit einem festen Seidenkettfaden von roter Farbe verbunden sind. Heute sind die roten Kettfäden verblasst und das Muster erscheint Ton in Ton.

Im Aachener Domschatz befinden sich neben dem eigentlichen Futter noch elf Fragmente. Es handelt sich um ehemalige Flicken an beschädigten Stellen des Futters, die bei der Restaurierung des Mantels in Krefeld 1964–1971 abgenommen wurden, als man das Futter zwischen weichen Seidengeweben sicherte. Alle Lampasfragmente haben ungefähr die gleiche Breite, sind aber von unterschiedlicher Länge (siehe oben). Die Fragmente wurden vermutlich 1520 von der geraden Kante des Mantels abgeschnitten, als dieser für die Krönung Karls V. eine neue Zierborte erhielt.[1]

Die technische Beschreibung bestätigt die Ansicht der Fachleute, dass der Ursprung des Gewebes eher in Lucca als in Venedig zu suchen ist, denn die Technik der Lampasbindung war wohl spanischer Herkunft.[2]

Die geringe Menge an Kett- und Schussfäden und das Fehlen von Goldbroschierungen deutet an, dass der Seidenstoff eine niedrigere Qualität besaß und die Kettfäden vor dem Färben nicht entwachst wurden. Das Futter des Krönungsmantels wurde an den Kanten mit vier Leinenfäden gestärkt. Obwohl diese Unterschiede in der Qualität der gewebten Textilien erst 1376 in den Zunftregeln der Seidenweber von Lucca erscheinen, darf man annehmen, dass sie schon vorher existierten.[3]

In diesem reichen Muster lässt sich der Einfluss chinesischer Stoffe verfolgen, der in Italien durch den Gebrauch von Weinranken und die Zugabe kleiner Tiere in eines der ältesten italienischen Muster umgewandelt wurde.[4] Eine Datierung ist schwierig, denn es gibt nur wenige datierte Seidenstoffe dieser Gruppe. Aufgrund der Abbildung ähnlicher Stoffe in den Malereien z. B. von Bernardo Daddi (tätig 1312–48) dürfte es aber wahrscheinlich sein, dass die kleinblättrigen Weinrankenmuster mit Tieren auf das 2. Viertel des 14. Jahrhunderts datiert werden können.[5]

Der Krönungsmantel Karls IV.

Den Krönungsmantel trug Karl IV. 1349 bei der Krönung in Aachen. Nach der Zeremonie schenkte der Herrscher ihn der Aachener Stiftskirche St. Marien. Der unter der Bezeichnung cappa leonis bekannte Mantel von halbkreisförmigem Schnitt gleicht dem Pluviale eines Geistlichen, womit die vergleichbare Stellung der weltlichen und der geistlichen Macht betont werden sollte.[6] Die gegenwärtige Gestalt unterscheidet sich jedoch von der ursprünglichen Fassung des Jahres 1349, denn die vordere und die hintere Borte der Kapuze wurde für die Krönung Karls V. 1520 angesetzt,[7] der sich so zur Tradition seiner Vorgänger bekannte.[8] Der goldkarierte Samt und das Seidenfutter gehören zum ursprünglichen Gewand und lassen sich auf das 2. Viertel des 14. Jahrhunderts datieren.

Der braunrote Samt des Krönungsmantels mit eingewebten Quadraten ist ein Beispiel für erste Versuche, die mit Hilfe des Haupt- und Florkettsystems gewebten Samtstoffe zu dekorieren: Ein quadratisches Gittermuster, das aus sich kreuzenden Streifen mit Kettfäden in einer Farbe und Querbändern mit Schussfäden in einer anderen Farbe besteht, ist ein webtechnisch leicht herzustellendes Muster. Auf diese einfache Weise konnte Samt

6.5

6.5

6.6

auch nur mit Streifen oder mit Querbändern verziert werden. Die Unmöglichkeit, dieses Dekor weiter zu entfalten und zu variieren, führte letztlich dazu, dass die Samtwebstühle mit dem sonst bereits gängigen Zugsystem für das Weben komplizierterer Muster ausgestattet wurden.[9]

Die Borte mit abwechselnd gestickten Blumenvasen, Sternen und Propheten auf ebenfalls gesticktem Grund ist nicht eindeutig zu bestimmen. Das klare Nebeneinander der Motive erinnert an gewebte Borten aus Köln, die als preiswertere Alternative zu Stickereien für den kirchlichen Gebrauch angefertigt wurden.[10]

Karl IV. konnte nicht in den Krönungsgewändern des Heiligen Römischen Reichs gekrönt werden, da sich die Krönungsinsignien nach dem Tod Ludwigs IV. 1347 noch in München und danach in Stams in Tirol befanden.[11] Es wird auch vermutet, dass Karl die Adlerdalmatika nicht verwenden wollte, weil sie der exkommunizierte Ludwig der Bayer als Teil der Reichskleinodien fertigen ließ.[12] Deshalb ließ Karl IV. sich für die Krönung eigene Krönungsgewänder nähen. Gekrönt wurde er mit einer seiner eigenen Kronen, die er nach der Zeremonie ebenfalls der Krönungskirche bzw. seinem Patron Karl dem Großen stiftete, auf dessen Büste sie heute ruht.[13] Die Krönungsgewänder bestanden aus luxuriösen und nur schwer zugänglichen Stoffen, und es ist nicht ausgeschlossen, dass Karl IV. in diesem Fall auf eigene Textilien zurückgriff.[14]

Mit Karls Krönung und der vermutlichen Schenkung an den Aachener Dom können auch vier Stoffe aus dem dortigen Domschatz in Verbindung gebracht werden: die Drachen- und Hündchenseide,[15] die Rankenseide mit Greifen,[16] die Moreskenseide[17] und der Greifenstoff[18] (vgl. Kat.-Nr. 6.6). Alle stammen wohl aus dem 2. Viertel des 14. Jahrhunderts und sind vermutlich in Lucca gewebt worden.[19] Zwei der Stoffe sind in der ursprünglichen Webbreite überliefert.[20]

Wie erklären sich die Schäden am Futter, am Mantel und den Flicken? Wurde der Mantel nach der Krönung als Pluviale zu liturgischen Zwecken verwendet? Abgeriebene Stellen am Futter weisen vielleicht auf eine unter dem Mantel getragene Krönungstunika hin. Jedenfalls war das Mantelfutter aus luxuriösem Seidenstoff mit klarer Zierfunktion für das bedeutende Königsgewand genäht worden. Die Innenseite dürfte früher kaum jemand bemerkt haben und der kostbare Stoff blieb so verborgen. Heute bewundern wir das Futter trotz der erheblichen Schäden als Beispiel für das hohe handwerkliche Niveau der damaligen Seidenweber.

Monica Paredis-Vroon, Jana Knejfl

LITERATUR
FISCHBACH 1874. – Ausst.-Kat. Aachen 2014, Verlorene Schätze, 57–75.

FUSSNOTEN
1 Ausst.-Kat. Aachen 2014, Verlorene Schätze, 75.
2 TIETZEL 1988, 101.
3 KING/KING 1988.
4 WARDWELL 1976/77.
5 KLESSE 1967, 79f.
6 Lange glaubte man, dass Papst Leo III. diesen Mantel trug, als er im Jahr 800 die Pfalzkapelle Karls des Großen weihte. – Meiner Kollegin Eva Hürtchen bin ich zu großem Dank verpflichtet.
7 Ausst.-Kat. Aachen 2014, Verlorene Schätze, 57–75.
8 KEUPP 2010.
9 Freundliche Auskunft von Karel Otavský.
10 BOMBECK/SPORBECK 2012, 94.
11 HILLENBRAND 1979/I. – FAJT 2000.
12 KIRCHWEGER 2010, 115.
13 FAJT 2006/I, 57.
14 ŠMAHEL 2014/I, 47.
15 Drachen- und Hündchenseide (Inv.-Nr. T 00119) und das Fragment, das im Spes-Schrein als Reliquiendecke dient (Inv.-Nr. T 00136).
16 Inv.-Nr. T 00121.
17 Inv.-Nr. T 00122.
18 Inv.-Nr. T 00120. H. 101,5 cm, B. 124 cm. – 1851 beschrieb ihn der Abbé Martin noch als fast 2 m lang. CAHIER/MARTIN 1849–68, II, 243.
19 Nur bei dem Seidenstoff mit Moresken- und Pflanzenmotiv (Inv.-Nr. T 00122) ist dies nicht sicher. Ausst.-Kat. Aachen 2014, Verlorene Schätze, 57–75. – Auf die Reliquiendecke des Spes-Schreins (Inv.-Nr. T 00136) wurden Flicken von T 00121 und T 00122 genäht. Dazu muss es gekommen sein, bevor im 19. Jahrhundert das Interesse an gotischem Kunsthandwerk erwachte, sonst wären diese Fragmente heute im Museum zu bewundern.
20 Es sind nur wenige kirchliche Gewänder aus Stoffen des 14. Jahrhunderts bekannt; häufiger erhalten haben sich kostbare Stofffragmente, die als Reliquiendecken benutzt wurden. Sie sind manchmal von sehr geringer Größe.

6.7.a

6.6 Greifenstoff

Lucca, 14.–15. Jh.
Lampas, doppelte Kette mit Schusslancé und -broché. Kette: hellgrüne Seide; Schuss: hellgrüne Seide; Schusslancé: Seide, goldgelb, naturfarben und dunkelbraun; Schussbroché: goldene Metallfäden mit Leinenkern, s-förmig geschwungen; Musterrapport: H. 40 cm, B. 20,3 cm, 6 Vogelpaare über die Webbreite, H. 101,5 cm, B. 124 cm.
Aachen, Domkapitel Aachen, Münster – Schatzkammer, Inv.-Nr. T 00120.

Text unter Kat.-Nr. 6.5.

6.7.a–b Urkunden zur Übergabe der Reichskleinodien

a. Ludwig, Markgraf von Brandenburg, übergibt Karl, dem römischen und böhmischen König, einzeln aufgezählte heilige Reliquien, hauptsächlich Passionsreliquien, die Reichskrönungskleinodien und weitere heilige Gegenstände des Heiligen Römischen Reichs
München, 12. März 1350.
Pergament, Tinte; Deutsch; H. 24 cm, B. 40,5 cm; anhängendes Wachssiegel des Markgrafen Ludwig an Seidenfäden, Dm. 38 mm.
Prag, Národní archiv, Archiv der Böhmischen Krone, Nr. 339a.
Nur in Prag ausgestellt.

b. Urkunde Karls IV. über den Erhalt der Reichskleinodien
München, 12. März 1350.
Pergament; Siegel verloren; H. 32 cm, B. 48 cm.
Wien, Österreichisches Staatsarchiv, Haus-, Hof- und Staatsarchiv, AUR 1350 III 12.
Nur in Nürnberg ausgestellt.

Benesch von Weitmühl, der Hofchronist Kaiser Karls IV., beendete in seiner Chronik die Aufzählung der reliquie et sanctuaria imperii – der Reliquien und Heiltümer des Reiches –, die am Palmsonntag 1350 in Prag angekommen waren, mit dem Hinweis, dass „die Kaiser gewöhnt sind, diese zu besitzen – imperatores soliti sunt habere".[1] Legitime Kaiser konnte man also auch daran erkennen, dass sie die Verfügungsgewalt über die Reichsheiltümer innehatten. Doch nach Karls Wahl und Krönung zum römisch-deutschen König 1346 befanden sich diese Kostbarkeiten zunächst weiter im Besitz des rechtmäßigen Kaisers Ludwig IV., abfällig genannt „der Bayer", gegen den der Luxemburger als Gegenkönig angetreten war. Auch nach Ludwigs unerwartetem Tod 1347 blieben sie in der Verfügung der Familie der Wittelsbacher, denn Kaiser Ludwigs ältester Sohn, Ludwig V. der Ältere, Markgraf von Brandenburg und Herzog von Bayern (reg. 1347–61), wollte diese so lange wie möglich als Faustpfand behalten.

Anfang 1350 bahnte sich im Rahmen der Aussöhnungsverhandlungen auch eine Lösung hinsichtlich der Reichsinsignien an. Die Zisterzienser des Klosters Stams, die die Kostbarkeiten bislang verwahrt hatten, brachten diese im Auftrag des brandenburgischen Markgrafen Ludwig nach München. Hier wurden sie den Abgesandten Karls IV. am 12. März übergeben. Anlässlich der Übergabe wurden drei Urkunden ausgestellt: Karls Gesandte händigten Ludwig eine im Namen des Königs auf Deutsch verfasste Urkunde aus, praktisch eine Art „Empfangsbestätigung". Als Gegenstück übergab Ludwig den Gesandten eine ebenfalls in deutscher Sprache formulierte Urkunde. Außerdem ließ er eine dem Wortlaut dieses Dokuments folgende lateinische Urkunde ausstellen, die die Zisterzienser nach Stams als Beleg dafür mitnahmen, dass sie die Insignien auftragsgemäß übergeben hatten.

Das Besondere dieser drei Urkunden vom 12. März 1350 besteht darin, dass in ihnen genau festgehalten wurde, welches die Reichsheiltümer zu diesem Zeitpunkt waren und welche Rangfolge ihnen ihrer Bedeutung nach beigemessen wurde. Da zwei Urkunden in Deutsch und eine in Latein verfasst worden sind, haben wir zudem wertvolle Belege vor uns, wie die Gegenstände in der jeweiligen

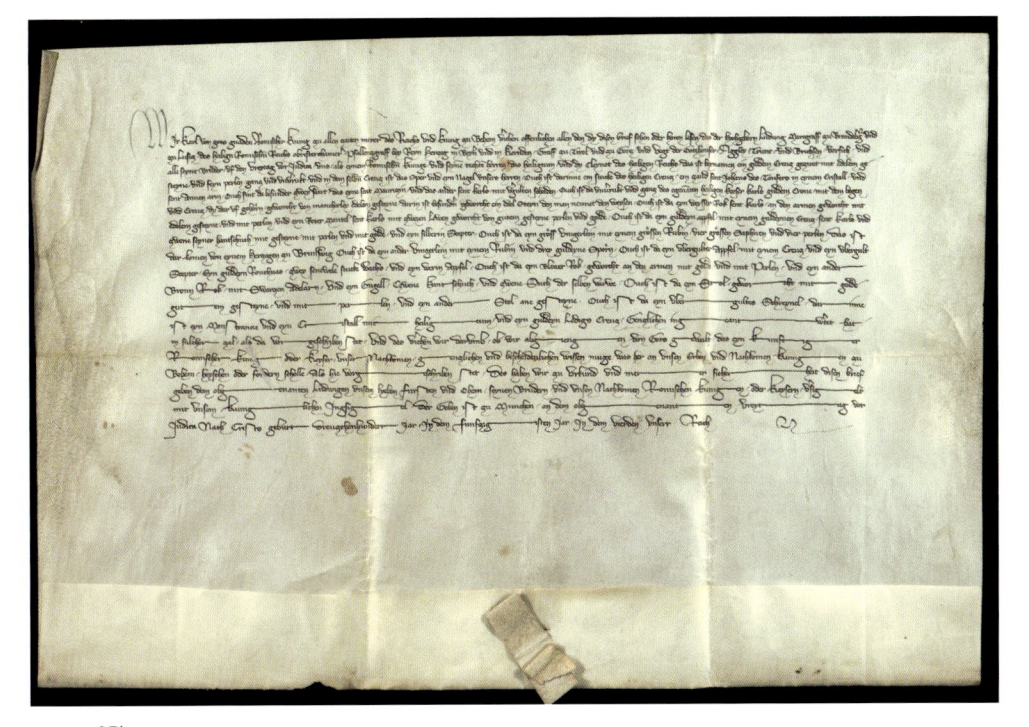

6.7.b

Sprache bezeichnet wurden. In der Urkunde Karls, die heute im Haus-, Hof- und Staatsarchiv in Wien verwahrt wird, heißt es: „Das ist beynamen ein gulden creucz, geziret mit dem edelem gesteyne und feyn perlen gancz und unverrukt, und in dem selben creucz ist das sper und eyn nagel unsers herren. Ouch ist darinne ein stucke des heiligen creucz, ein czand sent Johans des Toufers in eynem cristall und sent Annen arm. Ouch sint da besunder czwey swert, das eine sent Mauriczin und das ander sent Karls mit vergulten scheiden. Ouch ist da unverrukt und gancz des egenanten heiligen keyser Karls guldein crone mit dem bogen und dem creucz, die dar uf gehoern, gewurcht von mancherley edelem gesteyne, darin ist besundern gewurcht ein edel steyn, den man nennet den weysen."[2]

Aus dieser Aufzählung, die noch weitere Objekte aufführt, wird also deutlich, dass es nicht vordergründig um eine Krone oder andere Krönungsinsignien ging, sondern um eine Reihe von Reliquien, von denen eben einige die Form von Insignien besaßen. Die Krone, die man Karl dem Großen zuschrieb, erscheint in diesen Aufzählungen, aber auch oft in anderen Nennungen, erst nach Kreuz und Lanze. An den Übergabeurkunden ist zudem bemerkenswert, dass zu der genau beschriebenen Krone eine außergewöhnliche und extra genannte Kostbarkeit gehört: „der weyse". Dieser besonders große Stein auf der Stirnplatte der Krone wird in der lateinischen Fassung als candidus – „der Weiße" bezeichnet, vielleicht ein Hinweis auf den weißlichen Schimmer des Edelsteins. In der Forschung ist gelegentlich angezweifelt worden, ob es sich bei der Beschreibung tatsächlich um die heute in Wien verwahrte Reichskrone und um deren bedeutendsten Stein gehandelt hat. Falls es wirklich um die heutige Wiener Krone ginge, dann haben wir in den drei Urkunden die letzte Nennung dieses besonderen, schon von Walther von der Vogelweide besungenen Edelsteins vor uns, denn bald darauf war er verschwunden.[3]

Olaf B. Rader

EDITION
Deutsche Urkunde Ludwigs: HRUBÝ 1935, 195f., Nr. 147. – Lateinische Urkunde Ludwigs für Stams: GRASS 1965, 74, Anhang Nr. 1. – Deutsche Urkunde Karls: MGH Constitutiones 10, 51, Nr. 68.

LITERATUR
GRASS 1965. – PLETICHA 1989. – WOLF 1995. – FILLITZ 2000. – MENTZEL-REUTERS 2004. – KEUPP/REITHER/POHLT u. a. 2009. – LINDNER 2009/II.

FUSSNOTEN
1 EMLER 1884/II, 519: „videlicet magna pars de ligno sancte crucis; item lancea Domini, item unus clavus; item corona sancti Caroli; item gladius eidem contra paganos per angelum missum, item brachium sancte Anne, et alia, que imperatores soliti sunt habere".
2 MGH Constitutiones 10, 51f. Nr. 68.
3 WOLF 1995, 28–41. – MENTZEL-REUTERS 2004, bes. 168–173. – Beide mit weiterführender Literatur.

6.8 Karl, römischer und böhmischer König, bestätigt und erneuert kraft seiner Macht als römischer König alle „Privilegien, Lehen, Rechte, Freiheiten, Städte, Burgen, Schenkungen und Gnaden", die den Königen von Böhmen von den römischen Königen und Kaisern verliehen worden waren

Prag, 7. April 1348.
Pergament, Tinte; Latein; H. 28 cm, B. 53 cm; anhängendes wächsernes Majestätssiegel König Karls an Seidenfäden; Dm. 102 mm.
Prag, Národní archiv, Archiv der Böhmischen Krone, Nr. 300.
Faksimile

Karl IV. bemühte sich überlegt und zielstrebig darum, den böhmischen Staat als Hausmacht der Luxemburger-Dynastie im Heiligen Römischen Reich umfassend zu stärken und territorial zu erweitern. Ohne diese Besitzungen hätte er sich im Reich nicht machtpolitisch durchsetzen, 1346 den römisch-deutschen Thron besteigen, 1355 die Kaiserkrone erringen und mit Erfolg seine Reichs- und Europapolitik durchführen können. Karls Staatskonzept für Böhmen und für das Reich basierte auf der dauerhaften Verbindung der beiden Throne in der Person eines einzigen Herrschers. Um diese Verbindung auch für die künftige Generation der Luxemburger sicherzustellen, setzte Karl 1375 die Wahl seines ältesten Sohnes, des böhmischen Königs Wenzel, zum römischen König durch.

Im Rahmen dieses Konzepts bildete der böhmische Staat – das Königreich Böhmen und die Böhmische Krone – ein bedeutendes, eigenständiges und privilegiertes Glied des Reiches und wurde zu dessen Machtzentrum. Prag erfüllte die Funktion der Reichsmetropole, der Hauptresidenzstadt des böhmischen und römisch-deutschen Herrschers. Die privilegierte Position des böhmischen Königs und des Königreichs Böhmen im Reich verankerte Karl IV. auch in seinem 1356 angenommenen Reichsgesetzbuch (vgl. Kat.-Nr. 13.1).

Eine Schlüsselrolle für die weitere Entwicklung des böhmischen Staates und seiner Stellung im Heiligen Römischen Reich kam jenen Dokumenten zu, die Karl IV. kraft seiner Macht als römischer König im Verlauf des für Anfang April 1348 nach Prag einberufenen Treffens der Reichs- und böhmischen Vertreter ausstellte. Diesem Treffen war die festliche Gründung der Prager Neustadt vorangegangen, und mit Datum 7. 4. 1348, symbolisch am Ostersonntag, ließ Karl IV. dreizehn staatsrechtliche Urkunden ausfertigen, davon vier immer in zwei Exemplaren, insgesamt also siebzehn Urkunden.[1] Es handelte sich um eine Art Verfassung des böhmischen Staates, die aus frei zusammengestellten und inhaltlich aneinander anknüpfenden Urkunden bestand. Einerseits definierten und garantierten diese Dokumente eindeutig und unbezweifelbar die Stellung des böhmischen Königs und der von ihm souverän beherrschten Länder im Rahmen des Reiches; andererseits sicherten sie in Bezug auf den böhmischen Staat dessen innere staatsrechtliche Ordnung und die darauf basierende zentrale Machtposition des böhmischen Königs.

Zeugen dieser Urkunden waren einige führende, damals in Prag anwesende Reichsvertreter: Gerlach, Kurfürst und Erzbischof von Mainz, Rudolf d. Ä., Kurfürst und Herzog von Sachsen, und sein Sohn Rudolf d. J., Johann, Burggraf von Nürnberg, sowie weitere Persönlichkeiten.

Elf Urkunden erließ Karl formal auf Ersuchen von Vertretern des böhmischen Staates – des Prager Erzbischofs Ernst von Pardubitz, des Olmützer Bischofs Johann VII. (genannt Volek), seines eigenen Bruders Johann, dem Titel nach Herzog von Kärnten und Graf von Tirol, und des Troppauer Herzogs Nikolaus II. –, um kraft seiner Position als römisch-deutscher König die Rechte des Königreichs Böhmen zu bestätigen. In der ersten dieser Urkunden bekräftigte Karl allgemein „omnia et singula privilegia, feuda, iura, libertates, opida, castra, donaria et gracias (alle und einzelne Privilegien, Lehen, Rechte, Freiheiten, Städte, Burgen, Schenkungen und Gnaden)", die den Königen von Böhmen von den römischen Königen und Kaisern verliehen worden waren. In den folgenden Urkunden inserierte und bestätigte er dann einzeln die zehn älteren staatsrechtlichen Dokumente, die die böhmischen Könige von den römisch-deutschen Herrschern erhalten hatten.

Die vier inhaltlich wichtigsten Dokumente bestätigte er immer in zwei Exemplaren, gesiegelt mit der Goldbulle und mit einem wächsernen Majestätssiegel. Es handelte sich vor allem um das Privilegium Friedrichs II. vom 26. 9. 1212, das dieser in Basel für Přemysl Ottokar I. ausgestellt hatte – die sog. Sizilische Goldene Bulle, die den böhmischen Königen die freie heimische Wahl und die souveräne Erbherrschaft in ihren Ländern garantierte. Karl beschränkte die Bestimmung über die heimische Wahl des Königs durch den Adel allein auf den Fall des Aussterbens der königlichen Dynastie in männlicher wie weiblicher Linie. Weiter handelte es sich um zwei Privilegien König Rudolfs I. von Habsburg aus den Jahren 1289 und 1290, die für Wenzel II. bestimmt waren und diesem das Erzschenkenamt und die Kurfürstenstimme bei der Wahl des römisch-deutschen Königs bestätigten; außerdem noch ein weiteres Privilegium dieses Königs von 1290, in dem er Wenzel alle Reichslehen in Schlesien verlieh, die nach dem Tod Herzog Heinrichs IV. von Breslau freigefallen waren.

Eine besonders wichtige Stellung im Urkundenkomplex vom 7. 4. 1348 kam jenen beiden Urkunden zu, mit denen Karl IV. eine neue staatliche Institution einführte, die offiziell „Corona regni Bohemiae (Krone des Königreichs Böhmen)" genannt wurde. Die erste Urkunde betraf Mähren als untrennbaren Kernbestandteil des böhmischen Staates. Nach Karls Auffassung befanden sich auf mährischem Territorium drei eigenständige Einheiten, das Bistum Olmütz, die Markgrafschaft Mähren und das Herzogtum Troppau. Alle diese Einheiten waren Lehen des böhmischen Königs und der Böhmischen Krone, standen also in einem exklusiven Lehensverhältnis zum böhmischen König, dem obersten Lehnsherrn und souveränen Herrscher des böhmischen Staates. Karl schloss so kraft seiner Macht als römischer König eindeutig eine direkte Unterordnung Mährens unter das Reich aus. Mit der zweiten Urkunde integrierte er über das Rechtsinstrument der Inkorporation die (im Text nicht genannten) schlesischen Fürstentümer, in denen die Piastenherzöge als Vasallen des böhmischen Königs und der Böhmischen Krone herrschten, sowie das Herzogtum Breslau und die Markgrafschaften Bautzen und Görlitz, die sich in direktem Besitz des böhmischen Königs befanden, in den böhmischen Staat, die Krone des Königreichs Böhmen.

Der Begriff der Krone des Königreichs Böhmen stand in Karls Konzept für eine „ewige" staatliche Institution, die – unabhängig von der jeweils herrschenden Dynastie und dem konkreten böhmischen König – unteilbar und nicht zu entfremden war. In ihrer Idealauffassung näherte sich die Institution der Böhmischen Krone dem allgemein verbreiteten Verständnis des Heiligen Römischen Reichs. In der realen Gestalt wurde unter dem Begriff der Krone des Königreichs Böhmen der konkrete, territorial definierte böhmische Staat als Ganzes verstanden, also alle Länder, Territorien, Städte und Burgen, über die der böhmische König im Rahmen des Reiches souverän regierte. Das Fundament seiner Herrschaft bildete das Königreich Böhmen, mit dem die Königswürde und der Titel verbunden waren. Die übrigen Länder und sonstigen Bestandteile der Böhmischen Krone waren mit diesem Königreich aufgrund des Lehnsprinzips verknüpft. Der König übte dann als souveräner Herrscher die Regierung in den Ländern

6.8

der Krone entweder direkt (z. B. Böhmen, Breslau, Ober- und Niederlausitz) oder in seiner Eigenschaft als oberster Lehnsherr aus, dem die Träger der entsprechenden Lehen untergeordnet waren (u. a. die schlesischen Fürstentümer, Troppau, Mähren, Luxemburg). Die Einführung der neuen staatlichen Institution, der Krone des Königreichs Böhmen, stärkte die Stellung des Königs im gesamten böhmischen Staat deutlich und betonte seine integrierende machtpolitische Rolle.

Denko Čumlivski

EDITION
HRUBÝ 1928, 39–41, Nr. 49.
Digitale Reproduktion der Urkunde zugänglich unter: www.monasterium.net.

LITERATUR
SPĚVÁČEK 1979, 261–275. – BOBKOVÁ/BARTLOVÁ 2003, 233–235, 552–554.

FUSSNOTEN
1 Prag, Národní archiv, Archiv České koruny, Inv.-Nr. 294–311. – HRUBÝ 1928, 39–67, Nr. 49–61. – Digitale Reproduktionen der Urkunden sind zugänglich unter: www.monasterium.net.

6.9 Darstellung des kaiserlichen Schatzes, der Reichsinsignien in halber Größe und der Reichskrone in voller Größe

Unbekannter Stecher nach Vorlagen Johann Adam Delsenbachs, um 1750–55 (?).
Kupferstich und Radierung, aquarelliert und mit dem Pinsel handkoloriert, Papier; Blatt H. 48,5 cm, B. 29,9 cm; Druckplatte H. 31,1 cm, B. 30,9 cm.
Nürnberg, Germanisches Nationalmuseum, Inv.-Nr. HB 18692, HB 1952.

Mitte des 18. Jahrhunderts gab der Nürnberger Ratsherr Hieronymus Wilhelm Ebner († 1752) bei Johann Adam Delsenbach († 1765) eine Serie maßstabgetreuer Radierungen der Reichskleinodien in Auftrag. Noch vor der posthumen Publikation unter dem Titel „Wahre Abbildung der sämtlichen Reichskleinodien […]" 1790 wurde – wohl in den 1750er Jahren – nach Vorlagen der Tafeln III und IV die vorliegende, etwas müde Neukomposition mit Reichsschwert, Zeremonienschwert und Zepter im Maßstab 1:2 angefertigt.[1] Im Gegensatz zur Vorlage erscheinen die Schwerter seitenverkehrt; Schraffen und Figuren sind deutlich vereinfacht wiedergegeben, so dass es sich maximal um eine Werkstattarbeit handelt.

Das Blatt wurde mitunter als Ergänzung einer 1755 bei Homanns Erben in Nürnberg publizierten, ebenfalls auf Delsenbachs Stichen basierenden Radierung mit Reichskrone und -apfel verwendet,[2] denen neben Zepter und Schwert die Schlüsselrolle bei der Königs- und Kaiserkrönung zukam. Im früheren Mittelalter brauchte es für die Zeremonie zwar Insignien bestimmter Art; welche Objekte aber genau verwendet wurden, war mit Ausnahme der Heiligen Lanze letztlich austauschbar. Im Spätmittelalter erhielten die Insignien in Reichsbesitz jedoch zunehmend den Status einzigartiger Reliquien – ein Prozess, den Karl IV. wie kein anderer Herrscher beförderte.

So ist anlässlich der frühesten überlieferten Weisung des Reichsschatzes unter Friedrich dem Schönen 1315 erstmals die Zuschreibung des Reichsschwertes an den Reichsheiligen Mauritius bezeugt. Tatsächlich geht es ausweislich des Wappens am

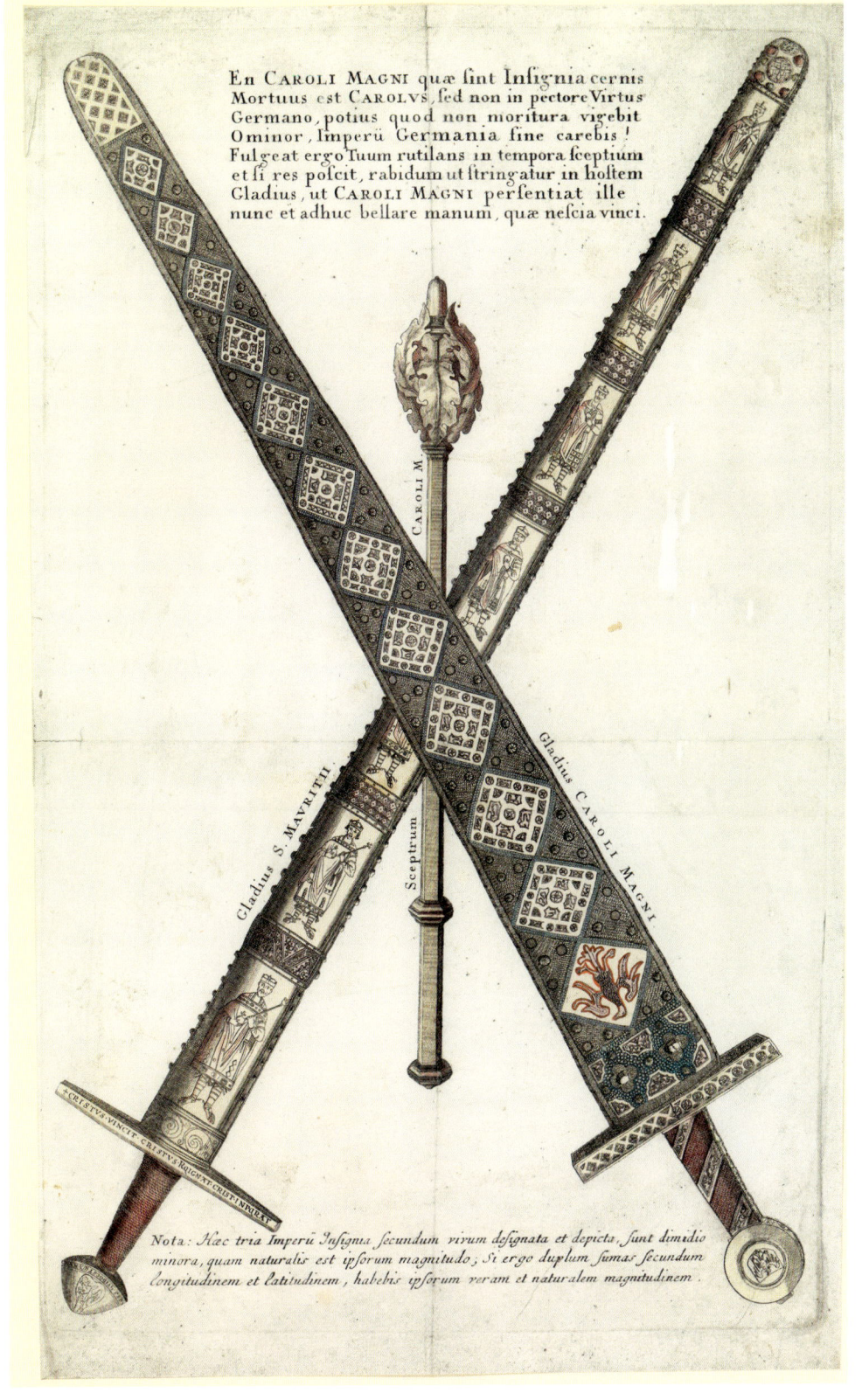

6.9

Knauf auf Otto IV. (reg. 1198–1218) zurück. Die Inschrift der Parierstange rezitiert die Kaiserlaudes: „CRISTVS VINCIT CRISTVS REIGNAT CRIST(VS) INPERAT (Christus siegt, Christus regiert, Christus herrscht)". Die bereits in der zweiten Hälfte des 11. Jahrhunderts gefertigte Scheide zeigt auf beiden Seiten in Goldblech getriebene Königsfiguren, wohl eine Herrscherfolge von Karl dem Großen bis Heinrich III. Zu Recht wird die Ähnlichkeit des Darstellungstypus zu dem des Merseburger Grabmals Rudolfs von Rheinfelden († 1080) betont; dabei scheint es wesentlich weniger schlüssig, dass das Krönungsinsigne den Gisant eines illegitimen Gegenkönigs zitieren sollte als umgekehrt. Bei feierlichen Anlässen wie dem Eingang bei der Krönungszeremonie wurde das Schwert vor dem Kaiser hergetragen. Unter Karl IV. kam es auch während des Weihnachtsdienstes zum Einsatz, bei dem er mit erhobenem Reichsschwert aus dem Lukasevangelium vortrug.

Das Zeremonienschwert soll laut der Ordnung der Prager Heiltumsweisung von 1365 von einem Engel dem als heilig verehrten Reichsgründer Karl dem Großen überbracht worden sein. Nach heutigem Stand wurde es für die Kaiserkrönung Friedrichs II. 1220 in Auftrag gegeben. Die zeitgleiche Scheide ist mit Goldplättchen bedeckt, die mit Zellenschmelz und Würmchenfiligran verziert sind; sie zeigt den Adler als Wappentier der Staufer wie des Reiches. Der Knauf aus vergoldetem Silber wurde unter Karl IV. hinzugefügt, wie der böhmische Löwe

6.10

auf seiner Rückseite belegt. Derartige Ergänzungen des Luxemburgers lassen sich auch für andere Stücke des Reichsschatzes nachweisen, zuvorderst das Reichskreuz und die Heilige Lanze. Auch ließ er, u. a. für das Schwert, neue Futterale anfertigen. Bei den Prager Weisungen kam diesem unter den gezeigten Reichskleinodien noch hinter dem Reichsschwert der niedrigste Rang zu.

Das Zepter diente im Spätmittelalter, neben seiner Bedeutung für die Krönungszeremonie, v. a. der symbolischen Verleihung der Regalien an die Reichsfürsten. Das vergleichsweise schlichte Stück aus vergoldetem Silberblech mit seiner Bekrönung aus einer von sechs Eichenblättern umschlossenen Eichel ist erstmals 1350 im Zuge der Übergabe an Karl IV. bezeugt und wird in die erste Hälfte des 14. Jahrhunderts datiert. Vermutlich wurde es für die Krönung Ludwigs IV. 1314 geschaffen, da sich der Reichsschatz seiner Verfügbarkeit entzog – ein Beleg dafür, dass die Krönungsinsignien selbst im 14. Jahrhundert im Zweifelsfall ersetzbar blieben.

Benno Baumbauer

LITERATUR
MURR 1790, 84f. – MÜLLER 1791, 124. – SCHULZE-DÖRRLAMM 1995, 14, Abb. 3. – Datenblatt Delsenbach.

FUSSNOTEN
1 MURR 1790.
2 Dies belegt das zusammengefügte Exemplar der Kartensammlung Moll in der Mährischen Landesbibliothek in Brno (Moravská zemská knihovna v Brně, Inv.-Nr. Moll-0004.051): http://mapy.mzk.cz/de/mzk03/001/056/202/2619321994/ (Abruf: 27.1.2015). Da das Homannsche Blatt von zwei Insignien spricht, muss es zumindest zunächst solitär gedacht gewesen sein. Inhaltlich stellt das zweite Blatt eine sinnvolle, jedoch „illegitime" Ergänzung dar, formal bestehen deutliche Unterschiede wie Rahmung, Typografie usw. Möglicherweise wurden die Schwerter bereits mit der Absicht überkreuzt dargestellt, die Maße an das Blatt von 1755 anzugleichen.

6.10 Zepter

Prag (?), 2. H. 14. Jh. (?).
Jaspis, Chalzedon, Silber vergoldet, Eisen; L. 44,2 cm, Dm. 5,5 cm.
Provenienz: Kaiserliche Weltliche Schatzkammer in Wien (1750). – K. k. Ambraser Sammlung (1871). – Sammlung kunstindustrieller Gegenstände (heute Kunstkammer) im Kunsthistorischen Museum Wien (1896).
Wien, Kunsthistorisches Museum Wien, Kunstkammer, Inv.-Nr. KK 1714

Die Wiener Kunstkammer verwahrt zwei aus Jaspis, Jaspachat und Chalzedon zusammengesetzte Stäbe (Inv.-Nrn. KK 1713, KK 1714), welche sich erstmals 1750 als Teil der Schatzkammer des Hauses Habsburg verzeichnet finden.[1] Sie zeigen einen übereinstimmenden Aufbau aus einzeln gearbeiteten facettierten und durchbohrten Steineelementen: drei Schaftstücke, vier Knäufe und einen bekrönenden Kolben. Das hier ausgestellte Exemplar unterscheidet sich im Hinblick auf die Größe, die gedrungene Form des aus sechs breiten, gerundeten Rippen gebildeten Kolbens, einzelne Knaufformen, die von zarten geperlten Metallringen ober- und unterhalb optisch eingefasst werden, sowie die insgesamt homogenere Farbigkeit vom anderen Stab der Wiener Sammlung. In beiden Fällen trug der Kolben als oberen Abschluss ursprünglich noch ein Dekorelement aus Metall oder Stein, das auf dem jeweils noch sichtbaren Eisenstift steckte.

Form und Aufbau verbinden die beiden Wiener Exemplare mit Stücken in Berlin und Modena,[2] zu denen weitere, in der älteren Literatur noch nicht berücksichtigte Stäbe in München,[3] London[4] und Oxford[5] kommen. Dabei zeigt letzterer besonders enge Parallelen zu dem hier präsentierten Insigne der Wiener Sammlung.

Die von Victor H. Elbern dem späten 15. Jahrhundert zugeordneten Stäbe in Wien und Berlin datierte Hans R. Hahnloser, der das Exemplar in Modena entdeckte, in die Mitte bzw. an das Ende des 14. Jahrhunderts, wobei stichhaltige Beweisführungen hier bislang ebenso fehlen wie für die Vorschläge zur Lokalisierung nach Venedig[6] bzw. Italien oder Prag.[7]

Die Form dieser Stäbe ist Streitkolben aus Stahl nachempfunden, doch dienten Stücke von so hohem materiellen Wert sicher nicht als Waffen, sondern als Insignien in einem höfischen zeremoniellen Kontext. Im Fall der Stäbe in Berlin und München ist jeweils die – spätere – Verwendung im Sinne eines Herrschaftszepters im engeren Sinne überliefert.[8] Ebenso könnten diese Kostbarkeiten als Parade-, Marschall- oder Heroldsstäbe gedient haben.[9]

Franz Kirchweger

LITERATUR
PLANISCIG/KRIS 1935, 27, Vitr. 16, Nr. 10 und 11. – ELBERN 1962, 61. – ELBERN 1962/63, 151f. – HAHNLOSER/BRUGGER-KOCH 1985, 242f, Kat.-Nr. 523. – Ausst.-Kat. Darmstadt 1992, 176f., Kat.-Nr. 79 (Theo JÜLICH). – Ausst.-Kat. Wien 2000, 10–12 (Helmut TRNEK). – LAMBACHER 2008, 34.

FUSSNOTEN
1 ZIMMERMAN 1889, Reg. 6253, CCLXXV, Nr. 113, Nr. 128.
2 HAHNLOSER/BRUGGER-KOCH 1985, 242f., Kat.-Nr. 522–525. – Zum Berliner Zepter LAMBACHER 2008.
3 München, Bayerisches Nationalmuseum, Inv.-Nr. W 1625 (mit Fassung des 16. Jahrhunderts). DIEMER/DIEMER/SEELIG u. a. 2008, 323f., Nr. 992 (Lorenz SEELIG).
4 Https://www.royalcollection.org.uk/collection/67259/horsemans-parade-mace (22.10.2015).
5 Oxford, Ashmolean Museum, Collection Wellby, Inv.-Nr. WA 2013.1.20. HYPERLINK "http://www.ashmolean.org/ash/objects/makedetail.php?pmu=1171&mu=1173&gty=brow&sec=&dtn=20&sfn=Accession%20Number%28s%29&Sort&cpa=2&rpos=20" Http://www.ashmolean.org/ash/objects/makedetail.php?pmu=1171&mu=1173&gty=brow&sec=&dtn=20&sfn=Accession%20Number%28s%29&Sort&cpa=2&rpos=20 (22.10.2015).
6 HAHNLOSER/BRUGGER-KOCH 1985, 243, Nr. 525 (Heroldsstab in Modena).
7 Ausst.-Kat. Darmstadt 1992, 176f., Kat.-Nr. 79 (Theo JÜLICH). – Ausst.-Kat. Wien 2000, 10.
8 Siehe Anm. 3 und 4.
9 Interessante Parallelen hinsichtlich der allgemeinen Form und des Metalldekors mit Eicheln (vgl. auch Ausst.-Kat. Prag 2006, 256, Kat.-Nr. 93.a) zeigt ein Prunkstreitkolben, Kommando- bzw. Marschallstab der Zeit um 1460 in Wien: Ausst.-Kat. Bern/Brügge/Wien 2008–2010, 281, Kat.-Nr. 99 (Christian BEAUFORT-SPONTIN).

6.11 Votivbild des Prager Erzbischofs Johann Očko von Vlašim

Prag, vor 1371.
Tempera auf Tannenholz, mit Leinwand bezogen; H. 181,5 cm, B. 96,5 cm. – 1940/41 von Bohuslav Slánský restauriert.
Provenienz: Vermutlich Marienkapelle der Bischofsburg in Raudnitz an der Elbe (Roudnice nad Labem). – Raudnitz/Elbe, Propsteikirche Mariä Geburt (1776). – 1826 als Leihgabe in der Gemäldegalerie der Gesellschaft der patriotischen Kunstfreunde, der späteren Nationalgalerie in Prag. – 1926 für diese Institution vom Staat angekauft. Prag, Národní galerie v Praze, Inv.-Nr. O 84.

Zu den Kennzeichen der Herrscherrepräsentation Karls IV. zählten nicht nur neue ikonografische Themen und eine wohlüberlegte Auswahl der Maler, Bildhauer und Baumeister als Träger des kaiserlichen Stils, sondern auch eine durchdachte „Porträtstrategie". Karl IV. gehörte zu den meistabgebildeten Herrschern seiner Zeit. Bei den Bildnissen handelte es sich jedoch noch nicht um Porträts im heutigen Sinn, sondern eher um Abbilder „nach eigenem Wunsch".

Der Schöpfer der Votivtafel war ein Maler, der in Generation und Kunstauffassung dem kaiserlichen Hofmaler Meister Theodoricus verwandt war, dessen monumentaler Stil im karolinischen Hofkreis in den 1360er und 1370er Jahren normative Gültigkeit besaß. Dann überrascht es nicht, dass Johann von Vlašim, der seine Karriere mit den Luxemburgern verknüpft hatte – zunächst als Kaplan und Notar König Johanns, später als vertrauter Ratgeber Karls IV. –, noch um 1370 ein Bild für die Kapelle seiner Burgresidenz in Raudnitz bei einem Maler ähnlichen Stils bestellte. Karl war

6.11

6 ✴ Collector coronarum 375

6.11 / Detail

es gewesen, der für Johann 1351 das Olmützer Bistum besorgt hatte; 1364 wurde Johann dann Nachfolger des Ernst von Pardubitz im Erzbistum Prag. Papst Urban V. ernannte ihn 1365 auf ausdrückliches Ersuchen des Kaisers zum päpstlichen Legaten für die Bistümer Prag, Olmütz (Olomouc), Leitomischl (Litomyšl), Meißen, Bamberg und Regensburg, wodurch sich das Prestige des Prager Erzbischofs bedeutend vergrößerte. Unter Johann von Vlašim machte der Bau der Prager Kathedrale entscheidende Fortschritte. Im Bischofspalast auf der Kleinseite ließ er sich eine neue, reich ausgeschmückte Privatkapelle einrichten, über deren Ausstattung leider nichts bekannt ist. 1378 verzichtete er aus Altersgründen auf das Erzbistum und wurde zum Kardinal ernannt. Das starke persönliche Band zwischen Johann von Vlašim und Karl IV. erhielt am 15. Dezember 1378 mit der Grabrede auf den verstorbenen Kaiser eine literarische Form (jedoch ist unbekannt, ob Johann tatsächlich der Autor war). 1379, nur ein Jahr nach Karl und nach dem Empfang des Kardinalshutes, starb Johann. Fraglich bleibt, bei welcher Gelegenheit Johann von Vlašim ein Auge eingebüßt hatte, was ihm den Beinamen „Očko" (Einauge) einbrachte. In diesem Kontext ist eine Anekdote von 1349 interessant, die der Limburger Chronist Tilemann Elhen von Wolfhagen überliefert: Darin erscheint Karl IV. als selbstbewusster und aufbrausender Mann, der seinem Lehrer nach der Lateinstunde ein Auge ausschlug, da dieser ihn unangemessen erniedrigt hatte.[1] Diese Tat sollte Karl später gebüßt haben, indem er besagten Lehrer zum Prager Erzbischof und Kardinal machte. Damit kann sich die Erzählung nur auf Johann (Očko) von Vlašim beziehen, was die außerordentlich enge Beziehung der beiden Persönlichkeiten erklären könnte.

Das Grabmal des Johann Očko mit einer liegenden Figur – wohl von demselben Bildhauer, der das Grabmal des Preczlaus von Pogarell (reg. 1342–76), Lieblingsdiplomat Karls IV. und Breslauer Bischof, geschaffen hatte – befindet sich in der Chorkapelle St. Ottilie und St. Erhard im Prager Veitsdom, die Johann sich zur letzten Ruhestätte gewählt hatte; dort stiftete er 1367 einen neuen Altar und ließ sie außerdem „kostspielig" ausmalen. In der Darstellung der Taufe der hl. Ottilie ließ sich Johann kniend im frommen Gebet vor dem Taufbecken darstellen, von dem seine Patronin, die Augenleiden heilende hl. Ottilie, auf ihn herabblickt.[2] Ihre Reliquien hatte Johann im Mai 1354 erworben, als er gemeinsam mit Karl IV. Hohenberg in den Vogesen besuchte, wo sie im dortigen Kloster die Erlaubnis zur Öffnung des Ottiliengrabs erhalten hatten. Der Schöpfer des in engem Zusammenhang mit der Altarweihe, d. h. vor 1367 geschaffenen Prager Wandgemäldes stand dem Hofmaler Meister Theodoricus nahe. Die Ausgestaltung der Szene, besonders das Motiv des Erzbischofs im hellen (weißen) Mantel, ist auffällig eng mit Johanns Darstellung auf der Votivtafel verwandt, wo er einen Mantel aus luxuriösem weißen italienischen Damast mit eingewebten goldenen Palmetten trägt.[3]

Die Votivtafel des Johann Očko von Vlašim ist in zwei horizontale Register geteilt. Der Stifter kniet in strengem Profil in der Mitte des unteren Registers und empfängt das Erzbistum nach dem Lehensrecht aus der Hand des Patrons des Prager Erzbistums, des hl. Adalbert; dieser ist in einen Mantel aus rotem Seidendamast gekleidet, den paarweise golden eingewebte chinesische Fabelwesen (Fonghoang und Khilin) und eingerollte Fische zieren.[4] Als Fürsprecher Johanns wirkt der hl. Veit, dem die Prager Kathedrale geweiht ist. Zeugen des festlichen Augenblicks sind zwei weitere Landesheilige, der mährische Benediktinerheilige Prokop und die hl. Ludmilla, Patronin des Benediktinerinnenklosters zu St. Georg auf der Prager Burg. Die Heiligen stehen hier zugleich stellvertretend für verschiedene Kirchengemeinschaften – die Orden, die Bischöfe und die Laien.

Im oberen Register der Tafel sitzt Maria in der Mitte vor einem rotgoldenen gewebten Vorhang, der von zwei Engelchen gehalten wird. Zu ihrer Rechten, also an dem heraldisch ehrenvolleren Platz, kniet Karl IV. in einem luxuriösen Mantel aus weißem Seidendamast mit eingewebten goldenen Pflanzenmotiven; sein Fürsprecher ist der hl. Burgunderkönig Sigismund, den Karl selbst unter die böhmischen Landespatrone aufgenommen hatte.[5] Zur Linken der Madonna ist Kronprinz Wenzel zu sehen, beschützt von seinem Namensvetter, dem Patron des Königreichs Böhmen und Přemyslidenherzog Wenzel. Den späteren Wenzel IV. zieren idealisierte Gesichtszüge, ähnlich wie Ludmilla oder Maria. Abgebildet ist er als Jüngling mit eng anliegendem Wams, erneut aus luxuriösem roten Seidendamast mit eingewebten goldenen Vögeln und Palmetten. Sein markanter Gürtel könnte auf den unlängst erfolgten Ritterschlag verweisen, den er dann mit knapp 10 Jahren empfangen haben müsste – in diesem Alter hatte er zudem in Nürnberg bereits geheiratet (1370). Die Jugend entsprach nach damals allgemein akzeptierter Ansicht am besten der frommen Vorstellung vom Paradiesgarten, in dem die Menschen noch nicht von der Sünde gezeichnet waren. In bewusstem Kontrast dazu steht das faltenzerfurchte Gesicht des Erzbischofs, den der Maler als Asketen und angesehenen alten Mann darstellen wollte. Im Unterschied zu Wenzel IV. wirkt das Porträt Karls IV. individueller, aber im Vergleich zum Erzbischof wiederum idealisierter. Karl hat auf der Raudnitzer Tafel also weder eindeutig naturgetreue noch eindeutig idealisierte Züge: Zutreffend ließe sich seine Darstellung wohl mit dem Begriff „Individualisierung" charakterisieren. Einige besondere physiognomische Eigenschaften, wie sie aus den Schilderungen der Chronisten

6.12

bekannt sind, wurden hier betont und zur verbindlichen Norm erhoben. Dies würde die im Prinzip identischen Gesichtszüge auf allen Porträts Karls IV. aus der Zeit nach der Kaiserkrönung erklären – unabhängig davon, ob sie 1357 auf Karlstein entstanden oder von dem französischen Buchmaler der Grandes Chroniques de France König Karls V. stammen, der Karl IV. mit seinem Sohn, dem gekrönten böhmischen und römischen König Wenzel, einige Monate vor dem Tode des ersteren während seines letzten Paris-Besuchs an der Jahreswende 1377/78 festhielt.

Karl IV. wird auf der Votivtafel nicht als ritterlicher, sondern als gebildeter Herrscher gezeigt, ein Topos, den auch sein Cousin, der französische König Karl V., der eigenen Herrscherpräsentation aufprägte. Dieser Anforderung folgte die offizielle Porträtkonzeption des römischen Kaisers, die wohl sofort nach Karls Krönung in Rom 1355 entstand. Karl, der von seiner Auserwähltheit und der außerordentlichen Bedeutung seiner Taten für die christliche Welt bzw. die Heilsgeschichte überzeugt war, sah sich auf einer Stufe mit den biblischen Helden Melchisedek, Salomo, David oder den Weisen aus dem Morgenland, die nach Bethlehem gekommen waren, um sich vor dem neugeborenen Messias zu verneigen. Vor allem aber fühlte er sich als Kaiser der Endzeit. Karls zahlreiche Identifikationsporträts zeigen seine charakteristische Physiognomie, die 1355 von dem florentinischen Chronisten Matteo Villani folgendermaßen beschrieben wurde: „Er war von mittelgroßer Gestalt, aber klein für einen Deutschen, leicht gebeugt, Hals und Kopf nach vorn geneigt, aber nicht zu sehr; er hatte schwarze Haare, ein relativ breites Gesicht, hervortretende Augen und volle Wangen, einen schwarzen Bart und eine hohe Stirn."[6] Welche Ursache gab es für Karls charakteristisch gebeugte Gestalt mit dem kurzen vorstehenden Hals? Vermutlich handelte es sich um die Folge der Verletzungen, die Karl im Herbst 1350 bei einem Ritterturnier erlitten hatte, als er aus dem Sattel gestoßen worden war. Der Rennspieß seines Gegners traf ihn durch den Helm hindurch am Kinn und durchbohrte die Gelenkköpfe des Unterkiefers und des Kinns. Der Rückstoß des Helms beschädigte Karls Wirbel und das Knochenmark. Karl war zeitweilig gelähmt und konnte sich erst ein Jahr später wieder bewegen. Dieses tragische Ereignis kann den kaiserlichen Chronisten nicht entgangen sein, aber sie schweigen dazu, während die übrigen Autoren versuchten, die Wahrheit herauszufinden – Vergiftung, schlechte Lebensführung und andere Gründe zirkulierten im Reich. Hatten die Prager Hofchronisten den Befehl erhalten, Karls schmähliche Niederlage nicht weiter zu verbreiten? Es sieht so aus.[7] Für die Porträtstrategie des Herrschers ist jedoch bemerkenswert, dass Karl IV. sich ohne Probleme mit den Folgen seiner Verletzung abbilden ließ. Das Profil mit dem Rundrücken und dem nach vorn geneigten und schwer beweglichen Hals wird für Karl sogar zu einem typischen Identifizierungsmerkmal, wie zahlreiche Darstellungen des Kaisers nach der römischen Krönung zeigen – so auch noch die Votivtafel des Johann Očko.

Zu den ersten gemalten Beweisen für die offizielle Porträtstrategie dürfte das Kaiserporträt im Stammbaum der Luxemburger auf Burg Karlstein von 1356 bis 1357 gezählt haben, die ältesten überlieferten Bilder sind jedoch das kaiserliche Doppelporträt im kleinen Oratorium des Karlsteiner Kleinen Turms sowie seine dreifache Darstellung auf den Reliquienszenen der benachbarten Kapelle aus den späten 1350er Jahren: Als Schöpfer aller erwähnten Porträts lässt sich mit großer Wahrscheinlichkeit der Hofmaler Nikolaus Wurmser aus Straßburg identifizieren, der wohl in seiner Funktion als Hofmaler an der Konzeption des offiziellen Kaiserporträts wesentlich beteiligt war. Trotzdem ist aber selbst Karls Antlitz auf der Votivtafel des Johann Očko kein Porträt im Sinn der Renaissance, sondern ein „individualisiertes Porträt", in dem sich die konkrete Physiognomie mit einem idealisierten Antlitz verbindet, das hilaritas (Heiterkeit) und serenitas (ruhige Gelassenheit) ausstrahlt – Geisteszustände, die nach den mittelalterlichen Topoi dem weisen und gerechten Herrscher entsprachen.

Jiří Fajt

LITERATUR
MATĚJČEK 1950, 81–83, Kat.-Nr. 156 (mit älterer Literatur). – SCHMIDT 1969/I, 204, 215, 229, 432, Anm. 236, Abb. 150. – Ausst.-Kat. Prag 2006, 126–128, Kat.-Nr. 33 (Jiří FAJT; mit weiterer Literatur).

FUSSNOTEN
1 „Der selbe Carolus hatte einen meister, der in zu schole furte, dem slug er ein auge uß, umb daz he in strafte." Tilemann Elhen von Wolfhagen in seiner Limburger Chronik, hg. von REUSS 1961.
2 BOROVÝ 1875, 66f., Nr.137. – TOMEK 1871/72, 107.
3 Ähnliche Palmettenmotive befinden sich auf den Grabtextilien aus der Königsgruft auf der Prager Burg. Vgl. GOLLEROVÁ-PLACHÁ 1937, Nr. 10, 17.
4 Ein ähnlicher Stoff aus der Prager Königsgruft: vgl. GOLLEROVÁ-PLACHÁ 1937, Nr. 7, 14–15.
5 Die Bedeutung des Sigismund-Kultes für Karl IV. belegt eine Nachricht in der Chronik des Benesch von Weitmühl aus dem Jahr 1371, also in zeitlicher Nähe zur Entstehung dieser Tafel, über eine ernsthafte Erkrankung des Kaisers auf Karlstein. In dieser kritischen Situation unternahm Königin Elisabeth eine Wallfahrt zum Grab des hl. Sigismund in Prag, wo sie für Karls Genesung betete: FRB IV/3, 543.
6 Matteo VILLANI, ed. PORTA 1995.
7 RAMBA 2010, 207–219.

6.12 Kaiserliche Kassette

Prag, um 1350.
Leder über Holzkern, geschnitten, gepunzt, farbig gefasst; H. 62 cm, B. 45 cm, T. 18 cm.
Inschrift: SALVATOR MVNDI SALVA NOS OMNES QVIA PER CRVCEM ET SANGVINEM TVVM REDEMISTI NOS AUXILIARE NOBIS TE DEPRECAMUR DEUS NOSTER („Heiland der Welt, erlöse uns alle, da du uns ja durch das Kreuz und Dein Blut errettet hast; uns zu helfen, bitten wir Dich, unser Gott").

6.13

6.13 Kaiser Karl IV. erhebt den Paduaner Juristen Jacopo di Santa Croce in den Adelsstand mit dem Recht, ein eigenes Wappen zu führen

Pisa, 25. Mai 1355; Miniatur: Padua oder Venedig, um 1355.
Pergament, Tinte, Deckfarbe; Italienisch;
H. 27,9 cm, B. 40,1 cm.
Venedig, Fondazione Giorgio Cini, Inv.-Nr. Miniatur 2042.

Provenienz: Nürnberg, Germanisches Nationalmuseum (seit 1869).
Nürnberg, Germanisches Nationalmuseum, Inv.-Nr. HG 3591.

Auch wenn sich die Herkunft des lederbezogenen Behältnisses nur bis in das 19. Jahrhundert zurückführen lässt, als es unter merkwürdigen Umständen aufgefunden wurde, gibt es klare Indizien, die für seine Entstehung im Umfeld Karls IV. sprechen. Der hochrechteckige, an der oberen Kante vermutlich um ca. 8 cm abgeschnittene Koffer zeigt auf seiner Schauseite zwei Wappen, die zwischen einer oben eingeschnittenen lateinischen Bittschrift und den Bildern zweier Fabelwesen im unteren Bereich sitzen. Zu sehen sind der Reichsadler und der böhmische Löwe – die Wappen der beiden Throne, die Karl in seiner Person zusammenführte und dauerhaft zu verbinden beabsichtigte.

Auch das Bittgebet, das Bezug nimmt auf die Passion Christi, spielt auf ein Thema an, das den Kaiser seit seiner Jugend am französischen Hof tief bewegt hatte und Zeit seines Lebens bewegte. Beide Komponenten spiegeln die enge Beziehung von Reichsgedanken und Heilsgeschehen wider, wie sie auch im Reichsschatz zum Ausdruck kommt, der Insignien und Reliquien vereint. Diese Beobachtungen wären allerdings sicher nicht ausreichender Grund für die in der Literatur geäußerte Annahme, das Futteral sei für Teile der Reichskleinodien, beispielsweise der Gewänder, bestimmt gewesen.

Der Zusammenhang zu den Umständen, unter denen der Kaiser den Schatz in Prag und auf Burg Karlstein verwahrte, ist allerdings evident. Dafür spricht vor allem die Nähe des Futterals zu den Schutzbehältnissen für die Kaiserkrone und die Krone des Königreichs Böhmen. Sie wurden in der Zeit um und nach 1350 geschaffen und sind in Machart, Stil und Wappenprogramm dem Kastenbehältnis so eng verwandt, dass von einer Herstellung in derselben Prager Werkstatt ausgegangen und auf denselben Auftraggeber geschlossen werden kann.

Unklar wie die Herkunft ist die Zweckbestimmung des Futterals, dessen ursprüngliche Größe nicht zuverlässig rekonstruiert werden kann. Denkbar ist, dass es zur Aufnahme einer der zahlreichen Reliquien gedient hatte, die Karl auf Karlstein neben dem Reichsheiltum versammelte, wobei insbesondere der Erwerb von Passionsreliquien im Mittelpunkt seiner Bemühungen stand.

Ralf Schürer

LITERATUR
ESSENWEIN 1873. – GALL 1965, 56–58. – Ausst.-Kat. Nürnberg 1971, Kat.-Nr. 250 (SCHIEDLAUSKY). – SCHRAMM/FILLITZ 1978, 14, 60, Nr. 38b. – Ausst.-Kat. New York 2005, Kat.-Nr. 71 (Robert Theo MARGELONY). – Ausst.-Kat. Magdeburg 2006, 483–485, Nr. V.78 (Sabine LATA). – Ausst.-Kat. Prag 2006, 169, Kat.-Nr. 54 (Robert Theo MARGELONY). – ZANDER-SEIDEL/KREGELOH 2014, Kat.-Nr. 9.

Die Miniatur in einem ungewöhnlichen, an ein M oder einen doppelten Arkadenbogen erinnernden Format zeigt Karl IV. auf einem einfachen Thron mit Goldkissen, gekleidet in eine dunkelgrüne Dalmatika und ein golddurchwirktes Zeremonialgewand mit einfachen Rosettenmotiven gleicher Farbe, das auf der Brust mit einer mächtigen Spange in Goldschmiedetechnik geschlossen und an den Säumen mit Hermelin geschmückt ist. Dieser kostbare weiße Pelz mit schwarzen Schwänzen war den höchsten Würdenträgern der damaligen Gesellschaft vorbehalten: Hermelin wurde zum traditionellen Attribut der Königs-, in diesem Fall der Kaiserwürde. Die Schultern Karls IV. ziert eine über der Brust gekreuzte Stola, ein golddurchwirkter textiler Zierstreifen. Aus demselben Material ist auch das um die Taille des Monarchen liegende Band gefertigt. Karl trägt zudem dunkelrote Strümpfe mit spitzen Schuhen in derselben Farbe.

Auf dem Haupt trägt Karl jene Krone mit Lilienendungen und doppeltem Bügel, mit der Albrecht Dürer noch 150 Jahre später Karls Sohn Sigismund darstellen würde. In der linken Hand hält Karl das Zepter und presst zugleich den Apfel an seinen Schenkel, da er mit der rechten Hand dem knienden Juristen Jacopo di Santa Croce den Wappenschild überreicht. Dieser zeigt einen roten Löwen mit goldener Krone in silbernem Feld und einen goldenen horizontalen Balken.

Karl IV. wird also im festlichen Krönungsgewand mit den Attributen seiner herrscherlichen Majestät dargestellt – als frisch gekrönter Kaiser. Es ist nicht auszuschließen, dass diese Miniatur Karl sogar in jenem Krönungsgewand festhält, in dem er aus der Hand des päpstlichen Legaten Kardinal Albornoz in der Petersbasilika im Vatikan am 5. April 1355 die Kaiserkrone empfangen hatte. Diese Überlegung wird noch durch die Tatsache gestützt, dass die dargestellte festliche Zeremonie in der toskanischen Stadt Pisa am 25. Mai 1355, also wenige Wochen nach der römischen Krönung stattfand.

Der Jurist und Gelehrte Jacopo di Santa Croce aus Padua gehörte zu den engsten italienischen Anhängern und Ratgebern des Kaisers, sodass Karl ihm auf diese Weise für Treue und geleistete Dienste dankte. Das Porträt des Kaisers unterscheidet sich von den bekannten Darstellungen Prager Provenienz und zeigt, wie kompliziert es war, weit entfernt von Prag die einheitliche Porträtstrategie zu wahren, die Karls Hof als wichtigen Aspekt der offiziellen Herrscherrepräsentation durchzusetzen suchte.

Autor dieser außergewöhnlichen Miniatur war ein norditalienischer Maler aus dem Veneto, d. h. entweder aus Padua oder dem nahen Venedig. Die ungewöhnliche Platzierung der figürlichen Miniatur in der Mitte des Textes als Gegenstück zu Karls Monogramm belegt, dass Schreiber und Maler bereits bei der Vorbereitung des Dokuments eng zusammengearbeitet haben, was die Anwesenheit des Buchmalers in Pisa voraussetzt. Möglich ist allerdings auch, dass Jacopo die Miniatur auf einem leeren Pergament anfertigen ließ und dieses dann nach Pisa zum Treffen mit dem Kaiser mitbrachte. Künstlerisch am nächsten stehen der Miniatur auf der kaiserlichen Urkunde jedenfalls die Arbeiten des venezianischen Malers Giustino di Gherardino da Forlì, der im dritten Viertel des 14. Jahrhunderts in der Lagunenstadt tätig war.[1]

Jiří Fajt

LITERATUR
Ausst.-Kat. Magdeburg 2006, 385, Kat.-Nr. V.13 (Ulrike BAUER-EBERHARDT).

FUSSNOTEN
1 Vgl. die Miniaturen der von 1371 stammenden Handschrift des Guido de Columnis: Historia destructionis Troiae. Heute Genf, Bibliotheca Bodmeriana, Ms. Guido. – BAUER-EBERHARDT 2006.

6.14 Der mittelalterliche Wenzelsaltar in der Basilika Alt-St. Peter im Vatikan, 1355 von Karl IV. gestiftet

Giovanni Ciampini [Johann Ciampinus]: De Sacris Ædificiis A Constantino Magno Constructis. Roma 1693, Taf. XXIb (zwischen p. 66 und 67).
Alter Druck; H. 22 cm, B. 32,5 cm, St. 3 cm.
a. Prag, Knihovna Národního muzea, Sign. 14 A 6.
b. Benediktinerabtei Rajhrad, Deponat im Muzeum Brněnska – Památníku písemnictví na Moravě, Sign. R-L II. ee 8.

Als Giovanni Ciampini 1693 sein Buch über alle Kaiser Konstantin zugeschriebenen Kirchenbauten veröffentlichte, war die spätantike Vatikanische Basilika längst abgetragen und durch den Neubau des Petersdoms (geweiht 1626) ersetzt. Doch konnte Ciampini, ein früher Vertreter der christlichen Kunstgeschichte, auf Skizzen und Beschreibungen zurückgreifen, die von 1605 an von Giacomo Grimaldi angefertigt worden waren. In diesem Jahr hatte Papst Paul V. seinen Archivar mit einer Dokumentation von Alt-St. Peter beauftragt, nachdem die Entscheidung gegen die Übernahme des konstantinischen fünfschiffigen Langhauses in den Neubau gefallen war. Grimaldi hatte den Maler Domenico Tasselli hinzugezogen, der die noch aufrecht stehenden Bauteile und insbesondere Gräber und Altäre in Aquarellen festhielt. Noch im selben Jahr 1605 dokumentierte er einen Befund, der an der Innenwand der Fassade beim Abriss des nachträglich hierher umgesetzten Erasmusaltares zum Vorschein gekommen war: das freskierte Retabel des St.-Wenzel-Altars aus dem 14. Jahrhundert. Einige Jahre später wurden die beim Abriss von Alt-St. Peter verschwundenen Grabmäler und Altäre in den sogenannten Grotten des Vatikans in Fresken festgehalten.

Nach einer dieser Vorlagen hat Ciampini das Bild vom Wenzelsaltar für sein umfangreiches Werk in Kupfer stechen lassen. Das Wandbild zeigte den Hl. Wenzel mit dem typischen Herzogshut sowie Schwert, Schild und Fahne im Zentrum einer mehrfigurigen Komposition, zu der auch zwei kniende Stifter gehörten. Bei den seitlich stehenden Heiligen, einem Benediktinerabt und einem Bischof, handelte es sich wahrscheinlich um den Hl. Prokop und den Hl. Adalbert. Über der Szene erschien in einem halbrunden Auszug der Bildrahmung eine halbfigurige Muttergottes mit Kind.

Um den Stifter des Wenzelsaltars zu ermitteln, konnte schon Grimaldi nur das Martyrolog-Anniversar von St. Peter zu Rate ziehen, das allerdings keine eindeutige Auskunft gibt. Für den Tag des hl. Wenzel (28. September) lautet der Eintrag, dass am Wenzelsaltar alljährlich eine Seelmesse für den Olmützer Bischof Hynco (amt. 1326–33)[1] gelesen werden solle. Am Todestag des Hynco, dem 27. Dezember, ist vermerkt, welche Stiftung des Bischofs das Geld für seine Anniversarfeier erwirtschaftete.[2] Allerdings ist nicht festgehalten, woher das Geld für den Unterhalt des Altars zu nehmen sei, an dem jede Woche eine Messe gefeiert wurde. Wer den Wenzelsaltar gegründet hat, bleibt daher unbeantwortet. Die Memorialfeier für den Bischof von Olmütz könnte auch nachträglich eingerichtet worden sein, etwa von einem seiner Amtsnachfolger, vielleicht von Johann Očko von Vlašim (Bischof von Olmütz 1351–64), der bei Karls IV. Kaiserkrönung am 5. April 1355 in Alt-St. Peter zugegen war. Angesichts des Patroziniums ist die Gründung des Altars durch Karl IV. als Zeichen des Dankes für die Krönung 1355, aber auch als Einrichtung einer „ständigen Vertretung" des böhmischen Landespatrons in der Kirche des Apostelfürsten zu erwägen. Karls Gründerrolle ist zudem die beste Erklärung für seine Präsenz auf dem Altarbild, die dank der Bügelkrone des Römischen Kaisers auf dem Kopf der linken Stifterfigur gesichert ist. Bemerkenswerterweise nennt das Anniversarbuch als Zustifter eines Priesterornats, eines Kelchs und eines Messbuchs für den Wenzelsaltar einen „Herr[n] Venceslaus" aus Böhmen.³ Das Jahr dieser Stiftung, 1363, ist das Jahr der Krönung von Karls IV. Sohn Wenzel zum böhmischen König. Es liegt auf der Hand, im Thronfolger Wenzel den offiziellen Donator der Altarausstattung zu sehen, wiewohl dieser erst zwei Jahre alt war.⁴ Es muss offenbleiben, wen die Figur eines geistlichen Stifters auf dem Altarbild darstellte. Wegen des Patriarchenkreuzes in der rechten Hand des Knienden ist nicht zuletzt an Nikolaus, Patriarch von Aquileia (amt. 1350–58), zu denken, der seinen Halbbruder Karl auf dem Zug nach Rom 1354/55 begleitet hatte.

Christian Forster

LITERATUR

CLAUSSEN 1980. – BAUCH 2015/I, 409f.

FUSSNOTEN

1 GATZ 2001, 510f. (Jan BISTŘICKÝ).
2 Edition des gegen Ende des 13. Jahrhunderts angelegten Anniversarbuch und seiner Ab- und Fortschrift (vor 1404) in: EGIDI 1908, 167–291, hier 256f. und 280f.
3 Mit „Dominus Venceslaus cum sociis suis boemis" dürfte umschrieben worden sein, dass Gesandte des böhmischen Hofes im Namen Wenzels die Stiftung überreichten.
4 Der Gedanke wurde von CLAUSSEN 1980, 287, Anm. 37, aufgrund Wenzels Alter verworfen.

6.15 Sog. Eiserne Krone der Lombardei

Italien, 5.–9. Jh.
Metallring (Eisen), Gold, grünemailliert, Edelsteine; H. 8 cm, D. 15 cm.
Monza, Museo e Tesoro del Duomo di Monza; Aufbewahrungsort Duomo, Cappella di Theodolinda, Altar.
Nur in Nürnberg ausgestellt.

Die sogenannte „Eiserne Krone" aus Monza wird nach allgemeinem Verständnis mit der Krone des regnum Italiae, also des schon lang zurückliegenden Lombardischen Reiches, in Verbindung gebracht. Sie besteht aus sechs mit grüner Emaille und 22 Edelsteinen verzierten goldenen Platten, die, leicht nach innen gebogen, einen Reif bilden. Der Durchmesser beträgt 15 cm. Für eine Männerkrone eigentlich zu klein, dürfte sie ursprünglich wohl eine karolingische Frauen- oder Votivkrone aus dem 9. Jahrhundert gewesen sein.

Der Name wird von einem innen liegenden eisernen Reif abgeleitet, von dem eine legendäre Überlieferung behauptet, er sei aus einem der Kreuzesnägel Christi geschmiedet worden. Doch ist dieses Insigne ein gutes Beispiel dafür, wie eine Legende und ein später darauf bezogenes Objekt zusammengefunden haben. Schon seit Lodovico Antonio Muratori (1672–1750) ist bekannt, dass der kleine Goldreif aus Monza anfangs überhaupt nichts mit der „Eisernen Krone" der Lombardei zu tun hatte. Erst viel später wurde sie mit einer von ihr unabhängig entstandenen und im Hochmittelalter weiter ausgeschmückten Sage von einer in Mailand vergebenen „Eisernen Krone", die wiederum Bestandteil einer Dreikronenfabel war, verbunden. Erst im 15. Jahrhundert ist aus der goldenen Krone in Monza die „Eiserne Krone" geworden und deren Verehrung als Kreuznagelreliquie beginnt noch einmal ein Jahrhundert später.

Zu der bis heute anhaltenden Vorstellung, es sei schon immer die „Eiserne Krone" gewesen, verhalf dem Goldreif aus Monza vor allem die Verwendung bei den Krönungen Kaiser Napoleons I. (reg. 1804–15, † 1821) zum König von Italien am 26. Mai 1805 im Mailänder Dom und Kaiser Ferdinands I. (reg. 1835–48, † 1875) zum König von Lombardo-Venetien am 6. September 1838. Darüber hinaus beförderten die Memorialbezüge, die die Könige von Italien im 19. Jahrhundert zu ihr herstellten, diese Zuweisung. Weder Karl IV. noch ein anderer Kaiser aus dem Haus der Luxemburger dürften diese Krone getragen haben. Bei ihren Krönungen in Mailand zum rex Italiae ist stattdessen eine tatsächliche Krone aus Eisen verwendet worden, die in Sant'Ambrogio aufbewahrt wurde, heute aber verloren ist.

Olaf B. Rader

LITERATUR

MURATORI 1719. – HAASE 1901. – ELZE 1955. – VON DER NAHMER 1986. – CAVINA 1991.

6.16 Johannes Porta de Annoniaco: Liber de coronatione Karoli IV. imperatoris

Rom / Avignon, 1354–56.
Prag, Národní knihovna České republiky, Sign. I C 24.
Nicht ausgestellt.

Detaillierte Berichte über mittelalterliche Kaiserkrönungen sind eher selten. Im Fall der Krönung Karls IV. am Ostersonntag 1355 in Rom liegt hingegen eine ganz außergewöhnliche Quellensituation vor: Denn neben der Überlieferung mehrerer Stadtchronisten aus Pisa, Siena oder Florenz und den Texten der Hofumgebung ist für Karls Krönung ein eigens darüber verfasster Text auf uns gekommen. Sein Titel ist nicht zeitgenössisch, sondern erst durch den in Prag wirkenden Historiker Constantin von Höfler (1811–97) für den ersten vollständigen Druck von 1864 gebildet worden. Spätere Forscher und Editoren behielten den Titel bei: Liber de coronatione Karoli IV. imperatoris – Buch über die Krönung Kaiser Karls IV.

Der Verfasser, der sogar Augenzeuge des Geschehens gewesen war, hieß Jean Porte d'Annonay, benannt nach einem kleinen Städtchen in Südfrankreich, oder, in latinisierter Version, Johannes Porta de Annoniaco. Er diente als persönlicher Sekretär jenem Kardinal – Pierre Bertrand de Colombier (Petrus von Ostia, 1299–1361), Bischof von Ostia und Velletri –, der im Auftrag von Papst Innozenz VI. (amt. 1352–62) die Kaiserkrönung Karls in Rom vollzog. Portas genaue Lebensdaten kennen wir leider nicht, doch muss er über 1361 hinaus gelebt haben, weil er im Testament seines Brotherrn als Zeuge auftaucht.

Das Werk des Sekretärs sollte allerdings ursprünglich nicht der Dokumentation des kaiserlichen Krönungszuges dienen, sondern war als Traktat über die Vorrechte des Kardinaldekans gedacht, der das Ersatzkrönungsrecht oder einen Anspruch auf das Pallium für alle Zukunft in den Akten festgeschrieben wissen wollte. Wenige Tage nachdem Kardinal Petrus von Ostia am 10. November 1354 vom Papst in Avignon mit dem Vollzug der Krönung in Rom beauftragt worden war, gab er seinem Sekretär den Befehl, eine Aktensammlung über die ganze Angelegenheit anzulegen. Es sollte ein Werk entstehen, das die Rechte des Kardinals benannte und die gesamte Korrespondenz, die im Zusammenhang mit der Krönung anfiel, enthielt. Und natürlich sollte der Traktat eine Art Reisetagebuch mit der Auflistung bemerkenswerter Ereignisse während der Reise enthalten, bei denen der Auftraggeber in besonders hellem Licht erstrahlte. Nach der Rückkehr des Legaten vom Tiber an die Rhône arbeitete Johannes weiter an dem Werk, fügte einige Reden, weitere Korrespondenzen sowie ein Itinerar der Reise ein und schloss seine Bemühungen im Februar 1356 ab.

In seiner endgültigen Gestalt besteht der Traktat aus drei Teilen: einer vom Kardinallegaten Petrus von Ostia verfassten Vorrede, einem ausführlichen und von Urkunden, Briefen und Reden durchwirkten Reisebericht in 82 Kapiteln sowie einer tabellarischen Übersicht über die Reisestationen. Die Darlegung der römischen Ereignisse mit den zur Krönung gehörenden Handlungen, den geleisteten Eiden oder den verehrten Reliquien ist in den Kapiteln 40–49 enthalten, nimmt also nur einen verhältnismäßig geringen Teil ein, gemessen am Gesamtumfang des Werks.

Zu einem Bericht, der allein auf Karls Krönung fokussiert und den noch heute gebräuchlichen Titel rechtfertigt, wurde der Traktat erst, als er am Hof des Kaisers auftauchte und dort aus Interesse am Herrscher abgeschrieben wurde. Vielleicht hatte der Kardinal ein Exemplar des Buches, das als Vorlage für die spätere Abschrift gedient haben muss, an den kaiserlichen Hof geschickt, vielleicht hatte Karl auch selbst die Initiative ergriffen und den Traktat mithilfe seiner guten Kontakte zur Kurie besorgen lassen. Das Original ist im Kloster Colombier-le-Cardinal, dem der Kardinal 1361 alle seine Bücher vermacht hatte, im 17. oder 18. Jahrhundert verloren gegangen, und auch andere vollständige Abschriften haben im südfranzösischen Raum nicht überdauert. In der vorliegenden Prager Überlieferung liegt daher die einzige vollständige Fassung vor. Die Prager Abschrift des Traktats ist in eine Handschrift aus dem 15. Jahrhundert eingebunden worden, die außerdem noch die Chronik des Pulkawa, die „Vita Karoli IV." sowie eine Fassung der Goldenen Bulle von 1356 enthält. Johannes Porta de Annoniaco ist wahrscheinlich, so vermutete Richard Salomon, der Herausgeber der noch heute gültigen Edition innerhalb der Monumenta Germaniae Historica, auch der Verfasser zweier Papstbiografien gewesen.

Olaf B. Rader

EDITION
SALOMON 1913/I.

LITERATUR
SALOMON 1913/II. – SALOMON 1924. – KAVKA 2002/I. – Iohannes Porta de Annoniaco. Liber de coronatione Karoli IV imperatoris. In: http://www.geschichtsquellen.de/repOpus_03034.html (02.05.2016). – Iohannes Porta de Annoniaco. In: http://www.geschichtsquellen.de/repPers_100956882.html (02.05.2016).

7 ✶ Die Prager Kathedrale als Kirche der böhmischen Könige

Karl (Markgraf) von Mähren hat in der Absicht, die Prager Kirche hervorzuheben und ihre Würde zu mehren, beim Papst ihre Erhebung zum Metropolitensitz erwirkt.

Benesch Krabitz von Weitmühl, Chronik der Prager Kirche, Vermerk zum Jahr 1344

(…) dieser Kaiser (ließ) über dem Portikus der Prager Kirche (ein Bild) aus Glas nach griechischer Art fertigen und anbringen, ein prachtvolles und gar teures Werk.

Benesch Krabitz von Weitmühl, Chronik der Prager Kirche, Vermerk zum Jahr 1370

Der Neubau der gotischen Kathedrale auf der Prager Burg war das repräsentativste Sakralbauprojekt der Zeit Karls IV. Ihr klassischer Grundriss mit dem Kranz der Chorkapellen beschließt die grandiose Ära der französischen Kathedralarchitektur, während sie mit ihrem modernen dynamischen Raumkonzept die Spätgotik vorwegnimmt. Bauherren waren das Metropolitankapitel und der Erzbischof von Prag, jedoch bestimmte der weltliche Herrscher ihre Funktion sowie ihr Dekorprogramm ganz wesentlich mit. Die Prager Kathedrale wurde so im Unterschied zu den meisten westeuropäischen Bauwerken gleichzeitig als landesherrliche Krönungs- und Grabeskirche genutzt.

Die geistige Dimension des Bauwerks war von den vier Gräbern der böhmischen Patrone Wenzel, Veit, Adalbert und Sigismund vorgegeben, die jeweils an den Endpunkten der Arme eines gedachten Kreuzes platziert wurden. In der Mitte stand die Kaisergruft (ein Kenotaph, d. h. ein leeres Grab), die sterblichen Überreste des Herrschers wurden in der Krypta unter dem Hochaltar beigesetzt. Karl IV. verlieh dem Programm des gesamten Ostchors ein stark staatlich-dynastisches Gepräge: von den Chorkapellen im Erdgeschoss angefangen, in die er die Gräber seiner Ahnen, der Přemyslidenherzöge und -könige verlegen und mit markanten figürlichen Grabmälern versehen ließ, über das untere Triforium, das mit Steinbüsten an seine Zeitgenossen gemahnte – an seine eigene Familie und führende Persönlichkeiten des Kathedralbaus einschließlich der beiden Baumeister – bis hin zu dem ungewöhnlichen oberen Außentriforium, das die himmlische Sphäre mit plastischen Bildnissen der Landespatrone, der Jungfrau Maria und Jesus Christus preist.

Den ersten Baumeister der Prager Kathedrale, Matthias von Arras († 1352), hatte offenbar Papst Clemens VI. empfohlen, die Auswahl von dessen Nachfolger lag aber wohl eher in den Händen Karls IV. Dieser holte 1356 den 23-jährigen Peter Parler (1332/33–99) aus Schwäbisch Gmünd, jedoch waren Angehörige der berühmten Baumeistersippe aus Köln im gesamten Reichsgebiet anzutreffen.

Im Sonnenlicht weithin zu sehen war das Mosaik mit der Darstellung des Jüngsten Gerichts, der böhmischen Landespatrone und der knienden Karl IV. und Elisabeth von Pommern an der Goldenen Pforte, dem Haupteingang und Prunkportal an der Domsüdseite. Es war in den Jahren 1370–71 von venezianischen Mosaikkünstlern geschaffen worden, die vom Markusdom nach Prag gekommen waren.

Jiří Fajt

Prag, der Ostchor des Veitsdoms während der Fertigstellung der Kirche, Blick vom Turm der Kirche des Benediktinerinnenklosters St. Georg • Fotografie von František Fridrich (1829–92), um 1870 • Prag, Archiv hlavního města Prahy, Sign. II 971

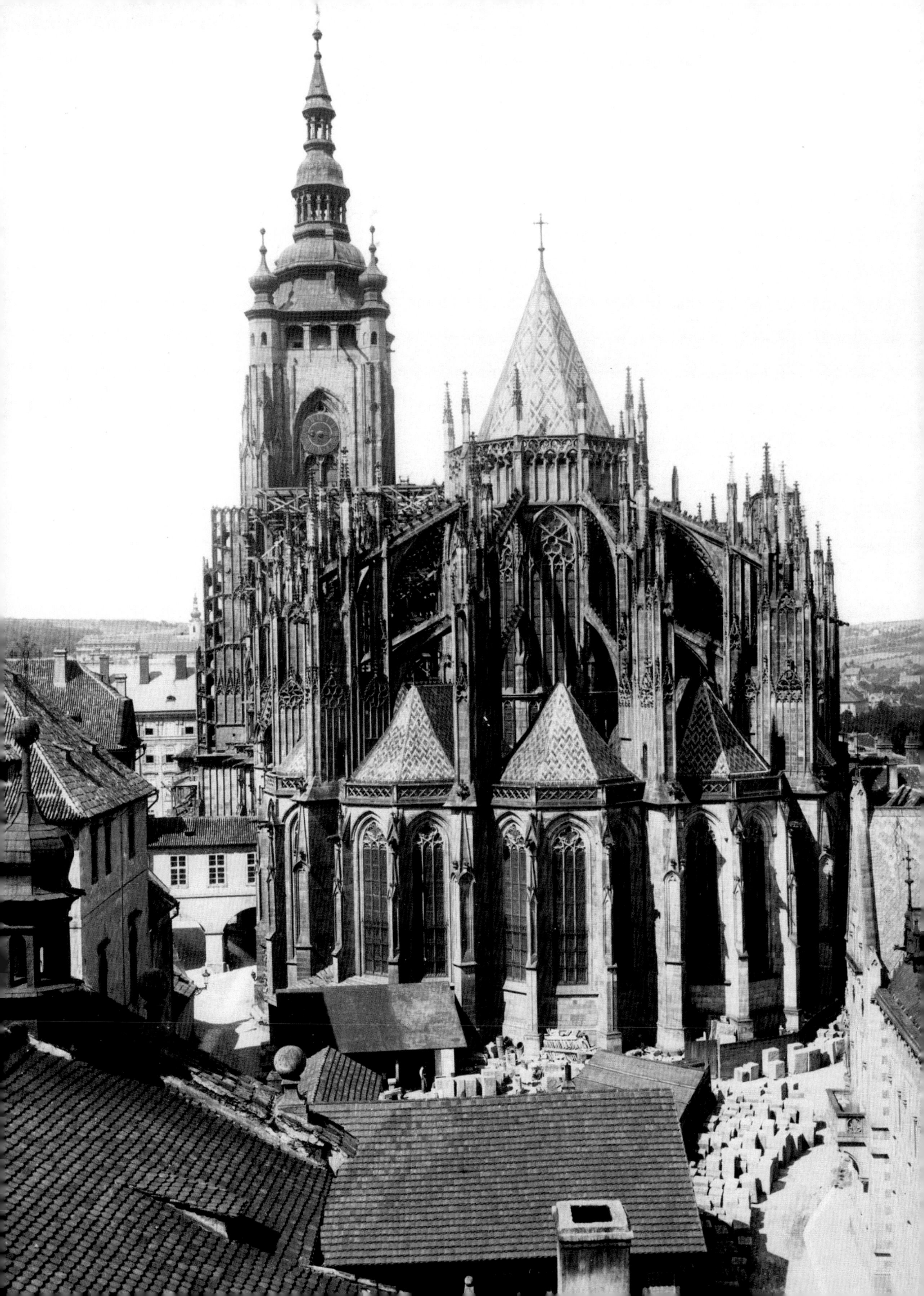

Katalog 7.1–7.13

7.1 Tabernakel der Wenzelskapelle im Prager Dom

Prag, Meister Wenzel, um 1375.
Eisen, vergoldet; an den Eckfialen je zwei Wappen des Königreichs Böhmen und des Heiligen Römischen Reichs; H. 210 cm, B. 50 cm.
Provenienz: St. Wenzelskapelle im Prager Veitsdom. Prag, Metropolitní kapitula u svatého Víta v Praze, ohne Inv.-Nr.

Schriftliche Zeugnisse legen nahe, dass diese monumentale Goldschmiedearbeit in Form eines Türmchens um 1375 angefertigt wurde. Sie war zur dauerhaften Aufbewahrung der in der Eucharistiefeier in das Fleisch Christi gewandelten Hostien in der Wenzelskapelle im Prager Veitsdom bestimmt: Quellen erwähnen einen Eisenwarenhändler namens Meister Wenzel, der am 8. Juni 1375 20 Groschen pro „cancello ferreo, in quo corpus Christi servatur in capella sancti Wenceslai (für ein eisernes Gitterwerk, in dem in der Sankt-Wenzels-Kapelle der Leib Christi aufbewahrt werden kann)" erhalten habe.[1] Das Sakramentshäuschen stand ursprünglich vermutlich an der südöstlichen Ecke der Kapelle, wahrscheinlich auf einem steinernen Sockel und zwischen den Darstellungen von Christi Kreuzigung und Grablegung, mit denen die (halb)edelsteinverkleideten Wände der Kapelle bemalt waren.[2] An dieser Stelle, ganz in der Nähe der Darstellung von Christi Opfertod am Kreuz, hätte der Tabernakel auf passende Weise den überhistorischen Leib Christi, gewandelt in der Eucharistie, seinem historischen Leib, der auf Golgatha geopfert wurde, gegenübergestellt.

Das Sakramentshaus diente als dauernder Aufbewahrungsort für Christi sakramentalen Leib, und dieser besonderen Funktion ist die Kostbarkeit sowohl des Gesamtentwurfs wie der Einzelheiten angemessen. Von Weitem erinnert es an einen verkleinerten Kirchenbau, während sich aus der Nähe gesehen die Architektur in eine fantastische Fülle von exquisiten Maßwerkformen und Architekturelementen auflöst. Über quadratischem Grundriss gliedert sich das Sakramentshäuschen in zwei Abschnitte – den eigentlichen Schrein, der die Eucharistie, wahrscheinlich in einer Monstranz oder Pyxis eingeschlossen, enthielt, sowie den mikroarchitektonischen Aufbau mit Eckfialen, Strebewerkbögen und krabbenbesetztem Helm über dem eigentlichen, dreiachsigen Turmgeschoss. Den Zugang zum Inneren des Schreins ermöglichte ein verschließbares Türchen an der Vorderseite, das heißt jener Seite, die ursprünglich der Verbindungstür zwischen Wenzelskapelle und dem Chorumgang des Veitsdoms zugewandt war.

Formal nimmt die Konstruktion zumindest teilweise das Design des Hochchores des Veitsdoms und der Bartholomäuskirche in Kolín vorweg, der beiden Hauptprojekte Peter Parlers, die in den 1380er Jahren ihrer Vollendung entgegen gingen. Die Strebebögen mit ihren charakteristischen Maßwerkschleiern aus Vierpässen kehren, natürlich stark vergrößert, am Obergaden von St. Veit wieder, während die Maßwerkwirbel an der linken Seite des Tabernakels ihre Parallelen am nördlichen Obergaden der Kolíner Kirche finden. In diesem Licht betrachtet, mag der Auftrag für das Sakramentshäuschen, auch wenn es an erster Stelle der Aufbewahrung der Eucharistie zu dienen hatte, auch eine willkommene Gelegenheit für architektonische Experimente geboten haben. Zumindest konnten die sicher bereits existierenden Pläne der Großbauten, die sogenannten Visierungen, hier in Form eines Modells dreidimensional umgesetzt werden.[3]

In der Geschichte der liturgischen Kleinarchitekturen ist das Prager Sakramentshäuschen ein nicht nur ein frühes, sondern auch ein seltenes Beispiel, letzteres nicht nur im Hinblick auf das verwendete Material (vergoldetes Metall) und die verhältnismäßig bescheidene Größe, sondern auch angesichts seiner Aufstellung in einer Seitenkapelle, die hier außerdem der Verehrung des böhmischen Landespatrons diente. Als das Werk 1375 in Auftrag gegeben wurde, begann man anderorts mit der Errichtung monumentaler Wandtabernakel aus Stein, die an Kirchenfassaden erinnern (so in der Nürnberger Sebalduskirche und der Jakobskirche in Rothenburg ob der Tauber), sowie mit der Anfertigung frei stehender Sakramentshäuser aus Holz mit polygonalen Grundrissen und schlanken, teleskopartigen Auszügen (beispielsweise im Dom zu Brandenburg und in der Zisterzienserabteikirche zu Doberan).[4] Jüngst konnte Petr Uličný nachweisen, dass es auch im Prager Dom ein steinernes – und frei stehendes – Sakramentshaus gegeben hat.[5] Dieses stand bis zu seiner Zerstörung durch die Calvinisten im Jahre 1619 auf der südlichen Seite des Chors in der Nähe des Veitsgrabes. Sein Aussehen ist durch einen Kupferstich, der die Krönung Ferdinands II. zum König von Böhmen im Jahre 1617 zeigt, aber vor allem durch zwei erhaltene Architekturfragmente belegt. Letztere legen eine Datierung spätestens in die 1370er Jahre nahe, vielleicht sogar schon, wie Uličný annimmt, in das Jahrzehnt, das der Chorweihe im Jahre 1365 unmittelbar voranging. Der Prager Dom besaß somit in den letzten Jahren der Regierungszeit Karls IV. zwei Sakramentshäuser, das eine in Gestalt eines sechs oder sieben Meter hohen Steinturmes mit Maßwerkhelm, das andere zur Aufbewahrung des „Allerheiligsten Böhmens" bestimmt und, vielleicht auch eingedenk der in zahlreichen Legenden immer wieder erwähnten eucharistischen Frömmigkeit des hl. Wenzel, als kostbare Goldschmiedearbeit konzipiert und ausgeführt.

Achim Timmermann

LITERATUR
KOTRBA 1960, 341. – KOTRBA 1971, 117. - KOSTÍLKOVA 1975. - MICHNA 1976, 156. – ORMROD 1997, 264–271. – Pražský hrad 1999, 70–72. – TIMMERMANN 2002, 9f. – Ausst.-Kat. Prag 2006, 219, Kat.-Nr. 68 (Achim TIMMERMANN). – TIMMERMANN 2009, 55–57. – ULIČNÝ 2011, 59–61.

FUSSNOTEN
1 Zitiert nach KOSTÍLKOVA 1975, 543, Anm. 26.
2 ORMROD 1997, 269.
3 TIMMERMANN 1999, 407.
4 Hierzu besonders TIMMERMANN 2009, 44–56.
5 ULIČNÝ 2011, 59–61.

7.2 Marientod aus der Burg Košátky

Prag, 1340–45.
Eichenholz, mit Leinwand überzogen; Tempera und Gold; H. 100 cm, B. 71,1 cm.
Provenienz: Ursprung unbekannt. – 1922 in der Kapelle auf Burg Košátky bei Jungbunzlau (Mladá Boleslav) entdeckt. – 1934–39 Heinrich von Kolowrat (als Leihgabe in der Nationalgalerie Prag, Inv.-Nr. OP 2110). – 1950 angekauft von Henry Perlman,

7.2

7.3

7.4

New York. – 1950 angekauft für E. & A. Silbermann Galleries, New York. – 1950 angekauft für das Museum of Fine Arts, Boston.
Boston, Museum of Fine Arts, William Francis Warden Fund, Seth K. Sweetser Fund, The Henry C. and Martha B. Angell Collection, Juliana Cheney Edwards Collection, Gift of Martin Brimmer, and Gift of Reverend and Mrs. Frederick Frothingham, by Exchange, Inv.-Nr. 50.2716.

Das Bild zählt mit der Glatzer Madonna und der Kaufmann'schen Kreuzigung (beide Berlin, Staatliche Museen – Preußischer Kulturbesitz, Gemäldegalerie) zu den Schlüsselwerken einer neuen Art von Malerei in Böhmen. Eine Sensation ist allein schon die zentralperspektivisch konstruierte Architekturkulisse, in der das Thema des Marientods auf einer mehrfach gestaffelten Bildbühne inszeniert wird: Der Bildraum ist in der Art von Gemälden der Brüder Ambrogio und Pietro Lorenzetti durch einen Einblick in ein Kircheninterieur gestaltet und wird im Vordergrund durch schmale Stützen, die die Kassettendecke des Raumes tragen, eingeleitet.[1] Es ist ein Kunststück, das Distanz schafft, zugleich aber auch die Illusion erweckt, der Betrachter befinde sich unmittelbar im Raum selbst und sei als stiller Beobachter dem Geschehen ganz nah.

Vermittelnde Funktion kommt dabei den drei Figuren im Vordergrund, zwei Klageweibern und einem Mönch als Stifter, zu. Auf der Hauptebene der Erzählung stehen hinter der Bettstatt der toten Maria dicht gedrängt ihr Sohn und die zwölf Apostel – für das hohe Format der Tafel eine schwierig umzusetzende Szene. Dabei wird Christus, mit der kleinen Figur der Seele Marias auf dem Arm, durch sein reich verziertes Gewand, die Dornenkrone und den Kreuznimbus in der Mitte hierarchisch hervorgehoben. Raffiniert ist die ungewöhnliche Wiedergabe seiner Aureole, die statt als überirdischer Lichtkranz wie ein strahlender Umhang auf seinen Schultern liegt.[2] Mit vielen weiteren dekorativen Details und erzählerischer Hingabe lockert der Maler den strengen Bildaufbau auf, so etwa mit der von Giotto übernommenen Idee der auf unterschiedliche Weise trauernden Figuren oder dem schönen Einfall, den bartlosen Apostel am rechten Bildrand die Totenglocke läuten zu lassen. Der Moment des Eintritts in den Tod der Gottesmutter ist damit wirkungsvoll dargestellt und soll vom Betrachter, gleichsam auch auf akustische Weise, nachempfunden werden. Dabei dient hier die sakrale Architektur zudem als Bedeutungsträger, da sie sich letztlich auf die Analogie Maria – Ekklesia bezieht.

Ganz offensichtlich kannte der Maler italienische Werke aus erster Hand. Beeinflusst von sienesischen Künstlern, war er vielleicht im Umkreis des Venezianers Paolo Veneziano tätig. An dessen italo-byzantinische Werke erinnern der Aufbau der Figurengruppe, das dunkle Inkarnat und das gravierte und punzierte Dekor. Vermutlich wurde er vom Prager Hof angeworben, wo er die modernen Gestaltungsmittel der italienischen Malerei mit denen der westlichen Kunst verband und die Malerei Böhmens nachhaltig beeinflusste. Beispiele für die Rezeption dieses Künstlers und seiner Werkstatt, in deren Umfeld auch der Gnadenstuhl im Breslauer Nationalmuseum[3] entstand, finden sich auf zahlreichen folgenden Werken, so die Komposition des Marientodes auf dem Morgan-Diptychon (Kat.-Nr. 4.2), die Figurentypen des Meisters von Hohenfurth (Vyšší Brod) und vor allem die für Böhmen so typisch werdenden illusionistischen Architekturdarstellungen auf Werken wie dem Thorner Retabel (Kat.-Nr. 13.5) und dem Nürnberger Baldachinretabel (Kat.-Nr. 10.7) von Sebald Weinschröter.[4]

Entdeckt wurde die Tafel, ursprünglich Teil eines Retabels, 1922 in der Kapelle der Burg Košátky bei Jungbunzlau (Mladá Boleslav). Schon hinsichtlich des Aufwandes handelt es sich um einen Auftrag höchsten Ranges, höchstwahrscheinlich aus dem direkten Umfeld des Prager Hofs. Hinweis darauf könnten die französischen Lilien am Gebälk sein, die jedenfalls bis 1348, dem Todesjahr der ersten Gemahlin Karls, Blanche de Valois, verwendet werden konnten. Die vermutlichen Stifter, insbesondere der Benediktiner oder Augustiner rechts unten, konnten bisher nicht identifiziert werden. Da sich die Burg Košátky seit etwa 1420 im Besitz der Familie von Weitmühl (Weitmile) befand, welcher der Kanoniker des Prager Domkapitels und Chronikschreiber Karls IV., Benesch (Beneš Krabice z Weitmile, † 1375), entstammte, dürfte die Tafel auf bisher nicht rekonstruierbaren Wegen in deren Besitz gekommen sein.

Jenny Wischnewsky

LITERATUR
MATĚJČEK/PEŠINA 1950, 48f., Nr. 17, Taf. 38–41. – SCHMIDT 1969/I, 174f. – PEŠINA 1984/I, 355f., Abb. 268. – Ausst.-Kat. Prag 2006, 83f., Nr. 7 (Jiří FAJT, Robert SUCKALE).

FUSSNOTEN
1 Ambrogio Lorenzetti, Darbringung im Tempel, 1342; Florenz, Uffizien. – Vgl. auch Giottos Darstellung des Zwölfjährigen Jesus im Tempel, Padua, Arenakapelle, oder das Fresko Simone Martinis mit dem Begräbnis des hl. Martin (1322–26), Assisi, San Francesco, Unterkirche, Martinskapelle.
2 Vermutlich wurde dieses Motiv von italienischen Bildern angeregt, die einen mit der Kontur des Körpers gemeinsam verlaufenden Strahlenkranz zeigen. Eine ähnliche Wolkenaureole findet man um die Hl. Hedwig im Schlackenwerther Codex). Für diesen Hinweis danke ich Wilfried Franzen.
3 Ausst.-Kat. Prag 2006, 320, Kat.-Nr. 113 (Jan ROYT).
4 Siehe auch Beispiele in der Buchmalerei wie den Schlackenwerther Codex (Kat.-Nr. 11.7), das Laus Mariae des Konrad von Haimburg (Kat.-Nr. 12.8) und den Liber Viaticus des Johann von Neumarkt (Kat.-Nr. 12.6).

7.3 Madonna Ara Coeli aus dem Veitsdom

Prag, um 1360–70.
Tempera und Gold auf Holztafel, mit Leinwand bezogen; H. 101 cm, B. 64 cm
Provenienz: Prag, Veitsdom.
Prag, Metropolitní kapitula u svatého Víta v Praze, Inv.-Nr. K 349, als Leihgabe in der Národní galerie v Praze, Inv.-Nr. VO 10658.
Nur in Prag ausgestellt.

Von seiner Krönungsreise brachte der frisch gekrönte Kaiser Karl aus Rom neben einigen Devotionalien wohl auch eine auf Pergament gemalte Kopie eines hochverehrten Marienkultbildes mit nach Prag. Diese war für die Ausstattung des Veitsdoms bestimmt. Die Madonna Ara Coeli, eine römische Ikone aus dem 11. Jahrhundert und nach ihrem Aufbewahrungsort im Kloster St. Maria in Aracoeli auf dem Kapitol benannt, wurde durch zahlreiche Kopien vervielfältigt. Der Kult dieses Bildes geht auf die Legende zurück, der zufolge es vom Evangelisten Lukas selbst gemalt wurde.[1]

Die Pergamentkopie wiederum, mittlerweile verloren, erlangte am Prager Hof eine solch große Popularität, dass sie im Laufe der Zeit insbesondere von den Hofkünstlern mehrfach abgemalt wurde. Höchstwahrscheinlich wurde der Kult um das Bild vom Kaiser selbst im Zusammenhang mit seinem Interesse an authentischen Bildüberlieferungen, die besonders in der östlichen Kunst des alten Byzanz zu finden waren, gefördert. Erhalten haben sich noch drei böhmische Nachbildungen (Kat.-Nr. 7.3, 7.4, 7.5), die nur geringfügig voneinander abweichen,[2] was die Verbindlichkeit des Bildtypus verdeutlicht. Offenbar wurde die aus Rom mitgebrachte Kopie selbst wie eine Ikone verehrt.

Wie beim römischen Vorbild ist die Gottesmutter ohne Kind und in Halbfigur dargestellt. Ihre rechte Hand hat sie zur Fürbitte erhoben, die linke hält sie vor ihrer Brust. Identisch sind die ausgeprägte Falte der Nasenwurzel, die Gewanddrapierung des Maphorions mit Goldsaum bis hin zu Faltenmotiven sowie die Verteilung der goldenen Schmuckornamente. Alle drei böhmischen Bilder haben die vom Kopf der Gottesmutter fließenden Blutstropfen gemein, die auf dem römischen Original nicht zu erkennen sind. Das hier ausgestellte Gemälde zeigt die älteste Version. Es zeichnet sich durch das dunkle Inkarnat Marias sowie durch seine monumentale, über den Bildrahmen reichende Komposition aus. In seiner Malweise steht es den Werken Meister Theoderichs sehr nahe. Der vergoldete Hintergrund ist mit plastischen Applikationen bereichert, die, wie Jiří Fajt vermutet, vielleicht in den 1370er Jahren nachträglich hinzugefügt wurden, ähnlich den Tafelbildern in der Kreuzkapelle auf Burg Karlstein.

Die jüngste der drei in Prag erhaltenen Kopien (7.5), höchstwahrscheinlich für den Veitsdom bestimmt, wird durch einen 11 cm breiten, bemalten Rahmen besonders ausgezeichnet. Darauf sind Halbfiguren von Propheten sowie Ganzfiguren der heiligen Jungfrauen dargestellt: In den Zwickeln sitzen oben links David, rechts Jesaja, unten links Jeremia und rechts Ezechiel, die auf ihre lateinischen Weissagungen auf den Spruchbändern deuten. An den Seiten wenden sich die Jungfrauen, jeweils drei übereinander, der fürbittenden Maria auf dem Hauptbild zu. Es sind links, von oben nach unten, die Figuren der Heiligen Katharina, Margarethe und Ursula sowie rechts Barbara, Dorothea und Apollonia. Dass der Rahmen ebenfalls als Bildträger fungiert und Begleitfiguren aufnimmt, ist ein aus der byzantinischen Kunst bekanntes Phänomen, das in der italienischen Malerei des Mittelalters adaptiert wurde und sich davon angeregt auch in Böhmen verbreitete.[3]

Auf den ersten Blick unterscheiden sich die Malereien auf Rahmen und Innenbild deutlich; dennoch sind sie von derselben Hand, was nicht zuletzt die gleiche Art der Punzierungen zeigt. Gemäß ihrer Verehrung als Kultbild folgt die zentrale Marienfigur streng dem Originalbild. Bei den rahmenden Assistenzfiguren zeigt der Künstler seine zeitgenössische Stilhaltung, die sich dem Œuvre des sog. Meisters des Retabels von Wittingau (Třebon) zuordnen. Dieser Spitzenkünstler der späten Ära Karls und der Zeit Wenzels mit seinen gestreckten Gestalten, deren schlanke, bewegte Körper von stoffreichen, in weichen Falten schwingenden Gewändern umspielt werden, gehört zu den frühesten Malern eines ausgereiften Schönen Stils in der Malerei. Reich abgestufte Lichthöhungen sorgen für eine intensive Leuchtkraft der Farben.

Jenny Wischnewsky

LITERATUR
PODLAHA/ŠITTLER 1903/II, 172, Kat.-Nr. 236f. – BELTING 1990, 363. – PUJMANOVÁ 1992. – Ausst.-Kat. Prag 2006, 157–159, Kat.-Nr. 46 (Jiří FAJT).

7.6, fol. 1v

Der Prager Erzbischof Ernst von Pardubitz, ein enger Mitarbeiter Kaiser Karls IV., bemühte sich um die Reform des geistlichen Lebens in Böhmen und um die Ausschmückung der Liturgie in der Metropolitankirche St. Veit, Wenzel und Adalbert. Gegen Ende seines Lebens beschloss er, die alten Choralbücher aus der Zeit des Bischofs Tobias von Bechin zu ersetzen. Wie das Inventar von 1374 belegt, ließ er neun Bände mit Handschriften anfertigen, von denen sechs überliefert sind. Zu Ernsts Lebzeiten wurden das dreiteilige Antiphonar und der erste Teil des Graduales vollendet. Wohl erst nach seinem Tod entstanden das Sequentiar und das Kyriale.

Das Graduale aus der Kapitelbibliothek ist auf dem Vorsatz datiert: „A.D. millesimo trecentesimo sexagesimo tercio dominus Arnestus Pragensia ecclesiae primus archiepiscopus fecit scribere hunc librum ut domini canonici eo utantur in ecclesia predicta [...]". Es enthält die Messgesänge vom Beginn der Adventszeit bis zur Ostervigil, d. h. für die erste Hälfte des liturgischen Jahrs. Der zweite Teil des Graduales, der die zweite Jahreshälfte abdeckte, ging offensichtlich verloren.

Unter der malerischen Verzierung der Handschrift sticht die Initiale A auf fol.1v hervor. Sie besteht aus zwei stilisierten Drachenkörpern mit dem thronenden Christus im oberen Bereich; unten zu seinen Füßen kniet Ernst von Pardubitz mit dem Familienwappen und den abgelegten Insignien seiner Bischofswürde – Mitra, Stab und Handschuhen. Dies ist ein Ausdruck der Demut vor Gott, wie Ernsts Biograf Wilhelm von Leskau ausdrücklich anmerkte. Weitere Initialen (1r, 30v, 52r, 229r) enthalten die Wappen des Ernst von Pardubitz und des Prager Erzbistums.

Der Maler, der die Verzierung der Initialen ausführte, war gut mit dem Schaffen jener Buchmalerwerkstatt bekannt, die das Kreuzherren-Brevier des Großmeisters Lev/Leo ausgeschmückt hatte. Für die ornamentale Gestaltung der Handschrift ist eine Kombination romanisierender Formen mit kräftigen Akanthusranken charakteristisch, die dem Hauptmaler des späteren Antiphonars von Vorau nahe steht.

Jan Royt

LITERATUR
PODLAHA 1903, 241. – PODLAHA/PATERA 1910/22, Nr. 1667. – MATĚJČEK 1931, 274. – PEŠINA 1970, 263f. – CHADRABA 1984, 406. – HLAVÁČKOVÁ 2005. – HLEDÍKOVÁ 2008, 161.

FUSSNOTEN
1. BELTING 1990, 358–363. Dort auch zum Kult der ältesten Marienikone in Rom aus dem Dominikanerkloster S. Sisto (heute in S. Maria del Rosario), der Maria Advocata.
2. FAJT 1998/I, Abb. 209. Die Version Nr. 7.4 in der Tradition Meister Theoderichs unterscheidet sich von den beiden übrigen durch ihren leuchtend roten Hintergrund und das braun-violett-changierende Marienkleid.
3. Besonders beliebt waren solche Dekorationen der Bilderrahmen in der ersten Hälfte des 15. Jahrhunderts; vgl. die Vera Icon aus der Schatzkammer des Prager Veitsdoms, um 1430–40 (Ausst.-Kat. Prag 2006, 617, Kat.-Nr. 228) und die Madonna aus Hohenfurth (Vyšší Brod) von etwa 1420, heute in Prag, Národní galerie.

7.4 Madonna Ara Coeli aus der Nachfolge Meister Theoderichs

Prag, Meister Theoderich (?), um 1360.
Holz, Tempera und Öl; H. 29 cm, B. 22 cm.
Prag, Metropolitní kapitula u svatého Víta v Praze, Inv.-Nr. HS 3422a, b (K98).
Nur in Nürnberg ausgestellt. Text unter Kat.-Nr. 7.3.

7.5 Madonna Ara Coeli des Meisters von Wittingau

Prag, Meister des Wittingauer Retabels und Werkstatt, 1385–90.
Tempera und Gold auf Lindenholztafel, beiderseits mit Leinwand und Pergament bezogen;
H. 92,5 cm, B. 69 cm.
Provenienz: Prag, Veitsdom (?). – Berlin, Sammlung J. Hinrichsen (bis 1928).
Prag, Národní galerie v Praze, Inv.-Nr. O 1457.
Nicht ausgestellt. Text unter Kat.-Nr. 7.3.

7.6 Graduale des Prager Erzbischofs Ernst von Pardubitz

Prag, 1363–64.
Pergament, Tempera, Tinte und Gold; mittelalterliche Originalbindung; 310 Blatt; H. 52 cm, B. 35,5 cm.
Provenienz: Prag, Veitsdom.
Prag, Metropolitní kapitula u svatého Víta v Praze, Bibliothek, Sign. P 7.
Nur in Prag ausgestellt.

7.7 Antiphonar des Prager Erzbischofs Ernst von Pardubitz; III. Teil, vom Fest der Kreuzerhöhung bis zum Advent

Prag, 1360–63.
Pergament, Tempera, Tinte; Originalbindung; fehlende Blätter: 75–80, 133–153, 366–371, 375–382, 386–391, 404; H. 50 cm, B. 35,5 cm.
Prag, Metropolitní kapitula u svatého Víta v Praze, Bibliothek, Sign. P 6/3.
Nur in Nürnberg ausgestellt.

Ähnlich wie das Graduale (Kat.-Nr. 7.6) ist auch das auf drei Bände verteilte Antiphonar mit den Bemühungen des Ernst von Pardubitz verbunden, die alten, zumeist noch aus der Zeit des Bischofs Tobias von Bechin stammenden Chorbücher der Kathedrale zu ersetzen.

7.7, fol. 57r

7.8.a–b Mosaikfragmente aus der Vorhalle des Baptisteriums von San Marco in Venedig

a. Die Heiligen Drei Könige vor Herodes
Venedig, 1343–54.
Mosaik: Farbige Glas-Tesserae, Mörtel;
H. 85 cm, B. 75 cm.
Provenienz: Baptisterium von San Marco. Ablösung ausgewählter Mosaikfragmente durch Giovanni Moro (amt. 1832–58).
Venedig, Basilica di San Marco, Museo di San Marco, ohne Inv.-Nr.

b. Bethlehemitischer Kindermord
Venedig, 1343–54.
Mosaik: Farbige Glas-Tesserae, Mörtel; H. 65 cm, B. 61 cm.
Provenienz: Baptisterium von San Marco. Ablösung ausgewählter Mosaikfragmente durch Giovanni Moro (amt. 1832–58).
Venedig, Basilica di San Marco, Museo di San Marco, ohne Inv.-Nr.

Im ersten Teil des Antiphonars (Kapitelbibliothek, P 6/1) befinden sich die von Advent bis Ostern verwendeten Antiphonen, im zweiten Teil (Kapitelbibliothek, P 6/2) folgen die Antiphonen von Ostern bis zum Fest der Kreuzerhöhung.

Der ausgestellte dritte Teil des Antiphonars aus der Kapitelbibliothek enthält die Messantiphonen vom Fest der Kreuzerhöhung bis zum Advent und ist auf dem Vorsatz datiert: „A(nno) D(omini) millesimo trecentesimo sexagesimo tercio dominus Arnestus Pragensia ecclesiae primus archiepiscopus fecit scribere hunc librum ut domini canonici eo utantur in ecclesia predicta. Obiit autem predictus d(omi)n(u)s Anno domini Millesimo trecentesimo Sexagesimo quarto ultima die Mensis Junii. Cuius anima requiescat in sancta pace. Amen." Unter den gemalten Verzierungen des dritten Teils sticht die Initiale A heraus, die sich auf fol. 57v in der unteren linken Ecke befindet. Sie besteht aus stilisierten Drachenkörpern und einer stark beschädigten Halbfigur des hl. Wenzel im oberen Bereich, die ihrem Typ nach der kanonisierten Darstellung dieses wichtigsten böhmischen Landespatrons entspricht. Im unteren Bereich der Initiale stehen die Wappen des Prager Erzbistums und des Ernst von Pardubitz.

Stilistisch entspricht die Handschrift der Ausstattung des Graduales (Kat.-Nr. 7.6), und auch in diesem Fall kann man von einer engen Vertrautheit mit dem Schaffen jener Werkstatt sprechen, die hinter der Verzierung des Breviers des Großmeisters Leo steht. Die künstlerische Gestaltung der von Ernst bestellten Handschriften ist besonders in den pflanzlichen Formen mit der späteren Tradition verwandt, die an erster Stelle durch das Antiphonar von Vorau vertreten wird.

Jan Royt

LITERATUR
PODLAHA 1903, 229–232. – MATĚJČEK 1931, 274. – CHADRABA 1984, 406. – HLAVÁČKOVÁ 2005. – HLEDÍKOVÁ 2008, 161.

Zu den großen Kunstaufträgen, die der Doge Andrea Dandolo (amt. 1343–54) vergab, gehörte nicht nur die Neugestaltung des Altarraums von San Marco, sondern auch die Mosaikausstattung der Bogenfelder und Gewölbe im Baptisterium.[1] In der Taufkapelle wurde Dandolo 1354 bestattet.[2] Die Kapelle hat eine ungewöhnlich große Ausdehnung, denn sie erstreckt sich über zwei Kuppelräume und ein Vestibül („Antibaptisterium"), das mit einer Quertonne gewölbt ist. Die Mosaiken umfassen Szenen der Kindheit Jesu, sie schildern die Vita Johannes des Täufers und verschränken beide Lebensgeschichten in der Taufe Christi im Jordan und in der Kreuzigung Christi miteinander. In der Ostkuppel thront Christus inmitten der Neun Engelschöre, in der Zentralkuppel wird gezeigt, wie die Zwölf Apostel dem Missionsbefehl (hier nach Mk 16,15–16) in all jenen Regionen nachkommen, in denen Venedig im 14. Jahrhundert Handel trieb.[3]

Die ausgestellten Fragmente sind im 19. Jahrhundert den Szenen entnommen worden, die das westliche und das östliche Drittel des Tonnengewölbes der Baptisteriumsvorhalle bedeckten: die Heiligen Drei Könige vor Herodes und der Kindermord zu Bethlehem. Gestik und Mimik der Figuren, die deutlich definierten Konturen und starken Schattierungen ergeben einen zugleich ausdrucksvollen und naturalistischen Stil, in den byzantinische und italienische Motive gleichermaßen eingeflossen sind.

Ein Mosaik musste auch im 14. Jahrhundert noch Assoziationen mit den frühchristlichen Kultbauten in Rom und Konstantinopel wecken. Wer ein Mosaik bestellte, um sich mit den Kaisern und Päpsten früherer Zeiten zu messen, nahm in Kauf, dass es wegen des hohen Arbeitsaufwandes um ein Vielfaches teurer war als ein Fresko. Kaiser Karl IV., der 1370–71 das Jüngste Gericht über dem Haupteingang des Prager Veitsdoms in Mosaik ausführen ließ, war sich der repräsentativen Wirkung dieser außerhalb von Italien äußerst selten eingesetzten Technik sehr wohl bewusst. Die Chronologie der Ereignisse legt nahe, dass ihm die Idee zu diesem Werk während seines zweiten Italienzugs 1368/69 gekommen war, als er sich in Siena, Lucca und Rom aufhielt und dort Gelegenheit hatte, Fassadenmosaike zu betrachten. Schön, teuer, glänzend und hell sind die Adjektive, die Benesch von Weitmühl (Beneš Krabice z Veitmile) mit dem Prager Kunstwerk verband, doch er unterließ es anzugeben, woher die ausführenden Kräfte gekommen waren.⁴ Aus Venedig stammten sie wohl nicht, denn gegen Venedig spricht die chemische Zusammensetzung des für die tesserae verwendeten Glases.⁵ Ebenso wenig lassen sich zwingende Argumente für eine Herkunft der Künstler aus Mittelitalien finden.⁶ Offenbar waren die Prager Hofkünstler in der Lage, das in Italien Gesehene eigenständig und im Stil der Hofmalerei umzusetzen.

Christian Forster / Chiara Ursini

LITERATUR
MURATORI 1728/II, Sp. 423. – SACCARDO 1896, 137, 257, 259. – HORN 1991, 68f., 72–75, 82–86, 195f. – VIO 1992. – VIO 1993, 183–192. – Ausst.-Kat. Rimini 2001, 186–188. – PINCUS 2001. – VIO 2003. – BERTELLI 2004 (Prag). – STULIK 2004 (Prag). – PINCUS 2010/I, 195f. – PINCUS 2010/II.

FUSSNOTEN
1 „[Andrea Dandolo] quiescit in Capella Baptismali quam opere Musaico decoravit." MURATORI 1728/II, Sp. 423.
2 Mit HORN 1991, 23, ist anzunehmen, dass das Patrozinium Johannes des Evangelisten, dessen Kapelle laut Abschrift von Dandolos Testament (1375) als Grablege vorgesehen gewesen sein soll, auf einen Irrtum des Kopisten zurückgeht.
3 PINCUS 2010, 258–262.
4 Kronika Beneše z Weitmile. EMLER 1884/II, 541, ad a. 1370: „Eodem eciam tempore fecit ipse dominus imperator fieri et depingi [picturam] supra porticum ecclesie Pragensis de opere vitreo more greco, de opere pulchro et multum sumptuoso". Und S. 544 ad a. 1371: „Eodem anno perfecta est pictura solempnis, quam dominus imperator fecit fieri in porticu ecclesie Pragensis de opere maysaico more Grecorum, que quanto plus per pluviam abluitur, tanto mundior et clarior efficitur."
5 STULIK 2004, 145.
6 BERTELLI 2004.

7.9 Jüngstes Gericht mit den Stiftern Karl IV. und Elisabeth von Pommern. Dreiteiliges Wandbild über der Südpforte des Veitsdoms

Prag, 1370–71.
Mosaik: farbiges Glas, Glas mit Goldfolie, Naturkiesel, ursprünglich eingesetzt in zwei mit Hilfe eines Rahmens aus Eisendraht an der Wand befestigten Putzschichten; wiederholte Reparaturen im 15.–19. Jahrhundert; 1890 Komplettabnahme des Mosaiks, 1910 nach Reparatur und Ergänzung durch die Werkstatt Viktor Förster neu angebracht; Reparatur, Säuberung und Konservierung 1957–60 und 1992–2001.
Prag, Veitsdom, Wandfeld über dem Südquerhausportal.
Nicht ausgestellt.

Das Bild bedeckt die Fläche über dem großen Portal der Kathedrale, die die Außenwand der Kronkammer über der Wenzelskapelle bildet. Parlers originelles architektonisches Konzept der Südfassade enthielt eine Neuinterpretation der romanischen Basilika, an deren Südportal man sich an dieser Stelle übliche Relief des Jüngsten Gerichts vorstellen darf. Das Mosaik kann jedoch erst nachträglich hier angebracht worden sein, da seinetwegen das Mittelfenster zugemauert werden musste. Es handelte sich wohl um einen Eingriff Karls IV.; ähnlich radikalen Veränderungen von künstlerischen Konzepten auf seine Anweisung hin begegnet man sowohl in

7.8.a

7.8.b

7.9 Das Weltgerichts-Mosaik über dem Südportal des Veitsdoms • Venezianische und Prager Mosaizisten, um 1375 • Mosaik • Prag, Veitsdom, Wand über dem Südquerhausportal

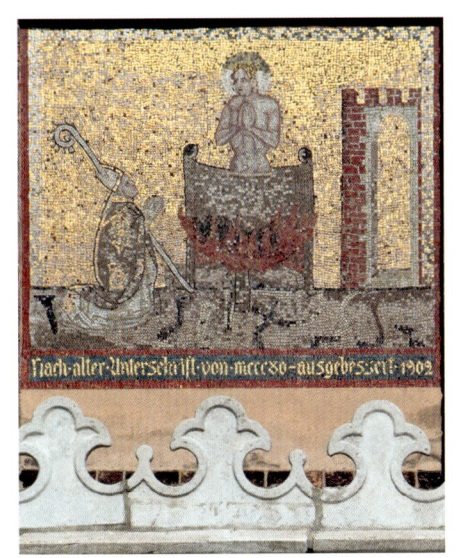

7.9.1 Der Evangelist Johannes im Ölkessel, verehrt vom Bischof von Pomesanien, Johann I. Mönch • Prager Künstler, um 1380 • Mosaik • Marienwerder (Kwydzin), Dom, Wand über der südlichen Vorhalle

der Kathedrale (zugemauerte Fenster in der Wenzelskapelle) als auch auf Burg Karlstein (Malereien in der Katharinenkapelle, Zuordnung der Räume im Großen Turm). Dabei ging es dem Herrscher weniger um Kunst im heutigen Sinne; er wünschte auf dem Burghof ein Mosaik mit dem Thema des Jüngsten Gerichts, obwohl die gotische Architektur der Kathedrale die Anbringung eines großen Bildes nicht unterstützte. Bereits ein Jahr vor der Enthüllung des fertigen Werks verlegte Karl die jährliche öffentliche Gerichtssitzung des Herrschers vor das Palasttor gegenüber dem Mosaik.[1] Das Mosaik war ursprünglich von der Stadt unter der Burg aus sichtbar und sein Hintergrund diente zusammen mit den vergoldeten Dächern der beiden Burgtürme als Ausgangspunkt für die Metapher vom „goldenen Prag".

Die Komposition des Jüngsten Gerichts weicht leicht von der ikonografischen Tradition ab, da sie in das dreiteilige Schema aus hochrechteckigen Flächen eingepasst werden musste. Obwohl der apokalyptische Richter mit der rechten Hand nach unten und mit der linken Hand nach oben weist, sind die Erwählten und Erlösten im Himmel zu seinen beiden Seiten im oberen Register des Mosaiks abgebildet, hinter Maria dann die Apostel und hinter Johannes dem Täufer die Väter des Alten Testaments. Im unteren Register ist zur Rechten Christi die körperliche Auferstehung der Toten aus den Gräbern und zu seiner Linken die Hölle der Verdammten dargestellt. Unter Christus dem Richter, der im offenen Himmel (in Form einer von Engeln umgebenen Mandorla) erscheint, knien die sechs böhmischen Landespatrone (links Prokop, Sigismund und Veit, rechts Wenzel, Ludmilla und Adalbert) und eine Ebene darunter das Herrscherpaar als Stifter. Von dem ornamentalen Rahmen ist oben nur ein kleiner Teil erhalten; er zeigt eine Darstellung der Vera icon, des „wahren Abbilds Christi", von dem der Kaiser eine hochverehrte Kopie aus Rom mitgebracht hatte. Die endgültige Gerichtsmacht Christi belegen seine von Engeln getragenen Leidenswerkzeuge und die fünf enthüllten Wunden.

Das Thema des Jüngsten Gerichts war ein traditionelles Legitimationsbild für die Gerichtsbarkeit des Herrschers. Die Darstellung der sechs Landespatrone unter der Mandorla mit Christus als Richter stimmt mit der Ikonografie des sog. Votivbildes des Johann Očko von Vlašim überein (Kat.-Nr. 6.11), das in die gleiche Zeit datiert wird. Da Ludmilla und Prokop nicht im Veitsdom bestattet sind (und der hl. Prokop nicht einmal auf der Prager Burg), geht es dabei weniger um eine Lokalisierung in der Kathedrale als vielmehr um eine gesamtstaatliche Verankerung des Ortes für das Jüngste Gericht. Die Darstellung von Karl IV. und Elisabeth von Pommern in der traditionellen Stifterhaltung garantiert ihnen symbolisch die dauerhafte Anwesenheit auch über die Zeit ihres Erdenlebens hinaus und stärkt damit die Hoffnung auf ein erfolgreiches Bestehen der persönlichen Prüfung im Jüngsten Gericht. Die Ikonografie des Mosaiks verbindet so die persönliche und die staatliche Ebene des Kaisertums.

3 BERTELLI 2004
4 VŠETEČKOVA 2004, 21f. – Zu den Wandmalereien im Emmauskloster KUBINOVA 2012 (Stilistische Zusammenhänge werden in der dort genannten älteren Literatur behandelt).
5 KRANZ-DOMASLOWSKA 1997.

7.10 Architekturzeichnung des Südturms des Veitsdoms

Peter Parler, um 1365.
Pergament, schwarze Tinte; H. 106 cm, B. 93 cm.
Wien, Akademie der Bildenden Künste, Kupferstichkabinett, Sign. 16.817.
Nur in Prag ausgestellt.

Der Riss Nr. 16817 aus der Sammlung der Akademie der bildenden Künste Wien überliefert Peter Parlers Entwurf für das Erdgeschoss des großen Turms, welcher die südliche Querhausfassade des Prager Veitsdomes flankiert. Peter Parler hatte als dominierendes Element ein großes, die gesamte Wandfläche zwischen den Strebepfeilern einnehmendes Fenster in einer rundbogigen Nische vorgesehen. Es wird durch einen schmalen, in der Mitte stehengebliebenen Wandstreifen in zwei spitzbogige Öffnungen unterteilt. Der obere Teil des Bogenfeldes wird von einem Okulus eingenommen, der mit einem von stehenden Fünfpässen und in Bogendreiecken liegenden Dreiblättern umkränzten Vierpass gefüllt ist. Auch die beiden spitzbogigen Fensteröffnungen tragen reichen Maßwerkschmuck. Die vierbahnig unterteilten Fenster zeigen ein komplexes Couronnement, welches auf einer großen, mit Blasenelementen und Pässen gefüllten Dreistrahlfigur basiert. Selbst der in der Mitte stehengebliebene Wandstreifen ist mit Blendmaßwerk verziert, das auch die ebenfalls dargestellte Schauseite des links an den Turm angrenzenden Kapitelsaales überzieht. All diese Maßwerke setzen sich aus immer neuen Varianten von aufgebrochenen Pässen und Fischblasen zusammen und unterstreichen so die Modernität wie auch den Reichtum des eleganten Dekors.

Auf der Rückseite des Pergaments ist ein Querschnitt durch das Erdgeschoss des Prager Südquerhauses zeichnerisch festgehalten.

Die Schaufassade des Turmerdgeschosses wurde in der im Riss dargestellten Form ausgeführt, ist aber späteren Umbauten zum Opfer gefallen, während die des angrenzenden Kapitelsaales in leicht abgeänderter Form realisiert wurde und sich heute vollständig erneuert präsentiert.

Peter Parler hat sich bei diesem Entwurf an Schwäbisch Gmünder, aber auch an Konstanzer Formen orientiert. Im vor 1317 fertiggestellten Kreuzgang des Konstanzer Münsters findet sich eine reiche Auswahl an Blasenformen und aufgebrochenen Pässen sowie das Motiv des zweiteiligen Fensters mit darüberliegendem Okulus und dekorierten Zwickelflächen. Das Prager Fenster wiederum ist andernorts mehrfach, so in Nürnberg, Regensburg und in Bern, wieder aufgegriffen worden.

Marc Carel Schurr

LITERATUR
TIETZE 1931, 162. – KLETZL 1934, 45–47. – STOCKHAUSEN 1938/39. – KOEPF 1969, Nr. 2. – SCHURR 2003, 123, 150f. – NĚMEC 2004. – BÖKER 2005, 74–78. – BENEŠOVSKÁ 2009, 49f.

7.10

Das Mosaik am Veitsdom faszinierte die Betrachter von Anfang an durch seine Monumentalität und die Verwendung ungewöhnlicher Techniken. Benesch von Weitmühl, der Chronist des Kaisers, schrieb, dass „in diesem Jahr [1371] das festliche Bild vollendet wurde, dass der Kaiser in den Portikus der Prager Kirche als Mosaik nach griechischer Art erschaffen ließ. Je häufiger es vom Regen gewaschen wird, desto reiner und klarer wird es."[2] Die Begeisterung über den Glanz und die Dauerhaftigkeit des großen Außenbildes im Vergleich zu der üblichen Wandmalerei war jedoch nicht von langer Dauer. Das Mosaik litt und wurde in der Neuzeit durch Klimaeinflüsse stumpf. Dies verwundert nicht weiter, denn die klimatischen Bedingungen, denen es ausgesetzt ist, sind extrem. Gerade diese Tatsache hat die Verwendung von Mosaiken im Außenbereich jenseits von Italien von jeher eingeschränkt. Der Wunsch Karls IV., ein solches Mosaik anbringen zu lassen, war sicher auf seiner italienischen Kaiserkrönungsfahrt in den Jahren 1368/69 angeregt worden. Mosaikbilder einschließlich solcher mit Darstellungen des Jüngsten Gerichts konnte er an Kirchenfassaden in Lucca, Siena und Orvieto sowie in Rom an den Kirchen Santa Maria in Aracoeli, Santa Maria Maggiore und Santa Maria in Trastevere sowie am Petersdom im Vatikan betrachten. Die eindeutige römische und imperiale Symbolik der Außenmosaiken mag noch um die Erinnerung an das Mosaik an der Westfassade der Grabkirche der französischen Könige in Saint-Denis bei Paris ergänzt worden sein.

Aufgrund der häufigen und stellenweise weitgehenden Reparaturen des Mosaiks in der Vergangenheit sowie der Besonderheiten der Mosaiktechnik kann man sich bei der Suche nach den Inspirationsquellen nicht auf eine zuverlässige detaillierte Formanalyse stützen. Aufgrund der technologischen Untersuchungen des Mosaiks und der Dokumentation seines vermuteten Ursprungszustands äußerte Carlo Bertelli die Vermutung, dass es nicht von venezianischen Mosaikkünstlern, sondern von böhmischen Künstlern angefertigt wurde.[3] Dafür sprechen auch die formalen Beziehungen des Bildes zu den Wandmalereien im Emmauskloster, die kurz nach dem Mosaik entstanden. Auch in diesen Fresken wurden technologische wie künstlerische Anregungen durch die damals aktuelle italienische Kunst umgesetzt.[4] Dank ihrer Erfahrungen mit dem Mosaik am Veitsdom konnten Prager Künstler im folgenden Jahrzehnt in Pommern die einzigen weiteren Außenmosaiken nördlich der Alpen erschaffen – in Marienburg (Malbork) und Marienwerder (Kwidzyn); diese gehören zu den Werken, die von den Prag-Aufenthalten ihrer Auftraggeber an der Universität oder am Kaiserhof beeinflusst wurden.[5]

Milena Bartlová

LITERATUR
PIQUÉ/STULIK 2004 (mit älterer Literatur). – KYZOUROVÁ 2010. – KUTHAN/ROYT 2011, 301–304.

FUSSNOTEN
1 FRB IV/3, 543. – HLEDÍKOVÁ 2004, 17. – Vorher fand die Gerichtssitzung wohl vor dem Palast Zur Steinernen Glocke auf dem Altstädter Ring statt.
2 FRB IV/3, 544 (lateinisches Original).

7.11 Plan eines Treppenturms nach dem Vorbild am Südquerhaus des Prager Veitsdoms

Datiert 1482.
Pergament, schwarze Tusche; H. netto 88,1 cm,
B. netto 18,5 cm; Passepartout H. 120 cm, B. 40,5 cm.
Ulm, Stadtarchiv, Inv.-Nr. 4.
Nur in Nürnberg ausgestellt.

Die Architekturzeichnung Inv.-Nr. 4 des Ulmer Stadtarchivs stellt den Aufriss eines Strebepfeilers dar, dessen vordere Hälfte durchbrochen und zu einem Treppenhaus umgestaltet ist. Die im Grundriss unterhalb des Aufrisses nochmals wiedergegebene Wendeltreppe ändert bei jedem der beiden Rücksprünge des Strebepfeilers die Drehrichtung. Neben der raffinierten Anordnung der Treppe beeindruckt der reiche baukünstlerische Schmuck des Strebepfeilers. Seine Flanken sind von filigranem Stabwerk überzogen. Die Geschossgrenzen werden durch kielbogige Wimpergreihen markiert, zusätzlich zieren auf halber Höhe angebrachte Maßwerkbrücken die Wandfelder. Die offene Konstruktion des Treppenhauses, welches durch seine Stabwerkgliederung in die Paneelierung des Strebepfeilers eingebunden ist, wird durch die den Windungen der Wendeltreppe folgenden schräggestellten Maßwerkbrücken eigenständig untergliedert und belebt.

Es handelt sich bei diesem Riss um ein architektonisches Virtuosenstück, das zur Kategorie der in der süddeutschen Spätgotik so beliebten offenen und reich dekorierten Wendeltreppen, den sogenannten „Schnecken", zu zählen ist. Gleichzeitig paraphrasiert der Entwurf fast wörtlich ein berühmtes Vorbild, welches für das Genre traditionsbildend gewirkt hat: den von Peter Parler 1371/72 errichteten, zur Hälfte durchbrochenen Strebepfeiler der südlichen Querhausfassade des Prager Veitsdoms. Die Änderungen im Ulmer Riss gegenüber dem Prager Vorbild sind minimal. Der Bauschmuck ist dem Zeitgeschmack des späten 15. Jahrhunderts entsprechend modernisiert und die Drehrichtung der Wendeltreppe umgekehrt.

Der Riss ist nicht signiert, aber handschriftlich 1482 datiert. Die Datierung wird durch Machart und Wasserzeichen des Papiers bestätigt. Der Riss wurde offensichtlich in Ulm zur Zeit des Baumeisters Matthäus Böblinger angefertigt. Vielleicht interessierte man sich im Zuge des Ausbaus der konzeptionell mit dem Prager Vorbild verwandten Treppentürme des südlichen Chorturmes und des Glockengeschosses am Westturm für Peter Parlers Originalentwurf. Vielleicht gab auch, wie Johann Josef Böker meint, die Durchreise Hans Hammers die Gelegenheit, den Prager Entwurf für die Ulmer Sammlung zu kopieren. Hammer hatte Peter Parlers Strebepfeiler in seinem Wolfenbütteler Musterbuch zeichnerisch festgehalten.

Marc Carel Schurr

LITERATUR
KLETZL 1939, 102–119. – FRIEDERICH 1941, 182. – KOEPF 1977, Nr. 38. – BÖKER/BREHM/HANSCHKE/SAUVÉ 2011, Nr. 58.

7.12 Vortragekreuz aus Bergkristall

Venedig, 1. Drittel 14. Jh. – Ergänzungen: Prag,
17. Jh.; 20. Jh.
Bergkristall; Silber, vergoldet, gegossen, ziseliert;
Messing; H. 67 cm, B. 50,5 cm.
Provenienz: Prag, Domschatz von St. Veit.
Prag, Metropolitní kapitula u svatého Víta v Praze,
Domschatz, Inv.-Nr. K 31.

Das Kreuz ist aus zehn Bergkristallplatten zusammengefügt, deren Stärke von 0,9 bis 2,2 cm reicht. Die Kreuzenden sind lilienförmig ausgebildet, das Mittelstück besteht aus einem Quadrat mit angearbeitetem kurzen Schaftansatz. Die fünf Zwischenglieder sind leicht konisch zugeschnitten, so dass sie zu den Lilienenden hin etwas breiter werden. Gegen diese Regel verstößt nur das Schaftelement unter der zentralen Platte, woraus mit Hans R. Hahnloser zu folgern ist, dass es bei einer Reparatur verkehrt herum eingesetzt wurde.[1] Eine Überarbeitung dürfte im 17. Jahrhundert erfolgt sein, als ein Teil der Manschetten und des Schaftes erneuert wurde. Die konstruktive Verbindung der Platten wird auf dreierlei Weise hergestellt: Einerseits mittels Messingseelen, die durch Längsbohrungen geführt sind und an deren Ende eine Kugel aufgeschraubt ist. Die obere Lilie, die ohne inliegenden Stift auskommt, trägt eine solche Kugel an einer eigens dafür befestigten Klammer. Die äußeren Balken und die Lilien sind am Stoß in Metallmanschetten zusammengefügt. Deren Form mit einschneidenden Kielbögen dürfte von den gotischen Vorgängern abgesehen sein, die sie ersetzen. Am Berner Kristallkreuz, das dem Prager Kreuz von allen erhaltenen Stücken am nächsten steht, ist die ursprüngliche Form erhalten.[2] Ein auf der Vorderseite der zentralen Platte aufliegendes Metallkreuz mit Durchbruchdekor aus einbeschriebenen Vierpässen

7.11

7.12

7 ✳ Die Prager Kathedrale

ist mit Scharnieren an vier Bändern befestigt. Diese die Kreuzarme fassenden Reife tragen eingravierte Blattornamente und einen plastischen Lilienkranz. Am Gesamteindruck haben Metallelemente und Kristallplatten einen ausgewogenen Anteil. Die schlanke Kontur verleiht dem Kreuz große Eleganz. Nach einer Beschädigung der unteren Lilie wurden die Bruchstellen durch je zwei gegenständige Palmetten aus vergoldetem Silber verdeckt. Das untere Palmettenpaar gehört zu einem Aufsatz mit S-förmigen Henkeln, der seit der Barockzeit den Schaftabschnitt über dem Knauf ersetzt. Der Knauf aus Bergkristall ist in Form einer kantigen, der Länge nach gerippten Kugel geschliffen. Ob das Kreuz ursprünglich auf einem Fuß oder einer Stange aufgesteckt war, lässt sich nicht mehr sagen; die moderne Halterung bleibt in dieser Frage neutral.

Christian Forster

LITERATUR
PODLAHA/ŠITTLER 1903/I, 44–47, Nr. 27; 176, Taf. 6. – PODLAHA/ŠITTLER 1903/II, 47–50, Nr. 27. – PODLAHA 1930, 106. – HAHNLOSER 1954, 43. –HAHNLOSER/BRUGGER-KOCH 1985, 108, Kat.-Nr. 88. – BAUER/KLIMEŠ/KOPŘIVA 1991, 35f. – Ausst.-Kat. Prag 2006, 260f., Kat.-Nr. 94 (Peter BARNET). – KYZOUROVÁ 2012, 53, Kat.-Nr. 20 (Karel OTAVSKÝ).

FUSSNOTEN
1 HAHNLOSER/BRUGGER-KOCH 1985, 108.
2 HAHNLOSER 1955, 43.

7.13.a–g Karl IV., Blanca von Valois, Anna von der Pfalz, Anna von Schweidnitz, Elisabeth von Pommern, Wenzel IV., Johanna von Bayern aus der Porträtbüstengalerie im Triforium des Veitsdoms (Abgüsse)

Prag, Werkstatt Peter Parler, 1372–79.
Sandstein, Reste alter, stellenweise ursprünglicher Polychromie; H. durchschnittlich um 50 cm; wiederholte Reparaturen im 15.–20. Jahrhundert; restauriert durch Alena Bergerová und Vlastimil Berger (Inschriften, 1972), Quido Adamec und Jiřina Adamcová (Büsten und Wappen, 1974).
Prag, Národní muzeum, Lapidarium, Inv.-Nr. Parler II, 655–661.
Nur in Nürnberg ausgestellt.

Die Darstellungen Kaiser Karls IV., seiner vier Gemahlinnen und seines Sohns Wenzel IV. mit dessen erster Ehefrau gehören zu einer Gruppe von 21 Porträtbüsten mit zugehörigen Wappen. Sie befinden sich neben drei fantastischen Masken und zwei allegorischen Tierreliefs im Türsturz der ursprünglichen, heute zugemauerten Durchgänge an Stützen auf der Ebene des Triforiums zwischen den Arkaden und den Fenstern des Hochchors. Nirgendwo im mittelalterlichen Europa gab und gibt es etwas mit dieser Gruppe direkt Vergleichbares, und es existieren auch keine Dokumente, die Aufschluss über den Sinn ihrer Positionierung geben könnten. Über den Büsten befinden sich nachträglich verfasste und inhaltlich unzuverlässige Inschriften, die über die Verdienste der porträtierten Person informieren; ursprünglich befanden sich hier auch geschmiedete Halterungen für Leuchter. Da die Dienste in ihrer unmittelbaren Nachbarschaft ausgelassen wurden, sind die Büsten von Weitem, d. h. vom Boden des Chors aus, sichtbar. Es scheint sogar, dass Peter Parler ein bemerkenswertes konstruktives Element verwendete, um sie besser hervortreten zu lassen, nämlich ein verkröpftes Gesims mit eingefügten Fenstern rund um die Pfeiler.[1] Andererseits dürfte die Sichtbarkeit durch das ursprüngliche Lichtkonzept des Chors eingeschränkt gewesen sein, da alle Fenster farbig verglast waren. Anschaulich zeigt sich dies gerade bei den Büsten des Kaisers, seiner Ehefrauen, des Bruders und der Eltern im Chorschluss, auf die eine effektvoll-farbige, jedoch schwache Beleuchtung durch die farbigen, 1945 nach einem Entwurf von Max Švabinský neu gestalteten Fenster fällt.

Die plastische Gestaltung in Lebensgröße und die Wappen, die die porträtierten Persönlichkeiten ausweisen, sind für eine Betrachtung aus der Nähe bestimmt. Allerdings war und ist dieser Bereich nur wenigen Menschen zugänglich. Bis zur Vollendung der Kathedrale in der Neuzeit war der Aufstieg zum Triforium äußerst schwierig und bis heute ist seine Besichtigung unbequem. Die schlechte Erreichbarkeit sicherte den relativ guten Erhalt der gesamten Skulpturengruppe. Außer kleinen Beschädigungen, vor allem abgeschlagenen Nasen, fehlen den Büsten nur die Spitzen der Kronen bzw. Bischofsmitren, die abgebrochen wurden.

Das Porträt Kaiser Karls ist am ehrenvollsten Platz am linken Ostpfeiler untergebracht, gegenüber desjenigen seiner letzten Gemahlin Elisabeth von Pommern. Die Büsten der drei bereits verstorbenen Königinnen folgen in Richtung Norden, während den Abschluss auf der Südseite die einander gegenüber angebrachten Büsten König Wenzels IV. und dessen erster Ehefrau zieren. An den übrigen Plätzen befinden sich Darstellungen von Karls engsten Verwandten, während die Porträts von Klerikern und den beiden Baumeistern an der Nord- und der Südwand des Chors folgen. In den 1390er Jahren wurde der Reihe am nördlichen Ende die Büste des Wenzel von Radeč, Baudirektors und Kanonikers zu St. Veit, hinzugefügt, aber die Herrscherfamilie blieb unverändert – ebenso wie die Erzbischöfe nach 1399.

Nach langen Fachdiskussionen darf man heute sagen, dass die Büsten eine Memorialfunktion besaßen, also die dauerhafte fromme Erinnerung garantieren sollten, die dem Verstorbenen durch Fürbitten der Lebenden eine bessere Chance auf das ewige Heil boten. Die Auswahl der Dargestellten erfasste jene Personen, die sich in den 1360er bis 1390er Jahren um den Bau und die Ausstattung des Kathedralchors verdient gemacht hatten. Deshalb finden sich hier neben den Mitgliedern der Herrscherfamilie auch die Prager Erzbischöfe, die als Baudirektoren tätigen Kanoniker sowie die beiden Architekten Matthias von Arras und Peter Parler. Wenzels zweite Gemahlin Sophie, die er 1389 heiratete, wurde nicht mehr in das Triforium aufgenommen, obwohl dies technisch möglich gewesen wäre. Auch Karls andere Kinder fehlen, besonders Sigismund von Luxemburg. Dies ist ebenfalls ein Beweis, dass hier im Gegensatz

Da die Bildnisbüsten Karls IV. und seiner Gemahlinnen an anderer Stelle dieses Katalogs abgebildet sind (vgl. S. 44, Abb. Nr. 26, und S. 191, Abb. 171–174), sind hier Abbildungen der Originalbüsten weiterer wichtiger, am Dombau beteiligter Persönlichkeiten zu sehen: S. 394 oben links der erste Dombaumeister, Matthias von Arras, oben rechts sein Nachfolger, Peter Parler; unten links der Domkapitular und zweite Bauvorstand Niklaus Holubek, unten rechts der fünfte Inhaber dieses Amtes, der Domherr Wenzel von Radecz; auf S. 395 der viel zitierte dritte geistliche Dombaudirektor und Chronist Benesch Krabitz von Weitmühl.

zum gemalten Stammbaum auf Karlstein nicht das Herrschergeschlecht der Luxemburger, sondern die Wohltäter der Kathedrale geehrt werden sollten.

Die Büsten der Mitglieder der königlichen Familie sind die künstlerisch wertvollsten Stücke der gesamten Gruppe. Der Gesamtentwurf und vielleicht auch die vorbereitenden Zeichnungen könnten ein Werk Peter Parlers gewesen sein, aber die Steinmetzarbeit wurde auf mehrere Bildhauer verteilt. Mit Ausnahme der später angebrachten Kalksteinbüste des Wenzel von Radeč wurden die Büsten direkt in Sandsteinquader gehauen. Von höchster Qualität und daher vielleicht eine Arbeit des Hauptmeisters ist das Porträt des Kanonikers Benesch von Weitmühl, der zum Zeitpunkt der Fertigstellung der Serie aktueller Baudirektor war.

Karl IV. hat die fertige Galerie im Triforium wahrscheinlich nie aus der Nähe gesehen, da er nach seiner Verletzung 1371 nur noch schlecht gehen konnte. Trotzdem ist es natürlich der König und Kaiser, der in ihrem Zentrum steht. Die gotische Kathedrale war „zum ewigen frommen Gedächtnis" an seine Person und die gesamte Familie 1341 von Johann von Luxemburg gegründet worden. Die Büsten König Johanns und seiner Frau Elisabeth (Eliška Přemyslovna) sind zwischen Karl und dem Thronfolger Wenzel IV. untergebracht. Da Johann aber in Luxemburg bestattet wurde, erhielt Karl IV. den privilegierten Memorialort in der Kathedrale; sein monumentales, leider nicht erhaltenes Grabmal befand sich direkt vor dem Hauptaltar. Nach allgemeiner Auffassung waren die finanzielle Absicherung und die Organisation der Bauarbeiten Aufgabe des Metropolitankapitels, das die einzelnen Baudirektoren beauftragte. Propagandisten aus Karls Umfeld mehrten bereits zu Lebzeiten des Herrschers dessen Ruhm u. a. dadurch, dass sie die Erinnerungen an Karls Vater Johann in den Hintergrund drängten; ein persönlicher Anteil am Entwurf der Kathedrale wurde Karl jedoch erst von der modernen Kunstgeschichte zugeschrieben.

Wenzel IV. ist als Jüngling dargestellt, da er in der Zeit der Anfertigung der Triforiumsbüsten gerade erst das Erwachsenenalter erreicht hatte; auf den ersten Blick ist zu erkennen, dass seine Ehefrau Johanna von Bayern fünf Jahre älter war. Im Triforium ist sie, ebenso wie drei von Karls Gemahlinnen, recht überraschend mit offenen Haaren dargestellt, also mit dem üblichen äußeren Kennzeichen der Jungfrauen bzw. unverheirateten Frauen: Vielleicht sollten die Porträtierten so symbolisch in die Nähe des traditionellen Marienbildes gerückt werden. Die Lebensnähe der porträtierten Züge lässt sich nur schwer bestimmen. Anscheinend wurde sie bei Personen, die zur Zeit der Büstenanfertigung am Leben waren, angestrebt, während Personen, die damals bereits verstorben waren oder weit entfernt lebten (Wenzel, Herzog von Luxemburg), als stilisierte Typen nach den Konventionen der Zeit verewigt wurden. Aus der Sicht des Mittelalters waren die Wappen für die Identifizierung von größerer Bedeutung. Der Einzige, bei dem man die physiognomische Treue des Porträts überprüfen kann, ist Karl IV., denn nur für ihn sind auch andere Porträtdarstellungen bekannt – seine Abbildung erfolgte zwar idealisiert, ist aber in den wesentlichen Zügen korrekt.

Die Porträtierung in Büstenform konnte auf eine lange Tradition antiken Ursprungs zurückblicken, die durch den verbreiteten Typus des Büstenreliquiars überliefert wurde. Die Parler-Hütte interpretierte sie hier neu in der Tradition der dekorativen Kathedralskulptur; die kreative Verknüpfung der beiden Traditionen charakterisiert z. B. die angeschlagene Büste eines Steinmetzen (?) über dem nördlichen Treppenhaus des Querschiffs. Die hochmodernen Porträts im Triforium der Prager Kathedrale bilden unter den überlieferten Denkmälern des europäischen Mittelalters die älteste derartige Gruppe und gehörten sicherlich bereits in ihrer Zeit zu den allerersten derartigen Projekten. Einzigartig ist die Aufnahme der Architekten, die im Unterschied zu den übrigen Dargestellten keine rituelle Weihzeremonie durchlaufen hatten. Ob Peter Parler hier das erste monumentale Selbstporträt eines Künstlers schuf, ist nicht sicher. Die gezielte Nutzung des Realitätsprinzips zur Erschaffung eines attraktiven monumentalen Kunstwerks in Malerei und Bildhauerei gehörte zu den charakteristischen Zügen des Prager Kaiserstils und der folgenden Phase des Schönen Stils.

Milena Bartlová

LITERATUR
SUCKALE 2004/I. – BARTLOVÁ 2009/I (mit älterer Literatur und Wortlaut aller Inschriften). – KALINA 2009. – KUTHAN/ROYT 2011, 219–253 (mit älterer Literatur). – HLOBIL/CHOTĚBOR 2015.

FUSSNOTEN
1 CROSSLEY 2009.

8 ✷ Karlstein als Kaiserburg

Auf der ganzen weiten Welt gibt es weder eine Burg noch eine Kapelle von so kostbarer Ausführung, und das zu Recht, denn darin verwahrt der Kaiser die kaiserlichen Insignien und die Schätze seines gesamten Königreichs.

Benesch Krabitz von Weitmühl, Magister operis beim Bau der Prager Kathedrale und Karls Chronist, Chronik der Prager Kirche, wohl 1372–74

Wir haben die kunstvolle und feierliche Ausmalung unserer königlichen Kapelle auf Karlstein wohl bemerkt, die der treue und uns liebe Meister Theoderich, unser Maler und Diener, mit solcher Begabung und Kunstfertigkeit zu Ehren des Allmächtigen Gottes und zu Ruhm und Ehre unserer königlichen Würde geschaffen hat (...)

Karl IV. an den Hofmaler Theoderich, Prag, 28. April 1367

Einen Tagesritt von der Prager Burg entfernt wurde inmitten der königlichen Forste die Burg Karlstein als sichere Zuflucht für den Herrscher gebaut. Letztlich sollte sich ihre Funktion aber ändern: 1350 übernahm Karl IV. von den Nachkommen Kaiser Ludwigs IV. des Bayern den sog. Reichsschatz, der nicht nur die kaiserlichen Insignien umfasste, sondern auch einige der wichtigsten Reliquien der christlichen Welt, wie etwa die hl. Lanze, die Longinus in die Seite des gekreuzigten Christus gestoßen haben soll, oder das Schwert Karls des Großen, des Erneuerers des Römischen Reiches. Nach der Kaiserkrönung von 1355 in Rom stand fest: Karlstein sollte sich in einen luxuriösen Tresor für die Reichsheiligtümer verwandeln, später auch für den königlichen böhmischen Reliquienschatz, den Karl 1357 als Gegenstück zum nur vorübergehend hier verwahrten kaiserlichen Schatz angelegt hatte.

Die dreistufige Burgarchitektur erfuhr so binnen eines Jahrzehnts eine innere und äußere Wandlung. Zunächst wurde der Palas für private Wohnzwecke des Kaiserpaares hergerichtet; den großen Saal zierte ein Zyklus von Wandmalereien mit dem Stammbaum der Luxemburger, ausgeführt vom kaiserlichen Hofmaler Nikolaus Wurmser von Straßburg. Im kleineren Turm, dem Sitz des mit der geistlichen Pflege des Reliquienschatzes der böhmischen Könige betrauten Kapitels, das 1357 gegründet worden war, wurden zwei Sakralräume eingerichtet – ein kleinerer, der Jungfrau Maria geweihter und ein zweiter, größerer, der den Arma Christi, den Werkzeugen von Christi Leiden, zugedacht war.

Herzstück der Burganlage wurde der ursprüngliche Wohnturm, der große Turm, dessen zweites Stockwerk aufwändig zu einem eingewölbten Sakralraum umgebaut wurde: zur Heiligkreuzkapelle, die am 5. Februar 1365 geweiht wurde. Ihre sieben Meter starken Mauern sollten den Reichsreliquienschatz mit den uralten kaiserlichen Krönungskleinodien schützen, der sich in diesem Fall in der geistlichen Obhut von Zisterziensermönchen aus Stams bei Innsbruck befand. Die Wände der Heilig-Kreuz-Kapelle ließ Karl nach dem Vorbild der byzantinischen Heiligtümer in Konstantinopel „mit purem Gold und Edelsteinen verkleiden und sowohl mit Reliquien der Heiligen als auch (...) mit gar kostbaren Malereien zieren", mit deren Ausführung er den berühmtesten seiner Maler, Meister Theoderich, beauftragte. Von der ideellen Aussage her kann man Karlstein als höchste Krönung von Karls Bemühungen um eine Vereinigung weltlicher und geistlicher Macht wahrnehmen, als den wahren „Glanz von Reich und Königtum".

Jiří Fajt

Burg Karlstein vor der zwischen 1877 und 1899 erfolgten historischen Umgestaltung nach Plänen Josef Mockers (1835–99); Bauarbeiten ab 1891 von Friedrich von Schmidt geleitet • Fotografie um 1870–80 • Karlstein, staatliche Burg, Kunstsammlungen

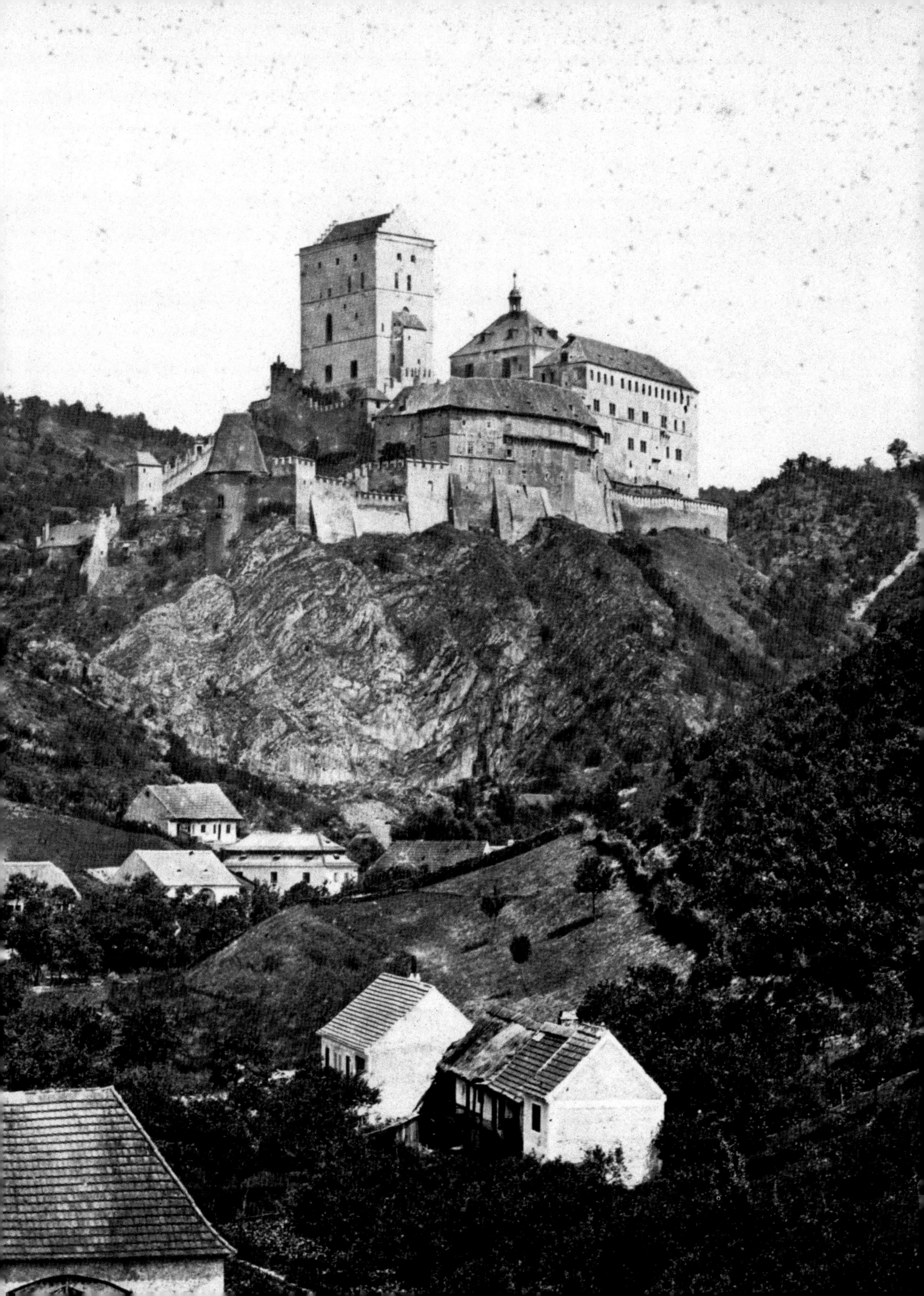

Katalog 8.1–8.13

8.1.a–c Hl. Lukas, hl. Katharina und hl. Karl der Große – Heiligentafeln aus der Wandverkleidung der Heilig-Kreuz-Kapelle auf Burg Karlstein

a. Der Evangelist Lukas
Prag, Meister Theodoricus, 1360–64.
Öltempera auf Buchenholz, mit Leinwand bezogen, Reste von Vergoldung; H. 115 cm, B. 94 cm.
Provenienz: Burg Karlstein (Karlštejn), Heilig-Kreuz-Kapelle, Ostwand (hier heute Kopie).
Prag, Národní památkový ústav, územní odborné pracoviště středních Čech, Inv.-Nr. KA 3676/3068, als Leihgabe in der Národní galerie v Praze, Inv.-Nr. VO 11174.

b. Die hl. Katharina von Alexandrien
Prag, Meister Theodoricus, 1360–64.
Öltempera auf Buchenholz, mit Leinwand bezogen, Reste von Vergoldung; H. 115 cm, B. 86,9 cm.
Provenienz: Burg Karlstein (Karlštejn), Heilig-Kreuz-Kapelle (hier heute Kopie).
Prag, Národní památkový ústav, územní odborné pracoviště středních Čech, Inv.-Nr. KA 3751/314; als Leihgabe in der Národní galerie v Praze, Inv.-Nr. VO 11177.

c. Der hl. Kaiser Karl der Große
Prag, Meister Theodoricus, 1360–64.
Öltempera auf Buchenholz, mit Leinwand bezogen, Reste von Vergoldung; H. 116 cm, B. 87,2 cm.
Provenienz: Burg Karlstein (Karlštejn), Heilig-Kreuz-Kapelle, Nordwand (hier heute Kopie).
Prag, Národní památkový ústav, územní odborné pracoviště středních Čech, Inv.-Nr. KA 3694/306, als Leihgabe in der Národní galerie v Praze, Inv.-Nr. VO 11176.

Die Ausgestaltung der Heilig-Kreuz-Kapelle auf Burg Karlstein zu Beginn der 60er Jahre des 14. Jahrhunderts stellt den größten Gemäldeauftrag im damaligen Europa dar. Ursprünglich 130 Bildtafeln (eine ist heute verloren) bedeckten lückenlos die obere Wandzone in beiden Raumteilen, um dem Betrachter, wie es Karl IV. formulierte, sämtliche himmlische Heerscharen vor Augen zu führen. Der Innenraum der Kapelle, die als Tresor der Reichskleinodien und Krönungsinsignien dienen sollte, ist als Abbild des himmlischen Jerusalems konzipiert: Geschliffene, in goldenem Stuck eingebettete Tafeln aus Jaspis und Amethyst schmücken die untere Wandzone, die sich somit als Anspielung auf die in der Offenbarung des Johannes beschriebenen mit Edelsteinen besetzten Mauern verstehen lässt. Die komplett in Gold gehaltene Decke ist mit sternförmigen Gläsern übersät, die das durch die Glasfenster gebrochene Tageslicht und die Beleuchtung durch Kerzen vielfach reflektieren und den Raum in ein übernatürlich anmutendes Licht tauchen. In diesem fast mystischen Ambiente blickt die in kräftigen Farben gemalte, streng hierarchisierte Heiligenschar auf den Besucher der Kapelle hinab. Sämtliche Heilige wurden als Brustbilder ausgeführt, was den Bildern eine ikonenhafte Wirkung verleiht. Dass diese Anspielung durchaus gewollt war, unterstreichen die metallisch gestalteten Hintergründe, die sich auch über die als Bildträger genutzten Rahmen erstrecken – eine Idee, die aus der zeitgenössischen byzantinischen Ikonenmalerei übernommen wurde. Die überlebensgroß entworfenen Halbfiguren finden dabei kaum Platz auf den Tafeln. Um diese illusionistische Wirkung zu unterstreichen, bedient sich der Maler eines optischen Kniffs: Indem er seine Figuren sich über die eigentliche Bildfläche hinaus auch auf den plastisch hervortretenden Rahmen erstrecken lässt, scheinen sie sich vom Bildträger zu lösen.

Eine der wesentlichen Inspirationsquellen für die Ausstattung der Heilig-Kreuz-Kapelle kann in der Zenonkapelle an der Kirche Santa Prassede in Rom gesehen werden, die Karl während seines Romaufenthaltes 1355 besucht haben dürfte. Betrat man die Kirche, befand man sich inmitten einer bunten Mosaikausstattung, die in kreisförmigen Medaillons vor goldenem Hintergrund Halbfiguren von Heiligen mit Reliquien zeigte, welche sich in eingemauerten Behältnissen unter den Porträts befanden. In Karlstein ließ Karl analog hierzu die Reliquien jeweils in den unteren Rahmenleisten unterbringen. Die Verbindung von Bild und Reliquie lässt sich nicht allein mit der visuellen Präsentation der Reliquie respektive des durch sie anwesenden Heiligen erklären. Sie besitzt vielmehr eine tiefere eschatologische Bedeutung, die in den Libri Carolini angedeutet wird, in denen davon gesprochen wird, dass die Bilder am Jüngsten Tag verbrennen und aus den Reliquien die Heiligen von den Toten auferstehen werden.

Die Ausmalung der Heilig-Kreuz-Kapelle wurde zunächst von Nikolaus Wurmser begonnen. Spätestens nach dessen Tod im Jahr 1363 ersetzte ihn Theoderich, der somit recht spät in den Prozess der Ausgestaltung eintrat, zu einer Zeit, als die Wände bereits in der Struktur entworfen waren und nur noch Diskussionen über den konkreten Charakter ihrer Ausschmückung geführt wurden.

Theoderichs Einfallsreichtum verdanken wir den Vorschlag, die Wände anstelle von Fresken mit einem „Teppich" von Tafelbildern zu überziehen. Seine Identifikation als Autor dieser Bilder ermöglicht die Abschrift einer kaiserlichen Urkunde vom 28. April 1367, in der der Karl IV. die meisterhafte Malerei („artificiosam picturam") des kaiserlichen Malers und Höflings („pictor noster et familiaris") Theoderich bewundert, der die Kapelle auf Karlstein so erfindungsreich und kunstfertig („tam ingeniose et artificialiter") ausgeschmückt habe. Rund drei Dutzend der Bilder können Theoderich als eigenhändige Werke zugeschrieben werden. Hierzu gehören auch die Bilder des Evangelisten Lukas und des Apostels Andreas auf der Altarwand im Norden der Kapelle, das Bild der hl. Katharina, das sich in der Fensternische der Ostwand des Presbyteriums befand, sowie jenes Bild Karls des Großen, das den zentralen Platz unter den heiligen Herrschern an der westlichen Wand im vorderen Raumteil einnimmt – was der besonderen Wertschätzung durch Karl IV. Rechnung trägt, der diesen nicht nur als persönlichen Schutzheiligen verehrte, sondern auch als Vorbild eines guten und gerechten Herrschers.

8.1.a

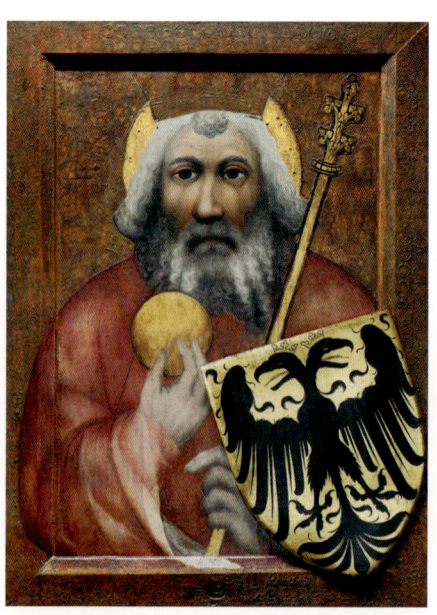

8.1.c

8.1.a / Detail

8.1.b

8.1.c / Detail

8.1.1 **Burg Karlstein, das Innere der Marienkapelle (früher auch als Katharinenkapelle bezeichnet) nach Osten. Die Kapelle war zunächst mit Wandmalereien ausgestaltet, die später durch Edelstein-Inkrustationen ersetzt wurden. Großflächig kam die ausgereifte Technik dann in der Heilig-Kreuz-Kapelle zum Einsatz (vgl. Abb. 58).** • Neue Ausschmückung um 1361/62 • Wandmalerei, Inkrustation • Burg Karlstein, Kleiner Turm, Marienkapelle

8.2.a

Charakteristisch für den Malstil Theoderichs sind die breiten, fleischigen Gesichter mit schwermütigem Ausdruck, die mit größtmöglicher Plastizität gestaltet wurden, wie auch die schweren, durch ein weiches diffuses Licht modulierten Gewänder, die die bildfüllenden Körper einhüllen.

Um den Großauftrag bewältigen zu können, musste Theoderich weitere Maler hinzuziehen, die nicht seiner Werkstatt angehörten, wie die schwankende Qualität der verwendeten Farbpigmente belegt. Die Unterschiede in Stil und Handschrift wurden jedoch durch die vereinheitlichenden Vorschriften Theoderichs verwischt, der als Verantwortlicher für die Gesamtausstattung der Kapelle nicht nur die wesentlichen Proportionen der Figuren bestimmte, sondern vermutlich auch über die Farbverteilung entschied. Mit Hilfe der gezeichneten Vorlagen konnte er die geradezu überraschende künstlerische und stilistische Einheit der ganzen Kapelle sicherstellen.

Jiří Fajt / Wilfried Franzen

LITERATUR
MATĚJČEK 1950, 17–20, 70–81. – FRIEDL 1963. – SCHMIDT 1969/I, 194–206. – STEJSKAL 1971/I. – STEJSKAL 1978/III. – FAJT 1997/I. – BRAVERMANOVÁ 2003. – FAJT 2003/I, 504–515 (Literaturüberblick). – GROHMANOVÁ 2003. – HAMSIKOVÁ 2003. – SALIGER 2003/I und 2003/II. – Ausst.-Kat. New York 2005, 162, Kat.-Nr. 33 (Barbara Drake BOEHM / Jiří FAJT). – Ausst.-Kat. Prag 2006, 116–119, Kat.-Nr. 27a–b (Barbara Drake BOEHM / Jiří FAJT). – KLEIN 2007, 217f. Kat.-Nr. 12 (Jan ROYT). – FAJT 2009/I. – FAJT 2016, I.

8.2.a–b Byzantinische Bucheinbände als Vorbild für den Bilderzyklus der Heilig-Kreuz-Kapelle

a. Byzantinischer Bucheinband mit Darstellung der Jungfrau Maria und Christi als Weltenherrscher
Byzanz, spätes 10. / frühes 11. Jh.
Silber, vergoldet, über Holzkern, Cloisonné-Email, Edelsteine, Perlen; H. 29 cm, B. 21 cm.
Inschriften:
Vorderseite: IC XC [Ἰησοῦς Χριστός], Ο Α(ΓΙΟΣ) ΑΝΔΡΕΑΣ, ΓΑΒΡΙΗΛ, Ο Α(ΓΙΟΣ) ΠΑΥΛΟΣ, Ο Α(ΓΙΟΣ) ΛΟΥΚΑΣ, Ο Α(ΓΙΟΣ) ΙΩΑΝΝΗΣ, Ο Α(ΓΙΟΣ) ΘΩΜΑΣ, Ο Α(ΓΙΟΣ) ΙΑΚΩΒΟΣ, Ο Α(ΓΙΟΣ) ΜΑΡΚΟΣ, Ο Α(ΓΙΟΣ) ΦΙΛΙΠΠΟΣ, Ο Α(ΓΙΟΣ) ΜΑΤΘΑΙΟΣ, Ο Α(ΓΙΟΣ) ΗΛΙΑΣ, ΣΙΜΩΝ Ο ΖΗΛΩΤ(ΗΣ).
Rückseite: ΜΗΡ ΘΥ [Μήτηρ Θεοῦ], Ο Α(ΓΙΟΣ) ΙΩΑΝ(ΝΗΣ) Ο ΒΑΠΤΙΣΤ(ΗΣ), ΜΙΧΑΗΛ, Ο Α(ΓΙΟΣ) ΙΩΑΝ(ΝΗΣ) Ω ΧΡΥΣΟΣΤ(ΟΜΟΣ), Ο Α(ΓΙΟΣ) ΒΑΡΘΟΛΟΜΑΙΟΣ, Ο Α(ΓΙΟΣ) ΠΕΤΡΟΣ, Ο Α(ΓΙΟΣ) ΓΡΗΓΟΡΙΟΣ, Ο Α(ΓΙΟΣ) ΝΙΚΟΛΑΟΣ, Η ΑΓΙΑ ΑΝΝΑ, Η ΑΓΙΑ ΕΛΙΣΑΒΕΤ, Ο Α(ΓΙΟΣ) ΒΑΣΙΛΕΙΟΣ, Ο Α(ΓΙΟΣ) ΖΑΧΑΡΙΑΣ, Ο Α(ΓΙΟΣ) ΙΩΑΚΗΜ.
Provenienz: Venedig, San Marco, spätestens seit 1325 in der Schatzkammer. – Um 1345 ein Evangelistar ad usum ecclesiae Sancti Marci in die Deckel eingebunden. – Venedig, Biblioteca Marciana, 1801–03. – In den 1930er Jahren Einbanddeckel von der Handschrift getrennt.
Venedig, Biblioteca Nazionale Marciana, Sign. Cod. lat. Cl. I, 100.
Nur in Prag ausgestellt.

Bevor Andrea Dandolo 1343 zum Dogen von Venedig gewählt wurde, hatte er das Amt des procuratore de supra von San Marco versehen (1328–43) und damit begonnen, den Hauptaltar zu verschönern und reicher auszustatten. Als Doge setzte er die Arbeit in der Kirche, die von da an seine Palastkirche war, fort. Unter ihm erhielt die Pala d'oro, die goldene Altartafel, ihr heutiges Rahmenwerk, außerdem ließ er eine pala feriale herstellen, um das Goldretabel an Werktagen zu verdecken.

Zudem ließ Dandolo die liturgischen Handschriften für besonders aufwendig zelebrierte Messfeiern anfertigen und mit Miniaturen ausstatten. Von dreien dieser Handschriften sind die Deckel erhalten, ältere byzantinische Schmuckeinbände, die mit glänzendem Gold und intensiv farbigen Emails den überwältigenden Eindruck der Pala d'oro ergänzten, wenn sie auf dem Altar abgelegt wurden.

Der Einband des Festevangelistars stammt aus dem Byzanz der makedonischen Dynastie. Vorder- und Rückdeckel bestehen aus einem mit vergoldetem Silberblech überzogenen Holzkern. Die Gliederung ist vorne und hinten die gleiche. Perlenschnüre – eigentlich auf Silberdraht aufgezogene Perlen, die sich mit Ösen abwechseln – rahmen die Einzelbilder und teilen eine Randbordüre ab, in der ovale und rechteckige Steine (Smaragde und Rubine oder Granate) in ihren Fassungen stecken. Die zentralen Felder zeigen den segnenden Pantokrator und die Muttergottes mit Orantengestus, beide auf Podesten stehend und in strahlend blaue Mäntel gehüllt. Sie sind von je zwölf Medaillons umgeben, die Brustbilder von Aposteln, Evangelisten, Engeln, Kirchenvätern, dem Propheten Elija, Johannes dem Täufer, seinen Eltern Elisabet und Zacharias sowie den Eltern Mariens, Anna und Joachim, darstellen. Ihre heutige Anordnung entspricht nicht der ursprünglichen.[1]

8.2.b

Karl IV. hatte Venedig einmal, am 15. August 1337, noch als Markgraf von Mähren, anlässlich seines feierlichen Beitritts zur Koalition gegen die Scaliger von Verona, betreten. Möglicherweise hatte er dort die Gelegenheit, diesen Einband oder vergleichbare byzantinische Werke zu sehen.² Der Gedanke, Karl IV. könne visuelle Anregungen für die Gestaltung der Heiligkreuzkapelle auf Karlstein von Objekten byzantinischer Schatzkunst bezogen haben, liegt nicht fern. Das in der Kapelle praktizierte Einschließen von Reliquien in die Bilderrahmen von Heiligenporträts könnte auf Bildtafeln zurückgehen, die unter den Heiligenbildern kleine Fächer für Reliquien ebendieser Heiligen vorhielten.³ Auch zu byzantinischen Buchdeckeln wie dem vorliegenden lassen sich ästhetische Analogien – das Zusammenspiel von Gold, Edelsteinen und halbfigurigen Heiligenbildern – herstellen.

Christian Forster

LITERATUR
GALLO 1967, 279. – HAHNLOSER 1971, 48f., Nr. 36 (André GRABAR). – Ausst.-Kat. Köln 1984, 160–163, Kat.-Nr. 14 (Margaret E. FRAZER). – Ausst.-Kat. Venedig 1995, 129f., Nr. 34 (Giordana MARIANI CANOVA / Susy MARCON). – Ausst.-Kat. New York 1997, 88, Kat.-Nr. 41 (Ioli KALAVREZOU). – Ausst.-Kat. Venedig 1998, 276, Kat.-Nr. 59 (Susy MARCON). – PAPAMASTORAKIS 2006, 397–401. – Ausst.-Kat. London 2008, 402, Kat.-Nr. 82 (Antony EASTMOND). – YANAGISHITA/PUGLIESE 2008. – KLEIN 2010, 200–204.

FUSSNOTEN
1 Erst die Rekonstruktion von PAPAMASTORAKIS 2006, 400f. und Abb. 5f., kann überzeugen, weil hier hierarchische Stellung, Amt, Lebensalter und verwandtschaftliche Beziehung aller Personen berücksichtigt und in einander entsprechender Position auf Vorder- und Rückseite verteilt werden.
2 Vgl. Inventar von 1325, hg. von GALLO 1967, 279, Nr. 12.
3 LEGNER 1978/III, 226, mit Verweis auf das Reliquien-Diptychon des Thomas Preljubović von Ioannina (1367–84), heute Cuenca, Museo diocesano. Vgl. FAJT/ROYT 1998, 159f.

b. Byzantinische Buchdeckel
Byzanz (?), frühes 11. Jh.; Venedig, um 1345.
Silber, vergoldet, über Pappelholzkern, Cloisonné-, Champlevé- und transluzides Email; Glassteine, Granate, Halbedelsteine; H. 35 cm; B. 25,5 cm
Inschriften:
Vorderseite: IC XC [Ἰησοῦς Χριστός], O AΓ.(IOC) ΠЄΤ.(POC), O AΓ.(IOC) ΑΝΔΡ.(ЄΑC), O AΓ.(IOC) ΠΑΥΛ.(OC), O AΓ.(IOC) ΜΑΤΘ.(ΑΙOC), O AΓ.(IOC) ΙΑΚ.(ΒOC), O AΓ.(IOC) ΛΟΥΚ.(ΑC), O AΓ.(IOC) ΠΡΟΚ.(ΟΠΙOC), O AΓ.(IOC) ΙωΑΝ.(ΝΗC), O AΓ.(IOC) ΘЄωΔ.(ΟΡOC), O AΓ.(IOC) ΒΑΡΘ.(ΟΛΟΜΑΙOC).
Rückseite: MP ΘΥ [Μήτηρ Θεοῦ], S(AN)C(TU)S. IOh(ANN)CS ЄV(AN)G(Є)L(IST)A, O AΓ.(IOC) ЄΥΓЄ.(ΝΙOC), S(AN)C(TV)S. MARCVS ЄV(AN)G(Є)L(IST)A, O AΓ.(IOC) ΜΑΡΔ.(ΑΡΙOC), O AΓ.(IOC) ΟΡЄC.(ΤΗC), O AΓ.(IOC) ΜΑΡΚ.(OC), O AΓ.(IOC) ΑΥΞЄ(ΝΤΙOC), S(An)C(TV)S. ΜΑΤЄVS ЄV(AN)G(Є)L(IST)A, O AΓ.(IOC) CHM.(ΩN), S(AN)C(TV)S. [L]VChAS ЄV(AN)G(Є)L(IST)A.
Provenienz: Venedig, San Marco, spätestens seit 1325 in der Schatzkammer. – Um 1345 Missale ad usum ecclesiae Sancti Marci in die Deckel eingebunden. – 1801 in die Biblioteca Marciana verbracht. – 1933–35 Deckel von der Handschrift getrennt.
Venedig, Biblioteca Nazionale Marciana, Cod. lat. III, 111.
Nur in Nürnberg ausgestellt.

Der Einband enthielt ein Missale, das der Doge Andrea Dandolo (1343–54) neben anderen illuminierten Prachthandschriften für die Feiertagsmessen am Hauptaltar von San Marco in Auftrag gegeben hatte. 1933–35 wurde die Handschrift aus konservatorischen Gründen aus dem Einband herausgelöst.

Die zwei Tafeln der Vorder- und Rückseite sind in einander entsprechender Weise gegliedert. Um ein hochrechteckiges Email im Zentrum, das Christus und Maria zeigt, sind je zehn kleinere Täfelchen mit Darstellungen von Evangelisten, Aposteln, Heiligen sowie vieren der fünf Märtyrer von Sebaste gruppiert. Die einzelnen Emails werden von Reihen von Glas- und Halbedelsteinen gerahmt. Die Steine sind nicht einzeln gefasst, vielmehr wurden die silbervergoldeten Streifen des Beschlags in kurzen Abständen aufgeschnitten und aufgebogen, um in den so entstandenen Öffnungen Steine zu halten. Die Ränder der Metallstreifen sind mit zwei Perlstäben besetzt, in deren Mitte einst Perlenschnüre gespannt waren; davon zeugen noch die in größeren Abständen gesetzten Ösen. Heute sind alle Perlen abgegangen, auch fehlt ein großer Teil der Steine. Die Eckfelder der Rückseite besetzen vier Plaketten mit den schreibenden Evangelisten aus transluzidem Silberemail, frühe venezianische Beispiele dieser Anfang des 14. Jahrhunderts neu aufgekommenen Technik. Die Emails mit Christus, Maria und den Heiligen gelten heute nicht mehr als venezianische

Imitationen byzantinischer Vorbilder, sondern als originär ostkirchliche Werke des frühen 11. Jahrhunderts.[1] Einige ikonografische und paläografische Besonderheiten scheinen eine in der Hauptstadt ansässige Werkstatt auszuschließen. Auffällig ist die Gestaltung der Binnengliederung, die an die Anordnung von Elfenbeinreliefs auf einigen vorikonoklastischen Buchdeckeln erinnert.[2]

Christian Forster

LITERATUR
HAHNLOSER 1971, 49f., Nr. 37 (André GRABAR). – Ausst.-Kat. Venedig 1995, 132, Nr. 36 (Giordana MARIANI CANOVA / Susy MARCON). – Ausst.-Kat. Venedig 1998, 279f., Kat.-Nr. 61 (Susy MARCON). – PAPAMASTORAKIS 2006, 401–404. – SEBASTIANI/CRISOSTOMI 2012. – MARCON 2012.

FUSSNOTEN
1 Vgl. HAHNLOSER 1971, 50, Kat.-Nr. 37 (André GRABAR). – Anders MARCON 2012, 46–50
2 GRABAR 1971, 43..

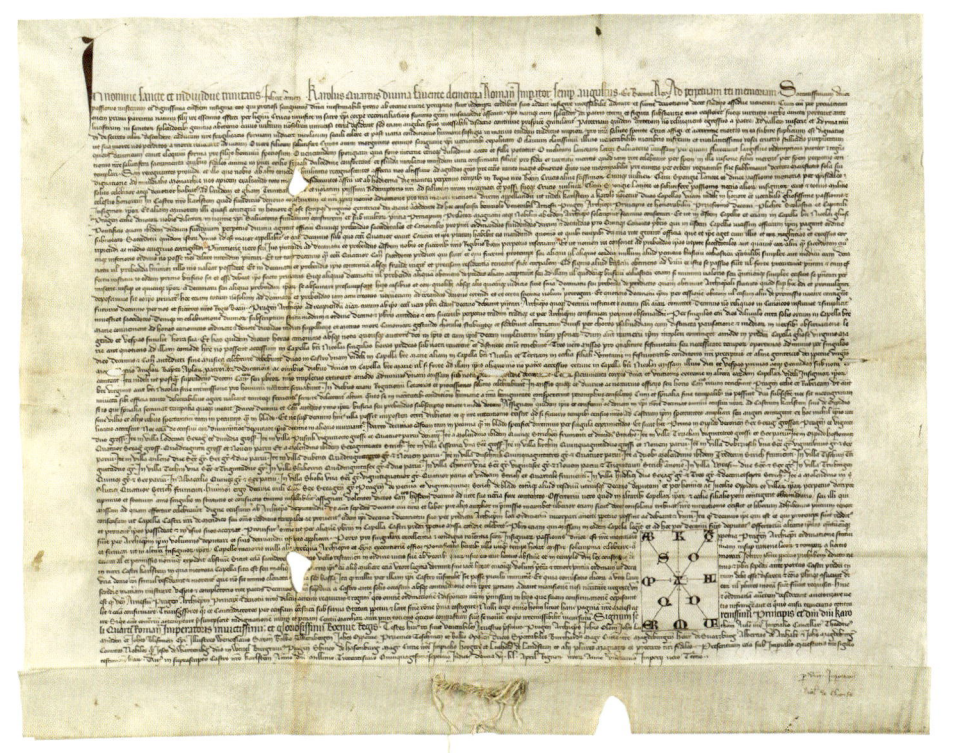

8.4

8.3 Der hl. Georg im Kampf mit dem Drachen

Prag, um 1365–70.
Lindenholz, originale Farbfassung,
Gittergussbeschläge aus Blei-Zinn-Legierung;
H. 146 cm, B. 47 cm, T. 27,5 cm.
Provenienz: Antiquitätenhandlung, München. – Seit 1900 Privateigentum in der Steiermark.
Nürnberg, Germanisches Nationalmuseum, Inv.-Nr. Pl.O. 32.

Die vollrund ausgearbeitete und aufwendig polychromierte Figur bezeugt das innovative und hohe künstlerische Niveau der Prager Hofkunst. In eleganter, wenngleich etwas statischer Pose triumphiert der in einen goldgepunzten Waffenrock mit silbernem Plattenharnisch und Fürstenhut gekleideten Streiter über den gekrümmten Drachen, der niedergetreten und mit der Waffe – einer verlorenen Lanze – bezwungen wird. Ein großformatiges, einst wohl mit einem Bergkristall verschlossenes Depositorium in der Brust erklärt die Skulptur zugleich zum monumentalen Reliquiar.

Ihr anonymer Schöpfer wirkte im Umkreis der Parler, jener verzweigten Architekten- und Bildhauerfamilie, aus deren Reihen auch die am Bau des Veitsdoms engagierten Kräfte stammten. Er zählte zu den Zeitgenossen Meister Theoderichs, der ab 1359 als königlicher Maler und „primus magister" der Prager Malerzeche belegt ist und dem im folgenden Jahrzehnt die künstlerische Ausgestaltung der Kreuzkapelle auf dem Karlstein oblag.

Die 127 Brustbilder von Heiligen in dieser Burgkirche besitzen durchgängig in unterschiedlicher Weise plastisch ornamentierte Hintergründe. Einzigartig zeigt sich dabei der Fonds des Apostels Simon, der mit kleinen maßwerkförmigen Gittergüssen aus Metall bestückt ist. Dieses aus dem Goldschmiedehandwerk geläufige Verfahren wandte auch der Schnitzer oder der Fassmaler der Georgsfigur im Zuge der Gestaltung des Dusings oder Dumpsings an. Dieser breite, tief unter der Taille sitzende Gürtel besteht aus ähnlichen Applikationen, einst vergoldeten und zu einem umlaufenden Beschlag addierten Maßwerksegmenten. Auf diese Weise setzt das Accessoire der eleganten Erscheinung des christlichen Heros einen ungewöhnlichen Glanzpunkt auf, der nicht zuletzt ein Zeugnis artifizieller Experimentierfreude darstellt.

Dieses Indiz, das Ornament der Messingeinfassung des Depositoriums in der Brust, das dem der berühmten, dem Prager Edelsteinschliff zuzuordnenden Achatschale im Kunsthistorischen Museum in Wien entspricht, aber auch die Rüstung mit den die Gliedmaßen eng umschließenden Kniekacheln und Beinschienen, schließlich die Formen des Maßwerks sprechen für eine Datierung des Bildwerks in die 1360er Jahre. Seine Provenienz und Funktion ließen sich bisher nicht präzise bestimmen. Die vollrunde Ausarbeitung legt die Präsentation auf einer Konsole nahe, spricht aber nicht gegen eine ursprünglich Positionierung in einem Schrein. Allerdings veranlasste sie zu Spekulationen über eine andere, Mehransichtigkeit gewährleistende Art der Aufstellung, ohne dass bisher eine plausible Vorstellung dazu entwickelt worden wäre.

Frank Matthias Kammel

LITERATUR
STAFSKI 1965, 186f. Nr. 171 (mit älterer Literatur). – Ausst.-Kat. Köln 1978, II, 671; IV, 57–59. – KOENIGSMARKOVÁ 2003, 84f. – Ausst.-Kat. Prag 2006, 227f., Kat.-Nr. 76 (Wilfried FRANZEN). – KAMMEL 2007, 287f., Kat.-Nr. 387; 424. – ULMANN 2010.

8.4 Karl, römischer Kaiser und böhmischer König, lässt in der neu erbauten Burg Karlstein zwei Kapellen einrichten – zur Verehrung der Passion Christi und zur Verehrung der Jungfrau Maria; bei diesen Kapellen und der bereits früher angelegten Nikolauskapelle stiftet er ein selbstständiges Kapitel

8.3

8.5

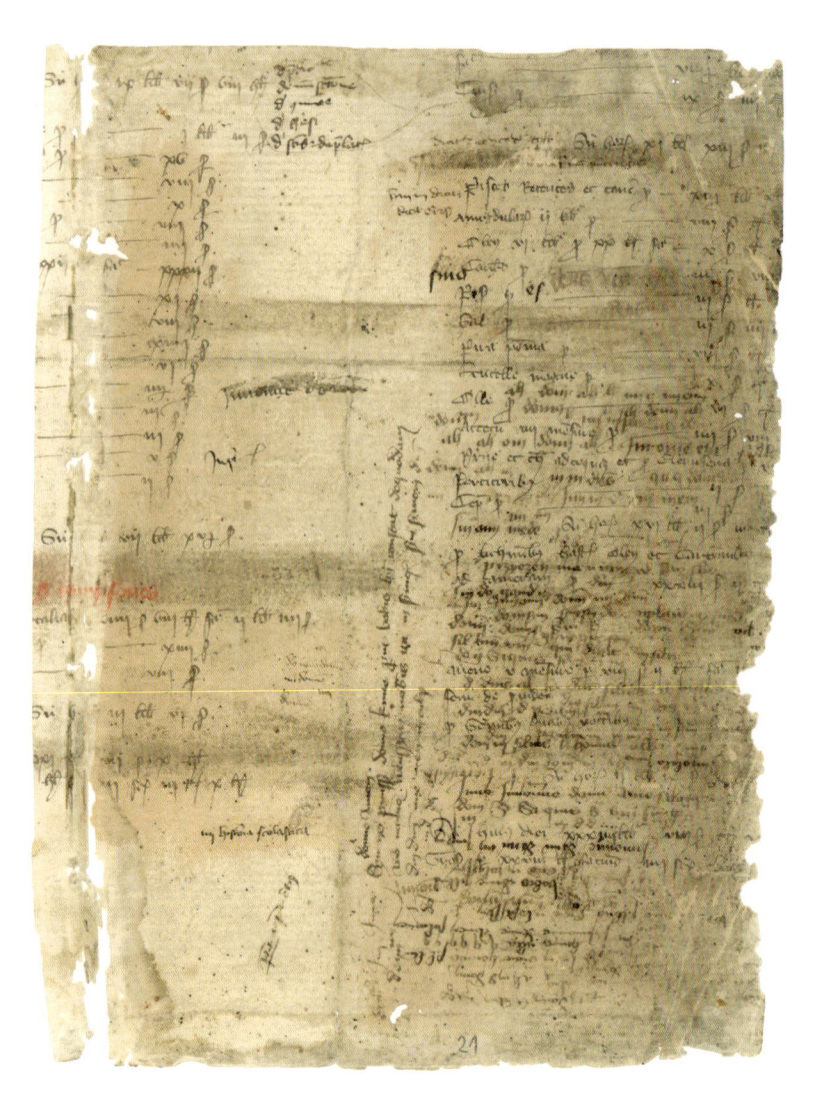

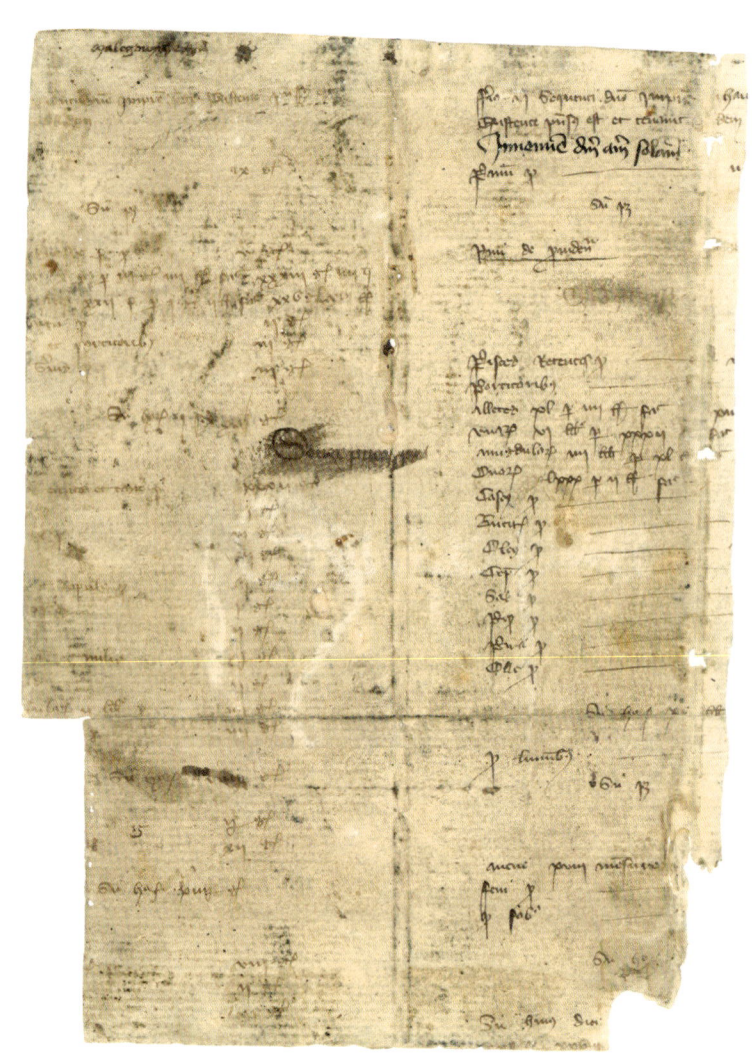

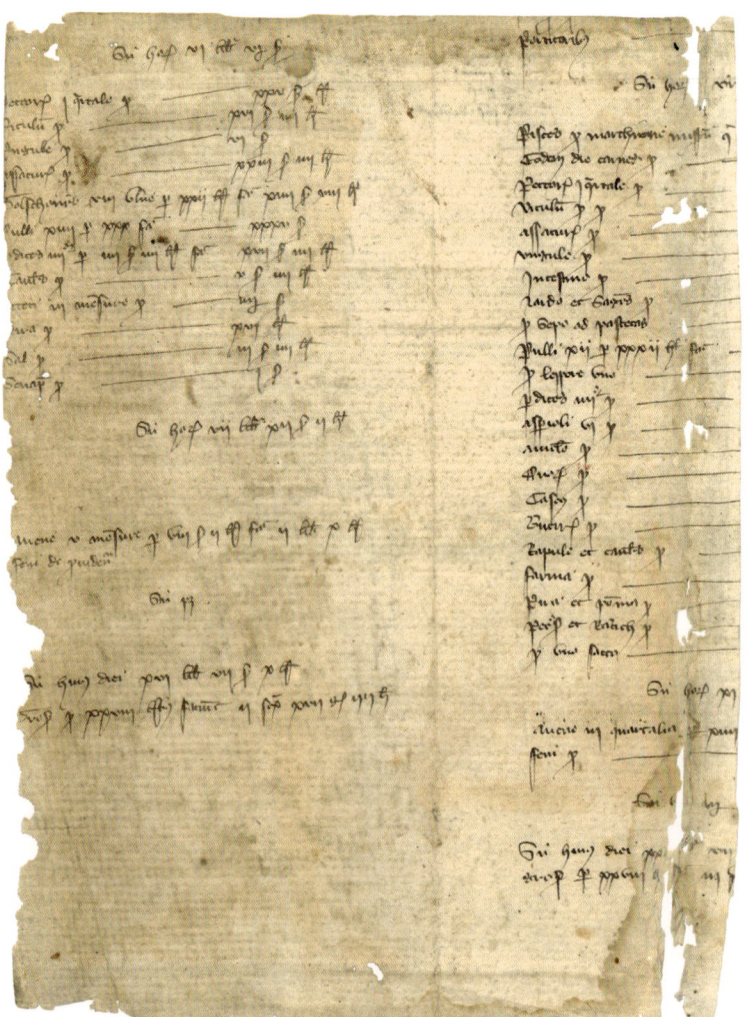

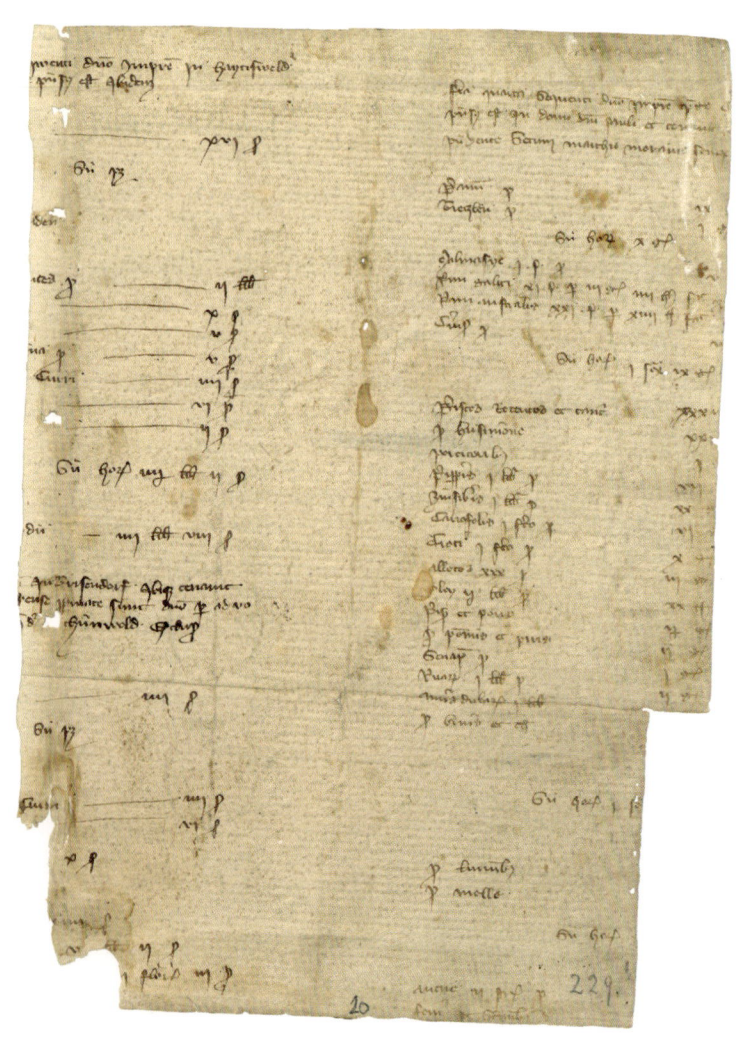

406   8 ✳ Kaiserburg Karlstein

Karlstein, 27. März 1357.
Pergament, Tinte; Latein; H. 48,7 cm, B. 63 cm,
Plica 5 cm; wächsernes Majestätssiegel abgerissen
und verloren.
Prag, Národní archiv Praha, Böhmisches Gubernium
– Gubernialurkunden (Guberniální listiny), Inv.-Nr. 67.
Nur in Prag ausgestellt.

Die wertvollste Urkunde zur Geschichte der Burg Karlstein und zu ihrem geistigen Programm ist die Gründungsurkunde des Kapitels, das Karl IV. auf der im Bau befindlichen Burg stiftete, und zwar in dem Moment, als er einen geschlosseneren Bestand an Passionsreliquien gesammelt hatte. Diese ließ er umgehend in das Hauptreliquiar der Burg Karlstein, das sog. Kreuz des Königreichs Böhmen, einsetzen.

Der Bestand umfasste drei Holzsplitter vom hl. Kreuz, ein Stück eines Nagels, ein Stück vom Schwamm, ein Teil der Lanze („de hasta Domini"), ein Stück des Seils, mit dem Christus bei der Geißelung gefesselt war, und zwei Dornen aus der Dornenkrone Christi, die aus der Sainte-Chapelle stammten. Außerdem gehörten noch Reliquien der hl. Anna und des hl. Johannes des Täufers zu dieser Gruppe.

Das Latein der theologischen Einleitung der Urkunde (Arenga) ist von hoher Qualität und im „hohen Stil" geschrieben. Diesen festlichen Stil beherrschte Karl IV. in der lateinischen Sprache wohl nicht, die Endredaktion dürfte sein Kanzler Johann von Neumarkt besorgt haben, aber der Kern dieser theologischen Überlegung könnte durchaus vom Kaiser selbst stammen. Als Vorlage käme der Text der Urkunde von Papst Innozenz VI. vom 13. Februar 1354 in Frage, mit der der Festtag der hl. Lanze und der Nägel des Herrn eingeführt wurde, und weiter – wie ich annehme – der mystische Traktat des Magisters Kolda von Colditz über die Leidenswerkzeuge des Herrn aus der Handschrift des Passionale der Äbtissin Kunigunde, den der Herrscher zweifellos persönlich studiert hatte. Der Text der Arenga enthält zudem an vielen Stellen eine Kombination biblischer Worte und Gedanken, d. h. der Autor muss die Bibel genauestens gekannt haben.

Karl IV. sammelte den Bestand an Passionsreliquien in den Jahren 1353–1356 und imitierte dabei absichtlich die Zusammensetzung der zu den Reichskleinodien gehörenden Reliquien (Nagel, Lanze, Holz vom hl. Kreuz, Reliquien der hl. Anna und des hl. Johannes des Täufers); den Reichsschatz hatte er 1350 in Besitz genommen (und verwahrte ihn später – nach 1365 – ebenfalls auf der fertig gestellten Burg Karlstein).

Karl IV. verstand die Macht der Reliquien (und besonders die Macht der Passionsreliquien) als Schutzschild, der das Reich sowie das Königreich Böhmen gegen die Macht des Teufels verteidigte. Als Inspiration diente ihm in dieser Hinsicht offensichtlich der mystische Traktat des Magisters Kolda über den unbesiegbaren Ritter und die Vorstellung, dass die „Leidenswerkzeuge Christi" nicht nur „insignia" (d. h. Zeichen), sondern zugleich auch „arma" (d. h. Waffen) sind, dass also diese geistigen „Waffen" Christi, wenn sie (bildlich) zusammen als „insignia" auf dem Schild versammelt sind, gemeinsam jenen Schild des unbesiegbaren Ritters (d. h. Christi) bilden, der das mächtigste heraldische „Zeichen" und die mächtigste geistige „Waffe" gegen den Feind der menschlichen Seelen und der menschlichen Königreiche bildet.

Libor Gottfried

LITERATUR
FAJT 1997/I, 36–42, 143–153.

8.6

8.5 Rechnungsfragmente des Küchenmeisters Kaiser Karls IV. – Vermerke über den Kauf von Brot, Fischen, Krebsen, Geflügel, verschiedenen Fleischarten, Eiern, Käse, Butter, Weintrauben, Äpfeln, Birnen, Pfeffer, Zwiebeln, Kohl, Radieschen, Petersilie, Bier, Wein und weiteren Lebensmitteln

Karlstein, um 1370.
Papier, Tinte; Latein; H. 43 cm, B. 28 cm.
Prag, Státní oblastní archiv v Praze, Kapiteldechantei Karlstein, Inv.-Nr. 27.

Die beiden Rechnungsfragmente des Küchenmeisters Kaiser Karls IV. sind eine wichtige Quelle nicht nur ökonomischer Natur. Die Quelle lässt sich anhand der Personen- und Ortsnamen, die der Schreiber im Rechnungsregister erwähnt, annähernd auf die Zeit um 1370 datieren. Die Schriftstücke wurden einige Jahrzehnte später für den Vorsatz einer Handschrift des Karlsteiner Kapiteldekanats mit kanonischen Texten verwendet. Durch das Kleben wurden die Fragmente beschädigt und bei der Bindung an den Rändern beschnitten. Von dem ursprünglichen Rechnungsregister des Meisters der königlichen Küche sind nur zwei Doppelbögen erhalten. Trotz dieser erheblichen Unvollständigkeit liefern die Bruchstücke einen Einblick in das Leben am Hof Kaiser Karls IV. Es handelt sich um eine sehr seltene faktografische Quelle, die u. a. ein Zeugnis von der dortigen Wirtschaftsweise ablegt.

Im Haus des Paul von Jenstein, Vater des späteren Erzbischofs Johann II., tafelte Karl IV. mit dem mährischen Markgrafen Johann Heinrich und später auch mit dem Markgrafen von Meißen. Auf den Tisch kamen französische und österreichische Weine, u. a. Malvasier, und Bier, Rind- und Kalbfleisch, Braten, Hühner, Rebhühner, Hasen, Eichhörnchen, frische Fische, Salzheringe, Krebse, Hausen (eine Störart), Käse, Birnen, Äpfel und Trauben. Es folgt eine Reihe von Posten für Grundnahrungsmittel wie Brot und Brötchen, Mehl, Hirse, Eier, Honig, Talg, Speck, Erbsen, Kraut, Butter, Öl, Meerrettich, Essig, Senf, Salz, Zwiebeln, Mandeln sowie die Gewürze Nelken, Safran, Pfeffer und Ingwer. Im Rahmen der Rechnungen wurden auch Heu, Stroh und Hafer verzeichnet sowie Ausgaben für Diener, Träger und Almosen. Ebenso wenig fehlen Rechnungen über Kerzen, Kohle, Messer, Löffel und Töpfe. Die Ausgaben wurden in zwei Währungen erfasst – in Reichsmark (libra) und in böhmischer Währung, d. h. in Groschen oder Hellern.

Hana Kmochová

LITERATUR
BARTOŠ 1944/45.

8.6 Der hl. Wenzel besucht und befreit Gefangene – Wandmalereifragment aus dem Treppenhauszyklus des Großen Turmes der Burg Karlstein

Böhmen, Hofmaler Karls IV., 1363–64.
Wandmalerei auf Leinwand übertragen;
H. 99 cm, B. 58 cm.
Provenienz: Karlstein, Großer Turm, Treppenhaus.
Prag, Národní památkový ústav, územní odborné pracoviště středních Čech, Inv.-Nr. KA 04169.

Noch während am Großen Turm der Burg Karlstein gebaut wurde, entschied Kaiser Karl IV., wohl im Herbst 1362, im dritten Geschoss anstelle der geplanten Wohnräume die berühmte, kostbar ausgestattete Heilig-Kreuz-Kapelle einzurichten. In ihr sollten künftig die Reichskleinodien bewahrt werden. Die ursprünglich geplante Erschließung des Turmes wurde zugunsten eines an die südliche Außenmauer angeschobenen Treppenhauses aufgegeben.[1] Das architektonische Gehäuse der vierläufigen Treppe

8.7

8.7

vollständig mit Fresken auszustatten, war eine zu dieser Zeit einzigartige Neuerung. Die Wandmalereien gelten dem Leben und dem Martyrium der böhmischen Landespatrone Wenzel und Ludmila. Dem nach oben Emporsteigenden bieten sich 28 Szenen der Wenzelsvita an den Umfassungswänden zur Betrachtung an, während auf dem Mauerkern des Treppenhauses neun Ludmila-Szenen in entgegengesetzter Leserichtung angebracht sind. Zahlreiche Engel mit Musikinstrumenten in den Händen scheinen über dem Betrachter an der Decke zu schweben. Während des Aufstiegs zur Heilig-Kreuz-Kapelle, die nach dem Vorbild des Himmlischen Jerusalem gestaltet ist, kann der Betrachter den Weg des hl. Wenzel in den Himmel nachvollziehen.[2]

Karl IV. hatte persönlich, wohl 1358, eine neue Vita und Translatio des hl. Wenzel aus älteren Textfassungen kompiliert, doch diese Version war für die Maler keineswegs verbindlich. Die diakonischen Tätigkeiten Wenzels sind darin nur summarisch genannt, während die Malereien sie vom Bestellen des Getreidefeldes bis zur Auslieferung der selbst gebackenen Hostien und von der Pflege des Weinbergs bis zum Keltern des Messweins ausführlich schildern.[3] Den Hagiographen war es darum gegangen zu belegen, dass die Versuche von Wenzels Mutter Drahomira, die einmal errungene Christianisierung Böhmens rückgängig zu machen, dank Wenzels persönlichem Einsatz fehlschlugen. Hingegen hatten die Buchmaler der Dalimil-Chronik (Prag, NKČR XII.E.17, 1330–40, fol. 4r), der Velislaw-Bibel (Prag, NKČR XXIII.C.124, um 1340, fol. 183v–184v) und der Krumauer Chronik (Wien, ÖNB, Cod. 370, kurz vor 1350, fol. 33v–34r) dem eigenhändigen Bemühen Wenzels um die Herstellung der eucharistischen Gaben zunehmend genrehafte Darstellungen gewidmet.

Mit der Vita seines Amtsvorgängers und Vorfahren Wenzel führte sich Karl selbst das Exemplum des gerechten Herrschers vor Augen. Der stets an Herzogshut und Nimbus erkennbare Märtyrer ist als Nachfolger Christi gekennzeichnet, einmal durch die Betonung der Eucharistie, aber auch durch bestimmte Motive, die den Betrachter an die Passion Christi erinnern (das Tragen von Holz auf dem Rücken, das letzte Abendmahl vor dem Martyrium). Die meisten Szenen heben Wenzels Nächstenliebe hervor: Witwen und Waisen versorgen, Arme speisen, Tote begraben – das waren Werke der Barmherzigkeit, wie sie Christus in seiner Rede vom Weltgericht von seinen Jüngern forderte (Mt 25, 34–46).

Christian Forster

LITERATUR
NEUWIRTH 1896, 49–64. – DVOŘÁKOVÁ 1961. – DVOŘÁKOVÁ 1964. – DVOŘÁKOVÁ/MENCLOVA 1965/I, 111–117, 148–159. – NOVÁK 2003. – BAREŠ/BRODSKÝ 2006. – BARTLOVÁ 2006. – STUDNIČKOVÁ 2006. – FAJT 2009/I, 270. – FAJT 2016/I.

FUSSNOTEN
1 CHUDÁREK 2006. – FAJT 2009/I, 269–272.
2 STUDNIČKOVÁ 2006.
3 In Karls Vita und Translatio, hg. von BLASCHKA 1934, 66, heißt es nur: „Panem et vinum ad sacrificia missarum proprio labore et manibus excolebat". – Am ausführlichsten ist Lectio 13 der Legende mit dem Anfang „Ut annuncietur", hg. von DEVOS 1964, 111.

8.7 Codex Heidelbergensis mit Nachzeichnungen der Wandmalereien des Luxemburger-Stammbaums auf Burg Karlstein

Kopien nach Nikolaus Wurmser von Straßburg, um 1571.
Papier, 56 Zeichnungen, um 1800 neu gebunden; H. 41 cm, B. 28,2 cm.
Provenienz: Altbestand der Gesellschaft patriotischer Kunstfreunde.
Prag, Národní galerie v Praze, Archiv, Varia, Zugangsnr. AA 2015.

Die schon seit langem verlorenen Fresken des Stammbaums Karls IV. im Festsaal des Kaiserpalas' der Burg Karlstein sind uns durch zwei Codices, die in Prag und Wien aufbewahrt werden, überliefert.[1] Diese wurden wahrscheinlich im Auftrag der böhmischen Landstände als Geschenk für den Thronfolger Rudolf von Habsburg um 1570 angefertigt.[2] Sie zeigen die Nachzeichnung der 56 Einzeldarstellungen des Stammbaumes, welche zu diesem Zeitpunkt noch erhalten waren.[3]

Es kann davon ausgegangen werden, dass die Kopien recht genau den originalen Zustand wiedergeben, wie ein Vergleich mit Wandmalereien derselben Zeit auf Burg Karlstein zu zeigen vermag.[4] Denn der Stammbaum war Teil einer umfassenden Neugestaltung der Burg Karlstein, die nur im Kontext der religiösen und politischen Inszenierung

Karls IV. und seiner Dynastie vollständig zu erfassen ist. Wahrscheinlich schon kurz nach der 1355 erfolgten Krönung Karls IV. zum römischen Kaiser begonnen, handelt es sich dabei sowohl in künstlerischer als auch in ikonografischer Hinsicht um ein äußerst ausgeklügeltes Konzept, das dem Betrachter einen Einblick in das geistliche und weltliche Verständnis Karls und seiner Zeit vermittelt.[5]

Dem hierarchischen Denken des Mittelalters entsprechend, gliedert sich die Burg in drei Bereiche, die nur nacheinander zugänglich waren und verschiedene, aufeinander verweisende Funktionen besaßen. Der Stammbaum der Luxemburger befand sich dabei auf der untersten, der irdischen Ebene. Hier führte er den Eintretenden in den Kaiserpalas bildlich die biblischen und mythischen Vorfahren der Dynastie seit Anbeginn der Geschichte, also seit der Schöpfung, vor Augen; damit legitimierte die Malerei, wie im Mittelalter üblich, den tradierten Herrschaftsanspruch der kaiserlichen Familie. Stammvater des Geschlechts war demnach der biblische Noah. Über weitere alttestamentliche Patriarchen, Helden und Götter der antiken Mythologie wird die Ahnenreihe zu den trojanischen Königen, den Merowingern und Karolingern hin zu den tatsächlichen Vorfahren Karls IV. geführt.

Sowohl räumlich als auch hierarchisch eine Ebene über dem (weltlichen) Kaiserpalas befanden sich die sogenannte Marienkapelle und die Passionskapelle.[6] Beide Kapellen wurden aufwendig ausgestattet; vor allem die umfangreichen Wandmalereien dienten letztlich dem Zweck, die Gott unmittelbare kaiserliche Herrschaft Karls zu legitimieren. Höhepunkt der Inszenierung war die Kapelle des Heiligen Kreuzes im zweiten Stock des oberen Burgturmes, vergleichbar einem Übergang in die himmlische Sphäre. Die Ausstattung der Räumlichkeiten und ihrer Zugangswege mit kostbaren Inkrustationen und Wandmalereien sowie wertvollen Reliquien veranschaulichte die verschiedenen liturgischen Nutzungen und verwob eindrucksvoll das dynastische Verständnis Karls mit seinen politischen und religiösen Vorstellungen.[7]

Für die Ausführung des ambitionierten künstlerischen Konzeptes wurde der Straßburger Maler Nikolaus Wurmser verpflichtet, der die jüngsten Innovationen der künstlerischen Zentren Westeuropas miteinander zu verbinden verstand.[8]

Der Ausbau von Burg Karlstein, ihre Austattung und die Wahl der benutzten künstlerischen Mittel verweisen also auf das wohldurchdachte reichspolitisch-dynastisch-religiöse Gesamtkonzept Karls IV., das einen wahrhaft europäischen Horizont besaß und im Verständnis der Zeit auf eine Gott unmittelbare Universalherrschaft ausgelegt war. Dem entspricht, dass in einer zweiten Ausstattungsphase die genannten Räumlichkeiten zu Aufbewahrungsorten der Kronen- und Reichsreliquien ausgebaut wurden. In dieser Phase wurde der Hofmaler Wurmser durch einen jüngeren Maler abgelöst, dessen Stil in den kommenden Jahrzehnten in ganz Mitteleuropa wirksam wurde: Meister Theoderich.

Kaja von Cossart

LITERATUR
FAJT 2006/I, 41–75. – FAJT 2009/I. – FAJT 2016.

FUSSNOTEN
1 Neben dem Prager Codex Heidelbergensis: Wien, Österreichische Nationalbibliothek, Cod. 8330, fol. 6r–59r.
2 FAJT 2016, 110, mit der älteren Literatur.

8.8.a

3 Davon 33 stehende und 23 sitzende Figuren. Es wird vermutet, dass es sich einst um 60–65 Figuren gehandelt haben könnte. FAJT 2016, 114.
4 FAJT 2016, 109. Dazu gehören die jüngeren Wandmalereien der Marienkapelle und die Wandmalereien der Passionskapelle im Kleinen Turm sowie die älteren Wandmalereien in der Heilig-Kreuz-Kapelle im Großen Turm.
5 FAJT 2006, 62–66. – FAJT 2009/I, 250. – FAJT 2016, 109.
6 Zu den wechselnden Patrozinien FAJT 2009/I, 250–255.
7 FAJT 2009/I, 250–255.
8 FAJT 2016, 109–196.

8.8.a–b Dalmatikafragmente aus der Heiligkreuzkapelle der Burg Karlstein mit Engeln, die Leidenswerkzeuge Christi tragend

Lucca, 1360–65.
Seidenlampas mit leinwandbindigem Grundgewebe, Hohlkordel und asymmetrischem Lancé-Muster;
a. Pariser Fragment: H. 45,7 cm, B. 36 cm. – b. Lyoner Fragment: H. 49,5 cm, B. 26,7 cm.
Provenienz: Karlstein, Burg, Heilig-Kreuz-Kapelle. – 1857 Aachen, Sammlung Franz Bock. – Fragment a. 1857 für das Musée de Cluny in Paris, Fragment b. 1875 für das Musée des Tissues in Lyon erworben.
a. Paris, Musée de Cluny – Musée national du Moyen Âge, Inv.-Nr. Cl. 3062.
b. Lyon, Musée des Tissues, Inv.-Nr. 22.751.

Der Stoff mit Engeln und den Passionswerkzeugen Christi ist seit dem dritten Viertel des 19. Jahrhunderts bekannt, als Teile davon – ohne Angabe der Provenienz – in das Pariser Musée de Cluny (1858), das Londoner South Kensington Museum (1860), das Österreichische Museum für Angewandte Kunst in Wien (1864) und das Musée des Tissus in Lyon (1875) gelangten. Vermittler war Franz Bock, ein bedeutender Vertreter der neugotischen Bewegung auf dem Feld der angewandten Künste. Auf diese Weise verlor sich der Stoff jedoch in der unübersehbaren Menge anonymer Textilmuster, die in den damals gegründeten Kunstgewerbemuseen als Studienmaterial für Textildesigner und zur Verbreitung des „guten Geschmacks" unter der Öffentlichkeit gesammelt wurden.[1]

Einige Stoffe, die aus den unter Joseph II., während der Französischen Revolution und im Verlauf der Säkularisierung zu Beginn des 19. Jahrhunderts großflächig aufgehobenen Klöstern stammten, waren bei Trödlern, Antiquitätenhändlern und Antiquaren gefunden worden. Ansonsten handelte es sich jedoch um vielfach stark verblichene Reste von Ornaten und Textilausstattungen mittelalterlicher Kirchen, die in alten Kirchentruhen vor allem in lutherischen, aber auch katholischen Gegenden auftauchten und für die man in der „vormusealen Zeit" keine rechte Lösung gewusst hatte.

Urheber und agilster Verfechter des Gedankens, dieses mehr oder weniger ungewollte Erbe zu Studienzwecken auf die neu gegründeten Kunstgewerbemuseen zu verteilen, war eben Franz Bock (1823–99), der seit seiner Studienzeit in Aachen, Bonn und Köln – wo er ein aufmerksamer Zeuge der Vollendung des Doms gewesen war – die Entwicklung der neugotischen Bewegung in England und Frankreich aus der Nähe verfolgt hatte. Nach dem Empfang der Priesterweihe wirkte er 1850 als Kaplan in Krefeld und knüpfte dort Kontakte zu mehreren Webereien, um die Produktion „neuerer Meisterwerke mittelalterlicher Kunst"[2] anzuregen – gemeint war die Herstellung von Stoffen, die nach mittelalterlichen Mustern gewebt wurden. Vor allem wurde Bock aber durch die Organisation einer bemerkenswerten, 1852 veranstalteten Ausstellung mittelalterlicher liturgischer Textilien und liturgischen Geräts bekannt, deren Erfolg ihm ein dreijähriges intensives Studium europäischer Denkmäler der mittelalterlichen Textil- und allgemeinen Kirchenkunst im Bereich Kunstgewerbe ermöglichte. In Frankreich, wo er den Großteil des Folgejahrs verbrachte und 42 Kathedralen besuchte, stieß er mit Ausnahme von Metz, Reims, Lyon, Toulouse, Arles und Le-Puy-en-Velay auf keine bedeutenderen Schätze mittelalterlicher Webkunst.[3] Er lernte jedoch die reichen Sammlungen Carrand, Soltykoff, Alexandre du Sommerard (Musée de Cluny) und die Bestände des Louvre kennen. Anregend waren auch die Begegnungen mit Vertretern der neugotischen Bewegung aus den Reihen der französischen kirchlichen Archäologen, Baumeister, Forscher und Publizisten, die sich um Eugène Viollet-le-Duc konzentrierten. Deutlich erfolgreicher fielen Bocks Reisen durch das lutherische Mittel- und Norddeutschland aus, bei denen er in Halberstadt, Brandenburg, Braunschweig, Stralsund und Danzig auf große Textilschätze stieß. Hier begann Bock mit dem Aufbau einer eigenen einschlägigen Studiensammlung.[4] Auf eine breite Basis konnte er seine Sammeltätigkeit allerdings erst in Italien stellen, wohin er im Frühjahr 1854 über Österreich aufbrach. Einkäufe tätigte er vor allem in den jüdischen Vierteln von Venedig, in Florenz, Rom, Neapel und Palermo. Auf der Rückreise besuchte er erneut Rom, wo er in den Archiven forschte und das erworbene Material sortierte.[5]

Anfang 1855 kehrte Bock über Mailand, Süddeutschland und die Schweiz nach Köln zurück und trat dort eine Stelle als Kaplan an St. Alban an, bevor er kurz darauf zum Konservator an dem im Juni 1855 eröffneten Diözesanmuseum in Köln ernannt wurde. Frucht seiner dreijährigen Forschungen, die Bock durch die Unterstützung des Fürsten Karl Anton von Hohenzollern-Sigmaringen ermöglicht wurden, war neben eine Fülle von Fachartikeln vor allem die dreibändige „Geschichte der liturgischen Gewänder des Mittelalters" (1859–71).

1862 zog Bock nach Aachen und setzte dort als Domherr ehrenhalber auf Lebenszeit und anerkannter Kenner seine vielseitige Forschungs- und Publikationstätigkeit fort. Besondere Aufmerksamkeit widmete er jetzt allerdings der Zukunft und der Nutzung seiner Sammlungen, die dank seiner Anstrengungen, wissenschaftlichen Reputation und Stellung als Geistlicher schnell enorme Ausmaße angenommen hatte. Auf diesem Feld konzentrierte er sich nach längerer Überlegung auf die neu gegründeten Kunstgewerbemuseen in London (1857) und Wien (1864), später in Lyon (1875) sowie die geplanten Gründungsvorhaben in mittelgroßen Städten wie Edinburgh, Dublin oder Manchester (1882), die die Industrie vor Ort unterstützen sollten.[6] Für die Bedürfnisse dieser Museen stellte Bock aus dem reichen Material, das er ursprünglich für eigene Studienzwecke kompiliert hatte, Bestände mittelalterlicher Textilmuster zusammen, die für Designer und zur Verbreitung des neugotischen Geschmacks bestimmt waren. Um die Arbeit mit diesem Material zu erleichtern, bot Bock den neuen Besitzern kommentierte Verzeichnisse, gedruckte Beschriftungen und sogar Inventarkarten an, die jedoch erkennen ließen, dass sie nicht unbedingt für Forschungszwecke bestimmt waren. In seiner Begeisterung und seinem Bemühen, so viele Interessenten wie möglich zufriedenzustellen, ging er sogar so weit, einzelne Objekte der Webkunst zu zertrennen oder in kleine Stücke zu zerschneiden.

Um seine mit der Zeit kleiner gewordene Sammlung wieder zu ergänzen, unternahm Bock im Frühjahr 1882 eine Einkaufsreise nach Italien, sodass er bereits im Mai dem Museum in South Kensington fast 1000 weitere gemusterte mittelalterliche Textilien anbieten konnte. Das Museum nahm dieses Angebot allerdings nicht an, kam Bock jedoch insoweit entgegen, als es dessen Sammlung bis Ende des Jahres ausstellte. Dann gelang es dem Sammler, die Übernahme durch den Stadtrat von Manchester zu vereinbaren.[7] Zugleich ergänzte Bock auf Ersuchen der Direktion die Museumsdokumentation um fehlende Angaben und Kommentare zu den von ihm in der Vergangenheit angekauften Stoffen. Es ist bemerkenswert, dass Bock erst bei dieser Gelegenheit die Karlsteiner Herkunft des Stoffs mit Engeln und den Passionswerkzeugen Christi verriet, in dessen Besitz er bereits ein Vierteljahrhundert zuvor

8.8.b

gelangt war und dessen Teile er zwischen 1858 und 1881 ohne Hinweis auf die Provenienz nach Paris, London, Wien, Lyon, Aachen und vielleicht noch an andere Orte verkauft hatte.[8] Der Grund für das zeitweise Verschweigen der historisch bedeutsamen Herkunft mag eine gewisse Verlegenheit darüber gewesen sein, dass er den Stoff auf übliche Weise erworben hatte, ohne Rücksicht darauf zu nehmen, dass Karlstein offiziell dem Stift adliger Damen und auch dem Kaiser gehörte,[9] dessen Gunst und großer Unterstützung er sich erfreut hatte, als er Ende der 1850er Jahre an dem Monumentalwerk „Die Kleinodien des heiligen Römischen Reiches Deutscher Nation nebst den Kroninsignien Böhmens, Ungarns und der Lombardei" (1864) arbeitete. Außerdem hatte Bock gerade in diesem Kontext im Mai 1857 für einige Wochen Prag besucht, wo Franz Joseph speziell für ihn die böhmischen Krönungskleinodien zugänglich machen ließ. Neben der Untersuchung der Wenzelskrone widmete Bock sich hier auch dem Studium des Domschatzes von St. Veit und exzerpierte im Kapitelarchiv lange Passagen aus den textilhistorisch bedeutenden Inventaren des Veitsdoms. Er traf außerdem mit dem bejahrten Domherrn Václav Michal Pešina (1782–1859) zusammen, der bereits die neugotische Vollendung des Veitsdoms angeregt hatte und ein Kenner der böhmischen mittelalterlichen Geschichte und ihrer Denkmäler war. Auf dessen Empfehlung unternahm Bock eine Reise nach Karlstein, wo er den erwähnten Engel-Stoff entdeckte und erwarb.[10] Wie die Burginventare aus dem 18. Jahrhundert (1705, 1745, 1759 und 1780) belegen,[11] handelte es sich um zwei wohl bereits lange nicht mehr verwendete zerschlissene Dalmatiken („duae dalmaticae antiquisimae et lacerae"), die Bock in zwanzig oder mehr Teile unterschiedlicher Form zerlegte, bevor er einige dieser Stücke neu zur Ergänzung des Dekors für die zu Studienzwecken en bloc angebotenen Kollektionen zusammenstellte. Sicher identifiziert werden können nur die Fragmente im Musée de Cluny, im Cooper Hewitt, Smithsonian Design Museum in New York und vor allem das große längliche Stück im Muzeo Nazionale del Bargello (66 x 84 cm). Diese Stücke verkaufte Bock an Sammler, die den ästhetischen bzw. historischen Wert des Stoffs zu schätzen wussten: an Edmond Du Sommerard (1817–85), den Katalanen Francisq Miquel i Badía (1840–99)[12] und Giulio Franchetti (1840–99). Bock nahm die Textilien definitiv nicht als Kunstwerke wahr und seine spätere Versorgung von Museen mit neu entdeckten koptischen Textilien aus Ägypten deutet an, dass er eher zum Berufszweig der sehr fähigen Kunsthändler gehörte. Durch die Art, auf die er u. a. mit den Karlsteiner Dalmatiken umging, brachte er die Welt eindeutig – wenn auch nicht spurlos – um ein bedeutendes Denkmal der Luxemburger-Zeit.

Mit der einsätzigen Nachricht über die Weihe der „größeren Kapelle im Turm der Burg Karlstein" am 9. Februar 1365 „durch den neuen Erzbischof Johann Očko von Vlašim" ergänzte Benesch Krabitz von Weitmühl seinen längeren Bericht über die Burg, auf der Karl damals bereits die Reichskleinodien („insignia imperialia") und den böhmischen Königsschatz („tocius regni sui tesaurum") verwahrte. Hier verlieh der Chronist seiner Bewunderung für den kostspieligen Bau mit den festen Mauern und der großen Kapelle im oberen Turm Ausdruck, deren Wände der Kaiser mit Gold, seltenen Edelsteinen und wertvollen Gemälden verzieren ließ; „[...] et decoravit illam tam reliquiis sanctorum, quam ornatibus pro decano et capitulo seu collegio quod ibidem instituit (die er sowohl mit Reliquien als auch mit Ornaten für den Dekan und das Kapitel bzw. Kollegium [ausstattete], das er dort eingerichtet hatte)".[13]

Eine Ausstattung mit Messgewändern wird auch in den Nachrichten zu Karls Erneuerung des Kapitels an der Burgkapelle zu Allen Heiligen von 1343 (Franz von Prag, Benesch Krabitz von Weitmühl) oder ein Jahr später zur Einrichtung des Kollegiums der Mansionare (Benesch Krabitz) erwähnt.[14] Im Fall von Karlstein waren die Kaseln, Dalmatiken, Tunicellen, Pluviale und sonstiges Zubehör für das Kapitel bestimmt, das bereits seit 1357 existierte und dessen Wirkungsfeld durch die Gründungsurkunde auf die Kapellen im Marienturm (dem kleineren der beiden Haupttürme) und im Palas beschränkt war. Trotz der Unklarheiten, ob die angestrebte Zahl von zehn Kanonikern bis 1365 erreicht werden konnte und ob dem Kapitel in der großen Kapelle neue Gottesdienstpflichten zugefallen waren, ist die Bestimmung des neuen großen Textilbestands für die Kapelle der „Leiden Christi und ihrer Zeichen", d. h. der „fünf Wunden Christi, des Nagels, des Schwamms und der Lanze" nicht zu bezweifeln. Eindeutig belegt dies das bewundernswerte, von innerer Dynamik erfüllte Muster des blauen, mit Goldsternen besetzten Stoffs, der ursprünglich wohl aus zwölf Reihen mit abwechselnd knienden und schwebenden Engeln bestand: In den ungeraden Reihen handelte es sich um kniende, heraldisch nach links gewandte Engel, die die Werkzeuge der Passion Christi emporhoben: den „Kelch des Leidens" von Christi Gebet im Garten Gethsemane, das Kreuz, die Dornenkrone, die Nägel, die Lanze und laut Bock auch den Schwamm, mit dem Christus am Kreuz erfrischt wurde. In den geraden Reihen schweben aus stilisierten Wolken

8.8.a

fliegende Engel mit Weihrauchfässern zu ihnen herab.

Das beschriebene Dekor des Stoffs, aus dem zweifellos ein ganzes Set für den Gottesdienst in der großen Kapelle bestimmter Textilien genäht wurde, entspricht ikonografisch der Ausstattung des Treppenhauses mit 60 Stufen an der Südseite des Großen Turms, dessen Gewölbe mit 29 Halbfiguren von auf verschiedenen Instrumenten spielenden Engeln sowie fünf schwebenden Engeln mit Büchern und – nach einem heute unleserlichen Feld – einer heute abgenommenen Dreiergruppe von Engeln verziert ist, die dem Inschriftenband zufolge den Hymnus Regina coeli laetare singen. An dieses monumentale Treppenhausbild des Lobgesangs der Engel knüpften die auf die Messgewänder gestickten Engel an, die bei der Anbetung und Beweihräucherung der in der Passions-Kapelle aufbewahrten Reliquien dargestellt sind – ein Bild, das von den Zelebranten auf ihren Gewändern vor Gott den Herrn gebracht wird, ähnlich wie Abraham die Namen der Stämme Israels auf dem alttestamentlichen Efod trug.[15] Dass das Stoffdekor seinen Ursprung auch künstlerisch auf Karlstein gehabt haben könnte, deuten der blaue, sternenbesetzte Hintergrund des Treppenhausgewölbefelds mit den drei singenden Engeln oder der gleiche Hintergrund auf der malerischen Darstellung Karls IV. und der Anna von Schweidnitz mit der Madonna in der Altarnische der heutigen Katharinenkapelle an.[16]

Der Stoff muss in zeitlichem Vorgriff auf Bestellung Karls angefertigt worden sein; dafür wandte sich der Herrscher wahrscheinlich an die fähigen Weber in Lucca, die wohl auch 1369 den Auftrag für den Stoff mit dem Motiv des verehrten Kruzifixes von Lucca, des sog. „Volto Santo", erhielten.[17] Gute Beziehungen zu diesem bedeutenden Textilzentrum unterhielt Karl bereits seit den Zeiten seiner Verwaltung der norditalienischen Signorie Johanns von Luxemburg, als er sich von Januar bis Juni 1333 in der Stadt aufhielt und in der Nähe die strategisch wichtige Burg Montecarlo errichten ließ. In Lucca machte er auch auf der Rückreise von seiner Krönungsfahrt 1355 kurz Station, um hier die Reliquien des hl. Richard zu erwerben.[18] Bei seiner zweiten Reise nach Rom in den Jahren 1368 und 1369 hielt er sich auf dem Hin- und auf dem Rückweg insgesamt fast ein halbes Jahr in Lucca auf.

Der Karlsteiner Stoff mit Engeln ist schließlich auch ein Beleg der hochentwickelten mittelalterlichen Webtechnik, die auf der Verwendung des speziellen Zugwebstuhls zur Musterbildung gründet. Technisch handelt es sich um ein komplexes Gewebe mit einer Haupt- und einer Bindekette im Verhältnis 4 : 1 sowie einem Grund- und vier lancierten Dekorschüssen. Die Schüsse wurden vom Weber in einer bestimmten Reihenfolge in geöffnete Fächer zwischen den Kettfäden eingetragen, die sich, gemäß dem Webprogramm, in der unteren oder oberen Lage befanden. Die Hauptkette, die in fünf Hochschäfte eingezogen war, webte – mit der Kettseite nach unten – einen fünfbindigen Atlas des Hintergrundes mit dem Grundschuss. Mit der Ansichtsseite nach unten wurde natürlich auch der Schusskörper 1/4 S des Dekors gewebt, bestehend aus der Bindekette, die in fünf Tiefschäfte eingezogen war, und dem jeweils musterbildenden lancierten Dekorschuss. Die Bildung der reichen Muster erfolgte mit Hilfe des „Zugsystems", das in einem von der Seite her zu bedienenden hohen Aufbau oberhalb der gespannten Ketten montiert war und individuelle Hebung kleiner Fadengruppen der Hauptkette erlaubte, deren Lage für die Musterbildung entscheidend war: Blieben sie in der unteren Ruheposition, so führte es den eingeschossenen Musterschuss auf die nach oben gewebte Rückseite des Stoffes; erst bei ihrer Hebung geriet er auf die nach unten gewebte Vorderseite als Teil des Musters. Zum Zugsystem gehörte das Programm zum Weben des Bildmusters in Form von einer Menge von Latzen, die jeweils Zugschnüre zusammenhielten, mit deren Hilfe ein „Zugjunge" einzelne Fächer für die Dekorschüsse öffnete.[19]

Diese speziellen Webstühle, die erlaubten, verschiedene Bindungen gleichzeitig zu weben und zu wechseln, hatten in der Zeit Karls IV. bereits eine fast tausendjährige Entwicklung hinter sich, deren Anfänge durch spätantike Stoffe mit Bildmustern aus Wolle und der aus China importierten Seide seit dem 3. Jahrhundert bezeugt sind.[20] Daran knüpften bald höfische Werkstätten sassanidischer Könige an, welche die Textilornamentik mit vorderasiatischen Motiven bereicherten.[21] Nach der Zerstörung des Persischen Reiches im zweiten Viertel des 7. Jahrhunderts durch die Araber gelangte die Kenntnis dieser Webtechnik mit der zahlreichen persischen Emigration nach China, wo sie sich weiter entwickelte und die traditionelle chinesische Weise, Gewebe mit farbigen Kettfäden zu dekorieren, ersetzte.[22] Im Früh- und Hochmittelalter erfuhr sie eine allgemeine Verbreitung in der asiatischen und islamischen Welt, wo Luxusstoffe sowohl in den Hofwerkstätten der Kalifen und Gegen-Kalifen in Bagdad, Kairo und Córdoba, der Emire, türkischen Sultane und mongolischen Khane, als auch in privaten Webereien in reichen Handelsstädten, die für andere Abnehmer oder für den Handel arbeiteten.[23] Nach Europa gelangten diese Gewebe aus Byzanz oder dem Orient als diplomatische Geschenke, Einkäufe der Reisenden im Heiligen Land sowie durch italienische Kaufleute, die im 12. und 13. Jahrhundert ihre Niederlassungen in den Kreuzfahrerstaaten hatten. Erst deren langsamer Untergang unter dem Druck der Mamelucken in der zweiten Hälfte des 13. Jahrhunderts bewog vor allem Venedig und Lucca, eine eigene Produktion der Luxusstoffe einzuführen, wie dortige Zunftdokumente bereits zum Jahre 1265 bezeugen.[24]

Karel Otavský

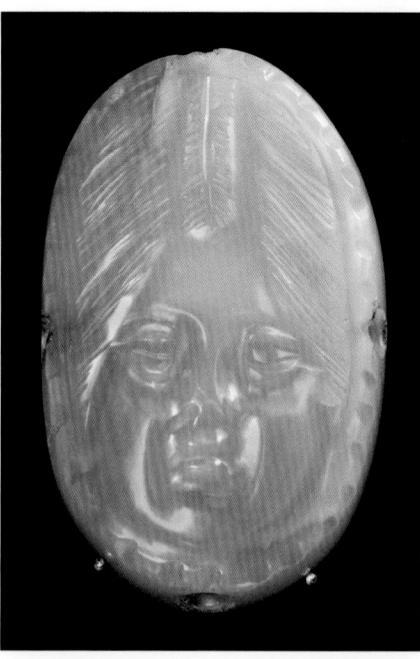

8.9

LITERATUR
GRÖNWOLDT 1968, 81f. – DESROSIERS 2004, 375f. – OTAVSKÝ 2007. – OTAVSKÝ/WARDWELL 2011, 307–310. – GRÖNWOLDT 2013, 258–260.

FUSSNOTEN
1 Zu diesem Zweck wurden die Muster auch in umfangreichen Musterbüchern oder auf Musterkarten reproduziert. BOCK 1859–61. – BOCK 1866–69. – DUPONT-AUBERVILLE 1877. – FISCHBACH 1883. – LESSING 1913.
2 So der bezeichnende Titel der Aachener Ausstellung zeitgenössischer, in Krefeld nach Bocks Anweisungen und den von ihm zur Verfügung gestellten mittelalterlichen Vorbildern gewebter Stoffe (1862).
3 BORKOPP-RESTLE 2008, 69.
4 BORKOPP-RESTLE 2008, 70. – BOCK, Franz: Die kirchliche Paramentik ehemals und heute. Msc. Aachen, Suermondt-Ludwig-Museum. BORKOPP-RESTLE 2008, 258f.
5 BORKOPP-RESTLE 2008, 72.
6 PRITCHARD 2001, 49f.
7 PRITCHARD 2001, 49f. – BORKOPP-RESTLE 2008, 151.
8 OTAVSKÝ 2007, 72, 76, Anm. 28. – OTAVSKÝ/WARDWELL 2011, 309.
9 DVOŘÁKOVÁ/MENCLOVÁ 1965/I, 234f.
10 Dies ergibt sich aus einigen flüchtigen Anmerkungen Bocks, den verstorbenen Domherrn Pešina betreffend.
11 Prag, Státní oblastní archiv v Praze, Děkanství karlštejnské, Inv.-Nr. 449, f. 3r (1705). – Inv.-Nr. 452, f. 3r (1745). – Inv.-Nr. 457, f. 3r (1745). – Inv.-Nr. 458 (ab anno 1759).
12 PASCÓ 1900, pl. XXII, no. 229. – Heute New York, Cooper Hewitt, Smithsonian Design Museum, Inv.-Nr. 1902-I-357.
13 FRB IV (1884), 533.
14 FRB IV (1884), 436, 492.
15 „(...) portabitque Aaron nomina eorum coram Domino (...) ob recordationem." Exodus 27,12.
16 STUDNIČKOVÁ 2006, 76 (Bildbeilage L). – FAJT 1997/I, 187.
17 BURAN 2002/I, 150, Anm. 139.
18 OTAVSKÝ 2010, 219, Anm. 274.
19 BÜHLER 1971, 71.
20 SCHRENK 2004, 122–125, 137–145, 173–192, 272–278.
21 OTAVSKÝ 1998/III, 124–138.
22 OTAVSKÝ/WARDWELL 2011, 14–17.
23 OTAVSKÝ/WARDWELL 2011, 106–117.
24 OTAVSKÝ/WARDWELL 2011, 119.

8.9 Antike Gemme mit Medusenhaupt vom Gewölbeschlussstein in der Marienkapelle auf Burg Karlstein

Rom, 1. Jh.
Steinschnitt, bläulich-weißer Chalzedon;
H. 6,8 cm, B. 4,3 cm, T. 2,3 cm.
Provenienz: Karlstein, Kleiner Turm, seit 1362–64 in der Marienkapelle (später als Katharinenkapelle bezeichnet). – Entnahme, Musealisierung und Einsatz einer Replik vor Ort 1980.
Prag, Národní památkový ústav, územní odborné pracoviště středních Čech, Inv.-Nr. KA 03536.

Geschnittene Steine sind die antiken Kunstwerke mit der größten Verbreitung im Mittelalter. Wer sie sich leisten konnte, sammelte, tauschte und verschenkte sie. Am Ende gelangten viele als fromme Stiftung an sakrale Werke der Goldschmiedekunst. Auf den Gedanken, Gemmen in Architektur zu integrieren, wofür freilich nur wenige Stücke groß genug waren, kam erst Karl IV.: In der kleineren der beiden Kapellen im zweiten Obergeschoß des Kleinen Turms von Burg Karlstein prangt am

Schlussstein des westlichen Kreuzrippengewölbes ein antiker Kameo mit einem frontalen Kinderkopf in Hochrelief. In einer Klauenfassung bildet er das Zentrum einer fünfblättrigen, gotisch stilisierten Blüte aus Silberblech und ist von 50 Edelsteinen (Amethyste, Karneole und Chrysoprase) umgeben.[1] Die Steine gehören zu der zweiten Ausstattungsphase, die 1362 einsetzte, als die 1357 geweihte Stiftskapelle der hl. Jungfrau Maria zur Schatzkammer umgerüstet wurde.[2] Die blau gefassten Gewölbekappen wurden vergoldet und mit immer wiederkehrenden Emblemen von blauen Gemmenkreuzen, roten, vierblättrigen Rosetten und blauen Sternchen versehen. Das geänderte Bildprogramm war den in einem Goldkreuz versammelten Reliquien der Passion Christi gewidmet; das Kreuz selbst ist über der Eingangstür zwischen dem Kaiser und seiner dritten Ehefrau Anna von Schweidnitz dargestellt. Da sich auch die Rippen eines vierteiligen Gewölbes als Kreuzfigur lesen lassen, entsprach das Besetzen des Kreuzzentrums mit einem Kameo einer Praxis, die von Prunkkreuzen bekannt ist. Ikonographisch verwandt ist dem Karlsteiner Gewölbe das Heinrichskreuz aus dem Basler Münster, dessen Vierung ebenfalls ein antiker Kinderkopf aus Chalzedon besetzt hält.[3] Beide Kameen sind in ihrem mittelalterlichen Kontext als Abbild Christi zu verstehen. Beide Male könnte die interpretatio christiana durch den Umstand befördert worden sein, dass die Edelsteine bereits kreuzweise durchbohrt waren. In der Antike waren sie Bestandteil und Glanzstück einer besonders wertvollen Form der Phalerae, einem aus Lederriemen geschnürten, mit mehreren Medaillons versehenen Brustschmuck, den der römische Kaiser als militärische Auszeichnung verlieh.[4]

Christian Forster

LITERATUR
NEUWIRTH 1896, S. 43. – DVOŘÁKOVÁ/MENCLOVÁ 1965/I, 91 und Abb. 98. – POCHE 1965, 87, 89. – BOUZEK/ONDŘEJOVÁ 1980, 75–78. – SKŘIVÁNEK 1982, 328. – FAJT 2009/I, 259 mit Abb. 11.

FUSSNOTEN
1 NEUWIRTH 1896, 43.
2 Baugeschichte nach FAJT 2009/I.
3 Berlin, Kunstgewerbemuseum, Inv.-Nr. 17,79, vgl. Ausst.-Kat. Basel u. a. 2001, 19–24 (Lothar LAMBACHER). – Eine Gemmenspolie des Karlsteiner Typs im Zentrum eines Medaillons des 14. Jahrhunderts in Paris, Musée Cluny, Inv.-Nr. Cl. 3028, vgl. TABURET-DELAHAYE 1989, 253, Nr. 134. – Das Chalzedon-Köpfchen auf dem Pallium des Aachener Büstenreliquiars Karls des Großen soll nicht zum ursprünglichen Bestand zählen, vgl. GRIMME 1972, 88.
4 BOUZEK/ONDŘEJOVÁ 1980, 75. – KRUG 1995, 109f. (Heinrichskreuz). – Ausführlich, ohne das Karlsteiner Exemplar zu kennen: FEUGÈRE 1989. – KOLOBOV/MELNITCHUK/KULYABINA 2001.

8.10 Pariser Madonna auf Burg Karlstein

Paris, Evrard d'Orléans (Werkstatt), 1330er Jahre. Alabaster (?), farbige Fassung und Vergoldung; H. 55 cm, B. 22 cm; obere Körperhälfte des Jesusknaben in der 2. H. 19. Jh. aus Holz ergänzt. Provenienz: Karlstein, Palas, Nikolauskapelle. Prag, Národní památkový ústav, územní odborné pracoviště středních Čech, Inv.-Nr. KA04603 a.

Die Muttergottes ist leicht untersetzt proportioniert, wobei der Oberkörper leicht nach links ausweicht,

8.10

um das Kind auszuponderieren, das Maria auf ihrem linken Unterarm über dem Standbein hält. Das Kind scheint sich in einer steigenden Bewegung zu befinden, wodurch die Sohle seines rechten Füßchens sichtbar wird, zugleich ein Hinweis darauf, dass diese später durch den Nagel am Kreuz durchbohrt werden wird. Ob die Hände des Kindes einen weiteren Hinweis auf die Passion hielten und wohin es blickte, lässt sich nicht mehr feststellen. Maria hingegen blickt sinnend geradeaus, scheinbar ohne das Kind zu bemerken und offenbar auch ohne den Betrachter anzusprechen. Der ernste Gesichtsausdruck mit den eng stehenden Augen und dem gerade geschlossenen Mund deutet ihr Vorauswissen der Leiden ihres Sohnes an. Zugleich ist sie als Königin des Himmels gemeint, die das Lilienzepter ihrer jungfräulichen Mutterschaft in der Rechten hält (die Krone ist leider verloren).

Dass eine große ornamentierte Brosche ihren Mantel zusammenhält, könnte auf dieselbe literarische Quelle hindeuten wie bei der Muttergottes aus dem Zisterzienserkloster Königsaal (Zbraslav, Kat.-Nr. 3.18), nämlich die Dichtungen des am Prager erzbischöflichen Hof lebenden Kartäusers Konrad von Hainburg († 1360), in denen die Schmuckstücke Marias verherrlicht und ausgedeutet werden. Dies wäre ein Hinweis darauf, dass Karl die Skulptur von Prag aus mit bestimmten klaren Vorgaben in Paris bestellt hat. Auf jeden Fall finden sich eng verwandte Stücke Pariser Herkunft, vor allem die Madonna des Rats König Philipps VI., des Bischofs Guy Baudet († 1338), die dieser nebst seinem Stifterbildnis bei dem Bildhauer Evrard d'Orléans für die Kathedrale St-Mammès in Langres in Auftrag gab (fertiggestellt 1342).[1] Ergänzt wurden die beiden Skulpturen durch eine weitere, darstellend den Kathedralpatron, in Auftrag gegeben durch den ebenfalls dem königlichen Rat angehörenden Jehan de Tiercelieue. Für die Madonna von Langres ist glücklicherweise einmal der Vertrag mit dem Bildhauer erhalten. Wer aber hofft, hier eine genauere Beschreibung einer solchen Statue vorzufinden, wird enttäuscht. Definiert werden allein die allgemeine Art des Auftrags und ihre Größe: Gewünscht waren „ein Bildwerk aus Alabaster nebst einem Tabernakel, so lang und so breit und von derselben Art und Größe wie das Bildwerk und der Tabernakel der Minderbrüder oder Prediger von Paris".[2] Sollte Näheres verabredet worden sein, so jedenfalls nicht im Vertrag.

Die Madonna von Langres folgt einem eher gängigen Typus: Über dem hoch gegürteten Kleid wird der Mantel wie eine Schürze vor den Leib gezogen, wodurch die entstehenden gerundeten Zugfalten auf das Kind verweisen, unter dem sich eine Kaskade aus herabfallenden Säumen bildet. Einzig die Tatsache, dass das Kind den knienden Bischof segnet, belegt, dass doch ein gewisser Individualismus in der Ausführung gegeben war.[3] Die Karlsteiner Madonna scheint auf den ersten Blick eine ziemlich getreuliche Variante dieser Skulptur, nur ist sie etwas gedrungener, ist das Antlitz noch ein wenig rundlicher mit eng stehenden Augen. Charakteristisch ist auch das Aufliegen der extrem dünnen Röhrenfalten auf größeren flächigen Gewandstücken, das dann später bei den Prager Schönen Madonnen wieder zu einem der beliebtesten Gestaltungsmittel werden sollte. Allerdings ist dies alles bei der Karlsteiner Figur präziser und, wenn man so will, härter ausgeführt.

Dies nähert die Karlsteiner Skulptur zwei Spitzenwerken der Zeit an, die schon von Gerhard Schmidt hervorgehoben und miteinander in Beziehung gesetzt wurden: Zum einen dem Grabmal König Karls IV., des 1328 verstorbenen, zeitweiligen „Erziehers" des böhmischen Königssohns Wenzel, der von diesem dann bei der Firmung ebenfalls den Namen Karl erhielt; zum anderen der hinsichtlich des Faltenwurfs nicht ganz so üppigen, aber stilistisch sehr verwandten Madonna, die höchstwahrscheinlich König Karls IV. zweite Frau, Jeanne d'Evreux (1310–71), dem Zisterzienserinnenkloster Pont-aux-Dames geschenkt hat.[4] Da Jeanne auch das von Evrard d'Orléans gelieferte Hochaltarretabel der Zisterzienserinnenkirche Maubuisson stiftete, scheint Gerhard Schmidts These plausibel, es handle sich bei den beiden besten Stücken, eben der Madonna von Pont-aux-Dames und dem Gisant König Karls IV. in St-Denis, um mehr oder weniger eigenhändige Hauptwerke dieses Bildhauers, der einer größeren und in den höchsten Kreisen sehr geschätzten Werkstatt vorstand.

Es liegt nahe zu vermuten, dass Karl IV., der sich der Verdienste seines Pariser Ziehvaters wohl bewusst war, nach dessen frühem Ableben für Prag eine Madonnenstatue eben aus jener Werkstatt gewünscht haben könnte, die dessen Grabmal und weitere Stiftungen der früh verwitweten Königin Jeanne angefertigt hatte. Dies alles lässt die Entstehung der jetzt in Karlstein befindlichen Figur noch in den 1330er Jahren wahrscheinlich werden; aufgestellt war sie zunächst sicher auf der Prager Burg.

Markus Hörsch

LITERATUR
SCHMIDT 1992/III.

FUSSNOTEN
1 Ausst.-Kat. Paris 1981, 87f., Kat.-Nr. 31.
2 „une ymage d'albastre et un tabernacle aussi lons et aussi grans et de autele facons et de grandeur comme sont l'ymage et le tabernacle des freres Meneurs ou Prescheurs de Paris". Zitiert nach SCHMIDT 1992/III, 60.
3 Die Darstellung des nackten Kindes, dessen Unterkörper vom Schleier verhüllt wird, erinnert wiederum an die Madonna von Poissy, vgl. Kat.-Nr. 9.5. Das Kind der Karlsteiner Madonna trug jedoch ein Kleidchen.
4 New York, The Metropolitan Museum of Art, Inv.-Nr. 17.190.721. – Ausst.-Kat. Paris 1981, 91f., Kat.-Nr. 36.

8.11 Ehe- oder Verlobungsring eines Mädchens mit Inschrift

Böhmen, wohl Prag, 3. V. 14. Jh.
Gold (Feingehalt 915/1000, d. h. 22 Karat);
äußerer Dm. 1,6 cm.
Inschrift, auf Außen- und Innenseite in gotischer Fraktur eingraviert: „Buoh da / dieweczka dobra, bude lepsie (Bůh dá, děvečka dobrá, bude lepší – Gott gibt, gutes Mägdlein, es wird besser)."
Provenienz: Mořina b. Karlstein (dort befand sich das Hofgut Meister Theoderichs), archäologischer Fund „na stráni (am Hang)". – Bis 1899 Sammlung Štěpán Berger. – Prag, Nationalmuseum (1899 erworben).
Prag, Národní muzeum, Inv.-Nr. H2-2359.

Der Ring besitzt nur eine Verzierung in Form einer gravierten Inschrift, die auf der Außenseite mit den Worten „Bůh dá (Gott gibt)" beginnt und mit der Lebensweisheit „děvečka dobrá bude lepší (gutes Mädchen, es wird besser)" ihre Fortsetzung findet. Aus der Gruppe von 10 zeitgenössischen böhmischen Ringen mit Inschriften, die sich in den Sammlungen der Prager Museen befinden, sticht dieses Exemplar heraus: Der Text enthält keine Abkürzungen, die Orthographie ist korrekt und es handelt sich um eine Lebensweisheit, die in den böhmischen epigrafischen Denkmälern in der Goldschmiedekunst der Jagiellonenzeit auftaucht (Löffelset aus Königgrätz [Hradec Králové]).

Nach dem Durchmesser zu schließen, gehörte der Ring einem Mädchen, das noch nicht das Erwachsenenalter erreicht hatte. Die Massivität des Rings und der hohe Feingehalt des Goldes deuten darauf hin, dass das Mädchen einem Mann aus den höheren Gesellschaftsschichten versprochen war.

Die Fundsituation „am Hang" in Mořina beschrieb Jan Koula vermutlich anhand eines verlorenen Teils des Inventars zur Berger-Sammlung. Auf dem Gut Mořina wechselten sich Besitzer aus dem Umkreis des königlichen Hofes ab. Bereits 1338 schloss der Landschreiber Stefan von Tetín (Štěpán z Tetína) mit Zustimmung König Johanns einen Vertrag, in dem er mit dem Großmeister des Ordens der Kreuzherren mit dem roten Stern „seinen Meierhof, genannt Morsina [Mořina], mit dem Bach in der Umgebung der Kirche ihres [d. h. der Kreuzherren, D. S.] Dorfes Dobřichovice mit einer Fläche von sechs Hufen" gegen den Roblín genannten Meierhof des Ordens bei der Burg Tetín mit derselben Fläche tauschte.[1] Unter Karl IV. fiel der Hof an die königliche Kammer zurück und wurde vom Kaiser als Belohnung für seine Hofmaler genutzt. Den „vertrauten Freund" Nikolaus Wurmser belohnte er mit einem Gutshof in der Größe von 3 1/2 Hufen und befreite ihn am 13. Dezember 1360 durch ein Exemptionsprivileg bis zu seinem Lebensende von allen Steuern.[2] Mit dem gleichen Privileg übergab er am 28. April 1367 dasselbe Gut oder dessen andere Hälfte mit einer Fläche von drei Hufen dem Maler Theoderich, jedoch mit der Pflicht verbunden, an die Karlsteiner Kapelle Bienenwachs für Kerzen abzuführen.[3] Es lässt sich nicht feststellen, ob die Braut Wurmsers oder Theoderichs ihren Ehe- oder Verlobungsring verloren hatte, oder ob dieses Missgeschick einem fremden Mädchen auf der Reise oder während eines Besuchs zustieß.

Dana Stehlíková

LITERATUR
KOULA 1898/99, 410.

FUSSNOTEN
1 RBM IV, 211, NR. 526.
2 RBM VII/3, 441, Nr. 726.
3 HUBER 1877, 368, Nr. 4520.

bmuaus. **xij.ᵉ notable.**

Puis dit que il fu ioene sagittaire dont en cores li sarrazins sont volentiers sagittaires et de mora ou desert de pharan. qui vault autant comme sauuaige ou asne sauuaige qui respont au dit de la gre que il dit z abraham ou xvj.ᵉ chapitre si comme il appert la. **xiij.ᵉ notable.**

Puis dit que sa mere li prist vne femme egipcienne c'estoit du pais agar. et dit la glose que li peruers se siouissent de la compaigne de leurs semblas. et de cele seine il ot xij. tyras qui furent prinses trop puissans si comme il appara ou xxv.ᵉ chapitre. Et ainsi pert la premiere partie. **Actur.**

Puis met la secod partie comment abraham a.i. roy sealia de fu a abymelet roy de gerart vne cite de philistee. **i.ᵉʳ noble de lacteur.**

Il faut sauoir premier que quant abraham fu estongies de son fil ysmael. et son fil donc a lui par miracle li demora dieu li volent fructefier en soi et en sa lignee. must ou cuer abymeleth de lou ou il auoit este pelerin que il s'alast a abraham gr premier il auoit esprouue que dieu l'amoit quant il ne souffri pas que il touchast saire. et puis quant il ot oy que elle auoit enfant par miracle il fu plus e clin a lui amer et doubter z plus il se doubta que qñt ysaac seroit grans qu'il ne volsist uengier le mauese ment de sa mere. que abymelet auoit fait. z pour ce il uint a abraham et li dist que dieu en tous ces fais estoit auec lui. voire par uirtus de li demonstroit es œuures de abraham. **seconde notable.**

Puis dist donques iure par dieu que tu ne me

Le manière abraham se leua au matin z prenda du pain et une bouteille d'iaue illa mist a les pule d'icelle. z li bailla l'enfant et le laisa. la q̃le comme elle se fu alee elle erroit en solitude en lieu desert de bersabre. et come l'iaue fu consumee en la bouteille. elle getta arier l'enfant dessous. i. arbre qui estoit la. et s'en ala et s'assist contre la region. loing quant q l'arc peust getter. quar

elle dist ie ne le uerrai pr mouriant. et seans atir esleua sa uois et plora. et dier estausa la uois de l'enfant. et langre de nostre seigneur appela agar du ciel disant que fais tu agar. ne uueil le mie doubter car dier a escauate la uois de l'en fant du lieu ou quel il est. lieue toi oste l'enfant et pran la main d'icelli. car ie le ferai en grant gent. et dier ouuri les iex d'icelle. la quele ve

nuiles. c'est nuilans pas. et en ce pert que il auoit ou di eu de abraham quant il congnoissoit que il faisoit parmi abraham choses merueilleuses z le uoult obliger. non pas seulement au regart de soi. mais auec ce au regart de ses hoirs et de ses pairs z ainsi aussi fu il raison qui s'obligast a abraham tant pour li comme pour ysaac son fil. et ses enfans a auenir se il en auoit nul. z en cele admonicion il adiousta selon la misericorde que ie te fis. q̃ fu que il li donna brebis vne nul deniers dar gent z li dona chois de demorer en son pais tout a son plaisir. si comme il pt ou xx.ᵉ chapitre. **Tiers notable.**

Puis dit que il se alia a toute la terre ou il auoit conuerse ce fu e palestine qui selon renome est dite gara. z abraham uit que le serment estoit urson a ble. et que il li deuoit gauder puis. tantost li promist que il li uiuroit. mais auant q'il iurast il li monstra que il n'auoit mie fait a abraham si grant misericorde comme il disoit dont il en rept car. z puis que il auoit eslue pour ses brebis z pour ces autres testes a buurer les sergens abymeleth la uoient oste a abraham. et n'en auoit mie l'usage. et pour ce il sembla en qu'il a meisme abymeleth. **iiij.ᵉ no ble.**

Et il s'en escula par iij. poins qui excusent les princes des deffaus de leur subies. Le pre mier que il ne sceut qui ce fist. et ainsi il ne fut pas sauoir ce. Apres que abraham ne le segretia pas. Tier cement que onques mais n'en auoit oy parler. z ce ert ignorance lexcusoit du tout. et quant abraham uit son ignorance si li donna trop plus de buefs et de brebis. et se alia a lui. **Quint notable.**

8.12 / Detail

8.12 Bibel (Pentateuch) des Jean de Sy

Paris, Meister der Bibel des Jean de Sy (Boqueteaux-Meister), um 1355–56; Ergänzungen um 1380–90 (?).
Pergament, braune Tinte, Tempera und Gold; französischer Text, zweispaltig in Textura mit brauner Tinte, rubriziert; 371 Blatt (46 Lagen); H. 42 cm, B. 30 cm; Einband M. 16. Jh. mit Wappen Guys II. Arbaleste. Besitzvermerk des Duc de Berry am Ende des Bandes ausradiert und heute nicht mehr lesbar.
Inhalt: Fünf Bücher Mose (ab Gen 8,1), ergänzt um die apokryphen Testamente der Söhne des Jakob; Glossa ordinaria.
Provenienz: König Karl V. von Frankreich (lt. Inventar von 1380). – Ludwig von Anjou. – Johann, Herzog von Berry. – Karl von Valois, Herzog von Orléans (lt. Inventar von 1411). – Guy II. Arbaleste, Vicomte de Melun († 1570). – Pierre Séguier, Kanzler Frankreichs († 1672). – Henri-Charles du Cambout, Herzog von Coislin, Bischof von Metz (bis 1731). – Abtei Saint-Germain des Prés (bis 1757).
Paris, Bibliothèque nationale de France, Département des Manuscrits, Ms. français 15397.
Nur in Prag ausgestellt.

Eine entscheidende Rolle in der Diskussion um die künstlerische Einordnung des Luxemburger-Stammbaums auf Burg Karlstein wird der bildlichen Ausschmückung der Bibel des Jean de Sy zugesprochen. Kurz nach seinem Regierungsantritt hatte der französische König Johann der Gute (Jean le Bon) dem Dominikanermönch Jean de Sy den Auftrag erteilt, eine neue Bibelübersetzung ins Französische anzufertigen, die mit ebenso ausführlichen wie unterhaltsamen Glossen und Kommentaren versehen wurde. Von diesem ambitionierten Vorhaben, das erst nach 1410 unter Karl von Valois beendet wurde, hat sich ein erster, wohl in den Jahren 1355/56 niedergeschriebener Band erhalten, der die Fünf Bücher Mose vom Kapitel 8 der Genesis bis Ende des Deuteronomiums umfasst – die ersten ein bis zwei Lagen mit dem Anfang der Genesis fehlen.

Aufgrund des unglücklichen Schicksals seines Mäzens, der 1356 bei Poitiers für vier Jahre in englische Gefangenschaft geriet, ist die Ausstattung dieses Werkes offenbar recht abrupt abgebrochen worden. So fehlt dem Text ab fol. 233r, d. h. in den letzten 17 Lagen aber auch schon in der 13. Lage (97r bis 104v) jegliche Ausschmückung. Vor diesen Seiten, in den Lagen 12 bzw. 27 bis 29, wurden die Initialen mit ihrem Blattwerkdekor zwar vorbereitet, aber nur die unterste Malschicht ausgeführt. Auf all diesen Seiten sind überdies die Rubrizierungen nicht vorgenommen worden, die aber auch in anderen Lagen noch lückenhaft sind. Für die Ausstattung des Bandes mit Miniaturen haben die Skriptoren unterschiedlich große Freistellen im Text belassen, doch wurden von den Illuminatoren nur die ersten sechs Lagen (bis fol. 48v) in Angriff genommen. Im Zuge der ersten Kampagne wurden die Vorzeichnungen zu zahlreichen Miniaturen und Bas-de-Page-Darstellungen angelegt, aber letztlich nur die fünfte Lage (fol. 33r bis 40v) vollendet. Erst nach einem größeren zeitlichen Abstand, vermutlich als sich die Bibel zeitweilig im Besitz des Herzogs von Berry befand, erfolgte ein neuer Anlauf zur Ausgestaltung. Doch auch dieses Unterfangen endete offenbar rasch und unvermittelt, da in den ersten vier Lagen einige Vorzeichnungen unbearbeitet blieben und man ab fol. 41r nur noch dazu kam, die Grundfarben auf die Zeichnungen aufzutragen.

Der Maler jener ersten Kampagne, der nach diesem Werk seinen Notnamen Meister der Bibel des Jean de Sy erhalten hat, tritt hier das erste Mal in Erscheinung. Sein Atelier führte 1356/57 auch die Malereien an der Londoner Bible historiale (British Library, Royal MS 17 E VII) aus, die vielleicht für den Sohn Johanns (den späteren König Karl V.) bestimmt war, und ist danach erst wieder Ende der 1360er Jahre greifbar. Insbesondere unter Karl V. gehörte es zu den hochgeschätzten und vielbeschäftigten Buchmalerateliers am Pariser Königshof. Mit seiner retrospektiven Bildsprache ist es dem auch im dritten Viertel des 14. Jahrhunderts noch vorherrschenden, von Jean le Noir fortgeführten Stilidiom des Jean Pucelle verpflichtet, dessen Werke für die Könige aus dem Haus Valois offenbar lange einen wichtigen Bezugspunkt darstellten (siehe Kat.-Nr. 3.14). Gegenüber Pucelle oder Jean le Noir verleiht der Meister der Bibel des Jean de Sy seinen Figuren, die er nicht nur in den Bas-de-Pages sondern auch in den Miniaturen ohne tiefenräumliche Entwicklung im Bildvordergrund aufreiht, eine gesteigerte Körperlichkeit.

Das charakteristische Typenrepertoire und die ausgeprägte Gestensprache und Mimik seiner Figuren stehen in enger Beziehung zum Luxemburger-Stammbaum auf Burg Karlstein und finden ihren Widerhall ebenso in der zeitgenössischen Prager Buchmalerei, wie dem Liber Viaticus des Johannes von Neumarkt (Kat.-Nr. 12.6). Als Erklärung für diese Nähe werden gemeinsame Wurzeln in den Städten Flanderns oder der südlichen Niederlande vermutet. Zumindest für Prag könnte der im brabantischen Brüssel ab 1355 eingerichtete Hof Wenzels von Luxemburg, dem Halbbruder Karls IV., eine vermittelnde Rolle übernommen haben. Naheliegender ist es jedoch, dass sich Karl IV. die Vorbilder für die Entwicklung seines neuen kaiserlichen Stils direkt in Paris bei seinem Schwager Johann dem Guten suchte, wie auch die modische Kleidung einiger Figuren des Karlsteiner Stammbaums andeuten könnte, die aktuellen Trends an dem für ganz Europa tonangebenden

8.13

Pariser Hof entsprechen. Nicht unwahrscheinlich ist es, dass Pariser Hofkünstler während der Gefangenschaft Johanns u. a. auch in Prag wirkten.

Wilfried Franzen

LITERATUR
DELISLE 1868, 16, 55, 101, 105. – BERGER 1884, 238–243, 357f. – DURRIEU 1894/95, I, 93. – DELISLE 1907, I, 146, 328–330, 404–410. – MARTIN 1923, 37–40, 95. – SOKOLOVA 1937, 124f., 142f. – PANOFSKY 1953, 38, 40. – MEISS 1967, I, 20, 141, 152, 315. – SCHMIDT 1969/I, 190f. – AVRIL 1978, 24f. – Ausst.-Kat. Paris 1981, 325f., Kat.-Nr. 280 (François Avril). – STERLING 1987/90, I, 174–180. – STRATFORD 1993, 91–93. – CARQUÉ 2004, 341–346, 510–512. – NOBEL 2007. – FAJT 2016.

8.13 Modell der Burg Karlstein

Regensburg, ArcTron 3D, 2016.
Modell im Maßstab 1:200, 3D-Gipsdrucker;
L. 120 cm, B. 75 cm, H. 37 cm.
Augsburg, Haus der Bayerischen Geschichte.

Die wohl in den 1340er Jahren erbaute Burg sollte Karl zunächst als ruhiger und sicherer Zufluchtsort inmitten der königlichen Forste dienen, nur einen unbeschwerlichen Tagesritt von der Prager Residenz entfernt. Die Funktion der Burg änderte sich aber nach 1350 dramatisch, als Karl in Besitz des kostbaren Reichsschatzes und der kaiserlichen Krönungsinsignien (heute in der Wiener Hofburg ausgestellt) gelangt war, und dieser Wandel intensivierte sich noch nach der Kaiserkrönung von 1355.

Im Palas wurde 1353–55 die Nikolauskapelle mit Wandmalereien vollendet, die an das Wunder mit dem Finger dieses Heiligen erinnerten, das Karl im Minoritenkloster zu St. Franziskus widerfahren war. Wohl schon während seines ersten Aufenthalts im November 1355 entschied sich der frisch gekrönte Kaiser zu Änderungen an dem im Bau befindlichen kleineren Turm.

Im März 1357 gründete er ein Kanonikerkapitel an der Marienkapelle (Kat.-Nr. 7.4). Sie war in der starken Südwand des kleineren Turms untergebracht, mit italienisch anmutenden Wandmalereien geschmückt und nur bis zur Höhe der Fenster mit Edelsteinen ausgekleidet. Das ursprünglich zu Wohnzwecken dienende Nebengemach wurde nun zur königlichen Kapelle der Passionswerkzeuge Christi geweiht. Hier wurde der böhmische Reliquienschatz in einem goldenen Kreuzreliquiar aufbewahrt, und die geistliche Pflege oblag den Kanonikern des Karlsteiner Kapitels. Im Großen, einem französischen Donjon ähnelnden Turm wurde zu jener Zeit im zweiten Geschoss ein Wohngemach fertiggestellt, das wohl direkt für das kaiserliche Paar bestimmt gewesen sein könnte.

In den Jahren 1361–64 entschied man sich zu einem weiteren Funktionswechsel, der mit einer neuen Ausstattungskampagne der Burginnenräume einherging. Die räumlich unzulängliche Marienkapelle des Kapitels wurde 1361–62 in eine Schatzkammer umgewandelt, deren Wände über die gesamte Höhe mit Edelsteinen aus Ciboušov verkleidet wurden. In der Altarnische, in der das böhmische Reliquienkreuz aufgestellt war, blieb zwar das Bild der thronenden Maria mit dem knienden Kaiserpaar erhalten, doch wurde die Frontseite der Altarmensa neu mit einer Kreuzigungsszene und der Türsturz des gegenüberliegenden Eingangsportals mit halbfigurigen Darstellungen Karls IV. und Annas von Schweidnitz im Profil geschmückt, die symbolisch das böhmische Reliquienkreuz in die Höhe heben.

An der Südwand der benachbarten Kapelle der Passionswerkzeuge Christi entstanden 1361/1362–64 die berühmten Reliquienszenen mit drei Porträts Karls IV., die übrigen Wände bedeckt der umfangreiche Apokalypse-Zyklus. Mit diesen Arbeiten wurde höchstwahrscheinlich Karls Hofmaler, der Straßburger Meister Nikolaus Wurmser mit seiner Werkstatt betraut. Ein Werk dieses Meisters war auch der repräsentative Wandzyklus des Luxemburger-Stammbaums mit den legendären und den historischen Vorfahren Kaiser Karls IV. im großen Saal des Palas (Kat.-Nr. 8.7).

Wohl 1362 beschloss Karl eine weitere Änderung, diesmal den Großen Turm betreffend. Er ließ den Zugangsweg ändern, die Wendeltreppe in der Mauerlaibung der Nordwand zumauern und den neuen Zugangsweg von Süden direkt vom kleineren Turm aus über eine Holzbrücke in den angebauten Treppenturm führen. Das einstige Wohngemach mit dem offenen Kamin im zweiten Stock ließ er in einen Sakralraum mit Kreuzgewölbe und einer Ergänzung aus Spitzbogen-Fensternischen verwandeln – selbstverständlich wiederum mit einzigartigem malerischen Dekor, dessen Anfertigung er seinem neuen Hofmaler, Meister Theodoricus, übertrug. Diese „goldene" Heiligkreuzkapelle gemahnt mit ihren halbfigurigen Heiligendarstellungen und Edelstein-Inkrustation an den Wänden an das himmlische Jerusalem. Geweiht wurde sie am 9. Februar 1365. Anschließend ließ Karl dort die kostbarsten Heiltümer des Heiligen Römischen Reichs unterbringen, deren geistliche Pflege er traditionsgemäß den Zisterziensermönchen aus der Abtei Stams in Tirol übertrug.

Jiří Fajt

LITERATUR
DVOŘÁKOVÁ/MENCLOVÁ 1965/I. – DVOŘÁKOVÁ/MENCLOVÁ 1965/II. – MENCLOVÁ 1972. – FAJT 2009/I.

9 ✳ Prag – Hauptstadt des Reichs

Karl (...) legte den Grundstein, gründete die Prager Neustadt und ließ zudem eine sehr feste Stadtmauer mit Toren und gar hohen Türmen von der Burg Vyšehrad bis zum Poříč ziehen.

Benesch Krabitz von Weitmühl, Magister operis beim Bau der Prager Kathedrale und Karls Chronist, Chronik der Prager Kirche, wohl 1372–74

Karl unterwarf sich die Prager Bürger auf befremdliche Weise, behandelte sie wie Knechte und erniedrigte sie über alle Maßen.

Konrad von Halberstadt, Dominikaner, Geschichtsschreiber und Kenner des Prager Milieus, Weltchronik Chronographia interminata, 1353–55

Karl IV. machte aus Prag ein repräsentatives Zentrum der kaiserlichen Macht. Die traditionellen Prager Städte – der Hradschin, das Viertel der Hofbeamten und Domkleriker, die Kleinseite mit dem großen Palast des Prager Erzbischofs und die Altstadt mit ihren zahlreichen Handwerkern und Kaufleuten, Studenten und Universitätsprofessoren – erweiterte er in prophetischer Erwartung des steigenden Bedarfs um die Neustadt. Diese großzügige Gründung wies drei öffentliche Versammlungsstätten auf: den Rossmarkt (heute Wenzelsplatz), den Heumarkt sowie den Viehmarkt (heute Karlsplatz), der mit seinen acht Hektar damals der größte Platz in Europa war. Karl IV. berief auch zahlreiche kirchliche Institutionen nach Prag, da er aus der Stadt ein geistliches Zentrum der Christenheit machen wollte, ein wahres „caput mundi", wie der Konstanzer Domherr Heinrich von Diessenhofen schrieb: „der Sitz des Kaiserreichs, einst Rom, später Konstantinopel, befindet sich jetzt in Prag."

Zum Prager Ruhm trugen die unzähligen Märkte und Wallfahrten bei. Zehntausende Gläubige trafen sich z. B. alljährlich auf dem Viehmarkt, wo der von Karl eingeführte Festtag der hl. Lanze und der Nägel des Herrn gefeiert wurde, der mit einer Heiltumsweisung der kostbarsten Kleinodien des Heiligen Römischen Reichs und des Königreichs Böhmen verbunden war: „In Prag kam von allen Enden der Welt eine solche Menge Volks zusammen, dass es niemand glauben kann, der es nicht mit eigenen Augen gesehen hat", wusste Karls Chronist Benesch Krabitz von Weitmühl zu vermelden.

Prag mit seinen rund 40.000 Einwohnern stieg zu einer der bedeutendsten europäischen Metropolen auf. Die pulsierende Stadt mit ihrer stolzen Selbstverwaltung lebte für den kosmopolitischen Kaiserhof, und Karl verlor durch kluge Politik niemals den ausschlaggebenden Einfluss auf das Geschehen unterhalb der Burg. Davon zeugt auch die künstlerische Repräsentation der städtischen Eliten, die nichts anderes war als ein Spiegelbild der Kunst am Kaiserhof. Und am Ende war es wieder der Kaiser, der sich für den Neubau der strategisch und wirtschaftlich so wichtigen Brücke über die Moldau einsetzte, deren Altstädter Brückenturm ein ikonisches Denkmal der Luxemburger Präsenz ist.

Jiří Fajt

Prag, das Altstädter Rathaus von Südosten, mit Turm und davor gelegener Kapelle mit dem zierlichen Chörlein, an der Ecke die Marienstatue und an er Südwand die Stundenuhr • Fotografie von Andreas Groll (1812–72), 1856 • Prag, Archiv hlavního města Prahy, Sign. VI 61/5

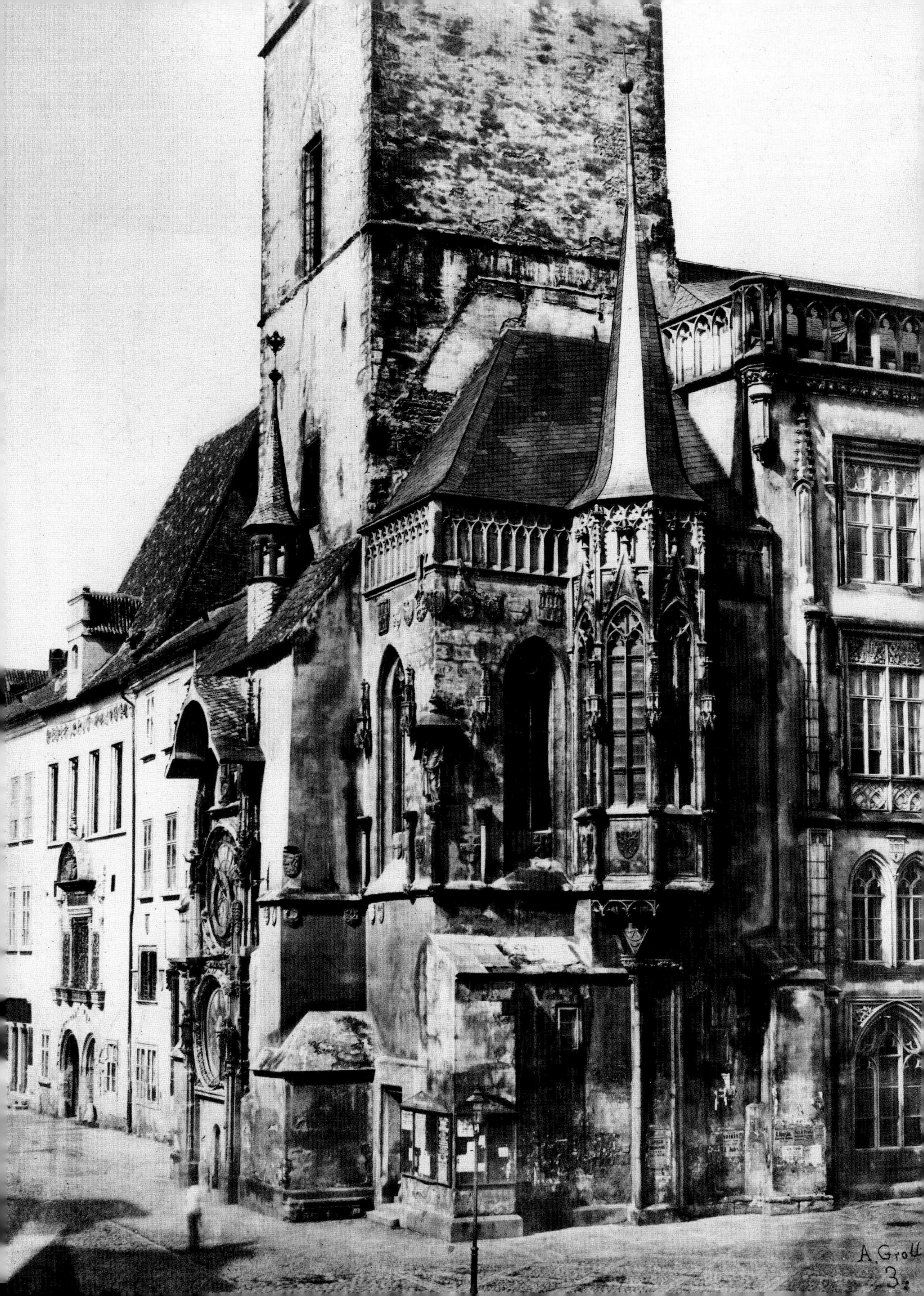
A. Groll
3.

Katalog 9.1–9.11

9.1.a–d Codex Carolinus (sog. Maiestas Carolina)

Prag, Hofkanzlei Karls IV., verfasst um 1355.

a. Enthalten in der Schrift Sborník právní
(G. Pazaurka), f. 25r–49r
15. Jh.
Handschrift auf Papier, komplette lateinische Abschrift; 225 Blatt; H. 30,5 cm, B. 19 cm; alter Einband.
Prag, Knihovna Národního muzea, Sign. II D 11.

b. Enthalten in der Schrift Pazaurkův právní sborník, f. 1–11
15. Jh.
Handschrift auf Papier, partielle tschechische Abschrift; 290 Blatt; H. 31 cm, B. 21 cm; alter Einband mit Beschlägen und Schließen.
Prag, Knihovna Národního muzea, Sign. IV B 18.

c. Enthalten in der Schrift Jura terrae regni Bohemiae, fol. 48a–105b
15. Jh.
Handschrift auf Papier, komplette lateinische Abschrift; 151 Blatt; H. 21,5 cm, B. 15 cm; alter Einband.
Prag, Národní knihovna České republiky, Sign. I G 18.

d. Enthalten in der Schrift Právní sborník des Andreas von Dubá, fol. 68r–89r
Letztes Drittel 15. Jh.
Handschrift auf Papier, gekürzte tschechische Abschrift; 206 Blatt; H. 22 cm, B. 15,5 cm; Originaleinband aus Leder.
Prag, Národní knihovna České republiky, Sign. XXIII F 1.

Im Oktober 1355 hielt Karl IV. im Glanz der neuen Kaiserwürde einen großen Landtag in Prag ab, auf dem er sein neu zusammengestelltes böhmisches Landrecht, die sogenannte Maiestas Carolina, durch den Adel bestätigen lassen wollte. Die böhmischen Barone weigerten sich freilich, sich durch schriftliche Gesetze in ihren alten Freiheiten einschränken zu lassen. Um das Gesicht zu wahren, gab der Kaiser am 6. Oktober durch 12 Urkunden bekannt, seine Gesetzessammlung sei durch Feuer unwiederbringlich vernichtet worden, bevor sie beschworen und promulgiert werden konnte. Deshalb müsse sich auch niemand daran halten.

Tatsächlich haben sich vier vollständige und zwei fragmentarische lateinische Fassungen der Maiestas Carolina erhalten. Das Karl selbst zugeschriebene Proömium lässt das Ausmaß der Konflikte mit dem böhmischen Adel erahnen. Die königliche Autorität sei in entwürdigender Weise gezwungen gewesen, viel Geld an die Barone zu verschleudern, damit sie Frieden gäben. Allgemein setze jeder sein Recht mit Gewalt durch. Der König habe keinen Zugriff auf die eigentlich der Krone zugehörigen Burgen, weshalb eine Einflussnahme auf die Gerichtsurteile unmöglich war. Er, Karl, habe die geschriebenen Gesetze in Böhmen ungeordnet und sinnwidrig zusammengestellt vorgefunden, nun sollten sie in einsichtiger Ordnung und klarem Stil neu gefasst werden, damit den großen und kleinen Richtern des Landes die Möglichkeit genommen werde, in vergleichbaren Fällen ungleiche Urteile zu fällen. Das Proömium spannt die herrscherliche Gesetzgebung in den großen Rahmen der Erschaffung der Menschheit ein. Nach dem Sündenfall habe Gott die Herrscher über das Volk gesetzt, damit sie in einer von Habsucht (avaritia) und anderen Lastern heimgesuchten Welt Frieden und Recht erwirken, Raub und Krieg aber unterbänden. Gegen die anwachsenden Gebrechen der Gesellschaft biete allein die Gesetzgebung ein „geeignetes Heilmittel". Die Wahrung des Rechts wird hier als wichtigste Herrscheraufgabe beschrieben, die Karl als Recht und Verpflichtung zugleich auffasst.

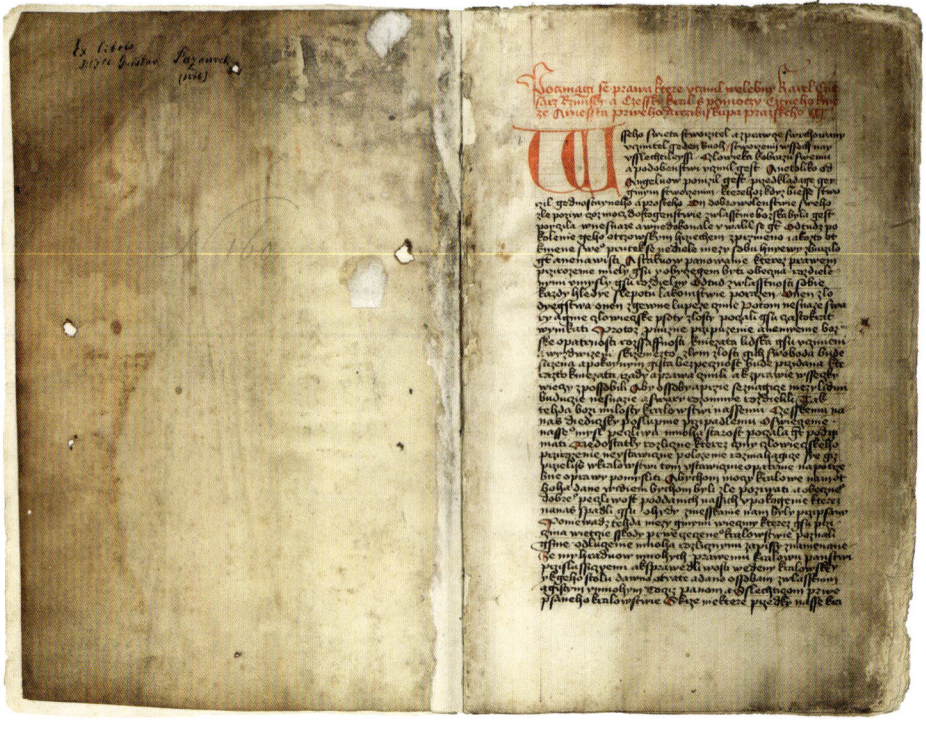

Vielleicht gab sich der Kaiser deshalb trotz der empfindlichen Niederlage, die eine Zurückweisung seiner neuen Gesetzessammlung auf dem Landtag 1355 bedeutete, keinesfalls geschlagen. Er verfolgte sein Ziel nun auf anderen Wegen. Dem Chronisten Benesch Krabitz von Weitmühl zufolge erklärte er nun, mit einer herrscherlichen Verfügung, die einer expliziten Zustimmung der Barone vermutlich nicht bedurfte, adelige Gewalt zur Interessensdurchsetzung gesetzlich als Unrecht. Wer gegen das neue Gesetz verstieß, sollte alle Rechte verlieren und weder zu Gerichtsverfahren noch zu Ehrenämtern zugelassen werden. Im Anschluss an den Landtag setzte Karl in einer Strafaktion persönlich die Einhaltung der neuen politischen Linie durch, wobei der mächtige südböhmische Adelige Jost von Rosenberg offenbar sein Richteramt und seine Funktion als Oberstkämmerer verlor.

Eva Schlotheuber

LITERATUR
KEJŘ 1978. – HERGEMÖLLER 1995. – MEZNÍK 1996. – SCHLOTHEUBER 2008. – NODL 2009.

9.2 Madonna von Vyšehrad

Prag, 1355–60.
Tempera und Gold auf Tannenholz, mit Leinwand bezogen; H. 66 cm, B. 54 cm.
Provenienz: Prag, wahrscheinlich aus der ehemaligen Spitalkirche Maria in der Demut unterhalb des Vyšehrad. – Prag, Königliches Stiftskapitel St. Peter und Paul. – Seit 1988 in der Nationalgalerie Prag.
Prag-Vyšehrad, Královská kolegiátní kapitula sv. Petra a Pavla na Vyšehradě, als Leihgabe in der Národní galerii v Praze, Inv.-Nr. VO 791.

Nicht als Himmelskönigin, sondern ganz ohne Hoheitsmotive wie Krone, Thron oder Goldgrund wird hier die Gottesmutter mit dem Jesuskind als Madonna dell'Umiltà (Madonna der Demut) auf einer Blumenwiese vor dunkelblauem Hintergrund gezeigt. Dieser in Italien entstandene Bildtypus verdeutlicht im Gegensatz zu der majestätisch thronenden Maria durch das Sitzen direkt auf dem Erdboden oder nur auf einem Kissen die Demut Marias, mit der sie sich im Augenblick der Verkündigung Gottes Willen gefügt hat: „Ecce ancilla Domini" („Ich bin

9.2

9 ✻ Prag – Hauptstadt des Reichs **421**

[wörtlich: sieh mich,] die Magd Gottes"; Lk 1,38). Die Idee könnte auf Bilderfindungen des innovativen sienesischen Malers Simone Martini zurückgehen. Von seiner Hand stammt die älteste bekannte Darstellung des Themas, ein Fresko über dem Portal der Kathedrale in Avignon (zwischen 1340 und 1343). Größte motivische Ähnlichkeit besitzt unsere Tafel mit süditalienischen, v.a. neapolitanischen Rezeptionen, die das Thema um den byzantinischen Typus der stillenden Gottesmutter und Hinweise auf das apokalyptische Weib wie die Mondsichel und 12 Sterne um Marias Haupt erweitern.[1]

Die Frage nach dem originalen Aufstellungsort und damit nach dem Auftraggeber des Bildes ist nicht ganz geklärt. Seit dem Ende des 14. Jahrhunderts ist es in der Kirche des königlichen Kollegiatskapitels St. Peter und Paul auf dem Vyšehrad nachgewiesen;[2] aufgrund seines Themas könnte es aber für die ehemalige Spitalkirche St. Maria de humilitate in Prag geschaffen worden sein. Damit wäre das Bild eine Stiftung des späteren Erzbischofs Johann Očko von Vlašim, der das Marienspital am Fuß des Vyšehrad von 1352–64 erbauen ließ.

Denkbar ist aber auch, dass die Tafel auf persönliche Initiative von Karl IV. von vornherein für St. Peter und Paul auf dem Vyšehrad gefertigt wurde. Die Stiftskirche, Verehrungsstätte der Přemyslidischen Dynastie, stand in enger Beziehung zum Kaiserhof.[3]

In jedem Fall ist das Bild im Kontext zu dem vom Kaiser geförderten Marienkult in Böhmen zu sehen. Zweifellos dürfte Karl das Fresko Simone Martinis während seiner beiden Aufenthalte in Avignon in den frühen 1340er Jahren kennengelernt haben. Davon inspiriert, könnte er einen italienischen, vielleicht über den neapolitanischen Hof vermittelten Künstler beauftragt haben, für Prag ein solches, heute verlorenes Bild der demütigen Maria zu malen. Dieses diente dann als Vorlage für weitere böhmische Varianten (vgl. auch die am Prager Hof hergestellten Kopien von römischen Kultbildern wie Volto Santo und Madonna Ara Coeli, Kat.-Nr. 7.3).[4]

Stilistisch verrät die Vyšehrader Madonna noch das Studium italienischer Vorbilder, etwa durch die detailreiche Darstellung des kostbaren Brokatgewandes des Jesuskindes. Durch die weiche Modellierung des Marienkörpers und die Verwendung der scheinbar selbst leuchtenden Farben lässt das Gemälde auch an die Werke Meister Theoderichs denken.

Jenny Wischnewsky

LITERATUR
MATĚJČEK/PEŠINA 1950, 50f., Nr. 23, Taf. 49–50. – FAJT 1998/I, 257, 506. – Ausst.-Kat. Prag 2006, 44, 56, 476, Abb. II.6. – CHLUMSKÁ 2006, 26–28. – WILLIAMSON 2009, 86–111, Farbtaf. VII.

FUSSNOTEN
1 WILLIAMSON 2009, 96f.
2 Die Tafel ist oben und unten beschnitten sowie mehrfach übermalt. Sie wird ergänzt durch eine silberne und vergoldete Tafel als Abdeckung. Diese ist mit getriebenen Wappen verziert, dem Reichswappen, den Wappen des Königreichs Böhmen und des Wyschehrader Kapitels, und enthält eine Aussparung für die Figuren des Gemäldes. Vermutlich wurde die Bedeckung vom Wyschehrader Propst Wenzel Králík von Buřenice 1397 in Auftrag gegeben. Dazu ROYT 2009, 390, Abb. 4.
3 Die Kirche galt als Sitz des Begründers der Dynastie Přemysl der Pflüger; hier waren einige bedeutende Vertreter der Familie begraben. Um seine přemyslidische Abstammung zu betonen, band Karl in dem von ihm verfassten Krönungsordo die Kirche in den Prozessionsweg am Vorabend des Krönungstages als bedeutende Station ein.
4 In Böhmen sind zwei weitere Beispiele dieses Bildthemas bekannt: die etwas ältere Tafel der Madonna dell'Umiltà (um 1350) ehemals in der Londoner Sammlung Asscher and Welker, im 2. Weltkrieg verschollen (Ausst.-Kat. Prag 2006, Abb. II.12), und eine Miniatur aus dem Brevier des Raigener Probstes Vítek, R394, fol. Vv, (um 1360), Brünn, Moravská zemská knihovna (WILLIAMSON 2009, Abb. 19). Anscheinend fand das Thema unter Karls Nachfolgern keine größere Beachtung mehr.

9.3.a–d Reliquien des hl. Eligius, Bischof von Noyon

a. Reliquiar für die Mitra des hl. Eligius
Paris / Prag, nach 1378. Geschenk Karls IV. an die Prager Goldschmiede.
Silber, vergoldet, graviert, ursprüngliche Kristallplättchen, neuzeitliches Glas und roter Baumwollrips; innen Leinenfutter aus dem 16.–18. Jahrhundert; H. 32,5 cm; Ständer H. 25,5 cm, B. 20 cm.
Gravierte Inschrift: „Anno domini M. CCC.LXXVIII. Infula. S[an]c[t]i. Eligii. Apportata. Est .per. Serenissimu[m] p[rin]cipem at[que] d[ominu]m d[ominu]m Karolum. Quartum, Romanor[um] imp[er]atorem [semper augustum et] Bo[h]em[ie] regem, donatam ei a domino Karolo rege Franci[a] e, que nobis aurifabris Pragen[sibus] per ip[s]um d[omi]n[u]m n[ost]r[u]m imp[er]atorem data est et donata ex gra[ci]a sp[eci]ali. (Im Jahre des Herrn 1378 wurde die Mitra des heiligen Eligius durch den erhabensten Fürsten und Herrn, Herrn Karl IV., Kaiser der Römer [und] König Böhmens, herbeigebracht, welche ihm von Herrn Karl, König Frankreichs, übergeben wurde, und welche uns, den Prager Goldschmieden durch ihn selbst, unseren Herrn Kaiser, gegeben und geschenkt wurde, aus besonderer Gnade.)".
Provenienz: 1378 Goldschmiedezunft der Prager Altstadt. – 1851 Gremium der Prager Goldschmiede, Silberschmiede und Juweliere. – 1876 Depositum im Landesmuseum Prag. – 1946 Teil der Sammlung des Nationalmuseums. – 1898 Entnahme der grünen Haube; Textilien aus dem 17.–18. Jahrhundert wurden belassen.
Prag, Národní muzeum, Inv.-Nr. H2-60 701.

9.3.c

Es handelt sich um ein so genanntes sprechendes Reliquiar, ein Ostensorium mit Kristallfensterchen, maßgefertigt für die Bischofsmitra. Für die Silhouette des Spitzbogens mit Krabben und Wimpergen existiert ebenso wie für die Gliederung der Fensterchen eine Analogie in zwei Textilmitren Pariser Herkunft: Erstens in der gemalten Architektur auf der Seidenmitra aus der Sainte-Chapelle von 1365–70, zweitens in der Stickerei auf der Mitra der Augustiner.[1] Eine einzigartige Lösung stellen die Fensterchen mit dem Maßwerk im Flamboyant-Stil an den nach innen gewandten Seiten der Schilde oder „Hörner" (cornua) des Reliquiars dar.

Im Schatzinventar von 1680 verzeichnete der Kreuzherr Jan Beckovský die Originalmitra mit den Worten: „Weißer geblümter Damast, aus dem die Inful auf traditionelle einfache Weise gemacht ist", und die von den Goldschmieden „mit rotem Taffet geschmückt" wurde. Karl IV. hatte von seiner letzten Reise nach Frankreich mindestens zwei Textilien mitgebracht: die weiße Mitra, die nicht erhalten ist, und die grüne Haube des hl. Eligius, des Patrons der Goldschmiede. Am 27.–28. Dezember 1377 besuchte der Kaiser in der Kathedrale von Noyon das Grab des Heiligen, an dem einige Sekundär- oder Berührungsreliquien verehrt wurden, besonders die bischöfliche Mitra, eine Stola, Ringe, ein Kelch und ein Beutel.

Beckovský zufolge übergab Karl die Reliquie am Tag der Translation des hl. Eligius, dem 25. Juni 1378, auf der Prager Burg den Altmeistern der Goldschmiedezunft. Wahrscheinlich wollten die Meister dem sterbenden Kaiser die Reliquie bald präsentieren, sodass dieser prestigeträchtige Auftrag von einem der Zunftvorsteher übernommen wurde. Das Reliquiar für die Mitra ist anatomisch geformt, daher wurde es bei den jährlichen Weisungen den Wallfahrern auf den Kopf gesetzt, um Schutz und Gesundheit für sie zu erbitten. Die abgebrochenen Krabben zu beiden Seiten des Reliquiars und der Abrieb der Vergoldung sind auf die langjährige Verwendung zurückzuführen, da das Objekt mit beiden Händen an den Seiten gehalten wurde. Eine ähnliche Votivfunktion besaßen auch die Reliquiare für die Mitra des hl. Nicasius in Dubrovnik und für die Haube der hl. Birgitta von Schweden.

Die Existenz eines Sockels für diese Mitra ist nicht ausgeschlossen; sie wird in den Quellen aber nicht erwähnt und das überlieferte Renaissance-Futteral rechnet nicht damit. Die Reliquien des hl. Eligius dienen als Datum post quem für die Datierung des Patroziniums der Goldschmiedezunft und prägten nach 1420 auch die Weihe ihrer Altstädter Kapelle.

Dana Stehlíková

LITERATUR
BECKOVSKÝ 1700, I, 596–601. – TEIGE 1910–15, I/1, 387.– TUMPACH/PODLAHA IV (1932), 758–760. – BRAUN 1940, 530. – STEHLÍKOVÁ/MÁDL u. a. 1999. – STARÁ 1989, 75, Kat.-Nr. 218. – Ausst.-Kat. New York 2005, 197, Kat.-Nr. 62 (Dana STEHLÍKOVÁ). – Ausst.-Kat. Prag 2006, 245f., Kat.-Nr. 81 (STEHLÍKOVÁ, mit Bibliografie). – STEHLÍKOVÁ 2006, 175–178.

FUSSNOTEN
1 Ausst.-Kat. Paris 2001, 210–214, Kat.-Nr. 57 und 58 (Viviane HUCHARD).

b. Haube des hl. Eligius

Spanien oder Frankreich, 2. V. 14. Jh.
Seidensamt mit geschnittenem Dekor, Stickerei mit verschiedenfarbigem Wollgarn; H. 16,5 cm, B. 16 cm.
Provenienz: 1378 Goldschmiedezunft der Prager Altstadt. – 1851 Gremium der Prager Goldschmiede, Silberschmiede und Juweliere. – 1876 Prag, Depositum im Landesmuseum. – 1946

9.3.b

9.3.c

Prag, Sammlung des Nationalmuseums. – 1898 selbstständige Ausstellung.
Prag, Národní muzeum, Inv.-Nr. H2-60714.

Dem Schnitt nach handelt es sich um eine anliegende, die Ohren bedeckende Haube, deren Borten sich ursprünglich zu Schnüren auswuchsen, die unter dem Kinn zusammengebunden wurden. Auch das Material und die moosgrüne Farbe erinnern an den praktischen weltlichen Zweck der Haube, die wohl die Zugehörigkeit zum Goldschmiedeberuf symbolisieren sollte. Entsprechende Kopfbedeckungen tragen Eligius und seine Gesellen bei der Arbeit auf Taddeo Gaddis Gemälde der Berufung des hl. Eligius aus der Goldschmiedewerkstatt an den Königshof (Florenz, 1360, heute Madrid, Prado).

Die Reliquie hatte Kaiser Karl IV. vermutlich in der Kathedrale von Noyon in Frankreich gemeinsam mit der Mitra erhalten. Es handelt sich nicht um das Futteral der Mitra, wie wir noch bei der Untersuchung 2006 fälschlich vermutet haben,[1] sondern dies war erst ihr sekundärer Zweck. Das Inventar des Zunftschatzes von 1680 beschreibt sie korrekt: „Seidenhaube von grüner Farbe, in Silber gefasst, die der hl. Eligius auf seinem Haupt trug, auf deren Silberzier an einer Seite das Wort MITRA und auf der anderen Seite S:ELIGII zu lesen ist".[2]

Das erwähnte flache, dreiseitige Silberkästchen mit durchgeschlagenem Ornament fertigten die Goldschmiede vor 1680 für die Reliquie an. Ein zweites ähnliches Kästchen entstand für die nicht überlieferte Reliquie der Mitra, denn die Goldschmiede benötigten für ihre Zunftmeister zwei Reliquiarbüsten. Bei der Untersuchung im Jahr 1898 öffneten der Goldschmied František Hašek und die Kunsthistoriker Eduard Šittler und Antonín Podlaha das Kästchen und ersetzten die darin befindliche Haube durch roten Baumwollsamt.[3]

Dana Stehlíková

LITERATUR
BECKOVSKÝ 1700, I/1, 596f. – TEIGE 1910, 387. – STEHLÍKOVÁ 2006, 179.

FUSSNOTEN
1 STEHLÍKOVÁ 2006, 178.
2 TEIGE 1910, 387.
3 Handschrift des Untersuchungsprotokolls 1898; Archiv Národního muzea, registratura sbírek NM.

c. Brustbeutel des hl. Eligius mit Reliquien

Gewebe: Frankreich. Arbeit: Prag, 2. H. 14. Jh. Pergament: Rom 1378–89. Siegel: 14. und 16. Jahrhundert.
Beutel: roter Seidensamt, Leinwand, Silberfäden; Borten und Schnurreste: Seide mit Goldlamellen (Cannetille); Tinte auf Pergament (Blatt einer französischen Handschrift, sekundär als Unterfutter verwendet); Naturwachs (Bruchstücke des päpstlichen Agnus Dei-Siegels) und rot gefärbtes Wachs (Ende 16. Jh.); Reliquien von 13 Heiligen mit Pergamentauthentiken aus dem 14. Jahrhundert; H. 9,5 cm, B. 9 cm, St. 1 cm.
Provenienz: 1378 Goldschmiedezunft der Prager Altstadt. – 1851 Gremium der Prager Goldschmiede, Silberschmiede und Juweliere. – 1876 Prag, Depositum im Landesmuseum. – 1946 Prag, Sammlung des Nationalmuseums. – 2005 selbstständige Ausstellung.
Prag, Národní muzeum, Inv.-Nr. H2-60705/2-16.

Der dreilagige Beutel ist mit Leinwand und dem Fragment einer Pergamenturkunde über Provisionen Papst Urbans VI. aus den Jahren 1378–89 gefüttert. Die Lasche wird mit einem Ösenknopf geschlossen. Ähnliche Beutel befinden sich in den Kirchenschätzen in Maastricht und Andechs sowie in der Eremitage in Sankt Petersburg.

Die Anzahl der Reliquien in diesem Beutel wurde vermutlich unter Wahrung der Futterale sekundär reduziert. Zweimal wurde der Beutel versiegelt, wobei sich von dem älteren Siegel nur Spuren erhalten haben. Bei dem zweiten Siegel handelte es sich um ein rotes Wappensiegel mit den Initialen CW mit Marke und der Halbfigur eines Mannes mit Pokal; im Kleinod finden sich Helm und Pokal (vielleicht dem Zunftmeister Caspar Wild vom Ende des 16. Jahrhunderts zuzuordnen).

Nach der Ouen-Legende trug der hl. Eligius den Beutel auf der Brust. Er gehört zu den vier persönlichen Gegenständen dieses Heiligen, die in Noyon verehrt wurden. Bischof Ouen (Audin) von Rouen (um 600–84) folgte Eligius im Amt nach, sein Bericht über die lokale Verehrung der Objekte stammt also von einem Augenzeugen. In der neufranzösischen Version der Legende wird der Begriff allerdings mit Münzbeutel (aumonière) – in diesem Fall symbolisiert er die Position des Eligius als königlicher Münz- und Schatzmeister – oder allgemein mit Brustbeutel (gibecière) übersetzt.[1] Dort wird auch beschrieben, wie sehr der Heilige prächtige Gewänder und mit Goldfäden durchzogene und bestickte Gewebe liebte. Die Füllung des Beutels mit Reliquien verleiht ihm die Bedeutung eines Skapuliers.

Das Beutelgewebe und der Schnurrest verraten trotz ihrer Abnutzung ein Luxusprodukt. Wie das eingenähte Pergamentfutter verrät, kann es allerdings nicht von Karl IV. erworben worden sein, da es erst nach 1389 angefertigt wurde. Im 17. Jahrhundert entstand das flache quadratische Silberkästchen mit den durchgeschlagenen Initialen Mariens und Christi, das mit Hilfe von Nieten verschlossen und an einem Band oder einer Kette getragen wurde.

Bei der Untersuchung im Jahr 2005 wurde der Inhalt des Beutels entnommen. Die 13 Reliquien bzw. Futterale waren zum Teil noch eingewickelt, zum Teil jedoch durch die ältere Untersuchung gestört worden. Folgende Reliquien konnten noch identifiziert werden: Teile vom Mantel Mariens, vom Schuh der Maria Magdalena, vom Mantel der Maria Magdalena, hl. Andreas, hl. Georg, drei Reliquien aus dem Gefolge der 11.000 Jungfrauen der hl. Ursula, davon eine mit dem Namen der hl. Bargaria versehen, fünf Fragmente ohne Beschriftungen. Ein Futteral mit gerollter Beschriftung blieb als Beispiel für den ursprünglichen Zustand unangetastet. In einem Leinensäckchen befanden sich Bruchstücke eines runden, beidseitigen päpstlichen Siegels aus weißem Wachs mit Resten des Lamms Gottes mit Vexillum im Relief und Schriftfragmenten, dem sog. Agnus Dei, ein Pilgerandenken mit Passionsbezug aus Rom.

Alle Reliquien lassen sich aufgrund der Gewebe und der einheitlichen Schrift auf den Zeitraum zwischen der zweite Hälfte des 14. und der Mitte des 15. Jahrhunderts datieren. Bedeutsam ist besonders der Kult der drei namentlich bekannten Heiligen aus dem Gefolge der 11.000 Jungfrauen der hl. Ursula, d. h. der hll. Bargeria, Christicola und Justina, denen in Prag eine Wallfahrtskapelle bei den Augustinereremiten an der Kirche St. Thomas auf der Kleinseite geweiht war. Ihr Festtag wurde am 25. Juni begangen, ebenso wie der Tag des hl. Eligius.[2] Daher sehen wir in diesen drei Reliquien eine Erinnerung daran, dass die Kleinseitner Goldschmiede sich in der genannten Kirche in ebendieser Kapelle versammelten. Nach dem in der Urkunde von 1593 zitierten Privileg[3] durften die Goldschmiede ihren Patron mit einem Jahresgottesdienst in jeder beliebigen Kirche an jedem beliebigen Altar feiern.

Der Kult der Maria Magdalena ist schwerer zu deuten. Der Legende zufolge sind die abgelegten Gewänder und Schuhe Belege ihres bußfertigen Einsiedlertums. Die Verehrung wurde beispielsweise mit dem Prager Erzbischof Ernst von Pardubitz (Siegel) und der Prager Kathedrale, mit dem Kloster der Magdalenerinnen oder mit Burg Karlstein in Verbindung gebracht.

Das Material der Reliquie vom Mantel Mariens ist bisher nicht untersucht worden. Möglicherweise wurde sie den Goldschmieden von Karl IV. geschenkt.

Dana Stehlíková

LITERATUR
STEHLÍKOVÁ 2006, 179–183.

FUSSNOTEN
1 BARTHELÉMY/OUEN 1847, 343f.
2 KADLEC 1985, 419.
3 TEIGE 1910, 387.

---

d. Reif des hl. Eligius, sog. Manipel
Prag, 14.–15. Jahrhundert.
Kupfer vergoldet, polierter Kristall, zum Teil mit Leder und Blech unterlegt, Fassungen abgebrochen; Dm. 11,5 cm, H. Ringkopf 8,2 cm, Kristall 6 x 4,2 cm.
Provenienz: 1378 Goldschmiedezunft der Prager Altstadt. – 1851 Gremium der Prager Goldschmiede, Silberschmiede und Juweliere. – 1876 Prag, Depositum im Landesmuseum. – 1946 Prag, Sammlung des Nationalmuseums.
Prag, Národní muzeum, Inv.-Nr. H2-60707.

Das Inventar von 1593 beleuchtet Ursprung und Zweck des Reifs: „Ein großer vergoldeter Kupferring, den dieser hl. Bischof bei den Gottesdiensten nicht am Finger, sondern am linken Arm anstelle des Manipels trug. In diesen Ring ist ein Kristall so groß wie ein Hühnerei eingefasst und darunter ein grünes Plättchen eingesetzt, das durch seine grüne Farbe die Klarheit des Kristalls ins Grüne verwandelt".

Nach dem Kommentar zur Ouen-Legende waren mehrere Ringe überliefert;[1] von den drei Goldringen mit Edelsteinen wurde der bedeutendste der hl. Godeberta, einer Jüngerin des Eligius, geschenkt. Der Manipel (mappula) diente bei den Römern ursprünglich als Distinktionsmittel höherer Gesellschaftsschichten, seit dem 6. Jahrhundert aber bereits auch als Insigne des Priesters beim Gottesdienst – ein Stoffstreifen, der über dem linken Unterarm getragen wird und ursprünglich zum Trocknen des Schweißes dient, damit dieser nicht die hl. Gefäße benetzt. Als Reliquie des hl. Ulrich ist er aus dem 11. Jahrhundert in Andechs überliefert.[2] Für den hl. Hugo von Grenoble († 1132) befindet er sich zusammen mit dem Ornat bei den Kartäusern in La Valsainte, und aus dem 15. Jahrhundert existiert der Manipel des hl. Adalrich in Einsiedeln. Einen Manipel als Armreif in Form eines Rings am linken Unterarm trug 1294 Papst Bonifaz VIII. bei der Krönung. Entsprechende Abbildungen tauchen in der mitteleuropäischen Malerei und Plastik der Spätgotik und Renaissance auf und verschwinden dann wieder. Ein Ring findet sich auch auf dem Siegel der Goldschmiedezunft in Dresden, wo ihn der hl. Eligius um den Hals trägt. Von den Prager Exemplaren unterscheidet er sich durch den hohen pyramidenförmigen Stein. Ringe als Votivgaben für das Armreliquiar des hl. Eligius sind in den Inventaren der Eligius-Reliquien der Kathedrale in Noyon für die Jahre 1402–1650 vermerkt, aber die Originale fielen den Unruhen der Französischen Revolution nach zum Opfer.

In tschechischen Sammlungen haben sich zwei Exemplare erhalten, die über nahezu identische Maße verfügen; beide wurden aus Kupferblech geschnitten und besitzen einen Durchmesser von 9,2 cm. Der Reif aus dem Schatz der Altstädter Goldschmiedezunft in der Sammlung des Nationalmuseums ist schwach vergoldet. In die ovale Fassung mit konkav gebogener Manschette ist ein ovaler Kristall in Form eines polierten Cabochons eingesetzt, der ursprünglich von vier Klammern aus gelötetem Draht gehalten wurde; diese sind sekundär gebrochen. Die Form der Fassung und des Steins erinnert an Ringe des 13. bis 14. Jahrhunderts, die handwerkliche Ausführung des Kristallschliffs ist von guter Qualität, die Fassung dagegen grob. Einen ähnlich rustikalen Charakter besitzt der zweite Ring im Kunstgewerbemuseum in Prag, der sich nur dadurch unterscheidet, dass er nicht vergoldet ist und seine Fassung nicht so hohe Klammern besitzt.

Die Funktion des Metallmanipels wurde in den böhmischen Zunftarchivalien nicht vermerkt. Vergleichbare Zunftreife existieren in Polen. Es handelt sich wahrscheinlich um ein Verifizierungszeichen, mit dem der Zunftgehilfe sich auswies, wenn er die Meister zur Versammlung lud.

Dana Stehlíková

LITERATUR
STARÁ 1989, 75, Kat.-Nr. 220. – STEHLÍKOVÁ 2006, 189–191.

FUSSNOTEN
1 BARTHELÉMY/OUEN 1847, 444.
2 RÜCKERT 1967.

9.4.a–b Tonform mit Frauenantlitz und ihr Abdruck

Freiburg, um 1350–60; Abdruck neuzeitlich.
Gebrannter Ton; a. (Model) H. 17,5 cm, B. 14,5 cm, T. 7,5 cm; b. (Abdruck) H. 16,5 cm, B. 14,2 cm, T. 7 cm.
Provenienz: 1927–28 Form beim Abriss des Hauses Kaiserstraße 36 (heute Kaiser-Joseph-Straße 170) gefunden. – 1928 vom Geschäftsmann Josef Schiffmann dem Augustinermuseum in Freiburg geschenkt.
Freiburg, Städtische Museen, Augustinermuseum, Inv.-Nr. K 27/017.a–b.

Der aus der mittelalterlichen Hohlform gewonnene moderne Abdruck zeigt ein Frauengesicht mit länglich-ovaler Kopfform, das von in Wellen gelegten Haarsträhnen im Flachrelief gerahmt wird.[1] Rundliche Wangen, eine leicht gewölbte Stirn sowie ein kugelig hervortretendes Kinn tragen zu einem prall-plastischen Eindruck bei. Die Gesichtszüge heben sich deutlich von der glatten, weich modellierten Oberfläche ab: ein kleiner, lächelnder Mund, eine gerade, übergangslos in die Stirn verlaufende Nase mit markanten Flügeln sowie von gratartigen Brauen überfangene Augenhöhlen, in denen

9.4.a–b

9.5

leicht vortretende, mandelförmige Augen mit scharf gezeichneten Lidern sitzen.

Der dargestellte Gesichtstypus spiegelt ein vermutlich von der französischen Hofkunst beeinflusstes Schönheitsideal wider und zeigt die charakteristischen Merkmale der im Reich etwa um 1350 unter Karl IV. aufkommenden und eng mit den Parlern verbundenen neuen Stilrichtung – eine massig-kompakte Körperlichkeit, große, glatte Oberflächen mit weichen Konturen sowie eine gewisse Vereinfachung der Formen.

Der ursprüngliche Verwendungszweck des Models, der beim Abbruch eines Hauses im mittelalterlichen Stadtzentrum Freiburgs entdeckt wurde,[2] ist nicht belegt. Aufgrund der stilistischen Verwandtschaft mit Skulpturen (Chorportale, Sakristei, Langhausstreben) aus der ab 1359 offiziell von Meister Johann (Parler) von Gmünd geleiteten Freiburger Münsterbauhütte ist seine Entstehung und Nutzung in deren unmittelbarem Umfeld anzunehmen.

Model ermöglichen durch Abdruck- oder Abgussverfahren die schnelle und einfache Übernahme und Vervielfältigung vorbildhafter Formen oder Motive und erleichtern so deren Verbreitung. Material und Format der Freiburger Tonform ließen bereits einen prägenden Einfluss speziell auf lokale kunsthandwerkliche Erzeugnisse vermuten.[3] Doch auch darüber hinaus können der Model bzw. seine Patrizen als dreidimensionale Vermittlungsmedien gedient und zur Ausbreitung und Etablierung des wiedergegebenen Gesichtstypus innerhalb der frühen parlerzeitlichen Skulptur beigetragen haben – besser, als dies durch einfache Skizzen oder wandernde Bildhauer möglich gewesen wäre. Das vollplastische und präzise gezeichnete Gesicht steht in scharfem Kontrast zu den eher schematisch im ebenen Flachrelief modellierten Haaren, die es – gewissermaßen als Platzhalter für eine voll ausgearbeitete Frisur – rahmen. Offensichtlich ging es darum, eine Mustervorlage allein für den Gesichtstypus zu schaffen. Für die formelhafte Anlage der Tonform spricht auch die starre Frontalität der Darstellung.

Der stilbildende Charakter des dem Freiburger Model zugrundeliegenden Urbilds zeigt sich mit Blick auf vergleichbare Skulpturen desselben Gesichtstypus, wie sie in der Zeit um 1360 am Oberrhein zu finden sind, etwa die Trumeaufigur und einige Gewändefiguren von Saint-Thiébaut im elsässischen Thann. Der Einfluss des Urbilds blieb aber nicht auf diese Region beschränkt.

Eva Maria Breisig

LITERATUR
Ausst.-Kat. Freiburg 1970, 116, Kat.-Nr. 120. – Ausst.-Kat. Köln 1978, I, 302 (Dietmar LÜDKE). – SUCKALE 1993, 165, 167. – SUCKALE 2004, 200f. – FAJT/HÖRSCH 2006/II, 368, 372, Abb. V.16. – BREISIG 2016.

FUSSNOTEN
1 Der Abdruck wurde vermutlich vor 1970 für die Ausstellung „Kunstepochen der Stadt Freiburg" gefertigt.
2 Der Model wurde 1927/28 beim Abbruch des Hauses Kaiserstraße 36 (heute Kaiser-Joseph-Straße 170) im Mauerwerk gefunden und gelangte 1928 als Schenkung des Kaufmanns Josef Schiffmann ins Augustinermuseum in Freiburg.
3 Ausst.-Kat. Köln 1978, I, 302 (Dietmar LÜDKE).

9.5 Madonna aus dem Dominikanerinnenkloster St-Louis in Poissy

Paris, 1300–10.
Buchsbaum mit Fassungsresten;
H. 49,2 cm, B. 14,8 cm, T. 11 cm.
Provenienz: Wahrscheinlich aus dem Dominikanerinnenkloster Saint-Louis in Poissy. – Sammlung Mayer van den Bergh.
Antwerpen, Museum Mayer van den Bergh, Inv.-Nr. MMB.0210.

Die Statuette vertritt einen der beliebtesten Typen französischer Madonnen: Maria hält das nackte Kind auf dem linken Unterarm, wobei sein Unterkörper und seine Beine von ihrem Schleier umfangen werden; der andere Teil des Schleiers ist eng über die Brust gezogen, so dass vielfältige, quer verlaufende Zugfalten entstehen, die den Körper Marias nicht vollkommen verhüllen und zugleich auf das Kind verweisen. Darunter sieht man, etwa ab Hüfthöhe, die senkrecht nach unten fallenden Falten des Kleides, die sich am Boden über den Füßen stauen. In der Rechten hielt Maria ein Lilienzepter. Auffällig ist, wie intensiv sie das aufrecht sitzende Kind, das in der Rechten ein Buch hält, anblickt. Der Typus wurde z. B. durch eine vermutlich für eine Würzburger Kirche geschaffene Madonna (vgl. Kat.-Nr. 9.6) bzw. deren Bildhauer nach Mitteleuropa vermittelt.

Allein die Tatsache, dass die Figur diesen Typus so fein und künstlerisch durchdacht wiedergibt, spricht gegen die alte Hypothese, es handle sich um eine Fälschung. Dieser Verdacht beruhte z. B. auf Peter Blochs Ausdeutung der letztlich sehr unspezifischen Mitteilung des Jan Brom, Sammler und Goldschmied in Utrecht, an die Mutter des Sammlers Mayer van den Bergh aus dem Jahre 1906, in der Brom über den Schnitzer Nikolaus Elscheidt mitteilt: „Zuerst sagte er [= Elscheidt; Einfügung M. H.], dass sie [= eine Madonna aus Buchs, viel kleiner als die Ihre, aber ferner von der gleichen Pose, der gleichen Gewandgestaltung und dem gleichen Ausdruck; Einschub M. H.] alt sei, aber später gestand er das Gegenteil, zudem ausführend, dass er davon schon viele gemacht habe, so und große in Buchs, die als alt verkauft worden waren. Außerdem habe ich einen Gipsabguss der Statue in Ihrem Besitz, und ich weiß noch mehrere andere Madonnen Elscheids, auch von allen anderen Modellen, aber alle im selben Stil und in derselben Weise exzellent gearbeitet ..."[1] Zum einen ist ist diese Aussage zumindest in einem juristischen Sinne zu unspezifisch, als dass man sie auf jene „einzige" Buchsmadonna beziehen könnte, die Bloch in der Sammlung Mayer van den Bergh ausmachen konnte, nämlich die aus Poissy. Zum andern müsste dieselbe stilkritisch präzise Methode, die man bei mittelalterlichen Werken verlangen darf, auch auf die vermeintlich nachgemachten angewandt werden. Der Vergleich mit den übrigen Elscheidt'schen oder diesem zumindest zugeschriebenen neogotischen Skulpturen[2] zeigt keine große stilistische Ähnlichkeit; und die einst in Broms Besitz befindlichen Stücke kommen darunter nicht vor.

Bloch war nun der Meinung, dass Elscheidt nach seiner ganzen, eher offenlegenden Vorgehensweise kein Fälscher im böswilligen Sinne des Wortes gewesen sei, sondern eher ein nachschöpfender „Neugotiker".[3] Was sonst als ein Betrüger aber sollte er gewesen sein, hätte er tatsächlich – wider besseres Wissen – auf der Rückseite der Antwerpener Figur das (zumindest früher) vorhandene Etikett angebracht: „de Ste Vierge en buis XIV siècle abbaye de Poissy"[4]?

Tatsächlich ist ein solches Vorgehen sonst bei Elscheidt nicht nachweisbar; somit scheint das Etikett der Poissy-Madonna zumindest die Überzeugung eines Besitzers des mittleren 19. Jahrhunderts wiederzugeben, dass die Statuette aus dem ehemaligen Dominikanerinnenkonvent St-Louis in Poissy, dem Geburtsort Ludwigs IX. des Heiligen (1214–70), stamme. Ludwigs Enkel, Philipp IV. der Schöne von Frankreich (* 1268, reg. 1285–1314), entschloss sich 1297 zur Gründung des Klosters, dessen Gründungsurkunde 1304 ausgestellt wurde, als wesentliche Teile der Baulichkeiten nach Ansicht der neueren Forschung bereits standen.[5] Anfang des 19. Jahrhunderts wurde die Anlage so gut wie vollständig abgetragen.

Auch Spuren einer Überarbeitung der Statuette wären gewiss deutlich erkennbar, da gerade ihre spezifische Feinheit und Gestaltqualität, die sie ja als einen Prototypen hochgotischer Kunst erscheinen lässt, die Möglichkeiten der akademisch-klassisch gebildeten Bildhauer des 18./19. Jahrhunderts überstieg. Aus künstlerischer Sicht gibt es kein Anzeichen dafür, dass es sich um eine Fälschung handeln könnte – der Gesichtstyp ähnelt vielmehr Skulpturen wie der Statue der Isabelle de France in Poissy.[6] Somit folgen wir der inzwischen wieder

9.6

Werkstoffen, die auch nur kleinere Stücke ermöglichen – bald zu den in höchsten Kreisen geschätzten Kabinettstücken zählten. Den Auftraggebern wird man in den Werkstätten solche Modelle vorgeführt haben, die in ihrer Rafinesse selbstverständlich das Interesse gerade an der künstlerischen Seite solcher religiöser Werke befriedigt haben dürften. Die Madonna von Poissy ist ein Werk dieser Zwitterstellung: einerseits noch verehrtes, aussagekräftiges religiöses Bildwerk (ja sogar dessen inventio), andererseits verfeinerte Kunst, wie sie bei Hofe, auch in Prag, alsbald gesucht war.

Markus Hörsch

LITERATUR
KOSEGARTEN 1964. – MOREAU-RENDU 1968. – DE COO 1969, 136f. – DIDIER 1970. – BLOCH 1977. – Ausst.-Kat. Paris 1998, 87f., Kat.-Nr. 40 (Béatrice de CHANCEL-BARDELOT, Jean-René GABORIT). – SUCKALE 2013, 40–46, 53, Anm. 36. – BRÜCKLE 2016, 126–128.

FUSSNOTEN
1 „D'abord il disait qu'elle [= une Madonna en buis, beaucoup plus petite que la Votre, mais en outre de la même pose, la même draperie et de la même expression, Einfügung M. H.] était ancienne, mais après il avouait le contraire, disant aussi qu'il en avait déjà fait beaucoup ainsi et plus grands en buis, qui avaient été vendu comme ancien. De plus, j'ai une moule de plâtre de la statue en Votre posession et je connais encore plusieurs d'autres Madonnes de Elscheid, aussi de toutes autres modèles, mais toutes dans le même style et travaillé de la même façon excellente ...". Zit. nach BLOCH 1977, 508f.
2 BLOCH 1977, Abb. 1, 3, 5, 6.
3 BLOCH 1977, 513.
4 DE COO 1969, 136f.
5 Ausst.-Kat. Paris 1998, 86.
6 Poissy, Kollegiatskirche Notre-Dame. – Ausst.-Kat. Paris 1998, 87f., Kat.-Nr. 40 (Béatrice de CHANCEL-BARDELOT, Jean-René GABORIT). – Die Steinskulptur der Isabelle ist schlichter gestaltet, zeigt zugleich auch gegenüber der Madonna die modebewusstere Kleidung. Dennoch ähnelt sich gerade die stämmige Struktur der zu Boden gleitenden „Röhren"-Falten.
7 Gutachten Ing. Ivo Světlík, Ph.D., Prag, vom 15. 9. 2016.
8 KOSEGARTEN 1964. – SUCKALE 2013, 40.

9.6 Stehende Muttergottes, wohl aus einer Würzburger Kirche

Französischer Bildhauer, in Prag (?) und Würzburg tätig, Ende der 1340er Jahre.
Sandstein mit Fragmenten der Originalfassung, neuzeitlich überfasst; unter der graugrünen steinfarbenen modernen Fassung zeigen sich Reste polychromer Bemalungen mit vergoldeten Gewandsäumen; H. 127 cm, B. 43 cm, T. 28 cm; linke Hand verloren (aus Zementmörtel ergänzt); sie trug ursprünglich vermutlich ein Zepter. Kleinere Schadstellen im Sockelbereich sind mit Reparaturmörtel ausgebessert.
Provenienz: Höchstwahrscheinlich eine Würzburger Kirche, aus der sie im Zuge von Barockisierungsmaßnahmen abgegeben wurde. Deutschland, Privatbesitz.

Die außergewöhnlich qualitätvolle Skulptur zeigt die für französische Madonnen der Zeit typische Mischung aus sinnlicher Körperlichkeit und stilisierter, kalligrafisch verfeinerter Faltengebung. Maria trägt das nackte Kind auf dem rechten Arm, was in Böhmen oft kopiert wurde, und beugt sich stark nach links, um das Gewicht auszugleichen und um den Sohn anblicken zu können. Es entsteht so eine Überkreuzung der Blickrichtungen, eine Spannung zwischen beiden Personen. Doch wird durch den Schleier Marias auch Zusammenhalt geschaffen, denn sie hat ihn von ihrem Haupt herüber gezogen, um Lenden und Beine des Kindes zu verhüllen.

Die göttliche Natur des Kindes offenbart sich in der Berührung des Mundes: „Am Anfang war das Wort" heißt es am Beginn des Johannes-Evangeliums: Gottes Wort ist also der Beginn der Heilsgeschichte, und Gott ist in diesem Kind „Fleisch geworden", wie es in dem berühmten Bibeltext weiter heißt. Auf diese grundmenschliche Natur Jesu weisen seine Nacktheit und sein Griff an die Saumkante des Kleides hin – Gott ist wahrer Mensch geworden, der auch von seiner Mutter auf natürliche Weise genährt wurde. Das Verhüllen mit dem Schleier hingegen ist ein Vorgriff auf die Passion, genauer das Mitleiden (compassio) der Gottesmutter, die die Blöße Jesu mit ihrem Schleier bedeckte, bevor er ans Kreuz geschlagen wurde.

Den anderen Teil des Schleiers hat Maria vor die Brust gezogen, sodass feine Zugfalten entstehen und, etwa in der Leibesmitte, eine leicht gerundete Saumkante, die in Kontrast zu den darunter sichtbar werdenden, steil nach unten fallenden Falten des Kleides und wohl auch eines zu denkenden Mantels steht. Eine völlige Logik der Gewanddarstellung ist nicht eingehalten, vor allem, weil der Künstler bemüht war, die Stoffe trotz feinst angedeuteter Schichtungen und Säume zugleich dünn und fein zu halten. Vermutlich hat die einst vorhandene Farbfassung hier Akzente gesetzt; es ist aber auch eine weitgehend goldene Fassung denkbar, wie sie bei vielen kostbaren Marienbildern der ersten Hälfte des 14. Jahrhunderts auftritt.

Die Madonna ist ursprünglich höchstwahrscheinlich für eine Würzburger Kirche geschaffen worden und wanderte später, vielleicht aufgrund der überall durchgeführten Barockisierungen, in das wohlhabende Weindorf Nordheim am Main ab, in dem Würzburger geistliche Institutionen begütert waren. Sie ist eine von heute zwei erhaltenen, stilistisch und qualitätsmäßig verwandten Skulpturen, die darauf hindeuten, dass gegen die Jahrhundertmitte ein Bildhauer französischer Herkunft in der fränkischen Bischofsstadt tätig war; seine Bildwerke (das zweite ist die heute im Würzburger Ursulinenkloster befindliche, überlebensgroße Madonna) stehen über dem Durchschnitt der meisten, zahlreich erhaltenen Bildwerke der Region. Mehrfach wurden sie motivisch und stilistisch nachgeahmt.

Der Typus der Madonna findet sich öfters in Frankreich, unter anderem bei der wahrscheinlich aus Poissy stammenden Statuette (vgl. Kat.-Nr. 9.5). Auch nach Prag muss ein solches Bildwerk gelangt sein, ja man kann annehmen, dass der Bildhauer der Nordheimer Madonna zunächst in die böhmische Hauptstadt gerufen wurde, denn hier findet sich zwar kein Werk seiner Hand mehr (was angesichts der großen Verluste wenig verwundert), doch eine auf den ersten Blick ziemlich getreue Rezeption eben dieses Bildtyps, die Madonna vom Altstädter Rathaus (Kat.-Nr. 9.7). Da dies nicht durch eine direkte Kenntnis der vormals Würzburger Skulptur erklärt werden kann (wohl aber, da sich in der Eligius-Kapelle des Wiener Stephansdoms eine weitere Rezeption des Typs findet, was wiederum auf Prag verweist!), ist es ziemlich sicher, dass auch der später in Würzburg greifbare Bildhauer zunächst an den Prager Hof berufen worden war. Dies verwundert wenig, da Karl IV. wie sein Vater Johann dem

vorherrschenden Forschungsmeinung, derzufolge die Madonna von Poissy tatsächlich eines der führenden Werke des beginnenden 14. Jahrhunderts darstellt. Um dies aber weiter zu untermauern, wurde eine Analyse des Werkstücks nach der C14-Methode in Auftrag gegeben.[7] Das Ergebnis ist, dass für das Holz ein Alter von 703 ± 35 Jahren ermittelt wurde, d. h. ein primär wahrscheinlicher Entstehungszeitraum des Buchsbaums zwischen 1256 und 1316. Für das Kunstwerk bedeutet dies, dass die Datierung der Kunsthistoriker recht genau zutreffen dürfte, auch wenn (oder gerade weil) diese eher am Ende des bestimmten Zeitraums liegt.

Robert Suckale vermutete, Forschungen von Antje Kosegarten aufgreifend, in der heute in Antwerpen aufbewahrten Statuette das aus hartem Buchsbaumholz für den Werkstattgebrauch gefertigte Urbild des offenkundig sehr erfolgreichen Figurentyps.[8] Dies schließt nicht aus, dass Figuren aus diesem raren Material – Buchsbaum gehört wegen des langsamen Wachstums und der Empfindlichkeit der Sträucher, aber auch wegen seiner Härte und des dunklen Farbtons zu den eher selten verwendeten

9.7

französischen Milieu entstammte und beide westliche Künstler in ihre Hauptstadt zogen (vgl. das Haus zur Steinernen Glocke, Kat.-Nr. 3.9).

Vermutlich kam der Bildhauer durch Karls direkte Vermittlung nach Würzburg: Auch die Besetzung dieses Bischofsstuhls war dem König ein zentrales Anliegen, da dieses geistliche Fürstentum eine zentrale Position im Reich einnahm, insbesondere auf dem Weg von Prag in den Westen, in die luxemburgischen Stammlande wie in die politisch und symbolisch so bedeutsamen Reichsstädte Frankfurt am Main (Wahlort) und Aachen (Krönungsort). Ohne den persönlichen Einsatz König Karls IV. hätte sich der neue Bischof Albrecht II. von Hohenlohe (gewählt 1345, im Amt 1349–72) nicht gegen Albrecht I. von Hohenberg (amt. 1345–49) durchsetzen können. Letzterer hatte lange in diplomatischen Diensten Kaiser Ludwigs IV. gestanden, war 1340 dessen Kanzler geworden, dann aber von der Kurie in Avignon abgeworben, dort Kaplan und schließlich von Papst Clemens VI. 1345 mit dem Bistum Würzburg providiert worden. Albrecht II. hingegen suchte Unterstützung beim Mainzer Erzbischof, brachte die Würzburger Klöster auf seine Linie und stand ebenfalls zunächst unter dem Schutz Ludwigs des Bayern. Unmittelbar nach der Wahl Karls von Luxemburg zum Gegenkönig wechselte er die Seiten und blieb nun einer seiner treuesten Anhänger. Karl unterstützte Würzburg und Albrecht II. mit Schutzbriefen und stärkte – wie es auch später sehr häufig der Fall war – die geistliche Gerichtsbarkeit in Stadt und Land gegen etwaige Freiheiten, vor allem der Stadt Würzburg. Endgültige Handlungsfreiheit erreichte Albrecht II. nach der Anerkennung durch Papst Clemens VI., die Karl persönlich in Avignon betrieben hatte, und der Weihe zum Bischof 1351. Somit liegt, angesichts des sonstigen Vorgehens Karls, auch in Würzburg ein direktes „kunstpolitisches" Einwirken des Königs nahe.

Markus Hörsch

LITERATUR
MADER 1911, 35. – PINDER 1911. – DIDIER 1970, 48–72. – SCHULTES 1984, 41–66, bes. 59f. – SUCKALE 1993/I, 205, Anm. 115. – BOEHM 2001, 15–31. – FAJT 2004, 207–220. – HÖRSCH 2006/I. – Ausst.-Kat. Prag 2006, 104, Kat.-Nr. 19 (Markus HÖRSCH).

9.7 Stehende Muttergottes vom Altstädter Rathaus in Prag

Prag, gegen 1365.
Sandstein, Farbfassung nicht erhalten; H. 154 cm;
Marias linker Unterarm, der rechte Arm und das Gesicht des Jesuskindes fehlen.
Provenienz: Prag, Altstädter Rathaus, Außenwand der Kapelle, Konsole an der Südostecke.
Prag, Muzeum hlavního města Prahy, Inv.-Nr. H 041 274.

Die Madonnenstatue ist eine freie Variation des Typs der Nordheimer Madonna (Kat.-Nr. 9.6), die den französischen Typus der Madonna von Poissy (Kat.-Nr. 9.5) in Mitteleuropa vertritt. Zwar trägt die Nordheimer Maria das Kind bereits auf dem rechten Unterarm, wie es in Böhmen sehr häufig der Fall ist, doch bleibt sie dem französischen Stil noch eng verbunden. Die Figur vom Altstädter Rathaus greift die Motivik wiederum auf, setzt sie aber ganz eigenständig in einen neuen, in der Prager Dombauhütte anzutreffenden Stil um.

Dieser Stil betont Plastizität und Kontraste der Gewandgestaltung: Wieder hüllt Maria das Kind in einen Teil ihres stoffreichen Schleiers, des Maphorions, der Rücken, Unterleib und Beine des Kindes verbirgt. Doch scheint der Schleier aus deutlich schwerer wirkendem Stoff gefertigt; er fällt stoffreicher als in Nordheim über den linken Arm. Unterhalb der Zugfalten vor der Brust entsteht eine größere Schüsselfalte, die die Zäsur des schwingenden unteren Saums betont. Auch darunter werden die Kontraste verstärkt: Auf der Standbeinseite fallen Röhrenfalten geradlinig herab, deren Plastizität unten durch eine gegenläufige Einrollung hervorgehoben wird. Trotz der Faltenschüsseln eines in der Mitte durch einen Saum abgesetzten Gewandteils, wohl des eigentlichen Mantels, drückt sich das linke, das Spielbein Marias deutlich ab.

Zum 30. Juli 1350 wurde am Rathaus ein Kaplan ernannt, dessen Altar durch den Prager Erzbischof Ernst von Pardubitz (Arnošt z Pardubic) geweiht wurde, offenbar zu Ehren der Landesheiligen Böhmens, deren Kult Karl IV. stark förderte.[1] Wie die Kapelle zu diesem Zeitpunkt aussah, ist nicht bekannt. Wahrscheinlich handelte es sich nur um einen kleinen Raum oder abgetrennten Bereich in jenem Bürgerhaus, das zunächst als Rathaus adaptiert worden war. Nicht allzu lange danach wurde aber mit dem Bau der jetzigen Kapelle begonnen, da die Wappengalerie der südöstlichen Fassade des Rathauses aufgrund ihres heraldischen Programms um 1365–66 entstanden sein dürfte.[2]

Es ist offensichtlich, dass die Reihe der Skulpturen unter Baldachinen, zu denen auch die Madonna gehört, mit dem Bauwerk geplant und wohl auch ausgeführt wurde. Nicht ganz sicher ist nur, dass die Madonna sogleich für ihren Standort an der Gebäudeecke gedacht war, denn dafür musste sie am Rücken nachträglich bearbeitet werden.[3] Die Endweihe der Kapelle erfolgte erst 1381; warum es zu dieser Verzögerung kam, ist unklar. Mit der Fertigung der Skulpturen ist dies aber nicht zwingend in Verbindung zu bringen.

Es ist sehr wahrscheinlich, dass die Altstädter Madonna ein konkretes Vorbild hatte: eine französische Statuette, die nach Ausweis ihres zu erschließenden Stils den 1340er Jahren entstammte und vermutlich im königlichen Umfeld nach Prag gelangt war. Es ist nicht unplausibel, dass Karl selbst sie der Rathauskapelle geschenkt hat. Das schon aufgrund des Stifters hoch geschätzte Bildwerk wäre somit durch eine steinerne Replik zum Markt hin publik gemacht worden.

Die Altstädter Rathausmadonna ist ein Schlüsselwerk einer bestimmten Richtung als „pragerisch" zu erkennender Skulpturen: Ihr Schöpfer hat sein Handwerk wohl nicht in Frankreich gelernt, wofür der freie und originelle Umgang mit den französischen Anregungen spricht, auch wenn es dort Skulpturen von ähnlich stämmiger Konstitution gab und gibt. Die Großzügigkeit und Stofflichkeit, die plastische Qualität und das leicht Elegische des Ausdrucks sichern dem Schöpfer der Madonna eine ganz eigenständige Position, die sich von den frühen ausgereiften Werken des Schönen Stils, wie sie in der Ausstellung vor allem die Madonna aus Lucca vertritt (Kat.-Nr. 15.4), unterscheidet. Letztere kennzeichnet ein recht präzises Aufgreifen und Verdichten französischer Motive, während die Großzügigkeit und Weichheit der Altstädter Rathaus-Madonna eng mit Skulpturen des unteren Veitsdom-Triforiums wie der Büste des zweiten Baudirektors Nikolaus Holubec († 1355) verwandt ist. Der Bildhauer hat also im Kontext der Kathedral-Bauhütte gearbeitet, die wiederum bereits um 1360 am Bau des Altstädter Rathauses mitgewirkt hat. Die Bedeutung der Altstädter Rathausmadonna wurde sofort auch auswärts erkannt: So folgt ihr die Madonna in der St.-Eligius-Kapelle an der Westfassade des Wiener Stephansdoms (1360er Jahre, vgl. zu den Kapellen Kat.-Nr. 13.19).

Markus Hörsch

LITERATUR
Ausst.-Kat. Brüssel 1966, Kat.-Nr. 5. – DIDIER 1970. – Ausst.-Kat. Prag 1970, 143, Kat.-Nr. 178, Abb. 23. – KUTAL 1971/I, 110. – KUTAL 1971/II, 134, Abb. 108 (Gesicht des Jesuskindes fehlt). – BACHMANN 1977, Abb. 59. – Ausst.-Kat. Köln 1978, II, 666. – NOVÝ 1989. – SUCKALE 1993/I, 203, Abb. – HOMOLKA 1999, 51–76. – BRUCHER 2000, 311, 351f., Kat.-Nr. 93. – SUCKALE 2002/IV. – FAJT 2004. – HÖRSCH 2006/I. – Ausst.-Kat. Prag 2006, 105, 107, Kat.-Nr. 20 (Markus HÖRSCH). – MUSÍLEK 2015/I, 199f., 202f.

FUSSNOTEN
1 FAJT 2004, 218, Anm. 18.
2 NOVÝ 1989 gab als Datierung noch „vor 1364" an. Dem folgten FAJT 2004, 209, HÖRSCH 2006/I und Ausst.-Kat. Prag 2006, 105, 107, Kat.-Nr. 20 (Markus HÖRSCH). – Neuerdings hat MUSÍLEK 2015/I, 199f., 202f., demgegenüber sehr viel konkretere Ergebnisse vorgelegt, indem er argumentiert, die (nicht ganz vollständig überlieferten) Wappen repräsentierten die Stadtratsmitglieder der Jahre 1365–66. – Ich danke Jan Dienstbier herzlich für diesen Hinweis.
3 SUCKALE 1993/I, 203, Anm. 115.

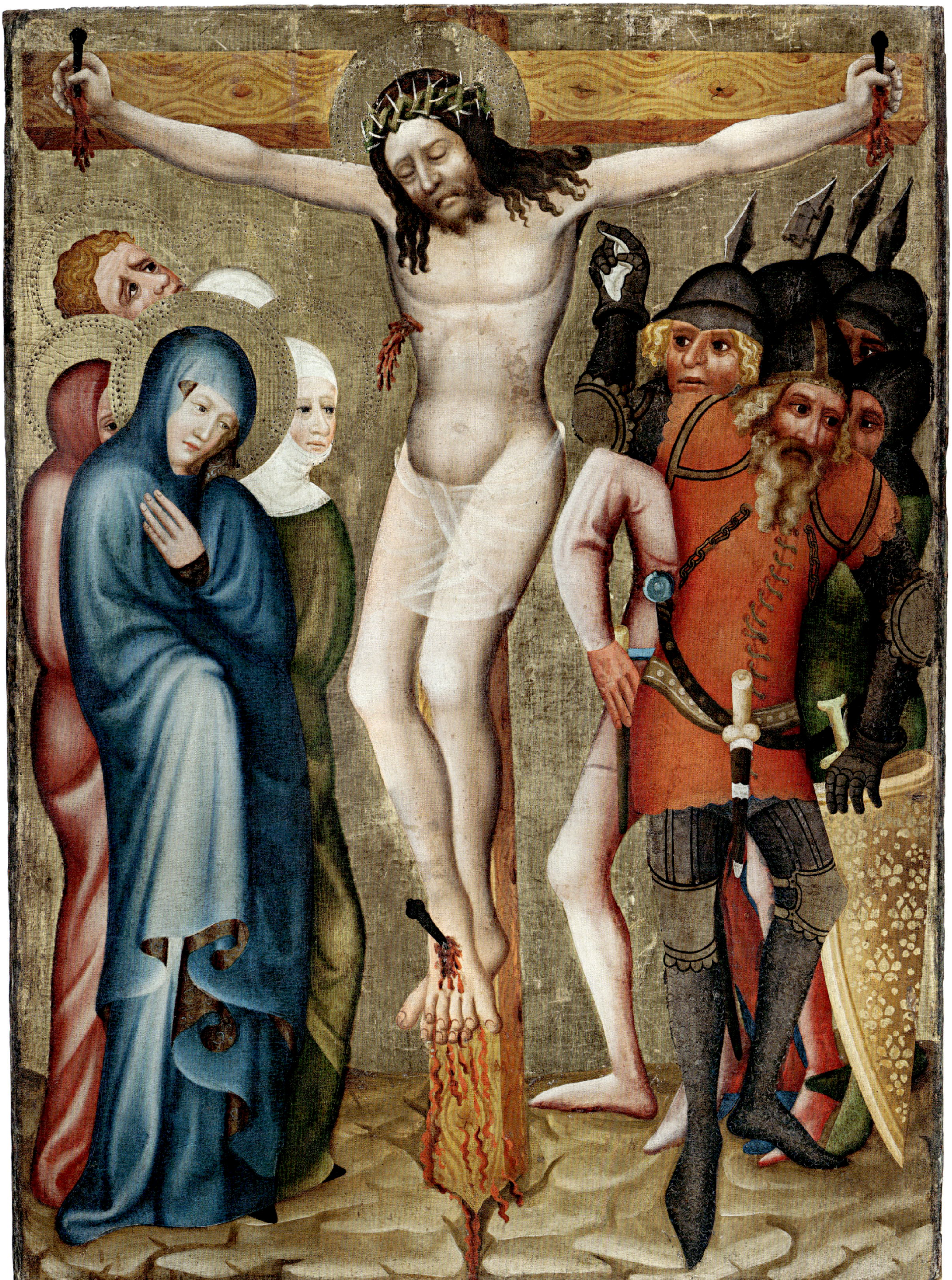

9.8

9.9.a

Der Bau des Klosters wurde rasch in Angriff genommen, so dass die Ordenskirche bereits 1372 geweiht werden konnte. Aus der Phase der Erstausstattung des Klosters stammt die mittelgroße Tafel mit dem Gekreuzigten flankiert von Maria und dem Guten Hauptmann und ihren Begleitern. Über den einstigen Bestimmungsort besitzen wir keine weiteren Informationen – zumindest lässt aber die unbemalte (wenngleich mit Leinwand überzogene) Rückseite darauf schließen, dass die Tafel nicht Teil eines beweglichen Retabelflügels war.

Für den Auftrag hatte man sich an einen jener Maler gewandt, der an der Ausgestaltung der Karlsteiner Kapelle des Heiligen Kreuzes durch Meister Theoderich beteiligt war. Dort führte er u. a. diverse Ritterheilige sowie heilige Bischöfe und Priester aus. Dies wird auch durch die Verwendung eines in Form und Größe identischen Stempels für das Goldornament auf dem Schild des Guten Hauptmanns und einer Reihe von Gewändern geistlicher Heiliger auf Karlstein belegt. Der Maler bedient sich eben jener Stilsprache, die das Œuvre Theoderichs prägt: kräftige, bildfüllende Figuren mit breiten, bisweilen groben Gesichtern sowie eine weiche Modellierung des Inkarnats und der Draperien durch Bleiweißhöhungen. Zugleich finden sich Motive, die der unmittelbar vorausgehenden französischen Kunst entlehnt sind, wie z. B. die Körperdrehung des Guten Hauptmanns, die sich analog in der Bibel des Jean de Sy wiederfindet (siehe Kat.-Nr. 8.12).

Die Komposition geht vom Kreuzigungsbild Theoderichs aus der Heiligkreuzkapelle aus, doch wird das dort auf Maria und Johannes reduzierte Personal um diverse Personen erweitert, die dem Kreuzestod des Heilands beiwohnen. Nichtsdestotrotz besitzt die Darstellung einen beinahe intimen Charakter. Der Bildausschnitt ist kaum größer als das Kreuz, das seinerseits die dort versammelten, dicht gedrängt stehenden Personen nur unwesentlich überragt, wodurch das Geschehen nah an den Betrachter herangerückt scheint. Die Regungen und Reaktionen der Trauernden und Soldaten werden zugleich eher verhalten geschildert – lediglich das halb verdeckte Antlitz des Johannes offenbart stärkere Gefühlsregungen. Nichts soll den Blick auf den entblößten, mit einem durchsichtigen Lendentuch nur notdürftig bedeckten Leib Christi stören. Auffallend sind die betont langen, schwarzen Nägel, die Hände und Füße durchbohren. Wenngleich die Lanze des Longinus im Bild fehlt, ist die Entstehung der Tafel möglicherweise im Zusammenhang mit der Ausstellung der Passionsreliquien im Kloster zu sehen, die im Zusammenhang mit ihrer Weisung am Festtag der Heiligen Lanze und des Heiligen Nagels auf dem großen Marktplatz der Prager Neustadt angenommen werden kann.

Wilfried Franzen

LITERATUR
MATĚJČEK 1950, 157f. – KROFTA/FRÖMLOVÁ 1963. – SCHMIDT 1969/I, 206. – FAJT 1998/II, 268f. – CHLUMSKÁ 2014, 34.

9.9.a–b Glasmalereien aus Slivenec

a. Schmerzensmann
Prag, um 1370.
Farbiges Hüttenglas, lasiert, Schwarzlotmalerei, neuzeitliche Bleiruten; H. 67 cm, B. 18,5 cm; Scheibe des linken Arms gesprungen, im Bereich des Lendentuchs spätere Eingriffe.

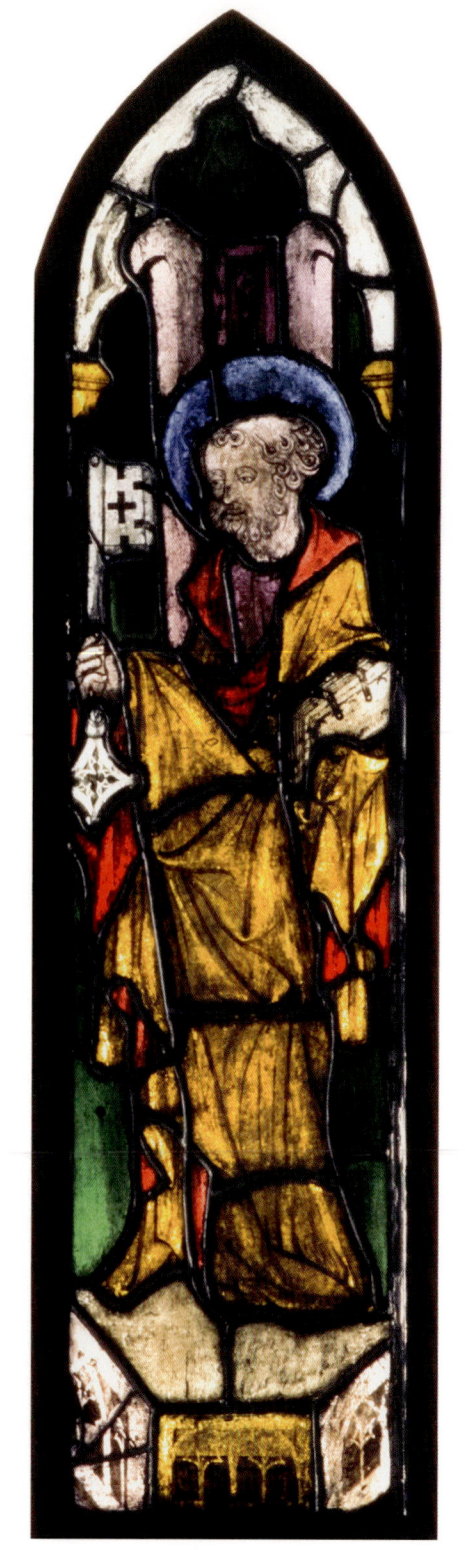

9.9.b

9.8 Kreuzigung aus dem Emmauskloster

Prag, Mitarbeiter Meister Theoderichs, um 1365.
Tempera, Öl und Gold auf Fichtenholz-Bildträger, beidseitig mit Leinwand überzogen; H. 131 cm, B. 98 cm. Restauriert 1961/62.
Provenienz: Prag-Neustadt, Benediktinerkloster Na Slovanech (Emmauskloster). – 1937 für die Nationalgalerie in Prag erworben.
Prag, Národní galerie v Praze, Inv.-Nr. O 1252.

Im Jahr 1347 gründete Karl in der Prager Neustadt das Kloster zu den Slawen (Na Slovanech) und besiedelte es mit Benediktinern aus Kroatien, die hier mit ihrer Kenntnis der glagolitischen Schrift die altkirchenslawische Liturgie praktizieren sollten.

Provenienz: Prag-Slivenec, Allerheiligenkirche. – Seit 1896 im Kunstgewerbemuseum in Prag.
Prag, Ritterorden der Kreuzherren mit dem roten Stern, als Deponat im Uměleckoprůmyslové museum v Praze, Inv.-Nr. 58.959/1.

b. Hl. Petrus
Prag, um 1380–90.
Farbiges Hüttenglas, lasiert, Schwarzlotmalerei, Bleiruten; H. 77 cm, B. 19 cm.
Provenienz: Prag-Slivenec, Allerheiligenkirche. – Seit 1896 im Kunstgewerbemuseum in Prag.
Prag, Ritterorden der Kreuzherren mit dem roten Stern, als Deponat im Uměleckoprůmyslové museum v Praze, Inv.-Nr. 58.959/3.

Das Glasgemälde des Schmerzensmanns (a.) stammt aus der Allerheiligenkirche des heute zu

9.10 / Detail

9 ✽ Prag – Hauptstadt des Reichs   **431**

9.10

Prag gehörenden Orts Slivenec. Dort wurde es zusammen mit anderen Glasgemälden 1889 während der Renovierung der Kirche durch den Architekten A. Barvitius abgenommen und durch neue Glasmalereien ersetzt. Trotz der nur fragmentarischen Überlieferung des damaligen Bestandes belegt dieses Werk, dass die Glasmalerei zur Zeit Karls IV. ein recht hohes Niveau besaß. Glasmaler waren von Anfang an wichtige Mitglieder der Malerzunft gewesen. Dieser spezialisierte Zweig erforderte eine enge Zusammenarbeit zwischen dem Autor der Vorlagenzeichnungen und den Herstellern der Glastafeln, die farbig und häufig auch überfangen, lasiert und mittels Schwarzlot bemalt waren. Die einzelnen Tafeln wurden dann mithilfe der Bleiruten zu einem größeren Ganzen zusammengesetzt. Es ist kaum vorstellbar, dass es sich dabei um Glas handelte, das in den Hütten der Waldgebiete an den Landesgrenzen hergestellt wurde. Jedoch ist es heute schwierig, den konkreten Entstehungsort zu identifizieren. So ging z. B. Dagmar Hejdová bei der Erforschung des Agnesklosters in Prag zunächst von der Existenz einer Hütte unmittelbar auf dem zugehörigen Areal aus, gab diese Ansicht aber später auf. Damit ist die Herstellung von Flachglas in unmittelbarer Nähe zu Prag jedoch nicht ausgeschlossen, besonders wenn man den Bedarf der zahlreichen Sakralbauten und den regen Baubetrieb in der Zeit Karls IV. bedenkt. Die auffällige Zahl von Glasmalern, die im Jahrhundert darauf in der Nähe des heutigen Pulverturms ansässig waren, könnte darauf hindeuten, dass in dieser Gegend bereits zuvor eine Glashütte existierte.

Der Schmerzensmann, der die Arma Christi hält, ist vor einem roten Hintergrund abgebildet; in der linken unteren Ecke befindet sich ein Kelch mit Hostie. Alexandra Suda bemerkte das kleine Detail der in die auffällig große Hostie eingravierten Kreuzigungsszene. Sie schloss daraus, dass das Glasgemälde wahrscheinlich in unmittelbarer Nähe des Altars untergebracht und so installiert war, dass man es von Nahem „lesen" konnte.

František Matouš sah eine Verwandtschaft mit dem nach 1367 entstandenen Glasgemälde des Schmerzensmanns aus der Vlašim-Kapelle des Veitsdoms und hielt den Autor für ein Mitglied der Hofwerkstatt.

Das Glasgemälde des hl. Petrus ist ebenso wie der Schmerzensmann (a.) das Werk eines Künstlers, der aus dem Prager Hofkreis hervorging. Obwohl es aus derselben Kirche stammt, wo es in der oberen Hälfte des Fensters im Südostchor genau über dem Glasgemälde des Schmerzensmanns eingesetzt war, ist seine Ausführung fortschrittlicher und bekennt sich bereits zum Schönen Stil. Die Figur des Heiligen, die in einer architektonischen Umrahmung auf einer kompliziert und weich geformten Baldachinkonsole steht, zeichnet sich durch raffinierte Farbigkeit aus. Die Draperie des ockerfarbenen, an der Innenseite rot gefütterten Mantels ist in tiefe Falten gelegt, die Volumen schaffen und der Figur so ihre plastische Wirkung verleihen.

Helena Brožková

LITERATUR
POCHE 1970, 320–350, Kat.-Nr. 451. – MATOUŠ 1975, 75–78, Abb. IV, 64, 65. – HEJDOVÁ/HERBENOVÁ/KOENIGSMARKOVÁ u. a. 1986, Kat.-Nr. 299 a, b. – HEJDOVÁ/DRAHOTOVÁ 1989, Kat.-Nr. 29. – DRAHOTOVÁ u. a. 2005, 105, Abb. 19. – Ausst.-Kat. New York 2005, 249, Kat.-Nr. 85 (Alexandra SUDA).

9.10 Tympanon mit Passionsszenen vom Nordportal der Prager Teynkirche

Prag, um 1370.
Pläner-Kalkstein, Fassungsreste; H. 260 cm, B. 302 cm.
Provenienz: Prag, Marienkirche vor dem Teyn, Nordportal (dort heute Kopie).
Prag, Röm.-kath. Pfarrei der Marienkirche vor dem Teyn, als Leihgabe in der Národní galerie v Praze, Inv.-Nr. VP 148–VP 150; P 6073–P 6074.

9.11

Die Teynkirche war eine der vier Hauptpfarrkirchen der Prager Altstadt, prominent gelegen zwischen dem Namen gebenden Handelshof und dem Altstädter Marktplatz mit dem Rathaus. Wohl vor der Mitte des 14. Jahrhunderts begann man mit dem bestehenden Neubau, dessen Nordseitenschiff ein aufwendiges Figurenportal erhielt. Statt die Passion – wie andernorts üblich – möglichst vollständig in horizontalen Bildstreifen zu erzählen, greift das aus fünf Kalksteinblöcken zusammengesetzte Tympanon auf die Würdeformel des Triptychons mit Kreuzigung, Geißelung und Dornenkrönung zurück. Jana Peroutková bescheinigt den Reliefs zu Recht den Charakter szenischer Andachtsbilder:[1] Trotz der dramatischen Schilderung weisen sie untereinander und jeweils in sich starke Symmetrien auf; der Erlöser nimmt, frontal zum Betrachter gewendet, stets die mittlere Bildachse ein.

Thematisiert werden Reue und Erlösung, am deutlichsten fokussiert in der Gestalt der Büßerin Magdalena unter dem Kreuz, deren Verehrung im Umfeld der Teynkirche nicht nur ein Altar mit ihrem Nebenpatrozinium belegt.[2] 1372 gründete der hier tätige Bußprediger Johann Militsch unweit eine „Jerusalem" genannte Besserungsanstalt für Prostituierte samt Magdalenenkapelle. Der Kreuzstamm ragt in das Bogenfeld hinein, wo die Seelen der gekreuzigten Schächer die Konsequenz ihrer Bußfertigkeit (respektive des Gegenteils) erfahren. Die Zusammenführung Gottvaters, der Heilig-Geist-Taube und des Kruzifixes zum sog. Gnadenstuhl weist ebenso wie das Vergießen des Blutes Christi bei der Geißelung und Dornenkrönung darauf hin, dass Erlösung nur durch das eucharistische Opfer zu erlangen ist.

Die Arbeiten am Tympanon stammen von zwei herausragenden, deutlich unterscheidbaren Bildhauern. Die Kreuzigung hebt sich nicht nur durch die technische Zubereitung des Werkblocks und den kleineren Figurenmaßstab ab. Die Figuren haben mehr Raum, und es wird Wert auf die natürliche Wiedergabe von Anatomien und Bewegungsabläufen gelegt. Dem treten in den übrigen Szenen Choreografien mit klareren Symmetrien und expressiven Überdehnungen gegenüber, die ihren Höhepunkt in dem Ringen um die Seele des bösen Schächers im Bogenfeld finden.

Das Tympanon wurde im Bauverlauf des Nordseitenschiffs versetzt, der Mitte der 1360er Jahre bereits fortgeschritten war. Die Rundbogenform des Portals ist als direkter Reflex auf das 1368 geweihte Südportal des Veitsdoms zu verstehen.[3] Weiter eingrenzen lässt sich die Datierung durch die in Kopie überlieferten Wappen in den Zwickeln unterhalb des Tympanons: Da das Reichswappen gegenüber dem böhmischen Löwen in untergeordneter Position erscheint, muss es sich um die Wappenallianz Karls IV. und Elisabeths von Pommern handeln, die den Reichsadler im Siegel führte,[4] und an deren Büste im Triforium des Veitsdoms er dem Pommerschen Greifen übergeordnet erscheint. Die Wappen dürften frühestens nach ihrer Kaiserkrönung im November 1368 – also gewiss gleichzeitig mit den Skulpturen – angebracht worden sein. Da das Kaiserpaar nachweislich Predigten in der Kirche hörte und sich die königliche Residenz des Hauses zur Steinernen Glocke in unmittelbarer Nachbarschaft befindet, ist das Portal höchstwahrscheinlich eine kaiserliche Stiftung.

Die Entstehung um 1370 wird durch die stilistische und kostümkundliche Einordnung bestätigt.[5] Verwandte Stiltendenzen lassen sich neben Prag selbst auch an der Nürnberger Sebalduskirche[6] sowie in Brandenburg und Havelberg[7] nachweisen.

Benno Baumbauer

LITERATUR
PEČÍRKA 1932. – OPITZ 1935, 91–98. – KUTAL 1962, 50–66. – HOMOLKA 1970. – HOMOLKA 1974. – Ausst.-Kat. Köln 1978, II, 682 (Jaromír HOMOLKA). – KUTAL 1984, 250–252. – NEJEDLÝ 1985. – BARTLOVÁ 2001/III. – FAJT 2004/I, 214–218. – KALINA 2004, 132f. – PEROUTKOVÁ 2015. – FAJT 2016/I, II.

FUSSNOTEN
1 PEROUTKOVÁ 2015, 269f.
2 PEROUTKOVÁ 2015.
3 PEROUTKOVÁ 2015, 265.
4 POSSE 1910, 5, Taf. 5, Nr. 4.
5 FAJT 2004.
6 PEROUTKOVÁ 2015, 277f.
7 FAJT 2016/I, II.

9.11 Modell der Prager Burg zum Zeitpunkt des Todes Karls IV.

Regensburg, ArcTron 3D, 2016.
Modell im Maßstab 1:200, 3D-Gipsdrucker; L. 3,0 m, B. 1,5 m, H. bis ca. 0,4 m.
Augsburg, Haus der Bayerischen Geschichte.

Ihre heutige Gestalt verdankt die Prager Burg dem jagiellonischen Umbau gegen Ende des 15. Jahrhunderts, der verheerenden Feuersbrunst von 1541 und den klassizistischen Umbauten des 17. und 18. Jahrhunderts. Allerdings hat sich der Grundriss der Burganlage in seinen wichtigsten Zügen seit der Zeit Karls IV. nicht grundsätzlich geändert.

1344 wurde das Prager Bistum zum Erzbistum erhoben. In diesem Zusammenhang legten der böhmische König Johann von Luxemburg und Karl als Markgraf von Mähren in Anwesenheit des ersten Erzbischofs Ernst von Pardubitz den Grundstein zum Neubau der gotischen Kathedrale, die als Krönungs- und Grabeskirche der böhmischen Herrscher dienen sollte. Mit dem Bau begann der Franzose Matthias von Arras, nach dessen Tod führte der Kölner Baumeister Peter Parler das Werk weiter und wölbte 1385 den Ostchor ein.

Südlich der Kathedrale errichtete Karl einen prunkvollen Königspalast, indem er den älteren Palastbau um einen Arkadengang erweitern und im ersten Obergeschoß einen großen Repräsentationsraum auf dem Grundriss des heutigen Wladislawsaals einrichten ließ. Östlich davon erhob sich die Allerheiligenkapelle, als deren Vorbild die Sainte-Chapelle als Palastkapelle der französischen Könige auf der Île de Cité in Paris gelten darf – ein völlig von großen Glasflächen umschlossener, filigraner Chor, der sicher auch mit anspruchsvollen Glasmalereien geschmückt war. Leider sind nach dem Brand von 1541 nurmehr die Außenmauern in der jetzigen Kapelle erhalten.

Jiří Fajt

LITERATUR
MENCLOVÁ 1972.

9 * Prag – Hauptstadt des Reichs 433

10 ✻ Nürnberg – Metropole Karls IV.

(…) die vornehmste und bestgelegene Stadt des Reichs (…).

Karl IV. an den Nürnberger Burggrafen Friedrich V. von Hohenzollern, Nürnberg, 20. November 1336

(…) wir haben angesehen die nützen und getreuen dienst, die unser lieber getreuer Sebolt Weinschröter, der moler, unser hofgesind, burger zu Nüremberg, oft getan und noch getun mag und sol in künftigen zeiten (…)

Karl IV. belohnt den Nürnberger Hofmaler Sebald Weinschröter, Nürnberg, 29. Dezember 1360

Nürnberg unterstützte traditionell Karls Gegner Kaiser Ludwig IV. den Bayern. Gegen ihn wurde der 30-jährige Luxemburger zum Gegenkönig gewählt, und wäre der Wittelsbacher nicht 1347 auf überraschende Weise ums Leben gekommen, hätte Karls Reichspolitik gewiss einen anderen Verlauf genommen. Noch mit Unterstützung von Ludwigs Nachkommen flammte 1348 in Nürnberg ein Aufstand gegen die Luxemburger auf, den Karl aber schnell zum eigenen Vorteil ummünzen konnte: 1349 ernannte er gegen den Schwur eines Treueides den alt-neuen Stadtrat aus vornehmen Patrizierfamilien.

Die Familien Groß, Stromer und Waldstromer gewannen so einen mächtigen Verbündeten, der kluge König dagegen vermögende Parteigänger. Der politische Kurswechsel in Nürnberg ermöglichte ihnen schon bald große städtische Bauvorhaben, und auch an bereits begonnenen wurde die Ära der Luxemburger sichtbar gefeiert, wie etwa an der nach 1353 ergänzten Wappengalerie an der Fassade der Pfarrkirche St. Lorenz. Zum eigenen Gedächtnis und als kaiserliche Kapelle, die an die architektonischen Traditionen des mittelalterlichen Römischen Reichs anknüpfte, gründete Karl IV. 1355 auf dem neuen Marktplatz der Sebalder Stadthälfte die Frauenkirche, die er mit kostbaren Marienreliquien bedachte.

Spätestens seit 1357 beschäftigte er in Nürnberg seinen Hofmaler Sebald Weinschröter, dessen Schaffen auch außerhalb der Stadtmauern normstiftend für den ästhetischen Geschmack wurde. Weitere Hofämter richtete Karl auf der Kaiserburg ein, auf der 1361 der mit Ungeduld erwartete Erbe Wenzel IV. zur Welt kam; dieses freudige Ereignis im Leben der Kaiserfamilie wurde in den Wandmalereien der Moritzkapelle neben der Sebalduskirche verewigt. Sieben Jahre später erblickte hier auch der zweitgeborene Sigismund das Licht der Welt.

Nürnberg war unter Karl IV. eine florierende Handwerks-, Handels- und Finanzmetropole. Nürnberger Kaufherren beherrschten die reichen westeuropäischen Städte und waren respektierte Partner der Venezianer, mit denen sie ein strategisches Bündnis über ihre Monopolstellung östlich des Rheins geschlossen hatten. Karl IV. benötigte die Nürnberger Finanzen für die Umsetzung seiner groß angelegten Gründungspläne; ohne das Geld der Nürnberger Bankiers wären auch seine Gebietsexpansionen im Norden des Reichs erfolglos geblieben.

Jiří Fajt

Die Nürnberger Kaiserburg von Süden, aufgenommen vom Turm der Pfarrkirche St. Sebald • Foto von 1934–36 • Nürnberg, Stadtarchiv

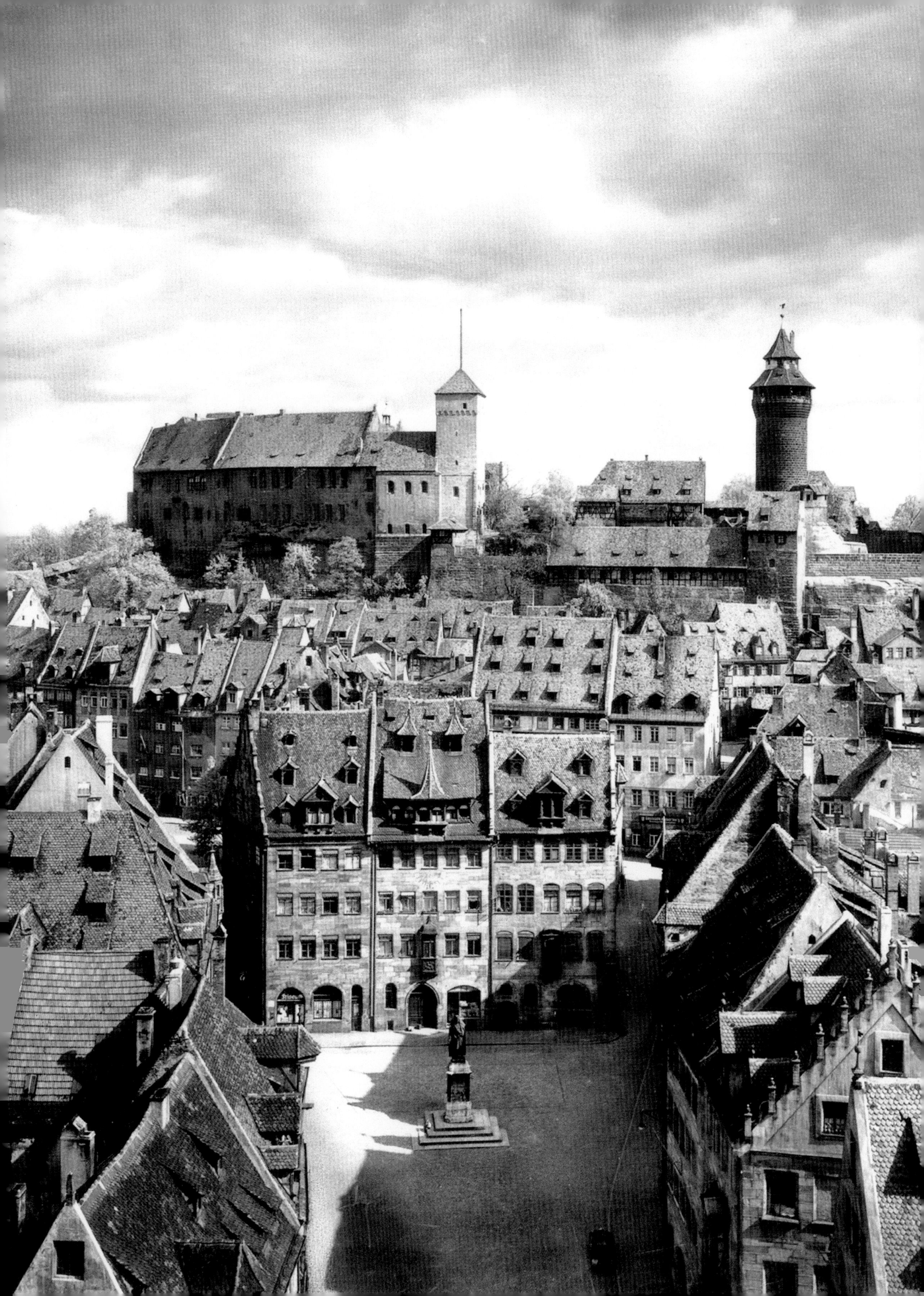

Katalog 10.1–10.14

10.1.a–b Verkündigungsgruppe des Südportals der Frauenkirche in Nürnberg

Nürnberg, 1350er Jahre.
Keupersandstein; Erzengel Gabriel: H. 140 cm, B. 50 cm, T. 31 cm; Maria: H. 138 cm, B. 46 cm, T. 31 cm.
Provenienz: Nürnberg, Frauenkirche, Südportal.
– Seit 1927 im Germanischen Nationalmuseum Nürnberg.
Nürnberg, Germanisches Nationalmuseum, Inv.-Nr. Pl. O. 2425, Pl. O. 2426.

Die Kirche bzw. Kapelle Unserer Lieben Frau wurde von den Nürnberger Bürgern am Ort der 1349 während des Judenpogroms zerstörten Synagoge erbaut. Kaiser Karl IV. bestätigte die Gründung 1355 auf der Rückreise von der römischen Kaiserkrönung. Das Gebäude wurde 1358 vollendet, als man die Altäre im Hauptschiff weihte.[1] Die Kapelle war der wichtigste kaiserliche Sakralbau in Nürnberg und wurde für die herrscherliche Repräsentation Karls IV. genutzt; anlässlich der Geburt des Thronfolgers Wenzel (IV.) im Jahr 1361 fand auf ihrem Balkon über der reich geschmückten Vorhalle eine Weisung der Reichskleinodien statt.

Für die Ikonografie der gesamten Ausstattung ist eine intensive Marienverehrung bezeichnend. Die Eingänge in die Kirche zierten neben Madonnenstatuen auch narrative Reliefszenen mit ausschließlich marianischer Thematik.[2] Kirchenarchitektur und Ausstattung wurden häufig mit Peter Parlers Hütte in Verbindung gebracht.[3] Eine andere Ansicht vertritt Stefan Roller,[4] der den einheitlichen Stilcharakter der Skulpturen in den Kontext jenes neu formulierten Kunststils stellt, der sich unter Karl IV. durchsetzte und für den großzügiges Volumen, vereinfachte glatte Faltenbildung und weiche Schüsselfalten charakteristisch sind. Das Formenrepertoire der Kapellenausstattung entspricht der zeitgenössischen Nürnberger Bildhauerkunst, wie sie z. B. in den erzählenden Szenen der Fassade der Pfarrkirche St. Lorenz vertreten ist.[5]

Aus dem Übermaß der bemerkenswerten und reichen plastischen Dekoration der Kapelleneingänge sticht die Verkündigungsgruppe vom Südportal hervor. Maria ist hier bereits als Schwangere dargestellt. Den Augenblick der Empfängnis betonte ursprünglich eine auf ihrem Bauch angebrachte, den Hl. Geist symbolisierende Taube, die im 19. Jahrhundert entfernt wurde.[6] Vergleichbare explizite Darstellungen des Empfängnismoments tauchen in der Zeit nach Mitte des 14. Jahrhunderts besonders in der mit dem Prager Königshof verknüpften Kunst auf, wie z. B. die Miniatur der Initiale V auf fol. 60r im Liber Viaticus des Johann von Neumarkt (Kat.-Nr. 12.6) oder die Stickerei auf der Kasel von Rokitzan (Kat.-Nr. 12.11) belegen.[7] In Nürnberg ist dieses Thema außerdem durch die schwangere, mit dem hl. Josef diskutierende Maria auf einem Flügel des Altarretabels aus der Klarakirche (Kat.-Nr. 10.7)

10.1.a–b

vertreten. Die Beliebtheit dieses ansonsten recht seltenen Motivs dürfte mit der erhofften Geburt des Thronfolgers Wenzel zusammenhängen, den Karls dritte Gemahlin Anna von Schweidnitz 1361 gerade in Nürnberg zur Welt brachte. Die Bedeutung dieses Ereignisses unterstrichen auch Wandmalereien mit Motiven zur Feier der Geburt des Thronfolgers, die sich in der zerstörten Moritzkapelle neben der Sebalduskirche befanden (Kat.-Nr. 10.6). Der Entwurf der Wandgemälde wird Sebald Weinschröter, dem Nürnberger Hofmaler Karls IV., und seiner Werkstatt zugeschrieben.[8]

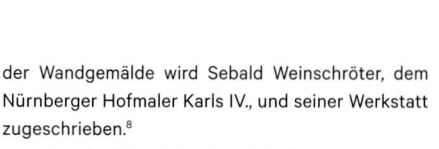

Ein direktes Echo des Schaffens des kaiserlichen Hofmalers findet sich auch in der Formensprache der Verkündigungsgruppe, für die ein geschlossenes kompaktes Volumen und ein glatter, einfach geführter Faltenwurf charakteristisch sind. Die Lösung des geöffneten Mantels des Erzengels

10.2.a–b

Gabriel mit der markanten Saumdiagonale entspricht der zeitgenössischen Zeichnung des auferstandenen segnenden Christus auf einem Blatt des im Germanischen Nationalmuseum aufbewahrten Skizzenbuchs, das ebenfalls der Weinschröter-Werkstatt zugeschrieben wird (Kat.-Nr. 10.10).[9] Die raumgreifenden Engelsflügel besitzen eine Parallele in den Figuren der musizierenden Engel auf den Flügeln des erwähnten Baldachinretabels aus der Klarakirche.

Helena Dáňová

LITERATUR
MARTIN 1927, 73, 75, 126. – BRÄUTIGAM 1965, 180. – STAFSKI 1965, 37f. – WILCKENS 1965, 33f. – Ausst.-Kat. Nürnberg 1986/I, 118, Kat.-Nr. 5 (Rainer KAHSNITZ). – Ausst.-Kat. Prag 2006, 125, Kat.-Nr. 32.a (Jiří FAJT).

FUSSNOTEN
1 BRÄUTIGAM 1961, 41. – Eine Rekapitulation der Ansichten über den Bauverlauf SROVNAL 2011.
2 Zum Thema zuletzt WEILANDT 2013.
3 BRÄUTIGAM 1961. – BENEŠOVSKÁ 1994, 36. – NUSSBAUM 1994, 177ff.
4 ROLLER 2004.
5 Detaillierter BRÄUTIGAM 1961, 58–61. – Ausführlich künftig auch FAJT 2016/I, II.
6 STAFSKI 1965, 37f. – WILCKENS 1965, 33f. – Ausst.-Kat. Nürnberg 1986/I, 118, Kat.-Nr. 5 (Rainer KAHSNITZ).
7 WILCKENS 1965, 34, 37.
8 FAJT 2006/I, 73f.
9 Ausst.-Kat. Prag 2006, 125, Kat.-Nr. 32.a (Jiří FAJT).

10.2.a–b Glasgemälde aus der Frauenkirche in Nürnberg

a. König aus einer Darstellung der Anbetung der Könige
b. Ritterheiliger, vermutlich der hl. Mauritius
Nürnberg, um 1355–58.
Farbiges Hüttenglas, Schwarzlotmalerei;
jede H. 88,8 cm, B. 41,2 cm.
Provenienz: Nürnberg, Frauenkirche, Chorfenster.
Nürnberg, Germanisches Nationalmuseum, Inv.-Nr. a. MM 25, b. MM 26.

Die 1358 vollendete Erstverglasung der Nürnberger Frauenkirche ist nur in wenigen Fragmenten und Dokumenten überliefert. Aus ihnen geht hervor, dass die Ikonografie der Fenster, wie weite Teile des Ausstattungsprogramms, auf Karls sakralisierende Kaiserideologie sowie auf Entstehungsgeschichte, Patrozinium, Altarpatrone und Reliquienbesitz der „Capella regia" zugespitzt war. Von den neun bekannten erhaltenen Rechteckfeldern befinden sich drei noch in der Kirche, sechs im Germanischen Nationalmuseum (GNM). An allen sind schwerwiegende Substanzverluste festzustellen.[1]

Neben Scheiben mit den Heiligen Paulus, Christophorus (Frauenkirche) und Jakobus d. Ä. sowie drei Passionsszenen (GNM) haben sich drei Gemälde erhalten, die eindeutig auf Karls Herrschaftsverständnis verweisen: Die früher als Palmatius gedeutete Darstellung eines Ritterheiligen im GNM konnte Jiří Fajt wesentlich schlüssiger als den „Reichspatron" Mauritius identifizieren,[2] was Lanze, Schwert und den auffällig hervorgehobenen Sporen die Qualität von Attributen zuspricht: Alle drei waren Teil der Reichskleinodien, und besonders die Heilige Lanze wurde von Karl IV. sehr verehrt. Die Figuren eines knienden Königs (GNM) und einer thronenden Muttergottes mit dem Jesuskind (Frauenkirche) gehörten zu einer Anbetungsgruppe, wie sie als Herrschaftsikonografie schlechthin mehrfach in der Kirche begegnet.

Elemente kaiserlicher Repräsentation könnten sich im gesamten Fensterzyklus wiedergefunden haben, doch dürfte zumindest die Anbetung dem von Karl gestifteten Chorachsenfenster zuzuordnen sein: Nach der Rekonstruktion von Hartmut Scholz[3] enthielt dieses gemäß dem Kirchenpatrozinium ein mariologisches Programm mit einer alle drei Fensterbahnen übergreifenden Strahlenkranzmadonna, die durch eine Zeichnung des Löffelholz-Stammbuchs belegt ist und in dem vor 1373 durch die Luxemburger gestifteten Mittelfenster der Pfarrkirche Hersbruck eine Parallele findet (vgl. Kat.-Nr. 11.12).[4] Neben der Szene der Huldigung Karls IV. durch den Ratsherrn Ulrich Stromer (1514 im Mittelfenster nachweisbar, vgl. Kat.-Nr. 10.3) waren sehr wahrscheinlich auch eine im Zweiten Weltkrieg zerstörte Darstellung des Kaisers auf dem Adlerthron sowie die Wappen des Reichs, Böhmens und der Reichsstadt Nürnberg Teile des Fensters.

Die erhaltenen Scheiben gehören zu den frühesten Zeugnissen der Nürnberger Glasmalerei. Mangels unmittelbarer Vergleichsbeispiele erweist sich ihre stilistische Einordnung als schwierig: Daniel Hess verweist aufgrund der „Ansätze zu einer blockhaften Verfestigung der Figur" allgemein auf „das komplizierte Beziehungsgeflecht von westlichen und östlichen Stilströmungen in den Jahrzehnten um 1350".[5] Scholz betont bei allen Unterschieden die Nähe besonders des Dekors zum Thron Salomonis-Fenster im Augsburger Dom (um 1340).[6] Fajt sieht Rahmengestaltung und „überbordende Dekoration" in der Tradition der Chorverglasung von St. Jakob in Rothenburg o. d. Tauber (2. H. 1340er Jahre).[7] Als konservativ wurde die Einfassung der Figuren durch Langpässe anstelle architektonischer Rahmungen eingestuft, wie sie in Nürnberg seit der Jahrhundertmitte zum allgemeinen Motivrepertoire gehörten.[8]

Benno Baumbauer

LITERATUR
FRENZEL 1962, 1–10. – HESS 2007, 342f. – Ausst.-Kat. Nürnberg 2007, 432f., Kat.-Nr. 450. – SCHOLZ 2009, 221f. – SCHOLZ 2013 (dort ältere Literatur). – FAJT 2016.

FUSSNOTEN
1 SCHOLZ 2013, 415–418.
2 FAJT 2016/I, I.
3 SCHOLZ 2013.
4 SCHOLZ 2013, Fig. 332f.
5 HESS 2007.
6 SCHOLZ 2013.
7 FAJT 2016.
8 HESS 2007. – SCHOLZ 2013.

10.1 Nürnberg, Westfassade der Marienkapelle (Frauenkirche) am Hauptmarkt. Der ungewöhnliche Kirchenbau, für den Karl IV. ein Mansionarsstift begründete, das demjenigen im Prager Veitsdom unterstellt war, zitiert in seiner Grundrissgestalt die staufische Nürnberger Burgkapelle (Schiff) und die Aachener Pfalzkapelle (Chor). In die Westvorhalle führen vier reich mit Skulpturen ausgeschmückte Portale; darüber wurde ein Balkon eingerichtet, dessen Schmuck mit den Wappen der Kurfürsten auf die politischen Strukturen des Reichs verweist. Vermutlich sollten von hier regelmäßig Heiltumsweisungen stattfinden. • vollendet 1358

10.3 Nachzeichnung einer Scheibe der Nürnberger Frauenkirche mit Karl IV. und Ulrich Stromer d. J.

Nürnberg, Herold (Cassier des Getreideaufschlagamts Nürnberg) nach Johann Jakob Schwarz (belegt 1734–55), Vorlagen 1729–52 (Auftraggeber Hieronymus Wilhelm Ebner, ab 1729 Oberster Kirchenpfleger, † 1752), Kopien 1764–74 (Auftraggeber Georg Friedrich Pömer, ab 1764 Oberster Kirchenpfleger, † 1774).
Blei, Feder, Aquarell auf Papier; H. 34,8 cm, B. 21,1 cm.
Nürnberg, Germanisches Nationalmuseum, Leihgabe der Paul Wolfgang Merkel'schen Familienstiftung, Sign. HS Merkel 2° 210, fol. 8r.

Wie eng die Ratsbürgerschaft mit dem Bau der Nürnberger Frauenkirche verflochten war, belegt die Abzeichnung eines verlorenen Glasgemäldes mit der Darstellung des vor dem thronenden Kaiser knienden Ratsherrn Ulrich I. Stromer vom Zotenberg in pelzbesetztem Mantel. Dieser war als Empfänger der „Markturkunde" Karls IV. (Kat.-Nr. 14.3) beim Judenpogrom 1349 federführend und tritt in der Frauenkirche auch als Stifter der Statue des böhmischen Landesheiligen Wenzel im Chor auf. Der Platz der Scheibe war nach dem Geschlechterbuch des späteren Kirchenmeisters Hans IX. Stromer von 1514 „hinter dem altar im fenster, das kaisser karll hatt lassen machen".[1]

Zwar sprechen die Vasallenhaltung, die Vermeidung direkter Berührung und der gegenüber Karl IV. verkleinerte Figurenmaßstab eine demütige Sprache. Doch wurde die Darstellung eines Ratsherrn gemeinsam mit dem Kaiser per se stets als exzeptionell empfunden, wie ihre frühe Erwähnung durch Hans Stromer belegt, der daraus plausibel eine entscheidende finanzielle und organisatorische Beteiligung seines Vorfahren an der Errichtung der Kirche ableitete.[2] Dass Karl ihn jedoch sogar zur Grundsteinlegung angewiesen habe, ist entgegen anderen Vermerken ebenfalls erstmals an selber Stelle überliefert und daher wohl eine Familieninteressen geschuldete Ausschmückung. Dennoch hat der Vorschlag von Hartmut Scholz[3] etwas für sich, hier den Auftrag zum Bau der Kapelle als Bedingung des Marktprivilegs dargestellt zu sehen.

Schon Andreas Würfel kannte 1761 die Scheibe seiner Formulierung nach wohl nur noch aus Berichten;[4] Leonhard Stephan Link[5] fand sie explizit nicht mehr in der Kirche vor. Die Zeichnung kopiert eine nach 1729 von Johann Jakob Schwarz angefertigte „Mahlerey",[6] wobei unklar ist, ob dieser seinerseits die Darstellung im Original gesehen oder aus einem von Link 1787 erwähnten „alten Kirchen-Buch" übernommen hatte. Dafür spräche, dass sie sich z. B. in einer Mappe mit Abzeichnungen von Wappen- und Stifterscheiben um 1730 im Stromerarchiv[7] nicht wiederfindet. Trotz aller Zwischenstufen und der daraus resultierenden Schematisierung tradiert die Zeichnung unverkennbar karolinische Stilmerkmale, wohingegen das Wappen in dieser Form eine Zutat frühestens des 16. Jahrhunderts ist.

Benno Baumbauer

LITERATUR
WÜRFEL 1761, 15. – WÜRFEL/HIRSCH 1766, 223. – LINK 1787, bes. 9. – MURR 1804/II, 7. – HEGEL 1862/II, 8. – OIDTMANN 1907, 27f. – STROMER 1951, 10. – FRENZEL 1962, 1–3. – STROMER 1963/64, bes. 57. – ADAM 1972. – STROMER 1978/I, Abb. 2. – Ausst.-Kat. Nürnberg 1979, 82f., Kat.-Nr. D 42–44. – BLOHM 1990, 125–129. – HESS 2007, 342. – RADLMAIER 2008, 181, 434, Kat.-Nr. 206. – SCHUBERT 2008, 72. – SCHOLZ 2009, 221f. – NORTHEMANN 2011, 120, 304, Anm. 325–327. – SCHOLZ 2013, 392–419. – FAJT 2016/I, I (noch ohne Paginierung).

FUSSNOTEN
1 ADAM 1972, B 19, fol. 99v. – Bei HEGEL 1862 unvollständig zitiert. – Somit befand sich die Scheibe nicht, wie oft angenommen, in einem Stromerschen Familienfenster. Eine weitere im Stromerarchiv (ADAM 1972, A 22) befindliche (!) Abzeichnung einer Stifterscheibe des 14. Jahrhunderts (SCHOLZ 2013, Fig. 337) mit der Beschriftung „Dankgebet des Ulman I. Stromair." lässt sich eventuell auf die Frauenkirche beziehen, da dieser später häufig mit Ulrich verwechselt wurde.
2 HEGEL 1862/II.
3 SCHOLZ 2013, 407f.
4 WÜRFEL 1761.
5 LINK 1787.
6 Ausst.-Kat. Nürnberg 1979, 82.
7 ADAM 1972, A 22.

10.3

10.4 Wappenstein mit dem böhmischen Löwen vom Westportal von St. Lorenz

Nürnberg, nach 1353.
Wohl Vacher Sandstein, ursprünglich gefasst; H. 76 cm; B. 71 cm, T. 22 cm; Oberfläche stark verwittert.
Provenienz: Nürnberg, Pfarrkirche St. Lorenz, Westportal (1340er Jahre). – Seit 1921 als Dauerleihgabe im Germanischen Nationalmuseum. Nürnberg, Germanisches Nationalmuseum, Inv.-Nr. A4035.

Die Westfassade der St. Lorenzkirche in Nürnberg wird von zwei schlanken, hoch aufragenden Türmen beherrscht, deren Geschossgliederung klar an den Gesimsen und Friesen und je einem mittig sitzenden Fenster ablesbar ist. Die Türme nehmen den westlichen Abschluss des Mittelschiffs mit seinen drei Zonen Westportal, Rosenfenster und Maßwerkgiebel in ihre Mitte. Zwischen Strebepfeiler gespannt, tritt die Wandfläche, in die der hohe Spitzbogen des Westportals einschneidet, ein Stück aus der Flucht, der die gesamte Westfassade sonst unterliegt, hervor. Für den Betrachter wird dieser Vorsprung an der Maßwerkgalerie des Laufgangs deutlich, die den oberen Abschluss der Portalwand bildet.

Das Vortreten der Portalwand hat einen praktischen und einen ikonologischen Grund. Um das Portalgewände mit Nischen, Kehlen und Birnstäben gestalten zu können, war eine größere Mauerstärke nötig, als sie für die Umfassungsmauern der Türme verwendet wurde. Darüber hinaus erinnert eine derart kompakte und mit horizontalem Akzent versehene Portalanlage auch an einen antiken Triumphbogen. Es ist davon auszugehen, dass ein solche Assoziation mit Absicht hervorgerufen wurde; ob aus ekklesiologischen oder weltlich-repräsentativen Gründen, bleibt offen. Wenn die Könige von Süden oder Westen in die Stadt einzogen und zu Burg oder Rathaus strebten, kamen sie an der Lorenzkirche vorbei. Mit der Zweiturmfassade stellte die Reichsstadt Nürnberg eine prominente Wegmarke an die königliche Route.

In der leeren Mauerfläche der Portalzwickel fällt das Allianzwappen Karls IV. und Annas von Schweidnitz sofort ins Auge; die beiden Wappenschilde sind erhaben reliefiert und präsentieren auf der rechten (heraldisch linken) Seite den Schlesischen Adler und auf der linken (heraldisch ranghöheren) Seite den steigenden doppelschwänzigen Löwen des Königreichs Böhmen. Wie bei Heiratswappen üblich, ist das Wappentier des Mannes gespiegelt, um sich dem Wappentier der Frau zuwenden zu können. Die Ehe bestand vom 27. Mai 1353 bis zum Tod Annas am 11. Juli 1362.[1] Die Portalanlage selbst war schon in den 1340er Jahren errichtet worden; eine Datierung vor die Jahrhundertmitte wird aufgrund des Stils der Portalfiguren, der sich beispielsweise von demjenigen der Skulpturen in der Westvorhalle der Frauenkirche (gew. 1358) deutlich unterscheidet, für wahrscheinlich gehalten.[2] Auch von den Figuren der Heiligen Drei Könige, die um 1355 an zwei Langhauspfeilern im Kircheninneren einer älteren Madonnenfigur hinzugefügt wurden, ist die Westportalskulptur abzurücken. Hingegen besteht wohl ein Zusammenhang zwischen der Dreikönigsgruppe, deren Konsolsteine die Stifterwappen von Bürgerfamilien schmücken, und den nachträglich in die Fassade eingebrachten Wappensteinen Karls und Annas, die mit dem Reichsadler[3] in der Mitte der Maßwerkgalerie eine Trias bilden: Die Bürger der Reichsstadt bekennen sich zu ihrem Stadtherrn Karl IV. Dieser hatte nach der Kaiserkrönung 1355 einen Hoftag in Nürnberg einberufen, an dessen Ende der Erlass der Goldenen Bulle stand, in der die Stadt an der Pegnitz den ersten Hoftag jedes neuen Königs zugesprochen bekam.

Christian Forster

LITERATUR

Ausst.-Kat. Köln 1978, I, 360 (Günther BRÄUTIGAM). – FISCHER 1989, 331–336. – SUCKALE 1993/I, 156f. – Ausst.-Kat. Regensburg 2014, 235, Kat.-Nr. 5.19 (Frank Matthias KAMMEL). – POPP 2014, 33–35, 207, 334, 336, 344, 347 und Kartierung 352, Abb. 5.2.5.29. – FAJT 2006, II, Kap. VII.1.

FUSSNOTEN

1 MACHILEK 1990, 317–322.
2 SUCKALE 1993/I, 156f. – Demnächst FAJT 2016/I, II.
3 Der Reichsadler wurde während der umfassenden Restaurierung 1903–17 aus der Galerie des Laufgangs ausgebaut und ist dort durch eine Kopie vertreten. Er ersetzte seit 1865/66 einen Wappenstein, der seinerseits 1823/24 eingebaut worden war, um einen doppelköpfigen Reichsadler zu ersetzen, den man in dieser Form nicht für ursprünglich hielt, da der Doppeladler erst unter Sigismund (deutscher König 1411–37) als Wappentier des Reichs eingeführt worden war.

10.5 Thronende Madonna aus der Moritzkapelle

Nürnberg, um 1335.
Nürnberger Keupersandstein, Reste von Rotgrundierung und Gold;
H. 91 cm, B. 41 cm, T. 29 cm.
Nürnberg, Germanisches Nationalmuseum, Inv.-Nr. Pl. 2283.
Nur in Nürnberg ausgestellt.

Die Muttergottes thront auf einer breiten Bank ohne Lehne und wendet sich nach rechts. Der Jesusknabe steht auf ihrem linken Oberschenkel und hält ein Kästchen, offenkundig das Geschenk, das er soeben von dem ersten, ältesten der Heiligen Drei Könige erhalten hat, der einst, der Bildtradition folgend, vor ihm kniete. Die Könige näherten sich somit von rechts, sind aber zu ungenanntem Zeitpunkt verloren gegangen. Maria trägt ein hoch gegürtetes Kleid, darüber einen Mantel, den sie auch über die Knie gezogen hat und der in stämmigen, abknickenden und eingedellten Röhrenfalten zu Boden fällt, sodass die Figur einen kräftig-plastischen „Sockel" zu erhalten scheint. Das Haupt ist von Lilienkrone und Schleier bedeckt. Das eher rundliche Gesicht mit gewölbter Stirn und mandelförmigen Augen wird von einem gleichmäßig ondulierten Haarkranz gerahmt.[1] Auffällig ist, dass Jesus ein modisches Kleidchen mit Gugel und Schlupfärmeln trägt – ungewöhnlich für die Darstellung des künftigen Erlösers, der hier offenbar den stets in aktueller Mode gekleideten Königen angepasst wurde.

Schon dies lässt darauf schließen, dass es sich bei der Gruppe um eine zumindest königsnahe Stiftung handelte – kein anderes Thema eignete sich ja besser für hochfürstliche oder herrscherliche Repräsentation, seit die sog. Gebeine der Könige unter Kaiser Friedrich I. Barbarossa in den Kölner Dom überführt worden waren.

Der Stil der Madonna ähnelt stark dem im Zweiten Weltkrieg stark beschädigten Relief, das den thronenden Kaiser Ludwig IV. den Bayern (* 1282/86, reg. 1314–47) zeigt und gegen Ende der 1330er Jahre im neu errichteten Rathaussaal angebracht wurde (Abb. 37). Etwas früher dürfte die Dreikönigsgruppe für die Moritzkapelle geschaffen worden sein. Es ist nicht gesichert, dass es der Kaiser selbst war, der hier stiftete; freilich spricht dafür auf den ersten Blick die Ähnlichkeit mit anderen vom Kaiser und seinem Umfeld in Auftrag gegebenen Skulpturen, so mit der Madonna aus dem früheren Münchner Angerkloster.[2] Aber im Mittelalter war es nicht nur in Nürnberg öfter der Fall, dass herrscherliche Repräsentation mit Hilfe der Bürger verwirklicht wurde, die ja meist auch Gründe hatten, sich dem Herrscher entgegenkommend zu zeigen.

Einen solchen Ablauf hat Jiří Fajt anhand der Patrozinien für die von der Stadt intendierte – und mit dem Herrscher vermutlich abgesprochene – Königsnähe der Moritzkapelle insgesamt nachgewiesen.[3] Sie schloss bis 1521 den Friedhof der Nürnberger Hauptpfarrkirche St. Sebald nach Norden hin ab, nach dessen Verlegung und Auflassung den Sebalder Platz. Allerdings war sie auch erst 1312/13 von ihrer ursprünglichen Stelle nördlich des Hauptmarkts an diesen Platz verlegt worden. Ihr Hauptaltar wurde dabei dem Reichsheiligen Mauritius, ein zweiter Altar dem böhmischen Landesheiligen, dem ermordeten und später heiliggesprochenen Herzog Wenzel, geweiht. Während Ersteres in einer Reichsstadt sehr verständlich ist, lag das Wenzelspatrozinium weniger im Interessenspektrum der Bürgerschaft einer außerböhmischen Stadt. Zudem stammten alle weiteren eingelegten Reliquien von königlichen oder königsnahen Heiligen. Höchstwahrscheinlich war der namentlich überlieferte Kapellenstifter, Eberhard Mendel († 1315), Mitglied einer der führenden Familien Nürnbergs, an Verhandlungen mit Kaiser Heinrich VII. beteiligt, die am 11. Juni 1313 in Pisa zur Verleihung des für die Reichsstadt sehr bedeutsamen Privilegs führte, mit dem die Positionen des Stadtrats und des Reichsschultheißen grundlegend neu geregelt wurden – und zwar zugunsten der Stadt. Es verwundert daher kaum, dass schon im Vorfeld den wichtigsten Reichspatronen – Böhmen war 1310 durch Heirat an die Luxemburger gefallen! – gehuldigt und, mehr noch, die Kapelle neben die wichtigste Nürnberger Kirche verlegt wurde, die bei Kaiserbesuchen eine bedeutende Rolle spielte. So war es nur folgerichtig, dass auch unter dem Nachfolger Ludwig IV. wieder eine das Königtum feiernde und zudem von einer königsnahen Werkstatt ausgeführte Skulpturengruppe angebracht wurde, vermutlich im Chor, in der Nähe des Hochaltars. Leider lässt sich dies durch die totale Zerstörung der Kapelle 1944 nicht mehr am Objekt überprüfen. Eine weitere, vielleicht ebenfalls zu dem Ensemble zu zählende Skulptur, einen Propheten darstellend, ging damals ebenfalls verloren; immerhin ist von ihr ein Abguss erhalten.

Direktes kaiserliches Wohlwollen erreichte die Moritzkapelle dann 1361, als der dritten Gemahlin Karls IV., Anna von Schweidnitz (1339–62), auf der Nürnberger Burg der lang ersehnte Thronfolger Wenzel geboren wurde. Es wundert kaum, dass das gesellschaftliche Großereignis der Prinzentaufe zwar in St. Sebald stattfand (das war schon aus Platzgründen kaum anders möglich), die außergewöhnlichen, bis zur Zerstörung 1944 an dieses Ereignis erinnernden Wandmalereien des Hofmalers Sebald Weinschröter aber in der Nähe ebenjener beiden Altäre der Reichspatrone in der Moritzkapelle angebracht wurden – der Patrone der Reiche, die auch der kleine Wenzel nach dem Tode Karls IV. 1378 erben sollte. Baulich hat man an der Moritzkapelle damals keine Veränderungen mehr vorgenommen. Dies geschah dann, nachdem die Stadt in den Jahren zuvor die Vorbereitungen getroffen hatte, just in der Zeitspanne zwischen der Geburt Wenzels 1361 und dem Tode Karls an der Sebalduskirche: Sie erhielt damals ihren monumentalen Hallenchor, in dem nun der Stadtpatron Sebaldus, ebenfalls von königlichem Geblüt, seine herausgehobene Position auf dem Hauptaltar erhielt.

Markus Hörsch

LITERATUR
SUCKALE 1993/I, 110–112, 256f., Kat.-Nr. 67. – FAJT 2016/I, I

FUSSNOTEN
1 Die stilistisch äußerst ähnliche Skulptur einer Verkündigungsmaria findet sich am Haus Untere Königstraße 22 in Bamberg; über deren Provenienz ist mir nichts bekannt. Da in Bamberg dieser auf die Skulpturen des um 1331 errichteten Lettners und Chorgestühls der Liebfrauenkirche von Oberwesel (vgl. Essay Hörsch, Repräsentation) verweisende Stil sonst nirgends vorkommt, ist eine Herkunft dieser Skulptur aus Nürnberg nicht unwahrscheinlich.
2 München, Bayerisches Nationalmuseum, Inv.-Nr. MA 962. SUCKALE 1993/I, 108, Abb. 88; 254, Kat.-Nr. 62.
3 FAJT 2016/I, II.

10.6 / Detail

10.6

10.6 Ehemalige Wandmalereien der Moritzkapelle in Nürnberg

Nürnberg, Sebald Weinschröter (zugeschrieben), 1361–65.
Wandmalerei; genaue Maße unbekannt.
Nürnberg, ehemals St.-Moritz-Kapelle am Friedhof der Stadtpfarrkirche St. Sebald. 1944 zerstört.

Die 1902 aufgedeckten Wandmalereien der Nürnberger Moritzkapelle (vgl. Kat.-Nr. 10.5) gingen durch die Zerstörung des Baus am 3. Oktober 1944 restlos verloren, glücklicherweise nicht, bevor sie 1943/44 im Rahmen des sog. „Führerauftrags Monumentalmalerei" durch die Firma Müller und Sohn fotografisch dokumentiert wurden (www.zi.fotothek.org). Untergegangen ist damit auch eines der außergewöhnlichsten Zeugnisse kaiserlich-dynastischer Bildrepräsentation Karls IV.: ein Zyklus der Geburt und Kindheit des 1361 in Nürnberg zur Welt gekommenen Thronfolgers Wenzel IV. an der Nordwand des zweiten Jochs von Osten.

Die Malereien füllten das Bogenfeld des Kapellenjochs nicht gänzlich aus, sondern waren durch eine spitz zulaufende Bogenrahmung mit Eichenlaubstab gefasst. Freigelegt wurden vier Szenen in zwei Registern, die nur knapp unter die Kämpferzone reichten. Die späteren Wandgemälde der Kapelle legen zwar nahe, dass sich nach unten hin weitere Bildfelder angeschlossen haben, doch wurden dort aufgrund der Renovierung der Kapelle im 19. Jahrhundert keine Reste mehr gefunden.[1]

Die am weitesten raumgreifende Szene im oberen Abschnitt des Bogenfelds spielt sich in einem umzäunten, von Bäumen gesäumten Garten ab, der Assoziationen zum alttestamentlichen Hohen Lied der Liebe wecken soll. Durch das geöffnete Türlein ist ein Bote eingetreten, um einer vornehm gekleideten Dame eine versiegelte Urkunde zu überbringen. Links sind jenseits des Zauns die Überreste einer gekrönten Gestalt zu erkennen, die nach den Beschreibungen des frühen 20. Jahrhunderts gerade vom Pferd gestiegen war und von einer weiteren Figur begleitet wurde.

Verstand man die Szene bisher als Brautwerbung Karls IV. um seine dritte Ehefrau Anna von Schweidnitz, deutete Jiří Fajt sie überzeugender als Abwandlung eines Bildtypus' der Verkündigung an Maria, bei dem ihr der Erzengel Gabriel eine Urkunde überreicht, um die Verbindlichkeit des Bundes zwischen Gott und den Menschen anzuzeigen.[2] In Anlehnung daran verkündete der Bote in St. Moritz Königin Anna ihre Schwangerschaft. Die Urkunde unterstreicht in Kombination mit dem herabgleitenden Adler über ihrem Haupt als Symbol des Reiches den Rechtsanspruch des Stammhalters auf die Thronfolge qua Geburt. Bisher ungedeutet blieb die Beschriftung des Dokuments, die – abgesehen von dem Wort „salve" am Ende – kaum noch zu entziffern ist.

Die Darstellungen des unteren Registers sind durch aufwendig geschmückte, perspektivisch ins Bild gesetzte „Architekturgehäuse"[3] gerahmt. In der ersten Szene war einst die Geburt Wenzels dargestellt: Hugo Kehrer erkannte noch Überreste des Wochenbetts mit einer grünen Decke.[4] Rechts der Leerstelle ist in einer Arkadenarchitektur mit kassettierter Decke der Kaiser mit dem Neugeborenen auf dem Arm in Begleitung zweier weiterer Figuren zu sehen. Die folgende Szene zeigt unter einem rippengewölbten Baldachin mit gewirtelten Säulen die Taufe Wenzels in Gegenwart beider Eltern sowie weiterer Hofleute; der Täufer, der dem Kaiser den Säugling darreicht, ist durch sein Pallium als Erzbischof gekennzeichnet. Eine gemalte Skulpturengruppe der Verkündigung an der Bildarchitektur setzt die Geburt Wenzels erneut in Analogie zur Fleischwerdung Christi. Die letzte überlieferte Darstellung behandelt die Unterrichtung des jungen Prinzen und weiterer Knaben in Gegenwart des Kaisers.

Da diese Szene den Prinzen bereits im Kindesalter zeigte, ging die ältere Forschung von einer Entstehung des Zyklus erst um 1370 aus. Wie Fajt darlegt, ist eine Datierung zu Beginn der 1360er Jahre vorzuziehen, denn ein derart prominenter Auftrag hatte sich auch künstlerisch auf der Höhe der Zeit zu zeigen. Dies betrifft sowohl die neuartige Figurenauffassung mit den monumentalen, plastisch modellierten Gestalten, als auch deren Einbettung in die charakteristischen Bildarchitekturen bzw. perspektivisch ausgebildete Landschaftsszenerien. Enge stilistische wie motivische Parallelen finden sich sowohl in den spärlichen Zeugnissen der frankoflämischen Kunst wie auch der Karlsteiner Malerei Nikolaus Wurmsers († 1363/64) und seiner Vorgänger; der leitende Künstler scheint unmittelbare Kenntnis westlicher wie östlicher Kunstzentren besessen zu haben.

Ein plausibler Anlass für die Bestellung der Malereien wäre demnach die Taufe Wenzels am 11. April 1361 in der räumlich und liturgisch mit St. Moritz verbundenen Sebalduskirche, die Karl IV. in einen mehrtägigen Festakt im Rahmen eines prominent besuchten Reichstags einbettete. Dennoch bleiben Fragen offen: Blieb zwischen Wenzels Geburt am 26. Februar und der Taufe am 11. April genügend Zeit für die Ausführung – gerade auch angesichts der für die Wandmalerei problematischen Jahreszeit? Warum ist der Erzbischof als junger Mann dargestellt, war doch der Prager Metropolit Ernst von Pardubitz, der die Taufe vornahm, zum damaligen Zeitpunkt bereits 64 Jahre alt? Hingegen ist es problemlos vorstellbar, dass man eine Szene wie die Unterrichtung des Prinzen chronologisch vorwegnahm.[5]

Die gerne getroffene und dabei als Schritt hin zu einem „aufgeklärten" Weltbild begriffene Kategorisierung der Malereien als „profan" steht dem Herrschaftsverständnis Karls IV. entgegen. Der Zyklus orientierte sich an Szenen aus dem Leben Christi, aber auch aus Heiligenlegenden: So findet sich eine Parallele zur Unterrichtung des Thronfolgers in der Unterrichtung des Heiligen Wenzel durch den Priester Kaich im Karlsteiner Treppenturm. Angesichts der Namenspatronage des böhmischen Landesheiligen für den Thronfolger und des unmittelbaren räumlichen Bezugs zum Wenzelsaltar der Kapelle wird überdeutlich, dass solche Übereinstimmungen ikonologisch bedingt sind: Keinesfalls durchläuft die Kunst durch diese Darstellungsweise einen Prozess der Profanierung; sie wird vielmehr zum Instrument einer Sakralisierung des luxemburgischen Kaisertums. Das hochpolitische und zugleich zutiefst persönliche Bildprogramm lässt mit einiger Wahrscheinlichkeit auf einen Auftrag Karls IV. an einen kaiserlichen Hofkünstler schließen, wofür in Nürnberg eigentlich nur der Maler Sebald Weinschröter in Frage kommt.

Ein weiteres, ehemals im vierten Joch von Osten befindliches Wandbild, das den Heiligen Christophorus zeigte, verrät die Kenntnis der wuchtigen Kopftypen Meister Theoderichs in der 1365 geweihten Heilig-Kreuz-Kapelle von Burg Karlstein.

Benno Baumbauer

LITERATUR
GEBHARDT 1908, 12f., 15f., 19f. 23. – ABRAHAM 1912, 287. – KEHRER 1912/I, 57–60, 68f. – KEHRER 1912/II. – STANGE 1936, 162. – WAMMETSBERGER 1967, 82, 91. – SCHWEMMER 1978, 540–543. – MULZER 1992, 44f. – SUCKALE 1993/I, 111 mit Anm. 45, 199, Anm. 76, 257. – SCHÄDLER-SAUB 2000, 55 mit Abb. 32, 82, 133f., 139f. mit Abb. 25. – SCHOLZ 2002, 56f., 60f. – Ausst.-Kat. Prag 2006, 125f., Kat.-Nr. 32 (Jiří FAJT). – FAJT 2006/I, 73f. – FAJT/BOEHM 2006, 462. – FAJT/HÖRSCH 2006/II, 361–363. – HESS 2007, 343. – SCHOLZ 2007, 10, 70. – SCHOLZ 2009, 223f., 229f. – SCHOLZ 2013, 40, 42, 89, 177f., 408. – FAJT 2016/I, I (noch ohne Paginierung).

FUSSNOTEN
1 FAJT 2016/I, I.
2 FAJT 2016/I, I.
3 SCHÄDLER-SAUB 2000, 82.
4 KEHRER 1912/I (1957/II), 65f. – Bei GEBHARDT 1908 ist davon keine Rede.
5 FAJT 2016/I, I.

10.7.a–c Fragmente des Baldachinretabels vom Marienaltar der Nürnberger Klarissenkirche

Nürnberg, Sebald Weinschröter (zugeschrieben), um 1362.
Tempera auf Eichenholz, mit Leinwand überzogen, Blattgold und lasiertes Silber; H. des Retabels ca. 150 cm, H. der Flügel ca. 90 cm, B. 27 cm.
Provenienz: Nürnberg, Klarissenkirche St. Klara, Altar vor dem südlichen Abschnitt der Ostwand des Hauptschiffs.

a. Marienkrönung / Kreuztragung (oberer Teil)
H. 35,2 cm, B. 25,1 cm.
Provenienz: Köln, Johann Peter Weyer (1852). – Frankfurt, Städelsches Kunstinstitut (1928).
Frankfurt am Main, Städel Museum und Städtische Galerie, Inv.-Nr. SG443.

b. Vision der hl. Klara / Kreuztragung (unterer Teil)
H. 40 cm, B. 27 cm.
Provenienz: Großbritannien, Kunsthandel (1978). Schottland, Privatsammlung.

c. Josef mit Maria im Gespräch / Christus als Schmerzensmann (oberer Teil)
H. 39,5 cm, B. 27 cm.
Provenienz: Berlin, Sammlung Solly. – Seit 1821 Gemäldegalerie, Berlin.
Berlin, Staatliche Museen zu Berlin – Preußischer Kulturbesitz, Gemäldegalerie, Kat.-Nr. 1216.

Nicht ausgestellte Teile:
d. Stigmatisation des hl. Franz von Assisi / Christus als Schmerzensmann (unterer Teil). – H. 44,2 cm, B. 27,2 cm. – Provenienz: New York, Auktion (1994). – Berlin, Deutsches Historisches Museum, Inv.-Nr. Gm 94/1.

e. Hl. Johannes der Evangelist mit dem hl. Johannes dem Täufer / Kreuzigung mit Fragment einer unbekannten Szene. – Provenienz: Frankfurt/M. Sammlung Harry Fuld. – Seit 1928 verschollen.

Das Nürnberger Magdalenerinnenkloster von Mitte des 13. Jahrhunderts wurde 1278 auf Beschluss des Bamberger Bischofs Berthold von Leiningen (reg. 1257–85) dem von der Hl. Klara (1193–1253) gegründeten Klarissenorden inkorporiert. Von der früheren Ausstattung der Klosterkirche St. Klara ist ein erstaunlich großer Gemäldebestand überliefert, dessen Werke sich nicht nur im Hinblick auf Stil und Motive auffällig ähneln. Verknüpft sind sie auch durch die einheitliche Vergoldung und Verzierung

10.7.a

10.7.c

10 ✳ Nürnberg – Metropole Karls IV.

10.7.a / Detail

444   10 ✳ Nürnberg – Metropole Karls IV.

10.7.b / Detail

10 ❋ Nürnberg – Metropole Karls IV. **445**

10.7.b

10.7.d 10.7.e 10.7.e

446 10 ∗ Nürnberg – Metropole Karls IV.

mit gepunzten Ornamenten, die für den Hintergrund der figürlichen Szenen verwendet wurde. Dies gestattet Überlegungen zur Herkunft aus einer einzigen Malerwerkstatt, wobei an der Ausführung mehrere Hände beteiligt waren. Vermutlich handelt es sich um Belege für eine Ausstattungskampagne der Nürnberger Klarissenkirche in der Zeit um 1360, in deren Rahmen alle vier dortigen Altäre neue Baldachinretabel erhielten (siehe Kat.-Nr. 10.7). Dieser im Hoch- und Spätmittelalter beliebte Retabeltyp erinnerte in seinem Aufbau an eine Turmarchitektur, unter der sich eine Skulptur des Hauptheiligen befand, während die Konstruktion von den Seiten und von vorn mit vier beweglichen, bemalten Flügeln geschlossen wurde.

Den künstlerisch bemerkenswertesten Komplex bilden die vier erhaltenen Tafelbilder eines Retabels, das auf dem Maria geweihten Seitenaltar vor dem südlichen Abschnitt der Ostwand des Hauptschiffs von St. Klara stand. Der Schwerpunkt des ikonografischen Programms des geschlossenen Retabels liegt auf Christus dem Erlöser: An wichtigster Stelle, heraldisch rechts, befand sich Christus als Schmerzensmann; die Innenseite dieses Flügels schmückten Szenen der Diskussion zwischen Josef und Maria (oben) und der Stigmatisierung des hl. Franziskus (unten). Gegenüber war außen der kreuztragende Christus dargestellt, innen die Marienkrönung (oben) und darunter die Vision der hl. Klara. Christus als Schmerzensmann mit den Wunden seines Märtyrertodes war also wichtiger als der erst nach Golgatha ziehende Erlöser; die Szene mit dem erregten Josef, der gerade vom gesegneten Zustand seiner Frau Maria erfahren hat, geht wiederum der Himmelskrönung der Mutter Christi nach ihrem Tod voran, ebenso wie Franz als Ordensgründer aus Sicht der mittelalterlichen Hierarchie Vorrang vor seiner frommen Nachfolgerin Klara besitzt.

Unter dem Baldachin stand wohl eine Statue der Jungfrau Maria, der das Retabel auch geweiht war. Auf das Kind Jesus bezogen sich die beiden oberen Szenen des geöffneten Retabels. In der ersten wird Maria als Schwangere gezeigt, ein eher seltenes Motiv, das jedoch in Nürnberg nach der Geburt von Karls sehnsüchtig erwartetem Sohn Wenzel im Jahr 1361 und der Ausführung des ungewöhnlichen, zugleich „dokumentarischen" wie hagiografisch überhöhenden Wandgemäldezyklus in der Moritzkapelle eine ungewohnte Blüte erlebte.

Die Inschriftenbänder auf den Szenen erweitern die Bildmitteilung um Akzente der biblischen Botschaft. So sagt Maria etwa dem überraschten Josef: „dominus possedit me [Der Herr hat mich gehabt (von Anbeginn an)]" (Spr 8,22), worauf Josef antwortet: „vere apud te est fons vide [Wahrlich, bei Dir ist der Quell des Lebens]" (Ps 35,10). Die Erregung des Gesprächs spiegelt sich im lebhaften Gestikulieren der Beteiligten; sie sitzen auf einer einfachen Holzbank unter einer bemerkenswerten, räumlich konzipierten Baldachinkonstruktion mit offener Zentralkuppel und an den Seiten zwei flachen Kassettendecken, deren regelmäßiges schwarz-rotes Quadratraster Motive aus den Wandgemälden der Moritzkapelle wiederholt. Im Hintergrund ist zwischen die beiden Protagonisten ein gotisches Maßwerkfenster gezwängt, auf der Banklehne balancieren zwei musizierende Engel mit entfalteten Pfauenflügeln. Die Kombination italienischer Elemente (architektonische Überhöhung der Szene) mit nördlich der Alpen verwendeten Motiven lässt hier freilich im Vergleich zur italienisierenden Malerei im luxemburgischen Prag die Logik von Konstruktion und Raum vermissen, wie ein Vergleich mit der Tafel des Marientodes aus Košátky (Kat.-Nr. 7.2) besonders gut belegt.

Erhaben wirkt auch das Gegenstück dieser Szene, die Marienkrönung, die sich vor einem fantastischen, kompliziert gebauten architektonischen Thron abspielt, dessen dunkelgrüne, tordierte, in der Art der römischen Cosmaten gestaltete Säulen, die Maria von Christus trennen, an die Säulen jenes Baldachins erinnern, unter dem Wenzel IV. in der Wandmalerei der Moritzkapelle getauft wurde. Maria sitzt in silbergrünem Kleid und Goldmantel mit reichem Pflanzendekor zur Rechten Christi, der wiederum in ein prächtiges dunkelgrünes Gewand mit rotem Futter gehüllt ist, das Eichblattmotive und Gott symbolisierende Akeleiblüten zieren. Mutter und Sohn werden im Sinn der christlich-moralistischen Auslegung des Hohen Liedes Salomos als Bräutigam und Braut dargestellt. Maria ist also nicht nur die Himmelskönigin, die Königin der Kirche, sondern zugleich auch die Christus anverlobte Seele, wie übrigens auch die Inschriftenbänder verkünden: Bei Maria liest man „dileldus meus ame [?] loquidur [eigtl. „dilectus", d. h. Der Geliebte spricht zu mir]", worauf Christus mit „veni electa mea … [Komm, meine Erwählte …]" reagiert (Hld 2,10). Die liebliche Atmosphäre dieser Szene wird durch die Himmelsmusik komplettiert, die Engel auf Orgelportativ und Psalterium erklingen lassen.

Unter der Szene mit Josef und Maria befindet sich der hl. Franz, der sich 1224 in die Einsamkeit auf dem Berg Alverno zurückgezogen hatte, um vor einer einfachen Kapelle mit Strohdach die wundersame Begegnung mit einem himmlischen Wesen, eines gekreuzigten Mannes mit seraphischen Flügeln zu erleben, bei der er die Stigmata Christi empfing. Gemäß der vom hl. Bonaventura um 1260 verfassten Legende soll es sich um Christus selbst gehandelt haben. Christus machte Franziskus so zu seinem Abbild, zu einem zweiten Christus.[1] Franziskus ist im Moment seiner spirituellen Geburt dargestellt, was im übertragenen Sinn auf die obere Szene verweist, denn so wie Franz von Gott geschaffen wurde, wurde Christus auf Entscheidung Gottes in die Jungfrau Maria entsandt.

Auf ähnliche Weise ist die untere Szene der Vision der hl. Klara mit der Marienkrönung auf dem gegenüberliegenden Flügel verbunden: Klara betet vor einem Altar unter einem Baldachin mit Zinnen und Ecktürmchen auf stabförmigen Pfeilern. Auch hier kann man sich des Gefühls nicht erwehren, dass der Maler des Baldachinretabels und der Schöpfer der Wandmalereien in der Moritzkapelle von den gleichen Bildvorlagen ausgingen, die wohl im Rahmen einer einzigen Malwerkstatt geteilt wurden. Nur so lässt sich zum Beispiel die Übernahme des Baldachins auf vier Pfeilern mit flacher, rot-schwarzer Kassettendecke, Bogensims und einem den Pfeiler spiralförmig umwindenden Zierband erklären, der in überraschend verwandter Ausführung in beiden Malereien erscheint. Auf der Altarmensa steht ein Retabel in Form eines Diptychons mit Wimpergabschluss, Krabben und Fialen, der in den Glasmalereien des Waldstromer'schen Ostfensters in der gleichsam über die Straße gelegenen Spitalkirche St. Martha wiederholt wird. In der Form nimmt er außerdem ein weiteres Werk dieser umfangreichen Werkgruppe vorweg, nämlich das Retabel des Hauptaltars der Nürnberger Jakobskirche. Auf dem Tafelbild erscheint vor dem Altardiptychon auf einer Hostie im goldenen Kelch Jesus als kleines Kind. Klara wendet sich ihm in frommem Gebet mit der Bitte um Schutz zu – „o deus meus custodi has famulas tuas [O mein Gott schütze diese deine Dienerinnen]", und Jesus versichert ihr: „custodiam te et omnes sorores tuas [ich werde dich und alle deine Schwestern schützen]". Er wird von zwei Engeln begleitet, die die heilige Konversation kommentieren: „ecce panis angelorum [Siehe das Brot der Engel]", „vere Christus est thesaurus noster [Wahrlich, Christus ist unser Schatz]". Aus dem Himmel steigt ein dritter Engel herab und reicht Klara eine Lilienkrone, identisch mit der Krone, die Christus für die Krönung Marias verwendet. Klara wird so zur zweiten Maria – ähnlich wie in der Szene gegenüber der hl. Franz zum zweiten Christus wird. Der im 13. Jahrhundert von Thomas von Celano verfassten Biografie folgend wurde Klara gewöhnlich als Braut Christi präsentiert. Dem entspricht auch ihr Mantel aus prächtigem Brokatstoff mit einem goldenen Rhombennetz, der ihrer historisch überlieferten einfachen Lebensweise vollkommen widerspricht und viel eher auf Klara als Himmelskönigin anspielt. Die verschollene fünfte Tafel von deutlich niedrigerem künstlerischem Niveau war den hll. Johannes dem Täufer und Johannes dem Evangelisten gewidmet; auf der Außenseite befanden sich oben die Darstellung Christi im Tempel und darunter die Kreuzigung.

Eine vollständige Rekonstruktion des ikonografischen Programms des Baldachinretabels ist aufgrund seines fragmentarischen Überlieferungszustands unmöglich. Jedoch entsprechen die visionären Szenen – die Vision der hl. Klara und die Stigmatisation des hl. Franz – sowie die christologisch-mariologischen Kompositionen, die sich auf den kleinen Jesus (Josef mit Maria) oder auf das Anknüpfen einer individuellen emotionalen Beziehung zu Christus (Christus als Schmerzensmann, kreuztragender Christus) konzentrieren, sehr gut der exaltierten, auf ein Nacherleben von Kindheit und Leiden Jesu gerichteten Mystik damaliger Frauenklöster.

Ein auffälliges Kennzeichen des Baldachinretabels aus der Nürnberger Klarissenkirche ist die demonstrative Pracht, die durch die Verwendung teurer Materialien und komplizierter Verzierungstechniken erreicht wurde. Blattgold schmückt den Hintergrund der Innenseiten der Retabelflügel und die Heiligenscheine, während Blattsilber als Unterlage für die silberfarbenen Gewänder dient, die durch Lüsterung rot oder grün getönt und danach noch plastisch modelliert wurden. Silber befindet sich außerdem unter einigen Goldgewändern und unter den Pfauenflügeln der Engel, wo es jedoch mit gelber Lasur überdeckt ist. So wurde erreicht, dass sich diese goldenen Flächen in Ton und Glanz vom Blattgold auf dem Hintergrund der Tafeln abhoben. Das Nürnberger Retabel ist nicht nur durch die Verwendung dieser Verzierungstechniken der Hennegauer Marienverkündigung ebenbürtig, obwohl deren Ausführung zarter, genauer und regelmäßiger ist (Kat.-Nr. 10.8). Das luxuriöse und sicher auch kostspielige Retabel wirkt eher wie ein Objekt, das für einen höfischen Mäzen bestimmt war – und nicht für die Klarissen, die streng klausuriert in Armut und Kontemplation lebten.

Wer war der Besteller? Zu Füßen Christi als Schmerzensmann und des kreuztragenden Christus knien zwei Klarissen, die jedoch keine Identifizierungsmerkmale besitzen; dies spricht dafür, dass es sich nicht um konkrete, als Bestellerinnen auftretende Nonnen handelte, sondern eher um eine allgemeine Abbildung der Ordensfrauen als Vertreterinnen der Klostergemeinschaft. Der Nürnberger Konvent war außerdem schon lange nicht mehr so arm, wie es die spirituelle Ordensmutter Klara postuliert hatte: Die Klarissen erfreuten sich des direkten Schutzes der römischen Könige sowie besonderer Aufmerksamkeit der Nürnberger. Zu den großen Wohltätern der Klarissen gehörte z. B. die Patrizierfamilie Ebner: Friedrich († 1321), der erste Verwalter („Pfleger") des Klosters, wurde von den Klarissen sogar als Gründer gefeiert,[2] und ähnlich hohe Verehrung genoss hier Christina Ebnerin, die bekannte Mystikerin, die 1350 sogar von Karl IV. aufgesucht wurde.[3] Spiegelt der unübersehbare königlich-visionäre Akzent des ikonografischen Programms des Marienretabels, wo neben Maria auch die hl. Klara zur Himmelskönigin gekrönt wird, dann vielleicht die Tatsache wider, dass Karl IV. der Besteller gewesen sein könnte?

Der Marienaltar, für den das Retabel bestimmt war, wurde 1339 geweiht.[4] Zwei Jahre später richtete Konrad Groß, erblicher Reichsrichter, mächtigster Nürnberger Bürger und höfischer Amtsträger, bei diesem Altar eine Pfründe zur Lesung von Seelmessen für ihn und seine Vorfahren ein.[5] 1355 stiftete der Reichsforstmeister Konrad IV. Waldstromer († 1360) hier das ewige Licht, und nach Mitte des 14. Jahrhunderts fand Heinrich III. Stromer († um 1350–55), Ratsherr und burggräflicher Beamter, bei diesem Altar seine letzte Ruhestätte.[6] Den Besteller des Marienretabels werden wir also in diesem Kreis der zuoberst positionierten Mitglieder der damaligen Nürnberger Gesellschaft suchen müssen.

Jiří Fajt

LITERATUR
STANGE 1934, 116–118. – SCHMIDT 1975, 49–53. – BRINCKMANN/KEMPERDICK 2002, 33–54. – Ausst.-Kat. Frankfurt 2002. – FAJT 2004/06/II. – Ausst.-Kat. Essen/Bonn 2005, 512f, Kat.-Nr. 459a-d (Stephan KEMPERDICK). – Ausst.-Kat. Prag 2006, 123f, Kat.-Nr. 31 (Jiří FAJT). – FAJT 2016/I, I (noch ohne Paginierung).

FUSSNOTEN
1 Ausst.-Kat. Frankfurt/Main 2002, 26f. (Stephan KEMPERDICK; mit Verweis auf THODE 1904, 154–156. – KLEINSCHMIDT 1911, 92–101. – OS 1974.
2 Zu Friedrich Ebner: Nürnberg, Staatsarchiv, N Rep. Reichsstadt Nürnberg, Salbücher, Nr. 120, Salbuch der Klarakirche e von 1316, dort im Totenkalender fol. 23v zu den 17. Kalenden des September 18. Kal. ist Mariä Himmelfahrt, d. h. einen Tag vorher, der 15. August): „o[biit] fr[ater?] fridericus ebn[er] confr[ater?] noster et fundator huius ecclisicii".
3 LOCHNER 1872, 25. – Zitiert nach STRAUCH 1882, 387, Anm. 80. – Weiter soll ihr gesagt worden sein: „werstu an gesprochen von der welt, so sprich: ‚ich erwelt meinen kneht David in der alten e, also han ich mir in der newen e derwelt kunig Kareln'". (nur bei STRAUCH).
4 Weihe 1339, Juni 1 und 2: Weihbischof Peter von Bamberg weiht Kirche, Friedhof, Kreuzgang und den Magdalenenaltar. Außerdem setzt er die Feier der Weihe des Marienaltars fest. Druck bei KIST 1929, 150f., Nr. 12. – DEINHARDT 1936, 35f., Nr. 53 (hiernach zitiert).
5 Stiftungsurkunde 1341, März 26. Nürnberg, Staatsarchiv, Reichsstadt Nürnberg, Münchner Abgabe, Urkunde Nr. 604.4.
6 Nürnberg, Staatsarchiv, Reichsstadt Nürnberg, Klarakloster, Akten und Bände, Nr. 4/ohne Unternummer. – Für den freundschaftlichen Hinweis auf diese Quelle danke ich Gerhard Weilandt (Karlsruhe / Greifswald).

10.8 Verkündigung an Maria, sog. Sachs-Verkündigung, Flügel eines Diptychons

Nordfrankreich oder Niederlande, 1350–60.
Tempera und Öl auf Holz; H. 40,32 cm, B. 31,43 cm, T. 4,76 cm.
Provenienz: Herkunft unbekannt. – Besitz der Herzöge von Anhalt-Dessau (1863–1925). – Berlin, Kunsthandlung Charles Albert de Burlet (1882–1956). – Großbritannien, R. Langton Douglas (1864–1951). – Sammlung Hans Sachs (1881–1974). Cleveland (Ohio), The Cleveland Museum of Art, Mr. and Mrs. William H. Marlatt Fund, Inv.-Nr. 1954.393.

Die Tafel mit der Marienverkündigung, die nach ihrem früheren Besitzer Hans Josef Sachs (1881–1974) auch Sachs-Verkündigung genannt wird, bildete ursprünglich eine Hälfte eines zur Privatandacht bestimmten Diptychons. Gemeinsam mit einem ähnlichen Diptychon, das die Anbetung der Hll. Drei Könige und die Kreuzigung zeigt (Florenz, Museo Nazionale del Bargello, Inv.-Nr. 2038C) gehört sie zu den bemerkenswertesten Beispielen der westeuropäischen höfischen Malerei Mitte des 14. Jahrhunderts. Die lebhaft gestikulierenden, vollplastischen Figuren weisen keine Verbindung zum kalligrafischen Kunstverständnis der ersten Hälfte des 14. Jahrhunderts mehr auf. Vielmehr ist der Maler der Verkündigung ein führender Vertreter der „modernen" Kunstauffassung, deren Genese sich mit der Königsstadt Paris in Verbindung bringen lässt. Dort könnte sich das lokale, englisch beeinflusste Schaffen mit der Sieneser Malerei, deren Protagonisten damals am päpstlichen Hof in Avignon wirkten, vermischt haben. Zu den Kennzeichen der neuen Kunst gehörte ein ausgefeilter Sinn für die Realität und eine gesteigerte Körperlichkeit der menschlichen Figuren. Seit Ende der 1340er Jahre drang diese Kunst von England aus über Frankreich und die Niederlande intensiver in die Gebiete östlich des Rheins vor,[1] wie ein Vergleich der reich ausgestatteten figürlichen Szenerie der Sachs-Verkündigung mit dem marianischen Baldachinretabel aus dem Nürnberger Klarissenkloster (Kat.-Nr. 10.7) besonders eindrücklich zeigt. Die ungewöhnliche Intensität dieses künstlerischen Austausches belegen die Verwandtschaft der Figurentypen und der Physiognomie der Gesichter: Das zarte ovale Antlitz der Maria auf dem franko-flämischen Diptychon mit der hohen Stirn, den in der Mitte gescheitelten und frei fließenden Haaren, den kleinen mandelförmigen Augen unter hochgewölbten Augenbrauenbögen, dem spitzen Näschen und dem kleinen Mund, die in ihrer Gesamtheit dem Gesicht einen zärtlichen Ausdruck verleihen, findet seine getreue Wiederholung in der Nürnberger Szene der mit Josef diskutierenden Maria. Beide Arbeiten verbindet außerdem die plastische Modellierung der Körperformen, die sich deutlich unter den schweren, kostbaren Brokatstoffen abzeichnen. Mit dem Nürnberger Josef lässt sich außerdem auch das dreieckige Antlitz Gottvaters aus Cleveland gut vergleichen. Diese Marienszene mit dem im Profil abgebildeten, seine Pfauenflügel entfaltenden knienden Erzengel findet ein ähnliches Echo auch im Hauptaltarbild der Nürnberger Jakobskirche des Deutschen Ordens, das neben den verlorenen Wandgemälden der Moritzkapelle (Kat.-Nr. 10.6) zu den wichtigsten mit der höfischen Malwerkstatt des Sebald Weinschröter verbundenen Werken der Nürnberger Kunst gehört.

Die Meisterschaft der franko-flämischen Maler wurde nicht nur in Nürnberg, sondern auch im kaiserlichen Prag bewundert, wie das auffällig verwandte Werk des Nikolaus Wurmser aus Straßburg belegt: Er schuf den berühmten, nicht überlieferten Stammbaum des Kaisers im Palas der Burg Karlstein, dessen lebhaft gestikulierende Figuren noch im 16. Jahrhundert von einem geschickten Kopisten dokumentiert wurden (Kat.-Nr. 8.7). Vergleichbare künstlerische Inspirationsquellen verraten auch Meister Theoderichs Karlsteiner Wandgemälde Mariä Verkündigung aus der Zeit um 1363/64 und der einige Jahre jüngere Wandmalereizyklus im Kreuzgang des Klosters der slawischen Benediktiner in der Prager Neustadt (Emmauskloster).

Wie lässt sich die intensive Spur der franko-flämischen Malerei in Nürnberg erklären? Für eine Tätigkeit westeuropäischer Maler in der mitteleuropäischen Metropole fehlen die Belege. Wahrscheinlicher dürfte eine Vermittlerrolle einzelner importierter Kunstwerke sein, die damals gängig als kostbare private und diplomatische Gaben quer durch Europa geschickt wurden. Die erste Hälfte des 14. Jahrhunderts war für die Nürnberger Kaufleute eine Zeit des außergewöhnlichen Aufschwungs und der Festigung ihrer Positionen im europaweiten Fernhandel. Vom Herzog von Brabant hatten sie bereits 1311 Zollfreiheiten für die brabantischen Städte Löwen, Brüssel und Antwerpen erhalten, und ähnlich stärkten sie ihre Stellung am Rhein in Straßburg. Nach der Jahrhundertmitte gewannen die Nürnberger endlich auch entscheidenden Einfluss auf den Handel im benachbarten Flandern, der bis dahin traditionell von der Konkurrenz aus den Hansestädten beherrscht worden war.[2] Die Handelskontakte waren auch ein Instrument des Kulturtransfers zwischen West- und Mitteleuropa. Im konkreten Fall der Verkündigung aus Cleveland hilft ein Blick auf die vergoldete und punzierte Rückseite der Tafel, wo sich das jüngere Wappen der Grafschaft Hennegau befindet, welches vier Löwen im Sprung zeigt, und zwar in geviertem Feld jeweils zweimal den roten Löwen der Grafschaft Holland und den schwarzen der Grafschaft Flandern vor goldenem Hintergrund. Der letzte Herrscher Hennegaus war Wilhelm IV. der Kühne (ab 1337), mit dem 1345 die regierende Dynastie ausstarb, wodurch Holland, Seeland und Hennegau über Wilhelms Schwester Margarete von Holland (1310–56), die Gemahlin Kaiser Ludwig des Bayern, an die Wittelsbacher fielen. Wilhelms Witwe Johanna (1322–1406) heiratete in zweiter Ehe den Halbbruder Karls IV., Wenzel (1337–83), Herzog von Luxemburg und später von Brabant und Limburg. Es ist nicht ausgeschlossen, dass die gemalten Werke franko-flämischer Provenienz, die dem Diptychon mit dem Hennegauer Wappen ähneln, auf dynastischem Weg in das Milieu der wohlhabenden und einflussreichen Reichsstadt gelangt sind. Falls sich nämlich auf der Rückseite der verschollenen zweiten Tafel das Wappen der Wittelsbacher befunden hätte, könnte das Diptychon für Herzog Wilhelm I. von Bayern (reg. 1347–89) bestellt worden sein – dieser war ein Sohn Kaiser Ludwigs und Margarethes, Graf von Holland und Seeland und nach dem Tod der Mutter 1356 auch Graf von Hennegau. Oder handelte es sich eher um den jüngeren Bruder Albrecht I. (reg. 1347–1404), der für den psychisch erkrankten Wilhelm 1358 die Regierung in allen niederländischen Grafschaften übernahm?

Jiří Fajt

10 ✴ Nürnberg – Metropole Karls IV. **449**

10.9

10.10

LITERATUR
FRANCIS 1933. – ROBB 1936, 490. – FRINTA 1965. – Kat. Cleveland 1974, 21–24. – SCHMIDT 1975 / SCHMIDT 2005/VI. – SCILLIA 1995. – BRINKMANN/KEMPERDICK 2002, Kat.-Nr. 49–32, 49–42. – Ausst.-Kat. Dijon/Cleveland 2004, 66f. – Ausst.-Kat. München/Los Angeles 2007, 206f. – FAJT 2016/I, I, 90, Abb. 87.

FUSSNOTEN
1 SCHMIDT 2000 / SCHMIDT 2005/VII.
2 Die Nürnberger konnten hier vergleichbare Privilegien erst 1362 und nur deshalb durchsetzen, weil sie während der Hanseblockaden in den Jahren 1358–60 den dortigen Handel hinter dem Rücken der Hanse unterstützt hatten. – Privilegium siehe STROMER 1970, 464f., Beilage Nr. 3. – Dazu weiter STROMER 1993, bes. 124.

10.9 Doppelseitige Werkstattzeichnung: Unterweisung Mariens (recto), Maria als Himmelskönigin und Madonna mit Kind (verso)

Nürnberg, Sebald Weinschröter (zugeschrieben), um 1360–70.
Schwarze Tusche auf Papier; H. 12,5 cm, B. 11,7 cm; allseitig beschnitten.
Provenienz: Hans Max Freiherr von und zu Aufsess.
Nürnberg Germanisches Nationalmuseum, Inv.-Nr. Kapsel 559, Hz 38.
Nur in Prag ausgestellt.

Das vorliegende Blatt gehörte zu einem Skizzenbuch, von dem sich ansonsten lediglich ein Fragment einer weiteren Seite erhalten hat.[1] Bei den mit Feder und Pinsel minutiös ausgeführten Zeichnungen dürfte es sich um Kopien bzw. Nachzeichnungen handeln, die als Quelle für Bildthemen und Figurentypen zusammengetragen wurden.

Auf der Vorderseite hat ihr Schöpfer eine ebenso reizvolle wie ungewöhnliche Variante der Unterweisung Mariens festgehalten. Ihn interessierte dabei vor allem die dicht gedrängte Figurengruppe, während die Architekturelemente des Vorbilds nur angedeutet wurden. Die Komposition zeigt die sitzende hl. Anna, die ihre jugendliche Tochter mit Hilfe einer Buchrolle unterrichtet – der tatsächliche Vorgang als Unterweisung im Gesang lässt sich anhand

10.11

einer weiteren, durch einen Zeugdruck überlieferten Fassung dieser Komposition erschließen (siehe Kat.-Nr. 10.11). Die Anwesenheit von vier singenden Engelswesen mit Pfauenfederflügeln verleiht der Szenerie einen übernatürlichen, mystischen Charakter. Die Engel gleichen bemerkenswerterweise eher Sirenen denn Seraphim oder Cherubim. Diese Anspielung auf die antike Mythologie lässt auf das hohe intellektuelle Niveau jenes Milieus schließen, in welchem dieses Bildthema entworfen wurde.

Auf ein solches Milieu verweisen auch die beiden Mariendarstellungen der Blattrückseite. Links hat der Zeichner eine gekrönte Madonna platziert, die das Bild des Schmerzensmannes vor ihrem Körper trägt und dabei mit ihrer Rechten schützend umhüllt. Dieses spezifische Andachtsthema ist als Reflex der zeitgenössischen theologischen Diskussion um die Rolle Mariens als Miterlöserin (corredemptrix) im Heilsgeschehen zu verstehen. Die frühesten bildlichen Umsetzungen dieser Vorstellung finden sich am Prager Hof Karls IV. (z. B. das Apokalyptische Weib mit Schmerzensmann in Sonnenaura, Krumauer Codex; Wien, Österreichische Nationalbibliothek, Cod. 370, fol. 1). Auf der rechten Blattseite hat der Zeichner schließlich eine Madonna mit Kind festgehalten, die sich – dem Typus der Glykophilousa entsprechend – dem hochsitzenden Jesuskind zärtlich zuwendet. Ihre Körperhaltung (S-Schwung und Kontrapost) und das weich modellierte Gewand dürften ebenfalls auf Prager Vorbilder zurückzuführen sein.

Die zeitliche Ansetzung der beiden Blätter aus dem Skizzenbuch kann durch das jeweils fragmentarisch erhaltene Wasserzeichen – einem Horn mit Band – konkretisiert werden: Das hier verwendete Zeichenpapier stammt aus Italien und ist dort erstmals in Pisa für das Jahr 1366 belegt und nur ein Jahr später auch nördlich der Alpen (in Straßburg) nachweisbar.[2] Spezifische Charakteristika der Zeichnungen, insbesondere die Zeichnung der Physiognomien, dürften weniger auf die Vorlagen als auf Eigenheiten des Zeichners weisen. Diese stehen dem – im Zweiten Weltkrieg zerstörten – Fresko mit der Geburt Wenzels in der Nürnberger Moritzkapelle derart nahe, dass davon auszugehen ist, dass sie von derselben Werkstatt stammen – aller Wahrscheinlichkeit nach jener des kaiserlichen Hofmalers Sebald Weinschröter.

Wilfried Franzen

LITERATUR

FALKE 1855, Sp. 144–147. – HAMPE 1897. – DELEN 1924, 30, Nr. 1. – LEHRS 1925/26. – SCHILLING 1934, VII, Nr. 1. – WIEGAND 1934/35. – BERLINER 2003/III, 114, Abb. 12. – VETTER 1958/59, 52–57, Abb. 25. – Ausst.-Kat. Wien 1962, 274, Kat.-Nr. 293. – TROESCHER 1966, 162, 233f., Abb. 121, Abb. 403. – ZINK 1968, 11f., Kat.-Nr. 1–2. – SCHOCH 1992, 22–25, Kat.-Nr. 3. – SCHOLZ 2002, 230. – Ausst.-Kat. Prag 2006, 125f., Kat.-Nr. 32.a–b (Jiří FAJT). – FAJT 2006/I, 73f. – KLEIN 2007, 536, Kat.-Nr. 263 (Stephanie BUCK, Iris BRAHMS). – SCHOLZ 2013, 38f. – FAJT 2016/I, I (noch ohne Paginierung).

FUSSNOTEN

1 Nürnberg, Germanisches Nationalmuseum, Inv.-Nr. Kapsel 559, Hz 37.
2 PICCARD Online, Nr. 119469, 120491.

10.10 Werkstattzeichnung: Auferstandener Christus

Nürnberg, Sebald Weinschröter (zugeschrieben), um 1360–70.
Schwarze Tusche auf Papier; H. 12,5 cm, B. 5,5 cm; der linke Teil des Blattes fehlt, allseitig beschnitten.
Provenienz: Hans Max Freiherr von und zu Aufsess.
Nürnberg, Germanisches Nationalmuseum, Inv.-Nr. Kapsel 559, Hz 37.

Auf diesem Blatt des Skizzenbuches der Weinschröterwerkstatt, das mit demselben Wasserzeichen versehen ist (siehe Kat.-Nr. 10.9), gibt der Zeichner ein Bild des auferstandenen, segnenden Christus in Frontalansicht wieder. Die Strenge der Figurenkomposition wird mit wenigen, gezielt eingesetzten Mitteln aufgelockert: Christus hat den Oberkörper fast unmerklich gewunden und das linke Bein leicht vorgestellt, während zugleich der umgeschlagene Saum seines Mantels in einer langen Diagonalen von seinem linken Ellenbogen zu Boden fällt. Die Figurenkomposition mit dieser Gewandlösung findet sich in der unmittelbar vorausgehenden nürnbergischen Kunst in verschiedenen Variationen, so z. B. im Wandbild-Epitaph der Kunigunde Stromer († 1360), das sich im Ostchor der im Zweiten Weltkrieg zerstörten Katharinenkirche befand, oder beim Erzengel aus der Verkündigungsgruppe am Südportal der Nürnberger Frauenkirche (um 1360). Eine verwandte Darstellung des Auferstandenen zeigt das Epitaph des Nürnberger Arztes Friedrich Mengot († 1370) in der ehemaligen Zisterzienserabteikirche Heilsbronn.

Der Zeichner legte zunächst mit langen feinen Linien die Umrisse und Binnenstrukturen an. Diese überdeckte er mit unterschiedlich starken Strichen, bevor er die Gestalt mit kräftigen Schraffuren aus kurzen, diagonal und senkrecht geführten Strichen modellierte. Der Zeichenduktus deckt sich weitestgehend mit jenem des ersten Skizzenblattes, sodass wir davon ausgehen können, dass die unterschiedlichen Vorlagen von ein und derselben Hand festgehalten wurden. Beide Blätter deuten die Variationsbreite bei der Sammlung von Motiven und Ideen durch die Weinschröter-Werkstatt an und geben somit einen Einblick in deren Vernetzung und Arbeitsweise.

Wilfried Franzen

LITERATUR

FALKE 1855, Sp. 144–147. – HAMPE 1897. – DELEN 1924, 30, Nr. 1. – LEHRS 1925/26. – SCHILLING 1934, VII, Nr. 1. – WIEGAND 1934/35. – BERLINER 1956/57 = BERLINER 2003/III, 114, Abb. 12. – VETTER 1958/59, 52–57, Abb. 25. – Ausst.-Kat. Wien 1962, 274, Kat.-Nr. 293. – TROESCHER 1966, 162, 233f., Abb. 121, Abb. 403. – ZINK 1968, 11f., Kat.-Nr. 1–2. – SCHOCH 1992,

10.12

22–25, Kat.-Nr. 3. – SCHOLZ 2002, 230. – Ausst.-Kat. Prag 2006, 125f., Kat.-Nr. 32.a–b (Jiří FAJT). – FAJT 2006/I, 73f. – KLEIN 2007, 536, Kat.-Nr. 263 (Stephanie BUCK, Iris BRAHMS). – SCHOLZ 2013, 38f. – FAJT 2016/I, I (noch ohne Paginierung).

10.11 Unterweisung Mariens

Nürnberg, nach Entwurf der Werkstatt Sebald Weinschröters (?), 4. V. 14. Jh.
Negativdruck in Schwarz auf Leinen; H. 35 cm, B. 24–27 cm; Model H. ca. 29 cm, B. 27 cm; seitlich beschnitten, am oberen Rand ein Fragment des gleichen Drucks vorhanden.
Inschrift: „GR[AT]IA LAUS XPO [Christo]".
Provenienz: Vor 1894 von Robert Forrer angeblich aus einer Kirche bei Euskirchen erworben. – Seit 1895 im Besitz des Germanischen Nationalmuseums.
Nürnberg, Germanisches Nationalmuseum, Inv.-Nr. Gew 1159.

Der Zeugdruck, der die Unterweisung der jugendlichen Gottesmutter durch die hl. Anna zeigt, gibt seitenverkehrt und mit einigen markanten Unterschieden die Komposition des Skizzenblattes Hz 38 im Germanischen Nationalmuseum (Kat.-Nr. 10.9) wieder. Gegenüber der Zeichnung wurde die Gruppe der Engelwesen, die dem Ereignis beiwohnen, aufgelockert und deren Anzahl auf fünf erhöht. Ihre sirenenhafte Erscheinung ist zudem durch die in der Seitenansicht deutlicher herausgearbeiteten Vogelkörper noch prägnanter. Um sie dennoch als himmlisches Wesen erkennen zu können, sind sie nun mit Nimben ausgestattet. War die Schriftrolle, die Marie in den Händen hält, auf dem Skizzenblatt noch leer, so ist sie hier mit dem Schriftzug „Gratia laus christo" sowie einigen Noten gefüllt, auf welche Anna mit ihrer Rechten weist, wodurch der Inhalt des Unterrichts, den sie ihrer Tochter erteilt, verständlich wird. Die gesamte Szenerie findet unter einer Baldachinarchitektur statt, die oben und unten mit einer Vierpassbordüre eingefasst ist. Der Hintergrund ist mit Blüten und Ranken versehen.

Die Gesamtanlage der Darstellung, die Physiognomien der Engel, aber auch das Detail des auf der Schriftrolle stehenden Engelsfußes, lassen vermuten, dass hier eine der Zeichnung des Skizzenbuches nah verwandte Vorlage der Weinschröter-Werkstatt für die Fertigung des Druckstocks verwendet wurde. Der Nürnberger Zeugdruck, von dem eine zweite, etwas vereinfachte Replik überliefert ist, gehört zu den ältesten noch erhaltenen nachantiken Beispielen dieser Gattung.

Wilfried Franzen

LITERATUR
FORRER 1894, 28f., Fig. 10, Taf. XXX. – HAMPE 1896, 164, Kat.-Nr. 1159, Taf. XIII. – HAMPE 1897. – SCHNÜTGEN 1897. – FORRER 1898, 26 mit Fig. 7. – FORRER 1913. – KLEINSCHMIDT 1930, 149. – KING 1962, 28. – ZINK 1968, 11. – WILCKENS 1991, 161f. – SCHOLZ 2009, 230f. – SCHOLZ 2013, 38. – FAJT 2016.

10.12 Antependium (?) mit Christus in der Kelter und Gnadenstuhl

Nürnberg, nach einer Vorlage der Werkstatt Sebald Weinschröters (?), um 1370.
Mehrfarbige Seidenstickerei und applizierte Goldstickerei auf weißem Leinengrund, Leinwandbindung; H. 74,5 cm, B. 124,5 cm.
Die Stickereien großflächig erneuert; restauriert 1971.
Inschriften in den Spruchbändern über dem mittleren und linken Engel und über dem Kelterbild: „quis est iste qui venit ab edom [...] / iste formosus in stola sua [...] / torcular calcavi solus [...]" (Jes 63, 1 und 3). – In den Spruchbändern des Kelterchristus und der linken Nonne: „gra[tia]m habere desideras sa[n]guine fundo ut habeas und gra[tia]m cu[m] gaudio possideo et qua[m] no[n] habeo desidero". – Im Spruchband der mit „k.El" bezeichneten Nonne rechts: „trinitas salus om[nium] cor sana male saucium".
Provenienz: Nürnberg, Stadtpfarrkirche St. Lorenz. – Süddeutscher Antiquitätenhändler [bis 1891].
Nürnberg, Germanisches Nationalmuseum, Inv.-Nr. Gew 2464.
Nur in Nürnberg ausgestellt.

Die Beurteilung des Werkes ist erheblich dadurch beeinträchtigt, dass große Flächen der Stickerei durch den langen Gebrauch verlorengegangen und erneuert worden sind und daher nicht mehr den mittelalterlichen Zustand wiedergeben. Die Komposition vereint unter zwei Maßwerkbögen zwei zentrale

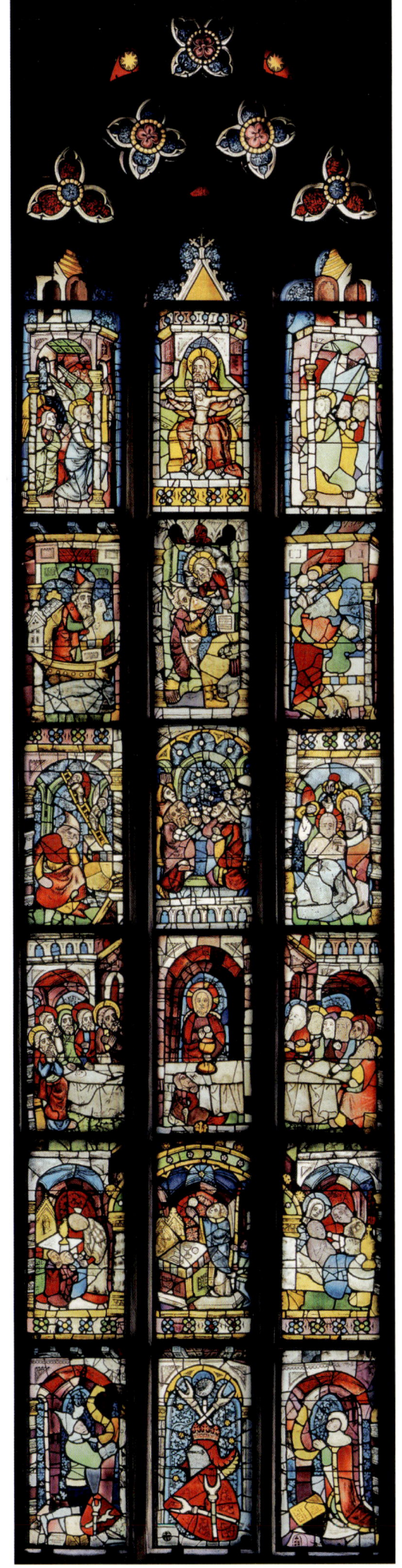

Themen der mystischen Christusverehrung. Links steht eingezwängt in die Weinpresse in einem mit Blut gefüllten Trog der mit einem roten Mantel bekleidete Gottessohn; der schwere Kelterbalken, der auf seinem Körper liegt, lastet ähnlich wie der Kreuzbalken bei der Kreuzigung auf seiner Schulter. Sein Blut wird von einer Nonne mit einem Kelch aufgefangen, die mit einer Paternosterschnur in ihrer Rechten vor der Kelter kniet, während ihr ein Engel seine Hände auf Kopf und Schulter legt. Diese bemerkenswerte Geste, aber auch ihr reiches Gewand lassen vermuten, dass es sich hier um eine Äbtissin handelt. Durch mehrere Spruchbänder wird die Bedeutung der Darstellung erläutert: Einerseits zeigt es die Leidensvorhersage durch das Kelterbild in Jesaja 63, 1–6, andererseits einen eucharistischen Dialog zwischen Christus und der Nonne. Die zweite Nonne, über der das Kürzel k.ei eingestickt ist, wendet sich betend der Heiligen Dreifaltigkeit in Gestalt des Throns der göttlichen Gnade auf der rechten Seite zu. Auch hier ergänzt ein Spruchband, auf dem eine Zeile eines Hymnus zur Trinität zu lesen ist, die Darstellung.

Der Habit beider Nonnen lässt – sofern die Farben in etwa den ursprünglichen Zustand wiedergeben – schlussfolgern, dass die Stickerei ursprünglich in einem Klarissenkloster gefertigt wurde und zur einstigen Ausstattung der Nürnberger Klarenkirche gehörte. Dass es als Antependium diente, ist aufgrund der geringen Größe des Stoffes nicht sicher. Als Vorlage diente den Nonnen möglicherweise eine Zeichnung aus der Werkstatt Sebald Weinschröters. Vor allem die Physiognomien von Gottvater und Christus mit länglichem Gesicht, hoher Stirn und weit von der Nasenwurzel abstehende Augen rücken die Stickerei in die Nähe der gemalten Flügel des Nürnberger Jakobusretabels, das dem Œuvre der Weinschröter-Werkstatt zugerechnet wird.

Wilfried Franzen

LITERATUR
SCHNÜTGEN 1891, Sp. 41f., Taf. II. – THOMAS 1935, 112. – THOMAS 1954, 678, Abb. 3. – Ausst.-Kat. München 1960, 68, Kat.-Nr. 21. – SCHUETTE/MÜLLER-CHRISTENSEN 1963, 41, Abb. 237. – VETTER 1972, 269. – Führer GNM 1977, 79, Abb. 196. – Ausst.-Kat. Köln 1978, I, 383 (Leonie von WILCKENS). – Kat. Nürnberg 2007, 432, Kat.-Nr. 446 (Daniel HESS). – ZANDER-SEIDEL 2007/I, 314f. – HESS 2007, 340.– FAJT 2016/I, I (noch ohne Paginierung).

10.13.a–b Glasmalereien aus der Nürnberger Pilgerspitalkirche St. Martha

Nürnberg, nach Entwürfen von Sebald Weinschröter (zugeschrieben), um 1370.
Nürnberg, Ev.-reformierte Kirchengemeinde St. Martha.

a. Chorachsenfenster der Familie Waldstromer
18 hochrechteckige Bleifenster, farbiges Hüttenglas, Schwarzlotmalerei; H. 530 cm, B. 165 cm.

b. Anbetung der Hll. Drei Könige mit dem Identifikationsporträt Karls IV. in der Darstellung König Davids – Scheiben aus dem Fenster nördlich des Achsfensters, gestiftet von der Familie Groß
Scheiben 3.a–c; farbiges Hüttenglas, Schwarzlotmalerei; H. 84,6 cm, B. 126,8 cm.

c. Dornenkrönung Christi – Scheiben aus dem Fenster südlich des Achsfensters, gestiftet von der Familie Stromer
Scheiben 3.a–c; farbiges Hüttenglas, Schwarzlotmalerei; H. 87,2 cm, B. 123,5 cm.

Obwohl die Schwarzlotmalerei an einigen Stellen großflächig abgerieben ist und einige Gläser ergänzt wurden, spiegelt das sonst gut erhaltene sogenannte Waldstromer-Fenster (a.) der St.-Martha-Kirche die hohe Qualität des Kunstschaffens Nürnbergs in allen Gattungen zur Zeit Karls IV. wider. Schon die Kirche bezeugt mit ihrer Architektur – man orientierte sich an der Gestaltung des Chors an der Frauenkirche – den hohen Anspruch und Repräsentationswillen der Auftraggeber. Die ehemalige Pilgerspitalkirche wurde 1356 von dem Patrizier Conrad Waldstromer d. Ä. und seiner Frau Agnes Pfinzing gestiftet und 1385 geweiht; sie ist als dreischiffige Basilika mit kreuzrippengewölbtem Chor von zwei Jochen und 5/8-Schluss ausgeführt – für eine Spitalkirche ein anspruchsvoller Bau, der in Nürnberg allerdings übertroffen wurde von der noch ungleich größeren Kirche des Heilig-Geist-Spitals, gegründet vom Reichsschultheißen Konrad Groß.

Die angesehensten Patrizierfamilien Nürnbergs, allen voran die Spitalgründer Waldstromer, beauftragten für die Verglasung des Chores eine der führenden Glasmalereiwerkstätten der Stadt (vgl. dazu noch im Folgenden), die für die insgesamt neun Fenster (mittelalterlicher Bestand heute noch in sechs davon erhalten) ein inhaltlich einheitliches Gestaltungsprinzip entwickelte.[1] Die Stifter präsentieren sich jeweils in der untersten Fensterzeile mit ihren Wappen.

Vor blauem, mit Fiederranken geschmücktem Hintergrund wird die Heilsgeschichte von der Fleischwerdung Gottes bis hin zum apokalyptischen Ende der Welt vorgestellt. Dabei nehmen die Themen Bezug auf die vor ihnen stehenden Altäre und deren Reliquien. Die einzelnen Szenen wurden Bahnen übergreifend auf einer Zeile dargestellt, meist unter fantasievoll zusammengestellten Architekturelementen oder in Landschaftskulissen, die einen schmalen Bildraum erzeugen.

Als zentrales Achsfenster ist das Ostfenster (in Prag vollständig ausgestellt!) wie üblich am reichsten gestaltet und vermittelt die wichtigste Aussage, den Bezug zum eucharistischen Leib Christi, dem Hauptpatrozinium der Kirche. Die Leserichtung der Szenen verläuft, etwas ungewöhnlich, von oben nach unten, beginnend mit der Trinität im Motiv des Gnadenstuhls in der obersten Zeile (6a–c), gefolgt von Szenen aus dem Alten Testament, die auf den Opfertod Christi und seine eucharistische Ausdeutung verweisen. In der 5. Zeile sind also die Arche Noah (5a), die Übergabe der Gesetzestafeln an Mose von Gott (5b)[2] und die Opferung Isaaks (5c) und in der 4. Zeile die Jakobsleiter (4a), Manna-Lese (4b) und Taufe Christi (4c) zu sehen.

Fortgesetzt wird das Programm darunter mit Themen, die den Bezug sowohl zum Ritus der Eucharistie der Kirche als auch zur Funktion des Spitals herstellen. Am Anfang steht das Abendmahl (3a–c), dann folgen die Darstellungen der kirchlichen Würdenträger als Spender der Kommunion: Der Priester reicht die Hostie in der Messe der Gemeinde dar (2a), Heilige Kommunion des Priesters (2b) und Gabe der Hostie durch den Priester an einen Kranken (2c).

Der herausgehobenen Stellung des Achsfensters entsprechend präsentieren sich die Gründer des Spitals, Konrad Waldstromer und Agnes Pfinzing, in der untersten Fensterzeile (1a–c) mit ihren Wappen.

Neben diesem komplexen theologischen Programm ist vor allem die fantasievolle Architektur bemerkenswert, die den einzelnen Szenen ihren

10.13.a

10 * Nürnberg – Metropole Karls IV. **453**

Raum unter Baldachinen bietet und gleichzeitig alle Felder einer Zeile zu einer Einheit verbindet. Dabei wird die Mittelbahn durch reichere Gestaltung akzentuiert. Diese Kompositionselemente sind, wie Jiří Fajt feststellte,[3] aus dem stilkritisch erschlossenen Œuvre Sebald Weinschröters bekannt, der sicher auch für diesen innovativen Glasmalereizyklus die Vorlagen schuf. So finden sich die illusionistischen Baldachinaufbauten mit ihren schmückenden Details, wie den schmalen gedrehten Säulchen, auf den Wandmalereien der Moritzkapelle (vgl. Kat.-Nr. 10.6) und dem Baldachinretabel aus der Klarissenkirche (vgl. Kat.-Nr. 10.7) wieder. Darüber hinaus entsprechen sich ebenso die gedrungenen Figurentypen, die eng um den Körper drapierten Gewänder sowie einzelne Motive und Kompositionen, wie etwa die Altarmensa mit dem goldenen Diptychon in der Szene der Heiligen Kommunion (2b), die nahezu identisch auch auf dem Baldachinretabel in der Szene der Vision der hl. Klara (vgl. Kat.-Nr. 10.7) dargestellt sind. Die feine Schwarzlotzeichnung auf dem Retabel könnte ein Indiz dafür sein, dass der Maler hier sogar selbst Hand angelegt hat.

Dass Sebald Weinschröter auch für das Medium Glasmalerei Vorlagen schuf, lässt sich deutlich auch an den beiden Fensterzeilen zu je drei Feldern ablesen, die aus den beiden das Achsfenster nördlich und südlich flankierenden Chorfenstern der Marthakirche stammen (b, c): Sie wurden von den ebenfalls kaisernahen Familien Groß und Stromer gestiftet. Die Verbindung wird im Fenster der Groß (n II), deren wichtigstes Mitglied, Konrad, mit dem Amt des Reichsschultheißen betraut war, besonders deutlich dargestellt: Rechts neben der Szene der Anbetung der Heiligen Drei Könige ist der thronende König David dargestellt, der sowohl in seiner Physiognomie als auch in den Herrscherinsignien erstaunlich ähnliche Züge zu Porträts Kaiser Karls IV. aufweist. Eine derartige Analogie spricht für eine Datierung des Fensterzyklus' noch zu Karls Lebzeiten. Als Prophet verweist er mit erhobenem Zeigefinger auf Jesus, seinen Nachfolger (Mt 1,1–17), entsprechend dem Gestaltungsprinzip des Fensters: Auf allen Zeilen werden die Scheiben übergreifenden Szenen der Vita Christi in der rechten Bahn jeweils von einem Propheten begleitet, der sich mit seiner Weissagung auf das neutestamentliche Geschehen bezieht. Ein architektonischer Rahmen vor blauem Fiederrankengrund verbindet die drei Zeilen miteinander und folgt damit der vereinheitlichenden Konzeption, die, manchmal im Wechsel mit Landschaftskulissen, auf den meisten Fenstern zu erkennen ist. Bemerkenswert sind einige besonders kunstvoll gestaltete Architekturkulissen, die Tiefe suggerieren und so den Szenen einen Bühnenraum bieten. Mit dieser Art der Gestaltung sind nur die Werke Sebald Weinschröters in Nürnberg vergleichbar (vgl. z. B. Kat.-Nr. 10.7). So findet die Dornenkrönung (Mt 27, 27–31 und Mk 15, 16–20) im Stromerfenster s II, das sich der Passion Christi widmet, in einem dreidimensionalen Architekturgehäuse statt, das starke Parallelen zu den von Weinschröter geschaffenen, kriegszerstörten Wandmalereien der Moritzkapelle bei St. Sebald zeigt (vgl. Kat.-Nr. 10.6).

Jenny Wischnewsky

LITERATUR
MEYER-EISFELD 2000. – PARELLO 2004. – KLEMM 2011. – SCHOLZ 2013, 48, 78–80, 86. – FAJT 2016/I, I (noch ohne Paginierung).

10.13.b

10.13.c

10.14

FUSSNOTEN
1 Eine umfassende Publikation des Corpus Vitrearum Medii Aevi zu den Glasmalereien der Marthakirche mit Bestandsaufnahme wird momentan von Hartmut Scholz vorbereitet (Corpus Vitrearum Medii Aevi Deutschland X,3).
2 Inschrift: „moses nim hin die zehen pot und volbring si". Nach KLEMM 2011, 36.
3 FAJT 2016/I, I (noch ohne Paginierung).
4 Dass es sich um ein Identifikationsporträt Kaiser Karl IV. handelt, sah zuerst SUCKALE 2003/VI, 201, Anm. 30. Siehe auch FAJT 2016/I, I (noch ohne Paginierung).

10.14 Modell der Nürnberger Kaiserburg

Regensburg, ArcTron 3D, 2016.
Modell, 3D-Gipsdrucker; L. 1,2 m; B. 0,6 m; H. 0,12 m.
Augsburg, Haus der Bayerischen Geschichte.

Die Nürnberger Burg taucht in den schriftlichen Quellen erstmalig 1105 auf. Im Verbund mit weiteren Burgen wie der staufischen Kaiserburg Eger (Cheb) und der Wartburg schützte sie die östliche Reichsgrenze. Die ursprüngliche salische Kaiserburg wurde in der Stauferzeit auf dem westlichen Felssporn erweitert, während der älteste Bereich um die Mitte des 12. Jahrhunderts zum Sitz des Burggrafen wurde, der für die Verwaltung der Burg bei Abwesenheit des Kaisers zuständig war. Damit entwickelte sich in unmittelbarer Nachbarschaft der Kaiserpfalz eine zweite Burganlage, auf der seit 1190/91 die aus Schwaben stammenden Grafen von Zollern saßen, als sie die Würde des Burggrafenamtes übernahmen.

Im 13. Jahrhundert ging die Kaiserburg in die Verwaltung der Stadt über, während die Burggrafenburg zollerisch blieb. Zwischen der kaiserlichen Stadt und den Burggrafen, die im Laufe der Zeit westlich Nürnbergs eine erfolgreiche Territorialpolitik um ihren Herrschaftssitz Cadolzburg verfolgten und somit zu Konkurrenten der Metropole wurden, kam es wiederholt zu heftigen Auseinandersetzungen, die erst 1420 mit der Zerstörung der Burggrafenresidenz durch bayerische Truppen und den anschließenden Verkauf des Burggrafenamts durch Friedrich VI. an die Stadt (vorläufig) endeten.

Die zweigeschossige romanische Burgkapelle der staufischen Kaiserburg ist ein kleiner, aber anspruchsvoller Zentralbau über je vier Säulen; sie wurde 1216 von Kaiser Friedrich II. der Verwaltung des Deutschen Ordens übergeben. Ihr Obergeschoss war dem Hochadel vorbehalten, wobei die Kaiserfamilie auf der Westempore saß und dem Kaiser selbst noch ein besonderer Raum zur Verfügung stand. Das Untergeschoss der Stauferkapelle ist bis heute unmittelbar vom Burghof aus zu betreten und war für die weniger vornehmen Burgbewohner vorgesehen. Karl IV. ließ sich von dieser Kapelle beim Auftrag für seine eigene kaiserliche Marienkapelle, die Frauenkirche am neu entstandenen Marktplatz im Zentrum der Stadt anstelle des zerstörten Judenviertels inspirieren: Deren bis heute unbekannter Baumeister übernahm den regelmäßigen quadratischen Grundriss des Vorbilds auf der Burg.

Nach großen Umbauten der Nürnberger Burg im dritten Drittel des 13. Jahrhunderts und um 1300 war die Burg zu Karls Zeiten voll betriebsfähig. Zwar hat Karl IV. auf der Nürnberger Burg keine markanten Umbauten hinterlassen, aber er hielt hier neun Reichs- und Hoftage ab und weilte nachweislich 52-mal in Nürnberg. Hier wurden auch seine beiden Söhne geboren, 1361 Wenzel IV. und sieben Jahre danach der spätere Kaiser Sigismund.

Das Amt des Nürnberger Burgamtmanns vergab er an ihm nahestehende Persönlichkeiten, zunächst 1349 an den Oberstkämmerer Zbynko Zajíc von Hasenburg; sechs Jahre später übertrug er diesem auch den Schutz der Kaiserburg. Das Haus über dem nach 1377 neu errichteten stadtwärtigen Himmelstor (am Modell ist es noch nicht dargestellt!) wird bis heute „Hasenburg" genannt. Zbynko erwarb sich das Vertrauen des Kaisers zudem durch verschiedene Finanzhilfen: So übernahm er etwa 1360 die Aufenthaltskosten seines Herrn in Höhe von 400 Gulden, die ihm dann an den Zöllen der königlichen Stadt Brüx (Most) gesichert wurden. Ab 1361 findet man Karls Höfling Thimo von Kolditz aus einer Meißener Ministerialenfamilie als Amtmann auf der Burg zu Nürnberg.

Jiří Fajt

LITERATUR
Ausst.-Kat. Nürnberg 2013 (mit älterer Literatur).

11 ✱ Die Länder der böhmischen Krone

Und es blühte das Königreich von Tag zu Tag mehr auf, die Gemeinschaft der Guten liebte uns, die Bösen aber fürchteten uns und mieden das Böse. Hinreichende Gerechtigkeit herrschte im Königreich (...).

Karl IV. in seiner Autobiografie, um 1350

Dieser Kaiser lechzte nach Gütern, Ländern und Leuten, und was ihm an Besitzungen zufiel, das gab er an das Königreich Böhmen und nicht an das Reich.

Jacob Twinger von Königshofen, Straßburger Domherr und Geschichtsschreiber, Chronik, 1369

Heinrich VII. hatte mit der Einwilligung in die Eheschließung seines Sohnes Johann mit der Přemysliden-Prinzessin Elisabeth von Böhmen die Verlegung der dynastischen Hausmacht von Westen nach Osten angestoßen – gewiss eine weise Entscheidung, denn das Königreich Böhmen war der stärkste Akteur im territorial zersplitterten Reich. Und unter den Luxemburgern wuchsen die böhmischen Besitzungen weiter, „womit [Karl] dem Römischen Reich schadete und Böhmen groß machte", wie viele Chronisten aus dem Reich Karl vorwarfen, in diesem Fall Christian Gold aus dem Salzburger Kloster Mattsee.

Die traditionell mit Böhmen verbundene Markgrafschaft Mähren brachte Karl 1334 an sich. Schon Wenzel II., Elisabeths Vater, hatte der böhmischen Krone einige schlesische Herzogtümer zugeschlagen, worin Johann von Luxemburg dann fortfuhr. Er gewann zu dem bereits böhmischen Zittauer Land mit Bautzen (1319), Görlitz (1329) und schließlich Lauban (1346) weitere Teile der Oberlausitz hinzu. Karl IV. sorgte nach dem Tod seiner dritten Gemahlin Anna von Schweidnitz († 1362) auch für den Anschluss von Schweidnitz und Jauer, um dann schrittweise Teile der Niederlausitz hinzuzukaufen. Die wirtschaftlich bedeutenden Gebiete in der Oberpfalz nordöstlich von Nürnberg mit ihren großen Eisenerzvorkommen fielen nach dem Tod von Karls zweiter Gemahlin Anna von der Pfalz († 1353) an die Böhmische Krone – einschließlich des kaiserlichen Wenzelschlosses in Lauf an der Pegnitz. Die Position des böhmischen Königs konnte Karl IV. auch im schon früher zum Reich gehörenden Vogtland zwischen Meißen und Thüringen stärken, wo er eine Reihe befestigter Burgen und Städte erwarb. Und schließlich zwang er 1373 nach langwierigen Verhandlungen und zahlreichen bewaffneten Zusammenstößen den Wittelsbacher Otto V. mit Waffengewalt zur Abtretung der Mark Brandenburg gegen 200.000 Gulden und im Tausch gegen die meisten böhmischen Besitzungen in der Oberpfalz; am Elbufer in Tangermünde begann er sogleich mit dem Umbau der großzügigen Markgrafenresidenz und ihrer Kapelle, die nach dem Vorbild Karlsteins eine Wandverkleidung aus Edelsteinen erhielt.

Frankfurt an der Oder, Pfarrkirche St. Marien von Südwesten • Fotografie aus der Zeit vor dem Zweiten Weltkrieg

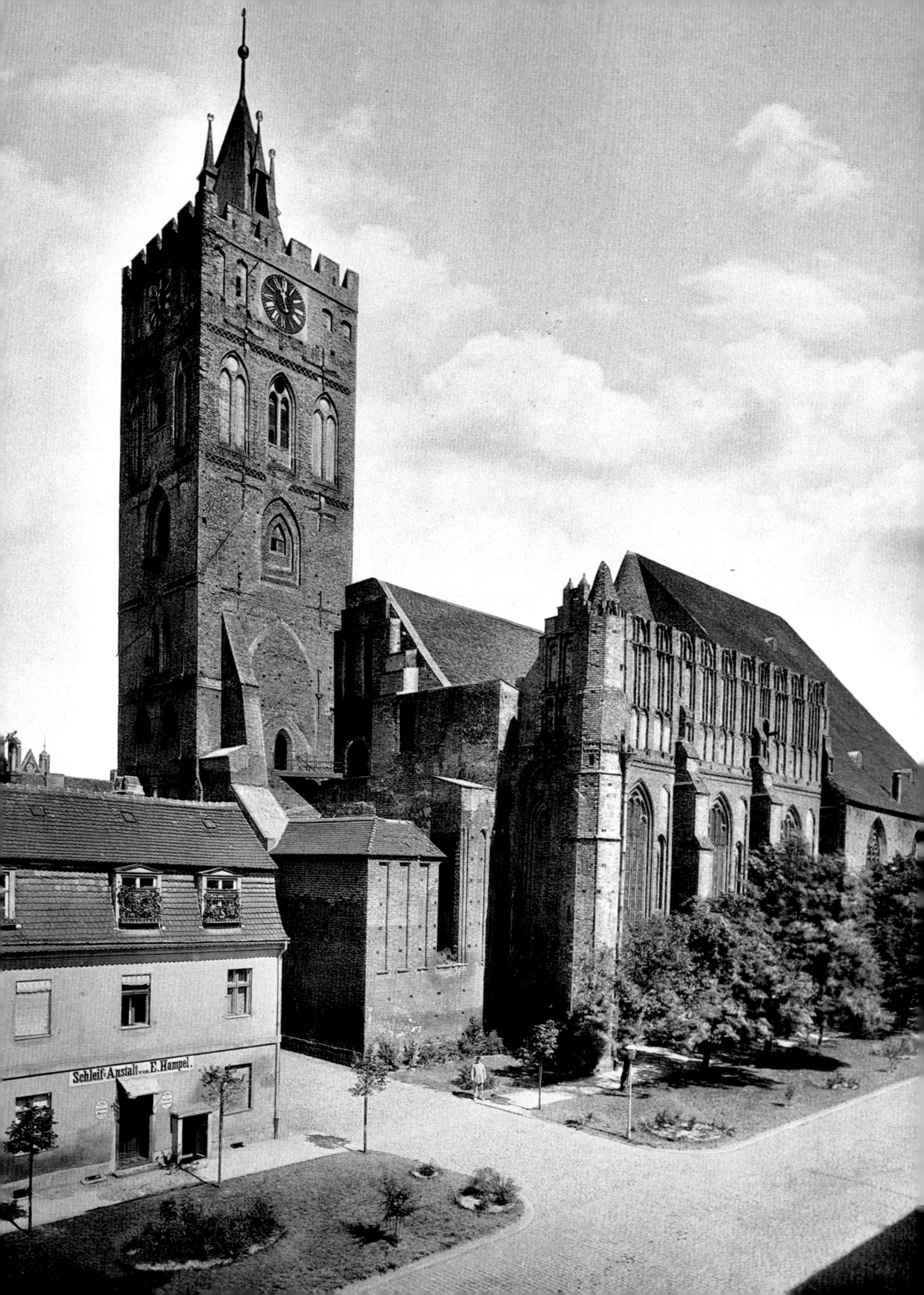
Schleif-Anstalt von E. Hampel.

11 ✷

Die territoriale Expansionspolitik der böhmischen Krone verlief also erfolgreich, was von Karls innerböhmischer Politik nicht gesagt werden kann. Das gespannte Verhältnis zwischen dem Landesherrn und dem böhmischen Hochadel zeigt sich am deutlichsten in der gescheiterten Durchsetzung des neuen Landgesetzbuchs, der sog. Maiestas Carolina. Nach mehreren Versuchen musste Karl IV. 1355 seine Niederlage eingestehen; um die persönliche Schlappe zu mildern, ließ er die Nachricht verbreiten, das Dokument sei verbrannt. So geriet Karl in Konflikt mit der Rolle als „neuer Stammvater" (alter Boemus), mit der er sich einige Jahre zuvor in seiner Autobiografie identifiziert hatte. Auch von den Prager Chronisten wurde er weiterhin so geschildert: „Der Kaiser wollte Pracht und Ruhm seines böhmischen Königreichs dartun, da Fürsten, Obere und Edle aus aller Welt zu ihm kamen. Deshalb ließ er zwei Türme der Prager Burg, einen im Osten und den anderen im Westen, mit Blei decken und darüber vergolden, sodass diese Türme bei klarem Wetter sehr weit ins Land strahlten und glänzten", schrieb Benesch Krabitz von Weitmühl 1370.

Karls damalige Reizbarkeit bezeugt eine durch Konrad von Halberstadt überlieferte Anekdote: 1352 sollte ein Adliger wegen zahlreicher Vergehen hingerichtet werden. Erfolglos versuchten viele bedeutende Persönlichkeiten, diese Strafe abzuwenden, und schließlich begab sich eine Schar festlich gekleideter und reich mit Schmuck behangener Prager Bürgerfrauen auf die Burg. Als der König ihrer ansichtig wurde, ergriff ihn die Wut, da sie seinen königlichen Sinn durch weibliche Schönheit erweichen und den Vollzug des gerechten Urteils vereiteln wollten. Er ließ sie verjagen und wollte sie zur Schande mit offenen Haaren, ohne Kleider und Schmuck, einen Tag lang nur im Hemd auf der Moldaubrücke stehen lassen. Nach zahlreichen Bitten von Adligen und einflussreichen Bürgern änderte er seinen Beschluss und bestrafte die Frauen nur mit fünfzehn Tagen Hausarrest. Über das Schicksal des Delinquenten ist nichts Weiteres bekannt.

Jiří Fajt

Nordportal der Pfarrkirche St. Marien in Frankfurt an der Oder mit heraldischen Medaillons des Heiligen Römischen Reichs, des Königreichs Böhmen und der Markgrafschaft Brandenburg, mit König David, Moses und weiteren Propheten am Portalgewände, der Anbetung der Hll. Drei Könige über dem Portal sowie der Verkündigungsgruppe und Christus als Schmerzensmann zu den Seiten des Portals • Frankfurt an der Oder, 1376 (Neugestaltung des Portals), wohl unter Verwendung eines älteren Portals und einzelner Skulpturen aus den Jahren 1350–1360 (?) • Ziegel und Sandstein mit Fragmenten der früheren Fassung • Frankfurt an der Oder, Pfarrkirche St. Marien, Nordportal

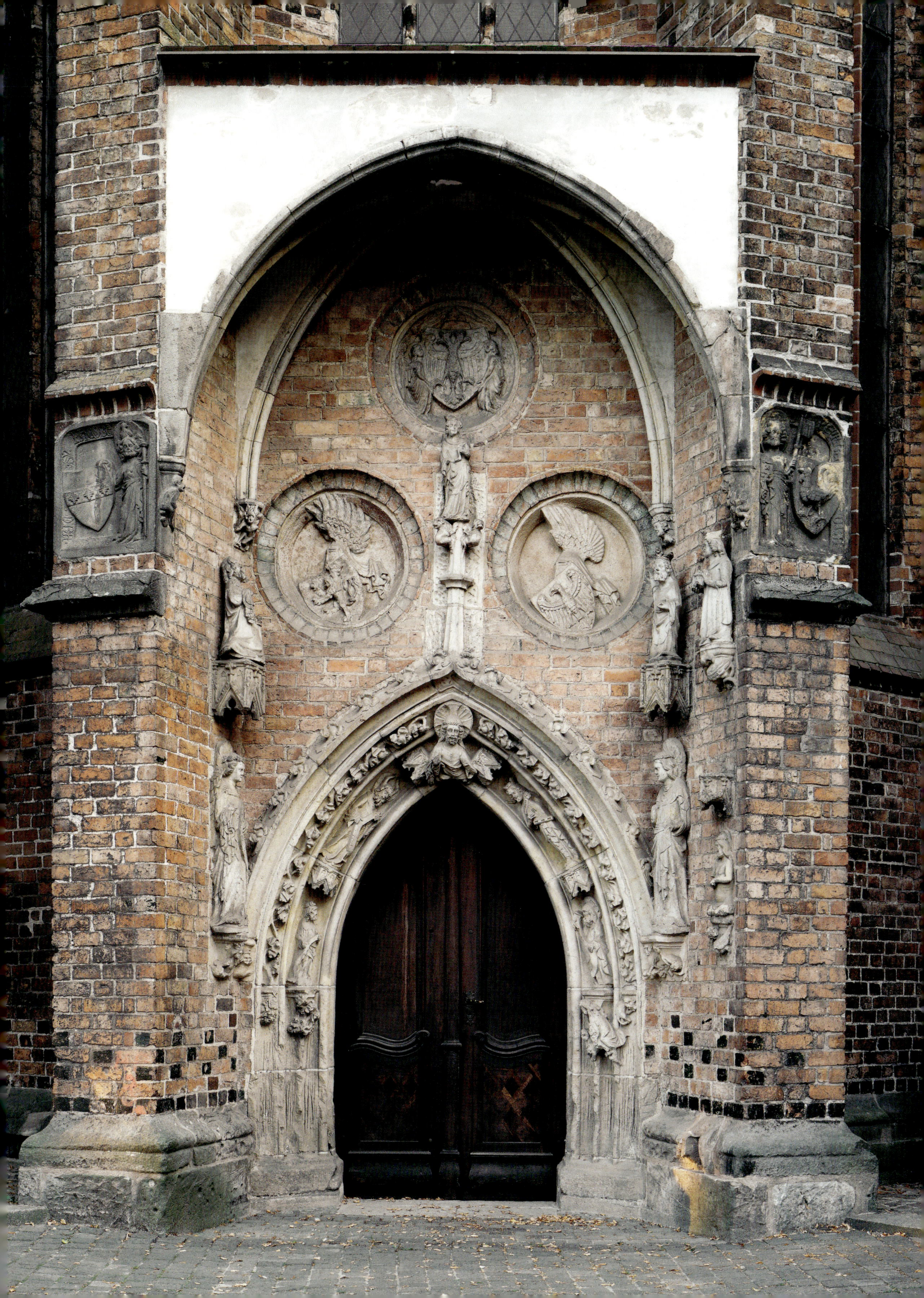

Katalog 11.1–11.23

11.1 Karl, römischer und böhmischer König, verleiht seinem Bruder Johann Heinrich, dem Markgrafen von Mähren, und dessen Erben die Markgrafschaft Mähren als Lehen des böhmischen Königs und der Böhmischen Krone

Prag, 26. Dezember 1349.
Pergament, Tinte; Latein; H. 30,5 cm, B. 54 cm; goldenes Siegel (Bulle) Karls IV., Dm. 6,3 cm.
Prag, Národní archiv, Archiv der Böhmischen Krone, Nr. 332.
Ausgestellt ist ein Faksimile.

Johann (* Mělník 12. 2.1322, †12.11.1375 Brünn), der jüngere Bruder Karls IV., wird, zur leichteren Unterscheidung von seinem Vater, König Johann, in der Fachliteratur häufig mit seinen beiden Vornamen als Johann Heinrich bezeichnet. Seit 1335 war er Herzog von Kärnten und Graf von Tirol. Seine Ehefrau Margarete, Tochter Heinrichs von Kärnten, vertrieb ihn jedoch mit Zustimmung des Tiroler Adels und Kaiser Ludwigs IV. des Bayern 1341 aus dem Land. Mähren war Johann bereits von seinem Vater in dessen Testament mit Datum 9. 9.1340 in Bouvines übertragen worden.

Bevor Karl seinen Bruder Johann mit der Markgrafschaft Mähren belehnte, definierte er kraft seiner Macht als römischer König die staatsrechtliche Stellung Mährens im Rahmen des böhmischen Staates sowie gegenüber dem Heiligen Römischen Reich. Dies geschah in einer am 7. 4.1348 in Prag ausgestellten Urkunde, in der Johann erstmals mit dem Titel des Markgrafen von Mähren aufgeführt ist.[1] Karls Bestimmung betraf alle drei selbständigen Einheiten, die sich in Mähren befanden – das Bistum Olmütz, die Markgrafschaft Mähren und das Herzogtum Troppau. In der Dispositio der Urkunde verkündete Karl IV., dass diese drei Einheiten ausschließlich der direkten Herrschaft der böhmischen Könige und der Krone des Königreichs Böhmen unterstanden („ad iurisdictionem et directum dominium regum et corone regni Boemie"). Die Olmützer Bischöfe, die mährischen Markgrafen und die Troppauer Herzöge waren aufgrund dieser Bestimmung „auf ewig" verpflichtet, beim Tod des Vorgängers oder aus anderen juristischen Gründen die genannten Herrschaften allein von den böhmischen Königen und der Böhmischen Krone zu Lehen zu empfangen und den üblichen Lehnseid, mit dem sie pflichtgemäß Treue und Gehorsam schworen, persönlich abzulegen. Um mögliche Zweifel an den Rechten der böhmischen Könige und des böhmischen Staates zu zerstreuen, ergänzte Karl die oben genannten Entscheidungen um eine detaillierte Rechtsauslegung, in der er an einige wichtige ältere Dokumente erinnerte. Zugleich hob er alle Entscheidungen früherer römisch-deutscher Herrscher auf, die im Widerspruch zu seinen Bestimmungen standen.

Unmittelbar auf diesem Dokument von grundsätzlicher Bedeutung basierte dann die ebenfalls in Prag ausgestellte Urkunde vom 29.12.1349, in der Karl kraft seiner Macht als böhmischer König dem Bruder Johann als Markgrafen von Mähren sowie dessen Erben und Nachfolgern die Markgrafschaft Mähren als „Ritterlehen" („feudum nobile") der böhmischen Könige und der Krone des Königreichs Böhmen verlieh. Johann empfing die Markgrafschaft mit allen herrscherlichen Rechten und Einnahmen, Einkünften und Steuern, Territorien, Städten, Burgen, Patronatsrechten an Klöstern und Propsteien, mit allen Herren, Rittern, Vasallen und sonstiger Bevölkerung, mit allen Regalien einschließlich des Bergregals (der Förderung von Gold, Silber, Zinn, Blei und anderen Metallen), mit dem Recht zur Erhebung der ordnungsgemäß ausgeschriebenen allgemeinen Steuer, und zwar auch für das Territorium des Olmützer Bistums, sowie mit weiteren Rechten. Da weder Karl noch Johann zu diesem Zeitpunkt männliche Nachkommen hatten, enthielt die Urkunde auch eine Bestimmung über die gegenseitige Nachfolge. Sollte Johann ohne männliche Erben sterben,

11.2 / Detail

würde die Markgrafschaft Mähren dem böhmischen König zugefallen; im Fall von Karls Tod ohne männliche Nachkommen hätten Johann und seine Erben ohne die Notwendigkeit einer Wahl das Königreich Böhmen mit allem Zubehör erhalten.

In dem am gleichen Tag ausgestellten Lehensrevers verpflichtete sich Johann gegenüber Karl als böhmischem König, dass er und seine Erben und Nachfolger, die Markgrafen von Mähren, die Markgrafschaft Mähren ausschließlich von den böhmischen Königen, ihren Lehnsherren, empfangen würden, und bestätigte zugleich für sich und seine Erben die Nachfolgeregelung. Bis zur Geburt von Karls Sohn Wenzel am 26. 2.1361 war daher Markgraf Johann der designierte Nachfolger seines älteren Bruders auf dem böhmischen Thron und der Erbe des böhmischen Staates – der Böhmischen Krone.

Denko Čumlivski

EDITION
HRUBÝ 1928, 142–154, Nr. 124.
Digitale Reproduktion der Urkunde zugänglich unter: www.monasterium.net.

LITERATUR
MEZNÍK 1999, 52–56.

FUSSNOTEN
1 Prag, Národní archiv, Archiv České koruny, Inv.-Nr. 332. – HRUBÝ 1928, 59–62, Nr. 60.

11.2 Apostel aus Eichhorn Bittischka (Veverská Bítýška)

Prag, Meister der Madonna von Michle, um 1340.
Lindenholz, ältere Fassung; H. 39,3 cm, B. 12 cm, T. 10 cm.
Provenienz: Bis Anfang der 1940er Jahre Brünn, Privatsammlung (erworben in der Umgebung von Veverská Bítýška). – Ab 1975 in der Mährischen Galerie Brünn. – Seit 2010 Brünn, Privatsammlung. Brünn, Privatsammlung, als Leihgabe in der Moravská galerie v Brně, Inv.-Nr. E 608.

Die Zugehörigkeit der kleinen Skulptur zu jener Werkgruppe, die später dem sog. Meister der Madonna von Michle, einem der bedeutendsten anonymen Bildschnitzer der 1330er und 1340er Jahre, zugeschrieben wurde,[1] erkannte bereits Albert Kutal in den 1940er Jahren. Kutal verwies auch auf den möglichen Ausgangspunkt des Meisters in der französischen Kathedralskulptur.[2] Diese These wurde später von Jiří Fajt und Robert Suckale weiterentwickelt, die die Apostelstatue aus Veverská Bítýška in einen Werkstattzusammenhang mit der französischen, ebenfalls um 1340 entstandenen Madonna aus dem Krakauer Karmeliterinnenkloster stellten.[3] Ivo Hlobil lehnte diese Ansicht jedoch vor einigen Jahren mit dem Verweis auf das Fehlen von für die gesamte Gruppe charakteristischen Motiven bei dem Krakauer Schnitzwerk ab.[4]

Von den werkstattverwandten Skulpturen des Meisters der Madonna von Michle stehen der Statue aus Veverská Bítýška stilistisch gerade die Madonna von Michle (Kat.-Nr. 12.1) und besonders die etwas jüngere Madonna aus Hrabová (Národní galerie v Praze, Inv.-Nr. P 7297) nahe, deren Kaskadenfalten an den Seiten ebenso wie die dichten schüsselförmigen Falten des Obergewands an der Brust und unterhalb der Taille von der Apostelstatue fast genau zitiert werden. Der Antlitztyp des Apostels ist dem Erlöser aus dem Zisterzienserinnenkloster St. Marienthal (bzw. aus Ostritz) nicht unähnlich.[5] Das vollere Antlitz des Apostels nimmt ähnlich wie die weicher formulierte, allerdings immer noch lineare Faltenbildung bereits den Stilwandel zum Weichen Stil vorweg, der um die Mitte des 14. Jahrhunderts einsetzte.

In der Literatur schwankt die ikonografische Bestimmung der kleinen Skulptur zwischen Christus als Erlöser und einem der Apostel. Wegen des Fehlens der Stigmata ist es wahrscheinlicher, dass es sich um einen Apostel handelt, der in der Vergangenheit zu einem Altarretabel mit Christus als zentraler Figur gehörte.[6] Solche Retabel sind aus den 1340er Jahren z. B. aus der Basilika St. Aposteln in Köln bekannt.

Es ist nicht ausgeschlossen, dass sich ein ähnlicher Altar – von dem der hier gezeigte Apostel stammen könnte – in der Kapelle der Burg Eichhorn (Veveří) befand, die seit 1334 als Residenz der mährischen Markgrafen diente. Karl IV. hielt sich nur ausnahmsweise auf Eichhorn auf, während sein jüngerer Bruder Johann Heinrich die Burg zu einer seiner Hauptresidenzen machte. Die Burgkapelle wurde damals mit repräsentativen Werken ausgestattet, unter denen dem Tafelbild der Madonna von Eichhorn ebenfalls ein bedeutender Platz gebührt (bis 2016 Národní galerie v Praze, Inv.-Nr. O 7232; heute Röm.-kath. Pfarrei Veverská Bítýška, Leihgabe an das Diözesanmuseum in Brünn).

Helena Dáňová

LITERATUR:
HLOBIL 2011/I, 462f., Kat.-Nr. 197 (mit komplettem Verzeichnis der älteren Literatur). – HLOBIL 2011/II, 78.

FUSSNOTEN
1 HOMOLKA 1963.
2 KUTAL 1941–42, 25–262; KUTAL 1970, KAT-NR. 143, 127/128.
3 FAJT/SUCKALE 2006/II, 4F., 16.
4 HLOBIL 2011/I, 463, KAT.-NR. 197.
5 ZULETZT HLOBIL 2011/II.
6 HLOBIL 2011/I, 462, KAT.-NR. 197.

11.3 Kruzifixus

Prag, Meister der Madonna von Michle (?), um 1340.
Laubholz, ohne Fassung; H. 47 cm.
Provenienz: Herkunft unbekannt. – 2007 auf Auktion für eine Privatsammlung erworben.
Prag, Privatbesitz.

Der gekreuzigte Christus, dessen ursprüngliche Provenienz unbekannt ist, gehört zu den künstlerisch bemerkenswertesten Beispielen mitteleuropäischer Skulptur aus dem zweiten Viertel des 14. Jahrhunderts. Die fein ausgeführte Schnitzerei des reich gewellten Haupt- und Barthaars, die in der Modellierung genau erfassten anatomischen Gesichtszüge des Erlösers mit ihrem ruhigen, von Barmherzigkeit erfüllten Ausdruck, die außerordentliche, dem Detail gewidmete Aufmerksamkeit, wie sie sich z. B. am leicht geöffneten Mund mit den deutlich gestalteten Zähnen zeigt, die Fähigkeit zur sorgfältigen Beobachtung des menschlichen Körpers, der an schmalen Armen mit vor Schmerz zusammengekrampften Fingern hängt, sowie die harmonische Gestaltung des Lendenschurzes mit zwei vertikalen Kaskaden an den Seiten und einem System schüsselförmiger Falten im Schoß verrät einen Künstler, der zweifellos zu den Spitzen seines Fachs gehörte. Die genannten Charakteristika rücken ihn in die Nähe von Werken wie dem Kruzifix im Karmelitinnenkloster in der Prager Burgstadt (Hradčany), die sich künstlerisch am Schnittpunkt zwischen italienischen und westeuropäischen Stileinflüssen bewegt. Jedoch dürfte für den im Format kleinen Gekreuzigten eher jene westeuropäische Orientierung von entscheidender Bedeutung sein, die im Prag der Luxemburger in den 1330er und 1340er Jahren vor allem durch das stilistisch variationenreiche, von der Forschung mit der Bezeichnung eines anonymen „Meisters der Madonna von Michle" versehene Werk vermittelt wurde.

Die Vielfalt der kunsthandwerklichen Ausführung der einzelnen Arbeiten dieser umfangreichen Gruppe, die sich auf dem historischen Territorium der Länder der Böhmischen Krone – besonders in Böhmen und Mähren, aber auch bis hin ins oberösterreichische St. Florian – finden, lässt jedoch deutlich das Problem ihrer Verbindung mit einem einzigen Schnitzer oder auch nur einer einzigen Werkstatt aufscheinen. Sie deutet vielmehr die Notwendigkeit an, eine breitere Stilrichtung in Erwägung zu ziehen, die auf dieser zeitlich definierten, kalligraphisch-stilisierten Auffassung der plastischen Formen basiert.

Der Gekreuzigte aus der Privatsammlung gehört künstlerisch zweifellos zu den besten Arbeiten seiner Art. Seine außerordentliche Bedeutung belegt auch die wohl ursprüngliche Öffnung auf der Brust, die eine Passionsreliquie enthalten haben dürfte. Damit wurde der Gekreuzigte zu einem kostbaren Verehrungsobjekt, das auf dem Altar eines heute unbekannten, einst aber bedeutenden Sakralraums vermutlich privater Natur aufgestellt war. Hinsichtlich des Figurentyps wie der angenommenen Nutzung ist der Gekreuzigte mit jenem herausragenden, heute in den Berliner Staatlichen Museen aufbewahrten Tafelbild der Kreuzigung, der sog. Kaufmann-Kreuzigung, vergleichbar, dessen Ursprung hypothetisch in der Privatkapelle des Prager Bischofspalastes auf der Kleinseite vermutet wurde. In vielerlei Hinsicht steht er auch den in Mähren überlieferten Objekten des Stilkreises nahe, zu denen z. B. der handwerklich weniger geschickt ausgeführte Christus als Schmerzensmann aus dem Brünner Ursulinenkloster (Moravská galerie v Brně, Inv.-Nr. E 175) oder die bemerkenswerte kleine Apostelstatue aus Eichhorn Bittischka (Veverská Bitýška; Moravská galerie v Brně, Inv.-Nr. E 608, vgl. Kat.-Nr. 11.2) gehören. Die letztgenannte Arbeit stammt wahrscheinlich aus der Kapelle nahe der landesherrlichen Burg Eichhorn (Veveří), deren Ausstattung einschließlich des berühmten, aus Prag importierten marianischen Gnadenbildes (heute Brünn, Diözesanmuseum) noch vor Mitte des 14. Jahrhunderts Karls IV. Bruder, Markgraf Johann Heinrich, beschafft hatte.

Jiří Fajt

LITERATUR
Bisher unpubliziert.

11.4 Karl, römischer Kaiser und böhmischer König, inkorporiert der Böhmischen Krone kraft seiner kaiserlichen Macht die Herzogtümer Liegnitz, Brieg und Münsterberg nebst weiteren namentlich aufgeführten schlesischen Fürstentümern einschließlich Breslau, sowie weiter die Markgrafschaften Bautzen und Görlitz

Prag, 9. Oktober 1355.
Pergament, Tinte; Latein; H. 44 cm – 6,5 cm, B. 68,5 cm; goldenes Siegel (Bulle) Kaiser Karls, Dm. 5,8 cm.
Prag, Národní archiv, Archiv der Böhmischen Krone, Nr. 511.
Nur in Prag ausgestellt.

Karl IV. inkorporierte dem böhmischen Staat, also der Krone des Königreichs Böhmen, mit der am 7. 4. 1348 in Prag ausgestellten Urkunde kraft seiner Macht als römischer König durch die Lehensbindung ihrer Herzöge an den böhmischen König die schlesischen Fürstentümer, die bis zu diesem Zeitpunkt nur einzeln angeschlossen waren, sowie die beiden Oberlausitzer Markgrafschaften, über die der König direkt herrschte. Mit Ausnahme des Herzogtums Breslau, eines unmittelbaren königlichen Besitzes, erwähnt das genannte Dokument die übrigen schlesischen Fürstentümer nicht namentlich. Nach dem Erwerb der Kaiserkrone im Jahr 1355 nahm Karl eine umfassende Bestätigung der Inkorporation des böhmischen Besitzes in Schlesien und in der Oberlausitz vor. Dies geschah ebenfalls mit einer in Prag ausgestellten Urkunde, die das Datum des 9.10.1355 trägt. Wegen des außerordentlichen Gewichts dieses staatsrechtlichen Akts entstanden zwei Exemplare derselben Urkunde, beide in lateinischer Fassung, die erste mit einem Goldsiegel (Goldbulle), die zweite mit einem wächsernen Majestätssiegel versehen.

Diese Urkunde ging unmittelbar von der eingangs erwähnten Urkunde vom 7. 4.1348 aus und übernahm daraus ganze Passagen. Karl widmete in der umfangreichen Einführung den Rechtsansprüchen der böhmischen Könige auf Polen, die schlesischen Fürstentümer – in erster Linie Breslau mit der gleichnamigen Hauptstadt –, aber auch Bautzen und Görlitz erhebliche Aufmerksamkeit. Er berief sich auf konkrete ältere Dokumente, unter anderem auf die Urkunde Kaiser Friedrichs I. von 1158 für König Vladislav I. und zwei Urkunden des römischen Königs Rudolf I. von Habsburg von 1290 für Wenzel II. (irrtümlich ist sein Vater König Přemysl Ottokar II. angeführt), in denen Rudolf dem böhmischen König das Anrecht auf das Erbe Herzog Heinrichs IV. von Breslau bestätigt hatte. In Bezug auf Schlesien, Bautzen und Görlitz erinnerte Karl dann an die Aktivitäten seines Vaters, des böhmischen Königs Johann von Luxemburg.

Danach bestätigte Karl IV. kraft seiner Macht als römischer Kaiser die souveräne Herrschaft der böhmischen Könige über die einzelnen schlesischen Fürsten (als Vasallen dieser Könige), ihre Lehen und Lehnsmänner, über die zugehörigen schlesischen Fürstentümer sowie die Markgrafschaften Bautzen und Görlitz. Zugleich betonte er die dauerhafte und nicht anzweifelbare Verbindung dieser Fürstentümer und Markgrafschaften mit dem Königreich Böhmen und der Böhmischen Krone. Die Urkunde enthält eine Aufzählung aller schlesischen Länder, die dem böhmischen König unterstanden. Es handelte sich um die Fürstentümer Liegnitz (Legnica), Brieg (Brzeg), Münsterberg (Ziębice), Oels (Oleśnica), Glogau (Głogów), Sagan (Żagań), Oppeln (Opole), Falkenberg (Niemodlin), Strehlen (Strzelin), Teschen (Cieszyn), Cosel (Koźle), Beuthen (Bytom), Steinau an der Oder (Ścinawa), Auschwitz (Oświęcim) und das Herzogtum Breslau (Wrocław). Genannt werden zudem Masowien und Płock an der Weichsel. Erwähnung finden weiter die Städte Breslau, Neumarkt (Środa Śląska), Frankenstein (Ząbkowice Śląskie), Steinau an der Oder, Guhrau (Góra), Glogau und Namslau (Namysłów). Die Luxemburger Besitzungen erweiterten sich 1368 durch Erbfall um die Fürstentümer Schweidnitz (Świdnica) und Jauer (Jawor) sowie die gesamte Niederlausitz. Diese drei Länder befanden sich im unmittelbaren Besitz des böhmischen Königs.

Denko Čumlivski

EDITION
RBM VI, 1, 85–87, Nr. 148.
Digitale Reproduktion der Urkunde zugänglich unter: www.monasterium.net.

LITERATUR
BOBKOVÁ/BARTLOVÁ 2003, 104 ff., 235, 281–284, 317f.

11.3 / Detail

11.4

11.5 Graduale des Prämonstratenserstifts St. Vinzenz auf dem Elbing in Breslau

Maler aus dem höfischen Umfeld Karls IV. in Prag, tätig in Breslau, 1362.
Pergament, Tinte, Tempera, Gold; 342 Blatt;
H. 49,5 cm, B. 31 cm.
Provenienz: Prämonstratenserstift St. Vinzenz auf dem Elbing (1530 umgezogen in die Baulichkeiten des vormaligen Franziskanerklosters St. Jakob, hier bis zur Aufhebung des Stifts). – Seit 1810 in der Universitätsbibliothek Breslau.
Breslau, Bibliotheka Uniwersytecka, Oddzial Rekopisów, Sign. I F 423.
Nur in Prag ausgestellt.

In einem Graduale sind sämtliche Gesänge des gregorianischen Chorals versammelt, die während der Feier der Messe von Chor (Schola) und Kantor gesungen wurden. Es war stets dreiteilig gegliedert und enthielt neben dem im Proprium je nach Kirchenjahr und liturgischem Anlass wechselnden Gesängen, die für jede Messe und Kirche stets gleichbleibenden Gesänge im Ordinarium und die verschiedenen auf den Tag verteilten Stundengebete im Officium divinum. Da sich die liturgischen Pflichten der einzelnen Kirchen voneinander unterschieden, war ein Graduale immer auf die Kirche zugeschnitten, für die es angefertigt wurde. In diesem Fall handelt es sich um die Prämonstratenserkirche St. Vinzenz auf dem Elbing, nördlich außerhalb der Breslauer Altstadt bzw. der Burg- und Dominsel gelegen.[1]

In einem länger andauernden Prozess unterstellten sich die diversen schlesischen Teilherzogtümer,, die von Zweigen des Piastenhauses regiert wurden, der Lehenshoheit des König Johanns von Böhmen, ein Prozess, der 1335 im Vertrag von Trentschin besiegelt wurde. Karl IV. erklärte 1348 und 1355 (vgl. Kat.-Nr. 11.4) die Zugehörigkeit Schlesiens zum Heiligen Römischen Reich und setzte 1359 anstelle eines Landeshauptmanns den Rat der Stadt Breslau zur Verwaltung Schlesiens ein.

1342 folgte dem Vorbild der schlesischen Herzogtümer das Fürstentum Neiße, das dem Bischof von Breslau gehörte: Mit dem Wechsel auf dem Bischofsthron von Nanker (amt. 1326–41) zu Preczlaus (Preczlaw) von Pogarell (amt. 1342–76) erkannte auch dieses Fürstentum die böhmische Lehensherrschaft an. Preczlaus unterstützte in vielfältiger Weise die luxemburgische Politik und wurde aufgrund seiner Verdienste 1352 zum Hofkanzler Karls IV. ernannt. Der von Karl IV. und Bischof Preczlaus verfolgte Plan, das Bistum Breslau, seit dem 11. Jahrhundert Suffragan der Erzdiözese Gnesen (Gniezno), aus dem Verband dieser Kirchenprovinz zu lösen und es dem 1344 neugegründeten Erzbistum Prag zu unterstellen, scheiterte allerdings: Denn dies wurde vom Breslauer Domkapitel und selbstverständlich vom polnischen König Kasimir III. nicht gebilligt.

Preczlaus zur Seite stand der hochgebildete Prämonstratenser Thomas von Neumarkt (1297–1378; Ordensname Magister Petrus),[2] der zu eben diesem Zeitpunkt auf Wunsch Pretzlaus' zum Titularbischof von Sarepta, d. h. zum Breslauer Weihbischof, geweiht wurde. Thomas hatte in Bologna und Montpellier Medizin und kanonisches Recht studiert. Er war Hofkaplan und Arzt der polnischen Herzöge Heinrich VI. und Boleslaw III. Ab ca. 1360 erscheint er auch im Kreis der Räte um Kaiser Karl IV. Aufgrund seiner ausgezeichneten Beziehungen zu den polnischen Herzögen war er politisch wichtig und in den Prozess der politischen Eingliederung Schlesiens in das Königreich Böhmen eingebunden. Zugleich blieb Thomas von Neumarkt dem Prämonstratenserkloster St. Vinzenz auf dem Elbing stets eng verbunden und stiftete eine Kapelle, die seinen Namenspatronen, den Hl. Thomas a Beckett, Erzbischof von Canterbury (amt. 1162–70) und dem Apostel Thomas, sowie den 11.000 Jungfrauen geweiht war und in

464 11 ✳ Die Länder der böhmischen Krone

11.5

der man ihn bestattete.³ Vorbild dafür war vielleicht die Achskapelle St. Marien am Chorumgang des Domes in Breslau, die Bischof Pretzlaus von Pogarell errichten ließ und in der sein außergewöhnliches Grabmal aus Marmor, in der Dombauhütte Peter Parlers geschaffen, Aufstellung fand.

Innerhalb dieser Zusammenhänge muss das laut Inschrift im Jahr 1362 angefertigte Breslauer Graduale eingeordnet werden. Es gehört nach künstlerisch-stilistischen Indizien zu einer größeren Gruppe von Handschriften, die um 1360 bestimmend für den Stilwechsel der höfischen Illuminatorenwerkstatt in Prag waren und in den engsten Umkreis der kaiserlichen Kanzlei einzuordnen sind.⁴ Kanzler von 1353/54–64 und nochmals 1371–74 war Johann von Neumarkt, der eine hochrangige Künstlerpersönlichkeit„ den sog. Meister des Liber Viaticus (vgl. Kat.-Nr. 12.6), in die Hofkanzlei holte.⁵ Dessen Stil zeigt sich insbesondere der italienischen Malerei verpflichtet, doch lassen sich auch Gemeinsamkeiten mit der Pariser Hofmalerei aufzeigen, die zu diesem Zeitpunkt durch Jean Pucelle und den Maître aux Bocquetaux geprägt war.⁶ In der Symbiose der verschiedenen künstlerischen Einflüsse entstand durch den Meister des Liber Viaticus ein neuer kaiserlicher Stil, der an den verschiedensten Orten innerhalb des Einflussbereiches Karls IV. zu finden ist und prägend für die kommenden Jahrzehnte wurde.⁷

Kaja von Cossart

LITERATUR

GÖRLICH 1836, 10. – GATZ 2001, 107. – Ausst.-Kat. Prag 2006, 95, Kat.-Nr. 14 (Jiří FAJT). – FAJT 2006/II, 60–62. – FAJT 2016/I, I (noch ohne Paginierung).

FUSSNOTEN

1 Dies belegt der Besitzvermerk in der Handschrift: „Anno domini MCCC sexagesimo secundo completus liber iste ad honorem dei et beati Vincentij episcopi et martiris in vigilia omnium sanctorum sub reverendo patre domino Wilhelmo secundo abbate monasterij sancte Vincencij prope Wratislaviam." (Frdl. Hinweis von Herrn Michał Broda). 1530 wurde das alte Stift St. Vinzenz aus militärischen Gründen abgerissen und der Konvent zog in die Gebäude des vormaligen Franziskanerklosters St. Jakob in Breslau.
2 GATZ 2001, 107.
3 GÖRLICH 1836, 10.
4 FAJT 2006/I, 60–62.
5 Johann von Neumarkt (1310–80) gehörte zu den engsten familiares Karls IV. und ist über viele Jahrzehnte in dessen Umfeld zu finden. Johann war Bischof von Naumburg (1352–53), Leitomischl (Litomyšl; 1353–64) und Olmütz (Olomouc; 1364–80) sowie Elekt von Breslau (Wrocław; 1380). Der Liber Viaticus war das persönliche Brevier Johanns von Neumarkt und von ihm in Auftrag gegeben. Er ist eine der bedeutendsten Handschriften der karolinischen Hofkunst, nach der die Werkstatt den Namen erhielt. FAJT 2006/I, 60, Anm. 94. – Ausst.-Kat. Prag 2006, 95, Kat.-Nr. 14 (Jiří FAJT).
6 Ausst.-Kat. Prag 2006, 95, Kat.-Nr. 14 (Jiří FAJT).
7 FAJT 2016/I, I.

11.6 Madonna auf dem Löwenthron

Niederschlesien, um 1360–70.
Lindenholz, rückseitig gehöhlt und mit Brett verschlossen, Krone Mariens beschnitten, Teile von Zepter, Kopf der Taube und Fuß des Engels zur Rechten Mariens verloren; Fassung weitgehend original; H. 85,5 cm, B. 34,5 cm, T. 17,5 cm.
Provenienz: Aus der St.-Jakobus-Kirche von Rengersdorf (Krosnowice) im Glatzer Bergland.
Nürnberg, Germanisches Nationalmuseum, Inv.-Nr. Pl.O. 2876.

Der Bildtyp der Löwenthronmadonna ist seit dem 12. Jahrhundert bekannt. Das einst in Rengersdorf beheimatete Bildwerk repräsentiert eine Ausprägung, die im 14. Jahrhundert entstand. Sie dürfte ihren Ausgangspunkt in Böhmen, vermutlich sogar in Prag besitzen und hat sich von dort über Mähren, Schlesien und Salzburg bis nach Pommern und Ostpreußen verbreitet. Sie veranschaulicht die bereits im Hochmittelalter entwickelte Metapher von Maria als dem Thronsitz des „neuen Salomo", das heißt Christi. Im alttestamentlichen Buch der Könige wird der Herrscherstuhl des für seine Weisheit berühmten Monarchen mit Wangen in Gestalt von Löwen beschrieben (1 Kön 10, 18–20). Wenn Hymnen die Gottesmutter als Thron des „neuen Salomo" preisen, soll das heißen, Christus, dessen Weisheit die des namhaften Fürsten weit übersteigt, wählte den Schoß der Jungfrau Maria als Ort seiner irdischen Erscheinung.

Das nach Angabe der Vorbesitzer aus der Pfarrkirche St. Jakob von Rengersdorf (Krosnowice) im Kreis Glatz (Kłodzko) stammende Bildwerk zeigt zwei lagernde Löwen, die den Thronsitz tragen und auf deren Leiber Maria die Schuhspitzen setzt. Die darin implizierte Herrschergeste erklärt den Jesusknaben somit auch zu dem in der alttestamentlichen Prophetie angekündigten „mächtigen Löwen aus dem Stamm Juda" (Gen 49,9). Ein Zepter bezeichnet seine Mutter zudem als Königin des Himmels. Einer der beiden flankierenden, die Löwen als Kniebänke benutzenden Kinderengel hilft ihr beflissen, die Insignie zu halten. Sein geistliches Gewand, das Pluviale, erklärt ihn nebst seinem Gegenüber, der dem segnenden Jesusknaben assistiert, zu einer Gestalt der himmlischen Liturgie. Die Taube, die das göttliche Kind behutsam auf dem linken Knie umfasst, vertritt wohl symbolisch den Heiligen Geist. Zu dessen schon vom Propheten Jesaja gezählten Gnadengaben gehört die Weisheit (Jes 11,1–2), die Gott König Salomo verliehen hat (1 Kön 3,11–12) und die nach der Aussage des Apostels Paulus in Gottes Sohn Mensch geworden ist (Kol 2,3).

Das ursprünglich sicherlich von einem Schrein umschlossene Bildwerk aus der Rengersdorfer Kirche kann aufgrund der markanten Körperlichkeit, die vor allem vom straff über den Leib Mariens gezogenen Gewand, aber auch den markigen Köpfen Christi, der Engel und der Tiere gespiegelt wird, nicht vor 1350 entstanden sein. Fajt und Suckale deuteten das Aufleben des Bildtyps in der Jahrhundertmitte als unmittelbare Selbstrepräsentation Karls IV., des weisen, Salomo gleichen Thronprätendenten, und datierten die entsprechenden Skulpturen daher an den Beginn der Regierungszeit des Kaisers. Diese These schließt eine aus stilistischen Gründen plausiblere Datierung des Rengersdorfer Exemplars ins siebte Jahrzehnt des 14. Jahrhunderts allerdings keineswegs aus. Während auch keine zwingenden Gründe für seine Lokalisierung nach Prag und damit für die Annahme eines Imports bestehen, legt die formale Qualität die Verortung in Schlesien nahe. Stilistische Affinität weisen eine stehende Löwenmadonna unbekannter Herkunft und die thronende Löwenmadonna aus Hermsdorf (Sobiecin) im Breslauer Nationalmuseum (Muzeum Narodowe we Wrocławiu) auf, deren Entstehung in Breslau vermutet wird. Hinsichtlich des motivischen Aufbaus ist der plastischen Gruppe aus Rengersdorf die Löwenmadonna in der ehemaligen Klarissenklosterkirche in Ribnitz bei Rostock eng verwandt.

Frank Matthias Kammel

LITERATUR
STAFSKI 1965, 225, Nr. 200 (mit älterer Literatur). – Ausst.-Kat. Prag 2006, 320f., Kat.-Nr. 114 (Jiří FAJT, Robert SUCKALE: hier Böhmen, um 1350). – Ausst.-Kat. Olmütz 2014, 128–130, Kat.-Nr. 39 (mit älterer Literatur).

11.7 Vita beatae Hedwigis – das Leben der Hl. Hedwig (Schlackenwerther Codex)

Schlesien (in Prag geschultes Atelier am Hof Ludwigs I.), 1353.
Deckfarben und lavierte Federzeichnungen auf Pergament; 204 Blatt, H. 34,1 cm, B. 24,8 cm.
Genealogie der Hedwig (2v–8v), Ahnentafel

11.6

(9v–10r), Bildgeschichte zum weltlichen Leben Hedwigs (10v–12r), Major legenda de beata Hedwigi (13r–139v), Legenda minor de vita beate Hedwigis (140r–148r), Kanonisationsurkunde Clemens' IV. (149r–158v), Predigt Clemens' IV. (158r–164r), Erklärung des Namens der hl. Hedwig (164r–165r), Bernhard von Clairvaux, Auslegung der Evangelienperikope Missus est Angelus Gabriel (167r–203v), Brief des Nikolaus von Posen an Ludwig I. (204r–204v).

Kolophon (fol. 148r): „Explicit legenda maior et minor de Sancta Hedwigi anno Domini millesimo trecentesimo quinquagesimo tercio consumata. Comparata autem per inclitum ducem dominum Lodewicum ducem Slesie et dominum Legniczensem in honore beatae Hedwigis quondam ducisse Slesie tociusque Polonie. Scripta est autem per manus Nycolai Pruzie foris civitatem Lubyn [Hier endet die Legenda maior und minor der Hl. Hedwig, die im Jahr des Herrn 1353 vollendet wurde. Zusammengestellt aber wurde sie vom erlauchten Fürsten und Herren Ludwig, Fürst von Schlesien und Herr von Liegnitz, zu Ehren der Hl. Hedwig, die einstmals Fürstin von Schlesien und ganz Polen war. Geschrieben aber wurde sie durch die Hand von Nikolaus Pruzie außerhalb der Stadt Lüben.]".

Provenienz: Ludwig I. von Liegnitz († 1398). – Brieg (Brzeg), Hedwigsstift (Auflösung des Stifts 1534). – Brieg, Bibliothek des fürstlichen Gymnasiums (bis 1630). – J. Breuner, bischöfliche Administrator, Brieg († 1630). – Franz Gottfried von Troilo auf Lassoth († 1648). – Herzog Julius Heinrich von Sachsen-Lauenburg, Schloss Schlackenwerth (Ostrov) († 1665). – Maria Benigna von Sachsen-Lauenburg († 1701). – Schlackenwerth, Piaristenkloster (Auflösung des Klosters 1876). – Schlackenwerth, Stadtbibliothek (verkauft 1910). – Wien, Antiquariat Gilhofer und Ranschburg. – Wien, Ritter von Guttmann (1938 beschlagnahmt). – Wien, Österreichische Nationalbibliothek (1947 restituiert). – Oaks (Can.), Ritter von Guttmann (bis 1964). – New York, H. P Kraus. – Köln, Sammlung Ludwig (bis 1983).

Los Angeles, J. Paul Getty Museum, Inv.-Nr. MS. Ludwig XI 7; 83.MN.126.

Nur in Nürnberg ausgestellt.

Ludwig I. von Liegnitz, Herzog von Lüben und Ohlau (ab 1368 von Brieg) und direkter Nachfahre der hl. Hedwig, ließ 1353 an seinem Residenzort in Lüben (Lubin) ein umfassendes Kompendium zur Heiligen zusammenstellen, das im Hauptteil u. a. aus den beiden um 1300 verfassten Hedwigslegenden und einer Abschrift der Kanonisationsurkunde besteht. Vom selben Schreiber wurden vermutlich nur unwesentlich später weitere Teile hinzugefügt: ein Prolog zur Genealogie der Heiligen samt einer Bildgeschichte zum Leben Hedwigs sowie am Schluss die Bernhards-Homilien. Die Textsammlung ergänzt ein ca. 1363 verfasster Brief des Nikolaus von Posen, Pronotar des Breslauer Bischofs Preczlaw von Pogarell, der eine Lobpreisung auf Hedwig enthält. Das Buchmaleratelier arbeitete weitgehend unabhängig vom Schreiber. Mit Ausnahme der Bildfolge am Ende der ersten Lage wurden sämtliche Illustrationen nachträglich als beidseitig bemalte Einzelblätter den Lagen hinzugefügt – dreizehn Blätter jeweils passend zum Textinhalt in die Legenda maior, ein vierzehntes den Bernhards-Homilien vorangestellt. Sämtliche narrative Szenen, für die vielfach keine ikonografischen Vorläufer existieren, sind mit ausführlichen lateinischen Bildunterschriften versehen, die den Inhalt des Dargestellten erläutern.

11.7, fol. 12v

11.8.a

11.8.b

Auf der letzten Seite der ersten Lage (fol. 12v), gegenüber der Praefatio zur Legenda maior, wurde ein ganzseitiges Dedikationsbild mit dem Stifterehepaar Ludwig I. und seiner Frau Agnes von Glogau platziert. Im Unterschied zu den lavierten Federzeichnungen ist es weitgehend als Deckfarbenmalerei ausgeführt, wobei sorgfältiger modellierte Partien, wie das Antlitz Hedwigs, mit den flüchtig gezeichneten Gesichtern der Stifter kontrastieren. Der Maler bereichert die Figur mit einer Vielzahl von Attributen, die ihre Frömmigkeit betonen – so die über ihren linken Arm gelegten Stiefel, die auf Hedwigs Gewohnheit verweisen, nach Vorbild der Apostel barfuß zu laufen, oder die wundertätige Marienstatue aus Elfenbein, die sie stets bei sich trug und auch mit ins Grab nahm. Eine erzählerische Note verleiht dem Kultbild das Buch in ihrer Rechten, in das Hedwig einen Finger als Lesezeichen gelegt hat, so, als sei sie bei der Lektüre unterbrochen worden. Der Heiligenschein ist mit einem Muster geschmückt, das im Gewand Ludwigs wiederholt wird, bei seiner Gattin Agnes jedoch fehlt. Es ist ein subtiler Hinweis auf die genealogischen Verbindungen von Stifter und Heiliger, die am Anfang des Buches explizit ausgeführt wurden.

Künstlerisch demonstriert die Handschrift eine enge Anbindung an den karolinischen Hof in Prag. So zitiert der Maler des Dedikationsbildes nicht nur das ebenfalls 1353 geschaffene monumentale Wandbild mit der hl. Hedwig aus der Prager Thomaskirche, sondern entwirft auch eine Baldachinarchitektur, die an die Throne der Glatzer Madonnentafel und weiterer Werke aus diesem Umfeld erinnert (Abb. 51). Das Antlitz der Heiligen entspricht indes eher dem Schönheitsideal der 1330er und 40er Jahre. Unter den Mitarbeitern des Buchmalerateliers hebt sich deutlich jener Maler ab, dem die Ausführung der Illustrationen zu den Bernhards-Homilien oblag (fol. 167), der aber auch an mehreren Blättern der Hedwigslegende mitgewirkt hat, und der offenbar aus der Werkstatt des Marientods aus Košatký (Kat.-Nr. 7.2) hervorgegangen ist. Dem Gottvater (fol. 167v) dieses Malers diente zweifellos das Trinitätsbild aus Schönau (Breslau, Museum der Erzdiözese [Wrocław, Muzeum Archidiecjezjalne]) als Vorbild, das aufs engste mit dem Prager Werk zusammenhängt. Im Bild aus Košatký finden sich überdies einzelne Kopftypen der Bernhards-Illustrationen wieder, ebenso manche Eigenheiten, wie die Zeichnung der Hände.

Wilfried Franzen

LITERATUR
GOTTSCHALK 1967. – KARŁOWSKA-KAMZOWA 1970, 14–34. – BRAUNFELS 1972. – EUW/PLOTZEK 1979–85, Bd. 3, 74–81, Kat.-Nr. XI 7. – KRÁSA 1990/II. – KARŁOWSKA-KAMZOWA 1994. – LABUDA/SECOMSKA 2004, Bd. 2, 309–311 (Barbara MIODOŃSKA). – MIODOŃSKA 2004, 381–383. – Ausst.-Kat. Essen/Bonn 2005, 365f., Kat.-Nr. 249 (Jeffrey HAMBURGER). – Ausst.-Kat. New York 2005, 138, Kat.-Nr. 7 (Barbara Drake BOEHM). – Ausst.-Kat. Prag 2006, 319, Kat.-Nr. 112 (Barbara Drake BOEHM). – KLEIN 2007, 525, Kat.-Nr. 255 (Beate BRAUN-NIEHR). – HAMBURGER 2009.

11.8.a–c Glasmalereien aus der Zisterzienserinnenabtei St. Marienstern

Prag, 2. H. 14. Jh.

a. Wappen des Königreichs Böhmen

Farbiges Hüttenglas, Schwarzlotmalerei, partiell Malereiverluste, geklebte Glassprünge; H. 75,5 cm, B. 53 cm; 1982 teilweise ergänzt (Glaswerkstätten Lehmann, Berlin).
Provenienz: Panschwitz-Kuckau, Zisterzienserinnenabtei St. Marienstern, Fenster im Kreuzgang.
Panschwitz-Kuckau, Zisterzienserinnenabtei St. Marienstern, ohne Inv.-Nr.

b. Wappen des Heiligen Römischen Reichs

Farbiges Hüttenglas, Schwarzlotmalerei, partiell Malereiverluste, geklebte Glassprünge; H. 77 cm, B. 53,5 cm; 1982 teilweise ergänzt (Glaswerkstätten Lehmann, Berlin).
Provenienz: Panschwitz-Kuckau, Zisterzienserinnenabtei St. Marienstern, Fenster im Kreuzgang.
Panschwitz-Kuckau, Zisterzienserinnenabtei St. Marienstern, ohne Inv.-Nr.

Das Kloster St. Marienstern im heutigen Sachsen, zwischen Bautzen und Kamenz gelegen, ist eine noch heute bestehende Zisterzienserinnenabtei, die 1248 von den Herren von Kamenz gegründet wurde und seit 1319 mit der Markgrafschaft Oberlausitz unter dem Schutz des böhmischen Königs stand. Die Klosterkirche aus dem späten 13. Jahrhundert, eine dreischiffige Halle mit geradem Chorschluss, birgt im Nordostfenster des Chors, dem sogenannten Hussitenfenster, die Fragmente zweier unterschiedlicher Verglasungsetappen. Zwei Felder der unteren Reihe stammen aus der Zeit um 1300, während die restlichen Glasmalereien dem späten 14. Jahrhunderts angehören. Jedes Feld enthält innerhalb einer Architekturrahmung die Standfigur eines Heiligen, hauptsächlich Jungfrauen und Märtyrerinnen. In der achten Zeile sowie den Kopf- und Maßwerkscheiben finden sich zudem mehrere Wappen adliger Fensterstifter aus der näheren Umgebung, darunter dasjenige der Herren von Kamenz, der Gründer und Förderer des Klosters. Um ihrerseits ihren Besitzanspruch über das Frauenkloster anzuzeigen, stifteten die böhmischen Schutzherren ebenfalls drei Wappenscheiben, die heute im Maßwerk eines dreibahnigen Kreuzgangfensters eingesetzt sind. Zwei davon zeigen auf goldenem Grund den schwarzen Reichsadler, ein weiteres bildet den böhmischen Löwen ab. Die Spitzschilde sind in einen blauen Kreis mit rotem Perlband eingeschrieben; umgeben werden sie – gleichsam als Zitat des einst strengen Farb- und Bilderverbots des Reformordens – von Grisaillemalerei. Die Felder waren einst sicherlich Bestandteil eines

11.8.c

umfangreichen, heute jedoch verlorenen Programms, das, so Monika Böning, eine Gedächtnisstiftung für den Auftraggeber, den böhmischen König, gewesen sein könnte und vielleicht mehrere Fenster, wenn nicht sogar den gesamten Kreuzgang umfasste. Die verwendeten Hintergrundornamente – Eichenblätter sowie Kleeblattranken – kehren vor Ort in ähnlicher Ausführung in der jüngeren Verglasung des Hussitenfensters wieder, was für eine Entstehung gegen Ende des 14. Jahrhunderts spricht. Die Scheiben wurden demnach unter der Herrschaft König Wenzels ausgeführt, der als Sohn Karls IV. im Jahr 1363 zum böhmischen und 1376 zum römisch-deutschen König gekrönt wurde und 1419 verstarb. Dass sie aber auch aus der gleichen, wohl sächsischen Werkstatt stammen, bleibt aus stilistischen Gründen mehr als fraglich. Aufgrund der historischen Verflechtungen ist es am wahrscheinlichsten, dass die Wappen direkt in Prag angefertigt wurden, am Ort des Auftraggebers, auch wenn sich dort in der Glasmalerei so gut wie keine Vergleichsbeispiele erhalten haben.

Markus Mock

LITERATUR
GURLITT 1912, 182. – Ausst.-Kat. Marienstern 1998, 219f., Kat.-Nr. 2.162 (Monika BÖNING).

c. Glasbild mit hl. Johannes dem Täufer
Prag, um 1355–60.
Farbiges Hüttenglas mit Schwarzlotmalerei in Kontur- und Radiertechnik, flächig lavierte Halb- und Wassertonmodellierung; moderne Verbleiung; H. 64,5 cm, B. 39,5 cm. In der Höhe beschnitten, auf der Rückseite der gelben und blauen Scheiben leichte Korrosionsspuren. Restaurierung 1956/57 (Josef Jiřička); zwei im 19. Jahrhundert seitlich angefügte Ornamentstreifen wurden damals entfernt und die rote Scheibe am rechten Arm des Heiligen sowie die Zinnen des linken Türmchens ersetzt.

Inschrift im Nimbus: „S[anctus] iohannes ba[ptista]".
Provenienz: Zisterzienserinnenabtei St. Marienstern, Klosterkirche. – 1835 nach Ossegg (Osek) überführt und in der dortigen Abtskapelle der Prälatur neu montiert. – Prag, Kunstgewerbemuseum (seit 1950). Prag, Uměleckoprůmyslové museum v Praze, Inv.-Nr. 65389/1950.
Nicht ausgestellt.

Gerahmt von einer Architektur mit seitlichen Stützen und einem türmchenbewehrten Baldachin erscheint vor einem blauen Fiedergrund mit bewegten dreiblättrigen Ranken die elegant geschwungene Standfigur des Heiligen im golden leuchtenden härenen Gewand, die rechte Hand zum Segen erhoben, in der verhüllten Linken die silberweiße Scheibe mit dem Lamm Gottes vorweisend. Mit seinem fein gezeichneten und lebendigen Antlitz in Dreiviertelansicht, von virtuosen Locken und ebensolchen Bartsträhnen umgeben, gleicht die Darstellung ikonografisch und typologisch dem älteren Büstenreliquar Johannes des Täufers (um 1290–96) im Klosterschatz von St. Marienstern, dessen Hauptpatron der Heilige nach Maria ist. Mit Betonung der Agnus-Dei-Scheibe, die auf der Glasmalerei bis in Details derjenigen des Reliquiars gleicht, wurde die Bedeutung des Täufers als Künder Christi hervorgehoben, wie es für die zisterziensische Auslegung typisch ist, hat doch Bernhard von Clairvaux mehrfach die Rolle des Johannes als „Indikator", also „Fingerzeig", Anzeiger und Wegweiser zu Christus betont.

Diese Symbolik könnte auch ein Grund für das besondere Interesse des kunstinteressierten Propstes Franz Salesius Krügner an der St. Mariensterner Glasscheibe gewesen sein, denn in dessen Heimatabtei Ossegg stellte einst gerade ein Fingerknochen des hl. Johannes des Täufers die Hauptreliquie dar. Jedenfalls überführte Krügner das Kunstwerk anlässlich seiner Abtswahl 1835 nach Ossegg und ließ es vom lokalen Glasermeister Fiedler in das Fenster seiner Abtskapelle einbauen. Zuvor befand sich die Scheibe in der St. Mariensterner Klosterkirche, wo sich im Ostfenster des nördlichen Seitenschiffes bis heute ein bedeutendes Ensemble von Glasscheiben verschiedener Ausstattungsphasen aus der Zeit des späten 13. bis ins dritte Viertel des 14. Jahrhunderts erhalten hat, deren Großteil in Zusammenhang mit dem Erblühen der Wallfahrt zum klösterlichen Heiltum im mittleren 14. Jahrhundert entstanden ist.

Stilistisch am nächsten stehen der Johannes-Darstellung diejenigen der heiligen Barbara und Sabina in der zweituntersten Zeile des Fensters; überhaupt stellen die meisten der formal entsprechenden Scheiben weibliche Heilige dar, passend zur Mehrheit der klösterlichen Reliquien, die sich auf die hl. Ursula und die Elftausend Jungfrauen beziehen.

Dagegen verweisen die Wappen im Couronnement des Fensters auf adlige Stifterfamilien: die von Kamenz, Berka von Duba, Schreibersdorf, Cottbus und – zweimal – Colditz. Aus letzterem Geschlecht stammten zwischen 1333 und 1377 nicht nur drei Äbtissinnen des Klosters, sondern auch Thimo VIII., Landvogt des Landes Bautzen und 1348 oberster Kämmerer Karls IV. Von der damaligen Verbindung des Klosters zum böhmischen König und Kaiser zeugen zudem neben mehreren Privilegien- und Schenkungsurkunden ganz direkt drei Wappenscheiben (siehe a–b).

Nicht zuletzt ist es aber auch die künstlerische Qualität der Johannesscheibe, die nach Prag führt und es als wahrscheinlich erscheinen lässt, dass dieses Werk im Auftrag des Herrschers bzw. einer ihm nahe stehenden Persönlichkeit entstanden ist. Es gehört heute nicht nur zu den wenigen erhaltenen künstlerisch herausragenden Beispielen der Glasmalerei in den böhmischen Ländern aus dem 14. Jahrhundert, sondern kann mit malerischen Hauptwerken der karolinischen Kunst um 1360 in einen engeren Zusammenhang gebracht werden. Während die architektonische Rahmung die Kenntnis von Werken des Hohenfurter Meisters und seines Umkreises voraussetzt, kann man in der Figur des Heiligen vor allem Beziehungen zu den Wandmalereien im Emmauskloster, aber auch zu Arbeiten der Werkstatt des Magisters Theoderich auf Burg Karlstein oder zur Buchmalerei aus dem Umkreis der Illuminatoren des Johann von Neumarkt sehen. Insbesondere gilt dies für die Physiognomie des Johanneshauptes, die Wiedergabe von Haar und Bart sowie die Zeichnung der Gewanddraperie. Bemerkenswert erscheint zudem der Umstand, dass Stil und Formenapparat der Glasmalerei in St. Marienstern weitere kurz danach entstandene Werke prägten, so insbesondere die Rückseite des beidseitig bemalten Täfelchens (Kat.-Nr. 11.9) und die Illuminationen von drei liturgischen Handschriften, die sich bis heute in der Klosterbibliothek befinden.

Marius Winzeler

LITERATUR
HITSCHFEL 1894, 90, 92. – Ausst.-Kat. London 1965, Taf. 1. – STEJSKAL 1974. – MATOUŠ 1975, 80f. – Ausst.-Kat. Köln 1978, II, 716 (Emanuel POCHE). – STEJSKAL 1978/II, 55, Abb. 36; 58, 227. – HEJDOVÁ/DRAHOTOVÁ 1989, 12–14, Nr. 27. – Ausst.-Kat. Ossegg 1996, Kat.-Nr. 6. – Ausst.-Kat. Leitmeritz 1997, 121, Kat.-Nr. 173. – Ausst.-Kat. St. Marienstern 1998, 215–218, Kat.-Nr. 2.160 (Winfried BERGMEYER); Nr. 2.161 (Eva FITZ). – BENDA u. a. 1999, 109, Abb. S. 98. – Ausst.-Kat. Prag 2001/II, 113f. – HAMBURGER 2002, Abb. 19. – WINZELER 2009, 251f. – WINZELER 2011, 188f. – Ausst.-Kat. Prag 2016, Nr. X-19 (Jan KLÍPA).

11.9 Doppelseitige Tafel mit thronender Madonna und Schmerzensmann

Prag, um 1340–50.
Tempera auf Holz; H. 57 cm, B. 38 cm.
Provenienz: Panschwitz-Kuckau, Zisterzienserinnenabtei St. Marienstern. – Später Görlitz, Museum. Görlitz, Kulturhistorisches Museum, Inv.-Nr. 35–55.

Die kleine beidseitig bemalte Tafel stammt aus der Oberlausitzer Zisterzienserinnen-Abtei St. Marienstern, die im mittleren 14. Jahrhundert in engen Beziehungen zu Prag und zu Karl IV. stand. Die durch kräftige Farbgebung und Goldgrund ausgezeichnete Vorderseite zeigt die Muttergottes, die das Christuskind auf dem Schoß hält. Sie sitzt auf dem Thron der Weisheit, einer dreigeschossigen Säulchenarchitektur, in deren Mitte links ein Krug mit einem Becher – Hinweis auf den Opfertod Christi – und rechts ein springendes Eichhörnchen oder Kaninchen – Sinnbild der Auferstehung – dargestellt sind. Im Gegensatz zur Vorderseite erscheint der in Halbfigur gezeigte Schmerzensmann auf der Rückseite zeichnungshaft vor weißem Hintergrund; die Konturen sind mit schwarzen Strichen umrissen, die farbigen Bereiche dünn lasiert – ohne Kontur ist nur das aus den Wunden fließende Blut gemalt.

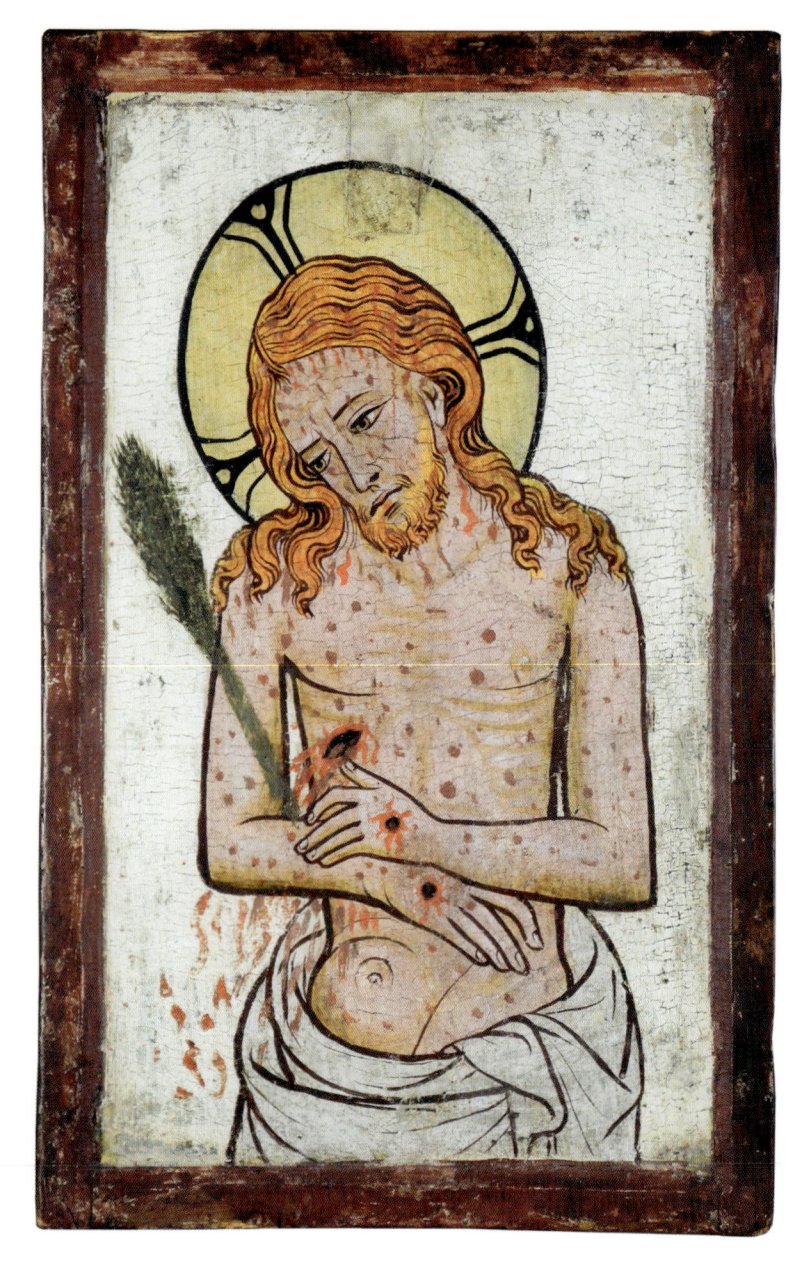

11.9

Die Verbindung der beiden Darstellungen auf einem Andachtsbild fordert auf zur Meditation über die Geheimnisse von Menschwerdung und Passion Christi. Der eucharistische Bezug in beiden Darstellungen ist Ausdruck der auch von den St. Mariensterner Nonnen im 14. Jahrhundert gepflegten mystischen Verehrung von Blut und Leib Christi: Maria umfängt das Kind wie ein Gefäß die Hostie; der blutende Schmerzensmann verdeutlicht die Bedeutung der „Imago pietatis". Dieser Typus gelangte von Venedig nach Böhmen und wurde mehrfach mit einem Madonnenbild zum Diptychon verbunden. Einzigartig ist jedoch die Kombination beider Bildtypen auf einer doppelseitig bemalten Tafel. Daher erscheint es denkbar, dass sie ursprünglich als Türchen eines eucharistischen Behältnisses gedacht war.

Das Madonnenbild – das älteste erhaltene Werk der Tafelmalerei in der Oberlausitz – folgt motivisch und stilistisch der „Glatzer Madonna", die um 1343/44 für den Prager Erzbischof Ernst von Pardubitz gemalte wurde (Berlin, Staatliche Museen, Gemäldegalerie, Inv.-Nr. 1624) und im Zentrum einer Gruppe von Tafelbildern steht, zu der auch der Altar von Hohenfurth (Vyšší Brod; um 1346/47?; Praha, Národní galerie) gehört. Insbesondere hinsichtlich der Thronarchitektur steht der Mariensterner Madonna die ähnlich kleine Tafel mit einem gleichfalls eucharistisch interpretierten Gnadenstuhl aus Schönau (Swierzawa) nahe, ebenfalls vor 1350 in Prag entstanden (Breslau/Wrocław, Muzeum Narodowe). Der Schmerzensmann auf der Mariensterner Tafel hingegen findet eher Parallelen in der Glas- und Buchmalerei, insbesondere in zwei illuminierten Handschriften (ein Missale und ein Diurnale) des mittleren 14. Jahrhunderts, die für St. Marienstern geschaffen wurden.

Marius Winzeler

LITERATUR
STANGE 1934, 182. – STANGE 1936, 92. – TROCHE 1938, 106f. – ASCHE 1940, 8–13. – LEMPER 1960, 91 f. – KARLOWSKA-KAMZOWA 1979, 24. – Ausst.-Kat. St. Marienstern 1998, Nr. 2.3. – Ausst.-Kat. Bonn 2005, Nr. 242. – WETTER 2006, 342f. – WINZELER 2008, 8f. – WINZELER 2009, 252. – WINZELER 2011, 84. – BARTLOVÁ 2015, 51.

11.10.a–b Inkorporation des Landes Oberpfalz

a. Karl, römischer Kaiser und böhmischer König, inkorporiert der Böhmischen Krone kraft seiner kaiserlichen Macht Sulzbach, Rosenberg, Neidstein und weitere namentlich aufgeführte Burgen und Minderstädte, die er von von den Pfalzgrafen bei Rhein, Ruprecht d. Ä. und Ruprecht d. J., käuflich erworben hat
Rom, 5. April 1355.

Pergament, Tinte; Latein; H. 52 cm – 4,5 cm, B. 71 cm; goldenes Siegel (Bulle) Kaiser Karls, Dm. 5,8 cm; von der Urkunde abgerissen.
Prag, Národní archiv, Archiv der Böhmischen Krone, Nr. 473.
Nur in Prag ausgestellt.

b. Inkorporationsurkunde des Landes Oberpfalz, kürzere deutsche Version
Rom, 5. April 1355.
Pergament, Tinte; Deutsch; H. 52,5 cm – 6 cm, B. 69 cm; goldenes Siegel (Bulle) Kaiser Karls, Dm. 5,8 cm; von der Urkunde abgerissen.
Prag, Národní archiv, Archiv der Böhmischen Krone, Nr. 474.
Nur in Nürnberg ausgestellt.

Am Ostersonntag, dem 5. 4. 1355, dem christlichen Hochfest der Auferstehung Christi, krönte Kardinal Pierre de Colombiers in der Petersbasilika im Vatikan Karl IV. zum römischen Kaiser. Unter den ca. vierzig Urkunden, die der neue Kaiser des Heiligen Römischen Reichs in der ewigen Stadt Rom mit dem Datum des Krönungstages ausstellte, nimmt die Inkorporationsurkunde für zahlreiche Burgen und Minderstädte in der Oberpfalz einen bedeutenden Platz ein. Ein derart gewichtiges staatsrechtliches Dokument ließ Karl auf Latein und auf Deutsch ausfertigen und beiden Exemplaren sein kaiserliches Goldsiegel, die Goldbulle, anhängen, die an diesem Tag erstmals verwendet wurde.

11.10.a

Karl begründete den Erlass der Inkorporationsurkunde in der Einführung ausführlich mit den Vorteilen, die der Anschluss an das Königreich Böhmen für die böhmischen Könige – durch die Absicherung der Reiseroute zur Wahl des römischen Königs sowie zu den Reichstagen nach Nürnberg –, aber auch für die inkorporierten Gebiete mit sich brachte. Es folgt eine Aufzählung der gekauften Burgen, Minderstädte und Territorien. An erster Stelle werden Sulzbach, Rosenberg, Neidstein, Hertenstein, Hohenstein, Hiltpoltstein, Lichteneck, Thurndorf, Frankenberg, Auerbach, Hersbruck, Lauf, Velden, Plech, Eschenbach, Pegnitz, Hauseck und Werdenstein genannt, die früher Rudolf, dem Pfalzgrafen bei Rhein und Herzog von Bayern, gehörten; nach Rudolfs Tod hatte Karl sie von den Pfalzgrafen bei Rhein und Herzögen von Bayern Ruprecht d. Ä. und Ruprecht d. J. erworben. Weiter handelte es sich um Burgen und Minderstädte, die aus dem Besitz der beiden genannten Pfalzgrafen stammten: Hirschau, Neustadt an der Waldnaab, Störnstein und Lichtenstein. Diese Orte hatte Karl bereits aufgrund eines am 29. 10. 1353 in Hagenau geschlossenen Vertrags mit Pfalzgraf Ruprecht d. Ä. gekauft. Die Aufzählung der angeschlossenen Orte endete mit den Burgen Pleistein, Reichenstein, Reicheneck, Hauseck, Strahlenfels, Spieß und Ruprechtstein, auf die noch die von der Zisterzienserabtei Waldsassen erworbene Minderstadt Bärnau folgte. Der Kaiser inkorporierte außerdem die in der Urkunde nicht namentlich genannten sonstigen Territorien, die sich in Deutschland („in Alemania") im Besitz des Königreichs Böhmen befanden.

Karl IV. verlieh dann kraft seiner Macht als römischer Kaiser den böhmischen Königen für die angeschlossenen Gebiete alle herrscherlichen Rechte, vor allem das Münz- und das Bergregal, die Zollerhebung und die Jurisdiktion über die Juden, und inkorporierte sie dem Königreich Böhmen und der Krone dieses Königreichs als nicht zu entfremdende Bestandteile. Besondere Aufmerksamkeit widmete die Urkunde der Gerichtszugehörigkeit der Bevölkerung dieser Territorien. Die Einwohner sollten der Gerichtskompetenz der örtlichen Gerichte unterstehen, eine Berufung war jedoch nur beim böhmischen König (bzw. dessen Kammer) zugelassen, der für sie zugleich die höchste Gerichtsinstanz darstellte. Kein Gericht im Reich hatte das Recht, diese Einwohner vorzuladen.

Die Inkorporationsurkunde bildete zusammen mit den Willebriefen der Kurfürsten die Rechtsgrundlage für die Entstehung eines geschlossenen Territoriums in der Oberpfalz, das dem böhmischen König unterstand und ein untrennbarer Teil des böhmischen Staates war. Diese Luxemburger-Besitzungen mit Sulzbach als Verwaltungszentrum erstreckten sich von der Westgrenze des Königreichs Böhmen bis zur Reichsstadt Nürnberg – nach Prag der zweiten Hauptresidenz Karls IV.

Denko Čumlivski

EDITIONEN
Lateinische Fassung der Urkunde in: RBM VI/1, 1–7, Nr. 2. – Lateinische und deutsche Version der Urkunde zugänglich unter: www.monasterium.net.

LITERATUR
BOBKOVÁ/BARTLOVÁ 2003, 284–289.

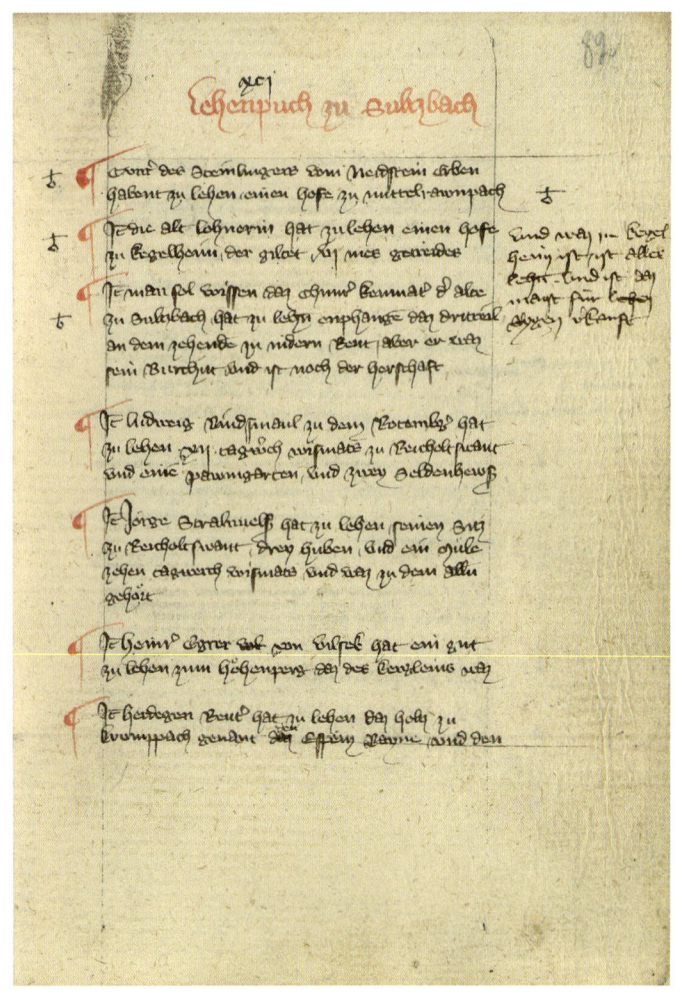

11.11.a

11.11.b

11.11.a–b Verwalterische Bestandsaufnahme im Neuen Land jenseits des Böhmischen Waldes

a. Salbuch Karls IV. über Neuböhmen
Sulzbach, um 1366–68.
Handschrift, Papier, Tinte, rote Initialen und Überschriften; 153 Bll.; Schmalfolio: H. 21, B. 15,1 cm; moderner Pappdeckeleinband.
Amberg, Staatsarchiv, Rentkammer Amberg, Nr. 1102 (früher: München, Bayerisches Hauptstaatsarchiv, Staatsverwaltung 1083).
Nur in Prag ausgestellt.

Das äußerlich unscheinbare Schmalfolioheft zählt zu den wichtigsten Quellen über das seit 1353 durch Pfandschaften, Käufe und Tauschaktionen, Lehensauftragungen oder auf Grund von Öffnungsrechten von Burgen, Städten und Märkten von Karl IV. im Zug seiner Hausmachtpolitik erworbene, zur Entstehungszeit als „des Keisers Herschaft zu Beyrn", in einer 1357 in Prag ausgestellten Urkunde als „Bavaria trans silvam Boemicalem [Bayern jenseits des Böhmischen Waldes]", als „Land zu Sulzbach" und erst in neuerer Zeit – erstmals 1781 – als „Neuböhmen" bezeichnete Territorium. Es erstreckt sich vornehmlich im Gebiet des pfalzgräflich wittelsbachischen Nordgaus (bzw. der heutigen Oberpfalz) entlang der Hauptroute des Systems der sogenannten Goldenen Straße von Prag über Pilsen (Plzeň), Tachau (Tachov), Bärnau, Neustadt an der Waldnaab, Weiden, Hirschau, Sulzbach, Hersbruck und Lauf nach Nürnberg und greift im westlichen Abschnitt im Rahmen des Systems der Goldenen Straße nach Norden in das Gebiet um Auerbach und Pegnitz aus. Als Konglomerat von Einzelstützpunkten und unterschiedlich großen Herrschaftsbezirken war es ein nicht geschlossenes Territorium (territorium non clausum). Kraft einer auf den Tag seiner Kaiserkrönung 1355 zurückdatierten Urkunde inkorporierte Karl IV. diese Ländereien der böhmischen Krone als unveräußerlichen Besitz, den er bis in die 1360er Jahre noch systematisch weiter ausgebaut hat. Hauptort des Territoriums, Sitz des Hauptmanns als des obersten Repräsentanten der böhmischen Krone und des Landgerichts war die 1353 von den Wittelsbachern erworbene Stadt Sulzbach.

Das zum Zeitpunkt des Erwerbs noch als Dorf bezeichnete Bärnau hatte Karl IV. vor 1351 von den Zisterziensern in Waldsassen gekauft und kurz darauf zur Stadt erhoben. Die Burgen Floß und Parkstein gingen als Reichspfand in böhmisches Eigentum über. Von den Landgrafen von Leuchtenberg erlangte er durch Lehensauftragung Pleystein, Reichenstein, Schönsee, Stierberg, Betzenstein und Pegnitz, vom Hochstift Bamberg Rechte um Pegnitz, Auerbach und im Veldensteiner Forst. Zahlreiche Orte gingen aus Adelsbesitz an die böhmische Krone über, darunter die strategisch wichtige Veste Rothenberg, Wildenfels und Strahlenfels (von den Wildensteinern), Sulzbürg (von den Wolfsteinern), Reicheneck (von den Hohenlohe), Waldthurn und Schellenberg (von den Waldthurnern), Wernberg (von den Nothaft) oder Hohenfels (von den Hohenfelsern). Der Erwerb des neuen Nebenlands der böhmischen Krone zielte darauf ab, eine Landbrücke nach Nürnberg und von dort weiter nach Frankfurt, dem Wahlort des römisch-deutschen Königs, und zur luxemburgischen Hausmacht im Rheingebiet zu schaffen sowie die Sicherheit des Ost-West-Handels und den direkten Zugriff auf das Montangebiet um Sulzbach zu garantieren.

Das im Auftrag des Kaisers in der böhmischen Kanzlei zu Sulzbach als Arbeitsgrundlage für die Verwaltung aufgezeichnete Salbuch bietet eine umfassende Beschreibung Neuböhmens in der Art eines Landbuchs, entsprechend den Landbüchern für das Fürstentum Breslau (um 1357) und für die Mark Brandenburg (um 1375). Das Verwaltungssystem in Neuböhmen entsprach weitgehend der Verwaltungspraxis in den anderen böhmischen Kronländern. Die Handschrift des Salbuchs trägt keinen Titel und ist undatiert. Die Datierung um 1366/68 lässt sich aus mehreren inhaltlichen und zeitlichen Hinweisen erschließen. Das Buch ist in drei Teile gegliedert: Der erste enthält eine Auflistung der Einkünfte des böhmischen Königs aus den 1363 eingerichteten Pflegämtern, dazu Nachträge über Geleitabgaben und Handelsgüter. Der zweite, mit Teilbuch des Landes überschriebene Teil gibt Aufschluss über die Organisation der Verwaltung und die Einkünfte der Beamten sowie über die zum Zeitpunkt der Niederschrift entfremdeten Hersbrucker Güter. Der dritte und umfangreichste Teil bietet Beschreibungen der Burghuten und Lehen, der Bewaffnung und Mannschaftsstärken der einzelnen Pflegamtssitze sowie der Forstrechte und Einkünfte aus den Wäldern; ein davor eingeschobenes Register gibt Anhaltspunkte für die Rekonstruktion bisher nicht bekannter Abschnitte des Landbuchs.

Die Anlage und die präzisen Angaben machen deutlich, dass Karl IV. eine völlige Einschmelzung der erworbenen Gebiete in seine böhmischen Kernlande beabsichtigt hat. Zur Abfassungszeit umfasste das neuböhmische Territorium neben Sulzbach die Ämter: Lichtenstein, Lichtenegg, Puchberg, Neidstein (mit Werdenstein), Rothenberg (mit dem Markt Schnaittach), Erlangen, Hiltpoltstein, Strahlenfels, Hollenberg, Frankenberg, Böheimstein (mit der Stadt Pegnitz), Lauf (mit der Stadt), Thurndorf (mit der Stadt), Eschenbach, Hartenstein (mit der Stadt Auerbach und den Märkten Velden und Plech), Hirschau (mit der Stadt), Parkstein (mit der Stadt Weiden), Floß (mit den Märkten Floß und Vohenstrauß), Störnstein (mit Neustadt an der Waldnaab), Bärnau (mit der Stadt) und Tachau (mit der Stadt), weiterhin die Güter der Propstei der Benediktinerinnenabtei Bergen im Hersbrucker Raum (mit der Stadt Hersbruck und der Veste Hohenstein). Das an der Grenze zu Bayern in Böhmen um die königliche Stadt Tachau gelegene Amt Tachau scheint damals dem Hauptmann in Sulzbach unterstanden zu haben.

Das neugeschaffene Herrschaftsgebilde verblieb in seiner größten Ausdehnung entgegen der Bestimmung in der Inkorporationsurkunde von 1355 nur rund zwei Jahrzehnte lang bei Böhmen: Den südlichen Teil Neuböhmens mit der bisherigen Hauptstadt Sulzbach, den Städten Lauf, Hersbruck, Hirschau und Weiden und den Märkten Floß und Vohenstrauß überließ der Kaiser bereits 1373 beim Erwerb der Markgrafschaft Brandenburg im Vertrag von Fürstenwalde (dazu Kat.-Nr. 11.15) dem bisherigen Markgrafen Otto V. dem Faulen als Pfand, das nicht mehr ausgelöst wurde. Der nördliche Teil mit der Stadt Auerbach als neuem Sitz der Verwaltung Neuböhmens und des Landgerichts war für Karl IV. als Brücke zwischen Nürnberg und Eger (Cheb) wichtig; er blieb noch bis zur Eroberung durch König Ruprecht von der Pfalz im Böhmisch-pfälzischen Krieg (1400/01) bei der böhmischen Krone und fiel nun wieder an die wittelsbachische Dynastie zurück. Das Salbuch von 1366/68 wurde eine Zeit lang in der Auerbacher Kanzlei verwahrt. Die von Karl IV. durch die Verleihung von Stadt- und Marktprivilegien in besonderer Weise geförderte dichte Stadtlandschaft, die zahlreichen auf seine Zeit zurückgehenden Kunstwerke, das damals ausgebaute Straßennetz sowie die Zeugnisse des unter ihm begonnenen und noch bis vor kurzem blühenden Montanbetriebs erinnern bis heute an die neuböhmische Periode der Region.

Franz Machilek

EDITION
SCHNELBÖGL 1973/I, 57–149.

LITERATUR
HOFMANN 1963 (mit Karte nach 64). – SCHNELBÖGL 1973/II. – SEIBT 1978/IV. – STURM 1978. – BOBKOVÁ 1980. – BOBKOVÁ 1982. – BOBKOVÁ 1991. – BOBKOVÁ 1993. – VOLKERT 1995, 56f., 64–67. – SAGSTETTER 1999. – HOENSCH 2000, 129f. – AMBRONN 2004, 31–33, 46f., Kat.-Nr. 3. – VOGL 2006, 4, 6. – SAGSTETTER 2007. – BOBKOVÁ 2007/I (Karte 36). – BOBKOVÁ 2007/II. – NĚMEC 2015, 93–114.

---

b. Lehenbuch der Herrschaft Waldthurn – die Herren von Waldau als Vasallen des Reichs und der Krone Böhmen

Doppelminiatur in einem Lehenbuch der Herren von Waldau von ca. 1521–40; mit Nachträgen der Herren von Wirsberg bis 1564. Ausgestellt: Karlstein, 24. August 1396; König Wenzel belehnt Tobias von Waldau mit Reichslehen.
Doppelseite in Handschrift, Papier, deutsch, 283 Bll.; Holzdeckelband, Ganzleder, Blindprägung mit Linien und Stempeln; farbige Zeichnungen; H. 30,5 cm, B. 20,5 cm bzw. H. 17,7 cm, B. 20,8 cm.
Staatsarchiv Amberg, Gefürstete Grafschaft Störnstein, Herrschaft Waldthurn 1, fol. Iv–IIr.
Nur in Nürnberg ausgestellt.

11.12

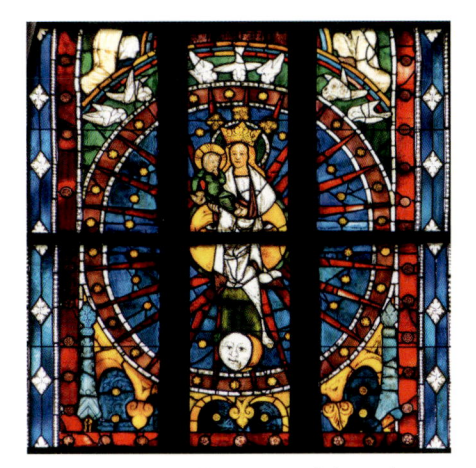

11.12.1 Madonna im Strahlenkranz. Im Achsfenster der Hersbrucker Stadtkirche hat bis heute diese im höfischen Umfeld Karls IV. entwickelte Darstellung überlebt – im Gegensatz zur Nürnberger Frauenkirche, wo wir von einer ähnlichen Darstellung nurmehr durch Schriftquellen wissen. • Entwurf in der Werkstatt des Nürnberger Hofmalers Karls IV., Sebald Weinschröter; Nürnberger Glasmalerei-Werkstatt, vor 1373 • Glasmalerei • Hersbruck, Ev.-luth. Stadtpfarrkirche St. Marien

Die Herrschaft Waldthurn, in der östlichen Oberpfalz nahe der Grenze zu Böhmen gelegen, bildete seit etwa der Mitte des 14. Jahrhunderts ein böhmisches Kronlehen. Die Inhaber der Herrschaft, die Herren von Waldau, hatten diese Karl IV. zu Lehen aufgetragen. Weitere Besitzungen der Waldauer gingen von der Pfalz und der Landgrafschaft Leuchtenberg zu Lehen. Das Halsgericht und der Wildbann an ihrem Stammsitz zu Waldau rührten von der Pfalz zu Lehen, Halsgericht und Blutbann zu Waldthurn sowie Streubesitz von der nördlichen Oberpfalz bis Oberwinzer bei Regensburg waren dagegen Reichslehen.

Ihren Status als Vasallen des Reichs und der böhmischen Krone suchten die Waldauer in der ersten Hälfte des 16. Jahrhunderts offenbar als Instrument zu nutzen, um eine von der Pfalz unabhängige Stellung zu erlangen. Diese politische Absicht kommt zum Ausdruck in einem repräsentativ gestalteten Lehenbuch, das Georg von Waldau nach 1521 anfertigen ließ. Es enthält ein nach Gerichten und Herrschaften gegliedertes Verzeichnis der Güter, die Georg als von seinen Vorfahren ererbte Lehen „von dem Heiligen Romischen Reich" innehatte, sowie Niederschriften über Belehnungen von Aftervasallen der Waldauer aus der Zeit zwischen 1429 bis 1520, die aus älteren Lehenbüchern kopiert wurden.

Am Anfang des Lehenbuchs stehen sieben (von ursprünglich acht) Miniaturen, die die Belehnung der Herren von Waldau durch Karl IV. (1376), Wenzel (1396), Albrecht II. (1438) und Karl V. (1521) darstellen. Die aufgeschlagene Doppelminiatur zeigt links König Wenzel auf einem Thron sitzend, ausgestattet mit den Insignien (Krone, Zepter, Reichskrone), flankiert von den Wappen des Reichs (Adler) und des Königreichs Böhmen (böhmischer Löwe), als Lehensherrn; rechts sind der königliche Lehenpropst mit der Belehnungsurkunde sowie daneben kniend Tobias von Waldau (mit Familienwappen) als Vasall, der den Leheneid leistet, dargestellt.

Dass in den Illustrationen der Handschrift mit Karl IV., Wenzel und Albrecht II. drei Herrscher zitiert werden, die in Personalunion die römisch-deutsche und die böhmische Königskrone auf sich vereinten, darf in der damals schwelenden Auseinandersetzung um die pfälzische Landsässigkeit der Waldauer als Affront gegen den Kurfürsten und als bewusste Demonstration der Nähe zum Reich und vor allem zur Krone Böhmen, die ihrerseits Ansprüche auf die Landeshoheit über die böhmischen Lehen im Reich erhob, verstanden werden.

1540 jedoch musste Georg von Waldau gegenüber Kurfürst Ludwig V. und Pfalzgraf Friedrich die pfälzische Landeshoheit und seinen Status als Landsasse der Pfalz anerkennen. Zugleich sollte das Schloss Waldthurn im Kriegsfall dem pfälzischen Landesherrn ein offenes Haus sein, außer gegen den König von Böhmen.

Wegen finanzieller und gesundheitlicher Probleme verkaufte Georg als der letzte Waldauer im Mannesstamm die Herrschaft Waldthurn 1540 an die fränkische Adelsfamilie von Wirsberg. 1656 erwarben die Lobkowitz die Herrschaft, die sie – seit 1666 mit landesfürstlicher Obrigkeit – bis 1807 innehatten.

Maria Rita Sagstetter

LITERATUR
VOLKERT 1960. – HOFMANN 1961. – BERND 1977, 82f., 90, 188f. – BERGLER 2008. – BERGLER 2014/I, 37–62. – BERGLER 2014/II.

11.13 / Detail

11.12 Glasmedaillon mit Wappenschild des Königreichs Böhmen

Nürnberg, um 1360–70.
Farbiges Hüttenglas, Schwarzlotmalerei; Dm. 60 cm.
Provenienz: Hersbruck, Stadtpfarrkirche St. Marien, Chorfenster.
Hersbruck, Evang.-luth. Stadtkirchengemeinde.

1353 kaufte Karl IV. im Zusammenhang mit seinen systematisch erworbenen Besitzungen nordöstlich der Reichsstadt Nürnberg, die man später als „Neuböhmen" bezeichnen würde, auch die seit dem 10. oder 11. Jahrhundert bestehende Brückensiedlung Hersbruck, die 1057 Markt- und Münzrecht erhalten hatte. Sie war wohl bereits seit dem 13. Jahrhundert planmäßig mit einem Straßenmarkt städtisch ausgebaut worden und erhielt nun erhöhte Bedeutung; man nimmt an, dass Karl ihr zwischen 1359 und 1364 reguläres Stadtrecht verlieh. Dafür spricht, dass zugleich der Neubau der Pfarrkirche begann, die im südlichen Teil der Stadtanlage liegt. Die bis heute erhaltenen Glasmalereien sind für die Fenster des Chores geschaffen, der stilistisch und wegen der skulptierten Schlusssteine aus dieser Zeit stammen muss. Letztere zeigen die segnende, mit dem Kreuznimbus versehene Hand Gottes und das Antlitz Jesu, die Vera Ikon, das heißt das wahre Abbild, von dem man annahm, es sei z. B. in dem Schweißtuch, das die hl. Veronika Jesus auf dem Leidensweg gereicht haben soll, authentisch abgedrückt worden. Die Verehrung des Heiligen Antlitzes erlebte gerade unter Karl IV. einen Höhepunkt.

Ein Zeichen dafür, wie direkt der Landesherr auch auf die Ausstattung der Pfarrkirchen kleinerer Städte Einfluss nahm, sind neben dem Schlussstein auch die erhaltenen Glasmalereien, die selbstverständlich das böhmische Landeswappen, den zweischwänzigen Löwen, zeigen, des weiteren einen Passionszyklus und – im Mittelfenster der Marienkirche – die Darstellung der Virgo in sole, d. h. der in der Offenbarung Johannis beschriebenen am Himmel erscheinenden Jungfrau, bekleidet von der Sonne, zu Häupten beglänzt von zwölf Sternen, zu ihren Füßen der Mond. Es ist ein im höfischen Umfeld Karls häufig variiertes Thema (vgl. Kat.-Nr. 10.2, 17.1), ja sein Auftauchen im 14. Jahrhundert kann geradezu als Fingerzeig auf den Einfluss des Herrschers gewertet werden.

In Hersbruck ist Maria stehend dargestellt, vor der goldenen Sonnenscheibe, umgeben von einem roten Strahlenkranz und zwei Sternenkreisen. Die in der Offenbarung genannten zwölf Sterne sind oberhalb ihrer Krone in drei Vierergruppen dargestellt. Darüber kommen die sieben Gaben des Heiligen Geistes in Form von Tauben auf Maria hernieder, ausgesandt von Christus, der als Herrscher des Kosmos auf dem Regenbogen thront, segnend und die von einem Kreuz bekrönte Weltkugel in der Hand. Seitlich verehren zwei musizierende Engel den Herrscher des Himmels und der Erde. Zugleich trägt Maria natürlich auch das Jesuskind, und zwar nach böhmischer Gepflogenheit auf dem rechten Arm, wobei Jesus mit der Linken seinen Mund berührt, wie bei der Nordheimer Madonna (Kat.-Nr. 9.6) ein Hinweis auf den Beginn des Johannesevangeliums: „Im Anfang war das Wort, und das Wort ward Fleisch".

Der Stil steht den der Nürnberger Werkstatt Sebald Weinschröters zugeschriebenen Zeichnungen im Germanischen Nationalmuseum (Inv.-Nr. Kaps. 559, Hz 37 und 38, Kat.-Nr. 10.9, 10.10) nahe: So die schlanke, gelängte Marienfigur, die z. B. der lehrenden Anna ähnelt, oder die Gewandung des auferstehenden Jesus aus dem Hersbrucker Passionsfenster mit den über die Gliedmaßen gespannten, malerisch-weich und detailliert ausgeführten Falten, die man z. B. bei der Muttergottes mit dem Kind der besagten Zeichnungsblätter wiederfindet. Abweichend von Hartmut Scholz, der in Hersbruck noch eine größere Nähe zu böhmischen Werken wie den Glasmalereien in St. Bartholomäus zu Kolin/Elbe erkennen wollte, scheint es daher plausibler, dass die Hersbrucker Glasmalereien bei einem der vielen Nürnberger Glasmaler bestellt wurden, der seine vor allem auch ikonografisch durch den Herrscher bestimmten Vorlagen aus dessen direktem Umfeld erhielt. Und zu diesem gehörte in Nürnberg dessen urkundlich belegter Hofmaler, Sebald Weinschröter.

Markus Hörsch

LITERATUR
SCHOLZ 2002, I, 217–240. – Ausst.-Kat. Prag 2006, 336–339, Kat.-Nr. 118 (Hartmut SCHOLZ). – SCHOLZ 2009, 221f., 224f.

11.13 Puschendorfer Drachenmadonna

Prag, um 1360–65.
Lindenholz (?), mit neuzeitlicher Fassung, Tafelmalerei; Retabel gesamt, geöffnet H. 138 cm, B. 167 cm, T. 29 cm; Schrein H. 94 cm, B. 82,5 cm, T. 21,8 cm; Figur H. 59 cm, B. 30 cm, T. 11,5 cm.
Provenienz: Herkunft unbekannt. – Nürnberg, Kartause (wohl seit den 1380er Jahren). – Puschendorf, St. Wolfgang (seit E. 15. Jh.).
Puschendorf, Ev.-luth. Kirchgemeinde St. Wolfgang.

Die kleine St.-Wolfgangs-Kirche in Puschendorf (Kr. Fürth) steht bis heute auf dem von einem Graben umzogenen Sockel eines einstigen Herrensitzes der Nürnberger Patrizierfamilie Haller. Diesen erwarb 1469 das innerhalb der Mauern der Reichsstadt gelegene Kartäuserkloster (welches 1857 bekanntlich zum Sitz des Germanischen Nationalmuseums wurde) und ersetzte ihn 1489–91 durch die jetzige St. Wolfgangskirche. Der Nürnberger Konvent ließ damals die Skulpturen eines älteren Marienretabels aus eigenem Bestand in einen neuen Schrein einfügen und mit krönenden Engeln versehen, um die neue Wolfgangskirche angemessen auszustatten.

Das Kartäuserkloster war eine patrizische Stiftung: 1380 durch ein Mitglied der bedeutenden Nürnberger Familie Mendel (vgl. Moritzkapelle, Kat.-Nr. 10.5, 10.6), Marquard († 1385), gegründet und vom Rat unter seine Obhut gestellt, erfolgten 1381 die Grundsteinlegung und nur wenige Jahre später, 1383 oder 1387, die Weihe des Chores der Kirche. Allerdings zeigt die Gegenwart König Wenzels und des päpstlichen Legaten Pietro Pileo di Prata (um 1330–1401) bei der Grundsteinlegung das Interesse allerhöchster Kreise. Mendel, wohl unmittelbar um das Seelenheil seiner Frau und Kinder besorgt, die 1379 der Pest zum Opfer gefallen waren, eiferte mit der Gründung gerade eines Kartäuserklosters fürstlichen Stiftern nach, die in dem strengen Orden die beste Gewähr für eine wirksame Gebetsvorsorge für die Verstorbenen zu sehen schienen. Die Mönche verbrachten den größten Teil ihrer Zeit eremitisch in Einzelhäusern – die auch in Nürnberg noch zum Teil erhalten sind. So hatte bereits Wenzels Urgroßonkel, Kurfürst Balduin, Kartausen in Trier (Kat.-Nr. 3.1) und in Koblenz gegründet, gefolgt vom Großvater, König Johann von Böhmen, der 1342 die Kartause Mariengarten in Prag gestiftet hatte und vom Onkel, Markgraf Johann Heinrich von Mähren (1322–75), der im Jahre seines Todes die Kartause Königsfeld (Královo Pole) bei Brünn begründete.

Wie die Madonnenskulptur, die schon vor ihrer Adaption für Puschendorf in ein kleines Retabel eingefügt war, ins Kartäuserkloster kam, ist ungewiss. Doch ist es sicher, dass sie deutlich vor 1380 entstand.

Maria thront auf einer breiten Bank mit Kissen und tritt das Böse in Form eines fauchenden Drachens mit Füßen. Erstaunlich lebendig, aber auch eigenartig mutet den heutigen Betrachter auf den ersten Blick die Art an, in der Maria das Jesuskind darbietet. Maria blickt es aufmerksam, zugleich mit einem etwas maskenhaften Lächeln an, wobei sie es mit verhüllter linker Hand wie eine kostbare Opfergabe darreicht. In der Nacktheit des Kindes wird das Gotteswort als wahrer Mensch sichtbar; die überkreuzten Füßchen deuten bereits auf die Kreuzigung voraus, bei der die Füße übereinander genagelt werden werden. Nach Kreuzestod und Auferstehung wird das Böse überwunden sein, auf das Jesus mit der Linken hinabweist. Mit der Rechten greift Maria nach dem Kinn Jesu, was so kaum an Marienstatuen vorkommt und vielleicht als unziemlich empfunden wurde, ist doch eine ähnliche Geste sonst umgekehrt eher als eine „Besitzgeste" Jesu gegenüber seiner Mutter verwendet worden, zeigte mithin die Überlegenheit Jesu, der in der Auslegung des alttestamentarischen Hohen Liedes der Bräutigam Marias, d. h. der Kirche, war. In diesem Fall kann eine solche Bedeutung nicht gemeint sein, vielmehr soll wohl die Aufmerksamkeit auf den Mund Jesu gelenkt werden, aus dem das die Heilsgeschichte in Gang setzende Gotteswort hervorging. Bei der Nordheimer

11.13

Madonna (Kat.-Nr. 9.6) oder bei derjenigen von Saras (Zahražany; Kat.-Nr. 2.4) verweist das Kind freilich selbst auf seinen Mund.

Maria trägt ein blaues, golden gesäumtes Kleid und einen goldenen, rot gefütterten Mantel. Letzterer ist vorn über den Knien zusammengeschlagen, bildet hier runde Zugfalten über Marias rechtem Bein und seitlich wie in der Mitte kleine herabhängende Saumkaskaden aus. Alles wirkt bewegt, fast ein wenig wild – und deutet mit seinen Faltenösen auf die präziseren Faltenkompositionen des sog. Schönen Stils erst voraus. Hinsichtlich des kontrastreichen Gewandspiels steht die Figur einem Werk wie der Altstädter Rathaus-Madonna (Kat.-Nr. 9.7) nahe, doch geht sie hinsichtlich Mimik und Lebendigkeit über diese hinaus. Damit gehört die Puschendorfer Madonna zu einer Gruppe sehr origineller, vielfältige Variationen durchspielender Skulpturen der 1350er bis 1370er Jahre, wie sie auch die stehende Madonna aus Saras vertritt. Am ähnlichsten und wahrscheinlich von derselben Hand, sicher aber in der gleichen Werkstatt geschaffen ist die thronende Madonna von Hochpetsch (Bečov; Kat.-Nr. 11.14), die zwar alle Motive und ikonografischen Details variiert, hinsichtlich des Stils aber dieselbe Auffassung zeigt; man betrachte nur die recht große Nase Marias, den Kopf des Kindes und die bewegten Mantelfalten.¹ Auch die Art, wie die ikonografischen Anspielungen unkonventionell lebendig ausgestaltet werden (erwähnt sei nur das Verhüllen der Rechten Marias!), ist bei beiden Skulpturen so ähnlich, dass an dieselbe geistliche Inspirationsquelle dieses bedeutenden Künstlers zu denken ist.

Es ist zudem sehr auffällig, wie nahe die beiden Madonnen Zeichnungen aus dem Umfeld des Meisters Theoderich stehen, z. B. der eines ausgeschnittenen Hl. Johannes Ev. in der Anhaltinische Gemäldegalerie zu Dessau,² gerade auch hinsichtlich der nicht völlig schönheitlichen Physiognomie. Auch dies weist darauf hin, dass man es hier mit Werken eines dem kaiserlichen Hof unmittelbar verbundenen Künstlerkreises zu tun hat, der geradezu angehalten war, ikonografische und künstlerische Innovation zu pflegen. Die beiden Skulpturen in Hochpetsch und Puschendorf dürften zu einem ganz ähnlichen Zeitpunkt um 1360/65 entstanden sein.

Es ist durchaus denkbar, dass ein solches Werk als kaiserliche Gabe oder auch als Bestellung im Prager höfischen Milieu in den Besitz der bedeutenden, herrschernahen Patrizierfamilie Mendel gelangte – und von Marquard dann seiner umfangreichen Klosterstiftung einverleibt wurde. Vielleicht noch etwas wahrscheinlicher ist es jedoch, dass die jetzige Puschendorfer Maria, wie Jiří Fajt vermutet hat, zunächst eine Stiftung Karls IV. für die Prager Kartause war, und dann von Wenzel IV. aus dieser heraus zur Weihe der Nürnberger Kartäuserkirche in den 1380er Jahren geschenkt wurde, nicht zuletzt in Erinnerung an seinen Vater, der Nürnberg so verbunden gewesen war.

Markus Hörsch

LITERATUR
HEERWAGEN 1902. – GEBESSLER 1963, 139f. – MAUÉ 1978. – FULLONI 2001. – SUCKALE 2001. – Ausst.-Kat. Prag 2006, 108 (Jiří FAJT, Robert SUCKALE).

FUSSNOTEN
1 Brüx, Dekanatskirche Mariä Himmelfahrt. – Ausst.-Kat. Prag 2006, 121f., Kat.-Nr. 29 (Jiří FAJT).
2 Dessau, Anhaltinische Gemäldegalerie, Grafische Sammlung. – Ausst.-Kat. Prag 2006, 121, Abb. Kat.-Nr. 28.2.

11.14

11.14 Madonna aus Hochpetsch (Bečov)

Prag, um 1365.
Lindenholz-Hochrelief, hinten gehöhlt, mit überwiegend ursprünglicher Farbfassung; Jesuskind einzeln und mehransichtig gearbeitet; H. 95cm, B. 25cm. Die Krone der Jungfrau Maria fehlt; Finger des Kindes sind beschädigt. Restauriert 1956–57 von B. Slánský und L. Slánská, 1986–87 von M. Smrkovský und J. Alt jr.
Provenienz: Pfarrkirche St. Ägidius in Hochpetsch bei Brüx (Bečov u Mostu; die Kirche bereits im 14. Jahrhundert, die Statue im ersten Viertel des 18. Jahrhunderts von A. Sartorius erwähnt). – Brüx, Dekanatskirche St. Mariä Himmelfahrt.
Hochpetsch, Röm.-Kath. Pfarramt, als Leihgabe in Brüx, Dekanatskirche St. Maria Himmelfahrt, Galerie výtvarného umění.
Nicht ausgestellt.

Die Madonna aus Hochpetsch gehört zu den künstlerisch herausragenden böhmischen Schnitzwerken des dritten Viertels des 14. Jahrhunderts. Auf den ersten Blick fesselt sie den Betrachter durch ihre Lebendigkeit und die emotionale Unmittelbarkeit der Beziehung zwischen Mutter und Kind. Freilich lassen sich auch der zeremonielle Charakter und die symbolischen Konnotationen des Werks nicht leugnen. So wird das ausgelassen wirkende Jesuskind von Maria keineswegs direkt gehalten, sondern als das kostbare Sakrament „durch das Gewand". An die Sendung Christi auf Erden erinnert sein merkwürdig geknicktes rechtes Beinchen, das auf den Opfertod am Kreuz vorausweist, bei dem Christi Füße mit Nägeln durchbohrt werden. Der allegorische Charakter der Figur wird zudem in der gekrönten Muttergottes deutlich, die zugleich die Kirche als Institution, die Ecclesia, verkörpert.

Zu diesem vielschichtigen theologischen Gehalt stehen jedoch die gleichsam alltäglichen Züge des rundlichen Mariengesichts mit hoher Stirn, der etwas verbreiterten Nase und dem leichten Lächeln auf den schmalen Lippen in Kontrast. Marias Blick ist nicht auf den Sohn gerichtet, der mit ausgestreckten Händchen um die Aufmerksamkeit seiner Mutter wirbt, sondern führt über ihn hinweg schräg nach unten, wohl in dem Bemühen, Blickkontakt mit den Gläubigen aufzunehmen. Dies spiegelt deutlich die ursprüngliche Aufstellung des Altarretabels wieder, dessen Baldachin die Hochpetscher Madonna ursprünglich geziert haben dürfte.

Allerdings ist nicht nur der Konflikt zwischen Ideal und Wirklichkeit der Ursprung der pulsierenden Spannung, sondern die Ausführung der Skulptur selbst: Dem ruhigen Körper steht die Vitalität der monumental wirkenden Draperie entgegen. Dieser stilistische Ausdruck hatte Vorstufen in Prag, wie die Gruppe von Schnitzwerken, die seit Mitte der 1350er Jahre wohl in einer oder in mehreren nahe verwandten Werkstätten in Prag entstanden, zu denen die Thronenden Madonnen aus Hradek bei Beneschau (Hrádek u Benešova) und Eger (Cheb; Kat.-Nr. 12.2) wie auch die Marienstatue aus Saras (Zahražany; Kat.-Nr. 12.4) zählen. Zu ihren gemeinsamen Merkmalen gehören neben der bemerkenswerten bildnerischen Qualität auch die spielende Bewegung des Kindes und die weiche, „malerische" Modellierung der Draperie, die Parallelen zu der von Italien beeinflussten Malerei am Hof Karls IV. in den 1350er und 60er Jahren aufweist. Die Großzügigkeit der Gewanddrapierung sowie die äußerst plastische Auffassung der Form ist den Gemälden des am Hof Karls IV. arbeitenden Meisters Theoderich nicht unähnlich; unter seinen Bildnissen von Heiligen auf der Burg Karlstein (Karlštejn) finden sich vergleichbare Gesichtstypen. Die Madonna aus Hochpetsch steht stilistisch allerdings zwei Handschriften am nächsten, die in der Werkstatt der kaiserlichen Kanzlei entstanden sind, nämlich dem Missale des Johann von Neumarkt (Jan ze Středy), des Kanzlers Karls IV., aus dem Jahr 1364 (Kat.-Nr. 12.9) und dem Krönungsevangeliar der Habsburger-Herzöge, das von Johann von Troppau (Jan z Opavy) 1368 vollendet wurde (Kat.-Nr. 13.24).

Die angeführten künstlerischen Bezüge legen einerseits die Datierung der Hochpetscher Statue auf etwa 1365 nahe und rücken sie andererseits in den Kontext des Kunst am Kaiserhof, wo sie eine radikal-illusionäre Ausrichtung des offiziellen Stils repräsentierte. Dieser Stil entstand in den 1350er Jahren und wurde zu einem unübersehbaren Kennzeichen der Herrschaft Karls IV. Nur in diesem programmatisch-propagandistischen Rahmen ist auch die Madonna von Hochpetsch zu verstehen. Dasselbe gilt für das kleine Retabel, das aus der Nürnberger Kartause in die dieser inkorporierten Pfarrkirche von Puschendorf (Kr. Fürth) abwanderte (vgl. Kat.-Nr. 11.13).

Jiří Fajt

LITERATUR
SARTORIUS/GUMPPENBERG 1717, 538f. – OPITZ 1928, 67, Kat.-Nr. 268. – OPITZ 1933, 1, 9, 12. – BACHMANN 1943, 70, 75f., 79, 118, 129. – KUTAL 1954, 55. – KUTAL 1962, 24–26, 79, 81, 153. – HOMOLKA 1963, 414f., 417f., 423, 428. – Ausst.-Kat. Brüssel 1966, Kat.-Nr. 4 (Albert KUTAL). – Ausst.-Kat. Prag 1970, 132, Kat.-Nr. 156 (Albert KUTAL). – KUTAL 1971/I, 56. – Ausst.-Kat. Köln 1978, II, 643, 650 (Jaromír HOMOLKA). – SCHULTES 1982, 136. – HOMOLKA 1983, 386. – Ausst.-Kat. Pilsen/Prag 1995/96, III, 645. – HOMOLKA 1999, 60–63. – FAJT 2004/I, 219, Anm. 34. – OTTOVÁ/MUDRA 2001, 298–315. – Ausst.-Kat. Prag 2006, 121, Kat.-Nr. 29 (Jiří FAJT).

11.15 Für den Erwerb Brandenburgs verpfändet Karl IV. große Teile Neuböhmens an Markgraf Otto V. (den Faulen) von Brandenburg

Fürstenwalde, 18. August 1373.
Pergamenturkunde, Tinte; H. 26 cm, B. 36,5 cm; beschädigtes Majestätssiegel (mit Rücksiegel) an Pergamentpressel.
München, Bayerisches Hauptstaatsarchiv, Geheimes Hausarchiv, Mannheimer Urkunden, Haussachen, Nr. 3.

Karl IV. war bestrebt, die luxemburgische Hausmacht von Böhmen über Schlesien und die Oberlausitz hinaus nach Norddeutschland auszudehnen und den überregionalen Handelsverkehr, speziell den Zugang zum Meer und zu den Hansestädten an Nord- und Ostsee, zu sichern. Daher bemühte er sich seit 1363, anknüpfend an ältere Überlegungen, gezielt um den Erwerb der Mark Brandenburg und damit zudem um den Gewinn einer zweiten Kurstimme. Einen wichtigen Ansatz dazu bildeten die Vermählung mit Elisabeth (um 1345–93), der Tochter Herzog Bogislaws V. von Pommern-Wolgast, seiner vierten Gemahlin, im Mai 1363, und die damit verknüpften politischen Beziehungen in die Ostseeregion.

Die aus fünf Herrschaften (dominia) – Altmark, Prignitz, Uckermark, Neumark und Mark – jenseits, d. h. östlich, der Oder bestehende Mark Brandenburg war nach dem Tod des letzten askanischen Kurfürsten Woldemar 1319 vakant und von König Ludwig IV., dem Bayern, nach dem Sieg bei Mühldorf (1322) als erledigtes Reichslehen auf dem Nürnberger Reichstag 1323 seinem ältesten, erst achtjährigen Sohn Ludwig V. (dem Brandenburger, 1315–61) übertragen worden. Wenige Jahrzehnte später nutzte Karl IV. die durch das Auftreten des „Falschen Woldemar" († 1356), eines sich als angeblicher letzter askanischer Markgraf ausgebenden Betrügers, verschärften Auseinandersetzungen um die Landesherrschaft für seine Zwecke. Nachdem er den „Falschen Woldemar" zunächst anerkannt hatte, ließ er ihn, nachdem die Wittelsbacher die Autorität gegen massive Widerstände in der Mark Brandenburg wiedergewonnen hatten, 1350 als Betrüger absetzen. Anlässlich der Verlobung[1] seiner damals fünfjährigen Tochter Elisabeth (1358–73; aus der Ehe mit Anna von Schweidnitz) mit Markgraf Otto V. (dem Faulen; 1346–79), dem jüngeren Bruder und Mitregenten Ludwigs VI. (des Römers; 1328–65), gelang dem Kaiser 1363 der Abschluss eines Erbvertrags zugunsten seines zweijährigen Sohnes Wenzel IV., der diesem die Nachfolge in der Mark für den Fall sicherte, dass die beiden Brüder ohne Nachkommen sterben sollten. Der Erbvertrag eröffnete ihm reale politische und wirtschaftliche Aussichten auf den Gewinn der Mark Brandenburg. Nach Markgraf Ludwigs VI. Tod übertrug Otto V. dem Kaiser die Regentschaft und Hauptmannschaft in allen Landesteilen der Mark auf sechs Jahre als „vormunder von unserwegen", zog für nahezu ein Jahr an den Kaiserhof in Prag und vermählte sich zwischenzeitlich mit der Kaisertochter Katharina (1342–95).

Der wachsende Druck von Seiten Karls IV. und die Überfremdung der Oberschichten der Mark führten 1368 zu einer landständischen Rebellion in der Mark, zur Abwendung Ottos von Karl IV. und Annäherung an seine Verwandten in Bayern. Als Otto seinen Neffen Friedrich (1339–93), den Sohn Herzog Stephans II. (mit der Hafte) von Niederbayern (reg. 1347–75), zum Erben der Mark einsetzte, diesem von den Ständen huldigen ließ und versuchte, Teile der Mark zurückzugewinnen, ging Karl IV. 1371 militärisch gegen seinen Schwiegersohn vor. Angesichts ungarischer Einfälle in Mähren schloss er zwar zu Pirna einen auf zwei Jahre befristeten Waffenstillstand. Da sich aber König Ludwig von Ungarn und Polen mit den Wittelsbachern verständigte, trachtete er dies mit der Verheiratung seines Sohnes Sigismund mit Ludwigs Tochter Maria (1370/71–95) zu durchkreuzen und ging sofort nach Ablauf des Waffenstillstands 1373 – unterstützt vom Erzbischof von Magdeburg, den Herzögen von Sachsen, Pommern und Mecklenburg sowie der Markgrafen von Meißen – erneut mit militärischer Macht gegen Otto vor. Mitte August kam es im Feldlager vor der halbwegs zwischen Berlin und Lebus bzw. Frankfurt an der Oder gelegenen Stadt Fürstenwalde an der Spree zu Verhandlungen zwischen dem Kaiser auf der einen sowie Otto und Friedrich auf der anderen Seite. Angesichts der kaiserlichen Übermacht und des bereits eingetretenen Verlusts der meisten märkischen Städte sahen sich Otto und Friedrich gezwungen, zugunsten der Söhne des Kaisers für immer auf ihre Rechte an der Mark zu verzichten. Die Ergebnisse der Verhandlungen fanden ihren Niederschlag in mehreren Urkunden vom 17. und 18. August 1373. Bereits am 17. August bestätigte der Kaiser Otto, das an die Mark Brandenburg geknüpfte Kurrecht und Erzkämmereramt auf Lebenszeit behalten zu dürfen.

Mit dem in der Ausstellung gezeigten sogenannten Vertrag von Fürstenwalde vom 18. August 1373 beurkundete Kaiser Karl IV., dass Markgraf Otto V. die Mark Brandenburg mit allen Zugehörungen an König Wenzel von Böhmen und dessen Brüder abgetreten und dafür im Gegenzug folgende Besitzungen von der böhmischen Krone erhalten habe: die Schlösser, Städte und Lande Floß, Hirschau, Sulzbach, Rosenberg, Puchberg, Lichtenstein, Lichtenegg, Breitenstein (zur Hälfte), Reicheneck (zum Teil), Neidstein, Hersbruck, Lauf sowie jene Schlösser, „von denen einige von der Krone Böhmen zu Lehen rühren oder offene Schlösser sind", nämlich Hauseck, Rupprechtstein, Reicheneck (zum anderen Teil), Holnstein, der „Waldower mit Waldow (für Waldthurn mit Waldau) und Schellenberg, Hohenfels (mit dem Städtchen), Helfenberg (zur Hälfte) und Heimberg. Für den Fall des Todes Ottos ohne männliche Nachkommen sollten die genannten Güter als Pfand im Wert von 100.000 Gulden an seinen Bruder Herzog Stephan von Bayern und dessen Söhne Stephan, Friedrich und Johann übergehen.

Kraft weiterer Urkunden versprach Karl IV. Otto eine Jahresrente von 3.000 Mark Silber, ausgedehnte Nutzungsrechte im südlichen Neuböhmen, die erst nach seinem Tod für 100.000 Gulden ausgelöst werden konnten, eine für ihn und die bayerischen Herzöge gemeinsam bestimmte Barzahlung in Höhe von 200.000 Gulden sowie weitere 100.000 Gulden, wofür ihnen die Reichsstädte Dinkelsbühl, Nördlingen, Bopfingen und Donauwörth verpfändet werden sollten.

Gut zwei Wochen nach Abschluss des Vertrags von Fürstenwalde belehnte der Kaiser am 2. September 1373 seine Söhne Wenzel, Sigismund und Johann und deren Erben in Prag mit der Mark Brandenburg und bestätigte damit formal ihren Übergang in luxemburgische Hand. Nach einer am 29. Juni 1374 in Tangermünde an der Elbe, seiner neuen Residenz, ausgestellten Urkunde erfolgte die Vereinigung Brandenburgs mit Böhmen besonders „aus dem

11.16

grunde, damit diese lande nicht an Dänemark oder Polen kommen". Nur wenige Jahre nach dem neuböhmischen Salbuch entstand ab 1373 das um 1375 abgeschlossene Landbuch der Mark Brandenburg.

Franz Machilek

LITERATUR
RIEDEL 1846, 1–15, Nr. 1138–1143. – WILD 1938, 139–142. –SCHULTZE 1940. – HEINRICH 1978. – SCHULTZE 1961, 141–160. – SCHMIDT 1978/I. – BOBKOVÁ 1993. – HOHENSEE 1997. – HOENSCH 2000, 157f. (Karte 157), 164–168. – BÖCKER 2003, 457–459. – BOBKOVÁ 2005. – BOBKOVÁ 2007/I, 54f. – NĚMEC 2015, 267–292. 28.2.

FUSSNOTEN
1 Diese Verlobung wurde 1366 wieder gelöst; Otto V. heiratete nun in der Prager Doppelhochzeit Karls Tochter Katharina (1342–95), die Witwe Rudolfs IV. von Österreich (vgl. Kat.-Nr. 13.20); Elisabeth erhielt Herzog Albrecht III. von Österreich (1349/50–95) zur Frau.

11.16 Modell der Residenz Karls IV. in Lauf an der Pegnitz

Regensburg, ArcTron 3D, 2016.
Modell, 3D-Gipsdrucker.
L. 60 cm, B. 40 cm.
Augsburg, Haus der Bayerischen Geschichte.

Lauf an der Pegnitz brachte Karl 1353 nach dem Tod seiner zweiten Gemahlin Anna von der Pfalz in seinen Besitz, zusammen mit weiteren Ländereien zwischen Nürnberg und der böhmischen Landesgrenze. Das Wasserschloss auf einer Insel in der Pegnitz ließ er spätestens 1357–60 an der Stelle eines älteren, allerdings schon zu Beginn des 14. Jahrhunderts zerstörten befestigten Bauwerks der Wittelsbacher errichten. Nahezu identische Konsolen wie im Laufer Wappensaal sind aus der Marienkapelle im kleineren Turm auf Burg Karlstein bekannt; deren Entstehung darf noch vor 1355 angenommen werden, was eine Vorverlegung des Baubeginns am Laufer Wenzelsschloss um einige Jahre ermöglicht.

Kennzeichnend für die Außenansicht der Burg ist das Bossenmauerwerk. Die Hofseite des Palastflügels zeichnet sich durch hohe Arkaden aus, deren Vorlage am ehesten in der französischen Hofarchitektur zu suchen ist. Die Fassade über dem Burgtor ziert eine Statue des böhmischen Landespatrons Wenzel, dem diese kleine Residenz auch ihren Namen verdankt. Den gewölbten Prunksaal im zweiflügeligen Palas schmücken 112 farbig gefasste, steinerne Wappen, die Länder, geistliche Institutionen, Städte und Adelsgeschlechter des Königreichs Böhmen repräsentieren – gleichsam ein steinernes Abbild der mittelalterlichen Gesellschaft Böhmens.

Lauf an der Pegnitz war zwar auch im 14. Jahrhundert eine Kleinstadt, aber ihre Bedeutung hätte durchaus wachsen können, wäre sie länger Residenzort und Sitz der neuböhmischen Münzstätte geblieben (vgl. Kat.-Nr. 16.3); auch ihre Lage an der Goldenen Straße, die Nürnberg über Sulzbach und Weiden mit Pilsen und Prag verband, war günstig. Doch mit dem Tausch großer Teile Neuböhmens gegen Brandenburg verlor besonders Lauf wieder an Bedeutung und auf die Dauer war die Nachbarschaft der Metropole Nürnberg, an das Lauf 1504 zudem fiel, wirtschaftlich erdrückend.

Jiří Fajt

LITERATUR
BOBKOVÁ 2004. – BOBKOVÁ 2006. – GROSSMANN/HÄFFNER 2006. – NĚMEC 2015.

VII.17 Stephan d. Ä. und seine Söhne Stephan, Friedrich und Johann, Pfalzgrafen bei Rhein und bayerische Herzöge, geloben Karl, dem römischen Kaiser und böhmischen König und dessen Erben, den böhmischen Königen, Floß, Hirschau, Sulzbach und andere namentlich aufgeführte Herrschaften, Städte und Burgen (in der Oberpfalz) zurückzugeben, die Karl an Otto, den Reichserzkämmerer und Kurfürsten, für Brandenburg abgetreten hatte, falls ihnen diese nach Ottos Tod zufallen sollten und falls Karl, dessen Sohn Wenzel und deren Erben, die böhmischen Könige, die Pfandsumme von 100.000 Gulden zahlen werden

Nürnberg, 16. Oktober 1374.
Pergament, Tinte; Deutsch; H. 26,5 cm, B. 60,5 cm, sechs Wachssiegel: 1. Herzog Stephan d. Ä., Dm. 4,5 cm; 2. Herzog Stephan d. J., Dm. 3.4 cm; 3. Herzog Friedrich, Dm. 3,6 cm; 4. Herzog Johann, Dm. 3,6 cm; 5. Balthasar, Markgraf von Meißen, Dm. 3,1 cm; 6. Friedrich, Burggraf von Nürnberg; Dm. 3,4 cm.
Prag, Národní archiv, Archiv der Böhmischen Krone, Nr. 1168.
Nur in Nürnberg ausgestellt.

Der Inhalt der Urkunde ergänzt das dramatische Bild von Karls Herrschaftsübernahme in der Mark Brandenburg und deren Eingliederung in die Hausmacht der Luxemburger in den Jahren 1373–74. Nach dem erfolgreichen Feldzug Karls IV. von Juli bis August 1373 sah sich der Brandenburger Markgraf und Kurfürst Otto gezwungen, auf Brandenburg zu verzichten. Karl sprach ihm als Entschädigung die schwindelerregende Summe von 500.000 Gulden zu. Als Ersatz für ein Fünftel dieses Betrags, d. h. 100.000 Gulden, verpfändete er Otto in einer der am 18. 8.1373 im Heerlager vor Fürstenwalde ausgestellten Urkunden einen bedeutenden Teil der Burgen in der Oberpfalz, die ein zusammenhängendes, dem böhmischen König unterstelltes Territorium bildeten. Diese Orte hatte er selbst in den vergangenen Jahrzehnten unter großen Anstrengungen nach und nach erworben und dem böhmischen Staat, der

Krone des Königreichs Böhmen, angeschlossen. Im Vertrag bedingte er sich ihren Rückkauf aus.

Im Herbst 1374 widmete sich Karl während seines Aufenthalts in Nürnberg bereits hauptsächlich den komplizierten Verhandlungen rund um die Wahl seines Sohnes, des böhmischen Königs Wenzel, zum römisch-deutschen König. Die Brandenburg betreffenden Angelegenheiten verlor er jedoch nicht aus den Augen. Bei Ottos Erben sicherte er die ordnungsgemäße Rückgabe der verpfändeten böhmischen Burgen in der Oberpfalz ab.

Das entsprechende Dokument stellten Stephan und seine Söhne Stephan d. J., Friedrich und Johann, Pfalzgrafen bei Rhein und Herzöge von Bayern, am 16. 10. 1374 in Nürnberg aus. Die genannten Wittelsbacher hielten in der Urkunde fest, dass der römische Kaiser und böhmische König Karl dem Reichserzkämmerer, Kurfürsten, Pfalzgrafen bei Rhein und Herzog von Bayern, Otto, im Gegenzug für Brandenburg Herrschaften, Minderstädte und Burgen mit allen Rechten und jeglichem Zubehör für eine Gesamtsumme von 100.000 Gulden verkauft habe. Es handelte sich um Floß, Hirschau, Sulzbach, Rosenberg, Poppberg („Buchperg"), Lichtenstein, Lichteneck, die Hälfte von Breitenstein, den oberen Teil der Burg Reicheneck, Neidstein, Hersbruck, Lauf, sowie Hauseck, Rupprechtstein, Holnstein, Waldau, Schellenberg, Hohenfels mit der zugehörigen Minderstadt, die Hälfte der Helfenburg und Heimburg.

Herzog Stephan und seine drei Söhne versprachen gemeinsam für sich selbst, ihre Erben und Nachfolger dem Kaiser Karl, dessen Sohn, dem böhmischen König Wenzel, ihren Erben und Nachfolgern, den böhmischen Königen, und ihnen zu „treuen Händen" auch Johann, dem Markgrafen von Mähren, Jobst, Johann (Soběslav) und Prokop, dessen Söhnen und ihren Erben, dass sie alle genannten Orte diesem Kaiser, dem König Wenzel und allen folgenden böhmischen Königen abtreten würden. Nach den Bestimmungen in anderen kaiserlichen Urkunden sollte dieser Fall eintreten, wenn Herzog Otto ohne männliche Nachkommen sterben und die genannten Pfandherrschaften in Höhe von 100.000 Gulden auf Herzog Stephan, dessen Söhne, Erben und Nachfolger übergehen und der Kaiser, dessen Erben und Nachfolger, die böhmischen Könige, ihm diese Summe auszahlen sollten.

Balthasar, Markgraf von Meißen, und Friedrich, Burggraf von Nürnberg, versprachen dann auf Ersuchen von Stephan d. Ä., Stephan d. J., Friedrich und Johann gemeinsam mit diesen den oben Genannten die Rückgabe aller genannten Orte, sobald die böhmischen Könige die entsprechende Pfandsumme entrichtet hätten. Es sei angemerkt, dass es nie zu dem genannten Rückkauf der verpfändeten Burgen in der Oberpfalz kam.

Denko Čumlivski

EDITION
Digitale Reproduktion der Urkunde zugänglich unter www.monasterium.net.

11.18.a–b Das Landbuch der Mark Brandenburg 1375

a. Abschrift A
Ende 14. Jh.
Papier, Tinte; H. 30,5 cm, B. 21 cm.
Berlin, Geheimes Staatsarchiv – Stiftung Preußischer Kulturbesitz, Sign. HA rep. 78, Nr. 1a.
Nur in Prag ausgestellt.

b. Abschrift B
1. H. 15. Jh.
Papier; H. 32 cm, B. 20,5 cm.
Berlin, Geheimes Staatsarchiv – Stiftung Preußischer Kulturbesitz, Sign. HA Rep. 78, Nr. 1b.
Nur in Nürnberg ausgestellt.

Das Landbuch ist ein auf Initiative Karls IV. nach der Übernahme der Mark Brandenburg angelegtes Verzeichnis urbarialen Charakters, dessen Zusammenstellung sich bis in das Jahr 1376 hinzog. Das Original ist nicht mehr vorhanden. Es existieren zwei Handschriften des ausgehenden 14. und eine aus der ersten Hälfte des 15. Jahrhunderts (a und b). Im Interesse der markgräflichen Herrschaft und Verwaltung entstand eine Aufzeichnung der Eigentums- und Besitzverhältnisse im Lande sowie der Einkünfte und Rechte des Markgrafen. Sie zielte darauf ab, die Rechtmäßigkeit aller Besitztitel zu prüfen und gegebenenfalls Güter, Rechte und Einkünfte, für die keine Legitimation vorgewiesen werden konnte, wieder zugunsten des Markgrafen einzuziehen. Das sogenannte Landbuch – der Titel ist nicht zeitgenössisch – besteht aus zwei Teilen:

1. Eine Übersicht über die Einkünfte des Markgrafen aus der städtischen Steuer (Urbede), den Zöllen, Mühlen, Gewässern, Wäldern, Burgen sowie der Gerichtsbarkeit, aus dem Holzverkauf, aus Verpfändungen oder Belehnungen. Zudem finden sich Nennungen von geistlichen Pfründen, deren Vergabe unter Mitsprache des Markgrafen stattfand. Zum Schluss ist noch der geistliche Besitz in der Mark Brandenburg festgehalten.

2. Der zweite Abschnitt beginnt mit einer topografischen Beschreibung der Mark Brandenburg, die drei Hauptteile aufführt: die Altmark (Marchia transalbeana), die zwischen Elbe und Oder gelegene

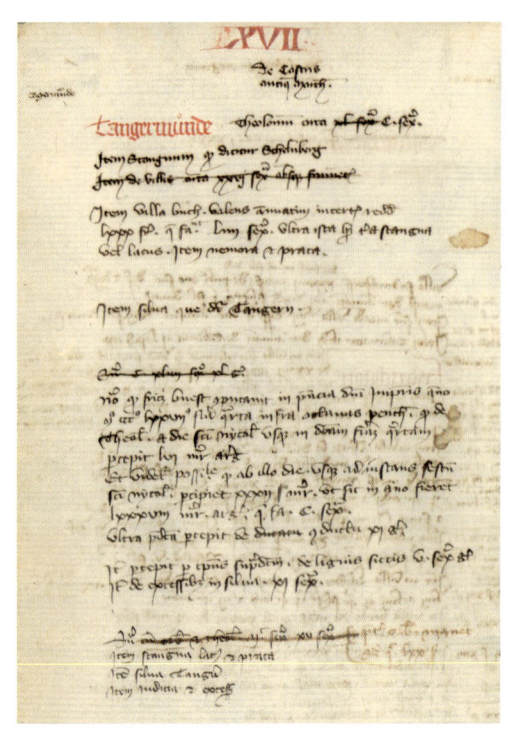

11.18.a, fol. 13r

Mittelmark (Marchia media) und die Neumark (Marchia transoderana). Jeder dieser drei Großregionen werden Teillandschaften mit den darin liegenden Städten, Siedlungen, Burgen und Befestigungen sowie deren Anrainer zugeordnet: so z. B. der Mittelmark das Land Barnim mit der Stadt Berlin oder das Land Teltow mit der Stadt Cölln (Coln prope Berlin).

Kernstück und zugleich umfangreichster Bestandteil des Landbuches ist das Dorfregister, das mit einer Liste der 22 Fragen eröffnet wird, die den Dorfbewohnern bei seiner Erstellung von den markgräflichen Amtsträgern gestellt wurden. Die Enquete fand in den Jahren 1375/76 im Teltow, im Barnim, im Ucker- und Havelland sowie der Zauche und Teilen der Altmark statt. Gefragt wurde nach der Gesamtzahl der Hufen im Dorfe, der Zahl der von Abgaben freien Hufen der Ritter, der Schulzen und der Geistlichkeit sowie nach der Zahl der nicht bebauten Hufen. Dazu wurden der Umfang der auf jeder Hufe liegenden Abgabenlast in Form von Pacht, Grundzins und Bede mit ihren Zahlungsterminen eruiert sowie die Person des Empfängers. Außerdem versuchten die Befrager, die Anzahl der minderausgestatteten Kleinbauern (Kossäten) samt deren Abgaben sowie die Einkünfte der dörflichen Schenken, Mühlen, Teiche und deren Besitzer festzustellen. Zuletzt wurde noch erkundet, wer die Gerichtsherrschaft im Dorfe mit dem dazugehörigen Wagendienst und welche sonstigen Rechte der Markgraf im Dorfe innehatte, wobei besonders die von den Lehnsmannen zu leistenden Ross- und Manndienste von Interesse waren. Mit dem Landbuch existiert eine für die Landes-, Sozial- und Wirtschaftsgeschichte der Mark Brandenburg einzigartige Quelle. In anderen Gebieten unter der Krone Böhmens gibt es vergleichbare Aufzeichnungen.

Michael Lindner

EDITION
SCHULTZE 1940.

LITERATUR
Wikipedia: Landbuch Karls IV. In: https://de.wikipedia.org/wiki/Landbuch_Karls_IV. (3. 5. 2016).

11.19 Schmerzensmann vom Nordportal der Marienkirche in Frankfurt/Oder

Frankfurt/Oder, 1350er Jahre.
Sandstein, ohne Fassung; H. 57 cm, B. 24 cm, T. 16 cm.
Provenienz: Frankfurt/Oder, Marienkirche, Portal am nördlichen Querschiff.
Frankfurt/Oder, Ev.-luth. Kirchengemeinde Frankfurt (Oder)-Lebus.

Die Figur des Schmerzensmannes ist Teil eines größeren Figurenensembles, das das Portal des nördlichen Querhauses der Backsteinkirche St. Marien in dem im Mittelalter vor allem als Fernhandelsstadt bedeutenden Frankfurt an der Oder ziert.

In seiner heutigen Form wurde die Anlage wohl unter Karl IV. unter Verwendung eines bereits zuvor bestehenden Portals sowie älterer Skulpturen aus anderem Kontext zusammengesetzt und auch erweitert. Eine heute verlorene Inschrift nannte das Datum 1376 für die Fertigstellung, also bald nach Machtantritt des Luxemburgers in der Mark.[1] Hinzugefügt wurden als Zeichen der neuen Herrschaft drei große Wappenmedaillons des Heiligen Römischen Reichs, des Königreichs Böhmen und der Markgrafschaft Brandenburg, die sich demonstrativ dem gegenüber liegenden Rathaus zuwenden.

Die sekundär eingesetzten Figuren indes, stilistisch zusammengehörend und aus einer früheren Phase, dürften im Zuge des Chorausbaus der Marienkirche noch unter Wittelsbacher Regierung etwa 20 Jahre zuvor angefertigt worden sein. Neben der Figur des Schmerzensmannes, heute an der rechten Portalseitenwand, zählen dazu eine Verkündigungsgruppe, eine Anbetung der Drei Heiligen Könige sowie die steinerne Fassung des Portals selbst mit qualitätvollen Prophetenfiguren in den Gewänden. Der ursprüngliche Standort der einzelnen Figuren bleibt unklar. Vielleicht gehörte der Schmerzensmann, vorstellbar in einer Nische, zur Ausschmückung des Chorbereichs.

Dass die kleine Skulptur von vornherein nur als Halbfigur konzipiert war, zeigt das stilisierte Wolkenband unterhalb des Lendentuchs. Die Erhaltung ist mäßig, die Sandsteinoberfläche aufgrund der Anbringung im Freien stark verwittert, außerdem fehlt heute der rechte Arm. Dennoch sind die stilistischen Merkmale so weit erkennbar, dass sich die Figur in die zeitgenössische Repräsentationskunst einordnen lässt. Der grafische Charakter der Gesichtsmodellierung und die ornamental aufgefassten Haare weisen auf Beziehungen zur oft rezipierten frühen Prager Hofkunst, etwa des Meisters der Michle-Madonna (vgl. Kat.-Nr. 12.1), aber auch zu Werken, die der Hofkunst Kaiser Ludwigs IV. des Bayern nahestehen: J. Fajt macht z. B. auf Analogien zum Schmerzensmann der Wallfahrtskirche Maria Weißenstein bei Deutschnofen in Südtirol aufmerksam.[2]

Zur Veranschaulichung seiner Macht nutzte Karl in Frankfurt an der Oder also die repräsentativen Mittel seines Vorgängers, des brandenburgischen Markgrafen Otto von Wittelsbach; durch den Ausbau der Portalanlage mit seinen Herrschaftszeichen ließ er sie als luxemburgische Porta regis neu interpretieren.[3]

Jenny Wischnewsky

LITERATUR
BADSTÜBNER 1990. – FAJT 2008/I. – FAJT 2008/II, 221–229. – FAJT 2016.

11.19

11.19.2 / Detail

11.20

tätigen Schnitzer, der den Einfluss der blühenden französischen Skulptur des beginnenden 14. Jahrhunderts nach Böhmen vermittelte. In welchem Maß die Madonna von Dýšina in der Person ihres Schöpfers mit den Werken des Meisters der Madonna von Michle verflochten ist, wird von den Wissenschaftlern unterschiedlich beurteilt. Von einer freieren Anknüpfung an die Gesamtgruppe gingen Albert Kutal und später Ivo Hlobil aus,[1] während Jiří Fajt eine engere Beziehung zum Meister der Madonna von Michle annahm und die Madonna von Dýšina vor allem mit der kleinen Madonna von Hrabová verglich (Národní galerie v Praze, Inv.-Nr. P 7297).[2]

Die für die Madonna von Dýšina charakteristischen Stilelemente – die Auflockerung des linear formulierten Faltenwurfs, die Vereinfachung des Schemas und der relativ große Kopf mit dem nur angedeuteten Haar – waren eindeutig von dem bereits zu seiner Zeit geschätzten Werk des Meisters der Madonna von Michle beeinflusst, auf das sich die Madonnenskulptur deutlich beruft. Durch die leichte Biegung des Körpers und die Betonung einer einzigen Kaskadenfalte des Mantels an der Seite der Figur – im Unterschied zur Werkgruppe des Meisters der Madonna von Michle, wo regelmäßig zwei Faltensysteme auftreten – nimmt die Madonna von Dýšina jedoch bereits die Lösung der Madonna von Saras (Zahražany; vgl. Kat.-Nr. 12.4) vorweg, die als eine der inspirierendsten in der zweiten Hälfte der 1350er Jahre entstandenen Skulpturen der karolinischen Zeit gelten darf.[3]

Eine interessante, jedoch bisher nicht allgemein akzeptierte These zur Verbreitung des Einflusses des Meisters der Madonna von Michle wurde von Jiří Fajt publiziert.[4] Er nimmt an, dass nach dem stilistischen Wandel in der bildenden Kunst um 1350, für den eine Hinwendung zu einer realistischeren Darstellung und einem Weichen Stil bei gleichzeitiger Abkehr von den älteren linearen Formen bezeichnend ist, manche mit der früheren Strömung verbundenen Bildhauer das Zentrum des Königreichs Böhmen in Richtung der Nebenländer der Böhmischen Krone oder neu erworbener Gebiete verließen. Analogien zum Schaffen des Meisters der Madonna von Michle lassen sich in Brandenburg finden, vor allem im bauplastischen Schmuck des Portals der Marienkirche in Frankfurt an der Oder (vgl. Kat.-Nr. 11.19). Besonders die Skulpturen der

FUSSNOTEN
1 Die Jahreszahl befand sich am Rahmen des brandenburgischen Medaillons
2 FAJT 2008/II, 227.
3 So FAJT 2008/II, 229. – Weitere karolinische Stiftungen im Kircheninnern zeugen von der enormen Aufmerksamkeit, die der Herrscher als Patronatsherr dieser Kirche zukommen ließ, wie ein Wandgemälde nach dem Vorbild der Prager Hofkunst (siehe RAUE 2008) und vor allem die berühmten Glasgemälde im Chor (BEDNARZ 2010, 405–485. – FAJT 2008/I. – FAJT 2008/II, 229–234) sowie bedeutende Bronzearbeiten, ein Taufbecken und ein monumentaler Leuchter (heute in der St. Gertrauden-Kirche; FAJT 2008/II, 234f., 245f.).

11.20 Madonna aus Dýšina

Prag, Werkstatt / Nachfolger des Meisters der Madonna von Michle, um 1350.
Lindenholz, ohne Fassung; H. 43 cm, B. 11 cm, T. 9,5 cm; die Rechte des Kindes, die Linke und die Krone der Muttergottes fehlen.
Provenienz: Aus Dýšina bei Pilsen, Pfarrkirche St. Simon und Judas. – Vor 1918 im Westböhmischen Kunstgewerbemuseum in Pilsen.
Pilsen, Západočeska galerie v Plzni, Inv.-Nr. P 2, Leihgabe an die Národní galerie v Praze, Inv.-Nr. VP 13367.

Die kleine Madonnenskulptur ist ein Spätwerk, das mit der Werkstatt oder dem Kreis des so genannten Meisters der Madonna von Michle verbunden ist – jenem anonymen, unter Johann von Luxemburg

11.21

11 ✳ Die Länder der böhmischen Krone   481

11.21 / Detail

Verkündigungsgruppe und die kleinen Statuen, die die Portallaibung an der Nordseite der Kirche zieren, besitzen einen ähnlich formulierten linearen Faltenwurf mit betonten Kaskadenfalten auf einer Seite und stehen auch im Antlitztyp der Madonna von Dýšina nahe.

Im 20. Jahrhundert galt Brünn aufgrund der territorialen Verbreitung der Werke des Meisters der Madonna von Michle als Sitz seiner Werkstatt. 1999 stellte Jaromír Homolka den Vorschlag zur Diskussion, dass der Meister mit seiner Werkstatt in der Endphase seiner Tätigkeit nach Prag übergesiedelt sein könnte und bezeichnete ihn als Urheber der Skulptur des Gekreuzigten im Kloster der Prager Karmeliterinnen auf dem Hradschin.[5] So erklärte er außerdem die Verbreitung des Werkstatteinflusses u. a. bis nach Westböhmen, wie ihn die Madonna von Dýšina oder die aus derselben Zeit stammende, heute verschollene Skulptur der hl. Dorothea verkörpern sollten.[6] Konsequent zu Ende gedacht wurde diese These von Jiří Fajt und Robert Suckale, indem sie von der Entstehung der mit dem Meister der Madonna von Michle verbundenen Werke unmittelbar in Prag ausgingen und einen Zusammenhang mit der Herrscherrepräsentation Karls IV. in den Anfängen seiner Regierung herstellten.[7] Zugleich lehnten sie es ab, die gesamte Gruppe in einen Urheber- oder Werkstattzusammenhang zu stellen und vertraten die Ansicht, dass es sich um einen Zweig der linear stilisierten, manieristischen Strömung der Plastik handelte, wie sie damals die europäischen Königshöfe nördlich der Alpen beherrschte. Diese Dekonstruktion einer immer noch kohärent erscheinenden Gruppe wurde von Aleš Mudra und Ivo Hlobil nicht akzeptiert.[8]

Helena Dáňová

LITERATUR
Ausst.-Kat. Pilsen/Prag 1995/96, 634–636, Kat.-Nr. 251 (Jiří FAJT). – HLOBIL 2011/I (mit der älteren Literatur). – Ausst.-Kat. Prag 2016, 143, Kat.-Nr. I-13 (Aleš MUDRA).

FUSSNOTEN
1 KUTAL 1984, 231. – Hlobil 1980/II, 111. – HLOBIL 2011/I, 469–472, Kat.-Nr. 200.
2 Ausst.-Kat. Pilsen/Prag 1995/96, 634–636, Kat.-Nr. 251 (Jiří FAJT).
3 Die frühere Datierung auf die Jahre 1355–60 vertritt Jiří Fajt: Ausst.-Kat. Prag 2006, 108, Kat.-Nr. 21 (Robert SUCKALE / Jiří FAJT). – CHLUMSKÁ 2014, 38f., 145, Kat.-Nr. 23). – Aleš Mudra ordnete die Statue zuletzt erst in das dritte Viertel des 14. Jahrhunderts ein: Ausst.-Kat. Prag 2016, 143, Kat.-Nr. I-13 (Aleš MUDRA).
4 FAJT 2008/II, 222–229.
5 HOMOLKA 1999, 53f.
6 Ausst.-Kat. Pilsen/Prag 1995/96, 853.
7 FAJT/SUCKALE 2006/II.
8 MUDRA 2006. – HLOBIL 2011.

11.21 Rechter Predellenflügel mit Szenen aus dem Leben des hl. Paulus vom Böhmischen Retabel des Doms zu Brandenburg/Havel

Böhmen (Prag ?), vor 1375.
Tempera und Gold auf Eichenholz; Gesamtschrein ohne rekonstruierte Wimperge und Fialen H. 114 cm, B. 260 cm, T. 47 cm; rechter Predellenflügel H. 57 cm, B. 132 cm, T. 6,2 cm; Predella-Zwischenflügel H. 56 cm, B. 40 cm, T. 5,7–6,5 cm.
Inschriften: Schriftband von Gott Vater im Regenbogen: „[S]aule quid me persequeris, dicit dominus [Saul, was verfolgst du mich, spricht der Herr]", Apg 9,4. – Schriftband des Paulus, den Juden predigend: „[A]ffirmans quoniam hic ext christus dicit sanctus paulus apostolus (Bekräftigend da ja dieser der Messias ist, spricht der heilige Apostel Paulus)", Apg 9,22. – Predella-Zwischenflügel, Schriftband des geköpften Paulus: „[Ihesus Christus]".
Provenienz: Brandenburg/Havel, Dom St. Peter und Paul, Hochaltar (belegt seit 1375).
Brandenburg/Havel, Ev.-luth. Domstift Brandenburg – Dommuseum, ohne Inv.-Nr.

Im Domstiftsarchiv ist eine kleine Notiz auf Pergament (U211 a) erhalten, der zufolge ein Nikolaus Tabernakulus unter dem Episkopat des Dietrich von der Schulenburg eine archa zu Ehren von Christus, Maria, Petrus, Paulus, Augustinus und Andreas geschaffen habe. Diese Nachricht kann sich nur auf den Böhmischen Altar beziehen, in dessen Schrein eben diese Figuren zusammengestellt sind. Sie zeigen die gekrönte Maria, die ihre Arme betend vor Brust verschränkt hält und sich Christus zu ihrer Linken zuwendet. Christus erscheint als thronender Weltenherrscher, die Erdkugel in der Hand, der seine Mutter segnet. Die Marienkrönung auf dem Böhmischen Altar bildet den Mittelpunkt einer Komposition, die die Figuren im Schrein und auf den Flügeln zusammenfasst: Links und rechts der Marienkrönung stehen Apostel und Heilige, zunächst Petrus und Paulus und an den Seiten des Schreins Augustinus als Bischof und Andreas. Auf den beiden Flügeln schließen sich Heilige an, die in zwei Reihen übereinander angeordnet sind. Es scheint, als habe sich die Gemeinschaft der Heiligen versammelt, um der Krönung Mariens zur Himmelskönigin beizuwohnen.

Die beiden bemalten Tafeln an den Unterseiten der Flügel zeigen links die Legende des Petrus und rechts die des Paulus. Beide enden mit dem Martyrium. Die Figuren sind zu detailreichen Bildern zusammengefügt. Wie die Sprechblasen in einem Comic verleihen die Spruchbänder den Bildern eine besondere Lebendigkeit.

Die Predellentafeln zählen zu den schönsten Stücken böhmischer Tafelmalerei in der Mark Brandenburg. Doch nicht nur deshalb trägt der Böhmische Altar seinen Namen zu Recht: Dendrochronologische Untersuchungen ergaben, dass man für das Retabel Eichen- und Tannenholz verwendete, das um 1360 in Böhmen geschlagen worden war. Die böhmischen Nationalheiligen auf der Werktagseite unterstützen die die Einordnung als Kunstwerk böhmischer Herkunft.

Der historische Zusammenhang mit dem Erwerb der Mark Brandenburg durch Karl IV. ist also naheliegend, zumal der Brandenburger Bischof Dietrich von der Schulenburg den Wechsel der Markgrafenwürde von den Wittelsbachern auf die Luxemburger begleitet hat. Ihm persönlich bestätigte der römische Kaiser und König von Böhmen alle Rechte, Freiheiten und Lehen, was auf eine besondere Beziehung zwischen dem neuen Markgrafen und „seiner" Brandenburger Kirche deutet. Mit der Stiftung eines solch repräsentativen Retabels sowie vermutlich zweier Gewänder mag der Luxemburger auch seine Stellung betont haben.

Ursprünglich für den Hochaltar gestiftet, wurde der Böhmische Altar im Barock in der Mitte auseinandergesägt und auf dem Hohen Chor links und rechts vom neuen Hochaltar aufgestellt. Dabei achtete man nicht auf das durchdachte Bildprogramm, sondern reduzierte das Retabel zu einem Kulissenbild. Erst 1973 versuchte man, seine ursprüngliche Form wiederherzustellen und verlieh ihm sein heutiges Aussehen. Mittlerweile sind wieder Zweifel an der Richtigkeit dieser Rekonstruktion aufgetaucht.

Rüdiger von Schnurbein

LITERATUR
SUCKALE 2001, 247–265. – WOLF 2002, 166–178. – WETTER 2006. – MÜLLER/NEITMANN/SCHOPPER 2009, 362–366.

11.22

11.22 Marienkrönung, wohl aus der Burgkapelle zu Tangermünde

Böhmisch geschulter Bildschnitzer, 1370er Jahre.
Holz, Fassung entfernt; Maria: H. 71 cm, B. 24 cm, T. 14 cm; Christus: H. 70 cm, B. 28 cm, T. 17 cm.
Provenienz: Wahrscheinlich Tangermünde, Burgkapelle. – Dahlen, Ev.-luth. Pfarrkirche.
Stendal, Altmärkisches Museum, Inv.-Nr. VI c 14 a (alt 2268 a), VI c 14 b (alt 2268 b).

Die bisher kaum beachtete Figurengruppe dürfte ein Relikt der verlorenen Ausstattung der Tangermünder Burg darstellen, die von Karl nach der Inbesitznahme der Mark Brandenburg 1373 zu dessen Kaiserresidenz ausgebaut wurde. Zuletzt befanden sich die Figuren, zu denen noch eine Thronende Madonna vom gleichen Bildschnitzer gehört,[1] in Dahlen, einem heutigen Stadtteil von Stendal. Allerdings büßte das kleine Dorf seinen mittelalterlichen Bestand durch die vollständige Verwüstung im Dreißigjährigen Krieg ein und kann somit nicht der ursprüngliche Herkunftsort gewesen sein.

Künstlerisch verbindet die Figuren kaum etwas mit Werken in der Region. Parallelen lassen sich jedoch in Böhmen, genauer gesagt zur luxemburgischen Hofkunst in Prag unter Karl IV. finden. Es liegt insofern nahe, die Figurengruppe als Teil eines Retabels zu sehen, das ursprünglich die Sakralräume der kaiserlichen Burgresidenz in Tangermünde bereicherte. Denn für die einst prunkvolle Ausstattung bediente man sich der kaiserlichen Repräsentationskunst Karls IV. und bestellte offenbar direkt in Prag. So wurden nach dem Vorbild von Burg Karlstein die Wände der Burgkapelle mit Edelsteinen ausgeschmückt, die eigens aus Böhmen eingeschifft wurden.

In jedem Fall wurden die Figuren von einem Bildschnitzer geschaffen, der am Prager Hof sein Handwerk gelernt hatte. Der dort etablierte Kaiserstil unter Karl IV. dominierte in allen Gattungen. Seine Formensprache lässt sich auch an der Figurengruppe im Stendaler Museum ablesen: Die schmalen Figuren mit den etwas zu großen Köpfen sowie die

11.23

eng um den Körper drapierten, stoffreichen Gewänder, die in weichen Falten auslaufen, haben ihre Vorprägung im Figuren- und Gewandschema der Norm setzenden Prager Werke der zweiten Hälfte der 1350er Jahre, wie etwa der Madonnenfigur aus Saras (Zahražany; Kat.-Nr. 12.4). Die hier anklingende Dynamik im Gewand, so etwa das Motiv des diagonal über den Schoß gelegten Mantels, sowie auch der Gesichtstypus lässt an etwas spätere Werke wie die bewegte Madonna lactans aus Konopischt (Konopiště) von 1365–70 denken.[2]

Offensichtlich setzte das Werk in der Region Maßstäbe, wie die nachahmende Marienkrönungsgruppe im Schrein des Hochaltarretabels der Marienkirche im nahen Gardelegen zeigt.[3]

Jenny Wischnewsky

LITERATUR
FAJT/FRANZEN/KNÜVENER 2011/II (Jiří FAJT), 27f. – FAJT 2016.

FUSSNOTEN
1 Stendal, Altmärkisches Museum, Inv.-Nr. 1132. – FAJT/FRANZEN/KNÜVENER 2011/II, Taf. 9.
2 Ausst.-Kat. Prag 2006, 230f., Kat.-Nr. 78 (Charles T. LITTLE)
3 FAJT/FRANZEN/KNÜVENER 2011/II, 28 (Jiří FAJT).

11.23 Glasmalerei mit Darstellungen eines Kaufmanns und eines hl. Bischofs aus der Jakobikirche in Stendal

Stendal, 4. V. 14. Jh.
Farbiges Hüttenglas, Schwarz- und Braunlotmalerei;
H. 54–56 cm, B. 43–45 cm; Teile des Hintergrunds, der Inschrift und der Architektur 1900–01 ergänzt (Glasmalerei-Atelier Linnemann, Frankfurt a. M.).
Provenienz: Stendal, Pfarrkirche St. Jacobi, Chor, viertes Südfenster (süd IV, 1b/2b).
Stendal, Ev. Pfarrbereich St. Jacobi.

Nahe Tangermünde, der Residenz Karls IV. in der Mark Brandenburg, liegt die alte Hansestadt Stendal. Noch heute zeugen mehrere imposante Bauwerke von der wirtschaftlichen Blüte, die die Stadt, vor allem aufgrund des Tuchhandels, im 14. und 15. Jahrhundert erlebte, darunter die ehemalige Stifts- und Pfarrkirche St. Nikolaus – der so genannte Dom – sowie die Pfarrkirchen St. Marien, St. Jakobi und St. Petri. Der Dom und die Jakobikirche besitzen darüber hinaus erstaunlich gut erhaltene Verglasungen aus jener Zeit. In den sechs Chorfenstern der Jakobikirche finden sich Szenen aus dem Leben Jesu, Zyklen verschiedener Heiliger und mehrere Standfiguren, aber auch, selten genug, einige Berufsdarstellungen, wie etwa der modisch gekleidete Kaufmann mit einer Waage im unteren Bereich des dreibahnigen Chorfensters süd IV (2b). Die Szene wird links und rechts von zwei Tuchhändlern oder Tuchmachern bei der Arbeit begleitet. Während der eine mit einem Zollstock Tuch abmisst (2a), stapelt der andere Stoffballen in einen Schrank (2c). Die drei Motive belegen, dass sich die wohlhabenden und mächtigen Gewerbe der Stadt an der Ausstattung der Pfarrkirche beteiligt haben. Sie gehören, zusammen mit dem nicht näher bestimmbaren heiligen Bischof (1b), dessen Inschrift nur verstümmelt überliefert ist, zu den ältesten Glasmalereien Stendals und wurden ab den 1370er Jahren vor Ort in einer Werkstatt ausgeführt, die einen regionalen Stil mit böhmischen Einflüssen verschmolz.[1]

Die Aufnahme böhmischer Stilvorbilder lässt sich zu großen Teilen mit den engen Beziehungen erklären, die Karl IV. zum Erzstift Magdeburg und der Mark Brandenburg unterhielt. 1361 gelang es ihm, den Magdeburger Bischofsstuhl mit Dietrich von Portitz zu besetzen, einem seiner engsten Vertrauten, der zudem noch eine besondere Verbindung zu Stendal besaß. Der um 1300 geborene Sohn eines Stendaler Tuchmachers hatte zunächst die Domschule seiner Heimatstadt besucht, ehe seine steile Karriere begann. Nach seinem Eintritt in das Zisterzienserkloster Lehnin und einer Tätigkeit für den Bischof von Brandenburg zog es Dietrich um 1348 an den Hof Karls IV. in Prag, wo er die Finanzen der Krone reorganisierte und bis zum Propst des Prager Stifts Vyšehrad aufstieg, ein Amt, mit dem die Kanzlerschaft des Königreichs Böhmen verbunden war. Parallel dazu erlangte er höchste geistliche Würden: Seit 1353 war er Bischof von Minden, und ab 1361 bis zu seinem Tod 1367 Erzbischof von Magdeburg. Für den Magdeburger Dom veranlasste er unter anderem mehrere, leider nicht mehr erhaltene Fensterstiftungen,[2] und er sorgte dafür, dass der Bau 1363 die feierliche Schlussweihe erhielt. Mit Dietrich, aber auch mit seinen in Böhmen geborenen Nachfolgern Albrecht von Sternberg (amt. 1368–71) und Peter von Brünn (amt. 1371–81) wurde die böhmische Hofkunst im Erzbistum Magdeburg etabliert und modern. Ähnliches gilt für die Mark Brandenburg, die Karl 1373 erworben hatte. Das altmärkische Städtchen Tangermünde, in Sichtweite zu Stendal an der Elbe gelegen, wurde in den folgenden Jahren zur Residenz ausgebaut, die dortige Burg wurde aufwendig ausgeschmückt. Die Kunstaufträge in Magdeburg, aber auch und vor allem im nahen Tangermünde zogen sicher zahlreiche Handwerker aus Böhmen an, darunter wohl auch die Maler, die, zusammen mit einheimischen Kräften, im letzten Viertel des 14. Jahrhunderts einige Fenster für die Stendaler Jakobikirche anfertigten.

Markus Mock

LITERATUR
SELLO 1890. – MAERCKER 1995, 103f.

FUSSNOTEN
1 MAERCKER 1995, 32–34.
2 SELLO 1890, 36f.

11.23

11 ✹ Die Länder der böhmischen Krone **485**

12 ✶ Kunst in kaiserlichen Diensten

Der anwesende Maler hat durch Fleiß und Kunstfertigkeit richtig dargestellt, dass beide Gewalten, nämlich die königliche Würde und die päpstliche Autorität, von einem Ursprung ausgehen, indem ein Himmelsengel durch die Gnade der göttlichen Vorsehung beide krönt, wie ihr in dem Gemälde seht: den Kaiser als das Haupt des Erdkreises und den römischen Bischof, dem die Binde- und Lösegewalt von oben her zugestanden wird, und jeder von ihnen fährt zum Himmelreich auf, wie die obere Bildansicht zeigt, wenn nur beide der Pflicht der christlichen Nächstenliebe gut gedient haben, was meiner Meinung nach selten anzutreffen ist.

Johann von Neumarkt, kaiserlicher Kanzler, in einem Brief an Karl IV., um 1364–1366

Und er packte mich bei den Haaren und schob mich bis zum Fenster (?) und schlug mich sehr übel.

Karls Hofmaler Konrad von Straßburg an den Stadtrat in Straßburg über seine persönliche Erfahrung mit dem Kaiser, Urkundenbuch der Stadt Straßburg, 1375

Ein gebildeter Herrscher in der Gesellschaft von Gelehrten und Künstlern – das dürfte am ehesten Karls Vorstellungen von seiner Außenwirkung entsprochen haben; dieses Bild wurde von seinem Umfeld mitgeschaffen, geteilt und nach Kräften verbreitet. Karl IV. durchdachte geradezu peinlich genau Mittel und Form einer solchen Präsentation. Er war sich der Bedeutung von Kunst in Wort und Bild bewusst und stellte sie gezielt in die Dienste seiner staatlich-dynastischen Propaganda. Damit gesellt er sich zu den weisen Herrschern des 14. Jahrhunderts, die als große Förderer von Gelehrsamkeit und Kunst berühmt wurden: sei es Robert von Anjou, König von Neapel (reg. 1309–1343), der neben den Dichtern Petrarca und Boccaccio auch zahlreiche bildende Künstler wie die Maler Giotto und Simone Martini oder den Bildhauer Tino di Camaino unterstützte; oder Karls Neffe, der französische König Karl V. (reg. 1364–1380), dessen Pariser Hof sich im Glanz der Hofkünstler wie des Buchmalers Jean Le Noir, des Malers Jean d'Orléans oder des Bildhauers Jean de Liège sonnte.

Karl IV. wachte persönlich darüber, dass seine Persönlichkeit auch visuell entsprechend vergegenwärtigt wurde: Die zahlreichen gemalten und bildhauerischen Konterfeis bezeugen eine offizielle Porträtstrategie des Kaisers, der sich auch bei der Auswahl der Hofkünstler das letzte Wort vorbehielt. Für diese richtete er besoldete Ämter ein, einigen erteilte er sogar den privilegierten Status von Höflingen (familiaris).

Durch die gezielte Auswahl der Hofkünstler und seine dezidiert formulierten künstlerischen Anforderungen setzte sich Karl IV. für die Entstehung einer einheitlichen Kunstsprache ein, für einen klaren Kunststil, der das bunte Mosaik des Kunstschaffens am Prager Hof vor der Mitte des 14. Jahrhunderts ersetzen sollte. An den Prager Hof kamen in den 1350er Jahren markante Persönlichkeiten der westeuropäischen Kunst, wie etwa der Straßburger Maler Nikolaus Wurmser mit seinen Gesellen, etwas später Meister Theoderich oder der aus einer ursprünglich Kölner Familie stammende Baumeister Peter Parler. Sie trafen hier auf ein byzantinisch-italianisierendes Schaffen und griffen schnell in die lebhafte Kunstdiskussion ein. Die Suche nach einem einheitlichen Ausdruck in Karls Kunstrepräsentation wurde durch die Kaiserkrönung in Rom noch verstärkt: Nach 1355 entstand am Prager Hof ein internationales Kunstzentrum, in dem eine Reihe von Hofkünstlern am Werk war – Maler, Buchmaler, Sticker, Bildhauer, Goldschmiede, Steinschneider und weitere Handwerker. Die grafisch aufgefassten, in fragiler Eleganz gelängten Figuren der älteren Zeit wurden nun durch kräftigere Figuren von monumentalem Ausdruck abgelöst, modelliert durch das malerische Spiel von einfallendem Licht und tiefen Schatten und belebt durch die strahlende Harmonie raffinierter Farbkombinationen: Das gestickte Antependium von Pirna steht so der Kasel von Rokitzan gegenüber, die geschnitzte Michle-Madonna der thronenden Muttergottes von Eger und das gemalte Reisediptychon von Karlsruhe der Madonna von Boston. Der neue kaiserliche Stil wurde ein unverkennbarer Wesenszug von Karls persönlicher Repräsentation und ein allgemein verständliches Instrument zur Verherrlichung der kaiserlichen Majestät; dadurch wurden die Hofkünstler zu Botschaftern von „Glanz und Ruhm des Reichs" erhoben.

Jiří Fajt

Prag, Veitsdom, Grabmal König Přemysl Ottokars II. • Peter Parler, 1370er Jahre • Kalkstein • Fotografie aus der Zeit vor dem Zweiten Weltkrieg

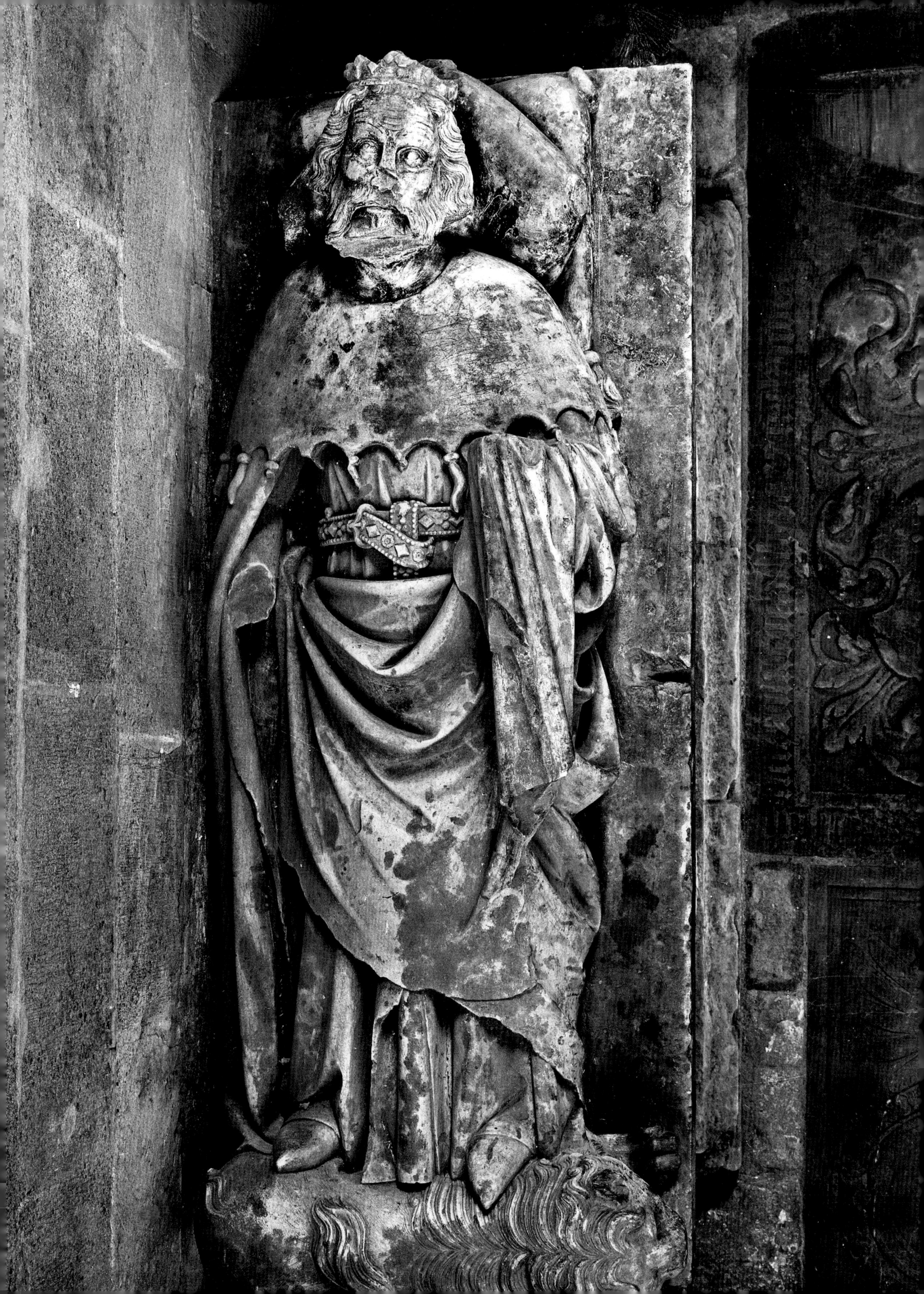

Katalog 12.1–12.22

12.1 Madonna aus der Kirche Unserer Lieben Frau in Michle

Prag, Meister der Madonna von Michle, um 1330.
Birnbaum, Reste der originalen Fassung; H. 117 cm,
B. 27 cm, T. 26 cm.
Provenienz: 1856 in der Kapelle der Geburt Mariä in Michle bei Prag nachgewiesen. – 1949 für die Nationalgalerie in Prag angekauft.
Prag, Národní galerie v Praze, Inv.-Nr. P 701.
In Nürnberg gezeigt: Madonna aus Prostějov.
Prag, um 1340. Linde, mit Resten von Fassung.
H. 113,5 cm.
Prag, Národní galerie, Inv.-Nr. P 364.

Kurz nach dem 22. August 1856 stiftete Franz Halla, Ofensetzer aus Brünn und gebürtig aus Michle bei Prag (heute Stadtteil der Hauptstadt) Kattun zur Bekleidung einer Statue der Muttergottes, die er schon zuvor der Kirche übergeben hatte,[1] und zugleich eine Messe zum Gedächtnis seiner verstorbenen Eltern. Man vermutet heute, dass sich die Madonna bereits früher in Michle befunden hatte, doch ist eine konkrete Beweisführung über ihre genaue Herkunft bisher nicht zu führen. Da Michle lange Zeit der Benediktinerabtei Breunau (Břevnov) gehört hatte, ist es nicht unwahrscheinlich, dass sie von dort zu unbekanntem Zeitpunkt abgegeben wurde, wie dies des Öfteren bei Barockisierungen mit als altmodisch erachteten Stücken geschah.

Maria trägt den Jesusknaben, wie es in Böhmen bevorzugt wurde, mit dem rechten Unterarm. Ihr leicht geneigtes, volles, ovales Antlitz lächelt den Betrachter ganz verhalten an; ebenso blickt der Jesusknabe einem Betrachter entgegen, freilich mit einer ganz anderen Blickachse, die nach rechts unten gerichtet ist. Mutter und Kind verbindet also keine Interaktion, was zu der säulenhaften, gelängten Gesamterscheinung passt, bei der nur Oberkörper und Hals Marias leicht nach rechts ausweichen. Dass sie einen Mantel trägt, erkennt man im heutigen, der Farbfassung beraubten Zustand vor allem an dem Riemen über der Brust, der den Radmantel zusammenhält. Kleid und Mantel scheinen beide aus sehr dünnem Stoff geschneidert zu sein und dicht übereinander zu liegen; zusammen bilden sie auf beiden Seiten Kaskaden aus dünnen Tütenfalten mit gleichmäßig herabfallenden Saumkanten. Vor dem Oberkörper bilden sich Zugfalten, darunter dann seichte Schüsselfalten. Dies geschieht aber immer vor einem gleichsam durchscheinenden, blockhaften Figurenkern, der auf die frauliche Körperlichkeit, wie man sie z. B. bei der Nordheimer Madonna findet (Kat.-Nr. 9.6), verzichtet. Auch die extrem stilisierten, teils waagrecht verlaufenden Haarlocken verraten diesen Willen zur Regularisierung und Entkörperlichung.

Eng verwandte Werke sind die Madonna von Znaim (Znojmo; Jihomoravské muzeum), diejenige aus Prostějov (Prag, Národní galerie, Inv.-Nr. P 364), der hl. Florian im Stift St. Florian (Oberösterreich), der Auferstandene im Zisterzienserinnenkloster St.

12.1

Marienthal/Lausitz und die Madonna in der Stadtpfarrkirche St. Nikolaus in Großmeseritsch (Velké Meziříčí). Aber auch in der Goldschmiedekunst (Reliquienbüste in Schloss Nelahozeves[2]) finden sich stilistisch verwandte Werke. Daraus ist zu schließen, dass es sich, schon wegen des weiten Verbreitungsgebietes, um eine höchstwahrscheinlich in Prag ansässige, von König Johann protegierte Werkstatt gehandelt haben muss, die die künstlerisch eigenständigste Richtung des in ganz Europa in dieser Zeit verbreiteten „preziösen Stils" (nach SCHMIDT 1959) hervorbrachte.

Offenbar empfand man die in der ersten Hälfte des 14. Jahrhunderts nicht seltene Tendenz zur Abstraktion, die die überall bewunderten und rezipierten französischen Vorbilder in einem grafischen Sinne abwandelte, als elegant und vornehm. So wurden häufig ober- und mittelrheinische Beispiele als Anregungen benannt, so für letztere Region die Holzskulpturen des Chorgestühls der Liebfrauenkirche zu Oberwesel/Rhein (gegen 1331). Doch sind diese Figuren weniger raffiniert, ja preziös durchgestaltet und dürften eher als Parallelerscheinungen zur Gruppe um die Madonna von Michle zu deuten sein. Auch die Skulpturen an der Katharinenkapelle des Münsters zu Straßburg und verwandte Werke, die mit dem Bildhauer Wölflin von Rufach in Verbindung zu bringen sind (vgl. Kat.-Nr. 13.9), unterscheiden sich mit ihren teils straff-grafischen, teils fließenden Stoffen von den in Mitteleuropa anzutreffenden Werken.

Die spezielle Note der Madonna von Michle ist zugleich als eine sehr konservative, retrospektive Haltung zu deuten. Hauptanregung scheint nämlich die Skulptur der Île-de-France in der Mitte des 13. Jahrhunderts gewesen zu sein, so der von Lothar Schultes als Vorbild benannte König Childebert vom Portal des Refektoriums der Abtei St-Germain-des-Prés in Paris (heute im Louvre), geschaffen zwischen 1239 und 1244, also der Zeit König Ludwigs IX. des Heiligen (* 1214, reg. 1226–70) entstammend.[3] Systematisiert und stilisiert man die feinen Locken und Gewandfalten eines Apostels wie des Hl. Johannes aus der 1248 geweihten Ste-Chapelle (heute Paris, Musée national du Moyen Âge), so gelangt man sehr direkt zu einer Skulptur wie der Madonna von Michle. Es ist somit sehr wahrscheinlich, dass hier ein Wunsch König Johanns verwirklicht wurde, der künstlerisch durch den Anschluss an die ältere Tradition des durch Ludwig „geheiligten" französischen Königtums seine eigene (nicht unangefochtene) Stellung als König von Böhmen aus dem westlichen Hause Luxemburg stützen wollte. Dass dabei ein besonders höfisch-eleganter Stil aufgegriffen wurde, war für Johann gewiss kein Widerspruch. Luxus und betonte Sakralität – beide sind Kennzeichen der höfischen Seite der französischen Hochgotik.

Aus diesen Gründen ist es wahrscheinlich, das die stärker stilisierten Werke wie eben die Madonna von Michle oder der Hl. Florian in St. Florian die frühesten und sehr bewusst geschaffenen Werke der Gruppe sind, während sich z. B. die Madonna von Großmeseritsch bereits wieder den auch in Böhmen vertretenen zeitgenössischen französischen Werken annähert. Etwas später dürfte sich ein an Werken wie der Madonna aus Michle geschulter Bildhauer in Brünn niedergelassen haben; von dort stammen eine Madonna und ein Apostel aus der Stadtpfarrkirche St. Jakob (heute Brünn, Moravská galerie, Inv.-Nr. E 73, E 74)[4] und wohl auch eine verwandte, reizvolle thronende Madonna in New York.[5] Da letztere aus einer Gruppe der Anbetung der Könige stammen dürfte, ist dieser Bildhauer wohl für den Hof des Markgrafen von Mähren, Johann Heinrich (Jan Jindřich, * 1322, reg. 1349–75), des jüngeren Bruders Karls IV., tätig gewesen. Diese Werke sind deutlich plastischer und körperlicher gearbeitet und ließen den Manierismus der ersten Jahrhunderthälfte hinter sich.

Markus Hörsch

LITERATUR
PODLAHA 1907, 276. – KOTRBOVÁ 1956. – SCHMIDT 1959. – HLOBIL 1980/II. – BARTLOVÁ 1998. – HLOBIL 1998/I. – FAJT/SUCKALE 2006/II. – Ausst.-Kat. Prag 2006, 87–89, 90 (Abb.), Kat.-Nr. 10 (Madonna in Großmeseritsch, Jiří FAJT). – SCHULTES 2008, 346–348.

FUSSNOTEN
1 Liber memorabilium ab fundationem der Michler Pfarrkirche (1822). Prag, Archiv hlavního města Prahy, Sign. A 22, 57f. – PODLAHA 1907, 276. – Ausst.-Kat. Prag 2006, 89, Anm. 1–3 (Jiří FAJT).
2 Fürstlich Lobkowitz'sche Sammlung, Inv.-Nr. LJ 390. Ausst.-Kat. Prag 2006, 89f., Kat.-Nr. 11 (Barbara DRAKE BOEHM), Abb. S. 91.
3 SCHULTES 2008, 347. – Ausst.-Kat. Naumburg 2011, II, 1501f., Kat.-Nr. XIX.1 (Yves LE POGAM).
4 Ausst.-Kat. Prag 2006, 301f., Kat.-Nr. 107.a–b (Kaliopi CHAMONIKOLA).
5 The Metropolitan Museum of Art, The Cloisters Collection, Inv.-Nr. 65.215.1. – Ausst.-Kat. Prag 2006, 301, Kat.-Nr. 106 (Julien CHAPUIS).

12.2 Thronende Madonna von Eger

Prag, 1355–60.
Lindenholz, rückseitig gehöhlt, Fassung entfernt; H. 79 cm, B. 39 cm, T. 19 cm; kleinere Beschädigungen; der Reichsapfel in der Hand des Jesuskinds ist eine neuzeitliche Ergänzung.
Provenienz: Eger (Cheb), wahrscheinlich Kirche St. Johannis d. T. (1809 abgebrannt, vorher bereits profaniert).
Eger, Galerie výtvarného umění v Chebu, Inv.-Nr. P 1.

Drei Skulpturen aus einem Retabelschrein sind erhalten, welcher ehemals wohl in der 1809 ausgebrannten und danach abgerissenen Johanneskirche zu Eger[1] aufgestellt, aber wegen deren Profanierung schon früher daraus entfernt worden war: Neben der gezeigten Madonna die beiden hll. Johannes, der Täufer und der Evangelist (Inv.-Nr. 10.002 und 10.003). Da dies mit dem Patrozinium übereinstimmt und die Kirche nicht groß war, handelte es sich um den Altaraufsatz ihres Hauptaltars. Dass stehende Figuren eine thronende Madonna begleiten, ist nicht ungewöhnlich; beim ehemaligen Hochaltar des Brandenburger Doms (Kat.-Nr. 11.21) bildet das Zentrum die Gruppe der Marienkrönung, begleitet von vier stehenden Heiligen.

Maria trägt das Kind auf dem rechten Unterarm, blickt liebevoll auf es herab und verweist dadurch auf den künftigen Erlöser, der in ein fußlanges Kleidchen gehüllt ist und sich mit einer kräftigen Bewegung, als wolle er aufstehen, auf den Betrachter zustrebt. Maria hielt in der Linken wohl ein Lilie oder eine Rose, Jesus segnet den Betrachter.

Maria trägt ein eng anliegendes Kleid; insgesamt ist sie sehr schlank dargestellt. Rundlich-fülliger ist das Gesicht mit einer trotz des fehlenden Inkarnats noch spürbaren Weichheit der Haut. Diesem Schönheitsideal folgen viele Madonnenbilder Mitteleuropas in der Mitte des 14. Jahrhunderts – etwa die Madonna von Saras (Kat.-Nr. 12.4) oder die von Puschendorf (Kat.-Nr. 11.13).[2] Sie geben älteren französischen Vorbildern wie etwa der Madonna von Nordheim (Kat.-Nr. 9.6) einen lebensvollen Zug, das Hoheitliche wird vermindert. Auch die Gewandstrukturen sind von französischen Vorbildern, und zwar von den berühmten Pariser Thronenden Elfenbein-Madonnen auf breiten Thronbänken, übernommen und abgewandelt: Der Mantel wird hier schon wegen der kostbaren und von Natur aus schmalen Werkstücke eng um den Oberkörper und die Arme

12.2

12.3

berühmte Doppelkapelle in der Pfalz ja bis heute gut erhalten ist. 1322 verpfändete König Ludwig IV. der Bayer die Stadt neben den Reichsburgen Floß und Parkstein an den böhmischen König Johann persönlich; alle Rechte und Freiheiten der Stadt und des zugehörigen Umlandes sollten bestehen bleiben. Karl IV. übertrug dann 1353 bei einer Neufassung der verbrannten Urkunden die Verpfändung an die Krone Böhmens. Er hielt die Stadt und ihr patrizisches Regiment für wichtig; immer wieder unterdrückte er entstehende zünftische Organisationen. Nach seiner Kaiserkrönung 1355 bestätigte Karl erneut alle Privilegien der Stadt und er besuchte sie auch nicht selten. Aus einem solchen Anlass dürfte das Retabel der ältesten Kirche der Stadt gestiftet worden sein.

Markus Hörsch

LITERATUR

OPITZ 1933, 94f. – OPITZ 1935, 22f., Abb. 11. – KUTAL 1940, 45. – KUTAL/LÍBAL/MATĚJČEK 1949, 59. – KUTAL 1962, 20, 153, Abb. 25. – BACHMANN 1969, 120. – Ausst.-Kat. Prag 1970, 132, Kat.-Nr. 155 (Jaromír HOMOLKA). – Ausst.-Kat. Moskau/Prag 1971/72, Kat.-Nr. 5. – ŠEVČÍKOVÁ 1974, 44f., Kat.-Nr. 3. – Ausst.-Kat. Prag 2006, 108–110, Kat.-Nr. 22 (Jiří FAJT).

FUSSNOTEN

1 Die Kirche stand auf dem Johannesplatz (Jánské náměstí) in der Kaufmannssiedlung unterhalb der Burg und gilt als älteste Kirche der Stadt.
2 Zu nennen sind auch noch die Madonnen von Hrádek bei Beneschau (Benešov), vgl. Ausst.-Kat. Prag 2006, 110, Kat.-Nr. 21.1, und eine Madonna in Cleveland, The Cleveland Museum of Art, Fund of John L. Severance, Inv.-Nr. 1962.207, Ausst.-Kat. Prag 2006, 110f., Kat.-Nr. 23 (Charles T. LITTLE).
3 Villeneuve-lès-Avignon, Mmusée Pierre de Luxembourg. Ausst.-Kat. Paris 1998, 172–174, Kat.-Nr. 108 (Danielle GABORIT-CHOPIN). – London, The British Museum, Inv.-Nr. 1978, 5-3, 3. Ausst.-Kat. Paris 1998, 174f., Kat.-Nr. 109 (Danielle GABORIT-CHOPIN).
4 Ausst.-Kat. Prag 1993, 25, Kat.-Nr. 3 (mit älterer Literatur). Hier allerdings mit den 1360er Jahren zu spät datiert: Die recht monumentale, 152 cm hohe Madonna, gehört etwa zur Stilstufe der Madonna von Großmeseritsch (Velké Meziříčí), also in die Zeit um 1340.
5 Ausst.-Kat. Prag 2006, 102–104, Kat.-Nr. 18 (Jiří FAJT).

12.3 Elfenbein-Madonna

Normandie oder Paris, A. 14. Jh.; Sockel 17. Jh. (?). Elfenbein; Kronen (neu) Silber, vergoldet; Sockel Bronze mit Bergkristall-Sichtfenster; H. 25,5 cm. Kopf und Arme des Kindes ergänzt.
Prag, Metropolitní kapitula u svatého Víta v Praze, Domschatz, Inv.-Nr. HS 3339 (K 15).
Nur in Nürnberg ausgestellt.

In frontaler Ansicht beugt Maria den Oberkörper leicht nach hinten, um das Kind anblicken zu können. Sie hält es recht hoch auf ihrem linken Arm und legt zugleich in einer nicht allzu häufig verwendeten, schützenden Geste die Rechte auf die Brust des Kindes. Jesus trägt einen fußlangen Rock, Maria über dem stoffreichen Kleid einen ebensolchen Mantel, der vorn geöffnet ist. In langen Zügen fallen die Falten zu Boden, seitlich bilden sich großzügige Saumwellen und Schüsselfalten. Das ovale Antlitz mit den in freien Wellen fallenden Haarsträhnen ist von dem vor die Brust gezogenen Schleier gerahmt. Die schwere, weiche Stofflichkeit der Kleidungsstücke prägt dieses Skulptürchen mehr als andere französische Bildwerke der Zeit um und nach 1300.

gerafft, um dann über den Schoß gezogen zu werden, wo sich zwischen den Beinen schmale Faltenschüsseln und seitlich Kaskaden aus großzügigen Faltenröhren bilden. Jiří Fajt verwies bereits auf die berühmte Madonna aus der Stiftskirche von Villeneuve-lès-Avignon (um 1310-30) und das heute im Britischen Museum aufbewahrte Stück.³ Dass in Prag gerade solche kleinformatigen Stücke rezipiert wurden, zeigt die schmale Statur der hier gefertigten Beispiele; denn großformatige thronende Madonnen in der unmittelbaren Nachfolge der Pariser Kunst wie etwa die Madonna der Zisterzienserkirche Maulbronn entfalten sich in majestätischer Breite.

Der zum Egerer Altar gehörende Johannes der Täufer greift den Typus des eng um den ganzen Körper geschlungenen Mantels auf, wie er in Böhmen schon früher vorkommt, so bei der Madonna aus St. Jakob in Iglau (Jihlava), heute in der Galerie des Prager Prämonstratenserstifts Strahov.⁴ Etwa gleichzeitig mit dem Egerer Johannes Baptist entstanden ist die gefasst erhaltene Madonna aus der Benediktinerkirche Braunau (Broumov).

Das Egerer Retabel ist ein recht frühes Beispiel für den Umschwung der karolinischen Kunst in den 1350er Jahren, wie er auch in der hochqualitätvollen Malerei, z. B. des Liber Viaticus des Johann von Neumarkt (Kat.-Nr. 12.6) greifbar wird. Somit dürfte das Werk aus dem unmittelbaren Umfeld des Kaisers stammen – wobei über konkrete Stiftungsumstände bisher nichts bekannt ist. Gelegenheiten gab es genug: Eger war Freie Reichsstadt, insbesondere von den Staufern gefördert, deren

12.4

Die Haltung des Kindes hoch am Körper, der Blick und die zum Kind greifende Rechte Marias sind ein entferntes Echo der berühmten Madonna vom Nordquerhausportal der Kathedrale Notre-Dame in Paris, eines Meisterwerks der Zeit um 1250. Auch sie ist Beispiel für einen großzügig-monumentalen Stil, der später offenkundig wieder aufgegriffen wurde – heute am besten vertreten durch Skulpturen der Stiftskirche von Écouis (Eure).[1] Diese wurde 1311 von Enguerrand de Marigny (1260–1315), dem Ersten Minister König Philipps IV., und seiner Gemahlin Alips de Mons gestiftet und 1313 bereits geweiht.[2] Ein Jahr später stellte man – nach Philipps Tod – Enguerrand unter anderem wegen Unterschlagung von Steinmaterial aus dem königlichen Steinbruch Vernon vor Gericht; er wurde verurteilt und hingerichtet, in einem Berufungsprozess dann aber posthum freigesprochen. Da Enguerrand den Bau des Pariser Königspalasts beaufsichtigt hatte, war es ihm möglich, die besten dort beschäftigten Bildhauer zu beauftragen. Doch müssen diese wiederum nicht unbedingt Pariser Herkunft gewesen sein, da er selbst, aus der Normandie stammend, gewiss auch Möglichkeiten hatte, z. B. Beziehungen zur Kathedralbaustelle von Rouen zu knüpfen, wo sein Bruder Jean Jahre später (1347–51), freilich nach Abschluss der Bauarbeiten, Erzbischof werden sollte. So verwundert es nicht, wenn sich z. B. zu Skulpturen des seit Ende des 13. Jahrhunderts erbauten Nordquerhauses der Kathedrale von Rouen (Portail des Libraires) stilistische Bezüge herstellen lassen.[3] Über den Standort der Elfenbein-Werkstatt sagt dies wenig; Paris war allerdings der Hauptort der Fertigung preziöser Kleinskulpturen im 14. Jahrhundert.

Es bestehen stilistische Ähnlichkeiten mit der Madonna aus der Sammlung Émile Baboin (Lyon), heute im Louvre,[4] die Raymond Koechlin einer Gruppe von Kleinbildwerken um das Kremsmünsterer Diptychon mit der Anbetung der Könige und der Kreuzigung zuordnete.[5] Das rundliche Gesicht mit den eng stehenden Augen und den zwar stilisierten, aber recht frei fallenden Haarsträhnen, insbesondere aber auch der weiche, großzügige Faltenwurf sind so eng verwandt, dass man hier eine Beziehung erkennen darf, die aber zugleich die extrem späte Datierung der Gruppe durch Koechlin widerlegt, welche noch Danielle Gaborit-Chopin unterstützte.[6] Vielleicht wurden manche der stilistisch verwandten Stücke wie die etwas manieriertere Madonna aus dem Krakauer Franziskanerkloster,[7] die dem Typus der Madonna von Poissy (Kat.-Nr. 9.5) respektive dem der Nordheimer Madonna (Kat.-Nr. 9.6) folgt, ein wenig später, gegen Mitte des 14. Jahrhunderts, geschaffen; aber die angeführten Vergleiche mit Stücken des Schönen Stils überzeugen in keiner Weise.[8]

In dieses stilistisch nicht allzu eng zu definierende Umfeld gehört auch die Elfenbeinmadonna des Veitsdoms. Sie könnte, auch wenn es hierfür keine Belege gibt, über Pierre Roger, den damaligen Abt von Fécamp und späteren Erzbischof von Rouen (1331–38) sowie Papst Clemens VI. (1342–52) an Karl IV. gelangt sein, den er seit 1328 kannte und zeitweilig unterrichtete.

Markus Hörsch

LITERATUR
KOECHLIN 1910. – GABORIT-CHOPIN 2004 (erwähnt die Madonna aus dem Veitsdom nicht). – Ausst.-Kat. Prag 2006, 80f., Kat.-Nr. 4 (Jiří FAJT, Robert SUCKALE). – KYZOUROVÁ 2012, 64, Kat.-Nr. 31.

FUSSNOTEN
1 Ausst.-Kat. Paris 1998, 103–109, Kat.-Nr. 52–56 (Françoise BARON).
2 Ausst.-Kat. Paris 1998, 103.
3 KROHM 1971, 60, Abb. 7. – SCHLICHT 2005.
4 Paris, Musée du Louvre, Département des Objets d'art, Inv.-Nr. OA 12101. GABORIT-CHOPIN 2004.
5 KOECHLIN 1910. – GABORIT-CHOPIN 2004, 50, Abb. 5.
6 GABORIT-CHOPIN 2004, 50.
7 GABORIT-CHOPIN 2004, 52f., Abb. 7, 8.
8 GABORIT-CHOPIN 2004, 54. – Das hier vertretene Argument, ikonografische Gründe machten es undenkbar, dass das sog. Kremsmünster-Atelier so früh tätig gewesen sei (GABORIT-CHOPIN 2004, 51 und 55, Anm. 23), ist ohnehin fragwürdig. – Vgl. auch die Argumentation von JÁSZAI 1979, der die Spätdatierung der ebenfalls stilistisch verwandten Madonna des Augustinerinnenstifts Langenhorst/Westfalen, die noch Reliquien und Authentiken vom Beginn des 14. Jahrhunderts enthält, zurückweist. Allerdings ist dieses Stück etwas gestreckter proportioniert als die Madonna im Veitsdom.

12.4 Madonna aus Saras

Prag, 1355/60.

Lindenholz, hinten gehöhlt, Reste ursprünglicher Farbfassung (besonders bei den Inkarnaten), doch großenteils abgelaugt; H. 84 cm; Krone und Zepter fehlen, der linke kleine Finger Marias ergänzt.
1962 von Josef Tesař in der Prager Nationalgalerie restauriert.
Provenienz: Saras (Zahražany) bei Brüx (Most), ehemaliges Magdalenerinnenkloster.
Prag, Národní galerie v Praze, Inv.-Nr. VP 177, Leihgabe des Röm.-Kath. Dekanats Brüx (seit 1963).

12.5

12.5 Diptychon mit Muttergottes und Schmerzensmann

Prag, Mitarbeiter des Meisters der Hohenfurther Tafeln, um 1350–55.
Tempera und Gold auf Holz, mit Leinwand bezogen; beide Tafeln: H. 20 cm, B. 14,5 cm; mit Rahmen: H. 25 cm, B. 18,5 cm; der vergoldete Rahmen mit roter Farbe übermalt.
Inschrift (rechte Tafel): „misericordia domini".
Provenienz: Wien, unbekannter Privatbesitz. – Zürich, Fritz Nathan (verkauft 1957).
Karlsruhe, Staatliche Kunsthalle, Inv.-Nr. 2431a/b.

Im Bestreben, neue, für Repräsentation und individuelle Frömmigkeit gleichermaßen bestimmte Bildtypen zu schaffen, wurden um die Mitte des 14. Jahrhunderts im luxemburgischen Prag gezielt byzantinische oder italienische Vorlagen adaptiert und weiterentwickelt. Eines der hochaktuellen Themen jener Jahre ist die antithetische Gegenüberstellung der Gottesmutter mit dem Bild des Schmerzensmanns. Für die halbfigurige Madonna mit Kind des kleinen Karlsruher Diptychons wählte man den im Westen eher seltenen Bildtypus der Pelagonitissa, der vermutlich im 13. Jahrhundert am byzantinischen Hof als Variante der Glykophilousa bzw. Eleousa entwickelt worden war. Er zeigt ein in seiner Lebhaftigkeit scheinbar kaum zu bändigendes Jesuskind, das sich in den Armen seiner Mutter in leichter Verdrehung des Körpers aufgerichtet hat und den Kopf seitlich nach hinten wirft, um seine Wange an das Kinn Mariens zu schmiegen. Zugleich berührt es mit der Innenfläche seiner nach hinten abgeklappten rechten Hand die Wange seiner Mutter, welche ihren Kopf dem Kind mit abwesendem Blick entgegenneigt. Die literarische Grundlage für diesen Bildtypus kann in einem auf Symeon Metaphrastes zurückgehenden marianischen Klagelied der orthodoxen Kirche gesehen werden, das zugleich den Schlüssel zum Verständnis für die Kombination mit dem Bild des Schmerzensmanns liefert. In jenem Hymnus klagt Maria (hier zitiert nach der englischen Übersetzung von MAGUIRE 1977, 162f.): „I raised you in a mother's arms, but leaping and jumping as children do. Now I raise you up in the same arms, but without breath, and lying as the dead" (griechischer Originaltext: Patrologia Graeca 114, Sp. 216). Entsprechend lässt sich auch das um Jesus gewickelte Tuch deuten („And once I took care of your swaddling-clothes, and now I am troubled with your funerary apparel"). Noch im 13. Jahrhundert war der byzantinische Bildtypus in Italien rezipiert und dabei um ein Motiv erweitert worden, das auch das Karlsruher Bild zeigt: Mit seiner hinter dem Rücken herabhängenden linken Hand umgreift Jesus den Daumen seiner Mutter, als Anspielung auf die mystische Vermählung von Maria und Jesus. Gegenüber den byzantinischen und italienischen Vorläufern hat der Prager Maler seine Madonna mit einer Lilienkrone ausgestattet, um sie als Himmelskönigin zu kennzeichnen. Der mit geschlossenen Augen dargestellte Schmerzensmann ist seinerseits eine Paraphrase der berühmten, um 1300 in Byzanz geschaffenen Mosaikikone aus S. Croce in Florenz, die zwar erst gegen 1380 nach Italien verbracht worden war, dort jedoch schon vorher vielfach rezipiert wurde. Der Maler des Karlsruher Diptychons modifiziert die Darstellung, indem er Christus leicht zur Seite dreht und seinen Kopf neigen lässt, um die inhaltliche Beziehung beider Diptychonhälften auch formal sinnfällig zu machen.[1]

1283 schenkte König Wenzel II. (reg. 1278/83–1305) dem Magdalenerinnenorden eine Marienkirche außerhalb der königlichen Stadt Brüx, gelegen in der Siedlung Saras (Zahražany) unterhalb des Schlossbergs. Bald darauf dürfte hier ein Kloster gegründet worden sein, dessen barockisierte Bauten nach dem Zweiten Weltkrieg im Zuge der Zerstörung und Neubebauung des Stadtgebiets von Brüx gesprengt wurden. Ziel des 1224 in Worms gegründeten Ordens der sog. Weißfrauen waren zunächst Bekehrung und Unterhalt von ehemaligen Straßendirnen, deren Patronin Maria Magdalena war, nach mittelalterlicher Auffassung selbst eine Prostituierte (nach Lk 7,36–50, wo von Jesu Gespräch mit einer Sünderin berichtet wird). Bald aber wurden, wie in anderen Bettelorden auch, Töchter aus bürgerlichen Familien aufgenommen. Höchstwahrscheinlich stammt die Madonna aus diesem Kloster.

Die schlanke Jungfrau beugt sich schwungvoll über ihre linke Hüfte, was zum einen den Sitz des fast frei schwebenden Jesuskinds auf dem rechten Arm ermöglicht, zum andern aber den in der Linken einst gehaltenen Gegenstand, höchstwahrscheinlich eine Lilie als Ausweis der Jungfräulichkeit, nach vorn schob. Maria lächelt den Betrachter mit leicht gesenktem Haupt an, ebenso wendet sich diesem das Jesuskind zu, das, wie u. a. bei der Figur aus Nordheim (Kat.-Nr. 9.6), seinen Mund berührt, aus dem das göttliche Wort entspringt (Joh 1,1–2). Dass dieses Wort Fleisch wurde (Joh 1,14), bezeugt die Nacktheit des Jesuskinds; dass aber eine Jungfrau den fleischgewordenen Gottessohn zur Welt brachte, darauf verweist der Gürtel Marias, der in der schwungvollen Öffnung des Mantels sichtbar wird. Maria hat diesen ansonsten eng um den linken Arm und vor den Körper gezogen, sodass sich vor den beiden dynamische Schüssel- und Ösenfalten ausbilden; auf der rechten Körperseite aber verweist ein Faltengehänge wiederum auf das Jesuskind.

Es wird also zum einen der in Böhmen so beliebte Typus der Dexiokratusa, der „rechts Haltenden", aufgegriffen, zum andern erinnern die frei fallenden Lockensträhne noch an die Werke um die Madonna von Michle (Kat.-Nr. 12.1). Doch wird der klassische Madonnentypus mit dem schürzenartig vor den Leib gezogenen Mantelstück in eine schwungvolle Variante umgewandelt; die Ösenfalten werden einige Jahre später zu einer der Grundeigenheiten des sog. Schönen Stils werden.

Dass Skulpturenentwürfe (gewiss unter Einbeziehung theologischer Berater) aufs Engste mit solchen der Malerei und insbesondere der Prager Buchmalerei zusammenhängen, belegt ein Blick auf das 1368 durch Johannes von Troppau und seine Mitarbeiter fertiggestellte Evangeliar für Albrecht III. von Österreich (Wien, Österreichische Nationalbibliothek, Cod. 1182), wo sich z. B. unter den Engeln der großen L-Initiale am Beginn des Matthäus-Evangeliums ganz ähnliche Gestalten wie die Saraser Madonna finden.[1]
Im Gegensatz zu den Werken um die Hochpetscher und Puschendorfer Madonnen (Kat.-Nr. 11.14, 11.13) verfällt der Schnitzer dieser Figur nicht ganz so ins Exaltierte, z. B. der bei der Gewandgestaltung. Die weite Verbreitung von Werken einer ähnlichen Stilhaltung, wie man sie in der Saraser Madonna in einer besonders reizvollen Form findet, belegt, dass es sich um eine von dem seit 1355 kaiserlichen Prager Hof besonders geförderte und wirksame Kunstrichtung gehandelt hat (vgl. z. B. auch die thronende Madonna von Eger, Kat.-Nr. 12.2).

Markus Hörsch

LITERATUR
KUTAL 1962, Nr. 26 und passim. – Ausst.-Kat. Brüssel 1966, Kat.-Nr. 2 (Albert KUTAL). – Ausst.-Kat. Prag 1970, 132f., Kat.-Nr. 158 (Jaromír HOMOLKA). – KUTAL 1972/I, 57. – BACHMANN 1977/I, 28 (SCHMIDT-DENGLER). – Ausst.-Kat. Köln 1978, II, 665 (Jaromír HOMOLKA). – FAJT 2004/I, 213f., 219, Anm. 34. – Ausst.-Kat. New York 2005, 148f., Kat.-Nr. 19 (Julien CHAPUIS). – Ausst.-Kat. Prag 2006, 107f., Kat.-Nr. 21 (Jiří FAJT, Robert SUCKALE).

FUSSNOTEN
1 Ausst.-Kat. Prag 2006, Abb. S. 241.

12.6, fol. 69v

12.6

Dem hohen intellektuellen Anspruch des Diptychons, das zweifellos für eine hochrangige Persönlichkeit am Hof Karls IV. bestimmt war, entsprechen die herausragende Qualität der Malereien sowie die aufwendige und sorgfältig ausgeführte Dekoration des Goldgrundes. Der Schöpfer des Diptychons entstammt dem Kreis jener unmittelbar für den karolinischen Hof in Prag arbeitenden Werkstätten. Die unverwechselbaren Eigenheiten seines Zeichenstils, wie z. B. die Gestaltung der Augenpartien mit den außen nicht zusammenlaufenden Augenlidern, finden sich identisch am Engel des Auferstehungsbildes oder den Marien der Beweinung vom Hohenfurther Zyklus (Praha, Národní galerie, Inv.-Nr. O 6786–6794), so dass er als Mitarbeiter des sogenannten Meisters von Hohenfurth identifiziert werden kann.

Jiří Fajt, Wilfried Franzen

LITERATUR
ERNST 1912, 12. – GLASER 1914, 147f. – STANGE 1934, 160. – MATĚJČEK 1950, 61f. – SCHMIDT 1969, 178f. – MAGUIRE 1977. – PEŠINA 1982, 87–90. – PEŠINA 1987. – Ausst.-Kat. Karlsruhe 1992, 17–20, Kat.-Nr. 1 (Ines DRESEL / Dietmar LÜDKE / Horst VEY). – GRANDMONTAGNE 2005, 455–459.

FUSSNOTEN
1 Eine dem Karlsruher Bild nahe verwandte Darstellung des Schmerzensmannes (wenngleich mit geöffneten Augen) hat sich auf der beidseitig bemalten Tafel aus dem Kloster Marienstern erhalten, die ebenfalls in Prag gefertigt wurde (Kat.-Nr. 11.9).

12.6 Liber Viaticus des Johann von Neumarkt

Prag, 1355–60.
Pergament, Tempera und Gold; Latein; kalligraphische gotische Minuskel, Rubrikation, Randbemerkungen; 319 Blatt; H. 43,5 cm, B. 31,1 cm; Einband 1. H. 16. Jh.: Samt, durch Zierbeschlag geschützt, Spangen fehlen; Fälschungen von Václav Hanka aus dem 19. Jahrhundert heute entfernt (von fol. 69v: Ambrosius Neplacho; fol. 83v: Petrus Brzuchaty; fol. 254v: Sbisco de Trotina); 1962 konserviert.
Provenienz: Johann von Neumarkt, Bischof von Leitomischl und Kanzler des Kaisers (Exlibris, sich von fol. 1r bis 304r am unteren Rand wiederholend: „Liber viaticus domini Johannis Luthomislensis Episcopi Imperialis Cancellarii"). – Prag, Dom St. Veit. – 1750–vor 1830 Václav Leopold Chlumčanský von Přestavlky. – Von Chlumčanský vor 1830 dem Nationalmuseum in Prag geschenkt.
Prag, Národní muzeum, Bibliothek, Sign. XIII A 12.

Der Liber Viaticus gehört zu den bedeutendsten Handschriften, die am Prager Hof Karls IV. entstanden sind. Auftraggeber war der gebildete Leitomischler und später Olmützer Bischof Johann (um 1310–80),[1] der einer Bürgerfamilie aus dem schlesischen Neumarkt (Środa Śląska) entstammte. 1354 stand er Karls neu organisierter Kanzlei vor. Er unterhielt rege Kontakte zu den italienischen Humanisten, die er 1355 während Karls erster Krönungsfahrt in die ewige Stadt Rom auch persönlich kennenlernte – so etwa Francesco Petrarca. Auf seinen Burgen beschäftigte der bibliophile Johann mehrere Schreiber, seine Privatbibliothek vermachte er den Augustiner-Eremiten zu St. Thomas auf der Prager Kleinseite.[2] Neben der kaiserlichen Kanzlei leitete er wohl den Betrieb des höfischen Skriptoriums mit der

12.5 / Detail

Buchmalerwerkstatt, in der auch der Schöpfer der malerischen Ausschmückung seines persönlichen Breviers, des Liber Viaticus, tätig war.³

Der Meister des Liber Viaticus bestimmte formal und ikonografisch für die nächsten Jahrzehnte den Charakter der Prager Hofmalerei. Die mit spiralförmig verflochtenem Akanthus bedeckten Blätter, auf denen sich verschiedenste Tiere, Fantasiewesen, kletternde menschliche Gestalten und Halbfiguren von Heiligen und Propheten tummeln, zieren außerdem große Initialen, die mit figürlichen Motiven in einer Farbe (en camaïeu) gefüllt sind, sowie Genreszenen am unteren Rand (bas-de-page). Diese Gestaltung wurde bald zur Norm, die noch für die Buchmaler Wenzels IV. um 1400 verbindlich sein sollte. Das intellektuell anspruchsvolle Milieu des Kaiserhofs und besonders der Kanzlei lieferte außerdem zahlreiche Anregungen zur Bereicherung des traditionellen ikonografischen Motivbestands; verwiesen sei nur auf des Malers bemerkenswerte Version der Ermordung des hl. Wenzel (Initiale A auf fol. 313r) oder auf den Lebendigen Schmerzensmann mit den Arma Christi (in der Initiale I auf fol. 308r). Die inspirierenden Anstöße, die von der offenbar größeren Malerwerkstatt ausgingen, zeigen sich in der Wiederholung vergleichbarer Kompositionen im breiteren Künstlerumfeld des Prager Hofs. So steht die Anbetung der Hll. Drei Könige im Liber Viaticus (Initiale O auf fol. 97v) der Darstellung desselben Motivs auf dem Morgan-Diptychon (Kat.-Nr. 4.2) auffällig nahe, und ähnliches gilt auch für den dortigen Marientod, der wiederum eine Variante der Handschrifteninitiale H ist (fol. 254v). Die Verwandtschaft zwischen den beiden Werken geht so weit, dass sich nicht eindeutig feststellen lässt, was die Vorlage und was deren Reproduktion ist. Vergleichbar enge Beziehungen lassen sich bis zu Meister Theoderich verfolgen, der aus dieser reichen Schatztruhe in der ersten Hälfte der 1360er Jahre die Inspiration für die monumentalen Wandmalereien in den Fensternischen der Karlsteiner Heilig-Kreuz-Kapelle schöpfte (Christus erscheint der hl. Maria Magdalena, Mariä Verkündigung usw.).

Der Meister des Liber Viaticus partizipierte nicht nur von der schöpferischen Atmosphäre des internationalen Künstlerkreises im karolinischen Prag, sondern beeinflusste entscheidend dessen Richtung. Zu den Hauptmerkmalen seines individuellen Stils zählen die betonte Plastizität seiner Figuren, begleitet von einer neuen Spannung zwischen Körperkern und Draperie, die den Körper im Unterschied zu den bisherigen Gewohnheiten getreu wiedergab; die Unterbringung der figürlichen Szenen in konstruierten Landschaften und Architekturen, die den Eindruck realer Räume erweckten; und die gänzlich neue Betonung des Malerischen, die durch ein Hintanstellen der Zeichnung zugunsten der plastischen Modellierung mit Farbe und Licht erzielt wurde. Der Meister des Liber Viaticus war der erste Maler nördlich der Alpen, der die italienische Malerei in ihrem Formen- und Gefühlsreichtum wirklich verstand. Im kosmopolitischen Prag stieß er dann auf andere bildende Künstler seiner Generation wie z. B. den westeuropäisch beeinflussten kaiserlichen Hofmaler Nikolaus Wurmser aus Straßburg, der den Luxemburger Stammbaum im Palast der Burg Karlstein (Kat.-Nr. 8.7) und einen Großteil der Wandmalereien in den Sakralräumen des dortigen Kleineren Turms geschaffen hatte. Seine robusten, naturalistischen Gesichter eröffneten neue Horizonte bei der Suche nach Karls offizieller Porträtstrategie. Der Meister des Liber Viaticus hatte auch auf eine weitere große Persönlichkeit des Prager Hofs erheblichen Einfluss – auf den anonymen Maler des Morgan-Diptychons (Kat.-Nr. 4.2, 12.7, 12.8), ohne dessen Monumentalität des Ausdrucks man die Malerei des Meister Theoderich nicht verstehen kann.

Was machte die bahnbrechende Kunst des Meisters des Liber Viaticus aus? Sein Schaffen zeigt formale Züge, wie sie für die lombardische, besonders für die Bologneser Malerei bezeichnend sind, wo man u. a. einen ähnlich „saftigen" Akanthus findet. Eine weitere Komponente seines individuellen Stils war die Pariser Malerei, wie sie der Buchmaler am Königshof Jean Pucelle verkörperte; in dessen Tradition entstand etwa noch das Gebetbuch der Bonne de Luxembourg (Kat.-Nr. 3.14) mit seiner bezeichnenden Seitengestaltung und den typischen figürlichen Szenen an den Rändern. Trotzdem dürfte für die künstlerische Entwicklung des in Prag tätigen Malers die jüngere Generation der Pariser Hofmaler bedeutender gewesen sein, wie sie der Maître aux Bocquetaux repräsentiert: Sein Anteil an der Bibel des Jean de Sy (Kat.-Nr. 8.12) stellt die nächste Parallele zu den vegetabilen und naturalistischen Drolerien des Liber Viaticus dar.

In unmittelbarer Nähe zum Meister des Liber Viaticus, vermutlich sogar in dessen Malwerkstatt auf der Prager Burg, entstanden in den 1360er Jahren zahlreiche weitere wichtige Werke, was die außerordentliche Bedeutung dieses Ateliers im Umfeld des Prager Hofs belegt. Neben dem Kanzler Johann von Neumarkt (Kat.-Nr. 12.6) gehörte auch der Prager Erzbischof Ernst von Pardubitz zu den Auftraggebern, der hier jedoch ausschließlich zum persönlichen Gebrauch bestimmte Handschriften bestellte (Orationale Arnesti, Prag, Národní muzeum, Bibliothek, Sign. XIII C 12), während er die liturgischen Bücher für den Veitsdom in einer weniger ambitionierten Malwerkstatt in Auftrag gab (Kat.-Nr. 7.6). Vermutlich ebenfalls in dieser Werkstatt illuminierte Johann von Troppau für die Habsburger-Herzöge das luxuriöse Krönungsevangeliar (Kat.-Nr. 13.24).

Die Malwerkstatt wurde also von Angehörigen der höchsten Gesellschaftskreise aufgesucht. Daraus lässt sich schließen, dass es sich um eine renommierte höfische Werkstatt auf der Prager Burg handelte. Diese Hypothese wird noch durch die auffällige künstlerische Verbindung zum Schöpfer des möglicherweise unmittelbar von Kaiser Karl IV. bestellten Morgan-Diptychons unterstützt.

Dem Meister des Liber Viaticus gelang es, italienische und franko-flämische Anregungen auf schöpferische Weise mit der heimischen Kunsttradition zu einem eigenen Dekor- und Ausdruckssystem zu verschmelzen, das zu einem klar erkennbaren Grundpfeiler der neuen kaiserlichen Kunst werden sollte.

Jiří Fajt

LITERATUR

SCHMIDT 1969/I, 180–184, 426f. – Ausst.-Kat. Köln 1978, Bd. 2, 731–736 (Josef KRÁSA). – BRODSKÝ 2000, 158–163, Kat.-Nr. 137. – Ausst.-Kat. Prag 2006, 95–98, Kat.-Nr. 14 (Jiří FAJT; mit weiterer Literatur).

FUSSNOTEN

1 Bischof von Leitomischl 1353–64; Bischof von Olmutz 1364–80; gewählter Bischof von Breslau 1380.
2 GATZ 2001, 512 (Jan BYSTŘICKÝ).
3 Nach 1365 wurde der Handschrift noch ein weiterer Text beigebunden (ab fol. 304), dessen Verzierung von einem anderen Buchmaler stammt. Sein Werk lässt einen starken Bologneser Einfluss erkennen; GIBBS 1992 spricht von einem „zweiten Bologneser Stil".

12.7 Madonna von Boston

Prag, Meister des Morgan-Diptychons, um 1355–60.
Tempera und Gold auf Holz, mit Leinwand überzogen; H. 8,5 cm, B. 6 cm (inkl. Rahmen).
Provenienz: London, Frederick Locker-Lampson († 1895) (?). – Berlin, Paul Bottenwieser (ca. 1929–33). – New York, Arnold Seligmann Rey and Co. (verkauft 1934).
Boston, Museum of Fine Arts, Maria Antoinette Evans Fund, Inv.-Nr. 34.1459.

Neben den beiden in der Pierpont Morgan Library aufbewahrten Tafeln (Kat.-Nr. 4.2) und der Illustration des Laus Mariae des Konrad von Haimburg (Kat.-Nr. 12.8) kann dem Meisters des Morgan-Diptychons ein kleinformatiges Täfelchen zugeschrieben werden, das auf gerade einmal 8,5 mal 6 cm die Halbfigur einer Madonna mit Kind wiedergibt. Das exquisite, jedoch schlicht gehaltene Werk, das einstmals einer hochgestellten Person zur privaten Andacht gedient haben dürfte, ist mit einem einfachen, auf rotem Poliment aufgetragenen Goldgrund versehen, der weder durch Punzierungen noch durch Gravuren strukturiert wurde. Auch auf eine Nimbierung von Maria und Jesus wurde verzichtet. Ebenso zurückhaltend gestaltete der Maler die beiden Figuren, die sich mit ihrer markanten Silhouette von dem Goldgrund abheben. Ihre Gewänder sind kaum gefältelt und mit dezenten Farben fein abgestimmt – Maria trägt einen hellblauen, grün gefütterten Mantel, Jesus ein lachsfarbenes Hemd. Auf den Meister des Morgan-Diptychons weisen vor allem das ovale Gesicht der Gottesmutter mit den weich modulierten, anmutigen Zügen, der lebhafte Gesichtsausdruck des Kindes und sein gekräuseltes Haar – Merkmale, die sich nahezu identisch in der Anbetungsszene der Morgan Library wiederfinden.

Die Darstellung auf dem Bostoner Täfelchen ist eine Miniaturversion der seit den 1340er Jahren

12.7

12.8, fol. 55v

zahlreich in Böhmen vorhandenen Gnadenmadonnen – ihr liegt mit hoher Wahrscheinlichkeit dasselbe Gnadenbild zugrunde wie der einige Jahre zuvor gemalten Madonnentafel aus dem Augustinerchorherrenstift in Glatz (Kłodzko), die vom Prager Erzbischof Ernst von Pardubitz (Arnošt z Pardubic) bestellt worden war (Staatliche Museen zu Berlin, Gemäldegalerie, Inv.-Nr. 1624). Vor allem Körperhaltung und Gestik des nach vorn gedrehten Kindes entsprechen jenen des Glatzer Bildes bis in die Details hinein, wie die nach vorn gewandte Fußsohle und das Umgreifen des Zeigefingers Mariens verdeutlichen; Maria hat ihrerseits den Unterarm in gleicher Weise unter die Achsel des Kindes gelegt, wie es durch die Glatzer Gottesmutter erfolgt. Die im Glatzer Bild vom Knaben gehaltene Schriftrolle ist hier durch ein Tuch ersetzt, dessen Zipfel Jesus ergriffen hat, während Maria das andere Ende durch ihre Finger gleiten lässt. Es ist als Anspielung auf das Leinentuch zu verstehen, auf das nach Kreuzabnahme der Leichnam Christi gelegt wird (siehe Kat.-Nr. 12.14). Das Umgreifen des Zeigefingers verweist hingegen auf die Brautschaft von Christus und Maria. Die Körperwendung und Blickrichtung von Maria und Kind ließe vermuten, dass es sich bei dem Täfelchen ebenfalls um die rechte Hälfte eines Diptychons gehandelt haben könnte. Maria hat sich – vom Betrachter aus gesehen – leicht nach links gedreht und schaut auf ihren Sohn hinab, der wiederum nach links unten blickt. Für die linke Hälfte wäre – analog zum Karlsruher Diptychon (Kat.-Nr. 12.5) oder dem einige Jahrzehnte jüngeren Diptychon aus dem Kunstmuseum in Basel – ein Schmerzensmann denkbar.

Wilfried Franzen

LITERATUR
Ausst.-Kat. London 1932, Kat.-Nr. 1. – EDGELL 1935. – MATĚJČEK 1950, 68. – Ausst.-Kat. Wien 1962, 83f., Kat.-Nr. 6 (Charles STERLING). – SCHMIDT 1969/I, 183. – Ausst.-Kat. New York 2005, 147, Kat.-Nr. 18 (Barbara Drake BOEHM / Jiří FAJT). – Ausst.-Kat. Prag 2006, 99, Kat.-Nr. 16 (Jiří FAJT). – FAJT 2016.

12.8 Laus Mariae des Konrad von Haimburg

Prag, Meister des Morgan-Diptychons, nach 1360. Pergament, Tempera und Gold; Lateinisch; kalligraphische Minuskel, Rubrikation; 170 Blatt; H. 29,4 cm, B. 20,8 cm; Einband spätgotisch, 15. Jh.: Blinddruck, Zierbeschläge, neuzeitliche Spangen; auf dem Inschriftenband der Miniatur Mariä Verkündigung (fol. 55v) Eintrag des Fälschers Václav Hanka, der den erfundenen Namen des Malers ergänzte: „hoc Sbisco de Trotina a p[inxit]"; 1966 restauriert.
Provenienz: Geschenk des Hanuš von Kolovrat an den Prager Veitsdom (1464–83; Eintrag auf fol. 1r: „Mariale ecclesie pragensis per legatum testamenti domini Johannis de Colowrat prepositi pragensis"; Vermerk auf dem hinteren Vorsatz: „liber ecclesie Sacrae pragensis"). – Václav Leopold Chlumčanský von Přestavlky (1750–vor 1830). – Vor 1830 von Chlumčanský dem Nationalmuseum in Prag geschenkt.
Prag, Národní muzeum, Bibliothek, Sign. XIV D 13.

Konrad von Haimburg (auch Hainburg; † 1360), Vizeprior des Kartäuserklosters auf der Kleinseite, stellte 1345–60 auf direkte Anregung Karls IV. und des Prager Erzbischofs Ernst von Pardubitz (amt.

12.9

1344–64) eine gekürzte Fassung der Marienlektionen und -gebete zusammen. Diese bilden den Inhalt der Handschrift Laus Mariae, wobei unklar bleibt, ob der Codex auch für einen der genannten Initiatoren entstand. Auf jeden Fall muss seine Herkunft im engsten Kreis des Kaiserhofs und der karolinischen Kanzlei unter Johann von Neumarkt gesucht werden. Dies belegen zwei ganzseitige Miniaturen, die den Text thematisch passend ergänzen: Mariä Verkündigung (fol. 55v) und Christi Opferung (fol. 34v). Sie befinden sich in einem länglichen, einfach geformten Rahmen, der durch den Schattenwurf an den Innenkanten plastisch wirkt.[1] Ihr Schöpfer nutzte also bildnerische Prinzipien, die eher in der Tafelmalerei als in der Handschriftenillumination Anwendung fanden: Außer der Rahmung und dem größeren Format gehört hierzu auch der freiere Umgang mit den Figuren im Bildraum, an dessen Aufbau sie durch ihre ungezwungenen Bewegungen und ihre markante Plastizität wesentlich beteiligt sind. Der Eindruck von räumlicher Tiefe wird bei den szenischen Darstellungen zusätzlich durch die architektonischen Elemente verstärkt – im Bild der Verkündigung durch einen Baldachinthron mit Lesepult, bei der Opferung durch einen dreischiffigen Sakralraum mit Kreuzgewölbe und hängenden Schlusssteinen. Ein aus leichter Untersicht konstruierter Raum findet sich vor allem in der Bologneser Malerei der ersten Hälfte des 14. Jahrhunderts (z. B. beim sog. Meister von 1328).[2] Die zarte raffinierte Farbpalette und die konsequente Modellierung mit Licht würde wiederum für Kontakte zur Sieneser Malerei sprechen. Auf eine intensive Rezeption italienischer Vorbilder stößt man im kaiserlichen Prag häufig, auch die Anwesenheit italienischer Künstler darf vermutet werden.

Eine bemerkenswerte Synthese italienischer und französischer Anregungen fand in Prag in der künstlerisch äußerst einflussreichen Buchmalerwerkstatt der kaiserlichen Kanzlei des Johann von Neumarkt statt. Führend war hier der Meister des Liber Viaticus, einer der wichtigsten Vertreter der Künstlergeneration, die sich aktiv an der Ausbildung jenes neuen Kaiserstils beteiligte, der nach Karls Kaiserkrönung zum prägenden Kennzeichen seiner Herrscherrepräsentation werden sollte.

An der Seite dieses Malers dürfte der Schöpfer der Laus Mariae mit größter Wahrscheinlichkeit gelernt haben. Für den europaweiten Ruhm des Prager Hofateliers sprechen nicht nur seine Vernetzungen mit den nord- und mittelitalienischen Kunstzentren, sondern auch die engen wechselseitigen Verbindungen zum Pariser Hof des französischen Königs Karl V., eines Neffen Karls IV. In Prag wurde so das französische Prinzip heimisch, die Seiten an den Rändern mit Genreszenen zu verzieren. Und umgekehrt verdankte ein in königlichen Diensten stehender Pariser Maler, der Meister des Paraments von Narbonne (Jean d'Orléans?), seine malerisch weichen, mit Licht modellierten und monumental wirkenden Figuren mit markanten Gesichtszügen und großem Volumen wohl gerade dem Prager Laus Mariae-Maler.[3] Dessen zentrale Bedeutung wird noch durch die Tatsache unterstrichen, dass er auch der Schöpfer des künstlerisch außerordentlichen Diptychons mit dem Marientod und der Anbetung der Hll. Drei Könige (sog. Morgan-Diptychon, Kat.-Nr. 4.2) war,[4] das vermutlich direkt für Kaiser Karl IV. angefertigt wurde.

Im engen Kontakt mit dem Schaffen dieser Hofmaler stand später Theoderich, ein weiterer familiaris des Kaisers, der wohl aus einem westeuropäischen Kunstzentrum – vielleicht aus Köln – nach Prag gekommen war. Persönliche Erfahrungen mit dem Prager Kaiserhof sammelte außerdem der Nürnberger Hofmaler Sebald Weinschröter, wie die auffällige

Beliebtheit bestimmter markanter Motive belegt, zu denen z. B. die Abbildung der Altarmensa mit textiler Verkleidung, Antependium und manchmal auch gemaltem Retabel gehört. Dies gilt für die Miniatur der Opferung in der Prager Handschrift Laus Mariae, wo die Mensa an der Vorderseite durch ein ornamental reich verziertes, mit Goldfäden durchwirktes Seidenantependium verdeckt wird, das an Luxusdamast italienischer Herkunft erinnert; darunter befindet sich ein weißes Altartuch aus Leinen, das mit zart gezeichnetem Ornament und farbigen Fransen verziert ist. Auf dem Altar steht ein gemaltes Triptychon mit Halbfiguren von Heiligen. Ähnliche Motive weisen auch die figürlichen Kompositionen aus Weinschröters Malwerkstatt auf, seien es die gemalten Szenen der Baldachinretabel aus der Kirche des Nürnberger Klarissenklosters (Kat.-Nr. 10.7) oder die Glasmalereien aus dem Ostchor der unweit gelegenen Spitalkirche St. Martha (Kat.-Nr. 10.13). Das künstlerisch innovative Milieu des Prager Kaiserhofs war eine gesuchte Inspirationsquelle, und die Hofmaler Karls IV. wurden zu beliebten Vorbildern für die Kollegen ihrer Generation im Heiligen Römischen Reich.

Jiří Fajt

LITERATUR
BRODSKÝ 2000, 263–265, Kat.-Nr. 247, Abb. 292. – Ausst.-Kat. Prag 2006, 99, 103, Kat.-Nr. 17 (Jiří FAJT; mit weiterer Literatur).

FUSSNOTEN
1 Dies verbindet sie mit drei ganzseitigen Miniaturen (Maria in der Demut, fol. 4v; Hl. Christophorus mit Jesuskind, fol. 5r; Hl. Gunther, fol. 5v), die nachträglich in das Brevier des Propstes Vítek aus dem Benediktinerkloster Raigern (Rajhrad) eingebunden wurden (Moravská zemská knihovna v Brně / Mährische Landesbibliothek in Brünn, Sign. R 394); ihr Schöpfer dürfte wenig später ein Maler aus dem Umkreis des kaiserlichen Hofmalers Theoerich gewesen sein. FAJT 1997/II, 316–319.
2 Zu dieser italienischen Gruppe dürfte auch das unlängst entdeckte Fragment einer lateinischen Übersetzung der Dalimil-Chronik gehören (Kat.-Nr. 3.17).
3 MEISS 1967, 131. – HILGER 1988, 60, Anm. 37.
4 Ausst.-Kat. Prag 2006, 98–102, Kat.-Nr. 15–16.

12.9 Missale des Johann von Neumarkt

Prag, Meister des Missales des Johann von Neumarkt, um 1365.
Pergament, Tempera und Blattgold; Latein; kalligraphische Minuskel (Textur); 235 Blatt; H. 44,5 cm, B. 33 cm; Originaleinband.
Enthält das Missale Romanorum für die Prager Diözese; beigefügt sind am Anfang (fol. 1r–4r) und am Ende (fol. 232v–235r) Mariengebete und -hymnen (Alanus de Insulis, Boethius) und Texte über den hl. Hieronymus (Giovanni Andree, Petrarca), eingeleitet mit Fleuronée-Initialen.
Provenienz: Johann von Neumarkt, Bischof von Olmütz (dargestellt mit Wappen auf fol. 4v). – 1593 Philipp Ernst Graf von Mansfeld. – 1784 Ankauf durch das Metropolitankapitel zu St. Veit.
Prag, Metropolitní kapitula u svatého Víta v Praze, Bibliothek, Sign. Cim 6.

Die reich verzierte Handschrift gehört zu den liturgischen Büchern, die Johann von Neumarkt (um 1310–80), gebildeter Kanzler Karls IV., Bischof von Leitomischl (Litomyšl; 1353–64) und Olmütz (Olomouc; 1364–80) sowie gewählter Bischof von Breslau (Wrocław; 1380), in Auftrag gegeben hatte. Da Kenntnisse über Karls Bibliothek fehlen, steigt die Bedeutung der Handschriften, die von Amtsträgern der kaiserlichen Kanzlei in Auftrag gegeben wurden, denn sie lassen die Meisterschaft der dortigen Maler erkennen und erlauben einen Einblick in die Werkstattpraxis des Hofateliers.

Johann von Neumarkt verbrachte den Großteil seines Lebens an der Seite Kaiser Karls IV. oder auf diplomatischen Missionen in dessen Diensten. So hielt er sich etwa im Herbst 1354 in Frankreich auf, war im April 1355 in Rom bei Karls Kaiserkrönung anwesend, verbrachte Weihnachten 1355 in Metz, assistierte im Januar 1356 bei der Verkündung der Goldenen Bulle in Nürnberg, worauf wiederum Reisen nach Metz, Aachen, Wien usw. folgten. 1373 fiel Johann jedoch aus unbekannten Gründen beim Kaiser in Ungnade und musste Prag verlassen, ohne dabei die Kanzlerwürde zu verlieren. Karl berief ihn nicht mehr in seinen Dienst zurück, und Johann musste in der Abgeschiedenheit seiner Diözese bleiben; er wurde in der Klosterkirche der Augustiner-Chorherren in Leitomischl bestattet.

Johann von Neumarkt war einer der ersten klassisch gebildeten Humanisten, ein Kenner der antiken Literatur und ein Dichter, der Cola di Rienzo (1350) und Francesco Petrarca (1354) persönlich kannte und mit ihnen in einem lebhaften Briefwechsel stand. Viele seiner literarischen Werke widmete er Karl IV., z. B. die lateinische Biografie des hl. Hieronymus, die er später ins Deutsche übersetzte, oder die deutsche Übersetzung der dem hl. Augustinus zugeschriebenen Schrift Liber soliloquiorum animae ad Deum. Auf seinen Burgen in Mürau (Mírov), Kremsier (Kroměříž) und Mödritz (Modřice) beschäftigte er Schreiber; seine Privatbibliothek vermachte er schließlich den Augustinereremiten zu St. Thomas auf der Prager Kleinseite. Der Augustinerorden stand ihm nahe: 1356 gründete er ihre Kanonie in Leitomischl, ähnlich ging er in Gewitsch (Jevíčko) vor, und 1370 bestätigte er die Stiftung des Augustinerklosters mit Spital in Mährisch-Sternberg (Šternberk) bei Olmütz.

1365 erhielt Johann von Neumarkt den Titel des „regalis capellae Bohemiae comes", der ihn in Abwesenheit des Prager Erzbischofs berechtigte, den böhmischen König zu krönen. Auf dem Höhepunkt seiner Kirchen- und Amtskarriere bestellte er das Missale und ließ es mit elf figürlichen Initialen verzieren. Den Beginn des Advent (fol. 4v) kennzeichnet die große Initiale A[d te levavi ...] mit Mariä Verkündigung, in der sich Johann auch selbst mit den bischöflichen Insignien und einem roten Buch abbilden ließ; er kniet im Gebet vor einem hohen Thron, auf dem Maria, vor einem Stehpult mit geöffnetem Buch sitzend, vom Erzengel Gabriel das versiegelte Schreiben mit Gottes Botschaft über die wundersame Empfängnis entgegennimmt. Die weiteren figürlichen Szenen des Temporale zeigen den segnenden Christus (fol. 7r), die Geburt des Herrn mit dem Kind in einer geflochtenen Krippe (fol. 18r), die gekrönte Maria mit dem Kind (fol. 30), die Anbetung der Hll. Drei Könige (fol. 32r), Christi Himmelfahrt (fol. 41r) und Auferstehung (fol. 67v), den Schmerzensmann mit den Arma Christi, die Ausgießung des Heiligen Geistes (fol. 74r) und Melchisedek als König mit Kelch (fol. 83r). Der Messkanon lässt die kanonische Kreuzigung vermissen, an deren Stelle eine Halbfigur Gottvaters mit den kaiserlichen Insignien erscheint. Das Sanktorale enthält fünf weitere figürliche Kompositionen: den Tod Mariens auf dem Sterbebett (fol. 156v), die thronende hl. Anna Selbdritt, die dem Typ des Meister Theoderich entspricht (fol. 165v), den Erzengel Michael im Kampf mit dem Drachen (fol. 172v), Christus auf einem mit gold- und purpurfarbenem Damast bezogenen Thron mit den kaiserlichen Insignien zwischen dem hl. Paulus und dem hl. Petrus (fol. 184r) sowie Karls Lieblingsheilige Katharina (fol. 192r).

Die malerische Umsetzung des Themas mit von weich fallendem Licht modellierten plastischen Figuren in eng anliegenden Gewändern, unter denen sich die Plastizität der Körperumrisse erkennen lässt, schöpft immer noch aus der Tradition der älteren, reich verzierten Handschrift des Liber Viaticus (Kat.-Nr. 12.6); dies lokalisiert den Buchmaler des Missale in der Nähe des Hauptmeisters des Prager Hofateliers. Abweichend ist jedoch die ornamentale Ausgestaltung, die gröber ausfällt und mit Vorliebe stilisierte archaische Pflanzen- und

12.10

Flechtwerkmotive nutzt. Auch die auf dem Kontrast markanter Grün-, Blau-, Altrosa-, Ocker- und Violetttöne basierende Farbigkeit hat sich verändert. Die sich lebhaft bewegenden, in den Schaft der Initiale eingeflochtenen, monochromen menschlichen Figuren wurden durch gröbere, rhythmisch stilisierte Pflanzenranken ersetzt, deren Akanthus trockener ist und die in Fantasieblüten enden. Die Hand dieses Buchmalers findet sich auch auf einigen Blättern einer weiteren bedeutenden Handschrift dieser Gruppe, des Evangeliars des Johann von Troppau (Kat.-Nr. 13.24), das 1368 in Prag von Karls Schwiegersohn Albrecht III. (1349/1350–95, 1366 mit der 8-jährigen Elisabeth von Luxemburg verlobt) als Krönungscodex der Habsburger Herzöge bestellt wurde.

Jiří Fajt

LITERATUR
Ausst.-Kat. Prag 2006, 185, Kat.-Nr. 58 (Hana J. HLAVÁČKOVÁ; mit älterer Literatur).

12.10 Antependium mit der Krönung Mariens aus der Marienkirche in Pirna

Prag, vor 1350.
Leinen, farbige Filofloßseide in Spalt- und Klosterstich; Häutchengold- und Häutchensilberfäden in Anlegetechnik und Reliefstickerei, Glasflüsse in den Heiligenscheinen fehlen; H. 95 cm, B. 339 cm.
Provenienz: Pirna, St. Marienkirche, Hochaltar.
Dresden, Staatliche Kunstsammlungen, Kunstgewerbemuseum, Inv.-Nr. 37417.

Als „eine gestickte, sehr alte Altardecke, die sich noch unter der neuern Bekleidung auf dem Altare der Stadtkirche zu Pirna befand" wird das sogenannte Pirnaer Antependium 1842 vom Sächsischen Althertumsverein gemeldet und in dessen Mitteilungen vermerkt.[1] Noch im selben Jahr übernahm der Verein die Stickerei und stellte sie in seinem Museum im Palais im Großen Garten in Dresden aus.

„Die Komposition zeigt alle Vorzüge der Malerschule des 14. Jahrhunderts, die Zartheit der Empfindung, die Weichheit der Linien, die fromme Hingebung, die edle Einfachheit in einer so vollendeten Weise, daß sie nur der Hand eines großen Künstlers entstammen kann […]. Nicht minder groß aber erscheint die Hand, welche die Vollendung und Schönheit in der allein genügenden Manier des Plattstichs bewahren und in ihre Weise übertragen konnte." So würdigte bereits 1869 treffend der Kunsthistoriker Jacob von Falke das Werk.[2] Tatsächlich liegt der besondere Reiz der Stickerei im fein nuancierten Farb- und Richtungswechsel der Seidenfäden, die selbst monochromen Farbflächen Lebendigkeit verleihen, sowie in einer differenzierten Zeichnung der einzelnen Figuren. Auch die durch ausgefallene Stickfäden sichtbare Vorzeichnung zeigt die Qualität des Entwurfs, der zur Spitzenklasse böhmischer Malerei der Zeit gegen 1350 zu zählen ist. Am nächsten steht dem Antependium die Glatzer Madonna der Staatlichen Museen zu Berlin, Gemäldegalerie (Inv.-Nr. 1624),[3] die vom ersten Prager Erzbischof Ernst von Pardubitz für das Augustinerchorherrenstift Glatz gestiftet wurde. Die reichen, in immer neuen Drapierungen variierten Gewänder mit den nicht allzu ausladenden Schüsselfalten und – vor allem bei der Krönungsgruppe – sanft schwingenden, verzierten Säumen; die perspektivischen Architekturen, z. B. die romanisierende Bogenreihe zu Füßen von Maria und Christus; nicht zuletzt der gesamte ornamentale Aufwand – dies alles bietet dieselbe Mischung aus italienischen Anregungen einer räumlich aufgefassten Architekturmalerei und der eleganten französischen Linienführung, wie sie neben der Glatzer Madonna auch den Zyklus der Tafeln aus dem Zisterzienserkloster Hohenfurth (Prag, Nationalgalerie) prägt.

Zentrales Thema des Antependiums ist die Marienkrönung unter einem breiten Bogen, der oben mit Kriechblumen besetzt ist, während unten Maßwerknasen eingehängt sind, deren Enden stilisierte Lilien bilden. Auf einer breiten, reich verzierten Thronbank mit Kissen sitzt zur Rechten Christi seine Mutter in betender Haltung. Ihr setzt er gerade die himmlische Krone auf das geneigte Haupt. Beidseits sind jeweils fünf schmalere Spitzbogenarkaden gereiht, in denen nach mittelalterlicher Leseweise Heilige einer höfischen Rangfolge entsprechend ihre Aufwartung machen. Die wichtigste Position ist die erste zur Rechten der Mittelgruppe, also vom Betrachter aus links (= heraldisch rechts), dann folgt die entsprechende Figur zur Linken der Marienkrönung, dann die zweite heraldisch rechts und so fort. So entstehen sinnvolle Paare, an erster Stelle die beiden Johannes, und zwar der Evangelist in der wichtigsten Position, zusammen mit dem Täufer, erkennbar am härenen Gewand und der Scheibe mit dem Gotteslamm. Es folgen die Apostelfürsten Petrus und Paulus mit Schlüssel und Schwert, sodann die Apostel Philippus und Jakobus der Ältere. Dass das Antependium für eine böhmische Kirche gedacht war, zeigen sodann die vier Landesheiligen des Königreichs: Bischof Adalbert von Prag und sein Pendant Prokopius, der Abt des Klosters von Sázava, auf die ganz außen der heilige Herzog Wenzel und der heilige Veit folgen. Die Heiligen wenden sich jeweils leicht der Mittelgruppe zu und sind von einer schmuckvollen Bordüre mit weiteren Medaillons mit in Halbfigur gegebenen Heiligen gerahmt, unter anderen den Märtyrern Laurentius und Sebastian sowie Nonnen und Mönchen.

Ein solches Spitzenwerk verdankt sich zum einen höchstwahrscheinlich einer führenden, professionellen Werkstatt in Prag mit engstem Bezug zum königlichen Hof, nicht der Stickwerkstatt eines Nonnenklosters; auch der Stifter muss höheren Kreisen angehört haben. Da Pirna zwischen 1294 und 1405 Teil der böhmischen Krone war, verwundert die Herkunft im Allgemeinen wenig; hingegen ist über die konkreten Stiftungsumstände und den Bestimmungsort im Grunde nichts bekannt. Über der Gruppe der Marienkrönung finden sich zwei gleiche Wappenschilde mit einander zugewandten bunten Vögeln, die offenbar auf einer Art Baumstumpf oder Ähnlichem sitzen – sicher identifiziert wurde das Motiv bisher nicht.[4]

Auch der Bestimmungsort des Stücks kann keinesfalls als völlig geklärt gelten. Die zentrale Szene zeigt ein Marienthema – so käme auch die Pirnaer Stadtpfarrkirche St. Marien, in der es schließlich

12.10 Ausschnitt aus dem Antependium mit der Krönung Marias aus der Marienkirche in Pirna • Prag, vor 1350 • Leinen, farbige Seide in Spalt- und Klosterstich, Häutchengold- und Häutchensilberfäden in Anlegetechnik und Reliefstickerei • Dresden, Staatliche Kunstsammlungen, Kunstgewerbemuseum, Inv.-Nr. 37417

entdeckt wurde, als Anbringungsort des über drei Meter breiten Textils infrage. Bisher ging man offenbar fraglos davon aus, dass die drei kleinen Mönchsdarstellungen in Medaillons der rechten Bordüre, bei deren oberer und unterer die Ordenstracht schwarze Anteile zeigt, eine Stiftung für das Pirnaer Dominikanerkloster belegten. Möglich wäre dies: Der Konvent wurde 1307 zum ersten Mal erwähnt, dürfte also kurz zuvor zusammengekommen sein. Der Bau seiner Kirche begann mit dem heute zerstörten Chor, der einfach rechteckig geschlossen war. Erhalten blieb das zweischiffige Langhaus, das erst nach der Wiederweihe als katholische Kirche im Jahre 1957 das Patrozinium des hl. Kaisers Heinrich II. erhielt; das Dachwerk wurde 1376 aufgesetzt. Aber wäre in diesem Fall nicht eine stärkere Betonung des dominikanischen Elements, z. B. unter den stehenden Heiligen, zu erwarten? Auch ist der mittlere der drei dargestellten Mönche offenbar rein weiß gekleidet. Es könnte sich also allgemein um Ordensgründer (z. B. auch der Zisterzienser) gehandelt haben. Und keinesfalls sollte man vergessen, dass König Johann von Böhmen das Patronatsrecht über die Pirnaer Stadtkirche im Jahre 1331 dem böhmischen Zisterzienserkloster Ossegg (Osek) übertrug.

Kerstin Stöver, Markus Hörsch

LITERATUR
FALKE 1869, 280. – Kunsthandwerk Dresden 1981, Nr. 225 (mit älterer Literatur). – Ausst.-Kat. St. Marienstern 1998, 179f, Kat.-Nr. 2.116 (Gisela HAASE). – WETTER 2006, 341f. – ZIMMERMANN/GROND 2011 (ohne Erwähnung des Antependiums).

FUSSNOTEN
1 Mitteilungen des Königlich-Sächsischen Vereins für Erforschung und Erhaltung vaterländischer Alterthümer 1842, 5.
2 FALKE 1869, 280.
3 KEMPERDICK 2010, 78–87.
4 Im Ausst.-Kat. St. Marienstern 1998, 179, wird eine Identifizierung mit dem Wappen der oberösterreichischen Familie „Vollkrah" vorgeschlagen. Gemeint ist die bis ins 14. Jahrhundert zurück zu führende Familie Volkra oder Volckra, die verschiedene Besitztümer in Ober- und Niederösterreich ihr Eigen nannte (so im 15. Jh. Burg Dornach im Feistritztal, später Steinabrunn), und später in den Grafenstand erhoben wurde. Ihr Wappen zeigt in einer späteren Version zwei schwarze, an einem Baumstamm mit Wurzeln sitzende Raben. Nach KUEFSTEIN 1911, 98, enthielt das ältere Familienwappen, noch 1426 von Achatius Volkra(h) geführt, nur einen Raben.

12.11 Kasel aus Rokitzan

Prag, um 1365–70.
Stoff: hellblauer Seidensamt (alt, vermutlich nicht ursprünglich); Stickerei: farbiges Seidengarn (an den meisten Stellen nicht original), Goldmetallfäden, Spaltstich, durchgezogene Anlegetechnik;
Vorderteil: H. 74 cm, B. 65 cm; Rückteil: H. 122 cm, B. 70 cm.
Provenienz: Rokitzan (Rokycany), Kirche des ehem. Augustinerchorherrenstifts, heute Dekanatskirche Maria Schnee.
Rokitzan, Röm.-kath. Dekanatsamt; seit 2012 als Leihgabe in Pilsen, Muzeum církevního umění plzeňské diecéze.

Das Augustinerchorherrenstift wurde 1361 durch den Prager Erzbischof Ernst von Pardubitz gegründet. Diese Kasel war wohl eine Schenkung seines Nachfolgers Johann Očko von Vlašim, der sich intensiv um das Rokitzaner Stift kümmerte.[1]

12.11

Die Stickkunst erlebte im luxemburgischen Böhmen einen rasanten Aufschwung. Die Stickerei auf der Kasel aus Rokitzan und die ältere Stickerei auf dem Antipendium aus Pirna (Kat.-Nr. 12.10) belegen dies in eindrucksvoller Weise. Professionelle Seidensticker (zeydenneter; krumpléři) schufen in Zusammenarbeit mit bedeutenden Malern künstlerisch und handwerklich perfekt ausgeführte Werke.[2] 1377 ist ein Hofseidensticker Karls IV. namens Kunc/Kunz in der Prager Neustadt nachgewiesen.[3] Es lässt sich nicht ausschließen, dass er mit dem um 1362 erwähnten Seidensticker Cunszmannus aus der Zeltnergasse (Celetná) in der Altstadt identisch ist.[4]

Auf das Dorsalkreuz in Y-Form sind als Hauptszenen Mariä Himmelfahrt und Krönung gestickt. Die kniende Maria ist von hinten dargestellt; sie wendet sich über die linke Seite dem Jesuskind zu. Zwei Engel mit langen, dekorativ verzierten Flügeln fassen Maria seitlich und tragen sie gen Himmel. Von unten wird sie von einem dritten Engel gestützt, der in der Gesamtkomposition zusammen mit Maria das zentrale Motiv bildet. Über dem Haupt der Madonna schwebt die von einem vierten Engel gehaltene Krone; dieser Engel wurde wohl bei einer späteren Umarbeitung der Kasel abgeschnitten.

In die untere Hälfte des Dorsalkreuzes ist die Szene Mariä Verkündigung eingestickt. Maria wird hier bereits als schwanger gezeigt (Mater gravida), ein im Umfeld des Kaiserhofs beliebtes Motiv. Ein breiter Streifen aus angelegten Goldfäden stellt einen durch den Turm scheinenden Lichtstrahl dar, auf dem die den Heiligen Geist symbolisierende Taube abgebildet ist.

Auf dem Vorderteil der Kasel sind die Stickarbeiten nur fragmentarisch erhalten. Es lassen sich die Figuren zweier Engel, der Maria mit Kind und der hl. Elisabeth identifizieren, während sich im unteren Teil eine unbekannte Heilige befindet.

Die zeichnerische Vorlage für die Stickerei steht der Werkstatt des Meisters der Kreuzigung von Hohenfurth (Vyšší Brod) nahe, und der Einfluss der Hofkunst aus dem Kreis um Meister Theoderich ist erkennbar.[5]

Im 14. Jahrhundert wurde in der Stickerei der modellierende flache Spaltstich verwendet, um die weichen Übergänge zwischen den Farbtönen der feinen Seide darzustellen. Der Hintergrund der Figuren

12.12

damaligen Zeit. Leider verwischt er die Spuren der künstlerischen Meisterschaft der mittelalterlichen Seidensticker fast vollständig.

Jana Knejfl

LITERATUR
Ausst.-Kat. Prag 2006, 188, Kat.-Nr. 61 (Jiří FAJT).

FUSSNOTEN
1 Ausst.-Kat. Prag 2006, 188, Kat.-Nr. 61 (Jiří FAJT).
2 WINTER 1906, 135f.
3 ZEMINOVÁ 1980, 21–25, 69f., bes. 69, Anm. 5.
4 WETTER 2001, 116f.
5 Ausst.-Kat. Prag 2006, 188, Kat.-Nr. 61 (Jiří FAJT).
6 PODLAHA 1934, 42f.
7 Ausst.-Kat. Prag 1895, 366.
8 ŠÁMAL 1938, 20, Abb. V.
9 Rokycany, Státní okresní archiv, Sign. 461/1.
10 KLOSOVÁ, Blanka: Zpráva o restaurování gotické kasule. Archiv restaurátorského oddělení NG v Praze. Msc. 1972.

12.12 Dorsalkreuz mit Gnadenthron, Propheten und vier Aposteln

Böhmisch, 1370–80.
Seidengarn, Goldmetallfäden auf Leinwand, Papier;
H. 103,5 cm, B. Kreuz 66 cm, B. Band 23–25 cm.
Provenienz: Krakau, Dominikanerkloster zur hl. Dreifaltigkeit.
Krakau, Konwent Świętej Trójcy OO. Dominikanów.

Das hohe künstlerische Niveau des Stickerhandwerks in Böhmen während der Luxemburger-Zeit wird nicht nur durch im Lande verbliebene Stücke, sondern auch durch exportierte wie das Krakauer Dorsalkreuz belegt, das einst zu einer nicht erhaltenen Kasel gehörte. Die Stickkunst erreichte in der zweiten Hälfte des 14. Jahrhunderts ihren Höhepunkt und die Arbeiten der Prager Werkstätten wurden auch jenseits der Grenzen des Königreichs zu gefragten Handelsartikeln.

Krakau, die traditionsreiche Metropole der polnischen Könige, war Karl IV. nicht unbekannt. Im Mai 1362 hatte dort auf dem Wawel in der Kathedrale St. Stanislaus und St. Wenzel die Hochzeit des Kaisers mit seiner vierten Gemahlin Elisabeth von Pommern stattgefunden.[1]

Der vertikale Streifen des Dorsalkreuzes ist heute in drei Felder mit figürlichen Motiven unterteilt. Jedoch ist der Streifen ungewöhnlich kurz, sodass man annehmen darf, dass er ursprünglich eher aus vier gestickten Feldern bestand. Dafür würde auch die Schnittkante ohne Abschluss sprechen, die unter der mittleren Szene mit den beiden Aposteln zu erkennen ist.

In den oberen Teil ist eine Darstellung der hl. Dreifaltigkeit vom Typ des Gnadenthrons gestickt. Der sitzende Gottvater hält Christus am Kreuz und über dem Haupt des Erlösers befindet sich die Taube des hl. Geistes. Die beiden unteren gestickten Felder werden von zwei Paaren sitzender und diskutierender Apostel ausgefüllt: Es handelt sich im ersten Fall um den hl. Simon mit einer Säge (?) und den hl. Jakobus d. Ä., der eine an einen geöffneten Fächer erinnernde Muschel emporhält; das zweite Paar bilden der hl. Petrus, der einen Schlüssel mit Kreuzprofil trägt, und der hl. Paulus mit dem Griff eines heute fehlenden Schwertes und einem Buch.

Auf dem horizontalen Arm des Kaselkreuzes sind in zwei Vierpässen Propheten in Dreiviertelfigur

wurde durch angelegte Goldfäden erschaffen, die man mit Überfangfäden befestigte und zu regelmäßigen Mustern oder wie im Hintergrund der knienden Maria auf dem Dorsalkreuz zu Wirbelrädern formte.

Die Kasel aus Rokitzan musste in späteren Jahrhunderten erhebliche Eingriffe erdulden. In der Zeit ihrer Anfertigung waren die Kaselschnitte länger und breiter, erst später wurde das Gewand um die Arme herum ausgeschnitten.[6] Diese Veränderung belegen auch die abgeschnittenen Figuren an den Rändern und der neu zusammengesetzte, bestickte Pektoralstreifen. 1895 wurde die Kasel mit dem gestickten Dorsalkreuz auf der Tschechoslowakischen Ethnographischen Ausstellung gezeigt. Der Ausstellungskatalog erwähnte bereits den sehr schlechten Zustand aller Kaseln aus der Rokitzaner Kirche.[7] In einem ähnlichen Erhaltungszustand wurde die Kasel noch 1938 auf der Ausstellung kirchlicher Stickereien in Böhmen im Prager Kunstgewerbemuseum dokumentiert, wo sie im Ausstellungskatalog mit einem Stoff aus dunkelblauer Seide mit Blumenmuster von Ende des 18. Jahrhunderts abgebildet ist.[8] 1971 findet sich anlässlich der Leihgabe von zwei Kaseln aus Rokitzan für die neue ständige Ausstellung der Nationalgalerie in Prag im Georgskloster ein Vermerk über die Restaurierung der Kasel auf Kosten der Nationalgalerie.[9] Die Restaurierung fand 1972 statt und der Restaurierungsbericht deutet auf eine grundsätzliche Umgestaltung der Kasel hin. Das Gewebe wurde gegen hellblauen Samt ausgetauscht, der nach der Entfernung des Stoffs aus dem 18. Jahrhundert erschien. Die beschädigten Stickereien, die noch eine Farbe erkennen ließen (sie wurde anhand der erhaltenen Fäden auf der Innenseite rekonstruiert), wurden mit neu gefärbter Seide ergänzt. Nur gänzlich abgestoßene Stellen wurden nicht neu aufgestickt.[10] Dieser aus heutiger Sicht völlig unannehmbare Umgang mit einem Originalobjekt entspricht dem restauratorischen Vorgehen der

12.13

mit langen eingedrehten Bärten und Haaren sowie mit Inschriftenbändern abgebildet. Die gestickten Felder mit den figürlichen Kompositionen werden von einem Goldmetallfaden gerahmt, der über eine Papierunterlage gelegt ist.

Der Stil der langen und schwingenden, weich übereinander liegenden Gewandfalten, der sich an der Unterzeichnung der Heiligen Simon, Petrus und Paulus gut beobachten lässt, ermöglicht eine Datierung dieser Arbeit in die 1370er Jahre und damit in die zeitliche Nähe solcher Werke der Malerei wie z. B. des aus Böhmen importierten, 1375 entstandenen Retabels für den Hauptaltar des Brandenburger Doms oder des etwas jüngeren Retabels in der Pfarrkirche der unweit gelegenen Stadt Rathenow, Wittumsstadt der Katharina von Luxemburg, Tochter Karls IV. und Witwe des brandenburgischen Markgrafen Otto V. aus dem Geschlecht der Wittelsbacher.[2]

Auf die Prager Stickerwerkstätten weisen neben der Verspieltheit der Gewandfaltenkomposition auch die Farbigkeit und die technische Ausführung des Hintergrundes hin, der aus gelegten, spiralförmig gedrehten Goldmetallfäden besteht. Ähnliche Vorgehensweisen und Motive finden sich beispielsweise bei zwei gestickten, länglichen Applikationen mit dem thronenden Christus als Erlöser und der gekrönten Maria mit Kind[3] oder auf der Kasel aus Rokitzan (Rokycany; vgl. Kat.-Nr. 12.11). Gerade die gelbgrünen Farbübergänge auf der Kasel aus Rokitzan stimmen auffällig mit der Ausführung der Figur des hl. Jakobus d. Ä. auf der Krakauer Stickerei überein.

Der Erhaltungszustand des Dorsalkreuzes aus Krakau ermöglicht einen Einblick in den Prozess der Vorbereitung und Entstehung eines Stickwerks. An den Stellen mit heute fehlender Stickerei ist eine lebhaft aufgetragene lavierte Unterzeichnung der drei Apostelfiguren sichtbar. Die Figur des hl. Jakobus, die mit Seidenstichen in satten Farben ohne jede Beschädigung gestickt wurde, könnte jedoch ebenso wie die Gesichter der anderen Apostel mit ihren Haaren und Vollbärten das Ergebnis eines älteren, unvollendet gebliebenen Versuchs sein, die Stickerei anhand der überlieferten Unterzeichnungen und entdeckter Gewebefasern zu restaurieren und zu ergänzen.[4] Heute würde eine solche Vorgehensweise, die den historischen Charakter des überlieferten Objekts entwertet, zu Recht kritisiert werden, da sie das Objekt verfälscht und das Studium des Erhaltungszustands als unverzichtbaren Bestandteil der konservatorischen Praxis nicht hinreichend reflektiert.

Jana Knejfl

LITERATUR
Unpubliziert.

FUSSNOTEN
1 DAVIES 1981, 98.
2 FAJT 2008/II. – FAJT 2016/II.
3 New York, The Metropolitan Museum of Art, The Cloisters Collection, Inv.-Nr. 61.16 b, c
4 Archiv der Abteilung Restauration der Nationalgalerie in Prag: KLOSOVÁ, Blanka: Zpráva o restaurování gotické kasule z Rokycan. Msc. Praha 1972. – Ein erheblicher Teil der fehlenden Stickerei wurde hier durch neue Stickerei ersetzt, wobei man die Farbigkeit anhand der gefundenen Faserreste auf der Innenseite bestimmte.

12.13 Kasel aus rotem Samt mit gestickter Kreuzigung

Prag (?), um 1365–70.
Gewebe: gemusterter Seidensamt – nicht original (Samt an Vorder- und Rückseite unterschiedlich), Italien, spätes 15. Jh.; H. 120 cm, B. 86,5 cm. – Dorsalkreuz (Rückenkreuz): Stickerei mit farbigem Seidengarn und Metallfäden, Applikation auf Leinengrundgewebe; H. 117 cm, B. Kreuzarme 76 cm, B. Streifen 20 cm. – Pektoralstab (Bruststreifen): Stickerei mit farbigem Seidengarn und Metallfäden, Applikation auf Leinengrundgewebe; H. 102 cm, B. 20,5 cm.
Provenienz: Herkunft unbekannt. – Aachen, Sammlung Franz Bock (1823–99). – 1864 für das Victoria & Albert Museum London angekauft.
London, Victoria & Albert Museum, Inv.-Nr. 1375–1864.

Die Kasel stammt aus der Kollektion des bekannten Textiliensammlers und Aachener Domherrn Franz Bock, der in Böhmen über außergewöhnlich gute Kontakte zu den höchsten kirchlichen Kreisen besonders auf der Prager Burg verfügte. Die Hauptansichtsseite (d. h. die Rückenseite) der Kasel ziert eine groß dimensionierte Kreuzigung – der zum Altar hin zelebrierende Priester wies also dem Kirchenvolk den Tod Christi am Kreuz, der die Menschheit von der Erbsünde der ersten Menschen erlöst hat. Begleitet wird die Szene von sechs Engeln. Je ein Engel fängt beidseits des Kreuzes das aus den nageldurchbohrten Handflächen Christi spritzende Blut des Erlösers in einem Kelch auf, während zwei weitere Engel das Geschehen verfolgen. Über dem Kreuz schwebt ein Vogel, der ein Band mit der Inschrift INRI in seinen

12.14

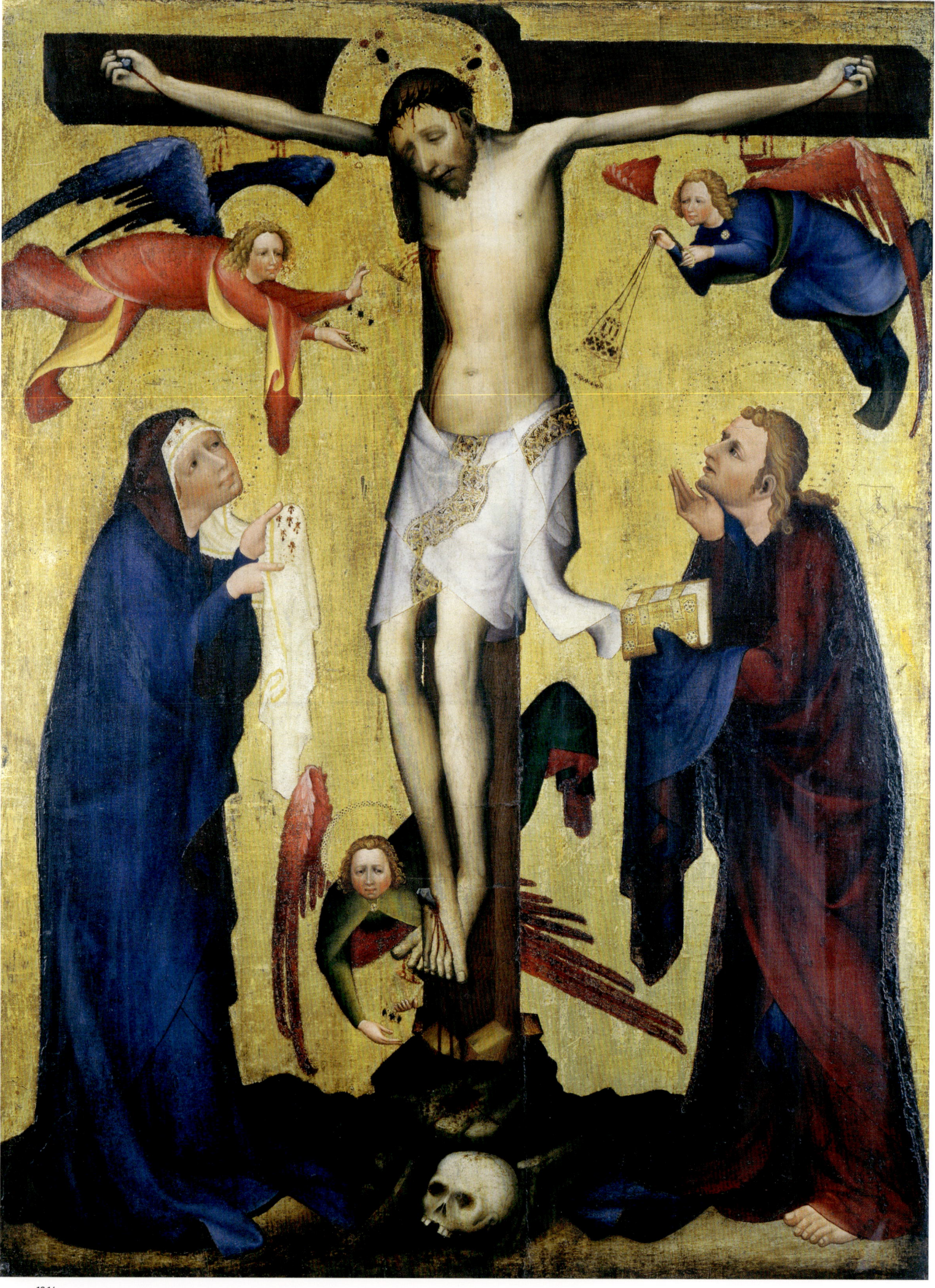

Klauen hält; es dürfte sich um den mythischen Vogel Phönix handeln, der symbolisch für den Opfertod Christi und die Erlösung der Menschheit vom Tode steht. Über ihm schweben zwei weitere Engel mit Weihrauchfässern. Unter dem Kreuz stehen Maria und der Jünger Johannes, der im Mittelalter mit dem Evangelisten gleichgesetzt wurde. Das Antlitz Christi weist ebenso wie das seines Lieblingsjüngers einen schmerzlich-expressiven Ausdruck auf; besonders das Gesicht des Erlösers erinnert an ältere mystische Darstellungen seines Opfertodes.

Auf der der weniger wichtigen Brustseite der Kasel ist unter einer einfachen Arkade zwischen zwei mit einem schmalen Band spiralförmig umwundenen Säulen Maria dargestellt. Sie trägt das Jesuskind auf dem linken Unterarm, während sie in der rechten Hand wohl einen Rosenzweig hält. Unterhalb Marias ist die hl. Barbara mit einem Kelch und einer Hostie zu sehen. Hinter dem ikonografischen Programm der Kasel steht also eindeutig das Bemühen, das Wunder der Eucharistie, die Wandlung von Brot und Wein in Leib und Blut Christi im Messopfer, sichtbar zu machen. Das auffälligste Motiv der gesamten figürlichen Komposition ist – betont durch das erwähnten Format der Figur Christi – dessen Lendenschurz, der durch die wehend abstehenden Zipfel hervorgehoben wird. Diesem Motiv begegnet man im Prag der Luxemburger auffällig oft, wie z. B. das Tafelbild der Kreuzigung aus Hohenfurth oder die Prager Kasel aus Görlitz belegen (Kat.-Nr. 12.15). Für die Herkunft des wehenden Lendenschurzes Christi aus dem unmittelbaren Umfeld des Kaiserhofs Karls IV. spricht die Zugehörigkeit dieser seltenen Reliquie zum Schatz der böhmischen Könige in der Schatzkammer der Kathedrale St. Veit. Ein Stück vom Lendenschurz des Erlösers war Karl IV. im Dezember 1368 von Papst Urban V. geschenkt worden, und bereits im April des Folgejahrs hatte man es unter die auf dem Viehmarkt gezeigten Reliquien aufgenommen. Diese Tatsache dürfte die schnelle Verbreitung des Bildtypus des Gekreuzigten mit den wehenden Schurzzipfeln bewirkt haben.

Der Maler, der die vorbereitenden Unterzeichnungen für die Kaselstickerei schuf, war sicher mit den aktuellsten Trends karolinischer Hofkunst vertraut, denn er dürfte selbst zu diesen Kreisen gehört haben. Auf jeden Fall gehörte er zu den besten Vertretern seines Fachs: Die weich modellierten Figuren mit dem betonten Körpervolumen besitzen Entsprechungen im Schaffen der Hofkünstler der ausgehenden 1350er und der 1360er Jahre. Vergleichen lassen sie sich z. B. mit den Madonnenstatuen aus Saras (Zahražany, Kat.-Nr. 12.4) oder Eger (Cheb, Kat.-Nr. 12.2) bzw. mit den Malereien aus dem Umfeld der kaiserlichen Kanzlei unter Johann von Neumarkt wie dem Laus Mariae (Kat.-Nr. 12.8) dem sog. Morgan-Diptychon (Kat.-Nr. 4.2) oder der kleinen Madonna aus Boston (Kat.-Nr. 12.7). Die Kasel dürfte also wohl von einem anspruchsvollen Auftraggeber, vermutlich einem hohen geistlichen Würdenträger mit engen Verbindungen zum höfischen Milieu bestellt worden sein, der sie für eine der führenden (Prager?) Kirchen vorgesehen hatte.

Jiří Fajt

LITERATUR
COLE 1868, 76. – WETTER 2001, 118f., 131f., Abb. 11 u. 72.

12.14 Hohenfurther Kreuzigungstafel

Prag, in Paris geschulter Maler, nach 1368.
Tempera, Öl und Gold auf Fichtenholz, mit Leinwand überzogen; H. 129,5 cm, B. 98 cm; restauriert von Bohuslav Slánský (1938) und Mojmír Hamsík (1952/53).
Provenienz: Hohenfurth (Vyšší Brod), Zisterzienserabtei, Stiftssammlungen (1867 erstmals erwähnt). – 1938 Prag, Nationalgalerie (bis 1990). – Seit 1990 Hohenfurth, Zisterzienserabtei.
Hohenfurth (Vyšší Brod), Zisterzienserabtei, Kunsthistorische Sammlungen, ohne Inv.-Nr. (Dauerleihgabe der Národní galerie v Praze).

Die Datierung der Kreuzigungstafel aus Hohenfurth ist ein wesentlicher Schlüssel für das Verständnis der Malerei im luxemburgischen Böhmen in den letzten Jahrzehnten des 14. Jahrhunderts. Ihr Schöpfer wird wahlweise als Nachfolger, Mitarbeiter oder Vorläufer des Meisters von Wittingau gesehen und bisweilen mit ihm gleichgesetzt. Offen ist, ob die Tafel einstmals den Mittelteil eines Triptychons bildete oder Teil eines größeren Retabels war. Auf welchem Weg sie in die Hohenfurther Stiftsgalerie gelangte, in der sie seit dem 19. Jahrhundert nachgewiesen ist, ist nicht bekannt. Das Bild führt dem Betrachter mit einer ebenso zurückhaltenden wie pointierten Bildsprache den Tod Christi und die eucharistische Bedeutung des Ereignisses vor Augen. Eine besondere Rolle nehmen hierbei zwei heilige Stoffe ein: der blutbefleckte Schleier Mariens (peplum cruentatum) und das (blutige) Lendentuch Christi (pannus cruentatus). Maria hat die untere Hälfte ihres Schleiers zwischen ihren Händen gespannt, um einige der Blutstropfen aufzufangen, die der Seitenwunde entströmen. Das Motiv, das auf die im Prager Domschatz aufbewahrte Reliquie des peplum cruentatum verweist (Kat.-Nr. 5.12), findet sich erstmals in einer Kreuzigungsminiatur des Breslauer Missale von 1325 (ehem. Breslau, Stadtbibliothek, R 164). Diese Miniatur wird nur wenige Jahre später in dem für die Prager Wenzelskapelle bestimmten Missale des Domkanonikers Heinrich zitiert (Prag, Knihovna národního muzea XVI B 12, fol. 42v). Noch größere Aufmerksamkeit zieht aber das leuchtend weiße Lendentuch Christi auf sich, auf welches kostbare golden-rote Borten appliziert wurden und dessen Kante zusätzlich goldbestickt ist. Mit hoher Wahrscheinlichkeit spielt die derart ausgezeichnete Textilie auf jene Reliquie an, die Papst Urban V. im Jahr 1368 Karl. IV geschenkt hatte (siehe Kat.-Nr. 5.14) und die dieser noch im selben Jahr nach Prag bringen ließ. Ebenso wie für den Marienschleier nahm man an, dass der pannus cruentatus das Blut der Seitenwunde aufgenommen habe. Obschon im Tafelbild das Blut von dort in zwei Bahnen hinab bis zur Hüfte rinnt, wird das Lendentuch aber wie üblich als unbeflecktes reines Leinentuch gezeigt.1

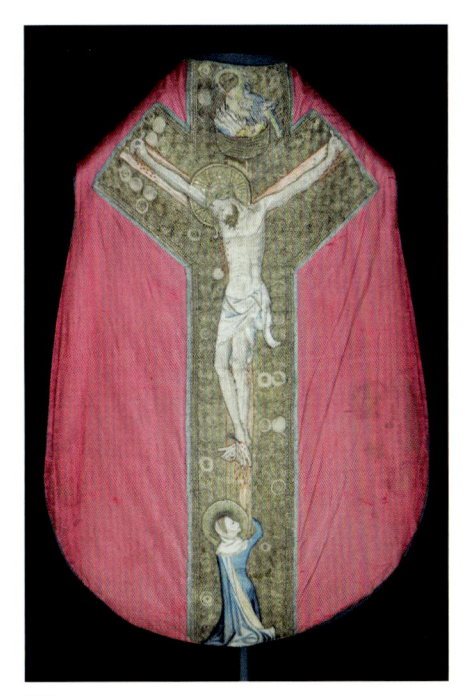

Der Klarheit des Bildaufbaus und der Bilderzählung entspricht die prägnante Gestaltung der Figuren, die sich mit einem klaren Umriss vor dem großflächigen Goldgrund abheben. Dabei weisen die Gewänder von Maria und Johannes ein bemerkenswert dunkles Kolorit auf, das die Tafel von anderen Werken des 14. Jahrhunderts aus Böhmen unterscheidet. Für einzelne Bewegungsmotive, wie den wehenden Zipfel des Lendentuchs oder den hochwehenden Mantel des zu den Füßen Christi stürzenden Engels, bedient sich der Maler eines italienischen (giottesken) Formenrepertoires. Auf italienische Vorbilder mögen auch die Kompaktheit der Figuren und die pathetische Gestik des Johannes zurückzuführen sein. In stilistischer Hinsicht kann die Tafel indes mit jenen Tendenzen der Pariser Hofkunst in Verbindung gebracht werden, die sich nach der Krönung Karls V. 1364 sowohl in der Skulptur als auch in der Malerei in unterschiedlichen Ausprägungen beobachten lassen. Die Übereinstimmungen sind derart vielfältig, dass man in dem Meister der Hohenfurther Kreuzigung einen aus Frankreich nach Böhmen gewanderten Maler sehen darf, der sich vielleicht schon um 1370 nach Prag begab. Aus ähnlichen westlichen Quellen schöpft der Meister des Wittingauer Retabels, doch dürften ihm diese zumindest teilweise über den Meister der Hohenfurther Kreuzigung vermittelt worden sein, wie die motivischen Übernahmen in seiner Kreuzigungstafel aus der Barbara-Kirche in Děbolín (Prag, Národní galerie, Inv.-Nr. O 577) andeuten.

Wilfried Franzen

LITERATUR
GRUEBER 1867, 23. – GLASER 1916, 15. – ÖTTINGER 1935, 298–301. – MATĚJČEK 1950, 105–107, Kat.-Nr. 178. – SCHMIDT 1969, 227 . – PEŠINA 1970, 229f., Nr. 314. – Ausst.-Kat. Köln 1985, 87f., Kat.-Nr. 8 (Ladislav KESNER). – PUJMANOVÁ 1995/96. – SUCKALE 2003/III, 110. – Ausst.-Kat. Prag 2006, 132f., Kat.-Nr. 36 (Jiří FAJT / Robert SUCKALE). – CHLUMSKÁ 2006, 43. – ŠRONĚK 2009, 122f. – HAMBURGER 2011, 13–15.

FUSSNOTEN
1 Auch auf jenen Bildern, die das im Aachener Domschatz verwahrte blutbefleckte Lendentuch darstellen bzw. im Kontext der Aachener Heiligtumsfahrt gestiftet wurden, ist (mehrheitlich) die symbolische Bedeutung des reinen Leinentuchs bestimmend. SEEBERG 2012, 71f.

12.15 Görlitzer Kasel

Prag, um 1380.
Stickerei: farbiges Seidengarn, Silber- und Goldfäden, leinwandbindiges Grundgewebe, montiert auf Kasel aus rotem Seidentaft (19. Jh.); Dorsalkreuz: H. 122 cm, B. 62 cm; Kasel: H. 123 cm, B. 83 cm.

12.15 / Detail

12.15 / Detail

12.16

12.16

Provenienz: Görlitz, Stadtpfarrkirche St. Peter und Paul oder Franziskanerklosterkirche.
Görlitz, Kulturhistorisches Museum, Inv.-Nr. 61-1903/c (Dauerleihgabe der Evangelischen Innenstadtgemeinde Görlitz).

Das von einer Prager Bildstickerwerkstatt geschaffene, gabelförmige Dorsalkreuz zeigt den gekreuzigten Christus im Moment seines Todes. Am Fuß des Astkreuzes kniet die trauernde Maria Magdalena, während am oberen Kreuzesende ein Pelikan, der drei Junge mit seinem eigenen Blut nährt, als Antitypus des eucharistischen Sakraments dargestellt ist. Die Seidenstickerei ist im Spalt- oder Kettstich, in Anlegetechnik mit Überfangstichen sowie im Stielstich aus verschiedenfarbigem, offenem Seidengarn gefertigt. Die Figuren wurden dabei separat hergestellt und appliziert. Die Metallstickerei ist in Anlegetechnik mit Überfangstichen aus Gold- und Silbergespinsten ausgeführt. Bei späteren Umarbeitungen wurde das Kreuz an den vier Enden beschnitten und mit einer umlaufenden grünen Borte eingefasst. In Motiv und Technik steht es dem Dorsalkreuz aus dem Benediktinerkloster Breunau (Břevnov) im Prager Kunstgewerbemuseum (Uměleckoprůmyslové museum v Praze) nahe.

Durch den teilweisen Verlust der Seidenfäden in den figürlichen Partien sowie der Metallstickerei des Hintergrunds liegt die Unterzeichnung großflächig frei, was einen aufschlussreichen Einblick in die Entwurfspraxis der Prager Bildstickerei des ausgehenden 14. Jahrhunderts gewährt. Die Christusfigur wurde auf dem Stickgrund zunächst als detailreiche Zeichnung in Schwarz und Grau angelegt, bei der die Körperkonturen, die Schatten und Volumina mit Pinsel ausgeführt sind. Auch beim Kreuz ist eine flächige rötliche Untermalung sichtbar. Diese Vorzeichnung wurde zweifellos von einem versierten Maler geschaffen und zeigt stilistische Verbindungen zu Werken der Prager Tafelmalerei der 1370er Jahre wie der Kreuzigung aus Hohenfurth (Vyšší Brod, siehe Kat.-Nr. 12.14) oder der dem Meister des Wittingauer Retabels zugeschriebenen Kreuzigungstafel aus der St. Barbarakirche zu Děbolín bei Neuhaus (Jindřichův Hradec). Für die plastischen Elemente, wie den Nimbus des Gekreuzigten, wurden kleine Pergamentstücke umstickt. Sie sind aufgrund des Verlustes einiger Stichlagen teilweise wieder sichtbar. Auch die kreisförmigen Stickereien des Hintergrunds basieren auf Unterzeichnungen, die vermutlich mit Lochpausen aufgetragen wurden.

Provenienz und Entstehungsumstände des Dorsalkreuzes sind durch Schriftquellen nicht belegt. Seit dem 19. Jahrhundert ist es im Paramentenbestand der Görlitzer Hauptkirche St. Peter und Paul nachweisbar, weswegen angenommen werden kann, dass es auch für dieses Gotteshaus gestiftet wurde. Denkbar ist gleichermaßen eine Stiftung für die Görlitzer Franziskanerkirche, deren Paramente während der Reformationszeit an den Görlitzer Rat fielen und später mit jenen der Hauptkirche vereinigt wurden. Aufgrund der hohen künstlerischen Qualität der Stickerei kann davon ausgegangen werden, dass es sich um eine Donation aus dem unmittelbaren Umfeld des Hofes Karls IV. bzw. seines jüngsten Sohnes Johann (1370–96) handelt. 1377 hatte Karl für ihn aus Teilen des zu dieser Zeit zur Krone Böhmen gehörenden Markgraftums Oberlausitz ein eigenes Herzogtum gebildet. Als Haupt- und Residenzort wurde die durch Fernhandel und Handwerk überregional bedeutende Stadt Görlitz ausgewählt. An ihrem südwestlichen Rand, unmittelbar neben dem Frauentor, begann der Bau einer Schlossanlage, die jedoch im ausgehenden 15. Jahrhundert wieder abgetragen wurde.

Stiftungen Herzog Johanns für Görlitzer Kirchen sind durch Schriftquellen im Zusammenhang mit seinen Aufenthalten am Residenzort dokumentiert. Ob das Dorsalkreuz auf seine Stiftungstätigkeit zurückgeht, ist jedoch nicht belegt. Als möglicher Stifter kommt auch Beneš von Duba in Frage, der von 1369 bis 1389 als Landvogt der Oberlausitz amtierte, als luxemburgischer Hofmeister zum Kreis der engsten Vertrauten des jungen Herzogs gehörte und mit seiner Familie im Görlitzer Vogtshof residierte. Beneš engagierte sich in den 1370er Jahren für den Bau und die Ausstattung der Görlitzer Franziskanerkirche, in deren Chor sein Sohn Jone († 1381) seine letzte Ruhestätte fand. Erst im 19. Jahrhundert wurde das Kreuz auf der Rückseite der Kasel montiert, auf deren Vorderseite ein weiteres gesticktes Dorsalkreuz (um 1450) angebracht ist.

Kai Wenzel

LITERATUR
JECHT 1910, 143. – WETTER 2001. – BÜRGER/WINZELER 2006, 29f. – Ausst.-Kat. Prag 2006, 134f., Kat.-Nr. 37 (Evelin WETTER). – WINZELER 2007, 428f.

12.16 Flügeltafel des Wittingauer Retabels mit den Aposteln Jakobus d. J., Bartholomäus und Philippus (Vorderseite) und der Auferstehung Christi (Rückseite)

Prag, Meister des Wittingauer Retabels, um 1380. Tempera und Gold auf Fichtenholz, beidseitig leinwandbezogen, H. 132,8 cm, B. 92 cm; runde Beschädigung im oberen Tafelbereich; restauriert 1962/63 von Mojmír Hamšík und Věra Frömlová. Provenienz: Wittingau (Třeboň), Augustinerchorherrenstiftskirche St. Ägidius. – Später Kapelle der Einsiedelei St. Maria Magdalena in der Wüste bei Wittingau. – 1872 Ankauf durch die Gemäldegalerie der Gesellschaft patriotischer Kunstfreunde in Prag.
Prag, Národní galerie, Inv.-Nr. O 477.

Der bisher anonym gebliebene Meister der Wittingauer Tafeln gehört zu den bedeutendsten Künstlerpersönlichkeiten der mitteleuropäischen Malerei im letzten Viertel des 14. Jahrhunderts. Seine Tätigkeit in Böhmen hat er vermutlich noch unter Karl IV. aufgenommen, doch unterscheiden sich seine schlanken eleganten Gestalten und die rhythmisch bewegte Gewandkomposition grundlegend vom vorausgehenden kaiserlichen Stil. Ein wichtiger Ausgangspunkt seiner Kunst sind die aktuellen Tendenzen in der westeuropäischen Malerei. Diese mögen ihm durch Künstler wie den Meister der Hohenfurther Kreuzigung vermittelt worden sein (siehe Kat.-Nr. 12.14), doch scheint er sie auch durch eigene Anschauung kennengelernt zu haben. Hierauf verweist u. a. die Verwendung roter Bildhintergründe, die in Böhmen zuvor unbekannt waren. Engste Verbindungen weist sein Œuvre zur Pariser Hofkunst, insbesondere zum Schaffen des Meisters des Paraments von Narbonne auf. In Prag hat der Wittingauer Meister möglicherweise einen älteren Werkstattbetrieb übernommen, wie sich aus einem maltechnischen Detail schließen lässt: Die Gestaltung des Kettengeflechts der Helmbrünnen und Ringpanzerhemden der Soldaten erfolgt mithilfe derselben halbkreisförmigen Punzen, die in dem Kreuzigungsbild aus dem Emmauskloster für die Beinlinge des Guten Hauptmanns verwendet wurden (Kat.-Nr. 9.8).

Die Tafel ist Teil ist eines größeren Ensembles, von dem sich zwei weitere, ebenfalls beidseitig bemalte Tafeln erhalten haben. Die Passionsszenen der einstigen Werktagsseite eint die Diagonale als bestimmendes Kompositionselement, wobei weder der Bergrücken der Ölbergszene noch die schräg gestellten Sarkophage bei der Grablegung und Auferstehung Raumtiefe evozieren sollen. Die jeweilige Handlung erfolgt in kargen, in dunklen Farben gehaltenen Passionslandschaften, die lediglich von einzelnen, genau beobachteten Vögeln mit Passionssymbolik (Distelfink, Dompfaff usw.) belebt werden. Gegenüber älteren Werken fehlen bei der Auferstehungsdarstellung die Marien und auch die Engel am Grabe. Das Geschehen konzentriert sich auf das Wunder der Auferstehung durch den geschlossenen und versiegelten Sarkophag. Die überirdische

12.16 / Detail

Erscheinung des Gottessohnes kontrastiert der Maler mit den differenziert geschilderten Soldaten, die er mit bedrohlich wirkenden spitzen Waffen und Rüstungen ausstattet. Die einstigen Innenseiten der Flügel zeigen Heiligenfiguren auf goldenem Grund, die in Dreiergruppen wie Statuen unter baldachinartigen steinernen Architekturen platziert wurden. Mit subtilen Mitteln führt der Maler das Betrachterauge auf der rechten Flügeltafel: Körperhaltung, Kopfdrehung und Position der Attribute rhythmisieren hier die Gruppe der drei Apostel Jakobus d. J., Bartholomäus und Philippus. Der Farbakkord variiert dabei das Blau-Rot-Grün der weiblichen Heiligen auf der gegenüberliegenden Tafel.

Die Herkunft der Tafeln aus der Einsiedelei St. Maria Magdalena bzw. der Kapelle in Domanín bei Třeboň sowie die Abbildung der beiden Heiligen Ägidius und Augustinus, welcher zudem durch ein kostbares Gewand hervorgehoben wird, lassen vermuten, dass die Tafeln ehemals für die Stiftskirche St. Ägidius der Augustiner-Chorherren in Wittingau bestimmt waren. Das Stift wurde im Jahr 1367 von den Herren von Rosenberg (Rožmberka) als „monastrum nostrum (unser Kloster)" gegründet und mit Kanonikern aus Raudnitz besiedelt. Bereits 1380 ist der Kirchenbau, wie aus dem Testament Peters II. von Rosenberg (um 1326–84) vom 4. April jenes Jahres hervorgeht, weitgehend abgeschlossen.[1] Jenes Dokument erwähnt überdies Kerzenstiftungen vor dem Hochaltar („altare maius") und vor einem Marienaltar („altare beate Virginis"). Auch wenn dies nicht zwangsläufig bedeutet, dass zum Zeitpunkt der Abfassung des Testaments bereits Retabel auf den Altarmensen standen, kann doch davon ausgegangen werden, dass zumindest das Hochaltarretabel in dieser Zeit in Auftrag gegeben wurde.[2] Sollten die verbliebenen Tafeln des Wittingauer Retabels tatsächlich vom Hochaltar der Ägidiuskirche stammen, so wäre zu fragen, wie wir uns die Gestalt jenes Altarwerks vorzustellen haben.[3] In Hinblick auf seine Funktion sollte die Möglichkeit in Betracht gezogen werden, dass das Retabel zweifach wandelbar war und damit ein weiteres, inneres Flügelpaar besessen hat. Auf dessen Außenseiten könnten u. a. die übrigen neun Apostel und auch die beiden fehlenden Kirchenväter Gregor und Ambrosius untergebracht gewesen sein, sodass sich dem Betrachter mit der ersten Wandlung eine Schar von 24 Heiligen darbot. Für die zweite Wandlung wären mariologische Darstellungen vorauszusetzen.

Das Werk des Wittingauer Meisters bildet das malerische Gegenstück zum religiösen Schrifttum des Prager Erzbischofs Johann von Jenstein (Jan z Jenštejna; amt. 1379–96), das den geistigen Boden für die Entwicklung des Schönen Stils in Böhmen bereitete. Über Erzbischof Johann, den Protektor des Raudnitzer Stiftes, könnte der Künstler auch nach Südböhmen vermittelt worden sein; denkbar ist jedoch auch, dass dies direkt über Peter II. von Rosenberg erfolgte, der als Propst der Prager Allerheiligenkapelle fungierte. Die Auftragsvergabe wäre dann dem Vorbild des Vaters gefolgt, Peters I. von Rosenberg (1291–1347), der rund 30 Jahre zuvor mit dem Meister von Hohenfurth ebenfalls einen führenden Künstler am Prager Hof mit der malerischen Ausstattung einer rosenbergischen Klostergründung betraut hatte.

Wilfried Franzen

LITERATUR
ERNST 1912, 27. – ÖTTINGER 1935. – MATĚJČEK 1937. – MATĚJČEK 1950, 89–101. – FRIEDL 1964. – HAMSÍK/FRÖMLOVÁ 1965. – SCHMIDT 1969/I, 225–230. – Ausst.-Kat. Prag 1970, 223–226 (Jaroslav PEŠINA). – PEŠINA 1972/73. – PEŠINA 1976/I, 28. – Ausst.-Kat. Köln 1978, II, 765–769 (Jaroslav PEŠINA). – BRAUER 1983. – PEŠINA 1984/I, 375–381. – FAJT 1997/I, 360–367 (Jaromír HOMOLKA). – Ausst.-Kat. Prag 2006, 502–505, Kat.-Nr. 168 (Jiří FAJT). – CHLUMSKÁ 2006, 41–44. – KOLÁŘOVÁ 2007. – KOLÁŘOVÁ 2008/09. – ROYT 2013, 90–149. – ČECHURA 215.

FUSSNOTEN
1 KREJČÍK 1949, 111–121, Anhang Nr. 9 und 10.
2 Zur Problematik jener Quelle, die bereits für 1378 einen Augustinus- und Magdalenenaltar erwähnt, KOLÁŘOVÁ 2007, 39f.
3 Den technischen Untersuchungen der Bildträger durch Mojmír Hamsík zufolge bildete keine der drei Wittingauer Tafeln mit einer der anderen eine große Flügeltafel, die später in zwei Hälften zersägt wurde. Anzunehmen ist daher, dass die Flügel des mutmaßlichen Retabels jeweils aus zwei separat gefertigten Tafeln in einem Rahmengerüst zusammengefügt wurden. Diese Vorgehensweise, die die Bemalung der recht hohen Bildträger erleichterte, ist gleichwohl erst für das 15. Jahrhundert belegt.

12.17 Kommunion- und Krankenkelch aus Sardonyx

Cuppa: östliches Mittelmeer, 4. Jh. (?); Fuß und Silberbeschlag: Prag, vor 1350.
Sardonyx (Achat), Silber, vergoldet, Email; H. 15,5 cm, B. 17,5 cm, T. 13,5 cm.
Inschrift auf dem Fuß: A[NNO] D[OMINI] • M(illesimo) CCC / L° IVBILEO / KAROLVS ROM / AN[O]RV[M] SE[M]P[ER] AV / GVST[VS] • ET BOEM / I[A]E REX • PRAGEN[SIS] / ECCL[ES]I[A] E • AD VSVS IN / FIRMORV[M] • HVC • CIPH / VM ONOCHINI / LAPIDIS • DONAVIT.
Provenienz: Seit 1350 als Geschenk König Karls IV. im Domschatz von St. Veit.
Prag, Metropolitní kapitula u svatého Víta v Praze, Domschatz, Inv.-Nr. K 19.

Der Chronist Franz von Prag hält fest, dass Karl IV. im Heiligen Jahr 1350 die Reliquien der Prager Kirchen vermehrt habe wie kein König vor ihm, namentlich um das Haupt des hl. Ignatius sowie um Gebeine mehrerer Apostel, Märtyrer und Bekenner. Um welche Heiligen es sich dabei genau handelte, muss größtenteils offen bleiben, denn die älteste Auflistung der Empfängerseite enthält schon das Heiltum, das Karl für die Krönungskirche des böhmischen Königreichs auf seiner ausgedehnten Rundreise durch den Südwesten des Reiches erworben hatte, auf der „Reliquienjagd am Oberrhein" (Wolfgang Schmid). Laut Inventar von 1354 verdankte der Veitsdom damals 28 Reliquiare samt Inhalt einer Schenkung Karls. Die Krönungsinsignien, die mitgezählt sind, hatte Karl bereits für seine eigene Krönung zum König von Böhmen, die am 2. September 1347 stattgefunden hatte, gestiftet.

Im Jubiläumsjahr 1350 hatte er der Kirche einen Kelch mit einer Kuppa aus Sardonyx überlassen, der heute noch im Prager Domschatz vorhanden ist. Am Fuß trägt er eine Inschrift, die über seine Bestimmung als Krankenkelch und seinen Stifter aufklärt. Die liturgische Funktion des wertvollen

Gefäßes erscheint im Inventar von 1354 in einer erweiterten Fassung: „Item cyphus onichinus cum pede argenteo deaurato pro infirmis et pro communicantibus in parascevem deputatus, quem idem rex donavit [Onyxkelch mit Fuß aus vergoldetem Silber, für Kranke und für die Kommunikanten am Karfreitag bestimmt, welchen derselbe König stiftete]."

Als Kuppa des Kelchs dient eine Schale aus einem von weißen und braunen Bändern durchzogenen Achat („Sardonyx"), der bis zur Transparenz ausgehöhlt wurde. Die dünne Wandung wird außen und innen durch einen reliefierten Eierstabfries gliedert, doch entsprechen die zwölf Rippen des äußeren Dekors nicht denen des inneren. Auch fehlen die Pfeilspitzen, weshalb das Motiv eher an eine Godronierung erinnert. Aus diesen Gründen und weil die Bogenscheitel des äußeren Eierstabs nicht alle auf einer Ebene liegen, ist eine Datierung in die Spätantike wahrscheinlicher als in die Zeit der makedonischen Renaissance. Vergleichbare Hartsteingefäße, seien sie nun antiken oder byzantinischen Ursprungs, haben im mittelalterlichen Europa wegen der kräftigen roten Farbe des Materials Assoziationen an das von Christus und den Märtyrern vergossene Blut geweckt und wurden einem entsprechenden sakralen Zweck zugeführt. Insbesondere ist hierbei an Trinkgefäße wie den sog. Adalbertskelch in Gnesen (Gniezno) oder die sog. Wolfgangsschale in Regensburg zu denken. Zum Kelch wurde die Prager Achatschale von einer Werkstatt umgerüstet, die unter anderem 1352 im königlichen Auftrag den neuen Fuß des Reichskreuzes schuf. Die Fassung aus vergoldetem Silber besteht aus einem Lippenrand, der mittels vier Spangen am Kelchfuß verankert ist. In der Verlängerung der Spangen liegen am Fuß je zwei emaillierte Wappenschilde mit dem Reichsadler und dem böhmischen Löwen auf.

Christian Forster

LITERATUR
PODLAHA/ŠITTLER 1903, 21, 291f. und Taf. 64. – ŠITTLER/PODLAHA 1903, 146–148, Nr. 194, und S. IV. – FRITZ 1982, 222, Abb. 259. – Ausst.-Kat. Venedig 1994, 147, Kat.-Nr. 11 (Daniel ALCOUFFE). – Ausst.-Kat. Prag 2006, 155f., Kat.-Nr. 44 (Karel OTAVSKÝ). – OTAVSKÝ 2010, 200 und Abb. 9. – KODIŠOVÁ 2013.

12.18 Großer Sardonyx-Kelch mit Perlen und Medaillons

Konstantinopel, E. 10./A. 11. Jh.
Sardonyx (Achat), Silber, vergoldet, Cloisonné-Email, Glassteine über farbigen Metallfolien, Perlen;
H. 20,5 cm, Dm. 13 cm.
Inschriften (Medaillons): Ο Α(ΓΙΟC) ΙΩ(ΑΝΝΗC) Ο Θ(ΕΟΛΟΓΟC), Ο Α(ΓΙΟC) ΗΑΚWΒ(ΟC), Ο Α(ΓΙΟC) ΒΑΡΘWΛ(ΟΜΑΙΟC), Ο Α(ΓΙΟC) CΗΜ(ΩΝ).
Venedig, Basilica di San Marco, Museo di San Marco, Inv.-Nr. 50.

Der griechische Messkelch wurde vermutlich beim 4. Kreuzzug 1204 in Konstantinopel erbeutet und nach Venedig gebracht. Im Schatz von San Marco befindet er sich heute noch in Gesellschaft von neun weiteren Kelchen mit Sardonyx-Cuppa, dazu kommen neun weitere Gefäße anderer Typen aus dem gleichen Material.[1]

Als Sardonyx wird eine Varietät von Chalzedon bezeichnet, die aus braunen und weißen Lagen besteht. Seit der Antike wird der Stein bevorzugt für Kameen herangezogen, weil ein Schnitt entlang der Lagen die farbige Trennung von erhabenem Relief und Hintergrund ermöglicht. Antike und byzantinische Gefäßschneider schätzten das Material wiederum, weil sich eine unruhig gemusterte Oberfläche erzeugen lässt, wenn man den Stein gegen die Lagen aushöhlt.

Die Fassung besteht hier aus einem breiten Reif um den Kelchrand, einem schmaleren Reif, in dem der abgeflachte Boden der halbrunden Cuppa ruht, und aus Scharnierbändern, die beide verbinden. Von den acht emaillierten Medaillons der Randfassung ist nur noch das Brustbild Johannes des Evangelisten erhalten, während noch drei der vier Verbindungsbänder ihren Emailschmuck besitzen (Brustbilder der Apostel Jakobus, Simon und Bartholomäus). Gliedernde Borten bestehen aus silbernen Perlschnüren und Perlenleisten. Schmucksteine aus Glas füllen die Flächen, die nicht von Medaillons besetzt sind; am Rand sind sie zu einem fünfteiligen Muster arrangiert. Auf dem Anlauf des Fußes liegt zwischen metallenen Perlenleisten eine weitere Dekorzone, in der sechs von Perlschnüren eingefasste, heute leere Medaillonfelder mit Schmucksteinen wechseln. Ikonografie und Stiftungsumstände zweier stilistisch eng verwandter Kelchfassungen legen nahe, dass die Gruppe ursprünglich in den kaiserlichen Palastkirchen Konstantinopels in Gebrauch war.[2]

Christian Forster

LITERATUR
BRAUN 1932, 47, 78, 82–84 und Taf. 8, Abb. 23. – GRABAR 1966), 45–51. – HAHNLOSER 1971, 64, Nr. 50 mit Taf. XLIX (André GRABAR). – FRAZER 1984, 118f. – Ausst.-Kat. Köln 1984, 175, Kat.-Nr. 16a (Margaret E. FRAZER).

FUSSNOTEN
1 HAHNLOSER 1971, 58–68, 70–81, Kat.-Nr. 40–45, 47, 49–51, 56f., 59f., 62, 87f., 90f. (André GRABAR).
2 HAHNLOSER 1971, 58f., 63f. Nr. 40, 49 (André GRABAR).

12.19 Amethystschale in Vierpassform

Prag, 3. V. 14. Jh.; nachträglich überarbeitet.
Amethyst; H. 4 cm, B. 10,9 cm.
Provenienz: Seit 1875 Wien, Kaiserliche Weltliche Schatzkammer.
Wien, Kunsthistorisches Museum, Kunstkammer, Inv.-Nr. 1990.

Die Verwendung von Amethyst für die kleine Schale, deren Ausbuchtungen in der Draufsicht einen gotischen Vierpass ergeben, weist in die Zeit Karls IV., doch dürfte das Stück später überarbeitet und nachpoliert worden sein. Als nachträgliche Veränderung (15. und/oder 16. Jahrhundert) dürfen die kreis- und linsenförmigen Ausnehmungen an der Außenseite der Passwandungen und die Profilierung des Fußes gelten.[1] Zwischen Schale und Fuß vermittelt ein scheibenförmiges Zwischenglied. Der Fuß ist einfach gestuft, wobei die Stufen jeweils das Profil eines Spitzwulstes ausbilden. Die Grate, die im glatt polierten Inneren die Auswölbungen voneinander trennen, sind verhältnismäßig flach.

Schalen, die durch mehrere Buckel gegliedert sind, hat man in Byzanz im 10. und 11. Jahrhundert aus Sardonyx hergestellt.[2] Im Spätmittelalter entstanden auch in West- und Mitteleuropa aus mehreren Pässen gebildete Hartsteingefäße, doch keines der wenigen aus dem 14./15. Jahrhundert erhaltenen Stücke besitzt vier fast halbrund ausgeführte Ausbuchtungen wie das Wiener Schälchen.[3] Ein wohl im 12. Jahrhundert aus einem sehr weichen Stein hergestelltes Schiffchen in Form eines Achtpasses diente in Venedig seit dem 14. Jahrhundert zur Aufbewahrung von Weihrauch.[4] Das einzige Amethystgefäß, das schon im ersten Prager Domschatzinventar von 1354 Erwähnung findet, ist ebenfalls ein Weihrauchbehälter.[5] Es könnte mit dem erhaltenen Schälchen identisch sein.

Christian Forster

LITERATUR
Katalog Wien 1964, 15, Nr. 38 (Hermann FILLITZ). – Ausst.-Kat. Prag 2006, 256–260, Kat.-Nr. 93.b (Barbara Drake BOEHM).

FUSSNOTEN
1 Für wertvolle Hinweise hierzu sei Franz Kirchweger und Paulus Rainer in Wien aufrichtig gedankt.
2 Beispiele in Ausst.-Kat. Venedig 1984, 300f. (Daniel ALCOUFFE).
3 HAHNLOSER/BRUGGER-KOCH 1981, 216f., Nr. 447f. – ALCOUFFE 2001, 136f., Kat.-Nr. 40. – Ausst.-Kat. Paris 2004, 191f., Kat.-Nr. 109 (Daniel ALCOUFFE).
4 Ausst.-Kat. Venedig 1984, 300–305, Kat.-Nr. 42 (Daniel ALCOUFFE / Danielle GABORIT-CHOPIN).
5 PODLAHA/ŠITTLER 1903/I, IX, Nr. 302: „Vasculum amatistinum pro deportatione thuriss".

12.20 Jaspisschale mit Fuß

Prag, um 1370.
Jaspis; Silber, vergoldet, getrieben, gegossen, graviert; H. 18,7 cm, Dm. 27 cm.
Provenienz: Nach 1583 Prag, Kunstkammer Kaiser Rudolfs II. – 1596 Schloss Ambras bei Innsbruck, Kunstkammer Erzherzog Ferdinands II. – Seit 1806 Wien, Kaiserliche Weltliche Schatzkammer.
Wien, Kunsthistorisches Museum, Kunstkammer, Inv.-Nr. 6699.

Die glatt polierte, ausladende Schale steht auf einem kräftigen, runden, bis auf ein Durchbruchdekor aus stehenden Vierpässen an der Zarge schmucklosen Fuß. Das Motiv, mit dem die Fassung des Schalenrandes verziert ist, ein Fries aus schraffierten Dreiecken und herzförmigen Blättern im Wechsel, findet sich auch an einer aus Maserholz gefertigten Trinkschale wieder, die 1384 datiert ist.[1] Die Schale besteht aus dem gleichen Material wie die Inkrustationen der Marienkapelle und der Heiligkreuzkapelle auf Burg Karlstein sowie der Wenzelskapelle des Prager Veitsdoms, einem Trümmerjaspis von roter bis rotbrauner Farbe, dessen brekziöse Struktur den zahllosen, zum Teil winzigen weißen und farblosen Quarzeinschlüssen zu verdanken ist.

Ungeheure Mengen solcher Steine wurden unter Karl IV. für diese später nie wieder angewandte Art von Wandverkleidungen geschürft, gesägt und poliert. Als alleiniger Fundort gilt heute Ciboušov (bei Klášterec nad Ohří).[2] Aus den von Chalcedon bis Amethyst reichenden Quarzbildungen wurden auch kostbare Gefäße geschliffen. Entdeckt wurde der Quarzgang wahrscheinlich zufällig bei der Prospektion auf Erz-Lagerstätten. Ob man zuerst Gefäße aus dem Material schnitt oder sofort sein Potential für die Gestaltung von Innenräumen erkannte, lässt sich nicht sagen. Antike und byzantinische Achatgefäße waren bekannt und regten zur Nachahmung an. Im Gefäßschnitt dürften böhmische Werkstätten nicht gänzlich unerfahren gewesen sein, auch wenn sich heute nicht mehr als zwei Pyxiden im Schatz des Klosters St. Marienstern anführen lassen, die im ausgehenden 13. Jahrhundert aus einem intensiv roten Jaspis unbekannter Provenienz gearbeitet wurden.[3] Die Inkrustation von polygonalen Formaten in einem vergoldetem Gipsgrund hatte hingegen kein Vorbild. Der Sakralraum im Kleinen Karlsteiner Turm, der als erstes eine Ausstattung mit Jaspis- und Amethyst-Plättchen erhielt, war die 1357 geweihte Marienkapelle. Die erste Ausstattungsphase umfasste aber auch Wandmalereien, die nachträglich, aber nicht vollständig, mit Jaspisplatten überdeckt wurden. Diese zweite Phase, bei der die Auskleidung dann über die gesamte Wandfläche bis in die Schildwände ausgriff, begannt wohl 1362, als die Kapelle als Schatzkammer genutzt wurde.[4]

Erst Kaiser Rudolf II. (* 1552, reg. 1576–1612) entwickelte wieder ein vergleichbares Interesse an den Edelsteinen Böhmens. Von ihm erhielt Erzherzog Ferdinand II. (Statthalter von Tirol 1564–95) die Schale für seine Ambraser Sammlung.[5]

Christian Forster

LITERATUR
Ausst.-Kat. Nürnberg 1978, 73, Kat.-Nr. 66 (Günther SCHIEDLAUSKY). – FRITZ 1982, 236, Nr. 363. – HAHNLOSER/BRUGGER-KOCH 1985, 203, Nr. 405. – Ausst.-Kat. Wien 2002, 54–56, Kat.-Nr. 12 (Rudolf DISTELBERGER). – Ausst.-Kat. Prag 2006, 256–260, Kat.-Nr. 93.e (Barbara Drake BOEHM).

FUSSNOTEN
1 Berlin, Kunstgewerbemuseum, Inv.-Nr. 30/63. Ausst.-Kat. Nürnberg 1978, 73f., Kat.-Nr. 67 (Günther SCHIEDLAUSKY).
2 KUDRNÁČ 1985. – MAREK 1985. – SKŘIVÁNEK/BAUER/RYKL 1985.
3 WINZELER 2011, 197–199, Kat.-Nr. II.9; 224f., Kat.-Nr. II.17.
4 Baugeschichte nach FAJT 2009/I.
5 Inventar der Ambraser Kunstkammer (1596), hg. von BOEHEIM 1888, CCXXX: „Ain geschirr, geformiert wie ain schüszl, von jaspis, das füessl mit gold eingefasst; kombt von der Römisch kais. maj. etc. Ruedolpho dem Anndern".

12.21 Amethystbecher

Prag, 2. H. 14. Jh.
Amethyst, Jaspis; H. 11,5 cm, Dm. 9,5 cm.
Provenienz: 1683 Ankauf durch König Ludwig XIV. von Frankreich. – Seit 1796 Musée du Louvre.
Paris, Musée du Louvre, Département des Objets d'art, Inv.-Nr. OA 2042.

Der neunseitig facettierte Becher besteht überwiegend aus Amethyst, enthält aber auch weißes Quarz und wird von schmalen Jaspisbändern durchzogen. Der Amethyst zeigt wegen seiner in verschiedene Richtungen gewachsenen, unterschiedlich großen Kristalle alle Abstufungen von weiß zu violett. Das Gefäß verjüngt sich zum polygonalen Fuß hin, jedoch nicht konisch, sondern in einer leichten Wölbung. Vielleicht besaß der Becher ursprünglich eine Fassung, die später zu Geld gemacht und nicht wieder ersetzt wurde. Aus den mittelalterlichen Schatzinventaren geht aber hervor, dass man generell auch ungefasste Steingefäße schätzte, auf Vorrat hielt und weiterverschenkte. Form und Größe sind typisch für ein profanes Trinkgefäß.

Bislang fehlt jeder Hinweis darauf, dass im 14. und 15. Jahrhundert ein anderes Amethyst-Vorkommen als dasjenige am südlichen Erzgebirgsabbruch zur Herstellung von Hohlschliffgefäßen genutzt worden wäre. So bleibt nur der unter Karl IV. entdeckte und weidlich ausgebeutete Fundort Ciboušov, was für Amethystgefäße, die als mittelalterliche Arbeiten erkennbar sind, zur Folge hat, dass sie aus böhmischen, das heißt Prager Werkstätten stammen müssen. Noch im Inventar des französischen Dauphins von 1363 sind keine Schatzobjekte aus Amethyst verzeichnet, was die Annahme stützt, dass derlei erst später aus Prag bezogen wurde. Der Staatsbesuch, der Karl gegen Ende seines Lebens 1378 nach Frankreich führte, wäre für den Thronfolger eine Gelegenheit zum Erwerb gewesen. Erstaunlicherweise konnte man schon wenige Jahre später, um 1400, Objekte aus diesem Material bei Pariser Händlern erwerben.[1]

Die Vorgeschichte des Pariser Amethystbechers, den König Ludwig XIV. über den Kunstmarkt bezogen hat, ist unbekannt.[2]

Christian Forster

LITERATUR
Ausst.-Kat. Paris 1981, 216f., Kat.-Nr. 176 (Daniel ALCOUFFE). – HAHNLOSER/BRUGGER-KOCH (1985), 171f., Nr. 312.

12.21

12.22

FUSSNOTEN
1 Laut Schatzinventar von 1413 hatte der Herzog von Berry 1403 in Paris zwei Amethystvasen erstanden. Ausst.-Kat. Paris 2004, 192, Kat.-Nr. 110 (Daniel ALCOUFFE).
2 CASTELLUCCIO 2002, 46 mit Fig. 39.

12.22 Elfkantiges Deckelgefäß aus Amethyst mit reicher Fassung

Steinschnitt: Prag, 1360–70; Fassung: Mitteleuropa, E. 14./A. 15. Jh.
Amethyst, Jaspis, Silber, vergoldet, graviert, punziert, getrieben; Schale: H. 5,5 cm, Dm. 8,8 cm; gesamt: H. 13,8 cm, B. 14,3 cm.
Provenienz: Seit 1586–87 Dresden, kurfürstlicher Besitz. – Seit 1640 Dresden, kurfürstliche Sammlung im Grünen Gewölbe.
Dresden, Staatliche Kunstsammlungen, Grünes Gewölbe, Inv.-Nr. IV 343.

Die bauchige, elfseitig facettierte Schale aus Amethyst und Jaspis mit angearbeitetem senkrechten Griff wird von ihrer überreichen Fassung beinahe erdrückt: Der Fuß mit hohem Sockel, der polygonale, kuppelige Deckel, die beide verbindenden Scharnierspangen – sie sind mit Dekor regelrecht überladen. Ein deftig-erotisches Figurenprogramm macht deutlich, dass das Gefäß, einmal gefasst, für den weltlichen Gebrauch bestimmt war: Auf sprungbereiten Löwen, die von den Nasen zwischen den sechs Pässen des Fußes ausgehen, reiten nackte Männer und Frauen. In ihren Rücken lauern schweinsköpfige Drachen.

Das Löwenmotiv kehrt an der Fassung des trapezförmigen Griffs wieder. Auf dessen sphärisch gekrümmter Kante sind zwei Löwenpaare angebracht, die mit ihren Vorderpfoten je ein Herz halten. Auf den oberen beiden Löwen sitzen erneut ein nackter Mann und eine nackte Frau rittlings, doch verkehrt herum, so dass sie mit einer Hand den Schwanz ihres Reittieres ergreifen können. Den Deckel zieren elf pralle Fruchtkörper, aus denen Stängel und Blüten wachsen; ösenartig eingerollte Blattspitzen sind mit rotem Email gefüllt. Wegen der turbanartigen Kopfbedeckungen der Frauen wird die Datierung des Gefäßes oder zumindest seiner Fassung in die Mitte oder das Ende des 15. Jahrhunderts gerückt.[1] Zwar scheint tatsächlich die Haubenmode des ausgehenden 15. Jahrhunderts vorweggenommen zu werden, doch stehen die Löwenreiter(innen) ihrer Nacktheit wegen dem Figurentypus der „Wilden Leute" inhaltlich näher als christlichen deutschen Bürgern. Daher dürften hier mit den Wickelhauben Assoziationen an den Orient oder andere exotische Weltgegenden beabsichtigt gewesen sein. Für die Datierung ist eine Entscheidung zwischen dem ausgehenden 14. und dem 15. Jahrhundert nicht leicht zu treffen, auch nicht auf Grundlage der Maßwerkformen. Der Vierpassfries der Zarge ist durchweg gebräuchlich, ebenso der Versuch, dessen Einzelformen sphärisch zu verzerren. Erschwert wird die Einordnung durch die stellenweise grobe Ausführung und durch kaum überzeugende Formfindungen wie die Interpretation eines Anthemionfrieses, der vom Deckelrand herabhängt.

Als das Gefäß 1640 inventarisiert wurde, war auf dem Auszug des Deckels noch das sächsische Wappen zu sehen: „1 Alt Antiquitetisch Trinckgeschirr [...], der deckel [...] oben mit einer blatten darauf das Sächßische Wappen mit Rautten Krantz gestochen".[2] Die Schale war demnach für ein Mitglied der kurfürstlichen Familie gefasst worden. Der geschliffene Edelstein selbst hatte Sachsen, vielleicht als Geschenk Karls IV. und vielleicht über Umwege, aus Böhmen erreicht.

Das grüne Gewölbe in Dresden verfügt über eine beträchtliche Anzahl von Gefäßen aus sächsischen Hartgesteinen. Schon 1445 hatte der Kurfürst eine Schürfkonzession vergeben, doch eine landesweite Prospektion nach Marmoren und Schmucksteinen setzte erst im ausgehenden 16. Jahrhundert ein.[3] Aus dem Mittelalter stammende Gefäße aus Bergkristall, Achat und Amethyst besitzt die Sammlung jedoch nur wenige und es sind keine sächsischen darunter. Lange Zeit wurde vermutet, dass die Amethyst führenden Quarzgänge des Müglitztals (bei Glashütte) den Rohstoff für solche Stücke geliefert hatten, die aufgrund ihres Typs oder ihrer Fassung in das 14. Jahrhundert datiert werden müssen. Erst 1985 führten tschechoslowakische Archäologen, Geologen und Mineralogen den Nachweis, dass das Material vom südlichen Abfall des Erzgebirges stammt.[4] Das sächsische Vorkommen wurde erst 1721 entdeckt.[5]

Christian Forster

LITERATUR
SPONSEL 1921, S. 128f. – SPONSEL 1925–32, Bd. 1 (1925), 78 und Taf. 2. – HOLZHAUSEN 1966, IL zu Taf. 7. – FRITZ 1982, 236, Nr. 360. – HAHNLOSER/BRUGGER-KOCH 1985, 212, Nr. 435. – Ausst.-Kat. Prag 2006, 256–260, Kat.-Nr. 93.h (Barbara Drake BOEHM). – SYNDRAM/KAPPEL/WEINHOLD 2006, 28 (Dirk SYNDRAM). – MARX 2014, 609, zu Nr. 2279.

FUSSNOTEN
1 Die knappen Einschätzungen von SPONSEL 1925, I, 78. – HOLZHAUSEN 1966, IL. – HAHNLOSER/BRUGGER-KOCH 1985, 212, sind nach wie vor Stand der Forschung. Als Herstellungsregion gilt meist Flandern oder Burgund. Für eine Fassung des 14. Jahrhunderts spricht sich allein FRITZ 1982, 236 aus.
2 Inventar 1640, fol. 388r. Nach MARX 2014, 325.
3 QUELLMALZ/RIEDEL 1990, bes. 26–47.
4 KUDRNÁČ 1985. – SKŘIVÁNEK/BAUER/RYKL 1985. – MAREK 1985.
5 QUELLMALZ/RIEDEL 1990, 64–73. – THALHEIM 1998, 20f.

13 ✸ Das Heilige Römische Reich – Anhänger und Opposition

(...) die feierliche Wahl des Römischen Königs und künftigen Kaisers in der Stadt Frankfurt (am Main), die erste Krönung in Aachen und in der Stadt Nürnberg sein erster Reichstag (...)

Karl IV. in der Goldenen Bulle, dem Reichsgesetzbuch, Nürnberg 1356

Er wäre ein großer Kaiser geworden, wenn er sich um das Reich so gekümmert hätte, wie er es um Böhmen tat.

Enea Silvio Piccolomini, italienischer Humanist und Geschichtsschreiber, ab 1458 Papst Pius II., Historia Bohemica, 1457–58

Karls Wahl zum Gegenkönig stieß im Reich auf beträchtlichen Widerstand. Diese widrige Situation änderte sich zwar nach dem unverhofften Tod des Wittelsbacher-Kaisers Ludwig langsam, doch gab dessen Partei nicht auf. Um die Machtverhältnisse umzukehren, zettelte sie im Januar 1349 die Wahl des Gegenkönigs Günther von Schwarzburg an, der jedoch seine Fähigkeiten überschätzte: Binnen vier Monaten hatte Karl dessen Heer in alle Winde zerstreut und ihn zur Abdankung gezwungen. Günther starb kurz darauf, und Karl reiste am 19. Juni 1349 zu dessen Begräbnis nach Frankfurt, um vor den versammelten Kurfürsten und Reichsständen die Großmut des Siegers zu demonstrieren und die Legitimität seiner Ansprüche auf den Thron des römischen K.nigs zu bekräftigen.

Karl IV. erreichte seine Ziele mit Bedacht, indem er geduldig den für ihn günstigsten Moment abwartete, doch er zögerte nicht, sein Heer einzusetzen, wenn es nötig war. Als weiser Herrscher war er sich aber bewusst, dass Frieden in einem territorial und politisch zersplitterten Reich nur mittels einer Rechtsordnung zu sichern war. 1356 ließ er in Nürnberg und Metz die Goldene Bulle verkünden – ein bis zum Untergang des Heiligen Römischen Reichs im Jahr 1806 gültiges Gesetzwerk. Dieses beschnitt den Einfluss des Papstes auf die Vorgänge im Reich, setzte klare Regeln für die Wahl der römisch-deutschen Könige und für den Bestätigungsprozess der Kaiserkandidaten. Die Wahl (Kür) des neuen Königs durch die sieben Kurfürsten sollte in Frankfurt am Main stattfinden, der gewählte König dann am Grab Karls des Großen im Kaiserdom zu Aachen gekrönt werden, und der erste Reichstag eines jeden Herrschers war in Nürnberg vorgesehen.

Karl IV. brachte nach der Kaiserkrönung mehr Zeit im Reich zu und widmete sich dessen Angelegenheiten. Schon bald gelang es ihm, das großflächige und territorial zersplitterte Heilige Römische Reich durch ein System zentralistisch gelenkter persönlicher Kontakte zu beherrschen. Dabei stützte er sich vorwiegend auf den hohen Klerus: Vom Papst ließ er sich die Möglichkeit bestätigen, über die Besetzung wichtiger Kirchenämter zu entscheiden; seine Leute in der Landes- und Kirchenverwaltung, die aus dem großen Kreis seiner Ratgeber und fähigsten Diplomaten stammten, handelten im Namen des Kaisers und trugen so zur Verbreitung seines Ruhms bei.

Auch in Fragen der Kunstrepräsentation folgten seine Anhänger dem Beispiel der kaiserlichen Kunst: Sie orderten Kunstwerke für oft entlegene Residenzen entweder direkt bei Karls Hofkünstlern, riefen diese an ihre Höfe oder suchten wenigstens solche Künstler aus, deren Werke der kaiserlichen Kunst möglichst nahekamen.

Straßburg, Westfassade des Münsters zu Unserer Lieben Frau, deren Bau nach einer nicht erhaltenen Inschrift über der Tür des Mittelportals am 25. Mai 1277 von dem Baumeister und Steinmetz Erwin von Steinbach begonnen wurde • Bildarchiv Foto Marburg, Foto Nr. 856 040

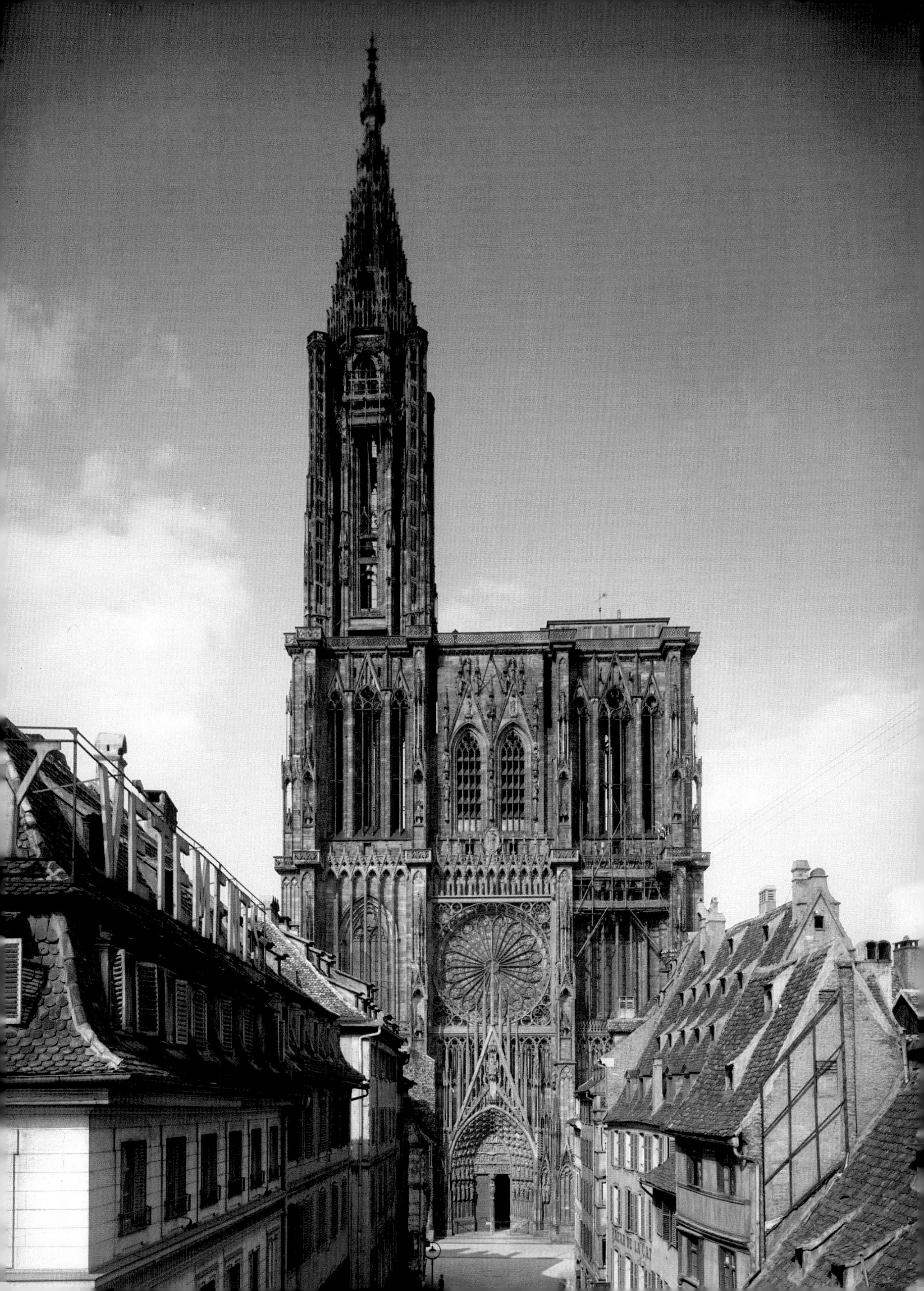

13 ✷

An den Wirkungsstätten von Prälaten oder Landesbeamten, denen Kaiser Karl IV. zu ihrem Amt verholfen hatte, ist also die Existenz kaiserlicher Kunst zu erwarten, und umgekehrt steht dort, wo man kaiserliche Kunst entdeckt, oft ein Vertrauter Karls hinter der Bestellung. Und während man in den böhmischen Kronländern eher Prager Kunst antrifft, sei es in Form von Importen oder als Werke aus Böhmen zugezogener Künstler, ist es in den historischen Reichsgebieten eher Nürnberg, auf das sich die Blicke der kunstliebenden Reichseliten richteten.

Dem Beispiel des Kaiserhofs folgten auch die Habsburger, besonders Rudolf IV. (reg. 1358–65), Karls Schwiegersohn und gleichzeitig sein ehrgeiziger Konkurrent im Kampf um die Reichskrone. Für Rudolf war der kaiserliche Schwiegervater ein großes Vorbild, dessen Taten er nachahmte, ja zu übertrumpfen suchte. Im Bann seiner unbezähmbaren Ambitionen ließ Rudolf allerdings Urkunden über die Altehrwürdigkeit seines Geschlechts fälschen, prahlte illegitim mit Kaiserinsignien und hegte Pläne für den Sturz seines Schwiegervaters. Er suchte Karl zu einem direkten Konflikt zu provozieren: „Jugendlicher Leichtsinn oder falsche Einflüsterungen haben meinen Schwiegersohn vom Weg der Vernunft abgebracht und angesichts der großen Unbill, die er mir zugefügt hat, schwanke ich zwischen der erwarteten Nachsicht eines Vaters und der schrecklichen Gerechtigkeit eines gestrengen Richters", kommentierte Karl IV. 1360 die Familienkrise, die er schließlich mit diplomatischen Mitteln beilegen konnte.

Karls kaiserliche Kunst beherrschte freilich nicht das ganze Reich. Dies belegt etwa die künstlerische Repräsentation des einflussreichen Erzbischofs von Trier, Kuno von Falkenstein (amt. 1362–88), der sich vom Kaiser politisch distanzierte und diesen Umstand auch durch eine programmatisch abweichende Kunstdiktion demonstrierte.

Jiří Fajt

Südliches Portal an der Westfassade des Liebfrauenmünsters in Straßburg mit dem Jüngsten Gericht im Tympanon sowie den klugen und den törichten Jungfrauen im Gewände, Ende 13. Jh. • Fotografie von Lala Aufsberg (1907–76) • Bildarchiv Foto Marburg, Foto Nr. 856 040

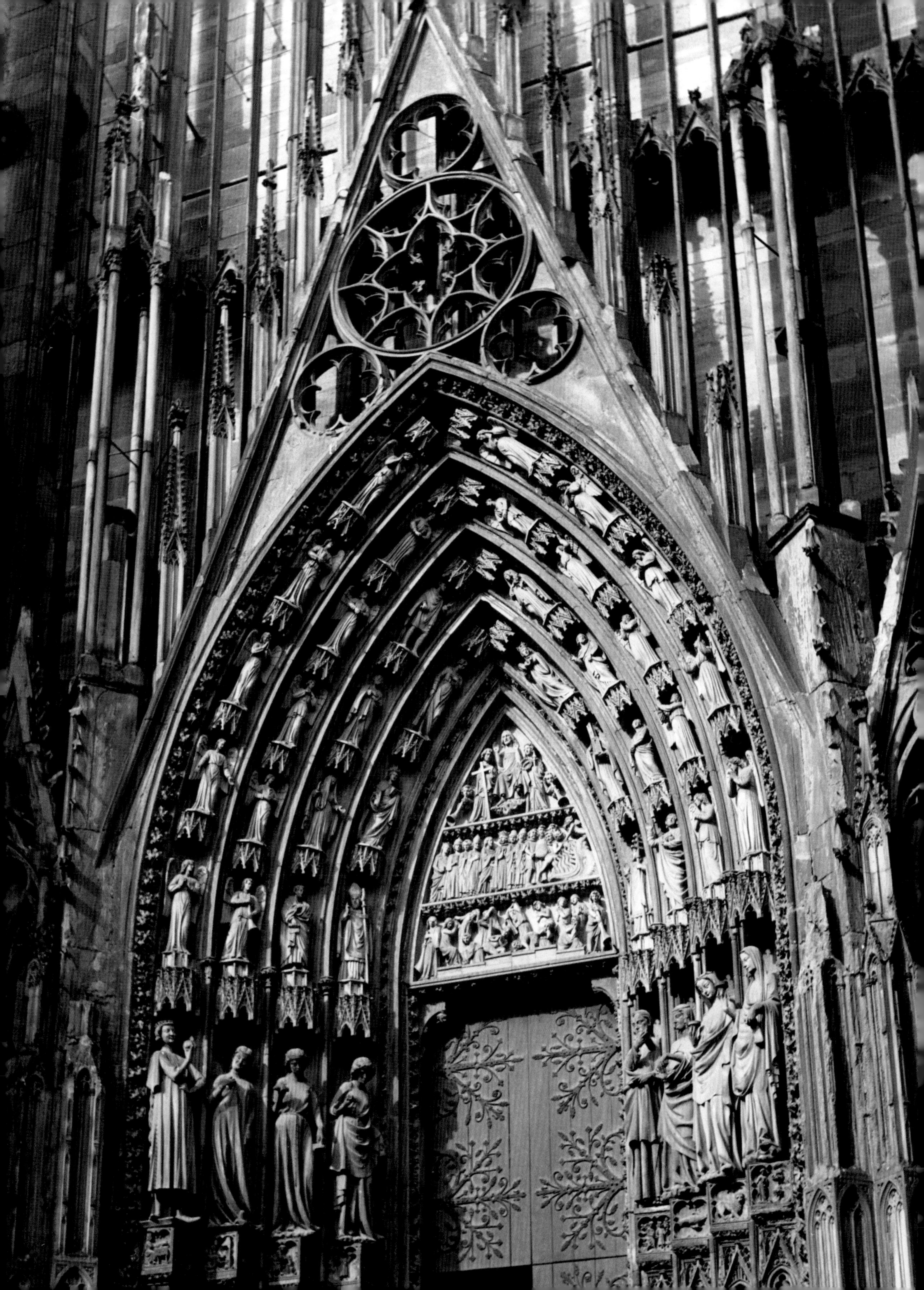

Katalog 13.1–13.27

13.1.a–g Die Goldene Bulle Kaiser Karls IV. von 1356

a. Kurpfälzer Exemlar mit Goldbulle
Prag, 1356.
Pergament; 24 Blatt, Pergamentfutteral; H. 24,5 cm, B. 18,5 cm; Bulle Gold.
München, Bayerisches Hauptstaatsarchiv, Kurpfalz Urkunden 1.
Nur in Prag ausgestellt.

b. Abschrift der Goldenen Bulle Karls IV.
Prag, A. 15. Jh.
Pergament; 134 Blatt; H. 13,5 cm, B. 10 cm; Originaleinband.
Prag, Národní muzeum, Bibliothek, Sign. VIII G 21.
Nur in Prag ausgestellt.

c. Abschrift in der Schrift Cronicae et acta Caroli Quarti et regni Bohemiae concernentia, Pantheon Godefridi Viterbiensis
Prag, 1. Drittel 15. Jh.
Papier; 384 Blatt, Text der Goldenen Bulle fol. 171b–185b; H. 29 cm, B. 21 cm.
Prag, Národní knihovna České republiky, Sign. I C 24.
Nur in Prag ausgestellt.

d. Abschrift in der Schrift Sbírka zemských privilegií a státních listin z doby
Prag, 14.–15. Jh.
Papier; 120 Blatt, Text der Goldenen Bulle fol. 52v–79r; H. 22 cm, B. 15,5 cm
Prag, Národní muzeum, Bibliothek, Sign. VI F 12.
Nur in Prag ausgestellt.

e. Auszug in der Schrift Neuberský sborník práv městských
Prag, um 1510.
Papier; 207 Blatt, Text der Goldenen Bulle fol. 29r–33r; H. 21,5 cm, B. 16 cm.
Prag, Knihovna Národního muzea, Sign. V E 43.
Nur in Prag ausgestellt.

f. Nürnberger Exemplar mit Wachssiegel
Pergament; H. 21,5 cm, B. 15,5 cm.
Nürnberg, Staatsarchiv, Sign. 338 a.
Nur in Nürnberg ausgestellt.

g. Handschrift mit Abschrift der Goldenen Bulle
Bayerisch-schwäbisch, 1450–52.
Papier; Bastarda; Text der Goldenen Bulle fol. Ir–45r; H. 21 cm, B. 16/32 cm.
Provenienz: Landsberg/Lech, Jesuitenkolleg (17. Jh.). – 1807–89 Albert Gräfle, großherzoglich-badischer Hofmaler, München.
Nürnberg, Germanisches Nationalmuseum, Hs 35458.
Nur in Nürnberg ausgestellt.

Das umfangreiche Gesetzeswerk zur Regelung der Königswahl, das wegen seiner Besiegelung mit dem Kurztitel „Goldene Bulle" bezeichnet wird, ist auf zwei feierlichen Hoftagen Karls IV. ausgehandelt worden: in Nürnberg zwischen dem 25. November 1355 und dem 13. Januar 1356, und in Metz vom 17. November 1356 bis zum 7. Januar 1357. Die Publikation der beiden Teile erfolgte am 10. Januar und am 25. Dezember 1356. Der Nürnberger umfasste 23 Kapitel, denen am Jahresende in Metz weitere acht hinzugefügt wurden. Der Text beginnt mit einem Vorgebet, dem ein Verzeichnis der ersten 21 Nürnberger Kapitel und das Proömium in feierlicher Urkundenform folgt. Vorgebet und Proömium geben der gesamten Kodifikation eine rhetorisch geformte Einleitung, die Aussagen zur Herrschaftsauffassung und zum Selbstverständnis des Kaisers trifft. Bereits im Vorgebet gibt sich Karl IV. als verantwortlich für den gesamten Text der Goldenen Bulle zu erkennen. Im Proömium erläutert er seine Absicht: Wegen der Kaiserwürde und weil er selbst ein Königswähler sei („tam ex imperio quam electionis iure"), möchte er die Einigkeit der Kurfürsten sowie eine einmütige Wahl herbeiführen.

Einen vom Kaiser erlassenen Text mit legislativem Anspruch in diesem Umfang hat es im Römisch-deutschen Reich des Mittelalters weder vor 1356 noch danach wieder gegeben. Allein die schriftliche Fixierung so umfangreicher Regelungen war ein Vorgang, der mehr Rechtssicherheit erzeugte. Dazu schuf die Goldene Bulle Fakten von dauerhafter Wirkung, wie ihre Rezeption mit dem langen Weg vom Privileg für einige Wähler zum Reichsgrundgesetz zeigt. Wirklich Neues brachte sie nur im Detail. Ansonsten war sie in vielem eine Zusammenstellung längst anerkannter Normen und Gewohnheitsrechte, gewachsen seit den staufischen Konstitutionen und den Rechtsspiegeln bis in die Zeit von Karls Vorgänger Ludwig IV., aus der Wesentliches stillschweigend in den Text einging. Das Anliegen zielte auf die Mitte der Herrschaftsordnung: die bisher oft mit Zwiespalt und Krieg verbundene Kür eines neuen Königs und zukünftigen Kaisers. Dieses Problem wurde so überzeugend gelöst, dass das Ergebnis mit nur geringfügigen Änderungen bis zum Ende des sacrum Romanum imperium im Jahre 1806 Bestand hatte. Außerdem sicherte die Goldene Bulle die Vorrechte der Kurfürsten, entwickelte ein ausgefeiltes Szenario für Hoftage, Prozessionen und Belehnungen, versuchte Fehden und Verschwörungen einzudämmen und trug Sorge um die Sprachkenntnisse der heranwachsenden Königswähler. Die Endredaktion des Textes nahm die Kanzlei Karls IV. vor, auf dessen Initiative und unter dessen Legitimität und Autorität verbürgendem Namen alles geschah. Mit dem Erwerb der Kaiserwürde zu Ostern 1355 in Rom hatte er die Befugnis zum Erlass von Gesetzen in der Nachfolge der antiken Imperatoren erworben. Gelingen konnte dieser gesetzgeberische Akt aber nur im Zusammenwirken mit den Kurfürsten, vor allem der rheinischen, und unter angemessener Einbindung anderer wichtiger Fürsten. So spiegeln sich im Text auch deren Interessen wider. Das politisch-diplomatische Geschick, die widerstreitenden Handlungsträger gleichzeitig an einem Ort zusammenzubringen sowie Konkurrenten fernzuhalten, und das intellektuelle Vermögen, zu erkennen, was das Zeitgemäße und Mögliche war, sind gleichwohl Karls IV. persönlicher Beitrag.

Michael Lindner

EDITION
Die Goldene Bulle vom 10. Januar und 25. Dezember 1356. In: FRITZ 1992, 535–633.

LITERATUR
Ausst.-Kat. Nürnberg 1978, 129 (zu Exemplar b). – KURRAS 1980, 64f. (zu Exemplar c). – HOHENSEE/LAWO/LINDNER u. a. 2009.

13.2 Türzieher vom Hauptportal des Lübecker Rathauses: Der König im Kreis der Kurfürsten

Lübeck, wohl Metallgießerwerkstatt Hans Apengeter, um 1350.
Bronze, gegossen; H. 64 cm, B. 63 cm.
Provenienz: Lübeck, Rathaus.
Lübeck, Die Lübecker Museen, St.-Annen-Museum, Inv.-Nr. 1978-13.

Das Lübecker Rathaus ist wie viele mittelalterliche Rathäuser ein komplexes, im Laufe der Jahrhunderte angewachsenes Konglomerat, das wachsende Verwaltungs- und Repräsentationsbedürfnisse spiegelt. Allerdings entstand hinter der dem 13. Jahrhundert entstammenden „Schildwand", die noch heute den Nordtrakt zum Markt hin dominiert, 1344–52 ein völliger Neubau aus zwei parallelen Flügeln um einen Innenhof. Nach einem Brand 1358 wurde dieser wiederhergestellt. Vom Haupteingang stammt der berühmte Beschlag, der in seiner allgemeinen

13.1.a

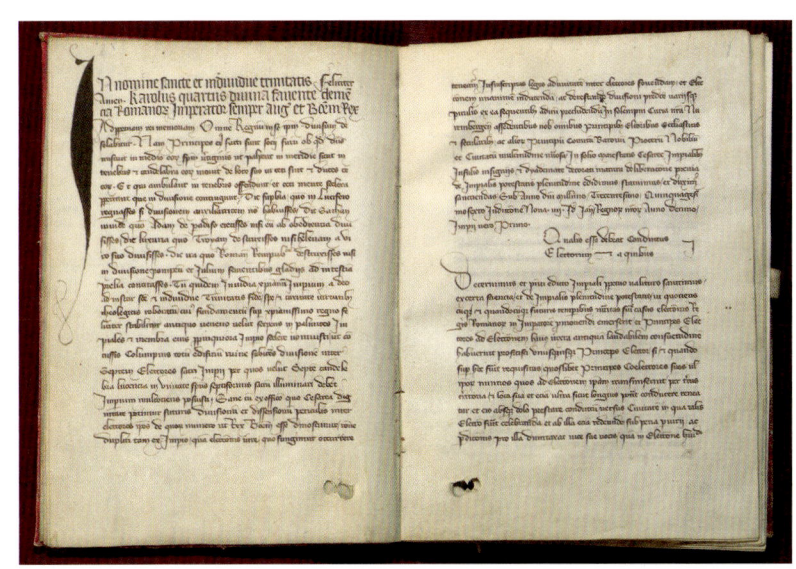

13.1.b (Miniaturen) 13.1.g, fol. 3v -4r

Stilhaltung noch der Kunst der ersten Hälfte des 14. Jahrhunderts verpflichtet ist.

Er zeigt die Träger der Macht des Heiligen Römischen Reichs in acht Medaillons, zwischen denen Weinreben mit Trauben und Blättern ranken: Im Zentrum, durch seine Größe herausgehoben, der römisch-deutsche König auf einer breiten Thronbank, mit den herrscherlichen Attributen der Reifenkrone mit Lilienendungen, dem Lilienszepter und dem kreuzbekrönten Reichsapfel. Eine kaiserliche Bügelkrone ist nicht dargestellt, man kann also davon ausgehen, dass hier nicht mehr der 1347 verstorbene Kaiser Ludwig IV., aber auch nicht Karl IV. nach seiner Kaiserkrönung 1355 gemeint ist. Zudem fehlt jene Individualisierung, wie man sie in der späteren Regierungszeit Karls erwarten dürfte, der 1375 Lübeck besuchte.

Schematisiert sind auch die Kurfürsten, deren ranghöchster im obersten Medaillon gezeigt wird: Der König von Böhmen mit dem Wappen des doppelt geschwänzten Löwen und dem nach oben gerichteten Richtschwert. Interessanterweise trägt selbst er keine Königskrone und die übrigen weltlichen Kurfürsten sind sogar barhäuptig dargestellt. Heraldisch rechts (also vom Betrachter aus links) und somit übergeordnet folgen in absteigender Reihe die drei geistlichen Kurfürsten, die durch Mitra und Hirtenstab ausgezeichneten Erzbischöfe von Trier, Köln und Mainz; heraldisch links die bärtigen weltlichen Kurfürsten, der Pfalzgraf bei Rhein, der Kurfürst

13 ∗ Das Heilige Römische Reich – Anhänger und Opposition 519

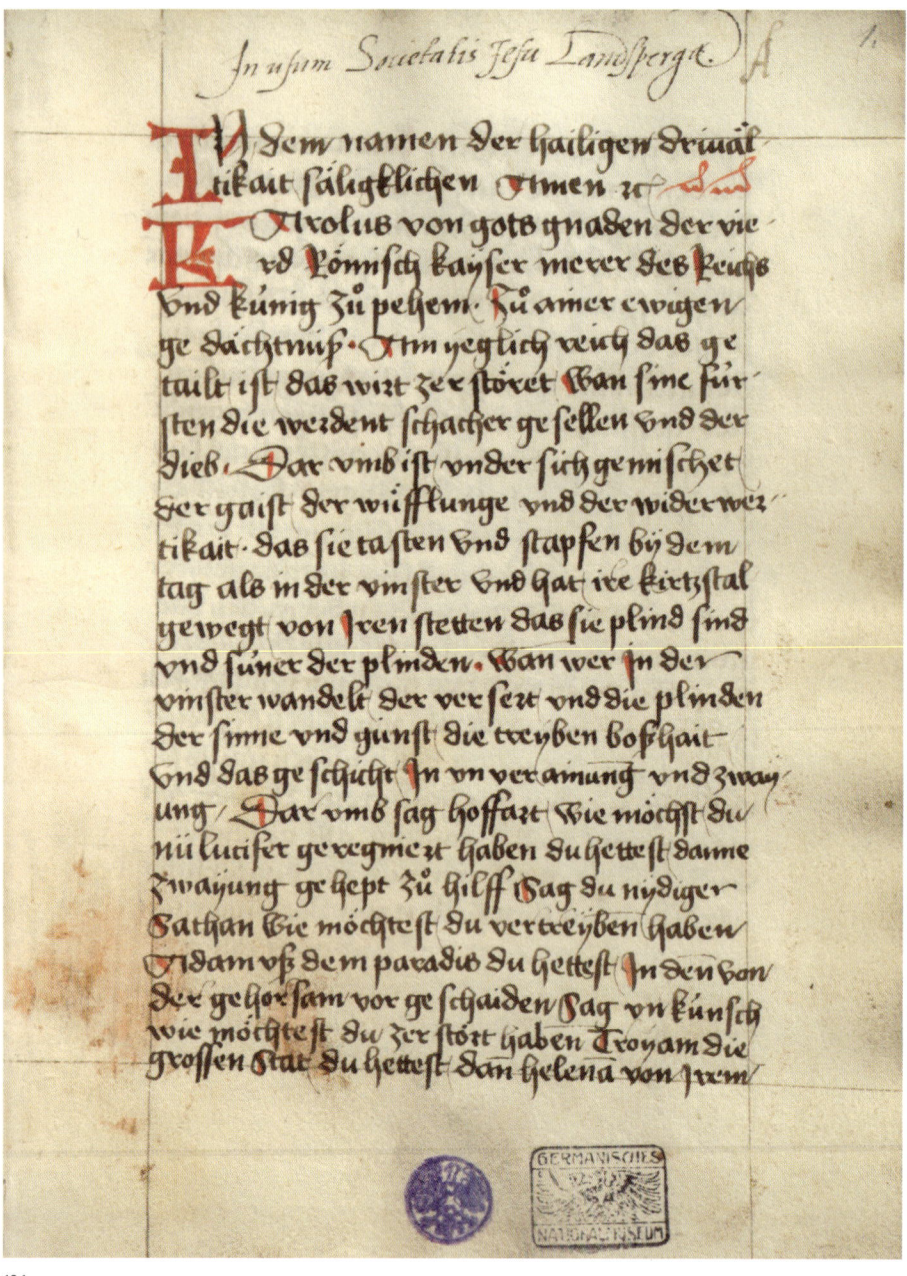

13.1.g

13.1.f

von Sachsen und der Markgraf von Brandenburg, wiederum jeder mit dem Richtschwert. Dies ist die durch den sog. Kurverein von Rhens am 16. Juli 1338 bestimmte Gruppe der Königswähler, deren Mitglieder Kaiser Karl IV. 1356 in der Goldenen Bulle endgültig festlegen würde. Der Akt von Rhens unterstrich, wenngleich zunächst vor allem die Position Kaiser Ludwigs IV. gestützt werden sollte, die generelle Unabhängigkeit eines römisch-deutschen Königs von jeglicher durch den Papst beanspruchten Approbation. Der Rat der Reichsstadt Lübeck wiederum unterstrich mit diesem repräsentativen Bildwerk seine nur dem Reich und dessen Regierung verpflichtete Stellung.

Dass die Entstehung des Reliefs in die Frühzeit der Herrschaft des Luxemburgers Karl IV. zu datieren ist, zeigt sich an der Stellung und dem Wappen des Kurfürsten von Trier. Er steht hierarchisch an zweithöchster Stelle, direkt neben dem König von Böhmen; eine Stellung, die eigentlich nur dadurch zu begründen ist, dass der Großonkel des neuen Königs, Balduin von Luxemburg, das Amt des Kurfürst-Erzbischofs innehatte. Dass sich Entwerfer und Hersteller des Reliefs auf genaue Vorgaben stützen konnte, zeigt auch dessen Wappen: Es enthält anstelle des eigentlich im Kurfürstentum Trier geführten roten Kreuzes das Gotteslamm, d. h. das Wappen der Reichsabtei Prüm/Eifel. Diese war in der Regierungszeit Balduins 1347–54 mit dem Kurfürstentum vereinigt.

Die Forschung vermutet den Guss des Türbeschlags wohl zu Recht in der Werkstatt des Jan Apengeter, der 1332 von der Witwe eines Gelbgießers (= niederdt. Apengeter) eine „fabrica" in Lübeck erwarb und nachweislich bis 1344 hier ansässig war. Er verewigte sich 1337 auf dem Taufbecken der Marienkirche: „Vergip alle Missetat / deme di dit Vat gemaket hat / Hans Apengeter was he genannt / und was geboren van Sassenland". Vermutlich ist er deshalb mit dem ähnlich signierenden Gießer „Hans von Halberstadt", der 1350 noch auf einer Glocke in Hildesheim greifbar ist, identisch.

Markus Hörsch

LITERATUR
THIEME/BECKER II (1908), 27. – GIESEN 1940. – RASMUSSEN 1974. – Ausst.-Kat. Köln 1978, II, 52 (Max HASSE). – WITTSTOCK 1981, 299, Kat.-Nr. 297. – ERDMANN 1987, 281ff., Kat.-Nr. 64. – Ausst.-Kat. Magdeburg 2006, Kat.-Nr. V.37 (Ursula MENDE). – HOLST 2010. – Ausst.-Kat. Regensburg 2014, 250, Kat.-Nr. 5.16 (Barbara SIX).

13.3 Marienkrönung – Schranktüren aus der Stiftskirche St. Bartholomäus in Frankfurt am Main

Johann Schilder von Bamberg, geschult in Nürnberg, um 1370–vor 1382.
Öltempera und Gold auf Holz; H. 168 cm,
B. 65–66 cm, T. 3 cm.
Provenienz: Frankfurt/M., Stiftskirche St. Bartholomäus, Chornordwand, Schranktüren einer Sakramentsnische.
Frankfurt am Main, Stadt Frankfurt am Main, Dezernat III – Finanzen, Beteiligungen und Kirchen, Dommuseum, ohne Inv.-Nr.

Ursprünglich dienten die beiden Tafeln als Schranktüren, die eine in die Chorwand eingelassene Sakramentsnische verschlossen.[1] Während die Außenseiten braun gehalten waren, bildeten die figürlichen Malereien die Türinnenflächen, die bei geöffnetem Zustand die Nische wie einen Retabelschrein flankierten. Dargestellt ist das Thema der Marienkrönung mit Christus, der die ihm gegenüber thronende Muttergottes in den Himmel aufnimmt und als seine königliche Braut segnet, während diese ihre Krone von einem herabschwebenden Engel empfängt. Musizierende Engel zu beiden Seiten Marias begleiten die feierliche Zeremonie und deuten den Schauplatz als himmlische Sphäre an. Nach mittelalterlichem Verständnis wurde Maria als symbolische Verkörperung der Kirche und die Marienkrönung als Analogie zur Himmlischen Hochzeit von Christus mit Ecclesia aufgefasst. Damit bezieht sich dieses Bild des Triumphes der Kirche unmittelbar auf die eucharistische Funktion des Schrankes, nämlich die Aufbewahrung des Allerheiligsten – der konsekrierten, in den Leib Christi gewandelten Hostien nach der Messfeier.

13.2

Im Unterschied zu anderen Darstellungen dieses Themas gab der Maler hier die Figuren jedoch getrennt voneinander auf zwei separaten Tafeln wieder, ohne die Illusion zu vermitteln, beide Figuren würden wie sonst üblich auf einer gemeinsamen Thronbank sitzen.

Nach den jüngsten Untersuchungen hat das Frankfurter Kollegiatkapitel dafür den Bamberger Maler Johann Schilder beauftragt, der mit dem Stil des Nürnberger Hofkünstlers Karls IV., Sebald Weinschröter, bestens vertraut war.[2] Nicht nur ähnliche stilistische Charakteristika, man vergleiche z. B. die Kopftypen und Physiognomien sowie die Komposition der Gewänder mit der Marienkrönung auf dessen Baldachinretabel (Kat.-Nr. 10.7), sondern auch die Übernahme einzelner Motive, wie etwa der beiden musizierenden Engel oder der herabschwebenden Engel vom Retabel in St. Jakobi, zeigen die Vorbildwirkung von Weinschröters Werken. Die etwas unbeholfene Ausführung auf den Frankfurter Schranktüren lässt allerdings eher an die Arbeit eines Werkstattmitarbeiters denken, der, beeindruckt vom Nürnberger Meister, dessen kreativen Dekorationsreichtum durch eine überladene Verzierung der Throne sowie Schablonenmuster auf Gewändern und Hintergrund nachzuahmen versuchte.

Interessant ist dabei, dass sich das Kapitel der Wahlkirche der Römischen Könige in der Reichsstadt Frankfurt am Main für die Ausschmückung seines Chores eines Malers bediente, der den kaiserlichen Hofstil vertrat und sich damit offensichtlich auf den Kaiser bezog.

Jenny Wischnewsky

LITERATUR
FAJT 2016/I (im Druck, noch ohne Paginierung).

FUSSNOTEN
1 Die Nische wurde Ende des 19. Jahrhunderts teilweise zugemauert. Davor sind heute die Schranktüren mit ihrer Malereiseite nach vorn gesetzt. Beschädigungen weisen die Tafeln vor allem im oberen Bereich auf.
2 Nach einer urkundlichen Bestätigung des Johann Schilder von Bamberg, Bürger aus Oppenheim, von 1382 hatte dieser vor vielen Jahren dem Frankfurter Kapitel ein Altarretabel verkauft. Vermutlich war er mit der gesamten Neuausstattung des Chores betraut. Dazu ausführlich FAJT 2016/I.

13.4 Reliquiar mit einem Splitter des hl. Kreuzes, gestiftet von Siegfried zum Paradies

Mittelrhein, um 1370; der Stifter Siegfried zum Paradies amtierte als Reichsschultheiß in Frankfurt 1366–72.
Silber, teilvergoldet, Glas, Edelsteine, Süßwasserperlen, Email, grüne und rote Metallfolie; H. 33 cm, B. 16 cm, Fuß Dm. 11,5 cm.
Inschrift unter dem Fuß: „sifrit + zw + paradise + scholtcis + zv + frankenfort". – Außerdem: „Les [?]".
Provenienz: Frankfurt/M., Liebfrauenstift, Geschenk des Siegfried zum Paradies (bis 1917). – Frankfurt/M., Röm.-kath. Kirchengemeinde St. Antonius.
Frankfurt/M., Dommuseum, Haus am Dom, Sakristeum (Leihgabe der Röm.-kath. Kirchengemeinde St. Antonius), ohne Inv.-Nr.

Bereits durch seine Form zeigt das filigran gearbeitete und äußerst kostbare Reliquiar an, welche Reliquie in seinem Inneren verborgen liegt: Ein Splitter des Kreuzes, der im Nimbus Christi verborgen liegt.

13.3

13.4

Das Kreuz selbst ist durch aus dem Stamm wachsende, verschiedenfarbige Perlen, die als Früchte des lignum vitae (Lebensholzes) zu interpretieren sind, prachtvoll verziert. Es steht auf einem kleinen, mit zierlichen Maßwerkfenstern durchbrochenen Rundbau, in dem eine grüne Glaskapsel eingeschlossen ist. Der als unregelmäßiger Achtpass aus Fischblasen und spitzwinkligen Pässen bestehende Fuß des Reliquiars ist mit farbigen Grubenschmelzarbeiten verziert. Während die Fischblasen Fabelwesen zeigen, tragen die Spitzwinkel zudem die plastisch hervorgehobene Helmzier des Stifters und gegenüberliegend dessen Wappen. Zudem wurden die spitzwinkligen Pässe jeweils mit schwarzen Reichsadlern verziert. Eine Inschrift unter dem Fuß klärt die Zusammenhänge: Es handelt sich um eine Stiftung des 1366-72 als Reichsschultheiß amtierenden Frankfurter Bürgermeisters Siegfried zum Paradies.[1] Als Parteigänger Kaiser Karls IV. war er unmittelbar in dessen engerem politischen Umfeld zu finden. Wie eng die Verbindung zwischen den beiden Persönlichkeiten war, lässt sich schon daran ermessen, dass Karl IV. und später sein Sohn Wenzel im Haus Siegfrieds wohnten, wenn sie sich in Frankfurt aufhielten.[2]

Siegfrieds Stiftung orientierte sich am kaiserlichen Umgang mit Reliquien. Aus der Zeit um 1360 stammt ein Wandgemälde auf Burg Karlstein, das Karl IV. dabei zeigt, wie er einen Splitter des Heiligen Kreuzes in ein entsprechendes Reliquiar einlegt. Das Sammeln von Reliquien und deren Verehrung sind als Teil der persönlichen Frömmigkeit Karls IV. zu verstehen, dienten aber zugleich auch der Inszenierung seiner politischen Machtansprüche (vgl. den Beitrag von Martin Bauch in diesem Band). Dazu passt, dass Siegfried zum Paradies die Herstellung des Frankfurter Exemplares der Golden Bulle finanzierte. In der Bulle wurden, initiiert durch Karl IV., die politischen Territorialstrukturen des Reiches stabilisiert und sämtliche Regeln festgeschrieben, die sich über Jahrhunderte für die Königswahlen, welche in Frankfurt am Main stattfanden, herausgebildet hatten.

Kaja von Cossart

LITERATUR
SCHUNDER 1954, 49ff. – BECHER/FISCHER 1992, 321. – Ausst.-Kat. Prag 2006, 244f., Kat.-Nr. 81 (Dana STEHLÍKOVÁ). – Ausst.-Kat. Frankfurt/M. 2007, 178, Kat.-Nr. d-2.

FUSSNOTEN
1 Ausst.-Kat. Frankfurt/M. 2007, 178, Kat.-Nr. d-2.
2 BÖHMER 1836, 675, 696. – SCHUNDER 1954, 49ff. – BECHER/FISCHER 1992, 321.

13.5 Zwei Flügeltafeln des so genannten Thorner Polyptychons

Links: Anbetung der Hl. Drei Könige und Darbringung Christi (Rückseite: Marientod); rechts: Der Zwölfjährige im Tempel (Rückseite: Ausgießung des Hl. Geistes).
Prag oder Thorn, um die Mitte des 14. Jahrhunderts (?); Rückseiten: 2. Viertel des 16. Jahrhunderts oder 1. Hälfte 19. Jahrhundert (?). Eitempera auf Tannenholz, punzierte Vergoldung auf Poliment; H. 122 cm, B. 168 cm. Restaurierung und Ergänzung fehlender Partien 2013.
Provenienz: Thorn, Franziskanerkirche St. Marien. Pelplin, Muzeum Diecezjalne im. bp. Stanisława Okoniewskiego, Inv.-Nr. MDP/35/M.

Die beiden in einem gemeinsamen Rahmen vereinten Tafeln gehören zu einem größeren Konvolut gotischer Tafelbilder aus der Franziskanerkirche St. Marien in Thorn, die im 19. Jahrhundert sekundär als Türflügel am Heiligen Grab im nördlichen Seitenschiff der Kirche verwendet worden waren. In den Jahren 1907-12 rekonstruierte Bernhard Schmid aus diesen Flügeln, in denen er die verbliebenen Reste des einstigen Hochaltarretabels vermutete, einen mehrfach wandelbaren Altaraufsatz (das so genannte Thorner Polyptychon). Der ausgestellte Flügel bildet mit einem weiteren Tafelpaar, das auf der Vorderseite eine Trinitätsdarstellung sowie die Verkündigung und die Beschneidung wiedergibt, ein Ensemble, das laut Schmid die einstige Feiertagsseite des Retabels geziert haben soll.[1]

Es handelt sich um Werke von hoher Qualität mit einer präzisen Zeichnung, einem raffiniert gestaltetem Hintergrund, einer lebendiger Modellierung und einer sorgfältigen Ausführung der Details. Durch eine Analyse der Maltechnik konnte nachgewiesen werden, dass an den Bildern insgesamt drei Hände beteiligt waren, die sich zwar in der technischen Ausführungen unterscheiden, jedoch stilistisch einheitlich arbeiteten. Ihr Ausgangspunkt ist die Prager Stilschicht der Mitte des 14. Jahrhunderts um den Meister von Hohenfurth und den Meister der Glatzer Madonna (vgl. Kat.-Nr. 7.2 und 12.5). Dies belegen nicht nur die Kompositionen (insbesondere die architektonischen Rahmungen), sondern auch die Figurentypen sowie die durch die italienische Kunst inspirierten dunklen Inkarnate und die dekorative Gestaltung des Hintergrunds. Die verwendeten physiognomischen Typen stehen insbesondere der Madonna von Strahov (Prag, Gemäldegalerie des Prämonstratenserklosters Strahov, Inv.-Nr. O 539) nahe, doch lassen sich konkrete Werkstattzusammenhänge nur schwer herstellen. Gegenüber den Prager Werken ist die Ausführung durch einen eher pastosen Farbauftrag gekennzeichnet.

Während die vier Szenen von der Verkündigung vos zur Darbringungauf je zwei übereinanderliegenden Bildfeldern platziert wurden, nehmen das Eröffnungs- und das Schlussbild jeweils die volle Tafelhöhe ein, was ihnen ein besonderes Gewicht verleiht. Die Hervorhebung des lehrenden Jesus entspricht seiner Bedeutung als Vorbild für die franziskanischen Prediger.[2] Auf das hohe intellektuelle Niveau der Thorner Franziskaner weist der theologische Inhalt, den die Komposition der Trinität (als Quinitas) wiedergibt, welche in bemerkenswerter Komplexität den göttlichen Ratschluss der Erlösung, Christi Opfertod und Priesterschaft vereint.[3]

Das anspruchsvolle Programm, die qualitätsvolle Ausführung der Malereien und die Verwendung des sorgfältig punzierten Goldgrunds bekräftigen die These einer Bestimmung der Tafeln für den einstigen Hochaltar der Franziskanerkirche. Da die Rückseiten den jüngsten technologischen Untersuchungen zufolge ursprünglich jedoch unbemalt waren[4] und ein Zusammenhang mit den weiteren, später entstandenen Flügeltafeln des Schmid'schen Polyptychons nicht belegt ist, wäre zu überlegen, ob es sich zunächst um ein Retabel mit festen, nicht wandelbaren Flügeln gehandelt haben könnte.

Schwieriger zu bewerten sind die Malereien auf den Tafelrückseiten, die von einem mäßigen künstlerischen Niveau und schwacher handwerklicher Qualität sind und erst aufgetragen wurden, nachdem man sekundär die Bildträger zu einem Flügel montiert hatte. Sie wurden möglicherweise bei der Erneuerung der Ausstattung der Franziskanerkirche nach den Bilderstürmen in den Jahren 1525/26 (oder im Zuge der Nutzung als Türflügel des Heiligen Grabes in der 1. Hälfte des 19. Jahrhunderts) in einem „historisierenden" Geist ausgeführt.

Juliusz Raczkowski / Wilfried Franzen

LITERATUR
NEY 1843, 146. – HEISE 1889, 285-286. – SCHMID 1907. – SCHMID 1913. – HEUER 1916, 66-70, 73-77. – EHRENBERG 1920, 67-70. – WORRINGER 1924, 132-137. – CHMARZYŃSKI 1933. – Ausst.-Kat. Warschau 1935, Kat.-Nr. 128-133, 39. – BRUTZER 1936, 47-51. – STANGE 1936 (1969), 80-84. – MICHNOWSKA 1961. – DOBRZENIECKI 1964. – DOBRZENIECKI 1968. – DOBRZENIECKI 1972, Kat.-Nr. 33, 100-117 (Tadeusz DOBRZENIECKI). – KARŁOWSKA-KAMZOWA 1980, 45. – KARŁOWSKA-KAMZOWA 1982, 27. – FRINTA 1992, 92-94. – LABUDA 1990, 68-75. – LABUDA 1993, 58-66. – LABUDA 1998. – Ausst.-Kat. Lüneburg 2000, 106f., 170f. (Roman CIECHOLEWSKI). – SUCKALE 2001, 255-260. – LABUDA 2004/I, 333-336. – LABUDA 2004/II. – LABUDA/SECOMSKA 2004, II, 270-274 (Justyna ZDRAJKOWSKA). – LABUDA 2006, 407. – KLEIN 2007, 425, Kat.-Nr. 165 (Adam S. LABUDA). – SUCKALE 2009/I, 36. – KRANTZ-DOMASŁOWSKA 2009, 52-54. – RACZKOWSKI 2016, 13-17, 5-86, 118-137, 159-165

FUSSNOTEN
1 Das Aussehen des Hochaltarretabels, das noch bis 1731 an seinem ursprünglichen Platz auf dem Hochaltar stand, ist durch zeitgenössische Beschreibungen von Johannes Muck von Muckendorf (1637), dem Thorner Bürgermeister Johann Baumgarten (1715-19) und im Kircheninventar (1724) überliefert, die sich jedoch nicht vollständig mit den erhaltenen Flügeltafeln in Übereinstimmung bringen lässt.
2 LABUDA 1998.
3 MICHNOWSKA 1961. – DOBRZENIECKI 1964. – DOBRZENIECKI 1968.
4 RACZKOWSKI 2016.

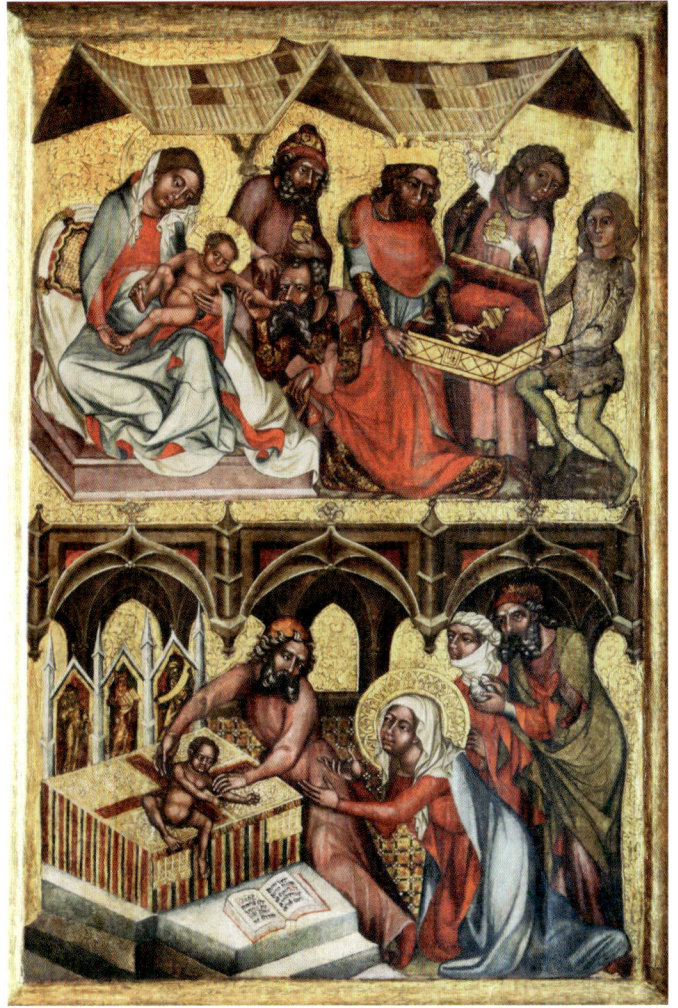

13.5

13 ✻ Das Heilige Römische Reich – Anhänger und Opposition 523

13.6, fol. 1v

13.6 Mecklenburgische Reimchronik des Ernst von Kirchberg

Doberan, Ernst von Kirchberg, verfasst 1378–79.
Miniatur mit der Darstellung zum Erwerb der Krone Schwedens durch den mecklenburgischen Herzog Albrecht II. (1329/36–79) für seinen Sohn Albrecht III., dem er symbolisch das schwedische Banner reicht, 1378.
Pergament, Tempera, Gold; 232 Bll., 29 achtblättrige Lagen; H. 43 cm, B. 32 cm; 15 Miniaturen; mit rotem Leder bezogener Holzeinband.
Schwerin, Mecklenburgisches Landeshauptarchiv, LHAS 1.12.1–Chroniken Nr. 1.
Nur in Prag ausgestellt.

Mit der Erhebung der mecklenburgischen Fürsten Albrecht II. und Johann in den Reichsfürstenstand durch König Karl IV. am 8. 7.1348 im Veitsdom zu Prag wurde ein Bündnis besiegelt, von dem beide Parteien gleichermaßen profitierten: Karl IV. benötigte dringend Unterstützung in den Auseinandersetzungen um die Mark Brandenburg; Albrecht II. dagegen hoffte, mithilfe des Königs die skandinavischen Staaten unter seine Herrschaft zu bringen.

Infolge dieses Aktes emanzipierten sich die Mecklenburger endgültig von ihren Lehnsherren. Damit griff Karl IV. empfindlich in die älteren Rechte der brandenburgischen (seit 1319 wittelsbachischen) und dänischen Mächte ein. Neben der angestrebten Schwächung der Wittelsbacher Gefolgschaft stand dahinter auch die Durchsetzung der Reichsgewalt in den königsfernen Küstengebieten Nordeuropas.[1] Für die Durchsetzung seiner Pläne war die territorialpolitisch wichtige Mark Brandenburg zentral.[2] Nachdem Herzog Albrecht II. dem Kaiser 1373 zum Sieg in der Mark Brandenburg verholfen hatte, bestätigte Karl IV. Albrecht II. erneut den Reichsfürstenstand und sicherte ihm seine Unterstützung bei der Erwerbung v. a. der dänischen Königskrone für dessen Enkel Albrecht IV. zu.[3] Da es für ein militärisches Eingreifen um die dänische Krone keine rechtliche Handhabe gab, beschritt Karl den diplomatischen Weg und ließ seine Hofkanzlei zu diesem Zweck zahlreiche Schreiben verfassen.[4]

Nur innerhalb der geschilderten historischen Vorgänge erschließt sich die Bedeutung der als Prunkhandschrift angelegten mecklenburgischen Reimchronik. Die aus ursprünglich wohl 28.000 (erhalten sind 26.000) Versen bestehende Chronik ist die erste Darstellung der Geschichte des Landes Mecklenburg, bezogen auf die Fürsten des Landes. Quellen waren eine freie Übersetzung der bis 1171 reichenden lateinischen Slawenchronik des Helmold von Bosau, deren Fortsetzung durch Arnold von Lübeck, die Sächsische Weltchronik und die sogenannte Doberaner Genealogie.[5] Weiterhin wird die Nutzung des heute verlorenen Archivs des Doberaner Zisterzienserklosters und unbekannter Urkunden des herzoglichen Archivs vermutet.[6]

Auftraggeber war Herzog Albrecht II. von Mecklenburg, der wahrscheinlich im Zusammenhang mit seiner Hochzeit mit Adelheid von Honstein im März 1378 den Verfasser Erich von Kirchberg, einen Ministerialen vom Hof seiner Gattin, mit der Erstellung beauftragte.[7]

Angefertigt wurde die Chronik mit hoher Wahrscheinlichkeit im Skriptorium des Klosters Doberan, das seit spätestens 1200 Mittelpunkt der Memoria der mecklenburgischen Dynastie war. Anfang des 14. Jahrhunderts war hier das sogenannte Doberaner Diplomatar angelegt worden, eine Sammlung aller greifbaren Urkunden, Stiftungen und Privilegien, die der Rechtssicherheit des Klosters diente. Ohne Zweifel griff Kirchberg auf die im Diplomatar enthaltene, zwischen 1336 und 1347 erstmals bildlich dargestellte Genealogie des Hauses Mecklenburg zurück. Ein Nekrolog der Dynastie existierte in Form eines fünfbahnigen Lanzettfensters, das die verschiedenen Linien des Hauses Mecklenburg zeigte. Es war wahrscheinlich in der im nördlichen Querhaus gelegenen Fürstenkapelle eingesetzt. Überliefert ist das heute verlorene Fenster in einer um 1530 entstandenen Abschrift.[8]

Dass von den in der Reimchronik angelegten Miniaturen nur 15 ausgeführt wurden, beweist den Abbruch der Arbeit an der Chronik, wahrscheinlich nach dem Tod Albrechts II. im Jahr 1379, und zeigt die Arbeitsweise des Skriptoriums auf, in dem zuerst die Verse geschrieben wurden; dann wurde das Pergament an den Miniaturmaler weitergereicht.

Die 15 erhaltenen Miniaturen sind größtenteils Darstellungen der Vorfahren der mecklenburgischen Dynastie. Am bekanntesten ist die Eingangsminiatur in der Initiale O, die Albrecht II. und seinen Sohn Albrecht III. gemeinsam auf einer Thronbank sitzend zeigt. Der Vater hält die mecklenburgische Fahne und überreicht seinem bereits gekrönten Sohn das schwedische Banner. Die symbolhafte Darstellung verdeutlicht die mecklenburgischen Herrschaftsziele: Albrecht III. war seit 1356 Erbprinz von Schweden und erhielt die schwedische Krone 1364 vom schwedischen Reichsrat. Zum Zeitpunkt der Anfertigung der Chronik bemühte sich Albrecht II. vergeblich um die dänische Königskrone. Mit dem fast gleichzeitigen Tod Karls IV. und Albrechts II. konnte auch die schwedische Krone nicht länger gehalten werden. So stellt die Miniatur den Zeitpunkt der größten Machtentfaltung des Mecklenburger Herrscherhauses dar: Für einen kurzen historischen Moment nur erschien die Möglichkeit einer nordischen Union in der Hand der Mecklenburger greifbar.

Stilistisch stehen die Miniaturen den etwa 20 Jahre zuvor entstandenen Wandmalereien des Luxemburger Stammbaums im Palas der Burg Karlstein nahe, die im Codex Heidelbergensis überliefert sind (s. Kat.-Nr. 8.7). So gleichen sich die Bewegungsmotive der Karlsteiner Figur Johanns von Luxemburg und König Gottschalks in der Kirchbergschen Reimchronik. Noch deutlicher wird die stilistische Nähe im Vergleich der Gewandmotive Kaiser Karls des Großen auf beiden Werken.[9] Der Miniaturmaler der Kirchberg-Chronik muss also Zugang zu einer Kopie des Stammbaums gehabt haben, die möglicherweise durch die engen Kontakte zwischen Karl IV. und Albrecht II. nach Doberan gelangte.[10]

Dass es auch im Bereich der mecklenburgischen Landesherrschaft einen Stammbaum in

13.6, fol. 2r

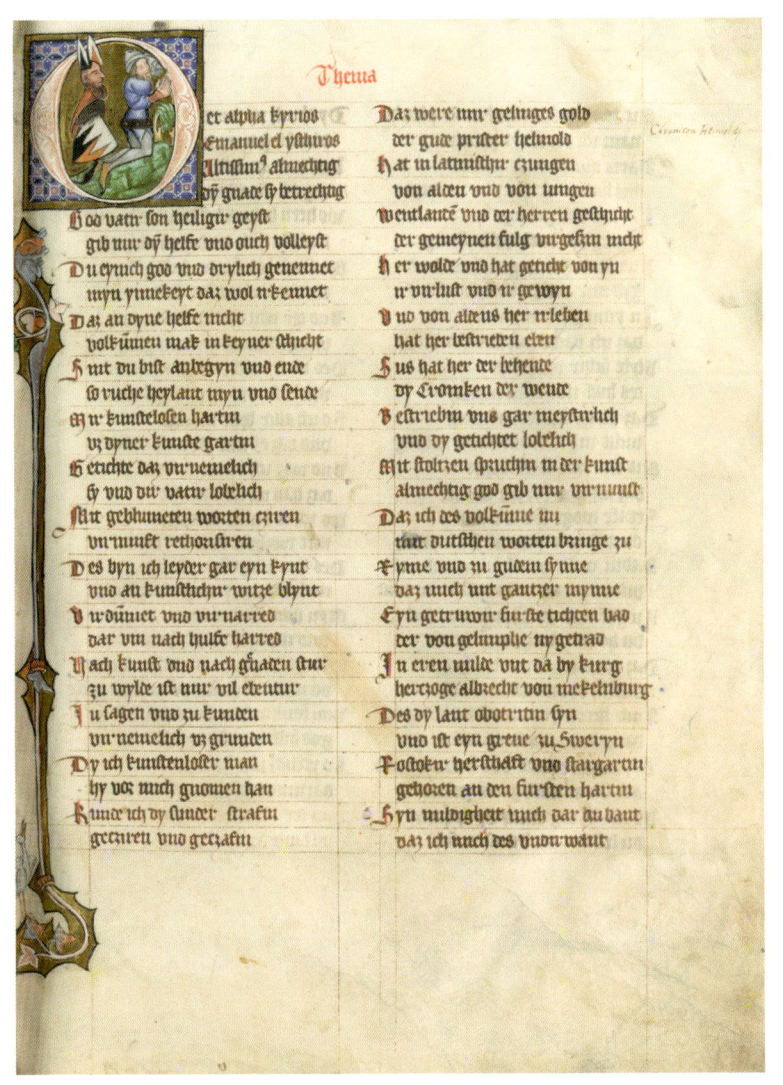

13.6, fol. 33r

Form einer Wandmalerei gab, belegen die Aquarelle der Fresken in der Hl.-Blut-Kapelle des Schweriner Domes, die schon frühzeitig als Grabkapelle der Schweriner Grafen und 1358 der Mecklenburger Herzöge genutzt wurde.[11] Ob es sich dabei, wie die um 1845 angefertigte Kopie der acht aufgefundenen, wenn auch heute verlorenen Darstellungen vermuten lassen könnte, um Nachahmungen des Luxemburger Stammbaums handelte, muss offen bleiben.[12]

Festzuhalten bleibt, dass die Chronik nicht ausschließlich der Glorifizierung und Legitimierung des Herrschaftsanspruches der Mecklenburger Fürstendynastie diente. Vielmehr scheint die Chronik aus der Perspektive des Doberaner Klosters selbst geschrieben zu sein, wohl um dem Konvent Rechtskontinuität zu garantieren.[13] Demzufolge standen dynastische Memoria und das Eigeninteresse des Doberaner Klosters in einem unauflösbaren und gut ausbalancierten Verhältnis zueinander.[14]

Kaja von Cossart

LITERATUR
LISCH 1836. – MUB 1863–1977. – THOMS 1875/II. – REINCKE 1931. – KNOCH 1940. – STOOB 1970. – MORAW 1976. – Ausst.-Kat. Köln 1978. – MOHRMANN 1978. – SEIBT 1978/II. – TRAEGER 1980. – WERNICKE 1982. – CORDSHAGEN/SCHMITT 1996/97. – SCHEIBE 1997. – Ausst.-Kat. Prag 2006. – LABUDA 2006/II. – MINNEKER 2007. – FAJT 2016. – GAST 2016. – SCHUMANN 2016.

FUSSNOTEN
1 Zum Begriff der „Königsferne" MORAW 1976, 64.
2 Dabei spielten aus wirtschaftlichen Faktoren wie ein zusammenhängendes Netz von Handelswegen mit Zugriff auf die wichtigen Ostseehäfen eine wichtige Rolle. REINCKE 1931, 22.
3 MUB 18, Nr. 10449, 301.
4 MOHRMANN 1978, 381f. Beginnend 1375, nach dem Tod des dänischen Königs Waldemar Atterdag.
5 CORDSHAGEN/SCHMIDT 1997, XIII. – SCHEIBE 1997, 29.
6 Laut THOMS 1875/II, 10–44, und KNOCH 1940, 2, muss es weitere, bisher nicht identifizierte Quellen dänischen Ursprungs gegeben haben.
7 Die Chronik wurde, wie in der Vorrede angegeben, am 8. 1.1378 begonnen. Kirchberg selbst ist in einer Initiale dargestellt und nennt Albrecht II. als seinen Auftraggeber. Die Handschrift wurde nie vollendet, sondern reicht nur bis zum Tod Heinrichs II. des Löwen (1329), dem Vater Albrechts II. Geplant war eine Fortsetzung, das „Herzog-Albrecht-Buch". Dazu ausführlich SCHMIDT 1990, 91.
8 LISCH 1836, 131–135, mit einer Nachzeichnung im Anhang. Wahrscheinlich wurde das Fenster später in den Kreuzgang eingesetzt. – Zum Anlass der Anfertigung der Abschrift MINNEKER 2007, 96. – Zum möglichen Anlass der Umsetzung GAST 2016. – Die Doberaner Genealogie fand auch im städtischen Umfeld Berücksichtigung: Die sog. Parchimsche Genealogie, wohl eine Abschrift der Doberaner Genealogie, ist dem 1351 angelegten Stadtpfandbuch eingelegt und wurde bis ins 19. Jh. sorgfältig fortgeführt (derzeit im Parchimer Stadtarchiv nicht auffindbar; Stand 1997). Zu möglichen weiteren Abschriften SCHEIBE 1997, 37–39.
9 Ausst.-Kat. Prag 2006, 64, Anm. 113.
10 Eine weitere Möglichkeit wäre, dass der Miniaturist den Stammbaum selbst gesehen und kopiert hat. Bei zahlreichen Reisen des Kaisers befand sich Albrecht II. in der Gefolgschaft des Kaisers, wie die Itinerare Karls beweisen.
11 Die Mecklenburger herrschten seit 1358 auch über die Grafschaft Schwerin.
12 Dafür spricht, dass 1356–64 einer der engsten Berater Karls IV., Albert von Sternberg, den Bischofsstuhl von Schwerin innehatte. TRAEGER 1980, 86–98.
13 Nachweis dafür bei SCHEIBE 1997, 36
14 Zum ungefähr gleichzeitig begonnenen Einbau einer herzoglichen Gruft hinter dem Hochaltar der Doberaner Klosterkirche mit fast lebensgroßen Wandmalereien der Herzöge SCHUMANN 2016.

13.7.a–c Verkündigung an Maria, Heimsuchung, Einzug in Jerusalem – Tafeln eines Flügels von einem zerstörten Retabel

Meister Bertram von Minden, um 1365–75 (?).
Tempera und Gold auf Holz; alle Tafeln H. 53,5 cm, B. 63 cm; Goldrahmen nachträglich hinzugefügt.
Provenienz: Slg. Peyre. – 1905 für das Musée des arts décoratifs erworben.
Paris, Musée des arts décoratifs, Inv.-Nr. PE 138 (a), PE 139 (b), PE 140 (c), PE 141 (Letztes Abendmahl, nicht ausgestellt).

Von einem Retabel unbekannter Herkunft sind sechs Tafeln erhalten: Die Verkündigung der Geburt Christi an Maria (Lk 1, 26–38), die Begegnung von Maria und Elisabeth (die sog. Heimsuchung, lat. visitatio, Lk 1,39) und die Darstellung Christi im Tempel (Lk 2, 22) als Szenen der Kindheit Jesu, sodann der Einzug Jesu in Jerusalem (Lk 19, 28–40 u. a.), die Fußwaschung (Joh 13, 1–11, hier bes. 8) und das Letzte Abendmahl (Mk 14, 12–26 u. a.). Die Tafeln sind durchgängig mit punziertem Goldgrund ausgestattet, die Figuren füllen das Format fast vollständig aus, nur wenige Versatzstücke deuten jeweils den Handlungsraum an. So fehlen jegliche Andeutung der Architektur von Innenräumen oder die sonst übliche Darstellung des Stadttors beim Einzug in Jerusalem. In letzterer Szene wird lediglich durch stilisierte Bäume freie Landschaft angedeutet. Selbst die Überlieferung, dass manche der Jesus bejubelnden Anhänger auf solche Bäume geklettert waren, wird vor dem Hintergrund eines felsigen Berges nur angedeutet. Die künstlerische Aussage rückt also jeweils auf das Wesentliche reduzierte Handlungen ins Zentrum.

Besonders eindrücklich ist dies bei der Heimsuchung: Elisabeth, selbst mit Johannes dem Täufer schwanger, spricht mit einer segnenden Geste zu Maria die berühmten Worte „Gesegnet bist du mehr als alle anderen Frauen und gesegnet ist die Frucht deines Leibes" (Lk, 1,41), die den Beginn des Ave-Maria-Gebets bilden. Maria hingegen hält beide Hände in einem Anbetungs-Gestus erhoben und blickt auf ihren Leib: Sie weiß, dass sie den Gottessohn gebären wird und verehrt ihn. Dies unterstreichen zwei Engel in den oberen Ecken des Bildes, die mit ihren Weihrauchfässern schon die Sphäre himmlischer Sakralität hereinbringen.

Auch die Verkündigungsszene zeigt, dass man mit konzentrierten künstlerischen Mitteln eine tiefe theologische Aussage treffen kann: Hier geschieht dies in Form des erkerbesetzten Turms hinter dem Lesepult Marias. Er verweist – wie die für den Bildtypus verbindliche Lilienvase zwischen Engel und Maria – auf die Jungfräulichkeit Marias, denn eines der im Mittelalter beliebten marianischen Symbole ist die „turris Davidica", der Turm Davids aus der Liebeslyrik des Hohen Liedes (Hld 4,4)[1]. Dies erklärt auch, warum der Turm so wehrhaft-weltlich gestaltet ist und nur einen kleinen, sakral wirkenden Anbau mit Spitzbogenfenster und Wimperg erhielt, der an die ebenfalls dem Hohen Lied entnommene Identifizierung der Braut Christi (= Maria) mit der Kirche (ecclesia) erinnert. Das eigentliche Pult, in dessen Öffnung die Bücher zu sehen sind, die für Marias Belesenheit und Frömmigkeit und somit Weisheit stehen, ist hier einem Altartisch nachempfunden – gewiss auch dies kein Zufall.

Ursprünglich waren Verkündigung, Heimsuchung, Einzug in Jerusalem und Abendmahl auf einer einzigen Tafel vereint, da sich die in Pastiglia ausgeführten Bildrahmungen präzise passend aneinander fügen lassen.[2] Der Flügel hatte demnach eine Höhe von ca. 1,07 Metern und eine Breite von ca. 1,26 Metern. Verkündigung und Einzug, Heimsuchung und Abendmahl waren jeweils übereinander angebracht, sodass die beiden Szenenfolgen der Kindheit und der Passion parallel erzählt wurden und aufeinander verwiesen: Die Verkündigung steht für die Menschwerdung Gottes, der Einzug in Jerusalem für den Beginn der für das Heilsgeschehen so wichtigen Passion. Bei der Heimsuchung, hier ohnehin in eine höchst sakrale Atmosphäre erhoben, begegnen sich bereits im Mutterleib Johannes der Täufer und Jesus; Ersterer wird Jesus später als das Opferlamm bezeichnen: „Ecce agnus dei, qui tollit peccata mundi" („Siehe, das Lamm Gottes, das die Sünde der Welt hinwegnimmt"; Joh 1, 29), was direkt auf die Eucharistie (das Abendmahl) bezogen werden kann, bei der Jesus sein eigen Leib und Blut für die Sünde der Menschheit einsetzte (Mk 14, 17–25).

Wie aber hat man sich das Ganze des Retabels vorzustellen? Die aufwendige Goldgrundierung lässt ja darauf schließen, dass es sich um die Festtagsseite des Retabels handelt, die besonders prächtig gestaltet war. Der vollständig überlieferte Flügel, der in der Ausstellung gezeigt wird, war somit der (vom Betrachter aus) linke. Man kann sich kaum vorstellen, dass sich die erzählerisch ja unmittelbar anschließenden Szenen der Darstellung im Tempel und der Fußwaschung auf dem rechten Flügel befunden haben, denn dazwischen lägen in diesem Falle die Darstellungen der mit ca. 2,52 Metern recht breiten Mitteltafel. Für deren Aufteilung gibt es mehrere Möglichkeiten:

1. Sie zeigte Skulpturen, wahrscheinlich Heilige, unter Baldachinen gereiht – dann wären in der Tat die beiden anderen Pariser Szenen die linke Hälfte des rechten Flügels, von dem zwei weitere Darstellungen verloren gingen.

2. Sie zeigte nur eine gemalte Szene, was für den hier zu vermutenden künstlerischen Kreis ganz ungewöhnlich wäre.

3. Sie zeigte acht weitere gemalte Szenen gleichen Formats wie die der Flügel.

4. Sie zeigte rechts und links je zwei weitere gemalte Szenen gleichen Formats wie die der Flügel und im Zentrum eine größere Darstellung, z. B. die Kreuzigung.

Aufgrund des direkten thematischen Anschlusses der beiden in Paris erhaltenen Szenen erscheinen mir Möglichkeit 3 und 4 am wahrscheinlichsten. Tendenziell, aber subjektiv würde ich zu letzterer Version neigen, weil man damit auch den Stand der Überlieferung der Tafeln am besten erklären kann. Auf der anderen Seite der verlorenen Kreuzigung hätte man nämlich sechs weitere, gänzlich verlorene Szenen aus Jugend und Passion Christi zu rekonstruieren: Sehr wahrscheinlich wäre die Geburt Christi und die Epiphanie (Heilige Drei Könige) im oberen Register, letztere vielleicht über zwei Bildfelder sich erstreckend; im unteren Register sodann z. B. Kreuzabnahme, Grablegung und Auferstehung.

In jedem Fall lässt sich ein prächtiges Retabel rekonstruieren, das mit seinen großfigurigen Szenen auch Fernwirkung erreichte. Eine ähnliche Wirkung, aber mit einer zentralen Figurennische und ohne senkrechte Rahmungen der Szenen, erzielt das um 1370 entstandene Retabel von Schotten/Hessen, das in seiner leuchtenden Farbigkeit und den räumlichen Architekturen etwas moderner als die Pariser Flügel wirkt.[3] Auch die stärker gedrungenen Figuren, deren durch Weißhöhungen erzielte, sanfte Plastizität sowie die ovalen Gesichter mit den großen Stirnen deuten auf eine etwas frühere Entstehung der Pariser Tafeln. Deren Gesichter stehen in der sehr weichen Modellierung noch den Antlitzen Meister Theoderichs auf Burg Karlstein nahe (vgl. Kat.-Nr. 8.1) – und andererseits lässt sich bei den Gesichtstypen auch eine gewisse Verwandtschaft mit denen der Votivtafel des Erzbischofs Jan Očko von Vlašim (Kat.-Nr. 6.11) beobachten. Die straff um die Körper gezogenen Gewänder auf den Pariser Tafeln, aus denen sich dann scharf umrissene Schüsselfalten heraus entwickeln, ähneln stark den Erlanger Blättern eines Musterbuchs, das dem Umfeld Meister Theoderichs zugeschrieben wird, allerdings verzichtet der Maler der Pariser Tafeln weitgehend auf die dort so beliebten, locker und in sich verschlungen herabfallenden Gewandsäume.[4] Es ist aber offenkundig, dass der Maler der Tafeln einen Stil pflegt, den er sich so vermutlich im Böhmen der Wirkungszeit Theoderichs angeeignet hat. Dies schließt keineswegs aus, dass dieser Stil in der Hauptsache westlich-niederländisch geprägt ist, stammte Theoderich (Dietrich) doch selbst aus jenen Regionen und hatte vermutlich in Köln zumindest einige Zeit verbracht.[5]

Nun ist der Maler der Pariser Tafeln durchaus eine eigenständige Persönlichkeit – und man hat ihn in der Literatur stets mit Meister Bertram von Minden (um 1340–1415) identifiziert, der seit 1367 als Maler und Werkstattleiter in den Stadtrechnungen der Freien und Hansestadt Hamburg auftritt. Die Literatur zu Bertram hat sich jedoch kaum angemessen mit den Pariser Tafeln beschäftigt, häufig sah man in ihnen – wahrscheinlich wegen der reduzierten Raumdarstellung und Figurenzahl – Werkstattarbeiten, die häufig auch extrem spät datiert wurden. Die genannte Nähe zur böhmischen Malerei rückt aber die Pariser Tafeln eher an die Spitze der erhaltenen Werke. Vergleicht man den 1379 datierten ehemaligen Hochaltar der Hamburger Pfarrkirche St. Petri (Hamburg, Kunsthalle), also jenes Werk, auf dem alle Zuschreibungen an Bertram fußen, da dieser in den Quellen als Maler überliefert ist, so ist die stilistische Nähe unbestreitbar. Aber auch das Petri-Retabel zeigt bereits eine Längung der Figurenproportionen und festere Gewandstrukturen, wobei eine gewisse Routiniertheit bei der großen Zahl der Darstellungen wenig verwundern. Die Pariser Tafeln sind vermutlich noch vorher einzuordnen, wobei offen bleibt, für welchen Bestimmungsort sie gedacht waren.

Dass Bertram in Böhmen im höfischen Umfeld tätig gewesen war, dafür spricht auch die Tatsache, dass er 1375, als Karl IV. Hamburg besuchte, von der Hansestadt offiziell in das Haupt der Hanse, Lübeck, abgeordnet wurde. Höchstwahrscheinlich war Bertram selbst an der in den 1360er Jahren fertiggestellten Ausstattung des Großen Turms der Burg Karlstein beteiligt gewesen – und zog danach in eine der wichtigsten Städte des nördlichen Reichs, wo er als wohlhabender und angesehener Bürger eine langjährige Tätigkeit entfaltete, der einige der Hauptwerke der Malerei des 14. Jahrhunderts entstammen: Neben dem Petri-Retabel ist das wohl aus der Kapelle der Bruderschaft des hl. Leichnams der Flandernfahrer in der einstigen Hamburger Johanniskirche stammende Passionsretabel (Hannover, Niedersächsisches Landesmuseum, wohl 1394), das ebenfalls bereits eine, was die Gewandbildung betrifft, deutlicher stilisierte Stufe im Schaffen des Malers vertritt.

Markus Hörsch

LITERATUR
LICHTWARK 1905. – HEUBACH 1916, 137–143. – GLASER 1931, 22. – STANGE 1936, 144f. – Ausst.-Kat. Paris 1964, 11, Kat.-Nr. 4. – BLANC 1998, 82–85. – SALIGER 2003/I.

FUSSNOTEN
1 „Wie der Turm Davids ist dein Hals, in Schichten von Steinen erbaut; tausend Schilde hängen daran, lauter Waffen von Helden."
2 BLANC 1998, 83.
3 Ausst.-Kat. Prag 2006, 362, Abb. V.5.
4 Ausst.-Kat. Prag 2006, 119–120, Kat.-Nr. 28 (Jiří FAJT / Robert SUCKALE)
5 SUCKALE 2004/II. – FAJT 2016/I, I.

13.8 Heiligenschrein mit dem Hl. Christophorus

Falsterbo (?), böhmischer oder in Böhmen geschulter Bildschnitzer, um 1370–80.
Eiche, Fassung und Malerei mit verschiedenen Bindemitteln; H. des Schreins gesamt 219 cm, B. 98 cm. Christophorus ist zusammen mit dem Unterleib des Kindes aus einem Stück geschnitzt. Die Arme und die linke Hand des Heiligen, der Oberkörper, sowie die Schulter und der Kopf des

13.7

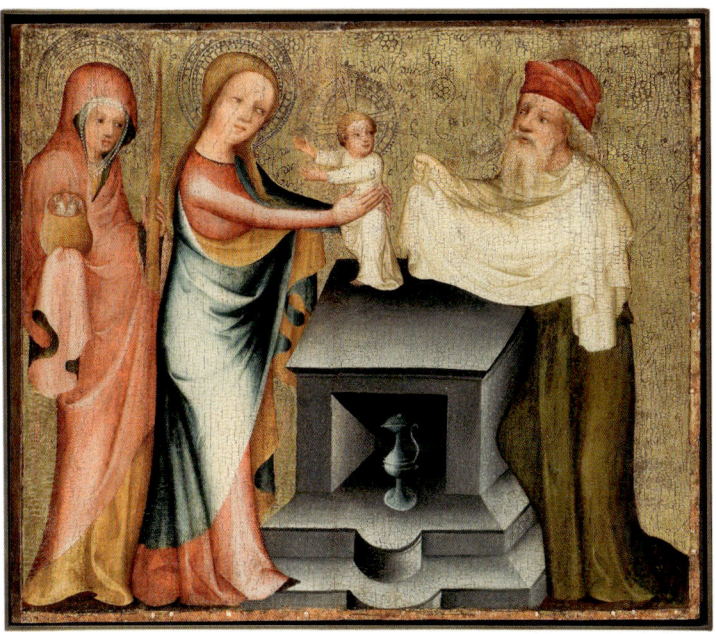

13 ✴ Das Heilige Römische Reich – Anhänger und Opposition

Kindes sind angesetzt. Der Baum setzt sich aus mehreren Teilen zusammen. Die große Figur ist rückseitig ausgehöhlt, das Kind massiv.
Provenienz: Falsterbo, wahrscheinlich Pfarrkirche St. Gertrudis.
Falsterbo, Skanör-Falsterbo Församling.

Der hochrechteckige, zinnenbekrönte Schrein ist im Grundriss fünfeckig mit einer nach vorne gerichteten Spitze. Die Befestigung der Türen an den Vorderkanten der Seitenwände erlaubt, dass nur zwei Türen benötigt werden. In geschlossenem Zustand verdecken sie den gesamten Schrein, sodass nur das Gesims mit Zinnen sichtbar bleibt.

Der Riese Christophorus (griech. für Christusträger), der der Legende nach das Kind Jesus durch einen Fluss trug, wobei es immer schwerer wurde und sich als der Mensch gewordene Gott offenbarte, füllt mit dem auf seinen Schultern sitzenden Christkind fast den gesamten Schrein aus. Der Heilige steht auf einem hügelähnlichen Rasenstück, schreitet mit dem rechten Fuß vorwärts und stützt sich auf einen Baumstamm, der in einem S-Schwung von der untersten linken Ecke des Schreins bis zur äußersten Höhe rechts des Kindeskopfs verläuft. Die Darstellung macht einen kraftvollen, dynamischen Eindruck. Der Bart des Riesen ist besonders reich gestaltet, groß und üppig, mit regelmäßigen, kräftigen Lockenwellen, tief und plastisch geschnitzt.

Die Rückwand ist tief blau mit Azurit bemalt, worauf Sternchen aus vergoldetem Papier geklebt wurden. Auf die schwarzen Seitenwände wurden in regelmäßigem Abstand Ranken und Reben in hellgelber Farbe gemalt, zusätzlich mit in Silber aufschablonierten Weintrauben versehen. Die einzelnen Elemente des Baldachins sind mit abwechselnden roten, grünen und blauen Farben akzentuiert. Die Mantelaußenseite des Heiligen und das Kleid des Kindes sind golden, mit weißen und schwarzen Begleitlinien. Die Vergoldungen sind in Silber mit gelber Lasur, also als Imitationsvergoldung, ausgeführt. Der Heilige trägt ein Kleidungsstück mit weiten, roten Ärmeln, worauf goldene, schablonierte Rosetten gestreut sind. Die Futterseiten sind grün. Ungewöhnlich sind die Variationen und der Reichtum der schablonierten Muster. An den gemalten Rahmen der Tafelmalerei an den Türen kommt ein Muster mit stilisierten Hopfenranken und Früchten hinzu, auf dem Hintergrund finden sich Streuornamente. Das Eichenlaub der Baumkrone ist stilisiert-dekorativ. Die Inkarnate sind verhältnismäßig hell mit weichen Rosatönungen, die Augen hellblau. Der Bart des Heiligen und die Haare des Kindes sind golden (wohl Zwischgold, stark nachgedunkelt). Auf dem Kopf des Kindes sitzt der Nimbus als kreisrunde Scheibe aus Weichmetall. An der sichtbaren Seite zeigt dieser ein goldenes Kreuz und vier große goldene Rosen auf rotem Hintergrund.

Die Tafelmalerei an den Innenseiten der Türen ist relativ gut erhalten. Dargestellt sind Szenen aus der Christophoruslegende, links die Gefangennahme des zum christlichen Glauben Übergetretenen, rechts die Enthauptung. Die Szenen sind großzügig angelegt und spielen sich unter in Gold und schwarzer Linienzeichnung dargestellten gotischen Giebeln mit Maßwerk und Krabben ab. Der Hintergrund hinter den Giebeln ist tief rot, hinter den Figuren schwarz. Die gemalten Rahmen sind hellrot.

Der Schrein, der zu den größten erhaltenen in Schweden zählt, ist ein früher Vertreter eines Typs von Heiligenschrein, der im 15. Jahrhundert häufig vorkommt. Heiligenschreine waren im Mittelalter in ganz Europa verbreitet, mit den frühesten erhaltenen kurz vor 1200. In Schweden sind etwa 220 Exemplare erhalten, annähernd die Hälfte des gesamten europäischen Bestandes. Es ist anzunehmen, dass die Mehrzahl der noch vorhandenen mittelalterlichen Holzskulpturen, abgesehen von Kruzifixen, entweder in einem Schrein mit oder ohne verschließbaren Türen, oder lediglich vor einer architektonisch gestalteten Rückwand, einem Dorsale, aufgestellt waren. Am weitaus häufigsten waren Marienschreine. Schreine mit dem heiligen Christophorus sind hingegen äußerst rar; im schwedischen Bestand gibt es kein zweites Exemplar. Insgesamt haben sich nur wenige Heiligenschreine aus dem 14. Jahrhundert erhalten, mehrere aus dem 13. Jahrhundert, die allermeisten vom Ende des 15. Jahrhunderts bis zur Reformation um 1525. Verglichen mit dem übrigen Bestand ist der Christophorus-Schrein in Falsterbo einmalig. Es ist ungewiss, wo ein Schrein von diesem Ausmaß ursprünglich aufgestellt war; es ist möglich, dass er wie die früheren, meist erheblich kleineren Stücken auf einem Altar stand, aber auch eine andere Aufstellung im Kirchenraum ist denkbar.

Es ist nicht sicher, dass der Schrein ursprünglich für die St. Gertrudkirche in Falsterbo bestimmt war. Die mit einander verbundenen Ortschaften Skanör und Falsterbo auf einer Halbinsel im südlichsten Teil Schonens, das im 14. Jahrhundert Teil Dänemarks war, spielten eine wichtige Rolle für den Heringsfang. Hier fand jährlich die Schonische Messe statt, die größte nordeuropäische Handelsveranstaltung des Mittelalters, wo mit dem Fischfang, aber auch mit anderen Waren gehandelt wurde. Kaufleute aus den norddeutschen Hansestädten, aber auch aus England und den Niederlanden bekamen von der dänischen Krone sogenannte Vitten, Konzessionen auf ein Stück Land in der unmittelbaren Umgebung. Die wichtigsten Vitten waren die von Lübeck, Wismar, Rostock, Stralsund und Danzig. Im Anschluss an die Vitten gab es außer der heutigen St. Gertrudkirche acht weitere Kirchen oder Kapellen,[1] die gewiss auch Bildwerke beherbergten. Durch die reichen Verbindungen, den intensiven Verkehr und die Siedlungen von Händlern verschiedener nordeuropäischer Städte ist es offenkundig, dass der Christophorus-Schrein auf verschiedenen Wegen nach Falsterbo gelangt sein kann.

Weder der Schreintypus, noch die verwendeten Materialen oder die Techniken können die Herkunft eindeutig bestimmen; allenfalls gibt es Indizien. Die Ausführung der Vergoldungen mit Silber wäre für die norddeutschen Küstenstädte ungewöhnlich, denn hier wurde Ende des 15. Jahrhunderts allgemein

13.8

13.8 / Detail

Gold verwendet. Im östlicher gelegenen Ordensland oder im inländischen Schlesien z. B. wurden Vergoldungen in der Zeit um 1400 jedoch häufig mit Silber und gelber Lasur ausgeführt. Diese Art von Imitationsvergoldung war früher im 14. Jahrhundert auch im Westen und Norden üblich. Dass man daran festhielt, hat sicherlich rein ästhetische Gründe; der Charakter der Vergoldung wurde andersartig, durch die Lasur weniger metallisch und es war auch möglich, den Farbton zu variieren. Großflächige Vergoldungen an hervortretenden und bedeutungsvollen Teilen eines Kunstwerks, ausgeführt in einer Imitationstechnik, wie sie in Falsterbo vorkommen, sprechen gegen eine Entstehung in einer der nordwestlichen Küstenstädte.[2]

Andreas Lindblom schrieb das Werk 1916 dem als Hamburger Meister angesehenen Bertram zu. Diese Zuschreibung wurde meistens wiederholt, wenn auch manchmal in modifizierter Form.[3] Doch der Christophorus in Falsterbo samt der Flügelmalerei ist noch viel „böhmischer" als es Meister Bertram je war.[4] Dies gilt zunächst für die Gestalt des Riesen selbst, die mit der Darstellung des hl. Christophorus des sog. Wittingauer Meisters in der Prager Nationalgalerie verglichen werden kann. Hier weicht vor allem die Gestaltung des Bartes ab. Den kräftigen Bart mit üppigen Lockenwellen findet man jedoch mehrmals in der Gruppe des Meisters Theoderich (Dietrich). Von diesem sind die kräftigen Physiognomien mit breiter Stirn, breitem Mund und kurzer, starker Nase sowohl beim geschnitzten Riesen wie bei den Figuren der Tafelmalerei abzuleiten. Parallelen findet man ebenso am Haaransatz wie auch bei den Händen, die in dieser Schicht böhmischer Malerei regelmäßig vorkommen. Die gestrecktere Variante der Malerei in Falsterbo findet sich aber eher beim Wittingauer Meister.

Wegen großer Verluste kann keine Holzskulptur in Böhmen direkt zum Vergleich herangezogen werden; zu erinnern wäre allenfalls an den Bart des Apostels der Brünner Jakobskirche, dessen entsprechend plastische Gewandung mit den Schüsselfalten freilich bereits dem Schönen Stil näher steht.[5] Aber sucht man eine Entsprechung der böhmischen Tafelmalerei um 1380 in der Schnitzkunst, so wäre der Christophorus in Falsterbo, der im Ostseeraum allein steht, eine Möglichkeit.

Peter Tångeberg

LITERATUR
LINDBLOM 1916. – TÅNGEBERG 1986. – TÅNGEBERG 1993. – LIEPE 1995. – TÅNGEBERG 2004.

FUSSNOTEN
1 LIEPE 1995, 183.
2 TÅNGEBERG 1986 (1989), 236, 301, 302. – TÅNGEBERG 2004, 57.
3 Vgl. LIEPE 1995, 126.
4 TÅNGEBERG 1993, 68, 80, Anm. 168.
5 Ausst.-Kat. Prag 2006, 301f. (Kaliopi CHAMONIKOLA).

13.9 Relief mit Soldaten von der Seitenwand des Heiligen Grabes der Katharinenkapelle des Straßburger Münsters

Straßburg, Wölflin von Rufach zugeschrieben, um 1349.
Sandstein; H. 85,5 cm, B. 131,5 cm, T. 33 cm.
Provenienz: Straßburg, Münster, bischöfliche Kapelle St. Katharina. – 1681–82 bei der Rekatholisierung des Münsters abgebaut und in die Krypta verbracht. – 1905 Fragmente restauriert und in die Sammlung des Frauenhauses (Musée de l'Œuvre Notre-Dame) überführt.
Straßburg, Musée de l'Œuvre Notre-Dame, Inv.-Nr. MOND 94.

Die Reichs- und Bischofsstadt Straßburg war um 1300 ein lebendiges Handels- und Kulturzentrum, das wegen seiner ungewöhnlichen Ansätze bei der Lösung traditioneller künstlerischer Aufgaben große Beachtung fand. So inspirierte die Komposition der monumentalen Westfassade des Straßburger Münsters zahlreiche Sakralbauten im ganzen Reich, u. a. in Nürnberg. Und nicht zufällig stößt man unter den Hofkünstlern Karls IV. gleich auf zwei Maler Straßburger Herkunft: Nikolaus Wurmser und Konrad. Den in Straßburg ansässigen Bildhauern wurde ebenfalls außergewöhnliche Aufmerksamkeit zuteil, wie der städtische Chronist belegt, der begeistert über die skulpturale Ausstattung der bischöflichen Grabkapelle St. Katharina im Straßburger Münster berichtete.[1] Diese Ausstattung entging auch Karl IV. nicht, da sie ihm von dem stolzen Bauherrn, Bischof Berthold von Bucheck, 1347 persönlich gezeigt wurde.[2] Die Kapelle besaß ein – nicht erhaltenes – Sterngewölbe mit hängendem Schlussstein, ihre Fenster zieren bis heute erhaltene großflächige Glasmalereien.

Von der ursprünglichen bildhauerischen Ausstattung, in deren Mittelpunkt das bewunderte figürliche Grabmal des Bischofs stand, sind die an den Pfeilern stehenden Heiligenstatuen in Überlebensgröße mit dramatisch stilisiertem Haar sowie Fragmente des großzügig angelegten Heiligen Grabes vom Typ des Baldachingrabmals überliefert. Der Blick auf die Soldaten in voller Ausrüstung, mit Kettenhemd, Rock, Rüstung, Handschuhen und Helm, mit gezücktem Schwert oder auf den Arm gezogenem Schild, mit zum Kampf bereiter Hellebarde und leicht an der Seite gehaltenem Dolch, muss in der damaligen Wahrnehmung künstlerischer Gestaltung eine Revolution bewirkt haben. Hier war nämlich alles in einer bis dahin unbekannten, geradezu ziselierten Präzision und mit einem überraschenden Sinn für die Erfassung realer Details wiedergegeben: die Nieten an den Metallplatten der Rüstung, die Kettchen zur Befestigung der Ausrüstung, die Schnüre der Lederwesten, unterschiedlich eingezogene Riemen und Gürtel mit Schnallen oder Helme mit in der Funktion genau erfassten Gelenken. Der realistische Eindruck wird noch durch die Positionierung der Figuren in einem tiefen, länglichen Rahmen gesteigert, den die Soldaten berühren und über den sie mit Gliedmaßen und Waffen sogar hinausragen – so, als wollten sie ihn verlassen. Die Untersetzheit dieser römischen Soldaten trug(en) ebenso wie ihre betonte Körperlichkeit und ihre natürlichen Bewegungen zur lebendigen Wirkung dieser dramatischen Darstellung bei, die der Bildhauer mit dem Gespür eines Erzählers in Szene zu setzen verstand. Es genügt, den Soldaten zu betrachten, der gerade aus dem Schlaf erwacht ist und noch verschlafen den Engel erblickt, welcher im weißen Gewand auf dem leeren Grab sitzt. Entsetzen verzerrt sein Antlitz zu einer merkwürdigen Grimasse, mit weit geöffnetem Mund scheint er laut aufzuschreien, während der linke Zeigefinger auf den Gottesboten deutet und die rechte Hand unbewusst seinen noch schlafenden Kollegen am Ellbogen fasst und ihn zu wecken versucht. Als wären die Worte des Evangelisten Matthäus (Mt 28,4) ins Bild gesetzt worden: „Die Wächter begannen vor Angst zu zittern und fielen wie tot zu Boden."

Expressive Erzählung und lockere Bewegung kennzeichnen auch die Bauskulptur am Westportal der Nürnberger Kirche St. Lorenz. Dies deutet darauf hin, dass auch hier Steinbildhauer wirkten, die mit dem Straßburger Umfeld bzw. der Ausstattung der Katharinenkapelle in Kontakt gekommen waren. Als deren Urheber gilt der Bildhauer Wölflin von Rufach,[3] der in Straßburg 1341–55 in archivalischen Quellen nachgewiesen ist; 1355 verkauften seine Töchter – vermutlich nach dem Tod des Vaters – Wölflins Haus.[4] Wölflin hatte zwei Werke signiert: das Grabmal der Markgräfin Irmengard von Baden († 1260), Gründerin des Zisterzienserinnenklosters Lichtenthal, sowie das Doppelgrab (Tischgrab) des Elsässer Landvogts Ulrich von Werdt († 1344) und seines Bruders Philipp († 1332), Domherrn des Straßburger Kapitels, in der Pfarrkirche St. Wilhelm in Straßburg.

Wölflin von Rufach war in den höchsten Gesellschaftskreisen im Elsass ein beliebter Künstler, aber

13.10 Die Madonna der Erfurter Dominikanerkirche steht bis heute an ihrem angestammten Platz an der inneren Chorschranke – eine Seltenheit bei mittelalterlichen Skulpturen • Erfurt, um 1352 • Heller Sandstein mit alter Fassung und Vergoldung; H. 112 cm • Erfurt, Dominikanerkirche (Predigerkirche)

sein Werk wirkte weit über die Grenzen der Region hinaus inspirierend (Mainz, Frankfurt am Main). In Nürnberg arbeiteten die straßburgisch geschulten Bildhauer der Kirche St. Lorenz nicht nur an städtischen und kaiserlichen Projekten, sondern sie erhielten auch Aufträge von Karls Unterstützern aus den Reihen des dortigen Patriziats.

Jiří Fajt

LITERATUR
BEYER 1955, 28–33, 66f., Kat.-Nr. 31. – WILL 1990, 25–40. – ABALLÉA 2003, 29–73, Abb. 15–34, 336f., Kat.-Nr. 13 (Überblick über die Literatur). – FAJT 2016.

FUSSNOTEN
1 Fritsche Closeners Chronik, 1362. In: HEGEL 1871, 93f.
2 RECHT 1978/80, 106f.
3 KLEIMINGER 1939, 34–41. – BEYER 1955, 21–26. – ACKER u. a. 1982– 86, XII (1986), 7795. – BEAULIEU/BEYER 1992, 136f. – BAECHLER/KINTZ 1982–2007, Bd. 40 (2002), 4286. – LOUIS 2005.
4 7. Oktober 1355. SCHNEEGANS 1843, II, 3.

13.10 Madonna der Erfurter Dominikanerkirche St. Johannes Ev.

Erfurt, um 1352.
Feinkörniger heller Sandstein mit alter (ursprünglicher?) Fassung und Vergoldung; H. 112 cm; der untere Teil des Sockels fehlt.

Provenienz: Erfurt, Dominikanerkirche (Predigerkirche), die ursprüngliche Aufstellung in einer Nische im südlichen Abschnitt der inneren Chorschranke ist bis heute erhalten: Die Skulptur steht auf einer Konsole mit Darstellung eines Engels mit ausgebreiteten Flügeln.
Erfurt, Ev.-luth. Predigerkirche (Dominikanerkirche).

Das Erfurter Dominikanerkloster mit der monumentalen dreischiffigen Kirche gehört zu den bedeutendsten Baudenkmälern der Bettelorden auf dem Territorium des Heiligen Römischen Reichs. Berühmt wurde es als Wirkungsstätte des großen Mystikers Meister Eckhart (um 1260–1328), der seine Laufbahn im Erfurter Kloster begann und später dort Prior wurde. In den Jahren 1345–69 war hier Henricus de Herfordia (Herford, Westfalen) tätig, auch de Erfordia (Erfurt) oder de Munden (Minden) genannt. Dieser an der Pariser Universität ausgebildete Theologe hatte eine persönliche Verbindung zu Karl IV., dem er eine seiner historischen Schriften widmete. In Minden war er in den Dominikanerorden eingetreten und nach seinem Erfurter Aufenthalt starb er 1370 auch dort. Der Kaiser ließ 1377 als Zeichen seiner Verehrung die sterblichen Überreste des Henricus an einen repräsentativeren Ort vor dem Hauptaltar der Dominikanerkirche in Minden umbetten.[1]

Erfurt war eine wirtschaftlich bedeutende Hansestadt. Seit dem 13. Jahrhundert wurde in ihrer Umgebung Färberwaid angebaut, der bei der Stofffärbung das kostbare und teure Indigo ersetzte. Erfurt wurde zu seinem Hauptumschlagplatz. Ende der 1340er Jahre erlebte die Stadt große Judenpogrome und 1350 eine vernichtende Pestepidemie. Es verwundert daher nicht, dass die Bürger in dieser dramatischen Zeit mehr als sonst die Bettelorden aufsuchten und den Konventen ihre eigene Memoria und die ihrer Familien anvertrauten. Dabei dürfte es auch eine Rolle gespielt haben, dass Erfurt keine großen, repräsentativen Pfarrkirchen besaß, sondern eine Vielzahl kleiner Stadtteil-Pfarreien.

So stiftete der Bürger Oipel Swanring 1352 in der Dominikanerkirche ein ewiges Licht, das „tag unde nachts al weiglichen borne vor unser liben frowen bilde, das da stet czuschen unsen chore unde unser kerchen",[2] d. h. an der inneren Chorschranke in einer tiefen länglichen Mauernische. Gegenüber befinden sich in einer Spitzbogennische ein aus derselben Zeit stammendes Altargemälde, das die Kreuzigung Christi inmitten zahlreicher Figuren in einer Landschaft zeigt, und darunter ein ehemals truhenförmiger Reliquienschrein mit den gemalten Halbfiguren von sieben Heiligen, in der Mitte der hl. Jakobus d. Ä.[3]

Auftraggeber war hier Hugo Longus d. Ä., Mitglied einer reichen Erfurter Patrizierfamilie, Anstifter des Judenpogroms von 1349 und erster Ratsherr des anschließend erneuerten Stadtrats. Der Maler der Erfurter Kreuzigung erweist klar seine Kenntnis der aktuellen franko-flämischen Malerei, die um die Mitte des 14. Jahrhunderts über Straßburg auch in das kaiserliche Prag vermittelt bzw. in besonderer Form in Nürnberg umgesetzt wurde. Dass Erfurt und Prag sich künstlerisch nahe standen, belegt auch der stark italianisierende Akzent der jeweiligen Malerei: in Erfurt z. B. des anonymen Malers der Dominikaner-Kreuzigung oder des Malers der Tafelbilder aus dem Kloster der Augustiner-Chorherren und in Prag das Schaffen der für den Herrscherhof tätigen Maler (vgl. z. B. den Marientod aus Košátky, Kat.-Nr. 7.2). Bruchstückhaft überlieferte Archivbelege informieren außerdem über die Tätigkeit von Malern aus Erfurt im Prag der Luxemburger.

13.10 / Detail

Die Marienskulptur (sog. Schmedestedtsche Madonna⁴) gehört zusammen mit der Kreuzigungstafel zur ursprünglichen Ausstattung der Chorschranke. Sie fasziniert durch die rhythmische S-Form des schlanken Körpers, die im oberen Bereich noch durch die anliegende Draperie unterstrichen wird; darunter treten die Körperformen plastisch hervor. Der untere Teil des Körpers wird von einer dichten Ansammlung langer vertikaler Stofffalten dominiert, die die Position der Beine verbergen. Die sinnliche Gestaltung des festen Körpers gipfelt in dem zarten, von Emotionen geradezu glühenden Mädchengesicht der Gottesmutter, die ihren Blick ins Unbestimmte schweifen lässt, als halte sie ergeben nach Zeichen des Schicksals Ausschau. Ihre rechte Hand umfängt einen Rosenzweig, das Symbol christlicher Liebe und Schönheit. Jesus hält in der linken Hand einen Stieglitz als Symbol seiner späteren Leiden und des Kreuzopfers, während seine Rechte ein nicht näher bestimmbares Gefäß umschließt. Mit dem idealisierten Porträt der Mutter kontrastiert das greisenhafte Gesicht des kleinen Kindes. Sein rundes Antlitz mit unruhigen Augen zieht den Blick des Betrachters auf sich. Durch den herausfordernd gebeugten, halb nackten Körper und die geöffneten Lippen mit der leicht hervortretenden Zunge scheint es das Geheimnis seiner irdischen, auf Erlösung zielenden Lebensreise verraten zu wollen.

Die Madonna, eine der bemerkenswertesten Marienstatuen in Mitteldeutschland, reagiert auf die damals moderne Hinwendung zur aktuellen Pariser Kunst, was in der Fülle der Körperformen bzw. der betonten Sinnlichkeit im Ausdruck deutlich wird. Diese neue Form der künstlerischen Kommunikation konnte sich in Erfurt gerade im Umfeld der gebildeten Dominikaner durchsetzen, die mit den aktuellen Tendenzen der Pariser Gesellschaft vertraut waren.⁵ Aber auch den künstlerisch ambitionierten Kanonikern von St. Severi lag diese Formensprache nicht fern: Sie bestellten vermutlich bei demselben Bildhauer zwei Skulpturen für den Innenraum ihrer gerade fertiggestellten Kirche – einen Hl. Johannes d. T. auf der Konsole an der Südwand des Ostchors,⁶ der ein wirkungsvolles Gegenstück zur Gerhart-Madonna bildete, und eine Hl. Katharina,⁷ die für die Nord-Süd-Achse des Sakralraums zwischen dem Süd- und dem Nordportal bestimmt war. Vom Mittelpfeiler des Nordportals der Severikirche wurden die Pilger von einer monumentalen, formreduzierten Version der Marienstatue der Dominikaner begrüßt, was die inspirierende Kraft dieses Vorbilds deutlich macht. Die künstlerische Herkunft des Schöpfers der Dominikaner-Madonna wird am Mittelrhein zu suchen sein, in der Gegend zwischen Trier und Mainz (z. B. Oberwesel), wo in den Jahren 1328–37 Karls einflussreicher Onkel Balduin von Luxemburg auf beiden Erzbischofsstühlen gesessen hatte. Eine Vermittlung dieses Kunststils über Mainz nach Erfurt würde sich also anbieten. Auf jeden Fall bereitete der Bildhauer den Boden für einen weiteren hervorragenden Steinbildhauer vor – den Meister des Severisarkophags, der künstlerisch mit dem karolinischen Nürnberg bzw. Magdeburg verbunden war und aus Erfurt endgültig eine der wichtigsten Bildhauermetropolen des Heiligen Römischen Reichs machte.

Jiří Fajt

LITERATUR
OVERMANN 1911, 19. – KAMMEL 2000/I, 210 (mit älterer Literatur).

FUSSNOTEN
1 ZACKE 1861, 130f.
2 Zitat bei OVERMANN 1911, 19. – KAMMEL 2000/I, 210. – Das Dominikanerkloster in Erfurt besitzt bis heute eine doppelte Chorschranke: die äußere Wand, die den Raum des für die Laien bestimmten Hauptschiffs von dem für normale Besucher geschlossenen Bereich trennt, und den Raum des eigentlichen Chors auf einem Grundriss von vier Gewölbefeldern mit polygonalem Abschluss, der von allen Seiten von einer hohen Mauer umgeben ist. Historisch bezog sich der Begriff „Kirche" nur auf den Laienbereich, während der „Mönchschor" nicht mehr als Kirche galt.
3 Die Armreliquie des Apostels Jakobus d. Ä. wurde dem Dominikanerkloster 1350 von der Gräfin Mechtild von Orlamünde geschenkt. KAMMEL 2000/I, 312.
4 In der Literatur wird die Madonna irrtümlich mit Hartung von Schmedestedt in Verbindung gebracht, der den Erfurter Dominikanern 1350 zusammen mit seiner Gemahlin Jutta einen Thomasaltar stiftete, bei dem sie eine extra angefertigte steinerne Grabplatte („steyn") zur Bezeichnung ihrer letzten Ruhestätte anbringen ließen. – Erfurt, Predigerkirche, Totenbuch Ms. 2, fol. 8v. ZACKE 1861.
5 Das Erfurter Kloster war ursprünglich sogar von Paris aus besetzt worden.
6 Feinkörniger Sandstein mit Resten alter (ursprünglicher?) Fassung, Inkarnat wohl im ursprünglichen Zustand erhalten; H. 145 cm; hinten nur grob mit einem breiten Meißel und einem Spitzeisen bearbeitet.
7 Feinkörniger Sandstein, jüngere Fassung (nicht restauriert); H. 148 cm; hinten grob bearbeitet.

13.11 Statue des thronenden hl. Severus von Ravenna

Erfurt, um 1350.
Sandstein vom Seeberg bei Gotha, Reste alter (ursprünglicher?) Fassung; H. ca. 100 cm, B. ca. 50 cm.
Provenienz: Erfurt, Stiftskirche St. Severi, Trumeau des Südportals; sekundär im Innenraum über dem Nordportal angebracht.
Erfurt, Röm.-kath. Kirchengemeinde St. Severi.

Die Kirche St. Severi und der ihr gegenüberliegende Dom (früher: Kollegiatsstift) St. Marien bilden den ideellen und topografischen Mittelpunkt des historischen Erfurt, Residenzstadt von Weihbischöfen der Mainzer Erzdiözese. Die beiden dortigen Stiftskapitel befanden sich in einem Wettstreit um die Beherrschung des öffentlichen Raums auf dem Hügel über der Stadt, der manchmal auch gewaltsame Formen annahm. Das Bestreben der Stiftsherren, so viele freigiebige Pilger wie möglich in ihre Kirchen zu ziehen, erhielt seine stärksten visuellen Manifestationen in der Inszenierung der Heiligengräber. In der Marienkirche wurde für die hll. Adolar und Eoban, Gefährten des hl. Bonifatius während seiner deutschen Mission, eine Tumba mit einzelnen Steinskulpturen an den Seiten angefertigt, vor allem jedoch ein neuer Schrein aus Gold und Silber beschafft. Die Stiftsherren von St. Severi wählten dagegen eine andere Präsentationsstrategie und setzten weniger auf den Glanz von Edelsteinen als auf die ästhetische Attraktivität und das überregionale Renommee der beauftragten Bildhauer. Während die Marienkirche um 1330 durch einen hohen und langen Ostchor sowie die zur Severikirche hin vorgeschobene Vorhalle auf dreieckigem Grundriss mit zwei mit Skulpturen reich verzierten Portalen (der sog. Triangel) zu punkten suchte, wobei die handwerklich geschickten ausführenden Steinbildhauer aus lokalen Werkstätten stammten, vollendeten die Stiftsherren zu St. Severi den architektonisch revolutionären großräumigen, fünfschiffigen Hallenbau mit zwei integrierten Querschiffen und mächtiger Ostfassade, deren drei hohe Türme das Stadtbild dominieren sollten. Für den figürlichen Schmuck wählten sie künstlerisch ehrgeizigere und für ihre Zeit „moderne" Bildhauer von auswärts: So wandten sie sich gleichzeitig mit der Vollendung des konkurrierenden Triangelportals am Dom um 1330 an Johannes Gerhart, einen Bildhauer wohl aus Norddeutschland, vielleicht direkt aus Lübeck,¹ dem Zentrum der Hanse, der auch Erfurt als wichtiges Mitglied angehörte. Von Gerharts Hand stammt die außerordentliche, am Sockel signierte Madonna französischen Typs, die auf einer Konsole an der Nordwand des Ostchors steht: „DIT * BILDE * UNSER * VROWEN // HAT * JOH[ANN] * GERHART * GEHOWEN."² In diesem Fall handelt es sich jedoch nicht um eine Urhebersignatur, sondern vielmehr um eine Information, die die Stiftsherren hinzufügen ließen, um den Besuchern die Kostbarkeit dieser von einem damals offensichtlich berühmten Steinbildhauer geschaffenen Marienstatue vor Augen zu führen. Heute ist über Gerhart nichts mehr bekannt. Seine einstige außerordentliche Bedeutung wird jedoch durch den breiten Widerhall belegt, auf den sein Schaffen in der Erfurter Bildhauerei, vor allem bei der um Mitte des 14. Jahrhunderts neu antretenden Künstlergeneration stieß.

Zu Gerharts jüngeren Nachfolgern gehört auch der Schöpfer der Figur des thronenden Titelheiligen vom Mittelpfeiler des Südostportals der Stiftskirche St. Severi.³ Der schwermütige Ausdruck seines von reich gewelltem Haar gerahmten Gesichts beruft sich noch auf Gerharts Marienstatue. Dagegen finden die lebhafte, weich an der Oberfläche stilisierte Bewegung des unter dem anliegenden Gewand deutlich hervortretenden Heiligenkörpers, der mächtig

13.11

13.11 / Detail

voluminös gestaltete Vollbart, die hohe Stirn und die weich modellierten Wangen sowie die scharf geschnittenen vollen Lippen auffällige künstlerische Parallelen in den Statuen des Hl. Johannes d. T. im Ostchor gegenüber der Gerhart-Madonna und der Hl. Katharina an dem Pfeiler in der Nord-Süd-Achse des Hauptschiffs dieser Kirche. Allerdings lässt sich auch eine engere Werkstattverbindung all dieser Stücke nicht ausschließen.

Die Portalskulptur des Hl. Severus reagiert auf den zum Gericht sitzenden Christus mit Kreuzigung am Portal der gegenüberliegenden Marienkirche, den sie im hohen künstlerischen Anspruch ihrer Bearbeitung übertrifft. Ihr wohl rheinisch geprägter Schöpfer[4] beeinflusste schließlich auch den anonymen Bildhauer des prestigeträchtigsten bildhauerischen Auftrags der Stiftsherren von St. Severi – des Heiligengrabmals, das gemeinsam mit der Gestaltung des Innenraums der Stiftskirche um 1362 vollendet wurde. Mit seiner Fertigstellung und Inszenierung im Sakralraum hängt wohl auch die Umgestaltung des Interieurs zusammen, bei der es zu einer Neupositionierung der älteren Statuen gekommen sein könnte. Die zarte und minutiös ausgeführte sitzende Gestalt des bischöflichen Patrons vom Außenportal in der roten Dalmatik mit Pallium lässt jedoch die Großzügigkeit der plastischen Konzeption der figürlichen Grabplatte vermissen und wirkt in der Form geschlossener, was mit der Anbringung der Statue am schmalen Türpfosten (Trumeau) zusammenhängen dürfte. Die auffällige einseitige Bewegungsrichtung der Statue, betont durch die Drehung des Kopfes über die linke Schulter, erklärt sich wiederum durch die Hauptansicht, für die sie geschaffen wurde, d. h. für den Blick der Gläubigen, die von der Stadt her nach oben auf den mons Severi (heute Domberg) zu den beiden Kirchen pilgerten.

Der anonyme Steinbildhauer des Severi-Sarkophags kam um 1360 ebenfalls aus dem Norden nach Erfurt, diesmal aus Magdeburg, wo er in einer Bildhauerwerkstatt wohl bei der Dombauhütte tätig gewesen war. Seine Arbeiten waren in den 1360er und 1370er Jahren in ganz Mittel- und Norddeutschland gefragt.[5] Mit ihm kam eine neue Qualität nach Erfurt, mit der die dortige Bildhauerei in jeder Hinsicht ihren Höhepunkt erreichte. Die Deckplatte des Severi-Sarkophags zieren die stehenden, nahezu freiplastisch aufgefassten Skulpturen des bischöflichen Patrons mit seiner Ehefrau Vincentia und der Tochter Innocentia, die Wände schmücken plastische Reliefs mit der Anbetung der Hll. Drei Könige und Szenen aus dem Leben des hl. Severus. Der Mainzer Erzbischof Otgar hatte 836 die Reliquien des italienischen Bischofs aus Ravenna nach Erfurt gebracht, wo der hl. Severus durch die „Übernahme" der bis dahin dem hl. Paulus geweihten Kirche zu einem unübersehbaren Bestandteil der städtischen Sakraltopografie wurde.

Der Legende nach war der Weber Severus bei der Wahlzeremonie für den Bischof von Ravenna anwesend, als eine Taube in die Kirche flog, über seinem Kopf kreiste und sich dreimal auf seine Schulter setzte. Dies galt als göttliches Zeichen, woraufhin Severus selbst zum neuen Bischof gewählt wurde (amt. ca. 342–344). Diese Szenen sind auf dem Grabmal dargestellt: an den Schmalseiten der Abschied des Severus von seiner Familie vor der Bischofswahl und das Wunder der Taube während der Wahl; das Gegenstück zur Anbetung der Hll. Drei Könige an der Längsseite bildet dann die Einführung des Severus in das Bischofsamt.

Die Bildhauerwerkstatt des Meisters des Severi-Sarkophags war ungewöhnlich gefragt, wie die Vielzahl der vermutlich in dem relativ kurzen Zeitraum weniger Jahre für andere Institutionen in und außerhalb Erfurts entstandenen Objekte zeigt. Im vorliegenden Kontext muss vor allem erwähnt werden, dass sie auch an der Ausstattung der Pfarrkirche St. Marien in der thüringischen Reichsstadt Mühlhausen arbeitete, wo sich an der Südfassade des Querschiffs unter dem Jüngsten Gericht und der Anbetung der Hll. Drei Könige Kaiser Karl IV. mit seiner Gemahlin vom Balkon herabbeugt. Im Mai 1363 weihte der Dekan der Stiftskirche St. Severi vermutlich nach Vollendung des Heiligengrabmals den Altar der Heiligen Johannes d. T., Severus, Hieronymus und der Hll. Drei Könige.[6] Bereits in der zweiten Hälfte dieses Jahrzehnts begegnet man den Erfurter Bildhauern auch in Eberbach im Rheingau (vgl. Kat.-Nr. 13.13), wohin sie durch den Mainzer Erzbischof Gerlach von Nassau († 1371) berufen worden waren. In Hessen wurden sie auch von Karls gebildetem Gesandten und Notar der kaiserlichen Kanzlei, Rudolf Rule von Friedberg († 1367) beschäftigt, der wohl an der Abfassung der Goldenen Bulle beteiligt gewesen war und dem der Kaiser nicht nur zum Erwerb der Propstwürde an der Marienkirche in Wetzlar, sondern 1365 auch zum Bischofsstuhl in Verden verhalf.[7] Die Handschrift dieser Steinbildhauer lässt sich daher wenig überraschend auch am reich verzierten Westportal des unvollendet gebliebenen gotischen Neubaus der Stiftskirche in Wetzlar (Kat.-Nr. 13.14) erkennen, dessen Baumeister Tyle von Frankenberg war.

Jiří Fajt

LITERATUR
KAMMEL 2000/I, 230–232, Abb. 69 auf 226.

13.12.a–b

FUSSNOTEN
1 SUCKALE 2005, 207f.
2 KAMMEL 2000, 204–209 (mit älterer Literatur). – SUCKALE 2005, 204–208.
3 KAMMEL 2000 stellt die Heiligenskulptur in einen Kontext mit dem Schöpfer der Steinmadonna aus der Erfurter Neuwerkkirche, heute Erfurt, Angermuseum.
4 KAMMEL 2000, 230–232.
5 FAJT 2012.
6 Originalurkunde: Erfurt, St. Marien, Stift, Urk. I/637. Regest: OVERMANN 1929, 284f., Nr. 572
7 VOGTHERR 2005, 191. – KÜTHER 1979, 79–151.

13.12.a–b Weiblicher (a) und männlicher Kopf (b) aus der Erfurter Andreaskirche

Erfurt, Werkstatt des Meisters des Severisarkophags, um 1365–70.
Sandstein; Frauenkopf H. 15 cm, B. 12 cm, T. 12,5 cm; Männerkopf H. 24,5 cm, B. 18 cm, T. 14,5 cm.
Provenienz: Erfurt, Andreaskirche.
Erfurt, Angermuseum, Inv.-Nr. 1740 (b), 1741 (a).

Beide Köpfe sind 1911 von der Erfurter Andreasgemeinde erworben worden. Ihr ursprünglicher Zusammenhang ist nicht mehr nachvollziehbar. Sie scheinen für eine frontale Betrachtung gearbeitet zu sein, was eher eine Verwendung als Konsolen nahelegt, weniger einen szenischen Zusammenhang in einem Relief, beispielsweise einem Epitaph. Die Bruchstellen an den Rück- und Unterseiten verweisen auf ein Herauslösen aus einem größeren Block oder Reliefgrund. Bestoßungen an den Nasen sind ergänzt.

Der Mann mit vollem Haupthaar und gelocktem Bart ist durch die Ausbildung der Gesichtsfalten deutlich individuell charakterisiert. Es könnte sich sowohl um einen Stifter als auch um die Darstellung eines Heiligen handeln. Demgegenüber ist der Kopf der jungen Frau als makellos idealisiert. Ihr Haupt bedeckt ein Kruseler, ein am Rand aufwendig gefälteltes Kopftuch, das seit Mitte des 14. Jahrhunderts zur bevorzugten Mode vermögender Damen gehörte.

Das heutige Erscheinungsbild der Figuren wird von einem dicken, die ehemals fein gearbeitete Oberfläche verunklärenden dunklen braunroten Farbanstrich bestimmt, der an den Grenzen zum nicht mehr vorhandenen Grund eine deutliche Malkante aufweist. Die in Vorbereitung der Ausstellung von den Zentralen Restaurierungswerkstätten der Erfurter Museen durchgeführte Fassungssondierung lässt beträchtliche Reste einer Originalfassung unter der braunen Ölfarbschicht vermuten. Um die zu erwartenden Funde nicht zu schädigen, wurde zunächst auf eine Freilegung verzichtet.

Im Bereich des Kopftuches der Frau befindet sich auf der Steinoberfläche eine dünne weiße Grundierung, gefolgt von einer blauen Farbschicht. Darüber liegt eine weitere Grundierung mit einer dunkelroten Farbschicht, auf der zuletzt die dicke braunrote Ölfarbe aufgetragen wurde. Dieser Farbbefund deckt sich mit dem Befund an den Figuren des Tympanons über dem Südeingang der Erfurter Andreaskirche, an denen ebenfalls Reste eines dunkelroten Anstriches erhalten sind. Weitere Untersuchungen, die womöglich die ursprüngliche Farbigkeit der beiden Köpfe rekonstruieren lassen, sowie Pigmentanalysen, die die zeitliche Einordnung der Fassungen erhellen könnten, versprechen künftig weitere Forschungsergebnisse.

Der nach dem Sarkophag für die Reliquien des heiligen Severus in der Erfurter Severikirche benannte Meister des Severisarkophages kam in den 60er Jahren des 14. Jahrhunderts nach Erfurt. Zuvor hatte er in der Magdeburg-Halberstädter Gegend gewirkt. Ein Epitaph im Kloster St. Marienstern in Helmstedt, die Figuren der Halberstädter Marienkapelle und das Elisabeth-Retabel im Magdeburger Dom sind eng verwandte Werke, die auf die Herkunft des Bildhauers deuten, bevor er in Erfurt einen umfänglichen Werkstattbetrieb aufnahm. Neben dem Hauptwerk in der Severikirche sind nahezu alle bedeutenden Bauvorhaben der Stadt im letzten Drittel des 14. Jahrhunderts mit Skulpturen aus der Werkstatt des Meisters, in der mehrere Bildhauer unterschiedlicher Qualifikation nach gemeinsamen gestalterischen Prinzipien tätig gewesen sein müssen, ausgestattet worden: Auch in der Aegidienkirche, Andreaskirche, Barfüßerkirche, Nikolaikirche und in der Peterskirche befinden oder befanden sich Werke mit den charakteristischen Eigenheiten der Werkstatt. Diese Figuren waren – für das Mittelalter selbstverständlich – farbig gefasst, die originale Farbigkeit hat sich jedoch auf keinem der Steine erhalten; lediglich die Pietà aus der Aegidienkirche (heute im Angermuseum Erfurt) weist Reste einer jüngeren Fassung auf.

Karsten Horn

LITERATUR
KAESBACH 1924, 13, Nr. 14–15. – KUNZE 1925, 17, 75, Abb. 114, 115. – HAETGE 1931, 46, 54, Nr. 5.

13.13.a–b Konsolen aus dem Kreuzgang des Zisterzienserklosters Eberbach/Rheingau

a. Konsole mit junger Frau
Mitglied einer Erfurter Werkstatt, tätig in Eberbach, gegen 1370.
Sandstein; H. ca. 36 cm, B. ca. 73 cm, T. ca. 50 cm.

b. Lesender Anachoret

Mitglied einer Erfurter Werkstatt, tätig in Eberbach, gegen 1370.

Sandstein; H. ca. 40 cm, B. ca. 72 cm, T. ca. 60 cm.

Provenienz: Eberbach, ehem. Zisterzienserabtei, Kreuzgang, Ostflügel, auf Höhe des im 14. Jh. erneuerten Kapitelsaals; am Originalstandort durch Kopien ersetzt.

Eberbach, Stiftung Kloster Eberbach.

Die Zisterzienser waren als strenger Reformzweig des benediktinischen Mönchtums nach Gründung des neuen Klosters Cîteaux 1098 und insbesondere unter dem einflussreichen Abt des Tochterklosters Clairvaux, des heiligen Bernhard (um 1090–1153), stark bilderfeindlich eingestellt, da Bilder der wahren Andacht und Gottesnähe in einem Kloster abträglich seien. Entsprechend sind auch die frühen Bauteile der weitgehend erhaltenen, 1136 zu Lebzeiten Bernhards durch Mönche aus Clairvaux gegründeten Abtei Eberbach im Rheingau sehr schlicht und ohne figürlichen Schmuck ausgeführt. Auch der Ostflügel des Kreuzgangs enthält in seinem nördlichen, aus dem 13. Jahrhundert stammenden Abschnitt lediglich ästhetisch ansprechende, qualitätvoll gearbeitete Laubkonsolen. Im 14. Jahrhundert aber setzt sich in Zisterzienserkreuzgängen mehr und mehr bildlicher Schmuck durch – und so wurde, als der südliche Teil des Eberbacher Ostflügels im Zuge des gotischen Umbaus des Kapitelsaals neu errichtet wurde, auch hier ein bildliches Skulpturenprogramm an den Gewölbekonsolen angebracht.

Glücklicherweise blieben die Skulpturen beim Abbruch des Kreuzgangs 1805 erhalten, litten aber in der Folgezeit unter der Witterung; so ist besonders die erste figürliche Darstellung von Norden her besonders beschädigt: Dargestellt ist ein Engel mit weit ausgebreiteten Schwingen, dessen Arme leider abgebrochen sind. Allerdings ist erschließbar, dass er in der erhobenen Rechten ein Spruchband gehalten haben muss, dessen nach unten wehendes Ende von der Hüfte an abwärts noch erhalten ist. Daraus ist eindeutig zu erschließen, dass es sich um den Erzengel Gabriel aus der Verkündigung an Maria handeln muss, auch wenn die Figur der nächsten Konsole auf den ersten Blick nicht eindeutig bestimmbar erscheint.

Bei dieser handelt es sich um die in der Ausstellung gezeigte Konsole mit einer jungen Frau in einem am Oberkörper eng anliegenden Kleid, das sich von der Hüfte abwärts stoffreich entfaltet. Sie sitzt auf einer Bank und rafft mit der Rechten das Gewand, indem sie sich abstützt; gleichzeitig stützt sie sich auch mit der Linken auf dem Oberschenkel ab. In Analogie zu einer der folgenden Konsolen weist sie diese Körperhaltung als eine Art zarte Atlantin aus. Dies entspricht dem Anbringungsort und tritt in ähnlicher Weise auch bei der ganz weltlich gekleideten Dame vom Nordportal der Nürnberger Frauenkirche auf.

Ungewöhnlich für eine Mariendarstellung sind die weltlich wirkende Kleidung, das Fehlen jeglicher Mariensymbolik (v. a. der Lilie) oder des sonst gängigen Intérieurs des Tempels, in dem Maria betend und in den Schriften lesend ihre Jugend verbrachte, also z. B. eines Lesepults (vgl. z. B. die Tafel Meister Bertrams, Kat.-Nr. 13.7). Allenfalls könnte es sich, wegen der großen Blätter rechts und links, um eine Darstellung des Hortus conclusus handeln, des verschlossenen Gartens, der als beliebtes Symbol der Jungfräulichkeit Marias vor allem im 15. Jahrhundert immer wieder aufgegriffen wurde. Unwahrscheinlich ist hingegen die Deutung als „Mädchenengel"[1] – in einer solch weltlich anmutenden und vor allem flügellosen Form ist dieser Bildtypus nördlich der Alpen im späten Mittelalter nicht denkbar.[2]

Es bleiben also zwei Deutungsmöglichkeiten: Entweder wurde die junge Frau sekundär durch den Verkündigungsengel in einen mariologischen Kontext eingebunden. Vielleicht sollte ursprünglich eine negativ konnotierte Darstellung vor den irdisch-teuflischen Verführungskünsten warnen (was man auch bei der genannten Nürnberger Konsolfigur vermuten könnte) – ähnlich jener berühmten, künstlerisch nicht so perfekt ausgeführten Darstellung am Konversengestühl der Zisterzienserabteikirche Doberan, wo freilich der Fürst der Unterwelt selbst auftritt. Oder es war, wofür hier plädiert werden soll, doch Maria gemeint, die nun durch das über den Engel vermittelte Gotteswort zur jungfräulichen Gottesgebärerin werden wird (zum hortus conclusus) – dargestellt schlicht in ihrer jungfräulichen Mädchenhaftigkeit. Dafür spricht, dass auch die an der nächsten Konsole des Eberbacher Kreuzgangostflügels dargestellte, nun thronende Muttergottes im Grunde das gleiche Kleid trägt, nur ist es im Beinbereich etwas stärker stilisiert und reicher mit Röhrenfalten ausgestattet. Zusätzlich wurden Maria hier nun der Schleier und die Krone, die sie bereits als Himmelskönigin ausweist, beigegeben.

Mit der Rechten deutet sie auf den nackten, lebhaften Jesusknaben, der auf ihrem linken Knie strampelt. Auch diese Darstellung erscheint zunächst ungewöhnlich, selbst im Vergleich mit den böhmischen Madonnen, wie sie auch in der Ausstellung zu sehen sind (vgl. z. B. die Madonna von Puschendorf, Kat.-Nr. 11.13), die ja mit ikonografischen Abwandlungen geradezu experimentieren. Doch klärt sich die Situation rasch auf, betrachtet man den Milchtopf in Marias Linker: Sie spricht zu dem rechts anbetend knienden Mönch, den man als Hl. Bernhard identifizieren kann, und führt ihm vor Augen, dass sie diesen höchst menschlichen Knaben mit der Milch ihrer eigenen Brust genährt habe. Offenbar war es zu diesem Zeitpunkt noch undenkbar, die schriftlich und später auch im Bild überlieferte Legende, der zufolge Maria Bernhard direkt aus eigener Brust den Beweis für das Stillen des Jesusknaben geliefert habe, in einem Kreuzgang darzustellen. Dass die Marienfigur sich dennoch auf diese Episode aus dem Leben Bernhards bezieht, der mehrfach von der leibhaftigen Menschwerdung Gottes überzeugt werden musste, unterstreicht der architektonische Baldachin, der hier ausnahmsweise mit eingefügt wurde.

Die wiederum nächste Konsole ist ebenfalls in der Ausstellung zu sehen. Ein bärtiger Mann mit Kapuze (Kukulle) liest in einem Buch. Auf den ersten Blick könnte man ihn für einen Konversen halten, also für einen Angehörigen der „zweiten Mönchsklasse" in Zisterzienserklöstern. Diese waren den Priestermönchen untergeordnet, besaßen westlich des Lettners in der Kirche ein eigenes Gestühl und bewohnten ebenso im westlichen Flügel der Klausur eigene Räumlichkeiten. Es wäre jedoch erstaunlich, wenn man an einem so prominenten Ort, direkt neben dem Eingang zum Kapitelsaal eben der Priestermönche, einen Konversen dargestellt hätte, noch dazu lesend und zwischen zwei Bäumen sitzend: Hier ist vielmehr das Anachoretentum gemeint, generell Ideal und Wurzel des Mönchtums, die frühchristliche Lebensform des Wüstenvaters, der in der Einsamkeit ausschließlich Gott dient. An diesem Ideal orientiert sich die Selbststilisierung der Zisterzienser; die Bäume deuten die „Wüste" an, die die Zisterzienser im Norden zogen – in den Wald.

Die folgenden Konsolen zeigen: erstens einen Evangelisten am Schreibpult und zweitens einen weiteren Engel, der kniend dargestellt ist, die Rechte hatte er sprechend erhoben, während er seine Linke auf dem Knie abstützt; drittens einen hockenden, weltlich gekleideten Mann in Schecke und Mantel mit locker gewelltem Haar. Sein Gesicht ist zerstört, die Arme sind abgebrochen. Erkennbar ist jedoch, dass auch er sich auf den Oberschenkeln abstützte und die Last des Gewölbes zu tragen hatte. Viertens folgt in der Ecke zum Südflügel eine weitere weltliche Gestalt, ein kniender bärtiger Mann mit eigenartig überkreuzten Armen, gekleidet mit Schecke und Dumpsing (Hüftgürtel), an welchem, wie im mittleren 14. Jahrhundert gang und gäbe, ein Dolch befestigt ist. Als letzte (oder von der hier befindlichen Tür zur Kirche her gesehen erste) Darstellung folgt an der Kirchenwand ein weiterer kauernder Engel, der ein geöffnetes Buch vorweist. Diese eigenartige Mischung von figürlichen Darstellungen, angebracht an einer bedeutsamen Stelle, nämlich am Übergang vom östlichen, ranghöchsten Kreuzgangflügel in die Kirche, kann nicht ohne Sinn gewesen sein. Dieser jedoch erschließt sich heute nicht mehr unmittelbar, sodass sich weitergehende Spekulationen darüber, ob hier z. B. Stifter oder Bauleute dargestellt sein könnten, verbieten.

Offensichtlich ist, dass die Konsolen untereinander stilistisch verwandt sind und dass sie von jenen Bildhauern geschaffen wurden, die gleichzeitig an dem Grabmal für den Mainzer Erzbischof Gerlach von Nassau (* 1322, amt. 1346–71) arbeiteten. Auch das Material ist das gleiche.[3] Die aufwendige Anlage stand stets an der Nordwand des Presbyteriums der Eberbacher Abteikirche, wobei die Grabplatte aus rotem Sandstein mit der sehr schlanken, stilisierten Darstellung des Verstorbenen vielleicht etwas älter ist als Tumba und Baldachin, in die sie dann liegend eingefügt wurde.[4] Anlässlich der Barockisierung Eberbachs wurden die beiden Gewölbejoche des Baldachins 1707 abgebrochen, die Grabplatte an der Wand aufrecht montiert und die Architekturfront direkt davor wieder aufgerichtet. Die figürlichen Teile blieben erhalten, so die Vorderwand der Tumba, die die Auferstehung Christi mit inzensierenden Engeln, die Begegnung Maria Magdalenas mit dem Auferstandenen, den sie für einen Gärtner hält, und im Zentrum wiederum die mächtige Figur eines weltlich gekleideten Atlanten zeigt. Nur fünf einst an der Rückwand aufgestellte Skulpturen (die Hll. Barbara, Agnes, Katharina und Maria Magdalena sowie ein stehender Engel mit Weihrauchfass) gingen verloren.

Schon vor Langem wurde erkannt, dass es sich um Werke handelt, die denen des Meisters des Erfurter Severisarkophags (ebendort in St. Severi) eng verwandt sind. Die brillante Architektur des Eberbacher Grabmals wie auch die hohe Qualität der Skulpturen verweisen auf die Bedeutung dieser memorialen Stätte, errichtet für jenen Mainzer Kurfürsten, der 1346 durch Papst Clemens VI. nach Absetzung des damaligen Amtsinhabers, Heinrichs III. von Virneburg († 1353), eines Anhängers Kaiser Ludwigs IV., ins Amt gekommen war, bei der Erhebung Karls von Luxemburg zum Gegenkönig tatkräftig mitgewirkt hatte und diesem dann stets treuer Unterstützer geblieben war. Die von früheren Mainzer Erzbischöfen an ihren Grabmälern hervorgehobene Rolle als „Königsmacher", die ja von Karl IV. in der Goldenen Bulle 1356 endgültig fixiert worden war, tritt am Eberbacher Grabmal indirekt in

LITERATUR
FISCHEL 1923, 81–91. – HAHN 1954. – Ausst.-Kat. Köln 1978, I, 248 (Herbert BECK / Wolfgang BEEH). – Ausst.-Kat. Aachen 1980, I, Kat.-Nr. F.19. – HÖRSCH 2004. – RÖSCH 2004, 103–106, 315–324. – EINSINGBACH/ RIEDEL 2015, 49–52, 74f. – FAJT 2016/I, II.

FUSSNOTEN
1 EINSINGBACH/RIEDEL 2015, 75.
2 RÖSCH 2004, 103, erkennt an der Rückwand der Konsole die Flügel; mir scheint dies Laubwerk zu sein, eine Verbindung zum Körper nicht eindeutig – während bei allen anderen Engeln an den Eberbacher Konsolen die Flügel klar erkennbar ausgestaltet sind; auch entsprechen sie nicht dem mädchenhaften Figurentyp. – Ein flügelloser Diakon-Engel findet sich inzensierend in der achteckigen Eingangshalle am Querhaus des Meißner Domes; wenn man der Zeichnung, die Heinrich Dors von Altweilnau 1632 vom Grabmal Erzbischof Gerlachs von Nassau in Eberbach anfertigte (vgl. auch im Folgenden), glauben darf, so besaß auch ein an der Nordwand neben der Anlage aufgestellter, ebenfalls inzensierender Engel keine Flügel.
3 HAHN 1954, 241.
4 Vgl. die Zeichnung bei Heinrich Dors von Altweilnau, 1632: HAHN 1954, Taf. I.

13.13.a

13.13.b

13.14.a–c Porträt des Baumeisters Tyle von Frankenberg (?) und Prophetenstatuen von der Westfassade des Wetzlarer Doms

Wetzlar, 1360er Jahre (spätestens 1367).
Sandstein mit Fragmenten einer älteren Fassung;
a. Porträt H. 28 cm, B. 24 cm, T. 23 cm; Prophet b. H. 60 cm, B. 20 cm, T. 13. cm; Prophet c. H. 59 cm, B. 19 cm, T. 13 cm.
Provenienz: Wetzlar, Pfarr- und Stiftskirche St. Salvator, St. Petrus und St. Marcelinus, unvollendeter gotischer Neubau, Westfront, Portal, Nische der Außenarchivolte (Porträt) und Außenarchivolte (Propheten).
Wetzlar, Röm.-kath. Kirchengemeinde Unsere Liebe Frau.

Die Reichsstadt Wetzlar verdankte ihre Bedeutung vor allem der strategisch günstigen Lage an der Lahn und am Fernhandelsweg zwischen Frankfurt am Main und Köln. Seit Mitte des 13. Jahrhunderts existierten hier die Ämter des den Kaiser vertretenden Reichsvogts und des Schultheißen als Vertreter des Propstes des dortigen Kollegiatkapitels in weltlichen Angelegenheiten. Die Stadt selbst wurde von einem 12-köpfigen Rat verwaltet. In der ersten Hälfte des 14. Jahrhunderts prosperierte Wetzlar zudem dank der Förderung und Verarbeitung lokaler Eisenerzvorkommen.

Diese Situation spiegelte sich in der Notwendigkeit wider, das erst unlängst in der zweiten Hälfte des 13. Jahrhunderts vollendete Gebäude der zentralen Stadt- und Kapitelkirche um eine mächtige gotische Zwei-Turm-Fassade zu erweitern. Die Fundamente für den Südwestturm wurden ab 1336 ausgehoben, doch aufgrund der unruhigen Lage in der Stadt unterbrach man das Bauprojekt Ende der 1360er Jahre: Bereits in der ersten Hälfte des 14. Jahrhunderts waren die benachbarten Adligen auf die reicher werdende Stadt Wetzlar aufmerksam geworden und hatten sie zum Gegenstand ihrer Expansionspolitik gemacht. Dies galt besonders für die Grafen von Solms. Wetzlar verbündete sich mit

Erscheinung: Im linken Wimperg, der sich einst zu Häupten des verstorbenen Bischofs befand, ist der alttestamentliche König Salomo auf dem Löwenthron dargestellt, der zum einen der neben ihm stehenden Muttergottes zugeordnet ist, die ja selbst mit dem Thron der Weisheit (also Salomos) identifiziert wird, indem sie Thron ihres Sohnes Jesus und somit der göttlichen Weisheit ist. Zum andern konnte das königliche Thema aber auch auf aktuelle Herrscher, in diesem Fall Karl IV., bezogen werden. Dass man es hier mit Bildhauern aus dem engsten Umfeld der Reichsspitze zu tun hat, belegt ihre Tätigkeit am Südquerhaus der Marienkirche zu Mühlhausen/Thür., wo sich Skulpturen des Kaisers selbst nebst Gattin und Höflingen über die Brüstung beugen, selbst wiederum allegorisch überhöht von der Gruppe der Hll. Drei Könige. Es ist wegen des außergewöhnlichen Aufwands bei der Gestaltung des Grabmals anzunehmen, dass es noch zu Lebzeiten Kurfürst-Erzbischof Gerlachs in Auftrag gegeben wurde; dies gilt damit auch für die Konsolen des östlichen Kreuzgangflügels, an dessen Bau sich der Kirchenfürst beteiligt haben dürfte.

Markus Hörsch

13 ✳ Das Heilige Römische Reich – Anhänger und Opposition   **537**

13.14.a

den hessischen Landgrafen und siegte 1364, aber die bewaffneten Auseinandersetzungen hatten die Wirtschaftskraft der Stadt stark geschwächt, sodass diese sich kaum an der Finanzierung der neuen Fassade für die Pfarr- und Propsteikirche beteiligen konnte. Die finanzielle Last ruhte damals also stärker auf dem Kapitel als auf der verschuldeten Stadt, die in den Jahren 1369/70 sogar den Bankrott der städtischen Finanzen verkünden musste.

An der Spitze des Wetzlarer Kapitels stand der einflussreiche und kaisernahe Propst Rudolf Rule von Friedberg († 1367), ab 1365 Bischof von Verden/Aller. Der studierte Jurist verbrachte sein ganzes Leben in den Diensten Karls IV. Als Mitglied der erzbischöflichen Kanzlei in Trier ging er nach dem Tod Erzbischof Balduins im Jahr 1354 nach Prag. 1355 begleitete er Karl IV. als Notar und Gesandter auf der Krönungsfahrt nach Rom und noch im selben Jahr erhielt er als Dank für die Unterstützung des Kaisers die Würde eines Propstes im Kollegiatkapitel Unserer Lieben Frau in Wetzlar. Komplizierte diplomatische Verhandlungen führten Rudolf nach Paris und London und 1365 war er in Arles bei der Krönung Karls IV. zum König von Burgund anwesend. Nach der Rückkehr ernannte ihn Papst Urban V. zum Bischof von Verden, jedoch blieb Rudolf auch weiterhin in kaiserlichen Diensten. In seinem in Prag niedergelegten Testament bestimmte er das Zisterzienserkloster Arnsburg in der Wetterau zu seiner letzten Ruhestätte, wo er denn auch in einer der Seitenkapellen der Abteikirche beigesetzt wurde.

Rudolf von Friedberg besaß ausgesprochen enge Verbindungen zu dem Frankfurter Bürger, Reichsschultheißen (d. h. höchsten kaiserlichen Beamten) und Höfling am Kaiserhof, Siegfried zum Paradies (vgl. Kat.-Nr. 13.4). 1365 besuchten beide Männer gemeinsam den Landvogt in der Wetterau, Ulrich von Hanau, von dem Karl IV. Stadt und Burg Babenhausen als böhmisches Königslehen und weiteren „Trittstein" in der Landbrücke zwischen Prag und Luxemburg erwerben wollte. Ein Jahr später (1366) war Rudolf Siegfried dabei behilflich, für Frankfurt am Main ein Exemplar des Reichsgesetzbuches, der sog. Goldenen Bulle, zu erhalten; außerdem betraute der Verdener Bischof Siegfried zum Paradies mit der Aufsicht über die Vollstreckung seines Testaments.

Der Südwestbereich der Propsteikirche in Wetzlar mit dem Turm und den beiden Portalen ist das selten überlieferte Beispiel eines unvollendeten gotischen Bauprojekts, das durch finanzielle Not und den Abgang des Hauptbauherrn – bis 1367 des Wetzlarer Propstes und Verdener Bischofs Rudolf Rule von Friedberg – zum Stillstand gebracht wurde. Die Persönlichkeit des dem Kaiser nahestehenden Höflings erklärt auch einige künstlerische Züge des gotischen Fragments der Wetzlarer Kirche: Ihre Westfassade beruft sich hinsichtlich der architektonischen Lösung nicht nur auf den Kölner Dom, sondern auch auf die Zwei-Turm-Westfassade „kathedralen Typs" der Pfarrkirche St. Lorenz in Nürnberg.

Der bauplastische Schmuck wiederum erinnert entfernt an das Tympanon am Südportal der Kollegiatkirche St. Bartholomäus in Frankfurt am Main, wobei sich in Hessen weitere Parallelen finden lassen. Das marianische Programm des Westportals in Wetzlar zeigt die Anbetung der Hll. Drei Könige und die Marienkrönung im Tympanon, eine Madonnenstatue am Trumeau und den Zyklus der Klugen und Törichten Jungfrauen in der inneren bzw. der Propheten in der äußeren Archivolte. Die im Vergleich zu den mächtigen Baldachinen proportional zu kleinen Maße dieser Statuen deuten jedoch darauf hin, dass sie an dieser Stelle sekundär angebracht wurden und ursprünglich ein anderer Ort für sie vorgesehen war.

Die Nische der inneren Archivolte krönt das Haupt Christi; an der äußeren Archivolte erblickt man einen Männerkopf mit mächtigem Vollbart und langem Haar, das ein Barett ziert, wie es von Angehörigen des weltlichen Standes getragen wurde. Die Platzierung an diesem prestigeträchtigen Ort und die Kennzeichen eines Porträts erlauben die Vermutung, dass es sich um ein solches, vielleicht sogar ein Selbstporträt des Baumeisters, d. h. des Direktors der Bauhütte (director fabricae) handelt.

Dieser könnte Tyle von Frankenberg gewesen sein, zu dessen bekanntesten Werken der Umbau der Marienkirche in Frankenberg und das Hauptschiff der Marienkirche in Marburg gehören. Mit seinem Namen ist zudem der Umbau der Burg Hermannstein unweit von Wetzlar verbunden. Die am Westportal in Wetzlar tätigen Steinbildhauer könnten wiederum künstlerisch mit der Erfurter Bildhauerwerkstatt des Meisters des Severi-Sarkophags verknüpft sein, deren Mitglieder auf Einladung des Mainzer Erzbischofs Gerlach von Nassau in das Zisterzienserkloster Eberbach im Rheingau kamen, wo sie das plastisch reich verzierte Baldachingrabmal des Erzbischofs schufen und den dortigen Kreuzgang ausschmückten (vgl. Kat.-Nr. 13.13). Ähnlich wie Rudolf Rule von Friedberg war auch Gerlach von Nassau ein enger Verbündeter des Kaisers, wenn sich auch die künstlerische Anlehnung nicht über das Grabmal hinaus verfolgen lässt. Daher wäre es nicht überraschend, wenn beide Würdenträger sich in Fragen der Kunstrepräsentation von ähnlichen, wenn nicht gar gleichen Quellen hätten inspirieren lassen. Rudolf Rule erteilte den Auftrag für die plastischen Arbeiten an der Propstkirche in Wetzlar wahrscheinlich den zunächst für den Mainzer Metropoliten tätigen Bildhauern, zumal Wetzlar zur Mainzer Diözese gehörte.

Jiří Fajt

LITERATUR
SEBALD 2001, 51–68 (mit älterer Literatur).

13.15.a–b Zwei weibliche Heilige aus Groß Ammensleben

Magdeburg, E. der 1370er Jahre.
Feinkörniger heller Sandstein aus Bernburg[1] bei Magdeburg; a. hl. Barbara (?): H. 114 cm; Palmette als Attribut neu ergänzt; b. hl. Katharina: H. 114 cm; Spitze des linken Beins abgeschlagen, Teil der rechten Falten fehlt, zwei Öffnungen (sekundär?) an

13.14.b–c

13.15.a–b

der linken Hand und der linken Seite.
Provenienz: Groß Ammensleben,
Benediktinerklosterkirche St. Peter und Paul,
ursprünglich (?) Marienkapelle an der Nordseite.
Groß Ammensleben, Röm.-kath. Kirchengemeinde
St. Peter und Paul.

Die beiden Skulpturen stehen bis heute auf Wandkonsolen in der Marienkapelle, die Abt Bodo von Randow (amt. 1308–34) an der Nordwand der Benediktinerkirche einrichten ließ. Geweiht wurde sie allerdings erst unter dessen Nachfolger Arnold Kölnen (amt. 1334–46) am Tag seiner Amtseinführung, dem 28. Oktober 1334.[2] Die wirtschaftliche Blütezeit des Klosters in der ersten Hälfte des 14. Jahrhunderts wurde bald von einer Phase des Niedergangs abgelöst, für die eine vernichtende Pestepidemie, eine große Missernte sowie die Persönlichkeiten wenig geeigneter Äbte verantwortlich waren. Die Herrschaft des despotischen Arnold II. (amt. 1355–72) zeichnete sich durch Ausschweifungen und Luxussucht aus, was zwangsläufig eine neue Welle der Verpfändung von Klosterbesitz mit sich brachte. Der verhasste Abt wurde vom Konvent sogar mehrfach vor dem erzbischöflichen Gericht in Magdeburg angeklagt, blieb jedoch dank des mithilfe Karls IV. eingesetzten Erzbischofs Albrecht von Sternberg (reg. 1368–71) straffrei. Wirtschaftliche Misserfolge und Unbeliebtheit waren diesen beiden Geistlichen anscheinend gemeinsam.

Albrecht tauchte schließlich, erneut mithilfe des Kaisers, Magdeburg gegen das Bistum Leitomischl (Litomyšl), das bis dato der gelehrte kaiserliche Beamte Peter von Brünn gen. Jelito besetzt hatte, der nun nach Magdeburg ging (reg. 1371–81). Damals übernahm der neue, eher weltlich orientierte Abt Heinrich (amt. 1372–93) den Abtsstab in Groß Ammensleben. Unter Peter Jelito waren die Geistlichen der Magdeburger Erzdiözese dem ständig wachsenden ökonomischen Druck der Laieneliten ausgesetzt. Daher erbaten sie bei Karl IV. eine Schutzurkunde „gegen die Laien", die 1377 anlässlich der Weihe der Burgkapelle in Karls Nebenresidenz in Tangermünde unweit von Magdeburg ausgestellt wurde.[3] An der Zeremonie nahm wohl auch der Benediktinerabt Heinrich von Groß Ammensleben teil.

Es lässt sich nur schwer entscheiden, ob die Skulpturen der Hll. Katharina und Barbara (?) unter dem verschwenderischen Abt Arnold in Auftrag gegeben wurden, den offenbar enge Beziehungen zu dem Magdeburger Erzbischof Albrecht von Sternberg verbanden, oder erst unter seinem Nachfolger Heinrich, der wiederum die Unterstützung des Erzbischofs Peter missbrauchte; Heinrich musste schließlich wegen Betrügereien bei der Münzprägung aus dem Kloster fliehen und lebte jahrelang im Versteck.[4]

Einiges kann uns aber bereits die Betrachtung der Skulpturen verraten. Sie stehen den Holzplastiken vom Schrein des Altarretabels im brandenburgischen Rathenow, der Wittumsstadt der Katharina von Luxemburg, Tochter Karls IV., auffällig nahe. Katharina hatte die Stadt als Geschenk von ihrem Gemahl Otto, dem brandenburgischen Markgrafen aus der Dynastie der Wittelsbacher, erhalten und das bedeutende Denkmal für die luxemburgischen Ambitionen in Brandenburg wohl nach Ottos Tod 1379 in Auftrag gegeben. Wie die dendrochronologischen Analysen gezeigt haben, handelt es sich bei dem Rathenower Retabel nicht um einen Import aus Böhmen, wie es z. B. bei einem vergleichbaren Objekt im Dom der Bischofsstadt Brandenburg der Fall ist (Kat.-Nr. 11.21); es entstand vielmehr in Mitteldeutschland, vermutlich in Magdeburg. Auch im Fall der Skulpturen von Groß Ammensleben wird die Annahme einer solchen Provenienz durch das verwendete Material unterstützt: Es handelt sich um südlich von Magdeburg in Bernburg an der Saale abgebauten Sandstein; der feinkörnige helle Sandstein wurde auf dem Fluss in die unweit gelegene erzbischöfliche Metropole transportiert, wo er den Steinbildhauern als gängiger Rohstoff diente.

Von der Forschung wurden die weiblichen Heiligen aus Groß Ammensleben ganz unterschiedlich datiert.[5] Aufmerksamkeit erregen sie besonders durch die herausragende Qualität der Ausführung der plastischen, monumental aufgefassten Körperformen, die durch ihre realistische Note an die toskanische Bildhauerei des beginnenden 14. Jahrhunderts erinnern, als deren berühmter Repräsentant Giovanni Pisano, der Schöpfer des Genueser Grabmals der Großmutter Karls IV., Margarethe von Brabant, gelten darf (Kat.-Nr. 3.2). Vom Typus her sind die Figuren von Groß Ammensleben aber noch dem Schaffen der älteren Künstlergeneration verpflichtet, wie sie durch den Magdeburg/Erfurter Meister des Severisarkophags (Kat.-Nr. 13.12) bzw. die älteren Magdeburger Bildhauerwerkstätten aus der Zeit um 1360, in denen dieser außergewöhnliche Bildhauer wirkte, vertreten wird.[6] Trotzdem stehen die Skulpturen aus Groß Ammensleben bereits für einen fortschrittlicheren Stil, der nicht mit der Prager Bildhauerei der 1370er Jahre in Verbindung gebracht werden kann. Dies belegt ein Vergleich der ovalen Gesichter, eingerahmt von charakteristisch stilisiertem welligem Haar, mit den Porträtbüsten im Triforium des Prager Veitsdoms. Am auffälligsten erscheint die Verwandtschaft zwischen der Hl. Barbara (?) in Groß Ammensleben und dem Prager Porträt der Anna von der Pfalz (um 1375). Die typenmäßigen, formal-stilistischen und motivischen Ähnlichkeiten zwischen den Skulpturen aus Groß Ammensleben und denen in Rathenow überschreitet bei weitem eine Verwandtschaft, die sich durch rein zeitlich bedingte Faktoren erklären ließe: Genannt seien die voluminösen, breiten Figuren, die auffällig ähnliche Draperie sowie einzelne Details wie die ovalen, von leicht gewellten Haaren umgebenen Gesichter mit hoher Stirn, mandelförmigen Augen, einer langen Nase mit breiter Wurzel und einem Mund mit schmalen geschlossenen Lippen.

Diese Beobachtungen belegen, dass die Skulpturen aus Groß Ammensleben und die weiblichen Heiligen in Rathenow im Kontext der mitteldeutschen Elbmetropole und der dortigen Bildhauerei der ausgehenden 1370er Jahre untersucht werden müssen. Mit Peter Jelito tauchte in Magdeburg ein starkes böhmisches Element nicht nur unter den Geistlichen auf (z. B. stand Peter Johann von Kasejovice[57] an der Spitze des 1373 von Erzbischof Peter gegründeten Mansionarkapitels), sondern auch in der Dombauhütte, wie etwa an der Lösung der Westfassade des Doms oder am Neubau der erzbischöflichen Palastkapelle St. Gangolf, dem Sitz der Mansionare, mit hängendem Schlussstein und reichem Maßwerk, deutlich wird.[8]

Es überrascht daher nicht, dass die Skulpturen aus Groß Ammensleben auf die Tradition einer lokalen, wenn auch überregional wirkenden Bildhauerwerkstatt verweisen, die wohl am Magdeburger Dom St. Mauritius und Katharina ansässig war, deren künstlerischer Ausdruck jedoch unter dem letzten der drei von Karl IV. eingesetzten böhmischen Metropoliten, Peter Jelito, durch starke Impulse aus dem kaiserlichen Prag bzw. aus der Bauhütte des dortigen gotischen Neubaus des Veitsdoms belebt wurde.

Jiří Fajt

LITERATUR
FAJT 2012. – FAJT 2016/I, II. – FAJT 2016/II.

FUSSNOTEN
1 BÖWITZ 2010, 5. – Ergebnis eines wissenschaftlichen Projekts, durchgeführt in Zusammenarbeit mit dem Geisteswissenschaftlichen Zentrum Geschichte und Kultur Ostmitteleuropas an der Universität Leipzig (Jiří FAJT) und der Bundesanstalt für Geowissenschaften und Rohstoffe, Berlin-Spandau (Angela EHLING).
2 BEHRENDS o. J., 5, 32.
3 SINDERAM 1800, 167.
4 SINDERAM 1800, 172.
5 SCHUBERT 1974, 325, Abb. 206, datiert sie auf 1280/1290: „Die reichen Gewandmassen, die Tiefe der Mantelfalten, einzelne prägnante Züge wie die großen Schüsselfalten (bei Katharina) bereiten den skulpturalen Stil um 1300 vor, so daß eine Datierung der Figuren um 1280/1290 in Frage kommt (vgl. Straßburg. Plastik der Westportale)." – DOHMANN 1968, 364, bestimmt ihre Entstehung „um 1300". – PILTZ 1992, 70: „um 1380". – DEHIO/LEHMANN 1974, 119, sprachen sich ebenso wie DETTMERS 1994, 81f., für eine Datierung um 1334 aus. Dettmers ordnet sie jedoch einer Zeit vor den Skulpturen der Kapelle St. Marien am Dom in Halberstadt zu, die er irrtümlich „kurz nach 1343" datiert (ebd., 77).
6 Spuren der älteren Magdeburger Bildhauerwerkstatt, deren künstlerische Genese mit dem karolinischen Nürnberg verbunden ist, lassen sich in einem breiten Gebiet von Magdeburg über Braunschweig, Halberstadt, Meißen bis nach Erfurt und dann in Eberbach/Rheingau (Kat.-Nr. 13.13) und in der Wetterau (Kat.-Nr. 13.14) finden. FAJT 2012. – FAJT 2016/II.
7 Sein Name stammt offensichtlich von dem Dorf Kasejovice südöstlich von Pilsen. Er war zugleich Vorsteher des Magdeburger Klosters St. Sebastian und wurde in der dortigen St.-Gangolf-Kapelle begraben. WENTZ/SCHWINEKÖPER 1972/II, 813.
8 FAJT/LINDNER 2011, bes. 183–188. – FAJT 2016/II.

13.16 Kreuz des Papstes Urban V. für eine Reliquie vom Lendentuch Christi

Avignon, 1372; Fuß Prag, wohl gegen 1509.
Kreuz: Gold, Kristall, Saphire, Spinelle, Imitate aus Glas; H. 31 cm, B. 23 cm, T. 1,5 cm; Fuß: Silber vergoldet.
Prag, Metropolitní kapitula u svatého Víta v Praze, Domschatz, Inv.-Nr. K 36 (94) (HS 3360).
Nur in Nürnberg ausgestellt.

Die breiten Arme des einfachen, flachen, lateinischen Kreuzes weisen jeweils eine gravierte Szene auf. Die Mitte nimmt ein ovales Behältnis mit einer kleinen Textilreliquie unter einer Kristalllinse in Goldfassung ein, die durch eine Inschrift als Teil des blutbefleckten Lendenschurzes Christi bezeichnet wird: „de panno cruentato quo xps [Christus] precinctus fuit in cruce [...]". Die Bildfelder sind durch insgesamt zwölf rote und blaue Steine in Einfassungen mit Krappen definiert, die sich jeweils in den Ecken der Szenen befinden; im Format weisen sie drei unterschiedliche Höhen auf. Die Steine, die zugleich das Reliquienbehältnis umgeben, werden von besonderen Krappen in Form von Akanthusblättern gehalten.

Die künstlerisch herausragenden Gravierungen auf den Kreuzarmen, die erklärende Inschriften tragen und zur Verdeutlichung mit einer dunklen Masse ausgefüllt wurden, beginnen oben mit der Kreuzigung Christi, aus dessen offener Seitenwunde das Blut spritzt. Sein schwer hängender Körper ist nach links zu der leicht in den Vordergrund geschobenen Maria gedreht. Auf der gegenüberliegenden Seite steht – deutlich tiefer in den Bildhintergrund gerückt – der konsternierte Evangelist Johannes, der als Zeuge dieses außergewöhnlichen Geschehens konzentriert zum toten Christus emporblickt. Die Szene bezieht sich – aufgrund des angeblich blutbefleckten Lendenschurzes im Zentrum des Kreuzes – eindeutig auf die Reliquie.

Die erwähnte Inschrift mit ihrer Bezeichnung enthält weiter die wichtige Information, dass die Reliquie ein Geschenk Papst Urbans V. an den römischen Kaiser Karl IV. war: „de panno [...] datum per Urbanum papam V Karolo IIII imperatori romanorum". Dies illustriert die untere Szene, die Papst und Kaiser darstellt, wie sie voller Andacht ein größeres Stück Stoff zwischen sich halten. Die in der Mitte aufstrebende, störende Kreuzdarstellung ist zweifellos eine nachträgliche Ergänzung. Den historischen Kern der Szene verrät eine am 9. Dezember 1368 gegen Ende von Karls zweimonatigem Aufenthalt in Rom ausgestellte Urkunde Urbans V., in der die Schenkung und die Herkunft von zehn bedeutenden Reliquien aus verschiedenen römischen Kirchen bestätigt werden; an erster Stelle ist hier das Stück vom Lendenschurz Christi erwähnt.[1]

Die zwei knienden Figurenpaare auf dem linken und dem rechten Querarm werden durch die hinzugefügten Inschriften identifiziert: „urbanus papa quintus" (1362–70) und der hinter ihm kniende „pe[trus] d[e] bellifortis d[ominus] kardinalis" (Pierre Roger de Beaufort, 1348–70 Kardinal, 1370–78 Papst Gregor XI.), gegenüber „karolus quartus romanorum imperator" (reg. 1346–78) und „vencislaus quartus boemorum rex karoli filius" (reg. 1363–1419 als böhmischer König, 1376–1400 als römischer König). Alle Figuren sind in tiefer Verbeugung und inniger Verehrung der Reliquie in der Mitte des Kreuzes dargestellt. Der tiefere Sinn dieser Gruppe ist auf den ersten Blick nicht eindeutig. Gegen einen exklusiven Zusammenhang mit Karls Besuch in Rom im Jahr 1368 und der Übergabe der Reliquie, wie er zunächst in Betracht zu kommen scheint, spricht die Anwesenheit König Wenzels, der an Karls Reise nicht teilgenommen hatte. Was die beiden Doppelporträts verbindet, ist der Nachfolgegedanke, denn Kardinal de Beaufort und der böhmische König Wenzel sollten früher oder später die Plätze der Hauptakteure einnehmen:[2] Gregor XI. wurde bereits Ende 1370 zu Urbans Nachfolger, mit dem Karl freundschaftliche Beziehungen unterhielt – bis auf den Streit um die Durchführung der Wahl Wenzels und dessen Krönung zum römischen König, die im Juni 1376 erstmals nach den in Karls Goldener Bulle von 1356 niedergelegten Regeln stattfanden, d. h. ohne die traditionelle Anfrage und vorläufige Approbation durch den Papst. Da dieser Präzedenzfall für die Kurie nur schwer zu akzeptieren war, fanden Karl und Gregor erst nach längerem Kräftemessen einen Ausweg, indem der Papst der Wahl Wenzels in einer Antwort auf ein vordatiertes nachträgliches Gesuch der Luxemburger zustimmte.[3]

Der gedankliche Zusammenhang zwischen der Ikonografie des Kreuzreliquiars und Wenzels Wahl ist in gewisser Weise präsent und erlaubt verschiedene hypothetische Lösungen, besonders wenn man annimmt, dass Karl der Autor der Ikonografie war, denn seine Anstrengungen um die Absicherung von Wenzels Nachfolge waren enorm. Größere historische Sicherheit liefern in dieser Frage jedoch einige bisher unberücksichtigte Erwähnungen eines „goldenen Kreuzes, das dem Kaiser übergeben werden soll [crux auri pro dando imperatori]" bzw. eines „dem Kaiser geschickten Kreuzes [crux auri misa domini imperatori]", die sich in den avignonesischen Quellen finden.[4] Der erste Hinweis stammt aus einem langen Verzeichnis von Goldschmiedearbeiten, die zu verschiedenen Zwecken zwischen 1371 und 1376 aus dem päpstlichen Schatz aussortiert wurden; die Vermerke vom 6. und 15. April 1372 teilen mit, dass der Schatzkammer auf Anweisung des Papstes („de mandato domini pape") ein goldenes Kreuz mit Edelsteinen und einem Gewicht von vier Mark und 19 Denaren Gold (d. h. 913 g)[5] entnommen wurde, das für den Kaiser bestimmt war („pro dando imperatori"); für das Kreuz wurde außerdem ein mit Email verzierter goldener Fuß ausgewählt, den der „thesaurarius" jedoch eine Woche später wieder zurücklegte. Am selben Tag entnahm man der Truhe mit Bruchsilber vier Saphire, drei Smaragde, einen Spinell und eine Kamee mit einem Frauenkopf zur Anfertigung und Verzierung des Kreuzes („pro parando et ornando dictam crucem"). Zwei Wochen später wurden von dort noch zwei Spinelle und ein Saphir geholt. Die zweite Quelle bezüglich des „dem Kaiser geschickten Kreuzes" sind die Ausgabenbücher der apostolischen Kammer, die für den 31. Mai 1372 die Begleichung der Ausgaben enthalten, die Christoforo Geri, einer der Bankiers des Papstes, in dieser Sache getätigt hatte. Hier erscheinen zum einen 837 g Gold (3 Marken, 5 Unzen und 17 Denare) zur Anfertigung des Fußes, zum anderen die Arbeiten am Kreuz („factura dicte crucis"), die sich auf 347 kuriale und 52 fremde Florin beliefen.

Genauere Angaben zur Arbeit des Goldschmiedes fehlen im Register der Kammer leider, aber auch so erlauben die im Netz der amtlichen Vermerke gefangenen Informationsfragmente einige Schlussfolgerungen, die im Prinzip das bisher Gesagte ergänzen: Das Kreuz mit dem goldenen, möglicherweise mit einer Kamee und mehreren Edelsteinen verzierten Fuß entstand im April und Mai 1372 in Avignon auf Anweisung Papst Gregors XI., der 1368 als Kardinal-Diakon zu den Gastgebern Karls IV. während dessen langen Herbstbesuchs in Rom gehört hatte. Pierre Roger de Beaufort hatte außerdem das Amt des Archidiakons der Lateranbasilika inne, aus der vier der zehn Reliquien stammten, mit denen Urban V. – wie bereits gesagt – Karl beschenkte. Dazu zählte auch das Stück vom Lendenschurz Christi. Beaufort wurde am 30. Dezember 1370 zum Papst gewählt, ungefähr ein Vierteljahr nach der Rückkehr seines Vorgängers Urban nach Avignon; er selbst sollte allerdings 1377 nach Rom zurückkehren.

Die von ihm gewählten, auf dem Kreuz dargestellten Szenen sind sicherlich eine Erinnerung an die Ereignisse vom Herbst 1368, die einen bedeutenden, in seltener Übereinstimmung von Kaiser und Papst erzielten Fortschritt darstellten. Die Entstehung des Kreuzes fällt in eine Zeit, in der dieses gemeinsame Projekt in Italien gleich von mehreren Seiten bedroht wurde: dem Aufstand in Perugia, dem aggressiven Verhalten des Bernabò Visconti, dem Widerstand in Florenz. Der erneut in Avignon residierende Gregor musste wiederholt um Unterstützung beim Kaiser ansuchen, der das Interesse an der Rückkehr der Päpste nach Rom nicht verloren hatte und mit Gregor einen Großteil der Feinde gemeinsam hatte. Dafür kam der Papst dem Kaiser bei der Besetzung hoher kirchlicher Ämter im Reich mit den von Karl vorgeschlagenen Kandidaten entgegen und ermöglichte ihm zudem die Nutzung des diplomatischen Netzwerks der Kirche. In eine Situation, die beide Parteien zu Zusammenarbeit und Entgegenkommen nötigte und in der die Kontakte zwischen Kaiserhof und Kurie außergewöhnlich lebhaft waren, passt das päpstliche Geschenk an den Kaiser hervorragend – denn es handelte sich weder um die

13.16

13.17 / Vorderseite

zusammen, die durch liturgische Gesänge voneinander getrennt waren; die dritte Weisung war den Reliquien aus dem böhmischen Königsschatz einschließlich jener Reliquien vorbehalten, die Karl 1368 in der Basilika San Giovanni di Laterano geschenkt worden waren.

Zu Beginn der Hussitenkriege, gegen Ende des Sommers 1420, ließ Sigismund als ungarischer, römisch-deutscher und schließlich auch böhmischer König beide Schätze auf die Burg Visegrád (nurmehr selten dt. auch Plintenburg) oder in seine ungarische Residenz Ofen (Buda) transportieren. Für die um drei wichtige Stücke aus dem böhmischen Schatz ergänzten Reichskleinodien bestimmte er 1424 die Heilig-Geist-Kirche in Nürnberg als „ewigen" Aufbewahrungsort. Den Hauptteil des böhmischen Kronschatzes, zu dem neben dem großen „Landeskreuz" auch das von Papst Gregor geschenkte Kreuz gehörte, brachte er im August 1436 nach Böhmen zurück und vertraute ihn gemeinsam mit den Krönungskleinodien dem böhmischen Herrenadel zur Aufbewahrung auf Burg Karlstein unter Aufsicht der dortigen Burggrafen an. Als die utraquistische Partei unter Georg von Podiebrad während des Interregnums nach dem Tod des Habsburger-Königs Albrecht 1448 Prag eroberte, wurden die königlichen Schätze von Burggraf Meinhard von Neuhaus in dessen südböhmische Herrschaft gebracht und dort bis 1452 von seinem Sohn Ulrich aufbewahrt. 1473 verpfändete König Wladislaw II. Jagiello den Söhnen Georgs von Podiebrad nachweislich das große Reliquienkreuz, um damit Georgs persönliche, für das Königreich getätigte Aufwendungen zu kompensieren.[8]

In dieser Zeit büßten beide Kreuze ihre goldenen Füße ein, die wohl bei der Krönung König Ludwig Jagiellos 1509 durch die heutigen Sockel aus vergoldetem Silber ersetzt werden mussten. Die Reste von Karls königlich-böhmischem Heiltumsschatz, die seit der Krönung Ferdinands I. 1526 bei den Krönungen Verwendung fanden, blieben bis zum 30. Juni 1619 auf Burg Karlstein; dann wurden sie auf Befehl der Ständedirektoren auf die Prager Burg gebracht und am 4. November bei der Krönung des „Winterkönigs" Friedrich von der Pfalz genutzt. Ein Jahr später, nach der Schlacht am Weißen Berg (8. November 1620), ließ sie der siegreiche Herzog Maximilian von Bayern aus dem Altstädter Rathaus in die Kathedrale bringen. Nach der Aufhebung des Amts der Karlsteiner Burggrafen 1625 und der Unterstellung der Krönungskleinodien unter den Wiener Königshof wurden die beiden Kreuze aus Karls Karlsteiner Königsschatz in den Domschatz von St. Veit inkorporiert, wo sie sich bis heute befinden.[9]

Karel Otavský

LITERATUR
SCHÄFER 1937, 416. – HOBERG 1944, 527. – OTAVSKÝ 2003. – OTAVSKÝ 2006. – OTAVSKÝ 2012.

FUSSNOTEN
1 JENŠOVSKÝ 1944, 681. – Umfassend KAVKA 1993, 78–81. – KUBÍNOVÁ 2006, 238–248.
2 OTAVSKÝ 2003, 139. – OTAVSKÝ 2006, 65, 67.
3 KAVKA 1993, 184–192
4 SCHÄFER 1937, 416. – HOBERG 1944, 527.
5 Berechnet nach SCHÄFER 1937, XXVI
6 KÜHNE 2000, bes. 129. – OTAVSKÝ 2003.
7 Auch bei den in Nürnberg anlässlich der Taufe von Karls Sohn Wenzel im Jahr 1361 durchgeführten Heiltumsweisungen wurden die wichtigsten Reliquien aus dem böhmischen Königsschatz gezeigt. KÜHNE 2000, 130.
8 FIŠER 1996, 242–261, bes. 256f.
9 OTAVSKÝ 2012, 18f.

üblichen goldenen Rosen oder Schwerter, sondern um ein sehr konkretes Kreuzreliquiar für eine wichtige Reliquie, die beiden Parteien gut bekannt war.

Die von Urban 1368 geschenkte Reliquie des Lendenschurzes Christi wurde offenbar gleich nach ihrer Ankunft in Prag Bestandteil des Heiltumsschatzes der böhmischen Könige, damit sie schon am 13. April unter die in Prag an jedem zweiten Freitag nach Ostern auf dem Viehmarkt gezeigten Reliquien aufgenommen werden konnte.[6] Diesen Schatz hatte Karl 1357 als Pendant zu den Reichskleinodien gegründet, die er – ebenso wie später seine Söhne Wenzel und Sigismund – als römisch-deutscher König für die Dauer seiner Herrschaft in Besitz hatte. Im Mittelpunkt des böhmischen Kronschatzes, der im damals bereits in Betrieb genommenen kleineren Turm der Burg Karlstein verwahrt wurde, stand das große, 1357 angefertigte und dank seiner dreifachen Darstellung an den Wänden der Karlsteiner Kapellen und des Treppenhauses im Großen Turm bekannte Reliquienkreuz, das irgendwann nach 1370 allerdings durch das noch existierende Ostensorium des „Landeskreuzes" ersetzt wurde. Rund um dieses „wertvollste Kleinod der Könige und des Königreichs Böhmen" sammelte Karl etwa ein Dutzend weiterer bedeutender Reliquien, von denen er einige auch bei der jährlichen Heiltumsweisung der Reichskleinodien zeigte, die seit 1350 auf dem heutigen Karlsplatz (Karlovo náměstí) stattfand; in die Weisung nahm er außerdem ausgewählte Reliquien aus dem Domschatz von St. Veit auf.[7] Um 1370 setzte sich die Prager Heiltumsweisung bereits aus vier „ostentiones"

13.17 / Rückseite

13.17 Mitra des Bischofs von Merseburg, Friedrichs II. von Hoym († 1382)

Böhmen, um 1366.
Bildstickerei auf Leinen nach dem Vorbild des sog. Opus Anglicanum,[1] bunte Seidenfäden und Goldlahnfäden (Goldgespinst) in Spaltstich, Knötchenstich, Plattstich, Anlegetechnik; Zwischenlage: Pergament; Futter: Seidenatlas grün (Innenfutter) und rot, an den Infulae durch rote Seide erneuert; rote Seidenquasten, Goldgespinst, mit Spikatknoten; L. gesamt ca. 93 cm, L. der Bänder 58,7 cm, H. Hut 34,4 cm, B. Hut max. 29,8 cm, Gewicht 379 g.
Provenienz: Am 13. April 1739 mit dem Nachlass Herzog Heinrichs von Sachsen-Merseburg aus Merseburg nach Dresden verbracht; hier im Besitz Kurfürst Friedrich Augusts II. – Zunächst Dresden, Grünes Gewölbe. – 1835 der Rüstkammer (damals Historisches Museum) übergeben.
Dresden, Sächsische Kunstsammlungen, Rüstkammer, Inv.-Nr. I 0084.

Die Mitra ist als liturgische Kopfbedeckung ausschließlich Bischöfen und Erzbischöfen, Kardinälen sowie den Päpsten als den Bischöfen von Rom vorbehalten. Vermutlich in der Mitte des 10. Jahrhunderts in Rom entstanden, hat sich ihre Gestalt im Laufe der Jahrhunderte gewandelt. Im 14. Jahrhundert ist die grundlegende Form erreicht: Sie besitzt vorn und hinten zwei hohe, verstärkte spitz zulaufende Schilde (Hörner) und an der Rückseite zwei über den Rücken herabhängende Bänder (Infulae), an denen unten rot-goldene Quasten hängen. Den unteren Besatz der eigentlichen Mütze bildet der umlaufende circulus, senkrecht auf den Spitzen verläuft der titulus.

Das vorliegende Exemplar ist eine sog. goldene Mitra – Mitra auriphrygiata –, die zur Mehrheit der Feste des Kirchenjahres getragen wird. Sie durfte aus goldgewirktem Stoff oder Stickerei hergestellt und zusätzlich lediglich mit kleinen weißen Perlen verziert werden. Sie nahm den mittleren Rang ein – gegenüber der einfachen, aus schlichter weißer Seide oder weißem Leinen gefertigten Mitra simplex, unter anderem für Totenoffizien und die Karfreitagsliturgie, und der kostbaren Mitra pretiosa, die verziert mit Goldschmiedebesatz aus Gold, Silber, Perlen und Edelsteinen zum Pontifikalamt getragen wurde.[3]

Die Merseburger Mitra ist ganz mit figürlicher Stickerei bedeckt. Der Goldgrund wird durch angelegte Goldlahnfäden[4] gebildet, die mit Steppstichen rauten- und in den Nimben spiralförmig fixiert sind, sodass eine metallisch schimmernde Oberfläche entsteht. Die Halbfiguren der Heiligen sind mit farbigen Seidenfäden in Spaltstichen gestickt, wobei die Gewänder changieren – von Gelb zu Grün, von Dunkel- über Hellblau zu Weiß, von Rot zu Gelb. Die Konturen der Figuren, die Augenbrauen, Lidfalten, Augen, Nasen und Lippen sind mit feinsten dunklen Stichen umrissen. Technik, Farbigkeit, Stil und nicht zuletzt die Qualität weisen diese Arbeit als böhmische Stickerei der 60er–70er Jahre des 14. Jahrhunderts aus – vergleichbar z. B. der Kasel von Rokitzan (vgl. Kat.-Nr. 2.11). Die Mitra zeigt zwar insbesondere auf der Vorderseite Restaurierungen, doch zeigen große Partien noch den ursprünglichen Zustand von einzigartiger Qualität.

Die ausführende Werkstatt war mit Sicherheit in Böhmen vermutlich sogar in Prag ansässig, denn der Sticker orientierte sich deutlich am Vorbild der zeitgenössischen böhmischen Tafelmalerei.[5] Die Figuren des hl. Andreas und der hl. Dorothea auf den Infulae zeigen engste stilistische Verbindung zu den Karlsteiner Tafelbildern des wichtigsten Hofkünstlers Karls IV., des Meister Theoderich.

Das Bildprogramm der Mitra zeigt an prominenter Stelle Heilige, die klar auf den Wirkungsort ihres Besitzers verweisen: Auf der Stirnseite erscheint die Gottesmutter mit Kind im Schnittpunkt der beiden Besätze, flankiert von den Heiligen Katharina (Rad) und der büßenden Maria Magdalena im Haarkleid (Salbgefäß). In den Zwickeln der Schilde erscheinen zu ihrer Rechten Johannes der Täufer (Adler) und der hl. Laurentius (Rost) zur Linken – die Patrone des Merseburger Doms. Auf der Rückseite ist Christus als Weltenherrscher zwischen dem Evangelisten Johannes (Adler) und dem hl. Petrus (Schlüssel) im circulus dargestellt. In den Zwickeln erscheinen hier der hl. Romanus in Rüstung (Kreuzesfahne) und der hl. Diakon Maximus, beide kommen in der Laurentiuslegende vor und wurden in Merseburg verehrt. Über den Hauptpersonen Maria und Christus schwebt je ein Engel mit prachtvollem Gefieder. Auf den infulae erscheinen unter zwei Engeln von Maßwerkfenstern baldachinartig hinterfangen weitere Heilige: auf der linken die hll. Jakobus (Muschel) und Andreas (Kreuz), auf der rechten die hll. Margarethe (Drachen) und Dorothea (Blumenkörbchen).

Angesichts der offenkundigen Herkunft der Mitra aus dem Merseburger Dom kommt als Besitzer nur Bischof Friedrich II. von Hoym in Frage, der hier von 1357 bis in sein Todesjahr 1382 als Bischof amtierte. In seiner 25-jährigen Amtszeit widmete er sich energisch der wirtschaftlichen Sanierung des Domstifts, womit er sich bei den Merseburger Bürgern unbeliebt machte. 1362 sicherte er sich die Rechte als Stadtherr, was er die Bürger mit harter Hand spüren ließ. Durch hohe Abgaben, strenge Geldbußen und die angeblich unrechtmäßige Aneignung von Erbschaften[6] zog er sich zwar den Hass der Merseburger zu, doch gelang es ihm, das verschuldete Bistum zu konsolidieren und zudem zahlreiche Ortschaften zu erwerben oder aus Verpfändung auszulösen.

Wie die Quellen berichten, konnte Friedrich zu Karl IV. gute Beziehungen aufbauen. 1363 reiste er als enger Vertrauter und Gesandter der wettinischen Markgrafen von Meißen an den Hof des Kaisers. Im Oktober desselben Jahres nahm er an den viertägigen Feierlichkeiten im Magdeburger Dom teil, die Dietrich von Portitz, der dortige Erzbischof und ehemaliger Reichsverweser Böhmens, anlässlich der Weihe des von ihm gestifteten Hochaltars veranstaltete.[7] „Durch seine Beredsamkeit und Klugheit" erreichte Friedrich von Hoym, dass Karl IV. am 27. Oktober 1366 alle älteren Urkunden und Privilegien des Hochstiftes Merseburg erneuerte und unter Goldbulle bestätigte – insgesamt sechs Urkunden darunter auch zwei frühmittelalterliche Fälschungen.[8] Auch führte er im Auftrag Friedrichs III. des Strengen Heiratsverhandlungen mit dem Kaiser. Friedrichs Sohn sollte Karls Tochter Anna zur Frau nehmen.[9] Die gewünschte Verbindung kam jedoch nicht zustande – Anna heiratete 1382 den englischen König Richard II. Im Jahr 1375 unterstützte Friedrich von Hoym durch eigene Truppen die Belagerung der Stadt Erfurt durch die wettinischen Markgrafen von Meißen. Auch die kaiserlichen Truppen unter Karl IV. nahmen an der – letztlich erfolglosen – Belagerung teil.[10] Die Kunst am Hofe des Kaisers und seines Gefolgsmannes hinterließ einen starken Eindruck auf Friedrich von Hoym, so dass er sich bei seinen Kunststiftungen daran orientierte – auch wenn Karl IV. 1368 die Ernennung Friedrichs zum Magdeburger Erzbischof, der 1368 vom Metropolitankapitel als Nachfolger Dietrichs von Portitz gewählt worden war, vereitelte, indem er beim Papst seinen Gefolgsmann Albrecht von Sternberg durchsetze. Im Februar 1382 wurde Friedrich schließlich doch noch zum Erzbischof von Magdeburg ernannt, verstarb jedoch bereits im November bei einem Besuch in Merseburg und wurde im Dom vor dem von ihm gestifteten, den Heiligen Christophorus, Barbara und Dorothea geweihten Altar bestattet.[11]

Friedrich von Hoyms künstlerische Hinterlassenschaft ist bemerkenswert und besteht unter anderem aus seinem prächtigen, wohl um 1370 zu datierenden Grabmal (Abb. 13.17.1) aus ehemals farbig gefasstem Sandstein im Dom zu Merseburg.[12] Es zeigt Friedrich von einem Baldachin bekrönt und auf einem Löwen stehend, im bischöflichen Ornat mit einem Rationale, das an das Pallium eines Erzbischofs erinnert und wohl an den eigentlich bei seiner ersten, missglückten Wahl zum Magdeburger Metropoliten erreichten Rang erinnern soll.[13] Als flankierende Schutzheilige erscheinen Petrus und Paulus sowie Barbara und Dorothea. Petrus und Dorothea sind auch auf den Infulae der Mitra zu finden, was nochmals die These stützt, dass die Mitra für Friedrich gefertigt wurde.

Susanne Jaeger

LITERATUR
WILCKENS 1991, 227f., Abb. 255. – Ausst.-Kat. St. Marienstern 1998, 185f., Kat.-Nr. 2.126 (Jutta BÄUMEL). – Ausst.-Kat. Merseburg 2004, 203f., Kat.-Nr. IV.5 (Jutta BÄUMEL); 125f., Kat.-Nr. III.13 (Markus HÖRSCH). – Ausst.-Kat. Dresden 2007, Kat.-Nr. 2.1.1 (Jutta Charlotte von BLOH). – Ausst.-Kat. Merseburg 2015, 317–320, Kat.-Nr. VI.14 (Jutta Charlotte von BLOH). – SKD Online: http://skd-online-collection.skd.museum/de/contents/show?id=282219 (23. 2. 2016).

FUSSNOTEN
1 Als Opus anglicanum wird die ursprünglich aus England stammende Technik bezeichnet, feinste Bildstickereien mit farbiger Seide und Goldlahn auf Leinen oder Samit vornehmlich in Spaltstich auszuführen. Die von professionellen Stickern insbesondere in London ausgeführten Arbeiten waren seit dem 13. Jahrhundert in ganz Europa zu finden und dienten seit dem 14. Jahrhundert auch als Vorbild für lokale Werkstätten. BREL-BORDAZ 1982, 112–119.
2 BRAUN 1912, 187f.
3 BRAUN 1912, 188.
4 Goldlahn ist feiner, geplätteter Golddraht, der um eine Seele aus Seide (oder Leinen) gewickelt und anschließend mit mehreren solcher Fäden zum sog. Goldgespinst versponnen werden kann. Dieses wird auf den Stickgrund gelegt und mit feinen Stichen fixiert (Anlagetechnik). GRIMM 2004 (Online-Version, 23. 2. 2016).
5 Bisher wurde die Mitra als mitteldeutsche Arbeit eingeordnet, was vielleicht den auffallend gröberen Ergänzungen z. B. am Inkarnat und Gewandpartien Mariens, des Kindes, der hll. Laurentius, Magdalena und Katharina auf der Vorderseite liegen dürfte. Doch die original erhaltenen Partien (z. B. die Gewänder des hl. Andreas, Rüstungen, in Knötchenstich ausgeführte Haarlocken und Fell) lassen keinen Zweifel am böhmischen Ursprung. Vgl. WILCKENS 1991, 227. – Ausst.-Kat. Merseburg 2015, 317.
6 LIMMER 1830, 580f.
7 FAJT/LINDNER 2011, 176.
8 Davon berichtet die Chronik der Merseburger Bischöfe. WILMANS 1852, 199, Zeile 37–43. – Übersetzung bei RADEMACHER 1903/08, III, 15. – Herzlich danke ich Michael Lindner für diese Hinweise.
9 Ausst.-Kat. Dresden 2007, 198.
10 WILMANS 1852, 199f. (zu 1375). – Übersetzung bei RADEMACHER 1903/08, III, 15f.
11 RATHMANN 1801, II, 426–428. – LIMMER 1830, 581. – Ausst.-Kat. Merseburg 2004, 125f., Kat.-Nr. III.13 (Markus HÖRSCH).
12 Ibid., 125f.
13 Ibid., 126.

13.18 Pontifikale Gundekarianum, Abschnitt des Eichstätter Bischofs Berthold von Zollern (amt. 1351–65), Anhängers Karls IV.

Eichstätt, 11. Jh. bis um 1700.
Pergament, Buchmalerei; H. 41 cm, B. 31 cm.
Eichstätt, Diözesanarchiv, Codex B4, fol. 24v–26r.
Nur in Nürnberg ausgestellt.

13.17.1 Grabmal Friedrichs II. von Hoym im Dom zu Merseburg • Merseburg (?), um 1370 • Sandstein mit Spuren alter Fassung • Merseburg, Dom St. Johannes Bapt. und Laurentius

13.18

seines Bildnisses durch das größere Format und die reichere Rahmenform.²

Nahm Johann Konrad Eberlein 1987 für diese Malereien noch eine Vermittlung böhmischer Stilauffassungen über Nürnberger Werke an, so erwägt Jiří Fajt das Wirken eines Prager Malers am Bischofshof.³ Jedenfalls dürfte in derselben Werkstatt neben der Titelminiatur für ein Salbuch aus dem Benediktinerinnenkloster St. Walburg in Eichstätt auch das nur in einer Kopie von 1497 erhaltene Epitaph Bertholds in der ehem. Zisterzienserkirche Heilsbronn entstanden sein.⁴

Benno Baumbauer

LITERATUR
BETHMANN 1847, 562–574. – SUTTNER 1867. – BETHMANN/WAITZ 1880. – SCHLECHT 1901. – MADER 1924, 627–631. – STANGE 1936, 160f. – BAUCH/REITER 1987. – EBERLEIN 1987, bes. 69–71. – MÜLLER 1998, 70–73, 286–291. – WENDEHORST 2006, 167–173. – HAMBURGER 2015, 68–80. – FAJT 2016/I (noch unpaginiert).

FUSSNOTEN
1 HAMBURGER 2015, 70.
2 STANGE 1936.
3 FAJT 2016/I.
4 Abb. bei FAJT 2016/I.

13.19.a–b Zwei Scheiben aus der Bartholomäuskapelle des Wiener Stephansdoms

a. Herzog Albrecht II. von Österreich (1298–1358)
b. Erzherzog Rudolf IV. von Österreich (1339–65)
Glasmalerei (Schwarzlot, Blei); a. und b. H. 99 cm, B. 35 cm.
Wien, Wien Museum Karlsplatz, a. Inv.-Nr. 117274, b. Inv.-Nr. 117286.
Nicht ausgestellt.

In offensichtlicher Orientierung an der Disposition eines rheinischen Kaiserdomes, konkret derjenigen von Speyer, wo die Kaiser des Heiligen Römischen Reiches aus der fränkischen Dynastie, der Salier, und die ersten Römischen Könige (Rex Romanorum) aus der Habsburg-Dynastie, König Rudolf I. (1218–91) und dessen Sohn König Albrecht I. (1255–1308; beide waren auch Herzöge von Österreich), in der Krypta begraben worden waren, sollte der Ausbau des Wiener Stephansdoms das erneute Streben nach der Königs- und Kaiserwürde seitens der Habsburger unterstützen. Diesen dynastischen Interessen Herzog Albrechts II. (1298–1358) diente nicht zuletzt die Verheiratung seines Sohnes, Herzog Rudolfs IV. (1339–65) von Österreich, mit Katharina von Böhmen, der Tochter Kaiser Karls IV. aus dessen erster Ehe mit Blanca von Valois. Albrechts II. Vorstellung ging dahin, dass durch die alte fränkische, also karolingische Erbregelung gegenüber der Königswahl durch die Reichsfürsten seinem Sohn Herzog Rudolf IV. das Königtum direkt zufallen könne, da Albrecht als jüngerer Bruder König Friedrichs des Schönen (1289–1330) – des Sohns des 1308 ermordeten Königs Albrecht I. – selbst nicht in Betracht kam (er war zudem halbseitig gelähmt). Die dreifache Nachfolge der Königswahl innerhalb der gleichen Dynastie sollte gemäß dieser Interpretation der salisch-fränkischen Rechtsauffassung nunmehr die Erbberechtigung nach sich ziehen.

Obwohl der gotische Ausbau der Wiener Pfarrkirche St. Stephan zu einer späteren Stifts- und

Unterstützt durch den König wurde 1351 Berthold aus dem Haus der Burggrafen von Nürnberg, d. h. der (Hohen-) Zollern, Bischof von Eichstätt, der mit Karl IV. eng verbündet blieb und ihm am Ende seines Lebens 1364–65 sogar als Kanzler diente. Zu den Repräsentationsformen der Eichstätter Kirche gehörte die sukzessive Fortschreibung des liber episcoporum Bischof Gundekars II. (1057–75), dessen Funktion als sekundärer Gründerheiliger unter Berthold durch den Neubau seiner Grabkapelle am Dom besonders hervorgehoben wurde. Neben unterschiedlichen für Bischof und Domkapitel relevanten Texten enthält das Gundekarianum bildliche Darstellungen und Würdigungen bzw. Viten aller Inhaber des Bistums seit Anbeginn. Die Tatsache, dass die Reihe der Bildnisse bis in die Zeit Bischof Gabriels von Eyb († 1535), die der Lebensbeschreibungen sogar bis zu Euchar Schenk von Castell († 1697) fortgeführt wurde, macht das Werk zu einem herausragenden Zeugnis episkopaler Traditionsbildung.

Die Kontinuität der bischöflichen Amtsfolge wird im Gundekarianum durch die langfristige Beibehaltung bestimmter Bildnistypen betont. Philipp von Rathsamhausen (1306–22) erscheint erstmals in Begleitung eines Geistlichen und eines Edelmanns – eine Bildlösung, die nicht zufällig unmittelbar nach dem Aussterben der Grafen von Hirschberg 1305 entstand: Diese hatten die Vogtei über das Bistum inne gehabt, und das Erbe ihrer Herrschaftsrechte ermöglichte den Bischöfen nun die Konsolidierung eines Stiftsterritoriums, das sie als Fürsten regierten. Die Darstellung mit geistlichem und weltlichem Gefolge verweist also auf ihre zugleich kirchliche und herrschaftliche Amtsausübung.

Doch erst mit den Bildnissen Bertholds und seiner vier Amtsvorgänger wurde eine Formulierung des Themas gefunden, die in zunehmender Bereicherung bis zum ausgehenden Mittelalter gültig blieb: Der etwa in der Bildmitte thronende oder stehende Bischof, identifiziert durch sein Familienwappen, wird in vollem Ornat inmitten seines Hofstaats gezeigt, der sich in Kanoniker und weltliche Würdenträger unterteilt. Der hohe Anspruch dieser Bildformel wird daran deutlich, dass sie einen Typus von Kaiserbildnissen aufgreift, der bereits im Münchner Evangeliar Ottos III. Verwendung fand.¹ Dass die fünf Miniaturen in einem Zug während Bertholds Episkopat entstanden, belegt nicht nur ihre stilistische Homogenität, sondern auch die Hervorhebung

13.19.a

13.19.b

Domkirche stilistisch als Geschwisterbau zum Prager Veitsdom zu interpretieren ist, schloss sich in Wien eine Orientierung am französischen Kathedral-Typus, wie er für Prag wegweisend gewesen war, schon deshalb aus, als sowohl die spätromanisch-frühgotische Westpartie (Riesentor, Heidentürme, Westempore), als auch die ab 1304 errichtete und baulich um 1330 vollendete, 1340 geweihte Chorhalle in das Umbaugeschehen ab Mitte des 14. Jahrhunderts mit einbezogen wurde. Die beiden Doppelkapellen-Paare, die nunmehr die Westpartie durch vier (!) Heiligenkapellen erweiterten, verstehen sich nicht nur als Befolgung einer Tradition rheinischer Kaiserdome, sondern sie fungierten als fürstliche Heiligenkapellen („Saintes-Chapelles"). Dabei war die Bartholomäus-Kapelle – also die obere der südwestlichen Doppelkapelle – als Hort der Reichskleinodien (!) auserlesen, was durch die unvollendet gebliebene Reliquiennische und die existente fenestella dokumentiert ist. Dafür spricht vor allem auch die Wahl der vorgesehen gewesenen Altar-Patrozinien, wie sie in der Heilig-Kreuz-Kapelle von Burg Karlstein bei Prag wenig später tatsächlich realisiert wurden. Bartholomäus ist zudem als Patron der Wahlkirche der Römischen Könige in Frankfurt/Main einer der Reichsheiligen schlechthin.

Herzog Rudolf IV. hat nach dem Erlass der Goldenen Bulle Kaiser Karls IV., die nunmehr die alleinige Wahl des Rex Romanorum durch die sieben Kurfürsten ohne Zustimmung des Papstes, allerdings ohne die Beteiligung Österreichs!, regelte, das Privilegium Kaiser Friedrichs I. Barbarossa, das Österreich zum Herzogtum erhob, zum Privilegium minus degradiert, indem er selbst nach dem Tod seines Vaters Herzog Albrecht II. (1358) im Winter 1358/1359 ein Privilegium maius fälschte. Darin wurde das Herzogtum Österreich zu einem „Pfalzerzherzogtum" erhoben. Gewiss hätte Herzog Albrecht II. – dem immerhin der Beiname „der Weise" attestiert wurde und der selbst ähnlich Kaiser Karl IV. freundschaftliche Beziehungen zu Petrarca und anderen Frühhumanisten unterhielt – ein derartiges Vorgehen nicht gut geheißen. Deshalb führte Rudolf die Fälschung erst nach dem Tod seines Vaters durch, eine Veränderung, die offensichtlich eher auf die Zurücksetzung in der Goldenen Bulle zurückzuführen ist als auf die Gemütslage Rudolfs, die sich dann zusätzlich 1361 durch die Degradierung vom potenziellen Thronfolger zum bloßen Schwiegersohn durch die Geburt von Karls Sohn Wenzel einstellte. Danach war dann allerdings der Traum einer Nachfolge auf dem Königs- und Kaiserthron wieder in die Ferne gerückt.

Als spiritus rector der Bestimmung der Bartholomäus-Kapelle ist somit zweifellos bereits Herzog Albrecht II. zu erkennen, zumal die ikonografische Nachbarschaft der dynastisch orientierten Habsburger-Fenster unter zentraler Betonung dreier königlich gekrönter Habsburger im Amte des Rex Romanorum (also Rudolfs I., Albrechts I. und Friedrichs des Schönen) mit der Anbetung der Heiligen Drei Könige einerseits und der Steinigung des Heiligen Stephanus als Patrons der Wiener Hauptkirche andererseits die Intention von St. Stephan als capella regis betont, also wohl auch als herrscherlicher Grablege, wie sie tatsächlich für Rudolf IV. und Katharina von Böhmen und später für Kaiser Friedrich III. durch das Grabmonument von Nicolaus Gerhaert von Leyden Realität werden würde. Die Ausführung der Glasmalereien in ihren einfallsreichen, geradezu phantasievoll gesteigerten architektonischen Rahmungen verarbeiten – laut freundlicher Mitteilung von Jiří Fajt – auffallende Einflüsse einer monstranz-artigen Wandmalerei in der Frauenkirche von Nürnberg, die aufgrund der Zerstörungen im 2. Weltkrieg 1945 nurmehr in einer alten Abbildung überliefert ist. Die erfolgreiche Bestimmung der Heilig-Kreuz-Kapelle auf Burg Karlstein als Verwahrungsort der Reichskleinodien bedingte das folgende Desinteresse der Habsburger an den ursprünglichen Intentionen Herzog Albrechts II. und dann Rudolfs IV., weshalb die Kapelle – zunächst lange unvollendet – erst 1437 geweiht wurde. Die Glasmalereien sind, noch dazu mit dem Hinweis auf die verlorene Nürnberger Wandmalerei in der Frauenkirche, gewiss in die Zeit Herzog Albrechts II. respektive dann die kurze Regentschaftszeit Herzog Rudolfs IV. zu setzen, als Begleitmaßnahme der Privilegien-Fälschung zu interpretieren und somit in die Zeit um 1360 zu datieren.

Arthur Saliger

LITERATUR
FRODL-KRAFT 1962, 43ff. – FEUCHTMÜLLER 1981. – STELZER 1985. – SALIGER 2010.

13.20.a–b Gisants Erzherzog Rudolfs IV. von Österreich und seiner Frau Katharina von Böhmen von deren Grabmal im Wiener Stephansdom

Wien, aus Nürnberg zugewanderter Bildhauer, 1359–63.
Sandstein mit Resten der Originalvergoldung;
a. Rudolf IV.: H. 227 cm, B. 37 cm, T. 57 cm;
b. Katharina: H. 225 cm, B. 38 cm, T. 50 cm;
es fehlen: Attribute (Modell der Kirche bzw. des Chors, Wappen), Hände beider Gatten samt Unterarmen, Teil des Kissens unter Rudolfs Haupt, Löwenkörper zu Katharinas Füßen; zahlreiche kleine Beschädigungen einschließlich fehlender Edelsteine an Kronen und Mänteln. – Tumba aus Kalkstein, später gemalte dunkelrote Marmorierung (um 1465?), teilweise verkleidet mit dunkelrotem Salzburger Marmor (um 1465?); H. 292 cm, B. 147,5 cm. – Seitenplatte aus Kalkstein mit Arkaden und Statuensockeln, L. 295 cm, H. 92,5 cm; später abgeschlagen und durch eine Marmorwand mit Blendarkaden und Sockeln für die Statuen der Trauernden ersetzt (um 1465?); die Statuen der Trauernden unter den Arkaden sind verloren. – Die Deckplatte aus dunkelrotem Marmor;
H. 292 cm, B. 147,5 cm; ersetzte wohl im Kontext der „Verbesserung" des herzoglichen Grabmals um 1465 (?) die ursprüngliche Platte.
Inschrift am Rand der Deckplatte von außen lesbar, Beginn in der Mitte der Plattensüdseite:[1]
□ HOC TUMULATA □ * LOCO * POPULO □ ‖ * RECOLENDA □ * DEUOTO * □ ‖ * ALBERTI * DU □ CIS * AUSTRALIS □ IACET * INCLI □ TA * PROLES □ ‖ CONIUGIS * □ IPSIUS * DE ‖ FERRETISQ[UE] □ * IOHANNE: □ / [„An diesem Ort liegt begraben der vom frommen Volk verehrte berühmte Sprössling des Herzogs Albrecht von Österreich und seiner Gemahlin Johanna von Pfirt."]
Provenienz: Wien, St. Stephan, ursprünglich in der Mitte des Ostchors vor dem Hochaltar. – Wohl 1465 durch Marmorverkleidung verbessert. – Spätestens 1480 in den nördlichen Marienchor umgesetzt, wobei das Grabmal wesentlich umgearbeitet wurde (z. B. Entfernung des aufgesetzten Baldachins).
Wien, Dom- und Metropolitankirche St. Stephan. Nicht ausgestellt.

Das Doppelgrabmal Rudolfs IV. (1339–65) und seiner Gemahlin Katharina (1342/43–95), der Tochter des römischen Kaisers Karl IV., war das zentrale Objekt im Ostchor der Wiener Stephanskirche. Mit der Einrichtung der herzoglichen Grablege hing auch das Ausstattungskonzept für die ganze Kirche zusammen. Die ursprüngliche Gestalt des Grabmals ist unklar. Die letzte Ruhestätte Rudolfs IV. „in medio ecclesiae", d. h. an der prestigeträchtigsten Stelle des Sakralraums inmitten des Ostchors vor dem Hochaltar, wurde nämlich später aufgehoben und Rudolfs Grabmal an seinen heutigen Standort an der Seite des nördlichen Marienchors versetzt, wobei einige wesentliche Teile des Grabmals zerstört wurden. Grund für diese Veränderung dürfte die Gründung des Bistums Wien gewesen sein, von der Rudolf IV. zwar bereits geträumt hatte, die aber erst Kaiser Friedrich III. mehr als hundert Jahre später verwirklichen konnte. Mit der neuen Funktion waren Veränderungen im Chor der Stephanskirche verbunden, da hier künftig der neue Bischof seinen Sitz haben sollte.

Dass das ältere Grabmal pietätvoll in den wichtigen Marienchor verschoben wurde, zeigt, dass Friedrich trotz der triumphalen Erfüllung jahrelanger Anstrengungen, d. h. der Einrichtung des Bistums, seinen Vorgänger nicht vergessen hatte und nicht zögerte, sich zu diesem zu bekennen. Die Sandsteinstatuen des Herzogspaars lagen ursprünglich unter einem Baldachin, in den Händen hielten sie Zepter und zwischen ihnen befand sich ein Modell des Chors,[2] das die beiden Dargestellten als „neue Gründer" der Stephanskirche bezeichnete. Unter den Arkaden an den Seiten des Kenotaphs befanden sich Statuen befunden, die trauernde, teils miteinander sprechende Domherren und Professoren darstellten.[3] Ein enger Zusammenhang bestand zwischen dem Kenotaph und dem Fronleichnamsaltar, an dem täglich eine Votivmesse für alle Heiligen gelesen wurde, wobei Kerzen auf dem Altar und auf dem Grabmal standen. Der Ostchor der Stephanskirche war dem von Rudolf gegründeten Kollegiatkapitel zu Allen Heiligen vorbehalten, dessen Kanoniker sich zugleich um die Memoria der verstorbenen Mitglieder der Herrscherdynastie kümmerten.[4] Bereits 1363 bestimmte Rudolf IV. für die damals wohl bereits fertiggestellte Grablege einen eigenen Gedenktag zu Fronleichnam; an ihn selbst sollte an diesem Tag alljährlich durch eine feierliche Prozession erinnert werden, bei der alle Heiltümer der Kollegiatkirche St. Stephan, begleitet von dreißig Kerzenträgern und allen in der Stadt anwesenden Pfarrern, Kaplänen, Spital- und Klostervertretern einschließlich des Deutschen Ordens und der Johanniter durch die Straßen getragen werden sollten.[5] Das künstlerisch ehrgeizige Ausstattungskonzept für Rudolfs Grablege[6] sollte sich offensichtlich von den bisherigen, in der Regel nicht figürlich ausgestalteten Habsburger-Mausoleen in Königsfelden oder Gaming unterscheiden. Rudolfs Kenotaph im Ostchor ergänzten daher wohl noch plastische Porträts seiner engeren Familie in Überlebensgröße,[7] die später die Außenhülle des Südturms der Kirche zieren sollten: Kaiser Karl IV. mit seiner ersten Gemahlin Blanka von Valois, die Eltern der Katharina von Luxemburg, und der Habsburger-Herzog Albrecht II. mit seiner Gattin Johanna von Pfirt, die Eltern Rudolfs IV.[8] Der Figurenschmuck des Grabmals sollte die triumphale Verbindung der Elternpaare visualisieren und den Eindruck erwecken, dass Stellung, Machtlegitimation und Eigenschaften der Eltern automatisch auf deren Kinder – hier in erster Linie auf Rudolf IV.

– übergegangen seien.⁹ Eine bedeutende Rolle spielte außerdem die heraldische Repräsentation, die mit der Darstellung der Krönungsinsignien verbunden war – einerseits die Kaiserkrone mit Mitra (Karl) und das Liliendiadem der französischen Könige (Blanca), das ursprünglich auf Blancas Gewand noch durch ein Muster ergänzt wurde, bei dem sich die französische Lilie mit dem böhmischen Löwen abwechselte. Andererseits war da die neu kreierte Bügelkrone Erzherzog Rudolfs, die den Träger in die Nähe der Königs- bzw. Kaiserwürde rückte. Diese Insignien sind auch an den Figuren des Wiener Grabmals zu sehen, und die gleiche Erzherzogskrone trägt Rudolf IV. auf dem gemalten Porträt, das bei seinem Grabmal angebracht worden war.¹⁰ Dies verweist auf ein wesentliches Ziel Rudolfs: sich in der gesellschaftlichen Stellung dem kaiserlichen Schwiegervater anzugleichen oder ihn sogar zu übertreffen und öffentlich seine Nachfolgeansprüche zu demonstrieren. Dieses treibende Motiv wurde 1361 erschüttert, als Karl der Sohn Wenzel, der legitime Nachfolger auf dem römisch-deutschen Thron, geboren wurde.

Mit Rudolfs politisch-dynastisch orientiertem Ausstattungsprogramm der Stephanskirche hing auch die Anbringung der Steinporträts des Herzogspaars an der Westfassade¹¹ sowie die Gestaltung der beiden plastisch reich verzierten Süd- und Nordportale zusammen, des Bischofs- und des Singertors.

Das Doppelgrabmal für Rudolf IV. und Katharina wurde später weiter „verbessert": Die ursprüngliche Kalksteintumba wurde mit Platten aus Salzburger (Adneter) dunkelrotem Marmor mit Blendarkaden verkleidet, die sichtbaren Kalksteinabschnitte dann dem neuen repräsentativen Material durch gemalte Marmorierung angepasst und die Deckplatte vermutlich durch eine Marmorplatte mit am Rand eingemeißelter historisierender Inschrift im ursprünglichen Wortlaut ersetzt. Die bildhauerischen Porträts des Herzogspaars wurden nach der Umgestaltung erneut verwendet und als Spolien frei auf die neue Marmorplatte gelegt. Einen möglichen Anlass zu dieser Veränderung könnte die Feier des 100. Jahrestags der Gründung des Wiener Kollegiatkapitels zu Allen Heiligen im Jahr 1465 gewesen sein, die der amtierende Kaiser Friedrich III. zur Betonung der politisch-dynastischen Bedeutung dieser Stiftung Rudolfs IV. als direkter Vorgängerinstitution des neuen Bistums genutzt haben könnte.

Der geräumige gotische Ostchor des Stephansdoms wurde bereits 1340 unter Albrecht II. (1298–1358) geweiht. Aber erst dessen ehrgeiziger Sohn Rudolf IV. erhöhte diese Wiener Pfarrkirche zur Propsteikirche mit Kollegiatkapitel und band dieses in das verfeinerte Modell der Habsburger Herrscherrepräsentation ein. Bereits am 9. Juli 1359 legte er zusammen mit Katharina den Grundstein für den großzügigen Umbau der Kirche, der ihre neue Funktion als Kollegiatkirche und Grablege der Habsburger-Herzöge betonen sollte.¹² Das Kollegiatkapitel zu allen Heiligen wurde von Rudolf IV. allerdings erst am 16. März 1365 offiziell gegründet.¹³ Das gewählte Kapitelpatrozinium thematisierte also nicht nur den Festtag, der am Geburtstag des Habsburger-Herzogs begangen wurde, sondern verwies auch auf Prag, wo Karl IV., Rudolfs Schwiegervater und großer Konkurrent, ein gleichnamiges Kollegiatkapitel bei seinem Königspalast gegründet hatte. Rudolfs imitatio (Nachahmung) der Gründertaten des kaiserlichen Verwandten ist allgemein bekannt, ebenso sind es die Anstrengungen des Herzogs, Karl IV. zu übertreffen. Hierzu setzte Rudolf alle – auch unlautere – Mittel ein, wie der Skandal um die Fälschung jener sieben Urkunden belegt, die die angebliche Legitimität der Machtansprüche und der konstruierten erzherzoglichen Majestät Rudolfs bezeugen sollten („palatinus archidux" und „Fürst zu Schwaben und Elsaß").¹⁴

Als Beispiel der imitatio sei Karls Gründung der Prager Universität im Jahr 1348 genannt, auf die 1365 Rudolfs Gründung der hohen Schule zu St. Stephan (Schola ad St. Stephanum) in Wien folgte, weiter die von einem gotischen Neubau der Prager Kathedrale begleitete Erhöhung des Prager Bistums zum Erzbistum, die in der Habsburger-Metropole von dem zwar erfolglosen, dafür aber umso angestrengteren Bemühen um die Gründung des Wiener Bistums begleitet wurde. Zu Rudolfs Lebzeiten mündeten diese Anstrengungen zumindest in die Stiftung des erwähnten Kapitels zu St. Stephan und in die umfangreichen Umbauten der Kollegiatkirche, die zudem – ähnlich wie die Prager Kathedrale für Karl IV. – zur Grablege des Landesherrn wurde.

Rudolfs imitatio war sicher nicht das einzige Motiv der Habsburger-Repräsentation, aber es handelte sich um einen wesentlichen Aspekt. Rudolf IV. unterstützte nicht nur nach dem Vorbild Karls IV. die verschiedensten kirchlichen Institutionen, Kirchen und Klöster und sammelte begeistert Reliquien (Kat.-Nr. 13.21/22), sondern er konstituierte auch programmatisch den Kult der österreichischen Landespatrone Koloman (dessen Grab er 1363 in der Kirche der Benediktinerabtei Melk errichten ließ), Morandus (die Reliquien dieses elsässischen Heiligen schenkte Rudolf der Stephanskirche und richtete hier zur Verehrung seines Andenkens die Nordwestkapelle ein) und vor allem des Babenberger Markgrafen Leopold III., der in Rudolfs Augen ein Pendant zum Přemyslidenherzog Wenzel darstellte, den Karl IV. durch systematischen Einsatz zum ersten unter den böhmischen Landespatronen erhoben hatte.

Rudolfs imitatio des Kaisers machte auch vor dem Bereich der Kunst nicht halt. Bereits der Chronist Thomas Ebendorfer erinnerte in der Chronica austriae mit einer gewissen Begeisterung daran, dass Rudolf IV. hervorragende Handwerker aus ganz Europa für die Bedürfnisse seiner Repräsentation nach Wien berufen hatte.¹⁵ Dies galt auch für die Künstler, die der Wiener Stephanskirche durch den großzügigen Figurenschmuck ein mit den kaiserlichen Projekten vergleichbares Niveau verleihen sollten. Vermutlich direkt aus Prag kam der Maler, der Rudolfs gemaltes Porträt für die Grablege schuf. In diesem Kontext kamen auch jene Steinbildhauer nach Wien, die für Rudolf IV. an dem prunkvoll entworfenen Grabmal arbeiteten. Die unterirdische Krypta, die wohl bereits 1362 als Ruhestätte für die Gebeine von Rudolfs nicht volljährigem Bruder Friedrich eingerichtet worden war, wurde mit dem Grabmal (somit eigentlich einem Kenotaph) über der Erde verknüpft. Ähnliches lässt sich in Prag beobachten, wo Karl IV. sich und seine Familienangehörigen in der Krypta der Kathedrale unter dem Hochaltar von St. Veit bestatten ließ, während der Grabbezirk über der Erde unter anderem durch das kaiserliche Kenotaph betont wurde. Vermutlich handelte es sich dabei um einen Marmorkubus ohne anspruchsvollen Figurenschmuck, wie er z. B. aus Magdeburg bekannt ist. Dort ließ sich Karls enger Gefolgsmann Dietrich von Portitz – vielleicht nach dem Vorbild seines Landesherrn – ein in der Form einfaches Grabmal aus Salzburger (Adneter) rotem Marmor mit metallenen Inschriftenbändern entlang des Randes errichten. Karls Grabmal musste allerdings 1590 dem bildhauerisch ambitionierten Mausoleum für den Habsburger Ferdinand I. weichen.

Die Grabfiguren Rudolfs IV. und der Katharina von Luxemburg entstanden in einer Bildhauerwerkstatt,¹⁶ die an der Stephanskirche wirkte und in der im Auftrag Rudolfs IV. auch die Statuen der Gründer und ihrer Eltern gefertigt wurden. Diese Skulpturengruppe wurde vermutlich direkt zu Beginn der Arbeiten an der dynastischen Grablege bestellt, d. h. um die Jahresmitte 1359 oder kurze Zeit später. Der bezeichnend exaltierte Stil der Figuren, für den sich entfernte Inspirationen im englischen und franko-flämischen Milieu um die Mitte des 14. Jahrhunderts finden, arbeitet mit zwei Raumplänen: einem inneren, bei dem unter der anliegenden engen Männerkleidung und den langen Frauengewändern die auffällig betonten Kurven der festen Körper hindurchscheinen, und einem äußeren, bei dem das Körpervolumen wie bei einer Nussschale in schwere, durch lange, schwingende Falten rhythmisierte Mäntel verhüllt wird. Diese verschatteten Höhlungen bilden dann den dunklen Fonds für die kontrastreich beleuchteten, im Zentrum stehenden Körper. Mit ihrer betonten Sinnlichkeit, der ungewöhnlichen Auffassung der plastischen Form und der Vielfalt der Motive, die die modischen Extravaganzen der damaligen Herrscherhöfe spiegeln, stehen die Wiener Skulpturen bestimmten Arbeiten wie der Konsole einer Dame am Nordportal der Nürnberger Frauenkirche auffällig nahe – in jener Stadt also, die Karl IV. in der Goldenen Bulle von 1356 zu einem der wichtigsten „Verfassungs"- und Erinnerungsorte des Heiligen Römischen Reichs erhoben hatte und in der er selbst sich gern über Monate aufhielt.

Jiří Fajt

LITERATUR
TIETZE 1931, 521–526. – KOSEGARTEN 1966, 66–73. – SCHMIDT 1977/78; wieder in: SCHMIDT 1992/I, 142–174, Abb. 143–187. – SCHULTES 2000, 355f, Kat.-Nr. 98–99. – SAUTER 2003, 281–284. – BÖKER 2007, 90–95.

FUSSNOTEN
1 Legende: □ = ausgesparte Stelle für den Baldachinaufsatz (?); ∗ = Ziermedaillons mit Pflanzen- und Tiermotiven; ‖ = Ecken der Grabplatte.
2 Die heutige Marmorplatte ist schmal und ermöglicht nur knapp die Platzierung des Herzogspaars nebeneinander, vom Kirchenmodell, das angeblich zwischen ihnen stand, ganz zu schweigen. Die Inschrift an ihrem Rand nennt Rudolf nicht namentlich, sondern erwähnt ihn nur als Nachkommen Albrechts II. und der Johanna von Pfirt. Zur Identifizierung der dargestellten Figuren muss daher die Inschrift auf dem gemalten Porträt hinzugezogen werden, das ursprünglich über dem Grabmal hing und die plastische Männerfigur eindeutig zuordnete. LUCKHARDT 1978/80.
3 Grafische Darstellungen des Grabmals: STEYERER 1725, Taf. XXIV a XXV. – HERRGOTT/HEER/GERBERT 1770–72, II, Taf. XV. – Interpretation nach den grafischen Darstellungen bei ZYKAN 1952.
4 FLIEDER 1968, 91–202.
5 OGESSER 1779, 85, 284f.
6 An der Südwand des Ostchors befindet sich ein Epitaph Rudolfs IV. mit umfangreicher Inschrift, in den Boden der Krypta ist ein Täfelchen mit der Inschrift „Hic iacet Rudolfus Fundator qui credidit in Ihesum Christum Crucifixum" eingelassen und im Vorsaal des Bischofstors befindet sich in Geheimschrift eine Inschrift, deren Wortlaut nach der Entzifferung besagt: „His est sepultus dominus dux Rudolfus fundator". SAUTER 2003, 296f.
7 „statuit quoque in eadem ecclesia sibi sepulturam, quam per mirificam valde decoravit sculpturam". PEZ 1725, 383. – ZYKAN 1952, 27.
8 Karl IV. mit Blanca von Valois, 1359–65; H. 210 cm;

Wien, Historisches Museum der Stadt Wien, Inv.-Nr. 567, 579. – Albrecht II. mit Johanna von Pfirt, 1359–65; H. 204 cm; Wien, Historisches Museum der Stadt Wien, Inv.-Nr. 559, 560. – TIETZE 1931, 521–526. – KOSEGARTEN 1966, 66–73. – SCHMIDT 1977/78. – SCHULTES 2000, 355f., Kat.-Nr. 98–99. – SAUTER 2003, 281–284. – BÖKER 2007, 90–95.
9 SAUTER 2003, 223.
10 1359–60; H. 45 cm, B. 30 cm; Wien, Dom- und Metropolitankapitel zu St. Stephan und Allen Heiligen. Inschrift: „Rudolfus Archidux Austrie et cetri". SALIGER 1987, Kat.-Nr. 2, 3–9. – BRUCHER 2000, 539, Kat.-Nr. 278 (Irma TRATTNER).
11 Rudolf IV. mit Katharina von Luxemburg; 1359–63; H. 220 cm; Wien, Historisches Museum der Stadt Wien, Inv.-Nr. 594 und 600.
12 Text der Urkunde bei STEYERER 1725, Sp. 276–279. – Dazu z. B. SAUTER 2003, 213–227. – BÖKER 2007, 74–95.
13 Gründungsurkunde siehe FLIEDER 2007, 251–254 bzw. 254–266. – SAUTER 2003, 219–223.
14 Zur Nachahmung siehe: FEUCHTMÜLLER, Rupert: Die „Imitatio" in den Stiftungen der Habsburger, in: Kaiser Karl IV. Staatsmann und Mäzen, hg. von Ferdinand SEIBT, München 1978, 378–386. – Zuletzt SAUTER 2003, 159–213 (hier die umfangreiche ältere Literatur).
15 „Pro quibus consummandis ex omnibus provinciis famosos operarios accersivit [...]". EBENDORFER 1967, 283. – Kommentar zu diesem Zitat bei SCHMIDT 1977/78 in: SCHMIDT 1992/I, bes. 143.
16 SCHMIDT 1977/78.

13.21 Tafelreliquiar mit einem Stück vom Tischtuch des Letzten Abendmahls Christi

Rückseite und Glas laut Inschrift-Plättchen vom Wiener Goldschmied Mert Fliechinaschn, 1454. Reliquie unter Glas, in versilbertem Holzrahmen; H. 92 cm, B. 49 cm; Bordüre B. 9 cm; Täfelchen H. 7 cm, B. 31,7 cm. Restaurierungen 1901 und 2012 (Ingrid Zöchling).
Inschrift auf vergoldetem Bronzetäfelchen mit Hintergrund in blauem Email: „CHRISTI MENSALIS PARTEM DEDIT UNGARICALIS HANC REX LUDWICUS R[udolfo] ARCHIDUCI PRINCIPES AMICUS. 1454 mert fliechinaschn"
Wien, Dom- und Metropolitankirche St. Stephan, als Leihgabe der Reliquienschatzkammer im Dom Museum.

Im Wiener Heiltumbuch von 1502 wird dieses Ostensorium beschrieben: „ein wohlgeziertes vergoldetes Plenari darin etwas vom Tischtuch auf dem der Herr Jesus mit seinen Jüngern das letzte Abendessen hat gegessen". Im Heiltumbuch von 1502 ist auch dieses Reliquiar durch eine Abbildung im Druck illustriert und als Lokalisierung der II. Umgang mit der Figur Nr. 51 angegeben. Aufgrund der Beschreibungen aus älteren Inventaren ist zu entnehmen, dass der Wiener Goldschmied Mert Fliechinaschn, der in Wien von 1438 bis 1452 als Goldschmied nachweisbar ist und ein Haus nächst des Stubentores in der Wollzeile besaß, im Jahre 1454 nicht nur den – erhalten gebliebenen – Titulus, sondern den Rahmen mit 26 emaillierten Silber-Röslein und zwei silbernen „Handhaben" (= Griffen) an der Rückseite versehen hatte. Diese dekorative Ausstattung war zumindest 1798 noch unverändert erhalten, woraus folgt, dass die Einschmelzung des metallenen Dekors in Zusammenhang mit den Ablieferungen anlässlich der napoleonischen Besatzung zu erklären sein wird. Die Rückseite der die Reliquie hinterfangenden Holzplatte mit ihrem an dem Zeichen des Heiligen Bernhardin von Siena orientierten Christogramm – „IHS"

13.20

13 ✳ Das Heilige Römische Reich – Anhänger und Opposition **549**

– in einer Sonnenscheibe ist höchstwahrscheinlich original, während die (äußere) Bordüre mit ihren imitierenden Röslein möglicherweise der Restaurierung von 1901 entstammt, die sich an der Abbildung im Heiltumbuch von 1502 orientierte. Die zentrale Tafel der Rückseite ist gewiss von 1454.

Die Inschrift in gezierter Unziale in Imitation einer älteren Schrift lautet in einem fehlerhaften Latein folgendermaßen: „CHRISTI MENSALIS PARTEM DEDIT UNGARICALIS HANC REX LUDWICUS R(udolfo) ARCHIDUCI PRINCIPES AMICUS. 1454 mert fliechinaschn" und enthält außerdem die Datierung und die Signatur des Goldschmiedes. Demnach hat König Ludwig von Ungarn diese Reliquie als fürstlicher Freund Erzherzog Rudolf IV. geschenkt. Ludwig der Große regierte als König von Ungarn von 1342 bis 1382, es ist jedoch kein genaues Datum dieser Schenkung überliefert. Jedenfalls ist auch diese Reliquie ein prominenter Beleg für die Reliquien-Schenkung als Indikator für eine politische Wertschätzung. Im vorliegenden Fall ist dies umso bemerkenswerter, als auch König Ludwig von Ungarn gemeinsam mit Herzog Rudolf IV. und seinen Geschwistern 1364 zur Aussöhnung mit Kaiser Karl IV. im Erbvertrag beteiligt gewesen ist und auch im Reliquienschatz des Prager Veitsdomes eine auffallend ähnliche textile Reliquie existiert. Sie entstammt vermutlich einem zuvor größeren Stück und war somit ursprünglich mit dem vorliegenden Exemplar im Wiener Domschatz identisch.

Arthur Saliger

LITERATUR
OGESSER 1779, 105. – NEUMANN 1902, 31. – ZSCHOKKE 1904, 22f. – DWORSCHAK/GÖHLER/SCHMIDT 1941, 62–64. – BACHLEITNER 1960, Kat.-Nr. 24. – Ausst.-Kat. Wien 1997, Kat.-Nr. 3.94.3 (Johannes WEISSENSTEINER).

13.22 Tafelreliquiar mit einem Stück vom Schweißtuch Jesu Christi (Schweißtuch der Veronika, mit dem Christus während des Kreuzwegs nach Golgatha sein Gesicht trocknete)

Wien, 1474.
Verglaste Reliquie in versilbertem Holzrahmen von 1474; Inschriftentäfelchen aus der Zeit Herzog Rudolfs IV., um 1365; H. 64 cm, B. 53,5 cm, B. Bordüre 9 cm, Inschriftentäfelchen H. 4 cm, B. 6,8 cm. Heutiger Zustand von Restaurierungen von 1902 und 2012/13 (Ingrid Zöchling) geprägt. Inschrift auf Bronzetäfelchen mit Hintergrund aus blauem Email: PRINCIPI RUDOLFO DUCI AUSTRIE DE SUDARIO CRUCIFIXI ECCE MANGUNTINO VENIT HEC ANTISTITE DIGNO.
Wien, Dom- und Metropolitankirche St. Stephan, als Leihgabe der Reliquienschatzkammer im Dom Museum.

Laut Beschreibung im Wiener Heiltumbuch von 1502 wird dieses Ostensorium, im II. Umgang unter der Figur Nummer 25 lokalisiert, wie folgt beschrieben: „ein wohlgezierdtes großes Plenari Silber vergoldet darin das Tuch darin der Herr Christus im Grab gelegen ist". Dank dieser – durch eine Abbildung im Holzschnitt ergänzten – Überlieferung im Heiltumbuch von 1502, wie auch durch Beschreibungen in den Inventaren von 1554, 1585, 1723, 1750, 1779 und

13.22

1798 sind keineswegs geringe Kenntnisse bezüglich dieser Reliquie gegeben: Unter dem Domcustos Wolfgang Goppinger wurde der hölzerne Rahmen auf der Rückseite mit Silberblech überzogen und die Vorderseite vergoldet und mit Schmelzarbeiten (Emails?) verziert, die eine Majestas Domini in der Form und in der Bildtradition der das Lamm umgebenden Evangelisten-Symbole, sowie drei Szenen aus dem Leben Christi – Grablegung, Auferstehung, Himmelfahrt – enthielten, die jedoch 1777 eingeschmolzen wurden. Auf der Rückseite ist innerhalb des gravierten Dekors die Jahreszahl 1474 in römischen Zahlzeichen eingetragen und diese ist, wie auch das Dekorationssystem original und auch bei den Restaurierungen von 1902 und 2012/13 (Ingrid Zöchling) geschont worden. Offensichtlich sind die 1777 eingeschmolzenen silbernen Metallarbeiten über den erhaltenen, mit punziertem Silberdekor versehenen hölzernen Rahmen appliziert gewesen, zumal die feine Art der Punzierung nicht auf eine Neuschöpfung anlässlich der erneuernden Einrichtung der Reliquienschatzkammer von 1902/04 schließen lässt.

Das Inschrift-Plättchen nimmt auf die Schenkung mit folgender Inschrift Bezug: „PRINCIPI RUDOLFO DUCI AUSTRIE DE SUDARIO CRUCIFIXI ECCE MANGUNTINO VENIT HEC ANTISTITE DIGNO". Demnach ist die Reliquie eine Schenkung des Erzbischofs von Mainz an Herzog Rudolf IV. Zum damaligen Zeitpunkt bekleidete Gerlach von Nassau (reg. 1346–71) dieses hohe geistliche Amt. Tatsächlich war Rudolf IV. am 9. Dezember 1353, damals noch nicht als regierender Herzog, aber bereits seit Ostern 1353 mit Katharina von Böhmen, der Tochter von Kaiser Karl IV. und von Blanca von Valois, verheiratet, in Mainz anwesend. Zu diesem Zeitpunkt schenkten Abt Hermann und der Konvent des dortigen Albansklosters Kaiser Karl IV. einen Teil des Sudariums – also jenes Tuches, mit dem das Haupt Christi bedeckt war. Es befindet sich tatsächlich im Domschatz des Prager Veitsdoms.

Arthur Saliger

LITERATUR
OGESSER 1779, 105. – NEUMANN 1902, 31. – ZSCHOKKE 1904, 22f. – DWORSCHAK/GÖHLER/SCHMIDT 1941, 62–64. – BACHLEITNER 1960, Kat.-Nr. 24. – Ausst.-Kat. Wien 1997, Kat.-Nr. 3.94.4 (Johannes WEISSENSTEINER).

13.23 Reliquiar mit je einem Stück der Verhüllung der Vera Ikon und vom Lendentuch Christi

Prag, nach 1368, 1618 umgestaltet.
Silber, vergoldet, Glas, Byssus(?)- Seide; mit rötlicher Flüssigkeit getränkter Leinenstoff; unterlegter blauer Stoff mit Goldfäden; H. 0,7 cm, B. 10,6 cm (ohne Rückseite: 9,4 cm) + 1,8 cm Anhänger; L. 16,1 cm (ohne Rückseite 15 cm); H. gesamt 23,4 cm. Inschrift (Authentik): „de Sudario et Panno cruentato quo Xtus / usus est in sua S.a passione & Sepultura". – Inschrift (Rückseite): DE SVDARIO ET PANNO CRVENTATO / QVO CHRISTVS VSVS EST IN SVA SANCTA / PASSIONE ET SEPVLTVRA. / 1618.
Prag, Metropolitní kapitula u svatého Víta v Praze, Domschatz, Inv.-Nr. K 202 (alte Inv.-Nr. 77).

Reliquien der Passion Christi wecken nicht nur deshalb große Ehrfurcht bei den Gläubigen, weil sie als „Sachzeugen" die biblische Überlieferung bestätigen, sondern weil sie unmittelbar mit dem heiligen Blut des Erlösers in Berührung gekommen

13.23

sind. Einmal in Textilien wie die Binden der Grablegung eingedrungen, blieb das Blut des Gekreuzigten erhalten, daher hatten Passionsreliquien aus Stoff für einen frommen Sammler wie Kaiser Karl IV. einen besonders hohen Wert. Schon im Dezember 1353 war Karl im Mainzer Vorstadtkloster St. Alban in den Besitz eines Stücks von dem Tuch gelangt, mit dem das Haupt Christi während der Grablegung umwickelt worden war; es wurde „sudarium" (Schweißtuch) genannt.¹ Diese Reliquie hatte einst Karl der Große dem Kloster geschenkt.² Der Stoff wird heute in einem bescheidenen barocken Holzkästchen im Prager Domschatz aufbewahrt.³

Fünfzehn Jahre später, 1368 in Rom, schenkte Papst Urban V. dem Kaiser ein Stück vom blutbefleckten Lendentuch („pannus cruentatus"), mit dem der Gekreuzigte seine Blöße verdeckt haben soll, und „eines der Tücher, mit denen das allerheiligste Sudarium Christi, auch Veronika genannt, bedeckt zu werden pflegte",⁴ also eine Berührungsreliquie des sog. Schweißtuchs der Veronika, zu dem die Legende die nicht von Menschenhand hergestellte Vera Ikon, das „wahre Antlitz Christi", gemacht hat, die der Papst in St. Peter in Rom hütete.

In Prag wurden Stücke von beiden Tüchern zusammen in einem Rahmenreliquiar mit durchsichtigem Klappdeckel ausgebreitet. Ringsum läuft ein am Kantenprofil befestigter Fries aus hängenden Maßwerkarkaden, die in Lilien enden und mit Nasen ausgesetzt sind. An den Außenkanten des Rahmens sind etliche halbrunde Auskragungen angearbeitet, an die das rückseitige Silberblech angenietet ist. Zum Aufhängen des Reliquiars dient eine runde Öse, während an der unteren Kante mittels zweier Ringe ein silbernes Flachrelief der Vera Ikon befestigt ist. Der Abdruck des Gesichts Christi erscheint sehr plastisch auf einem Tuch, das an zwei verknoteten Zipfeln hängt. Die Dornenkrone auf dem Haupte Christi verdankt sich erst spätmittelalterlichen Bildgewohnheiten und war in der Zeit Karls IV. noch nicht üblich. Wer auch immer dem Reliquiar am Vorabend des Dreißigjährigen Krieges eine neue Rückseite verschafft und eine Glasscheibe eingesetzt hat, die wahrscheinlich eine Platte aus Bergkristall ersetzte, auf ihn geht auch das angehängte Vera-Ikon-Relief zurück. Da die Pergament-Authentik des 14. Jahrhunderts ohne Einschränkungen ein „sudarium" nennt, ging man 1618 davon aus, ein Fragment vom Schweißtuch der Veronika selbst vor sich zu haben und nicht etwa nur eine Kontaktreliquie.⁵

Die Aufbereitung der Stoff-Reliquien, die sowohl für eine intime Betrachtung, als auch die öffentliche Weisung geeignet sind, folgt allerdings unmittelbar dem Vorbild der Vera Ikon in Rom: Diese wurde von 1350 bis zum Sacco di Roma 1527 in einem Kasten unter der größten erhaltenen Bergkristallplatte des Mittelalters präsentiert.⁶ Karl IV. war sie in der Nacht von Gründonnerstag auf Karfreitag 1355 in diesem Behältnis gezeigt worden.⁷

Christian Forster

LITERATUR
PODLAHA/ŠITTLER 1903/I, 115 mit Anm. 5; 179f. – PODLAHA/ŠITTLER 1903/II, 80, Nr. 55. – ŠITTLER/PODLAHA 1903, 74, Nr. 55. – PODLAHA 1930, 71f., Nr. 100c (Inv.-Nr. 77).

FUSSNOTEN
1 Sog. Mainzer Schenkungsurkunde vom 2. Januar 1354 (siehe Kat.-Nr. 5.11). PEŠINA Z ČECHORODU 1673/I, 436: „De sudario Christi". – Übers. PODLAHA/ŠITTLER 1903/I, 24. – OTAVSKÝ 2010, 205–207.
2 Authentik des Abtes Hermann. PODLAHA/ŠITTLER 1903/I, 24, Anm. 6: „videlicet partem sudarii Domini, quo caput ipsius in sepulchro extitit involutum".
3 PODLAHA/ŠITTLER 1903/II, 79, Nr. 52. – Schon im Inventar von 1387 werden Beschädigungen am ursprünglichen Reliquiar, einer „tabula argentea deaurata", beschrieben. PODLAHA/ŠITTLER 1903/I, XLIX. – Aus dem Besitz von Karls Schwiegersohn, dem späteren Herzog Rudolf IV. von Österreich, der ihn in Mainz begleitet hatte, stammt eine Sudarium-Reliquie im Wiener Domschatz von St. Stephan, vgl. Kat.-Nr. 13.22.
4 JENŠOVSKÝ 1944, 681, Nr. 1066: „et unum de vellis, quibus coopertum esse consuevit sacratissimum sudarium Christi alias Veronica nuncupatum, quod propinquius ipsum sudarium tangebat".
5 PEŠINA Z ČECHORODU 1673/I, 509: „Sunt & alia plura Christi Domini ejusque SS. Passione Cimelia; uti [...] diversae partes de Sudario ejus".
6 HAHNLOSER/BRUGGER-KOCH 1985, 88, Nr. 30.
7 Ausst.-Kat. Prag 2006, 388–390, Kat.-Nr. 126 (Markus HÖRSCH / Charles T. LITTLE). – BAUCH 2015/I, 138, 339f.

13.24 Evangeliar des Johannes von Troppau

Prag, 1368; Einband Italien 1. H. 15. Jh.
Pergament, Gold und Tempera; 189 Bll.; 4 ganzseitige Miniaturen, 4 ganzseitige Initialen, 86 historisierende Initialen; goldene Textualis formata; H. 37,5 cm, B. 25,6 cm; Einband Holzdeckel, bezogen mit rotem Leder und rot-grünem Samt mit Blütenmuster (stark abgenutzt); auf dem Vorderdeckel ein applizierter vergoldeter Silberrahmen mit Kreisen, abwechselnd gefüllt mit Vierpässen und rotierenden Flammen, in der Rahmenmitte und in den Ecken Löwenhäupter mit stilisierter Mähne in Strahlenform, unter dem mittleren Haupt entspringen spitze Strahlen, die den gesamten Rahmen ausfüllen; Goldschmiedearbeit aus dem Parler-Kreis, nach 1368; Ergänzungen von 1446 (Schnallen, Samt).
Kolophon auf fol. 190v: „Et ego Johannes de Oppavia presbiter, canonicus Brunensis, plebanus in Lanskrona hunc librum cum auro purissimo de pena scripsi, illuminavi atque Deo cooperante complevi in anno Domini millesimo trecentecimo sexagesimo VIII. [Ich, Johannes von Troppau, Priester, Domherr von Brünn, Pfarrer in Landskron, habe dieses Buch mit reinstem Gold mit der Feder geschrieben, illuminiert und mit Gottes Hilfe vollendet im Jahr des Herrn 1368.]"
Provenienz: Herzog Albrecht III. von Österreich. – Wiener Neustadt, Neukloster (1526–1663 in den Inventaren verzeichnet). – Seit 1772 Wien, Österreichische Nationalbibliothek.
Wien, Österreichische Nationalbibliothek, Cod. 1182; für die Ausstellung wurde ein Faksimile aus der Bibliothek des Nationalmuseums in Prag entliehen.

Das Evangeliar gehört zu den prachtvollsten Schöpfungen der böhmischen Buchmalerkunst aus karolinischer Zeit. Nach den darin enthaltenen Wappen (z. B. fol. 1v, 91v) zu schließen, entstand die Handschrift auf Bestellung des österreichischen Herzogs Albrecht III. Geschrieben und zum größten Teil (zu ca. zwei Dritteln) auch illuminiert wurde sie von Johann von Troppau, als dessen Gehilfe der Meister des Missale des Johann von Neumarkt wirkte (Prag, KMK, Cim. 6, siehe Kat.-Nr. 12.9). Der Herzog hatte offensichtlich den Kanzler Karls IV., den damaligen Olmützer Bischof Johann von Neumarkt, gebeten, die Anfertigung des Evangeliars in der Prager Werkstatt zu vermitteln. Johann von Troppau gehörte zweifellos zu den führenden Persönlichkeiten dieser Werkstatt. In formaler Hinsicht setzt das Dekor die vom Meister des Liber Viaticus (Prag, KNM, XIII A 12, siehe Kat.-Nr. 12.6) begründete Tradition fort und verfügt über gemeinsame Züge mit der zeitgenössischen Buchmalerei. Der Figurenschmuck des Codex sowie einige ikonografische Motive verweisen auf breitere Zusammenhänge auch mit der

13.24, fol. 191r

Wandmalerei, so den Zyklus des Prager Benediktinerkloster zu den Slawen (Emmauskloster) vom Ende der 1360er und Anfang der 1370er Jahre.

Die Handschrift ist in mehrfacher Hinsicht außergewöhnlich. Zunächst ist die Bestellung eines einzelnen Evangeliars kaum üblich. Die Beliebtheit dieses liturgischen Buchtyps hatte im 14. Jahrhundert ihren Höhepunkt überschritten, da seit dem 12. Jahrhundert die praktischeren Lektionare – Bücher, in denen die Perikopen nach dem Lauf des Kirchenjahrs geordnet waren – die Evangeliare in der Praxis vollständig ersetzt hatten. Das Evangeliar des Johann von Troppau enthält nur den Text der vier Evangelien; die gängigen Kanontafeln, Vorworte, Kapitelaufzählungen sowie das für die Liturgie unerlässliche Kapitular fehlen. Die prachtvollen Evangeliare in ihren reich geschmückten Einbänden zählten jedoch weiterhin zu den Kostbarkeiten der Kirchenschätze und wurden gelegentlich bei der Festliturgie oder anderen Ritualen (z. B. Eiden) verwendet bzw. besaßen Memorialcharakter (so wurden z. B. Inventare, Urkunden u. ä. eingetragen). Das neue Evangeliar war wohl nicht nur ein bibliophiler Wunschtraum, sondern besaß allem Anschein nach eine konkrete Mission, wie auch der prächtige, in Goldschmiedetechnik gefertigte Einband verrät. Daher wurde die Vermutung geäußert, das Evangeliar könne in Analogie zu den existierenden Krönungsevangeliaren als Krönungsevangeliar der österreichischen Herzöge gedacht gewesen sein.

Archaisch ist jedoch nicht nur der Buchtyp allein, sondern auch das Dekor weist historisierende Tendenzen auf. Die Prager Buchmaler nutzten offenbar als Muster alte Codices, die im Domschatz von St. Veit aufbewahrt wurden. Aus den Inventaren ist bekannt, dass sich 1355 allein acht Plenarien in diesem Schatz befanden, d. h. seltene Bücher mit reich geschmückten Einbänden (zumeist Evangeliare; der Ausdruck Plenar ist abgeleitet von missale plenum); bis 1387 kam nur noch ein Pontifikale hinzu. Mit Sicherheit lässt sich unter diesen alten Codices nur das berühmte Plenar des hl. Markus mit dem Fragment eines angeblich von dem Evangelisten selbst stammenden Autografen identifizieren (heute Sign. Cim 1). Höchstwahrscheinlich befanden sich darunter auch das karolingische Evangeliar Cim 2 (siehe Kat.-Nr. 13.25), das zur Gruppe des sog. Codex Vyssegradensis gehörende sog. Evangelistar von St. Veit Cim 3 und sogar das Evangeliar Heinrichs des Löwen. Diesen im Kloster Helmarshausen vor 1188 entstandenen Codex verkaufte das Kapitel erst im Jahr 1866.[1] Die altertümlichen Miniaturen wurden von den Buchmalern allerdings nicht getreu kopiert, sondern vielmehr im Rahmen ihrer eigenen stilistischen Schulung unter Nutzung zeitgenössischer Dekorsysteme bearbeitet.

Die Verwendung von Goldschrift und die Notierung des Textes in einer Spalte deuten jedoch auf ein vorromanisches oder romanisches Vorbild hin, was damit korrespondieren könnte, dass im Inventar von St. Veit aus dem Jahr 1496 eines der drei heute unbekannten Plenarien als „textum ewangelii in auro scriptum" beschrieben wurde. Jedem Evangelium ist eine verzierte Doppelseite vorangestellt: links eine ganzseitige Miniatur mit zwölf Szenen aus dem Leben des entsprechenden Evangelisten und auf der gegenüberliegenden Seite eine ganzseitige Initiale. Die Gestaltung der Seite mit den zwölf narrativen Szenen, die in einem hochrechteckigen Rahmen jeweils in vier Reihen mit je drei Szenen angeordnet sind, erinnert an eine Lösung, die z. B. aus dem sog. Evangeliar des hl. Augustinus,[2] konkret von fol. 125r, oder aus einigen byzantinischen Codices bekannt ist, z. B. aus der um 880 entstandenen, heute in Paris[3] verwahrten Handschrift. Allerdings kennt man eine ähnliche Anordnung von Legenden auch aus dem damaligen italienischen Schaffen.[4] Ob eine Handschrift mit ähnlicher Lösung in Prag zur Verfügung stand, ist unbekannt; leider fehlen für diese Zeit Belege über die Existenz byzantinischer Handschriften in Prag.

Jede Textseite ist von einer einfachen Leiste gerahmt, aus deren Ecken Blüten oder Blätter herauswachsen. Eine ähnliche Rahmung weisen auch die Seiten mit den zwölf narrativen Szenen auf. Diese Lösung ähnelt auffällig der Rahmung der Seiten mit dem in Silbertinte geschriebenem Text auf Purpurgrund, wie sie das karolingische Evangeliar Cim 2 aufweist (bes. fol. 127v–128r und 187v–188r). Die Rahmung der ganzseitigen Initialen mit von goldenen Zierscheiben durchsetzten Akanthusblättern in den Ecken könnte ebenfalls ein Echo der für die fränkisch-sächsische Schule typischen Rahmung sein (vgl. Cim 2, fol. 186v und 187r). Das gleiche Motiv der Zierscheiben in den Ecken taucht allerdings auch in jüngeren Werken auf, z. B. in dem erwähnten Evangeliar Heinrichs des Löwen, wo in einer ähnlichen Komposition auf fol. 20r in den Scheiben Figuren untergebracht sind. Gerade die Ornamentgestaltung mit den gedrehten Ranken, die sich in dieser Handschrift finden (z. B. fol. 170v, 173r), könnte die Verzierung der Initialseiten vor dem Johannes- oder dem Lukas-Evangelium im Evangeliar des Johann von Troppau beeinflusst haben (fol. 149r und 92r). Die Darstellung der Wurzel Jesse, die in stark abweichender Form vor dem Matthäus-Evangelium eingefügt ist (fol. 2r), findet sich im Evangeliar Heinrichs des Löwen auf f. 2r. Eine eventuelle Übernahme von Motiven aus dem Codex Vyssegradensis[5] lässt sich weder ausschließen noch bestätigen – es ist nämlich nicht sicher, wo sich dieser Codex im 14. Jahrhundert befand. Als Krönungsevangeliar könnte in der Prager Kathedrale anstelle des Codex Vyssegradensis

13 ∗ Das Heilige Römische Reich – Anhänger und Opposition 553

INCPT

EVGLM

SCDM

MATHM

13.24, fol. 91v

13 ✳ Das Heilige Römische Reich – Anhänger und Opposition

13.24, fol. 92r   13.24, fol. 2r

ein anderes der festlichen Plenarien gedient haben, vielleicht das Evangeliar Cim 2, dessen nach den Hussitenkriegen erneuerter Einband auf eine besondere Bedeutung verweist.

Kateřina Kubínová

LITERATUR
TRENKLER 1948. – SCHMIDT 1967/II. – JENNI/THEISEN 2004/I, I, 65–85, Kat.-Nr. 6 (Ulrike JENNI). – JENNI/THEISEN/STEJSKAL/SAUTER/FINGERNAGEL 2005 (mit umfassender Bibliografie).

FUSSNOTEN
1 Heute Wolfenbüttel, Herzog-August-Bibliothek, Sign. Cod. Guelf. 105 Noviss. 2°.
2 Rom, E. 6. Jh.; Cambridge, Corpus Christi College, Ms. 286.
3 Paris, Bibliothèque nationale de France, Ms. grec. 510.
4 Z. B. Rom, Biblioteca Apostolica Vaticana, lat. 2639, fol. 3v. Die Handschrift entstand 1376.
5 Prag, Národní knihovna České republiky, XIV A 13.

13.25 Evangeliar

Saint-Amand-les-Eaux (Dép. Nord), Ende der 870er Jahre.
Pergament; 244 fol.; karolingische Minuskel und Unziale, Capitalis rustica und Capitalis quadrata; 15 Kanontafeln, 8 ganzseitige figürliche Illuminationen, 4 ganzseitige Incipit-Seiten, 4 ganzseitige Initialen, 8 Textseiten in Ornamentrahmen auf Purpurgrund; H. 34,8 cm, B. 25,8 cm. Einband (heute separat aufbewahrt): Eichendeckel mit ursprünglichen, gerissenen Bünden (spätestens 10. Jahrhundert); H. 35,5 cm, B. 27,1 cm.
Vorderdeckel: Zum hl. Petrus umgeschnitztes Konsulardiptychon aus Elfenbein, 1. Hälfte 5. Jahrhundert, umgeschnitzt 2. Hälfte 10. Jahrhundert; Form leicht unregelmäßig, H. 25,3 cm, B. 11,1 cm. – Vergoldetes Kupfer mit eingravierten Pflanzenmotiven und Heiligenfiguren, nach 1450; 48 flache Fassungen, 4 Kristalle mit eingefügten Reliquien (Authentiken mit Schrift nach 1450); in den übrigen 44 Fassungen heute noch 7 grüne Chrysoprase,[1] 1 Smaragd,[2] 3 orange-braune Onyxe, 7 Amethyste und 1 rosa Chalcedon,[3] sonstige Fassungen leer. – Auf beiden Vorsätzen Seidenstoff (Byzanz, Wende 8./9. Jahrhundert) mit der Figur des persischen Königs Bahram Gor (reg. 420/21–438/39).
Rückdeckel: Leer, mit einer zentralen Vertiefung, die den Maßen eines Elfenbeintäfelchens entspricht, am Rand Vertiefungen für Spangen, sichtbare Spuren von Applikationen und kleine Textilreste; am Rand des Rückdeckels ist mit Nägelchen ein leuchtendgelber Stoff befestigt, der wohl ursprünglich den Buchrücken bedeckte.
Provenienz: Prag, Domschatz von St. Veit.
Prag, Knihovna metropolitní kapituly u svatého Víta v Praze, Bibliothek, Sign. Cim 2.

Diese Handschrift ist ein prachtvolles Beispiel der karolingischen Buchkultur und zählte auch in der Zeit Karls IV. zu den kostbarsten Handschriften des Prager Kapitels. Das Evangeliar entstand wohl im nordfranzösischen Kloster Saint-Amand, dem Hauptzentrum der sog. frankosächsischen Buchmalereischule. Darauf verweisen die ganzseitigen ornamentalen Incipit-Seiten und Initialen der Evangelien, auf denen Elemente der insularen Buchmalerei in für diese Schule typischer Weise mit karolingischen Motiven kombiniert werden. Für Saint-Amand ist besonders die Rahmung der Seiten bezeichnend; in dieser Hinsicht besonders eng verwandte Handschriften sind das Evangeliar Franz' II. (Paris, Bibl. Nat., Ms. latin 257) und die sog. Zweite Bibel Karls des Kahlen (Paris, Bibl. Nat., Ms. latin 2). Die geradezu wuchernde Ornamentik verweist auf die Spätphase dieses Stils. An der Verzierung des Codex waren noch zwei weitere, auf figürliche Malerei spezialisierte Buchmaler beteiligt. Die Wurzeln ihrer um Motive aus Tours bereicherten Kunst müssen in Reims gesucht werden. Bemerkenswert ist besonders die Ikonografie der Szenen vor den Evangelien. Der üblichen Darstellung des schreibenden Evangelisten und seines Symbols geht nämlich die Szene seiner Berufung bzw. Erwählung voran: Matthäus wird von Jesus berufen, Markus erhält seinen Auftrag vom hl. Petrus und Lukas vom hl. Paulus, während Johannes an der Brust Christi eingeschlafen ist. Obwohl für die einzelnen Szenen Analogien in der karolingischen und vor allem in der byzantinischen Kunst bekannt sind, gibt es nichts, was mit dem hier geschaffenen Gesamtwerk vergleichbar wäre. Anscheinend handelt es sich ebenso wie im Fall der begleitenden Titel um ein karolingisches Originalkonzept, das sich auf ältere, möglicherweise spätantike Vorbilder stützt. Die Szenen sollen die Authentizität der vier kanonischen Evangelien und deren göttliche Inspiration unterstreichen; zugleich verweisen sie auf vier verschiedene Aspekte des Wesens Jesu: Menschsein (Matthäus) und Göttlichkeit (Johannes), die Rolle des Königs (Markus) und die Rolle des Priesters (Lukas).

Für das Schicksal und die Provenienz der Handschrift ist die Feststellung maßgebend, dass der komplette Text von Schreibern aus dem sächsischen Kloster Corvey geschrieben wurde. Wahrscheinlich kam es auf dem Gebiet des westfränkischen Reichs zu einer Zusammenarbeit von Malern und Schreibern, denn in Corvey ist damals keine aktive Buchmalerwerkstatt belegt. Es ist jedoch bekannt, dass die Mönche aus Corvey ihre Bibliothek durch Erwerbungen aus dem Mutterkloster Corbie und aus anderen Klöstern bereicherten. Das prachtvolle Evangeliar könnte daher eine für das Kloster bestimmte Bestellung gewesen sein. Möglicherweise wurde der Einband der Handschrift erst in Corvey mit dem umgeschnitzten Konsulardiptychon und den über 50 Edelsteinen verziert. Das Evangeliar wurde im 10. Jahrhundert in Corvey zu einer der zentralen Handschriften, die eine eigene Illuminationstradition entstehen ließen. Der Einfluss der Handschrift lässt sich noch zu Anfang des 11. Jahrhunderts im unweit gelegenen Hildesheim in der mit Bischof Bernward verbundenen Werkstatt nachweisen.

Gerade in dieser Zeit könnte die Handschrift nach Böhmen gelangt sein. Die böhmischen Länder waren dank der im Reich herrschenden sächsischen Dynastie der Ottonen mit jener Region eng verbunden. Der erste und der dritte Prager Bischof kamen direkt aus Corvey. Es ist aber unwahrscheinlich, dass einer von ihnen die Handschrift nach Böhmen mitbrachte. Vielleicht lässt sich ihre Ankunft mit der kunstliebenden Herzogin Emma (Witwe des westfränkischen Königs Lothar I., Gemahlin Boleslavs II.) in Verbindung bringen, die in einer sächsischen Buchmalerwerkstatt eine Handschrift der Gumpold'schen Wenzelslegende bestellte (Wolfenbüttel, HAB, Cod. Guelf. 11.2 Aug. 4°). Allerdings ist auch ein späteres Datum für die Ankunft der Handschrift in Böhmen denkbar. Die liturgische Hinzufügung der am Tag des hl. Stephan gelesenen Perikope entstand Ende des 11. Jahrhunderts bereits außerhalb von Corvey, vielleicht auf böhmischem Territorium. Ob dies mit der Gründung des dem hl. Stephan geweihten Leitmeritzer Kapitels in Zusammenhang stehen könnte, ist strittig.

Auf jeden Fall wurde die Handschrift in der zweiten Hälfte des 14. Jahrhunderts in der Schatzkammer der Prager Kathedrale aufbewahrt. Dies belegen zwei nachträgliche Kommentare auf fol. 1r: „Hic sunt gemme L" und „Hic sunt gemme LIII", geschrieben in den 1370er Jahren und gegen Ende des 14. Jahrhunderts. Handschriften mit reich verzierten Deckeln wurden in den Inventaren des Veitsdoms unter den sog. plenaria aufgeführt. Ihre Zahl änderte sich in der Zeit Karls IV. nur minimal, bekannt ist eigentlich nur der Erwerb des sog. Plenars des hl. Markus mit dem angeblichen Autografen dieses Evangelisten (Kat.-Nr. 5.5). Die hier vorgestellte Handschrift dürfte sich hinter dem Exemplar der beiden sog. Festplenarien verbergen, das dem Inventar von 1365 zufolge mit 50 Edelsteinen verziert war. Leider wird die Identifizierung durch die Tatsache erschwert, dass der Originaleinband während der Hussitenkriege in Mitleidenschaft gezogen wurde, als man den Codex zusammen mit weiteren Wertgegenständen nach Karlstein brachte und ihm einen Großteil seiner Verzierung raubte. Nach 1450 erhielt die Vorderseite des Einbands ihre heutige Gestalt.

Zur Zeit Karls IV. gehörte die Handschrift jedoch sicher zu den hochgeschätzten Codices, denn sie diente dem Buchmaler Johann von Troppau als Inspirationsquelle bei der Anfertigung des Evangeliars der österreichischen Herzöge (Kat.-Nr. 13.24). Die gerahmten Textseiten auf Purpurgrund im vorliegenden Evangeliar Cim 2 (bes. fol. 127v–128r und 187r–189v) dürften die bei dem neuen Codex verwendete ähnliche Gestaltung angeregt haben.

Kateřina Kubínová

13.25, Buchdeckel

13.25, fol. 187r

13.25, fol. 127v

13.25, fol. 128r

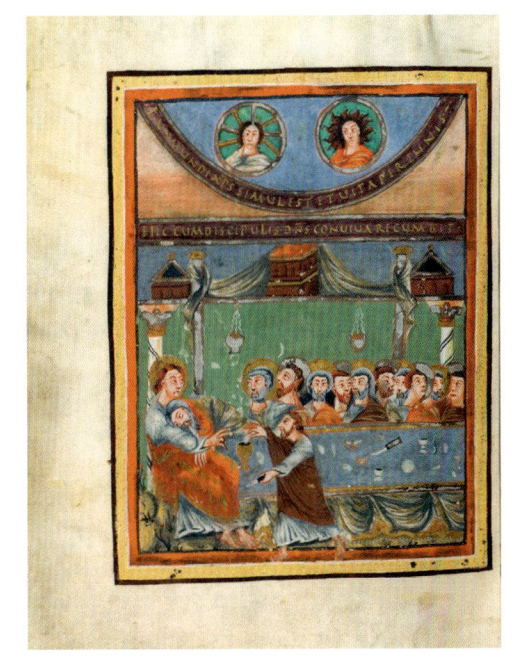

13.25, fol. 185v

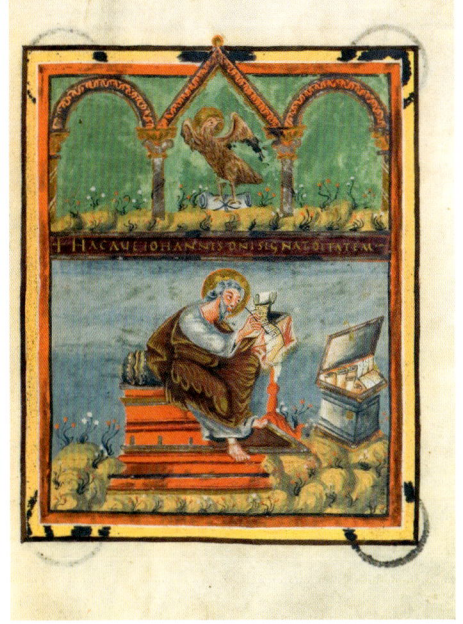

13.25, fol. 186r

13 ✴ Das Heilige Römische Reich – Anhänger und Opposition

Dominica p̄ma aduēt' dn̄i

Ad te leuaui animā meā deus meus in te confido nō erubescam· neq̄ irrideant me inimici mei etenim uniuersi qui te exspectant non confundentur· **ps** Uias tuas dn̄e demonstra michi et semitas tuas edoce me· Gl'a. **Collca** Excita quesumus dn̄e potenciā tuam et ueni· ut ab imminētibꝰ peccatorum nr̄orū piculis· te mereamur ꝓtegente eripi· te liberante saluari· Qui uiuis· **Ad Romanos· Ratres**: Scientes quia hora est iam nos de sompno surgere· nunc enim ꝓpior est nostra salus quam cum credidimus· Nox p̄cessit· dies autem appinquabit· Abiciamus ergo opera tenebrarū· et induamur arma lucis: sic ut in die honeste ambulemus· Non in commessacionibꝰ et ebrietatibꝰ· non in cubilibus et in pudiciciis: non i contencione et emulacione· Sed induimini do minū nr̄m ihm̄ xp̄m· **Grad** Uniuersi qui te exspectant non confundentur dn̄e· **v** Uias tuas dn̄e notas fac michi et semitas tuas edoce me· **Alleluia· v** Ostende nobis domine misericor

mamus · q̃m uenture sollēpnitatis pia mu-
nera ꝓloquitur · Dn̄m n̄. **Con** Tolle p̄ex · Reinc
Pr̄s q̃s omp̄s d̄s · ut saluatoris mūdi **cōple**
stella duce manifestata natiuitas · mēntibꝫ nr̄is
semp̄ reueletr̄ ⁊ crescat · P · **In die scō.**
ce aduenit dominator dn̄s · ⁊ regnū
in manu eius et potestas et imp̄riū.
p̄s · Deus iudicium tuū regi da · ⁊ ius
titiam tuā filio regis · **Collecta**
Deus qui hodierna die unigenitū tuū gen
tribus stella duce reuelasti · cōcede ꝓpicī · ut
qui iam te ex fide cognouim̄ · usqꝫ ad cōtemplan
dum speciem tue celsitudinis ꝑducam̄ · P · c · **Ly saīe**
Surge illuminare ih̄r̄l̄m q̃a uenit **ꝓphete**
lumen tuū · et gloria dn̄i sup̄ te orta ē · Q̃a
ecce tenebre op̄ient terrā · et caligo p̃p̄los · sup̄
te aūt orietur dn̄s · et gl̄a eius in te uidebitur ·
et ambulabūt gentes in lumine tuo · ⁊ reges in
splendore ortus tui · Leua in circuitu oculos tu
os tuos et uide · oīes isti cōgregati sūt uener̃t
tibi · filij tui delonge uenient · et filie tue de late
surgent · Tunc uidebis et afflues · et mirabitur
et dilatabitr̄ cor tuū · qn̄do cōuersa fuerit ad te
multitudo maris · fortitudo genciū uenerit tibi ·
Inundacio camelorū op̄iet te · dromedarij ma
dian et epha · Om̄es de saba uenient · aurum
et thus deferentes · et laudē dn̄o annūciantes ·
Om̄es de saba uenient aurū et thus deferen **Gra**

13.26, fol. 2v

QUELLEN
ŠITTLER/PODLAHA 1903.

LITERATUR
ŠITTLER/PODLAHA 1903, 3–20. – SCHMIDT 1967. – KAHSNITZ 1995. – KAHSNITZ 2001, 230–240. – FINGERNAGEL 2005, bes. 50, 123–130. – ČERNÝ 2006/II. – KOEHLER/MÜTHERICH 2009, 355–368. – HOFFMANN 2012, 22f. – KUBÍNOVÁ 2014. – KUBÍNOVÁ 2015. – KUBÍNOVÁ 2016.

FUSSNOTEN
1 Zwei sind groß, angebracht in der Mitte der fünf übrigen, kleineren. Sie stammen von schlesischen Fundorten in der Nähe von Frankenstein (Ząbkowice Śląskie) oder aus Koźmice Wielkie in Kleinpolen.
2 In der Reihe am linken Rand der Tafel, dritte Fassung von unten.
3 Der Chalzedon ist in der linken Reihe am Rand der Tafel befestigt, über dem Smaragd. Smaragd und Chalzedon bilden die Komplentärfarben zu Chrysopras und Amethyst, was die Forschung bisher nicht bemerkt hat. Für die mineralogische Analyse danke ich Jaroslav Hyršl.

13.26 Evangelistar des Trierer Erzbischofs Konrad II. (Kuno) von Falkenstein

Metz oder Trier, 1380.
Pergament, Tinte; 190 Blatt; H. 35 cm, B. 25 cm, T. 11 cm; Einband: Holz mit Leder überzogen, Messingbeschläge.
Inschrift (fol. 2v) „Cuno de falkenstein archiepiscopus / treverensis hunc librum fieri fecit Anno Domini / millesimo cccmo octuge / simo die octava mensis maij".
Provenienz: Angefertigt im Auftrag Erzbischof Kunos von Falkenstein.
Trier, Domschatz – Bistum Trier, Inv.-Nr. Hs. 6.
Nur in Prag ausgestellt.

Bevor Kuno (Konrad) II. von Falkenstein 1362 seinem Mentor Boemund II. von Saarbrücken im Amt des Trierer Erzbischofs nachfolgte, hatte er unter anderem im Mainzer Bistumsstreit großes Durchsetzungsvermögen bewiesen. Als Provisor des Mainzer Erzstifts hatte er den abgesetzten Erzbischof Heinrich III. von Virneburg bis zu dessen Tod 1353 gegen den Kandidaten Karls IV. unterstützt und sich zuletzt sein Umschwenken noch gut bezahlen lassen. 1364 empfing er in Prag ein kaiserliches Urteil, das seine Herrschaft über die Stadt Trier in vollem Maße bestätigte. Bei dieser Gelegenheit dürfte er Zeugnisse der Hofkunst Karls IV. gesehen und wohl auch erworben haben. Ein erneuter Konflikt mit der Stadt Trier 1377 endete hingegen mit Zugeständnissen des Erzbischofs an die Bürger.[1] Es ist dennoch kein Beleg realen Machtverlusts, wenn Kuno von da an seiner Hauptstadt den Rücken kehrte und statt dessen in seinen Burgen Pfalzel bei Trier und Ehrenbreitstein bei Koblenz residierte. Drei Jahre nach der Übereinkunft von 1377 stiftete er ein Evangelistar (Perikopenbuch) zum liturgischen Gebrauch im Trierer Dom. Auf dessen Titelbild ließ er sich selbst in einem majestätischen Porträt verewigen, das nach dem Vorbild des Kaisersiegels Ludwigs des Bayern von 1327/28 angelegt war: Ausgestattet mit den erzbischöflichen Insignien sitzt er frontal auf einem Adlerthron, seine Füße ruhen auf zwei kauernden Löwen. Ihre Krallen halten Wappenschilde mit dem Trierer Kreuz und den Farben der Familie Falkenstein-Münzenberg. Einer in Goldtinte verfassten Umschrift zufolge hatte der Erzbischof die Handschrift am 8. Mai 1380 in Auftrag gegeben.

Den Anfang der Evangelientexte, die im Verlauf des Kirchenjahrs an den Sonn- und Feiertagen gelesen wurden, macht die Perikope zum 1. Advent, in der vom Einzug Jesu in Jerusalem berichtet wird (Mt 21,1–11, fol. 3r). Die Initiale zeigt Christus, der zwei seiner Apostel vorausschickt, vor einem in der Pariser Buchmalerei gebräuchlichen Bildgrundmuster. Die Initiale auf fol. 27r illustriert die Perikope zum letzten Sonntag vor der Vorfastenzeit anhand der Heilung des Blinden von Jericho (Lk 18,40–43). Im Aufbau folgt das Bild der entsprechenden Miniatur des Egbert-Codex (Trier, Stadtbibliothek, Ms. 24, fol. 31r). An diesem Trierer Perikopenbuch des ausgehenden 10. Jahrhunderts sind etliche Bildinitialen des Falkenstein-Evangelistars orientiert. Die ikonografischen Rückgriffe auf die ottonische Prachthandschrift kontrastieren mit einer Umsetzung, bei der sich Farbigkeit und Motivik an der zeitgenössischen Metzer und Pariser Buchmalerei orientierten. Die Zitate nach dem Egbert-Codex im Evangelistar Kunos von Falkenstein sprechen dafür, dass das nach den erzbischöflichen Auftragsarbeiten benannte Atelier in Trier beheimatet war.

Christian Forster

LITERATUR
Ausst.-Kat. Köln 1978, I, 265 (Joachim M. PLOTZEK). – RONIG 1984/II. – RONIG 1986. – SUCKALE 1993/I, 171, Anm. 2. – GATZ 2001, 803–806, bes. 803 (Wolfgang SEIBRICH / Wilhelm JANSSEN). – BEIER 2003, 7, 8, 10f., 13–21, 29–31, 33–35, 37, 45–52, 67–70, Kat. 121–125; Abb. 6–12, 14f., 17. – Ausst.-Kat. Magdeburg 2006, 394–396, Kat.-Nr. V.20 (Franz RONIG). – HELLENBRAND/SCHMID 2008.

FUSSNOTEN
1 Ausführlich FERDINAND 1886, 38–53.

13.27 Missale aus der Falkenstein-Werkstatt

Trier, um 1383 oder später.
Pergament (362 Blätter), Papier (13 Blätter), Tinte, roter Samt über Holzdeckeln; H. 20,2 cm, B. 14,8 cm, T. 8,5 cm (Einband).
Trier, Domschatz – Bistum Trier, ohne Inv.-Nr.
Nur in Nürnberg ausgestellt.

Der für den Trierer Erzbischof Kuno II. von Falkenstein (amt. 1362–88) tätigen Buchmalereiwerkstatt lassen sich zehn Werke zuschreiben. Neben drei Bücher, die mit Sicherheit vom Erzbischof selbst in Auftrag gegeben wurden, treten zwei, die aus Trierer Kollegiatstiften stammen, ferner ein Stundenbuch und eine Traktatsammlung für Benutzer, die in der Metzer Diözese beheimatet waren, wie aus den beigefügten Kalendern hervorgeht, und außerdem zwei Fragmente liturgischer Texte.[1] Schließlich gehört ein Missale zu der Gruppe, in dessen Kalender heilige Trierer Bischöfe hervorgehoben sind. Der Stifter dieser Handschrift bleibt unbekannt, da sein Wappen noch nicht bestimmt werden konnte: sieben schwarze Rauten in zwei Reihen auf silbernem Grund.

Die erste von 21 Zierseiten zeichnet den Beginn des Temporales aus, der Sammlung von Texten, die während der Messfeiern an den verschiedenen Sonn- und Feiertagen gelesen oder gesungen werden (fol. 12r). Die Initiale illustriert den Introitus-Gesang zum 1. Adventssonntag: „Ad te levavi animam meam" [„Zu dir erhebe ich meine Seele", Ps. 25,1]; der Urheber des Psalms, König David, streckt ganz wörtlich aufgefasst seine Seele, die als nacktes Kind dargestellt ist, dem Herrn im Himmel entgegen. Den Satzspiegel rahmen stachelige Akanthusranken.

Zurückhaltender sind die Randleisten von fol. 33r gestaltet, wo bunte Akanthusblätter nur an den unteren Ecken auftreten. Zum Fest der Erscheinung des Herrn am 6. Januar zeigt die Initiale das eingängige Bild der Anbetung Christi durch die Heiligen Drei Könige.

Christian Forster

LITERATUR
RONIG 1990. – BEIER 2003, 14, 17f., 19f., 108f., Kat. 135f., Abb. 33–35. – SCHMID 2003. – SCHMID 2004.

FUSSNOTEN
1 Evangelistar, dat. 1380; Trier, Domschatz, Hs. 6. – Thomasin von Zerclaere, Der Welsche Gast, um 1380; New York, The Pierpont Morgan Library, MS G.54. – Rudolf von Ems: Weltchronik, dat. 1383; Stuttgart, Württembergische Landesbibliothek, Cod. Bibl. fol. 5. – Eidbuch aus St. Simeon in Trier; Nürnberg, Germanisches Nationalmuseum, Hs. 41848. – Friedrich Schavard: Collatio super urbis recommendatione, sancti Paulini apparitione atque ecclesiae ipsius religione, dat. 1404; Paris, Bibliothèque nationale de France, Ms. lat. 10157. – Stundenbuch, um 1380; Paris, Bibliothèque nationale de France, Ms. lat. 1403. – Sammelhandschrift, um 1380; Paris, Bibliothèque nationale de France, Ms. fr. 9558. – Einzelblatt eines Antiphonars, um 1380; Köln, Wallraf-Richartz-Museum, Kupferstichkabinett, Nr. 105. – Fragment eines Graduales, um 1380; Dortmund, Stadtbibliothek, Hs. 68.

13.26, fol. 27r

13.26, fol. 3r

14 ✲ Karls Judenpolitik: Schützlinge und Opfer

Als das Jahr 1349 kam, wurden die Juden in Straßburg auf dem Kirchhof auf einem Holzgerüst verbrannt (...). Dazu kam es nach der Anschuldigung, sie hätten Brunnen und Wasser vergiftet. In manchen Städten wurden sie aufgrund eines Urteils verbrannt, in andern wurden ihre Wohnhäuser in Brand gesteckt und so sind auch sie verbrannt. (...) Was man den Juden schuldete, war so beglichen, und man erhielt alle Pfandbriefe und Schuldscheine aus den Händen der Juden zurück. (...) Diese waren das Gift, das den Juden den Tod gebracht hat.

Straßburger Chronik des Fritsche Closener, vollendet 1363

(Nach der Ermordung der Juden) autz der Judenschuel sol machen eine Kyrche in st. Marien untzerer frawen ere und die legen avf den großen Plaz an ain sollich statt, da es die burger allerbest dunkt (...).

Karl IV. an den Nürnberger Stadtrat, Prag, 16. November 1349

Nach alter Tradition galten die Juden im Reich als Diener des Kaisers, denen der Herrscher für ihre Dienste, die zumeist finanzieller Art waren, seinen Schutz gewährte (Judenregal). Diese Regel wurde in Zeiten einer schwachen Zentralgewalt im Reich nicht wirklich respektiert. Erst der Habsburger-König Rudolf I. (reg. 1273–91) widmete der jüdischen Minderheit größere Aufmerksamkeit und nutzte sie als bedeutende Finanzquelle. Für ihn waren die Juden vor allem Leibeigene mit bestimmten Pflichten, was die allgemeine Überzeugung weckte, dass jüdischer Besitz jederzeit entschädigungslos enteignet werden könne. Und dazu kam es in späteren Jahrhunderten immer häufiger – umso mehr, als das einstige Judenregal vom König auf die mächtigen Landesfürsten übergegangen war.

    Karl IV. konnte von Anfang an die königlichen Rechte nur unter Anstrengungen durchsetzen und hatte so auch keine Möglichkeit zu einem flächendeckenden Schutz dieser bedeutendsten nichtchristlichen Minderheit im Reich. Zur Durchsetzung seiner machtpolitischen Ziele brauchte er aber dringend Verbündete und Geld. Daher überwog bei ihm ein aus heutiger Sicht unsympathischer Pragmatismus, und in der Zeit unmittelbar nach der Pestepidemie, als im Reich ohnehin judenfeindliche Stimmungen grassierten, überließ er in erster Linie den Reichsstädten die Entscheidung über die Vertreibung bzw. Ermordung der Juden und die Aneignung jüdischer Besitztümer. Der problematischste Fall ist aus Nürnberg bekannt: Hier hatte Karl 1349 den Juden Schutz versprochen, um dieses Versprechen wenige Monate später zu brechen, indem er den Vertretern des reichen Patriziats erlaubte, das Judenviertel im Sebalder Stadtteil zu liquidieren und dessen Bevölkerung zu ermorden. Die treuesten Bürger erhielten dann die jüdischen Häuser und Grundstücke.

    In Karls eigenen Territorien wie etwa dem Königreich Böhmen erfreuten sich die Juden weiterhin seines Schutzes. Nach der furchtbaren Pogromwelle Mitte des 14. Jahrhunderts ging Karl daran, auch der jüdischen Bevölkerung im Reich wieder verschiedene Privilegien zu verleihen. Dabei bleibt unklar, ob er aus der Überzeugung handelte, dass auch Juden ein Recht auf Behausung und Erwerbstätigkeit zustünde, oder ob er sich angesichts dieser künftigen Quelle dringend benötigter Finanzen von Gewinnkalkül leiten ließ. Es gibt aber auch Anzeichen dafür, dass Karl sich die Hände nicht weiter schmutzig machen wollte, ähnlich wie Pontius Pilatus, der Jesus von Nazareth in den Tod schickte. Möglicherweise übertrug Karl deshalb in einer Bestimmung der Goldenen Bulle den Schutz der Juden auf die Kurfürsten, womit er sich das entscheidende Wort in den ihm unmittelbar unterstehenden Kurfürstentümern Böhmen und später Brandenburg vorbehielt.

Jiří Fajt

Prag, Altstadt, Blick in das Südschiff der Altneusynagoge • Fotoatelier Jindřich Eckert (1833–1905), Aufnahme vom 28. Juli 1908 • Prag, Archiv hlavního města Prahy, Sign. XII 1006

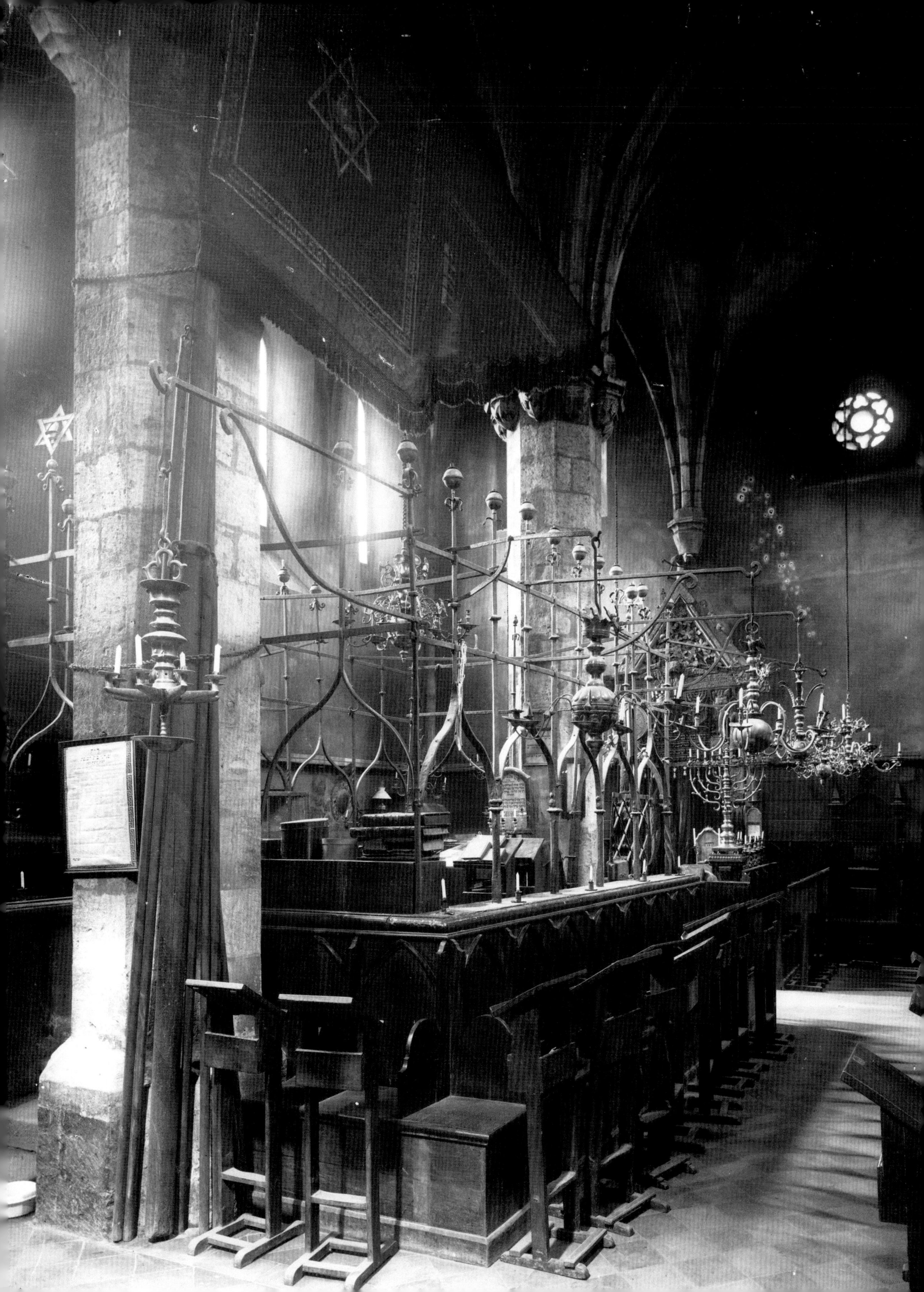

Katalog 14.1–14.9

14.1 König Karl IV. überlässt den Grafen Eberhard II. und Ulrich IV. von Württemberg „das Gut, das die Juden zu Reutlingen gelassen haben, wo sie immer gesessen sind"

Speyer, 20. April 1349.
Pergament, Tinte; Siegel stark beschädigt;
H. 14,3 cm (ohne Siegel), 27 cm (mit Siegel),
B. 32 cm, Dm. Siegel 10 cm.
Stuttgart, Hauptstaatsarchiv, Sign. H 51 U 536.
Nur in Prag ausgestellt.

Karl IV. überträgt den Grafen Eberhard und Ulrich von Württemberg, Landvögten in Schwaben, das gesamte immobile und mobile Gut der Juden zu Reutlingen, ungeachtet des Umstands, ob diese tot sind oder noch leben, mit der Maßgabe, sich mit dem Bürgermeister, dem Rat und der Gemeinde von Reutlingen diesbezüglich ins Benehmen zu setzen. Darüber hinaus gewährt der König der Stadtgemeinde Reutlingen kraft königlicher Gewalt Verzeihung für ihr Vorgehen gegen die Juden und sagt sie von aller Strafe los.

Vorausgegangen war gegen Ende des Jahres 1348 die Ausbreitung der Ostern 1348 in der Provence ausgebrochenen Judenverfolgungen über Savoyen und Burgund auf den Südwesten des Reichsgebiets. Reutlingen war am 8. Dezember 1348 von der Pogromwelle erfasst worden. Die Erwähnung noch lebender Juden in dem vier Monate später ausgestellten königlichen Schriftstück lässt nicht zwangsläufig darauf schließen, dass ein Teil der Reutlinger Juden dem Pogrom entkommen war. Vielmehr handelt es sich um eine durchaus begründete, häufiger anzutreffende formale Wendung, um auftretende Besitzansprüche etwaiger Überlebender abwenden zu können.

Die als Landvögte in Niederschwaben fungierenden und damit auch für die Einziehung der dem König unmittelbar zustehenden Judensteuern zuständigen Grafen von Württemberg, Eberhard II. (* nach 1315, reg. 1344–92) und sein Bruder Ulrich IV. (* nach 1315, reg. 1344–62, † 1366), erhielten von Karl IV. neben einem vollständigen Nachlass ihrer bei Juden gemachten Schulden (MGH Constitutiones 9, 185f., Nr. 240) auch das Judengut in weiteren schwäbischen Reichsstädten zugesprochen. Bereits am 26. April quittierten die Grafen der Stadt Reutlingen die Zahlung von 1 200 Gulden für den Verkauf sämtlicher jüdischer Besitzungen in Reutlingen.¹ Auf ähnliche Weise kamen auch Übereinkünfte mit den Vertretern weiterer Stadtgemeinden zustande; diese brachten den Landgrafen in Rottweil 700 und in Schwäbisch Hall 800 Gulden ein. Welchen Betrag Esslingen zahlte, ist nicht bekannt.

Jörg R. Müller

14.1

DRUCK
STERN 1936, 3f., Nr. 3 (mit fehlerhafter Datierung). – MGH Constitutiones 9, 187, Nr. 242. – WEINRICH 1983, 312, Nr. 92c.

REGESTEN
GAYLER 1840, 63f. – HUBER 1877, 76, Nr. 936. – BRAUNN 1982, 48, Nr. 90. – BATTENBERG 1990, 75, Nr. 109. – SCHULER 1998, 114, Nr. 355.

LITERATUR
SCHÖN 1894, 37. – AVNERI 1968, 695.

FUSSNOTEN
1 STERN 1936, 4, Nr. 4.

14.2 König Karl IV. bestätigt der Stadt Memmingen, dass eine Übereinkunft über die Besitzungen der ermordeten Memminger Juden geschlossen worden und das Verbrechen gesühnt sei, woraufhin er die Stadt wieder in seine Huld aufnimmt

Frankfurt/M., 20. Juni 1349.
Pergament, Tinte, Siegel; H. 15 cm, B. 24,5 cm,
Dm. Siegel 5,5 cm..
Augsburg, Staatsarchiv, Memmingen RU 32.
Nur in Nürnberg ausgestellt.

König Karl IV. stellt der Bürgerschaft der Stadt Memmingen für die Landvögte von Oberschwaben, die Grafen Ulrich und Ulrich von Helfenstein, eine Urkunde aus: Ihr zufolge sei eine Übereinkunft hinsichtlich der Besitzungen der ermordeten und verbrannten Memminger Juden zustande gekommen; er werde künftig keine diesbezüglichen Ansprüche an die Stadt stellen, da die Tat gesühnt sei und er die Bürger wieder in seine Huld aufgenommen habe.

Was die Vereinbarung konkret beinhaltete, geht aus dem Wortlaut der Urkunde nicht hervor. Allerdings stellte der König am selben Tag eine Urkunde für die oberschwäbische Reichsstadt Überlingen aus, in der er bestätigte, dass die Stadtgemeinde sämtliche Güter der von den Bürgern ermordeten Überlinger Juden den Grafen von Helfenstein als Vertretern der Reichsgewalt übergeben hatte und dafür in die Huld und den Schutz von Kaiser und Reich aufgenommen wurde.¹

Memmingen zählte zu den am frühesten von den sogenannten Pestverfolgungen betroffenen Orten im Reichsgebiet. Ob die als Landvögte mit Verwaltungskompetenzen über die oberschwäbischen

14.2

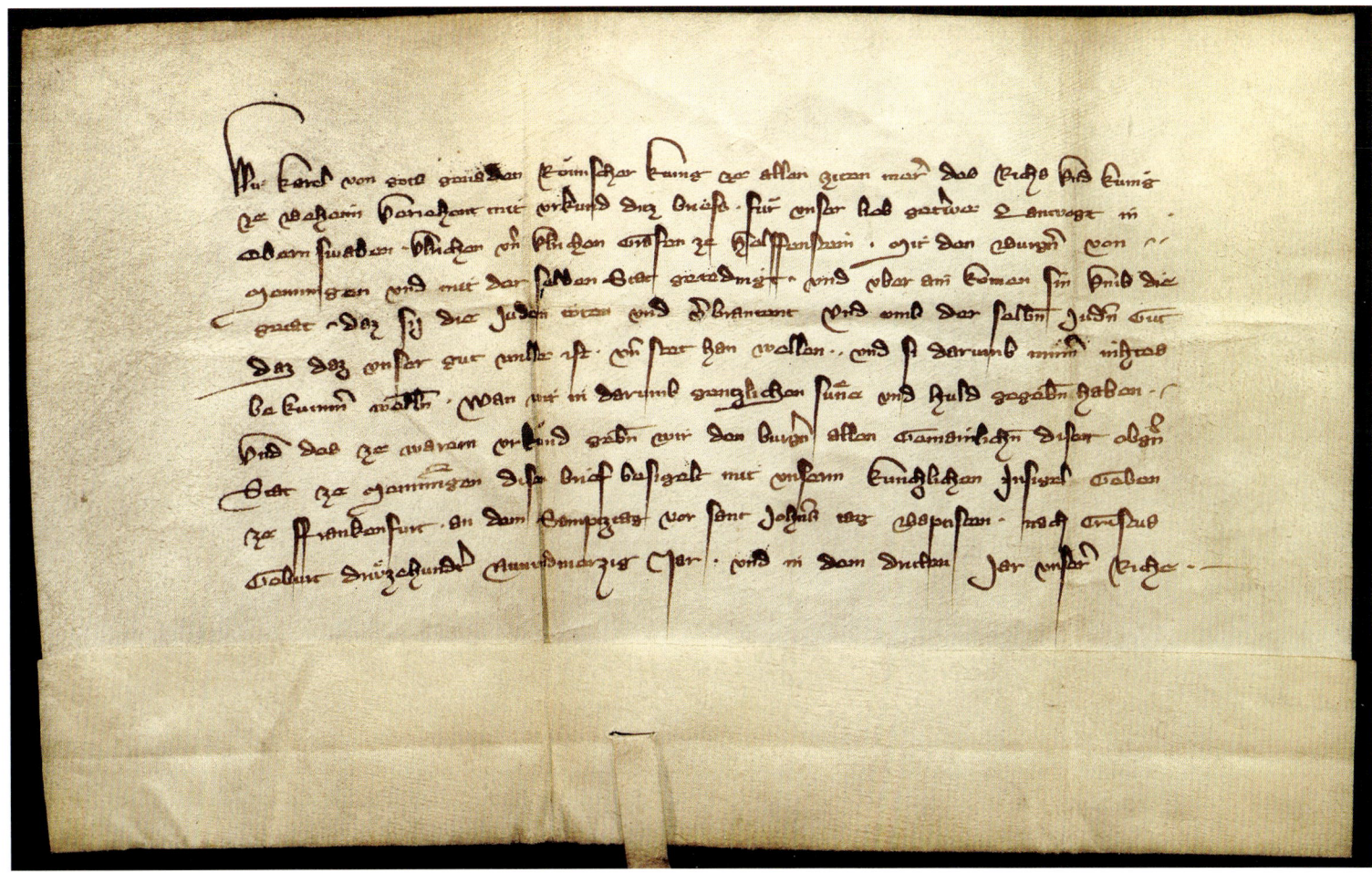

Reichsstädte betrauten Vettern Ulrich X. und Ulrich XI. von Helfenstein von den Verfolgungen in den Reichsstädten Memmingen und Kaufbeuren (November 1348) überrascht worden waren, ist unklar. Jedenfalls bemühten sie sich unmittelbar im Anschluss an die ersten Gewaltexzesse in ihrem Amtsbereich um einen effektiven Schutz der bedeutenden Ulmer Judengemeinde. Auf Initiative der Helfensteiner erklärte sich der Ulmer Rat am 3. Dezember 1348 gegen eine außerordentliche Zahlung der Juden bereit, diese zu schützen. Auch erlangten die Grafen von Karl IV. am 30. Dezember 1348 die der Stadt Ulm in Aussicht gestellte Zusage, die Judensteuer zum Ausbau der Stadtbefestigung verwenden zu dürfen. Dennoch konnte die Vernichtung der Ulmer Judengemeinde am 30. Januar 1349 nicht verhindert werden. Auch in den übrigen Reichsstädten der oberschwäbischen Landvogtei, in denen Juden lebten, fanden zwischen Dezember 1348 und Februar 1349 Verfolgungen statt.

Jörg R. Müller

DRUCK
MIEDEL 1909 (Teildruck). – MGH Constitutiones 9, 276, Nr. 367.

REGESTEN
FREYBERG 1839, 166 (sub dato). – HUBER 1877, 88, Nr. 1020; BATTENBERG 1990, 97, Nr. 150.

LITERATUR
AVNERI 1968, 535. – KIESSLING 1997, 219. – SCHOLL 2012, 87–95.

FUSSNOTEN
1 MGH Constitutiones 9, 276f., Nr. 368.

14.3 Marktbrief Karls IV. für die Stadt Nürnberg mit Erlaubnis zum Abriss der Judenhäuser

Prag, 16. November 1349.
Pergament, Tinte, Siegel; H. 20,5 cm, B. 32 cm, Dm. Siegel 10 cm.
Nürnberg, Staatsarchiv, Reichsstadt Nürnberg, Kaiserliche Privilegien, Nr. 77.
Nürnberg, Staatsarchiv, Reichsstadt Nürnberg, Urkunden, Münchner Abgabe 1992, Nr. 760.

Kraft der sogenannten „Markturkunde" vom 16. November 1349 gestattete Karl IV. der Stadt Nürnberg, zahlreiche zentral gelegene Häuser von Juden abzubrechen, um dadurch Raum für zwei städtische Plätze zu schaffen. Im gleichen Zug wies er die Bürger an, anstelle der Synagoge eine Maria geweihte Kirche zu errichten. Ältere Besitzrechte an den Häusern der Juden erklärte er für ungültig. Die Urkunde bildet das Ergebnis umfangreicher Verhandlungen des städtischen Gesandten Ulrich Stromer am königlichen Hof in Prag und steht im Kontext der Einigung beider Seiten um die Anerkennung Karls IV. als römisch-deutscher König. Vor allem für den Rat der

14.3

14.3

Stadt Nürnberg war das Resultat der Absprachen ein voller Erfolg. Durch den Abriss großer Teile des Judenviertels, das im Zuge des Zusammenwachsens beider Nürnberger Stadthälften von seiner Randlage in das Zentrum gerückt war, konnte ein neuer städtischer Mittelpunkt geschaffen werden: der heutige Hauptmarkt mit der Frauenkirche. Die verbliebenen Häuser dienten Karl IV. dazu, seine Anhänger zu belohnen. Auch an Ulrich Stromer, der seine Mission in einem Fensterglas der jungen Frauenkirche verewigen ließ, schenkte der König eines der Gebäude am Rand des geplanten Marktes. Mögliche Konsequenzen für die jüdische Gemeinde spielten bei den Verhandlungen hingegen keine Rolle. Bereits am 5. Dezember 1349, also nur kurz nach der Ausstellung der Urkunde und wohl im Zusammenhang mit dem Abriss des Viertels, kam es zu einem Pogrom, dem ein großer Teil der jüdischen Gemeinde zum Opfer fiel. Der Rat und die städtischen Funktionsträger, die vielleicht direkt an den Ereignissen beteiligt waren, hatten nichts zu befürchten. Bereits am 2. Oktober 1349 hatte der König ihnen garantiert, sie nicht zu belangen, sollte es zu Gewalt gegen Juden kommen. Bis heute legt die für die Geschichte und Identität Nürnbergs so zentrale Urkunde Zeugnis dafür ab, wie unheilvoll die Bemühungen des Rats um einen urbanen Mittelpunkt mit dem Massaker an der jüdischen Minderheit verbunden waren.

Andreas Weber

EDITION
MGH Constitutiones 9, 481, Nr. 616.

LITERATUR
STROMER 1978/I. – KOHN 1978, 89f. – FRIEDEL 2014. – MENGEL 2015.

14.4 Karl IV. schenkt Ludwig dem Brandenburger drei Häuser Nürnberger Juden

Frankfurt am Main, 27. Juni 1349.
Original, Pergament, Siegel; H. 13,5 cm, B. 27 cm, Dm. Siegel 10,5 cm.
Wien, Haus-, Hof- und Staatsarchiv, Allgemeine Urkundenreihe 1349 VI 27.
Nur in Nürnberg ausgestellt.

Die Urkunde König Karls IV. vom 27. Juni 1349 beinhaltet die Schenkung von drei Judenhäusern in Nürnberg an Markgraf Ludwig von Brandenburg. Die Übereignung der Immobilien, die sich Ludwig selbst auswählen durfte, war Teil einer ganzen Reihe umfangreicher Zugeständnisse und finanzieller Zuwendungen Karls IV. Sie dienten der Aussöhnung der beiden Fürsten, die sich bis dahin im Thronstreit als Widersacher gegenüber gestanden hatten.

14.4

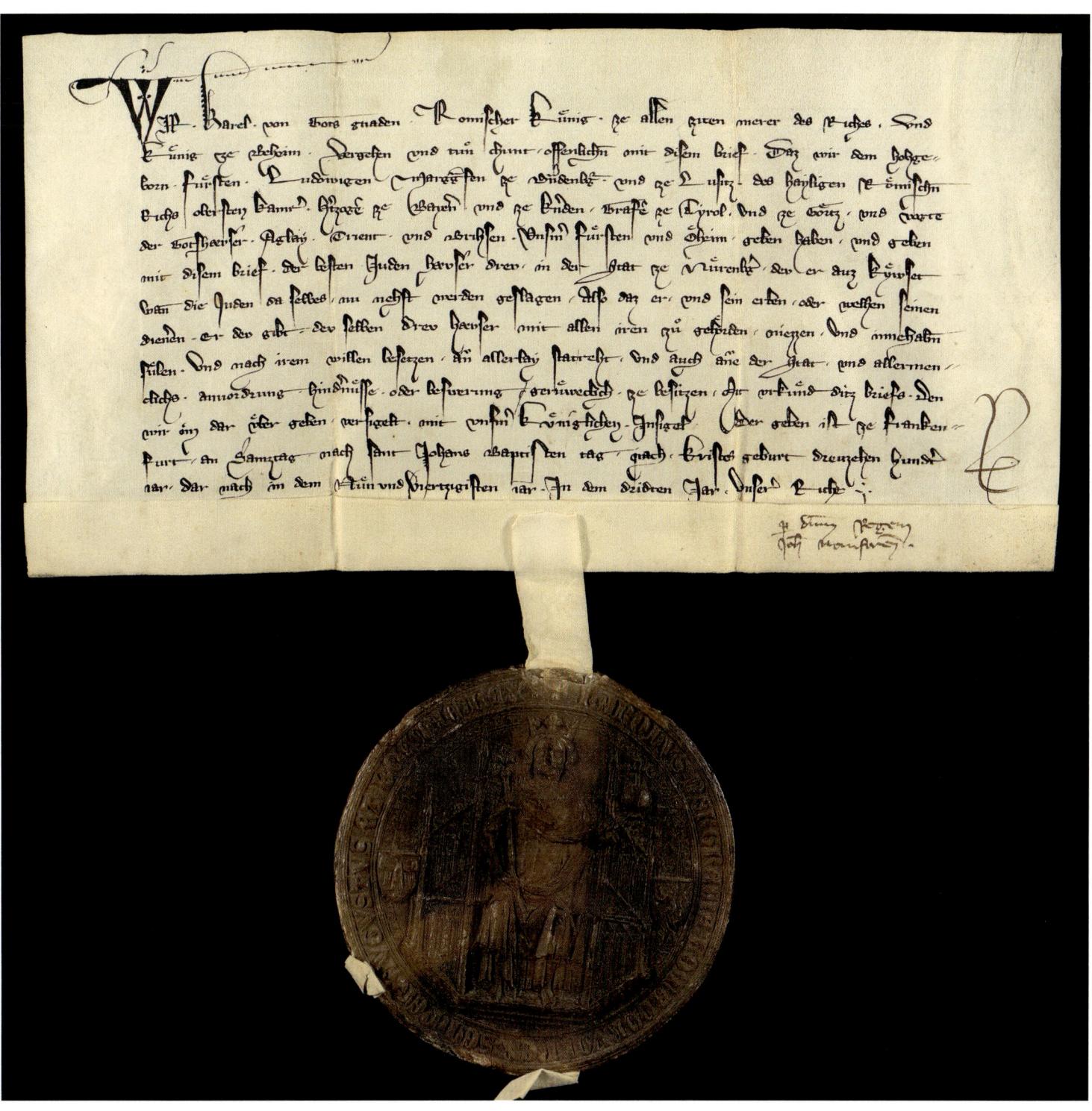

Nicht zum ersten Mal griff Karl in solchem Zusammenhang auf seine jüdischen „Kammerknechte" zurück. Schon in den vorausgegangenen Monaten hatte der König umfangreiche Rechte und Einkünfte an den Nürnberger Juden, auch Gebäude derselben, an Anhänger und Verbündete überschrieben oder verpfändet. Verstärkt wurde diese Form der Begünstigung dadurch, dass die Reichsstadt Nürnberg von Juni 1348 bis Oktober 1349 zu den Gegnern Karls zählte. Bemerkenswert ist hingegen, dass Karl die bedrohliche Situation für die Juden der fränkischen Metropole zunehmend einkalkulierte und explizit auf mögliche gewalttätige Ausschreitungen Bezug nahm. Erst Tage vor der Schenkung an Ludwig hatte er Urkunden für die Burggrafen von Nürnberg sowie die Bischöfe von Bamberg um einen Passus erweitern lassen, der ausführt, wie diese für fehlende Einnahmen entschädigt werden sollten, falls die Nürnberger Juden getötet oder vertrieben würden. In der vorliegenden Schenkung für Ludwig den Brandenburger wurde dieser Zusammenhang noch deutlicher formuliert. Die drei Judenhäuser konnte sich Ludwig auswählen, „wann die Juden da selbes nu nehst werden geslagen" [„wenn/falls die Juden dort demnächst erschlagen werden"]. Klarer als in vergleichbaren Zusammenhängen tritt also das Bestreben Karls IV. zu Tage, Nutzen aus gewalttätigen Ausschreitungen gegen die jüdische Minderheit zu ziehen, während keinerlei Absicht des Herrschers erkennbar wird, den Juden wirksamen Schutz zu gewähren.

Andreas Weber

EDITION
MGH Constitutiones 9, 298f., Nr. 402.

LITERATUR
STROMER 1978/I.

14.5 Grabstein vom jüdischen Friedhof in Nürnberg, später für den Bau der Lorenzkirche verwendet (Replik)

Original: Nürnberg, 1330; zweitverwendet um 1349 oder später im Wendelstein am Südturm der Pfarrkirche St. Lorenz.
Replik aus Sandsteinersatz; H. 120 cm, B. oben 56 cm, B. unten 27 cm, T. 23 cm.
Nürnberg, Israelitische Kultusgemeinde, Tahara.

Im April 1970 wurden aus der Wendeltreppe, die von der ebenerdigen Halle des St. Lorenzer Südturms in dessen erstes Freigeschoss führt, vier im Mittelalter zu Treppenstufen umgearbeitete Grabsteinfragmente mit hebräischer Inschrift ausgebaut und der jüdischen Kultusgemeinde Nürnberg übergeben. Die Grabsteine legen davon Zeugnis ab, dass nach der

14 ✶ Karls Judenpolitik: Schützlinge und Opfer

Vernichtung der jüdischen Gemeinde am 5. Dezember 1349 auch noch deren Friedhof geschändet wurde, indem der Rat der Stadt die Grabsteine konfiszieren ließ, um sie als Baumaterial verwenden zu können. Der Friedhof lag außerhalb der Stadtbefestigung, vor dem Laufer Schlagturm, im Bereich der späteren Münzgasse, und offenbar wurde er den Juden, die sich seit 1352 wieder in Nürnberg ansiedeln durften, wenn auch nicht mehr an der Stelle des ersten Judenviertels, erneut als Begräbnisstätte zugewiesen.

Von mehreren Bauten, die sich in städtischer Trägerschaft befanden, lässt sich festhalten, dass sie nach dem Pogrom von der Weiterverwertung der jüdischen Grabsteine profitiert haben, nämlich vom Weißen Turm, vom Pfarrhaus von St. Sebald und vom Fischbach, dessen Bett im Bereich der Innenstadt mit Steinen befestigt war.

Die hochgotische Lorenzkirche mit Polygonalchor, basilikalem Langhaus und zwei Westtürmen befand sich Mitte des 14. Jahrhunderts kurz vor der Fertigstellung. Ihr Baubeginn lässt sich nicht genau bestimmen, schon weil der ursprüngliche Chor nicht erhalten ist (Fundamente 1929 ergraben). 1283 soll bereits am Nordturm gearbeitet worden sein. Das Bedürfnis nach einem repräsentativen Kirchengebäude war der Stadtgemeinde sicherlich aus dem Umstand erwachsen, dass St. Lorenz dank der Unierung mit St. Martin in Fürth, die zwischen 1258 und 1275 vollzogen wurde, Pfarrrechte erhalten hatte. Stilgeschichtlich lässt sich – nach bis dahin rascher Ausführung – eine gewisse Zäsur um 1300 feststellen. Die Bautätigkeit konnte verstärkt wieder aufgenommen werden, nachdem der Bamberger Bischof 1341 mittels Ablass um Spenden geworben hatte. Mit der Indulgenzgewährung fällt die Arbeit am figurengeschmückten Westportal zusammen, das zwischen schon vorhandenen Turmstümpfen eingefügt ist. In den Zwickelflächen dieses Portals wurden nach der Vermählung Karls IV. mit Anna von Schweidnitz 1353 das böhmische und das schlesische Wappen angebracht (Kat.-Nr. 10.4). Aus dem Fugenbild der angrenzenden Lagen lässt sich schließen, dass die Wappensteine nachträglich eingesetzt wurden. Sicherlich hatte dies der seit 1353/55 tätige Kirchenpfleger Peter Stromer d. Ä. veranlasst, dessen Familie intensive und profitable Beziehungen zu Karl IV. pflegte. Es war sein Onkel Ulrich I. Stromer vom Zotenberg, der das für die Juden verhängnisvolle Marktprivileg vom 16. November 1349 bei Karl IV. ausgehandelt hatte.

Auf etwa gleicher Höhe wie die Wappensteine befanden sich die jüdischen Grabsteine im Treppentürmchen des Südturms und kennzeichneten somit, bis zu welcher Höhe der Südturm um die Zeit des Pogroms gediehen war. Der feine hellgraue Sandstein, aus dem die Steine mit Inschrift gearbeitet sind, unterscheidet sich äußerlich und qualitativ vom Schmausenbucker Burgsandstein, der das bevorzugte Baumaterial der Hütte von St. Lorenz war. Da er auch an anderen Werkstücken in dem Wendelstein anzutreffen ist, wurde vermutet, dass darin noch weitere jüdische Grabsteine stecken, die mangels Inschrift unerkannt bleiben müssen.

Aus Gründen der Pietät entleiht die jüdische Gemeinde Nürnbergs keine Grabsteine für Ausstellungen. Sie ließ daher von dem posthum entwendeten, erst nach über 600 Jahren zurückerstatteten Stein des Jechiel, Sohn des Isaak, der im Mai 1330 gestorben war, eine Kopie herstellen.

Christian Forster

14.5

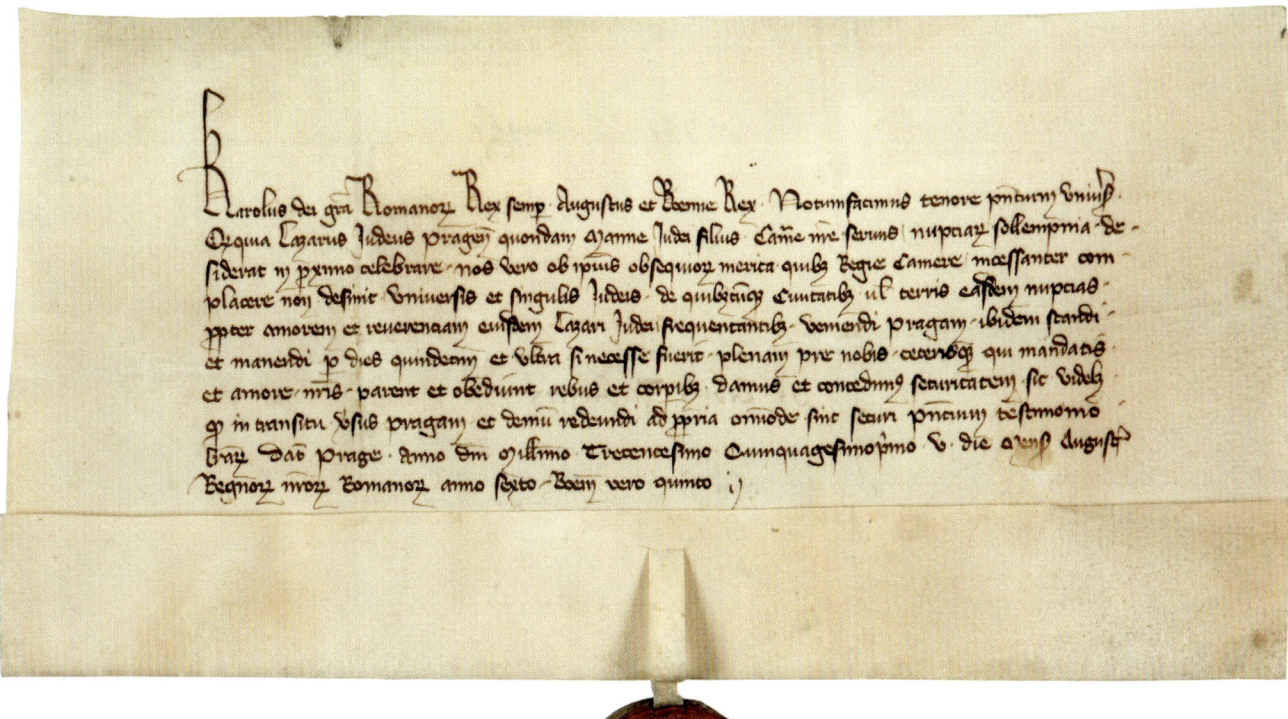

LITERATUR
SALFELD 1898, 61–65, 219–230. – SCHULZ 1918. – KOHN 1978. – STROMER 1978/I, 80–88 sowie Abb. 1–3 und 89–90. – KOHN 1983. – SEIDL 1983, 43–55. – FÖSSEL 1987, 23–40. – Ausst.-Kat. Nürnberg 1988, 508. – SUCKALE 1993/I, 157. – FLEISCHMANN 2008, II, 945f. – STOFFELS 2012. – POPP 2014, 344, 347, 618–620. – FAJT 2016/I, II (noch ohne Paginierung).

14.6 Karl, römischer und böhmischer König, gibt allen Juden, die zur Hochzeit des Juden Eleazar (Lazar) nach Prag reisen, einen Geleitbrief und nimmt sie während ihres Aufenthalts für mindestens 15 Tage unter seinen Schutz

Prag, 5. August 1351.
Pergament, Tinte; Latein; H. 13 cm, B. 26,5 cm; kleines Wachssiegel König Karls, Dm. 40 mm.
Prag, Národní archiv, Böhmisches Kronarchiv, Inv.-Nr. 369.

Am 5. August 1351 gestattete König Karl IV. aufgrund der von dem Prager Juden Eleasar (Lazarus), Sohn des verstorbenen Juden Man, der königlichen Kammer geleisteten Verdienste, sämtlichen Juden, gleich aus welchen Städten oder Herrschaften, die aus Zuneigung und Verehrung gegenüber Eleasar an dessen Hochzeit in Prag teilzunehmen beabsichtigten, sich 15 Tage oder auch länger, wenn es nötig sein sollte, dort aufzuhalten. Auch gewährte der König den Juden sicheres Geleit auf dem Hin- und dem Rückweg.

Bereits Eleasars Vater Man gehörte zu den wohlhabendsten Juden der Prager Gemeinde. Als Johann Heinrich, Bruder des damaligen Markgrafen von Mähren und Regenten in Böhmen für den erblindeten König Johann, am 29. März 1344 Mans Söhne Trostlin und Samuel und deren nicht namentlich genannte Brüder sowie Mans Schwiegersöhne Ebrusch und Muschlin wegen schwerwiegender Bedrückungen von allen Abgaben und Steuern bis zur Rückkehr Karls nach Prag befreite, wurde Man bereits als verstorben bezeichnet. Zwar sind Kredite Mans und seiner Söhne und Schwiegersöhne an den permanent hoch verschuldeten böhmischen König Johann und dessen Sohn und Nachfolger Karl bis zum Jahre 1350 nicht explizit bezeugt, doch legen die überlieferten Schriftstücke bereits seit längerer Zeit bestehende Geschäftsbeziehungen der Familie zum Herrscherhaus nahe.

In diesen Kontext gehört auch die Verpfändung der Steuern der böhmischen Juden aufgrund einer Schuld von 340 Schock Prager Groschen durch Karl IV. an den Juden Trostlin und seine erneut nicht namentlich erwähnten Brüder am 4. Oktober 1347. Dass Eleasar bei den Geschäften des Familienkonsortiums nicht prominent in Erscheinung trat, sondern wohl unter den Brüdern Trostlins subsumiert wurde, könnte mit seinem möglicherweise noch jugendlichen Alter zusammenhängen. Im Jahre 1350 erscheint Eleasar dann als führender Vertreter des Familienverbandes, der von Karl IV. am 24. Juli für zwei Jahre von der Zahlung sämtlicher Steuern und Abgaben befreit wurde, weil er dem König durch Geldzahlungen in einer prekären finanziellen Situation geholfen hatte (ACR 2, 211f., Nr. 159). Neben Eleasar werden auch seine – wohl jüngeren – Brüder Judlin und Merklin, ihr ehemaliger Schwager Ebrusch sowie Eleasars Schwestern Rozha und Maminka in der Urkunde genannt.

Die Verbriefung des königlichen Schutzes für die Hochzeitsgäste im darauf folgenden Jahr dürfte nicht nur im Hinblick auf die persönlichen Verdienste Eleasars erteilt worden sein, sondern dem König auch unmittelbar finanzielle Vorteile eingebracht haben. Allerdings diente die öffentlichkeitswirksame Hochzeitsfeier mit zahlreichen auswärtigen Gästen in der von den Pestverfolgungen verschonten böhmischen Metropole zweifellos auch der Prestigesteigerung und der Vertiefung persönlicher und ökonomischer Kontakte des wohlhabenden Prager Juden Eleasar.

Am 30. Juli 1366 übergab Karl IV. das Haus Eleasars zusammen mit den benachbarten Häusern der Universität Prag zur Einrichtung eines Magisterkollegs.[1] Tomek geht davon aus, dass der Besitz nach Eleasars Tod an den König gefallen sei, der daraus die Stiftung bestritt. Allerdings wurde das Haus bereits 1352 von einem Christen käuflich erworben, also zu einer Zeit, als Eleasar nachweislich noch in Prag geschäftlich tätig war und wohl auch dort lebte.

Jörg R. Müller

EDITION
HRUBÝ 1928, 257f., Nr. 192.

REGEST
HUBER 1877, 112, Nr. 1402. – BRETHOLZ 1935, 41, Nr. 79. – MGH Constitutiones 10, 233, Nr. 312. – SPĚVÁČEK 2000.

LITERATUR
TOMEK 1855/1901, II (1892), 516. – PUTÍK 1994/95, 18, 22f. – MÜLLER J. 2015, 61f., 82. – MUSÍLEK 2015 (jeweils mit weiteren Literaturangaben).

FUSSNOTEN
1 MHU 2, 1, 231–235, Nr. 5.

14.7 Kaiser Karl IV. gestattet dem Rat der Stadt Frankfurt a. M., wieder Juden in der Stadt aufzunehmen

Nürnberg, 13. Juli 1360.
Original, Pergament, Siegel.
Frankfurt/M., Institut für Stadtgeschichte, Privilegien 119.

14.8.a

Im Jahre 1360 gewährte Kaiser Karl IV. der Reichs- und Messestadt Frankfurt a. M. das Privileg, wieder Juden aufnehmen zu dürfen. Begründet wurde die Entscheidung mit den Diensten, welche die Stadt dem Reich geleistet habe, sowie mit der kostspieligen Sanierung der schadhaften Mainbrücke. Der Stadt wurde erlaubt, selbstständig mit den aufzunehmenden Juden über deren jährliche Steuerleistung zu verhandeln. Aus den Erträgen sollten zunächst noch bestehende Rechte der königlichen Getreuen Eberhard von Eppstein und Rudolf von Sachsenhausen am Steueraufkommen der 1349 vernichteten Frankfurter Judengemeinde abgegolten werden. Die restlichen Steuereinnahmen waren je hälftig zwischen Kaiser und Stadt zu teilen. Die zuziehenden Juden sollten – entsprechend der 1349 ausgestellten Verpfändungsurkunde zugunsten der Stadt – der Herrschaft des Rats unterstehen, während Karl sich selbst für seine zahlreichen Besuche in der Reichsstadt von den Juden die Bereitstellung von Betten, Pergament und Küchengerät in einem vom Rat zu bestimmenden Umfang vorbehielt. Die Genehmigung zur Ansiedlung von Juden erteilte der Kaiser auf Widerruf. Sämtliche Herrschaftsträger und sonstige Untertanen des Reiches wurden unter Strafandrohung dazu angehalten, Bürgermeister, Schöffen und Rat der Stadt Frankfurt in ihren entsprechenden Maßnahmen zu unterstützen.

In einem Eintrag zum 3. September 1360 in einem Frankfurter Amtsbuch mit Gesetzen und Verordnungen sind wieder sieben in der Stadt ansässige Juden belegt, nachdem bereits im Frühjahr 1357 die Vorbereitungen zu deren Wiederaufnahme eingeleitet und sukzessive Vereinbarungen zwischen der Stadt Frankfurt und verschiedenen weltlichen und geistlichen Herrschaftsträgern über deren Ansprüche an Teilen der Judensteuer oder an ehemals jüdischen Immobilien erzielt worden waren. Als weitere Motive zur Wiederansiedlung von Juden waren sicherlich auch der erhöhte Geldbedarf der Stadt Frankfurt für Bündnisverpflichtungen gegenüber den anderen Reichsstädten der Wetterau sowie einzelne Fehdeaustragungen relevant. In seiner demnächst im Druck erscheinenden Dissertation zur Geschichte der Frankfurter Juden im späten Mittelalter hat David Schnur erstmals auf die „Kreditausfallsicherung" als wesentliches ökonomisches Movens der Stadt zur Wiederansiedlung der Juden hingewiesen: Die Stadtgemeinde sowie vermögende Bürger sicherten durch das so genannte Judenschadennehmen ihre Geldanlagepolitik ab und erweiterten damit ihren wirtschaftlichen Handlungsspielraum. Daneben zeigt Schnur auf, dass die Steuern und Abgaben der Frankfurter Judengemeinde letztlich nicht zur Instandsetzung der Mainbrücke genutzt wurden.

Jörg R. Müller

DRUCK
GLAFEY 1734, 259f., Nr. 166. – OLENSCHLAGER 1766, 86–88, Nr. 31. – KRACAUER 1914, 69f., Nr. 174.

REGEST
HUBER 1877, 264, Nr. 3223. – JUNG 1892, 12.

LITERATUR
GOLDSCHMIDT 1888. – KRACAUER 1925, 41–50. – LITTMANN 1928, 12f., 15. – SCHNUR 2014. – MÜLLER J. 2016.

14.8.a–f Jüdischer Schatz von Erfurt (Teil)

Im September 1998 wurde bei einer archäologischen Ausgrabung in der Erfurter Michaelisstraße ein umfangreicher Schatzfund aus dem Mittelalter entdeckt. Unter der Mauer eines Kellerzugangs fand man Silbergeschirr und Schmuckstücke, silberne Münzen und Barren, die an dieser Stelle vergraben worden waren. Sowohl die Münzen als auch die Goldschmiedearbeiten stammen aus dem Ende des 13. und der ersten Hälfte des 14. Jahrhunderts.

Die Lage der Fundstelle mitten im ehemaligen jüdischen Viertel deutet auf eine jüdische Familie als ehemalige Besitzer; Teile des Schatzes, vor allem ein jüdischer Hochzeitsring, verstärken diese Zuordnung. Aufgrund der Datierung des Schatzinventars lässt sich die Verbergung mit dem Pogrom vom 21. März 1349 in Verbindung bringen. Die Welle der Judenverfolgungen, die im Zusammenhang mit dem Ausbruch der schwarzen Pest von Süddeutschland aus nach Norden verlief, erreichte an diesem Tag auch Erfurt. Die Ursachen lagen hier wie überall in Überschuldung, Hass auf Andersgläubige sowie Konkurrenzneid unter Händlern; den willkommenen Vorwand lieferte wie andernorts der Vorwurf der Brunnenvergiftung. Bei den Ausschreitungen brannte das Viertel um die Synagoge ab und die jüdische Gemeinde kam um, die mit etwa 1.000 Mitgliedern und bedeutenden Gelehrten eine der wichtigsten ihrer Zeit im deutschsprachigen Raum war. Als letzter nachweisbarer Eigentümer des Grundstückes vor dem Pogrom kommt der jüdische Geldhändler Kalman von Wiehe als ehemaliger Besitzer des Schatzes in Frage. Nachweislich überlebte er das Pogrom von 1349 nicht.

Der Erfurter Schatz ist in Umfang und Zusammensetzung einmalig und hat ein Gesamtgewicht von fast 30 Kilogramm. Er enthielt mehr als 700 Einzelstücke gotischer Goldschmiedekunst in teilweise exzellenter Ausführung. Dabei handelt es sich um ein Ensemble an Silbergeschirr, bestehend aus einem Satz von acht Bechern, einer Kanne, einer Trinkschale sowie einem Doppelkopf. An Schmuckstücken sind besonders acht Broschen verschiedener Größe und Form mit zum Teil üppigem Steinbesatz hervorzuheben sowie acht Ringe aus

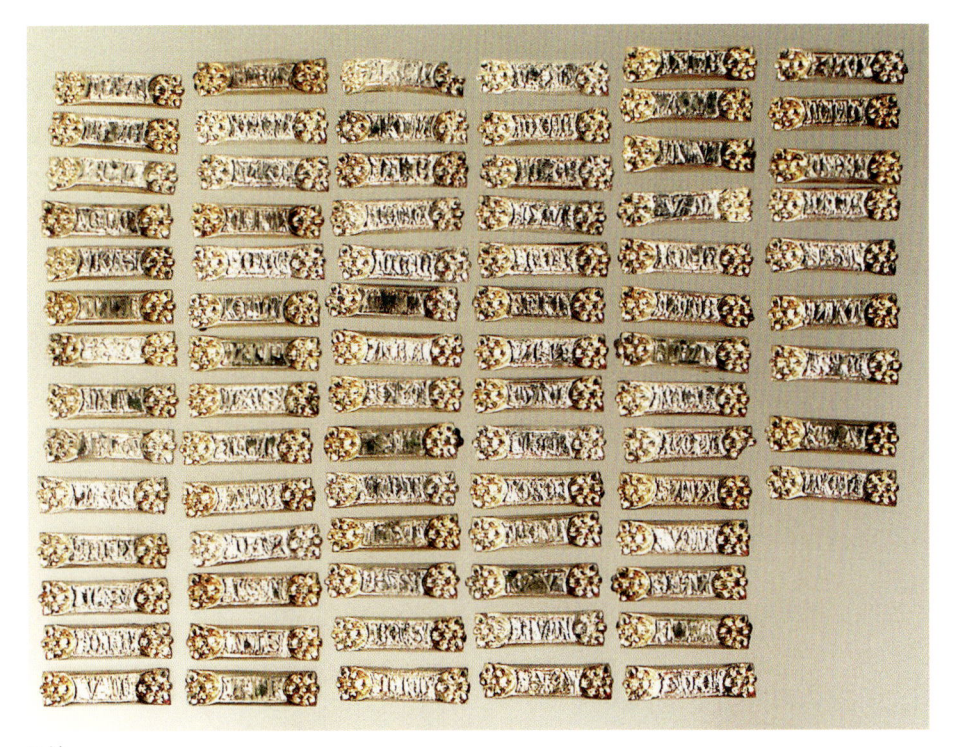

14.8.b

Gold und Silber. Kleinere Objekte wie Gürtelteile und Gewandbesatz machen den zahlenmäßig größten Anteil der Goldschmiedearbeiten aus.

Die Alte Synagoge Erfurt, Partnerin der Landesausstellung, zeigt in ihrer Dauerausstellung den gesamten Erfurter Schatz.

Silberarbeiten (a.–d.): Maria Stürzebecher

a. Kosmetik-Set (Amulett): Flakon, Kette, Besteckteile
Orient (Syrien?), E. 13. / 1. H. 14. Jh.
Silber, vergoldet (Flakon), Fadenreste; L. insgesamt 2,32 cm; Dm. Flakon innen 2,4 cm; Dm. Flakon außen ca. 3,7 cm; T. Flakon 1,2 cm; Dm. Kette 3,5 mm; L. Besteckteile 4,7 cm.
Weimar, Thüringisches Landesamt für Denkmalpflege und Archäologie (TLDA), Inv.-Nr. 5088/98; 3044/98; 5699–5702/98.

Das Kosmetik-Set besteht aus einem runden Flakon, an den mit silbernen Ketten ein dreiteiliges Miniaturbesteck angehängt ist. Die Vorder- und Rückseite des Flakons ist jeweils mit der erhabenen Darstellung eines sechszackigen Sterns mit Halbkugeln an den Spitzen geschmückt, die Seitenfläche zeigt zwischen sechs schlanken, angesetzten Kegeln mit abgeplatteten Kugeln an den Spitzen eine rautenförmige Schraffur. Der schmale gerade Hals wird von zwei Ösen flankiert, an denen je eine Fuchsschwanzkette befestigt ist. Die beiden Ketten tragen an ihren Enden Gerätschaften zur Körperpflege, von denen nur der Ohrlöffel noch in seiner Funktion erkennbar ist. Die anderen Instrumente könnten eine Pinzette und ein Zahnstocher gewesen sein. An einer weiteren Kette ist der blütenförmig verzierte Verschluss des Flakons befestigt.

Das silberne Kettengehänge mit Flakon und Gerätschaften zur Körperpflege wurde möglicherweise am Gürtel getragen. Es ist in seiner Gestalt bisher singulär. Wir kennen allerdings einzelne Ohrlöffel mit ganz ähnlichen tordierten Griffen und Kombinationsgeräte aus Ohrlöffel und Zahnstocher. Besteckgarnituren, bestehend aus Ohrlöffel, Zahnstocher oder Pinzette sind bereits aus der Antike bekannt, meist wurden Ohrlöffel, Pinzette und Zahnstocher an einen Ring angehängt. Bis ins Mittelalter blieb das Prinzip der an Ösen zusammenhängenden Garnituren vorherrschend. Sie entwickelten sich in der frühen Neuzeit zu meist ausklappbaren Kosmetik-Sets, die in ähnlicher Form bis in das 20. Jh. hinein gebräuchliche Accessoires blieben. Allein aus China sind Exemplare bekannt, die aus verschiedenen Geräten bestehen, die an Ketten angehängt sind.

Der silberne Flakon des Erfurter Kosmetik-Sets enthielt Baumwollfasern, die in Parfüm getränkt waren. Bei Untersuchungen durch L'Oréal, Paris, konnten Spuren von Moschus und Zibet nachgewiesen werden. Da Baumwolle im Mittelalter in Zentraleuropa nicht gebräuchlich war und auch die Form und das Dekor des Flakons ungewöhnlich sind, kann angenommen werden, dass das gesamte Set aus dem mittleren Osten oder einer benachbarten Region importiert worden war.

LITERATUR
SCZECH 2010. – STÜRZEBECHER 2010, 131–132, 262, Kat.-Nr. 72.

b. Gürtelapplikationen
b.1 Gürtelapplikationen mit Schriftfeld
Erfurt?, 2. Viertel 14. Jh.
Silber, vergoldet, Email, Gewebe; L. 27,5 mm; B. 7 mm; St. 2,7 mm, St. mit Niet 5,5 mm.
TLDA, Inv.-Nr. 5140/98–5148/98, 5153/98, 5208/98.

b.2 Gürtelapplikationen mit vierblättriger Blüte
Erfurt?, 2. Viertel 14. Jh.
Anzahl: 54
Silber, vergoldet, Emailreste (Grubenschmelz), Gewebe; Dm. 9 mm; St. 2,5 mm; St. mit Niet ca. 5 mm.
TLDA, Inv.-Nr. 3063/98, 5293/98, 5297/98, 5305/98, 5313/98.

b.3 Gürtelapplikationen mit fünfblättriger Blüte
Erfurt?, 2. Viertel 14. Jh.
Silber, vergoldet, Gewebe; Dm. 7,6 mm; St. 2,8 mm; St. mit Niet 5,5 mm.
TLDA, Inv.-Nr. 5320/98, 5341/98, 5344/98, 5372/98, 5427/98, 5419/98.

Aus den mehr als 400 einzelnen Gürtelteilen im Erfurter Schatz lassen sich insgesamt fünf Gürtel rekonstruieren. Einer der Gürtel war besonders aufwendig geschmückt und ursprünglich etwa vier Meter lang. Seine Borte bestand aus brettchengewebter Seide und war etwa 7 mm breit. Die erhaltenen Bortenfragmente weisen Reste von roter und blauer Farbe auf. Auf diese Borte waren drei Arten von Gürtelapplikationen aufgenietet. Sie tragen auf ihrer Rückseite identische blütenförmige Plättchen, die den Niet am Gürtelband befestigten. Auf der Borte wechselten sich vier- bzw. fünfblättrige Blüten mit langrechteckigen Gürtelapplikationen ab, die ehemals grün emailliert waren. Das Buchstabenfeld enthält jeweils verschiedene Worte oder Silben in gotischen Majuskeln, die in die richtige Reihenfolge gebracht wohl einen sinnvollen Text ergaben.

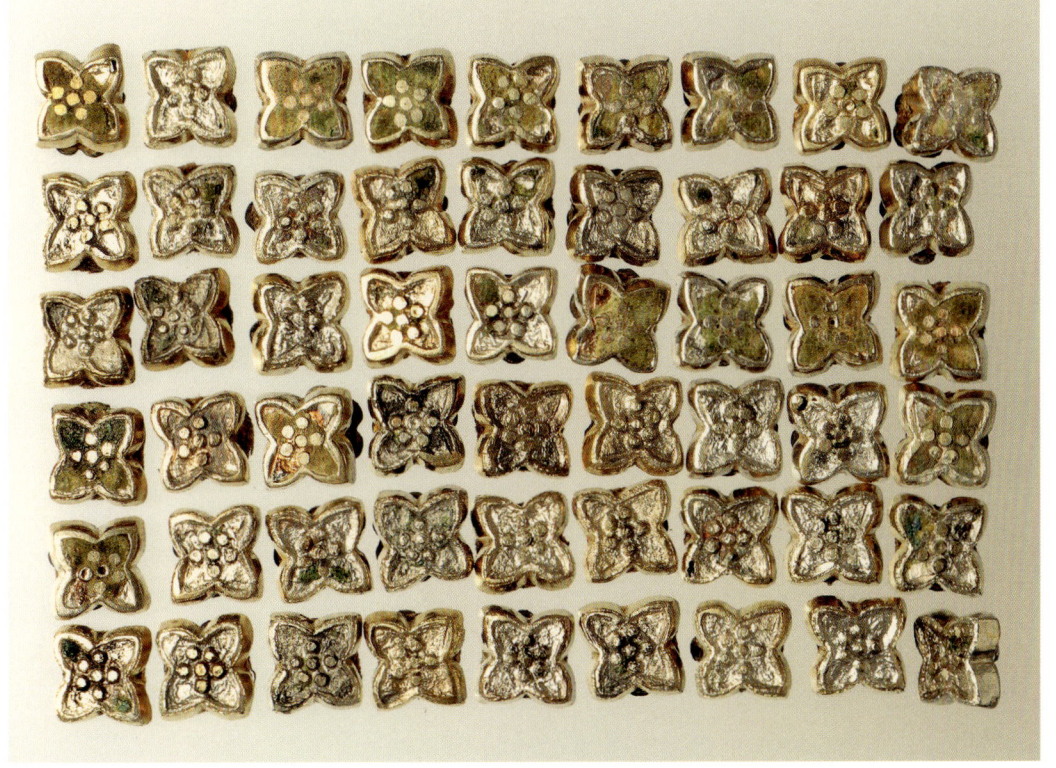

14.8.b

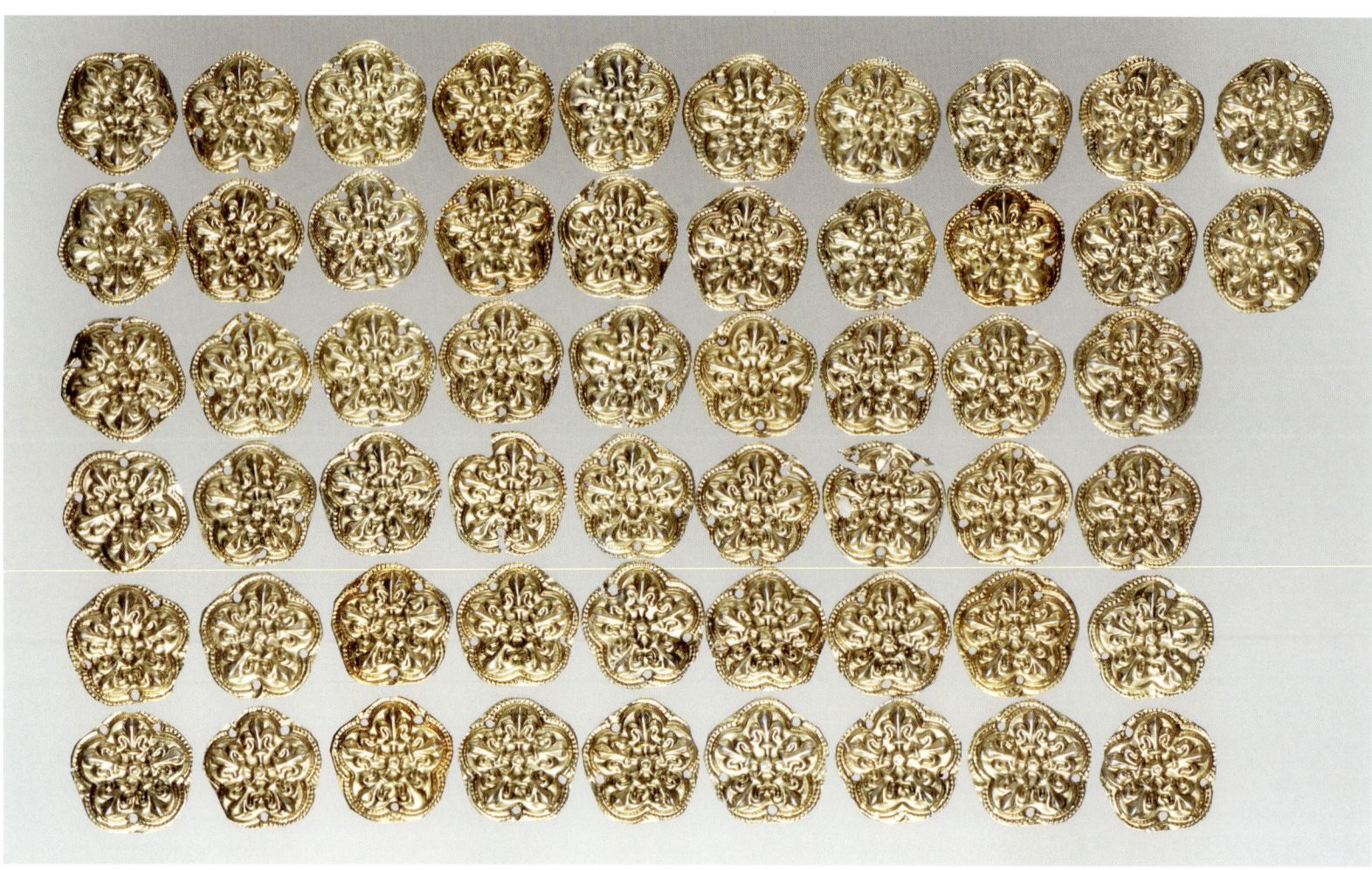

14.8.c

14.8.c

14.8.b

Da häufig die Worte MIN, DIN und LIB vorkommen, kann man vermuten, dass es sich dabei um ein Liebesgedicht handelte. Das Buchstabenfeld ist an den Seiten konkav ausgezogen und umfängt leicht zwei plastische Rosetten. Zu demselben Gürtel gehörte eine Garnitur aus Schnallen- und Endbeschlägen, die reich mit figürlichen und architektonischen Motiven geschmückt ist.

Der Gürtel gehört zu einer Gruppe überlanger Gürtel, die besonders in der ersten Hälfte des 14. Jahrhundert in Mode waren. Diese sehr langen und schmalen Gürtel besaßen farbige, aber meist ungemusterte Borten, die dicht an dicht mit zahllosen Besatzteilen in den verschiedensten Motiven, oft mit figürlichem Dekor, besetzt waren.

LITERATUR
STÜRZEBECHER 2010, 108–121, 236, 240f., Kat.-Nr. 32, 36, 37.

---

c. Gewandbesatz
c.1 Herzförmige Gewandapplikationen
Erfurt?, 1. Hälfte 14. Jh.
Silber, vergoldet; L. 20 mm; B. 18 mm; St. 1 mm.
TLDA, Inv.-Nr. 5546/98–5548/98, 5550/98, 5552/98, 5553/98, 5555/98, 5558/98, 5559/98, 5561/98–5563/98, 5565/98, 5566/98, 5568/98, 5571/98, 5573/98, 5575/98–5577/98, 5579/98–5588/98.

Erfurt?, 1. Hälfte 14. Jh.
Silber, vergoldet; Dm. 20 mm; St. 1,5 mm.
TLDA, Inv.-Nr. 5076/98, 5488/98, 5491/98–5493/98, 5497/98, 5501/98, 5504/98, 5508/98, 5512/98, 5513/98, 5515/98–5539/98.

c.3 Lilienförmige Gewandschließen
Erfurt?, 1. Hälfte 14. Jh.
Silber, vergoldet; L. 36 mm; B. 25 mm; St. 0,8 mm; St. mit Niet 3,3 mm.
TLDA, Inv.-Nr. 3034/98; 5606/98.

c.4 Drachenförmige Gewandschließen
Erfurt?, Ende 13. / 1. Hälfte 14. Jh.
Silber, vergoldet; L. 17,5 mm; B. mit Haken 14 mm; B. mit Öse 11 mm; St. 1,5 mm.
TLDA, Inv.-Nr. 5081/98, 5611/98, 5612/98, 5614/98, 5615/98, 5620/98, 5621/98, 5623/98, 5629/98–5634/98, 5636/98–5638/98, 5640/98–5642/98.

c.5 Lilienförmige Gewandschließen
Erfurt?, 1. Hälfte 14. Jh.
Silber, vergoldet; H. 26 mm; B. 18,5 mm; B. mit Haken 26 mm; Dm. Rosette 8 mm; B. mit Öse 22 mm; St. 2 mm.
TLDA, Inv.-Nr. 5647/98, 5658/98–5664/98.

Als Gewandschmuck dienten insgesamt 130 hauchdünne vergoldete Silberplättchen in acht verschiedenen Varianten. Applikationen aus Pressblech wie diese waren in gotischer Zeit ein beliebter Gewandbesatz. Die Motive wurden gestanzt, das heißt mittels positiver (Stempel bzw. Patrizen) oder negativer Model (Matrizen) in hauchdünnes Silber- oder Goldblech geprägt. Dazu konnte das Blech per Hand mit einem Stift in den Model gedrückt werden. Effizienter war die Methode, das Metall durch eine verformbare Bleiplatte, auf die Druck ausgeübt wurde, in die Form zu pressen. Diese Formen waren aus Holz, Stein oder Metall. Durch die Verwendung solcher Model konnten die einzelnen Motive beliebig oft reproduziert werden. Die Formen wurden jedoch nicht nur von einer Werkstatt in einer bestimmten Stadt verwendet. Durch Vervielfältigung, Wanderung und Handel fanden sie eine weite Verbreitung in ganz Europa. Herz- und passförmige Applikationen zählen zu den beliebtesten Motiven. Die beiden stilistisch ähnlichen Typen mit den in die Grundform eingeschriebenen Lilien stammen möglicherweise aus derselben Werkstatt. Alle Gewandapplikationen besitzen regelmäßige Lochungen zum Aufnähen, an einigen haben sich in den Nählöchern Reste von Bastfäden erhalten. Aufgenäht schmückten sie flächig, in Borten oder in Stickereien integriert Gewänder, die zu besonderen Anlässen getragen wurden.

Mit Haken und Ösen versehene Motive dienten als Gewandverschlüsse. Der Erfurter Schatz enthielt insgesamt 93 Exemplare in zwölf verschiedenen Varianten. Lilienförmige Gewandschließen sind – wie Gewandbesatz in dieser Form – recht häufig. Die fleur de lis war in der gotischen Goldschmiedekunst allgemein ein beliebtes Motiv und findet sich als rein dekorative Form auch an anderen Goldschmiedearbeiten sowie an einigen Kelchen des 14. Jahrhunderts. Dagegen sind die Schließen in der Form kriechender Drachen bislang singulär.

Der größte Teil der Pressblechapplikationen und der Verschlüsse wurde in der silbernen Kanne entdeckt. Reste von Gewebe zeigen, dass man sie vermutlich in Stoff eingeschlagen hatte, bevor sie in das Gefäß hineingelegt wurden.

LITERATUR
STÜRZEBECHER 2010, 121–130, 245f., 250–252, Kat. Nr. 43, 44, 51, 52, 53.

---

d. Zierscheibe
Erfurt (?), E. 13. / 1. H. 14. Jh.
Material: Silber, vergoldet, Email; Maße: B. 15,6 mm; H. 13 mm; St. 0,9 mm.
TLDA, Inv.-Nr. 3046/98.

Die länglich achteckige Scheibe mit der Darstellung eines schreitenden Greifen in transluzidem blauem Email weist an der Rückseite Reste von Lot auf. Das deutet darauf hin, dass sie ursprünglich an einem Gefäß oder einem größeren Schmuckstück aufgesetzt war.

LITERATUR
STÜRZEBECHER 2010, 264, Kat.-Nr. 74.

14.8.d

14.8.e

14.8.e

e. Silberbarren mit Kreuzstempel
Erfurt (?), vor 1349.
Silber; H. 2,5 cm, Dm. 11,9 cm, Gewicht 1,38 kg.
TLDA, Inv.-Nr. 3109/98.

f. Münzen
Frankreich, 1266–vor 1349.
Silber, geprägt; Dm. ca. 2,3–2,6 cm (Durchschnitt).
TLDA, Inv.-Nr. 9057/98–9066/98, 9068/98, 9070/98–9076/98.

In dem außergewöhnlichen Schatzfund, der 1998 in der Erfurter Michaelisstraße zutage kam, konnte man neben Schmuckstücken, Silbergefäßen und silbernen Kleidungsapplikationen über 3 100 Münzen und 14 Silberbarren bergen. Die Münzen stammten keineswegs aus der einheimischen Münzstätte (eine solche bestand in Erfurt seit dem 11. Jahrhundert), sondern kamen von „auswärts". Es handelte sich ausnahmslos um französische Königsturnosen bzw. deren Nachahmungen, entstanden in der Mehrzahl im letzten Viertel des 13. Jahrhunderts. Die ersten gros tournois waren ab 1266 geprägt worden (auch solche frühen Stücke fanden sich im Erfurter Fund), um den stetig zunehmenden Handelsverkehr mit einer höherwertigen Münze abwickeln zu können; bis dahin zirkulierte allein der Pfennig (denier). Turnosen oder Turnosengroschen avancierten schnell zu einer Münzsorte, die überregional in Europa verwendet wurde. Der Erfurter Fund ist zweifellos der bisher größte Turnosenfund, der jemals ans Tageslicht kam (sieht man von einem nur aus der schriftlichen Überlieferung bekannten Fund in Mainz ab).

Neben den Münzen sind die Barren bemerkenswert, denn bisher schöpfte man das Wissen über solche Barren „löthigen Silbers Erfurter Gewichts" einzig und allein aus Urkunden. Aufgrund Ihrer Machart lassen sie sich unschwer als „Erfurter Silber" einordnen; zwei von ihnen tragen sogar den

14.9

Namen eines Erfurter Bürgers: Johannes Nase. Dazu kommt der Mainzer Radstempel – Erfurt gehörte zum Mainzer Erzbistum. Die kalottenförmigen, aber doch insgesamt sehr flachen Silberbarren, auch als Gusskönige bezeichnet, weisen einen hohen Feingehalt auf, ihr Gewicht schwankt zwischen 110 g und 2 700 g. Sie belegen eindrucksvoll den besonderen Platz, den die thüringische Stadt im mittelalterlichen Silberhandel einnahm.

Der Schatzfund ist eingebettet in die Geschichte der Erfurter Juden. Sein Fundort liegt im jüdischen Wohnviertel und seine historisch-archäologische Datierung fällt in die Zeit des Pogroms von 1349. Zudem befand sich unter den Schmuckstücken ein goldener jüdischer Hochzeitsring. Es zeigt sich deutlich, dass Erfurter Juden im spätmittelalterlichen Geldhandel eine herausgehobene Rolle spielten. Immerhin stellte der Fund ein beachtliches Vermögen dar. Im normalen Alltag wurde eine solch große Menge an Edelmetall (24,2 kg Silber) nicht benötigt – schon eher für Grundstückskäufe.

Münzen (e–f): Torsten Fried

LITERATUR
OSTRITZ 2011.

14.9 Satz aus fünf Silberbechern mit Wappen im Boden

Böhmen (?), zwischen 1269/77 und 1. H. 14. Jh.
Silberblech, teilvergoldet, getrieben, montiert, graviert; H. 8,6–9,2 cm; Dm. 10,0–11,6 cm.
Provenienz: Kuttenberg (Kutná Hora), Schatzdepot (1954). – Erworben 1968 aus dem Kunsthandel.
Nürnberg, Germanisches Nationalmuseum, Leihgabe der Bundesrepublik Deutschland, Inv.-Nr. HG 11628.a–e.

Obwohl die ungerade Anzahl im Vergleich mit späteren vergleichbaren Arbeiten ungewöhnlich erscheint, ist der fünfteilige Bechersatz wohl vollständig erhalten. Die einzelnen Becher bestehen aus jeweils sechs separat angefertigten und anschließend gefügten Seitenteilen, sind an den Kanten vergoldet und in ihren Dimensionen so abgestimmt, dass sie passend ineinander gesetzt werden können. Der größte Becher, der zusätzlich zwei wie Gurte eines Daubengefäßes umlaufende Leisten aufweist, bildet das Gehäuse, der kleinste Becher, der als einziger innen vergoldet ist, dient als „Schauseite" von oben. Auf die eingelöteten Böden der Gefäße sind Wappenschilde aufgesetzt, die verschiedene Figuren zeigen. Über ihre Auflösung besteht in der Literatur keine Einigkeit. Während die Wappen des größten und des drittgrößten Bechers unstrittig als Bindenschild (eigentlich Babenberger Ehrenfahne) bzw. als Böhmischer Löwe interpretiert werden, weichen die Deutungen der drei übrigen Wappen voneinander ab. Der Vogel des zweiten Bechers wird als polnischer Adler (SCHIEDLAUSKY 1975) oder als St.-Wenzels-Adler (MATĚJKOVÁ/STEHLÍKOVÁ 2010) aufgefasst. Über das vierte Wappen gehen die Meinungen ebenso auseinander: Die drei einander zugewandten Kopfbedeckungen werden sowohl als Judenhüte (zuletzt STÜRZEBECHER 2010) wie auch als Windische Hüte (MATĚJKOVÁ/STEHLÍKOVÁ 2010) bezeichnet. Der kleinste, innerste Becher schließlich zeigt ein steigendes Tier, das als Wolf interpretiert wird (SCHIEDLAUSKY 1975; STÜRZEBECHER 2010), wobei sowohl die Bedeutung des oberhalb eingravierten hebräischen Wortes als auch die physiognomischen Merkmale der Figur eine Rolle spielen. Matějková/Stehlíková hingegen sehen darin den Steirischen Panther.

Die von Matějková/Stehlíková vorgetragene Wappendeutung ist insofern konsistent und schlüssig, als in der Kombination die Wappen von Gebieten dargestellt werden, die in der Zeit von 1269 bis 1277 unter der Herrschaft von Přemysl Ottokar II. von Böhmen vereint waren. Dies gäbe einen Anhaltspunkt für die Datierung der Arbeit, die auf rein stilkritischem Wege nur mit großer Unschärfe vorgenommen werden kann. Dagegen könnten die beiden letzten Wappen einschließlich der Inschrift in hebräischen Buchstaben sprechen, die zuletzt von Stürzebecher unter Verweis auf schlüssige Analogien in der Sphragistik entschieden in einen jüdischen Kontext gestellt werden. Damit könnten nur die Wappen der drei größeren Becher als Indikatoren der Entstehungszeit herangezogen werden., die dann eher auf Königin Elisabeth (1292–1330), Tochter Wenzels II. Přemysl, oder aber Rixa (Richenza) Elisabeth (1288–1335), Gemahlin des böhmischen Königs, hinweisen. Auf dieser Grundlage könnte man die Silbergefäße als Huldigungsgabe wohl einer jüdischen Gemeinde an eine Vertreterin ihrer drei landesfürstlichen Schutzmächte Böhmen, Polen und Österreich sehen.

Die Becher waren Teil eines Schatzfunds, dessen Umstände nur indirekt und nicht überprüfbar bekannt geworden sind. Zusammen mit zwei Kannen wurden sie in einem gotischen Haus in Kuttenberg gefunden, wo sie in der Nähe des Kamins eingemauert waren. Angeblich kamen dabei auch Münzen zutage, deren jüngste Exemplare aus dem 16. Jahrhundert stammten.

Ralf Schürer

LITERATUR
SCHIEDLAUSKY 1975. – STÜRZEBECHER 2010, 173–176, 267, Vgl.-Kat. 4. – Ausst.-Kat. Berlin 2010, 110, Nr. 5.30, 512, Abb. – MATĚJKOVÁ/STEHLÍKOVÁ 2010.

15 ✳ Italien und die Träume vom neuen Kaisertum

Dein Italien, Kaiser, ruft Dich, und das mit so lautem Schrei, dass dieser (...) nicht nur Deine eigenen Fürsten, sondern auch die fernsten Könige der Inder zu rühren vermöchte. Dein Italien, Kaiser, das sage ich Dir, ruft Dich: „Kaiser, Kaiser, wo bist du, mein Kaiser? Warum bleibst Du fern von mir? Was zögerst Du?"

Francesco Petrarca in einem Brief an Karl IV., 1363

Karl zog seines Weges nicht wie ein Kaiser, sondern wie ein Kaufmann, der zum nächsten Markt eilt.

Matteo Villani, Florentiner Kaufmann und Chronist, Cronica, vor 1363

Nach dem Tod Kaiser Friedrichs II. (reg. 1212–50) erlosch der Stern der Staufer-Dynastie am europäischen politischen Himmel allmählich. Bewaffnete Konflikte destabilisierten das Reich und stärkten Frankreich. Das nutzen die dortigen Könige und steigerten ihren Druck auf den Papst in Rom. Noch Bonifatius VIII. (amt. 1294–1303) verteidigte die Vorrangstellung der Kirche gegenüber der weltlichen Macht, doch seine Gefangennahme und sein anschließender Tod spiegelten bereits eine andere Realität wider. Dazu gehörte auch die Übersiedlung der Päpste nach Avignon (1309–77) in den Einflussbereich der französischen Könige.

Im Reich wurde dieser Wandel der Machtverhältnisse am päpstlichen Hof mit erheblichem Unwillen wahrgenommen. Die Situation beruhigte sich erst unter Karl IV., der großen Nachdruck auf ein gemeinsames Vorgehen der beiden die Welt beherrschenden Mächte, des Papst- und des Kaisertums legte, weswegen er auch als Pfaffenkönig geschmäht wurde.

Karl IV. kannte Italien gut. An der Seite seines Vaters Johann hatte er hier schon zu Beginn der 1330er Jahre die Luxemburger Interessen verteidigt. Er gewann vor allem das toskanische Lucca lieb, wurde dessen Stadtherr und errichtete unweit davon die Burgresidenz Montecarlo. Gegen Jahresende 1354 besuchte er Italien erneut, diesmal zum Zweck der Kaiserkrönung in Rom. Unter den italienischen humanistischen Gelehrten weckte Karl Hoffnungen auf die Erneuerung der antiken Tradition eines geeinten Italiens. In dieser Rolle sah ihn auch Cola di Rienzo, lautstarker Anhänger einer Erneuerung der römischen Republik, der später der Häresie angeklagt wurde. 1350 konnte er sich durch Flucht nach Prag zu Karl IV. retten, den er für den Gedanken eines geeinten Italiens zu gewinnen hoffte. Karl lieferte ihn aber nach kurzer Einkerkerung an die Inquisition in Avignon aus.

Nach Rom kehrte der Kaiser noch einmal 1368 anlässlich der Kaiserkrönung seiner letzten Gemahlin Elisabeth von Pommern zurück, die Papst Urban V. (amt. 1362–70) persönlich zelebrierte. Gemeinsam mit den berühmten Dichtern Giovanni Boccaccio und Francesco Petrarca sowie Birgitta von Schweden gelang es ihm, den Papst zur Rückkehr in die ewige Stadt zu bewegen, die Urban V. im Oktober 1367 wirklich vollzog. Allerdings vermochte er dem Druck der französischen Kardinäle nicht standzuhalten und kehrte daher nach drei Jahren wieder nach Avignon zurück. Erst sein Nachfolger Gregor XI. (amt. 1370–78) verließ endgültig die Papstresidenz in Frankreich.

Karl waren gute Beziehungen zu den Päpsten in Avignon offensichtlich viel wichtiger als ein Wandel der Machtverhältnisse auf der Apenninenhalbinsel. Deshalb akzeptierte er 1355 ohne Zögern die päpstlichen Bedingungen für die Kaiserkrönung und erteilte auch den italienischen Städten höchst bereitwillig gegen die Zahlung horrender Summen verschiedenste Privilegien, ohne sich stärker in deren innere Angelegenheiten zu mischen – mit einer einzigen Ausnahme, der Stadt Lucca.

Jiří Fajt

Lucca, Blick von Nordwesten auf die Kathedrale San Martino (1196–1204), mit der 1233–57 nach dem Vorbild des Doms von Pisa errichteten Westvorhalle • Bildarchiv Foto Marburg, Foto Nr. 824 950

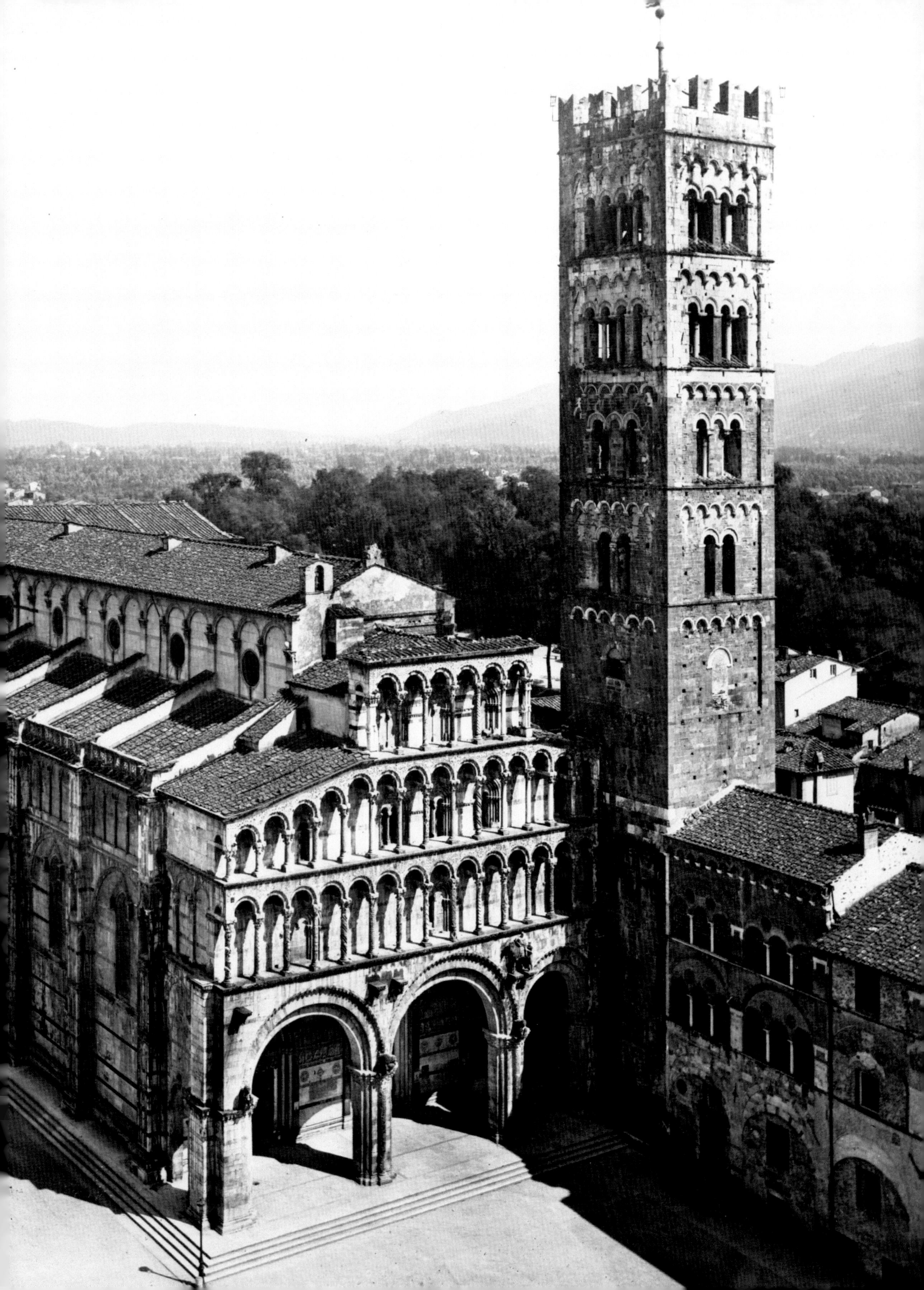

15.1 Karl IV. bestätigt Lucca die Rechte als Reichsstadt

Lucca, 6. Juni 1369.
Pergament, Tinte; H. 55 cm, B. 70 cm; im Text erwähnte, heute verlorene goldene Bulle an Seidenfäden.
Lucca, Archivio di Stato, Diplomatico, fondo Tarpea, Inv.-Nr. 00021823.
Nur in Prag ausgestellt.

Seit dem Jahr 1342 hatte die Stadt Lucca ihre Unabhängigkeit verloren und war in eine direkte Untertanenbeziehung zur ehemaligen Seemacht Pisa geraten. Karl IV. legitimierte diesen Zustand 1355 sogar, als er die Pisaner Ältesten zu Reichsvikaren von Lucca ernannte. Doch gelang es den Stadtoberen von Lucca während des zweiten Italienzuges Karls von 1368/1369 und unter Ausnutzung von inneren Zwistigkeiten in Pisa, die Abhängigkeit wieder abzuschütteln.

Nachdem der Kaiser in Lucca in der Nacht auf den 6. April 1369 in einer öffentlichen Versammlung die Abhängigkeit von Pisa für gelöst erklärt hatte, wurde zwei Tage später eine Urkunde ausgestellt. Darin wird bekräftigt, dass Karl die Luccheser Bürger von der Pisaner Oberherrschaft befreit habe, indem er die Stadt und ihr Territorium direkt der kaiserlichen Jurisdiktionsgewalt unterstellt und sie als reichsunmittelbar deklariert habe. Im Verlauf der nächsten Wochen erhielt Lucca weitere Urkunden, um die nun geltende Rechtsstellung genau zu fixieren. Für eine Summe von 100.000 Gulden, zahlbar in zwei Raten, erhielten die Bürger von Lucca eine Reihe von Privilegien, die sowohl alte Rechte sicherten, aber auch neue Fiskal- und Münzregelungen festlegten oder die Frage des Vikariats klärten, die zur Einsetzung eines Kardinals als Statthalter führte.

Die hier gezeigte Urkunde gehört zu diesem Dokumentenkomplex und wurde am 6. Juni ausgestellt. Darin bestätigt Karl den Bürgern von Lucca den Besitz des mittlerweile reichsunmittelbaren Herrschaftsbereichs der Kommune Lucca, der Stadt in ihrem engerem Bezirk und der sieben Vikarien samt aller einzelnen Kastelle, Burgen, befestigten Viertel und Distrikte, unabhängig von Entfremdungen der während der Herrschaft der Pisaner veräußerten Gebiete. Auf der Rückseite haben die Luccheser Archivare notiert, worum es dabei ging: „Privilegium castror[um] et toti[us] t[er]itorii Lucens[is] – „Privileg über die Burgen und das ganze lucchesische Gebiet". Das Exemplar war ursprünglich mit einer heute verlorenen, allerdings im Text angekündigten Goldbulle besiegelt worden, die an ebenfalls verlorenen Seidenfäden gehangen hatte, wie die Einschnitte dafür am unteren Rand offenbaren.

Olaf B. Rader

EDITION
ROMITI/TORI 1970, 132–135, Nr. 12.

LITERATUR
PIRCHAN 1930, 410–421, Erläuterung Nr. CXXXVI, 222*–224*. – Libertas Lucensis 1970. – WIDDER 1993, 346–349.

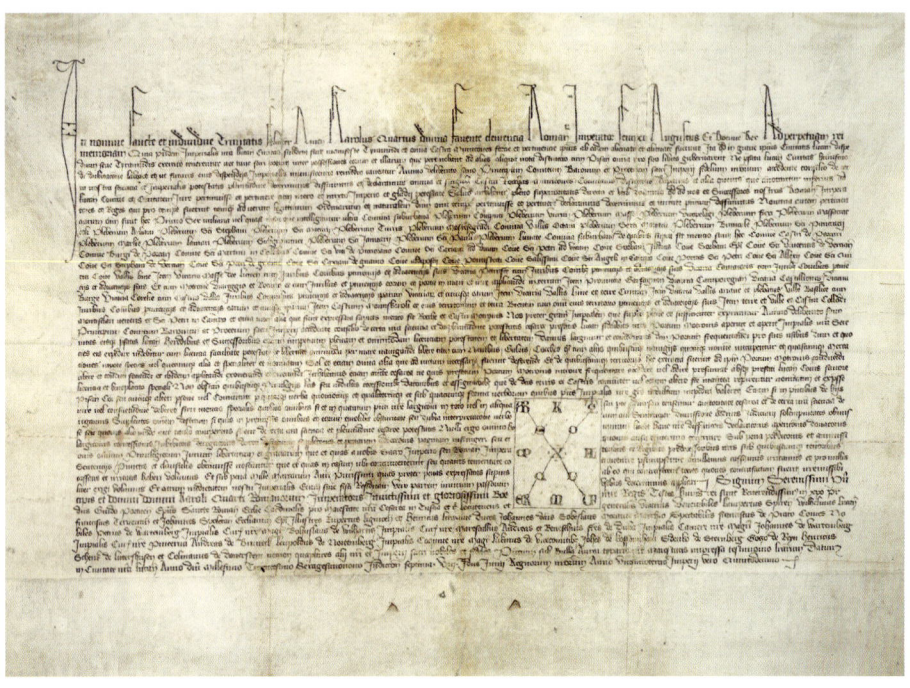

15.1

15.2 Gründungsurkunde der Universität Lucca

Lucca, 6. Juni 1369.
Pergament, Tinte; H. 63 cm, B. 62 cm; im Text erwähnte, heute verlorene goldene Bulle an Seidenfäden.
Lucca, Archivio di Stato, Diplomatico, fondo Tarpea, Inv.-Nr. 00021800 (A1).
Ein zweites Exemplar (A2) erhielt ein heute ebenfalls verlorenes Majestätssiegel in Wachs an Seidenfäden.
Nur in Prag ausgestellt.

Im Hohen Mittelalter reichten traditionelle Kloster- und Domschulen als Bildungsstätten einer intellektuellen Elite immer weniger aus, um dringend benötigte Fachleute in den Bereichen des Rechts, der Theologie oder Medizin hervorzubringen. Deshalb haben sich seit dem 11. Jahrhundert in Italien aus kleinen privaten Schulen Zentren für die Vermittlung von Spezialwissen gebildet. Dabei handelte es sich vornehmlich um juristischen Schulen etwa in Bologna, Ravenna oder Padua sowie die medizinische Schule von Salerno. Der päpstliche Anspruch über die Anerkennung solcher studia generalia, die noch wenig mit einer Universität im heutigen Sinne zu tun hatten, sondern eher als deren Keimzellen gelten dürfen, wurde gelegentlich von den römisch-deutschen Kaisern ausgehöhlt. So hatte bereits Kaiser Friedrich II. die Generalstudien in Neapel privilegiert und Kaiser Karl IV. sollte sich sogar als ein regelrechter Förderer dieser Institutionen erweisen. Nach seiner Gründung in Prag von 1348 privilegierte er als Kaiser in Oberitalien innerhalb von anderthalb Jahrzehnten für die Städte Arezzo, Perugia, Siena, Pavia, Florenz und Lucca ein studium generale. In dem Privileg für Lucca, deren Text eng verwandt mit dem der Urkunden für andere italienischer Städte ist, erteilt Karl das Recht zur Einrichtung eines „studium generale et universale", wo man in kanonischem und Zivilrecht, in den Grundlagen des Notarwesens, in Logik, Philosophie, Medizin, Astrologie „et in omnibus artibus liberalibus" unterwiesen werden solle. Über die speziellen Rechte der Schule hatte der Bischof der Stadt eine Aufsichtspflicht inne; zudem nahm er als Mitglied in einem Kollegium Prüfungen ab und erteilte akademische Grade. Die Stadtgemeinde dagegen hatte die Doktoren und Magister zu berufen. Die Privilegierung Karls für Lucca ist in zwei noch heute erhaltenen feierlichen Ausfertigungen niedergelegt worden, wovon ein Exemplar wohl für den Bischof, das andere für den Rat bestimmt gewesen sein dürfte. Das hier gezeigte Exemplar war ursprünglich mit einer heute verlorenen, allerdings im Text angekündigten Goldbulle besiegelt worden, die an ebenfalls verlorenen Seidenfäden gehangen hatte, wie die Einschnitte am unteren Rand verraten.

Olaf B. Rader

EDITIONEN
ZIMMERMANN 1891, 126 Nr. 62. – ROMITI/TORI 1970, S. 129–132, Nr. 11.

LITERATUR
MEYHÖFER 1912, 298, Nr. 10. – PIRCHAN 1930, Erläuterung Nr. CXXXVII, S. 224*f. – RÜEGG 1993, 99–101.

15.2

15.3 Giovanni Sercambi, Chronik der Stadt Lucca

Lucca, Giovanni Sercambi und anonymer Buchmaler, 1368–1424.
Pergament, Tinte, Deckfarben; H. 30 cm, B. 22,5 cm, St. 9 cm.
Lucca, Archivio di Stato, Inv.-Nr. Ms. 107.

Bis in das 12. Jahrhundert hinein waren in Oberitalien wie im gesamten Europa alle Formen historischer Reflexionen und Notizen über die Vergangenheit wie etwa Chroniken oder Annalen meistens von Klerikern auf Latein verfasst oder zumindest in kirchlichen Zusammenhängen entstanden. Doch im 13. und 14. Jahrhundert nahm ein immer selbstbewusster agierendes Bürgertum der Städtewelt Oberitaliens mit der politischen Macht auch die Deutungshoheit über die Vergangenheit der jeweiligen Kommunen in seine Hände. Es entstanden auf Italienisch verfasste und oft auch liebevoll illustrierte Stadtchroniken, die die eigene Gemeinschaft in den Mittelpunkt der „Weltgeschichte" rückten und die zudem von den persönlichen Geschicken des jeweiligen Verfassers geprägt waren. Oft waren die Autoren Multitalente, die parallel zu ihrem Broterwerb politische Ämter bekleideten und aus diesen Erfahrungen gespeist historische und – man könnte sagen – politikwissenschaftliche Werke verfassten sowie als Literaten die seinerzeit modischen Novellensammlungen mit pikanten Moralexempeln bereicherten.

Die Chronik des Giovanni Jacopo Sercambi (1348–1424), wie er sich selbst darin nennt, und seine weiteren Werke stellen Paradebeispiele der historisch-literarischen Produktion eines solchen Intellektuellen und dessen Beschäftigung mit der eigenen Geschichte dar. In seinem Hauptwerk, den zweiteiligen Croniche di Lucca, wird die Geschichte seiner Heimatstadt für den Zeitraum von 1164 bis 1400 und dann weiter von 1400 bis in den Sommer 1423 behandelt. Zentraler Drehpunkt der teilweise mit Reimen durchwirkten Darstellung ist das Jahr 1369, in dem Lucca aus der seit 1342 bestehenden Abhängigkeit von Pisa gelöst wurde und Kaiser Karl IV. die Libertas Lucensis, Luccas ursprüngliche Freiheit, wieder herstellte. Kein Wunder also, dass dem Wirken des Luxemburgers in der Chronik viel Raum eingeräumt wird, zumal Karl, der die Stadt schon von früheren Aufenthalten gut kannte, im Befreiungsjahr fast fünfeinhalb Monate dort verbracht hatte. An manchen Stellen spricht der Autor Lucca sogar persönlich an, denn er will seiner Stadt mitteilen, was diese wissen muss, um ihre neue Freiheit bewahren zu können. Der zweite Teil der Chronik, als Fortsetzung ab 1400 konzipiert, nimmt eher moralisierende Positionen ein, in denen etwa die Beschreibung von Tugenden oder Lastern mehr Raum erhalten.

Das Besondere am ersten Teil der als zeitgenössisches Exemplar erhaltenen Chronik stellen die über 500 liebevoll gestalteten Illustrationen zum Text dar. Diesen kolorierten Federzeichnungen, die nicht von Sercambi, sondern einem unbekannten Künstler stammen, wurden rot abgesetzte Kapitelüberschriften zugeteilt. Wie die Aussparungen im Text des zweiten Teils verraten, waren für jenen auch Illustrationen vorgesehen, wurden aber nie ausgeführt. Die Miniaturen des ersten Teils zeigen dramatische Episoden: Da werden Könige und Päpste gekrönt, Schlachten geschlagen, Städte zerstört, mit Fahnen und Trompetenschall bergige Landschaften durchritten und durchschritten. Manches, wie die Stadtansichten, ist eher stereotyp, andres hingegen überaus detailliert dargestellt, wie etwa einige Hinrichtungen mit einer Art Vorläufer der Guillotine, deren Beilklinge durch einen großen Holzhammer nach unten getrieben worden sein muss. Besonderer Wert wurde bei der Darstellung auf die Wiedererkennbarkeit der Personen durch die jeweiligen heraldischen Zeichen auf Fahnen und Schilden gelegt.

Sercambi wurde am 18. Februar 1348 in Lucca geboren, im 2. Monat der großen Pest, und starb dort am 27. März 1424 an dieser Seuche, führte also gleichsam ein Leben zwischen den Pestwellen, die Europa heimsuchten. Sein Vater arbeitete als Notar und vertrieb zudem Bücher aus eigener Herstellung, was sein Sohn zunächst weiterführte. Mit 20 Jahren heiratete Sercambi Pina di Ciomeo, die eine für die damalige Zeit ansehnliche Mitgift von 800 Gulden mitbrachte. Das Engagement im politischen Leben seiner Heimatstadt trug ihm zweimal das Amt des Gonfaloniere di Giustizia ein, d. h. des Vorsitzenden des engeren Stadtrats, womit er zu den höchsten Regierungskreisen gehörte. Nach Etablierung der diktatorischen Signoria des Paolo Guinigi ab 1400, dessen Anhänger und Mitarbeiter Sercambi war, hatte er dennoch ausreichend Muße für seine literarischen Ambitionen. Er schrieb weiter an seiner Chronik, arbeitete an Dante-Kommentaren, verfasste eine Art Fürstenspiegel über die gute Stadtregierung mit dem Titel Nota a voi Guinigi und eine wahrscheinlich unvollendet gebliebene Novellensammlung mit 155 Geschichten, bei der er sich an Giovanni Boccaccios Werk Il Decamerone orientiert hat. Da Sercambi ohne leibliche Nachkommen verstarb, stiftete Guinigi, in dessen Besitz die Chronik später gelangen sollte, 100 Gulden für dessen Begräbnis in der zwar noch erhaltenen, aber nicht mehr als Gotteshaus genutzten Kirche San Matteo in Lucca.

Olaf B. Rader

EDITIONEN
BONGI 1892 (Edition des Textes mit Nachzeichnungen der Illustrationen des ersten Teils sowie der Lebensbeschreibung des Autors S. XI–XVI). – SERCAMBI 2006 (Faksimile der Handschrift MS 107 aus dem Archivio di Stato Lucca).

LITERATUR
BONGI 1892. – WIDDER 1993. – ROSSI 1995. – COLLINGKERG/DOFING/MULLER 1997, 117 (mit 29 farbigen Abbildungen aus der Handschrift, 116–143). – BAUER-EBERHARDT 2006 (mit Abbildung aus fol. 82r; hier Signatur: Q 602/1). – SEIDEL/SILVA 2007, bes. 53–76.

15.3, fol. 53r

15.4 Muttergottes von Lucca

Prag (?), 1370er Jahre.
Pläner-Kalkstein (?), Reste von Originalfassung und Vergoldung; H. 100 cm, B. 38,5 cm, T. 28 cm. Hals des Kindes (wohl nach Bruch) ausgebessert; beide Hände des Kindes ergänzt.
Provenienz: Lucca, Kirche SS. Paolino e Donato.
Lucca, Chiesa Collegiata dei SS. Paolino e Donato.

Die sehr fein gearbeitete Madonna trägt auf ihrem linken Arm das Kind, das nach dem von der Mutter gehaltenen Apfel greift. Dieser kennzeichnet sie als neue Eva, die durch die Geburt des Erlösers die Menschheit von der Erbsünde des Urelternpaars befreit. Die zarte Schwingung der Figur veranschaulicht das Gewicht des Kindes, das die Mutter zugleich liebevoll, aber doch ernst, höchstens mit der Andeutung eines Lächelns anblickt. Eine große, runde Brosche ziert den oberen Saum des Kleides; darüber fällt der Schleier, dessen Saum fein plissiert ist. Ein stoffreicher Mantel ist um den Oberkörper geschlungen, sodass waagrechte Zugfalten entstehen und zudem über beiden Armen reiche Kaskaden aus hin- und herschwingenden Falten, die sich zu Tüten einrollen. Gerade die letztgenannten Eigenheiten lassen die Skulptur als eine typische Vertreterin des Schönen Stils erscheinen, wie er in Prag um 1400 in seiner Hochblüte stand. Die routinierte (und nicht ganz leicht zu widerlegende) Einschätzung eines Kenners könnte ohne Weiteres zu einer Datierung auf diesen Zeitraum, ja bis in die 1420er Jahre kommen, so zum Beispiel wenn man die Madonna aus Tweras (Svéraz) bei Krumau (Český Krumlov), heute in der Südböhmischen Aleš-Galerie in Frauenberg (Hluboká nad Vltavou),[1] vergleicht. Fast alles scheint ähnlich: Die Haltung des nackten Kindes, die Gewandstrukturen im Großen, ihr Formenreichtum. Warum also wird die Skulptur aus Lucca hier so früh datiert, dass es einer kleinen Sensation gleichzukommen scheint? Wirken die Faltenkaskaden nicht bereits routiniert und gewöhnlich? Doch es gibt künstlerische und historische Gründe für die hier vorgetragene Datierung – und schon bei einem ersten Vergleich der genannten Figuren erweisen sich die Gestaltungsmittel der Frauenberger Skulptur als manierierter, routinierter.

Vorauszusetzen ist, dass die beiden konträren Grundvoraussetzungen, die früher forschungsleitend waren, sich als zu einfach erwiesen haben: Da war einmal die Idee, der Schöne Stil, insbesondere die so genannten Schönen Madonnen, seien auf einen einzigen impulsgebenden, genialen Meister zurück zu führen.[2] Diese Annahme wurde, angesichts der Fülle sich teils subtil, teils deutlich unterscheidender erhaltener Werke, schon früh als allzu schlicht erkannt, paradoxerweise gerade vor dem Hintergrund von Clasens forscherlicher Leistung.

15.4 / Detail

Zum anderen gab es die Idee, der Schöne Stil sei ein „Internationaler Stil". Abgesehen davon, dass man die Entstehung eines solchen Stils irgendwie erklären müsste, negiert diese Hypothese die Tatsache, dass im Mittelalter, dem vornationalen Zeitalter feudaler Verflechtungen, letztlich alle Kunst „international", jedenfalls nicht national war – auch vor Entstehung des Schönen Stils. Für den Schönen Stil (den es in seiner Prager Ausprägung in Frankreich z. B. nicht gab) ist die Bezeichnung „international" also nichtssagend, weil allzu gleichmacherisch. Es kam durch kreative, auch ökonomisch erfolgreiche Zentren zur Ausbildung gewisser, stets veränderbarer „Kunstlandschaften". Doch letztlich erklären kann man das einzelne Kunstphänomen daraus nicht, insbesondere nicht im Bereich der Hochkunst.

Was also genau charakterisiert und datiert die Lucchseser Skulptur – und was bedeutet dies für die „Erzählung" vom Schönen Stil?

Die Figur zeit deutlich noch Merkmale französischer Skulptur des 14. Jahrhunderts, wie sie in Prag rezipiert und verarbeitet wurde, so in der Maria am Altstädter Rathaus (Kat.-Nr. 9.7): Darauf deuten ihre breite Anlage, das rundlich-füllige Gesicht und insbesondere die zum Boden fallenden, stämmigen Falten des Kleides. Sie geben der Figur jene kräftige „Basis", wie sie viele französische Skulpturen der Zeit, aber auch Pariser Elfenbeine auszeichnet, so die von Engeln verehrte Madonna eines Reliefs im Fitzwilliam Museum, Cambridge.[3] Auch die in Lucca zu beobachtenden feinen Tütenfalten kommen bereits an französischen Beispielen, z. B. der Madonna von Poissy (Kat.-Nr. 9.5) vor. Der Bildhauer der Lucchseser Madonna verbindet diese Mittel zu etwas Neuem. Dabei verwendet er auch den für den Schönen Stil so typischen Faltentyp – eine plastisch-kräftige, aber an der Spitze sich verdünnende Schüsselfalte, wie sie bereits an der Altstädter Rathaus-Madonna vorkommt. Deren freie Plastizität, kontrastreiche Gewandgestaltung und lockere, summierende Haargestaltung greift er aber gerade nicht auf, bleibt vielmehr den französischen Vorbildern enger verbunden. Und letztlich hatte die dadurch entstandene Stilhaltung den größeren Erfolg: Durch die Vermehrung der Kaskaden-Falten, die Mischung aus grafischer Haarzeichnung und weicher, sanft schwellender Haut entstand der Schöne Stil; die Luccheser Madonna ist eine seiner Inkunabeln.

Dies lässt sich durch die historischen Fakten stützen: Lucca war für Karl IV., auch lange nach dem Abbruch seiner frühen italienischen Aktivitäten, eine der wichtigsten Städte, in der er sich später noch einmal für längere Zeit aufhielt: Am 6. Juni 1369 beurkundete er nicht nur die Gründung der Universität (Kat.-Nr. 15.2), er befreite die städtischen Territorien auch von der Herrschaft Pisas (Kat.-Nr. 15.1). In der Chronik Giovanni Sercambis (Kat.-Nr. 15.3) begrüßt die Personifikation der Stadt Lucca den Kaiser als „Geschöpf, von Gott geschickt".[4] Karl IV. besuchte auch die Kirche des Heiligen Paulinus, um dessen Reliquien zu verehren.[5] Am 20. Juni 1369 bekam er das Schädelreliquiar höchstpersönlich vom Bischof von Lucca überreicht.[6]

Auf der Innenseite des Mantels der Madonna sind Spuren der ursprünglichen Fassung zu erkennen; hier ist einmal ein sehr flott gezeichneter Reichsadler zu erkennen, wie er in ähnlicher Weise auch in Handschriften wie der Sercambi-Chronik auftritt (vgl. Kat.-Nr. 15.3). Dies könnte zwar darauf hindeuten, dass die Fassung erst in Lucca aufgebracht wurde; insgesamt ist aber (auch über den stilistischen Befund der Skulptur hinaus) mehr als wahrscheinlich, dass es sich bei der Figur um eine direkte königliche Stiftung handelt – und zwar eine Karls IV., da die Reichweite der Stiftungen seines Sohnes und Nachfolgers zu Beginn seiner Herrschaft wohl noch die deutschen Teile des Reichs umfasste, mit einiger Sicherheit aber nicht mehr Italien, nicht einmal Lucca. Es war also der Vater, der die Madonna in der Zeit nach seinem Luccheser Aufenthalt, vermutlich in den 1370er Jahren, bei einem Prager Meister in Auftrag gegeben und gestiftet hat: Als Gegengabe für die Reliquienschenkung, aber auch im Bewusstsein der Bedeutung dieser Stadt für einen luxemburgischen Einfluss in Italien.

Markus Hörsch, Chiara Ursini

LITERATUR
MANSI/BARSOCCHINI 1856, 161 – PUJMANOVÁ 2000. – PUJMANOVÁ 2002. – PUJMANOVÁ 2003, 102, Anm. 102. – SEIDEL/SILVA 2007, 174. – SÖDING 2014, 202–206 (datiert auf ca. 1415; mit weiterer Literatur).

FUSSNOTEN
1 Alšova jihočeská galerie. KUTAL 1962, Taf. 210.
2 CLASEN 1974.
3 SUCKALE 2013, 44, Abb. 37.
4 „O in ecelzo santissimo Charlo, o creatura mandata da Dio, Luccha i'sono che a voi parlo, vostra i'sono, dolce padre pio [Oh vortrefflicher heiligster Karl, oh von Gott geschicktes Geschöpf, ich bin Lucca, die mit Euch spricht, ich gehöre Ihnen, süßer frommer Vater]". Croniche des Giovanni Sercambi. Lucca, Archivio di Stato, Ms. 107.
5 MANSI/BARSOCCHINI 1856, 161.
6 SEIDEL/SILVA 2007, 12.

15.4

16 ✲ Bergbau, Handel und Finanzen – wirtschaftliche Grundlagen einer guten Regierung

(...) bleibt es doch unsere vorzüglichste Sorge (...) das allgemeine Wohlergehen zu fördern und einem glücklichen Gemeinwesen dauerhaften Zuwachs zu gewähren.

Karl IV. an den Hamburger Stadtrat, Prag, 29. Januar 1365

Wenig hat er ausgegeben, dafür mit großem Fleiß Geld gehortet, und jene, die ihm dienten, nicht sonderlich belohnt.

Matteo Villani, Florentiner Kaufmann und Chronist, Cronica, vor 1363

Die Ära Karls IV. hinterließ prachtvolle Kunstwerke, deren Fertigung eine gewinnbringende Wirtschaft voraussetzte – und das zu einer Zeit, in der praktisch ständig die Folgen verschiedenster Katastrophen behoben werden mussten (jähe Klimaschwankungen, Hungersnöte, Pestepidemien, regionale Kriege, aber auch Finanzkrisen).

Das Schwergewicht der mittelalterlichen Wirtschaft lag nach wie vor auf der Landwirtschaft mit Viehzucht, Getreideanbau und dem strategisch wichtigen Holzeinschlag in den landesherrlichen Wäldern. Der hoch entwickelte Kaiserhof mit seiner umfangreichen Verwaltung sowie den enormen Ausgaben für Repräsentation und Kriegswesen war durch das traditionelle System von Steuern und Naturalabgaben nicht zu unterhalten; er brauchte neues Geld.

Das 14. Jahrhundert bot Möglichkeiten, die Karl IV. systematisch zu nutzen wusste – z. B. ein dichtes Netzwerk bürgerlicher Unternehmer, deren märchenhafte Einkünfte vor allem aus dem europaweiten Erzhandel zur Akkumulation ungeheurer Geldmengen führten und somit auch hohe Kredite möglich machten, mit denen die nicht gerade bescheidenen Ansprüche der weltlichen und geistlichen Hofhaltungen finanziert werden konnten. Verstärkt galt dies für den Kaiserhof Karls IV., der den Bergbau in seinen systematisch aufgekauften und letztlich erheirateten Besitzungen in der Oberpfalz ebenso förderte wie das Montanwesen im Erzgebirge, in den Siebenbürger Karpaten und nicht zuletzt in Kuttenberg (Kutná Hora), der damals wichtigsten „Silberstadt" Europas. Zur Verwaltung seiner Finanzen berief Karl IV. die tüchtigsten Ökonomen nach Prag, etwa den Zisterzienser Dietrich von Portitz, einen Kaufmannssohn aus Stendal, dem er für sechs Jahre das Finanzwesen des Königreichs Böhmen anvertraute.

Der Fernhandel konzentrierte sich damals auf die schon genannten Erze aus Mittel- und Osteuropa, ferner auf Nürnberger Metallwaren, Woll- und Leinentextilien aus England und Flandern, Rheinwein, Luxusgüter und Gewürze aus Venedig und Webstoffe aus dem toskanischen Lucca. Karl förderte den Handel besonders durch eine Verbesserung der Infrastruktur: In Ost-West-Richtung richtete er eine Straße von Prag über Nürnberg nach Luxemburg, Brabant und Flandern ein (in Mitteleuropa später als Goldene Straße bekannt); ein neuer und vor allem sicherer Handelsweg entstand auch auf der Nord-Süd-Achse und verband den Mittelmeerraum und Venedig mit Nürnberg und Westeuropa, auf einer zweiten Route dann mit Prag und über die Elbe mit Hamburg, der Hansemetropole Lübeck und den Niederlanden. Karl war sehr an der Schiffbarkeit der Flüsse gelegen, gleich, ob es sich um Moldau, Elbe oder die Oder handelte.

Kuttenberg (Kutná Hora), Blick von Südwesten auf die Pfarrkirche St. Jakob, begonnen um 1333, vollendet in der 1. Hälfte des 15. Jahrhunderts • Fotografie 1. H. 20 Jh. (?) • Kuttenberg, Fotoarchiv Českého muzea stříbra

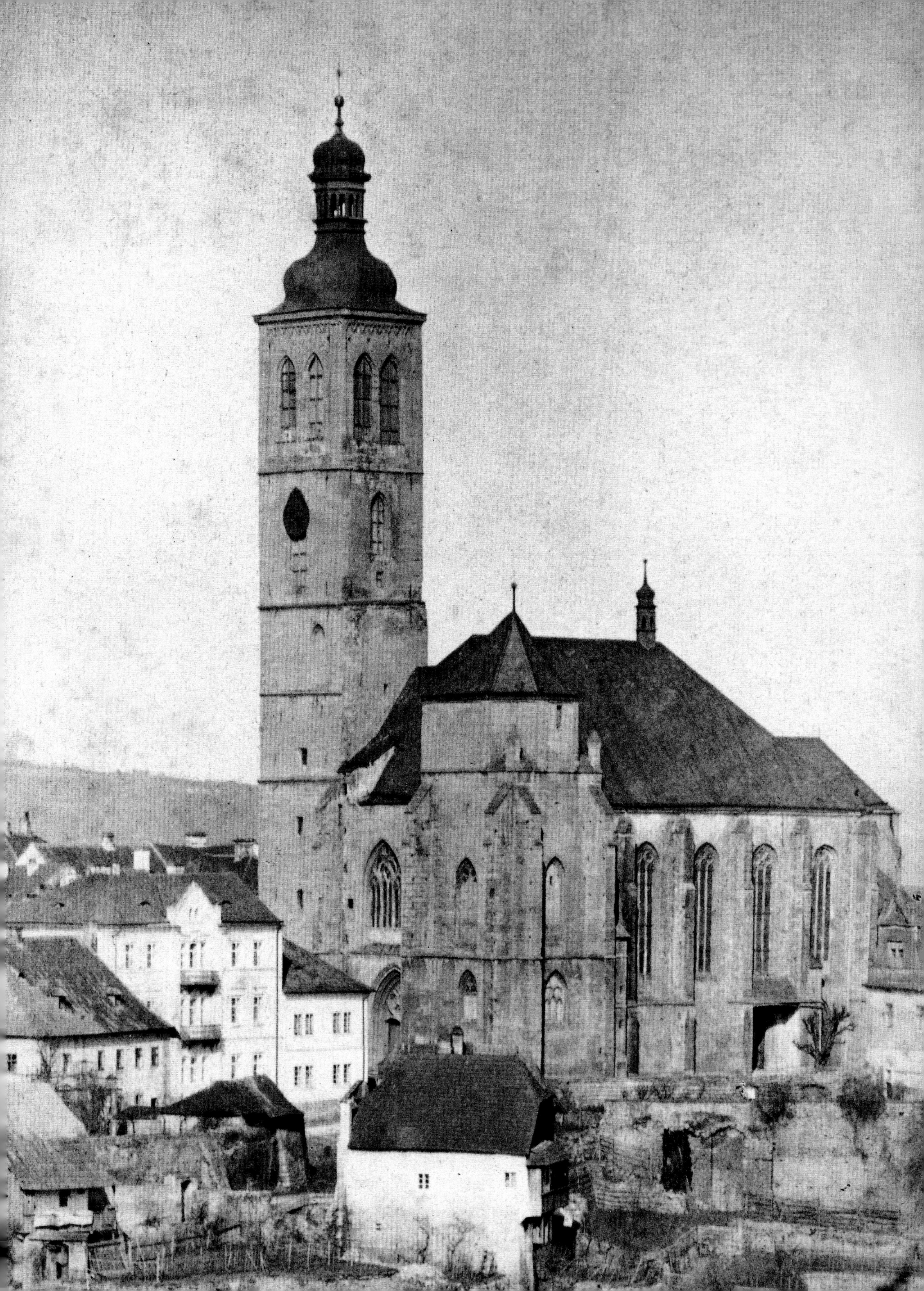

16 ✱

Karls Vorliebe für Nürnberg entsprang in hohem Maße dessen starker wirtschaftlicher Stellung. Das dortige, in Handel und Finanzwesen außerordentlich geschäftstüchtige Bürgertum unterstützte zunächst Ludwig IV. und später auch Karl: So zählte Konrad Groß, Reichsschultheiß und Stifter eines der größten karitativen Unternehmen im europäischen Mittelalter, des Heilig-Geist-Spitals zu Nürnberg, zu den größten Gläubigern beider Kaiser. Die führenden Nürnberger Patrizierfamilien Stromer, Mendel, Eisvogel u. a. waren mit ganz Europa vernetzt und Karl IV. tat alles dafür, um ihnen Bewegungsfreiheit zwischen Brügge, Prag, Breslau, Krakau, Budapest und Venedig zu garantieren. Zu Beginn seiner Regierung lieferte er ihnen auf Gedeih und Verderb auch die Juden aus, die verhasste Konkurrenten noch aus den Zeiten waren, als Christen für finanzielle Transaktionen keine Zinsen erheben durften. Mitte des 14. Jahrhunderts entstanden in Nürnberg auch die ersten Bankhäuser nördlich der Alpen – durchaus nicht zufällig zu einem Zeitpunkt, als das Florentiner Bankwesen von einer tiefgreifenden Finanzkrise erfasst worden war, deren Folgen den ganzen Kontinent treffen sollten.

Jiří Fajt

Die Nürnberger Wald- und Fraischkarte wurde im Auftrag des Nürnberger Rates für den Prozess der Stadt Nürnberg gegen den Ansbacher Markgrafen gezeichnet. Sie belegt die ungeheure Bedeutung der bis heute bestehenden Reichswälder – und das seit dem Mittelalter bestehende Spannungsverhältnis zwischen der Reichsstadt und den Markgrafen, den früher als Burggrafen von Nürnberg amtierenden Hohenzollern. • Nürnberg, Jörg Nöttelein 1563 (1541?) • Papier, H. 64 cm, B. 64 cm, Kartenbild H. 61 cm, B. 62 cm • Staatsarchiv Nürnberg, Reichsstadt Nürnberg, Karten und Pläne, Nr. 244

Schwabach Fl.
Der
Wald
Se
bal
di
Laurenti
Nürnberg.
Wald
Nü
Kalchreut
Heroltsberg
Tauchersreut
Neuhoff
Wolckersdorff.
Rotenbach.
Altenberg.
Stain.
Schwartzach Fl.
Eschenau
Reckenhof
Langenlohe
Eltersdorff
Craftshoff
Steinbach

Katalog 16.1–16.10

16.1.a–b Türmeruhren

a. Türmeruhr
15. Jh.?, mit erheblichen späteren Umbauten.
Schmiedeeisen, Zifferblatt gemalt; H. 49 cm, Dm. Zifferblatt (= B. der Uhr) 28 cm.
Provenienz: Vor 1921 im Besitz des Germanischen Nationalmuseums.
Nürnberg, Germanisches Nationalmuseum, Inv.-Nr. WI 2102
In Prag ausgestellt.

b. „Sebalder Schlaguhr"
14./15. Jh.?, vielleicht umgebaut 1483/84.
Schmiedeeisen, bemalt; H. 43 cm, B. 29 cm, T. 25 cm.
Provenienz: Geschenk des Nürnberger Großuhrmachers Riedel (1883).
Nürnberg, Germanisches Nationalmuseum, Inv.-Nr. WI 999.
In Nürnberg ausgestellt.

An der Wand montierte, mit Gewichten angetriebene Räderuhren mit einfachem Schlagwerk kamen im 14. Jahrhundert auf und fanden im 15. Jahrhundert weite Verbreitung. Zunächst dienten sie wohl weniger dem privaten Zeitmanagement als der amtlichen Zeitmessung durch Türmer. Diese hatten in Glockentürmen mittels manuellen Glockenschlägen für die akustische Zeitanzeige zu sorgen. In dieser Hinsicht waren die Uhren – meist kommunale – Werkzeuge der öffentlichen, säkularen Informationsversorgung und Normierung des Alltags. Ihr Konstruktionsgerüst besteht aus einem eisernen Flachrahmen, der ihr Werk stabil, aber demontierbar zusammenhält. Zur akustischen Alarmierung des Türmers wurde zusätzlich zum Gehwerk ein Schlagwerk eingebaut. Es löste stündlich einen kleinen Glockenschlag aus, auf den hin der Türmer dann eine große Turmglocke schlug. Der markante breite obere Waagbalken dient der Gangregelung. Kleine Gewichte steuern seine Schwingungsfrequenz. Der Regelbereich dieser Schwingungsfrequenz war enorm. Er ließ sich verdoppeln und halbieren. Dies war nötig, da Türmeruhren das Jahr über Temporalstunden anzeigten, die sich ständig änderten: Ihre „astronomische" Länge variierte zwischen etwa 40 Minuten (Sommernachtstunden, Wintertagesstunden) und 80 Minuten (Sommertagesstunden, Winternachtstunden). Der Zeiger musste dabei sowohl bei Sonnenauf- wie bei Sonnenuntergang auf 0 Uhr gestellt werden, die Gewichte mussten je nach Jahreszeit verstellt werden. Schließlich wurde die Uhr dann neu gestartet.

Die sogenannte „Sebalder Schlaguhr" (WI 999) ist die heute bekannteste und meist publizierte Türmeruhr des Spätmittelalters. Glaubhaften Quellen nach stammt sie aus der Nürnberger Sebalduskirche, wo im 15. Jahrhundert nachweislich ein Türmer mit dem öffentlichen Stundenschlag betraut war. Ursprünglich war sie für eine Temporalstundenmessung (2 × 12 Stunden mit unterschiedlicher Stundenlänge) angelegt; später hat man sie zur Anzeige der

16.1.a

16.2

sog. „Nürnberger Stunden" umgebaut, die eine Zwischenform zwischen der Temporalstundenrechnung und moderner, „astronomischer" Stundenrechnung war. Deshalb weist ihr Zifferblatt eine 16-Stunden-Skala auf.

Die andere Türmeruhr (WI 2102) war im Lauf der frühen Neuzeit noch stärkeren Veränderungen unterworfen. Ihr markantes Kulissenzifferblatt rührt von einem Umbau her, der die Uhr mit jahreszeitlich verstellbarer Tag- und Nachtstundenskala für modernere gleich lange Stunden versah. Solche Umbauten und Modernisierungen verunstalten zwar die technikgeschichtliche Authentizität dieser seltenen Zeugnisse spätmittelalterlicher Technik. Zugleich waren sie aber Garant für das Überleben der Uhren, die nur die Jahrhunderte überdauerten, wenn sie der jeweiligen „Zeit" angepasst wurden.

Thomas Eser

LITERATUR
MAURICE 1976, Nr. 34, 35. – DOHRN-VAN ROSSUM 1992. – DEUSSER 2012, 143–160, Nr. 5, 7. – ESER 2014, Nr. 37, 40.

16.2 Goldener Schild (Ecu d'or) Karls IV.

Münzstätte: Antwerpen?, nach 1355.
Gold, Dm. 29,1 mm, Gewicht: 4,45 g.
Schwerin, Staatliches Museum, Münzkabinett, Inv.-Nr. Mü 18032.

Beim Écu d'or oder Goldenen Schild handelt es sich um die älteste französische Goldmünze, deren Name sich aus dem Münzbild erklärt. Auf der Vorderseite prangt der Schild mit den drei Lilien – Wappenbild der französischen Könige seit dem 12. Jahrhundert. Später wurde der thronende König abgebildet, so dass die Bezeichnung „Ecu à la chaise" oder einfach „Chaise" Verwendung fand. Dieser Münztyp wurde vielfach nachgeahmt, so in Südwesteuropa (Navarra, Portugal), aber auch in den Niederlanden. Kaiser Ludwig IV. (der Bayer, reg. 1314–47) initiierte eine umfangreiche Emission solcher Stücke in Antwerpen. Sein Nachfolger Karl IV. setzte dies fort, allerdings in weitaus geringerem Maße. Deshalb sind derartige Gepräge heute sehr selten, im Unterschied zu denen, die Ludwig der Bayer herstellen ließ.

Der Schildgulden Karls IV. zeigt im gotischen Gestühl den thronenden Kaiser mit erhobenem Schwert, rechts ist der Adlerschild angeordnet. Die Umschrift lautet: KAROLVS DEI – GRA – ROMANORVM IMP [Karolus Dei Gratia Romanorum Imperator]. Die Rückseite wird von einem verzierten Kreuz im Vierpass beherrscht. Dazu kommt die Umschrift: XPC VINCIT XPC REGNAT XPC IMPERAT [Christus vincit Christus regnat Christus imperat].

In erster Linie dienten die Goldenen Schilde als Zahlungsmittel. Allerdings dürfte ein Großteil der Menschen nie solche Münzen in der Hand gehalten haben, denn aufgrund ihres hohen Wertes konnten diese im alltäglichen Zahlungsverkehr kaum benutzt werden. Bei großen Geldtransaktionen in Politik und Wirtschaft waren die Goldenen Schilde aber hochwillkommen. Neben der Geldfunktion dienten die Stücke noch einem anderen Zweck, und zwar als Medium zur Repräsentation fürstlicher Macht. Schließlich bedurfte im Mittelalter Herrschaft ihrer ständigen Legitimation. Die Fürsten mussten also Geld einsetzen, um ihre Herrschaft zu repräsentieren, und gleichzeitig konnte ihnen ihr geprägtes Geld als Mittel zu dieser Herrschaftsrepräsentation dienen. Die von Karl IV. emittierten Goldmünzen verdeutlichen auf unnachahmliche Weise, wie der Luxemburger mit Bild und Schrift seine Macht demonstrierte. Aber nicht nur die Stücke selbst vergegenwärtigten Herrschaft, auch der szenische Gebrauch konnte die Position des Herrschers stärken. Nur ein Beispiel: In einer Chronik wird darüber berichtet, dass bei der Verkündung der vollständigen Fassung der Goldenen Bulle auf dem Hoftag in Metz an der Wende 1356/57 karolinische Münzen ausgeworfen wurden.[1] Durch diesen öffentlichen symbolisch-rituellen Akt bewies Karl seine Freigebigkeit mit Stücken, die ihn wirkmächtig als Herrscher darstellten.

Torsten Fried

LITERATUR
HUGUENIN 1838.

FUSSNOTEN
1 HUGUENIN 1838, 99, r. Sp.

16.3.a–j Münzen aus der Zeit Karls IV.

a.–b. Dukat (sog. Königsdukat)
Münzstätte: Prag, vor 1355.
Gold; a. 3,4890 g, H. 20,88 mm, B. 20,74 mm; b. 3,5248 g, H. 20,31 cm, B. 20,80 mm.
Prag, Národní muzeum, Inv.-Nr. H5p42/1977, př. 2, 2609 (Castelin 2var), H5-82/AV/IIIa,1 (Castelin 2).

c. Dukat (sog. Kaiserdukat)
Münzstätte: Prag, nach 1355.
Gold; 3,5034 g, H. 21,81 cm, B. 21,80 mm.
Prag, Národní muzeum, Inv.-Nr. H5-12066 (Castelin 8).

d.–e. Prager Groschen
Münzstätte: Kuttenberg.
Silber; d. 3,3283 g, H. 29,01 mm, B. 28,61 mm; e. 3,4591 g, H. 28,86 mm, B. 29,42 mm.
Prag, Národní muzeum, Inv.-Nr. H5-12068 (Smolík I.12), H5-12069 (Smolík I.12).

f.–g. Parvus
Münzstätte: Kuttenberg.
Silber; f. 0,2691 g, H. 15,37 mm, B. 15,00 mm; g. 0,3493 g, H. 15,44 mm, B. 14,73 mm.
Prag, Národní muzeum, Inv.-Nr. H5-12070 (Castelin 21), H5-10240 (Castelin 21).

h. Sog. Hohlheller mit Löwe
Münzstätte: Kuttenberg.
Silber; 0,2725 g, H. 14,03 mm, B. 14,37 mm.
Prag, Národní muzeum, Inv.-Nr. H5p20/1952,1 (Castelin 27a).

i.–j. Pfennig mit Viererprägung und Pfennig
Münzstätte: Lauf, 1363–73.
Silber; i. 0,7111 g, H. 17,42 mm, B. 17,33 mm; j. 0,3422 g, H. 15,75 mm, B. 15,48 mm.
Prag, Národní muzeum, Inv.-Nr. H5-IV/18,3/4 (Nechanický C/XII/19), H5-X/115,2/2 (Nechanický A/VII/12).

Das Set bietet einen Überblick über die böhmischen Münzen König und Kaiser Karls IV. sowie Beispiele für seine Prägungen im sog. Neuböhmen (Böhmische Pfalz). In Böhmen ließ Karl Golddukaten

16.3.a–j

zweierlei Typs in der Prager Münzstätte sowie Prager Groschen und Parvi aus Silber in der Kuttenberger Münzstätte prägen. Damit knüpfte er an seinen Vater Johann von Luxemburg an, wobei er jedoch anstelle der von Johann bevorzugten Goldflorin Dukaten einführte. Der Florin war die erste böhmische mittelalterliche Goldprägung (ab 1325), die sich am Vorbild des florin d´or der Stadt Florenz orientierte (daher auch der Name) und in Münzbild (Lilie auf der Vorder-, Figur Johannes des Täufers auf der Rückseite), Gewicht und Qualität an diesen anknüpfte. Karl ließ bald nach seiner Thronbesteigung Golddukaten prägen, die sich an den italienischen Zecchino-Prägungen von vergleichbarem Gewicht und hoher Reinheit orientierten; jedoch wählte er ein neues Münzbild, nämlich ein Brustbild des Herrschers auf der Vorder- und den böhmischen Löwen auf der Rückseite.

Karls Dukaten werden in Königs- und Kaiserdukaten unterschieden. Die Königsdukaten zeigen ein Brustbild des jüngeren Herrschers mit der Königskrone, die Kaiserdukaten ein Brustbild des älteren Herrschers mit der Kaiserkrone. Diese Veränderung kann erst nach der Kaiserkrönung im Jahr 1355 erfolgt sein, wurde jedoch – nach der geringen Zahl der überlieferten Münzen zu schließen – vermutlich noch später durchgeführt. Die Prägungen tragen die gleiche lateinische Inschrift „KAROLVS D – EI GRACIA / ROMANORVM ET BOEMIE REX (Karl von Gottes Gnaden König der Römer und Böhmens)".

Karls böhmische Silberprägungen aus Kuttenberg knüpften an die Münzen König Johanns an. Der durch die Münzreform Wenzels II. im Jahr 1300 eingeführte Prager Groschen trug ein „ewiges" Münzbild – eine Krone auf der Vorder- und den böhmischen Löwen auf der Rückseite –, während der Parvus unter Karl entweder den böhmischen Löwen oder eine Krone auf der Vorder- und ein Brustbild des hl. Wenzel auf der Rückseite zeigte. In der Inschrift wird Karl sowohl auf dem Prager Groschen als auch auf dem Parvus als Karl I. von Gottes Gnaden König von Böhmen bzw. Karl I. tituliert, d. h. nummeriert nach dem Auftreten des Namens unter den böhmischen Königen. Trotz des politischen, kulturellen und wirtschaftlichen Aufschwungs des Königreichs Böhmen in dieser Zeit verfiel die Prägung der Silbermünzen bzw. deren Reinheit (von 840/1000 zu 750/1000). Karl versuchte dieses Problem gegen Ende seiner Herrschaft zusammen mit seinem Sohn und Mitregenten Wenzel IV. durch eine neue Münzordnung zu lösen. In dieser Ordnung gestand er ein, dass durch den Wertverlust der Münze dem gemeinen Volk ein nicht geringer Schaden entstanden sei, und setzte die Mindestqualität der Münzen auf 893/1000 fest. Diese Anordnung hatte jedoch keinerlei Folgen für das Münzwesen.

Wie die Funde aus Böhmisch Skalitz (Česká Skalice) und dem Prager Emmauskloster zeigen, wurden in Böhmen in den 1370er Jahren auch sog. Hohlheller (Brakteatenheller) geprägt. Es handelt sich um eine einseitige Prägung aus dünnem Silberblech. Karl ließ drei Typen prägen: am häufigsten mit einer Abbildung des böhmischen Löwen, selten mit einem Brustbild des hl. Wenzel und einzigartig mit einer Krone. Dieser Münztyp wurde auch in Mähren von Karls Bruder Johann Heinrich mit einem Adler als Münzbild sowie in der Pfandschaft Eger (Cheb) geprägt.

Während seiner Herrschaft bemühte sich Karl zielstrebig um die Erweiterung der Länder der Böhmischen Krone in alle Richtungen. Dazu gehörte auch der Aufbau einer Domäne im der späteren Oberpfalz, wo Karl Burgen, Städte und kleine Herrschaften kaufte. Das so entstandene Territorium, das Karl der Böhmischen Krone inkorporierte, wurde mit der Zeit als Böhmische Pfalz bzw. Neuböhmen bezeichnet. Auch hier ließ Karl Münzen prägen, indem er zunächst die Münzstätte in Lauf (1356–73) und nach der Abtretung des Ortes an Otto von Brandenburg die Münzstätte in Erlangen (1373/4–78) nutzte. Zu den seltenen Münztypen aus Lauf gehört die „gemeinsame" Prägung, die auf der Vorderseite ein Porträt Karls zwischen den Buchstaben K und L (Karolus und Lauf) und auf der Rückseite zwei gekrönte Brustbilder zeigt, die Karl und seinen 1363 gekrönten Sohn Wenzel IV. darstellen.

Luboš Polanský

16.4 Gewölbeschlussstein aus der Zisterzienerabtei Skalitz mit Darstellung eines Stiers als Symbol des Evangelisten Lukas

Kloster Skalitz (Klášterní Skalice), 1360–65.
Pläner-Kalkstein; H. 39 cm, Dm. 45 cm
Provenienz: Kloster-Skalitz, ehem.
Zisterzienserabtei, Kirche.
Prag, Národní muzeum, Lapidarium, Inv.-Nr. H2-38211.

Von der monumentalen Klosterkirche sind nur zwei plastische Denkmäler mit figürlichen Szenen überliefert,[1] Gewölbeschlusssteine mit Darstellung eines Stiers und eines Engels, also Teile eines Zyklus der Evangelistensymbole, von denen nur die Lukas und Matthäus[2] zugeordneten Darstellungen blieben.

Das Kloster Ad Graciam beate Virginis in Kloster-Skalitz unweit der alten Stadt Kouřim (Gurim) war die letzte in den böhmischen Ländern gegründete Zisterzienserabtei. 1357 wurde das Kloster von Dietrich von Portitz, Kanzler Karls IV. und späterem Erzbischof von Magdeburg (1361), gestiftet.[3] Die Wahl des Zisterzienserordens hängt sicher mit der Ordenszugehörigkeit des Stifters selbst zusammen, der den Beginn seiner kirchlichen Laufbahn als Konventsmitglied der brandenburgischen Zisterzienserabtei Lehnin begonnen hatte.

Die Gründung des Klosters Skalitz wurde noch 1357 durch den Prager Erzbischof Ernst von Pardubitz bestätigt; den Grundstein legte der Olmützer Bischof Johann Očko von Vlašim in Anwesenheit Karls IV. und vieler anderer wichtiger Mitglieder des Hofes.[4] Diese Tatsache spricht ebenfalls für den außerordentlichen gesellschaftlichen Rang Dietrichs von Portitz: Karl IV. zeichnete ihn durch sein besonderes Vertrauen aus, indem er Dietrich die Finanzverwaltung des Königreichs Böhmen und später des gesamten Heiligen Römischen Reichs anvertraute.

Kurz nach der Gründung, vielleicht bereits um 1361, wurde die Klosterkirche vollendet, wie die Verkündung von Ablässen für den Besuch von Andachten in der Kirche belegt.[5] Andererseits sollten solche Ablässe oft auch den Bau finanziell unterstützen. Und wie repräsentativ das Bauwerk war, zeigt sich heute noch an den wenigen Resten der anspruchsvoll profilierten Pfeiler und den Fragmenten der Gewölbeansätze. Die zarten, linienhaften Profile, die sich über die gesamte Länge der Pfeiler bis zu den Basen erstrecken, sind für die frühen karolinischen Bauprojekte und insgesamt für die Architektur der ersten Hälfte des 14. Jahrhunderts typisch, so z. B. für die ältere, von der Bauhütte des Matthias von Arras († 1352) verantwortete Phase der Kathedrale St. Veit, die Klosterkirche in Sázava oder die Kirche auf dem Oybin beim einst böhmischen Zittau, heute in der sächsischen Oberlausitz gelegen.[6] Die engen Beziehungen zwischen Dietrich von Portitz und dem Kaiser machen es wahrscheinlich, dass die Prager Dombauhütte, und zwar besonders deren mit Matthias von Arras verbundene Mitglieder an der Erbauung der Abtei Skalitz beteiligt waren. Nach der Übernahme des Dombaus durch Peter Parler setzte dort ein markanter Stilwandel ein, wobei monumentalere Architekturformen bevorzugt wurden.[7]

1431 wurde die Zisterzienserabtei Skalitz von den Hussiten zerstört, die das nahe Kouřim besetzt hatten. Nach den Hussitenkriegen wurde das Klosterareal nicht mehr erneuert und schon im 16. Jahrhundert aufgegeben.

Aussagen über den Charakter der bauplastischen Verzierung der Klostergebäude sowie deren recht hohe Qualität lassen sich dank der beiden erhaltenen Schlusssteine treffen. Der Antlitztyp des Engels mit den markanten Augenbrauenbögen und der schematischen Frisur beruft sich auf ältere Vorbilder der 1330er/40er Jahre wie die späteren Werke des Meisters der Madonna von Michle, z. B. die Madonna von Dýšina (Kat.-Nr. 11.20). Die Diagonalfalten erinnern an die Gewandgestaltung der hl. Anna Selbdritt vom Antependium der Wenzelskapelle im Veitsdoms, worauf zuletzt Jiří Fajt hingewiesen hat.[8]

Ein direktes Vergleichsobjekt für das ausgestellte Relief des geflügelten Stiers ist nur schwer zu finden. Ein gewisser formaler Zusammenhang lässt sich jedoch zu den zoomorphen Konsolen in der Klosterkirche von Sázava oder auf dem Oybin herstellen. An beiden Bauprojekten waren Steinmetze aus der Bauhütte des Matthias von Arras beteiligt.

Bedeutsam ist aber besonders die Analogie, die sich zwischen dem Schlussstein mit dem Engelsmotiv aus Skalitz und dem Figurenschmuck der Schlusssteine des Kapitelsaals des Magdeburger

16.5

16.4

16 ✱ Bergbau, Handel und Finanzen

16.6

Doms ziehen lässt.⁹ Es ist sehr wahrscheinlich, dass einige der in Kloster-Skalitz tätigen Steinmetzen später – oder zuvor? – auch an der Magdeburger Domklausur arbeiteten. In jedem Fall wäre es dann Dietrich von Portitz nach seiner Wahl zum Erzbischof von Magdeburg 1361 gewesen, der die Verbindung zwischen beiden Baustellen herstellte.

Helena Dáňová

LITERATUR

DENKSTEIN/DROBNÁ/KYBALOVÁ 1958, 58. – KUTHAN/ŽEMLIČKA 1983, 88f. – FAJT/SRŠEŇ 1993, 58, Kat.-Nr. 178. – FAJT/LINDNER 2011, 164. – FAJT 2016/II, 146f.

FUSSNOTEN

1 Im Lapidarium des Nationalmuseums Prag sind außerdem Fragmente des Fenstermaßwerks sowie das Bruchstück einer Sedilie erhalten. DENKSTEIN/DROBNÁ/KYBALOVÁ 1958, 122, 160, 166.
2 Kouřim, Muzeum Kouřimska.
3 RBM VI, 377, Nr. 664.
4 RBM VI, 391, Nr. 690.
5 NOVÁČEK 1890/II, 514.
6 Erwähnt z. B. bei KUTHAN/ŽEMLIČKA 1983, 86f.
7 Vgl. u. a. BENEŠOVSKÁ 1994.
8 FAJT/LINDNER 2011, 164. – FAJT 2016/II, 146f.
9 Vgl. zu den Darstellungen von Aposteln, Propheten und Evangelisten auf den Schlusssteinen BRANDL/FORSTER 2011, I, 495f.

16.5 Brevier des Kreuzherren-Großmeisters Leo

Prag, 1356.
Tempera, Gold und Tinte auf Pergament; 403 Blatt; H. 26,7 cm, B. 19 cm; spätgotischer Einband.
Datiert im Explizit auf fol. 60: „Anno Domini M°CCCLVI° per eund[em] Fr[atr]em Leonem summum Mag[ist]rum dicti ordinis comparatus est liber iste et completus. Deo gratias."
Prag, Orden der Kreuzherren mit dem roten Stern, als Depositum in der Narodní knihovna České republiky, Inv.-Nr. křiž XVIII F 6.
Nur in Prag ausgestellt.

Um die Mitte des 14. Jahrhunderts wirkte in Prag ein Atelier, mit dem sich diverse überlieferte Handschriften in Verbindung bringen lassen, die für geistliche Auftraggeber entstanden waren. Hierzu gehören u. a. das Brevier des Propstes von Raigern (Brno, Moravska zemská knihovna, Sign. R 394), der sogenannte Psalter des Karlsteiner Kapitels, der ursprünglich für das Benediktinerinnenkloster St. Georg auf der Prager Burg bestellt worden war (Prag, Knihovna národního muzea, Sign. XVI A 18), sowie das 1356 datierte Brevier für den Hochmeister Leo, Prior der Kommende der Kreuzherren mit dem Roten Stern in der Prager Altstadt. Charakteristisches Zeichen dieser Werkgruppe ist die Minimalisierung der gestalterischen Mittel und eine gröbere, technisch weniger ausgereifte Malweise. Der Hauptakzent wird auf die Figuren gelegt, räumlich komplex konstruierte Szenen fehlen. Die Farbe wird nicht zum Instrument der Modellierung, sondern hebt sich in großen Flächen ab, die mittels energisch geführter Umrisslinien eingegrenzt und durch die Binnenzeichnung strukturiert werden. Plastizität wird meist durch eine Schraffierung in helleren oder dunkleren Farbtönen der Lokalfarbe angedeutet. Nur sehr sparsam, meist bei den Inkarnaten, wird mit Weiß gearbeitet. Einzelne Details, wie die floralen Randverzierungen, lassen eine Kenntnis zeitgenössischer Pariser Buchmalerei erkennen. In der zweiten Hälfte der 1360er Jahre ist das Atelier auch an der Ausschmückung des Antiphonars des königlichen Kollegiatstifts Vyšehrad beteiligt (Vorau, Stiftsbibliothek, Ms. 259, I–IV), die aber in wesentlichen Teilen von einer jüngeren Buchmalergeneration geprägt ist.

Das Brevier des Großmeisters Leo ist unter anderem mit zwölf Medaillons zur Darstellung jahreszeitlicher Arbeiten im Kalendarium sowie diversen figürlich geschmückten Initialen und Drolerien in Psalter, Temporale und Sanktorale ausgestattet. Dem Brevier vorangestellt wurden zwei ganzseitige Titelilluminationen: Fol. 1v präsentiert die von zwei Engeln emporgehobene Vera Ikon, die von einem breiten Rahmen eingefasst wurde, in dem sich sechs Medaillons mit den Halbfiguren König Davids, des hl. Paulus und der Propheten Neemias, Hiob, Jakob und Zacharias befinden. Die gegenüberliegende Seite (fol. 2r) enthält einen kurzen Text zur Ordensgründung, der mit einem Bild der Prinzessin Agnes von Böhmen (Anežka Přemyslovna) illustriert ist, die dem Großmeister der Kreuzherren Konrad ein Modell der Ordenskirche übergibt. Die prominente Herausstellung des Stiftungsaktes durch Agnes ist im Zusammenhang mit den Mitte des 14. Jahrhunderts verstärkten Initiativen der Prager Kommende zu sehen, Agnes' Heiligsprechung zu erwirken, um welche sich auch Karl IV. – letztlich vergeblich – im Rahmen seiner Romfahrt 1355 bemüht hatte.

Jiří Fajt, Wilfried Franzen

LITERATUR

SCHMIDT 1969/I, 207. – KRÁSA 1984/I, 406. – STEJSKAL 1993. – Ausst.-Kat. Prag 2006, 107, Kat.-Nr. I.4.10 (Hana J. HLAVÁČKOVÁ). – FAJT 2016.

16.6 Kuttenberger Rechtskodex mit Abschrift des königlichen Berggesetzbuchs Ius regale montanorum

Iglau (Jihlava), um 1410.
Papier, Pergament, Tinte; Latein, Deutsch; H. 24 cm, B. 31 cm; Ledereinband mit Beschlägen.
Prag, Státní oblastní archiv v Praze – Státní okresní archiv Kutná Hora, Archiv města Kutná Hora, kniha Nr. 1.

Der Kuttenberger Rechtskodex wurde zu Beginn des 15. Jahrhunderts in Iglau verfasst, geht aber wesentlich weiter in die Vergangenheit zurück; sein „Nachleben" ist ebenso bemerkenswert. Das Fundament der Handschrift bildet der lateinische Text des Berggesetzbuchs König Wenzels II., genannt Ius Regale Montanorum, das um 1300 unter Verwendung des Iglauer Rechts vor allem für die Silbergruben in Kuttenberg (Kutná Hora) zusammengestellt wurde. Mit der Zeit Karls IV. ist die Handschrift durch die Person des Schreibers Johann von Gelnhausen verbunden.

16.7

16.6

Dieser Notar und Autor mehrerer Rechtshandschriften war zunächst in Kuttenberg als Grubenschreiber tätig, wirkte danach in der Kanzlei Kaiser Karls IV. und anschließend als bischöflicher und städtischer Notar in Olmütz (Olomouc), Brünn (Brno) und Iglau. Er ist Autor mehrerer Rechtshandschriften, von denen der reich mit Illuminationen versehene Iglauer Codex Gelnhausen aus der Zeit um 1400 sicher die bekannteste ist. Zu Beginn des 15. Jahrhunderts fertigte er auch eine deutsche Übersetzung des Berggesetzbuchs König Wenzels II. an. Dieser Text ist ebenfalls im Kuttenberger Rechtskodex überliefert, der zwischen 1400 und 1410 in Gelnhausens Iglauer Werkstatt entstand. Das recht einfache Kanzleihilfsmittel enthält außerdem eine Sammlung der Brünner und Iglauer Rechtsurteile; seine häufige Nutzung belegen die zahlreichen Marginalien und Anmerkungen. Die Handschrift war wohl für die Iglauer städtische Kanzlei bestimmt, wo sie 1465 der Kuttenberger Schreiber Vít Tasovský von Lipoltice erwarb. Auf ihrer Grundlage fertigte er dann die zweitälteste altschechische Übersetzung des Berggesetzbuchs an, die den Titel Právo královské horníkuov trug und in Kuttenberg lange Jahrzehnte Verwendung fand. Ende des 19. Jahrhunderts diente diese Handschrift dem österreichischen Rechtshistoriker Adolf Zycha als Vorlage für eine wissenschaftliche Edition des mittelalterlichen Bergrechts in den böhmischen Ländern.

Vojtěch Vaněk

LITERATUR
ZYCHA 1900, II. – BOHÁČEK 1966. – HOFFMANN 1973. – PFEIFER 2002.

16.7 Silbernes Petschaft der königlichen Bergstadt Eule (Jílové u Prahy)

Um 1350.
Silberner Siegelstempel, rund; Dm. 62 mm mit kurzem Griff. In dem mit Rosen verzierten Rautennetz des Siegelfeldes ist der doppelschwänzige böhmische Löwe mit Krone auf dem Haupt untergebracht. Auf dem Körper des Löwen befindet sich der Buchstabe „K", der als Verweis auf Karl IV. als Stifter des Siegelzeichens interpretiert wird.
Lateinische Inschrift in gotischer Majuskel zwischen zwei Perlenrändern: + SIGILLUM : CIVITATIS : IN EYLAW : +
Prag, Státní oblastní archiv v Praze – Státní okresní archiv Praha-západ se sídlem v Dobřichovicích, Archiv města Jílové u Prahy, Inv.-Nr. 567.

Die Anfänge der Bergbausiedlung Eule und der dortigen Goldförderung im Untertagebau werden in das 13. Jahrhundert datiert. Die größte Blütezeit erlebte der Euler Goldabbau den Quellen nach während der ersten Hälfte des 14. Jahrhunderts. An den Montanunternehmungen waren hier die bedeutendsten Prager Patriziergeschlechter beteiligt. Unter Karl IV. erhielt der ursprüngliche Marktflecken das Statut einer königlichen Bergstadt und wurde zugleich zweifellos mit städtischen Privilegien ausgestattet. Ein urkundliches Privilegium aus jener Zeit ist zwar nicht überliefert, aber das Privileg Kaiser Sigismunds von Luxemburg von 1437 verweist auf alte Rechte, Gnaden und Freiheiten. In die karolinische Zeit wird auch der sehr hochwertig ausgeführte silberne Siegelstempel datiert, der nachweislich noch um 1700 in Gebrauch war. Der doppelschwänzige gekrönte böhmische Löwe, der sich im Siegelfeld befindet, fand auch im Euler Stadtwappen Verwendung, das von König Wladislaw Jagiello durch eine Urkunde von 1477 bestätigt und gebessert wurde. Der ursprüngliche große Siegelstempel wurde vermutlich damals um ein kleineres Sekretsiegel ergänzt, das zur Bestätigung von Schriftstücken geringerer Bedeutung benutzt wurde und ebenfalls bis heute erhalten geblieben ist. Der große Siegelstempel aus der Zeit Karls IV. ist heute das einzige Überbleibsel der damaligen Tätigkeit der Euler Stadtverwaltung, denn das Stadtarchiv ging im Lauf der Jahrhunderte vollständig unter.

Jaroslav Šulc

LITERATUR
VOJTÍŠEK 1928. – PŘIBYL/LIŠKA 1975. – ČAREK 1985.

16.8

16.8 Handschuh Karls IV., überreicht als Pfand für die Gewährung des Holzrechts an die Stadt Neustadt/Waldnaab

Prag, vor 1354.
Rechter Handschuh, Ziegen- und Hammelleder; Leinenfäden, S-förmig gezwirnt; L. Oberseite 26 cm, L. Innenseite 27 cm, B. Handgelenk 9 cm, B. unterer Rand 12 cm.
Provenienz: Seit 1354 nach Rechteverleihung in Neustadt an der Waldnaab.
Neustadt/Waldnaab, Stadtmuseum, ohne Inv.-Nr.

Am 1. August 1354 verlieh Karl IV. der Stadt Neustadt an der Waldnaab das Recht, in den zu den Burgen Floß und Parkstein gehörenden kaiserlichen Wäldern zehn Huben Holz zu schlagen (1 Hube entspricht ca. 50 Tagwerk).[1] Zugleich bestätigte er der Stadt diverse Rechte und Freiheiten, was er nicht nur durch eine Urkunde, sondern auch durch die Überlassung seines rechten Handschuhs bekräftigte. Bereits 1349 waren durch die Heirat mit seiner zweiten Frau Anna von der Pfalz ausgedehnte Territorien der Oberpfalz nordöstlich von Nürnberg in seinen Besitz gelangt. 1353 erwarb er u. a. die Herrschaft Sternstein-Neustadt für 20.000 Silbermark von den Wittelsbachern.[2] Im selben Jahr nach dem Tod seiner Ehefrau schloss Karl diese Territorien endgültig an die Länder der Böhmischen Krone an. 1358 erweiterte er – nun bereits als Kaiser – die Stadt um den „Freiung" genannten Stadtteil, dessen Bewohner er für 12 Jahre von Steuern freistellte. Urkunde, Wald und Handschuh in Neustadt zeugen bis heute von der Sorge Karls IV. für die Städte „seiner bayerischen Lande".[3]

Im Mittelalter trugen vor allem Männer Handschuhe. Handschuhe symbolisierten außerdem die Bestätigung eines Rechtsakts. Treffend belegt dies ein Steinrelief im Nürnberger Rathaus, das eine Allegorie Nürnbergs und des Herzogtums Brabant aus der Zeit um 1340 zum Gegenstand hat; hier hängt zwischen den beiden Frauenfiguren ein Paar Handschuhe zusammen mit Gürtel und Schwert als Dokument der Anerkennung von Zollfreiheiten.[4] Als weiterer Beleg für entsprechende Handlungen dürfen auch die regelmäßigen Zeremonien dienen, bei denen dem Straßburger Bürgermeister für die den Nürnberger Kaufleuten gewährten Zollfreiheiten ein Zollschwert, ein Paar Falknerhandschuhe und ein Stab überreicht wurden.[5]

Prag verwandelte sich unter Karl IV. in eine blühende Residenz, was die Nachfrage nach Handwerkserzeugnissen und die Konzentration der verschiedensten Handwerke vor Ort steigen ließ. Die Zahl der Handschuhmacher war zwar nicht so groß wie etwa die der Schuhmacher,[6] aber die Häufigkeit der einschlägigen Vermerke in den Stadtbüchern beweist, wie gesucht Handschuhe auf den mittelalterlichen Märkten waren.[7]

Der eigentlichen Handschuhherstellung ging die Bearbeitung des Rohleders durch die Gerber voraus. Ihre Werkstätten lagen an Flüssen, da sie zum Einweichen und Reinigen des Leders fließendes Wasser benötigten. In Prag ließen sie sich vor allem am rechten Ufer der Moldau nieder. Während des 14. Jahrhunderts entstanden eine Altstädter und eine Neustädter Gerberzunft. Die Weißgerber oder Ircher (tsch. jircháři), die feineres Leder verarbeiteten, hatten ihre Betriebe in der Prager Neustadt nahe der Kirche St. Adalbert; die Straße „V Jirchářích" trägt bis heute ihren Namen. Dieser Stadtteil wurde auch „V Smraďařích" (tsch. smrad = Gestank) genannt – nach der besonderen, mit heftigem Gestank verbundenen Technik, bei der man seit der Antike für die Lauge vergorenen menschlichen Urin mit einem Zusatz von Maulbeerblättern verwendete. Zum Beizen weichen Leders wurde hingegen Hühner-, Tauben- oder Hundekot verwendet.[8]

Der vorliegende Handschuh ist aus weichem Leder und aus sechs Teilen genäht. Der Ganzlederhandschuh ist nicht verziert und ohne Futter. Alle Schnittteile wurden mit einem dünnen Leinenfaden in feinen Stichen von links zusammengenäht. Zwischen Zeige- und Mittelfinger sowie im Bereich unter dem kleinen Finger wurden von außen grobe Stiche angebracht; vermutlich handelt es sich um Überreste einer alten Reparatur. Angesichts der überraschend kleinen Maße des Handschuhs, dessen Größe nicht einmal derjenigen einer kleineren Frauenhand entspricht, kann man nicht davon ausgehen, dass der „schön gewachsene" Kaiser Karl IV. den Handschuh je getragen hat.

Jana Knejfl

LITERATUR
HUBER 1877, 152, Nr. 1908. – WINTER/ZÍBRT 1892. – Ausst.-Kat. Nürnberg 1978. – FAJT 2006/II.

FUSSNOTEN
1 HUBER 1877, 152, Nr. 1908. – Diese von Karl verliehenen Waldgebiete gehören zum Teil bis heute als sog. Corporationswald zur Stadt. Die entsprechende Urkunde Karls IV. befindet sich im Archiv der Stadt Neustadt, Nr. 4.
2 KOCH/WINKELMANN 1894, Nr. 2739. – Zit. nach ASCHERL 1982, 26.
3 FAJT 2006/II.
4 WILCKENS 1978, 153. – Ausst.-Kat. Nürnberg 1978.
5 Freundliche Auskunft von Jiří Fajt.
6 FLORIÁNOVÁ 2005, 29.
7 WINTER/ZÍBRT 1892, 338.
8 FLORIÁNOVÁ 2005, 78, 80.

In Gotes Namen Amen

Ich Swester Margret die Eptissinn sant Claren ordens ze Nurenbg. vnd alle die Sampnung des Conuents gemeinclich dselbst. Veriehen vnd tun kunt offenlichn mit disem brief allen den die in sehent hörent oder lesent. Daz wir gemeinclich mit wolbedachtem mut vnd mit gantzen willen haben angesehen solich schender hilf vnd dienst vnd fürderunge vnsers Closters vnd auch des Conuents gemeinclich. Darumb wir bekennen Conraden Walstromeyr dem obristen Vorstmeister des Romschen Reychs Waldes gelegen bey Nurenbg. Daz wir im vnd allen seinen wirten vnd allen seinen nachkomen schuldig sein Ir aller Jarzeit einriclich ze begen an dem nehsten Mitwochn nach Aller sel tag. In sogetaner mazze daz man schol haben vor an dem nehsten Eritag nach Aller sel tag ein schon vigilij mit neun lecczen als des Closters gewonheit ist. vn vier kertzen darunder schullent brinnen. Vnd auch dazu einen schönen Tebch auf praiten. Darnach an dem nehsten Mitwochn schol man ein schönen sel messe singen. Vnd die Eptissinn schol auch geben der Custrin ein gewurtzes licht von einem kleinen vierdung wahs vnd einen pfennik dar zu da mit man messe frume vnd opffar. Wer aber daz wir von redlichn sachen geirret wurden daz wir daz an dem vorgeschribn tag niht getun mohten. So schulle wir ez sin darnach oder vor so wir aller scherist mvgen. Vnd ob wir die vorgeschriben red niht stet behielten. so sey wir schuldig ze geben zwelf pfunt haller dem der disen brief inne hat. Vnd die schol man geben durch got. wo man sein aller vengst bedarf. Vnd schol vns dem vnsern brief wider geben daz wir der gelübd aller fürbaz einriclich ledig sein. Vnd ob wir des geltes niht geben wolten so schol der vorgenant Conr Walstromeyr haben vollen gewalt vns ze pfenden an vnsn vihe so ez ist. auf des Reychs podem Vnd schol die pfant behalten als pfandes reht ist. Vnd ob wir den vorgeschribn tag vbrukten also daz wir die vorgen Jarzeit wolten begen vnd legen auf einen andn tag. Vnd daz vns dar zu niht twinge kein redlich sache als vor geschriben ist. so sey wir vnlidic alles dez daz vor geschriben ist. Vnd wer auch den brief inne hat. der hat alle die reht die dem vorgenanten Conr Walstromeyr verschriben sint. Vnd daz im daz alles stet vnd vnzerbrochen beleib. Geben wir im disen brief versigelt mit vnsers Conuents vnd mit vnser Eptissinn anhangenden Insigeln. Der geben ist do man zalt von Cristus gepurt dreyzehenhundert Jar. darnach in dem zwey vnd sehtzigesten an dem nehsten Montag vor sand Gylgen tag.

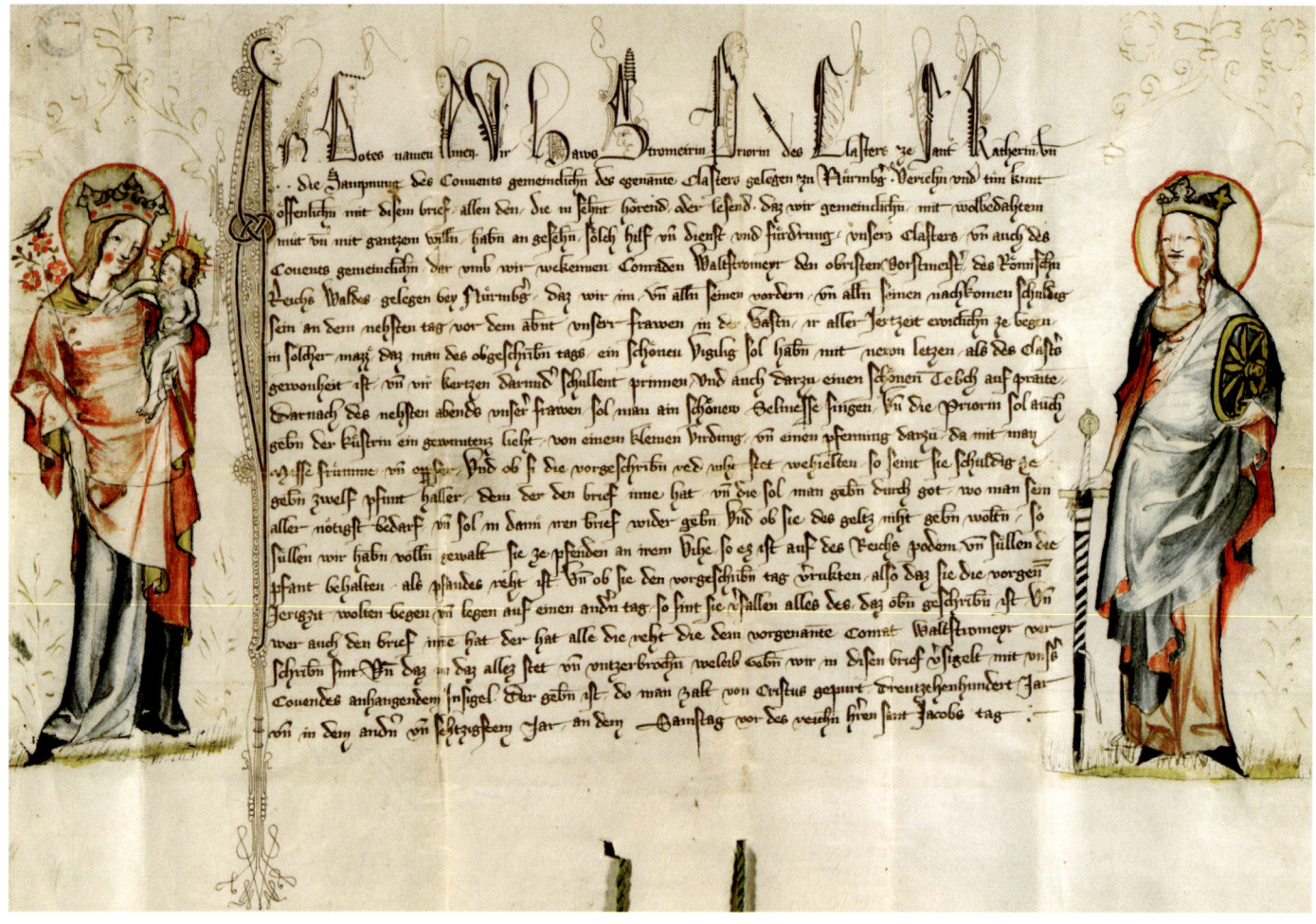

16.9.a

16.9.a–b Urkunden für den Reichsforstmeister Konrad V. Waldstromer zur Bestätigung von Stiftungen

a. Urkunde des Dominikanerinnenklosters St. Katharina
Nürnberg, 23. Juli 1362.
Pergament; H. 38,4 cm, B. 27,8 cm.
Nürnberg, Stadtarchiv, Alte Urkunden Nr. 234.
In Nürnberg ausgestellt.

b. Urkunde des Klarissenklosters zur Bestätigung eines gestifteten Jahrtags
Nürnberg, 28. August 1362.
Pergament, Tinte, mit anhängenden Siegeln, Latein; H. 37 cm (mit Siegeln 45,5 cm), B. 16,8 cm.
Nürnberg, Staatsarchiv, Rep. 0, Münchner Abgabe, Nr. 1118
In Prag ausgestellt.

Die Waldstromer, eines der vornehmsten Geschlechter im Umfeld Nürnbergs, waren spätestens 1266 an eines der beiden erblichen Reichsforstmeisterämter gelangt, denen die Aufsicht über den südlichen (Lorenzer) Teil des Nürnberger Reichswaldes oblag. Das prestigeträchtige Amt verschaffte der Familie enge Beziehungen zum Königtum, wobei die zu Karl IV. wie bei weiten Teilen der Nürnberger Oberschicht anfangs wechselhaft waren: Hatte er den Reichsforstmeistern wegen des prowittelsbachischen Aufstands 1348/49 zeitweilig ihre Lehen entzogen, nahm er 1364 die Brüder Konrad V. und Hans Waldstromer in sein Hofgesinde auf; 1360 fungierte zudem Konrad (IV./V.?) als Finanzier des Kaisers.

Auch wenn die Familie aufgrund ihrer privilegierten Stellung außerhalb des Bürgerrechts stand, war sie in der Stadt begütert und tat sich durch herausragende Stiftungen hervor. Ihre Grablege unterhielt sie über Jahrhunderte im Chor der Barfüßerkirche; dass der Reichsschultheiß Konrad I. aber der Klostergründer gewesen sei, wie die städtische Chronistik kolportiert, wird zu Recht bezweifelt.[1] Somit bleibt als bedeutendste Leistung die Gründung des Marthaspitals per Urkunde von 1363, dessen Kirche in Grundriss und Wandgliederung des Chors dem Vorbild der kaiserlichen Frauenkirche folgt.[2]

Wie üblich zielte die Familie darauf ab, ihre Gedächtnispflege auf eine Reihe geistlicher Institutionen der Stadt auszuweiten. Das belegen u. a. zwei illuminierte Urkunden vom Sommer 1362 der Frauenkonvente der Dominikanerinnen von St. Katharina und der Klarissen, die in nahezu entsprechendem Wortlaut die Durchführung von Jahrtagen für den Empfänger Konrad V. Waldstromer († vor 1388) und alle seine Vor- und Nachfahren garantieren. Ob die bestätigten Stiftungen auf Konrad selbst oder einen verstorbenen Ahnen zurückgehen, ist unsicher. Jedenfalls korrespondiert der für den Jahrtag in St. Klara festgesetzte Mittwoch nach Allerseelen mit dem Todestag seines gleichnamigen Vaters am 5. November 1360.[3]

Auf beiden Urkunden erscheinen seitlich des Textes unter Baldachinen stehende Heiligenfiguren als Garanten des Rechtsakts, im Falle der Klarissen neben der Ordenspatronin der Mitgründer Franziskus, bei den Dominikanerinnen die hl. Katharina als Patronin des Konvents und die Muttergottes, die sich auf den Termin des Jahrtags zu Mariä Verkündigung bezieht. Beim Vergleich der Figuren stechen stilistische Unterschiede ins Auge: Im Falle der Klarissen fällt die Hervorhebung der Umrisslinien auf, Gesichtszüge und Haarbehandlung sind stark schematisiert. Besonders die Gesichter erscheinen betont flächenhaft, die Kolorierung bringt kaum Plastizität. Dem tritt auf der zweiten Urkunde ein Illuminator gegenüber, der malerischer und plastischer – in seinen raumgreifenden Umrissdispositionen fast wie ein Bildhauer – denkt und seine eleganten Kompositionen fließend entwickelt. Die Zeichnung mit ihrer differenzierteren Linienstärke, die pastellene Farbigkeit und die stark kontrastierende plastische Modellierung gehen eine selbstverständliche Symbiose ein. Die Ausführung blieb unvollendet, ein weniger begabter Maler nahm wohl Ergänzungen wie die deplatzierten Wangenflecken vor.[4]

Trotz der stilistischen und qualitativen Unterschiede entstand die künstlerische Ausstattung beider Dokumente im selben Umfeld: Die Figuren der Klarissenurkunde werden einhellig dem hauptverantwortlichen Maler dreier wohl aus St. Klara stammender Retabel zugeschrieben, dessen Zugehörigkeit zu dem eng kooperierenden Werkstattverbund um den mutmaßlichen Werkstattleiter Sebald Weinschröter durch FAJT 2016 als erwiesen gelten kann. Die künstlerisch überlegene Urkunde von St. Katharina ist demnach Weinschröter persönlich zuzuordnen. Sie mag dem anderen Illuminator als Vorlage gedient haben, denn neben dem einheitlichen Dekorationsschema findet sich auch an den Figuren Vergleichbares, dies veranschaulicht die Auswahl an Standmotiven ebenso wie die Gestaltung der unteren Gewandpartien der Madonna und der hl. Klara. Die Urkunden bieten einen zuverlässigen Datierungsanker für die gesamte Werkgruppe.

Benno Baumbauer

LITERATUR
BIEDERMANN 1748, Taf. 546. – WÜRFEL 1766, 47f. – LUTZE 1930/31, 10–14 und Taf. 3, 5. – STANGE 1934, 202f. – Ausst.-Kat. Nürnberg 1982, 73f., Kat.-Nr. 45 (Peter STRIEDER). – STROMER 1990, 108f. – Ausst.-Kat. Frankfurt/M. 2002, 34f. (Stephan KEMPERDICK).

– BRINKMANN/KEMPERDICK 2002, 46, 47 (S. KEMPERDICK). – Ausst.-Kat. Bonn 2005, 509f., Kat.-Nr. 458 (S. KEMPERDICK), 514f., Kat.-Nr. 460f. (Robert SUCKALE). – FLEISCHMANN 2008, 1073. – KEMPERDICK 2010, 94. – NORTHEMANN 2011, 30. – FAJT 2016/I, I (noch ohne Paginierung).

FUSSNOTEN
1 FLEISCHMANN 2008, 1073. – NORTHEMANN 2011, 30.
2 FAJT 2016.
3 Nach BIEDERMANN 1748, Taf. 546. – Dagegen WÜRFEL 1766, 47f., nach dem verlorenen Nekrolog der Nürnberger Franziskaner: „a. 1360 d. 7. Nov. obiit D(omi)nus Conradus Waldstromer, magnus amicus fratrum sepultus in ecclesia in sepulcro eorundem".
4 SUCKALE in: Ausst.-Kat. Bonn/Essen 2005, 515.

16.10 „Püchel von mein geslecht und von abentewr", Lebensaufzeichnungen, politische und wirtschaftliche Aufzeichnungen Ulman Stromers (1329–1407)

Nürnberg, 1360, ergänzt um 1385–95, 1400.
Papier, Tinte; H. 21 cm, B. 14,5 cm.
Provenienz: Nürnberg, nach 1410 Familie Rieter. – 1596 Johannes Müllner. – A. 19. Jh. Hans Max von und zu Aufsess (Gründer des Germanischen Nationalmuseums).
Nürnberg, Germanisches Nationalmuseum, Inv.-Nr. HS 6146.

Das von seinem Verfasser, dem Ratsherrn und Unternehmer Ulman Stromer (1329–1407), so betitelte Püchel von mein geslecht vnd von abentewr steht am Beginn der reichen Tradition Nürnberger Memorial- bzw. Familienbücher sowie der bürgerlichen Chronistik der Stadt. Es verbindet in deutscher Sprache historiografische, genealogische und ökonomische Nachrichten und Gemischtes. Nach eigener Aussage begann Stromer mit seinen Notizen bereits 1360; niedergeschrieben wurde das einzige erhaltene Autograph im Germanischen Nationalmuseum um 1385–95 mit einem größeren Nachtrag um 1400.[1]

So heterogen und unsystematisch die Aufzeichnungen erscheinen, so wenig ist das Püchel auf eine einheitliche Funktion festzulegen. Nachrichten zur ritterlichen Abkunft der Familie, „alz ich ez gehort und ervaren hab", ihrer frühen Königsnähe, Lehens- und Wappenfähigkeit sowie die genealogische Einbettung in den Kreis der vornehmen Geschlechter der Stadt dienen der Standessicherung, aber auch der Abgrenzung der Verwandtschaft zur Klärung rechtlicher Ansprüche.[2] Zugleich gilt die seitenlange Nennung Angehöriger der Ehrbarkeit der Memoria, denn, so Stromer, „ir wirt vil vergessen, die niht geschriben werden".

Zu den ökonomischen Notizen gehören die Dokumentation von Nürnberger Zollfreiheiten, von Handelsbestimmungen in Städten zwischen Neapel, Barcelona, Brügge und Asow am Don sowie der Kursentwicklung verschiedener Währungen. Dabei umfasst das Püchel nur einen Teil der kaufmännischen Aufzeichnungen Stromers, was neben der Unvollständigkeit der angeführten Privilegien die Erwähnung eines „schuldpuch[s]" in seinem Testament belegt.[3] Auf eine Systematik dieses Schriftguts nach lombardischem Vorbild verweist möglicherweise die Sigle „A" auf dem Einband.[4]

Die chronikalischen Teile umfassen Nachrichten von reichsweitem, lokalpolitischem und rein familiärem Interesse. Im Kontext der Ausstellung sind der Nürnberger Judenpogrom 1349, die Auseinandersetzungen der Stadtkommune mit den Zollerschen Burggrafen, der zweite Romzug Karls IV. 1368 sowie das Schicksal Wenzels IV. von Interesse. Aus dem lokalen Umfeld berichtet Stromer u. a. vom Bau seiner Residenz am Hauptmarkt, der Aufforstungsmaßnahme seines Halbbruders Peter, aber auch von einem Unwetter 1367, das „grozzen schaden tet".

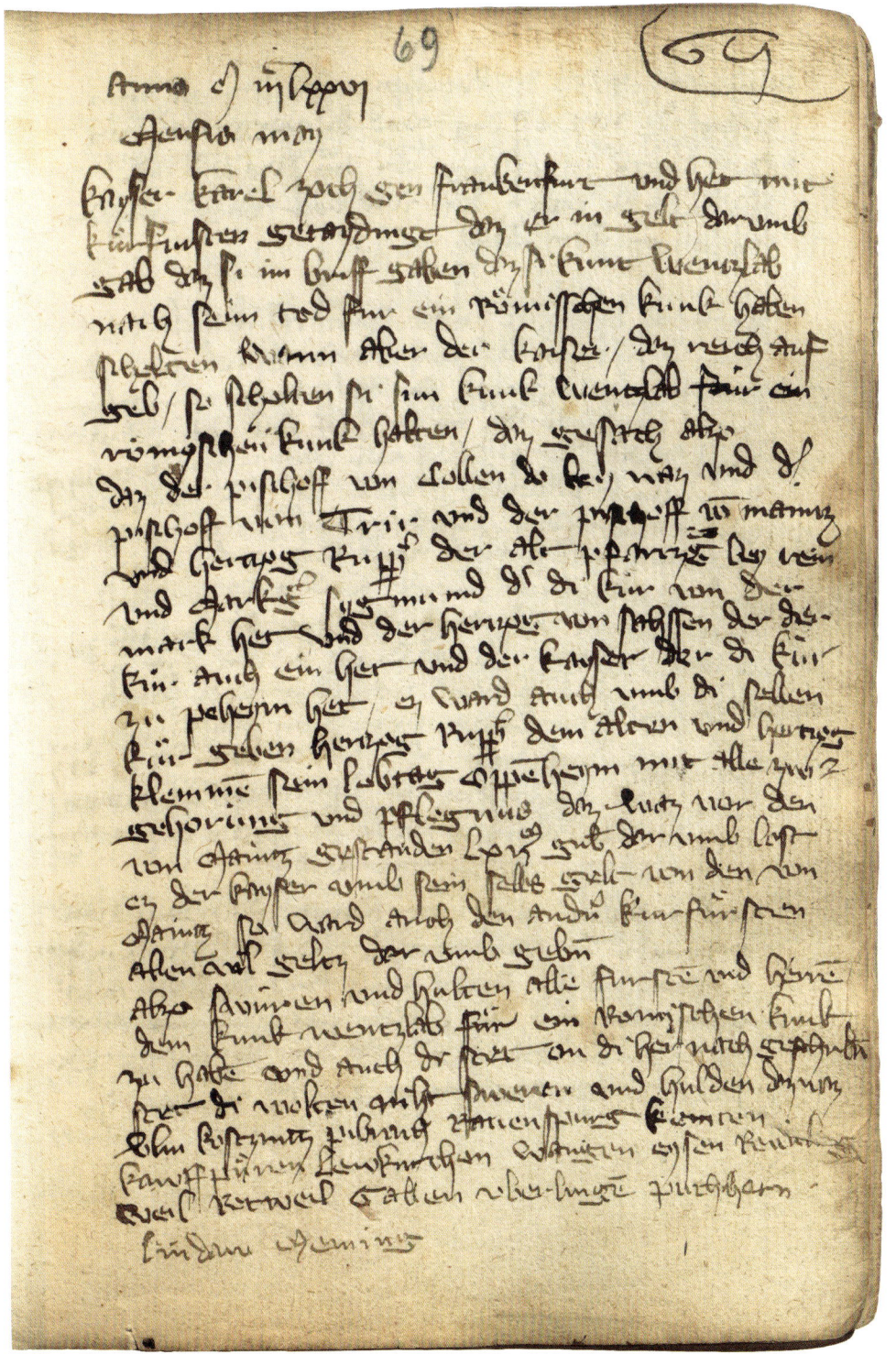

Stromers Püchel wurde zu einer Autorität für die Nürnberger Chronistik. Die vorliegende Handschrift ging, wohl über seinen Schwiegersohn Hans III. († 1410), an die Aufsteigerfamilie Rieter, 1596 an den Stadtchronisten Johannes Müllner und schließlich an Hans Max von Aufsess.

Benno Baumbauer

EDITION
HEGEL 1862/II, 23–106. – KURRAS 1990, Bd. 1 (Teilfaksimile).

LITERATUR
HEGEL 1862/I, 1–22, 107–312. – VOCK 1928. – STAMMLER/LANGOSCH IV (1953), Sp. 300–304 (Bernhard SCHMEIDLER). – STROMER 1967, 781–785. – KURRAS 1990, Bd. 2. – ZAHND 1990, 27–29. – STAMMLER/LANGOSCH IX (1995), Sp. 457–460 (Lotte KURRAS). – SCHNEIDER 2000, 183f. und passim. – SCHMID 2006, 67–71. – KIRCHHOFF 2009, 23–54. – MEYER 2009, 115–124. – MEYER 2010, 5f.

FUSSNOTEN
1 VOCK 1928, 96–103.
2 STROMER 1967, 782.
3 HEGEL 1862, 206.
4 STROMER 1967, 784f. – KIRCHHOFF 2009, 39f.

17 ✳ Die letzte Reise nach Frankreich

Da nun der Kaiser um jedem Preis hinauf vor den großen Schrein wollte, um darin die heiligen Reliquien zu schauen, und da die Treppe hier gar steil und schmal war, sodass er nicht in seiner Sänfte hinaufgetragen werden konnte, ließ er sich an Schultern und Beinen die Wendeltreppe hinaufschleppen und ebenso wieder hinabtragen, was seinem Körper großes Ungemach, Schwierigkeiten und Schmerzen bereitete, die er aber seiner Sehnsucht halber, die obgenannten Reliquien zu schauen, erduldete. Als er oben war und der König den heiligen Schrein öffnete, zog der obgenannte Kaiser den Hut, faltete die Hände und betete dort lange wie unter Tränen gar inbrünstig. Dann ließ er sich aufheben und näher (zum Schrein) bringen, um die heiligen Reliquien zu küssen.

Die Grandes Chroniques de France über den Besuch Kaiser Karls IV. in der Sainte-Chapelle, der königlichen Palastkapelle in Paris, 6. Januar 1378

Alsdann wünschte der Kaiser gar sehnlich, die Königin-Mutter (Isabella von Valois, 1313–83) zu erblicken (...). Als sie dann beieinander standen, begann der Kaiser gar stark zu weinen und die obgenannte Herzogin desgleichen, was ein leidvoller Anblick war. Der Grund waren die Erinnerungen an des Kaisers erste Gemahlin (Blanca von Valois, 1316–48), die Schwester der genannten Herzogin (...).

Die Grandes Chroniques de France über die Begegnung Kaiser Karls IV. mit der französischen Königin und ihrer Mutter in der Pariser Residenz Saint-Pol, 10. Januar 1378

Karl IV. begab sich Ende 1377 mit seinem 17-jährigen Sohn Wenzel IV., damals bereits böhmischer und römischer König, auf eine (letzte) Reise nach Paris. Dem von der Gicht geplagten Kaiser bereitete die Reise zu Pferd sehr viel Ungemach, und er musste häufig in einer Sänfte getragen werden. Am 4. Januar 1378 hielt er aber hoch zu Ross triumphal Einzug in Paris, wo er von dem französischen König Karl V. (1338–80, reg. ab 1364), seinem Neffen, dem Sohn von Karls ein Jahr älterer Schwester Bonne (1315–49), mit allem Pomp willkommen geheißen wurde. Die Begegnung der drei gekrönten Häupter sollte das Bündnis der beiden herrschenden Dynastien festigen: Für Frankreich bedeutete dies eine wichtige Hilfe im langen Krieg gegen England und für den Kaiser eine nicht geringe Unterstützung im Kampf gegen die Opposition der rheinischen Kurfürsten im Reich, die vom Trierer Erzbischof Kuno von Falkenstein angeführt wurde.

Karl IV. verrichtete in Paris sein Gebet vor den Heiltümern des königlichen Reliquienschatzes, der in einem großen Schrein auf dem Altar der Palastkapelle, der 1248 geweihten Sainte-Chapelle, aufbewahrt wurde. Seit den Tagen des heilig gesprochenen Königs Ludwig IX. (reg. 1226–70) verehrte man hier die wichtigste Reliquie der Christenheit, die Dornenkrone Christi. Karl ließ sich auch „mit großem Gefallen und Freude" die neue, edelsteingefasste Krone der französischen Könige zeigen, die Karl V. bei seinen Pariser Hofgoldschmieden in Auftrag gegeben hatte.

Während des kaiserlichen Besuchs wurden in den königlichen Residenzen glänzende Feste gefeiert und kostspielige Festmähler abgehalten: Die Gesamtausgaben erreichten die astronomische Höhe von 56.000 Goldfranken, was rund einem Achtel der Jahresausgaben Karls V. entsprach.

Beide Herrscher wussten beim Abschied, dass sie sich zum letzten Mal sahen: „Kaiser und König weinten so sehr, dass es die Umstehenden bemerkten. Und da sie keine Worte fanden, fassten sie sich bei den Händen, um so Abschied zu nehmen." Keiner von beiden konnte die Ereignisse der kommenden Monate vorhersehen: Karl IV. trat die Reise in die Ewigkeit an, während auf seinen französischen Neffen zunächst eine politische Krise im Königreich, ein Jahr später Missernten, die Pest und 1380 eine Verschlechterung seines Gesundheitszustands und schließlich ebenfalls der Tod warteten.

Jiří Fajt

Vincennes bei Paris, Wohnturm im Westteil des Burgareals, der stark befestigten, von Philipp VI. 1337 begonnenen und von dessen Enkel Karl V. 1373 vollendeten Königsresidenz, die im Januar 1378 Aufenthaltsort Kaiser Karls IV. war. •
Bildarchiv Foto Marburg, Foto Nr. 183 371

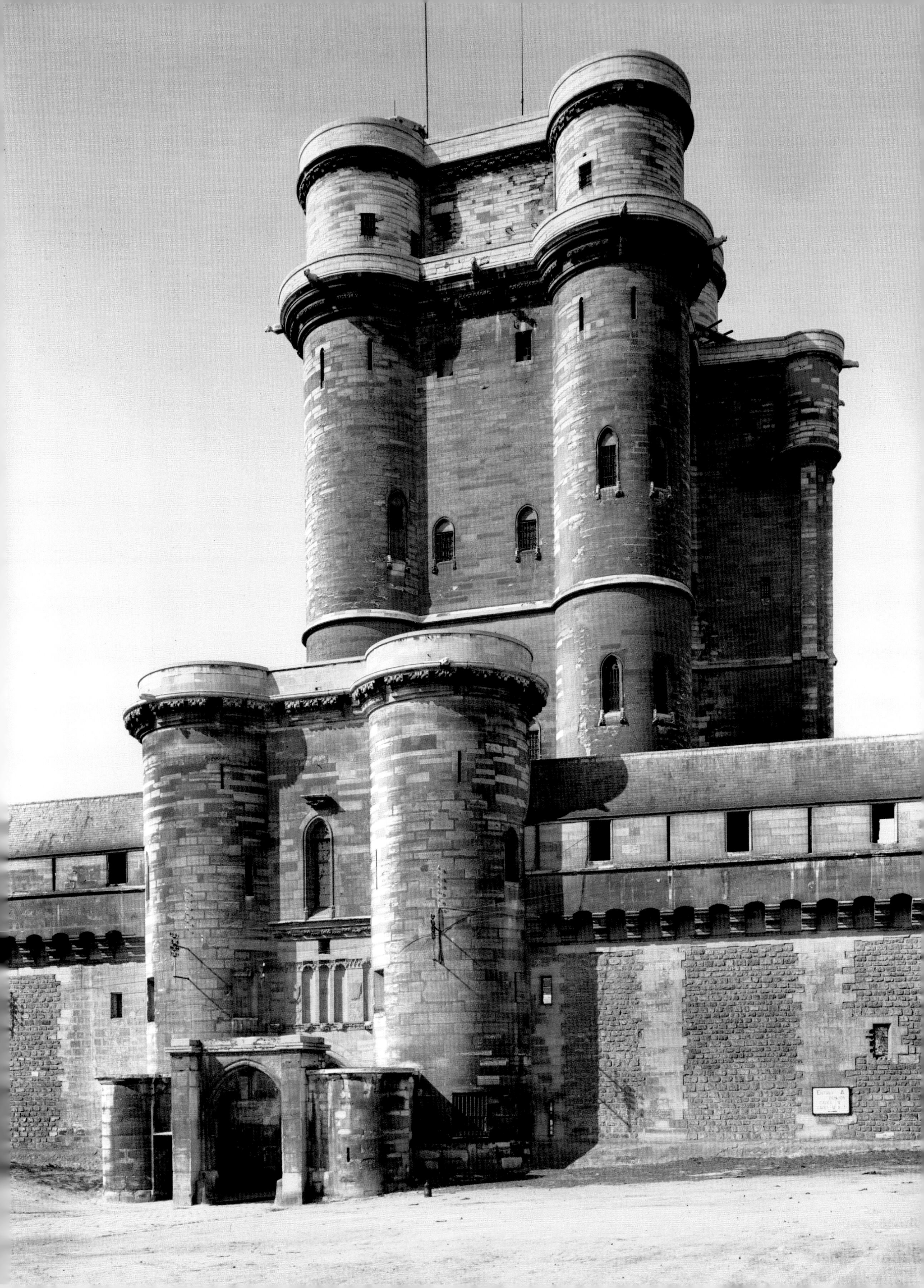

Katalog 17.1–17.6

17.1.a–b Zwei Schlusssteine der ehemaligen Cölestinerkirche zu Metz

a. Mulier amicta sole (die Frau, bekleidet mit der Sonne)
b. Marienkrönung
Metz, 1375–76.
Kalksandstein, zum großen Teil erhaltene Originalfassung; a. Dm. 57 cm, T. 13 cm; b. Dm. 56 cm, T. 16 cm.
Provenienz: Metz, Cölestinerkirche, deren Schiff 1861 abgerissen wurde. – Seit 1861 im Museum der Stadt Metz.
Metz, Musée Cour d'Or, Inv.-Nr. 3321, 3322.

Unter den mittelalterlichen Skulpturen gehören die vier Schlusssteine aus der Metzer Cölestinerkirche zu den ältesten Erwerbungen der Sammlungen der Metzer Museen; sie wurden bei der Zerstörung des Bauwerks gerettet und 1861 dem Museum übergeben.[1] Gefertigt aus dem berühmten goldgelben Metzer Kalksandstein von Jaumont, zeigen die Stücke noch einen großen Teil ihrer qualitätvollen und originalen Fassung. Die jüngste Restaurierung und die Analyse der Polychromie haben festgestellt, dass nur eine Malschicht auf den Schlusssteinen angebracht worden ist, die ein in Frankreich seltenes Beispiel einer Fassung des 14. Jahrhunderts bietet, und zudem ein gut erhaltenes. Der Wechsel der Partien mit verschiedenen Nuancen von Rot und Blau für Kleider und Aureolen oder das Vorhandensein von Vergoldung auf den Haaren, den Kronen und den Sternen belegen großes Raffinement.

Drei dieser Steine bildeten im Gewölbe einen der Jungfrau Maria gewidmeten Zyklus, vermutlich in dieser Anordnung von West nach Ost: Die Vorhersage der Sibylle von Tibur; die Jungfrau der Offenbarung, gekrönt von zwölf Sternen, thronend im Zentrum der Sonne und den Mond zu ihren Füßen; und schließlich die Krönung Marias durch Christus. Sie müssen im Mittelschiff der Kirche angebracht gewesen sein, da der polygonal geschlossene Chor erst 1404–07 errichtet wurde.[2] Der vierte Schlussstein, darstellend die hll. Magdalena und Katharina, schmückte wohl das Gewölbe eines Seitenschiffs.

Die Darstellung der Jungfrau in der Bauskulptur der Kirche hat ihre Ursache in der Stiftung einer Marienkapelle durch den Metzer Patrizier Bertrand le Hungre († 1397) im Jahr 1367. Auch wenn diese zuerst noch nicht für eine Klostergründung gedacht gewesen sein mag, so muss eine solche doch bald ins Auge gefasst worden sein, da alsbald mit einem Neubau begonnen wurde, von dem 1372 bereits größere Partien geweiht worden sein sollen.[3] Dass hier der Stadtherr, Kaiser Karl IV., selbst mitgesprochen haben dürfte, belegt nicht nur das typisch karolinische Motiv der Maria in sole, sondern auch die Wahl des Cölestinerordens, für den der Kaiser 1364 auch ein Kloster auf dem Oybin bei Zittau gegründet hatte. Vermittelt wurden die Wünsche des Herrschers

17.1.a

17.1.b

17.2

vermutlich auch durch den Konsekrator der Kirche,[4] den von Karl ins Amt gebrachten Bischof Dietrich Bayer von Boppard (amt. 1365–84).[5] Auffällig ist aber vor allem der in Metz ungewöhnliche Typus der Halle aus drei mal drei Jochen, der eigentlich nur auf Karls Capella regia, die Nürnberger Frauenkirche zurückzuführen ist.

Die Kunstgeschichtsschreibung verband die Skulpturen allgemein mit der Kunst der Parler, nach Helga Hofmann (verh. Schmoll gen. Eisenwerth), die Parallelen zu Straßburger Werken feststellte.[6] Auf der Kölner Parler-Ausstellung 1978 wurden die Schlusssteine des Metzer Museums als Zeugen der von Prag oder Wien ausgehenden Stilentwicklungen unter Karl IV. gezeigt. Diese sehr allgemeine Einordnung konnte durch Christoph Brachmann konkretisiert werden; er erkannte bedeutend größere Nähe zu anderen Werken kaiserlicher Kunst, so zu den mit Karls Nürnberger Hofmaler, Sebald Weinschröter, in Verbindung gebrachten zeichnerischen Werken (Kat.-Nr. 10.9, 10.10).

Anne Adrian, Ergänzungen von Markus Hörsch

LITERATUR
BOUTEILLER 1861/62. – HOFMANN 1958. – Ausst.-Kat. Köln 1978, I, 273f. – SCHMOLL 2005, 700. – BRACHMANN 2009, 97–100.

FUSSNOTEN
1 BOUTEILLER 1861/62.
2 BOUTEILLER 1861/62, 491, 519, 522.
3 BRACHMANN 2009, 98.
4 Weihe am 13.11.1376. BOUTEILLER 1861/62, 518. – BRACHMANN 2009, 98.
5 SCHMOLL GEN. EISENWERTH 2005, 700.
6 HOFMANN 1958.

17.2 Diptychon mit der Himmelfahrt Christi und Pfingsten

Paris, 1360–75.
Elfenbein vom Elefanten, Spuren der Farbfassung; H. 7,2 cm, B. eines Flügels 5,8 cm, T. 0,5 cm.
Provenienz: Schatzkammer König Karls V. (vor 1380?). – Slg. Louis-Charles Timbal.
Paris, Musée du Louvre, Département des objets d'art, Inv.-Nr. OA 2599.
Nur in Nürnberg ausgestellt.

Von sehr bescheidenen Dimensionen, ist das Diptychon jeweils mit einer einzigen Szene aus der Apostelgeschichte auf jedem Flügel geschmückt: Links mit der Himmelfahrt Christi, rechts mit der Darstellung des Pfingstwunders. Unter drei Kleeblattbögen angeordnet, folgt jede Szene dem selben Kompositionsprinzip: Die Jungfrau Maria ist im Zentrum platziert, unter dem wichtigsten Element der Szene (dem in den Himmel auffahrenden Christus auf der einen, der Taube und den Strahlen des Hl. Geistes, die auf die Apostel niederkommen, auf der anderen Seite) – und ist begleitet zu ihrer Linken vom Hl. Johannes, der eine Märtyrerpalme trägt, und zu ihrer Rechten vom Hl. Petrus, der die Himmelsschlüssel hält. Einer ziemlich geläufigen ikonografischen Formel entsprechend, ist sie also eingerahmt vom jüngsten der Jünger, demjenigen, den Christus am Kreuz Maria als ihren Sohn anempfohlen hatte, und dem ältesten unter ihnen, jenem, auf dem Christus seine Kirche gegründet hat. Die übrigen Apostel, sieben zu ihrer Linken, neun auf der Rechten, haben keine Attribute.

Danielle Gaborit-Chopin war die erste, die 1981 dieses schöne Werk von ungewöhnlichem Format und ebensolcher Ikonografie mit einem Elfenbein-Diptychon identifizierte, das 1380 im Inventar der Schatzkammer König Karls V. von Frankreich aufgeführt ist: „Item ungs bien petiz tableaulx d'yvire de deux pieces où dedans sont l'Ascension et la Penthecoste [Item ein ziemlich kleines Täfelchen von Elfenbein in zwei Teilen, auf dem die Himmelfahrt und Pfingsten dargestellt sind]".[1] Auch wenn die Datenbank der gotischen Elfenbeine des Londoner Courtauld Institute ein weiteres kleines Diptychon mit der selben Ikonografie ausweist (Hannover, Museum August Kestner, Inv.-Nr. WM XXIa 16), liegt es doch nahe, dass dessen ein wenig größere Maße und geringere Qualität dem Diptychon des Louvre bei jener sehr plausiblen Identifikation mit dem Quellentext Vorrang gewähren.

Wie dem auch sei – das Diptychon des Louvre vertritt auf das Beste eine wichtige Werkstatt, die Danielle Gaborit-Chopin als „Atelier der Passionsdiptychen" bezeichnet hat,[2] indem sie besonders ein zweites Diptychon des Louvre (Inv.-Nr. OA 4089), des Weiteren jene des Pariser Petit Palais,[3] in Minneapolis,[4] in Baltimore (Walters Art Museum, Inv.-Nr. 71-272), in Madrid,[5] im Londoner British Museum,[6] im Gulbenkian-Museum in Lissabon,[7] in Berlin[8] und im New Yorker Metropolitan Museum[9] zusammenstellte. Gaborit-Chopin hat ebenso aufgezeigt, dass enge stilistische Verbindungen zwischen dieser Werkstatt von Kleinskulpturen und der Pariser Buchillumination während der Regierungszeit Karls V. bestanden, besonders zu den Werken des Jean le Noir und des sog. Meisters der Bibel des Jean de Sy (vgl. hier Kat.-Nr. 8.12).

Hervorzuheben ist die Virtuosität des Elfenbeinschnitzers, insbesondere in der Ausführung der weichen und harmonischen Faltenzüge und der Individualisierung der Antlitze, ebenso wie in seiner kompositorischen Bewusstheit. Auf einer so kleinen Fläche vermochte er in der Tat die Komposition zu rhythmisieren, die mit Symmetrie und Kontrasten arbeitet: Links stehende Personen, mit fragendem und gen Himmel gewandtem Gesicht, rechts sitzende Personen, das Gesicht geneigt und gesammelt. Die Feinheit des Reliefs und die Schlichtheit der Komposition verleihen dem Werk eine große emotionale Kraft, wie sie völlig zu Recht schon Raymond Koechlin betont hat.

Élisabeth Antoine-König

LITERATUR
KOECHLIN 1924, I, 215; II, Nr. 511; III, pl. XCIII. – Ausst.-Kat. Paris 1981, Kat.-Nr. 161 (Danielle GABORIT-CHOPIN). – GABORIT-CHOPIN 2003, 460f. – GABORIT-CHOPIN 2011, 162. – GABORIT-CHOPIN 2013/14, 124 u. fig. 9.

FUSSNOTEN
1 LABARTE 1879, Nr. 2018.
2 GABORIT-CHOPIN 1981. – GABORIT-CHOPIN 2003, 459.
3 KOECHLIN 1924, Nr. 808.
4 KOECHLIN 1924, Nr. 809.
5 KOECHLIN 1924, Nr. 813.
6 KOECHLIN 1924, Nr. 810.
7 KOECHLIN 1924, Nr. 813bis.
8 KOECHLIN 1924, Nr. 788.
9 KOECHLIN 1924, Nr. 798.

17.3 Kopf der Grabfigur der Bonne (†1360), Tochter König Karls V. des Weisen von Frankreich und der Johanna von Bourbon

Paris, Jean de Liège, 1364–65.
Marmor; H. 22,8 cm, B. 19,7 cm, T. 14,5 cm.
Provenienz: St-Antoine-des-Champs, Zisterzienserinnenabtei vor den Mauern von Paris, vom 1796 zerstörten Grabmal der Bonne. – Bis 1898 Paris, Slg. Carlo Micheli.
Antwerpen, Museum Mayer van den Bergh, Inv.-Nr. 329.

17.3

Die große Zeichnungssammlung, die von dem und für den Genealogen und Antiquar Roger de Gaignières (1642–1715) nach Grabmälern in ganz Frankreich angelegt wurde, ermöglichte den Beweis, dass es sich bei dem reizvollen Kinderkopf um den der zweiten Tochter König Karls V. von Frankreich (* 1338, reg. 1364–80), Bonne, handelte.¹ Bonne war im Kleinkindalter 1360 verstorben, 17 Tage nach ihrer Schwester Jeanne, und wurde mit dieser in der Zisterzienserinnenabtei St-Antoine-des-Champs beigesetzt. Nach Aufhebung der Klöster in der Französischen Revolution erfolgte auch hier die Zerstörung des Klosters selbst und des Großteils der darin befindlichen Kunstwerke; es war auch einfacher, nur den reizenden Kinderkopf in den Handel zu bringen. Damit ging ein weiteres der königlichen Klöster um Paris (vgl. auch Kat.-Nr. 17.4) verloren, der 1198 in der Pariser Vorstadt gegründete, seit 1204 der Zisterzienserregel unterworfene Frauenkonvent. Er hatte 1229 die besondere Gunst König Ludwigs IX. des Heiligen erlangt: Als die in Konstantinopel erworbene Dornenkrone Christi 1239 Paris erreichte, wurde sie zuerst in St-Antoine aufbewahrt. Ähnlich wie die von Ludwig dem Heiligen gegründete Zisterzienserabtei Royaumont wurde auch das Frauenkloster zu einer Grablege für Angehörige des Königshauses neben St-Denis, wo die Könige und Königinnen traditionell und bis auf wenige Ausnahmen ihre letzte Ruhe fanden. Zum einen schuf man so mehrere Orte geistlichen Gedenkens an die Verstorben, in denen auch jeweils repräsentative Grab- und Altaranlagen errichtet wurden, zum andern wurde so das in der alten Benediktinerabtei entstehende Platzproblem gelöst, das vor allem bei Fertigung immer prächtigerer Tumbengräber entstand.

Wie es in hochadeligen Kreisen seit dem 13. Jahrhundert üblich wurde, erhielten nun nämlich auch Kinder, z. T. sehr jung verstorbene, prächtige Grabmäler. Die Kindertumba in St-Antoine zeigte entsprechend der zeichnerischen Dokumentation die Gisants der beiden Mädchen nebeneinander auf einer wertvollen schwarzen Marmorplatte liegend (gewiss dem gern verwendeten, polierten Gestein der Maas-Gegend bei Dinant), beide in modischen, an den Ärmeln weit ausgeschnittenen Kleidern, so genannten Surcottes über dem eigentlichen Unterkleid, der Cotte, und betend auf Kissen liegend. Zu Häupten erhielt jede, im Grunde einer Heiligenfigur nachempfunden, einen Baldachin. Die Platte ruhte auf einer Tumba mit Arkaturen und darin stehenden Einzelfiguren, wie die Zeichnung ausweist, betenden Nonnen, also den Bewohnerinnen des Konvents, dem man die Leichname der Prinzessinnen zur Fürbitte anvertraut hatte.²

Die überlieferte Inschrift teilte mit, dass das Grabmal nach der Krönung Karls V. zum König (1364) gefertigt wurde. Es wird heute als eines der frühen Werke des häufig in königlichen Diensten tätigen Bildhauers Jean de Liège angesehen, der vermutlich gleichzeitig mit dem Grabmal auch eine stehende

Madonna für die Abtei Ste-Antoine schuf.³ Deren nacktes Jesuskind, dessen Blöße Maria (wie später bei der Kreuzigung) mit ihrem Schleier bedeckt, besitzt einen in der Auffassung ganz ähnlichen, kindlichen Kopf. Er ist zwar im Vergleich zum Haupt der kindlichen Prinzessin Bonne stärker beschädigt, zeigt aber dieselbe Empfindsamkeit für die Hautoberfläche und denselben zart-elegischen Charakter – und beweist somit bei allem bereits erwachsen erscheinenden Bewusstsein der Dargestellten auch einen Blick des Künstlers für das Kindliche, wie er in dieser Zeit zu wachsen begann.

Markus Hörsch

LITERATUR

DE COO 1969, 119f. – DIDIER 1980. – Ausst.-Kat. Paris 1981, 116f., Kat.-Nr. 65 (Françoise BARON). – SCHMIDT 1992/IV, 100.

FUSSNOTEN

1 Paris, Bibliothèque nationale, Est. Rés. Pe 11a, fol. 217. – Ausst.-Kat. Paris 1981, 117.
2 Vielleicht ist eine der Figuren in einer Klagefigur in Privatbesitz erhalten, die Robert Didier veröffentlicht hat. DIDIER 1980, 23f. – SCIDT 1992/IV, 100; Abb.-Bd. Abb. 79.
3 Marmor; H. 63 cm. – Lissabon, Museu Calouste Gulbenkian, Inv.-Nr. 207. – Ausst.-Kat. Paris 1981, 117–119, Kat.-Nr. 66. – SCHMIDT 1992/IV, 100; Abb.-Bd. Abb. 78.

17.4 Hl. Johannes Ev.

Paris, Jean de Liège, 1370–80.
Marmor, Reste von Vergoldung; H. 115 cm, B. 38 cm, T. 20 cm.
Provenienz: Wohl aus dem Klarissenkloster Longchamp b. Paris. – 1891 für das Musée de Cluny erworben.
Paris, Musée de Cluny – Musée national du Moyen Âge, Inv.-Nr. Cl. 19.255.

Der bartlose Jüngling mit frei gelocktem Haar ist zweifellos als Evangelist Johannes zu erkennen, weist er doch in seiner Rechten das große, geöffnete Buch seines Evangeliums vor. In der Linken dürfte er ein Schreibgerät gehalten haben; die Verhüllung seiner rechten, das Buch haltenden Hand verweist auf die Heiligkeit dieses Objekts, das mit bloßen Händen nicht zu berühren ist.

Die Figur ist trotz der bescheidenen Höhe von einer klassischen Großzügigkeit und Größe: Der Mantel ist um den Oberkörper geschlungen, wo sich nur wenige Zugfalten und eine etwas breitere Schüsselfalte bilden. Der äußert bewusst arbeitende Künstler legte den Stoff um den Halsausschnitt noch einmal kragenartig um, sodass das Haupt mit dem direkten, lebendigen Blick eine eigene Rahmung erhielt. Um für den Betrachter, dessen Blick in der abendländischen Leserichtung von links nach rechts wandert, einen optischen Halt einzubauen, schlug er aber auf der linken Schulter den Stoff noch einmal um, sodass der Saum senkrecht nach oben verläuft. Im Bereich der Beine fallen straffe Zugfalten schräg hinab, das kräftige Standbein ist wenig sichtbar, während das linke Spielbein den Stoff strafft und zur Ausbildung von gestaffelten, gerundeten Falten führt. So entsteht der Anschein völliger Rundung, obwohl die Figur auf eine frontale Hauptansicht angelegt ist, erkennbar an der breiten Seite der Plinthe und dem parallel angeordneten Buch. Aus dieser Sicht blickt Johannes so deutlich nach links, dass man die Zuordnung zu einem größeren Ensemble vermuten darf.

Dass weitere Figuren verloren gingen, ist für Frankreich, das in der Revolution so viele Schätze seiner Kunst zerstörte, wenig verwunderlich. Für diese wird eine Herkunft aus dem Klarissenkonvent Longchamp vermutet, der im Jahr 1255 durch die Schwester König Ludwigs IX. des Heiligen, Isabelle (1225–70), in der Nähe der Residenzstadt Paris im Bois de Boulogne gegründet wurde. In der Revolution wurde es aufgelöst und rasch völlig dem Erdboden gleichgemacht; nur einige Kunstwerke wurden geborgen und verkauft, wobei sich der ursprüngliche Kontext der Johannes-Skulptur bisher nicht hat konkretisieren lassen.

Doch kennen wir den Bildhauer, denn Gerhard Schmidt hat in einer seiner klassischen kunstgeschichtlichen Studien das Werk überzeugend dem vermutlich aus der Bischofsstadt an der Maas stammenden, aber über mehrere Jahrzehnte in Paris tätigen Jean de Liège (Johann von Lüttich) zugeschrieben.¹ Im Gegensatz zu früheren Pariser Bildhauern des höfischen Milieus wie Évrard d'Orléans (vgl. Kat.-Nr. 8.10) fand Jean de Liège zu lebendigen Szenen von innerer Dramatik in seinen Grabmälern, von denen einige erhalten blieben, und zu einer eindrücklichen Porträtkunst.² In der Gewandgestaltung wandte er sich von der kühlen, feingliedrigen Präzision seiner Vorgänger ab – die gleichwohl durch Beispiele wie die Karlsteiner Madonna für die weitere Entwicklung des Schönen Stils in Mitteleuropa von hoher Bedeutung sein würden.

Dieser großzügigere, auf eigenartige Weise Präzision mit Weichheit verbindende Stil des Jean de Liège prägt auch die Eingeweidegräber von Kaiser Karls IV. Mentor in Kindheitstagen, König Karl IV. von Frankreich (* 1295, reg. 1322–28) und seiner dritten Gemahlin, Jeanne d'Evreux (1310–71). Letztere erteilte vor ihrem Tod den Auftrag für das Doppelgrab in der Zisterzienserinnenkirche Maubuisson (die Gisants heute im Pariser Louvre). Es war neue Kunst dieser Art – vertreten neben Jean de Liège auch durch seinen ungefähren Altersgenossen André Beauneveu (beide erstmals erwähnt 1363) – die Karl auf seiner letzten Parisreise sicher in hoher Qualität noch besichtigen konnte. Doch durch seinen bald darauf erfolgten Tod kam es wohl nicht mehr zu einer unmittelbaren Übernahme in Prag. Im weiteren Umfeld des luxemburgischen Herrschaftsbereichs lässt sich aber zumindest ein Beispiel dafür finden, dass Pariser Hofkunst der 1370er/80er Jahre geschätzt und rezipiert wurde: Der Bischof von Havelberg, Johann Wöpelitz (amt. 1385–1401), der in Paris studierte, brachte von dort Skulpturen dieses Stils in sein brandenburgisches Bistum mit. Der unter diesem Einfluss entstandene hl. Laurentius im dortigen Dom (Kat.-Nr. 17.5) ähnelt daher auch dem hl. Johannes aus Longchamp.

Markus Hörsch

LITERATUR

Ausst.-Kat. Paris 1981, 137, Kat.-Nr. 81 (Françoise BARON). – SCHMIDT 1992/IV (zuerst 1971; mit der älteren Literatur). – Führer Clunymuseum 2009, 97, Kat.-Nr. 94.

FUSSNOTEN

1 SCHMIDT 1992/IV, 90f. – Es bleibt aus heutiger Sicht völlig unverständlich, weswegen sich Françoise BARON im Aust.-Kat. Paris 1981, 137, gegen Schmidts bereits 1971 erstveröffentlichte Zuschreibung in einer gerade zu absurden Vehemenz wehrte: Vergleicht man den Verkündigungsengel in New York (The Metropolitan Museum of Art) mit dem Pariser Johannes, so sind die stilistischen Ähnlichkeiten überdeutlich. Dass der Künstler unterschiedlichen Aufgaben auch in unterschiedlichem Maße Sentiment respektive Monumentalität zu geben vermochte, spricht für dessen imaginative Größe – und damit eher für seine Autorschaft.
2 Damit soll nicht gesagt sein, dass es sich bei den Gisants der französischen Königsgräber stets um Porträts in einem fotografisch-abbildenden Sinne handelte, was ja auch kaum zu überprüfen ist. Es sind aber auch als „Typen" oft Gesichter von bemerkenswerter Individualisierung zu entdecken.

17.5 Hl. Laurentius aus dem Dom zu Havelberg

Magdeburg, um 1385.
Hellbrauner feinkörniger Sandstein, Reste einer Kreidegrundierung (?); H. 103,5 cm.
Provenienz: Havelberg, Dom St. Maria, wohl von der Mittelschiffseite der südlichen Chorschranke.
Havelberg, Domstiftung – Gommern / Stiftung Dome und Schlösser in Sachsen-Anhalt; aufgestellt Havelberg, Dom St. Maria, in einer Kapelle der Südseite.

Die Statue des hl. Laurentius von Rom, des neben der Muttergottes und dem hl. Konstantius von Perugia dritten Patrons des Domes zu Havelberg, ist in einer starken Schwingung gegeben, einem etwas übertrieben ausgeführten Kontrapost: Die Hüfte wird über dem rechten, dem Standbein stark abgeknickt – hier hält der Heilige mit der Rechten ein Buch; das linke, das Spielbein wird deutlicher sichtbar, denn auf dem Knie stützt Laurentius einen kleinen Rost ab, das Attribut, das an sein Martyrium erinnern soll. Der Legende nach wurde der Diakon im Jahr 258 auf einem glühenden Rost zu Tode gemartert, nachdem drei Tage zuvor der römische Bischof und Papst Sixtus II. enthauptet worden war. Laurentius, unglücklich darüber, dass er dieses Schicksal nicht sogleich geteilt hatte, erhielt von dem verstorbenen Sixtus die Botschaft, er solle sich nicht grämen, in Kürze werde er ihm nachfolgen. Zuvor solle er aber den Kirchenschatz an Arme und Bedürftige verteilen. Dies tat Laurentius, obwohl Kaiser Valerian (reg. 253–60) die Schätze beanspruchte – und wurde daraufhin gemartert und zu Tode gebracht. Dieser Überlieferung entsprechend trägt Laurentius auch in Havelberg die geistlichen Gewänder eines Diakons, der die niederen Weihen empfing: Albe und Dalmatika.

Allerdings erinnert die oben beschriebene Haltung eher an Kompositionsschemata von stehenden Madonnen: Bei diesen wird häufig ein Teil des Mantels so gerafft, dass die entstehenden Bogen- oder Schüsselfalten auf das Kind verweisen. Dies geschieht auch hier mit der Dalmatika – allein, das Kind ist durch das optisch nicht ganz gleichwertige Buch ersetzt. Es ist also an die eigenständige Umsetzung eines höchstwahrscheinlich französischen Vorbilds durch einen der diversen in Havelberg tätigen Bildhauer zu denken – wie der Vergleich mit dem in vielen Details ähnlichen Hl. Johannes Ev. aus Longchamp (Kat.-Nr. 17.4) zeigt. Auch die Tatsache, dass der Laurentius sich mit kaum einer der anderen zahlreichen Figuren am Havelberger Lettner unmittelbar vergleichen lässt, spricht für ein solches, heute verlorenes Vorbild. Dass eine – im Format vielleicht wesentlich kleinere – Madonna aus Paris nach Havelberg importiert worden sein dürfte, beweisen die beiden qualitätvollen Verkündigungsreliefs auf einem der Altäre nördlich der Chorschranken und auf demjenigen der Marienkapelle am südlichen Seitenschiff. Beide hat höchstwahrscheinlich Bischof Johann Wöpelitz (amt. 1385–1401), der

17.4

17.5

mehrere Studienjahre in Paris verbracht hatte, wo er den Titel eines Magisters erwarb,¹ mitbringen lassen, denn stilistisch lassen sie sich nahtlos an die Skulptur der Zeit um 1370/80 in Paris anschließen (ausführlich FAJT 2014). Dass es sich bei Laurentius selbst, der heute ebenfalls auf dem gemauerten Altaraufsatz der genannten Marienkapelle seinen Platz gefunden hat, nicht um ein französisches oder von einem von dort stammenden Bildhauer geschaffenes Werk handelt, wird angesichts der herberen, weniger feinen Ausführung deutlich.

Es bleibt unklar, was der junge Geistliche letztlich damit bezweckte, gleich zwei themengleiche Reliefs zu beschaffen; offenbar war ihm die Betonung der Fleischwerdung des Gotteswortes in Christus sehr wichtig. Sicher ist, dass die Werke eine nicht geringe Wirkung auf die höchstwahrscheinlich aus Magdeburg angeworbenen Bildhauer gehabt haben, die kurz darauf an dem ungewöhnlich umfangreichen Bildprogramm des Lettners zu arbeiten begannen. Bisher wurde der Beginn der Arbeiten am Lettner stets mit einer Verfügung in Verbindung gebracht, die 1396 die Verteilung der Einkünfte aus dem Pilgerzeichenverkauf der unter Wöpelitz aufgeblühten und an das Bistum gekommenen Heilig-Blut-Wallfahrt im nahen Wilsnack regelte.[2] Doch weder diese Quelle noch die stilistische Stellung der Lettnerskulpturen legen einen solchen Schluss zwingend nahe – der Lettner dürfte vielmehr schon bald nach Wöpelitz' Amtsantritt begonnen worden sein, denn der Bischof bezahlte offenbar sein die ganze Kirche umfassendes Ausstattungsprojekt aus eigener Tasche: „Die Dohm Kirche zu Havelberg hat er vom Turm an biß am Chor aus bestem, auch den Chor mit der Historia Passionis in Stein gehauen auf seine eigenen Kosten auszerhen laßen" – so die Bischofschronik des Joachim Conrad Stein von 1697.[3]

Der Lettner schrankt wie üblich den Chor der – in Havelberg dem Prämonstratenserorden angehörenden – Domkanoniker ab. Hinein führen zwei kleine Portale beidseits des den Laien im Langhaus zugewandten Altars, in deren Tympana die Marienkrönung und nochmals die Verkündigung an Maria dargestellt sind. Den Laien, nicht den Kanonikern zugedacht ist auch das umfangreiche Bildprogramm am Lettner und an den beiden, ungewöhnlicherweise nach Westen vorgezogenen seitlichen Schranken. Sie dienen somit nicht der Einschließung des Domkapitels, sondern grenzen den bilderreichen Raum um den Altar ein. Da der Zyklus von rechteckigen Reliefs im südlichen Seitenschiff beginnt und auch im Nordseitenschiff noch bis zum Jüngsten Gericht fortgesetzt wird, ist im Bereich des Mittelschiffs in acht Szenen die von Süd nach Nord zu lesende Passionsgeschichte zusammengestellt: Verspottung Christi und Christus vor Pilatus, Geißelung, Dornenkrönung, Kreuztragung, Kreuzannagelung, Kreuzaufrichtung und Kreuzigung. Dazwischen stehen an der Lettnerwand beziehungsweise an der vorspringenden heutigen Kanzel auf Konsolen Statuen von fünf Aposteln und der Hl. Maria Magdalena (weitere Apostel finden sich wieder in den Seitenschiffen). An den Seitenwänden, die man gegenüber den Aposteln als Säulen der Kirche als von etwas niedrigerem Rang betrachten kann, stehen sich zwei Figuren gegenüber: Im Norden ein heiliger Bischof, zweifellos der zweite Kirchenpatron Konstantius von Perugia, angeblich im 2. Jahrhundert erster Bischof dieser Stadt, sowie im Süden die Muttergottes. Dass dies nicht die ursprüngliche Aufstellung sein kann, belegt schon die Größe der Muttergottes, die den Bischof deutlich überragt. Auch ist sie nach mittelalterlichen Rangvorstellungen im Süden dem zweifelsohne weniger bedeutenden Konstantius untergeordnet – was so keinesfalls denkbar ist. Da Konstantius aber von der gesamten Erfindung her wie ein noch etwas ins Härtere weiterentwickeltes Pendant des Hl. Laurentius wirkt, dürften sich hier ursprünglich die beiden männlichen Kirchenpatrone gegenüber gestanden haben. Erst später wurde Laurentius durch die Madonna ins Seitenschiff verdrängt. Da dies zwingend erscheint und das Programm in sich sehr geschlossen ist, bleibt für die Hauptpatronin des Domes, die hier ja vorkommen musste, nur die Position im Zentrum der Anlage: An der Stelle der jetzigen, erst in der Barockzeit installierten Kanzel dürfte sich ursprünglich ein größerer Tabernakel mit ihrer Statue befunden haben – über dem Altar, gestützt von zwei Aposteln.

Markus Hörsch

LITERATUR
LICHTE 1990/I, 78, Abb. 71. – CREMER 1996, 240. – HOFFMANN 2012, 235. –FAJT 2013.

17.6 / Detail

FUSSNOTEN
1 Urkunde der Pariser Universität vom 14. April 1385: „Johannes de Brandeboure, magister in artibus". CHÂTELAIN 1894, 344, Nr. 1507.
2 LICHTE 1990, 144, Anm. 147.
3 Zitiert nach LICHTE 1990, 144, Anm. 147.

17.6 Grandes Chroniques de France de Charles V.

Meister der Bibel des Jean de Sy, 1375–80.
Pergament, Tempera, Gold; 543 Blatt; H. 35 cm, B. 24 cm.
Paris, Bibliothèque nationale de France, Sign. Ms. français 2813.

Bis heute sind über 130 Handschriften der Grandes Chroniques de France erhalten geblieben, die im Mittelalter für die offizielle Darstellung der französischen Geschichte sorgten. Die einzelnen Exemplare unterscheiden sich in Reichtum, Typ und Stil des Buchschmucks; als besonders schön gilt die Handschrift, die für den französischen König Karl V. angefertigt worden ist.

Von außerordentlicher Bedeutung für die böhmische Geschichte ist die Schilderung der Begegnung zwischen Karl V. und Kaiser Karl IV. Anfang 1378, die in keiner böhmischen Chronik Erwähnung findet. Verhandelt wurde über das drohende Kirchenschisma und die Regelung der Machtverhältnisse in Mitteleuropa. Die wichtigsten Momente dieses königlichen Treffens sind in 19 Miniaturen von hervorragendem künstlerischem und dokumentarischem Wert festgehalten. Die Malereien entstanden in derselben Werkstatt, in der zuvor schon die Bibel des Jean de Sy für König Johann den Guten illuminiert worden war (Kat.-Nr. 8.12).

Helena Dáňová

18 ✸ Karls Tod und Begräbnis

Im Jahr eintausend dreihundert achtundsiebzig, den 29. November.
Siehe, ich, Karl IV., einst Schrecken der ganzen Welt,
ein Kaiser, der keine Niederlage kannte, doch letztlich vom Tod dahin gerafft,
in diesem Grab verborgen, o Gott, gen Himmel möge steigen
mein Geist, ich bitt, dass alle für mich beten,
die ich im Tod verlassen, im Leben mit meiner Gunst beschenkt.
So möge seine Seele in heiligem Frieden ruhen.

Gemeißelte Inschrift auf dem nicht erhaltenen Grabmal Kaiser Karls IV., Prag, Veitsdom, Dezember 1378

Wer hätte damals in Ruhe den Tod eines so tugendhaften Kaisers ertragen können, wer hätte sich nicht gegrämt, wer hätte seine Trauer und bitteres Herzeleid verbergen können, da er sah, dass er im Vater des Vaterlandes (pater patriae), in dieser unerschütterlichen Säule des Staates, in diesem ungebrochenen Schild des christlichen Glaubens so vielerlei Trost, Schutz und Schirm verloren hat!

Adalbertus Ranconis de Ericinio in seiner Trauerrede beim Begräbnis Karls IV., Dezember 1378

„Im Jahr des Herrn 1378 am Vorabend des St. Andreastages (29.11.) starb Kaiser Karl zu Prag in seiner eigenen Stadt und ward da begraben, wie hiernach geschrieben steht.

Item stand er in dem Saal ganze elf Tage, da man Messen für ihn gelesen hat in allen Pfarreien und allen Klöstern, und die ganzen elf Nächte hat man Gottesdienste für ihn gehalten im hohen Dom auf der Prager Burg, danach am zwölften Tag, am Sonntag vor St. Lucia (11.12.) trug man ihn auf einer schönen Bahre, die in der Länge 14 Ellen und in der Breite 3 Ellen maß – es trugen ihn die Bannerherren Böhmens von der Prager Burg bis an die Brücke über die Moldau. Da übernahmen ihn dreißig vom Rat der Prager Altstadt und Neustadt und trugen ihn über die Brücke bis zur St. Clemenskirche. Danach nahmen ihn andere dreißig Bürger und trugen ihn vor das Rathaus der Prager Neustadt. Dort nahmen ihn andere dreißig und trugen ihn fürbass vor das Kloster Zu den Slawen in der Neustadt. Danach trugen ihn andere dreißig vor das Haus des Burggrafen auf dem Vyšehrad. Und alle, die ihn getragen haben, wie oben geschrieben steht, waren die Besten der Stadt Prag, samt und sonders in schwarze Gewänder gekleidet, dazu die hundertfünfzig führenden Handwerker, in schwarze Gewänder gekleidet, und dazu hundertfünfzig Kerzenträger vom Rat, die hatte der Rat in schwarze Gewänder gekleidet, und dazu wurden vor des Kaisers Leichnam Kerzen für alle Zünfte getragen, dreihundert an der Zahl; und dazu achtundzwanzig Kaufleute, ein jeder in Schwarz gekleidet, die trugen jeder ein Tuch – ein goldenes oder seidenes vom Prager Rat. Danach hatte der König des Landes Böhmen seine eigenen hundertvierzehn Kerzen gesandt, und jeder Kerzenträger war schwarz gekleidet. Danach geleiteten ihn in einer Prozession alle Schüler von allen Pfarreien, deren wohl achtzehn in der Prager Neu- und Altstadt sind, und alle Domherren mit ihren Schülern, alle Mönche aus allen Klöstern und alle Studenten, Philosophen und Juristen und andere Gelehrte, ihrer siebentausend an der Zahl.

Danach wisset, dass er auf der Bahre lag auf goldenen Tüchern und auf goldenen Polstern in seiner ganzen Majestät und zu seinem Haupte lagen drei Kronen: zur rechten Seite als erstes die Krone von Mailand, zu Häupten die Krone des römischen Reichs, zur linken Seite die Krone des böhmischen Königreichs und zu seiner Linken der Reichsapfel mit dem Kreuz und ein blankes Schwert dabei, und zur Rechten lag das Reichszepter. Und er hatte weiße Handschuhe und Fingerringe an den Händen und trug golddurchwirkte Purpurhosen und einen Mantel und die Krone seiner Majestät hatte er auf seinem Haupt; und ihrer Zwölf trugen einen goldenen Himmel über ihm und über der Bahre. Hinterdrein fuhren die Kaiserin und die Königin und die Markgräfin in zwanzig schwarz staffierten Wagen. Dahinter fuhren Bürgerinnen in sechsundzwanzig Wagen.

Item trug man vor ihm ein Panier, das heißt das Feuerbanner, das war aus roter Seide.

Prag, Veitsdom, Sandhaufen und Bauwerkzeug im Westteil des Hauptschiffs, erhellt vom Licht, das durch die Fenster der Südkapellen fällt • Josef Sudek (1896–1976) • Fotografie • Foto Moravská galerie v Brně

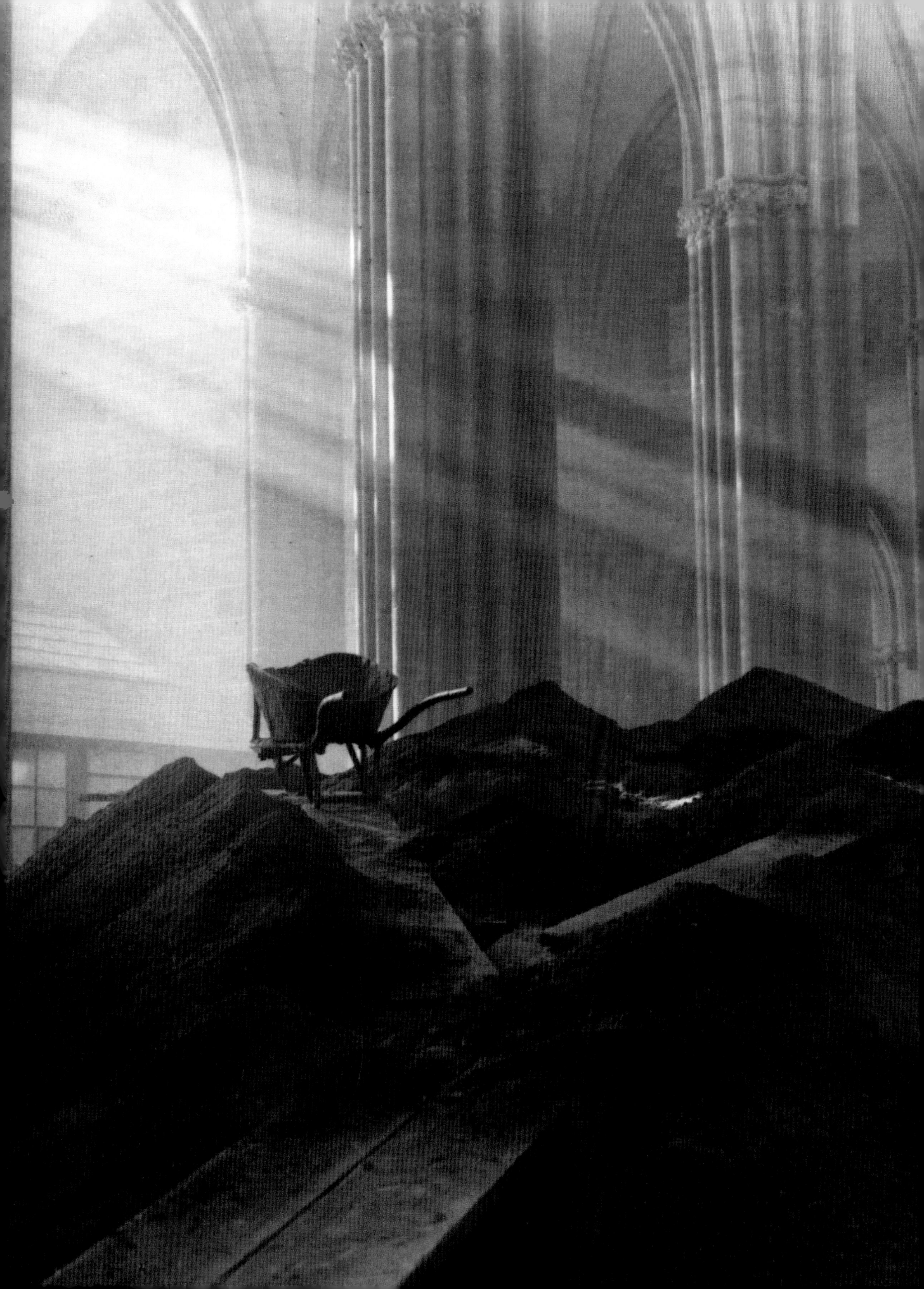

18 ✶

„Item trug man anschließend vor ihm das Panier des Landes Bautzen mit Zinnen im blauen Feld, dahinter drei große Rosse mit denselben Wappen und auf jedem Ross ein Mann in voller Rüstung.

Item führte man dahinter ein geteiltes Panier, unten silberweiß und oben ein weißer Löwe im roten Feld vom Land Görlitz sowie dahinter drei große schwarz behängte Rosse mit drei bewaffneten Männern mit demselben Wappen. Danach ein Panier des Landes Luxemburg, ein roter Löwe in blauweiß gestreiftem Feld, und drei Rosse. Danach trug man ein Lausitzer Panier, weiß mit einem roten Ochsen, und drei Rosse. Danach einen roten Adler im weißen Feld mit drei Pferden; danach einen gespaltenen Adler schwarz und rot im weißen Feld des Landes Schweidnitz und drei Rosse. Danach einen schwarzen Adler im gelben Feld mit einem weißen Brustmond zwischen den Flügeln, dem Wappen des Breslauer Landes, samt drei Rossen. Danach den böhmischen weißen Löwen im roten Feld und drei Rosse. Danach den schwarzen Reichsadler im goldenen Feld. Danach führte ein Ritter seinen (des Kaisers) Helm, mit einer Hermelindecke behängt, auch führte er ein blankes Schwert in seiner Hand, dessen Spitze zu Boden wies. Danach führte man die Fahne des Heiligen Reichs, ein weißes Kreuz mit einem langen Balken im roten Feld, ebenfalls auf einem verhängten Ross. Danach führte man einen Flammenadler im silbernen Feld auf einem verhängten Ross. Danach führte man eine goldene Sturmfahne mit einem schwarzen Reichsadler mit dem Kopf nach unten auf einem schwarzen Ross, und die Rosse waren durchwegs schwarz und mit schwarzem Flor verhängt. Und daran die Schilde und Wappen der genannten Länder. Und alle Landesherren und alle Ritter und Edelleute, wohl fünfhundert, in Schwarz gekleidet.

Item danach am Tag der hl. Lucia (13.12.) nahm man den Kaiser aus der St. Jakobuskirche, wo er über Nacht aufgebahrt war, und machte einen Himmel mit Lichtern, darin wohl fünfhundert Kerzen brannten, wovon eine jede Kerze wohl ein halbes Pfund wog, und man trug ihn auf die andere Seite der Brücke zur Kirche Unserer Lieben Frau, wo die Kreuzritter (Malteser) sind und da beging man ihn wie zuvor.

Item am Dienstag nahm man ihn und trug ihn auf die Burg – und es trugen ihn die Edlen des Landes wohl ihrer hundert, und da wurde ein gar prunkvolles Begängnis abgehalten, wie es niemand zu erinnern vermag. Und der König gab immer täglich wohl vierzehn Tage lang hundertvierzehn Kerzen, von denen jede wohl an die sechs Pfund wog, und die ganze Zeit brannten bei Tag und Nacht auf seinem Grab fünfhundert Kerzen, die jede ein halbes Pfund wogen. Danach am Mittwoch in der Zeit vor Weihnachten bahrte man ihn auf im höchsten Dom zu Prag (St. Veit, 15.12.) in aller seiner Majestät, wie man ihn vorher getragen hatte, und über ihm wurde ein Himmel aus wohl fünfhundert Kerzen errichtet. Und am selben Tag wollte man ihn begraben, und ehe man ihn begrub, da las ihm der Erzbischof eine Seelenmesse und zwölf infulierte Chorherren und Bischöfe – manchmal mehr, manchmal weniger – dienten demselben Erzbischof am Altar. Und da opferte man ihm (symbolisch) zunächst die zuvor genannten Paniere mit sechsundzwanzig verhängten großen Rossen und mit dem letzten Ross opferte man seinen Schild, den zwei Edelleute trugen; danach opferte man seinen Helm, der mit einer goldenen Krone gekrönt war und den der Markgraf Jobst von Mähren und der Markgraf von Meißen trugen. Und auf dem zuvor erwähnten letzten Ross ritt ein ehrsamer Ritter, von Kopf bis Fuß in Rüstung, und selbiger Ritter ritt unter dem goldenen Himmel, unter dem man zuvor den Kaiser getragen hatte, und opferte sich mitsamt dem Ross, und die gesamte Opfergaben wurden rund um dem Kaiser aufgestellt. Und danach opferte der König mit anderen Fürsten und mit seinen Edelleuten, danach die Kaiserin mit ihren Frauen und Jungfrauen, danach die Bürger und Bürgerinnen, alle in Schwarz gekleidet. Und danach legte man ihn in seiner ganzen Majestät in einen schönen Zinnsarg mit seiner goldenen Krone, mit seinem goldenen (Reichs-) Apfel und seinem goldenen Zepter und mit seinem blanken Schwert in seinem Goldgewand. Und zu ihm legte man das Sturmpanier des Reichs und seinen Sturmschild, worauf das Adlerhaupt der Erde zugewandt war und der Schwanz in die Höhe wies.

Und wisset, dass die Kaiserin opfern gegangen sein soll in ihrem Goldgewand, mit ihrer Krone und in ihrer ganzen kaiserlichen Majestät, und vor allen Herren soll sie die Krone geopfert haben auf dem Altar; solches tat sie nicht um ihres Leides willen, sondern sie schenkte die Krone der Königin aus ihrem guten Willen. Und die Kaiserin und die Königin und die Markgräfin hatten wohl hundert Jungfrauen, alle in Schwarz gekleidet. Und erst an dem siebzehnten Tag nach seinem Tod ward er begraben."

Augsburger Chronik aus den Jahren 1368–1406

Der Leichenzug Karls IV. auf der Karlsbrücke, Ausschnitt • Modell nach der zeitgenössischen Beschreibung, Pavel Koch, 2016 • Extrudiertes Polystyrol, L. 820 cm, B. 70 cm • Prag, Národní galerie v Praze

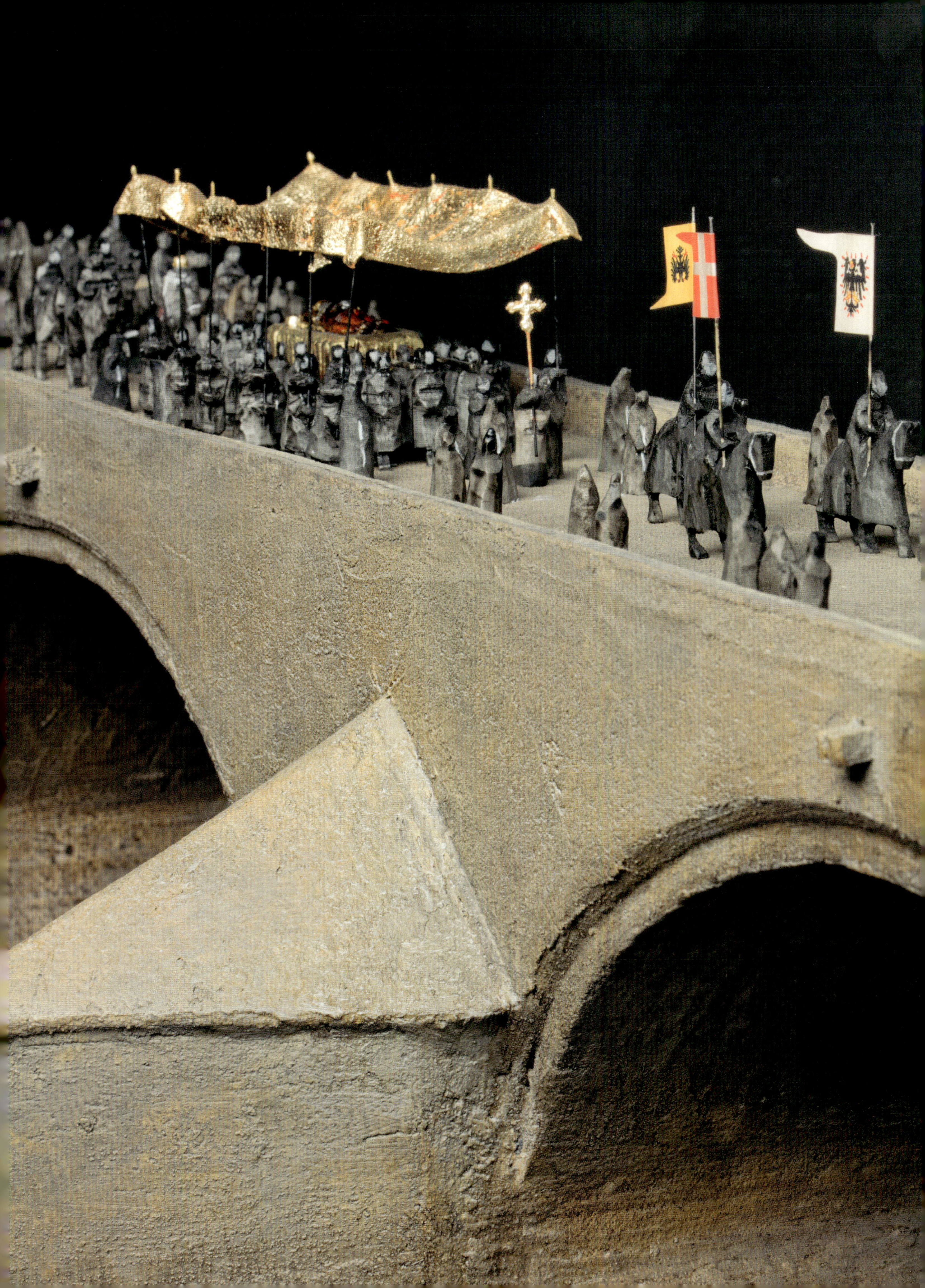

Katalog 18.1–18.4

18.1.a–g Textilfragmente aus der Königsgruft im Prager Veitsdom

Lucca, 2. H. 14. Jh.

a. Stoff mit paarweise angeordneten Fabelvögeln und -hunden
Seidenlampas, Schusslancé, vergoldete Metallfäden;
H. 43 cm, B. 37 cm u. H. 40 cm, Br. 10 cm.
Prag, Uměleckoprůmyslové museum v Praze, Inv.-Nr. 58535 a, b.

b. Stoff mit Tintenfischen und Meeresgetier
Seidenlampas, Schusslancé; H. 8,5 cm, B. 12,5 cm.
Prag, Uměleckoprůmyslové museum v Praze, Inv. Nr. 87108.

c. Stoff mit Vogelmotiv in Dreipassband
Seidenlampas, Schusslancé nicht erhalten; H. 8 cm, B. 18 cm.
Prag, Uměleckoprůmyslové museum v Praze, Inv.-Nr. 87109.

d. Stoff mit paarweise angeordneten Fabelvögeln und -hunden
Seidenlampas, Schusslancé, vergoldete Metallfäden;
H. 20 cm, B. 25 cm.
Prag, Uměleckoprůmyslové museum v Praze, Inv.-Nr. 72614.

e. Stoff mit Palmetten in achteckigen Feldern
Seidenlampas auf Atlasbindung, Schusslancé, vergoldete Metallfäden; H. 12 cm, B. 8 cm, an den Seiten 1 cm umgeschlagen.
Prag, Privatsammlung.

f. Stoff mit Blütendolden
Seidensamt auf sechsfädiger Atlasbindung, die Haarkette bildet ein Pflanzenmotiv, ergänzt durch Broché aus vergoldetem Metallfaden; H. 7 cm, B. 7,5 cm.
Prag, Privatsammlung.

In Nürnberg ausgestellt:

g. Stoff mit Blütendolden
Seidensamt auf sechsfädiger Atlasbindung, die Haarkette bildet ein Pflanzenmotiv, ergänzt durch Broché aus vergoldetem Metallfaden; H. ca. 4,7 cm, B. ca. 14 cm.
Provenienz: Prag, Veitsdom. – Sammlung Franz Bock. – Nürnberg, Germanisches Nationalmuseum.
Nürnberg, Germanisches Nationalmuseum, Inv.-Nr. Gew. 592.

18.1.e

Die heute zugemauerte königliche Grablege der Luxemburger gehört zu den ältesten Bereichen des gotischen Veitsdoms. Mit ihrem Bau wurde bald nach der Grundsteinlegung für die neue Kathedrale an einem unbebauten Ort nahe der Ostseite der bisher unberührten romanischen Basilika aus dem 11. Jahrhundert begonnen. In der geplanten Metropolitankirche des neuen Prager Erzbistums und künftigen exklusiven Krönungskirche der böhmischen Könige war für die Grablege ein bedeutender Platz unter dem erhöhten, ungefähr auf den letzten beiden Gewölbefeldern beschränkten Ostteil des Chors bestimmt. Es handelte sich um zwei miteinander verbundene Grabkammern – eine Kammer mit einer Länge von 4,78 m und einer Breite von 3,78 m im Osten und eine drei Stufen niedriger angelegte Kammer mit einer Länge von 6,20 m und einer Breite von nur 2,45 m im Westen.[1] Den Raum über der Grablege umrahmte in der Höhe des Triforiums eine Porträtgalerie mit Mitgliedern der Familie Karls IV., den Erzbischöfen, den Werkmeistern (magistri operis) und Architekten, von denen ein Großteil entweder in der Grablege oder an anderen Stellen in der Kathedrale beigesetzt worden war.

Als erste bestattete man hier die Königinnen Blanca von Valois (1348), Anna von der Pfalz (1353), ihren knapp 2-jährigen Sohn Wenzel (1351), Anna von Schweidnitz (1368) sowie die Söhne des Kaisers mit Elisabeth von Pommern, die Prinzen Karl (1373) und Heinrich (1377). Am 15. Dezember 1378 erhielt hier nach langen Obsequien – einer achttägigen Ausstellung des Leichnams im Königspalast, einer viertägigen Verabschiedung von dem toten Herrscher in den Prager Kirchen und einem Requiem in der Kathedrale, das vom Prager Erzbischof mit Assistenz der Bischöfe von Meißen, Bamberg, Regensburg, Olmütz und Leitomischl zelebriert wurde – der bereits am 28. November verstorbene Kaiser seine letzte Ruhestätte.[2] Ihm folgten sein Sohn Johann von Görlitz (1388) und Königin Elisabeth von Pommern (1393). Im August 1424 überführte man den Leichnam Wenzels IV. von Königsaal (Zbraslav) hierher und in den Jahren 1457 und 1471 wurden in der Grablege auch die Könige Ladislaus Postumus und Georg von Podiebrad bestattet. Als Ort für das Andenken an die Verstorbenen diente der sich über der Grablege befindliche, erhöhte Marienchor mit dem Marienaltar und den Altären des hl. Ludwig, der unschuldigen Kinder von Bethlehem und des hl. Nikolaus, die Karl zur Erinnerung an Blanca, den kleinen Wenzel und Anna gestiftet hatte. Die um ca. 60 cm erhöhte Grabplatte des Kaisers, die von oben durch ein bereits beschädigtes Metallgitter geschützt wurde – wie es der österreichische Chronist Thomas Ebendorfer vor Mitte des 15. Jahrhunderts sah –, befand sich auf der Chorachse vor dem Hochaltar.[3] In diesem Teil des Chors wirkte zugleich das von Karl gegründete Kollegium der 24 Mansionare, die dort die täglichen marianischen Gebete ausführten.

Dieser bedeutende Komplex wurde in der Renaissance zerstört, als unter Maximilian II. und Rudolf II. unter dem zweiten Gewölbefeld des Chors ungefähr in der Mitte des bis dahin errichteten Doms das Marmormausoleum von Alexander Collin und darunter die neue königliche Grablege entstanden. Hierher wurden 1590 alle Bestattungen aus den Grabkammern der Luxemburger verlegt, die jetzt als Bestattungsort für die Kanoniker bzw. die Erzbischöfe diente. Bei diesem Akt, als die Körper der Herrscher auch einige Tage in einer der Kapellen ausgestellt wurden,[4] könnte es zu einer ersten Vermischung des Inhalts der einzelnen Bestattungen und zu ersten Schäden gekommen sein, die sich dann in größerem oder kleinerem Maß bei fast allen weiteren Öffnungen der Grabkammer wiederholten. Zwar nahmen diese an Häufigkeit deutlich ab, da seit 1633 das Kapuzinerkloster in Wien als Grablege für die böhmischen Könige aus der Dynastie der Habsburger diente, aber insgesamt sind die an den königlichen Bestattungen entstandenen Schäden eklatant.[5]

Der gewichtigste Eingriff in den genannten Komplex fand bereits bei der Neuplatzierung der Särge im Jahr 1612 statt, als man den gesamten westlichen Teil der Kammer für den prächtigen Zinnsarkophag mit dem Leichnam Rudolfs II. freiräumte; dabei wurde die Anzahl der Särge von dreizehn auf sieben reduziert:[6] Während Ferdinand I., Anna Jagiello und Maximilian II. in das Collin-Mausoleum überführt wurden, legte man die sterblichen Überreste Johanns von Görlitz, Wenzels IV. und vor allem der Gemahlinnen Karls IV. in einen gemeinsamen Sarg, in dem sie im Jahr 1543 vermischt und durcheinandergeworfen entdeckt wurden.[7] 1677 war Tomáš Pešina von Čechorod, Historiker und Dekan des Kapitels von St. Veit, in die Krypta hinabgestiegen, um zu verhindern, dass Neugierige beim Austausch des Schließsteins in die Grabkammer gelangten. Bei dieser Gelegenheit warf er einen Blick in den halb geöffneten einfachen Sarg Karls IV., den er sorgfältig verschloss. An diese Begegnung mit dem toten Kaiser erinnerte er sich in seinem Werk Mars Moravicus,[8] wo er außerdem die neben dem Haupt des Kaisers liegende Königskrone aus Holz erwähnte. 1743 beauftragte Kaiserin Maria Theresia Marquart Herrgott (1694–1762), einen gelehrten Benediktiner der Abtei Sankt Blasien im Schwarzwald, mit der Untersuchung der Grabkammer. Dieser arbeitete auf Anregung Kaiser Karls VI. bereits seit längerer Zeit zusammen mit Rustan Heer an einem Werk über die

Grablegen der Habsburger (Taphographia principum Austriae), das 1772 aufgrund des Einsatzes von Martin Gerbert, des Abtes von Sankt Blasien, gedruckt werden konnte. Diesem von einigen Kupferstichen begleiteten Druck haben wir es zu verdanken, dass wir die damalige Anordnung der Grabkammer kennen und wissen, dass Karl in einen mit Gold und Silberblüten durchwirkten Seidenmantel dunkler Farbe gehüllt war, der bis zu diesem Zeitpunkt seinen Glanz bewahrt hatte: „funus […] pallio fusci coloris holoserico auro intexto, floribusque argenteis hodieque splendido opertum". Unter dem Seidenmantel war ein rotes Untergewand erkennbar.[9]

Zu häufigeren Öffnungen der Grabkammer kam es im 19. Jahrhundert: 1804 wurde sie im Rahmen der Vorbereitungen für die Bestattung der Erzherzogin Maria Amalia, Herzogin von Parma, einer Tochter Maria Theresias, eine ganze Woche lang gelüftet und dabei von unzähligen Pragern besichtigt; viele dieser Besucher schnitten sich zur Erinnerung ein Stoffstück, vor allem aus dem Sarg Karls IV., ab.[10] In geringerem Maß wiederholte sich dieses Geschehen offenbar zwanzig Jahre später, als man auf Befehl Kaiser Franz' I. in der Kathedrale vergeblich nach den sterblichen Überresten zweier Habsburger suchte – des böhmischen Königs Rudolf (reg. 1306–07), Gemahl der Elisabeth Richza, Witwe Wenzels II., sowie seines gleichnamigen Onkels, des Gemahls der Agnes, Tochter Přemysl Ottokars II. Im Hinblick auf die Textilien im Sarg Karls IV. erwähnt der offizielle Bericht ein schweres braunes Gewebe, „golddurchwirkt mit sog. Palmen", weiter ein leichtes Seidengewebe von blauer Farbe mit gelben Blüten sowie eine Decke aus rotem Taft. Die Särge wurden damals mit neuen Deckeln versehen.[11]

1851 wurde der Zustand der Krypta einer Kontrolle unterzogen; aufgrund der Ergebnisse ließ Kaiser Franz Joseph neue, mit Schildern bezeichnete Särge anfertigen, für den 2-jährigen Wenzel, Karl, Georg von Podiebrad, Eleonore, Wenzel IV. mit Karls Gemahlinnen sowie unbekannte Mitglieder der königlichen Dynastie. Der Austausch der Särge fand im März 1855 statt.[12] Indirekt hing mit diesem Eingriff auch die erste Fachpublikation eines Stoffs aus der Grabkammer zusammen, die 1859 erfolgte. Es handelt sich um ein Stück des bereits in den Berichten von 1743 und 1824 erwähnten Kaisermantels, das der Kunsthistoriker Franz Bock 1857 für seine Sammlung von dem Domherrn Václav Tomáš Pešina erhalten hatte; dieser hatte 1851 oder 1855 zu den Beteiligten der Krypta-Öffnung gehört. Bei Tageslicht erwies sich der Stoff als gemusterter Samt auf dunkelbraunem Untergrund, mit schwarzem, geschorenem Flor und broschierten Goldtrauben mit beerenartigen Früchten an langen Stielen. Der Stoff erlangte dank der Reproduktion seines Musters in Bocks „Geschichte der liturgischen Gewänder des Mittelalters" Bekanntheit.[13]

Mit der Öffnung der Grabkammer am 29. April 1928 und ihrer Räumung begannen die Restaurierungsarbeiten, die im Kontext von Hilberts Gestaltung und Erschließung des Untergrunds der Kathedrale mit den Mauerwerkresten der romanischen Basilika stattfanden. Der Zustand des damals geborgenen feuchten Stoffmaterials dürfte kritisch gewesen sein, besonders aufgrund der fortgeschrittenen Vermoderung der riesigen Menge an Goldfäden, die ursprünglich aus organischen, um einen Leinenkern gewundenen Membranen bestanden hatten, weshalb die Stoffe an vielen Stellen ihre einstige Kohärenz eingebüßt hatten. Da keine Konservierungsmöglichkeit gefunden wurde und die Hoffnungen auf die Restaurierung zumindest einiger

18.1.a

Stücke schwanden, beschränkte man sich wohl auf eine elementare Reinigung der Grabfunde im Institut für Paramentik der damaligen Christlichen Akademie.[14] Die weiteren Anstrengungen konzentrierten sich darauf, die offensichtlichen künstlerischen Werte der einzelnen Muster fotografisch, zeichnerisch und durch technische Analysen zu erfassen und zu dokumentieren. Anhand dieser Grundlagen wurden dann in den staatlichen Textilschulen Repliken zu Studien- oder Ausstellungszwecken bzw. für die öffentliche Nutzung gewebt, z. B. als Decken für die erneute Bestattung der sterblichen Überreste in neuen Särgen. Nach der Aufhebung des Dombauvereins (Jednota pro dostavbu chrámu sv. Víta) als Bauherr und Auftraggeber der mit dem Bauprojekt verbundenen archäologischen Grabungen ging dieser Fundbestand auf die Prager Burgverwaltung über. 1980 stellte man ihn den Staatlichen Restaurierungswerkstätten zur Verfügung, wo er durch Auftrennung und Beseitigung der Reste der halb zerfallenen Fäden weiter an Wert verlor. Heute werden die Textilien vom Referat für die Kunstsammlungen der Prager Burg betreut, das für ihre fachmännische Bearbeitung und Konservierung in der dortigen, 1999 gegründeten Restaurierungswerkstatt für Textilien sorgt.[15]

Die Ergebnisse der in der ersten Hälfte der 1930er Jahre durchgeführten Untersuchungen blieben unveröffentlicht, wenn man einmal von Jitka Gollerová-Plachás schmalem Katalog von 1937 absieht, der Kommentare zu 20 reproduzierten, um die entsprechenden Muster nach angefertigten Repliken oder Zeichnungen ergänzten Fragmenten enthielt.[16] Dieser wenig befriedigende Katalog blieb aber bis heute die einzige Publikation, die dem Interessenten eine Vorstellung von diesem vielfältigen Bestand an Stoffen ermöglicht, die am Prager Hof beliebt waren: Vertreten sind hier Beispiele

18.1.b

18.1.f

asymmetrischer luftiger Muster mit parallelen vertikalen Wellenranken, kombiniert mit Phönixen oder anderen Vögeln, die – ursprünglich aus dem China der Dynastien Song und Yuan stammend – auch in Persien heimisch wurden (Nr. 3, 4 und 5); weiter symmetrische komplexe Muster mit einem oder abwechselnd zwei diagonal angeordneten Hauptmotiven, die nach Art von Schmuckstücken aus pflanzlichen und tierischen Elementen zusammengesetzt waren und manchmal von Bändern mit pseudoarabischen Inschriften ergänzt wurden, die aus dem Nahen Osten stammen könnten, aber vielleicht bereits italienisch geprägt waren (Nr. 6 und 7). Als gesichert italienisch dürfen die um architektonische Motive bereicherten Varianten dieser Muster gelten (Nr. 8 und 9), ebenso wie das Muster mit den Kranichen (?), um die sich Inschriftenbänder winden (Nr. 12), oder das Parkettmuster (Nr. 10). Sehr ungewöhnlich sind drei asymmetrische Bildmuster: das erste mit Schiffen, das zweite mit Löwenreitern und das dritte mit Meerestieren, alle so auf der Fläche verteilt, dass eine diagonale Anordnung entsteht. Im ersten Fall (Nr. 14) handelt es sich um Karavellen mit einem Mann und einer Frau, die nach links segeln, immer in zwei Reihen übereinander, die zueinander um die Hälfte des Motivs, d. h. um die Breite des Rapports verschoben sind. Die gleiche Rolle wie die Schiffe spielen im zweiten Fall die Löwenreiter (Nr. 15), die sich nach rechts in Richtung der gerade vom Mond verdeckten Sonne bewegen. Das dritte ungewöhnliche Muster zeigt ein Design mit Tintenfischen und zwei Arten von Meeresschildkröten (Nr. 13).[17] Es ist denkbar, dass diese drei Stoffe auf Bestellung Karls in Lucca entstanden sind, ähnlich wie auch der Karlsteiner Stoff mit den Engeln und den Leidenswerkzeugen Christi (hier Kat.-Nr. 8.8).

Diesen außergewöhnlichen Geweben lassen sich noch die Fragmente des bereits erwähnten Mantels Karls IV. aus broschiertem gemustertem Samt mit vertikalen Zweigen voller beerenartiger Früchte an langen Stielen zuordnen, die jeweils um die Hälfte des recht niedrigen, dafür aber relativ breiten Rapports verschoben sind. Die broschierten Goldtrauben, die zu einem unbekannten Zeitpunkt herausgeschnitten wurden, bildeten so verhältnismäßig dichte vertikale Reihen leuchtender goldener Lichter. Das Interesse an diesem Stoff ging zurück, nachdem Josef Cibulka sich 1928 der heute überholten Ansicht Otto von Falkes, einer Koryphäe der Textilgeschichtsschreibung, angeschlossen hatte, wonach gemusterte Samtstoffe vor dem Jahr 1400 nicht existierten; Cibulka setzte sich für ihre Datierung auf Anfang des 17. Jahrhunderts ein.[18] Neue Funde belegter gemusterter Samtstoffe aus dem 14. Jahrhundert (z. B. im Kloster San Salvador im kastilischen Oña) widerlegen die geäußerten Zweifel, wonach der Stoff nicht mit dem Begräbnis Karls IV. hätte zeitgenössisch sein können. Die Besonderheiten, die dieser Stoff gegenüber einigen anderen, heute in das 14. Jahrhundert datierten Samtstoffen aufweist, sprechen eher für seine Außergewöhnlichkeit als für eine Zugehörigkeit zu den Samtstoffen des frühen 17. Jahrhunderts mit scheinbar ähnlichen Mustern.[19]

Karel Otavský

LITERATUR

ADAM Z VELESLAVÍNA 1590. – HERRGOTT/HEER/GERBERT 1770–72, II, 346. – RULÍK 1804. – BOCK 1859–71, I, 110, Taf. XVIII. – HILBERT/MATIEGKA/PODLAHA u. a. 1928–30. – GOLLEROVÁ–PLACHÁ 1937. – ZEMINOVÁ 1980/II. – BRAVERMANOVÁ/KOBRLOVÁ 1992. – BAŽANTOVÁ 1993. – BRAVERMANOVÁ 2005. – MAŘÍKOVÁ-KUBKOVÁ/BRAVERMANOVÁ u. a. 2005. – BRAVERMANOVÁ/LUTOVSKÝ 2007.

FUSSNOTEN

1 MAŘÍKOVÁ-KUBKOVÁ/BRAVERMANOVÁ u. a. 2005, 99–101.
2 KAVKA 1993, II, 240–243.
3 SCHWARZ 1997/II, 130.
4 ADAM Z VELESLAVÍNA 1590. – RULÍK 1804, 15.
5 HILBERT/MATIEGKA/PODLAHA u. a. 1928–30, 241–244. – ZEMINOVÁ 1980/II, 40f. – BAŽANTOVÁ 1993, 4–10. – BRAVERMANOVÁ 2005.
6 RULÍK 1804, 16.
7 HERRGOTT/HEER/GERBERT 1770–72, II, 352. – ZEMINOVÁ 1980/II, 49, Anm. 48.
8 PEŠINA Z ČECHORODU 1677.
9 HERRGOTT/HEER/GERBERT 1770–72, II, 346. – ZEMINOVÁ 1980/II, 49, Anm. 48. – BAŽANTOVÁ 1993, 6.
10 BRAVERMANOVÁ 2005, 66.
11 ZEMINOVÁ 1980/II, 42.
12 HILBERT/MATIEGKA/PODLAHA u. a. 1928–30, 241. – ZEMINOVÁ 1980/II, 42. – BAŽANTOVÁ 1993, 8. – BRAVERMANOVÁ 2005, 66.
13 BOCK 1859–71, I, 110, Taf. XVIII. – Franz Bock nahm den Samt aus Karls Sarg auch in seine kommentierte Mustersammlung auf: BOCK 1859–61, 48, Bl. XII, Fig. 21. – BRAVERMANOVÁ/LUTOVSKÝ 2007, 154–156.
14 Verein zur Pflege und Unterstützung kirchlicher Kunst (Spolek pro pěstová ní a podporu církevního umění), 1950 aufgehoben.
15 BRAVERMANOVÁ/KOBRLOVÁ 1992, 413f.
16 GOLLEROVÁ–PLACHÁ 1937.
17 Wie die Fotografie des beschädigten Fragments zeigt, muss die Rekonstruktion für eine korrekte Lesart des Musters um 90° nach rechts gedreht werden, sodass alle sich gegenseitig entsprechenden Motive auf derselben horizontalen Ebene erscheinen. In diesem Punkt ist die Beschreibung GOLLEROVÁ–PLACHÁs irreführend, in der sie sich mit „vertikalen Spalten" gleicher Motive aushilft.
18 CIBULKA 1928, 44. – GOLLEROVÁ–PLACHÁ 1937, 24.
19 MONNAS 1986, 61f. – BRAVERMANOVÁ/LUTOVSKÝ 2007, 154–156.

18.2.a–b Kelch und Patene

Prag, 3. Viertel 14. Jh.

a. Kelch
Silber, teilweise vergoldet, Schrift schwarzes Email;
H. 19 cm; Dm. Cuppa 10,1 cm.
Inschriften: „Maria", „ihesus", „Maria".

b. Patene
Silber, vergoldet, gravierte Kreislinien, mit dem
Stichel gestochenes Dekor; Dm. 13,2 cm.

Provenienz: Wohl Vyšehrad, Stiftskapitel. – Aus dem Kirchenschatz, der 1889 beim Ausheben der Fundamente für das Haus Nr. 463/II in Prag-Na Bojišti, gen. Zum Schlachtfeld, in einem einst dem Vyšehrader Kapitel gehörenden Garten (Homburská zahrada / Homburger Garten) gefunden wurde.
Prag, Národní muzeum, Inv.-Nr. H2-1989, H2-1993.

Gotische Silberkelche böhmischer Provenienz aus den Jahren 1270–1370 sind im Vergleich zu deutschen oder polnischen Beständen nur selten überliefert. Wahrscheinlich fielen diese kleinen und weniger aufwendig verzierten Objekte in der Zeit des Staatsbankrotts 1806–09 als erste den Edelmetallabgaben an die Münzstätte zum Opfer. Zu den ältesten Objekten zählen daher die Kelche mit rundem Fuß aus der ersten Hälfte des 14. Jahrhunderts aus Glatz (Kłodzko) oder Mühlhausen (Milevsko); es folgt der stilistisch einfache, handwerklich perfekt ausgeführte Kelch von Karlstein.

Der Kelch aus dem Haus in der Straße Na Bojišti wurde früher irrtümlich mit einem auf 1482 datierten Exemplar in Verbindung gebracht.[1] Er gehört zu einer umfangreichen Gruppe hochgotischer Kelche mit sechsseitigem Griff auf sechsblättrigem Fuß, einem kugelförmig verdichteten Nodus mit sechs getriebenen Fensterchen zwischen sechs rautenförmigen Aussparungen, verziert mit den Namen Maria und Jesus.

Noch seltener sind in den böhmischen Ländern gotische Patenen überliefert: Abgesehen von der einfachen Patene aus Glatz und der außergewöhnlichen Patene aus Prag-Břevnov sind nur zwei Patenen aus dem Schatz des Hauses Na bojišti bekannt. Die ausgestellte Patene besitzt nur gravierte Bögen und Kreislinien sowie ein mit dem Stichel eingestochenes Dekor, die andere zeigt Gottes segnende Rechte.

Das Keramikgefäß mit dem Silberschatz aus dem 14.–15. Jahrhundert wurde am 9. Juli 1889 von Arbeitern in der Prager Neustadt bei Aushebungsarbeiten für die Fundamente des Hauses Na bojišti Nr. 463/II im ehemaligen Homburger Garten des Vyšehrader Kapitels gefunden.[2] Das Gefäß enthielt ein Pazifikale mit figürlichen Gravierungen aus dem 2. Viertel des 14. Jahrhunderts, zwei Kelche mit zwei Patenen, den emaillierten Silbergriff eines Krummstabs mit Inschriften des bischöflichen Elekten Johann Volek von 1334 und einen Gürtelbeschlag mit Inschrift. Der Schatz wurde vermutlich während der religiösen Unruhen in der Hussitenzeit vergraben. Bis heute handelt es sich um den reichsten Prager Schatzfund mit gotischem Kirchensilber, der hier während der letzten zwei Jahrhunderte entdeckt wurde.

Dana Stehlíková

LITERATUR
WEITENWEBER 1889, 418f., 431f. – MÁDL 1889, 539–542. – POCHE 1983/I. – STÁRA 1989, 244.

FUSSNOTEN
1 STARÁ 1989, 244.
2 WEITENWEBER 1889, 418f. – MÁDL 1889.

18.2

18.3 Karl IV. auf dem Thron, mit den Wappen seiner Reiche und seiner vier Frauen

Nürnberg, um 1430.
Buchmalerei auf Pergament; H. 26,8 cm, B. 17,8 cm.
Inschrift oben: „iiii / Karolus Quartus." – Weitere Inschriften vgl. Text.
Berlin, Staatliche Museen Preußischer Kulturbesitz, Kupferstichkabinett, Sign. Min. 1748.
Nur in Prag ausgestellt.

Die Miniatur stellt Kaiser Karl IV. auf einer Thronbank mit architektonisch gestalteter Rückenlehne dar, seitlich von zwei Fialen begrenzt. Der Kaiser trägt die Insignien seines Amtes: Reichsapfel, Zepter sowie eine Bügelkrone. Diese entspricht nicht der heute in Wien aufbewahrten angeblichen Krone Karls des Großen, sondern ist ein filigraneres, moderner wirkendes, den französischen Lilienkronen entsprechendes Modell, dem als Bekrönung zwei geschwungene und mit Kriechblumen besetzte Bügel hinzugefügt wurden. Sie enden in einer Kreuzblume, die über den grün-roten Rahmen des Bildfelds hinausragt. Das bewirkt, dass die Figur des Kaisers optisch etwas mehr in den Vordergrund gerückt wird.

Über einem blauen, gegürteten Rock trägt Karl einen stoffreichen, über die Knie gezogenen Mantel. Zwar erinnert der Faltenfluss noch an den Schönen Stil, doch die bereits härteren, umknickenden Röhrenfalten zeigen deutlich an, dass diese Miniatur im zweiten Viertel des 15. Jahrhunderts entstanden ist.

Allerdings deuten die ganze Anordnung und weitere ähnliche erhaltene Darstellungen darauf hin, dass der Bildtyp auf die Zeit Karls selbst zurückgeht, der hier seine Majestät und seine ehelichen Verbindungen (und daraus gegebenenfalls abzuleitende Ansprüche) in einer eindrücklich-vereinfachten Version zusammenfasste: Die Figur des Kaisers selbst hat etwas statuenhaft Typisiertes – die Darstellung geht zweifellos auf Siegel zurück, die einem wichtigen Schriftstück auch bildlich erst die rechtliche Gültigkeit verliehen. An Siegeln haben auch die Wappen eine ähnliche, oft sogar noch wichtigere Stellung. Karl wird heraldisch rechts (d. h. in der bedeutenderen Position zur Rechten der Hauptfigur) vom doppelköpfigen Adler des Heiligen Römischen Reichs begleitet, zur Linken vom doppelschwänzigen Löwen des Königreichs Böhmen.

Kleiner, aber in einer vergleichbar schlichten einfachen Wappenform ohne Helmzier sind zu seinen Füßen die Wappen der vier Gattinnen angebracht, allerdings nicht in einer erkennbar sinnvollen heraldisch-chronologischen Reihenfolge.

An erster Stelle, in der bedeutendsten Position ganz rechts (vom Betrachter aus links), steht der Schild der ersten Gemahlin, französische Lilien auf blauem Grund der Blanche (Blanca) von Valois (* 1316/17, † 1348), Tochter des Grafen Karls I. von Valois (Unterschrift: „Fraw blancz / von franckreich").

Die zweite Position in chronologischer Hinsicht ist dann die ganz links mit den goldenen, rot bewehrten Löwen der Pfalzgrafschaft bei Rhein und den blau-weißen Rauten (Wecken) des Hauses Wittelsbach, erst im 14. Jahrhundert von den ausgestorbenen Grafen von Bogen übernommen. Dieses Wappen steht für Anna von der Pfalz (* 1329, † 1353; Unterschrift: „Fraw Metz / von peyrn" [sic!]).

Die dritte Gemahlin steht an heraldischer dritter Stelle, vor Anna von der Pfalz: Es ist der schlesische Adler, hier in schwarz und rot geteilt, da er für das piastische Teilherzogtum Schweidnitz steht, dem Anna von Schweidnitz entstammte (* 1339, † 1362), die Mutter König Wenzels IV. (Unterschrift: „Fraw margieth / von ter Sweidnitz" [sic!]).

Das Wappen der vierten Gemahlin, Elisabeths von Pommern (* um 1345, † 1393), steht an zweiter Stelle: Der rote Greif auf weißem Grund des Hauses der pommerschen Herzöge. Sie war die Mutter des späteren Königs und Kaisers Sigismund (Unterschrift: „Fraw Alspet / von Stetin").

Markus Hörsch

Karolus Quartus

Fraw Planc von Franckreich · *Fraw Elspet von Stetin* · *Fraw Margreth von der Swidnitz* · *Fraw Metz von peyrn*

18.4

18.4 Der Leichenzug Kaiser Karls IV. zieht am 13. Dezember 1378 über die Karlsbrücke

Pavel Koch, Prag 2016.
Extrudiertes Polystyrol; Oberfläche bearbeitet, Farbfassung; Maßstab 1 : 60; L. 820 cm, B. 70 cm.
Prag, Národní galerie v Praze.

Die Rekonstruktion des Leichenzugs Kaiser Karls IV. basiert auf der Beschreibung in der Augsburger Chronik und auf anderen Quellen. Der Chronist ging bei seiner Beschreibung nicht präzise chronologisch vor. Einige Abschnitte des Leichenzugs beschrieb er sehr detailliert, was für die Rekonstruktion genutzt werden konnte. Damals allgemein bekannte und gängige Tatsachen erwähnte er dagegen nur flüchtig oder ließ sie in der Beschreibung ganz aus. Sie mussten daher anhand anderer historischer Quellen ergänzt werden. Maße und Maßstab des Modells orientierten sich an dem architektonischen Entwurf und dem Ausstellungsraum in der Waldstein-Reitschule.

Der Leichenzug führte von der Prager Burg über die Steinerne Moldau-Brücke in die Prager Altstadt und weiter auf den Vyšehrad. Es nahmen ca. 7.000 Menschen daran teil, von denen jedoch nur ein Teil auf der Brücke abgebildet ist – ca. 700 Adlige, Ritter, Hofdamen, Vertreter der Mönchsorden, Bürger und Zuschauer. Letztere wurden in der Chronik zwar nicht erwähnt, aber von ihrer Anwesenheit darf man ausgehen.

Im vorderen Teil des Leichenzugs gehen Personen mit brennenden Kerzen, es folgen Vertreter der Universität und der Kirche sowie Ritter, die Banner mit den Wappen der kaiserlichen Besitzungen tragen. Insgesamt finden sich hier 14 Banner. Ihre Gestalt basiert auf den Beschreibungen der Chronik und auf heraldischen Quellen bzw. überlieferten Darstellungen aus der Zeit der Gotik. Sie wurden um ein Banner der Markgrafschaft Mähren ergänzt, das in der Chronik zwar nicht erwähnt wird, dessen Anwesenheit sich aber voraussetzen lässt, da Mähren ein untrennbarer Bestandteil der Böhmischen Krone war.

Über der Bahre des Kaisers wölbt sich ein goldener Baldachin. Überliefert ist ein Stück von Karls Grabmantel mit einem Traubendoldenmuster, das im Modell nur angedeutet werden konnte.

Hinter der Bahre reitet Karls Sohn König Wenzel IV. mit Gefolge. Zwanzig Wagen transportieren weibliche Adlige und Hofdamen einschließlich der Witwe Elisabeth von Pommern. Darauf folgen zehn Wagen mit den bedeutendsten Bürgerinnen. Aus der Chronik erfährt man nur die Anzahl der Wagen, sodass ihr vermutliches Aussehen aus Miniaturen und mittelalterlichen Darstellungen abgeleitet werden musste. Die Wagen werden von Pferden gezogen, die auf die beiden damals üblichen Arten eingespannt sind. Die Fuhrleute lenken die Gespanne jeweils vom linken Pferd aus. Insgesamt wurden für das Modell 116 Pferde gefertigt, von denen 60 eingespannt sind. Hinter den Wagen sollen sich 500 Adlige und Ritter befunden haben, die im Modell jedoch nicht mehr gezeigt werden.

Die Karlsbrücke hatte Kaiser Karl IV. anstelle der ursprünglichen, von einer Flut zerstörten Judith-Brücke errichten lassen. Bis zum 19. Jahrhundert war sie in Prag die einzige Brücke über die Moldau und wurde Steinerne Brücke genannt. Das Modell zeigt das gotische Aussehen der Brücke, d. h. es sind weder die Brückenskulpturen noch andere Umbauten wie etwa die Stufen hinunter zur Kampa-Insel zu sehen. Der Altstädter Brückenturm war zum Todeszeitpunkt des Kaisers noch unvollendet. Auf dem Modell ist er in seiner damals vermutlich erreichten Höhe zusammen mit einem mittelalterlichen Kran als Symbol der Bauarbeiten dargestellt. Die über ihre Gesamtlänge hinweg dreimal geknickte Brücke besitzt 16 Bögen. An beiden Ufern fällt sie auf die Höhe des ursprünglichen Terrains ab.

Die einzelnen Modellteile wurden mithilfe von Schablonen aus Polystyrol ausgesägt und die Details von Hand mit einem Skalpell geformt. Damit sind alle Personen und Pferde Originalstücke. Die Figuren wurden mit Acrylfarben koloriert und einige Teile vergoldet. Die meisten Figuren sind stilisiert, Details wurden unterdrückt. Dies gilt jedoch nicht für die Abschnitte, die der Chronist sehr genau beschreibt, z. B. die Bahre mit dem Leichnam des Kaisers oder Gewänder, Waffen und Abzeichen seiner königlichen Macht. Das Modell ist in dunklen schwarzbraunen Tönen patiniert, um eine düstere winterliche Atmosphäre zu kreieren. Um den Eindruck weiter zu intensivieren, wird das Bewegungsmoment genutzt, d. h. LED-Lichter leuchten auf und verlöschen wieder, wodurch auf der Wand hinter der Brücke ein dynamisches Schattenspiel entsteht und der in drei Raumabschnitte gegliederte Leichenzug zu leben beginnt.

Dieses Exponat gehört zu den größten dreidimensionalen Modellen der Karlsbrücke in Europa.

Pavel Koch

19 ✳ Das Nachleben Karls IV.

> Das Reich wurde nie von einer Pest heimgesucht, die verheerender gewesen wäre als Karl IV.
>
> Angeblicher Ausspruch Kaiser Maximilians I. aus dem Hause Habsburg (reg. 1493–1519)

> Karl IV. ist von allen Königen, die über Böhmen herrschten, der beliebteste. Bis auf den heutigen Tag lässt der Klang seines Namens alle tschechischen Herzen höher schlagen, und aus aller Munde erklingen Verehrung und Dankbarkeit für einen Herrscher, der als Repräsentant von Hochblüte und Wohlstand des Vaterlands in Erinnerung geblieben ist.
>
> František Palacký (1798–1876), tschechischer Politiker, Historiker und „Vater der Nation", Dějiny národu českého v Čechách a na Moravě (Geschichte der tschechischen Nation in Böhmen und Mähren), 1875

Schon zu Lebzeiten wurde Karl IV. sehr unterschiedlich wahrgenommen. Die panegyrische Annäherung in Böhmen hat ihre Wurzeln sicher in der Anwesenheit des Kaiserhofs in Prag, während die meisten Chronisten im Reich wesentlich kritischere Positionen bezogen. Auf der einen Seite ein weiser, gerechter und frommer Herrscher, so das von Karl in seiner Autobiografie selbst gezeichnete Bild, auf der anderen Seite der schlaue und listige Herrscher, der Abkommen nicht einhielt und fast krankhaft nach Geld gierte. Wurde Karl IV. bei seinem Begräbnis in der Prager Kathedrale noch mit dem ersten christlichen Kaiser Konstantin und dem erfolgreichen israelitischen König Salomo verglichen, so äußerte Enea Silvio Piccolomini, Diplomat der Habsburger und später als Papst Pius II. (amt. 1458–64) Mitte des 15. Jahrhunderts eine Kritik an seinem Kaisertum, die das Bild Karls IV. außerhalb Böhmens für lange Jahrhunderte trüben sollte.

Es überrascht nicht, dass die Hinweise auf Karls Vernachlässigung der Reichspolitik aus dem Lager der Habsburger kamen, denn diese hatten seit Rudolf IV. (†1365) mit Karl noch eine Rechnung offen: War es doch der Kaiser gewesen, der den Betrug seines Habsburger Schwiegersohns enthüllt und ihn der Fälschung jener Urkunden bezichtigt hatte, mit denen Rudolf den Titel des Erzherzogs und die Verwendung königlicher Insignien legitimieren wollte. Kaiser Friedrich III. legitimiert dann diese Fälschungen und sein Sohn Maximilian I. verurteilte Karl ebenfalls scharf. Aber erst dessen Enkel Maximilian II. (†1576) brachte die Kampagne gegen Karl IV. zu einem demütigenden Ende: Er ließ die Luxemburger-Grabmäler aus dem Ostchor der Prager Kathedrale entfernen und durch ein habsburgisches Marmormausoleum ersetzen (1566–90), die luxemburgische Königsgruft vor dem Hochaltar aufheben und die sterblichen Überreste Karls und seiner Familie in einem einzigen Sarkophag in der neuen Krypta unterhalb des Habsburger-Mausoleums unterbringen. So sollten die Spuren der Luxemburger in Prag für marginalisiert und durch die Memoria der regierenden Habsburger-Dynastie abgelöst werden.

Die gespaltene Wahrnehmung Karls IV. sollte die Jahrhunderte überdauern und von allen politischen Systemen geteilt werden. In Böhmen galt Karl vom Zeitalter der Jagiellonen über die Geschichtsschreibung in Barock und Aufklärung und Palackýs Werk der nationalen Wiedergeburt bis hin zu Tomáš Garrigue Masaryks Erster Republik, dem kommunistische Regime der Nachkriegszeit und der freien Republik nach 1989 als berühmtester Herrscher auf dem Königsthron und „Vater des Vaterlandes". Im deutschen Kulturraum sah man in ihm dagegen bis ins 20. Jahrhundert den gerissenen Pragmatiker und „Stiefvater des Reichs" – anders wertete ihn nur das NS-Regime, das ihn als den größten „rein arischen" Deutschen auf dem böhmischen Thron feierte.

Die übertriebene und ahistorisch einseitige Überbetonung der böhmischer Interessen wurde ebenso wie die Relativierung von Karls Verdiensten um die Reichspolitik während der letzten Jahrzehnte in akademischen Kreisen zu beiden Seiten der deutsch-tschechischen Grenze revidiert, wobei man sich um eine objektivere Einordnung in den breiteren geografischen und gesellschaftspolitischen Kontext Europas im 14. Jahrhundert bemühte. Im Bewusstsein der breiten Bevölkerungsschichten in Tschechien wird aber noch lange der märchenhaft-romantische Mythos Karls IV. nachklingen, wie er in dem bis heute beliebten Film Eine Nacht auf Karlstein (1969) entworfen wurde.

Auf jeden Fall wird Karl IV. eine prägende Gestalt der europäischen, tschechischen wie deutschen Geschichte bleiben – jedoch nicht dank auf die Vergangenheit projizierter Zerrbilder, sondern wegen seiner unbestreitbar großen Gründertaten und des kulturellen Vermächtnisses, das er und sein Zeitalter uns hinterlassen haben.

Jiří Fajt

Jaromír Hanzlík als Prinz und böhmischer König Karl IV. und Dana Kolářová als böhmische Königin Blanca von Valois in dem Film „Majestäten und Kavaliere" (1969), Regie Karel Steklý • Fotografie von Miroslav Pešan • Prag, Národní filmový archiv

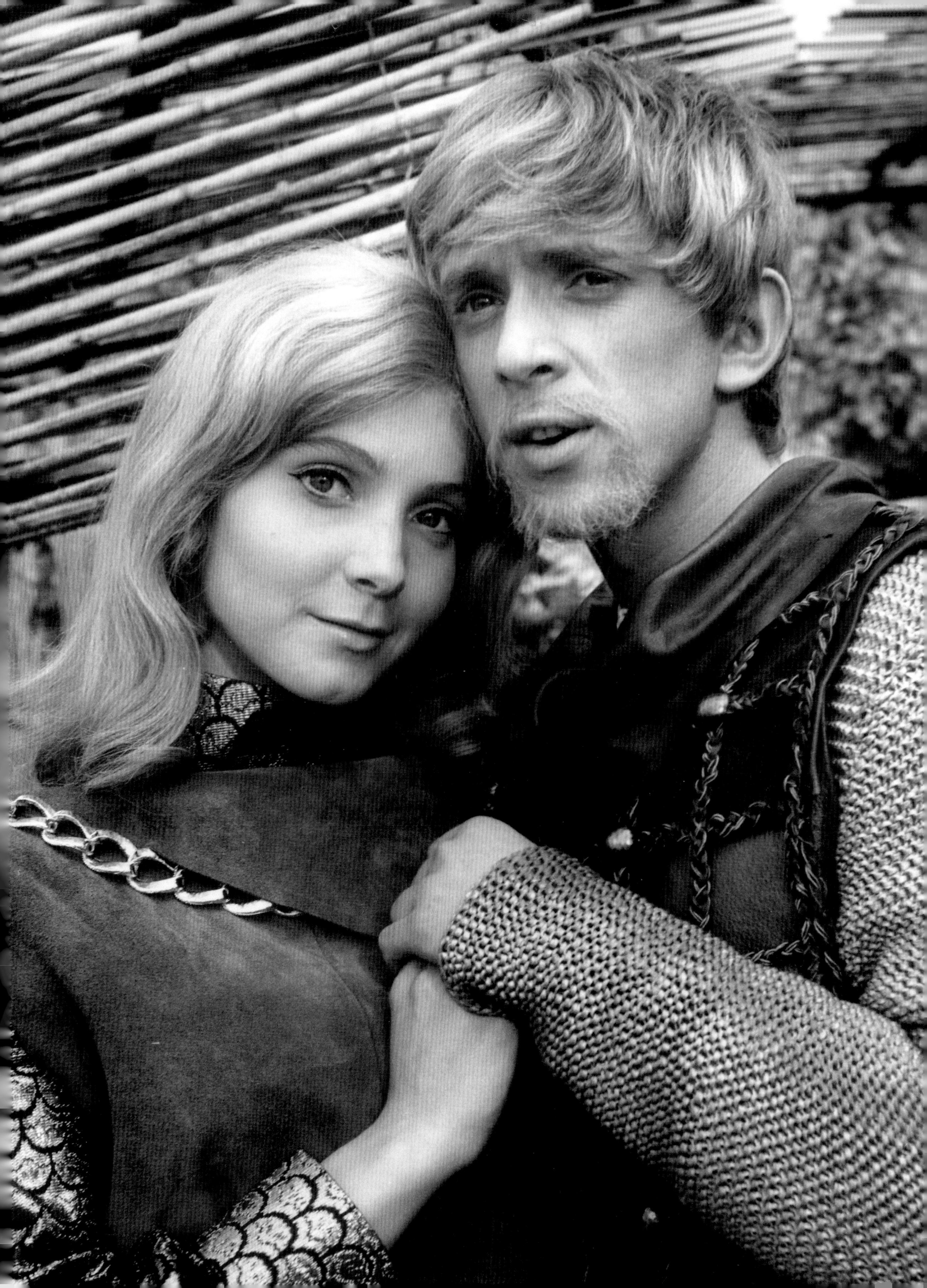

Katalog 19.1–19.13

19.1 Enea Silvio Piccolomini: Historia Bohemica

Text um 1457; Handschrift Mantua, nach 1459 (für Nikolaus von Kues).
Pergament, Tinte; H. 32 cm, B. 23 cm, St. 7,5 cm.
Provenienz: Die Handschrift wurde für den großen Humanisten und Geistlichen Nikolaus von Kues (1401–64) gefertigt.
Bernkastel-Kues, St. Nikolaus-Hospital / Cusanusstift, Sign. Cod. Cus. 39.

Die Böhmische Geschichte des Humanisten Enea Silvio Piccolomini (1405–64), des späteren Papstes Pius II., gelangte als frühe humanistische Landesgeschichte und literarisches Meisterwerk rasch zu großer Berühmtheit. 1475 zum ersten Mal gedruckt, fand sie weite Verbreitung und wurde bald auch ins Deutsche, Italienische und Tschechische übersetzt. Mit der ihm eigenen Eleganz fasste Enea Silvio Piccolomini das Wirken des großen Luxemburger-Kaisers in seiner Geschichte Böhmens zusammen: „Dieser Karl aber war ein Mann großer Werke. Er machte das Königreich Böhmen berühmt durch die Pflege der Religion und die Zucht der Gesetze und der guten Sitten. Denn er errichtete in Prag eine Schule der freien Künste, die mit Mauern umgebene Neustadt, stattete auf das herrlichste den königlichen Palast aus, gründete viele Klöster und errichtete bewundernswerte Wehrbauten. Er gab dem ganzen Königreich Frieden. […] Ein großer Kaiser in der Tat, wenn er nicht mehr den Ruhm des böhmischen Königreichs als den des römischen Imperiums gesucht hätte." Enea Silvio Piccolomini benennt mit klugem Blick die wesentlichen Grundzüge der karolinischen Herrschaft: Karls Gesetzgebungstätigkeit, seine zahllosen religiösen Stiftungen, die Gründung der Universität und den repräsentativen Ausbau Prags zur Metropole – und charakterisiert abschließend seine Herrschaft als eine Friedenszeit. Aber Piccolomini wusste auch um die scharfe Kritik der zeitgenössischen Humanisten wie Francesco Petrarca, die Karls Entscheidung, auf den kaiserlichen Machtanspruch im Kirchenstaat zu verzichten, verurteilten. Dieses Bild verdichtete sich in der Historia Bohemica zu der Beurteilung eines Kaisers, der aus dynastischen Interessen sein Königreich Böhmen den „größeren" Pflichten im Reich vorzog. Letztlich hat Enea Silvio Piccolomini, wohl angesichts der unruhigen Verhältnisse in Böhmen nach dem frühen Tod Ladislaus Posthumus' 1457 unter ungeklärten Umständen, aber vielleicht auch unter dem Eindruck der bedrohten Situation Konstantinopels, Karls Glauben an die Macht der Gesetze eine Absage erteilt: „Wir sind überzeugt", so schließt die Geschichte Böhmens, „mit Waffen erwirbt man Königreiche, nicht mit Gesetzen."

Eva Schlotheuber

LITERATUR
PICCOLOMINI/MARTÍNKOVÁ u. a. 1998. – PICCOLOMINI/HEJNIC 2005. – ŠPIČKA 2007.

19.2 Armreliquiar für die Reliquie des Zeigefingers Johannes des Täufers

Eingeschlossenes Fingerreliquiar: Prag, M. 14. Jh.;
Armreliquiar: Breslau, Oswald Rothe, 1512.
Silber, zum Teil vergoldet, geschmiedet, getrieben, gegossen und graviert; Glas, Rubin; H. 48,5 cm, B. 13,1–16 cm.
Inschrift in Majuskel auf der kleineren Hand: ISTE D[E] DIGITO S[ANCTI] I[O]hA[N]NIS BAPT:[ISTAE].
Stifter-Inschrift in Majuskel auf dem Rundsockel der jüngeren Hand: DEO OPTIMO MAXIMO INTEMERATE QVE GENITRICI EIVS VIRGINI MARIE ACDIVO IOANNI BAPTISTE ET GLORIOSIS WRATISLAVIENSIS ECCLESIE PATRONIS IOANNES SCHEWERLEIN CANONICVS ET OFFICIALIS WRATISLAVIENSIS PRO VITAE NOCENTER ACTE EXPIATIONE SVORVM QVE DILVCIONE CRIMINVM INDICEM HVNC SANCTI IOANNIS BAPTISTAE ERE ET IMPENSIS SVIS DECORATVM SACRVM CVPIT ANNO CHRISTIANE SALVTIS MCCCCXII".
Provenienz: Breslau (Wrocław), Dom St. Johannes d. T., Schatzkammer, Schenkung Karls IV. an Bischof Preczlaw von Pogarell (1299–1376, reg. ab 1341).
Breslau, Bazylika Archikatedralna Sw. Jana Chrzciela, Schatzkammer, ohne Inv.-Nr.

Eine bedeutende Reliquie ihres Hauptpatrons, Johannes des Täufers, verdankt die Breslauer Kathedrale Kaiser Karl IV. Dieser hatte Bischof Preczlaw von Pogarell (amt. 1341–76) den Zeigefinger des Heiligen geschenkt. Es lag nahe, diese Reliquie in einem „sprechenden" Reliquiar unterzubringen, allein schon deshalb, um bei den Zeitgenossen jene Szene aus dem Bildgedächtnis abzurufen, in der Johannes der Täufer auf Christus zeigt und dabei die Worte spricht: „Siehe das Lamm Gottes, das hinwegnimmt die Sünde der Welt" (Joh 1,29).[1]

1512 wurde das Reliquiar in ein größeres Behältnis eingestellt, das der Domherr Johannes Scheuerlein gestiftet hatte. Es wiederholt die Form des älteren Handreliquiars in größeren Dimensionen, nur dass die Finger nun eine Segensgeste vollführen. Die selbst wie eine Reliquie behandelte ältere silberne Hand, die den Knochen birgt, steckt in einem hohen Glaszylinder. Die Bedeutung der „Kraft" (virtus) des Fingerknochens, die durch vier im Handrücken eingestanzte Löcher nach außen dringen konnte, ist allerdings einer Betonung der Sichtbarkeit gewichen.

Wo Karl IV. die Reliquie Johannes des Täufers erworben haben könnte, bleibt offen. Seit dem 10. Jahrhundert wird der rechte Unterarm des Heiligen im Kaiserpalast in Konstantinopel verwahrt.[2] Doch unter den vielen Reliquien, die Karl wohl Ende Mai 1360 aus Byzanz erreichten, befand sich keine des Täufers.[3] In den Inventaren des Prager Domschatzes erscheint der Finger nicht, aber nachdem 1645 auch die Karlsteiner Reliquien nach Prag gebracht worden waren, verzeichnet der Prager Domherr Tomáš Pešina drei von Karl 1355 in Italien erworbene Knochenstücke des Täufers in einem Seidensäckchen.[4] Wichtiger noch, das Goldene Reliquienkreuz aus Karlstein enthält Partikeln vom Zeigefinger Johannes des Täufers.[5] Mit dem Breslauer Bischof hatte der Kaiser also eine von ihm äußerst hochgeschätzte Reliquie geteilt.[6] Damit erwies er einem seiner engsten Verbündeten in dem erst seit 1327 zu den Ländern der böhmischen Krone zählenden Schlesien seine Reverenz.[7]

Christian Forster

LITERATUR
BURGEMEISTER 1930, 143. – SZCZEPKOWSKA-NALIWAJEK 1996, 204. – REGULSKA 2001, 155f., Nr. 84. – Ausst.-Kat. Liegnitz/Prag 2006/07, 115, Kat.-Nr. I.4.14 (Mateusz KAPUSTKA).

FUSSNOTEN
1 Dargestellt beispielsweise auf dem ehem. Hochaltarretabel der Franziskanerkirche von Thorn (Toruń), um 1360/70, heute Pelplin, Muzeum Diecezjalne, Inv.-Nr. 35/M. Vgl. Kat.-Nr. 13.5.
2 Istanbul, Topkapı Sarayı, Inv.-Nr. 2/2742. KLEIN 2012, 654. – Eine Tradition will, dass der rechte Zeigefinger als Beute des IV. Kreuzzugs in die Abteikirche Sainte-Madeleine in Châteaudun gelangt war. EBERSOLT 1921, 134.
3 LINDNER 2009/II.
4 PEŠINA Z ČECHORODU 1673/I, 512: „Item, frustula alia tria in fasciculo sericeo colligata ex Italia per Carolum allata an. 1355".
5 Prag, Metropolitní kapitula u sv. Víta, Inv.-Nr. K 25. – Ausst.-Kat. Prag 2006, 111–114, Kat.-Nr. 24 (Karel OTAVSKÝ). – KYZOUROVÁ 2012, 28–32, Kat.-Nr. 1 (K. OTAVSKÝ). – Heiltumslisten der Prager Weisung (undatiert, ausgehendes 14. Jahrhundert), fol. 59v bzw. 57v, hg. von KUBÍNOVÁ 2006/II, 297: „digitus sancti Johannis Baptistae".
6 Die Herkunft überliefert das Sitzungsprotokoll des Domkapitels vom 28. Januar 1513: „parva manus, quae dicebatur tota aurea et in se continere partem indicis vel digiti sancti Joannis baptistae, quondam per caesarem Carolum olim epo Pretzlao pro munere data." SABISCH 1972, 507, Nr. 607.
7 GATZ 2001, 111f. – FAJT/SUCKALE 2006/I, 177. – Über die Weitergabe von Reliquien durch Karl IV. BAUCH 2015/I, 312–432, bes. 416–418.

19.3 Entwurf für das Denkmal Karls IV. auf dem Kreuzherrenplatz in Prag

Dresden, Ernst Julius Hähnel (1811–91), 1843.
Gips; H. 71 cm, B. 29,5 cm, T. 24 cm.
Staatliche Kunstsammlungen Dresden, Albertinum, Inv.-Nr. ASN 0271.

Die für den 500. Jahrestag der Gründung der Prager Universität 1848 zuständige Jubiläumskommission entschloss sich, die Statue Kaiser Karls IV. als Universitätsgründer von dem berühmten Bildhauer und Professor der Dresdner Kunstakademie Ernst Julius Hähnel anfertigen zu lassen. Hähnel präsentierte seinen Entwurf im Januar 1844 in Prag und vollendete die Statue 1846. Die für den Beginn des Wintersemesters 1848 vorgesehene feierliche Enthüllung der wohl bedeutendsten öffentlichen Plastik jener Zeit in Prag musste infolge der turbulenten Ereignisse des Revolutionsjahres 1848 verschoben und das Denkmal eingekleidet werden, um es vor den Straßenkämpfen zu schützen. Erst am 31. Januar 1849 erfolgte die Enthüllung des neugotischen Denkmals unmittelbar neben der Karlsbrücke bzw. dem Altstädter Brückenturm auf dem Kreuzherrenplatz (Křižovnické náměstí), das damals kaum Beachtung fand. 1878, anlässlich des 500. Todestages Karls IV., wurde das Denkmal zu einen Brennpunkt der tschechischen und deutschen Versuche, den Kaiser und seine Universitätsgründung durch entsprechende Kranzniederlegungen, Festreden und anschließende Pressepolemiken exklusiv für die eigene nationale Sache zu deklarieren.

René Küpper

LITERATUR
KUNŠTÁT 2000. – BURGET 2007. – HRUBEŠOVÁ/HRUBEŠ 2009.

19.4 Pelzel, Franz Martin (Pelcl, František Martin): Kaiser Karl der Vierte, König in Böhmen. Mit Kupfern. Erster Theil, enthält die Jahre 1316–1355, nebst einem Urkundenbuche von zwey hundert sieben und fünfzig itzt erst gedruckter Diplomen und Briefe. Prag 1780

Papier; H. 20,1 cm.
Prag, Archiv Univerzity Karlovy, Sammlung alter Drucke, Inv.-Nr. 529.

Mit dieser kleinen Schrift reagierte Franz Martin Pelzel (1734–1801), Historiker und ab 1793 erster Professor für Tschechische Sprache und Literatur an der Universität Prag, auf eine kritische Rezension seines zweibändigen Werkes „Kaiser Karl IV., König in Böhmen, nebst einem Urkundenbuch", das in den Jahren 1780 und 1781 erschienen war. Der Titel der Schrift ist Programm: Pelzel, ein bedeutender Vertreter der Aufklärung in Böhmen und böhmischer Landespatriot, nahm hier Karl IV. gegen angeblich ungerechtfertigte Kritik deutscher Historiker in Schutz. Er zeichnete den Kaiser als den größten böhmischen König, dessen Herrschaft sich auch im Reich positiv, weil friedensstiftend, ausgewirkt habe. Pelzels Darstellung wirkte bis in die Mitte des 19. Jahrhunderts fort, weil sie auf der bis dahin umfassendsten Quellen- und Materialzusammenstellung beruhte. Bereits bei Pelzel fand sich der Hinweis auf Karls vermeintliche Liebe zur und besonderen Förderung der tschechischen Sprache.

René Küpper

LITERATUR
PELZEL 1780/81. – FREY 1978/I.

19.4

19.5 Karl IV. gründet 1348 die Prager Universität

Prag, Václav Brožík (1851–1901), 1896.
Öl auf Leinwand; H. 58 cm, B. 117 cm.
Prag, Národní galerie v Praze, Inv.-Nr. O 5669.

Im Geschichtsbild tschechischer Nationalisten des späten 19. Jahrhundert gründete Karl IV. die Prager Universität 1348 vor allem für die tschechische Bevölkerung seines Königreiches Böhmen. Diese Version des oft gemalten Sujets (tschech. Titel: Karel IV. zakládá roku 1348 pražskou univerzitu) stammt vom Václav Brožík, dem damals populärsten, auch international hoch geachteten tschechischen Historienmaler. Brožík, zeitweise an der Münchener Akademie ausgebildet und von Carl Theodor von Piloty (1826–86) beeinflusst, war einer der bedeutendsten Vertreter der sogenannten Generation des Nationaltheaters. 1896 wurde er sogar in die französische Académie des Beaux-Arts aufgenommen. Seine im akademischen Malstil gehaltenen Historienbilder illustrierten für Generationen patriotischer Tschechen die vor allem auf den Historiker František Palacký (1798–1876) zurückgehende nationale Meistererzählung. Diese sah zwar in der Hussitenzeit den bisherigen Gipfelpunkt der Geschichte des tschechischen Volkes, in Karl IV. aber jenen König, der sein Vaterland zu höchster Prosperität gebracht habe und deshalb immer noch der populärste Herrscher sei. Eine 1899 fertiggestellte weitere Ausfertigung des hier gezeigten Bildes hängt als eines von vier Gemälden im Pantheon des Nationalmuseums in Prag, und damit sozusagen im Allerheiligsten der tschechischen Nationalbewegung des ausgehenden 19. Jahrhunderts.

René Küpper

LITERATUR
BLAŽÍČKOVÁ-HOROVÁ 1998. – HOJDA/VLNAS 1998.

19.6.a–b Propagandistischer Einsatz Karls IV. im Protektorat Böhmen und Mähren

a. Böhmen und Mähren. Blatt des Reichsprotektors in Böhmen und Mähren, Volk und Reich Verlag, Prag
1. Heft 11/12 (November/Dezember) 1942.
2. Heft 1/2 (Januar/Februar) 1943.
3. Heft 11/12 (November/Dezember) 1943.
München, Wissenschaftliche Bibliothek im Sudetendeutschen Haus unter Verwaltung des Collegium Carolinum e. V., Signatur ZC 162.

b. Sondermarken der Deutschen Reichspost im Protektorat Böhmen und Mähren, ausgegeben am 29. Januar 1943
1. Johann von Luxemburg.
2. Karl IV.
3. Peter Parler.
Augsburg, Haus der Bayerischen Geschichte.

Nachdem Adolf Hitler durch das Münchner Abkommen vom September 1938 die Abtretung der überwiegend deutsch besiedelten Randgebiete der Tschechoslowakei erlangt hatte, ließ er im März 1939 den Rest der böhmischen Länder durch die Wehrmacht besetzen und gliederte sie als vorgeblich autonomes „Protektorat Böhmen und Mähren" in das Deutsche Reich ein. Zur Kontrolle und Lenkung der Protektoratsregierung installierte er in Prag die Behörde des Reichsprotektors. Während sich zwischen 1939 und 1945 mehrere Reichsprotektoren bzw. Stellvertretende Reichsprotektoren abwechselten, garantierte der Staatssekretär und später Deutsche Staatsminister Karl Hermann Frank die einheitliche Linie der Besatzungspolitik. Frank, ein ehemaliger sudetendeutscher Politiker und Verlagsbuchhändler, fungierte auch als Herausgeber von „Böhmen und Mähren", der ab 1940 erscheinenden repräsentativen, aufwendig gestalteten monatlichen Zeitschrift des Reichsprotektors, die offiziös politische, kulturelle und ökonomische Fragen behandelte.

Die drei Titelbilder der Zeitschrift verdeutlichen die programmatische Vereinnahmung Karls IV. durch die nationalsozialistischen Besatzer. In Fortsetzung der nationalen Deutungen der zweiten Hälfte des 19. Jahrhunderts wurden sowohl Karls bedeutende Prager Bauten, darunter der Veitsdom und die später so genannte Karlsbrücke, als auch die Gründung der Karls-Universität, symbolisiert durch den Gotischen Erker des Carolinums, ferner Burg Karlstein als Hort der böhmischen und der Reichskleinodien als deutsche Kulturleistungen

19.6.a

und Errungenschaften des angeblich in rassischer Hinsicht vorwiegend germanischen und nicht slawischen Kaisers gedeutet. Sie dienten zugleich als vermeintlicher historischer Beleg dafür, dass die böhmischen Länder nur im Rahmen des Reiches wirtschaftlich und kulturell prosperieren könnten.

Dieselbe Botschaft vermittelten drei Sondermarken der Deutschen Reichspost, die im Protektorat ab dem 29. Januar 1943 vertrieben wurden, und deren Zuschlag dem deutschen Kriegswinterhilfswerk zugutekam. Die den Büsten im Triforium des Prager Veitsdomes nachempfundenen Briefmarken zeigen zwar König Johann mit dem böhmischen Löwen, Karl aber lediglich mit dem Reichsadler und damit als auch in nationaler Hinsicht „deutschen" Kaiser. Die Hinzunahme des aus Köln respektive Schwäbisch Gmünd stammenden Baumeisters Peter Parler, der unter anderem den Chor des Veitsdom vollendete, die Allerheiligenkapelle auf dem Hradschin, den Chor der Kirche zu Kolin/Elbe und die Karlsbrücke errichtete, sollte wiederum den Transfer überlegener deutscher Kultur ins Königreich Böhmen versinnbildlichen. Mit der Büste aus dem Veitsdom verwendeten die Nationalsozialisten eines der bekanntesten Porträts Karls, das schon davor und auch danach als Projektionsfläche unterschiedlicher politischer Vorstellungen Verwendung fand.

René Küpper

19.6.b

19.5

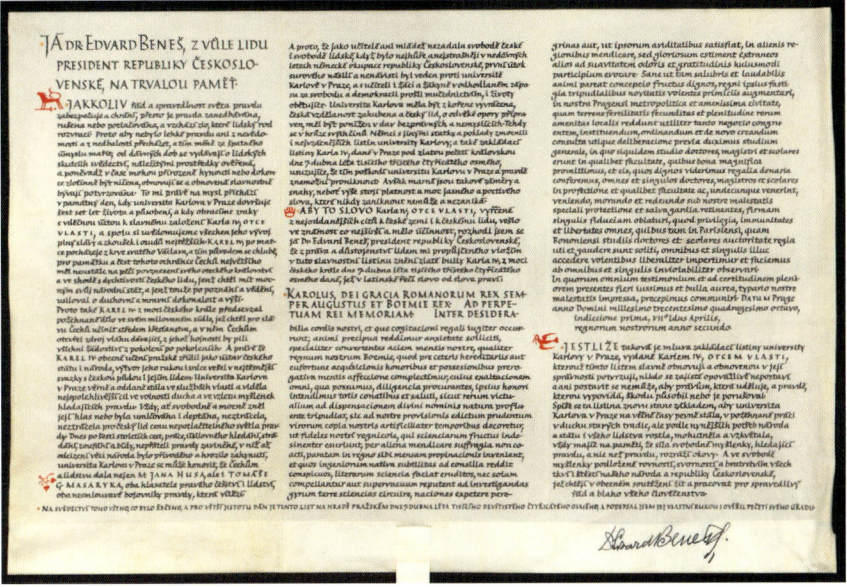

19.7

19.7 Erneuerung der Gründungsurkunde der Prager Universität durch den tschechoslowakischen Präsidenten Edvard Beneš

Prag, 7. April 1948.
Pergament; H. 50,5 cm, B. 75,8 cm, H. des Umbugs 4,6 cm; Siegel Dm. 43 mm.
Prag, Univerzita Karlova v Praze, Archiv, Listiny (1355–1960), Sign. I/103.

Am 7. April 1948, dem 600. Jahrestag der Gründung des Studium universale in Prag, erneuerte und bestätigte Präsident Edvard Beneš die Gründungsurkunde Karls IV. Das Original der Urkunde, weitere Bestände des Universitätsarchivs sowie die Universitätsinsignien sind seit den letzten Tagen der nationalsozialistischen Besatzungsherrschaft im Frühjahr 1945 verschollen. Die Besatzer hatten 1939 die tschechische Universität in Prag geschlossen und der deutschen als „Deutsche Karls-Universität" die legitime Fortsetzung von Karls Gründung zugesprochen. Auch sie hätten den Jahrestag 1948 – unter anderem Vorzeichen – groß gefeiert.

Beneš inserierte nun den lateinischen Wortlaut der Urkunde Karls in seine eigene Urkunde. Ganz im Stil der tschechischen historischen Meistererzählung des 19. Jahrhunderts betonte er, der Otec vlasti (Vater des Vaterlandes) Karl IV. habe die Universität als Einrichtung des böhmischen Staates und für das böhmische Volk geschaffen – „böhmisch" im Sinne von „tschechisch". Dieser Akt setzte einen Schlusspunkt unter die seit der Teilung der Prager Universität 1882 andauernden nationalen Auseinandersetzungen, welche der Nachfolgeinstitutionen die legitime Erbin sei, und ob Karl IV. eine böhmische im Sinne von „tschechische" oder eine Reichsuniversität im Sinne von „deutsche" Universität gegründet habe.

René Küpper

LITERATUR
BENEŠ 1998, 95–101. – HRUZA 2008.

19.8.a–k Briefmarken und Geld: Karl IV. als Symbol tschechoslowakischer bzw. tschechischer Staatlichkeit sowie sonstige Jubiläums-Marken aus Luxemburg und Deutschland

a. Tschechoslowakische Briefmarke zum 600. Jubiläum der Prager Karls-Universität 1948, welche Karl IV. mit der Gründungsurkunde in der Hand abbildet.

b. Tschechoslowakische Briefmarke zum 600. Jubiläum der Prager Karls-Universität 1948, welche dem Universitätssiegel nachempfunden ist.

c. Tschechoslowakische Briefmarke von 1973, die das Majestätssiegel der Goldenen Bulle wiedergibt.

d. Tschechoslowakische Briefmarke von 1978, das Porträt Karls IV. auf der Votivtafel des Jan Očko z Vlašimi variierend, zur Ausstellung auf der Prager Burg.

e. Tschechoslowakische Gedenkmarke zur Prager Burg von 1989, einem Relief aus dem 16. Jahrhundert nachempfunden.

f. Briefmarkensatz „Die Herrscher der Luxemburger-Dynastie" von 1996, entworfen vom dem Grafiker Oldřich Kulhánek (1940–2013), der auch die Banknoten der Tschechischen Republik gestaltete. Die Marke mit dem Porträt Karls IV. war dort 1996 „Briefmarke des Jahres".

g. Briefmarkensatz „Das Prag Karls IV." von 1998, mit dem die Tschechische Republik unter anderem an das 650. Jubiläum der Gründung der Prager Neustadt erinnerte.

h. Silbernes 100-Kč-Stück der Tschechoslowakischen Sozialistischen Republik von 1978. Bezeichnenderweise wird Karl IV. hier nur als „König von Böhmen" ausgewiesen.

i. Von Oldřich Kulhanek gestalteter tschechischer 100-Kč-Schein, der seit 1995 in Umlauf ist. Die Vorderseite zeigt ein Porträt Karls IV., die Rückseite eine Abbildung des Siegels der Karls-Universität in Prag.

j. Luxemburgische Sondermarke von 1978, welche die Skulptur Karls IV. vom Altstädter Brückenturm in Prag zeigt.

k. Deutsche Sondermarke von 2006 zum 650. Jahrestag der Goldenen Bulle von 2006, die das namensgebende Majestätssiegel der Goldenen Bulle abbildet.

Auch wenn die Intensität nicht immer gleich war, hat im 20. und 21. Jahrhundert jedes politische Regime in den böhmischen Ländern den „Otec vlasti" (Vater des Vaterlandes) als Symbol seines jeweiligen Staates verwendet. Dies lässt sich besonders anhand von Briefmarken aus der kommunistischen Epoche bis und der demokratischen Epoche nach 1989 zeigen, die meist zu Jubiläen herausgegeben wurden.

In Luxemburg und der Bundesrepublik Deutschland erschienen ebenfalls Sondermarken, die an Karls 600. Todestag bzw. an das 650. Jubiläum der Goldenen Bulle von 1356 erinnerten.

René Küpper

19.9.a–c Renaissance Karls IV. durch drei Ausstellungen 1978

a. Kaiser Karl IV. 1316–1378.
Führer durch die Ausstellung des Bayerischen Nationalmuseums München auf der Kaiserburg Nürnberg 15. 6.–15.10.1978.
Redaktion Johanna von HERZOGENBERG. München 1978.
H. 23,9 cm, B. 12,7 cm.

19 ✴ Das Nachleben Karls IV. **619**

19.9.1

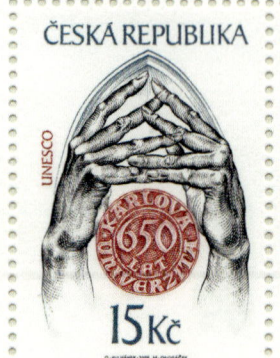

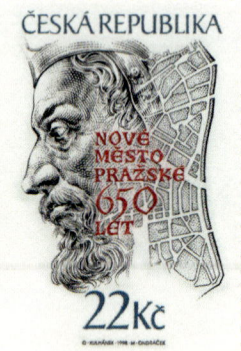

b. Doba Karla IV. v dějinách národů ČSSR.
Průvodce výstavou
[Die Zeit Karls IV. in der Geschichte der Völker der Tschechoslowakischen sozialistischen Republik. Führer durch die Ausstellung]. Redaktion Jiří BURIAN. Praha 1978.
H. 26 cm, B. 15,4 cm.

c. Die Parler und der schöne Stil 1350–1400. Europäische Kunst unter den Luxemburgern.
Führer zur Ausstellung von Uwe WESTFEHLING. Herausgegeben vom Schnütgen-Museum und vom Außenreferat der Museen der Stadt Köln. Köln 1978.
H. 22,6 cm, B. 15,1 cm.

Die Renaissance Karls IV. im Jahr 1978 begann mit der Ausstellung Kaiser Karl IV. 1316–1378 auf der Nürnberger Kaiserburg, die von Juni bis Oktober zu sehen war. An deren Zustandekommen und Konzept waren mit Ferdinand Seibt (1927–2003) und Johanna von Herzogenberg (1921–2012) zwei aus Böhmen stammende Deutsche maßgeblich beteiligt.

Die wenige Wochen später eröffnete große Ausstellung Die Zeit Karls IV. in der Geschichte der Völker der ČSSR auf der Prager Burg, die 650.000 Besucher anlockte und Karl in traditioneller Weise als tschechischen Landesvater Böhmens präsentierte, war eine politisch motivierte Reaktion auf die Nürnberger Ausstellung.

Die von November 1978 bis März 1979 laufende Kölner Ausstellung Die Parler und der schöne Stil 1350–1500 konzipierte und leitete mit Anton Legner (* 1928) ein weiterer aus Böhmen stammender Deutscher.

Beide Ausstellungen, die in Nürnberg zählte etwa 200.000 Besucher, die in Köln etwa 300.000, Seibts im deutschen Sprachraum bis heute maßgebliche Biografie Karls IV. sowie weitere begleitende Publikationen trugen zu einer zeitweiligen Renaissance des Kaisers in der bundesdeutschen Öffentlichkeit bei.

René Küpper

LITERATUR
SEIBT 1978/I. – SEIBT 1978/II. – GRAUS 1980.

19.8.a–k

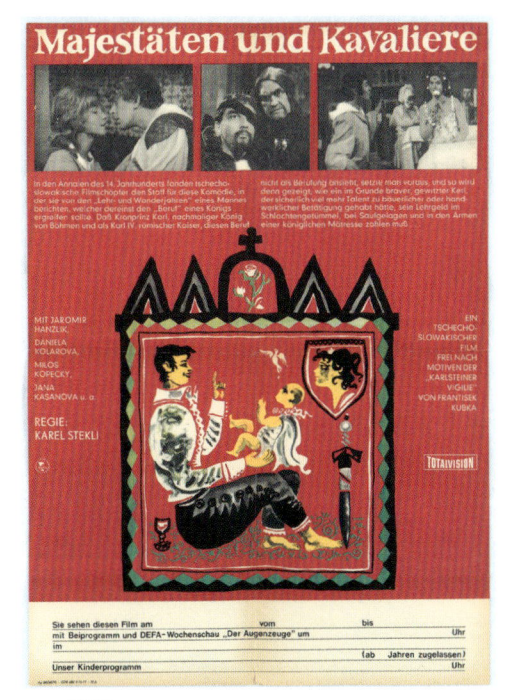

19.10.b

19.10.c

19.10.a

19.10.a–c Der Kinokaiser: populäre tschechoslowakische Filmkomödien über Karl IV.

a. Filmplakat „Slasti otce vlasti" (Die Vergnügungen des Vaters des Vaterlandes)
Tschechoslowakei 1969; H. 84 cm, B. 60 cm.

Die bis heute beliebte Komödie über die jungen Jahre Karls IV., die 1969 in der Tschechoslowakei 950.000 Kinobesucher anlockte, beruht auf Motiven aus einer ebenfalls populären literarischen Vorlage, nämlich den 1944 veröffentlichen „Karlštejnské vigilie" (Karlsteiner Vigilien) von František Kubka. Sie zeichnet ein sympathisches Bild Karls, der mit Humor sowie einem starken Hang zu amourösen Abenteuern ausgestattet ist. Der Plakatentwurf, der die wohl bekannteste Darstellung Karls IV. auf der Votivtafel des Jan Očko von Vlašim (vgl. Kat.-Nr. 6.11) spielerisch aufgreift, stammt von dem 1932 geborenen Grafikdesigner Zdeněk Ziegler. Den jungen Karl verkörperte Jaromír Hanzlík (* 1948),

seine Gemahlin Blanche von Valois Daniela Kolářová (* 1946). Der Film lief unter dem Titel „Majestäten und Kavaliere" 1970 auch in der DDR, nicht aber in der BRD.

b. Filmplakat „Majestäten und Kavaliere"
DDR 1970; H. 59,4 cm, B. 42 cm.

c. Filmplakat „Eine Nacht auf Karlstein"
DDR 1975; H. 81 cm, B. 57 cm.

Die Musikkomödie „Noc na Karlštejně", die 1973 in der Tschechoslowakei mit knapp 1,4 Millionen Zuschauern überaus erfolgreich gewesen war, lief 1975 auch in der DDR. Den Kaiser verkörperte Vlastimil Brodský (1920–2002), die Kaiserin Elisabeth Jana Brejchová (* 1940); auch Jaromír Hanzlík und Daniela Kolářová wirkten wieder mit. Der Film von Regisseur Zdeněk Podskalský (1923–93) geht auf das gleichnamige, 1884 am Prager Nationaltheater uraufgeführte Theaterstück von Jaroslav Vrchlický (1853–1912) zurück. Als Pagen verkleidet, verstoßen die Kaiserin, die sich nach ihrem Gatten sehnt, und die Nichte des Burggrafen gegen Karls striktes

Verbot eines Aufenthaltes von Frauen auf Burg Karlstein (Karlštejn) und lösen damit einige Wirren aus. Bis heute läuft „Noc na Karlštejně" erfolgreich als Musical an verschiedenen tschechischen Spielorten und die Lieder aus dem Film kennt wohl jeder in Tschechien.

René Küpper

LITERATUR
BŘEZINA 1996.

19.11.a–b Der Kaiser als Ware und Werbemittel

a. Figuren und anderes

Vor allem in der Tschechischen Republik, aber auch in Deutschland kann man zahlreiche und unterschiedlich gelungene figürliche Darstellungen Karls IV. kaufen, ob nun als Marionette, als Büste oder als Zinnfigur. Oft dienen bekannte Darstellungen des Kaisers als Vorlage, etwa die Büste im Triforium des

19.12.b

mit dem Internationalen Filmfestival in Karlsbad lanciert wurde. Die Werbematerialien zeigten Karl als böhmischen, d. h. tschechischen König, nicht als Römisch-deutschen Kaiser. Nach einem Intermezzo seit der Schließung der Brauerei „Karel IV." 1999 gibt es mittlerweile in Karlsbad, dessen Bürgern Karl IV. 1370 mit der Erhebung zur königlichen Stadt das Privileg des Bierbrauens verliehen hatte, wieder eine nach ihm benannte Biermarke und Brauerei.

René Küpper

19.12.a–b Karlspreise: Vereinnahmung oder Vermächtnis?

a. Europäischer Karlspreis der Sudetendeutschen Landsmannschaft
Dm. 64 mm, L. des Bandes 35 cm.

19.12.a

Prager Veitsdoms, der thronende Kaiser vom Siegel der Goldenen Bulle oder in Deutschland das um 1841 von Johann Franz Brentano geschaffene Gemälde des Kaisers im Frankfurter Römer. Die wohl bekannteste Skulptur aus dem 19. Jahrhundert, Ernst Julius Hähnels Denkmal auf dem Prager Kreuzherrenplatz, das Karl IV. als Universitätsgründer darstellt, kann man sogar als Reliefschokolade erwerben.

b. Biermarken
Werbeflugblatt der Karlsbader Brauerei für die „Huldigung für Karl IV." (Abb. S. 273)
Ca. 1970.
Druck, H. 19 cm, B. 14 cm.
Pilsen, Archiv společnosti Plzeňský Prazdroj, a.s., Plzeň, Sbírka dokumentace, Inv.-Nr. 152-6.

Die Kommerzialisierung des Kaisers konnte auch unter kommunistischem Vorzeichen erfolgen: ab 1966 gab es eine Biermarke „Karel IV." der staatlichen Westböhmischen Brauereien, die im Zusammenhang

19.11.b

19.12.c

b. Kulturpreis Karl IV. des Kulturvereins Aachen – Prag e. V.
Urkunde im Samtumschlag aufgeschlagen: H. 31,5 cm, B. 46,5 cm; Dm. der Medaille: 9,2 cm.

Wenn die Karls-Universität und die Hauptstadt Prag seit 1993 für besondere künstlerische oder wissenschaftliche Leistungen einen internationalen „Preis Karls IV." verleihen, ist die Traditionslinie zu dem von Karl gestifteten Studium generale nachvollziehbar. Aber auch andere Preise beziehen sich auf Karl IV.:
Der seit 1958 jährlich verliehene Europäische Karlspreis der Sudetendeutschen Landsmannschaft beruft sich laut Statut auf Karl IV. als „Ordner Mitteleuropas" und soll als „Mahnruf einer gerechten Völker- und Staatenordnung in Mitteleuropa" dienen. Die Instrumentalisierung Karls IV. für damals aktuelle politische Zwecke ist aus der Verbindung der dem Majestätssiegel Karls IV. an der Goldenen Bulle von 1356 nachempfundenen Medaille mit einem „Band in den sudetendeutschen Farben

19.13

(Schwarz-Rot-Schwarz)" ersichtlich. Das über die Verleihung entscheidende Kuratorium besteht laut Statut aus dem Sprecher der Landsmannschaft sowie mehreren Vertretern von Bundesvorstand und Bundesversammlung. Das hier gezeigte Exemplar wurde 2008 an den tschechischen Publizisten, Politiker und ehemaligen Dissidenten Petr Uhl verliehen.

Seit 2010 verleiht der Kulturverein Aachen – Prag e. V den Kulturpreis Karl IV. für „außergewöhnliche Leistungen" hinsichtlich der Intensivierung der Kontakte zwischen Aachen und Prag, der Verständigung zwischen Deutschen und Tschechen sowie der Förderung von „Kultur, Kunst und Wissenschaft beider Länder". Laut Statut gehört stets auch ein Mitglied aus der Tschechischen Republik der Jury an. Die Medaille zeigt eine an den Reliquienzyklus auf Burg Karlstein angelehnte Darstellung Karls IV. Das hier gezeigte Exemplar wurde 2013 gemeinschaftlich an den Aachener Domchor und den Prager Kinder- und Jugendchor „Zvonky" verliehen.

René Küpper

LITERATUR
Richtlinien Kulturpreis 2010. – Statut Karls-Preis.

19.13 Karte des Europas Karls IV. in der Sicht der „Opráski sčeskí historje"

H. 29,7 cm, B. 42 cm.

Eine Möglichkeit, sich großen historischen Gestalten ohne nationales Pathos zu nähern, besteht darin, über sie zu lachen. In der Tschechischen Republik ist der Historický ústav durch die Publikation der in sprachlicher Hinsicht eigenwilligen und kontroversen, aber wegen ihres subversiven Humors gerade bei jüngeren Leuten sehr beliebten Internetcomics „Opráski sčeskí historje" in den letzten Jahren zum renommiertesten Fachinstitut für solche alternativen Geschichtsbilder geworden. Obwohl Zmikund und Huz (Sigismund und Hus) eher im Mittelpunkt der dortigen Forschungsinteressen stehen als Karl IV., hat Zeichner jaz eine exklusive Karte zu den Erlebnissen und Reisen Karls in Europa zur Verfügung gestellt, die neue Perspektiven auf Bekanntes eröffnet. Und auch das ist „Karl IV. heute".

René Küpper

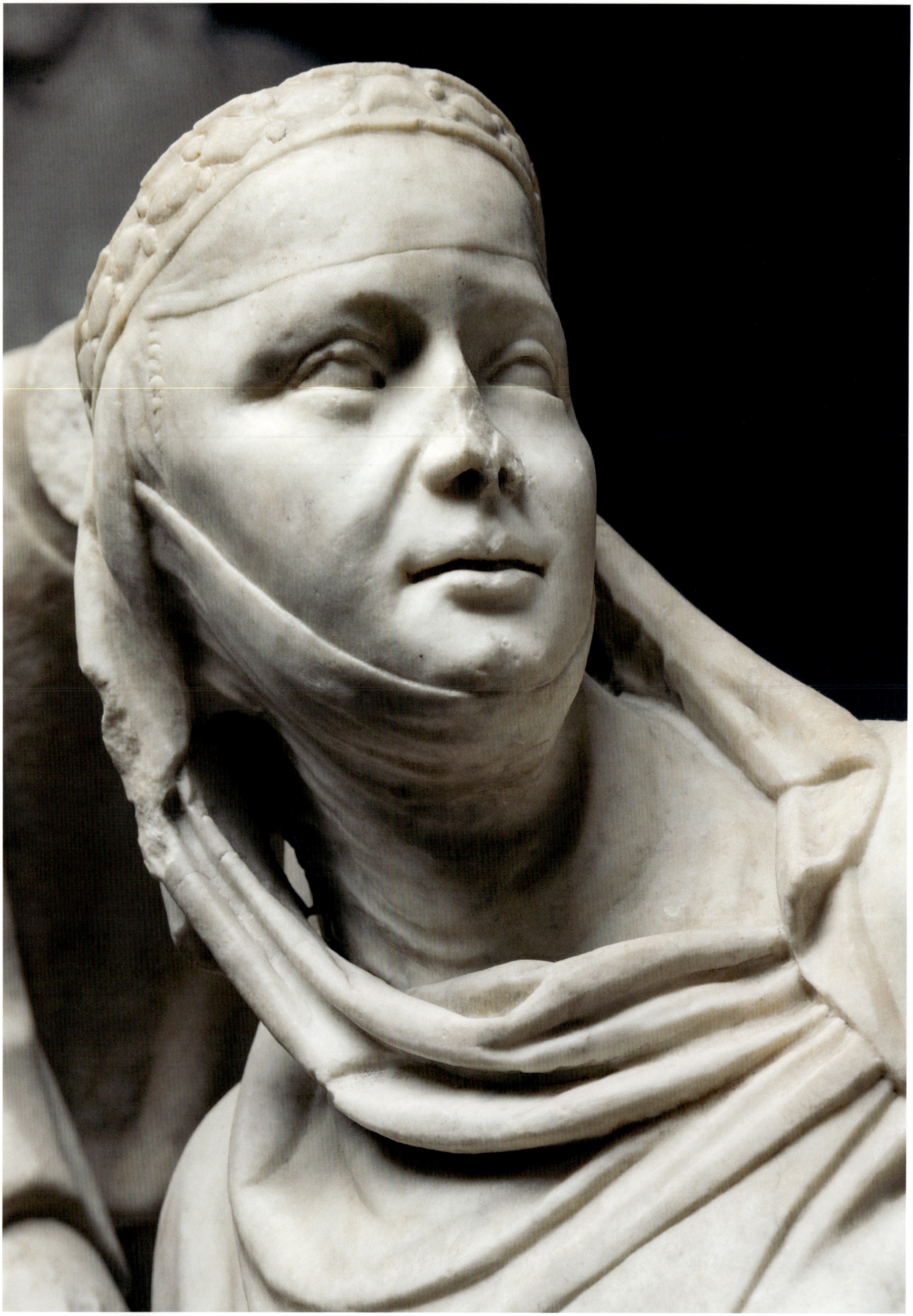

Literaturverzeichnis

A

ABALLÉA, Sylvie: Les saints sépulcres monumentaux du Rhin supérieur et de la Souabe (1340–1400). Diss. Straßburg. Strasbourg 2003.

ABRAHAM, Erich: Nürnberger Malerei der zweiten Hälfte des XV. Jahrhunderts. Diss. Berlin. Straßburg 1912.

ACHNITZ, Wolfgang (Hg.): Deutsches Literatur-Lexikon. Das Mittelalter. Band 6: Das wissensvermittelnde Schrifttum bis zum Ausgang des 14. Jahrhunderts. Berlin / Boston 2014.

ACHT, Peter / WETZEL, Johannes u. a. (Hgg.): Regesten Kaiser Ludwigs des Bayern (1314–1347), nach Archiven und Bibliotheken geordnet. Bisher 10 Teilbde. Köln u. a. 1991–2015 (Regesta Imperii V,1–10).

ACKER, Agnès u. a. (Hgg.): Encyclopédie d'Alsace. 12 Bde. Strasbourg 1982–86.

ADAM, Carl (Bearb.): Archiv der Freiherren Stromer von Reichenbach auf Burg Grünsberg [Heute Staatsarchiv Nürnberg]. Teil 2: Akten. Neustadt/Aisch 1972 (Bayerische Archivinventare 34, Reihe Mittelfranken 9).

ADAM Z VELESLAVÍNA, Daniel: Kalendář historický [Historischer Kalender]. Praha 1578.

ADAM Z VELESLAVÍNA, Daniel: Kalendář historický [Historischer Kalender]. Praha 1590.

ADAM Z VELESLAVÍNA, Daniel: Kronyky Dwě, O založenij Země Čzeské, a prwnijch Obywatelijch gegich, též o Knijžatech a Králijch Čzeských, y gegich činech [Zwei Chroniken über die Gründung der böhmischen Länder und ihre ersten Einwohner, sowie über die böhmischen Fürsten und Könige und ihre Taten]. Praha 1585. Online: Http://kramerius.mzk.cz/search/i.jsp?pid=uuid:90694c52-9deb-11e0-a742-0050569d679d#monograph-page_uuid:92f06c67-9deb-11e0-a742-0050569d679d (2.11.2015).

[ADB]: Allgemeine deutsche Biographie. Hg. durch die Historische Commission bei der Königlichen Akademie der Wissenschaften. 56 Bde. Leipzig 1875–1912 (Nachdruck 1967–1971).

AGOSTO, Aldo: Il documento del 25 agosto 1313. Analisi giuridico-diplomatica dell'atto di pagamento a Giovanni Pisano. In: Ausst.-Kat. Genua 1987, 201–204.

AINSWORTH, Peter / CROENEN, Godfried (Hgg.): The Online Froissart. Bd. 1.5. Sheffield: HRIOnline, 2013. URL: Http://www.hrionline.ac.uk/onlinefroissart/apparatus.jsp?type=intros&intro=f.intros.IVP-Artists [Version 1.0 (2010); letzter Zugriff 17.1.2016].

ALBRECHT, Stefan (Hg.): Die Königsaaler Chronik. Aus dem Lateinischen von Josef BUJNOCH (†) und Stefan ALBRECHT. Frankfurt/M. 2014 (Forschungen zu Geschichte und Kultur der böhmischen Länder 2).

ALBRECHT, Stephan: Mittelalterliche Rathäuser in Deutschland. Architektur und Funktion. Darmstadt 2004.

ALCOUFFE, Daniel: Camées et vases pierres dures. In: Ausst.-Kat. Paris 1981, 204–206.

ALCOUFFE, Daniel: Les gemmes de la Couronne. Catalogue. Paris 2001.

Römische Königin Margarethe von Brabant († 1311), Detail des fragmentarisch erhaltenen Grabmals mit der Erhebung der Seele (*Elevatio animae*) • Giovanni Pisano, 1313–1314 • Carrara-Marmor mit Resten von Fassung und Vergoldung • ursprünglich Genua, Franziskanerkloster San Francesco di Castelletto, heute Museo di Sant'Agostino, Inv. Nr. PB 2100

ALEXANDRE, Pierre: Le climat en Europe au moyen âge. Contribution à l'histoire des variations climatiques de 1000 à 425, d'après les sources narratives de l'Europe occidentale. Paris 1987 (Recherches d'histoire et de sciences sociales 24).

ALTENSLEBEN, Stephan: Politische Ethik im späten Mittelalter. In: Wallraf-Richartz-Jahrbuch 64 (2003), 125–185.

ALTMANN, Wilhelm (Hg.): Eberhart Windeckes Denkwürdigkeiten zur Geschichte des Zeitalters Kaiser Sigmunds. Berlin 1893.

ALTMANN, Wilhelm (Bearb.): Die Urkunden Kaiser Sigmunds (1410–1437), Bd. XI.1. Die Urkunden Kaiser Sigmunds. – Bd. XI.2. 1424–1437, Nachträge und Register zu Bd. I u. II. Innsbruck 1896–1900 (Regesta Imperii XI.1 und XI.2); gemeinsamer Neudruck Wien / Köln / Weimar 1968.

AMBRONN, Karl-Otto: Das Territorium des Fürstentums der Oberen Pfalz von seinen Anfängen bis zum Ende des Alten Reiches. In: Ausst.-Kat. Amberg 2004, 29–42.

AMMANN, Hektor: Die wirtschaftliche Stellung der Reichsstadt Nürnberg im Spätmittelalter. Nürnberg 1970 (Nürnberger Forschungen 13).

ANDERGASSEN, Leo: Die fünfzehn Zeichen vor dem Weltende. Zur Lehrhaftigkeit mittelalterlicher Wandmalereien. In: Der Schlern 78 (2004), H. 4, 56–68.

ANDERNACHT, Dietrich / STAMM, Otto (Hgg.): Die Bürgerbücher der Reichsstadt Frankfurt 1311–1400 und das Einwohnerverzeichnis von 1387. Frankfurt/M. 1955 (Veröffentlichungen der Historischen Kommission der Stadt Frankfurt am Main 12).

ANDERSSON, Aron: Medieval Wooden Sculpture in Sweden, vol. III. Late Medieval Sculpture. Stockholm 1980.

ANDREA, Alfred J. (Hg.): Contemporary Sources for the Fourth Crusade. Leiden / Boston / Köln 2000 (The medieval Mediterranean 29).

ANNAS, Gabriele: Hoftag, Gemeiner Tag, Reichstag, Bd. 2. Verzeichnis deutscher Reichsversammlungen des späten Mittelalters (1349–1471). Göttingen 2004.

ANTOINE-KÖNIG, Élisabeth / TOMASI, Michele (Hgg.): L'orfévrerie gothique en Europe. Production et réception. Actes du colloque organisé par Musée du Louvre, Paris et Université de Lausanne aux 26–28 mars 2014. Roma 2016.

APPELT, Heinrich: Berthold, Patriarch von Aquileia. In: Neue deutsche Biographie, Bd. 2. Berlin 1955, 152. URL: http://daten.digitale-sammlungen.de/0001/bsb00016318/images/index.html?seite=170 (4.3.2016).

ARENS, Fritz / BÜHRLEN, Reinhold: Wimpfen. Geschichte und Kunstdenkmäler. Bad Wimpfen 1991.

ARNOLD, Lauren: Princely gifts and papal treasures. The Franciscan mission to China and its influence on the art of the West, 1250–1350. San Francisco 1999.

ARNOLD, Udo: Preußen, Böhmen und Reich. Karl IV. und der Deutsche Orden. In: SEIBT 1978/I, 167–173.

ARNOLD, Werner: DI 19, Stadt Göttingen, Nr. 5 [1980]. Online: www.inschriften.net, urn:nbn:de:0238-di019g001k0000503.

ARTONNE, Andrée: Le recueil des traités de la France composé par ordre de Charles V. In: Recueil de travaux offerts à M. Clovis Brunel I. Paris 1955 (Mémoires et documents publiés par la Société de l'Ecole des chartes 12), 55–63.

ASCHE, Sigfried: Malerei und Graphik der Oberlausitz. Görlitz 1940.

ASCHERL, Heinrich: Geschichte der Stadt und Herrschaft Neustadt a. d. Waldnaab. Weiden 1982.

ATTEN, Richard: Die Luxemburger in der Schlacht von Crécy. In: PAULY 1997/I, 567–596.

AUFFAHRT, Christoph: Irdische Wege und himmlischer Lohn. Kreuzzug, Jerusalem und Fegefeuer in religionswissenschaftlicher Perspektive. Göttingen 2002 (Veröffentlichungen des Max-Planck-Instituts für Geschichte 144).

AUGUSTA, Pavel / HONZÁK, František / PICKOVÁ, Dana / KUBŮ, Naďa: Dějiny středověku a raného novověku, 2. díl. Vrcholný a pozdní středověk. Učebnice pro základní školy [Geschichte des Mittelalters und der Frühen Neuzeit, Teil 2. Hoch- und Spätmittelalter. Lehrbuch für Grundschulen]. Praha 1996.

AUGUSTYN, Wolfgang / SÖDING, Ulrich (Hgg.): Dialog – Transfer – Konflikt. Künstlerische Wechselbeziehungen im Mittelalter und in der Frühen Neuzeit. Passau 2014 (Veröffentlichungen des Zentralinstituts für Kunstgeschichte in München 33).

[Ausst.-Kat. Aachen 1980]: Ausst.-Kat. Die Zisterzienser. Ordensleben zwischen Ideal und Wirklichkeit. Aachen 1980. Hg. von Kaspar ELM, Peter JOERISSEN und Hermann Joseph ROTH. Köln / Bonn 1980 (Schriften des Rheinischen Museumsamtes Brauweiler 10).

[Ausst.-Kat. Aachen 2000]: Ausst.-Kat. Krönungen. Könige in Aachen – Geschichte und Mythos. Hg. von Mario KRAMP. Aachen, Rathaus, Domschatzkammer, Dom, 11.6.–3.10.2000. Mainz 2000.

[Ausst.-Kat. Aachen 2014]: Ausst.-Kat. Karl der Große – Charlemagne. Macht Kunst Schätze. Hg. von Peter VAN DEN BRINK und Sarvenaz AYOOGHI. Aachen, Rathaus, Centre Charlemagne, Domschatzkammer, 20.6. – 21.9.2014. 3 Bde. Dresden 2014.

[Ausst.-Kat. Amberg 2004]: Ausst.-Kat. Das Fürstentum der Oberen Pfalz. Ein wittelsbachisches Territorium im Alten Reich. Ausstellung des Staatsarchivs Amberg in Zusammenarbeit mit der Kommission für bayerische Landesgeschichte bei der Bayerischen Akademie der Wissenschaften, Amberg, 16.3. – 16.5.2004. München 2004 (Ausstellungskataloge der Staatlichen Archive Bayerns 46).

[Ausst.-Kat. Andechs 1993]: Ausst.-Kat. Herzöge und Heilige. Das Geschlecht der Andechs-Meranier im europäischen Hochmittelalter. Red. Josef KIRMEIER und Evamaria BROCKHOFF. Hg. vom Haus der Bayerischen Geschichte. Andechs, Kloster, 13.7. – 24.10.1993. Regensburg 1993 (Veröffentlichungen zur bayerischen Geschichte und Kultur 24).

[Ausst.-Kat. Bad Windsheim 2013]: Ausst.-Kat. Der Reichswald. Holz für Nürnberg und seine Dörfer. Hg. von Herbert MAY und Markus RODENBERG. Bad Windsheim, Fränkisches Freilandmuseum des Bezirks Mittelfranken, 30.3. – 11.8.2013. Lauf a. d. Pegnitz / Bad Windsheim 2013 (Schriftenreihe der Altnürnberger Landschaft 52).

[Ausst.-Kat. Basel u.a. 2001]: Ausst.-Kat. Der Basler Münsterschatz. Hg. von Brigitte MELES. Basel 2001.

[Ausst.-Kat. Berlin 1987]: Ausst.-Kat. Bürger, Bauer, Edelmann. Berlin im Mittelalter. Berlin, Staatliche Museen Preußischer Kulturbesitz – Museum für Vor- und Frühgeschichte, 1987. Berlin 1987.

[Ausst.-Kat. Berlin 2010]: Ausst.-Kat. Burg und Herrschaft. Hg. von Rainer ATZBACH. Berlin, Deutsches Historisches Museum, 25.6. – 4.10.2010. Dresden 2010.

[Ausst.-Kat. Bern/Brügge/Wien 2008–2010]: Ausst.-Kat. Karl der Kühne. Glanz und Untergang des letzten Herzogs von Burgund. Hg. von Susan MARTI, Till-Holger BORCHERT und Gabriele KECK. Bern, Historisches Museum; Brügge, Bruggemuseum & Groeningemuseum; Wien, Kunsthistorisches Museum, 2008–10. 2. Aufl. Bruxelles 2009.

[Ausst.-Kat. Bonn 2009]: Ausst.-Kat. Schöne Madonnen am Rhein. Hg. von Robert SUCKALE. Bonn, LVR-Landesmuseum, 26. 11. 2009 – 25. 4. 2010. Leipzig 2009.

[Ausst.-Kat. Bonn/Essen 2005]: Ausst.-Kat. Krone und Schleier. Kunst aus mittelalterlichen Frauenklöstern. Hg. von Jutta FRINGS und Jan GERCHOW. Bonn, Kunst- und Ausstellungshalle der Bundesrepublik Deutschland, Essen Ruhrlandmuseum, 19. 3. – 3. 7. 2005. München 2005.

[Ausst.-Kat. Brüssel 1966]: Ausst.-Kat. Les primitifs de Bohème. L'art gothique en Tchécoslovaquie, 1350–1420. Brüssel, Palais des Beaux-Arts, 1966. Bruxelles 1966.

[Ausst.-Kat. Brüssel 2007]: Ausst.-Kat. Le Grand atelier. Chemins de l'art en Europe. Ve–XVIIIe siècle. Europalia. Hg. von Roland RECHT und Cathéline PERIER-D'IETEREN. Brüssel, Palais des Beaux-Arts, 5. 10. 2007 – 20. 1. 2008. Bruxelles 2007.

[Ausst.-Kat. Budapest 1994]: Ausst.-Kat. Pannonia Regia. Művészet a Dunántúlon 1000–1541 [Pannonia Regia. Kunst in Westungarn 1000–1541]. Hg. von Arpád MIKÓ und Imre TAKÁCS. Budapest 1994.

[Ausst.-Kat. Caltanissetta 2004]: Ausst.-Kat. Bohemia sancta. Poklady křesťanského umění z českých zemí [Bohemia sancta. Schätze christlicher Kunst in den böhmischen Ländern]. – Italienische Ausgabe: Bohemia Sancta. Tesori d'arte cristiana in Boemia. Hg. von Dana STEHLÍKOVÁ. Caltanissetta, Diözesanmuseum, 30. 6. – 25. 7. 2004; Syrakus, Museo Nazionale di Palazzo Bellomo, 31. 7. – 29. 8. 2004. Praha 2004.

[Ausst.-Kat. Darmstadt 1992]: Ausst.-Kat. Faszination Edelstein. Aus den Schatzkammern der Welt. Mythos Kunst Wissenschaft. Redaktion: Sybille EBERT-SCHIFFERER und Martina HARMS. Darmstadt, Hessisches Landesmuseum, 28. 11. 1992 – 25. 4. 1993. Bern 1992.

[Ausst.-Kat. Dijon/Cleveland 2004]: Ausst.-Kat. L'art à la cour de Bourgogne. Le mécénat de Philippe le Hardi et de Jean sans Peur (1364–1419). Les princes des fleurs de lis. Hg. von Stephen N. FLIEGEL und Sophie JUGIE. Dijon, Musée des Beaux-Arts, 28. 5. – 15. 9. 2004; The Cleveland Museum of Art, 24. 10. 2004 – 9. 1. 2005. Paris 2004.

[Ausst.-Kat. Dresden 2007]: Ausst.-Kat. Mit Schwert und Kreuz zur Kurfürstenmacht. Friedrich der Streitbare, Markgraf von Meißen und Kurfürst von Sachsen (1370–1428). Hg. von Jutta Charlotte von BLOH und Dirk SYNDRAM. Dresden, Sächsische Kunstsammlungen, Neues Grünes Gewölbe, 16. 5. – 6. 8. 2007. Dresden 2007.

[Ausst.-Kat. Eisenach 2007]: Ausst.-Kat. Elisabeth von Thüringen. Eine europäische Heilige. Hg. in Zusammenarbeit von Wartburg-Stiftung Eisenach von Dieter BLUME. 3. Thüringer Landesausstellung, Wartburg, Eisenach, 7. 7. – 19. 11. 2007. 2 Bde. Petersberg b. Fulda 2007.

[Ausst.-Kat. Esslingen 2001]: Ausst.-Kat. Stadt-Findung. Geschichte – Archäologie – Bauforschung in Esslingen. Hg. vom Landesdenkmalamt Baden-Württemberg. Esslingen, Altes Rathaus, 15. 9. – 4. 11. 2001. Bamberg 2001.

[Ausst.-Kat. Frankfurt/M. 2002]: Ausst.-Kat. Avantgarde 1360. Ein rekonstruierter Baldachinaltar aus Nürnberg. Hg. von Stephan KEMPERDICK. Frankfurt/M., Städel Museum, 2002. Frankfurt/M. 2002 (Kabinettstücke).

[Ausst.-Kat. Frankfurt/M. 2006]: Ausst.-Kat. Die Kaisermacher. Frankfurt am Main und die Goldene Bulle 1356–1806. Hg. von Evelyn BROCKHOFF, Jan GERCHOW u. a. Eine Ausstellung des Instituts für Stadtgeschichte, des Historischen Museums, des Dommuseums und des Museums Judengasse (Dependance des Jüdischen Museums), Frankfurt am Main, 30. 9. 2006 – 14. 1. 2007. Bd. 1, Katalog. Bd. 2, Aufsätze. Frankfurt/M. 2006.

[Ausst.-Kat. Frankfurt/M. 2007]: Ausst.-Kat. Der heilige Leib und die Leiber der Heiligen. Hg. von Stephanie HARTMANN, August HEUSER und Matthias Theodor KLOFT. Frankfurt/M., Dommuseum, Haus am Dom, 23. 3. – 27. 5. 2007. Limburg/L. 2007.

[Ausst.-Kat. Freiburg 1970]: Ausst.-Kat. Kunstepochen der Stadt Freiburg. Ausstellung zur 850-Jahrfeier. Freiburg, Augustinermuseum, 24. 5. – 26. 7. 1970. Freiburg 1970.

[Ausst.-Kat. Genua 1987]: Ausst.-Kat. Giovanni Pisano a Genova. Hg. von Max SEIDEL. Genova 1987.

[Ausst.-Kat. Genua 1992]: Ausst.-Kat. Niveo di marmore. L'uso artistico del marmo di Carrara dall'XI al XV secolo. Hg. von Enrico CASTELNUOVO. Genova 1992.

[Ausst.-Kat. Idar-Oberstein/Dresden 1998/99]: Ausst.-Kat. Deutsche Steinschneidekunst aus dem Grünen Gewölbe zu Dresden. Idar-Oberstein, Deutsches Edelsteinmuseum, 1. 10. – 6. 12. 1998; Dresden, Georgenbau, 24. 4. – 5. 9. 1999. Idar-Oberstein u. a. 1998.

[Ausst.-Kat. Jáchymov/Dippoldiswalde 2014]: Ausst.-Kat. Silberrausch und Berggeschrey. Archäologie des mittelalterlichen Bergbaus in Sachsen und Böhmen. Hg. von Regina SMOLNIK. Jáchymov, Museum Königliche Münze; Dippoldiswalde, Museum Osterzgebirgsgalerie, 21. 6. 2014 – 29. 3. 2015. Langenweißbach 2014.

[Ausst.-Kat. Karlsruhe 1992]: Ausst.-Kat. Christus und Maria. Auslegungen christlicher Gemälde der Spätgotik und Frührenaissance aus der Karlsruher Kunsthalle. Bearb. von Ines DRESEL, Dietmar LÜDKE und Horst VEY. Karlsruhe, Staatliche Kunsthalle, 6. 6. – 20. 9. 1992. Karlsruhe 1992.

[Ausst.-Kat. Köln 1978]: Ausst.-Kat. Die Parler und der Schöne Stil 1350–1400. Europäische Kunst unter den Luxemburgern. Hg. von Anton LEGNER. 3 Bde. Köln 1978.

[Ausst.-Kat. Köln 1978, Kolloquiumsband 1980]: Ausst.-Kat. Die Parler und der Schöne Stil. Europäische Kunst unter den Luxemburgern. Das internationale Kolloquium vom 5. bis zum 12. März 1979 anlässlich der Ausstellung des Schnütgen-Museums in der Kunsthalle Köln. Hg. von Anton LEGNER. Köln 1980.

[Ausst.-Kat. Köln 1978, Resultatband 1980]: Ausst.-Kat. Die Parler und der Schöne Stil 1350–1400. Europäische Kunst unter den Luxemburgern. Hg. von Anton LEGNER. Resultatband zur Ausstellung des Schnütgen-Museums in der Kunsthalle Köln. Köln 1980.

[Ausst.-Kat. Köln 1984]: Ausst.-Kat. Der Schatz von San Marco in Venedig. Hg. von Hansgerd HELLENKEMPER. Köln, Römisch-Germanisches Museum, 24. 10. 1984 – 27. 1. 1985. Milano 1984.

[Ausst.-Kat. Köln 1985]: Ausst.-Kat. Kunst der Gotik aus Böhmen, präsentiert von der Nationalgalerie Prag. Köln, Schnütgen-Museum, 7. 5. – 21. 7. 1985. Köln 1985.

[Ausst.-Kat. Köln 2011]: Ausst.-Kat. Glanz und Größe des Mittelalters. Kölner Meisterwerke aus den großen Sammlungen der Welt. Hg. von Dagmar TÄUBE und Miriam Verena FLECK. Köln, Schnütgen-Museum, 4. 11. 2011 – 26. 2. 2012. München 2011.

[Ausst.-Kat. Köln 2014]: Ausst.-Kat. Die Heiligen Drei Könige. Mythos, Kunst und Kult. Hg. von Manuela BEER, Moritz WÖLK u. a. Köln, Schnütgen-Museum, 25. 10. 2014 – 25. 1. 2015. München / Köln 2014.

[Ausst.-Kat. Konstanz 2014]: Ausst.-Kat. Das Konstanzer Konzil. 1414–1418. Weltereignis des Mittelalters. Große Landesausstellung '14 Baden-Württemberg. Veranstaltet vom Badischen Landesmuseum Karlsruhe im Konzilsgebäude Konstanz. 2 Bde. Darmstadt 2014.

[Ausst.-Kat. Leitmeritz 1997]: Ausst.-Kat. Z pokladů litoměřické diecéze III. Umělecké řemeslo 13.–19. století [Aus dem Schatz der Leitmeritzer Diözese III. Kunsthandwerk 13.–19. Jahrhundert]. Hg. von Dana STEHLÍKOVÁ und Olga KUBELKOVÁ-FRAŇKOVÁ. Leitmeritz, Galerie Výtvarného Umění v Litoměřicích, 25. 9. – 30. 11. 1997; Prag, Uměleckoprůmyslové Muzeum v Praze, 23. 1. – 28. 3. 1998. Litoměřice 1997.

[Ausst.-Kat. Liegnitz/Prag 2006/07]: Ausst.-Kat. Schlesien. Die Perle in der Krone Böhmens. Drei Blütezeiten der gegenseitigen Kunstbeziehungen. Hg. von Andrzej NIEDZIELENKO und Vít VLNAS. Liegnitz, Ritterakademie, 6. 5. – 8. 10. 2006; Prag, Wallenstein-Reithalle, 17. 11. 2006 – 8. 4. 2007. Praha 2006.

[Ausst.-Kat. Liegnitz/Prag 2006/07, Essayband]: Ausst.-Kat. Schlesien. Die Perle in der Krone Böhmens. Geschichte, Kultur, Kunst. Hg. von Mateusz KAPUSTKA. Praha 2007.

[Ausst.-Kat. London 1932]: Ausst.-Kat. Exhibition of French Art 1200–1900. London, Royal Academy of Arts, 1932. London 1932.

[Ausst.-Kat. London 1965]: Ausst.-Kat. Bohemian Glass. London, Victoria and Albert Museum, 1965. London 1965.

[Ausst.-Kat. London 2008]: Ausst.-Kat. Byzantium 330–1453. Hg. von Robin CORMACK und Maria VASSILAKI. London, Royal Academy of Arts, 25. 10. 2008 – 22. 3. 2009. London 2008.

[Ausst.-Kat. Lüneburg 2000]: Ausst.-Kat. Quis ut Deus. Schätze aus dem Diözesanmuseum Pelplin. Kunst zur Zeit des Deutschen Ordens. Hg. von Roman CIECHOLEWSKI. Lüneburg 2000.

[Ausst.-Kat. Mährisch Ostrau 2011]: Ausst.-Kat. Král, který létal. Moravsko-slezské pomezí v kontextu středoevropského prostoru doby Jana Lucemburského [Der König, der flog. Die mährisch-schlesische Grenze im Kontext des mitteleuropäischen Raums zur Zeit Johanns von Luxemburg]. Hg. von David MAJER. Ostravské muzeum, 16. 12. 2010 – 31. 3. 2011. Ostrava 2011.

[Ausst.-Kat. Magdeburg 2001]: Ausst.-Kat. Otto der Große. Magdeburg und Europa. Hg. von Matthias PUHLE, Magdeburg, Historisches Museum, 2001. 2 Bde. Mainz 2001.

[Ausst.-Kat. Magdeburg 2006]: Ausst.-Kat. Heiliges Römisches Reich Deutscher Nation. 962 bis 1806. Von Otto dem Großen bis zum Ausgang des Mittelalters. Hg. von Mathias PUHLE und Claus-Peter HASSE. Magdeburg, Kulturhistorisches Museum, 2006. 2 Bde. Dresden 2006.

[Ausst.-Kat. Mannheim 2014]: Ausst.-Kat. Mensch. Natur. Katastrophe. Von Atlantis bis heute. Hg. von Gerrit Jasper SCHENK u. a. Mannheim, Reiss-Engelhorn-Museen, 7. 9. 2014 – 1. 3. 2015. Regensburg 2014 (Publikationen der Reiss-Engelhorn-Museen 62).

[Ausst.-Kat. Merseburg 2004]: Ausst.-Kat. Zwischen Kathedrale und Welt. 1000 Jahre Domkapitel Merseburg. Merseburg, Dom und Schlossmuseum, 10. 8. – 14. 11. 2004. Hg. von Karin HEISE, Holger KUNDE und Helge WITTMANN. Petersberg b. Fulda 2004.

[Ausst.-Kat. Merseburg 2015]: Ausst.-Kat. 1000 Jahre Kaiserdom Merseburg. Hg. von Markus COTTIN, Claudia KUNDE und Holger KUNDE. Merseburg, 10. 8. – 9. 11. 2015). Petersberg b. Fulda 2015.

[Ausst.-Kat. Moskau/Prag 1971/72]: Ausst.-Kat. Umění české a slovenské gotiky [Die Kunst der böhmischen und slowakischen Gotik]. Leningrad / Moskau, 1971, Prag, 1972. Praha 1972.

[Ausst.-Kat. Mühlhausen 2013/14]: Ausst.-Kat. Frömmigkeit in Schrift und Bild. Illuminierte Sammelindulgenzen im mittelalterlichen Mühlhausen. Hg. von Jan HRDINA, Milada STUDNIČKOVÁ, Enno BÜNZ und Hartmut KÜHNE. Mühlhausen/Thür., Stadtarchiv, 29. 9. 2013 – 13. 4. 2014. Petersberg 2014 (Ausstellungen des Stadtarchivs Mühlhausen 3; Schriftenreihe der Friedrich-Christian-Lesser-Stiftung 29).

[Ausst.-Kat. München 1960]: Ausst.-Kat. Eucharistia. Deutsche eucharistische Kunst. Offizielle Ausstellung zum Eucharistischen Weltkongreß München 1960. Hg. von Karl BUSCH und Gislind RITZ. München 1960.

[Ausst.-Kat. München 2007]: Ausst.-Kat. The Cleveland Museum of Art: Meisterwerke von 300 bis 1550. Hg. von Renate EIKELMANN. München, Bayerisches Nationalmuseum, 11. 5. – 16. 9. 2007. München 2007.

[Ausst.-Kat. München/Glentleiten 2011]: Ausst.-Kat. WaldGeschichten. Forst und Jagd in Bayern 811–2011. Hg. von Christian KRUSE. München, Bayerisches Hauptstaatsarchiv, 31. 3. – 31. 5. 2011; Glentleiten, Freilichtmuseum, 3. 7. – 11. 11. 2011. München 2011 (Ausstellungskataloge der Staatlichen Archive Bayerns 54).

[Ausst.-Kat. München/Los Angeles 2007]: Ausst.-Kat. The Cleveland Museum of Art. Meisterwerke von 300 bis 1550. Hg. von Renate EIKELMANN. München, Bayerisches Nationalmuseum, 11. 5. – 16. 9. 2007. Englisch: Sacred Gifts and Worldly Treasures. Medieval Masterworks from the Cleveland Museum of Art. Los Angeles, J. Paul Getty Museum, 30. 10. 2007 – 20. 1. 2008. München 2007.

[Ausst.-Kat. Naumburg 2011]: Ausst.-Kat. Der Naumburger Meister. Bildhauer und Architekt im Europa der Kathedralen. Hg. von Hartmut KROHM und Holger KUNDE. Naumburg, Dom, Schlösschen und Stadtmuseum Hohe Lilie, 29. 6. 2011 – 2. 11. 2011. 2 Bde. Petersberg b. Fulda 2011.

[Ausst.-Kat. New York 1984]: Ausst.-Kat. The Treasury of San Marco. Hg. von David BUCKTON. Venedig, San Marco; New York, The Metropolitan Museum of Art, 1984. Milano 1984.

[Ausst.-Kat. New York 1997]: Ausst.-Kat. The Glory of Byzantium. Art and Culture of the Middle Byzantine Era, A. D. 843–1261. Hg. von Helen C. EVANS und William D. WIXOM. New York, The Metropolitan Museum of Art, 1997. New York 1997.

[Ausst.-Kat. New York 2005]: Ausst.-Kat. Prague – The Crown of Bohemia 1347–1437. Hg. Von Barbara Drake BOEHM und Jiří FAJT. New York, The Metropolitan Museum of Art, 20. 9. – 3. 1. 2006. New Haven / London 2005.

[Ausst.-Kat. Nürnberg 1971]: Ausst.-Kat. Albrecht Dürer 1471–1971. Nürnberg, Germanisches Nationalmuseum, 1971. Nürnberg 1971.

[Ausst.-Kat. Nürnberg 1978]: Ausst.-Kat. Kaiser Karl IV. 1316–1378. Führer durch die Ausstellung des Bayerischen Nationalmuseums München auf der Kaiserburg Nürnberg 15. 6. – 15. 10. 1978. Red. Johanna von HERZOGENBERG. München 1978.

[Ausst.-Kat. Nürnberg 1979]: Ausst.-Kat. Paul Wolfgang Merkel und die Merkelsche Familienstiftung. Red. Claudia DIEMER. Nürnberg, Germanisches Nationalmuseum in Verbindung mit dem Stadtarchiv Nürnberg, 7. 4. – 20. 5. 1979. Nürnberg 1979.

[Ausst.-Kat. Nürnberg 1982]: Ausst.-Kat. Caritas Pirkheimer 1467–1523. Hg. von Lotte KURRAS und Franz MACHILEK. Nürnberg, Katholische Stadtkirche und Kaiserburg, 1982. München 1982.

[Ausst.-Kat. Nürnberg 1986/I]: Ausst.-Kat. Nürnberg 1300–1550. Kunst der Gotik und Renaissance. New York, Metropolitan Museum of Art, 8. 4. – 22. 6. 1986; Nürnberg, Germanisches Nationalmuseum, 25. 7. – 28. 9. 1986. München 1986.

[Ausst.-Kat. Nürnberg 1986/II]: Ausst.-Kat. Nürnberg – Kaiser und Reich. Hg. von der Generaldirektion der Staatlichen Archive Bayerns. Nürnberg, Staatsarchiv 1986. Neustadt/Aisch 1986 (Ausstellungskataloge der Staatlichen Archive Bayerns 20).

[Ausst.-Kat. Nürnberg 1988]: Ausst.-Kat. Siehe, der Stein schreit aus der Mauer. Geschichte und Kultur der Juden in Bayern. Nürnberg, Germanisches Nationalmuseum, 1988. Nürnberg 1988.

[Ausst.-Kat. Nürnberg 1991]: Ausst.-Kat. Der Nürnberger Zeichner, Baumeister und Kartograph Hans Bien (1591–1632). Nürnberg, Staatsarchiv, 8. 6. – 28. 7. 1991. Nürnberg / München 1991.

[Ausst.-Kat. Nürnberg 2000]: Ausst.-Kat. Norenberc – Nürnberg 1050–1806. Eine Ausstellung des Staatsarchivs Nürnberg zur Geschichte der Reichsstadt. Hg. von Peter FLEISCHMANN. Nürnberg, Kaiserburg, 16. 9. – 12. 11. 2000. Nürnberg 2000.

[Ausst.-Kat. Nürnberg 2013]: Ausst.-Kat. Kaiser – Reich – Stadt. Die Kaiserburg Nürnberg. Hg. von Katharina HEINEMANN. Nürnberg, Kaiserburg, 13. 7. – 10. 11. 2013. Petersberg b. Fulda 2013.

[Ausst.-Kat. Olmütz 2014]: Ausst.-Kat. Gotische Löwenmadonnen. Splendor et Virtus Reginae Coeli. Hg. von Ivo HLOBIL und Jana HRBÁČKOVÁ. Olmütz, Kunstmuseum, 13. 2. – 11. 5. 2014. Olmütz 2014.

[Ausst.-Kat. Ossegg 1996]: Ausst.-Kat. 800 Jahre Kloster Osek (1196–1996). Hg. von Dana STEHLÍKOVÁ. Ossegg, Zisterzienserkloster, 1996. Osek 1996.

[Ausst.-Kat. Paris 1904]: Ausst.-Kat. Exposition des primitifs français au Palais du Louvre. Red. Henri BOUCHOT u. a. Paris 1904.

[Ausst.-Kat. Paris 1964]: Ausst.-Kat. Cent ans – cent chefs-doeuvre. Paris, Musée des arts decoratifs, 1964. Paris 1964.

[Ausst.-Kat. Paris 1981]: Ausst.-Kat. Les fastes du gothique. Le siècle de Charles V. Hg. von Françoise BARON. Paris, Galeries Nationales du Grand Palais 9. 10. 1981 – 1. 2. 1982. Paris 1981.

[Ausst.-Kat. Paris 1998]: Ausst.-Kat. L'art au temps des rois maudits. Philippe le Bel et ses fils 1285–1328. Paris, Galeries nationales du Grand Palais, 17. 3. – 29. 6. 1998. Paris 1998.

[Ausst.-Kat. Paris 2001]: Ausst.-Kat. Le trésor de la Sainte-Chapelle. Hg. von Jannic DURAND und Marie-Pierre LAFITTE. Paris, Musée du Louvre, 31. 5. – 27. 8. 2001. Paris 2001.

[Ausst.-Kat. Paris 2004]: Ausst.-Kat. Paris 1400. Les arts sous Charles VI. Hg. von Elisabeth TABURET-DELAHAYE und François AVRIL. Paris, Musée du Louvre, 26. 3. – 12. 7. 2004. Paris 2004.

[Ausst.-Kat. Paris 2009]: Ausst.-Kat. Les premiers retables (XIIe-début du XVe siècle). Une mise en scène du sacré. Hg. von Yves LE POGAM. Paris, Musée du Louvre, 10. 4. – 6. 7. 2009. Paris 2009.

[Ausst.-Kat. Paris 2013]: Ausst.-Kat. La mécanique des dessous. Une histoire indiscrète de la silhouette. Paris, Musée des arts décoratifs, 5. 7. – 24. 11. 2013. Paris 2013.

[Ausst.-Kat. Pilsen/Prag 1995/96]: Ausst.-Kat. Gotika v západních čechách (1230–1530) [Gotik in Westböhmen (1230–1530)]. Hg. von Jiří FAJT. Pilsen, Westböhmische Galerie und Westböhmisches Museum; Prag, Nationalgalerie 1995/96. 3 Bde. Praha 1996.

[Ausst.-Kat. Prag 1970]: Ausst.-Kat. České umění gotické 1350–1420 [Böhmische gotische Kunst 1350–1420]. Hg. von Jaroslav PEŠINA. Praha 1970 (Kat. einer Ausstellung, die nie realisiert wurde.).

[Ausst.-Kat. Prag 1978/I]: Ausst.-Kat. Doba Karla IV. v dějinách národů ČSSR. Průvodce výstavou [Die Zeit Karls IV. in der Geschichte der Völker der Tschechoslowakischen sozialistischen Republik. Führer durch die Ausstellung]. Red. Jiří BURIAN. Praha 1978.

[Ausst.-Kat. Prag 1993]: Ausst.-Kat. Strahovská obrazárna. Od gotiky k romantismu. Vybraná díla ze sbírek Kláštěr premonstrátů na Strahově [Strahover Bildergalerie. Von der Gotik zur Romantik. Ausgewählte Werke der Sammlungen des Prämonstratenserklosters Strahov]. Hg. von Michael Josef POJEZDNÝ und Ivana KYZOUROVÁ. Prag, Kloster Strahov 1992/93. Praha 1993.

[Ausst.-Kat. Prag 2001/I]: Ausst.-Kat. Coutumes et traditions juives. Les fêtes, la synagogue et le cours de la vie. Prag, Židovské Muzeum, 2001. Praha 2001.

[Ausst.-Kat. Prag 2001/II]: Ausst.-Kat. Ten Centuries of Architecture II. Architecture of the Gothic. Hg. von Klára BENEŠOVSKÁ. Prag, Burg, 2001. Praha 2001.

[Ausst.-Kat. Prag 2002]: Ausst.-Kat. Těšínská Madona a vzácné sochy Petra Parléře / Die Teschener Madonna und wertvolle Statuen von Peter Parler. Hg. von Helena DÁŇOVÁ und Ivo HLOBIL. Prag, Národní Galerie, 2002/03. Praha 2002.

[Ausst.-Kat. Prag 2006]: Ausst.-Kat. Karl IV. Kaiser von Gottes Gnaden. Kunst und Repräsentation des Hauses Luxemburg 1310–1437. Hg. von Jiří FAJT unter Mitwirkung von Markus HÖRSCH und Andrea LANGER. Prager Burg, 15. 2. – 21. 5. 2006. München / Berlin 2006. – Tschechische Ausgabe Praha 2006.

[Ausst.-Kat. Prag 2008]: Ausst.-Kat. Svatý Václav, ochránce České země [Der hl. Wenzel, Schutzherr der Böhmischen Länder]. Hg. von Dana STEHLÍKOVÁ. Prag, 18. 12. 2008 – 8. 3. 2009. Praha 2008.

[Ausst.-Kat. Prag 2011/I]: Ausst.-Kat. A Royal Marriage. Elisabeth Premyslid and John of Luxembourg – 1310. Tschechische Ausgabe: Královská sňatek. Hg. von Klára BENEŠOVSKÁ. Prag, Muzeum Hlavního Města Prahy, Haus zur Steinernen Glocke, 4. 11. 2010 – 6. 2. 2011. Praha 2011.

[Ausst.-Kat. Prag 2011/II]: Ausst.-Kat. Svatá Anežka Česká, princezna a řeholnice [Die hl. Agnes von Böhmen, Prinzessin und Nonne]. Hg. von Vladimír KELNAR. Prag, Sakralräume des Agnesklosters, 25. 11. 2011 – 25. 3. 2012. Praha 2011.

[Ausst.-Kat. Prag 2014]: Ausst.-Kat. Otevři zahradu rajskou. Benediktini v srdci Evropy 800–1300 [Der offene Garten Eden. Benediktiner im Herzen Europas, 800–1300]. Hg. von Dušan FOLTÝN, Jan KLÍPA, Pavlína MAŠKOVÁ, Petr SOMMER und Vít VLNAS. Prag, Nationalgalerie, Wallenstein-Reitschule, 2014. Praha 2014.

[Ausst.-Kat. Prag 2016]: Ausst.-Kat. Bez hranic. Umění v Krušnohoří mezi gotikou a renesancí [Ohne Grenze. Kunst im Erzgebirge zwischen Gotik und Renaissance]. Hg. von Jan KLÍPA und Michaela OTTOVÁ. Prag, Národní galerie v Praze, Wallenstein-Reitschule, 27. 11. 2015 – 13. 3. 2016. Praha 2016.

[Ausst.-Kat. Regensburg 2014]: Ausst.-Kat. Ludwig der Bayer. Wir sind Kaiser! Bayerische Landesausstellung 2014. Hg. von Peter WOLF u. a. Regensburg, Minoritenkirche, St. Ulrich am Dom, Domkreuzgang, 16. 5. – 2. 11. 2014. Augsburg 2014 (Veröffentlichungen zur bayerischen Geschichte und Kultur 63).

[Ausst.-Kat. Rimini 2002]: Ausst.-Kat. Il Trecento adriatico. Paolo Veneziano e la pittura tra Oriente e Occidente. Hg. von Francesca FLORES D'ARCAIS. Rimini, Castel Sigismondo, 19. 8. – 29. 12. 2002). Cinisello Balsamo 2002.

[Ausst.-Kat. St. Marienstern 1998]: Ausst.-Kat. Zeit und Ewigkeit. 128 Tage in St. Marienstern. Hg. von Judith OEXLE, Markus BAUER und Marius WINZELER. Erste Sächsische Landesaustellung, St. Marienstern, Zisterzienserinnenkloster, 13. 6. – 18. 10. 1998. Halle/Saale 1998.

[Ausst.-Kat. Venedig 1979]: Ausst.-Kat. Venezia e la peste [Venedig und die Pest]. Venezia 1979.

[Ausst.-Kat. Venedig 1994]: Ausst.-Kat. Omaggio a San Marco. Tesori dall'Europa. Hg. von Hermann FILLITZ und Giovanni MORELLO. Venedig, Palazzo Ducale, Appartamento del Doge, 8. 10. 1994 – 28. 2. 1995. Milano 1994.

[Ausst.-Kat. Venedig 1995]: Ausst.-Kat. I libri di San Marco. I manoscritti liturgici della basilica marciana. Hg. von Susy MARCON. Venedig, Biblioteca Nazionale Marciana, 1995. Venezia 1995.

[Ausst.-Kat. Venedig 1998]: Ausst.-Kat. Oriente Cristiano e Santità. Figure e storie di santi tra Bisanzio e l'Occidente. Hg. von Sebastiano GENTILE. Venedig, Biblioteca Nazionale Marciana, 2. 7. – 14. 11. 1998. Venezia 1998.

[Ausst.-Kat. Venedig 1999]: Ausst.-Kat. Cristalli e gemme. Realtà fisica e immaginario, simbologia, tecniche e arte. Hg. von Loretta DOLCINI. Venedig, Venezia, Palazzo Loredan, 28. 4. – 24. 5. 1999. Venezia 1999.

[Ausst.-Kat. Warschau 1935]: Ausst.-Kat. Polska sztuka gotycka [Polnische gotische Kunst]. Hg. von Michał WALICKI. Warszawa 1935.

[Ausst.-Kat. Wien 1962]: Ausst.-Kat. Europäische Kunst um 1400. Achte Europarats-Ausstellung. Wien, Kunsthistorisches Museum, 7. 5. – 31. 7. 1962. Wien 1962.

[Ausst.-Kat. Wien 1997]: Ausst.-Kat. 850 Jahre St. Stephan. Symbol und Mitte in Wien, 1147–1997. Hg. von Günter DÜRIEGL, Renata KASSAL-MIKULA und Reinhard POHANKA. 226. Sonderausstellung Historisches Museum der Stadt Wien, St. Stephan, Historisches Museum der Stadt Wien, 24. 4. – 31. 8. 1997. Wien 1997.

[Ausst.-Kat. Wien 2000]: Ausst.-Kat. Insignien, Herrschaftszeichen, Reliquiare. Die Kunstkammer des Kunsthistorischen Museums zu Gast in der Schatzkammer des Deutschen Ordens. Bearbeitet von Helmut TRNEK. Wien, Schatzkammer des Deutschen Ordens, 2000. Wien 2000.

[Ausst.-Kat. Wien 2002]: Ausst.-Kat. Die Kunst des Steinschnitts. Prunkgefäße, Kameen und Commessi aus der Kunstkammer. Hg. von Wilfried SEIPEL, bearb. von Rudolf DISTELBERGER. Wien, Kunsthistorisches Museum, 17. 12. 2002 – 27. 4. 2003. Mailand / Wien 2002.

[Ausst.-Kat. Zwiesel 2007]: Ausst.-Kat. Bayern – Böhmen. Bavorsko – Čechy. 1500 Jahre Nachbarschaft. Katalog zur Bayerischen Landesausstellung 2007, Zwiesel, 25. 5. – 14. 10. 2007. Augsburg 2007 (Veröffentlichungen zur Bayerischen Geschichte und Kultur 54).

AUTRAND, Françoise: Charles V, le Sage. Paris 1994.

[AUTRAND 1995/I]: AUTRAND, Françoise: Aux origines de la diplomatie européenne: la visite de l'Empereur Charles IV à Paris en 1378. In: Bulletin de la Société des Amis de l'Institut Historique Allemand I (1995), 15–28.

[AUTRAND 1995/II]: AUTRAND, Françoise: Mémoire et cérémonial. La visite de l'Empereur Charles IV à Paris en 1378 d'après les Grandes Chroniques de France et Christine de Pizan. In: DULAC 1995, 91–103.

AVNERI, Zvi (Hg.): Germania Judaica, Bd. 2,2. Von 1238 bis zur Mitte des 14. Jahrhunderts (M–Z). Tübingen 1968.

AVRIL, François: Manuscript Painting at the Court of France, The Fourteenth Century (1310–1380). New York 1978. – Deutsche Ausgabe: Buchmalerei am Hofe Frankreichs 1310–1380. München 1978.

AVRIL, François: Chronique. In: Auktionskatalog Précieux manuscrits, livres anciens et modernes. Drouot-Richelieu, PIASA, 17. 3. 2005. Paris 2005, 18–22, Lot 60.

AVRIL, François / GOUSSET, Marie-Thérèse / GUENÉE, Bernard: Jean Fouquet. Die Bilder der Grandes Chroniques de France. Graz 1987.

AYTON, Andrew / PRESTON, Philip (Hgg.): The Battle of Crecy, 1346. Woodbridge u. a. 2005.

B

BACHLEITNER, Rudolf: Der Heiltumschatz zu St. Stephan in Wien. Wien 1960.

BACHMANN, Erich: Architektur bis zu den Hussitenkriegen. In: SWOBODA 1969, 34–109.

[BACHMANN 1977/I]: BACHMANN, Erich (Hg.): Gothic Art in Bohemia. Architecture, Sculpture and Painting. New York 1977.

[BACHMANN 1977/II]: BACHMANN, Erich (Hg.): Romanik in Böhmen. München 1977.

[BACHMANN 1978/I]: BACHMANN, Erich: Karolinische Reichsarchitektur. In: SEIBT 1978/I, 334–339.

[BACHMANN 1978/II]: BACHMANN, Erich: Peter Parler. In: SEIBT 1978/III, 213–237.

BACHMANN, Hilde: Gotische Plastik in den Sudetenländern vor Peter Parler. Brünn / München / Wien 1943 (Beiträge zur Geschichte der Kunst im Sudeten- und Karpathenraum 7).

BACHMANN, Hilde: Plastik bis zu den Hussitenkriegen. In: SWOBODA 1969, 110–166.

BADSTÜBNER, Ernst: Das nördliche Querschiffportal von St. Marien in Frankfurt/Oder. In: LAMBACHER/KAMMEL 1990, 83–92.

BADSTÜBNER, Ernst / KNÜVENER, Peter u. a. (Hgg.): Die Kunst des Mittelalters in der Mark Brandenburg. Tradition – Transformation – Innovation. Berlin 2008.

BAECHLER, Charles / KINTZ, Jean-Pierre (Hgg.): Nouveau dictionnaire de biographie alsacienne. 49 Bde. Strasbourg 1982–2007.

BAHLCKE, Joachim / EBERHARD, Winfried / POLÍVKA, Miloslav (Hgg.): Böhmen und Mähren. Stuttgart 1998 (Handbuch der Historischen Stätten).

BAHLCKE, Joachim / EBERHARD, Winfried / POLÍVKA, Miloslav (Hgg.): Lexikon historických míst Čech, Moravy a Slezska [Lexikon der historischen Städten Böhmen, Mährens und Schlesiens]. Praha 2001.

BAIER-SCHRÖCKE, Helga: Die Buchmalerei in der Chronik des Ernst von Kirchberg im Landeshauptarchiv Schwerin. Ein Beitrag zu ihrer kunstgeschichtlichen Erforschung. Hg., redigiert und mit einem Vorwort versehen von Gerd BAIER, bearb. von René WIESE. Schwerin 2007 (Findbücher, Inventare und kleine Schriften des Landeshauptarchivs Schwerin 13).

BALBÍN, Bohuslav [BALBINUS, Bohuslaus]: Vita venerabilis Arnesti primi Archiepiscopi Pragensis (…). Praha 1664.

BALBÍN, Bohuslav [BALBINUS, Bohuslaus]: Epitome historica rerum Bohemicarum; quam ob venerationem christianae antiquitatis, et primae in Bohemia collegialis ecclesiae honorem, Boleslaviensem historiam placuit appellare. Praha 1677.

BALBÍN, Bohuslav [BALBINUS, Bohuslaus]: Miscellaneorum historicorum regni Bohemiae, Decadis I, Liber VII. Regalis, Seu De ducibus et regibus Bohemiae. Praha 1687; wieder Praha 1735.

BANDMANN, Günter: Melancholie und Musik. Ikonographische Studien. Wiesbaden 1960.

BANSA, Helmut: Heinrich von Wildenstein und seine Leichenpredigten auf Kaiser Karl IV. In: Deutsches Archiv für Erforschung des Mittelalters 24 (1968), 187–223.

BÁRÁNY-OBERSCHALL, Magda von: Die Eiserne Krone der Lombardei und der lombardische Königsschatz. Wien / München 1966.

BARBER, Richard W.: Edward III and the Triumph of England. The Battle of Crécy and the Company oft the Garter. London 2013.

BAREŠ, Petr / BRODSKÝ, Jiří: Problematika a způsob restaurování schodištních cyklů Velké věže hradu Karlštejna. Technologie maleb na základě provedených průzkumů (dokumentace postupující destrukce maleb na základě dostupných historických pramenů za posledních 170 let) [Problematik und Restaurierungsweise der Treppenhauszyklen des Großen Turms der Burg Karlstein. Die Technologie der Malereien auf der Basis der durchgeführten Untersuchungen (Dokumentation der fortschreitenden Zerstörung der Malereien auf Grund der zugänglichen historischen Quellen während der letzten 170 Jahre)]. In: VŠETEČKOVÁ 2006, 78–87.

BARON, Françoise: Musée du Louvre. Sculpture française, Bd. I. Moyen Âge. Paris 1996.

BARRET, Sébastien / STUTZMANN, Dominique / VOGELER, Georg (Hgg.): Ruling the Script. Formal Aspects of Written Communication in the Middle Ages. Turnhout 2016 (Utrecht Studies in Medieval Literacy) [im Druck].

BARTELS, Christoph / DENZEL, Markus A. (Hgg.): Konjunkturen im europäischen Bergbau in vorindustrieller Zeit. Festschrift für Ekkehard Westermann zum 60. Geburtstag. Stuttgart 2000.

[BARTHÉLEMY/OUEN 1847]: BARTHÉLEMY, Charles (Hg.): Vie de saint Éloi, évêque de Noyon (588–659), par Saint-Ouen (…) traduit par Charles Barthélemy. Paris 1847.

BARTLOVÁ, Milena: The Style of the Group of the Madonna from Michle: Perspectives of Methodology. In: BENEŠOVSKÁ 1998/I, 206–215.

[BARTLOVÁ 2001/I]: BARTLOVÁ, Milena: Poctivé obrazy. Deskové malířství v Čechách a na Moravě 1400–1460 [Ehrbare Bilder. Tafelmalerei in Böhmen und Mähren 1400–1460]. Praha 2001.

[BARTLOVÁ 2001/II]: BARTLOVÁ, Milena: Rezension von WETTER 2001. In: Umění 49 (2001), 349–351.

[BARTLOVÁ 2001/III]: BARTLOVÁ, Milena: Chrám Matky Boží před Týnem v 15. století [Die Kirche der Muttergottes am Teyn im 15. Jahrhundert]. In: Marginalia historica 5 (2001), 111–136.

[BARTLOVÁ 2001/IV]: BARTLOVÁ, Milena: Ikonografie kalicha, symbolu husitství [Die Ikonographie des Kelchs, des hussitischen Symbols]. In: Husitský Tábor. Supplementum I. Tábor 2001, 453–459.

BARTLOVÁ, Milena: Úvahy o vyobrazení svatováclavské legendy na schodišti Karlštejna [Betrachtungen über die Abbildung der St. Wenzelslegende im Treppenhaus in Karlstein]. In: VŠETEČKOVÁ 2006, 50–57.

BARTLOVÁ, Milena: Tři texty Madony březnické [engl. Zusammenfassung: Three texts of the Březnice Madona]. In: BARTLOVÁ/ŠRONĚK 2007, 195–210.

[BARTLOVÁ 2009/I]: BARTLOVÁ, Milena: The Choir Triforium of Prague Cathedral Revisited. In: OPAČIĆ 2009/I, 81–100.

[BARTLOVÁ 2009/II]: BARTLOVÁ, Milena: Sigismund Rex Bohemiae. Royal Representation after the Revolution. In FAJT/LANGER 2009, 396–408.

BARTLOVÁ, Milena / ŠRONĚK, Michal (Hgg.): Public Communication in European Reformation. Artistic and other Media in Central Europe. 1380–1620. Praha 2007.

BARTLOVÁ, Milena: Pravda zvítězila. Výtvarné umění a husitství 1380–1490 [Die Wahrheit siegt. Bildende Kunst und Hussitismus 1380–1490]. Praha 2015.

BARTOŠ, František Michálek: Eneáš Silvius, jeho život a jeho Česká kronika [Aenas Silvius, sein Leben und seine Böhmische Chronik]. Praha 1925.

BARTOŠ, František Michálek: Catalogus codicum manuscriptorum musaei nationalis Pragensis, Bd. 2. Praha 1927.

BARTOŠ, František Michálek: Čechy v době Husově, 1378–1415 [Böhmen in der Zeit des Hus]. Praha 1947 (České dějiny II,6).

BARTOŠ, Martin: Středověké dobývání v Kutné Hoře [Der mittelalterliche Abbau in Kuttenberg]. In: Mediaevalia archaeologica 6 (2004), 157–201.

BAŠE, Milan: Císař římský, král český Karel IV. (1316–1378) na medailích, pečetích a pamětních mincích [Der römische Kaiser, böhmische König Karl IV. (1316–1378) auf Medaillen, Petschaften und Gedenkmünzen]. Praha 1998.

BAŤA, Jan (Hg.): Musical Culture of the Bohemian Lands and Central Europe before 1620. Prague, August 23–26, 2006. Praha 2011.

BATTENBERG, Friedrich (Hg.): Urkundenregesten zur Tätigkeit des deutschen Königs- und Hofgerichts bis 1451, Bd. 6. Die Königszeit Karls IV. (1346–1355 März). Köln / Wien 1990 (Quellen und Forschungen zur höchsten Gerichtsbarkeit im Alten Reich, Sonderreihe 6).

BAUCH, Andreas / REITER, Ernst (Hgg.): Das „Pontifikale Gundekarianum". Faksimile-Ausgabe des Codex B4 im Diözesanarchiv Eichstätt, Bd.: 1: Faksimileband, Bd. 2: Kommentarband. Wiesbaden 1987.

BAUCH, Martin: Öffentliche Frömmigkeit und Demut des Herrschers als Form politischer Kommunikation. Karl IV. und seine Italienaufenthalte als Beispiel. In: Quellen und Forschungen aus italienischen Archiven und Bibliotheken 87 (2007), 109–138.

BAUCH, Martin: Der Kaiser und die Stadtpatrone. Karl IV. und die Schutzheiligen der Städte im Reich. In: EHRICH/OBERSTE 2010, 169–188.

BAUCH, Martin: Einbinden, belohnen, stärken. Über echte und vermeintliche Reliquienschenkungen Karls IV. In: SEIBERT/SCHLOTHEUBER 2013, 79–111.

BAUCH, Martin: Die Magdalenenflut 1342 – ein unterschätztes Jahrtausendereignis? In: Mittelalter. Interdisziplinäre Forschung und Rezeptionsgeschichte, 4. Februar 2014. Http://mittelalter.hypotheses.org/3016.

[BAUCH 2015/I]: BAUCH, Martin: Divina favente clemencia. Auserwählung, Frömmigkeit und Heilsvermittlung in der Herrschaftspraxis Kaiser Karls IV. Köln / Weimar / Wien 2015 (Beihefte zu den Regesta Imperii. Forschungen zur Kaiser- und Papstgeschichte des Mittelalters 36).

[BAUCH 2015/II]: BAUCH, Martin: Nicht heilig, aber auserwählt – Spezifik und Dynamik eines sakralen Herrschaftsstils Kaiser Karls IV. In: HERBERS/DÜCHTING 2015, 85–103.

[BAUCH 2016/I]: BAUCH, Martin: Et hec scripsi manu mea propria. Known and Unknown Autographs of Emperor Charles IV as Testimony of Self Image and Intellectual Profile. In: BARRET/STUTZMANN/VOGELER 2016 [im Druck].

[BAUCH 2016/II]: BAUCH, Martin: Der schwarze Reiter. Die Funeralzeremonie Karls IV. im europäischen Kontext. In: BAUCH/BURKHARDT u. a. 2016 [im Druck].

[BAUCH 2016/III]: BAUCH, Martin: Hegemoniales Königtum jenseits von Politik- und Verfassungsgeschichte. Zur sakralen Herrschaftspraxis Karls IV. In: REINLE 2016 [im Druck].

[BAUCH 2016/IV]: BAUCH, Martin: Famine, locusts and erosion. Sketching the environmental framing of crises in 14th century Italy and East-Central Europe. In: Český Časopis Historický 114 (2016), H. 2 [im Druck].

BAUCH, Martin / BURKHARDT, Julia / GAUDEK, Tomáš / ŽŮREK, Václav (Hgg.): Heilige, Helden, Wüteriche. Herrschaftsstile im langen Jahrhundert der Luxemburger. Köln / Wien 2016 (Beihefte zu den Regesta Imperii. Forschungen zur Kaiser- und Papstgeschichte des Mittelalters) [im Druck].

BAUER, Jaroslav / KLIMEŠ, Josef / KOPŘIVA, Jiří: Crystals from the St Vitus Treasury. Praha 1991.

BAUER, Rotraud (Hg.): Weltliche und geistliche Schatzkammer. Bildführer Kunsthistorisches Museum Wien. Wien 1987 (Führer durch das Kunsthistorische Museum 35).

BAUER-EBERHARDT, Ulrike: Giovanni Sercambi, Croniche. In: Ausst.-Kat. Magdeburg 2006, II, 386–388.

BAŽANTOVÁ, Nina: Pohřební Roucha českých králů [Bestattungsornate der böhmischen Könige]. Praha 1993.

BEAULIEU, Michèle / BEYER, Victor: Dictionnaire des sculpteurs français du Moyen Age. Paris 1992.

BECHER, Werner / FISCHER, Roman: Die alte Nikolaikirche am Römerberg. Studien zur Stadt- und Kirchengeschichte. Frankfurt/M. 1992.

BECKENBACH, Elena / NIETHAMMER, Uwe / SEYFRIED, Hartmut: Spätmittelalterliche Starkregenereignisse und ihre geomorphologischen Kleinformen im Schönbuch (Süddeutschland): Erfassung mit hochauflösenden Fernerkundungsmethoden und sedimentologische Interpretation. In: Jahresberichte und Mitteilungen des Oberrheinischen Geologischen Vereins 95 (2013), 421–438.

BECKER, Hans-Jürgen: Kaiserkrönung. In: Handwörterbuch zur deutschen Rechtsgeschichte, Bd. 2. 2. Aufl. Berlin 2012, Sp. 1524–1530.

BECKOVSKÝ, Jan František: Poselkyně Starých Přjběhůw Čzeských, Aneb Kronyka Čzeska Od prwnjho do nyněgssý Země Čzeské Přjchozu (...) [Botin alter böhmischer Geschichten oder Böhmische Chronik von den Anfängen bis hin zu den bestehenden Böhmischen Ländern (...)]. Teil 1: –1525; Teil 2: 1526–1715. Praha 1700. Neu hg. von Antonín REZEK. Praha 1879.

BECKSMANN, Rüdiger (Hg.): Glasmalerei im Kontext – Bildprogramme und Raumfunktionen. Akten des XXII. Internationalen Colloquiums des Corpus Vitrearum, Nürnberg 29. 8. 2004, Regensburg, 4. 9. 2004. Hg. im Auftrag des Nationalkomitees des Corpus Vitrearum Deutschland. Nürnberg 2005 (Wissenschaftliche Beibände zum Anzeiger des Germanischen Nationalmuseums 25).

BEDNARZ, Ute u. a.: Die mittelalterlichen Glasmalereien in Berlin und Brandenburg. 2 Bde. Berlin 2010 (Corpus Vitrearum Medii Aevi Deutschland XXII).

[BEECK/KAENTZELER 1874]: KAENTZELER, Peter Stephan (Übers.): Des Petrus à BEECK: (...) Aquisgranum oder Geschichte der Stadt Aachen: Aus dem Latein übersetzt (...). Aachen 1874.

BEHRENDS, Peter Wilhelm: Ausführliche Chronik oder Geschichte des ehemaligen Benedictiner-Klosters St. Petri und Pauli in Groß Ammensleben. Manuskript. Magdeburg, Landeshauptarchiv Sachsen-Anhalt, Abteilung Magdeburg, Dienstbibliothek, Sachgruppe: Manuskripte, Ms 063 (= Ms 063 01).

BEHRINGER, Wolfgang: Kulturgeschichte des Klimas. Von der Eiszeit bis zur globalen Erwärmung. 2. Aufl. München 2007.

BEIER, Christine: Buchmalerei für Metz und Trier im 14. Jahrhundert. Die illuminierten Handschriften aus der Falkenstein-Werkstatt. Langwaden 2003.

BEIN, Werner / SCHMILEWSKI, Ulrich (Hgg.): Schweidnitz im Wandel der Zeiten. Würzburg 1990.

BĚLÍK, Vratislav: Rouchovanská gotická madona. In: Od Horácka k Podyjí. Vlastivědný sborník západní Moravy XIV (1937/38), 74–75.

BELTING, Hans: Bild und Kult. Eine Geschichte des Bildes vor dem Zeitalter der Kunst. München 1990; 7. Aufl. München 2011.

BENDA, Klement: Časná Embriachiovská truhlička z kaple sv. Zikmunda ve Svatovítském chrámu [Ein frühes Embriachi-Kästchen aus der Kapelle des hl. Sigismund am Veitsdom]. In: Umění 35 (1987), 483–489.

BENDA, Klement u. a.: Od velké Moravy po dobu gotickou [Von Großmähren bis zur Zeit der Gotik]. Praha 1999.

BENEŠ, Edvard: Přednášky na Univerzitě Karlově 1913–1948 [Vorträge an der Karls-Universität 1913–1948]. K vydání připravila Věra OLIVOVÁ. Praha 1998 (Knižnice společnosti Edvarda Beneše 13).

BENESCH, Otto / DEMUS, Otto (Hgg.): Festschrift Karl Maria Swoboda zum 28. Januar 1959. Wien 1959.

BENEŠOVSKÁ, Klára: Gotická katedrála. Architektura [Die gotische Kathedrale. Die Architektur]. In: MERHAUTOVÁ 1994, 25–65.

[BENEŠOVSKÁ 1998/I]: BENEŠOVSKÁ, Klára (Hg.): King John of Luxembourg (1296–1346) and the Art of his Era. Proceedings of the International Conference, Prague, September 16–20, 1996. Praha 1998.

[BENEŠOVSKÁ 1998/II]: BENEŠOVSKÁ, Klára: Les residences du Roi Jean de Bohème. Leur fonction de représentation. In: BENEŠOVSKÁ 1998/I, 117–131.

[BENEŠOVSKÁ 1999/I]: BENEŠOVSKÁ, Klára: Das Frühwerk Peter Parlers am Prager Veitsdom. In: Umění 47 (1999), 351–363.

[BENEŠOVSKÁ 1999/II]: BENEŠOVSKÁ, Klára: Petr Parléř – architekt. In: CHOTĚBOR 1999, 16–19.

[BENEŠOVSKÁ 1999/III]: BENEŠOVSKÁ, Klára: Chór s ochozem a kaplemi [Der Ostchor mit Umgang und Kapellen]. In: CHOTĚBOR 1999, 32–36.

BENEŠOVSKÁ, Klára: Ideál a skutečnost. Historické a badatelské peripetie kolem královského pohřebiště v katedrále sv. Víta v Praze v době Lucemburků [Historische und forscherliche Peripetien um die königliche Grablege in der Kathedrale des Hl. Veit in Prag in der Zeit der Luxemburger]. In: Epigraphica & Sepulcralia I. Fórum epigrafických a sepulkrálních studií. Sborník příspěvků ze zasedání k problematice sepulkrálních památek pořádaných Ústavem Dejin Umění AV CR. Praha 2005, 19–48.

[BENEŠOVSKÁ 2007/I]: BENEŠOVSKÁ, Klára (Hg.): Emauzy. Benediktinský klášter „Na Slovanech" v srdci Prahy [Emmaus. Das Benediktinerkloster „Zu den Slawen" im Herzen Prags]. Sammelband der Konferenz, veranstaltet zur Wiedereinweihung der Kirche Unserer Lieben Frau und St. Hieronymus des Benediktinerklosters Zu den Slawen. Praha 2007.

[BENEŠOVSKÁ 2007/II]: BENEŠOVSKÁ, Klára: Architecture at the Crossroads: Three Examplex from Bohemia circa 1300. In: GAJEWSKI/OPAČIĆ 2007, 151–163.

BENEŠOVSKÁ, Klára: The Legacy of the Last Phase of the Prague Cathedral Workshop. One More Look at the „Weicher Stil". In: FAJT/LANGER 2009, 157–172.

BENEŠOVSKÁ, Klára (Hg.): Královský sňatek. Elšika Přemyslovna a Jan Lucemburský – 1310 [Die königliche Hochzeit. Elisabeth die Přemyslidin und Johann von Luxemburg – 1310]. Praha 2010.

[BENEŠOVSKÁ 2011/I]: BENEŠOVSKÁ, Klára: The Arrival of John and Elisabeth in Prague in December 1310. The Stone Bell House as the Royal City Residence. In: Ausst.-Kat. Prag 2011/I, 54–69.

[BENEŠOVSKÁ 2011/II]: BENEŠOVSKÁ, Klára: Architectonic Sculpture of the Stone Bell House in the Period Context. In: Ausst.-Kat. Prag 2011/I, 80–125.

BENEŠOVSKÁ, Klára / KUBÍNOVÁ, Kateřina (Hgg.): Emauzy. Benediktinský klášter Na Slovanech v srdci Prahy [Emaus. Das Benediktinerkloster Zu den Slawen im Herzen Prags]. Praha 2007.

BENNER, Sonja / REVERCHON, Alexander: Juden und Herrschaft. Die Champagne vom 11. bis zum frühen 14. Jahrhundert. In: CLUSE/HAVERKAMP/YUVAL 2003, 151–213.

BENNERT, Uwe: Art et propagande politique sous Philipp IV le Bel: Le cycle des rois de France dans la Grand'salle du palais de la Cité. In: Revue de l'art 1992, 46–58.

BENNERT, Uwe: Ideologie in Stein. Zur Darstellung französischer Königsmacht im Paris des 14. Jahrhunderts. In: CORSEPIUS 2004, 153–163.

BERÁNEK, Karel: Příspěvek k dějinám nejstarších pražských univerzitních kolejí [Ein Beitrag zur Geschichte der ältesten Prager Universitätskollegien]. In: Acta Universitatis Carolinae-Historia 1983, 57–63.

BERENS, Michael (Hg.): Florilegium artis. Beiträge zur Kunstwissenschaft und Denkmalpflege. Festschrift für Wolfgang Götz anläßlich seines 60. Geburtstages am 12. Februar 1983. Saarbrücken 1984.

BERGDOLT, Klaus: Der schwarze Tod in Europa. Die Große Pest und das Ende des Mittelalters. München 1994 (Beck'sche Reihe 1378); 5. Aufl. 2003; 3. Aufl. 2011 (sic).

BERGDOLT, Klaus / LUDWIG, Walther (Hgg.): Zukunftsvoraussagen in der Renaissance. Wiesbaden 2005 (Wolfenbütteler Abhandlungen zur Renaissanceforschung 23)

BERGER, Samuel: La Bible française au Moyen Âge. Étude sur les plus anciennes versions de la Bible écrites en prose en langue d'Oil. Paris 1884..

BERGLER, Franz: Ein Lehen der Krone Böhmens. In: Oberpfälzer Heimat 52 (2008), 31–40.

[BERGLER 2014/I]: BERGLER, Franz: Im Dienste der Heimat. Herrschaft – Markt – Pfarrei Waldthurn. Waldthurn 2014.

[BERGLER 2014/II]: BERGLER, Franz: Von den Lehen der Herrschaft Waldthurn. In: Oberpfälzer Heimat 58 (2014), 28–37.

[BERLINER 2003/I]: BERLINER, Rudolf (1886–1967): „The Freedom of Medieval Art" und andere Studien zum christlichen Bild. Hg. von Robert SUCKALE. Berlin 2003.

[BERLINER 2003/II]: Berliner, Rudolf: Arma Christi. In: Münchner Jahrbuch der bildenden Kunst III. Folge 4 (1955), 35–152. Wieder in: BERLINER 2003/I, 97–191.

[BERLINER 2003/III]: BERLINER, Rudolf: Bemerkungen zu einigen Darstellungen des Erlösers als Schmerzensmann. In: Das Münster 9 (1956/57). Wieder in: BERLINER 2003/I, 192–212.

BERND, Dieter: Vohenstrauß. Pflegamt Tännesberg-Treswitz, Amt Vohenstrauß, Pflegamt Pleystein, Landgrafschaft Leuchtenberg, Herrschaft Waldthurn. München 1977 (Historischer Atlas von Bayern. Teil Altbayern 39).

BERNDT, Rainer (Hg.): Das Frankfurter Konzil von 794. Kristallisationspunkt karolingischer Kultur. Akten zweier Symposien (vom 23. bis 27. Februar und vom 13. bis 15. Oktober 1994) anläßlich der 1200-Jahrfeier der Stadt Frankfurt am Main. 2 Bde. Mainz 1997 (Quellen und Abhandlungen zur mittelrheinischen Kirchengeschichte 80).

BERNSTEIN, William: A Splendid Exchange – How Trade shaped the World. London 2009.

BERTELLI, Carlo: The Last Judgment Mosaic: Bohemian Originality and the Italian Example. In: PIQUÉ/STULIK 2004, 33–38.

BERTELSMEIER-KIERST, Christina (Hg.): Elisabeth von Thüringen und die neue Frömmigkeit in Europa. Frankfurt/M. u. a. 2008 (Kulturgeschichtliche Beiträge zum Mittelalter und zur Frühen Neuzeit 1).

BETHMANN, Ludwig Konrad: Handschriften im bischöflichen Seminar zu Eichstädt. In: Archiv der Gesellschaft für ältere deutsche Geschichtskunde 9 (1847), 551–574.

BETHMANN, Ludwig Konrad / WAITZ, Georg (Hgg.): Gesta episcoporum Eichstetensium continuata (1279–1445). In: Monumenta Germaniae Historica. Scriptores 25 (1880), 591–609.

BEYER, Carl (Bearb.): Urkundenbuch der Stadt Erfurt. 2 Bde. Halle 1889–97.

BEYER, Victor: La sculpture strasbourgeoise au quatorzième siècle. Strasbourg / Paris 1955.

BIEDERMANN, Johann Gottfried: Geschlechtsregister des Hochadelichen Patriciats zu Nürnberg. Bayreuth 1748.

BÍLEK, Jaroslav: Kutnohorské hornictví na sklonku 13. století [Der Kuttenberger Bergbau am Ende des 13. Jahrhunderts]. In: Studie z dějin hornictví 13 (1982), 76–96.

BINDER, Matthias: Christina Ebner in ihren Schriften. In: BINDER/BAUMANN/GIERSCH 2007, 17–80.

BINDER, Matthias / BAUMANN, Peter / GIERSCH, Robert (Hgg.): Christina Ebner 1277–1356. Beiträge zum 650. Todesjahr der Engelthaler Dominikanerin und Mystikerin. Neuhaus a. d. Pegnitz 2007 (Altnürnberger Landschaft e. V. Mitteilungen 56, Sonderheft 51).

BIRABEN, Jean-Noël: Les hommes et la peste en France et dans les pays européens et méditerranéens. 2 Bde. Paris / Le Havre 1975/76.

BISCHOFF, Franz: Französische und deutsche Bauhandwerker in Diensten Sigismunds. In: Ausst.-Kat. Budapest 2006, 246–250.

BLÁHOVÁ, Marie (Hg.): Kroniky doby Karla IV. [Chroniken unter Karl IV.]. Praha 1987.

BLÁHOVÁ, Marie: Die königlichen Begräbniszeremonien im spätmittelalterlichen Böhmen. In: KOLMER 1997, 89–111.

BLÁHOVÁ, Marie: Panovnické genealogie a jejich politická funkce ve středověku [Herrscherliche Genealogien und ihre politische Funktion im Mittelalter]. In: Sborník archivních prácí XLVIII (1998), H. 1, 11–47.

BLÁHOVÁ, Marie: Příjezd Karla IV. do Avignonu v květnu 1365 v podání soudobé historiografie [Die Ankunft Karls IV. in Avignon im Mai 1365 in der Überlieferung der zeitgenössischen Historiographie]. In: BŘEZINA/KONVIČNÁ/ZDICHYNEC 2006, 559–577.

BLÁHOVÁ, Marie: Rezidence a Propaganda. Pražský hrad za vlády Karla IV. [Residenz und Propaganda. Die Prager Burg während der Regierung Karls IV.]. In: BOBKOVÁ/KONVIČNÁ 2007, 49–59.

BLÁHOVÁ, Marie: Královský sňatek v soudobých českých kronikách [Die königliche Hochzeit in zeitgenössischen böhmischen Chroniken]. In: BENEŠOVSKÁ 2010, 36–43.

BLÁHOVÁ, Marie / MAŠEK, Richard (Hgg.): Karel IV. Státnické dílo [Karl IV. Das staatsmännische Werk]. Praha 2003.

BLANC, Monique: Retables. La collection du musée des arts décoratifs. Paris 1998.

BLANC, Odile: Le pourpoint de Charles de Blois, une relique de la fin du Moyen Age. In: Bulletin du CIETA 74 (1997), 64–82.

BLANCHARD, Ian: Mining, Metallurgy and Minting in the Middle Ages 3. Continuing Afro-European Supremacy, 1250–1450. Stuttgart 2005.

BLANCHARD, Joël (Hg.): Représentation, pouvoir et royalité à la fin du moyen âge. Paris 1995.

BLASCHKA, Anton: Die St. Wenzelslegende Kaiser Karls IV. Einleitung, Texte, Kommentar. Praha 1934 (Quellen und Forschungen aus dem Gebiete der Geschichte 14).

BLAŽÍČKOVÁ Naděžda: Tympanon od Panny Marie Sněžné [Das Tympanon der Jungfrau Maria Schnee]. In: Staletá Praha 6 (1973), 106–113.

BLAŽÍČKOVÁ-HOROVÁ, Naděžda: České malířství 19. století. Katalog stalé expozice Sbírky umění 19. století. Klášter sv. Anežky České [Tschechische Malerei des 19. Jahrhunderts. Katalog der Dauerausstellung der Sammlung Kunst des 19. Jahrhunderts. Kloster der hl. Agnes von Böhmen]. Praha 1998.

BLOCH, Peter: Die Muttergottes auf dem Löwen. In: Jahrbuch der Berliner Museen 12 (1970), 253–294.

BLOCH, Peter: Neugotische Statuetten des Nikolaus Elscheid. In: GRISEBACH/RENGER 1977, 504–515.

BLOHM, Katharina: Die Frauenkirche in Nürnberg (1352–1358). Architektur, Baugeschichte, Bedeutung. Diss. Berlin (TU) 1990. Publiziert als Microfiche 1993.

BOBKOVÁ, Lenka: Soupis českých držav v Horní Falci a ve Francích za vlády Karla IV. [Auflistung der böhmischen Besitztümer in der Oberpfalz und in Franken unter der Regierung Karls IV.]. In: Sborník archivních prací 30 (1980), 169–228.

BOBKOVÁ, Lenka: České panství v Horní Falci za vlády Karla IV. [Die böhmische Herrschaft in der Oberen Pfalz unter der Regierung Karls IV.]. In: Sborník Pedagogické fakulty v Ústí nad Labem (Řada historická) 1982, 5–32.

BOBKOVÁ, Lenka: Nordbayern in den territorialen Plänen Karls IV. Grenzüberschreitende Quellen in oberpfälzischen und böhmischen Archiven. In: Verhandlungen des Historischen Vereins für Oberpfalz und Regensburg 131 (1991), 281–286.

BOBKOVÁ, Lenka: Územní politika prvních Lucemburků na českém trůně [Die Territorialpolitik der ersten Luxemburger auf dem böhmischen Thron]. Ústí nad Labem 1993 (Acta Universitatis Purkynianae, Philosophica et Historica I. 1993, Studia historica – Monographiae I).

BOBKOVÁ, Lenka: Hrady Karla IV. v Laufu a Tangermünde. Panovnická reprezentace vepsaná do kamene [Die Burgen Karls IV. in Lauf und Tangermünde. Steingewordene Herrscherrepräsentation]. In: NODL/SOMMER 2004, 141–157.

BOBKOVÁ, Lenka: Markrabství braniborské v rukou Lucemburků [Die Mark Brandenburg in den Händen der Luxemburger]. In: BOBKOVÁ/KONVIČNÁ 2005, 159–185.

[BOBKOVÁ 2006/I]: BOBKOVÁ, Lenka: 7. 4. 1348. Ustavení Koruny království českého [7. 4. 1348. Die Konstituierung der Krone des böhmischen Königreichs]. Praha 2006.

[BOBKOVÁ 2006/II]: BOBKOVÁ, Lenka: Die Oberpfalz und die Burg Lauf in den territorial-dynastischen Plänen Karls IV. In: GROSSMANN/HÄFFNER 2006, 25–34.

[BOBKOVÁ 2007/I]: BOBKOVÁ, Lenka: Bayern und die Oberpfalz in der Politik Karls IV. In: LUFT/EIBER 2007, 35–57.

[BOBKOVÁ 2007/II]: BOBKOVÁ, Lenka: Rezidenční a správní centra v zemích Koruny české za vlády Lucemburků [Residenz- und Verwaltungszentren in den Ländern der Böhmischen Krone in der Zeit der Luxemburger]. In: BOBKOVÁ/KONVIČNÁ 2007, 23–48.

[BOBKOVÁ 2009/I]: BOBKOVÁ, Lenka, Die Goldene Bulle und die Rechtsverfügungen Karls IV. in den Jahren 1346–1356. IN: HOHENSEE/LAWO/LINDNER u. a. 2009, 713–735.

[BOBKOVÁ 2009/II]: BOBKOVÁ, Lenka: Corona regni Bohemiae und ihre visuelle Repräsentation unter Karl IV. In: FAJT/LANGER 2009, 120–135.

[BOBKOVÁ 2012/I]: BOBKOVÁ, Lenka: Koruna království českého za vlády Lucemburků [Die Krone des böhmischen Königreichs in der Ära der Luxemburger]. In: ŠMAHEL/BOBKOVÁ 2012, 123–140.

[BOBKOVÁ 2012/II]: siehe ŠMAHEL/BOBKOVÁ 2012.

[BOBKOVÁ 2013/I]: BOBKOVÁ, Lenka: Das Königspaar Johann und Elisabeth. Die Träume von der Herrlichkeit in den Wirren der Realität. IN: PAULY 2013, 47–73.

[BOBKOVÁ 2013/II]: BOBKOVÁ, Lenka: Oberlausitz und Niederlausitz – zwei Länder der Böhmischen Krone in der Zeit der Luxemburger. In: HEIMANN/NEITMANN/TRESP 2013, 96–111.

BOBKOVÁ, Lenka / BARTLOVÁ, Milena: Velké dějiny zemi koruny české [Große Geschichte der Länder der böhmischen Krone], Bd. 4. 1310–1402. Praha / Litomyšl 2003.

BOBKOVÁ, Lenka / GŁADKIEWICZ, Ryszard / VOREL, Petr (Hgg.): Arnošt z Pardubic. Osobnost – okruh – dědictví [Ernst von Pardubitz. Persönlichkeit – Umkreis – Erbe]. Wrocław / Praha / Pardubice 2005.

BOBKOVÁ, Lenka / HOLÁ, Mlada (Hgg.): Lesk královského majestátu ve středověku. Pocta Prof. PhDr. Františku Kavkovi, CSc. k nedožitým 85. narozeninám [Der Glanz der königlichen Majestät im Mittelalter. Ehrung für Prof. Dr. František Kavka zum nicht erreichten 85. Geburtstag]. Praha 2005.

BOBKOVÁ, Lenka / KONVIČNÁ, Jana (Hgg.): Společné a rozdílné. Česká koruna v životě a vědomí jejích obyvatel ve 14.–17. století [Gemeinsames und Unterschiedliches. Die Böhmische Krone im Leben und Bewusstsein ihrer Bewohner im 14.–17. Jahrhundert]. Kolloquium des Instituts für tschechische Geschichte der Philosophischen Fakultät der Karlsuniversität Prag und des Archivs der Hauptstadt Prag, Prag, 12.–13. Mai 2004. Praha / Ústí nad Labem 2005 (Korunní země v dějinách českého státu II).

BOBKOVÁ, Lenka / KONVIČNÁ, Jana (Hgg.): Rezidence a správní sídla v zemích České koruny ve 14.–17. století. Sborník příspěvků z mezinárodního kolokvia konaného ve dnech 29.–31. března 2006 v Clam-Gallasově plávi v Praze [Residenzen und Verwaltungssitze in den Ländern der Böhmischen Krone im 14.–17. Jahrhundert. Sammelband des internationales Kolloquium, veranstaltet vom 29.–31. 3. 2006 im Clam-Gallas-Palast in Prag]. Praha 2007 (Korunní země v dějinách českého státu III. Opera Facultatis philosophicae Universitatis Carolinae Pragensis IV).

BOBKOVÁ, Lenka / KONVIČNÁ, Jana (Hgg.): Náboženský život a církevní poměry v zemích Koruny české ve 14.–17. století [Religiöses Leben und kirchliche Verhältnisse in den Ländern der böhmischen Krone im 14.–17. Jahrhundert]. Praha 2009 (Korunní země av dějinách českého státu IV).

BOCK, Franz: Alte und neue kirchliche Textil- und Goldschmiedekunst. Krefeld 1852.

BOCK, Franz: Geschichte der liturgischen Gewänder im Mittelalter. Bonn 1856.

BOCK, Franz: Die Kroninsignien Böhmens. In: Mitteilungen der k. k. Central-Commission zur Erforschung und Erhaltung der Baudenkmale II (1857), 231–236.

BOCK, Franz: Die Musterzeichner des Mittelalters. Anleitende Studienblätter für Gewerbe- und Webeschulen, für Ornamentzeichner, Paramenten-, Teppich- und Tapetenfabrikanten nach alten Originalstoffen eigener Sammlung. 8 Lieferungen Leipzig 1859–61.

BOCK, Franz: Geschichte der liturgischen Gewänder des Mittelalters oder Entstehung und Entwicklung der kirchlichen Ornate. 3 Bde. Bonn 1859–71.

BOCK, Franz: Die Kleinodien des Heiligen Römischen Reiches Deutscher Nation. Wien 1864.

BOCK, Franz: Album mittelalterlicher Ornament-Stickerei zur Zierde für Kirche und Haus in Autographien nach älteren und neueren Mustervorlagen. Heft 1–2 Aachen 1866; Heft 3: Aachen 1869.

BOCK, Franz: Die textilen Byssus-Reliquien des christlichen Abendlandes, aufbewahrt in den Kirchen zu Köln, Aachen, Kornelimünster, Mainz und Prag. Aachen 1895.

BOCK, Franz / WILLEMSEN, Michael Antonius Hubertus: Antiquités sacrées conservées dans les anciennes collégiales de S. Servais et de Notre-Dame. Maastricht 1873.

BÖCKER, Heidelore: Brandenburg, Markgrafschaft, Markgrafen von (mit den Hochstiften Brandenburg, Havelberg, Lebus). In: PARAVICINI/HIRSCHBIEGEL/WETTLAUFER 2003, 454–469.

BOEHEIM, Wendelin: Urkunden und Regesten aus der k. k. Hofbibliothek. In: Jahrbuch der kunsthistorischen Sammlungen des Allerhöchsten Kaiserhauses 7 (1888), H. 2, XCI-CCCXIII.

BOEHM, Barbara Drake: Le mécénat de Jeanne d'Évreux. In: GABORIT-CHOPIN/AVRIL 2001, 15–31.

BÖHMER, Johann Friedrich (Hg.): Codex diplomaticus Moeno-Francofurtanus. Urkundenbuch der Reichsstadt Frankfurt. Frankfurt/Main 1836.

BÖHMER, Johann Friedrich (Bearb.): Die Urkunden Kaiser Ludwigs des Baiern, König Friedrichs des Schönen und König Johanns von Böhmen. Frankfurt/M. 1839 (Regesta Imperii VII).

BÖHMER, Johann Friedrich (Bearb.): Die Regesten des Kaiserreiches unter Heinrich Raspe, Wilhelm, Richard, Rudolf, Adolf, Albrecht und Heinrich VII. Stuttgart 1844 (Regesta Imperii inde ab anno 1246 usque ad annum 1313).

BÖHMER, Johann Friedrich / OPLL, Ferdinand (Bearb.): Die Regesten des Kaiserreichs unter Friedrich I. 1152 (1122)–1190. 3. Lieferung 1168–1180. Wien / Köln / Weimar 2001 (Regesta Imperii 4,2,3).

BÖKER, Hans Josef: Der Augsburger Domostchor. Überlegungen zu seiner Planungsgeschichte im 14. Jahrhundert. In: Zeitschrift des historischen Vereins für Schwaben 77 (1983), 90–102.

BÖKER, Hans Josef: Architektur der Gotik. Bestandskatalog der weltgrößten Sammlung an gotischen Baurissen (Legat Franz Jäger) im Kupferstichkabinett der Akademie der Bildenden Künste Wien. Salzburg 2005.

BÖKER, Hans Josef: Der Wiener Stephansdom. Architektur als Sinnbild für das Haus Österreich. Mit Photographien von Peter Kodera und Margherita Spiluttini und Baurissen aus dem Kupferstichkabinett der Akademie der Bildenden Künste Wien und dem Wien-Museum. Salzburg u. a. 2007.

BÖKER, Johann Josef / BREHM, Anne-Christine / HANSCHKE, Julian / SAUVÉ, Jean-Sébastien: Architektur der Gotik. Ulm und Donauraum. Ein Bestandskatalog der mittelalterlichen Architekturzeichnungen aus Ulm, Schwaben und dem Donaugebiet. Salzburg 2011.

DE BOER, Pim u. a. (Hgg.): Europäische Erinnerungsorte, Bd. 2. Das Haus Europa. München 2012.

BÖWITZ, Jörg: Sandsteinanalysen mittelalterlicher Kunstwerke. Berlin 2010.

BOHÁČEK, Miroslav: Dva nepovšimnuté rukopisy horního zákona krále Václava II. [Zwei unbeachtete Handschriften zum Berggesetz König Wenzels II.]. In: Studie o rukopisech 5 (1966), 41–96.

BOHÁČOVÁ, Ivana / FROLÍK, Jan / SMETÁNKA, Zdeněk / NECHVÁTAL, Bořivoj / HRDLIČKA, Ladislav: Prague Castle, Vyšehrad Castle and the Prague Agglomeration. In: FRIDRICH 1994, S. 153 –164.

BOJCOV, Michail: Der Kern der Goldenen Bulle von 1356. In: Deutsches Archiv zur Erforschung des Mittelalters 69 (2013), 581–614.

BOMBECK, Marita / SPORBECK, Gudrun: Kölner Bortenweberei im Mittelalter. Corpus Kölner Borten. Regensburg 2012.

BONGI, Salvatore (Hg.): Le Croniche di Giovanni Sercambi Lucchese pubblicate sui manoscritti originali. 3 Bde. Lucca 1892 (Fonti per la storia d'Italia 19–21).

BONITO FANELLI, Rosa / PERI, Paolo: Tessuti Italiani del rinascimento. Collezioni Franchetti – Carrand, Museo Nazionale del Bargello. Prato / Firenze 1981.

BORK, Hans-Rudolf u. a.: Landschaftsentwicklung in Mitteleuropa. Wirkungen des Menschen auf Landschaften. Gotha / Stuttgart 1998.

BORK, Hans-Rudolf / BEYER, Arno / KRANZ, Annegret: Der 1000-jährige Niederschlag des Jahres 1342 und seine Folgen in Europa. In: DAIM/GRONENBORN/SCHREG 2011, 231–242.

BORK Hans-Rudolf / DOTTERWEICH, Markus: Jahrtausendflut 1342. In: Archäologie in Deutschland 4 (2007), 20–23.

BORK, Ruth: Zur Politik der Zentralgewalt gegenüber den Juden im Kampf Ludwigs des Bayern um das Reichsrecht und Karls IV. um die Durchsetzung seines Königtums. In: ENGEL 1982/I, 30–73.

BORKOPP-RESTLE, Birgitt: Der Aachener Kanonikus Franz Bock und seine Textilsammlungen. Ein Beitrag zur Geschichte der Kunstgewerbe im 19. Jahrhundert. Riggisberg 2008.

BORKOWSKA, Urszula: The Funeral Ceremonies of the Polish Kings from the Fourteenth to the Eighteenth Centuries. In: Journal of Ecclesiastical History 36 (1985), 513–534.

BOROVSKÝ, Tomáš: Správa města a radní vrstva v předhusitské Kutné Hoře [Stadtverwaltung und Ratsschicht im vorhussitischen Kuttenberg]. In: GRULICH 1997, 59–83.

BOROVSKÝ, Tomáš: Patriciát nebo radní vrstva? Kutná Hora v předhusitském období [Patriziat oder Ratsschicht? Kuttenberg in vorhussitischer Zeit]. In: JUROK 2002, 87–101.

BOROVÝ, Clemens (Hg.): Libri erectionum archidioecesis Pragensis saec. XIV et XV, Bd. 1. 1358–1376. Praha 1875.

BORST, Arno: Elisabeth, hl., Landgräfin von Thüringen. In: Neue deutsche Biographie, Bd. 4. Berlin 1959, 452.

BORST, Arno: Das Erdbeben von 1348. Ein historischer Beitrag zur Katastrophenforschung. In: Historische Zeitschrift 233 (1981), 529–569.

BORST, Otto: Geschichte der Stadt Esslingen am Neckar. Esslingen/N. 1977.

BOS, Kirsten u. a.: Eighteenth century Yersinia pestis genomes reveal the long-term persistence of an historical plague focus. In: eLife 2016; 10.7554/eLife.12994. Online: Http://elifesciences.org/content/5/e12994v1/article-info (8.3.2016).

BOSL, Karl (Hg.): Zwischen Frankfurt und Prag. Vorträge der wissenschaftlichen Tagung des Collegium Carolinum in Frankfurt/M. am 7. und 8. Juni 1962. München 1963.

BOTT, Barbara: Die Plastik der Frankfurter Domportale. Frankfurt/M. 1962 (Schriften des Historischen Museums Frankfurt am Main 10).

BOUILLON, Regina: Die Beziehungen zwischen Aquileia und Karl IV. während der Amtszeit der Patriarchen Nikolaus von Luxemburg und Lodovico della Torre (1350–1365). Diss. Münster/W. 1989; Münster/W. 1991.

BOUTEILLER, E. de: Notice sur le couvent des Célestins de Metz. In: Mémoires de l'Académie Impériale de Metz 43 (1861/62), 467–534.

BOUZEK, Jan / ONDŘEJOVÁ, Iva: Der Karlstein-Kameo. In: Listy filologické 103 (1980), 75–78.

BRACHMANN, Christoph: Kaiser Karl IV. und der Westrand des Imperiums: Politischer und künstlerischer Austausch mit einer Innovations- und Transferregion. In: FAJT/LANGER 2009, 89–100.

BRÄUTIGAM, Günther: Gmünd – Prag – Nürnberg. Die Nürnberger Frauenkirche und der Prager Parlerstil vor 1360. In: Jahrbuch der Berliner Museen N. F. 3 (1961), 38–75.

BRÄUTIGAM, Günther: Die Nürnberger Frauenkirche. Idee und Herkunft ihrer Architektur. In: SCHLEGEL/ZOEGE 1965, 170–197.

BRÄUTIGAM, Günther: Nürnberg als Kaiserstadt. In: SEIBT 1978/I, 339–343.

BRANDL, Heiko / FORSTER, Christian: Der Dom zu Magdeburg. 2 Bde. Regensburg 2011.

BRAUER, Barbara: The Třeboň Resurrection: Retrospection and Innovation. In: Umění 31 (1983), 150–158.

BRAUN, Joseph: Handbuch der Paramentik. Freiburg/Br. 1912.

BRAUN, Joseph: Der christliche Altar in seiner geschichtlichen Entwicklung. 2 Bde. München 1924.

BRAUN, Josef: Das christliche Altargerät in seinem Sein und in seiner Entwicklung. München 1932.

BRAUN, Joseph: Die Reliquiare des christlichen Kultes und ihre Entwicklung. Freiburg/Br. 1940.

BRAUNFELS, Wolfgang: Der Hedwigs-Codex von 1353. Sammlung Ludwig. 2 Bde. Berlin 1972.

BRAUNN, Wilfried (Bearb.): Quellen zur Geschichte der Juden bis zum Jahr 1600 im Hauptstaatsarchiv Stuttgart und im Staatsarchiv Ludwigsburg. Stuttgart 1982.

BRAVERMANOVÁ, Milena u. a. (Hgg.): České korunovační klenoty [Die böhmischen Krönungsinsignien]. Praha 1998.

BRAVERMANOVÁ, Milena: Robe Fabrics on the Portraits in the Chapel of the Holy Cross at Karlštejn castle / Tkaniny na rouchách postav zobrazených v Kapl Sv. Kříže na Karlštejne. In: FAJT 2003/I, 114–123, 382–387.

BRAVERMANOVÁ, Milena: Hroby králů a jejich příbuzných na Pražském hradě [Die Gräber der Könige und ihrer Angehörigen auf der Prager Burg]. In: Pohřbívání na Pražském hradě a jeho předpolích I.1. Textová část [Bestattungen auf der Prager Burg und in ihrem Vorfeld I.1. Textteil]. Castrum Pragense 7 (2005), 53–87.

BRAVERMANOVÁ, Milena: Grabkrone. In: Ausst.-Kat. Prag 2006, 168, Kat.-Nr. 52.d.

BRAVERMANOVÁ, Milena / KLOUDNÁ, Romana / OTAVKÁ, Vendulka / VRABCOVÁ, Alžběta: Pohřební Roucho Karla IV. Z královské krypty v katedrále sv. Víta [Das Grabgewand Karls IV. aus der Königsgruft in der Kathedrale von St. Veit]. In: Archeologia historica 30 (2005), 471–496.

BRAVERMANOVÁ, Milena / KOBRLOVÁ, Jana: Archeologický textilní fond na Pražském hradě [Der archäologische Textil-Bestand auf der Prager Burg]. In: Archaeologia historica 17 (1992), 411–419.

BRAVERMANOVÁ, Milena / LUTOVSKÝ, Michal: Hroby, hrobky a pohřebiště českých knížat a králů [Gräber, Grüfte und Grablegen der böhmischen Fürsten und Könige]. Praha 2001.

BRAVERMANOVÁ, Milena / LUTOVSKÝ, Michal: Hroby a hrobky našich knížat, králů a prezidentů [Gräber und Grüfte unserer Fürsten, Könige und Präsidenten]. Praha 2007.

BRAZDIL, Rudolf / KOTYZA, Oldrich: History of Weather and Climate in the Czech Lands I. Period 1000–1500. Zürich 1995 (Zürcher Geographische Schriften 62).

BREDEHORN, Uwe / GÖDEKE, Herwig (Bearbb.): St. Elisabeth – Kult, Kirche, Konfessionen. Ausstellung der Universitätsbibliothek Marburg. Marburg/L. 1983 (700 Jahre Elisabethkirche Marburg 7).

BREISIG, Eva Maria: Die Bauplastik von Saint-Thiébaut in Thann und die spätgotische Skulptur am Oberrhein. Petersberg b. Fulda 2016.

BREL-BORDAZ, Odile: Broderies d'ornements liturgiques, XIII–XIV siécles. Opus Anglicanum. Paris 1982.

BRESSLAU, Harry (Hg.): Die Chronik Heinrichs Taube von Selbach, mit den von ihm verfaßten Biographien Eichstätter Bischöfe. Berlin 1922; Neudruck München 1964 (Monumenta Germaniae historica. Scriptores rerum germanicarum n. s. 1).

BRETHOLZ, Berthold: Johannes von Gelnhausen. In: Zeitschrift des Deutschen Vereines für die Geschichte Mährens und Schlesiens 7 (1903), 1–76.

BRETHOLZ, Berthold (Bearb.): Quellen zur Geschichte der Juden in Mähren vom 11. bis zum 15. Jahrhundert (1067–1411). Praha 1935 (Schriften der Gesellschaft für Geschichte der Juden in der Čechoslovakischen Republik 1).

BŘEZINA, Václav: Lexikon českého filmu. 2000 filmů 1930–1996 [Lexikon des tschechischen Films. 2000 filme 1930–1996]. Praha 1996.

BŘEZINA, Luděk / KONVIČNÁ, Jana / ZDICHYNEC, Jan (Hgg.): Ve znamení zemí Koruny české. Sborník k šedesátým narozeninám prof. PhDr. Lenky Bobkové, CSc. [Im Zeichen der Böhmischen Krone. Festschrift zum 60. Geburtstag von Prof. Dr. Lenka Bobková]. Praha 2006.

BRINCKEN, Anna-Dorothee von den: Die universalhistorischen Vorstellungen des Johann von Marignola OFM. Der einzige mittelalterliche Weltchronist mit Fernostkenntnis. In: Archiv für Kulturgeschichte 49 (1967), 297–339.

BRINKMANN, Bodo / KEMPERDICK Stephan: Deutsche Gemälde im Städel 1300–1500. Mainz 2002 (Kataloge der Gemälde im Städelschen Kunstinstitut, Frankfurt/M. 4).

BRINKMANN, Vinzenz / PRIMAVESI, Oliver / HOLLEIN, Max (Hgg.): Circumlitio. The Polychromy of Antique and Medieval Sculpture. Frankfurt/M. 2010.

BRITNELL, Richard: Commercialisation, Stagnation, and Crisis, 1250–1350. In: DRENDEL 2015, 15–34.

BROCKHOFF, Evelyn / MATTHÄUS, Michael (Hgg.): Die Kaisermacher. Frankfurt am Main und die Goldene Bulle, 1356–1806. Aufsätze. Frankfurt/M. 2006.

BRODSKÝ, Pavel: Katalog iluminovaných rukopisů Knihovny národního muzea v Praze [Katalog der illuminierten Handschriften der Bibliothek des Nationalmuseums in Prag]. Praha 2000.

BROWN, Neville: History and Climate Change. An Eurocentric Perspective. London / New York 2001 (Routledge Studies in Physical Geography and Environment 3).

BRUCHER, Günter (Hg.): Gotik. München / London / New York 2000 (Geschichte der Bildenden Kunst in Österreich 2).

BRÜCKLE, Wolfgang: Civitas Terrena. Staatsrepräsentation und politischer Aristotelismus in der französischen Kunst 1270–1380. München / Berlin 2005 (Kunstwissenschaftliche Studien 124).

BRÜCKLE, Wolfgang: Stil als Politikum: Inwiefern? In: KLEIN/ BÖRNER 2006, 229–256.

BRÜCKLE, Wolfgang: Gab es Stillagen in der französischen Skulptur der Gotik? In: GRANDMONTAGNE/KUNZ 2016, 118–143.

BRÜCKNER, Sigrid (Hg.): Tangermünde. Tausend Jahre Geschichte. Döbel 2009.

BRÜHL, Carlrichard: Kronen- und Krönungsbrauch im frühen und hohen Mittelalter. In: Historische Zeitschrift 234 (1982), 1–31.

BRUGGER-KOCH, Susanne: Venedig und Paris, die wichtigsten Zentren des hochmittelalterlichen Hartsteinschliffs im Spiegel der Quellen. In: Zeitschrift des Deutschen Vereins für Kunstwissenschaft 39 (1985), 3–39.

BRUNETTIN, Giordano (Hg.): Il Vangelo dei principi. La riscoperta di un testo mitico tra Aquileia Praga e Venezia. Udine 2002.

BRUNETTIN, Giordano: Bertrando di Saint-Geniès patriarca di Aquileia (1334–1350). Spoleto 2004.

BRUTZER, Gregor: Mittelalterliche Malerei im Ordenslande Preußen, Bd. 1: Westpreußen. Danzig 1936 (Danziger kunstgeschichtliche Forschungen 2).

BUCKL, Walter (Hg.): Das 14. Jahrhundert Krisenzeit. Regensburg 1995 (Eichstätter Kolloquium 1).

BÜCHSEL, Martin / SCHMIDT, Peter (Hgg.): Das Porträt vor der Erfindung des Porträts. Mainz 2003.

BÜHLER, Albert: Die Heilige Lanze. Ein ikonographischer Beitrag zur Geschichte der deutschen Reichskleinodien. In: Das Münster 16 (1963), H. 3–4, 85–116.

BÜHLER, Alfred: Vokabular der Textiltechniken: Deutsch (C.I.E.T.A.). Lyon 1971.

BÜRGER, Stefan / WINZELER, Marius: Die Stadtkirche St. Peter und Paul in Görlitz. Döbel 2006.

BÜTTNER, Andreas: Der Weg zur Krone. Rituale der Herrschererhebung im spätmittelalterlichen Reich. Ostfildern 2012 (Mittelalter-Forschungen 35).

BÜTTNER Anita: Die Trinkschale der Kaiserin Helena im Domschatz zu Trier. In: HOMANN-WEDEKING 1964, 27–31.

BÜTTNER, Frank O. (Hg.): The Illuminated Psalter. Studies in the Content, Purpose and Placement of its Images. Turnhout 2004.

BÜTTNER, Nils / SCHILP, Thomas / WELZEL, Barbara (Hgg.): Städtische Repräsentation. St. Reinoldi und das Rathaus als Schauplätze des Dortmunder Mittelalters. Bielefeld 2005.

BULST, Neithard: Der „Schwarze Tod" im 14. Jahrhundert. In: MEIER 2005, 142–161, 406–409.

[BURAN 2002/I]: BURAN, Dušan: Studien zur Wandmalerei um 1400 in der Slowakei. Die Pfarrkirche St. Jakob in Leutschau und die Pfarrkirche St. Franziskus Seraphicus in Poniky. Weimar 2002.

[BURAN 2002/II]: BURAN, Dušan: Az Eleven Kereszt és Szent Gergely miséje. Kontinuitás vagy konkurencia? [Das lebendige Kreuz und die St.-Georgs-Messe. Kontinuität oder Konkurrenz?]. In: Művészettörténeti Értesítő 51 (2002), 1–15.

BURAN, Dušan / BARTLOVÁ, Milena: Comparing the Incomarable? Wenceslas IV and Sigismund, their Queens, and their Images. In: FAJT/LANGER 2009, 368–376.

BURCKHARDT, Wolfram (Übers.): Nicolaus Oresmius: De mutatione monetarum, tractatus. Traktat über Geldabwertungen, mit einem Nachwort von Martin BURCKHARDT. Berlin 1999.

BURGARD, Friedhelm / REVERCHON, Alexander: Jüdische Siedlungsgeschichte der Maas-Mosel-Lande mit Ausblick in die östliche Champagne. In: HAVERKAMP 2002, I, 75–98.

BURGEMEISTER, Ludwig (Hg.): Die Kunstdenkmäler der Stadt Breslau, 1. Teil. Die kirchlichen Denkmäler der Dominsel und der Sandinsel. Breslau 1930.

BURGER, Daniel: Königlicher Bannwald, Rodung und Landesausbau im Mittelalter. In: Ausst.-Kat. München/ Glentleiten 2011, 13–36.

BURGER, Daniel: Die Nürnberger Waldämter. In: Ausst.-Kat. Bad Windsheim 2013, 26–39.

BURGER, Daniel / RYKL, Michael: Die Raumstruktur der Burg Karls IV. in Lauf. In: GROSSMANN/HÄFFNER 2006, 35–66.

BURGET, Eduard: Hlavní hrdina neuskutečněných oslav: Pomník Karla IV. na Křižovnickém náměstí v Praze [Der Hauptheld nicht realisierter Feierlichkeiten: Das Denkmal Karls IV. auf dem Kreuzherrenplatz in Prag]. In: Dějiny a současnost 29 (2007), Nr. 10, 12. Online: http:// dejinyasoucasnost.cz/archiv/2007/10/hlavni-hrdina-neuskutecnenych-oslav.

BURKE, Peter: Die europäische Renaissance. Zentren und Peripherien. München 2005.

BUTZ, Reinhardt / MELVILLE, Gert (Hgg.): Coburg 1353. Stadt und Land Coburg im Spätmittelalter. Coburg 2003 (Schriftenreihe der Historischen Gesellschaft Coburg 17).

C

CAHIER, Charles / MARTIN, Arthur: Mélanges d'archeologie, d'histoire et de littérature. 6 Bde. Paris 1849–68.

CAMPBELL, Bruce M. S.: Nature as Historical Protagonist: Environment and Society in Pre-Industrial England. In: The Economic History Review 63 (2010), H. 2, 281–314.

CARDAUNS, Hermann (Hg.): Die Chroniken der niederrheinischen Städte: Köln 3. Leipzig 1877 (Die Chroniken der deutschen Städte vom 14. bis ins 16. Jahrhundert 14), 641–918.

CARQUÉ, Bernd: Stil und Erinnerung. Französische Hofkunst im Jahrhundert Karls V. und im Zeitalter ihrer Deutung. Diss. Berlin (TU) 2000. Göttingen 2004 (Veröffentlichungen des Max-Planck-Instituts für Geschichte 192).

CASTELIN, Karel: Grossus Pragensis. Der Prager Groschen und seine Teilstücke. In: Arbeits- und Forschungsberichte zur sächsischen Bodendenkmalpflege 16/17 (1967), 655–714.

CASTELLUCCIO, Stéphane: Les collections royales d'objets d'art du François Ier à la Révolution. Paris 2002.

CAVACIOCCHI, Simonetta (Hg.): L'uomo e la foresta secc. 13–18. Firenze 1996.

CAVINA, Marco: Imperator Romanorum triplici corona coronatur. Studi sull'incoronazione imperiale nella scienza giuridica italiana fra Tre e Cinquecento. Milano 1991.

ČECHURA, Jaroslav: Po stopách Třeboňského oltáře [Auf den Spuren des Wittingauer Altars]: In: ŠMIED/ZÁRUBA 2015, 47–57.

ČECHURA, Jaroslav / ŽŮREK, Václav (Hgg.): Lucemburkové. Životopisná encyklopedie [Die Luxemburger. Ein biografisches Nachschlagewerk]. České Budějovice 2012.

ČELAKOVSKY, Jaromír: Codex juris municipalis regni Bohemiae, Bd. 1. Privilegia civitatum Pragensium. Prag 1886.

ČELAKOVSKY, Jaromír: Codex juris municipalis regni Bohemiae, Bd. 2. Privilegia královských měst venkovských z let 1125–1419 [Privilegien der königlichen Landstädte 1125–1419]. Prag 1895.

ČERMÁK, Václav: Církevněslovanské písemnictví slovanského kláštera v Praze [Kirchenslawische Schriften des Slawischen Klosters zu Prag]. In: KOUŘIL u. a. 2014, 292–296.

ČERNÁ, Marie A.: Ikonografický rozbor tympanonu Korunování Panny Marie od Panny Marie Sněžné v Praze [Ikonografische Analyse des Tympanons der Krönung der Jungfrau Maria von Maria Schnee in Prag]. In: Acta Universitatis Carolinae, Philosophica et Historica 4 (1980), 53–73.

ČERNÝ, Jaromír: Die Ars nova-Musik in Böhmen. In: Miscellanea musicologica XXI–XXIII (1970), 47–106.

ČERNÝ, Jaromír: Ars nova v českých zemích [Die Ars nova in den Böhmischen Ländern]. In: JEZ 2003, 335–359.

[ČERNÝ 2006/I]: ČERNÝ, Pavol u. a. (Hgg.): Du bon du cœur. Poklady francouzského středověkého umění v českých a moravských sbírkách [Du bon du cœur. Schätze französischer mittelalterlicher Kunst in böhmischen und märkischen Sammlungen]. Olomouc 2006.

[ČERNÝ 2006/II]: ČERNÝ, Pavol: Evangeliář. In: ČERNÝ 2006/I, 48–54, Nr. 3.

ČERNÝ, Pavol: Pařížský fragment kroniky tzv. Dalimila a jeho iluminátorská výzdoba [Das Pariser Fragment der Chronik des sog. Dalimil und sein buchmalerischer Schmuck]. Olomouc 2010.

CHADRABA, Rudolf: Staroměstská mostecká věž a triumfální symbolika v umění Karla IV. [Der Altstädter Brückenturm und die Symbolik des Triumphs in der Kunst Karls IV.]. Praha 1971.

CHADRABA, Rudolf: Zur Ikonographie der thronenden Herrscherfiguren am Altstädter Brückenturm in Prag. In: Wissenschaftliche Zeitschrift. Gesellschafts- und sprachwissenschaftliche Reihe 30 (1981), H. 3/4, 411–418.

CHADRABA, Rudolf (Hg.): Od počátků do konce středověku [Von den Anfängen bis zum Ende des Mittelalters]. Praha 1984 (Dějiny českého výtvarného umění I,1 / Geschichte der böhmischen bildenden Kunst I,1).

CHADRABA, Rudolf: Staroměstská mostecká věž a její výzdoba ve vztahu ke korunovací českých králů [Der Altstädter Brückenturm und sein Schmuck im Zusammenhang mit der Krönung der böhmischen Könige]. In: Staletá Praha XXI (1991), 55–136.

[CHALOUPECKÝ 1940/I]: CHALOUPECKÝ, Václav (Hg.): Vlastní životopis Karla IV. [Autobiografie Karls IV.]. Praha 1940 (Odkaz minulosti české 1).

[CHALOUPECKÝ 1940/II]: CHALOUPECKÝ, Václav: Karel IV. a Čechy 1316–1378 [Karl IV. und Böhmen 316-1378]. In: CHALOUPECKÝ 1940/I, 5–43.

CHALOUPECKÝ, Václav: Arnošt z Pardubic, první arcibiskup pražský 1346–1364 [Ernst von Pardubitz, erster Erzbischof von Prag 1346–1364]. Praha 1941, 2. Aufl. 1946.

CHALOUPECKÝ, Václav: Karlova universita v Praze 1348–1409. Její založení, vývoj a ráz ve XIV. století [Die Karlsuniversität zu Prag 1348–1409. Ihre Gründung, Entwicklung und ihr Charakter im XIV. Jahrhundert]. Praha 1948. – Englische Ausgabe: The Caroline University of Prague. Its Foundation, Character, and Development in the Fourteenth Century. Praha 1948.

CHALOUPECKÝ, Václav / RYBA, Bohumil (Hgg.): Středověké legendy prokopské. Jejich historický rozbor a texty [Mittelalterliche Prokop-Legenden. Ihre historischen Wurzeln und Texte]. Praha 1953.

CHAPUIS, Marie-Pierre u. a.: Do Outbreaks Affect Genetic Population Structure? A Worldwide Survey in Locusta migratoria, a Pest Plagued by Micro Satellite Null Alleles. In: Molecular Ecology 17 (2008), 3640–3653.

CHARVÁTOVÁ, Kateřina: Dějiny cisterckého řádu v Čechách 1142–1420, Bd. 1. Fundace 12. století [Geschichte des Zisterzienserordens in Böhmen 1142–1420, Bd. 1. Gründungen des 12. Jahrhunderts]. Praha 1998.

CHARVÁTOVÁ, Kateřina: Dějiny cisterciáchého řádu v Čechách 1142–1420, Bd. 2. Kláštery založené ve 13. a 14. stoleti [Geschichte des Zisterzienserordens in Böhmen 1142–1420, Bd. 2. Im 13. und 14. Jahrhundert gegründete Klöster]. Praha 2002.

CHATELAIN, Emile (Hg.): Chartularium Universitatis Parisiensis, Bd. 3. 1350–1394. Paris 1894.

CHÂTELET, Albert / REYNAUD, Nicole (Hgg.): Études d'art français offertes à Charles Sterling. Paris 1975.

CHEVALLEY, Denis André: Der Dom zu Augsburg. München 1995 (Die Kunstdenkmäler von Bayern N. F. I).

CHIAPPORI, Maria Grazia: I tre Poli nella „Ecclesia militans" di Andrea Bonaiuti in S. Maria Novella a Firenze. In: Quaderni medievali 8/15 (1983), 27–51.

CHLÍBEC, Jan / OPAČIĆ, Zoë (Hgg.): Setkávání. Studie o středověkém umění věnované Kláře Benešovské [Begegnungen. Studien zur mittelalterlichen Kunst, gewidmet Klara Benešovská]. Praha 2015.

CHLUMSKÁ, Štěpánka (Hg.): Bohemia & Central Europe 1200–1550. The Permanent Exhibition of the Collection of Old Masters of the National Gallery in Prague at the Convent of St. Agnes of Bohemia. Mit Texten von Štěpánka CHLUMSKÁ und Jiří FAJT. Praha 2006; 2. Aufl. 2014.

CHMARZYŃSKI, Gwido: Sztuka w Toruniu [Kunst in Thorn]. In: TYMIENIECKI 1933, 471–544. – Neudruck in: CHMARZYŃSKI 2014, 45–120.

CHMARZYŃSKI, Gwido: G. C. i jego dzieło Sztuka w Toruniu [Gwido Chamarzyński und sein Werk Kunst in Thorn]. Toruń 2014.

[Chorfenster Frankfurt/O. 2008]: Die Chorfenster der St. Marienkirche in Frankfurt (Oder). Hg. vom Brandenburgischen Landesamt für Denkmalpflege und dem Archäologischen Landesmuseum, Prof. Dr. Detlef KARG, der Stadt Frankfurt (Oder) und dem Förderverein St. Marienkirche Frankfurt (Oder). Worms 2008.

CHOTĚBOR, Petr (Hg.): Petr Parléř. Svatovítská katedrála 1356–1399 [Peter Parler. Der Veitsdom 1356–1399]. Praha 1999.

CHOTĚBOR, Petr: Mladší lucemburská přestavba Starého královského paláce na Pražském hradě [Der jüngere luxemburgische Wiederaufbau des Alten Königlichen Palasts auf der Prager Burg]. In: Castellologica Bohemica 10 (2006), 55–70.

CHOTĚBOR, Petr: Pražský hrad doby lucemburské [Die Prager Burg unter den Luxemburgern]. In: ŠMAHEL/BOBKOVÁ 2012, 346–355.

CHOTĚBOR, Petr: Hradschin in Prag. Unveröffentlichtes Manuskript für einen Burgenführer der Serie Burgen, Schlösser und Wehrbauten in Mitteleuropa. [2015].

[Chroniken der fränkischen Städte]: Die Chroniken der deutschen Städte vom 14. bis ins 16. Jahrhundert. Die Chroniken der fränkischen Städte. 5 Bde. Leipzig 1862–1874. Neudruck Göttingen 1961.

CHUDÁREK, Zdeněk: Contribution to Understanding the History of the Construction of the Great Tower at Karlštejn Castle. In: FAJT 2003/I, 258–268.

CHUDÁREK, Zdeněk: Příspěvek k poznání stavebních dějin věží na hradě Karlštejně v době Karla IV. [Beitrag zur Kenntnis der Baugeschichte der Türme auf Burg Karlstein in der Ära Karls IV.]. In: VŠETEČKOVÁ 2006, 106–138.

CIBULKA, Josef: Iluminované popsání cesty Karla IV. do Francie v soudobém rukopise Národní knihovny v Paříži [Die illuminierte Beschreibung der Reise Karls IV. nach Frankreich in der zeitgenössischen Handschrift der Nationalbibliothek zu Paris]. In: Památky archeologické 35 (1926/27), 63–69.

CIBULKA, Josef: Královská hrobka v Chrámě sv. Víta na Hradě Pražském [Die Königsgruft im Veitsdom auf der Prager Burg]. In: Umění 2 (1928), 41–44.

CIBULKA, Josef: Český řád korunovační a jeho původ [Die böhmische Krönungsordnung und ihr Ursprung]. Praha 1934.

CIBULKA, Josef / LORIŠ, Jan / NOVOTNÝ, Vladimír: Výstava přírůstků ve Státní sbírce starého umění v Praze [Ausstellung von Erwerbungen in der Staatlichen Sammlung alter Kunst in Prag]. In: Umění 12 (1939–40), 153–156.

CICOGNARA, Leopoldo: Dell'origine, composizione e decomposizione dei nielli. Venezia 1827.

CLASEN, Karl Heinz: Der Meister der Schönen Madonnen. Herkunft, Entfaltung und Umkreis. Berlin / New York 1974.

CLAUSS, Martin / STIELDORF, Andrea / WELLER, Tobias (Hgg.): Der König als Krieger. Die militärischen Aspekte europäischer Königsherrschaft im Mittelalter. Beiträge der Tagung des Zentrums für Mittelalterstudien der Otto-Friedrich-Universität Bamberg, 13.–15. 3. 2013. Bamberg 2015 (Bamberger interdisziplinäre Mittelalterstudien. Vorträge und Vorlesungen 5).

CLAUSSEN, Peter Cornelius: Der Wenzelsaltar in Alt-St. Peter. Heiligenverehrung, Kunst und Politik unter Karl IV. In: Zeitschrift für Kunstgeschichte 43 (1980), 280–299.

CLUSE, Christoph: Zur Chronologie der Verfolgungen zur Zeit des „Schwarzen Todes". In: HAVERKAMP 2002, 223–242.

CLUSE, Christoph (Hg.): Europas Juden im Mittelalter. Beiträge des internationalen Symposions in Speyer vom 20.–25. Oktober 2002. Trier 2004. Englisch: The Jews of Europe in the Middle Ages (Tenth to Fifteenth Centuries). Turnhout 2004.

CLUSE, Christoph: Zwischen Vorurteil und Vertrauen. Die Rettung der Regensburger Juden im Jahr 1349. In: GEMEIN 2011, 362–375.

CLUSE, Christoph / HAVERKAMP, Alfred / YUVAL, Israel J. (Hgg.): Jüdische Gemeinden und ihr christlicher Kontext in kulturräumlich vergleichender Betrachtung. Hannover 2003 (Forschungen zur Geschichte der Juden A 13).

Codex diplomaticus almae Carolo-Ferdinandeae universitatis Pragensis. In: Monumenta historica Universitatis Carolo-Ferdinandeae Pragensia II/1. Praha 1834, 217–444.

COLE, Henry: Inventary of the Objects in the Art Division of the Museum at South Kensington arranged according to the Dates of their Acquisition, Vol. 1. For the Years 1852 to the End of 1867. London 1868.

[Collegium Carolinum 1963]: Zwischen Frankfurt und Prag. Vorträge der wissenschaftlichen Tagung des Collegium Carolinum in Frankfurt/M. am 7. und 8. Juni 1962. Hg. vom Collegium Carolinum. Forschungsstelle für die böhmischen Länder. München 1963.

COLLET, Dominik: „Vulnerabilität" als Brückenkonzept der Hungerforschung. In: COLLET/LASSEN/SCHANBACHER 2012, 13–26.

COLLET, Dominik / LASSEN, Thore / SCHANBACHER, Ansgar (Hgg.): Handeln in Hungerkrisen. Neue Perspektiven auf soziale und klimatische Vulnerabilität. Göttingen 2012.

COLLING-KERG, Vanna / DOFING, Jean-Claude / MULLER Jean-Claude (Bearbb.): Le rêve italien de la maison de Luxembourg aux XIVe et XVe siècles. Esch-sur-Alzette o. J. [1997].

COLLIVA, Paolo: Il cardinale Albornoz, lo Stato della Chiesa, le „Constitutiones Aegidianae" (1353–1357). Con in appendice il testo volgare delle Costituzioni di Fano dal ms. Vat. Lat. 3939. Bologna 1977 (Studia Albornotiana 32).

CONRADS, Norbert (Hg.): Deutsche Geschichte im Osten Europas: Schlesien. Berlin 1994.

CONSTANTINI, Frédérique-Anne: L'abbatiale Saint-Robert de la Chaise-Dieu. Un chantier de la papauté d'Avignon (1344–1352). Diss. Paris 1993; Paris 2003 (Bibliothèque de l'École des Hautes Études, 4. section, Sciences historiques et philologiques 339).

DE COO, Jozef: Museum Mayer van den Bergh, Catalogus 2. Beeldhouwkunst, plaketten, antiek. Antwerpen 1969.

CORDSHAGEN, Christa / SCHMITT, Roderich (Hgg.): Mecklenburgische Reimchronik des Ernst von Kirchberg. 2 Bde. Köln / Weimar / Wien 1996/97.

ČORNEJOVÁ, Ivana / KADLEC Jaroslav / KEJŘ Jiří / PEŠEK Jiří / SVATOŠ Michal / SVOBODNÝ Petr / ŠMAHEL František: Dějiny univerzity Karlovy 1347/48–1622 [Geschichte der Karlsuniversität 1347/48–1622], I. Praha 1995.

ČORNEJOVÁ, Ivana / SVATOŠ, Michal (Hg.): Dějiny Karlovy Univerzity [Die Geschichte der Karlsuniversität], Bd. I. 1348–1802. In Zusammenarbeit mit Petr SVOBODNÝ. Praha 2001.

CORSEPIUS, Katharina (Hg.): Opus Tessellatum. Modi und Grenzgänger der Kunstwissenschaft. Hildesheim u. a. 2004 (Studien zur Kunstgeschichte 157).

CRAMER, Johannes / SCHULLER, Manfred / WINGHART, Stefan (Hgg.): Forschungen zum Erfurter Dom. Erfurt 2005 (Arbeitsheft des Thüringischen Landesamtes für Denkmalpflege N. F. 20).

CREMER, Folkhard: Die St.-Nikolaus-und-Heiligblut-Kirche zu Wilsnack. 2 Bde. München 1996 (Beiträge zur Kunstwissenschaft 63,1).

CREUTZFELD, Heinke: Das Langhaus der Heilig-Kreuzkirche in Schwäbisch-Gmünd. Diss. (masch.) Freiburg/N. 1953.

CROSSLEY, Paul: Bohemia sacra. Liturgy and History in Prague Cathedral. In: JOUBERT/SANDRON 1999, 341–365.

CROSSLEY, Paul: The Politics of Presentation. The Architecture of Charles IV of Bohemia. In: REES JONES/MARKS/MINNIS 2000, 99–172.

CROSSLEY, Paul: Peter Parler and England. A Problem Revisited. In: Wallraf-Richartz-Jahrbuch 64 (2003), 53–82.

CROSSLEY, Paul: Our Lady in Nuremberg, All Saints Chapel in Prague, and the High Choir of Prague Cathedral. In: OPAČIĆ 2009, 64–80.

CROSSLEY, Paul / OPAČIĆ, Zoë: Prag. Die Krone des böhmischen Königtums. In: Ausst.-Kat. Prag 2006, 197–217.

CURSCHMANN, Fritz: Hungersnöte im Mittelalter. Ein Beitrag zur deutschen Wirtschaftsgeschichte des 8. bis 13. Jahrhunderts. Leipzig 1900.

CURZEL, Emanuele: I canonici e il Capitolo della cattedrale di Trento dal XII al XV secolo. Bologna 2001 (Pubblicazioni dell'Istituto di Scienze Religiose in Trento. Series maior 8).

CUSPINIANUS [SPIESSHEIMER], Johannes: De Caesaribus atque imperatoribus Romanis opus insigne. Ab innumeris, quibus antea scatebat, mendis vindicatum. Frankfurt/M. 1601.

D

DAHLHAUS, Joachim / KOHNLE, Armin (Hgg.): Papstgeschichte und Landesgeschichte. Festschrift für Hermann Jakobs zum 65. Geburtstag. Köln / Weimar / Wien 1995.

DAIM, Falko / GRONENBORN, Detlef / SCHREG, Rainer (Hgg.): Strategien zum Überleben. Umweltkrisen und ihre Bewältigung. Mainz 2011.

DALE, Sharon: Contra damnationis filios. The Visconti in fourteenth-century papal diplomacy. In: Journal of medieval history 33 (2007), H. 1, 1–32.

[Datenblatt Delsenbach GNM]: Http://objektkatalog.gnm.de/objekt/HB18692 (27. 1. 2016).

DAVIES, Norman: God's Playground. A History of Poland, Teil 1. Oxford 1981.

DECKER, Bernhard: Das Ende des mittelalterlichen Kultbildes und die Plastik Hans Leinbergers. Diss. Frankfurt/M. 1976; Bamberg 1985 (Bamberger Studien zur Kunstgeschichte und Denkmalpflege 3).

[DEHIO/LEHMANN 1974]: DEHIO, Georg: Handbuch der Deutschen Kunstdenkmäler. Sachsen-Anhalt I. Der Bezirk Magdeburg. Bearb. von Edgar LEHMANN u. a. Berlin 1974. Neudruck Berlin 1990.

DEINHARDT, Wilhelm: Dedicationes Bambergenses. Freiburg/B. 1936.

DEKEYZER, Brigitte / VAN DER STOCKT, Jan (Hgg.): Manuscripts in Transition. Recycling Manuscripts, Text and Images. Proceedings of the International Congres held in Brussels, 5.–9. November 2002. Paris / Leuven / Dudley MA. 2005.

DELACHENAL, Roland (Hg.): Les Grandes Chroniques de France. Chronique des règnes de Jean II et de Charles V., II. 1364–1380. Paris 1916.

DELACHENAL, Roland (Hg.): Les Grandes Chroniques de France. Chronique des règnes de Jean II et de Charles V., IV. Miniatures du manuscrit de Charles V. Paris 1920.

DELEN, Amy Jean Joseph: Histoire de la gravure dans les anciens Pays-Bas et dans les provinces Belges des origines jusqu'à la fin du XVIII siècle. Paris / Brüssel 1924.

DELISLE, Léopold: Le cabinet des manuscrits de la Bibliothèque impériale, Bd. 1. Paris 1868.

DELISLE, Léopold (Hg.): Mandements et actes divers de Charles V (1364–1380) recueillis dans les collections de la Bibliothèque nationale. Paris 1874.

DELISLE, Léopold: Recherches sur la librairie de Charles V, Roi de France, 1337–1380. 3 Bde. Paris 1907.

DELUMEAU, Jean: Angst im Abendland. Die Geschichte kollektiver Ängste im Europa des 14. bis 18. Jahrhunderts. 2 Bde. Reinbek 1985.

DENEKE, Bernward / KAHSNITZ, Rainer (Hgg.): Das Germanische Nationalmuseum. Nürnberg 1852–1977. Beiträge zu seiner Geschichte. München / Berlin 1978.

DENKSTEIN, Vladimír: Památky gotické [Gotische Denkmäler]. In: DENKSTEIN/DROBNÁ/KYBALOVÁ 1958, 53ff.

DENKSTEIN, Vladimír: Původ a význam kamenného reliéfu (tzv. tympanonu) ze hřbitovní zdi kostela Panny Marie Sněžné v Praze [Ursprung und Bedeutung des Steinreliefs (d. h. Tympanons) in der Friedhofsmauer bei der Kirche der Jungfrau Maria Schnee in Prag]. In: Umění XLI (1993), 76–100.

DENKSTEIN, Vladimír / DROBNÁ, Zoroslava / KYBALOVÁ, Jana: Lapidárium Národního muzea [Das Lapidarium des Nationalmuseums]. Praha 1958.

DENZEL, Markus A.: Das System des bargeldlosen Zahlungsverkehrs europäischer Prägung vom Mittelalter bis 1914. Stuttgart 2008 (Vierteljahrschrift für Sozial- und Wirtschaftsgeschichte, Beihefte 201).

DESROSIERS, Sophie: Soieries et autres textiles de l'antiquité au XVIe siècle. Paris 2004.

DETTMERS, Arno: Das Grabmal Erzbischof Ottos von Hessen im Magdeburger Dom und verwandte Werke in den Domen von Magdeburg und Halberstadt. Versuch einer Näherung nach befundanalytischen, historischen und stilkritischen Kriterien. Magister-Hausarbeit TU Berlin 1994.

DETTMERS, Arno: Steinskulptur des 14. Jahrhunderts im Elbe-Saale-Gebiet. Diss. Berlin (TU) 1998.

DEUCHLER, Florens: Looking at Bonne of Luxembourg's Prayer Book. In: The Metropolitan Museum of Art Bulletin 29 (1971), 267–278.

DEUSSER, Karlheinz: Temporaluhren. Die Suche nach mechanischen Uhren, die mit Temporalstunden liefen. In: Jahresschrift der deutschen Gesellschaft für Chronometrie 51 (2012), 143–160.

DEVOS, Paul: Le dossier de S. Wenceslas dans un manuscrit du XIIIe siècle. In: Analecta Bollandiana 82 (1964), 87–132.

DEWITTE, Sharon / SLAVIN, Philip: Between Famine and Death: England on the Eve of the Black Death – Evidence from Paleoepidemiology and Manorial Accounts. In: Journal of Interdisciplinary History 44 (2013) H. 1, 37–60.

DIDIER, Robert: Contribution à l'étude d'un type de Vierge française du XIVe siècle. A propos d'une réplique de la Vierge de Poissy à Herresbach. In: Revue des Archéologues et Historiens d'Art de Louvain 3 (1970), 48–72.

DIDIER, Robert: A propos d'une «Pleurante inédite» par Jean de Liège ou son atelier. In: Ausst.-Kat. Köln 1978, Resultatband 1980, 23–24.

DIEFENBACHER, Michael / BEYERSTEDT, Horst-Dieter: Die Nähe zum Reichsoberhaupt – Privilegien und Verpflichtungen der Reichsstadt Nürnberg. In: Ausst.-Kat. Nürnberg 2013, 40–52.

DIEMER, Dorothea / DIEMER, Peter / SEELIG, Lorenz u. a. (Bearbb.): Die Münchner Kunstkammer, Bd. 1, Katalog Teil 1. München 2008.

[DIESSENHOFEN/BÖHMER/HUBER 1868]: DIESSENHOFEN, Heinrich Truchsess von: Chronicon 1316–1361. Heinricus de Diessenhoven und andere Geschichtsquellen Deutschlands aus dem späteren Mittelalter. Hg. von Johann Friedrich BÖHMER und Alfons HUBER. Stuttgart 1868 (Fontes rerum Germanicarum. Geschichtsquellen Deutschlands 4).

DINZELBACHER, Peter: Angst im Mittelalter. Teufels-, Todes- und Gotteserfahrung: Mentalitätsgeschichte und Ikonographie. Paderborn u. a. 1996.

DINZELBACHER, Peter: Das fremde Mittelalter. Gottesurteil und Tierprozess. Essen 2006.

DIRLMEIER, Ulf: Untersuchungen zu Einkommensverhältnissen und Lebenshaltungskosten in oberdeutschen Städten des Spätmittelalters. Mitte 14.–Anfang 16. Jahrhundert. Heidelberg 1978 (Abhandlungen der Heidelberger Akademie der Wissenschaften, Phil.-histor. Klasse 1978,1).

DITTSCHEID, Hans-Christoph / GERSTL, Doris / HESPERS, Simone (Hgg.): Kunst-Kontexte. Festschrift für Heidrun Stein-Kecks. Petersberg b. Fulda 2016.

DIX, Renate: Frühgeschichte der Prager Universität. Gründung, Aufbau und Organisation 1348–1409. Diss. Bonn 1988.

DOBNER, Gelasius: Monumenta historica Boemiae, Bd. II. Prag 1768.

DOBRZENIECKI, Tadeusz: The Toruń Quinity in the National Museum of Warsaw. In: The Art Bulletin 26 (1964), 381–388.

DOBRZENIECKI, Tadeusz: Toruńska Quinitas [Die Thorner Quinitas]. In: Biuletyn Historii Sztuki 30 (1968), H. 3, 261–278.

DOBRZENIECKI, Tadeusz (Bearb.): Malarstwo tablicowe. Katalog zbiorów Muzeum Narodowego w Warszawie [Tafelmalerei. Katalog des Nationalmuseums zu Warschau]. Warszawa 1972 (Muzeum Narodowe w Warszawie 1, Galeria Sztuki Średniowiecznej 1).

DOHMANN, Albrecht: Provinz Sachsen. Land Anhalt. Hg. von Reinhardt HOOTZ. München 1968 (Deutsche Kunstdenkmäler. Ein Bilderhandbuch).

DOHRN-VAN ROSSUM, Gerhard: Die Geschichte der Stunde. Uhren und moderne Zeitordnung. München 1992.

DOLENSKÝ, Jan: Obrázkové dějiny národa československého, Díl I. Od nejstarších dob až do konce doby jagelovské [Illustrierte Geschichte des tschechoslowakischen Volkes, Teil I. Von den ältesten Zeiten bis zum Ende der Jagiellonenzeit]. Praha 1923.

DOLEŽAL, Daniel / KÜHNE, Hartmut (Hgg.): Wallfahrten in der europäischen Kultur. Frankfurt/Main / Berlin u. a. 2006 (Europäische Wallfahrtsstudien 1).

DOLEŽALOVÁ, Eva (Hg.): Die Heiligen und ihr Kult im Mittelalter. Praha 2010 (Colloquia medievalia Pragensia 11).

DOLEŽALOVÁ, Eva (Hg.): Ecclesia als Kommunikationsraum in Mitteleuropa (13.–16. Jahrhundert). München u. a. 2011 (Veröffentlichungen des Collegium Carolinum 122).

DOLEŽALOVÁ, Eva u. a. (Hgg.): Juden in der mittelalterlichen Stadt. Der städtische Raum im Mittelalter – Ort des Zusammenlebens und des Konflikts. Praha 2015 (Colloquia medievalia Pragensia 7).

DOLEŽALOVÁ, Eva / NOVOTNÝ, Robert / SOUKUP, Pavel (Hgg.): Evropa a Čechy na konci středověku. Sborník příspěvků věnovaných Františku Šmahelovi [Europa und Böhmen am Ende des Mittelalters. Sammelband von Beiträgen, gewidmet František Šmahel]. Praha 2004.

DOLEŽALOVÁ, Eva / ŠIMŮNEK, Robert (Hgg.): Ecclesia als Kommunikationsraum in Mitteleuropa (13.–16. Jahrhundert). München 2011 (Veröffentlichungen des Collegium Carolinum 122).

DOMANY, Karin / HISCH, Johann (Hgg.): Der Stephansdom. Orientierung und Symbolik. Wien 2010.

DOMASŁOWSKI, Jerzy / KARŁOWSKA-KAMZOWA, Alicja / LABUDA, Adam S.: Malarstwo gotyckie na Pomorzu Wschodnim [Gotische Malerei in Pommerellen]. Warszawa / Poznań 1990 (Prace Komisji Historii Sztuki 17).

DONATI, Piero: Verso Levante. Sculture erratiche di provenienza genovese nella Liguria orientale: Giroldo da Lugano, Giovanni Pisano, Luca Combiaso, Taddeo Carlone. In: Prospettiva 125–127 (2007), 23–34.

DORFEY, Beate (Red.): Stadt und Burg am Mittelrhein (1000–1600). Hg. von der Generaldirektion Kulturelles Erbe. Regensburg 2008 (Faszination Mittelalter 1).

DOSTÁL, Eugen: Čechy a Avignon. Příspěvky k vzniku českého umění illuminátorského v XIV. stoleti [Böhmen und Avignon. Beiträge zur Genese der böhmischen Illuminationskunst im 14. Jahrhundert]. In: Časopis Matice moravské 46 (1922), 1–108.

DOSTERT, Paul / PAULY, Michel / SCHMOETTEN, Pol / SCHROEDER, Jean (Hgg.): Le Luxembourg in Lotharingie. Luxemburg im lotharingischen Raum. Mélanges Paul Margue. Festschrift Paul Margue. Luxemburg 1993.

DRAGOUN, Zdeněk: Stav a perspektívy poznaní staroměstského opevnění [Bestand und Perspektiven der Kenntnis der Altstädter Befestigung]. In: Staletá Praha. Sborník Pražského střediska státní památkové péče a ochrany přírody XVII (1987), 46–47.

DRAGOUN, Zdeněk: K otázce pilířů Juditina mostu [Zum Problem der Pfeiler der Judith-Brücke]. In: Archaeologica Pragensia 10 (1989), 113–131.

DRAGOUN, Zdeněk: Ke staroměstské nábřežní partii Karlova a Juditina mostu [Zur Altstädter Uferpartie der Karls- und Judithbrücke]. In: Průzkumy památek 2 (1995), H. 1, 76–81.

DRAGOUN, Zdeněk: Juditin Most [Die Judithbrücke]. In: ŠEFCŮ/CÍLEK u. a. 2010, 26–39.

DRAHOTOVÁ, Olga u. a: Historie sklářské výroby v českých zemích [Die Geschichte der Glasherstellung in den böhmischen Ländern]. Bd. 1. Praha 2005.

DRAKE BOEHM, Barbara: Der gläubige Herrscher. In: Ausst.-Kat. Prag 2006, 138–147.

DRENDEL, John (Hg.): Crisis in the Later Middle Ages. Beyond the Postan-Duby Paradigm. Turnhout 2015 (The medieval countryside 13).

DUBIS, Nicole / VOGEL, Elke: St. Albani. In: REICHE/SCHOLL 2015, 266–301.

DUBSKÁ, Gabriela u. a.: Příběh Pražského hradu [Die Geschichte der Prager Burg]. Praha 2003.

DULAC, Liliane (Hg.): Une femme de lettres au moyen âge. Études autour de Christine de Pizan. Orléans 1995.

DUPLESSIS, Georges: Roger de Gaignières et ses collections iconographiques. In: Gazette des beaux-arts 2. Per. 3 (1870), 468–488.

DUPONT-AUBERVILLE, Auguste: L'art, la décoration et l'ornement des étoffes et des tissus Chez les Anciens et chez les Modernes. Recueil historique, pratique et technique de décorations polychromes. Paris 1877 (Librairie ancienne et moderne de la Noblesse et des Beaux-Arts).

[DURAND 2016]: DURAND, Maximilien: Pourpoint de Charles de Blois, in Lyon, MTMAD. Online: Http://www.mtmad.fr (24.1.2016).

DURDÍK, Tomáš: Die Kapellen böhmischer hochmittelalterlicher Burgen. In: SCHOCK-WERNER/HOFRICHER 1995, 21–30.

DURDÍK, Tomáš: A few Remarks about the Structural Aspect of Karlštejn. In: FAJT 1998/I, 35–43.

DURDÍK, Tomáš: Ilustrovaná Encyklopedie Českých hradů [Illustrierte Enzyklopädie der böhmischen Burgen]. Praha 1999.

DURDÍK, Tomáš: Selected Medieval Castles of Central Bohemia. Praha 2000.

DURDÍK, Tomáš: Ilustrovaná Encyklopedie Českých hradů. Dodatky [Illustrierte Enzyklopädie der böhmischen Burgen. Addenda]. Praha 2005.

DURRIEU, Paul: Manuscrits de luxe exécutés pour des Princes et des Grands Seigneurs français. Notes et monographies. 2 Bde. Paris 1894/95.

[DVOŘÁK 1901/I]: DVOŘÁK, Max: Die Illuminatoren des Johann von Neumarkt. In: Jahrbuch der Kunsthistorischen Sammlungen des Allerhöchsten Kaiserhauses XXII (1901), H. 2, 35–127.

[DVOŘÁK 1901/II]: DVOŘÁK, Max: Mariale Ernesti. In: Český časopis historický VII (1901), 451–453.

DVOŘÁKOVÁ, Vlasta: Karlštejnské schodišťní cykly k otázce jejich vzniku a slohového zařazení [Der Karlsteiner Treppenhauszyklus, die Frage seines Ursprungs und seiner stilistischen Einordnung]. In: Umění (1961), 156–170.

DVOŘÁKOVÁ, Vlasta: Karlštejn Castle – Phase III of the Pictorial Decoration. In: DVOŘÁKOVÁ/KRÁSA/MERHAUTOVÁ/STEJSKAL 1964, 114–121.

DVOŘÁKOVÁ, Vlasta / KRÁSA, Josef / MERHAUTOVÁ, Anežka / STEJSKAL, Karel: Gothic Mural Painting in Bohemia and Moravia 1300–1378. London / New York / Bombay / Melbourne 1964.

[DVOŘÁKOVÁ/MENCLOVA 1965/I]: DVOŘÁKOVÁ, Vlasta / MENCLOVÁ, Dobroslava: Karlštejn. Praha 1965.

[DVOŘÁKOVÁ/MENCLOVA 1965/II]: DVOŘÁKOVÁ, Vlasta / MENCLOVÁ, Dobroslava: Karlštejn. Construction du château, décoration picturale et de ses intérieurs et précis de son histoire. Publié à l'occasion du Symposium international consacré aux peintures de la Galerie du Château de Prague, Prag, 7.–13. 6. 1965. Praha 1965 (9 S.).

DWORSCHAK, Fritz / GÖHLER, Hermann / SCHMIDT, Justus: Führer durch das Erzbischöfliche Dom- und Diözesanmuseum. Wien 1941.

E

EARP, Lawrence: Guillaume de Machaut. A Guide to Research. New York / London 1996 (Garland Composer Resource Manuals 36).

EBEN, David: Hudba v předhusitské katedrále [Musik in der vorhussitischen Kathedrale]. In: Hledíková 1994, 58–70.

EBEN, David: Officium sv. Eligia v pramenech pražských zlatníků / L'office de Saint-Eloi dans les manuscrits de la confrérie des orfèvres de Prague. In: PÁTKOVÁ 2006, 115–156.

EBEN, David: Arnošt z Pardubic a officium v pražské katedrále [Ernst von Pardubitz und das Offizium in der Prager Kathedrale]. In: MAŘÍKOVÁ-KUBKOVÁ 2015, 342–349.

EBENDORFER, Thomas: Chronica Austriae. Hg. von Alphons LHOTSKY. Berlin / Zürich 1967 (Monumenta Germaniae Historica XIII).

EBERHARD, Winfried / MACHILEK, Franz (Hgg.): Kirchliche Reformimpulse des 14./15. Jahrhunderts in Ostmitteleuropa. Köln / Weimar 2006 (Forschungen und Quellen zur Kirchen- und Kulturgeschichte Ostdeutschlands 36).

EBERLEIN, Johann Konrad: Die bildliche Ausstattung des ‚Pontifikale Gundekarianum'. In: BAUCH/REITER 1987, II, 39–87.

EBERSOLT, Jean: Sanctuaires de Byzance. Recherches sur les anciens trésors des églises de Constantinople. Paris 1921.

ECKERT, Willehad Paul: Die Juden im Zeitalter Karls IV. In: SEIBT 1978/I, 123–130.

EDGELL, George Harold: Madonna of the School of Avignon (?). In: Bulletin of the Museum of Fine Arts (Boston) 33 (1935), 33–36.

EGBERT, Donald Drew: The Tickhill Psalter and Related Manuscripts. New York / Princeton 1940.

EGIDI, Pietro (Hg.): Necrologi e libri affini della provincia romana, Bd. 1. Necrologi della città Romana. Roma 1908 (Fonti per la storia d'Italia 44).

EHRENBERG, Hermann: Deutsche Malerei und Plastik von 1350–1450. Neue Beiträge zu ihrer Kenntnis aus dem ehemaligen Deutschordensgebiet. Bonn / Leipzig 1920.

EHRICH, Susanne / OBERSTE, Jörg (Hgg.): Städtische Kulte im Mittelalter. Regensburg 2010 (Forum Mittelalter. Studien 6).

EICHMANN, Eduard: Die Kaiserkrönung im Abendland. Ein Beitrag zur Geistesgeschichte des Mittelalters mit besonderer Berücksichtigung des kirchlichen Rechts, der Liturgie und der Kirchenpolitik. 2 Bde. Würzburg 1942.

EIMER, Gerhard / GIERLICH, Ernst / MÜLLER, Matthias (Hgg.): Ecclesiae ornatae. Kirchenausstattungen des Mittelalters und der frühen Neuzeit zwischen Denkmalwert und Funktionalität. Bonn 2009.

EINSINGBACH, Wolfgang / RIEDEL, Wolfgang: Kloster Eberbach im Rheingau. 3. Aufl. Berlin / München 2015.

EISSING, Thomas: Der Nürnberger Reichswald – Wiege der Forstwirtschaft. In: Ausst.-Kat. Bad Windsheim 2013, 10–25.

EKERT, František: Posvátná místa král. hl. města Prahy I [Heilige Stätten der königlichen Hauptstadt Prag]. Praha 1883.

ELBERN, Victor H.: Ein Achatzepter aus der Reichsabtei Werden im Kunstgewerbemuseum zu Berlin. In: Zeitschrift für Kunstgeschichte 25 (1962), 58–63.

ELBERN, Victor H.: Sceptrum Caroli ex iaspide factum. In: Aachener Kunstblätter 24/25 (1962/63), 150–158.

ELBERN, Victor H.: Fibel und Krone. Ein neuer Beitrag zur „Eisernen Krone" von Monza. In: ERTZ 1980, 47–56.

ELZE, Reinhard: Die „Eiserne Krone" in Monza. In: SCHRAMM 1955, 450–479.

[EMLER 1873/I]: EMLER, Joseph (Bearb.): Avulsa igitur. Gumpoldi Mantuani episcopi Passio Vencezlai martyris. In: FRB I, 161ff.

[EMLER 1873/II]: EMLER, Joseph (Bearb.): Passio s. Venceszlai incipiens verbis Crescente fide christiana. In: FRB I, 187ff.

[EMLER 1873/III]: EMLER, Joseph (Bearb.): Vita Johannis de Jenczenstein archiepiscopi Pragensis. In: FRB I, 439–468.

[EMLER 1874/I]: EMLER, Joseph (Bearb.): Cosmae chronicon Boemorum cum continuatoribus. Kosmův letopis český s pokračovateli. Praha 1874 (FRB II / Prameny dějin českých).

[EMLER 1874/II]: EMLER, Joseph (Hg.): Monachi Sazaviensis continuatio Cosmae. In: FRB II (1874), H. 1, 238–269.

EMLER, Joseph: Řád korunování krále českého a královny. Spisové císaře Karla IV. [Die Krönungsordung für König und Königin von Böhmen. Schriften des Kaisers Karl IV.]. Praha 1878 (Památky staré literatury české).

[EMLER 1882/I]: EMLER, Joseph (Bearb.): Dalimili Bohemiae Chronicon. Rymovaná Kronika Česká. In: FRB III, 1–302.

[EMLER 1882/II]: EMLER, Joseph (Bearb.): Annales Heinrici Heimburgensis. In: FRB III, 305–321.

[EMLER 1882/III]: EMLER, Joseph (Bearb.): Život Cisaře Karla IV [Leben Kaiser Karls IV.]. Vita Karoli quarti imperatoris. In: FRB III, 323–417.

[EMLER 1882/IV]: EMLER, Josef (Bearb.): Johannis da Marignola chronicon [Die Chronik des Giovanni de' Marignolli]. In: FRB III, 487–604.

[EMLER 1882/V] siehe: Peter von Zittau/EMLER 1882.

[EMLER 1884/I]: EMLER, Joseph (Bearb.): Chronicon Francisci Pragensis. In: FRB IV, Díl IV, 347–456.

[EMLER 1884/II]: EMLER, Joseph (Bearb.): Chronicon Benessii de Weitmil. In: FRB IV, Díl IV, 457–548.

EMLER, Joseph (Bearb.): Zlomek inventáře kláštera Břevnovského z let 1390–1394 [Fragment eines Inventars des Klosters Břevnov aus den Jahres 1390–1394]. In: Sitzungsberichte der königlich-böhmischen Gesellschaft der Wissenschaften, Philosophisch-Historisch-Philologische Classe 1888. Prag 1889, 280–305.

EMLER, Josef (Hg.): Regesta diplomatica nec non epistolaria Bohemiae et Moraviae, III: 1311–1332. Prag 1890.

EMLER, Joseph (Hg.): Regesta diplomatica nec non epistolaria Bohemiae et Moraviae. Siehe: RBM.

ENDRES, Rudolf: Nürnberger Einflüsse auf das oberpfälzische Montangebiet. In: HIRSCHMANN/BENNER 1987, 285–293.

ENDRES, Rudolf (Hg.): Nürnberg und Bern. Zwei Reichsstädte und ihre Landgebiete. Erlangen 1990 (Erlanger Forschungen, Reihe A. Geisteswissenschaften 46).

[ENGEL 1982/I]: ENGEL, Evamaria (Hg.): Karl IV. Politik und Ideologie im 14. Jahrhundert. Weimar 1982.

[ENGEL 1982/II]: ENGEL, Evamaria: Brandenburgische Bezüge im Leben und Wirken des Magdeburger Erzbischofs Dietrich von Portitz. In: ENGEL 1982/I, 197–213.

ENGEL, Ute / GAJEWSKI, Alexandra (Hgg.): Mainz and the Middle Rhine Valley. Medieval Art, Architecture and Archaeology. London / Leeds 2007 (The British Archaeological Association Conference Transactions XXX).

ERDMANN, Wolfgang: Türzieher des Lübecker Rathauses. In: Ausst.-Kat. Berlin 1987, 281–282, Kat.-Nr. 64.

ERLANDE-BRANDENBURG, Alain: Le tombeau de saint Louis. Appendice. Les statues de Charles V et de Jeanne de Bourbon. In: Bulletin monumental 1968, 7–28.

ERLANGER, Herbert J.: Die Reichsmünzstätte in Nürnberg. Nürnberg 1979 (Nürnberger Forschungen 22).

ERLER, Adalbert: Aegidius Albornoz als Gesetzgeber des Kirchenstaates. Berlin 1970.

ERMISCH, Hubert (Hg.): Urkundenbuch der Stadt Freiberg. II. Band: Bergbau, Bergrecht, Münze. Leipzig 1886 (Codex diplomaticus Saxoniae regiae II/13).

ERNST, Richard (Hg.): Beiträge zur Kenntnis der Tafelmalerei Böhmens im XIV. und am Anfang des XV. Jahrhunderts. Prag 1912.

ERŠIL, Jaroslav / PRAŽÁK, Jiří: Archiv pražské metropolitní kapituly 1. Katalog listin a listů z doby předhusitské [Archiv des Prager Metropolitankapitels 1. Katalog der Urkunden und Briefe der vorhussitischen Ära]. Praha 1956.

ERTHEL, Tim: Der Schmidtstedter Gedenkstein von 1316. Ein seltenes Kleindenkmal der spätmittelalterlichen Klima- und Kulturgeschichte Erfurts. In: Mitteilungen des Vereins für Geschichte und Altertumskunde von Erfurt 70 (2009), 8–16.

ERTZ, Klaus (Hg.): Festschrift für Wilhelm Messerer zum 60. Geburtstag. Köln 1980.

ESCH, Arnold: Vielen Loyalitäten, eine Identität. Italienische Kaufmannskolonien im spätmittelalterlichen Europa. In: Historische Zeitschrift 254 (1992), 581–608; wieder in: ESCH 1994, 115–133.

ESCH, Arnold: Zeitalter und Menschenalter. Der Historiker und die Erfahrung vergangener Gegenwart. München 1994.

ESER, Thomas: Die älteste Taschenuhr der Welt? Der Henlein-Uhrenstreit. Nürnberg 2014 (Kulturgeschichtliche Spaziergänge im Germanischen Nationalmuseum, 16).

ESSENWEIN, August von: Zwei zu den deutschen Reichskleinodien gehörige Futterale. In: Anzeiger für Kunde der deutschen Vorzeit, Januar 1873, Sp. 1–6.

ESTGEN, Aloyse / PAULY, Michel / SCHROEDER, Jean (Hgg.): Urkunden- und Quellenbuch zur Geschichte der altluxemburgischen Territorien, begr. v. Camille WAMPACH, Bd. 11. Die Urkunden Graf Johann des Blinden (1310–1346). Luxemburg 1997 (Publications de CLUDEM 11).

ESTHAM, Inger (Hg.): Opera textilia variorum temporum. To honor Agnes Geijer on her ninetieth birthday 26th October 1988. Stockholm 1988 (Statens Historiska Museum. Studies 8).

EUW, Anton van / PLOTZEK, Joachim: Die Handschriften der Sammlung Ludwig. 4 Bde. Köln 1979/85.

F

DI FABIO, Clario: Depositum cum statua decombente. Recherches sur Giovanni Pisano à Gênes et le monument de Marguerite de Brabant. In: Revue de l'art 123 (1999), 13–26.

[DI FABIO 2001/I]: DI FABIO, Clario (Hg.): Giovanni Pisano. La tecnica e il genio, Bd. 1. Novità e approfondimenti sul monumento a Margherita di Brabante. Genova 2001.

[DI FABIO 2001/II]: DI FABIO, Clario: Giovanni Pisano: Margherita di Brabante. In: DI FABIO 2001/I, 1–15.

FAHLBUSCH, Friedrich Bernward / JOHANEK, Peter (Hgg.): Studia Luxemburgensia. Festschrift Heinz Stoob zum 70. Geburtstag. Warendorf 1989 (Studien zu den Luxemburgern und ihrer Zeit 3).

FAHNE, Anton: Diplomatische Beiträge zur Geschichte der Baumeister des Kölner Domes und der bei diesem Werke thätig gewesenen Künstler. Düsseldorf 1843. URL: Http://digital.ub.uni-duesseldorf.de/urn/urn:nbn:de:hbz:061:1-72908.

[FAJT 1997/I]: FAJT, Jiří (Hg.): Magister Theodoricus, dvorní malíř císaře Karla IV. Umělecká výzdoba posvátných prostor hradu Karlštejna [Magister Theodoricus, Hofmaler des Kaisers Karl IV. Die künstlerische Ausschmückung der Sakralräume der Burg Karlstein]. Praha 1997.

[FAJT 1997/II]: FAJT, Jiří: Magister Theodoricus, dvorní malíř císaře Karla IV. [Meister Theoderich, Hofmaler Kaiser Karls IV.]. In: FAJT 1997/I, 281–349.

[FAJT 1998/I]: FAJT, Jiří (Hg.): Magister Theodoricus. Court Painter to Emperor Charles IV. The Pictoral Decoration of the Shrines of Karlštejn Castle. Praha 1998.

[FAJT 1998/II]: FAJT, Jiří: Magister Theodoricus. Court Painter to Emperor Charles IV. In: FAJT 1998/I, 217–277.

FAJT, Jiří: Karl IV. Herrscher zwischen Prag und Aachen. Der Kult Karls des Großen und die karolinische Kunst. In: Ausst.-Kat. Aachen 2000, II, 489–500.

[FAJT 2003/I]: FAJT, Jiří (Hg.): Court Chapels of the High and Late Middle Ages and their Artistic Decoration. Proceedings from the International Symposium. Convent of St Agnes of Bohemia 23. 9. – 25. 9. 1998. Praha 2003.

[FAJT 2003/II]: FAJT, Jiří: Rezension von: ROSARIO 2000. In: Speculum 78 (2003), 1383–1385.

[FAJT 2004/I]: FAJT, Jiří: Peter Parler und die Bildhauerei des dritten Viertels des 14. Jahrhunderts in Prag. In: STROBEL 2004, 207–220.

[FAJT 2004/II]: FAJT, Jiří: Schöner Stil, Weicher Stil oder Internationale Gotik? Zum Begriff der luxemburgischen Hofrepräsentation. Vortrag im Geisteswissenschaftlichen Zentrum Geschichte und Kultur Ostmitteleuropas an der Universität Leipzig, 25. Februar 2004.

[FAJT 2006/I]: FAJT, Jiří: Karl IV., 1316–1378. Von der Nachahmung zu einem neuen kaiserlichen Stil. Entwicklung und Charakter der herrscherlichen Repräsentation Karls IV. von Luxemburg. In: Ausst.-Kat. Prag 2006, 41–75.

[FAJT 2006/II]: FAJT, Jiří: „Yenseit des Behemischen waldes". Die nördliche Oberpfalz als neues Land der Böhmischen Krone in Bayern. In: Ausst.-Kat. Prag 2006, 326–335.

[FAJT 2006/III]: FAJT, Jiří. Wenzel IV., 1361–1437. Herrscherrepräsentation in den Fußstapfen des Vaters. In: Ausst.-Kat. Prag 2006, 460–481.

[FAJT 2008/I]: FAJT, Jiří: Frankfurt an der Oder als Zentrum der landesherrlichen Repräsentation. In: Chorfenster Frankfurt/O. 2008, 118–134.

[FAJT 2008/II]: FAJT, Jiří: Brandenburg wird böhmisch. Kunst als Herrschaftsinstrument. In: BADSTÜBNER/ KNÜVENER u. a. 2008, 202–251.

[FAJT 2009/I]: FAJT, Jiří: Karlstein revisited. Überlegungen zu den Patrozinien der Karlsteiner Sakralräume. In: FAJT/LANGER 2009, 250–288.

[FAJT 2009/II]: FAJT, Jiří: Kampf um den Dom – Markgraf Wilhelm, die Meißner Bischofskirche und der lange Schatten Kaiser Karls IV. In: THIEME/GRÄSSLER/KLEINER 2009, 125–140.

FAJT, Jiří: Nürnberg – Magdeburg – Erfurt. Zum Itinerar wandernder Bildhauer im mittleren 14. Jahrhundert. In: SCHENKLUHN/WASCHBÜSCH 2012, 253–264.

[FAJT 2016/I]: FAJT, Jiří: Nürnberg – Kunstzentrum des Heiligen Römischen Reichs. Höfische und städtische Malerei in der Zeit Kaiser Karls IV. 1346–1378. Habil.-Schrift Berlin 2010. Berlin / München 2016.

[FAJT 2016/II]: FAJT, Jiří: Dlouhý stín císaře Karla IV. K recepci lucemburské panovnické reprezentace ve Svaté říši římské [Der lange Schatten Kaiser Karls IV. Zur Rezeption der luxemburgischen Herrschaftsrepräsentation im Heiligen Römischen Reich]. Habil.-Schrift Prag 2011. Praha 2015 [2016].

FAJT, Jiří / BOEHM, Barbara Drake: Wenzel IV., 1361–1419. Herrscherrepräsentation in den Fussstapfen des Vaters. In: Ausst.-Kat. Prag 2006, 461–481.

[FAJT/FRANZEN/KNÜVENER 2011/I]: FAJT, Jiří / FRANZEN, Wilfried / KNÜVENER, Peter (Hgg.): Die Altmark von 1300 bis 1600. Eine Kulturregion im Spannungsfeld von Magdeburg, Lübeck und Berlin. Tagung Stendal, Altmärkisches Museum, Musikforum Katharinenkirche, 24.–27. 9. 2008. Berlin 2011.

[FAJT/FRANZEN/KNÜVENER 2011/II]: FAJT, Jiří / FRANZEN, Wilfried / KNÜVENER, Peter: Einführung. In: FAJT/FRANZEN/KNÜVENER 2011/I, 17–53.

FAJT, Jiří / HLAVÁČKOVÁ, Hana J.: The Family of Charles IV. in the Stairway of the Karlštejn Great Tower. In: FAJT 2003/I, 16–20.

FAJT, Jiří / HLAVÁČKOVÁ, Hana J. / ROYT, Jan: Das Relief von der Maria-Schnee-Kirche in der Prager Neustadt. In: Bulletin Národní galerie v Praze III/IV (1993/94), 16–27.

[FAJT/HÖRSCH 2006/I]: FAJT, Jiří / HÖRSCH, Markus (Hgg.): Künstlerische Wechselwirkungen in Mitteleuropa. Ostfildern 2006 (Studia Jagellonica Lipsiensia 1).

[FAJT/HÖRSCH 2006/II]: FAJT, Jiří / HÖRSCH, Markus: Karl IV. und das Heilige Römische Reich. Zwischen Prag und Luxemburg – eine Landbrücke in den Westen. In: Ausst.-Kat. Prag 2006, 357–383.

FAJT, Jiří / HÖRSCH, Markus / RAZÍM, Vladislav (Hrsg.): Křivoklát – Pürglitz. Jagd, Wald, Herrscherrepräsentation. Ostfildern 2014 (Studia Jagellonica Lipsiensia 17).

FAJT, Jiří / LANGER, Andrea (Hgg.): Kunst als Herrschaftsinstrument. Böhmen und das Heilige Römische Reich unter den Luxemburgern im europäischen Kontext. Aufsatzband zur Tagung im Rahmen der Ausstellung Karl IV., Kaiser von Gottes Gnaden. Prager Burgverwaltung, New York, Metropolitan Museums of Art, Geisteswissenschaftliches Zentrum Geschichte und Kultur Ostmitteleuropas an der Universität Leipzig, Prag 9.–13. 5. 2006. München / Berlin 2009.

FAJT, Jiří / LAŠTOVKOVÁ, Hana / ŠTEMBEROVÁ, Tatjana (Red.): Gotika v západních Čechách (1230–1530). Sborník příspěvků z mezinárodního vědeckého symposia. Věnováno k 70. narozeninám Prof. PhDr. Jaromíra Homolky, DrSc. [Gotik in Westböhmen (1230–1530). Tagungsband zum internationalen Symposium Prag 1996. Gewidmet zum 70. Geburtstag Prof. Dr. Jaromír Homolka]. Praha 1998.

FAJT, Jiří / LINDNER, Michael: Dietrich von Portitz. Zisterzienser, kaiserlicher Rat, Magdeburger Erzbischof. Politik und Mäzenatentum zwischen Repräsentation und Askese (ca. 1300–1367). In: FAJT/FRANZEN/KNÜVENER 2011, 156–201.

FAJT, Jiří / ROYT, Jan: The Pictorial Decoration of the Great Tower at Karlštejn Castle. Ecclesia triumphans. In: FAJT 1998/I, 107–205.

FAJT, Jiří / SRŠEŇ, Lubomír (Hgg.): Lapidárium Národního muzea Praha. Průvodce stálou expozicí českého kamenosochařství 11. až 19. století v pavilónu Lapidária na Výstavišti v Praze [Das Lapidarium des Nationalmuseums Prag. Führer durch die Dauerausstellung der böhmischen Steinbildhauerei des 11. bis 19. Jahrhunderts im Pavillon des Lapidariums auf dem Ausstellungsgelände zu Prag]. Praha 1993.

[FAJT/SUCKALE 2006/I]: FAJT, Jiří / SUCKALE, Robert: Der Kreis der Räte. In: Ausst.-Kat. Prag 2006, 173–183.

[FAJT/SUCKALE 2006/II]: FAJT, Jiří / SUCKALE, Robert: Der „Meister der Madonna von Michle" – das Ende eines Mythos? In: Umění 54 (2006), H. 1, 3–30.

FALKE, Jakob von: Die Handzeichnungen des Germanischen Nationalmuseums. In: Anzeiger für Kunde der deutschen Vorzeit N. F. 3 (1855), Sp. 144–147.

FALKE, Jakob von: Geschichtlicher Gang der Stickerei bis zu ihrem Verfall im 16. Jahrhundert. In: Zeitschrift für bildende Kunst 4 (1869), 233–240, 272–282.

FALKE, Otto von: Gotisch oder fatimidisch. In: Pantheon 1930, 120–129.

FANTYSOVÁ-MATĚJKOVÁ, Jana: Jak se tvoří mýtus. Froissartova líčení smrti Jana Lucemburského v bitvě u Kresčaku [Wie ein Mythos geschaffen wird. Froissarts Schilderung des Todes Johanns von Luxemburg in der Schlacht von Crécy]. In: BŘEZINA/KONVIČNÁ/ZDICHYNEC 2006, 534–558.

FANTYSOVÁ-MATĚJKOVÁ, Jana: Cesta Karla IV. do Francie. Příspěvek ke kritice Velkých francouzských kronik [Der Weg Karls IV. nach Frankreich. Ein Beitrag zur Kritik der Großen französischen Chronik]. In: Český časopis historický 106 (2008), 627–650.

FANTYSOVÁ-MATĚJKOVÁ, Jana: Říšská ceremonie smíření 1372 podle Jeana Froissarta: pojetí míru ve Svaté říši římské za vlády Karla IV. [Die Zeremonie der Versöhnung 1372 nach Jean Froissart: Die Auffassung vom Frieden im Heiligen Römischen Reich unter der Regierung Karls IV.]. In: MALÁ-DVOŘÁČKOVÁ/ZELENKA 2009, 105–127.

FANTYSOVÁ-MATĚJKOVÁ, Jana: Wenceslas de Bohême. Un prince au carrefour de l'Europe. Paris 2013.

FAVARETTO, Irene / DA VILLA URBANI, Maria: Il Museo di San Marco. Venezia 2003.

FAVREAU, Robert / DEBIÉS, Marie-Hélène (Hg.): Iconographica. Mélanges offerts á Piotr Skubiszewski. Poitiers 1999 (Civilisation Médiévale VII).

FAVREAU-LILIE, Marie-Luise: Von Lucca nach Luckau. Kaiser Karl IV. und das Haupt des heiligen Paulinus. In: FELTEN/JASPERT 1999, 899–915.

FECHTNEROVÁ, Anna: Katalog grafických listů univerzitních tezí uložených ve Státní knihovně České republiky, díl III [Katalog der grafischen Universitätsthesenblätter, aufbewahrt in der Staatlichen Bibliothek der Tschechischen Republik, Teil III]. Praha 1984.

FEDDERSEN, Martin: Chinese Decorative Art. A Handbook for Collectors and Connoisseurs. Übersetzt von Arthur LANE. London 1961.

FEDROVÁ, Stanislava (Hg.): Hodnoty a hranice. Svět v české literatuře, česká literatura ve světě. Sborník příspěvků z III. kongresu světové literárněvědné bohemistiky, Praha 28. 6. – 3. 7. 2005 [Werte und Grenzen. Welt in der tschechischen Literatur, tschechische Literatur in der Welt. Sammelband des III. Kongresses der welt-literaturwissenschaftlichen Bohemistik, Prag, 28. 6. – 3. 7. 2005]. Bd. 1. Otázky českého kánonu [Fragen eines tschechischen Kanons]. Praha 2006.

FEISTNER, Edith (Hg.): Konrad von Megenberg (1309–1374). Ein spätmittelalterlicher ‚Enzyklopädist' im europäischen Kontext. Wiesbaden 2011 (Jahrbuch der Oswald-von-Wolkenstein-Gesellschaft 18).

FELLOWS-JENSEN, Gillian / SPRINGBORG, Peter (Hgg.): Care and Conservation of Manuscripts 9. Proceedings of the Ninth International Seminar held at the University of Copenhagen, 14–15 april 2005. København 2006.

FELTEN, Franz J. / JASPERT, Nikolas (Hgg.): Vita religiosa im Mittelalter. Festschrift für Kaspar Elm zum 70. Geburtstag. Hg. (…) unter Mitarbeit von Stephanie HAARLÄNDER. Berlin 1999 (Berliner historische Studien 31, Ordensstudien 13).

FELTEN, Franz J. / KEHNEL, Annette / WEINFURTER, Stefan (Hgg.): Institution und Charisma. Festschrift für Gert Melville. Köln u. a. 2009.

FERDINAND, Franz: Cuno von Falkenstein als Erzbischof von Trier, Koadjutor und Administrator von Köln bis zur Beendigung seiner Streitigkeiten mit der Stadt Trier 1377. Paderborn / Münster 1886.

[Festschrift Braudel 1973]: Mélanges en l'honneur de Fernand Braudel. Histoire économique du monde méditerranéen 1450–1650, Bd. 1. Toulouse 1973.

[Festschrift Heimpel 1972]: Festschrift für Hermann Heimpel zum 70. Geburtstag am 19. September 1971. Hg. von den Mitarbeitern des Max-Planck-Instituts für Geschichte. 3 Bde. Göttingen 1971/72 (Veröffentlichungen des Max Planck Instituts für Geschichte 36).

[Festschrift Novák 1932]: K dějinám v období humanismu. Sborník prací věnovaných Janu Bedřichu Novákovi k 60. narozeninám 1872–1932 [Zur Geschichte der Zeit des Humanismus. Sammelband von Studien, gewidmet Jan Bedřich Novák zum 60. Geburtstag 1872–1932]. Praha 1932.

FEUCHTMÜLLER, Rupert: Rudolf der Stifter und sein Bildnis. Wien 1981 (Schriftenreihe des Erzbischöflichen Dom- und Diözesanmuseums Wien N. F. 7).

FEUGÈRE, Michel: Phalères en calcédoine. In: Miscellanea di Studi archeologici e di Antichità 3 (1989), 31–51.

FEY, Carola: König Ludwig I. von Ungarn und das Tischtuch vom Letzten Abendmahl. Reliquiengeschenke als Zeugnisse des höfischen Austauschs im religiösen Bereich. In: PARAVICINI/WETTLAUFER 2010, 39–62.

FIALA, Karel: Knížecí neb královská kaple Všech svatých na Pražském hrade [Die fürstliche oder königliche Kapelle Aller Heiligen auf der Prager Burg]. Msc. 1933. APH, Nachlass Fiala, Nr. 35.

FIALA, Zdeněk (Hg.): Zbraslavská Kronika. Chronicon Aulae Regiae. Praha 1976.

FILIPPINI, Francesco: Il Cardinale Egidio Albornoz. Bologna 1933.

FILLITZ, Hermann: Die Schatzkammer in Wien – Symbole abendländischen Kaisertums. Salzburg / Wien 1986.

FILLITZ, Hermann: Die Reichskleinodien. In: Ausst.-Kat. Aachen 2000, I, 141–149.

FINGERNAGEL, Andreas (Hg.): Im Anfang war das Wort. Glanz und Pracht illuminierter Bibeln. Köln 2003.

FINGERNAGEL, Andreas / ROLAND, Martin: Mitteleuropäische Schulen I (ca. 1250-1350). Wien 1997 (Österreichische Akademie der Wissenschaften, Philosophisch-Historische Klasse 245; Veröffentlichungen der Kommission für Schrift- und Buchwesen des Mittelalters / Österreichische Akademie der Wissenschaften R. 1. Die illuminierten Handschriften und Inkunabeln der Österreichischen Nationalbibliothek 10).

FINLAY, Robert: The polgrim art. Cultures of porcelain in world history. Berkeley 2010.

FISCHBACH, Friedrich: Ornamente der Gewebe. Hanau 1874.

FISCHBACH, Friedrich: Ornamente der Gewebe. Die Geschichte der Textilkunst. Nebst Text zu den 160 Tafeln des Werkes. 2 Bde. Hanau 1883.

FISCHEL, E. Lilly: Mittelrheinische Plastik des XIV. Jahrhunderts. München 1923 (Kompendien zur deutschen Kunst 1).

FISCHER, Gernot: Figurenportale in Deutschland 1350–1530. Frankfurt am Main 1989 (Europäische Hochschulschriften Reihe 28, Bd. 100).

FIŠER, František: Karlštejn. Vzájemné vztahy tří karlštejnských kaplí [Karlstein. Die Wechselbeziehungen der drei Karlsteiner Kapellen]. Kostelní Vydří 1996.

FLACKE, Monika (Hg.): Mythen der Nationen. Ein europäisches Panorama. München u. a. 1998.

FLEISCHMANN, Peter: Rat und Patriziat in Nürnberg. Die Herrschaft der Ratsgeschlechter vom 13. bis zum 18. Jahrhundert. 3 Bde. Nürnberg 2008 (Nürnberger Forschungen 31).

FLIEDER, Viktor: Stephansdom und Wiener Bistumsgründung. Eine diözesan- und rechtsgeschichtliche Untersuchung. Wien 1968 (Veröffentlichung des Kirchenhistorischen Instituts der Katholisch-Theologischen Fakultät der Universität Wien 6).

FLIEGER, Dominique / BOK, Václav (Hgg.): Deutsche Literatur des Mittelalters in Böhmen und über Böhmen. Vorträge der internationalen Tagung, veranstaltet vom Institut für Germanistik der Pädagogischen Fakultät der Südböhmischen Universität České Budějovice. Wien 2001.

FLORES D'ARCAIS, Francesca: Elementi ornamentali di tipo arabo nelle miniature delle àree di Bologna e di Padova all'inizio del XIV secolo. In: LAVIN 1989, II, 335–337.

FLORIÁNOVÁ, Olga: Kůže – zpracování a výrobky [Leder – Verarbeitung und Produkte]. E-book, Praha 2005.

FÖSSEL, Amalie: Der „Schwarze Tod" in Franken 1348–1350. In: Mitteilungen des Vereins für Geschichte der Stadt Nürnberg 74 (1987), 1–75.

FÖSSEL, Amalie (Hg.): Die Kaiserinnen des Mittelalters. Regensburg 2011.

FOLZ, Robert: Le souvenir et la légende de Charlemagne dans l'empire germanique médiéval. Paris 1950. Neudruck Genève 1973.

FONS-MÉLICOCQ, Alexandre de la: Une cité picarde au Moyen-Âge, ou Noyon et la noyonnais aux XIVe et XVe siècles. Noyon 1841.

FORRER, Robert: Die Zeugdrucke der byzantinischen, romanischen, gothischen und spätern Kunstepochen. Straßburg 1894.

FORRER, Robert: Die Kunst des Zeugdrucks vom Mittelalter bis zur Empirezeit. Nach Urkunden und Originaldrucken. Straßburg 1898.

FORRER, Robert: Eine gotische Replik des Mutter-Anna-Zeugdrucks mit den Seraphim. In: Mitteilungen aus dem Germanischen Nationalmuseum 1913, 36–43.

FOUQUET, Gerhard / HIRSCHBIEGEL, Jan / PARAVICINI, Werner (Hgg.): Hofwirtschaft. Ein ökonomischer Blick auf Hof und Residenz in Spätmittelalter und Früher Neuzeit. 10. Symposium der Residenzen-Kommission der Akademie der Wissenschaften zu Göttingen. Ostfildern 2008 (Residenzenforschung 21).

FOUQUET, Gerhard / ZEILINGER, Gabriel: Katastrophen im Spätmittelalter. Darmstadt / Mainz 2011.

FRANCIS, Henry S.: A Fourteenth-Century Annunciation. In: The Cleveland Museum of Art Bulletin 42 (1933), 215–219.

FRANGENBERG, Thomas: King and Empire in German Civic Sculpture. In: LINDLEY/FRANGENBERG 2000, 88–123.

FRANKENBERGER, Rudolf / HABERMANN, Alexandra (Hgg.): Literaturversorgung in den Geisteswissenschaften. 75. Deutscher Bibliothekartag in Trier 1985. Frankfurt/M. 1986 (Zeitschrift für Bibliothekswesen und Bibliographie 43).

[Franz von Prag/ZACHOVÁ 1997]: Franz von Prag: Chronicon Francisci Pragensis / Kronika Františka Pražského. Hg. von Jana ZACHOVÁ. Praha 1997 (Fontes rerum Bohemicarum, Series nova 1. Dějin českých, Nová řada 1).

FRANZEN, Wilfried: Sigismund, 1368–1437. Römischer Kaiser und König von Böhmen – Rückkehr zu Prager Vorbildern. In: Ausst.-Kat. Prag 2006, 594–607

FRANZEN, Wilfried: Das Bornhofener Retabel, Johann IV. von Katzenelnbogen und die Hofkunst Sigismunds von Luxemburg. In: FAJT/LANGER 2009, 424–439.

FRAPISELLI, Luciana: La via Francigena nel medioevo da monte Mario a San Pietro. Roma 2003.

FRAZER, Margaret E.: Byzantinische Email- und Goldschmiedearbeiten. In: Ausst.-Kat. Köln 1984, 117–122.

[FRB I]: EMLER, Josef (Hg.): Fontes Rerum Bohemicarum, Bd. I. Vitae sanctorum et aliorum quorundam pietate insignium. Praha 1873; Neudruck Hildesheim 2004.

[FRB II]: EMLER, Josef (Hg.): Fontes Rerum Bohemicarum, Bd. II. Cosmae chronicon Boemorum cum continuatoribus. Praha 1874/75; Neudruck Hildesheim 2004.

[FRB III]: EMLER, Josef (Hg.): Fontes Rerum Bohemicarum, Bd. III. Dalimili Bohemiae chronicon u. a. Praha 1882; Neudruck Hildesheim 2004.

[FRB IV]: EMLER, Josef (Hg.): Fontes Rerum Bohemicarum, Bd. IV. Chronicon Aulae regiae u. a. Praha 1882, ab Díl IV 1884; Neudruck Hildesheim 2004.

[FRB V]: GOLL, Jaroslav (Hg.): Fontes Rerum Bohemicarum, Bd. V. Kronika Václava Vavřince z Březové u. a. Prag 1893.

[FRB VII]: EMLER, Josef (Hg.): Fontes Rerum Bohemicarum, Bd. VII. Drobnější kroniky a zprávy k dějinám Českým napsané hlavně v první polovici XV. století. Kronika Česka Eneáše Sylvia Piccolomini [Kleinere Chroniken und Berichte über die böhmische Geschichte, geschrieben vor allem in der ersten Hälfte des XV. Jahrhunderts. Böhmische Chronik des Enea Silvio Piccolomini]. Praha o. J.

[FRB VIII]: NOVOTNÝ, Václav (Hg.): Fontes Rerum Bohemicarum, Bd. VIII. Petri de Mladoňovic. Praha 1932.

FREIGANG, Christian: Bauen im Schatten des Prager Doms. Die Frankfurter Stiftskirche St. Bartholomäus zwischen Reichspolitik und städtischen Interessen. In: FAJT/LANGER 2009, 101–115.

[FREITAG 2015]: FREITAG, Winfried: Wald, Waldnutzung. In: Historisches Lexikon Bayerns. URL: Http://www.historisches-lexikon-bayerns.de/Lexikon/Wald,Waldnutzung (23.12.2015).

FRENSDORFF, Ferdinand (Hg.): Chronik der Stadt Augsburg von 1368–1406 mit Fortsetzung bis 1447. Leipzig 1865 (Die Chroniken der deutschen Städte vom 14. bis ins 16. Jahrhundert 4; Die Chroniken der schwäbischen Städte 1); Neudruck Göttingen 1965.

FRENZEL, Gottfried: Kaiserliche Fensterstiftungen des vierzehnten Jahrhundert[s] in Nürnberg. In: Mitteilungen des Vereins für Geschichte der Stadt Nürnberg 51 (1962), 1–17.

[FREY 1978/I]: FREY, Beat: Pater bohemiae – Vitricus Imperii. Böhmens Vater, Stiefvater des Reichs. Kaiser Karl IV. in der Geschichtsschreibung. Bern / Frankfurt/M. / Las Vegas 1978 (Geist und Werk der Zeiten. Arbeiten aus dem Historischen Seminar der Universität Zürich 53).

[FREY 1978/II]: FREY, Beat: Karl IV. in der älteren Historiographie. In: SEIBT 1978/I, 399–404.

FREY, Winfried: Das große Erdbeben und die Juden. Zum, Buch der Natur' II,33. In: FEISTNER 2011, 241–253.

FREYBERG, Maximilian, Baron de (Bearb.): Regesta sive rerum Boicarum autographa, Bd. 8. München 1839.

FRIDRICH, Jan (Hg.): 25 Years of Archaeological Research in Bohemia. On the Occasion of the 75th anniversary of the Institute of Archaeology, Prague. Praha 1994 (Památky Archeologicke. Supplementum 1, Institute of Archaeology).

FRIED, Johannes: Friedrich Barbarossas Krönung in Arles (1178). In: Historisches Jahrbuch 103 (1983), 347–371.

FRIED, Johannes: Aufstieg aus dem Untergang. Apokalyptisches Denken und die Entstehung der modernen Naturwissenschaft im Mittelalter. München 2001.

FRIED, Torsten: Fürstliche Herrschaft, Geld und Repräsentation in der politischen Theorie des Mittelalters und der Frühen Neuzeit. In: FOUQUET/HIRSCHBIEGEL/PARAVICINI 2008, 39–53.

FRIED, Torsten: Schnöder Mammon oder Repräsentationsobjekt? Kaiserliche und kurfürstliche Münzen zu Zeiten der Goldenen Bulle. In: HOHENSEE/LAWO/LINDNER u. a. 2009, I, 465–491.

FRIEDEL, Birgit: „… in vico judeorum sita". Jüdische Spuren in Nürnberg vor dem Jahr 1296. In: KLUXEN/KRIEGER 2014, 61–93.

[FRIEDEL/FRIESER 1999/I]: FRIEDEL, Birgit / FRIESER, Claudia (Hg.): Nürnberg. Archäologie und Kulturgeschichte. „… nicht eine einzige Stadt, sondern eine ganze Welt…". Büchenbach 1999.

[FRIEDEL/FRIESER 1999/II]: FRIEDEL, Birgit / FRIESER, Claudia: … di juden hi waren gesessen zu mittelst auf dem platz… Die ersten Nürnberger Juden und ihre Siedlung bis 1296. In: FRIEDEL/FRIESER 1999/I, 52–70.

FRIEDELL, Egon: Kulturgeschichte der Neuzeit. Die Krise der europäischen Seele von der schwarzen Pest bis zum ersten Weltkrieg. München 1927–31; Neudruck München 1989.

FRIEDENSBURG, Walter (Hg.): Das Leben Kaiser Heinrichs des Siebenten. 1. Hälfte. Leipzig 1882.

FRIEDENSBURG, Walter / LOHMER, Christian (Hgg.): Chronik Kaiser Ludwigs IV. Essen / Stuttgart 1987 (Geschichte Ludwigs des Bayern 1: Bayerische Chroniken des 14. Jahrhunderts).

FRIEDERICH, Karl: Besprechungen: Neues Schrifttum, in dem das Ulmer Münster berührt wird. In: Ulm und Oberschwaben 31 (1941), 181–185.

FRIEDJUNG, Heinrich: Kaiser Karl IV. und sein Antheil am geistigen Leben seiner Zeit. Wien 1876.

FRIEDL, Antonín: Mistr karlštejnské apokalypsy [Der Meister der Karlsteiner Apokalypse]. Praha 1950 (Edice České dějiny 4).

FRIEDL, Antonín: Mikuláš Wurmser, mistr královských portrétů na Karlštejně [Nikolaus Wurmser, der Meister der königlichen Porträts auf Karlstein]. Praha 1956.

FRIEDL, Antonín: Počátky mistra Theodorika [Die Anfänge Meister Theoderichs]. Praha 1963.

FRIEDL, Antonín: Die Persönlichkeit des Meisters von Wittingau und sein Verhältnis zur französischen und italienischen Malerei. In: Sborník prací Filosofické fakulty Brněnské university F 8 (1964), 105–115.

FRINTA, Mojmír Svatopluk: An Investigation of the Punched Decoration of Mediaeval Italian and non-Italian Panel Paintings. In: The Art Bulletin 47 (1965), 261–265.

FRINTA, Mojmír Svatopluk: A few Remarks on International Contacts of Bohemian Painting in the Later Middle Ages. In: Umění 30 (1992), 89–98.

FRITZ, Johann Michael: Goldschmiedekunst der Gotik in Mitteleuropa. München 1982.

FRITZ, Wolfgang D. (Hg.): Die Goldene Bulle Kaiser Karls IV. vom Jahre 1356. Text. Weimar 1972 (Monumenta Germaniae Historica. Fontes iuris Germanici in usum scholarum separatim ediiti 11).

FRITZ, Wolfgang D. (Bearb.): Dokumente zur Geschichte des Deutschen Reiches und seiner Verfassung 1354–1356. Hannover 1992 (Monumenta Germaniae Historica. Leges IV. Inde ab anno Christi 500 usque ad annum 1500. Constitutiones et acta publica imperatorum et regum 11).

FRODL-KRAFT, Eva: Die mittelalterlichen Glasgemälde in Wien. Wien 1962 (Corpus Vitrearum Medii Aevi, Österreich I).

FRY, Roger E.: Two Pictures in the Posession of Mssrs. Dowdeswell. In: The Burlington Magazine 4 (1903), 89–90.

[Führer Clunymuseum 2009]: Musée de Cluny. A guide. Paris 2009.

[Führer Germanisches Nationalmuseum 1977]: Germanisches Nationalmuseum. Führer durch die Sammlungen. München 1977.

FULLONI, Sabina: Untersuchungen am Dachstuhl der Marienkirche des Kartäuserklosters zu Nürnberg. In: Anzeiger des Germanischen Nationalmuseums 2001, 177–183.

G

GABORIT-CHOPIN, Danielle: L'inventaire du trésor du dauphin futur Charles V. 1363: Les débuts d'un grand collectionneur. Nogent-le-Roi 1996 (Archives de l'art français 32).

GABORIT-CHOPIN, Danielle: Ivoires médiévaux, Ve–XVe siècle. Catalogue. Hg. vom Musée du Louvre. Paris 2003.

GABORIT-CHOPIN, Danielle: Réapparition d'une vierge d'ivoire gothique. In: Objets d'art 2004, 47–55.

GABORIT-CHOPIN, Danielle: Gothic Ivories. Realities and Prospects. In: HOURIHANE 2011, 157–175.

GABORIT-CHOPIN, Danielle: Documents et œuvres d'art. Remarques sur quelques ivoires gothiques français: In Cahiers archéologiques 55 (2013/14), 119–130.

GABORIT-CHOPIN, Danielle / AVRIL, François: 1300. L'art au temps de Philippe le Bel. Actes du colloque international Galeries nationales du Grand Palais 24 et 25 juin 1998. Paris 2001.

GAETHGENS, Thomas W. (Hg.): Künstlerischer Austausch – Artistic Exchange. Akten des 28. Internationalen Kongresses für Kunstgeschichte, Berlin, 15. –20. Juli 1992. 2 Bde. Berlin 1993.

GAJDOŠOVÁ, Jana: Imperial Memory and the Charles Bridge. Establishing Royal Ceremony for Future Kings. 2012. Online: http://edoc.hu-berlin.de/kunsttexte/2012-3/----2/PDF/-.pdf (31. 10. 2015).

GAJDOŠOVÁ, Jana: The Charles Bridge. Ceremony and Propaganda in Medieval Prague. London 2014.

[GAJDOŠOVÁ 2016/I]: GAJDOŠOVÁ, Jana: The Charles Bridge. Creation of an Ideology in Medieval Prague [Arbeitstitel]. Praha 2016.

[GAJDOŠOVÁ 2016/II]: GAJDOŠOVÁ, Jana: The lost Gothic Statue of St. Wenceslas at the Old Town Bridge Tower. In: BAUCH/BURKHARDT u. a. 2016 [im Druck].

[GAJDOŠOVÁ 2016/III]: GAJDOŠOVÁ, Jana: The Charles Bridge, Peter Parler and the First Bohemian Net Vault. In: Journal of the British Archaeological Association 2016 [im Druck].

GAJEWSKI, Alexandra / OPAČIĆ, Zoë: The Year 1300 and the Creation of a New European Architecture. Turnhout 2007 (Architectura Medii Aevi I).

GALL, Günter: Leder im europäischen Kunsthandwerk. Braunschweig 1965 (Bibliothek für Kunst- und Antiquitätenfreunde 44).

GALLO, Rodolfo: Il tesoro di San Marco e la sua storia. Venezia 1967.

GARMS, Jörg / ROMANINI, Angiola Maria (Hgg.): Skulptur und Grabmal des Spätmittelalters in Rom und Italien. Akten des Kongresses „Scultura e Monumento Sepolcrale del Tardo Medioevo a Roma e in Italia", Rom, 4.–6. Juli 1985, veranstaltet vom Historischen Institut beim Österreichischen Kulturinstitut in Rom und vom Istituto della Enciclopedia Italiana. Wien 1990.

GĄSIOR, Agnieszka: Eine Jagiellonin als Reichsfürstin in Franken. Zu den Stiftungen des Markgrafen Friedrichs d. A. von Hohenzollern und der Sophie von Polen. Diss. Berlin 2006. Ostfildern 2012 (Studia Jagellonica Lipsiensia 10).

GAST, Uwe: Die Glasmalereien des Doberaner Münsters. Zu Geschichte, Rekonstruktion und Datierung des hochgotischen Scheibenbestandes. In: Die Ausstattung des Doberaner Münsters. Kunst im Kontext [2016, in Vorbereitung].

GATZ, Erwin (Hg.): Die Bischöfe des Heiligen Römischen Reiches 1198 bis 1448. Ein biographisches Lexikon Hg. (...) unter Mitwirkung von Clemens BRODKORB. Berlin 2001.

GAUGER, Maike: Hochwasser und ihre Folgen – am Beispiel der Magdalenenflut 1342 in Hann. Münden. In: HERRMANN/KRUSE 2010, 95–106.

GAYLER, Christoph Friedrich: Historische Denkwürdigkeiten der ehemaligen freien Reichsstadt (...) Reutlingen vom Ursprung an bis zu Ende der Reformation 1577. Reutlingen 1840.

GEBESSLER, August: Stadt und Landkreis Fürth. München 1963 (Bayerische Kunstdenkmale 18).

GEBHARDT, Carl: Die Anfänge der Tafelmalerei in Nürnberg. Straßburg 1908.

GEMEIN, Gisbert (Hg.): Kulturkonflikte – Kulturbegegnungen. Juden, Christen und Muslime in Geschichte und Gegenwart. Bonn 2011 (Bundeszentrale für politische Bildung – Schriftenreihe 1062).

GERKE, Friedrich / IMIELA, Hans Jürgen u. a. (Hgg.): Mainz und der Mittelrhein in der europäischen Kunstgeschichte. Studien für Wolfgang Fritz Volbach zu seinem 70. Geburtstag. Mainz 1966.

GIBBS, Robert: Bolognese Influences on Bohemian Art of the 14th and Early 15th Century. In: Umění 40 (1992), 280–289.

GIEBMEYER, Angela / SCHNABEL-SCHÜLE, Helga (Hgg.): „Das Wichtigste ist der Mensch." Festschrift für Klaus Gerteis zum 60. Geburtstag. Mainz 2000 (Trierer historische Forschungen 41).

GIERSCH, Robert / SCHLUNK, Andreas / HALLER VON HALLERSTEIN, Bertold: Burgen und Herrensitze in der Nürnberger Landschaft. Nach Vorarbeiten von Gustav VOIT. Lauf/Pegnitz / Nürnberg 2006 (Schriftenreihe der Altnürnberger Landschaft 50).

GIERSIEPEN, Helga: Die Inschriften der Stadt Aachen. Wiesbaden 1993 (Die Deutschen Inschriften 32).

GIESEN, Josef: Heraldisches am Türklopfer des Lübecker Rathauses. In: Zeitschrift des Vereins für Lübeckische Geschichte und Altertumskunde XXX (1939/40), 361–364.

GILOMEN, Hans-Jörg: Zum mediävistischen Werk von František Graus. In: Basler Zeitschrift für Geschichte und Altertumskunde 90 (1990), 5–21.

GILOMEN, Hans-Jörg: Wirtschaftliche Eliten im spätmittelalterlichen Reich. In: SCHWINGES/HESSE/MORAW 2006, 357–384.

GLAFEY, Adam Friedrich (Bearb.): Anecdotorum Sacri Romani Imperii ac Jus Publicum Illustrantium Collectio. Diplomatarium Caroli IV. Dresden / Leipzig [1734].

GLASER, Curt: Italienische Bildmotive in der Altdeutschen Malerei. In: Zeitschrift für bildende Kunst N. F. 25 (1914), 148–158.

GLASER, Curt: Zwei Jahrhunderte deutscher Malerei. Von den Anfängen der deutschen Tafelmalerei im ausgehenden 14. Jahrhundert bis zu ihrer Blüte im beginnenden 16. Jahrhundert. München 1916.

GLASER, Curt: Les peintres primitifs allemands du milieu du XIVe siècle à la fin du XVe. Paris 1931.

GLASER, Rüdiger: Klimageschichte Mitteleuropas. 1200 Jahre Wetter, Klima, Katastrophen. Mit Prognosen für das 21. Jahrhundert. Darmstadt 2001; 2. Aufl. 2008.

GÖRICH, Kurt / SCHMITZ-ESSER, Romedio (Hgg.): Barbarossabilder. Entstehungskontexte, Erwartungshorizonte, Verwendungszusammenhänge. Regensburg 2014.

GÖRLICH, Franz Xaver: Urkundliche Geschichte der Prämonstratenser und ihrer Abtei zum heiligen Vinzenz vor Breslau. Breslau 1836.

GOLDSCHMIDT, Joseph: Die Rückkehr der Juden nach Frankfurt am Main im Jahre 1360. In: Zeitschrift für die Geschichte der Juden in Deutschland N. F. 2 (1888), 154–171.

GOLLEROVÁ-PLACHÁ, Jitka: Látky z pražské královské hrobky [Die Stoffe aus den Prager königlichen Grüften]. Praha 1937.

GORMANS, Andreas / EYHOFF, Frederike / MARKSCHIES, Alexander (Hgg.): Venite et videte. Kunstgeschichtliche Dimensionen der Aachener Heiligtumsfahrt. Beiträge einer wissenschaftlichen Tagung des Instituts für Kunstgeschichte der RWTH Aachen in Zusammenarbeit mit der Bischöflichen Akademie des Bistums Aachen. Aachen 2012 (Aachener Beiträge zu Pastoral- und Bildungsfragen 27).

[GOTTFRIED 1997/I]: GOTTFRIED, Libor: Relace z roku 1597 [Relation aus dem Jahr 1597]. In: FAJT 1997/I, 63–71.

[GOTTFRIED 1997/II]: GOTTFRIED, Libor: Výběr Archivních Pramenů k Historii. [Die Edition der archivalischen Quellen]. In: FAJT 1997/I, 29–43.

GOTTSCHALCK, Friedrich: Die Ritterburgen und Bergschlösser Deutschlands. 9 Bde. Halle/S. 1810–35.

GOTTSCHALK, Joseph: Die älteste Bilderhandschrift mit den Quellen zum Leben der hl. Hedwig im Auftrage des Herzogs Ludwig I. von Liegnitz und Brieg im Jahre 1353 vollendet. In: Aachener Kunstblätter 34 (1967), 61–161.

GOTTSCHALK, Joseph: Anna von Schweidnitz, die einzige Schlesierin mit der Kaiserinnenkrone. In: Jahrbuch der Schlesischen Friedrich-Wilhelms-Universität zu Breslau 17 (1972), 25–42.

GOTTSCHALL, Dagmar: Konrad von Megenbergs ‚Buch von den natürlichen Dingen'. Ein Dokument deutschsprachiger Albertus Magnus-Rezeption im 14. Jahrhundert. Leiden / Boston 2004 (Studien und Texte zur Geistesgeschichte des Mittelalters 83).

GOTTSCHALL, Dagmar: Wissenschaft bei Konrad von Megenberg. Seine Texte zur Pest von 1348. In: MÄRTL/DROSSBACH/KINTZINGER 2006, 201–227.

GRABAR, André: Un calice byzantin aux images des patriarches de Constantinople. In: Deltion tes Christianikes archaiologikes Hetaireias 4 (1964/65 [1966]), 45–51.

GRABAR, André: Legature bizantine del medioevo. In: HAHNLOSER 1971, 43–46.

GRÄSSLER, Ingolf (Hg.): Wilhelm der Einäugige. Markgraf von Meissen (1346–1407). Tagungsband. Hg. von den Staatlichen Schlössern, Burgen und Gärten Sachsen in Zusammenarbeit mit dem Verein für Sächsische Landesgeschichte e. V., Red. Bereich Museen. Dresden 2009 (Saxonia 11).

GRAF, Klaus: Die Heilig-Kreuz-Pfarrkirche in Schwäbisch Gmünd im Mittelalter. Kirchen- und baugeschichtliche Beiträge. In: Einhorn Jahrbuch 16 (1989), 81–108.

GRAF, Klaus: Schwäbisch Gmünd im 14. Jahrhundert. Ein Beitrag zum Peter-Parler-Gedächtnisjahr 1999. In: Einhorn Jahrbuch 26 (1999), 81–96.

GRANDMAISON, Charles de: Gaignières. Ses correspondants et ses collections de portraits. Niort 1892.

GRANDMONTAGNE, Michael: Claus Sluter und die Lesbarkeit mittelalterlicher Skulptur. Das Portal der Kartause von Champmol. Worms 2005.

GRANDMONTAGNE, Michael / KUNZ, Tobias (Hgg.): Skulptur um 1300 zwischen Paris und Köln. Petersberg b. Fulda 2016.

GRASS, Nikolaus: Reichkleinodien. Studien aus rechtshistorischer Sicht. Köln 1965. (Sitzungsberichte der Österreichischen Akademie der Wissenschaften, Phil.-Hist. Klasse 248, Abh. 4).

GRAUS, František: Kaiser Karl IV. Betrachtungen zur Literatur eines Jubiläumsjahrs (1378/1978). In: Jahrbücher für Geschichte Osteuropas 28 (1980), 71–88.

GRAUS, František (Hg.): Mentalitäten im Mittelalter. Methodische und inhaltliche Probleme. Sigmaringen 1987 (Vorträge und Forschungen 35).

GRAUS, František: Pest – Geissler – Judenmorde. Das 14. Jahrhundert als Krisenzeit. 2. Aufl. Göttingen 1988 (Veröffentlichungen des Max-Planck-Instituts für Geschichte 86).

GRILL JANATOVÁ, Markéta: Restaurovaná tzv. Broumovské kasule v 60. a 70. letech 20. století [Die Restaurierung der sog. Braunauer Kaseln in den 60er und 70er Jahren des 20. Jahrhunderts]. In: Textil v Muzeu. Technické museum v Brně 2011, 37–45.

GRIMM, Jakob und Wilhelm: Deutsches Wörterbuch. 33 Bde. Leipzig / Stuttgart 1852–1971. Neubearbeitung Stuttgart 1957ff. Taschenbuchausgabe München 1999. CD-ROM-Ausgabe Frankfurt/M. 2004.

GRIMME, Ernst Günther: Die Lukasmadonna und das Brustkreuz Karls des Großen. In: Miscellanea pro arte. Hermann Schnitzler zur Vollendung des 60. Lebensjahres am 13. Januar 1965. Düsseldorf 1965, 48–54.

GRIMME, Ernst Günther: Die „Lukasmadonna" Karls des Großen. In: Aachener Kunstblätter 32 (1966), 54–59.

GRIMME, Ernst Günther: Der Aachener Domschatz. Mit einer Einführung von Erich STEPHANY. Düsseldorf 1972 (Aachener Kunstblätter 42).

GRISEBACH, Lucius / RENGER, Konrad (Hgg.): Festschrift für Otto von Simson zum 65. Geburtstag. Frankfurt/M. / Berlin / Wien 1977.

GROEBNER, Valentin: Ökonomie ohne Haus. Zum Wirtschaftsleben armer Leute in Nürnberg am Ende des 15. Jahrhunderts in Nürnberg. Göttingen 1993 (Veröffentlichungen des Max-Planck-Instituts für Geschichte 108).

GRÖNWOLDT, Ruth: Paramente und ihre Stifter. Paramente des Trecento in zwei französischen Kathedralen. In: KOSEGARTEN/TIGLER 1968, 81–87.

GRÖNWOLDT Ruth: Paramentenbesatz im Wandel der Zeit. Gewebte Borten der italienischen Renaissence. München 2013.

GROHMANOVÁ, Zora: Differences in Technique in Certain Groups of Paintings in the Chapel of the Holy Cross an Karlštejn Castle / Diference technologických postupů u nekterých skupin obrazu z kaple Sv. Kříže na Karlštejne. In: FAJT 2003/I, 286–292, 485–488.

GROSSMANN, G. Ulrich (Hg.): Hausbau im Alpenraum. Bohlenstube und Innenräume. Marburg 2002 (AHF Jahrbuch 51).

GROSSMANN, G. Ulrich: Wohnräume im Burgenbau des 12. und 13. Jahrhunderts. In: GROSSMANN/OTTOMEYER/GREBE 2010, 176–187.

GROSSMANN, G. Ulrich / HÄFFNER, Hans Heinrich (Hgg.): Burg Lauf a. d. Pegnitz. Ein Bauwerk Kaiser Karls IV. Nürnberg 2006 (Forschungen zu Burgen und Schlössern, Sonderband 2; Schriften des Deutschen Burgenmuseums 2).

GROSSMANN, G. Ulrich / OTTOMEYER, Hans (Hgg.) / GREBE, Anja (Schriftleitung): Die Burg. Wissenschaftlicher Begleitband zu den Ausstellungen Burg und Herrschaft und Mythos Burg. Dresden 2010.

GROSSMANN, P. A.: Ein großer Sudetendeutscher: Karl IV. Der erste Band der neuen Reihe „Deutsche Könige und Kaiser". In: Völkischer Beobachter Nr. 316 v. 12.11.1938, 7.

[GROTEFEND/FRONING 1884]: GROTEFEND, Hermann (Hg.): Quellen zur Frankfurter Geschichte, Bd. 1. Frankfurter Chroniken und annalistische Aufzeichnungen des Mittelalters. Bearb. von Richard FRONING. Frankfurt/M. 1884.

GRUEBER, Bernhard: Die Herren von Rosenberg als Förderer der Künste. In: Mitteilungen des Vereines für Geschichte der Deutschen in Böhmen 5 (1867), 19–26.

GRÜNTHAL, Gottfried (Hg.): European Macroseismic Scale 1998. EMS-98. Luxembourg 1998 (Cahiers du Centre Européen de Géodynamique et de Séismologie 15).

GRULICH, Petr (Hg.): Historie '96. Studentská vědecká konference Hradec Králové [Geschichte '96. Studentische wissenschaftliche Konferenz Königgrätz]. Hradec Králové 1997.

[GRUNDMANN 1978/I]: GRUNDMANN, Herbert: Ausgewählte Aufsätze. Hannover 1978 (MGH Schriften 25, Bd. 3).

[GRUNDMANN 1978/II]: GRUNDMANN, Herbert: Litteratus – illiteratus. Der Wandel einer Bildungsnorm vom Altertum zum Mittelalter. In: GRUNDMANN 1978/I, 1–66.

GRZYBKOWSKI, Andrzej: Die Kreuzkirche in Breslau – Stiftung und Funktion. In: Zeitschrift für Kunstgeschichte 51 (1988), H. 4, 461–478.

GÜMBEL, Albert: Meister Heinrich der Parler der Ältere und der Schöne Brunnen. Anhang: Baurechnungen 1385–1396, den Schönen Brunnen betreffend. In: Jahresbericht des Historischen Vereins für Mittelfranken 53 (1906), 49–86.

GÜNDEL, Christian: Die Goldschmiedekunst in Breslau. Berlin o. J. [1942].

GUÉROUT, Jean: Le palais de la Cité à Paris des origines à 1417. In: Mémoires de la Fédération des Sociétés Archéologiques de Paris et de L'Île-de-France I (1949), 57–212; II (1950), 21–204; III (1951), 7–101.

GUGENBAUER, Gustav: Die Gotik in Oberösterreich. In: Christliche Kunstblätter 70 (1929), 97–106.

GUIDOBONI, Emanuela / COMASTRI, Alberto: Catalogue of Earthquakes and Tsunamis in the Mediterranean Area from the 11th to the 15th century. Roma / Bologna 2005.

GUIDOBONI, Emanuela / NAVARRA, Antonio / BOSCHI, Enzo: The Spiral of Climate. Civilizations of the Mediterranean and Climate Change in History. Bologna 2011.

GUIFFREY, Jules: Inventaires de Jean duc de Berry (1401-1416). 2 Bde. Paris 1894/96.

GULDAN, Ernst: Eva und Maria. Eine Antithese als Bildmotiv. Graz / Köln 1966.

GULDAN-KLAMECKA, Bożena / ZIOMECKA, Anna: Sztuka na Śląsku XII–XVI w. Katalog zbiorów Muzeum Narodowego we Wrocławiu [Kunst in Schlesien 13.–16. Jahrhundert. Katalog der Sammlungen des Nationalmuseums in Breslau]. Wrocław 2003.

GUMMLICH, Johanna Christine: Bildproduktion und Kontemplation. Ein Überblick über die Kölner Buchmalerei in der Gotik unter besonderer Berücksichtigung der Kreuzigungsdarstellung. Weimar 2003.

GURLITT, Cornelius (Bearb.): Amtshauptmannschaft Kamenz (Land). Dresden 1912 (Beschreibende Darstellung der älteren Bau- und Kunstdenkmäler des Königreichs Sachsen 35).

GUSTAFSSON, Harald: The Conglomerate State. A Perspective of State Formation in Early Modern Europe. In: Scandinavian Journal of History 23 (1998), 189–213.

H

HAAG, Sabine / KIRCHWEGER, Franz (Hgg.): Die Kunstkammer. Die Schätze der Habsburger. Wien 2012.

HAASE, Kurt: Die Königskrönungen in Oberitalien und die „eiserne" Krone. Straßburg 1901.

HÄGERMANN, Dieter: Deutsches Königtum und Bergregal im Spiegel der Urkunden. Eine Dokumentation bis zum Jahre 1272. In: KROKER/WESTERMANN 1984, 13–23.

HAETGE, Ernst (Bearb.): Die Stadt Erfurt. Burg 1931 (Die Kunstdenkmale der Provinz Sachsen 2, 1).

HAGEN, Theodor von (Hg.): Eberhard Windecke. Das Leben König Sigmunds. Mit Anmerkungen von Oswald HOLDER-EGGER. 2. Aufl. Leipzig 1899.

HAHN, Hanno: Das „Hochgrab" und die Gruft Erzbischof Gerlachs von Nassau († 1371) in der Klosterkirche Eberbach i. Rhg. In: Nassauische Annalen 65 (1954), 237–242.

HAHNLOSER, Hans Robert: Das venezianische Kristallkreuz im Bernischen Historischen Museum. In: Jahrbuch des Bernischen Historischen Museums 34 (1954), 35–47.

HAHNLOSER, Hans H. (Hg.): Il Tesoro di San Marco, Bd. 2. Il Tesoro e il Museo. Firenze 1971.

HAHNLOSER, Hans R. / BRUGGER-KOCH, Susanne: Corpus der Hartsteinschliffe des 12.–15. Jahrhunderts. Berlin 1985.

HÁJEK Z LIBOČAN, Václav [HAGECIUS VON LIBOTSCHAN, Wenzel]: Kronika česká [Böhmische Chronik]. Prag 1541.

HÁJEK Z LIBOČAN, Václav [HAGECIUS VON LIBOTSCHAN, Wenzel]: Böhmische Chronica. Nürnberg 1697. Online: http://reader.digitale-sammlungen.de/de/fs1/object/display/bsb10934559_00001.html?contextType=scan (2.11.2015).

HÁJEK Z LIBOČAN, Václav: Böhmische Chronik. Vom Ursprung der Böhmen, von ihrer Hertzogen und Könige, Grafen und Adels Ankunfft, von ritterlichen [...]: Ingleichen von Übung des Götzendienstes und Bekehrung zum Christenthum, von Aufrichtung uralter Kirchen, Bissthümer, Stiffter, und der Hohen Schul. Wie [...] / aus böhmischer Sprache in die teutsche mit müglichstem Fleiss übersetzt durch Joannem Sandel, weiland der königlichen Stadt Cadan in Böhmen Notarium, mit Römischer Kayserlicher Majestät allergnädigstem Privilegio. Leipzig 1718.

HALLER VON HALLERSTEIN, Bertold Freiherr / KIRCHHOFF, Matthias: Gedechtnusse und Schriefft Niklas III. Muffels (1409/10–1469). Neuedition, Übersetzung und Kommentierung des Gedenkbuchs. In: Mitteilungen des Vereins für Geschichte der Stadt Nürnberg 97 (2010), 45–110.

HAMBURGER, Jeffrey F.: Nuns as Artists. The Visual Culture of a Medieval Convent. Berkeley 1997 (Californian Studies in the History of Art 37).

HAMBURGER, Jeffrey F.: The Visual and the Visionary. Art and Female Spirituality in Late Medieval Germany. New York 1998.

HAMBURGER, Jeffrey F.: St. John the Divine. The Deified Evangelist in Medieval Art and Theology. Berkeley 2002.

HAMBURGER, Jeffrey F.: Rezension zu Ausst.-Kat. New York 2005. In: The Burlington Magazine 118 (2006), 60–62.

HAMBURGER, Jeffrey F.: Representations of Reading – Reading Representations. The Female Reader from the Hedwig Codex to Châtillon's Léopoldine au Livre dHeures. In: SIGNORI 2009, 177–239.

HAMBURGER, Jeffrey F.: Bloody Mary. Traces of the peplum cruentatum in Prague – and in Strasbourg? In: OPAČIĆ/TIMMERMANN/BENEŠOVSKÁ 2011, 1–33.

HAMBURGER, Jeffrey F.: Alter Wein in neuen Schläuchen? Die Ausstattung religiöser Handschriften. In: HAMBURGER/SUCKALE/SUCKALE-REDLEFSEN 2015, 67–133.

HAMBURGER, Jeffrey F. / SUCKALE, Robert / SUCKALE-REDLEFSEN, Gude (Hgg.): Unter Druck. Mitteleuropäische Buchmalerei im Zeitalter Gutenbergs. Luzern 2015 (Buchmalerei des 15. Jahrhunderts in Mitteleuropa 2).

HAMMERSCHMIDT, Johann Florian: Prodromus gloriae Pragenae. Prag 1723.

HAMPE, Theodor: Katalog der Gewebesammlung des Germanischen Nationalmuseums I. Nürnberg 1896.

HAMPE, Theodor: Der Zeugdruck mit der Hl. Anna, der Jungfrau Maria und Seraphim und einige altkölnische Handzeichnungen. In: Mitteilungen aus dem Germanischen Nationalmuseum 1897, 91–104.

HAMPEL, Andrea: Der Kaiserdom zu Frankfurt am Main. Ausgrabungen 1991–93. Nussloch 1994 (Beiträge zum Denkmalschutz in Frankfurt am Main 8).

HAMPEL, Andrea: Die Baugeschichte des Frankfurter Doms. In: BERNDT 1997, II, 587–602, 1055–1067.

HAMPEL, József: Die Metallwerke der ungarischen Kapelle im Aachener Münsterschatze. In: Zeitschrift des Aachener Geschichtsvereins 14 (1892), 54–71.

HAMSÍK, Mojmír / FRÖMLOVÁ, Věra: Mistr Třeboňského oltáře [Der Meister des Wittingauer Altars]. In: Umění 13 (1965), 139–175.

HAMSIKOVÁ, Radana: Magister Theodoricus and Medieval Drawings / Mistr Teodoric a středověká kresba. FAJT 2003/I, 293–298, 489f.

HANISCH, Wilhelm: Die Luxemburger und die Juden. In: SEIBT 1983, 27–35.

HARDER, Hans-Bernd: Bemerkungen zur schriftlichen Überlieferung der Elisabethverehrung im mittelalterlichen Böhmen. In: BREDEHORN/GÖDEKE 1983, 17–26.

HARNISCH, Harriet: Die Urkunden Kaiser Karls IV. aus den Regierungsjahren 1357–1378 in Thüringer Archiven. Kaiserliche Politik, Archivgeschichte, Gesetzgebung und Rechtsetzung in den Urkunden. Urkundenbuch. Diss. (masch.) Berlin 1990.

HARTMANN, Johannes / VOGL, Elisabeth (Hgg): Eisenerz und Morgenglanz. Geschichte der Stadt Sulzbach-Rosenberg, Bd. 1. Amberg 1999.

HAUBRICHS, Wolfgang / LAUFER, Wolfgang / SCHNEIDER, Reinhard (Hgg): Zwischen Saar und Mosel. Festschrift für Hans-Walter Herrmann zum 65. Geburtstag. Saarbrücken 1995.

HAUSEROVÁ, Milena: Hölzerne wärmedämmende Wandkonstruktionen von Wohnräumen. In: GROSSMANN 2002, 89–106.

HAUSTEIN, Jens (Hg.): Studien zu Frauenlob und Heinrich von Mügeln. Festschrift für Karl Stackmann zum 80. Geburtstag. Freiburg/B. 2002 (Scrinium Friburgense 15).

HAVERKAMP, Alfred: Studien zu den Beziehungen zwischen Erzbischof Balduin von Trier und König Karl IV. In: Blätter für deutsche Landesgeschichte 114 (1978), 463–503.

[HAVERKAMP 1981/I]: HAVERKAMP, Alfred (Hg.): Zur Geschichte der Juden im Deutschland des späten Mittelalters und der frühen Neuzeit. Stuttgart 1981 (Monographien zur Geschichte des Mittelalters 24).

[HAVERKAMP 1981/II]: HAVERKAMP, Alfred: Die Judenverfolgungen zu Zeit des Schwarzen Todes im Gesellschaftsgefüge deutscher Städte. In: HAVERKAMP 1981/I, 27–93.

HAVERKAMP, Alfred: Erzbischof Balduin und die Juden. In: HEYEN 1985, 437–485.

HAVERKAMP, Alfred (Hg.): Geschichte der Juden im Mittelalter von der Nordsee bis zu den Südalpen. Kommentiertes Kartenwerk. 3 Bde. Hannover 2002 (Forschungen zur Geschichte der Juden A 14,1).

HAYER, Gerold: Konrad von Megenberg ›Das Buch der Natur‹. Untersuchungen zu seiner Text- und Überlieferungsgeschichte. Tübingen 1998 (Münchener Texte und Untersuchungen zur deutschen Literatur des Mittelalters 110).

HECK, Christian: L'iconographie de l'ascension spirituelle et la dévotion des laïcs. Le «Trône de charité» dans le «Psautier de Bonne de Luxembourg» et les «Petites Heures du duc de Berry». In: Revue de l'Art 110 (1995), 9–22.

HEDEMAN, Anne D.: The Royal Image. Illustrations of the Grandes Chroniques de France, 1274–1422. Berkeley / Los Angeles / Oxford 1991.

HEDEMAN, Anne D.: Les perceptions de l'image royale à travers les miniatures: l'exemple des Grandes Chroniques de France. In: ORNATO 1995, 539–549.

HEERWAGEN, Heinrich: Die Karthause in Nürnberg, 1380–1525. In: Mitteilungen des Vereins für die Geschichte der Stadt Nürnberg 15 (1902), 88–132.

[HEGEL 1862/I]: HEGEL, Karl (Hg.): Die Chroniken der fränkischen Städte, Bd. 1. Nürnberg. Leipzig 1862 (Die Chroniken der deutschen Städte vom 14. bis in's 16. Jahrhundert 1). Neudruck Stuttgart 1961.

[HEGEL 1862/II]: HEGEL, Karl (Hg.): Ulman Stromer's Püchel von meim geslechet und von abentewr (1349–1407). In: HEGEL 1862/I, separate Seitenzählung (1–105).

[HEGEL 1864/I]: HEGEL, Karl (Bearb.): Die Chroniken der fränkischen Städte, Bd. 2, Nürnberg. Leipzig 1864 (Die Chroniken der deutschen Städte vom 14. bis ins 16. Jahrhundert). Neudruck Stuttgart 1961.

[HEGEL 1864/II]: HEGEL, Karl (Bearb.): Die Chroniken der fränkischen Städte, Bd. 3, Nürnberg. Leipzig 1864 (Die Chroniken der deutschen Städte vom 14. bis ins 16. Jahrhundert). Neudruck Stuttgart 1961.

HEGEL, Karl (Bearb.): Die Chroniken der niedersächsischen Städte. Magdeburg, Bd. 1. Leipzig 1869 (Die Chroniken der deutschen Städte vom 14. bis in 16. Jahrhundert 7).

HEGEL, Karl (Hg.): Chronik des Jacob Twinger von Königshofen 1400 (1415). Leipzig 1870 (Die Chroniken der deutschen Städte vom 14. bis 16. Jahrhundert 8; Die Chroniken der oberrheinischen Städte. Straßburg 1).

HEGEL, Karl (Hg.): Straßburg. Leipzig 1871 (Die Chroniken der deutschen Städte vom 14. bis ins 16. Jahrhundert 9; Die Chroniken der oberrheinischen Städte. Straßburg 2).

HEGEL, Karl (Hg.): Die Chroniken der fränkischen Städte, Bd. 4, Nürnberg. Leipzig 1872 (Die Chroniken der deutschen Städte vom 14. bis in 16. Jahrhundert 10). Neudruck Stuttgart 1961.

HEGEL, Karl (Hg.): Die Chroniken der mittelrheinischen Städte. Mainz, Bd. 2. Leipzig 1882 (Die Chroniken der Deutschen Städte 18).

HEGEL, Karl (Hg.): Chronicon Moguntinum. Hannover 1885 (Monumenta Germaniae historica, Scriptores rerum germanicarum in usum scholarum separatim editi 20). Neudruck München 1990.

HEIDEMANN, Malte: Heinrich VII. (1308–1313). Kaiseridee im Spanungsfeld von staufischer Universalherrschaft und frühneuzeitlicher Partikularautonomie. Warendorf 2008 (Studien zu den Luxemburgern und ihrer Zeit 11).

HEIL, Johannes: Vorgeschichte und Hintergründe des Frankfurter Pogroms von 1349. In: Hessisches Jahrbuch für Landesgeschichte 41 (1991), 105–151.

HEILEN, Stephan: Lorenzo Bonincontris Schlußprophezeiung in „De rebus naturalibis et divinis". In: BERGDOLT/LUDWIG 2005, 309–328.

HEIMANN, Heinz-Dieter / NEITMANN, Klaus / TRESP, Uwe (Hgg.): Die Nieder- und Oberlausitz – Konturen einer Integrationslandschaft I. Mittelalter. Berlin 2013 (Studien zur brandenburgischen und vergleichenden Landesgeschichte 11).

HEIMPEL, Hermann: Königlicher Weihnachtsdienst im späten Mittelalter. In: Deutsches Archiv für die Erforschung des Mittelalters 39 (1983), 131–206.

HEINRICH, Gerd: Karl IV. und die Mark Brandenburg. Beiträge zu einer territorialen Querschnittsanalyse (1371–1378). In: PATZE 1978/I, 407–433.

[Heinrich von Herford/POTTHAST 1859]: Heinrich von Herford: Liber de rebus memorabilioribus sive chronicon Henrici de Hervordia. Hg. von August POTTHAST. Göttingen 1859.

HEINZLE, Joachim / JOHNSON, L. Peter / VOLLMANN-PROFE, Gisela (Hgg.): Literatur im Umkreis des Prager Hofs der Luxemburger. Schweinfurter Kolloquium 1992. Berlin 1994 (Wolfram-Studien XIII).

HEISE, Johann: Die Bau- und Kunstdenkmäler des Kreises Thorn. Danzig 1889 (Die Bau- und Kunstdenkmäler der Provinz Westpreußen 2; Die Bau- und Kunstdenkmäler des Kulmerlandes und der Löbau 6).

HEJDOVÁ, Dagmar / DRAHOTOVÁ, Olga: České sklo. Sklo období středověku a renesance 13.–1. polovina 17. století. Uměleckoprůmyslové muzeum v Praze [Böhmisches Glas. Glas aus der Epoche von Mittelalter und Renaissance, 13.–1. H. 17. Jahrhundert. Kunstgewerbliches Museum zu Prag]. Praha 1989.

HEJDOVÁ, Dagmar / HERBENOVÁ, Olga / KOENIGSMARKOVÁ, Helena / ROUS, Jan / UREŠOVÁ, Libuše / VOKÁČKOVÁ, Věra / ZEMINOVÁ, Milena: Středověké umělcké řemeslo [Mittelalterliches Kunsthandwerk]. Praha 1986 (Katalog des Kunstgewerbemuseums Prag).

HEJNIC, Josef: Náhrobky v lapidariu Národního musea [Die Grabmäler im Lapidarium des Nationalmuseums]. In: Sborník Národního Muzea v Praze 13 (1959), H. 4, 141–219.

HELLENBRAND, Karl-Heinz / SCHMID, Wolfgang: Erzbischof Egbert und Erzbischof Kuno von Falkenstein. Zur Rezeption ottonischer Buchmalerei im Trier des 14. Jahrhunderts. In: Libri pretiosi 11 (2008), 43–54.

HENSLE-WLASAK, Helga: Der Bildschmuck im Codex 259 der Vorauer Stiftsbibliothek. Ein Beitrag zur böhmischen Buchmalerei des Spätmittelalters. Diss. Graz 1988.

HERB, Franz Xaver / MADER, Felix / MUTZL, Sebastian / SCHLECHT, Joseph / THURNHOFER, Franz Xaver: Eichstätts Kunst. Festschrift Franz Leopold von Leonrod. München 1901.

HERBERS, Klaus / DÜCHTING, Larissa (Hgg.): Sakralität und Devianz. Stuttgart 2015 (Beiträge zur Hagiographie 16).

HERBERS, Klaus / RÜCKERT, Peter (Hgg.): Pilgerheilige und ihre Memoria. Tübingen 2012 (Jakobus-Studien 19).

HERBIG, Christoph / SIROCKO, Frank: Palaeobotanical evidence for agricultural activities in the Eifel region during the Holocene: plant macro-remain and pollen analysis from three maar lake sediments in the Quaternary Westeifel Volcanic Field (Germany, Rheinland-Pfalz). In: Vegetation History and Archaeobotany 2012, 16 p. DOI 10.1007/s00334 012 0387 6.

HERGEMÖLLER, Bernd-Ulrich: Fürsten, Herren und Städte zu Nürnberg 1355/56. Die Entstehung der „Goldenen Bulle" Karls IV. Köln 1983 (Städteforschung A 31).

HERGEMÖLLER, Bernd-Ulrich: Der Abschluß der „Goldenen Bulle" zu Metz 1356/57. In: FAHLBUSCH/JOHANEK 1989, 123–232.

HERGEMÖLLER Bernd-Ulrich: Maiestas Carolina. Der Kodifikationsentwurf Karls IV. für das Königreich Böhmen von 1355. München 1995 (Veröffentlichungen des Collegium Carolinum 74).

HERGEMÖLLER, Bernd-Ulrich: Cogor adversum te. Drei Studien zum literarisch-theologischen Profil Karls IV. und seiner Kanzlei. Warendorf 1999 (Studien zu den Luxemburgern und ihrer Zeit 7).

HERGEMÖLLER, Bernd-Ulrich: Die Entstehung der „Goldenen Bulle" zu Nürnberg und zu Metz 1355 bis 1357. In: BROCKHOFF/MATTHÄUS 2006, 25–39.

[HERGEMÖLLER 2010/I]: HERGEMÖLLER, Bernd-Ulrich: Mann für Mann. Biographisches Lexikon zur Geschichte von Freundesliebe und männlicher Sexualität im deutschen Sprachraum. 2 Bde. Münster/W. 2010.

[HERGEMÖLLER 2010/II]: HERGEMÖLLER, Bernd-Ulrich: Wenzel I. (Václav IV.). In: HERGEMÖLLER 2010/I, 1251–1253.

HERKOMMER, Hubert: Heilsgeschichtliches Programm und Tugendlehre. Ein Beitrag zur Kultur- und Geistesgeschichte der Stadt Nürnberg am Beispiel des Schönen Brunnens und des Tugendbrunnens. In: Mitteilungen des Vereins für Geschichte der Stadt Nürnberg 63 (1976), 192–216. Online: Http:/periodika.digitale-sammlungen.de/mvgn/Blatt_bsb00000979,00212.html (5.3.2016).

HERKOMMER, Hubert: Kritik und Panegyrik. Zum literarischen Bild Karls IV. (1346–1378). In: Rheinische Vierteljahrsblätter 44 (1980), 68–116.

HEŘMANSKÝ, František: Čtení o Karlu IV. a jeho době [Lesestoff zu Karl IV. und seiner Zeit]. Praha 1958.

HEŘMANSKÝ, František / MERTLÍK, Rudolf (Bearb.): Zbraslavská kronika. Chronicon Aulae regiae [Königsaaler Chronik]. Praha 1975.

HÉROLD, Michel / GATOUILLAT, Françoise: Les vitraux de Lorraine et d'Alsace. Paris 1994 (Corpus Vitrearum France 2, série complémentaire V).

HERRGOTT, Marquard / HEER, Rustenus / GERBERT, Martin: Taphographia principum Austriae seu Monumentorum Augustae Domus Austriacae IV et ultimus, post mortem Marquardi Hergott et Rusteni Heer edidit Martinus Gerbertus. 2 Bde. St. Blasien 1770–72.

HERRMANN, Bernd / KRUSE, Ulrike: Schauplätze und Themen der Umweltgeschichte. Umwelthistorische Miszellen aus dem Graduiertenkolleg. Werkstattbericht. Göttingen 2010.

HERRMANN, Klaus Jürgen: Die Schriftquellen zu den Parlern am Heiligkreuzmünster in Schwäbisch Gmünd. Eine Thesenzusammenfassung. In: STROBEL 2004, 25–27.

HERZOG, Hermann M. / MÜLLER, Johannes: Ecclesiastica Officia. Gebräuchebuch der Zisterzienser aus dem 12. Jahrhundert. Langwaden 2003.

HERZOGENBERG, Johanna von: Die Bildnisse Kaiser Karls IV. In: SEIBT 1978/I, 324–334.

HESS, Daniel: Zwischen Frankreich und Böhmen. Nürnberger Malerei und Glasmalerei. In: Kat. Nürnberg 2007, 337–347.

HEUBACH, Hans: Die Hamburger Malerei unter Meister Bertram und ihre Beziehungen zu Böhmen. In: Jahrbuch des Kunsthistorischen Instituts der K. K. Zentalkommission für Denkmalpflege X (1916), 101–173.

HEUER, Reinhold: Die Werke der bildenden Kunst und des Kunstgewerbes in Thorn bis zum Ende des Mittelalters. In: Mitteilungen des Coppernicus-Vereins für Wissenschaft und Kunst zu Thorn 24 (1916), H. 3, 73–129.

HEUSER, August / KLOFT, Matthias Theodor: Der Frankfurter Kaiserdom. Geschichte, Architektur, Kunst. Regensburg 2006 (Große Kunstführer 217).

HEYEN, Franz-Joseph (Hg.): Balduin von Luxemburg, Erzbischof von Trier – Kurfürst des Reiches (1285–1354). Festschrift aus Anlaß des 700. Geburtsjahres. Unter Mitarbeit von Johannes MÖTSCH. Mainz 1985 (Quellen und Abhandlungen zur mittelrheinischen Kirchengeschichte 53).

HILBERT, Kamil: O nálezech rotundy Václavovy [Die Befunde der Wenzelsrotunde]. In: Svatováclavský sborník I (1934), 220–229.

HILBERT, Kamil / MATIEGKA, Jiří / PODLAHA, Antonín u. a.: Královská hrobka v chrámě sv. Víta na Hradě pražském [Die Königsgruft in der St. Veitskirche auf der Prager Burg]. In: Památky archeologické XXXVI (1928–30), 241–257.

HILGER, Hans Peter: Die Schöne Madonna aus Horažďovice im Bayerischen Nationalmuseum. In: Münchner Jahrbuch der Bildenden Kunst 39 (1988), 51–72.

HILGER, Hans Peter: Eine unbekannte Statuette der Muttergottes auf dem Löwen. In: Städel-Jahrbuch 13 (1991), 145–154.

HILLENBRAND, Eugen: Die Autobiographie Karls IV. Entstehung und Funktion. In: PATZE 1978/I, 39–72.

[HILLENBRAND 1979/I]: HILLENBRAND, Eugen (Hg.): Vita Caroli Quarti. Die Autobiographie Karls IV. Stuttgart 1979.

[HILLENBRAND 1979/II]: HILLENBRAND, Eugen: Herrscherliche Selbstdarstellung und politische Kampfschrift. Eine Einführung in die Autobiographie Karls IV. In: HILLENBRAND 1979/I, 7–62.

HILLENBRAND, Eugen: Ecce sigilli faciem. Das Siegelbild als Mittel politischer Öffentlichkeitsarbeit im 14. Jahrhundert. In: KRIMM/JOHN 1997, 53–78.

HILSCH, Peter: Die Krönungen Karls IV. In: SEIBT 1978/I, 108–111.

HIMMELHEBER, Georg: Der Ostchor des Augsburger Doms. Ein Beitrag zur Baugeschichte. Augsburg 1963.

HIRSCH, Theodor: Friedrich V. In: Allgemeine Deutsche Biographie 7 (1878), 573–575.

HIRSCHBIEGEL, Jan / WETTLAUFER, Jörg: Höfe und Residenzen im spätmittelalterlichen Reich. Ein dynastisch-topographisches Handbuch, Teilband 2. Residenzen. Ostfildern 2003 (Residenzenforschung 15/1).

HIRSCHMANN, Gerhard: Die Familie Muffel im Mittelalter. Ein Beitrag zur Geschichte des Nürnberger Patriziats, seiner Entstehung und seines Besitzes. In: Mitteilungen des Vereins für Geschichte der Stadt Nürnberg 41 (1950), 257–392.

HIRSCHMANN, Norbet / BENNER, E. (Hg.): Die Oberpfalz, ein europäisches Eisenzentrum. 600 Jahre große Hammereinung. Amberg 1987 (Schriftenreihe des Bergbau- und Industriemuseums Ostbayern 12).

HITSCHFEL, Alexander: Chronik des Cisterzienserinnenklosters Marienstern in der königlich sächsischen Lausitz, von einem Ordensgeistlichen. Warnsdorf 1894.

[HLAVÁČEK 1991/I]: HLAVÁČEK, Ivan: Brünn als Residenz der Markgrafen der luxemburgischen Sekundogenitur. In: PATZE 1991, 361–420.

[HLAVÁČEK 1991/II]: HLAVÁČEK, Ivan: K organizaci státního správního systému Václava IV.: Dvě studie k jeho itineráři a radě [Zur Organisation des staatlichen Verwaltungssystems Wenzels IV. Zwei Studien zu seinem Itinerar und Rat]. Praha 1991 (Acta Universitatis Carolinae. Philosophica et historica. Monographia 137).

[HLAVÁČEK 2003/I]: HLAVÁČEK, Ivan: Kuttenberg. In: HIRSCHBIEGEL/WETTLAUFER 2003, 314–315.

[HLAVÁČEK 2003/II]: HLAVÁČEK, Ivan: Dvorské a zemské elity v Čechách v době Václava IV [Hof- und Landeseliten in Böhmen zur Zeit Wenzels IV.]. In: Genealogia 2003, 299–314.

HLAVÁČEK, Ivan: Höfe – Residenzen – Itenerare. Praha 2011.

HLAVÁČEK, Ivan / HLEDÍKOVÁ, Zdeňka (Hgg.): Protocollum visitationis archidiaconatus Pragensis annis 1379–1382 per Paulum de Janowicz, archidiaconum Pragensem, factae / Vizitační protokol pražského arcijáhna Pavla z Janovic z let 1379–1382. Praha 1973.

[HLAVÁČKOVÁ 1998/I]: HLAVÁČKOVÁ, Hana J.: Panel Paintings in the Cycle of the Life of Christ from Vyšší Brod (Hohenfurth). In: BENEŠOVSKÁ 1998/I, 244–258.

[HLAVÁČKOVÁ 1998/II]: HLAVÁČKOVÁ, Hana J.: The Drawings on the Wall of the Chapel of the Holy Cross in the Great Tower. In: FAJT 1998/I, 206–215.

[HLAVÁČKOVÁ 1998/III]: HLAVÁČKOVÁ, Hana J.: Rukopis Compilatio librorum historialum totius bibliae minority Jana z Udine [Die Handschrift Compilatio librorum historialum totius bibliae des Minoriten Johann von Udine]. In: FAJT/LAŠTOVKOVÁ/ŠTEMBEROVÁ 1998, 107–115.

[HLAVÁČKOVÁ 2005/I]: HLAVÁČKOVÁ, Hana J.: Arnošt z Pardubic mezi dvorem a církví. Iluminované rukopisy objednané Arnoštem z Pardubic [Ernst von Pardubitz zwischen Hof und Kirche. Die illuminierten, von Ernst von Pardubitz bestellten Handschriften]. In: BOBKOVÁ/GŁADKIEWICZ/VOREL 2005, 207–212.

[HLAVÁČKOVÁ 2005/II]: HLAVÁČKOVÁ, Hana J.: Antiphonary from Stift Vorau. In: DEKEYZER/VAN DER STOCKT 2005, 203–210.

HLAVÁČKOVÁ, Hana J.: Iluminace rukopisu Vita et Officium sancti Eligii. (Bibliothèque historique de la Ville de Paris, ms. Rés. 104). Les enluminures du manuscrit Vita et Officium sancti Eligii. (Bibliothèque historique de la Ville de Paris, ms. Rés. 104). In: PÁTKOVÁ 2006, 87–114.

[HLEDÍKOVÁ 1972/I]: HLEDÍKOVÁ, Zdeňka: Pražská metropolitní kapitula, její samospráva a postavení doby husitské [Das Prager Metropolitankapitel, seine Unabhängigkeit und sein Status in der hussitischen Ära]. In: Sborník historický 19 (1972), 5–48.

[HLEDÍKOVÁ 1972/II]: HLEDÍKOVÁ, Zdeňka: Die Prager Erzbischöfe als ständige päpstliche Legaten. Ein Beitrag zur Kirchenpolitik Karls IV. In: SCHWAIGER/STABER 1972, 221–256.

HLEDÍKOVÁ, Zdeňka: Biskup Jan IV. z Dražic (1301–1343) [Bischof Johann IV. von Draschitz (1301–1343)]. Praha 1991.

HLEDÍKOVÁ, Zdeňka (Hg.): Pražské arcibiskupství 1344–1994. Sborník statí o jeho působení a významu v české zemi [Das Prager Erzbistum 1344–1994. Sammelband von Beiträgen zu seinem Einfluss und seiner Bedeutung in den böhmischen Ländern]. Praha 1994.

[HLEDÍKOVÁ 2001/I]: HLEDÍKOVÁ, Zdeňka: Johann von Drazice (um 1250–1343). 1301–1318 Bischof von Prag. 1318–1329 Suspendierter Bischof von Prag. 1329–1343 Bischof von Prag. In: GATZ 2001, 585–587.

[HLEDÍKOVÁ 2001/II]: HLEDÍKOVÁ, Zdeňka: Vyšehradské proboštství a české kancléřství v první polovině 14. Století [Die Propstei Vyšehrad und die Prager Kanzlei in der ersten Hälfte des 14. Jahrhunderts]. In: Královský Vyšehrad 2001, 74–89.

[HLEDÍKOVÁ 2004/I]: HLEDÍKOVÁ, Zdenka: Charles IV's Italian Travels: An Inspiration for the Mosaic? In: PIQUÉ/STULIK 2004, 17.

[HLEDÍKOVÁ 2004/II]: Hledíková, Zdeňka: I boemi nella Curia pontificia sotto i primi tre papi del periodico avignonese (sulle possibilità di sfruttamento dei dati contenti nei MBV). In: Bollettino dell'Istituto Storico Ceco di Roma 4 (2004), 91–114.

HLEDÍKOVÁ, Zdenka: Závěť Elišky Přemyslovny [Das Testament Elisabeths der Přemyslidin]. In: Královský Vyšehrad 2007, 128–143.

HLEDÍKOVÁ, Zdeňka: Arnošt z Pardubic. Arcibiskup – Zakladatel – Rádce [Ernst von Pardubitz. Erzbischof – Stifter – Ratgeber]. Praha 2008.

HLEDÍKOVÁ, Zdeňka: Církevní politika Karla IV. Die Kirchenpolitik Karls IV.]. In: ŠMAHEL/BOBKOVÁ 2012, 97–111.

[HLOBIL 1980/I]: HLOBIL, Ivo: K olomoucké provenienci Novosadského Ukřižování Mistra rajhradské archy [Zur Olmützer Provenienz der Neusaatzer Kreuzigung des Meisters des Raigerner Altars]. In: Historická Olomouc a její současné problémy 3 (1980), 42–49.

[HLOBIL 1980/II]: Hlobil, Ivo: Nová zjištění ke skupině plastik kolem Michelské madony – Madona z Hrabové, Kristus z Ostritz [Neue Erkenntnisse zu der Gruppe der Plastiken um die Madonna von Michle – die Madonna von Hrabová, der Christus von Ostritz]. In: Umění 28 (1980), 101–116.

[HLOBIL 1998/I]: HLOBIL, Ivo: Zur stilistischen Entwicklung der Michler-Madonna-Gruppe (um 1320 bis Mitte des 14. Jahrhunderts). In: BENEŠOVSKÁ 1998/I, 216–221.

[HLOBIL 1998/II]: HLOBIL, Ivo: Koruna Karla IV., zvaná Svatováclavská. Poznámky k její přemyslovské tradici, vzniku a utváření [Die Krone Karls IV., genannt St.-Wenzels-Krone. Anmerkungen zu ihrer přemyslidischen Tradition, Entstehung und Gestaltung]. In: Korunovační klenoty 1998, 39–56.

HLOBIL, Ivo: Der Prager hl. Wenzel von Peter Parler – Fortsetzung eines hundertjährigen Diskurses mit neuen Argumenten. In: Umění 54 (2006), 31–56.

[HLOBIL 2011/I]: HLOBIL, Ivo: Katalog vystavených děl Mistra Michelské madony, Apoštol z Veverské Bítýšky [Katalog der ausgestellten Werke des Meisters der Michler Madonna, des Apostels von Eichhorn Bittischka]. In: Ausst.-Kat. Mährisch Ostrau 2011, 463, Kat.-Nr. 197.

[HLOBIL 2011/II]: HLOBIL, Ivo: Der Meister der Madonna von Michle und der Segnende Auferstehungschristus in St. Marienthal. In: WINZELER/KAHL 2011, 78–83.

HLOBIL, Ivo / CHOTĚBOR, Petr: Einige bislang ungelöste Fragen zu den Wappen und Kronen der Büsten im Triforium des Veitsdoms. In: CHLÍBEC/OPAČIĆ 2015, 135–150.

HOBERG, Hermann (Hg.): Die Inventare des päpstlichen Schatzes in Avignon, 1314–1376. Vatikanstadt 1944.

HÖFLER, Konstantin Karl Adolf: Die Zeit der Luxemburgischen Kaiser. Wien 1867.

HÖGG, Frank: Backsteinbauten der Tangermünder Burg. In: BRÜCKNER 2009, 137–154.

HÖLSCHER, Wolfgang: Kirchenschutz als Herrschaftsinstrument. Personale und funktionale Aspekte der Bistumspolitik Karls IV. Warendorf 1985 (Studien zu den Luxemburgern und ihrer Zeit 1).

HOENSCH, Jörg K.: Geschichte Böhmens. Von der slavischen Landnahme bis ins 20. Jahrhundert. München 1987.

HOENSCH, Jörg K.: Die Luxemburger. Eine spätmittelalterliche Dynastie gesamteuropäischer Bedeutung 1308–1437. Stuttgart 2000 (Urban Taschenbücher 407).

HÖRSCH, Markus: Die Esslinger Sakralbauten. Zum Stand ihrer bau- und architekturgeschichtlichen Erforschung. In: Ausst.-Kat. Esslingen 2001, 157–204.

[HÖRSCH 2004/I]: HÖRSCH, Markus: Zur bildlichen Ausstattung von Zisterzienserkreuzgängen des 13. und 14. Jahrhunderts. In: KLEIN 2004, 241–268.

[HÖRSCH 2004/II]: HÖRSCH, Markus: Figur eines männlichen Stifters (?), angeblich des Grafen Esiko († 1004). In: Ausst.-Kat. Merseburg 2004, 127–129, Kat.-Nr. III.15.

[HÖRSCH 2006/I]: HÖRSCH, Markus: Paris – Prag – Würzburg. Die Madonna in Nordheim am Main und ihre kunstgeschichtliche Stellung. In: FAJT/HÖRSCH 2006/I, 27–51.

[HÖRSCH 2006/II]: HÖRSCH, Markus: Der Aufstieg des Hauses Luxemburg. Vielfalt der Anfänge künstlerischer Repräsentation. In: Ausst.-Kat. Prag 2006, 24–39.

HÖRSCH, Markus: Zur Architektur unter König Johann dem Blinden. In: FAJT/LANGER 2009, 17–38.

HÖRSCH, Markus: Zur Rezeption der Skulpturen des Naumburger Meisters. In: Ausst.-Kat. Naumburg 2011, II, 1428–1443.

HÖRSCH, Markus: Plastische Werke des Schönen Stils in Franken. Einleitende Gedanken zum aktuellen Stand der Forschungen auf einem komplexen Gebiet. In: KOHRMANN 2014, 7–17.

HÖRSCH, Markus: Die Burgkirche Kaiser Friedrichs III. in Wiener Neustadt – Repräsentation habsburgischer Ansprüche im Zeichen des wiedererlangten König- und Kaisertums. In: DITTSCHEID/GERSTL/HESPERS 2016, 33–50.

HOFFMANN, František: Kutnohorský právní kodex [Das Kuttenberger Rechtsbuch]. In: Studie o rukopisech 12 (1973), 53–69.

HOFFMANN, František: Soupis rukopisů státního okresního archivu v Jihlavě [Der Bestand an Handschriften des Staatlichen Kreisarchivs in Iglau] (Catalogus codicum manu scriptorum archivii publici districtus Iglaviensis). Jihlava 2001.

HOFFMANN, Hartmut: Schreibschulen und Buchmalerei. Handschriften und Texte des 9.–11. Jahrhunderts. Hannover 2012.

HOFFMANN, Paul: Die bildlichen Darstellungen des Kurfürstenkollegiums von den Anfängen bis zum Ende des Hl. Römischen Reichs (13.–18. Jahrhundert). Diss. Bonn 1976. Bonn 1982 (Bonner historische Forschungen 47).

HOFFMANN, Yves: Die Geschichte von Dippoldiswalde bis zum Ende der ersten Bergbauperiode um 1400. In: Arbeits- und Forschungsberichte zur Sächsischen Bodendenkmalpflege 51 (2010), 391–421.

HOFFMANN, Yves / RICHTER, Uwe (Hgg.): Die Frühgeschichte Freibergs im überregionalen Vergleich. Städtische Frühgeschichte – Bergbau – früher Hausbau. Halle/Saale 2013.

HOFMANN, Hanns Hubert: „Böhmisch Lehen vom Reich". Karl IV. und die deutschen Lehen der Krone Böhmen. In: Bohemia-Jahrbuch 2 (1961), 112–124.

HOFMANN, Hanns Hubert: Karl IV. und die politische Landbrücke von Prag nach Frankfurt am Main. In: BOSL 1963, 51–74.

HOFMANN, Helga: Die Schlußsteine der Coelestinerkirche in Metz. In: Annales Universitatis Saraviensis VII (1958), H. 3–4, 255–264.

HOFMEISTER, Adolf (Hg.): Chronica Mathiae de Nuwenburg. Die Chronik des Mathias von Neuenburg. Berlin 1924–1940 (Monumenta Germaniae historica, Scriptores rerum Germanicarum, Nova series IV); Neudruck München 1984. Online: Http://www.dmgh.de/de/fs1/object/display/bsb00000944_00003.html.

HOHENSEE, Ulrike: Zur Erwerbung der Lausitz und Brandenburgs durch Kaiser Karl IV. In: LINDNER/MÜLLER-MERTENS/RADER 1997, 213–244.

[HOHENSEE 2001/I]: HOHENSEE, Ulrike: Solus Woldemarus sine herede mansit superstes. Brandenburgische Geschichte in der Sicht Pulkawas. In: RADER 2001, 115–129.

[HOHENSEE 2001/II]: HOHENSEE, Ulrike: Die Inkorporationsurkunde Karls IV. für die Niederlausitz – Echtheitsfragen. In: MORAW/HOLTZ/LINDNER 2001, 257–286.

HOHENSEE, Ulrike / LAWO, Mathias / LINDNER, Michael / MENZEL, Michael / RADER, Olaf B. (Hgg.): Die Goldene Bulle. Politik – Wahrnehmung – Rezeption. Akten der internationalen Tagung der Monumenta Germaniae Historica an der Berlin-Brandenburgischen Akademie der Wissenschaften vom 9.–12. Oktober 2006. 2 Bde. Berlin 2009 (Berichte und Abhandlungen der Berlin-Brandenburgischen Akademie der Wissenschaften. Sonderband 12).

HOJDA, Zdeněk / VLNAS, Vít: Tschechien. „Gönnt einem jeden die Wahrheit". In: FLACKE 1998, 502–527.

HOLDER-EGGER, Oswald (Hg.): Monumenta Erphesfurtensia Saec. XII. XIII. XIV. Hannover/Leipzig 1899 (MGH Scriptores rerum germanicarum in usum scholarum 42).

HOLOVSKÁ, Kateřina: Obraz českého krále Jana Lucemburského v díle Guillauma de Machaut [Das Bild Johanns von Luxemburg, Königs von Böhmen, in den Schriften des Guillaume de Machaut]. Diplom-Arbeit Karls-Universität Prag 2011. URL: Https://is.cuni.cz/webapps/zzp/detail/72996/ (21.7.2015).

HOLST, Jens Christian: Ein Überblick zur Baugeschichte des mittelalterlichen Rathauses. In: Jahrbuch für Hausforschung 60 (2010), 175–190.

HOLTMANN, Annegret: Implantation et expulsion des juifs dans une région frontalière: Le comté de Bourgogne (1306 et 1321–1322). In: IANCU-AGOU 2012, 139–159.

HOLTZ, Eberhard: Regesten Kaiser Karls IV. (1346–1378) auf der Grundlage der von Alfons Huber aus dem Nachlass Johann Friedrich Böhmers 1877/89 herausgegebenen und ergänzten „Regesten des Kaiserreichs unter Kaiser Karl IV." und der Urkundensammlung der Berliner Arbeitsstelle der „Monumenta Germaniae Historica. Auszug aus der zukünftigen Regesta Imperii-Datenbank der Urkunden Kaiser Karls IV. Berlin 2013. Http://www.regesta-imperii.de/epublikationen.html.

HOLZHAUSEN, Walter: Prachtgefäße, Geschmeide, Kabinettstücke, Goldschmiedekunst in Dresden. Tübingen 1966.

HOMANN-WEDEKING, Ernst (Hg.): Festschrift Eugen von Mercklin. Waldsassen 1964.

HOMOLKA, Jaromír: K problematice české plastiky 1350 až 1450. Na okraj knihy A. Kutala „České gotické sochařství 1350–1450" [Zur Problematik der böhmischen Plastik 1350 bis 1420. Bemerkungen zu dem Buch „Tschechische gotische Bildhauerei 1350–1450" von A. Kutal]. In: Umění 11 (1963), 414–448.

HOMOLKA, Jaromír: Reliéfy severního portálu kostela Panny Marie před Týnem [Die Reliefe des Nordportals der Kirche der Jungfrau Maria am Teyn]. In: PEŠINA 1970, 141–143.

HOMOLKA, Jaromír: Studie k počátkům krásného slohu v Čechách. K problematice společenské funkce výtvarného umění v předhusitských Čechách [Studien zum Beginn des Schönen Stils in Böhmen. Zur Frage nach der sozialen Funktion der Kunst im vorhussitischen Böhmen]. Praha 1976 (Acta Universitatis Carolinae. Monographia LV, 1974).

HOMOLKA, Jaromír: Sochařství doby posledních Přemyslovců [Bildhauerei unter den letzten Premysliden]. In: KUTHAN 1982/II, 121–157.

HOMOLKA, Jaromír: Příspěvek k poznání pražského parléřovského řezbářství [Ein Beitrag zur Kenntnis der Prager parlerischen Holzbildhauerei]. Praha 1987 (Acta Universitatis Carolinae – philosophica et historica 1. Příspěvky k dějinám umění 4).

[HOMOLKA 1997/I]: HOMOLKA, Jaromír: Umělecká výzdobě palace a menší věže hradu Karlštejna [Die künstlerische Dekoration des Palas und des Kleinen Turmes der Burg Karlstein]. In: FAJT 1997/I, 96–142.

[HOMOLKA 1997/II]: HOMOLKA, Jaromír: Malíři a dílny pracující na výzdobě kaple sv. Kříže vedle mistra Theodorika [Maler und Werkstätten, die neben Meister Theodoricus an der Ausschmückung der Heilig-Kreuz-Kapelle beteiligt waren]. In: FAJT 1997/I, 350–367.

[HOMOLKA 1997/III]: HOMOLKA, Jaromír: Poznámky ke karlštejnským malbám [Anmerkungen zur Karlsteiner Malerei]. In: Umění 45 (1997), 122–140.

HOMOLKA, Jaromír: Poznámky k vývoji českého a středoevropského řezbářství 14. století [Anmerkungen zur Entwicklung der böhmischen und mitteleuropäischen Holzbildhauerei des 14. Jahrhunderts]. In: NEUDERTOVÁ/HRUBÝ 1999, 51–76.

HOMOLKA, Jaromír / KESNER, Ladislav: České umění gotické [Böhmische gotische Kunst]. Národní galerie v Praze. Praha 1964.

HONEMANN, Volker: Peter von Zittau OCist. In: STAMMLER/LANGOSCH XI (2004), Sp. 1200–1205.

HONOUR, Hugh / FLEMING, John: Lexikon Antiquitäten und Kunsthandwerk. München 1984.

HORCICKA, Adalbert: Ein Chronicon breve regni Bohemiae saeculi XV. In: Mittheilungen des Vereines für Geschichte der Deutschen in Böhmen 37 (1899), 465–467.

HORN, Gabriele: Das Baptisterium der Markuskirche in Venedig. Baugeschichte und Ausstattung. Frankfurt/Main 1991.

HORNÍČKOVÁ, Kateřina: In Heaven and on Earth. Church Treasures in Late Medieval Bohemia. Diss. Budapest 2009. Online: Http://www.etd.ceu.hu/2009/mphhok01.pdf.

HORNÍČKOVÁ, Kateřina: My Saints. „Personal" Relic Collections in Bohemia Before Charles IV. In: Medieum Aevum Quotidianum 64 (2012), 50–61.

HOURIHANE, Colum (Hg.): Gothic Art and Thought in the Later Medieval Period. Essays in honor of Willibald Sauerländer. Princeton 2011.

HRABOVÁ, Libuše / KALOUS, Antonín: Dalimilova kronika, pařížský zlomek latinského překladu v Olomouci [Die Dalimil-Chronik, die Pariser Fragmente der lateinischen Übersetzung in Olmütz]. Olomouc 2006.

HRÁSKÝ, Josef: Zlatníci pražského baroka [Goldschmiede des Prager Barock]. Praha 1987 (Acta UPM XVII-D5).

HRDINA, Karel: Niccolò Beccari: Ital na dvoře Karla IV. [Niccolò Beccari: Ein Italiener am Hofe Karls IV.] In: Festschrift Novák 1932, 159–177.

HRUBEŠOVÁ, Eva / HRUBEŠ, Josef: Pražské sochy a pomníky [Prager Statuen und Denkmäler]. 2. Aufl. Praha 2009.

HRUBÝ, Antonín / PATSCHOVSKY, Alexander (Hgg.): Eschatologie und Hussitismus. Internationales Kolloquium, Prag, 1.–4.9.1993. Praha 1996 (Historica, Series nova, Supplementum).

HRUBÝ, Petr: Die Bergbauanfänge bei Jihlava/Iglau und der Einfluss des erzgebirgischen Bergbaus. Počátky těžby u Jihlavy a vliv krušnohorského hornictví. In: Ausst.-Kat. Jáchymov/Dippoldiswalde 2014, 133–142.

HRUBÝ, Václav (Bearb.): Archivum coronae regni Bohemiae, Bd. 2. 1346–1355. Praha 1928.

HRUBÝ, Václav (Bearb.): Archivum Coronae regni Bohemiae, Bd. 1. Praha 1935.

HRUZA, Karel: Der deutsche Insignien- und Archivalienraub aus der Prager Universität 1945. In: Bohemia 48 (2008), H. 2, 349–411.

Http://www.ashmolean.org/ash/objects/makedetail.Https://de.wikipedia.org/wiki/Landbuch_Karls_IV.

Https://www.royalcollection.org.uk/collection/67259/horsemans-parade-mace.

HUBER, Alfons (Hg.): Heinricus de Diessenhofen und andere Geschichtsquellen Deutschlands im späteren Mittelalter. Aus dem Nachlass von Johann Friedrich BÖHMER. Stuttgart 1868 (Fontes rerum Germanicarum 4); Neudruck Hannover 1969.

HUBER, Alfons (Bearb.): Die Regesten des Kaiserreichs unter Kaiser Karl IV. 1346–1378. Aus dem Nachlass von Johann Friedrich BÖHMER. Innsbruck 1877 (Regesta Imperii VIII); Neudruck Graz u. a. 1968.

HUECK, Irene: De Opere Duplici Venetico. In: Mitteilungen des Kunsthistorischen Instituts in Florenz 12 (1965), 1–30.

HÜTTEBRÄUKER, Lotte: Ein Hofgerichtsprozeß zur Zeit Karls IV. In: Zeitschrift der Savigny-Stiftung für Rechtsgeschichte. Germanistische Abteilung 56 (1936), 178–201.

HÜTTISCH, Maximilian (Hg.): Die Universität zu Prag. München 1986 (Schriften der Sudetendeutschen Akademie der Wissenschaften und Künste 7)

HUFNAGEL, Herbert: Zur Baugeschichte des Ostchors des Augsburger Domes. In: Architectura 17 (1987), 32–44.

HUGHES, Malcolm K. / DIAZ, Henry F. (Hgg.): The Medieval Warm Period. In: Climatic Change 26 (1994), H. 2&3, 109–342.

HUGO, Charles Louis (Hg.): Sacrae Antiquitatis Monumenta Historica, Dogmatica, Diplomatica, Bd. 2. Etival 1731.

HUGUENIN, Jean François (Hg.): Les chroniques de la ville de Metz 900–1552. Metz 1838.

HUHTAMAA, Heli: Climate, Conflicts and Crises. Temperature Variations in Relation to Violent Conflict, Subsistence Crisis, and Social Struggle in Novgorod and Lagoda Region AD 1100–1500. Master thesis, Finnland 2012. Online: Http://epublications.uef.fi/pub/urn_nbn_fi_uef-201220493/ (21.11.2015).

HUNDSBICHLER, Helmut (Red.): Kommunikation zwischen Orient und Okzident. Alltag und Sachkultur. Internationaler Kongress, Krems an der Donau, 6. bis 9. Oktober 1992. Wien 1994 (Österreichische Akademie der Wissenschaften. Philosophisch-Historische Klasse, Sitzungsberichte 619; Veröffentlichungen des Instituts für Realienkunde des Mittelalters und der Frühen Neuzeit 16).

[HUS/ERBEN 1865]: HUS, Jan: Mistra Jana Husi sebrané spisy české [Magister Jan Hus' ausgewählte tschechische Schriften]. Hg. von Karel Jaromír ERBEN. Praha 1865.

HUYSKENS, Albert: Ein bei der Krönung Karls V. (1520) gekauftes Aachener Heiligtumsbüchlein. In: Zeitschrift des Aachener Geschichtsvereins 58 (1937), 104–120.

I

IANCU-AGOU, Danièle (Hg.): Philippe le Bel et les juifs du royaume de France (1306). Paris 2012 (Nouvelle Gallia Judaica 7).

IANNUCCI, Anna M. (Hg.): Mosaici a San Vitale e altri restauri. Il restauro in situ di mosaici parietali. Atti del Convegno Nazionale sul Restauro in Situ di Mosaici Parietali, Ravenna, 1–3 ottobre 1990. Ravenna 1992.

INNOCENTI, Marco: Nikolaus von Luxemburg. In: Biographisch-Bibliographisches Kirchenlexikon, Bd. 18. Herzberg 2001, Sp. 1038–1044.

Iohannes Porta de Annoniaco: Liber de coronatione Karoli IV imperatoris. In: http://www.geschichtsquellen.de/repOpus_03034.html (2.5.2016).

IWAŃCZAK, Wojciech: Tomáš Štítný. Esquisse pour un portrait de la sociologie médiévale. In: Revue historique 282 (1989), 3–28.

J

JACKSON, Anna / JAFFER, Amin (Hgg.): Encounters. The Meeting of Asia and Europe, 1500–1800. London, 2004.

JÄHNIG, Bernhart: Der Deutsche Orden und Karl IV. In: PATZE 1978/I, 103–149.

JÄSCHKE, Kurt-Ulrich: Wann und wie wurde der spätere Johann der Blinde Graf von Luxemburg? Ein Beitrag zur Frage nach der Grafschaft Luxemburg in der Politik König und Kaiser Heinrichs VII. In: DOSTERT/PAULY/SCHMOETTEN/SCHROEDER 1993, 233–257.

JÄSCHKE, Kurt-Ulrich (Bearb.): Die Regesten des Kaiserreichs unter Rudolf, Adolf, Albrecht, Heinrich VII. 1273–1313, Abt. 4, Lieferung 1. 1288/1308–August 1309. Wien / Köln / Weimar 2006 (Regesta imperii VI.4.1).

JAHN, Bruno: Konrad von Megenberg (de Monte Puellarum). In: ACHNITZ 2014, VI, Sp. 882–904.

JAHN, Joachim / BAYER, Hans-Wolfgang (Hgg.): Die Geschichte der Stadt Memmingen von den Anfängen bis zum Ende der Reichsstadt. Stuttgart 1997.

JAKUBEC, Ondřej / MILTOVÁ, Radka (Hgg.): Umění a politika. Sborník 4. sjezdu historiků umění, Brno, 13.–14. září 2012 [Kunst und Politik. Sammelband des 4. Kunsthistorikerkongresses, 13.–14. September 2012]. Brno 2013.

JAN, Libor: Václav II. a struktury panovnické moci [Wenzel II. und die Struktur herrscherlicher Macht]. Brno 2006.

JAN, Libor / KACETL, Jiří u. a. (Hgg.): Pocta králi. K 730. Výročí smrti českého krále, rakouského vévody a moravského markrabéte Přemysla Otakara II. [Die Ehre des Königs. Zum 730. Jahrestag des Todes des böhmischen Königs, österreichischen Herzogs und mährischen Markgrafen Přemysl Ottokar II.]. Brno / Znojmo 2010.

JANÁČEK, Josef: Ľargent tchèque et la Méditerranée (XIVe et XVe siècles). In: Festschrift Braudel 1973, 245–261.

JANEGA, Eleanor: Milic of Kromeriz and Emperor Charles IV: Power, Preaching and the Church of Prague. Diss. London 2015. Online: Http://discovery.ucl.ac.uk/1461310/.

JANICKE, Karl (Hg.): Die Magdeburger Schöppenchronik. Stuttgart 1869 (Die Chroniken der deutschen Städte vom 14. bis 16. Jahrhundert 7. Die Chroniken der niederdeutschen Städte, Magdeburg 1).

JÁNSKA, Eva: K pražským hradbám Karla IV [Zur Prager Ummauerung Karls IV.]. In: Staletá Praha IX (1979), 70–72.

JAROŠOVÁ, Markéta / KUTHAN, Jiří / SCHOLZ, Stefan (Hgg.): Prag und die großen Kulturzentren Europas in der Zeit der Luxemburger. Internationale Konferenz aus Anlaß des 660. Jubiläums der Gründung der Karlsuniversität in Prag. 31.3.–5.4.2008. Praha 2008.

JÁSZAI, Géza: Nordfranzösisch oder mittelrheinisch? Zur Elfenbeinmadonna der Kirche des ehemaligen Augustinerinnenklosters in Langenhorst. In: Westfalen. Hefte für Geschichte, Kunst und Volkskunde 57 (1979), 16–23.

JECHT, Richard: Benesch von der Duba. Landvogt der Oberlausitz 1369–1389. In: Neues Lausitzisches Magazin 86 (1910), 103ff.

JEČNÝ, Hubert / TRYML, Michal: Zur Rekonstruktion der Klosterkirche in Zbraslav (Königsaal). In: STRZELCZYK 1987, 137–148.

JENKS, Stuart: Von den archaischen Grundlagen bis zur Schwelle der Moderne (ca. 1000–1450). In: NORTH 2005, 15–111.

JENKS, Stuart: Banken und Finanzkrisen. Lübeck 2012 (Handel, Geld und Politik 11).

[JENNI/THEISEN 2004/I]: JENNI, Ulrike / THEISEN, Maria (Bearbb.): Mitteleuropäische Schulen III (ca. 1350–1400). Böhmen, Mähren, Schlesien, Ungarn. Mit Ausnahme der Hofwerkstätten Wenzels IV. und deren Umkreis. Unter Mitwirkung von Karel STEJSKAL. 2 Bde. Wien 2004 (Denkschriften der phil.-hist. Klasse 315, Reihe I, Die illuminierten Handschriften und Inkunabeln der Österreichischen Nationalbibliothek 12).

[JENNI/THEISEN 2004/II]: JENNI, Ulrike / THEISEN, Maria: Die Bibel des Purkart Strnad von Janovic aus der Zagreber Metropolitan-Bibliothek, Cod. MR 156 (lat.), Prag um 1385. In: Codices manuscripti 48/49 (2004), 13–34.

[JENNI/THEISEN/STEJSKAL/SAUTER/FINGERNAGEL 2005]: JENNI, Ulrike / THEISEN, Maria / STEJSKAL, Karel / SAUTER, Alexander (Bearbb.): Evangeliar des Johann von Troppau. Cod. 1182 der Österreichischen Nationalbibliothek, Wien. Faksimileausgabe und Kommentarband. Kommentarband hg. von Andreas FINGERNAGEL. Gütersloh / München 2005.

JENŠOVSKÝ, Bedřich (Hg.): Monumenta Vaticana res gestas Bohemicas illustrantia, Bd. 3. Acta Urbani V. (1362–70). Praha 1944.

JENSTEIN, Johann von: Řeč arcibiskupa Pražského Jana Očka z Vlašimi [Rede des Prager Erzbischofs Johann Očko von Vlaším]. In: FRB III, 423–432.

JEZ, Tomasz (Hg.): Complexus effectuum musicologiae. Studia Miroslao Perz septuagenario dedicata. Kraków 2003.

JEŽKOVÁ, Alena / UHLÍŘ, Zdeněk: Příběhy z Dalimila. Pařížský zlomek latinského překladu [Die Erzählungen des Dalimil. Das Pariser Fragment einer lateinischen Übersetzung]. Praha 2006.

JIRÁSEK, Alois: Böhmens alte Sagen. Praha 1965.

JOHANEK, Peter: Die „Karolina de ecclesiastica libertate". Zur Wirkungsgeschichte eines spätmittelalterlichen Gesetzes. In: Blätter für deutsche Landesgeschichte 114 (1978), 789–831. URL: Http://periodika.digitale-sammlungen.de/bdlg/Blatt_bsb00000318,00813.html.

JOHANEK, Peter (Hg.): Städtische Geschichtsschreibung im Spätmittelalter und in der frühen Neuzeit. Köln / Weimar / Wien 2000 (Städteforschung. Veröffentlichungen des Instituts für vergleichende Städtegeschichte in Münster, Reihe A. Darstellungen 47).

JOHANEK, Peter: Karl IV. und Heinrich von Herford. In: FELTEN/KEHNEL/WEINFURTER 2009, 229–244.

[Johann von Viktring/SCHNEIDER 1910]: Johann von Viktring: Liber certarum historiarum, Bd. 2. Hg. von Fedor SCHNEIDER. Hannover / Leipzig 1910 (Monumenta Germaniae Historica, Scriptores rerum Germanicarum in usum scholarum separatim editi 36/2).

[Johannes Porta/SALOMON 1913]: Johannes Porta: Liber de coronatione Karoli IV. imperatoris. Hg. von Richard SALOMON. Hannover 1913 (Monumenta Germaniae Historica, rerum Germanicarum in usum scholarum [35]).

JOHNSON, Charles: The De moneta of Nicholas Oresme and English mint documents. Translated from the Latin with introduction and notes. London 1956.

JONES, Eric Lionel: Das Wunder Europa. Umwelt, Wirtschaft und Geopolitik in der Geschichte Europas und Asiens. Tübingen 1991 (Die Einheit der Gesellschaftswissenschaften 72).

JOPEK, Norbert: Zur Datierung der Helena-Schale im Trierer Domschatz. In: Zeitschrift des Deutschen Vereins für Kunstwissenschaft 42 (1988), 71–76.

JORDAN, William Chester: The Great Famine. Northern Europe in the Early Fourteenth Century. Princeton 1996.

JOUBERT, Fabienne / SANDRON, Dany (Hgg.): Pierre, lumière, couleur. Etudes d'histoire de l'art du moyen âge en l'honneur d'Anne Prache. Paris 1999 (Cultures et civilisations médiévales 20).

JUDL, Stanislav: Tympanon kláštera u Panny Marie Sněžné [Das Tympanon des Klosters zur Jungfrau Maria Schnee]. In: Heraldická ročenka 1981, 43–53.

[JUNEJA/SCHENK 2014/I]: JUNEJA, Monica / SCHENK, Gerrit Jasper (Hgg.): Disaster as Image. Iconographies and Media Strategies across Europe and Asia. Regensburg 2014.

[JUNEJA/SCHENK 2014/II]: JUNEJA, Monica / SCHENK, Gerrit Jasper: Viewing Disasters: Myth, History, Iconography and Media across Europe and Asia. In: JUNEJA/SCHENK 2014/I, 7–40.

JUNG, Rudolf (Bearb.): Inventare des Frankfurter Stadtarchivs, Bd. 3. Frankfurt/M. 1892.

JUNGBLUT, Marie-Paule / PAULY, Michel / REIF, Heinz (Hgg.): Luxemburg, eine Stadt in Europa. Schlaglichter auf mehr als 1000 Jahre europäische Stadtgeschichte. Luxemburg 2014.

JUROK, Jiří (Hg.): Královská a poddanská města od své geneze k protoindustrializaci a industrializaci. Sborník příspěvků z mezinárodního odborného sympozia uspořádaného ve dnech 5.–6. října 2001 v Příboře [Königliche und abhängige Städte von ihrer Entstehung bis zur Protoindustrialisierung und Industrialisierung. Sammelband der Beiträge des internationalen Fachsymposiums, veranstaltet am 5.–6. Oktober 2001 in Freiberg/Mähren]. Ostrava / Nový Jičín / Příbor 2002.

K

[KACZMAREK 1998/I]: KACZMAREK, Romuald: Das Grabmal Herzog Heinrichs IV. Probus († 1290) und die Bauplastik in Breslau. In: BENEŠOVSKÁ 1998/I, 181–188.

KACZMAREK, Romuald: Die Kunst in den schlesischen Fürstentümern und die Kunst in Böhmen unter der Herrschaft der Luxemburger. Zwischen komplizierter Nachbarschaft und völliger Anerkennung? In: Ausst.-Kat. Liegnitz/Prag 2006/07, Essayband, 115–147.

KADLEC, Jaroslav: L'oeuvre homilétique de Jean de Jenštejn. In: Recherches de théologie ancienne et médiévale 30 (1963) 299–323.

KADLEC, Jaroslav: Leben und Schriften des Prager Magisters Adalbert Rankonis de Ericinio. Münster 1971.

KADLEC, Jaroslav: Das Augustinerkloster Sankt Thomas in Prag. Vom Gründungsjahr 1285 bis zu den Hussitenkriegen. Mit Edition seines Urkundenbuches. Würzburg 1985 (Cassiacum. Eine Sammlung wissenschaftlicher Forschungen über den hl. Augustinus und den Augustinerorden 36).

KAESBACH, Walter (Hg.): Katalog des Städtischen Museums zu Erfurt. Erfurt 1924.

KAHSNITZ, Rainer: „Matheus ex ore Christi scripsit": Zum Bild der Berufung und Inspiration der Evangelisten. In: MOURIKI u. a. 1995, 169–180.

KAHSNITZ, Rainer: Frühottonische Buchmalerei. In: Ausst.-Kat. Magdeburg 2001, 223–250.

KAISER, Hans (Hg.): Collectarius perpetuarum formarum Johannis de Geylnhusen. Innsbruck 1900.

KALAVREZOU-MAXEINER, Ioli: Byzantine Icons in Steatite. Wien 1985.

KALINA, Pavel: Mater et sponsa. Einige Bemerkungen zur Kunst der Zisterzienser in Böhmen. In: Cîteaux. Commentarii cistercienses 47 (1996), 313–327.

KALINA, Pavel: Architecture as Mise-en-scène of Power. The Týn Church of the Virgin Mary in Prague in the Pre-Hussite Period. In: Umění 52 (2004), 123–135.

KALINA, Pavel: Architecture and Memory. St. Vitus' Cathedral in Prague and the Problem of Presence in History. In: FAJT/LANGER 2009, 150–156.

KALINOWSKI, Lech / MOSSAKOWSKI, Stanisław / OSTROWSKA-KĘBŁOWSKA, Zofia (Hgg.): Nobile claret opus. Studia z historii sztuki dedykowane Mieczysławowi Zlatowi [Nobile claret opus. Studien zur Kunstgeschichte, Mieczysław Zlat gewidmet]. Wrocław 1998.

KALISTA, Zdeněk (Hg.): Čtení o Karlu IV. a jeho době [Lektüre zu Karl IV. und seiner Zeit]. Praha 1958.

KALISTA, Zdeněk: Karel IV: Jeho duchovní tvář [Karl IV.: Sein geistiges Antlitz]. Praha 1971.

KALISTA, Zdeněk: Karel IV. a Itálie [Karl IV. und Italien]. Praha 2004.

KALOUSEK, Josef: Karel IV, otec vlasti. Ku pětistoleté památce jeho umrtí, jejíž oslava dne 29. listopadu 1878 pojí se s otevřením nového mostu v Praze [Karl IV., Vater des Vaterlandes. Zum Gedenken seines 500. Todestages, dessen Begehung sich am 29. 11. 1878 mit der Eröffnung der neuen Brücke in Prag verband]. Praha 1878.

KALOUSEK, Josef: Ueber die Nationalität Karl's IV: Entgegnung auf einen von Prof. Dr. J. Loserth unter demselben Tittel in den Mittheilungen des Vereins für Geschichte der Deutschen in Böhmen veröffentlichen Aufsatz. Prag 1879.

[KAMMEL 2000/I]: KAMMEL, Frank Matthias: Kunst in Erfurt 1300–1360. Studien zu Skulptur und Tafelmalerei. Berlin 2000.

[KAMMEL 2000/II]: KAMMEL, Frank Mattias: Die Erfurter Malerei am Ende des 14. Jahrhunderts. In: KAMMEL/GRIES 2000, 21–37.

[KAMMEL 2001/I]: KAMMEL, Frank Matthias (Hg.): Die Apostel aus St. Jakob. Nürnberger Tonplastik des Weichen Stils. Germanisches Nationalmuseum, Nürnberg. Nürnberg 2001.

[KAMMEL 2001/II]: KAMMEL, Frank Matthias: Die Nürnberger Tonplastik des Weichen Stils. In: KAMMEL 2001/I, 30–51.

KAMMEL, Frank Matthias: Andachtsbild und Formenvielfalt: Skulptur. In: Katalog Nürnberg 2007, 277–289.

KAMMEL, Frank Mattias / GRIES, Carola B. (Hgg.): Begegnungen mit alten Meistern. Altdeutsche Malerei auf dem Prüfstand. Nürnberg 2000.

KANIA, Katrin: Kleidung im Mittelalter. Materialien, Konstruktion, Nähtechnik. Ein Handbuch. Köln / Wien / Weimar 2010.

KANTOR, Marvin: The Origins of Christianity in Bohemia. Evanston/Ill. 1990.

KARG, Detlef (Hg.): Zwischen Himmel und Erde. Entdeckungen in der Luckauer Nikolaikirche. Berlin 2006 (Arbeitshefte des Brandenburgischen Landesamtes für Denkmalpflege und des Archäologischen Landesmuseums 13).

KARŁOWSKA-KAMZOWA, Alicja: Fundacje artystyczne księcia Ludwika I brzeskiego. Studia nad rozwojem świadomości historycznej na Śląsku XIV–XVIII w. [Die künstlerischen Stiftungen des Fürsten Ludwig I. von Brieg. Studien zur Entwicklung eines historischen Bewusstseins in Schlesien XIV.–XVIII. Jh.] Wrocław 1970.

KARŁOWSKA-KAMZOWA, Alicja: Malarstwo śląskie 1250–1450 [Schlesische Malerei 1250–1450]. Wrocław / Warszawa / Kraków / Gdańsk 1979.

KARŁOWSKA-KAMZOWA, Alicja: Kontakty artystyczne z Czechami w malarstwie gotyckim Śląska, Pomorza Wschodniego, Wielkopolski i Kujaw [Künstlerische Kontakte mit Böhmen in der gotischen Malerei Schlesiens, Ostpommerns, Großpolens und Kujawiens]. In: Folia Historiae Artium 16 (1980), 39–66.

KARŁOWSKA-KAMZOWA, Alicja: Malarstwo gotyckie Europy środkowowschodniej. Zagadnienie odrębności regionu [Gotische Malerei in Ostmitteleuropa. Das Problem der regionalen Eigenheit]. Warszawa / Poznań 1982 (Prace Komisji Historii Sztuki PTPN 14).

KARŁOWSKA-KAMZOWA, Alicja: Cysterskie inspiracje w Legendzie Obrazowej o Świętej Jadwidze [Die zisterziensische Inspiration in den Legendendarstellungen zur hl. Hedwig]. In: Nasza Przeszłość 83 (1994), 497–503.

[Karls-Preis Statut]: Der Europäische Karls-Preis der Sudetendeutschen Landsmannschaft (Statut). Online: Http://www.sudeten.de/cms/?Kultur:Kulturpreistr%E4ger (3. 11. 2015).

KASSUNG, Christian / MERSMANN, Jasmin / RADER, Olaf B.: Zoologicon. Festschrift für Thomas Macho. München 2012.

KASTEN, Brigitte: Herrscher- und Fürstentestamente im westeuropäischen Mittelalter. Köln / Weimar / Wien 2008.

[Kat. Antiquariat Günther 2007]: A Selection of Miniatures. Illuminated Manuscripts, Early Printed Books. Brochure No. 10. Dr. Jörn Günther Antiquariat. Hamburg 2007.

[Kat. Cleveland 1974]: Catalogue of Paintings. European Paintings before 1500. Cleveland (Ohio) 1974 (The Cleveland Museum Art Catalogue of Paintings 1).

[Kat. Firmin-Didot 1882]: Catalogue illustré des livres précieux manuscrits et imprimés faisant partie de la bibliothèque de Ambroise Firmin-Didot. Paris, 12.–17. 6. 1882.

[Kat. Nürnberg 2007]: Mittelalter. Kunst und Kultur von der Spätantike bis zum 15. Jahrhundert. Hg. vom Germanischen Nationalmuseum Nürnberg. Nürnberg 2007 (Die Schausammlungen des Germanischen Nationalmuseums 2).

[Kat. Wien 1964]: Katalog der Sammlung für Plastik und Kunstgewerbe, I. Teil. Mittelalter. Wien 1964 (Führer durch das Kunsthistorische Museum 9).

KAUFHOLD, Martin (Hg.): Politische Reflexionen in der Welt des späten Mittelalters. Festschrift Jürgen Miethke. Leiden 2004 (Studies in medieval and reformations traditions 103).

[KAVKA 1978/I]: KAVKA, František: Böhmen, Mähren, Schlesien. In: SEIBT 1978/I, 189–194.

[KAVKA 1978/II]: KAVKA, František: Karl IV. und die Oberlausitz. In: Letopis. Jahresschrift des Instituts für sorbische Volksforschung XXV (1978), H. 2, 141–180.

[KAVKA 1978/III]: KAVKA, František: Královská doména Karla IV. v Čechách a její osudy [Die königliche Domäne Karls IV. in Böhmen und ihre Schicksale]. In: Numismatické listy 33 (1978), 129–150.

KAVKA, František: Am Hofe Karls IV. Leipzig 1989. – Stuttgart 1990 (Herrscher, Höfe, Hintergründe).

KAVKA, František: Správci financí Karla IV. (Příspěvek k dějinám české královské komory) [Die Finanzverwalter Karls IV. (Ein Beitrag zur Geschichte der böhmischen königlichen Kammer)]. In: Numismatické listy 46 (1991), 138–150.

[KAVKA 1993/I]: KAVKA, František: Vláda Karla IV. za jeho císařství. Země České koruny, rodová, říšská a evropská politika [Die Regentschaft Karls IV. und sein Kaisertum. Die Länder der böhmischen Krone, Familien-, Reichs- und Europapolitik]. Bd. 1: 1355–1364; Bd. 2: 1364–1378. Praha 1993.

[KAVKA 1993/II]: KAVKA, František: Život na dvoře Karla IV. [Das Leben am Hofe Karls IV.] Praha 1993.

KAVKA, František: Karel IV. Historie života velkého vladaře [Karl IV. Die Lebensgeschichte eines großen Herrschers]. Praha 1998.

KAVKA, František: Karl IV. (1349–1378) und Aachen. In: Ausst.-Kat. Aachen 2000, 477–484.

[KAVKA 2002/I]: KAVKA, František: 5. 4. 1355, korunovace Karla IV. císařem Svaté Říše římské [5. 4. 1355, Krönung Karls IV. zum Kaiser des Heiligen Römischen Reichs]. Praha 2002.

[KAVKA 2002/II]: KAVKA, František: Čtyři ženy Karla IV. Královské sňatky [Die vier Frauen Karls IV. Königliche Heiraten]. Praha 2002.

KAVKA, František: 5. 4. 1355. Korunovace Karla IV. císařem svate říše řimske [5. 4. 1355. Die Krönung Karls IV. zum Kaiser des Heiligen Römischen Reichs]. Praha 2004.

[KEHRER 1912/I]: KEHRER, Hugo: Die gotischen Wandmalereien in der Kaiser-Pfalz zu Forchheim. Ein Beitrag zur Ursprungsfrage der fränkischen Malerei. München 1912 (Abhandlungen der Königlich Bayerischen Akademie der Wissenschaften, Philosophisch-philologische und historische Klasse 26, 3. Abhandlung).

[KEHRER 1912/II]: KEHRER, Hugo: Das König Wenzel-Fresko in der Moritzkapelle zu Nürnberg. In: Mittheilungen für Kunstwissenschaft 5 (1912), 65–67.

KEIL, Gundolf: Johann von Gelnhausen. In: STAMMLER/LANGOSCH 4 (1983), Sp. 623–626.

KEJŘ, Jiří: Právní život v husitské Kutné Hoře [Das Rechtsleben im hussitischen Kuttenberg]. Praha 1958.

KEJŘ, Jiří: Maiestas Carolina v dochovaných rukopisech [Die Maiestas Carolina in den überlieferten Handschriften]. Mit deutscher Zusammenfassung. In: Studie o rukopisech 17 (1978), 3–39.

KEJŘ, Jiří: Die sogenannte Maiestas Carolina. Forschungsergebnisse und Streitfragen. In: FAHLBUSCH/JOHANEK 1989, 79–122.

KELLER, Harald: Der Flügelaltar als Reliquienschrein. In: MARTIN/SOEHNER u. a. 1965, 125–144.

KELLY, Morgan / Ó GRÁDA, Cormac: Debating the Little Ice Age. In: Journal of Interdisciplinary History 45 (2014), H. 1, 57–68.

KELLY, Samantha: The New Solomon. Robert of Naples (1309–1343) and Fourteenth-Century Kingship. Leiden 2003.

KELLY, Samantha (Hg.): [The] Cronaca di Partenope. An Introduction to and Critical Edition of the First Vernacular History of Naples (c. 1350). Leiden 2011.

KEMPERDICK, Stephan: Deutsche und böhmische Gemälde 1230–1430, Gemäldegalerie Berlin. Kritischer Bestandskatalog. Unter Mitarbeit von Beatrix GRAF und Regina CERMANN. Petersberg b. Fulda 2010.

KERSKEN, Norbert: Geschichtsschreibung im Europa der „nationes". Nationalgeschichtliche Gesamtdarstellungen im Mittelalter. Köln / Weimar / Wien 1995 (Münstersche historische Forschungen 8).

KESSEL, Verena: Die süddeutschen Weltchroniken der Mitte des 14. Jahrhunderts. Studien zur Kunstgeschichte in der Zeit der großen Pest. Bamberg 1984 (Bamberger Studien zur Kunstgeschichte und Denkmalpflege 1).

KESSEL, Verena: Erzbischof Balduin von Trier (1285–1354). Kunst, Herrschaft und Spiritualität im Mittelalter. Habil.-Schrift Mainz 2003; Trier 2012 (Geschichte und Kultur des Trierer Landes 12).

KEUPP, Jan: Succes through Persistence. The Distinctive Role of Royal Dress in the Middle Ages. In: SCHORTA/SCHWINGES 2010, 87–96.

KEUPP, Jan / REITHER, Hans / POHLIT, Peter / SCHOBER, Katharina / WEINFURTER, Stefan (Hgg.): „ ... die keyserlichen zeychen...". Die Reichskleinodien – Herrschaftszeichen des Heiligen Römischen Reiches. Regensburg 2009.

KIESSLING, Rolf: Memmingen im Spätmittelalter (1347–1520). In: JAHN/BAYER 1997, 163–245.

KIMPEL, Dieter / SUCKALE, Robert: Die gotische Architektur in Frankreich 1130–1270. München 1985.

KING, Donald: Textiles and the Origins of Printing in Europe. In: Pantheon 20 (1962), 23–30.

KING, Donald / KING, Monique: Silk Weaves of Lucca in 1376. In: ESTHAM 1988, 67–76.

KINTZINGER, Martin: Der weiße Reiter. Formen internationaler Politik im Spätmittelalter. In: Frühmittelalterliche Studien 37 (2003), 315–353.

KINTZINGER, Martin: Zeichen und Imaginationen des Reichs. In: SCHNEIDMÜLLER/WEINFURTER 2006, 345–371.

KINTZINGER, Martin: Zeremoniell und politische Repräsentation bei dem berühmten Treffen zwischen Karl IV. und Karl V. von Frankreich. IN: HOHENSEE/LAWO/LINDNER u. a. 2009, 299–326.

KIRCHHOFF, Matthias: Gedächtnis in Nürnberger Texten des 15. Jahrhunderts. Gedenkbücher – Brüderbücher – Städtelob – Chroniken. Nürnberg 2009 (Nürnberger Werkstücke zur Stadt- und Landesgeschichte 68).

KIRCHWEGER, Franz: The Coronation Robes of the Holy Roman Empre in the Middle Ages. Some Remarks on Their Form, Function and Use. In: WETTER 2010, 103–116.

KISSLING, Hermann: Künstler und Handwerker in Schwäbisch Gmünd 1300–1650. Schwäbisch Gmünd 1995.

KIST, Johannes: Das Klarissenkloster in Nürnberg bis zum Beginn des 16. Jahrhunderts. Diss. Würzburg. Nürnberg 1929.

[KITSIKOPOULOS 2012/I]: KITSIKOPOULOS, Harry (Hg.): Agrarian Change and crisis in Europe, 1200–1500. New York / London 2012 (Routledge Research in Medieval Studies 1).

[KITSIKOPOULOS 2012/II]: KITSIKOPOULOS, Harry: Introduction. In: KITSIKOPOULOS 2012/I, 1–22.

KLANICZAY, Gábor: Le culte des saints dynastiques en Europe centrale (Angevins et Luxembourg au XIVe siècle). In: Kolloquium Rom 1986, 221–247.

KLANICZAY, Gábor: Holy Rulers and Blessed Princesses. Dynastic Cults in Medieval Central Europe. Cambridge 2002.

KLARE, Wilhelm: Die Wahl Wenzels von Luxemburg zum Römischen König 1376. Münster/W. u. a. 1990 (Geschichte 5).

KLEIMINGER, Wolfgang: Die Plastik im Elsaß 1260–1360. Freiburg/B. 1939.

KLEIN, Bruno (Hg.): Gotik. München / Berlin / London / New York 2007 (Geschichte der bildenden Kunst in Deutschland 3).

KLEIN, Bruno / BÖRNER, Bruno (Hgg.): Stilfragen zur Kunst des Mittelalters. Eine Einführung. Berlin 2006.

KLEIN, Holger A.: Refashioning Byzantium in Venice, ca. 1200–1400. In: MAGUIRE/NELSON 2010, 193–225.

KLEIN, Holger A.: Brighter than the Sun. Saints, Relics, and the Power of Art in Byzantium. In: SPEER/STEINKRÜGER 2012, 635–654.

KLEIN, Peter K. (Hg.): Der mittelalterliche Kreuzgang. The medieval Cloister – Le cloître au Moyen Age. Architektur, Funktion und Programm. Regensburg 2004.

KLEINSCHMIDT, Beda: St. Franziskus in Kunst und Legende. Mönchengladbach 1911.

KLEINSCHMIDT, Beda: Die hl. Anna, ihre Verehrung in Geschichte, Kunst und Volkstum. Düsseldorf 1930.

KLEMM, Tamara: Die Farbverglasung der St. Martha-Kirche in Nürnberg. Überlegungen zum ursprünglichen Chorprogramm. In: Mitteilungen des Vereins für Geschichte der Stadt Nürnberg 98 (2011), 15–79.

KLESSE, Brigitte: Seidenstoffe in der italienische Malerei des vierzehnten Jahrhunderts. Bern 1967.

KLETZL, Otto: Zur Identität der Dombaumeister Wenzel Parler d. Ä. von Prag und Wenzel von Wien. In: Wiener Jahrbuch für Kunstgeschichte 9 (1934), 43–62.

KLETZL, Otto: Plan-Fragmente aus der deutschen Dombauhütte von Prag in Stuttgart und Ulm. Stuttgart 1939 (Veröffentlichungen des Archivs der Stadt Stuttgart 3).

KLIER, Richard: Nürnberg und Kuttenberg. In: Mitteilungen des Vereins für Geschichte der Stadt Nürnberg 48 (1958), 51–78.

KLIMPEL, Volker: Berühmte Dresdner. Dresden 2002.

KLOFT, Matthias Theodor: Karlsverehrung in Frankfurt am Main. In: Geschichte im Bistum Aachen 4 (1997/98), 23–60.

KLOFT, Matthias Theodor: „Weill dessen Oberhaubt ... Gesalbter des Herrn und auf keine Weise zu verletzen und anzutasten ist". Die Rolle der Liturgie bei Königwahl und Kaiserkrönung in Frankfurt. In: Ausst.-Kat. Frankfurt/M. 2006, Aufsatzband, 326–337.

KLOSOVÁ, Blanka: Zpráva o restaurování gotické kasule [Bericht über die Restaurierung gotischer Kaseln]. Msc. Archiv restaurátorského oddělení NG v Praze. Praha 1972.

KLÜSSENDORF, Niklot: Studien zu Währung und Wirtschaft am Niederrhein vom Ausgang der Periode des regionalen Pfennigs bis zum Münzvertrag von 1357. Bonn 1974 (Rheinisches Archiv 93).

KLÜSSENDORF, Niklot: Numismatik und Geldgeschichte. Basiswissen für Mittelalter und Neuzeit. Hannover 2015.

KLUG, Martina (Hg., Übers.): Chronik des Dietrich Westhoff über den Besuch Kaiser Karls IV. und Kaiserin Elisabeths 1378 in Dortmund. In: BÜTTNER/SCHILP/WELZEL 2005, 155–166.

KLUGE, Bernd: Numismatik des Mittelalters 1: Handbuch und Thesaurus Nummorum Medii Aevi. Berlin / Wien 2007 (Österreichische Akademie der Wissenschaften, Philosophisch-Historische Klasse, Sitzungsberichte 769; zugleich Veröffentlichungen der Numismatischen Kommission 45).

KLUGSEDER, Robert (Red.): Cantus Planus. Papers read at the 16th meeting, Vienna 2011. Wien 2012.

KLUGSEDER, Robert / RAUSCH, Alexander / ČIZMIĆ, Ana u. a.: Katalog der mittelalterlichen Musikhandschriften der Österreichischen Nationalbibliothek. Purkersdorf 2014 (Codices manuscripti et impressi, Supplementum 10).

KLUXEN, Andrea M. / KRIEGER, Julia (Hgg.): Geschichte und Kultur der Juden in Nürnberg. Nürnberg 2014.

KNOCH, Werner: Ernst von Kirchberg, seine Herkunft und seine Auseinandersetzung mit der Sprache in der Mecklenburgischen Reimchronik. In: Mecklenburgische Jahrbücher 104 (1940), 1–100.

KOCH, Adolf / WINKELMANN, Eduard (Hgg.): Regesten der Pfalzgrafen am Rhein 1214–1508, Bd. 1. 1214–1400. Innsbruck 1894.

KODIŠOVÁ, Lucie: K liturgické funkci sardonyxové číše ze svatovítského pokladu ve 14. století [Zur liturgischen Funktion des Sardonyx-Kelchs im St.-Veits-Schatz im 14. Jahrhundert]. In: JAKUBEC/MILTOVÁ 2013, 113–124.

KOECHLIN, Raymond: Un atelier d'ivoirier de la fin du XIVe siècle. In: Bulletin de l'art français 1910, 16–19.

KOECHLIN, Raymond: Les ivoires gothiques français. 3 Bde. Paris 1924.

KÖLZER, Theo / STÄHLI, Maris (Hgg.): Petrus de Ebulo. Liber ad honorem Augusti sive de rebus Siculis. Sigmaringen 1994.

KOENIGSMARKOVÁ, Helena: Metal Appliqués on the Reserve Side of the Simon Panel in the Context of Contemporary Customs. In: FAJT 2003/I, 82–85.

KOENIGSMARKOVÁ, Helena: Ein Prager Pilgerzeichen – der einzige Zeuge? In: DOLEŽAL/KÜHNE 2006, 271–276.

KOEPF, Hans: Die gotischen Planrisse der Wiener Sammlungen. Wien 1969.

KOEPF, Hans: Die gotischen Planrisse der Ulmer Sammlungen. Ulm 1977 (Forschungen zur Geschichte der Stadt Ulm 18).

KÖSTLER, Andreas: Die Ausstattung der Marburger Elisabethkirche. Zur Ästhetisierung des Kultraums im Mittelalter. Diss. München 1993; Berlin 1995.

KOHN, Karl: Das hochmittelalterliche Judenviertel Nürnbergs. Beilage zu STROMER 1978/I, 89–90.

KOHN, Karl: Die Lage des Nürnberger Judenfriedhofs im Mittelalter. In: Mitteilungen des Vereins für Geschichte der Stadt Nürnberg 70 (1983), 13–27.

KOHRMANN, Gisela: Vom Schönen Stil zu einem neuen Realismus. Ostfildern 2014 (Studia Jagellonica Lipsiensia 7).

KOLÁŘOVÁ, Eva: Ernstova hypotéza o datací Třeboňského oltáře [dt. Zusammenfassung: Ernsts Hypothese über die Datierung des Wittingauer Altars (Altar von Třeboň)]. In: Jihočeský sborník historický 76 (2007), 30–47.

KOLÁŘOVÁ, Eva: Třeboňský oltář: dva retábly Třeboňského mistral [dt. Zusammenfassung: Der Wittingauer Altar (tschechisch Třeboň): zwei Altarretabel des Wittingauer Meisters]. In: Jihočeský sborník historický 77/78 (2008/09), 137–191.

[Kolloquium Rom 1986]: Kolloquium L'église et le peuple chrétien dans les pays de l'Europe du centre-est et du nord (XIVe-XVe siècles). Actes du colloque (...) Rome, 27–29 janvier, 1986. Roma 1990.

KOLMER, Lothar (Hg.): Der Tod des Mächtigen. Kult und Kultur des Todes spätmittelalterlicher Herrscher. Paderborn / München / Wien / Zürich 1997.

KOLOBOV, Alexander / MELNITCHUK, Andrej / KULYABINA, Nadezhda: The Roman military phalera from the Perm Urals. In: Arheološki vestnik 52 (2001), 351–357.

KOŘAN, Jan: Dějiny dolování v rudním okrsku kutnohorském [Die Geschichte des Bergbaus im Kuttenberger Erzgebiet]. Praha 1950.

KORNRUMPF Gisela: Quid admiramini, Quit opinamini, filiae Jerusalem, de partu novitatis? Eine Weihnachts-Cantio in Böhmen und anderswo. In: FLIEGER/BOK 2001, 181–203.

[Korunovační klenoty 1998]: České korunovační klenoty [Die böhmischen Kronjuwelen]. Praha 1998 (Správa Pražského hradu).

KOSCHE, Rosemarie: Erste Siedlungsbelege nach 1350 – Siedlungsnetz und „jüdische" Raumperzeption. In: HAVERKAMP 2002, I, 243–247.

KOSEGARTEN, Antje: Inkunabeln der gotischen Kleinplastik in Hartholz. In: Pantheon 5 (1964), 302–321.

KOSEGARTEN, Antje: Parlerische Bildwerke am Wiener Stephansdom aus der Zeit Rudolfs des Stifters. In: Zeitschrift des Deutschen Vereins für Kunstwissenschaft 20 (1966), 47–78.

KOSEGARTEN Antje / TIGLER Peter (Hgg.): Festschrift Ulrich Middeldorf. Berlin 1968.

KOSTÍLKOVÁ, Marie: Pastoforium katedrály sv. Vita v Praze [Das Pastophorium in der St.-Veits-Kathedrale]. In: Umění 23 (1975), 536–543.

KOSTÍLKOVÁ, Marie: Uložení a osudy českých korunovačních klenotů [Aufbewahrung und Schicksal der böhmischen Kronjuwelen]. In: Korunovační klenoty 1998, 70–81.

KOTRBA, Viktor: Kaple svatováclavská v pražském katédrale [Die Wenzelskapelle in der Prager Kathedrale]. In: Umění 8 (1960), 329–356.

KOTRBA, Viktor: Kdy přišel Petr Parléř do Prahy [Wann kam Peter Parler nach Prag?]. In: Umění 19 (1971), 109–135.

KOTRBOVÁ, Marie Anna: Madona velkomeziříčská [Die Madonna von Großmeseritsch]. In: Umění 4 (1956), 304–311.

KOTYZA, Oldřich: Nejstarší pražský most přes Vltavu a raně středověké mostní stavby ve střední Evropě [Die älteste Prager Brücke über die Moldau und frühe mittelalterliche Brückenbauten in Mitteleuropa]. In: Studia Mediaevalia Pragensia 8 (2008), 219–276.

KOULA, Jan: Nové prsteny ze sbírek Musea království českého [Neue Ringe in den Sammlungen des Museums des böhmischen Königreichs]. In: Památky archeologické a místopisné 17 (1898/99), 407–410.

KOUŘIL, Pavel u. a. (Hgg.): Cyrilometodějská misie a Evropa. 1150 let od příchodu soluňských bratří na Velkou Moravu [Die kyrillomethodianische Mission und Europa. 1150 Jahre seit der Ankunft der Brüder aus Saloniki in Großmähren]. Brno 2014.

[KRABICE Z WEITMILE/BLÁHOVÁ 1987]: KRABICE Z WEITMILE, Beneš: Kronika Pražského kostela [Chronik der Prager Kirche]. In: BLÁHOVÁ 1987, 173–254.

KRACAUER, Isidor (Hg.): Urkundenbuch zur Geschichte der Juden in Frankfurt am Main von 1150–1400, Bd. 1. Urkunden, Rechenbücher, Bedebücher. Frankfurt/M. 1914.

KRACAUER, Isidor: Geschichte der Juden in Frankfurt a. M. (1150–1824), Bd. 1. Frankfurt/M. 1925.

KRAFT, Klaus: Ein Reliquienkreuz des Trecento. In: Pantheon 29 (1971), 102–113.

[Královský Vyšehrad 2001]: Královský Vyšehrad II. Sborník příspěvků ke křesťanskému miléniu a k posvěcení nových zvonů na kapitulním chrámu sv. Petra a Pavla [Königliches Wischegrad II. Sammelband der Beiträge zur christlichen Jahrtausendfeier und zur Weihe der neuen Glocken in der Stiftskirche St. Peter und Paul]. Praha 2001.

[Královský Vyšehrad 2007]: Královský Vyšehrad III. Sborník příspěvků ze semináře Vyšehrad a Přemyslovci [Königliches Wischegrad III. Sammelband der Beiträge aus dem Seminar Vyšehrad und die Přemysliden]. Praha 2007.

KRANTZ-DOMASŁOWSKA, Liliana: Das Mosaik am Dom in Marienwerder. In: Umění 46 (1998), 61–64.

KRANTZ-DOMASŁOWSKA, Liliana: Die Franziskanerkirche zu Thorn als liturgischer Raum im 14. Jahrhundert. In: EIMER/GIERLICH/MÜLLER 2009, 39–55.

[KRÁSA 1984/I]: KRÁSA, Josef: Knižní malba [Buchmalerei]. In: CHADRABA 1984, 405–439, 603–609.

[KRÁSA 1984/II]: KRÁSA, Josef: Karlovy pečeti [Karolinische Siegel]. In: VANĚČEK 1984, 413–414.

[KRÁSA 1990/I]: KRÁSA, Josef: České iluminované rukopisy 13.–16. století [Böhmische illuminierte Handschriften des 13.–16. Jahrhunderts]. Praha 1990.

[KRÁSA 1990/II]: KRÁSA, Josef: Rukopis Legendy sv. Hedviky [Die Handschrift der Legende der hl. Hedwig]. In: KRÁSA 1990/I, 59–99.

KREJČÍK, Adolf Ludvik: Urbář z roku 1378 a účty kláštera Třeboňského z let 1367–1407 [Registrum censuum ac proventuum de anno MCCCLXXVIII necnon recepta et distributa monasterii Trzebonensis de annis MCCCLXVII–MCCCCVII) [Das Urbar aus dem Jahr 1378 und die Rechnungen des Klosters Wittingau aus den Jahren 1367–1407 (Registrum...)]. Praha 1949 (Historický archiv 52).

KRIEGER, Michaela: Der Psalter der Bonne von Luxembourg. In: BENEŠOVSKÁ 1998/I, 69–81.

KRIMM, Konrad / JOHN, Herwig (Hgg.): Bild und Geschichte. Studien zur politischen Ikonographie. Festschrift für Hansmartin Schwarzmaier zum fünfundsechzigsten Geburtstag. Sigmaringen 1997 (Veröffentlichungen der Kommission für geschichtliche Landeskunde Baden-Württemberg).

KRISZTINKOVICH, Béla: Hozzászólás Arthur Lane, a Müvészettörténeti Értesítő 1967/1. számában megjelent posthumus cikkéhez a Gaignières-Fonthill vázáról [Ein Kommentar zu Arthur Lanes im kunsthistorischen Bulletin 1967/1 veröffentlichen Beitrag, posthum herausgegeben zur Gaignières-Fonthill-Vase]. In: Müvészettörténeti értesítő 18 (1969), 187–192.

[KROFTA 1975/I]: KROFTA, Jan: K otázce slohového a ikonografického hodnocení nástěnných maleb v Emauzích [Zur Frage der Bewertung von Stil und Ikonografie der Wandmalereien im Emmauskloster]. In: PETR/ŠABOUK 1975, 103–112.

[KROFTA 1975/II]: KROFTA, Jan: Rodokmen císaře Karla na Karlštejně a jeho domnělé kopie [Der Stammbaum Kaiser Karls in Karlstein und seine vermutlichen Kopien]. In: Umění 23 (1975), 63–66.

KROFTA, Jan / FRÖMLOVÁ, Věra: Emauzské Ukřižování a jeho restaurace [Die Emmaus-Kreuzigung und ihre Restaurierung]. In: Umění 11 (1963), 109–111.

KROHM, Hartmut: Die Skulptur der Querhausfassaden an der Kathedrale von Rouen. Diss. Köln 1971.

KROHM, Hartmut / ALBRECHT, Uwe / WENIGER, Matthias (Hgg.): Malerei und Skulptur des späten Mittelalters und der frühen Neuzeit in Norddeutschland. Künstlerischer Austausch im Kulturraum zwischen Nordsee und Baltikum. Kolloquium Hildesheim, 1996. Berlin 2004.

KROHM, Hartmut / KRÜGER, Klaus / WENIGER, Matthias (Hgg.): Entstehung und Frühgeschichte des Flügelaltarschreines. Veröffentlichung der Beiträge des Internationalen Kolloquiums „Entstehung und Frühgeschichte des Flügelaltarschreins", Berlin, 28.–29. 6. 1996. Berlin / Wiesbaden 2001 (2003).

KROKER, Werner / WESTERMANN, Ekkehard (Bearb.): Montanwirtschaft Mitteleuropas vom 12. bis 17. Jahrhundert. Stand, Wege und Aufgaben der Forschung. Bochum 1984 (Der Anschnitt, Beiheft 2).

KRONES, Franz: Nicolaus, Patriarch von Aquileia. In: Allgemeine Deutsche Biographie, Bd. 23. Leipzig 1886, 611–613. URL: https://de.wikisource.org/wiki/ADB:Nicolaus (4. 2. 2016).

KRONK, Gary W.: Cometography. A catalogue of Comets, Bd. 1. Ancient–1799. Cambridge 1999.

KROOS, Renate: Quellen zur liturgischen Benutzung des Domes und seiner Ausstattung. In: ULLMANN 1989, 88–97.

KRÜGER, Fred u. a. (Hgg.): Cultures and Disasters. Understanding Cultural Framings in Disaster Risk Reduction. London / New York 2015.

KRÜGER, Sabine: Krise der Zeit als Ursache der Pest. Der Traktat ‚De mortalitate in Alamannia' des Konrad von Megenberg. In: Festschrift Heimpel 1972, II, 839–883.

KRUG, Antje: Antike Gemmen an mittelalterlichen Goldschmiedearbeiten im Kunstgewerbemuseum. In: Jahrbuch der Berliner Museen N. F. 37 (1995), 103–119.

KUBÍČEK, Antonín / PETRÁŇOVÁ, Alena / PETRÁŇ, Josef: Karolinum a historické koleje university Karlovy [Das Karolinum und die historischen Kollegien der Karlsuniversität]. Praha 1961.

KUBÍK, Viktor: Poznámky k původu stylu, dataci a lokalizaci vzniku Pařížského fragmentu latinského překladu [Anmerkungen zum Ursprung des Stils, zu Datierung und örtlicher Einordnung des Pariser Fragments der lateinischen Übersetzung]. In: Studie o rukopisech 39 (2009), 33–72.

KUBÍK, Viktor: Na okraj k problémům Pařížského Dalimila a knize Pavola Černého: Pařížský fragment kroniky tzv. Dalimila a jeho iluminátorská výzdoba [Am Rande der Probleme des Pariser Dalimil und des Buchs von Pavol Černý: Das Pariser Fragment der Chronik des sog. Dalimil und sein buchmalerischer Schmuck]. In: Studie o rukopisech XLII (2012), 163–170.

KUBÍN, Petr (Hg.): Svatý Václav. Na památku 1100. výročí narození knížete Václava Svatého [Der hl. Wenzel. Zum 1100-jährigen Jubiläum des Geburtstags von Herzog Wenzel dem Heiligen]. Praha 2010 (Opera Facultatis Theologiae catholicae Universitatis Carolinae Pragensis. Historia et historia artium 11).

KUBÍN, Petr: Sedm přemyslovských kultů. Seven přemyslid cults. Praha 2011 (Opera Facultatis theologiae catholicae Universitatis Carolinae Pragensis. Historia et historia artium 12).

KUBÍNOVÁ, Kateřina: Římska korúnovace Karla IV [Die römische Krönung Karls IV.]. In: BOBKOVÁ/HOLÁ 2005, 47–60.

[KUBÍNOVÁ 2006/I]: KUBÍNOVÁ, Kateřina: Panovnické postavy v závěru schodišťních maleb [Die herrscherlichen Figuren am Abschluss der Treppenhausmalerei]. In: VŠETEČKOVÁ 2006, 23–36.

[KUBÍNOVÁ 2006/II]: KUBÍNOVÁ, Kateřina: Imitatio Romae. Karel IV. a Řím [Imitatio Romae – Karl IV. und Rom]. Praha 2006.

KUBÍNOVÁ, Kateřina: Jan Marignola a jeho „cestopis" [Johannes von Marignola und sein „Reisebericht"]. In: SOMMER 2008, 95–106.

KUBÍNOVÁ, Kateřina: Karl IV. und die Tradition Konstantins des Großen. In: FAJT/LANGER 2009, 320–327.

KUBÍNOVÁ, Kateřina: Emauzský cyklus. Ikonografie středověkých nástěnných maleb v ambitu kláštera Na Slovanech [Der Emmaus-Zyklus. Die Ikonografie der mittelalterlichen Wandmalerei im Kreuzgangdes Klosters zu den Slawen]. Praha 2012.

KUBÍNOVÁ, Kateřina: From the Frankish Empire to Prague: Evangeliary Cim 2 in the Library of the Prague Metropolitan Chapter. In: Convivium 1 (2014), 126–135.

KUBÍNOVÁ, Kateřina: Kdy vznikla vazba evangeliáře Cim 2? [Wann entstand der Einband des Evangeliars Cim 2?] In: CHLÍBEC/OPAČIĆ 2015, 208–221.

KUBÍNOVÁ, Kateřina: Pražský evangeliář Cim 2. Rukopis mezi zeměmi a staletími středověké Evropy [Das Prager Evangeliar Cim 2. Eine Handschrift zwischen den Ländern und Jahrhunderten des mittelalterlichen Europa]. Praha 2016 [im Druck].

KUBKA, František: Karlštejnské vigilie [Karlsteiner Vigilien]. 7. Aufl. Praha 1989.

KUCHYŇKA, Rudolf: Obraz smrti Panny Marie v Košátkách [Das Bild des Todes der Jungfrau Maria in Košátky]. In: Památky archeologické XXXIII (1922), 148–149.

KUDRNÁČ, Jaroslav: Archeologický výzkum středověké těžby drahých kamenů u Cibousova v krušných horách [Archäologische Untersuchung des mittelalterlichen Edelsteinabbaus in Zibisch im Erzgebirge]. In: Památky a příoda 10 (1985), 594–603.

KUEFSTEIN, Karl Graf: Studien zur Familiengeschichte, II. Teil. 16. Jahrhundert. Wien / Leipzig 1911.

KÜHN, Margarethe: Dietrich von Portitz. Kanzler Karls IV. und Erzbischof von Magdeburg. In: Neue Deutsche Biographie III (1953), 678–679.

KÜHN, Margarete (Hg.): Constitutiones et acta publica imperatorum et regum, Bd. 10. 1350–1353. Weimar 1979–91 (Monumenta Germaniae Historica II. Leges 4).

KÜHNE, Hartmut: Ostensio reliquiarum. Untersuchungen über Entstehung, Ausbreitung, Gestalt und Funktion der Heiltumsweisung im römisch-deutschen Regnum. Diss. Berlin (HU) 1998; Berlin / New York 2000 (Arbeiten zur Kirchengeschichte 75).

KÜHNE, Hartmut / LAMBACHER, Lothar / HRDINA, Jan (Hgg.): Wallfahrer aus dem Osten. Mittelalterliche Pilgerzeichen zwischen Ostsee, Donau und Seine. Beiträge der Tagung Perspektiven der europäischen Pilgerzeichenforschung, Prag, 21.–24. 4. 2010. Frankfurt/M. 2013.

KÜTHER, Waldemar: Rudolf Rule von Friedberg, Propst zu Wetzlar, Bischof von Verden und Notar Kaiser Karls IV. In: Archiv für hessische Geschichte und Altertumskunde N. F. 37 (1979), 79–151.

KUHN, Heinrich C. (Hg.): Sammelband der Vortragsreihe des SS 2004 an der LMU München. München 2004. Online-Ressource: u. a. www.phil-hum-ren.uni-muenchen.de/SekLit/P2004A/Schlotheuber.htm (19. 10. 2015).

KUNŠTÁT, Miroslav: Monumentum fundamentoris. Pomník císaře Karla IV. k 500. vyročí založení pražské univerzity [Monumentum fundamentoris. Das Denkmal Kaiser Karls IV. zum 500. Jahrestag der Gründung der Prager Universität]. In: Actae universitatis carolinae – Historia universitatis carolinae pragensis XL (2000), fasc. 1–2, 39–51.

[Kunsthandwerk Dresden 1981]: Kunsthandwerk der Gotik und Renaissance des 13. bis 17. Jahrhunderts. Katalog Staatliche Kunstsammlngen Dresden, Museum für Kunsthandwerk. Dresden 1981.

KUNZ, Tobias (Hg.): Nicht die Bibliothek, sondern das Auge. Westeuropäische Skulptur und Malerei an der Wende zur Neuzeit. Beiträge zu Ehren von Hartmut Krohm. Hg. von der Skulpturensammlung der Staatlichen Museen zu Berlin (...). Petersberg b. Fulda 2008.

KUNZE, Herbert: Die Plastik des vierzehnten Jahrhunderts in Sachsen und Thüringen. Berlin 1925.

KURMANN-SCHWARZ, Brigitte: Die mittelalterlichen Glasmalereien der ehemaligen Klosterkirche Königsfelden. Bern 2008 (Corpus Vitrearum Medii Aevi Schweiz II).

KURRAS, Lotte: Die deutschen mittelalterlichen Handschriften. Die naturkundlichen und historischen Handschriften, Rechtshandschriften, Varia. Wiesbaden 1980 (Die Handschriften des Germanischen Nationalmuseums Nürnberg 1,2).

KURRAS, Lotte (Bearb.): Ulman Stromer. Püchel von mein geslecht und von abentewr. Teilfaksimile der Hs 6146 des Germanischen Nationalmuseums Nürnberg. Zur 600-Jahrfeier der ersten Papiermühle Deutschlands hg. vom Verband Deutscher Papierfabriken. Bd. 1: Teilfaksimile; Bd. 2: Kommentarband. Bonn 1990.

KURSAWA, Hans-Peter: Antichristsage, Weltenende und Jüngstes Gericht in mittelalterlicher deutscher Dichtung. Analyse der Endzeiterwartungen bei Frau Ava bis zum Parusiegedicht Heinrichs von Neustadt vor dem Horizont mittelalterlicher Apokalyptik. Diss. Köln 1976.

KUTAL, Albert: Gotické sochařství v Čechách a na Moravě [Gotische Bildhauerei in Böhmen und Mähren]. Praha 1940.

KUTAL, Albert: Z moravské plastiky 14. století [Von mährischer Plastik des 14. Jahrhunderts]. In: Volné směry 1941–42, 259–262.

KUTAL, Albert: K česko-slezským stykům v sochařství 14. století [Zu den böhmisch-schlesischen Verbindungen in der Bildhauerei des 14. Jahrhunderts]. In: Slezský sborník 52 (1954), 289–307.

KUTAL, Albert: České gotické sochařstvi 1350–1450 [Böhmische gotische Bildhauerei 1350–1450]. Praha 1962.

[KUTAL 1971/I]: KUTAL, Albert: Gothic Art in Bohemia and Moravia. London / New York / Sydney / Toronto 1971. Französische Ausgabe: L'Art gothique de Bohème. Praha 1971.

[KUTAL 1971/II]: KUTAL, Albert: Gotische Kunst in Böhmen. Praha 1971.

[KUTAL 1972/I]: Kutal, Albert: České gotické umění [Böhmische gotische Kunst]. Praha 1972.

[KUTAL 1972/II]: KUTAL, Albert: Erwägungen über das Verhältnis der horizontalen und schönen Pietàs. In: Umění 20 (1972), 485–520.

KUTAL, Albert: O reliéfu od p. Marie Sněžné a některých otázkách českého sochařství 1. poloviny 14. století [Über das Relief der Jungfrau Maria Schnee und einige Fragen der böhmischen Skulptur der ersten Hälfte des 14. Jahrhunderts]. In: Umění XXI (1973), 480–496.

KUTAL, Albert: Gotické sochařství [Gotische Bildhauerei]. In: Chadraba 1984, 216–283.

KUTAL, Albert / LÍBAL, Dobroslav / MATĚJČEK, Antonín: České umění gotické I. Stavitelství a sochařství [Böhmische gotische Kunst I. Baukunst und Bildhauerei]. Praha 1949.

[KUTHAN 1982/I]: KUTHAN, Jiří: Die mittelalterliche Baukunst der Zisterzienser in Böhmen und in Mähren. München 1982.

[KUTHAN 1982/II]: KUTHAN, Jiří (Hg.): Umění doby posledních Přemyslovců [Die Kunst in der Zeit der letzten Přemysliden]. Praha 1982.

KUTHAN, Jiří: Přemysl Ottokar II. König, Bauherr und Mäzen. Höfische Kunst im 13. Jahrhundert. Wien / Köln / Weimar 1996.

KUTHAN, Jiří: Caput Regni. Prag als Residenzstadt der Herrscher des Heiligen Römischen Reiches. In: KLEIN 2007, 197–205.

KUTHAN, Jiří / ROYT, Jan: Katedrála sv. Víta, Václava a Vojtěcha, svatyně českých patronů a králů [Die Kathedrale der hll. Veit, Wenzel und Adalbert, der Schrein der böhmischen Patrone und Könige]. Praha 2011.

KUTHAN, Jiří / ŠMIED, Miroslav (Hgg.): Korunovační řád českých králů [Die Krönungsordnungen der böhmischen Könige]. Praha 2009.

KUTHAN, Jiří / ŽEMLIČKA, Josef (Hgg.): Počátky a rozmach gotické architektury v Čechách. K problematice cisterciácké stavební tvorby [Anfänge und Blüte der gotischen Architektur in Böhmen. Zum Problem zisterziensischer Bauunternehmen]. Praha 1983.

KVĚT, Jan: Iluminované rukopisy královny Rejčky. Příspěvek k dějinám české knižní malby ve století XIV [Die illuminierten Handschriften der Königin Rejčka. Ein Beitrag zur Geschichte der böhmischen Buchmalerei im 14. Jahrhundert]. Praha 1931.

KVĚT, Jan: Dva kalichy z Táborska [Zwei Kelche in Tabor]. In: Umění. Sborník pro českou výtvarnou práci 11 (1938), 537–550.

KVĚT, Jan: Relief na věži Juditina mostu [Das Relief am Turm der Judithbrücke]. In: Cestami umění 1949, 73–89.

KYZOUROVÁ, Ivana: Historie oprav a současná údržba mozaiky s Posledním soudem na Svatovítské katedrále [Die Geschichte der Reparaturen und die derzeitige Restaurierung des Mosaiks mit dem Jüngsten Gericht an der Kathedrale St. Veit]. In: Zprávy památkové péče 70 (2010), 326–330.

KYZOUROVÁ, Ivana (Hg.): Svatovítský poklad. Katalog stálé výstavy v kapli sv. Kříže na Pražském hradě [Der St.-Veits-Schatz. Katalog der ständigen Ausstellung in der Kapelle zum Heiligen Kreuz der Prager Burg]. Praha 2012.

L

LABARTE, Jules: Inventaire du mobilier de Charles V, roi de France (...). Paris 1879.

LABUDA Adam S.: Malarstwo tablicowe państwa krzyżackiego drugiej połowy XIV wieku [Tafelmalerei im Deutschordensstaat in der zweiten Hälfte des 14. Jahrhunderts]. In: DOMASŁOWSKI/KARŁOWSKA-KAMZOWA/LABUDA 1990, 66–152.

LABUDA, Adam S.: Die Spiritualität des Deutschen Ordens und die Kunst. Der Graudenzer Altar als Paradigma. In: NOWAK 1993, 45–73.

LABUDA, Adam S.: Chrystus dwunastoletni – Bóg, Nauczyciel. Ze studiów nad retabulum franciszkanów toruńskich [Der Zwölfjährige Christus – Gott, Lehrer. Über Studien zum Altarretabel der Thorner Franziskaner]. In: KALINOWSKI/MOSSAKOWSKI/OSTROWSKA-KĘBŁOWSKA 1998, 106–122.

[LABUDA 2004/I]: LABUDA, Adam S.: Malarstwo tablicowe na Pomorzu Wschodnim [Tafelmalerei in Pommerellen]. In: LABUDA/SECOMSKA 2004, I, 332–361.

[LABUDA 2004/II]: LABUDA, Adam S.: Die Retabelkunst im Deutschordensland 1350–1450. In: KROHM/ALBRECHT/WENIGER 2004, 37–54.

[LABUDA 2006/I]: LABUDA, Adam S.: Die „Pitié-de-Nostre-Seigneur" der St.-Georgsbruderschaft in der Danziger Marienkirche. Untersuchungen zu den Quellen des Bildtypus und der Herkunft des Malers. In: FAJT/HÖRSCH 2006/I, 161–181.

[LABUDA 2006/II]: LABUDA Adam S.: Das Meer im Blick – Expansion nach Norden. In: Ausst.-Kat. Prag 2006, 401–415.

LABUDA, Adam S. / SECOMSKA, Krystyna (Hgg.): Malarstwo gotyckie w Polsce [Gotische Malerei in Polen]. 3 Bde. Warszawa 2004.

LADNER, Gerhard B.: Der Ursprung der mittelalterlichen Tiara. In: SIMON 1980, 449–481.

LAMBACHER, Lothar: Sceptrum quod vocatur Carolinum. Das sogenannte Zepter Karls des Großen aus der Abtei Werden im Berliner Kunstgewerbemuseum. In: KUNZ 2008, 29–40.

LAMBACHER, Lothar / KAMMEL, Frank Matthias (Hgg.): Die mittelalterliche Plastik in der Mark Brandenburg. Protokollband des internationalen Kolloquiums vom 2.–4. 3. 1989 in den Staatlichen Museen zu Berlin, Bodemuseum. Berlin 1990.

LAMM, Carl Johan: Mittelalterliche Gläser und Steinschnittarbeiten aus dem Nahen Osten. 2 Bde. Berlin 1929/30.

LANE, Arthur: The Gaignières-Fonthill Vase. A Chinese Porcelain of about 1300. In: The Burlington magazine 103 (1961), 124–132.

LAST, Martin: Der Besuch Karls IV. am Grabmal Widukinds in Enger. In: Blätter für deutsche Landesgeschichte 114 (1978), 307–341.

LAUTENSCHLÄGER, Heila: Begräbniszeremonien und Staatlichkeit am Beispiel Karls IV. Norderstedt 2001.

LAVIN, Irving (Hg.): World Art. Themes of Unity in Diversity. Acts of the XXVIth International Congress in the History of Art, vol. I. Washington 1989; vol. II. University Park (PA) / London 1989.

[LCI]: Lexikon der christlichen Ikonographie. Begr. von Engelbert KIRSCHBAUM. Hg. von Wolfgang BRAUNFELS. 10 Bde. Wien 1959/60; Neudruck Freiburg/B. / Rom / Basel / Wien 1968/76; Freiburg/B. 1994.

LEACH, Elisabeth Eva: Guillaume de Machaut. Secretary, Poet, Musician. New York 2011.

LECHOVÁ, Martina: Zpráva o návštěvě Paříže Karlem IV. roku 1378 [Bericht über den Besuch Karls IV. in Paris im Jahr 1378]. In: Sborník prací Filozofické fakulty brněnské univerzity, C, 43 (1996), 49–60. Online: Https://digilib.phil.muni.cz/bitstream/handle/11222.digilib/102725/C_Historica_43-1996-1_5.pdf?sequence=1 (21. 3. 2016).

LECLERCQ-MARX, Jacqueline: La sirène dans la pensée et dans l'art de l'Antiquité et du Moyen Âge. Du mythe païen au symbole chrétien. Bruxelles 1997.

[LEGNER 1978/I]: LEGNER, Anton: Wände aus Edelstein und Gefäße aus Kristall. In: Ausst.-Kat. Köln 1978, III, 169–182.

[LEGNER 1978/II]: LEGNER, Anton: Karolinische Edelsteinwände. In: SEIBT 1978/I, 356–362.

[LEGNER 1978/III]: LEGNER, Anton: Ikon und Porträt. In: Ausst.-Kat. Köln 1978, III, 217–235.

LEHMANN, Edgar / SCHUBERT, Ernst: Dom und Severikirche zu Erfurt. Leipzig 1988.

LEHRS, Max: Rezension von DELEN 1924. In: Zeitschrift für bildende Kunst 59 (1925/26), 54.

LEIDINGER, Georg (Hg.): Andreas von Regensburg. Chronica pontificum et imperatorum Romanorum. In: Andreas von Regensburg. Sämtliche Werke. München 1903 (Quellen und Erörterungen zur bayerischen und deutschen Geschichte N. F. 1, 1903).

LEIDINGER, Georg (Hg.): Bayerische Chroniken des 14. Jahrhunderts. Hannover / Leipzig 1918 (MGH SS rerum germanicarum in usum scholarum separatim editi [19] 1918).

LEISERING, Eckhart: Die Wettiner und ihre Herrschaftsgebiete 1349–1382. Landesherrschaft zwischen Vormundschaft, gemeinschaftlicher Herrschaft und Teilung. Halle/Saale 2006 (Veröffentlichungen des Sächsischen Staatsarchivs, Reihe A: Archivverzeichnisse, Editionen und Fachbeiträge 8).

LEITHE-JASPER, Manfred / DISTELBERGER, Rudolf: Schatzkammer und Sammlung für Plastik und Kunstgewerbe. London 1982.

LEITNER, Quirin von: Die hervorragendsten Kunstwerke der Schatzkammer des österreichischen Kaiserhauses. Wien 1870–73.

LEMBERG, Hans: Die tschechische Universität in Konkurrenz zur deutschen Universität (1882–1939). In: MOURALOVÁ 2010, 156–185.

LEMINGER, Emanuel: Královská mincovna v Kutné Hoře [Die königliche Münzstätte in Kuttenberg]. Praha 1912 (Česká Akademie Císaře Františka Josefa pro Vedy, Slovesnost a Umění [= Rozpravy České akademie] I/48).

LEMINGER, Emanuel: Královská mincovna v Kutné Hoře, Dodatky [Die königliche Münzstätte in Kuttenberg, Nachträge]. Praha 1924.

LEMINGER, Otakar: Pozůstatky knihy počtů města Hory Kutny ze XIV. století [Fragmente der Rechnungsbücher der Stadt Kuttenberg aus dem 14. Jahrhundert]. In: Kutnohorské příspěvky k dějinám vzdělanosti české 2 (1925), 3–16.

LEMPER, Ernst Heinz: Görlitz. Leipzig 1980.

LENG, Rainer (Hg.): Konrad von Halberstadt O. P. Chronographia Interminata 1277–1355/59. Wiesbaden 1996 (Wissensliteratur im Mittelalter 23).

LEPIE, Herta / MINKENBERG, Georg: Die Schatzkammer des Aachener Domes. Aachen 1995.

LERMACK, Annette: The Pivotal Role of the Two Fools Miniature in the Psalter of Bonne of Luxembourg. In: Gesta 47 (2008), 79–95.

LESSING, Julius: Die Gewebe-Sammlung des Königlichen Kunstgewerbe-Museums. Berlin 1913.

[LexMA]: BAUTIER, Robert-Henri / AUTY, Robert u. a. (Hg.): Lexikon des Mittelalters. 9 Bde. München / Zürich 1980/98.

[Libertas Lucensis 1970]: La "Libertas Lucensis" del 1369. Carlo IV e la fine della dominazione pisana. Hg. von der Accademia Lucchese di scienze, lettere ed arti. Lucca 1970 (Accademia Lucchese di scienze, lettere e arti. Studi e testi, 4).

[LICHTE 1990/I]: LICHTE, Claudia: Die Inszenierung einer Wallfahrt. Der Lettner im Havelberger Dom und das Wilsnacker Wunderblut. Worms 1990.

[LICHTE 1990/II]: LICHTE, Claudia: Der Havelberger Lettner als Bühne. Zum Verhältnis von Bildprogramm und Liturgie. In: LAMBACHER/KAMMEL 1990, 101–107.

LICHTWARK, Alfred: Meister Bertram, tätig in Hamburg 1367–1415. Hamburg 1905.

LIEPE, Lena: Den medeltida träskulpturen i Skåne. Produktion och förvärv. Lund 1995.

LIERMANN, Hans: Die Goldene Bulle und Nürnberg. In: Mitteilungen des Vereins für Geschichte der Stadt Nürnberg 47 (1956), 107–123.

LIMMER, Karl: Entwurf einer urkundlich-pragmatischen Geschichte des gesammten Pleisnerlandes. Ronneburg 1830 (Bibliothek der sächsischen Geschichte 2).

LINDBLOM, Andreas: Ett nyfunnet verk i Sverige af Meister Bertram von Minden. In: Konsthistoriska sällskapets publikation 1916, 43–47.

LINDLEY, Phillip / FRANGENBERG, Thomas (Hgg.): Secular sculpture 1350–1550. Beiträge des Kongresses Leicester 1994. Stamford 2000.

LINDNER, Michael: Weitere Textzeugnisse zur "Constitutio Karolina super libertate ecclesiastica". In: Deutsches Archiv für Erforschung des Mittelalters 51 (1995), 515–538.

LINDNER, Michael: Kaiser Karl IV. und Mitteldeutschland (mit einem Urkundenanhang). In: LINDNER/MÜLLER-MERTENS/RADER 1997, 83–180.

LINDNER, Michael: Nähe und Distanz: Die Markgrafen von Meißen und Kaiser Karl IV. im dynastischen Wettstreit. In: MORAW/HOLTZ/LINDNER 2001, 173–255.

LINDNER, Michael: Äbte in Not. Das Stift Fulda und die Markgrafen von Meißen zur Zeit Kaiser Karls IV. In: BUTZ/MELVILLE 2003, 97–128.

[LINDNER 2009/I]: LINDNER, Michael: Es war an der Zeit. Die Goldene Bulle in der politischen Praxis Kaiser Karls IV. In: HOHENSEE/LAWO/LINDNER u. a. 2009, 93–140.

[LINDNER 2009/II]: LINDNER, Michael: Eine Kiste voller Knochen – Kaiser Karl IV. erwirbt Reliquien in Byzanz. Zugleich ein Beitrag zur Datierung zweier Karlsteiner Reliquienszenen. In: FAJT/LANGER 2009, 289–299.

[LINDNER 2009/III]: LINDNER, Michael: Markgraf Wilhelm I. von Meißen im Reich. „Der marcgraffin von Missin schulmeister unde ir aller anwiser, der dy herschafft zcu Missin sere beßirte". In: THIEME/GRÄSSLER/KLEINER 2009, 27–42.

LINDNER, Michael: Der Delfin. In: KASSUNG/MERSMANN/RADER 2012, 86–89.

LINDNER, Michael / MULLER-MERTENS, Eckhard / RADER, Olaf B. (Hgg.): Kaiser, Reich und Region. Studien und Texte aus der Arbeit an den Constitutiones des 14. Jahrhunderts und zur Geschichte der Monumenta Germaniae Historica. Unter Mitarbeit von Mathias LAWO. Berlin 1997 (Berichte und Abhandlungen, Hg. von der Berlin-Brandenburgischen Akademie der Wissenschaften, Sonderband 2).

LINDNER, Theodor: Das Urkundenwesen Karls IV. und seiner Nachfolger. Stuttgart 1882.

LINK, Leonhard Stephan: Denkwürdige Nachrichten von Herrn Ulmann I. Stromer von Reichenbach, dem Urheber der St. Marienkirche nebst Beyträgen zur Geschichte derselben mit noch ungedruckten Urkunden. Dem Hochwohlgebohrnen Herrn Herrn Christoph Friederich Stromer von Reichenbach [...]. O. O. 1787.

LISCH, Georg Christian Friedrich: Nekrologium der ältesten Fürsten Mecklenburgs aus dem Fenster im Kreuzgange des Kloster Doberan (Doberaner Nekrologium). In: Mecklenburgische Jahrbücher 1 (1836), 131–135.

LITTMANN, Ellen: Studien zur Wiederaufnahme der Juden durch die deutschen Städte nach dem schwarzen Tode. Ein Beitrag zur Geschichte der Judenpolitik der deutschen Städte im späten Mittelalter. Breslau 1928.

LOCHNER, Georg Wolfgang Karl: Leben und Geschichte der Christina Ebnerin, Klosterfrau zu Engelthal. Nürnberg 1872.

LÖTHER, Andrea u. a. (Hg.): Mundus in imagine. Festschrift für Klaus Schreiner zum 65. Geburtstag. München 1999.

LÖWENTHAL, A.: Les grands vases de cristal de roche et leur origine. In: Gazette des Beaux-Arts I (1934), 43–48.

LORENC, Vilém: Nové Město pražské [Die Prager Neustadt]. Praha 1973.

LOSERTH, Johann: Geschichte des späteren Mittelalters von 1197 bis 1492. München / Berlin 1903.

LOSERTH, Josef: Ueber die Nationalität Karl's IV. In: Mittheilungen des Vereins für Geschichte der Deutschen in Böhmen 17 (1879), 219–305.

LOSHER, Gerhard: Königtum und Kirche zur Zeit Karls IV. Ein Beitrag zur Kirchenpolitik im Spätmittelalter. München 1985 (Veröffentlichungen des Collegium Carolinum 56).

LOUIS, Julien: Wölfflin de Rouffach. L'identité d'un artiste strasbourgeois du XIVe siècle. In: Revue de l'art 149 (2005), H. 3, 13–26.

[LUCKHARDT 1978/80]: LUCKHARDT, Jochen: Das Porträt Erzherzog Rudolfs IV. von Österreich bei seinem Grabmal – Versuche zur Deutung eines dualistischen Grabbildes. In: Ausst.-Kat. Köln 1978, Resultatband 1980, 75–86.

LUDWIG, Uwe: L'evangeliario di Cividale e il Vangelo di san Marco. Per la storia di una reliquia marciana. In: NIERO 1996, 179–204.

LUDVÍKOVSKÝ, Jaroslav: Latinské legendy českého středověku [Lateinische Legenden des böhmischen Mittelalters]. In: Sborník prací filosofické fakulty Brněnské univerzity E 18–19 (1973–74), 267–308.

[LÜNIG 1713/I]: LÜNIG, Johann Christian (Hg.): Das Teutsche Reichs-Archiv. Leipzig 1713.

[LÜNIG 1713/II]: LÜNIG, Johann Christian (Hg.): Die Hoch-Teutsche Ubersetzung der güldenen Bull Kaysers Carl des Vierten. In: LÜNIG 1713/I, 34–53.

LÜNIG, Johann Christian (Hg.): Codex Germaniae diplomaticus I. Frankfurt/M. / Leipzig 1732.

LÜTGERT, Stephan A.: Victims of the Great Famine and the Black Death? The Archaeology of the Mass Graves found in the former Graveyard of Holy Ghost Hospital, Lubeck (N. Germany), in the European Context. In: Hilkuin 27 (2000), 255–264.

LÜTZELSCHWAB, Ralf: Prag – das neue Paris? Der französische Einfluß auf die Reliquienpolitik Karls IV. In: DOLEŽAL/KÜHNE 2006, 201–219.

LÜTZELSCHWAB, Ralf: Flectat cardinales ad velle suum? Clemens VI. und sein Kardinalskolleg. Ein Beitrag zur kurialen Politik in der Mitte des 14. Jahrhunderts. München 2007 (Pariser Historische Studien 80).

LUFF, Robert / STEER, Georg (Hgg.): Konrad von Megenberg ›Das Buch der Natur‹. Band II. Kritischer Text nach den Handschriften. Tübingen 2003 (Texte und Textgeschichte 54).

LUFT, Robert / EIBER, Ludwig (Hgg.): Bayern und Böhmen. Kontakt, Konflikt, Kultur. Vorträge der Tagung des Hauses der Bayerischen Geschichte und des Collegium Carolinum in Zwiesel vom 2. bis 4. Mai 2005. München 2007 (Veröffentlichungen des Collegium Carolinum 111).

LUPÁČ VON HLAVÁČOV [LUPÁČ Z HLAVÁČOVA], Prokop: Knížka druhá obsahující v sobě některá léta říšského císařství zpravování slavné paměti císaře Karla toho jména čtvrtého a krále českého (...) [Zweites Buch, enthaltend einige Jahre der Verwaltung des Kaisertums im Reich durch den Kaiser berühmten Angedenkens Karl, dieses Namens des vierten, und böhmischen Königs (...)]. Prag 1579.

LUPÁČ VON HLAVÁČOV [LUPÁČ Z HLAVÁČOVA], Prokop: Historia o císaři Karlovi, toho jména čtvrtém, králi českém [Historia Kaiser Karls, dieses Namens des vierten, und böhmischen Königs]. Prag 1584; Neudruck 1848.

LUTZ, Josef: Die ehemaligen Eisenhämmer und Hüttenwerke und die Waldentwicklung im nordöstlichen Bayern. In: Mitteilungen aus Forstwirtschaft und Forstwissenschaft 12 (1941), H. 3, 277–294.

LUTZE, Eberhard: Nürnberger Malerei 1350–1450, Teil A. Die Buchmalerei. In: Anzeiger des Germanischen Nationalmuseums 1930/31, 1–23.

M

MACHILEK, Franz: Ludolf von Sagan und seine Stellung in der Auseinandersetzung um Konziliarismus und Hussitismus. München 1967.

MACHILEK, Franz: Privatfrömmigkeit und Staatsfrömmigkeit. In: SEIBT 1978/I, 87–101.

MACHILEK, Franz: Anna von Schweidnitz (1338/39–1362). In: BEIN/SCHMILEWSKI 1990, 317–322.

MACHILEK, Franz / SCHLAGER, Karlheinz / WOHNHAAS, Theodor: O felix lancea. Beiträge zum Fest der Heiligen Lanze und der Nägel. In: Jahrbuch des Historischen Vereins für Mittelfranken 92 (1984/85), 43–107.

MADER, Felix: Bezirksamt Würzburg. München 1911 (Die Kunstdenkmäler von Unterfranken und Aschaffenburg III).

MADER, Felix: Stadt Eichstätt. Mit Einschluss der Gemeinden Marienstein, Wasserzell und Wintershof. München 1924; Nachdruck 1981 (Die Kunstdenkmäler von Bayern. Mittelfranken 1).

MAGUIRE, Henry: The Depiction of Sorrow in Middle Byzantine Art. In: Dumbarton Oaks Papers 31 (1977), 122–174.

MAGUIRE, Henry / NELSON, Robert S. (Hgg.): San Marco, Byzantium, and the myths of Venice. Washington D. C. 2010 (Dumbarton Oaks Byzantine symposia and colloquia).

MÄKELER, Hendrik: Nicolas Oresme und Gabriel Biel. Zur Geldtheorie im späten Mittelalter. In: Scripta Mercaturae 37 (2003), H. 1, 56–95.

MÄKELER, Hendrik: Reichsmünzwesen im späten Mittelalter, Teil 1. Das 14. Jahrhundert. Wiesbaden 2010 (Vierteljahrsschrift für Sozial- und Wirtschaftsgeschichte, Beihefte 209).

MAERCKER, Karl-Joachim: Die mittelalterlichen Glasmalereien in der Stendaler Jakobikirche. Berlin 1995 (Corpus Vitrearum Medii Aevi Deutschland XVIII,2).

MÄRTL, Claudia / DROSSBACH, Gisela / KINTZINGER, Martin (Hgg.): Konrad von Megenberg (1309–1374) und sein Werk. Das Wissen der Zeit. München 2006 (Beihefte der Zeitschrift für bayerische Landesgeschichte 31).

MAJER, Jiří: Konjunkturen und Krisen im böhmischen Silberbergbau des Spätmittelalters und der Frühen Neuzeit. Zu ihren Ursachen und Folgen. In: BARTELS/DENZEL 2000, 73–83.

MALÁ-DVOŘÁČKOVÁ, Dana (Hg.): Dvory a rezidence ve středověku [Höfe und Residenzen im Mittelalter]. Praha 2006 (Mediaevalia Historica Bohemica Supplementum 1).

MALÁ-DVOŘÁČKOVÁ, Dana / ZELENKA, Jan (Hgg.): Všední a sváteční život na středověkých dvorech [Alltag und festliches Leben an mittelalterlichen Höfen]. Praha 2009 (Mediaevalia Historica Bohemica, supplemuntum).

MALYPETR, Jan: Rede in der gemeinsamen Sitzung von Abgeordnetenhaus und Senat der tschechoslowakischen Nationalversammlung am 18. 12. 1935. Online: Http://www.psp.cz/eknih/1935ns/psse/stenprot/001schuz/s001001.htm (31. 10. 2015).

[MANSI/BARSOCCHINI 1856]: MANSI, Giovan Domenico: Diario Sacro delle chiese di Lucca. Hg. von Domenico BARSOCCHINI. Lucca 1856.

MARCHAL, Guy P.: Nekrolog Professor František Graus (14. Dezember 1921 bis 1. Mai 1989). In: Schweizerische Zeitschrift für Geschichte 39 (1989), 237.

MARCON, Susy: La legatura bizantina del Messale marciano, Lat. III, 111. In: SEBASTIANI/CRISOSTOMI 2012, 45–59.

MAREK, Jan: Naleziště ametystů a jaspisů u Ciboušova a jeho vztah k tektonice Krušných hor [Die Amethyst- und Jaspis-Fundstätte bei Ciboušov (Zibisch) und ihre Beziehung zur Tektonik des Erzgebirges]. In: Památky a příroda 10 (1985), 628–632.

MAREK, Kristin / PREISINGER, Raphaèle / RIMMELE, Marius / KÄRCHER KÖRPER, Katrin (Hgg.): Körper und Bild im Spätmittelalter. München 2006.

[MARGUE 1996/I]: MARGUE, Michel (Hg.): Un itinéraire européen: Jean l'Aveugle, comte de Luxembourg et roi de Bohême, 1296–1346. Luxembourg 1996.

[MARGUE 1996/II]: MARGUE, Michel: Jean de Luxembourg: images d'un prince idéal. In: MARGUE/SCHROEDER 1996, 145–190.

[MARGUE 1997/I]: MARGUE, Michel: Fecit Carolus ducere patrem suum in patriam suam. Die Überlieferung zu Bestattung und Grab Johanns des Blinden in Luxemburg. In: SCHWARZ 1997, 79–96.

[MARGUE 1997/II]: MARGUE, Michel: Memoria et fundatio. Religiöse Aspekte des Herrscherverständnisses eines Landesherrn in der ersten Hälfte des 14. Jahrhunderts. In: PAULY 1997, 197–218.

[MARGUE 1997/III]: MARGUE, Michel: De la fondation privilégiée à la nécropole familiale: l'abbaye de Clairefontaine. Réflexions préliminaires à l'étude d'un lieu de mémoire dynastique. In: 1847–1997. Le 150e anniversaire de l'Institut Archéologique du Luxembourg. Arlon 1997 (AIAL 126–127), 57–91.

MARGUE, Michel / PAULY, Michel: Luxemburg, Metz und das Reich. Die Reichsstadt Metz im Gesichtsfeld Karls IV. In: HOHENSEE/LAWO/LINDNER u. a. 2009, 869–916.

MARGUE, Michel / PAULY, Michel / SCHMID, Wolfgang: Der Weg zur Kaiserkrone. Der Romzug Heinrichs VII. in der Darstellung Erzbischof Balduins von Trier. Trier 2009 (Publications du Centre Luxembourgeois de Documentation et d'Études Médiévales 24).

MARGUE, Michel / SCHROEDER, Jean (Hgg.): Un itinéraire européen. Jean l'Aveugle, comte de Luxembourg et roi de Bohême 1296–1346. Bruxelles 1996 (Publications de CLUDEM 12).

MAŘÍKOVÁ-KUBKOVÁ, Jana: Katedrála viditelná i neviditelná [Die sichtbare und die unsichtbare Kathedrale]. Praha 2015.

MAŘÍKOVÁ-KUBKOVÁ, Jana / BRAVERMANOVÁ, Milena u. a.: Předběžná zpráva o průzkumu staré královské hrobky v chóru katedrály sv. Víta na Pražském hradě [Vorläufiger Bericht über die Untersuchung der alten königlichen Grüfte im Chor der Kathedrale St. Veit auf der Prager Burg]. In: Castrum Pragense 6 (2005), 99–124.

[MAROSI 2006/I]: MAROSI, Ernő: Sigismund, 1368–1437. König von Ungarn als Erbe der Anjou-Tradition. In: Ausst.-Kat. Prag 2006, 570–579.

[MAROSI 2006/II]: MAROSI, Ernő: Fünfzig Jahre Herrschaft Sigismunds in der Kunstgeschichte. In: PAULY/REINERT 2006, 233–262.

MARTIN, Henry: La miniature française du XIIIe au XVe siècle. Paris / Bruxelles 1923.

MARTIN, Kurt: Die Nürnberger Steinplastik im XIV. Jahrhundert. Berlin 1927.

MARTIN, Kurt / SOEHNER, Halldor u. a. (Hgg.): Studien zur Geschichte der europäischen Plastik. Festschrift für Theodor Müller zum 19. April 1965. München 1965.

MARTINCOVÁ, Dagmar: Znovuotevření kaple sv. Kříže na Karlštejně [Wiedereröffnung der Heiligkreuzkapelle in Karlstein]. In: Památky středních Čech. Časopis památkového ústavu středních Čech v Praze 14 (2000), H. 2, 28–47.

MARTÍNKOVÁ, Dana / HADRAVOVÁ, Alena / MATL, Jiří (Hgg.): Aeneae Silvii Historia Bohemica. Praha 1998.

MARX, Andreas: Der Ostchor der Sebalduskirche. In: Mitteilungen des Vereins für Geschichte der Stadt Nürnberg 71 (1984), 23–86.

MARX, Barbara: Sehen und Staunen. Die Dresdner Kunstkammer von 1640. Berlin / München 2014.

MASSON-DELMOTTE, Valérie / SCHULZ, Michael u. a.: Chapter 5: Information from Paleoclimate Archives. In: STOCKER 2013, 383–464. Online: Https://www.ipcc.ch/report/ar5/wg1/ (12. 12. 2015).

MATĚJČEK, Antonín: Malířství [Malerei]. In: WIRTH 1931, 240–379.

MATĚJČEK, Antonín: Mistr třeboňský [Der Wittingauer Meister]. Praha 1937.

MATĚJČEK, Antonín u. a.: Česká malba gotická. Deskové malířství 1350–1450 [Böhmische gotische Malerei. Tafelmalerei 1350–1450]. 1. Aufl. Praha 1938, 2. Aufl. 1940, 3. Aufl. 1950.

MATĚJČEK, Antonín / PEŠINA, Jaroslav: Czech Gothic Painting 1350–1450. Praha 1950 (englische Ausgabe von MATĚJČEK u. a. 1950).

MATĚJČEK, Antonín / PEŠINA, Jaroslav: Gotische Malerei in Böhmen 1350–1450. Praha 1955.

MATĚJKOVÁ, Eva / STEHLÍKOVÁ, Dana: Archeologické nálezy českých klenotů druhé poloviny 13. století [Archäologische Funde böhmischer Schmuckstücke der zweiten Hälfte des 13. Jahrhunderts]. In: STUDNIČKOVÁ 2010/I, 351–367.

MATOUŠ, František: Mittelalterliche Glasmalerei in der Tschechoslowaki. Praha / Wien 1975 (Corpus Vitrearum Medii Aevi).

MAUÉ, Hermann: Die Bauten der Kartause von ihrer Gründung 1380 bis zur Übernahme durch das Museum im Jahre 1857. In: DENEKE/KAHSNITZ 1978, 315–356.

MAUR, Eduard: Sterblichkeit in den böhmischen Ländern im 14. Jahrhundert. In: Sborník Národniho Muzea v Praze, Rada B, Prírodny vedi / Acta Musei Nationalis Pragae 43 (1987), 160–165.

MAURICE, Klaus: Die deutsche Räderuhr. Zur Kunst und Technik des mechanischen Zeitmessers im deutschen Sprachraum. 2 Bde. München 1976.

MAYER, Josef: Poznámky k reliéfům brány a kostela P. Marie Sněžné na Novém Městě Pražském [Erläuterungen zum Relief des Tores und der Kirche der Jungfrau Maria Schnee in der Prager Neustadt]. In: Umění XXII, 1974, 426–431.

MAYER, Josef: Sochy z gotického průčelí domu ‚U zvonu' na Staroměstském náměstí [Die Standbilder von der gotischen Fassade des Hauses ‚Zur Glocke' am Altstädter Markt]. In: Umění 25 (1977), 97–129.

MAYER, Josef: Dům U kamenného zvonu na Staroměstském náměstí [Das Haus zur Steinernen Glocke am Altstädter Markt]. In: Časopis přátel starožitností 102 (1994), H. 2, 65–97.

MCNEIL, Ian (Hg.): An Encyclopaedia of the History of Technology. London 1990.

[Medioevo europeo 2002]: Medioevo europeo: Giovanni e Carlo di Lussemburgo in Toscana (1331–1369). Atti del Convegno Internazionale di Studi Montecarlo, 14 luglio 2002. Lucca 2002 (Quaderni Lucchesi di studi sul Medioevo e sul Rinascimento 3/2).

MEFFERT, Joachim: Die Ortenburg in Bautzen. Der archäologische Forschungsstand und die Ausgrabungen von 1999–2001. In: Arbeits- und Forschungsberichte zur sächsischen Bodendenkmalpflege 44 (2002), 75–178.

MEIER, Dirk: „Es ist auß mit Euch vnd verloren mit dem Nordstrand". In: Ausst.-Kat. Mannheim 2014, 172–179.

MEIER, Mischa (Hg.): Pest. Die Geschichte eines Menschheitstraumas. Stuttgart 2005.

MEISS, Millard: French Painting in the Time of Jean de Berry. The Late Fourteenth Century and the Patronage of the Duke. 2 Bde. London / New York 1967.

MENCLOVÁ, Dobroslava: Česky hrady [Böhmische Burgen]. 2 Bde. Praha 1972.

MENGEL, David Charles: Bones, Stones and Brothels. Religion and Topography in Prague under Emperor Charles IV (1346–78). Diss. Notre Dame/Indiana 2003.

MENGEL, David Charles: A Holy and Faithful Fellowship. Royal Saints in Fourteenth-century Prague. In: DOLEŽALOVÁ/NOVOTNÝ/SOUKUP 2004, 145–158.

MENGEL, David Charles: Remembering Bohemia's Forgotten Patron Saint. In: Bohemian Reformation and Religious Practice 6 (2007), 17–32.

MENGEL, David Charles: Emperor Charles IV, Jews and Urban Space. In: MENGEL/WOLVERTON 2015, 294–328.

MENGEL, David Charles / WOLVERTON, Lisa: Christianity and Culture in the Middle Ages. Essays to Honor John van Engen. Notre Dame 2015.

MENTGEN, Gerd: Studien zur Geschichte der Juden im mittelalterlichen Elsaß. Hannover 1995 (Forschungen zur Geschichte der Juden A 2).

MENTGEN, Gerd: Astrologie und Öffentlichkeit im Mittelalter. Stuttgart 2005 (Monographien zur Geschichte des Mittelalters 53).

MENTZEL-REUTERS, Arno: Die goldene Krone. Entwicklungslinien mittelalterlicher Herrschaftssymbolik. In: Deutsches Archiv 60 (2004), 135–182.

MERHAUTOVÁ, Anežka (Hg.): Katedrála sv. Víta v Praze. K 650 výročí založení [Die Kathedrale St. Veit in Prag. Zum 650. Jubiläum der Gründung]. Praha 1994.

MERLO, Johann Jacob: Kölnische Künstler in alter und neuer Zeit. Düsseldorf 1895.

MEYER, Carla: Die Stadt als Thema. Nürnbergs Entdeckung in Texten um 1500. Ostfildern 2009 (Mittelalter-Forschungen 26).

MEYER Carla: Zur Edition der Nürnberger Chroniken in den „Chroniken der deutschen Städte". In: Mitteilungen des Vereins für Geschichte der Stadt Nürnberg 97 (2010), 1–29.

[MEYER/PATZEL-MATTERN/SCHENK 2013/I]: MEYER, Carla / PATZEL-MATTERN, Katja / SCHENK, Gerrit Jasper (Hgg.): Krisengeschichte(n). „Krise" als Leitbegriff und Erzählmuster in kulturwissenschaftlicher Perspektive. Stuttgart 2013 (Beihefte der Vierteljahrschrift für Sozial- und Wirtschaftsgeschichte 210).

[MEYER/PATZEL-MATTERN/SCHENK 2013/II]: MEYER, Carla / PATZEL-MATTERN, Katja / SCHENK, Gerrit Jasper (Hgg.): Krisengeschichte(n). „Krise" als Leitbegriff und Erzählmuster in kulturwissenschaftlicher Perspektive – eine Einführung. In: MEYER/PATZEL-MATTERN/SCHENK 2013/I, 9–23.

MEYER, Rudolf: Königs- und Kaiserbegräbnisse im Spätmittelalter. Von Rudolf von Habsburg bis zu Friedrich III. Köln / Weimar / Wien 2000.

MEYER, Werner: Da verfiele Basel überall. Das Basler Erdbeben von 1356. Mit einem geologischen Beitrag von Hans Peter LAUBSCHER. Basel 2006 (Neujahrsblatt 184).

MEYER-EISFELD, Ursula: Die Glasmalerei in der St. Martha-Kirche zu Nürnberg. Ein Führer durch die Inhalte. Nürnberg 2000.

MEYHÖFER, Max: Die kaiserlichen Stiftungsprivilegien für Universitäten. In: Archiv für Urkundenforschung 4 (1912), 291–418.

MEZNÍK, Jaroslav: Odvolání Majestas Carolina [Der Widerruf der Maiestas Carolina]. In: POLÍVKA/ŠMAHEL 1996, 53–63.

MEZNÍK, Jaroslav: Lucemburská Morava 1310–1423 [Luxemburgisches Mähren 1310–1423]. Praha 1999 (Edice Česká historie 6).

[MGH]: Monumenta Germaniae Historica inde ab anno Christi 500 usque ad annum 1500. Hannover / Leipzig / Berlin / Zürich / München / Dublin 1826ff. – I. Scriptores: Scriptores rerum Merovingicarum. Bd. 1, Teil 1. 1937/51. – Teil 2. 1885. – Bd. 2. 1888. – Scriptores (in Folio): Bde. 1–4. 1826/41. – Bd. 13. 1881. – Bd. 15. 1887/88. – Bd. 30,2. 1926/34. – Scriptores rerum Germanicarum in usum scholarum separatim editi. – II. Leges. Bd. 4: Constitutiones et acta publica imperatorum et regum. 12 Teilbde. Hannover u. a. 1893–2014. – III. Diplomata. IV. Epistolae. V. Antiquitates. VI. Epistolae selectae. VII. Fontes iuris Germanici antiqui in usum scholarum.

[MGH Constitutiones 4/2]: MGH II. Leges, Bd. 4. Constitutiones et acta publica imperatorum et regum, Teilbd. 4,2. 1298–1313. Hannover 1911.

[MGH Constitutiones 8]: ZEUMER, Karl / SALOMON, Richard (Hgg.): MGH II. Leges, Bd. 4. Constitutiones et acta publica imperatorum et regum, Teilbd. 8. 1345–1348. Hannover 1910–26, Neudruck 1982.

[MGH Constitutiones 9]: KÜHN, Margarete (Bearb.): MGH II. Leges, Bd. 4. Constitutiones et acta publica imperatorum et regum, Teilbd. 9. 1349. Weimar 1974.

[MGH Constitutiones 10]: KÜHN, Margarete (Bearb.): MGH II. Leges, Bd. 4. Constitutiones et acta publica imperatorum et regum, Teilbd. 10. 1350–1353. Weimar 1979–91.

[MGH Constitutiones 11]: FRITZ, Wolfgang D. (Bearb.): MGH II. Leges, Bd. 4. Constitutiones et acta publica imperatorum et regum, Teilbd. 11. Dokumente zur Geschichte des Deutschen Reiches und seiner Verfassung 1354–1356. Weimar 1978–92.

[MGH Constitutiones 12]: HOHENSEE, Ulrike (Hg.): MGH II. Leges, Bd. 4. Constitutiones et acta publica imperatorum et regum, Teilbd. 12. Dokumente zur Geschichte des Deutschen Reiches und seiner Verfassung 1357–1359. Wiesbaden 2013.

MICHNA, Pavel J.: Melická skupina gotických kachlů [Die Gruppe gotischer Kacheln aus Melice]. In: Umění 24 (1976), 148–158.

MICHNOWSKA, Maria: Ze studiów nad XIV-wiecznym poliptykiem toruńksim [Aus den Studien zum Thorner Polyptychon des 14. Jahrhunderts]. In: Teka Komisji Historii Sztuki TNT 2 (1961), 121–212.

MIEDEL, Julius: Die Juden in Memmingen. Memmingen 1909.

MIETHKE, Jürgen: Die päpstliche Kurie des 14. Jahrhunderts und die „Goldene Bulle" Kaiser Karls IV. von 1356. In: DAHLHAUS/KOHNLE 1995, 437–450.

MIETHKE, Jürgen: Wissenschaftliche Politikberatung im Spätmittelalter. Die Praxis der scholastischen Theorie. In: KAUFHOLD 2004, 337–357.

MIETHKE, Jürgen / FLÜELER, Christoph (Hgg.): Politische Schriften des Lupold von Bebenburg. Hannover 2004 (Monumenta Germaniae Historica, Staatsschriften des späteren Mittelalters 4).

MIETHKE, Jürgen / FLÜELER, Christoph (Hgg.) / Lupold von Bebenburg: Ritmaticum querulosum et lamentosum dictamen de modernis cursibus et defectibus regni et imperii Romani. In: MIETHKE/FLÜELER 2004, 507–524.

MIHALIK, Alessandro: Gioielli di Santa Elisabetta d'Ungheria a Udine ed a Cividale. In: Gioielli di Santa Elisabetta d'Ungheria a Udine ed a Cividale. In: Corvina 25 (1933), 5–33.

MINKENBERG, Georg: Die Büste Karls des Großen im Aachener Domschatz. Heidelberg 2008.

MINKENBERG, Georg: Verlorene Schätze. Ehemalige Schatzstücke aus dem Aachener Domschatz. Regensburg 2014 (Museen und Schatzkammern in Europa 2).

MINNEKER, Ilka: Vom Kloster zur Residenz. Dynastische Memoria und Repräsentation im spätmittelalterlichen und frühneuzeitlichen Mecklenburg. Münster/W. 2007.

MIODOŃSKA, Barbara: Śląskie malarstwo książkowe [Schlesische Buchmalerei]. In: LABUDA/SECOMSKA 2004, 377–412.

MIODOŃSKA, Barbara / BŁASZCZYK, Iwona: Elbląska księga łąkowa [Das Elbinger Wiesenbuch]. In: LABUDA/SECOMSKA 2004, 317–318.

MITCHELL, John (Hg.): England and the Continent in the Middle Ages. Studies in Memory of Andrew Martindale. Proceedings of the 1996 Harlaxton Symposium. Stamford 2000 (Harlaxton Medieval Studies 8).

MOHRMANN, Wolf-Dieter: Karl IV. und Herzog Albrecht II. von Mecklenburg. In: Blätter für deutsche Landesgeschichte 114 (1978), 353–390.

MONNAS, Lisa: Developments in figured velvet weaving in Italy during the 14th Century. In: Bulletin de Liaison du Centre International d'étude des Textiles Anciens I (1986), H. II, 63–100.

MONNET, Pierre / SCHMITT, Jean-Claude (Hgg.): Les autobiographies souveraines. Publications de la Sorbonne. Paris 2012 (Collection Histoire ancienne et médiévale 113).

MONTIGNY, Louis de (Hg.): Histoire de la vie, des vertus, mort et miracles de sainct Eloy, évêque de Noyon, écrite en latin par saint Ouen, son contemporain, lors évêque de Rouen, et traduite en français par Louis de Montigny (…) sur le manuscrit latin, estant en la bibliotheque de ladite église. 1626 (Ex. Beauvais, Archives départementales de l'Oise).

MORAND, Kathleen: Jean Pucelle. Oxford 1962.

MORAW, Peter: Deutsches Königtum und bürgerliche Geldwirtschaft um 1400. In: Vierteljahrschrift für Sozial- und Wirtschaftsgeschichte 55 (1968), 289–328.

MORAW, Peter: Königtum und Hochfinanz in Deutschland 1350–1450. In: Zeitschrift für die Geschichte des Oberrheins 122 (1974), 23–34.

[MORAW 1976/I]: MORAW, Peter: Hessen und das deutsche Königstum im Mittelalter. In: Hessisches Jahrbuch für Landesgeschichte 26 (1976), 43–95.

[MORAW 1976/II]: MORAW, Peter: Franken als königsnahe Landschaft im späten Mittelalter. In: Blätter für deutsche Landesgeschichte 112 (1976), 123–138.

[MORAW 1978/I]: MORAW, Peter: Monarchie und Bürgertum. In: SEIBT 1978/I, 43–63.

[MORAW 1978/II]: MORAW, Peter: Räte und Kanzlei. In: PATZE 1978/I, 285–292.

[MORAW 1985/I]: MORAW, Peter: Grundzüge der Kanzleigeschichte Kaiser Karls IV. (1346–1378). In: Zeitschrift für Historische Forschung 12 (1985), 11–42.

[MORAW 1985/II]: MORAW, Peter: Von offener Verfassung zu gestalteter Verdichtung. Das Reich im späten Mittelalter 1250 bis 1490. Berlin 1985 (Propyläen Geschichte Deutschlands 3).

[MORAW 1986/I]: MORAW, Peter: Die Universität Prag im Mittelalter. Grundzüge unserer Geschichte im europäischen Zusammenhang. In: HÜTTISCH 1986, 10–134.

[MORAW 1986/II]: MORAW, Peter: Die Universität Prag im Mittelalter. Grundzüge ihrer Geschichte im europäischen Zusammenhang. In: Die Universität zu Prag. München 1986, 10–134.

[MORAW 1987/I]: MORAW, Peter: Königliche Herrschaft und Verwaltung im spätmittelalterlichen Reich (ca. 1350–1450). In: SCHNEIDER 1987, 185–200.

[MORAW 1987/II]: MORAW, Peter: Politische Sprache und Verfassungsdenken bei ausgewählten Geschichtsschreibern des deutschen 14. Jahrhunderts. In: PATZE 1987, 695–726.

MORAW, Peter: Von offener Verfassung zu gestalteter Verdichtung. Das Reich im späten Mittelalter 1250–1490. Frankfurt/M. 1989.

MORAW, Peter: Karl IV., römisch-deutscher Kaiser (1316–1378). In: Lexikon des Mittelalters 5 (1991), Sp. 971–974.

MORAW, Peter: Konsolidierung und Krise: Schlesien in Deutschland (1327/39–1469). In: CONRADS 1994, 140–176.

MORAW, Peter: Das älteste Prager Universitätssiegel in neuem Licht. In: Schriften der Sudetendeutschen Akademie der Wissenschaften und Künste 20 (1999), 131–151.

[MORAW/HOLTZ/LINDNER 2001]: MORAW, Peter (Hg.): Akkulturation und Selbstbehauptung. Studien zur Entwicklungsgeschichte der Lande zwischen Elbe/Saale und Oder im späten Mittelalter. Hg. (…) in Verbindung mit Eberhard HOLTZ und Michael LINDNER. Berlin 2001 (Berichte und Abhandlungen, Hg. von der Berlin-Brandenburgischen Akademie der Wissenschaften, Sonderband 6).

MOREAU-RENDU, Suzanne: Le prieuré royal de Saint-Louis de Poissy. Colmar 1968.

MOURALOVÁ, Blanka (Hg.): Die Prager Universität Karls IV. Von der europäischen Gründung bis zur nationalen Spaltung. Potsdam 2010.

MOURIKI, Doula u. a. (Hgg.): Byzantine East, Latin West. Art-Historical Studies in Honor of Kurt Weitzmann. Princeton 1995.

MRAS, Gertrud: Der Mensch und die Naturgewalten im Spiegel der Inschriften. In: Festschrift für Walter Aspernig zum 70. Geburtstag. Jahrbuch des Musealvereins Wels 36 (2009–11), 243–265.

[MUB 1863–1977]: Me(c)klenburgisches Urkundenbuch. Hg. vom Verein für me(c)klenburgische Geschichte und und Altert(h)umskunde. 25 Bde. Schwerin / Leipzig 1863–1977.

MUDRA, Aleš: Madona z Troskotovic. Příspěvek k sochařství na Moravě [Die Madonna in Treskowitz. Ein Beitrag zur Bildhauerei in Mähren]. In: Umění 53 (2005), 501–504.

MUDRA, Aleš: Doplněk k počátkům Mistra Michelské Madony – socha sv. Reinolda v Dortmundu [Nachtrag zu den Ursprüngen des Meisters der Michler Madonna – eine Statue des hl. Reinhold in Dortmund]. In: MUDRA/OTTOVÁ 2006, 239–254.

MUDRA, Aleš / OTTOVÁ, Michaela (Hgg.): Ars videndi. Professori Jaromír Homolka ad honorem. Praha / České Budějovice 2006.

MÜLLER, Christian Gottlieb: Verzeichnis von Nürnbergischen topographisch-historischen Kupferstichen und Holzschnitten. Auf eigene Kosten. Nürnberg 1791.

MÜLLER, Helmut: Die Reichspolitik Nürnbergs im Zeitalter der luxemburgischen Herrscher 1346–1437. In: Mitteilungen des Vereins für Geschichte der Stadt Nürnberg 58 (1971), 1–101.

MÜLLER, Jörg R.: „Eretz geserah" – „Land der Verfolgung". Judenpogrome im „regnum Teutonicum" in der Zeit von etwa 1280 bis 1350. In: CLUSE 2004, 259–273. – Englisch: „Erez gezerah" – „land of persecution". Pogroms against the Jews in the „regnum Teutonicum" from c. 1280 to 1350. In: ebd. (englisch), 245–260.

MÜLLER, Jörg R.: König Johann von Böhmen und die Juden in Böhmen, Mähren und Schlesien (1310–1346). In: TEUFEL/KOCMAN/ŘEPA 2015, 51–92.

MÜLLER, Jörg R.: Selbstgestaltung und Fremdbestimmung. Die Reorganisation jüdischer Gemeinden im Westen des Reiches nach den Pestverfolgungen. In: Jahrbuch zur Geschichte der Stadt Speyer 1 (2016) [im Druck].

[MÜLLER K. 2004]: MÜLLER, Karlheinz: „Der Stein schreit aus der Mauer". Geschichte und Memoria der Würzburger „Judensteine" (12.–14. Jahrhundert). 5. „Arye Maimon-Vortrag" an der Universität Trier. In: MÜLLER/WILLOWEIT u. a. 2004, 9–44.

MÜLLER, Karlheinz / WILLOWEIT, Dietmar / YUVAL, Yiśra'el Ya'aḳov: Recht – Gewalt – Erinnerung. Vorträge zur Geschichte der Juden. Red. Jörg R. MÜLLER. Trier 2004 (Kleine Schriften des Arye-Maimon-Instituts 6).

MÜLLER, Markus: Eine Trierer Bistumschronik aus der Zeit des Großen Schismas. In: Archiv für Mittelrheinische Kirchengeschichte 49 (1997), 335–377.

MÜLLER, Markus: Die spätmittelalterliche Bistumsgeschichtsschreibung. Überlieferung und Entwicklung. Köln / Weimar / Wien 1998 (Beihefte zum Archiv für Kulturgeschichte 44).

[MÜLLER/NEITMANN/SCHOPPER 2009/I]: MÜLLER, V. Joachim / NEITMANN, Klaus / SCHOPPER, Franz (Hgg.): Wie die Mark entstand. 850 Jahre Mark Brandenburg. Wünsdorf 2009 (Forschungen zur Archäologie im Land Brandenburg 11; Einzelveröffentlichung des Brandenburgischen Landeshauptarchivs IX).

[MÜLLER/NEITMANN/SCHOPPER 2009/II]: MÜLLER, V. Joachim / NEITMANN, Klaus / SCHOPPER, Franz: Ungleiche Partner. Das Verhältnis zwischen den Markgrafen und Bischöfen von Brandenburg seit dem Aussterben der Askanier. In: MÜLLER/NEITMANN/SCHOPPER 2009/I, 362–366.

MÜLLER-MERTENS, Eckhard: Kaiser Karl IV. 1346–1378. Herausforderung zur Wertung einer geschichtlichen Persönlichkeit. In: ENGEL 1982/I, 11–29.

MUK, Jan: O klenbách Petra Parléře [Über die Gewölbe Peter Parlers]. In: Staletá Praha IX (1979), 189–196.

MULLER, Jean-Claude: Memoria parentum. The Tombs of the Parents of John of Luxembourg in Italy. In: Ausst.-Kat. Prag 2010/11, 248–261.

MULZER, Erich: Die Moritzkapelle oder: Das Loch im Stadtbild. In: Nürnberger Altstadtberichte 17 (1992), 37–84.

[MUMMENHOFF 1931/I]: MUMMENHOFF, Ernst: Gesammelte Aufsätze und Vorträge, Bd. 1. Aufsätze und Vorträge zur Nürnberger Ortsgeschichte. Hg. von dem Verein für Geschichte der Stadt Nürnberg. Nürnberg 1931.

[MUMMENHOFF 1931/II]: MUMMENHOFF, Ernst: Die Juden in Nürnberg bis zu ihrer Vertreibung im Jahre 1499 in topographischer und kulturhistorischer Beziehung. In: MUMMENHOFF 1931/I, 335–366.

MURATORI, Ludovico Antonio: De Corona Ferrea qua Romanorum imperatores in Insubribus coronari solent commentarius. Milano / Leipzig 1719. Separatdruck der wohl zuerst in den Anecdota, Bd. 2. Milano 1698, 267–358 publizierten Abhandlung.

[MURATORI 1728/I]: MURATORI, Lodovico Antonio (Hg.): Rerum italicarum scriptores, Bd. 12. Milano 1728.

[MURATORI 1728/II]: MURATORI, Lodovico Antonio (Hg.): Chronicon Raphayni Caresini Continuatio Chronicorum Andreae Danduli. In: MURATORI 1728/I, Sp. 417–514.

[MURATORI 1729/I]: MURATORI, Lodovico Antonio (Hg.): Rerum Italicarum Scriptores, Bd. XIV. Milano 1729.

[MURATORI 1729/II]: MURATORI, Lodovico Antonio (Hg.): Rerum Italicarum Scriptores ab anno aerae Christanae quingentesimo ad millesimumquingentesimum, Bd. XV. Milano 1729.

MURR, Christoph Gottlieb von: Beschreibung der sämtlichen Reichskleinodien und Heiligthümer, welche in der des H. R. Reichs freyen Stadt Nürnberg aufbewahrt werden. Mit einer Kupfertafel. Nürnberg 1790.

MURR, Christoph Gottlieb von: Beschreibung der vornehmsten Merkwürdigkeiten in der H. R. Reichs freyen Stadt Nürnberg und auf der hohen Schule zu Altdorf. Nürnberg 1778; 2. Aufl. 1801.

MURR, Christoph Gottlieb von: Beschreibung der Marienkirche oder Kaiserkapelle, Mariensaal genannt, in Nürnberg. Nebst Urkunden. Nürnberg 1804.

[MUSÍLEK 2015/I]: MUSÍLEK, Martin: Patroni, klienti, příbuzní. Sociální svět Starého Města pražského ve 14. století [Patrone, Kunden, Verwandte. Die soziale Welt der Prager Altstadt im 14. Jahrhundert]. Praha 2015.

[MUSÍLEK 2015/II]: MUSÍLEK, Martin: Juden und Christen in der Prager Altstadt während des Mittelalters. Koexistenz oder Konfrontation? In: DOLEŽALOVÁ 2015, 57–78.

[MV I]: KLICMAN, Ladislav (Bearb.): Monumenta Vaticana res gestas Bohemicas illustrantia, tomus I. Acta Clementis VI. 1342–1352. Praha 1903.

[MV II]: NOVÁK, Johann Friedrich (Bearb.): Monumenta Vaticana res gestas Bohemicas illustrantia, tomus II. Acta Innocentii VI 1352–1362. Praha 1907.

N

NAGEL, Gerhard: Das mittelalterliche Kaufhaus und seine Stellung in der Stadt. Eine baugeschichtliche Untersuchung an südwestdeutschen Beispielen. Berlin 1971.

NAHMER, Dieter von der: Eiserne Krone. In: Lexikon des Mittelalters, Bd. 3. München / Zürich 1986, Sp. 1756–1757.

NECHUTOVÁ, Jana: Eschatologie in Böhmen vor Hus. In: HRUBÝ/PATSCHOVSKY 1996, 61–72.

NECHVÁTAL 2007: siehe Královský Vyšehrad 2007.

NEHRING, Karl: Ungarn. In: SEIBT 1978/I, 183–185.

NEJEDLÝ, Vratislav: Poznámky k restaurování severního portálu kostela Panny Marie před Týnem v Praze [Anmerkungen zur Restaurierung des Nordprtals der Kirche der Jungfrau Maria am Teyn in Prag]. In: Zprávy památkové péče 49 (1985), 465–468, 480.

NEJEDLÝ, Zdeněk: Dějiny předhusitského zpěvu v Čechách [Geschichte des vorhussitischen Gesangs in Böhmen]. Praha 1904.

NEKULA, Marek: Prager Brücken und der nationale Diskurs in Böhmen. In: brücken 12 (2004), 163–186.

NĚMEC, Richard: Peter von Prachatitz als Urheber des Wiener Planes Inv.-Nr. 16817. In: Ars 37 (2004), 93–111.

NĚMEC, Richard: Die Burg und Klosteranlage Oybin im Kontext der regionalen und höfischen Architektur Karls IV. Zur Verbreitung des Stils der Prager Veitsdomhütte. In: Umění LIX (2011), 2–125.

NĚMEC, Richard: Architektur – Herrschaft – Land. Die Residenzen Karls IV. in Prag und in den Ländern der Böhmischen Krone. Petersberg b. Fulda 2015 (Studien zur internationalen Architektur- und Kunstgeschichte 125; Publications du Centre Luxembourgeois de Documentation et dÉtudes Médiévales [CLUDEM] 37).

[Neri di Donato/MURATORI 1729]: Cronache di Neri di Donato da Siena. In: MURATORI 1729/II, 135–294.

NERUDA, Jan: Balladen und Romanzen. Verdeutscht von Dr. Ludwig KARPE. Bratislava 1937.

NEUDERTOVÁ, Michaela / HRUBÝ, Petr. (Hgg.): Gotické sochařství a malířství v severozápadních Čechách. Sborník z kolokvia u príležitosti 70. výrocí výstavy Josefa Opitze [Gotische Bildhauerei und Malerei im nordwestlichen Böhmen. Sammelband des Kolloquiums aus Anlass des 70. Jahrestages der Ausstellung von Josef Opitz]. Ústí nad Labem 1999.

NEUKAM, Wilhelm Georg: Eine Nürnberger-Sulzbacher Plattenlieferung für Karl IV. in den Jahren 1362–1363. Ein Beitrag zur Nürnberger Waffenfabrikation des 14. Jahrhunderts. In: Mitteilungen des Vereins für Geschichte der Stadt Nürnberg 47 (1956), 124–159.

NEUMANN, Wilhelm Anton: Ueber zwei hölzerne Reliquiarien im sogen. Domschatze. In: Wiener Dombauvereins-Blatt 21 (1902), Nr. 6, 30–31.

NEUWIRTH, Joseph: Mittelalterliche Wandgemälde und Tafelbilder der Burg Karlstein in Böhmen. Prag 1896.

NEUWIRTH, Joseph: Die Wandgemälde im Kreuzgang des Emmausklosters in Prag. Prag 1898.

NEUWIRTH, Waltraud: Wiener Silber. Punzierung 1524–1781. Wien 2004.

NEY, Karol Ferdynand: Kościół N. Maryi Panny w Toruniu [Die Kirche St. Marien in Thorn]. In: Przyjaciel Ludu 10/19 (1843), 145–148.

NIERO, Antonio (Hg.): San Marco aspetti storici e agiografici. Atti del Convegno internazionale di studi, Venezia, 26–29 aprile 1994. Venezia 1996.

NOBEL, Pierre: La Bible de Jean de Sy et la Bible anglo-normande. In: Florilegium 24 (2007), 81–107.

NODL, Martin: Maiestas Carolina. Kritické postřehy k pramenům, vyhlášení a „odvolání" Karlova zákoníku [Maiestas Carolina. Kritische Beobachtungen zu Quellen, Bekanntmachung und „Widerruf" von Karls Gesetzeswerk]. In: Studia Mediaevalia Bohemica 1 (2009), 21–35.

[NODL 2011/I]: NODL, Martin (Hg.): Moc a její symbolika ve středověku [Die Macht und ihre Symbolik im Mittelalter]. Praha 2011

[NODL 2011/II]: NODL, Martin: Karel IV. a rituály moci. Ordo ad coronandum regis a Maiestas Carolina [Karl IV. und die Rituale der Macht. Ordo ad coronandum regis und Maiestas Carolina]. In: NODL 2011/I, 93–102.

[NODL 2012/I]: NODL, Martin: Lucemburští panovníci a pražská univerzita [Die luxemburgische Herrschaft und die Prager Universität]. In: ŠMAHEL/BOBKOVÁ 2012, 552–558.

[NODL 2012/II]: Nodl, Martin: Vita Caroli. In: ŠMAHEL/BOBKOVÁ 2012, 240–242.

NODL, Martin: Královské svatby a rozvody [Königliche Hochzeiten und Scheidungen]. In: NODL/ŠMAHEL 2014, 67–119.

NODL, Martin / ŠMAHEL, František (Hgg.): Slavnosti, ceremonie a rituály v pozdním středověku [Feste, Zeremonien und Rituale im späten Mittelalter]. Praha 2014.

NODL, Martin / SOMMER, Petr (Hgg.): Verba in imaginibus. Františku Šmahelovi k 70. narozeninám. [Verba in imaginibus. František Šmahel zum 70. Geburtstag]. Praha 2004.

NOLL, Thomas: Die Silvesterkapelle in SS. Quattro Coronati in Rom. Ein Bildzyklus im Kampf zwischen Kaiser und Papst. Berlin / München 2011.

NORDEIDE, Saebjørg Walaker / BRINK, Stefan (Hgg.): Sacred Sites and Holy Places. Exploring the Sacralization of Landscape through Time and Space. Turnhout 2013 (Studies in the Early Middle Ages 11).

NORTH, Michael (Hg.): Geldumlauf, Währungssysteme und Zahlungsverkehr in Nordwesteuropa 1300–1800. Beiträge zur Geldgeschichte der späten Hansezeit. Köln / Wien 1989.

NORTH, Michael (Hg.): Deutsche Wirtschaftsgeschichte. Ein Jahrtausend im Überblick. 2., völlig überarbeitete und aktualisierte Aufl. München 2005.

NORTH, Michael: Europa expandiert 1250–1500. Stuttgart 2007 (Handbuch der Geschichte Europas 4).

NORTH, Michael: Kleine Geschichte des Geldes. Vom Mittelalter bis heute. München 2009.

NORTHEMANN, Yvonne: Zwischen Vergessen und Erinnern. Die Nürnberger Klöster im medialen Geflecht. Diss. Bonn 2007; Petersberg b. Fulda 2011.

[NOVÁČEK 1890/I]: NOVÁČEK, Vojtěch Jaromír: Císaře Karla IV. pobyt při dvoře papežském v Avinioně [Kaiser Karls IV. Aufenthalt am päpstlichen Hof in Avignon]. In: Časopis musea království českého 64 (1890), 151–179.

[NOVÁČEK 1890/II]: NOVÁČEK, Vojtěch Jaromír: Dětřich z Portic, přední rádce Karla IV. [Dietrich v. Portitz, Ratgeber Karls IV.]. In: Časopis musea království českého 64 (1890), 459–535.

[NOVÁČEK 1890/III]: NOVÁČEK, Vojtěch Jaromír: Prameny zakládací listiny university pražské vydané Karlem IV. dne 7. dubna 1348 [Quellen der Gründungsurkunde der Universität Prag, ausgestellt von Karl IV. am 7. April 1348]. In: Český časopis historický 64 (1890), 226–338.

NOVÁK, Antonín: New Findings on the Murals in Karlštejn Castle's Staircase. In: FAJT 2003/I, 303–310.

NOVATI, Francesco (Hg.): Coluccio Salutati. Epistolario. 3 Bde. Roma 1891–1929 (Fonti per la Storia d'Italia 15).

NOVOTNÝ, Robert: Dvorská a zemská hierarchie v pozdně středověkých Čechách [Hierarchie des Hofs und der Länder im spätmittelalterlichen Böhmen]. In: MALÁ-DVOŘÁČKOVÁ 2006, 145–161.

NOVÝ, Rostislav: Mince a měna doby Karla IV. [Münzen und Währung der Zeit Karls IV.] In: VEBR 1978, 79–116.

NOWAK, Zenon Hubert (Hg.): Die Spiritualität der Ritterorden im Mittelalter. Toruń 1993 (Ordines militares. Colloquia Torunensia Historica VII).

[Nürnberger Urkundenbuch 1959]: Nürnberger Urkundenbuch. Hg. vom Stadtrat zu Nürnberg, bearb. vom Stadtarchiv Nürnberg. Nürnberg 1959 (Quellen und Forschungen zur Geschichte der Stadt Nürnberg 1).

NUHLÍČEK, Josef: O pečetích a erbu Kutné Hory [Zu Siegeln und Wappen Kuttenbergs]. In: Příspěvky k dějinám Kutné Hory 1 (1960), 147–202.

NUSSBAUM, Norbert: Deutsche Kirchenbaukunst der Gotik. 2. Aufl. Darmstadt 1994.

O

[Objets d'art 2004]: Objets d'art. Mélanges en l'honneur de Daniel Alcouffe. Ouvrage publié sous la direction du département des Objets d'art du musée du Louvre. Dijon 2004.

Odjinud [Von woanders; Pseudonym]: Český král a císař Karel IV. velmi drsně o přistěhovalcích a muslimech. Václav Havel a Kocáb by ho asi označili za rasistu a xenofoba [Der böhmische König und Kaiser Karl IV. sehr grob über Immigranten und Muslime. Václav Havel und Kocáb würden ihn wohl einen Rassisten und Fremdenfeind nennen]. Online: Http://euportal.parlamentnilisty.cz/Articles/13851-cesky-kral-a-cisar-karel-iv-velmi-drsne-o-pristehovalcich-a-muslimech-vaclav-havel-a-kocab-by-ho-asi-oznacili-za-rasistu-a-xenofoba.aspx v. 28. 6. 2015 (31. 10. 2015).

OETTINGER, Karl: Der Meister von Wittingau und die böhmische Malerei des späteren 14. Jahrhunderts. In: Zeitschrift des deutschen Vereins für Kunstwissenschaft 2 (1935), 293–307.

OGESSER, Josef: Beschreibung der Dom- und Metropolitankirche zu St. Stephan in Wien. Wien 1779.

OIDTMANN, Heinrich: Die Glasmalerei im alten Frankenlande. Leipzig 1907.

OLENSCHLAGER, Johann Daniel (Bearb.): Neue Erläuterung der Goldenen Bulle Kaysers Carls des IV., Bd. 2. Frankfurt/M. / Leipzig 1766.

[OPAČIĆ 2003/I]: OPAČIĆ, Zoë: Charles IV and the Emmaus Monastery. Slavonic Tradition and Imperial Ideology in 14th Century Prague. Diss. London 2003.

[OPAČIĆ 2003/II]: OPAČIĆ, Zoë: The Cosmatesque Decoration at the Emmaus Monastery in Prague. Kosmatská dekorace v Emauzském klášteře. In: FAJT 2003/I, 222–229, 446–450.

[OPAČIĆ 2009/I]: OPAČIĆ, Zoë (Hg.): Prague and Bohemia. Medieval Art, Architecture and Cultural Exchange in Central Europe. Leeds 2009.

[OPAČIĆ 2009/II]: OPAČIĆ, Zoë: Architecture and Religious Experience in 14th Century Prague. In: FAJT/LANGER 2009, 136–149.

OPAČIĆ, Zoë: The Sacred Topography of Medieval Prague. In: NORDEIDE/BRINK 2013, 253–281.

OPAČIĆ, Zoë / TIMMERMANN, Achim (Hgg.): Architecture, Liturgy and Identity. Liber amicorum Paul Crossley. Turnhout 2011.

OPAČIĆ, Zoë / TIMMERMANN, Achim / BENEŠOVSKÁ, Klára (Hgg.): Image, Memory and Devotion. Liber amicorum Paul Crossley. Turnhout 2011.

OPITZ, Josef: Gotische Malerei und Plastik Nordwestböhmens. Katalog der Ausstellung in Brüx. Komotau 1928.

OPITZ, Josef: Die Brüx-Saraser und Hochpetscher Marienfiguren und die außerparlerische Strömung in der böhmischen Plastik des 14. Jahrhunderts. Nordwestböhmen. Vorträge der ersten nordwestböhmischen Kulturwoche in Brüx 1932. Brüx 1933.

OPITZ, Josef: Sochařství v Čechách za doby Lucemburků [Die Bildhauerei in Böhmen zur Zeit der Luxemburger]. Praha 1935.

OPITZ, Josef: Die Plastik Böhmens zur Zeit der Luxemburger. Praha 1936.

OPPL, Ferdinand / ROLAND, Martin: Wien und Wiener Neustadt im 15. Jahrhundert. Unbekannte Stadtansichten um 1460 in der New Yorker Handschrift der ‚Concordantia caritatis' des Ulrich von Lilienfeld. Innsbruck / Wien / Bozen 2006 (Forschungen und Beiträge zur Wiener Stadtgeschichte 45; Veröffentlichungen des Wiener Stadt- und Landesarchivs Reihe C, Sonderpublikationen 11).

ORMROD, Lucy C.: The Wenceslas Chapel in St. Vitus' Cathedral, Prague. The Marriage of Imperial Iconography and Bohemian Kingship. Diss. London (Courtauld Institute of Art) 1997.

ORNATO, Monique (Hg.): Pratiques de la culture écrite en France au XVe siècle. Actes du colloque international du CNRS, Paris, 16–18 mai 1992, organisé en l'honneur de Gilbert Ouy par l'Unité de Recherche „Culture Écrite du Moyen Age Tardif", Louvain-La-Neuve 1995.

ORTH, Peter: Gunther von Pairis, Hystoria Constantinopolitana. Untersuchungen und kritische Ausgabe. Hildesheim 1994 (Spolia Berolinensia 5).

OS, Henk W. van: Saint Francis of Assisi as a Second Christ in Early Italian Painting. In: Simiolus 7 (1974), 115–132.

[OSTRITZ 2010/I]: OSTRITZ, Sven (Hg.): Die mittelalterliche jüdische Kultur in Erfurt. 4 Bde. Weimar / Langenweißbach 2009–11. Bd. 1: Der Schatzfund. Archäologie – Kunstgeschichte – Siedlungsgeschichte. Weimar 2010.

[OSTRITZ 2010/II]: OSTRITZ, Sven (Hg.): Die mittelalterliche jüdische Kultur in Erfurt. 4 Bde. Weimar / Langenweißbach 2009–11. Bd. 2: Der Schatzfund. Analysen – Herstellungstechniken – Rekonstruktionen. Langenweißbach 2010.

OSTRITZ, Sven (Hg.): Die mittelalterliche jüdische Kultur in Erfurt. 4 Bde. Weimar / Langenweißbach 2009–11. Bd. 3: Der Schatzfund. Die Münzen und Barren. Langenweißbach 2011.

OTAVSKÁ, Vendulka: Zpráva o konzervování podšívky pohřební dalmatiky Karla IV. z královské krypty v katedrále sv. Víta [Bericht über die Konservierung des Futters der Grabdalmatiken Karls IV. in der königlichen Krypta der Kathedrale St. Veit]. Praha 2002; Oddělení uměleckých sbírek SPH, sign. PHA 41.

OTAVSKÁ, Vendulka: Textilně technologický rozbor tkanin z relikvií [Textiltechnologische Analyse der Stoffe der Reliquien]. In: PÁTKOVÁ 2006, 259–277.

OTAVSKÝ, Karel: Alte Gewebe und ihre Geschichte. Riggisberg 1987.

OTAVSKÝ, Karel: Die Sankt Wenzelskrone im Prager Domschatz und die Frage der Kunstauffassung am Hofe Kaiser Karls IV. Diss. Bern 1992. Bern / Frankfurt/M. / New York u. a. 1992 (Europäische Hochschulschriften, Reihe XXVIII, Kunstgeschichte 142).

[OTAVSKÝ 1998/I]: OTAVSKÝ, Karel: Die Dynastie der Luxemburger und die Pariser Kunst unter den letzten Kapetingern. In: BENEŠOVSKÁ 1998/I, 62–68.

[OTAVSKÝ 1998/II]: OTAVSKÝ, Karel: Entlang der Seidenstrasse. Frühmittelalterliche Kunst zwischen Persien und China in der Abegg-Stiftung. Riggisberg 1998 (Riggisberger Berichte 6).

[OTAVSKÝ 1998/III]: OTAVSKÝ, Karel: Zur kunsthistorischen Einordnung der Stoffe. In: OTAVSKÝ 1998/II, 119–214.

OTAVSKÝ, Karel: Reliquien im Besitz Kaiser Karls IV., ihre Verehrung und ihre Fassungen. In: FAJT 2003/I, 129–141.

OTAVSKÝ, Karel: Das Mosaik am Prager Dom und drei Reliquiare in Prag und Wien. Karls IV. Kunstaufträge aus seiner Spätzeit. In: FAJT/HÖRSCH 2006/I, 53–72.

OTAVSKÝ, Karel: Kult nástrojů Kristova umučení za K. IV. a Karlštejnská látka s anděly [Der Kult der Arma Christi unter Karl IV. und der Karlsteiner Stoff mit den Engeln]. In: BENEŠOVSKÁ/KUBÍNOVÁ 2007, 61–76.

OTAVSKÝ, Karel: Drei wichtige Reliquienschätze im luxemburgischen Prag und die Anfänge der Prager Heiltumsweisungen. In: FAJT/LANGER 2009, 300–308.

OTAVSKÝ, Karel: Der Prager Domschatz unter Karl IV. im Lichte der Quelle. Ein Sonderfall unter spätmittelalterlichen Kirchenschätzen. In: WENDLAND 2010, 181–236.

OTAVSKÝ, Karel: Svatovítský chrámový poklad [Der St.-Veits-Kirchenschatz]. In: KYZOUROVÁ 2012, 14–21.

OTAVSKÝ, Karel / WARDWELL, Anne: Mittelalterliche Textilien II. Riggisberg 2011 (Die Textilsammlung der Abegg-Stiftung 5).

[otecvlasti.eu 2014]: Online: Http://www.otecvlasti.eu/koncept/ v. 2014 (31. 10. 2015).

OTTO, Heinrich (Hg.): Regesten der Erzbischöfe von Mainz von 1289–1396, Bd. 1/2. 1328–1353. Darmstadt 1935.

OTTOVÁ, Michaela / MUDRA, Aleš: Příspěvky ke gotické plastice [Beiträge zur gotischen Plastik]. In: Gotické umění a jeho historické souvislosti I [Gotische Kunst und ihre historischen Zusammenhänge I]. Ústecký sborník historický 2001, 271–334.

OVERMANN, Alfred: Die ältesten Kunstdenkmäler der Plastik, der Malerei und des Kunstgewerbes der Stadt Erfurt. Erfurt 1911.

OVERMANN, Alfred: Urkundenbuch der Erfurter Stifter und Klöster, Teil 2. Magdeburg 1929 (Geschichtsquellen der Provinz Sachsen und des Freistaates Anhalt N. R. 7).

P

PALACKÝ, František: Geschichte von Böhmen, 2. Band, 2. Abtheilung. 1306–1378. Prag 1842.

PALACKÝ, František: Über Formelbücher, zunächst in Bezug auf die böhmische Geschichte. Nebst Beilagen. Ein Quellenbeitrag zur Geschichte Böhmens und der Nachbarländer im XIII., XIV. und XV. Jahrhundert. 2 Bde. Prag 1842–47.

PALACKÝ, František: Dějiny národa Českého [Geschichte der tschechischen Nation]. Praha 1846–78, 2. Aufl. 1876.

PANGERL, Matthias (Hg.): Urkundenbuch des ehemaligen Cistercienserstifts Goldenkron in Böhmen. Wien 1872 (Fontes Rerum Austriacarum 2, Diplomata et Acta 37).

PANOFSKY, Erwin: Early Netherlandish Painting. Its Origins and Character. Cambridge/Mass. 1953.

PAPAMASTORAKIS, Tito: Vyzantinai parendyseis Enetias. Oi polyteileis stachoseis tis Markianis Vivliothikis [Die byzantinische Verkleidung der Venezianer. Zu den Bucheinbänden der Biblioteca Marciana]. In: Deltion tis christianikis archaiologikis Etairias 27 (2006), 391–410.

PAPROCKÝ VON HLOHOL [PAPROCKÝ Z HLAHOL A PAPROCKÉ VŮLE], Bartoloměj: Zrcadlo Markrabství Moravského [Spiegel der Markgrafschaft Mähren]. Olomouc 1593.

PARAVICINI, Werner / HIRSCHBIEGEL, Jan / WETTLAUFER, Jörg (Hgg.): Höfe und Residenzen im spätmittelalterlichen Reich. Ein dynastisch-topographisches Handbuch, Teilband 1. Dynastien und Höfe. Ostfildern 2003 (Residenzenforschung 15).

PARAVICINI, Werner / WETTLAUFER, Jörg (Hgg.): Vorbild – Austausch – Konkurrenz. Höfe und Residenzen in der gegenseitigen Wahrnehmung. 11. Symposium der Residenzen-Kommission der Akademie der Wissenschaften zu Göttingen. Veranstaltet in Zusammenarbeit mit der Historischen Kommission und der Kommission für Kunstgeschichte der Österreichischen Akademie der Wissenschaften; Wien, 20.–24. September 2008. Ostfildern 2010 (Residenzenforschung 23).

PARAVICINI-EBEL, Anke: Die Vita Karls IV., ein „Ego-Dokument"? In: Deutsches Archiv für Erforschung des Mittelalters 63 (2007), 101–110.

PARELLO, Daniel: Kurzführer zu den besichtigten Glasmalereistandorten – Nürnberg, St. Martha. In: BECKSMANN 2005, 116–121.

PASCÓ, José: Catalogue de la collection de tissus anciens de Francisco Miquel y Badía. Barcelona 1900.

PÁTKOVÁ, Hana (Hg.): Z Noyonu do Prahy. Kult svatého Eligia ve středověkých Čechách. De Noyon à Prague. Le culte de Saint-Eloi en Bohême médiévale. Praha 2006.

[PATZE 1978/I]: PATZE, Hans (Hg.): Kaiser Karl IV. 1316–1378. Forschungen über Kaiser und Reich. Neustadt/Aisch 1978 (Blätter für deutsche Landesgeschichte. Neue Folge des Korrespondenzblattes 114).

[PATZE 1978/II]: PATZE, Hans: ‚Salomon sedebit super solium meum'. Die Konsistorialrede Papst Clemens' VI. anlässlich der Wahl Karls IV. In: PATZE 1978/I, 1–37.

[PATZE 1978/III]: PATZE, Hans: Die Hofgesellschaft Kaiser Karls IV. und König Wenzels in Prag. In: PATZE 1978/I, 733–774.

PATZE, Hans (Hg.): Geschichtsschreibung und Geschichtsbewußtsein im späten Mittelalter. Stuttgart 1987 (Vorträge und Forschungen 31).

PATZE, Hans (Hg.): Fürstliche Residenzen im spätmittelalterlichen Europa. Sigmaringen 1991 (Vorträge und Forschungen 36).

PAVEL, Jakub (Hg.): Vita Karoli Quarti. Karel IV. vlastní životopis. Verantwortlicher Redakteur Jan BINDER. Praha 1978.

PAULER, Roland: Das Wirken der Augsburger Bischöfe Markward von Randeck und Walter von Hochschlitz in Pisa. In: Zeitschrift für bayerische Landesgeschichte 58 (1995), H. 3, 867–900.

PAULIN, M. (Hg.): Les Grandes chroniques de France, selon que elles sont conservées en l'église de Saint-Denis en France, Bd. 6. Paris 1838.

PAULY, Michel (Hg.): Schueberfouer 1340–1990. Untersuchungen zu Markt, Gewerbe und Stadt in Mittelalter und Neuzeit. Luxemburg 1990 (Publications de CLUDEM 1).

[PAULY 1997/I]: PAULY, Michel (Hg.): Johann der Blinde, Graf von Luxemburg, König von Böhmen, 1296–1346. Tagungsband der 9es Journées Lotharingiennes, 22.–26. Oktober 1996. Luxemburg 1997 (Publications de la Section Historique de l'Institut Grand-Ducal de Luxembourg 115 = Publications du CLUDEM 14).

[PAULY 1997/II]: PAULY, Michel: „Pour ladicte ville faire moupleplier". Die Städte- und Handelspolitik Johanns des Blinden in der Grafschaft Luxemburg. In: PAULY 1997/I, 219–254.

[PAULY 2010/I]: PAULY, Michel (Hg.): Europäische Governance im Spätmittelalter. Heinrich VII. von Luxemburg und die grossen Dynastien Europas. Gouvernance européenne au bas moyen âge. Henri VII de Luxembourg et l'Europe des grandes dynasties. Actes des 15es Journées Lotharingiennes, 14–17 octobre 2008. Luxemburg 2010 (Publications de la Section Historique de l'Institut Grand-Ducal de Luxembourg 124 = Publications du CLUDEM 27).

[PAULY 2010/II]: PAULY, Michel: Heinrich VII., der Graf gebliebene König der Römer. In: PAULY 2010/I, 445–463.

PAULY, Michel (Hg.): Die Erbtochter, der fremde Fürst und das Land. Die Ehe Johanns des Blinden und Elisabeths von Böhmen in vergleichender europäischer Perspektive. Colloque international organisé par le Musée d'Histoire de la Ville de Luxembourg et l'Université de Luxembourg les 30 septembre et 1er octobre 2010 à Luxembourg. Luxembourg 2013 (Publications du CLUDEM 38).

PAULY, Michel: Die Gründungsurkunde der Schobermesse vom 20. Oktober 1340. In: JUNGBLUT/PAULY/REIF 2014, 387–389.

PAULY, Michel / REINERT, François (Hgg.): Sigismund von Luxemburg. Ein Kaiser in Europa. Mainz 2006.

PAZAUREK, Gustav E.: Mittelalterlicher Edelsteinschliff. In: Belvedere XI (1930), 145–157.

PECHOUS, Roger D. u. a.: Pneumonic Plague. The darker side of yersinia pestis. In: Trends in Microbiology 24 (2016), No. 3.

PEČÍRKA, Jaroslav: O skulpturách severního portálu chrámu Panny Marie před Týnem [Zu den Skulpturen des Nordportals der Marienkirche am Teyn]. In: Umění 5 (1932), 23–43.

PEIKEROVÁ, Soňa: Juditin most – historie a současnost [Die Judithbrücke – Geschichte und Bestand]. In: Časopis Národního muzea v Praze / Řada historická 171 (2002), 91–97.

PELAGIUS, Alvarus: De planctu Ecclesiae Alvari Pelagii Hispani ex ordine Minorum Libri duo. Venezia 1560.

PELZEL, Franz Martin: Kaiser Karl IV., König in Böhmen, nebst einem Urkundenbuch. 2 Bde. Prag 1780–81.

PELZEL, Franz Martin: Apologie des Kaisers Karl des Vierten der allgemeinen deutschen Bibliothek entgegen gestellt. Prag / Wien 1782.

PEROUTKOVÁ, Jana: Transforming Babylon into Jerusalem. Chronology and Dating of the Architectural Sculpture of the Church of Our Lady before Týn in the Days of the Luxembourgs. In: Umění 63 (2015), H. 4, 263–288.

PESCHECK, Christian Adolf: Beiträge zur deutschen Culturgeschichte, aus den Tagen Kaiser Rudolphs von Habsburg, Heinrichs von Luxemburg und Ludwigs des Baiern. Aus dem Chronikon des Petrus de Zittavia, Abts zu Königsaal. Zittau / Leipzig 1823.

[PEŠINA 1965/I], PEŠINA, Jaroslav: Tři nově restaurované památky české gotické deskové malby [Drei neu restaurierte Denkmäler der böhmischen gotischen Tafelmalerei]. In: Umění 13 (1965), 71–80.

[PEŠINA 1965/2]: PEŠINA, Jaroslav: Obraz krajiny v české knižní malbě kolem roku 1400 [Die Landschaftsdarstellung in der böhmischen Buchmalerei um 1400]. In: Umění 13 (1965), 233–284.

[PEŠINA 1965/III]: PEŠINA, Jaroslav (Hg.): Sborník k sedmdesátinám Jana Květa [Sammelschrift zum 70. Geburtstag von Jan Květ]. Praha 1965.

PEŠINA, Jaroslav (Hg.): České umění gotické 1350–1420 [Böhmische gotische Kunst 1350–1420]. Praha 1970.

PEŠINA, Jaroslav: Zur Frage der Chronologie des „Schönen Stils" in der Tafelmalerei Böhmens. In: Jahrbuch des Kunsthistorischen Institutes der Universität Graz VII (1972/73), 1–28.

[PEŠINA 1976/I]: PEŠINA, Jaroslav: Česká gotická desková malba [Böhmische gotische Tafelmalerei]. Praha 1976.

[PEŠINA 1976/II]: PEŠINA, Jaroslav: Retrospektive Strömungen in der Tafelmalerei des Schönen Stils in Böhmen. In: Wiener Jahrbuch für Kunstgeschichte 29 (1976), 29–52.

[PEŠINA 1978/I]: PEŠINA, Jaroslav: Některé ztracené obrazy mistra třeboňského oltáře [Einige verlorene Gemälde des Meisters von Wittingau]. In: Umění 26 (1978), 289–302.

[PEŠINA 1978/II]: PEŠINA, Jaroslav: Imperium et sacerdotium. Zur Inhaltsdeutung der sogenannten Morgan-Täfelchen. In: Umění 26 (1978), 521–528.

PEŠINA, Jaroslav: Zur Herkunftsfrage der Kaufmannschen Kreuzigung. In: Zeitschrift für Kunstgeschichte 43 (1980), 352–359.

PEŠINA, Jaroslav: Mistr vyšebrodského cyklu [Der Meister des Hohenfurther Zyklus]. Prag 1982. Deutsch: Der Hohenfurther Meister. Hanau 1982.

[PEŠINA 1984/I]: PEŠINA, Jaroslav: Desková malba [Tafelmalerei]. In: CHADRABA 1984, 354–397.

[PEŠINA 1984/II]: PEŠINA, Jaroslav: Prolegomena k redici korpusu české deskove malby goticke 1340–1415 [Prolegomena zur Reedition der böhmischen gotischen Tafelmalerei 1340–1415]. In: Umění 32 (1984), 306–317.

PEŠINA, Jaroslav: A propos du type de la Pélagonitissa dans la peinture sur panneaux en Bohême, vers le milieu du 14e siècle. In: Byzantinoslavica 48 (1987), 45–48.

[PEŠINA Z ČECHORODU 1673/I]: PEŠINA Z ČECHORODU, Tomáš Jan [PESSINA A CZECHOROD, Thomas Johannes]: Phosphorus septicornis Stella alias Matutina, hoc est: Sanctae Metropolitanae divi viti ecclesiae Pragensis Majestas et Gloria: quibus illa, per tot secula, Orbi nostro enituit semper clarissima / Solis Ortui, seu, futuro Majori Operi praemissus interim. Praha 1673.

[PEŠINA Z ČECHORODU 1673/II]: PEŠINA Z ČECHORODU, Tomáš Jan: Swatych tel ostatkůw Reliquigi [Heilige Körper, Reliquien]. Praha 1673.

PEŠINA Z ČECHORODU, Tomáš Jan: Mars Moravicus. Sive bella horrida et cruenta, seditiones, tumultus, praelia, turbae & ex ijs enatae crebrae et funestae rerum mutationes, dirae calamitates, incendia, clades, agrorum depopulationes, urbium vastitates, aedium sacrarum et prophanarum ruinae, arcium et oppidorum eversiones, pagorum cineres, populorum excidia, & alia id genus mala, quae Moravia hactenus passa fuit. Praha 1677.

[Peter von Zittau/EMLER 1882]: EMLER, Josef (Bearb.): Petra Žitavského Kronika Zabraslavská. Peter von Zittau: Chronicon Aulae Regiae. In: FRB IV, 1–337.

[PETERSOHN 1994/I]: PETERSOHN, Jürgen (Hg.): Politik und Heiligenverehrung im Hochmittelalter. Sigmaringen 1994 (Vorträge und Forschungen 42).

[PETERSOHN 1994/II]: PETERSOHN, Jürgen: Kaisertum und Kultakt in der Stauferzeit. In: PETERSOHN 1994/I, 101–145.

PETR, Jan / ŠABOUK, Sáva (Hgg.): Z tradic slovanské kultury v Čechách. Sázava a Emauzy v dějinách české kultury [Aus der Tradition der slawischen Kultur in Böhmen. Sázava und Emmaus in der Geschichte der böhmischen Kultur]. Praha 1975.

PETRÁŇ, Josef: Obraz jako hlavy státu v dějepisectví šesti století [Das Bild als Staatsoberhaupt in der Geschichtsschreibung von sechs Jahrhunderten]. In: VANĚČEK 1984, 77–104.

[PETRARCA/POKORNÝ 1974]: PETRARCA, Francesco: Listy velkým i malým tohoto světa, vybral J. POKORNÝ, přeložil J. RAUSCH [Briefe an die Kleinen und Großen dieser Welt, ausgewählt von J. POKORNÝ, übersetzt von D. RAUSCH]. Praha 1974.

PETRUCCI, Enzo: La chiesa nell'azione del cardinale Egidio de Albornoz. In: Rivista di storia della chiesa in Italia 65 (2011), 57–100.

PEZ, Hieronymus: Fragmentum Historicum de IV. Albertis Austriae ducibus. Leipzig 1725 (Scriptores rerum Austriacarum veteres ac genuini II).

PFEIFER, Guido Christian: Ius Regale Montanorum. Ein Beitrag zur spätmittelalterlichen Rezeptionsgeschichte des römischen Rechts in Mitteleuropa. Ebelsbach 2002.

PFEIFFER, Gerhard: Comicia burcgravie in Nurenberg. In: Jahrbuch für fränkische Landesforschung 11/12 (1953), 45–52.

PFEIFFER, Gerhard (Hg.): Nürnberg. Geschichte einer europäischen Stadt. München 1971.

PFEIFFER, Gerhard: Wasser und Wald als Faktoren der städtischen Entwicklung in Franken. In: Jahrbuch für fränkische Landesforschung 32 (1972), 151–170.

[PFISTER 1988/I]: PFISTER, Christian: Variations in the Spring-Summer Climate of Central Europe from the High Middle Ages to 1850. In: WANNER/SIEGENTHALER 1988, 57–82.

[PFISTER 1988/II]: PFISTER, Christian: Historische Umweltforschung und Klimageschichte. Mit besonderer Berücksichtigung des Hoch-und Spätmittelalters. In: Siedlungsforschung. Archäologie – Geschichte – Geographie 6 (1988), 113–127.

PFITZNER, Josef: Kaiser Karl IV. Potsdam 1938 (Deutsche Kaiser und Könige 1).

PHILIPP, Klaus Jan: Pfarrkirchen. Funktion, Motivation, Architektur. Marburg/L. 1987 (Studien zur Kunst- und Kulturgeschichte 4).

PICARI, Oreste (Hg.): San Marco. Die Mosaiken, das Licht, die Geschichte. München 1993.

[PICCOLOMINI/HEJNIC 2005]: PICCOLOMINI, Aeneas Silvius: Historia Bohemica. Gesamtwerk. Band 1. Historisch-kritische Ausgabe des lateinischen Textes. Besorgt von Joseph HEJNIC und Hans ROTHE, mit einer deutschen Übersetzung von Eugen UDOLPH. Köln / Weimar / Wien 2005 (Bausteine zur slavischen Philologie und Kulturgeschichte N. F., Reihe B: Editionen 20,1).

[PICCOLOMINI/MARTÍNKOVÁ u. a. 1998]: PICCOLOMINI, Aeneas Silvius: Historica Bohemica. Hg. von Dana MARTÍNKOVÁ, Alena HADRAVOVÁ und Jiří MATL. Praha 1998 (Fontes rerum Regni Bohemiae I; Clavis monumentorum litterarum Regnum Bohemiae 4).

PIETRUSIŃSKI, Jerzy: Herrscherschmuck aus der Schatzkammer der Luxemburger im Goldschatz von Neumarkt in Schlesien. In: BENEŠOVSKÁ 1998/I, 189–200.

PILTZ, Georg: Die Kunst in Sachsen und Anhalt. Leipzig 1992.

PINCUS, Debra: Die Mosaiken des Baptisteriums. In: VIO 2001, 246–247.

[PINCUS 2010/I]: PINCUS, Debra: Andrea Dandolo (1343–1354) and Visible History: The San Marco Projects. In: ROSENBERG 2010, 191–206.

[PINCUS 2010/II]: PINCUS, Debra: Venice and Its Doge in the Grand Design. Andrea Dandolo and the Fourteenth-Century Mosaics of the Baptistery. In: MAGUIRE/NELSON 2010, 245–271.

PINDER, Wilhelm: Mittelalterliche Plastik Würzburgs. Versuch einer lokalen Entwicklungsgeschichte vom Ende des 13. Jahrhunderts bis zum Anfang des 15. Jahrhunderts. Würzburg 1911. 2. verb. Aufl. Leipzig 1924.

PIQUÉ, Francesca / STULIK, Dusan C. (Hgg.): Conservation of the Last Judgment Mosaic. St. Vitus Cathedral, Prague. Los Angeles 2004.

PIRCHAN, Gustav: Italien und Kaiser Karl IV. in der Zeit seiner zweiten Romfahrt. 2 Bde. Praha 1930 (Quellen und Forschungen aus dem Gebiet der deutschen Geschichte 6).

PISCHEK, Adolf: Nachträge zu den Regesten Karls IV. aus dem Stuttgarter Staatsarchiv. In: Neues Archiv der Gesellschaft für ältere deutsche Geschichtskunde 35 (1910), 543–560.

PIUR, Paul (Hg.): Petrarcas Briefwechsel mit deutschen Zeitgenossen. Unter Mitwirkung Konrad BURDACHs. Mit einem Anhang: Petrarcas sonstige Berichte und Urteile über Deutschland. Berlin 1933 (Vom Mittelalter zur Reformation. Forschungen zur Geschichte der deutschen Bildung 7).

PIUR, Paul (Hg.): Briefe Johanns von Neumarkt. Berlin 1937 (Vom Mittelalter zur Reformation. Forschungen zur Geschichte der deutschen Bildung 8).

PLANISCIG, Leo / KRIS, Ernst: Katalog Sammlungen für Plastik und Kunstgewerbe. Wien 1935 (Führer durch die kunsthistorischen Sammlungen in Wien 27).

PLETICHA, Heinrich: Des Reiches Glanz. Reichskleinodien und Kaiserkrönungen im Spiegel der deutschen Geschichte. Freiburg/B. 1989.

POCHE, Emanuel: Einige Erwägungen über die Kameen Karls IV. In: PEŠINA 1965, 82–92.

POCHE, Emanuel: Umělecké řemeslo [Kunsthandwerk]. In: Ausst.-Kat. Prag 1970, 320–350, Kat.-Nr. 451.

[POCHE 1971/I]: POCHE, Emanuel: Svatovítský poklad [Der St.-Veits-Schatz]. Praha 1971.

[POCHE 1971/II]: POCHE, Emanuel: Na okraj Cibulkových „Korunovačních klenotů" [Randbemerkung zu Cibulkas „Kronjuwelen"]. In: Umění XIX (1971), 296–304.

[POCHE 1978/I]: POCHE, Emanuel: Prag. Darmstadt 1978.

[POCHE 1978/II]: POCHE, Emanuel: Zwei böhmische Königskronen. In: Umění XXVI (1978), 481–494.

[POCHE 1978/III]: POCHE, Emanuel (Hg.): Umělecké památky Čechy [Kunstdenkmäler Böhmens], Bd. 2. Praha 1978.

[POCHE 1983/I]: POCHE, Emanuel (Hg.): Praha středověká. Čtvero knih o Praze [Das mittelalterliche Prag. Vier Bücher über Prag]. Unter Mitarbeit von Josef JANÁČEK, Jaromír HOMOLKA, Jiří KROPÁČEK, Dobroslav LÍBAL und Karel STEJSKAL. Praha 1983.

[POCHE 1983/II]: POCHE, Emanuel (Hg.): Česká královská koruna [Die böhmische Königskrone]. In: Umění XXXI (1983), 473–489.

POCHE, Emanuel: Umělecká řemesla gotické doby [Kunsthandwerk der gotischen Zeit]. in: CHADRABA 1984, 440–496.

POCHITONOV, Evžen / RADOMĚRSKÝ, Pavel: Neznámý přemyslovský náhrobek v Praze [Ein unbekanntes přemyslidisches Grabmal in Prag]. In: Časopis Národního muzea v Praze 130 (1961), 131–141.

PODLAHA, Antonín: Knihovna kapitulní [Die Kapitelbibliothek]. Praha 1903 (Soupis památek historických a uměleckých v království Českém).

[PODLAHA 1905/I]: PODLAHA, Antonín: Illustrierter Katalog des Prager Domschatzes. Prag 1905.

[PODLAHA 1905/II]: PODLAHA, Antonín: Statuta metropolitanae ecclesiae Pragensis anno 1350 conscripta. Prag 1905 (Editiones archivii et bibliothecae s. f. metropolitani capituli Pragensis 5).

PODLAHA, Antonín: Posvátná místa Království českého I: vikariát Prosecký [Heilige Orte des Königreichs Böhmen I: Vikariat Prosek]. Praha 1907.

PODLAHA, Antonín: Sv. Václava hrob a ostatky [St. Wenzels Grab und Reliquien]. Praha 1911 (Hlasy katolického spolku tiskového 42,2).

PODLAHA, Antonín: Illustrierter Katalog des Prager Domschatzes. Praha 1930.

PODLAHA, Antonín: Katolická liturgika [Die katholische Liturgie]. Praha 1934.

PODLAHA, Antonín / PATERA Antonín: Soupis rukopisů knihovny metropolitní kapituly pražské [Inventar der Handschriften der Bibliothek des Prager Metropolitankapitels]. 2 Bde. Praha 1910/22.

PODLAHA, Antonín / ŠITTLER, Eduard: Poltický okres Karlínský [Der politische Bezirk Karolinenthal]. Prag 1901 (Soupis památek historických a uměleckých v Království Českém 15).

[PODLAHA/ŠITTLER 1903/I]: PODLAHA, Antonín / ŠITTLER, Eduard: Chrámový poklad u sv. Víta v Praze, jeho dějiny a popis [Der Kirchenschatz in St. Veit zu Prag, seine Geschichte und Beschreibung]. Prag 1903.

[PODLAHA/ŠITTLER 1903/II]: PODLAHA, Antonín / ŠITTLER, Eduard: Der Domschatz in Prag. Prag 1903 (Topographie der historischen und Kunst-Denkmale im Königreiche Böhmen von der Urzeit bis zum Anfange des XIX. Jahrhunderts II/1).

POESCHKE, Joachim: Die Skulptur des Mittelalters in Italien, Bd. 2. Gotik. München 2000.

POKORNÝ, František: Nově objevené officium o sv. Václavu [Ein neu entdecktes Offizium auf den hl. Wenzel]. in: Hudební věda 7 (1970), H. 4, 407–430.

POLÍVKA, Miloslav: Nürnberg und die Böhmischen Städte in der Hussitenzeit. In: Mediaevalia Historica Bohemica 2 (1992), 101–118.

POLÍVKA, Miloslav / ŠMAHEL, František (Hgg.): In memoriam Josef Macka (1922–1991). Praha 1996 (Práce Historického ústavu AV ČR 14).

POPP, Dietmar / SUCKALE, Robert (Hgg.): Die Jagiellonen. Kunst und Kultur einer europäischen Dynastie an der Wende zur Neuzeit. Beiträge des internationalen wissenschaftlichen Symposiums im Germanischen Nationalmuseum Nürnberg 1999. Nürnberg 2002 (Wissenschaftliche Beibände zum Anzeiger des Germanischen Nationalmuseums 21).

POPP, Marco: Die Lorenzkirche in Nürnberg. Restaurierungsgeschichte im 19. und 20. Jahrhundert. Regensburg 2014.

PORTA, Giuseppe (Hg.): Matteo Villani. Chronica. Bd. 1. Parma 1995.

POSERN-KLETT, Carl Friedrich von (Hg.): Urkundenbuch der Städte Dresden und Pirna. Leipzig 1875 (Codex diplomaticus Saxoniae regiae II/5).

POSSE, Otto: Die Siegel der Deutschen Kaiser und Könige von 751 bis 1806, Bd. 2. Von Karl IV. bis Friedrich III. Dresden 1910.

POSSELT, Bernd: Zitiert in: KUBES, Milan: „Aussig gilt in Bayern als bedeutendstes tschechisches Kulturprojekt". Volksgruppensprecher Bernd Posselt im Gespräch mit der tschechischen Tageszeitung „Mladá fronta dnes". In: Sudetendeutsche Zeitung 66 (2014) v. 8. 8. 2014, 1.

POTTHAST, August (Hg.): Liber de rebus memorabilioribus sive Chronicon Henrici de Hervordia. Göttingen 1859.

[Pourpoint 2012]: Jaque dit pourpoint de Charles de Blois. In: Joconde. Portail des collections des Musées de France 2012. Online: http://www.culture.gouv.fr/public/mistral/joconde_[Pražský hrad 1999]: Pražský hrad, Kaple sv. Václava [Die Prager Burg, Wenzelskapelle]. Praha 1999.

PREISS, Pavel: Příspěvek k ikonografii českých knížat a králů [Ein Beitrag zur Ikonografie der böhmischen Fürsten und Könige]. In: Zprávy památkové péče 17 (1957), 65–78.

PRITCHARD, Frances: Medieval textiles in the Bock Collection at the Whitworth Art Gallery. In: Textile history 32 (2001), H. I, 48–60.

PUHLE, Matthias / HASSE, Claus-Peter (Hgg.): Von Otto dem Großen bis zum Ausgang des Mittelalters, Bd. 2. Essays. Dresden 2006.

PUJMANOVÁ, Olga: Studi sul culto della Madonna di Aracoeli e della Veronica nella Boemia tardomedievale. In: Arte cristiana 80 (1992), Nr. 751, 243–264.

PUJMANOVÁ, Olga: The Vyšší Brod Crucifixion. In: Bulletin of the National Gallery in Prague V/VI (1995/96), 105–112.

PUJMANOVÁ, Olga: I rapporti tra la Boemia e Italia nel XIV secolo. In: SEIDEL 2000, 128–141.

PUJMANOVÁ, Olga: I rapporti tra Boemia e Toscana all'epoca die Lussemburgo. In: Quaderni lucchesi di studi sul medioevo e sul rinascimento 3 (2002), H. 1/2, 227–242.

PUJMANOVÁ, Olga: On the Sources of Inspiration of the Art at the Court of Charles IV. In: FAJT 2003/I, 86–102.

PUSTEJOVSKY, Otfried: Schlesiens Übergang an die böhmische Krone. Köln / Wien 1975 (Forschungen und Quellen zur Kirchen- und Kulturgeschichte Ostdeutschlands 13).

PUSTEJOVSKY, Otfried: Schlesien und Polen. Ausgleich und Gegengewicht. In: SEIBT 1978/I, 173–182.

PUTH, Andreas: The Emperor on the Gallery: the South Transept Façade of St Mary's at Mülhausen. M.A.-Hausarbeit (Msc.) London 2000.

PUTH, Andreas: 'Our and the Empire's free city on the Rhine': Visualizing the Empire in the Mainz Kaufhaus reliefs. In: ENGEL/GAJEWSKI 2007, 89–123.

PYUN, Kyunghee / RUSSAKOFF, Anna (Hgg.): Jean Pucelle. Innovation and Collaboration in Manuscript Painting. Turnhout 2013 (Studies in Medieval and Early Renaissance Art History).

Q

QUELLMALZ, Werner (Hg.): Die edlen Steine Sachsens. Unter Mitarbeit von Lothar RIEDEL. Leipzig 1990.

R

RACZKOWSKI, Juliusz: Poliptyk Toruński. Studium zabytkoznawczo-konserwatorskie [Das Thorner Polyptychon. Eine kunstwissenschaftlich-konservatorische Studie]. Toruń 2016.

RADEMACHER, Otto: Die Merseburger Bischofschronik, übersetzt und mit Anmerkungen versehen. 4 Teile, Merseburg 1903/08.

RADER, Olaf B. (Hg.): Turbata per aequora mundi. Dankesgabe an Eckhard Müller-Mertens. Unter Mitarbeit von Matthias LAWO. Hannover 2001 (Monumenta Germaniae Historica, Studien und Texte 29).

RADLMAIER, Dominik: Handschriften der Welser. Die Bibliothek der Paul Wolfgang Merkelschen Familienstiftung im Germanischen Nationalmuseum. Nürnberg 2008 (Nürnberger Werkstücke zur Stadt- und Landesgeschichte 66).

RAM, Peter Franz (Hg.): Edmond de Dynter. Chronica nobilissimorum ducum Lotharingiae et Brabantiae ac regum Francorum 3. Brussel 1857.

RAMBA, Jiří: Rytířské a válečné úrazy a jejich stopy na lebkách českých králů [Turnier- und Kriegsverletzungen und ihre Spuren an den Schädeln der böhmischen Könige]. In: JAN/KACETL 2010, 203–223.

RATH, Gernot: Die Pest. In: Ciba-Zeitschrift 73 (1955), 2406–2432.

RATHMANN, Heinrich: Geschichte der Stadt Magdeburg von ihrer ersten Entstehung an bis auf gegenwärtige Zeiten, Bd. 2. Magdeburg 1801.

RAU, Susanne / STUDT, Birgit (Hgg.): Geschichte schreiben. Ein Quellen- und Studienhandbuch zur Historiographie (ca. 1350–1750). Berlin 2010.

RAUE, Jan: Böhmisch und böhmisch beeinflusste Wandmalerei im heutigen Brandenburg. Die Beispiele der Frankfurter Mondsichelmadonna und der Herzberger Gewölbemalereizyklen. In: BADSTÜBNER/KNÜVENER u. a. 2008, 261–281.

[RBM III]: EMLER, Joseph (Hg.): Regesta diplomatica nec non epistolaria Bohemiae et Moraviae, pars III. 1311–1332. Prag 1890.

[RBM IV]: EMLER, Joseph (Hg.): Regesta diplomatica nec non epistolaria Bohemiae et Moraviae, pars IV. 1333–1346. Praha 1892.

[RBM V]: SPĚVÁČEK, Jiří / RYNEŠOVÁ, Blažena (Bd. 1–2) / ZACHOVÁ, Jana (Bd. 3–5) (Hgg.): Regesta diplomatica nec non epistolaria Bohemiae et Moraviae, pars V. 1346–1355. 5 Bde. Praha 1958, 1960, 2000 (fasc. 5.3, 1350–1352), 2004, 2005.

[RBM VI]: MENDL, Bedřich / LINHARTOVÁ, Milena (Bearbb.): Regesta diplomatica nec non epistolaria Bohemiae et Moraviae, pars VI. 1355–1363. Praha 1928. – Praha 1954.

[RBM VII/3]: MENDL, Bedřich / LINHARTOVÁ, Milena (Hgg.): Regesta diplomatica nec non epistolaria Bohemiae et Moraviae, pars VII/3. Praha 1963.

[RECHT 1978/80]: RECHT, Roland: Strasbourg et Prague. In: Ausst.-Kat. Köln 1978, Kolloquiumsband 1980, 106–117.

RECKNAGEL, Hans / RECHTER, Gerhard (Hgg.): Das Territorium der Reichsstadt Nürnberg. Nürnberg 2004, Katalog-CD.

REDLICH, Oswald (Bearb.): Die Regesten des Kaiserreichs unter Rudolf, Adolf, Albrecht, Heinrich VII. 1273–1313, Bd. 1. Innsbruck 1898 (Regesta Imperii VI.1); Neudruck 1969.

REES JONES, Sarah / MARKS, Richard / MINNIS, Alastair J. (Hgg.): Courts and Regions in Medieval Europe. Woodbridge / York 2000.

Regesta Imperii V.1–10: siehe ACHT/WETZEL u. a. 1991–2015.

Regesta Imperii VI.1: siehe REDLICH 1898.

Regesta Imperii VI.2: siehe SAMANEK 1948.

Regesta Imperii VI.4.1: siehe JÄSCHKE 2006.

Regesta Imperii VII: siehe BÖHMER 1839.

Regesta Imperii VIII: siehe HUBER 1877.

Regesta Imperii XI: siehe ALTMANN 1896–1900.

REGULSKA, Grażyna: Gotyckie złotnictwo na Śląsku [Gotische Goldschmiedekunst in Schlesien]. Warszawa 2001.

REICHARDT, Karin: Die Wandmalereien im Chor der ehemaligen Franziskanerkirche in Esslingen. In: Esslinger Studien 43 (2004), 55–73.

REICHE, Jens / SCHOLL, Christian: Göttinger Kirchen des Mittelalters. Göttingen 2015.

REICHERT, Winfried: Landesherrschaft zwischen Reich und Frankreich. Verfassung, Wirtschaft und Territorialpolitik in der Grafschaft Luxemburg von der Mitte des 13. bis zur Mitte des 14. Jahrhunderts. 2 Bde. Trier 1993 (Trierer historische Forschungen 24).

REICHERT, Winfried: Mercanti e monetieri italiani nel regno di Boemia nella prima metà del XIV secolo. In: DEL TREPPO 1994, 337–348.

REICHERT, Winfried: Der fünfte Mann oder über Bastarde im Hause Luxemburg. In: GIEBMEYER/SCHNABEL-SCHÜLE 2000, 365–401.

[Reichskleinodien 1997]: Die Reichskleinodien. Herrschaftszeichen des Heiligen Römischen Reiches. Hg. von der Gesellschaft für staufische Geschichte. Göppingen 1997.

REINCKE, Heinrich: Machtpolitik und Weltwirtschaftspläne Kaiser Karls IV. In: Hansische Geschichtsblätter 49/29 (1924), 78–116.

REINCKE, Heinrich: Kaiser Karl IV. und die deutsche Hanse. Lübeck 1931 (Pfingstblätter des Hansischen Geschichtsvereins XXII).

REINLE, Christine: Herrschaft durch Performanz? Zum Einsatz und zur Beurteilung performativer Akte im Verhältnis zwischen Fürsten und Untertanen im Spätmittelalter. In: Historisches Jahrbuch 126 (2006), 25–64.

REINLE, Christine (Hg.): Stand und Perspektiven der Sozial- und Verfassungsgeschichte zum römisch-deutschen Reich. Der Forschungseinfluss Peter Moraws auf die deutsche Mediävistik. Affalterbach 2016 [im Druck].

REQUIN, Pierre Henri: L'imprimerie à Avignon en 1444. Paris 1890.

[REUSS 1961]: Die Limburger Chronik des Tilemann Elhen von Wolfhagen. Hg. von Karl REUSS. Limburg/Lahn 1961.

REXROTH, Frank: Deutsche Universitätsstiftungen von Prag bis Köln. Köln / Weimar / Wien 1992.

REXROTH, Frank: Tyrannen und Taugenichtse. Beobachtungen zur Ritualität europäischer Königsabsetzungen im späten Mittelalter. In: Historische Zeitschrift 278 (2004) 27–53.

RIEDEL, Adolph Friedrich u. a. (Hgg.): Codex diplomaticus Brandenburgensis. Sammlung der Urkunden, Chroniken und sonstigen Quellenschriften für die Geschichte der Mark Brandenburg und ihrer Regenten. Teil A, 25 Bde., Teil B, 6 Bde., Teil C, 3 Bde., Teil D, 1 Bd., Ergänzungsbände. Berlin 1838–69.

ROBB, David M.: The Iconography of the Annunciation in the Fourteenth and Fifteenth Centuries. In: The Art Bulletin 18 (1936), H. 4, 480–526.

RODRÍGUEZ DE LA PEÑA, Alejandro Manuel: Los Reyes Sabios. Cultura y poder en la Antigüedad Tardía y la Alta Edad Media. Madrid 2008.

RÖSCH, Bernhard: Spätmittelalterliche Bauplastik in Franken und am Mittelrhein 1280 – 1450. Entwicklung, Stil und Werkstätten. Diss. Würzburg 2000. Hamburg 2004 (Schriften zur Kunstgeschichte 4).

ROESE, Eduard (Hg.): Johannes Nedderhoff, Cronica Tremoniensium. Dortmund 1880 (Dortmunder Chroniken 1).

RÖSENER, Werner: Das Wärmeoptimum des Hochmittelalters. Beobachtungen zur Klima- und Agrarentwicklung des Hoch- und Spätmittelalters. In: Zeitschrift für Agrargeschichte und Agrarsoziologie 58 (2010), H. 1, 13–30.

RÖSENER, Werner: Die Krise des Spätmittelalters in neuer Perspektive. In: Vierteljahrschrift für Sozial- und Wirtschaftsgeschichte 99 (2012), H. 2, 189–208.

ROHR, Christian: Extreme Naturereignisse im Ostalpenraum. Naturerfahrung im Spätmittelalter und am Beginn der Neuzeit, Köln / Weimar / Wien 2007 (Umwelthistorische Forschungen 4).

ROHR, Christian: „Sie seind krochen wie ain kriegordnung." Heuschreckenplagen im Land Tirol im Spätmittelalter und in der Frühen Neuzeit. In: Tiroler Heimatblätter 84/1 (2009), 20–25.

ROHR, Christian: Zur Wahrnehmung, Deutung und Bewältigung von Heuschreckenplagen in Mitteleuropa im Spätmittelalter und in der Frühen Neuzeit. Erfurt 2011 (Umweltgeschichte in globaler Perspektive. Vortragsreihe des Historischen Seminars der Universität Erfurt im Sommersemester 2010). Online: Http://www.db-thueringen.de/servlets/DocumentServlet?id=18929 (6.12.2015).

ROLLER, Stefan: Die Nürnberger Frauenkirche und ihr Verhältnis zu Gmünd und Prag. Beobachtungen und Überlegungen zur frühen „Parler-Skulptur". In: STROBEL 2004, 229–238.

ROMAN, Gregor: Tanzwut. Kosmos, Kirche und Mensch in der Bedeutungsgeschichte eines mittelalterlichen Krankheitskonzepts. Göttingen 2012.

ROMET, Clotilde: Le collectionneur François-Roger de Gaignières (1642–1715). Biographie et méthodes de collection Catalogue de ses manuscrits. Thèse Paris, Ecole des Chartes 2007. Online: Http://theses.enc.sorbonne.fr/2007/romet.

ROMITI, Antonio / TORI, Giorgio: I documenti 1355–1376. In: Libertas Lucensis 1970, 129–132.

[RONIG 1984/I]: RONIG, Franz J.: Schatzkunst Trier. Trier 1984 (Treveris sacra 3).

[RONIG 1984/II]: RONIG, Franz: Die Buchmalerei-Schule des Trierer Erzbischofs Kuno von Falkenstein. Ein Forschungsbericht. In: BERENS 1984, 111–115. Wieder in: RONIG/EMBACH 2007, 115–126.

RONIG, Franz: Die Buchmalereiwerkstatt des Trierer Erzbischofs und Kurfürsten Kuno von Falkenstein (1362–1388). In: FRANKENBERGER/HABERMANN 1986, 371–377.

[RONIG/EMBACH 2007]: RONIG, Franz: Geist und Auge weiden. Beiträge zur Trierer Kunstgeschichte. Festgabe zur Vollendung des 80. Lebensjahres. Hg. von Michael EMBACH. Trier 2007.

ROSARIO, Iva: Art and Propaganda. Charles IV. of Bohemia 1346–1378. Woodbridge 2000.

ROSENBERG, Charles M. (Hg.): Art and Politics in Late Medieval and Early Renaissance Italy. 1250–1500. Notre Dame / London 1990.

ROSSI, Luciano: Sercambi, Giovanni. In: Lexikon des Mittelalters, Bd. VII. München 1995, Sp. 1783–1784.

ROSSI, Pietro: Carlo IV di Lussemburgo e la Repubblica di Siena (1355–1369). In: Bulletino senese di Storia Patria 37 (1930), 5–40, 179–242.

ROTHE, Hans / SCHOLZ, Friedrich (Hgg.): Die alttschechische Dresdner Bibel. Paderborn / München / Wien / Zürich 1993.

[ROYT 2002/I]: ROYT, Jan: Středověké malířství v Čechách [Mittelalterliche Malerei in Böhmen]. Praha 2002.

[ROYT 2002/II]: ROYT, Jan: Renovatio regni. Zum Charakter der Kunst in Böhmen unter den Jagiellonen Wladislaw II. und Ludwig II. In: POPP/SUCKALE 2002, 227–232.

ROYT, Jan: Wenzel Králík von Buřenice als Mäzen. In: FAJT/LANGER 2009, 388–395.

ROYT, Jan: Mistr Třeboňského oltáře. Praha 2013. Engl. Ausgabe: The Master of the Třeboň Altarpiece. Praha 2015.

RÜCKERT, Rainer: Das Gold vom heiligen Berg Andechs. Andechs 1967.

RÜEGG, Walter (Hg.): Geschichte der Universität in Europa, Bd. 1. Mittelalter. München 1993.

RÜTHER, Andreas: Anna von Schweidnitz-Jauer. In: FÖSSEL 2011, 273–286.

RULÍK, Jan: Náležité vypsání hrobů královských a knížecích v hlavním kostele na Hradě Pražském [Genaue Darstellung der königlichen und fürstlichen Gräber in der Hauptkirche auf der Prager Burg]. Praha 1804.

RUSSO, Daniel: Les modes de representation du pouvoir en Europe dans l'iconographie du XIVe siècle. In: BLANCHARD 1995, 177–198.

RUTTER, John: Delineations of Fonthill and its Abbey. London 1823.

RŮŽEK, Vladimír: Česká znaková galérie na hradě Laufu u Norimberka z roku 1361. Příspěvek ke skladbě královského dvora Karla IV. [Die böhmische Wappengalerie in der Burg Lauf bei Nürnberg von 1361. Ein Beitrag zur Struktur des Hofes Karls IV.]. In: Sborník archivních prací XXXVIII (1988), H. 1, 37–312.

RŮŽEK, Vladimír: Neue Erkenntnisse zum Laufer Wappensaal. In: GROSSMANN/HÄFFNER 2006, 71–80.

RUŽIČKOVÁ, Dana: Where to Seek the Meeting Point of the Treatises Summa recreatorum, Mensa philosophica and Responsorium curiosorum? A Query into the History of their Origin. In: Sborník prací filosofické fakulty Brněnské univerzity 11 (2006), 61–77.

RYBA, Jan: Mansionáři v pražském kostele [Die Mansionare in der Prager Kirche]. In: Pražský sborník historický 30 (1998), 5–89.

RYCHTEROVÁ, Pavlína: Die Offenbarungen der Heiligen Birgitta von Schweden. Eine Untersuchung zur alttschechischen Übersetzung des Thomas von Štítné (um 1330–um 1409). Köln / Weimar 2004 (Beihefte zum Archiv für Kulturgeschichte 58).

RYCHTEROVÁ, Pavlína: Konzepte der religiösen Erziehung der Laien im spätmittelalterlichen Böhmen. Einige Überlegungen zur Debatte über die sog. böhmische Devotio Moderna. In: EBERHARD/MACHILEK 2006, 219–237.

RYNEŠ, Václav: Inventář kapitulního kostela ve Staré Boleslavi z roku 1564 [Inventar der Stiftskirche von Altbunzlau aus dem Jahre 1564]. In: Umění 10 (1962), 298–300.

RZIHA, Franz: Die ehemalige Judith-Brücke zu Prag: das erste große Ingenieur-Werk in Böhmen. In: Mittheilungen des Vereins für Geschichte der Deutschen in Böhmen 16 (1878), 269–302.

S

SABISCH, Alfred (Hg.): Acta capituli Wratislaviensis 1500–1562, Bd. 1. 1500–1516. Köln 1972 (Forschungen und Quellen zur Kirchen- und Kulturgeschichte Ostdeutschlands 10,1).

SACCARDO, Pietro: Les mosaiques de Saint-Marc à Venise. Venezia 1896.

SAGSTETTER, Maria Rita: Sulzbach im „neuböhmischen" Territorium Kaiser Karls IV. In: HARTMANN/VOGL 1999, 61–82.

SAGSTETTER, Maria Rita: „Neuböhmen". In: Ausst.-Kat. Zwiesel 2007, 131–132, Kat.-Nr. 2.25.

SALFELD, Siegmund (Hg.): Das Martyrologium des Nürnberger Memorbuches. Berlin 1898.

SALFELD, Siegmund / STERN, Moritz (Hgg.): Die israelitische Bevölkerung der deutschen Städte. Ein Beitrag zur deutschen Städtegeschichte, Tl. 3. Nürnberg im Mittelalter. Quellen. 2 Bde. Kiel 1894–96.

SALIGER, Arthur: Dom- und Diözesanmuseum Wien. Wien 1987 (Schriftenreihe des Erzbischöflichen Dom- und Diözesanmuseums Wien N. F. 10).

[SALIGER 2003/I]: SALIGER, Arthur: Zum künstlerischen Verhältnis der malerischen Schaffens auf Karlstein zu Meister Bertram von Minden / O uměleckém vztahu malířké výzdoby na Karlštejně k mistru Bertramovi z Mindenu. In: FAJT 2003/I, 43–46, 341f.

[SALIGER 2003/II]: SALIGER, Arthur: Aspekte zur künstlerischen Einmaligkeit der Heiligkreuzkapelle auf Burg Karlstein bei Prag. In: FAJT 2003/I, 103–113.

SALIGER, Arthur: Ein kunsthistorisches Meisterwerk in internationaler Sicht. In: DOMANY/HISCH 2010, 109ff.

[SALOMON 1913/I]: SALOMON, Richard (Hg.): Iohannis Porta de Annoniaco Liber de coronatione Karoli IV. Imperatoris. Leipzig 1913 (Monumenta Germaniae Historica. Scriptores rerum Germanicarum in usum scholarum 35).

[SALOMON 1913/II]: SALOMON, Richard: Johannes Porta de Annoniaco und sein Buch über die Krönung Kaiser Karls IV. In: Neues Archiv der Gesellschaft für ältere deutsche Geschichtskunde 38 (1913), 281–294.

SALOMON, Richard: Die Papstbiographien des Johannes Porta de Annoniaco. In: Neues Archiv der Gesellschaft für ältere deutsche Geschichtskunde 45 (1924), 112–119.

ŠÁMAL, Jindřich (Hg.): Výstava církevních výšivek v Čechách u příležitosti sjezdu Svazu čsl. katolických žen a dívek ve dvacátém jubilejním roce československé republiky 1938 v umělecko-průmyslovém museu obchodní a živnostenské komory v Praze [Ausstellung kirchlicher Stickerei in Böhmen aus Anlass des Kongresses der Union der demokratischen katholischen Frauen und Mädchen im zwanzigsten Jubiläumsjahr der tschechoslowakischen Republik 1938 im Kunstgewerbemuseum der Industrie- und Handelskammer in Prag]. Praha 1938.

SAMANEK, Vincenz (Bearb.): Die Regesten des Kaiserreichs unter Rudolf, Adolf, Albrecht, Heinrich VII. 1273–1313, Bd. 2. Die Regesten des Kaiserreiches unter Adolf von Nassau 1291–1298. Köln / Weimar 1948 (Regesta Imperii VI.2).

SAMERSKI, Stefan (Hg.): Die Landespatrone der böhmischen Länder. Geschichte – Verehrung – Gegenwart. Paderborn 2009.

SANDLER, Lucy Freeman: The Peterborough Psalter in Brussels and Other Fenland Manuscripts. London 1974.

SARTORIUS, Augustin / GUMPPENBERG, Wilhelm: Marianischer Atlas. Praha 1717.

SAUTER, Alexander: Fürstliche Herrschaftsrepräsentation. Die Habsburger im 14. Jahrhundert. Ostfildern 2003 (Mittelalter-Forschungen 12).

SCALON, Cesare (Hg.): L'Evangeliario di San Marco. Udine 1999.

SCHÄDLER-SAUB, Ursula: Gotische Wandmalereien in Mittelfranken. Kunstgeschichte, Restaurierung, Denkmalpflege. München 2000 (Arbeitshefte des Bayerischen Landesamtes für Denkmalpflege 109).

SCHÄFER, Karl Heinrich (Hg.): Die Ausgaben der apostolischen Kammer unter den Päpsten Urban V. und Gregor XI. (1362–1378). Paderborn 1937 (Vatikanische Quellen zur Geschichte der päpstlichen Hof- und Finanzverwaltung 6).

SCHÄLICKE-MAURER, Edith: Das Alte Kaufhaus auf dem Brand in Mainz. In: GERKE/IMIELA u. a. 1966, 315–354.

SCHALLER, Jaroslaus: Beschreibung der Königlichen Haupt- und Residenzstadt Prag sammt allen darinn befindlichen sehensw[ürdigkeiten]. 4 Bde. Prag 1794–97.

SCHARR, Adalbert: Die Nürnberger Reichsforstmeisterfamilie Waldstromer bis 1400 und Beiträge zur älteren Genealogie der Familien Forstmeister und Stromer von Reichenbach. In: Mitteilungen des Vereins für Geschichte der Stadt Nürnberg 52 (1963/64), 1–41.

SCHEFFLER, Willy: Karl IV. und Innozenz VI. Beiträge zur Geschichte ihrer Beziehungen (1355–1360). Berlin 1912.

SCHEFOLD, Bertram (Hg.): Nicolaus Oresmius und sein „Tractatus de origine et natura, iure & mutationibus monetarum". Vademecum zu einem Klassiker der mittelalterlichen Geldlehre. Düsseldorf 1995 (Klassiker der Nationalökonomie).

SCHEIBE, Michaela: Dynastisch orientiertes Geschichtsbild und genealogische Fiktion in der Mecklenburgischen Reimchronik des Ernst von Kirchberg. In: THUMSER 1997, 23–62.

SCHENK, Gerrit Jasper: Der Einzug des Herrschers. Idealschema und Fallstudie zum Adventuszeremoniell für römisch-deutsche Herrscher in spätmittelalterlichen italienischen Städten zwischen Zeremoniell, Diplomatie und Politik. Marburg 1996 (Edition Wissenschaft. Reihe Geschichte 13).

SCHENK, Gerrit Jasper: Zeremoniell und Politik. Herrschereinzüge im spätmittelalterlichen Reich. Diss. Stuttgart 2000; Köln 2003 (Beihefte zu den Regesta Imperii. Forschungen zur Kaiser- und Papstgeschichte des Mittelalters 21).

SCHENK, Gerrit Jasper: „... prima ci fu la cagione de la mala provedenza de' Fiorentini...". Disaster and „Life world" – Reactions in the Commune of Florence to the Flood of November 1333. In: The Medieval History Journal 10 (2007), 355–386.

SCHENK, Gerrit Jasper: Lektüren im „Buch der Natur". Wahrnehmung, Beschreibung und Deutung von Naturkatastrophen. In: RAU/STUDT 2010, 507–521.

SCHENK, Gerrit Jasper: Vormoderne Sattelzeit? Disastro, Katastrophe, Strafgericht – Worte, Begriffe und Konzepte für rapiden Wandel im langen Mittelalter. In: MEYER/PATZEL-MATTERN/SCHENK 2013, 177–212.

SCHENK, Gerrit Jasper: "Learning from History"? Chances, Problems and Limits of Learning from Historical Natural Disasters. In: KRÜGER 2015, 72–87.

SCHENKLUHN, Wolfgang / WASCHBÜSCH, Andreas (Hgg.): Der Magdeburger Dom im Europäischen Kontext. Beiträge des internationalen wissenschaftlichen Kolloquiums zum 800-jährigen Domjubiläum in Magdeburg vom 1.–4. Oktober 2009. Regensburg 2012.

SCHIEDLAUSKY, Günter: Ein gotischer Becherschatz. Kantige Silbergefäße im Lingenfelder Schatzfund. In: Pantheon 33 (1975), H. 4, 300–309.

SCHIERMEIER, Franz: Stadtatlas Nürnberg. Karten und Modelle von 1492 bis heute. Nürnberg 2006. Online: Http://www.stadtatlas-muenchen.de/stadtatlas-nuernberg.html (28. 12. 2015).

SCHILLING, Edmund: Altdeutsche Meisterzeichnungen. Frankfurt/M. 1934.

SCHILP, Thomas / WELZEL, Barbara (Hgg.): Dortmund und Conrad von Soest im spätmittelalterlichen Europa. Bielefeld 2004.

SCHLECHT, Joseph: Die Bischöfe. In: HERB/MADER/MUTZL/SCHLECHT/THURNHOFER 1901, 1–28.

SCHLEGEL, Ursula / ZOEGE VON MANTEUFFEL, Claus (Hgg.): Festschrift für Peter Metz. Berlin 1965.

SCHLICHT, Markus: La cathédrale de Rouen vers 1300. Un chantier majeur de la fin du Moyen Âge. Portail des libraires, portail de la Calende, chapelle de la Vierge. Diss. Paris-Nanterre 1999; Caen 2005 (Mémoires de la Société des Antiquaires de Normandie 41).

SCHLOTHEUBER, Eva: Petrarca am Hof Karls IV. und die Rolle der Humanisten. In: KUHN 2004. Online: Http://www.phil-hum-ren.uni-muenchen.de/SekLit/P2004A/Schlotheuber.htm.

SCHLOTHEUBER, Eva: Die Autobiographie Karls IV. und die mittelalterlichen Vorstellungen vom Menschen am Scheideweg. In: Historische Zeitschrift 281 (2005), H. 3, 561–591.

SCHLOTHEUBER, Eva: Der Ausbau Prags zur Residenzstadt und die Herrschaftskonzeption Karls IV. In: JAROŠOVÁ/KUTHAN/SCHOLZ 2008, 601–621. Online: Http://www.phil-fak.uni-duesseldorf.de/fileadmin/Redaktion/Institute/Historisches_Seminar/AbteilungI/pdf/ausbau_prags.pdf.

[SCHLOTHEUBER 2009/I]: SCHLOTHEUBER, Eva: Die Rolle des Rechts in der Herrschaftsauffassung Kaiser Karls IV. In: HOHENSEE/LAWO/LINDNER u. a. 2009, 141–168.

[SCHLOTHEUBER 2009/II]: SCHLOTHEUBER, Eva: Zusammenfassung. In: SCHLOTHEUBER/SEIBERT 2009, 343–348.

SCHLOTHEUBER, Eva: Der weise König. Herrschaftskonzeption und Vermittlungsstrategien Kaiser Karls IV. († 1378). In: Hémecht 63 (2011), 265–279.

[SCHLOTHEUBER (im Druck)]: SCHLOTHEUBER, Eva: Die Bedeutung von Sprachen und gelehrter Bildung für die Luxemburgerherrscher. In: THORAU/PENTH [im Druck].

SCHLOTHEUBER, Eva / KISTNER, Andreas: Kaiser Karl IV. und der päpstliche Legat Aegidius Albornoz. In: Deutsches Archiv für Erforschung des Mittelalters 69 (2013), H. 2, 531–579.

SCHLOTHEUBER, Eva / SEIBERT, Hubertus (Hgg.): Böhmen und das Deutsche Reich. Ideen- und Kulturtransfer im Vergleich (13.–16. Jahrhundert). München 2009 (Veröffentlichungen des Collegium Carolinum 116).

SCHMID, Alfred A.: Concordantia caritatis. In: Reallexikon zur Deutschen Kunstgeschichte III (1953), Sp. 833–853. Online: RDK Labor Http://www.rdklabor.de/w/?oldid=92642 (5. 12. 2015).

SCHMID, Barbara: Schreiben für Status und Herrschaft. Deutsche Autobiographik in Spätmittelalter und früher Neuzeit. Diss. Zürich 1998/99; Zürich 2006.

SCHMID, Bernhard: Der alte Hochaltar in St.-Marien. In: Mitteilungen des Coppernicus-Vereins für Wissenschaft und Kunst zu Thorn 15 (1907), H. 3, 40–42.

SCHMID, Bernhard: Aufstellung der Bildtafel des alten Hochaltars der Marienkirche zu Thorn. In: Die Denkmalpflege in der Provinz Westpreußen im Jahre 1912. Danzig 1913, 13–18.

SCHMID, Boris V. u. a.: Climate-Driven Introduction of the Black Death and Successive Plague Reintroductions in Europe. In: Proceedigs of the National Academy of Science of the United States of America 112 (2015), H. 10, 3020–3025. Online: www.pnas.org/cgi/doi/10.1073/pnas.1412887112 (8. 3. 2016).

SCHMID, Wolfgang: Zur Geschichte und Kunstgeschichte der Luxemburger. In: SCHWARZ 1997/I, 9–26.

SCHMID, Wolfgang: Zum Buchmalerei-Atelier des Trierer Erzbischofs Kuno von Falkenstein. In: Libri pretiosi 6 (2003), H. 2, 1–4.

SCHMID, Wolfgang: Trierer Buchmalerei im Herbst des Mittelalters. Das Atelier des Erzbischofs Kuno von Falkenstein (1362–1388). Bemerkungen zu einer Neuerscheinung. In: Neues Trierisches Jahrbuch 44 (2004), 173–178.

SCHMID, Wolfgang: Wallfahrt und Memoria. Die Luxemburger und das spätmittelalterliche Rheinland. In: Rheinische Vierteljahrsblätter 70 (2006), 155–214.

[SCHMID 2009/I]: SCHMID, Wolfgang: Vom Rheinland nach Böhmen. Studien zur Reliquienpolitik Kaiser Karls IV. In: HOHENSEE/LAWO/LINDNER u. a. 2009, 431–464.

[SCHMID 2009/II]: SCHMID, Wolfgang: Von Konstantinopel über Prag nach Trier. Das Haupt der hl. Helena. In: FAJT/LANGER 2009, 309–319.

SCHMID, Wolfgang: Reliquienjagd am Oberrhein. König Karl IV. erwirbt Heiltum für den Prager Dom. In: Zeitschrift für die Geschichte des Oberrheins 159 (2011), 131–209.

SCHMID, Wolfgang: Karl IV. und die heilige Odilia. Heiligenverehrung und Politik am Oberrhein und in Böhmen. In: HERBERS/RÜCKERT 2012, 35–64.

SCHMID, Wolfgang (Bearb.) / Heinz-Günther BORCK: Kaiser Heinrichs Romfahrt. Zur Inszenierung von Politik in einer Trierer Bilderhandschrift des 14. Jahrhunderts. Koblenz 2000 (Mittelrheinische Hefte 21).

SCHMID, Wolfgang / EMBACH, Michael (Hg.): Die Medulla gestorum Treverensium des Johann Enen. Ein Trierer Heiltumsdruck von 1514. Trier 2004.

SCHMIDT, Gerhard: Der "Ritter" von St. Florian und der Manierismus in der gotischen Plastik. In: BENESCH/DEMUS 1959, 249–263.

[SCHMIDT 1967/I]: SCHMIDT Gerhard: Krumauer Bildcodex. Österreichische Natinalbibliothek. Textband zur Faksimile-Ausgabe. Graz 1967 (Codices selecti 13).

[SCHMIDT 1967/II]: SCHMIDT, Gerhard: Johann von Troppau und die vorromanische Buchmalerei. Vom ideellen Wert altertümlicher Formen in der Kunst des 14. Jahrhunderts. In: Studien zur Buchmalerei und Goldschmiedekunst des Mittelalters. Festschrift für Karl H. Usener. Marburg/L. 1967, 275–292.

[SCHMIDT 1969/I]: SCHMIDT, Gerhard: Malerei bis 1450. Tafelmalerei – Wandmalerei – Buchmalerei. In: SWOBODA 1969, 167–321.

[SCHMIDT 1969/II]: SCHMIDT, Gerhard: Fragmente eines böhmischen Antiphonariums des frühen 15. Jahrhunderts (ehemals in Seitenstetten) und eine Marientod-Initiale der Rosenwald Collection. In: Wiener Jahrbuch für Kunstgeschichte 22 (1969), 148–156.

SCHMIDT, Gerhard: Peter Parler und Heinrich IV. Parler als Bildhauer. In: Wiener Jahrbuch für Kunstgeschichte 23 (1970), 108–153. – Wieder in: SCHMIDT 1992/I, 175–228.

SCHMIDT 1975: siehe SCHMIDT 2005/VI.

SCHMIDT 1978/I usf.: siehe SCHMIDT, Roderich

SCHMIDT, Gerhard: Die Wiener „Herzogswerkstatt" und die Kunst Nordwesteuropas. In: Wiener Jahrbuch für Kunstgeschichte 30/31 (1977/78), 179–206, Abb. 82–126. Wieder in: SCHMIDT 1992/I, 142–174, Abb. 143–187.

[SCHMIDT 1992/I]: SCHMIDT, Gerhard: Gotische Bildwerke und ihre Meister. 2 Bde. Wien / Köln / Weimar 1992.

[SCHMIDT 1992/II]: SCHMIDT, Gerhard: Jean Pépin de Huy. Stand der Forschung und offene Fragen. In: SCHMIDT 1992/I, I, 46–58.

[SCHMIDT 1992/III]: SCHMIDT, Gerhard: Évrard d'Orléans und die Gräber der letzten vier Kapetinger. In: SCHMIDT 1992/I, I, 59–71.

[SCHMIDT 1992/IV]: SCHMIDT, Gerhard: Beiträge zu Stil und Oeuvre des Jean de Liège. In: SCHMIDT 1992/I, I, 77–101.

[SCHMIDT 1992/V]: SCHMIDT, Gerhard: Die Wiener „Herzogswerkstatt" und die Kunst Nordwesteuropas. In: Wiener Jahrbuch für Kunstgeschichte 30/31 (1977/78), 179–206, Abb. 82–126. Wieder in: SCHMIDT 1992/I, I, 142–174.

[SCHMIDT 1992/VI]: SCHMIDT, Gerhard: Peter Parler und Heinrich IV. Parler als Bildhauer. In: Wiener Jahrbuch für Kunstgeschichte 23 (1970), 108–153. Wieder in: SCHMIDT 1992/I, 175–211. Mit Anhang II: Das Petersportal des Kölner Domes vor dem Auftreten der Parler, 212–219.

[SCHMIDT 1992/VII]: SCHMIDT, Gerhard: Zu einem Buch über den „Meister der Schönen Madonnen". In: Zeitschrift für Kunstgeschichte 41 (1978), 61–92. Wieder in: SCHMIDT 1992/I, 229–268.

[SCHMIDT 1992/VIII]: SCHMIDT, Gerhard: Paralipomena zu der Ausstellung „Die Parler und der Schöne Stil". In: SCHMIDT 1992/I, 269–312.

[SCHMIDT 1992/IX]: SCHMIDT, Gerhard: Anmerkungen zu dem Missale des Wiener „Collegium Ducale". In: Wiener Jahrbuch für Kunstgeschichte 45 (1992), 183–194.

SCHMIDT, Gerhard: England and the Emergence of a New Figure Style on the Continent during the 1340s. In: MITCHELL 2000, 129–136. Deutsch wieder als: SCHMIDT 2005/VII.

[SCHMIDT 2005/I]: SCHMIDT, Gerhard: Malerei der Gotik. Fixpunkte und Ausblicke. Hg. von Martin ROLAND. 2 Bde. Graz 2005.

[SCHMIDT 2005/II]: SCHMIDT, Gerhard: Malerei zur Zeit der frühen Habsburger 1279–1379. In: SCHMIDT 2005/I, I, 84–118.

[SCHMIDT 2005/III]: SCHMIDT, Gerhard: Zur Kaufmannschen Kreuzigung. In: SCHMIDT 2005/I, I, 229–258.

[SCHMIDT 2005/IV]: SCHMIDT, Gerhard: Der Krumauer Bildercodex (Wien, ÖNB, Cod. 370). In: SCHMIDT 2005/I, I, 259–303.

[SCHMIDT 2005/V]: SCHMIDT, Gerhard: Beobachtungen betreffend die Mobilität von Buchmalern im 14. Jahrhundert. In: Codices Manuscripti 42/43 (2003), 1–25. Wieder in: SCHMIDT 2005/I, II, 65–87.

[SCHMIDT 2005/VI]: SCHMIDT, Gerhard: Zur Datierung des „kleinen" Bargello-Diptychons und der Verkündigungstafel in Cleveland. IN: CHÂTELET/REYNAUD 1975, 47–63. Wieder in: SCHMIDT 2005/I, II, 199–214.

[SCHMIDT 2005/VII]: SCHMIDT, Gerhard: England und die Verbreitung eines neuen Figurenstils auf dem Kontinent ab ca. 1340. In: SCHMIDT 2005/I, II, 217–226.

SCHMIDT, Gerhard: Internationale Gotik versus Schöner Stil. In: Ausst.-Kat. Prag 2006, 541–547.

SCHMIDT, Karl Gustav (Hg.): Urkundenbuch der Stadt Göttingen, Bd. 1. Bis zum Jahre 1400. Hannover 1863.

SCHMIDT, Michael Ignaz: Geschichte der Deutschen, Bd. 1–2. Ulm 1778.

SCHMIDT, Oliver H. / SCHUMANN, Dirk (Hgg.): Zisterzienser in Brandenburg. Berlin (Lukas) 1996 (Studien zur Geschichte, Kunst und Kultur der Zisterzienser 1).

[SCHMIDT 1978/I]: SCHMIDT, Roderich: Brandenburg und Pommern in der Politik Kaiser Karls IV. Das Kräftespiel zwischen Wittelsbachern, Luxemburgern und Greifen. In: SEIBT 1978/I, 203–208.

[SCHMIDT 1978/II]: SCHMIDT, Roderich: Begründung und Bestätigung der Universität Prag durch Karl IV. und die kaiserliche Privilegierung von Generalstudien. In: PATZE 1978/I, 695–719.

SCHMOLINSKI, Sabine: Prophetisch-endzeitliches Denken im Umkreis Karls IV. In: HEINZLE/JOHNSON/VOLLMANN-PROFE 1994, 92–105.

SCHMOLL GEN. EISENWERTH, Josef Adolf: Die lothringische Skulptur des 14. Jahrhunderts. Ihre Voraussetzungen in der Südchampagne und ihre außerlothringischen Beziehungen. Petersberg b. Fulda 2005.

SCHNEEGANS, Louis (Bearb.): Code historique et diplomatique de la ville de Strasbourg. Strasbourg 1843.

SCHNEIDER, Joachim: Typologie der Nürnberger Stadtchronistik um 1500. Gegenwart und Geschichte in einer spätmittelalterlichen Stadt. In: JOHANEK 2000, 181–203.

SCHNEIDER, Josef (Hg.): Große Sudetendeutsche. Geistestaten, Lebensfahrten, Abenteuer. München 1957.

SCHNEIDER, Reinhard (Hg.): Das spätmittelalterliche Königtum im europäischen Vergleich. Sigmaringen 1987 (Vorträge und Forschungen 32).

SCHNEIDMÜLLER, Bernd: Inszenierungen und Rituale des spätmittelalterlichen Reichs. Die Goldene Bulle von 1356 in westeuropäischen Vergleichen. In: HOHENSEE/LAWO/LINDNER u. a. 2009, 261–298.

SCHNEIDMÜLLER, Bernd: Katastrophenerinnerung: Große Pest und Judenpogrome 1348 bis 1352. In: DE BOER u. a. 2012, 393–401.

SCHNEIDMÜLLER, Bernd / WEINFURTER, Stefan (Hgg.): Heilig – Römisch – Deutsch. Das Reich im mittelalterlichen Europa. Dresden 2006.

[SCHNELBÖGL 1973/I]: SCHNELBÖGL, Fritz (Hg.): Das „Böhmische Salbüchlein" Kaiser Karls IV. über die nördliche Oberpfalz 1366/68. München / Wien 1973 (Veröffentlichungen des Collegium Carolinum 27).

[SCHNELBÖGL 1973/II]: SCHNELBÖGL Fritz: Das „Böhmische Salbüchlein" Kaiser Karls IV. In: Oberpfälzer Heimat 17 (1973) 28–32.

SCHNÜTGEN, Alexander: Seidenstickerei auf Leinen, deutsch, XIV. Jahrhundert. In: Zeitschrift für christliche Kunst 4 (1891), Sp. 41–42.

SCHNÜTGEN, Alexander: Spätgothische seidenbestickte Leinenborte. In: Zeitschrift für christliche Kunst 10 (1897), H. 1, Sp. 17–18.

SCHNUR, David: Studien zur Wirtschafts- und Sozialgeschichte der Juden in Frankfurt a. M. und in der Wetterau während des 14. Jahrhunderts. Diss. Trier 2014 [im Druck].

SCHOCH, Rainer (Hg.): Meister der Zeichnung. Zeichnungen aus der Graphischen Sammlung des Germanischen Nationalmuseums. Nürnberg 1992.

SCHOCK-WERNER, Barbara / HOFRICHER, Hartmut (Hgg.): Burg- und Schlosskapellen. Kolloquium des Wissenschaftlichen Beirats der Deutschen Burgenvereinigung. Stuttgart 1995 (Veröffentlichungen der Deutschen Burgenvereinigung e. V., Reihe B, Schriften 3, Burgen und Schlösser, Sonderheft).

SCHÖFBECK, Steffen-Tilo / HEUSSNER, Karl-Uwe: Dendrochronologische Untersuchungen an mittelalterlichen Kunstwerken zwischen Elbe und Oder. In: BADSTÜBNER/KNÜVENER u. a. 2008, 172–187.

SCHÖFFEL, Paul: Nürnberger in Kanzleidiensten Karls IV. In: Mitteilungen des Vereins für Geschichte der Stadt Nürnberg 32 (1934), 47–68.

SCHÖN, Theodor: Geschichte der Juden in Reutlingen. In: Reutlinger Geschichtsblätter 5 (1894), 36–38, 59–62.

SCHÖNACH, Ludwig: Kuttenberger Bergrecht zu Villanders in Tirol (1330). In: Mittheilungen des Vereines für Geschichte der Deutschen in Böhmen 51 (1913), 256.

SCHOENBERGER, Guido: Beiträge zur Baugeschichte des Frankfurter Doms. Frankfurt/M. 1927 (Schriften des Historischen Museums Frankfurt am Main 3).

SCHOLL, Christian: Die Judengemeinde der Reichsstadt Ulm im späten Mittelalter. Innerjüdische Verhältnisse und christlich-jüdische Beziehungen in süddeutschen Zusammenhängen. Hannover 2012 (Forschungen zur Geschichte der Juden A 23).

SCHOLZ, Hartmut: Die mittelalterlichen Glasmalereien in Mittelfranken und Nürnberg extra muros. Teil 1–2. Berlin 2002 (Corpus vitrearum medii aevi X).

SCHOLZ, Hartmut: St. Sebald in Nürnberg. Regensburg 2007 (Meisterwerke der Glasmalerei 3).

SCHOLZ, Hartmut: Prag oder Nürnberg? Die Luxemburger Fensterstiftungen in Nürnberg und Franken und die Frage ihrer künstlerischen Verortung. In: FAJT/LANGER 2009, 221–233.

SCHOLZ, Hartmut: Die mittelalterlichen Glasmalereien in Nürnberg. Sebalder Stadtseite. Berlin 2013 (Corpus Vitrearum Medii Aevi. Deutschland 10, 2).

SCHOLZ, Richard (Hg.): Unbekannte kirchenpolitische Streitschriften aus der Zeit Ludwigs des Bayern (1327–1354), Bd. 2. Texte. Roma 1914.

SCHORTA, Regula / SCHWINGES, Rainer C. (Hgg.): Fashion and Clothing in Late Medieval Europe – Mode und Kleidung im Europa des späten Mittelalters. Riggisberg 2010.

SCHRAMM, Percy Ernst (Hg.): Herrschaftszeichen und Staatssymbolik. Beiträge zu ihrer Geschichte vom dritten bis sechzehnten Jahrhundert, Bd. 2. Stuttgart u. a. 1955 (Schriften der Monumenta Germaniae Historica 13/II).

SCHRAMM, Percy Ernst / FILLITZ, Hermann: Denkmale der deutschen Könige und Kaiser, Bd. 2. Ein Beitrag zur Herrschergeschichte von Rudolf I. bis Maximilian I., 1273–1519. München 1978 (Veröffentlichungen des Zentralinstituts für Kunstgeschichte in München 7).

SCHREG, Rainer: Bodenerosion 1342 – ein Rechtsstreit in Esslingen. In: Archäologik, 19. Januar 2013. http://archaeologik.blogspot.de/2013/01/bodenerosion-1342-ein-rechtsstreit-in.html.

SCHREINER, Klaus: „Correctio principis". Gedankliche Begründung und geschichtliche Praxis spätmittelalterlicher Herrscherkritik. In: GRAUS 1987, 203–256.

SCHRENK, Sabine: Textilien des Mittelmeerraumes aus spätantiker bis frühislamischer Zeit. Riggisberg 2004 (Die Textilsammlung der Abegg-Stiftung 4).

SCHRÖCK, Katja / KLEIN, Bruno / BÜRGER, Stefan (Hgg.): Kirche als Baustelle. Große Sakralbauten des Mittelalters. Köln / Weimar / Wien 2013.

[SCHRÖDER 1897/I]: SCHRÖDER, Alfred: Geschichte des Domkreuzganges in Augsburg. In: Zeitschrift des Historischen Vereins für Schwaben und Neuburg 24 (1897), 97–112. URL: Http://periodika.digitale-sammlungen.de/schwaben/Blatt_bsb00010270,00101.html.

[SCHRÖDER 1897/II]: SCHRÖDER, Alfred: Quellen zur Baugeschichte des Augsburger Domes in der gothischen Stilperiode. 1. Die Bauinschriften des Domes. In: Zeitschrift des Historischen Vereins für Schwaben und Neuburg 24 (1897), 113–122. URL: Http://periodika.digitale-sammlungen.de/schwaben/Blatt_bsb00010270,00117.html.

SCHUBERT, Alexander: Echte Macht und falsche Herrschaft. Vom Einfluss falscher Herrscher auf die Reichsgeschichte. In: PUHLE/HASSE 2006, 349–358.

SCHUBERT, Alexander: Zwischen Zunftkampf und Thronstreit. Nürnberg im Aufstand 1348/49. Bamberg 2008 (Bamberger Historische Studien 3).

SCHUBERT, Dietrich: Von Halberstadt nach Meißen. Bildwerke des 13. Jahrhunderts in Thüringen, Sachsen und Anhalt. Köln 1974.

SCHUBERT, Ernst: Franken als königsnahe Landschaft unter Karl IV. In: PATZE 1978/I, 865–890.

SCHUBERT, Ernst: König und Reich. Studien zur spätmittelalterlichen deutschen Verfassungsgeschichte. Göttingen 1979 (Veröffentlichungen des Max-Planck-Institutes für Geschichte 63).

SCHUBERT, Ernst: Fürstliche Herrschaft und Territorium im späten Mittelalter. München 1996 (Enzyklopädie deutscher Geschichte 35).

SCHUBERT, Ernst: Die deutsche Königswahl zur Zeit Johanns von Böhmen. In: PAULY 1997, 135–166.

SCHUBERT, Ernst: Einführung in die deutsche Geschichte im Spätmittelalter. 2., bibliographisch aktualisierte Aufl. Darmstadt 1998.

SCHUBERT, Ernst: Königsabsetzung im deutschen Mittelalter. Göttingen 2005 (Abhandlungen der Akademie der Wissenschaften zu Göttingen, Phil.-hist. Klasse 3/267).

SCHUBIGER, Anselm: König Karl IV. in Einsiedeln 1354. In: Der Geschichtsfreund 31 (1876), 259–269.

SCHÜNEMANN, Konrad: Die Gründung von Kremnitz und das Kremnitzer Bergrecht. In: Karpathenland 1 (1928), 146–156.

SCHÜRER, Wolf (Hg.): Nürnberger Goldschmiedekunst 1541–1868, Bd. I/1. Meister, Werke, Marken. Nürnberg 2007.

SCHUETTE, Marie / MÜLLER-CHRISTENSEN, Sigrid: Das Stickereiwerk. Tübingen 1963.

SCHULER, Peter-Johannes: Regesten zur Herrschaft der Grafen von Württemberg (1325–1378). Paderborn u. a. 1998 (Quellen und Forschungen aus dem Gebiet der Geschichte N. F. 8).

SCHULTES, Lothar: Der Anteil Österreichs an der Entwicklung der Plastik des Schönen Stils. Diss. Wien 1982.

SCHULTES, Lothar: Der Wiener Michaelermeister. In: Wiener Jahrbuch für Kunstgeschichte XXXVII (1984), 41–66.

SCHULTES, Lothar: Die Plastik – Vom Michaelermeister bis zum Ende des Schönen Stils. In: BRUCHER 2000, 344–360.

SCHULTES, Lothar: Vom „Ritter" von St. Florian zum Steyrer Figurenzyklus. Prag und Oberösterreich im 14. Jahrhundert. In: JAROŠOVÁ/KUTHAN/SCHOLZ 2008, 345–374.

SCHULTHEISS, Werner: Die Acht-, Verbots- und Fehdebücher Nürnbergs von 1285–1400. Mit einer Einführung in die Rechts- und Sozialgeschichte und das Kanzlei- und Urkundenwesen Nürnbergs im 13. und 14. Jahrhundert. Nürnberg 1960.

SCHULTHEISS, Werner: Kaiser Karl IV. und die Reichsstadt Nürnberg. Streiflichter und Funde zur Territorialpolitik in Ostfranken. In: Mitteilungen des Vereins für Geschichte der Stadt Nürnberg 52 (1963/64), 42–53.

SCHULTHEISS, Werner (Hg.): Satzungsbücher und Satzungen der Reichsstadt Nürnberg aus dem 14. Jahrhundert. Nürnberg 1965 (Quellen zur Geschichte und Kultur der Stadt Nürnberg 3, Lieferung 1).

SCHULTHEISS, Werner: Geld und Finanzgeschäfte Nürnberger Bürger vom 13.–17. Jahrhundert. In: Beiträge zur Wirtschaftsgeschichte Nürnbergs, Bd. 1. Nürnberg 1967, 49–116.

SCHULTZE, Johannes (Hg.): Das Landbuch der Mark Brandenburg von 1375. Berlin 1940 (Veröffentlichungen der Historischen Kommission für die Provinz Brandenburg und die Reichshauptstadt Berlin 8, Brandenburgische Landbücher 2).

SCHULTZE, Johannes: Die Mark Brandenburg, Bd. 2. Die Mark unter der Herrschaft der Wittelsbacher und Luxemburger (1319–1415). Berlin 1961; 2. Aufl. 1989.

SCHULZ, Otto: Baugeschichtliche Merkmale an der St. Lorenzkirche in Nürnberg. In: Zeitschrift für Bauwesen 68 (1918), 222–254 und Atlas, Bl. 16–22.

SCHULZE-DÖRRLAMM, Mechthild: Das Reichsschwert. Ein Herrschaftszeichen des Saliers Heinrich IV. und des Welfen Otto IV. Mit dem Exkurs ‚Der verschollene Gürtel Kaiser Ottos IV.' Sigmaringen 1995 (Römisch-Germanisches Zentralmuseum. Forschungsinstitut für Ur- und Frühgeschichte. Monographien 32).

SCHUMANN, Dirk: Der mittelalterliche Kirchenschatz der Nikolaikirche. In: KARG 2006, 28–36.

SCHUMANN, Dirk: Architektonischer Dekor und mittelalterliche Ausstattung – wie kommt das Oktogon hinter den Hochaltar? In: Die Ausstattung des Doberaner Münsters. Kunst im Kontext [in Vorbereitung].

SCHUNDER, Friedrich: Das Reichsschultheißenamt in Frankfurt am Main bis 1372. In: Archiv für Frankfurts Geschichte und Kunst, 5. Folge, 2 (1954), H. 2.

SCHURR, Marc Carel: Die Baukunst Peter Parlers. Der Prager Veitsdom, das Heiligkreuzmünster in Schwäbisch Gmünd und die Bartholomäuskirche zu Kolin im Spannungsfeld von Kunst und Geschichte. Ostfildern 2003.

SCHUSTER, Peter: Die Krise des Spätmittelalters. Zur Evidenz eines sozial- und wirtschaftsgeschichtlichen Paradigmas in der Geschichtsschreibung des 20. Jahrhunderts. In: Historische Zeitschrift 269 (1999), 19–55.

SCHWAIGER, Georg / STABER, Josef (Hgg.): Regensburg und Böhmen. Festschrift zur Tausendjahrfeier des Regierungsantrittes Bischof Wolfgangs von Regensburg und der Errichtung des Bistums Prag. Regensburg 1972 (Beiträge zur Geschichte des Bistums Regensburg 6).

SCHWARZ, Michael Viktor: Höfische Skulptur im 14. Jahrhundert. Entwicklungsphasen und Vermittlungswege im Vorfeld des Weichen Stils. Worms 1986.

[SCHWARZ 1997/I]: SCHWARZ, Michael Viktor (Hg.): Grabmäler der Luxemburger. Image und Memoria eines Kaiserhauses. Echternach 1997 (Publications du CLUDEM 13).

[SCHWARZ 1997/II]: SCHWARZ, Michael Viktor: Felix Bohemia Sedes Imperii. Der Prager Veitsdom als Grabkirche Kaiser Karls IV. In: SCHWARZ 1997/I, 123–153.

SCHWARZ, Michael Viktor: König Sigismunds höfischer Traum: Die Skulpturen für die Burg Buda. In: Ausst.-Kat. Budapest 2006, 225–235.

SCHWARZ, Michael Viktor: Wenzel in der Welt. In: FAJT/LANGER 2009, 184–192.

SCHWEMMER, Wilhelm: Zwei Fresken der Luxemburger in Nürnberg. In: PATZE 1978/I, 539–545.

SCHWINGES, Rainer C. / HESSE, Christian / MORAW, Peter (Hgg.): Europa im späten Mittelalter. Politik – Gesellschaft – Kultur. München 2006 (Historische Zeitschrift, Beiheft 40).

SCILLIA, Diane G.: The Cleveland Annunciation and the Origins of Flemish Painting. In: SMEYERS/CARDON 1995, 345–356.

SCZECH, Karin: Zum archäologischen Umfeld des Schatzfundes Michaelisstraße 43 und 44. In: OSTRITZ 2010/I, 16–59.

SEBALD, Eduard: Der Dom zu Wetzlar. Königstein im Taunus 2001.

SEBASTIANI, Maria Letizia / CRISOSTOMI, Paolo (Hgg.): Splendore Marciano. Il restauro della legatura già del codice Lat. 3, 111 (= 2116) della Biblioteca nazionale Marciana di Venezia. Verona 2012.

SEEBERG, Stefanie: Marienkleid, Windeln und Lendentuch Christi. Zur Geschichte der Verehrung und Wahrnehmung textiler Christus- und Marienreliquien in Mittelalter und früher Neuzeit. In: GORMANS/EYHOFF/MARKSCHIES 2012, 48–93.

ŠEFCŮ, Ondřej: Karlův most [Die Karlsbrücke]. Praha 2007.

ŠEFCŮ, Ondřej / CÍLEK, Václav u. a.: Karlův most [Die Karlsbrücke]. Praha 2010.

SEIBERT, Hubertus (Hg.): Ludwig der Bayer (1314–1347): Reich und Herrschaft im Wandel. Regensburg 2014.

SEIBERT, Hubertus / SCHLOTHEUBER, Eva (Hgg.): Soziale Bindungen und gesellschaftliche Strukturen im späten Mittelalter (14.–16. Jahrhundert). Tagungsband der 3. interdisziplinären deutsch-tschechischen Austauschtagung, Göttingen; Bristol/Conn. 2013 (Veröffentlichungen des Collegium Carolinum 132).

[SEIBT 1978/I]: SEIBT, Ferdinand (Hg.): Kaiser Karl IV. Staatsmann und Mäzen. Aus Anlaß der Ausstellungen Nürnberg und Köln 1978/79 in Zusammenarbeit mit dem Bayerischen Nationalmuseum und dem Adalbert-Stifter-Verein München. München 1978.

[SEIBT 1978/II]: SEIBT, Ferdinand: Karl IV. Ein Kaiser in Europa. 1346–1378. München 1978; 2. Aufl. 1994; Taschenbuchausgabe Frankfurt/M. 2003. Tschechische Ausgabe 1999.

[SEIBT 1978/III]: SEIBT, Ferdinand (Hg.): Karl IV. und sein Kreis. München 1978 (Lebensbilder zur Geschichte der böhmischen Länder 3).

[SEIBT 1978/IV]: SEIBT, Ferdinand: Bayern und Karl IV. Des Kaisers Spuren in Franken und der Oberpfalz. In: Unser Bayern. Heimatbeilage der Bayerischen Staatszeitung 27 (1978), 33–36.

SEIBT, Ferdinand (Hg.): Die Juden in den böhmischen Ländern. München 1983 (Bad Wiesseer Tagungen des Collegium Carolinum 11).

SEIBT, Ferdinand / EBERHARD, Winfried (Hgg.): Europa 1400. Die Krise des Spätmittelalters. Stuttgart 1984.

SEIDEL, Max: L'artista e l'imperatore. L'attività di Giovanni Pisano al servizio di Enrico VII e il sepolcro di Margherita di Brabante. In: Ausst.-Kat. Genua 1987, S. 63–200.

SEIDEL, Max: Das Grabmal der Kaiserin Margarethe von Giovanni Pisano. In: GARMS/ROMANINI 1990, 257–316.

SEIDEL, Max: Le Virtù cardinali. In: Ausst.-Kat. Genua 1992, 272–273.

SEIDEL, Max (Hg.): L'Europa e l'arte italiana. Per i cento anni dalla fondazione del Kunsthistorisches Institut in Florenz. Convegno internazionale, Firenze, 22–27 settembre 1997. Venezia 2000 (Collana del Kunsthistorisches Institut in Florenz, Max-Planck-Institut 3).

SEIDEL, Max / SILVA, Romano: The Power of Images, the Images of Power. Lucca as an Imperial City: Political Iconography. München / Berlin 2007.

SEIDL, Günter Heinz: Die Denkmäler des mittelalterlichen jüdischen Friedhofs in Nürnberg. In: Mitteilungen des Vereins für Geschichte der Stadt Nürnberg 70 (1983), 28–74.

SEIFERT, L. u. a.: Genotyping Yersinia pestis in Historical Plague: Evidence for Long-Term Persistence of Y. pestis in Europe from the 14th to the 17th Century. In: Public library of science (PloS) ONE 11(1). Online: Http://journals.plos.org/plosone/article?id=10.1371/journal.pone.0145194 (8. 3. 2016).

SELLO, Georg: Die deutschen Rolande. Leipzig 1890.

SELLO, Georg: Erzbischof Dietrich Kagelwitz von Magdeburg (1361–1367). Mit einem Urkundenanhang. In: Jahresbericht des Altmärkischen Vereins für vaterländische Geschichte und Industrie zu Salzwedel, Abteilung für Geschichte 23 (1893), H. 1, 1–90.

[SERCAMBI 2006]: Cronicas de Lucca de Giovanni Sercambi, libro de estudios, Giovanni Sercambi. Madrid 2006.

ŠEVČÍKOVÁ, Jana: Chebská gotická plastika [Egerer gotische Plastik]. Cheb 1974.

SEYBOTH, Reinhard: Reichsstadt und Reichstag. Nürnberg als Schauplatz von Reichsversammlungen im späten Mittelalter. In: Jahrbuch für fränkische Landesforschung 52 (1992), 209–221.

SEYBOTH, Reinhard: Nürnberg. Burggrafenburg [C.7.]. In: PARAVICINI/HIRSCHBIEGEL/WETTLAUFER 2003, 426–428.

SIGNORI, Gabriela (Hg.): Die lesende Frau. Wiesbaden 2009 (Wolfenbütteler Forschungen 121).

SILBEREISEN, Christoph: Chronicon Helvetiae, Part 1. Wettingen 1576. Aarau, Aargauer Kantonsbibliothek, MsWettF 16: 1. Online: Http://www.e-codices.unifr.ch/de/list/one/kba/0016-1 (30. 11. 2015).

SIMON, Erika (Hg.): Tainia. Festschrift für Roland Hampe. Mainz 1980.

ŠIMŮNEK, Robert: Kutná Hora [Kuttenberg]. Praha 2010 (Historický atlas měst České republiky 22).

SINDERAM, Johann: Genealogische-chronologische und diplomatische Geschichte des Stifts und Closters Groß Ammensleben. Manuskript, 1800. Magdeburg, Landeshauptarchiv Sachsen-Anhalt, Abteilung Magdeburg, Dienstbibliothek, Sachgruppe: Manuskripte, Sign. Ms 117, 167.

SIRAISI, Nancy: Introduction. In: WILLIMAN 1982, 9–19.

SIRCH, Bernhard: Der Ursprung der bischöflichen Mitra und päpstlichen Tiara. St. Ottilien 1975.

SIROCKO, Frank (Hg.): Wetter – Klima – Menschheitsentwicklung. Von der Eiszeit bis ins 21. Jahrhundert. Stuttgart 2009.

SIROCKO, Frank / DIETRICH, Stephan / VERES, Daniel u. v. a.: Multi-Proxy-Dating of Holocene maar lakes and Pleistocene dry maar sediments in the Eifel, Germany. In: Quaternary Science Reviews 62 (2013), 56–72.

ŠITTLER, Eduard / PODLAHA, Antonín: Poklad Svatovítský [Der St.-Veits-Schatz]. Prag 1903 (Soupis památek historických a uměleckých v Království Českém. Král. Hlavní Město Praha. Hradčany II. Poklad Svatovítský a Knihovna kapitulní, část první).

SKŘIVÁNEK, František: Kameje a řezané nádoby z drahého kamene v památkách našeho středověkého výtvarného umění [Kameen und geschnittene Behältnisse aus Edelstein in Denkmälern unserer mittelalterlichen bildenden Kunst]. In: Památky a příroda 7 (1982), 321–331.

SKŘIVÁNEK, František: Inkrustace z drahého kamene – vrcholný projev interiérové úpravy v české gotické architektuře [Edelsteininkrustationen – Gipfelwerke der Innenausstattung in der böhmischen gotischen Architektur]. In: Památky a příroda 10 (1985), 579–593.

SKŘIVÁNEK, František / BAUER, Jaroslav / RYKL, Drahoš: Výzkum drahých kamenů z chráněné přírodní památky Ciboušov a ze středověkých inkrustací [Die Erforschung der Edelsteine aus dem Naturdenkmal Ciboušov (Zibisch) und aus den mittelalterlichen Inkrustationen]. In: Památky a příroda 10 (1985), 609–627.

SKROK, Zdzisław: Skarby Polski [Polnische Schätze]. Warszawa 2002.

SLAPNICKA, Helmut: Karl IV. als Gesetzgeber in den Legenden des 16. und 17. Jahrhunderts. In: SEIBT 1978/I, 404–407.

SLAVIN, Philip: The Great Bovine Pestilence and its Economic and Environmental Consequences in England and Wales, 1318–50. In: The Economic History Review 65 (2012), H. 4, 1239–1266.

[ŠMAHEL 1993/I]: ŠMAHEL, František: Husitská revoluce [Die hussitische Revolution]. 4 Bde. Bd. 1. Doba vymknutá z kloubů [Die aus den Gelenken gerenkte Zeit]. Bd. 2. Koreny české reformace [Die Wurzeln der böhmischen Reformation]. Bd. 3. Kronika válcěných let [Chronik der Kriegsjahre]. Bd. 4. Epilog bourlivého viku [Epilog einer stürmischen Zeit]. Praha 1993.

[ŠMAHEL 1993/II]: ŠMAHEL, František: Smuteční ceremonie a rituály při pohřbu císaře Karla IV. [Trauerzeremonie und Rituale beim Begräbnis Kaiser Karls IV.]. In: Český časopis historický 91 (1993), 401–416.

[ŠMAHEL 1994/I]: ŠMAHEL, František: Zur politischen Präsentation und Allegorie im 14. und 15. Jahrhundert. München 1994 (Otto-von-Freising-Vorlesungen der Katholischen Universität Eichstätt 9).

[ŠMAHEL 1994/II]: ŠMAHEL, František: Spectaculum et pompa funebris: Das Leichenzeremoniell bei der Bestattung Kaiser Karls IV. In: ŠMAHEL 1994/I, 1–37.

[ŠMAHEL 2001/I]: ŠMAHEL, František: Záhady nejstarší pečeti univerzity Karlovy [Rätsel um das älteste Siegel der Karlsuniversität]. In: Dějiny a současnost 3 (2001), 2–7.

[ŠMAHEL 2001/II]: ŠMAHEL, František: Otazníky kolem nejstarší pečeti pražské univerzity [Fragezeichen um das älteste Siegel der Prager Universität]. In: AUC-HUCP 41 (2001), H. 2.

ŠMAHEL, František: Die Hussitische Revolution. Band I. Hannover 2002 (Monumenta Germaniae Historica 43).

ŠMAHEL, František: Cesta Karla IV do Francie 1377–1378 [Die Reise Karls IV. nach Frankreich 1377–1378]. Praha 2006.

ŠMAHEL, František: Kdo pronesl smuteční řeč při pohřbu císaře Karla IV.? [Wer hielt die Trauerrede bei der Beisetzung Kaiser Karls IV.?] In: Studia Mediaevalia Bohemica 2 (2011), 215–220.

[ŠMAHEL 2014/I]: ŠMAHEL, František: The Parisian Summit, 1377–78. Emperor Charles IV and King Charles V of France. Praha 2014.

[ŠMAHEL 2014/II]: ŠMAHEL, František: Poslední chvíle, pohřby a hroby českých králů 1306–1526 [Die letzten Augenblicke, Beisetzungen und Gräber der böhmischen Könige 1306–1526]. In: NODL/ŠMAHEL 2014, 121–197.

ŠMAHEL, František / BOBKOVÁ, Lenka (Hgg.): Lucemburkové. Česká koruna uprostřed Evropy [Die Luxemburger. Die böhmische Krone in der Mitte Europas]. Praha 2012.

SMEYERS, Maurits / CARDON, Bert (Hgg.): Flanders in a European perspective. Manuscript Illumination around 1400 in Flanders and Abroad. Proceedings of the International Colloquium, Leuven, 7.–10. September 1993. Leuven 1995 (Corpus van verluchte handschriften 8; Low Countries series 5).

ŠMIED, Miroslav / ZÁRUBA, František: Obrazy uctívané, obdivované a interpretované. Sborník k 60. narozeninám profesora Jana Royta [Bilder – verehrt, bewundert und interpretiert. Sammelband zum 60. Geburtstag von Professor Jan Royt]. Praha 2015 (Opera Facultatis theologiae catholicae Universitatis Carolinae Pragensis. Historia et historia artium 20).

SMOLLER, Laura A.: Of Earthquakes, Hail, Frogs, and Geography. Plage and the Investigation of the Apocalypse in the Late Middle Ages. In: WALKER BYNUM/FREEDMAN 2000, 156–187, 316–337.

SMOLNIK 2014: siehe Ausst.-Kat. Jáchymov/Dippoldiswalde 2014.

SNOJ, Jurij: The Glagolitic Chant Fragment from the National and University Library in Ljubljana. In: BAtA 2011, 71–82.

SOBOTKA, Bohuslav: Premiér Sobotka: Evropanství Karla IV. je pro nás dosud velkou a trvalou inspirací [Premier Sobotka: Das Europäertum Karls IV. ist für uns bis heute eine große und dauerhafte Inspiration]. Online: Http://www.parlamentnilisty.cz/politika/politici-volicum/Premier-Sobotka-Evropanstvi-Karla-IV-je-pro-nas-dosud-velkou-a-trvalou-inspiraci-318830 v. 13. 5. 2014 (31. 10. 2015).

SÖDING, Ulrich: Importierte Skulpturen. Transalpine Wechselbeziehungen vom 13. bis zum 16. Jahrhundert. In: AUGUSTYN/SÖDING 2014, 189–256.

SOKOLOVÁ, Jiřína: Obraz krajiny ve francouzských miniaturách gotické [frz. Zusammenfassung: Le paysage dans la miniature française à l'époque gothique]. Praha 1937.

SOLENTE, S[usanne] (Hg.): Le livre des fais et bonnes meurs du sage roy Charles V par Christine de Pisan, II. Paris 1940; Nachdruck Genève 1977.

SOMMER, Petr: Svátý Prokop z počátků českého státu a církve [Der heilige Prokop in den Anfängen von Staat und Kirche in Böhmen]. Praha 2007.

SOMMER, Petr (Hg.): Odorik z Pordenone: Z Benátek do Pekingu a zpět. Setkávání na cestách Starého světa ve 13.-14. století [Odoric von Pordenone: Von Venedig nach Peking und zurück. Begegnungen auf den Straßen der Alten Welt des 13. und 14. Jahrhunderts]. Praha 2008 (Colloquia mediaevalia Pragensia 10).

SOUKUPOVÁ, Helena: Anežský klášter v Praze [Das Agneskloster in Prag]. Praha 2011.

SOUKUPOVÁ, Helena: O felix lancea. K interpretaci pražského poutního odznaku a některých prvků Karlova dvorského umění [O felix lancea. Zur Interpretation der Prager Pilgerabzeichen und einiger Elemente von Karls höfischer Kunst]. In: CHLÍBEC/OPAČIĆ 2015, 379–404.

SOUKUPOVÁ-BENÁKOVÁ, Helena: Pohřby Přemyslovců v klášteře bl. Anežky v Praze Na Františku [Die Beisetzungen von Přemysliden im Franziskus-Kloster der sel. Agnes]. In: Časopis Národního muzea, řada historická 154 (1985), 14–40.

SPEER, Andreas / STEINKRÜGER, Philipp (Hgg.): Knotenpunkt Byzanz. Wissensformen und kulturelle Wechselbeziehungen. Berlin 2012.

SPERBER, Georg: Die Reichswälder bei Nürnberg. Aus der Geschichte des ältesten Kunstforstes. München 1968 (Mitteilungen aus der Staatsforstverwaltung 37).

SPĚVÁČEK, Jiří: Karl IV. Sein Leben und seine staatsmännische Leistung. Praha 1978.

SPĚVÁČEK, Jiří: Karel IV. Život a dílo 1316–1378 [Karl IV. Leben und Werk]. Praha 1979.

SPĚVÁČEK, Jiří (Bearb.): Regesta diplomatica nec non epistolaria Bohemiae et Moraviae, Bd. 5,3. 1350–1352. Praha 2000.

SPĚVÁČEK, Jiří / ZACHOVÁ, Jana (Hgg.): Regesta diplomatica nec non epistolaria Bohemiae et Moraviae, Bd. 5: 1346–1355. Praha 1958–2005.

ŠPIČKA, Jiří: La 'Historia Bohemica' di Pio II e la storiografia ceca. In: TARUGI 2007, 281–292.

SPINDLER, Max / KRAUS, Andreas (Hgg.): Geschichte der Oberpfalz und des bayerischen Reichskreises bis zum Ausgang des 18. Jahrhunderts. 3. Aufl. München 1995 (Handbuch der bayerischen Geschichte III/3).

SPONSEL, Jean Louis: Führer durch das Grüne Gewölbe zu Dresden. Dresden 1921.

SPONSEL, Jean Louis: Das Grüne Gewölbe. Eine Auswahl von seinen Meisterwerken der Goldschmiedekunst. 4 Bde. Leipzig 1925–32.

SPORHAN-KREMPEL, Lore / STROMER VON REICHENBACH, Wolfgang: Die Nadelholzsaat in den Nürnberger Reichswäldern zwischen 1469 und 1600. Nürnberg 1969 (Mitteilungen der Altnürnberger Landschaft, Sonderheft 18).

SPUFFORD, Peter: Money and its Use in Medieval Europe. Cambridge / New York / Port Chester / Melbourne / Sydney 1988.

SPUFFORD, Peter: Münzverschlechterung und Inflation im spätmittelalterlichen und frühneuzeitlichen Europa. In: NORTH 1989, 109–125.

SPUNAR, Pavel: Repertorium auctorum Bohemorum provectum idearum post universitatem Pragensem conditam illustrans. Tomus I. Wrocław / Warszawa / Kraków 1985 (Studia Copernica XXV).

SPYRA, Ulrike: Das »Buch der Natur« Konrads von Megenberg. Die illustrierten Handschriften und Inkunabeln. Köln / Weimar 2005 (Pictura et Poesis 19).

ŠRONĚK, Michal: The Veil of the Virgin Mary. Relics in the Conflict between Roman Catholics and Utraquists in Bohemia in the 14th and 15th centuries. In: Umění 57 (2009), H. 2, 118–139.

SROVNAL, Filip: „K chvále našeho císařství, k oslavě a poctě Panny Marie Bohorodičky". O smyslu, funkci a architektuře norimberské Frauenkirche [„Zum Lobpreis unseres Kaisertums, zur Feier und Ehre der Jungfrau Maria, der Gottesgebärerin". Über Bedeutung, Funktion und Architektur der Nürnberger Frauenkirche]. In: Časopis společnosti přátel starožitností 119 (2001), 193–214.

STACKMANN, Karl (Hg.): Die kleineren Dichtungen. Heinrich von Mügeln. Berlin 2003.

STACKMANN, Karl: Heinrich von Mügeln. In: Die deutsche Literatur des Mittelalters. Verfasserlexikon. Bd. 11 (2004), Sp. 633.

STACKMANN, Karl: Der 'meide kranz': Das ‚nuwe ticht' Heinrichs von Mügeln. In: Zeitschrift für deutsches Altertum und Literatur 135 (2006), 217–239.

[Stadtarchiv Nürnberg 1967]: Beiträge zur Wirtschaftsgeschichte Nürnbergs. Hg. vom Stadtarchiv Nürnberg, Bd. 2. Nürnberg 1967 (Beiträge zur Geschichte und Kultur der Stadt Nürnberg 11/2).

STAFSKI, Heinz (Bearb.): Die Mittelalterlichen Bildwerke, Bd. 1. Die Bildwerke in Stein, Holz, Ton und Elfenbein bis um 1450. Nürnberg 1965 (Kataloge des Germanischen Nationalmuseums Nürnberg).

STAMMLER, Wolfgang / LANGOSCH, Karl (Hgg.): Verfasserlexikon. Die deutsche Literatur des Mittelalters. 5 Bde. Berlin u. a. 1933–1955. – 14 Bde. 2. Aufl. Berlin / New York 1978–2008.

STANGE, Alfred: Deutsche Malerei der Gotik, Bd. 1. Die Zeit von 1250 bis 1350. München 1934.

STANGE, Alfred: Deutsche Malerei der Gotik, Bd. 2. Die Zeit von 1350 bis 1400. Berlin 1936.

STARÁ, Dagmar (Bearb.): Památky národní minulosti. Katalog stálé expozice Historického muzea v Lobkovickém paláci [Nationale Denkmäler der Vergangenheit. Katalog der Dauerausstellung des Historischen Museums im Lobkowitz-Palais]. Hg. von Vlastimil VONDRUŠKA und Josef KOČÍ. Praha 1989.

ŠŤASTNÝ, Radko: Staročeská Dalimilova kronika a její překlady jako kanonická díla evropské literatury (literárněhistorický pohled) [Die altböhmische Dalimil-Chronik und ihre Übersetzung als kanonische Werke der europäischen Literatur (literaturgeschichtliche Perspektive)]. In: FEDROVÁ 2006, 320–329.

STÁTNÍKOVÁ, Pavla / ŠEFCŮ, Ondřej / DRAGOUN, Zdeněk: Kamenný most v Praze. Obrazové svědectví historie Juditina a Karlova mostu [Die steinerne Brücke zu Prag. Bildzeugnisse der Geschichte der Judith- und Karlsbrücke]. Praha 2013. Englische Ausgabe: The Stone Bridge in Prague. The History of Judith and Charles Bridge in Pictures. Praha 2013.

[Statut Karls-Preis]: Der Europäische Karls-Preis der Sudetendeutschen Landsmannschaft (Statut). In: Http://www.google.de/

STEER, Georg: Konrad von Megenberg (1309 – 14. 4. 1374). In: STAMMLER/LANGOSCH V (1985), Sp. 221–236.

STEHLÍK, Michal: Češi v historické skepsi? [Die Tschechen in historischer Skepsis?]. Online: Http://stehlik.blog.ihned.cz/c1-61331210-cesi-v-historicke-skepsi v. 27. 11. 2013 (31. 10. 2015).

STEHLÍKOVÁ, Dana: Pražští zlatníci v letech 1400–1471 [Prager Goldschmiede in den Jahren 1400–1471]. In: Staletá Praha XIV (1984), 171–188.

STEHLÍKOVÁ, Dana: Nejstarší památky sv. Eligia v pokladu cechu pražských zlatníků – Les plus anciens monuments du St-Eloi au trésor de la corporation d'orfévres de Prague. In: PÁTKOVÁ 2006, 157–215.

STEHLÍKOVÁ 2008: siehe Ausst.-Kat. Prag 2008.

STEHLÍKOVÁ, Dana: Gold- and silversmiths in Prague (c. 1300–c. 1420). In: ANTOINE-KÖNIG/TOMASI 2016, 51–77.

STEHLÍKOVÁ, Dana / MÁDL, Martin / HEUDE-LEVOIR, Marie Flore / VALANSOT, Odile: La reliquiaire de la mitre de Saint Eloi a Prague. Étude pluridisciplinaire. In: Bulletin de liaison du Centre International d'Étude des Textiles Anciens 76 (1999), 76–89.

STEINGRÄBER, Erich: Alter Schmuck. Die Kunst des europäischen Schmuckes. München 1956.

[STEJSKAL 1971/I]: STEJSKAL, Karel: Kaple sv. Kříže na Karlštejně [Die Heilig-Kreuz-Kapelle auf Karlstein]. In: Umění a řemesla 16 (1971), 29–35.

[STEJSKAL 1971/II]: STEJSKAL, Karel: Gotik in Böhmen. In: Umění 19 (1971), 372–386.

STEJSKAL, Karel: Vitrail z postavou Jana Křtitele z Oseku [Eine Glasmalerei mit der Darstellung Johannes des Täufers aus Ossegg]. In: Umění a Řemesla 4 (1974), 43–51.

[STEJSKAL 1976/I]: STEJSKAL, Karel: Mistr Gutina náhrobníku a jeho dílo [Der Meister des Guta-Grabsteins und seine Werkstatt]. In: Časopis Národního muzea v Praze 145 (1976), 10–18.

[STEJSKAL 1976/II]: STEJSKAL, Karel: Matouš Ornys a jeho 'Rod Císaře Karla IV.' (k otázce Českého historizujícího manýrismu) [Matouš Ornys und sein 'Stammbaum Kaiser Karls IV.' (zur Frage des böhmischen historisierenden Manierismus)]. In: Umění XXIV (1976), 13–58.

[STEJSKAL 1978/I]: STEJSKAL, Karel: Umění na dvoře Karla IV. [Kunst am Hofe Karls IV.]. Praha 1978, 2. Aufl. 2003.

[STEJSKAL 1978/II]: STEJSKAL, Karel: European Art in the 14th Century. London 1978.

[STEJSKAL 1978/III]: STEJSKAL, Karel: Theodorik, Byzanc a Benátky [Theoderich, Byzanz und Venedig]. In: Umění a řemesla 23 (1978), 101–134.

STEJSKAL, Karel: Malířství [Malerei]. In: POCHE 1983/I, 493–639.

[STEJSKAL 1984/I]: STEJSKAL, Karel: Pramen jako zaklad uměleckého zobrazovani a estetického konzumu [Quelle wie Grundlage der künstlerischen Darstellungen und des ästhetischen Konsums]. In: Umění 32 (1984), 331–344.

[STEJSKAL 1984/II]: STEJSKAL, Karel: Klášter Na Slovanech, pražská katedrála a dvorská malba doby Karlovy [Das Kloster bei den Slawen, die Prager Kathedrale und die Hofmalerei unter Karl IV.]. In: CHADRABA 1984, 328–342.

STEJSKAL, Karel: Die älteste tschechische Bibelhandschrift in kunsthistorischer Sicht. In: ROTHE/SCHOLZ 1993, 411–425.

STEJSKAL, Karel: Noch einmal über die Datierung und Zuschreibung der Karlsteiner Malereien. In: FAJT 2003/I, 47–58.

STEJSKAL, Karel / NEUBERT, Karel: Karl IV. und die Kultur und Kunst seiner Zeit. Praha 1978; wieder 1983.

STELZER, Winfried: Herzog Albrecht II. und seine Residenz in der Kartause Gaming. Gaming 1985.

STENZEL, Gustav Adolf (Hg.): Ludolf v. Sagan. Catalogus abbatum Saganensium. Breslau 1835 (Scriptores rerum Silesicarum 1).

STERLING, Charles: La peinture médiévale à Paris 1300–1500. 2 Bde. Paris 1987/90.

STERN, Moritz: Die israelitische Bevölkerung der deutschen Städte, Bd. 6. Varia, Heft 1: Aus Württemberg. Berlin 1936.

STEYERER, Antonius: Commentarii pro historia Alberti II. ducis Austriae cognomento sapientis. Leipzig 1725.

STOCKER, Thomas F. u. a. (Hgg.): Climate change 2013: The Physical Science Basis. Contribution of Working Group I to the Fifth Assessment Report of the Intergovernmental Panel on Climate Change. Cambridge / New York 2013.

STOCKHAUSEN, Hans-Adalbert von: Der erste Entwurf zum Straßburger Glockengeschoss und seine künstlerischen Grundlagen. In: Marburger Jahrbuch für Kunstwissenschaft 11/12 (1938/39), 579–618.

STOFFELS, Patrick: Die Wiederverwendung jüdischer Grabsteine im spätmittelalterlichen Reich. Trier 2012 (Arye Maimon-Institut für Geschichte der Juden, Studien und Texte 5).

STOLZ, Michael: Heinrichs von Mügeln Fürstenpreis auf Karl IV. Panegyrik, Herrschaftslegitimation, Sprachbewußtsein. In: HEINZLE/JOHNSON/VOLLMANN-PROFE 1994, 106–114.

STOLZ, Michael: Die Artes-Dichtungen Heinrichs von Mügeln. Bezüge zwischen „Der meide Kranz" und dem Spruchwerk. In: HAUSTEIN 2002, 175–210.

STOLZ, Otto: Ein venetianisch-böhmisch-belgisches Verkehrsprojekt Kaiser Karl IV. In: Mitteilungen des Vereins für Geschichte der Deutschen in Böhmen 52 (1914), 413–422.

STOLZ, Otto: Die Anfänge des Bergbaues und Bergrechts in Tirol. In: Zeitschrift der Savigny-Stiftung für Rechtsgeschichte, Germanistische Abteilung 48 (1928), 207–263.

STOOB, Heinz: Kaiser Karl IV. und der Ostseeraum. In: Hansische Geschichtsblätter 88 (1970), H. 1, 163–214.

STOOB, Heinz: Kaiser Karl IV. und seine Zeit. Graz / Wien / Köln 1990.

STORK, Hans-Walter: Der pilgernde Kaiser. Karl IV. am Schrein der heiligen Elisabeth. In: BERTELSMEIER-KIERST 2008, 151–170.

STRAKA, Tomáš: Získání Braniborska Karlem IV. [Der Erwerb Brandenburgs durch Karls IV.]. In: Historie – Otázky – Problémy 1 (2015), 130–147.

STRÁNSKÝ, Pavel: Respublica Bojema [Der Staat Böhmen]. Praha 1634.

STRÁNSKÝ, Pavel: Paul Stransky's Staat von Böhmen. Übersetzt, berichtigt, und ergänzt von Ignaz CORNOVA, Bd. 1. Prag 1792.

STRÁNSKÝ, Pavel: Český stát [Der böhmische Staat]. Praha 1953.

STRATFORD, Jenny: The Bedford Inventories. The Worldly Goods of John, Duke of Bedford, Regnet of France (1389–1435). London 1993.

STRAUCH, Philipp: Margaretha Ebner und Heinrich von Nördlingen. Ein Beitrag zur Geschichte der deutschen Mystik. Freiburg/B. / Tübingen 1882. Neudruck Amsterdam 1966.

STRICKLAND, Matthew / HARDY, Robert: The Great Warbow. From Hastings to the Mary Rose. Sutton 2005.

STROBEL, Richard (Hg.): Parlerbauten. Architektur, Skulptur, Denkmalpflege. Internationales Parler-Symposium Schwäbisch Gmünd, 17.–19. 7. 2001. Stuttgart 2004 (Landesdenkmalamt Baden-Württemberg, Arbeitsheft 13).

STROHMER, Erich V.: Prunkgefäße aus Bergkristall. Wien 1947.

STROHMER, Erich V.: Burgundian Jars of Rock-Crystal. In: Phönix (1949), 11–19.

STROMER VON REICHENBACH, Ernst: Unsere Ahnen in der Reichsstadt Nürnberg 1250–1806. Nürnberg 1951.

STROMER VON REICHENBACH, Wolfgang: Eine gesellige Versammlung des Nürnberger Rates in Ulrich Stromers Haus und der Aufenthalt Kaiser Karls IV. in Nürnberg im Jahre 1358. In: Mitteilungen des Vereins für Geschichte der Stadt Nürnberg 52 (1963/64), 54–64.

STROMER VON REICHENBACH, Wolfgang: Das Schriftwesen der Nürnberger Wirtschaft vom 14. bis zum 16. Jahrhundert. Zur Geschichte oberdeutscher Handelsbücher. In: Stadtarchiv Nürnberg 1967, 751–799.

[STROMER 1968/I]: STROMER VON REICHENBACH, Wolfgang: Die Erfindung der Nadelwald-Saat durch Peter Stromeir von Nürnberg (1368–1968). In: Schöpferische Leistung. Ausgabe zur Verleihung der Dieselmedaille am 20. Oktober 1968 im Kleinen Saal der Meistersingerhalle zu Nürnberg, 58–61.

[STROMER 1968/II]: STROMER VON REICHENBACH, Wolfgang: 600 Jahre Nadelwaldsaat, die Leistung des Peter Stromer von Nürnberg. In: SPERBER 1968, 25–29.

STROMER VON REICHENBACH, Wolfgang: Oberdeutsche Hochfinanz 1350–1450. 3 Teile Wiesbaden 1970 (Vierteljahrschrift für Sozial- und Wirtschaftsgeschichte, Beihefte 55–57).

[STROMER 1978/I]: STROMER VON REICHENBACH, Wolfgang: Die Metropole im Aufstand gegen König Karl IV. Nürnberg zwischen Wittelsbach und Luxemburg Juni 1348 – September 1349. Mit einer Beilage Das hochmittelalterliche Judenviertel Nürnbergs. Eine topographische Rekonstruktion von Karl KOHN. In: Festschrift des Vereins für Geschichte der Stadt Nürnbergs zur Feier seines hundertjährigen Bestehens 1878–1978. Mitteilungen des Vereins für Geschichte der Stadt Nürnberg 65 (1978), 55–90.

[STROMER 1978/II]: STROMER VON REICHENBACH, Wolfgang: Der kaiserliche Kaufmann – Wirtschaftspolitik unter Karl IV. In: SEIBT 1978/I, 63–73, 439f.

STROMER VON REICHENBACH, Wolfgang: Die Große Oberpfälzer Hammereinung vom 7. Januar 1387. Kartell und Konzerne, Krisen und Innovationen in der mitteleuropäischen Eisengewinnung. In: Technikgeschichte 56 (1989), H. 4, 279–304.

STROMER VON REICHENBACH, Wolfgang: Ulman Stromer. Leben und Leistung. In: KURRAS 1990, 89–144.

STROMER VON REICHENBACH, Wolfgang: Nürnbergs große Zollfreiheiten, ihre Symbole und ihre Monumente im Saal des Alten Rathauses. In: Mitteilungen des Vereins für Geschichte der Stadt Nürnberg 80 (1993), 117–135.

STROMER VON REICHENBACH, Wolfgang: Die Vorgeschichte der Nürnberger Nadelwaldsaat von 1368. Iberisch-islamische Überlieferung antiker Forstkultur. In: HUNDSBICHLER 1994, 213–222.

STROMER VON REICHENBACH, Wolfgang: Der Ursprung der Forstkultur. Die Nadelwaldsaat Nürnberg 1368. Naturbeobachtung, Versuche, Praxis und Erfolge. In: CAVACIOCCHI 1996, 499–519.

STROTHMANN, Jürgen: Der „Schwarze Tod" – Politische Folgen und die „Krise" des Spätmittelalters. In: MEIER 2005, 179–198, 413–418.

STRZELCZYK, Jerzy (Red.): Historia i kultura cystersów w dawnej Polsce i ich europejskie związki [Geschichte und Kultur der Zisterzienser im alten Polen und ihre europäischen Verflechtungen]. Poznań 1987 (Uniwersytet Im. Adama Mickiewicza w Poznaniu, Seria Historia 135).

STUDNIČKOVÁ, Milada: Sv.Václav jako scala coeli. K interpretaci nástěnných maleb schodiště Velké věže na hradě Karlštejně [Der hl. Wenzel als scala coeli. Zur Interpretation der Wandmalereien im Treppenhaus des Großen Turms auf Burg Karlstein]. In: VŠETEČKOVÁ 2006, 71–77.

[STUDNIČKOVÁ 2010/I]: STUDNIČKOVÁ, Milada (Hg.): Boemia plena est ecclesiis. Čechy jsou plné kostelů. Kniha k poctě PhDr. Anežky Merhautové, DrSc. [Böhmen ist voller Kirchen. Buch zu Ehren von Dr. Anežka Merhautová]. Praha 2010.

[STUDNIČKOVÁ 2010/II]: STUDNIČKOVÁ, Milada: Kult des heiligen Sigismund (Sigmund) in Böhmen. In: DOLEŽALOVÁ 2010, 299–339.

STÜRZEBECHER, Maria: Der Schatzfund aus der Michaelisstrasse in Erfurt. In: OSTRITZ 2010/I, 60–323.

STULIK, Dušan C.: Scientific Research in the Conservation of the Last Judgment Mosaic. In: PIQUÉ/STULIK 2004, 135–156.

STURM, Heribert: Des Kaisers Land in Bayern: In: SEIBT 1978/I, 208–212.

ŠUBRT, Jiří / VINOPAL, Jiří: K otázce historického vědomí obyvatel České republiky [Zur Frage des historischen Bewusstseins der Einwohner der Tschechischen Republik]. Online: Http://cvvm.soc.cas.cz/media/com_form2content/documents/c3/a4009/f11/%C5%A0ubrt,%20Ji%C5%99%C3%AD;%20Vinopal,%20Ji%C5%99%C3%AD.%20K%20ot%C3%A1zce%20historick%C3%A9ho%20v%C4%9Bdom%C3%AD%20obyvatel%20%C4%8Cesk%C3%A9%20republiky.pdf (31. 10. 2015).

SUCHOMEL, Filip: 300 treasures. Chinese porcelain in the Wallenstein, Schwarzenberg & Lichnowsky family collections. Praha 2015.

SUCHÝ, Marek / VNOUČEK, Jiří: The Story of the Prague Fragment of St. Mark's Gospel through Fourteen Centuries. A New Approach to an Established Narrative. In: FELLOWS-JENSEN/SPRINGBORG 2006, 83–112.

[SUCKALE 1993/I]: SUCKALE, Robert: Die Hofkunst Kaiser Ludwigs des Bayern. München 1993.

[SUCKALE 1993/II]: SUCKALE, Robert: Die Bedeutung des Hussitismus für die bildende Kunst, vor allem in den Nachbarländern Böhmens. In: GAEHTGENS 1993, 65–70.

SUCKALE, Robert: Die Passionstafel in Pechüle – ein Retabel der Klosterkirche Zinna? In: SCHMIDT/SCHUMANN 1996, 128–135.

SUCKALE, Robert: Beiträge zur Kenntnis der böhmischen Retabel aus der Zeit Kaiser Karls IV. In: KROHM/KRÜGER/WENIGER 2001, 247–265.

[SUCKALE 2002/I]: SUCKALE, Robert: Das mittelalterliche Bild als Zeitzeuge. Sechs Studien. Berlin 2002.

[SUCKALE 2002/II]: SUCKALE, Robert: Réflexions sur la sculpture parisienne à l'époque de Saint Louis et de Philippe le Bel. In: Revue de l'art 128 (2000/02), 33–48. Deutsch: Überlegungen zur Pariser Skulptur unter König Ludwig dem Heiligen (1236–70) und König Philipp dem Schönen (1285–1314). In: SUCKALE 2002/I, 123–171.

[SUCKALE 2002/III]: SUCKALE, Robert: Die „Löwenmadonna", ein politischer Bildtyp aus der Frühzeit Kaiser Karls IV. In: FAVREAU/DEBIÉS 1999, 221–229. Verändert in: SUCKALE 2002/I, 172–184.

[SUCKALE 2002/IV]: SUCKALE, Robert: Eine unbekannte Madonnenstatuette der Wiener Hofkunst um 1350. In: Österreichische Zeitschrift für Kunst und Denkmalpflege 49 (1996), 147–159. Wieder in: SUCKALE 2002/I, 225–251.

[SUCKALE 2003/I]: SUCKALE, Robert: Stil und Funktion. Ausgewählte Schriften zur Kunst des Mittelalters. Hg. von Peter SCHMIDT und Gregor WEDEKIND. Berlin 2003.

[SUCKALE 2003/II]: SUCKALE, Robert: Die Sternberger Schöne Madonna. In: Ausst.-Kat. Köln 1978, Resultatband 1980, 117–122. Wieder in: SUCKALE 2003/I, 87–101.

[SUCKALE 2003/III]: SUCKALE, Robert: Das Diptychon in Basel und das Pähler Altarretabel. Ihre Stellung in der Kunstgeschichte Böhmens. In: Zeitschrift für Schweizerische Archäologie und Kunstgeschichte 43 (1986), 103–112. Wieder in: SUCKALE 2003/I, 103–118.

[SUCKALE 2003/IV]: SUCKALE, Robert: Die Glatzer Madonnentafel des Prager Erzbischofs Ernst von Pardubitz als gemalter Marienhymnus. Zur Frühzeit der böhmische Tafelmalerei, mit einem Beitrag zur Einordnung der Kaufmannschen Kreuzigung. In: Wiener Jahrbuch für Kunstgeschichte 46/47 (1993/94), 737–756, 889–892. Wieder in: SUCKALE 2003/I, 119–150.

[SUCKALE 2003/V]: SUCKALE, Robert: Peter Parler und das Problem der Stillagen. In: Ausst.-Kat. Köln 1978, Kolloquiumsband 1980, 175–184. Wieder in: SUCKALE 2003/I, 257–286.

[SUCKALE 2003/VI]: SUCKALE, Robert: Die Porträts Kaiser Karls IV. als Bedeutungsträger. In: BÜCHSEL/SCHMIDT 2003, 191–204.

[SUCKALE 2004/I]: SUCKALE, Robert: Über die Schwierigkeiten, Peter Parler Skulpturen zuzuschreiben. In: STROBEL 2004, 197–205.

[SUCKALE 2004/II]: SUCKALE, Robert: Zur Chronologie der Kölner Malerei der zweiten Hälfte des 14. Jahrhunderts. In: SCHILP/WELZEL 2004, 45–72.

SUCKALE, Robert: Die Madonnenstatue des Johann Gerhart im Erfurter Severistift als epochenmachendes Werk. In: CRAMER/SCHULLER/WINGHART 2005, 204–208.

[SUCKALE 2009/I]: SUCKALE, Robert: Über die Hinfälligkeit einiger historiographischer Konzepte und Begriffe zur Deutung der Kunst Böhmens. In: FAJT/LANGER 2009, 27–43.

[SUCKALE 2009/II]: SUCKALE, Robert: Schöne Madonnen am Rhein. In: Ausst.-Kat. Bonn 2009, 38–119.

SUCKALE, Robert: Auf den Spuren einer vergessenen Königin. Ein Hauptwerk der Pariser Hofkunst im Berliner Bode-Museum. (...) Mit einer technologischen Untersuchung von Bodo BUCZYNSKI. Petersberg b. Fulda 2013.

ŠUSTA, Josef: Poslední Přemyslovci a jejich dědictví. Dvě knihy českých dějin, I [Die letzten Přemysliden und ihr Erbe. Zwei Bücher der böhmischen Geschichte, I]. Praha 1917.

ŠUSTA, Josef: Soumrak Přemyslovců a jejich dědictví [Die Dämmerung der Přemysliden und ihr Erbe]. Praha 1935 (České dějiny II,1; Laichterův výbor nejlepších spisů poučných 58).

ŠUSTA, Josef: Karel IV. Otec a syn 1333–1346 [Karl IV. Vater und Sohn 1333–1346]. Praha 1946 (České dějiny II/3).

ŠUSTA, Josef: Karel IV. Za císařskou korunou 1346–1355 [Karl IV. Bis zur Kaiserkrönung 1346–1355]. Praha 1948 (České dějiny II/4).

SUTTNER, Joseph Georg: Tabula Leonrodiana Eystettensis explicata & illustrata. Vitae pontificum Eystettensium ad saeculum usque XVI ex Pontificali Gundecariano descriptae. Eichstätt 1867.

SVATOŠ, Michal: Kolej krále Václava pražské univerzity [Das Kolleg König Wenzels der Prager Universität]. In: Památky a příroda 1977, 257–262.

SWOBODA, Karl Maria (Hg.): Gotik in Böhmen. Geschichte, Gesellschaftsgeschichte, Architektur, Plastik und Malerei. München 1969.

SYNDRAM, Dirk / KAPPEL Jutta / WEINHOLD, Ulrike: Die barocke Schatzkammer. Das Grüne Gewölbe zu Dresden. München / Berlin 2006.

SZCZEPKOWSKA-NALIWAJEK, Kinga: Relikwiarze średniowiecznej Europy od IV do początku XVI wieku. Geneza, treści, styl i techniki wykonania [Reliquiare des mittelalterlichen Europa vom 4. bis zum Beginn des 16. Jahrhunderts. Genese, Inhalt, Stil und Techniken der Ausführung]. Warszawa 1996.

T

TABURET-DELAHAYE, Elisabeth: Un groupe de bijoux vénitiens du XIVe siècle. In: Razo 7 (1987), 145–181.

TABURET-DELAHAYE, Elisabeth: L'orfèvrerie gothique au Musée de Cluny, XIIIe–début XVe siècle. Paris 1989.

TADRA, Ferdinand: Kanceláře a písaři v zemích českých za králů z rodu Lucemburského Jana, Karla IV. a Václava IV. (1310–1420) [Kanzler und Schreiber in den böhmischen Ländern unter den Königen des Hauses Luxemburg Johann, Karl IV. und Wenzel IV.]. Prag 1892 (Rozpravy České Akademie císaře Františka Josefa pro vědy, slovesnost a umění v Praze. Ročník I. Třída I. Číslo 2).

TADRA, Ferdinand (Hg.): Summa cancellariae. Praha 1895.

TADRA, Ferdinand: Kulturní styky Čech s cizinou až do válek husitských [Kulturbeziehungen Böhmens mit dem Ausland bis zum Hussitenkrieg]. Praha 1897.

TADRA, Ferdinand: Zur Lebensgeschichte Johann's von Gelnhausen, Registrators der Kanzlei Kaiser Karl's IV. In: Mittheilungen des Instituts für Oesterreichische Geschichtsforschung 20 (1899), 100–105.

TAMMEN, Silke: Blick und Wunde – Blick und Form. Zur Deutungsproblematik der Seitenwunde Christi in der spätmittelalterlichen Buchmalerei. In: MAREK/PREISINGER u. a. 2006, 85–114.

TÅNGEBERG, Peter: Mittelalterliche Holzskulpturen und Altarschreine in Schweden. Stockholm 1986.

TÅNGEBERG, Peter: Das "Schöne Kruzifix" in Vadstena und Nussbaumholzskulpturen aus dem Deutschordensland. Stockholm 1993.

TÅNGEBERG, Peter: Ordensländischer Kunstexport nach Schweden um 1400–1430. In: KROHM/ALBRECHT/WENIGER 2004, 55–67.

TARUGI, Luisa Secchi (Hg.): Pio II umanista europeo. Firenze 2007.

TEIGE, Josef: Základy starého místopisu pražského (1437–1620), Staré Město pražské [Grundlagen einer historischen Topografie Prags [1437–1620], Die Prager Altstadt]. 2 Teilbde. (I/1, I/2). Praha 1910–15.

TETZLAFF, Gerd / BÖRNGEN, Michael / MUDELSEE, Manfred / RAABE, Armin: Das Jahrtausendhochwasser von 1342 am Main aus meteorologisch-hydrologischer Sicht. In: Wasser & Boden 54 (2002), H. 10, 41–49.

TEUFEL, Helmut / KOCMAN, Pavel / ŘEPA, Milan: „Avigdor, Beneš, Gitl" – Juden in Böhmen, Mähren und Schlesien im Mittelalter. Samuel Steinherz (1857–1942) zum Gedenken. Brno / Essen 2015.

THALHEIM, Klaus: Die Suche nach „edlen Steinen" in Sachsen vom 16. bis zum 18. Jahrhundert. In: Ausst.-Kat. Idar-Oberstein/Dresden 1998/99, 11–25.

THIEME, André / GRÄSSLER, Ingolf / KLEINER, Anne (Hgg.): Wilhelm der Einäugige, Markgraf von Meißen (1346–1407). Dresden 2009 (Saxonia. Schriften des Vereins für sächsische Landesgeschichte 11).

THIEME, Ulrich / BECKER, Felix (Hgg.): Allgemeines Lexikon der bildenden Künstler von der Antike bis zur Gegenwart. Spätere Bände hg. von Hans VOLLMER. 37 Bde. Leipzig 1907–50; Neudruck München 1992.

THODE, Henry: Franz von Assisi und die Anfänge der Renaissance in Italien. Berlin 1904.

THOMAS, Alois: Die Darstellungen Christi in der Kelter. Düsseldorf 1935 (Forschungen zur Volkskunde 20/21).

THOMAS, Alois: Christus in der Kelter. In: Reallexikon der deutschen Kunstgeschichte 3 (1954), Sp. 678.

THOMAS, Heinz: Ein Zeitgenössisches Memorandum zum Staatsbesuch Kaiser Karls IV. in Paris. In: HAUBRICHS/LAUFER/SCHNEIDER 1995, 99–119.

THOMAS, Heinz: Vater und Sohn – König Johann und Karl IV. In: PAULY 1997/I, 445–482.

[Thomas von Štítné/ERBEN 1852]: Tomáše ze Štítného Knížky šestery o obecných věcech křesťanských [Thomas von Štítné: Sechserlei Bücher über die allgemeinen christlichen Dinge]. Hg. von Karel Jaromír ERBEN. Praha 1852.

[THOMS 1875/I]: THOMS, Heinrich (Hg.): Beiträge zur Geschichte Mecklenburgs vornehmlich im dreizehnten und vierzehnten Jahrhundert. O. O. 1875.

[THOMS 1875/II]: THOMS, Heinrich: Die mecklenburgische Reimchronik des Ernst von Kirchberg und ihre Quellen. In: THOMS 1875/I.

THON, Alexander: „... di nante he alle nach sime namen." Balduinseck und Balduinstein – Zwei Burganlagen Erzbischof Balduins von Trier (1307–1354) im Vergleich. In: DORFEY 2008, 167–179.

THORAU, Peter / PENTH, Sabine (Hgg.): Rom 1312. Die Kaiserkrönung Heinrichs VII. und die Folgen. Die Luxemburger als Herrscherdynastie von gesamteuropäischer Bedeutung / Roma 1312. L'incoronazione imperiale di Enrico VII e le sue conseguenze. Il significato europeo della dominazione dinastica. Köln / Weimar / Wien [im Druck] (Beihefte zu den Regesta Imperii 40).

THUMSER, Matthias: Schriftkultur und Landesgeschichte. Studien zum südlichen Ostseeraum vom 12. bis zum 16. Jahrhundert. Köln / Weimar / Wien 1997 (Mitteldeutsche Forschungen 115).

[TIETZE 1931/I]: TIETZE, Hans: Geschichte und Beschreibung des St. Stephansdomes in Wien. Wien 1931 (Österreichische Kunsttopographie XXIII).

[TIETZE 1931/II]: TIETZE, Hans: Aus der Bauhütte von St. Stephan, Teil II. In: Jahrbuch der Kunsthistorischen Sammlungen in Wien N. F. 5 (1931), 161–188.

TIETZEL, Brigitte: Geschichte der Webkunst. Technische Grundlagen und künstlerische Traditionen. Köln 1988.

TILLMANN, Curt: Lexikon der deutschen Burgen und Schlösser. 4 Bde. Stuttgart 1958.

TIMMERMANN, Achim: Two Parlerian Sacrament Houses and their Microarchitectural Context. In: Umění 47 (1999), 400–412.

TIMMERMANN, Achim: Architektur und Eucharistie. Sakramentshäuser der Parlerzeit. In: Das Münster 55 (2002), 2–13.

TIMMERMANN, Achim: Real Presence: Sacrament Houses and the Body of Christ, c. 1270–1600. Turnhout 2009 (Architectura Medii Aevi 4).

TOMASI, Michele: Baldassare Umbriachi, le maître, le public. In: Revue de l'art 134 (2001), H. 4, 51–60.

TOMEK, Wácslaw Wladiwoj: Dějepis města Prahy [Geschichte der Stadt Prag]. 12 Bde. Praha 1855–1901.

TOMEK, Wácslaw Wladiwoj: Základy starého místopisu pražského [Grundlagen der alten Prager Topographie], Bd. 1. Staré město [Altstadt]. Praha 1866.

TOMEK, Wácslaw Wladiwoj: Základy starého místopisu pražského [Grundlagen der alten Prager Topographie], Bd. 2. Nové město [Neustadt]. Praha 1870.

TOMEK, Wácslaw Wladiwoj: Základy starého místopisu Pražského [Grundlagen der alten Prager Topographie], Bd. 3–4. Mala Strana a Hradčany [Kleinseite und Hradschin]. Praha 1871/72.

TOMEK, Wácslaw Wladiwoj: Základy starého místopisu pražského [Grundlagen der alten Prager Topographie], Bd. 5. Registřík [Register]. Praha 1872.

TRAEGER, Josef: Die Bischöfe des mittelalterlichen Bistums Schwerin. Leipzig 1980.

TRAPP, Wolfgang / FRIED, Torsten: Handbuch der Münzkunde und des Geldwesens in Deutschland. 3., aktualisierte Aufl. Stuttgart 2014.

TRATTNER, Irma: Die Kaufmannsche Kreuzigung. Überlegungen zu einem umstrittenen Gemälde in der Berliner Gemäldegalerie. In: Acta historiae artis Slovenica 3 (1998), 5–21.

TRENKLER, Ernst: Des Evangeliar des Johann von Troppau. Handschrift 1182 der Österreichischen Nationalbibliothek (Teilfaksimile). Klagenfurt / Wien 1948.

DEL TREPPO, Mario (Hg.): Sistema di rapporti d'elite economiche in Europa (secoli XII–XVII). Napoli 1994.

TRESP, Uwe: Karl IV. und der Adel der Wenzelskrone. In: DOLEŽALOVÁ/ŠIMŮNEK 2011, 81–117.

TRESP, Uwe: Pacis amator oder princeps militie? Kaiser Karl IV. als Kriegsherr. Militärische Herrschertugend zwischen Anspruch, Wirklichkeit und symbolischer Darstellung. In: CLAUSS/STIELDORF/WELLER 2015, 299–332.

[TRIPPS 1997/I]: TRIPPS, Johannes: Eine Schutzheilige für Dynastie und Reich. Giovanni Pisano und das Grabmal der Margarete von Brabant in Genua. In: SCHWARZ 1997/I, 27–49.

[TRIPPS 1997/II]: TRIPPS, Johannes: Restauratio Imperii. Tino da Camaino und das Monument Heinrichs VII. in Pisa. In: SCHWARZ 1997/I, 51–79.

TROCHE, Ernst Günter: Das erste Jahrhundert schlesischer Malerei. In: Die Hohe Straße. Schlesische Jahrbücher für deutsche Art und Kunst im Ostseeraum 1 (1938), 101–141.

TROESCHER, Georg: Burgundische Malerei. Maler und Malwerke um 1400 in Burgund, dem Berry mit der Auvergne und in Savoyen mit ihren Quellen und Ausstrahlungen. Berlin 1966.

TROILUS HAGIOCHORANUS, Nicolaus: Oratio de vita Caroli IV. imperatoris. Prag 1614.

TROYER, Ferdinand: Cronica der Statt Botzen. Hg. von Nicolò RASMO. In: Cultura Atesina / Kultur des Etschlandes 3 (1949), 157–172.

TRUHLÁŘ, Antonín: Jana Františka Beckovského Poselkyně starých příběhů českých, díl I. (1700) [Jan František Beckovskýs Botin alter böhmischer Geschichten, Teil 1 (1700)]. In: Sborník historický 2 (1884), 211–308.

TUCHMAN, Barbara: Der ferne Spiegel. Das dramatische 14. Jahrhundert. München 1982.

TUMPACH, Josef / PODLAHA, Antonín (Bearb. / Hg.): Český slovník bohovědný, IV [Tschechisches theologisches Wörterbuch, IV]. Praha 1930.

TWELLENKAMP, Markus: Die Burggrafen von Nürnberg und das deutsche Königtum (1273–1417). Nürnberg 1994 (Nurnberger Werkstücke zur Stadt- und Landesgeschichte 54).

TWINING, Edward Francis: A History of Crown Jewels in Europe. London 1960.

TYMIENIECKI, Kazimierz: Dzieje Torunia [Die Geschichte Thorns]. Toruń 1933.

U

UHLÍŘ, Zdeněk: Nově objevený zlomek latinského překladu Kroniky tak řečeného Dalimila [Das neu entdeckte Fragment einer lateinischen Übersetzung der Chronik des so genannten Dalimil]. In: Knihovna 16 (2005), Nr. 2, 137–164.

ULIČNÝ, Petr: Chóry katedrály sv. Víta v Praze [Die Chöre der Kathedrale des hl. Veit zu Prag]. In: Průzkumy památek 18 (2011), H. 2, 47–82.

ULLMANN, Ernst (Hg.): Der Magdeburger Dom, ottonische Gründung und staufischer Neubau. Leipzig 1989.

ULMANN, Arnulf von: The Virtual Reconstruction of Medieval Polychromy. In: BRINKMANN/PRIMAVESI/HOLLEIN 2010, 382–392.

[Ulrich von Lilienfeld/DOUTEIL 2010]: DOUTEIL, Herbert (Hg.): Die Concordantia caritatis des Ulrich von Lilienfeld. Edition des Codex Campililiensis 151 (um 1355). Hg. von Rudolf SUNTRUP / Arnold ANGENENDT / Volker HONEMANN. 2 Bde. Münster/W. 2010.

V

VADAS, András: Documentary Evidence on Weather Conditions and a Possible Crisis in 1315–1317. Case Study from the Carpathian Basin. In: Journal of Environmental Geography 2 (2009), 23–29.

VAJS, Josef: Hlaholský zlomek nalezený v knihovně král. kanonie strahovské [Ein glagolitisches Fragment, gefunden in der Bibliothek des königlichen Stifts Strahov]. In: Cyril 35 (1909), 99–107.

VANĚČEK, Václav (Hg): Karolus Quartus. Hg. von der Karlsuniversität Prag. Praha 1984.

VANĚK, Vojtěch: Kuttenberg und Freiberg im späten Mittelalter. Zu den Kontakten zwischen den beiden Bergstädten in vorhussitischer Zeit. In: HOFFMANN/RICHTER 2013, 327–336.

VANÍČEK, Vratislav: Předpoklady a formování šlechtické „obce českého království" (zemské obce) [Voraussetzungen und Herausbildung der adeligen „Gemeinde des böhmischen Königreiches" (der Landesgemeinde)]. In: Mediaevalia Historica Bohemica 1 (1991), 13–55.

VANÍČEK, Vratislav: Velké dějiny zemi koruny české [Die große Geschichte der Länder der böhmischen Krone], Bd. 3. Praha / Litomyšl 2002.

VANÍČEK, Vratislav: Sakralita české panovnické hodnosti, dynastie Přemyslovců a Vyšehradu v proměnách christianizace a středověké modernizace [Die Sakralität der böhmischen Herrscherwürde, der Přemysliden-Dynastie und des Vyšehrad im Wandel der Christianisierung und der mittelalterlichen Modernisierung]. In: Královský Vyšehrad 2007, 17–59.

VASOLD, Manfred: Die Ausbreitung des Schwarzen Todes in Deutschland nach 1348. Zugleich ein Beitrag zur deutschen Bevölkerungsgeschichte. In: Historische Zeitschrift 277 (2003), 281–308.

VASSEUR, Jacques: Annales de l'eglise cathedrale de Noyon, jadis dit de Vermand. Paris 1633.

VEBR, Lubomír (Hg.): In memoriam Zdeňka Fialy. Z pomocných věd historických [In memoriam Zdeněk Fiala. Von den historischen Hilfswissenschaften]. Praha 1978.

VELDTRUP, Dieter: Zwischen Eherecht und Familienpolitik. Studien zu den dynastischen Heiratsprojekten Karls IV. Warendorf 1988 (Studien zu den Luxemburgern und ihrer Zeit 2).

VERDERA Y TUELLS, Evelio (Hg.): El cardenal Albornoz y el colegio de España, Bd. 1. Zaragoza 1972 (Studia Albornotiana 11).

VETTER, Ewald M.: Mulier amicta sole und Mater salvatoris. In: Münchener Jahrbuch der Bildenden Kunst 3. Folge 9/10 (1958/59), 32–71.

VETTER, Ewald M.: Die Kupferstiche der Psalmodia Eucaristica des Melchior Prieto von 1622. Münster 1972 (Spanische Forschungen der Görresgesellschaft II, 15).

[VIDMANOVÁ 2000/I]: VIDMANOVÁ, Anežka (Hg.): Karel IV. Literární dílo [Karl IV. Das literarische Werk]. Praha 2000.

[VIDMANOVÁ 2000/II]: VIDMANOVÁ, Anežka: Karel IV. jako spisovatel [Karl IV. als Schriftsteller]. In: VIDMANOVÁ 2000/I, 9–22.

VIDMANOVÁ, Anežka: Summa recreatorum. In: FLIEGER/BOK 2001, 169–179.

VIDMANOVÁ, Anežka: Nad Pařížskými zlomky latinského Dalimila [Zu den Pariser Fragmenten eines lateinischen Dalimila]. In: Slovo a smysl V (2006), 25–67.

VILIKOVSKÝ, Jan: Latinská poezie žákovská v Čechách [Lateinische Schuldichtung in Böhmen]. Bratislava 1932.

VILIKOVSKÝ, Jan (Hg.): Próza z doby Karla IV [Prosa aus der Zeit Karls IV.]. Praha 1938.

VILLELA-PETIT, Inès: The Artists. The Giac Master and the Boethius Master, Illuminators of the War. Übersetzt von Keira BORRILL. In: AINSWORTH/CROENEN 2013. Online-Publikation: Http://www.hrionline.ac.uk/onlinefroissart/apparatus.jsp?type=intros&intro=f.intros.IVP-Artists [Version 1.0 (2010); letzter Zugriff 17. 1. 2016].

VIO, Ettore: Appunti sui mosaici e sull'architettura del battistero di San Marco in Venezia. In: IANNUCCI 1992, 133–146.

VIO, Ettore: Das Baptisterium, die Isidorkapelle und die Sakristei. In: PICARI 1993, 183–192.

VIO, Ettore (Hg.): San Marco. Geschichte, Kunst und Kultur. München 2001.

VIO, Ettore: Le cassine e i calchi dalla cappella Zen e dal Battistero. In: FAVARETTO/DA VILLA URBANI 2003, 66–79.

[VÍTOVSKÝ 1990/I]: VÍTOVSKÝ, Jakub: Svatováclavská kaple v pražské katedrále – Matyáš z Arrasu nebo Petr Parléř? [Die Wenzelskapelle in der Prager Kathedrale – Matthias von Arras oder Peter Parler?]. In: Památky a příroda 15 (1990), 339–340.

[VÍTOVSKÝ 1990/II]: VÍTOVSKÝ, Jakub: K problematice iluminátorských a knihařských dílen v českých zemích v letech 1310–1378 [Zur Problematik der Illuminations- und Buchwerkstätten in den böhmischen Ländern]. Praha 1990 (Documenta Pragensia X).

VÍTOVSKÝ, Jakub: K datování, ikonografii a autorství Staroměstské mostecké věže [Zu Datierung, Ikonografie und Autorschaft des Altstädter Brückenturms]. In: Průzkumy památek II (1994), 15–44.

VÍTOVSKÝ, Jakub: Fresco of the Theban Legion from the Royal Chapel, the Alram Estate and the Royal House Brno. In: FAJT 2003/I, 194–200.

VÍTOVSKÝ, Jakub: Zeměpanská kurie s panovnickým trůnem, Eberlinovou mincovnou a palácem Přemyslovců a Jana Lucemburského na Starém Městě pražském [Der herrschaftliche Hof mit Herrscherthron, die Eberlin'sche Münze und der Palast der Přemysliden und Johanns von Luxemburg in der Prager Altstadt]. In: Průzkumy památek 13 (2006), Nr. 1, 110–146.

[VÍTOVSKÝ 2007/I]: VÍTOVSKÝ, Jakub: Historie Výstavby [Baugeschichte] (1342–1502). In: ŠEFCŮ 2007, 54–66.

[VÍTOVSKÝ 2007/II]: VÍTOVSKÝ, Jakub: Staroměstská mostecká věž [Der Altstädter Brückenturm]. In: ŠEFCŮ 2007, 121–134.

VLČEK, Emanuel: Karel IV., jeho tělesné vlastnosti a zdravotní stav [Karl IV., seine physischen Eigenschaften und Gesundheitszustand]. In: Staletá Praha 8 (1978), 82–83.

VLČEK, Emanuel: Aussehen, gesundheitlicher Zustand und Todesursache Karls IV. In: Hémecht. Zeitschrift für Luxemburger Geschichte 32 (1980), 425–447.

VLČEK, Emanuel: Telesné vlastnosti Karla IV. [Körperliche Eigenschaften Karls IV.]. In: VANĚČEK 1984, 471–493.

VLČEK, Emanuel: Čeští králové I. Atlas kosterních pozůstatků českých králů z přemyslovské a lucemburské dynastie s podrobným komentářem a historickými poznámkami [Die Könige von Böhmen I. Atlas der Skelettüberreste der Könige aus der Přemysliden- und Luxemburgerdynastie mit eingehendem Kommentar und historischen Anmerkungen]. Praha 1999.

VLČEK, Emanuel: Čeští králové I. Fyzické osobnosti českých panovníků, II [Böhmische Könige I. Die physische Persönlichkeit der böhmischen Herrscher, II]. Praha 2000.

VLČEK, Pavel u. a. (Hgg.): Umělecké památky Prahy, 3. Malá Strana [Die Kunstdenkmäler Prags, 3. Kleinseite]. Praha 1999.

VLČEK, Pavel (Bearb.): Umělecké památky Prahy, 4. Pražský hrad a Hradčany [Die Kunstdenkmäler Prags, 4. Prager Burg und Hradschin]. Praha 2000.

VLČEK, Pavel: Encyklopedie architektů, stavitelů, zedníků a kameníků v Čechách, Vyd. 1 [Lexikon der böhmischen Architekten, Baumeister, Maurer und Steinmetzen]. Praha 2004.

VLHOVÁ-WÖRNER, Hana: Das Sequentiar des Arnestus von Pardubice. Das Repertoire und sein Verhältnis zum „Prager Ritus". In: Miscellanea musicologica XXXVII (2003), 69–88.

VLHOVÁ-WÖRNER, Hana: Repertorium troporum Bohemiae Medii Aevi II-III. Tropi Ordinarii Missae. Praha 2006–10.

VLHOVÁ-WÖRNER, Hana / ČERNÝ, Jaromír: Hudba v době Karla IV. [Musik in der Zeit Karls IV.]. In: BOBKOVÁ/HOLÁ 2005, 291–305.

VOCK, Walter: Ulman Stromeir (1329–1407) und sein Buch. Nachträge zur Hegelschen Ausgabe. In: Mitteilungen des Vereins für Geschichte der Stadt Nürnberg 29 (1928), 85–168.

VOGL, Elisabeth: Sulzbach-Rosenberg. Stadtgeschichte und Sehenswürdigkeiten. 4. Aufl. Regensburg 2006 (Große Kunstführer 52).

VOGTHERR, Thomas: Rudolf II. Rule von Friedberg. In: Neue Deutsche Biographie 22 (2005), 191.

VOJTÍŠEK Václav: O starých pečetích univerzity Karlovy [Zu den alten Siegeln der Karlsuniversität]. In: Sborník historický 3 (1955), 89–110.

VOLAVKA, Vojtěch: Sochařství devatenáctého století. Výtvarný odbor, Umělecké besedy [Skulptur des neunzehnten Jahrhunderts. Grafik-Abteilung, künstlerische Gespräche]. Praha 1948.

VOLBACH, Wolfgang Fritz: Elfenbeinarbeiten der Spätantike und des frühen Mittelalters. Mainz 1976 (Kataloge der vor- und frühgeschichtlichen Altertümer 7).

VOLFING, Annette: Heinrich von Mügeln, „Der Meide Kranz". A commentary. Tübingen 1997.

VOLKERT, Wilhelm: Die böhmischen Thronlehen in der Oberpfalz. In: Die Oberpfalz 48 (1960), 145–151.

VOLKERT, Wilhelm: Pfalz und Oberpfalz bis zum Tod König Ruprechts. In: SPINDLER/KRAUS 1995, 52–71.

VOZKOVÁ, Jana: Offertoriale Arnesti. A Forthcoming Edition of Plainchant Offertories with Verses from Bohemian Sources. In: KLUGSEDER 2012, 425–428.

VRABCOVÁ, Alžběta: Zpráva o restaurování lampasu z pohřebního roucha Karla IV. z královské krypty v katedrále sv. Víta [Bericht über die Restaurierung der Lampase der Streifen Wiederherstellung der Grabkleider Karls IV. aus der königlichen Krypta der Kathedrale St. Veit]. Praha 2002 (Oddělení uměleckých sbírek SPH, sign. PHA 41).

VŠETEČKOVÁ, Zuzana: The Iconography of the Last Judgment Mosaic and Its Medieval Context, in: PIQUÉ/STULIK 2004, 21–22.

VŠETEČKOVÁ, Zuzana (Hg.): Schodištní cykly Velké věže hradu Karlštejna. Stav po restaurování [Der Treppenhauszyklus des Großen Turms der Burg Karlstein. Der Zustand nach der Restaurierung]. Sborník příspěvků z kolokvia konaného ve dnech 5.– 7. května 2004 v Praze [Sammelband des vom 5.– 7. Mai 2004 in Prag veranstalteten Kolloquiums]. Praha 2006 (Průzkumy památek XIII, Sonderheft).

VŠETEČKOVÁ, Zuzana: Mural Paintings in the Stone Bell House on Old Town Square in Prague. In: Ausst.-Kat. Prag 2011/I, 144–149.

[Vulgata]: Biblia sacra iuxta vulgatam versionem, recensuit Robertus WEBER, praeparavit Roger GRYSON. 4. Aufl. Stuttgart 1994.

VYSKOČIL, Jan Kapistrán: Šest století kostela kláštera u P. Marie Sněžné [Sechs Jahrhunderte Klosterkirche zu Maria Schnee]. Praha 1947.

W

WALKER BYNUM, Caroline / FREEDMAN, Paul (Hgg.): Last Things. Death and the Apocalypse in the Middle Ages. Philadelphia 2000.

WAMMETSBERGER, Barbara: Individuum und Typ in den Porträts Kaiser Karls IV. In: Wissenschaftliche Zeitschrift der Friedrich-Schiller-Universität Jena, GS-Reihe 16 (1967), H. 1, 79–93.

WANNER, Heinz / SIEGENTHALER, Ulrich (Hgg.): Long and Short Term Variability of Climate. Berlin 1988 (Lecture notes in earth sciences 16).

WARDWELL, Anne: The Stylistic Development of 14th- and 15th Italian Silk Design. In Aachener Kunstblätter 47 (1976/77), 177–226.

[WATTENBACH 1851/I]: WATTENBACH, Wilhelm (Hg.): Annales Austriae. Hannover 1851 (MGH SS 9).

[WATTENBACH 1851/II]: WATTENBACH, Wilhelm (Hg.): Annales Matseenses. In: WATTENBACH 1851/I, 823–837.

[WATTENBACH 1851/III]: WATTENBACH, Wilhelm (Hg.): Continuatio Zwetlensis quarta. WATTENBACH 1851/I, 537f.

[WATTENBACH 1851/IV]: WATTENBACH, Wilhelm: Reise nach Österreich in den Jahren 1847, 1848, 1849. In: Archiv der Gesellschaft für ältere deutsche Geschichtskunde 10 (1851), 426–693.

WEIDNER, Herbert: Die Wanderwege der Europäischen Wanderheuschrecke, Locusta migratoria migratoria Linnaeus, 1758, in Europa im Jahre 1693 (Saltatoria, Acrididae, Oedipodinae). In: Anzeiger für Schädlingskunde, Pflanzenschutz, Umweltschutz 59 (1986), H. 3, 41–51.

WEIKINN, Curt: Quellentexte zur Witterungsgeschichte Europas von der Zeitenwende bis zum Jahre 1850. Hydrographie, Teil 1. Zeitenwende–1500. Berlin 1958.

WEILANDT, Gerhard: Die Sebalduskirche in Nürnberg. Bild und Gesellschaft im Zeitalter der Gotik und Renaissance. Habil.-Schrift Berlin 2003. Petersberg b. Fulda 2007.

WEILANDT, Gerhard: Das Hochaltarretabel der Nürnberger Frauenkirche. Ein Hauptwerk der Kunst um 1400. Standortstudien V. In: FAJT/LANGER 2009, 196–220.

WEILANDT, Gerhard: Der ersehnte Thronfolger. Die Bildprogramme der Frauenkirche. Nürnberg zwischen Herrschaftspraxis und Reliquienkult im Zeitalter Kaiser Karls IV. In: SCHRÖCK/KLEIN/BÜRGER 2013, 224–242.

WEINREICH, Lorenz (Bearb.): Quellen zur Verfassungsgeschichte des römisch-deutschen Reiches im Spätmittelalter (1250–1500). Darmstadt 1983 (Ausgewählte Quellen zur deutschen Geschichte des Mittelalters 33).

WEITENWEBER, Vílem Rudolf: In: Zlátá Praha VI (1889), 418–419, 431–432.

WEIZSÄCKER, Julius (Hg.): Deutsche Reichstagsakten unter König Wenzel. Bd. 1: 1376–1387. München 1867; 2. Aufl. Göttingen 1956 (Deutsche Reichstagsakten Ältere Reihe [1376–1485] 1).

WEIZSÄCKER, Julius (Hg.): Deutsche Reichstagsakten unter König Wenzel. Bd. 2: 1387–1396. München 1874; 2. Aufl. Göttingen 1956 (Deutsche Reichstagsakten Ältere Reihe [1376–1485] 2).

WEIZSÄCKER, Julius (Hg.): Deutsche Reichstagsakten unter König Wenzel. Bd. 3: 1397–1400. München 1877; 2. Aufl. Göttingen 1956 (Deutsche Reichstagsakten Ältere Reihe [1376–1485] 3).

WELTIN, Max (Bearb.): Urkunde und Geschichte. Niederösterreichs Landesgeschichte im Spiegel der Urkunden seines Landesarchivs. St. Pölten 2004.

WENDEHORST, Alfred: Das Bistum Eichstätt. Die Bischofsreihe bis 1535. Berlin 2006 (Germania Sacra N. F. 45, Die Bistümer der Kirchenprovinz Mainz 1).

WENDLAND Ulrike (Hg.): … das Heilige sichtbar machen. Domschätze in Vergangenheit, Gegenwart und Zukunft. Regensburg 2010 (Veröffentlichungen des Landesamtes für Denkmalpflege und Archäologie Sachsen-Anhalt, Arbeitsbericht 9).

[WENTZ/SCHWINEKÖPER 1972/I]: WENTZ, Gottfried / SCHWINEKÖPER, Berent: Das Domstift St. Moritz in Magdeburg. Berlin 1972.

[WENTZ/SCHWINEKÖPER 1972/II]: WENTZ, Gottfried / SCHWINEKÖPER, Berent: Die Kollegiatstifter St. Sebastian, St. Nicolai, St. Peter und Paul und St. Gangolf in Magdeburg. Berlin 1972.

WENTZEL, Hans: Die Monolithgefässe aus Bergkristall. In: Zeitschrift für Kunstgeschichte 8 (1939), 281–285.

WENTZEL, Hans: Das byzantinische Erbe der ottonischen Kaiser – Hypothesen über den Brautschatz der Theophano. In: Aachener Kunstblätter 43 (1972), 11–96.

WERNER, Matthias: Mater Hassiae – Flos Ungariae – Gloria Teutoniae. Politik und Heiligenverehrung im Nachleben der hl. Elisabeth von Thüringen. In: PETERSOHN 1994/I, 449–540.

WERNICKE, Horst: Kaiser, Reich und Städtehanse. Die Konsolidierung der Städtehanse in der Zeit Karls IV. Ein Beispiel eigenständiger Entwicklung eines politisch-sozialen Körpers im Bereich der Hausmachtkönige. In: ENGEL 1982/I, 261–289.

WERUNSKY, Emil: Der erste Römerzug Kaiser Karl IV. (1354–1355). Innsbruck 1878.

WERUNSKY, Emil: Geschichte Kaiser Karls IV. und seiner Zeit. 3 Bde. Innsbruck 1880–92; Neudruck New York 1961 (Burt Franklin Research & Source Works Series 15).

WERUNSKY, Emil: Die Maiestas Karolina. In: Zeitschrift der Savigny-Stiftung für Rechtsgeschichte, Germanistische Abteilung 9 (1888), 64–103.

WETTER, Evelin: Böhmische Bildstickerei um 1400. Die Stiftungen in Trient, Brandenburg und Danzig. Berlin 2001.

WETTER, Evelin: Die Lausitz und die Mark Brandenburg. In: Ausst.-Kat. Prag 2006, 341–349.

WETTER, Evelin (Hg.): Iconography of Liturgical Textiles in the Middle Ages. Papers presented at a conference at the Abegg-Stiftung held on November 1 and 2, 2007. Riggisberg 2010 (Riggisberger Berichte 18).

WIDDER, Ellen: Mons imperialis, Baldenau, Karlstein. In: FAHLBUSCH/JOHANEK 1989, 233–284.

WIDDER, Ellen: Itinerar und Politik. Studien zur Reiseherrschaft Karls IV. südlich der Alpen. Diss. Münster/W. 1986; Köln / Weimar / Wien 1993 (Beihefte zu den Regesta Imperii. Forschungen zur Kaiser- und Papstgeschichte des Mittelalters 10).

WIDDER, Ellen / KRAUTH, Wolfgang (Hgg.): Vom luxemburgischen Grafen zum europäischen Herrscher. Neue Forschungen zu Heinrich VII. Luxemburg 2008 (Publications du CLUDEM 23).

WIDMER, Berthe (Hg.): Francesco Petrarca: Aufrufe zur Errettung Italiens und des Erdkreises. Ausgewählte Briefe Lateinisch – Deutsch. Basel 2001.

WIEDEMANN, Andreas: Die Reinhard-Heydrich-Stiftung in Prag (1942–1945). Dresden 2000 (Berichte und Studien des Hannah-Arendt-Instituts für Totalitarismusforschung 28).

WIEGAND, Eberhard: Drei südostdeutsche Federzeichnungen des 14. Jahrhunderts. In: Anzeiger des Germanischen Nationalmuseums 1934/35, 49–56.

WIHODA, Martin: Das „Krönungsrelief" am Turm der ehemaligen Judithbrücke in Prag. In: GÖRICH/SCHMITZ-ESSER 2014, 261–267.

WILCKENS, Leonie von: Ein Kaselkreuz in Rokycany. Hinweise zur böhmischen Marienverehrung unter Karl IV. und den ersten Prager Erzbischöfen. In: Anzeiger des Germanischen Nationalmuseums 1965, 33–52.

WILCKENS, Leonie von: Die textilen Künste von der Spätantike bis um 1500. München 1991.

WILD, Karl: Baiern und Böhmen. Beiträge zur Geschichte ihrer Beziehungen im Mittelalter. Diss. 1938. In: Verhandlungen des Historischen Vereins für Oberpfalz und Regensburg 88 (1938), 3–166.

WILL, Robert: Le Saint-Sépulcre de la chapelle Sainte-Catherine à la cathédrale de Strasbourg. In: Bulletin de la Cathédrale de Strasbourg 19 (1990), 25–40.

WILLIAMSON, Beth: The Madonna of Humility. Development, Dissemination and Reception, c. 1340–1400. Woodbridge 2009.

WILLIMAN, Daniel (Hg.): The Black Death. The Impact of the Fourteenth-Century Plague. Binghampton/N. Y. 1982.

WILLIMAN, Daniel: Calendar of the Letters of Arnaud Aubert Camerarius Apostolicus 1361–1371. Toronto 1992 (Subsidia Medievalia 20).

WILMANS, Roger (Bearb.): Chronica episcoporum ecclesiae Merseburgensis. Hannover 1852 (MGH SS 10).

WILSON, Christopher: Why Did Peter Parler Come to England? In: OPAČIĆ/TIMMERMANN 2011, 89–110.

WIMSATT, James / KIBLER, William W. (Hgg.): Guillaume de Machaut. Le Jugement Du Roy De Behaigne and Remède De Fortune. Athens 1988 (The Chaucer Library).

WINCKELMANN, Otto: Die Beziehungen Kaiser Karls IV. zum Königreich Arelat. Ein Beitrag zur Reichsgeschichte des 14. Jahrhunderts. Straßburg 1882.

WINKELMANN, Eduard (Hg.): Acta imperii inedita seculi XIII. et XIV. Urkunden und Briefe zur Geschichte des Kaiserreichs und des Königreichs Sizilien in den Jahren 1200–1400. 2 Bde. Innsbruck 1885.

WINTER, Zikmund: Dějiny řemesel a obchodu v Čechách v XIV. a XV. století [Geschichte des Handwerks und des Handels in Böhmen im 14. und 15. Jahrhundert]. Prag 1906.

WINTER, Zikmund / ZÍBRT, Čeněk: Dějiny kroje v zemích českých, III. svazek [Geschichte der Kleidung in den böhmischen Ländern, III. Band]. Prag 1892.

WINZELER, Marius: Görlitz als Residenzstadt des Herzogs Johann von Luxemburg (1377–1396). Eine Spurensuche. In: BOBKOVÁ/KONVIČNÁ 2007, 415–434.

WINZELER, Marius (Hg.): Lausitzer Madonnen zwischen Mystik und Reformation. Zittau / Görlitz 2008 (Zittauer Geschichtsblätter 36).

WINZELER, Marius: Zentrum und Peripherie. Das Kloster St. Marienstern als Wallfahrtsort und seine Verbindungen nach Prag im 14. Jahrhundert. In: BOBKOVÁ/KONVIČNÁ 2009, 242–255.

WINZELER, Marius: St. Marienstern. Der Stifter, sein Kloster und die Kunst Mitteleuropas im 13. Jahrhundert. Dößel 2011.

WINZELER, Marius / KAHL, Uwe (Hgg.): Für Krone, Salz und Kelch. Wege von Prag nach Zittau. Zittau / Görlitz 2011 (Zittauer Geschichtsblätter 45).

WIRTH, Janina: Der Nürnberger Reichswald zwischen Nutzung und Repräsentation. Mit einem Schwerpunkt auf der Jagd. In: FAJT/HÖRSCH/RAZÍM 2014, 313–354.

WIRTH, Zdeněk (Hg.): Dějepis výtvarného umění v Čechách, díl I. Středověk [Geschichte der bildenden Kunst in Böhmen, Teil I. Das Mittelalter]. Praha 1931.

WITTE, Hans / WOLFRAM, Georg (Hgg.): Urkundenbuch der Stadt Straßburg, Bd. 5.2. Straßburg 1896.

WITTSTOCK, Jürgen: Kirchliche Kunst des Mittelalters und der Reformationszeit. Die Sammlung im St.-Annen-Museum, Museum für Kunst und Kulturgeschichte Lübeck, Bd. I. Lübeck 1981.

WÖRLER, August: Veste und Festung Rothenberg. Neunkirchen/Sand 2008.

WÖRSTER, Peter: Überlegungen zur Pilgerfahrt Kaiser Karls IV. nach Marburg 1357. In: BREDEHORN/GÖDEKE 1983, 27–34.

WOLF, Armin: Die bildlichen Darstellungen des Kurfürstenkollegiums. Kritische Bemerkungen und Ergänzungen zum gleichnamigen Buch von Paul Hoffmann. In: Rheinische Vierteljahrsblätter 50 (1986), 316–326.

WOLF, Armin: I Principi elettori in Toscana. Il significato sconosciuto di un monumento imperiale pisano. In: Studi medievali 3. Ser. 31 (1990), 273–283.

WOLF, Gunther G.: Die Wiener Reichskrone. Wien 1995 (Schriften des Kunsthistorischen Museums 1).

WOLF, Norbert: Deutsche Schnitzretabel des 14. Jahrhunderts. Habil.-Schrift München 1992. Berlin 2002 (Denkmäler Deutscher Kunst).

WOLFF, Carl: Der Kaiserdom in Frankfurt am Main. Eine baugeschichtliche Darstellung. Frankfurt/Main 1892.

WOLFINGER, Lukas: Die Stephanskirche zu Wien als Bühne und Medium fürstlicher Selbstdarstellung unter Herzog Rudolf IV. von Österreich (1358–1365). In: DOLEŽALOVÁ 2011, 119–145.

WOLFINGER, Lukas: Fürst und Ablass. Zu Heilsvermittlung und Heilsfürsorge als Faktoren herrschaftlicher Bindung im Spätmittelalter. In: SEIBERT/SCHLOTHEUBER 2013, 79–111.

WOLFINGER, Lukas: Die Herrschaftsinszenierung Rudolfs IV. von Österreich. Köln 2016 (Symbolische Kommunikation in der Vormoderne 4).

WOLFRAM, Georg (Hg.): Die Metzer Chronik des Jaique Dex über die Kaiser und Könige aus dem Luxemburger Hause. Metz 1906 (Quellen zur lothringischen Geschichte 4).

WORRINGER, Wilhelm: Die Anfänge der Tafelmalerei. Leipzig 1924.

WOUTERS, Jan: Zpráva o analýze vzorku barviva ze sametu Karla IV. [Bericht über die Analyse der Farbproben aus dem Samt Karls IV.]. Praha 2002 (Oddělení uměleckých sbírek SPH, sign. PHA 41).

WÜRFEL, Andreas: Diptycha Capellae B. Mariae. Das ist Verzeichnüs und Lebensbeschreibungen der Herren Prediger, und Herren Diaconorum, welche seit der gesegneten Reformation biß hieher, an der Capelle zu St. Marien oder Marien-Saal gedienet [...]. Nürnberg 1761.

WÜRFEL, Andreas: Historische, genealogische und diplomatische Nachrichten zur Erläuterung der Nürnbergischen Stadt- und Adelsgeschichte, Bd. 1. Nürnberg 1766.

WÜRFEL, Andreas / HIRSCH, Karl Christian: Diptychorum ecclesiarum Norimbergensium succincta enucleatio. Das ist: Ausführliche Beschreibung aller und jeder Kirchen, Klöster, Capellen [...]. Benebst genauer Verzeichniß sämtlicher Herren Geistlichen [...]. Nürnberg 1766.

WYSS, Arthur (Bearb.): Die Limburger Chronik des Tilemann Elhen von Wolfhagen, Bd. 4, Teil 1. Hannover 1883 (Monumenta Germaniae historica. Deutsche Chroniken und andere Geschichtsbücher des Mittelalters IV.1); Neudruck Zürich 1973.

WYSS, Arthur (Bearb.): Hessisches Urkundenbuch, Erste Abtheilung. Urkundenbuch der Deutschordens-Ballei Hessen, Zweiter Band. Von 1300 bis 1359. Leipzig 1884 (Publicationen aus den K. Preussischen Staatsarchiven 19).

WYTTENBACH, Joannes Hugo / MÜLLER, Michael Franciscus Josephus (Hgg.): Gesta Trevirorum, Bd. 2. Ab anno MCCLIX usque ad mortem Archiepiscopi Richardi a Greifenclau anno MDXXXI. Trier 1838.

Y

YANAGISHITA, Mari / PUGLIESE, Silvia: Il restauro della Legatura bizantina con Cristo benedicente e Vergine Orante della Biblioteca Nazionale Marciana di Venezia. In: Patrimonio di Oreficeria Adriatica 2 (2008) (2). Http://www.oreficeriadriatica.it.

YANTE, Jean-Marie: Les juifs dans le Luxembourg au moyen âge. In: Bulletin trimestriel de l'Institut archéologique du Luxembourg 62 (1986), 3–33.

Z

ZACHOVÁ, Jana (Hg.): Chronica Francisci Pragensis. Praha 1997 (Fontes rerum Bohemicarum. Series nova, 1).

ZACKE, August: Ueber das Todten-Buch des Dominikaner-Klosters und die Prediger-Kirche zu Erfurt. Erfurt 1861.

ZAHN, Wilhelm: Kaiser Karl IV. in Tangermünde. Festschrift zur Enthüllung des von seiner Majestät dem deutschen Kaiser und König von Preußen Wilhelm II. gestifteten Denkmals Kaiser Karls IV. Tangermünde 1900.

ZAHND, Urs: Einige Bemerkungen zu spätmittelalterlichen Familienbüchern aus Nürnberg und Bern. In: ENDRES 1990, 7–38.

ZAJADACS-HASTENRATH, Salome: Fabelwesen. In: Reallexikon zur Deutschen Kunstgeschichte VI (1971), Sp. 739–816. Online: RDK Labor Http://www.rdklabor.de/w/?oldid=88928 (9.9.2015).

ŽALUD, Zdeněk: Několik poznámek k české účasti v bitvě u Kresčaku [Einige Bemerkungen zur böhmischen Teilnahme in der Schlacht bei Crécy]. In: Husitský Tábor. Sborník Husitského muzea 14 (2005), 227–240.

ZANDER-SEIDEL, Jutta: Liturgische Gewänder und Insignien. In: Kat. Nürnberg 2007, 308–323.

ZANDER-SEIDEL, Jutta / KREGELOH, Anja (Hgg.): Geschichtsbilder. Die Gründung des Germanischen Nationalmuseums und das Mittelalter. Nürnberg 2014 (Die Schausammlungen des Germanischen Nationalmuseums 4).

ZAORAL, Roman: Silver and Glass in Medieval Trade and Cultural Exchange between Venice and the Bohemian Kingdom. In: Český časopis historický 109 (2011), 235–261.

ZÁRUBA, František: Vlašský dvůr [Der Welsche Hof]. In: Castellologia bohemica 11 (2008), 233–286.

ZÁRUBA, František: Capella regia – kaple Všech svatých na Pražském hradě [Capella regia – Die Kapelle Aller Heiligen auf der Prager Burg]. In: Castellologia bohemica XII (2010), 99–135.

[ZÁRUBA 2014/I]: ZÁRUBA, František: Příspěvek ke vztahu kaple Všech svatých na Pražském hradě a Saintes Chapelles ve Francii [Ein Beitrag zur Beziehung der Kapelle Aller Heiligen auf der Prager Burg und der Sainte-Chapelles in Frankreich]. In: Castellologia bohemica XIV (2014), 85–108.

[ZÁRUBA 2014/II]: ZÁRUBA, František: Hrady Václava IV. Od nedobytného útočiště k pohodlné rezidenci [Die Burgen Wenzels IV. Vom uneinnehmbaren Zufluchtsort zur komfortablen Residenz]. Praha 2014.

[Za starou Prahu]: Věstník Klubu Za starou Prahu [Zeitschrift des Vereins für das alte Prag]. 26 Bde. Praha 1910–1951.

ZBINDEN, Eveline: Das Magdalenen-Hochwasser von 1342 – der „hydrologische Gau" in Mitteleuropa. In: Schweizer Wasserwirtschaftsverband. Wasser, Energie, Luft. Fachzeitschrift für Wasserwirtschaft 3 (2011), 193–203.

ZELENKA, Aleš: Die Wappen der böhmischen und mährischen Bischöfe. Regensburg 1979.

ZELENKA, Aleš: Bemerkungen zum Siegel der Prager Universität. In: HÜTTISCH 1986, 179–187.

ZELENKOVÁ, Petra: Barokní grafika 17. století v zemích Koruny české. Seventeenth-Century Baroque Prints in the Lands of the Bohemian Crown. Praha 2009.

ZELENKOVÁ, Petra: Skrytá tvář baroka. Grafika 17. století v českých zemích / A Hidden Face of the Baroque. 17th-Century Prints in the Czech Lands. Hg. von der Národní galerie v Praze. Praha 2011.

[ZEMINOVÁ 1980/I]: ZEMINOVÁ, Milena: Malíři a vyšívači ve středověku [Maler und Sticker im Mittelalter]. In: Umění a řemesla (1980), H. 4, 21–25, 69.

[ZEMINOVÁ 1980/II]: ZEMINOVÁ, Milena: Středověká tkanina královského původu [Mittelalterliches Gewebe königlicher Herkunft]. In: Sborník statí ne počest 60. výročí narození PhDr. Dagmar Hejdové. Acta Uměleckoprůmyslového muzea XV (1980), 30–51.

ŽEMLIČKA, Josef: Svatý Václav jako vecný kniže „Cechu" [Der heilige Wenzel als weiser Fürst der „Tschechen"]. In: KUBÍN 2010, 211–220.

Zentralinstitut für Kunstgeschichte, Farbdiaarchiv zur Wand- und Deckenmalerei. In: www.zi.fotothek.org (11.5.2016).

ZEUMER, Karl / SALOMON, Richard (Hgg.): Constitutiones et acta publica imperatorum et regum VIII. Hannover / Leipzig 1910–26; Neudruck München 1982 (Monumenta Germaniae Historica LL IV).

[ŽÍDEK/TOBOLKA 1908]: TOBOLKA, Zdeněk (Hg.): Mistra Pavla Žídka Správovna [Magister Paul Žídeks Berichte]. Praha 1908.

ZIMMERMAN, Heinrich: Inventare, Acten und Regesten aus der Schatzkammer des Allerhöchsten Kaiserhauses. In: Jahrbuch der kunsthistorischen Sammlungen des Allerhöchsten Kaiserhauses 10 (1889), H. 2, CCLI–CCCXXIV, Reg. 6253.

ZIMMERMANN, Franz: Acta Karoli IV imperatoris inedita. Ein Beitrag zu den Urkunden Kaiser Karls IV. aus italienischen Archiven. Innsbruck 1891.

ZIMMERMANN, Wolfgang / GROND, Eberhard: Klosterkirche St. Heinrich, Katholische Pfarrkirche St. Kunigunde Pirna. 2. Aufl. Regensburg 2011 (Kunstführer 2237).

ZINK, Fritz (Bearb.): Die deutschen Handzeichnungen, Bd. 1. Die Handzeichnungen bis zur Mitte des 16. Jahrhunderts. Nürnberg 1968.

ZINN, Karl Georg: Kanonen und Pest. Über die Ursprünge der Neuzeit im 14. und 15. Jahrhundert. Opladen 1989.

ZSCHOKKE, Hermann: Die Reliquienschatzkammer der Metropolitankirche zu St. Stephan in Wien. Wien 1904.

ZUMAN, František: Staroboleslavské památky – jejich život [Altbunzlauer Denkmäler – ihr Leben]. In: Časopis společnosti přátel starožitností českých 55 (1947), 116–140.

ŽŮREK, Václav: Korunovace a český korunovační řád Karla IV [Die Krönung und die böhmische Krönungsordnung Karls IV.]. In: ŠMAHEL/BOBKOVÁ 2012, 203–207.

[ŽŮREK 2016/I]: ŽŮREK, Václav: Der Weise auf dem Thron. Zu einem wichtigen Aspekt des Herrschaftsstils Karls IV. In: BAUCH/BURKHARDT u. a. 2016 [im Druck].

[ŽŮREK 2016/II]: ŽŮREK, Václav: L'usage comparé des motifs historiques dans la légitimation monarchique entre les royaumes de France et de Bohême à la fin du Moyen Âge. Turnhout 2016 (Culture et société médiévales).

ZYCHA, Adolf: Das böhmische Bergrecht des Mittelalters auf Grundlage des Bergrechts von Iglau, Bd. 1. Die Geschichte des Iglauer Bergrechts und die böhmische Bergwerksverfassung. Bd. 2. Die Quellen des Iglauer Bergrechts. Berlin 1900.

ZYCHA, Adolf: Über den Ursprung der Städte in Böhmen und die Städtepolitik der Přemysliden. Prag 1914.

ZYKAN, Josef: Das Grabmal Rudolfs des Stifters. In: Österreichische Zeitschrift für Kunst und Denkmalpflege 6 (1952), 21–31, 128.

Orts- und Objektregister

Nationalsprachige Ortsnamen, die von der deutschen Form stark abweichen, sind separat aufgeführt und mit einem Verweis auf die im Deutschen gebräuchliche Form versehen. Objekte wurden in der Regel sowohl unter ihrem Stand- bzw. Aufbewahrungsort in das Register aufgenommen als auch unter den Orten ihrer Herkunft. Letztere besitzen dann einen Verweis auf den gegenwärtigen Standort.

A

Aachen | Stadt u. Bistum   56, 80, 86, 88f., 115, 151, 247, 360, 364, 366, 410f., 428, 498, 514, 623
Aachen | Dom (ehem. Pfalzkapelle)   91, 101, 114, 198f., 340, 360f., 368, 438, 498, 514
Aachen | Domkapitel, Münster – Schatzkammer | Ikone der Lukasmadonna→ Cleveland | The Cleveland Museum of Art | J. H. Wade Fund
Aachen | Domkapitel, Münster – Schatzkammer | Büste Karls d. Großen   80, 86f. (Abb. 64), 360, 363f., 367, 369
Aachen | Domkapitel, Münster – Schatzkammer | Brustkreuz   366
Aachen | Domkapitel, Münster – Schatzkammer | Drachen- und Hündchenseide (Inv.-Nr. T 00119)   369
Aachen | Domkapitel, Münster – Schatzkammer | Greifenstoff (Inv.-Nr. T 00120)   369–371 (Kat.-Nr. 6.6)
Aachen | Domkapitel, Münster – Schatzkammer | Große Mantelschließe mit Drachen (Inv.-Nr. G 79)   337f. (Kat.-Nr. 4.9a)
Aachen | Domkapitel, Münster – Schatzkammer | Krone Karls IV. (Inv.-Nr. G 69)   86–89 (Abb. 64), 91, 360, 363–366 (Kat.-Nr. 6.3)
Aachen | Domkapitel, Münster – Schatzkammer | Futterfragmente des Krönungsmantels Karls IV. (Cappa leonis; u.a. Inv.-Nr. T 00900 e 1, T 00900 e 5, T 00900 e 6)   170, 364, 367–369 (Kat.-Nr. 6.5)
Aachen | Domkapitel, Münster – Schatzkammer | Moreskenseide (Inv.-Nr. T 00122)   369
Aachen | Domkapitel, Münster – Schatzkammer | Rankenseide mit Greifen (Inv.-Nr. T 00121)   369
Aachen | Domkapitel, Münster – Schatzkammer | Schilde mit dem Wappen des Königreichs Ungarn (Inv.-Nr. G 80)   337f. (Kat.-Nr. 4.9b)
Aachen | Rathaus | Skulptur Karls IV.   270
Aarau | Aargauer Kantonsbibliothek | Zeichnung: Die Heuschreckenplage erreicht im August 1338 Zürich (Ms. Wett F 16:1)   33 (Abb. 15)
Admont | Stift | Madonna   307
Agaunum | Kloster Saint-Maurice   154
Alt Brünn (Staré Brno) | Zisterzienserinnenkloster Maria Saal (Aula Sanctae Mariae)   304, 305
Altbunzlau (Stará Boleslav)   154
Altbunzlau | Kolegiátní Kapitula Sv. Kosmy a Damiána | Reliquiar des hl. Wenzel aus zwei Bergkristallschalen   355 (Kat.-Nr. 5.18)
Altdorf   242
Amberg | Staatsarchiv | Gefürstete Grafschaft Störnstein, Herrschaft Waldthurn | Urk.   473 (Kat.-Nr. 11.11.b)
Amberg | Staatsarchiv | Rentkammer Amberg | Urk. Nr. 1102 (früher: München | Bayerisches Hauptstaatsarchiv | Staatsverwaltung 1083)   471–473 (Kat.-Nr. 11.11.a)
Ambras | Schloss | Kunstsammlungen   512
Amiens   66, 305
Andechs | Kirchenschatz   424
Andlau   151
Angers | Burg | Museum der Apokalypse von Angers | Teppichzyklus   169, 171 (Abb. 152)
Angers | Karmelitenkirche   316
Antwerpen   143, 488, 587
Antwerpen | Museum Mayer van den Bergh | Kopf der Grabfigur der Bonne de Luxembourg   600f. (Kat.-Nr. 17.3)
Antwerpen | Museum Mayer van den Bergh | Madonna aus dem Dominikanerinnenkloster St-Louis in Poissy (Inv.-Nr. MMB.0210)   135, 140, 426–428 (Kat.-Nr. 9.5), 491, 581

Aquileia | Stadt u. Bistum   81, 153, 156, 208, 214, 345f., 348f., 351, 380
Aquileia | Dom   153
Arezzo   578
Arezzo | Universität   326
Arles   86, 89, 154, 360, 410, 538
Arras | Stadt u. Bistum   61
Asow am Don   595
Assisi | San Francesco | Unterkirche | Kardinal Albornoz und drei Heilige   186 (Abb. 166)
Auerbach   471–473
Augsburg | Stadt u. Bistum   91, 151, 173, 211f., 214f., 217, 268, 282, 302, 348, 606, 613
Augsburg | Benediktinerkloster St. Ulrich und Afra | Büstenreliquiar des hl. Dionysius   151 (Abb. 137)
Augsburg | Dom   211–217
Augsburg | Dom | Südportal   215 (Abb. 196)
Augsburg | Dom | Thron Salomonis-Fenster   437
Augsburg | Haus der Bayerischen Geschichte | Modell der Burg Karlstein   417 (Kat.-Nr. 8.13)
Augsburg | Haus der Bayerischen Geschichte | Modell der Nürnberger Kaiserburg   455 (Kat.-Nr. 10.14)
Augsburg | Haus der Bayerischen Geschichte | Modell der Prager Burg   433 (Kat.-Nr. 9.11)
Augsburg | Haus der Bayerischen Geschichte | Modell der Residenz Lauf   478 (Kat.-Nr. 11.16)
Augsburg | Haus der Bayerischen Geschichte | Sondermarken der Deutschen Reichspost   618 (Kat.-Nr. 19.6.b)
Augsburg | Staatsarchiv | Memmingen | Urk. RU 32   564f. (Kat.-Nr. 14.2)
Autun | Stadt u. Bistum   153
Avignon | Papstsitz und -palast   36, 42, 44, 58, 69, 89, 95, 136, 139, 150, 166, 174, 202f. (Abb. 184), 205, 207, 211, 272, 281, 286, 328f., 334, 353, 381, 422, 428, 541, 576
Avignon | Kathedrale   202f. (Abb. 184) 422
Avignon | Kathedrale | Fresko über dem Portal   422

B

Babenhausen | Burg   538
Bad Wimpfen/N. | Stadtpfarrkirche | Sakristei | Wandbild der Madonna unterm Baldachin   194–196 (Abb. 179)
Baltimore | Reliquiar für das Blut Christi   333
Baltimore | Walters Art Gallery | Diptychon (Inv.-Nr. 71-272)   599
Baltimore | Walters Art Gallery | Reliquiar für einen Dorn von der Dornenkrone Christi (Inv.-Nr. 57.700)   149, 167 (Abb. 148)
Bamberg | Stadt u. Bistum   211, 221, 376, 447, 472, 520f., 567f., 608
Bamberg | Staatsarchiv Bamberg | Reitersiegel Burggraf Friedrichs V. von Zollern (Brandenburg-Bayreuth Urk. 900)   114 (Abb. 97)
Barcelona   595
Bärnau   472
Basel   36, 38, 46, 52, 79, 80, 303, 372
Basel | Münster   259, 413
Basel | Münster | Heinrichskreuz →Berlin | Kunstgewerbemuseum
Basel | Kunstmuseum | Diptychon   497
Bautzen   227, 462, 468
Bautzen | Ortenburg   103
Beaune | sog. Iris-Madonna   307
Beauté | Lustschloss   248
Bečov →Hochpetsch
Bergamo | Bistum   153
Bergen | Benediktinerinnenabtei   472
Berlin   129, 477, 479
Berlin | Deutsches Historisches Museum | Fragment des Baldachinretabels vom Marienaltar der Nürnberger Klarissenkirche (Stigmatisation des hl. Franz von Assisi / Christus als Schmerzensmann; Inv.-Nr. Gm 94/1)   21, 118, 171, 173, 436f., 442–448 (Kat.-Nr. 10.7.d), 454, 498, 594

Berlin | Diptychon   599
Berlin | Geheimes Staatsarchiv – Stiftung preußischer Kulturbesitz | Urk. Sign. HA rep. 78, Nr. 1a und 1b   479f. (Kat.-Nr. 11.18)
Berlin | Humboldt-Universität | Zepter   374
Berlin | Kunstgewerbemuseum | Heinrichskreuz aus dem Basler Dom (Inv.-Nr. 17,79)   413
Berlin | Kunstgewerbemuseum | Hölzerne Trinkschale (Inv.-Nr. 30/63)   512, 599
Berlin | Siegesallee (ehem.) | Figurengruppen   270
Berlin | Staatliche Museen – Preußischer Kulturbesitz | Gemäldegalerie | Fragment des Baldachinretabels vom Marienaltar der Nürnberger Klarissenkirche (Josef mit Maria im Gespräch / Christus als Schmerzensmann; Kat.-Nr. 1216)   20f. (Abb. 10), 118, 171, 173, 436f., 442–448 (Kat.-Nr. 10.7.c), 454, 498, 594
Berlin | Staatliche Museen – Preußischer Kulturbesitz | Gemäldegalerie | Glatzer Madonna (Inv.-Nr. 1624)   70 (Abb. 51), 136, 386, 468, 470, 494, 497, 499, 522
Berlin | Staatliche Museen – Preußischer Kulturbesitz | Gemäldegalerie | Kaufmann'sche Kreuzigung (Inv.-Nr. 1833)   132f. (Abb. 120), 136, 386, 462
Berlin | Staatliche Museen – Preußischer Kulturbesitz | Handschriftenabteilung | Breslauer Bilderhandschrift der Grandes Chroniques (Inv.-Nr. Dep. Breslau 1, Bd. 1)   66 (Abb. 47)
Berlin | Staatliche Museen – Preußischer Kulturbesitz | Kupferstichkabinett | Karl IV. auf dem Thron (Sign. Min. 1748)   611 (Kat.-Nr. 18.3)
Berlin | Staatsbibliothek | Lothringische Handschrift (Sign. Ham. 114)   305
Bern | Bürgerbibliothek | Œuvres poétiques des Guillaume de Machaut: La Remède de Fortune für Bonne de Luxembourg (Cod. 218)   311f. (Kat.-Nr. 3.16)
Bern | Kristallkreuz   393f.
Bern | Münster | Fenster   392
Bernburg/S.   539
Bernkastel-Kues | St. Nikolaus-Hospital / Cusanusstift | Enea Silvio Piccolomini: Historia Bohemica (Sign. Cod. Cus. 39)   616 (Kat.-Nr. 19.1)
Besançon | Bibliothèque municipale | Les Grandes Chroniques de France | Ms. 864   65 (Abb. 45)
Bettlern (Žebrák), Burg   103
Betzenstein   472
Bischofteinitz (Horšovský Týn) | Schloss | Gemälde-Zyklus (heute auf Burg Karlstein)   261
Böhmisch Skalitz (Česká Skalice)   588
Bologna   140, 314
Bologna | Universität   332
Bolzano → Bozen
Bonn   86, 88, 360, 410
Bopfingen   477
Bopfingen | Pfarrkirche | Sakristei | Fragmente einer Marienkrönung und der hl. Magdalena   196
Borgoforte (bei Mantua)   203
Boston | Museum of Fine Arts | Maria Antoinette Evans Fund | Madonna (Inv.-Nr. 34.1459)   140, 486, 494f. (Kat.-Nr. 12.7), 505
Boston | Museum of Fine Arts | Marientod aus der Burg Košátky (Inv.-Nr. 50.2716)   136, 329, 384–386 (Kat.-Nr. 7.2), 447, 468, 522, 531
Bouvines   460
Bozen (Bolzano)   31, 206
Bozen | Pfarrkirche St. Mariä Himmelfahrt (heutige Kathedrale) | Freskenzyklus   206 (Abb. 187)
Brandenburg | Stadt u. Bistum   46, 113, 125, 127, 129–131 (Abb. 117), 208, 370, 410, 433, 483f., 601
Brandenburg | Dom | Böhmisches Retabel → Brandenburg | Ev.-luth. Domstift Brandenburg – Dommuseum
Brandenburg | Dom | Sakramentshaus   384
Brandenburg | Ev.-luth. Domstift Brandenburg – Dommuseum | Predellenflügel vom Böhmischen Retabel des Doms (Hauptaltar) (ohne Inv.-Nr.)   482f. (Kat.-Nr. 11.21), 489, 503, 539

Braunau (Broumov) | Benediktinerkirche | Madonna   490
Braunschweig   410
Breitenstein   477, 479
Brescia   296
Breslau (Wrocław) | Stadt u. Bistum   66, 81, 125, 220, 344, 376, 462, 464, 467, 498, 584, 616
Breslau | Bazylika Archikatedralna Sw. Jana Chrziciela | Schatzkammer | Armreliquiar für die Reliquie des Zeigefingers Johannes des Täufers (ohne Inv.-Nr.)   616f. (Kat.-Nr. 19.2)
Breslau | Bibliotheka Uniwersytecka | Breslauer Missale (ehem. Breslauer Stadtbibliothek R 164)   505
Breslau | Bibliotheka Uniwersytecka | Graduale des Prämonstratenserstifts St. Vinzenz (Sign. I F 423)   464f. (Kat.-Nr. 11.5)
Breslau | Dom | Kapelle St. Marien mit dem Grabmal Pretzlaus von Pogarell   465
Breslau | Dom | Schatzkammer → Breslau | Bazylika Archikatedralna Sw. Jana Chrziciela
Breslau | Franziskanerkirche   464
Breslau | Judenfriedhof | Grabsteine   220
Breslau | Muzeum Archidieciezjalne | Trinitätsbild aus Schönau   468
Breslau | Muzeum Narodowe we Wrocławiu | Gnadenstuhl aus Schönau   386, 470
Breslau | Muzeum Narodowe we Wrocławiu | Grabmal des Piastenherzogs Heinrich IV. Probus (Inv.-Nr. XI 319)   127 (Abb. 110), 303
Breslau | Muzeum Narodowe we Wrocławiu | Thronende Löwenmadonna aus Hermsdorf (Inv.-Nr. XI 121)   122f. (Abb. 106), 466
Breslau | Prämonstratenserkirche St. Vinzenz auf dem Elbing   464
Breslau | Rathaus   126 (Abb. 109)
Breslau | Stiftskirche zum Heiligen Kreuz | Grabmal des Piastenherzogs Heinrich IV. Probus → Breslau | Muzeum Narodowe we Wrocławiu
Bresnitz (Březnice) | Madonna aus St. Ignatius → Prag | Národní galerie v Praze
Breunau (Břevnov) | Benediktinerabtei und Kloster   488
Breunau | Benediktinerabtei und Kloster | Patene   611
Breunau | Benediktinerabtei und Kloster | Dorsalkreuz → Prag | Uměleckoprůmyslové museum v Praze
Břevnov → Breunau
Březnice → Bresnitz
Brno → Brünn
Broumov →Braunau
Brügge   143, 230, 584, 595
Brünn (Brno) | Stadt u. Bistum   44, 48, 218, 295, 460, 481, 488, 591
Brünn | Diözesanmuseum | Tafelbild einer Madonna aus Eichhorn Bittischka (bis 2016 Národní galerie v Praze, Inv.-Nr. O 7232; Leihgabe der Röm.-kath. Pfarrei Eichhorn Bittischka)   136, 139, 461f.
Brünn | Moravksá galerie v Brně | Apostel aus Eichhorn Bittischka (Inv.-Nr. E 608; Leihgabe einer Brünner Privatsammlung)   461 (Kat.-Nr. 11.2)
Brünn | Moravská galerie v Brně | Apostel aus der Stadtpfarrkirche St. Jakob (Inv.-Nr. E 74)   530
Brünn | Moravská galerie v Brně | Baldachinretabel mit der Schwarzen Madonna (Inv.-Nr. A 559)   73 (Abb. 55)
Brünn | Moravská galerie v Brně | Christus als Schmerzensmann aus dem Ursulinenkloster (Inv.-Nr. E 175)   462
Brünn | Moravská galerie v Brně | Madonna aus der Stadtpfarrkirche St. Jakob (Inv.-Nr. E 73)   488
Brünn | Moravska zemská knihovna | Brevier des Propstes von Raigern (Sign. R 394)   590
Brünn | Moravský zemský archiv | Antiphonar (Sanktorale) der Königin Elisabeth Richenza (FM 7)   304
Brünn | Muzeum Brněnska | Knihovna benediktinského opatství Rajhrad | Chorpsalter der Königin Elisabeth Richenza (R 355)   304–306 (Kat.-Nr. 3.11)
Brünn | Muzeum Brněnska | Památník písemnictví na Moravě | Antiphonar (Temporale) der Königin Elisabeth Richenza (Sign. R 600; Depositorium der Benediktinerabtei Rajhrad)   303–306 (Kat.-Nr. 3.10)
Brünn | Muzeum Brněnska | Památník písemnictví na Moravě | Giovanni Ciampini [Johann Ciampinus]: De Sacris AEdificiis A Constantino Magno Constructis (Sign. R-L II. ee 8; Depositorium der Benediktinerabtei Rajhrad)   379f. (Kat.-Nr. 6.14.b)
Brünn | Sammlung Buchtela | Knöpfe   318
Brünn | Stadtpfarrkirche St. Jakob | Madonna und Apostel →Brünn | Moravksá galerie v Brně
Brünn | Ursulinenkloster | Christus als Schmerzensmann →Brünn | Moravská galerie v Brně

Brüssel   143, 247, 416, 448
Brüssel | Bibliothèque Royale de Belgique | Antiquitates Flandriae (Ms. Nr. 13076/77)   35 (Abb. 18), 46f. (Abb. 27f.)
Brüssel | Bibliothèque Royale de Belgique | Wappenbuch des Herolds von Geldern (Ms. Nr. 15653/56)   185 (Abb. 165)
Brüx (Most)   455, 492
Brüx | Dekanatskirche St. Maria Himmelfahrt | Galerie výtvarného umění | Madonnenskulptur aus Hochpetsch   322, 476 (Kat.-Nr. 11.14), 492
Buonconvento (bei Siena)   56
Buda → Ofen
Budapest   584
Budapest | Budapesti Történeti Múzeum | Männliches Haupt mit Chaperon (Inv.-Nr. 75.1.59)   256 (Abb. 231)

C

Cadolzburg   455
Caffa (heute Feodossija) auf der Krim   284, 334
Cambalec (heute Peking)   334
Cambrai | Saint-Quentin   163, 247
Cambridge | Corpus Christi College | sog. Evangeliar des hl. Augustinus   553
Cambridge | Fitzwilliam Museum | Relief mit von Engeln verehrter Madonna   581
Canterbury | Bistum   464
Capua | Brückentor | Darstellung Kaiser Friedrichs II.   290
Čáslav → Tschaslau
Česká Skalice → Böhmisch Skalitz
Český Krumlov → Krumau
Chantilly | Musée Condé | Ansicht der Pariser Île de la Cité mit dem Königspalast aus den Très Riches Heures des Herzogs Jean de Berry (Ms. 84)   61 (Abb. 39)
Cheb → Eger
Chelles   166
Chios (Insel)   232
Ciboušov (bei Klášterec nad Ohří)   417, 512
Cîteaux | Zisterzienserabtei   536
Cividale del Friuli   208, 326, 346
Cividale del Friuli | Universität   326
Clairefontaine   300
Clairvaux | Zisterzienserabtei   536
Cleveland | The Cleveland Museum of Art | J. H. Wade Fund | Ikone der Lukasmadonna aus Aachen (Inv.-Nr. 1951.445.2)   364, 366f. (Kat.-Nr. 6.4)
Cleveland | The Cleveland Museum of Art | Sachs-Verkündigung   118, 448–450 (Kat.-Nr. 10.8)
Cölln   479
Colombier-le-Cardinal | Kloster | Traktakt des Johannes Porta de Annoniaco (verloren)   381
Corbie | Kloster   557
Corvey | Kloster   153, 556f.
Crécy-en-Ponthieu   48, 65–67, 123, 322, 324

D

Dahlen b. Stendal   483
Danzig (Gdańsk)   410, 528
Děbolín | St. Barbara-Kirche | Kreuzigungstafel → Prag | Národní galerie v Praze
Den Haag | Koninklijke Bibliotheek | Die Chronik des Hundertjährigen Krieges des Jean Froissart (Sign. Man. 72 A 25)   67 (Abb. 49), 324 (Kat.-Nr. 3.25.a)
Dessau | Anhaltinische Gemäldegalerie | Hl. Johannes Ev.   476
Deutschland | Privatbesitz | Stehende Muttergottes aus Würzburg (Nordheimer Madonna)   140, 426–428 (Kat.-Nr. 9.6), 475, 488f., 491f.
Dinkelsbühl   477
Doberan | Zisterzienserabtei und -kirche   524f.
Doberan | Zisterzienserkirche | Konversengestühl   536
Doberan | Zisterzienserkirche | Lanzettfenster   524
Doberan | Zisterzienserkirche | Sakramentshaus   384
Domanín (bei Třeboň) | Kapelle   510
Donauwörth   477
Dortmund   239, 247, 359
Dortmund | Stadtbibliothek | Fragment eines Graduales (Hs. 68)   561
Dresden   42
Dresden | Palais im Großen Garten | Rietschel-Museum   499
Dresden | Siegel der Goldschmiedezunft   425
Dresden | Staatliche Kunstsammlungen | Albertinum | Entwurf für das Denkmal Karls IV. auf dem Kreuzherrenplatz in Prag (Inv.-Nr. ASN 0271)   267f., 617 (Kat.-Nr. 19.3)

Dresden | Staatliche Kunstsammlungen | Grünes Gewölbe | Elfkantiges Deckelgefäß aus Amethyst (Inv.-Nr. IV 343)   513 (Kat.-Nr. 12.22)
Dresden | Staatliche Kunstsammlungen | Kunstgewerbemuseum | Antependium mit der Krönung Marias aus der Marienkirche in Pirna (Inv.-Nr. 37417)   486, 499–501 (Kat.-Nr. 12.10)
Dresden | Staatliche Kunstsammlungen | Rüstkammer | Mitra des Bischofs von Merseburg, Friedrichs II. von Hoym (Inv.-Nr. I 0084)   542f. (Kat.-Nr. 13.17)
Dublin   411
Dublin | National Museum of Ireland | Fonthill-Vase (Inv.-Nr. DC: 1882.3941)   334–337 (Kat.-Nr. 4.7, 4.8)
Dýšina bei Pilsen | Pfarrkirche St. Simon und Judas | Madonna → Prag | Národní galerie v Praze

E

Eberbach (Rheingau) | Stiftung Kloster Eberbach | Grabmal für den Mainzer Erzbischof Gerlach von Nassau   536f.
Eberbach (Rheingau) | Stiftung Kloster Eberbach | Konsolen aus dem Kreuzgang des Zisterzienserklosters   534–538 (Kat.-Nr. 13.13.a-b)
Eberbach (Rheingau) | Zisterzienserabtei   534–536
Écouis | Stiftskirche | Skulpturen   134f.
Edinburgh   411
Eger (Cheb) | Stadt u. Kaiserburg   113, 123, 455, 473
Eger | Galerie výtvarného umění v Chebu | Thronende Madonna (Inv.-Nr. P 1)   322, 476, 486, 489f. (Kat.-Nr. 12.2), 492, 505, 588
Eger | Galerie výtvarného umění v Chebu | Hll. Johannes, der Täufer und der Evangelist (Inv.-Nr. 10.002 und 10.003)   489f.
Eger | Johanneskirche   489
Ehrenbreitstein (bei Koblenz) | Burg   560
Eichhorn Bittischka (Veverská Bítýška) | Burg | Kapelle   461f.
Eichhorn Bittischka | Röm.-kath. Pfarrei | Apostel → Brünn | Moravská galerie v Brně
Eichhorn Bittischka | Röm.-kath. Pfarrei | Tafelbild einer Madonna → Brünn | Diözesanmuseum
Eichstätt | Stadt u. Bistum   259, 286, 544
Eichstätt | Benediktinerinnenkloster St. Walburg | Salbuch   545
Eichstätt | Diözesanarchiv | Pontifikale Gundekarianum (Codex B4)   544 (Kat.-Nr. 13.18)
Einsiedeln | Kloster   152
Einsiedeln | Kloster | Manipel des hl. Adalrich   425
Eisenach | Diplom → Prag | Archiv Pražského hradu
Elbogen (Loket) | Burg   103
Engelthal | Kloster   46
Erfurt   163, 196, 198, 280, 531, 533–536, 538, 543, 570–575
Erfurt | Aegidienkirche | Pietà → Erfurt | Angermuseum
Erfurt | Aegidienkirche | Skulpturen   535
Erfurt | Alte Synagoge | Jüdischer Schatz → Weimar | Thüringisches Landesamt für Denkmalpflege und Archäologie
Erfurt | Angermuseum | Gedenkstein für die Hungeropfer des Jahres 1316 aus Schmidtstedt (Inv.-Nr. VIII 54)   280 (Kat.-Nr. 1.1)
Erfurt | Angermuseum | Pietà aus der Aegidienkirche   535
Erfurt | Angermuseum | Weiblicher und männlicher Kopf aus der Andreaskirche (Inv.-Nr. 1740 [b], 1741 [a])   535 (Kat.-Nr. 13.12.a–b), 540
Erfurt | Barfüßerkirche | Skulpturen   535
Erfurt | Dom (früher: Kollegiatsstift) | St. Marien mit Skulpturenausstattung   280, 533
Erfurt | Dom (früher: Kollegiatsstift) | St. Marien | Tumba der Hll. Adolar und Eoban   533
Erfurt | Ev.-luth. Predigerkirche (Dominikanerkirche)   531, 533
Erfurt | Ev.-luth. Predigerkirche (Dominikanerkirche) | Madonna   531–533 (Kat.-Nr. 13.10)
Erfurt | Michaelisstraße   570, 574
Erfurt | Nikolaikirche | Skulpturen   535
Erfurt | Peterskirche | Skulpturen   535
Erfurt | St. Andreas | Figuren des Tympanons über dem Südeingang   535
Erfurt | St. Andreas | Skulpturen   535
Erfurt | St. Andreas | Weiblicher und männlicher Kopf → Erfurt | Angermuseum
Erfurt | Stiftskirche St. Severi | Severi-Sarkophag   18, 196f., 533–536, 538, 540
Erfurt | Stiftskirche St. Severi | Skulpturen-Ausstattung u.a. Gerhart-Madonna   533
Erfurt | Stiftskirche St. Severi | Statue des thronenden hl. Severus von Ravenna   533–535 (Kat.-Nr. 13.11)

Erfurt | Synagoge 570f.
Erlangen 239, 472, 588
Erlangen | Grafische Sammlung der Universität | Blätter eines Musterbuchs 526
Erlenstegen → Nürnberg-Erlenstegen
Erstein 151
Eschenbach 471f.
Esslingen am Neckar 195f., 564
Esslingen am Neckar | Franziskanerkloster und -kirche St. Georg 195f.
Esslingen am Neckar | Franziskanerkirche St. Georg | Wandbild 196 (Abb. 180)
Esslingen am Neckar | Frauenkirche | Skulpturen 196
Eule (Jílové u Prahy) | Bergstadt 591

F

Falsterbo | Pfarrkirche St. Gertrudis 528
Falsterbo | Skanör-Falsterbo Församling | Heiligenschrein mit dem hl. Christophorus 526–530 (Kat.-Nr. 13.8)
Fécamp (Normandie) | Benediktinerkloster 58, 135, 328, 360, 491
Fendland | Abtei 305
Feltre 153, 208, 346, 350
Florenz 36, 47, 61f., 103, 169, 203, 235f., 268, 286, 334, 357, 377, 381, 410, 424, 541, 567, 578, 582, 584, 588
Florenz | Biblioteca Medicea-Laurenziana | Libro del Biadaiolo (Ms. Laurenziano-Tempiano [Tempi] 3) 36 (Abb. 19)
Florenz | Biblioteca Medicea-Laurenziana | Vergil-Textsammlung (Med. Pal. 69) 324
Florenz | Muzeo Nationale del Bargello | Dalmatika-Fragmente 411
Florenz | Muzeo Nationale del Bargello | Diptychon (Inv.-Nr. 2038C) 448
Florenz | Santa Croce | Bardi-Kapelle | Wandmalerei 236 (Abb. 211)
Florenz | Santa Croce | Mosaikikone 492
Florenz | Santa Maria Novella | Capella Spagnola | Wandmalerei 203f. (Abb. 185)
Florenz | Universität 326
Floß 472f., 477, 490
Frankenberg (Hessen) 471f., 534
Frankenberg (Hessen) | Marienkirche 538
Freiberg (Sachsen) 231f.
Frankfurt am Main 80, 115, 123, 199–201, 220, 224, 300, 317, 428, 472, 514, 521f., 531, 537f., 564, 566, 570
Frankfurt am Main | Dommuseum | Haus am Dom | Sakristeum | Reliquiar mit einem Splitter des hl. Kreuzes (ohne Inv.-Nr.; Leihgabe der Röm.-kath. Kirchengemeinde St. Antonius) 521f. (Kat.-Nr. 13.4), 538
Frankfurt am Main | Institut für Stadtgeschichte | Karmeliterkloster | Goldene Bulle Karls IV. (Privilegien 107) 184 (Abb. 164)
Frankfurt am Main | Institut für Stadtgeschichte | Urk. Privilegien 119 569f.
Frankfurt am Main | Mainbrücke 280
Frankfurt am Main | Rathaus | Skulpturen 270
Frankfurt am Main | Römer | Porträt Karls IV. 622
Frankfurt am Main | Stadt Frankfurt | Dezernat III – Finanzen, Beteiligungen und Kirchen, Dommuseum | Marienkrönung – Schranktüren aus der Stiftskirche St. Bartholomäus (ohne Inv.-Nr.) 520f. (Kat.-Nr. 13.3)
Frankfurt am Main | Städel Museum und Städtische Galerie | Fragment des Baldachinretabels vom Marienaltar der Nürnberger Klarissenkirche (Marienkrönung / Kreuztragung; Inv.-Nr. SG443) 21, 118, 171, 173, 436f., 442–448 (Kat.-Nr. 10.7.a), 454, 498, 594
Frankfurt am Main | Stifts- und Pfarrkirche St. Bartholomäus 199f. (Abb. 182), 547
Frankfurt am Main | Stifts- und Pfarrkirche St. Bartholomäus | Bauskulptur 199–201 (Abb. 183), 538
Frankfurt am Main | Stifts- und Pfarrkirche St. Bartholomäus | Marienkrönung von Schranktüren → Frankfurt am Main | Stadt Frankfurt
Frankfurt an der Oder 46, 129, 477, 480
Frankfurt an der Oder | Pfarrkirche St. Marien 455f. (Abb.)
Frankfurt an der Oder | Pfarrkirche St. Marien | Nordportal | Bauskulptur 457f. (Abb.), 480f. (Kat.-Nr. 11.19)
Frauenberg (Hluboká nad Vltavou) | Südböhmische Aleš-Galerie | Madonna aus Tweras 580
Freiburg im Breisgau 214, 425f.
Freiburg im Breisgau | Münster 212, 426
Freiburg im Breisgau | Münster | Portal | Madonna 307
Freiburg im Breisgau | Städtische Museen | Augustinermuseum | Tonform mit Frauenantlitz (Inv.-Nr. K 27/017.a-b) 425f. (Kat.-Nr. 9.4)

Friedberg 220
Fürstenfeld an der Oder 127
Fürstenfeld (heute Stadt Fürstenfeldbruck) | Zisterzienserabteikirche | Madonna 133f. (Abb. 121)
Fürstenwalde an der Spree 129, 476–478
Fürth | St. Martin 568

G

Gabel (Jablonné v Podještědí) 106
Gaming | Habsburger-Mausoleum 547
Gammelsdorf 67
Gardelegen | Marienkirche | Hochaltarretabel 483
Gdańsk → Danzig
Gelnhausen 220, 591
Genf | Universität 326
Gent 143
Genua | Stadt u. Erzbistum 56, 169, 235, 296, 324
Genua | Galleria Nazionale di Palazzo Spinola | Fragmente vom Grabmal der Königin Margarethe von Brabant | Allegorie der Gerechtigkeit (Inv.-Nr. GNL 22/1966) 295f. (Kat.-Nr. 3.2b), 540
Genua | Kirche San Francesco di Castelletto | Familienkapelle der Doria di Tursi | Fragmente vom Grabmal der Königin Margarethe von Brabant 296
Genua | Museo di Sant'Agostino | Fragmente vom Grabmal der Königin Margarethe von Brabant | Elevatio animae (Inv.-Nr. PB 2100) 295f. (Kat.-Nr. 3.2a), 540
Gewitsch (Jevíčko) 498
Glatz (Kłodzko) | Augustinerchorherrenstift 70
Glatz | Augustinerchorherrenstift | Kelche 611
Glatz | Augustinerchorherrenstift | Madonnentafel → Berlin | Staatliche Museen – Preußischer Kulturbesitz | Gemäldegalerie
Glatz | Augustinerchorherrenstift | Patene 611
Glatz | Pfarrkirche Mariä Himmelfahrt | Jakobuskapelle | Glatzer Madonna 137 (Abb. 125)
Gnesen (Gniezno) | Stadt u. Bistum 464
Gnesen | Kathedralschatz | sog. Adalbertskelch 511
Gniezno → Gnesen
Görlitz 456, 508
Görlitz | Franziskanerkirche 508
Görlitz | Frauentor 508
Görlitz | Kulturhistorisches Museum | Doppelseitige Tafel mit thronender Madonna und Schmerzensmann aus St. Marienstern (Inv.-Nr. 35-55) 469f. (Kat.-Nr. 11.9)
Görlitz | Kulturhistorisches Museum | Kasel (Inv.-Nr. 61-1903/c; Dauerleihgabe der Evangelischen Innenstadtgemeinde Görlitz) 505–508 (Kat.-Nr. 12.15)
Görlitz | St. Peter und Paul 508
Görlitz | Vogtshof 508
Göttingen 281
Göttingen | Fachdienst Bauordnung, Denkmalschutz und Archäologie | Mumifizierte Ratte (Inv.-Nr. 2528a) 282f. (Kat.-Nr. 1.5)
Göttingen | St.-Albani-Kirche | Pfarrgemeinde | Bronzekreuz vom Turm der Kirche (Inv.-Nr. 2305) 281f. (Kat.-Nr. 1.3)
Groß Ammensleben | Röm.-kath. Kirchengemeinde St. Peter und Paul | Zwei weibliche Heilige 538–540 (Kat.-Nr. 13.15)
Großmeseritsch (Velké Meziříčí) | Stadtpfarrkiche St. Nikolaus | Madonna 135, 488
Grünsberg (bei Altdorf) | Stromersche Kulturgut-, Denkmal- und Naturstiftung | Bildnis Peter Stromers 242 (Abb. 216)
Grüssau (Krzeszów) | Zisterzienserabteikirche | Tumba des Piastenherzogs Bolko II. von Schweidnitz-Jauer 127 (Abb. 111)
Gurim → Kouřim

H

Habsburg | Stammburg der Habsburger 55
Halberstadt | Stadt u. Bistum 208, 410, 535
Halberstadt | Marienkapelle | Figuren 535
Hamburg 50, 230, 526, 530, 582
Hamburg | Johanniskirche | Passionsretabel → Hannover | Niedersächsisches Landesmuseum
Hamburg | Kunsthalle | Hochaltarretabel der Pfarrkirche St. Petri 526
Hamburg | Pfarrkirche St. Petri | Hochaltarretabel → Kunsthalle
Hamburg | Rathaus | Skulptur Karls. IV. 270
Hamilton (Lanarkshire) | Hamilton Palace 337
Hannover | Museum August Kestner | Diptychon (Inv.-Nr. WM XXIa 16) 599

Hannover | Niedersächsisches Landesmuseum | Passionsretabel aus der Kapelle der Bruderschaft des hl. Leichnams der Flandernfahrer der Hamburger Johanniskirche 526
Haslau 151
Hauseck | Burg 471, 477, 479
Havelberg | Stadt u. Bistum 125, 208, 433, 601
Havelberg | Dom 601f.
Havelberg | Dom | Hl. Laurentius (Skulptur) 601–603 (Kat.-Nr. 17.5)
Havelberg | Dom | Lettner 601
Heidelberg 248
Heidelberg | Universitätsbibliothek | Der Meide Kranz (Cod. Pal. germ. 14) 176, 338f. (Kat.-Nr. 4.10)
Heilsbronn | Zisterzienserabtei 113
Heilsbronn | Zisterzienserabteikirche | Epitaph des Abtes Friedrich von Hirzlach 115 (Abb. 98)
Heilsbronn | Zisterzienserabteikirche | Epitaph Bertholds 545
Heilsbronn | Zisterzienserabteikirche | Epitaph des Nürnberger Arztes Friedrich Mengot 451
Heimberg 477
Heimburg 479
Helfenburg 479
Helmarshausen | Kloster 553
Helmstedt | Kloster St. Marienberg | Epitaph 535
Herat 334
Hermsdorf (Sobiecin) | Thronende Löwenmadonna → Breslau | Muzeum Narodowe we Wrocławiu
Herrieden | Kath. Pfarramt | Ostensorium mit Reliquie des hl. Veit 149
Hersbruck 123, 471–473, 477, 479
Hersbruck | Ev.-luth. Stadtkirchengemeinde | Glasmalerei mit Madonna im Strahlenkranz 473 (Abb. Kat.-Nr. 11.12.1)
Hersbruck | Ev.-luth. Stadtkirchengemeinde | Glasmedaillon mit Wappenschild des Königreichs Böhmen 437, 473f. (Kat.-Nr. 11.12)
Hersbruck | Stadtpfarrkirche St. Marien mit Ausstattung 475
Hertenstein 471
Hildesheim 557
Hildesheim | Glocke 520
Hiltpoltstein 471f.
Hirschau 123, 471–473, 477–479
Hluboká nad Vltavou → Frauenberg
Hochpetsch (Bečov) | Pfarrkirche St. Ägldius | Madonnenskulptur → Brüx | Dekanatskirche St. Maria Himmelfahrt | Galerie výtvarného umění
Hohenberg (Vogesen) | Kloster 376
Hohenburg 152
Hohenfels | Burg 472, 477, 479
Hohenfurth (Vyšší Brod) | Zisterzienserabtei mit Klosterkirche St. Mariä Himmelfahrt | Hohenfurther Zyklus → Prag | Národní galerie v Praze
Hohenfurth (Vyšší Brod) | Zisterzienserabtei mit Klosterkirche St. Mariä Himmelfahrt | Kreuzigung 146, 497, 501, 504f. (Kat.-Nr. 12.14), 508
Hohenstaufen | Herzogsburg 212
Hohenstein 471f.
Holnstein | Burg 477, 479
Horšovský Týn → Bischofteinitz
Hrabová | Madonna → Prag | Národní galerie v Praze
Hrádek (bei Benešova) | Thronende Madonna 322, 476
Hradec Králové → Königgrätz
Huy 302

I

Iglau (Jihlava) 44, 218, 227, 231, 233, 590f.
Iglau | St. Jakob | Madonna → Prag | Prämonstratenserstift Strahov | Gemäldegalerie
Iglau | Státní okresní archiv Jihlava | Codex Gelnhausen 591
Iglau | Státní okresní archiv Jihlava | Archiv města Jihlava | Königsaaler Chronik des Peter von Zittau (Inv.-Nr. 69) 51 (Abb. 30), 150, 278, 303, 306f. (Kat.-Nr. 3.12), 312, 322
Innsbruck | Tiroler Landesmuseum Ferdinandeum | Retabel aus der Kapelle St. Pankraz von Schloss Tirol 192 (Abb. 175)

J

Jablonné v Podještědí → Gabel
Jaumont 598
Jevíčko → Gewitsch
Jihlava → Iglau
Jílové u Prahy → Eule

Jindřichův Hradec → Neuhaus
Jingdezhen (China)   336
Jülich   247
Jungbunzlau (Mladá Boleslav)   386

K

Kaaden (Kadaň)   274
Kadaň → Kaaden
Kaisheim | Zisterzienserabtei-Kirche   213
Kaltern (Südtirol)   32
Kamenz | Stadt   468
Kamenz | St. Just | Wandmalerei mit Anbetung der Hl. Drei Könige   128 (Abb. 114)
Karlík (bei Dobřichovice) | Burg   105
Karlovy Vary → Karlsbad
Karlsbad (Karlovy Vary) | Burg u. Stadt   107, 262, 273f. 622
Karlsbad | Rathaus   261, 264
Karlsbad | Skulptur Karls IV. im Stadtpark   262
Karlsbad | Skulptur Karls IV. gegenüber dem Kaiserbad   262, 272
Karlsbad | Skulptur Karls IV. an der Fassade der Stadtbibliothek   261f., 264 (Abb. 236)
Karlsberg (Kašperk; bei Bergreichenstein) | Burg   105–107 (Abb. 84–86)
Karlsburg (Tepenec; bei Giebau) | Burg   103f.
Karlsfried (Neuhaus) | Burg   106f.
Karlshaus (Karlův Hrádek; bei Frauenberg) | Burg   106
Karlskrone (Radyně) | Burg   106f. (Abb. 87f.)
Karlsruhe | Staatliche Kunsthalle | Diptychon mit Muttergottes und Schmerzensmann (Inv.-Nr. 2431a/b)   486, 492–494 (Kat.-Nr. 12.5), 497, 522
Karlstadt | Röm.-kath. Stadtpfarrkirche St. Andreas | Salvator   199
Karlstein (Karlštejn) | Burg   52, 80f., 102–107 (Abb. 81–83), 109, 118, 133, 142–150, 152, 156, 158, 164, 257, 267, 274, 326, 342f., 354, 359, 377, 396, 397 (Abb.), 407, 409, 411, 414, 417, 425, 442, 456, 469, 483, 542, 557, 590
Karlstein | Böhmischer Königs- bzw. Reliquienschatz   156–160, 342, 378, 396, 407, 411, 417, 542, 596, 618
Karlstein | Böhmischer Königs- bzw. Reliquienschatz | Reliquienkreuz aus den 1370er Jahren → Prag | Metropolitní kapitula u svatého Víta v Praze | Domschatz
Karlstein | Böhmischer Königs- bzw. Reliquienschatz | Reliquienkreuz mit den Passionsreliquien von 1357 (verloren)   158, 161, 165, 407, 417, 542
Karlstein | Filialkirche der Unterburgsiedlung   158
Karlstein | Großer Turm   79, 103–105, 109, 144, 158, 391, 396, 408f., 417, 526
Karlstein | Großer Turm | Heilig-Kreuz-Kapelle   38, 78f. (Abb. 58), 103–105, 144f., 159, 342, 396, 398f., 402, 404f., 408f., 411f., 417, 430, 547
Karlstein | Großer Turm | Heilig-Kreuz-Kapelle | Dalmatikafragmente → Paris | Musée de Cluny – Musée national du Moyen Âge; Lyon | Musée des Tissues
Karlstein | Großer Turm | Heilig-Kreuz-Kapelle | Heiligentafeln des Meisters Theoderich und seiner Werkstatt   79, 145, 159, 170, 387, 398–404 (Kat.-Nr. 8.1), 417, 442, 476, 526, 543
Karlstein | Großer Turm | Heilig-Kreuz-Kapelle | Heiligentafeln des Meisters Theoderich und seiner Werkstatt | Hl. Elisabeth   81, 84 (Abb. 62)
Karlstein | Großer Turm | Heilig-Kreuz-Kapelle | Heiligentafeln des Meisters Theoderich und seiner Werkstatt | Hl. Andreas   398
Karlstein | Großer Turm | Heilig-Kreuz-Kapelle | Heiligentafeln des Meisters Theoderich und seiner Werkstatt | Hl. Lukas, hl. Katharina von Alexandrien, hl. Kaiser Karl der Große → Prag | Národní památkový ústav
Karlstein | Großer Turm | Heilig-Kreuz-Kapelle | Heiligentafeln des Meisters Theoderich und seiner Werkstatt | Hl. Simon   359
Karlstein | Großer Turm | Heilig-Kreuz-Kapelle | Heiligentafeln des Meisters Theoderich und seiner Werkstatt | Kreuzigung   430
Karlstein | Großer Turm | Heilig-Kreuz-Kapelle | Wandmalereien   142, 145, 396, 398, 409, 448, 494
Karlstein | Großer Turm | Heilig-Kreuz-Kapelle | Wandverkleidung aus Halbedelsteinen   79, 396, 402, 409, 417, 456, 542
Karlstein | Großer Turm | Heilig-Kreuz-Kapelle | Zeichnungen auf dem Putz   142, 144–146 (Abb. 133f.)
Karlstein | Großer Turm | Treppenhaus | Wandmalereien   103, 118, 158, 174–177, 342f., 355, 396, 408, 412, 442, 542
Karlstein | Großer Turm | Treppenhaus | Wandmalereizyklen | Der hl. Wenzel besucht und befreit Gefangene (abgenommen) → Prag | Národní památkový ústav
Karlstein | Großer Turm | Treppenhaus | Wandmalereizyklen | Karl IV. legt Reliquien in das Landeskreuz (abgenommen) → Prag | Národní památkový ústav
Karlstein | Großer Turm | Treppenhaus | Wandmalereizyklen | Lobgesang der Engel von den Wandmalereien (abgenommen) → Prag | Národní památkový ústav
Karlstein | Großer Turm | Treppenhaus | Wandmalereizyklen | Vera Ikon von den Wandmalereien (abgenommen) → Prag | Národní památkový ústav
Karlstein | Kleiner Turm   103f., 109, 158, 391, 396, 417, 494, 542
Karlstein | Kleiner Turm | Marienkapelle (ehem. Schatzkammer; früher Katharinenkapelle genannt, capella minor)   38, 80, 104, 158f., 343, 391, 396, 402 (Abb. Kat.-Nr. 8.1), 407, 409, 411–413, 417, 478, 512
Karlstein | Kleiner Turm | Marienkapelle | Antike Gemme mit Medusenhaupt vom Gewölbeschlussstein → Prag | Národní památkový ústav
Karlstein | Kleiner Turm | Marienkapelle | Konsolen   478
Karlstein | Kleiner Turm | Marienkapelle | Wandmalereien und Inkrustation   142, 158, 286, 288f. (Abb.), 377, 391, 402 (Abb. Kat.-Nr. 8.1), 409, 494, 512, 522, 542
Karlstein | Kleiner Turm | Königliche Kapelle der Reliquien der Passion Christi (capella maior, früher Marienkapelle genannt)   80, 103f., 158f., 396, 407, 409, 412f.
Karlstein | Kleiner Turm | Königliche Kapelle der Reliquien der Passion Christi | Wandmalereien   2f. (Abb. 2), 4 (Vorsatzblatt, Abb. 3), 6, 30–32 (Abb. 12f.), 38, 80f. (Abb. 59), 142–144 (Abb. 132), 156, 158, 168–170 (Abb. 149f.), 377, 409, 494
Karlstein | Palas   56, 77, 102–104 (Abb. 81, 83), 396, 409, 412
Karlstein | Palas | Nikolauskapelle   104, 158, 407, 417
Karlstein | Palas | Nikolauskapelle | Pariser Madonna → Prag | Národní památkový ústav
Karlstein | Palas | Nikolauskapelle | Wandmalerei mit Stammbaum der Luxemburger (verloren)   56, 77, 137, 142–144 (Abb. 132), 296, 322, 377, 395f., 409, 416f., 488, 494, 524
Karlstein | Reichskleinodien/Reichsschatz → Wien | Kunsthistorisches Museum | Weltliche Schatzkammer
Karlstein | Schatzfund | Silberknöpfe → Prag | Uměleckoprůmyslové museum v Praze
Karlštejn → Karlstein
Karlswald (Oberpfalz oder Egerland?) | Burg   108
Karlův Hrádek → Karlshaus
Kašperk → Karlsberg
Kaufbeuren   565
Kaysersberg   152f.
Kempten   151
Kłodzko → Glatz
Koblenz | Landeshauptarchiv | Bilderchronik aus dem Codex Balduini (Abt. 1 C Nr. 1)   57 (Abb. 35), 58 (Abb. 36), 188f. (Abb. 169), 220 (Abb. 199), 297f. (Kat.-Nr. 3.4)
Koblenz | Landeshauptarchiv | Codex Balduini, Reiseexemplar (Bestand 1 C Nr. 3)   297 (Kat.-Nr. 3.3)
Kolín/E.   231
Kolín/E. | Kirche St. Bartholomäus   384, 618
Kolín/E. | Kirche St. Bartholomäus | Glasmalereien   136, 475
Kollam (Quilon)   334
Köln   44, 46, 52, 145, 183, 211f., 264, 278, 369, 382, 433, 410, 442, 486, 497, 520, 526, 537, 599, 618, 620
Köln | Altes Rathaus | Ausstattung   198, 270
Köln | Kunsthalle   272, 274
Köln | Basilika St. Aposteln | Retabel   461
Köln | Diözesanmuseum   410
Köln | Domkirche St. Petrus   213, 216, 440, 538
Köln | Domschatz | Petrusstab   358
Köln | Klarissenkloster | Skriptorium   305
Köln | Minoritenkonvent | Skriptorium   305
Köln | St. Alban   410
Köln | Wallraf-Richartz-Museum | Kupferstichkabinett | Einzelblatt eines Antiphonars (Nr. 105)   561
Königgrätz (Hradec Králové) | Löffelset   414
Königsaal (Zbraslav) | Chronik → Iglau | Státní okresní archiv Jihlava | Archiv města Jihlava
Königsaal | Zisterzienserabtei Aula Regia mit Röm.-kath. Pfarrei St. Jakobus d. Ä.   295, 299, 306f., 312, 314f., 608
Königsaal | Zisterzienserabtei Aula Regia mit Röm.-kath. Pfarrei St. Jakobus d. Ä. | Grabmäler   52, 63, 314
Königsaal | Zisterzienserabtei Aula Regia mit Röm.-kath. Pfarrei St. Jakobus d. Ä. | Madonna → Prag | Národní galerie v Praze
Königsfeld (Královo Pole; bei Brünn) | Kartause   475
Königsfelden | Habsburger-Mausoleum   547

Konopiště | Madonna → Prag | Národní galerie v Praze
Konstantinopel   153, 344, 358, 366, 389, 396, 418, 492, 511, 600, 616
Konstantinopel | Palast der byzantinischen Kaiser   616
Konstantinopel | Palast der byzantinischen Kaiser | Heilige Kapelle   144
Konstanz | Stadt u. Konzil   151, 208, 253, 255
Konstanz | Augustinereremitenkirche | Wandmalerei mit Identifikationsporträt Sigismunds   252f. (Abb. 226), 255
Konstanz | Münster zu Unserer Lieben Frau | Kreuzgang   392
Konstanz | Münster zu Unserer Lieben Frau | Thronende Madonna vom Lettner   208f. (Abb. 191), 216
Košátky | Burg Marientod → Boston | Museum of Fine Arts
Kouřim (Gurim)   589
Kouřim | Muzeum Kouřimska | Gewölbeschlusssteine aus Skalitz   589
Krakau | Stadt u. Bistum   502, 584
Krakau | Dominikanerkonvent | Dorsalkreuz mit Gnadenthron, Propheten und vier Aposteln   502 (Kat.-Nr. 12.12)
Krakau | Franziskanerkloster | Madonna   491
Krakau | Karmeliterinnenkloster | Madonna   461
Krakau | Universität   333
Krakau | Wawel | Kathedrale St. Stanislaus und St. Wenzel   502
Královo Pole → Königsfeld
Krefeld   368, 410
Kremnica → Kremnitz
Kremnitz (Kremnica)   231
Kremsier (Kroměříž) | Burg   498
Kremsmünster | Klosterbibliothek | Diptychon   491
Kreta (Insel)   232
Křivoklát → Pürglitz
Kroměříž → Kremsier
Kronach   231
Krosnowice → Rengersdorf
Krumau (Český Krumlov)   358
Krumau | Chronik → Wien | Österreichische Nationalbibliothek
Krzeszów → Grüssau
Kunnersdorf (Kunratice) | Burg „Wenzelstein"   254
Kunratice → Kunnersdorf
Kutná Hora → Kuttenberg
Kuttenberg (Kutná Hora)   125, 227, 230–233, 318, 582 (Abb.), 587f., 590f.
Kuttenberg | Bürgerhäuser   231f., 575
Kuttenberg | Graduale → Wien | Österreichische Nationalbibliothek
Kuttenberg | Pfarrkirche St. Jakob   582 (Abb.)
Kuttenberg | Rathausuhr   232
Kuttenberg | Rechtskodex → Prag | Státní oblastní archiv v Praze
Kuttenberg | Satz aus fünf Silberbechern → Nürnberg, Germanisches Nationalmuseum
Kuttenberg | Státní okresní archiv Kutná Hora | Bestand Stadtarchiv Kutná Hora | Urkunde Nr. 50 mit Siegel   232 (Abb. 209)
Kuttenberg | Synagoge   232
Kuttenberg | sog. Welsche Hof   226f. (Abb. 205), 230f.
Kwidzyn → Marienwerder

L

La Chaise-Dieu | Abtei | Grabmal Papst Clemens VI.   61, 63 (Abb. 42)
La Croix-aux-Mines   245 (Abb. 220)
La Valsainte | Kartäuserkloster | Ornat und Manipel des hl. Hugo   425
Langres | Kathedrale St-Mammès | Madonnenstatue des Guy Baudet   414
Langres | Kathedrale St-Mammès | Stifterbild des Guy Baudet   414
Laub | St. Nikolai | Madonna aus dem Würzburger Franziskanerkloster   196, 307
Lauban   456
Lauf an der Pegnitz   123, 125, 239, 242, 471–473, 478f., 587f.
Lauf an der Pegnitz | Burg (auch Wenzelschloss)   74f., 106, 108f. (Abb. 89f.), 123, 125, 456, 478
Lauf an der Pegnitz | Burg | Torturm | Statue des hl Wenzel   106
Lauf an der Pegnitz | Burg | Wappensaal   75 (Abb. 56), 106, 108 (Abb. 91), 478
Lauf an der Pegnitz | Burg | Wappensaal | Relief des hl. Wenzel   128 (Abb. 113)
Lebus | Stadt u. Bistum   125, 129, 477
Lehnin | Zisterzienserkloster   208, 484, 589

Orts- und Objektregister   **669**

Leitomischl (Litomyšl) | Stadt u. Bistum   129, 140, 210f., 348, 376, 493, 498, 539, 608
Le-Puy-en-Velay   410
Lichteneck (Lichtenegg)   471f., 477
Lichtenstein   471f., 477
Lichtenthal | Zisterzienserinnenkloster   531
Liège → Lüttich
Lilienfeld | Zisterzienserabtei | Stiftsbibliothek | Concordantiae caritatis des Ulrich von Lilienfeld (Cod. 151)   35 (Abb. 17)
Linz   230
Lissabon | Museu Calouste Gulbenkian | Diptychon   599
Lissabon | Museu Calouste Gulbenkian | Madonna für die Abtei Ste-Antoine (Inv.-Nr. 20)   601
Litomyšl → Leitomischl
Ljubljana | Nationalbibliothek | Musikhandschrift   180
Loket → Elbogen
London   163, 193, 324, 411, 538, 599
London | British Library | Bible historiale (Royal MS 17 E VII)   143, 416
London | British Library | Les Grandes Chroniques de France (Ms. Sloane 2433 C)   64f. (Abb. 44)
London | British Library | Queen Mary Psalter (Royal 2 B VII)   305
London | British Library | Reisebeschreibungen des Sir John Mandeville (Sign. Add. Ms 24189)   254
London | British Library | Tractatus de septem vitiis (Traktat über die Sieben Todsünden; Ms. Additional 27695)   234f. (Abb. 210)
London | Ranger's House – The Wernher's Collection | Polyptychon   311
London | South Kensington Museum (Kunstgewerbemuseum)   409, 411
London | The British Museum | Diptychon   599
London | The British Museum | Madonna (Inv.-Nr. 1978, 5-3, 3)   490
London | Victoria & Albert Museum | Kasel aus rotem Samt mit gestickter Kreuzigung (Inv.-Nr. 1375-1864)   503f. (Kat.-Nr. 12.13)
London | Victoria & Albert Museum | Polyptychon (Inv.-Nr. 4686-1858)   311
London | Westminster Abbey | Grabmal Richards II. Plantagenet und seiner Gemahlin Anna   193 (Abb. 176)
London | Windsor Castle | Zepter   374
Longchamp | Klarissenkonvent   600
Longchamp | Klarissenkonvent | Hl. Johannes → Paris | Musée de Cluny – Musée national du Moyen Âge
Lorch   212
Los Angeles | J. Paul Getty Museum | Vita beatae Hedwigis – das Leben der hl. Hedwig (Schlackenwerther Codex; Inv.-Nr. MS. Ludwig XI 7; 83.MN.126)   466–468 (Kat.-Nr. 11.7)
Löwen (Leuven, Louvain)   143, 448
Lübeck   230, 280, 519f., 526, 528, 533, 582
Lübeck | Pfarrkirche St. Marien | Taufbecken   520
Lübeck | Rathaus   518
Lübeck | Rathaus | Beischlagwange   270
Lübeck | Rathaus | Türzieher vom Hauptportal → Lübeck | St.-Annen-Museum
Lübeck | St.-Annen-Museum | Türzieher vom Hauptportal des Rathauses (Inv.-Nr. 1978-13)   198, 518–521 (Kat.-Nr. 13.2)
Lüben (Lubin) | Stadt   467
Lubin → Lüben
Lucca | Stadt u. Bistum   37, 61f., 103, 127, 129, 169f., 203, 205, 368f., 389, 412, 575f. (Abb.), 578–582, 610
Lucca | Archivio di Stato | Chronik der Stadt Lucca des Giovanni Sercambi (Inv.-Nr. Ms. 107)   37 (Abb. 20), 88 (Abb. 65), 579–581 (Kat.-Nr. 15.3)
Lucca | Archivio di Stato, Diplomatico, fondo Tarpea | Urk. Inv.-Nr. 00021800 (A1)   578f. (Kat.-Nr. 15.2)
Lucca | Archivio di Stato, Diplomatico, fondo Tarpea | Urk. Inv.-Nr. 00021800 (A2)   578
Lucca | Archivio di Stato, Diplomatico, fondo Tarpea | Urk. Inv.-Nr. 00021823   578 (Kat.-Nr. 15.1)
Lucca | Chiesa Collegiata dei SS. Paolino e Donato | Muttergottes von Lucca   428, 580f. (Kat.-Nr. 15.4)
Lucca | Kathedrale San Martino | Kruzifix Volto Santo   203, 207 (Abb. 189f.), 412
Lucca | Kathedrale San Martino | Mosaik   392
Lucca | Kathedrale San Martino   575f. (Abb.)
Lucca | Kirche des hl. Paulinus   581
Lucca | Kirche San Matteo   580
Lucca | Universität   170, 326, 578 (Kat.-Nr. 15.2), 581
Luckau   127
Luckau | Pfarrkirche St. Nikolai   129 (Abb. 115)
Łukowo → Löwenmadonna → Posen | Muzeum Narodowe
Lüneburg   247

Lüttich (frz. Liège)   302
Luxemburg | Stadt   151, 218, 224, 248, 300–302, 395
Luxemburg | Stadtarchiv | Urk. LU I – 30, Nr. 125   300f. (Kat.-Nr. 3.7)
Luxemburg | Stadtarchiv | Urk. LU I – 30, Nr. 281   300f. (Kat.-Nr. 3.8)
Luzern   153
Luzern | Depositum in der Zentral- und Hochschulbibliothek
Luzern | Eidgenössische Chronik des Diebold Schilling   34, Abb. 16
Lyon   411, 491
Lyon | Kunstgewerbemuseum   411
Lyon | Musée des Tissus | Dalmatikafragmente aus der Burg Karlstein | Großer Turm | Heilig-Kreuz-Kapelle (Inv.-Nr. 22.751)   409–412 (Kat.-Nr. 8.8.b), 610
Lyon | Musée des Tissus | Wams (Schecke), sog. Pourpoint de Charles de Blois (Inv.-Nr. 30307 / 924.XVI.2)   172, 316–318 (Kat.-Nr. 3.19)

M

Maastricht   80, 247
Maastricht | Kirchenschatz | Beutel   424
Madrid | Diptychon   599
Madrid | Prado | Gemälde der Berufung des hl. Eligius   424
Magdeburg | Stadt u. Erzbistum   48, 81, 125f., 129, 139, 208, 210–212, 230, 477, 484, 533–535, 539f., 543, 589f., 602
Magdeburg | Dom   211, 540, 543, 590
Magdeburg | Dom | Elisabeth-Retabel   535
Magdeburg | Dom | Fensterstiftungen   484
Magdeburg | Dom | Figurenschmuck der Schlusssteine des Kapitelsaals   589f.
Magdeburg | Dom | Grabmal des Dietrich von Portitz   208, 211 (Abb. 193), 548
Magdeburg | Dom | Hochaltar   208, 210f. (Abb. 192)
Magdeburg | Erzbischöfliche Palastkapelle St. Gangolf   211, 214 (Abb. 195), 540
Mailand (Milano)   48, 61, 86, 89, 153, 183, 203, 236f., 360, 380, 410
Mailand | Dom   380
Mailand | sog. Eiserne Krone der Lombardei → Monza | Duomo | Cappella di Theodolinda
Mailand | Sant'Ambrogio   89, 91, 93 (Abb. 70), 380
Mainz | Stadt u. Erzbistum   44, 46, 49, 79, 83, 150f., 153, 183, 189, 200, 220, 224, 260, 268, 285, 307, 351, 371, 428, 520, 531, 533f., 536, 538, 551, 560, 574f.
Mainz | Landesmuseum Reliefs → Mainz | Landesmuseum Mainz
Mainz | Kloster St. Alban   151, 551f.
Mainz | Landesmuseum Mainz | Reliefs mit Kurfürsten, Ks. Ludwig IV. und hl. Martin vom Kaufhaus (Inv.-Nr. S 3099–S 3107)   198
Malbork → Marienburg
Manchester   441
Mantua   154, 158, 616
Marburg an der Lahn   79–84, 349
Marburg an der Lahn | Deutschordenshaus   80f.
Marburg an der Lahn | Deutschordenskirche St. Elisabeth   80, 82 (Abb. 60), 349
Marburg an der Lahn | Deutschordenskirche St. Elisabeth | Grabmal der hl. Elisabeth   80, 83 (Abb. 61)
Marburg an der Lahn | Marienkirche   538
Maria Weißenstein (bei Deutschnofen/Südtirol) | Wallfahrtskirche | Schmerzensmann   480
Marienburg (Malbork) | Burg | Marienkirche | Mosaik   392
Marienthal (Luxemburg) | Dominikanerkloster   295
Marienwerder (Kwidzyn) | Dom | Mosaik   391f. (Abb. Kat.-Nr. 7.9.1)
Marseille   33, 284
Mattsee   49, 456
Maubuisson | Zisterzienserinnenkirche | Doppelgrab (Gisants) → Paris | Musée du Louvre
Maulbronn | Zisterzienserkirche | Madonna   490
Meißen | Stadt u. Bistum   50, 125, 208, 376, 455, 608
Mělník   274, 460
Mělník | Schloss Neuberg (Neuberk)   262, 265
Mělník | Schlossberg | Standbild Karls IV.   262, 265 (Abb. 238), 267
Memmingen   564f.
Merseburg | Stadt u. Bistum   208, 542f., 544
Merseburg | Dom   543
Merseburg | Dom St. Johannes Bapt. und Laurentius | Grabmal Friedrichs II. von Hoyms   543f. (Abb. Kat.-Nr. 13.17.1)
Merseburg | Dom St. Johannes Bapt. und Laurentius | Grabmal Rudolfs von Rheinfelden   373
Metz | Stadt u. Bistum   6, 50, 80, 82, 90, 115, 152, 154, 169, 183, 253, 302, 498, 514, 518, 560f., 587, 589

Metz | Cölestinerkirche | Schlusssteine → Musée Cour d'Or
Metz | Kathedrale   410
Metz | Musée Cour d'Or | Schlusssteine der Cölestinerkirche zu Metz (Inv.-Nr. 3321, 3322)   475, 598f. (Kat.-Nr. 17.1)
Michle | Kirche Unserer Lieben Frau | Madonna → Prag | Národní galerie v Praze
Milano → Mailand
Milevsko → Mühlhausen
Minden | Stadt u. Bistum   210, 247, 353, 484, 531
Minden | Dominikanerkirche   531
Minneapolis | Diptychon   599
Mírov → Mürau
Mladá Boleslav → Jungbunzlau
Modena   203
Modena | Zepter   374
Modřice → Mödritz
Mödritz (Modřice) | Burg   498
Montecarlo (bei Lucca) | Burgresidenz u. Stadt   62f. (Abb. 43), 103, 133, 412, 576
Montpellier   302, 464
Monza | Duomo | Cappella di Theodolinda | sog. Eiserne Krone der Lombardei (Museo e Tesoro del Duomo di Monza)   86, 88f., 91, 93, 153, 183, 360, 380 (Kat.-Nr. 6.15), 604
Mořina (Morzin/Morzan)   143, 145
Mořina | Ehe- oder Verlobungsring → Prag | Národní muzeum
Morzin/Morzan → Mořina
Most → Brüx
Mühldorf/I.   67, 477
Mühlhausen (Milevsko) | Kelch   611
Mühlhausen (Thüringen)   196
Mühlhausen (Thüringen) | Marienkirche | Südquerhaus mit Figurengruppe auf dem Balkon   18f. (Abb. 9), 197f. (Abb. 181), 534, 537
München   59, 114, 134, 272, 369f., 618
München | Angerkloster | Madonna → Bayerisches Nationalmuseum
München | Bayerische Staatsbibliothek | Abtlg. Karten u. Bilder, Archiv Heinrich Hoffmann | Fotografie: Inspektion der Wenzelskrone (Inv.-Nr. 11473)   90 (Abb. 67)
München | Bayerische Staatsbibliothek | Evangeliar Ottos III. oder Evangeliar Heinrichs II. (Clm 4453)   545
München | Bayerische Staatsbibliothek | Liste der Reliquien der Prager Heiltumsweisung (lat. 6686)   157–159 (Abb. 140)
München | Bayerische Staatsbibliothek | Konrad von Megenberg: Buch von den natürlichen Dingen (Sign. 2° Inc. c a 347); Inkunabeldruck (Sign. 2° Inc. c a 710 m); Inkunabeldruck (Sign. 2° Inc. c a 1039)   282f. (Kat.-Nr. 1.4)
München | Bayerisches Hauptstaatsarchiv | Geheimes Hausarchiv | Mannheimer Urkunden, Haussachen | Urk. Nr. 3   473, 476f. (Kat.-Nr. 11.15)
München | Bayerisches Hauptstaatsarchiv | Kurpfalz Urkunden 1   124, 371, 518 (Kat.-Nr. 13.1.a)
München | Bayerisches Nationalmuseum   619
München | Bayerisches Nationalmuseum | Madonna aus dem Angerkloster (Inv.-Nr. MA 962)   440
München | Bayerisches Nationalmuseum | Steinrelief mit Ludwig IV. vom Nürnberger Rathaus (Kopie; Inv.-Nr. MA 2341)   59 (Abb. 37)
München | Bayerisches Nationalmuseum | Zepter (Inv.-Nr. W 1625)   374
München | Wissenschaftliche Bibliothek im Sudetendeutschen Haus unter Verwaltung des Collegium Carolinum e. V. | Blatt des Reichsprotektors in Böhmen und Mähren, Volk und Reich Verlag, Prag (Signatur ZC 162)   618f. (Kat.-Nr. 19.5)
Mürau (Mírov) | Burg   498
Mylau | Burg   107, 270

N

Naumburg | Stadt u. Bistum   208
Naumburg | Dom | Stifterfiguren   198
Naxos (Insel)   232
Neapel   410, 578, 595
Neapel | Universität   332
Neidstein   470–472, 477, 479
Nelahozeves | Schloss | Fürstlich Lobkowitz'sche Sammlung | Reliquienbüste (Inv.-Nr. LJ 390)   488
Neuhaus (Jindřichův Hradec) | Schloss | Gemälde böhmischer Herrscher   261
Neumarkt (Środa Śląska)   220
Neumarkt | Frauenkrone   90
Neustadt an der Waldnaab   123, 471f., 592

Neustadt an der Waldnaab | Stadtmuseum | Handschuh Karls IV. (ohne Inv.-Nr.)   592 (Kat.-Nr. 16.8)
New York   274
New York | Cooper Hewitt | Smithsonian Design Museum | Dalmatikafragmente (Inv.-Nr. 1902-I-357)   411
New York | Public Library | Thickhill Psalter (Spencer 26)   305
New York | The Metropolitan Museum of Art | Diptychon   599
New York | The Metropolitan Museum of Art | Madonna aus Pont-aux-Dames (Inv.-Nr. 17.190.721)   135f. (Abb. 124), 414
New York | The Metropolitan Museum of Art | The Cloisters Collection | Applikationen mit dem thronenden Christus (Inv.-Nr. 61.16 b, c)   503
New York | The Metropolitan Museum of Art | The Cloisters Collection | Belles Heures des Herzogs Jean de Berry (Inv.-Nr. 54.1.1a,b)   38 (Abb. 21)
New York | The Metropolitan Museum of Art | The Cloisters Collection | Gebetbuch der Bonne de Luxembourg (Inv.-Nr. 69.86)   307–310 (Kat.-Nr. 3.14), 416, 494
New York | The Metropolitan Museum of Art | The Cloisters Collection | Thronende Madonna (Inv.-Nr. 65.215.1)   488
New York | The Morgan Library & Museum | Maciejowski-Bibel (Ms. M.638)   89 (Abb. 66)
New York | The Morgan Library & Museum | Morgan-Diptychon (Inv.-Nr. AZ022.1–2)   136, 140, 145, 329–331 (Kat.-Nr. 4.2), 386, 494, 497, 505
New York | The Morgan Library & Museum | Polyptychon des Thomas Bazin   311
New York | The Morgan Library & Museum | Thomasin von Zerclaere: Der Welsche Gast (MS G.54)   561
Niederhaslach | Glasmalereien der Stiftskirche Saint-Florent   143f.
Nordheim am Main   427
Nordheim am Main | Madonna → Deutschland | Privatbesitz
Nördlingen   477
Novara   61
Noyon | Stadt u. Bistum   163f., 424
Noyon | Abtei St. Eligius (Saint-Eloi) | Schatz des hl. Eligius mit Reliquien, Sarkophag und Skulptur des Heiligen   163f., 180, 422–425 (Kat.-Nr. 9.3.a-d)
Noyon | Kathedrale   163f., 166, 180, 423, 425
Nürnberg   39, 69, 72, 74, 79, 90, 107, 109, 111–121, 123, 125, 131, 136, 143, 149, 163, 172f., 183, 186, 192, 195, 198–200, 211, 218, 221–224, 232, 235–245 (Abb. 214), 248, 256f. 262, 267, 272, 274, 280, 302, 318, 332f., 373, 376, 392, 434–437, 440–442, 448, 453, 455, 470–473, 475–479, 497f., 514, 516, 518, 520f., 530f., 533, 544f., 562, 565–568, 582, 584, 592, 594f., 599, 620
Nürnberg | Barfüßerkloster (Franziskanerkloster) mit Kirche   242, 244 (Abb. 219), 594
Nürnberg | Bürgerhaus   93
Nürnberg | Burggrafenhaus bzw. -burg   107, 111, 243, 455
Nürnberg | Deutschordenskirche St. Jakob   243
Nürnberg | Deutschordenskirche St. Jakob (Deutschherren) | Hochaltarretabel   118, 120f. (Abb. 104f.), 447f., 453, 521
Nürnberg | Dominikanerinnenkirche St. Katharina   243, 594
Nürnberg | Dominikanerinnenkirche St. Katharina | Epitaph der Kunigunde Stromer   451
Nürnberg | Fleischbrücke   441
Nürnberg | Frauenkirche (königliche Kapelle, Marienkapelle) mit Bauskulptur   14, 93, 111, 113f., 116f. (Abb. 99f.), 119, 198, 200, 216, 224, 434, 436, 438f., 453, 455, 566, 594, 599
Nürnberg | Frauenkirche | Glasgemälde   114, 216, 437, 439, 473, 566
Nürnberg | Frauenkirche | Glasgemälde → Nürnberg | Germanisches Nationalmuseum
Nürnberg | Frauenkirche | Nordportal | Konsole mit einer Dame   172 (Abb. 154), 536, 548
Nürnberg | Frauenkirche | Statue des hl. Wenzel im Chor   439
Nürnberg | Frauenkirche | Verkündigungsgruppe des Südportals → Nürnberg | Germanisches Nationalmuseum
Nürnberg | Frauenkirche | Vorhalle | Skulpturen   114, 198, 436, 438, 440
Nürnberg | Frauenkirche | Wandmalerei   547
Nürnberg | Frauenkirche | Westfassade | Kunstuhr mit sog. Männleinlaufen   270f. (Abb. 241)
Nürnberg | Germanisches Nationalmuseum | Antependium (?) mit Christus in der Kelter und Gnadenstuhl (Inv.-Nr. Gew 2464)   452f. (Kat.-Nr. 10.12)
Nürnberg | Germanisches Nationalmuseum | Aufzeichnungen des Ulman Stromer (Inv.-Nr. HS 6146)   239, 595 (Kat.-Nr. 16.10)
Nürnberg | Germanisches Nationalmuseum | Darstellung des kaiserlichen Schatzes, der Reichsinsignien in halber Größe und der Reichskrone in voller Größe (Inv.-Nr. HB 18692, HB 1952)   373f. (Kat.-Nr. 6.9)
Nürnberg | Germanisches Nationalmuseum | Eidbuch aus St. Simeon in Trier (Hs. 41848)   561
Nürnberg | Germanisches Nationalmuseum | Glasgemälde aus der Frauenkirche (Inv.-Nr. a. MM 25, b. MM 26)   114, 473 (Kat.-Nr. 10.2)
Nürnberg | Germanisches Nationalmuseum | Goldene Bulle (Hs. 35458)   124, 371, 518 (Kat.-Nr. 13.1.g)
Nürnberg | Germanisches Nationalmuseum | Heiltumsschrein (Inv.-Nr. KG 187)   257 (Abb. 257)
Nürnberg | Germanisches Nationalmuseum | Hl. Georg im Kampf mit dem Drachen (Inv.-Nr. Pl.O. 32)   404–406 (Kat.-Nr. 8.3)
Nürnberg | Germanisches Nationalmuseum | Kaiserliche Kassette (Inv.-Nr. HG 3591)   377f. (Kat.-Nr. 6.12)
Nürnberg | Germanisches Nationalmuseum | Kupferstich: Nürnberg in den Reichswäldern (Inv.-Nr. St.Nbg. 10419)   238f. (Abb. 214)
Nürnberg | Germanisches Nationalmuseum | Madonna auf dem Löwenthron aus Rengersdorf (Inv.-Nr. Pl.O. 2876)   465f. (Kat.-Nr. 11.6)
Nürnberg | Germanisches Nationalmuseum | Nachzeichnung einer Scheibe aus der Frauenkirche (Sign. HS Merkel 2° 210, fol. 8r.)   114, 120, 439 (Kat.-Nr. 10.3)
Nürnberg | Germanisches Nationalmuseum | Silberbecher mit Wappen im Boden (Inv.-Nr. HG 11628.a–e)   575 (Kat.-Nr. 14.9)
Nürnberg | Germanisches Nationalmuseum | Thronende Madonna aus der Moritzkapelle (Inv.-Nr. Pl. 2283)   115, 440f. (Kat.-Nr. 10.5)
Nürnberg | Germanisches Nationalmuseum | Türmeruhren (Inv.-Nr. WI 2102, WI 999)   586f. (Kat.-Nr. 16.1)
Nürnberg | Germanisches Nationalmuseum | Unterweisung Mariens (Inv.-Nr. Gew 1159)   451f. (Kat.-Nr. 10.11)
Nürnberg | Germanisches Nationalmuseum | Verkündigungsgruppe des Südportals der Frauenkirche   436f. (Kat.-Nr. 10.1), 451
Nürnberg | Germanisches Nationalmuseum | Wappenstein mit dem böhmischen Löwen vom Westportal von St. Lorenz (Inv.-Nr. A4035)   115, 200, 439f. (Kat.-Nr. 10.4), 568
Nürnberg | Germanisches Nationalmuseum | Weinberg-Madonna aus Würzburg (Inv.-Nr. Pl. 2181)   199
Nürnberg | Germanisches Nationalmuseum | Werkstattzeichnung: Auferstandener Christus (Inv.-Nr. Kapsel 559, Hz 37)   120, 437, 450f. (Kat.-Nr. 10.10), 475, 599
Nürnberg | Germanisches Nationalmuseum | Werkstattzeichnung: Unterweisung Mariens (recto), Maria als Himmelskönigin und Madonna mit Kind (verso) (Inv.-Nr. Kapsel 559, Hz 38)   120, 450–452 (Kat.-Nr. 10.9), 475, 599
Nürnberg | Germanisches Nationalmuseum | Zeichnung: Häuser von Juden (Inv.-Nr. HB 1539)   221 (Abb. 203)
Nürnberg | Hauptmarkt   93, 111, 115f., 119, 198, 216, 221, 438, 566, 595
Nürnberg | Israelitische Kultusgemeinde | Tahara | Grabstein vom jüdischen Friedhof in Nürnberg (Replik)   112, 567f. (Kat.-Nr. 14.5)
Nürnberg | Jüdische Häuser im Judenviertel   111f., 221 (Abb. 203), 224, 562, 565–567
Nürnberg | Jüdischer Friedhof   112, 568
Nürnberg | Kaiserburg   14f. (Abb. 7), 107, 109, 111, 113 (Abb. 95), 243, 272, 434f. (Abb.), 455, 620
Nürnberg | Kartäuserkloster   475f.
Nürnberg | Klarissenkloster und Kirche St. Klara   447f., 453, 594
Nürnberg | Klarissenkloster und Kirche St. Klara (ehem. Magdalenerinnenkloster) | Baldachinaltar   20f. (Abb. 10), 118, 171, 173 (Abb. 155), 436f., 442–448 (Kat.-Nr. 10.7), 454, 498, 594 (Fragmente in → Berlin | Staatliche Museen – Preußischer Kulturbesitz | Gemäldegalerie; Berlin | Deutsches Historisches Museum; Frankfurt am Main | Städel Museum und Städtische Galerie; Schottland | Privatsammlung)
Nürnberg | Laufer Schlagturm   568
Nürnberg | Moritzkapelle bei St. Sebald   114f., 440–442
Nürnberg | Moritzkapelle | Dreikönigsgruppe   440
Nürnberg | Moritzkapelle | Thronende Madonna → Nürnberg | Germanisches Nationalmuseum
Nürnberg | Moritzkapelle | Wandmalereien mit Karl IV.   53 (Abb. 31), 115, 118, 120, 434, 436, 441f. (Kat.-Nr. 10.6), 447f., 451, 454f., 475
Nürnberg | Münzgasse   568
Nürnberg | Obstmarkt   111, 221 (Abb. 203)
Nürnberg | Pfarrkirche St. Lorenz   440, 531, 538, 567f.
Nürnberg | Pfarrkirche St. Lorenz | Gruppe der Anbetung der Hl. Drei Könige, Madonna   118 (Abb. 101f.)
Nürnberg | Pfarrkirche St. Lorenz | Südturm   567
Nürnberg | Pfarrkirche St. Lorenz | Wappengalerie   434
Nürnberg | Pfarrkirche St. Lorenz | Westfassade mit Portalskulpturen   115, 119 (Abb. 103), 199f., 436, 531
Nürnberg | Pfarrkirche St. Lorenz | Westfassade mit Portalskulpturen | Wappenstein mit dem böhmischen Löwen → Nürnberg | Germanisches Nationalmuseum
Nürnberg | Pfarrkirche St. Sebald   17, 110f. (Abb. 93), 115, 433f., 436, 441f., 455
Nürnberg | Pfarrkirche St. Sebald | Darstellung der sog. Judensau   224 (Abb. 202)
Nürnberg | Pfarrkirche St. Sebald | Fensterzyklus   115
Nürnberg | Pfarrkirche St. Sebald | Pfarrhof   568
Nürnberg | Pfarrkirche St. Sebald | Schlaguhr → Germanisches Nationalmuseum
Nürnberg | Pfarrkirche St. Sebald | Wandmalereifragment   16f. (Abb. 8)
Nürnberg | Pfarrkirche St. Sebald | Wandtabernakel   384
Nürnberg | Privatbesitz | Löffelholz-Stammbuch Teil III | Aquarell des Chorachsenfensters der Frauenkirche   437
Nürnberg | Rathaus   440
Nürnberg | Rathaus | Großer Saal | Relief mit dem Herzog von Brabant   114 (Abb. 96), 455
Nürnberg | Rathaus | Großer Saal | Steinrelief mit Ludwig IV.   59 (Kopie: Abb. 37), 133, 440
Nürnberg | Reichsforst   239–245
Nürnberg | Reichskleinodien/Reichsschatz → Wien | Kunsthistorisches Museum
Nürnberg | Schöner Brunnen   72 (Abb. 54), 115, 198
Nürnberg | Spital mit Kirche zum Heiligen Geist   39 (Abb. 22), 237, 257 (Abb. 232), 453, 542, 584
Nürnberg | Spital mit Kirche zum Heiligen Geist | Grabmal des Konrad Groß   196f., 237 (Abb. 212)
Nürnberg | Spital mit Kirche St. Martha   243 (Abb. 218), 597
Nürnberg | Spital mit Kirche St. Martha | Glasmalereien (Familie Groß)   6f. (Abb. 4), 242 (Abb. 217), 447, 453f. (Kat.-Nr. 10.13), 498
Nürnberg | St. Egidien   243
Nürnberg | Staatsarchiv | Reichsstadt Nürnberg | Handschriften | Hallerbuch (Nr. 211)   112 (Abb. 94), 244 (Abb. 219)
Nürnberg | Staatsarchiv | Reichsstadt Nürnberg | Kaiserliche Privilegien | Urk. Nr. 77   439, 565 (Kat.-Nr. 14.3)
Nürnberg | Staatsarchiv | Reichsstadt Nürnberg | Rst Nbg, Handschriften | Heiltumsstuhl auf dem Nürnberger Hauptmarkt (Nr. 399 a)   93 (Abb. 71)
Nürnberg | Staatsarchiv | Reichsstadt Nürnberg | Urkunden | Münchner Abgabe 1992, Nr. 760   439, 565 (Kat.-Nr. 14.3)
Nürnberg | Staatsarchiv | Reichsstadt Nürnberg | Urkunden | Münchner Abgabe 1992, Nr. 2598   224 (Abb. 221)
Nürnberg | Staatsarchiv | Rep. 0, Münchner Abgabe | Urk. Nr. 1118   593f. (Kat.-Nr. 16.9.b)
Nürnberg | Staatsarchiv | Urk. Sign. 338 a   124, 371, 518 (Kat.-Nr. 13.1.f)
Nürnberg | Stadtarchiv | Alte Urkunden Nr. 234   593f. (Kat.-Nr. 16.9.a)
Nürnberg | Stadtbefestigung   107, 109, 568
Nürnberg | Synagoge   111, 114, 116, 224, 436, 565
Nürnberg | Weißer Turm   568
Nürnberg-Erlenstegen   111

O

Oberwesel | Liebfrauenkirche   533
Oberwesel | Liebfrauenkirche | Skulpturen des Chorgestühls   135 (Abb. 123), 488
Oberwesel | Liebfrauenkirche | Skulpturen des Lettners   135
Ofen (Buda) | Residenz   125, 127, 208, 255f., 542
Olmütz (Olomouc) | Stadt u. Bistum   55, 82, 123, 149, 152, 167, 218, 371f., 376, 379, 460, 493, 498, 552, 589, 591, 608
Olmütz | Oblastní archiv | Olmützer Rechtsbuch des Wenzel von Iglau (Cod. 1540)   125 (Abb. 107)
Olomouc → Olmütz
Oña | Kloster San Salvador   610
Orange | Universität   326
Orvieto | Dom   392
Osek → Ossegg
Ossegg (Osek) | Zisterzienserkloster   469, 501
Ostia | Bistum   89, 183–185, 381
Oxford | Ashmolean Museum | The Wellby Collection | Zepter (Inv.-Nr. WA 2013.1.20)   374
Oybin | Burg und Cölestinerkloster mit Kirche   107, 109 (Abb. 92), 589, 598

P

Padua 153, 314, 378f., 578
Padua | Santa Giustina 153
Pairis | Zisterzienserkloster | Doppelarmiges Kreuzreliquiar → Prag | Metropolitní kapitula u svatého Víta v Praze | Domschatz
Palermo 410
Panschwitz-Kuckau, Zisterzienserinnenabtei St. Marienstern → St. Marienstern
Paris | Stadt u. Hof 58, 61, 69, 71, 80f., 95, 133, 135, 139f., 146, 149, 156, 163, 171, 174, 189, 216, 247, 253, 278, 286, 303f., 310–312, 316, 318, 322, 328, 349, 350–352, 377, 411, 413f., 416f., 448, 465, 486, 490f., 494, 497, 505, 508, 512, 533, 538, 560, 571, 590, 596, 601f.
Paris | Bibliothèque nationale de France | Bibel (Pentateuch) des Jean de Sy (Ms. fr. 15397) 140, 143, 415–417 (Kat.-Nr. 8.12), 430, 494, 599, 603
Paris | Bibliothèque nationale de France | sog. Zweite Bibel Karls des Kahlen (Ms. lat. 2) 556
Paris | Bibliothèque nationale de France | Bibliothèque d'Arsenal | Œuvres poétiques des Guillaume de Machaut: Jugement du Roi de Bohème (Ms. 5203 Réserve) 311f. (Kat.-Nr. 3.16)
Paris | Bibliothèque nationale de France | Byzantinischer Codex (Ms. grec. 510) 556
Paris | Bibliothèque nationale de France | Chronik des Hundertjährigen Krieges des Jean Froissart (Ms. fr. 2643) 324 (Kat.-Nr. 3.25.b)
Paris | Bibliothèque nationale de France | Evangeliar Franz' II. (Ms. lat. 257) 556
Paris | Bibliothèque nationale de France | Friedrich Schavard: Collatio super urbis recommendatione, ... (Ms. lat. 10157) 561
Paris | Bibliothèque nationale de France | Grandes Chroniques de France (Sign. Ms. fr. 2608) 190 (Abb. 170)
Paris | Bibliothèque nationale de France | Grandes Chroniques de France de Charles V. (Sign. Ms. fr. 2813) 66 (Abb. 46), 85 (Abb. 63), 246–248 (Abb. 222), 603 (Kat.-Nr. 17.6)
Paris | Bibliothèque nationale de France | Grandes Chroniques de France, Exemplar des Jean Fouquet (Sign. Ms. fr. 6465) 60 (Abb. 38), 247
Paris | Bibliothèque nationale de France | Grandes Chroniques de France aus der Werkstatt Jean Fouquets (Ms. fr. 283) 247
Paris | Bibliothèque nationale de France | Poésies des Guillaume de Machaut (Sign. Ms. fr. 1584, 1586) 49 (Abb. 29), 178f. (Abb. 159f.)
Paris | Bibliothèque nationale de France | Sammelhandschrift (Ms. fr. 9558) 561
Paris | Bibliothèque nationale de France | Stundenbuch (Ms. lat. 1403) 561
Paris | Bibliothèque nationale de France | Zeichnung der Vase von Fonthill (Ms. fr. 20070) 336f. (Kat.-Nr. 4.8)
Paris | Ecole nationale supérieure des Beaux-Arts | Zeichnungszyklus: La Rouge myne de Sainct Nicolas de La Croix 245 (Abb. 220)
Paris | Île de la Cité | Königlicher Palast 61 (Abb.39), 95, 133, 246f. (Abb. 222), 303
Paris | Île de la Cité | Königlicher Palast | Großer Saal | genealogischer Figurenzyklus 61, 95, 303
Paris | Île de la Cité | Königlicher Palast | Sainte-Chapelle 61f. (Abb. 40), 90, 95, 100 (Abb. 79), 104, 133, 144, 156, 164, 340, 351, 358, 407, 433, 596
Paris | Île de la Cité | Königlicher Palast | Sainte-Chapelle | Hl. Johannes → Paris | Musée de Cluny – Musée national du Moyen Âge
Paris | Île de la Cité | Königlicher Palast | Sainte-Chapelle | Reliquiare (nicht erhalten) 166
Paris | Île de la Cité | Königlicher Palast | Sainte-Chapelle | Seidenmitra 423
Paris | Île de la Cité | Königlicher Palast | Thronende Skulpturen 303
Paris | Île Saint-Louis | Zunftkapelle der Pariser Goldschmiede 164
Paris | Kathedrale Notre-Dame 61, 164
Paris | Kathedrale Notre-Dame | Madonna vom Nordquerhausportal 491
Paris | Musée des arts décoratifs | Tafeln eines Retabel-Flügels (Inv.-Nr. PE 138 [a.], PE 139 [b.], PE 140 [c.], PE 141) 525–527 (Kat.-Nr. 13.7), 536
Paris | Musée de Cluny – Musée national du Moyen Âge | Dalmatikafragmente aus der Burg Karlstein | Großer Turm | Heiligkreuzkapelle (Inv.-Nr. Cl. 3062) 409–412 (Kat.-Nr. 8.8.a), 610

Paris | Musée de Cluny – Musée national du Moyen Âge | Gewandschließe (Reliquiar) mit Wenzelsadler (Inv.-Nr. Cl. 3292) 355f. (Kat.-Nr. 5.19)
Paris | Musée de Cluny – Musée national du Moyen Âge | Hl. Johannes Ev. aus Longchamp (Inv.-Nr. Cl. 19.255) 146, 488, 600–602 (Kat.-Nr. 17.4)
Paris | Musée du Louvre | Département des objets d'art | Amethystbecher (Inv.-Nr. OA 2042) 512f. (Kat.-Nr. 12.21)
Paris | Musée du Louvre | Département des objets d'art | Diptychon (Inv.-Nr. OA 4089) 599
Paris | Musée du Louvre | Département des objets d'art | Diptychon mit der Himmelfahrt Christi und Pfingsten (Inv.-Nr. OA 2599) 599 (Kat.-Nr. 17.2)
Paris | Musée du Louvre | Département des objets d'art | Madonna (Inv.-Nr. OA 12101) 491
Paris | Musée du Louvre | Département des Objets d'art | Polyptychon mit Madonna und Szenen aus dem Marienleben (Inv.-Nr. OA 2587) 310f. (Kat.-Nr. 3.15)
Paris | Musée du Louvre | Département des Sculptures | Muttergottes, durch das Kind gekrönt und auf eine Sirene tretend (Inv.-Nr. RF 580) 320f. (Kat.-Nr. 3.22)
Paris | Musée du Louvre | Gisants des Doppelgrabes aus der Kirche in Maubuisson 601
Paris | Musée du Louvre | König Childebert vom Portal des Refektoriums der Abtei St-Germain-des-Prés 135, 488
Paris | Musée du Louvre | Madonna aus vergoldetem Silber aus St-Denis 311
Paris | Musée du Louvre | Tafel des Pietro Lorenzetti 329
Paris | Petit Palais | Diptychon 599
Paris | Saint-Pol | Residenz der Isabella von Valois 596
Paris | Thronende Elfenbein-Madonnen 489, 581
Paris | Universität 33, 278, 332f., 348, 531
Parkstein | Burg 108, 472, 490, 592
Parma | Stadt u. Bistum 62
Pavia | Stadt u. Bistum 61, 153, 578
Pavia | Benediktinerkloster und Kirche St. Marinus 153
Pavia | Universität 326
Pechüle | Dorfkirche | Kreuzretabel aus der Zisterzienserabtei Zinna 210, 212 (Abb. 194)
Pegnitz 123, 471f.
Pegnitz | Burg Böheimstein 107, 472
Peking → Cambalec
Pelplin | Muzeum Diecezjalne im. bp. Stanisława Okoniewskiego | Flügel des Thorner Polyptychons aus der Franziskanerkirche St. Marien (Inv.-Nr. MDP/35/M) 386, 522f. (Kat.-Nr. 13.5)
Pera am Bosporus 158
Perugia 541, 578
Perugia | Universität 326
Petershausen 151
Pfalzel (bei Trier) | Burg 560
Piesport | St. Michael 354
Pilsen (Plzeň) 472, 478
Pilsen | Archiv společnosti Plzeňský Prazdroj, a.s., Plzeň, Sbírka dokumentace | Werbeflugblatt (Inv.-Nr. 152-6) 273 (Abb. 243), 622 (Kat.-Nr. 19.11.b)
Pilsen | Muzeum církevního umění plzeňské diecéze | Kasel aus Rokitzan (Leihgabe des Řím.-kath. Děkanátsamt) 172, 436, 486, 501–503 (Kat.-Nr. 12.11), 542
Pirna 127, 230, 477, 499
Pirna | Dominikanerkloster 499
Pirna | Stadtpfarrkirche St. Marien 500
Pirna | Stadtpfarrkirche St. Marien | Antependium mit der Krönung Marias → Dresden | Staatliche Kunstsammlungen | Kunstgewerbemuseum
Pisa 37 (Abb. 20), 170, 180, 203, 205, 261–263 (Abb. 235), 296, 299, 378f., 381, 441, 451, 578f., 581
Pisa | Dom 576
Plech 471f.
Pleystein 472
Plotiště → Zaunfeld
Plzeň → Pilsen
Poissy | Dominikanerinnenkloster St-Louis | Madonna → Antwerpen | Museum Mayer van den Bergh
Poissy | Kollegiatskirche Notre-Dame | Statue der Isabelle de France 426
Poitiers 416
Pont-aux-Dames | Zisterzienserinnenabtei | Madonna → New York | The Metropolitan Museum of Art
Poppberg 479
Portsmouth | Courtesy of The Mary Rose Trust | Englischer Langbogen und Pfeil (Inv.-Nr. 81 A 3974 [Bogen], 82 A 1892/9 [Pfeil]) 322f. (Kat.-Nr. 3.24)
Posen (Poznań) | Muzeum Narodowe | Löwenmadonna aus Łukowo 135, 196
Poznań → Posen

Prag | Stadt u. Erzbistum 41–43, 49f., 52, 55, 63, 69, 70f., 73f., 76, 80–82, 86, 88, 90, 95–101, 103, 105, 109, 111f., 118, 123, 125, 127, 129, 133–137, 139f., 142, 144–146, 150–154, 158f., 163–167 (Abb. 144f.), 170–173, 176, 180, 196, 203, 210–212, 215–218, 224f., 230–232, 235, 248f., 250f., 253–257, 259, 260f., 267f., 270, 272–275, 278, 292, 302, 310, 312, 316, 318, 320, 322, 326, 329, 332, 334, 344, 350–357, 360, 363f., 370f., 373f., 376f., 378f., 381f., 386–389f., 392, 394, 396, 405f., 411, 414, 416–418, 420, 422, 427f., 432f., 442f., 447f., 451, 458, 462, 464–466, 469–472, 476–478, 481–483, 492, 494, 497, 499, 501, 503, 505, 508, 510, 512, 516, 522, 531, 538, 540–542, 548, 552f., 557, 562, 569, 576, 580–582, 584, 588–592, 599, 604, 608f., 616f., 622f.
Prag | Altstadt 56, 95f. (Abb. 73), 100, 113, 163f. (Abb. 144), 174, 248, 254, 260, 280, 290f., 302, 363, 418, 425, 433, 592, 604
Prag | Altstadt | Agneskloster 299, 432
Prag | Altstadt | Agneskloster | Grabplatte der Guta II. von Böhmen → Prag | Národní muzeum | Lapidarium
Prag | Altstadt | Altneusynagoge 218f. (Abb. 198), 562f. (Abb.), 565
Prag | Altstadt | Bethlehemkapelle 333
Prag | Altstadt | Brückenturm → Karlsbrücke
Prag | Altstadt | Clementinum | Deckengemälde 165
Prag | Altstadt | Clementinum | Kirche St. Salvator 164f. (Abb. 145)
Prag | Altstadt | Dominikanerkirche St. Clemens 165, 248, 604
Prag | Altstadt | Franziskaner-Minoritenkloster mit Kirche St. Jakob 249f., 302, 333, 606
Prag | Altstadt | Goldschmiedplatz 164
Prag | Altstadt | Haus zur Steinernen Glocke mit Skulpturen 54f. (Abb. 32), 127, 134, 171, 303, 307, 428, 433
Prag | Altstadt | Haus zur Steinernen Glocke | Skulpturen der Fassade → Fragmente: Prag | Muzeum hlavního města Prahy
Prag | Altstadt | Haus des Vorstehers der Goldschmiedezunft (Palast Nr. 147/I) 164
Prag | Altstadt | Jesuitenkolleg 166f.
Prag | Altstadt | Karls-Kolleg | Carolinum 68f. (Abb. 50), 254, 263, 333, 326 (Abb.), 618
Prag | Altstadt | Karls-Kolleg | Carolinum | Statue Karls IV. in der Großen Aula 263
Prag | Altstadt | Kartause Mariengarten 475
Prag | Altstadt | Kirche St. Eligius (ehem. St. Martin Minor) 163–166
Prag | Altstadt | Kirche St. Eligius | Zunftschatz der Goldschmiede (Zum Teil Schatz des hl. Eligius) → Prag | Národní muzeum
Prag | Altstadt | Kirche St. Franziskus und Konvent der Kreuzherren mit dem roten Stern 164f. (Abb. 144), 261, 414, 590
Prag | Altstadt | Kirche St. Martin Minor → Kirche St. Eligius
Prag | Altstadt | Messerschmiedplatz 163
Prag | Altstadt | Pfarrkirche St. Gallus 171, 351
Prag | Altstadt | Pfarrkirche St. Nikolaus 163, 320
Prag | Altstadt | Pfarrkirche St. Thomas 163
Prag | Altstadt | Pfarrkirche Unserer Lieben Frau vor dem Teyn 163, 254, 302f., 433
Prag | Altstadt | Pfarrkirche Unserer Lieben Frau vor dem Teyn | Porträtkonsolen 193 (Abb. 177f.)
Prag | Altstadt | Pfarrkirche Unserer Lieben Frau vor dem Teyn | Tympanon vom Nordportal (als Leihgabe in Prag | Národní galerie v Praze, Inv.-Nr. VP 148–VP 150; P 6073–P 6074) 140, 163, 431–433 (Kat.-Nr. 9.10)
Prag | Altstadt | Plattnerplatz 163, 165
Prag | Altstadt | Pulverturm 260, 432
Prag | Altstadt | Rathaus 418 (Abb.), 428, 433, 542
Prag | Altstadt | Rathaus | Kapelle | Skulpturen | Stehende Muttergottes → Prag | Muzeum hlavního města
Prag | Altstadt | Rathaus | Lünettenbild mit Karl IV. im Vorzimmer des Ratssaales 262
Prag | Altstadt | Residenz Wenzels 254
Prag | Altstadt | Ring 55, 163, 303
Prag | Altstadt | Spital des Kreuzherrenordens mit dem Roten Stern 164, 280
Prag | Altstadt | Zunfthäuser der Goldschmiede 165
Prag | Archiv Pražského hradu | Eisenacher Diplom (Sign. 184 IX I) 332
Prag | Archiv Pražského hradu | Karten- und Plansammlung | Plan des barocken Umbaus der Prager Münzstätte (Sign. 183/14) 333 (Kat.-Nr. 4.5)
Prag | Archiv Univerzity Karlovy | Listiny (1355-1960) | Urk. Sign. I/103 619 (Kat.-Nr. 19.7)
Prag | Archiv Univerzity Karlovy | Sammlung alter Drucke | Pelzel, Franz Martin: Kaiser Karl der Vierte. Prag 1780 (Inv.-Nr. 529) 261, 617f. (Kat.-Nr. 19.4)

Prag | Archiv Univerzity Karlovy | Urk. Nr. 1/5 332
Prag | Archiv Univerzity Karlovy | Urk. ohne Inv.-Nr. 332f. (Kat.-Nr. 4.4)
Prag | Burgberg (Hradschin/Hradčany) 13, 50, 55, 95f. (Abb. 73), 98, 100, 104f., 109, 133, 140, 145, 159, 163f., 250, 260, 272, 274, 291, 391, 396, 414, 418, 423, 433, 458, 494, 503, 542, 604, 606, 609, 613, 619f.
Prag | Burgberg | Allerheiligenkapitel und -kapelle 61, 95, 99f. (Abb. 78), 104, 133, 150, 333, 412, 433, 510, 618
Prag | Burgberg | Benediktinerinnenkloster St. Georg 180, 376
Prag | Burgberg | Benediktinerinnenkloster St. Georg | Brevier → Prag | Národní knihovna České republiky
Prag | Burgberg | Benediktinerinnenkloster St. Georg | Psalter des Karlsteiner Kapitels → Prag | Knihovna Národního muzea
Prag | Burgberg | Bronzefigur des Hl. Georg 338
Prag | Burgberg | Haus des Meister Theoderichs 145
Prag | Burgberg | Karmeliterinnenkloster | Skulptur des Gekreuzigten 462, 481
Prag | Burgberg | Königspalast / Prager Hof 69, 72f., 82, 95f., 98, 100, 104f., 123, 139–142, 145, 154, 170f., 174, 180, 208, 262, 286, 326, 338, 363, 377, 386f., 390, 392, 405, 418, 422, 427, 432f., 451, 468, 476f., 480, 483, 486, 492–494, 497f., 501, 505, 516, 520, 531, 538, 565, 582, 608f., 614, 616
Prag | Burgberg | Königspalast | Audienzsaal 248
Prag | Burgberg | Königspalast | Wladislawsaal 95, 104, 109, 433
Prag | Burgberg | Königspalast | Zyklus der kaiserlichen Vorfahren Karls IV. (1356/57) 95, 142, 396
Prag | Burgberg | Königspalast | Zyklus der böhmischen Herrscher (Anf. 16 Jh., 1541 zerstört) 260
Prag | Burgberg | Veitsdom 42, 56, 61, 74–76, 81f., 88, 90, 95f., 98f. (Abb. 76f.), 100, 104, 109, 114, 135, 137, 140, 145, 150–154, 156, 163f., 173, 176f., 211, 213–217, 248–250, 254, 256, 261f., 267, 272, 290f., 299, 302, 340, 346, 351, 358f., 360, 363, 376, 382f. (Abb.), 384, 387, 389, 391, 393, 394–396, 405, 411, 418, 425, 428, 433, 438, 510, 524, 540, 542, 545, 548, 553, 557, 589, 604–606 (Abb.), 608f., 614, 618
Prag | Burgberg | Veitsdom | Annenkapelle | Antependium 139f. (Abb. 128)
Prag | Burgberg | Veitsdom | Dorotheenkapelle | Anbetung 145
Prag | Burgberg | Veitsdom | Glasgemälde im Chor 262
Prag | Burgberg | Veitsdom | Grabmäler 362
Prag | Burgberg | Veitsdom | Grabmäler | Johann Očko von Vlašim 376
Prag | Burgberg | Veitsdom | Grabmäler | Karl IV. (nicht erhalten) 548
Prag | Burgberg | Veitsdom | Grabmäler | Ottokar I. Přemysl 140, 485f. (Abb.)
Prag | Burgberg | Veitsdom | Grabmäler | Preczlaus von Pogarell 376
Prag | Burgberg | Veitsdom | Habsburgisches Marmormausoleum 548, 608, 614
Prag | Burgberg | Veitsdom | Königsgruft 608, 614
Prag | Burgberg | Veitsdom | Königsgruft | Textilfragmente → Prag | Uměleckoprůmyslové museum v Praze
Prag | Burgberg | Veitsdom | Madonna Ara Coeli (verloren) 387
Prag | Burgberg | Veitsdom | Magdalenenkapelle | Madonna mit den Heiligen 145
Prag | Burgberg | Veitsdom | Sächsische Kapelle 139
Prag | Burgberg | Veitsdom | Schatzkammer/Domschatz → Prag | Metropolitní kapitula u svatého Víta v Praze
Prag | Burgberg | Veitsdom | Sigismundkapelle 356
Prag | Burgberg | Veitsdom | Südportal 433
Prag | Burgberg | Veitsdom | Südfassade mit Mosaik mit Jüngstem Gericht 74, 96, 135, 382, 390–392 (Kat.-Nr. 7.9)
Prag | Burgberg | Veitsdom | Triforium 96, 99 (Abb. 77), 212
Prag | Burgberg | Veitsdom | Triforium | Löwe als Konsolfigur 362
Prag | Burgberg | Veitsdom | Triforium | Porträtbüsten 44f. (Abb. 26), 96, 136, 140, 142 (Abb. 129), 191 (Abb. 171–174), 255 (Abb. 229), 272, 362, 382, 394f., 428, 433, 540, 608, 618, 621f.
Prag | Burgberg | Veitsdom | Türrelief | Darstellung Karls IV. 262
Prag | Burgberg | Veitsdom | Vera Ikon (verloren) 391
Prag | Burgberg | Veitsdom | Vlašim-Kapelle | Glasgemälde 432
Prag | Burgberg | Veitsdom | Westfassade 135
Prag | Burgberg | Veitsdom | Wenzelskapelle 74f., 96, 150, 154–156, 214, 259f., 326, 340 (Abb.), 384, 391, 512
Prag | Burgberg | Veitsdom | Wenzelskapelle | Bronzeleuchter 340 (Abb.)
Prag | Burgberg | Veitsdom | Wenzelskapelle | Hl. Anna Selbdritt vom Antependium 589
Prag | Burgberg | Veitsdom | Wenzelskapelle | Hl. Wenzel 12f. (Abb. 6), 75, 142, 340 (Abb.)
Prag | Burgberg | Veitsdom | Wenzelskapelle | Reliquienschrein (Tumba des hl. Wenzel) 154–156 (Abb. 139), 346, 348, 359
Prag | Burgberg | Veitsdom | Wenzelskapelle | Wandmalereien 145, 147 (Abb. 135), 156, 258f. (Abb. 233), 260
Prag | Burgberg | Veitsdom | Wenzelskapelle | Sakramentshaus (Tabernakel) → Prag | Metropolitní kapitula u svatého Víta v Praze | Domschatz
Prag | Burgberg | Veitsdom | Veitsrotunde (auch Wenzelsrotunde) 104, 154
Prag | Heiltumsschatz 179, 299, 343 541f.
Prag | Heumarkt 418
Prag | „Jerusalem" mit Magdalenenkapelle 433
Prag | Judithbrücke mit romanischem Turm (Kleinseitner Brückentor/Judithsturm) 40–43 (Abb. 23, 25), 98, 280f., 613 (Fragmente → Prag | Muzeum hlavního města Prahy)
Prag | Judithbrücke mit romanischem Turm (Kleinseitner Brückentor/Judithsturm) | Relief → Prag | Muzeum hlavního města Prahy
Prag | Karlsbrücke 41–43, 95, 97–100 (Abb. 74), 163f., 267, 272, 278f. (Abb.), 280f., 290f., 418, 458, 604, 606, 613, 617f.
Prag | Karlsbrücke | Altstädter Brückenkopf (Kreuzherrenplatz) | Denkmal Kaiser Karls IV. 262, 266f. (Abb. 239), 617, 622
Prag | Karlsbrücke | Altstädter Brückenturm mit Skulpturen 94f. (Abb. 72), 98f., 140, 254, 260, 272, 280, 291f. (Abb. 2.1.1), 362 (Kat.-Nr. 6.1), 418, 613, 617, 619
Prag | Karlsbrücke | Altstädter Brückenturm | Skulpturen | Löwe → Prag | Národní muzeum | Lapidarium
Prag | Karlsbrücke | Altstädter Brückenturm | Skulpturen | Relief mit Übergabeszene → Prag | Muzeum hlavního města Prahy
Prag | Karlsbrücke | Altstädter Brückenturm | Skulpturen | Steinfigur des thronenden Kaisers → Prag | Národní muzeum | Lapidarium
Prag | Kleinseite 41–43, 100, 163, 166f., 248, 280, 290, 333, 418, 424
Prag | Kleinseite | Augustinerchorherrenstift St. Thomas 136, 154, 163, 424, 493, 498
Prag | Kleinseite | Augustinerchorherrenstift St. Thomas | Monstranz mit Statuette des hl. Thomas 154
Prag | Kleinseite | Augustinerchorherrenstift St. Thomas | Wallfahrtskapelle 424
Prag | Kleinseite | Augustinerchorherrenstift St. Thomas | Wandbild 136
Prag | Kleinseite | Bischofspalast 136, 376, 418, 462
Prag | Kleinseite | Kartause 497
Prag | Kleinseite | Malteserkirche 250
Prag | Kleinseite | Marienkirche beim Konvent des Johanniterordens 249
Prag | Kleinseite | Straße U Lužického semináře 280
Prag | Knihovna metropolitní kapituly u svatého Víta v Praze | Antiphonar des Ernst von Pardubitz (Sign. P 6/3) 179, 388f. (Kat.-Nr. 7.7)
Prag | Knihovna metropolitní kapituly u svatého Víta v Praze | Evangeliar (Sign. Cim 2) 553f., 556f. (Kat.-Nr. 13.25)
Prag | Knihovna metropolitní kapituly u svatého Víta v Praze | Graduale des Prager Erzbischofs Ernst von Pardubitz (Sign. P 7) 388f. (Kat.-Nr. 7.6), 494
Prag | Knihovna metropolitní kapituly u svatého Víta v Praze | Markus-Evangelium mit autographer Anmerkung Karls IV. (Sign. Cim 1) 348 (Kat.-Nr. 5.7), 533
Prag | Knihovna metropolitní kapituly u svatého Víta v Praze | Missale des Johann von Neumarkt (Sign. Cim 6) 476, 497–499 (Kat.-Nr. 12.9), 552
Prag | Knihovna Národního muzea | Codex Carolinus, in der Schrift Sborník právní (Sign. II D 11) 420 (Kat.-Nr. 9.1.a)
Prag | Knihovna Národního muzea | Codex Carolinus, in der Schrift Pazaurkův právní sborník (Sign. IV B 18) 420 (Kat.-Nr. 9.1.b)
Prag | Knihovna Národního muzea | Giovanni Ciampini [Johann Ciampinus]: De Sacris AEdificiis A Constantino Magno Constructis (Sign. 14 A 6) 379f. (Kat.-Nr. 6.14.a)
Prag | Knihovna Národního muzea | Laus Mariae des Konrad von Haimburg (Sign. XIV D 13) 169f. (Abb. 151), 329, 494, 496–498 (Kat.-Nr. 12.8), 505
Prag | Knihovna Národního muzea | Liber Viaticus des Johann von Neumarkt (Sign. XIII A 12) 140, 142 (Abb. 130), 177, 179, 181 (Abb. 161f.), 333, 416, 436, 465, 490, 493f. (Kat.-Nr. 12.6), 498, 552
Prag | Knihovna Národního muzea | Missale des Domkanonikers Heinrich (XVI B 12, fol. 42v) 505
Prag | Knihovna Národního muzea | Orationale Arnesti (Sign. XIII C 12) 494
Prag | Knihovna Národního muzea | Psalter des Karlsteiner Kapitels (Sign. XVI A 18) 590
Prag | Knihovna Národního muzea | Urk. Sign. V E 43 124, 371, 518 (Kat.-Nr. 13.1.e)
Prag | Knihovna Národního muzea | Urk. Sign. VIII G 21 124, 371, 518 (Kat.-Nr. 13.1.b)
Prag | Metropolitní kapitula u svatého Víta v Praze | Archiv 159
Prag | Metropolitní kapitula u svatého Víta v Praze | Archiv | Urk. Sign. 181 VIII 20 123, 329f. (Kat.-Nr. 4.3), 332
Prag | Metropolitní kapitula u svatého Víta v Praze | Archiv | Urk. Sign. 223 XI 1, 223 XI 2 350f. (Kat.-Nr. 5.11)
Prag | Metropolitní kapitula u svatého Víta v Praze | Archiv | Urk. Sign. 231 XI 6, 233 XI 7 344f. (Kat.-Nr. 5.4)
Prag | Metropolitní kapitula u svatého Víta v Praze | Archiv | Urk. Sign. 235 XI/10 346f. (Kat.-Nr. 5.6)
Prag | Metropolitní kapitula u svatého Víta v Praze | Domschatz 149–154, 158, 177, 299, 352, 353f., 357, 411, 542, 550–553, 616
Prag | Metropolitní kapitula u svatého Víta v Praze | Domschatz | Armreliquiar mit Finger des hl. Matthias 152
Prag | Metropolitní kapitula u svatého Víta v Praze | Domschatz | Armreliquiar des hl. Sigimunds 154
Prag | Metropolitní kapitula u svatého Víta v Praze | Domschatz | Büstenreliquiar des hl. Ignatius von Antiochien 150
Prag | Metropolitní kapitula u svatého Víta v Praze | Domschatz | Büstenreliquiar des hl. Sigimunds 152 (Abb. 138), 154, 161
Prag | Metropolitní kapitula u svatého Víta v Praze | Domschatz | Büstenreliquiar des hl. Veit 153
Prag | Metropolitní kapitula u svatého Víta v Praze | Domschatz | Büstenreliquiar des hl. Vinzenz 154
Prag | Metropolitní kapitula u svatého Víta v Praze | Domschatz | Doppelarmiges Kreuzreliquiar aus Kloster Pairis (Inv.-Nr. K 94) 149, 153, 169f., 343 (Kat.-Nr. 5.3)
Prag | Metropolitní kapitula u svatého Víta v Praze | Domschatz | Elfenbein-Madonna (Inv.-Nr. HS 3339 [K 15]) 135, 490f. (Kat.-Nr. 12.3)
Prag | Metropolitní kapitula u svatého Víta v Praze | Domschatz | Kästchen mit Reliquie des blutbenetzten Marienschleiers (Inv.-Nr. K 224) 149f., 352–3545 (Kat.-Nr. 5.15)
Prag | Metropolitní kapitula u svatého Víta v Praze | Domschatz | Kästchen mit Reliquie der Krippe 159
Prag | Metropolitní kapitula u svatého Víta v Praze | Domschatz | Kommunion- und Krankenkelch aus Sardonyx (Inv.-Nr. K 19) 149f., 510f. (Kat.-Nr. 12.17)
Prag | Metropolitní kapitula u svatého Víta v Praze | Domschatz | Kristallkrug für eine Reliquie des Tischtuchs vom Letzten Abendmahl Jesu (Inv.-Nr. HS 003357) 149f., 349–351 (Kat.-Nr. 5.9)
Prag | Metropolitní kapitula u svatého Víta v Praze | Domschatz | Krönungsinsignien → Wien | Kunsthistorisches Museum | Weltliche Schatzkammer | Reichskleinodien/Reichsschatz
Prag | Metropolitní kapitula u svatého Víta v Praze | Domschatz | Madonna Ara Coeli aus der Nachfolge Meister Theoderichs (Inv.-Nr. HS 3422a, b [K98]) 386–388 (Kat.-Nr. 7.4)
Prag | Metropolitní kapitula u svatého Víta v Praze | Domschatz | Madonna Ara Coeli aus dem Veitsdom (Inv.-Nr. K 349; Leihgabe in der Národní galerie v Praze [Inv.-Nr. VO 10658]) 386f. (Kat.-Nr. 7.3), 422
Prag | Metropolitní kapitula u svatého Víta v Praze | Domschatz | Maßwerkrahmen für ein Stück vom Tisch des hl. Abendmahls 149
Prag | Metropolitní kapitula u svatého Víta v Praze | Domschatz | Ostensorium mit Handreliquie 149
Prag | Metropolitní kapitula u svatého Víta v Praze | Domschatz | Pektorale mit Reliquie des Marienschleiers (Inv.-Nr. K 58) 352–355 (Kat.-Nr. 5.16)
Prag | Metropolitní kapitula u svatého Víta v Praze | Domschatz | Plenar des hl. Markus (heute Sign. Cim 1) 153
Prag | Metropolitní kapitula u svatého Víta v Praze | Domschatz | Plenarien 553
Prag | Metropolitní kapitula u svatého Víta v Praze | Domschatz | Pyxis mit Marienschleier (Inv.-Nr. K 295) 352, 354f. (Kat.-Nr. 5.17)
Prag | Metropolitní kapitula u svatého Víta v Praze | Domschatz | Rahmenreliquiar mit einem Stück vom Lendentuch Christi (Inv.-Nr. K 203) 352f. (Kat.-Nr. 5.14)
Prag | Metropolitní kapitula u svatého Víta v Praze | Domschatz | Reinoldus-Reliquiar (Inv.-Nr. K 215) 358f. (Kat.-Nr. 5.23)

Prag | Metropolitní kapitula u svatého Víta v Praze | Domschatz | Reliquiar in Form einer Doppelschale für den Schleier der Muttergottes (Inv.-Nr. K 112) 351 (Kat.-Nr. 5.12), 355
Prag | Metropolitní kapitula u svatého Víta v Praze | Domschatz | Reliquiar mit je einem Stück von der Verhüllung der Vera Ikon und vom Lendentuch Christi (Inv.-Nr. K 202 [alte Inv.-Nr. 77]) 353, 551f. (Kat.-Nr. 13.23)
Prag | Metropolitní kapitula u svatého Víta v Praze | Domschatz | Reliquiare lt. Inventar | Apfel, Apostelstatuetten, Königsring, Pariser Statuette des hl. Ludwig, Goldeinfassung für den Schädel des hl. Wenzel, drei Büstenreliquiare, zwei Armreliquiare, Petrusreliquiar 150
Prag | Metropolitní kapitula u svatého Víta v Praze | Domschatz | Reliquiare lt. Inventar | Haupt und Arm des hl. Longinus von Mantua, Haupt des hl. Burchard von Berceto, Haupt des hl. Ananias, Finger der hl. Anna, Haupt des hl. Stephan aus San Stefano 154
Prag | Metropolitní kapitula u svatého Víta v Praze | Domschatz | Reliquie vom Stab des hl. Moses (ohne Inv.-Nr.) 357f. (Kat.-Nr. 5.22)
Prag | Metropolitní kapitula u svatého Víta v Praze | Domschatz | Reliquie vom Stab des hl. Prokop (Inv.-Nr. K 227) 357 (Kat.-Nr. 5.21)
Prag | Metropolitní kapitula u svatého Víta v Praze | Domschatz | Reliquienkreuz (Landeskreuz) aus den 1370er Jahren aus dem Böhmischen Königsschatz 149f., 150, 158f., 161, 165, 342, 407, 417, 540–542, 616
Prag | Metropolitní kapitula u svatého Víta v Praze | Domschatz | Reliquienkreuz des Papstes Urban V. für eine Reliquie vom Lendentuch Christi (Inv.-Nr. K 36 [94] [HS 3360]) 148f. (Abb. 136), 159, 205, 207 (Abb.188), 322, 354
Prag | Metropolitní kapitula u svatého Víta v Praze | Domschatz | Schmuckkästchen für Reliquien des hl. Sigismund (Inv.-Nr. HS 3347 [K 23]) 356f. (Kat.-Nr. 5.20)
Prag | Metropolitní kapitula u svatého Víta v Praze | Domschatz | Schrein mit Gebeinen des hl. Veit 153
Prag | Metropolitní kapitula u svatého Víta v Praze | Domschatz | Silberfutteral für ein Stück des Nagels des Kreuzes 149
Prag | Metropolitní kapitula u svatého Víta v Praze | Domschatz | Stab der Prager Erzbischöfe mit Reliquie 152
Prag | Metropolitní kapitula u svatého Víta v Praze | Domschatz | Statuette des hl. Sigismund 154
Prag | Metropolitní kapitula u svatého Víta v Praze | Domschatz | Tabernakel der Wenzelskapelle im Prager Dom 340 (Abb.), 384 (Kat.-Nr. 7.1)
Prag | Metropolitní kapitula u svatého Víta v Praze | Domschatz | Vortragekreuz aus Bergkristall (Inv.-Nr. K 31) 393 (Kat.-Nr. 7.12)
Prag | Metropolitní kapitula u svatého Víta v Praze | Domschatz | Wenzelskrone (Inv.-Nr. XIII.1) 86–88, 90f. (Abb. 68f.), 149, 154, 161, 360, 364, 411
Prag | Metrostation Karlsplatz (Karlovo náměstí) | Vestibül | Mosaik 272
Prag | Muzeum hlavního města Prahy | Fragmente der Judithbrücke (Inv.-Nr. H 239 417/1–3, A 5/2015, A 6/2016) 280f. (Kat.-Nr. 1.2)
Prag | Muzeum hlavního města Prahy | Fragmentierte Skulptur einer Königin von der Fassade des Hauses zur Steinernen Glocke in Prag (Zugangsnr. 65/87) 302f. (Kat.-Nr. 3.9), 307, 428
Prag | Muzeum hlavního města Prahy | Pilgerabzeichen von der Prager Heiltumsweisung Lanceae et Clavorum (Inv.-Nr. 2369) 359 (Kat.-Nr. 5.24)
Prag | Muzeum hlavního města Prahy | Relief mit Übergabeszene vom Kleinseitner Brückentor 42f. (Abb. 24), 280
Prag | Muzeum hlavního města Prahy | Stehende Muttergottes vom Altstädter Rathaus (Inv.-Nr. H 041 274) 135, 140f., 322, 362, 427f. (Kat.-Nr. 9.7), 475, 581
Prag | Národní archiv | Archiv der Böhmischen Krone | Majestätssiegel König Johanns von Böhmen 134f. (Abb. 122)
Prag | Národní archiv | Archiv der Böhmischen Krone | Urk. Nr. 300 371f. (Kat.-Nr. 6.8)
Prag | Národní archiv | Archiv der Böhmischen Krone | Urk. Nr. 332 460f. (Kat.-Nr. 11.1)
Prag | Národní archiv | Archiv der Böhmischen Krone | Urk. Nr. 339a 370f. (Kat.-Nr. 6.7.a)
Prag | Národní archiv | Archiv der Böhmischen Krone | Urk. Nr. 369 569 (Kat.-Nr. 14.6)
Prag | Národní archiv | Archiv der Böhmischen Krone | Urk. Nr. 473, 474 470f. (Kat.-Nr. 11.10)
Prag | Národní archiv | Archiv der Böhmischen Krone | Urk. Nr. 511 462 (Kat.-Nr. 11.4), 464
Prag | Národní archiv | Archiv der Böhmischen Krone | Urk. Nr. 1168 129, 478f. (Kat.-Nr. 11.17)
Prag | Národní archiv | Böhmisches Gubernium – Gubernialurkunden (Guberniální listiny), Urk. Inv.-Nr. 67 405, 407 (Kat.-Nr. 8.4)
Prag | Národní galerie v Praze | Codex Heidelbergensis (Varia Zugangsnr. AA 2015) mit Nachzeichnungen der Wandmalereien des Luxemburger Stammbaums 56 (Abb. 33f.), 77 (Abb, 57.a-b), 142f., 322, 408f. (Kat.-Nr. 8.7), 417, 448, 494, 524
Prag | Národní galerie v Praze | Gemälde mit Karl IV. gründet 1348 die Prager Universität (Inv.-Nr. O 5669) 618 (Kat.-Nr. 19.5)
Prag | Národní galerie v Praze | Hohenfurther Zyklus (Inv.-Nr. O 6786–6794) 139, 469f., 493, 499
Prag | Národní galerie v Praze | Kreuzigung aus der Barbara-Kirche in Dĕbolín (Inv.-Nr. O 577) 505, 508
Prag | Národní galerie v Praze | Kreuzigung aus dem Benediktinerkloster Na Slovanech (Inv.-Nr. O 1252) 429f. (Kat.-Nr. 9.8), 508
Prag | Národní galerie v Praze | Kupferstich mit der hl. Katharina 261, 263 (Abb. 235)
Prag | Národní galerie v Praze | Madonna Ara Coeli des Meisters von Wittingau (Inv.-Nr. O 1457) 386–388 (Kat.-Nr. 7.5), 422
Prag | Národní galerie v Praze | Madonna aus Bresnitz (Inv.-Nr. VO 8647; Dauerleihgabe der Diözese Budweis) 254, 257 (Abb. 230)
Prag | Národní galerie v Praze | Madonna aus Dýšina (Inv.-Nr. VP 13367; Leihgabe der Západočeska galerie v Plzni [Inv.-Nr. P 2]) 481f. (Kat.-Nr. 11.20), 589
Prag | Národní galerie v Praze | Madonna aus Hrabová (Inv.-Nr. P 7297) 461, 481
Prag | Národní galerie v Praze | Madonna von Königsaal (Inv.-Nr. VO 2116) 136f., 314–316 (Kat.-Nr. 3.18), 414
Prag | Národní galerie v Praze | Madonna von Konopiště (Inv.-Nr. P 5474) 321f. (Kat.-Nr. 3.23), 483
Prag | Národní galerie v Praze | Madonna aus Michle (Inv.-Nr. P 701) 134f., 303, 307, 461, 480f., 486, 488f. (Kat.-Nr. 12.1), 492, 589
Prag | Národní galerie v Praze | Madonna von Prostějov (Inv.-Nr. P 364) 488
Prag | Národní galerie v Praze | Madonna von Rouchovany (Inv.-Nr. P 4671) 134, 306f. (Kat.-Nr. 3.13)
Prag | Národní galerie v Praze | Madonna aus Saras (Inv.-Nr. VP 177; Leihgabe des Röm.-Kath. Dekanats Brüx) 475f., 481, 483, 489, 491f. (Kat.-Nr. 12.4), 505
Prag | Národní galerie v Praze | Madonna aus Vyšehrad (Inv.-Nr. VO 791; | Leihgabe des Kollegiatsstifts St. Peter und Paul 420–422 (Kat.-Nr. 9.2)
Prag | Národní galerie v Praze | Relief mit Gnadenstuhl und Marienkrönung sowie Stifterbildern Karls IV. und Blancas von der Karmeliterkirche Maria Schnee (Inv.-Nr. VP 315-VP 318) 135, 139, 362f. (Kat.-Nr. 6.2)
Prag | Národní galerie v Praze | Römische Madonna (Inv.-Nr. O 1439) 139, 141 (Abb. 127)
Prag | Národní galerie v Praze | Thesenblatt mit hl. Katharina als Beschützerin Karls IV. 261, 263 (Abb. 235)
Prag | Národní galerie v Praze | Thesenblatt mit Karl IV. (Inv.-Nr. R 154157) 261
Prag | Národní galerie v Praze | Votivbild des Prager Erzbischofs Johann Očko von Vlašim (Inv.-Nr. O 84) 145, 170, 318, 374–377 (Kat.-Nr. 6.11), 391, 526, 621
Prag | Národní galerie v Praze | Wittingauer Retabel (Inv.-Nr. O 477) 146, 387, 508–510 (Kat.-Nr. 12.16), 530
Prag | Národní knihovna České republiky | Brevier aus dem St. Georgskloster (ČR, XII A 22) 180
Prag | Národní knihovna České republiky | Chronik des sog. Dalimil (Sign. XII E 17) 312–314 (Kat.-Nr. 3.17), 408
Prag | Národní knihovna České republiky | Codex Carolinus, in der Schrift Jura terrae regni Bohemiae (Sign. I G 18) 420 (Kat.-Nr. 9.1.c)
Prag | Národní knihovna České republiky | Codex Carolinus, in der Schrift Právní sborník des Andreas von Dubá (Sign. XXIII F 1) 420 (Kat.-Nr. 9.1.d)
Prag | Národní knihovna České republiky | Cronica Boemorum (Sign. cod. I D 10) 334 (Kat.-Nr. 4.6)
Prag | Národní knihovna České republiky | Entwurf für das Thesenblatt Wenzel Adalberts und Johanns von Sternberg (Th. 428, Cim Za 216 ř. 2/1) 261 (Abb. 234)
Prag | Národní knihovna České republiky | Johannes Porta de Annoniaco: Liber de coronatione Karoli IV. imperatoris (Sign. I C 24) 381 (Kat.-Nr. 6.16)
Prag | Národní knihovna České republiky | Kreuzherren-Brevier des Großmeisters Lev/Leo (Ms. kříž XVIII F 6; Depositum des Ritterordens der Kreuzherren mit dem roten Stern) 388f., 590 (Kat.-Nr. 16.5)
Prag | Národní knihovna České republiky | Passionale der Äbtissin Kunigunde (XIV A 17) 310, 407
Prag | Národní knihovna České republiky | Urk. Sign. I C 24 124, 371, 518 (Kat.-Nr. 13.1.c)
Prag | Národní knihovna České republiky | Urk. Sign. VI F 12 124, 371, 518 (Kat.-Nr. 13.1.d)
Prag | Národni knihovna České republiky | Velislav-Bibel (Sign. XXIII C 124) 408
Prag | Národní muzeum | Ehe- oder Verlobungsring aus Mořina (Inv.-Nr. H2-2359) 414 (Kat.-Nr. 8.11)
Prag | Národní muzeum | Knöpfe aus Gräbern Prager Friedhöfe (Inv.-Nr. H2-7695, H2-12374, H2-12375, H2-12376, H2-12380) 318–320 (Kat.-Nr. 3.21)
Prag | Národní muzeum | Kelch und Patene (Inv.-Nr. H2-1989, H2-1993) 611 (Kat.-Nr. 18.2)
Prag | Národní muzeum | Lapidarium | Abgüsse Karls IV., seiner vier Gemahlinnen und seines Sohns aus der Porträtbüstengalerie im Triforium des Veitsdoms (Inv.-Nr. Parler II, 655–661) 394f. (Kat.-Nr. 7.13)
Prag | Národní muzeum | Lapidarium | Gewölbeschlusssteine aus Skalitz (Inv.-Nr. H2-38211) 589f. (Kat.-Nr. 16.4)
Prag | Národní muzeum | Lapidarium | Grabplatte der Guta II. von Böhmen (Inv.-Nr. H2-186.921) 299f. (Kat.-Nr. 3.6)
Prag | Národní muzeum | Lapidarium | Löwe von der Fassade des Altstädter Brückenturms (Inv.-Nr. H2-180623) 95, 290, 362 (Kat.-Nr. 6.1)
Prag | Národní muzeum | Lapidarium | Steinfigur des thronenden Kaisers Karl IV. vom Altstädter Brückenturm (Inv.-Nr. H2-180618) 95, 290f. (Kat.-Nr. 2.1)
Prag | Národní muzeum | Münzen aus der Zeit Karls IV. (sog. Königsdukat, Inv.-Nr. H5p42/1977, př. 2, 2609 (Castelin 2var), H5-82/AV/IIIa,1 (Castelin 2); sog. Kaiserdukat, Inv.-Nr. H5-12066 (Castelin 8); Parvus, Inv.-Nr. H5-12070 (Castelin 21), H5-10240 (Castelin 21); sog. Hohlheller mit Löwe, Inv.-Nr. H5p20/1952,1 (Castelin 27a); Pfennig mit Viererprägung und Pfennig, Inv.-Nr. H5-IV/18,3/4 (Nechanický C/XII/19), H5-X/115,2/2 (Nechanický A/VII/12]) 478, 587f. (Kat.-Nr. 16.3)
Prag | Národní muzeum | Zunftschatz der Goldschmiede | Altarkreuz mit Kreuzreliquien (verloren) 165f.
Prag | Národní muzeum | Zunftschatz der Goldschmiede | Altarkreuz mit Kreuzreliquien (barock) 165f.
Prag | Národní muzeum | Zunftschatz der Goldschmiede | Brustbeutel des hl. Eligius mit Reliquien (Inv.-Nr. H2-60705/2-16) 166, (Abb. 147), 423–425 (Kat.-Nr. 9.3.c)
Prag | Národní muzeum | Zunftschatz der Goldschmiede | Haube des hl. Eligius (Inv.-Nr. H2-60714) 165, 423f. (Kat.-Nr. 9.3.b)
Prag | Národní muzeum | Zunftschatz der Goldschmiede | Kelch (barock) 167
Prag | Národní muzeum | Zunftschatz der Goldschmiede | Kelch des hl. Eligius (verloren) 166f.
Prag | Národní muzeum | Zunftschatz der Goldschmiede | Kokospokal (barock) 167
Prag | Národní muzeum | Zunftschatz der Goldschmiede | Reif des hl. Eligius, sog. Manipel (Inv.-Nr. H2-60707) 422, 425 (Kat.-Nr. 9.3.d)
Prag | Národní muzeum | Zunftschatz der Goldschmiede | Reliquiar für die Mitra des hl. Eligius (Inv.-Nr. H2-60701) 162–166 (Abb. 143), 180, 248, 422–424 (Kat.-Nr. 9.3.a)
Prag | Národní muzeum | Zunftschatz der Goldschmiede | Tafelreliquiar der böhmischen Patrone (Inv.-Nr. H2-60805) 166 (Abb. 146)
Prag | Národní památkový ústav, odborné pracoviště středních Čech | Wandmalereifragment: Karl IV. legt Reliquien in das Landeskreuz aus dem Treppenhauszyklus des Großen Turmes der Burg Karlstein (Inv.-Nr. KA 04169; aufbewahrt in der Schatzkammer des Kleinen Turms von Karlstein) 342f. (Kat.-Nr. 5.1), 417, 542
Prag | Národní památkový ústav, odborné pracoviště středních Čech | Wandmalereifragment: Lobgesang der Engel aus dem Treppenhaus des Großen Turmes der Burg Karlstein (aufbewahrt in Karlstein) 174–177 (Abb. 156–158), 342, 408
Prag | Národní památkový ústav, odborné pracoviště středních Čech | Wandmalereifragment: Der hl. Wenzel besucht und befreit Gefangene aus dem Treppenhauszyklus des Großen Turmes der Burg Karlstein (Inv.-Nr. KA 04169) 407f. (Kat.-Nr. 8.6)
Prag | Národní památkový ústav, odborné pracoviště středních Čech | Wandmalereifragment: Vera Ikon aus dem Treppenhauszyklus des Großen Turmes der Burg Karlstein (Inv.-Nr. KA 04170; aufbewahrt in Karlstein) 342f. (Kat.-Nr. 5.2)

674 Orts- und Objektregister

Prag | Národní památkový ústav, územní odborné pracoviště středních Čech | Antike Gemme mit Medusenhaupt vom Gewölbeschlussstein in der Marienkapelle auf Burg Karlstein (Inv.-Nr. KA 03536)   412f. (Kat.-Nr. 8.9)
Prag | Národní památkový ústav, územní odborné pracoviště středních Čech | Heiligentafeln aus der Wandverkleidung der Heilig-Kreuz-Kapelle in Karlstein | Hl. Lukas, hl. Katharina von Alexandrien, hl. Kaiser Karl der Große (Inv.-Nr. VO 11174, 11177, 11176)   145, 170, 398–403 (Kat.-Nr. 8.1), 526
Prag | Národní památkový ústav, územní odborné pracoviště středních Čech | Pariser Madonna auf der Burg Karlstein (Inv.-Nr. KA04603 a)   135, 413f. (Kat.-Nr. 8.10), 601
Prag | Nationaltheater   262, 273, 621
Prag | Neustadt   50, 74, 81, 96–98 (Abb. 73), 100f., 105, 154, 171, 248, 267, 371, 418, 430, 501, 592
Prag | Neustadt | Benediktinerkloster Na Slovanech mit Kirche St. Maria (Emmauskloster)   96, 154, 180, 248, 357, 430, 588, 604, 616
Prag | Neustadt | Benediktinerkloster Na Slovanech mit Kirche St. Maria | Kreuzigung → Prag | Národní galerie v Praze
Prag | Neustadt | Benediktinerkloster Na Slovanech mit Kirche St. Maria | Wandmalereizyklus   137–139 (Abb. 126), 145, 392, 448, 469, 552, 604
Prag | Neustadt | Karlsgasse (Karlova) | Neuretter-Haus Nr. 14   262, 264
Prag | Neustadt | Karlsplatz (Karlovo náměstí; ehem. Viehmarkt)   96, 157f., 179, 262, 359, 418, 542
Prag | Neustadt | Karmeliterkirche Maria Schnee   96, 154, 320, 362
Prag | Neustadt | Karmeliterkirche Maria Schnee | Stifterbild mit Darstellungen Karls IV. und seiner ersten Gemahlin vom Turm der Kirche → Prag | Národní galerie v Praze
Prag | Neustadt | Kirche St. Adalbert   592
Prag | Neustadt | Kirche des Stifts Karlshof   101 (Abb. 80)
Prag | Neustadt | Kirche des Stifts Karlshof | Statue Karls IV. für das Neuretter-Haus Nr. 14 in der Prager Karlsgasse   262, 264 (Abb. 237)
Prag | Neustadt | Palast Wenzels IV.   254
Prag | Neustadt | Rathaus   248, 604
Prag | Neustadt | Rossmarkt → Wenzelsplatz
Prag | Neustadt | Straße Na Bojišti   611
Prag | Neustadt | Straße Spálená   163
Prag | Neustadt | Straße V Jirchářích (Straße der Gerberzunft)   592
Prag | Neustadt | Viehmarkt → Prag | Neustadt | Karlsplatz
Prag | Neustadt | Wenzelsplatz (Václavské náměstí; ehem. Rossmarkt)   96, 157, 262, 418
Prag | Prämonstratenserstift Strahov   355
Prag | Prämonstratenserstift Strahov | Bibliothek | Ansicht von Tangermünde   131 (Abb. 119)
Prag | Prämonstratenserstift Strahov | Bibliothek | Fragment einer Musikhandschrift   180
Prag | Prämonstratenserstift Strahov | Gemäldegalerie | Madonna aus St. Jakob in Iglau   490
Prag | Prämonstratenserstift Strahov | Gemäldegalerie | Madonna von Strahov (Inv.-Nr. O 539)   136, 522
Prag | Privatbesitz | Kruzifixus   462 (Kat.-Nr. 11.3)
Prag | Privatbesitz | Textilfragmente aus der Königsgruft im Prager Veitsdom   249, 608–610 (Kat.-Nr. 18.1.e-f)
Prag | Spitalkirche | St. Maria de humilitate   422
Prag | Stadtbefestigung   95, 100, 104, 418
Prag | Stalindenkmal   272
Prag | Státní oblastní archiv v Praze, Kapitula Karlstein | Rechnungsfragmente des Küchenmeisters Kaiser Karls IV (Inv.-Nr. 27)   406–408 (Kat.-Nr. 8.5)
Prag | Státní oblastní archiv v Praze – Státní okresní archiv Kutná Hora | Archiv města Kutná Hora | Kuttenberger Rechtskodex mit Abschrift des königlichen Berggesetzbuchs Ius regale montanorum (kniha Nr. 1)   233 (Abb. 208), 590f. (Kat.-Nr. 16.6)
Prag | Státní oblastní archiv v Praze – Státní okresní archiv Praha-západ se sídlem v Dobřichovicích | Archiv města Jílové u Prahy | Silbernes Petschaft der königlichen Bergstadt Eule (Inv.-Nr. 567)   591 (Kat.-Nr. 16.7)
Prag | Uměleckoprůmyslové museum v Praze (Kunstgewerbemuseum) | Dorsalkreuz aus dem Benediktinerkloster Breunau   508
Prag | Uměleckoprůmyslové museum v Praze | Glasbild mit hl. Johannes dem Täufer aus St. Marienstern (Inv.-Nr. 65389/1950)   469 (Kat.-Nr. 11.8.c)
Prag | Uměleckoprůmyslové museum v Praze | Glasmalereien aus der Allerheiligenkirche in Slivenec (Inv.-Nr. 58.959/1, 58.959/3f; Depositum des Ritterordens der Kreuzherren mit dem roten Stern)   430–432 (Kat.-Nr. 9.9)
Prag | Uměleckoprůmyslové museum v Praze | Ring   425

Prag | Uměleckoprůmyslové museum v Praze | Silberknöpfe aus dem Karlsteiner Schatzfund (Inv.-Nr. 90975/1-119, 90976/1-29, 90979/1-91, 90980/1-19, 90981/1-18, 90982/1-22, 90983/1-16, 90985/1-15)   317f. (Kat.-Nr. 3.20)
Prag | Uměleckoprůmyslové museum v Praze | Stoff   248f. (Abb. 223)
Prag | Uměleckoprůmyslové museum v Praze | Textilfragmente aus der Königsgruft im Prager Veitsdom (Inv.-Nr. 58535 a, b, 72614, 87108, 87109)   249, 608–610 (Kat.-Nr. 18.1.a-d)
Prag | Universität   69f., 76, 96, 98, 123, 154, 176, 180, 248, 260–263, 267f., 270, 272, 326, 329–333 (Kat.-Nr. 4.3–4.5), 392, 548, 569, 616–619 (Kat.-Nr. 19.5, 19.7), 622
Prag | Universität | Ölgemälde der Drei Zeiten böhmischer Geschichte   262
Prag | Universität | Vorlesungsverzeichnis   272 (Abb. 242)
Prag-Slivenec   432
Prag-Slivenec | Allerheiligenkirche | Glasmalereien → Prag | Uměleckoprůmyslové museum v Praze
Prag-Vinohrady   274
Prag-Vyšehrad → Vyšehrad
Pressburg   55
Prostějov | Madonna → Prag | Národní galerie v Praze
Provins | Region Île-de-France   58
Prüm (Eifel) | Reichsabtei   520
Pulgarn   136
Pulkau (Niederösterreich)   218
Pürglitz (Křivoklát) | königliche Burg   103
Puschendorf | St. Wolfgang   475
Puschendorf | St. Wolfgang | Puschendorfer Drachenmadonna   474–475 (Kat.-Nr. 11.13), 489, 492, 536

Q

Quilon → Kollam

R

Radyně → Karlskrone | Burg
Rajhrad | Benediktinerabtei | Antiphonar (Temporale) der Königin Elisabeth Richenza → Brünn | Muzeum Brněnska | Památník písemnictví na Moravě
Rajhrad | Benediktinerabtei | Chorpsalter der Königin Elisabeth Richenza → Brünn | Muzeum Brněnska | Knihovna benediktinského opatství Rajhrad
Rajhrad | Benediktinerabtei | Giovanni Ciampini [Johann Ciampinus]: De Sacris AEdificiis A Constantino Magno Constructis → Brünn | Muzeum Brněnska | Památník písemnictví na Moravě
Rathenow | Pfarrkirche | Altarretabel   503, 539f.
Raudnitz (Roudnice nad Labem) | Elbebrücke   42, 281
Raudnitz | Burgresidenz   145, 376
Raudnitz | Kloster   510
Raudnitz | Kloster | Byzantinische Ikone   254
Ravenna   533f., 578
Regensburg | Stadt u. Bistum   33, 164, 220, 232, 236, 280f., 282, 303, 376, 392, 608
Regensburg | Brückenturm | Darstellung König Philipps von Schwaben und der Irene von Byzanz   290
Regensburg | Kunstsammlungen Bistum Regensburg | Sog. Wolfgangsschale   511
Reichenau   151
Reicheneck | Burg   471f., 477, 479
Reichenstein | Burg   471f.
Reims   410, 566
Reims | Krönungskathedrale der französischen Könige   312
Reims | Krönungskathedrale der französischen Könige | Mittelportal   363
Reims | Palais du Tau | Talisman mit Marienreliquien   366
Rengersdorf (Krosnowice) | Pfarrkirche St. Jakob | Madonna auf dem Löwenthron → Nürnberg, Germanisches Nationalmuseum
Reutlingen   564
Rhens   88, 360, 520
Ribnitz (bei Rostock) | Klarissenklosterkirche | Löwenmadonna   466
Rokitzan (Rokycany) | Röm.-kath. Dekanatsamt | Kasel → Pilsen | Muzeum církevního umění plzeňské diecéze
Rokycany → Rokitzan
Rom   49, 56, 69, 80f., 86, 88–91 (Abb. 65), 112, 114, 124f., 142, 150, 154, 158, 170, 180, 183f., 186, 203–206, 218, 220, 257, 259, 297, 322, 329, 353, 359f., 364, 366, 377, 380f., 387, 389, 396, 398, 410, 412, 418, 424, 470, 486, 493, 498, 518, 538, 540–542, 552, 576, 590, 595
Rom | Lateran | Basilika San Giovanni di Laterano   56, 90, 158, 220, 541f.
Rom | Lateran | Palast | Kapelle Sancta Sanctorum   144

Rom | San Lorenzo fuori le Mura   86
Rom | San Paolo fuori le Mura   154, 158
Rom | Santa Maria in Aracoeli   392
Rom | Santa Maria in Aracoeli | Madonna Ara Coeli   387
Rom | Santa Maria in Trastevere   392
Rom | Santa Maria Maggiore   158, 392
Rom | Santa Prassede | Zenonkapelle   398
Rom | Santa Sabina   220
Rom | Santi Quattro Coronati | Silvesterkapelle | Sog. Konstantinische Schenkung   185, 187 (Abb. 167), 205 (Abb. 186)
Rom | Vatikan   56
Rom | Vatikan | Alt-St. Peter   56, 360, 379, 392, 470, 552
Rom | Vatikan | Alt-St. Peter | Erasmusaltar   379
Rom | Vatikan | Alt-St. Peter | Retabel des St. Wenzel-Altars → Brünn | Muzeum Brněnska | Památník písemnictví na Moravě
Rom | Vatikan | Alt-St. Peter | Vera Ikon   552
Rom | Vatikan | Alt-St. Peter | Wenzelsaltar (verloren)   379f.
Rom | Vatikan | Neu-St. Peter   379
Rom | Vatikan | Grotten | Fresken   379
Rom | Vatikanische Museen | Polyptychen (Inv.-Nr. 64624, 64663, 64664)   311
Rosenberg   105, 470f., 477, 479
Rostock   528
Röthenbach (an der Schwarzach)   118
Rothenberg (bei Markt Schnaittach) | Burg   107, 125, 472
Rothenburg ob der Tauber | St. Jakob | Chorverglasung   384
Rothenburg ob der Tauber | St. Jakob | Wandtabernakel   483
Rottweil   564
Rouchovany | Kirche | Madonna → Prag | Národní galerie v Praze
Roudnice nad Labem → Raudnitz
Rouen | Stadt u. Bistum   61, 424, 491
Rouen | Kathedrale   491
Rouen | Kathedrale | Engel des Südquerhauses   135
Royaumont | Zisterzienserabtei   600
Rupprechtstein | Schloss   477, 479

S

Säckingen   151
Saint-Amand | Benediktinerabtei   556
Saint-Maur-des-Fossés | Abtei   247
Saint-Maurice d'Agaune | Augustinerchorherrenstift   80, 154
Salerno   578
Salzburg | Stadt u. Bistum   127, 322, 465, 548
San Felice | Burg   61f., 67
Sankt Gallen   151
Sankt Petersburg   424
Saras (Zahražany) | Magdalenerinnenkloster | Marienkirche   492
Saras | Madonna → Prag | Národní galerie v Praze
Sázava | Benediktinerkloster und Kirche   357, 499, 589
Schellenberg | Schloss   472, 477, 479
Schmidtstedt (bei Erfurt)   280
Schmidtstedt (bei Erfurt) | Gedenkstein → Erfurt | Angermuseum
Schinckau (Žinkovy) | Madonna (Dauerleihgabe in Prag, Národní galerie)   135
Schönau an der Katzbach (Świerzawa) | Gnadenstuhl → Breslau | Muzeum Narodowe we Wrocławiu
Schönsee   472
Schotten | Stadtpfarr- und ehem. Wallfahrtskirche Unserer Lieben Frau | Hochaltarretabel   317 (Abb. Kat.-Nr. 3.19.1), 526
Schottland | Privatsammlung | Fragment des Baldachinretabels vom Marienaltar der Nürnberger Klarissenkirche (Vision der hl. Klara / Kreuztragung)   21, 118, 171, 173 (Abb. 155), 436f., 442–448 (Kat.-Nr. 10.7.b), 454, 498, 594
Schwabach   242
Schwäbisch Gmünd   96, 212–214, 382, 618
Schwäbisch Gmünd | Pfarrkirche zum Heiligen Kreuz   212–214, 216f. (Abb. 197), 392
Schwäbisch Gmünd | Pfarrkirche zum Heiligen Kreuz | Südportal | Propheten   216
Schwäbisch Hall   235, 564
Schwerin | Bistum   210
Schwerin | Dom | Hl.-Blut-Kapelle | Fresken   525
Schwerin | Mecklenburgisches Landeshauptarchiv | Mecklenburgische Reimchronik des Ernst von Kirchberg (LHAS 1.12.1–Chroniken Nr. 1.)   524f. (Kat.-Nr. 13.6)

Schwerin | Staatliches Museum | Münzkabinett | Goldener Schild „Ecu d'or" Karls IV. (Inv.-Nr. Mü 18032) 6 (Abb. Umschlagrückseite), 235, 587 (Kat.-Nr. 16.2)
Sedlec → Sedletz
Sedletz (Sedlec) | Zisterzienserkloster 51, 231, 307, 314
Senj | Stadt u. Bistum 208
Sens | Stadt u. Erzbistum 61
Siena 136, 184–186, 203, 205, 316, 329, 381, 386, 389, 578
Siena | Dom | Jüngstes Gericht 392
Siena | Dom | Savinus-Altar | Marientod → Siena | Museo dell'Opera del Duomo
Siena | Museo dell'Opera del Duomo | Marientod vom Savinus-Altar des Domes 136
Siena | Palazzo Publico | Salla della Pace | Wandgemälde 72 (Abb. 53)
Siena | Universität 326
Skalitz | Zisterzienerabtei Ad Graciam beate Virginis 140, 208, 589f.
Skalitz | Zisterzienerabtei Ad Graciam beate Virginis | Gewölbeschlussstein → Prag | Národní muzeum | Lapidarium; Kouřim | Muzeum Kouřimska
Skanör (Schweden) 528
Sobiecin → Hermsdorf
Speyer 49, 150
Speyer | Dom 56, 545
Spieß | Burg 471
Środa Śląska → Neumarkt
St-Antoine-des-Champs | Zisterzienserinnenabtei | Madonna → Lissabon | Museu Calouste Gulbenkian
St-Antoine-des-Champs | Zisterzienserinnenabtei | Kindertumba 600
St-Denis | Benediktinerabtei | Grablege 153, 155, 164, 248, 311, 600
St-Denis | Benediktinerabtei | Grablege | Gisant Karls IV. 414
St-Denis | Benediktinerabtei | Mosaik an der Westfassade 392
St. Florian | Augustinerchorherrenstift 462
St. Florian | Augustinerchorherrenstift | Hl. Florian 134, 488
St-Germain-en-Laye | Schloss | Kapelle 61f. (Abb. 41), 133
St. Lambrecht (Steiermark) 136
St. Maria Magdalena | Einsiedelei 508, 510
St. Marienstern (Panschwitz-Kuckau) | Zisterzienserinnenabtei 468–470
St. Marienstern | Zisterzienserinnenabtei | Büstenreliquiar Johannes des Täufers 469
St. Marienstern | Zisterzienserinnenabtei | Doppelseitige Tafel mit thronender Madonna und Schmerzensmann → Görlitz | Kulturhistorisches Museum
St. Marienstern | Zisterzienserinnenabtei | Glasbild mit hl. Johannes dem Täufer → Prag | Uměleckoprůmyslové museum v Praze
St. Marienstern | Zisterzienserinnenabtei | Glasmalereien 468f. (Kat.-Nr. 11.8.a–b; Kat.-Nr. 11.8.c → Prag | Uměleckoprůmyslové museum v Praze)
St. Marienstern | Zisterzienserinnenabtei | Missale und Diurnale 470
St. Marienstern | Zisterzienserinnenabtei | Pyxiden 512
St. Marienthal | Zisterzienserinnenabtei | Auferstandener (Salvator) 134, 461, 488
St. Pölten | Niederösterreichisches Landesarchiv | Ständisches Archiv | Siegel mit den Wappen der Familie Frohnauer | Urk. Nr. 354 32 (Abb. 14)
Stams (bei Innsbruck) 369f., 396, 417
Stará Boleslav → Altbunzlau
Staré Brno → Alt Brünn
Stendal 208, 484, 582
Stendal | Altmärkisches Museum | Marienkrönung, wohl aus Tangermünde (Inv.-Nr. VI c 14 a [alt 2268 a], VI c 14 b [alt 2268 b]) 483 (Kat.-Nr. 11.22)
Stendal | Altmärkisches Museum | Thronende Madonna (Inv.-Nr. 1132) 483
Stendal | Pfarrkirche St. Jacobi und St. Petri | Glasmalerei 208, 484 (Kat.-Nr. 11.23)
Stendal | Pfarrkirche St. Jakobi und St. Petri 484
Stendal | Pfarrkirche St. Marien 484
Stendal | Pfarrkirche St. Nikolaus | sog. Dom 484
Sternberg (Šternberk) | Augustinerkloster mit Spital 498
Stierberg | Burg 472
Stockholm | Kuniglica bibliotek är Sveriges nationalbibliotek | Thronende Muttergottes und hl. Wenzel (Sign. A 173) 142f. (Abb. 131)
Störnstein 471f.
Strahlenfels | Burg 471f.
Stralsund 410, 528
Strasbourg → Straßburg

Straßburg (Strasbourg) | Stadt u. Bistum 46, 49, 90, 142–144, 152f., 156, 198–201, 220, 259, 268, 286, 448, 451, 456, 486, 530f., 562, 592, 599
Straßburg | Münster | Bischöfliche Grabkapelle St. Katharina mit Ausstattung 488, 530f.
Straßburg | Münster | Bischöfliche Grabkapelle St. Katharina und Ausstattung | Relief mit Soldaten von der Seitenwand des Heiligen Grabes → Straßburg | Musée de l'Œuvre Notre-Dame
Straßburg | Münster | Westfassade mit Portal 199, 214, 514 (Abb.), 516 (Abb.), 530
Straßburg | Musée de l'Œuvre Notre-Dame | Relief mit Soldaten von der Seitenwand des Heiligen Grabes der Katharinenkapelle des Straßburger Münsters (Inv.-Nr. MOND 94) 200, 488, 530f. (Kat.-Nr. 13.9)
Straßburg | Pfarrkirche St. Wilhelm | Doppelgrab Ulrich von Werdts und seines Bruders Philipp 531
Straßburg | Pfarrkirche St. Wilhelm | Grabmal der Markgräfin Irmengard von Baden 531
Stuttgart | Hauptstaatsarchiv | Urk. Sign. H 51 U 536 564 (Kat.-Nr. 14.1)
Stuttgart | Württembergische Landesbibliothek | Rudolf von Ems: Weltchronik (Cod. Bibl. fol. 5) 561
Sulzbach (heute Sulzbach-Rosenberg) | Burg 105, 123f., 153, 192, 153, 192, 471–473, 477, 478f.
Sulzbach | Pfarrkirche St. Maria | Bildwerke des böhmischen Landespatrons Wenzel 128 (Abb. 112)
Sulzbürg | Burg 472
Świerzawa → Schönau an der Katzbach

T

Tachau (Tachov) 125, 472
Tachov → Tachau
Tangermünde | Residenz 74, 107–109, 129–131 (Abb. 119), 133, 247, 270, 359, 456, 477, 483f., 539
Tangermünde | Residenz | Marienkrönung → Stendal | Altmärkisches Museum
Tangermünde | Residenz | Wandmalereien im großen Saal (Stammbaum) 131
Tarenzo → Terenzo
Tepenec → Karlsburg
Terenzo (Tarenzo) 52, 62, 80, 211
Terenzo | Mansionarskirche 62
Tetín | Meierhof (Roblín) 414
Thann | Saint-Thiébaut | Skulpturen 426
Thorn | Franziskanerkirche St. Marien | Heiliges Grab 522
Thorn | Franziskanerkirche St. Marien | Polyptychon → Pelplin | Muzeum Diecezjalne
Thorn | Franziskanerkirche St. Marien | Tafelbilder 522
Thurndorf 471f.
Tirol | Schloss | Kapelle St. Pankraz | Retabel → Innsbruck | Tiroler Landesmuseum Ferndinandeum
Točník → Totschnik
Totschnik (Točník) | Burg Wenzels IV. 254 (Abb. 227)
Toul | Stadt u. Bistum 152
Toulouse 410
Toulouse | Bibliothèque municipale | Les Grandes Chroniques de France (Sign. Ms. 511) 67, Abb. 48
Třeboň → Wittingau
Trentschin 464
Trient | Stadt u. Bistum 90, 231, 356
Trier | Stadt u. Erzbistum 44, 46, 56f., 61, 103, 134, 151–153, 156, 158, 183, 218, 248, 292, 295, 297, 299, 302, 307, 340, 352, 354, 360, 516, 520, 533, 538, 560, 596
Trier | Abtei St. Matthias 152, 294
Trier | Abtei St. Maximin 152, 299, 353
Trier | Erzbischöflicher Palast 297
Trier | Hohe Domkirche 299, 344, 560
Trier | Hohe Domkirche | Grabmal des Kurfürst-Erzbischofs Balduin von Trier 295
Trier | Hohe Domkirche – Domschatz – Bistum Trier | Evangelistar des Trierer Erzbischofs Konrad II. (Kuno) von Falkenstein (Inv.-Nr. Hs. 6) 560f. (Kat.-Nr. 13.26)
Trier | Hohe Domkirche – Domschatz – Bistum Trier | Missale aus der Falkenstein-Werkstatt (ohne Inv.-Nr.) 561 (Kat.-Nr. 13.27)
Trier | Hohe Domkirche – Domschatz – Bistum Trier | Schale aus Amethyst mit vergoldetem Rand, sog. Helena-Schale (ohne Inv.-Nr.) 299f. (Kat.-Nr. 3.5)
Trier | Hohe Domkirche – Domschatz – Bistum Trier | Schmuckspange 299
Trier | Kartäuserkirche St. Alban 61, 152, 294f., 475
Trier | Kartäuserkirche St. Alban | Wangen des Chorgestühls | Darstellung Kaiser Heinrichs VII. und Balduin von Trier → Trier | Museum am Dom – Bistum Trier

Trier | Museum am Dom – Bistum Trier | Wangen des Chorgestühls der Kartäuserkirche St. Alban (ohne Inv.-Nr.) 294f. (Kat.-Nr. 3.1)
Trier | St. Irminen 152
Trier | St. Simeon | Eidbuch → Nürnberg | Germanisches Nationalmuseum
Trier | Stadtbibliothek | Egbert-Codex (Ms. 24, fol. 31r) 560
Tschaslau (Čáslav) 165, 231
Tweras | Madonna → Frauenberg (Hluboká nad Vltavou) | Südböhmische Aleš-Galerie

U

Überlingen 564
Udine 153, 346
Udine | Dom | Grab des Bertrand von Aquileia 81, 349f.
Udine | Dom | Montierung eines Schmuckstücks mit Schenkungsinschrift (Teil des Prager Domschatzes) 149
Udine | Museo del Duomo – Cattedrale | Broschenreliquiar der hl. Elisabeth von Thüringen | sog. Croce spilla (ohne Inv.-Nr.) 81, 349 (Kat.-Nr. 5.8)
Ulm 220, 565
Ulm | Stadtarchiv | Plan eines Treppenturms (Inv.-Nr. 4) 393 (Kat.-Nr. 7.11)
Usbek 334

V

Vatikanstadt | Archivio Segreto Vaticano, | Treueschwurregister (Regestum recognitionum) des Aegidius Albornoz (Arm. XXXV, Cod. XX) 185–187 (Abb. 168)
Velden 471f.
Velké Meziříčí → Großmeseritsch
Venedig (Venezia) 42, 136, 169, 230, 232, 235, 314, 345, 350–352, 355–357, 368, 374, 379, 389f., 403f., 410, 412, 470, 582, 584
Venedig | Basilica di San Marco | Byzantinische Bucheinbände → Biblioteca Nazionale Marciana
Venedig | Basilica di San Marco | Hauptaltar 403
Venedig | Basilica di San Marco | Museo di San Marco | Bergkristall-Schale mit Metallfuß (Inv.-Nr. 162, Tesoro 51) 352 (Kat.-Nr. 5.13)
Venedig | Basilica di San Marco | Museo di San Marco | Großer Sardonyx-Kelch mit Perlen und Medaillons (Inv.-Nr. 50) 510f. (Kat.-Nr. 12.18)
Venedig | Basilica di San Marco | Museo di San Marco | Mosaikfragmente aus der Vorhalle des Baptisteriums von San Marco in Venedig (ohne Inv.-Nr.) 389f. (Kat.-Nr. 7.8)
Venedig | Basilica di San Marco | Museo di San Marco | Reliquiar mit Seiten eines Markus-Evangeliums aus Aquileia (Inv.-Nr. Tesoro 151) 345–347 (Kat.-Nr. 5.5), 351, 557
Venedig | Basilica di San Marco | Schatzkammer 345, 511
Venedig | Biblioteca Nazionale Marciana | Byzantinischer Bucheinband mit der Jungfrau Maria und Christi aus der Basilica di San Marco (Sign. cod. Lat. Cl.I, 100, Lat. III, 111) 403–405 (Kat.-Nr. 8.2)
Venedig | Fondazione Giorgio Cini | Miniatur: Kaiser Karl IV. erhebt den Paduaner Juristen Jacopo di Santa Croce in den Adelsstand (Inv.-Nr. Miniatur 2042) 378f. (Kat.-Nr. 6.13)
Venezia → Venedig
Verden 534
Verdun | Stadt u. Bistum 302
Veverská Bítýška → Eichhorn Bittischka
Vicenza | Bistum 153, 348
Villach 282
Villeneuve-lès-Avignon | Musée Pierre de Luxembourg | Madonna aus der Stiftskirche 490
Visegrád | Burg (nurmehr selten dt. auch Plintenburg) 257, 542
Viterbo 203
Vohenstrauß 472f.
Vorau | Stiftsbibliothek | Antiphonar des Kollegiatsstifts Vyšehrad (Ms. 259, I–IV) 210, 359, 388f., 590
Vyšehrad | Burg 96, 100, 105, 163, 250, 291, 359, 418, 484
Vyšehrad | Kollegiatstift mit Kirche St. Peter und Paul 210, 212, 248, 250, 359, 421, 611, 613
Vyšehrad | Kollegiatstift mit Kirche St. Peter und Paul | Antiphonar → Vorau | Stiftsbibliothek
Vyšehrad | Kollegiatstift mit Kirche St. Peter und Paul | Madonna → Prag | Národní galerie v Praze (Leihgabe)
Vyšehrad | Marienspital 422
Vyšší Brod → Hohenfurth

W

Waldau 473, 477, 479
Waldsassen | Zisterzienserabtei 471f.
Waldthurn | Schloss 473, 477
Wartburg 455
Weiden (Oberpfalz) 108, 472f., 478
Weimar | Thüringisches Hauptstaatsarchiv | Zeichnung des Büstenreliquiars des hl. Sigismund aus dem Wittenberger Reliquienschatz (Reg. O 213) 152 (Abb. 138)
Weimar | Thüringisches Landesamt für Denkmalpflege und Archäologie | Jüdischer Schatz von Erfurt 225 (Abb. 204), 570–575 (Kat.-Nr. 14.8)
Weimar | Thüringisches Landesamt für Denkmalpflege und Archäologie | Jüdischer Schatz von Erfurt | Gewandbesatz (Inv.-Nr. 5546/98–5548/98, 5550/98, 5552/98, 5553/98, 5555/98, 5558/98, 5559/98, 5561/98–5563/98, 5565/98, 5566/98, 5568/98, 5571/98, 5573/98, 5575/98–5577/98, 5579/98–5588/98; 5076/98, 5488/98, 5491/98–5493/98, 5497/98, 5501/98, 5504/98, 5508/98, 5512/98, 5513/98, 5515/98–5539/98; 3034/98; 5606/98, 5081/98, 5611/98, 5612/98, 5614/98, 5615/98, 5620/98, 5621/98, 5623/98, 5629/98–5634/98, 5636/98–5638/98, 5640/98–5642/98; 5647/98, 5658/98–5664/98) 572f. (Kat.-Nr. 14.8.c)
Weimar | Thüringisches Landesamt für Denkmalpflege und Archäologie | Jüdischer Schatz von Erfurt | Gürtelapplikationen (Inv.-Nr. 5140/98–5148/98, 5153/98, 5208/98, 3063/98, 5293/98, 5297/98, 5305/98, 5313/98; 5320/98, 5341/98, 5344/98 5372/98, 5427/98, 5419/98; 3063/98, 5293/98, 5297/98, 5305/98, 5313/98) 571f. (Kat.-Nr. 14.8.b)
Weimar | Thüringisches Landesamt für Denkmalpflege und Archäologie | Jüdischer Schatz von Erfurt | Kosmetik-Set (Amulett): Flakon, Kette, Besteckteile (Inv.-Nr. 5088/98; 3044/98; 5699–5702/98) 570f., 573 (Kat.-Nr. 14.8.a)
Weimar | Thüringisches Landesamt für Denkmalpflege und Archäologie | Jüdischer Schatz von Erfurt | Münzen (Inv.-Nr. 9057/98–9066/98; 9068/98; 9070/98–9076/98) 225, 574f. (Kat.-Nr. 14.8.f)
Weimar | Thüringisches Landesamt für Denkmalpflege und Archäologie | Jüdischer Schatz von Erfurt | Silberbarren mit Kreuzstempel (Inv.-Nr. 3109/98) 574f. (Kat.-Nr. 14.8.e)
Weimar | Thüringisches Landesamt für Denkmalpflege und Archäologie | Jüdischer Schatz von Erfurt | Zierscheibe (Inv.-Nr. 3046/98) 573 (Kat.-Nr. 14.8.d)
Weißenburg 151
Werdenstein 471f.
Wernberg | Burg 472
Wetzlar 537
Wetzlar | Röm.-kath. Kirchengemeinde Unsere Liebe Frau | Porträt des Baumeisters Tyle von Frankenberg (?) und Prophetenstatuen von der Westfassade des Doms 537f. (Kat.-Nr. 13.14)
Wetzlar | Stiftskirche (Dom) 534, 537f.
Wien | Stadt u. Bistum 81, 118, 131, 142, 163, 172, 230–232, 262, 411, 498, 542, 547f., 599
Wien | Akademie der Bildenden Künste | Kupferstichkabinett | Architekturzeichnung des Südturms des Veitsdoms (Sign. 16.817) 392 (Kat.-Nr. 7.10)
Wien | Dom- und Metropolitankirche St. Stephan 545, 547f.
Wien | Dom- und Metropolitankirche St. Stephan | Bischofstor 548
Wien | Dom- und Metropolitankirche St. Stephan | Eligiuskapelle | Madonna 437
Wien | Dom- und Metropolitankirche St. Stephan | Gisants Erzherzog Rudolfs IV. von Österreich und Katharinas von Böhmen 547–549 (Kat.-Nr. 13.20)
Wien | Dom- und Metropolitankirche St. Stephan | Grabmonument Kaiser Friedrichs III. 547
Wien | Dom- und Metropolitankirche St. Stephan | Standfiguren Albrechts II. und Johanna von Pfirt → Wien | Wien Museum Karlsplatz
Wien | Dom- und Metropolitankirche St. Stephan | Standfiguren Karls IV. und Blanca von Valois → Wien | Wien Museum Karlsplatz
Wien | Dom- und Metropolitankirche St. Stephan | Standfiguren Rudolfs IV. von Österreich und Katharina von Böhmen → Wien | Wien Museum Karlsplatz
Wien | Dom- und Metropolitankirche St. Stephan | Tafelreliquiar mit einem Stück vom Schweißtuch Jesu Christi (Leihgabe der Reliquienschatzkammer im Dommuseum) 550f. (Kat.-Nr. 13.22)
Wien | Dom- und Metropolitankirche St. Stephan | Tafelreliquiar mit einem Stück vom Tischtuch des Letzten Abendmahls Christi (Leihgabe der Reliquienschatzkammer von St. Stephan) 549f. (Kat.-Nr. 13.21)
Wien | Dom- und Metropolitankirche St. Stephan | Scheiben aus der Bartholomäuskapelle → Wien | Wien Museum Karlsplatz
Wien | Dom- und Metropolitankirche St. Stephan | Singertor 548
Wien | Dom- und Metropolitankirche St. Stephan | Singertor | Stifterfigur Herzog Rudolfs IV. 142
Wien | Kapuzinerkloster 608
Wien | Kunsthistorisches Museum | Kunstkammer | Achatschale 407
Wien | Kunsthistorisches Museum | Kunstkammer | Amethystschale in Vierpassform (Inv.-Nr. 1990) 511f. (Kat.-Nr. 12.19)
Wien | Kunsthistorisches Museum | Kunstkammer | Jaspisschale mit Fuß (Inv.-Nr. 6699) 354, 511f. (Kat.-Nr. 12.20)
Wien | Kunsthistorisches Museum | Kunstkammer | Kristallkrug (Inv.-Nr. KK 2272) 349–351 (Kat.-Nr. 5.10)
Wien | Kunsthistorisches Museum | Kunstkammer | Zepter (Inv.-Nr. KK 1713; 1714) 347 (Kat.-Nr. 6.10)
Wien | Kunsthistorisches Museum | Weltliche Schatzkammer | Reichskleinodien/Reichsschatz (Reichsinsignien) des Hl. Römischen Reiches 38, 79–81, 89–83, 104f., 114, 142, 144, 149–151, 157f., 176, 179, 182f. (Abb. 163), 247, 256f., 342, 369–371 (Kat.-Nr. 6.7), 373f. (Kat.-Nr. 6.9), 378, 396, 398, 407–409, 411, 417, 430, 436f., 510, 516, 542, 614, 618
Wien | Kunsthistorisches Museum | Weltliche Schatzkammer | Reichskleinodien/Reichsschatz des Hl. Römischen Reiches | Futteral/Kästchen für ein Holzstück von der Krippe des Jesuskindes 149, 159
Wien | Kunsthistorisches Museum | Weltliche Schatzkammer | Reichskleinodien/Reichsschatz des Hl. Römischen Reiches | Heilige Lanze des hl. Mauritius (XIII.21) 79, 90, 92, 158, 179, 182f. (Abb. 163), 373f., 396, 407, 430, 437
Wien | Kunsthistorisches Museum | Weltliche Schatzkammer | Reichskleinodien/Reichsschatz des Hl. Römischen Reiches | Kassette mit Stück der Tunika des hl. Johannes, mit Inschrift und Gravur 149, 158f
Wien | Kunsthistorisches Museum | Weltliche Schatzkammer | Reichskleinodien/Reichsschatz des Hl. Römischen Reiches | Reichsapfel (Inv.-Nr. XIII.2) 90–92 (Abb. 69), 150, 248, 267, 606
Wien | Kunsthistorisches Museum | Weltliche Schatzkammer | Reichskleinodien/Reichsschatz des Hl. Römischen Reiches | Reichskreuz 90, 92 (Abb. 69), 149, 347, 511
Wien | Kunsthistorisches Museum | Weltliche Schatzkammer | Reichskleinodien/Reichsschatz des Hl. Römischen Reiches | Reichskrone (SK_WS_XIII_1) 86, 88, 90–92 (Abb. 69), 123f., 176, 248, 267, 291, 364, 371, 373, 378f., 462
Wien | Kunsthistorisches Museum | Weltliche Schatzkammer | Reichskleinodien/Reichsschatz des Hl. Römischen Reiches | Reichsschwert (Inv.-Nr. XIII.17) 92 (Abb. 69), 176, 248, 373f.
Wien | Kunsthistorisches Museum | Weltliche Schatzkammer | Reichskleinodien/Reichsschatz des Hl. Römischen Reiches | Reliquienkästchen für Kettenglieder mit Gravur 149, 158f. (Abb. 141)
Wien | Kunsthistorisches Museum | Weltliche Schatzkammer | Reichskleinodien/Reichsschatz des Hl. Römischen Reiches | Silberzepter 90f., 149f., 248, 373, 604, 606
Wien | Wien Museum Karlsplatz (ehem. Historisches Museum der Stadt Wien) | Scheiben aus der Bartholomäuskapelle des Wiener Stephansdoms (Inv.-Nr. 117274 [a.], 117286 [b.]) 545f. (Kat.-Nr. 13.19)
Wien | Wien Museum Karlsplatz | Standfigur der Blanca von Valois vom Hochturm des Wiener Stephansdoms (Inv.-Nr. 579) 172 (Abb. 153), 316. (Abb. 3.19.3), 547
Wien | Wien Museum Karlsplatz | Standfigur der Katharina von Böhmen vom Hochturm des Wiener Stephansdoms (Inv.-Nr. 600) 131 (Abb. 118), 317, 547
Wien | Wien Museum Karlsplatz | Standfigur Karls IV. vom Hochturm des Wiener Stephansdoms (Inv.-Nr. 567) 316f. (Abb. 3.19.2), 547
Wien | Wien Museum Karlsplatz | Standfigur Rudolfs IV. von Österreich von der Westfassade des Stephansdoms (Inv.-Nr. 594) 549
Wien | Wien Museum Karlsplatz | Standfiguren Albrecht II. mit Johanna von Pfirt vom Südturm (Inv.-Nr. 559, 560) 547
Wien | Österreichische Nationalbibliothek | Codex (Cod. 8330) 409
Wien | Österreichische Nationalbibliothek | Evangeliar für Albrecht III. von Österreich (sog. Evangeliar des Johannes von Troppau; Cod. 1182) 8f. (Abb. 5), 476, 492, 494, 499, 552–557 (Kat.-Nr. 13.24)
Wien | Österreichische Nationalbibliothek | Goldene Bulle (Inv.-Nr. Cod. Vindobonensis 338) 237 (Abb. 213)
Wien | Österreichische Nationalbibliothek | Handschriften der Königin Elisabeth Richenza Antiphonar (Cod. 1793), Lectionarium (Cod. 1772, 1773), Graduale (Cod. 1774), Psalter (Cod. 1813), Kollektar (Cod. 1835), Martyrologium Usuardi und Regeln des hl. Benedikt (Cod. 417) 304
Wien | Österreichische Nationalbibliothek | Krumauer Chronik (Cod. 370) 408, 451
Wien | Österreichische Nationalbibliothek | Kuttenberger Graduale (Inv.-Nr. Mus. Hs. 15.501) 231 (Abb. 207)
Wien | Österreichische Nationalbibliothek | Sammlung von Handschriften und alten Drucken | Vita Caroli Quarti – Das Leben Karls IV. (Cod. 556) 328 (Kat.-Nr. 4.1a)
Wien | Österreichische Nationalbibliothek | Sammlung von Handschriften und alten Drucken | Vita Caroli Quarti – Das Leben Karls IV. (Cod. 581) 71 (Abb. 52), 328f. (Kat.-Nr. 4.1b)
Wien | Österreichische Nationalbibliothek | Wenzelsbibel (Codd. Vindobonenses 2759–2764) 254f. (Abb. 228)
Wien | Österreichische Nationalbibliothek | Willehalm-Illustration (Cod. Ser. N. 2643) 254
Wien | Österreichisches Staatsarchiv | Haus-, Hof- und Staatsarchiv | Allgemeine Urkundenreihe | Urk. 1349 VI 27 566f. (Kat.-Nr. 14.4)
Wien | Österreichisches Staatsarchiv | Haus-, Hof- und Staatsarchiv | Allgemeine Urkundenreihe | Urk. 1350 III 12 370f. (Kat.-Nr. 6.7.b)
Wien | Schatz der Goldschmiede 167
Wien | Wollzeile 549
Wildenfels | Burg 472
Wilsnack 603
Wismar 528
Wittenberg 152
Wittenberg | Schlosskapelle Allerheiligen | Reliquienschatz 152
Wittingau (Třeboň) | Augustinerchorherrenstift und Kirche St. Ägidius 510
Wittingau | Stiftskirche St. Ägidius | Wittingauer Retabel → Prag | Národní galerie v Praze
Wolfenbüttel | Herzog-August-Bibliothek | Evangeliar Heinrichs des Löwen (Sign. Cod. Guelf. 105 Noviss. 2°) 553
Wolfenbüttel | Herzog-August-Bibliothek | Handschrift der Gumpold'schen Wenzelslegende (Cod. Guelf. 11.2 Aug. 4°) 557
Wolfenbüttel | Herzog-August-Bibliothek | Musterbuch Hans Hammers 393
Wrocław → Breslau
Worms | Stadt u. Bistum 46, 49, 492
Würzburg | Stadt u. Bistum 216, 260, 280, 427f.
Würzburg | Bürgerspitalkirche zum Heiligen Geist | Hl. Dreifaltigkeit → Mainfränkisches Museum
Würzburg | Franziskanerkloster | Madonnenskulptur → Laub | St. Nikolai
Würzburg | Mainfränkisches Museum | Relief mit der Hl. Dreifaltigkeit aus der Bürgerspitalkirche 363
Würzburg | Stehende Muttergottes (Nordheimer Madonna) → Deutschland | Privatbesitz
Würzburg | Universitätsbibliothek | Ansicht von Prag aus dem Album des Pfalzgrafen Ottheinrich (Sign. Delin VI, 3) 96, Abb. 73
Würzburg | Ursulinenkloster | Madonna 196, 427
Würzburg | Weinbergmadonna → Nürnberg | Germanisches Nationalmuseum

Z

Zahražany → Saras
Zaunfeld (Plotiště) bei Königgrätz 174
Zbraslav → Königsaal
Žebrák → Bettlern
Žinkovy → Schinckau
Zinna 210, 212
Zinna | Zisterzienserabtei | Kreuzretabel → Pechüle | Dorfkirche
Zittau 106
Znaim (Znojmo) 31, 218
Znaim | Jihomoravské muzeum | Madonna 488
Znojmo → Znaim
Zürich 31, 33, 151–153

Personenregister

Abkürzungen:
amt.: amtierte. – Bf.: Bischof. – böhm.: böhmisch. – dt.: deutsch. – Ebf.: Erzbischof. – Ehz.: Erzherzog. – ehem.: ehemalig. – frz.: französisch. – Ft.: Fürst. Ftn.: Fürstin. – gen.: genannt. – Gf.: Graf. – hl.: heilig. – Hl.: Heiliger/Heilige. – Hs.: Handschrift. – Hz.: Herzog. – Hzn.: Herzogin. – ital: italienisch. – Kf.: Kurfürst. – Kfn.: Kurfürstin. – Kg.: König. – Kgn.: Königin. – Ks.: Kaiser. – Ksn.: Kaiserin. – Mgf.: Markgraf. – Mgfn.: Markgräfin. – österr.: österreichisch. – pol.: polnisch. – röm.: römisch. – schwäb.: schwäbisch. – schweiz.: schweizerisch. – sog.: so genannt. – St.: Sankt. – tsch.: tschechisch. – u.: und. – v.: von.

A

Abel, Wilhelm (1904–84), dt. Wirtschaftshistoriker 36
Adalbert von Prag (Hl.; Vojtěch; um 956–97), Bf. v. Prag, christlicher Missionar, böhm. Landespatron 42, 74, 82, 382
Adalbertus Ranconis de Ericinio (Vojtěch Rankův z Ježova; um 1320–88), böhm. Theologe u. Prediger 250, 259, 263, 267
Adam von Fulda (um 1445–1505), dt. Komponist u. Musiktheoretiker 174
Adam II. von Neuhaus (1549–96), Prager Oberstburggraf u. Oberstkanzler Rudolfs II. 261
Adelheid von Honstein, Gemahlin Albrechts II. v. Mecklenburg 524
Adolf von Nassau (1250–98), röm. Kg. (1292) 56, 242
Ägidius von Rodemachern, Landesverweser der Grafschaft Luxemburg (1308–13) 300
Agnes, Tochter Přemysl Ottokars II. 609
Albertus Magnus (auch Albertus Teutonicus; um 1200–80), dt. Gelehrter, Bf. v. Regensburg 33
Albornoz, Gil Álvarez Carillo de → Gil Álvarez Carillo de Albornoz
Albrecht der Schöne (1319–61), Burggf. v. Nürnberg 111, 221, 545
Albrecht I. von Bayern (1336–1404), Hz. v. Bayern-Straubing, Graf v. Holland u. Zeeland 250
Albrecht I. von Habsburg (1255–1308), Hz. v. Österreich u. Steiermark, röm. Kg. (1298) 55–57, 243, 545, 547
Albrecht I. von Hohenberg (1345–49), Bf. v. Würzburg 428
Albrecht II. von Habsburg (1298–1358), Hz. v. Österreich 47, 545, 547f.
Albrecht II. von Hohenlohe († 1372), Bf. v. Würzburg 216, 428
Albrecht II. von Mecklenburg (1318–79), Hz. v. Mecklenburg (1348) 524
Albrecht III. von Habsburg, gen. mit dem Zopf (1349–95), Hz. v. Österreich, Bruder Rudolfs IV., Gemahl Elisabeths v. Luxemburg 9, 192, 492, 499, 552
Albrecht III. von Mecklenburg (1338–1412), Hz. v. Mecklenburg (1388–1412), Kg. v. Schweden (1364–89) 192, 524
Albrecht IV. von Mecklenburg (vor 1363–88), Hz. v. Mecklenburg 524
Albrecht von Sternberg (auch Albert; um 1330–80), Ebf. v. Magdeburg (1368–71), Bf. v. Leitomischl (1371), Diplomat Kaiser Karls IV. 125f., 129, 156, 210f., 261, 484, 539, 543
Albumasar (um 787–886), pers. Gelehrter 33
Alips de Mons, Gemahlin Enguerrands de Marigny 491
Allamanus, Walther → Walther Allamanus
Amadeus VI., Gf. von Savoyen (reg. 1343–83) 204
Andrea di Bonaiuto (auch Andrea da Firenze; † 1379), Florentiner Maler 203f., 329
Andreas, Prager Anwalt 355
Andreas von Dubá, böhm. Oberstlandrichter (bis 1394) 420
Andreas von Florenz, Münzmeister in Kuttenberg zur Zeit Karls IV. 232
Andreas von Regensburg (1380–1442), Chronist, Geschichtsschreiber 52
Andreas II. von Ungarn (ung. András; um 1177–1235), Kg. v. Ungarn (seit 1205) 349
Anna von Böhmen (Anna Lehnická; † 1265), Hgn. v. Schlesien 127
Anna von Böhmen (1366–94), Tochter Karls IV., Gemahlin Richards II. v. England 193, 543
Anna von Luxemburg (1323–38), Tochter Johann Heinrichs v. Luxemburg, Gemahlin Ottos v. Habsburg 31
Anna von der Pfalz (1329–53), zweite Gemahlin Ks. Karls IV. 47f., 123, 189, 191, 394, 456, 447, 478, 540, 592, 608, 611
Anna von Schweidnitz (1339–62), Tochter Heinrichs II. v. Schweidnitz, dritte Gemahlin Ks. Karls IV. (1353), Mutter Wenzels IV. 115, 125, 127, 151, 156, 189, 191f., 286, 394, 412f., 417, 436, 440–442, 456, 568, 608, 611
Anna Jagiello (1503–47), Kgn. v. Ungarn u. Böhmen, Gemahlin Ferdinands I. 608
Anna Přemyslovna (1290–1313), Tochter Kg. Wenzels II., Gemahlin Heinrichs v. Kärnten 55
Annonay, Jean Porte d' → Porte d'Annonay, Jean
Antonio da Ferrara, ital. Humanist 259
Antonius Lombardus, unehelicher Sohn Kg. Johanns 52
Apengeter, Jan, Gelbgießer in Lübeck (1332–44) 518, 520
Aristoteles (384–22 v. Chr.), griech. Philosoph 33, 67, 198
Arnold II., Abt v. Groß Ammensleben (amt. 1355–72) 539
Arnold von Lübeck († 1214), Chronist 524
Arras, Matthias von → Matthias von Arras
Aspelt, Peter von → Peter von Aspelt
Aubert, Arnaud († 1371), päpstlicher Kämmerer, Ebf. v. Auch (1357) 205
Aufseß, Hans Max von (1906–93), frank. Schriftsteller 595
Augustinus (354–430), lat. Kirchenlehrer u. Philosoph, Bf. v. Hippo (395) 263, 334, 498, 553
Augustus (64 v. Chr.–14 n. Chr.), erster röm. Ks. 176, 186, 259, 364
Avignon, Wilhelm von → Wilhelm von Avignon
Axlar, Pavel Josef (1650–1714), Dekan d. Prager Veitsdoms 343

B

Bachmann, Erich, dt. Kunsthistoriker (1910–91) 264
Balbín, Bohuslav († 1688), böhm. Chronist 260f., 267f., 299
Baldassare degli Embrachi (eigtl. Ubriachi), florentinischer Bildhauer (14. Jh.) 357
Balduin II. (1217–74), Ks. d. Lat. Reiches 358
Balduin von Luxemburg (auch Balduin von Trier; 1285–1354), Bruder Ks. Heinrichs VII., Propst, Ebf. u. Kf. v. Trier (1308) 44, 46, 48, 56f., 58, 61f., 103, 134f., 151f., 158, 189, 218, 220, 292, 294f., 297–300, 307, 360, 475, 520, 533, 538
Baldaeus, Philipp (1632–71), niederl. Geistlicher, Prediger, Ethnologe 334
Balthasar (1336–1406), Mgf. v. Meißen, Landgf. v. Thüringen 479
Banz, Heinrich von → Heinrich von Banz
Bartoloměj Paprocký von Hlohol (z Hlahol a Paprocké Vůle; 1540/1543–1614), pol. u. tsch. Schriftsteller, Historiker 260
Baudet, Guy († 1338), Bf. v. Langres, Kanzler v. Frankreich 414
Bäumler, Johann, Augsburger Drucker (Ende 15. Jh.) 282
Bayer von Boppard, Dietrich, Bf. v. Metz (amt. 1365–84) 154, 599
Bazin (Basin), Thomas, franz. Chronist (1412–91) 311
Bazoches, Nivelon de → Nivelon de Bazoches
Beatrix von Bourbon (Beatrice de Bourbon; 1320–83), zweite Gemahlin Kg. → Johanns v. Böhmen 189, 303
Beauneveu, André, franz. Bildhauer u. Buchmaler (erstmals erwähnt 1363) 601
Bebenburg, Lupold von → Lupold von Bebenburg
Bechin, Tobias von → Tobias von Bechin

Beckett, Thomas (Hl.), Ebf. v. Canterbury (amt. 1162–70) 464
Beckford, William Thomas (1760–1844), engl. Schriftsteller, Kunstsammler, Mäzen, Politiker 337
Beccari, Nicola, ital. Humanist 259
Beheim, Heinrich d. Ä., Parlier in Nürnberg (nachweisbar 1363–1406) 72, 198
Benedikt XII. / Jacobus Novelli, gen. Jacques Fournier (frz. Jacques de Novelles; 1285–1342), Papst (1334) 334, 336
Beneš von Duba, Landvogt der Oberlausitz (1369–89) 508
Beneš von Hořovice, tsch. Übersetzer (um 1400) 259
Beneš, Èdvard (1884–1948), tschechoslowak. Politiker, Außenminister, Präsident 270, 619
Benesch Krabitz von Weitmühl → Krabitz von Weitmühl, Benesch
Berghauer, Johann Thomas Adalbert (1684–1760), Domherr, Geistlicher, Kapitular 343
Berka von Dubá, Heinrich (Hynco), Bf. v. Olmütz (amt. 1326–33) 469, 508
Bernhard Ignaz Graf von Martinitz (1603–85), Prager Oberstburggf. (1651) 352
Bernhard von Clairvaux (Hl.; 1091–1153), Theologe, Abt der Zisterzienserabtei Clairvaux (1115) 75, 322, 469, 536
Bernhard, Trompeter am Hofe Karls. IV. 174
Bernhardin von Siena (Hl. 1380–1444), ital. Franziskanermönch, Heiliger 549
Berthold von Aquileia (* um 1180–51), Patriarch v. Aquileia 349
Berthold von Buchegg (auch Bucheck; 1279–1353), Bf. v. Speyer (1328–29), Bf. v. Straßburg (1329) 531
Berthold von Leiningen, Bf. v. Bamberg (reg. 1257–85) 447
Berthold von Zollern (1320–65), Bf. v. Eichstätt, Kanzler Karls. IV. 259, 544f.
Bertram von Minden → Meister Bertram
Bertrand le Hungre († 1397), Metzer Patrizier 598
Bertrand von Aquileia (frz. Bertrand de Saint-Geniès; 1260–1350), Patriarch v. Aquileia (1334) 81, 349f., 598
Bien, Hans (1591–1632), Maler 221
Bilenburg, Matthäus Sobek von → Sobek von Bilenburg, Matthäus
Birgitta von Schweden (Hl.; 1302/03–73), Visionärin, Gründerin des Birgittenordens 423, 573
Bláhová, Marie (* 1944), tsch. Historikerin 263f.
Böblinger, Matthäus (1450–1505), schwäb. Baumeister 393
Bobková, Lenka (* 1947), tsch. Historikerin 264
Boccaccio, Giovanni (1313–75), ital. Dichter u. Humanist 203, 486, 580
Bock, Franz (1823–99) 409–411, 503, 609
Bodo von Randow, Abt v. Groß Ammensleben (amt. 1308–34) 538
Boemund II. von Saarbrücken, Ebf. v. Trier (amt. bis 1362) 560
Bogislaw V. (um 1318–73/74), Hz. v. Pommern 189, 477
Bohusch, Leitmeritzer Propst 153
Boleslav I. (um 915–967 oder 972), böhm. Ft., Bruder des hl. Wenzel 13, 181
Boleslav II. († 999), Hz. v. Böhmen (967) 355, 557
Boleslaw III. (um 1330–382), Hz. v. Oppeln 464
Bolko II. (1308–68), Hz. v. Schweidnitz-Jauer 125, 127
Bonaiuto, Andrea di → Andrea di Bonaiuto
Bondol, Jean (um 1340–1400), fläm. Buchmaler 171
Boni, Egidio (1348/49–61), Bf. v. Vicenza 348
Bonifatius (Hl., † 754/55), Missionar 533
Bonifaz VIII. / Benedetto Caetani, Papst (amt. 1294–1303) 353
Bonifaz IX. / Pietro Tomacelli (1350–1404), Papst (1389) 425, 576
Bonne (*† 1360), Tochter Karls V. v. Frankreich 600f.
Bonne de Luxembourg → Jutta von Luxemburg
Boreš IV. von Riesenburg (z Rýzmburka; 1333–85), Hofbeamter Kaiser Karls IV., Landeshauptmann der Oberpfalz (1367) 124

Bosau, Helmold von → Helmold von Bosau
Boulogne, Guido von → Guy de Boulogne
Bourgot, Tochter Jean le Noirs   310
Brejchov, Jana (* 1940), tsch. Schauspielerin   621
Brentano, Johann Franz, Maler   622
Broker, Nicholas, engl. Kupferschmied (um 1400)   193
Brodský, Vlastimil (1920–2002), tsch. Schauspieler   621
Broggio, Octavio (Oktavián Broggio; 1670–1742), böhm. Architekt   261
Brožík, Václav (1851–1901), tsch. Maler   262, 267, 618
Brun, Rudolf, Bürgermeister v. Zürich   152
Brünn, Peter von → Peter von Brünn
Brunner, Vratislav Hugo, Lehrer an der Akademie für Kunst, Architektur u. Design Prag (1920er Jahre)   262
Buchegg, Berthold von → Berthold von Buchegg
Buková, Ferdinand Ernst Heidler von → Heidler von Buková, Ferdinand Ernst
Bureniče, Wenzel Králík von → Králík von Bureniče, Wenzel
Burghard († 1358), Magdeburger Burggf.   139
Burgschmiet, Jacob Daniel (1796–1858), Bildhauer u. Erzgießer   262, 267
Bušek von Welhartitz d. J. (z Velhartic; † 1371), Kämmerer Karls IV., Marschall am Prager Hof, Landeshauptmann der Oberpfalz (1357–62)   124

C

Caesar, Julius (100–44 v. Chr.), röm. Staatsmann, Feldherr, Autor   198, 364
Camaino, Tino da → Tino da Camaino
Camboust, Henri-Charles du → Henri-Charles du Camboust
Cantimpré, Thomas von → Thomas von Cantimpré
Carlos I. → Karl V.
Čáslav, Elblín von → Elblín von Čáslav
Cauer, Ludwig (1866–1947), dt. Bildhauer   270
Čechorod, Tomáš Pešina von (1629–80), Dekan des Kapitels v. St. Veit, Geschichtsschreiber   261, 352
Čechura, Jaroslav (* 1952), tsch. Historiker   264
Celano, Thomas von → Thomas von Celano
Chaloupecký, Václav (1882–1951), tschechoslowak. Historiker   272
Charles V. → Karl V.
Charles de Blois, gen. der Selige (Karl von Blois; 1319–64), Hz. der Bretagne, Gf. von Penthièvre u. Goëllo   316, 318
Ciampini, Giovanni Giustino (1633–98), ital. Geistlicher, Historiker, Archäologe   379
Cimrman, Jára, tsch. Kunstfigur des Jára-Cimrman-Theaters   265, 274
Clemens VI. / Pierre Roger de Rosières-Fécamp (1290–1352), Universitätsprofessor, Abt v. Fécamp (1326), Papst (1342), Lehrer Karls IV.   44, 46f., 61, 63, 67, 96, 135, 144, 150, 158, 171, 174, 179, 189, 203, 211, 220, 286, 317, 328f., 350, 360, 362, 366, 382, 428, 491, 536
Closener, Fritsche (Klosener; um 1315–90–96), Chronist, Lexikograf   562
Cola di Rienzo (1313–54), röm. Politiker u. Volkstribun   259, 498, 576
Colditz, Kolda von → Kolda von Colditz
Colditz, Thimo von → Thimo von Colditz
Colette, uneheliche Tochter Kg. Johanns   52
Colombier, Pierre Bertrand de → Pierre Bertrand de Colombier
Cottbus, Hans von → Hans von Cottbus
Cottbus, Michael von → Michael von Cottbus
Cranach, Lukas d. Ä. (1472–1553), dt. Maler   152
Crispus, Gaius Sallustius (Sallust; 86–35/34 v. Chr.), röm. Geschichtsschreiber, Politiker   334
Crossley, Paul, engl. Kunsthistoriker   264
Cunszmannus (erw.1362), Prager Seidensticker   501
Cuspinianus, Johannes (1473–1529), Gelehrter, Professor der Wiener Universität, Kaiserlicher Rat, Diplomat   260

D

Dachs, Johann († 1373), Augsburger Stadtpfleger   213
Daddi, Bernardo, ital. Maler (tätig 1312–48)   368
Dandolo, Andrea (1306–54), Doge v. Venedig (amt. 1343–54)   389, 403, 405
Daniel Adam von Veleslavín (1546–99), böhm. Schriftsteller, Historiker, Verleger des Humanismus   260, 268
Decembrio, Umberto, ital. Humanist   259
Delsenbach, Johann Adam (1687–1765), fränk. Künstler u. Kupferstecher   373
Dex, Jaique (Jacques D'Esch), Metzer Chronist   50, 253

Diessenhofen, Heinrich von → Heinrich von Diessenhofen
Dietrich von Nieheim (1345–1418), Chronist an der röm. Kurie, Bf. v. Verden, dt. Vertreter beim Konzil v. Konstanz   49
Dietrich von Portitz, gen. Kugelweit oder Kagelwit (um 1300–67), u. a. Rat Karls IV., Kanzler, Propst des Stiftes Vyšehrad (1359–61), Ebf. v. Magdeburg (1361–67)   125, 140, 208, 210–212, 254, 353, 484, 543, 548, 582, 589f.
Dietrich von der Schulenburg († 1393), Bf. v. Brandenburg   482f.
Dietrich Bayer von Boppard → Bayer von Boppard, Dietrich
Dionysius, legendärer erster Bf. der röm. Provinzhauptstadt Augusta Vindelicum (Augsburg)   151
Dom, Caspar († 1687), Kupferstecher   261
Drahomíra von Stodor (um 877/90–934/36), böhm. Ftn., Mutter Wenzels u. Böhmen   408
Draschitz, Johann von → Johann von Draschitz
Duba, Beneš von → Beneš von Duba
Dubá, Heinrich Berka von → Berka von Dubá, Heinrich
Duba, Jone von → Jone von Duba
Dubravius, Johannes (Jan Skála von Doubravka; 1486–1553), Bf. v. Olmütz   260
Duby, Georg (1919–96), frz. Historiker   36
Dürer, Albrecht (1471–1528), dt. Maler, Grafiker, Mathematiker u. Kunsttheoretiker   120, 379
Dynter, Edmond de → Edmond de Dynter

E

Ebendorfer, Thomas (auch Thomas v. Haselbach; 1388–1464), Theologe, Universitätsprofessor, Geschichtsschreiber   49, 548, 608
Eberhard von Eppstein, Frankfurter Jude   570
Eberhard von Randeck, Domkustos in Magdeburg   213
Eberhard II., gen. der Greiner, Gf. von Württemberg (reg. 1344–92)   564
Ebner von Eschenbach, Hieronymus Wilhelm (1673–1752), Nürnberger Ratsherr, Diplomat, Historiker, Gelehrter   373
Ebner, Christina (1277–1356), Dominikanerin, Mystikerin   46f., 448
Ebner, Friedrich († 1321), erster Verwalter des Nürnberger Klarissenklosters   448
Edmond de Dynter (1375–1448), Kleriker, Geograf, Gesandter   52
Eduard III. (1312–77), Kg. v. England u. Wales (1327)   65–67, 236, 324
Eduard of Woodstock (gen. der Schwarze Prinz; 1330–76), ältester Sohn Kg. Eduards III. v. England   67
Elblín von Čáslav, Pager Goldschmied   165
Eleasar (Lazarus), Sohn des Man, Prager Jude, u. seine Familie   569
Elias de Talleyrand, Gesandter Papst Innozenz' VII.   183, 186
Eligius (Hl.; um 589–659 oder 660), Bf. v. Noyon   424
Elisabeth, Tochter des Nürnberger Burggf. Friedrich V.   113
Elisabeth von Luxemburg (1358–73), Tochter Ks. Karls IV. u. der Anna v. Schweidnitz, Gemahlin Albrechts III. von Österreich   82, 192, 499
Elisabeth von Polen (1305–80), Kgn. v. Ungarn, Kroatien u. Dalmatien, Regentin v. Polen, Gemahlin Karl Roberts v. Anjou   349
Elisabeth von Pommern (pol. Elżbieta pomorska; 1345/47–93), Tochter Bohuslaws V., vierte Gemahlin Ks. Karls IV.   49, 79, 131, 189, 191f., 203, 205, 231, 248, 299, 382, 390f., 394, 433, 477, 502, 576, 608, 611, 613
Elisabeth von Thüringen (Hl.; 1207–31), Tochter des ungarischen Kg.s Andreas II., Gemahlin Ludwigs IV. v. Thüringen   82, 149, 349
Elisabeth Přemyslidin (Eliška Přemyslovna; 1292–1330), Tochter Wenzels II. u. der Guta v. Habsburg, Gemahlin Johanns v. Luxemburg, Mutter Ks. Karls IV.   55f., 79f., 82, 134, 189, 300, 302f., 307, 314, 342, 352, 395, 456, 575
Elisabeth Richza oder Richenza (Eliška Rejčka; 1286/88–1335), Tochter Kg. Přemysls II. u. Großpolen, zweite Gemahlin Kg. Wenzels II. (1303–05), dann des österr. Hz.s Rudolf I.   55, 303–306, 575, 609
Elscheidt, Nikolaus (1835–74), dt. Bildhauer   426
Embriachi, Baldassare degli → Baldassare degli Embriachi
Emler, Josef (1836–99), tsch. Historiker u. Professor an der Prager Universität   263
Emma von Böhmen († 1005/06), Hzn., Gemahlin Boleslavs II.   557
Enguerrand de Marigny (um 1260–1315), Kammerherr u. Höfling Kg. Philipps IV. des Schönen   303, 491
Eppstein, Eberhard von → Eberhard von Eppstein

Erfurt, Konrad von → Konrad von Erfurt
Erich von Kirchberg, Ministeriale Adelheids v. Honstein   524
Ermesinde von Luxemburg (1186–1247), Gräfin v. Luxemburg, la Roche u. Durbuy (1197), Tochter Heinrichs IV. v. Luxemburg   300
Erminold-Meister   303
Ernst von Pardubitz (Arnošt z Pardubic; 1297–1364), erster Ebf. v. Prag (1344–64)   42, 70f., 135f., 142, 153f., 156, 177, 179, 181, 260, 262, 332, 351, 376, 388f., 425, 428, 433, 422, 470, 494, 497, 499, 501, 589
Eschenbach, Hieronymus Wilhelm Ebner von → Ebner von Eschenbach, Hieronymus Wilhelm
Etzlaub, Erhard (um 1460–1531/32), Astronom, Kartograf, Doktor der Medizin   239
Evrard d'Orléans, Pariser Bildhauer (1. Drittel d. 14. Jh.)   413f., 601

F

Fajt, Jiří (* 1960), tsch.-dt. Kunsthistoriker   264
Falkenstein, Kuno (Konrad) von → Kuno (Konrad) von Falkenstein
Fazio degli Uberti, ital. Humanist   259
Ferdinand I. von Habsburg (1503–64), Kg. v. Böhmen u. Ungarn (1526), dt. Kg. (1531), röm.-dt. Ks. (1556)   360, 364, 542, 548, 608
Ferdinand I., gen. der Gütige (1793–1875), Ks. v. Österreich (1835–48), Kg. v. Ungarn u. Kroatien (1830)   380
Ferdinand II. (1529–95), Ehz. v. Österreich, Statthalter v. Tirol (1564)   512
Ferdinand Ernst Heidler von Buková → Heidler von Buková, Ferdinand Ernst
Ferrara, Antonio da → Antonio da Ferrara
Ferrara, Niccola da → Niccola da Ferrara
Fiedler, Glasermeister   469
Fliechinaschn, Mert, Goldschmied in Wien (1438–52)   549
Foligno, Gentile da → Gentile da Foligno
Fouquet, Jean (1425–81), frz. Maler   60, 247
Fragner, Jaroslav (1898–1967), tsch. Architekt   263
Franchetti, Giulio (1840–99), Sammler   411
Francisq Miquel i Badía (1840–99), Sammler   411
François Roger de Gaignières (1642–1715), frz. Genealoge, Antiquar, Sammler   336, 600
Frank, Karl Hermann (1898–1946), nationalsozialistischer Politiker   618
Frankenberg, Tyle von → Tyle von Frankenberg
Frankenfort, Kunzel, Baumeister   214
Franz I. (1768–1835), letzter röm. Ks., Ks. v. Österreich (1804)   609
Franz II. (frz. François II; 1544–60), Kg. v. Frankreich   556
Franz von Prag (František Pražský; 1290–1362), böhm. Chronist   38, 41, 76, 88, 136, 150, 259, 280, 412, 510
Franz Joseph I. (1830–1916), Ks. v. Österreich (1848)   411, 609
Freher, Marquard (1565–1614), dt. Jurist, Historiker u. Staatsmann   260
Friedberg, Rudolf Rule von → Rule von Friedberg, Rudolf
Friedjung, Heinrich (1851–1920), österr. Historiker   262
Friedrich I. der Streitbare (1370–1428), Kf. v. Sachsen   152
Friedrich I. von Hohenlohe († 1352), Fürstbf. v. Bamberg (1344)   216, 221
Friedrich I. von Hohenstaufen, gen. Barbarossa (1122–90), röm. Kg. (1152), Ks. (1155)   43, 86, 89, 360, 440, 462, 547
Friedrich II. der Weise (1482–1556), Pfalzgf. u. Kf. der Pfalz (1544)   473
Friedrich II. von Hohenstaufen (1194–1250), Kg. beider Sizilien (1196), röm. Kg. (1196, 1212–50), Ks. (1220)   56, 80, 86, 89, 139, 290, 372f., 455, 576, 578
Friedrich II. von Hoym (1357–82), Bf. v. Merseburg, Ebf. v. Magdeburg (1382)   542–544
Friedrich III. von Habsburg (1415–93), röm. Kg. (1440), Ks. (1452)   186, 364, 547f., 614
Friedrich III. der Schöne (1289–1330), Hz. v. Österreich u. der Steiermark, Gegenkg. des Heiligen Römischen Reiches (1314–30)   56, 373, 545, 547
Friedrich III. der Weise (1339–93), Hz. v. Bayern (1372), Sohn Hz. Stephans II. v. Niederbayern   129, 152, 477–479, 543
Friedrich IV. von der Pfalz (Winterkg.; 1596–1632), Pfalzgf. u. Kf. der Pfalz (1610 u. als Friedrich I. Kg. v. Böhmen (1619–20)   542
Friedrich V. von Zollern (1333–98), Burggf. v. Nürnberg   112, 114, 434

Friedrich VI. (1371–1440), Burggf. v. Nürnberg, erster Kf. v. Brandenburg 113, 455, 479
Friedrich von Hirzlach († 1350), Abt von Heilsbronn 115
Froissart, Jean (1333–1400), frz. Dichter, Chronist 65–67, 324
Fulda, Adam von → Adam von Fulda

G

Gaddi, Taddeo (1290–1366), ital. Maler, Architekt 424
Gaignières, François Roger de → François Roger de Gaignières
Gamans, P., Historiker, Ordensbruder in Mainz 260
Gelnhausen, Johann von → Johann von Gelnhausen
Gemerich von Neuberg, Johann Norbert, Auftraggeber eines Denkmals Karls IV. 262, 265
Gentile da Foligno, gen. Spectateur (lat. Gentilis Fulgineus; 1280/90–1348), ital. Naturphilosoph 284
Georg von Klausenburg (14. Jh.), Bildhauer, Bruder Martins v. Klausenburg 337
Georg von Podiebrad (Jiří z Poděbrad; 1420–71), Kg. v. Böhmen (1458) 260, 272, 542, 608f.
Georg von Waldau, Auftraggeber des Lehenbuchs der Herrschaft Waldthurn (nach 1521) 473
Gerbert, Martin, Abt von Sankt Blasien 608
Gerhaert von Leyden, Nicolaus (um 1430–73), Bildhauer, Werkmeister Karls IV. 547
Gerhart, Johannes, Bildhauer aus Norddeutschland (Mitte d. 14. Jh.) 533
Geri, C(h)ristoforo, Bankier Gregors XI. 541
Gerlach von Nassau (1322–71), Ebf. v. Mainz (1346) 44, 371, 534, 536–538, 551
Gherardino da Forlì, Giustino di → Giustino di Gherardino da Forlì
Gil Álvarez Carillo de Albornoz (ital. Egidio Albornoz; 1310–67), Ebf. v. Toledo (1338–50), Kardinal in Avignon 69, 183–187, 203, 379
Giotto di Bondone (1266/67–1337), Maler, Architekt 236, 314, 386, 486
Giovanni dell' Agnello, Doge von Pisa (1364–68) 203
Giovanni de' Marignolli (Johannes von Marignola; † 1358/59), Franziskaner, Kaplan Karls IV., Chronist 76, 259, 334, 337, 366
Giustino di Gherardino da Forlì, venez. Maler (1362–84) 379
Gmünd, Johannes von → Johannes von Gmünd
Goppinger, Wolfgang, Wiener Domcustos 550
Gottwald, Klement (1896–1953), tschechoslowak. Politiker 272
Graus, František (1921–89), tschechoslowak. Historiker 36, 274
Gregor XI. / Pierre Roger de Beaufort (1329–78), Papst (1370) 159, 248, 540–542, 576
Grenoble, Hugo von → Hugo von Grenoble
Griffina († 1291), Schwester Kunigundes v. Halitsch 299
Grimaldi, Giacomo (1560–1623), Geistlicher, Gelehrter, Archivar 379
Groll, Andreas (1812–72), Fotograf 418
Groß, Heinrich, Zeichner des sog. Lebertaler Bergbuches (um 1530) 245
Groß, Konrad (1280–1356), Nürnberger Ratsherr, Reichsschultheiß, Reichsrichter, Reichsmünzmeister 39, 198, 229, 237, 448, 453f., 584
Guigo VIII. (1309–33), Dauphin v. Vienne, Gf. v. Albon 62
Guillaume de Machaut (1300–77), frz. Dichter u. Musiker, Sekretär Kg. Johann Heinrichs v. Luxemburg 49, 71, 174, 178f., 310–312, 338
Guinigi, Paolo (1376–1432), ital. Politiker in Lucca 580
Gundekar II. (1057–75), Bf. v. Eichstätt 544
Günther XXI. von Schwarzburg (1304–49), Gegenkg. Karls IV. 111, 220f., 514
Guta I. von Habsburg (1271–97), Tochter Rudolfs I. v. Habsburg, erste Gemahlin Kg. Wenzels II. aus dem Hause der Přemysliden 299f.
Guta II. von Habsburg (Jutta), Tochter Gutas I. v. Habsburg u. Johann Heinrichs v. Luxemburg 299
Guy II. de Blois († 1397), Gf. v. Blois, Dunois u. Soissons 324
Guy de (Guido von) Boulogne, Kardinal (vor 1313–73) 205

H

Häberlin, Karl Friedrich (1756–1808), Braunschweiger Diplomat, Jurist 261
Hácha, Emil (1872–1945), Präsident der Tschechoslowakei (1938–39), Staatspräsident des Protektorats Böhmen u. Mähren (1939) 88
Hähnel, Ernst Julius (1811–91), Bildhauer u. Professor an der Dresdner Kunstakademie 262, 267, 617, 622
Haimburg, Konrad von → Konrad von Haimburg
Hájek von Libočan, Václav († 1553), böhm. Chronist, Literat u. Geograf 80, 100, 260, 267f.
Halberstadt, Konrad von → Konrad von Halberstadt
Halitsch, Kunigunde von → Kunigunde von Halitsch
Halla, Franz, Ofensetzer aus Brünn 488
Hammer, Hans (1440/45–1519), dt. Steinmetz, Baumeister u. Architekt 393
Hanau, Ulrich von → Ulrich von Hanau
Hans, Göttinger Ratsherr u. Goldschmied 281
Hans III. († 1410), Schwiegersohn Ulman Stromers 595
Hans von Cottbus (Hanuš z Chotěbuze), Zunftmeister der Prager Goldschmiede (1418–20) 166
Hans von Halberstadt, Gießer (um 1350) 520
Hanzlík, Jaromír (* 1948), tsch. Schauspieler 614, 621
Hartmann, gen. Castellan, Prior des Deutschordenshauses in Marburg u. Hauskaplan Ks. Karls IV. 82
Hašek, František, tsch. Goldschmied (Ende 19. Jh.) 424
Hasenburg, Zbynko Zajíc von → Zbynko Zajíc von Hasenburg
Havel, Václav (1936–2011), Staatspräsident der Tschechoslowakei, dann der Tsch. Republik 265, 272
Hedwig (Hl.; 1174–1243), Hzn. v. Schlesien 466f.
Hedwig von Polen (Hl.; 1374–99), Tochter des ungarischen Kg.s Ludwig der Große, Gemahlin Wladislaws II. Jagiello 333
Heer, Rustan, Benediktiner der Abtei Sankt Blasien 608
Heidenberg → Trithemius, Johannes
Heidenreich, Heinrich, Abt v. Kloster Sedletz (1281–1320) u. Kloster Waldsassen (1304) 231, 314
Heidler von Buková, Ferdinand Ernst, böhm. Richter (1. H. 17. Jh.) 261
Heinrich, Abt v. Groß Ammensleben (amt. 1372–93) 529
Heinrich, Bildhauer in Prag 216
Heinrich, Prager Domkanoniker 505
Heinrich, Prager Goldschmied, Vater Pesoldus' u. Ješek Pehms 164
Heinrich I. der Vogler (um 876–936), Hz. v. Sachsen, Kg. des Ostfrankenreiches 153
Heinrich II. der Löwe (um 1129/30 oder 1133/35–1195), Hz. v. Sachsen, Hz. v. Bayern 553
Heinrich III. (1016–56), dt. Kg. (1039), Ks. (1046) 373
Heinrich VI. († 1335), Hz. v. Breslau 484
Heinrich VII. von Luxemburg (1278/79–1313), röm.-dt. Kg. (1308) u. Ks. (1312), Großvater Karls IV. 55f., 58, 61, 71, 79, 89, 93, 115, 152, 158, 220, 243f., 292, 294, 296f., 299f., 307, 441, 456
Heinrich VIII. (1491–1547), Kg. v. England 324
Heinrich von Banz († 1365/ 66), Bf. v. Lebus 125
Heinrich von Dießenhofen, Chronist 71, 259, 418
Heinrich von Herford (Henricus de Herfordia; 1300–70), Dominikanermönch, Gelehrter, Chronist u. Theologe 35f., 46, 259, 268, 531
Heinrich von Hochschlitz, Augsburger Domkustos (amt. 1346–76) 214
Heinrich von Kärnten (1270–1335), Hz. v. Kärnten, Kg. v. Böhmen (1307–10), Gemahl Annas Přemysl, Schwester Wenzels III. 55, 231, 460
Heinrich von Leipa (Jindřich Hynek z Lipé; ca. 1270–1329), Unterkämmer, Marschall Kg. Johanns von Luxemburg 304
Heinrich von Ligerz, Bibliothekar v. Einsiedeln (14. Jh.) 152
Heinrich von Luxemburg (1377–78), Sohn Karls IV. u. der Elisabeth v. Pommern 608
Heinrich von Mügeln (um 1319–um 1380), Hofdichter u. -musiker 69, 74, 76, 176, 312, 338
Heinrich von Schönegg († 1368), Bf. v. Augsburg 211
Heinrich III. von Virneburg (1295–1353), Ebf. u. Kf. v. Mainz (1328/37–46/53) 536, 560
Heinrich von Wildstein, Bf. in der albanischen Stadt Kroja 164
Heinrich Berka von Dubá → Berka von Dubá, Heinrich
Heinrich IV. Probus (1257/58–90), Hz. v. Breslau aus dem Hause der Piasten, Minnesänger 127, 303, 372, 462
Heinrich Schwihau von Riesenberg → Schwihau von Riesenberg, Heinrich

Helena (Hl.; um 255–um 330), Ksn., Mutter Konstantins des Großen 151f., 299, 343f., 353f.
Hellich, Josef Vojtěch (1807–80), böhm. Maler u. Archäologe 262
Helmold von Bosau († nach 1177), Chronist 524
Henikin der Kleine, gen. De Camera, unehelicher Sohn Kg. Johanns 52
Herford, Heinrich von → Heinrich von Herford
Herold von Geldern, Verfasser eines Wappenbuches (1380) 185
Herrgott, Marquart (1694–1762), gelehrter Benediktiner der Abtei Sankt Blasien 608
Hermann I. von Thüringen (um 1155–1217), Pfalzgf. v. Sachsen, Landgf. v. Thüringen 349
Hermann, Abt des Mainzer Albansklosters 551
Hermann, Vater des Göttinger Ratsherrn u. Goldschmieds Hans 281
Herzogenberg, Johanna von (1921–2012), böhm. Kunsthistorikerin u. Schriftstellerin 272, 620
Heuss, Jörg, Schlossermeister am Nürnberger Männleinhaufen (1506–09) 271
Heydrich, Reinhard Tristan Eugen (1904–42), SS-Obergruppenführer, Chef des Reichssicherheitshauptamtes 88, 90, 272
Hilbert, Karel (1869–1933), Dombaumeister in Prag (um 1910) 154, 609
Hirzlach, Friedrich von → Friedrich von Hirzlach
Hitler, Adolf (1889–1945), dt. Reichskanzler u. Diktator 88, 618
Hlaváček, Ivan (* 1931), tsch. Historiker 263
Hlaváčov, Prokop Lupáč z → Lupáč z Hlaváčov, Prokop
Hledíková, Zdeňka (* 1938), tsch. Historikerin, Mediävistin u. Archivarin 263
Hlohol, Bartoloměj Paprocký von → Bartoloměj Paprocký von Hlohol
Hochschlitz, Heinrich von → Heinrich von Hochschlitz
Hoensch, Jörg K. (1935–2001), dt. Historiker 264
Hoffmann, Heinrich (1885–1957), dt. Fotograf 90
Hoffmann, Jacob, Illustrator der Schweizer Chronik (1576) 33
Höfler, Karl Adolf Konstantin (Carl Constantin), Ritter von (1811–97), dt.-österr. Historiker 262, 268, 381
Holubec, Nikolaus, Kanoniker des Prager Veitdoms 428
Hoym, Friedrich von → Friedrich von Hoym
Huber, Alfons (1834–98) österr. Historiker 262
Hugo von Grenoble (Hl.; † 1132) 425
Huizinga, Johan (1872–1945), niederl. Kulturhistoriker 262
Hus, Jan (1369–1415), christlicher Theologe, Prediger u. Reformator 82, 253, 259, 270, 272
Hynek von Klučov, Dekan des Prager Veitsdoms 356

I

Innozenz VI. / Stephan Aubert (frz. Étienne Aubert; † 1362), Papst (1352) 140, 150, 158, 179, 183, 203, 329, 353, 359, 381, 407
Irene von Byzanz (1177/81), Gemahlin Kg. Philipps v. Schwaben 290
Irmengard von Baden († 1260), Gründerin des Zisterzienserinnenklosters Lichtenthal 531
Isabelle (1225–70), Schwester Kg. Ludwigs IX. des Heiligen 426, 601

J

Jacopo di Santa Croce, Jurist u. Gelehrter aus Padua, Ratgeber Karls IV. 378f.
Jakob Twinger von Königshofen → Twinger von Königshofen, Jakob
Jan, Trompeter am Hofe Karls. IV. 174
Janov, Matthias von → Matthias von Janov
Jean, Bruder Enguerrand de Marigny, Bf. v. Senlis 491
Jean de Berry (Johann; 1340–1416), Hz. v. Berry, Sohn Kg. Johanns II. des Guten v. Frankreich 38, 61, 149, 254, 310, 336f., 416
Jean de Liège (Johann von Lüttich; † 1381), fläm. Bildhauer 486, 600f.
Jean de Machaut (Johannes), Bruder Guillaumes de Machaut 312
Jean le Noir, frz. Buchmaler 307, 310, 416, 486, 599
Jean d'Orléans, frz. Hofmaler 486, 497
Jean de Sy, Dominikanermönch 85, 140, 143, 247, 311, 416, 430, 494, 599, 603

Jean de Tiercelieue, Berater Kg. Philipps VI. v. Frankreich 414
Jeanne (1357–60), Tochter Karls. IV. von Frankreich 600
Jeanne d'Evreux († 1371), Kgn. v. Frankreich, Gemahlin Karls IV. des Schönen 135, 311, 414, 601
Jechiel († 1330), Sohn des Isaak 568
Jenczo, Johann, Domherr u. Probst des Heiligkreuzstifts zu Breslau 344
Jenstein, Johann von → Johann von Jenstein
Jenstein, Paul von → Paul von Jenstein
Ješín, Pavel (1580–1632), Humanist, Chronist 260
Jirásek, Alois (1851–1930), tsch. Schriftsteller u. Historiker 273
Joachim von Neuhaus (1526–65), Oberstkanzler des Königreichs Böhmen u. Geheimer Rat Kaiser Maximilians II. 261
Jobst von Luxemburg (Jodokus; 1351–1411), Mgf. v. Mähren, Mgf. v. Brandenburg (1388) u. dt. Kg. (1410) 125, 225, 248, 250, 253, 479, 606
Jodocus (auch Jobst, Just; Hl.), frz. Klostergründer, Einsiedler 128
Johann → Giovanni, Jean, Johannes
Johann, Abt von Kloster Pairis 344
Johann (1341–97), Sohn Hz. Stephans II. v. Niederbayern 477–479
Johann I., Bf. v. Pomesanien 391
Johann II. (vor 1309 oder 1320–57), Burggf. v. Nürnberg 221, 371
Johann II. der Gute (Jean le Bon; 1319–64), Kg. v. Frankreich (1350), Gemahl Bonas (Jitka), Schwester Karls IV. 6, 140, 169, 355, 416, 603
Johann III. (um 1369–1420), Burggf. v. Nürnberg (1397) u. Mgf. v. Brandenburg-Kulmbach (1398), Gemahl Margarethes v. Luxemburg 113, 193
Johann VII. (Jan Volek; † 1351), Propst v. Vyšehrad, Bf. v. Olmütz (1334–51), unehelicher Sohn Wenzels II. 149, 167, 359, 371, 611
Johann von Berry → Jean de Berry
Johann von Brabant, Metallgießer 314
Johann IV. von Draschitz (Jan z Dražic; um 1250–1343), Bf. v. Prag (1301–43) 42, 135f., 355
Johann von Gelnhausen (auch Johannes; nachweisbar 2. H. 14. Jh.), Jurist, Notar, Sekretär Johanns von Neumarkt 44, 232, 590
Johann von Jenstein (auch Johannes Jenzenstein/ Jenštejna; 1347/48–1400), Bf. v. Meißen, Ebf. v. Prag (1379–96), Neffe Johann Očkos v. Vlašim, Kanzler Kg. Wenzels IV. 74, 76, 176, 249f., 254f., 328, 407, 510
Johann von Lichtenberg, Bf. v. Straßburg 152, 156
Johann von Luxemburg / von Görlitz (1370–96), Sohn Karls IV. u. der Elisabeth v. Pommern, Hz. v. Görlitz (1377) 129, 192, 508, 608
Johann von Luxemburg, gen. der Blinde (1296–1346), Kg. v. Böhmen (1311), Mgf. v. Mähren, Gf. v. Luxemburg u. Titularkg. v. Polen (1311–35) 48, 50–52, 55, 58, 61f., 65, 67, 71, 74, 76, 79, 103, 123, 127, 134–136, 150, 161, 163, 174, 176, 178, 189, 208, 218, 220, 232, 259, 292, 295, 299f., 302f., 307, 310, 312, 314, 322, 324, 326, 328, 338, 371, 395, 412, 414, 427f., 433, 460, 464, 475, 481, 488, 490, 501, 524, 569, 576, 588, 618
Johann I. von Mecklenburg (1326–93), Hz. v. Mecklenburg (1348) 524
Johann von Neumarkt (auch Johannes, Jan ze Středy; um 1310–80), Bf. v. Olmütz u. Leitomischl (1364–80), kgl. Kanzler 44, 75, 139f., 177, 179, 181, 210, 322, 329, 333, 348, 366, 407, 416, 436, 456, 465, 469, 476, 493f., 497f., 505, 552
Johann von Pistoia, ital. Notar 302
Johann von Rodenmacher, Leibwächter Ks. Karls IV. 48
Johann von Schwaben, gen. Parricida (1290–1313), Hz. v. Österreich u. Steyer 55
Johann von Sternberg → Sternberg, Johann von
Johann von Valkenburg, Franziskanermönch u. Buchmaler 305
Johann Heinrich von Luxemburg (Jan Jindřich; 1322–75), Mgf. v. Mähren (1349), Bruder Karls IV. 46f., 129, 189, 225, 295, 371, 407, 460–462, 475, 488, 569, 588
Johann Militsch von Kremsier → Militsch von Kremsier, Johann
Johann Očko von Vlašim → Očko von Vlašim, Johann
Johanna II. (1374–1435), Kgn. v. Neapel 336
Johanna von Bayern (1362–86), erste Gemahlin Kg. Wenzels v. Luxemburg 192f., 248, 394f.
Johanna von Brabant (1322–1406), Hzn. v. Brabant u. Limburg (1355), Gemahlin Wenzels I. 189, 248, 448

Johanna von Bourbon (1338–78), Gemahlin Kg. Karls V. v. Frankreich 600
Johanna von der Pfirt, Gemahlin Hz. Albrechts II. 547
Johannes XXII. / Jacques Arnaud Duèze (1245/49–1334), Papst (1316) 312
Johannes von Gmünd → Parler, Johannes
Johannes von Marignola → Giovanni de' Marignolli
Johannes von Plass (Plasy), Abt 314
Johannes von Troppau, Hofschreiber u. Illuminator 9, 476, 492–494, 499, 552f., 557
Johannes V. Palaiologos (1341–91), Ks. v. Byzanz 158
Johannes Porta de Annoniaco (Porta de Annoniaco, Johannes [Jean]), päpstlicher Chronist zur Zeit Karls IV. 184f., 381
Jone von Duba († 1381), Sohn Beneš' v. Duba 508
Jones, Eric Lionel (* 1936), brit.-austral. Wirtschaftshistoriker 38
Joseph II. (1741–90), röm.-dt. Kg. (1764), Ks. (1765) 316, 409
Jost von Rosenberg (Rožmberk), Oberstkämmerer Karls IV. 420
Judith von Thüringen (Judita Durynská; 1130/35–um/nach 1200), Gemahlin Kg. Vladislavs II. v. Böhmen 41, 43 280
Jutta von Luxemburg (Bonne de Luxembourg; 1315–49), Schwester Ks. Karls IV. 278, 307, 310–312, 355, 494, 596

K

Kagger, Matthias (1574–1634), dt. Maler 151
Kalista, Zdeněk (1900–82), tsch. Historiker, Dichter u. Literaturkritiker 263
Kalman von Wiehe, jüdischer Geldhändler in Erfurt 570
Kalousek, Josef (1838–1915), tsch. Historiker u. Hochschullehrer 262, 270
Kaňka, Franz Maximilian (František Maximilian Kaňka; 1674–1766), böhm. Architekt 261
Karl der Große (742–814), fränk. Kg. (768) u. röm. Ks. (800) 80f., 86–90, 101, 114, 198, 200, 235, 261, 267, 340, 359f., 363f., 366f., 369–371, 373, 396, 398, 514, 524, 552, 611
Karl von Luxemburg (1372–73), Sohn Karls IV. u. der Elisabeth v. Pommern 608f.
Karl I. von Valois (1288–1342), Kg. v. Ungarn 328, 416, 611
Karl I. der Kühne (1344–77), Hz. v. Burgund u. Luxemburg 149
Karl II. der Kahle (823–77), westfränk. Kg. (843), Kg. v. Italien u. röm. Ks 556
Karl IV. von Luxemburg (1316–78), Kg. v. Böhmen, röm. Kg. (1346) u. Ks. (1355), Kg. der Lombardei (1355) u. des Arelat (1365) 6, 14, 17, 19, 31, 33, 36–38, 42, 44–53, 55, 60–63, 65, 67, 69, 71–86, 88–93, 95–101, 103–105, 107–109, 111–116, 118–120, 123–125, 127–129, 131, 133–137, 139f., 142–146, 149–156, 158–161, 163–166, 169, 170–174, 176–181, 183–187, 189–193, 195–200, 203–208, 210, 214–216, 218, 220f., 224f., 227–232, 235–237, 239–245, 247–251, 253–255, 259–276, 278, 281f., 286, 290–292, 295–297, 299, 302f., 310–312, 314, 316–318, 322, 324, 326, 328f., 332–334, 336f., 340, 342–346, 348–357, 359f., 362–364, 366–382, 383, 386–392, 395–396, 398, 404, 407–409, 411–414, 416–418, 420, 422–428, 430, 432–434, 436–439, 440–442, 447f., 451, 453–456, 458, 460–462, 464, 466, 469–473, 475–480, 482–484, 486, 488, 490–494, 497–499, 501f., 505, 508, 510, 512–514, 516, 518–522, 524, 526, 530f., 533f., 535–537, 538f., 547f., 550–552, 556f., 560, 562, 564–570, 576, 578, 581f., 584, 587–592, 594–596, 598f., 601, 603f., 606, 608–611, 613f., 616–623
Karl IV. der Schöne (1295–1328), Kg. v. Frankreich (1322), Onkel Karls IV. 58, 292, 312
Karl V. (Carlos I.; 1500–58), Kg. v. Spanien (1516–56), dt. Kg. (1519–56), Ks. (1530–56) 261
Karl V. der Weise (frz. Charles; 1338–80), Kg. v. Frankreich (1364), Neffe Karls IV. 6, 85, 149, 156, 158, 169, 247f., 261, 310, 326, 355, 368, 377, 416, 473, 486, 497, 505, 596, 599f., 603
Karl VI. (1685–1740), röm.-dt. Ks. (1711), Ehz. v. Österreich, Kg. v. Ungarn, Kroatien, Böhmen, Neapel, Sardinien u. Sizilien 261, 409, 608
Karl Anton von Hohenzollern-Sigmaringen, Ft. 410
Kärnten, Heinrich von → Heinrich von Kärnten
Kasejowitz (Kasejowice), Peter Johannes von → Peter Johannes von Kasejowitz
Kasimir III. der Große (1309–70), Kg. v. Polen (1333) 127, 189, 250, 464
Katharina, Tochter des Nürnberger Burggf. Friedrich V. 113

Katharina von Luxemburg (auch Katharina v. Böhmen; 1342–95), Tochter Ks. Karls u. der Blanche v. Valois, Gemahlin Rudolfs IV. u. dann Ottos V. 127, 131, 152, 154, 191f., 477, 503, 539, 545, 547f., 551
Katharina von Ungarn († 1355), aus dem Haus Anjou, Gemahlin Heinrichs II. v. Schweidnitz-Jauer 125
Kauliz, Christian Ludwig (1693–1744), dt. Mathematiker, Zeichner u. Illuminator 39
Kavka, František (1920–2005), tsch. Historiker 263
Keller, Gottfried (1819–90), schweiz. Dichter u. Politiker 171
Kilian, Bartholomäus (1630–96), dt. Zeichner u. Kupferstecher 261
Kilian, Wolfgang (1581–1663), dt. Kupferstecher 151
Klara von Assisi (Hl.; 1193–1253) 447f.
Klaus, Václav (* 1941), tsch. Politiker, Staatspräsident (2003–13) 274
Klausenburg, Georg von → Georg von Klausenburg
Klausenburg, Martin von → Martin von Klausenburg
Klučov, Hynek von → Hynek von Klučov
Kolář, Radomír (1924–93), tsch. Maler u. Illustrator 272
Kolářová, Daniela (* 1946), tsch. Schauspielerin 614, 621
Kolda von Colditz (1265–1323/27), böhm. Dominikaner, Inquisitor u. Schriftsteller 310, 407
Koler-Forstmeister, Franz I. († 1280), Nürnberger Bürger 244
Koler-Forstmeister, Otto, Nürnberger Bürger (gen. 1243) 242f.
Köln, Walram von → Walram von Köln
Kölnen, Arnold, Abt v. Groß Ammensleben (amt. 1334–46) 539
Königshofen, Jakob Twinger von → Twinger von Königshofen, Jakob
Konrad, Straßburger Maler in Diensten Karls IV. 144, 486, 530
Konrad, gen. Stromeyer, Inhaber des Waldstromeramtes (1293) 242
Konrad II. d. Ä. (um 990–1039), röm.-dt. Ks. (1027), Kg. des Ostfrankenreiches (1024) 158
Konrad von Erfurt, Abt des Zisterzienserklosters Königsaal (1292–1312 u. 1314–16) 314
Konrad von Frankfurt → Kunc von Frankfurt
Konrad von Haimburg (auch Hainburg; † 1360), Kartäusermönch u. Dichter 140, 169f., 316, 414, 494, 497
Konrad von Halberstadt d. Ä. (1277–1355/59), theologisch-historischer Schriftsteller 50, 418, 458
Konrad von Megenberg (1309–74), Domkanoniker in Regensburg (1348), Autor 33, 278, 282f.
Konrad von Randeck, Domkustos in Augsburg (1321–34) 211
Konstantin der Große (272/285–337), erster christlicher röm. Ks. (312) 152, 185, 187, 203–205, 250, 326, 379, 614
Krabitz von Weitmühl, Benesch (Krabice z Weitmile, Beneš; † 1375), Domkanoniker an St. Veit in Prag, Hofchronist Karls IV. 42, 50, 88–90, 148, 150, 155, 159, 179, 259, 302, 370, 382, 386, 389, 392, 395f., 411f., 418, 420, 458
Králík von Buřenice, Wenzel (Králík z Buřenic, Václav; † 1416), oberster Kanzler (1394–1409), Rat u. Diplomat Kg. Wenzels IV. 254
Kremsier, Johann Militsch von → Militsch von Kremsier, Johann
Krich (Graecus), Georg 165
Krich (Graecus), Johann, Prager Goldschmied 165
Krich (Graecus), Wenzel 165f.
Krügner, Franz Salesius (1781–1842), Propst in St. Marienstern 469
Kubka, František (1894–1969), tsch. Journalist, Schriftsteller, Dichter, Übersetzer u. Politiker 273, 621
Kulhánek, Oldřich († 2013), tsch. Maler, Grafiker u. Illustrator 263, 265, 274, 619
Kunc (Kunz; erw. 1377), Hofseidensticker Karls IV. 501
Kunz von Frankfurt (Kunczel Vrankenford), Baumeister in Magdeburg (1379) 211
Kunigunde von Böhmen (Kunhuta Přemyslovna; 1265–1321), Äbtissin d. St. Georgsklosters der Prager Burg, Hzn. v. Masowien 310, 407
Kunigunde von Halitsch (Kunhuta; † 1285), Gemahlin Ottokars II. 299
Kuno (Konrad) von Falkenstein (1320–88), Ebf. u. Kf. v. Trier (1362) 299, 516, 560f., 596
Küssel, Matthäus (1629–81), dt. Kupferstecher u. Illustrator 261, 263
Kutal, Albert (1904–76), tsch. Kunsthistoriker 264
Kuthan, Jiří (* 1945), tsch. Kunsthistoriker 264

Kuthen von Šprinsberk, Martin (1510–64), böhm. Humanist u. Chronist 260
Kysela, František, Lehrer an der Akademie für Kunst, Architektur u. Design Prag (1920er Jahre) 262

L

Ladislaus Postumus (1440–57), Ehz. v. Österreich, Kg. v. Ungarn (1450) u. Böhmen (1453) 608, 616
Lando de Senis (14. Jh.), kgl. Goldschmied 89
Legner, Anton (* 1928), dt. Kunsthistoriker 264, 272
Leiningen, Berthold von → Berthold von Leiningen
Leipa, Heinrich von → Heinrich von Leipa
Leo/Lev, Großmeister der Kreuzherren 388f., 590
Leopold I. von Habsburg (1640–1705), Ks. (1658) 261
Leopold III. (1073–1136), Mgf. v. Babenberg 548
Leopold III. der Gerechte (1351–89), Hz. v. Österreich, Regent v. Tirol 192
Leskau, Wilhelm von → Wilhelm von Leskau
Leyden, Gerhaert Niclas von → Gerhaert von Leyden, Niclas
Libočan, Václav Hájek z → Hájek z Libočan, Václav
Libotschan, Wenzeslaus Hagacius von → Wenzeslaus Hagacius von Libotschan
Liebscher, Adolf (1857–1919), tsch. Maler 267
Liège, Jean de → Jean de Liège
Liegnitz, Ludwig von → Ludwig I. von Liegnitz
Ligerz, Heinrich von → Heinrich von Ligerz
Lilienfeld, Ulrich von → Ulrich von Lilienfeld
Limburg, Gebrüder, niederl. Buchmaler (tätig um 1400–16) 38, 61, 71
Lindenast, Sebastian (d. Ä.; um 1460–1520/29), dt. Kupferschmied 271
Lipoltice, Vít Tasovský von → Tasovský von Lipoltice, Vít
Longus, Hugo d. Ä., Mitglied der Erfurter Patrizierfamilie 531
Lorenzetti, Ambrogio (erwähnt 1317–um 1348), Sieneser Maler 72, 329, 386
Lorenzetti, Pietro (um 1280–1348), Sieneser Maler, Bruder Ambrogio Lorenzettis 136, 386
Loserth, Johann (1846–1936), österr. Historiker 262, 270
Löwel, Enderlin, Münzmeister in Kuttenberg u. Freiberg zur Zeit Karls IV. 232
Ludolf, Abt aus Sagen 260
Lübeck, Arnold von → Arnold von Lübeck
Ludmilla von Böhmen (Hl.; 855/860–921), böhm. Ftn., Landespatronin 82, 391
Ludwig, gen. Monseigneur / Le Grand Dauphin (1661–1711), ältester Sohn Ludwigs XIV. u. der Maria Theresia v. Spanien 336
Ludwig I. von Anjou (1339–84), Bruder Kg. Karls V. v. Frankreich, Kg. v. Neapel u. der Provence (1382) 127, 149
Ludwig I., gen. der Große (1326–82), Kg. v. Ungarn u. Kroatien, Kg. v. Polen (1370) 48, 79f., 191f., 255, 336f., 350, 477, 550
Ludwig I. von Liegnitz, Hz. v. Lüben u. Ohlau (1368 v. Brieg) 467f.
Ludwig II. Jagiello (1506–26), Kg. v. Böhmen u. Ungarn (1516) 542
Ludwig IV. (1200–27), Landgf. in Thüringen 349
Ludwig IV. von Wittelsbach, gen. der Bayer (1282–1347), Hz. v. Oberbayern, röm. Kg. (1314) u. Ks. (1328) 46, 58f., 67, 80, 89, 111, 114, 119, 125, 133f., 139, 179, 191, 195f., 198f., 211, 214, 216, 218, 220f., 237, 243, 267, 360, 369f., 374, 428, 434, 440f., 448, 460, 477, 480, 490, 514, 518–520, 536, 560, 584, 587
Ludwig IX. der Heilige (1214–70), Kg. v. Frankreich (1226) 61, 133f., 144, 149, 235, 247, 292, 358, 426, 488, 596, 600f.
Ludwig V. der Friedfertige (1478–1544), Pfalzgf. u. Kf. v. der Pfalz (1508) 473
Ludwig V. von Wittelsbach d. Ä. (1315–61), Mgf. v. Brandenburg u. Hz. v. Bayern (1347) 221, 370, 477, 566f.
Ludwig VI. der Römer (1328–65), als Ludwig VI. Hz. v. (Ober-) Bayern, als Ludwig II. Mgf. u. erster Kf. v. Brandenburg 111, 125, 127, 477
Ludwig XIV. (1638–1715), frz. Kg. (1643) 512
Lupáč von Hlaváčov, Prokop (um 1530–87), humanistischer Schriftsteller u. Historiker 260
Lupold von Bebenburg, Bf. v. Bamberg (1353–63), Autor, Anhänger Karls IV. 46

M

Machaut, Guillaume de → Guillaume de Machaut
Machaut, Jean de → Jean de Machaut
Machek, Antonín (auch Anton; 1775–1844), tsch. Maler 262
Maestro del 1328, ital. Buchmaler 314, 497
Maestro del Gherarduccio (Maestro degli Antifonari di Padova), ital. Buchmaler 314
Maestro del Graziano di Napoli, ital. Buchmaler 314
Magister Pisanus, ital. Gelehrter 180
Malypetr, Jan (1873–1947), tschechoslowak. Ministerpräsident 270, 274
Margarethe († 1277), Tochter Kunigundes v. Halitsch 299
Margarethe, gen. Maultasch (1318–69), Hzn. v. Kärnten u. Tirol, Tochter Heinrichs v. Kärnten, Gemahlin Johann Heinrichs 189, 460
Margarethe / Blanca von Valois (Markéta Blanka z Valois; frz. Blanche de Valois; 1316–48), erste Gemahlin Ks. Karls IV. 191, 307, 608
Margarethe von Brabant (1275/76–1311), Tochter Johanns I. v. Brabant, Gemahlin Ks. Heinrichs VII. v. Luxemburg (1292) 56, 58, 295f., 540
Margarethe von Holland (1310–56), Schwester Wilhelm v. Hennegaus 448
Margarethe von Luxemburg (1335–49), Tochter Karls IV. u. der Blanche v. Valois, erste Gemahlin Ludwigs des Großen v. Anjou 31, 191, 448
Margarethe von Luxemburg (1373–1410), Tochter Karls IV. u. der Elisabeth v. Pommern, erste Gemahlin Johanns III. v. Hohenzollern 113, 192
Maria von Anjou (1371–95), Kgn. v. Ungarn (1382), Tochter Ludwigs I., Gemahlin Sigismunds v. Luxemburg 192, 255, 312, 477
Maria von Luxemburg (1304–24), Tante Karls IV., zweite Gemahlin Kg. Karls IV. des Schönen v. Frankreich (1322) 58, 60, 149, 190, 218, 292
Maria Amalia von Habsburg-Lothringen (1746–1804), Hzn. v. Parma 609
Maria Theresia von Österreich (1717–80), Ehzn. v. Österreich, Kgn. v. Ungarn u. Böhmen 608f.
Marignola, Johannes → Giovanni de' Marignolli
Marquard von Randeck (auch Markward von Randegg; um 1300–81), Bf. v. Augsburg u. Patriarch v. Aquileia (1365) 203, 211, 213–216, 348
Martin Kuthen von Šprinsberk → Kuthen von Šprinsberk, Martin
Martin von Klausenburg (14. Jh.), Bildhauer, Bruder Georgs v. Klausenburg 337
Martin, Abt des Klosters Pairis, Teilnehmer des Vierten Kreuzzuges 344
Martini, Simone (1284–1344), Sieneser Maler, tätig am päpstlichen Hof v. Avignon 316, 422, 486
Martinitz, Bernhard Ignaz Graf von → Bernhard Ignaz Graf von Martinitz
Masaryk, Tomáš Garrigue (1850–1937), tsch. Philosoph, Schriftsteller u. Politiker 265, 270, 272, 274, 614
Mašek, Richard, tsch. Historiker, Hg. einer Quellenedition 264
Matthias von Arras (1290–1352), frz. Architekt, erster Baumeister des Neubaus des Prager Veitsdoms 95f., 135, 139f., 203, 262, 382, 394, 433, 589
Matthias von Janov (Matěj z Janova; um 1350–93), reformatorischer Prediger, Magister der Prager Universität 82
Matthias von Neuenburg (ca. 1295–1364), dt. Chronist 259, 268, 286
Matthäus Sobek von Bilenburg → Sobek von Bilenburg, Matthäus
Max, Josef (1804–55), böhm. Bildhauer 262, 264f.
Maximilian I. (1573–1651), Hz. v. Bayern (1597) u. Kf. des Heiligen Römischen Reiches (1623) 542
Maximilian I. (1459–1519), Hz. v. Burgund (1477), röm.-dt. Kg. (1486), Ehz. v. Österreich (1508) 49, 260, 267f., 614
Maximilian II. (1527–76), Ehz. v. Österreich, röm.-dt. Ks. (1564) 261, 608, 614
Megenberg, Konrad von → Konrad von Megenberg
Meinhard von Neuhaus (Menhart z Hradce; 1389–1449), Oberstburggf. v. Böhmen (1437) 542
Meister von 1328 → Maestro del 1328
Meister der Altstädter Madonna, Bildhauer 140, 362, 428
Meister der Bibel des Jean de Sy (Maître aux Bocquetaux), Pariser Buchmaler 85, 143, 246f., 311, 416, 465, 494, 599, 603
Meister der Dominikaner-Kreuzigung, Maler 531

Meister der Glatzer Madonna, Maler 522
Meister der Goldenen Bulle, Buchmaler 237
Meister der Hohenfurther Kreuzigung, Maler 139, 386, 469, 492f., 501, 505, 508, 510, 522
Meister des Liber Viaticus, Buchmaler 140, 465, 493f., 497, 552
Meister des Luxemburger Stammbaums → Nicolaus Wurmser von Straßburg
Meister der Madonna von Michle, Bildhauer 134, 461f., 480–482, 488, 589
Meister des Missale des Johann von Neumarkt, Buchmaler 498, 552
Meister des Morgan-Diptychons, Maler 140, 145, 170, 329, 494, 497
Meister des Paraments von Narbonne, Maler 497, 508
Meister des Retabels von Leitmeritz, Maler 258–260
Meister des Severisarkophags, Bildhauer 18f., 197, 533, 534–536, 538, 540
Meister der Tafelbilder aus dem Kloster der Augustiner-Chorherren, Maler 531
Meister des Vergil, Buchmaler 67, 324
Meister des Wittingauer Altars, Maler 146, 387f., 505, 508, 510, 530
Meister Antze, Steinmetz, nachgewiesen in Frankfurt (1346) 199f.
Meister Bertram von Minden (um 1340–1415), Maler 525f., 530, 536
Meister Eckhart (um 1260–1328), Mystiker, Prior des Erfurter Dominikanerklosters 531
Meister Hans, Parlier in Augsburg (1382) 214
Meister Maler des Nürnberger Heiltumsschrein (1438–40) 257
Meister Theoderich (Theodoricus, Dietrich), Maler 78f., 84, 137, 144–146, 159, 329, 359, 374, 376, 387f., 396, 398, 403, 405, 409, 414, 417, 422, 430, 442, 448, 469, 476, 486, 494, 497f., 501, 526, 530, 543
Meister Wenzel, Buchmaler 384
Meister Wenzel, Eisenwarenhändler 384
Mencius, Balthasar (1500–85), evangelischer Theologe 260
Mendel, Eberhard († 1315), Stifter der Nürnberger Moritzkapelle 441
Mendel, Marquard († 1385), Nürnberger Bürger 475f.
Mengot, Friedrich († 1370), Nürnberger Arzt 451
Merian, Matthias d. Ä. (1593–1650), Kupferstecher u. Maler 131
Michael von Cottbus, Bruder Hans' von Cottbus 166
Militsch von Kremsier, Johann (Jan Milíč z Kroměříže; 1320/25–74), böhm. Reformprediger 82f., 433
Mocenigo, Tommaso (um 1343–1423), Doge v. Venedig (1414) 346
Mocker, Josef, Architekt 343, 396
Morando, Neri, ital. Humanist, Freund Petrarcas 184
Muffel, Barbara, Gemahlin Niklas Muffels 79
Muffel, Niklas, Nürnberger Patrizier 79
Mügeln, Heinrich von → Heinrich von Mügeln
Müllner, Johannes (1565–1634), Nürnberger Stadtchronist 595
Muratori, Lodovico Antonio (1672–1750), ital. Gelehrter u. Geistlicher 89, 380

N

Namur, Robert de → Robert de Namur
Nanker, Bf. v. Breslau (amt. 1326–41) 464
Napoleon I. (eigtl. Napoléon Bonaparte; 1769–1821), frz. General, Diktator u. Ks. (1804) 267
Neplach von Opatowitz (1322–71), Abt, Berater Karls IV. u. böhm. Chronist 152, 259
Neruda, Jan (1834–91), böhm. Journalist u. Schriftsteller 273
Neuenburg, Matthias von → Matthias von Neuenburg
Neuhaus, Meinhard von → Meinhard von Neuhaus
Neuhaus, Ulrich von → Ulrich von Neuhaus
Neumarkt, Johann von → Johann von Neumarkt
Neumarkt, Thomas von → Thomas von Neumarkt
Niccola da Ferrara, ital. Humanist 259
Nieheim, Dietrich von → Dietrich von Nieheim
Nikolaus von Kues (1401–64), Humanist u. Geistlicher 616
Nikolaus von Luxemburg (1322–58), Patriarch v. Aquileia (1350), unehelicher Sohn Kg. Johanns 52, 153, 208, 345f., 348, 350, 380
Nikolaus von Oresme (Nicolaus Oresmius; vor 1330–82), frz. Gelehrter, Theologe 227, 237

Nikolaus von Posen, Pronotar des Breslauer Bf.s Preczlaw v. Pogarell 467
Nikolaus von Troppau (Mikuláš II. Opavský; 1288–1365), Hz. v. Troppau (1318), Kämmerer Böhmens 371
Nivelon de Bazoches (auch Nivelon v. Soissons), Bf. v. Soissons (amt. 1250–62) 358
Noh, Valentin († vor 1492), böhm. Hofmaler 71, 328
Nöttelein, Jörg († 1567), Nürnberger Kartograf 584
Nürnberger, Hans, Schreiner des Nürnberger Heiltumsschreins (1438–40) 257

O

Ockham, Wilhelm von → Wilhelm von Ockham
Očko von Vlašim, Johann (Jan Očko z Vlašimi; † 1380), Ebf. v. Prag (1364–78), erster böhm. Kardinal (1378), Rat Karls IV. 82, 145, 150, 152f., 156, 170, 249f., 253f., 259, 262, 318, 356, 374–377, 379, 391, 411, 422, 501, 526, 589, 619, 621
Olenschlager, Johann Daniel (1711–78), Jurist 261
Opatowitz, Neplach von → Neplach von Opatowitz
Oresme, Nikolaus von → Nikolaus von Oresme
Orléans, Jean d' → Jean d'Orléans
Ortlin, Pager Goldschmied 165
Otgar († 847), Ebf. v. Mainz 534
Ottheinrich von der Pfalz (1502–59), Pfalzgf. v. Pfalz-Neuburg u. Kf. v. der Pfalz 96
Otto der Große (912–73), Hz. v. Sachsen, Kg. des Ostfrankenreiches 183, 208
Otto III. (980–1002), dt. Kg. u. Ks. (983) 366, 545
Otto IV. (1175/76–1218), dt. Kg. (1198), röm. Ks. (1209) 373
Otto gen. der Fröhliche (1301–39), Hz. v. Österreich, Steiermark u. Kärnten 31
Otto V. von Wittelsbach (1341–79), Mgf. u. Kf. v. Brandenburg (1365), zweiter Gemahl Katharinas von Luxemburg 125, 127, 129, 131, 154, 191, 456, 473, 476–480, 503, 539
Otto von Hessen (1301–61), Ebf. v. Magdeburg (1327) 208
Otto von Thüringen († 1314), Abt des Zisterzienserklosters Königsaal 306
Ottokar I. Přemysl (1155–1230), Kg. v. Böhmen 140, 372
Ottokar II. Přemysl (um 1232/33–78), Kg. v. Böhmen (1253) 95, 127, 163, 225, 231, 299, 314, 358, 362, 462, 486, 575, 588, 609
Ouen (Audin; Hl.; um 600–84), Bf. v. Rouen 424f.
Ovid (eigtl. Publius Ovidius Naso; 43 v.–17 n. Chr.), lat. Dichter 71, 312

P

Padua, Marsilius von → Marsilius von Padua
Pagano della Torre († 1365), Patriarch v. Aquileia (amt. 1319–32) 345
Palacký, František (1798–1876), tsch. Historiker u. Politiker 262, 267f., 270
Parler, Heinrich d. Ä. (tätig in den 1330er Jahren–1371), Vater → Peter Parlers 13, 211–217
Parler, Johannes, älterer Bruder → Peter Parlers, in Basel u. Freiburg tätig (1354) 212, 214, 426
Parler, Peter (1332–99), Architekt, Bildhauer, Bauleiter der Hütte in St. Veit in Prag 13, 61, 75, 95–97, 99f., 135, 140, 142, 145, 155, 211–216, 262, 382, 384, 390, 392–395, 433, 436, 465, 486, 589, 618
Pátkova, Hana, tsch. Historikerin 263
Paul V. / Camillo Borghese (1552–1621), Papst (1605) 379
Paul von Jenstein, Vater Johanns II. von Jenstein 407
Paulirinus → Žídek, Pavel
Pehm, Ješek, Bruder Pesoldus' (Pešlín), Prager Goldschmied 164
Pelagius, Alvarius (1275/80–1350), span. Franziskanermönch u. Bf. v. Silves 36
Pelzel Franz Martin (Pelcl, František Martin; 1734–1801), Historiker, Professor an der Universität Prag 124, 261f., 267f., 617
Pešina von Čechorod, Tomáš → Čechorod, Tomáš Pešina von
Pešina, Jaroslav (1912–92), tsch. Kunsthistoriker 264
Pešina, Václav Michal (1782–1859), Prager Domherr 411
Pesoldus, gen. Pešlín, Prager Ratsherr u. Vorsteher der Goldschmiedezunft (amt. 1361–1401) 164f.
Peter von Aspelt (um 1240/45–1320), Berater Wenzels II., Vormund des unmündigen Johann v. Luxemburg, Bf. v. Basel, Ebf. v. Mainz 307, 540
Peter von Brünn, gen. Jelito (Wurst; 1320/30–81), Bf. v. Chur (1356), Bf. v. Leitomischl, Ebf. v. Magdeburg (1371) 211, 484, 539

Peter von Fécamp, Abt des Benediktinerklosters ebd. → Clemens IV.
Peter von Lusignan († 1369), Kg. v. Zypern 204
Peter I. von Rosenberg (Rožmberk; 1291–1347), Landeshauptmann v. Böhmen 139, 510
Peter II. von Rosenberg (Rožmberk; um 1326–84), Domherr v. Passau, Olmütz, Regensburg 510
Peter von Zittau (1275–1339), Chronist, Abt des Zisterzienserklosters Königsaal (1316) 51, 150, 278, 280, 296, 303, 306f., 312, 322
Peter Johannes von Kasejowitz (Kasejovice), Thesaurar der Magdeburger Kirche St. Gangolf (1373–1403) 211, 540
Petrarca, Francesco (1304–74), ital. Dichter, Denker u. Humanist 52, 73, 184, 235, 237, 259, 268, 360, 486, 493, 498, 547, 576, 616
Petrus de Vinea (ital. Pier delle Vigne; um 1200–49), Protonotarius u. Kanzler Ks. Friedrichs II. 332
Pfinzing, Agnes, Gemahlin Konrad Waldstromers 244, 453f.
Pfitzner, Josef (1901–45), sudetendeutscher Historiker u. nationalsozialistischer Kommunalpolitiker 263, 272
Philipp II. der Kühne (frz. Philippe le Hardi; 1342–1404), Sohn Johanns des Guten, Hz. v. Burgund 149
Philipp IV. der Schöne (1268–1314), Kg. v. Frankreich (1285) 58, 303, 426, 491
Philipp V. der Lange (frz. Philippe V. le Long; 1293–1322), Kg. v. Frankreich (1317) u. Kg. v. Navarra 218
Philipp VI. (frz. Philippe VI. de Valois; 1293–1350), Kg. v. Frankreich (1328) 58, 61, 65f., 149, 322, 328, 414, 596
Philipp von Rathsamhausen (1306–22), Fürstbf. von Eichstätt 545
Philipp von Schwaben (1177–1208), röm. Kg. (1198) 290
Philipp von Werdt († 1332), Domherrn des Straßburger Kapitels 531
Philippa von Hennegau (Philippa of Hainault; 1311–69), Gemahlin Kg. Eduards III. v. England 324
Philippe de Vitry (1291–1361), frz. Musiker 312
Piccolomini, Enea Silvio → Pius II.
Pierre Bertrand de Colombier (auch Petrus von Ostia; 1299–1361), Kardinal u. Bf. v. Ostia u. Velletri, päpstlicher Legat 69, 124, 183–185, 381, 470
Pierre de Rosiers → Clemens VI.
Pierre Roger de Beaufort → Gregor XI.
Pierre Roger de Rosières-Fécamp → Clemens VI.
Pietro Pileo di Prata (um 1330–1401), Graf, Kardinal, päpstlicher Legat 475
Pilatus, Pontius, Präfekt (Statthalter) des röm. Kaisers Tiberius (26–36 n. Chr.) 562
Pina di Ciomeo, Gemahlin Giovanni Jacopo Sercambis 580
Pippin d. J., gen. Pippin der Kurze (714–68), Kg. der Franken, Vater Karls des Großen 153
Pisano, Giovanni (um 1250–nach1314), ital. Goldschmied, Bildhauer u. Architekt 295f., 540
Pisano, Nino (um 1315–um 70), ital. Bildhauer 322
Pistoia, Johann von → Johann von Pistoia
Pius II. / Piccolomini, Enea Silvio (Aeneas Silvius; 1405–64), Papst (1458) 260, 268, 514, 614, 616
Podiebrad, Georg von → Georg von Podiebrad
Podlaha, Antonín (1865–1932), tsch. Kunsthistoriker 424
Podskalský, Zdeněk (1923–93), tsch. Regisseur 265, 621
Pogarell, Preczlaw (Preczlaus) von Pogarell Poince de Vy († 1372), Bürger v. Metz 253
Poisson, Robert, Pariser Teppichweber (1373–82) 171
Pokorný, Karel (1891–1962), tsch. Bildhauer u. Hochschullehrer 263
Porta de Annoniaco, (Jean) → Johannes Porta de Annoniaco
Portitz, Dietrich von → Dietrich von Portitz
Posselt, Bernd (* 1956), Sprecher der Sudetendeutschen Landsmannschaft 274
Postan, Michael (1899–1981), Wirtschaftshistoriker 36
Prag, Franz von → Franz von Prag
Prata, Pietro Pileo di → Pietro Pileo di Prata
Předvoj, Prager Dekan 153
Preczlaw (Preczlaus) von Pogarell († 1376), Bf. v. Breslau (1341), Diplomat, Rat Karls IV. 376, 464f., 467, 616
Priest, Godfrey, engl. Kupferschmied (um 1400) 193
Prokop (um 1355–1405), Mgf. v. Mähren 479
Prokop von Sázava (Hl.; 970–1053), böhm. Landespatron, Priester u. Gründer des Klosters Sázava 82, 291, 357, 391
Prokop Lupáč von Hlaváčov → Lupáč von Hlaváčov, Prokop
Protiva, Jan, Kaplan u. Berater Karls IV. aus Dlouhá Ves 208
Publius Flavius Vegetius Renatus → Vegetius

Pucelle, Jean (1300–34), frz. Maler u. Illuminator 140, 310, 416, 465, 494
Pulkava von Radenín, Přibík (auch Pulkawa; † vermutl. 1380), böhm. Chronist am Hof Karls IV. 259

R

Radenín, Přibík Pulkava von → Pulkava von Radenín, Přibík
Randeck, Eberhard von → Eberhard von Randeck
Randeck, Konrad von → Konrad von Randeck
Randeck, Marquard von → Marquard von Randeck
Randow, Bodo von → Bodo von Randow
Ratzko, Peter, Goldschmied des Nürnberger Heiltumsschreins (1438–40) 257
Rechberg, Schilhard von → Schilhard von Rechberg
Regensburg, Andreas von → Andreas von Regensburg
Reineccius, Reiner (1541–95), dt. Historiker 260
Reinhardt, A., Kupferstecher 199
Reyman, Kunclín, Prager Goldschmied 166
Richard II. Plantagênet (1367–1400), Kg. v. England (1377–99), Gemahl Annas v. Böhmen 192f., 543
Ried, Benedikt (um 1454–1531/34), Werkmeister Kg. Wladislaws II. 104
Rienzo, Cola di → Cola di Rienzo
Riesenberg, Heinrich Schwihau von → Schwihau von Riesenberg, Heinrich
Rieter, Hans III. († 1410), Schwiegersohn Ulman Stromers 595
Robert de Namur (1323–91), niederl. Ritter 324
Robert I. von Anjou, gen. der Weise († 1343), König v. Neapel (1309), Bruder Ludwigs v. Anjou 72f., 326, 334, 486
Rodemachern, Ägidius von → Ägidius von Rodemachern
Rodenmacher, Johann von → Johann von Rodenmacher
Rosario, Iva, tsch. Kunsthistorikerin 264
Rosenberg, Jost von → Jost von Rosenberg
Rosenberg, Peter I. von → Peter I. von Rosenberg
Rosenberg, Peter II. von → Peter II. von Rosenberg
Rothe, Oswald, Breslauer Goldschmied (erwähnt 1503–22) 616
Rotlev, Johlin, Münzmeister in Kuttenberg zur Zeit Karls IV. 232
Rotlev, Martin, Münzmeister in Kuttenberg zur Zeit Karls IV. 232
Rudlín, Prager Goldschmied 165
Rudolf (1247–1319), Hz. von (Ober-) bayern u. Pfalzgf. bei Rhein 471
Rudolf I. von Habsburg (1218–91), Hz. v. Österreich, röm. Kg. (1273) 195, 239, 372, 462, 545, 562
Rudolf I. von Sachsen-Wittenberg d. Ä. (um 1284–1356), Kf. u. Hz. v. Sachsen 44, 46, 139, 152, 371
Rudolf II. (1552–1612), röm. Ks. (1576), Kg. v. Böhmen (1575), Kg. v. Ungarn (1572) u. Ehz. v. Österreich (1576) 261, 409, 512, 608
Rudolf II. von Sachsen-Wittenberg d. J. (um 1307–70), Kf. u. Hz. v. Sachsen 371
Rudolf IV. von Habsburg, gen. der Stifter (1339–65), Ehz. v. Österreich, Gemahl Katharinas v. Luxemburg, der Tochter Karls IV. 83, 127, 131, 142, 154, 191f., 317, 338, 349, 516, 545–548, 550f., 614
Rudolf VI. von Habsburg (Rudolf Habsburský; um 1282–1307), Hz. v. Österreich u. d. Steiermark, Kg. v. Böhmen (1298–1306) u. Titularkg. v. Polen (1306) 55, 113, 214, 304, 609
Rudolf von Rheinfelden (auch Rudolf v. Schwaben; um 1025–80), Hz. v. Schwaben (1057) 373
Rudolf von Sachsenhausen, Frankfurter Jude 570
Rudolf Rule von Friedberg → Rule von Friedberg, Rudolf
Rufach, Wölflin von → Wölflin von Rufach
Rule von Friedberg, Rudolf († 1367), Gesandter u. Notar der kaiserlichen Kanzlei, Bf. v. Verden (1365) 534, 538
Ruprecht (1352–1410), Pfalzgf. u. Kf. der Pfalz (1398), röm. Kg. (1400) 255, 473
Ruprecht I. d. Ä., der Rote (1309–90), Pfalzgf., Kf. der Pfalz (1329) 49, 470f.
Ruprecht II. d. J., der Harte oder der Ernste (1325–98), Pfalzgf., Kf. v. der Pfalz (1390) 470f.

S

Sachs, Hans Josef (1881–1974), Kunstsammler 448
Sachsenhausen, Rudolf von → Rudolf von Sachsenhausen
Sallust → Crispus, Gaius Sallustius
Salutati, Coluccio (1331–1406), ital. Humanist, Politiker 203, 207

Santini-Aichel, Johann Blasius (Jan Blažej Santini-Aichel; 1677–1723), böhm. Architekt u. Maler   261
Sázava, Prokop von → Prokop von Sázava
Schäffer, W. D., Kupferstecher   199
Schesslitzer, Hans, Goldschmied des Nürnberger Heiltumsschreins   257
Scheuerlein, Johannes, Breslauer Domherr (Anf. 16. Jh.)   616
Schikaneder, Jakub (1855–1924), böhm. Maler   262
Schilder, Johann, Bamberger Maler   520f.
Schilhard von Rechberg, Reichsritter   46
Schilling, Diebold (vor 1460–1515), schweiz. Chronist   34
Schmidt, Friedrich von (1825–91), österr. Architekt   396
Schmidt, Gerhard (1924–2010), österr. Kunsthistoriker   264
Schmidt, Michael Ignaz (1736–94), dt. katholischer Priester, Historiker u. Archivar   261f.
Schönegg, Heinrich von → Heinrich von Schönegg
Schulenburg, Dietrich von der → Dietrich von der Schulenburg
Schwarzburg, Günther XXI. von → Günther XXI. von Schwarzburg
Schwarzenberg, Karel (* 1937), tsch.- schweiz. Politiker, Landwirt u. Unternehmer   264
Sedlmayr, Hans (1896–1984), österr. Kunsthistoriker   264
Seibt, Ferdinand (1927–2003), dt. Historiker   264, 272f.
Seidan, Wenzel Johann, Wiener Bildhauer u. Medailleur (19. Jh.)   262
Selbach, Heinrich Taube von → Taube von Selbach, Heinrich
Sequens, František (1836–96), Professor an der Prager Akademie der Künste   342f.
Sercambi, Giovanni Jacopo (1348–1424), ital. Chronist, Vorsitzender des Stadtrates v. Lucca   37, 88, 170, 579–581
Siegfried zum Paradies, Reichsschultheiß u. Bürgermeister in Frankfurt (amt. 1366–72)   521
Sigismund (Hl.; † 523/24), böhm. Landespatron, Sohn des Burgunderkönigs Gundobad   82, 152, 154, 252f., 291, 356, 376, 382
Sigismund von Luxemburg (1368–1437), Sohn Karls IV. u. der Elisabeth v. Pommern, Mgf. v. Brandenburg (1378), Kg. v. Ungarn (1387), röm. Kg. (1411), Kg. v. Böhmen (1420, 1436–37), lomb. Kg. (1431), röm. Ks. (1433)   52, 88f., 113, 127, 129, 152, 186, 192, 247, 252f., 255–257, 260, 364, 379, 394, 434, 455, 477, 542, 591, 611, 623
Silbereisen, Christoph (1541–1608), Abt des Zisterzienserklosters Wettingen (1563–94)   33
Silovský, Vladimír (1891–1974), tsch. Grafiker   263
Silvester I. (Hl.; † 335), Papst (314)   185, 187, 203–205
Šittler, Eduard (1864–1932), tsch. Kunsthistoriker   424
Sixtus II. († 258), Papst (257)   601
Škréta, Karel (1610–74), tsch. Maler   261, 263
Šmahel, František (* 1934), tsch. Historiker   264
Sobek von Bilenburg, Matthäus (1618–75), Ebf. v. Prag (1669)   155
Sobotka, Bohuslav (* 1971), tsch. Premierminister   274
Sommerard, Edmond Du (1817–85), frz. Konservator, Sammler   441
Sophie von Bayern (1376–1428), zweite Gemahlin Wenzels IV.   394
Sortes, Nicolaus, Domherr in Laon   332
Španiel, Otakar (1881–1955), tsch. Bildhauer, Medailleur u. Schnitzer   262
Spěváček, Jiří (1923–96), tsch. Historiker   263, 273
Šprinsberk, Martin Kuthen von → Kuthen von Šprinsberk, Martin
Stefan von Tetín (Štěpán z Tetína), Landschreiber   414
Stejskal, Karel (1931–2014), tsch. Kunsthistoriker   264
Steklý, Karel (1903–87), tsch. Filmregisseur u. Drehbuchauto   265, 614
Stephan II. d. Ä. mit der Hafte, Hz. v. Niederbayern (reg. 1347–75)   477–479
Stephan III. d. J. (1337–1413), Sohn Hz. Stephans II. v. Niederbayern   477–479
Stephanus III. († 757), Papst (752)   153, 547
Sternberg, Albrecht von, Verfasser eines Thesenblattes (1661)   259
Sternberg, Johann von → Johann von Sternberg
Sternberg, Wenzel Adalbert von († 1708), böhm. Hofmarschall   261
Stodor, Drahomíra von → Drahomíra von Stodor
Stránsky, Pavel (1583–1657) Protestant, Verfasser eines Handbuches   260
Straßburg, Konrad von → Konrad von Straßburg
Straßburg, Nikolaus Wurmser von → Wurmser von Straßburg, Nikolaus

Stromer, Elsbeth, Gemahlin Franz' I. Koler-Forstmeister   244
Stromer, Friedrich, Sohn des Konrad Stromer   112
Stromer, Hans IX., Verfasser eines Geschlechterbuches   439
Stromer, Heinrich III. († um 1350–55), Ratsherr u. burggräflicher Beamter   448
Stromer, Konrad (1303–83), Richter, Bruder Ulrich Stromers   112
Stromer, Kunigunde († 1388)   451
Stromer, Peter († 1388), Kirchenpfleger v. St. Lorenz in Nürnberg (1353/55)   239, 242–244, 568
Stromer, Ulman (1329–1407), Nürnberger Ratsherr u. Unternehmer   224, 236f., 239, 595
Stromer, Ulrich d. J. († um 1370), Nürnberger Patrizier   111f., 114, 224, 437, 439, 565f., 568
Suckale, Robert (* 1943), dt. Kunsthistoriker u. Mediävist   264
Šusta, Josef (1874–1945), tsch. Historiker   263
Švabinský, Max (1873–1962), tsch. Maler u. Grafiker   262f., 394
Švec, Otakar (1892–1955), tsch. Bildhauer   262f., 272
Swanring, Oipel, Erfurter Bürger (1352)   531
Swoboda, Karl Maria (1889–1977), österr. Kunsthistoriker   264
Sy, Jean de → Jean de Sy

T

Tabernakulus, Nikolaus (um 1375), Künstler   482
Tasovský von Lipoltice, Vít, Kuttenberger Schreiber (um 1465)   591
Tasselli, Domenico, ital. Maler (16. Jh.)   379
Heinrich Taube von Selbach († 1364), dt. Kleriker u. Chronist   44, 47, 259, 286
Tetín, Stefan von → Stefan von Tetín
Thimo VIII. von Kolditz († 1383), Landvogt der Oberlausitz (1355–66) u. oberster Kämmerer Karls IV. (1348)   455, 469
Thomas von Cantimpré († 1270)   282
Thomas von Celano (um 1190–1260), ital. Franziskaner u. Chronist   447
Thomas von Neumarkt (Magister Petrus; 1297–1378), Bf. v. Breslau   464f.
Tiercelieue, Jean de → Jean de Tiercelieue
Tilemann Elhen von Wolfhagen (auch Tilmann; um 1347–1402/06), Notar, Kleriker, Chronist u. Autor der Limburger Chroniken   71, 292, 326, 360, 376
Tino da Camaino (um 1285–1337), Sieneser Bildhauer u. Architekt   73, 486
Tobias von Bechin (Tobiáš z Bechyně; † 1296), Bf. v. Prag   388
Toghan, Timur (1320–70), mongol. Ks. der Yuan-Dynastie (1333–68)   334
Tomek, Václav Vladivoj (1818–1905), böhm. Historiker, Politiker u. Pädagoge   262
Trithemius, Johannes (Heidenberg; 1462–1516), Würzburger Abt   260
Troilus, Nicolaus, Prager Universitätsmagister (1621–22)   260
Troppau, Johannes von → Johannes von Troppau
Troppau, Nikolaus II. von → Nikolaus II. von Troppau
Tuchmann, Barbara (1912–89),US-amerikan. Historikerin u. Journalistin   9
Twinger von Königshofen, Jakob (1346–1420), dt. Geschichtsschreiber   49f., 259f., 268, 456
Tyle von Frankenberg, Bildhauer (Mitte 14. Jh.)   534, 537f.

U

Uberti, Fazio degli → Fazio degli Uberti
Uhl, Petr (* 1940), Publizist, Politiker u. ehemaliger Dissident   623
Ulrich von Hanau (um 1310–67/69), Landvogt in der Wetterau   538
Ulrich von Lilienfeld (Ulricus Campililiensis; vor 1308–vor 1358), Zisterzienser   35
Ulrich von Neuhaus (Oldřich z Hradce; † 1453), Oberstburggf. v. Böhmen   542
Ulrich von Werdt († 1344), Elsässer Landvogt   531
Ulrich III., Gf. von Württemberg, niederschwäb. Reichslandvogt (reg. 1344–62)   564
Ulrich X., Gf. von Helfenstein   564f.
Ulrich XI., Gf. von Helfenstein   564f.

Urban V. / Guillaume de Grimoard (1310–70), Papst (1362)   89, 149, 158f., 203–207, 322, 353f., 376, 505, 538, 540f., 552, 576
Urban VI. / Bartolomeo Prignano (um 1318–89), Papst (1378)   424
Usbek, Muhammed (Uzbek, Özbek; 1282–1341/42), Khan der Goldenen Horde (1312)   334

V

Václav Hájek von Libočan → Hájek von Libočan, Václav
Valerian, röm. Ks. (reg. 253–60)   601
Valkenburg, Johann von → Johann von Valkenburg
Vegetius (eigentl. Publius Flavius Vegetius Renatus; 4. Jh. n. Chr.), antiker Kriegstheoretiker   334, 601
Veit (Hl.; auch Vitus; † um 304), Märtyrer, böhm. Landespatron   42, 82, 291, 382, 388
Velek, Trompeter am Hof Karls. IV.   174
Veleslavína, Daniel Adam z → Daniel Adam z Veleslavína
Velflovic, Bořuta, Bürger v. Kuttenberg zur Zeit Kg. Johanns   232
Velflovic, Johlin, Bürger v. Kuttenberg zur Zeit Kg. Johanns   232
Veneziano, Paolo (erwähnt 1324–62 in Venedig), Maler   136, 386
Vidmanova, Anežka, tsch. Historikerin, Mediävistin   264
Vilikovský, Jan (1904–46), tsch. Literaturwissenschaftler u. Mediävist   263
Villani, Giovanni (um 1280–1348), ital. Kaufmann u. Chronist   268
Villani, Matteo (um 1285–1363), ital. Kaufmann u. Chronist   47f., 259, 268, 286, 326, 377, 576, 582
Vinea, Petrus de → Petrus de Vinea
Vinzenz, Prager Domherr u. Chronist   43
Visconti, Azzo (1302–39), ital. Vikar   61
Visconti, Bernabò (1323–85), Sohn Stefano Viscontis, Herr der Stadt Mailand   541
Visconti, Luchino (1287–1349), Tyrann v. Mailand (1339)   47f.
Visconti, Viridis, Gemahlin Leopolds III.   192
Vít Tasovský von Lipoltice → Tasovský von Lipoltice, Vít
Vitry, Philippe de → Philippe de Vitry
Vladislav I. (um 1070–1125), Ft. v. Böhmen aus dem Geschlecht der Přemysliden   43
Vladislav II. (um 1110–74), Hz. v. Böhmen (1140), Kg. v. Böhmen (1158)   42, 280f.
Vlašim, Johann Očko von → Očko von Vlašim, Johann
Vogelweide, Walther von der → Walther von der Vogelweide
Vrchlický, Jaroslav (1853–1912), tsch. Regisseur   273, 621
Vy, Poince de → Poince de Vy

W

Waldau, Georg von → Georg von Waldau
Waldfogel, Prokop, Prager Goldschmied in Avignon (1444–46)   166
Waldhauser (von Waldhausen), Konrad (um 1325–69), Prediger, Reformator   82
Waldstromer, Agnes, Ehefrau Franz' I. Koler-Forstmeister   244
Waldstromer, Johann, Bruder Konrad Waldstromers   243
Waldstromer, Konrad IV. (V.) († 1360), Nürnberger Reichsforstmeister   243, 448, 453f.
Waldstromer, Konrad V. († 1388)   594
Walram von Köln, Ebf.   44, 46
Walther Allamanus, Straßburger Maler   144
Walther von der Vogelweide (1170–1230), dt. Dichter   371
Weinschröter, Sebald (tätig 3. Viertel d. 14. Jh. in Nürnberg), Hofmaler Karls IV.   6, 21, 53, 115, 118, 120f., 171, 173, 242, 386, 434, 436f., 441f., 448, 450–455, 473, 475, 497f., 521, 594, 599
Weitmühl, Benesch Krabitz von → Krabitz von Weitmühl, Benesch
Wenzel (1350–51), erstgeborener Sohn Karls IV.   189, 608f.
Wenzel von Böhmen (Václav; Hl. um 908–29/35), böhm. Fürst aus der Dynastie der Přemysliden, Landespatron   13, 55, 74–76, 82, 86, 88, 128, 143, 150, 153–156, 177, 181, 259, 291, 346, 348, 355, 360, 364, 379, 382, 384, 408, 441, 548
Wenzel von Iglau, Notar der Städte Olmütz (1424–42) u. Brünn   125
Wenzel I. von Luxemburg (1337–83), Halbbruder Karls IV., Sohn Johanns v. Luxemburg u. der Beatrix v. Bourbon, Gf. v. Luxemburg (1353), Hz. v. Luxemburg, Brabant u. Limburg (1354)   127, 225, 247f., 324, 395, 416, 448

Wenzel von Radeč, Baudirektor u. Kanoniker des Prager Veitsdoms 394f.
Wenzel II. (1271–1305), Kg. v. Böhmen (1283) u. Polen (1300) 55f., 80, 134, 231, 292, 299, 304, 306f., 314, 372, 456, 462, 491, 575, 590f., 609
Wenzel III. (1289–1306), Kg. v. Ungarn (1301), Kg. v. Böhmen (1305) u. Titularkg. v. Polen 55, 306
Wenzel IV. von Luxemburg (1361–1419), Sohn Karls IV. u. der Anna v. Schweidnitz, Kg. v. Böhmen (1363), röm. Kg. (1376), Hz. v. Luxemburg (1383) 17, 50–53, 76, 79, 82, 88, 90, 95, 99, 103f., 111, 113–115, 123, 125, 127, 129, 146, 154, 159, 166, 173, 189, 192, 199, 211, 225, 227, 230f., 237, 247f., 250, 253–256, 260, 264, 267f., 278, 291, 302, 307, 318, 328, 333, 357, 362, 364, 371, 376f., 380, 387, 394f., 408, 414, 434, 436, 441f., 447, 451, 455, 461, 469, 473, 475–479, 494, 522, 540, 542, 547f., 588, 595f., 608f., 611, 613
Wenzel Králík von Buřenice → Králík von Buřenice, Wenzel
Wermuth, Christian (1661–1739), dt. Medailleur 261
Werunsky, Emil, Historiker (19. Jh.) 262
Wiehe, Kalman von → Kalman von Wiehe
Wild, Caspar, Zunftmeister der Prager Goldschmiedezunft 424
Wildstein, Heinrich von → Heinrich von Wildstein
Wilhelm I. von Bayern, Hz. (reg. 1347–89) 448f.
Wilhelm II., dt. Ks., Kg. v. Preußen (1888–1918) 270
Wilhelm IV. der Kühne, Gf. v. Hennegau (1337) 448
Wilhelm von Avignon (auch Guilhelmus v. Avignon), fr. Architekt in Raudnitz/Elbe (nachweisbar 1338) 42
Wilhelm von Leskau (Vilém z Lestková), Dekan des Kapitels u. Biograf des Ernst v. Pardubitz 388
William von Ockham (auch Occam; 1288–1347), engl. Theologe, Philosoph u. kirchenpolitischer Schriftsteller 44, 72, 267
Windeck, Eberhard (auch Windecke; 1380–1440/41), dt.-ung. Kaufmann u. Chronist 52, 257
Wladislaw II. Jagiello (1456–1516), Kg. v. Böhmen (1471) u. Ungarn (1490) 231, 259f., 542, 591
Woldemar (um 1280–1319), askan. Kf. 477
Woldemar, der falsche (auch Waldemar; † 1356), Hochstapler, Kf. v. Brandenburg (1348–50) 46
Wolfhagen, Tilemann Elhen von → Tilemann Elhen von Wolfhagen
Wölflin von Rufach, Straßburger Bildhauer (nachweisbar 1341–55) 198f., 488, 531,
Woodstock, Edward of → Edward of Woodstock
Wöpelitz, Johann, Bf. von Havelberg (amt. 1385–1401) 601–603
Wurmser von Straßburg, Nikolaus (nachweisbar 1357–60 in Prag), Hofmaler Karls IV. 6, 31f., 77, 81, 118, 137, 142–145, 169f., 286, 377, 396, 398, 409, 414, 417, 442, 448, 486, 494, 530

Y

Yersin, Alexandre (1863–1943), Schweizer Arzt u. Bakteriologe 284
Yolande, erste Gemahlin Roberts v. Anjou 73

Z

Zacharias (679–752), Papst (741) 153
Zachová, Jana, tsch. Historikerin 263
Zajíc von Hasenburg, Zbynko (auch: Swinko Has; † 1368), kaiserlicher Oberstkämmerer 244, 455
Žídek, Pavel (Paulirinus; 1413–nach 1471), böhm. Universalgelehrter 259
Ziegler, Zdeněk (* 1932), Grafikdesigner 621
Zikmund (Sigismund), Sohn Pesoldus', Prager Goldschmied 164
Zittau, Peter von → Peter von Zittau
Žůrek, Václav, tsch. Historiker 264
Zycha, Adolf (1871–1948), österr. Rechtshistoriker 591

Danksagung

Die Autoren des Ausstellungsprojekts danken allen, die sie durch ihr Vertrauen geehrt haben und bei der Umsetzung unseres Vorhabens behilflich waren.

Monika Abbot / Praha. – Anne Adrian / Metz. – Thorsten Albrecht / Hannover. – Sébastien Allard / Paris. – Elisabeth Andre / Koblenz. – Élisabeth Antoine-König / Paris. – Vendy Antůšková / Praha. – Betty Arndt / Göttingen. – Gregor Arndt / Erfurt. – Richard Aspegren / Skanör med Falsterbo. – Milan Augustin / Karlovy Vary.

Detlef Baer / Erfurt. – Katrin Bäsig / Dresden. – Colin B. Bailey / New York. – Claire Baisier / Antwerpen. – Eva Balaštíková / Praha. – Evamaria Bange / Luxemburg. – Luca Massimo Barbero / Venezia. – Gabriele Bark / Stendal. – Jim Barnes / Praha. – Milena Bartlová / Praha. – Peter Barton / Praha. – Markéta Baštová / Praha. – Martin Bauch / Roma. – Ulrich Bauer-Bornemann / Bamberg. – Janina Baumbauer, Erlangen. – Rachel Beaujean-Deschamps / Paris. – Magdalena Becher / Schönsee. – Peter Becher / München. – Silvie Bednaříková / Praha. – Ines Beese / Erfurt. – Gabriella Belli / Venezia. – Sabine Bengel / Strasbourg, Augsburg. – Klaus Bergdolt / Köln. – Justin Jan Berka / Praha. – Damien Berné / Paris. – Joachim Berthus / Puschendorf. – Serena Bertolucci / Genova. – Maria Beatrice Bertone / Udine. – Holm Bevers / Berlin. – Tulga Beyerle / Dresden. – Hana Bilavčíková / Praha. – Benedikt Bisping / Lauf. – Martin Blach / Eltville am Rhein. – Sören Blankenburg / Klettbach. – Bruno Blasselle / Paris. – Vera Blazek / Aachen. – Jutta Charlotte von Bloh / Dresden. – Karsten Blübaum / Schwerin. – Piero Boccardo / Genova. – Radovan Boček / Praha. – Barbara Drake Boehm / New York. – Karsten Böhm / Halle (Saale). – Ernst Böhme / Göttingen. – Helena Boňková / Praha. – Falko Bornschein / Erfurt. – Ondřej Bouška / Praha. – Eliška Braidlová / Praha. – Helmut Braun / München. – Milena Bravermanová / Praha. – Annamaria Bravetti / Venezia. – Thomas Brehm / Nürnberg. – Henriette Brendler / Frankfurt (Oder). – Isabel Bretones / Lyon. – Daniela Břízová / Praha. – Petr Brod / Praha. – Michał Broda / Wrocław. – Marco Brösch / Bernkastel-Kues. – Markus Broska / Puschendorf. – Clare Brown / London. – Wolfgang Brückle / Zürich. – Martin Brůha / Praha. – Philippe Brunella / Metz. – Annalisa Bruni / Venezia. – Ivonne Burghardt / Dresden.

Vladimír Čadský / Praha. – Thomas P. Campbell / New York. – Italo Benvenuto Castellani / Lucca. – Hana Černochová / Brno. – Michal Černý / Praha. – Ondrej Černý / München. – Jan Červenák / Praha. – Rudi Ceslanski / Nürnberg. – Klaus Ceynowa / München. – Markéta Chaloupková / Praha. – Julien Chapuis / Berlin. – Štěpánka Chlumská / Praha. – Petr Chotěbor / Praha. – Rainer J. Christoph / Altenstadt. – Marcin Ciba / Kraków. – Michaela Císlerová / Praha. – Monika Čmelíková / České Budějovice. – Petr Coufal / Praha. – Yvonne Coulin / Nürnberg. – Mélodie Coussière / Metz. – Jan Čtvrtník / Praha. – Denko Čumlivski / Praha.

Petr Dáňa / Praha. – Lucie Danková / Praha. – Natálie Dáňová / Praha. – Maria Dechant / Augsburg. – Maria Deiters / Berlin, Potsdam. – František Dejmal / Praha. – Jan Dienstbier / Praha. – Elke Dillmann / München. – Ulrich-Christian Dinse / Frankfurt (Oder). – Annika Dix / Nürnberg. – Jan Maria Vianney Dohnal / Praha. – Vladimír Dohnal / Praha. – Daniel Doležal / Praha. – Yasmin Doosry / Nürnberg. – Marco Doria / Genova. – Markus Dotterweich / Köln. – Leoš Drábek / Praha. – Thomas Drachenberg / Zossen. – Eva Drašarová / Praha. – Jana Dřevíkovská / Praha. – Jaroslav Dufek / Praha. – Eliška Duchoňová / Praha. – Dominik Duka / Praha. – Cécile Dupeux / Strasbourg. – Jannic Durand / Paris. – Maximilien Durand / Lyon. – Kateřina Dvořáčková / Praha.

David Eben / Praha. – Birgit Echtler / München. – Hans Eibauer / Schönsee. – Marta Eich / Berlin. – Anja Eichler / Wetzlar. – Rengert Elburg / Dresden. – Johannes zu Eltz / Frankfurt (Main). – Clara von Engelhardt / Dresden. – Claudia Engler / Bern. – Thomas Eser / Nürnberg.

Nicolas Fajt / München. – Elisabeth Fajt / Berlin. – Ondřej Faktor / Praha. – Marc Fehlmann / Berlin. – Marion Feise / Potsdam. – Fabian Fiederer / Augsburg. – Andreas Fingernagel / Wien. – Antje Fischer / Dresden. – Hartwig Fischer / London. – Marcel Fišer / Cheb. – Peter Fleischmann / Nürnberg. – Stephen Fliegel / Cleveland. – Peggy Fogelman / New York. – Beatrix Forck / Frankfurt (Oder). – Christian Forster / Leipzig. – Kathrin Barbara Franeck / Dresden. – Wilfried Franeck / Leipzig. – K. Erik Franzen / München. – Jan Frídl / Praha. – Torsten Fried / Schwerin. – Thomas Fritz / Stuttgart. – Martin Frouz / Praha. – David Frank / Praha. – Hana Franková / Praha. – Jarmila Franková / Praha.

Olivier Gabet / Paris. – Franco Gaiani / Monza. – Titti Gaiani / Monza. – Paolo Gasparotto / Venezia. – Fiorenza Gemini / Lucca. – Jiří Gordon / Cheb. – Corinna Grimm-Remus / Magdeburg. – William M. Griswold / Cleveland. – Zora Grohmanová / Praha. – Andrea Grosche-Bulla / Koblenz. – Markus Groß-Morgen / Trier. – G. Ulrich Großmann / Nürnberg. – Katrin Gruber / Bozen. – Reinhold H. Gruber / Wien. – Václav Grůša / Praha.

Sabine Haag / Wien. – Hans-Christof Haas / Bamberg. – Michal Habrdla / Praha. – Frederick Hadley / Paris. – Martin Halata / Praha. – Karel Halla / Cheb. – Jan Hamáček / Praha. – Simone Hahn / Nürnberg. – Anselm Hartinger / Erfurt. – Ivan Hartmann / Praha. – Claudia Hartl-Meier / Mainz. – Babette Hartwieg / Berlin. – Šimon Havel / Praha. – Karel Havláček / Praha. – Katharina Heinemann / München. – Matthias Held / Waltenhofen. – Pavel Hénik / Praha. – Martin Herda / Praha. – Daniel Herman / Praha. – Adolfo Herzl / Genova. – Daniel Hess / Nürnberg. – Milan Hlavačka / Praha. – Dita Hlaváčová / Rumburk. –

Jan Hlubek / Praha. – Pavel Hlubuček / Praha. – Jan Hnízdil / Praha. – Johana Hnízdilová / Praha. – Beate Höntsch / Dresden. – Martha Hör / Fürth. – Ute Hörsch, Bamberg. – Leo Hofmann / Bernkastel-Kues. – Lydie Holínková / München. – Max Hollein / Frankfurt (Main). – Manfred von Holtum / Aachen. – Ludmila Homutová / Praha. – Karsten Horn / Erfurt. – Nikola Hořejš / Praha. – Anna Hořejšá / Praha. – Marina Hořínková / Praha. – Viktoria Huck / Nürnberg. – Vladimír Hudousek / Praha. – Tomáš Hylmar / Praha.

Holger Jacob-Friesen / Karlsruhe. – Vít Javůrek / Praha. – jaz / Praha. – Vojtěch Jehlička / Praha. – Andreas Jell / Mehring. – Martin Ježek / Lysa nad Labem. – Tereza Ježková / Praha. – Petr Jindra / Plzeň. – Jan Alex Jindrák / Praha. – Rudolf Jindrák / Praha. – Zdeněk Jiráský / Praha. – Mark Jones / Portsmouth. – Marek Junek / Praha. – Thomas Just / Wien.

Cordula Kähler / Frankfurt (Main). – Petr Kaiser / Praha. – Petr Kaláb / Praha. – Frank Matthias Kammel / Nürnberg. – Magdaléna Kapletová / Praha. – Werner Karg / München. – Lucie Kasíková / Praha. – Ryszard Kasyna / Pelplin. – Stephan Kemperdick / Berlin. – Vladimír Kelnar / Praha. – Kathrin Kininger / Wien. – Franz Kirchweger / Wien. – Karen Klein / Berlin. – Bernhard Klemm / Frankfurt (Oder). – Martin Klimpar / Praha. – Matthias Kloft / Frankfurt/M. – Jürgen Kloosterhuis / Berlin. – Hana Kmochová / Praha. – Jana Knejfl / Berlin, Praha. – Tobias J. Knoblich / Erfurt. – Kordelia Knoll / Dresden. – Peter Knüvener / Zittau. – Alexander Koch / Berlin. – Pavel Koch / Praha. – Sarah König / Augsburg. – Pavel Kokeisl / Praha. – Jaroslav Kolčava / Praha. – Helena Königsmarková / Praha. – Peter Kollas / Wetzlar. – Sarah König / Augsburg. – Antje Koolman / Schwerin. – Patrik Košický / Praha. – Peter Kováč / Praha. – Jana Kozojedová / Praha. – Dieter Krabbe / Nürnberg. – Philippa Kraft / Panschwitz-Kuckau. – Marek Partyš / Praha. – Renate Kraft / Göttingen. – Adriana Krnáčová / Praha. – Michael Kremláček / Brno. – Armin Kroder / Neunkirchen am Sand. – Maria Kröpfl / Wien. – Jaroslava Kroupová / Praha. – Thomas Krüger / Stendal. – Natalia Krupa / Kraków. – Jaroslav Kubíček / Praha. – Lukáš Kubíček / Praha. – Kateřina Kubínová / Praha. – Jaromír Kubů / Praha. – Václav Kulda / Praha. – Lukáš Kunst / Praha. – Petr Kuthan / Praha. – Tilman Kühn / Praha. – René Küpper / Augsburg. – Ivana Kyzourová / Praha.

Helmuth R. Labitzke / Frankfurt (Oder). – Thomas Labusiak / Halberstadt. – Hannes Lachmann / Praha. – Milada Lachoutová / Praha. – Heidrun Lange / Dresden. – Andrea Langer / Nürnberg. – Annegret Lassner / München. – Mathias Lawo / Berlin. – Bruno Lengenfelder / Eichstätt. – Pavel Lev / Praha. – Jiří Leubner / Praha. – Håkan Lindberg, Linköping. – Bernd Lindemann / Berlin. – Ralf Lindemann / Gommern. – Michael Lindner / Berlin. – Mauro Lucchesi / Lucca. – Anja Löchner / Nürnberg. – Martin Louda / Praha. – Robert Luft / Praha. – Michal Lukeš / Praha. – Ulrike Lunow / München.

Roman Mach / Praha. – Franz Machilek / Erlangen. – Lucio Malanca / Lucca. – Odile Mallet / Paris. – Griffith Mann / New York. – Jean-Luc Martinez / Paris. – Sabine Martius / Nürnberg. – Alessandro Martoni / Venezia. – Martin Mařan / Praha. – Isabelle Le Masne de Chermont / Paris. – Nikola Matulová / Praha. – Matěj Severin Mauric / Praha. – Birgit Matzke-Hahn / Frankfurt (Oder). – Andrea Bruno Mazzoccato / Udine. – Johannes Meerwald / Gießen. – Thomas Meier / Heidelberg. – Valter Menchini / Lucca. – Eliška Menclová / Praha. – Maurizio Messina / Venezia. – Klára Mezihoráková / Praha. – Dušan Michelfeit / Praha. – Florian Mittenhuber / Bern. – Janet Moore / Boston. – Vít Morawski / Praha. – Thomas Morch / Aalborg. – Michaela Moučková / Praha. – Blanka Mouralová / Praha. – Jaroslav Muellner / Praha. – Marianne Mühlenberg / Göttingen. – Susanne Müller-Koberstein / Nürnberg. – Pia Müller-Tamm / Karlsruhe. – Roman Musil / Plzeň. – Jarmila Musilová / Praha.

Aleš Najbrt / Praha. – Sergio Nelli / Lucca. – Ludwig Nerb / Sulzbach-Rosenberg. – Alexander Neubert / Hof. – Radka Neumannová / Milano. – Francesco Niccoli / Lucca. – Martina Niedhammer / München. – Jordi Niubá / Praha. – Mechthild Noll-Minor / Zossen-Torgau. – Marek Novobílský / Praha. – Martin Novotný / Praha. – Karolina Nowak / Kraków.

Klaus Oelke / Lübeck. – Raghnall Ó Floinn / Dublin. – Bryanna O'Mara / New York. – Sven Ostritz / Weimar. – Aleš Opatrný / Praha. – Thomas Osterkamp / München. – Anja Ostrowitzki / Koblenz. – Karel Otavský / Praha. – Wibke Ottweiler / Nürnberg. – Vojtěch Ouřada / Praha. – Vlastislav Ouroda / Praha.

Jan Paleček / Praha. – Michael Palmen / Eltville (Rhein). – Bohumil Pánek / Říčany. – Arnošt z Pardubic / Praha. – Monica Paredis-Vroon / Aachen. – Harald Parigger / München. – Rossella Patrizio / Venezia. – Alena Pazderová / Praha. – Anna Peřinová / Plzeň. – Daniele Pesciatini / Lucca. – Jaroslav Pesr / Praha. – Karl-Georg Pfändtner / München. – Christian Philipsen / Gommern. – Elisabetta Piccioni / Lucca. – Pavel Piekar / Praha. – Joëlle Pijaudier-Cabot / Strasbourg. – Jana Piňosová / Bautzen. – Grażyna Piotrowicz / Wrocław. – Sandro Piussi / Udine. – Karolína Pláničková / Praha. – Alžběta Plívová / Praha. – Pierre-Yves Le Pogam / Paris. – Kryštof Pohl / Praha. – Hanna Pohle / München. – Markéta Pokorná / Praha. – Adam Pokorný / Praha. – Luboš Polanský / Praha. – Michal Polák / Praha. – Hana Polívková / Brno. – Johannes Pommeranz / Nürnberg. – Alžběta Pomořanská / Praha. – Tomáš Pospíšil / Praha. – Timothy Potts / Los Angeles. – Bernd Posselt / München. – Ivona Prečková / Praha. – Jiří Přenosil / Praha. – Petr Přibyl / Praha. –

Kristina Přikrylová / Praha. – Miroslava Přikrylová / Praha. – Adéla Procházková / Praha. – Veronika Procházková / Praha. – Uli Prugger / Bozen. – Wincenty Pytlik / Pelplin.

Johanna Rachinger / Wien. – Bruno Racine / Paris. – Juliusz Raczkowski / Toruń. – Olaf B. Rader / Berlin. – Richard Rand / Los Angeles. – Lenka Rajdlová / Praha. – Renata Raisová / Praha. – Bernhard Rauch / Nordheim (Main). – Antonín Reček / Brno. – Joachim Reddemann / Feldkirchen. – Antje Reichel / Havelberg. – Michaela Reid / Jedburgh. – Cornelia Reiter / Wien. – Jan Rejžek / Praha. – Andreas Rentmeister / Berlin. – Jasper von Richthofen / Görlitz. – Ingrid Rieck / Berlin. – Georg Rieger / Nürnberg. – Pavel Rimský / Praha. – Tereza Rinešová / Praha. – Eva Ringborg / Linköping. – Laure Rioust / Paris. – Martin Robe / Wetzlar. – Christine Rogler / Freising. – Tomáš Roháček / Praha. – Vitya Rommel / Erfurt. – Julie Rowlins / Berlin. – Torsten-Pieter Rösler / Dresden. – Werner Rössel / Trier. – Martin Roth / London. – Michael Roth / Berlin. – Jan Royt / Praha. – Milan Rudík / Lovosice. – Dieter Rügemer / München. – Winfried Runge / Haldensleben.

Christoph Sabatzki / Bamberg. – Lucie Šafaříková / Praha. – Maria Rita Sagstetter / Amberg. – Hans-Uwe Salge / Brandenburg (Havel). – Arthur Saliger / Wien. – Olga Šámalová / Praha. – Jochen Sander / Frankfurt (Main). – Anne Schaich / Freiburg (Breisgau). – Martin Schaich / Altenthann. – Evi Scheller / Wien. – Gerrit Jasper Schenk / Darmstadt. – Roland Schewe / Nürnberg. – Kai Uwe Schierz / Erfurt. – Patrizia Schläger-Zirlik / Nürnberg. – Eva Schlotheuber / Düsseldorf. – Hans-Peter Schmidt / Nürnberg. – Matthias F. Schmidt / Erfurt. – Bettina Schmitt / Frankfurt (Main). – Rüdiger Freiherr von Schnurbein / Brandenburg (Havel). – Martin Schoebel / Schwerin. – Kurt Scholtisek / Magdeburg. – Rüdiger Scholz / Nürnberg. – Ina Schönwald / Lauf (Pegnitz). – René Schreier / Praha. – Heinrich Schulze Altcappenberg / Berlin. – Ralf Schürer / Nürnberg. – Martin Schulze Wessel / München. – Wolfgang Schwabenitzky / Altmittweida. – Johanna Schwanberg / Wien. – Wolfgang Schwarz / München. – Hanne Schweiger / München. – Klaus Schwibus / Mainz. – Angelo Scola / Milano. – Arnulf Scriba / Berlin. – Karin Sczech / Weimar. – Mario delle Sedie / Lucca. – Horst Seehofer / München. – Ondřej Šefců / Praha. – Radka Šefců / Praha. – Hubertus Seibert / München. – Jan Sechter / Wien. – Tomáš Sekyrka / Praha. – Thaddäa Sellner / Panschwitz-Kuckau. – Helmut Selzer / Wien. – Bettina Seyderhelm / Erfurt. – Jan Šícha / Praha. – Petr Siegl / Praha. – Petra Sigl / Mainz. – Pavla Šimková / München. – Farida Simonetti / Genova. – Richard Šípek / Praha. – Frank Sirocko / Mainz. – Martin Široký / Praha. – Věra Sisáková / Praha. – Bohuslav Sobotka / Praha. – Ludwig Spänle / München. – Radana Spálenková / Praha. – Kateřina Spurná / Praha. – Thomas Staemmler / Erfurt. – Christa Standecker / Nürnberg. – Milan Štěch / Praha. – Alice Štechová / Praha. – David Stecker / Praha. – Michal Stehlík / Praha. – Dana Stehlíková / Praha. – Tamas Steigerwald / Wien. – Tatjana Štemberová / Praha. – Caroline Sternberg / München. – Susanne Stewens / Landshut. – Tilmann von Stockhausen / Freiburg (Breisgau). – Marcela Straková / Praha. – Pamela Straube / Nürnberg. – Radim Střelka / Praha. – Jakub Strnad / Praha. – Zuzana Strnadová / Praha. – Waltraut Strommer / Praha. – Milada Studničková / Praha. – Maria Stürzebecher / Erfurt. – Filip Suchomel / Praha. – Marek Suchý / Praha. – Dirk Suckow / Leipzig. – Michal Šula / Praha. – Dirk Syndram / Dresden. – David Syrovátka / Nová Víska.

Elisabeth Taburet-Delahaye / Paris. – Adelmo Taddei / Genova. – Elkea Tångeberg / Tystberga. – Peter Tångeberg / Tystberga. – Sylviane Tarsot-Gillery / Paris. – Helena Tavelová / Praha. – Matthew D. Teitelbaum / Boston. – Maria Theisen / Wien. – Werner Thiessen / Hersbruck. – Soňa Tichá / Praha. – Katrin Tille / Gommern. – Wolfgang Töppen / Frankfurt (Oder). – Tomasz Torbus / Gdańsk, Leipzig. – Pascal Trees / München. – Anna Třeštíková / Praha. – Jana Turková / Praha.

Chiara Ursini / Roma, Leipzig. – Alice Ušelová / Praha.

Rita Van Dooren / Antwerpen. – Zdeňka Vanišová / Praha. – Bohumil Vašák / Praha. – Christopher Vickers / Prag. – Ettore Vio / Venezia. – Ivo Velíšek / Praha. – Libor Veselý / Praha. – Petra Vorsatz / Weiden. – Pavel Votava / Praha.

Bettina Wagner / München. – Ortrud Wagner / Erfurt. – Uli Walter / München. – Sarah Weiselowski / Stuttgart. – Josef Weismayer / Wien. – Thomas Wenderoth / München. – Samuel Andrzej Wegrzyn / Rokycany. – Matthias Weniger / Bärnau. – Kai Wenzel / Görlitz. – Ute Wenzel-Förster / Frankfurt (Main). – Ursula Wiechert / Neustadt (Waldnaab). – Marius Winzeler / Praha. – Stefan Wolters / Bärnau. – Sophie Worley / New York. – Jan Paweł Woronczak / Wrocław.

Jutta Zander-Seidel / Nürnberg. – Gianluca Zanelli / Genova. – Reinhold Zapf / Neustadt an der Waldnaab. – Marie Zettlová / Plzeň. – Jakub Žídek / Praha. – Dalibor Zika / Praha. – Volker Zimmermann / München. – Gregor Zippel / Rohr. – Bettina Zöller-Stock / Lübeck. – Martin Zückert / München. – Václav Žůrek / Praha.

Leihgeber

Die Veranstalter danken allen Institutionen und Privatsammlern, die durch ihre wertvollen Leihgaben die Verwirklichung unseres Ausstellungsprojekts ermöglicht haben.

Belgien

Antwerpen, Museum Mayer van den Bergh

Deutschland

Aachen, Domkapitel
Aachen, Dommusik
Amberg, Staatsarchiv
Augsburg, Haus der Bayerischen Geschichte
Augsburg, Staatsarchiv
Berlin, Deutsches Historisches Museum
Berlin, Staatliche Museen zu Berlin – Preußischer Kulturbesitz, Gemäldegalerie
Berlin, Staatliche Museen zu Berlin – Preußischer Kulturbesitz, Kupferstichkabinett
Berlin, Stiftung Preußischer Kulturbesitz – Geheimes Staatsarchiv
Bernkastel-Kues, St. Nikolaus-Hospital / Cusanusstift
Brandenburg, Domstift Brandenburg – Dommuseum
Dresden, Staatliche Kunstsammlungen Dresden – Grünes Gewölbe
Dresden, Staatliche Kunstsammlungen Dresden – Kunstgewerbemuseum
Dresden, Staatliche Kunstsammlungen Dresden – Rüstkammer
Dresden, Staatliche Kunstsammlungen Dresden – Skulpturensammlung
Eberbach, Stiftung Kloster Eberbach – Abteimuseum
Eichstätt, Diözesanarchiv
Erfurt, Alte Synagoge Erfurt
Erfurt, Angermuseum
Erfurt, Evang.-luth. Predigergemeinde
Erfurt, Röm.-kath. Kirchengemeinde St. Severi
Erfurt, Landeskirchenamt der Evangelischen Kirche in Mitteldeutschland
Frankfurt am Main, Dommuseum
Frankfurt am Main, Dompfarrei St. Bartholomäus
Frankfurt am Main, Stadt Frankfurt am Main – Dezernat III – Finanzen, Beteiligungen und Kirchen
Frankfurt am Main, Städel Museum
Frankfurt (Oder), Evang. Kirchengemeinde Frankfurt (Oder)-Lebus
Freiburg im Breisgau, Städtische Museen Freiburg – Augustinermuseum
Görlitz, Kulturhistorisches Museum
Göttingen, Evang.-luth. Kirchengemeinde St. Albani
Göttingen, Stadt Göttingen, Fachdienst Bauordnung, Denkmalschutz und Archäologie
Groß Ammensleben, Röm.-kath. Kirchengemeinde St. Peter und Paul
Haldensleben, Röm.-kath. Pfarrei St. Christophorus
Havelberg, Stiftung Dome und Schlösser in Sachsen-Anhalt
Heidelberg, Universitätsbibliothek
Hersbruck, Evang.-luth. Kirchengemeinde der Stadtkirche
Karlsruhe, Staatliche Kunsthalle
Koblenz, Landeshauptarchiv
Lübeck, Lübecker Museen – St.-Annen-Museum
München, Bayerisches Hauptstaatsarchiv
München, Bayerische Staatsbibliothek
München, Wissenschaftliche Bibliothek im Sudetendeutschen Haus
Neustadt (Waldnaab), Stadtmuseum
Nürnberg, Evang.-ref. Kirchengemeinde St. Martha
Nürnberg, Germanisches Nationalmuseum
Nürnberg, Germanisches Nationalmuseum – Leihgabe der Bundesrepublik Deutschland
Nürnberg, Germanisches Nationalmuseum – Leihgabe der Paul Wolfgang Merkel'schen Familienstiftung
Nürnberg, Israelitische Kultusgemeinde
Nürnberg, Staatsarchiv
Nürnberg, Stadtarchiv
Panschwitz-Kuckau, Zisterzienserinnen-Abtei St. Marienstern
Puschendorf, Evang.-luth. Kirchengemeinde St. Wolfgang
Schwerin, Mecklenburgisches Landeshauptarchiv
Schwerin, Staatliches Museum – Münzkabinett
Stendal, Altmärkisches Museum
Stendal, Evang.-luth. Kirchengemeinde St. Jakobi
Stuttgart, Hauptstaatsarchiv
Stuttgart, Landesarchiv Baden-Württemberg
Trier, Hohe Domkirche Trier – Domschatz
Trier, Museum am Dom – Bistum Trier
Ulm, Stadtarchiv
Weimar, Thüringisches Landesamt für Denkmalpflege und Archäologie
Wetzlar, Kirchengemeinde Unsere Liebe Frau

Frankreich

Lyon, Musée des Tissus et Musée des Arts Décoratifs
Metz, Musée de la Cour d'Or
Paris, Bibliothèque nationale de France
Paris, Musée de Cluny – Musée national du Moyen Âge
Paris, Musée des Arts Décoratifs
Paris, Musée du Louvre
Strasbourg, Musée de l'OEuvre Notre-Dame

Großbritannien

Lanton Tower, Private collection
London, The Victoria and Albert Museum
Portsmouth, The Mary Rose Trust

Italien

Genova, Galleria Nazionale di Palazzo Spinola
Genova, Museo di Sant'Agostino
Lucca, Archivio di Stato
Lucca, Chiesa SS. Paolino e Donato
Monza, Museo del Duomo di Monza
Udine, Museo Del Duomo – Cattedrale
Venezia, Biblioteca Nazionale Marciana
Venezia, Fondazione Giorgio Cini
Venezia, Museo di San Marco
Venezia, Procuratoria di San Marco

Irland

Dublin, The National Museum of Ireland

Luxemburg

Luxembourg, Archives de la Ville

Niederlande

Den Haag, Koninklijke Bibliotheek

Österreich

Wien, Akademie der bildenden Künste – Kupferstichkabinett
Wien, Haus-, Hof- und Staatsarchiv
Wien, Kunsthistorisches Museum – Kunstkammer
Wien, Röm.-kath. Metropolitan- und Pfarrkirche St. Stephan (Domkirche St. Stephan)
Wien, Österreichische Nationalbibliothek

Polen

Kraków, Klasztor Ojców Dominikanów
Pelplin, Diecezja pelplińska
Pelplin, Muzeum Diecezjalne
Wrocław, Katedra św. Jana Chrzciciela
Wrocław, Uniwersytet Wrocławski – Biblioteka Uniwersytecka

Schweden

Skanör, Skanör-Falsterbo Församling

Schweiz

Bern, Burgerbibliothek

Tschechische Republik

Brandýs nad Labem-Stará Boleslav, Kolegiální Kapitula Sv. Kosmy a Damiána
Brno, Moravská galerie
Brno, Muzeum Brněnska, Památník písemnictví na Moravě
Cheb, Galerie výtvarného umění v Chebu
Karlštejn, Státní hrad
Kutná Hora – Státní oblastní archiv v Praze – státní okresní archiv
Plzeň, Archiv společnosti Plzeňský Prazdroj, a. s.
Plzeň, Plzeňské biskupství
Plzeň, Západočeská galerie v Plzni
Praha, Archiv Pražského hradu
Praha, Archiv Univerzity Karlovy
Praha, Českomoravská provincie sv. Václava a Řádu menších bratří františkánů
Praha, Královská kolegiátní kapitula sv. Petra a Pavla na Vyšehradě
Praha, Metropolitní kapitula u sv. Víta
Praha, Muzeum hlavního města Prahy
Praha, Národní archiv
Praha, Národní galerie v Praze
Praha, Národní knihovna České republiky
Praha, Národní muzeum
Praha, Národní památkový ústav
Praha, Privatsammlungen
Praha, Rytířský řád Křižovníků s červenou hvězdou
Praha, Římskokatolická farnost u kostela Matky Boží před Týnem
Praha, Státní oblastní archiv v Praze
Praha, Uměleckoprůmyslové museum
Praha, Univerzita Karlova
Praha-Zbraslav, Římskokatolická farnost u kostela sv. Jakuba Staršího
Rajhrad, Benediktinské opatství
Rokycany, Římskokatolická farnost Rokycany
Vyšší Brod, Cisterciácké opatství Vyšší Brod

USA

Boston, The Museum of Fine Arts
Cleveland, The Cleveland Museum of Art
Los Angeles, The J. Paul Getty Museum
New York, The Metropolitan Museum of Art
New York, The Morgan Library & Museum

Bildnachweis

Aachen, Domkapitel, Foto: Pit Siebigs: Kat.-Nr. 6.5 (drei Fotos), 6.6, 19.12.b
Aachen, Domkapitel Aachen, Münster – Schatzkammer, Foto: Prag, Národní galerie, David Stecker, Jan Diviš: Kat.-Nr. 4.9, 6.3, 6.3/Detail (zwei Fotos)
Aachen, Domkapitel Aachen, Münster – Schatzkammer, Foto: Pit Siebigs: Abb. 64
Aarau, Aargauer Kantonsbibliothek (www.e-codices.unifr.ch): Abb. 15
akg-images / Bildarchiv Monheim: Abb. 152
akg-images / Bildarchiv Monheim / Schütze / Rodemann: Kat.-Nr. 7.9.1
akg-images / British Library: Abb. 44
akg-images / Manuel Cohen: Abb. 40
akg-images / Jérôme da Cunha: Abb. 46
akg-images / Anthony F. Kersting: Abb. 176
akg-images / Erich Lessing: Abb. 45
akg-images / Rabatti-Domingie: Abb. 185
akg-images / Gerhard Ruf: Abb. 166
akg-images / VISIOARS: Abb. 27
Altbunzlau (Stará Boleslav), Kolegiátní Kapitula Sv. Kosmy a Damiána: Kat.-Nr. 5.18
Amberg, Staatsarchiv: Kat.-Nr. 11.11.a, 11.11.b
Antwerpen, Museum Mayer van den Bergh: Kat.-Nr. 9.5, 17.3
Augsburg, Haus der Bayerischen Geschichte: Kat.-Nr. 19.6.b, 19.8.a–k, 19.10.b, 19.10.c, 19.11.b
Augsburg, Staatsarchiv: Kat.-Nr. 14.2

Bachmann, Thomas: Abb. 98, 112, 114, 121, 181, 191, 192, 194, 196, 197, 212, 226, Kat.-Nr. 3.19.1
Bamberg, Staatsarchiv: Abb. 97
Bauch, Martin: Abb. 167, 186, 187
Baumbauer, Janina: Abb. 101
Baumbauer, Janina / Sylvia Hipp (Kartografie): Abb. 215
Berlin, Bildagentur bpk: Abb. 48, 96, S. 457, Kat.-Nr. 18.3
Berlin, Bildagentur bpk / Alinari Archives: Abb. 53
Berlin, Bildagentur bpk / Alinari Archives / Ranzani Mauro: Abb. 70
Berlin, Bildagentur bpk / Lutz Braun: Abb. 213
Berlin, Bildagentur bpk / British Library Board / Robana: Abb. 210
Berlin, Bildagentur bpk / München, Bayerische Staatsbibliothek, Archiv Heinrich Hoffmann: Abb. 67
Berlin, Bildagentur bpk / RMN – Grand Palais: Kat.-Nr. 12.21
Berlin, Bildagentur bpk / RMN – Grand Palais, Foto: Jean-Gilles Berizzi: Kat.-Nr. 17.2, 17.2/Detail
Berlin, Bildagentur bpk / RMN – Grand Palais, Foto: Michel Urtado: Kat.-Nr. 5.19
Berlin, Bildagentur bpk / Scala: Abb. 20, 211
Berlin, Bildagentur bpk / Staatsbibliothek zu Berlin, Ruth Schacht: Abb. 47
Berlin, Bildagentur bpk / The Metropolitan Museum: Abb. 21
Berlin, Deutsches Historisches Museum: Kat.-Nr. 10.7.d (zwei Fotos)
Berlin, Geheimes Staatsarchiv – Preußischer Kulturbesitz: Kat.-Nr. 11.18.a
Berlin, Staatliche Museen – Preußischer Kulturbesitz, Gemäldegalerie: Abb. 120
Berlin, Staatliche Museen – Preußischer Kulturbesitz, Gemäldegalerie, Foto: Jörg P. Anders: Abb. 10, 51, Kat.-Nr. 10.7.c (zwei Fotos)
Bern, Bürgerbibliothek, Foto: Codices Electronici AG, www.e-codices.ch: Kat.-Nr. 3.16.b
Bernkastel-Kues, Foto: Dieter Hoffmann Fototechnik: Kat.-Nr. 19.1
Boček, Radovan: Abb. 2, 3, 6, 9, 12, 13, 23, 26, 32, 50, 56, 58, 59, 62, 72, 74, 76, 80, 81, 84, 90, 95, 99, 102, 109, 113, 125, 126, 128, 129, 132, 133, 134, 135, 149, 150, 154, 156, 157, 158, 171, 172, 173, 174, 177, 178, 184, 193, 195, 198, 205, 227, 229, 230, 233, 236, 237, 238, 239, Abb. S. 288–289, Kat.-Nr. 3.6, 7.9, 7.13 (5 Fotos), Abb. 8.1.1, Abb. S. 438 (zu Kat.-Nr. 10.1), Kat.-Nr. 11.14, 11.19.1, 11.19.2, 13.15.a, 13.15.b, 13.17.1, 13.20
Boston, Museum of Fine Arts: Kat.-Nr. 7.2, 12.7
Ex: BOTT 1962: Abb. 183
Brandenburg/Havel, Ev.-luth. Domstift Brandenburg – Dommuseum, Foto: Radovan Boček: Kat.-Nr. 11.21
Brandenburg/Havel, Ev.-luth. Domstift Brandenburg – Dommuseum, Foto: Prag, Národní galerie, David Stecker, Jan Diviš: Kat.-Nr. 11.21/Detail
Breslau, Muzeum Narodowe: Abb. 106, 110
Brno, Knihovna benediktinského opatství Rajhrad ve správě Muzea Brněnska – Památníku písemnictví na Moravě: Kat.-Nr. 3.10, 3.11 (drei Fotos)
Brno, Moravská galerie: Abb. 55
Brno, Moravská galerie, Estate of Josef Sudek: Abb. S. 605
Brno, Privatsammlung, als Leihgabe in der Moravská galerie v Brně, Foto: Prag, Národní galerie, David Stecker, Jan Diviš: Kat.-Nr. 11.2, 11.2/Detail,
Brüssel, Bibliothèque Royale de Belgique: Abb. 18, 28, 165
Budapest, Budapesti Történeti Múzeum: Abb. 231

La Chaise-Dieu, Communauté St-Jean: Abb. 42
Chantilly, Musée Condé, René-Gabriel Ojéda: Abb. 39
Cleveland (Ohio), The Cleveland Museum of Art: Kat.-Nr. 6.4 (zwei Fotos), 10.8

Den Haag, Koninklijke Bibliotheek: Abb. 49, Kat.-Nr. 3.25.a
Dietrich, Bernhard: Abb. 61
Dresden, Staatliche Kunstsammlungen, Grünes Gewölbe, Foto: Jürgen Karpinski: Kat.-Nr. 12.22
Dresden, Staatliche Kunstsammlungen, Kunstgewerbemuseum, Foto: Prag, Národní galerie, David Stecker, Jan Diviš: Kat.-Nr. 12.10, 12.10/Detail
Dresden, Staatliche Kunstsammlungen, Rüstkammer, Foto: Prag, Národní galerie, David Stecker, Jan Diviš: Kat.-Nr. 13.17, 13.17/Detail
Dresden, Staatliche Kunstsammlungen, Skulpturensammlung, Foto: Reinhard Seurig: Kat.-Nr. 19.3
Dublin, National Museum of Ireland: Kat.-Nr. 4.7, 4.7/Detail
Dufek, Jaro: Abb. 43

Eberbach, Stiftung Kloster Eberbach, Foto: Christof Herdt: Kat.-Nr. 13.13.a, 13.13.b
Eger, Galerie výtvarného umění v Chebu, Foto: Prag, Národní galerie, David Stecker, Jan Diviš: Kat.-Nr. 12.2
Eichstätt, Diözesanarchiv: Kat.-Nr. 13.18
Erfurt, Angermuseum: Kat.-Nr. 13.12.a–b
Erfurt, Röm.-kath. Kirchengemeinde St. Severi, Foto: Prag, Národní galerie, David Stecker, Jan Diviš: Kat.-Nr. 13.11, 13.11/Detail

Fajt, Jiří, Berlin, Bildarchiv: Abb. 22, 138
Ex: FAJT/SUCKALE 2006: Abb. 122
Falsterbo, Skanör-Falsterbo Församling, Foto: Prag, Národní galerie, David Stecker, Jan Diviš: Kat.-Nr. 13.8/Detail
Florenz, Biblioteca Medicea-Laurenziana: Abb. 19
Frankfurt/M., Dommuseum: Kat.-Nr. 13.3
Frankfurt/M., Dommuseum, Foto: Michael Benecke: Kat.-Nr. 13.4
Frankfurt/M., Institut für Stadtgeschichte, Karmeliterkloster: Abb. 164
Frankfurt/M., Städel Museum: Kat.-Nr. 10.7.a (zwei Fotos), 10.7.a/Detail
Frankfurt/Oder, Ev.-luth. Kirchengemeinde Frankfurt (Oder)-Lebus, Foto: Prag, Národní galerie, David Stecker, Jan Diviš: Kat.-Nr. 11.19
Freiburg/B., Corpus Vitrearum Medii Aevi Deutschland/Freiburg/B., Foto: Andrea Gössel: Abb. 4, 217, Kat.-Nr. 10.13.b (zwei Fotos), 10.13.c (zwei Fotos)
Freiburg/B., Corpus Vitrearum Medii Aevi Deutschland/Freiburg/B., Foto: Rüdiger Tonojan: Kat.-Nr. 10.13.a
Freiburg/B., Städtische Museen, Augustinermuseum, Foto: Axel Kilian: Kat.-Nr. 9.4.a–b
Frouz, Martin: Abb. 24

Gajdošová, Jana: Abb. 77
Genua, Galleria Nazionale di Palazzo Spinola, Foto: Prag, Národní galerie, David Stecker, Jan Diviš: Kat.-Nr. 3.2.b
Genua, Museo di Sant'Agostino, Foto: Prag, Národní galerie, David Stecker, Jan Diviš: Kat.-Nr. 3.2.a, 3.2.a/Detail
Getty Images / Sylvain Sonnet / hemis.fr: Abb. 41
Gloc, Jan: Kat.-Nr. 5.3.a, 5.3.b
Goetz, Roman von, Fotodesign, Dortmund: Abb. 7
Görlitz, Kulturhistorisches Museum: 11.9 (zwei Fotos), 12.15, 12.15/Detail (zwei Fotos)
Göttingen, Akademie der Wissenschaften, Kommission Deutsche Inschriften, Foto: Jennifer Moss: Kat.-Nr. 1.3
Göttingen, Stadt Göttingen, Fachdienst Bauordnung, Denkmalschutz und Archäologie, Abt. Stadtarchäologie: Kat.-Nr. 1.4
Grimm-Remus, Corinna, Magdeburg: Kat.-Nr. 17.5
Großmann, G. Ulrich, Nürnberg: Abb. 83, 86, 88, 91, 92; Sammlung: Abb. 89
Grünsberg / Altdorf b. Nürnberg, Stromersche Kulturgut-, Denkmal- und Naturstiftung: Abb. 216

Habrla, Michal (Entwurf), Abb. 224
Hannemann, Lutz, Potsdam: Abb. 117
Ex: HAVERKAMP 2002: Abb. 200, 201
Heidelberg, Universitätsbibliothek: Kat.-Nr. 4.10
Ex: HEUSER/KLOFT 2006: Abb. 182
Hipp, Sylvia, Leipzig (Kartografie): Abb. 75, 108, 116, 142, 206, 240
Hohenfurth, Cisterciácké opatství ve Vyšším Brodě, Foto: Radovan Boček: Kat.-Nr. 12.14
Hörsch, Markus, Bamberg / Leipzig: Abb. 111

Innsbruck, Tiroler Landesmuseum Ferndinandeum: Abb. 175

jaz, Opráski sčeski historje: Kat.-Nr. 19.13
Jihlava, Archiv města: Abb. 30, Kat.-Nr. 3.12

Karlsruhe, Staatliche Kunsthalle, Foto: Prag, Národní galerie, David Stecker, Jan Diviš: Kat.-Nr. 12.5, 12.5/Detail
Karlštejn, Národní památkový ústav, územní odborné pracoviště středních Čech: Abb. S. 397
Karlštejn, Národní památkový ústav, odborné pracoviště středních Čech, Foto: Radovan

Boček: Kat.-Nr. 5.1, 5.2, 8.1.a, 8.1.a/Detail, 8.1.b, 8.1.c, 8.1.c/Detail, 8.6, 8.9
Karlštejn, Národní památkový ústav, odborné pracoviště středních Čech, Foto: David Stecker: Kat.-Nr. 8.10
Kemperdick, Stephan, Berlin: Kat.-Nr. 10.7.e (zwei Fotos)
Knüvener, Peter: Abb. 115
Koblenz, Landeshauptarchiv: Abb. 35, 36, 169, 199, Kat.-Nr. 3.4 (zwei Fotos)
Kollmannsberger, Viktor, Esslingen/N.: Abb. 180
Krakau, Konwent Świętej Trójcy OO. Dominikanów, Foto: Daniel Podosek: Kat.-Nr. 12.12
Kuttenberg (Kutná Hora), Fotoarchiv Českého muzea stříbra: Abb. S. 583
Kuttenberg (Kutná Hora), Státní okresní archiv: Abb. 209

Lev, Pavel, Studio Najbrt, Prag (Kartografie / Layout): Abb. 11, S. 20f. (Luxemburger-Stammbaum), S. 22–25 (Zeittafel)
Lilienfeld, Stiftsbibliothek Lilienfeld: Abb. 17
London, Victoria and Albert Museum: Kat.-Nr. 12.13 (zwei Fotos)
Los Angeles, J. Paul Getty Museum, Foto: Christopher Foster: Kat.-Nr. 11.7
Lübeck, St.-Annen-Museum / Fotoarchiv der Hansestadt Lübeck: Kat.-Nr. 13.2
Lucca, Archivio di Stato: Abb. 65, Kat.-Nr. 15.1, 15.2, 15.3
Lucca, Chiesa Collegiata dei SS. Paolino e Donato, Foto: Prag, Národní galerie, David Stecker, Jan Diviš: Kat.-Nr. 15.4, 15.4/Detail
Lucca, Kathedrale: Abb. 189, 190
Luxemburg, Ville de Luxembourg, Foto: Christof Weber: Kat.-Nr. 3.7, 3.8
Luzern, Korporation Luzern, Diebold-Schilling-Chronik 1513: Abb. 16
Lyon, Musée des tissues, Foto: Prag, Národní galerie, David Stecker, Jan Diviš: Kat.-Nr. 8.8.b
Lyon, Musée des tissues, Foto: Pierre Verrier: Kat.-Nr. 3.19

Marburg/Lahn, Bildarchiv Foto Marburg: Abb. 60, Abb. S. 361, Abb. S. 515, Abb. S. 517, Abb. S. 577, Abb. S. 597
Marburg/Lahn, Bildarchiv Foto Marburg / Lala Aufsberg: Abb. S. 293
Marburg/Lahn, Bildarchiv Foto Marburg / Helga Schmidt-Glassner: Abb. S. 487
Matschie, Jürgen: Kat.-Nr. 11.8.a, 11.8.b
Ex: MENCLOVÁ 1972, II, S. 130 (Rekonstruktion: Václav MENCL): Abb. 78
Ex: MENCLOVÁ 1972, II, Abb. 205, 206, 207: Abb. 82, 85, 87.
Metz, Musée de la Cour d'Or: Kat.-Nr. 17.1.a, 17.1.b
Monza, Museo e Tesoro del Duomo di Monza: Kat.-Nr. 6.15
München, Bayerisches Hauptstaatsarchiv: Kat.-Nr. 11.15, 13.1.a
München, Bayerisches Nationalmuseum: Abb. 37
München, Bayerische Staatsbibliothek: Abb. 140, Kat.-Nr. 1.4
München, Wissenschaftliche Bibliothek im Sudetendeutschen Haus unter Verwaltung des Collegium Carolinum e. V.: Kat.-Nr. 19.6.a
München, Zentralinstitut für Kunstgeschichte, Farbdiaarchiv für Wand- und Deckenmalerei: Abb. 31, Kat.-Nr. 10.6, 10.6/Detail

Neustadt/Waldnaab, Stadtmuseum, Foto: Radovan Boček: Kat.-Nr. 16.8
New York, The Metropolitan Museum of Art: Abb. 124, Kat.-Nr. 3.14 (drei Fotos)
New York, The Pierpont Morgan Library. Purchased by J. P. Morgan, jr., 1931: Abb. 66, Kat.-Nr. 4.1.a, 4.1.b
Nürnberg, Archiv St. Sebald, Foto: Oliver Heinl: Abb. 202
Nürnberg, Germanisches Nationalmuseum: Abb. 54, 214, Kat.-Nr. 8.3, 10.1 (zwei Fotos), 10.2.a, 10.2.b, 10.5, 10.12, 13.1.h, 16.1.a, 16.10
Nürnberg, Germanisches Nationalmuseum, Foto: Georg Janßen: Kat.-Nr. 6.9, 10.9 (zwei Fotos), 10.10
Nürnberg, Germanisches Nationalmuseum, Foto: Monika Runge: Abb. 203, Kat.-Nr. 10.4, 10.11, 11.6
Nürnberg, Germanisches Nationalmuseum, Foto: Prag, Národní galerie, David Stecker, Jan Diviš: Kat.-Nr. 6.12
Nürnberg, Germanisches Nationalmuseum. Leihgabe der Bundesrepublik Deutschland, Foto: Georg Janßen: Kat.-Nr. 14.9
Nürnberg, Germanisches Nationalmuseum. Leihgabe der Paul Wolfgang Merkel'schen Familienstiftung: Kat.-Nr. 10.3
Nürnberg, Israelitische Kultusgemeinde, Foto: Volker Lau, konturlicht werbefotografie: Kat.-Nr. 14.5
Nürnberg, Staatsarchiv: Abb. 71, 94, 219, 221, Kat.-Nr. 13.1.g (drei Fotos), 14.3 (zwei Fotos), Abb. S. 585, Kat.-Nr. 16.9.b
Nürnberg, Stadtarchiv: Abb. 231, 241, Abb. S. 435, Kat.-Nr. 16.9.a

Olmütz (Olomouc), Státní okresní archiv, Foto: Oldřich Pališek: Abb. 107
Otavský, Karel (Entwurf), Sarah Weiselowski (Zeichnung): Abb. 138

Paris, Bibliothèque nationale de France: Abb. 29, 38, 63, 159, 160, 170, 222, Kat.-Nr. 3.16.a, 3.25.b, 4.8, 8.12, 8.12/Detail
Paris, Ecole nationale supérieure des Beaux-Arts: Abb. 220
Paris, Musée des arts décoratifs, Foto: Jean Tholance: Kat.-Nr. 13.7 (sechs Bilder)
Paris, Musée du Louvre, Foto: Prag, Národní galerie, David Stecker, Jan Diviš: Kat.-Nr. 3.15, 3.15/Detail, 3.22
Paris, Musée national du Moyen Âge (Musée de Cluny): Kat.-Nr. 17.4
Paris, Musée national du Moyen Âge (Musée de Cluny), Foto: Prag, Národní galerie, David Stecker, Jan Diviš: Kat.-Nr. 8.8.a/Detail (zwei Fotos)
Pelplin, Muzeum Diecezjalne: Kat.-Nr. 13.5 (vier Bilder)
Plzeň, Archiv společnosti Plzeňský Prazdroj, a.s.: Abb. 243
Plzeň, Muzeum církevního umění plzeňské diecéze, Foto: Radovan Boček: Kat.-Nr. 12.11
Plzeň Západočeská galerie, Foto: Prag, Národní galerie, David Stecker, Jan Diviš: Kat,-Nr. 11.20
Portsmouth, Courtesy of The Mary Rose Trust: Kat.-Nr. 3.24
Potsdam, Corpus Vitrearum Medii Aevi Deutschland/Potsdam / Berlin-Brandenburgische Akademie der Wissenschaften, Foto: Renate Roloff: Kat.-Nr. 11.23 (zwei Fotos)
Prag, Archiv hlavního města Prahy: Abb. S. 279, Abb. S. 327
Prag, Archiv hlavního města Prahy, Foto: Jindřich Eckert: Abb. S. 341
Prag, Archiv hlavního města Prahy, Foto: Eckert-ateliér: Kat.-Nr. 2.1.1, Abb. S. 563
Prag, Archiv hlavního města Prahy, Foto: František Fridrich: Abb. S. 383
Prag, Archiv hlavního města Prahy, Foto: Andreas Groll: Abb. S. 419
Prag, Archiv Pražského hradu, Knihovna Metropolitní kapituly u sv. Víta: Kat.-Nr. 5.4.a, 5.4.b, 5.6, 5.7, 5.11.a, 5.11.b, 7.6
Prag, Archiv Pražského hradu, Knihovna Metropolitní kapituly u sv. Víta, Foto: S. Loudát: Kat.-Nr. 7.7, 12.9, 13.25 (sieben Fotos)
Prag, Archiv Pražského hradu, Knihovna Metropolitní kapituly u sv. Víta, Foto: O. Přibyl: Kat.-Nr. 4.3, 4.5
Prag, Archiv Univerzity Karlovy: Kat.-Nr. 4.4, 19.4
Prag, Českomoravská provincie sv. Václava a Řádu menších bratří františkánů, Foto: David Stecker: Kat.-Nr. 6.2
Prag, ČTK fotobanka: Abb. 244, Kat.-Abb. 19.9.1
Prag, Fototéka Pražského hradu: Abb. 136, 188, Kat.-Nr. 7.1, 13.16
Prag, Fototéka Pražského hradu, Foto: Jan Gloc: Abb. 68, Kat.-Nr. 5.20, 12.3, 12.17
Prag, Fototéka Pražského hradu, Foto: Jiří Kopřiva: Kat.-Nr. 7.4, 7.12
Prag, Knihovna Národního muzea: Abb. 151, 161, Kat.-Nr. 9.1, 12.6, 12.6/Detail, 12.8, 13.1.b (fünf Fotos)
Prag, Knihovna Národního muzea, Foto: Prag, Národní galerie, David Stecker, Jan Diviš: Kat.-Nr. 6.14
Prag, Královská kanonie premonstrátů na Strahově, Knihovna: Abb. 119
Prag, Královská kolegiátní kapitula sv. Petra a Pavla na Vyšehradě, Foto: Prag, Národní galerie: Kat.-Nr. 9.2
Prag, Metropolitní kapitula u sv. Víta, Foto: Radovan Boček: Kat.-Nr. 5.14, 5.15, 5.16. 5.17, 5.21, 5.22, 5.23, 13.23
Prag, Metropolitní kapitula u sv. Víta, Foto: Prag, Národní galerie: Kat.-Nr. 7.3
Prag, Metropolitní kapitula u sv. Víta, Foto: Správa Pražského hradu, Jan Gloc: Kat.-Nr. 5.9, 5.12
Prag, Muzeum hlavního města Prahy: Kat.-Nr. 3.9, 5.24
Prag, Muzeum hlavního města Prahy, Foto: Prag, Národní galerie, David Stecker, Jan Diviš: Kat.-Nr. 1.2, 9.7
Prag, Národní archiv, Archiv der Böhmischen Krone, Foto: Radovan Boček: Abb. 122, Kat.-Nr. 6.7.a, 6.8, 8.4, 11.1, 11.4, 11.10.a, 11.17, 14.6
Prag, Národní filmový archiv, Miroslav Pešan – dědicové: Abb. S. 615
Prag, Národní galerie: Abb. 33, 34, 57.a, 57.b, 127, 234, 235, Kat.-Nr. 3.13, 3.23, 6.11, 6.11/Detail, 7.5, 8.7 (zwei Fotos), 12.1, 12.4, 12.16 (zwei Fotos), 12.16/Detail, 19.5
Prag, Národní galerie, Foto: David Stecker, Jan Diviš: Kat.-Nr. 9.8, alle Abb. aus der Prager Station der Ausstellung in der Wallenstein-Reitschule, S. 698–703
Prag, Národní galerie, Foto: Uhl, Petr: Kat.-Nr. 19.12.a
Prag, Národní knihovna České republiky: Kat.-Nr. 3.17, 4.6, 6.16
Prag, Národní muzeum: Abb. 130, 143, 9.3.c (Reliquien), 9.3.d
Prag, Národní muzeum, Foto: Alzbeta Kumstatova: Kat.-Nr. 3.21 (fünf Fotos), 8.11, 18.2, 16.3.a–j
Prag, Národní muzeum, Foto: Prag, Národní galerie, David Stecker, Jan Diviš: 9.3.b, 9.3.c (Beutel)
Prag, Národní muzeum, Foto: Vendulka Otavská: Abb. 147
Prag, Národní muzeum, Foto: Jan Rendek: Abb. 146, Kat.-Nr. 9.3.a
Prag, Národní muzeum, Lapidarium, Foto: Martin Frouz: Kat.-Nr. 2.1
Prag, Národní muzeum, Lapidarium, Foto: Prag, Národní galerie, David Stecker, Jan Diviš: Kat.-Nr. 16.4
Prag, Národní muzeum, Lapidarium, Foto: Jan Rendek: Kat.-Nr. 6.1
Prag, Římskokatolická farnost u kostela Matky Boží před Týnem, Foto: Národní galerie, David Stecker, Jan Diviš: Kat.-Nr. 9.10, 9.10/Detail
Prag, Rytířský řád Křižovníků s červenou hvězdou: Kat.-Nr. 16.5
Prag, Státní oblastní archiv: Abb. 208, Kat.-Nr. 8.5 (vier Fotos), 16.6 (zwei Fotos), 16.7
Prag, Uměleckoprůmyslové museum: Abb. 223, Kat.-Nr. 3.20 (zwei Fotos), 11.8.c
Prag, Uměleckoprůmyslové museum, Foto: Prag, Národní galerie, David Stecker, Jan Diviš: Kat.-Nr. 18.1 (vier Fotos)
Prag, Uměleckoprůmyslové museum, Foto: Gabriel Urbánek: Kat.-Nr. 9.9.a, 9.9.b

Prag, Ústav dějin umění, Estate of Josef Sudek: Abb. S. 287
Prag-Zbraslav, Římskokatolická farnost sv. Jakuba Staršího, Foto: Radovan Boček: Kat.-Nr. 3.18, 3.18/Detail
Přenosil, Jiří, Prag: Abb. 242, Kat.-Nr. 19.12.c
Privatbesitz/Private Collection, Foto: Prag, Národní galerie, Jan Diviš jr.: Kat.-Nr. 10.7.b, 10.7.b/Detail
Privatbesitz/Private Collection, Foto: Alastair Innes: Abb. 155
Puschendorf, Ev.-luth. Kirchgemeinde St. Wolfgang, Foto: Prag, Národní galerie, David Stecker, Jan Diviš: Kat.-Nr. 11.13, 11.13/Detail

Ex: SCHALLER 1797: Abb. 145
Schmidt, Matthias F.: Kat.-Nr. 13.10, 13.10/Detail
Schwerin, Mecklenburgisches Landeshauptarchiv: Kat.-Nr. 13.6 (drei Fotos)
Schwerin, Staatliches Museum, Münzkabinett: Abb. Umschlagrückseite, Kat.-Nr. 16.2 (zwei Fotos)
Šefců, Ondřej: Abb. 25
Sirocko, Frank: Kat.-Nr. 1.6.1, 1.6.2, 1.6.3
St. Pölten, Niederösterreichisches Landesarchiv: Abb. 14
Stecker, David: Abb. 225, 8.13, 9.6, 9.11, 10.14, 11.3, 11.3/Detail, 11.16, 18.4 (zwei Fotos)
Stendal, Altmärkisches Museum: Kat.-Nr. 11.21
Stockholm, Kungl. Biblioteket: Abb. 131
Strasbourg, Musée de l'Œuvre Notre-Dame, Foto: Radovan Boček: Kat.-Nr. 13.9
Stuttgart, Hauptstaatsarchiv: Kat.-Nr. 14.1

Taxiarchos228: Abb. 218
Törnqvist-Sandelius, Johan: Kat.-Nr. 13.8
Trier, Hohe Domkirche, Foto: Rita Heyen: Kat.-Nr. 13.26 (zwei Bilder), 13.26/Detail, 13.27 (S. 558, fol. 12)
Trier, Hohe Domkirche, Foto: Dietmar Thomassin: Kat.-Nr. 3.5, 13.27 (S. 559, fol. 33)
Trier, Museum am Dom, Foto: Rudolf Schneider: Kat.-Nr. 3.1.a, 3.1.b

Udine, Kathedrale: Kat.-Nr. 5.8
Ulm, Stadtarchiv: Kat.-Nr. 7.11
Urban, Dirk, Erfurt: Kat.-Nr. 1.1

Vatikanstadt, Archivio Segreto Vaticano: Abb. 168
Venedig, Basilica di San Marco, Museo di San Marco, Foto: Prag, Národní galerie, David Stecker, Jan Diviš: Kat.-Nr. 5.5, 5.5/Innenseite, 5.5/Detail
Venedig, Biblioteca Nazionale Marciana, Foto: Prag, Národní galerie, David Stecker, Jan Diviš: Kat.-Nr. 8.2.a, 8.2.b
Venedig, Fondazione Giorgio Cini: Kat.-Nr. 6.13, 6.13/Detail
Venedig, Museo di San Marco: Kat.-Nr. 5.13, 12.18
Venedig, Museo di San Marco, Foto: Prag, Národní galerie, David Stecker, Jan Diviš: Kat.-Nr. 7.8.a, 7.8.b

Weber, Michael, IMAGEPOWER: Abb. 79
Weimar, Thüringisches Hauptstaatsarchiv, Ernestinisches Gesamtarchiv: Abb. 138
Weimar, Thüringisches Landesamt für Denkmalpflege und Archäologie, Foto: B. Stefan: Abb. 204, Kat.-Nr. 14.8 (neun Bilder)
Weiselowski, Sarah: Abb. 8, 93, 100, 103, 104, 105, 123, 179, Kat.-Nr. 11.12, 11.12.1
Wetzlar, Katholische Kirchengemeinde Unsere Liebe Frau: Kat.-Nr. 13.14 (drei Fotos)
Wien, Akademie der Bildenden Künste, Kupferstichkabinett: Kat.-Nr. 7.10
Wien, Dom- und Metropolitankirche St. Stephan: Kat.-Nr. 13.21 (zwei Fotos), 13.22 (zwei Fotos)
Wien, Dom- und Metropolitankirche St. Stephan, Foto: Roman Szczepaniak: Kat.-Nr. 13.19.a, 13.19.b
Wien, KHM-Museumsverband: Abb. 69, 141, 163, Kat.-Nr. 5.10, 5.10/Detail, 6.10, 12.19, 12.20
Wien, Österreichische Nationalbibliothek: Abb. 5, 52, 207, 228, Kat.-Nr. 4.1.a, 13.24 (sechs Bilder)
Wien, Österreichisches Staatsarchiv, Haus-, Hof- und Staatsarchiv: Kat.-Nr. 6.7.b, 14.4
Wien, Wien Museum: Abb. 118, 153, Kat.-Abb. 3.19.2, 3.19.3
Wrocław, Bazylika Archikatedralna Sw. Jana Chrziciela, Skarbiec: Kat.-Nr. 19.2
Wrocław, Uniwersytet Wrocławski, Biblioteka Uniwersytecka, Oddział Rękopisów: Kat.-Nr. 11.5
Würzburg, Universitätsbibliothek: Abb. 73

Ziegler, Zdeněk: Kat.-Nr. 19.10.a

Initiale I zu Anfang des Markusevangeliums, Detail, Evangeliar des Herzogs Albrecht III. vonHabsburg, sog. Evangeliar des Johannes von Troppau, fol. 156r • Prag, Johannes von Troppau mit Gehilfen, 1368 • Deckfarben und Gold auf Pergament, 189 Blatt • Wien, Österreichische Nationalbibliothek, cod. 1182

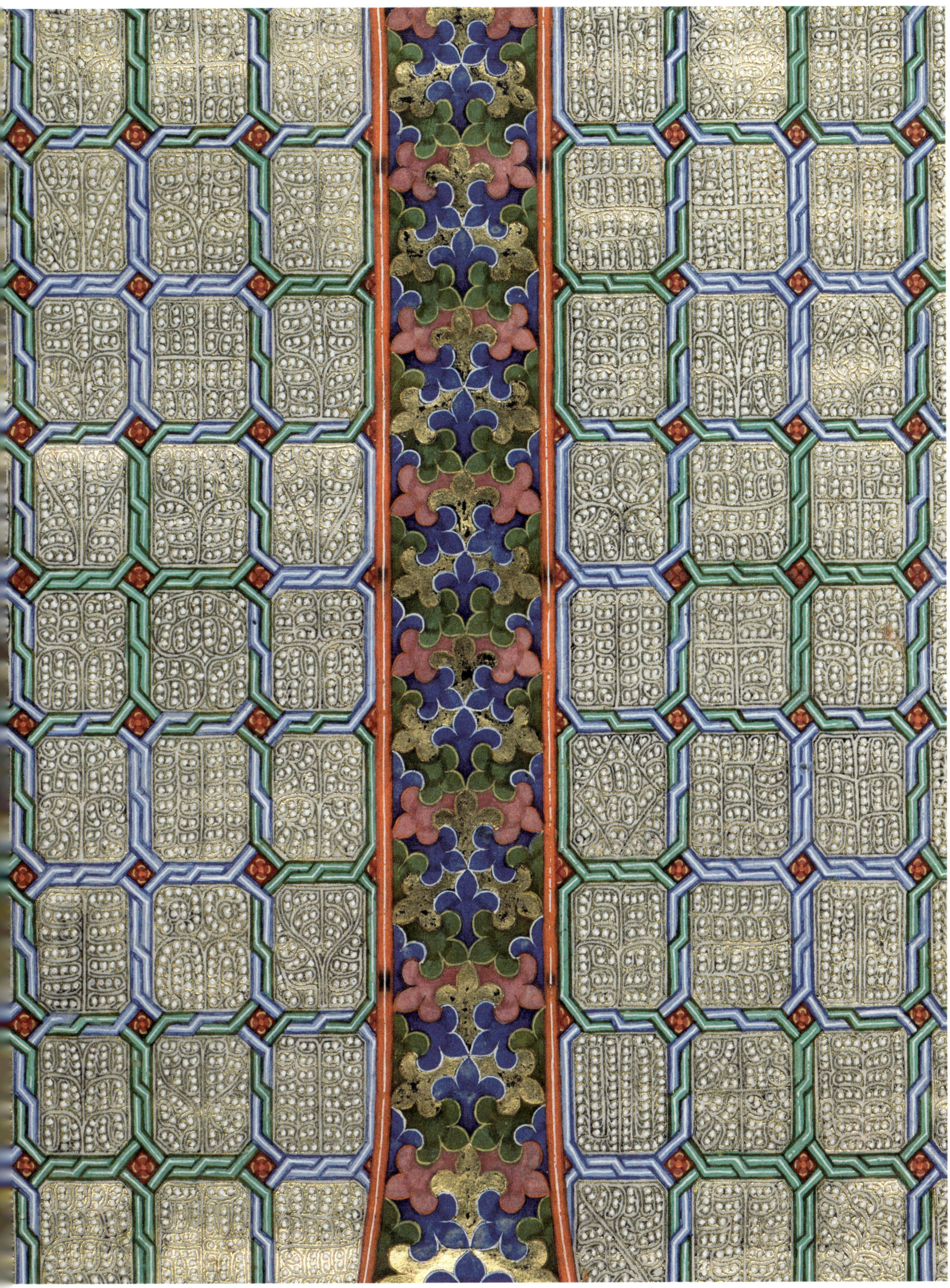

Organisation der Ausstellung

Kaiser Karl IV. 1316—2016
Erste Bayerisch-Tschechische Landesausstellung

Prag:
15. Mai – 25. September 2016
Nationalgalerie in Prag / Wallenstein-Reitschule
(Hauptausstellung: Karl IV. und seine Zeit)
14. Mai – 31. August 2016
Karls-Universität in Prag / Carolinum, Kreuzgang
(Begleitausstellung: Das Nachleben Karls IV.)

Nürnberg:
20. Oktober 2016 – 5. März 2017
Germanisches Nationalmuseum Nürnberg

Unter der Schirmherrschaft: UNESCO

Die Schirmherrschaft der Landesausstellung wurde übernommen von:
Milan Štěch – Präsident des Senats des Parlaments der Tschechischen Republik
Jan Hamáček – Vorsitzender des Abgeordnetenhauses des Parlaments der Tschechischen Republik
Bohuslav Sobotka – Ministerpräsident der Tschechischen Republik
Horst Seehofer – Ministerpräsident des Freistaates Bayern
Kardinal Dominik Duka OP, Erzbischof von Prag, Metropolit und Primas von Böhmen
Daniel Herman – Minister für Kultur der Tschechischen Republik
Adriana Krnáčová – Oberbürgermeisterin der Hauptstadt Prag

Hauptveranstalter:
Národní galerie v Praze (NG)
Haus der Bayerischen Geschichte Augsburg (HdBG)

Mitveranstalter:
Geisteswissenschaftliches Zentrum Geschichte und Kultur Ostmitteleuropas an der Universität Leipzig (GWZO)
Germanisches Nationalmuseum Nürnberg (GNM)
Univerzita Karlova v Praze (UK)

Institutionelle Zusammenarbeit:
Berlin-Brandenburgische Akademie der Wissenschaften, Monumenta Germaniae Historica (BBAW)
Deutsches Historisches Institut Rom (DHI)
Heinrich-Heine-Universität Düsseldorf (HHUD)

Partner des Ausstellungsprojekts:
Arcibiskupství pražské
Domstift Brandenburg, Dommuseum
Evangelisch-reformierte Gemeinde St. Martha Nürnberg
Kulturdirektion der Landeshauptstadt Erfurt, Alte Synagoge Erfurt
Metropolitní kapitula u sv. Víta Praha
Museo di Sant'Agostino Genova
Senát Parlamentu České republiky
Staatliche Kunstsammlungen Dresden

Partner des Begleitprogramms zur Ausstellung:
CzechTourism / Česká centra / Česká filharmonie / Magistrát hlavního města Prahy / Ministerstvo kultury České republiky / Ministerstvo zahraničních věcí České republiky / Národní muzeum / Národní památkový ústav / Národní technické muzeum / Pražská informační služba

Das Projekt wurde mit finanzieller Hilfe des Kulturministeriums der Tschechischen Republik verwirklicht.

Konzept:

Hauptautor, Kurator und Leiter des Autorenteams: Jiří Fajt (Praha / Leipzig / Berlin)

Autorenteam: Susanne Jaeger (GWZO), Michael Lindner (BBAW), Eva Schlotheuber (HHUD), Olaf Rader (BBAW), Martin Bauch (DHI), Wolfgang Jahn (HdBG), G. Ulrich Großmann (GNM), Helena Dáňová (NG) / Carolinum: René Küpper (HdBG), Jiří Přenosil (UK), Jan Royt (UK)

Mitkuratoren: Susanne Jaeger (GWZO), Helena Dáňová (NG), Wolfgang Jahn (HdBG) / Carolinum: Jiří Přenosil (UK), René Küpper (HdBG), Jan Royt (UK)

Wissenschaftliche Beratung: Klaus Bergdolt (Universität zu Köln), Denko Čumlivski (Národní archiv ČR), Markus Dotterweich (Universität zu Köln), David Eben (Univerzita Karlova Praha), Rengert Elburg (Landesamt für Archäologie Sachsen), Christian Forster (GWZO), Wilfried Franzen (GWZO), Matthias Hardt (GWZO), Claudia Hartl-Meier (Johannes-Gutenberg-Universität Mainz), Daniel Hess (GNM), Markus Hörsch (GWZO), Petr Chotěbor (KPR Praha), Frank Matthias Kammel (GNM), Franz Kirchweger (KHM Wien), Kateřina Kubínová (Akademie věd ČR), Thomas Meier (Ruprecht-Karls-Universität Heidelberg), Karel Otavský (Praha), Luboš Polanský (Národní muzeum Praha), Arthur Saliger (Wien), Jasper Gerrit Schenk (Technische Universität Darmstadt), Ina Schönwald (Stadtarchiv Lauf), Markus Schwab (Deutsches GeoForschungsZentrum Potsdam), Frank Sirocko (Johannes-Gutenberg-Universität Mainz), Milada Studničková (Akademie věd ČR), Dirk Suckow (GWZO), Václav Žůrek (Univerzita Karlova Praha)

Organisationsteam: Susanne Jaeger (GWZO), Wolfgang Jahn (HdBG), Jiří Fajt (NG und GWZO), G. Ulrich Großmann (GNM), Helena Dáňová (NG)

Verwaltung GWZO: Antje Schneegaß, Anja Fritzsche, Ewa Tomicka-Krumrey, Stephanie Yacoub, Ewelina Maćkowska

Projektmanager Tschechien: Lucie Šafaříková (Praha)

Mitarbeit: Václav Grůša (Praha), Ivan Hartmann (NG), Blanka Mouralová (Praha), Adéla Procházková (Praha), Monika Stoneová (NG), Marcela Straková (NG), Milan Rudík (Lovosice), Jan Šícha (Praha)

Registrar und Produktion: Pavlína Schneider (NG), Radana Spálenková (NG), Lucie Šafaříková (Praha)

Projektmanager Deutschland: Wolfgang Jahn (HdBG)

Ausstellungsassistenten: Fabian Fiederer (HdBG), Jenny Wischnewsky (GWZO), Chiara Ursini (GWZO), Markéta Pokorná (NG)

Realisierung der Ausstellung in der Wallenstein-Reitschule:

Veranstalter: Národní galerie v Praze (NG), Generaldirektor Jiří Fajt

Aufsicht über Ausstellungsaufbau und Installation der Exponate: Silvie Bednaříková (SGL Projekt, Praha), Lucie Šafaříková (Praha)

Ausstellungsarchitektur: Jiří Javůrek in Zusammenarbeit mit Silvie Bednaříková, SGL projekt, s.r.o., Praha

Grafikdesign: Pavel Lev, Bohumil Vašák, Studio Najbrt, s.r.o., Praha

Bau: ACER Design, s.r.o., Praha, SIR Design, s.r.o., Praha

Schaukästen: DK Set, s.r.o., Praha

Grafikproduktion: Grafpro, s.r.o., Praha

Beleuchtung: ETNA, s.r.o., Praha

Audiovisuelle Technik: Artechnick, s.r.o., Praha, AV media, a.s.

Klimatisierung der Ausstellungsräume: Jan Červenák TP, Pavel Kokaisl (NG)

Versicherung der Exponate: Kooperativa pojišťovna, a.s., Vienna Insurance Group (Praha), UNIQA pojišťovna, a.s., UNIQA Insurance Group (Praha), AON Risk Solution (Mülheim an der Ruhr), Kühn & Bülow (Berlin), Eeckman Art & Insurance (Brussels), BGV / Badische Versicherungen (Karlsruhe)

Transport der Exponate: Kunsttrans Praha, s.r.o.

Transport und Installation der Steinskulpturen: Team unter der Leitung von Petr Siegl (Praha) und Michal Polák (Praha), Martin Čermák (Chezovice), Dominik Fiala (Hustopeče), Jakub Kachút (Bratislava), Tomáš Otoupal (Třebíč), Ondřej Šimek (Jindřichův Hradec), Petr Štázler (Praha), Vojtěch Verner (Praha)

Anordnung und Installation der Exponate: ARTELLO – Jiří Leubner (Praha), David Berka (Záhrobí), Eliška Braidlová (Praha), Martin Brůha (Praha), Vojtěch Jehlička (Praha), Leopold Jurák (Warszawa), Jana Knejfl (Berlin), Jaroslav Kubíček (Praha), Roman Mach (Praha), Matěj Severin Mauric (Praha), Jan Paleček (Praha), Tomáš Poliak (Mikulášovice), David Syrovátka (Nová Víska)

Restauratorische Aufsicht über die Installation der Exponate: Abteilung für Restauration der NG unter Leitung von Petr Kuthan – Hana Bilavčíková, Jarmila Franková, Anna Třeštíková, Jana Knejfl (Berlin), Jaroslav Kubíček (Praha)

Restaurierung der Exponate und Vorbereitung zur Ausstellung in Prag und Nürnberg: Ulrich Bauer-Bornemann (Bamberg), Hana Bilavčíková (Praha), Ralf Blank (Erfurt), Sören Blankenburg (Klettbach), Véronique de Buhren (Lyon), Kathrin Barbara Franeck (Dresden), Antje Fischer (Dresden), Wolfgang Fritzsch (Rittersgrün), Corinna Grimm-Remus (Magdeburg), Zora Grohmanová (Praha), Mara Guglielmi (Venezia), Babette Hartwieg (Berlin), Martha Hör (Fürth), Bernhard Klemm (Frankfurt/Oder), Jana Knejfl (Berlin), Tilman Kühn (Nürnberg), Natalia Krupa (Kraków), Jaroslav Kubíček (Praha), Hakan Lingberg (Linköping), Monica Paredis-Vroon (Aachen), Hanna Pohle (München), Adam Pokorný

(Praha), Eva Ringborg (Linköping), Moya Schönberg (Frankfurt/Main), Petr Siegl (Praha), Thomas Staemmler (Erfurt), Martin Široký (Praha), Andreas Rentmeister (Berlin), Anna Třeštíková (Praha), Peter Wilde (Tangerhütte)

Herstellung der Modelle: ArcTron 3D GmbH (Altenthann)

Glasfenster aus der St. Bartholomäuskirche in Kolin (Kopie): Umělecké sklenářství Jiřička-Coufal (Praha)

Beispiele für Goldschmiedetechniken: Střední uměleckoprůmyslová škola a Vyšší odborná škola (Turnov)

Bearbeitung der audiovisuellen Sequenzen in der Ausstellung: Carrot & Stick, s.r.o., (Praha)

Digitale Präsentation der Handschriften: Wolfgang Jahn (HdBG), René Küpper (HdBG)

Ausstellungstexte: Jiří Fajt (NG), Helena Dáňová (NG), Christian Forster (GWZO), Susanne Jaeger (GWZO)

Textredaktion: Adéla Procházková (Praha), Andrea Schaller (Leipzig)

Übersetzungen Englisch-Tschechisch und Tschechisch-Englisch: Lucie Kasíková (Praha), Jim Barnes (Praha), Marek Tomin (Praha)

Übersetzungen Deutsch-Tschechisch und Tschechisch-Deutsch: Anna Ohlídal (Wesel), Jürgen Ostmeyer (Praha), Marta Eich (Berlin), Vladimír Čadský (Praha)

Sprachkorrektur in Tschechisch: Jarmila Musilová (Praha), Tatjana Štemberová (Praha)

Bildungsprogramme, Programme für die Öffentlichkeit und Atelier „Kunstwerkstätten am Kaiserhof": Michaela Císlerová (NG), Marina Hořínková (NG), Ondřej Faktor (NG), Abteilung Bildungsangebote und Programm für die Öffentlichkeit, Národní galerie v Praze

App und Audioguide: Dalibor Naar, Petra Svoboda (Gameleon, s.r.o.), Kateřina Hamsíková, Petra Sochová, Jana Hrouzková, Dalibor Duba, Jaromír Navara, Zbyněk Říha, Jan Blažek, Štěpán Škoch

Sponsoring: Zdeňka Vanišová (NG)

PR und Marketing: Tereza Ježková (NG), Michaela Moučková (NG), Marek Novobílský (NG), Karolína Pláničková (NG), Tomáš Pospíšil (NG), Marcela Straková (NG), Soňa Tichá (NG), Jana Turková (NG)

Produktion Vernissage: Eliška Menclová (NG), Kristina Přikrylová (NG)

Protokoll Vernissage: Monika Abbott (Praha), Eva Giese (NG), Nikola Matulová (NG), Valerie Ciprová (Kancelář Senátu), Pavlína Homolová und Barbora Loudová (Úřad vlády ČR), Hana Rychtová (PS PČR)

Dokumentation: Jan Diviš (NG), Maria Slezáková (NG), David Stecker (NG), Petr Salaba (FAMU)

Instandhaltung des Ausstellungsraums: Pavel Piekar (NG)

Sicherheit: Petr Kaláb (NG), Lucie Danková (NG)

Begleitfilm zur Ausstellung „Aus der Toskana ins Brandenburger Elbland":

Idee und Drehbuch: Jiří Fajt und Zdeněk Jiráský; Direktor: Zdeněk Jiráský, Jaromír Pesr, Jordi Niubó, i/o post, Jan Čtvrtník, Jaroslav Dufek, AV Media, a. s., Petr Baudyš, Herbert Höfel, Viktoria Huck, Susanne Jaeger, Jaromír Kubů, Lukáš Kunst, Libuše Martínková, Francesco Menchini, Valter Menchini, Daniel Nevařil, Michal Plička, Tereza Procházková, Susanne Salm, Anja Schwemmer, Lenka Šimonová, Chiara Ursini, Michal Černý, Šimon Havel, Zdeňka Vanišová

Werbespot für die Ausstellung:

Idee, Drehbuch und Regie: Marek Partyš, Nikola Hořejš, Kryštof Pohl, Helena Tavelová, Jakub Žídek, Radim Střelka, Jan Rejžek, Vít Morawski, Pavel Rimský, Jan Alex Jindrák, Pointilm, Karel Havláček, BIOFILMS RENTAL, Martin Klimpar

Begleitende Vortragreihe „Herrscherstrategien – Künstlerische Repräsentation" zur Ausstellung in Zusammenarbeit mit dem GWZO (Leipzig):

Stephen N. Fliegel, Cleveland: The Cleveland Table Fountain and French Court Art in the First Half of the 14th Century
Prof. Dr. Eva Schlotheuber, Heinrich-Heine-Universität Düsseldorf: Karl IV. und Venedig – ein Empfang mit Hindernissen
Prof. Dr. Stephan Albrecht, Otto-Friedrich-Universität Bamberg: Gedanken zum französischen gotischen Portaltyp: Das sichtbar werdende Unsichtbare. Das Südquerhaus der Kathedrale von Paris (1258)
Prof. Dr. Jeffrey Hamburger, Harvard University: Bloody Mary: Traces of the peplum cruentatum in the Prayer Book of Ursula Begerin
Prof. Dr. Olaf B. Rader, Berlin-Brandenburgische Akademie der Wissenschaften: Gold, Eisen, Holz und Stroh – die Kronen Kaiser Karls IV.
Prof. Dr. Jürgen Bärsch, Kath. Universität Eichstätt-Ingolstadt: Fronleichnam in der Prager Kathedrale Karls IV. – Eucharistieverehrung in der spätmittelalterlichen. Frömmigkeit nach dem Zeugnis des Liber breviarius von ca. 1384
Prof. Dr. Marc Carel Schurr, Universität Strasbourg: Die Zeit Karls IV.: Als West und Ost verbunden waren
Dr. Zoë Opačić, London, Birkbeck College: Charles IV at 700 – an Emperor on Display
Prof. Dr. Johannes Tripps, Leipzig, Hochschule für Technik, Wirtschaft und Kultur Leipzig: Das Grabmal der Margarethe von Brabant in Genua. Erreichtes und offene Fragen

Realisierung der Ausstellung im Germanischen Nationalmuseum Nürnberg:

Veranstalter: Haus der Bayerischen Geschichte (HdBG), Direktor Richard Loibl

Mitveranstalter: Germanisches Nationalmuseum, Nürnberg, Generaldirektor G. Ulrich Großmann
in Zusammenarbeit mit der Stadt Nürnberg, Oberbürgermeister Ulrich Maly

Projektleitung Haus der Bayerischen Geschichte: Wolfgang Jahn

Projektleitung Germanisches Nationalmuseum: Frank Matthias Kammel

Wissenschaftliche Mitarbeit: René Küpper, Fabian Fiederer

Wissenschaftliche Beratung: Collegium Carolinum, München; Martin Schulze Wessels, Martin Zückert, Robert Luft, Ulrike Lunow, Karl Georg Benedikt Pfändtner (München)

Ausstellungsgestaltung, Ausstellungsgrafik und Werbemittel: Gruppe Gut (Bozen)

Ausführungsplanung und Bauleitung: Matthias Held

Medientechnik und Medienproduktion: Res Media (Augsburg); P.medien (München)

Übersetzungen: Jana Piňosova (Bautzen), Pavla Šimková (München), Pascal Trees (München), David Ingram (Augsburg), Marco Montemarano (München), Krister Johnson (Magdeburg)

Praktika: Maria Dechant (Augsburg), Sarah König (Augsburg), Christine Rogler (Freising), Johannes Meerwald (Gießen)

Didaktik und Museumspädagogik: Andreas Jell (Mering); Kunst- und kulturpädagogisches Zentrum der Museen in Nürnberg, Thomas Brehm, Jessica Mack-Andrick, Pamela Straube

Schüler-Audioguide: Stiftung Zuhören (München); Projektgruppe Herzog-August-Gymnasium, Sulzbach-Rosenberg; Projektgruppe Gymnázium Rumburk, Rumburk

Objekt- und Fotoverwaltung: René Küpper, Fabian Fiederer

Begleitprogramm: Centrum Bavaria Bohemia, Hans Eibauer

Internet und App: Evamaria Brockhoff, René Küpper, Clemens Menter, Res Media (Augsburg)

Inneneinrichtung: Schreinerwerkstätten Schrödl & Venhofen (Karlsfeld), m.o.l.i.t.o.r. GmbH (Berlin), Max Schultheiss GmbH (Nürnberg), Schreiber Innenausbau GmbH (Geyer), Schreinerei Emil Fritz (Tiefenbach), Egmont Seitz Malerwerkstätte GmbH, Werner Brugger – Kunst und Bau (Waltenhofen), MH Holztechnik (Waltenhofen), Christian Bockreiss (Kempten)

Drucke: Digital Picture, Aschheim

Modelle: ArcTron 3D GmbH (Altenthann)

Karten: Sylvia Hipp (Leipzig)

Lichttechnik: Werner Brugger – Kunst und Bau (Waltenhofen)

Konservatorische Betreuung und Objektmontage: Ernst Bielefeld, Alfred Stemp, Dominik Stemp, Susanne Dinkelacker, Firma ARTELLO (Prag) und Team, Petr Siegl (Prag) und Team

Kunsttransport: Kunsttrans (Prag), Roggendorf Art (Köln), Schenker Deutschland AG

Versicherung: Voss & Fine Art GmbH

Audioguide: soundgarden audioguidance (München)

Führungsdienst: Regina Straub, zusammen mit Kristina Schmalzl und Melanie Veit (kunSTraub, Agentur für vielfältige Vermittlung von Kunst und Kulturgeschichte, Karlskron)

Öffentlichkeitsarbeit Haus der Bayerischen Geschichte: Andrea Rüth, Julian Traut, Christine Ketzer, Natascha Zödi-Schmidt

Marketing und Öffentlichkeitsarbeit Germanisches Nationalmuseum: Andrea Langer, Sonja Mißfeldt, Tobias Jüttner

Organisation Stadt Nürnberg: Martina Bauernfeind, Annekatrin Fries

Verwaltung Haus der Bayerischen Geschichte: Clemens Menter, Kurt Lange, Wolfgang Schaile

Sponsoren

Veranstalter

Haus der Bayerischen Geschichte · Germanisches Nationalmuseum · ng · GWZO Geisteswissenschaftliches Zentrum Geschichte und Kultur Ostmitteleuropas an der Universität Leipzig

In Zusammenarbeit mit

Domstift Brandenburg · dhi · Jüdisches Leben Erfurt · Heinrich Heine Universität Düsseldorf · Evangelisch-reformierte Kirchengemeinde St. Martha Nürnberg · Gefördert vom Bundesministerium für Bildung und Forschung · Arcibiskupství Pražské

Förderer

Nürnberg · metropolregion nürnberg · Stiftung Nürnberger Versicherungsgruppe · Freundeskreis Haus der Bayerischen Geschichte e.V.

Medienpartner

SAT.1 Bayern MO–FR 17:30 SA 17:00 · BR Bayern 2

Mobilitätspartner

DB Regio Bayern

Mit Unterstützung von

Ministerstvo Kultury · Senát Parlamentu České republiky · Prague Praha · Universitas Carolina Pragensis

Unter der Schirmherrschaft

UNESCO · 700. výročí narození Karla IV. slavené s podporou UNESCO · Organizace Spojených národů pro výchovu, vědu a kulturu

Na partnerství záleží · KB Generální partner Národní galerie v Praze

Hauptpartner

The Pudil Family Foundation

Partner

AK PKK · Ferona

General-Medienpartner

Česká televize

Hauptmedienpartner

railreklam · Aktuálně.cz

Medienpartner
Český rozhlas
Hospodářské noviny
Art&Antique
PRAGUEEVENTSCALENDAR
Flash Art
ArtMap
Art for Good
ART+
The Museum Channel

Haupttransporteur
Dopravní podnik hl. města Praha

Transporteur Inland
České dráhy

Partner des Films Aus der Toskana ins Brandenburger Elbland
IO POST
Stadt Nürnberg
Festung Montecarlo
Burg Karlstein

Der Begleitfilm entstand mit finanzieller Unterstützung der Hauptstadt Prag und CzechTourism.

Initiale I zu Anfang des Johannesevangeliums, Evangeliar des Herzogs Albrecht III. von Habsburg, sog. Evangeliar des Johannes von Troppau, fol. 149r • Prag, Johannes von Troppau mit Gehilfen, 1368 • Deckfarben und Gold auf Pergament, 189 Blatt • Wien, Österreichische Nationalbibliothek, Cod. 1182

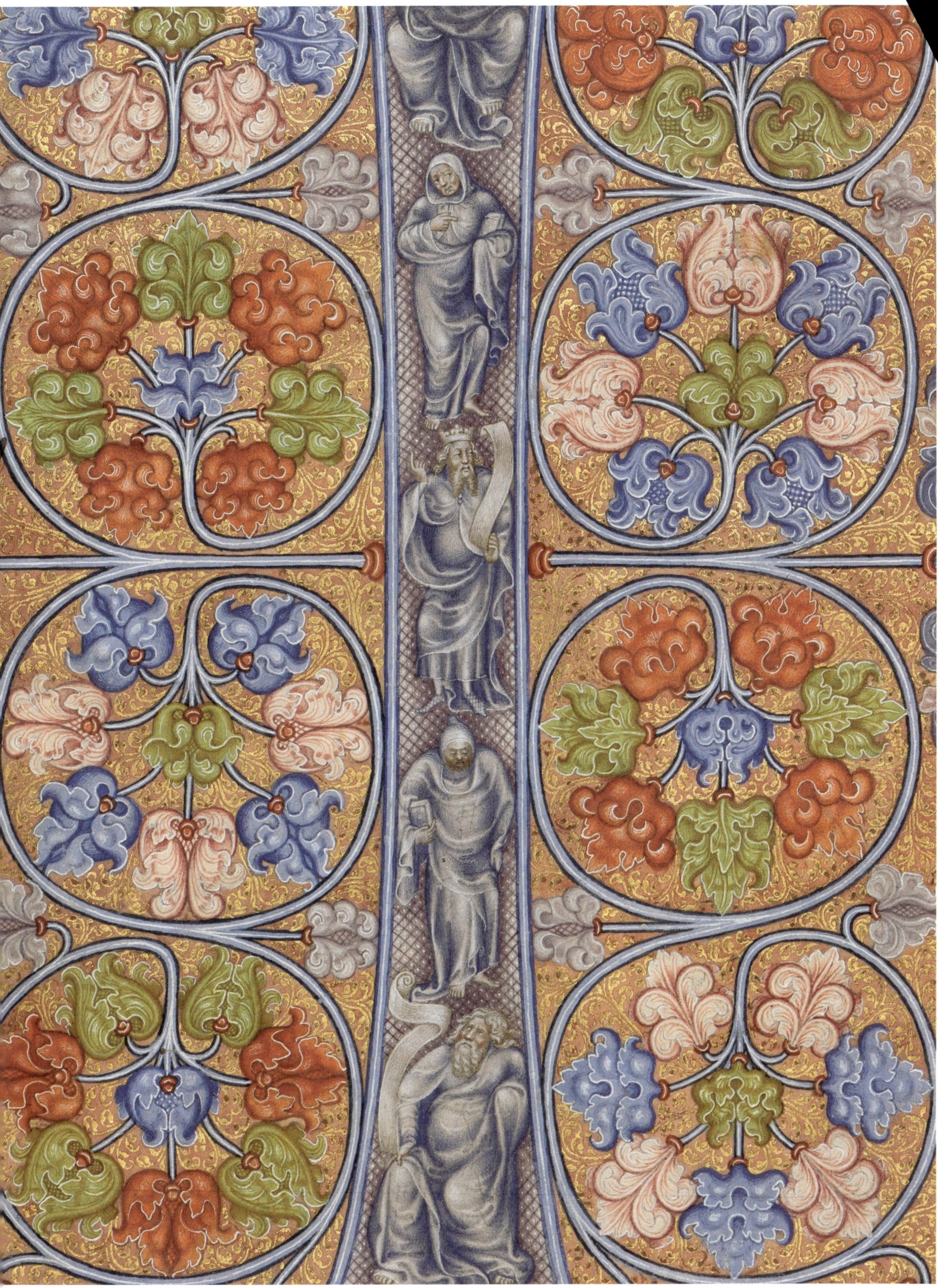

Die Ausstellung in der Wallenstein-Reitschule

Prag, 15. Mai – 25. September 2016

Tentýž Karel byl moudrý a tak vzdělaný,
že v Praze s učenci dokázal debatovat …
… rozhodoval se spíše sám než po poradě,
neboť svým pronikavým rozumem
a patřičnou pílí nad ostatními vynikal.

700 Ausstellung

Ausstellung **701**

Ausstellung

Ausstellung

Impressum

Kaiser Karl IV. 1316—2016
Erste Bayerisch-Tschechische Landesausstellung

Ausstellungskatalog

Hg. von Jiří Fajt und Markus Hörsch

Hauptredaktion: Markus Hörsch (GWZO)

Organisation Prag: Adéla Procházková (Praha)

Texte (die einzelnen Aufsätze und Katalogbeiträge sind jeweils namentlich gekennzeichnet): Anne Adrian, Élisabeth Antoine-König, Milena Bartlová, Martin Bauch, Benno Baumbauer, Lenka Bobková, Eva Maria Breisig, Helena Brožková, Ivonne Burghardt, Kaja von Cossart, Denko Čumlivski, David Eben, Thomas Eser, Jiří Fajt, Christian Forster, Wilfried Franzen, Torsten Fried, Jana Gajdošová, Libor Gottfried, G. Ulrich Großmann, Karsten Horn, Markus Hörsch, Susanne Jaeger, Frank Matthias Kammel, Franz Kirchweger, Hana Kmochová, Jana Knejfl, Pavel Koch, Kateřina Kubínová, René Küpper, Michael Lindner, Franz Machilek, Michel Margue, Markus Leo Mock, Jörg Müller, Anja Ostrowitzki, Karel Otavský, Monica Paredis-Vroon, Yves Le Pogam, Luboš Polanský, Juliusz Raczkowski, Olaf B. Rader, Jan Royt, Maria Rita Sagstetter, Arthur Saliger, Eva Schlotheuber, Rüdiger von Schnurbein, Ralf Schürer, Marc Carel Schurr, Hubertus Seibert, Frank Sirocko, Dana Stehlíková, Kerstin Stöver, Milada Studničková, Maria Stürzebecher, Dirk Suckow, Filip Suchomel, František Šmahel, Jaroslav Šulc, Peter Tångeberg, Achim Timmermann, Uwe Tresp, Chiara Ursini, Vojtěch Vaněk, Andreas Weber, Kai Wenzel, Marius Winzeler, Jenny Wischnewsky, Václav Žůrek

Redaktion und Lektorat: Andrea Schaller (Leipzig), Caren Fuhrmann (Jesewitz)

Redaktionelle Mithilfe: Benno Baumbauer (GWZO), Christian Forster (GWZO), Jenny Wischnewsky (GWZO)

Bildbeschaffung, Bildredaktion: Benno Baumbauer (GWZO), Fabian Fiederer (HdBG)

Bildbearbeitung: FPS Repro, Studio Najbrt, s. r. o., Sarah Weiselowski (Stuttgart)

Kartografie: Sylvia Hipp, Janina Baumbauer, Pavel Lev

Hauptübersetzerin ins Deutsche: Anna Ohlídal (Wesel)

Übersetzung ins Deutsche: Jürgen Ostmeyer

Register: Maritta Iseler (Berlin), Theo Schley (Strasbourg)

Grafik, Gestaltung und Satz: Pavel Lev, Tomáš Krcha, Studio Najbrt, s. r. o.

Druck: Indigoprint, s. r. o.

Herausgegeben von Národní galerie v Praze im Jahr 2016.
www.ngprague.cz, http://k700.eu/
© Národní galerie v Praze, 2016
ISBN 978-80-7035-613-5